Bumiller/Harders
FamFG

Beck'sche Kurz-Kommentare

Band 33

FamFG
Freiwillige Gerichtsbarkeit

Gesetz über das Verfahren in Familiensachen und in den Angelegenheiten der freiwilligen Gerichtsbarkeit (FamFG)

erläutert von

Ursula Bumiller

Vors. Richterin am Landgericht Düsseldorf a. D.

Dr. Dirk Harders

Notar in Birkenfeld/Nahe

10., überarbeitete Auflage

Verlag C. H. Beck München 2011

Verlag C. H. Beck im Internet

beck.de

ISBN 978 3 406 61325 8

© 2011 Verlag C. H. Beck oHG
Wilhelmstraße 9, 80801 München
Satz, Druck und Bindung: Druckerei C. H. Beck Nördlingen
(Adresse wie Verlag)

Gedruckt auf säurefreiem, alterungsbeständigem Papier
(hergestellt aus chlorfrei gebleichtem Zellstoff)

Vorwort

Gegenstand der Kommentierung ist das Gesetz über das Verfahren in Familiensachen und in den Angelegenheiten der freiwilligen Gerichtsbarkeit (FamFG), das am 1. 9. 2009 in Kraft getreten ist. Eingearbeitet wurde das 3. Gesetz zur Änderung des Betreuungsrechts (Einl 81), das Gesetz zur Errichtung einer Versorgungsausgleichskasse (Einl 86), das Gesetz zur Schaffung eines Zentralen Testamentsregisters (Einl 91). Die Vorschriften des Therapieunterbringungsgesetzes (Einl 90) werden im Anhang zu §§ 312–339 erläutert. Behandelt wird ferner die von dem Bundesverfassungsgericht in seiner Entscheidung vom 21. 7. 2010 für die Rechte der Väter nichtehelicher Kinder getroffene Übergangsregelung (Einl 87). Erörtert werden noch im Gesetzgebungsverfahren befindliche Gesetze, das Gesetz über den Rechtsschutz bei überlangen Gerichtsverfahren und strafrechtlichen Ermittlungsverfahren (Einl 88) und das Gesetz zur Änderung des Vormundschafts- und Betreuungsrechts (Einl 89). Das Gesetz zur Förderung der Mediation und anderer Verfahren zur außergerichtlichen Konfliktbeilegung (BT-Drs 17/5335) konnte nicht mehr abgewartet werden.

Literatur und Rechtsprechung wurde bis Ende Januar 2011 eingearbeitet. Bei der zitierten Kommentar-Literatur musste wegen des Charakters als Kurzkommentar aus der Fülle der Werke eine Auswahl getroffen werden.

Die §§ 1 bis 341, 415 bis 432, 485, 486, 488, 489 und Art 111 sowie das Therapieunterbringungsgesetz und das GVG wurden von der Mitverfasserin Ursula Bumiller, die §§ 342 bis 414, 433 bis 484 und §§ 487, 490, 493 von dem Mitverfasser Dr. Dirk Harders erläutert.

Für Anregungen aus der Praxis sind die Verfasser auch weiterhin dankbar.

Düsseldorf/Birkenfeld, im April 2011   Die Autoren

Inhaltsübersicht

Abkürzungsverzeichnis.. IX
Schrifttumsverzeichnis XXI
Einleitung 1

Gesetz über das Verfahren in Familiensachen und in den Angelegenheiten der freiwilligen Gerichtsbarkeit (FamFG) vom 17. 12. 2008

Buch 1 – Allgemeiner Teil 31
Abschnitt 1: Allgemeine Vorschriften 31
Abschnitt 2: Verfahren im ersten Rechtszug 118
Abschnitt 3: Beschluss 161
Abschnitt 4: Einstweilige Anordnung 187
Abschnitt 5: Rechtsmittel 201
Abschnitt 6: Verfahrenskostenhilfe 269
Abschnitt 7: Kosten 284
Abschnitt 8: Vollstreckung 296
Abschnitt 9: Verfahren mit Auslandsbezug 318

Buch 2 – Verfahren in Familiensachen 355
Abschnitt 1: Allgemeine Vorschriften 355
Abschnitt 2: Verfahren in Ehesachen; Verfahren in Scheidungssachen
  und Folgesachen 376
Abschnitt 3: Verfahren in Kindschaftssachen 434
Abschnitt 4: Verfahren in Abstammungssachen 496
Abschnitt 5: Verfahren in Adoptionssachen 524
Abschnitt 6: Verfahren in Ehewohnungs- und Haushaltssachen 553
Abschnitt 7: Verfahren in Gewaltschutzsachen 566
Abschnitt 8: Verfahren in Versorgungsausgleichssachen 573
Abschnitt 9: Verfahren in Unterhaltssachen 617
Abschnitt 10: Verfahren in Güterrechtssachen 680
Abschnitt 11: Verfahren in sonstigen Familiensachen 687
Abschnitt 12: Verfahren in Lebenspartnerschaftssachen 692

Buch 3 – Verfahren in Betreuungs- und Unterbringungssachen 699
Abschnitt 1: Verfahren in Betreuungssachen 699
Abschnitt 2: Verfahren in Unterbringungssachen 765
Anhang zu §§312-339: Therapieunterbringungsgesetz 801
Abschnitt 3: Verfahren in betreuungsgerichtlichen Zuweisungssachen 815

Inhalt

Buch 4 – Verfahren in Nachlass- und Teilungssachen 819
Abschnitt 1: Begriffsbestimmung; örtliche Zuständigkeit 819
Abschnitt 2: Verfahren in Nachlasssachen 840
Abschnitt 3: Verfahren in Teilungssachen.................................. 911

Buch 5 – Verfahren in Registersachen, unternehmensrechtliche Verfahren 937
Abschnitt 1: Begriffsbestimmung 937
Abschnitt 2: Zuständigkeit 957
Abschnitt 3: Registersachen.. 966
Abschnitt 4: Unternehmensrechtliche Verfahren 1046

Buch 6 – Verfahren in weiteren Angelegenheiten der freiwilligen Gerichtsbarkeit 1063

Buch 7 – Verfahren in Freiheitsentziehungssachen 1071

Buch 8 – Verfahren in Aufgebotssachen............................... 1105
Abschnitt 1: Allgemeine Verfahrensvorschriften 1106
Abschnitt 2: Aufgebot des Eigentümers von Grundstücken, Schiffen und Schiffsbauwerken 1116
Abschnitt 3: Aufgebot des Gläubigers von Grund- und Schiffspfandrechten sowie des Berechtigten sonstiger dinglicher Rechte............ 1118
Abschnitt 4: Aufgebot von Nachlassgläubigern 1125
Abschnitt 5: Aufgebot der Schiffsgläubiger 1132
Abschnitt 6: Aufgebot zur Kraftloserklärung von Urkunden........... 1132

Buch 9 – Schlussvorschriften 1149
Art. 111 FGG-Reformgesetz: Übergangsvorschriften................... 1155

Gerichtsverfassungsgesetz 1159
Textanhang.. 1169
Auszug aus dem GVG.. 1169
Auszug aus der ZPO 1170
Brüssel II a-Verordnung v. 27. 11. 2003 1176
Internationales Familienrechtsverfahrensgesetz v. 26. 1. 2005 1192
Vormünder- und Betreuervergütungsgesetz v. 21. 4. 2005 1206

Sachverzeichnis 1211

Abkürzungsverzeichnis

aA	andere Ansicht
aaO	am angegebenen Ort
abl	ablehnend
ABl	Amtsblatt
Abs	Absatz
abw	abweichend
AcP	Archiv für civilistische Praxis (Band und Seite)
AdoptG	Gesetz für die Annahme als Kind und zur Änderung anderer Vorschriften – Adoptionsgesetz v 2. 7. 1976
AdoptFristG	Gesetz zur Änderung adoptionsrechtlicher Fristen v 30. 9. 1991
AdoptRÄndG	Gesetz zur Änderung adoptionsrechtlicher Vorschriften v 4. 12. 1992
AdÜbAG	Gesetz zur Ausführung des Haager Übereinkommens vom 29. 5. 1993 über den Schutz von Kindern und die Zusammenarbeit auf dem Gebiet der internationalen Adoption – Adoptionsübereinkommens-Ausführungsgesetz v 5. 11. 2001
AdVermiG	Gesetz über die Vermittlung der Annahme als Kind – Adoptionsvermittlungsgesetz v 22. 12. 2001
AdWirkG	Gesetz über Wirkungen der Annahme als Kind nach ausländischem Recht – Adoptionswirkungsgesetz v 5. 11. 2001
aE	am Ende
aF	alte Fassung
AG	Aktiengesellschaft, Amtsgericht
AGGVG	Ausführungsgesetz zum Gerichtsverfassungsgesetz
AktG	Aktiengesetz v 6. 9. 1965; zuletzt geändert durch das MoMiG v 23. 10. 2008
AktO	Aktenordnung
allgM	allgemeine Meinung
Alt.	Alternative
amtl	amtlich
AnfG	Anfechtungsgesetz v 5. 10. 1994
Anh	Anhang
Anm	Anmerkung
AnwBl	Anwaltsblatt (Jahr und Seite)
Anz	Anzeiger
AO	Abgabenordnung v 1. 10. 2002
Art	Artikel
AsylVfG	Asylverfahrensgesetz idF v 27. 7. 1993

Abkürzungsverzeichnis

AufenthG	Gesetz über den Aufenthalt, die Erwerbstätigkeit und die Integration von Ausländern im Bundesgebiet – Aufenthaltsgesetz v 25. Februar 2008
Aufl	Auflage
AVAG	Gesetz zur Ausführung zwischenstaatlicher Verträge und zur Durchführung von Verordnungen und Abkommen der Europäischen Gemeinschaft auf dem Gebiet der Anerkennung und Vollstreckung in Zivil- und Handelssachen – Anerkennungs- und Vollstreckungsausführungsgesetz v 19. 2. 2001
AVO	Ausführungsverordnung
B	Bundes-
Bay	bayerisch, Bayern
BayObLG	Bayerisches Oberstes Landesgericht (mit Ziffern: amtliche Sammlung in Zivilsachen, Jahr und Seite)
BB	Betriebs-Berater (Jahr und Seite)
BeckRS	Elektronische Entscheidungsdatenbank zu Beck-online
Begr	Begründung
Beistandschaftsgesetz	Gesetz zur Abschaffung der gesetzlichen Amtspflegschaft und Neuordnung des Rechts der Beistandschaft v 4. 12. 1997
BerHG	Beratungshilfegesetz v 18. 6. 1980
bestr	bestritten
Betrieb (DB)	Der Betrieb (Jahr und Seite)
BetrAVG	Gesetz zur Verbesserung der betrieblichen Altersversorgung v 19. 12. 1974
BeurkG	Beurkundungsgesetz idF v 12. 12. 2007
BFH	Bundesfinanzhof
BGB	Bürgerliches Gesetzbuch idF v 23. 10. 2008
BGBl	Bundesgesetzblatt (Jahr, Teil und Seite; ohne römische Ziffer Teil I)
BGH	Bundesgerichtshof (mit Ziffern: amtliche Sammlung in Zivilsachen, Band und Seite)
BinnSchG	Binnenschiffahrtsgesetz idF v 15. 6. 1898
BJS/Bearbeiter	Bork/Jacoby/Schwab, FamFG, 2009
BKAG	Gesetz über das Bundeskriminalamt und die Zusammenarbeit des Bundes und der Länder in kriminalpolizeilichen Angelegenheiten – Bundeskriminalamtgesetz v 7. 7. 1997
BKGG	Bundeskindergeldgesetz
Bl	Blatt
BNotO	Bundesnotarordnung idF v 12. 12. 2007

Abkürzungsverzeichnis

BRAO	Bundesrechtsanwaltsordnung idF v 12. 6. 2008
Bsp	Beispiel(e)
BtÄndG	Gesetz zur Änderung des Betreuungsrechts sowie weiterer Vorschriften – Betreuungsrechtsänderungsgesetz v 25. 6. 1998
2. BtÄndG	Zweites Betreuungsrechtsänderungsgesetz v 21. 4. 2005
BT-Drs	Bundestagsdrucksache
BtBG	Betreuungsbehördengesetz v 12. 9. 1990
BtPrax	Betreuungsrechtliche Praxis, Zeitschrift
Büro	Das Juristische Büro (Jahr und Seite)
BPolG	Gesetz über die Bundespolizei – Bundespolizeigesetz v 19. 10. 1994
Brüssel II a-VO	Verordnung (EG) Nr 2201/2003 des Rates vom 22. 11. 2003 über die Zuständigkeit und die Anerkennung und Vollstreckung von Entscheidungen in Ehesachen und in Verfahren betreffend die elterliche Verantwortung und zur Aufhebung der Verordnung (EG) Nr 1347/2000
BVerfG	Bundesverfassungsgericht (mit Ziffern: amtliche Sammlung, Band und Seite)
BVerfGG	Bundesverfassungsgerichtsgesetz v 11. 8. 1993
BVerwG	Bundesverwaltungsgericht (mit Ziffern: Amtliche Sammlung, Band und Seite)
BVormVG	Berufsvormündervergütungsgesetz v 25. 6. 1998
BVersTG	Gesetz über die interne Teilung beamtenversorgungsrechtlicher Ansprüche von Bundesbeamten im Versorgungsausgleich
bzgl	bezüglich
bzw	beziehungsweise
DAfStA	Dienstanweisung für die Standesbeamten und ihre Aufsichtsbehörden v 27. 7. 2000
DAV	Der Amtsvormund (Jahr und Seite)
DB	Der Betrieb (Jahr und Seite)
dh	das heißt
DieJ	Die Justiz, Amtsblatt des Justizministeriums Baden-Württemberg
DJ	Deutsche Justiz (Jahr und Seite)
DNotZ	Deutsche Notar-Zeitschrift (Jahr und Seite)
DR	Deutsches Recht (Jahr und Seite)
DRiG	Deutsches Richtergesetz v 19. 4. 1972
DRiZ	Deutsche Richterzeitung (Jahr und Seite)
DRZ	Deutsche Rechtszeitschrift (Jahr und Seite)
DStB	Der Standesbeamte (Zeitschrift)
DVO	Durchführungsverordnung

Abkürzungsverzeichnis

EG	Einführungsgesetz
EGG	Gesetz über rechtliche Rahmenbedingungen für den elektronischen Geschäftsverkehr v 14. 12. 2001
EGMR	Europäischer Gerichtshof für Menschenrechte
EG-PKHVV	EG-Prozesskostenhilfevordruckverordnung v 21. 12. 2004
EG	EG-Vertrag
EGZPO	Gesetz betreffend die Einführung der Zivilprozessordnung v 30. 1. 1877
EHUG	Gesetz über elektronische Handelsregister und Genossenschaftsregister v 10. 11. 2006
Einl	Einleitung
einstw	einstweilen, einstweilig(e)
entspr.	entsprechend(e)
ErbbauRG	Gesetz über das Erbbaurecht v 15. 1. 1919
ErbGleichG	Erbrechtsgleichstellungsgesetz v 16. 12. 1997
ERJuKrG	Gesetz über elektronische Register und Justizkosten für Telekommunikation v 10. 12. 2001
ERVGBG	Gesetz zur Einführung des elektronischen Rechtsverkehrs und der elektronischen Akte im Grundbuchverfahren sowie zur Änderung weiterer grundbuch-, register- und kostenrechtlicher Vorschriften v 11. 8. 2009
ERVVO	Verordnung über den elektronischen Rechtsverkehr bei den Amtsgerichten im Lande Nordrhein-Westfalen in Handelsregister und Genossenschaftsregistersachen – Elektronische Rechtsverkehrsverordnung Amtsgerichte v 28. 4. 2006
ErwSÜ	Haager Übereinkommen über den internationalen Schutz von Erwachsenen – Erwachsenenschutzübereinkommen v 13. 1. 2000
ErwSÜAG	Gesetz zur Ausführung des Haager Übereinkommens über den internationalen Schutz von Erwachsenen – Erwachsenenschutzübereinkommens-Ausführungsgesetz v 17. 3. 2007
ESÜ	Europäisches Sorgerechtsübereinkommen v 20. 5. 1980
EuBVO	Verordnung (EG) Nr 1206/2001 des Rates v 28. 5. 2001 über die Zusammenarbeit zwischen den Gerichten der Mitgliedstaaten auf dem Gebiet der Beweisaufnahme in Zivil- und Handelssachen
EuGH	Europäischer Gerichtshof
EuGVVO	Verordnung (EG) Nr 44/2001 v 22. 12. 2000 über die gerichtliche Zuständigkeit und die Anerkennung und Vollstreckung von Entscheidungen in Zivil- und Handelssachen

Abkürzungsverzeichnis

EuRAG	Gesetz über die Tätigkeit europäischer Rechtsanwälte in Deutschland v 9. 3. 2000
EuroRpflG	Gesetz zur Einführung des Euro in Rechtspflegegesetzen v 13. 12. 2001
EuVT	Europäischer Vollstreckungstitel
EuVTVO	VO Nr 861/2007 zur Einführung eines europäischen Vollstreckungstitels für unbestrittene Forderungen v 21. 4. 2004 (ABl L 143 S 15)
ev, evt	eventuell
EVertrag	Einigungsvertrag v 31. 8. 1990
EWIV	Gesetz zur Ausführung der EWG-Verordnung über die Europäische wirtschaftliche Interessenvereinigung v 14. 4. 1988
EzFamR/aktuell	Entscheidungssammlung zum Familienrecht (Jahr und Seite)
FamFG	Gesetz über das Verfahren in Familiensachen und in den Angelegenheiten der freiwilligen Gerichtsbarkeit v 17. 12. 2008
FamGKG	Gesetz über Gerichtskosten in Familiensachen v 17. 12. 2008
FamNamRG	Gesetz zur Neuordnung des Familiennamensrechts v 16. 12. 1993
FamRÄndG	Familienrechtsänderungsgesetz v 11. 8. 1961
FamRZ	Zeitschrift für das gesamte Familienrecht (Jahr und Seite)
FamVerf/Bearbeiter	Verfahrenshandbuch Familienrecht
FEVG	Gesetz über das gerichtliche Verfahren bei Freiheitsentziehungen v. 29. 6. 1956
ff	und folgende
FGG	Gesetz über die Angelegenheiten der freiwilligen Gerichtsbarkeit v 20. 5. 1898
FGPrax	Praxis der freiwilligen Gerichtsbarkeit (Jahr und Seite)
FGG-RG	Gesetz zur Reform des Verfahrens in Familiensachen und in den Angelegenheiten der freiwilligen Gerichtsbarkeit v 17. 12. 2008
Firsching, IPR	Einführung in das internationale Privatrecht, 5. Aufl. 1997
FormVAnpG	Gesetz zur Anpassung der Formvorschriften des Privatrechts und anderer Vorschriften an den modernen Rechtsgeschäftsverkehr v 13. 7. 2001
FPR	Familie, Partnerschaft, Recht (Jahr und Seite)
FuR	Familie und Recht (Jahr und Seite)
G	Gesetz
GBA	Grundbuchamt
GBl	Gesetzblatt

Abkürzungsverzeichnis

GBO	Grundbuchordnung v 26. 5. 1994
GebrMG	Gebrauchsmustergesetz v 28. 8. 1986
gem	gemäß
GenG	Genossenschaftsgesetz v 16. 10. 2006
GenRegV	Genossenschaftsregisterverordnung
ges.	gesetzlich
GeschSt	Geschäftsstelle
GewSchG	Gesetz zum zivilrechtlichen Schutz vor Gewalttaten und Nachstellungen – Gewaltschutzgesetz v 11. 12. 2001
GG	Grundgesetz v 23. 5. 1949
ggf	gegebenenfalls
GKG	Gerichtskostengesetz v 5. 5. 2004
GleichberG	Gleichberechtigungsgesetz v 18. 6. 1957
GmbH	Gesellschaft mit beschränkter Haftung
GrdstVG	Grundstücksverkehrsgesetz v 28. 7. 1961
Gruch	Gruchot's Beiträge (Band und Seite)
GS	Großer Senat
GVBl	Gesetz- und Verordnungsblatt
GVG	Gerichtsverfassungsgesetz idF v 9. 5. 1975
GWB	Gesetz gegen Wettbewerbsbeschränkungen (Kartellgesetz) idF v 21. 12. 2007
HausratsVO	Verordnung über die Behandlung der Ehewohnung und des Hausrats v 21. 10. 1944 (aufgehoben durch FGG-RG seit 1. 9. 2009)
HGB	Handelsgesetzbuch idF v 23. 10. 2008
HKÜ	Haager Übereinkommen über die zivilrechtlichen Aspekte internationaler Kindesentführung v 25. 10. 1980
hM	herrschende Meinung
HRR	Höchstrichterliche Rechtsprechung (Jahr und Nr)
hRspr	herrschende Rechtsprechung
HRV	Handelsregisterverordnung
Hs	Halbsatz
HUÜ	Haager Unterhaltsanerkennungsübereinkommen v 2. 10. 1973
i	in
idF	in der Fassung
idR	in der Regel
iE	im Ergebnis
IfSG	Gesetz zur Verstärkung und Bekämpfung von Infektionskrankheiten beim Menschen – Infektionsschutzgesetz v 20. 7. 2000
InfAuslR	Informationsbrief Ausländerrecht
insbes	insbesondere
InsO	Insolvenzordnung v 5. 10. 1994

Abkürzungsverzeichnis

IntFamRVG	Gesetz zur Aus- und Durchführung bestimmter Rechtsinstrumente auf dem Gebiet des internationalen Familienrechts – Internationales Familienrechtsverfahrensgesetz v 26. 1. 2005
IPRax	Praxis des internationalen Privat- und Verfahrens-Rechts (Jahr und Seite)
IPRG	Gesetz zur Neuregelung des Internationalen Privatrechts v 25. 7. 1986
iS	im Sinne
iü	im Übrigen
Jansen	Freiwillige Gerichtsbarkeit, 2. Aufl. 1969/1971
JBeitrVO	Justizbeitreibungsordnung v 11. 3. 1937
JFG	Jahrbuch für Rechtsprechung in der freiwilligen Gerichtsbarkeit (Band und Seite)
JGG	Jugendgerichtsgesetz idF v 11. 12. 1974
JKomG	Justizkommunikationsgesetz v 25. 2. 2005
JMBl	Justizministerialblatt (Jahr und Seite)
Johannsen/Henrich/Bearbeiter	Familienrecht, 5. Aufl. 2010
JR	Juristische Rundschau (Jahr und Seite)
jur	juristisch(e)
JuS	Juristische Schulung (Jahr und Seite)
Justiz	Die Justiz, ABl des Justizministeriums BaWü
JuMiG	Justizmitteilungsgesetz v 18. 6. 1997
JVBl	Justizverwaltungsblatt (Jahr und Seite)
JVEG	Justizvergütungs- und -entschädigungsgesetz v 5. 5. 2004
JW	Juristische Wochenschrift (Jahr und Seite)
JZ	Juristenzeitung (Jahr und Seite)
KG	Kammergericht; Kommanditgesellschaft
KGJ	Jahrbuch der Entscheidungen des Kammergerichts (Band und Seite)
KICK	Gesetz zur Weiterentwicklung der Kinder- und Jugendhilfe – Kinder- und Jugendhilfeweiterentwicklungsgesetz v 8. 9. 2005
KindRVerbG	Gesetz zur weiteren Verbesserung von Kinderrechten – Kinderrechteverbesserungsgesetz v 9. 4. 2002
KindUFV	Kindesunterhalt-Formularverordnung v 19. 6. 1998
KJHG	Gesetz zur Neuordnung des Kinder- und Jugendhilferechts (Sozialgesetzbuch VIII) v 26. 6. 1990
KostRModG	Gesetz zur Modernisierung des Kostenrechts – Kostenrechtsmodernisierungsgesetz v 5. 5. 2004
KonsG	Konsulargesetz v 11. 9. 1974

Abkürzungsverzeichnis

KostO	Kostenordnung v 26. 7. 1957
KSÜ	Haager Übereinkommen über die Zuständigkeit, das anzuwendende Recht, die Anerkennung, Vollstreckung und Zusammenarbeit auf dem Gebiet der elterlichen Verantwortung und der Maßnahmen zum Schutz von Kindern v 19. 10. 1996
KTS	Konkurs-, Treuhand- und Schiedsgerichtswesen, seit 1989 Zeitschrift für Insolvenzrecht (Jahr und Seite)
LAG	Lastenausgleichsgesetz v 2. 6. 1993 bzw. Landesarbeitsgericht (in Verbindung mit Städtenamen)
LG	Landgericht
Lit	Literatur
LPartG	Gesetz über die Eingetragene Lebenspartnerschaft – Lebenspartnerschaftsgesetz v 16. 2. 2001
LwVG	Gesetz über das gerichtliche Verfahren in Landwirtschaftssachen v 21. 7. 1953
LZ	Leipziger Zeitschrift (Jahr und Spalte)
m	mit
MDR	Monatsschrift für Deutsches Recht (Jahr und Seite)
MiZi	Anordnung über Mitteilungen in Zivilsachen v 1. 6. 1998
MSA	Übereinkommen über die Zuständigkeit der Behörden und das anzuwendende Recht auf dem Gebiet des Schutzes von Minderjährigen v 5. 10. 1961
MüKo/Bearbeiter MünchKomm/Bearbeiter	Münchner Kommentar zum Bürgerlichen Gesetzbuch
MüKo-ZPO/Bearbeiter	Münchner Kommentar zur Zivilprozessordnung
mwN	mit weiteren Nachweisen
NachlG	Nachlassgesetz
NachlO	Nachlassordnung
NdsRpfl	Niedersächsische Rechtspflege (Jahr und Seite)
NEhelG	Gesetz über die Rechtsstellung der nichtehelichen Kinder v 19. 8. 1969
nF	neue Fassung
NJ	Neue Justiz (Zeitschrift)
NJOZ	Neue Juristische Online-Zeitschrift
NJW	Neue Juristische Wochenschrift (Jahr und Seite)
NJWE-FER	NJW-Entscheidungsdienst Familien- und Erbrecht

Abkürzungsverzeichnis

NJW-RR	NJW-Rechtsprechungs-Report Zivilrecht (Jahr und Seite)
notw	notwendig(e)
Nr.	Nummer
NRW	Nordrhein-Westfalen
NZM	Neue Zeitschrift für Mietrecht (Jahr und Seite)
öffentl	öffentlich
OGH	Oberster Gerichtshof für die britische Zone (mit Ziffern: amtliche Sammlung in Zivilsachen, Band und Seite)
OHG	Offene Handelsgesellschaft
OLG	Oberlandesgericht; in Zusammenhang mit Ziffern: Rechtsprechung der Oberlandesgerichte (Band, bei neuer Folge Jahr und Seite)
OLGE	Entscheidungssammlung der Oberlandesgerichte (herausgegeben von Mügdhan, 1900–1928)
OLG-NL	OLG-Rechtsprechung Neue Länder
OLGR	OLG-Report (Jahr, Seite)
OLGVertrÄndG	Gesetz zur Änderung des Rechts der Vertretung durch Rechtsanwälte vor den Oberlandesgerichten – OLG-Vertretungsänderungsgesetz v 23. 7. 2002
OVG	Oberverwaltungsgericht
PAG	Gesetz über die Aufgaben und Befugnisse der Bayerischen Staatlichen Polizei – Polizeiaufgabengesetz v 14. 9. 1990
PartGG	Partnerschaftsgesellschaftsgesetz v 25. 7. 1994
PolG NRW	Polizeigesetz des Landes Nordrhein-Westfalen v 25. 7. 2005
PRV	Partnerschaftsregisterverordnung
PStG	Personenstandsgesetz idF des Gesetzes zur Reform des Personenstandsrechts – Personenstandsrechtsreformgesetz v 19. 2. 2007
PsychKG	Gesetz über Hilfen und Schutzmaßnahmen bei psychischen Krankheiten (Nordrhein-Westfalen) v 17. 12. 1999
RabelsZ	Rabels Zeitschrift für ausländisches und internationales Privatrecht
RDG	Gesetz über außergerichtliche Rechtsdienstleistungen – Rechtsdienstleistungsgesetz v 12. 12. 2007
RegBl	Regierungsblatt
RelKErzG	Gesetz über die religiöse Kindererziehung v 15. 7. 1921

Abkürzungsverzeichnis

RG	Reichsgericht (mit Ziffern: amtliche Sammlung in Zivilsachen, Band u. Seite)
RGBl.	Reichsgesetzblatt (Jahr, Teil und Seite)
RJA	Entscheidungen in Angelegenheiten der freiwilligen Gerichtsbarkeit und des Grundbuchrechts, zusammengestellt im Reichsjustizamt
RJuKoG	Gesetz über elektronische Register und Justizkosten v 10. 12. 2001
Rn	Randnummer
RPfl	Rechtspfleger
Rpfleger	Der Deutsche Rechtspfleger (Jahr und Seite)
RPflG	Rechtspflegergesetz v 5. 11. 1969
RPflEntlG	Rechtspflege-Entlastungsgesetz
Rspr	Rechtsprechung
RÜG	Renten-Überleitungsgesetz v 25. 7. 1991
RuStAG	Reichs- und Staatsangehörigkeitsgesetz
RVO	Reichsversicherungsordnung
Rz	Randziffer
S	Satz; bei Literaturangabe: Seite
SA	Seuffert's Archiv (Band und Nummer)
SchlHA	Schleswig-Holsteinische Anzeigen (Jahr und Seite)
SchuModG	Gesetz zur Modernisierung des Schuldrechts v 26. 11. 2001
SchVG	Schuldverschreibungsgesetz v 31. 7. 2009
SGB	Sozialgesetzbuch (Achtes Buch (VIII) – Kinder- und Jugendhilfe v 14. 12. 2006
SigG	Gesetz über Rahmenbedingungen für elektronische Signaturen und zur Änderung weiterer Vorschriften v 16. 5. 2001
SigV	Verordnung zur elektronischen Signatur – Signaturverordnung v 16. 11. 2001
SJZ	Süddeutsche Juristenzeitung (Jahr und Seite)
SMG	Gesetz zur Modernisierung des Schuldrechts v 26. 11. 2001
s. o.	siehe oben
sog	so genannte(r) (s)
SorgeRÜbk	Europäisches Übereinkommen über die Anerkennung und Vollstreckung von Entscheidungen über das Sorgerecht für Kinder und die Wiederherstellung des Sorgerechtsverhältnisses v 20. 5. 1980
SorgeRÜbkAG	Gesetz zur Ausführung des Haager Übereinkommens v 25. 10. 1980 über die Anerkennung und Vollstreckung von Entscheidungen über das Sorgerecht für Kinder und die Wiederherstellung des Sorgeverhältnisses (Sorgerechtsübereinkommen – Ausführungsgesetz) v 5. 4. 1990

Abkürzungsverzeichnis

StAG	Staatsangehörigkeitsgesetz v 22. 7. 1913
StAnz	Staatsanzeiger
StAZ	Das Standesamt (Zeitschrift)
StVollzG	Gesetz über den Vollzug der Freiheitsstrafe und der freiheitsentziehenden Maßregeln der Besserung und Sicherung – Strafvollzugsgesetz v 16. 3. 1976
s. u.	siehe unten
TestVollst	Testamentsvollstrecker
ThUG	Gesetz zur Therapierung und Unterbringung psychisch gestörter Gewalttäter – Therapieunterbringungsgesetz – v 22. 12. 2010
TSG	Transsexuellengesetz v 10. 9. 1980
u	und; unten
uä	und Ähnlich(e) (s)
Üb	Übersicht
UmwG	Umwandlungsgesetz v 28. 10. 1994
UnterhÄndG	Gesetz zur Änderung des Unterhaltsrechts v 21. 12. 2007
UnterhaltsVO	VO Nr 4/2007 über die Zuständigkeit, das anwendbare Recht, die Anerkennung und Vollstreckung von Entscheidungen und die Zusammenarbeit in Unterhaltssachen v 18. 12. 2008 (ABl 2009 L 7 S 1)
UnterbrG	Unterbringungsgesetz v 5. 4. 1992 (Bayern)
UrhG	Urheberrechtsgesetz v 9. 9. 1965
UrkB	Urkundsbeamte(r)
uU	unter Umständen
UWG	Gesetz gegen den unlauteren Wettbewerb v 3. 7. 2004
v	von(m)
VAHRG	Gesetz zur Regelung von Härten im Versorgungsausgleich v 21. 2. 1983
VAStrRefG	Gesetz zur Strukturreform des Versorgungsausgleichs
VAÜG	Gesetz zur Überleitung des Versorgungsausgleichs auf das Beitrittsgebiet v 25. 7. 1991
VBVG	Vormünder- und Betreuervergütungsgesetz v 21. 4. 2005
Verf	Verfassung
VerfGH	Verfassungsgerichtshof
VersAusglG	Gesetz über den Versorgungsausgleich – Versorgungsausgleichsgesetz v. 3. 4. 2009
VerschG	Verschollenheitsgesetz v 15. 1. 1951
VersR	Versicherungsrecht (Jahr und Seite)

Abkürzungsverzeichnis

vgl.	vergleiche
VO	Verordnung
Vorb	Vorbemerkung
vorl	vorläufig(e)
VRV	Vereinsregisterverordnung
VVaG	Versicherungsverein auf Gegenseitigkeit
VVG	Versicherungsvertragsgesetz v 23. 11. 2007
VwGO	Verwaltungsgerichtsordnung v 19. 3. 1991
VwVfG	Verwaltungsverfahrensgesetz v 23. 1. 2003
Warn	Warneyer, Rechtsprechung des RG oder BGH (Jahr und Nummer)
WEG	Wohnungseigentumsgesetz v 15. 3. 1951 idF v 26. 3. 2007
WG	Wechselgesetz v 21. 6. 1933
WM	Wertpapiermitteilungen (Zeitschrift)
zB	zum Beispiel
ZFdG	Zollfahndungsdienstgesetz v 16. 8. 2002
ZEV	Zeitschrift für Erbrecht und Vermögensnachfolge
ZIP	Zeitschrift für Wirtschaftsrecht
ZPO	Zivilprozessordnung v 5. 12. 2005
ZPO-RG	Gesetz zur Reform des Zivilprozesses – Zivilprozessreformgesetz v 27. 7. 2001
ZRHO	Rechtshilfeordnung in Zivilsachen
zT	zum Teil
zust	zustimmend
ZustDG	Gesetz zur Durchführung gemeinschaftsrechtlicher Vorschriften über die Zustellung gerichtlicher und außergerichtlicher Schriftstücke in Zivil- und Handelssachen (EG – Zustellungsdurchführungsgesetz v 25. 6. 2001)
ZustellungsVO	Verordnung (EG) Nr 1348/2000 des Rates über die Zustellung gerichtlicher und außergerichtlicher Schriftstücke in Zivil- oder Handelssachen in den Mitgliedstaaten v 29. 5. 2000
ZustErgG	Zuständigkeitsergänzungsgesetz v 7. 8. 1952
ZustRG	Gesetz zur Reform des Verfahrens bei Zustellungen im gerichtlichen Verfahren – Zustellungsreformgesetz v 25. 6. 2001
ZVG	Zwangsversteigerungsgesetz v 20. 5. 1898 idF v 23. 11. 2007
zZ	zurzeit
ZZP	Zeitschrift für Zivilprozess (Band und Seite)

Schrifttum

I. Werke zur Freiwilligen Gerichtsbarkeit

Bärmann, Freiwillige Gerichtsbarkeit und Notarrecht, 1968.
Bahrenfuss, FamFG, Komm. 2009.
Bassenge/Roth, FamFG/RPflG, 12. Aufl. 2009.
Baumbach/Lauterbach/Albers/Hartmann, Kommentar zur ZPO, 69. Aufl. 2011.
Baur, Freiwillige Gerichtsbarkeit, 1. Buch: Allgemeines Verfahrensrecht, 1955.
Baur/Wolf, Grundbegriffe der Freiwilligen Gerichtsbarkeit. Eine Einführung an Hand von Fällen, 2. Aufl. 1980.
Bork/Jacoby/Schwab, FamFG, Komm 2009.
Brehm, Freiwillige Gerichtsbarkeit, 4. Aufl. 2009.
Fenn, Die Anschlußbeschwerde im Zivilprozeß und im Verfahren der freiwilligen Gerichtsbarkeit, 1961.
Habscheid, Der Streitgegenstand im Zivilprozess und im Streitverfahren der freiwilligen Gerichtsbarkeit, 1956.
Habscheid, Freiwillige Gerichtsbarkeit, 7. Aufl. 1983.
Helbich, Freiwillige Gerichtsbarkeit, 4. Aufl. 1990.
Hormuth, Beschwerdeberechtigung und materielle Beteiligung im FG-Verfahren, 1976.
Horndasch/Viefhues, FamFG, Komm, 2009.
Jansen, FGG, Komm., 2. Aufl., Bd. 1, 1969; Bd. 2, 1970; Bd. 3 (einschließlich BeurkundungsG), 1971.
Jansen, FGG, Komm., 3. Aufl.
Jansen, Wandlungen im Verfahren der freiwilligen Gerichtsbarkeit, 1964.
Kahl, Beschwerdeberechtigung und Beschwer in der Freiwilligen Gerichtsbarkeit, 1981.
Keidel, FamFG, Komm., 16. Aufl. 2009.
Keidel Fritz, Verfahren der Gerichte in Angelegenheiten der Freiwilligen Gerichtsbarkeit, 1903.
Keidel Helmut, Der Grundsatz des rechtlichen Gehörs im Verfahren der Freiwilligen Gerichtsbarkeit, Diss. Köln, 1965.
Keidel/Kuntze/Winkler, FGG, Komm., 15. Aufl. 2003.
Kersten/Bühling, Formularbuch und Praxis der Freiwilligen Gerichtsbarkeit, 23. Aufl. 2010.
Knöringer, Freiwillige Gerichtsbarkeit, 5. Aufl. 2009.
Kollhosser, Zur Stellung und zum Begriff der Verfahrensbeteiligten im Erkenntnisverfahren der freiwilligen Gerichtsbarkeit, 1970.
Kollhosser/Bork/Jacoby, Freiwillige Gerichtsbarkeit, 2. Aufl. 2002.
Meyer-Seitz/Frantzisch/Ziegler, Die FGG-Reform: Das neue Verfahrensrecht 2009.
Nothdurft, Der Begriff des Beteiligten in der freiwilligen Gerichtsbarkeit, 1925.
Pikart-Henn, Lehrbuch der Freiw. Gerichtsbarkeit 1963.
Prütting/Helms, FamFG, Komm. 2009.

Schrifttum

Richter, Die Erledigung der Hauptsache im Verfahren der freiwilligen Gerichtsbarkeit, Diss. 1986.
Schlegelberger, Die Gesetze über die Angelegenheiten der Freiwilligen Gerichtsbarkeit, 7. Aufl. 1956; Nachtrag 1957.
Schmidt, Handbuch der freiwilligen Gerichtsbarkeit, 2. Aufl. 1996.
Schulte-Bunert/Weinreich, FamFG, Komm. 2009.
Weirich, Freiwillige Gerichtsbarkeit, Einführung in die Systematik und Praxis, 1981.
Wütz, Der Freibeweis in der freiwilligen Gerichtsbarkeit, 1971.
Zemlin, Die Grenzen der Nachprüfbarkeit bei der weiteren Beschwerde in der freiwilligen Gerichtsbarkeit, Diss. 1934.
Zimmermann, Das neue FamFG, 2009;
ders. Praktikum der Freiwilligen Gerichtsbarkeit, 6. Aufl. 2004.

II. Sonstiges Schrifttum

Bamberger/Roth/Bearbeiter, Kommentar zum Bürgerlichen Gesetzbuch Band 3 §§ 1297–2385, 2. Aufl. 2008
Barnstedt/Steffen, Gesetz über das gerichtliche Verfahren in Landwirtschaftssachen, 7. Aufl. 2005.
Baumbach/Hopt, Handelsgesetzbuch 33. Aufl. 2008
Baumbach/Bearbeiter, Baumbach/Lauterbach/Albers/Hartmann/Bearbeiter, ZPO, 67. Aufl. 2009
Bergerfurth, Der Ehescheidungsprozess und die anderen Eheverfahren, 14. Aufl. 2004.
Bienwald/Sonnenfeld/Hoffmann, Betreuungsrecht, 4. Aufl. 2005.
Bienwald, Verfahrenspflegschaftsrecht, 2002.
Brambring/Jerschke, Beck'sches Notarhandbuch, 5. Aufl. 2009.
Damrau/Zimmermann, Betreuungsrecht, Kommentar zum materiellen und formellen Recht, 3. Aufl. 2001.
Dethloff, Familienrecht, 29. Aufl. 2010.
Dodegge-Roth, Betreuungsrecht, 2003.
Firsching/Dodegge, Familienrecht/2. Halbband: Vormundschafts- und Betreuungssachen, (Handbuch der Rechtspraxis, Band 5 b), 7. Aufl. 2010
Firsching/Graf, Nachlassrecht (Handbuch der Rechtspraxis, Band 6), 9. Aufl. 2008
Firsching/Schmid, Familienrecht 1. Halbband: Familiensachen, (Handbuch der Rechtspraxis, Bd. 5 a), 7. Aufl. 2010.
Geimer, Internationales Zivilprozessrecht, 6. Aufl. 2009.
Gernhuber/Coester-Waltjen, Lehrbuch des Familienrechts, 6. Aufl. 2010
Gießler/Soyka, Vorläufiger Rechtsschutz in Familiensachen, 5. Aufl. 2010.
Göppinger/Börger, Vereinbarungen anlässlich der Ehescheidung, 9. Aufl. 2009.
Gustavus, Handelsregisteranmeldungen, 7. Aufl. 2009.
Jans/Happe, Gesetz zur Neuregelung der elterlichen Sorge, 1980.
Jürgens, Betreuungsrecht (Kommentar), 4. Aufl. 2010.
Jürgens/Kröger/Marschner/Winterstein, Betreuungsrecht kompakt, 6. Aufl. 2007.
Johannsen/Henrich, Familienrecht, 5. Aufl. 2010.
Kegel/Schurig, Internationales Privatrecht, 9. Aufl. 2004.

Schrifttum

Kierdorf, Legalisation von Urkunden, 1975.
Kissel/Mayer, Gerichtsverfassungsgesetz, 6. Aufl. 2010.
Krafka/Willer/Kühn, Registerrecht, 8. Aufl. 2010.
Kropholler, Das Haager Abkommen über den Schutz Minderjähriger, 2. Aufl. 1977.
Lange/Wulff/Lüdtke-Handjery, Höfeordnung für die Länder Hamburg, Niedersachsen, Nordrhein-Westfalen und Schleswig-Holstein, 10. Aufl. 2001.
Märkle, Der Verein im Zivil- und Steuerrecht, 11. Aufl. 2004.
Marschner/Volckart/Lesting, Freiheitsentziehung und Unterbringung, 5. Aufl. 2010.
Maßfeller/Hoffmann, Personenstandsgesetz, Kommentar, Stand 1989.
Meier, Handbuch Betreuungsrecht 2001.
Meyer-Stolte/Bobenhausen, Familienrecht, 4. Aufl. 2000.
Möhring/Beisswingert/Klingelhöffer, Vermögensverwaltung in Vormundschafts- und Nachlasssachen, 7. Aufl. 1992.
Münchener Kommentar zum BGB, Band 8: Familienrecht, 5. Aufl. 2008; Band 9: Erbrecht, 5. Aufl. 2010.
Münchener Kommentar zur ZPO, Band 3: §§ 946–1086, 3. Aufl. 2008; Band 4: FamFG, 3. Aufl. 2010.
Musielak/Borth, Familienrechtliches Verfahren 2009.
Oberloskamp, Vormundschaft, Pflegschaft und Beistandschaft für Minderjährige, 3. Aufl. 2010.
Palandt, Kommentar zum BGB, 69. Aufl. 2010.
Piller/Hermann, Justizverwaltungsvorschriften (Loseblattsammlung).
Rahm u.a., Handbuch des Familiengerichtsverfahrens, Stand Dezember 2010.
Reichert, Handbuch des Vereins- und Verbandsrechts, 12. Aufl. 2009.
Reimann/Bengel/J. Mayer, Testament und Erbvertrag, 5. Aufl. 2006.
Rolland, Familienrecht, 2. Aufl., Stand Mai 1996.
Roth-Stielow, AdoptionsG, AdoptionsvermittlungsG, 1976.
Ruland, Versorgungsausgleich, 2. Aufl. 2010.
Sauter/Schweyer/Waldner, Der eingetragene Verein, 19. Aufl. 2010.
Schack, Internationales Zivilverfahrensrecht, 4. Aufl. 2006.
Scholz/Kleffmann/Motzer, Praxishandbuch, Familienrecht, Stand September 2010.
Schwab, Handbuch des Scheidungsrechts, 6. Aufl. 2010.
Soergel/Bearbeiter, Soergel/Siebert, Bürgerliches Gesetzbuch mit Einführungsgesetz und Nebengesetzen, 13. Aufl. Band 22: Erbrecht 2, 2003, Band 23: Erbrecht 3, 2002.
Staudinger/Bearbeiter, v. Staudinger, Kommentar zum Bürgerlichen Gesetzbuch, 13. Aufl. §§ 2064–2264, 2003; §§ 2265–2338 (2006).
Stein/Jonas/Bearbeiter, Kommentar zur Zivilprozessordnung Band 9: §§ 916–1006, 22. Aufl. 2002
Stöber, Handbuch zum Vereinsrecht, 9. Aufl. 2004.
Thomas-Putzo, Zivilprozessordnung, 31. Aufl. 2010.
Voskuhl/Pappai/Niemeyer, Versorgungsausgleich in der Praxis, 1976 ff.
Wöhrmann/Stöcker, Das Landwirtschaftserbrecht mit ausführlicher Erläuterung der Höfeordnung, 7. Aufl. 2000.

Schrifttum

Winkler, Der Testamentsvollstrecker, 20. Aufl. 2010.
Wieczorek/Schütze/Bearbeiter, Zivilprozessordnung und Nebengesetze Band 5, §§ 916–1048, 3. Aufl. 1995.
Zöller/Bearbeiter, Zivilprozessordnung, 27. Aufl. 2009.

III. Kostenrecht

Assenmacher/Matthias, Kostenordnung, 16. Aufl. 2008.
Binz/Dörndorfer/Petzold/Zimmermann, GKG, FamGKG, JVEG, 2. Aufl. 2009.
Haferland, Kostenrecht der freiwilligen Gerichtsbarkeit, 5. Aufl. 1981.
Hartmann, Kostengesetze, 40. Aufl. 2010.
Korintenberg/Lappe/Bengel/Reimann, Kostenordnung, 18. Aufl. 2010.
Lappe, Kosten in Familiensachen, 5. Aufl. 1994.
Rohs/Wedewer, Kostenordnung, Stand 2004.
Schneider, Gebühren in Familiensachen, 2009.

IV. Beurkundungsrecht

Arndt/Lerch/Sandkuhler, Bundesnotarordnung, 6. Aufl. 2008.
Eylmann/Vaasen, BNotO und BeurkG, Kommentar, 3. Aufl. 2010.
Huhn/v Schuckmann, BeurkG, Kommentar, 5. Aufl. 2009.
Lerch, Beurkundungsgesetz, 3. Aufl. 2006[*].
Schippel/Bracker, Bundesnotarordnung, 8. Aufl. 2006[*].
Winkler, BeurkG, 16. Aufl. 2008.

---

[*] Die 2011 vorgelegten Neuauflagen konnten nicht mehr berücksichtigt werden.

Einleitung

1. Entstehung des Gesetzes

Für das Verfahren der freiwilligen Gerichtsbarkeit waren vor dem 1. 1. 1900 im Wesentlichen die Landesgesetze maßgebend. Die einheitliche Gestaltung des bürgerlichen Rechts und des Handelsrechts ließen auch eine einheitliche reichsrechtliche Regelung des Verfahrensrechtes zu ihrer Durchführung als dringend notwendig erscheinen. Die mit dem Entwurf eines BGB beauftragte Kommission hat im Jahre 1881 einen ersten Entwurf eines Gesetzes über das Verfahren in den Vormundschaftssachen und sonstigen das Familienrecht betreffenden Angelegenheiten gefertigt. Ein zweiter Entwurf, der auch die Nachlasssachen behandelte, kam nicht mehr zur Beratung. Die durch Beschluss des Bundesrates vom 4. 12. 1890 eingesetzte zweite Kommission, die mit dem Entwurf des BGB beauftragt war, strebte ebenfalls eine reichsrechtliche Regelung des Verfahrens in Angelegenheiten der freiwilligen Gerichtsbarkeit, soweit es zur einheitlichen Durchführung des BGB notwendig war, an. Art 1 EGBGB wurde dahin ergänzt, dass mit dem Bürgerlichen Gesetzbuch auch ein Gesetz über die Angelegenheiten der freiwilligen Gerichtsbarkeit in Kraft treten sollte. Ein weiterer Entwurf, der ua Vormundschaftssachen, familienrechtliche Angelegenheiten und das Verfahren zur Errichtung von gerichtlichen oder notariellen Urkunden enthielt, wurde in den Grundzügen Grundlage des Gesetzes vom 17. 5. 1898 (RGBl I S. 369, 771) (Keidel/Schmidt, 15. Aufl., Einl Rn 1). **1**

2. Ergänzungen

Das Gesetz über die Angelegenheiten der freiwilligen Gerichtsbarkeit wurde in der Folge **vielfach geändert und ergänzt**. Weitere Angelegenheiten wurden der freiwilligen Gerichtsbarkeit durch Sondergesetze zugewiesen (vgl im Einzelnen: Keidel/Schmidt, Rn 52–114 zu § 1 FGG. **2**

3. Reichsgesetze

Die bei Inkrafttreten des FGG bestehenden Reichsgesetze blieben nach § 185 II in Verbindung mit Artikel 32 EGBGB in Kraft, auch soweit sie Verfahrensvorschriften in Angelegenheiten der freiwilligen Gerichtsbarkeit enthielten; sie sind nur insoweit außer Kraft getreten, als sich aus den Vorschriften dieses Gesetzes ihre Aufhebung ergibt. **3**

4. Reformvorhaben

Ziel einer Neugestaltung des FGG war es, die vielfach zersplitterte Regelung einzelner Angelegenheiten nach Möglichkeit zu vereinheitlichen und das Verfahren einfacher und übersichtlicher zu gestalten. Die im Jahre 1964 von **4** dem Bundesministerium der Justiz zur Erarbeitung eines Entwurfs einer umfassenden einheitlichen Verfahrensordnung eingesetzte Kommission für das Recht der freiwilligen Gerichtsbarkeit hat nach Abschluss ihrer Beratungen im Frühjahr 1977 ihre Arbeitsergebnisse in einem Bericht zusammen gefasst und veröffentlicht; diese Arbeiten führten jedoch nicht zu einer Neugestaltung des Verfahrensrechts der freiwilligen Gerichtsbarkeit.

Im Juni 2005 hatte das Bundesministerium der Justiz einen Referentenentwurf für ein FGG-Reformgesetz vorgelegt, der das FGG vom 17. Mai 1898 unter Einbeziehung des gesamten Verfahrens in Familiensachen neu gestaltet. Das FGG-Reformgesetz enthält eine umfassende eigenständige Verfahrensordnung für die Angelegenheiten der freiwilligen Gerichtsbarkeit. Eine wesentliche Neuerung ist die Zuweisung des gesamten familiengerichtlichen Verfahrens in das Verfahren der freiwilligen Gerichtsbarkeit. Das Gesetz schließt an den im Jahre 1977 von der Kommission für das Recht der freiwilligen Gerichtsbarkeit vorgelegten Entwurf einer Verfahrensordnung für die freiwillige Gerichtsbarkeit – FrGO – an. Ein wesentlicher Teil der Neugestaltung besteht darin, dass von der Rechtsprechung entwickelte Grundsätze, Begriffe und Rechtsinstitute ausdrücklich in den Gesetzestext aufgenommen werden. Weitgehend geprägt wird das Gesetz durch das **Ziel der Angleichung der Verfahrensordnungen** durch Anpassung an die Vorschriften der Zivilprozessordnung.

5   5. Durch die am 1. 1. 1975 in Kraft getretene Neuregelung des Eintritts der **Volljährigkeit** wurde der weitgehenden tatsächlichen Selbstständigkeit der Jugendlichen in allen Lebensbereichen Rechnung getragen. Das Volljährigkeitsalter wurde von 21 auf 18 Jahre und als notwendige Konsequenz die Ehemündigkeit des Mannes auf 18 Jahre festgesetzt. Darüber hinaus ist eine Volljährigkeitserklärung für Minderjährige nicht vorgesehen. Durch die Neuregelung entfielen die §§ 3 bis 5 BGB, §§ 56 und 196 FGG und § 14 Nr 1 RpflG.

6   6. Das **Einführungsgesetz zum Strafgesetzbuch** brachte eine sprachliche Änderung einzelner Vorschriften des FGG. Der uneinheitliche Sprachgebrauch zur Bezeichnung von Rechtsnachteilen für Zuwiderhandlungen, die weder Straftaten noch Ordnungswidrigkeiten sind, wurde beseitigt.

7   7. Das Gesetz über die Annahme als Kind – **Adoptionsgesetz** – vom 2. 7. 1976 ist am 1. 1. 1977 in Kraft getreten. Es hat die Adoption von Kindern auf eine neue rechtliche Grundlage gestellt, nachdem schon vorher das Mindestalter für Annehmende auf 25 Jahre herabgesetzt und die Möglichkeit, die elterliche Einwilligung zu ersetzen, erweitert worden war. Das Kind wird mit vollen Rechtswirkungen – auch hinsichtlich der Staatsangehörigkeit – als eigenes Kind in die neue Familie aufgenommen; die bisherigen Verwandtschaftsverhältnisse erlöschen (Volladoption). Die Annahme des Kindes wird nicht mehr durch Vertrag, sondern durch Ausspruch des Vormundschaftsgerichts (Dekretsystem) begründet. Eine Auflösung des Annahmeverhältnisses kann nur noch in besonderen Ausnahmefällen vorgenommen werden und dann auch nur, wenn die Auflösung im Einklang mit dem Kindeswohl steht. Die Annahme eines Volljährigen bleibt möglich; sie hat jedoch schwächere Rechtswirkungen.

Die gleichzeitig vorgenommenen Änderungen im **Adoptionsvermittlungsrecht** bezwecken vor allem, mehr adoptionsbedürftige Kinder besser

Einleitung

und schneller zu vermitteln. Dies geschieht dadurch, dass die Adoptionsvermittlung auf wenige, aber gut besetzte Adoptionsvermittlungsstellen konzentriert wird, bei den Landesjugendämtern interdisziplinär besetzte zentrale Adoptionsstellen eingerichtet werden, die die Adoptionsvermittlungsstellen besonders bei schwierigen Vermittlungen und bei Adoptionen mit Auslandsberührung unterstützen.

8. Durch das **Erste Gesetz zur Reform des Ehe- und Familienrechts** (1. EheRG) vom 14. 6. 1976 (BGBl I S.1421), das am 1. 7. 1977 in Kraft getreten ist, wurde das Familiengericht eingerichtet, das erstmals in umfassender Zuständigkeit über die Scheidung und die Scheidungsfolgesachen zu entscheiden hat. Familiensachen aus dem Bereich der freiwilligen Gerichtsbarkeit, die grundsätzlich im Verbund mit der Scheidung zu entscheiden sind, sind Verfahren nach §§ 1671, 1634, 1632 BGB, das Verfahren über den Versorgungsausgleich nach §§ 1587 ff BGB, das Hausratsverfahren und die Verfahren nach den §§ 1382 und 1383 BGB.

9. Durch das **Gesetz zur Neuregelung des Rechts der elterlichen Sorge** vom 18. 7. 1979 (BGBl I S.1061), das am 1. 1. 1980 in Kraft getreten ist, sind die Anhörungspflichten des Gerichts in Sorgerechtsverfahren verstärkt und in den verfahrensrechtlichen Vorschriften der §§ 50 a bis 50 c zentral zusammengefasst worden. Die Neuregelung des Verfahrens für die Unterbringung unter Einbeziehung der Unterbringung des Kindes durch die Eltern sah insbesondere vor die persönliche Anhörung des Betroffenen, die Bindung der Genehmigung einer Unterbringung an die vorherige Anhörung eines Sachverständigen sowie die Bestellung eines besonderen Vertreters für das Verfahren und die Erteilung nur einer zeitlich befristeten Genehmigung. Durch Art 5 des Gesetzes sind geändert: §§ 50, 50 c, 57 I Nr 8, §§ 59, 60 I Nr 1; § 64 a wird § 64 k. Aufgehoben sind: §§ 55 a, 57 I Nr 4, § 60 I Nr 4, §§ 64, 190, neu eingefügt: §§ 50 a bis 50 d und §§ 64 a bis 64 i. §§ 64 a bis 64 i sind durch das Betreuungsgesetz vom 12. 9. 1990 (BGBl I S.2002) aufgehoben und durch die §§ 70 bis 70 n, die das Unterbringungsverfahren (Rn 16) neu regeln, ersetzt worden.

10. Durch das **Gesetz über die Prozesskostenhilfe** vom 13. 6. 1980 (BGBl I S.677), das seit dem 1. 1. 1981 in Kraft ist, ist die frühere Bezeichnung „Armenrecht" durch „Prozesskostenhilfe" ersetzt worden. Das Gesetz führt ein Tabellensystem mit einer bestimmten Einkommensgrenze, bis zu der völlige Kostenfreiheit besteht, ein, legt bestimmte Einkommenssätze und feste Raten für Rechtsuchende, deren Einkommen oberhalb der Grenze für die uneingeschränkte Prozesskostenhilfe liegen, fest. § 14 FGG, der weiterhin auf die entsprechende Anwendung der Vorschriften der Zivilprozessordnung verweist, ist neu gefasst worden. Auf das Verfahren nach dem Gesetz über Rechtsberatung und Vertretung für Bürger mit geringem Einkommen **(Beratungshilfegesetz)** vom 18. 6. 1980 (BGBl I S.689) – BerHG – sind nach dessen § 5 die Vorschriften des FGG sinngemäß anzuwenden; ferner auf das Verfahren nach dem Gesetz zur Änderung der Vornamen und die Feststellung der Geschlechtszugehörigkeit in besonderen Fällen **(Transsexuellengesetz)** vom 10. 9. 1980 (BGBl I S.1654) – TSG –.

11. Das **Gesetz zur Regelung von Härten im Versorgungsausgleich** vom 21. 2. 1983 – VAHRG – (BGBl I S.105) enthält in Teil I Maßnahmen

3

zur Beseitigung der Beitragszahlungspflicht gemäß § 1587b III 1 BGB durch Realteilung, Quasi-Splitting, und den schuldrechtlichen Versorgungsausgleich (§§ 1–3 VAHRG), in Teil II Regelung zur Milderung der Auswirkungen des durchgeführten Versorgungsausgleichs in besonderen Fällen und in Teil III eine Erweiterung der Auskunftspflicht. Das VAHRG, das bis zum 31. 12. 1986 befristet war, ist durch das **Gesetz über weitere Maßnahmen auf dem Gebiet des Versorgungsausgleichs** vom 8. 12. 1986 (BGBl I S.2317), das am 1. 1. 1987 in Kraft getreten ist, unbefristet verlängert und in verschiedenen Punkten ergänzt worden.

12 12. Das Gesetz zur Änderung unterhaltsrechtlicher, verfahrensrechtlicher und anderer Vorschriften – **UÄndG** vom 20. 2. 1986 (BGBl I S.301) –, das am 1. 4. 1986 in Kraft getreten ist, hat Vorschriften des Unterhalts-, Scheidungs- und Scheidungsfolgenrechts geändert. Im Bereich des FGG wurden Änderungen vorgenommen hinsichtlich der § 59 II 3, § 64 I, § 60 II und § 64k III, insbesondere ist § 46a neu eingefügt worden, demgemäß das Verfahren auf Genehmigung einer Unterbringung isoliert abgegeben werden konnte.

13 13. Das **Gesetz zur Neuregelung des Internationalen Privatrechts** vom 25. 7. 1986 (BGBl I S.1142) ist am 1. 9. 1986 in Kraft getreten. Durch dieses Gesetz ist § 16a über die Anerkennung ausländischer Entscheidungen eingefügt worden; ferner wurde die internationale Zuständigkeit deutscher Gerichte im Bereich der freiwilligen Gerichtsbarkeit ausdrücklich geregelt in den §§ 35a, 43a und § 43b. Die §§ 36, 43, 44 und 47 wurden zum Teil geändert und zum Teil neu gefasst.

14 14. Durch das Gesetz zur Ausführung der EWG-Verordnung über die Europäische wirtschaftliche Interessenvereinigung **(EWIV-Ausführungsgesetz)** vom 14. 4. 1988 (BGBl I S.514) wurde **§ 132 I** geändert.

15 15. Durch das Gesetz zur Reform der gesetzlichen Rentenversicherung **(Rentenreformgesetz 1992 – RRG 1992)** vom 18. 12. 1989 (BGBl I S.2261) wurde **§ 53e** geändert. Gleichzeitig hat der Gesetzgeber bei der Überprüfung der Reform des Versorgungsausgleichs die Bagatellregelung (§ 3c VAHRG) gestrichen, die Härteregelungen (§§ 4–10 VAHRG) sowie die Korrekturvorschrift (§ 10a VAHRG) durch die Aufhebung ihrer Befristung (§ 13 II VAHRG) bestätigt (Artikel 30 RÜG).

16 16. Durch das Gesetz zur Ausführung des Haager Übereinkommens vom 25. 10. 1980 über die zivilrechtlichen Aspekte internationaler Kindesentführung und des europäischen Übereinkommens vom 20. 5. 1980 über die Anerkennung und Vollstreckung von Entscheidungen über das Sorgerecht für Kinder und die Wiederherstellung des Sorgeverhältnisses **(Sorgerechtsübereinkommens-Ausführungsgesetz – SorgeRÜbkAG)** vom 5. 4. 1990 (BGBl I S.701), das am 6. 4. 1990 in Kraft getreten ist, sind **§ 24 I 2** und **§ 33 I 3** neu eingefügt sowie § 33 I 2, II, III geändert und neu gefasst worden. Durch § 24 I 2 wurde bestimmt, dass die Beschwerde gegen die Anordnung der Zwangshaft keine aufschiebende Wirkung hat. § 33 sah nunmehr zur Herausgabe einer Person neben der Festsetzung von Zwangsgeld und der Anwendung von Gewalt die Anordnung von Zwangshaft vor. Das einzelne Zwangsgeld wurde auf einen Betrag bis zu 50 000,– DM erhöht.

17 17. Durch das **Gesetz zur Neuordnung des Kinder- und Jugendhilferechts – KJHG –** vom 25. 6. 1990 (BGBl I S.1163), das am 1. 1. 1991 in Kraft

Einleitung **Einl**

getreten ist, sind die **§§ 49, 49 a eingefügt** worden. Die bisher in den §§ 48 a, 48 b, 52 b JWG geregelten Verpflichtungen des Vormundschafts- und des Familiengerichts, das Jugendamt, die Adoptionsstelle des Landesjugendamtes, vor einer Entscheidung zu hören, sind damit in das FGG übernommen worden.

18. Durch das Gesetz zur Reform der Vormundschaft und Pflegschaft für Volljährige (**Betreuungsgesetz – BtG –**) vom 12. 9. 1990 (BGBl I S.2002), das am 1. 1. 1992 in Kraft trat, wurden die Rechtsinstitute der Entmündigung, der Vormundschaft über Volljährige und die Gebrechlichkeitspflegschaft des bisherigen Rechts durch das neue Rechtsinstitut der Betreuung ersetzt, die bisherige gespaltene Zuständigkeit zwischen Prozessgericht und Vormundschaftsgericht beseitigt und durch ein einheitliches Verfahrensrecht der freiwilligen Gerichtsbarkeit ersetzt. Dieses wurde in den §§ 65–69 m FGG geregelt. Durch die §§ 70–70 n FGG wurde für zivilrechtliche und öffentlich-rechtliche Unterbringungsmaßnahmen ein einheitliches FGG-Verfahren geschaffen. **Neu eingefügt** wurden § 13 a II, § 20 a I 2. Geändert wurden die §§ 10 S 2, 13 a III, die §§ 43, 57 I Nr 1, 3, 8, § 97 II und § 199 II 1. Aufgehoben wurden die §§ 38, 46 a, 53, 54, 57 I Nr 2, 60 I Nr 5, 61 und 64 a–64 e. Der bisherige Abs 3 des § 13 a wurde Abs 4, § 50 I wurde § 35 a, der § 35 a wurde § 35 b, § 50 II wurde § 74 a und § 64 k wurde § 64. **18**

19. Durch das Gesetz zur Durchführung der Richtlinie des Rates der Europäischen Gemeinschaften über den Jahresabschluss und den konsolidierten Abschluss von Banken und anderen Finanzinstituten (**Bankbilanzrichtlinie-Gesetz**) vom 30. 11. 1990 (BGBl I S.2570) wurde § 132 I Satz 1 geändert. **19**

20. Durch das **Rechtspflege-Vereinfachungsgesetz** vom 17. 12. 1990 (BGBl I S.2847), das am 1. 4. 1991 in Kraft getreten ist, ist § 27 II eingefügt worden und § 20 a I 2 sowie II geändert worden. Dadurch wurden der Beschwerdewert auf 200,– DM erhöht und die weitere Beschwerde bei Kostenentscheidungen eingeschränkt. **20**

21. Der **Einigungsvertrag** vom 31. 8. 1990 (BGBl II S.889) hat in den neuen Bundesländern Bundesrecht in Kraft gesetzt. Auf dem Gebiet des Gerichtsverfassungsrechts war es vor allem notwendig, den bisherigen dreistufigen Gerichtsaufbau in den neuen Bundesländern dem vierstufigen Gerichtsaufbau in den alten Bundesländern anzupassen, Zuständigkeit, Besetzung der Gerichte und das Rechtsmittelsystem zu regeln (Rn 9). Dem Umstand, dass in den neuen Bundesländern die Zulassung der Anwälte nicht auf ein bestimmtes Gericht bezogen ist, war Rechnung zu tragen. Eine besondere Regelung für anwaltliche Vertretung in Familiensachen wurde getroffen (s. u. Rn 8, 9 aE zu § 13). Grundsätzlich wurden am Tag des Beitritts anhängige Verfahren in der Lage, in der sie sich befanden, nach den in Kraft gesetzten Vorschriften fortgesetzt. Hinsichtlich der Rechtsmittel, Fristen und durch unzulässig gewordene Rechtsmittel entstandene Kosten sind Übergangsregelungen vorgesehen. Auf dem Gebiet der freiwilligen Gerichtsbarkeit sind Sonderregelungen getroffen für die Adoption (Rn 17 vor §§ 56 d–f), den Versorgungsausgleich (Rn 7 vor §§ 53 b–g), die Unterbringung, das Handelsregister, das Genossenschaftsregister und die Dispache. **21**

22. Das Gesetz zur Anpassung der Rechtspflege im Beitrittsgebiet (**Rechtspflege-Anpassungsgesetz – RpflAnpG –** vom 28. 6. 1992 (BGBl I S.1147) ist am 1. 7. 1992 in Kraft getreten. Der Bundesgesetzgeber hat hierdurch den **22**

gesetzgeberischen Rahmen für den nach dem Einigungsvertrag den neuen Ländern obliegenden Übergang zum allgemein geltenden Aufbau der Gerichtsbarkeit geschaffen; (Einzelheiten s. 6. Auflage). Für die Postulationsfähigkeit galt bis 31. 12. 1994 § 22 RpflAnpG; ab 1. 1. 1995 § 78 I, II ZPO aF. Das BVerfG hat dessen Anwendung einstweilen ausgesetzt und § 22 RpflAnpG für zunächst weiterhin anwendbar erklärt (NJW 95, 247).

Das Rechtspflege-Anpassungsgestz – RpflAnpG – ist geändert worden durch das Erste Gesetz zur Änderung des RpflAnpG vom 7. 12. 1995 (BGBl I S.1590), das Zweite Gesetz zur Änderung des RpflAnpG vom 20. 12. 1996 (BGBl I S.2090) und durch Gesetz vom 6. 8. 1998 (BGBl I S.2033).

23 23. Das Gesetz zur Änderung adoptionsrechtlicher Vorschriften (**AdoptRÄndG**) vom 4. 12. 1992 (BGBl I S.1974), bringt Korrekturen der Reform von 1976. Die Änderungen betreffen den Namen des Adoptivkindes (§ 1757 II BGB). Eine Zweitadoption von Erwachsenen wird durch den Verweis auf § 1742 BGB in § 1768 I 2 BGB ermöglicht. Hierdurch wird insbesondere die Möglichkeit der Rückadoption durch die leiblichen Eltern eröffnet. Nach § 1772 Abs 1 Satz 2 BGB darf die Volljährigen-Adoption nicht mit den Wirkungen einer Minderjährigen-Adoption ausgestattet werden, wenn überwiegende Interessen der Eltern des Anzunehmenden entgegenstehen. Die verfahrensrechtliche Bedeutung liegt darin, dass die Eltern zu Verfahrensbeteiligten gemacht werden.

24 24. Durch das **Gesetz zur Entlastung der Rechtspflege** vom 11. 1. 1993 (BGBl I S.50) wird in § 45 Abs. 1 des Gesetzes über das Wohnungseigentum und das Dauerwohnrecht die Zahl 1200 durch die Zahl 1500 ersetzt. Diese Änderung gilt nach den Überleitungsvorschriften nicht für Verfahren, in denen die anzufechtende Entscheidung vor dem Inkrafttreten der Änderung verkündet wurde.

25 25. Das erste Gesetz zur Änderung des SGB VIII, des **Kinder- und Jugendhilfegesetzes (KJHG),** ist am 1. 4. 1993 in Kraft getreten (BGBl I S.239). Die sachliche und örtliche Zuständigkeit der Jugendämter ist neu geordnet und ergänzt worden. Während früher die örtliche Zuständigkeit der Amtspflegschaft und Amtsvormundschaft vom gewöhnlichen Aufenthalt des Kindes abhing, kommt es nun auf den gewöhnlichen Aufenthalt der Mutter oder der Eltern an. Hierdurch wird eine vorwiegend elternzentrierte Jugendhilfe gekennzeichnet.

26 26. Durch das Gesetz zur Neuordnung des Familiennamensrechts (**Familiennamensrechtsgesetz – FamNamRG –**) vom 16. 12. 1993 (BGBl I S.2054) ist der neue § 46 a in das Gesetz eingefügt worden. Es handelt sich hierbei um eine **verfahrensrechtliche** Vorschrift im Zusammenhang mit dem **Geburtsnamen des ehelichen Kindes.** Führen die Eltern des Kindes keinen Ehenamen und treffen sie nicht binnen eines Monats nach der Geburt des Kindes eine Bestimmung über den Geburtsnamen, überträgt das Vormundschaftsgericht das Bestimmungsrecht einem Elternteil (§ 1616 III BGB). § 46 a bestimmt, dass vor der Übertragung des Bestimmungsrechts beide Eltern anzuhören und auf eine einvernehmliche Bestimmung hinzuwirken ist. Die Entscheidung des Vormundschaftsgerichts bedarf keiner Begründung; sie ist unanfechtbar.

27 27. Das **Registerverfahrensbeschleunigungsgesetz** vom 20. 12. 1993 (BGBl I S.2182, 2204) hat – in Anlehnung an die Regelungen des § 126 I

Einleitung **Einl**

GBO n. F. – in § 8 a I HGB die Mindestanforderungen an Technik und Organisation des **elektronischen Handelsregisters** geregelt. Die Wirksamkeit von Eintragungen behandelt § 8 II HGB n. F., die bereits bisher in § 8 a I und II HGB a. F. normierte Wiedergabe auf einem Bildträger § 8 a III und IV HGB n. F. § 8 a V HGB n. F. bestimmt, dass die näheren Anordnungen über die maschinelle Führung des Handelsregisters (z. B. technische Anforderungen, Datenübermittlungen nach § 9 a HGB n. F.), die Aufbewahrung der Schriftstücke und die Einreichung von Jahres- und Konzernabschlüssen samt dazugehörigen Unterlagen die Landesjustizverwaltungen treffen, soweit nicht nach § 125 III n. F. die Handelsregisterverfügung ergänzt oder eine neue Verordnung erlassen wird. § 9 a HGB enthält Regelungen über das automatisierte Abrufverfahren und bietet als zusätzliche Einsichtsmöglichkeit den externen **Abruf von Registerdaten** im Online-Verfahren an. Durch Rechtsverordnung des Bundesjustizministeriums können gemäß § 125 III 2 auch Einzelheiten der Einrichtung automatisierter Verfahren zur Übermittlung von Daten aus dem Handelsregister durch Abruf und der Genehmigung hierfür (§ 9 a HGB) geregelt werden.

28. Das Gesetz zur Änderung von Kostengesetzen und anderen Gesetzen **28** (**Kostenrechtsänderungsgesetz 1994 – KostRÄndG 1994** – BGBl I S.1325) v 24. 6. 1994 ist am 1. 7. 1994 in Kraft getreten. Es enthält auch für den Bereich der Kostenordnung Gebührenerhöhungen durch Anhebung der Mindestgebühren und Ersetzung von Rahmengebühren durch Festgebühren.

29. Das **Partnerschaftsgesellschaftsgesetz** vom 25. 7. 1994 (BGBl I **29** S.1744) eröffnet mit Wirkung zum 1. 7. 1995 den Angehörigen freier Berufe die Möglichkeit der gemeinsamen Berufsausübung in einer neuen Gesellschaft – der Partnerschaft. § 160 b erklärt für die Führung des Partnerschaftsregisters die Amtsgerichte für zuständig und für die Eintragungen die entsprechende Anwendung der Vorschriften des FGG.

30. Das **Gesetz zur Neuordnung des Berufsrechts der Rechtsanwälte 30 und Patentanwälte** vom 2. 9. 1994 (BGBl I S.2278) hat die Vorschrift des § 78 I, II ZPO über die anwaltliche Vertretung für die alten Bundesländer einschließlich Berlin zum 1. 1. 2000 und für die neuen Bundesländer zum 1. 1. 2005 geändert. Künftig können sich die Parteien vor den Landgerichten durch einen bei irgendeinem deutschen Amts- oder Landgericht zugelassenen Rechtsanwalt vertreten lassen, bei allen Gerichten des höheren Rechtszuges von einem bei dem jeweiligen Prozessgericht zugelassenen Rechtsanwalt. Die Änderung hat Auswirkung auf die erstinstanzliche Vertretung in Ehesachen und Folgesachen (§ 78 II Nr 1 ZPO). Die selbstständigen Familiensachen werden nicht berührt, wie diese in erster und zweiter Instanz anwaltsfrei bleiben (§ 78 II Nr 3 ZPO).

In den neuen Bundesländern sollte zum 1. 1. 1995 § 78 ZPO in Kraft treten. Diese Regelung hat das Bundesverfassungsgericht für verfassungswidrig erklärt (BVerfG, NJW 95, 247; NJW 96, 1883). Bis zum 1. 1. 2005 bleibt daher dort die bisherige Regelung in Kraft. Danach sind alle Rechtsanwälte, die bei einem Amts- oder Landgericht zugelassen oder bei einem Bezirksgericht registriert waren, bei allen Amts- und Landgerichten postulationsfähig; ein nur bei dem Amtsgericht zugelassener Rechtsanwalt aber nicht bei dem übergeordneten Landgericht (§§ 14, 22 Rechtspflegevereinfachungsgesetz).

31 31. Durch das **Einführungsgesetz zur Insolvenzordnung** vom 5. 10. 1994 (BGBl I S.2911) wurden mit Wirkung vom 1. 1. 1999 ua die Vergleichsordnung, die Konkursordnung und das Löschungsgesetz aufgehoben. Der besondere Löschungstatbestand des § 2 I 2 LöschG wegen dreimaliger Nichtoffenlegung des Jahresabschlusses ist bereits mit Verkündung des EG InsO außer Kraft getreten. Ferner wurde § 141a neu eingefügt, der die Löschung wegen Vermögenslosigkeit von AG, KG aA, GmbH sowie von OHG und KG regelt, bei denen kein persönlich haftender Gesellschafter eine natürliche Person ist. Darüberhinaus wurde § 147 I geändert durch **Einfügung von § 141a,** so dass dieser auch auf Genossenschaften Anwendung findet; in § 147 wurde ein neuer Abs. 2 eingefügt, wonach der Prüfungsverband an die Stelle der in § 126 bezeichneten Organe tritt.

32 32. Durch das **Gesetz zur Abschaffung der Gerichtsferien** vom 28. 10. 1996 (BGBl I S.1546), das am 1. 1. 1997 in Kraft getreten ist, sind die Gerichtsferien (§§ 199–202 GVG) abgeschafft worden. Als Folge ist § 10 aufgehoben worden, der die Nichtanwendbarkeit dieser Vorschriften für das Verfahren der freiwilligen Gerichtsbarkeit vorsah. Der als Ersatz für die Gerichtsferien für den Zivilprozess eingeführte Anspruch auf Terminsverlegung gilt in Verfahren der freiwilligen Gerichtsbarkeit nicht; er ist auch auf Familiensachen nicht anwendbar (§ 227 III Nr 3 ZPO).

33 33. Durch das **Justizmitteilungsgesetz (JuMiG)** vom 18. 6. 1997 (BGBl I S.1430) ist in das EGGVG ein 2. Abschnitt eingefügt worden, der „verfahrensübergreifende Mitteilungen von Amts wegen" betrifft. Darin wird eine Rechtsgrundlage geschaffen für die Übermittlung personenbezogener Daten von Amts wegen durch ua die Gerichte der ordentlichen Gerichtsbarkeit. Die Vorschriften der §§ 12–22 EGGVG behandeln die Voraussetzungen und den Umfang der zu übermittelnden Daten und insbesondere in den §§ 19, 20, 21 EGGVG die Verwertung der übermittelten Daten. Als Folgeänderung für das Verfahren der freiwilligen Gerichtsbarkeit sind Ergänzungen und eine Änderung der Verweisungen vorgenommen worden. An § 35a werden zwei Sätze angefügt, die die Kriterien für über Satz 1 hinausgehende Mitteilungen regeln. § 69k V und VI und die sich darauf beziehenden Verweisungen in § 69l III und § 69m II werden aufgehoben. Die in diesen Vorschriften enthaltenen Regelungen werden ersetzt durch den neu eingefügten § 69 II, der nicht wie bisher in § 69k V und VI eine eigenständige Regelung enthält, sondern auf die §§ 19, 20 und 21 EGGVG verweist. § 69n erweitert die Mitteilungspflicht auf Straftaten und Ordnungswidrigkeiten. Redaktionelle Anpassungen enthalten § 69l I und § 70n.

34 34. Durch das **Gesetz zur Abschaffung der gesetzlichen Amtspflegschaft und Neuordnung des Rechts der Beistandschaft (Beistandschaftsgesetz)** vom 4. 12. 1997 (BGBl I S.2846), in Kraft getreten am 1. 7. 1998, wird die gesetzliche Amtspflegschaft (§§ 1706–1710 BGB) abgeschafft. An ihre Stelle tritt eine freiwillige Beistandschaft mit den Aufgabenkreisen Vaterschaftsfeststellung und Geltendmachung von Unterhaltsansprüchen (§§ 1712–1717 BGB). Unter Vorwegnahme der Beseitigung der Unterscheidung von ehelichen und nichtehelichen Kindern tritt eine Beistandschaft kraft Gesetzes auf Antrag eines allein sorgeberechtigten Elternteils ein, der die Disposition über Einleitung, Umfang (im gesetzlichen Rahmen) und Beendi-

Einleitung

gung hat. Das bisherige Rechtsinstitut der Beistandschaft (§§ 1685–1692 BGB) wurde abgeschafft. Die Neuregelung hat redaktionelle Anpassungen zur Folge in §§ 35 b, 36, 36 a, 36 b, 37, 40, 43, 44, 46, 47, 48, 49, 57, 58 und 60.

35. Das **Zweite Gesetz zur Änderung zwangsvollstreckungsrechtlicher Vorschriften (2. Zwangsvollstreckungsnovelle)** vom 17. 12. 1997 (BGBl I S.3039), das am 1. 1. 1999 in Kraft trat, passte § 33 III 5 redaktionell an. Die Bezugnahme auf „§§ 904–906, 908–910, 913" wurde ersetzt durch die Bezugnahme auf „§§ 901, 904–906, 909 I, II, §§ 910, 913".

36. Durch das **Gesetz zur Reform des Kindschaftsrechts (Kindschaftsrechtsreformgesetz – KindRG)** vom 16. 12. 1997 (BGBl I S.2942), in Kraft getreten am 1. 7. 1998, sind in Teilbereichen noch bestehende rechtliche Unterschiede zwischen ehelichen und nichtehelichen Kindern weiter abgebaut worden. Mit dem Wegfall der „nichtehelichen Vaterschaft" entfallen auch die im Zusammenhang damit stehenden bisherigen Rechtsinstitute der Ehelicherklärung (§§ 1723–1739 BGB), Anfechtung der Ehelichkeit (§§ 1593–1599 BGB) und die Anfechtung der Anerkennung eines nichtehelichen Kindes (§§ 1600 f–m BGB). Wer Vater eines Kindes ist, wird in den §§ 1592, 1593 BGB neu bestimmt. Die Vaterschaft kann nach §§ 1599 ff BGB angefochten werden. Sie ist eine Kindschaftssache, die im Zivilprozess durch das Familiengericht entschieden wird. Die Gerichte der freiwilligen Gerichtsbarkeit sind nur zuständig, wenn die Person, gegen die die Anfechtungsklage zu richten wäre, verstorben ist (§ 1600 e II BGB). Diese materiell-rechtlichen Regelungen führten dazu, dass die verfahrensrechtlichen Vorschriften der §§ 43 a, 56, 56 b, 63 aufgehoben wurden; § 56 c galt nunmehr für die Anfechtung der Vaterschaft. Redaktionell angepasst wurden die §§ 48, 53, 55, 55 b, 55 c, 57, 59, 70.

Das Recht der elterlichen Sorge und das Umgangsrecht wurden materiellrechtlich neu gestaltet. Verfahrensrechtlich wurde die Zuständigkeit des Familiengerichts begründet. Die Zuweisung an das Familiengericht ergibt sich aus den materiell-rechtlichen Vorschriften des BGB, auf die verwiesen wird in § 23 b GVG, § 621 ZPO. Entspr der Erweiterung der Zuständigkeit des Familiengerichts werden die Vorschriften über die Anhörung des Jugendamtes in § 49 (Vormundschaftsgericht) und § 49 a (Familiengericht) angepasst. Redaktionell angepasst werden die §§ 59 I 2, 64; ferner §§ 14, 20 RPflG. Die Neuregelung des Namensrechts des Kindes (§§ 1616–1618 BGB) und die neu begründete Zuständigkeit des Familiengerichts für diese Angelegenheiten haben die redaktionelle Anpassung des § 46 a notwendig gemacht. Die Stellung des minderjährigen Kindes in einem seine Person betreffenden Verfahren wird durch die nach § 50 eröffnete Möglichkeit, einen Verfahrenspfleger zu bestellen, gestärkt. § 56 f wird durch die Bezugnahme auf § 50 III, IV ergänzt. Weitere neu eingefügte Verfahrensvorschriften sollen dazu beitragen, die Eltern zu einer einvernehmlichen Regelung, auch unter Inanspruchnahme außergerichtlicher Beratung des Jugendamtes, zu führen: § 52 für die Person eines Kindes betreffende Verfahren, § 52 a für Verfahren bei Streit um eine bereits ergangene Umgangsregelung. § 33 II 2 schließt im Zusammenhang mit dem Umgangsrecht Gewaltanwendung aus.

37. Durch das am 1. 4. 1998 in Kraft getretene **Gesetz zur erbrechtlichen Gleichstellung nichtehelicher Kinder (Erbrechtsgleichstellungsgesetz)** vom 16. 12. 1997 (BGBl I S.2968), das am 1. 4. 1998 in

Kraft getreten ist, soll das Ziel der Gleichbehandlung ehelicher und nichtehelicher Kinder im Erbrecht durch Streichung der Sonderregelungen in §§ 1934a–1934e, 2338a BGB erreicht werden. Diese Änderungen haben Auswirkungen auf das FGG durch Streichung des § 1934d V BGB (Stundung des Ausgleichsbetrages bei vorzeitigem Erbausgleich des nichtehelichen Kindes) in § 53a I und der entspr Bezugnahmen „oder eines Erbersatzanspruches" und „1934b II BGB" in § 83a.

38 38. Das **Gesetz zur Vereinheitlichung des Unterhaltsrechts minderjähriger Kinder (Kindesunterhaltsgesetz – KindUG)** vom 6.4.1998 (BGBl I S.666), in Kraft getreten am 1.7.1998, hatte Auswirkungen nur auf zivilprozessuale Familiensachen.

39 39. Das **Gesetz zur Neuordnung des Eheschließungsrechts (Eheschließungsrechtsgesetz – EheschlRG)** vom 4.5.1998 (BGBl I S.833), das am 1.7.1998 in Kraft getreten ist, regelte das Eheschließungsrecht unter Aufhebung des Ehegesetzes in den §§ 1303–1320 BGB. Die Ehenichtigkeitsklage entfiel. Redaktionelle Anpassungen enthielten § 64 iVm §§ 606, 607, 620 ZPO; § 44a I und erneut §§ 49, 49a; ferner § 14 Nr 12, 14, 18 RPflG.

40 40. Das **Gesetz zur Änderung des Betreuungsrechts sowie weiterer Vorschriften (Betreuungsrechtsänderungsgesetz – BtÄndG)** vom 25.6.1998 (BGBl I S.1580), das, soweit es die Verfahrensvorschriften der freiwilligen Gerichtsbarkeit betrifft, am 1.1.1999 in Kraft trat, brachte zur Entlastung der Gerichte Verfahrenserleichterungen: § 67 für die Bestellung des Verfahrenspflegers; §§ 69a, 70g für die Bekanntmachung von Entscheidungen, deren sofortige Wirksamkeit angeordnet ist; § 69c für den Überprüfungszeitraum bei Bestellung eines Vereins oder einer Behörde als Betreuer; § 69d für die Frage der Personengleichheit von Sachverständigem und ausführendem Arzt; § 69d für die persönliche Anhörung des Pflegers; § 69g für die Anhörung des Betroffenen im Beschwerdeverfahren durch den beauftragten Richter; § 69i für das Absehen von einer erneuten Vornahme von Verfahrenshandlungen.

Der Schutz des Betroffenen bei Erteilung einer Vorsorgevollmacht wurde durch die Aufnahme dieses Instituts in die Verfahrensvorschriften der §§ 68, 69d, 70 gestärkt. Die materiell-rechtlichen Regelungen der Vergütung und des Ersatzes von Aufwendungen für Vormund, Betreuer und Pfleger sind geändert und nach der Zielsetzung des Gesetzgebers vereinfacht worden (§§ 1835–1836e BGB). § 56g enthält die verfahrensrechtliche Ergänzung; Anpassungen enthalten §§ 67 III, 50 V, 69e. Neue Einzelregelungen enthalten § 68a Satz 3 (Widerspruch des Betroffenen bei Anhörung von Angehörigen); § 69gI (Beschwerderecht der Staatskasse); § 70 V 2 (örtliche Zuständigkeit bei Unterbringung).

41 41. Durch das **Dritte Gesetz zur Änderung des Rechtspflegergesetzes** vom 6.8.1998 (BGBl I S.2030), das am 1.10.1998 in Kraft getreten ist, sind zwei wesentliche Änderungen vorgenommen worden. Die Pflicht des Rechtspflegers zur Vorlage ihm übertragener Geschäfte an den Richter ist eingeschränkt worden (§ 5 RPflG). Gegen die Entscheidungen des Rechtspflegers gibt es künftig das Rechtsmittel, das nach den allgemeinen verfahrensrechtlichen Vorschriften zulässig ist (§ 11 I RPflG). Sofern danach ein Rechtsmittel nicht gegeben ist, findet die Erinnerung statt (§ 11 II RPflG). Ausgenommen sind nach den Vorschriften des FGG wirksam gewordene und nicht mehr änderbare Verfügungen (§ 11 III 1 RPflG).

42. Durch Gesetz zur Änderung des EGInsO uaG v 19. 12. 1998 (BGBl I S.3836) wurde **§ 147 I neu gefasst,** indem nicht mehr auf § 128 verwiesen wird.

43. Das Gesetz zur Durchführung der Richtlinie des Rates der Europäischen Union zur Änderung der Bilanz- und der Konzernbilanzrichtlinie hinsichtlich ihres Anwendungsbereichs (90/605/EWG), zur Verbesserung der Offenlegung von Jahresabschlüssen und zur Änderung anderer handelsrechtlicher Bestimmungen **(Kapitalgesellschaften- und Co-Richtlinie-Gesetz – KapCoRiLiG) vom** 24. 2. 2000 (BGBl I S.154) fügte eine umfangreiche Regelung zu Zwangs- und Ordnungsgeldvorschriften im Zusammenhang mit der Veröffentlichung von Jahresabschlüssen in der neuen Norm des **§ 140a FGG** ein und ergänzte § 185 FGG um den neuen Absatz 3.

44. Durch das **Gesetz zur Ächtung der Gewalt in der Erziehung und zur Änderung des Kindesunterhalts** vom 2. 11. 2000 (BGBl I S.1479) wurde in § 1631 II BGB der Begriff der „gewaltfreien Erziehung" eingeführt.

45. Durch das Gesetz über die Eingetragene Lebenspartnerschaft **(Lebenspartnerschaftsgesetz – LPartG) vom** 16. 2. 2001 (BGBl I S.266) sind Regelungen getroffen worden, die für den Bereich der freiwilligen Gerichtsbarkeit von Bedeutung sind: in § 9 dG die sorgerechtlichen Befugnisse des Lebenspartners eines sorgeberechtigten Elternteils, in §§ 13, 14 dG Regelungen über Hausratsverteilung und Wohnungszuweisung bei Getrenntleben mit einer durch das Gewaltschutzgesetz eingefügten Regelung bei Verletzung oder Drohung mit Gewalt (Absatz 2). Bei Aufhebung der Lebenspartnerschaft regelt auf Antrag das Familiengericht nach billigem Ermessen die Rechtsverhältnisse an der Wohnung und am Hausrat (§§ 17, 18, 19 dG) unter Bezugnahme auf die entspr Vorschriften der Hausrats-VO in §§ 3–7 der VO (Wohnung) und §§ 8–10 der VO (Hausrat).

46. Durch das **Gesetz zur Änderung von Vorschriften auf dem Gebiet der Anerkennung und Vollstreckung ausländischer Entscheidungen in Zivil- und Handelssachen** vom 19. 2. 2001 (BGBl I S.288, 299) ist § 64a eingefügt worden. Diese Vorschrift sieht für Familiengerichte eine konzentrierte örtliche Zuständigkeit in internationalen Familiensachen vor. Der Anwendungsbereich umfasst Verfahren auf Vollstreckbarerklärung oder auf Feststellung der Anerkennung oder Nichtanerkennung einer die elterliche Verantwortung betreffenden Entscheidung nach der Verordnung (EG) Nr 1347/2000 des Rates vom 29. 5. 2000 über die Zuständigkeit und die Anerkennung und Vollstreckung von Entscheidungen in Ehesachen und in Verfahren betreffend die elterliche Verantwortung für die gemeinsamen Kinder der Ehegatten – EheVO – (ABl EG Nr L 160 S 19) oder ein Verfahren nach dem Zweiten Teil des Sorgerechtsübereinkommens-Ausführungsgesetzes vom 5. 4. 1990 (BGBl I S.701), geändert durch Gesetz vom 19. 2. 2001 (BGBl I S.701). Das Familiengericht, bei dem solche Verfahren anhängig sind (Absatz 1) oder anhängig gemacht werden können (Absatz 2) ist abweichend von der allgemeinen Zuständigkeitsregelung auch für weitere in Absatz 1 und Absatz 2 aufgeführte Familiensachen zuständig. Absatz 3 behandelt die Abgabe an das Gericht der konzentrierten Zuständigkeit, Absätze 4 und 5 Rückgabe und weitere Abgabe durch dieses Gericht.

§ 64a wurde durch das IntFamRVG wieder **aufgehoben** worden.

Einl   Einleitung

47   47. § 16 II 1 FGG verwies, sofern die Bekanntgabe durch Zustellung erfolgen soll, auf die Vorschriften der Zivilprozessordnung. Durch das Gesetz zur Reform des Verfahrens bei Zustellungen im gerichtlichen Verfahren (**Zustellungsreformgesetz – ZustRG**) vom 25. 6. 2001 (BGBl I S.1206) ist das Zustellungsrecht der Zivilprozessordnung neu geordnet und vereinfacht und für alle Rechtswege im Wesentlichen vereinheitlicht worden. Die Zustellung von Amts wegen in den §§ 166–190 ZPO ist nunmehr die Regel. Die Vorschriften über die Zustellung auf Betreiben der Partei in den §§ 191–195 verweisen ergänzend hierauf.

    Die Zustellungen im Ausland regelt § 183 ZPO, jedoch nur subsidiär: internationale Abkommen und Übereinkommen gehen vor. Innerhalb der EG hat die Verordnung (EG) Nr 1348/2000 des Rates über die Zustellung gerichtlicher und außergerichtlicher Schriftstücke in Zivil- und Handelssachen in den Mitgliedstaaten vom 29. 5. 2000 (ABl L 160 S 37) Vorrang auch vor zweiseitigen Abkommen zwischen Mitgliedstaaten (§ 183 III ZPO); das Gesetz zur Durchführung gemeinschaftsrechtlicher Vorschriften über die Zustellung gerichtlicher und außergerichtlicher Schriftstücke in Zivil- oder Handelssachen in den Mitgliedstaaten – EG-Zustellungsdurchführungsgesetz – ZustDG vom 9. 7. 2001 (BGBl I S.1536) das die Durchführung von Zustellungen in der Bundesrepublik mit einigen Abweichungen regelte, wurde durch das **EG-Beweisaufnahmedurchführungsgesetz** v 4. 11. 2003 (BGBl I S.2003, 2166) abgelöst; die Durchführungsbestimmungen sind nunmehr als Teil des 11. Buches der Zivilprozessordnung in §§ 1067–1071 ZPO geregelt.

48   48. Durch das **Gesetz zur Anpassung der Formvorschriften des Privatrechts und anderer Vorschriften an den modernen Rechtsverkehr – FormAnpG –** vom 13. 7. 2001 (BGBl I S.1542) wurde durch Änderung des § 21 II 2, III die Möglichkeit eröffnet, die Beschwerde entspr den Vorschriften der Zivilprozessordnung auch als elektronisches Dokument einzulegen. Absatz 3 enthält die Ermächtigung für die Bundesregierung und die Landesregierungen durch Rechtsverordnung den Zeitpunkt der Einführung dieser Möglichkeit und die für die Bearbeitung der Dokumente geeignete Form zu bestimmen. Nach § 130 a I 2 ZPO, der ebenfalls durch das Gesetz neu eingefügt wurde, soll das elektronische Dokument mit einer qualifizierten elektronischen Signatur versehen sein; die Anforderungen hieran sind geregelt in dem **Gesetz über die Rahmenbedingungen für elektronische Signaturen – Signaturgesetz – SigG** vom 16. 5. 2001 (BGBl I S.876) iVm der **Verordnung zur elektronischen Signatur – Signaturverordnung – SigV** vom 16. 11. 2001 (BGBl I S.3074). Im BGB werden die Anforderungen an ein die Schriftform ersetzendes elektronisches Dokument in § 126 a BGB und die einer gesetzlich vorgeschriebenen Textform in § 126 b BGB geregelt.

49   49. Durch das **Gesetz zur Reform des Zivilprozesses – Zivilprozessreformgesetz – ZPO-RG** vom 27. 7. 2001 (BGBl I S.1887 – geändert: S.3138) wurden im FGG nur geringfügige Änderungen vorgenommen: in § 27 I 1 ist die Formulierung „Verletzung des Gesetzes" durch „Verletzung des Rechts" ersetzt worden; Absatz 2 Satz 2 verweist nunmehr auf die §§ 546, 547, 559, 561 ZPO. In § 30 I ist ein Satz 3 eingefügt worden, der für den Fall, dass über die Beschwerde die Zivilkammer entscheidet, auf die Vorschrift

Einleitung **Einl**

über den Einzelrichter nach § 526 ZPO verweist. In § 53g II wird „weitere Beschwerde" durch „Rechtsbeschwerde" ersetzt. In § 64 III 1 werden Verweisungen auf das Gerichtsverfassungsgesetz durch den Halbsatz ersetzt: „über die Beschwerde entscheidet das Oberlandesgericht, über die Rechtsbeschwerde der Bundesgerichtshof". In § 64a III 3 wurde die Verweisung auf § 281 ZPO geändert. Für weitere Vorschriften, die auf die Zivilprozessordnung verweisen, ergeben sich mittelbar Auswirkungen durch das ZPO-RG: §§ 13a III, 14, 15, sowie § 64.

50. Das **Gesetz zur Regelung von Rechtsfragen auf dem Gebiet der internationalen Adoption und zur Weiterentwicklung des Adoptionsvermittlungsrechts** vom 5. 11. 2001 (BGBl I S.2950) enthält in Artikel 1 das Gesetz zur Ausführung des Haager Übereinkommens vom 29. 5. 1993 über den Schutz von Kindern und die Zusammenarbeit auf dem Gebiet der internationalen Adoption − **Adoptionsübereinkommens-Ausführungsgesetz − AdÜbAG;** in Artikel 2 das Gesetz über die Wirkungen der Annahme als Kind nach ausländischem Recht − **Adoptionswirkungsgesetz − AdWirkG.** Dieses Gesetz gilt für die Annahme Minderjähriger, die auf einer ausländischen Entscheidung oder auf ausländischen Sachvorschriften beruht. Auf das Verfahren finden §§ 43b, 50a I 1, II, III, 50b entspr. Anwendung. Beschlüsse unterliegen der sofortigen Beschwerde und werden mit Rechtskraft wirksam. Kommen bei der Adoption durch einen oder beide Ehegatten nach dem Ehewirkungsstatut ausländische Sachvorschriften zur Anwendung, bestimmt § 5 I 1, II AdWirkG die örtliche Zuständigkeit. In § 43b II ist ein weiterer Satz angefügt worden, der diese Regelung zum Ausdruck bringt.

Art 3 des Gesetzes enthält eine Änderung des **Adoptionsvermittlungsgesetzes − AdVermG;** der Wortlaut der ab 1. 1. 2002 geltenden Neufassung des Gesetzes wurde am 22. 12. 2001 (BGBl I S.354) bekannt gemacht. Von den Adoptionsvermittlungsstellen werden nach § 56d bei der Adoption Minderjähriger durch das Gericht gutachtliche Äußerungen eingeholt.

51. Durch das **Gesetz zur Modernisierung des Schuldrechts − SchuModG −** vom 26. 11. 2001 (BGBl I S.3138) wird in einigen Vorschriften über die Hemmung eines Fristablaufs auf die geänderten Vorschriften der §§ 206, 210 BGB über die Hemmung der Verjährung verwiesen: § 1762 II 3 BGB (Adoption), § 1600b VI 2 BGB (Anfechtung der Vaterschaft); § 1903 I 2 BGB (in Zusammenhang mit Geschäften bei Einwilligungsvorbehalt).

52. Durch das Gesetz zur Verbesserung des zivilrechtlichen Schutzes bei Gewalttaten und Nachstellungen sowie zur Erleichterung der Überlassung der Ehewohnung bei Trennung **(Gewaltschutzgesetz − GewSchG)** vom 11. 12. 2001 (BGBl I S.3513) wurde die **neue § 64b** in das FGG eingefügt und § 49a II, III ergänzt. Nach § 1 GewSchG können bei vorsätzlicher widerrechtlicher Verletzung von Körper, Gesundheit oder Freiheit (Abs 1) oder bei Drohung mit solchen Verletzungen, auch dann, wenn sich der Täter durch „geistige" Getränke oder andere Mittel in einen die freie Willensbildung ausschließenden Zustand versetzt hat, auf Antrag der verletzten Person durch das Gericht die in Absatz 1 Nr 1−5 dG zur Abwendung erforderlichen Maßnahmen getroffen werden. § 2 behandelt die Überlassung der gemeinsam genutzten Wohnung in den Fällen des Absatz 1, wenn Täter und verletzte Person gemeinsam einen auf Dauer angelegten Haushalt geführt haben. Zu-

Einl   Einleitung

ständig ist das Familiengericht nach § 23 b Nr 8 a GVG, wenn die Beteiligten einen auf Dauer angelegten Haushalt führen oder innerhalb von sechs Monaten vor der Antragstellung geführt haben; sofern diese Voraussetzungen in den Fällen des Absatz 1 nicht vorliegen, ist die Zivilabteilung des Amtsgerichts zuständig. § 64 b regelt das Verfahren: Absatz 1 die örtliche Zuständigkeit nach den §§ 12–16, 32 und 35 ZPO und zusätzlich des Ortes der gemeinsamen Wohnung. Absatz 2 bestimmt den Eintritt der Wirksamkeit mit Rechtskraft, sieht jedoch die Möglichkeit der Anordnung der sofortigen Wirksamkeit und der Vollstreckung vor der Zustellung (§ 892 a ZPO) vor. Absatz 3 behandelt vorläufige Regelungen durch einstweilige Anordnungen; nach Absatz 4 findet die Zwangsvollstreckung nach den Vorschriften der Zivilprozessordnung statt.

Steht die verletzte oder bedrohte Person unter elterlicher Sorge, Vormundschaft oder Pflegschaft, finden im Verhältnis zu den Eltern und zu sorgeberechtigten Personen die §§ 1, 2 dG keine Anwendung.

53   **53.** Durch das **Gesetz zur Einführung des Euro in Rechtspflegegesetzen** und in Gesetzen des Straf- und Ordnungswidrigkeitenrechts, zur Änderung der Markenvordruckverordnungen sowie zur Änderung weiterer Gesetze – **EuroRpflG** – vom 13. 12. 2001 (BGBl I S.3574) sind die DM-Beträge in § 20 a I 2 auf 100 Euro, in § 56 g V 1 auf 150 Euro und in § 1 III 1 BVormVG auf 31 Euro umgestellt worden. Durch das **Siebte Gesetz zur Änderung der Pfändungsfreigrenzen** vom 13. 12. 2001 (BGBl I S.3638) ist in § 33 III 2 der Betrag für das einzelne Zwangsgeld auf 25 000 Euro umgestellt worden.

54   **54.** Durch das Gesetz zur weiteren Verbesserung von Kinderrechten **(Kinderrechteverbesserungsgesetz – KindRVerbG)** vom 9. 4. 2002 (BGBl I S.1239) wurde der die Einbenennung behandelnde § 1618 BGB klarstellend durch Hinzufügung der Alternative „oder gemeinsam mit dem anderen Elternteil" neu gefasst. § 31 a I Nr 6 PStG wurde entspr geändert.

55   **55.** Durch das **Gesetz zur Übertragung von Rechtspflegeraufgaben auf den Urkundsbeamten der Geschäftsstelle** vom 16. 6. 2002 (BGBl I S.1810) wurde § 36 b RPflG eingefügt, durch den die Landesregierungen ermächtigt werden, durch RechtsVO einzelne von dem Rechtspfleger wahrzunehmende Geschäfte ganz oder teilweise dem Urkundsbeamten der Geschäftsstelle zu übertragen; ua nach Ziff 1 die Geschäfte bei der Annahme von Testamenten und Erbverträgen zur amtlichen Verwahrung nach den §§ 2258 b und 2300 BGB (§ 3 Nr 2 Buchstabe c RPflG).

56   **56.** Durch das Gesetz zur Änderung des Rechts der Vertretung durch Rechtsanwälte vor den Oberlandesgerichten **(OLG-Vertretungsänderungsgesetz – OLGVertrÄndG)** vom 23. 7. 2002 (BGBl I S.2850) wurde die in § 78 ZPO geregelte notwendige Vertretung durch Rechtsanwälte geändert und § 78 ZPO neu gefasst. Die Familiensachen werden in § 78 I 5, II, III und IV ZPO behandelt: vor den Familiengerichten müssen sich die Ehegatten in Ehesachen und Folgesachen, die Lebenspartner in Lebenspartnerschaftssachen und Folgesachen, die Parteien und am Verfahren beteiligte Dritte in den in Absatz 2 aufgeführten selbstständigen Familiensachen durch einen beim Amts- oder Landgericht zugelassenen Rechtsanwalt vertreten lassen (§ 78 II ZPO). Grundsätzlich besteht auch in Familiensachen Anwaltszwang vor den Oberlandesgerichten (§ 78 II 5 iVm 2 ZPO). Nach Absatz 3 sind hiervon ausgenommen am Verfahren über Folgesachen beteiligte Dritte und die Beteiligten an den in Absatz 3 aufgeführten selbstständigen Familiensachen. Nach Absatz 4 sind von der grundsätzlich notwendigen Vertretung vor dem Bundesgerichtshof (§ 78 I 5 iVm 4 ZPO) das Jugendamt, Träger der gesetzlichen Rentenversicherung und weitere in Absatz 4 im Einzelnen aufgeführte Körperschaften des öffentlichen Rechts ausgenommen; sie brauchen sich als Beteiligte für die Nichtzulassungsbeschwerde und die Rechtsbeschwerde nicht durch einen Rechtsanwalt vertreten zu lassen. Durch das Gesetz wurden weitere Änderungen vorgenommen: § 8 wurde durch die Formulierung „und die Verständigung mit dem Gericht" ergänzt. Vorschriften des Gerichtsverfassungsgesetzes, auf die § 8 Bezug nimmt, wurden geändert: § 186 GVG, der die Verständigung mit hör- oder sprachbehinderten Personen behandelt, ist neu gefasst worden, § 187 GVG aufgehoben worden und nach § 191 GVG neu eingefügt worden § 191 a GVG, der die Form behandelt, in der gerichtliche Schriftstücke blinden oder sehbehinderten Personen zugänglich gemacht werden sollen.

Die Vorschrift des § 483 ZPO über die Eidesleistung sprach- oder hörbehinderter Personen, auf die § 15 I 1 Bezug nimmt, ist geändert und neu ausgestaltet worden. Das Beratungshilfegesetz wurde in § 3 I durch den Zusatz ergänzt: „und durch Rechtsbeistände, die Mitglied einer Rechtsanwaltskammer sind".

57. Das Gesetz zur Durchführung gemeinschaftsrechtlicher Vorschriften über die grenzüberschreitende Beweisaufnahme in Zivil- und Handelssachen in den Mitgliedstaaten der EU **(EG-Beweisaufnahmedurchführungsgesetz)** vom 4. 11. 2003 (BGBl I S.2166) dient der Durchführung der ab 1. 1. 2004 anwendbaren Verordnung (EG) Nr 1206/2001 des Rates über die Zusammenarbeit zwischen den Gerichten der Mitgliedstaaten auf dem Gebiet der Beweisaufnahme in Zivil- oder Handelssachen vom 28. 5. 2001 (ABl L 174 S 1). Das Gesetz regelt durch die in das 11. Buch der ZPO neu eingefügten §§ 1072 bis 1975 ZPO iVm § 363 III ZPO Zuständigkeiten für ein- und ausgehende Ersuchen, Teilnahmerechte an ausländischen Beweisaufnahmen, die Durchführung der neu geschaffenen unmittelbaren Beweisaufnahme deutscher Gerichte im Ausland sowie Sprachenfragen.

Darüber hinaus integriert das Gesetz unter Aufhebung des EG-Zustellungsdurchführungsgesetzes dessen Regelungen durch die §§ 1067 bis 1071 in das 11. Buch der Zivilprozessordnung. Die Vorschriften dienen der Umsetzung der Verordnung (EG) Nr 1348/2000 des Rates über die Zustellung gerichtlicher und außergerichtlicher Schriftstücke in Zivil- und Handelssachen in den Mitgliedstaaten der EU vom 29. 5. 2000 (ABl EG Nr L 160 S 37).

58. Die **Verordnung (EG) Nr 2201/2003 – Brüssel II a – des Rates vom 27. 11. 2003 über die Zuständigkeit und die Anerkennung von Entscheidungen in Ehesachen und in Verfahren betr die elterliche Verantwortung** und zur Aufhebung der Verordnung (EG) Nr 1347/2000 – Brüssel II – (ABl L Nr 338/2003 S 1) ersetzt die VO Nr 1347/2000 mWv 1. 3. 2005. Der Anwendungsbereich wurde gegenüber der VO 1347/2000, die nur die gemeinsamen Kinder betraf, erweitert auf alle Kinder und bezieht auch Entscheidungen über die elterliche Verantwortung ein, die unabhängig von einer Trennung oder Scheidung der Eltern erlassen werden (Art 1 der VO). Die VO Nr 2201/2003 regelt die internationale Zuständigkeit in Ehesachen (Art 3–7 der VO) und für Entscheidungen, die die elterliche Verantwortung betreffen (Art 8–15 der VO) einschließlich der Zuständigkeit im Falle von Kindesentführung (Art 10 der VO). Das HÜK-Rückführungsverfahren wird durch Art 11 der VO um folgende Regelungen ergänzt: die Anhörung des Kindes (Abs 2), des Antragstellers vor Ablehnung seines Antrags (Abs 5), die Pflicht zur Entscheidung innerhalb von sechs Wochen (Abs 3), Schutzvorkehrungen für die Zeit nach der Rückkehr (Abs 4) und Unterrichtung des zuständigen Gerichts bei Ablehnung der Rückführung (Abs 6, 7). Gegenstand der VO ist ferner die Anerkennung von in einem Mitgliedstaat ergangener Entscheidungen in einem anderen Mitgliedstaat (Art 21–27 der VO), die Vollstreckbarkeit von Entscheidungen über die elterliche Verantwortung (Art 28–36 der VO). In einem Mitgliedstaat ergangene vollstreckbare Entscheidungen über das Umgangsrecht (Art 41 der VO) und über die Rückgabe des Kindes (Art 42 der VO) bedürfen keiner Vollstreckbarerklärung, wenn der Richter des Ursprungsmitgliedstaates eine Bescheinigung nach Art 41 II/42 II der VO ausgestellt hat. Für das Vollstreckungsverfahren ist das nationale Recht des Vollstreckungsmitgliedstaates maßgebend; die dafür zuständigen Gerichte können uU die praktischen Modalitäten der Ausübung des Umgangsrechts regeln (Art 48 der VO). Art 53 der VO sieht die Einrichtung von zentralen Behörden vor, mit denen bei Verfahren, die die elterliche Verantwortung betreffen (Art 55 der VO), und bei der Unterbringung eines Kindes in einem anderen Mitgliedstaat (Art 56 der VO) zusammen zu arbeiten ist.

59. Durch das **Gesetz zur Änderung der Vorschriften über die Anfechtung der Vaterschaft und das Umgangsrecht von Bezugspersonen des Kindes und zur Einführung von Vordrucken für die Vergütung von Berufsbetreuern** vom 23. 4. 2004 (BGBl I S.598) erfüllt der Gesetzgeber den ihm von dem Bundesverfassungsgericht durch die Entscheidung vom 9. 4. 2003 (RPfleger 03, 417) erteilten Auftrag, bis zum 30. 4. 2004 die Regelungen des § 1600 BGB und des § 1685 BGB im Umfang ihrer Verfassungswidrigkeit mit der Verfassung in Einklang zu bringen.

Das Gesetz berücksichtigt nunmehr das durch Art 6 II 1 GG geschützte Interesse des leiblichen, aber nicht rechtlichen Vaters, die rechtliche Stellung als Vater einzunehmen und eröffnet ihm die verfahrensrechtliche Möglichkeit hierzu, die – wie bisher – dem Verfahren der freiwilligen Gerichtsbarkeit zugeordnet ist, wenn die Personen, gegen die eine Klage zu richten gewesen wäre, verstorben sind (§ 1600 e II BGB, § 56 c). Die Anfechtungsberechtigung des (leiblichen) Vaters setzt voraus, dass er der Mutter des Kindes während der Empfängniszeit beigewohnt hat und zwischen dem Kind und dem Vater nach § 1592 Nr 1, 2, § 1593 BGB keine sozial-familiäre Beziehung besteht oder im Zeitpunkt des Todes bestanden hat (§ 1600 II, III BGB). Zur „Schlüssigkeit" gehört die Vorlage einer Versicherung an Eides statt, dass der (leibliche) Vater der Mutter während der Empfängniszeit beigewohnt hat (§ 1600 I 1 Nr 2 BGB). Die rechtskräftige Feststellung des Nichtbestehens einer Vaterschaft in Folge der Anfechtung nach § 1600 BGB beinhaltet nach § 640 II ZPO zugleich die Feststellung der Vaterschaft des Anfechtenden. Eine entspr Vorschrift für das Verfahren der freiwilligen Gerichtsbarkeit fehlt.

Einleitung **Einl**

Dem Verfassungsauftrag, auch dem leiblichen Vater ein Umgangsrecht zu gewähren, kommt der Gesetzgeber in der Weise nach, dass ein Umgangsrecht auch sonstigen Bezugspersonen des Kindes eingeräumt wird, wenn zwischen diesen und dem Kind eine sozial-familiäre Beziehung besteht (§ 1685 II BGB).

Durch Art 2 a des Gesetzes wurde § 69 e durch Hinzufügung eines Abs 2 ergänzt, der die Landesregierungen ermächtigt, Vordrucke für die Vergütung von Berufsbetreuern einzuführen.

Das Gesetz trat am 30. 4. 2004 in Kraft, die Änderung des § 69 e am 1. 7. 2004.

60. Das Gesetz zur Modernisierung des Kostenrechts **(Kostenrechts-** **60** **modernisierungsgesetz – KostRModG)** vom 5. 5. 2004 (BGBl I S.718) in Kraft getreten am 1. 7. 2004, soll durch strukturelle Änderungen das Kostenrecht (ua GKG, JVEG, RVG, KostO) transparenter und einfacher gestalten. Gerichts- und Anwaltsgebühren sowie die Entschädigungssätze für Zeugen, Sachverständige, Dolmetscher, ehrenamtliche Richter werden angepasst. Der nach den Bestimmungen des Einigungsvertrages iVm der Ermäßigungs-Anpassungsverordnung in den neuen Bundesländern geltende Abschlag von 10% auf die Gebühren- und Entschädigungssätze im Bereich des Justizkostenrechts entfällt.

Durch das Gesetz über die Vergütung von Sachverständigen, Dolmetscherinnen, Dolmetschern, Übersetzerinnen und Übersetzern sowie die Entschädigung von ehrenamtlichen Richterinnen, ehrenamtlichen Richtern, Zeuginnen, Zeugen und Dritten **(Justizvergütungs- und -entschädigungsgesetz – JVEG)** wurden das bisherige ZSEG und das EhrRiEG in einem Gesetz zusammen gefasst. Das bisherige Entschädigungsprinzip für von den Rechtspflegeorganen in Anspruch genommene Sachverständige, Dolmetscher und Übersetzer wird durch ein leistungsgerechtes Vergütungsmodell abgelöst. Erlöschen des Anspruchs und Verjährung (bisher § 15 ZSEG) sind nunmehr in § 2 JVEG, gerichtliche Festsetzung und Beschwerde (bisher § 16 ZSEG) in § 4 JVEG geregelt. Die Zulässigkeit der Beschwerde ist in § 14 III–VIII KostO und § 4 III–VII JVEG einheitlich geregelt: sie setzt voraus, dass der Wert des Beschwerdegegenstandes 200 Euro übersteigt oder das Gericht sie wegen der grundsätzlichen Bedeutung zugelassen hat. Die Funktion des Einzelrichters wird gestärkt: § 14 VII KostO, § 4 VII JVEG.

61. Durch § 29 a des Gesetzes über Rechtsbehelfe bei Verletzung des **61** Anspruchs auf rechtliches Gehör **(Anhörungsrügengesetz)** vom 9. 12. 2004 (BGBl I S.3220), das am 1. 1. 2005 in Kraft getreten ist, wird für die Fälle, in denen ein Rechtsmittel, ein anderer Rechtsbehelf und unter Berücksichtigung der Besonderheiten der freiwilligen Gerichtsbarkeit auch keine andere Abänderungsmöglichkeit zur Verfügung stehen, die Anhörungsrüge als eigenständiger Rechtsbehelf in das Verfahren der freiwilligen Gerichtsbarkeit eingeführt. **§ 29 a** ist angelehnt an die durch das ZPO-RG eingeführte Vorschrift des § 321 a ZPO aF in der erweiterten Fassung des § 321 a ZPO nF, die nicht nur erstinstanzliche, sondern die Entscheidungen aller Instanzen umfasst. Der Gesetzgeber ist damit dem ihm durch das BVerfG (NJW 03, 1924) erteilten Auftrag nachgekommen, bis 31. 12. 2004 einen förmlichen Rechtsbehelf gegen eine entscheidungserhebliche Verletzung rechtlichen Gehörs für solche

Fälle zu schaffen, in denen eine Überprüfung im Instanzenzug bisher nicht vorgesehen war.

62. Durch das Gesetz zur Umsetzung gemeinschaftsrechtlicher Vorschriften über die grenzüberschreitende Prozesskostenhilfe in Zivil- und Handelssachen in den Mitgliedstaaten **(EG-Prozesskostenhilfegesetz)** vom 15. 12. 2004 (BGBl I S.3392) wird die Richtlinie 2003/8/EG des Rates vom 27. 1. 2003 zur Verbesserung des Zugangs zum Recht bei Streitsachen mit grenzüberschreitendem Bezug umgesetzt. Die Besonderheiten der grenzüberschreitenden Prozesskostenhilfe werden in Ergänzung des nationalen Prozesskostenhilferechts (§ 14 iVm §§ 114 bis 127 ZPO) in den §§ 1076 bis 1078 ZPO geregelt. Gegenstand dieser Vorschriften sind für ausgehende (§ 1077 ZPO) und eingehende (§ 1078 ZPO) Ersuchen Zuständigkeiten, die verfahrensmäßige Behandlung von Ersuchen und Sprachenfragen. Die Anwendung der **EG-Prozesskostenhilfevordruckverordnung (EG-PKHVV)** vom 21. 12. 2004 (BGBl I S.3538) ist zwingend. Durch eine Erweiterung des § 116 ZPO wird die Gleichbehandlung von juristischen Personen, die in einem anderen Mitgliedstaat der EU oder einem anderen Vertragsstaat gegründet und dort ansässig sind, mit inländischen juristischen Personen gewährleistet.

63. Das **Gesetz zur Überarbeitung des Lebenspartnerschaftsrechts** vom 15. 12. 2004 (BGBl I S.3396), in Kraft getreten am 1. 1. 2005, beseitigte weitere Unterscheidungen zwischen Ehe und Lebenspartnerschaft. Das BVerfG hat in seinem Urteil vom 17. 7. 2002 (BVerfGE 105, 313) die Gleichstellung von Ehe und Lebenspartnerschaft für mit dem Grundgesetz vereinbar erklärt und damit nach Auffassung des Gesetzgebers den Weg für weitere Anpassungen frei gemacht. Für den Bereich der freiwilligen Gerichtsbarkeit wird in § 9 V LPartG die Möglichkeit der Einbenennung durch Erteilung des Lebenspartnerschaftsnamens entspr § 1618 BGB ermöglicht, § 9 VII LPartG eröffnet die Möglichkeit der Stiefkinderadoption. Nach § 20 LPartG soll nach Aufhebung der Lebenspartnerschaft künftig ein Versorgungsausgleich entspr den Regelungen bei der Ehescheidung durchgeführt werden. Nach § 20 III iVm § 7 LPartG kann der Versorgungsausgleich ausgeschlossen werden.

64. Das Gesetz zur Aus- und Durchführung bestimmter Rechtsinstrumente auf dem Gebiet des internationalen Familienrechts **(Internationales Familienrechtsverfahrensgesetz – IntFamRVG)** vom 26. 1. 2005 (BGBl I S.162) ist ein eigenständiges Aus- und Durchführungsgesetz auf dem Gebiet des internationalen Familienrechts. Wegen der familienrechtlichen Besonderheiten wurde davon abgesehen, die Regelungen in das Anerkennungs- und Vollstreckungsausführungsgesetz (AVAG) vom 19. 2. 2001 zu integrieren. Die bisher in dem AVAG enthaltenen Durchführungsvorschriften zu der Verordnung (EG) Nr 2201/2003 (Brüssel II), die für die Verordnung (EG) Nr 1347/ 2000 (Brüssel II a) entsprechend erweitert wurden, wurden in das neue Gesetz übernommen; ferner die bisherigen Vorschriften zur Ausführung des Haager Kindesentführungsübereinkommens. Gleichzeitig enthält das Gesetz Durchführungsvorschriften zu Art 11 der VO Brüssel II a der das Haager Kindesentführungsübereinkommen ergänzt. Die Vorschriften zur Ausführung des Luxemburger Europäischen Übereinkommens über die Anerkennung und Vollstreckung von Entscheidungen über das Sorgerecht für Kinder und die

Wiederherstellung des Sorgeverhältnisses – Europäisches Sorgerechtsübereinkommen – wurden unter Anpassung an das Anerkennungs- und Vollstreckbarerklärungsverfahren der neuen EG-Verordnung ebenfalls in das Gesetz übernommen. Das Sorgerechtsübereinkommens-Ausführungsgesetz vom 5. 4. 1990 (BGBl I S.701) wurde aufgehoben.

Das Gesetz regelt einheitlich die Zuständigkeit und die Zuständigkeitskonzentration auf ein Familiengericht in einem OLG-Bezirk und übernimmt unter Aufhebung des bisherigen § 64a die Regelung der parallelen Rechtshängigkeit vor dem zentralisierten Gericht und dem nach allgemeinen Vorschriften zuständigen Familiengericht. Das Gesetz regelt nicht nur die Vollstreckbarerklärung, sondern auch die Vollstreckung selbst. Die Zwangsmittel des § 33 werden durch an die Regelungen der Zivilprozessordnung angelehnte Vorschriften ersetzt. Dies führt zu einer unterschiedlichen Behandlung im Verhältnis zu innerstaatlichen Vollstreckungsmaßnahmen.

65. Das **Gesetz zur Änderung des Ehe- und Lebenspartnerschaftsnamensrechts** vom 6. 2. 2005 (BGBl I S.203) setzte die Aufforderung des Bundesverfassungsgerichs zur Änderung der Regelung des § 1355 II BGB um. Das BVerfG hatte in seiner Entscheidung vom 18. 2. 2004 (NJW 04, 1155) die in dieser Vorschrift getroffene Regelung zur Wahl des Ehenamens insoweit mit Art 2 I iVm Art I 1 GG für unvereinbar erklärt, als sie ausschließt, einen durch frühere Eheschließung erworbenen Familiennamen zum Ehenamen zu bestimmen. § 1355 II BGB ist nunmehr dahingehend geändert, dass die Ehegatten als Ehenamen auch den zurzeit der Erklärung gegenüber dem Standesbeamten geführten Namen eines Ehegatten bestimmen können. Eine entspr Regelung ist in § 3 I 2 des Lebenspartnerschaftsgesetzes aufgenommen worden. **65**

66. Am 1. 4. 2005 ist das Gesetz über die Verwendung elektronischer Kommunikationsformen in der Justiz **(Justizkommunikationsgesetz – JKomG)** vom 25. 2. 2005 (BGBl I S.837) in Kraft getreten. Das Gesetz baut auf den Regelungen auf, die durch das Gesetz zur Anpassung der Formvorschriften des Privatrechts und anderer Vorschriften an den modernen Geschäftsverkehr vom 13. 7. 2001 (BGBl I S.1542) eingeführt wurden und die rechtlichen Grundlagen für die Einreichung elektronischer Schriftsätze bei Gericht geschaffen haben. Das Gesetz nimmt Anpassungen an die Erfordernisse einer elektronischen Aktenbearbeitung innerhalb der Justiz vor. Dazu wird das gerichtliche elektronische Dokument als Äquivalent zu der Papierform eingeführt. Das Gesetz bezieht das Verfahren der freiwilligen Gerichtsbarkeit nicht ausdrücklich in den Anwendungsbereich ein. Es wird jedoch insoweit anwendbar sein als das FGG auf Vorschriften der Zivilprozessordnung verweist, die über die Regelung der Aktenbearbeitung hinaus allgemeine Bedeutung haben. Das sind die §§ 371a ZPO (Beweiskraft elektronischer Dokumente) und 416a ZPO (Beweiskraft des Ausdrucks eines öffentlichen elektronischen Dokuments). **66**

67. Das Zweite Gesetz zur Änderung des Betreuungsrechts **(Zweites Betreuungsrechtsänderungsgesetz – 2. BtÄndG)** vom 21. 4. 2005 (BGBl I S.1073), in Kraft getreten am 1. 7. 2005, regelt das Vergütungssystem für Vormünder, Betreuer und Pfleger neu. Das Gesetz über die Vergütung von Berufsvormündern (Berufsvormündervergütungsgesetz – BVormVG) wird **67**

Einl Einleitung

mit Wirkung vom 1. 7. 2005 ersetzt durch das **Vormünder- und Betreuungsvergütungsgesetz (VBVG)** vom 21. 4. 2005 (BGBl I S.1073). Die §§ 1836 a, b BGB werden aufgehoben. Die Voraussetzungen der Berufsmäßigkeit sind einheitlich in § 1 VBVG geregelt, die Höhe der Vergütung für den berufsmäßigen Vormund in § 3 VBVG, den berufsmäßigen Betreuer in den Sonderregelungen der §§ 4 bis 11 VBVG und den berufsmäßigen Pfleger unter Aufhebung des § 67 III in der neuen Vorschrift des § 67 a. Eine wesentliche Neuerung ist die Einführung eines gestaffelten pauschalisierten Stundenansatzes für den Betreuer in § 5 VBVG. Für den Pfleger wird der Vorrang der ehrenamtlichen Tätigkeit betont (§ 67 I 6 iVm § 1897 VI i BGB). Vormund und Pfleger erhalten zusätzlich Aufwendungsersatz, für den Pfleger gilt jedoch nicht § 1835 III BGB. Die Auslagen des Betreuers sind durch den Stundensatz mit abgegolten. Redaktionelle Anpassungen an die neue Vergütungsregelung enthalten §§ 50, 56 g und 70 b. Die Abgabe von Betreuungs- und Unterbringungssachen (§§ 65 a, 70) wird durch Wegfall des Zustimmungserfordernisses des gesetzlichen Vertreters und des Widerspruchsrechts des Betroffenen erleichtert. Weitere Änderungen: Ein Richter auf Probe darf im ersten Jahr nach seiner Ernennung nicht in Betreuungssachen tätig werden (§ 65 VI). Es wird die Möglichkeit eröffnet, von der Einholung eines Gutachtens abzusehen, wenn das Gutachten des medizinischen Dienstes der Krankenversicherung verwertbar ist (§ 68 b II). Die Frist zur Überprüfung einer betreuungsrechtlichen Maßnahme wird von fünf auf sieben Jahre verlängert (§ 69 I Nr 5), das Beschwerderecht der Staatskasse wird auf eine vorsätzlich falsche Abrechnung des Betreuers erweitert (§ 69 g I 2).

68   68. Das **Gesetz zur Neuordnung des Pfandbriefrechts** vom 22. 5. 2005 (BGBl. I S.1373) hat die verstreuten Vorschriften über Pfandbriefe insb. Hypothekenpfandbriefe und Schiffspfandbriefe in einem neuen Gesetz, dem Pfandbriefgesetz (PfandBG) zusammengefasst. Infolge der damit verbundenen Aufhebung des Hypothekenbankgesetzes und des Schiffsbankgesetzes mussten die Verweisungen in § 145 I FGG angepasst werden.

69   69. Durch das Gesetz zur **Reform des Personenstandsrechts** (Personenstandsrechtsreformgesetz – PStRG) vom 19. 2. 2007 (BGBl. I S.122), das überwiegend zum 1. 1. 2009 in Kraft getreten ist, ist das Personenstandsgesetz grundlegend reformiert worden; es ermöglicht insbesondere die elektronische Registerführung.

Berichtigungen und gerichtliches Verfahren sind in §§ 46–53 geregelt; auf das gerichtliche Verfahren finden die Vorschriften des Gesetzes über das Verfahren in Familiensachen und in den Angelegenheiten der freiwilligen Gerichtsbarkeit Anwendung (§ 51 I 1). Familienrechtliche Beurkundungen, insbesondere zur Namensführung, und Erklärungen zur Anerkennung von Vaterschaft oder Mutterschaft enthalten §§ 41–45. Die Mitteilungspflicht des Standesamtes gemäß dem durch das PStRG neu gefassten § 48 FGG ist nunmehr Gegenstand des § 168 a I, die Mitteilungspflicht des Standesamtes bei fehlender Bestimmung des Geburtsnamens eines Kindes gemäß § 64 c FGG (bisher: § 21 a PStG) ist nunmehr Gegenstand des § 168 a II.

70   70. Das Gesetz zur **Umsetzung des Haager Übereinkommens über den internationalen Schutz von Erwachsenen** (Erwachsenenschutzübereinkommens-Ausführungsgesetz – ErwSÜAG) v 17. 3. 2007 (BGBl I S.314)

Einleitung

enthält die Ausführungsbestimmungen zu dem Haager Übereinkommen über den internationalen Schutz von Erwachsenen (Erwachsenenschutzübereinkommen – ErwSÜ) v 13. 1. 2000. Das Übereinkommen regelt die internationale Zuständigkeit, die Anerkennung, die Vollstreckung und die grenzüberschreitende Zusammenarbeit bei Maßnahmen zum Schutz betreuungsbedürftiger Erwachsener sowie das anwendbare Recht, nicht jedoch das materielle Betreuungsrecht. Von der Aufnahme der Ausführungsbestimmungen in das IntFamRVG wurde abgesehen, weil dies Sonderregelungen erforderlich gemacht haben würde.

Das Gesetz überträgt die Aufgaben der Zentralen Behörde nach dem Übereinkommen auf das Bundesamt für Justiz, das vergleichbare Aufgaben auf dem Gebiet des internationalen Familienrechts wahrnimmt, ua im Rahmen des Haager Übereinkommens über die zivilrechtlichen Aspekte internationaler Kindesentführung und des Haager Übereinkommens über den Schutz von Kindern und die Zusammenarbeit auf dem Gebiet der internationalen Adoption. Die Aufgaben der Zentralen Behörde ergeben sich aus Art 28, 29, 30, 32 des Übereinkommens; die Ausführungsbestimmungen hierzu enthält das Ausführungsgesetz in §§ 1–5.

Die Zuständigkeit für die Anerkennung und die Vollstreckbarerklärung von ausländischen Schutzmaßnahmen sowie der grenzüberschreitenden Unterbringung wird den Familiengerichten übertragen (§§ 6, 7 des Gesetzes); diese sind bereits nach geltendem Recht zuständig für Maßnahmen zum Schutz ausländischer Erwachsener, soweit diese ihren gewöhnlichen Aufenthalt im Inland haben oder für diese im Inland ein Fürsorgebedürfnis besteht.

Die §§ 8–13 des Ausführungsgesetzes enthalten die allgemeinen Verfahrensvorschriften für die Anerkennungsfeststellung und Vollstreckbarerklärung, das Konsultationsverfahren und die Erteilung von Bescheinigungen über inländische Schutzmaßnahmen.

71. Das Gesetz zur **Umsetzung aufenthalts- und asylrechtlicher Richtlinien** der Europäischen Union vom 19. 8. 2007 (BGBl I S.1970) betrifft vorrangig das Aufenthaltsgesetz, die Aufenthaltsverordnung, das Freizügigkeitsgesetz/EU und das Asylverfahrensgesetz. Im Wesentlichen handelt es sich um Modifizierung von Aufenthaltsrechten, Regelungen zur Verhinderung des Missbrauchs von Aufenthaltsrechten und im Asylrecht um ergänzende Regelungen der Anerkennungsvoraussetzungen. Diese Fragen fallen in den Zuständigkeitsbereich der Verwaltungsgerichte und haben keine unmittelbare Bedeutung für das in diesem Gesetz in den §§ 415–432 geregelte Verfahren in Freiheitsentziehungssachen.

Unabhängig von der Richtlinienumsetzung sieht das Gesetz Änderungen von Vorschriften des Aufenthaltsgesetzes vor, die Grundlage der Verfahren in Freiheitsentziehungssachen sind; es handelt sich hierbei um die Regelungen zur Durchsetzung der Ausreisepflicht in den §§ 57–62 AufenthG. Die Änderungen betreffen § 57 III, § 58 II 1, Nr 2, § 59 V, § 60 I 2, 4, 5, II, III 1, VII, VIII 2, XI, § 60 a II 2, 3, II a, V 4, § 61 I 2, I a, § 62 II 5, IV AufenthG. Insbesondere sind von Bedeutung die Regelung des § 59 V AufenthG für den Fall der Abschiebung aus der Haft oder dem öffentlichen Gewahrsam, die Regelung des § 60 a II AufenthG über die Möglichkeit der Aussetzung, wenn die Anwesenheit für ein Strafverfahren als sachgerecht erachtet wird, und die

Möglichkeit der Aussetzung bei der Durchbeförderung im Rahmen von Rückführungsmaßnahmen nach § 60 a II a AufenthG. Ferner ist für das Freiheitsentziehungsverfahren nach diesem Gesetz von Bedeutung der dem § 62 AufenthG neu angefügte Abs 4, der die Fälle aufführt, in denen eine Ingewahrsamnahme ohne vorherige richterliche Anordnung erfolgen darf.

72 72. Das Gesetz zur **Neuregelung des Rechtsberatungsrechts** vom 12. 12. 2007 (BGBl I S.2840) enthält in Art 1 das Gesetz über außergerichtliche Rechtsdienstleistungen (Rechtsdienstleistungsgesetz – RDG), das das Rechtsberatungsgesetz ablöst und den zentralen Begriff der Rechtsdienstleistung einführt; die außergerichtliche Rechtsdienstleistung wird liberalisiert. Zugleich dient das Gesetz der Umsetzung der Richtlinie 2005/36/EG vom 7. 9. 2005 über die Anerkennung von Berufsqualifikationen (ABl EU Nr L 255 S 22).

Die Vorschriften der gerichtlichen Verfahrensordnungen über die Vertretung werden durch Art 10 des Gesetzes neu gestaltet; § 13 FGG insoweit als eine Vertretung durch Rechtsanwälte nicht geboten ist.

Die Regelungen des § 13 FGG sind wie folgt in das FamFG übernommen worden: § 13 I–III FGG durch § 10 I–III, § 13 IV durch § 10 V. Die Regelung der Vollmacht des § 13 V FGG ist nunmehr gesondert Gegenstand des § 11, die der Beistände des § 13 VI FGG ist Gegenstand des § 12. Die Vertretung vor dem Bundesgerichtshof im Verfahren der freiwilligen Gerichtsbarkeit, die noch nicht Gegenstand des Gesetzes zur Neuregelung des Rechtsberatungsrechts war, ist nunmehr in § 10 IV geregelt.

73 73. Das Gesetz zur Ergänzung des Rechts zur **Anfechtung der Vaterschaft** vom 13. 3. 2008 (BGBl I S.313), in Kraft getreten am 1. 6. 2008, führt ein zusätzliches Recht zur Anfechtung einer Vaterschaft durch eine hierzu bestimmte Behörde ein; es dient der Bekämpfung missbräuchlicher Vaterschaftsanerkennungen zu Zwecken der Erlangung eines Aufenthaltstitels oder der Erlangung der deutschen Staatsangehörigkeit. Dieses Anfechtungsrecht soll bestehen in Fällen, in denen Männer eine Vaterschaft anerkennen, die nicht die biologischen Väter der Kinder sind und ein sozial-familiäres Verhältnis zu diesen Kindern nicht besteht. Zur Regelung dieses zusätzlichen Anfechtungsrechts werden Änderungen eingeführt in § 1600 I Nr 5, III, IV 1, VI BGB, § 1600 b I a BGB, §, 1600 e I 1 Nr 4, 2, II BGB; ferner wird in § 640 d ZPO aF durch Anfügung eines zweiten Absatzes die Beteiligung des Jugendamtes geregelt.

Die Verfahrensvorschriften des FamFG enthalten zusätzliche Regelungen für die Anfechtung nach § 1600 I Nr 5 BGB in § 171 II 3 (Anforderungen an den Inhalt des Antrages) und § 176 1 (Anhörung des Jugendamtes).

74 74. Durch das Gesetz zur **Klärung der Vaterschaft unabhängig vom Anfechtungsverfahren** vom 26. 3. 2008 (BGBl I S.441), das am 1. 4. 2008 in Kraft getreten ist, wird der durch das Urteil des BVerfG vom 13. 2. 2007 (FamRZ 07, 441) erteilte Auftrag erfüllt, ein von der Vaterschaftsanfechtung unabhängiges Verfahren zur Klärung der Abstammung zu schaffen. Der neu eingefügte § 1598 a BGB behandelt den Anspruch auf Einwilligung in eine genetische Untersuchung zur Klärung der leiblichen Abstammung (Abs 1). Das Familiengericht kann eine nicht erteilte Einwilligung ersetzen und eine Probeentnahme anordnen (Abs 2); es kann das Verfahren auch aus Gründen

Einleitung **Einl**

des Kindeswohls aussetzen (Abs 3). Vater und Mutter können das Kind in dem Verfahren nach § 1598a II BGB nicht vertreten (§ 1629 II BGB). Die Frist für das Verfahren zur Anfechtung der Vaterschaft wird durch die Einleitung eines Verfahrens nach § 1598a II BGB gehemmt (§ 1600b V DGB).

Die Verfahrensvorschriften des FGG werden durch Einfügung eines Abs 2a in § 49a FGG (Anhörung des Jugendamtes) und einen neuen § 56 FGG ergänzt. § 56 FGG behandelt in Abs 1 Anhörungspflichten, in Abs 2 den Eintritt der Wirksamkeit von Entscheidungen nach § 1598a II BGB, in Abs 3 die Beschwerdeberechtigung und in Abs 4 die Vollstreckung.

75. Durch das Gesetz zur **Erleichterung familiengerichtlicher Maß-** 75 **nahmen bei Gefährdung des Kindeswohls** vom 4. 7. 2008 (BGBl I S.1188), das am Tag nach der am 11. 7. 2008 erfolgten Verkündung in Kraft getreten ist, soll der Schutz gefährdeter Kinder verbessert werden. Dies soll durch eine frühzeitige Anrufung des Familiengerichts erreicht werden, um schon bei nur möglicher Gefährdung des Kindeswohls die Sache mit den Beteiligten zu erörtern und auf die Inanspruchnahme öffentlicher Hilfen durch die Eltern hinzuwirken.

Verfahrensrechtlich sieht § 50e FGG ein Vorrang und Beschleunigungsgebot vor; ein Termin, zu dem das persönliche Erscheinen der Beteiligten angeordnet werden soll, soll spätestens einen Monat nach Beginn des Verfahrens stattfinden. Nach § 50f FGG soll in Verfahren nach §§ 1666, 1666a BGB erörtert werden, wie eine mögliche Gefährdung des Kindeswohls, insbesondere durch öffentliche Hilfen, abgewendet werden kann. Weitere Änderungen enthalten §§ 50a I 3, 52 III, 70e I FGG.

§ 50e FGG ist nunmehr in § 155 FamFG, § 50f FGG in § 157 FamFG integriert.

76. Durch das **Gesetz über das Verfahren in Familiensachen und in** 76 **den Angelegenheiten der freiwilligen Gerichtsbarkeit (FamFG)** vom 17. 12. 2008 (BGBl I S.2586), das als Art 1 des Gesetzes zur Reform des Verfahrens in Familiensachen und in den Angelegenheiten der freiwilligen Gerichtsbarkeit (FGG-Reformgesetz – FGG-RG) verkündet wurde, ist das Gesetz über die Angelegenheiten der freiwilligen Gerichtsbarkeit (FGG) grundlegend neu gestaltet und erweitert worden. Der Gesetzgeber hat in dieses Gesetz schon zuvor erlassene gesetzliche Regelungen integriert: das Gesetz zur Anfechtung der Vaterschaft (Einl 73), das Gesetz zur Klärung der Vaterschaft unabhängig vom Anfechtungsverfahren (Einl 74), das Gesetz zur Erleichterung familiengerichtlicher Maßnahmen bei Gefährdung des Kindeswohls (Einl 75). Weitere Änderungen erfolgten durch das Gesetz zur Strukturreform des Versorgungsausgleichs (Einl 78), das Gesetz zur Änderung des Zugewinnausgleichs und des Vormundschaftsrechts (Einl 80), das Dritte Gesetz zur Änderung des Betreuungsrechts (Einl 81), das Reparaturgesetz (Einl 83); ferner durch das Gesetz zur Neuregelung der Rechtsverhältnisse bei Schuldverschreibungen (Einl 84); das Gesetz zur Reform der Sachaufklärung in der Zwangsvollstreckung (Einl 82) tritt erst 2013 in Kraft.

Der Anwendungsbereich des Gesetzes ist gegenüber dem bisherigen Recht erweitert worden. Einbezogen worden sind die Abstammungssachen (bisher Kindschaftssachen nach der ZPO), die Freiheitsentziehungssachen und die Aufgebotssachen. Ganz dem Verfahren der freiwilligen Gerichtsbarkeit unter-

Einl   Einleitung

stellt werden nunmehr auch die Gewaltschutzsachen und ein Teil der Güterrechtssachen. Mit Ausnahme der Verfahren in Familiensachen gemäß Abschnitt 1 und 2 des Buches 2 (§§ 111–150) und der Familienstreitsachen nach § 112 handelt es sich um Angelegenheiten der freiwilligen Gerichtsbarkeit, auf die die Allgemeinen Vorschriften des Buches 1 Anwendung finden.

Hiervon abzugrenzen sind die Verfahren in Familienstreitsachen, Ehesachen und Scheidungs und Scheidungsfolgesachen (§§ 112–150). Das Verfahren in Familienstreitsachen ist zum Teil den Vorschriften der freiwilligen Gerichtsbarkeit unterstellt und zum Teil denen der Zivilprozessordnung. Auf das Verfahren in Ehesachen finden zum Teil die Vorschriften für die Familienstreitsachen und zum Teil besondere Vorschriften (§§ 121–132) Anwendung. Das Verfahren in Scheidungs- und Scheidungsfolgesachen ist eigenständig geregelt (§§ 133–150).

Der Begriff der Familiensache bedeutet daher nicht die Anwendung einer einheitlichen Verfahrensordnung; er wird durch den sachlichen Zusammenhang mit Ehe und Familie bestimmt. Gemeinsam ist die Terminologie (§ 113 V), die Entscheidungsform (§ 38), die Rechtsbehelfsbelehrung (§ 39), das Verfahren der einstweiligen Anordnung, das gegenüber dem bisherigen Recht eingeschränkte Rechtsmittelsystem (§§ 58–75).

77   77. Das Gesetz über **Gerichtskosten in Familiensachen** (FamGKG) vom 17. 12. 2008 (BGBl I S.2586), das gleichzeitig mit dem FamFG am 1. 9. 2009 in Kraft getreten ist, führt für die Familiensachen des FamFG die Kostenbestimmungen des Gerichtskostengesetzes und der Kostenordnung in einem Gesetz mit einer einheitlichen Gebührentabelle zusammen. Das FamGKG bezieht sich nur auf die Familiensachen im engeren Sinne; hierzu gehören die Familiensachen, die Familienstreitsachen, die Ehesachen und die Scheidungssachen. Für die übrigen Angelegenheiten des FamFG gelten weiterhin die Vorschriften der KostO.

Die Kosten, die bisher nach dem GKG erhoben wurden, bleiben weitgehend unverändert. Hinsichtlich der bisher nach der KostO zu erhebenden Gebühren erhöht sich das Gebührenniveau unterschiedlich. Auf niedrigem Niveau bleiben die Angelegenheiten, bei denen das Kindeswohl im Vordergrund steht, die Abstammungs- und Gewaltschutzsachen. Für die nunmehr selbständigen Verfahren des einstweiligen Rechtsschutzes enthält das Gesetz eigenständige Gebührentatbestände mit geringeren Gebührensätzen.

Es werden pauschale Verfahrensgebühren eingeführt; in jedem familiengerichtlichen Verfahren soll unabhängig vom Ausgang des Verfahrens nur eine Gebühr anfallen, auch wenn neben der Entscheidung in der Hauptsache weitere Anordnungen zu treffen sind. Die Gebührentabelle zum GKG wird in das FamGKG übernommen. Die allgemeinen Wertvorschriften sind in den §§ 33–42 enthalten, die besonderen Wertvorschriften in den §§ 43–52, Erinnerung und Beschwerde in den §§ 57–60; die Anhörungsrüge in § 61. Eine weitere Beschwerde findet nicht statt.

Bei der Bemessung des Verfahrenswertes wird dem Gericht ein weiter Ermessensspielraum eingeräumt (§ 44 III, § 45 III, § 47 II, § 48 III, § 49 II, § 50 IV, § 51 III). Das Gericht, das jetzt auch über die Gerichtskosten zu entscheiden hat (§ 80 FamFG) kann im Rahmen des § 81 FamFG bei der

Einleitung

Billigkeitsentscheidung einen Ausgleich schaffen; es kann auch von der Erhebung der Kosten absehen.

78. Durch das Gesetz zur **Strukturreform des Versorgungsausgleichs** 78 (VAStrRefG) – vom 3. 4. 2009 (BGBl I S.700) – wird das materielle Recht des Versorgungsausgleichs in einem neuen Versorgungsausgleichsgesetz (VersAusglG) geregelt; die bisherigen §§ 1587–1587 g BGB entfallen. Die wesentliche Änderung der Struktur des Versorgungsausgleichs besteht in der Einführung des Grundsatzes der internen Teilung; jedes Anrecht auf Versorgung ist eigenständig und wird gesondert innerhalb des jeweiligen Systems geteilt (§§ 1, 10 VersAusglG). Unter den Voraussetzungen des § 14 VersAusglG ist eine externe Teilung durch Ausgleich über ein anders Versorgungssystem möglich.

Bei einer Ehezeit bis zu drei Jahren findet ein Versorgungsausgleich nur statt, wenn ein Ehegatte dies beantragt. Beiderseitige Anrechte gleicher Art sollen nicht ausgeglichen werden, wenn die Differenz ihrer Ausgleichswerte gering ist; auch nicht einzelne Anrechte mit einem geringen Ausgleichswert (§ 18 VersAusglG).

Grundsätzlich findet der Ausgleich bei der Scheidung statt. Ein schuldrechtlicher Ausgleich nach der Scheidung findet statt, wenn ein Anrecht noch nicht ausgleichsreif ist (§ 19, II, IV VersAusglG). Er wird dann nach den §§ 20–26 VersAusglG durchgeführt.

Einen Ausgleich in Härtefällen ermöglicht § 27 VersAusglG; danach findet der Versorgungsausgleich ausnahmsweise dann nicht statt, wenn er grob unbillig wäre.

Die Eheleute können jederzeit Vereinbarungen über den Versorgungsausgleich treffen. Die bisherige Unterscheidung zwischen Vereinbarungen im Rahmen eines Ehevertrages (§ 1408 II 2 BGB) oder Scheidungsfolgenvereinbarungen (§ 1587 o BGB) entfällt. Es ist weder eine Frist für die Wirksamkeit der Vereinbarung vorgesehen noch eine Genehmigung. Das Gericht führt eine Inhalts- und Ausübungskontrolle durch (§§ 6–8 VersAusglG). Hält die Vereinbarung dieser Kontrolle stand, ist sie für das Gericht bindend. Das Gericht stellt in der Beschlussformel fest, dass insoweit kein Versorgungsausgleich durch das Gericht stattfindet.

Anpassungen an Veränderungen sind in den §§ 32–38 geregelt.

Abänderungen eines bei der Scheidung bestimmten Wertausgleichs sind bei wesentlicher Änderung der der Entscheidung zu Grunde liegenden tatsächlichen und rechtlichen Verhältnisse unter den Voraussetzungen der §§ 225, 226 möglich, soweit es sich um Anrechte aus den in § 32 aufgeführten Regelsystemen handelt. Auf Änderungen von Ausgleichsansprüchen nach der Scheidung findet die allgemeine Vorschrift des § 48 I Anwendung (§ 227 1).

Das Verfahren über den Versorgungsausgleich ist in den §§ 217–229 geregelt: der Begriff des Versorgungsausgleichs in § 217, die örtliche Zuständigkeit in § 218, die Beteiligten in § 219, die verfahrensrechtliche Auskunftspflicht in § 220, Erörterung, Aussetzung in § 221, die Durchführung der externen Teilung in § 222, das Antragserfordernis für Ausgleichsansprüche nach der Scheidung in § 223, die Entscheidung über den Versorgungsausgleich in § 224, die Abänderungsmöglichkeiten in den §§ 225–227, eine Sonderregelung für die Zulässigkeit der Beschwerde in § 228 und der elektronische

Einl Einleitung

Rechtsverkehr zwischen den Familiengerichten und den Versorgungsträgern in § 229.

79 79. Durch das **Gesetz zur Änderung des Internationalen Familienrechtsverfahrensgesetzes** vom 25. Juni 2009 (BGBl I S.1594) werden Änderungen und Ergänzungen vorgenommen. Sie betreffen die §§ 1, 3 I, 4 II, 9 II, 10, 13 I 2, II; ein neuer § 13a wird eingefügt, § 12 neu gefasst; ferner werden ergänzt die §§ 33, 44 I 2, 45 S 1.

Das Änderungsgesetz ist noch nicht in Kraft getreten. Es tritt erst an dem Tag in Kraft, an dem das Haager Übereinkommen vom 19. Oktober 1996 über die internationale Zuständigkeit, das anzuwendende Recht, die Anerkennung, Vollstreckung und Zusammenarbeit auf dem Gebiet der elterlichen Verantwortung und der Maßnahmen zum Schutz von Kindern (BGBl 2009 II 602, 503) nach seinem Art 61 II für die Bundesrepublik Deutschland in Kraft tritt. Diesen Zeitpunkt wird das Bundesministerium der Justiz im Bundesgesetzblatt bekannt geben.

80 80. Durch das **Gesetz zur Änderung des Zugewinnausgleichs und Vormundschaftsrechts** vom 6. Juli 2009 (BGBl I S.1696) wurden die noch in der HausratsVO verbliebenen materiellen Regelungen unter Aufhebung der HausratsVO in das BGB übernommen; die Behandlung der Ehewohnung in § 1568a BGB (bisher §§ 2–5 HausratsVO) und die der Haushaltsgegenstände in § 1568b BGB (bisher § 8 HausratsVO). § 1568b BGB hat verfahrensrechtliche Auswirkungen, weil das Gericht die Wohnungszuweisung künftig nicht mehr frei, sondern nur noch in den Grenzen des Antrags gestalten kann. Im Übrigen werden die verfahrensrechtlichen Vorschriften an die neuen Begriffe Ehewohnungs- und Haushaltssachen angepasst, die die Begriffe Wohnungszuweisungs- und Hausratssachen ersetzen.

Bei dem Zugewinnausgleich wird durch Änderung der §§ 1374 I 1375 I 2 BGB und Anfügung eines Absatzes 3 an § 1374 BGB künftig auch das negative Anfangsvermögen berücksichtigt. § 1375 II 2 BGB enthält eine Beweislastregel für den Fall, dass das Endvermögen des Auskunftsschuldners geringer ist als das in seiner Auskunft zum Trennungszeitpunkt angegebene; nach § 1379 BGB ist Auskunft über das Anfangsvermögen zu erteilen, auf Anfordern sind Belege vorzulegen. Als einheitlicher Stichtag für den Berechnungszeitpunkt und für die Höhe der Ausgleichsforderung wird künftig der Zeitpunkt der Rechtshängigkeit des Scheidungsantrags gelten. § 1385 BGB ermöglicht die Erhebung einer Leistungsklage auf Zugewinnausgleich und damit zugleich die Möglichkeit, den Anspruch im vorläufigen Rechtsschutz durch Arrest zu sichern. Für Verfahren, die vor dem 1. September 2009 anhängig wurden, ist § 1374 aF BGB anzuwenden (Art 229, § 20 EGBGB).

Das LPartG wurde durch Änderung des § 17 LPartG und Aufhebung der §§ 16, 19 LPartG angepasst.

81 81. Durch das **3. Gesetz zur Änderung des Betreuungsrechts** vom 29. Juli 2009 (BGBl I S.2286) wird das bisher schon anerkannte Rechtsinstitut der **Patientenverfügung** gesetzlich geregelt. Hierdurch sollen noch bestehende Unsicherheiten hinsichtlich der Bindungswirkung und ihrer Geltung in allen Stadien der Erkrankung beseitigt werden.

Die von einem einwilligungsfähigen Volljährigen für den Fall seiner Einwilligungsunfähigkeit abgegebene Erklärung, ob er in bestimmte, zum Zeitpunkt

Einleitung **Einl**

der Festlegung noch nicht unmittelbar bevorstehende Untersuchungen seines Gesundheitszustandes, Heilbehandlungen oder ärztliche Eingriffe einwilligt oder sie untersagt, bedarf der Schriftform (§ 1901a BGB). Ein Widerruf hingegen ist jederzeit formlos möglich (§ 1901a I 2 BGB).

Grundlage der gesetzlichen Regelung ist das Selbstbestimmungsrecht des Betroffenen, dessen Wille unabhängig von Art und Stadium der Erkrankung zu beachten ist. Treffen dessen Festlegungen auf die aktuelle Lebens- und Behandlungssituation zu, ist der Betreuer, Bevollmächtigte (§ 1901a V BGB), hieran gebunden. Liegt keine Patientenverfügung vor oder treffen die Feststellungen nicht auf die aktuelle Lebenssituation zu, ist auf der Grundlage des mutmaßlichen Willens des Betroffenen zu entscheiden, es sei denn mit dem Aufschub ist Gefahr verbunden. Der mutmaßliche Wille ist nach § 1901a II 2, 3 iVm § 1901b BGB zu ermitteln.

Der Genehmigung des Betreuungsgerichts bedarf grundsätzlich die Nichteinwilligung oder der Widerruf der Einwilligung des Betreuers in eine Untersuchung des Gesundheitszustandes, eine Heilbehandlung oder einen ärztlichen Eingriff, wenn die Maßnahme medizinisch angezeigt ist und die begründete Gefahr besteht, dass der Betreute auf Grund des Unterbleibens oder des Abbruchs der Maßnahme stirbt oder länger dauernde gesundheitliche Schäden erleidet (§ 1904 II BGB). Das Gericht muss prüfen, ob die Entscheidung des Betreuers dem mutmaßlichen Patientenwillen entspricht. Ist dies der Fall, ist die Genehmigung zu erteilen.

Nicht erforderlich ist eine Genehmigung, wenn zwischen dem Betreuer und dem behandelnden Arzt Einvernehmen über den nach § 1901a BGB festgestellten Willen des Betreuten besteht (§ 1904 IV BGB). Kann der Wille des Betreuten auch nach Ausschöpfung aller verfügbaren Erkenntnisse nicht festgestellt werden, ist nach dem Wohl des Betreuten zu entscheiden und dabei dem Schutz seines Lebens Vorrang einzuräumen (BT-Drs 16/8442 S 16).

Verfahrensrechtlich wird die Regelung ergänzt durch den neuen § 287 III; danach wird eine Genehmigung erst zwei Wochen nach Bekanntgabe an den Betreuer oder Bevollmächtigten und an den im Genehmigungsverfahren nach § 298 III stets zu bestellenden Verfahrenspfleger wirksam (§ 287 III). Die notwendige Anhörung in diesem Verfahren behandelt § 298 II, die Einholung eines Sachverständigengutachtens § 298 IV.

82. Durch das **Gesetz zur Reform der Sachaufklärung in der Zwangsvollstreckung** vom 29. Juli 2009 (BGBl I S.2258) werden Änderungen in §§ 35 III, 3, 80 III, 89 III, 91 II und 94 S 2 vorgenommen. Diese Änderungen treten 2013 in Kraft. **82**

83. Durch das Gesetz zur Modernisierung von Verfahren im anwaltlichen und notariellen Berufsrecht, zur Errichtung einer Schlichtungsstelle der Rechtsanwaltschaft sowie zur Änderung sonstiger Vorschriften vom 30. Juli 2009 (BGBl I S.2449) – **Reparaturgesetz** – wurden nachträgliche Korrekturen am FamFG vorgenommen. Sie betreffen die §§ 9, 10, 46, 53, 64, 66, 67, 70, 73, 99, 104, 112, 113, 114, 117, 125, 149, 158, 187, 233, 253, 255, 269, 270, 375, 378, 402. **83**

84. Durch das **Gesetz zur Regelung der Rechtsverhältnisse an Schuldverschreibungen** vom 31. Juli 2009 (BGBl I S.2512) wird dem **84**

Katalog der unternehmensrechtlichen Verfahren in Nr 16 als weiterer Verfahrensgegenstand das gerichtliche Verfahren nach § 9 II SchVG hinzugefügt; § 376 wird redaktionell angepasst.

85 **85.** Das **Gesetz zur Änderung des Erb- und Verjährungsrechts** vom 24. September 2009 (BGBl I S.3142) nimmt unter Berücksichtigung der Entscheidung des BVerfG vom 19. April 2005 (BVerfGE 112, 332) punktuelle Änderungen im Erbrecht, vor allem zur Gewährleistung des Pflichtteilsrechts der Kinder des Erblassers vor.

Die Verjährung der familien- und erbrechtlichen Ansprüche wird in das System der Regelverjährung des Bürgerlichen Gesetzbuchs integriert.

Das Gesetz ist am 1. Januar 2010 in Kraft getreten.

86 **86.** Durch das **Gesetz zur Errichtung einer Versorgungsausgleichskasse** vom 15. Juli 2009 (BGBl I S.1939, 1947) wurden die Voraussetzungen für eine Versorgungsausgleichskasse als einer neuen Pensionskasse iS des § 118 a des Versicherungsaufsichtsgesetzes geschaffen. Die nach § 3 I 1 des Gesetzes notwendige Zustimmung des Bundesministeriums für Arbeit und Soziales wurde erteilt und am 26. 3. 2010 im Bundesgesetzblatt (BGBl I S. 340) bekannt gemacht (§ 3 I 2 des Gesetzes). Die Pensionsausgleichskasse konnte daher am 1. 4. 2010 ihren Geschäftsbetrieb aufnehmen (Art 10 IV des Gesetzes zur Änderung des SGB IV, zur Errichtung einer Versorgungsausgleichskasse und anderer Gesetze vom 15. Juli 2009 (BGBl I S.1939).

Aufgabe der Versorgungsausgleichskasse ist es ausschließlich, die Versorgung der ausgleichsberechtigten Person bei der externen Teilung eines Anrechts im Sinne des Betriebsrentengesetzes durchzuführen, wenn die ausgleichsberechtigte Person ihr Wahlrecht hinsichtlich der Zielversorgung nach § 15 des Versorgungsausgleichsgesetzes nicht ausübt (§ 1 des Gesetzes).

87 **87.** Das **BVerfG** hat in seiner Entscheidung vom 21. Juli 2010 (NJW 10, 3008) § 1626 a I Nr 1 und § 1672 BGB idF des KindRG v 16. 12. 1997 (BGBl I S.2942) für unvereinbar mit Art 6 II GG erklärt und bis zum In-Kraft-Treten einer gesetzlichen Neuregelung, für die keine Frist gesetzt wurde, folgende **Übergangsregelung** getroffen:

§ 1626 a BGB ist mit der Maßgabe anzuwenden, dass das Familiengericht den Eltern auf Antrag eines Elternteils die elterliche Sorge oder einen Teil der elterlichen Sorge gemeinsam überträgt, soweit zu erwarten ist, dass dies dem Kindeswohl am Besten entspricht.

§ 1672 BGB ist mit der Maßgabe anzuwenden, dass das Familiengericht dem Vater auf Antrag eines Elternteils die elterliche Sorge oder einen Teil der elterlichen Sorge überträgt, soweit eine gemeinsame elterliche Sorge nicht in Betracht kommt und zu erwarten ist, dass dies dem Kindeswohl am Besten entspricht.

Nach Auffassung des BVerfG wird das Elternrecht des Vaters eines nichtehelichen Kindes aus Art 6 II GG dadurch verletzt, dass er ohne Zustimmung der Mutter generell von der Sorgetragung für sein Kind ausgeschlossen ist und nicht gerichtlich überprüfen lassen kann, ob es aus Gründen des Kindeswohls angezeigt ist, ihm zusammen mit der Mutter die Sorge für sein Kind einzuräumen oder ihm anstelle der Mutter die Alleinsorge für das Kind zu übertragen.

Der Vater eines nichtehelichen Kindes ist nunmehr zur Überprüfung einer Sorgerechtsentscheidung nach § 59 auch beschwerdeberechtigt.

Durch die Übergangsregelung des BVerfG ist die von dem EGMR in seiner Entscheidung v 3. 12. 2009 (FamRZ 10, 103) festgestellte Diskriminierung von Vätern nichtehelich geborener Kinder beim Zugang zum (gemeinsamen) elterlichen Sorge beseitigt. Der EGMR sah in dem Ausschluss einer gerichtlichen Einzelfallprüfung der Alleinsorge der Mutter nach § 1626 a II BGB einen Verstoß gegen Art 14 EMRK iVm Art 8 EMRK.

88. Der Entwurf eines Gesetzes über den Rechtsschutz bei über- **88** **langen Gerichtsverfahren und strafrechtlichen Ermittlungsverfahren** (BR-Drs 540/10 v 3. 9. 2010) sieht eine generelle gesetzliche Regelung vor, die die in Einzelfällen von der Rechtsprechung bejahte „Untätigkeitsbeschwerde" ersetzen soll. Diese Regelung soll durch Einfügung von §§ 198–201 in das Gerichtsverfassungsgesetz aufgenommen werden. Der Entwurf sieht einen Entschädigungsanspruch gegen den Staat (Bund, Land) für die Nachteile vor, die durch die Verletzung des Rechts auf angemessene Verfahrensdauer entstanden sind (§ 198 I, II GVG). Der Anspruch setzt voraus, dass zunächst eine Verzögerungsrüge erhoben wurde; diese soll als präventives Element das Entstehen eines überlangen Verfahrens verhindern (§ 198 III GVG).

89. Durch den **Entwurf eines Gesetzes zur Änderung des Vormund-** **89** **schafts- und Betreuungsrechts** (BR-Drs 537/10 v 3. 9. 2010) soll das Erfordernis des persönlichen Kontakts des Vormunds zu dem Mündel durch Änderungen der §§ 1793 I a, 1800 S 2 BGB und die Kontrolle der Einhaltung durch §§ 1840 I, 1837 II 1 BGB ausdrücklich im Gesetz verankert werden. Der Amtsvormund hat die Aufgaben nach §§ 1793 I a und 1800 BGB persönlich zu erfüllen (§ 55 III SGB VIII).

Auch der persönliche Kontakt zwischen Betreuern und Betreuten soll besser dokumentiert (§ 1908 i I 1 iVm § 1840 BGB) und vom Gericht stärker beaufsichtigt werden (§ 1908 i I 1 iVm § 1837 II BGB). Die Nichteinhaltung der persönlichen Kontakte soll als Regelbeispiel eines wichtigen Grundes für die Entlassung des Betreuers in § 1908 b I 2 BGB aufgenommen werden.

90. Das **Gesetz zur Therapierung und Unterbringung psychisch** **90** **kranker Gewalttäter (Therapieunterbringungsgesetz – ThUG)** vom 22. 12. 2010 (BGBl I S.2305) trifft eine begrenzte Sonderregelung für als gefährlich eingestufte Gewalttäter, die auf Grund der Entscheidung des EGMR vom 17. 12. 2009 (Nr 19359/04) aus der Sicherungsverwahrung entlassen werden müssen. Das Gesetz sieht eine Therapieunterbringung in einer geschlossenen Einrichtung vor, wenn eine auf einer psychischen Störung beruhende Gefährlichkeit des Täters dies zum Schutz der Allgemeinheit erforderlich macht.

Die materiellen und verfahrensrechtlichen Voraussetzungen ergeben sich aus § 1 des Gesetzes. Auf das Verfahren finden nach § 3 die Allgemeinen Vorschriften und die Vorschriften über das Verfahren in Unterbringungssachen des FamFG entspr Anwendung, soweit sich nicht aus den §§ 3–21 des Gesetzes Abweichungen ergeben.

91. Durch das **Gesetz zur Modernisierung des Benachrichtigungs-** **91** **wesens in Nachlasssachen durch Schaffung des Zentralen Testamentsregisters bei der Bundesnotarkammer** vom 22. 12. 2010 (BGBl I S.2255) wird das Zentrale Testamentsregister durch Änderung der §§ 78, 78 a–78 c und Einfügung der §§ 78 d–78 f der Bundesnotarordnung eingeführt. **§ 347 FamFG,** der die Mitteilungen über die amtliche Verwahrung regelt, wird entspr angepasst.

Buch 1
Allgemeiner Teil

Abschnitt 1
Allgemeine Vorschriften

Anwendungsbereich

1 Dieses Gesetz gilt für das Verfahren in Familiensachen sowie in den Angelegenheiten der freiwilligen Gerichtsbarkeit, soweit sie durch Bundesgesetz den Gerichten zugewiesen sind.

1. Anwendungsbereich

Nach § 1 gelten die Vorschriften dieses Gesetzes für das Verfahren in 1 Familiensachen sowie in den Angelegenheiten der freiwilligen Gerichtsbarkeit, die durch Bundesgesetz den Gerichten übertragen sind, soweit nichts anderes bestimmt ist.

a) Übertragung an Gerichte. Die Übertragung muss an die **Gerichte** 2 erfolgt sein. Diese Voraussetzung ist auch erfüllt, wenn es nach Bundesrecht der Landesgesetzgebung überlassen ist, die zuständige Behörde zu bestimmen und landesrechtlich ein Gericht für zuständig erklärt wird. Wenn nach Landesrecht (§ 488) andere als gerichtliche Behörden zuständig sind, gelten die Vorschriften des ersten Buchs dieses Gesetzes mit Ausnahme der §§ 6, 15 II, 25, des § 41 I und des § 46 auch für diese Behörden. Nicht anwendbar sind sie jedoch, soweit bundesrechtlich anderen Beamten oder Behörden Angelegenheiten der freiwilligen Gerichtsbarkeit übertragen sind, zB dem Standesamt, dem Notar, dem Patentamt, wenn ihre Anwendung nicht ausdrücklich bestimmt ist.

b) Bundesgesetz. Die Übertragung muss durch Bundesgesetz § 485 3 iVm Art 1 I, 2, 50 EGBGB) erfolgt sein. Auch das Landesrecht hat aber vielfach die Vorschriften des ersten Buchs dieses Gesetzes für entspr anwendbar erklärt.

2. Begriff

a) Begriffliche Abgrenzung. Eine klare begriffliche Abgrenzung (Kei- 4 del/Schmidt, Rn 1–7) der Angelegenheiten der freiwilligen Gerichtsbarkeit ist nicht möglich; in dem klassischen Bereich der Vormundschafts-, Nachlass- und Registersachen handelte es sich im Wesentlichen um gerichtliche Tätigkeit, die Rechtsfürsorge beinhaltet. Nach der Legaldefinition des § 23a GVG sind Angelegenheiten der freiwilligen Gerichtsbarkeit Betreuungssachen, Unterbringungssachen, betreuungsgerichtliche Zuweisungssachen, Nachlass- und Teilungssachen, Registersachen, unternehmensrechtliche Verfahren nach § 375, die weiteren Angelegenheiten der freiwilligen Gerichtsbarkeit nach § 410, Verfahren in Freiheitsentziehungssachen, Aufgebotsverfahren, Grundbuchsachen, Verfahren nach § 1 Nr 1, 2–6 des Gesetzes über das gerichtliche Verfahren in Landwirtschaftssachen und sonstige Angelegenheiten der freiwilligen Gerichtsbarkeit, soweit sie durch Bundesgesetz den Gerichten zugewiesen sind. Diesen Angelegenheiten ist gemeinsam, dass sie den Verfahrensvorschriften der freiwilligen Gerichtsbarkeit unterliegen. Demgegenüber wird der Begriff der Familiensachen durch den Sachzusammenhang mit Ehe und Familie in weitestem Sinn bestimmt; die zur Anwendung kommenden Verfahrensvorschriften sind unterschiedlich. Es ist zu unterscheiden zwischen Familiensachen, die den Verfahrensvorschriften der freiwilligen Gerichtsbarkeit unterliegen und den Familienstreitsachen und Ehesachen sowie den Scheidungssachen und Folgesachen, auf die zum Teil die Vorschriften der Zivilprozessordnung und zum Teil besondere Verfahrensvorschriften Anwendung finden. Nach der Legaldefinition des § 23 a GVG iVm § 111 sind Familiensachen Ehesachen, Kindschaftssachen, Abstammungssachen, Adoptionssachen, Wohnungszuweisungs- und Hausratssachen, Gewaltschutzsachen, Versorgungsausgleichssachen, Unterhaltssachen, Güterrechtssachen, sonstige Familiensachen und Lebenspartnerschaftssachen.

5   Unter dem Begriff **Kindschaftssachen** übernimmt das Familiengericht – nach Auflösung des Vormundschaftsgerichts – die dort noch verbliebenen Verfahren, die das Umgangsrecht, die Vormundschaft, die Pflegschaft für Minderjährige, die freiheitsentziehende Unterbringung Minderjähriger sowie die familiengerichtlichen Aufgaben nach dem JGG betreffen.

6   **b) Weitere Angelegenheiten.** Der Gesetzgeber hat dem Verfahren der freiwilligen Gerichtsbarkeit weitere Angelegenheiten unterstellt, weil er eine Erledigung in dieser Verfahrensart für zweckmäßig hielt. Dazu gehören ua (im Einzelnen: Keidel/Sternal, Rn 24–29):

Die Hilfe zur Erziehung nach §§ 27 ff KJHG (SGB VIII) v 8. 12. 1998 in der ab dem 1. 1. 2007 geltenden Fassung; die Aufgaben nach dem Gesetz zur Neuordnung des Eheschließungsrechts v 4. 5. 1998 (§§ 1303 ff BGB); die Aufgaben nach dem Personenstandsgesetz vom 19. 2. 2007 (BGBl I S. 122); Verfahren nach dem Staatsangehörigkeitsgesetz (StAG) v 27. 7. 1913, zuletzt geändert durch G v 3. 12. 2001; die Führung des SeeschiffsReg, des BinnenschiffsReg, u die SchiffsbauReg idF v 27. 7. 2001; die Führung des Registers für Pfandrechte an Luftfahrzeugen nach der VO v 2. 3. 1999 (BGBl I S. 279); Verfahren in dem Landgericht nach dem AktG v 6. 9. 1965 als Angelegenheiten der freiwilligen Gerichtsbarkeit zugewiesenen Sachen; auch die Zwangsvollstreckung nach § 132 IV 2 AktG iVm § 888 ZPO; die Führung des MusterReg für Geschmacksmuster nach dem GeschmacksmusteränderungsG v 18. 12. 1986; die Bewilligung der öffentlichen Zustellung einer Willenserklärung nach § 132 II BGB; die Ernennung von Sachverständigen nach § 84 VVG; das Aufgebotsverfahren bei Todeserklärungen und das Verfahren bei Feststellung der Todeszeit nach §§ 13 ff, 40 ff VerschG idF v 18. 3. 1994; Das Verfahren nach dem Gesetz über das gerichtliche Verfahren in Landwirtschaftssachen v 21. 7. 1953; das Verfahren vor dem OLG bei Anfechtung von Verwaltungsakten auf Grund der BNotO v 24. 2. 1961; das

§ 1 Anwendungsbereich **§ 1**

Verfahren vor dem OLG bei Behandlung der Anträge auf gerichtliche Entscheidung über die Rechtmäßigkeit von Anordnungen, Verfügungen oder sonstigen Maßnahmen, die von den Justizbehörden zur Regelung einzelner Angelegenheiten auf dem Gebiet des bürgerlichen Rechts einschließlich des Handelsrechts, des Zivilprozesses und der FreiwG getroffen werden, gemäß §§ 23 ff EGGVG; das Verfahren nach dem Gesetz zur Änderung der Vornamen und die Feststellung der Geschlechtszugehörigkeit in besonderen Fällen (Transsexuellengesetz) v 10. 9. 1980 (BGBl I S. 1654); das Verfahren über Rechtsberatung und Vertretung der Bürger mit geringem Einkommen (Beratungshilfegesetz) v 18. 6. 1980 (BGBl I S. 689), das Verfahren nach dem Asylverfahrensgesetz v 27. 7. 1993 (BGBl I S. 1361); das Verfahren nach dem Aufenthaltsgesetz v 30. 7. 2004 (BGBl I S. 1950); Verfahren nach dem Konsulargesetz vom 11. 9. 1974 (BGBl I S. 2317); das Verfahren nach dem Gesetz über religiöse Kindererziehung v 15. 7. 1921 (RGBl S. 939); das Verfahren nach dem Bundeskindergeldgesetz idF v 17. 7. 2007 (BGBl I S. 1450) Gesetz über das gesellschaftsrechtliche Spruchverfahren (SpruchG) v 12. 6. 2003 (BGBl I S. 838), soweit dieses Gesetz nicht spezielle Regelungen enthält.

Die Verfahrensvorschriften für die Aufgaben nach der Verordnung über die 7 Behandlung der Ehewohnung und des Hausrats (HausratsVO) v 21. 10. 1944 (RGBl I S. 256) sind **aufgehoben** worden. Die Angelegenheiten der HausratsVO sind als Familiensachen in das FamFG integriert (§§ 200–209). Die Verfahrensvorschriften des Gesetzes über das gerichtliche Verfahren bei Freiheitsentziehungen (FEVG) vom 29. 6. 1956 (BGBl III 316–1), zuletzt geändert durch G v 27. 4. 2001 (BGBl I S. 751) sind aufgehoben worden. Das Verfahren in Freiheitsentziehungssachen ist nunmehr in Buch 7 (§§ 415–432) des FamFG geregelt. Das Verfahren in Wohnungseigentumssachen unterliegt nunmehr den Vorschriften der Zivilprozessordnung.

3. Streitsachen

a) Privatrechtliche Streitsachen. Durch die gesetzliche Neuregelung 8 sind familienrechtliche Streitsachen, die bisher den Vorschriften der Zivilprozessordnung unterlagen, als Familienstreitsachen (§ 112) in das FamFG aufgenommen worden. Für diese gelten die Allgemeinen Vorschriften der Zivilprozessordnung und die Vorschriften über das Verfahren vor den Landgerichten nach Maßgabe des § 113 entspr. Diese Vorschriften treten insbesondere an die Stelle der §§ 2–37, 40–48 sowie 76–96. Neben den Unterhaltssachen (§ 112 Nr 1 iVm § 231 I) sowie Lebenspartnerschaftssachen (§ 269 I Nr 7, 8) und unter den Begriff „sonstige Familiensachen" zusammengefasste allgemeine Zivilsachen, die wegen ihrer besonderen Sachnähe zu den Familiensachen in das FamFG aufgenommen wurden (§ 112 Nr 3 iVm § 266 I) sowie Lebenspartnerschaftssachen nach § 269 II sind die **Güterrechtssachen** zu 9 beachten, deren Zuordnung unterschiedlich geregelt ist. **Güterrechtssachen** sind Ansprüche aus dem ehelichen Güterrecht (§§ 1363–1561 BGB), auch wenn Dritte an dem Verfahren beteiligt sind und gehören zu den Familienstreitsachen (§ 112 Nr 2 iVm § 261 I, § 269 II), soweit sie nicht hiervon ausgenommen werden. Nicht zu den Güterrechtssachen gehören die Verfah- 10

§ 1　Buch 1 – Allgemeiner Teil

ren nach §§ 1411, 1491 III, 1492 III und 1493 II BGB. Sie gehören zu den **Kindschafts- bzw Betreuungssachen,** weil ihr Gegenstand die Reichweite der Befugnisse des Sorgeberechtigten, Vormunds oder Betreuers ist und daher das Wohl des Minderjährigen bzw Betreuten im Vordergrund steht.

11　Die Güterrechtssachen nach § 261 II sind keine Familienstreitsachen, sondern Angelegenheiten der **freiwilligen Gerichtsbarkeit.** Sie betreffen Gesamtvermögensgeschäfte im gesetzlichen Güterstand (§§ 1365 II, 1369 II BGB), die schon bisher dem Verfahren der freiwilligen Gerichtsbarkeit unterliegenden Regelungen der §§ 1382, 1383 BGB über den Zugewinnausgleich (§ 53 a FGG) und um bestimmte gerichtliche Aufgaben bei der Gütergemeinschaft (§§ 1426, 1430, 1452 BGB). Keine Familienstreitsachen sind nach § 266 II Verfahren über einen Antrag nach § 1357 II 1 BGB, weil sie eine allgemeine Ehewirkung betreffen und damit güterstandsunabhängig sind; sie unterliegen den allgemeinen Verfahrensvorschriften der freiwilligen Gerichtsbarkeit.

12　Die Angelegenheiten des **§ 112 Nr 2, 3 iVm §§ 261 II, 266 II** waren schon bisher Angelegenheiten des Verfahrens der freiwilligen Gerichtsbarkeit: § 1357 II BGB in § 53 FGG, §§ 1382, 1383; § 2331 a iVm § 1382 BGB in §§ 83 a, 53 a FGG, §§ 1365, 1369, 1426, 1430, 1452 BGB in § 53 FGG. Sie wurden als privatrechtliche Streitsachen bewertet, weil sie sich von den Angelegenheiten, die der Rechtsfürsorge dienen, dadurch unterscheiden, dass sich Beteiligte mit **entgegengesetzten Interessen** gegenüberstehen und das Gericht über behauptete subjektive Rechte zu entscheiden hat. Dem entsprach eine weitgehende Dispositionsbefugnis über das Verfahren, das auf Antrag eingeleitet wurde und dessen Beendigung die Beteiligten durch Rücknahme des Antrags oder Vergleich bestimmen konnten. Es galten jedoch die allgemeinen Verfahrensgrundsätze der freiwilligen Gerichtsbarkeit, insbesondere der Amtsermittlungsgrundsatz. Es galt keine subjektive Beweislast, sondern eine objektive Darlegungslast insoweit, als den Beteiligten zur Vermeidung der Zurückweisung ihrer Anträge der Vortrag derjenigen tatsächlichen und rechtlichen Umstände oblag, die dem Gericht Anlass geben, erforderliche Beweise von Amts wegen zu erheben. Auf die Vorschriften der Zivilprozessordnung wurde im Übrigen nur insoweit zurückgegriffen, als die Verfahrensvorschriften der Zivilprozessordnung hierfür Raum ließen und dies zur zweckentsprechenden Verfahrensgestaltung geboten war.

13　Das FamFG nimmt diese von der Rechtsprechung entwickelte begriffliche Unterscheidung **nicht** auf; für die Unterscheidung besteht kein Bedürfnis mehr, weil die neu gestalteten Verfahrensvorschriften das notwendige Instrumentarium für das Verfahren in diesen Angelegenheiten bieten: § 23 (Verfahrenseinleitender Antrag), § 22 (Antragsrücknahme, Beendigungserklärung), § 27 (Mitwirkung der Beteiligten), § 36 (Vergleich), § 45 (Formelle Rechtskraft). Die Zulässigkeit von Schiedsverfahren ist streitig; sie wurde bisher bejaht für privatrechtliche Streitsachen, verneint jedoch für Angelegenheiten der gerichtlichen Fürsorge. Zur Frage einer letztwilligen Schiedsgerichtsklausel im Erbscheinsverfahren: BayObLG FamRZ 01, 873: verneint bei einseitiger Bestimmung des Erblassers für Streitigkeiten über die Wirksamkeit der Entlassung eines Testamentsvollstreckers (OLG Karlsruhe, FamRZ 09, 150 mwN).

§ 1 Anwendungsbereich **§ 1**

b) Öffentlich-rechtliche Streitsachen. Zu den öffentlich-rechtlichen 14
Streitsachen (Keidel/Sternal, Rn 41–45 zu § 1), die der freiwilligen Gerichtsbarkeit zugewiesen sind, gehören ua das Verfahren in Landwirtschaftssachen, die Anfechtung von Justizverwaltungsakten, die von Justizbehörden nach §§ 23 ff EGGVG auf dem Gebiet, des bürgerlichen Rechts einschließlich des Handelsrechts, des Zivilprozessrechts und der freiwilligen Gerichtsbarkeit getroffen werden. Das Verfahren nach dem Freiheitsentziehungsgesetz v 29. 6. 1956 wurde nicht zu den öffentlich-rechtlichen Streitsachen gerechnet, weil es sich um auf Antrag eingeleitete Nichtstreitverfahren handelt und die Merkmale eines Streitverfahrens – Prüfung der Rechtmäßigkeit eines Verwaltungsaktes, Dispositionsbefugnis der Parteien, materielle Rechtskraft – fehlen (Zimmermann, Rpfleger 76, 285; Keidel/Schmidt, Rn 233 zu § 12 FGG). Das Gesetz ist jetzt als Buch 7 in das FamFG einbezogen worden. Die Verfahren in öffentlich-rechtlichen Streitsachen, auf die die Vorschriften der freiwilligen Gerichtsbarkeit nach Maßgabe der einzelnen Sondergesetze entsprechend anwendbar sind, haben Parallelen zu den Verwaltungsstreitverfahren. Grundsätze aus diesem Verfahrensrecht können daher, soweit mit den Besonderheiten des jeweiligen Verfahrens vereinbar, herangezogen werden (Zimmermann, Rpfleger 62, 42).

4. Konkurrierende Zuständigkeit

Eine konkurrierende Zuständigkeit bestand bis zur Einführung des Famili- 15
engerichts. Das Prozessgericht und das Gericht der freiwilligen Gerichtsbarkeit konnten während eines Ehescheidungsstreites in Bezug auf Anordnungen über die Personensorge für gemeinschaftliche Kinder nebeneinander zur Entscheidung berufen sein. Durch die Neuregelung des Verfahrens in Bezug auf die Ehescheidung wurde die sich daraus ergebende Problematik während der Anhängigkeit der Scheidungssache durch die Einführung der Verbundzuständigkeit und die Zuweisung weiterer Angelegenheiten an das Familiengericht zum Teil beseitigt. Es blieb jedoch weiterhin eine Zuständigkeitsverteilung zwischen Vormundschaftsgericht und Familiengericht. Das FamFG erweitert den Kreis der Familiensachen und beseitigt die unterschiedlichen Zuständigkeiten. Für den erweiterten Kreis der Familiensachen, die „alle durch den sozialen Verband von Ehe und Familie sachlich verbundenen Rechtsstreitigkeiten" umfassen sollen, ist künftig allein das Familiengericht unter Aufhebung des Vormundschaftsgerichts zuständig.

5. Verhältnis der freiwilligen zur streitigen Gerichtsbarkeit (Keidel/ 16
Sternal, Rn 46, 47 zu § 1).

a) Begriffliche Abgrenzung. Die begriffliche Abgrenzung des Tätig- 17
keitsbereichs der streitigen Gerichtsbarkeit von dem der freiwilligen Gerichtsbarkeit bereitet Schwierigkeiten. Nach hM betrifft die Frage, in welcher der beiden Verfahrensarten zu entscheiden ist, die **Zulässigkeit des Rechtsweges,** obwohl sowohl die streitige als auch die freiwillige Gerichtsbarkeit zum Bereich der ordentlichen Gerichtsbarkeit gehören (jetzt ausdrücklich: in § 12 GVG iVm § 2 EGGVG, § 13 GVG). Nach BGH 59, 58 ff; BayObLG, MDR 91, 898; OLG 94, 279, lässt sich der Unterschied der Aufgabenbereiche

nicht durch den Begriff der verschiedenen sachlichen Zuständigkeit erschöpfend bestimmen; entgegen der Zuständigkeitsregelung bei der sachlichen Zuständigkeit handelt es sich nicht um die Abgrenzung zwischen wesensgleichen oder wesensverwandten Rechtsverhältnissen in gleichen oder wesentlich ähnlichen Verfahren. Eine nicht zur freiwilligen Gerichtsbarkeit gehörende Angelegenheit kann nicht mit Einwilligung oder kraft Vereinbarung der Beteiligten im Verfahren der freiwilligen Gerichtsbarkeit erledigt werden.

18 **b) Verweisung.** Die hM wendet auf die Verweisung zwischen Verfahren der freiwilligen Gerichtsbarkeit und der streitigen Gerichtsbarkeit die für die Verweisung zwischen Gerichten verschiedener Gerichtszweige geltende Vorschrift des § **17a GVG** entspr an (BGH, NJW 91, 2423; NJW 02, 2474; KG OLG 94, 279; BayObLG 94, 60; Keidel/Sternal, Rn 48–55 zu § 1). Bejaht wird die entspr Anwendbarkeit in echten Streitsachen (jetzt auch § 112), in Antragsverfahren, in Verfahren des vorläufigen Rechtsschutzes (BGH, NJW

19 99, 3785; KG, NZA-RR 98, 563; OLG Frankfurt, NStZ-RR 01, 44). Eine Verweisung im **Amtsverfahren** ist nicht zulässig, weil es schon an dem erforderlichen Antrag auf Einleitung des Verfahrens fehlt, der nach Verweisung die erforderliche Klage ersetzen könnte (Keidel/Schmidt, Rn 20 zu § 1 FGG); es fehlt bereits im Ausgangspunkt an der Beschreitung eines Rechts-

20 weges (BR-Drucks 309/07 S 724). Die Verweisung erfolgt durch Beschluss, gegen den „nach der jeweils geltenden Verfahrensordnung" die **sofortige Beschwerde** gegeben ist (§§ 58, 63 I). Der Rechtsmittelzug richtet sich nach der jeweiligen Verfahrensart des Verfahrens nach dem FamFG. Bei einem negativen Kompetenzkonflikt sind sowohl die Abgabeentscheidung als auch der Rückgabebeschluss mit der sofortigen Beschwerde nach § 17a IV 3 GVG anfechtbar (BayObLG, NJW-RR 94, 856; KG, NJW-RR 94, 208). Die sofortige weitere (Rechts)Beschwerde an den BGH können auch die Landgerichte als Beschwerdegerichte nach § 17a IV 4, 5 GVG zulassen (BGH,

21 NJW 03, 2913). Hat ein Gericht seine Zuständigkeit rechtskräftig bejaht, sind andere Gerichte an diese Entscheidung **gebunden** (§ 17a I GVG). Dies gilt auch dann, wenn das Gericht den zu ihm beschrittenen Rechtsweg zunächst für zulässig erklärt hat (BGH, NJW 01, 3631). Das Rechtsbeschwerdegericht hat daher in der Hauptsache diese Zuständigkeit nicht mehr zu prüfen (§ 17a V GVG; BayObLG, FamRZ 04, 879). Die Bindung nach § 17a V GVG tritt dann nicht ein, wenn nicht vorab durch Beschluss nach § 17a III GVG entschieden wurde, weil die Beschränkung der Prüfkompetenz des Rechtsmittelgerichts sich nur daraus rechtfertigt, dass „die Rechtswegfrage vorab im Beschwerdeverfahren zu prüfen ist" (BGH, NJW 93, 470; NJW 93, 1799; NJW 96, 1890; NJW-RR 05, 142).

6. Entspr. Anwendung der Vorschriften über die Rechtswegverweisung für Spruchkörper

22 Durch den in § 17a GVG angefügten Absatz 6 werden die Absätze 1 bis 5 dieser Vorschrift für die in bürgerlichen Rechtsstreitigkeiten, Familiensachen und Angelegenheiten der freiwilligen Gerichtsbarkeit zuständigen Spruchkörper in ihrem Verhältnis zueinander für entsprechend anwendbar erklärt. Voraussetzung ist, dass es sich um Streitsachen handelt, über die im

Antragsverfahren zu entscheiden ist. Es werden die Fälle erfasst, in denen die Prozessabteilung des Amtsgerichts eine Sache an das Familiengericht oder an eine Abteilung für Angelegenheiten der freiwilligen Gerichtsbarkeit verweist und umgekehrt.

7. Sondervorschriften

Das Prozessgericht kann nach § 12 LwVG (auch ohne Antrag) eine Ange- **23** legenheit an das Gericht der freiwilligen Gerichtsbarkeit mit bindender Wirkung abgeben, nach § 12 LwVG Abgabe durch das Landwirtschaftsgericht an das Prozessgericht. Die bisherige Problematik der Verweisung/Abgabe zwischen dem Gericht der freiwilligen Gerichtsbarkeit und dem Prozessgericht in den Verfahren nach der HausratsVO ist durch die Einbeziehung der Verfahrensvorschriften der HausratsVO in das FamFG entfallen, die Problematik nach dem WEG dadurch, dass diese Angelegenheiten durch das Gesetz zur Änderung des WEG in das Verfahren nach der Zivilprozessordnung überführt wurden.

Vorbemerkungen vor §§ 2–5

1. Örtliche Zuständigkeit

Die §§ 2–5 enthalten allgemeine Vorschriften über die örtliche Zuständig- **1** keit. Im Übrigen ist die örtliche Zuständigkeit jeweils bei den einzelnen Angelegenheiten geregelt, die unterschiedliche Anknüpfungspunkte hierfür vorsehen. Der „gewöhnliche Aufenthalt" ist allgemein Anknüpfungspunkt, auch soweit dies nach bisherigem Recht der Wohnsitz war: § 122 Nr 1–5 in Ehesachen, § 152 II in Kindschaftssachen, § 170 I, II in Abstammungssachen, § 187 I–III in Adoptionssachen, § 201 Nr 3 in Wohnungszuweisungs- und Haushaltssachen, § 211 Nr 3 in Gewaltschutzsachen, § 218 Nr 2–4 in Versorgungsausgleichssachen, § 232 Nr 2, III in Unterhaltssachen, § 262 II in Güterrechtssachen, § 267 II in sonstigen Familiensachen, § 272 Nr 2, § 341 iVm § 272 Nr 2 in Betreuungssachen und betreuungsrechtlichen Zuweisungssachen, § 313 Nr 2 in Unterbringungssachen, § 377 III in Registersachen. Nur § 343 (Nachlass- und Teilungssachen) und § 411 (weitere Angelegenheiten der freiwilligen Gerichtsbarkeit) knüpfen in erster Linie an den Wohnsitz, sonst Aufenthalt oder an den Allgemeinen Gerichtsstand (§ 466) an; § 50 auch an den Ort, an dem sich die Person befindet und §§ 201 Nr 2, 211 Nr 2 in Wohnungszuweisungs- und Gewaltschutzsachen auch an die gemeinsame Wohnung. Weitere Anknüpfungspunkte sind das Bedürfnis der Fürsorge (§ 152 III, IV, § 272 Nr 3 und Absatz 2, § 313 Nr 3); Bedürfnis für ein gerichtliches Tätigwerden (§ 50), Bedürfnis für eine Unterbringungsmaßnahme (§ 313 II), Bedürfnis der Freiheitsentziehung (§ 416). Die Belegenheit von Sachen ist ua Anknüpfungspunkt in § 50 (einstweilige Anordnung), § 343 (Nachlassgegenstände), § 466 (Aufgebot einer Urkunde über ein im Grundbuch eingetragenes Recht). In Gewaltschutzsachen wird auch an den

Ort der Tat (§ 211 Nr 1), in Registersachen auch an den Ort der Verteilung der Havarieschäden (§ 377 II) und in Freiheitsentziehungssachen, wenn sich eine Person bereits in einer geschlossenen Einrichtung befindet, an den Ort der Einrichtung (§ 416) angeknüpft.

2 Die örtliche Zuständigkeit in den zu dem Bereich der Familiensachen gehörenden Angelegenheiten ist **jeweils ausschließlich.** In einzelnen Angelegenheiten bestimmt das Gesetz einen **Vorrang.** Während der Anhängigkeit einer Ehesache ist das Gericht der Ehesache vorrangig zuständig in Kindschaftssachen (§ 152 I), in Wohnungszuweisungs- und Haushaltssachen (§ 201 Nr 1), in Versorgungsausgleichssachen (§ 218 Nr 1), in Unterhaltssachen (§ 232 I Nr 1), in Güterrechtssachen (§ 262 I) und in sonstigen Familiensachen (§ 267 I). Vorrangig in Verfahren der einstweiligen Anordnung (§ 50) ist das Gericht der Hauptsache, in Betreuungssachen (§ 272) das Gericht, bei dem die Betreuung anhängig ist, wenn bereits ein Betreuer bestellt ist, in Unterbringungssachen (§ 313) das Gericht, bei dem ein Verfahren zur Bestellung eines Betreuers eingeleitet oder das Betreuungsverfahren anhängig ist.

3 **Fehlt** es an einer hinreichenden örtlichen Beziehung zum **Inland,** wird die zentrale Zuständigkeit des Amtsgerichts Schöneberg in Berlin-Schöneberg begründet in § 122 Nr 6 (Abstammungssachen), § 187 IV (Adoptionssachen), § 218 Nr 5 (Versorgungsausgleichssachen), § 272 I Nr 4 (Betreuungssachen), § 341 iVm § 272 I Nr 4 (betreuungsrechtliche Zuweisungssachen), § 313 I Nr 4 (Unterbringungssachen), § 343 II (Nachlass- und Teilungssachen). In den Fällen der §§ 187 IV 2, 343 II 2 kann das Amtsgericht Schöneberg die Sache aus wichtigem Grund (mit bindender Wirkung) an ein anderes Gericht verweisen; im Übrigen Abgabe nach § 4.

2. Sachliche Zuständigkeit

4 In Angelegenheiten der freiwilligen Gerichtsbarkeit kann ein Gericht, ein Notar oder eine nicht gerichtliche Behörde zuständig sein. Im engeren Sinn ist sachliche Zuständigkeit die Zuständigkeit **der Gerichte** (Behörden) in der ersten Instanz. In der Regel ist die erstinstanzliche Zuständigkeit der Amtsgerichte begründet. Die Angelegenheiten dieses Gesetzes sind nach § 23 a Nr 1–7 GVG den Amtsgerichten zugewiesen; die Angelegenheiten, die unter den Begriff der Familiensachen fallen, ergeben sich aus § 23 a Nr 1 GVG iVm § 111. Das interne Verhältnis zwischen streitiger Gerichtsbarkeit, freiwilliger Gerichtsbarkeit und den Familiengerichten wird nach § 17 a VI GVG entspr den Vorschriften über die Zulässigkeit des Rechtsweges behandelt. **Sondervorschriften** sehen abw Zuständigkeiten vor: das OLG nach §§ 23, 25 EGGVG, der BGH nach § 7 II LwVG.

3. Internationale Zuständigkeit

5 Die internationale Zuständigkeit bestimmt in Fällen mit Auslandsberührung, ob die Angelegenheit vor irgendein deutsches oder ein Gericht eines fremden Staates gehört. Sie ist also zu unterscheiden von der örtlichen und sachlichen Zuständigkeit. Die internationale Zuständigkeit ist in jeder Lage des Verfahrens von Amts wegen zu prüfen (BayObLG, Rpfleger 75, 304; OLG Zweibrücken, FamRZ 02, 1146). Abweichend von dem für die örtliche

Zuständigkeit geltenden Grundsatz des **Fortbestandes** (perpetuatio fori) der 6
einmal begründeten Zuständigkeit trotz nachträglichen Wegfalls der sie begründenden Umstände (§ 2 II) hängt der Fortbestand der internationalen Zuständigkeit von einer Abwägung der beteiligten Interessen ab (Rn 3 zu § 99).

Die internationale Zuständigkeit ist nunmehr in Abschnitt 9 dieses Ge- 7
setzes (§§ 98–105) im Zusammenhang mit Verfahren, die Auslandsbezug aufweisen, geregelt. Die internationale Zuständigkeit in Ehesachen (§ 98) entspricht im Wesentlichen dem bisherigen § 606 a ZPO; in Kindschaftssachen (§ 99) wird der Regelungsgehalt der bisherigen §§ 35 b I, II FGG iVm § 43 I, 64 III 2, 70 IV sowie § 47 iVm § 70 IV FGG wiedergegeben. § 100 übernimmt für Abstammungssachen den bisherigen § 640 a II ZPO; § 101 (Adoption) entspricht dem bisherigen § 43 b I FGG. Für isolierte Versorgungsausgleichssachen führt § 102 erstmalig eine eigene Regelung der internationalen Zuständigkeit ein. § 103 übernimmt für Lebenspartnerschaftssachen § 661 III ZPO inhaltlich unverändert. § 104 gibt für Betreuungs- und Unterbringungssachen sowie für Pflegschaften für Erwachsene den Regelungsgehalt der §§ 35 b I, II, 69 e I 1 und § 70 IV FGG wieder. Soweit keine gesetzliche Regelung im Einzelnen erfolgt, soll nach § 105 der schon bisher für diese Fälle anerkannte Grundsatz gelten, dass die internationale Zuständigkeit aus der örtlichen abgeleitet wird. Für Nachlass- und Teilungssachen galt hiervon abweichend die „Gleichlauftheorie". Sie soll zu Gunsten einer Anknüpfung auch in diesen Angelegenheiten an die örtliche Zuständigkeit aufgegeben werden (kritisch hierzu Zimmermann, FGPrax 06, 190).

4. Vereinbarung

Eine Vereinbarung über die Zuständigkeit eines an sich **sachlich** oder 8
örtlich unzuständigen Gerichts ist ausgeschlossen. **Ausnahmen:** § 411 II; § 84 II VVG. In Familienstreitsachen (§§ 112, 113), auf die die Vorschriften der Zivilprozessordnung über Gerichtsstandsvereinbarungen Anwendung finden, ist eine solche Vereinbarung unzulässig, soweit eine ausschließliche Zuständigkeit gegeben ist (§ 40 II Nr 2 ZPO). Eine Vereinbarung ist daher unzulässig bei ausschließlicher Zuständigkeit nach § 232 I (Unterhaltssachen) und in Güterrechtssachen (§ 262 I) und sonstigen Familiensachen (§ 267 I) während der Anhängigkeit einer Ehesache. Eine Gerichtsstandsvereinbarung nach § 38 ZPO in Familienstreitsachen ist zulässig, soweit sich die örtliche Zuständigkeit nach der Zivilprozessordnung richtet: in Unterhaltssachen nach § 232 III, in Güterrechtssachen nach § 262 II und in sonstigen Famili- 9
ensachen nach § 267 II. Für die **internationale** Zuständigkeit sieht die im Bereich der Europäischen Union im Verhältnis der Mitgliedstaaten untereinander geltende VO Nr 2201/2003 in Art 12 I, III der VO unter bestimmten Voraussetzungen eine „Vereinbarung" der Zuständigkeit durch Anrufung eines Gerichts oder eines Anerkenntnisses der Zuständigkeit dieses Gerichts durch die Beteiligten vor; die Voraussetzung, dass die Wahl des Gerichts „in Einklang mit dem Wohl des Kindes" stehen muss, ist von dem Gericht zu überprüfen.

5. Die allgemeinen Zuständigkeitsregeln

10 Die in den §§ 2–5 enthaltenen allgemeinen Regeln für die örtliche Zuständigkeit behandeln den Vorrang unter mehreren örtlich zuständigen Gerichten (§ 2 I), den Grundsatz der **perpetuatio fori** (§ 2 II) und entsprechend dem bisherigen § 7 FGG die Frage der Wirksamkeit von gerichtlichen Handlungen, die von einem **örtlich unzuständigen** Gericht vorgenommen worden sind (§ 2 III). Ausdrücklich geregelt wird nunmehr die **Verweisung** bei sachlicher und örtlicher Unzuständigkeit (§ 3). § 4 enthält eine allgemeine Vorschrift über die Möglichkeit der **Abgabe** aus wichtigem Grund, die bisher nur für einzelne Angelegenheiten geregelt war. Die gerichtliche **Bestimmung** der Zuständigkeit ist Gegenstand des § 5.

Örtliche Zuständigkeit

2 (1) **Unter mehreren örtlich zuständigen Gerichten ist das Gericht zuständig, das zuerst mit der Angelegenheit befasst ist.**

(2) **Die örtliche Zuständigkeit eines Gerichts bleibt bei Veränderung der sie begründenden Umstände erhalten.**

(3) **Gerichtliche Handlungen sind nicht deswegen unwirksam, weil sie von einem örtlich unzuständigen Gericht vorgenommen worden sind.**

Übersicht

1. Anwendungsbereich	1
2. Voraussetzung	5
3. Wirkung	7
4. Fortdauer der Zuständigkeit (perpetuatio fori)	10
5. Wirksamkeit gerichtlicher Handlungen bei örtlicher Unzuständigkeit	13
6. Bedeutung der Regelung des Absatzes 3	17
7. Verstöße gegen die funktionelle Zuständigkeit im Verhältnis Richter und RPfl.	19
8. Entspr Anwendbarkeit des Absatzes 3	23
9. Wirksamkeit bei Verstößen gegen Verfahrensvorschriften	27
10. Wirksamkeit bei Verstößen gegen materielles Recht	28
11. Unanwendbarkeit	29

1. Anwendungsbereich

1 Abs 1 regelt die Frage, welches von mehreren örtlich zuständigen Gerichten den **Vorrang** hat. Abweichend von dem bisherigen § 4 FGG knüpft Abs 1 nicht an den Zeitpunkt an, in dem das Gericht tätig geworden ist, sondern an den, in dem das Gericht mit der Sache **befasst** wird. Auch soweit als Anknüpfungspunkt für die örtliche Zuständigkeit nunmehr an die Stelle des Wohnsitzes der gewöhnliche Aufenthalt getreten ist, kann sich die Frage des Vorrangs in gleicher Weise stellen, weil auch dieser an mehreren Orten gegeben sein kann (BayObLG FamRZ 80, 833). Der **gewöhnliche Aufenthalt** **2** wird von einer auf längere Dauer angelegten sozialen Eingliederung gekennzeichnet und ist allein von der tatsächlichen Situation gekennzeichnet, die den Aufenthalt als Mittelpunkt der Lebensführung ausweist (BR-Drs 309/

§ 2 Örtliche Zuständigkeit

97 S 502). Die Frage des Vorrangs kann sich weiterhin stellen im Adoptionsaufhebungsverfahren bei Ehegattenadoption (§ 1763 BGB, § 187 I) (KG, FGPrax 95, 71: für getrennte Wohnsitze); bei in zwei Handelsregistern eingetragenem Doppelsitz einer AktG (KG, Rpfleger 91, 510); wenn sich in unterschiedlichem Gerichtsbezirken Nachlassgegenstände befinden (§ 343 III). Abs 1 findet auch dann Anwendung, wenn die die örtliche Zuständigkeit begründenden, noch nicht aufgeklärten Tatsachen mit den für die Sachentscheidung maßgebenden zusammenfallen; für die Sachentscheidung ist jedes Gericht zuständig, das nach den verschiedenen Möglichkeiten hierfür in Betracht kommen kann (BayObLG, NJW 66, 356). Abs 1 ist nicht anzuwenden auf die örtliche Zuständigkeit in Registersachen und unternehmensrechtlichen Verfahren nach § 377 IV.

In **Ehesachen** (§ 121) und in **Familienstreitsachen** (§§ 112 iVm 231 I, 261 I, 266 I und in **Lebenspartnerschaftssachen** nach §§ 112 iVm 269 I Nr 7, 8, 9, II) findet § 2 keine Anwendung (§ 113 I). An die Stelle des Absatzes 1 tritt § 261 I, III Nr 1 ZPO, an die Stelle des Absatzes 2 § 261 III Nr 2 ZPO. Absatz 3 hat keine Entsprechung in der Zivilprozessordnung. **3**

Im Verfahren der **Beratungshilfe** ist das Amtsgericht örtlich zuständig, in dessen Bezirk der Rechtsuchende seinen allgemeinen Gerichtsstand hat, bei Auftreten des Bedürfnisses der Beratungshilfe (OLG Hamm, Rpfleger 95, 365), im Zeitpunkt, zu dem der Antrag bei Gericht eingeht (BayObLG, Rpfleger 96, 33; OLG Zweibrücken, NJW-RR 98, 1075); bei Wohnsitzwechsel der Gerichtsstand im Zeitpunkt des Antragseingangs (OLG Hamm, FGPrax 08, 278), auch bei nachträglicher Beantragung der Beratungshilfe, nach § 7 BerHG (KG, Rpfleger 09, 36); besteht im Inland kein allgemeiner Gerichtsstand, nach § 4 I 2 BerHG das Amtsgericht, in dessen Bezirk ein Bedürfnis für Beratung auftritt. **4**

2. Voraussetzung

Die alleinige Zuständigkeit eines von mehreren Gerichten tritt ein, wenn dieses zuerst **mit der Sache befasst** worden ist. Befasst (BGH, NJW-RR 93, 1091) ist das Gericht in Amtsverfahren, sobald es von Tatsachen amtlich Kenntnis erhält, die Anlass zum Tätigwerden geben, in Antragsverfahren mit dem Eingang des Antrags. Das Gericht kann auch durch die **Entgegennahme von Erklärungen,** die vor dem Gericht oder gegenüber dem Gericht abzugeben sind, mit der Sache befasst werden; Beispiel: Beurkundung von Erklärungen durch die Amtsgerichte nach § 62 BeurkG. Der Vorrang des zuerst mit der Sache befassten Gerichts setzt die örtliche Zuständigkeit dieses Gerichts voraus; die für die örtliche Zuständigkeit maßgebenden Umstände müssen in dem Zeitpunkt, in dem das Gericht mit der Sache befasst wird, vorliegen. **5**

6

3. Wirkung

Das zuerst mit der Sache befasste Gericht bleibt **allein** zuständig; die anderen zuständig gewesenen Gerichte verlieren die Zuständigkeit und müssen ihre Tätigkeit einstellen (BayObLG 83, 227; OLG Hamm, OLG 84, 272). Diese Wirkung tritt jedoch nur für eine einheitliche Sache ein; zB für die **7**

Führung einer Vormundschaft oder Pflegschaft, die gesamte Tätigkeit in Bezug auf die Auseinandersetzung desselben Nachlasses, das Erbscheinsverfahren (BayObLG, NJW 81, 1519; FamRZ 85, 533, 534). Die Begründung der
8 Zuständigkeit bezieht sich **nicht** auf **verschiedene** Angelegenheiten, auch wenn ein sachlicher Zusammenhang besteht. Verschiedene Angelegenheiten sind zB einzelne Verrichtungen des Familiengerichts, auch wenn sie dasselbe Kind betreffen (OLG Frankfurt, FGPrax 95, 112: vormundschaftsgerichtliche Genehmigung), das Verfahren über die elterliche Sorge und das Abänderungsverfahren; jedoch ist in Freiheitsentziehungsverfahren das Verfahren über die Fortdauer der Freiheitsentziehung keine selbständige Angelegenheit (OLG Zweibrücken, FGPrax 00, 212). Verschiedene Angelegenheiten sind auch verschiedene Verrichtungen hinsichtlich desselben Nachlasses. Bei Nachlass-Spaltung wird ein Vorrang dann nicht begründet, wenn das Gericht zwar hinsichtlich eines Nachlassteils tätig geworden ist, jedoch Anträge für einen anderen Nachlassteil zu bescheiden sind (OLG Brandenburg, FamRZ 06, 1862). Die Wirkungen des Vorgriffs nach Abs 1 können durch Vereinbarung der Beteiligten nicht ausgeschlossen werden, weil dies einer unzulässigen Zuständigkeitsvereinbarung gleich käme. Ein Streit der Gerichte über den Eintritt der Wirkung nach Abs 1 ist nach § 5 zu entscheiden.
9 Die **Abgabebefugnis** nach § 4, § 273 (Betreuungssachen), § 314 (Unterbringungssachen) wird durch den Eintritt der Wirkung nach Absatz 1 **nicht ausgeschlossen**. Dies gilt auch für die Abgabe an das Gericht der Ehesache nach § 153 in Kindschaftssachen und nach § 202 in Ehewohnungs- und Haushaltssachen.

4. Fortdauer der Zuständigkeit (perpetuatio fori)

10 Die einmal begründete örtliche Zuständigkeit wird durch eine Veränderung der sie begründenden Umstände nicht berührt. Dieser schon bisher auch für den Bereich der freiwilligen Gerichtsbarkeit anerkannte Grundsatz wird durch Absatz 2 ausdrücklich in den Gesetzestext aufgenommen. Die nicht zu berücksichtigende Veränderung der Umstände kann auf tatsächlichen und rechtlichen (Änderung der höchstrichterlichen Rechtsprechung) Gründen beruhen. Die Fortdauer betrifft nur die örtliche Zuständigkeit in einer einheitlichen Sache, nicht verschiedene Angelegenheiten, auch dann nicht, wenn ein Sachzusammenhang besteht. Insoweit besteht Übereinstimmung mit der Begründung der Zuständigkeit unter den Voraussetzungen des Absatzes 1. Im
11 Bereich der **Nachlass-Sachen** galt der Grundsatz der perpetuatio fori nach Herstellung der deutschen Einheit nicht, wenn ein Nachlassgericht der alten Bundesländer vor dem 3. 10. 1990 in entspr Anwendung des § 73 II oder III FGG als interlokal zuständiges Gericht tätig geworden ist, weil es sich hierbei nur um eine vorläufige Notzuständigkeit gehandelt hat (KG, OLG 92, 287; OLG 93, 15; HansOLG Bremen, Rpfleger 94, 113). Das vor dem 3. 10. 1990 tätig gewordene Nachlassgericht bleibt für die Erteilung weiterer Erbscheinsausfertigungen zuständig, weil es sich um keine weitere selbständige Verrichtung handelt (KG, OLG 93, 293). Eine perpetuatio fori ist aber dann nicht anzunehmen, wenn Streit darüber besteht, ob eine Ausfertigung des bereits erteilten Erbscheins oder ein neuer Erbschein zu erteilen ist, weil hierüber

§ 2 Örtliche Zuständigkeit §2

eine Entscheidungsfindung erforderlich ist (OLG Köln, FGPrax 96, 226). Absatz 2 gilt nicht im Verhältnis zwischen verschiedenen Spruchkörpern und Abteilungen desselben Gerichts (OLG Koblenz, OLG 77, 446; BGH, NJW 81, 2464).

Für die **internationale Zuständigkeit** gilt der Grundsatz der perpetuatio 12 fori nicht uneingeschränkt. Die Fortdauer der internationalen Zuständigkeit trotz nachträglichem Wegfalls der sie begründenden Umstände hängt vielmehr von einer Abwägung der beteiligten Interessen ab. Die Anwendung völkerrechtlicher Vereinbarungen und von Rechtsakten der Europäischen Gemeinschaft (§ 97) kann zu unterschiedlichen Ergebnissen über die Fortdauer der internationalen Zuständigkeit führen (Rn 3 zu § 99).

5. Wirksamkeit gerichtlicher Handlungen bei örtlicher Unzuständigkeit

Absatz 3 übernimmt die Regelung des § 7 FGG, soweit diese Vorschrift die 13 Wirksamkeit von einem örtlich unzuständigen Gericht vorgenommener Handlungen behandelte. Absatz 3 bezieht sich unmittelbar nur auf gerichtliche Handlungen, auf Ausübung von Aufgaben, soweit sie in einer positiven Tätigkeit des Gerichts ihren Ausdruck findet, nicht unmittelbar auf Handlungen, die dem Gericht gegenüber vorzunehmen sind, wenn das Gericht also nur **Erklärungen entgegennimmt.** Die Wirksamkeit einer Erklärung, die 14 gegenüber einem örtlich unzuständigen Gericht vorgenommen wird, wird unterschiedlich beurteilt. Einigkeit besteht darüber, dass eine Erklärung unwirksam ist, wenn das örtlich unzuständige Gericht die Entgegennahme ablehnt oder die Erklärung sofort zurückgibt. Die Wirksamkeit wird bejaht, wenn das Gericht seine Unzuständigkeit erkennt, aber untätig bleibt (Keidel/Sternal, Rn 33 zu § 2; Baur, § 7 IV; Bärmann, § 6 IV 4; Habscheid, § 13 I 2). Als wirksam wird die Erklärung angesehen, wenn das unzuständige Gericht sie an das zuständige Gericht weitergibt. Die Wirksamkeit wurde bisher 15 schon in dem **Zeitpunkt** der Einreichung bei dem unzuständigen Gericht bejaht (BGH, FGPrax 98, 220; Baur, Bärmann, Habscheid je aaO). Nachdem nunmehr durch **§ 25 III** bestimmt wird, dass zu Protokoll eines anderen Amtsgerichts abgegebene Erklärungen erst mit **Eingang bei dem zuständigen Gericht** wirksam werden, muss auch in diesem Fall for der Wirksamkeit erst mit Eingang bei dem zuständigen Gericht ausgegangen werden. Bei verzögerter Weiterleitung können die Voraussetzungen für eine Wiedereinsetzung (§§ 17–19) gegeben sein. Erkennt das örtlich unzuständige Gericht seine 16 Unzuständigkeit nicht und **betätigt es sich** auf die Abgabe der Erklärung hin, zB als Nachlassgericht, wird die ihm gegenüber abgegebene Erklärung als wirksam angesehen (BGH, NJW 62, 491; Keidel/Sternal, Rn 33 zu § 2; Baur, Bärmann, Habscheid je aaO). Auch für das Gebiet der erbrechtlichen Gestaltungserklärungen – hier: Testamentsanfechtung – ist Wirksamkeit der Abgabe gegenüber einem unzuständigen Nachlassgericht nach BGH, Rpfleger 77, 406 entgegen KG, OLG 76, 167) zu bejahen, wenn das Nachlassgericht durch Mitteilung der Anfechtungserklärung tätig wurde, weil dem Betroffenen die Folgen eines gerichtlichen Zuständigkeitsirrtums nicht aufgebürdet werden sollen. Zur entspr Anwendung im Falle einer Ausschlagungserklärung: BayObLG, FamRZ 96, 765. Wirksam ist eine Erklärung, die gegenüber einem vom örtlich zuständigen Gericht zur Entgegennahme der Erklärung ersuchten Gericht abgegeben wird (Keidel/Zimmermann, Rn 8 zu § 7 FGG).

6. Bedeutung der Regelung des Absatzes 3

17 Die gerichtlichen Handlungen eines **örtlich** unzuständigen Gerichts bleiben wirksam. Nach der bisherigen Rechtslage wurden sie als zunächst wirksam, aber anfechtbar beurteilt. Nach der Neugestaltung des Rechtsmittelverfahrens kann jedoch weder eine Beschwerde (§ 65 IV) noch eine Rechtsbeschwerde (§ 72 II) darauf gestützt werden, dass das erstinstanzliche Gericht seine örtliche Zuständigkeit zu Unrecht angenommen habe. Wirksam blieben schon nach bisheriger Rechtslage unanfechtbare Entscheidungen.

18 7. Verstöße gegen die funktionelle Zuständigkeit im Verhältnis Richter und RPfl

19 **a)** Handelt der RPfl an Stelle des Richters, gilt Folgendes: Wirksam sind die Handlungen des RPfl bei fehlender Übertragung oder wenn die Voraussetzungen für die Übertragung durch den Richter auf den RPfl im Einzelfall nicht gegeben waren (§ 8 II RPflG), weil grundsätzlich übertragbar (BayObLG, FGPrax 97, 153); wirksam ist auch ein Geschäft, das der RPfl selbst erledigt, obwohl die Voraussetzungen einer Vorlage an den Richter nach § 5 RPflG gegeben waren (§ 8 III RPflG); das Gleiche gilt bei einem Verstoß gegen § 6 RPflG, wenn der RPfl ein Geschäft selbst vornimmt, das mit einem von dem Richter wahrzunehmenden Geschäft in einem so engen Zusammenhang steht, dass eine getrennte Bearbeitung nicht sachdienlich wäre. Ferner wenn der Richter nach § 7 RPflG dem RPfl ein Geschäft zugewiesen hat, obwohl der RPfl dafür nicht zuständig ist. Wirksam ist die Handlung des RPfl auch dann, wenn zweifelhaft ist, ob ein Richtervorbehalt eingreift (BayObLG 82, 248 ff, 423 f). Ein auf Grund einer Eintragungsverfügung des RPfls vorgenommener konstitutiver Registereintrag ist auch bei Überschreitung der Sachbefugnis des RPfls wirksam (§ 17 RPflG).

20 **b) Unwirksam** ist dagegen nach § 8 IV I RPflG eine Entscheidung, die weder übertragen war noch übertragen werden konnte; keine Heilung durch Nichtabhilfe des Richters bei Erinnerung und Sachentscheidung des LG (BayObLG 86, 524; OLG Frankfurt, NJW-RR 96, 1288 für das bisherige Recht); künftig entfällt diese Problematik weitgehend, weil Entscheidungen des RPfl ohne Zwischenschaltung eines Erinnerungsverfahrens mit den nach den allgemeinen Vorschriften geltenden Rechtsmitteln angefochten werden (§ 11 I RPflG) und ein Erinnerungsverfahren nur noch stattfindet, wenn ein Rechtsmittel nicht gegeben ist, es sei denn es handelt sich um eine Entscheidung, die nach den Bestimmungen des FamFG wirksam geworden ist und nicht mehr geändert werden kann (§ 11 II, III RPflG). Unwirksam sind sowohl das Ersuchen um Übernahme als auch dessen Ablehnung durch den RPflG in Unterbringungssachen (BayObLG, NJW 92, 1634). Unwirksam ist die Aussetzung des Amtslöschungsverfahrens durch den RPfl (BayObLG, Rpfleger 83, 443); ferner die Beurkundung einer Willenserklärung unter

§ 2 Örtliche Zuständigkeit **§ 2**

Überschreitung der dem RPfl nach § 3 Nr 1 RPflG eingeräumten Befugnis; die Bestellung eines Nachtragsliquidators für eine GmbH (OLG Frankfurt, NJW-RR 93, 932); die Zurückweisung eines Rechtsbehelfs, Rechtsmittels durch den RPfl (§ 8 IV 1 RPflG: OLG München, Rpfleger 01, 98; BGH NJW-RR 09, 718 – InsO). Unwirksam ist auch die Anordnung einer Abwesenheitspflegschaft über einen Angehörigen eines fremden Staates durch einen RPfl, weil hierfür der Richter funktionell zuständig ist (§§ 8 IV 1, 14 I Nr 8 RPflG) (OLG Zweibrücken, Rpfleger 03, 117). Unwirksam ist die nachträgliche Feststellung der berufsmäßigen Führung der Betreuung, wenn der Richter für die Bestellung des Betreuers zuständig ist (BayObLG, Rpfleger 01, 418).

Unwirksam ist die Auswahl eines Pflegers für das Aufenthaltsbestimmungsrecht nach §§ 8 IV 1, 14 I Nr 8 RPflG (OLG München, Rpfleger 06, 263).

c) Nimmt ein Richter ein dem RPfl übertragenes Geschäft vor, ist dieses in **21** jedem Fall wirksam (§ 8 I RPflG).

d) Unwirksam ist ein Rechtspflegergeschäft, das der Urkundsbeamte der **22** Geschäftsstelle unter Überschreitung seiner funktionellen Zuständigkeit wahrnimmt (OLG Hamm, OLG 87, 272; OLG Düsseldorf, NVZ 94, 123 L); ein von einem Urkundsbeamten der Geschäftsstelle aufgenommener Antrag auf Übertragung des Aufenthaltsbestimmungsrechts nach § 24 II Nr 3 RPflG (AG Kleve, FamRZ 06, 1138; aA Roth, FamRZ 06, 1140, weil § 24 II RPflG lediglich eine Soll-Vorschrift ist.

8. Entspr Anwendbarkeit des Absatzes 3

Die Frage, ob der Grundsatz der Wirksamkeit einer gerichtlichen Ent- **23** scheidung trotz Verstoßes gegen die örtliche Zuständigkeit auch bei Verstößen gegen andere Zuständigkeitsbestimmungen anwendbar ist, ist unterschiedlich zu beantworten. Bei der **internationalen** Zuständigkeit kann die **24** Frage nur im Einzelfall unter Berücksichtigung, der völkerrechtlichen Verträge, der EU-Verordnungen und der nationalen Vorschriften zu deren Umsetzung und Durchführung beantwortet werden. Eine entgegen Art 24 EGBGB eingeleitete Vormundschaft über einen Ausländer wurde als wirksam, aber anfechtbar beurteilt (Keidel/Zimmermann, Rn 27 zu § 7 FGG). Eine im Inland trotz Fehlens der internationalen Zuständigkeit ergangene Entscheidung, die im Ausland zu vollziehen ist, ist unter dem Grundsatz der Anerkennungsfähigkeit zu beurteilen, die grundsätzlich zu verneinen ist. Wirksam, aber anfechtbar ist eine Entscheidung bei fehlender **sachlicher** **25** Zuständigkeit, wenn zB das Landgericht anstelle des Amtsgerichts oder, wenn bei dem Landgericht als erstinstanzlichem Gericht anstelle der Zivilkammer die Kammer für Handelssachen entschieden hat oder umgekehrt. **26** Dies gilt auch, wenn ein Gericht einer **anderen Verfahrensart** der freiwilligen Gerichtsbarkeit tätig geworden ist, zB das Betreuungsgericht anstelle des Nachlassgerichts, oder unter Verstoß gegen die Zulässigkeit des Rechtsweges ein Gericht der freiwilligen Gerichtsbarkeit anstelle eines Gerichts der streitigen Gerichtsbarkeit oder ein Spruchkörper der freiwilligen Gerichtsbarkeit anstelle eines für bürgerliche Rechtsstreitigkeiten zuständigen Spruchkörpers (§ 17 a VI GVG) entschieden hat.

9. Wirksamkeit bei Verstößen gegen Verfahrensvorschriften

27 Ob die Entscheidung eines unvorschriftsmäßig besetzten Gerichts wirksam ist, ist streitig; für Wirksamkeit, aber Anfechtbarkeit zutreffend Keidel/Zimmermann, Rn 42 zu § 7 FGG. Das Gleiche gilt bei Fehlen eines Verfahrensantrages, es sei denn, es handelt sich um einen notwendigen Antrag; dann wird Nichtigkeit anzunehmen sein (Habscheid, NJW 66, 1789; BayObLG 86, 229). Bei Fehlen einer Beschwerdeeinlegung ist die Beschwerdeentscheidung unwirksam; ebenso bei Entscheidung nach Rücknahme der Beschwerde (BayObLG 88, 259). Ferner unwirksam ist eine Entscheidung (eines Rechtspflegers) im schriftlichen Verfahren ohne ordnungsmäßige Unterschrift (OLG Köln, OLG 88, 459); die Bestellung eines Verfahrenspflegers durch den Berichterstatter anstelle der Kammer (BayObLG 93, 164; FamRZ 99, 874).

10. Wirksamkeit bei Verstößen gegen materielles Recht

28 Eine Entscheidung wird auch bei Verstoß gegen materielles Recht in der Regel wirksam sein (BGH, FamRZ 64, 426; OLG Frankfurt, Rpfleger 67, 181; BayObLG 87, 108; FamRZ 97, 701: für Betreuerbestellung; wegen der Wirksamkeit ist bis zur Aufhebung Vergütung zu zahlen). Nur ausnahmsweise wird Unwirksamkeit anzunehmen sein (BayObLG 67, 468), zB wenn die elterliche Sorge auf einen Elternteil übertragen wird, obwohl sie zu diesem Zeitpunkt bereits einem Adoptivvater zusteht.

11. Unanwendbarkeit

29 Nicht entspr anwendbar mit der Folge der Unwirksamkeit der gerichtlichen Entscheidung ist Abs 3, wenn es **an jeder gesetzlichen Grundlage** fehlt, eine der Rechtsordnung unbekannte Rechtsfolge ausgesprochen wird oder eine Entscheidung ohne eine vom Gesetz ausdrücklich als notwendig bezeichnete Einwilligung ergeht; ferner, wenn die Entscheidung gegenstandslos ist, zB bei Fehlen eines notwendigen Verfahrensantrags, oder bei einer entgegen § 48 III vorgenommenen Änderung einer Entscheidung. Auch soweit eine Entscheidung unwirksam ist, kann ihre Aufhebung im Beschwerdeweg, ggfs durch eine dann zulässige außerordentliche Beschwerde, erreicht werden.

Verweisung bei Unzuständigkeit

3 (1) **Ist das angerufene Gericht örtlich oder sachlich unzuständig, hat es sich, sofern das zuständige Gericht bestimmt werden kann, durch Beschluss für unzuständig zu erklären und die Sache an das zuständige Gericht zu verweisen. Vor der Verweisung sind die Beteiligten anzuhören.**

(2) **Sind mehrere Gerichte zuständig, ist die Sache an das vom Antragsteller gewählte Gericht zu verweisen. Unterbleibt die Wahl oder ist das Verfahren von Amts wegen eingeleitet worden, ist die Sache an das vom angerufenen Gericht bestimmte Gericht zu verweisen.**

(3) **Der Beschluss ist nicht anfechtbar. Er ist für das als zuständig bezeichnete Gericht bindend.**

§ 3 Verweisung bei Unzuständigkeit § 3

(4) Die im Verfahren vor dem angerufenen Gericht entstehenden Kosten werden als Teil der Kosten behandelt, die bei dem im Beschluss bezeichneten Gericht anfallen.

1. Anwendungsbereich

Das FGG enthielt keine Regelung über eine Verweisung des Verfahrens bei 1 örtlicher oder sachlicher Unzuständigkeit. Ohne besondere gesetzliche Regelung war die Abgabe von Verfahren wegen örtlicher Unzuständigkeit von Amts wegen (auch in Antragsverfahren BayObLG 70, 148) an das örtlich zuständige Gericht möglich. § 3 sieht nunmehr bei anfänglicher örtlicher oder sachlicher Unzuständigkeit des angerufenen Gerichts vor, dass dieses sich, sofern das zuständige Gericht bestimmt werden kann, durch Beschluss für unzuständig zu erklären und die Sache an das zuständige Gericht zu verweisen hat (Abs 1). In den Fällen des § 154, § 187 IV 2, § 343 II 2 kann das Gericht verweisen. § 3 ist auch bei fehlender Zuständigkeit im Verfahren der einstweiligen Anordnung (§§ 49 ff) anwendbar. Grundsätzlich anwendbar auch im 2 **Verfahrenskostenhilfeverfahren,** jedoch ohne Bindungswirkung für das nachfolgende Verfahren zur Hauptsache; bei zweifelhafter Rechtslage in der Zuständigkeitsfrage keine Verweisung, sondern Bewilligung der Verfahrenskostenhilfe zur Klärung (auch) dieser Frage in dem Verfahren zur Hauptsache. 3 **Keine Anwendung** des § 3 auf die Frage der internationalen Zuständigkeit. Auf das Verhältnis zwischen Gerichten der Zivilgerichtsbarkeit und der freiwilligen Gerichtsbarkeit, den Spruchkörpern der Zivilgerichtsbarkeit und der freiwilligen Gerichtsbarkeit als Rechtswegfrage findet nicht § 3, sondern § 17 a GVG Anwendung. In Ehesachen (§§ 121 ff) und Familienstreitverfahren (§§ 112 iVm 231 I, 261 I, 266 I sowie § 269 I Nr 7, 8, 9, II) findet § 3 keine Anwendung (§ 113), sondern § 281 ZPO entsprechend.

2. Verfahren

§ 3 sieht einen Verweisungsantrag nicht vor. Die Verweisung erfolgt daher 4 in Amts- und in Antragsverfahren **von Amts wegen.** Absatz 1 Satz 2 bestimmt, dass die Beteiligten vor der Verweisung **anzuhören** sind. Das Gericht 5 ist nicht verpflichtet zur Durchführung der Anhörung sämtliche Beteiligten zu ermitteln. Es sind nur die anzuhören, die namentlich bekannt sind. Es liegt im Ermessen des Gerichts, ob es fehlende Anschriften namentlich bekannter Beteiligter selbst ermittelt oder dies dem Antragsteller aufgibt. Die Anhörung erfolgt in der Regel schriftlich unter Hinweis auf die Umstände, die Zweifel an der Unzuständigkeit begründen. Im Einzelfall kann es zum besseren Verständnis notwendig sein, Beteiligte mündlich anzuhören. Von einer Anhörung muss abgesehen werden können, wenn bei Gefahr im Verzug einstweilige Anordnungen (§§ 301, 332) schon vor Anhörung des Betroffenen ergehen können.

3. Mehrere zuständige Gerichte

Nach Absatz 2 Satz 1 erfolgt die Verweisung an das von dem Antragsteller 6 **gewählte** Gericht. Die Bestimmung kann durch den Verweisungsantrag erfolgen. Unterbleibt die Wahl durch den Antragsteller, hat das angerufene Gericht unter den zuständigen Gerichten das Gericht zu **bestimmen,** an das es verweist; hierbei können ebenso wie bei § 5 Zweckmäßigkeitserwägungen zu Grunde zu legen sein. Die Bestimmung erfolgt jedoch nach freiem Ermessen. Auch in Verfahren, die von Amts wegen eingeleitet werden, verweist das Gericht die Sache an das von ihm bestimmte Gericht (Absatz 2 Satz 2).

4. Bindung

7   Der Verweisungsbeschluss bindet das im Beschluss bezeichnete Gericht hinsichtlich aller Zuständigkeitsfragen, die das verweisende Gericht geprüft und bejaht hat (BGH, FamRZ 99, 501), auch wenn dieser auf Rechtsirrtum beruht oder sonst fehlerhaft ist (BGH, NJW 93, 1273). Bei Verweisung an das Amtsgericht – Familiengericht – erstreckt sich die Bindungswirkung auf die Zuweisung an das Familiengericht (str, OLG Köln, FamRZ 08, 283 mwN). Grundsätzlich auch keine Weiterverweisung. Im Verfahrenskostenhilfeverfahren entsteht Bindung nur für dieses Verfahren, durch eine Verweisung im Verfahren der einstweiligen Anordnung tritt keine Bindung für das Verfahren
8   in der Hauptsache ein. **Keine Bindung** tritt ein, wenn es dem Beschluss an jeder rechtlichen Grundlage fehlt, so dass er objektiv als willkürlich erscheint. Willkür ist noch nicht zu bejahen bei Abweichung von fast einhelliger Rechtsauffassung (BGH, NJW 03, 3201), jedoch wenn sich das Gericht ohne Begründung über eine länger zurückliegende Gesetzesänderung hinwegsetzt (BGH, NJW 02, 3634), bei Verweisung nach § 3 statt nach § 17a GVG; wenn die Verweisung bei noch ungeklärter Zuständigkeit auf einer Versagung des rechtlichen Gehörs beruht (BGH, NJW 06, 847).

5. Anfechtbarkeit

9   Eine Anfechtung des Verweisungsbeschlusses findet nach Abs 3 S 1 nicht statt. Dies gilt auch für den Beschluss, der einen Antrag auf Verweisung ablehnt. Eine Entscheidung, die das Gericht, an das verwiesen wurde, in der Hauptsache erlässt, kann nicht mit der Begründung angegriffen werden, der Verweisungsbeschluss sei fehlerhaft gewesen.
10 **Anfechtbar** ist der Verweisungsbeschluss jedoch dann, wenn er jeder rechtlichen Grundlage entbehrt, so dass er objektiv als willkürlich erscheint. Die Gründe für eine ausnahmsweise bestehende Anfechtbarkeit entsprechen denen für eine fehlende Bindungswirkung. Es handelt sich um außerordentliche Rechtsmittel. Sie müssen entsprechend den mit der sofortigen Beschwerde anfechtbaren Zwischenentscheidungen behandelt werden, auf die die §§ 567–572 ZPO Anwendung finden (entspr § 6 II). Zu der außerordentlichen Beschwerde im Zivilprozess: Thomas/Putzo, Rn 7–10 zu § 567 ZPO.

6. Kosten

11 Nach Absatz 4 werden die in dem Verfahren vor dem zunächst angerufenen Gericht entstehenden Kosten als Teil der Kosten behandelt, die bei dem in dem Verweisungsbeschluss bezeichneten Gericht erwachsen. Es fehlt eine dem

§ 4 Abgabe an ein anderes Gericht **§ 4**

§ 281 III 2 ZPO entspr Bestimmung, dass dem Antragsteller die entstandenen Mehrkosten auch dann aufzuerlegen sind, wenn er in der Hauptsache obsiegt.

Abgabe an ein anderes Gericht

4 Das Gericht kann die Sache aus wichtigem Grund an ein anderes Gericht abgeben, wenn sich dieses zur Übernahme der Sache bereit erklärt hat. Vor der Abgabe sollen die Beteiligten angehört werden.

1. Anwendungsbereich

Eine einmal begründete örtliche Zuständigkeit wird durch nachträglichen 1 Wegfall der sie begründenden Umstände nicht berührt (§ 2 II). Der in der freiwilligen Gerichtsbarkeit im Vordergrund stehende Personenbezug erfordert aber eine räumliche Nähe des Gerichts zu dem Ort, an dem sich der Betroffene befindet und die bei einem nachträglichen Ortswechsel nicht mehr gegeben sein kann. § 4 sieht daher die Möglichkeit der **Abgabe aus wichtigem Grund** durch ein örtlich zuständiges Gericht an ein anderes Gericht ohne Bindungswirkung vor. Sie unterscheidet sich von der Verweisung (§ 3) dadurch, dass diese durch ein unzuständiges Gericht mit bindender Wirkung an ein anderes Gericht erfolgt. Die Abgabe war schon nach bisherigem Recht möglich und für einige Angelegenheiten ausdrücklich geregelt: in § 46 I 1, 1. Hs FGG für die Abgabe zwischen Vormundschaftsgerichten, in § 46 III FGG für weitere Angelegenheiten, in § 65 a FGG für das Betreuungsverfahren und in § 70 III FGG für die isolierte Abgabe von Unterbringungsmaßnahmen. Es fehlte jedoch eine ausdrückliche allgemeine Vorschrift über die Möglichkeit einer Abgabe aus wichtigem Grund. Sie ist jetzt durch § 4 in das Gesetz aufgenommen worden. § 4 wird ergänzt durch einzelne Bestimmungen bei den besonderen Angelegenheiten:

§ 273 (Abgabe bei Änderung des gewöhnlichen Aufenthalts) und § 314 (Abgabe der Unterbringungsmaßnahme). Anstelle der Abgabe ist eine (nicht zwingende) Verweisung vorgesehen in § 154 (bei einseitiger Änderung des gewöhnlichen Aufenthalts des Kindes) und durch das Amtsgericht Schöneberg in §§ 167 IV 2, 343 II 2.

Die Zuständigkeit des **Amtsgerichts Schöneberg** ist bei fehlendem 2 Inlandsbezug in einige Vorschriften als Auffangzuständigkeit vorgesehen (§§ 122 Nr 5, 170 III, 218, 272 Nr 4, 313 I Nr 4). Bisher konnte das Amtsgericht Schöneberg eine Sache aus wichtigem Grund mit bindender Wirkung an ein anderes Gericht abgeben (§§ 36 II, 43 b III, 44 a I 2, 3 FGG). Auch auf die Abgabe durch das Amtsgericht Schöneberg ist jetzt § 4 anwendbar mit der Folge, dass eine Abgabe nur noch dann erfolgen kann, wenn sich das Gericht, an das abgegeben werden soll, zur Übernahme bereit erklärt; die Abgabe ist auch dann nicht bindend. Eine Verweisung mit bindender Wirkung kann das Amtsgericht Schöneberg jedoch vornehmen nach § 187 IV 2 (Adoptionssachen) und § 343 II 2 (Nachlass-Sachen).

§ 4 ist in **Ehesachen** (§§ 121 ff) und Familienstreitsachen (§ 112) nicht 3 anwendbar (§ 113). In der in diesen Angelegenheiten anzuwendenden Zivilprozessordnung gibt es eine dem § 4 entspr Vorschrift nicht. § 123 sieht

49

§ 4 Buch 1 – Allgemeiner Teil

jedoch eine dem bisherigen Recht unbekannte besondere Abgabemöglichkeit zur Zusammenführung sämtlicher bei einem deutschen Gericht im ersten Rechtszug anhängiger Ehesachen an das Gericht der Scheidungssache oder, wenn eine solche nicht anhängig ist, an das Gericht der Ehesache vor. Ergänzend wird die zwingende Abgabe an das Gericht der Ehesache, wenn eine solche anhängig wird, vorgesehen in § 153 (Kindschaftssachen), § 202 (Wohnungszuweisungs- und Hausratssachen), § 233 (Unterhaltssachen), § 263 (Güterrechtsachen) und § 268 (sonstige Familiensachen).

4   **Sondervorschriften:** § 87 c II SGB VIII regelt die Abgabe der gesetzlichen Amtsvormundschaft (-pflegschaft) des Jugendamtes an ein anderes Jugendamt (Grundsätze für die Abgabe: BayObLG 72, 320; BGH, NJW 78, 543); nicht zulässig die Bestellung eines anderen Jugendamtes durch das Familiengericht (BayObLG 77, 163, 168; KG, Rpfleger 88, 144). Weitere Sondervorschriften: §§ 15 II, 15 b–d VerschG; die Abgaben sind bindend; ferner § 12 I 1–3 LwVG; die Abgaben sind ebenfalls bindend.

2. Voraussetzungen

5   **a) Zuständigkeit des abgebenden Gerichts.** Das abgebende Gericht muss zuständig sein, mindestens aber seine Zuständigkeit für gegeben halten (OLG Köln, FamRZ 98, 958; BayObLG, NJWE-FER 97, 282); es bedarf keiner Prüfung, ob das abgebende Gericht tatsächlich zuständig ist. Auch weitere Abgabe oder „Rückgabe" ist möglich. Die Abgabe ist auch in der Beschwerdeinstanz möglich, jedoch von Amtsgericht zu Amtsgericht zu vollziehen (BayObLG, NJW 64, 1324).

6   **b) Anhängigkeit** einer Angelegenheit der freiwilligen Gerichtsbarkeit. Die abzugebende Angelegenheit muss anhängig, darf aber noch nicht beendet sein. Das Verfahren kann schon abgegeben werden, wenn ein Vormund (BayObLG, NJW-RR 88, 1034), ein Betreuer (BayObLG, FamRZ 93, 449) noch nicht bestellt ist. Es ist unter Zweckmäßigkeitsgesichtspunkten zu beurteilen, ob entscheidungsreife Entscheidungen (Genehmigung, Betreuerabrechnung) noch von dem abgebenden Gericht getroffen werden oder ob eine notwendige persönliche Anhörung durch das Gericht, an das abgegeben werden soll, vorrangig ist (BayObLG, FamRZ 93, 222; FamRZ 94, 1189; 95, 485; OLG Karlsruhe, FamRZ 94, 449; OLG Zweibrücken, Rpfleger 92, 443).

7   **c) Wichtiger Grund.** Ein wichtiger Grund liegt vor, wenn nach dem Ermessen des abgebenden und des übernehmenden Gerichts im Interesse des Betroffenen (Kindes, Mündels) durch die Abgabe eine zweckmäßigere und leichtere Behandlung der Angelegenheit ermöglicht wird. Vorrangig ist hierbei das Interesse des Betroffenen zu berücksichtigen; nur wenn dieses nicht entgegensteht, auch die Interessen anderer Beteiligter. Es sind die gesamten Umstände des Einzelfalles zu berücksichtigen (BayObLG, FamRZ 99, 796). Einzelfälle nach bisherigem Recht: ein dauernder Aufenthaltswechsel des Mündels und des Vormunds (BayObLG, FamRZ 94, 1187; FamRZ 99, 796); nur an ein für den dauernden Aufenthalt des Mündels zuständiges Vormundschaftsgericht (OLG Karlsruhe, Rpfleger 90, 206); zur Abgabe einer Nachlasspflegschaft: OLG Frankfurt, Rpfleger 93, 448; im Falle einer Ver-

§ 4 Abgabe an ein anderes Gericht § 4

mögenspflegschaft bei Wohnsitzwechsel der Mutter mit den Kindern, wenn persönliche Fühlungnahme mit dem Vormundschaftsgericht erforderlich (BayObLG, Rpfleger 86, 95); nicht entscheidend ist der Wohnsitz des Vormundes allein (BayObLG, Rpfleger 79, 264); bei Notwendigkeit persönlicher Verhandlung (OLG Karlsruhe/Freiburg, Rpfleger 56, 49), wenn die mit Vermögensverwaltung verbundene Pflegschaft eine besondere Überwachung des Pflegers erforderlich macht (BayObLG, Rpfleger 80, 432; 86, 95); im Adoptionsverfahren bei Wechsel des Wohnsitzes, des Annehmenden und des Kindes in einen anderen Gerichtsbezirk (BayObLG, NJWE-FER 01, 302); Abgabe für ein einzelnes Kind bei Geschwistergerichtsstand nur bei Vorliegen schwerwiegender Gründe (OLG Hamm, FamRZ 07, 567). In Betreuungssachen (§ 273) liegt in der Regel ein wichtiger Grund für eine Abgabe vor, wenn sich der gewöhnliche Aufenthalt des Betroffenen geändert hat und die Aufgaben im Wesentlichen am neuen Aufenthaltsort des Betroffenen zu erfüllen sind. In Unterbringungsverfahren (§ 314) kann die Sache abgegeben werden, wenn der Betroffene sich im Bezirk eines anderen Gerichts aufhält und die Unterbringungsmaßnahme dort vollzogen werden soll. 8

d) Übernahmebereitschaft des anderen Gerichts. Weitere Voraussetzung ist die Erklärung des anderen Gerichts zur Übernahme bereit zu sein. Das um Übernahme gebetene Gericht beurteilt das Vorliegen eines wichtigen Grundes nach pflichtgemäßem Ermessen. Es kann sich eine Prüfung der Frage vorbehalten, ob eine Übernahme zweckmäßig ist. Sobald es in der Sache tätig wird, ist die Übernahme vollzogen (BayObLG, BtPrax 98, 237). Liegt ein wichtiger Grund vor, besteht eine Pflicht zur Übernahme; vorrangig ist das Wohl des Betroffenen (Kindes, Mündels).

Nicht mehr erforderlich ist eine Zustimmung des Vormundes oder 9 Betreuers; auch ein Widerspruchsrecht des Betroffenen besteht nicht mehr. Diese Regelung lehnt sich an den durch das Zweite Gesetz zur Änderung des Betreuungsrechts v 21. 4. 2005 (BGBl I S. 1073) neu gefassten § 65 a FGG an. Eine Zustimmung erscheint nicht mehr erforderlich, weil im Rahmen der Anhörung Gelegenheit besteht, sich zu der Frage eines wichtigen Grundes für eine Abgabe zu äußern.

e) Anhörung. Nach Satz 2 sollen die Beteiligten vor der Abgabe angehört 10 werden. In der Regel handelt es sich außer dem Betroffenen um die Sorgeberechtigten, Betreuer, Vormund, falls ein solcher schon bestellt ist. Als nicht erforderlich wurde die Anhörung angesehen im Falle der nach bisherigem Recht bindenden Abgabe durch das Amtsgericht Schöneberg (KG, Rpfleger 95, 159). Die Anhörung ist durch das abgebende Gericht durchzuführen. Von der Anhörung des Betroffenen kann abgesehen werden, wenn dieser außer Stande ist, den Vorgang der Abgabe zu begreifen; die Bestellung eines Verfahrenspflegers für diesen Fall kommt nicht in Betracht, weil sie gesetzlich nicht vorgesehen ist (BayObLG, FamRZ 98, 1181; aA OLG Brandenburg, NJWE-FER 00, 322: Verfahrenspfleger wegen des Absehens von der persönlichen Anhörung). Dem Gegenbetreuer muss keine Gelegenheit zur Stellungnahme gegeben werden (BayObLG, NJWE-FER 97, 90). Durch die Soll-Vorschrift wird es dem Gericht ermöglicht, in besonders eiligen Fällen von einer Anhörung abzusehen. Eine solche Eilbedürftigkeit kann sich insbesondere in Betreuungs- und Unterbringungssachen ergeben.

3. Bestimmung durch das nächsthöhere gemeinsame Gericht

11   Bei Verweigerung der Abgabe oder Übernahme durch eines der beteiligten Gerichte wird das zuständige Gericht auf Anrufen eines der beteiligten Gerichte durch das nächsthöhere gemeinsame Gericht bestimmt. Die Bestimmung des zuständigen Gerichts unter diesen Voraussetzungen ist nunmehr als weiterer Anwendungsfall in § 5 I Nr 5 aufgenommen worden (bisher: § 46 II FGG; §§ 65 a I 1 iVm 46 II 1, 1. Alt, 2 FGG).

4. Umfang und Wirkung der Abgabe

12   Die Angelegenheit geht im Ganzen auf das übernehmende Gericht über, jedoch nicht gesonderte Verfahren, auch wenn ein sachlicher Zusammenhang besteht. Daher zieht die Abgabe einer Vormundschaft nicht notwendig die Abgabe der gleichzeitig anhängigen Verrichtungen nach sich (BayObLG 64, 25). In Betreuungssachen geht die Angelegenheit für einen bestimmten, zu bezeichnenden Aufgabenkreis, für den ein Betreuer bestellt ist oder bestellt werden soll, auf das übernehmende Gericht über. Bei mehreren Betreuern für unterschiedliche Aufgabenkreise ist eine isolierte Abgabe eines nur einen Betreuer betreffenden Verfahrens abw von dem bisherigen § 65 a I 3 FGG in § 273 nicht mehr vorgesehen. Keine einheitliche Nachlass-Sache bei Aufspaltung durch Maßgeblichkeit verschiedener Rechtsordnungen (Nachlass-Spaltung) (OLG Brandenburg, FamRZ 06, 1862).

13   Zuständig für **Beschwerden** ist das dem jetzt zuständigen Gericht vorgeordnete Beschwerdegericht (Landgericht, OLG), auch wenn die Beschwerde schon vor Abgabe oder Übernahme eingelegt war (BayObLG 85, 296, für das bayerische Unterbringungsrecht), auch wenn das zunächst unzuständige Amtsgericht inzwischen zuständig geworden ist (BayObLG 82, 261). Die Beschwerde kann nach der Neuregelung des § 64 I nur noch bei dem Gericht eingelegt werden, dessen Beschluss angefochten wird; sie ist auch nach Übernahme noch bei dem abgebenden Gericht einzulegen.

5. Rechtsmittel

14   Der Beschluss, durch den das nächsthöhere gemeinsame Gericht das zuständige Gericht bestimmt, ist nicht anfechtbar (§ 5 III). Die Abgabe und die Ablehnung der Abgabe waren nach bisherigem Recht nach § 19 FGG anfechtbar. Diese Möglichkeit besteht jetzt nicht mehr. Eine selbständige Anfechtung von Zwischenentscheidungen ist nur noch möglich, wenn das Gesetz ausdrücklich die sofortige Beschwerde nach der Zivilprozessordnung vorsieht. Dies ist im Falle der Abgabe nicht geschehen. Da diese aber auch nicht als unanfechtbar bezeichnet wird, ist ihre Überprüfung im Rahmen der Beschwerde zur Hauptsache möglich (§ 58 II) (BGH, FamRZ 11, 282). Sie ist nicht durch § 65 IV ausgeschlossen, demgemäß die Beschwerde nicht darauf gestützt werden kann, dass das Gericht des ersten Rechtszuges seine Zuständigkeit zu Unrecht angenommen habe. Gegenstand der Beschwerde ist die Überprüfung der Frage des wichtigen Grundes für eine Abgabe. Beschwerdeberechtigt sind der Betroffene und jeder, der durch den Beschluss in seinen Rechten beeinträchtigt ist (§ 59 I).

§ 5 Gerichtliche Bestimmung der Zuständigkeit **§ 5**

6. Rechtspfleger

Auch der Rechtspfleger kann die ihm übertragenen (BayObLG 87, 466) **15** Angelegenheiten abgeben (§ 4 I RpflG). § 11 II RPflG kommt nicht zur Anwendung, so dass eine Entscheidung des Richters nach dieser Vorschrift nicht herbeigeführt werden muss (KG, Rpfleger 68, 225; BayObLG, FamRZ 71, 475; OLG Hamm, Rpfleger 70, 243; OLG Köln, Rpfleger 73, 402). Er ist nicht befugt, gleichzeitig anhängige Verfahren, die dem Richtervorbehalt unterliegen, mit abzugeben (BayObLG 72, 21) oder zu übernehmen. In Betreuungs-, Unterbringungssachen ist für die Abgabe des Verfahrens funktionell der Richter zuständig (§ 15 I Nr 4 RPflG), weil ein Betreuungsverfahren zwangsläufig dem Richter vorbehaltene Aufgaben umfasst, in denen er fortlaufend weiter tätig wird. In diese Zuständigkeit würde durch eine von dem RPfl veranlasste Abgabe eingegriffen (KG, Rpfleger 06, 237; OLG Düsseldorf, Rpfleger 98, 103; BayObLG, FamRZ 94, 449; OLG Frankfurt, FGPrax 07, 119; PfälzOLG Zweibrücken, FamRZ 05, 2081; FamRZ 10, 1371; Bassenge/Roth, Rn 13 zu § 15 RPflG mwN; aA Keidel/Sternal, Rn 35 zu § 4; OLG Hamm, FamRZ 94, 343, sofern ein dem Richtervorbehalt unterliegendes Verfahren noch nicht anhängig ist). Eine Abgabe durch einen funktionell unzuständigen RPfl ist unwirksam (§ 8 IV 1 RPflG). Unwirksamkeit auch, wenn durch den Zuständigkeitswechsel infolge der Abgabe auch die in die Zuständigkeit des Richters fallende Bearbeitung betroffen wäre.

Gerichtliche Bestimmung der Zuständigkeit

5 (1) **Das zuständige Gericht wird durch das nächsthöhere gemeinsame Gericht bestimmt:**
1. **wenn das an sich zuständige Gericht in einem einzelnen Fall an der Ausübung der Gerichtsbarkeit rechtlich oder tatsächlich verhindert ist;**
2. **wenn es mit Rücksicht auf die Grenzen verschiedener Gerichtsbezirke oder aus sonstigen tatsächlichen Gründen ungewiss ist, welches Gericht für das Verfahren zuständig ist;**
3. **wenn verschiedene Gerichte sich rechtskräftig für zuständig erklärt haben;**
4. **wenn verschiedene Gerichte, von denen eines für das Verfahren zuständig ist, sich rechtskräftig für unzuständig erklärt haben;**
5. **wenn eine Abgabe aus wichtigem Grund (§ 4) erfolgen soll, die Gerichte sich jedoch nicht einigen können.**

(2) **Ist das nächsthöhere gemeinsame Gericht der Bundesgerichtshof, wird das zuständige Gericht durch das Oberlandesgericht bestimmt, zu dessen Bezirk das zuerst mit der Sache befasste Gericht gehört.**

(3) **Der Beschluss, der das zuständige Gericht bestimmt, ist nicht anfechtbar.**

1. Anwendungsbereich

Die Bestimmung der örtlichen Zuständigkeit bei Streit oder Ungewissheit **1** darüber, welches von mehreren Gerichten örtlich zuständig ist; auch bei Streit

§ 5 Buch 1 – Allgemeiner Teil

zwischen dem Amtsgericht Schöneberg und einem anderen Amtsgericht, an das dieses die Sache abgegeben hat; ferner bei einem Streit zwischen dem ein gemeinschaftliches Testament verwahrenden Amtsgericht und dem für den eingetretenen ersten Erbfall als Nachlassgericht zuständigen Amtsgericht über die Frage, welches der beiden Gerichte das Testament, Erbvertrag, in die besondere amtliche Verwahrung zu nehmen hat (BayObLG, NJWE-FER 99, 195; KG, Rpfleger 77, 24, 100; OLG Hamm, OLG 90, 276; OLG Stuttgart, Rpfleger 88, 189; OLG Zweibrücken, Rpfleger 88, 149; 98, 428; OLG Frankfurt, Rpfleger 95, 253; 98, 26); auch die Bestimmung eines Amtsgerichts als zur Führung eines Berggrundbuchs zuständigem Grundbuchamt nach § 1 II GBO durch Änderungen im Zuge einer Gebietsreform (OLG Frankfurt, Rpfleger 79, 209). § 5 ist auch anwendbar bei einem Streit über die örtliche Zuständigkeit zwischen Beschwerdegerichten (OLG Düsseldorf, FGPrax 07,
2 245). **Entspr** Anwendung des § 5 I 2 FGG (jetzt § 5 I Nr 1) bei Bestellung eines Notvorstandes für die Spaltgesellschaft einer in der ehemaligen DDR enteigneten Aktiengesellschaft (BGH, IPrax 85, 342); für die Bestellung eines
3 Aufsichtsrates (BGH, DtZ 90, 25). **Kein Anwendungsfall** ist die Frage, welches Gericht für die Festsetzung der Betreuervergütung örtlich zuständig ist, weil es sich nicht um ein eigenständiges Verfahren, sondern um einen Teil des Betreuungsverfahrens handelt; die örtliche Zuständigkeit für die Festsetzung der Vergütung folgt aus der Zuständigkeit für das Betreuungsverfahren (BayObLG, NJW-RR 97, 966; OLG Oldenburg, Rpfleger 98, 427: Verfahrenspfleger). Auch der Zuständigkeitsstreit über die Fortdauer einer Unterbringung (§ 27 II BSeuchG a. F.) war kein eigenständiges Verfahren; es entscheidet das Gericht, das die Unterbringung angeordnet hat (OLG Zweibrücken, FGPrax 00, 212).
4 Nach § 5 kann **nicht** die Bestimmung der **sachlichen** Zuständigkeit vorgenommen werden; diese ist im ordentlichen Beschwerdeverfahren auszutragen. Das Gleiche gilt bei einem Streit über die **internationale** Zuständigkeit. Ein Zuständigkeitsstreit zwischen Gerichten verschiedener **Rechtswege,** zwischen streitiger und freiwilliger Gerichtsbarkeit ist ausschließlich im Verfahren nach § 17 a GVG zu entscheiden. Dies gilt auch für die in bürgerlichen Rechtsstreitigkeiten, Familiensachen und Angelegenheiten der freiwilligen Gerichtsbarkeit zuständigen Spruchkörper in ihrem Verhältnis zueinander (§ 17 a VI GVG; Rn 22 zu § 1); auch für einen Streit zwischen der Register- und der Insolvenzabteilung. § 5 kommt nicht zur Anwendung (Prütting/Helms/Prütting, Rn 8, 9 zu § 5; OLG Hamm, NJW 10, 2740, unter Aufgabe der in der Vergangenheit abw Auffassung; OLG München, FamRZ 10, 2090). In Ehe- und Familienstreitsachen sind die §§ 36, 37 ZPO unmittelbar anwendbar.

2. Voraussetzungen

5 § 5 übernimmt die Anwendungsfälle für die Bestimmung der örtlichen Zuständigkeit des § 5 FGG, regelt diese jedoch detaillierter in Absatz 1 Nr 1–4 und ergänzt sie in Nr 5 um einen sich aus § 4 ergebenden Abgabestreit. Dieser muss sich in einem nicht abgeschlossenen Verfahren ergeben, weil er dazu dient, die Zuständigkeit für das durchzuführende Verfahren zu bestimmen.

§ 5 Gerichtliche Bestimmung der Zuständigkeit **§ 5**

Nr 1 (bisher § 5 I 2 FGG) behandelt den Fall, dass ein Gericht aus recht- **6** lichen oder tatsächlichen Gründen an der Ausübung des Richteramtes **verhindert** ist. Tatsächliche Verhinderung liegt vor, wenn ein Gericht nicht mehr ordnungsgemäß besetzt ist, weil Richter ausgeschieden, erkrankt oder wegen Urlaubs nicht erreichbar sind. Rechtliche Verhinderung liegt vor, wenn Richter kraft Gesetzes von der Ausübung des Richteramtes ausgeschlossen sind oder sich der Ausübung wegen Befangenheit enthalten oder mit Erfolg wegen Befangenheit abgelehnt worden sind (§ 6).

Die **Nr 2–5** betreffen die Bestimmung der örtlichen Zuständigkeit, wenn in nicht abgeschlossenen Verfahren zwischen Gerichten Streit über die örtliche Zuständigkeit besteht.

Nr 2 betrifft die Fälle, in denen aus tatsächlichen Gründen **Ungewissheit** **7** über die örtliche Zuständigkeit besteht. Diese Ungewissheit kann sich auf die Grenzen verschiedener Gerichtsbezirke oder die Lage des Ortes einer zuständigkeitsbegründenden Handlung beziehen. Voraussetzung ist, dass sich Zweifel über tatsächliche Verhältnisse nicht mit Sicherheit klären lassen; es genügt grundsätzlich nicht, wenn nur die rechtliche Beurteilung schwierig und unsicher ist. Das OLG Frankfurt hat Ungewissheit ausnahmsweise auch bei rechtlicher Unsicherheit bejaht, um Verzögerungen bei der Entscheidung über eine Freiheitsentziehung durch Klärung der Zuständigkeitsfrage zu vermeiden (OLG Frankfurt, NJW 06, 3443). Bejaht wird Ungewissheit auch, wenn die örtliche Zuständigkeit nur aus einer internationalen Zuständigkeit hergeleitet werden kann (KG, OLG 77, 178). Beispiele für Ungewissheit über tatsächliche Verhältnisse: Ein Findelkind wird in einem fahrenden Eisenbahnwagen zu nicht mehr festzustellender Zeit gefunden; bei wechselndem Aufenthalt lässt sich der Zeitpunkt des Todes und damit der Aufenthalt zZ des Erbfalls nicht feststellen. Im Verfahren nach dem Freiheitsentziehungsgesetz ist für die Bestimmung des zuständigen Gerichts kein Raum, wenn die Person, der die Freiheit entzogen werden soll, keinen gewöhnlichen Aufenthalt hat und ihr gegenwärtiger Aufenthalt unbekannt ist.

Weitere Voraussetzung ist, dass sich mehrere Gerichte, ohne miteinander in Verbindung zu treten, für zuständig oder unzuständig erklärt haben und keines der Gerichte nach § 2 I zuständig geworden ist.

Nr 3 und 4 behandeln die Fälle eines **Streites zwischen den Gerich-** **8** **ten** über die örtliche Zuständigkeit. Diese Voraussetzung ist gegeben, wenn von mehreren Gerichten jedes die Zuständigkeit für sich in Anspruch nimmt (positiver Kompetenzkonflikt) in Nr 3 oder wenn verschiedene, von denen mindestens eines zuständig ist, sich für unzuständig erklären (negativer Kompetenzkonflikt) in Nr 4. Der Streit muss zwischen den Gerichten bestehen; keine entspr Anwendung auf verschiedene Abteilungen desselben Gerichts (Rn 4; Keidel/Sternal, Rn 24 zu § 5; aA OLG Hamm, NJW 10, 2066). Die Zuständigkeit amtsgerichtlicher Zweigstellen kann nicht Gegenstand der Bestimmung sein, weil diese unselbständige Bestandteile der Hauptgerichte sind (KG, 74, 424). Die widersprechenden Entscheidungen müssen rechtskräftig sein; das Verfahren in der Sache darf jedoch noch nicht abgeschlossen sein, weil Zweck der Bestimmung ist, eine Sachentscheidung zu ermöglichen. Nach bisheriger Rechtslage genügte es, wenn mehrere Gerichte entgegengesetzte Stellungnahmen abgegeben hatten. Nunmehr **9**

müssen **rechtskräftige** Entscheidungen über die örtliche Zuständigkeit vorliegen. Das ist in der Regel der Fall bei bindenden Verweisungen nach § 3, §§ 154, 187 IV 2, 343 II 2; auch bei ausdrücklicher Unzuständigkeitserklärung. Die Bindungswirkung tritt auch dann ein, wenn der Beschluss über die Verweisung auf Rechtsirrtum beruht oder sonst fehlerhaft ist (BGH, NJW 93, 1273; NJW-RR 02, 2474; NJW 03, 2990); auch wenn das Gericht, das verwiesen hat, ausschließlich zuständig ist (BayObLG, NJW-
10 RR 02, 1152). **Keine Bindung** tritt ein, wenn es dem Beschluss an jeder rechtlichen Grundlage fehlt, so dass er objektiv als willkürlich erscheint (OLG Naumburg, FamRZ 06, 1280). Willkür ist noch nicht zu bejahen bei Abweichung von fast einhelliger Rechtsauffassung (BGH, NJW 03, 3201), jedoch, wenn sich das Gericht ohne Begründung über eine länger zurückliegende Gesetzesänderung hinwegsetzt (BGH, NJW 02, 3634), bei Verweisung nach § 3 statt nach § 17a GVG; wenn die Verweisung bei noch ungeklärter Zuständigkeit auf einer Versagung des rechtlichen Gehörs beruht (BGH, NJW 06, 847). Ein Verweisungsbeschluss in Sorgerechtssachen ist nicht bereits dadurch willkürlich, dass dem Gericht ein Irrtum hinsichtlich des Wohnsitzes des betroffenen Kindes unterlaufen ist (OLG Rostock, FamRZ 06, 432).
11 **Nr 5** bezieht in Erweiterung des Anwendungsgebietes des § 5 FGG als weitere Alternative eine fehlende Einigung zwischen Gerichten über eine **Abgabe** aus wichtigem Grund nach §§ 4, 273, 314 in das Bestimmungsverfahren ein. § 4 regelt allgemein für die Angelegenheiten der freiwilligen Gerichtsbarkeit und die Verfahren in Familiensachen mit Ausnahme der Ehesachen (§§ 121 ff) und der Familienstreitsachen (§ 112 iVm § 113) die Möglichkeit der Abgabe einer Sache aus wichtigem Grund an ein anderes Gericht, falls sich dieses zur Übernahme bereit erklärt hat. Für den Fall, sich die beteiligten Gerichte nicht einigen, soll im Bestimmungsverfahren eine Entscheidung darüber getroffen werden, welches Gericht zuständig sein soll. § 5 I Nr 5 lehnt an die Regelung des § 46 II FGG an.

3. Verfahren

12 **a) Zuständigkeit für die Bestimmung.** In allen Fällen des Abs 1 Nr 1–5 entscheidet das nächsthöhere gemeinsame Gericht, bei rechtlicher oder tatsächlicher Verhinderung des Gerichts (Nr 1), wenn es mit Rücksicht auf die Grenzen verschiedener Gerichtsbezirke oder aus sonstigen tatsächlichen Gründen ungewiss ist, welches Gericht für das Verfahren zuständig ist (Nr 2), bei Streit zwischen verschiedenen Gerichten (Nr 3, 4) und bei mangelnder Einigung der Gerichte über eine Abgabe nach § 4 (Nr 5). Im Regierungsentwurf war für die Fälle rechtlicher oder tatsächlicher Verhinderung (Nr 1) das im Instanzenzug vorgeordnete Gericht vorgesehen. Diese Ausnahme wurde auf Empfehlung des Rechtsausschusses gestrichen (BT-Drs 16/9733 S 354). Hierdurch wird die Regelung insoweit mit der entsprechenden Vorschrift des § 36 II ZPO harmonisiert. Das nächsthöhere gemeinsame Gericht in Betreuungs- und Unterbringungssachen ist für Amtsgerichte im Bezirk desselben Landgerichts das Landgericht, in allen übrigen Fällen für Amtsgerichte im Bezirk desselben Oberlandesgerichts das Ober-

§ 5 Gerichtliche Bestimmung der Zuständigkeit **§ 5**

landesgericht; für Amtsgerichte im Bezirk verschiedener Landgerichte in einem Oberlandesgerichtsbezirk das OLG; für Amtsgerichte im Bezirk verschiedener Oberlandesgerichte anstelle des BGH (BGH, NJW 99, 221) das OLG, zu dessen Bezirk das zuerst mit der Sache befasste (KG, OLG 94, 563) Gericht gehört (Absatz 2), auch wenn sich dieses zunächst irrtümlich für zuständig angesehen hat (BayObLG 88, 483). In **Bayern** war zuständig das Bayerische Oberste Landesgericht für die bis 31. 12. 2004 anhängig gewordenen Sachen bis zur endgültigen Auflösung am 30. 6. 2006; seit 1. 1. 2005 das OLG München (§ 199 II 2 FGG; BayObLGAuflG; OLG München, FamRZ 05, 1577); in **Rheinland-Pfalz** das OLG Zweibrücken. Voraussetzung ist, dass die beteiligten Amtsgerichte in verschiedenen Landgerichtsbezirken, wenn auch im selben OLG-Bezirk liegen; es ist abzustellen auf den in der freiwilligen Gerichtsbarkeit tatsächlich gegebenen Instanzenzug (BayObLG, FamRZ 89, 1108). Das BayObLG (jetzt das OLG München) ist auch dann zuständig, wenn die Gerichte verschiedenen deutschen Ländern angehören, an Stelle des OLG, zu dessen Bezirk das zuerst mit der Sache befasste in Bayern gelegene Gericht gehört (BayObLG, Rpfleger 96, 343); auch dann, wenn der Streit eine Abgabe an das Amtsgericht Schöneberg betrifft und ein bayerisches Gericht die Sache zuständigkeitshalber an dieses weitergeleitet hatte (BayObLG, Rpfleger 79, 104). Entspr gilt für das OLG Zweibrücken. Im Gerichtsstandsbestimmungsverfahren zwischen den Gerichten, die die Zuständigkeitsbestimmung vornehmen, keine Verweisung, sondern Weiterleitung im Wege nicht bindender Abgabe (BayObLG 03, 215).

Mit der Sache **befasst** ist das Gericht in **Antragsverfahren** mit Stellung **13** eines Antrags zur Entscheidung bei dem angerufenen Gericht, nicht nur zur Weitergabe (KG, Rpfleger 72, 173), nicht nur als Beurkundungsgericht; in **Amtsverfahren** mit dem Eingang einer Mitteilung oder Kenntnisnahme von Umständen, die ergeben, dass das Gericht von Amts wegen tätig werden muss (BGH, NJW-RR 93, 1091). Das Gericht kann auch durch die **14** Entgegennahme von **Erklärungen,** die vor dem Gericht oder gegenüber dem Gericht abzugeben sind, mit der Sache befasst werden; Beispiel: Beurkundung von Erklärungen durch die Amtsgerichte nach § 62 BeurkG. Durch die Eröffnung eines Testaments vor Einleitung des Erbscheinsverfahrens wird das Gericht noch nicht mit der Sache befasst (BayObLG, Rpfleger 95, 254; OLG Frankfurt, Rpfleger 98, 26; KG, OLG 94, 73). Bei einem Streit über die Zuständigkeit nach Abgabe, durch das **Amtsgericht Schö- 15 neberg** ist das Gericht zuerst befasst, das die bei ihm eingegangenen Anträge an das Amtsgericht Schöneberg weitergeleitet hat (BayObLG, Rpfleger 79, 104). Ist noch kein Gericht mit der Sache befasst, ist das OLG zuständig, das im Verfahren nach § 5 zuerst tätig geworden ist (BayObLG 86, 433).

b) Einleitung des Bestimmungsverfahrens. Das Verfahren zur Be- **16** stimmung der Zuständigkeit wird eingeleitet in den Fällen der Nr 1–4 durch eines der beteiligten Gerichte oder einen Beteiligten, in Verfahren zur Bestimmung nach Nr 5 nur auf Anrufen eines der beteiligten Gerichte; dies folgt daraus, dass eine Zustimmung des Vormundes, Betreuers zur Abgabe aus wichtigem Grund ebenso wie ein Widerspruch des Betroffenen

nicht mehr vorgesehen ist; dann können sie auch nicht berechtigt sein, eine Bestimmung nach § 5 herbeizuführen. Diesen Personen bleibt nur die Möglichkeit, eine Abgabeentscheidung im Zusammenhang mit der Beschwerde zur Hauptsache überprüfen zu lassen (§ 58 II). Das Bestimmungs-
17 verfahren kann auch **von Amts wegen** eingeleitet werden, wenn das dafür zuständige Gericht von einem Zuständigkeitsstreit und der Notwendigkeit einer Amtshandlung in Kenntnis gesetzt wird (OLG Frankfurt, NJW 06, 3443; OLG Hamm, FamRZ 06, 1460). Ausnahmsweise kann eine Bestimmung auch vor Anhängigwerden einer konkreten Angelegenheit getroffen werden, wenn eine beabsichtigte Verneinung der örtlichen Zuständigkeit durch eines der beteiligten Gerichte im Ergebnis eine Rechtsschutzverweigerung bedeuten würde (OLG Hamm, NJW 06, 2707). Ein nur abstrakter Streit ermöglicht eine Einleitung von Amts wegen nicht (OLG Hamm,
18 FGPrax 09, 35). Für eine Bestimmung ist dann **kein Raum mehr,** wenn im Falle von Nr 5 die Sache im Einverständnis mit dem übernehmenden Gericht abgegeben wurde. Mit der vollzogenen Abgabe tritt Bindungswirkung ein (OLG Köln, FGPrax 06, 72; KG, FGPrax 06, 280; BayObLG, FGPrax 98, 145). Eine Bestimmung ist auch dann nicht mehr zulässig, wenn das Verfahren sachlich bereits in der Hauptsache erledigt ist (OLG Hamm, FGPrax 09, 35) oder durch Tod (OLG Zweibrücken, FGPrax 09, 116).

19 **c) Verfahren vor dem vorlegenden Gericht.** Dieses hat vor der Vorlage an das für die Bestimmung zuständige Gericht die tatsächlichen Verhältnisse von Amts wegen zu klären. Die Klärung ist Voraussetzung für die Ordnungsmäßigkeit der Vorlage (BGH, FamRZ 93, 307; KG, Rpfleger 77, 100; BayObLG 87, 463; Rpfleger 98, 344 (gewöhnlicher Aufenthalt); OLG Frankfurt, Rpfleger 98, 27). Im Falle von Nr 5 ist insbesondere der Sachverhalt so vollständig zu ermitteln, dass das zur Entscheidung berufene Gericht abschließend beurteilen kann, ob wichtige Gründe für eine Abgabe vorliegen (BayObLG, Rpfleger 91, 110; 96, 344; KG, Rpfleger 96, 237). Der Registerrichter hat vor Abgabe die förmliche Richtigkeit der Anmeldung zu prüfen. Unterschiedliche Auffassungen über die an die Prüfung zu stellenden Anforderungen rechtfertigen jedoch nicht die Ablehnung der Übernahme (OLG Frankfurt, FGPrax 08, 164).

4. Die Entscheidung des nächsthöheren (gemeinsamen) **Gerichts**

20 **a) Zweckmäßigkeitsgründe.** Die Entscheidung erfolgt nach Zweckmäßigkeit; für Beratungshilfe: OLG, Hamm, OLG 84, 268; BayObLG, Rpfleger 93, 251; OLG Köln, Rpfleger 93, 353); für die Bestellung eines Nachlasspflegers: OLG Frankfurt, Rpfleger 94, 67; für Betreuungsverfahren: SchleswHolstOLG, FGPrax 06, 23. Allgemein zur Verfassungsmäßigkeit der Bestimmung eines gemeinsamen Gerichtsstandes aus Zweckmäßigkeitsgründen: BVerfG, NJW 09, 907. Bei einem Kompetenzkonflikt (Abs 1 Nr 3, 4) ist, wenn mehrere Gerichte zuständig sind, regelmäßig das zuerst mit der Sache befasste Gericht zu bestimmen (§ 2 I); bei Verweisung, Weiter- oder Rückverweisung regelmäßig das Gericht, an das zuerst verwiesen wurde (OLG Düsseldorf, FGPrax 10, 213).

b) Wirkung. Die Entscheidung wird mit der Bekanntmachung an das **21** Gericht, das übernehmen soll, wirksam. In den Fällen Nr 3 und 4 wird die Rechtskraft der entgegenstehenden Entscheidung durchbrochen. Auch den am Bestimmungsverfahren beteiligten weiteren Gerichten und den Beteiligten ist die Entscheidung bekannt zu machen. Zur Entscheidung über Beschwerden der vorher tätigen Gerichte ist das dem bestimmten Gericht übergeordnete Beschwerdegericht zuständig; auch für eine Feststellung der Rechtswidrigkeit (OLG Düsseldorf, FGPrax 07, 245); auch über ein noch nicht erledigtes Rechtsmittel gegen eine Entscheidung des abgebenden Gerichts (OLG München, FGPrax 09, 239). Die Einlegung einer Beschwerde erfolgt bei dem Gericht, das die anzufechtende Entscheidung erlassen hat (§ 64 I).

c) Anfechtbarkeit. Nach Abs 3 ist der Beschluss, durch den das zuständige **22** Gericht bestimmt wird, nicht anfechtbar. Eine Anfechtbarkeit der Entscheidung, durch die eine Bestimmung abgelehnt wird, wird nicht ausgeschlossen. Sie ist daher mit der Endentscheidung überprüfbar (§ 58 II).

5. Keine Anwendung in Ehesachen

In Ehesachen (§§ 121 ff iVm § 113) und Familienstreitsachen (§ 112 iVm **23** § 113) findet § 5 keine Anwendung. In diesen Angelegenheiten kommen die Vorschriften der Zivilprozessordnung zur Anwendung, für die Zuständigkeitsbestimmung §§ 36, 37 ZPO.

6. Rechtspfleger

§ 5 gilt auch in Verfahren, die dem Rechtspfleger nach §§ 3, 14 ff RPflG **24** übertragen sind (KG, Rpfleger 68, 225; BayObLG, Rpfleger 02, 485; Stöber, Rpfleger 67, 129). Eine Bestimmung ist nicht zulässig, wenn zwischen den Rechtspflegern der in Betracht kommenden Gerichte kein Streit besteht, die Ansicht des Rechtspflegers jedoch von der ihm bekannten Stellungnahme des Richters abweicht (KG, Rpfleger 70, 21). Eine Verhinderung aller Rechtspfleger (Nr 1) liegt erst vor, wenn kein Richter vorhanden ist, der die Aufgaben des Rechtspflegers wahrnehmen kann. Eine Entscheidung des Richters ist vor der Durchführung des Verfahrens nicht erforderlich (BayObLG 92, 123; KG, FamRZ 71, 100; OLG Köln, OLG 92, 131). Der Rechtspfleger ist nicht befugt, eine Zuständigkeitsbestimmung in dem Richtervorbehalt unterliegenden Verfahren herbeizuführen, wenn hierdurch auch in die Zuständigkeit der dem Richter vorbehaltenen Angelegenheiten eingegriffen würde, auch wenn ein solches Verfahren noch nicht anhängig ist (für den Fall einer Abgabe in Betreuungssachen: KG, Rpfleger 96, 237; OLG Düsseldorf, Rpfleger 98, 103; BayObLG, FamRZ 94, 449; aA OLG Hamm, FamRZ 94, 343, sofern ein dem Richtervorbehalt unterliegendes Verfahren noch nicht anhängig ist).

Ausschließung und Ablehnung der Gerichtspersonen

6 (1) **Für die Ausschließung und Ablehnung der Gerichtspersonen gelten die §§ 41 bis 49 der Zivilprozessordnung entsprechend. Ausgeschlossen ist auch, wer bei einem vorausgegangenen Verwaltungsverfahren mitgewirkt hat.**

§ 6

(2) **Der Beschluss, durch den das Ablehnungsgesuch für unbegründet erklärt wird, ist mit der sofortigen Beschwerde in entsprechender Anwendung der §§ 567 bis 572 der Zivilprozessordnung anfechtbar.**

Übersicht

1. Anwendungsbereich 1
2. Ausschließungsgründe 3
3. Besorgnis der Befangenheit 14
4. Selbstablehnung 16
5. Ablehnung des Richters durch Beteiligte 20
6. Unaufschiebbare Amtshandlungen 27
7. Anfechtbarkeit 29

1. Anwendungsbereich

1   a) **Sachlich.** Nach § 6 gelten die §§ 41–49 ZPO für die Angelegenheiten der freiwilligen Gerichtsbarkeit und das Verfahren in Familiensachen entspr. In Ehesachen (§§ 121 ff) und Familienstreitsachen (§ 112) gelten die §§ 41–49 ZPO unmittelbar, weil insoweit die Vorschriften der Zivilprozessordnung gelten (§ 113). In Landwirtschaftssachen gelten die §§ 42–48 sinngemäß (§ 11 LwVG); für das Beschwerdeverfahren nach der GBO, der SchiffsregO sind die §§ 42–49 ZPO entspr anwendbar (§ 81 II GBO; § 89 II SchiffsRegO). Für den Grundbuchrichter im ersten Rechtszug gilt § 41 ZPO (Ausschließung) nicht (§ 11 GBO). Kein Rechtsschutzbedürfnis mehr im Tatbestandsberichtigungsverfahren (BGH, FamRZ 07, 1734).

2   b) **Persönlich.** § 6 gilt für die Ausschließung und Ablehnung von Gerichtspersonen, Richtern, ehrenamtlichen Richtern, Urkundsbeamten der Geschäftsstelle (§ 49 ZPO); entspr für Rechtspfleger (§ 10 RPflG), Dolmetscher (§ 191 GVG iVm § 406 ZPO: nur Ablehnung); kein Ausschluss kraft Gesetzes (BGH, NJW-RR 06, 1221). Für Dolmetscher bei der Beurkundung von Willenserklärungen gilt § 16 III 2 BeurkG, für den Urkundsbeamten der Geschäftsstelle hinsichtlich der Registergeschäfte § 4 II HRV und in Grundbuchsachen § 4 IV AVO GBO. § 6 gilt nicht für den Verfahrenspfleger (§§ 276, 317) und den Verfahrensbeistand (§§ 158, 174, 191), weil diese nicht die Funktion eines zur Unparteilichkeit verpflichteten Gehilfen des Gerichts haben (OLG Celle, FGPrax 03, 128 für Verfahrenspfleger). § 6 gilt auch nicht für den Umgangspfleger, weil auch dieser nicht Gehilfe des Gerichts, sondern Interessenvertreter des Kindes ist (OLG Karlsruhe, FamRZ 05, 1571). Keine Ablehnung des Gerichtsvollziehers, sondern nur Ausschließung nach § 155 GVG (BGH, FamRZ 04, 1961); zu landesrechtlichen Regelungen: Keidel/Zimmermann, Rn 2 zu § 6.

2. Ausschließungsgründe

3   Ein Richter ist von der Ausübung des Richteramtes kraft Gesetzes ausgeschlossen in folgenden Fällen:

4   a) Nach **§ 41 Ziff 1,** wenn er selbst beteiligt ist oder zu einem Beteiligten in dem Verhältnis eines Mitberechtigten, Mitverpflichteten, Regresspflichti-

§ 6 Ausschließung und Ablehnung der Gerichtspersonen § 6

gen steht. Beispiele: Der Vormundschaftsrichter (nach bisherigem Recht) ist **beteiligt,** wenn er den zu genehmigenden Vertrag mit dem Minderjährigen schließt; der Nachlassrichter, wenn er Erbe, Nacherbe oder Pflichtteilsberechtigter ist. Nicht beteiligt ist, wer nur ein mittelbar wirtschaftliches Interesse am Ausgang der Sache hat, zB, wenn der Nachlassrichter Gläubiger eines Erben ist oder der Vormundschaftsrichter Gläubiger oder Schuldner des Mündels, der Richter, der einen Verein eintragen will, Mitglied dieses Vereins ist (BGH, NJW 68, 157). **Mitberechtigt** oder **mitverpflichtet** ist, wer ohne Beteiligter zu sein, von dem Verfahren unmittelbar betroffen wird. Beispiel: der Richter ist Mitglied einer beteiligten Gesellschaft im Sinne des BGB, eines nicht rechtsfähigen Vereins, einer oHG oder KG. Keine Mitberechtigung bzw Mitverpflichtung im Sinne der Ziff 1 liegt vor bei Beteiligung an einer juristischen Person, Gemeinde, Aktiengesellschaft, GmbH, eingetragenen Genossenschaft (BVerwG, NJW 01, 2191), sofern nicht besondere Rechte des Mitglieds betroffen werden.

b) Nach **§ 41 Ziff 2 ZPO** ist der Richter ausgeschlossen in Sachen seines 5
Ehegatten, auch des früheren Ehegatten, es sei denn, dass die Ehe wegen Formmangels nach dem bisherigen § 11 EheG nichtig und nicht in das Familienbuch eingetragen ist; ferner nach **Ziff 2 a** in Sachen seines Lebenspartners (§ 1 LPartG), nicht des früheren Lebenspartners.

c) Nach **§ 41 Ziff 3 ZPO** ist der Richter ausgeschlossen, wenn eine 6
Person beteiligt ist, mit der er in gerader Linie verwandt oder verschwägert oder in der Seitenlinie bis zum dritten Grade verwandt oder bis zum zweiten Grade verschwägert ist; auch dann, wenn die Verwandtschaft oder Schwägerschaft, die seiner Entscheidungsbefugnis entgegensteht, durch Kindesannahme oder eine andere Statusänderung beendet ist.

aa) Verwandte in **gerader Linie** (§ 1589 BGB). Verwandtschaft in gerader 7
Linie wird auch begründet durch Annahme als Kind (§ 1754 BGB).

bb) Verwandte in der **Seitenlinie** bis zum dritten Grade, also einschließlich 8
der Geschwister, gleichgültig, ob diese halbbürtig oder vollbürtig sind.

cc) Verschwägert sind die Verwandten eines Ehegatten mit dem anderen, 9
auch wenn die vermittelnde Ehe nicht mehr besteht. Schwägerschaft wird auch begründet durch die Annahme als Kind (§ 1754 BGB). Eine Beschränkung hinsichtlich des Grades der Schwägerschaft in gerader Linie besteht nicht; in der Seitenlinie begründet die Schwägerschaft bis zum zweiten Grade die Ausschließung des Richters.

d) Nach **§ 41 Ziff 4 ZPO** ist ausgeschlossen der Richter, der von einem 10
Beteiligten zum bevollmächtigten Vertreter bestellt oder als gesetzlicher Vertreter eines Beteiligten aufzutreten berechtigt ist, jedoch nur bei fortbestehender Vertretungsmacht. Tatsächliche Ausübung ist nicht erforderlich.

e) Nach **§ 41 Ziff 5** ist der Richter in Sachen ausgeschlossen, in denen er 11
als Zeuge oder Sachverständiger vernommen worden ist.

f) Nach **§ 41 Ziff 6 ZPO** ist ausgeschlossen der Richter in Sachen, in denen 12
er in einem früheren Rechtszug oder im schiedsrichterlichen Verfahren bei dem Erlass der angefochtenen Entscheidung mitgewirkt hat, sofern es sich nicht um die Tätigkeit eines beauftragten oder ersuchten Richters handelt; als solcher darf er in der höheren Instanz tätig sein. Bei Wiederaufnahme keine Ausschließung wegen Mitwirkung an der Entscheidung, gegen die sich die Klage richtet;

die Mitwirkung begründet für sich allein nicht die Besorgnis der Befangenheit (OLG Zweibrücken, OLG 74, 291; OLG Karlsruhe, OLG 75, 242). Ist ein Richter in einem Verfahren zur Regelung des persönlichen Umgangs mit Erfolg wegen Besorgnis der Befangenheit abgelehnt worden, ist er in einem anschließenden Verfahren wegen Änderung der Regelung der elterlichen Sorge nicht kraft Gesetzes ausgeschlossen, weil es sich um selbständige Angelegenheiten handelt (BayObLG 77, 97). Besorgnis der Befangenheit kann gerechtfertigt sein, wenn der Nachlassrichter einen Vertrag auszulegen hat, den er als Notar beurkundet hat (OLG Karlsruhe, NJW-RR 89, 1095).

13 g) Ein weiterer Ausschließungsgrund ist durch § 6 I 2 in das Gesetz aufgenommen worden. Danach ist auch der Richter ausgeschlossen, der bei einem vorangegangenen Verwaltungsverfahren mitgewirkt hat. Dieser Grundsatz galt schon bisher in entspr Anwendung des § 54 II VwGO (BGH, NJW 68, 157). Die Anwendung dieses Grundsatzes führt auch dazu, dass der Präsident eines Landgerichts, der einen Notar angewiesen hat, wegen einer Kostenberechnung die gerichtliche Entscheidung herbeizuführen, gehindert ist, in dem Notarkostenbeschwerdeverfahren als Richter mitzuwirken (BayObLG 85, 182).

3. Besorgnis der Befangenheit

14 Die Tätigkeit des Gerichts erfordert Neutralität und Distanz gegenüber den Verfahrensbeteiligten; die Besorgnis der Befangenheit kann begründet sein, wenn ein Gericht diese Distanz im Einzelfall vermissen lässt (BVerfG 21, 139). Eine Befangenheit ist daher zu bejahen, wenn ein Grund vorliegt, der geeignet ist, Misstrauen gegen die Unparteilichkeit des Richters zu rechtfertigen (§ 42 II ZPO). Ein Richter ist befangen, wenn er auf Grund seiner Beziehungen zu einem Beteiligten, Verfahrensbevollmächtigten oder zum Verfahrensgegenstand nicht unvoreingenommen seines Amtes walten kann; er ist auch dann befangen, wenn vom Standpunkt eines Beteiligten aus gesehen bei objektiver und vernünftiger Betrachtungsweise Grund zum Misstrauen besteht (BGH, FamRZ 06, 1440).

15 **Beispiele:** Verfahrensfehler mit dem Anschein unsachgemäßer Behandlung zu Gunsten einer Partei (OLG München, NJW-RR 02, 862); erhebliche Abweichung von anerkannten rechtlichen Grundsätzen (KG, NJW-RR 06, 1577); unsachliche auf Voreingenommenheit gegen eine Partei deutende Äußerungen (OLG Frankfurt, NJW-RR 95, 890). Befangenheit wegen früherer Zugehörigkeit zum Spruchkörper ohne Hinzutreten besonderer Umstände ist zu verneinen (BVerfG, NJW 04, 3550). Zur Frage der Befangenheit von nach früherem DDR-Recht berufenen Richtern: BVerfG, DtZ 91, 408). Befangenheit bejaht: OLG Frankfurt, Rpfleger 78, 100; BayObLG 77, 238; Rpfleger 78, 100; OLG Karlsruhe, NJW-RR 89, 1095; verneint: BGH, NJW 84, 1907; OLG Hamm, OLG 77, 105; BayObLG, NJW-RR 88, 191; BayObLG, FamRZ 98, 1240: verzögerliche Verfahrensführung).

4. Selbstablehnung

16 Nach § 48 ZPO ist eine Entscheidung darüber zu treffen, ob eine Selbstablehnung des Richters begründet ist oder, wenn aus anderer Veranlassung

§ 6 Ausschließung und Ablehnung der Gerichtspersonen **§ 6**

Zweifel darüber entstehen, ob ein Richter kraft Gesetzes ausgeschlossen ist. Die Rechtsprechung hat schon bisher die entspr Anwendung des § 48 für den Bereich der freiwilligen Gerichtsbarkeit bejaht (BGH, NJW 67, 155, 631 für streitige Angelegenheiten; BayObLG 79, 295; OLG Hamm, Rpfleger 69, 211 für den gesamten Bereich). § 6 nimmt nun ausdrücklich auch auf diese Vorschrift Bezug.

Zuständig zur Entscheidung über die Selbstablehnung oder bei Zweifeln 17 über das Vorliegen von Ausschließungsgründen ist das Gericht, dem der Richter angehört (§ 48 iVm § 45 I ZPO), auch wenn es sich um einen Einzelrichter handelt (BGH, NJW 06, 2492; OLG Karlsruhe, FamRZ 06, 1555; aA KG, NJW 04, 2104: für Einzelrichter nicht der Spruchkörper, sondern wiederum ein Einzelrichter). Wenn es sich um einen Richter beim Amtsgericht handelt, entscheidet ein nach der Geschäftsverteilung zuständiger anderer Richter des Amtsgerichts (§ 48 iVm § 45 II ZPO). **Bei RPfl** entscheidet der zuständige Amtsrichter (§ 10 Satz 2 iVm § 28 RPflG, § 48 iVm § 45 II ZPO). Wird das nach § 45 I ZPO zuständige Gericht infolge der verbotenen Mitwirkung des Richters beschlussunfähig, entscheidet, wenn auch die Vertretungsregelung erschöpft ist, das im Rechtszug zunächst höhere Gericht (§ 48 iVm § 45 III ZPO).

Die Selbstablehnung und auch die Umstände, aus denen sich Zweifel 18 wegen des Vorliegens von Ausschließungsgründen ergeben, sind den Beteiligten zur Stellungnahme mitzuteilen. Der Richter darf, **nur** noch solche **Handlungen** vornehmen, die keinen Aufschub gestatten (§ 48 iVm § 47 ZPO). Dies gilt nicht bei Ausschluss (§ 41 ZPO); liegen Ausschließungsgründe vor, sind auch unaufschiebbare Handlungen unwirksam.

Die Entscheidung ist den Beteiligten bekannt zu machen (§ 15 I). Der 19 Beschluss, der die Ablehnung für unbegründet erklärt, ist mit der sofortigen Beschwerde entspr §§ 567–572 ZPO anfechtbar (für das bisherige Recht: BVerfG, NJW 93, 2229; BGH NJW 95, 403; OLG Zweibrücken, OLG 94, 570).

5. Ablehnung des Richters durch Beteiligte

a) Zuständigkeit. Zuständig ist das Gericht, dem der Richter angehört 20 (§ 49 I); bei Kollegialgerichten die Kammer, der Senat, die Kammer für Handelssachen, auch wenn es sich um einen Einzelrichter handelt (BGH, NJW 06, 2492; OLG Karlsruhe, FamRZ 06, 1553; OLG Oldenburg, FamRZ 06, 712; aA KG, NJW 04, 2104: für Einzelrichter nicht der Spruchkörper, sondern wiederum ein Einzelrichter). Der abgelehnte Richter darf nicht mitwirken (§ 45 I ZPO); das Recht auf den gesetzlichen Richter verbietet es, dass der abgelehnte Richter selbst über das Ablehnungsgesuch entscheidet, sofern nicht ein Fall offensichtlicher Unzulässigkeit (Rn 23) vorliegt (BVerfG, FamRZ 07, 1953). Wenn es sich um einen Richter bei dem Amtsgericht handelt, entscheidet ein nach der Geschäftsverteilung zuständiger anderer Richter des Amtsgerichts (§ 45 II ZPO). Bei Ablehnung eines Rechtspflegers entscheidet der zuständige Amtsrichter (§ 10 S 2 iVm § 29 RPflG, § 45 II ZPO). Einer Vorlage an einen anderen Richter des Amtsgerichts bedarf es dann nicht, wenn der abgelehnte Amtsrichter das

§ 6 Buch 1 – Allgemeiner Teil

Gesuch für begründet hält (§ 45 II 2 ZPO); dies gilt nicht für den RPfl. Wird das nach § 45 I ZPO zuständige Gericht infolge der verbotenen Mitwirkung des abgelehnten Richters beschlussunfähig, entscheidet, wenn auch die Vertretungsregelung erschöpft ist, das im Rechtszug zunächst höhere Gericht (§ 45 III ZPO).

21 **b) Berechtigung.** Berechtigt, den Richter wegen Besorgnis der Befangenheit (§ 45 II ZPO) oder weil dieser von der Ausübung des Richteramtes kraft Gesetzes ausgeschlossen ist (§§ 45 I, 41 ZPO), abzulehnen, ist jeder am Verfahren Beteiligte, nicht jedoch ein Verfahrensbevollmächtigter; Spannungen zwischen dem Richter und einem Verfahrensbevollmächtigten können dann einen Ablehnungsgrund bilden, wenn sie den Beteiligten gegenüber erkennbar geworden sind (BayObLG 74, 446); Ablehnung auch dann, wenn eine Selbstablehnung durch Beschluss für unbegründet erklärt worden ist (OLG Celle, NdsRpfl 66, 118).

22 **c) Ablehnungsgrund.** Die Tatsachen, auf die die Ablehnung gestützt wird, sind glaubhaft zu machen (§ 44 II ZPO). Eine eidesstattliche Versicherung eines Beteiligten zur Glaubhaftmachung ist ausgeschlossen (§ 44 II 1 2. Hs ZPO). Es kann auf das Zeugnis des abgelehnten Richters Bezug genommen werden (§ 44 II 2 ZPO); dieser hat sich über den Ablehnungsgrund dienstlich zu äußern (§ 44 III ZPO), jedoch nur zu den Tatsachen, aus denen der Ablehnungsgrund hergeleitet wird.

Das Ablehnungsgesuch, die Glaubhaftmachung, die dienstliche Äußerung sind den Beteiligten zur Stellungnahme zu übermitteln.

23 **d) Offensichtlich unzulässiges Gesuch.** Wenn ein Ablehnungsgesuch wegen untauglicher Begründung offensichtlich unzulässig ist, kann ausnahmsweise der abgelehnte Richter (mit)entscheiden (BVerfG, NJW 05, 3419; eine Unzulässigkeit eines Gesuchs verneint; BVerfG, NJW 07, 3771). Die Ausnahme bezieht sich nicht auf weitere Fälle, zB wegen Missbrauchs in Verschleppungsabsicht (BVerfG aaO gegen BGH, FamRZ 05, 1564; 1826). Insbesondere kann in derartigen Fällen ein Gesuch nicht unberücksichtigt bleiben (aA BGH, FamRZ 05, 1826).

24 **e) Verlust des Ablehnungsrechts** (§ 43 ZPO). Eine Partei kann einen Richter wegen Besorgnis der Befangenheit nicht mehr ablehnen, wenn sie sich in eine „Verhandlung" eingelassen oder Anträge gestellt hat, obwohl ihr die Tatsachen, die einen Ablehnungsgrund begründeten, bekannt waren, auch wenn sie dem Prozessbevollmächtigten bekannt waren. Eine „Verhandlung" im Sinne des § 43 ZPO ist jedes prozessuale, der Erledigung eines Streitpunktes dienende Handeln der Beteiligten unter Mitwirkung des Richters oder vor ihm (OLG Saarbrücken, FamRZ 09, 1766).

25 Macht der Beteiligte geltend, ihm seien in dem Zeitpunkt, in dem er sich in eine Verhandlung eingelassen oder Anträge gestellt habe, die **Umstände,** die eine Besorgnis der Befangenheit begründeten, noch **nicht bekannt** gewesen oder erst später entstanden (§ 44 IV ZPO), hat er dies glaubhaft zu machen. Eine eidesstattliche Versicherung ist insoweit zulässig, jedoch nur in Bezug auf den Zeitpunkt der Kenntnis. Soweit eine Verhandlung im Sinne der Zivilprozessordnung stattfindet (in Ehesachen §§ 121 ff) und Familienstreitsachen (§§ 112, 113), muss das Ablehnungsgesuch sofort angekündigt und bis zum Schluss der mündlichen Verhandlung gestellt werden.

§ 6 Ausschließung und Ablehnung der Gerichtspersonen **§ 6**

Der Verlust des Ablehnungsrechts beschränkt sich nicht auf das Verfahren, 26
in dem der Grund für die Ablehnung entstanden ist, sondern kann **fortwirken,** jedoch nur dann in einem anderen Verfahren, wenn zwischen beiden
Verfahren ein tatsächlicher und rechtlicher Zusammenhang besteht (BGH,
NJW 96, 2776).

6. Unaufschiebbare Amtshandlungen

Der **abgelehnte** Richter kann bis zur rechtskräftigen Entscheidung über 27
das Ablehnungsgesuch Handlungen vornehmen, die keinen Aufschub dulden,
zB einstweilige Anordnungen erlassen. Entscheidungen, die über die nach
§ 47 ZPO zugelassenen hinausgehen, sind nicht unwirksam, jedoch kann ein
Rechtsmittel in der Hauptsache darauf gestützt werden, wenn dem Ablehnungsgesuch rechtskräftig stattgegeben wird.

§ 47 ZPO kommt nicht zur Anwendung, wenn Ausschließungsgründe 28
(§ 41 ZPO) vorliegen. Der **ausgeschlossene** Richter ist nicht befugt, unaufschiebbare Handlungen vorzunehmen. Auch seine Handlungen sind nicht
kraft Gesetzes unwirksam, jedoch kann ein Rechtsmittel in der Hauptsache
darauf gestützt werden, dass ein nach § 41 ZPO ausgeschlossener Richter an
der Entscheidung mitgewirkt hat. Bei rechtskräftigen Entscheidungen kann
eine Wiederaufnahme nach § 579 I Nr 2 ZPO (§ 48 II) in Betracht kommen.

7. Anfechtbarkeit

Der Beschluss (§ 48 I ZPO), durch den die Ablehnung für begründet 29
erklärt wird, ist den Beteiligten bekannt zu machen (§ 41). Er ist unanfechtbar. § 6 II sieht die sofortige Beschwerde nur für die Ablehnung des Gesuchs
vor. Auch der Beschluss, durch den das Gesuch abgelehnt wird, ist allen
Beteiligten bekannt zu machen, weil diese von dem Verfahren zu unterrichten waren; demjenigen, der das Ablehnungsgesuch gestellt hat, ist die
Entscheidung zuzustellen (§ 41 I 2). Gegen den das Ablehnungsgesuch
wegen Unzulässigkeit oder Unbegründetheit ablehnenden Beschluss findet 30
die **sofortige Beschwerde** in entspr Anwendung der §§ 567–572 ZPO
statt (§ 6 II). Die Beschwerdefrist beträgt zwei Wochen. Die Rechtsbeschwerde findet statt, sofern sie durch das Landgericht nach § 574 I 2
ZPO zugelassen worden ist (BayObLG, NJW 02, 3262; OLG Stuttgart,
NJW 03, 1880; OLG Karlsruhe/Freiburg, FGPrax 03, 214). Eine im Rahmen des Beschwerdeverfahrens erstmals ergangene Entscheidung gilt als
Entscheidung im Beschwerdeverfahren; eine sofortige Beschwerde gegen
eine solche Entscheidung ist nach § 567 I ZPO ausgeschlossen. Entspr
Anwendung auf das als Beschwerdeverfahren ausgestaltete Verfahren des
§ 156 KostO in Notarkostensachen (BayObLG, FGPrax 04, 94). Die sofortige Beschwerde bleibt auch dann zulässig, wenn die instanzabschließende
Entscheidung in der Hauptsache ergeht, sofern gegen diese ein Rechtsmittel
gegeben ist (BayObLG 86, 249), nach OLG Frankfurt (OLG 85, 377) nur
dann, wenn die Instanz durch diese Entscheidung noch nicht beendet ist.
Gegen eine Entscheidung des OLG (KG) ist kein Rechtsmittel gegeben
(BGH, NJW-RR 92, 383).

§ 7

31 Über die Besorgnis der Befangenheit ist ausschließlich im **gesonderten Ablehnungsverfahren** zu entscheiden; eine Entscheidung in der Hauptsache kann nicht mit der Begründung angefochten werden, ein Richter hätte wegen Besorgnis der Befangenheit abgelehnt werden können.

Beteiligter

7 (1) **In Antragsverfahren ist der Antragsteller Beteiligter.**

(2) **Als Beteiligte sind hinzuzuziehen:**
1. **diejenigen, deren Recht durch das Verfahren unmittelbar betroffen wird,**
2. **diejenigen, die auf Grund dieses oder eines anderen Gesetzes von Amts wegen oder auf Antrag zu beteiligen sind.**

(3) **Das Gericht kann von Amts wegen oder auf Antrag weitere Personen als Beteiligte hinzuziehen, soweit dies in diesem oder einem anderen Gesetz vorgesehen ist.**

(4) **Diejenigen, die auf ihren Antrag als Beteiligte zu dem Verfahren hinzuzuziehen sind oder hinzugezogen werden können, sind von der Einleitung des Verfahrens zu benachrichtigen, soweit sie dem Gericht bekannt sind. Sie sind über ihr Antragsrecht zu belehren.**

(5) **Das Gericht entscheidet durch Beschluss, wenn es einem Antrag auf Hinzuziehung gemäß Absatz 2 oder Absatz 3 nicht entspricht. Der Beschluss ist mit der sofortigen Beschwerde in entsprechender Anwendung der §§ 567 bis 572 der Zivilprozessordnung anfechtbar.**

(6) **Wer anzuhören ist oder eine Auskunft zu erteilen hat, ohne dass die Voraussetzungen des Absatzes 2 oder Absatzes 3 vorliegen, wird dadurch nicht Beteiligter.**

Übersicht

1. Begriff	1
2. Beteiligte kraft Gesetzes	3
3. Zwingende Hinzuziehung als Beteiligter	7
4. Kann-Beteiligte	20
5. Besonderheiten bei Kann-Beteiligung	26
6. Entscheidung über die Hinzuziehung	31
7. Antrag auf Hinzuziehung	32
8. Anhörungsrüge	36
9. Erweiterung der Beschwerdebefugnis für Beteiligte	38
10. Anzuhörende Personen	40

1. Begriff

1 Nach bisherigem Recht wurde ohne ausdrückliche gesetzliche Regelung zwischen Beteiligten in materiellem Sinn und Beteiligten in formellem Sinn unterschieden. Als Beteiligte in materiellem Sinn war jede Person anzusehen, deren Rechte und Pflichten durch die Regelung der Angelegenheit unmittelbar betroffen werden kann, ohne Rücksicht darauf, ob sie an dem Verfahren

§ 7 Beteiligter **§ 7**

teilnimmt, zB in Nachlasssachen ein Erbe in dem auf Antrag eines anderen Erben eingeleiteten Verfahren zur Erteilung eines gemeinschaftlichen Erbscheins (BayObLG, NJW 99, 1119), die Miterben in einem von einem Erben gestellten Antrag auf Entlassung des Testamentsvollstreckers (OLG Hamm, Rpfleger 94, 213); der Erbe in einem auf Antrag eines Nachlassgläubigers eingeleiteten Verfahren zur Errichtung des Nachlassinventars (BayObLG, Rpfleger 92, 521), die Einmann-GmbH in einem Verfahren auf Feststellung ihrer Auflösung (BayObLG 86, 272). Als Beteiligter in formellem Sinn war anzusehen, wer von einem ihm im Gesetz verliehenen Antrags- oder Beschwerderecht Gebrauch macht, sowie jeder, der zur Wahrung seiner (vermeintlichen) Interessen im Verfahren auftritt oder zu ihm hinzugezogen wird. In Amtsverfahren war derjenige formell Beteiligter, gegen den ein Verfahren eingeleitet wurde, in Antragsverfahren der Antragsgegner, auch wenn er sich nicht auf das Verfahren einlässt.

§ 7 enthält erstmals eine **ausdrückliche** Regelung des Begriffs des Beteiligten für den Bereich der freiwilligen Gerichtsbarkeit; für Ehesachen und Familienstreitsachen gelten die Vorschriften der ZPO (Rn 3, 4, 5 ff zu § 113). Die Beteiligtenstellung wird formalisiert; sie tritt ein kraft Gesetzes (Abs 1) oder durch den Akt der Hinzuziehung (Abs 2, 3). Die Unterscheidung zwischen materiell und formell Beteiligten wird hierdurch jedoch nicht überflüssig (Keidel/Zimmermann, Rn 5–7 zu § 7). Dem Begriff der materiellen Beteiligung entspricht Abs 2 Nr 1; § 81 I 1 betr nur formell Beteiligte. 2

2. Beteiligte kraft Gesetzes

Nach Abs 1 ist der Antragsteller kraft Gesetzes Beteiligter. Diese Wirkung tritt mit dem Eingang des verfahrenseinleitenden Antrags (§ 23) ein. Der Antragsteller ist auch nach bisherigem Verständnis formell Beteiligter, weil über seinen Antrag entschieden werden muss. Er kann zugleich in eigenem materiellen Recht betroffen sein, weil die Grundlage der Antragsbefugnis materielles Recht ist. 3

Abs 1 nennt nicht den **Antragsgegner** als Beteiligten kraft Gesetzes, obwohl dieser durch den gegen ihn gerichteten Antrag notwendigerweise beteiligt wird. Es bedarf daher seiner Hinzuziehung (§ 7 III) als durch das Verfahren in seinen Rechten unmittelbar Betroffener (§ 7 II Nr 1); die Hinzuziehung erfolgt in der Regel konkludent durch Übersendung der Antragsschrift an ihn. 4

In **Nachlasssachen** ist ein weiterer Beteiligter kraft Gesetzes vorgesehen; das ist nach § 345 III 1 der Testamentsvollstrecker in Verfahren zur Ernennung eines Testamentsvollstreckers und zur Erteilung eines Testamentsvollstreckerzeugnisses. 5

Kraft Gesetzes beteiligt werden auch der **Verfahrenspfleger** in Betreuungssachen (§ 276), Unterbringungssachen (§ 317), Freiheitsentziehungssachen (§ 419) und der **Verfahrensbeistand** in Kindschaftssachen (§ 158), Abstammungssachen (§ 174) und Adoptionssachen (§ 191). Mit ihrer Bestellung werden der Verfahrenspfleger (§ 274 II, § 315 II, § 418 II) sowie der Verfahrensbeistand (§ 158 III 2, § 174 iVm § 158 III 2, § 191 iVm § 158 6

§ 7   Buch 1 – Allgemeiner Teil

III 2) „zu dem Verfahren hinzugezogen"; die Hinzuziehung ist eine Rechtsfolge der Bestellung.

3. Zwingende Hinzuziehung als Beteiligter

7   Abs 2 behandelt den Personenkreis, der zu dem Verfahren zwingend hinzuzuziehen ist. Es wird unterschieden zwischen denjenigen, deren Recht durch das Verfahren unmittelbar betroffen wird (Nr 1) und denjenigen, die auf Grund eines Gesetzes von Amts wegen oder auf Antrag hinzuzuziehen sind (Nr 2). Die Personen, die auf ihren Antrag hinzuzuziehen sind, sind von der Einleitung des Verfahrens zu benachrichtigen und über ihr Antragsrecht zu belehren (Abs 4). Trotz der Einschränkung „soweit sie dem Gericht bekannt sind", besteht nach § 26 eine Pflicht zur Amtsermittlung. Sie beruht auf der Notwendigkeit, rechtliches Gehör denjenigen zu gewähren, die in ihren Rechten materiell betroffen werden (BVerfG, NJW 09, 138; Zimmermann, FPR 09, 7).

8   **Nr 1** knüpft an das materielle Recht an; danach sind die Personen zwingend hinzuzuziehen, deren Rechte und Pflichten durch die Regelung der Angelegenheit unmittelbar betroffen werden können; das sind die Beteiligten im materiellen Sinn des bisherigen Rechts. Sie sind nicht schon wie bisher durch ihre materielle Rechtsstellung Beteiligte, sondern werden dies erst durch die Hinzuziehung. Materiell Betroffene in diesem Sinn sind minderjährige Kinder in allen ihre Person betr Verfahren (OLG Oldenburg, Rpfleger 10, 213), vertreten durch ihre gesetzlichen Vertreter (Rn 10 zu § 9); materiell betroffen bei der Adoption auch die Kinder des Annehmenden (BGH, NJW 09, 138; Rn 1 zu § 193) und des Anzunehmenden.

9   **Sondervorschrift** gegenüber Abs 2 Nr 1 ist § 345 für Nachlassverfahren, die nur auf Antrag eingeleitet werden. In diesen Verfahren sind auch Personen, die in ihren Rechten unmittelbar betroffen sein können, nicht zwingend hinzuzuziehen. § 345 I 2 lässt dem Gericht bei der Entscheidung über die Hinzuziehung der in § 345 I 2, II, III 2 aufgeführten Personen einen Ermessensspielraum; auf Antrag sind sie jedoch zwingend hinzuzuziehen (§ 345 I 3, II, III 3). Diese Regelung beruht auf der praktischen Erwägung, den Kreis der Beteiligten nicht zu sehr auszuweiten. Es ist jedoch zu berücksichtigen, dass die Hinzuziehung dieser Personen wegen der im öffentlichen Interesse bestehenden Richtigkeitsgewähr des Erbscheins, aus Gründen der Rechtsfürsorge, aber auch zur Sachverhaltsermittlung im Einzelfall geboten sein kann.

In den sonstigen auf Antrag durchzuführenden Nachlassverfahren sind die in § 345 IV 1 aufgeführten Personen zwingend hinzuzuziehen. Weitere Personen, die in ihren Rechten unmittelbar betroffen werden, können hinzugezogen werden und sind auf Antrag hinzuzuziehen (§ 345 IV 2, 3).

10 **Nr 2** behandelt die zwingende Hinzuziehung derjenigen, die auf Grund dieses Gesetzes oder eines anderen Gesetzes von Amts wegen oder auf Antrag zu beteiligen sind. Eine Hinzuziehung nach Abs 1 Nr 2 ist darüber hinaus im Einzelfall zu prüfen. Das Gericht hat bei der Entscheidung über die Hinzuziehung keinen Ermessensspielraum. Im Einzelnen:

§ 7 Beteiligter § 7

In **Kindschaftssachen** bleibt es bei der Hinzuziehung der in ihren Rech- 11
ten unmittelbar betroffenen Personen nach Abs 2 Nr 1; weitere Personen
werden nicht genannt.

In **Abstammungssachen** sind nach § 172 zu beteiligen das Kind, die 12
Mutter, der Vater sowie in Verfahren auf Anfechtung der Vaterschaft der
Mann, der an Eides statt versichert, der Mutter während der Empfängniszeit beigewohnt zu haben, und die zuständige (anfechtungsberechtigte)
Behörde in den Fällen des § 1592 Nr 2 BGB. Das Jugendamt (§ 172 II)
ist, wenn es nach § 176 I 1 angehört worden ist, auf seinen Antrag zu beteiligen.

In **Wohnungszuweisungssachen** (§ 204) sind auch der Vermieter der 13
Wohnung, der Grundstückseigentümer, der Dritte (§ 4 HausratsVO) und
Personen, mit denen die Ehegatten oder einer von ihnen hinsichtlich der
Wohnung in Rechtsgemeinschaft stehen, zu beteiligen (§ 204 I); das Jugendamt auf seinen Antrag, wenn Kinder im Haushalt leben (§ 204 II).

Auch in **Gewaltschutzsachen** ist das Jugendamt auf seinen Antrag zu 14
beteiligen, wenn ein Kind in dem Haushalt lebt (§ 212).

In **Versorgungsausgleichssachen** sind außer den Ehegatten je nach Art 15
des durchzuführenden Ausgleichs die dadurch berührten Versorgungsträger
hinzuzuziehen; ev auch Hinterbliebene und Erben (§ 219).

In **Betreuungssachen** (§ 274) und Unterbringungssachen (§ 315) sind der 16
Betroffene, der Betreuer, der Bevollmächtigte iS des § 1896 II 2 BGB sowie
auf Antrag die zuständige Behörde als Beteiligte hinzuzuziehen; in Betreuungssachen der Betreuer und der Bevollmächtigte nur, soweit deren Aufgabenkreis betroffen ist, in Unterbringungssachen ohne die Beschränkung auf
den Aufgabenkreis.

In **Freiheitsentziehungssachen** sind nach § 418 zu beteiligen der Betrof- 17
fene und die Verwaltungsbehörde, die den Antrag auf Freiheitsentziehung
gestellt hat.

In den **weiteren Angelegenheiten** der freiwilligen Gerichtsbarkeit be- 18
stimmt § 412 die zwingend hinzuzuziehenden Beteiligten.

Soweit in diesen Spezialvorschriften der Betroffene als zu Beteiligender
aufgeführt ist, ergibt sich diese Rechtsfolge bereits aus § 7 II Nr 1; die
Beteiligtenstellung der Verwaltungsbehörde, die den Antrag auf Freiheitsentziehung gestellt hat, beruht bereits auf § 7 I.

Behörden sind, soweit ihre Beteiligung gesetzlich vorgesehen ist, nicht 19
schon von Amts wegen hinzuzuziehen, sondern nur auf Antrag; stellen sie
diesen Antrag, sind sie zwingend ohne Ermessensspielraum zu beteiligen. Für
das Jugendamt ergibt sich dies aus § 162 II in Kindschaftssachen, aus § 212 in
Gewaltschutzsachen und aus § 172 II in Abstammungssachen; für die Betreuungsbehörde aus § 274 II in Betreuungssachen und aus § 315 III in Unterbringungssachen, für die berufsständischen Organe in Registersachen (§ 380 I
Nr 1–4) aus § 380 II.

4. Kann-Beteiligte

Weitere Personen sind nicht zwingend, sondern können nach dem pflicht- 20
gemäßen Ermessen des Gerichts von Amts wegen oder auf Antrag hinzugezo-

gen werden. Voraussetzung ist, dass die Beteiligung in diesem oder einem anderen Gesetz vorgesehen ist. Daraus ergibt sich zugleich die Beschränkung des Kreises der Personen, die hinzugezogen werden können. Der im Gesetz aufgeführte Personenkreis stellt eine abschließende Regelung dar; weitere Personen können nicht als Kann-Beteiligte mit einem ideellen Interesse am Ausgang des Verfahrens hinzugezogen werden.

21 Die Personen, die als Beteiligte hinzugezogen werden können, sind von der Einleitung des Verfahrens zu **benachrichtigen,** soweit sie dem Gericht bekannt sind (Abs 4); das Gericht kann die Anschrift nach pflichtgemäßem Ermessen ermitteln (§ 26) oder dies dem Antragsteller aufgeben (§ 27). Diese Personen sind über ihr Antragsrecht zu belehren (Abs 4 S 2).

22 Die Personen, die nach Abs 3 S 1 zu dem Verfahren hinzugezogen werden können, sind solche, die durch das Verfahren **nicht unmittelbar** in eigenen Rechten betroffen werden, sondern lediglich ein ideelles Interesse am Ausgang des Verfahrens haben. Eine Beteiligung im ideellen Interesse ist vorgesehen in Kindschaftssachen, Betreuungssachen, Unterbringungssachen und Freiheitsentziehungssachen.

23 In **Kindschaftssachen,** die die Person des Kindes betreffen, kann das Gericht die Pflegeperson im Interesse des Kindes als Beteiligte hinzuziehen, wenn das Kind seit längerer Zeit in Familienpflege lebt (§ 161 I).

24 In **Betreuungssachen** gehören zu dem genannten Personenkreis nach § 274 IV 1 der Ehegatte oder Lebenspartner des Betroffenen, wenn diese nicht dauernd getrennt leben, sowie dessen Eltern, Pflegeeltern, Großeltern, Abkömmlinge, Geschwister und eine Person seines Vertrauens.

25 In **Unterbringungssachen** (§ 315 IV Nr 1) und Freiheitsentziehungssachen (§ 418 III 1 Nr 2) wird der Personenkreis der hinzuziehenden nahen Angehörigen eingeschränkt; er umfasst Ehegatten oder Lebenspartner, wenn diese nicht dauernd getrennt leben, sowie deren Eltern und Kinder, wenn der Betroffene bei diesen lebt oder bei Einleitung des Verfahrens gelebt hat, sowie Pflegeeltern und eine Person des Vertrauens; nicht einbezogen werden Großeltern, Abkömmlinge und Geschwister. In Unterbringungssachen kann ferner im Interesse des Betroffenen als Beteiligter hinzugezogen werden der Leiter der Einrichtung, in der der Betroffene lebt (§ 315 IV Nr 3).

5. Besonderheiten bei Kann-Beteiligung

26 Die Hinzuziehung kann von Amts wegen oder auf Antrag erfolgen. Wird ein Antrag auf Hinzuziehung gestellt, muss diese nicht zwingend erfolgen. Das Gericht hat vielmehr nach pflichtgemäßem Ermessen zu entscheiden, ob eine Beteiligung sachgerecht und verfahrensfördernd ist. Maßstab ist das wohlverstandene Interesse des Betroffenen, weil eine Beteiligung seinem Interesse dienen soll.

27 Dem Betroffenen ist vor der Hinzuziehung **rechtliches Gehör** zu gewähren (aA Keidel/Zimmermann, Rn 23); widerspricht er der Hinzuziehung, ist von einer Beteiligung abzusehen, wenn nicht schwerwiegende Gründe für eine Hinzuziehung sprechen.

Eine **Anfechtung der Hinzuziehung** sieht das Gesetz **nicht** vor, obwohl 28
bei der Vielzahl der Personen, die nach pflichtgemäßem Ermessen hinzugezogen werden können, hierfür ein besonderes Bedürfnis bestehen kann. Der Betroffene kann durch die Hinzuziehung in seinem Recht auf informationelle Selbstbestimmung beeinträchtigt sein, wenn durch die Hinzuziehung, die uU gegen seinen Willen erfolgt, weiteren Personen Zugang zu sensiblen Daten über ihn eröffnet wird. Ein Bedürfnis für eine Anfechtung könnte auch dann bestehen, wenn die Hinzuziehung aus anderen Gründen nicht dem wohlverstandenen Interesse des Betroffenen dient, insbesondere wenn er der Hinzuziehung widersprochen hat und nicht schwerwiegende Gründe für eine Hinzuziehung sprechen.

Verfahrenskostenhilfe kann den Personen, die aus ideellem Interesse 29
hinzugezogen werden können, nicht gewährt werden. Diese setzt voraus, dass ein Beteiligter sie zur Verbesserung seiner eigenen Rechtsposition erhalten möchte. Diese Voraussetzung ist nicht gegeben bei Personen, die auf Grund besonderer persönlicher Nähe im Interesse eines anderen am Verfahren beteiligt sind.

Eine **Beschwerdeberechtigung** steht den im Interesse des Betroffenen am 30
Verfahren beteiligten Personen nach § 59 nicht zu, weil sie durch eine in diesem Verfahren ergehende Entscheidung nicht in eigenen Rechten betroffen werden. Ein Beschwerderecht für diese Beteiligten wird daher durch ergänzende Vorschriften begründet, in Betreuungssachen durch § 303 II, in Unterbringungssachen durch § 335 I in Freiheitsentziehungssachen durch § 429 II. Das Beschwerderecht ist jedoch eingeschränkt. Es besteht nur, soweit diese Personen schon in erster Instanz von Amts wegen oder auf Antrag beteiligt waren. Es ist beschränkt auf von Amts wegen ergangene Entscheidungen. Es besteht nicht gegen Entscheidungen, die auf Antrag ergangen sind. Insbesondere soweit eine Entscheidung auf Antrag des Betroffenen ergangen ist, sollen sich diese Personen nicht „im Interesse" des Betroffenen gegen diese Entscheidung wenden können.

6. Entscheidung über die Hinzuziehung

Ein formeller Hinzuziehungsakt ist gesetzlich nicht vorgesehen. Eine Hin- 31
zuziehung kann daher auch konkludent durch Übersendung von Schriftstücken oder Ladung zu einem Termin erfolgen. Es ist jedoch unverzichtbar, diese mit einem entspr Hinweis zu verbinden, damit rechtsunkundige Personen die verfahrensrechtliche Bedeutung erkennen können. Eine ausdrückliche Entscheidung über die Hinzuziehung ist jedenfalls dann erforderlich, wenn ein Antrag auf Hinzuziehung zurückgewiesen wird. Das ist notwendig, weil es sich um eine Entscheidung handelt, die mit der **sofortigen Beschwerde** in entspr Anwendung der §§ 567–572 ZPO anfechtbar ist. Die Entscheidung ist zu begründen (§ 38 III 1).

7. Antrag auf Hinzuziehung

Ein Antrag auf Hinzuziehung kann sowohl von den nach Abs 2 zwingend 32
hinzuzuziehenden Personen als auch von den Personen gestellt werden, die nach Abs 3 hinzugezogen werden können. Notwendig ist ein Antrag bei

§ 7

der Hinzuziehung von Behörden. Diese sollen eigenständig darüber entscheiden können, ob sie sich an dem Verfahren beteiligen wollen; sie können diesen Antrag auch dann noch stellen, wenn sie in erster Instanz nicht beteiligt waren. Dies ergibt sich für das Jugendamt aus § 162 II, aus § 172 II und aus § 212, für die Betreuungsbehörde aus § 274 II und aus § 315 III, für die berufsständischen Organe in Registersachen aus § 380 II. Diejenigen, die auf ihren Antrag hinzuzuziehen sind oder hinzugezogen werden können, sind von der Einleitung des Verfahrens zu benachrichtigen und über ihr Antragsrecht zu belehren (Abs 4). Die Einschränkung auf die Personen, die dem Gericht bekannt sind, begegnet verfassungsrechtlichen Bedenken, weil alle Personen, die hinzuzuziehen sind oder hinzugezogen werden können, durch die Hinzuziehung die Möglichkeit des rechtlichen Gehörs (Art 103 I GG) erhalten müssen (Johannsen/Henrich/Althammer, Rn 15 zu § 7). Soweit der Sachverhalt Anhaltspunkte für das Vorhandensein antragsberechtigter Personen gibt oder lediglich deren Anschriften fehlen, sind diese nach pflichtgemäßem Ermessen zu ermitteln (§ 26).

33 Der Antrag auf Hinzuziehung ist in **allen Instanzen** möglich, im erstinstanzlichen Verfahren, in der Beschwerdeinstanz und in der Rechtsbeschwerdeinstanz.

34 Wenn **nach Erlass** einer Sachentscheidung von den Beteiligten (noch) kein Rechtsmittel eingelegt worden ist, ist es notwendig und zulässig, gegen die Sachentscheidung Beschwerde verbunden mit dem Antrag auf Hinzuziehung einzulegen. Im Beschwerdeverfahren ist dann zunächst über den Hinzuziehungsantrag zu entscheiden. Wird dieser rechtskräftig abgewiesen, ist die Beschwerde als unzulässig zu verwerfen, weil es dann an der Zulässigkeitsvoraussetzung der Beschwerdeberechtigung fehlt. Werden die Voraussetzungen für die Hinzuziehung in der Rechtsmittelinstanz bejaht, ist der sofortigen Beschwerde stattzugeben, und das Beschwerdeverfahren durchzuführen.

35 **Ausgeschlossen** ist ein Antrag auf Hinzuziehung, wenn das Verfahren durch Sachentscheidung rechtskräftig abgeschlossen ist, weil von den Beteiligten innerhalb der Rechtsmittelfrist Rechtsmittel nicht eingelegt wurden (aA Keidel/Zimmermann, Rn 22). Für den **Beginn der Rechtsmittelfrist** nach § 63 III ist die Bekanntgabe an die bisherigen Beteiligten maßgebend und, falls diese nicht bewirkt werden konnte, die Auffangfrist von fünf Monaten nach Erlass des Beschlusses. Wer am erstinstanzlichen Verfahren nicht beteiligt war, aber von der Entscheidung in seinen Rechten beeinträchtigt wird, kann daher nur fristgemäß Beschwerde einlegen, bis die Frist für den letzten Beteiligten abgelaufen ist. Der Umstand, dass eine schriftliche Bekanntgabe an den im erstinstanzlichen Verfahren nicht Hinzugezogenen unterblieben ist, löst nicht die Beschwerdeauffangfrist von fünf Monaten nach Erlass des Beschlusses aus. Die Auffangfrist kommt vielmehr nur dann zur Anwendung, wenn eine Bekanntgabe der Entscheidung an einen erstinstanzlich Beteiligten innerhalb dieses Zeitraums nicht gelingt.

8. Anhörungsrüge

36 Die Nichthinzuziehung einer Person, die durch das Verfahren in ihren Rechten betroffen wird, kann eine Verletzung des rechtlichen Gehörs dar-

stellen. Gegen eine in diesem Verfahren ergangene Entscheidung kann, wenn ein Rechtsmittel, ein anderer Rechtsbehelf oder eine andere Abänderungsmöglichkeit nicht gegeben sind und die Verletzung des rechtlichen Gehörs entscheidungserheblich gewesen ist, die Anhörungsrüge erhoben werden (§ 44). Entscheidungserheblich ist die Verletzung des rechtlichen Gehörs dann, wenn das Gericht durch den durch die Hinzuziehung ermöglichten Sachvortrag zu einer für die nicht hinzugezogene Person günstigeren Entscheidung hätte kommen können.

Die Anhörungsrüge ist in allen Instanzen möglich, auch noch in der **Rechtsbeschwerdeinstanz.** Voraussetzung ist ein eigenständiger Gehörsverstoß in der jeweiligen Instanz, nicht die bloße Nichtheilung eines behaupteten Gehörsverstoßes im Rechtsmittelverfahren (BVerfG, NJW 08, 2635). Ein unterbliebenes rechtliches Gehör durch Nichtbeteiligung kann auch in der Rechtsbeschwerdeinstanz noch nachgeholt werden, wenn die Beteiligung nicht der weiteren Sachaufklärung diente oder ausgeschlossen werden kann, dass sich der Rügeführer als Beteiligter aktiv am Verfahren in der Vorinstanz beteiligt hätte (BayObLG, FGPrax 04, 110; 03, 217). 37

9. Erweiterung der Beschwerdebefugnis für Beteiligte

Eine Beschwerdebefugnis haben Beteiligte, die durch die Entscheidung in ihren Rechten beeinträchtigt werden (§§ 59, 60). Das Gesetz sieht jedoch Beteiligte vor, die nicht in eigenen Rechten beeinträchtigt werden können. Daher sieht das Gesetz für diese Beteiligten eine Erweiterung der Beschwerdebefugnis vor: für die Kann-Beteiligten (Rn 20) und für die Behörden als Beteiligte (Rn 19). 38

Eine weitere Erweiterung der allgemeinen Regelung des § 59 enthält § 184 III für **Abstammungsverfahren.** Durch diese Vorschrift soll das Beschwerderecht der nach § 172 zu beteiligenden Personen sichergestellt werden. In der Regel sind durch Entscheidungen in ihren Rechten beeinträchtigt nur der Vater und das Kind. Da die Mutter durch den in Abstammungssachen ergangenen Beschluss nicht zwingend unmittelbar in ihren Rechten beeinträchtigt wird, wird ihr durch § 184 III die Möglichkeit eröffnet, Beschwerde einzulegen. Diese Erweiterung bezieht jedoch nicht solche Personen ein, die durch den Beschluss nur mittelbar in ihren Rechten beeinträchtigt werden, wie etwa die Großeltern im Hinblick auf ein Umgangsrecht mit dem Kind oder Geschwister des Kindes im Hinblick auf einen Unterhaltsanspruch gegen den Elternteil. 39

10. Anzuhörende Personen

Abs 5 stellt klar, dass Personen oder Behörden, die auf Grund von Vorschriften dieses Gesetzes anzuhören sind oder eine Auskunft zu erteilen haben, nicht allein dadurch zu Beteiligten des Verfahrens werden. Die Anhörung kann aber Voraussetzung für die Zulässigkeit eines Antrages auf Hinzuziehung als Beteiligter sein; so ist das Jugendamt, das nach § 176 I angehört worden ist, nach § 172 II auf seinen Antrag zu beteiligen. 40

§ 8

Beteiligtenfähigkeit

8 Beteiligtenfähig sind
1. natürliche und juristische Personen,
2. Vereinigungen, Personengruppen und Einrichtungen, soweit ihnen ein Recht zustehen kann,
3. Behörden.

1. Anwendungsbereich

1   Beteiligtenfähigkeit ist die Fähigkeit, an einem Verfahren beteiligt zu sein; sie entspricht im Wesentlichen der Rechtsfähigkeit des bürgerlichen Rechts. Bisher fehlte es an einer ausdrücklichen Regelung hierüber für das Verfahren der freiwilligen Gerichtsbarkeit. § 8 regelt die Beteiligtenfähigkeit nunmehr ausdrücklich auf der Grundlage der von der Rechtsprechung entwickelten Grundsätze. § 8 ist anwendbar in den Angelegenheiten der freiwilligen Gerichtsbarkeit und in den Verfahren in Familiensachen. Nicht anwendbar ist § 8 gemäß § 113 in Ehesachen (§§ 121 ff) und Familienstreitsachen (§ 112); in diesen Angelegenheiten findet § 50 ZPO unmittelbar Anwendung. § 8 führt abw von § 50 ZPO auch die Behörden als beteiligtenfähig auf; weitere Voraussetzung ist, dass sie durch Gesetz oder Hinzuziehung zu Beteiligten werden.

2. Beteiligtenfähigkeit

2   Beteiligtenfähig ist
a) jede **natürliche Person**, weil sie rechtsfähig ist (§ 1 BGB), von Vollendung der Geburt bis zum Tod, unter Umständen auch die Leibesfrucht oder ein noch nicht gezeugter Nacherbe (§§ 1912, 1913 BGB), auch unbekannte Erben einer bestimmten Person (§ 1913 BGB).

3   **b)** jede **juristische Person** des **öffentlichen** und **privaten Rechts**, Gemeinden, rechtsfähige Vereine, GmbH, die Vor-GmbH (auch nach Aufgabe der Eintragungsabsicht als Abwicklungs- oder als Personengesellschaft: BGH, NJW 08, 2441), AG, Genossenschaften, uU auch ausländische juristische Personen (Kegel/Schurig, IPR § 17 II; BGH, NJW 65, 1664; BGH, Betr 70, 441). Eine ausländische Gesellschaft, die unter dem Schutz der im EG-Vertrag garantierten Niederlassungsfreiheit steht und nach der Rechtsordnung des Gründungsstaats rechtsfähig ist, behält ihre Rechtsfähigkeit auch nach Verlegung ihres Verwaltungssitzes in einen anderen Mitgliedsstaat (EuGH, NJW 02, 3539; 03, 1461; BayObLG, FGPrax 03, 59). Ihr kann auch, wenn sie in einem anderen Mitgliedstaat der EU oder in einem anderen Vertragsstaat des EWR-Abkommens gegründet wurde und dort ansässig ist, Prozesskostenhilfe gewährt werden (§ 116 I Nr 2 ZPO iVm §§ 76 ff). Rechtsfähig ist eine Auslandsgesellschaft mit Verwaltungssitz im Inland (BGH, NJW 05, 3351).

4   **c)** Beteiligte können auch sein die **oHG** (§ 124 I HGB), die **KG** (§ 161 II HGB) und die **Reederei** (§ 493 III HGB); es sind nicht die einzelnen Gesellschafter beteiligt, sondern die Gesellschaft als solche; diese ist erbfähig und

§ 8 Beteiligtenfähigkeit **§ 8**

kann daher eine Erbschaft annehmen oder ausschlagen. Ferner ist beteiligtenfähig die oberste Organisationsstufe der politischen Parteien, die Bundes- und die Landespartei, nicht ein Ortsverein (§ 3 PartG; LG München, Rpfleger 06, 483); ferner die arbeitsrechtliche Gewerkschaft (BGH, NJW 68, 1830), Unterorganisationen, wenn sie körperschaftliche Verfassung haben.

d) Nicht rechtsfähige Personenvereinigungen. Diese sind im Verfahren der freiwilligen Gerichtsbarkeit nicht beteiligungsfähig, soweit das Gesetz nicht ausnahmsweise etwas Anderes bestimmt oder die Rspr ihnen im begrenzten Umfang eine Rechtsfähigkeit zuerkennt. Zur Beteiligtenfähigkeit einer Vor-GmbH: BGH, NJW 98, 1079; NJW 08, 2441; BayObLG 86, 455. Der nicht rechtsfähige Verein (§ 54 BGB) kann am Verfahren der freiwilligen Gerichtsbarkeit grundsätzlich nicht als Rechtsträger teilnehmen; jedoch kommt § 50 II ZPO nach § 113 in Ehesachen (§§ 121 ff) und Familienstreitsachen (§ 112) zur Anwendung. Die **Außengesellschaft** bürgerlichen Rechts besitzt Rechtsfähigkeit, soweit sie durch Teilnahme am Rechtsverkehr eigene Rechte und Pflichten begründet; sie ist zugleich aktiv und passiv beteiligtenfähig (BVerfG, NJW 02, 3533; BGH, NJW 01, 1056; 02, 1207); die Grundbuchfähigkeit wird zu Recht bezweifelt: BayObLG, NJW 03, 70 m Anm Demharter; Rpfleger 03, 78 m Anm Dümig; OLG Celle, NJW 06, 2194; OLG Schleswig, NJW 08, 306 mwN entgegen BGH, FGPrax 07, 7 m Anm Demharter; OLG Stuttgart, FGPrax 07, 66 m Anm Demharter; NJW 08, 304). Durch den im Rahmen des ERVGBG geänderten § 47 II GBO ist entgegen BGH v 4. 12. 2008, NJW 09, 594, klar gestellt worden, dass entspr der früheren Grundbuchpraxis (auch) alle Gesellschafter im Grundbuch einzutragen sind; die Eintragung einer GbR nur unter ihrem Namen ist unzulässig; die Eintragung der Gesellschafter ist Inhalt des Grundbuchs und damit Grundlage für die Anwendung der §§ 891–899 BGB (BT-Drs 16/13437, S 23 ff); dies gilt auch, wenn die Eintragung vor In-Kraft-Treten des ERVGBG erfolgt ist (OLG München, FGPrax 09, 257; OLG Zweibrücken, NJW 10, 384). Die Rechtsfähigkeit der **Wohnungseigentümergemeinschaft** war umstr; verneint; BayObLG, FGPrax 01, 189; NJW 01, 1506 mwN; Teilrechtsfähigkeit bejaht durch BGH, NJW 05, 2061 mwN, soweit die Gemeinschaft bei der Verwaltung am Rechtsverkehr teilnimmt. Durch § 10 des Gesetzes zur Änderung des Wohnungseigentumsgesetzes v 26. 3. 2007 (BGBl I S. 370) ist eine gesetzliche Klarstellung erfolgt. Der Wohnungseigentümergemeinschaft wird Teilrechtsfähigkeit zuerkannt. In der Begründung heißt es hierzu, dass sich die Normierung der Rechtsfähigkeit der Gemeinschaft auf Teile der Angelegenheiten der Wohnungseigentümer beschränken müsse, weil das Wohnungseigentum nicht mehr als echtes Eigentum charakterisiert werden könnte, wenn die Wohnungseigentümer nur noch Mitglieder der Gemeinschaft mit einem dinglich gesicherten Anteil an deren Vermögen wären (BT-Drucks 16/887 S 57). Die **Erbengemeinschaft** ist weder rechts- noch beteiligtenfähig (BGH, NJW 06, 3715).

e) Behörden. Nach § 8 Nr 3 sind Behörden beteiligtenfähig. Nach bisherigem Recht auch ohne eigene Rechtspersönlichkeit beteiligtenfähig, wenn ihnen das Gesetz die Fähigkeit zusprach, sich an einem Verfahren zu beteiligen. Soweit ihnen das Gesetz eine Beteiligtenstellung einräumte, waren sie

§ 9 Buch 1 – Allgemeiner Teil

auch beteiligtenfähig. Dies war nicht schon dann der Fall, wenn die Behörde zur Wahrung des öffentlichen Interesses oder zur Unterstützung des Gerichts zu dem Verfahren hinzugezogen wurde, zB der Staatsanwalt nach § 22 VerschG oder Mitteilungspflichten bestanden, zB nach §§ 48, 125 a, 126 FGG. Die Beteiligtenstellung wurde durch Gebrauchmachung von Antrags- und Beschwerderechten, zB nach § 126 FGG, § 16 II a VerschG, auch durch konkludentes Handeln (OLG Hamm, OLG Stuttgart, Rpfleger 83, 116) erlangt. Durch die neue gesetzliche Regelung wird eine Behördenbeteiligung

9 in folgenden Vorschriften vorgesehen: für das **Jugendamt** besteht ein Beschwerderecht in §§ 162 II, 176 II, 194 II, 205 II, 213 II; das Jugendamt kann, ohne in erster Instanz beteiligt gewesen zu sein, durch Einlegung des Rechtsmittels in zweiter Instanz beteiligt werden. In folgenden Fällen kann das Jugendamt auf Antrag beteiligt werden: §§ 172 II, 188 II, 204 II, 212. Zu beteiligen sind die Versorgungsträger nach § 219, die zuständigen Behörden nach § 274 III (Betreuung), nach § 315 III (Unterbringung). Beteiligtenfähig ist auch die Standesamtsaufsichtsbehörde (OLG Zweibrücken, FGPrax 10, 162).

Verfahrensfähigkeit

9 (1) **Verfahrensfähig sind**
1. **die nach bürgerlichem Recht Geschäftsfähigen,**
2. **die nach bürgerlichem Recht beschränkt Geschäftsfähigen, soweit sie für den Gegenstand des Verfahrens nach bürgerlichem Recht als geschäftsfähig anerkannt sind,**
3. **die nach bürgerlichem Recht beschränkt Geschäftsfähigen, soweit sie das 14. Lebensjahr vollendet haben und sie in einem Verfahren, das ihre Person betrifft, ein ihnen nach bürgerlichem Recht zustehendes Recht geltend machen,**
4. **diejenigen, die auf Grund dieses oder eines anderen Gesetzes dazu bestimmt werden.**

(2) **Soweit ein Geschäftsunfähiger oder in der Geschäftsfähigkeit Beschränkter nicht verfahrensfähig ist, handeln für ihn die nach bürgerlichem Recht dazu befugten Personen.**

(3) **Für Vereinigungen sowie für Behörden handeln ihre gesetzlichen Vertreter und Vorstände.**

(4) **Das Verschulden eines gesetzlichen Vertreters steht dem Verschulden eines Beteiligten gleich.**

(5) **Die §§ 53 bis 58 der Zivilprozessordnung gelten entsprechend.**

1. Begriff

1 Verfahrensfähigkeit ist die Fähigkeit einer Person, ihre Rechte im Verfahren selbst auszuüben. Bisher fehlte eine ausdrückliche Vorschrift hierüber; die Rechtsprechung wendete die Vorschriften des bürgerlichen Rechts über die Geschäftsfähigkeit entspr an. Durch § 9 werden die von der Rechtsprechung entwickelten Grundsätze in den Gesetzestext aufgenommen. § 9 ist anwend-

§ 9 Verfahrensfähigkeit § 9

bar in den Angelegenheiten der freiwilligen Gerichtsbarkeit und in dem Verfahren in Familiensachen; In Ehesachen (§§ 121 ff) und in Familienstreitsachen (§ 112) findet § 51 ZPO unmittelbar Anwendung (§ 113); in Ehesachen § 125 I vorrangig).

2. Verfahrensfähigkeit

Verfahrensfähig ist nach **Nr 1** der nach bürgerlichem Recht Geschäftsfähige. Volljährige Personen (§ 2 BGB) sind geschäftsfähig, soweit sich nicht aus §§ 104 ff BGB Einschränkungen ergeben. 2

Nach **Nr 2** können in der Geschäftsfähigkeit beschränkte (nach Wegfall der Entmündigung nur noch Minderjährige nach § 106 BGB) Personen für bestimmte Bereiche verfahrensfähig sein, soweit sie nach bürgerlichem Recht als geschäftsfähig behandelt werden: für den selbständigen Betrieb eines Erwerbsgeschäfts nach § 112 BGB und die Eingehung und Aufhebung von Dienst- oder Arbeitsverhältnissen nach § 113 BGB. Der gesetzliche Vertreter ist insoweit nicht vertretungsbefugt. Eine Sonderregelung enthält § 60; danach kann ein Minderjähriger, der das 14. Lebensjahr vollendet hat, und für den elterliche Sorge oder Vormundschaft besteht, in allen seine Person betreffenden Angelegenheiten ohne Mitwirkung seines gesetzlichen Vertreters das Beschwerderecht ausüben. Die Vorschrift ist an § 59 FGG angelehnt. 3

Soweit beschränkt Geschäftsfähige nicht ausnahmsweise als verfahrensfähig gelten, müssen sie bei formeller Antragstellung oder Beschwerdeeinlegung durch ihre gesetzlichen Vertreter vertreten sein (BGH, FamRZ 66, 505). Der Mangel der gesetzlichen Vertretung kann rückwirkend bis zum Abschluss des Verfahrens, auch noch in der Rechtsbeschwerdeinstanz geheilt werden (BGH, Rpfleger 64, 173). 4

Die neu eingefügte **Nr 3** erweitert die Verfahrensfähigkeit des Kindes, das das 14. Lebensjahr vollendet hat. Die Vorschrift erlaubt ihm die eigenständige Geltendmachung materieller Rechte im kindschaftsrechtlichen Verfahren, das seine Person betrifft, ohne Mitwirkung seiner gesetzlichen Vertreter. Abstammungssachen (§§ 169 ff) und Adoptionssachen (§§ 186 ff) fallen nicht in den Anwendungsbereich von Nr 3; nach § 1600 a BGB kann ein in der Geschäftsfähigkeit beschränktes Kind nur durch seinen gesetzlichen Vertreter handeln (Keidel/Engelhardt, Rn 2 zu § 172; Rn 2 zu § 188; aA Keidel/Zimmermann, Rn 14 zu § 9); bei dessen Verhinderung ist ein Ergänzungspfleger zu bestellen (Rn 10). Unter den Voraussetzungen des § 1791 c BGB ist das Jugendamt als Amtsvormund gesetzlicher Vertreter (Rn 4 zu § 174). Damit wird ein verfahrensrechtliches Korrelat zu den verschiedentlich eingeräumten Widerspruchs- und Mitwirkungsrechten des über vierzehnjährigen Kindes (zB § 1671 II Nr 1 BGB) geschaffen und die notwendige Akzessorietät zwischen materiellem Recht und Verfahrensrecht hergestellt (BT-Drs 16/9733 S 355). Ergänzend hierzu ist in § 158 die noch im Regierungsentwurf enthaltene Möglichkeit, für das 14-jährige Kind auf dessen Antrag einen Verfahrensbeistand zu bestellen, gestrichen worden (Rn 12 zu § 158); das 14-jährige Kind soll sich durch einen Rechtsanwalt vertreten lassen können, der ihm auf Antrag auch im Wege der Verfahrenskostenhilfe beigeordnet werden kann. 5

6 Nach **Nr 4** sind diejenige verfahrensfähig, die in diesem Gesetz oder in einem anderen Gesetz dazu bestimmt werden. Durch die Bezugnahme auf andere Gesetze, wie zB das SGB I, wird die notwendige Akzessorietät zwischen dem materiellen und dem Verfahrensrecht nicht nur im bürgerlichen Recht, sondern auch im öffentlichen Recht hergestellt. Für den Bereich der Betreuungssachen (§ 275) und der Unterbringungssachen (§ 316) sieht das Gesetz die Verfahrensfähigkeit des Betroffenen ohne Rücksicht auf seine Geschäftsfähigkeit vor.

7 Das Betreuungsgesetz, durch das die Entmündigung abgeschafft und die Vormundschaft über Volljährige und die Gebrechlichkeitspflegschaft durch die Bestellung eines Betreuers ersetzt wurden, der in Betracht kommt für Volljährige, die auf Grund einer psychischen Krankheit oder einer körperlichen, geistigen oder seelischen Behinderung ihre Angelegenheiten ganz oder teilweise nicht besorgen können (§ 1896 I 1 BGB), hat die Verfahrensfähigkeit des Betroffenen durch § 275 **unabhängig** von der Geschäftsfähigkeit (§ 104 Nr 2 BGB) eingeführt. Er ist damit fähig, seine Rechte in dem Verfahren uneingeschränkt selbst auszuüben, sämtliche Verfahrenshandlungen, Anträge, Erklärungen, Rechtsmittel, vorzunehmen, Verfahrensvollmacht zu erteilen, nach OLG Schleswig, FamRZ 07, 1126, auch bei Fehlen eines natürlichen Willens. Die Verfahrensfähigkeit wird weder durch die Bestellung eines Betreuers (§ 1896 I BGB) noch durch die eines Verfahrenspflegers (§ 276) beeinträchtigt.

8 Das Betreuungsgesetz, das die verfahrensrechtlichen Bestimmungen für die zivilrechtliche und die öffentlich-rechtliche Unterbringung vereinheitlicht hat, hat die Verfahrensfähigkeit des Betroffenen auch für das **Unterbringungsverfahren** eingeführt; der Betroffene ist nach § 316 verfahrensfähig; die Bestellung eines Verfahrenspflegers (§ 317) hat hierauf keinen Einfluss. In den Verfahren bei der Unterbringung Minderjähriger (§ 167) ist der Betroffene ohne Rücksicht auf seine Geschäftsfähigkeit verfahrensfähig, wenn er das 14. Lebensjahr vollendet hat (§ 167 III). Die Verfahrensfähigkeit wird durch die Bestellung eines Verfahrensbeistandes (§ 158), der in Kindschaftssachen (§§ 151 ff) an die Stelle des Verfahrenspflegers tritt, nicht berührt. Der Betroffene kann sämtliche Verfahrenshandlungen selbst vornehmen. Geschäftsunfähige gelten auch darüber hinaus nach der Rechtsprechung als verfahrensfähig in solchen Verfahren, in denen über wegen ihres Geisteszustandes zu treffende Maßnahmen entschieden wird. Dies erfordert der Grundrechtsschutz gegen solche tief in die Rechtssphäre des Betroffenen eingreifenden gerichtlichen Entscheidungen (BVerfGE 10, 302, 306; 19, 93, 103). Beispiel: In einem Verfahren wegen Weigerung des Standesbeamten an der Eheschließung mitzuwirken (OLG Stuttgart, OLG 91, 286).

3. Verfahrensfähigkeit von Ausländern

9 Die Verfahrensfähigkeit von Ausländern bestimmt sich nach der Geschäftsfähigkeit ihres Heimatrechts; es genügt auch Verfahrensfähigkeit nach deutschem Recht (§ 55 ZPO) analog. Die Verfahrensfähigkeit anerkannter Asylbewerber richtet sich nach deutschem Recht (OLG Hamm, 83, 46, 48).

§ 9 Verfahrensfähigkeit　　　　　　　　　　　　　　　　　　　　　**§ 9**

4. Gesetzliche Vertretung

Soweit ein Geschäftsunfähiger oder in der Geschäftsfähigkeit Beschränkter   10
nicht verfahrensfähig ist, handeln für ihn die nach bürgerlichem Recht befugten Personen (Abs 2). Gesetzliche Vertretung für Minderjährige: die Eltern (§ 1629 BGB), ein Elternteil (§§ 1629 I 4, 1680 I BGB), der Vormund (§ 1793 I BGB), der Amtsvormund (§ 1791 c iVm § 1793 I BGB), der Ergänzungspfleger (§ 1909 BGB), wenn die Eltern nach § 1629 II iVm §§ 1795, 1796 BGB von der Vertretung ausgeschlossen sind (OLG Oldenburg, NJW 10, 1888). Die Anordnung einer Ergänzungspflegschaft kann nicht durch die Bestellung eines Verfahrensbeistandes (§ 158) ersetzt werden, weil dieser nicht zur Vertretung des Kindes (§ 158 IV 5) berechtigt ist (KG, FamRZ 10, 1171 mwN: Genehmigung einer Erbausschlagung). Das OLG Stuttgart (FamRZ 10, 1166) hält eine Verfahrensbeistandschaft dann für ausreichend, wenn der Interessengegensatz nicht so erheblich ist, dass er den Eingriff in das Sorgerecht durch Entziehung der Vertretungsmacht (§§ 1795, 1796 BGB) rechtfertigt, die dann bestehen bleiben würde. Die Anordnung der Ergänzungspflegschaft ist nach § 58 I anfechtbar; sie ist keine verfahrensrechtliche Zwischenentscheidung (KG, aaO). Gesetzliche Vertretung für Volljährige: der Betreuer (§ 1902 BGB), Pfleger (§ 1909, 1911, 1915, 1793 I BGB); in den Fällen der §§ 1912, 1913 BGB der Pfleger, der §§ 1960, 1961 BGB der Nachlasspfleger.

Für **Vereinigungen** sowie für **Behörden** handeln nach Abs 3 deren   11
gesetzliche Vertreter oder Vorstände. Der Begriff der Vereinigung ist weit zu verstehen; er umfasst **juristische Personen** des Privatrechts und des öffentlichen Rechts sowie nicht rechtsfähige Vereinigungen im Sinne des § 8 Nr 2. Gesetzlich vertreten werden ua durch den Vorstand der rechtsfähige Verein (§ 26 II BGB), die AG (§ 78 I AktG), die Genossenschaft (§ 24 GenG); durch den oder die geschäftsführenden Gesellschafter (§§ 125, 161 II HGB; § 714 BGB) die oHG, KG, BGB-Gesellschaft. Die gesetzliche Vertretung von **Körperschaften des öffentlichen Rechts** ergibt sich jeweils im Einzelfall aus dem Gesetz, einer Satzung, der GemeindeO. Kraft Amtes sind Insolvenzverwalter (§ 80 InsO), Testamentsvollstrecker (§§ 2212, 2213 BGB), Nachlassverwalter (§ 1984 BGB), Zwangsverwalter (§ 152 ZVG) anstelle des Inhabers des Rechts (Insolvenzschuldner, Erbe, Eigentümer) zur Prozessführung befugt (OLG Stuttgart, DieJ 04, 513; BGH, NJW-RR 06, 138).

5. Fehlen der Verfahrensfähigkeit

Die Verfahrensfähigkeit ist Sachentscheidungsvoraussetzung (Prozessvoraus-   12
setzung) und Voraussetzung für die Wirksamkeit einer Verfahrenshandlung (Prozesshandlungsvoraussetzung). Ihr Fehlen hat Unzulässigkeit zur Folge. Wird durch eine Gesetzesänderung (§§ 66, 70 a FGG) Verfahrensfähigkeit begründet, kann eine Prozesshandlung rückwirkend genehmigt werden (BayObLG 80, 289). Bei Zweifeln sind volljährige Personen bis zum Nachweis des Gegenteils als geschäftsfähig anzusehen (BayObLG 66, 263; OLG Oldenburg, Rpfleger 69, 135). Ist die Verfahrensfähigkeit Gegenstand des Verfahrens, ist der Beteiligte zur Klärung dieser Frage als verfahrensfähig zu behandeln. Wenn eine Beschwerde wegen Geschäftsunfähigkeit als unzulässig verworfen

worden ist, kann jedenfalls im Wege der weiteren Beschwerde im Rahmen
13 der Zulässigkeitsprüfung über die Geschäftsfähigkeit entschieden werden
(BayObLG 66, 261). Bei **Teilgeschäftsunfähigkeit** können Personen hinsichtlich des Kreises der Angelegenheiten, für den sie geschäftsunfähig sind, nur durch ihre gesetzlichen Vertreter Anträge stellen und Rechtsmittel einlegen (OLG Hamm, JMBl NRW 65, 88). Zur Ausübung des rechtlichen Gehörs eines Geschäftsunfähigen kann ein Verfahrenspfleger bestellt werden, wenn dies wegen des Geisteszustandes des Geschäftsunfähigen erforderlich ist oder, wenn ein Widerstreit, zwischen ihm und seinem gesetzlichen Vertreter
14 besteht. **Nicht gesetzlicher Vertreter** ist der Verfahrenspfleger in Betreuungssachen (§ 276), in Unterbringungssachen (§ 317); der Verfahrensbeistand in Kindschaftssachen (§ 158), in Abstammungssachen (§ 174) und in Adoptionssachen (§ 191).

6. Verschulden des gesetzlichen Vertreters

15 Abs 4 knüpft hinsichtlich des Verschuldens des gesetzlichen Vertreters an den Rechtsgedanken in § 22 II 2 FGG an, der hinsichtlich der Fristversäumung bei der sofortigen Beschwerde das Verschulden des Vertreters mit dem des Vertretenen gleich setzt. Abs 4 erstreckt die Zurechnung des Verschuldens des gesetzlichen Vertreters ebenso wie § 51 II ZPO auf alle Handlungen des gesetzlichen Vertreters und ist in allen Verfahrensarten anwendbar. Die Zu-
16 rechnung des Verschuldens des **gewillkürten Vertreters** ist abw von § 22 II 2 FGG gesondert geregelt. Sie ergibt sich aus § 11 Satz 4 iVm § 86 II ZPO, demgemäß das Verschulden des Bevollmächtigten dem Verschulden des Beteiligten gleich steht.

7. Entspr Anwendbarkeit der §§ 53–58 ZPO

17 Im Einzelnen:
18 **§ 53 ZPO:** Wird in einem Rechtsstreit eine prozessfähige Person durch einen Betreuer (§ 1896 BGB) oder Pfleger (§§ 1909, 1911, 1913, 1960 BGB) vertreten, steht sie in diesem Rechtsstreit einer nicht prozessfähigen Partei gleich, sofern dieser zum Aufgabenkreis des Betreuers oder Pflegers gehört. Im Übrigen bleibt die Prozessfähigkeit unberührt.
19 **§ 173** (bisher § 53 a ZPO): Wird in einem Rechtsstreit ein Kind durch das Jugendamt als Beistand (§§ 1712 ff BGB) vertreten, ist die gesetzliche Vertretung im Rahmen des Aufgabenbereichs des Jugendamtes (Vaterschaftsfeststellung, Unterhalt) ausgeschlossen.
20 **§ 54 ZPO:** Prozesshandlungen, für die der gesetzliche Vertreter nach den Vorschriften des bürgerlichen Rechts einer besonderen Ermächtigung (Genehmigung) bedarf (§§ 1821 ff BGB), sind auch ohne sie gültig, wenn die Ermächtigung zur Prozessführung im Allgemeinen erteilt (§ 1825 BGB) oder die Prozessführung auch ohne eine solche Ermächtigung im Allgemeinen statthaft ist. Die Ermächtigung nach § 1825 BGB umfasst nicht den Abschluss eines gerichtlichen Vergleichs (§ 1822 Nr 12 BGB).
21 **§ 55 ZPO:** Die Prozessfähigkeit von Ausländern richtet sich grundsätzlich nach dem Recht des Heimatstaates. Auch wenn diese nach dem Heimatrecht

fehlt, gelten sie als prozessfähig, wenn ihnen nach dem Recht des Prozessgerichts die Prozessfähigkeit zusteht.

§ 56 ZPO: Fehlt es an einer der von Amts wegen zu prüfenden Prozessvoraussetzungen, der Beteiligtenfähigkeit, der Verfahrensfähigkeit, der erforderlichen Ermächtigung zur Prozessführung (Abs 1), kann der Beteiligte oder dessen gesetzlicher Vertreter unter Vorbehalt der Beseitigung des Mangels zur Prozessführung zugelassen werden, wenn Gefahr im Verzug ist. Es muss sich um die Gefahr des Verlustes einer materiellen Rechtsposition (Fristversäumung) handeln. Die einstweilen zugelassenen Prozesshandlungen bleiben nur wirksam, wenn der Mangel innerhalb der zu setzenden Frist behoben wird. Anderenfalls ist die Klage als unzulässig zu behandeln. 22

§ 57 ZPO: Soll eine nicht prozessfähige Partei verklagt werden, die ohne gesetzlichen Vertreter ist, ist ihr bei Gefahr im Verzuge auf Antrag durch den Vorsitzenden des Prozessgerichts bis zum Eintritt des gesetzlichen Vertreters ein besonderer Vertreter zu bestellen. Es darf überhaupt kein gesetzlicher Vertreter vorhanden sein, wenn auch nur vorübergehend oder wegen rechtlicher Verhinderung. Gefahr im Verzuge liegt vor, wenn ein unverhältnismäßig hoher Schaden droht. 23

§ 58 ZPO: Soll das Recht an einem herrenlosen Grundstück (Abs 1) oder Schiff (Abs 2) im Wege der Klage geltend gemacht werden, hat der Vorsitzende des Prozessgerichts auf Antrag einen Vertreter zu bestellen; dieser ist gesetzlicher Vertreter des künftigen Eigentümers. Die Bestellung endet mit der Eintragung des neuen Eigentümers. 24

Bevollmächtigte

10 (1) **Soweit eine Vertretung durch Rechtsanwälte nicht geboten ist, können die Beteiligten das Verfahren selbst betreiben.**

(2) **Die Beteiligten können sich durch einen Rechtsanwalt als Bevollmächtigten vertreten lassen. Darüber hinaus sind als Bevollmächtigte, soweit eine Vertretung durch Rechtsanwälte nicht geboten ist, vertretungsbefugt nur**
1. **Beschäftigte des Beteiligten oder eines mit ihm verbundenen Unternehmens (§ 15 des Aktiengesetzes); Behörden und juristische Personen des öffentlichen Rechts einschließlich der von ihnen zur Erfüllung ihrer öffentlichen Aufgaben gebildeten Zusammenschlüsse können sich auch durch Beschäftigte anderer Behörden oder juristischer Personen des öffentlichen Rechts einschließlich der von ihnen zur Erfüllung ihrer öffentlichen Aufgaben gebildeten Zusammenschlüsse vertreten lassen;**
2. **volljährige Familienangehörige (§ 15 der Abgabenordnung, § 11 des Lebenspartnerschaftsgesetzes), Personen mit Befähigung zum Richteramt und die Beteiligten, wenn die Vertretung nicht im Zusammenhang mit einer entgeltlichen Tätigkeit steht;**
3. **Notare.**

(3) **Das Gericht weist Bevollmächtigte, die nicht nach Maßgabe des Absatzes 2 vertretungsbefugt sind, durch unanfechtbaren Beschluss zurück. Verfahrenshandlungen, die ein nicht vertretungsbefugter Bevollmächtigter bis zu seiner Zurückweisung vorgenommen hat, und Zustel-**

lungen oder Mitteilungen an diesen Bevollmächtigten sind wirksam. Das Gericht kann den in Absatz 2 Satz 2 Nr. 1 und 2 bezeichneten Bevollmächtigten durch unanfechtbaren Beschluss die weitere Vertretung untersagen, wenn sie nicht in der Lage sind, das Sach- und Streitverhältnis sachgerecht darzustellen.

(4) Vor dem Bundesgerichtshof müssen sich die Beteiligten, außer im Verfahren über die Ausschließung und Ablehnung von Gerichtspersonen und im Verfahren über die Verfahrenskostenhilfe, durch einen beim Bundesgerichtshof zugelassenen Rechtsanwalt vertreten lassen. Behörden und juristische Personen des öffentlichen Rechts einschließlich der von ihnen zur Erfüllung ihrer öffentlichen Aufgaben gebildeten Zusammenschlüsse können sich durch eigene Beschäftigte mit Befähigung zum Richteramt oder durch Beschäftigte mit Befähigung zum Richteramt anderer Behörden oder juristischer Personen des öffentlichen Rechts einschließlich der von ihnen zur Erfüllung ihrer öffentlichen Aufgaben gebildeten Zusammenschlüsse vertreten lassen. Für die Beiordnung eines Notanwaltes gelten die §§ 78 b und 78 c der Zivilprozessordnung entsprechend.

(5) Richter dürfen nicht als Bevollmächtigte vor dem Gericht auftreten, dem sie angehören.

1. Anwendungsbereich

1 § 10 ersetzt den § 13 FGG in der durch das Rechtsdienstleistungsgesetz (RDG) geänderten Fassung. Er behandelt die Bevollmächtigten für die Angelegenheiten der freiwilligen Gerichtsbarkeit und die Verfahren in Familiensachen mit Ausnahme der Ehesachen und Folgesachen sowie den selbständigen Familienstreitsachen, für die in § 114 eine Sonderregelung getroffen wird. Abw von § 13 FGG werden die Bevollmächtigten in § 10, die Verfahrensvollmacht in § 11 und die Beistände in § 12 jeweils gesondert geregelt.

2. Vertretung durch Bevollmächtigte

2 Personen, die formell am Verfahren beteiligt sind (§ 7), können, soweit eine Vertretung durch Rechtsanwälte nicht geboten ist, das Verfahren selbst betreiben (Abs 1). Sie können sich auch durch Rechtsanwälte (Abs 2 Satz 1) oder durch die in Abs 2 Satz 2 Nr 1–3 als vertretungsbefugt bezeichneten Personen vertreten lassen. Dies gilt auch für in der Geschäftsfähigkeit beschränkte Personen, die nach § 60 ein Beschwerderecht ausüben können und Geschäftsunfähige, soweit sie sich am Verfahren beteiligen können, weil über wegen ihres Geisteszustandes zu treffende Maßnahmen entschieden wird oder, wenn die Frage ihrer Verfahrensfähigkeit Gegenstand des Verfahrens ist. Der Bevollmächtigte handelt mit Wirkung für den Beteiligten; er gibt für diesen Erklärungen ab und nimmt Erklärungen und Zustellungen entgegen. Im Gegensatz
3 dazu tritt der **Beistand** (§ 12) neben dem Beteiligten auf; seine Handlungen und Erklärungen haben dieselben Wirkungen, als ob sie von dem Beteiligten selbst vorgenommen oder abgegeben werden, sofern nicht ersichtlich ist, dass der Beteiligte nicht zustimmt.

§ 10 Bevollmächtigte **§ 10**

3. Ausschluss der Vertretung

Ausgeschlossen ist die Vertretung durch einen Bevollmächtigten mit der 4
Folge, dass eine eventuelle Verhandlung ohne rechtliche Wirkung ist, bei der Anordnung des **persönlichen Erscheinens** eines Beteiligten; bei Teilnahme hat der Bevollmächtigte nur die Stellung eines Beistands; er darf grundsätzlich nicht von der Teilnahme ausgeschlossen werden (OLG Köln, OLG 65, 134). Der Bevollmächtigte ist ferner von der Vertretung ausgeschlossen, soweit es sich 5
um **höchstpersönliche Erklärungen** handelt, die nur von dem Beteiligten abgegeben werden können, zB die Verpflichtung zum Vormund, Gegenvormund und Pfleger (nach §§ 1789, 1792, 1915 BGB); ferner bei Eidesleistungen, Versicherungen an Eides Statt, Anmeldungen zum Genossenschaftsregister nach § 6 GenReg VO, bei Zeichnung einer Unterschriftsaufbewahrung bei Gericht nach §§ 12 I, 29, 53 II, 108, 148 I HGB.

4. Vertretungsbefugte Personen

Neben Rechtsanwälten als Bevollmächtigten führt Abs 2 in den Nr 1–3 6
weitere Personen auf, die als Bevollmächtigte vertretungsbefugt sind:
nach Nr 1: Ein Beteiligter kann unabhängig davon, ob es sich um eine 7
natürliche Person, eine Personengesellschaft, eine juristische Person des privaten oder öffentlichen Rechts oder um einen Verein handelt, einem **Mitarbeiter** auf Grund entspr Vollmacht die Prozessvertretung übertragen; dies gilt auch für Mitarbeiter verbundener Unternehmen. Behörden und juristische Personen des öffentlichen Rechts können sich auch durch Beamte oder Angestellte anderer Behörden oder juristischer Personen des öffentlichen Rechts oder ihrer Zusammenschlüsse vertreten lassen.
Nr 2 regelt die Zulässigkeit **unentgeltlicher Prozessvertretung** durch 8
volljährige Familienangehörige und durch Personen mit der Befähigung zum Richteramt. Richter dürfen nach Abs 5 jedoch nicht als Bevollmächtigte vor dem Gericht auftreten, dem sie angehören.
Nr 3 nennt ebenso wie nach bisherigem Recht als vertretungsbefugt die 9
Notare. Vertretungsbefugt sind auch Notargehilfen in Registersachen für den Antrag zur Eintragung einer Anmeldung nach § 378.

5. Vermutete Vollmacht der Notare

Auch Notare, die außer mit der Beurkundung mit der Besorgung weiterer 10
Angelegenheiten betraut werden, soweit dies nach § 24 I BNotO zulässig ist (BGH, NJW 69, 929; Jansen, DNotZ 64, 707) haben auf Verlangen ihre Vollmacht nachzuweisen (§ 11). Für einen Notar, der eine Erklärung beurkundet oder beglaubigt hat, wird jedoch allgemein vermutet, dass er auch berechtigt ist zur Antragstellung für eventuell erforderliche Genehmigungen (OLG Koblenz, RdL 71, 48). Erklärt der Notar nicht, in wessen Namen er handelt, ist mangels gegenteiliger Anhaltspunkte davon auszugehen, dass er die Beschwerde namens aller Beschwerdeberechtigten eingelegt hat (OLG Hamm, OLG 83, 196); im Namen der Beteiligten, für die er als Notar tätig geworden ist (OLG Zweibrücken, FGPrax 00, 208). Eine gesetzliche Vermutung für die Ermächtigung des Notars, die Eintragung von Erklärungen in öffentliche

§ 10

Bücher und Register zu beantragen, wenn er die zu der Eintragung erforderlichen Erklärungen beurkundet oder beglaubigt hat (vermutete Vollmacht der Notare), ergab sich bisher aus §§ 71, 129, 147, 159, 161 FGG: jetzt aus § 378; ferner aus § 15 GBO, § 25 SchiffsRegO; für den Antrag auf Eintragung einer güterrechtlichen Vereinbarung gilt der Notar nur dann als bevollmächtigt, wenn er auch den Eintragungsantrag der Eheleute beurkundet oder beglaubigt hat (OLG Köln, MDR 83, 490); er ist dann auch zur Rücknahme oder Einschränkung der Anträge ermächtigt (§ 24 III BNotO), nicht jedoch in Bezug auf von dem Beteiligten selbst gestellte Anträge (OLG Braunschweig, DNotZ 61, 413; aA Hieber, DNotZ 56, 172). Der Notar ist auch nach dem Tode eines Beteiligten zur Antragstellung berechtigt (Safferling, Rpfleger 71, 294). Die Wirksamkeit von Verfahrenshandlungen eines Notars wird nicht dadurch berührt, dass er gegen die durch § 14 I BNotO für eine berufliche Tätigkeit gezogenen Grenzen verstößt (Habscheid, NJW 64, 1502; BGH, NJW 71, 42; KG, OLG 66, 112). Die gesetzlich vermutete Vollmacht des Notars ist widerlegbar mit der Folge, dass das von ihm eingelegte Rechtsmittel als unzulässig verworfen werden muss (OLG Frankfurt, NJW 84, 629).

6. Fähigkeit Bevollmächtigter zu sein

11   Sie bestimmt sich nach den Vorschriften des bürgerlichen Rechts. Unfähig sind danach Geschäftsunfähige (nach BVerfG, NJW 74, 1279 vereinbar mit Art 12 GG); beschränkt geschäftsfähige Personen (§ 106 BGB) sind dagegen nach § 165 BGB von der Vertretung nicht ausgeschlossen (Keidel/Zimmermann, Rn 11 zu § 13 FGG). Die Bevollmächtigung einer juristischen Person ist unzulässig; sie ist dann zulässig, wenn sie dahin ausgelegt werden kann, dass sie sich auf die zu ihrer Vertretung berufenen Personen bezieht (KG, WM 64, 844; BayObLG, FamRZ 86, 597).

7. Zurückweisung von Bevollmächtigten

12   Das Gericht weist Bevollmächtigte, die nicht den für eine Vertretungsbefugnis in Abs 2 aufgestellten Voraussetzungen entsprechen, durch Beschluss zurück (Abs 3 Satz 1); der Beschluss ist nicht anfechtbar. Verfahrenshandlungen, die ein nicht vertretungsbefugter Bevollmächtigter bis zu seiner Zurückweisung vorgenommen hat, sind wirksam; dies gilt auch für Zustellungen und Mitteilungen, die ihm gegenüber vorgenommen worden sind (Abs 3 Satz 2). Eine entspr Vorschrift fehlte bisher für das Verfahren der freiwilligen Gerichtsbarkeit. Für echte Streitsachen mit obligatorischer mündlicher Verhandlung wurde die entspr Anwendung des § 157 I ZPO aF bejaht (Keidel/Zimmermann, Rn 23 zu § 13 FGG). Das BayObLG (NJW-RR 92, 1343) hatte entschieden, dass ein Bevollmächtigter regelmäßig dann auszuschließen ist, wenn dieser schuldhaft gegen die berufsrechtliche Regelung des Art 1 § 1 RBerG verstößt.

8. Fähigkeit zum geeigneten Vortrag

13   Das Gericht kann Bevollmächtigten, die nicht in der Lage sind, das Sach- und Streitverhältnis sachgerecht darzustellen, die weitere Vertretung unter-

§ 10 Bevollmächtigte § 10

sagen (Abs 3 Satz 3). Diese Möglichkeit beschränkt sich auf den in Abs 2 Satz 2 Nr 1 und 2 bezeichneten Personenkreis; sie bezieht sich nicht auf Rechtsanwälte und Notare. Da nur die weitere Vertretung untersagt wird, sind Verfahrenshandlungen, die von oder gegenüber dem Bevollmächtigten bis zu dem Beschluss über die Untersagung vorgenommen wurden, wirksam. Der Beschluss ist unanfechtbar. Diese Vorschrift entspricht § 157 II ZPO, der schon bisher allgemein im Verfahren der freiwilligen Gerichtsbarkeit entspr angewendet wurde (KG, OLG 66, 112).

9. Notwendige Vertretung

Das Verfahren in den Angelegenheiten der freiwilligen Gerichtsbarkeit und 14 das Verfahren in Familiensachen sind mit Ausnahme des Anwendungsbereichs des § 114 (Ehesachen, Familienstreitsachen) im ersten und zweiten Rechtszug anwaltsfrei. Ein Vertretungserfordernis durch einen Rechtsanwalt im Beschwerdeverfahren besteht auch nicht, soweit nach § 119 I Nr 1 GVG für Erstbeschwerden die Oberlandesgerichte zuständig sind. Es bleibt daher für das fehlende Erfordernis einer anwaltlichen Vertretung für die Erstbeschwerde bei der bisherigen Rechtslage.

In dem Verfahren vor dem **Bundesgerichtshof** müssen sich die Beteiligten 15 durch einen bei dem Bundesgerichtshof zugelassenen Rechtsanwalt vertreten lassen (Abs. 4; BGH, FamRZ 10, 544); dies gilt nicht im Verfahren über die Ausschließung und Ablehnung von Gerichtspersonen (§ 6) und das Verfahren über die Verfahrenskostenhilfe (§§ 76–78).

Eine **Ausnahme von dem Anwaltszwang** ist wie bisher in § 29 I 3 FGG 16 in Abs 4 Satz 2 vorgesehen. Behörden und juristische Personen des öffentlichen Rechts einschließlich der von ihnen zur Erfüllung ihrer öffentlichen Aufgaben gebildeten Zusammenschlüsse können sich durch eigene Beschäftigte mit Befähigung zum Richteramt oder durch Beschäftigte mit Befähigung zum Richteramt der zuständigen Aufsichtsbehörde oder des jeweiligen kommunalen Spitzenverbandes des Landes, dem sie angehören, vertreten lassen. Dies gilt ausnahmslos; auch für den für die Staatskasse tätigen Bezirksrevisior (BGH, FamRZ 10, 1544). Eine **Behörde** ist ein Organ der Staatsgewalt, das 17 dazu berufen ist, unter öffentlicher Autorität für die Erreichung der Zwecke des Staates oder der von ihm geförderten Zwecke selbständig tätig zu sein; unwesentlich ist, ob die der Behörde übertragenen Befugnisse Ausübung öffentlicher Gewalt sind (BGH 3, 110) oder durch Privatrecht geregelt sind. Behörden sind ua die Handelskammern (OLG Karlsruhe, Rpfleger 63, 204; BayObLG, FamRZ 81, 460; OLG Hamm, OLG 86, 21), Handwerkskammern (§ 90 Handwerksordnung), Sparkassen, die nach dem Sparkassengesetz als öffentlich-rechtliche Anstalten errichtet sind (BayObLG, NJW-RR 01, 29), das **Jugendamt** als Amtsvormund, als Amtspfleger nach §§ 1791 c, 1706 18 BGB (KG, Rpfleger 73, 213; OLG Hamm, OLG 86, 25; BGH, NJW 80, 2260), das Jugendamt bei Beteiligung durch Ausübung seines Antragsrechts nach §§ 172 II, 188 II, 204 II, 212; das Jugendamt, wenn es von dem in §§ 162 II, 176 II, 194 II, 205 II, 213 II eingeräumten Beschwerderecht Gebrauch macht; ferner die Träger der **gesetzlichen Rentenversicherung,** weil sie im Allgemeininteresse zur Erleichterung der Rechtsfindung für die 19

§ 11 Buch 1 – Allgemeiner Teil

Gerichte und im Interesse der beteiligten Eheleute tätig werden (BGH, NJW 80, 2260), die in § 6 I Nr 2, § 8 I des AngestelltenversicherungsG genannten Körperschaften und Verbände, nicht die nach dem VAHRG beteiligten Stellen; ferner die zuständigen Behörden in Betreuungssachen (§ 274 III), in Unterbringungssachen (§ 315 III), die Amtsärzte (aA Keidel/Zimmermann, Rn 24 zu § 10); die Staatsanwaltschaft; keine eigene Beschwerdeberechtigung des Nachlassgerichts (BayObLG, Rpfleger 86, 303).

20 Die Befreiung vom Anwaltszwang für die Behörde gilt, wenn die Einlegung im Namen eines **Rechtssubjekts des öffentlichen Rechts** oder einer anderen Behörde, insoweit auch auf Grund rechtsgeschäftlicher Vollmacht erfolgt.

21 Die Befreiung vom Anwaltszwang gilt auch dann, wenn die Behörde als **gesetzlicher Vertreter** handelt, zB das Jugendamt als Beistand, Amtsvormund, Amtspfleger (§§ 1712, 1791 c BGB, § 55 SGB VIII) oder als bestellter Vormund oder Pfleger (§§ 1791 b, 1915 I BGB). Die Befreiung gilt jedoch dann nicht, wenn eine Behörde als rechtsgeschäftlicher Vertreter einer Person des Privatrechts in deren Namen auftritt (BayObLG 67, 73).

22 Nach Abs 4 Satz 3 finden die §§ 78 b, 78 c ZPO für die Beiordnung eines **Notanwaltes** entspr Anwendung.

10. Rechtsanwälte aus den EU-Staaten

23 Sie können nach dem Gesetz zur Änderung des Gesetzes über die Tätigkeit europäischer Rechtsanwälte in Deutschland (EuRAG) vom 9. 3. 2000 (BGBl I S. 182) postulationsfähig (§ 78 ZPO) sein, wenn sie bei einem Gericht zugelassen und in die Anwaltskammer aufgenommen worden sind (§ 2 EuRAG); sie sind dann niedergelassene europäische Rechtsanwälte. Bei nur vorübergehender Tätigkeit und ohne Mitgliedschaft bei der Anwaltskammer ist für die Postulationsfähigkeit das Einvernehmen eines zugelassenen Rechtsanwalts notwendig (§ 28 EuRAG); es handelt sich dann um dienstleistende europäische Anwälte.

Verfahrensvollmacht

11 **Die Vollmacht ist schriftlich zu den Gerichtsakten einzureichen. Sie kann nachgereicht werden; hierfür kann das Gericht eine Frist bestimmen. Der Mangel der Vollmacht kann in jeder Lage des Verfahrens geltend gemacht werden. Das Gericht hat den Mangel der Vollmacht von Amts wegen zu berücksichtigen, wenn nicht als Bevollmächtigter ein Rechtsanwalt oder Notar auftritt. Im Übrigen gelten die §§ 81 bis 87 und 89 der Zivilprozessordnung entsprechend.**

1. Anwendungsbereich

1 § 11 regelt Umfang, Form und Nachweis der Vollmacht für das Verfahren der freiwilligen Gerichtsbarkeit und die Verfahren in Familiensachen mit Ausnahme der Ehesachen (§§ 121 ff), der Familienstreitsachen (§ 112); auf diese finden nach § 113 die Vorschriften der Zivilprozessordnung (§§ 78–89 ZPO) unmittelbar Anwendung.

§ 11 Verfahrensvollmacht **§ 11**

2. Umfang und Wirkung der Vollmacht

Bisher fehlte eine gesetzliche Regelung wie in §§ 81 ff ZPO. Der Umfang 2
bestimmte sich daher im Einzelfall nach dem Inhalt der Vollmacht. Eine ohne
Einschränkung erteilte Vollmacht berechtigte zu allen im Verfahren notwendigen Handlungen einschließlich der Entgegennahme von Zustellungen
(OLG Frankfurt, RdL 59, 307), Einlegung (BayObLG 85, 172) und Rücknahme von Rechtsmitteln, jedoch nicht ohne Weiteres zum Abschluss von
Vergleichen oder zum Verzicht auf Ansprüche.

Durch die Bezugnahme auf die entspr anwendbaren **§§ 81–87 ZPO** 3
(Satz 5) wird die Vollmacht stärker formalisiert. Nach dem entspr anwendbaren **§ 81 ZPO** ist die Verfahrensvollmacht **umfassend.** Sie ermächtigt zu
allen das Verfahren betreffende Verfahrenshandlungen einschließlich Wiederaufnahme (§ 48), Gehörsrüge (§ 44), Zwangsvollstreckung, Bestellung eines
Vertreters, eines Bevollmächtigten für die höheren Instanzen; ferner zum
Abschluss eines Vergleichs, Verzichtsleistung, Anerkenntnis, Empfangnahme
zu erstattender Kosten. Die Vollmacht für den Hauptprozess umfasst auch ein
Verfahren auf Erlass einer einstweiligen Verfügung **(§ 82 ZPO).**

3. Beschränkung der Vollmacht

Der gesetzliche Umfang der Vollmacht (§ 81 ZPO) kann jedoch im An- 4
wendungsbereich des § 11 (Rn 1) beschränkt werden, weil es sich in erster
und zweiter Instanz um nicht dem Anwaltszwang unterliegende Verfahren
handelt. Für diese Verfahren kommt **§ 83 II ZPO** zur Anwendung, der
seinem Wortlaut nach nur die Beschränkung auf einzelne Prozesshandlungen
zulässt, jedoch darüber hinaus auch eine beliebige Beschränkung (Thomas-Putzo, Rn 5 zu § 83 ZPO). Die Vollmacht kann daher dem Einzelfall angepasst werden; sie kann sich auch auf die Wahrnehmung eines Termins mit
allen zweckgerechten Prozesshandlungen beschränken.

4. Fortbestand und Beendigung

Der Fortbestand der Vollmacht wird weder durch den Tod des Vollmacht- 5
gebers noch durch Veränderung seiner Prozessfähigkeit oder seiner gesetzlichen Vertretung aufgehoben: der Bevollmächtigte hat, wenn er für einen
Nachfolger auftritt, dessen Vollmacht beizubringen **(§ 86 ZPO entspr).** Eine
Kündigung des Vollmachtsvertrages wird dem Gegner gegenüber erst durch
die Anzeige des Erlöschens wirksam. **§ 87 II ZPO,** demgemäß der Bevollmächtigte auch nach der Kündigung für den Vollmachtgeber handeln kann,
bis dieser für die Wahrnehmung seiner Rechte in anderer Weise gesorgt hat,
findet im Parteiprozess keine Anwendung, weil der Vollmachtgeber nach
Beendigung des Vollmachtverhältnisses selbst handeln kann.

5. Vollmachtloser Vertreter

Eine entspr Anwendung des § 89 ZPO (§ 11 Satz 5) über die einstweilige 6
Zulassung eines vollmachtlosen Vertreters wurde bisher für echte Streitsachen
bejaht (Habscheid, § 17 IV 2; Baur, § 15 A V 2 a). Für eine weitergehende
Anwendbarkeit besteht kein Bedürfnis.

§ 12

6. Form der Vollmacht

7 Eine bestimmte Form der Vollmacht war bisher nicht vorgesehen. Es genügte einfache Schriftform oder mündliche Erklärung gegenüber dem Gericht. Nach § 11 Satz 1 ist nunmehr die Vollmacht **schriftlich** zu den Gerichtsakten einzureichen. Ebenso wie nach hM im Zivilprozess kann eine Vollmachterteilung auch im Termin zu Protokoll erklärt werden (§ 160 II ZPO entspr). Die Schriftform kann durch notarielle Urkunde ersetzt werden; die Vollmacht ist auch in elektronischer Form möglich (§ 126 III, § 126 a BGB); auch eine Generalvollmacht ist zulässig. Zur Nachreichung einer Vollmacht kann das Gericht eine Frist bestimmen (§ 11 Satz 2).

8 **Strengere Formvorschriften** bestehen nach § 12 HGB für die Vollmacht für Anmeldungen zum Registergericht, nach §§ 1945 III, 1955 BGB für die Vollmacht zur Anfechtung der Annahme oder Ausschlagung der Erbschaft.

7. Nachweis der Vollmacht

9 Das Vorliegen der Vollmacht ist **von Amts wegen** zu prüfen, es sei denn, der Bevollmächtigte ist Rechtsanwalt oder Notar (§ 11 Satz 4). Ein Nachweis ist nach pflichtgemäßen Ermessen jedoch dann zu verlangen, wenn der Rechtsanwalt als Prozessbevollmächtigter selbst ernsthafte Zweifel an der Wirksamkeit seiner Bevollmächtigung erweckt (BGH, NJW 01, 2095); bei begründeten Zweifeln auch der Nachweis des Fortbestandes der Vollmacht (OLG Düsseldorf, Rpfleger 66, 262). Von dem Verlangen des Nachweises kann abgesehen werden mit Rücksicht auf die Stellung des Bevollmächtigten als Rechtsanwalt oder Notar (LG Wuppertal, Rpfleger 72, 100) oder wenn sich aus der Erklärung des Bevollmächtigten ergibt, dass dieser von den Beteiligten über die tatsächlichen Verhältnisse unterrichtet ist (OLG München, RzW 66, 46). Es kann von dem Erfahrungssatz ausgegangen werden, dass Rechtsanwälte nicht ohne Vollmacht handeln (OLG Hamm, FamRZ 73, 157). Der Nachweis der Vollmacht ist mit angemessener Fristsetzung zu verlangen. Daher darf ein Antrag oder ein Rechtsmittel mangels Vollmachtsvorlage nicht ohne Weiteres zurückgewiesen werden (BayObLG 63, 209/214; OLG Frankfurt, OLG 80, 278); nach OLG Frankfurt erst nach einer ergebnislosen Anfrage bei dem Betroffenen (NVwZ-Beil 94, 16).

10 Nach § 13 Satz 3 FGG konnte in dem Fall, dass eine einfache Form der Vollmacht nicht zur Überzeugung des Gerichts ausreichte, nach pflichtgemäßem Ermessen des Gerichts die Vorlage einer **öffentlich beglaubigten Vollmacht** nach § 129 BGB in der Fassung des § 56 I, II Nr 3 BeurkG, die nach § 129 II BGB durch notarielle Beurkundung ersetzt werden kann, verlangt werden. § 11 sieht diese Möglichkeit nicht mehr vor. Sie ist jedoch weiterhin möglich, weil das Gericht im Rahmen des Amtsermittlungsgrundsatzes alle ihm geeignet erscheinenden Anordnungen treffen kann.

Beistand

12 Im Termin können die Beteiligten mit Beiständen erscheinen. Beistand kann sein, wer in Verfahren, in denen die Beteiligten das Verfahren selbst betreiben können, als Bevollmächtigter zur Vertretung befugt ist. Das Gericht kann andere Personen als Beistand zulassen, wenn dies sachdienlich ist und hierfür nach den Umständen des Einzelfalls ein Bedürfnis besteht. § 10 Abs. 3 Satz 1 und 3 und Abs. 5 gilt entsprechend. Das von dem Beistand Vorgetragene gilt als von dem Beteiligten vorgebracht, soweit es nicht von diesem sofort widerrufen oder berichtigt wird.

Beteiligte können mit **Beiständen** erscheinen; dies gilt auch für in der 1 Geschäftsfähigkeit beschränkte Personen, die nach § 60 ein Beschwerderecht ausüben können und Geschäftsunfähige, soweit sie sich am Verfahren beteiligen können (Rn 7, 8 zu § 9). Der Beistand tritt neben dem Beteiligten auf; seine Handlungen und Erklärungen haben dieselben Wirkungen, als ob sie von dem Beteiligten selbst vorgenommen oder abgegeben werden, sofern nicht ersichtlich ist, dass der Beteiligte nicht zustimmt.

Beistand kann sein, wer in Verfahren, die von den Beteiligten selbst 2 betrieben werden können, zur Vertretung befugt ist (§ 12 Satz 2 iVm § 10 II). Andere Personen können als Beistand zugelassen werden, wenn dies sachdienlich ist oder nach den Umständen des Einzelfalles ein Bedürfnis besteht; hierbei kann es sich zB um eine Person des Vertrauens handeln. Ein Richter darf nicht als Bevollmächtigter vor dem Gericht auftreten, dem er angehört (§ 12 Satz 4 iVm § 10 V).

Auch Beistände können, wenn die nicht vertretungsbefugt sind, **zurück-** 3 **gewiesen** werden (§ 12 Satz 4 iVm § 10 III 1). Ihnen kann die weitere Vertretung untersagt werden, wenn sie nicht in der Lage sind, das Sach- und Streitverhältnis sachgerecht darzustellen (§ 12 Satz 4 iVm § 10 III 3).

In **Ehesachen** (§§ 121 ff) und **Familienstreitsachen** (§ 112) findet nicht 4 § 12 Anwendung, sondern **§ 90 ZPO.** Nach § 138 hat das Gericht hinsicht- 5 lich des Scheidungsantrags und zur Regelung einer Kindschaftssache dem Antragsgegner einen Rechtsanwalt **beizuordnen,** sofern dieser keinen Rechtsanwalt als Bevollmächtigten bestellt hat. Der beigeordnete Anwalt hat die Stellung eines Beistandes (§ 138 II), solange ihm nicht der Antragsgegner Vollmacht erteilt.

Akteneinsicht

13 (1) **Die Beteiligten können die Gerichtsakten auf der Geschäftsstelle einsehen, soweit nicht schwerwiegende Interessen eines Beteiligten oder eines Dritten entgegenstehen.**

(2) **Personen, die an dem Verfahren nicht beteiligt sind, kann Einsicht nur gestattet werden, soweit sie ein berechtigtes Interesse glaubhaft machen und schutzwürdige Interessen eines Beteiligten oder eines Dritten nicht entgegenstehen. Die Einsicht ist zu versagen, wenn ein Fall des § 1758 des Bürgerlichen Gesetzbuchs vorliegt.**

(3) **Soweit Akteneinsicht gewährt wird, können die Berechtigten sich auf ihre Kosten durch die Geschäftsstelle Ausfertigungen, Auszüge und Abschriften erteilen lassen. Die Abschrift ist auf Verlangen zu beglaubigen.**

(4) **Einem Rechtsanwalt, einem Notar oder einer beteiligten Behörde kann das Gericht die Akten in die Amts- oder Geschäftsräume überlassen.**

§ 13

Ein Recht auf Überlassung von Beweisstücken in die Amts- oder Geschäftsräume besteht nicht. Die Entscheidung nach Satz 1 ist nicht anfechtbar.

(5) Werden die Gerichtsakten elektronisch geführt, gilt § 299 Abs. 3 der Zivilprozessordnung entsprechend. Der elektronische Zugriff nach § 299 Abs. 3 Satz 2 und 3 der Zivilprozessordnung kann auch dem Notar oder der beteiligten Behörde gestattet werden.

(6) Die Entwürfe zu Beschlüssen und Verfügungen, die zu ihrer Vorbereitung gelieferten Arbeiten sowie die Dokumente, die Abstimmungen betreffen, werden weder vorgelegt noch abschriftlich mitgeteilt.

(7) Über die Akteneinsicht entscheidet das Gericht, bei Kollegialgerichten der Vorsitzende.

1. Anwendungsbereich

1 § 13 regelt allgemein Akteneinsicht und Erteilung von Abschriften. Ergänzend herangezogen werden können § 299 III ZPO, soweit die Akten als elektronische Dokumente vorliegen, und § 299 a ZPO, soweit die Akten auf einen Bild- oder anderen Datenträger übertragen sind. Gegenstand sind die Gerichtsakten und Beiakten; sind Akten anderer Behörden beigezogen und hat die übersendende Behörde Einsichtnahme nicht gestattet, darf diese nicht gewährt werden; der Inhalt darf dann bei der Entscheidung nicht berücksichtigt werden (BGH, NJW 52, 305; HessVGH, JZ 65, 319). Im Zweifel ist die Genehmigung der zuständigen Behörde einzuholen.

2 **Sondervorschriften** bestehen für Nachlass-Sachen (§ 357), für Einsicht in öffentliche Register (§§ 385, 386; § 387 iVm § 374; §§ 9, 9a HGB; § 156 GenG; § 22 GeschmMG; § 79 BGB (Vereinsregister); § 1563 BGB (Güterrechtsregister); für Grundbuchsachen (§ 12 GBO; §§ 43–46 GBVfg) und in Personenstandssachen (§§ 61 ff PStG iVm §§ 61 ff AVO PStG).

3 In **Adoptionssachen** ist Personen, die nicht am Verfahren beteiligt sind, Akteneinsicht zu versagen, wenn ein Fall des § 1758 BGB vorliegt (Abs 2 Satz 2); es soll verhindert werden, dass die in § 1758 BGB geforderte Geheimhaltung verletzt werden könnte, insbesondere der mit der Inkognitoadoption verbundene Zweck, die neuen Eltern geheim zu halten. Muss jemand den Inhalt eines in den Akten befindlichen Schriftstücks kennen, um seine Rechte zu wahren, können ihm Abschriften erteilt werden, in denen
4 Name und Anschrift der Adoptiveltern unkenntlich gemacht sind. In **Ehesachen** (§§ 121 ff) und **Familienstreitsachen** (§ 112) findet nach § 113 nicht § 13, sondern § 299 ZPO Anwendung. Sind in Ehesachen außer den Ehegatten weitere Beteiligte vorhanden, erhalten diese Schriftsätze, Ausfertigungen und Abschriften nur, soweit der Inhalt sie betrifft (§ 139 I 1).

2. Akteneinsicht durch Beteiligte

5 Sie sind regelmäßig ohne besondere Glaubhaftmachung zur Einsichtnahme berechtigt (Abs 1). Dies folgt aus dem Grundsatz des rechtlichen Gehörs (Art 103 I GG), demgemäß den Beteiligten Gelegenheit zur Kenntnisnahme vom Vorbringen anderer Beteiligter und vom Ergebnis der Ermittlungen zu geben ist (BVerfG, NJW 10, 2118); daher müssen sie sich auch über den

gesamten Akteninhalt unterrichten können (BayObLG, NJW 60, 246; OLG Karlsruhe, FamRZ 66, 268; KG, Rpfleger 78, 253: Abschriften des Sitzungsprotokolls in Unterbringungssachen). Hierzu gehören auch beigezogene Akten, wenn das Gericht deren Inhalt verwerten will (BayObLG, NJW-RR 99, 86). Werden zu den Gerichtsakten Schriftstücke eingereicht, die als geheim bezeichnet werden und daher einem Beteiligten nicht zugängig gemacht werden können, sind sie zurückzugeben; es muss sichergestellt werden, dass sie die Entscheidungen nicht beeinflussen können (OLG Stuttgart, OLG 74, 362). Durch dieses Recht der Beteiligten wird der Ermessensspielraum des Gerichts eingeschränkt.

Ausnahmsweise kann auch die Gewährung von Akteneinsicht für Beteiligte **eingeschränkt** sein, wenn schwerwiegende Interessen eines Beteiligten oder eines Dritten entgegenstehen, zB wenn mit der Kenntnisnahme eines psychiatrischen Gutachtens Gefahr für den Betroffenen verbunden ist, oder, wenn in Fällen häuslicher Gewalt der aktuelle Aufenthalt des Gewaltbetroffenen geheim gehalten werden soll. Dann kann auszugsweise oder mündliche Unterrichtung geboten sein; die Namen von Zeugen oder Auskunftspersonen dürfen nicht vorenthalten werden, auch nicht Berichte der Jugendämter. Kann auf diese Weise das rechtliche Gehör nicht hinreichend gewährt werden, dürfen die Erkenntnisse aus den betreffenden Unterlagen grundsätzlich nicht zur Grundlage der Entscheidung gemacht werden. Im Verfahrenskostenhilfeverfahren darf Einsicht in die Erklärung persönlicher und wirtschaftlicher Verhältnisse und die überreichten Unterlagen nur mit Zustimmung des Antragstellers nach § 76 I iVm § 117 II 2 ZPO gewährt werden. 6

Zur Akteneinsicht sind **berechtigt** die Beschwerdeberechtigten (§ 59), das minderjährige Kind nach § 60. Nach § 159 IV, der dem 14 Jahre alten Kind die eigenständige Wahrnehmung seines rechtlichen Gehörs zuerkennt, soll das Kind bei seiner Anhörung über den Gegenstand des Verfahrens in geeigneter Weise informiert werden; dadurch soll vermieden werden, dass das Kind durch uneingeschränkte Akteneinsicht Informationen erhalten könnte, die ihm schaden könnten. Ein Betreuer, der am Verfahren beteiligt war, ist auch nach seiner Entlassung noch zur Akteneinsicht berechtigt (KG, FamRZ 06, 1302); im Betreuungsverfahren der Ehepartner, dem ein Beschwerderecht zusteht, um dieses, im Verfahren wirksam geltend machen zu können (OLG Köln, FGPrax 08, 155). 7

3. Akteneinsicht durch Dritte

Auch Personen, die nicht am Verfahren beteiligt sind, kann das Gericht nach pflichtgemäßem Ermessen Akteneinsicht gewähren, wenn ein berechtigtes Interesse glaubhaft ist (Abs 2); (bisher: OLG Karlsruhe, FamRZ 66, 268). Gewährung von Akteneinsicht ist Akt der Rechtsprechung; daher keine Befugnis der Justizverwaltungsbehörde (OLG Hamm, FGPrax 04, 141; OLG Brandenburg, FamRZ 07, 1575). Die Ausübung des Ermessens setzt voraus, dass zunächst das berechtigte Interesse bejaht wird (BayObLG, FamRZ 90, 1124; OLG München, FGPrax 07, 227). Im Rahmen dieses Ermessens ist das Recht auf informationelle Selbstbestimmung zu beachten, demgemäß ein Verfahrensbeteiligter grundsätzlich die Befugnis hat, selbst über die Preisgabe 8

§ 13 Buch 1 – Allgemeiner Teil

und Verwendung seiner persönlichen Daten zu bestimmen (BVerfG, NJW 88, 309; KG, NJW 02, 223: Pressevertreter); dies gilt auch für juristische Personen (OVG Lüneburg, NJW 09, 2697). Die gebotene Abwägung kann dazu führen, dass in Erwartung der Vertraulichkeit überlassene höchstpersönliche Daten von der Akteneinsicht ausgenommen werden (BayObLG, FamRZ 05, 237).

9 **a) Berechtigtes Interesse** ist ein nach vernünftiger Erwägung durch die Sachlage gerechtfertigtes Interesse, das auch tatsächlicher (wirtschaftlicher) Art sein kann. Die Kenntnis der Akten muss in der Regel als Bestimmung für künftiges Handeln notwendig sein; dieses Interesse kann auch außerhalb des Verfahrens der freiwilligen Gerichtsbarkeit liegen (OLG Oldenburg, Rpfleger 68, 120; LG Berlin, FamRZ 71, 474), zu verneinen, wenn nur eigene wirtschaftliche Ziele verfolgt werden (LG Berlin, Rpfleger 04, 630; OLG Hamm, FamRZ 11, 143: gewerblicher Erbenermittler), wenn das Interesse des Betroffenen an der Geheimhaltung gewichtiger erscheint als das Interesse an der Akteneinsicht (OLG Stuttgart, Rpfleger 85, 238). Es darf nicht deshalb verneint werden, weil derjenige, der Akteneinsicht begehrt, nicht beschwerdeberechtigt sei (BayObLG, FamRZ 90, 430). In Verfahren betr Entziehung der elterlichen Sorge grundsätzlich kein Akteneinsichtsrecht Dritter; ausnahmsweise dann, wenn ein unmittelbarer sachlicher Zusammenhang mit dem Schutz des Kindes besteht; für verfahrensfremde Zwecke nur, wenn die Akteneinsicht zum Schutz hochrangiger Rechtsgüter zwingend geboten ist (OLG Hamm, FGPrax 09, 20). **Beispiele:**

10 Ein berechtigtes Interesse wird nach pflichtgemäßem Ermessen **bejaht** für den Nachlassgläubiger hinsichtlich des in den Vormundschaftsakten liegenden Nachlassinventars, wenn Forderung gegen den Nachlass behauptet wird (BayObLG, FamRZ 97, 1025); für Pflichtteilsberechtigte (LG Erfurt, Rpfleger 97, 115); für Vermächtnisnehmer (BayObLG, FGPrax 95, 72; FamRZ 95, 682); für den Pflichtteilsberechtigten hinsichtlich der Nachlassakten, für den als außerehelichen Erzeuger in Anspruch Genommenen hinsichtlich der Akten des Familiengerichts, für den Dritten hinsichtlich der Pflegschaftsakten, wenn ein Pfleger einen von dem Pflegling zu Gunsten eines Dritten geschlossenen Vertrag aufgelöst hat (BayObLG 85, 28), für die leiblichen Eltern nach Entziehung der elterlichen Sorge ein Recht auf Akteneinsicht, wenn nicht höherrangige Rechte des Kindes entgegen stehen (OLG Köln, Rpfleger 98, 21). Verwandtschaft allein mit dem Erblasser berechtigt nicht zur Einsichtnahme in die Nachlassakten (BayObLG, Rpfleger 82, 345). Ein Bevollmächtigter kann Einsicht in die Betreuungsakten nehmen, um das Vorliegen eines „natürlichen Willens" für die Wirksamkeit der Vollmacht beurteilen zu können (OLG Saarbrücken, FGPrax 99, 178 m Anm Schmidt). Einem Vorsorgebevollmächtigten kann, auch wenn er nicht zu dem beschwerdeberechtigten Personenkreis gehört, die Einsicht in die Betreuungsakten nur dann verwehrt werden, wenn die Unwirksamkeit der Vollmacht offenkundig ist (KG, Rpfleger 07, 263); Angehörige eines Betreuten ohne Beschwerdebefugnis haben kein Recht auf Akteneinsicht (OLG München, FamRZ 06, 146); Abkömmlinge eines Betroffenen grundsätzlich nicht, wenn die Akteneinsicht dazu dienen soll, die Rechnungslegung des Betreuers zu überwachen (OLG München, FGPrax 07, 227). Ein über sechzehn Jahre altes angenommenes

§ 13 Akteneinsicht **§ 13**

Kind hat ein rechtliches Interesse im Sinne des § 61 I 3 PStG aF (jetzt § 62 I 2 PStG) auf Einsicht in die Personenstandsbücher und Erteilung von Personenstandsurkunden hinsichtlich seiner leiblichen Vorfahren (OLG München, FamRZ 06, 61). Ein berechtigtes Interesse zur Akteneinsicht nur für den, der zu dem Kreis der durch die Amtspflicht geschützten Dritten gehört (KG, FGPrax 06, 122).

b) Glaubhaftmachung. Für die Glaubhaftmachung genügt die Darlegung **11** von Umständen, aus denen sich nach dem gewöhnlichen Lauf der Dinge ein berechtigtes Interesse ergibt; es kann sich ohne Weiteres aus dem Sachverhalt ergeben. Im Übrigen zur Glaubhaftmachung: § 31.

Der **Umfang** der Akteneinsicht und der Abschriftgewährung hängt ab von dem Umfang des glaubhaft gemachten Interesses.

4. Abschriften

Soweit ein Recht auf Akteneinsicht besteht, können sich die Beteiligten auf **12** ihre Kosten durch die Geschäftsstelle Ausfertigungen, Auszüge und Abschriften erteilen lassen. Die Abschriften sind auf Verlangen zu beglaubigen (Abs 3). Auf schriftliche Anforderung besteht ein Anspruch auf zu kopierende Aktenteile nur dann, wenn das Aufsuchen der Geschäftsstelle unzumutbar ist oder Schriftstücke zuvor unter Verstoß gegen rechtliches Gehör nicht übermittelt wurden (für das bisherige Recht: OLG München, FamRZ 06, 1621).

5. Ort der Einsichtnahme

Die Akteneinsicht erfolgt regelmäßig in der Geschäftsstelle (OLG Köln, **13** Rpfleger 83, 325), die Akten können auch nach pflichtgemäßem Ermessen des Gerichts an das Gericht eines anderen Ortes versandt werden, um dort die Einsichtnahme zu ermöglichen (OLG Dresden, Rpfleger 97, 27).

Nach Abs 4 kann das Gericht nach seinem Ermessen die Akten einem **14** Rechtsanwalt, Notar oder einer beteiligten Behörde in die **Amts- oder Geschäftsräume** überlassen. In die Ermessensentscheidung wird die Frage einbezogen, ob mit den Akten auch die Überlassung von Beweismitteln verbunden ist. Der Richter kann in jedem einzelnen Fall entscheiden, ob er einzelne Beweisstücke von der Versendung ausschließt. Ein Recht auf Überlassung von Beweisstücken als Aktenbestandteil besteht nicht (Abs 4 S 2). Ausgenommen sowohl von der Akteneinsicht als auch von der Erteilung von Abschriften sind gemäß Abs 6 in Übereinstimmung mit § 299 IV ZPO die Entwürfe zu Beschlüssen und Verfügungen, die zu ihrer Vorbereitung gefertigten Arbeiten sowie die Dokumente, die Abstimmungen betreffen. Auch nach bisherigem Recht war die Aktenüberlassung eine Ermessensentscheidung. Nach OLG Frankfurt (Rpfleger 91, 460) verdichtete sich das Ermessen zu einer Pflicht, dem Rechtsanwalt eines Beteiligten die Akten zu überlassen, wenn nicht besondere Umstände dagegen sprachen. In Registersachen wurde die Überlassung wegen der Verlustgefahr und der Notwendigkeit der Verfügbarkeit nur ausnahmsweise bejaht (OLG Dresden, Rpfleger 97, 27); ebenso in Nachlasssachen (OLG Düsseldorf, FGPrax 08, 252). Dies gilt auch weiterhin.

§ 13 Buch 1 – Allgemeiner Teil

6. Elektronische Aktenführung

15 Abs 5 S 1 verweist hinsichtlich der Akteneinsicht bei elektronischer Aktenführung auf § 299 III ZPO. Bei dieser Art von Akteneinsicht ist durch technisch-organisatorische Maßnahmen sicherzustellen, dass die Berechtigung des Abfragenden zweifelsfrei feststeht; ebenso muss der Schutz vor einer unbefugten Einsichtnahme durch Dritte während der Übertragung gewährleistet sein. Abs 5 S 2 erweitert den Kreis derer, denen Einsichtnahme durch elektronischen Zugriff nach § 299 III 2 ZPO (Rechtsanwälte) gewährt werden kann, um Notare und beteiligte Behörden.

7. Anfechtbarkeit

16 Nach bisherigem Recht (§ 34 FGG) war gegen die Verweigerung oder Beschränkung der Akteneinsicht oder der Abschriftgewährung die Beschwerde nach § 19 FGG gegeben; auch gegen die Gewährung der Akteneinsicht oder Abschrifterteilung; beschwerdeberechtigt war jeder, der ein Interesse an der Geheimhaltung hat (OLG Köln, NJWE-FER 98, 116 für den Betreuer).

§ 13 ist eindeutig nur in der Frage der Aktenüberlassung in Amts- oder Geschäftsräume. Die Anfechtung einer Entscheidung hierüber ist ausgeschlossen (Abs 4 S 3). Auch nach bisherigem Recht hatte der Beteiligte kein Beschwerderecht, wenn seinem Anwalt die Aushändigung der Akten in seine Kanzlei verweigert wurde, weil die Rechtsstellung des Beteiligten nicht beeinträchtigt wird (BayObLG, FGPrax 95, 72).

Nunmehr muss unterschieden werden zwischen der Anfechtbarkeit bei Akteneinsicht durch Beteiligte und der Anfechtbarkeit bei Akteneinsicht durch Dritte.

17 Die Entscheidung über die Verweigerung oder Gewährung von Akteneinsicht an **Beteiligte** muss wie bisher anfechtbar sein. Das Gesetz sieht eine Anfechtung der Entscheidung über die Akteneinsicht durch Beteiligte nicht vor (aA Voraufl); diese kann als Zwischenentscheidung daher nur mit der Endentscheidung überprüft werden (§ 58 II). Wünschenswert wäre eine künftige gesetzliche Regelung, durch die ein Anfechtungsrecht für Beteiligte vorgesehen würde. Die Notwendigkeit der Anfechtbarkeit besteht jedenfalls deshalb, weil die Akteneinsicht Teil der Gewährung rechtlichen Gehörs ist. Wird keine Gelegenheit zur Akteneinsicht gegeben, darf deren Inhalt bei der Entscheidung nicht verwertet werden (§ 37 II); die Verweigerung der Akteneinsicht kann eine Anhörungsrüge rechtfertigen (§ 44). Andererseits kann auch die Gewährung von Akteneinsicht andere Beteiligte in ihrem Recht auf informationelle Selbstbestimmung beeinträchtigen. Die Bedeutung der Akteneinsicht in der freiwilligen Gerichtsbarkeit ist nicht vergleichbar mit der im Zivilprozess. Der gesamte Inhalt des Verfahrens, insbesondere der Akten (§ 37 I) ist Gegenstand der Entscheidung; andererseits sind in weitem Umfang höchstpersönliche Umstände Gegenstand der Akten.

18 Die Entscheidung über die Gewährung oder Verweigerung von Akteneinsicht an **Dritte** ist keine Zwischenentscheidung, weil diese Dritten nicht am Verfahren beteiligt sind. Die Entscheidung hierüber trifft das Gericht, bei dem das Verfahren anhängig ist oder war; die Gewährung von Akteneinsicht

§ 14 Elektronische Akte; elektronisches Dokument § 14

in der freiwilligen Gerichtsbarkeit ist Akt der Rechtsprechung; es besteht insoweit keine Befugnis der Justizverwaltungsbehörde (OLG Hamm, FGPrax 04, 141). Die Entscheidung über die Akteneinsicht Dritter ist eine Endentscheidung. Auf die Anfechtung finden daher die §§ 58 ff unmittelbar Anwendung.

8. Funktionelle Zuständigkeit

Zuständig für die Gewährung von Akteneinsicht und die Erteilung von 19 Abschriften ist das Gericht, bei Kollegialgerichten der Vorsitzende, auch im Beschwerdeverfahren (Abs 7); der Rpfleger entscheidet in den ihm übertragenen Angelegenheiten (§ 4 I RPflG).

Elektronische Akte; elektronisches Dokument

14 (1) **Die Gerichtsakten können elektronisch geführt werden. § 298 a Abs. 2 und 3 der Zivilprozessordnung gilt entsprechend.**

(2) **Die Beteiligten können Anträge und Erklärungen als elektronisches Dokument übermitteln. Für das elektronische Dokument gelten § 130 a Abs. 1 und 3 sowie § 298 der Zivilprozessordnung entsprechend.**

(3) **Für das gerichtliche elektronische Dokument gelten die §§ 130 b und 298 der Zivilprozessordnung entsprechend.**

(4) **Die Bundesregierung und die Landesregierungen bestimmen für ihren Bereich durch Rechtsverordnung den Zeitpunkt, von dem an elektronische Akten geführt und elektronische Dokumente bei Gericht eingereicht werden können. Die Bundesregierung und die Landesregierungen bestimmen für ihren Bereich durch Rechtsverordnung die geltenden organisatorisch-technischen Rahmenbedingungen für die Bildung, Führung und Aufbewahrung der elektronischen Akten und die für die Bearbeitung der Dokumente geeignete Form. Die Landesregierungen können die Ermächtigung durch Rechtsverordnung auf die jeweils zuständige oberste Landesbehörde übertragen. Die Zulassung der elektronischen Akte und der elektronischen Form kann auf einzelne Gerichte oder Verfahren beschränkt werden.**

(5) **Sind die Gerichtsakten nach ordnungsgemäßen Grundsätzen zur Ersetzung der Urschrift auf einen Bild- oder anderen Datenträger übertragen worden und liegt der schriftliche Nachweis darüber vor, dass die Wiedergabe mit der Urschrift übereinstimmt, so können Ausfertigungen, Auszüge und Abschriften von dem Bild- oder dem Datenträger erteilt werden. Auf der Urschrift anzubringende Vermerke werden in diesem Fall bei dem Nachweis angebracht.**

1. Elektronische Aktenbearbeitung

Das Gesetz über die Verwendung elektronischer Kommunikationsformen 1 in der Justiz (**Justizkommunikationsgesetz** – JKomG) vom 25. 2. 2005 (BGBl I S. 837) baut auf den Regelungen auf, die durch das Gesetz zur Anpassung der Formvorschriften des Privatrechts und anderer Vorschriften an den modernen Geschäftsverkehr vom 13. 7. 2001 (BGBl I S. 1542) einge-

§ 14

führt wurden und die rechtlichen Grundlagen für die Einreichung elektronischer Schriftsätze bei Gericht geschaffen haben. Das Gesetz nimmt Anpassungen an die Erfordernisse einer elektronischen Aktenbearbeitung innerhalb der Justiz vor. Dazu wird das gerichtliche elektronische Dokument als Äquivalent zur Papierform eingeführt. Der entspr anwendbare § 298 a II, III ZPO behandelt in Papierform eingereichte Dokumente, deren Aufbewahrung und Übertragung in ein elektronisches Dokument. Das Verfahren der freiwilligen Gerichtsbarkeit wurde zunächst nicht ausdrücklich in den Anwendungsbereich einbezogen. Die Anwendbarkeit ergab sich jedoch insoweit, als das FGG auf Vorschriften der Zivilprozessordnung verwies, die über die Regelung der Aktenbearbeitung hinaus allgemeine Bedeutung haben; das sind § 371 a ZPO (Beweiskraft elektronischer Dokumente) und § 416 a ZPO (Beweiskraft des Ausdrucks eines elektronischen Dokuments). Durch § 14 wird nunmehr ausdrücklich auch das Verfahren in den Angelegenheiten der freiwilligen Gerichtsbarkeit und in Familiensachen einbezogen. In Ehesachen (§§ 121 ff) und Familienstreitsachen (§ 112) gelten nach § 113 die Vorschriften der Zivilprozessordnung unmittelbar (Abs 1).

2. Elektronisches Dokument

2 Dieses muss bestimmte Formate aufweisen und mit einer qualifizierten elektronischen Signatur nach § 2 Nr 3 SigG versehen sein, wenn es sich um einen bestimmenden Schriftsatz handelt; § 2 Nr 3 SigG ist nicht nur eine Ordnungsvorschrift (BGH, NJW 10, 2134). Die Einlegung ist erfolgt in dem Zeitpunkt der Aufzeichnung bei Gericht, nicht erst im Zeitpunkt des Ausdrucks (§ 130 a I, III ZPO). Von einem elektronischen Dokument kann ein Ausdruck für die Akten gefertigt werden. Dieser muss den Vermerk enthalten, welches Ergebnis die Integritätsprüfung des Dokuments ausweist, wen die Signaturprüfung als Inhaber der Signatur ausweist, welchen Zeitpunkt die Signaturprüfung für die Anbringung der Signatur ausweist (§ 298 ZPO). Eine fehlgeschlagene Übermittlung ist dem Absender unverzüglich mitzuteilen (Abs 2 S 2 iVm § 130 a I 3 ZPO).

3. Gerichtliches elektronisches Dokument

3 Soweit das Gesetz dem Gericht die handschriftliche Unterzeichnung vorschreibt, genügt dieser Form die Aufzeichnung als elektronisches Dokument, wenn am Ende des Dokuments der Name hinzugefügt und das Dokument mit einer qualifizierten elektronischen Signatur versehen wird (§ 130 b ZPO). Für den Ausdruck gilt die gleiche Regelung wie für das elektronische Dokument (Rn 2).

4. Zeitpunkt der Einführung der elektronischen Akte

4 Dieser wird durch die Bundesregierung und die Landesregierungen für ihren jeweiligen Bereich durch Rechtsverordnung bestimmt (Abs 4).

§ 15 Bekanntgabe; formlose Mitteilung § 15

5. Ausfertigungen, Auszüge und Abschriften von Bild- oder Datenträgern

Erteilung ist möglich, wenn Prozessakten auf einen Bild- oder anderen Datenträger übertragen worden sind und der schriftliche Nachweis der Übereinstimmung mit der Urschrift vorliegt (Abs 5). Diese Regelung entspricht § 299 a ZPO. **5**

Bekanntgabe; formlose Mitteilung

15 (1) **Dokumente, deren Inhalt eine Termins- oder Fristbestimmung enthält oder den Lauf einer Frist auslöst, sind den Beteiligten bekannt zu geben.**

(2) **Die Bekanntgabe kann durch Zustellung nach den §§ 166 bis 195 der Zivilprozessordnung oder dadurch bewirkt werden, dass das Schriftstück unter der Anschrift des Adressaten zur Post gegeben wird. Soll die Bekanntgabe im Inland bewirkt werden, gilt das Schriftstück drei Tage nach Aufgabe zur Post als bekannt gegeben, wenn nicht der Beteiligte glaubhaft macht, dass ihm das Schriftstück nicht oder erst zu einem späteren Zeitpunkt zugegangen ist.**

(3) **Ist eine Bekanntgabe nicht geboten, können Dokumente den Beteiligten formlos mitgeteilt werden.**

1. Anwendungsbereich

Gerichtliche Anordnungen (Dokumente), deren Inhalt eine Fristbestimmung, eine Ladung zu einem Termin oder die Mitteilung von einem Termin enthält, sind den Beteiligten, für die sie bestimmt sind, bekannt zu geben. Das Gleiche gilt für Schriftstücke, die den Lauf einer Frist auslösen (Abs 1). Diese Schreiben bedürfen der Unterschrift; maschinell erstellte Schreiben genügen nicht (OLG Köln, FamRZ 10, 203). Die Bestimmung **richterlicher Fristen** ist vorgesehen in § 399 I (Fristbestimmung für eine Satzungsänderung), § 360 (Bestimmung einer Inventarfrist), § 366 (Frist für den Antrag auf Anberaumung eines neuen Termins), § 381 (Frist zur Erhebung der Klage durch das Registergericht), § 382 IV (Frist zur Beseitigung eines Hindernisses bei einer Anmeldung zur Eintragung), § 388 (Androhung eines Zwangsgeldes mit der Aufforderung, innerhalb einer bestimmten Frist einer gesetzlichen Verpflichtung nachzukommen), § 390 (Fristsetzung bei einer erneuten Aufforderung nach § 388), § 392 (Fristsetzung bei unbefugtem Firmengebrauch), § 393 (Fristsetzung zur Geltendmachung eines Widerspruchs bei Löschung einer Firma), § 394 (Löschung vermögensloser Gesellschaften und Genossenschaften, § 395 (Löschung unzulässiger Eintragungen), § 405 IV (Bestimmung der Ladungsfrist). **1 2**

Sonderregelungen: Für die Bekanntgabe von Entscheidungen, die den Lauf einer Rechtsmittelfrist auslösen, gilt § 41; für die Ladung eines Beteiligten zum persönlichen Erscheinen in einem Termin gilt § 33. In Ehesachen (§§ 121 ff) und Familienstreitsachen (§ 112) gelten die Vorschriften der Zivilprozessordnung unmittelbar (§ 113 I 2). **3**

§ 15

2. Form der Bekanntgabe

4 § 16 II 1 FGG, der sowohl die Bekanntgabe nach Abs 1 als auch die Bekanntgabe von Entscheidungen (jetzt: § 41) erfasste, schrieb für diesen Anwendungsbereich die Zustellung nach den für die Zustellung von Amts wegen geltenden Vorschriften der Zivilprozessordnung vor. Nach Abs 2 gibt es nunmehr zwei alternative Formen der Bekanntgabe: die Zustellung nach den §§ 166–195 der Zivilprozessordnung und die Aufgabe zur Post. Das Gericht entscheidet über die Form der Zustellung nach pflichtgemäßem Ermessen. Der förmlichen Zustellung ist entspr der bisherigen Handhabung der Vorzug zu geben, weil bei Unsicherheit über den Zugang durch Aufgabe zur Post die Klärung einen größeren Arbeitsaufwand erfordert. Gesetzlich bestimmt ist eine förmliche Zustellung in § 53 II 1, § 197 II, § 209 III 1, § 216 II 1.

5 **a) Förmliche Zustellung.** Der gesetzliche Regelfall ist die Amtszustellung nach §§ 166–190 ZPO. Für die Zustellung auf Betreiben der Parteien (§§ 191–195 ZPO) ist im Anwendungsbereich des Abs 1 kein Raum, weil es sich um gerichtliche Anordnungen handelt. Durch das Zustellungsreformgesetz vom 25. 6. 2001 (BGBl I S. 1206), das zum 1. 7. 2002 in Kraft getreten ist (Einl 47), wurde das Zustellungsverfahren vereinfacht. Die Zustellungsurkunde (§§ 415 I, 418 ZPO) ist nicht mehr Teil der Zustellung und Voraussetzung für deren Wirksamkeit, sondern Beweismittel (§ 182 ZPO). Eine fehlende Unterschrift (§ 182 II Nr 8 ZPO) kann nachgeholt werden; die ergänzte Urkunde hat nicht die Beweiskraft des § 418 ZPO, sondern ist nach § 419 ZPO frei zu würdigen (BGH, Rpfleger 08, 89). Unwirksam ist eine Zustellung, wenn eine der in §§ 166–190 ZPO aufgeführten Voraussetzungen nicht erfüllt ist. Heilung ist möglich nach § 189 ZPO, der den § 187 aF ersetzt; jedoch nur, wenn das Schriftstück mit Zustellungswillen des Gerichts zugeht, nicht durch Kenntnisnahme bei Gelegenheit einer Akteneinsicht (BayObLG, NJW 04, 3722). Die Ausführung der Zustellung erfolgt durch Aushändigung an der Amtsstelle (§ 173 ZPO): das ist jeder Ort, an dem gerichtliche Tätigkeit ausgeübt wird (§ 219 I ZPO); Zustellung gegen Empfangsbekenntnis (§ 174 ZPO), wobei in den Personenkreis, an den auf diese Weise zugestellt werden kann, anders als im bisherigen Recht auch Steuerberater und sonstige Personen, bei denen auf Grund ihres Berufs von einer erhöhten Zuverlässigkeit ausgegangen werden kann, einbezogen werden. Gegen Empfangsbekenntnis kann ein Schriftstück auch als Telekopie (§ 174 II ZPO) oder als elektronisches Dokument (§ 174 III ZPO) zugestellt werden. Nach § 175 ZPO kann die Zustellung auch durch Einschreiben mit Rückschein erfolgen, nach § 177 ZPO durch Übergabe an den Zustellungsadressaten an jedem Ort, an dem er angetroffen wird. Die Ersatzzustellung richtet sich nach §§ 178–181 ZPO.

6 **b) Einzelfragen bei der Zustellung.** Die Zustellung kann entgegen § 170 ZPO auch an **Geschäftsunfähige** oder **in der Geschäftsfähigkeit beschränkte** Personen erfolgen, soweit diese ihre Rechte als Beteiligte im Verfahren selbst ausüben können (§§ 60, 275, 316). Im Übrigen bleibt es bei der Bestimmung des § 170 ZPO, dass Zustellung an den **gesetzlichen Vertreter** zu erfolgen hat. Sind die Eltern gesetzliche Vertreter, genügt die

§ 15 Bekanntgabe; formlose Mitteilung **§ 15**

Zustellung gegenüber einem vertretungsberechtigten Elternteil (§ 1629 I BGB, § 170 III ZPO).

§ 172 ZPO gilt uneingeschränkt nur dann, wenn der Beteiligte zum Ausdruck gebracht hat, dass die **Zustellung an den Bevollmächtigten** erfolgen soll (BGH, NJW 75, 1518; OLG Zweibrücken, Rpfleger 74, 398); dies bereits dann, wenn er eine unbeschränkte Verfahrensvollmacht erteilt hat: KG, Rpfleger 85, 193, aber nur dann, wenn diese Bestellung dem Gericht vorher zur Kenntnis gebracht worden ist (BGH, NJW 74, 240). Im Übrigen hat das Gericht die Wahl, ob es die Bekanntmachung an die Beteiligten oder ihre Bevollmächtigten erlassen will (OLG Frankfurt, WM 64, 1157). Nach KG, NJW-RR 93, 187, ist auch ohne schriftliche Vollmachtsurkunde in entspr Anwendung des § 172 ZPO an den Verfahrensbevollmächtigten zuzustellen; nach OLG Hamm, Rpfleger 92, 114, hat in einem – nicht streitigen – Verfahren die Zustellung nicht zwingend an den Bevollmächtigten zu erfolgen; nach OLG Köln, OLG 91, 403, an den Beteiligten, wenn eine umfassende Vollmacht nicht erkennbar ist. Bei Zustellung an die Beteiligten und die Bevollmächtigen beginnt die Frist mit der ersten Zustellung (OLG Köln, MDR 52, 441). Das Datum des Empfangsbekenntnisses kann durch Gegenbeweis widerlegt werden, wobei an den Gegenbeweis strenge Anforderungen zu stellen sind (BayObLG, Rpfleger 82, 385; BGH, NJW 87, 1335); Überprüfung auch in tatsächlicher Hinsicht durch das Gericht der weiteren Beschwerde; regelmäßig genügt die anwaltliche Versicherung des Zustellungsempfängers (BayObLG, FamRZ 94, 1599). Die Zustellung ist mit dem als richtig erwiesenen Datum wirksam (OLG Frankfurt, OLG 76, 310). 7

Ersatzzustellung nach §§ 178–181 ZPO ist zulässig (BayObLG 67, 259, 263). Bei Zweifeln über die tatsächlichen Voraussetzungen einer Ersatzzustellung muss das Gericht ermitteln (OLG München, RzW 66, 46). Wird der Adressat in einer Gemeindeeinrichtung (psychiatrisches Krankenhaus) nicht angetroffen, erfolgt die Ersatzzustellung an den Leiter der Einrichtung oder einen dazu ermächtigten Vertreter (§ 178 I Nr 3 ZPO); die Entgegennahme von Postsachen kann auch an eine Direktionssekretärin übertragen werden (OLG Stuttgart, Rpfleger 75, 102). Das zuzustellende Schriftstück kann auch bei einer Postagentur der Deutschen Post AG niedergelegt werden (BGH, NJW 01, 832 für § 182 ZPO aF, jetzt § 181 I Nr 2 ZPO; OLG Düsseldorf, NJW-RR 01, 1148). Der Wirksamkeit einer Ersatzzustellung durch Niederlegung bei dem zuständigen Postamt steht nicht entgegen, wenn gegen interne Postvorschriften verstoßen wurde (BayObLG, FamRZ 99, 1667). Sie ist nicht deshalb unwirksam, weil die Geschäftsstelle im Zustellungsauftrag die Ersatzzustellung ausgeschlossen hatte (BGH, NJW 03, 138). Ersatzzustellung nach § 180 ZPO durch Einlegung in den Briefkasten nach Geschäftsschluss, wenn Zustellung nach § 178 I Nr 2 ZPO scheitert (BGH, NJW 07, 2186), jedoch nicht bei bereits aufgegebenen Geschäftsräumen (BGH, NJW-RR 10, 489. 8

Die Verletzung **zwingender Formvorschriften** der §§ 166–199 ZPO hat Unwirksamkeit der Zustellung zur Folge (BayObLG 85, 29 zu § 183 ZPO aF; jedoch ist der Mangel nach § 189 ZPO heilbar, der den § 187 ZPO aF ersetzt. Voraussetzung ist, dass das Schriftstück der Person, an die die Zustellung gerichtet war oder gerichtet werden konnte, tatsächlich zugegangen ist (§ 189 ZPO) (BGH, NJW 01, 1946 für § 187 ZPO aF). Die Zustel- 9

§ 15 Buch 1 – Allgemeiner Teil

lung wird fingiert (bisher: Ermessensentscheidung nach § 187 Satz 1 ZPO aF); auch dann, wenn durch die Zustellung eine Notfrist in Gang gesetzt werden soll (BayObLG, NJW-RR 01, 445: WEG); bisher galt die Heilung in diesem Fall nicht (§ 187 Satz 2 ZPO aF). Heilung jedoch nur, wenn das Schriftstück mit Zustellungswillen des Gerichts zugeht, nicht durch Kenntnisnahme bei Gelegenheit einer Akteneinsicht (BayObLG 04, 151).

10 **c) Aufgabe zur Post.** Diese Art der Bekanntgabe wird dadurch bewirkt, dass das Schriftstück unter der Anschrift des Adressaten zur Post gegeben wird. Soll die Bekanntgabe im Inland bewirkt werden, gilt das Schriftstück drei Tage nach Aufgabe zur Post als bekannt gemacht (Abs 2 Satz 2). Die Fiktion der Bekanntgabe ist widerlegbar; der Empfänger kann die Fiktion widerlegen, wenn er glaubhaft (§ 31) macht, dass ihm das Schriftstück nicht oder erst zu einem späteren Zeitpunkt zugegangen ist.

11 **d) Öffentliche Zustellung.** Eine öffentliche Zustellung (§§ 185–188 ZPO) ist zulässig, wenn die Voraussetzungen des § 185 Nr 1–4 ZPO vorliegen. Sie ist nach Ablauf eines Monats seit dem Aushang an der Gerichtstafel bewirkt, es sei denn das Gericht hat bei der Anordnung der öffentlichen Zustellung eine längere Frist bestimmt (§ 188 ZPO). Unzulässig ist die öffentliche Zustellung der Ladung der Beteiligten zu dem ersten Termin in dem Verfahren zur Nachlassauseinandersetzung (§ 365 I 2). Zu den Voraussetzungen einer öffentlichen Zustellung im Ausland: Rn 13. Waren die Voraussetzungen der öffentlichen Zustellung objektiv nicht erfüllt, ist Wiedereinsetzung (§§ 17–19) zu gewähren; lagen die Voraussetzungen nicht vor und hätte das Gericht dies erkennen können oder war die öffentliche Zustellung durch falsche Angaben erschlichen, ist sie unwirksam; eine Frist wird nicht in Lauf gesetzt (OLG Frankfurt, NJW 09, 2543: unterlassene E-Mail-Anfrage bei dem Beklagten).

3. Formlose Mitteilungen

12 Schriftstücke können ohne Einhaltung einer Form mitgeteilt werden, wenn nicht die Anwendungsfälle des Abs 1 gegeben sind. Das Gericht kann auch eine förmliche Bekanntgabe nach Abs 2 nach pflichtgemäßem Ermessen anordnen, wenn dies durch die Bedeutung des Inhalts geboten ist.

4. Zustellungen im Ausland

13 Für diese gelten die §§ 183, 184 ZPO. Diese Vorschriften sind durch das Gesetz zur Verbesserung der grenzüberschreitenden Forderungsdurchsetzung und Zustellung v 30. 10. 2008 mit Wirkung v 13. 11. 2008 geändert worden. Die Zustellungen erfolgen durch Einschreiben mit Rückschein, soweit es völkerrechtliche Vereinbarungen gestatten; anderenfalls auf Ersuchen des Vorsitzenden des Prozessgerichts unmittelbar durch die Behörden des fremden Staates (§ 183 I ZPO). Wenn eine Zustellung nach § 183 I ZPO nicht möglich ist, ist diese durch die zuständige diplomatische oder konsularische Vertretung des Bundes oder die sonstige zuständige Behörde vorzunehmen (§ 183 II ZPO). Bei Immunität erfolgt die Zustellung auf Ersuchen des Vorsitzenden des Prozessgerichts, das unmittelbar an die zuständige Auslandsvertretung zu richten ist (§ 183 III ZPO). Für den Nachweis der Zustellung nach Abs 1 genügt der Rückschein; im Übrigen wird die Zustellung durch

das Zeugnis (§ 418 I ZPO) der ersuchten Behörde nachgewiesen (BGH, NJW 02, 521). Wenn trotz Aufforderung kein Zustellungsbevollmächtigter benannt wird, kann mit einfachem Brief zugestellt werden (§ 184 ZPO). Die Landesjustizverwaltung kann jedoch, auch wenn mit der Zustellung der Lauf einer Frist beginnt, eine einfachere Form der Zustellung anordnen. Eine öffentliche Zustellung im Ausland nach § 185 Nr 3 ZPO trotz bekannter ladungsfähiger Anschrift kann ausnahmsweise dann bewilligt werden, wenn die Zustellung im Wege der Rechtshilfe einen Zeitraum in Anspruch nehmen würde, der der betreibenden Partei billigerweise nicht zugemutet werden kann, nicht schon bei einer voraussichtlichen Überschreitung von sechs bis neun Monaten (BGH, FamRZ 09, 684). Die §§ 183, 184 ZPO sind subsidiär; internationale Abkommen gehen vor; die VO (EG) Nr 1393/2997 (ABl EG Nr L 324 S 79), durch die die VO (EG) Nr 1348/2000 aufgehoben wurde, hat ihrerseits Vorrang vor Bestimmungen, die in bilateralen und multilateralen Übereinkünften und Vereinbarungen enthalten sind; diese VO ist am 13. 11. 2008 in Kraft getreten.

Die deutschen Durchführungsvorschriften waren zunächst in dem EG- **14** Zustellungsdurchführungsgesetz v 9. 7. 2001 (BGBl I S 1536) enthalten. Dieses Gesetz wurde durch das EG-Beweisaufnahmedurchführungsgesetz v 4. 11. 2003 (BGBl I S 2155) abgelöst (Einl 47) und die Durchführungsbestimmungen in die §§ 1069–1071 des 11. Buches der ZPO aufgenommen, die durch das Gesetz zur Verbesserung der grenzüberschreitenden Forderungsdurchsetzung und Zustellung v 30. 10. 2008 (BGBl I S 2122) mit Wirkung v 13. 11. 2008 an die neue ZustellungsVO (EG) Nr 1393/2007 angepasst wurden. § 1068 ZPO regelt die Modalitäten der Zustellung nach Art 14 der ZustellungsVO, demgemäß in allen Mitgliedstaaten der EU auf dem Postweg per Einschreiben mit Rückschein oder gleichwertigem Beleg zugestellt werden kann. Übersetzungserfordernisse und Annahmeverweigerungsrechte sind in der VO autonom geregelt (Art 5, 8 der VO); § 170 ZPO wurde daher aufgehoben, auch § 1071 ZPO, der bisher eine aus dem EU-Ausland veranlasste Zustellung im Parteibetrieb ausschloss. Die Anwendung der VO setzt voraus, dass es sich um eine Zivil- oder Handelssache handelt; welche Angelegenheiten hierunter fallen, bestimmt sich nicht nach nationalem Recht, sondern ist autonom nach den Rechtsgrundsätzen, die sich aus der Gesamtheit der innerstaatlichen Rechtsordnungen herausgebildet haben, zu qualifizieren. Zweifellos gehören hierzu die privatrechtlichen Streitsachen der freiwilligen Gerichtsbarkeit. Für die Anwendung der Zustellungs-VO auf den gesamten Bereich der freiwilligen Gerichtsbarkeit mit Ausnahme der öffentlichrechtlichen Streitsachen: Keidel/Schmidt, Rn 54 zu § 16 FGG; Zöller/Geimer, EG-VO Zustellung, Rn 1 zu Art 1.

Fristen

16 (1) **Der Lauf einer Frist beginnt, soweit nichts anderes bestimmt ist, mit der Bekanntgabe.**

(2) **Für die Fristen gelten die §§ 222 und 224 Abs. 2 und 3 sowie § 225 der Zivilprozessordnung entsprechend.**

§ 16 Buch 1 – Allgemeiner Teil

1. Begriff

1 Eine Frist ist ein Zeitraum, innerhalb dessen eine Handlung von rechtlicher Bedeutung vorzunehmen ist. Sie kann durch das Gesetz oder das Gericht bestimmt werden. Wenn die Handlung nur innerhalb einer gesetzlich bestimmten Frist vorgenommen werden kann, ist Wiedereinsetzung in den vorigen Stand vorgesehen (§§ 17–19; zB §§ 63, 71, § 366 iVm § 367 (außergerichtliche Nachlassteilung), § 368 iVm § 367 (Auseinandersetzungsplan) § 373 iVm § 367 (Auseinandersetzung einer Gütergemeinschaft). Gegen richterliche Fristen ist grundsätzlich keine Wiedereinsetzung in den vorigen Stand möglich, ausgenommen bei Versäumung der Einspruchsfrist innerhalb der richterlich nach § 388 I bestimmten Frist zur Einlegung des Einspruchs bei Androhung eines Zwangsgeldes.

2. Berechnung der Frist

2 a) **Fristbeginn.** Nach Abs 1 beginnt der Lauf einer Frist, soweit nichts Anderes bestimmt ist, mit der Bekanntgabe (§§ 15, 41). Auch **andere Ereignisse** können den Beginn einer Frist auslösen, zB die Kenntnis von Umständen, die gegen die Vaterschaft sprechen, für die gerichtliche Anfechtung der Vaterschaft nach § 1600b I 2 BGB (§ 171). Ist für den Beginn einer Frist ein Ereignis oder in den Lauf eines Tages fallender Zeitpunkt maßgebend, so wird bei der Berechnung der Tag nicht mitgerechnet, in den das Ereignis oder der Zeitpunkt fällt (Abs 2 iVm § 222 I ZPO iVm § 187 I BGB). Ist der Beginn eines Tages der für den Anfang einer Frist maßgebende Zeitpunkt, wird dieser Tag mitgerechnet, zB der Tag der Geburt (Abs 2 iVm § 222 I ZPO iVm § 187 II BGB).

3 b) **Fristende.** Fällt das Ende einer Frist auf einen Sonntag, einen am Erklärungs- oder Leistungsort staatlich anerkannten allgemeinen Feiertag (Im Einzelnen: Keidel/Sternal, Rn 20–24 zu § 16) oder einen Sonnabend, tritt an seine Stelle der nächste Werktag (Abs 2 iVm § 222 II ZPO). Bei nicht bundeseinheitlichen gesetzlichen Feiertagen kommt es für den Ablauf einer Rechtsmittelfrist auf das Land an, in dem das Gericht seinen Sitz hat (OVG Frankfurt, FamRZ 05, 729).

4 c) **Stundenfristen.** Sie werden nach vollen Stunden berechnet; die angebrochene Stunde wird nicht mitgerechnet (§ 187 I BGB entspr). Die Frist endet mit dem Ablauf der letzten Stunde. Sonntage, Feiertage und Sonnabende werden nicht mitgerechnet.

5 d) **Berechnungsart.** Hierfür gelten die §§ 189–192 BGB (Abs 2 iVm § 22 I ZPO).

3. Änderung von Fristen

6 Auf Antrag können richterliche und gesetzliche Fristen abgekürzt oder verlängert werden (Abs 2 iVm § 224 II ZPO). Voraussetzung ist, dass erhebliche Gründe glaubhaft gemacht werden (§ 31). Für gesetzliche Fristen gilt dies nur dann, wenn dies ausdrücklich zugelassen ist, zB für die Frist zur Begründung der Rechtsbeschwerde (§§ 71 II, 551 II ZPO). Im Falle der Verlängerung wird die neue Frist von dem Ablauf der vorigen Frist an

§ 17 Wiedereinsetzung in den vorigen Stand § 17

berechnet, wenn nicht im einzelnen Fall etwas anderes bestimmt ist (Abs 2 iVm § 224 III ZPO). Das Verfahren über einen entspr Antrag bestimmt sich nach Abs 2 iVm § 225 ZPO. Der Antrag auf Verlängerung der Frist muss vor Ablauf der Frist gestellt werden; die Entscheidung kann noch nach Ablauf der Frist ergehen. Eine Anhörung muss vor einer Abkürzung oder wiederholten Verlängerung erfolgen (Abs 2 iVm § 225 II ZPO). Der Beschluss, durch den ein Gesuch um Verlängerung einer Frist zurückgewiesen wird, ist **unanfechtbar** (Abs 2 iVm § 225 III ZPO); gegen Zurückweisung des Gesuchs um Abkürzung einer Frist sofortige Beschwerde nach § 567 I Nr 2 ZPO. Gewährung von Abkürzung oder Verlängerung ist unanfechtbar.

Wiedereinsetzung in den vorigen Stand

17 (1) **War jemand ohne sein Verschulden verhindert, eine gesetzliche Frist einzuhalten, ist ihm auf Antrag Wiedereinsetzung in den vorigen Stand zu gewähren.**

(2) **Ein Fehlen des Verschuldens wird vermutet, wenn eine Rechtsbehelfsbelehrung unterblieben oder fehlerhaft ist.**

1. Anwendungsbereich

Die §§ 17–19 behandeln die Wiedereinsetzung in den vorigen Stand. 1 Wiedereinsetzung ist zulässig bei Versäumung gesetzlicher Fristen. Das sind nicht nur, wie im Regierungsentwurf zunächst vorgesehen war, die gesetzlichen Fristen zur Einlegung eines Rechtsbehelfs. Einbezogen werden darüber hinaus alle Fristen, deren Säumnis den Ausschluss der versäumten Prozesshandlung zur Folge hat. Dies gilt insbesondere für die Frist zur Begründung der Rechtsbeschwerde nach § 71 II iVm § 74 I, die eine echte Zulässigkeitsvoraussetzung darstellt mit der Folge, dass die Säumnis der Begründungsfrist zum Ausschluss des Rechtsmittels führt. In Ehe- und Familienstreitsachen sieht § 117 V iVm §§ 233, 234 I 2 ZPO die Möglichkeit der Wiedereinsetzung auch gegen die Versäumung der Frist zur Begründung von Rechtsmitteln vor. Eine gesetzliche Frist, bei deren Versäumung Wiedereinsetzung möglich ist, ist auch die Frist für den Antrag auf Wiedereinsetzung nach § 18 I. Gesetzliche Fristen zur Einlegung von Rechtsmitteln enthalten § 63 (Frist zur Einlegung der Beschwerde), § 71 (Frist zur Einlegung der Rechtsbeschwerde), § 73 (Frist zur Einlegung der Anschlussrechtsbeschwerde); ferner die Frist zur Einlegung der sofortigen Beschwerde nach §§ 567–572 ZPO, soweit das Gesetz hierauf Bezug nimmt.

Entsprechende Anwendung der §§ 17–19 ist vorgesehen in § 366 iVm 2 § 367 (außergerichtliche Nachlassteilung), in § 368 iVm § 367 (Auseinandersetzungsplan), in § 373 iVm § 367 (Auseinandersetzung einer Gütergemeinschaft).

Entsprechende Anwendbarkeit bei Versäumung der **Beschwerdefrist** nach 3 § 89 I GBO (Keidel/Sternal, Rn 38 zu § 22 FGG mwN); der Beschwerdefrist nach § 26 VerschG, der Frist nach § 33 a II VerschG, bei Versäumung der Frist zur Geltendmachung des Anspruchs auf Vergütung oder Entschädigung nach § 2 II JVEG. Eine der Wiedereinsetzung in den vorigen Stand vergleichbare Regelung enthält § 1996 BGB; bei unverschuldeter Verhinderung kann auf Antrag eine neue Inventarfrist bestimmt werden.

4 Entsprechend anwendbar auf die **befristete Erinnerung** gegen Entscheidungen des RPfl (§ 11 II RPflG). Über die Wiedereinsetzung entscheidet der Richter (OLG Düsseldorf, Rpfleger 83, 29), der über die Erinnerung zu entscheiden hätte (§§ 28, 11 II RPflG).

5 **Nicht anwendbar** sind die Vorschriften über die Wiedereinsetzung bei Ausschlussfristen (OLG Düsseldorf, FGPrax 04, 27: § 1617b I BGB; BayObLG, FGPrax 04, 77: §§ 1835 I 3, 1836 II 4 BGB); ebenso nicht bei richterlichen Fristen (OLG Hamm, FGPrax 03, 264: § 1617 II BGB) und bei vereinbarten Widerrufsfristen in einem vor dem Gericht abgeschlossenen Vergleich (Keidel/Sternal, Rn 6 zu § 17).

6 In **Ehesachen** (§§ 121 ff) und **Familienstreitsachen** (§ 112) finden nach § 113 nicht die §§ 17–19, sondern die Vorschriften der ZPO Anwendung. Eine Wiedereinsetzung richtet sich daher nach den §§ 233–238 ZPO. Nach § 117 V ist Wiedereinsetzung auch möglich gegen die Versäumung der Frist zur Begründung der Beschwerde und der Rechtsbeschwerde. Die Frist beträgt einen Monat (BGH, NJW 08, 1164 zu § 234 I ZPO).

2. Materielle Voraussetzungen

7 Voraussetzung für die Zulässigkeit der Wiedereinsetzung ist eine unverschuldete Verhinderung an der Wahrung der Frist. Dies ist nach pflichtgemäßem Ermessen festzustellen.

8 **a) Verhinderung** nicht nur durch Naturereignisse oder andere unabwendbare Zufälle, sondern durch jedes Ereignis, das die rechtzeitige Beschwerdeeinlegung verhindert, gleichgültig, ob es in der Sphäre des Beschwerdeführers (durch Erkrankung, Unfall) oder außerhalb dieser (verspätete Postzustellung) liegt (BayObLG; 72, 174; OLG Stuttgart, NJW 74, 2052).

9 **b) Unverschuldet** ist das Hindernis, wenn der Beschwerdeführer es bei Anwendung der Sorgfalt, die unter Berücksichtigung der konkreten Lage erforderlich war und ihm vernünftigerweise zugemutet werden konnte, nicht abzuwenden imstande war (BayObLG 63, 278); bei Erhebung einer Verfassungsbeschwerde: BVerfG, NJW 04, 502. Es ist auf die tatsächlichen Verhältnisse im Einzelfall abzustellen (KG, OLG 66, 116, 119). Deshalb sind die Anforderungen an eine rechtsunkundige Person niedriger. Der Beschwerdeführer muss jedoch mit Hindernissen rechnen, die erfahrungsgemäß häufig vorkommen. Unverschuldet kann eine Fristversäumnis infolge eigener Erkrankung oder Erkrankung eines Familienmitgliedes des Beschwerdeführers sein (Keidel, Rpfleger 57, 173, 177 ff; BayObLG 64, 313, 314; BGH, NJW 75, 593).

10 Bei **wirtschaftlichem Unvermögen** eines Beteiligten kann Wiedereinsetzung gerechtfertigt sein, wenn dieser innerhalb der Beschwerdefrist die Verfahrenskostenhilfe zur Einlegung und Durchführung der Beschwerde beantragt und er innerhalb von zwei Wochen nach Bekanntgabe der Bewilligung der Verfahrenskostenhilfe das Rechtsmittel einlegt (BGH, NJW 02, 2180). Insbesondere muss dem armen Beteiligten nach seiner Wahl auch die Möglichkeit gegeben werden, die sofortige weitere Beschwerde durch einen

§ 17 Wiedereinsetzung in den vorigen Stand § 17

Rechtsanwalt einzureichen, ohne dass er auf den Weg der Beschwerdeeinlegung zu Protokoll der Geschäftsstelle zu verweisen ist. Wenn er daher einen Antrag auf Beiordnung innerhalb der Beschwerdefrist gestellt hat, ist ihm Wiedereinsetzung in den vorigen Stand zu gewähren; jedenfalls aber, wenn ein Anwalt beizuordnen ist (§ 78). Zur Frage der Kausalität der Mittellosigkeit für die Fristversäumung: BGH, FamRZ 08, 1520 m kritischer Anm Zimmermann. Bei Versagung der Verfahrenskostenhilfe beginnt die Zweiwochenfrist erst nach Ablauf einer kurzen Überlegungsfrist nach Bekanntmachung der ablehnenden Entscheidung (BGH, BeckRS 67, 30378488; VersR 77, 432). Wird die Verfahrenskostenhilfe nach Ablauf der Rechtsmittelfrist verweigert, beginnt die Frist für einen Antrag auf Wiedereinsetzung und Einlegung des Rechtsmittels auf eigene Kosten nach einer Überlegungsfrist von drei bis vier Tagen (BGH, NJW 09, 3038).

Unkenntnis oder zu spät erlangte Kenntnis **von dem Inhalt** der Entscheidung kann unverschuldet sein, wenn dem Beschwerdeführer die Entscheidung bei Ersatzzustellung vorenthalten wird (BayObLG 56, 1), nicht aber, wenn der Beschwerdeführer bei Niederlegung des zuzustellenden Schriftstücks und Benachrichtigung die Entscheidung nicht oder nicht rechtzeitig abholt. Bei Auslandszustellung rechtfertigt der Verlust der Sendung auf dem Postweg Wiedereinsetzung; es ist mit dem Grundsatz fairen Verfahrens unvereinbar, Wiedereinsetzung zu versagen, weil kein Zustellungsbevollmächtigter nach § 175 ZPO aF (jetzt: § 184 ZPO) bestellt worden sei (BGH, Rpfleger 00, 554). 11

Rechtsirrtum und Unkenntnis des Gesetzes können einen Wiedereinsetzungsgrund bilden (BGH, NJW 64, 2304, 2305; Rpfleger 79, 257 m Anm Keidel; BayObLG 63, 278; 64, 313, 314; OLG Düsseldorf, WM 64, 930; OLG Karlsruhe, OLG 75, 409). Ein juristisch nicht vorgebildeter Laie muss sich jedoch über Form und Frist eines Rechtsmittels erkundigen (BGH, NJW 97, 1989; NJW-RR 05, 1726). Wenn die Frage der Befristung eines Rechtsmittels in Rspr und Literatur nicht geklärt ist, kann auch einem Rechtsanwalt Wiedereinsetzung gewährt werden (BayObLG, FGPrax 04, 43). Nicht unverschuldet: Verletzung der Formvorschriften trotz Hinweises (BayObLG, FGPrax 04, 256); formnichtige Beschwerde eines Berufsbetreuers (OLG Zweibrücken, FGPrax 04, 74); unverschuldet ist Fristversäumnis auch auf Grund eines Fehlers, der für die amtliche Veröffentlichung von Gesetzestexten zuständigen Stelle (BVerfG, NJW 08, 2167). Irrtum über Erfolgsaussichten eines Rechtsmittels ist kein Entschuldigungsgrund (OLG Hamm, FGPrax 07, 171). 12

Auf einen normalen Gang des **Postverkehrs** kann sich der Beschwerdeführer im Allgemeinen verlassen (BVerwG, WM 64, 644; BVerfG, Rpfleger 75, 293; NJW 77, 1233), insbesondere auf die angegebenen Leerungszeiten des Post-Briefkastens (BGH, NJW 09, 2379). Es muss zwar in Erwägung gezogen werden, dass die normalen Brieflaufzeiten überschritten werden (OLG Hamm, NJW 68, 258; BFH, NJW 73, 2000). Es darf jedoch grundsätzlich darauf vertraut werden, dass nach § 2 Nr 3 S 1 der Post-UniversaldienstleistungsVO eine Briefsendung am folgenden Werktag eingehen wird (OLG Hamm, NJW 09, 2230). Bei Einreichung durch Fax am letzten Tag einer Frist muss sichergestellt sein, dass auf die Faxnummer des Empfängers 13

§ 17 Buch 1 – Allgemeiner Teil

14 zugegriffen werden kann (BGH, NJW 04, 516). Das Fehlen eines **Nachtbriefkastens** für die Zeit nach Dienstschluss bildet einen Wiedereinsetzungsgrund (BGH, MDR 60, 223; aber: BGH 23, 307). Volle Fristausnutzung muss ermöglicht werden, daher genügt der Nachweis des Einwurfs vor 24.00 Uhr, wenn keine fristwahrende Kontrolle vorgesehen ist.

15 **Einreichung** bei einem **unzuständigen** Gericht und dadurch begründete Fristversäumung ist in der Regel schuldhaft (BayObLG, NJW 88, 714); jedoch uU dann nicht, wenn infolge pflichtwidrigen Verhaltens der unzuständigen Stelle die Rechtsmittelschrift erst nach Ablauf der Rechtsmittelfrist beim zuständigen Gericht eingeht (BFG, NJW 75, 1380). Ein fehlgeleiteter Schriftsatz ist im Rahmen des üblichen Geschäftsverkehrs an das zuständige Gericht weiterzuleiten; jedoch keine generelle Pflicht zur sofortigen Prüfung der Zuständigkeit bei Eingang der Rechtsmittelschrift (BVerfG, NJW 06, 1579; BGH, FamRZ 09, 320); Verletzung der Fürsorgepflicht bei Versäumung der Weiterleitung während eines Zeitraums von fünf Arbeitstagen (BGH, NJW 06, 3499); keine generelle Fürsorgepflicht, durch Hinweise oder geeignete Maßnahmen eine Versäumung der Rechtsmittelfrist zu verhindern (Pfalz OLG Zweibrücken, FGPrax 05, 259).

16 Ein Beschwerdeführer, dem eine gesetzliche Form der Beschwerdeeinlegung – zu Protokoll der Geschäftsstelle – verwehrt wird, kann im Rahmen eines Wiedereinsetzungsverfahrens nicht darauf verwiesen werden, er hätte die andere Form benutzen können (BayObLG 76, 256). Wird das Protokoll von einem nicht befugten Justizangestellten aufgenommen, ist von Amts wegen Wiedereinsetzung zu gewähren, weil der Beschwerdeführer auf die einwandfreie Organisation des Gerichtsbetriebes keinen Einfluss hat (OLG Düsseldorf, Rpfleger 94, 157).

17 **c) Verschulden des Vertreters.** Nach § 22 II 2 FGG war im Falle der Wiedereinsetzung das Verschulden des Vertreters dem des Vertretenen gleichzusetzen. Eine generelle Vorschrift über die Zurechnung des Verschuldens des Vertreters fehlte bisher. Sie enthält nunmehr § 9 IV für den gesetzlichen Vertreter und § 11 Satz 4 iVm § 86 II ZPO für den bevollmächtigten Vertreter. Das Verschulden des gesetzlichen oder bevollmächtigten Vertreters schließt die Gewährung einer Wiedereinsetzung aus. Eine Vielzahl von Entscheidungen betreffen das Organisationsverschulden von Rechtsanwälten: ua BGH, NJW 02, 443 (Fristenkontrolle), BGH, NJW 02, 522 (Ausgangskontrolle), BGH, NJW 06, 1518 (Fehlen einer Fehlermitteilung im Sendeprotokoll), BGH, NJW 06, 1519 (Fax-Ausgangskontrolle durch Auszubildende), BGH, NJW 06, 1520 (nicht eindeutig zugewiesene Fristenkontrolle), BGH, NJW 06, 1521 (Übersendung eines Doppels ohne Unterschrift). Im Einzelnen zu dieser Problematik Thomas/Putzo, Rn 43–54 zu § 233 ZPO. Vertreter ist nur, wer wenigstens teilweise das Verfahren führt bzw in diesem auftritt (BGH, NJW 67, 1567 zu dem bisherigen § 232 II ZPO). Das Verschulden einer mit der Einlegung eines Rechtsmittels beauftragten Verwalter-GmbH wird den Wohnungseigentümern zugerechnet (BayObLG, NJW-RR 97, 1373). Versäumung der Rechtsmittelfrist durch Rechtsanwalt bei fehlender oder fehlerhafter Rechtsmittelbelehrung ist schuldhaft, weil dieser die gesetzliche Regelung auf seinem Fachgebiet kennen muss (BGH, FamRZ 10, 1425; NJW 11, 386: Rechtsirrtum über Anwendbarkeit neuen Rechts; OLG Stuttgart, NJW 10,

1978; OLG Koblenz, NJW 10, 2594; OLG Karlsruhe, NJW 11, 463; OLG Hamm, FamRZ 11, 233: offensichtlich falsche Belehrung).

d) Fehlen einer Rechtsmittelbelehrung. Bisher war eine Rechtsmittelbelehrung nur in den §§ 69 I Nr 6, 70f I Nr 4 FGG vorgesehen. Eine generelle Pflicht zur Rechtsmittelbelehrung fehlte. Nach BVerfG, NJW 95, 3173, gebot es der Anspruch auf wirkungsvollen Rechtsschutz, über das Rechtsmittel zu belehren, wenn dies erforderlich war, um unzumutbare Schwierigkeiten bei der Rechtsverfolgung auszugleichen. War das Fehlen einer nach diesem Grundsatz erforderlichen Rechtsmittelbelehrung ursächlich für die Fristversäumung geworden, wurde fehlendes Verschulden unwiderlegbar vermutet (BGH, FGPrax 02, 166 auf Vorlage BayObLG, FGPrax 02, 14 mwN). Nach § 39 muss jetzt jede Entscheidung eine **Belehrung** über das statthafte Rechtsmittel, den Einspruch, den Widerspruch oder die Erinnerung sowie das Gericht, bei dem diese Rechtbehelfe einzulegen sind, dessen Sitz und die einzuhaltende Form und Frist enthalten. Zu einer geordneten Rechtsmittelbelehrung gehört weiterhin auch der Hinweis, dass die schriftliche Rechtsmitteleinlegung in deutscher Sprache erfolgen muss (BGH, Rpfleger 81, 395). Wenn die nach § 39 vorgeschriebene Rechtsbehelfsbelehrung unterblieben oder fehlerhaft ist, begründet dies die **Vermutung** des fehlenden Verschuldens (Abs 2). Diese Vermutung **kann widerlegt** werden, wenn die fehlende oder fehlerhafte Belehrung nicht ursächlich für die Fristversäumung geworden ist. Kausalität ist zu verneinen bei Hinweis durch das Beschwerdegericht (KG, FGPrax 02, 245). Zu der Frage des Verschuldens bei anwaltlicher Vertretung: Rn 17.

Antrag auf Wiedereinsetzung

18 (1) **Der Antrag auf Wiedereinsetzung ist binnen zwei Wochen nach Wegfall des Hindernisses zu stellen.**

(2) **Die Form des Antrags auf Wiedereinsetzung richtet sich nach den Vorschriften, die für die versäumte Verfahrenshandlung gelten.**

(3) **Die Tatsachen zur Begründung des Antrags sind bei der Antragstellung oder im Verfahren über den Antrag glaubhaft zu machen. Innerhalb der Antragsfrist ist die versäumte Rechtshandlung nachzuholen. Ist dies geschehen, kann die Wiedereinsetzung auch ohne Antrag gewährt werden.**

(4) **Nach Ablauf eines Jahres, von dem Ende der versäumten Frist an gerechnet, kann Wiedereinsetzung nicht mehr beantragt oder ohne Antrag bewilligt werden.**

1. Antragsfrist und -form

Die Frist für den Antrag auf Wiedereinsetzung beträgt zwei Wochen (Abs 1), und zwar auch dann, wenn die Beschwerdefrist ausnahmsweise länger ist. Die Frist für den Antrag auf Wiedereinsetzung beginnt zu laufen, wenn das Hindernis aufgehört hat zu bestehen oder sein Weiterbestehen nicht mehr als unverschuldet angesehen werden kann, jedenfalls nicht, bevor der Beschwerdeführer von der Versäumung der Frist Kenntnis erlangt oder erlangt haben muss; daher

§ 18 Buch 1 – Allgemeiner Teil

auch noch nach rechtskräftiger Verwerfung verspätet eingelegter Beschwerde zulässig; diese wird dann gegenstandslos (BayObLG, NJW 64, 303). Wird die Verfahrenskostenhilfe nach Ablauf der Rechtsmittelfrist verweigert, ist nach den Vorschriften über die Wiedereinsetzung der Zugang zu den Rechtsbehelfsverfahren für Unbemittelte in gleicher Weise sicherzustellen wie er Bemittelten eröffnet ist (BVerfG, NJW 10, 2567). Nach BGH, NJW 09, 3038, beginnt die Frist für einen Antrag auf Wiedereinsetzung und Einlegung des Rechtsmittels auf eigene Kosten nach einer Überlegungsfrist von drei bis vier Tagen; bei Bewilligung der Verfahrenskostenhilfe nach Ablauf der Frist zur Rechtsbeschwerdebegründung beginnt die Frist mit der Bewilligung und beträgt nach Abs 1, 3 S 2 iVm § 72 II 1 einen Monat (BGH, FamRZ 10, 809). Der Antrag bedarf nach Abs 2, der § 236 I ZPO entspricht, der Form, die sich aus der Vorschrift ergibt, die für die versäumte Rechtshandlung gilt; er ist schriftlich einzureichen, zu Protokoll der Geschäftsstelle nur, soweit dies auch für die versäumte Rechtshandlung möglich ist (zB § 64 II 1).

2 Auch **ohne Antrag** kann Wiedereinsetzung gewährt werden, wenn innerhalb der Antragsfrist für den Wiedereinsetzungsantrag die versäumte Rechtshandlung nachgeholt wird (Abs 2 S 2, 3); uU ist Belehrung geboten, auch bei einem offensichtlich unvollständigen Wiedereinsetzungsgesuch (BGH, NJW, 07, 3212; FamRZ 10, 636; KG, NJW 74, 1003). Für den Antrag bedarf es nicht der Zuziehung eines Rechtsanwaltes; Ausnahme: Wiedereinsetzung bei Rechtsbeschwerde in Landwirtschaftssachen (§§ 26, 29, 52 LwVG).

3 Abs 3 bestimmt eine **Ausschlussfrist** von einem Jahr seit dem Ende der versäumten Frist für die Wiedereinsetzung, und zwar ohne Rücksicht darauf, ob das Hindernis noch besteht. Danach ist eine Wiedereinsetzung weder mit Antrag (Abs 1) noch ohne Antrag (Abs 2 Satz 2) möglich. Die Ausschlussfrist gilt nicht für die Nachholung der Beschwerdeeinlegung. Eine Wiedereinsetzung gegen die Versäumung der Ausschlussfrist ist nicht zulässig.

2. Glaubhaftmachung

4 Die Voraussetzungen für die Wiedereinsetzung, die Umstände, die die Einhaltung der Frist verhindert haben, sowie der Mangel eines Verschuldens sind glaubhaft zu machen (Abs 2 Satz 1). Für die Beibringung der Glaubhaftmachungsmittel gilt die Zweiwochenfrist nicht; dies kann bei Antragstellung oder im Verfahren über den Antrag geschehen. Diese gesetzliche Regelung entspricht der Rechtsprechung zu § 22 II FGG (Keidel/Sternal, Rn 50 zu § 22 FGG; Keidel/Sternal, Rn 14 zu § 18; OLG Hamm, NZM 98, 971). Dem Verfahrensgegner ist rechtliches Gehör zu gewähren (BVerfG, Rpfleger 83, 76). Die zulässigen Mittel für eine Glaubhaftmachung ergeben sich aus § 31.

3. Nachholung der versäumten Prozesshandlung

5 Diese braucht nicht gleichzeitig mit dem Antrag auf Wiedereinsetzung, muss aber innerhalb der zweiwöchigen Frist, die für diesen Antrag gilt, erfolgen; jedoch eine Frist von einem Monat für die Begründung der Rechtsbeschwerde (BGH, FamRZ 10, 809). Sie kann auch nach Ablauf der Ausschlussfrist des Abs 3 eingelegt werden, weil diese Frist für die Einlegung des Rechtsmittels nicht gilt.

Wird innerhalb der Antragsfrist die versäumte Prozesshandlung nachgeholt, **6**
kann Wiedereinsetzung auch ohne Antrag **von Amts wegen** gewährt werden, wenn sämtliche eine Wiedereinsetzung begründenden Tatsachen aktenkundig sind und die Datenangaben erkennen lassen, dass das Rechtsmittel verspätet eingereicht ist (Abs 2 Satz 3).

Entscheidung über die Wiedereinsetzung

19 (1) **Über die Wiedereinsetzung entscheidet das Gericht, das über die versäumte Rechtshandlung zu befinden hat.**

(2) **Die Wiedereinsetzung ist nicht anfechtbar.**

(3) **Die Versagung der Wiedereinsetzung ist nach den Vorschriften anfechtbar, die für die versäumte Rechtshandlung gelten.**

1. Zuständigkeit

Über den Antrag auf Wiedereinsetzung entscheidet das Gericht, das über **1**
die versäumte Prozesshandlung zu entscheiden hat (Abs 1), das Beschwerdegericht (§ 58), das Rechtsbeschwerdegericht (§ 70), das für die Sprungrechtsbeschwerde (§ 75) zuständige Gericht; Wiedereinsetzung ist auch dann möglich, wenn die schriftliche Einwilligungserklärung des Antragsgegners nicht innerhalb der Sprungrevisionsfrist beim Revisionsgericht eingegangen ist (BGH, FamRZ 07, 809). Bei Versäumung eines Antrags auf gerichtliche Entscheidung ist zuständig das Gericht, das über diesen Antrag zu entscheiden hat, zB nach § 22 II 2 GrdstVG; § 25 EGGVG.

2. Anfechtbarkeit

Die Wiedereinsetzung ist abw vom bisherigen Recht nicht anfechtbar **2**
(Abs 2). Eine Ausnahme sieht das Gesetz für den Fall vor, dass nach § 366 III Wiedereinsetzung in den vorigen Stand gewährt wird; in diesem Fall ist auch der Beschluss, durch den Wiedereinsetzung gewährt wird, mit der sofortigen Beschwerde nach §§ 567–572 ZPO anfechtbar (§ 372).

Die **Versagung** der Wiedereinsetzung ist anfechtbar (Abs 3). Die Anfecht- **3**
barkeit richtet sich nach den Vorschriften, die für die versäumte Rechtshandlung gelten. Hat das Beschwerdegericht die Wiedereinsetzung versagt, ist Rechtsbeschwerde statthaft (§ 70). Die Rechtsmittelmöglichkeiten sind auf den Rechtsmittelzug in der Hauptsache beschränkt.

Ausgeschlossen ist die Anfechtung einer Entscheidung, durch die über **4**
die Versäumung der Frist zur Einlegung der Rechtsbeschwerde entschieden ist; jedoch ist Änderung auf Gegenvorstellung möglich. Die Anfechtung ist ferner ausgeschlossen, wenn gegen die Entscheidung des Beschwerdegerichts kein Rechtsmittel zugelassen ist (für das bisherige Recht: BayObLG 89, 426). Ist kein Rechtsmittel gegeben, bleibt die Wiedereinsetzung trotz fehlerhafter Zulassung unanfechtbar (BGH, NJW 03, 211).

Ist die Entscheidung über die Wiedereinsetzung mit der Beschlussfassung **5**
über die Beschwerde **verbunden** worden, ist sie von dem Gericht der Rechtsbeschwerde in tatsächlicher und rechtlicher Hinsicht zu prüfen. Hat

das Beschwerdegericht den Antrag auf Wiedereinsetzung hinsichtlich der Erstbeschwerde übergangen, kann das Rechtsbeschwerdegericht im Rahmen der Zulässigkeit der Prüfung der Erstbeschwerde auch über diesen Antrag entscheiden (BGH, NJW 64, 2304; BayObLG 67, 443). Ist Wiedereinsetzung in diesem Fall zu gewähren, ist die Sache zur sachlichen Entscheidung an die Vorinstanz zurückzuverweisen. Da bei dieser Konstellation keine Zwischenentscheidung nach § 58 II vorliegt, ist die Frage der Wiedereinsetzung mit dem Rechtsmittel zur Hauptsache überprüfbar. Soweit die Entscheidung über die Wiedereinsetzung isoliert ergangen ist, ist sie im Zusammenhang mit der Hauptsache nicht überprüfbar.

Verfahrensverbindung und -trennung

20 Das Gericht kann Verfahren verbinden oder trennen, soweit es dies für sachdienlich hält.

1. Verfahrensverbindung und -trennung

1 Diese sind grundsätzlich statthaft, wenn sie der Eigenart des jeweiligen Verfahrens entsprechen und im Einzelfall sachdienlich sind. In den Angelegenheiten der freiwilligen Gerichtsbarkeit und den Verfahren in Familiensachen mit Ausnahme der Familienstreitsachen, für die die §§ 145, 147 ZPO nach § 113 unmittelbar gelten, kommt eine gemeinsame Behandlung mehrerer Angelegenheiten und die Zusammenfassung in einer Entscheidung ohne verfahrensrechtliche Folgen im Sinne des § 147 ZPO in Betracht oder die Zusammenfassung mehrerer Angelegenheiten in einem Termin als vorübergehende Maßnahme zur Vereinfachung (BGH, NJW 57, 183). Bei Trennbarkeit Teilentscheidung zulässig (OLG Naumburg, FGPrax 06, 166); anderenfalls liegt unzulässige Teilentscheidung vor. Bei Verstoß gegen Verbindungsverbot Trennung noch in der Rechtsbeschwerdeinstanz (BGH, NJW 07, 909, 913 für Revision). Die Entscheidungen sind nicht selbständig anfechtbar, sondern nur bei Anfechtung der Endentscheidung überprüfbar (§ 58 II).

2. Sondervorschriften

2 Ehesachen, die dieselbe Ehe betreffen, können miteinander verbunden werden (§ 126 I) eine Verbindung von Ehesachen mit anderen Verfahren ist unzulässig (§ 126 II). Zwischen Scheidungs- und Folgesachen besteht nach § 137 ein Verbund, von dem einzelne Folgesachen nach § 140 abgetrennt werden können. Abstammungssachen, die dasselbe Kind betreffen, können miteinander verbunden werden; auch ein Verfahren auf Feststellung des Bestehens der Vaterschaft mit einer Unterhaltssache nach § 237 (§ 179 I); im Übrigen ist eine Verbindung von Abstammungssachen miteinander oder mit anderen Verfahren unzulässig (§ 179 II). Eine Verbindung von Adoptionssachen mit anderen Verfahren ist unzulässig (§ 196).

§ 21 Aussetzung des Verfahrens § 21

Aussetzung des Verfahrens

21 (1) Das Gericht kann das Verfahren aus wichtigem Grund aussetzen, insbesondere wenn die Entscheidung ganz oder zum Teil von dem Bestehen oder Nichtbestehen eines Rechtsverhältnisses abhängt, das den Gegenstand eines anderen anhängigen Verfahrens bildet oder von einer Verwaltungsbehörde festzustellen ist. § 249 der Zivilprozessordnung ist entsprechend anzuwenden.

(2) Der Beschluss ist mit der sofortigen Beschwerde in entsprechender Anwendung der §§ 567 bis 572 der Zivilprozessordnung anfechtbar.

1. Voraussetzungen

Die Möglichkeit der Aussetzung eines Verfahrens wurde bisher ohne ausdrückliche gesetzliche Regelung von der Rechtsprechung bejaht. § 21 I sieht entspr den von der Rechtsprechung entwickelten Grundsätzen vor, dass das Gericht ein Verfahren aus wichtigem Grund aussetzen kann; ein wichtiger Grund liegt insbesondere vor, wenn die Entscheidung ganz oder zum Teil von dem Bestehen oder Nichtbestehen eines Rechtsverhältnisses abhängt, das den Gegenstand eines anderen anhängigen Verfahrens bildet oder von einer Verwaltungsbehörde festzustellen ist. Bei der nach pflichtgemäßem Ermessen zu treffenden Entscheidung ist auch zu berücksichtigen, ob die durch die Aussetzung bedingte Verzögerung des Verfahrens den Beteiligten zugemutet werden kann (BayObLG, Rpfleger 83, 74). Unter diesen Voraussetzungen kann auch ein Antragsverfahren ohne die Zustimmung des Antragstellers (BayObLG 64, 231), die sonst erforderlich ist (BayObLG 67, 22) ausgesetzt werden. Das Nachlassgericht darf nach seinem pflichtgemäßem Ermessen im Erbscheinsverfahren einen **anhängigen** (BayObLG 69, 184; KG, FamRZ 68, 219) Rechtsstreit über das Erbrecht abwarten. Das Nachlassgericht hat als Vorfrage zu entscheiden, ob das Amt des Testamentsvollstreckers erloschen oder die Testamentsvollstreckung wegen Erledigung beendet ist; keine Aussetzung bis zur Entscheidung eines Zivilprozesses (BayObLG, Rpfleger 88, 265). Eine Aussetzung kann auch bis zu einer zu **erwartenden gesetzlichen Neuregelung** einer für 1

verfassungswidrig erklärten Gesetzesbestimmung in Betracht kommen (BayObLG 74, 355). Das Verfahren ist ferner auszusetzen, wenn das Gericht die Entscheidung des **Bundesverfassungsgerichts** nach § 80 BVerfGG einholen will, weil es ein Bundes- oder Landesgesetz für nicht vereinbar mit dem Grundgesetz oder ein Landesgesetz für nicht vereinbar mit einem Bundesgesetz hält (Art 100 I GG; § 13 Nr 11 BVerfGG) oder weil nach § 126 GG Meinungsverschiedenheiten über die Fortgeltung von Recht als Bundesrecht oder nach Artikel 100 II GG darüber bestehen, ob eine Regel des Völkerrechts Bestandteil des Bundesrechts ist und Rechte und Pflichten für den Einzelnen erzeugt. Der Rechtspfleger hat die Sache in einem solchen Fall nach § 5 I 1 RPflG dem Richter vorzulegen (OLG Stuttgart, FamRZ 02, 172, 173). 2

Sondervorschriften: § 136 (Scheidungsverfahren), § 221 (Versorgungs- 3
ausgleich), § 328 (Aussetzung des Vollzugs in Unterbringungssachen), § 424 (Aussetzung des Vollzugs bei Freiheitsentziehung); ferner § 370 (zur Erledigung von Streitpunkten in Teilungssachen) und § 381 (in Registersachen zur

Klärung einer Frage in einem Rechtsstreit; zu den Voraussetzungen: OLG Düsseldorf, FGPrax 09, 123).

2. Entspr Anwendung des § 249 ZPO

4 § 249 ZPO bestimmt die Wirkungen der Aussetzung. Der Lauf einer Frist endet und beginnt nach Ende der Aussetzung von Neuem zu laufen (Abs 1). Während der Dauer der Aussetzung sind Prozesshandlungen von Beteiligten gegenüber anderen Beteiligten ohne rechtliche Wirkung (Abs 2). Sie sind jedoch nicht nichtig, sondern anfechtbar (BGH, FamRZ 04, 867). Das Gericht hat diese Handlungen als unwirksam zu behandeln. Rechtsmittel sind dagegen nicht unwirksam (BGH, NJW 97, 1445) und müssen daher nach Beendigung der Aussetzung nicht wiederholt werden. Nach außen wirkende Handlungen des Gerichts sind mit Ausnahme von Entscheidungen unwirksam. Entscheidungen sind zwar wirksam, aber anfechtbar (BGH, NJW 01, 2095).

3. Anfechtbarkeit

5 Bisher waren die Aussetzung und deren Ablehnung mit der einfachen Beschwerde anfechtbar, die Aussetzung und deren Ablehnung durch das Landgericht jedoch nur, wenn die Wirkung der Aussetzung einer endgültigen Entscheidung gleichkam. Abs 2 bestimmt nunmehr, dass die Entscheidung mit der sofortigen Beschwerde in entspr Anwendung der §§ 567–570 ZPO anfechtbar ist. Das Rechtsmittel ist sowohl gegen die Aussetzung als auch gegen deren Ablehnung gegeben (§ 567 I Nr 1 ZPO entspr); auch gegen die Ablehnung der Wiederaufnahme eines ausgesetzten Versorgungsausgleichsverfahrens nach Abs 2 iVm § 221 II, III (OLG Nürnberg, NJW 10, 2145); gegen Aussetzungsbeschluss des Registergerichts nach § 381 S 1, 2 (OLG Köln, FGPrax, 10, 215). Die Rechtsbeschwerde gegen die Beschwerdeentscheidung findet statt, wenn das Beschwerdegericht sie zugelassen hat (§ 574 I Nr 2 ZPO). § 567 I ZPO findet nur auf erstinstanzliche Entscheidungen Anwendung; erstmalige Entscheidungen über die Aussetzung im Beschwerdeverfahren sind daher unanfechtbar.

6 Ein Aussetzungsbeschluss kann grundsätzlich nicht mit der **Verfassungsbeschwerde** angegriffen werden, es sei denn, es besteht ein dringendes schutzwürdiges Interesse an einer sofortigen Entscheidung über die Verfassungsmäßigkeit der Zwischenentscheidung (BVerfG, NJW 04, 501).

4. Unterbrechung des Verfahrens

7 Eine Unterbrechung des Verfahrens findet in den Angelegenheiten der freiwilligen Gerichtsbarkeit und in den Familiensachen nicht statt. Bei Tod eines Beteiligten sind die rechtlichen Wirkungen des Todes von Amts wegen festzustellen. Der Tod eines Beteiligten kann das Verfahren beenden, zB der Tod des Kindes in Verfahren nach §§ 1666, 1671, 1672, 1696 BGB oder der Tod des Minderjährigen in vormundschaftsgerichtlichen (jetzt: familiengerichtlichen) Genehmigungsverfahren (BayObLG 64, 350). Der Tod eines Ehegatten vor Rechtskraft der Entscheidung erledigt – auch für die verbundenen Folgesachen – die Hauptsache (§ 131). In anderen Fällen ist von Amts wegen die Erbfolge zu klären, zB ist beim Tode des Käufers im Genehmigungsverfahren über eine Grundstücksveräußerung nach Klärung der Erbfolge der Rechtsnachfolger des Käufers als Beteiligter hinzuzuziehen (OLG München, RdL 61, 204). Die Fortsetzung eines Hausratsverteilungsverfahrens gegen die Erben eines verstorbenen Ehegatten ist nicht zulässig (OLG Hamm, FamRZ 65, 220). Das Rechtsmittelverfahren, dessen Gegenstand ein Einwilligungsvorbehalt ist, wird auch bei Tod des Betreuten weitergeführt (BayObLG, NJWE-FER 00, 266).

Antragsrücknahme; Beendigungserklärung

22 (1) **Ein Antrag kann bis zur Rechtskraft der Endentscheidung zurückgenommen werden. Die Rücknahme bedarf nach Erlass der Endentscheidung der Zustimmung der übrigen Beteiligten.**

(2) **Eine bereits ergangene, noch nicht rechtskräftige Endentscheidung wird durch die Antragsrücknahme wirkungslos, ohne dass es einer ausdrücklichen Aufhebung bedarf. Das Gericht stellt auf Antrag die nach Satz 1 eintretende Wirkung durch Beschluss fest. Der Beschluss ist nicht anfechtbar.**

(3) **Eine Entscheidung über einen Antrag ergeht nicht, soweit sämtliche Beteiligte erklären, dass sie das Verfahren beenden wollen.**

(4) **Die Absätze 2 und 3 gelten nicht in Verfahren, die von Amts wegen eingeleitet werden können.**

1. Antragsrücknahme

Eine Rücknahme des Antrags ist möglich in Antragsverfahren im Rahmen der Dispositionsbefugnis des Antragstellers; bei teilbaren Gegenständen auch Teilrücknahme. Als Prozesshandlung ist die Antragsrücknahme bedingungsfeindlich und unanfechtbar. Sind **mehrere Personen** nur gemeinsam antragsberechtigt, werden durch die Antragsrücknahme eines Antragsberechtigten die übrigen Anträge unzulässig. Die Rücknahme bedarf keiner besonderen Form, auch wenn der Antrag formbedürftig ist. Die Rücknahme kann in jeder Lage des Verfahrens bis zur Rechtskraft der Endentscheidung vorgenommen werden; sie erfolgt bei dem Gericht, bei dem das Verfahren anhängig ist; vor diesem Gericht ist auch ein etwaiger Streit darüber, ob der Antrag wirksam zurückgenommen worden ist, zu führen. Der Antrag kann erneut gestellt werden, jedoch nur innerhalb einer etwaigen Antragsfrist (OLG München, RdL 63, 243). 1

Bei **Antragsrücknahme nach Erlass** einer die Instanz abschließenden Entscheidung wurde unterschieden: Wurde diese Entscheidung mit der Bekanntgabe wirksam, konnte der Antrag nur durch Einlegung des Rechtsmittels zurückgenommen werden. Die Entscheidung musste dann durch das Rechtsmittelgericht wegen Fehlen des Antrags aufgehoben werden. Bei Entscheidungen, die mit formeller Rechtskraft wirksam wurden, beendete die Antragsrücknahme das Verfahren unmittelbar. **Abs 2** unterscheidet nicht mehr; bei beiden Alternativen **beendet** die Antragsrücknahme das Verfahren 2 3

§ 22

unmittelbar; die Entscheidung wird wirkungslos, ohne dass es einer ausdrücklichen Aufhebung bedarf.

2. Zustimmung der Beteiligten

4 Das Erfordernis der Zustimmung des Antragsgegners, ggfs auch weiterer Beteiligter, trägt der Interessenlage Rechnung. Hierdurch wird die Möglichkeit geschaffen, die Durchführung des Verfahrens zu erzwingen, um eine nochmalige Inanspruchnahme zu verhindern. Die Erforderlichkeit einer Zustimmung wurde bisher nur in „echten Streitsachen", die der materiellen Rechtskraft fähig sind, bejaht. Das Gesetz sieht sie jetzt generell vor. Die Zustimmung ist erforderlich, sobald sich der Antragsgegner durch mündliche oder schriftliche Erklärung zur Sache eingelassen hat. Der Stand des Verfahrens, von dem ab die Zustimmung erforderlich wird, ist abw von § 269 ZPO geregelt. Während nach der Zivilprozessordnung die Rücknahme ohne Zustimmung nur bis zum Beginn der mündlichen Verhandlung erfolgen kann, bedarf die Rücknahme nach Abs 1 Satz 2 erst nach Erlass der Endentscheidung der Zustimmung.

3. Wirkung der Rücknahme

5 Durch die Rücknahme wird das Verfahren beendet. Eine bereits ergangene, noch nicht rechtskräftige Entscheidung wird automatisch wirkungslos, unabhängig davon, ob bereits Rechtsmittel eingelegt sind oder sich das Verfahren in der Rechtsmittelinstanz befindet. Auf Antrag eines Beteiligten hat das Gericht die Wirkungslosigkeit durch **deklaratorischen** Beschluss auszusprechen (Abs 2 Satz 2). Der Beschluss ist nicht anfechtbar (Abs 2 Satz 3).

4. Rücknahme in Amtsverfahren

6 In dem klassischen Bereich der freiwilligen Gerichtsbarkeit und den Familiensachen, in denen das Gericht Rechtsfürsorge ausübt, werden die Verfahren von Amts wegen eingeleitet. In Einzelfällen kann ein Verfahren sowohl von Amts wegen als auch auf Antrag eingeleitet werden. Auch in diesen Verfahren gilt der Amtsermittlungsgrundsatz; auch ein auf Antrag eines Beteiligten
7 eingeleitetes Verfahren wird durch Antragsrücknahme nicht beendet. **Beispiele** für Verfahren, die sowohl von Amts wegen als auch auf Antrag eingeleitet werden können: § 1632 IV BGB (Verbleibensanordnungen), § 1682 BGB (Verbleibensanordnungen von Bezugspersonen), § 1887 II BGB (Entlassung des Jugendamtes), § 1896 BGB (Bestellung eines Betreuers); Erteilung von Genehmigungen nach § 1587 o BGB (Vereinbarungen über den Versorgungsausgleich bis zum Inkrafttreten des Strukturreformgesetzes), §§ 1821, 1822 BGB (Genehmigung von Geschäften des Vormundes), § 1906 BGB (Genehmigung zur Unterbringung). Auch für diese Verfahren sieht das Gesetz nunmehr vor, dass eine Rücknahme des Antrags nach Erlass der Endentscheidung der Zustimmung bedarf (Abs 4 iVm Abs 1). Diese Rücknahme bewirkt entsprechend den Grundsätzen des Amtsverfahrens weder eine Wirkungslosigkeit der Entscheidung noch eine Beendigung des Verfahrens (Abs 4 iVm Abs 2).

§ 22 Antragsrücknahme; Beendigungserklärung § 22

5. Sonstige Beendigung des Verfahrens

Abs 4 betrifft nur **Antragsverfahren,** die der Disposition der Beteiligten 8
unterliegen (Abs 3 iVm Abs 4). Die Vorschrift behandelt den Fall, dass die
Beteiligten das Verfahren beenden wollen. Dies kann nach Abs 1 durch
Antragsrücknahme mit Zustimmung der übrigen Beteiligten, aber auch in
sonstiger Weise durch übereinstimmende Erklärungen der Beteiligten, das
Verfahren beenden zu wollen, erfolgen.

Anlass für die Beendigung kann ein die **Hauptsache erledigendes** Er- 9
eignis sein. Übereinstimmende Erledigungserklärungen der Beteiligten binden
in den in Abs 3 geregelten **Antragsverfahren** das Gericht. Von dem
Vorliegen übereinstimmender Erledigungserklärungen kann in der Regel
ausgegangen werden, wenn einer entsprechenden Erklärung des Antragstellers
nicht widersprochen wird (BayObLG, NZM 99, 858). Verfolgt der
Antragsteller trotz Erledigung seinen Antrag weiter, ist dieser zurückzuweisen
(KG, Rpfleger 73, 42); auch dann, wenn der Antragsteller die Sache einseitig
für erledigt erklärt, obwohl sie nicht erledigt ist (OLG Hamm, FGPrax 99,
48). Bisher wurden in Rechtsprechung und Literatur unterschiedliche
Rechtsfolgen bei übereinstimmenden Erledigungserklärungen angenommen,
je nachdem ob die Erledigungserklärung in einem Antragsverfahren oder in
einem Streitverfahren erfolgte. In Antragsverfahren sollte das Gericht im
Wege der Amtsermittlung aufklären, ob tatsächlich Erledigung eingetreten
war, in Streitverfahren wurde Bindung an die übereinstimmenden Erledigungserklärungen
angenommen. Diese Unterscheidung wird durch **Abs 3** 10
beseitigt. In beiden Fällen ist das **Gericht** nunmehr an die Erklärungen der
Beteiligten **gebunden,** ohne dass weitere Aufklärungspflichten bestehen. In
den Antragsverfahren des Abs 3 setzt auch die Erledigung einen Antrag
voraus. Auch wenn es keiner Entscheidung des Gerichts mehr bedarf, kann
es sinnvoll sein, die Erledigung durch Beschluss festzustellen. Dies kann
insbesondere geboten sein bei Zweifeln hinsichtlich der Auslegung der abgegebenen
Erklärungen.

Beispiele für Erledigung in Antragsverfahren: Der Antrag auf Sicher- 11
stellung der sofortigen Rückgabe eines widerrechtlich verbrachten Kindes
erledigt sich durch dessen Rückgabe (OLG Celle, FamRZ 02, 569), nicht
jedoch das Rechtsmittelverfahren, denn der Verfahrensgegenstand ist kein
materieller Herausgabeanspruch; es besteht daher weiterhin ein berechtigtes
Interesse an der Feststellung der Rechtmäßigkeit der Rückgabeanordnung;
ein Verfahren nach § 2227 BGB wird durch die Kündigung des Amtes durch
den Testamentsvollstrecker erledigt. Die gerichtliche Ermächtigung für eine
Minderheit von Genossen zur Einberufung einer Generalversammlung wird
durch deren Einberufung verbraucht mit der Folge, dass in der Hauptsache
die Beschwer entfällt (BayObLG 78, 205).

Keine Bindung an übereinstimmende Erledigungserklärungen in einem 12
Verfahren auf Bestellung oder Abberufung eines Notgeschäftsführers, weil es
sich um eine Angelegenheit gerichtlicher Fürsorge handelt (BayObLG 78,
246).

Keine Erledigung in der Hauptsache bei Beendigung einer Freiheits- 13
entziehung, sondern Feststellungsinteresse für die nachträgliche Feststellung

§ 22a

der Rechtswidrigkeit (BVerfG, NJW 02, 2456). Gesetzliche Regelung: § 62 (Statthaftigkeit der Beschwerde nach Erledigung der Hauptsache); Art 18 II Bayrisches Polizeiaufgabengesetz (Feststellung der Rechtswidrigkeit nach Beendigung einer Freiheitsentziehung).

6. Erledigung in Amtsverfahren

14 Nach Abs 4 gilt die Regelung des Abs 3 in Verfahren, die von Amts wegen eingeleitet werden, nicht; das Gericht ist daher an Erklärungen der Beteiligten, das Verfahren beenden zu wollen, nicht gebunden. Eine Erledigung in der Hauptsache ist daher von Amts wegen festzustellen. Erledigung in der Hauptsache tritt ein, wenn nach Einleitung des Verfahrens der Verfahrensgegenstand durch ein Ereignis, das die Veränderung der Sach- und Rechtslage herbeiführt, wegfällt. Der diese Verfahren bestimmende Amtsermittlungsgrundsatz gilt auch für die Feststellung der Erledigung; das Gericht hat von Amts wegen festzustellen, ob die Erledigung eingetreten ist; dies kann auch formlos geschehen (BayObLG, NJW-RR 87, 9). Diese Grundsätze gelten auch für Verfahren, die sowohl auf Antrag als auch von Amts wegen eingeleitet werden können (Rn 7). Auch diese Verfahren werden durch übereinstimmende Erklärungen der Parteien nicht in der Hauptsache erledigt; das Gericht hat von Amts wegen zu ermitteln, ob Erledigung des Verfahrens eingetreten ist.

15 **Beispiele für Erledigung in Amtsverfahren:** Der Tod des Mündels (Pflegebefohlenen) in Verfahren wegen der Anordnung oder Aufhebung der Vormundschaft (Pflegschaft); Volljährigwerden des Kindes in Verfahren nach §§ 1666 ff BGB (OLG Köln, FamRZ 71, 190), in Verfahren nach § 1632 II BGB (OLG Zweibrücken, FamRZ 89, 419); keine Erledigung durch den Vollzug einer Herausgabeanordnung (BayObLG, NJWE-FER 99, 233). Das wegen eines täuschenden Vereinsnamens eingeleitete Amtslöschungsverfahren ist erledigt, wenn der gewählte neue Name in das Vereinsregister eingetragen wird (OLG Hamm, Rpfleger 78, 132).

Mitteilungen an die Familien- und Betreuungsgerichte

22a (1) **Wird infolge eines gerichtlichen Verfahrens eine Tätigkeit des Familien- oder Betreuungsgerichts erforderlich, hat das Gericht dem Familien- oder Betreuungsgericht Mitteilung zu machen.**

(2) **Im Übrigen dürfen Gerichte und Behörden dem Familien- oder Betreuungsgericht personenbezogene Daten übermitteln, wenn deren Kenntnis aus ihrer Sicht für familien- oder betreuungsgerichtliche Maßnahmen erforderlich ist, soweit nicht für die übermittelnde Stelle erkennbar ist, dass schutzwürdige Interessen des Betroffenen an dem Ausschluss der Übermittlung das Schutzbedürfnis eines Minderjährigen oder Betreuten oder das öffentliche Interesse an der Übermittlung überwiegen. Die Übermittlung unterbleibt, wenn ihr eine besondere bundes- oder entsprechende landesgesetzliche Verwendungsregelung entgegensteht.**

§ 22a Mitteilungen an die Familien- und Betreuungsgerichte **§ 22a**

1. Anwendungsbereich

Eine Pflicht zur Benachrichtigung der Familien- und Betreuungsgerichte 1
besteht für Zivil- und Strafgerichte, jedes Instanzgericht sowie auch für das nur
mit einer Beurkundung befasste Gericht, wenn die Tätigkeit des Familien- oder
Betreuungsgerichts Folge des gerichtlichen Verfahrens oder zu dessen ordnungsgemäßer Durchführung erforderlich ist. Die Regelung der Mitteilungsrechte und -pflichten, insbesondere an das Familiengericht dienen dem Kinderschutz. Die Tätigkeit des Familiengerichts oder des Betreuungsgerichts kann in der Einleitung oder Aufhebung eines Verfahrens oder in Maßnahmen innerhalb eines anhängigen Verfahrens bestehen und veranlasst sein. Die Mitteilungspflicht besteht nicht, wenn nur gelegentlich eines gerichtlichen Verfahrens Verhältnisse zu Tage treten, die ein Einschreiten zB im Rahmen einer Vormundschaft oder Pflegschaft geboten erscheinen lassen. Beispiele: Nach § 272 II 2 Unterrichtung des zuständigen Gerichts über (einstweilige) Maßnahmen eines Gerichts, in dessen Bezirk ein Bedürfnis für eine solche Maßnahme bekannt wurde; ferner über Maßnahmen nach § 152 IV 1, 2, § 167 II, § 313 IV.

Sonderregelungen für Mitteilungspflichten der **Betreuungsgerichte** an 2
zuständige Behörden enthalten die §§ 309, 310, 311 für das Betreuungsverfahren und § 338 iVm §§ 309, 310, 311 für das Unterbringungsverfahren sowie § 431 iVm §§ 309, 310, 311 für Freiheitsentziehungsverfahren. In Adoptionssachen sind dem Standesbeamten Entscheidungen nach §§ 197, 198 mitzuteilen. Mitteilungspflichten des **Standesbeamten** ergeben sich aus § 168 a; er ist zu einer Mitteilung an das Familiengericht verpflichtet, wenn ihm der Tod einer Person, die ein minderjähriges Kind hinterlassen hat, oder die Geburt eines Kindes nach dem Tod des Vaters oder das Auffinden eines Minderjährigen, dessen Familienstand nicht zu ermitteln ist, angezeigt wird (Abs 1); ferner hat er dem Familiengericht mitzuteilen, wenn Eltern, die gemeinsam für ein Kind sorgeberechtigt sind, keinen Ehenamen führen und von ihnen binnen eines Monats nach der Geburt des Kindes der Geburtsname des Kindes nicht bestimmt worden ist (Abs 2). In Gewaltschutzsachen ergibt sich aus § 216a eine Mitteilungspflicht des **Gerichts** über Anordnungen nach den §§ 1, 2 des GewSchG sowie deren Änderung und Aufhebung gegenüber der zuständigen Polizeibehörde und anderen öffentlichen Stellen, die von der Durchführung der Anordnung betroffen sind. Ferner bestehen Mitteilungspflichten nach § 356 (Mitteilungspflicht des Nachlassgerichtes an das Familiengericht über Vermögenserwerb eines Kindes), § 379 (Mitteilungspflicht von Gerichten, Staatsanwaltschaften, Polizei und Gemeindebehörden gegenüber dem Registergericht bei unrichtigen, unvollständigen oder unterlassenen Anmeldungen). In diesen Fällen ist die mitteilende Behörde über die ergriffene Maßnahme zu unterrichten, auch wenn kein Anlass zum Tätigwerden besteht. Ferner bestehen Mitteilungspflichten nach § 347 (Mitteilungen über besondere amtliche Verwahrung), § 400 (Mitteilungen bei Eintragungen in Bezug auf Ausländervereine).

2. Übermittlung personenbezogener Daten

Abs 2 schafft eine Rechtsgrundlage dafür, dass Gerichte und Behörde dem 3
Familien- oder Betreuungsgericht auch personenbezogene Daten übermitteln

dürfen, die dem Datenschutz unterliegen. Ihre Mitteilung ist nur dann gerechtfertigt, wenn diese für familien- und betreuungsgerichtliche Maßnahmen in Bezug auf Minderjährige oder Betreute erforderlich sind. Hierbei ist eine Abwägung vorzunehmen zwischen dem Schutzbedürfnis der genannten Personen und dem öffentlichen Interesse hieran einerseits und dem schutzwürdigen Interesse der Betroffenen an dem Ausschluss der Übermittlung, soweit dieses für die übermittelnde Stelle erkennbar ist. Die Übermittlung unterbleibt, wenn das schutzwürdige Interesse an dem Ausschluss der Übermittlung überwiegt oder der Übermittlung besondere bundes- oder entsprechende landesgesetzliche Verwendungsregeln entgegenstehen (Abs 2 S 1).

4 Eine **Sonderregelung** enthält § 7 Betreuungsbehördengesetz (BtBG). Danach können Betreuungsbehörden dem Betreuungsgericht Umstände mitteilen, die eine Maßnahme in Betreuungssachen zur Abwendung einer erheblichen Gefahr für das Wohl des Betroffenen erforderlich machen.

3. Einzelfälle

5 Todeserklärung eines Elternteils, wenn nicht dem anderen Elternteil die elterliche Sorge allein zusteht (§§ 1677, 1681 II, 1773 BGB); Eröffnung und Aufhebung des Insolvenzverfahrens. über das Vermögen eines Inhabers der elterlichen Sorge; rechtskräftige Entscheidungen in Abstammungssachen (§ 169), wenn dadurch die Anordnung oder Aufhebung einer Vormundschaft erforderlich wird; Todeserklärung, Geschäftsunfähigkeit, Insolvenzverfahren in Bezug auf einen Vormund, Gegenvormund, Pfleger oder Beistand (§§ 1780, 1781, 1886, 1915, 1792 IV BGB); ferner bei Beendigung einer Amtspflegschaft durch Statutenwechsel, weil im Einzelfall zu prüfen ist, ob deutsche Familiengerichte tätig werden müssen (KG, OLG 92, 265).

Abschnitt 2
Verfahren im ersten Rechtszug

Verfahrenseinleitender Antrag

23 (1) **Ein verfahrenseinleitender Antrag soll begründet werden. In dem Antrag sollen die zur Begründung dienenden Tatsachen und Beweismittel angegeben sowie die Personen benannt werden, die als Beteiligte in Betracht kommen. Urkunden, auf die Bezug genommen wird, sollen in Urschrift oder Abschrift beigefügt werden. Der Antrag soll von dem Antragsteller oder seinem Bevollmächtigten unterschrieben werden.**

(2) **Das Gericht soll den Antrag an die übrigen Beteiligten übermitteln.**

1. Anwendungsbereich

1 Die Verfahren der freiwilligen Gerichtsbarkeit sind Amtsverfahren, die, soweit nichts anderes bestimmt ist, von Amts wegen eingeleitet werden. Das Antragserfordernis ergibt sich aus dem materiellen Recht. Dieses kann vorsehen, dass ein Verfahren entweder auf Antrag oder von Amts wegen (Rn 7

§ 23 Verfahrenseinleitender Antrag § 23

zu § 22) oder nur auf Antrag eingeleitet wird, das Verfahren jedoch durch den Amtsermittlungsgrundsatz bestimmt wird. Aus dem materiellen Recht kann sich ergeben, dass die Dispositionsbefugnis der Beteiligten durch den notwendigen Verfahrensantrag den Verfahrensgegenstand bestimmt, an den das Gericht gebunden ist.

Verfahrenseinleitende Anträge enthalten § 171 (Abstammungssachen). § 203 (Ehewohnungs- und Haushaltssachen), § 363 (Antrag auf Vermittlung der Auseinandersetzung), § 417 (in Freiheitsentziehungssachen), § 431 (in Aufgebotssachen).

Beispiele für das Erfordernis eines Antrages in Amtsverfahren: § 29 BGB 2
(Notbestellung eines Vorstandsmitgliedes), § 113 III BGB (Ersetzung der Einwilligung des Vormundes zu einem Dienst- oder Arbeitsverhältnis), § 1365 II BGB (Ersetzung der Zustimmung eines Ehegatten zu einer Verfügung über das Vermögen im Ganzen), § 1369 II BGB (Ersetzung der Zustimmung eines Ehegatten zu Verfügungen über Haushaltsgegenstände), § 1382 BGB (Stundung einer Ausgleichsforderung), § 1383 BGB (Übertragung von Vermögensgegenständen), § 1631 III BGB (Unterstützung bei der Ausübung von Personensorge), §§ 1671, 1672 BGB (Übertragung der elterlichen Sorge), § 1896 I BGB (Bestellung eines Betreuers), § 1981 BGB (Anordnung der Nachlassverwaltung), § 1994 BGB (Bestimmung einer Inventarfrist).

Beispiele für die Einleitung von der Dispositionsbefugnis unterliegenden 3
Verfahren auf Antrag § 1 I, § 2 I GewSchG, § 14 I LwVG, § 23 I EGGVG, § 111 I BNotO.

Nicht in den Anwendungsbereich des § 23 fallen die auf Antrag einzulei- 4
tenden **Familienstreitsachen** nach § 112, auf die nach § 113 die Vorschriften der Zivilprozessordnung Anwendung finden. Bei den **Güterrechts-** 5
sachen ist zu beachten, dass sie nach § 112 Nr 2 iVm § 261 I zu den Familienstreitsachen gehören, jedoch mit Ausnahme der Güterrechtssachen nach § 261 II, die den Angelegenheiten der freiwilligen Gerichtsbarkeit zugeordnet werden: das sind die Verfahren nach § 1365 II, § 1369 II BGB, §§ 1382, 1383 BGB, §§ 1426, 1430, 1452 BGB. Als Angelegenheiten der freiwilligen Gerichtsbarkeit werden ferner behandelt die Verfahren nach § 1411, § 1491 III, § 1492 III, § 1493 II BGB, jedoch nicht als Güterrechtssachen, sondern als Kindschafts- bzw Betreuungssachen, weil das Wohl des Minderjährigen bzw des Betreuten im Vordergrund steht.

2. Verfahrensvoraussetzung

Soweit ein Antrag **gesetzlich** vorgeschrieben ist, ist er Verfahrensvoraus- 6
setzung; sein Vorliegen muss in jeder Lage des Verfahrens von Amts wegen geprüft werden. Der Antrag kann noch in der Rechtsbeschwerdeinstanz nachgeholt werden (BayObLG 64, 313). Wird ein unzulässiger Antrag gestellt, hat das Gericht Gelegenheit zu einem sachentsprechenden zulässigen Antrag zu geben (OLG Hamm, OLG 74, 172).

Soweit ein Antrag zugleich **Sachantrag** ist, wird der Umfang der Sachent- 7
scheidung hierdurch bestimmt; dem Antrag kann dann entweder ganz oder teilweise stattgegeben werden oder er kann zurückgewiesen werden; es kann jedoch nicht über den Antrag hinausgegangen werden. Eine strenge Bindung

§ 23 Buch 1 – Allgemeiner Teil

besteht zB an den Erbscheinsantrag nach § 2353 BGB; das Gericht muss ihm ganz entsprechen oder ihn ablehnen (OLG Hamm, NJW 68, 1683; BayObLG,
8 FamRZ 95, 1028). Ein Sachantrag ist durch das Gericht so **auszulegen,** dass er nach Möglichkeit zu dem erstrebten Ergebnis führt. Ggfs muss darauf hingewirkt werden, dass sachentsprechende Anträge gestellt werden (BayObLG 65, 179; 217; MDR 81, 499; BGH, MDR 98, 556). Nach dem Amtsermittlungsgrundsatz ist der wirkliche Wille des Antragstellers zu erforschen. Anträge sind in weitem Umfang auslegungsfähig (BayObLG, NJW-RR 01, 156).

9 Die **Antragsberechtigung** ist weitere Zulässigkeitsvoraussetzung. In einzelnen Vorschriften des BGB, die die Notwendigkeit eines Antrags vorsehen, ist zugleich bestimmt, wer zur Stellung des Antrags berechtigt ist (zB § 113 III BGB, § 1631 III BGB, § 1981 I BGB). Soweit der Antragsteller gesetzlich nicht bestimmt ist, ist jeder berechtigt, der materiell beteiligt sein kann, dessen Rechte und Pflichten durch die Entscheidung berührt werden können. Fehlt diese Berechtigung, ist der Antrag unzulässig; über ihn muss jedoch wegen der durch die Antragstellung begründeten formellen Verfahrensbeteiligung entschieden werden.

3. Rechtsschutzbedürfnis

10 Zu den Voraussetzungen für die Zulässigkeit des Antrags zählt auch ein gerechtfertigtes Interesse an der beantragten Entscheidung, das in jeder Lage des Verfahrens von Amts wegen zu prüfen ist (BayObLG 67, 453; KG, NJWE-FER 00, 14), jedoch nur dann zu versagen ist, wenn das Betreiben des Verfahrens eindeutig zweckwidrig ist und sich als Missbrauch der Rechtspflege darstellt (OLG Frankfurt, OLG 77, 101, Anm Haegele; Rpfleger 77, 206); erneute Anmeldung eines Vereins in das Vereinsregister, die auf die Tatsachen einer früheren Anmeldung gestützt wird, obwohl die Beschwerde gegen die Zurückweisung der Anmeldung erfolglos geblieben ist (KG, FGPrax 05, 130).

11 Ein Rechtsschutzbedürfnis für **Anträge auf feststellende Entscheidungen** wird nicht grundsätzlich ausgeschlossen. Das Verfahren der freiwilligen Gerichtsbarkeit ist jedoch generell für eine Feststellung wenig geeignet, weil alle am Verfahren beteiligt werden müssen, zu deren Gunsten oder Lasten die Feststellung wirken könnte (BayObLG, FamRZ 93, 720). Zulässigkeit verneint: Feststellung der Rechtswidrigkeit einer Abwesenheitspflegschaft im Gebiet der ehem DDR (BezG Erfurt, Rpfleger 94, 64); Feststellung einer bestimmten Auslegung eines Beschlusses (OLG, NJW-RR 93, 1347); bei nur deklaratorischer Bedeutung (BayObLG, Rpfleger 97, 162).

12 Ausgehend von der Rechtsprechung des BVerfG wird nunmehr auch ein Feststellungsinteresse bei **tiefgreifenden Grundrechtseingriffen** bejaht. Das BVerfG hatte dies zunächst zu § 304 StPO entschieden (BVerG, NJW 97, 2164), dann auch für das Verfahren der freiwilligen Gerichtsbarkeit in einer Entscheidung zu § 70 h FGG bejaht (BVerfG, NJWE-FER 98, 163; NJW 98, 2432; NJW 99, 273). In seiner Entscheidung vom 5. 12. 2001 (NJW 02, 2456 mwN) hat das BVerfG klargestellt, dass das Feststellungsinteresse unabhängig vom konkreten Ablauf des Verfahrens, dem Zeitpunkt der Erledigung und unabhängig von der Frage, ob der Rechtsschutz typischerweise noch vor Erledigung der Haft erlangt werden kann, zu bejahen ist; **alleinige Voraus-**

§ 24 Anregung des Verfahrens **§ 24**

setzung ist das Gewicht des Eingriffs in die Freiheit, dessen diskriminierende Wirkung und das Rehabilitationsinteresse.

Ein Rechtsschutzbedürfnis wurde **verneint** bei nicht vollzogener Abschiebehaft (BayObLG, FGPrax 04, 307); bei nicht durchgeführter, betreuungsrechtlicher Maßnahme (OLG Hamm, FGPrax 04, 231); bei Freiwilligkeit der Untersuchung nach Anordnung der Unterbringung zur Untersuchung (BVerfG, NJW 98, 2813; KG, FGPrax 02, 45). Durch **§ 62** wird das Bestehenbleiben des Feststellungsinteresses im Beschwerdeverfahren geregelt. **13**

4. Formelle Voraussetzungen

Nach Abs 1 S 4 ist der Antrag zu unterschreiben; dies war im bisherigen Recht nicht vorgeschrieben (aA Keidel/Sternal, Rn 42 zu § 23). Die Einreichung kann auch mittels Telegramm, Fernschreiben, Telefax und Computerfax mit eingescannter Unterschrift (BGH, NJW 00, 2340; 01, 831; FamRZ 07, 37) erfolgen. Bei Unklarheiten muss das Gericht von Amts wegen (§ 26) aufklären, von wem das Schriftstück herrührt. Durch RechtsVO können die Bundesregierung und die Landesregierungen Zeitpunkt und Form für die Einreichung elektronischer Dokumente bei den Gerichten bestimmen. Für den BGH gibt es bereits die VO v 26. 11. 2001 (BGBl I S. 3225). Im Übrigen behandelt Abs 1 S 1–3 die Frage der Begründung des Antrags. Nach Satz 1 soll der Antrag **begründet** werden. Die Begründung soll das Rechtsschutzziel darlegen. Ob darüber hinaus ein bestimmter Sachantrag notwendig ist, bestimmt das materielle Recht. Nach Satz 2 sollen die zur Begründung dienenden **Tatsachen und Beweismittel** angegeben werden, nach Satz 3 **Urkunden**, auf die Bezug genommen wird, in Urschrift oder Abschrift beigefügt werden. **14**

Die **Begründung** soll dem Gericht eine Grundlage für die von Amts wegen durchzuführenden Ermittlungen geben. Wenn die Anforderungen, die Abs 1 hierfür aufstellt, nicht erfüllt sind, würde dies im Hinblick auf den Amtsermittlungsgrundsatz keine Zurückweisung des Antrags rechtfertigen; dies bringt die Soll-Vorschrift zum Ausdruck. **15**

Nach **Abs 2** ist der Antrag den übrigen Beteiligten zur Gewährung **rechtlichen Gehörs** zu übermitteln. Um dies zu ermöglichen, schreibt Abs 1 Satz 2 vor, dass die Personen anzugeben sind, die als Beteiligte in Betracht kommen. Dies wird dem nicht anwaltlich vertretenen Antragsteller nicht immer möglich sein; er weiß uU gar nicht, wen das Gesetz als Beteiligten vorsieht. Auch insoweit muss das Gericht daher von Amts wegen ermitteln. **16**

Von der Übermittlung von Abschriften des Antrags an Beteiligte kann **abgesehen** werden, wenn der Antrag unzulässig oder offensichtlich unbegründet und daher sofort zurückzuweisen ist. **17**

Anregung des Verfahrens

24 (1) **Soweit Verfahren von Amts wegen eingeleitet werden können, kann die Einleitung eines Verfahrens angeregt werden.**

(2) **Folgt das Gericht der Anregung nach Absatz 1 nicht, hat es denjenigen, der die Einleitung angeregt hat, darüber zu unterrichten, soweit ein berechtigtes Interesse an der Unterrichtung ersichtlich ist.**

§ 25

1. Bedeutung der Anregung

1 Die Verfahren der freiwilligen Gerichtsbarkeit sind, soweit das Gesetz nicht einen Antrag vorschreibt, Amtsverfahren (Keidel/Sternal, Rn 3 zu § 24). Wenn das Gesetz bei Vorliegen bestimmter Voraussetzungen eine Tätigkeit des Gerichts vorschreibt, muss dieses von Amts wegen tätig werden, wenn es auf irgendeine Weise von den Voraussetzungen Kenntnis erhält; ein „Antrag" hat in diesem Verfahren nur die Bedeutung einer Anregung (BayObLG, Rpfleger 86, 302; NJW-RR 95, 387). Das Gericht kann daher auch an Stelle der angeregten Maßnahme eine andere ihm als geeigneter erscheinende Anordnung treffen (OLG Braunschweig, MDR 62, 132). Das Zurückziehen einer solchen „Anregung" oder die Zurücknahme eines Antrages in Verfahren, die auf Antrag und von Amts wegen, also nicht notwendig auf Antrag eingeleitet werden, beendet daher ein Verfahren nicht ohne Weiteres.

2. Unterrichtung über Nicht-Tätigwerden

2 Wenn sich aus der Anregung keine Veranlassung zur Einleitung eines Verfahrens von Amts wegen ergibt, stellt sich die Frage, ob eine Unterrichtung desjenigen, der ein Verfahren angeregt hat geboten ist. Nach **Abs 2** hat eine Unterrichtung dann zu erfolgen, wenn ein **berechtigtes Interesse** daran erkennbar ist. Das Gericht hat darüber nach pflichtgemäßem Ermessen zu entscheiden. Das Gericht hat in das Ermessen einzubeziehen die Bedeutung der Angelegenheit, das informationelle Selbstbestimmungsrecht derjenigen, die von dem Verfahren betroffen gewesen wären, uU auch die Motivation desjenigen, der das Verfahren angeregt hat. Eine Unterrichtung ist dann geboten, wenn die Anregung von einer Person oder Behörde ausgeht, die berechtigt oder verpflichtet ist, bei der Wahrnehmung der Aufgaben, die Gegenstand der Anregung sind, mitzuwirken; jedenfalls auch dann, wenn die Anregung von einer Person ausgeht, die als Beteiligte hinzuzuziehen wäre.

3. Gesetzliche Mitteilungspflichten

3 Sie bestehen nach § 22a (Mitteilungen an die Familien- oder Betreuungsgerichte), § 168a (Mitteilungspflicht des Standesbeamten); hierzu im Einzelnen Rn 1 zu § 22a. Ferner bestehen Mitteilungspflichten nach § 356 des Nachlassgerichts an das Familiengericht über Vermögenserwerb eines Kindes, nach § 379 von Gerichten, Staatsanwaltschaften, Polizei und Gemeindebehörden gegenüber dem Registergericht bei unrichtigen, unvollständigen oder unterlassenen Anmeldungen; in diesen Fällen ist die mitteilende Behörde über die ergriffene Maßnahme zu unterrichten, auch wenn kein Anlass zum Tätigwerden besteht. Ferner bestehen Mitteilungspflichten nach § 347 (Mitteilungen über besondere amtliche Verwahrung), § 400 (Mitteilungen bei Eintragungen in Bezug auf Ausländervereine).

Anträge und Erklärungen zur Niederschrift der Geschäftsstelle

25 (1) **Die Beteiligten können Anträge und Erklärungen gegenüber dem zuständigen Gericht schriftlich oder zur Niederschrift der**

§ 25 Anträge und Erklärungen zur Niederschrift der Geschäftsstelle **§ 25**

Geschäftsstelle abgeben, soweit eine Vertretung durch einen Rechtsanwalt nicht notwendig ist.
(2) Anträge und Erklärungen, deren Abgabe vor dem Urkundsbeamten der Geschäftsstelle zulässig ist, können vor der Geschäftsstelle eines jeden Amtsgerichts zur Niederschrift abgegeben werden.
(3) Die Geschäftsstelle hat die Niederschrift unverzüglich an das Gericht zu übermitteln, an das der Antrag oder die Erklärung gerichtet ist. Die Wirkung einer Verfahrenshandlung tritt nicht ein, bevor die Niederschrift dort eingeht.

1. Form der Anträge und Erklärungen

Erklärungen sind für das Gericht bestimmte Äußerungen tatsächlicher, 1 verfahrensrechtlicher oder rechtsgeschäftlicher Art; **Anträge** sind Erklärungen, die eine bestimmte Tätigkeit des Gerichts fordern, ohne Unterschied, ob es sich um einen notwendigen Antrag oder um eine Anregung handelt. Erklärungen und Anträge können regelmäßig von der Geschäftsstelle entgegengenommen werden, **ausgenommen** solche, die der notariellen Beur- 2 kundung bedürfen, die zu gerichtlichem Protokoll abzugeben sind; ausgenommen ferner solche, für die das Gesetz schriftliche Abfassung und Beglaubigung durch den Notar nach § 129 BGB idF des § 56 I 2 des BeurkG vorgeschrieben hat. **Beispiele:** Verzicht eines Abkömmlings auf seinen Anteil 3 am Gesamtgut nach § 1491 BGB, auf die fortgesetzte Gütergemeinschaft durch den überlebenden Ehegatten nach § 1492 BGB, Ausschlagung der Erbschaft, Anfechtung der Annahme oder Ausschlagung, Anfechtung der Versäumung der Ausschlagungsfrist nach §§ 1945, 1955, 1956 BGB. Nach § 1945 I, II BGB kann die Ausschlagung auch zur Niederschrift des Nachlassgerichts nach den Vorschriften des BeurkG erklärt werden (Winkler, Rpfleger 71, 344).

2. Protokoll der Geschäftsstelle

Notwendige Erfordernisse sind die Angabe des Ortes, des Tages der Auf- 4 nahme, die Bezeichnung desjenigen, dessen Erklärungen beurkundet werden, der Vermerk, dass die Erklärung vorgelesen oder durchgelesen und genehmigt wurde; ferner muss der Inhalt von dem Urkundsbeamten abgefasst und von diesem unterschrieben sein.

3. Schriftform

Abs 1 enthält keine Formvorschriften. Die Notwendigkeit einer Unter- 5 schrift für schriftliche Anträge ergibt sich jetzt aber abw vom bisherigen Recht aus § 23 I 4, für die Beschwerde aus § 64 II 3; für der Schriftform bedürftige rechtsgeschäftliche Erklärungen folgt dies aus § 126 BGB. Zu den Anforderungen an den Schriftzug: BGH, Rpfleger 92, 118. Bei Unklarheiten muss das Gericht von Amts wegen aufklären, von wem das Schriftstück herrührt. Die Einlegung kann auch mittels Telegramm, Fernschreiber, Telefax und Computerfax mit eingescannter Unterschrift erfolgen (BGH, NJW 00, 2340;

§ 26

01, 831); auch bei der gemeinsamen Kopierstelle mehrerer Behörden (BayObLG 91, 266).

6 Durch RechtsVO können die Bundesregierung und die Landesregierungen Zeitpunkt und Form für die Einreichung **elektronischer Dokumente** bei den Gerichten bestimmen (§ 14). Für den BGH gibt es bereits die VO v 26. 11. 2001, BGBl I S. 3225. Die Dokumente müssen den in der VO bestimmten informationstechnischen Anforderungen entsprechen und mit einer qualifizierten elektronischen Signatur nach dem SigG versehen sein. Fehlen diese Voraussetzungen, ist die Schriftform nicht gewahrt (BGH, FamRZ 09, 319). Ein elektronisches Dokument ist eingereicht, sobald die für den Empfang bestimmte Einrichtung des Gerichts es aufgezeichnet hat (§ 130a III ZPO).

4. Zuständiges Gericht

7 Schriftliche Erklärungen können nur bei dem zuständigen Gericht abgegeben werden. Zuständiges Gericht ist das Gericht, bei dem die Angelegenheit, auf die sich die Erklärung bezieht, anhängig ist oder anhängig gemacht werden kann (Abs 1). Erklärungen gegenüber dem Urkundsbeamten der Geschäftsstelle können sowohl gegenüber dem zuständigen Gericht (Abs 1) als auch gegenüber der Geschäftsstelle **eines jeden Amtsgerichts** abgegeben werden (Abs 2). Die **Wirkung** der vor dem nicht zuständigen Gericht abgegebenen Erklärungen oder Anträge tritt jedoch erst **mit Eingang** bei dem zuständigen Gericht ein (Abs 3 Satz 2; § 130 III BGB). Daraus folgt die Verpflichtung der Geschäftsstelle zur unverzüglichen Weiterleitung der Niederschrift an das zuständige Gericht (Abs 3 Satz 1). Dies ist von besonderer Bedeutung bei fristgebundenen rechtsgeschäftlichen (§§ 2081, 2082 BGB) oder verfahrensrechtlichen Erklärungen. Wird nicht unverzüglich weitergeleitet, kommt uU Wiedereinsetzung (§§ 17–19) in Betracht.

8 **Sonderregelungen** der Zuständigkeit: § 64 II 1 (Einlegung der Beschwerde auch zur Niederschrift der Geschäftstelle des Gerichts, dessen Beschluss angefochten wird), § 305 (Der Untergebrachte kann in Betreuungssachen die Beschwerde auch bei dem Amtsgericht einlegen, in dessen Bezirk er untergebracht ist); das Gleiche gilt nach § 336 in Unterbringungsverfahren; die Erklärungen können zu Protokoll der Geschäftsstelle dieser Gerichte erfolgen.

Ermittlung von Amts wegen

26 Das Gericht hat von Amts wegen die zur Feststellung der entscheidungserheblichen Tatsachen erforderlichen Ermittlungen durchzuführen.

1. Amtsverfahren

1 Das Verfahren der freiwilligen Gerichtsbarkeit unterliegt dem Grundsatz des Amtsbetriebes (Offizialmaxime); das Verfahren ist, soweit nicht ein Antrag gesetzlich vorgeschrieben ist (Rn 1–3 zu § 23) von Amts wegen einzuleiten und in Gang zu halten (Keidel/Sternal, Rn 12 zu § 26). Bei der Feststellung des für die Entscheidung erheblichen Sachverhalts gilt nach § 26 der Grund-

§ 26 Ermittlung von Amts wegen **§ 26**

satz der **Amtsermittlung** (Inquisitionsmaxime); das Gericht hat danach bei der Feststellung des Sachverhalts von Amts wegen die Wahrheit zu ermitteln; es ist hierbei nicht an Vorbringen und Beweisangebote der Beteiligten gebunden; diese haben über die tatsächlichen Grundlagen der Entscheidung grundsätzlich keine Dispositionsbefugnis. In den **Antragsverfahren** trifft 2 die Beteiligten jedoch insofern eine gewisse Darlegungslast, als es ihnen obliegt, durch Vorbringen des ihnen bekannten Sachverhalts und Angabe der ihnen bekannten Beweismittel dem Gericht Anhaltspunkte dafür zu liefern, in welche Richtung es seine Ermittlungen ansetzen kann; insbesondere kann von dem Antragsteller erwartet werden, dass er die ihm bekannten Umstände vorbringt und die ihm bekannten Beweismittel benennt (BGH, NJW 85, 1902; OLG Köln, Rpfleger 81, 65; BayObLG 84, 102: WEG-Verfahren; BayObLG, 01, 1446: Betreuervergütung; KG, Rpfleger 05, 667: Erbscheinsverfahren). § 26 gilt nicht in Familienstreitsachen (§ 112) und Ehesachen (§ 121) (§ 113 I 1).

Die **Mitwirkungspflichten** (§ 27) der Ehegatten in Haushaltsverfahren 3 (§ 200) werden durch § 206 konkretisiert; kommen die Ehegatten einer Auflage in Bezug auf die nach § 206 zu machenden Angaben nicht innerhalb einer gesetzten Frist oder verspätet nach (§ 206 I), kann das Vorbringen unberücksichtigt bleiben (§ 206 III). Das Gericht ist dann zu einer weiteren Aufklärung des Sachverhalts nicht verpflichtet.

Die am Verfahren **zu Beteiligenden** sind jedoch auch in Antragsverfahren 4 von Amts wegen zu ermitteln, soweit sie von dem Antragsteller nicht oder nicht vollständig angegeben worden sind (§ 23 I 2; Zimmermann, FPR 09, 7); für das bisherige Recht: BayObLG, DNotZ 94, 178; zu den Grenzen der Amtsermittlung im Versorgungsausgleichsverfahren: BGH, NJW 94, 560; OLG Karlsruhe, NJW-RR 92, 652. Der Amtsermittlungsgrundsatz kann es auch in Streitverfahren gebieten, eine als unstreitig bezeichnete Tatsache auf ihre Richtigkeit zu überprüfen (BayObLG, NJW-RR 97, 971: WEG-Verfahren); es kann jedoch auch auf der Grundlage des glaubhaften Vorbringens eines Beteiligten, dem der Gegner nicht widersprochen hat, entschieden werden (BGH, NZM 01, 196). Bei Nichtfeststellbarkeit einer entscheidungs- 5 erheblichen Tatsache richten sich die Folgen nach den Grundsätzen der **Feststellungslast** (objektive Beweislast); keine subjektive Beweisführungslast. Sie regelt die Frage, welcher Beteiligte den Nachteil zu tragen hat, der sich daraus ergibt, dass eine Tatsache sich nicht hat erweisen lassen. Die Feststellungslast trägt danach der Beteiligte, der aus dem materiellen Recht eine für ihn günstige Rechtsfolge herleitet (KG, NJW 01, 903; OLG Frankfurt, Rpfleger 78, 310; BayObLG 85, 63 für WEG-Verfahren; BayObLG, Rpfleger 85, 194 für die Gültigkeit des Testaments; BayObLG, NJW-RR 92, 653; FamRZ 94, 593, wobei ebenso wie bei der zivilprozessualen Beweislast zwischen rechtsbegründenden, rechtshindernden und rechtsvernichtenden Tatsachen zu unterscheiden ist. Die Pflicht des Gerichts zur Beweiserhebung findet dort ihre Grenze, wo der Träger der objektiven Darlegungslast die Beweiserhebung vorwerfbar vereitelt (BayObLG, Rpfleger 73, 310); die Beweiserhebung eine unzulässige Ausforschung darstellen würde (OLG Hamm, FGPrax 04, 49). Eine Beweisvereitelung ist zu verneinen, wenn die Ablehnung einer Mitwirkung (Untersuchung eines Elternteils im Sorgerechtsverfahren) berechtigt ist

§ 26

(BGH, NJW 10, 1351). Auch im Verfahren der freiwilligen Gerichtsbarkeit gelten die Grundsätze über den Anscheinsbeweis (BayObLG 79, 266; OLG Karlsruhe, OLG 82, 280).

2. Umfang der Ermittlungen

6   Sowohl in Amts- als auch in Antragsverfahren bestimmt das Gericht nach pflichtgemäßem Ermessen (KG, FamRZ 67, 686; BayObLG, NJWE-FER 01, 126; OLG Frankfurt, OLG 72, 120) unter Berücksichtigung der gesetzlichen Tatbestandsmerkmale und der besonderen Umstände des einzelnen Falles den Umfang der Ermittlungen (BVerfG, FamRZ 02, 1021: Eilverfahren; BayObLG, NJW-RR 97, 7); eine gesteigerte Ermittlungspflicht besteht in Kindschaftssachen (BGH, NJW 10, 1351); daher bedarf es nach Erlass einer einstweiligen Anordnung der Durchführung des Hauptverfahrens (Rn 7 zu § 49). Auch durch die Gestaltung des Verfahrens ist Grundrechtsschutz sicherzustellen (BVerfG, FamRZ 08, 492); dazu gehört die konkrete Auseinandersetzung mit den Besonderheiten des einzelnen Falles (BVerfG, aaO, 494). Die Pflicht zur Amtsermittlung entfällt nicht bei fehlender Begründung eines Antrags (BayObLG, NJW-RR 01, 1233). Der Umfang der Ermittlungen wird auch bestimmt durch generelle Erschwerniszustände in den neuen Bundesländern (OLG Jena, NJW-RR 94, 106); er wird durch die Tatbestandsvoraussetzungen des materiellen Rechts begrenzt (OLG Köln, FamRZ 89, 547).

Das Gericht ist an das Vorbringen und die Beweisanträge der Beteiligten **nicht gebunden.** Es kann darüber hinausgehen und, soweit es dies für erforderlich hält, weitere Tatsachen aufklären und weitere Beweismittel heranziehen (Baur § 18 I). Es muss jedoch nicht allen denkbaren Möglichkeiten nachgehen. Es kann auch davon ausgehen, dass die Beteiligten die ihnen vorteilhaften Umstände von sich aus vorbringen, wenn es annehmen darf, dass den Beteiligten die Bedeutung dieser Umstände bewusst ist (BayObLG NJW-RR 88, 1170). Dies gilt insbesondere, wenn die Parteien sich wegen widerstreitender vermögensrechtlicher Interessen gegenüberstehen (BGH 94, 26 ff). Das Gericht kann andererseits auch nach seinem Ermessen von weiteren Ermittlungen (OLG Hamm, Rpfleger 00, 547: vormundschaftsgerichtliche Genehmigung), von weiteren Beweiserhebungen absehen, wenn das bisherige Beweisergebnis ausreicht und nichts Sachdienliches mehr zu erwarten ist, auch wenn die Beteiligten weitere Beweise anbieten (KG, OLG 67, 87; BayObLG, FamRZ 97, 123; OLG Frankfurt, FGPrax 98, 24). Eine große Wahrscheinlichkeit für bestimmte entscheidungserhebliche Tatsachen reicht nicht aus (OLG Karlsruhe, FGPrax 95, 156). Der Umfang der Prüfungspflicht des Registergerichts bei Vornahme deklaratorischer Eintragungen (§ 39 I, II GmbHG) ist umstritten. Für die Prüfung der Richtigkeit und Vollständigkeit der angemeldeten Tatsachen: OLG Köln, Rpfleger 89, 66; für die Prüfungspflicht nur bei begründeten Zweifeln: OLG Braunschweig, NJW-RR 01, 176; OLG Hamm, FGPrax 96, 117; BayObLG, GmbHR 92, 304; bei der Frage, ob eine im Inland anzuerkennende Rechtsfähigkeit besteht: KG, NJW-RR 97, 1127). Der Umfang der Prüfungspflicht kann nicht generell, sondern nur anhand der Gesamtumstände des Einzelfalles bestimmt werden.

§ 26 Ermittlung von Amts wegen **§ 26**

Eingeschränkte Amtsermittlung sieht das Gesetz in § 127 II, III, § 177 7
vor. In Verfahren auf Scheidung oder Aufhebung der Ehe dürfen von den
Parteien nicht vorgebrachte Tatsachen nur berücksichtigt werden, wenn sie
geeignet sind, der Aufrechterhaltung der Ehe zu dienen und der Antragsteller
ihrer Berücksichtigung nicht widerspricht (§ 127 II); in Verfahren auf Scheidung
dürfen außergewöhnliche Umstände nach § 1568 BGB nur berücksichtigt
werden, wenn sie von dem Ehegatten, der die Scheidung ablehnt,
vorgebracht worden sind. In Verfahren auf Anfechtung der Vaterschaft dürfen
nach § 177 I von den Parteien nicht vorgebrachte Tatsachen nur berücksichtigt
werden, wenn sie geeignet sind, dem Fortbestand der Vaterschaft zu
dienen oder wenn der die Vaterschaft Anfechtende einer Berücksichtigung
nicht widerspricht.

3. Art der Ermittlungen

Das Gericht entscheidet auch nach pflichtgemäßem Ermessen (BayObLG 8
70, 173; OLG Frankfurt 72, 120) über die Art der Ermittlungen, insbesondere
darüber, ob es den für die Entscheidung erheblichen Tatsachenstoff durch
formlose Ermittlungen (Freibeweis) oder durch förmliche Beweisaufnahme
(Strengbeweis) feststellen, einen Ortstermin (OLG Hamm, NZM 00, 910)
durchführen will.

Der Umfang der Ermittlung **ausländischen Rechts** liegt im Ermessen des 9
Gerichts (§ 293 ZPO); die Grenzen der Ermessensausübung hängen von den
Umständen des konkreten Falles ab. Das Unterlassen der Ermittlung ist
regelmäßig rechtsfehlerhaft (BGH, NJW 92, 2026; 3096; 95, 1032; BayObLG,
NJW-RR 96, 1038; FGPrax 98, 240; OLG Saarbrücken, NJW 02,
1209; OLG Frankfurt, NJWE-FER 99, 194: Familiensachen). Rechtliche
Vorgänge im Ausland sind wie Tatsachenfeststellungen zu behandeln; die
Parteien haben den Inhalt ausländischen Rechts nicht nachzuweisen (OLG
Köln, GmbHRdsch 89, 125). Bei von Amts wegen zu treffenden Feststellungen
besteht eine Pflicht zur Ermittlung ausländischen Rechts (KG, Rpfleger
97, 440).

Einzelfragen: Das Gericht ist in einem Verfahren nach § 1666 BGB oder 10
§ 1674 BGB nicht berechtigt, einen Elternteil zu verpflichten, sich einer
psychiatrischen Untersuchung zu unterziehen (OLG Stuttgart, FamRZ 75,
167). Eine umfassende Aufklärung des Sachverhalts ist geboten, wenn konkrete
Umstände vorgetragen werden, die Zweifel an der Testierfähigkeit
ergeben (OLG Hamm, OLG 89, 271; BayObLG NJW-RR 99, 946; Rpfleger
03, 130; OLG Köln, Rpfleger 92, 25); bleiben nach den gebotenen Ermittlungen
keine Zweifel an der Testierfähigkeit, bedarf es nicht der Einholung
eines Gutachtens (BayObLG, NJW-RR 90, 1419; NJWE-FER 98, 59). Bei
der Beurteilung einer (partiellen) Geschäftsunfähigkeit ist ein Gutachten nur
dann eine tragfähige Grundlage für eine Entscheidung, wenn der Sachverständige
darlegt, wie sich die Erkrankung auf die Willensbildung des Betroffenen
auswirkt (BayObLG, NJW 92, 2100).

Der **Registerrichter** kann in gewissem Umfang die Auffassung bestimmter 11
Verkehrskreise aus eigener Kenntnis feststellen, er muss jedoch die vorherrschende
Verkehrsauffassung ermitteln, wenn diese nicht ohne weiteres

§ 26 Buch 1 – Allgemeiner Teil

bestimmt werden kann (OLG Frankfurt, OLG 75, 108; BayObLG, NJW-RR 88, 617). Die allgemeine Möglichkeit zum Missbrauch rechtlich anerkannter Rechtsfiguren berechtigt für sich allein nicht den Registerrichter zur materiellen Prüfung der angemeldeten Tatsache (BayObLG, Rpfleger 77, 212); zum Umfang der Ermittlungspflicht des Registerrichters auch OLG Düsseldorf, Rpfleger 83, 357; Lappe, Rpfleger 83, 444; Rpfleger 81, 150; BayObLG 82, 107; OLG Düsseldorf, FGPrax 97, 36 (Verfahren nach dem LöschKG). Zum Umfang der Ermittlungspflicht des Familiengerichts: BayObLG 85, 53 ff; OLG Frankfurt, OLG 81, 135; OLG Zweibrücken, NJW 85, 2768; NJWE-FER 98, 91; OLG Dresden, Rpfleger 01, 232 (Genehmigung); des **Nachlassgerichts:** BayObLG; NJW-RR 01, 1588; NJW 81, 1521.

4. Vorfrage

12 Soweit als Vorfrage Feststellungen über streitige Rechtsverhältnisse zu treffen sind, entscheidet das Gericht der freiwilligen Gerichtsbarkeit auch hierüber. Es kann jedoch an bereits ergangene Urteile gebunden sein, an Urteile der Verwaltungsgerichte im Umfang von deren Rechtskraft (BayObLG 58, 349), bei zivilrechtlichen Urteilen dann, wenn es sich um Gestaltungsurteile handelt oder sich die Rechtskraftwirkung auf alle an dem Verfahren Beteiligten erstreckt (BayObLG 69, 184, 186). Die Bindungswirkung erstreckt sich nicht auf präjudizielle Rechtsverhältnisse (BGH, NJW 03, 3058). Zur Abweisung einer Feststellungsklage: BayObLG, NJW-RR 88, 547. Verwaltungsakte sind zu beachten, solange sie nicht auf Verwaltungsklage aufgehoben sind (OLG Hamm, OLG 87, 141).

13 **Einzelfälle:** Bindung an die Feststellung des Ruhens der elterlichen Gewalt nach § 1674 BGB. Im Verfahren nach dem Freiheitsentziehungsgesetz über Abschiebungshaft (§ 16 AuslG) hat das Gericht die Ausländereigenschaft und das Asylrecht selbstständig zu prüfen (BayObLG 62, 123); gebunden ist es an die Entscheidung der Verwaltungsbehörde über das Aufenthaltsverbot und die Staatsangehörigkeit (BayObLG 70, 189).

Die Nichtigkeit eines Verwaltungsaktes mit Titelfunktion hat das Gericht im Erbscheinsverfahren bei der Prüfung der Antragsbefugnis des Steuergläubigers selbst zu beurteilen (PfälzOLG Zweibrücken, FGPrax 06, 224).

5. Beschwerdeverfahren

14 Die oben erörterten Grundsätze gelten auch für das Beschwerdeverfahren. Bei nicht unterzeichneter Rechtsmittelschrift hat das Gericht zu klären, ob diese mit Willen des Urhebers eingereicht wurde (BayObLG, NJWE-FER 98, 86). Die Beschwerde soll **begründet** werden (§ 65 I); hierfür kann das Gericht dem Beschwerdeführer eine Frist setzen (§ 65 II). Das Beschwerdegericht kann jedoch eine Beschwerde nicht wegen ungenügender Begründung zurückweisen, weil es in gleicher Weise wie das erstinstanzliche Gericht zur Aufklärung des Sachverhalts verpflichtet ist (BGH, NJW 80, 891; LG Stuttgart, Rpfleger 96, 159; m Anm Breyer). Es kann unter Umständen geboten sein, mit der Entscheidung über eine Beschwerde angemessene Zeit selbst dann zu warten, wenn sich der Beschwerdeführer Ausführungen zur Begrün-

§ 27 Mitwirkung der Beteiligten **§ 27**

dung seines Rechtsmittels nicht ausdrücklich vorbehalten hat (BayObLG 74, 302). Bei Ankündigung einer Begründung ist angemessene Zeit abzuwarten (OLG Köln, OLG 87, 203). Es können **neue Tatsachen und Beweismittel** von den Beteiligten vorgebracht werden (§ 65 III). Das Beschwerdegericht verletzt seine Aufklärungspflicht, wenn es von nahe liegenden weiteren Ermittlungen absieht, obwohl der Antragsteller im Hinblick auf eine ihm günstige erstinstanzliche Entscheidung seinen Tatsachenvortrag für ausreichend halten konnte (OLG Frankfurt, OLG 77, 425). Aus dem Amtsermittlungsgrundsatz folgt auch, dass Beteiligte **nicht** etwa wie nach § 530 ZPO mit weiterem Vorbringen **ausgeschlossen** werden können. Das Beschwerdegericht führt grundsätzlich die Ermittlungen selbst durch; es kann auch Beweiserhebungen wiederholen. Die persönliche Anhörung des Betroffenen darf durch einen beauftragten Richter vorgenommen werden, wenn von vornherein anzunehmen ist, dass das Beschwerdegericht das Ergebnis der Ermittlungen auch ohne eigenen Eindruck von dem Betroffenen zu würdigen vermag (BayObLG, FamRZ 02, 1362). Im Verfahren der Abschiebehaft ist erneute mündliche Verhandlung grundsätzlich geboten (OLG Naumburg, FGPrax 00, 211; BayObLG 99, 12).

Der Grundsatz der **Amtsermittlung** gilt auch, soweit es sich um eine Beschwerde nach den **Vorschriften der ZPO** handelt. Durch die vorgeschriebenen Formvorschriften der Zivilprozessordnung wird die rechtliche Natur als Angelegenheit der freiwilligen Gerichtsbarkeit nicht berührt. **15**

Für die **Rechtsbeschwerde** gilt der Amtsermittlungsgrundsatz, soweit das Gericht der Rechtsbeschwerde zur selbständigen Tatsachenprüfung berechtigt ist. **16**

Mitwirkung der Beteiligten

27 (1) **Die Beteiligten sollen bei der Ermittlung des Sachverhalts mitwirken.**

(2) **Die Beteiligten haben ihre Erklärungen über tatsächliche Umstände vollständig und der Wahrheit gemäß abzugeben.**

Das Gericht hat bei der Feststellung des Sachverhalts von Amts wegen die Wahrheit zu ermitteln; es ist hierbei nicht an Vorbringen und Beweisangebote der Beteiligten gebunden (§ 26). Die Beteiligten haben jedoch eine **Mitwirkungspflicht (Abs 1)**. In Antragsverfahren trifft die Beteiligten darüber hinaus insofern eine gewisse **Darlegungslast,** als es ihnen obliegt, durch Vorbringen des ihnen bekannten Sachverhalts und Angabe der ihnen bekannten Beweismittel dem Gericht Anhaltspunkte dafür zu liefern, in welche Richtung es seine Ermittlungen ansetzen kann (BGH 94, 26; OLG Köln, Rpfleger 81, 65; BayObLG 84, 102; 01, 347; NJW-RR 01, 1446). Tatsächliche Umstände müssen nicht in einer Weise vorgetragen werden, dass sie den sicheren Schluss auf die behauptete Rechtsfolge ergeben (OLG Hamm, FGPrax 97, 68). Das Schweigen eines Beteiligten auf eine Tatsachenbehauptung kann nicht ohne Weiteres als Zugeständnis aufgefasst werden. Es kann jedoch auch auf der Grundlage des glaubhaften Vorbringens eines Beteiligten, **1**

§ 28 Buch 1 – Allgemeiner Teil

dem der Gegner nicht widersprochen hat, entschieden werden (BGH, NZM 01, 198).

2 Für die Beteiligten gilt der Grundsatz der **Wahrheitspflicht (Abs 2)**. Geständnisse (§ 288 ZPO) und Nichtbestreiten der Beteiligten binden das Gericht dann nicht, wenn Bedenken gegen die Richtigkeit der nicht bestrittenen Tatsachen bestehen (BayObLG 71, 217; OLG Köln, FamRZ 91, 117).

3 Ein **Verstoß** gegen die Mitwirkungspflichten hat wegen des Amtsermittlungsgrundsatzes keine prozessualen Folgen. Es gibt auch keine subjektive Beweisführungslast. Bei Nichtfeststellbarkeit einer entscheidungserheblichen Tatsache richten sich die Folgen in Antragsverfahren nach den Grundsätzen der Feststellungslast (objektive Beweislast). Sie regelt die Frage, welcher Beteiligte den Nachteil zu tragen hat, der sich daraus ergibt, dass eine Tatsache sich nicht hat erweisen lassen. Die Feststellungslast trägt danach der Beteiligte, der aus dem materiellen Recht eine für ihn günstige Rechtsfolge herleitet (KG, NJW 01, 903; OLG Frankfurt, Rpfleger 78, 310; BayObLG 85, 63 für WEG-Verfahren; BayObLG, Rpfleger 85, 194 für die Gültigkeit eines Testaments; BayObLG, NJW-RR 92, 653; FamRZ 94, 593), wobei ebenso wie bei der zivilprozessualen Beweislast zwischen rechtsbegründenden, rechtshindernden und rechtsvernichtenden Tatsachen zu unterscheiden ist.

4 **Sonderregelungen** in Bezug auf Mitwirkungspflichten der Beteiligten: Rn 3 zu § 26; zur Frage der eingeschränkten Amtsermittlung bei Widerspruch Beteiligter gegen die Verwertung von Tatsachen in den Verfahren nach § 127 II, III und § 177: Rn 7 zu § 26.

Verfahrensleitung

28 (1) **Das Gericht hat darauf hinzuwirken, dass die Beteiligten sich rechtzeitig über alle erheblichen Tatsachen erklären und ungenügende tatsächliche Angaben ergänzen. Es hat die Beteiligten auf einen rechtlichen Gesichtspunkt hinzuweisen, wenn es ihn anders beurteilt als die Beteiligten und seine Entscheidung darauf stützen will.**

(2) **In Antragsverfahren hat das Gericht auch darauf hinzuwirken, dass Formfehler beseitigt und sachdienliche Anträge gestellt werden.**

(3) **Hinweise nach dieser Vorschrift hat das Gericht so früh wie möglich zu erteilen und aktenkundig zu machen.**

(4) **Über Termine und persönliche Anhörungen hat das Gericht einen Vermerk zu fertigen; für die Niederschrift des Vermerks kann ein Urkundsbeamter der Geschäftsstelle hinzugezogen werden, wenn dies auf Grund des zu erwartenden Umfangs des Vermerks, in Anbetracht der Schwierigkeit der Sache oder aus einem sonstigen wichtigen Grund erforderlich ist. In den Vermerk sind die wesentlichen Vorgänge des Termins und der persönlichen Anhörung aufzunehmen. Die Herstellung durch Aufzeichnung auf Datenträger in der Form des § 14 Abs. 3 ist möglich.**

1. Verfahrensleitung

1 Das Gericht hat im Rahmen der Verfahrensleitung so früh wie möglich **(Abs 3)** Hinweise zu erteilen, insbesondere darauf hinzuwirken, dass die

§ 28 Verfahrensleitung **§ 28**

Beteiligten sich rechtzeitig über alle erheblichen Tatsachen erklären und ungenügende tatsächliche Angaben im Rahmen ihrer Mitwirkungspflicht (§ 27) ergänzen **(Abs 1 Satz 1)**; das Gericht hat ferner nach **Abs 2** darauf hinzuwirken, dass in Antragsverfahren Formfehler beseitigt und sachdienliche Anträge gestellt werden (im Einzelnen Rn 8 zu § 23).

2. Rechtliches Gehör

Das Gericht hat auf einen entscheidungserheblichen **rechtlichen Gesichtspunkt** hinzuweisen, den es anders beurteilt als die Beteiligten **(Abs 1 Satz 2)**. Den Parteien ist Gelegenheit zu Rechtsausführungen zu geben. Sie haben jedoch keinen Anspruch auf ein „Rechtsgespräch". Darunter ist die Pflicht des Gerichts zu verstehen, darauf hinzuwirken, dass die Beteiligten verstehen und mitdenken, welche rechtlichen Erwägungen nach Auffassung des Gerichts maßgebend sein könnten (BayObLG 83, 485; Keidel/Schmidt, Rn 132–137 zu § 12 FGG mwN). Das Gericht muss jedoch auf einen rechtlichen Gesichtspunkt, den es anders beurteilt als die Beteiligten (Abs 1 Satz 2) und auf einen Gesichtspunkt, den die Beteiligten oder ein Beteiligter erkennbar übersehen oder für unerheblich gehalten haben (§ 139 II 1 ZPO entspr) hinweisen und Gelegenheit zur Äußerung geben (BVerfG, NJW 02, 1334; OLG Köln, OLG 92, 395; BayObLG 88, 324); das Gleiche gilt, wenn das Gericht von seiner bisherigen oder allgemein anerkannten Rechtsprechung abweichen will (Keidel/Sternal, Rn 7–9; BVerfG NJW 96, 3202). Ein Hinweis ist auch im Rechtsmittelverfahren geboten, wenn das Rechtsmittelgericht die angefochtene Entscheidung mit einer völlig anderen Begründung bestätigen will (BayObLG 80, 296). 2

3. Niederlegung zu den Akten

Abs 4 regelt, in welcher Form die wesentlichen Vorgänge eines Termins (§ 32) und das Ergebnis einer persönlichen Anhörung (§ 34) in den Akten niedergelegt werden sollen. Für die Hinweise nach Abs 1, 2 gilt Abs 3; diese Hinweise sind in Form eines Vermerks aktenkundig zu machen. Auch für die Ergebnisse eines Termins oder einer Anhörung sieht das Gesetz in erster Linie die Niederlegung in einem Vermerk vor. 3

Das Gericht kann den Vermerk auch in ein Protokoll entspr §§ 159 ff ZPO unter **Hinzuziehung eines Protokollführers** nach § 159 I 2 ZPO aufnehmen (Abs 4 S 1, 2. Hs). Das Gericht entscheidet nach pflichtgemäßem Ermessen darüber, welche Form der Niederlegung es wählt. Die Hinzuziehung eines Urkundsbeamten ist insbesondere geboten, wenn ein umfangreiches Protokoll zu erwarten ist, die Verhandlung sich schwierig gestalten könnte oder die Hinzuziehung aus einem sonstigen Grund erforderlich ist. Der Bundesrat (BT-Drs 16/6308 S 365) hat zu Recht darauf hingewiesen, dass die Terminsleitung in emotional aufgeladenen Anhörungsterminen, wie nicht selten in Umgangs- und Sorgerechtsverfahren, die Aufmerksamkeit des Richters im vollen Umfang in Anspruch nimmt und es ihm daher möglich sein muss, einen Urkundsbeamten hinzuzuziehen. 4

Die Herstellung eines Vermerks oder Protokolls durch Aufzeichnung auf Datenträger ist möglich (Rn 1 zu § 14; § 160 a IV ZPO).

Beweiserhebung

29 (1) **Das Gericht erhebt die erforderlichen Beweise in geeigneter Form. Es ist hierbei an das Vorbringen der Beteiligten nicht gebunden.**

(2) **Die Vorschriften der Zivilprozessordnung über die Vernehmung bei Amtsverschwiegenheit und das Recht zur Zeugnisverweigerung gelten für die Befragung von Auskunftspersonen entsprechend.**

(3) **Das Gericht hat die Ergebnisse der Beweiserhebung aktenkundig zu machen.**

1. Umfang der Beweiserhebung

1   Sowohl in Amts- als auch in Antragsverfahren bestimmt das Gericht nach **pflichtgemäßem Ermessen** den Umfang der Ermittlungen (BVerfG, FamRZ 02, 1021; BayObLG, NJW-RR 97, 7; NJWE-FER 01, 126); der Umfang der Ermittlungen wird durch die Tatbestandsvoraussetzungen des materiellen Rechts begrenzt (OLG Köln, OLG 89, 147). Das Gericht ist an das Vorbringen und die Beweisanträge nicht gebunden. Es kann darüber hinausgehen und weitere Beweise heranziehen; es muss jedoch nicht allen denkbaren Möglichkeiten nachgehen. Es kann nach seinem pflichtgemäßen Ermessen von weiteren Beweiserhebungen absehen, wenn das bisherige Beweisergebnis ausreicht und nichts Sachdienliches mehr zu erwarten ist, auch wenn die Beteiligten weitere Beweise anbieten (KG, OLG 67, 87; BayObLG, FamRZ 97, 123; OLG Frankfurt, FGPrax 98, 24; OLG Hamm, Rpfleger 00, 547). Eine große Wahrscheinlichkeit für bestimmte entscheidungserhebliche Tatsachen reicht nicht aus (OLG Karlsruhe, FGPrax 95, 156) (Abs 1). Bei der verfahrensrechtlichen Frage der Zuständigkeit bedarf es keines Beweises, wenn die zuständigkeitsbegründenden Tatsachen gleichzeitig notwendige Tatbestandsmerkmale sind (**doppelrelevante Tatsachen**); für die Zuständigkeitsfrage wird die Richtigkeit des Sachvortrages des Antragstellers unterstellt; anderenfalls ist Grundlage für die Zuständigkeit dessen Sachvortrag, über den bei Bestreiten Beweis zu erheben ist (BGH, NJW 10, 873).

2. Art der Beweiserhebung

2   Das Gericht kann formlose Ermittlungen durchführen (Freibeweis) oder eine förmliche Beweisaufnahme (Strengbeweis) (§ 30). Das Gericht hat hierüber nach **pflichtgemäßem Ermessen** zu entscheiden (OLG Zweibrücken, NJW-RR 88, 1211; BayObLG, NJW-RR 96, 583).

3   a) **Formlose Ermittlungen.** Diese können durchgeführt werden durch Beiziehung von Akten, Einholung von Auskünften, Anhörung von Auskunftspersonen (zB nach § 1847 BGB). Sie werden insbesondere in Betracht kommen für verfahrensrechtliche Tatsachen, zB, wenn geklärt werden soll, ob tatsächliche Verhältnisse vorliegen, die Anlass für eine Tätigkeit des Gerichts geben können oder wenn, wie zB im Verfahren zur Regelung der elterlichen Sorge ein möglichst umfassendes Bild der Verhältnisse gewonnen werden soll.

4   b) **Förmliche Beweisaufnahme.** Eine Pflicht zur förmlichen Beweisaufnahme kann sich insbesondere dann ergeben, wenn durch formlose Ermitt-

§ 29 Beweiserhebung   **§ 29**

lungen eine genügende Aufklärung nicht zu erreichen ist, wenn Zeugen bei einer formlosen Anhörung einander **widersprechende Angaben** gemacht haben (OLG Zweibrücken, NJW-RR 88, 1211) oder das Recht der Beteiligten, an der Wahrheitsermittlung mitzuwirken, durch formlose Ermittlungen nicht hinreichend gesichert ist (Keidel/Schmidt, Rn 3–6 zu § 15 FGG; Kollhosser, Zur Stellung und zum Begriff der Verfahrensbeteiligten im Erkenntnisverfahren der freiwilligen Gerichtsbarkeit, S 148 ff; Richter, Rpfleger 69, 261; Wütz, Der Freibeweis in der freiwilligen Gerichtsbarkeit, 1970; Grunsky, Grundlagen des Verfahrensrechts, S 483 ff; Baur, Festschrift für Bosch, S 34 f; KG, NJW 61, 2066; OLG Zweibrücken, NJW-RR 88, 1211). Das förmliche Beweisverfahren verdient auch dann den Vorzug, wenn es auf **5** die **Erweisbarkeit bestimmter Einzeltatsachen** ankommt, deren Feststellung für die Entscheidung ausschlaggebend ist, zB Errichtung und Inhalt eines abhanden gekommenen Testaments (BayObLG, Rpfleger 92, 484; OLG Köln, NJW-RR 93, 970), Testierfähigkeit des Erblassers, Überleben einer Person, Vorhandensein und Höhe eines Sparguthabens an einem Stichtag. Eine förmliche Beweisaufnahme ist jedenfalls auch in Verfahren geboten, die **6** **Eingriffe in Grundrechte** zum Gegenstand haben (Richter, Rpfleger 69, 261; OLG Düsseldorf, FamRZ 68, 260). Die Beschränkung auf formlose Erhebungen kann in diesen Fällen einen Ermessensfehler darstellen (KG, NJW 61, 2066; OLG Frankfurt, OLG 72, 127). Wählt das Gericht den Strengbeweis, ist der Verfahrensgrundsatz der Unmittelbarkeit der Beweisaufnahme zu beachten (BayObLG, NJW-RR 96, 583; FGPrax 97, 220).

3. Beweisanträge

Eine in dem bisherigen Abs 2 des Regierungsentwurfs vorgesehene Möglichkeit zur Stellung von Beweisanträgen (S 1), über die bei Ablehnung gesondert entschieden werden sollte (S 2) wurde auf Empfehlung des Rechtsausschusses (BT-Drs 16/9733, S 356) gestrichen. Der Rechtsausschuss folgte damit der Kritik des Bundesrates (BT-Drs 16/6308, S 365), der darauf hingewiesen hatte, dass das Verfahren der freiwilligen Gerichtsbarkeit in unangemessener Weise formalisiert werde und selbst die Regeln des Strengbeweises in der ZPO keinen „Beweisantrag" vorsehen, der als solcher zu bescheiden wäre. Der Rechtsausschuss hat ergänzend darauf hingewiesen, dass sich das **8** Gericht im Rahmen der obligatorischen **Begründung** seiner Entscheidung ohnehin mit entscheidungserheblichen Beweisangeboten auseinandersetzen müsse.

4. Auskunftspersonen

Bei der Einholung einer Auskunft bei einer zur Amtsverschwiegenheit **9** verpflichteten Person, im Wege des Freibeweises ist ebenso wie bei der förmlichen Beweiserhebung § 376 ZPO zu beachten; ferner sich aus §§ 383–390 ZPO ergebende Auskunftsverweigerungsrechte **(Abs 2)**.

Personen des öffentlichen Dienstes bedürfen, wenn sie über Umstände, auf **10** die sich die Pflicht zur **Amtsverschwiegenheit** bezieht, einer Aussagegenehmigung, die nur unter bestimmten Voraussetzungen von der Aufsichtsbehörde versagt werden darf. Die Genehmigung ist durch das Gericht einzuholen und den Zeugen bekannt zu machen (§ 376 ZPO).

11 Auskunftspersonen kann ein **Auskunftsverweigerungsrecht** zustehen als nahe Angehörige der Beteiligten (§ 383 I Nr 1–3 ZPO) oder als Angehörige der in § 383 I Nr 4–6 aufgeführten Berufsgruppen; die Angehörigen der in § 383 I Nr 4, 6 ZPO aufgeführten Berufsgruppen dann nicht, wenn sie von der Verpflichtung zur Verschwiegenheit entbunden sind (§ 385 II ZPO). Ein **Zeugnisverweigerungsrecht** kann sich auch aus sachlichen Gründen nach § 384 ZPO ergeben. Eine Belehrung ist nur für die in § 383 I Nr 1–3 ZPO aufgeführten Personen vorgeschrieben (§ 383 II ZPO). Bei fehlender Belehrung sind die Aussagen nicht verwertbar. Die Vernehmung der unter § 383 I Nr 4–6 ZPO aufgeführten Personen darf, auch wenn diese Personen das Zeugnis nicht verweigert haben, nicht auf Tatsachen gerichtet werden, in Bezug auf die erkennbar ist, dass das Zeugnis nicht ohne Verletzung der Verschwiegenheitspflicht abgelegt werden könnte (§ 383 III ZPO).

12 Das **Verfahren** über die Zeugnisverweigerung richtet sich nach §§ 386–390 ZPO; ein solches Verfahren findet statt, wenn sich Zweifel ergeben, ob die Auskunftsverweigerung berechtigt ist. Gegen die Entscheidung findet die sofortige Beschwerde nach § 387 II iVm 569 ZPO innerhalb einer Frist von zwei Wochen statt.

13 Bei **rechtskräftiger Verneinung** des Auskunftsverweigerungsrechts sind im Verfahren des Freibeweises Ordnungsmittel zur Erzwingung des Erscheinens im Termin oder zur Erteilung schriftlicher Auskünfte nicht zulässig. Es muss dann in das Verfahren des Strengbeweises übergegangen werden.

5. Niederlegung des Ergebnisses

14 Das Ergebnis einer formlosen Beweiserhebung ist aktenkundig zu machen; der Inhalt ist den Parteien zur Gewährung des rechtlichen Gehörs zu übermitteln (§ 37 II). Falls ein Termin stattgefunden hat, kommt § 28 IV zur Anwendung. Zur Notwendigkeit der Hinzuziehung eines Protokollführers: Rn 4 zu § 28.

Förmliche Beweisaufnahme

30 (1) **Das Gericht entscheidet nach pflichtgemäßem Ermessen, ob es die entscheidungserheblichen Tatsachen durch eine förmliche Beweisaufnahme entsprechend der Zivilprozessordnung feststellt.**

(2) **Eine förmliche Beweisaufnahme hat stattzufinden, wenn es in diesem Gesetz vorgesehen ist.**

(3) **Eine förmliche Beweisaufnahme über die Richtigkeit einer Tatsachenbehauptung soll stattfinden, wenn das Gericht seine Entscheidung maßgeblich auf die Feststellung dieser Tatsache stützen will und die Richtigkeit von einem Beteiligten ausdrücklich bestritten wird.**

(4) **Den Beteiligten ist Gelegenheit zu geben, zum Ergebnis einer förmlichen Beweisaufnahme Stellung zu nehmen, soweit dies zur Aufklärung des Sachverhalts oder zur Gewährung rechtlichen Gehörs erforderlich ist.**

§ 30 Förmliche Beweisaufnahme

Übersicht

1. Förmliche Beweisaufnahme 1
2. Rechtliches Gehör 4
3. Vorschriften der Zivilprozessordnung 5
4. Beweis durch Augenschein 10
5. Zeugenbeweis 15
6. Unmittelbarkeit 20
7. Parteiöffentlichkeit 21
8. Freie Beweiswürdigung (§ 286 ZPO) 22
9. Formvorschriften 23
10. Urkundenbeweis 25
11. Beweis durch Sachverständige 30
12. Beteiligtenvernehmung 37
13. Beeidigung von Zeugen und Sachverständigen 40
14. Grenzüberschreitend Beweisaufnahme 42

1. Förmliche Beweisaufnahme

Das Gericht entscheidet nach **pflichtgemäßem Ermessen** darüber, ob es 1 eine förmliche Beweisaufnahme nach den Vorschriften der Zivilprozessordnung durchführt (Abs 1; Rn 4–6 zu § 29). Das Ermessen wird durch Abs 2, 3 eingeschränkt; nach Abs 2 hat eine förmliche Beweisaufnahme stattzufinden, wenn das Gesetz dies vorschreibt, nach Abs 3 soll eine förmliche Beweisaufnahme zur Feststellung einer für die Entscheidung „maßgeblichen" Tatsache erfolgen.

Das **Gesetz** schreibt eine förmliche Beweisaufnahme vor in Verfahren von 2 schwerwiegender persönlicher Bedeutung oder solchen mit Grundrechtseingriffen. Nach § 177 II hat eine förmliche Beweisaufnahme über die Abstammung stattzufinden, nach § 280 im Verfahren zur Bestellung eines Betreuers oder der Anordnung eines Einwilligungsvorbehalts, nach § 321 vor Durchführung einer Unterbringungsmaßnahme.

Abs 3 stellt ein in die Ermessensentscheidung über die Frage einer förmli- 3 chen Beweisaufnahme einzubeziehendes **Kriterium** auf. Danach soll eine förmliche Beweisaufnahme stattfinden, wenn ein Beteiligter der Richtigkeit einer entscheidungserheblichen Tatsache widerspricht oder auch die Beteiligten hierzu widersprüchliche Darstellungen geben. Dies entspricht der bisherigen Rechtsprechung, die allerdings entspr dem Amtsermittlungsgrundsatz auch unabhängig von der Darstellung der Beteiligten der förmlichen Beweisaufnahme den Vorzug gibt, wenn es auf die Erweisbarkeit bestimmter Einzeltatsachen ankommt (im Einzelnen Rn 5 zu § 29; Keidel/Sternal, Rn 7–15). Soweit das Gesetz von „Tatsachenbehauptung" und „Bestreiten" spricht, sind diese Begriffe nicht im technischen Sinn der ZPO zu verstehen. Diese Begriffe setzen den Beibringungsgrundsatz voraus und sind in Verfahren, die dem Untersuchungsgrundsatz unterliegen, nicht anwendbar.

2. Rechtliches Gehör

Nach Abs 4 ist den Beteiligten Gelegenheit zur Stellungnahme zu dem 4 Ergebnis der Beweisaufnahme zu geben. Das rechtliche Gehör wird gewährt durch die Gelegenheit zur Kenntnisnahme und zur Stellungnahme. Es ist

§ 30 Buch 1 – Allgemeiner Teil

Voraussetzung dafür, dass das Beweisergebnis bei der Entscheidung verwertet werden kann (§ 37 II).

3. Vorschriften der Zivilprozessordnung

5   Abs 1 nimmt auf die entspr Anwendung der Vorschriften der Zivilprozessordnung zur Durchführung einer förmlichen Beweisaufnahme Bezug. Diese Vorschriften gelten mit den Abweichungen, die sich aus der Natur des Verfahrens der freiwilligen Gerichtsbarkeit und dessen Verschiedenheit zur
6   ZPO ergeben (BayObLG 70, 177). **Nicht anwendbar** sind daher die Vorschriften, die in Widerspruch zu dem **Untersuchungsgrundsatz** der frei-
7   willigen Gerichtsbarkeit stehen. Unanwendbar sind daher die Vorschriften über **Beweisantritte** in den §§ 371, 403, 420 ZPO; zur Anwendbarkeit in Verfahren, in denen der Streitstoff der Dispositionsbefugnis der Beteiligten unterliegt, Rn 7 zu § 29. Auch in Verfahren, die dem Untersuchungsgrundsatz unterliegen, können die Beteiligten aufgefordert werden, im Rahmen ihrer Mitwirkungspflicht (§ 27) Beweismittel anzugeben; das Gericht ist
8   hieran jedoch nicht gebunden. Unanwendbar sind auch die Vorschriften über die **Zurückweisung neuer Beweismittel** (§ 296 ZPO) und die Vor-
9   schusspflicht (§§ 379, 402 ZPO) (Mümmler, Rpfleger 72, 11). Nicht vorgeschrieben, aber zulässig ist der Erlass eines **Beweisbeschlusses** (§§ 358, 359 ZPO); Beweisanordnungen, die der Beschwerde nicht unterliegen (für das bisherige Recht: BayObLG, NJWE-FER 98, 43; KG, OLG 66, 383), sind den Beteiligten zur Wahrnehmung ihres Rechts auf Teilnahme und zur Gewährung rechtlichen Gehörs mitzuteilen. Von präsenten Beweismitteln kann Gebrauch gemacht werden, wenn der Grundsatz des rechtlichen Gehörs gewahrt ist.

4. Beweis durch Augenschein

10   Augenschein kann von Amts wegen, auch auf Grund formloser Anregungen der Beteiligten angeordnet werden. Ist Gegenstand des Beweises ein elektronisches Dokument, erfolgt der Beweis durch Vorlegung oder Übermittlung der Datei (§ 371 I 2 ZPO); § 371 a ZPO stellt elektronische Dokumente hinsichtlich ihrer Beweiskraft Urkunden gleich.

11   § 372 a ist entspr anwendbar bei Untersuchungen zur Feststellung der Abstammung in den Fällen der §§ 1600 c und 1600 d BGB oder in Fällen, in denen die Abstammung als Vorfrage gewürdigt werden muss (zB in Unterhalts-, Erbscheinsverfahren). Die von dem Gericht zu bestimmende Art der Untersuchung kann erfolgen durch Blutgruppenuntersuchung, serostatistische Zusatzberechnung, durch Einholung eines erbbiologischen Gutachtens und/oder durch eine DNA-Analyse. Soweit dies zur Feststellung der Abstammung erforderlich ist, hat jedermann Untersuchungen, insbesondere die Entnahme von Blutproben zu dulden, sofern die Untersuchung Aufklärung verspricht und sie nach den Folgen ihres Ergebnisses für den zu Untersuchenden und die in § 383 I Nr 1–3 ZPO bezeichneten Angehörigen und dessen Gesundheit zugemutet werden kann.

12   Die Untersuchung kann nach § 372 a II ZPO iVm §§ 386–390 ZPO **erzwungen** werden, wenn die Untersuchung ohne Angabe eines Grundes

§ 30 Förmliche Beweisaufnahme **§ 30**

verweigert wird, wobei das Nichterscheinen allein nicht als Verweigerung zu bewerten ist (OLG Zweibrücken, FamRZ 86, 493) oder, sofern ein Grund in der Form des § 386 ZPO vorgebracht wurde (ggfs durch gesetzlichen Vertreter: BGH, NJW 06, 1660), dessen Rechtmäßigkeit in einem Zwischenstreit nach § 387 ZPO verneint wurde.

Hinsichtlich der **Rechtsmittel** ist zu unterscheiden zwischen einer Beweisanordnung als solcher und der Durchführung der Anordnung. Beweisanordnungen, die (noch) keine Handlungs- und Duldungspflichten auferlegen und keinen Zwang androhen, sind nicht anfechtbar (OLG Hamm, OLG 89, 15; BayObLG, FamRZ 02, 419; OLG Zweibrücken, FamRZ 06, 1619; OLG München, FGPrax 06, 212, FamRZ 06, 557). Gegen Beschlüsse, die Maßnahmen zur Erzwingung anordnen, steht dem Betroffenen, gegen deren Ablehnung den hierdurch beeinträchtigten Beteiligten die sofortige Beschwerde zu (§ 390 III iVm § 567 I Nr 1 ZPO); die Rechtsbeschwerde bei Zulassung (§ 574 I Nr 2 ZPO). 13

Sonderregelung für Betreuungs- und Unterbringungsverfahren. Nach bisherigem Recht (§ 68 b III, IV 5 FGG; § 70 e II iVm § 68 b III, IV FGG) nicht anfechtbar die Anordnung der Untersuchung und Vorführung; anfechtbar die Anordnung der Unterbringung zur Vorbereitung des Gutachtens nach § 19 FGG. Bedenken gegen Verfassungsmäßigkeit des Ausschlusses der Anfechtbarkeit, wenn die Anordnung zur Untersuchung-, und Vorführung zugleich die Befugnis zur Anwendung von Gewalt enthält: OLG Celle, FamRZ 07, 167 (Vorlage) entgegen BayObLG, FamRZ 03, 60; OLG Hamm, FamRZ 97, 440). Die jetzige Regelung in §§ 283, 284; § 322 iVm §§ 283, 284 entspricht der bisherigen gesetzlichen Regelung. 14

5. Zeugenbeweis

a) Zeugnisfähigkeit. Als Zeuge kann nicht vernommen werden, wer an einem Verfahren formell beteiligt ist oder als materiell Beteiligter nach § 7 II Nr 1, 2 in Frage kommt (BayObLG, FGPrax 97, 220); ein (noch) nicht hinzugezogener Kann-Beteiligter (§ 7 II) kann als Zeuge vernommen werden. Ausgeschlossen ist auch der gesetzliche Vertreter eines Beteiligten, es sei denn, der in der Geschäftsfähigkeit beschränkte oder geschäftsunfähige Beteiligte ist ausnahmsweise berechtigt, in einem Verfahren selbständig aufzutreten (§§ 60, 275, 316). In den Verfahren betreffend elterliche Sorge (§§ 1671, 1672 BGB) oder gegen Eltern, Vormünder (§§ 1666, 1666a, 1837, 1886 BGB) können Kinder, soweit sie über 14 Jahre alt sind und ihr Beschwerderecht selbständig ausüben können (§ 60), nicht Zeugen sein. § 163 III schließt eine Vernehmung des Kindes zur Durchführung einer förmlichen Beweisaufnahme (§ 30 III) in Kindschaftssachen aus; hierdurch soll eine zusätzliche Belastung des Kindes vermieden werden. Die nach § 159 durchzuführende Anhörung ist kein Akt der förmlichen Beweisaufnahme. Kinder (Mündel) werden nach § 159 II persönlich angehört; soweit sie über 14 Jahre alt sind, stets nach § 159 I. Der im Erbvertrag eingesetzte Testamentsvollstrecker, der das Amt angenommen hat, ist Beteiligter im Erbscheinsverfahren und kann in diesem nicht als Zeuge vernommen werden (BayObLG 74, 224); dagegen ist der Nachlasspfleger im Erbscheinsverfahren nicht beteiligt; 15

er kann über Vorgänge bei der Errichtung des Testaments als Zeuge vernommen werden. Die Aussage eines als Zeuge vernommenen Beteiligten kann aber als die eines Beteiligten verwertet werden (OLG Hamm, OLG 67, 390).

16 **b) Zeugnisverweigerung** (§§ 383–385 ZPO). Auf das Recht zur Verweigerung des Zeugnisses oder des Gutachtens sind die im § 383 I 1–3 ZPO bezeichneten Personen hinzuweisen (§§ 383 II, 402, 414 ZPO). Dies
17 gilt aus rechtsstaatlichen Gründen auch bei formloser Anhörung. **Beispiele** aus der Rechtsprechung: Zeugnisverweigerungsrecht des Minderjährigen (OLG Stuttgart, FamRZ 65, 515; BayObLG 66, 343; OLG Hamm, 72, 157 – Ergänzungspfleger zur Ausübung des Weigerungsrechts), des Arztes (BGH, FamRZ 64, 145; OLG Düsseldorf, NJW 59, 821), des Rechtsanwalts (BayObLG 66, 86), über die Entbindung von der Verschwiegenheitspflicht durch Angehörige nach dem Tode des Geschützten (BayObLG 66, 86). Zur Verschwiegenheitspflicht eines Arztes im Erbscheinsverfahren (BayObLG 86, 332), des Steuerberaters eines Erblasser (OLG Stuttgart, OLG 83, 9); keine Verschwiegenheitspflicht für Angelegenheiten, die der Geheimnisgeschützte (Erblasser) nicht geheim halten wollte (OLG Köln, OLG 86, 61); des ehemaligen Betreuers über den in einem eigenhändigen Testament geäußerten wirklichen Willen des Betreuten (OLG Köln, NJWE-FER 99, 191); des Notars (OLG Düsseldorf, OLG 79, 466; OLG München, OLG 81, 322 ff). Zur Verwertung der Aussage von Zeugen, die einer Verschwiegenheitspflicht unterliegen können (BayObLG, NJW-RR 91, 6).

18 Über die Weigerung wird durch Beschluss entschieden, der mit der sofortigen Beschwerde anfechtbar ist (§ 387 III iVm § 567 I Nr 1 ZPO); Rechtsbeschwerde bei Zulassung (§ 574 I Nr 2 ZPO). Beschwerdeberechtigt ist der Zeuge, wenn seine Weigerung für grundlos erklärt wird, jeder Beteiligte, der an der Vernehmung ein Interesse hat, wenn die Weigerung für berechtigt erklärt wird.

19 Auf die **Bestrafung** nicht erschienener Zeugen oder Sachverständiger finden die §§ 380, 409 ZPO Anwendung; sie setzen ordnungsmäßige Ladung voraus (OLG Hamm, OLG 68, 344). Gegen die Anordnung von Maßnahmen nach § 380 III ZPO findet die sofortige Beschwerde nach § 380 III iVm § 567 I Nr 1 ZPO statt; Rechtsbeschwerde bei Zulassung nach § 574 I Nr 2 ZPO. Die sofortige Beschwerde hat nach § 570 I ZPO aufschiebende Wirkung, wenn sie die Festsetzung eines Ordnungs- oder Zwangsmittels zum Gegenstand hat.

6. Unmittelbarkeit

20 Der Grundsatz der Unmittelbarkeit der Beweisaufnahme (§ 355 I ZPO) gilt, sofern eine förmliche Beweisaufnahme angeordnet ist (OLG Zweibrücken, OLG 89, 295; BayObLG, NJW-RR 96, 583; FGPrax 97, 220; FamRZ 97, 772; OLG München, FamRZ 08, 2047). Nach dem entspr anwendbaren § 377 III ZPO entscheidet der Richter nach pflichtgemäßem Ermessen, ob eine schriftliche Beantwortung der Beweisfrage ausreichend ist (OLG Köln, FGPrax 04, 78). Im Beschwerdeverfahren soll, auch wenn die Voraussetzun-

§ 30 Förmliche Beweisaufnahme **§ 30**

gen des § 375 I Nr 1–3 ZPO nicht vorliegen, eine Vernehmung durch den beauftragten Richter dann zulässig sein, wenn sie nach pflichtgemäßem Ermessen zur Aufklärung des Sachverhalts geeignet ist (BayObLG 56, 300, aA OLG Köln, MDR 83, 326; zweifelnd: OLG Neustadt, FamRZ 64, 475). Das Beschwerdegericht kann seine abschließende Entscheidung mit anderen Richtern als denjenigen treffen, die bei einer Zeugenvernehmung mitgewirkt haben, wenn auch der persönliche Eindruck aus der Niederschrift entnommen werden kann (BayObLG, MDR 83, 326); gegen ausdehnende Anwendung des § 375 ZPO Jansen[2], A 5); sie ist jedenfalls dann nicht zulässig, wenn es auf die **persönliche Glaubwürdigkeit** eines Zeugen ankommt. Eine Vernehmung muss, wenn sie verwertet werden soll, in einer Niederschrift niedergelegt sein.

Ein Verstoß gegen den Grundsatz der Unmittelbarkeit kann eine Verletzung des § 26 darstellen und die Rechtsbeschwerde begründen.

Hat das erstinstanzliche Gericht eine förmliche Beweisaufnahme durchgeführt, kann die Beschwerdekammer das Ergebnis nicht aus Gründen der Glaubwürdigkeit abweichend beurteilen, ohne die Zeugen erneut zu vernehmen (OLG Zweibrücken, OLG 89, 295). Eine (unzulässige) förmliche Beweisaufnahme kann uU im Rahmen des Freibeweises verwertet werden (OLG Frankfurt, FGPrax 98, 62). Ist bei der Würdigung einer Aussage eines förmlich vernommenen Zeugen die sich auf die Persönlichkeit des Zeugen beziehende Glaubwürdigkeit von Bedeutung, muss das Gericht in seiner Spruchkörperbesetzung einen persönlichen Eindruck gewonnen haben oder aber nach OLG Karlsruhe, FGPrax 98, 77, auf eine aktenkundige Beurteilung zurückgreifen können, die allerdings einen persönlichen Eindruck nicht ersetzen kann. Wenn der unmittelbare persönliche Eindruck für die Entscheidung nicht von Bedeutung ist, kann die Vernehmung dem beauftragten Richter übertragen werden; dies muss in der Entscheidung zum Ausdruck kommen (OLG Köln, NJW-RR 98, 293).

7. Parteiöffentlichkeit

Parteiöffentlichkeit der Beweisaufnahme ist grundsätzlich auch im Verfahren der freiwilligen Gerichtsbarkeit geboten (KG, FamRZ 68, 605; BayObLG 67, 137/147; OLG Hamm, OLG 68, 334). Ein Verstoß kann Rechtsbeschwerde begründen; der Beschwerdeführer kann nur rügen, dass ihm gegenüber der Grundsatz der Parteiöffentlichkeit nicht eingehalten worden ist (OLG Hamm, Rpfleger 73, 172); jedoch kann auf Geltendmachung in entsprechender Anwendung des § 295 ZPO verzichtet werden (OLG Hamm, OLG 68, 334); bei formloser Beweisaufnahme genügt Übersendung einer Protokollabschrift an die Beteiligten (BayObLG 67, 137/146; OLG Köln, OLG 65, 134), jedoch kann im Einzelfall Beiziehung der Beteiligten geboten sein. Im Übrigen gilt der Grundsatz der **Nichtöffentlichkeit;** jedoch stellt die Vernehmung von Zeugen in öffentlicher Sitzung keinen Rechtsverstoß dar, der die Aufhebung der Entscheidung zur Folge haben müsste (BayObLG 74, 258).

Ausnahmen von dem Grundsatz der Parteiöffentlichkeit: § 33 I 2, § 157 II 2, § 128 I 2.

21

§ 30

8. Freie Beweiswürdigung (§ 286 ZPO)

22 Auch im Verfahren der freiwilligen Gerichtsbarkeit gilt der Grundsatz der freien Beweiswürdigung. Eine Behauptung ist bewiesen, wenn das Gericht von ihrer Wahrheit überzeugt ist. Die Überzeugung des Gerichts muss, weil eine absolute Gewissheit nicht zu erlangen ist, einen für das praktische Leben brauchbaren Grad von Gewissheit erreichen (BGH, 53, 245, 256; NJW 93, 935; NJW 00, 953); dies gilt auch in Verfahren mit Untersuchungsgrundsatz (BGH, NJW 94, 1348). Innere Tatsachen werden durch Umstände festgestellt, die den Schluss hierauf zulassen (BGH, NJW-RR 04, 247). Fehlende Indizien können mit Hilfe der allgemeinen Lebenserfahrung des Gerichts überbrückt werden (BGH, NJW 98, 79). Das Gericht entscheidet unter Berücksichtigung des gesamten Inhalts der Verhandlungen und des Ergebnisses der Beweisaufnahme nach freier Überzeugung. In der Begründung der Entscheidung sind die Gründe anzugeben, die für die richterliche Überzeugung leitend gewesen sind.

9. Formvorschriften

23 § 30 I verweist uneingeschränkt auf die Vorschriften der Zivilordnung; es
24 finden daher auch die §§ 159 ff ZPO über die **Protokollierung** bei der Beweisaufnahme Anwendung. Nach § 159 I ZPO ist für jede Beweisaufnahme ein Protokoll aufzunehmen, zu der ein Urkundsbeamter der Geschäftsstelle zugezogen werden kann, wenn dies auf Grund des zu erwartenden Umfangs des Protokolls, in Anbetracht der besonderen Schwierigkeit der Sache oder aus einem sonstigen wichtigen Grund erforderlich ist.

Nach § 160 III Nr 4 ZPO sind die Aussagen von Zeugen, Sachverständigen und vernommenen Parteien in das Protokoll aufzunehmen; für Beteiligte gilt dies, soweit sie als solche vernommen werden, nicht bei Anhörungen zur Sachverhaltsfeststellung oder zur Gewährung rechtlichen Gehörs. Eine Aufnahme in ein Protokoll kann jedoch sachdienlich sein. Das Ergebnis einer familiengerichtlichen Kindesanhörung ist entweder zu protokollieren oder mit der Entscheidung zur Sache den Beteiligten zur Kenntnis zu bringen (OLG Köln, FamRZ 02, 337).

Sondervorschrift: § 15 V LwVG.

10. Urkundenbeweis

25 Urkunden sind auch im Verfahren der freiwilligen Gerichtsbarkeit ein wertvolles Beweismittel zur Aufklärung des Sachverhalts. Die Vorschriften der ZPO werden entspr angewendet, soweit die Besonderheiten des Verfahrens der freiwilligen Gerichtsbarkeit nicht entgegenstehen, insbesondere gelten entspr die §§ 415–419 ZPO (BayObLG 81, 173). Anstelle des in § 415 II ZPO
26 zugelassenen **Gegenbeweises** tritt die durch § 12 FGG (jetzt § 26) vorgeschriebene Aufklärungs- und Ermittlungspflicht des Gerichts (BayObLG 81,
27 42). Auch die Vorschrift des § 440 II ZPO, demgemäß die **Echtheit** einer mit einer echten Unterschrift versehenen Urkunde **vermutet** wird, findet keine Anwendung, weil sie eine dem Amtsverfahren fremde Bestimmung ist; es gilt der Grundsatz der freien Beweiswürdigung (BayObLG, FGPrax 02, 111). Die

§ 30 Förmliche Beweisaufnahme **§ 30**

Anwendbarkeit der Beweisregeln der §§ 415 ff ZPO hinsichtlich der **Beweis-** 28
kraft von Urkunden wird bejaht (Keidel/Sternal, Rn 108 zu § 30). Die **Vor-**
lage von Urkunden kann angeordnet werden. Sie konnte bisher nicht er- 29
zwungen werden, weil § 33 FGG nicht allgemein anwendbar war. Die Herausgabe von Urkunden kann jetzt nach § 35 durchgesetzt werden.

Sondervorschriften enthielten bisher § 83 FGG zur Festsetzung von Zwangsgeld zur Ablieferung eines Testaments und § 151 FGG über die Androhung von Zwangsgeld gegen einen Beteiligten zur Erzwingung der Herausgabe von Schriftstücken an den Dispacheur. Die entspr Bestimmungen der §§ 358 und 404 enthalten keine Hinweise mehr auf Zwangsmittel; diese Möglichkeit ist jetzt zentral **in § 35** geregelt.

11. Beweis durch Sachverständige

Auf das Verfahren finden die Vorschriften der §§ 402 bis 414 ZPO Anwen- 30
dung, soweit sie mit dem Amtsermittlungsgrundsatz zu vereinbaren sind. Die für den Zivilprozess entwickelten Grundsätze zur mündlichen Erläuterung eines schriftlichen Sachverständigengutachtens (§§ 402, 397 ZPO) sind entspr anzuwenden (OLG Hamm, NJW-RR 92, 1469). Zur Notwendigkeit der mündlichen Erläuterung eines Sachverständigengutachtens in kindschaftsrechtlichen Verfahren: BVerfG, FamRZ 01, 1285. Die Abweichung von einem fachpsychologischen Gutachten bedarf eingehender Begründung und des Nachweises eigener Sachkunde des Gerichts (BVerfG, NJW 99, 3623). Die Auswahl des Sachverständigen steht nach § 404 ZPO im Ermessen des Gerichts; § 404 IV ZPO ist nicht anwendbar.

Sonderregelungen bestehen für das Betreuungsverfahren in § 280 I 2 und 31
das Unterbringungsverfahren in § 321 I 4. Der Sachverständige soll in der Regel Arzt für Psychiatrie oder Arzt mit Erfahrung auf dem Gebiet der Psychiatrie sein; in Unterbringungssachen muss er jedenfalls Erfahrungen auf dem Gebiet der Psychiatrie haben.

Für die **Verpflichtung** zur Gutachtenerstattung, Verweigerung und Er- 32
zwingung gelten die §§ 407, 408, 409, 411 II ZPO. Der Sachverständige ist bereits gegen Nachfristsetzung und Androhung eines Ordnungsmittels beschwerdeberechtigt (OLG München, OLG 81, 91). Die schriftliche Begutachtung kann jetzt auch durch die Verwertung eines gerichtlich oder staatsanwaltlich eingeholten Sachverständigengutachtens aus einem anderen Verfahren ersetzt werden, soweit dies sinnvoll ist. Eine besondere Möglichkeit 33
sieht **§ 282** für das Betreuungsverfahren vor; danach kann unter bestimmten Voraussetzungen anstelle eines Gutachtens nach § 280 ein ärztliches **Gutachten des Medizinischen Dienstes** der Krankenversicherung verwertet werden. Die Einholung eines **weiteren Gutachtens** liegt im pflichtgemäßen 34
Ermessen des Gerichts (BayObLG 81, 91); sie ist geboten bei besonders schwierigen Fragen oder groben Mängeln des Gutachtens, nicht unbedingt bei widersprechenden Gutachten. Ein Gutachten ist nicht schon deshalb unverwertbar, weil es von einem Verfahrensbeteiligten vorgelegt worden ist (OLG Frankfurt, OLG 83, 304).

Ablehnung eines Sachverständigen (§ 406 ZPO) kann unter den Vo- 35
raussetzungen erfolgen, unter denen ein Richter ausgeschlossen wäre oder

abgelehnt werden könnte (§§ 41, 42 ZPO); die Ablehnung von Hilfspersonen des Sachverständigen ist unzulässig (OLG Zweibrücken, MDR 86, 417). Zuständig für die Entscheidung über das Ablehnungsgesuch ist das Gericht, das den Sachverständigen ernannt hat, das Amtsgericht auch dann, wenn sich die Hauptsache im Beschwerdeverfahren befindet (BayObLG 97, 142). Die zeitliche Befristung des Ablehnungsrechts erstreckt sich auch auf das Beschwerdeverfahren, es sei denn es soll ein völlig neues Gutachten erstattet werden (BayObLG 86, 186). Ausgenommen ist § 41 Nr 5 ZPO; eine frühere Vernehmung als Sachverständiger oder Erstattung eines Gutachtens sind kein Ablehnungsgrund. Die Besorgnis der Befangenheit ist jedoch gerechtfertigt, wenn der Sachverständige ein entgeltliches Gutachten in der Sache für eine Partei erstattet hat; bei den Ermittlungen nur eine Partei hinzugezogen hat, er eine Partei als Arzt behandelt hat. Unzulässig ist die Ablehnung von Organen öffentlich-rechtlicher Körperschaften, zu deren gesetzlichen Aufgaben die Gutachtenerstattung gehört. Die Entscheidung über die Ablehnung erfolgt durch selbstständigen Beschluss; nicht lediglich in den Gründen der Hauptsacheentscheidung (BayObLG, Rpfleger 82, 433; 94, 263). Stützt sich die Ablehnung auf den Inhalt des schriftlichen Gutachtens, muss das Ablehnungsgesuch innerhalb einer vom Einzelfall abhängigen angemessenen Überlegungsfrist angebracht werden (OLG Brandenburg, FamRZ 07, 2094: innerhalb der gerichtlich bestimmten Frist zur Stellungnahme).

36 **Anfechtbar** ist die ablehnende Entscheidung nach § 406 V iVm § 567 I Nr 1 ZPO mit der sofortigen Beschwerde; Rechtsbeschwerde nach § 574 I Nr 2, II ZPO, wenn sie in dem angefochtenen Beschluss zugelassen wurde (OLG Zweibrücken, FGPrax 02, 220: Betreuungsverfahren; OLG Köln, FGPrax 02, 230: Erbscheinsverfahren); jedoch nicht gegen eine Beschwerdeentscheidung des OLG (BGH, Rpfleger 05, 239).

12. Beteiligtenvernehmung

37 Die §§ 445–455 ZPO sind entspr anzuwenden. Die Beteiligtenvernehmung ist jedoch ebenso wie im Zivilprozess als subsidiäres Beweismittel anzusehen, wenn andere Beweismittel nicht zur Verfügung stehen oder nach Durchführung einer Beweisaufnahme noch Zweifel bestehen (§ 450 II ZPO).

Vernommen werden können alle Beteiligten. Anstelle von Minderjährigen, Geschäftsunfähigen oder juristischen Personen sind deren gesetzliche Vertreter als Beteiligte zu vernehmen (§ 455 I ZPO). Nach § 455 II ZPO kann auch die Vernehmung Minderjähriger die das 16. Lebensjahr vollendet haben, oder prozessfähige Personen, die durch einen Betreuer oder Pfleger vertreten
38 werden, erfolgen. Die **Anordnung** der förmlichen Vernehmung eines Beteiligten erfolgt **von Amts wegen** in entspr Anwendung von § 448 ZPO. Die entspr Anwendbarkeit der §§ 445–447 ZPO ist ausgeschlossen, weil sie an die formelle Beweislast im Zivilprozess anknüpfen, die es im Hinblick auf den Amtsermittlungsgrundsatz im Verfahren der freiwilligen Gerichtsbarkeit nicht
39 gibt (Keidel/Schmidt, Rn 57 zu § 15 FGG). Auch die **Beeidigung einer Partei** ist entspr § 452 I ZPO zulässig. Sie soll aber nur ausnahmsweise, wenn besondere Umstände dies erfordern, erfolgen. Auf jeden Fall zulässig ist die Verwertung einer Urkunde über die eidliche Vernehmung eines Beteiligten,

§ 30 Förmliche Beweisaufnahme **§ 30**

die außerhalb des Verfahrens der freiwilligen Gerichtsbarkeit stattfand (BayObLG 60, 366).

13. Beeidigung von Zeugen und Sachverständigen

Die Vorschriften über die Beeidigung von Zeugen (§§ 391 ff ZPO), Sachverständigen (§ 410 ZPO) und „Parteien" (§ 452 ZPO) finden entspr Anwendung. Das Gericht entscheidet über die Beeidigung nach pflichtgemäßem Ermessen (BGBl NJW 98, 3355). Die §§ 393, 402 ZPO, denengemäß in bestimmten Fällen Beeidigung unzulässig ist, bleiben unberührt. Für das Verfahren bei Abnahme von Eiden gelten die §§ 478–484 ZPO. **40**

Der **Rechtspfleger** kann Beeidigung nicht anordnen; er muss die Sache nach § 4 II Nr 1, III, § 28 RPflG dem Richter vorlegen. **41**

14. Grenzüberschreitend Beweisaufnahme

a) Das Gesetz zur Durchführung gemeinschaftsrechtlicher Vorschriften über die grenzüberschreitende Beweisaufnahme in Zivil- und Handelssachen in den **Mitgliedstaaten der EU** (EG-Beweisaufnahmedurchführungsgesetz) vom 4. 11. 2003 (BGBl I S. 2166) dient der Durchführung der ab 1. 1. 2004 anwendbaren Verordnung (EG) Nr 1206/2001 des Rates vom 28. 5. 2001. Das Gesetz regelt durch die in das 11. Buch der ZPO neu eingefügten §§ 1072 bis 1075 ZPO iVm § 363 III ZPO Zuständigkeiten, Teilnahmerechte an ausländischen Beweisaufnahmen, die Durchführung der neu geschaffenen unmittelbaren Beweisaufnahme deutscher Gerichte im Ausland sowie Sprachenfragen (Einl 57). **42**

b) Ausgehende Ersuchen sind in den §§ 1072, 1073 ZPO geregelt. § 1072 ZPO sieht entspr der VO zwei Erledigungswege für Rechtshilfeersuchen vor: das zuständige Gericht des anderen Mitgliedstaates kann unmittelbar um die Aufnahme des Beweises ersucht werden (Ziff 1) oder es kann eine unmittelbare Beweisaufnahme nach Art 17 III der VO in einem anderen Mitgliedstaat durchgeführt werden (Ziff 2). Jedes deutsche Gericht kann diese unmittelbare Beweisaufnahme beantragen und selbst im Ausland durchführen. Die Beweisaufnahme ist allerdings nur auf freiwilliger Basis und ohne Zwangsmaßnahmen statthaft. Hinsichtlich der Teilnahmerechte (§ 1073 ZPO) wird unterschieden zwischen Anwesenheit und (weitergehender) Beteiligung. Bei Erledigung eines Ersuchens durch das ersuchte ausländische Gericht dürfen anwesend und beteiligt sein das ersuchende deutsche Gericht oder ein von diesem beauftragtes Mitglied. Parteien, deren Vertreter sowie Sachverständige können sich in dem Umfang beteiligen, in dem sie bei inländischer Durchführung der Beweisaufnahme beteiligt werden dürften (Abs 1). Die ersuchte ausländische Stelle darf Bedingungen für die (weitergehende) Beteiligung festlegen (Art 11 III, 12 IV, 17 IV der VO (EG) Nr 1206/ 2001). Eine unmittelbare Beweisaufnahme im Ausland dürfen Mitglieder des Gerichts sowie von diesem beauftragte Sachverständige – ggfs auch ohne Anwesenheit des deutschen Gerichts – durchführen (Abs 2). **43**

c) Für eingehende Ersuchen aus dem Ausland sind die Regelungen in den §§ 1074, 1075 ZPO enthalten. Für die Erledigung dieser Ersuchen ist das Recht des Gerichts des ersuchten Staates – daher deutsches Zivilprozessrecht – **44**

anwendbar. Nur für Teilnahmerechte ist das Recht des Gerichts des ersuchenden ausländischen Staats anwendbar. Die jeweils zuständige deutsche Behörde darf jedoch Bedingungen für die über die bloße Anwesenheit hinausgehende (weitergehende) Beteiligung nach deutschem Recht vorsehen. Zuständig (§ 1074) für die Durchführung von Beweisaufnahmen als ersuchtes Gericht in der Bundesrepublik Deutschland ist das Amtsgericht, in dessen Bezirk die Verfahrenshandlungen durchgeführt werden sollen (Abs 1). Die zuständige Stelle, die Ersuchen auf unmittelbare Beweisaufnahme entgegennimmt, wird durch Rechtsverordnung bestimmt (Abs 3 Ziff 2). Aus dem Ausland eingehende Ersuchen auf Beweisaufnahme sowie Mitteilungen nach der VO (EG) Nr 1206/2001 müssen in deutscher Sprache abgefasst oder von einer Übersetzung in deutscher Sprache begleitet sein (§ 1075 ZPO).

Glaubhaftmachung

31 (1) **Wer eine tatsächliche Behauptung glaubhaft zu machen hat, kann sich aller Beweismittel bedienen, die auch zur Versicherung an Eides statt zugelassen werden.**

(2) **Eine Beweisaufnahme, die nicht sofort erfolgen kann, ist unstatthaft.**

1. Glaubhaftmachung

1   Sie ist eine Beweisführung, die dem Richter einen geringeren Grad an Wahrscheinlichkeit für das Vorliegen einer Tatsache vermitteln soll. Glaubhaft gemacht ist das Vorliegen einer Tatsache schon dann, wenn eine überwiegende Wahrscheinlichkeit dafür spricht (BGH, NJW 03, 3558). Mittel der Glaubhaftmachung sind ua Urkunden, Aussagen präsenter Zeugen, schriftliche Zeugenbekundung aus anderen Verfahren, schriftliche Bestätigung dritter Personen, Gutachten, eidesstattliche Versicherung Dritter. Ein Mittel der Glaubhaftmachung ist auch die Versicherung an Eides Statt durch Beteiligte; für Minderjährige, Geschäftsunfähige eidesstattliche Versicherung des gesetzlichen Vertreters (§ 455 I ZPO entspr); daneben oder an seiner Stelle eidesstattliche Versicherung des Minderjährigen, der das 16. Lebensjahr vollendet hat, eine prozessfähige Person, die in einem Rechtsstreit durch einen Betreuer oder Pfleger vertreten wird, in entspr Anwendung des § 455 II ZPO. Im Gegensatz zum bisherigen Recht sind in entspr Anwendung des § 294 II ZPO **nur präsente Beweismittel** zugelassen; eine Beweisaufnahme, die nicht sofort erfolgen kann, ist unstatthaft.

2   Auch der **Rechtspfleger** ist befugt, eidesstattliche Versicherungen zu fordern und entgegenzunehmen (§ 3 Nr 1 f, Nr 2 c RPflG iVm § 2356 BGB).

2. Anwendungsbereich

3   § 6 iVm § 44 II ZPO (Glaubhaftmachung des Ablehnungsgrundes), § 13 II (Akteneinsicht), § 18 II (Wiedereinsetzung), § 51 I (Einstweilige Anordnung), § 357 (Einsicht in Testamente pp), §§ 367, 368 iVm § 18 II (Wiedereinsetzung in Teilungssachen), § 407 (Widerspruch gegen Dispache; ferner nach §§ 116 II, 386, 406 der Zivilprozessordnung. Materiellrechtliche Vorschriften

§ 32 Termin

sehen die Glaubhaftmachung des rechtlichen Interesses vor in §§ 1953, 1994, 2010, 2228, 2264 BGB.

Termin

32 (1) **Das Gericht kann die Sache mit den Beteiligten in einem Termin erörtern. Die §§ 219, 227 Abs. 1, 2 und 4 der Zivilprozessordnung gelten entsprechend.**
(2) **Zwischen der Ladung und dem Termin soll eine angemessene Frist liegen.**
(3) **In geeigneten Fällen soll das Gericht die Sache mit den Beteiligten im Wege der Bild- und Tonübertragung in entsprechender Anwendung des § 128 a der Zivilprozessordnung erörtern.**

1. Mündliches Verfahren

Dem Richter ist die sachgemäße Gestaltung des Verfahrens weitgehend 1
überlassen. Der Grundsatz der Mündlichkeit gilt nicht; unabhängig davon, ob eine mündliche Verhandlung zwingend vorgeschrieben ist oder tatsächlich stattgefunden hat, ist Entscheidungsgrundlage der gesamte Akteninhalt (BayObLG, FamRZ 90, 1156; MDR 90, 1018 zu WEG-Sachen nach bisherigem Recht). Es ist daher kein Verfahrensfehler, wenn nicht alle Richter, die an der Entscheidung mitgewirkt haben, auch an der mündlichen Verhandlung teilgenommen haben (BayObLG MDR 90, 1018).

Gesetzlich vorgesehen sind Erörterungstermine in § 157 (Erörterung der 2
Kindeswohlgefährdung), § 175 (Abstammungssachen), § 207 (Wohnungszuweisungs- und Hausratssachen), § 222 (Versorgungsausgleichssachen) und Verhandlungstermine in § 365 (Teilungssachen) und § 405 (Verhandlung über die Dispache).

Soweit nicht ausdrücklich ein Termin vorgeschrieben ist, wählt das Gericht 3
nach **pflichtgemäßem Ermessen** zwischen mündlichem und schriftlichem Verfahren.

2. Bestimmung eines Termins

Nach Abs 1 kann das Gericht die Sache mit den Beteiligten in einem 4
Termin mündlich erörtern. Es entscheidet hierüber nach pflichtgemäßem Ermessen. Der zunächst vorgesehene Zusatz „wenn es dies für sachdienlich hält" wurde gestrichen, weil der Bundesrat hierin eine Ermessensreduzierung des Gerichts sah (BT-Drs 16/6308 S 366). Durch die Streichung wurde der Ermessensspielraum des Gerichts klargestellt.

3. Verfahren

Der Termin kann auch außerhalb des Gerichtsgebäudes stattfinden (§ 219 5
ZPO entspr). Dies kann geboten sein, wenn ein Beteiligter wegen seiner körperlichen oder geistigen Verfassung nicht zu einem Termin im Gerichtsgebäude erscheinen kann; der Termin kann dann an seinem Aufenthaltsort

§ 33

(Wohnung, Krankenhaus) stattfinden. Die Erörterung kann uU auch in der üblichen Umgebung des Beteiligten sinnvoll sein.

6 Zwischen der Ladung und dem Termin soll eine **angemessene Frist** liegen (Abs 2). Für eine Terminsverlegung müssen nach dem entsprechend anwendbaren § 227 I, II, IV ZPO erhebliche Gründe vorliegen; § 227 III ZPO als Ausnahmebestimmung für die Zeit vom 1. Juli bis 31. August findet keine Anwendung.

4. Bild- und Tonübertragung

7 Der auf Empfehlung des Rechtsausschusses angefügte Abs 3 ermöglicht den Einsatz der Videotechnik bei der Durchführung von Erörterungsterminen mit den Beteiligten nach Maßgabe des § 128a I, III ZPO. Im Rahmen einer förmlichen Beweisaufnahme ist der Einsatz von Videotechnik nach § 128 II ZPO bereits durch die Bezugnahme auf die ZPO in § 30 I zulässig. Voraussetzung für die Erörterung oder die Vernehmung per Videokonferenz ist das Vorhandensein einer entsprechenden technischen Ausstattung; Abs 3 begründet jedoch keinen Anspruch hierauf. Entsprechend § 128a III ZPO wird die Übertragung des Erörterungstermins nicht aufgezeichnet.

8 Zulässig ist eine **Videokonferenz** im Rahmen des § 32 ebenso wie nach § 128a I ZPO nur dann, wenn die Beteiligten zustimmen.

Persönliches Erscheinen der Beteiligten

33 (1) **Das Gericht kann das persönliche Erscheinen eines Beteiligten zu einem Termin anordnen und ihn anhören, wenn dies zur Aufklärung des Sachverhalts sachdienlich erscheint. Sind in einem Verfahren mehrere Beteiligte persönlich anzuhören, hat die Anhörung eines Beteiligten in Abwesenheit der anderen Beteiligten stattzufinden, falls dies zum Schutz des anzuhörenden Beteiligten oder aus anderen Gründen erforderlich ist.**

(2) **Der verfahrensfähige Beteiligte ist selbst zu laden, auch wenn er einen Bevollmächtigten hat; dieser ist von der Ladung zu benachrichtigen. Das Gericht soll die Zustellung der Ladung anordnen, wenn das Erscheinen eines Beteiligten ungewiss ist.**

(3) **Bleibt der ordnungsgemäß geladene Beteiligte unentschuldigt im Termin aus, kann gegen ihn durch Beschluss ein Ordnungsgeld verhängt werden. Die Festsetzung des Ordnungsgeldes kann wiederholt werden. Im Falle des wiederholten, unentschuldigten Ausbleibens kann die Vorführung des Beteiligten angeordnet werden. Erfolgt eine genügende Entschuldigung nachträglich und macht der Beteiligte glaubhaft, dass ihn an der Verspätung der Entschuldigung kein Verschulden trifft, werden die nach den Sätzen 1 bis 3 getroffenen Anordnungen aufgehoben. Der Beschluss, durch den ein Ordnungsmittel verhängt wird, ist mit der sofortigen Beschwerde in entsprechender Anwendung der §§ 567 bis 572 der Zivilprozessordnung anfechtbar.**

(4) **Der Beteiligte ist auf die Folgen seines Ausbleibens in der Ladung hinzuweisen.**

§ 33 Persönliches Erscheinen der Beteiligten **§ 33**

1. Aufklärung des Sachverhalts

Das persönliche Erscheinen eines Beteiligten zu einem Termin dient der 1
Aufklärung des Sachstandes und auch der Erörterung. Seine Anordnung
erfolgte bisher ohne eine ausdrückliche dem § 141 ZPO entsprechende
gesetzliche Regelung, die nunmehr durch § 33 gegeben ist. Die Anordnung
des persönlichen Erscheinens kann nach pflichtgemäßem Ermessen des Gerichts
ergehen, etwa weil eine schriftliche Äußerung des Beteiligten keine
hinreichende Sachaufklärung erbracht hat oder von vornherein nicht erfolgversprechend
erscheint. Die Anhörung des Beteiligten ist zugleich auch Gewährung
rechtlichen Gehörs und überschneidet sich insoweit mit § 34. Sie ist
abzugrenzen zu der Beteiligtenvernehmung als Beweismittel. Die Anordnung
des persönlichen Erscheinens ist ausnahmsweise anfechtbar, wenn durch
die Verfahrensgestaltung eine Grundrechtsverletzung zu besorgen ist (KG,
FGPrax 06, 262).

2. Ladung

Der Beteiligte ist stets selbst zu laden, auch wenn er einen Bevollmächtigten 2
hat; dies entspricht § 141 II ZPO. Die Ladung soll **zugestellt** werden, wenn
das Erscheinen eines Beteiligten „ungewiss" ist (Abs 2 S 2); eine förmliche
Zustellung ist jedenfalls eine sichere Grundlage für eine Festsetzung von
Ordnungsmitteln nach Abs 2. In der Ladung ist der Beteiligte auf die Möglichkeit
der Verhängung von Ordnungsmitteln im Falle seines Ausbleibens
hinzuweisen (Abs 4 iVm Abs 2). Wenn der Beteiligte einen **Bevollmächtigten** 3
hat, ist dieser von der Ladung zu benachrichtigen (Abs 2 S 1, 2. Hs). Die
Ausgestaltung der Benachrichtigung bleibt dem Gericht überlassen. Sie kann
durch telefonischen Kontakt, aber auch durch eine Zusatzinformation in der
Ladung des Verfahrensbevollmächtigten erfolgen.

3. Getrennte Anhörung

Durch den auf Empfehlung des Rechtsausschusses (BT-Drs 16/9733 S 357) 4
in Abs 1 angefügten S 2 wird klargestellt, dass das Gericht einen Beteiligten in
Abwesenheit der anderen Beteiligten anhören kann, wenn dies zu dessen
Schutz oder aus anderen Gründen erforderlich ist. Die Regelung gilt für alle
in diesem Gesetz vorgesehenen Anhörungen und Erörterungstermine, insbesondere
in den Fällen der §§ 155, 165 und in Betreuungs- und Unterbringungsverfahren.
Für die Anhörung eines Kindes ergibt sich bereits aus § 159
IV, dass das Gericht den Anhörungstermin und damit auch die Anwesenheit
der Beteiligten bei diesem Termin nach freiem Ermessen gestalten kann.
Ausdrückliche Regelungen in § 157 II 2 für Kindschaftssachen und § 128 I 2
für Ehesachen.

4. Ordnungsmittel

Gegen den unentschuldigt ausgebliebenen Beteiligten kann nach Abs 3
Ordnungsgeld, auch wiederholt, festgesetzt werden; bei wiederholtem unentschuldigten
Ausbleiben kann auch Vorführung angeordnet werden. Bei nachträglicher
Entschuldigung werden diese Maßnahmen aufgehoben. Zur Höhe

§ 34 Buch 1 – Allgemeiner Teil

der Ordnungsmittel wird in der Gesetzesbegründung auf Art 6 I EGStGB verwiesen (BT-Drs 16/6308 S 191). Danach beträgt das Mindestmaß des Ordnungsgeldes 5 € und das Höchstmaß 1000 €.

Persönliche Anhörung

34 (1) Das Gericht hat einen Beteiligten persönlich anzuhören,
1. wenn dies zur Gewährleistung des rechtlichen Gehörs des Beteiligten erforderlich ist oder
2. wenn dies in diesem oder in einem anderen Gesetz vorgeschrieben ist.

(2) Die persönliche Anhörung eines Beteiligten kann unterbleiben, wenn hiervon erhebliche Nachteile für seine Gesundheit zu besorgen sind oder der Beteiligte offensichtlich nicht in der Lage ist, seinen Willen kundzutun.

(3) Bleibt der Beteiligte im anberaumten Anhörungstermin unentschuldigt aus, kann das Verfahren ohne seine persönliche Anhörung beendet werden. Der Beteiligte ist auf die Folgen seines Ausbleibens hinzuweisen.

1. Gewährung rechtlichen Gehörs

1   Nach Abs 1 hat das Gericht einen Beteiligten persönlich anzuhören, wenn dies erforderlich ist, um dessen Anspruch auf rechtliches Gehör zu erfüllen. Die persönliche Anhörung wird daher insbesondere dann zu erwägen sein, wenn anzunehmen ist, dass ein Beteiligter nicht in der Lage ist, seinen Standpunkt schriftlich darzulegen. Die Anhörung kann ohne die Hinzuziehung weiterer Beteiligter erfolgen; das Ergebnis muss diesen aber zur Gewährung rechtlichen Gehörs mitgeteilt werden; anderenfalls kann das Ergebnis der Anhörung nicht zur Grundlage der Entscheidung gemacht werden (§ 37 II). In Gewaltschutzsachen kann eine getrennte Anhörung der Beteiligten geboten sein; sie ist möglich nach der allgemeinen Vorschrift des § 33 I 2. Die Anhörung kann im Gerichtsgebäude, aber auch in der üblichen Umgebung des Beteiligten (Wohnung, Krankenhaus) erfolgen.

2. Gesetzlich vorgeschriebene Anhörung

2   Das Gesetz sieht in einzelnen Angelegenheiten die Anhörung Beteiligter zur Gewährung rechtlichen Gehörs zwingend vor: in Kindschaftssachen die persönliche Anhörung des Kindes, der Eltern (§ 160), in Verfahren auf Annahme des Kindes oder Aufhebung des Annahmeverhältnisses der Annehmende und das Kind (§ 192 I); die übrigen Beteiligten sollen angehört werden (§ 192 II); in Betreuungssachen die Anhörung des Betroffenen (§ 278), der sonstigen Beteiligten (§ 279), in Unterbringungssachen die Anhörung des Betroffenen (§ 319), der sonstigen Beteiligten (§ 320), in Freiheitsentziehungssachen die Anhörung des Betroffenen und der sonstigen Beteiligten (§ 420).

3   **Andere Gesetze** schreiben zwingend die Gewährung rechtlichen Gehörs vor in § 14 II 1 LwVG, § 48 II PStG, § 46 III 1 BeurkG, §§ 22, 31 II, 33a III 1 VerschG. Soweit Vorschriften des Bürgerlichen Gesetzbuchs eine Anhörung

§ 35 Zwangsmittel § 35

vorsehen, ist diese zwingend, auch wenn sich dies aus dem Wortlaut nicht eindeutig ergibt. Dies folgt daraus, dass Art 103 I GG auch im Verfahren mit Untersuchungsgrundsatz unmittelbar geltendes Verfahrensrecht ist (BVerGE 10, 183). Nach Maßgabe dieses Grundsatzes sind zwingend die Anhörungen nach §§ 1826, 1836 III, 1996 III, 2200 II, 2360 I, II, 2368 II BGB.

3. Unterbleiben der Anhörung

Nach Abs 2 kann die persönliche Anhörung unterbleiben, wenn hiervon 4 erhebliche Nachteile für die Gesundheit zu besorgen sind oder der Beteiligte offensichtlich nicht in der Lage ist, seinen Willen kundzutun. Einzelne Vorschriften stellen einschränkende Voraussetzungen für das Absehen von der Anhörung auf: nach § 159 III, § 160 nur bei schwerwiegenden Gründen, nach § 192 III, § 193 iVm § 192 III in Adoptionsverfahren für minderjährige Beteiligte, wenn Nachteile für Entwicklung, Erziehung oder Gesundheit zu befürchten sind oder wegen des Alters von einer Anhörung eine Aufklärung nicht zu erwarten ist. In Betreuungssachen muss, wenn eine Anhörung unterbleiben soll, weil erhebliche Nachteile für die Gesundheit zu besorgen sind, ein ärztliches Gutachten als Grundlage vorliegen (§ 278 IV); das Gleiche gilt in Unterbringungssachen nach § 319 III. In Freiheitsentziehungssachen kann die Anhörung des Betroffenen unterbleiben, wenn erhebliche Nachteile für seine Gesundheit zu besorgen sind oder wenn er an einer übertragbaren Krankheit im Sinne des Infektionsschutzgesetzes leidet (§ 420 II).

4. Unentschuldigtes Ausbleiben

Wenn der Beteiligte unentschuldigt nicht erscheint, kann das Verfahren 5 ohne seine persönliche Anhörung beendet werden; er ist bei der Ladung darauf hinzuweisen (Abs 3). Die Anhörung erfolgt nicht allein im Interesse des anzuhörenden Beteiligten, sondern ist in gleicher Weise für die Amtsermittlung von Bedeutung. Daher dürfte ein Absehen von der Anhörung uU nicht geboten sein.

Soll die persönliche Anhörung nach § 34 in einem Termin nach § 33 6 stattfinden, findet die Bestimmung über **Ordnungsmittel** des § 33 III bei unentschuldigtem Ausbleiben keine Anwendung.

Zwangsmittel

35 (1) **Ist auf Grund einer gerichtlichen Anordnung die Verpflichtung zur Vornahme oder Unterlassung einer Handlung durchzusetzen, kann das Gericht, sofern ein Gesetz nicht etwas anderes bestimmt, gegen den Verpflichteten durch Beschluss Zwangsgeld festsetzen. Das Gericht kann für den Fall, dass dieses nicht beigetrieben werden kann, Zwangshaft anordnen. Verspricht die Anordnung eines Zwangsgeldes keinen Erfolg, soll das Gericht Zwangshaft anordnen.**

(2) **Die gerichtliche Entscheidung, die die Verpflichtung zur Vornahme oder Unterlassung einer Handlung anordnet, hat auf die Folgen einer Zuwiderhandlung gegen die Entscheidung hinzuweisen.**

§ 35

(3) Das einzelne Zwangsgeld darf den Betrag von 25 000 Euro nicht übersteigen. Mit der Festsetzung des Zwangsmittels sind dem Verpflichteten zugleich die Kosten dieses Verfahrens aufzuerlegen. Für den Vollzug der Haft gelten § 901 Satz 2, die §§ 904 bis 906, 909, 910 und 913 der Zivilprozessordnung entsprechend.

(4) Ist die Verpflichtung zur Herausgabe oder Vorlage einer Sache oder zur Vornahme einer vertretbaren Handlung zu vollstrecken, so kann das Gericht, soweit ein Gesetz nicht etwas Anderes bestimmt, durch Beschluss neben oder anstelle einer Maßnahme nach den Absätzen 1, 2 die in §§ 883, 886, 887 der Zivilprozessordnung vorgesehenen Maßnahmen anordnen. Die §§ 891 und 892 gelten entsprechend.

(5) Der Beschluss, durch den Zwangsmaßnahmen angeordnet werden, ist mit der sofortigen Beschwerde in entsprechender Anwendung der §§ 567 bis 572 der Zivilprozessordnung anfechtbar.

1. Anwendungsbereich

1 § 33 FGG regelte den Vollzug gerichtlicher Entscheidungen, deren zwangsweise Durchführung zu den Aufgaben der freiwilligen Gerichtsbarkeit gehört. Es wurde nicht unterschieden zwischen gerichtlichen Anordnungen innerhalb eines Verfahrens und Endentscheidungen. Diese Unterscheidung wird nunmehr vorgenommen. § 35 regelt die Durchsetzung gerichtlicher Anordnungen, die **innerhalb eines Verfahrens** erlassen werden, §§ 88–94 die Vollstreckung von Endentscheidungen, §§ 95, 96 insoweit die Vollstreckung nach der Zivilprozessordnung. Die gerichtliche Anordnung muss als Grundlage für den Vollzug hinreichend konkret und für die Betroffenen nachvollziehbar formuliert sein (OLG Bremen, FamRZ 10, 821: Gebot der
2 Inanspruchnahme öffentlicher Hilfe). Die **Maßnahmen zur Durchsetzung** unterscheiden sich. § 35 sieht grundsätzlich die Festsetzung von Zwangsmitteln vor (Abs 1–3); ist Gegenstand der Vollstreckung die Verpflichtung zur Herausgabe oder Vorlage einer Sache oder zur Vornahme einer vertretbaren Handlung, ist neben oder anstelle von Zwangsmitteln die Vollstreckung nach den §§ 883, 886, 887 ZPO zugelassen (Abs 4). Für die Vollstreckung von Endentscheidungen über die Herausgabe von Personen und die Regelung des Umgangs kommen bei Zuwiderhandlungen Ordnungsmittel zur Anwendung (§ 89), jedoch ist ihre Verhängung nicht zwingend. Eine Anordnung zur psychiatrischen Untersuchung eines Elternteils im Sorgerechtsverfahren verletzt das allgemeine Persönlichkeitsrecht nach Art II 1 iVm Art I 1 GG; Durchsetzung mit Zwangsmitteln ist rechtswidrig (BGH, NJW 10, 1351).
3 § 35 betrifft Anordnungen mit **verfahrensleitendem Charakter** mit dem Ziel der Sachaufklärung, der Abgabe verfahrenserheblicher Erklärungen oder der Überwachung des Verfahrens. **Beispiele:** § 220 (Auskunftspflicht in Versorgungsausgleichssachen), §§ 235, 236 (Verfahrenrechtliche Auskunftspflicht in Unterhaltssachen), § 285 iVm § 1901 a BGB (Herausgabe Betreuungsverfügung, Abschrift einer Vorsorgevollmacht). § 358 iVm § 2259 I BGB (Ablieferung von Testamenten), §§ 404, 405 (Aushändigung von Unterlagen bei der Dispache); ferner Zwangsgeld, jedoch keine Zwangshaft bei Anordnungen zur Durchführung der Aufsicht über den Vormund (§ 1837 II, III BGB),

§ 35 Zwangsmittel **§ 35**

Maßnahmen zur Sicherung des Nachlasses nach §§ 1960, 1961 BGB). Keine Zwangsmittel gegenüber dem Testamentsvollstrecker, weil dieser nicht der Aufsicht des Nachlassgerichts unterliegt (OLG Zweibrücken, Rpfleger 04, 105). In Grundbuchsachen Zwangsmittel zur Erfüllung der Verpflichtung, Antrag auf Berichtigung des Grundbuchs zu stellen (§ 82 GBO); in Registersachen jedoch kein Zwang zur Ermittlung von Tatsachen (§ 26), die nur der Vorbereitung der Entscheidung über das Bestehen einer Anmeldepflicht dienen (BayObLG, Rpfleger 79, 25). Die Befugnis, die Mitwirkung zur Sicherung des Nachlasses anzuordnen, besteht gegenüber Nachlasspfleger und Nachlassverwalter (§§ 1960, 1975 iVm §§ 1915, 1837 BGB), nicht aber gegen die Erben in der Nachlassverwaltung.

Sonderregelungen, die nur die Festsetzung von Zwangsgeld, nicht aber 4 Zwangshaft vorsehen, gehen § 35 vor: §§ 388–392 (Zwangsgeldverfahren in Registersachen), § 1788 BGB (Übernahme einer Vormundschaft), § 1837 III BGB (Anordnungen gegen den Vormund), § 1915 iVm § 1837 III BGB (Anordnungen gegen den Pfleger); ferner § 14 HGB, §§ 407 I, 408 AktG, jedoch werden die Anmeldungen zum Handelsregister nach §§ 36, 45, 52, 181 I, §§ 184, 188, 195, 210, 237 IV, §§ 274, 294 I, 319 III AktG nicht durch Festsetzung von Zwangsgeld erzwungen.

2. Zwangsmittel

Ist auf Grund einer gerichtlichen Anordnung die Verpflichtung zur Vor- 5 nahme oder Unterlassung einer Handlung durchzusetzen, kann Zwangsgeld festgesetzt werden; es kann auch zugleich für den Fall, dass dieses nicht beigetrieben werden kann, Zwangshaft angeordnet werden **(Abs 1 Satz 1, 2).** Es kann auch sofort Zwangshaft angeordnet werden, wenn die Anordnung eines Zwangsgeldes keinen Erfolg verspricht **(Abs 1 Satz 3).**

Eine **Androhung** der Zwangsmittel ist abw von § 33 III FGG nicht mehr 6 vorgesehen. Dies entspricht § 888 II ZPO bei nicht vertretbaren Handlungen. In der Entscheidung, die die Verpflichtung zur Vornahme oder Unterlassung einer Handlung anordnet, ist jedoch auf die Folgen einer Zuwiderhandlung **hinzuweisen (Abs 2).** Damit der Hinweis seine Warnfunktion erfüllen kann, sind von der Rechtsprechung im Rahmen des § 33 FGG zur „Androhung" entwickelte Grundsätze zu beachten. Der Hinweis muss auch bei mehrmaliger Festsetzung **wiederholt** werden (BayObLG, Rpfleger 76, 250; OLG Hamm, Rpfleger 80, 343; OLG Naumburg, FGPrax 04, 21). Der Hinweis setzt nicht voraus, dass eine Zuwiderhandlung stattgefunden hat oder, dass mit einer solchen zu rechnen ist (OLG Zweibrücken, NJWE-FER 98, 236). Ein **allgemeiner Hinweis,** dass bei fortgesetzter Zuwiderhandlung mehrfach ein Zwangsgeld festgesetzt werden könne, ist **unzulässig.** Der Hinweis auf ein Zwangsgeld in bestimmter Höhe ist nicht erforderlich, jedoch bis zu der in Aussicht genommenen Höchstsumme (BGH, NJW 73, 2288). Zwischen dem Hinweis und der Festsetzung muss eine angemessene Frist liegen; es kann genügen, wenn bei der Anordnung der Handlung für diese eine Frist bestimmt war. Tritt eine Vereinbarung an die Stelle der angefochtenen gerichtlichen Entscheidung, ist ein erneuter Hinweis erforderlich (OLG Köln, NJWE-FER

§ 36 Buch 1 – Allgemeiner Teil

98, 163). Die Festsetzung eines Zwangsgeldes ohne vorangegangenen Hinweis ist unzulässig; dies im Wege der Beschwerde geltend zu machen.

3. Festsetzung

7   Das Zwangsgeld ist keine Sühne für begangene Pflichtwidrigkeiten, sondern ein Beugemittel; daher keine Festsetzung mehr nach Aufhebung der Anordnung (OLG Köln, FamRZ 02, 111). Wird der Anordnung im Beschwerdeverfahren Folge geleistet, kann das Beschwerdegericht die Festsetzung des Zwangsmittels aufheben; das Familiengericht selbst im Rahmen der Abhilfe (§§ 58, 68 I). Das Zwangsgeld kann bis zur Höhe von 25 000 Euro zugleich mit den Kosten (Abs 3 Satz 2) für jede einzelne Zuwiderhandlung festgesetzt werden. Eine Überschreitung der gesetzlich vorgesehenen Höhe macht die Anordnung nicht nichtig, sondern anfechtbar (BayObLG, FamRZ 75, 279). Im Einzelfall richtet sich die Höhe des Zwangsgeldes nach dem Maß des Verschuldens; hierbei sind etwaige frühere Zuwiderhandlungen mitzuberücksichtigen, auch die wirtschaftlichen Verhältnisse. Die Festsetzung kann unbeschränkt wiederholt werden. Eine Einschränkung enthält § 1788 II BGB zur Erzwingung der Übernahme einer Vormundschaft; es darf nur dreimal Zwangsgeld in Zwischenräumen von einer Woche verhängt werden.

8   Für den **Vollzug** der Haft gelten die §§ 901 Satz 2, 904–906, 909, 910–913 ZPO entspr (Abs 3 Satz 3). Die Dauer der Haft darf die Dauer von sechs Monaten nicht überschreiten. Nach Ablauf dieser Zeit wird der Betroffene von Amts wegen aus der Haft entlassen (§ 913 ZPO).

4. Anwendung von ZPO-Vorschriften

9   Bei einer Verpflichtung zur Herausgabe oder Vorlage einer Sache oder zur Vornahme einer vertretbaren Handlung kann das Gericht neben oder anstelle einer Maßnahme nach **Abs 1, 2** die in der Zivilprozessordnung vorgesehenen Maßnahmen anordnen: § 883 ZPO für die Herausgabe, Vorlage einer Sache, § 886 ZPO, sofern sich diese im Gewahrsam eines Dritten befindet, und § 887 ZPO für die Ermächtigung, eine vertretbare Handlung auf Kosten des Betroffenen durch einen Dritten vornehmen zu lassen. Für das Verfahren nach § 887 ZPO gelten die §§ 891 ZPO (Anhörung, Kostenentscheidung), § 892 ZPO (Widerstand des Schuldners) entspr.

5. Anfechtbarkeit

10   Der Beschluss, durch den die Zwangsmaßnahme angeordnet wird, ist mit der sofortigen Beschwerde nach § 567 I Nr 1 ZPO innerhalb einer Frist von zwei Wochen (§ 569 I ZPO) anfechtbar; sie kann bei dem Gericht, das die Entscheidung erlassen hat, oder bei dem Beschwerdegericht eingelegt werden (§ 569 I 1 ZPO); sie hat nach § 570 I ZPO aufschiebende Wirkung.

Vergleich

36 (1) **Die Beteiligten können einen Vergleich schließen, soweit sie über den Gegenstand des Verfahrens verfügen können. Das Gericht**

§ 36 Vergleich **§ 36**

soll außer in Gewaltschutzsachen auf eine gütliche Einigung der Beteiligten hinwirken.

(2) Kommt eine Einigung im Termin zustande, ist hierüber eine Niederschrift anzufertigen. Die Vorschriften der Zivilprozessordnung über die Niederschrift des Vergleichs sind entsprechend anzuwenden.

(3) Ein nach Absatz 1 Satz 1 zulässiger Vergleich kann auch schriftlich entsprechend § 278 Abs. 6 der Zivilprozessordnung geschlossen werden.

(4) Unrichtigkeiten in der Niederschrift oder in dem Beschluss über den Vergleich können entsprechend § 164 der Zivilprozessordnung berichtigt werden.

1. Dispositionsbefugnis

Ein Vergleich ist zulässig, wenn die Parteien über den Verfahrensgegenstand 1
materiellrechtlich verfügen und den Gang des Verfahrens bestimmen können.
Dieser schon nach bisherigem Recht anerkannte Grundsatz ist nunmehr ausdrücklich in den Gesetzestext aufgenommen worden. In Antragsverfahren, bei denen eine materiellrechtliche Verfügungsbefugnis fehlt, ist ein Vergleich möglich, der nur die verfahrensrechtliche Befugnis betrifft. Ein **verfahrensbeendender Vergleich** kann die Antragsrücknahme oder im Rechtsmittelverfahren 2
Verzicht auf ein Rechtsmittel oder Rücknahme des Rechtsmittels zum Gegenstand haben. Gegenstand der Einigung können auch die Verpflichtung zur Rücknahme des Antrags, ein Verzicht auf das Antragsrecht sein (KG, Rpfleger 04, 101). Die Beendigung des Verfahrens wird erst durch die entspr Verfahrenshandlung, die Rücknahme oder den Verzicht bewirkt; Verpflichtung und Verfahrenshandlung können in einer Erklärung liegen. Vereinbarungen können auch mittelbar die Erledigung des Verfahrens zur Folge haben. **Beispiel:** Ein Testamentsvollstrecker, dessen Entlassung nach § 2227 BGB beantragt ist, kündigt sein Amt vereinbarungsgemäß nach § 2226 BGB. Im Erbscheinsverfahren kann ein Vergleich über die Rücknahme von Erbscheinsanträgen und die Verteilung des Nachlasses geschlossen werden (OLG Stuttgart, OLG 84, 131). Derartige Vergleiche sind jedoch keine Vollstreckungstitel iS des § 794 I Nr 1 ZPO, weil diese Vorschrift im Verfahren der freiwilligen Gerichtsbarkeit nur Anwendung findet, wenn das Gesetz dieses ausdrücklich zulässt. Ihre Anwendung setzt voraus, dass die Beteiligten über den Verfahrensgegenstand im materiellen Sinn verfügen können (BayObLG, FGPrax 97, 229).

Ausdrücklich **zugelassen** ist ein das Verfahren beendender gerichtlicher 3
Vergleich in §§ 6–8 VersAusglG (Vereinbarung über den Versorgungsausgleich), §§ 16 Satz 3, 19, 20 II, 31 LwVG, § 366 in Teilungssachen. Darüber hinaus ist ein gerichtlicher Vergleich immer dann zugelassen, wenn die Zwangsvollstreckung nach der Zivilprozessordnung stattfindet; nach diesem Grundsatz ist ein jetzt nicht mehr ausdrücklich in den Gesetzestext aufgenommener Vergleich weiterhin möglich in dem Verfahren nach § 264 (§§ 1382, 1383 BGB), § 362 (§ 2331 a iVm § 1382 BGB), §§ 206 ff (Verfahren in Hausratssachen) nach Aufhebung des § 16 III HausratsVO.

Ein Vergleich im **Verfahrenskostenhilfeverfahren** (§ 76 I iVm § 118 I 3 4
Hs 2 ZPO) setzt die Zulässigkeit eines Vergleichs in der Hauptsache voraus. Er

§ 36 Buch 1 – Allgemeiner Teil

kann auch von dem Rpfl protokolliert werden, wenn dieser von dem Richter damit beauftragt wird (§ 20 Nr 4 a RPflG).

2. Amtsverfahren

5 In Amtsverfahren fehlt es in der Regel an den Erfordernissen für den Abschluss eines Vergleichs, weil die Beteiligten weder zur Verfügung über den Verfahrensgegenstand noch über den Gang des Verfahrens berechtigt sind. Eine Einigung der Parteien kann unter Umständen jedoch Auswirkungen auf das gerichtliche Verfahren haben. Eine (erstmalige) Umgangsregelung war schon nach bisherigem Recht in der Weise möglich, dass das Gericht sie als eigene Entscheidung billigte und ihr eindeutig (OLG Zweibrücken, 96, 877; OLG Bamberg, FamRZ 98, 306) den Charakter einer vollzugsfähigen Entscheidung verlieh (OLG München, FamRZ 99, 522; OLG Karlsruhe, FamRZ 94, 1401; OLG Zweibrücken, FamRZ 97, 21). Der Hinweis auf die Folgen einer Zuwiderhandlung (§ 89 II) muss von dem Gericht zusätzlich ausgesprochen werden.

6 Das Gesetz sieht nunmehr in Kindschaftssachen, die das Umgangsrecht oder die Herausgabe des Kindes betreffen, in § 156 II einen **gerichtlich gebilligten Vergleich** vor. Erzielen die Beteiligten Einvernehmen, prüft das Gericht ob es in Einklang mit dem Kindeswohl steht. Widerspricht es nicht dem Kindeswohl und billigt das Gericht den Vergleich, ist dieser als gerichtlich gebilligter Vergleich in das Protokoll aufzunehmen. Wie nach bisherigem Recht muss zum Ausdruck kommen, dass das Gericht den Inhalt des Einvernehmens als eigene Entscheidung billigt und der Regelung der Beteiligten den Charakter einer vollzugfähigen Entscheidung verleiht.

7 § 165 regelt den Fall, dass eine bereits ergangene Entscheidung oder gerichtlich gebilligter Vergleich über den **Umgang** mit dem gemeinschaftlichen Kind erschwert oder vereitelt wird. Auch in diesem Verfahren kann ein gerichtlich gebilligter Vergleich zu Stande kommen, der an die Stelle der bisherigen Regelung tritt (§ 165 IV).

8 Weitere Möglichkeiten zum Abschluss eines Vergleichs in Amtsverfahren sieht das Gesetz nicht vor. **Zulässig** ist eine Vereinbarung über die Kostenerstattung, zulässig auch ein verfahrensbeendender Vergleich in der Rechtsmittelinstanz durch vereinbarten Rechtsmittelverzicht oder Rechtsmittelrücknahme.

3. Hinwirken auf gütliche Einigung

9 Das Gericht soll auf eine gütliche Einigung hinwirken (Abs 1 Satz 2). Diese Verpflichtung kann sich nur auf solche Verfahrensgegenstände beziehen, über die ein Vergleich zulässig ist; das sind die Verfahrensgegenstände, die der Dispositionsbefugnis der Beteiligten unterliegen und in Amtsverfahren solche, für die ausdrücklich ein gerichtlicher Vergleich vorgesehen ist: §§ 156, 165. In Gewaltschutzsachen soll nicht auf einen Vergleich hingewirkt werden, weil eine Verstoß gegen eine in einem Vergleich übernommene Verpflichtung nicht strafbewehrt (§ 4 Satz 1 GewSchG) und damit nicht durchsetzbar wäre (Abs 1 Satz 2).

4. Form des Vergleichs

a) Vergleich in einem Termin. Kommt im Termin ein Vergleich zu 10 Stande, ist ein Protokoll nach den Vorschriften der §§ 159 ff ZPO aufzunehmen; insbesondere ist der Text des Vergleichs den Beteiligten vorzulesen oder zur Durchsicht vorzulegen (§ 162 I 1, 2 ZPO). In dem Protokoll ist zu vermerken, dass dies geschehen ist und die Beteiligten das Protokoll genehmigt haben (§ 162 I 3 ZPO). Das Fehlen der Feststellung nach § 162 I ZPO nimmt dem Protokoll insoweit die Beweiskraft einer öffentlichen Urkunde, führt aber grundsätzlich nicht zur Unwirksamkeit einer Prozesshandlung, auch nicht zur Unwirksamkeit einer Beurkundung nach § 127 a BGB (BGH, NJW 99, 2806). Soweit im Rahmen der Zuständigkeit des Gerichts nach § 62 BeurkG ein Vergleich beurkundet wurde, kann die Vollstreckbarkeit aus § 794 I Nr 5 ZPO hergeleitet werden; es handelt sich dann der Sache nach um ein Beurkundungsgeschäft.

Sondervorschriften: §§ 15 VI, 20 LwVG; § 13 III HausratsVO ist aufgehoben worden, § 36 gilt unmittelbar; § 44 II WEG ist aufgehoben worden, das Verfahren in Wohnungseigentumssachen unterliegt nunmehr den Vorschriften der ZPO. 11

b) Ein **schriftlicher Vergleichsabschluss** entspr § 278 VI ZPO ist nach **Abs 3** zulässig. Dieser kann dadurch geschlossen werden, dass die Beteiligten dem Gericht einen schriftlichen Vergleichsvorschlag unterbreiten oder einen schriftlichen Vergleichsvorschlag des Gerichts durch Schriftsatz gegenüber dem Gericht annehmen. Das Gericht stellt das Zustandekommen und den Inhalt des Vergleichs durch Beschluss fest. Voraussetzung ist, dass es sich um einen nach **Abs 1 Satz 1** zulässigen Vergleich im Rahmen der Dispositionsbefugnis der Beteiligten handelt. 12

c) Protokollberichtigung. Unrichtigkeiten des Protokolls können von Amts wegen oder auf Antrag jederzeit berichtigt werden; ebenso wie der Beschluss über den Vergleich **(Abs 4 iVm § 278 VI 3 ZPO).** Hinsichtlich eines Vergleichs kann das Protokoll nur berichtigt werden, wenn der niedergelegte Wortlaut von dem vorgelesenen und genehmigten abweicht. 13

5. Streit über die Wirksamkeit

Ein Streit über die Wirksamkeit eines Vergleichs ist durch Fortsetzung des Verfahrens auszutragen (OLG Stuttgart, OLG 84, 131; BayObLG, FGPrax 99, 98), auch wenn Streitpunkte beigelegt wurden, deren Gegenstand nicht zur Zuständigkeit des Gerichts gehört. Fortsetzung des Verfahrens auch, wenn von der Wirksamkeit des Vergleichs die Frage abhängt, ob das Verfahren durch den Vergleich beendet worden ist. Bei Bejahung der Wirksamkeit ist durch Beschluss (§ 38) festzustellen, dass das Verfahren durch Vergleich beendet ist; bei Verneinung der Wirksamkeit ist das Verfahren fortzusetzen und in der Sache zu entscheiden (Keidel/Meyer-Holz, Rn 46–48 zu § 36). Sind nur verfahrensfremde Gegenstände im Streit, kann dies in einem neuen Verfahren geltend gemacht werden (BGH, NJW 83, 2034; OLG Frankfurt, FamRZ 84, 408). 14

§ 37

6. Änderung von Vergleichen

15 Der für Entscheidungen mit Dauerwirkung geltende Grundsatz, dass diese durch eine neue Entscheidung an veränderte tatsächliche Verhältnisse angepasst werden können, gilt auch für Vergleiche (§ 48 I entspr). Gerichtlich gebilligte Vergleiche nach §§ 156, 165 können nach § 1696 BGB jederzeit in einem neuen Verfahren geändert werden, wenn dies im Interesse des Kindes angezeigt ist. In entspr Anwendung des § 1382 VI BGB kann auch ein Vergleich über die Stundung einer Ausgleichsforderung bei wesentlicher Änderung der Verhältnisse abgeändert werden.

16 **Sondervorschriften:** in Versorgungsausgleichssachen § 227 II iVm §§ 225, 226; in Unterhaltssachen § 239.

Die bisherigen Sondervorschriften des § 17 II HausratsVO und § 45 IV WEG sind aufgehoben worden. Für das Hausratsverfahren gelten die allgemeinen Vorschriften dieses Gesetzes (§ 48 I), für das WEG die Vorschriften der Zivilprozessordnung.

Grundlage der Entscheidung

§ 37 (1) **Das Gericht entscheidet nach seiner freien, aus dem gesamten Inhalt des Verfahrens gewonnenen Überzeugung.**

(2) **Das Gericht darf eine Entscheidung, die die Rechte eines Beteiligten beeinträchtigt, nur auf Tatsachen und Beweisergebnisse stützen, zu denen dieser Beteiligte sich äußern konnte.**

1. Grundlage der Entscheidung

1 Das Gericht bestimmt nach pflichtgemäßem Ermessen den Umfang der Ermittlungen (BVerfG, FamRZ 02, 1021); er wird durch die Tatbestandsvoraussetzungen des materiellen Rechts begrenzt. Da der Grundsatz der Mündlichkeit nicht gilt, ist unabhängig davon, ob eine mündliche Verhandlung zwingend vorgeschrieben. ist oder tatsächlich stattgefunden hat, Entscheidungsgrundlage der **gesamte Akteninhalt.** Das Gericht entscheidet auf dieser Grundlage nach seiner freien Überzeugung; für diese Überzeugung reicht ein für das praktische Leben brauchbarer Grad an Gewissheit (BGH, NJW 93, 935).

2. Rechtliches Gehör

2 Das in Art 103 I GG verankerte Gebot rechtlichen Gehörs verlangt, dass ein Beteiligter sich zum gesamten dem Gericht unterbreiteten Vortrag der übrigen Beteiligten äußern kann (BVerfG NJW 79, 539; NJW 10, 2118), dies setzt voraus, dass dieser Sachvortrag dem Beteiligten vollständig zugänglich gemacht wird. Der Anspruch eines Beteiligten auf rechtliches Gehör wird daher durch **selektive Mitteilung** des Akteninhalts verletzt (OLG München, NJW 05, 1130). Im Zeitpunkt der Entscheidung ist zu prüfen, ob der oder die Beteiligten, deren Rechte durch die Entscheidung beeinträchtigt werden, sich zu allen Tatsachen und Beweisergebnissen äußern konnten, auf die das Gericht seine Entscheidung stützen will (Abs 2).

§ 37 Grundlage der Entscheidung **§ 37**

3. Umfang des rechtlichen Gehörs
a) Anspruch auf Kenntnisnahme. Die Beteiligten haben Anspruch auf 3
Kenntnisnahme des gesamten Tatsachenmaterials, insbesondere des Ergebnisses der Ermittlungen, des Ergebnisses von Beweiserhebungen, auch hinsichtlich eines im Amtsverfahren eingeholten ärztlichen Gutachtens über den Geisteszustand eines Beteiligten (BayObLG 73, 162; OLG Frankfurt, OLG 81, 135), eines telefonischen Artzberichts (OLG Schleswig, FamRZ 05, 64), auch wenn der Beteiligte geschäftsunfähig ist (OLG Zweibrücken, FamRZ 90, 544) und des Vorbringens anderer Beteiligter. Kenntnis hiervon ist zu gewähren durch Übersendung von Abschriften der Schriftsätze anderer Beteiligter, der Auskünfte, der Anhörungsniederschriften, etwaiger Aktenvermerke über das Ergebnis formloser Beweiserhebungen sowie durch **Akteneinsicht** (Rn 17 zu § 13). Ein Gehörsverstoß liegt in der nur selektiven Mitteilung von Schriftsätzen anderer Beteiligter (OLG München, NJW 05, 1130). Eine als gerichtsbekannt angesehene Tatsache darf der Entscheidung nur dann zu Grunde gelegt werden, wenn das Gericht zuvor darauf hingewiesen hat, dass diese Tatsache gerichtsbekannt ist (BVerfG 10, 177, 183; BSG, MDR 75, 346); allgemeine Erfahrungssätze nur, soweit sie allgemeinkundig, allen Beteiligten gegenwärtig und als entscheidungserheblich bewusst sind (BVerwG, NVwZ 83, 738). Soweit eine mündliche Verhandlung oder eine förmliche Beweisaufnahme stattfindet, wird das rechtliche Gehör durch den Grundsatz der **Parteiöffentlichkeit** gewährleistet.

Unter Umständen kann die Gesundheit Beteiligter, die Erziehung Minderjähriger der vollständigen Bekanntgabe des Tatsachenmaterials oder der Teilnahme an einer Beweisaufnahme entgegenstehen, zB bei einem Sachverständigengutachten im Freiheitsentziehungsverfahren oder, wenn der Zweck der gerichtlichen Maßnahme durch die umfassende Gewährung des Rechts auf Gehör ernstlich gefährdet oder vereitelt würde. In diesen Fällen muss das Gericht aber die Tatsachen und Beweisergebnisse, die es der Entscheidung zu Grunde legen will, den Beteiligten wenigstens inhaltlich mitteilen. Die Hinzuziehung eines Dolmetschers ist eine spezielle Form der Gewährung rechtlichen Gehörs (BVerwG, NVwZ 83, 668, aA hinsichtlich der Begründung BVerfG, NJW 83, 2762).

Ausnahmen von der Parteiöffentlichkeit: § 33 I 2, § 157 II 2, § 128 I 2.

Absehen von Unterrichtung, Anhörung wegen Nachteilen für Gesundheit, Entwicklung, Erziehung: § 159 IV, § 164, §§ 34 II, 278 IV, 319 III.

b) Recht zur Stellungnahme. Das rechtliche Gehör umfasst auch das 4
Recht zur Stellungnahme zu dem vom Gericht ermittelten Tatsachenstoff und zu dem Vorbringen anderer Beteiligter sowie zum Vorbringen von Tatsachen, Beweismitteln und Rechtsansichten. Die Gelegenheit hierzu muss nicht notwendig durch eine mündliche Anhörung erfolgen (BayObLG NJW-RR 90, 1420), jedoch vorgeschrieben in Betreuungssachen nach § 278 iVm § 34, in Unterbringungssachen nach § 319 iVm § 34. Die Entscheidung liegt im 5
pflichtgemäßen Ermessen des Gerichts, soweit nicht das Gesetz ein **mündliches Verfahren,** eine mündliche Verhandlung oder ein mündliches Anhören zwingend vorschreibt, weil die zu klärenden Umstände von besonderer Bedeutung für die Feststellung der tatbestandlichen Voraussetzungen sind, wie zB nach §§ 159, 160, 161 (Kindschaftssachen), § 175 (Abstammungssachen)

§ 37
Buch 1 – Allgemeiner Teil

(OLG Köln, FamRZ 02, 111 zu § 55 b FGG), §§ 192, 193 (Annahme als Kind) (BVerfG, FamRZ 02, 229), § 365 (Teilungssachen), § 390 (Zwangsgeldverfahren in Registersachen), § 405 (Mündliche Verhandlung über die Dispache) und § 420 (Freiheitsentziehungssachen); § 15 I LwVG. Darüber hinaus kann sich eine Pflicht zur mündlichen Anhörung ergeben, wenn Beteiligte nach ihren persönlichen Fähigkeiten nicht in der Lage sind, sich ausreichend schriftlich zu äußern, jedoch kein Verstoß, wenn die Beteiligten ihre Anhörung vereiteln. Für schriftliche Stellungnahmen ist eine ausreichende Frist zu gewähren. Die Beteiligten sind jedenfalls durch Belehrung bei ihrem Vorbringen zu unterstützen. Es dürfen nur solche Umstände berücksichtigt werden, die allgemein oder zumindest für den potenziell betroffenen Personenkreis erkennbar oder
6 ihm bekannt sind (OLG Frankfurt, Rpfleger 04, 421: bei Auslegung einer Urkunde). Die Gewährung des rechtlichen Gehörs umfasst auch die **Berücksichtigung** des Vorbringens der Beteiligten. Dieses muss zur Kenntnis genommen und in Erwägung gezogen werden, jedoch nur insoweit, als es für die Entscheidung erheblich ist. Die Nichtberücksichtigung erheblicher Tatsachen (BVerfG, Rpfleger 78, 27; KG, Rpfleger 87, 211: Nichtverarbeitung in den Entscheidungsgründen), eine Entscheidung vor Ablauf der den Beteiligten gesetzten Äußerungsfrist (BayObLG, NJW-FER 00, 319), Nichterhebung beantragter Beweise können eine Verletzung des Rechts auf Gehör darstellen; auch die Ablehnung eines Antrags auf mündliche Erläuterung eines Gutachtens (BGH, NJW 09, 3660). Das Nichteingehen auf den wesentlichen Kern des Tatsachenvortrages lässt auf Nichtberücksichtigung des Vortrags schließen (BVerfG, NJW 03, 421; vollständig: NVwZ-RR 02, 802; BVerfG, FamRZ 08, 673). Schriftsätze, die bis zum Zeitpunkt der Hinausgabe der Entscheidung durch die Geschäftsstelle eingehen, müssen berücksichtigt werden (BVerfG, Rpfleger 81, 285; NJW 82, 1453; JMBlNRW 84, 211; BayObLG 89, 122; OLG Zweibrücken, FGPrax 02, 116). Das Gebot rechtlichen Gehörs bezweckt nicht, den Verfahrensbeteiligten Zeit dafür zu geben, veränderte Tatsachen zu schaffen (BVerfG, NJW 02, 1564). Zur Gewährung rechtlichen Gehörs durch
7 das **Rechtsmittelgericht** gehört auch die Mitteilung des neuen Aktenzeichens, damit der rechtzeitige Eingang von Schriftsätzen und deren Berücksichtigung gewährleistet ist (OLG Celle, OLG 92, 127 f).
8 **c) Gelegenheit zu Rechtsausführungen.** Den Parteien ist auch Gelegenheit zu Rechtsausführungen zu geben, insbesondere im Rechtsbeschwerdeverfahren. Sie haben jedoch keinen Anspruch auf ein „Rechtsgespräch". Darunter ist die Pflicht des Gerichts zu verstehen, darauf hinzuwirken, dass die Beteiligten verstehen und mitdenken, welche rechtlichen Erwägungen nach Auffassung des Gerichts maßgebend sein könnten (BayObLG 83, 485). Das Gericht muss jedoch entspr der in **§ 139 II ZPO** getroffenen Regelung auf einen **rechtlichen Gesichtspunkt,** den eine Partei erkennbar übersehen oder für unerheblich gehalten hat, hinweisen und Gelegenheit zur Äußerung geben (BVerfG NJW 02, 1334; OLG Köln OLG 92, 395; BayObLG FamRZ 89, 415). Umstritten ist die Frage, ob das Gericht die Beteiligten darauf hinweisen muss, wenn es von seiner bisherigen oder allgemein anerkannten Rechtsprechung abweichen will (BVerfG, NJW 96, 3202). Eine offenkundig unrichtige Rechtsanwendung, auch in Bezug auf Form- und Fristvorschriften, kann eine Verletzung rechtlichen Gehörs darstellen (BVerfG, NJW 04, 3551).

§ 37 Grundlage der Entscheidung § 37

d) Rechtliches Gehör im Rechtsmittelverfahren. Die erörterten 9
Grundsätze gelten auch im Rechtmittelverfahren (BVerfG, NJW 95, 2095;
BayObLG FamRZ 86, 603; KG, NJW 79, 1991; OLG Stuttgart, Rpfleger 83,
116), insbesondere wenn das Beschwerdegericht die angefochtene Entscheidung mit einer völlig anderen Begründung bestätigen will (OLG Köln, OLG
84, 296), jedenfalls dann, wenn das Amtsgericht den Betroffenen nicht ordnungsgemäß gehört hat (BayObLG 80, 15); wenn Umstände für die Annahme
vorliegen, dass die Beteiligten nicht in der Lage sind, sich angemessen schriftlich zu äußern (BayObLG 93, 235); ausnahmsweise dann nicht, wenn die
Möglichkeit weiterer Sachaufklärung ausgeschlossen werden kann (KG,
FGPrax 98, 142); einschränkend: OLG Braunschweig, OLG 92, 167). Die
Grundsätze gelten entspr in Verfahren auf **Rechtsbehelfe** (Erinnerung, Wiedereinsetzung).

Ausnahmsweise braucht rechtliches Gehör nicht gewährt zu werden, 10
wenn ein Rechtsmittel offensichtlich unzulässig oder unbegründet ist (BayObLG 60, 409). Von der erneuten Anhörung kann abgesehen werden, wenn
zusätzliche Erkenntnisse nicht zu erwarten sind (BGH, FamRZ 83, 691).

e) Rechtliches Gehör im Rechtsbeschwerdeverfahren. Im Rechts- 11
beschwerdeverfahren kann ein Verstoß gegen die Gewährung des rechtlichen
Gehörs in Bezug auf Tatsachenmaterial nicht nachgeholt werden. Es verstößt
jedoch gegen das Gebot rechtlichen Gehörs, wenn es unterlassen wird, einen
in erster Instanz vernommenen Zeugen nochmals zu vernehmen, obwohl die
Glaubwürdigkeit abw von der des Erstrichters beurteilt werden soll (BVerfG,
NJW 05, 1487). Unterbliebenes rechtliches Gehör durch Nichtbeteiligung
kann in der Rechtsbeschwerdeinstanz nachgeholt werden, wenn die Beteiligung nicht der weiteren Sachaufklärung diente (BayObLG, FGPrax 04, 110)
oder ausgeschlossen werden kann, dass sich der Beteiligte aktiv am Verfahren
in den Vorinstanzen beteiligt hätte (BayObLG, FGPrax 03, 217). Zu einer
Zurückverweisung besteht jedoch nur dann Anlass, wenn die angefochtene
Entscheidung auf diesem Verfahrensverstoß beruht oder beruhen kann; denn
die Verletzung des rechtlichen Gehörs ist kein absoluter Beschwerdegrund;
weitere Voraussetzung ist, dass ein Beteiligter dies beantragt (§ 69 I).

f) Rechtliches Gehör bei einstweiliger Anordnung (§§ 49–57). Das 12
Gesetz sieht den Erlass einstweiliger Anordnungen vor in § 157 III (Gefährdung des Kindeswohls), § 214 (§§ 1, 2 GewSchG). Ferner einstweilige Anordnungen nach §§ 246, 247, 248 (Unterhalt), §§ 300, 301 (Betreuung),
§§ 331, 332 (Unterbringung), § 427 (Freiheitsentziehung); darüber hinaus
allgemein nach §§ 49 ff.

Grundlage für die Gewährung rechtlichen Gehörs ist auch für das Verfahren
der einstweiligen Anordnung § 34.

Von der Gewährung rechtlichen Gehörs kann **zunächst** abgesehen werden, 13
wenn dies wegen der Eilbedürftigkeit oder der Gefahr der Vereitelung notwendig ist. Ist Gegenstand der einstweiligen Anordnung der Entzug der elterlichen
Sorge, müssen die im Eilverfahren zur Verfügung stehende Aufklärungs- und
Prüfungspflichten jedoch voll ausgeschöpft werden (BVerfG, FamRZ 02, 1021).
Die Entscheidung darüber, ob zunächst von der Anhörung abgesehen werden
soll, ist keine Ermessens-, sondern die **Rechtsfrage,** ob Eilbedürftigkeit oder
Gefahr im Verzug das Absehen von der Gehörgewährung rechtfertigen.

§ 37   Buch 1 – Allgemeiner Teil

14   **Sondervorschriften** erlauben den Erlass einer einstweiligen Anordnung bei Gefahr im Verzug schon vor der Anhörung des Betroffenen: § 301 I (Betreuungssachen), § 332 (Unterbringungssachen), § 427 II (Freiheitsentziehungssachen). Die Anhörung ist unverzüglich nachzuholen; geschieht dies nicht, ist eine angeordnete Freiheitsentziehung rechtswidrig.

15   Ist nachträgliche Gehörgewährung **unterblieben,** muss diese bei Beschwerdeeinlegung im Abhilfeverfahren nachgeholt werden (§ 68 I). Jedenfalls muss im **Beschwerdeverfahren uneingeschränkt** Gehör gewährt werden (OLG Naumburg, FamRZ 02, 615; OLG Frankfurt, FGPrax 03, 81:

16   Erlass einer einstweiligen Anordnung auf Herausgabe des Betreuten). Soweit eine Entscheidung ohne vorherige Durchführung der nach dem Gesetz notwendigen Anhörung erlassen wurde, gibt **§ 54 I 3** die Möglichkeit der Aufhebung oder Änderung von Amts wegen. Dadurch wird die Nachholung des rechtlichen Gehörs in derselben Instanz ermöglicht.

17   Ist eine Nachholung des rechtlichen Gehörs nicht erfolgt und ist die Entscheidung nicht mehr anfechtbar, kommt eine **Anhörungsrüge** nach § 44 in Betracht.

4. Geschäftsunfähige, beschränkt Geschäftsfähige

18   Geschäftsunfähige (§ 104 Nr 1, 2 BGB) und beschränkt Geschäftsfähige (Minderjährige nach § 106 BGB) üben das Recht auf Gehör durch ihre gesetzlichen Vertreter aus (BayVerfGH, Rpfleger 76, 350). Soweit sie ausnahmsweise als verfahrensfähig anzusehen sind, steht ihnen dieses Recht persönlich zu: in Betreuungssachen nach § 275, in Unterbringungssachen nach § 316, Minderjährige, die das 14. Lebensjahr vollendet haben, unter den Voraussetzungen des § 9 I Nr 3. Bei schwerwiegenden Eingriffen in ihren Lebensbereich sind die Betroffenen immer auch persönlich anzuhören (BVerfGE 10, 302; 19, 191).

19   Soweit Geschäftsunfähig aus tatsächlichen Gründen, zB wegen ihre Gesundheitszustandes, ihr Recht auf persönliche Anhörung nicht ausüben können, ist ihnen ein **Verfahrenspfleger** zu bestellen (BayObLG, FamRZ 90, 542; 95, 22). Das Gesetz sieht dies ausdrücklich vor in Betreuungssachen in § 276 I Nr 1, in Unterbringungssachen in § 317 I. Hat der Pfleger die Stellung eines gesetzlichen Vertreters in persönlichen Angelegenheiten, ist er neben dem Betroffenen zu hören (BayObLG, Rpfleger 83, 314). Verfahrenspfleger und Verfahrensbeistand sind nicht gesetzliche Vertreter der Betroffenen. Ihre Anhörung erfolgt als Beteiligte im Rahmen ihres Aufgabenbereichs.

5. Unterbleiben der Anhörung

20   Nach § 34 II kann die persönliche Anhörung unterbleiben, wenn hiervon erhebliche Nachteile für die Gesundheit zu besorgen sind oder der Beteiligte offensichtlich nicht in der Lage ist, seinen Willen kundzutun.

21   **Sondervorschriften:** nach § 159 III, § 160 Unterbleiben nur bei schwerwiegenden Gründen, nach § 192 III, § 193 iVm § 192 III bei Nachteilen für Entwicklung, Erziehung, Gesundheit minderjähriger Beteiligter, nach §§ 276 IV, 319 III bei erheblichen Nachteilen für die Gesundheit auf der Grundlage eines ärztlichen Gutachtens, nach § 420 bei erheblichen Nachteilen für die Gesundheit, bei Ansteckungsgefahr durch übertragbare Krankheit.

Abschnitt 3
Beschluss

Entscheidung durch Beschluss

38 (1) Das Gericht entscheidet durch Beschluss, soweit durch die Entscheidung der Verfahrensgegenstand ganz oder teilweise erledigt wird (Endentscheidung). Für Registersachen kann durch Gesetz Abweichendes bestimmt werden.

(2) Der Beschluss enthält
1. die Bezeichnung der Beteiligten, ihrer gesetzlichen Vertreter und der Bevollmächtigten;
2. die Bezeichnung des Gerichts und die Namen der Gerichtspersonen, die bei der Entscheidung mitgewirkt haben;
3. die Beschlussformel.

(3) Der Beschluss ist zu begründen. Er ist zu unterschreiben. Das Datum der Übergabe des Beschlusses an die Geschäftsstelle oder der Bekanntgabe durch Verlesen der Beschlussformel (Erlass) ist auf dem Beschluss zu vermerken.

(4) Einer Begründung bedarf es nicht, soweit
1. die Entscheidung auf Grund eines Anerkenntnisses oder Verzichts oder als Versäumnisentscheidung ergeht und entsprechend bezeichnet ist,
2. gleichgerichteten Anträgen der Beteiligten stattgegeben wird oder der Beschluss nicht dem erklärten Willen eines Beteiligten widerspricht oder
3. der Beschluss in Gegenwart aller Beteiligten mündlich bekannt gegeben wurde und alle Beteiligten auf Rechtsmittel verzichtet haben.

(5) Absatz 4 ist nicht anzuwenden:
1. in Ehesachen, mit Ausnahme der eine Scheidung aussprechenden Entscheidung;
2. in Abstammungssachen;
3. in Betreuungssachen;
4. wenn zu erwarten ist, dass der Beschluss im Ausland geltend gemacht werden wird.

(6) Soll ein ohne Begründung hergestellter Beschluss im Ausland geltend gemacht werden, gelten die Vorschriften über die Vervollständigung von Versäumnis- und Anerkenntnisentscheidungen entsprechend.

1. Form und Inhalt der Endentscheidung

Abs 1 schreibt die Entscheidung durch Beschluss für alle Endentscheidungen verbindlich vor; das sind solche Entscheidungen, die den Rechtsstreit ganz oder teilweise erledigen. Dies kann auch nach Wegfall der Hauptsache eine Kostenentscheidung sein. 1

Die Beschlussform gilt für **Zwischen- und Nebenentscheidungen** nur, soweit dies in Einzelfällen gesetzlich bestimmt ist: § 7 V (Ablehnung eines 2

§ 38

Antrags auf Hinzuziehung), §§ 33 III, 89 I (Verhängung von Ordnungsmitteln). Soweit sich das Verfahren nach der Zivilprozessordnung richtet, ergibt sich diese Form aus dieser: § 6 iVm §§ 41–49 ZPO (Ausschließung, Ablehnung), §§ 76–78 iVm §§ 114 ff ZPO (Verfahrenskostenhilfe). Für Registersachen kann das Gesetz abw Entscheidungsformen vorsehen, zB nach § 382 I die Entscheidung durch Eintragung.

3 Der Beschluss muss nach **Abs 2** enthalten die Bezeichnung der Beteiligten, ihrer gesetzlichen Vertreter und der Bevollmächtigten **(Nr 1)**, die Bezeichnung des Gerichts und die Namen der Richter, die bei der Entscheidung mitgewirkt haben **(Nr 2)** und die Beschlussformel **(Nr 3)** entspr der Urteilsformel im Zivilprozess.

2. Erlass der Entscheidung

4 Soll der Beschluss den Beteiligten **schriftlich** nach § 41 I bekannt gemacht werden, ist die Entscheidung erlassen mit der Übergabe des Beschlusses zur Veranlassung der Bekanntgabe an die Geschäftsstelle. Notwendig ist der Entäußerungswille des Gerichts, die Übergabe an die Geschäftsstelle mit dem Ziel, den Übergang von dem inneren Geschäftsbetrieb zum äußeren Geschäftsgang zu vollziehen (Keidel/Meyer-Holz, Rn 90, 91 zu § 38); dieser Übergang zum äußeren Geschäftsgang erfolgt regelmäßig im Zeitpunkt der Weiterleitung durch die Geschäftsstelle und ist mit der Abfassung des Vermerks vollzogen. Die praktische Bedeutung liegt darin, dass bis zu diesem Zeitpunkt eingehende Schriftsätze zu berücksichtigen sind (KG, Rpfleger 08, 37 für das bisherige Recht).

Im Falle der mündlichen Bekanntgabe wird der Beschluss durch Verlesen der Entscheidungsformel erlassen (§ 41 II). Das Datum des Erlasses ist auf dem Beschluss zu vermerken; das Datum ist von Bedeutung für den Beginn der fünfmonatigen Beschwerdefrist (Auffangfrist) nach § 63 III.

3. Begründung des Beschlusses

5 Abs 3 Satz 1 stellt keine inhaltlichen Anforderungen an die Begründung auf. Nach bisherigem Recht bestand keine allgemeine Begründungspflicht. Eine Begründung wurde jedoch für erforderlich gehalten, wenn in Rechte eines Beteiligten eingegriffen wurde, um diesem eine sachgerechte Verteidigung zu ermöglichen. Sie wurde darüber hinaus immer dann als notwendig angesehen, wenn ein Antrag zurückgewiesen wurde. Die Anforderungen an die Begründung, die von der bisherigen Rechtspr entwickelt wurden, sind auch Maßstab für die Begründung nach Abs 3 Satz 1: Sowohl die Beteiligten als auch das Beschwerdegericht müssen die tragenden Erwägungen nachvollziehen können; es muss erkennbar sein, welche tatsächlichen Feststellungen und rechtlichen Erwägungen für die Entscheidung maßgebend waren.

6 Das Gericht kann von einer Begründung nach Abs 4 Nr 1–3 **absehen:** Entscheidungen nach **Nr 1** auf Grund eines Anerkenntnisses, Verzichts oder Versäumnisentscheidungen kommen nur in Ehe- und Familienstreitsachen in Betracht (§ 113 I iVm § 38). Die Voraussetzungen nach **Nr 2**, gleichgerichtete Anträge oder, dass der Beschluss dem erklärten Willen eines Beteiligten nicht widerspricht, setzen Dispositionsbefugnis der Parteien voraus, die

§ 39 Rechtsbehelfsbelehrung **§ 39**

in Verfahren, die dem Amtsmittlungsgrundsatz unterliegen, nicht gegeben ist. Die in **Nr 3** angegebene Voraussetzung für ein Absehen von einer Begründung ist in allen Verfahren anwendbar, weil die Beteiligten auch in Verfahren, die dem Amtsermittlungsgrundsatz unterliegen, auf ein Verfahrensrecht verzichten können (Rn 2 zu § 36).

Nicht Gebrauch gemacht werden kann von der Möglichkeit des Abs 4, von 7 einer **Begründung abzusehen,** nach Abs 5 in Ehesachen **mit Ausnahme** der eine Ehescheidung aussprechenden Entscheidung (Nr 1), in Abstammungssachen (Nr 2) und in Betreuungssachen (Nr 3).

Der Beschluss ist ferner mit Gründen zu versehen, wenn zu erwarten ist, 8 dass der Beschluss im **Ausland** geltend gemacht werden wird **(Abs 5 Nr 4).** Stellt sich nachträglich heraus, dass ein zunächst nicht mit Gründen versehener Beschluss im Ausland geltend gemacht werden muss, ist der Beschluss nach **Abs 6** zu vervollständigen (§ 30 I AVAG). Zur Vervollständigung sind die Gründe nachträglich abzufassen, von den Richtern besonders zu unterschreiben und der Geschäftsstelle zu übergeben. Die Gründe können auch von Richtern unterschrieben werden, die bei dem Urteil nicht mitgewirkt haben (§ 30 Abs 2 AVAG).

Rechtsbehelfsbelehrung

39 **Jeder Beschluss hat eine Belehrung über das statthafte Rechtsmittel, den Einspruch, den Widerspruch oder die Erinnerung sowie das Gericht, bei dem diese Rechtsbehelfe einzulegen sind, dessen Sitz und die einzuhaltende Form und Frist zu enthalten.**

1. Notwendigkeit einer Rechtsbehelfsbelehrung

Eine Rechtsmittelbelehrung war bisher im Verfahren der freiwilligen Ge- 1 richtsbarkeit allgemein nicht vorgeschrieben. Der verfassungsrechtliche Anspruch auf wirksamen Rechtsschutz gebot jedoch dann eine Rechtsmittelbelehrung, wenn diese erforderlich war, um unzumutbare Schwierigkeiten bei der Rechtsverfolgung auszugleichen (BVerfG, NJW 95, 3173; BGH, FGPrax 02, 166 auf Vorlage BayObLG, FGPrax 02, 14 mwN). § 39 führt **allgemein** die Notwendigkeit einer Rechtsbehelfsbelehrung ein. § 39 findet neben § 38 (Beschluss) auch in Ehesachen und Familienstreitverfahren (§ 113 I) Anwendung. Die bisherigen Sondervorschriften über Rechtsmittelbelehrung in Betreuungssachen (§ 69 I Ziff 6 FGG) und Unterbringungssachen (§ 70 f I Ziff 4 FGG) entfallen.

Eine **Sondervorschrift** besteht weiterhin in § 2 I des Gesetzes über Maß- 2 nahmen auf dem Gebiet des Grundbuchwesens.

Eine Belehrung müssen alle Entscheidungen enthalten, gegen die **ordent-** 3 **liche Rechtsbehelfe** gegeben sind: Beschwerde (§ 58), Rechtsbeschwerde (§ 70), Sprungrechtsbeschwerde (§ 75), nicht Anschlussbeschwerde (§ 66), Anschlussrechtsbeschwerde (§ 73); jedoch Erinnerung nach § 11 II RPflG, § 573 ZPO entspr, §§ 86 II, 95 I iVm § 732 ZPO und § 95 I iVm § 766 ZPO; sofortige Beschwerde in den Fällen, in denen dieses Rechtsmittel der Zivilprozessordnung Anwendung findet (aA Prütting/Helms/Abramenko,

§ 39

Rn 2 zu § 39); ferner Einspruch, soweit in Ehesachen und Familienstreitverfahren Versäumnisurteil ergehen kann; insoweit abw von der ZPO, die keine Rechtsmittelbelehrung vorsieht; ferner, soweit im Zwangsgeldverfahren vor dem Registergericht Einspruch möglich ist (§ 388) und bei Widerspruch gegen die Dispache (§ 406). Im vereinfachten Verfahren muss die Belehrung auch den Hinweis nach § 253 II enthalten (Rn 10, 11 zu § 253). Streitig ist, ob über das Antragsrecht nach §§ 53, 54 II im Verfahren der einstweiligen Anordnung zu belehren ist. Das ist zu bejahen, weil der Gesetzgeber (BT-Drs 16/6308 S 201) eine solche Belehrung wollte, auch wenn dies im Gesetzeswortlaut nicht zum Ausdruck gekommen ist (Keidel/Meyer-Holz, Rn 5 zu § 39; Thomas/Putzo, Rn 2 zu § 39; aA MüKo-ZPO/Ulrici, Rn 4 zu § 39 unter Hinweis auf den Gesetzeswortlaut).

4 **Nicht notwendig** ist eine Rechtsbehelfsbelehrung, soweit gegen Entscheidungen nur noch **außerordentliche Rechtsbehelfe** statthaft sind; keine Belehrung daher über die Möglichkeit der Wiedereinsetzung (§§ 17–19), die Beschlussberichtigung (§ 42), die Beschlussergänzung (§ 43), die Anhörungsrüge (§ 44), die Wiederaufnahme (§ 48); nicht notwendig auch bei unanfechtbaren Endentscheidungen (OLG Stuttgart, NJW 09, 3733). Soweit ein Rechtsmittel oder Rechtsbehelf nicht statthaft ist, besteht keine Belehrungspflicht; eine solche Belehrung könnte bei Laien die unzutreffende Vorstellung hervorrufen, dass es auch keine außerordentlichen Rechtsbehelfe (Rn 4) gebe (MüKo-ZPO/Ulrici, Rn 2 zu § 39; OLG Stuttgart, NJW 09, 3733).

2. Inhalt der Rechtsbehelfsbelehrung

5 Die Belehrung muss enthalten die Bezeichnung des statthaften Rechtsmittels, den Einspruch, den Widerspruch oder die Erinnerung; ferner das Gericht, bei dem diese Rechtsbehelfe einzulegen sind, dessen Sitz sowie die einzuhaltende Form und die Frist für die Einlegung; ist eine anwaltliche Vertretung notwendig, ist auch darauf hinzuweisen (BGH, FamRZ 10, 1425). Die Rechtsbehelfsbelehrung muss alle wesentlichen Informationen enthalten, die den Beteiligten in die Lage versetzen, ohne die Hinzuziehung eines Rechtsanwalts den zulässigen Rechtsbehelf gegen die ergangene Entscheidung einzulegen.

6 Zur Wahrung einer Rechtsmittelfrist reicht die Einlegung einer in fremder Sprache gehaltenen Rechtsmittelschrift nicht aus (BGH, NJW 84, 2050; BayObLG 86, 537). Eine gesetzlich vorgeschriebene Rechtsbehelfsbelehrung muss daher den Hinweis enthalten, dass die Rechtsmitteleinlegung in **deutscher Sprache** erfolgen muss (BGH, NJW 82, 532).

3. Fehlen einer Rechtsbehelfsbelehrung

7 Nach der bisherigen Rechtsprechung wurde bei Fehlen einer gesetzlich vorgeschriebenen Rechtsmittelbelehrung die Rechtsmittelfrist nicht in Lauf gesetzt (BayObLG, FamRZ 94, 323). Nunmehr wird nach § 17 II bei fehlender oder unrichtiger Belehrung ein Fehlen des Verschuldens vermutet, das widerlegbar ist. Kausalität zwischen einer fehlenden oder fehlerhaften Rechtsbehelfsbelehrung ist zB zu verneinen mit der Folge, dass die Vermutung

§ 40 Wirksamwerden

widerlegt ist, bei Hinweis durch das Beschwerdegericht (KG, FGPrax 02, 245).

Wirksamwerden

40 (1) Der Beschluss wird wirksam mit Bekanntgabe an den Beteiligten, für den er seinem wesentlichen Inhalt nach bestimmt ist.

(2) Ein Beschluss, der die Genehmigung eines Rechtsgeschäfts zum Gegenstand hat, wird erst mit Rechtskraft wirksam. Dies ist mit der Entscheidung auszusprechen.

(3) Ein Beschluss, durch den auf Antrag die Ermächtigung oder die Zustimmung eines anderen zu einem Rechtsgeschäft ersetzt oder die Beschränkung oder Ausschließung der Berechtigung des Ehegatten oder Lebenspartners, Geschäfte mit Wirkung für den anderen Ehegatten oder Lebenspartner zu besorgen (§ 1357 Abs. 2 Satz 1 des Bürgerlichen Gesetzbuchs, auch in Verbindung mit § 8 Abs. 2 des Lebenspartnerschaftsgesetzes), aufgehoben wird, wird erst mit Rechtskraft wirksam. Bei Gefahr im Verzug kann das Gericht die sofortige Wirksamkeit des Beschlusses anordnen. Der Beschluss wird mit Bekanntgabe an den Antragsteller wirksam.

Übersicht

1. Entscheidungen mit rechtlicher Wirkung	1
2. Wirksamkeit	3
3. Eintritt der Wirksamkeit	4
4. Formelle Rechtskraft	6
5. Sofortige Wirksamkeit	19
6. Adressaten der Bekanntmachung	20
7. Sonderregelungen	23

1. Entscheidungen mit rechtlicher Wirkung

Beschlüsse iS des § 40 sind Entscheidungen, die geeignet sind, rechtliche **1** Wirkungen für die Beteiligten durch Begründung, Aufhebung, Änderung oder Feststellung von Rechten herbeizuführen und sonstige Einwirkungen auf rechtlich geschützte Interessen zu äußern, wenn das Verfahren durch sie ganz oder teilweise erledigt wird (§ 38 I). Darüber hinaus entfalten aber auch Zwischen- und Nebenentscheidungen, die innerhalb eines Verfahrens ergehen, Wirkungen auf rechtlich geschützte Interessen, zB Aussetzung des Verfahrens (§ 21), Ausschließung und Ablehnung von Gerichtspersonen (§ 6), Wiedereinsetzung (§§ 17–19), Akteneinsicht (§ 13), Verweisung (§ 3), Bestimmung der Zuständigkeit (§ 5), Bestellung eines Verfahrenspflegers (§§ 276, 317), eines Verfahrensbeistandes (§§ 158, 174, 191), die Anordnung verfahrensrechtlicher Auskunftspflichten eines Beteiligten (§ 235). Auch insoweit ist der Eintritt der Wirksamkeit von Bedeutung für die Erfüllung sich hieraus ergebender Verpflichtungen, die Verfahrensgestaltung, die Einlegung von Rechtsmitteln, soweit diese gegeben sind.

§ 40

2 **Keine Entscheidungen** sind Anordnungen geschäftsleitender Natur, Ladungsanordnungen, Ersuchen an andere Behörden, Abgabe und Rückgabe im Verhältnis Richter und Rechtspfleger (§ 5 RPflG); keine Entscheidungen sind gerichtliche Handlungen, zB die Verpflichtung des Vormundes (§ 1789 BGB), des Pflegers (§ 1915 iVm § 1789 BGB), Verpflichtung des Betreuers (§ 289), Eintragungen in öffentliche Register (§ 382 I).

2. Wirksamkeit

3 Die nach dem Grundsatz des Abs 1 eintretende Wirksamkeit von Entscheidungen äußert sich darin, dass die rechtlichen Wirkungen eintreten, die die Entscheidung nach ihrem Inhalt herbeizuführen geeignet und bestimmt ist (BGH 16, 159). Die Vollstreckbarkeit fällt mit dem Beginn der Wirksamkeit zusammen und setzt diese voraus; für Endentscheidungen ergibt sich dies aus § 86 I Nr 1, für gerichtliche Anordnungen innerhalb eines Verfahrens, die eine Verpflichtung zur Vornahme oder Unterlassung von Handlungen zum Gegenstand haben, aus § 35. Die Wirksamkeit geht weiter als die Vollstreckbarkeit, weil nicht alle gerichtlichen Entscheidungen der Vollstreckung bedürfen.

3. Eintritt der Wirksamkeit

4 Die Wirksamkeit einer Entscheidung tritt nach Abs 1 grundsätzlich mit der **Bekanntmachung** an denjenigen ein, für den sie ihrem Inhalt nach bestimmt ist. Darüber hinaus hat die Bekanntgabe, ohne dass dies die Wirksamkeit der Entscheidung berührt, an alle Beteiligten, in deren Rechte sie ihrem Erfolg nach eingreift, zu erfolgen (BayObLG, Rpfleger 73, 16).

5 An die **formelle Rechtskraft** wird der Eintritt der Wirksamkeit geknüpft bei den Entscheidungen nach Abs 2, 3 und in weiteren gesondert geregelten Angelegenheiten.

4. Formelle Rechtskraft

6 **a) Genehmigung von Rechtsgeschäften.** Beschlüsse, durch die ein Rechtsgeschäft genehmigt wird, werden erst mit formeller Rechtskraft wirksam (Abs 2 S 1). Erfasst wird der Bereich der bisherigen §§ 55, 62 FGG.

Diese Vorschriften waren nach der Entscheidung des BVerfG v 18. 1. 2000 (NJW 00, 1709) insoweit mit Art 19 IV GG unvereinbar, als Entscheidungen
7 des Rechtspflegers der Prüfung durch den Richter entzogen waren. Zur Lösung des Problems entwickelte die Rechtspr die Notwendigkeit eines **Vorbescheides.** Der Rechtspfleger war verpflichtet, eine Genehmigungsentscheidung durch **anfechtbaren Vorbescheid** (BayObLG, Rpfleger 02, 622; OLG Dresden, Rpfleger 01, 232) anzukündigen und unter Fristsetzung Gelegenheit zur Stellungnahme zu geben.

8 Die jetzige gesetzliche Regelung sieht einen Vorbescheid nicht mehr vor. Er wird dadurch **ersetzt,** dass Entscheidungen, die die Genehmigung eines Rechtsgeschäfts zum Gegenstand haben, erst mit Rechtskraft wirksam werden; das ist mit der Entscheidung auszusprechen **(Abs 2 Satz 2).** Die Entscheidung kann daher vor Eintritt ihrer Wirksamkeit durch Rechtsmittel

§ 40 Wirksamwerden § 40

überprüft werden. Die **Frist** zur Einlegung der Beschwerde beträgt in diesem Fall zwei Wochen (§ 63 II Nr 2). Sie beginnt mit der Bekanntgabe an die Beteiligten (§ 41); wer im erstinstanzlichen Verfahren nicht beteiligt war, aber in seinen Rechten beeinträchtigt wird (§ 59 I), kann nur innerhalb der für die Beteiligten geltenden Frist Rechtsmittel einlegen; die Auffangfrist des § 63 III gilt für diese Personen nicht (Rn 35 zu § 7; Rn 6 zu § 63). Die Regelung gilt allgemein, so dass es nicht mehr wie etwa in § 69 e FGG einer ausdrücklichen Bezugnahme bedarf.

Abw von der allgemeinen Regelung sieht § 352 vor, dass der Beschluss **9** über die Erteilung eines **Erbscheins,** dessen Inhalt erkennbar nicht streitig sein wird, mit dem Erlass wirksam wird (§ 352 I 2) und abw von § 41 I nicht der Bekanntgabe bedarf (§ 352 I 3). Nur in streitig geführten Erbscheinsverfahren hat das Gericht die sofortige Wirksamkeit des Beschlusses auszusetzen und die Erteilung des Erbscheins bis zur Rechtskraft des Beschlusses zurückzustellen (§ 352 II).

In den Anwendungsbereich des Abs 2 fallen **Genehmigungen zu 10 Rechtsgeschäften** der Inhaber der elterlichen Sorge, des Vormundes, des Pflegers; in Betreuungssachen dann, wenn das Rechtsgeschäft, auf das sich die Genehmigung bezieht, einen Bereich betrifft, für den ein Einwilligungsvorbehalt angeordnet worden ist (§ 1903 BGB). Soweit der Betreuer selbst für eine Willenserklärung in Vertretung des Betreuten der Genehmigung des Betreuungsgerichtes bedarf, gilt dies auch für seine Einwilligung zu einer entspr Willenserklärung des Betreuten (§ 1908 I BGB iVm §§ 1912, 1821, 1822 BGB).

Erfasst werden nur Genehmigungen des Familiengerichts, Betreuungs- **11** gerichts, die unmittelbare **Wirkung nach außen** haben.
Beispiele: §§ 112, 1411, 1484 II, 1491 III, 1492 III, §§ 1643, 1644, §§ 1812 I, III, 1814, 1819–1822, 1824, 2275, 2282 II, 2290 III, 2347, 2351 BGB; nicht § 125 II (§ 607 II ZPO aF); ferner die Genehmigung des Antrags des Vormundes auf Zwangsversteigerung des dem Mündel als Miteigentümer gehörenden Grundstücks nach § 181 II ZVG (OLG Frankfurt, FamRZ 64, 520; BayObLG, NJW 71, 2314) und die Genehmigung zu dem Antrag auf Aufgebot zwecks Todeserklärung nach § 16 III VerSchG.

Nicht erfasst werden Genehmigungen, die keine unmittelbare Wirkung **12** nach außen haben (Innengenehmigungen).
Beispiele: Genehmigung zum Beginn oder zur Auflösung eines Erwerbsgeschäftes nach § 1822 Nr 3 BGB, § 1645 BGB; Genehmigung einer Abweichung von Anordnungen des Erblassers oder eines Dritten nach §§ 1803 II, III, 1639 II, 1917 III BGB, die Anlegung von Mündelgeld nach §§ 1810, 1811, 1817, 1818 BGB, die Gestattung des Aufschubs der Auseinandersetzung bei Wiederverheiratung nach §§ 1493 II, 1683 II, III, 1845, 1897, 1915 BGB; ferner nicht erfasst wird die Genehmigung der Unterbringung eines Betroffenen in eine geschlossene Anstalt nach §§ 1800, 1631 b BGB; ferner nicht die Genehmigung für einen Antrag auf Erwerb einer ausländischen Staatsangehörigkeit bei Verlust einer deutschen, weil Rechte Dritter nicht betroffen werden (KG, OLG 80, 115).

b) Grundlage für Rechtshandlungen. Abs 3 knüpft die Wirksamkeit **13** von Entscheidungen an die formelle Rechtskraft, wenn diese die Grund-

§ 40

lage für Rechtshandlungen gegenüber dritten Personen sein können, um rechtliche Unsicherheit hinsichtlich dieser Handlungen wegen der Möglichkeit der Aufhebung ihrer Grundlage zu vermeiden. Dies gilt nicht für ablehnende Entscheidungen; diese werden mit der Bekanntmachung wirksam.

14 **aa) Ersetzung der Ermächtigung oder der Zustimmung eines Anderen zu einem Rechtsgeschäft:** Zustimmung zum Eintritt eines Minderjährigen in ein Dienstverhältnis (§ 113 III BGB), Zustimmung zur Verfügung über Haushaltsgegenstände, über Gesamtgut (§§ 1365 II, 1369 II, 1426, 1452 II, 1847 BGB); im Falle von Lebenspartnerschaften (§ 8 II LPartG iVm §§ 1365, 1369 II BGB), Zustimmung zu Rechtsgeschäften über persönliche Angelegenheit des anderen Ehegatten (§§ 1430, 1452 II BGB), Entscheidung von Meinungsverschiedenheiten zwischen Eltern und Pflegern, mehreren Vormündern oder Pflegern (§§ 1630 II, 1917 III BGB); die Ersetzung der Zustimmung eines Dritten zu Abweichungen von Anordnungen des Dritten, die dieser bei einer Zuwendung an das Kind (Mündel) getroffen hat (§§ 1639 II, 1803 III, 1917 III BGB).

15 **bb) Ersetzung der Einwilligung oder Zustimmung des Vormundes oder Pflegers zu einer Annahme als Kind** (§ 1746 III BGB), die Ersetzung der Einwilligung eines Elternteils (§ 1748 I, III BGB), die Ersetzung der Einwilligung des anderen Ehegatten bei der Annahme eines Kindes durch einen Ehegatten allein (§ 1749 I BGB) waren zunächst durch den jetzt gestrichenen Abs 3 S 2 in die Regelung des § 40 einbezogen worden. Aus systematischen Gründen ist diese Regelung, die sich ausschließlich auf Adoption bezieht, durch § 198 I in die Verfahrensvorschriften über **Adoptionssachen** aufgenommen worden.

16 **Nicht** in diesen Anwendungsbereich fällt die Entscheidung über Meinungsverschiedenheiten der Eltern hinsichtlich der Ausübung der elterlichen Sorge.

17 **cc) Entscheidungen über die Aufhebung der Beschränkung und der Ausschließung** der Berechtigung des Ehegatten, Geschäfte mit Wirkung für den anderen Ehegatten zu besorgen (§ 1357 II 1 BGB), für den anderen Lebenspartner (§ 8 II LPartG iVm § 1357 II 1 BGB) werden nach Abs 3 mit Rechtskraft wirksam.

18 **dd)** In einzelnen Vorschriften wird die Wirksamkeit von Entscheidungen an die **formelle Rechtskraft** geknüpft: Nach § 184 die Endentscheidung in Abstammungssachen, nach § 198 der Beschluss über die Ersetzung einer Einwilligung oder Zustimmung zur Annahme als Kind, die Aufhebung des Annahmeverhältnisses, nach § 209 die Endentscheidung in Wohnungszuweisungs- und Hausratssachen, nach § 216 die Endentscheidung in Gewaltschutzsachen, nach § 224 die Endentscheidung in Versorgungsausgleichssachen, nach § 324 Genehmigung oder Anordnung einer Unterbringungsmaßnahme; nach § 7 III ErbbauRG bei Ersetzung der Zustimmung des Grundeigentümers zur Veräußerung oder Belastung des Erbbaurechts; ferner §§ 29, 40 VerschG, § 40 I IntFamRVG (Rückgabe des Kindes in einen anderen Vertragsstaat); der Beschluss, durch den das Standesamt zur Vornahme einer Amtshandlung angehalten oder durch den die Berichtigung eines Personenstandsregisters angeordnet wird nach § 53 I PStG.

§ 40 Wirksamwerden **§ 40**

5. Sofortige Wirksamkeit

Einzelne Vorschriften sehen für Entscheidungen, die grundsätzlich erst mit **19** formeller Rechtskraft wirksam werden, die Möglichkeit der Anordnung der sofortigen Wirksamkeit vor: § 209 II in Ehewohnungs- und Haushaltssachen, § 216 in Gewaltschutzsachen, § 287 II in Betreuungssachen, § 324 II in Unterbringungssachen und § 422 II 1 in Freiheitsentziehungssachen.

6. Adressaten der Bekanntmachung

Bestimmt ist die Entscheidung für denjenigen, auf dessen rechtliche Bezie- **20** hungen sie unmittelbar einzuwirken geeignet ist. Mit der Bekanntgabe an diese Person wird die Entscheidung wirksam, wenn die Wirksamkeit nicht an die formelle Rechtskraft geknüpft ist. Anderen Beteiligten ist die Entscheidung ohne Einfluss auf die Wirksamkeit bekannt zu geben, wenn die Rechtsfolgen mittelbare Auswirkungen auf sie haben können. Beispiele: Anordnung der Pflegschaft und Ernennung des Pflegers sind unmittelbar für den Pfleger bestimmt und daher mit Bekanntmachung an diesen wirksam (BayObLG 66, 82); die Anordnung einer Nachlassverwaltung wird bei Nachlasspflegschaft mit Bekanntmachung an den Pfleger wirksam (BayObLG 76, 167, 171; Rpfleger 79, 382); die Entlassung des Vormundes ist ihrem Inhalt nach für diesen bestimmt, nicht auch für den Mündel oder Gegenvormund (KG, FamRZ 70, 672; KG, OLG 71, 202: Pflegschaft); die Bestellung des Liquidators durch Bekanntmachung an den Bestellten (OLG Hamm, Rpfleger 87, 251), in **Betreuungssachen** der Betroffene, der Betreuer; bei der Genehmi- **21** gung zur Einwilligung in eine Sterilisation der Verfahrenspfleger oder Verfahrensbevollmächtigte und der Betreuer (§ 297 VII). Wer von einer Entscheidung unmittelbar in seiner Rechtsstellung betroffen ist, lässt sich nur im konkreten Einzelfall feststellen. Stets in seiner Rechtsstellung unmittelbar betroffen ist der **Antragsteller** bei Zurückweisung seines Antrags, der **Beschwerdeführer** bei Zurückweisung seines Rechtsmittels.

Ist die Entscheidung ihrem Inhalt nach für **mehrere Personen** bestimmt, **22** wird sie, wenn sie ihrem Inhalt nach trennbar ist, mit der Bekanntmachung an jeden einzelnen der Beteiligten, wenn sie ihrem Inhalt nach untrennbar ist, mit der Bekanntmachung an den letzten der Beteiligten wirksam (OLG Hamm, Rpfleger 80, 298), zB § 297 VII. Es kann auch gesetzlich vorgesehen werden, dass die Bekanntmachung an einen von mehreren Beteiligten, für die die Entscheidung ihrem Inhalt nach bestimmt ist, genügt, damit die Entscheidung für alle Beteiligten wirksam wird, zB § 287 I.

7. Sonderregelungen

Die **Kenntnis** des Dritten oder die Eintragung in ein öffentliches Register **23** können Voraussetzung für die Wirksamkeit gegenüber Dritten sein, zB bei der Einschränkung oder Ausschließung der Berechtigung eines Ehegatten, Geschäfte mit Wirkung für den anderen zu besorgen (§ 1357 II 2 iVm § 1412 BGB) und Ausschließung oder Änderung des gesetzlichen Güterstandes (§ 1412 BGB).

§ 41

24   Die Vorschriften über die **Benachrichtigung** von Eintragungen in bestimmte Register sind Sondervorschriften gegenüber den Vorschriften über die Bekanntmachung von Entscheidungen des Gerichts. Auf die Benachrichtigung kann verzichtet werden, weil die Wirksamkeit nicht davon abhängt (OLG Stuttgart, NJW 74, 705). Zum Zwecke der Entgegennahme von Bekanntmachungen kann ein Bevollmächtigter bestellt werden, der gegen die Ablehnung der Benachrichtigung ein selbständiges Beschwerderecht hat (OLG Stuttgart, OLG 73, 422).

25   Besondere Regelungen gelten für den Eintritt der **Unwirksamkeit** eines Erbscheines sowie des Zeugnisses über die Fortsetzung der Gütergemeinschaft; diese tritt mit der Einziehung bzw Kraftloserklärung nach §§ 2361, 1507 BGB ein.

Bekanntgabe des Beschlusses

41 (1) **Der Beschluss ist den Beteiligten bekannt zu geben. Ein anfechtbarer Beschluss ist demjenigen zuzustellen, dessen erklärtem Willen er nicht entspricht.**

(2) **Anwesenden kann der Beschluss auch durch Verlesen der Beschlussformel bekannt gegeben werden. Dies ist in den Akten zu vermerken. In diesem Fall ist die Begründung des Beschlusses unverzüglich nachzuholen. Der Beschluss ist im Fall des Satzes 1 auch schriftlich bekannt zu geben.**

(3) **Ein Beschluss, der die Genehmigung eines Rechtsgeschäfts zum Gegenstand hat, ist auch demjenigen, für den das Rechtsgeschäft genehmigt wird, bekannt zu geben.**

1. Anwendungsbereich

1   Für die Bekanntgabe ist § 15 die allgemeine Vorschrift; sie behandelt die Bekanntgabe für Schriftstücke, die eine Termins- oder Fristbestimmung enthalten oder den Lauf einer Frist auslösen (§ 15 I) und allgemein die Form der Bekanntgabe (§ 15 II). § 41 enthält eine Sonderregelung für die Bekanntgabe von Beschlüssen. Für die schriftliche Form der Bekanntgabe ist Grundlage § 15 II; die mündliche Form der Bekanntgabe regelt Abs 2.

2   Die **Bekanntgabe von Beschlüssen** nach § 41 hat zwei Funktionen. Sie bewirkt mit der Bekanntgabe an die Beteiligten, für die die Entscheidung ihrem wesentlichen Inhalt nach bestimmt ist, den Eintritt der Wirksamkeit der Entscheidung (§ 40 I) und bestimmt den Zeitpunkt des Beginns der Beschwerdefrist (§ 63 III) für denjenigen, der durch den Beschluss in seinen Rechten beeinträchtigt wird (§ 59 I) oder dessen Antrag zurückgewiesen wurde (§ 59 II). Ist eine Bekanntgabe an einen Betroffenen unterblieben, muss sich dieser die Kenntnis seines gesetzlichen Vertreters von dem Beschluss nicht zurechnen lassen; eine Beschwerdefrist beginnt nicht (OLG München, FamRZ 07, 1769). Der Beschluss ist darüber hinaus auch allen Beteiligten bekannt zu geben, in deren Rechte er seinem Erfolg nach eingreift (Rn 20 zu § 40).

2. Schriftliche Bekanntgabe

Die Bekanntgabe kann durch förmliche Zustellung (§ 15 II 1) oder durch 3
Aufgabe zur Post (§ 15 II 2) bewirkt werden. Das Gericht entscheidet über die Form nach pflichtgemäßem Ermessen. Eine förmliche Zustellung ist eine sichere Grundlage, während bei Zweifeln hinsichtlich des Zugangs bei Aufgabe zur Post ein größerer Arbeitsaufwand entsteht.

Auch im Falle der mündlichen Bekanntgabe nach Abs 2 ist der Beschluss 4
(zusätzlich) schriftlich bekannt zu geben. Dies ist notwendig, weil die Beschwerdefrist mit der schriftlichen Bekanntgabe des Beschlusses beginnt (§ 63 III). Der Zeitpunkt des Eintritts der Wirksamkeit und des Beginns der Rechtsmittelfrist fallen dann auseinander. Eine formlose Mitteilung ist im Hinblick darauf, dass der Beginn der Rechtsmittelfrist an die schriftliche Bekanntgabe geknüpft wird, nicht mehr vorgesehen.

Zu der Form der schriftlichen Bekanntgabe durch **förmliche Zustellung** 5
oder Aufgabe zur Post im Einzelnen: Rn 5 zu § 15. In einzelnen Vorschriften ist förmliche Zustellung ausdrücklich vorgesehen, zB für das Setzen der Inventarfrist nach § 1995 I BGB; §§ 24 II, 25 VerschG (Todeserklärungsbeschluss).

3. Mündliche Bekanntgabe

Eine solche war auch bisher nach § 16 III FGG möglich. Die mündliche 6
Bekanntgabe setzt die Anwesenheit desjenigen, für den die Entscheidung ihrem Inhalt nach bestimmt ist, voraus. Dieser kann auch durch einen Verfahrensbevollmächtigten vertreten sein (OLG Düsseldorf, FGPrax 95, 37). Sie erfolgt durch Aufnahme der mündlich mitgeteilten Entscheidung in das Protokoll und einen Vermerk darüber, dass die Bekanntgabe mündlich erfolgt ist (Abs 2 S 2); für das bisherige Recht: BayObLG, FGPrax 01, 150; OLG Hamm, NJW-RR 97, 845; OLG Frankfurt, NJW 05, 299). Die Wirksamkeit tritt mit dem in dem Vermerk angegebenen Zeitpunkt ein. Abweichend von 7
dem bisherigen Recht genügt das Verlesen der **Beschlussformel.** Das Verlesen der Gründe ist künftig nicht mehr für die Wirksamkeit der Bekanntgabe erforderlich. Die Bekanntgabe kann auch dann durch Verlesung der Beschlussformel erfolgen, wenn die Begründung des Beschlusses noch nicht vorliegt; diese ist dann jedoch unverzüglich nachzuholen (Abs 2 S 3). Für den Beginn der Rechtsmittelfrist (§ 63 III) ist die zusätzlich vorgeschriebene schriftliche Bekanntgabe maßgebend (Abs 2 S 3).

4. Bekanntgabe bei Genehmigung eines Rechtsgeschäfts

Die durch Abs 3 zusätzlich zu Abs 1 angeordnete Bekanntgabe an den, für 8
den das Rechtsgeschäft genehmigt wird, entspricht einer Vorgabe des Bundesverfassungsgerichts (NJW 00, 1709). Hierdurch soll diesem die Möglichkeit eingeräumt werden, zu Wort zu kommen, weil das rechtliche Gehör bei der Genehmigung eines Rechtsgeschäfts nicht durch den Vertreter vermittelt werden kann, dessen Handeln im Genehmigungsverfahren überprüft wird. Es wird zugleich sichergestellt, dass der, für den das Rechtsgeschäft genehmigt wird, fristgerecht Rechtsmittel einlegen kann; die Frist für ihn läuft gesondert

§ 42

ab Bekanntgabe an ihn. Ist er nicht verfahrensfähig, ist ein Ergänzungspfleger zu bestellen (§ 1909 BGB).

Berichtigung des Beschlusses

42 (1) **Schreibfehler, Rechenfehler und ähnliche offenbare Unrichtigkeiten im Beschluss sind jederzeit vom Gericht auch von Amts wegen zu berichtigen.**

(2) **Der Beschluss, der die Berichtigung ausspricht, wird auf dem berichtigten Beschluss und auf den Ausfertigungen vermerkt. Erfolgt der Berichtigungsbeschluss in der Form des § 14 Abs. 3, ist er in einem gesonderten elektronischen Dokument festzuhalten. Das Dokument ist mit dem Beschluss untrennbar zu verbinden.**

(3) **Der Beschluss, durch den der Antrag auf Berichtigung zurückgewiesen wird, ist nicht anfechtbar. Der Beschluss, der eine Berichtigung ausspricht, ist mit der sofortigen Beschwerde in entsprechender Anwendung der §§ 567 bis 572 der Zivilprozessordnung anfechtbar.**

1. Offenbare Unrichtigkeit

1 Schreibfehler, Rechenfehler und ähnliche offenbare Unrichtigkeiten können jederzeit durch das Gericht berichtigt werden. Dieser allgemeine in § 319 ZPO enthaltene Rechtsgedanke wurde schon bisher auch im Verfahren der freiwilligen Gerichtsbarkeit anerkannt und ist jetzt ausdrücklich in den Gesetzestext aufgenommen worden.

2 **Unrichtig** ist eine versehentliche Abweichung der Erklärung des Gerichts von der Willensbildung, nicht eine solche, die auf rechtsirriger Willensbildung
3 beruht (BGH, FamRZ 03, 1270). **Offenbar** ist die Unrichtigkeit, wenn sich der Fehler unmittelbar selbst aus der Entscheidung ergibt. Die Parteibezeichnung kann berichtigt werden, wenn die Identität gewahrt bleibt.

2. Verfahren

4 Die Berichtigung kann von Amts wegen und auf Antrag **(Abs 1)** jederzeit erfolgen; auch noch nach Einlegung eines Rechtsmittels oder nach Eintritt der Rechtskraft; zuständig ist der Spruchkörper, der die Entscheidung erlassen hat, nicht notwendig in derselben Besetzung. Die Berichtigung kann auch in der Rechtsmittelinstanz erfolgen, solange der Rechtsstreit dort schwebt, nach Abschluss des Rechtsmittelverfahrens wieder in der 1. Instanz.
5 Der Beschluss, der die Berichtigung ausspricht, wird auf dem berichtigten Beschluss und auf den Ausfertigungen **vermerkt (Abs 2 Satz 1)**. Erfolgt der Beschluss in Form eines gerichtlichen elektronischen Dokuments (Rn 3 zu § 14), ist er in einem gesonderten elektronischen Dokument festzuhalten, das mit dem Beschluss untrennbar zu verbinden ist **(Abs 2 Satz 2, 3)**.

3. Folgen der Berichtigung

6 Die Entscheidung ist so zu behandeln, als ob sie von Anfang an den berichtigten Inhalt gehabt hätte. Eine neue Frist wird nur dann in Lauf gesetzt, wenn

§ 44 Abhilfe bei Verletzung des Anspruchs auf rechtliches Gehör §§ 43, 44

ein Beteiligter erst durch die Berichtigung beeinträchtigt wird, wenn der Berichtigungsbeschluss klarstellt, dass die Revision (Rechtsbeschwerde) zugelassen wird (BGH, WM 04, 891, 893). Es kann sich auch ergeben, dass sich ein Rechtsmittel zB wegen nunmehr fehlender Beschwer als unzulässig erweist.

4. Anfechtbarkeit

Gegen den Beschluss, durch den ein Antrag auf Berichtigung **zurück-** 7
gewiesen wird, findet kein Rechtsmittel statt (BGH, NJW 05, 157); es sei denn die Ablehnung ist aus prozessualen Gründen erfolgt (OLG Düsseldorf, NJW-RR 02, 211; OLG München, OLGR 03, 110) **(Abs 3 Satz 1).**

Gegen den Beschluss, der eine Berichtigung **ausspricht**, ist die sofortige 8
Beschwerde nach § 567 I Nr 1 ZPO zulässig (Abs 3 Satz 2); Rechtsbeschwerde nur bei Zulassung (§ 574 I Nr 2 ZPO). Gegenstand der Beschwerde ist die Zulässigkeit der Berichtigung, nicht ihre inhaltliche Richtigkeit.

Ergänzung des Beschlusses

43 (1) **Wenn ein Antrag, der nach den Verfahrensakten von einem Beteiligten gestellt wurde, ganz oder teilweise übergangen oder die Kostenentscheidung unterblieben ist, ist auf Antrag der Beschluss nachträglich zu ergänzen.**

(2) **Die nachträgliche Entscheidung muss binnen einer zweiwöchigen Frist, die mit der schriftlichen Bekanntgabe des Beschlusses beginnt, beantragt werden.**

§ 43 ermöglicht die **Ergänzung** einer Entscheidung, wenn ein Sachantrag oder eine Entscheidung über den Kostenpunkt ganz oder teilweise übergangen wurde; die Ergänzung einer lückenhaften, nicht Richtigstellung einer falschen Entscheidung, wenn auch in der Ergänzung zugleich eine Richtigstellung liegen kann. Keine Ergänzung bei unterbliebener Zulassung der Rechtsbeschwerde (BGH, NJW 04, 779), jedoch Berichtigung nach § 42, wenn die Zulassung beschlossen und nach außen erkennbar versehentlich nicht im Urteil ausgesprochen wurde (BGH, WM 04, 891, 893).

Die nachträgliche Ergänzung erfolgt nur auf Antrag innerhalb einer Frist von zwei Wochen seit schriftlicher Bekanntgabe (§ 43 II); auch noch nach Rechtskraft des Beschlusses möglich (BGH, NJW-RR 05, 295). Die Entscheidung ergeht durch Ergänzungsbeschluss; die Rechtsmittel richten sich nach dem Inhalt des Ergänzungsbeschlusses (BGH, NJW 00, 3008).

Abhilfe bei Verletzung des Anspruchs auf rechtliches Gehör

44 (1) **Auf die Rüge eines durch eine Entscheidung beschwerten Beteiligten ist das Verfahren fortzuführen, wenn**
1. **ein Rechtsmittel oder ein Rechtsbehelf gegen die Entscheidung oder eine andere Abänderungsmöglichkeit nicht gegeben ist und**
2. **das Gericht den Anspruch dieses Beteiligten auf rechtliches Gehör in entscheidungserheblicher Weise verletzt hat.**

§ 44

Gegen eine der Endentscheidung vorausgehende Entscheidung findet die Rüge nicht statt.

(2) Die Rüge ist innerhalb von zwei Wochen nach Kenntnis von der Verletzung des rechtlichen Gehörs zu erheben; der Zeitpunkt der Kenntniserlangung ist glaubhaft zu machen. Nach Ablauf eines Jahres seit der Bekanntgabe der angegriffenen Entscheidung an diesen Beteiligten kann die Rüge nicht mehr erhoben werden. Die Rüge ist schriftlich oder zur Niederschrift bei dem Gericht zu erheben, dessen Entscheidung angegriffen wird. Die Rüge muss die angegriffene Entscheidung bezeichnen und das Vorliegen der in Absatz 1 Satz 1 Nr. 2 genannten Voraussetzungen darlegen.

(3) Den übrigen Beteiligten ist, soweit erforderlich, Gelegenheit zur Stellungnahme zu geben.

(4) Ist die Rüge nicht in der gesetzlichen Form oder Frist erhoben, ist sie als unzulässig zu verwerfen. Ist die Rüge unbegründet, weist das Gericht sie zurück. Die Entscheidung ergeht durch nicht anfechtbaren Beschluss. Der Beschluss soll kurz begründet werden.

(5) Ist die Rüge begründet, hilft ihr das Gericht ab, indem es das Verfahren fortführt, soweit dies auf Grund der Rüge geboten ist.

1. Bedeutung

1 § 44 entspricht dem bisherigen § 29 a FGG, der durch das Anhörungsrügengesetz vom 9. 12. 2004 eingefügt worden war (Einl 61). Er ist ein förmlicher Rechtsbehelf gegen eine entscheidungserhebliche Verletzung rechtlichen Gehörs für solche Fälle in denen ein Rechtsmittel, ein anderer Rechtsbehelf oder eine andere Abänderungsmöglichkeit nicht zur Verfügung stehen. Der Gesetzgeber ist damit dem ihm durch das BVerfG (NJW 03, 1924) gegebenen Auftrag nachgekommen, für derartige Fälle einen förmlichen Rechtsbehelf zu schaffen. Der Rechtsbehelf des § 44 ist auf die Verletzung rechtlichen Gehörs beschränkt und erfasst nicht die Verletzung anderer
2 wesentlicher Verfahrensgrundsätze. Der Gesetzgeber hat in der Begründung des Gesetzes (BT-Drs 15/3706) ausgeführt, dass **außerordentliche Rechtsbehelfe** durch § 29 a FGG aF nicht ausgeschlossen sein sollten.

Damit lässt sich die im Anschluss an die Einführung des § 321 a ZPO aF entwickelte Rechtsprechung nicht aufrecht erhalten, durch die im Bereich der freiwilligen Gerichtsbarkeit die außerordentliche Beschwerde als nicht mehr statthaft angesehen wurde, weil die Möglichkeit der Selbstkorrektur analog § 321 a ZPO aF bejaht wurde (BayObLG, FGPrax 03, 25; OLG Karlsruhe, FGPrax 03, 214; OLG Köln, NJW-RR 03, 374; OLG Naumburg, NJW-RR 03, 353. Die außerordentliche Beschwerde ist nicht entbehrlich, weil weiterhin Fälle greifbarer Gesetzwidrigkeit (Unvereinbarkeit mit der geltenden Rechtsordnung, Fehlen jeder gesetzlichen Grundlage) denkbar sind, die von der Anhörungsrüge nicht erfasst werden (Keidel/Kahl, Rn 39 aE zu § 19 FGG; Keidel/Engelhardt, Rn 43 zu § 56 g FGG; aA Keidel/Meyer-Holz, Anh zu § 58, Rn 58; bejaht: OLG München, FGPrax 05, 278; 06, 175; BGH: FamRZ 06, 695: kein außerordentliches Rechtsmittel wegen greifbarer Gesetzwidrigkeit, jedoch fristgebundene (zwei Wochen) Gegenvorstellung;

§ 44 Abhilfe bei Verletzung des Anspruchs auf rechtliches Gehör **§ 44**

ebenso: BGH, FamRZ 06, 204; OLG Dresden, FamRZ 06, 717; OLG Frankfurt, FamRZ 06, 964. Der BGH hat außerordentliche Beschwerde bejaht bei willkürlicher Anordnung psychiatrischer Untersuchung (FamRZ 07, 1002); die Zulässigkeit einer außerordentlichen Beschwerde verneint: OLG Köln, FamRZ 05, 2075; OLG Jena, FGPrax 06, 115.

Das Gesetz enthält keine **Übergangsvorschrift.** Es gilt ab 1. 1. 2005 für 3
Anhörungsrügen, die nach diesem Zeitpunkt erhoben werden (BGH, NJW 05, 1432 für § 321 a ZPO: OLG Köln, FGPrax 05, 114).

2. Anwendungsbereich

Die Anhörungsrüge kann nur gegen Endentscheidungen, auch gegen sol- 4
che in einem Nebenverfahren wie in dem der Verfahrenskostenhilfe (OLG Naumburg, FamRZ 07, 917), auch gegen Entscheidungen über einstweilige Anordnungen (§§ 49 ff) erhoben werden. Im Verfahren der einstweiligen Anordnung ist vorrangig eine Aufhebung oder Änderung der Entscheidung, die auch in Amtsverfahren ohne Antrag ergehen kann, wenn eine nach dem Gesetz notwendige Anhörung unterlassen wurde. Gegen eine der Endentscheidung vorausgehende Zwischenentscheidung findet eine Anhörungsrüge nicht statt (Abs 1 Satz 2); auch dann nicht, wenn es sich um eine unanfechtbare Zwischenentscheidung über ein Ablehnungsgesuch durch den BGH handelt: BGH, NJW 07, 3786. Kritisch hierzu Fölsch (NJW 07, 3787) unter Hinweis darauf, dass Gegenstand der Entscheidung die Frage des gesetzlichen Richters ist (Art 101 I 2 GG). Nach BVerfG, NJW 09, 833, ist eine Anhörungsrüge gegen Zwischenentscheidungen dann möglich, wenn abschließend mit Bindungswirkung für das weitere Verfahren entschieden wird, nicht, wenn Zwischenentscheidungen im weiteren Verfahren noch korrigiert werden können (Ablehnungsgesuch); jetzt auch BGH, FamRZ 09, 685 (Gewährung der Wiedereinsetzung).

Entspr Anwendung: § 81 III GBO in Grundbuchangelegenheiten; § 89 III SchiffsRegO in Schiffsregisterangelegenheiten; § 157 a KostO in kostenrechtlichen Verfahren sowie § 61 FamGKG; § 4 a JVEG in Angelegenheiten der Vergütung und Entschädigung durch die Justiz.

3. Statthaftigkeit

Die Anhörungsrüge ist statthaft, wenn gegen die angegriffene Entscheidung 5
weder ein Rechtsmittel noch ein anderer Rechtsbehelf gegeben ist (**Abs 1 Satz 1 Nr 1);** sie findet nicht statt gegen Entscheidungen des **Rechtspflegers,** weil rechtliches Gehör auf der Grundlage des Art 103 I GG, dessen Verletzung Voraussetzung für die Anhörungsrüge ist, nur im Verfahren vor dem Richter gewährt wird (BVerfG, NJW 00, 1709). Die nach bisherigem Recht bestehende. „andere Abänderungsmöglichkeit" des § 18 I FGG ist entfallen, weil die Anwendung ein unbefristetes Rechtsmittel voraussetzte, das Gesetz aber jetzt nur noch befristete Rechtsmittel vorsieht. Soweit in der Gesetzesbegründung zur Erläuterung zu „andere Abänderungsmöglichkeit" auf die §§ 1696, 2361 BGB verwiesen wird, bestehen systematische Bedenken. Durch die Anhörungsrüge sollen die Folgen einer Verletzung rechtlichen Gehörs durch Fortsetzung des Ursprungsverfahrens beseitigt werden. Die in

§ 44

der Begründung angeführten Vorschriften dienen der Berücksichtigung materieller Änderungen durch geänderte Verhältnisse oder durch neue Feststellungen in einem neuen Verfahren, ohne dass hierfür eine entscheidungserhebliche Gehörsverletzung darzulegen wäre.

6 Die Anhörungsrüge ist gegeben bei Entscheidungen **in allen Instanzen** einschließlich derjenigen des BGH, soweit gegen diese ein Rechtsmittel oder ein anderer Rechtsbehelf nicht gegeben ist (Abs 1 Satz 1 1. Alt). Wenn ein Rechtsmittel eingelegt ist, ist von der Möglichkeit eines Anschlussrechtsmittels (§§ 66, 73) Gebrauch zu machen. Nur bei fehlender Überprüfbarkeit durch eine höhere Instanz wird die Möglichkeit eröffnet, einen Verstoß gegen den Grundsatz des rechtlichen Gehörs durch das Gericht, das die Entscheidung erlassen hat, selbst zu korrigieren (str; Keidel/Meyer-Holz, Rn 5 zu § 44 mwN).

7 Bis zum Wegfall der **Nichtzulassungsbeschwerde** wurde eine fehlende Überprüfbarkeit nicht schon bei Nichtzulassung eines Rechtsmittels bejaht, wenn die Statthaftigkeit des Rechtsmittels noch im Wege der Nichtzulassungsbeschwerde herbeigeführt werden konnte (BVerfG, NJW 07, 3418; BGH, FamRZ 05, 606); ein Verfahrensfehler mit Grundrechtsrelevanz begründet den Zulassungsgrund der Sicherung einer einheitlichen Rechtsprechung.

8 Eine Anhörungsrüge gegen eine Entscheidung des BGH ist dann statthaft, wenn sie sich gegen eine neue und **eigenständige Verletzung** durch den BGH selbst richtet (BGH, NJW 08, 923; NJW 08, 2126). Darüber hinaus ist allgemein Voraussetzung für die Gehörsrüge ein eigenständiger Gehörsverstoß, nicht die bloße Nichtheilung eines behaupteten Gehörsverstoßes im Rechtsmittelverfahren (BVerfG, NJW 08, 2635: Unzulässigkeit der sekundären Gehörsrüge).

4. Form

9 Die Anhörungsrüge muss schriftlich oder zu Protokoll der Geschäftsstelle bei dem Gericht erhoben werden, dessen Entscheidung angegriffen wird; die Schriftform wird auch durch ein elektronisches Dokument (§ 14 II 1) gewahrt. Sie muss begründet werden. Nach Abs 2 Satz 6 muss sie die angegriffene Entscheidung bezeichnen und die Voraussetzungen des Abs 1 Satz 1 Nr 2 darlegen; hierzu müssen Tatsachen vorgetragen werden, aus denen sich die behauptete Verletzung des rechtlichen Gehörs ergibt und der Sachvortrag nachgeholt werden, der bei Gewährung rechtlichen Gehörs vorgebracht worden wäre.

10 Es muss sich hieraus ergeben, dass das Gericht bei Berücksichtigung dieses Vorbringens und einer auf Grund dessen möglicherweise gebotenen weiteren Sachaufklärung zu einer für den Rügeführer **günstigeren Entscheidung** hätte kommen können (BGH, NJW 06, 3786); keine Anhörungsrüge mit dem Ziel, eine Begründungsergänzung zu erreichen (BGH, FamRZ 06, 468 mwN); fehlerhafte Anwendung von Präklusionsvorschriften als Verstoß gegen rechtliches Gehör: BGH, NJW 06, 428; Nichtberücksichtigung eines erheblichen Beweisangebots: BVerfG, FamRZ 08, 244; NJW 09, 1585; Verkennung des Kerngehalts des Parteivortrags: BGH, NJW 09, 2137; der Parteivortrag in der Sache nicht wirklich erwogen wurde: BVerfG, NJW 09,

§ 44 Abhilfe bei Verletzung des Anspruchs auf rechtliches Gehör **§ 44**

1584. Die Entscheidungserheblichkeit einer Gehörsverletzung ist auch bei nur möglicher Kausalität zu bejahen (Keidel/Meyer-Holz, Rn 34 zu § 44).

Wird die Anhörungsrüge schriftlich erhoben, besteht in den Angelegenheiten der freiwilligen Gerichtsbarkeit und im Verfahren in Familiensachen die Notwendigkeit **anwaltlicher Vertretung** nur vor dem BGH nach Maßgabe des § 10 IV; in Ehesachen, Folgesachen und selbständigen Familienstreitsachen nach § 114. **11**

5. Frist

Die Frist zur Rügeerhebung beträgt zwei Wochen; sie ist eine Notfrist, die weder verlängert noch verkürzt werden kann; Wiedereinsetzung ist möglich. Die Erhebung der Rüge ist nach Ablauf eines Jahres **ausgeschlossen**, keine Möglichkeit der Wiedereinsetzung, weil es sich um eine materielle Ausschlussfrist handelt. Die zweiwöchige Frist zur Erhebung der Rüge **beginnt** mit Kenntniserlangung von der Verletzung rechtlichen Gehörs. Sie kann daher frühestens mit der Bekanntgabe der Entscheidung beginnen (BGH, FamRZ 06, 1029: frühestens mit der Zustellung der Entscheidung). Es ist jedoch auch ein späterer Zeitpunkt denkbar, etwa bei späterer Kenntnisnahme anlässlich späterer Akteneinsicht. Ohne dass das Gesetz etwas darüber sagt, ist das Kennenmüssen dem Kennen gleichzusetzen. Der Zeitpunkt der Kenntniserlangung ist glaubhaft zu machen **(Abs 2 Satz 1)**. Die einjährige Ausschlussfrist beginnt mit der Bekanntgabe an den Rügeführer. Formlos mitgeteilte Entscheidungen gelten mit dem dritten Tag nach Aufgabe zur Post als bekannt gemacht (Abs 2 Satz 3). § 44 eröffnet nicht die Widerlegung der Vermutung; sie ergibt sich jetzt aus § 15 Abs 2 Satz 2. **12 13**

6. Rügeberechtigung

Diese setzt ebenso wie die Beschwerdeberechtigung voraus, dass ein materiell oder formell Beteiligter (§ 7) in seiner Rechtsstellung unmittelbar beeinträchtigt worden ist (§ 59). Sie setzt nicht formelle Beteiligung voraus; diese wird durch die Erhebung der Rüge erlangt. Eine Gehörsverletzung kann auch darauf gestützt werden, dass eine formelle Beteiligung eines materiell Beteiligten durch Hinzuziehung unterblieben ist. In einem Antragsverfahren ist derjenige zur Rüge berechtigt, dessen Antrag zurückgewiesen worden ist. **14**

7. Verfahren

Das Verfahren wird auf Antrag eingeleitet. Dem Rügeführer ist (ggfs ergänzendes) rechtliches Gehör zu gewähren, soweit dies nicht schon durch die Nachholung des unterbliebenen Vortrags in der Rügeschrift erfolgt ist. Den übrigen Beteiligten ist Gelegenheit zur Stellungnahme zu geben (Abs 3). Hiervon wird nur dann abgesehen werden können, wenn die Anhörungsrüge unzulässig ist. Eine Heilung des Gehörsverstoßes kann im weiteren Verfahren (Rechtsmittelinstanz) erfolgen; es muss jedoch erkennbar sein, dass der Sachvortrag wirklich erwogen wurde (BVerfG, NJW 09, 1584); Heilung auch durch Rechtsausführungen möglich, jedoch keine Heilbarkeit bei Übergehung eines erheblichen Beweisantrages (BVerfG, NJW 09, 1660). **15**

§ 45

8. Entscheidung

16 Die Rüge wird als **unzulässig** verworfen, wenn die Rüge nicht statthaft ist oder die weiteren Zulässigkeitsvoraussetzungen (Form, Frist, Rügeberechtigung) nicht gegeben sind. Die Rüge ist auch dann als unzulässig zu verwerfen, wenn eine entscheidungserhebliche Gehörsverletzung nicht substantiiert dargelegt ist (BGH, NJW 08, 376). Zu einer fehlerhaften Verwerfung der Anhörungsrüge als unzulässig: BVerfG, NJW 07, 2241).

Die Entscheidung über die Anhörungsrüge soll kurz begründet werden (Abs 4 Satz 4); sie ist unanfechtbar (Abs 4 Satz 3). Ist die Rüge zulässig und begründet, ist das Ursprungsverfahren fortzusetzen, soweit die Entscheidung mit der Rüge angegriffen wurde. Eine förmliche Entscheidung hierüber sieht das Gesetz nicht vor. Es genügt daher eine formlose Mitteilung an die Beteiligten, dass das Verfahren fortgesetzt wird.

9. Fortsetzung des Ursprungsverfahrens

17 Auf Grund der Rüge kann weitere Sachaufklärung geboten sein. Nach deren Abschluss kommt es zu einer erneuten Sachentscheidung. Diese kann die ursprüngliche Entscheidung bestätigen oder ganz oder teilweise aufheben und durch eine neue Sachentscheidung ersetzen. Das Verbot der Schlechterstellung gilt nicht.

10. Rechtskraft, einstweilige Anordnungen

18 Die Anhörungsrüge hindert nicht den Eintritt der formellen Rechtskraft. Diese bleibt vielmehr bis zur sachlichen Entscheidung in dem auf Grund der Anhörungsrüge fortgeführten Verfahren bestehen. Die ursprüngliche Regelung in § 321a ZPO aF sah in Verbindung mit § 705 Satz 2 ZPO aF noch vor, dass die Rüge den Eintritt der formellen Rechtskraft hemme. Dies ist nunmehr wieder geändert worden.

Durch das Bestehen-Bleiben der formellen Rechtskraft bis zu einer neuen Entscheidung in dem ursprünglichen Verfahren kann sich uU die Notwendigkeit vorläufiger Maßnahmen ergeben (§§ 49 ff).

Dies gilt nicht im Falle eines unanfechtbaren und nicht mehr abänderbaren Adoptionsbeschlusses (BVerfG, NJW 1994, 1053; 1995, 316 für § 56 e FGG, jetzt § 197 III).

11. Kosten

19 Anwaltsgebühren: § 19 I 2 Nr 5 RVG.

Formelle Rechtskraft

45 Die Rechtskraft eines Beschlusses tritt nicht ein, bevor die Frist für die Einlegung des zulässigen Rechtsmittels oder des zulässigen Einspruchs, des Widerspruchs oder der Erinnerung abgelaufen ist. Der Eintritt der Rechtskraft wird dadurch gehemmt, dass das Rechtsmittel, der Einspruch, der Widerspruch oder die Erinnerung rechtzeitig eingelegt wird.

§ 45 Formelle Rechtskraft **§ 45**

1. Begriff

Die formelle Rechtskraft tritt ein, wenn eine Entscheidung mit Rechts- 1
mitteln nicht mehr angefochten werden kann (Keidel/Engelhardt, Rn 3 zu
§ 45). Ihre Wirkung besteht darin, dass sie das Verfahren beendet und die
Einlegung einer Beschwerde ausschließt, die Entscheidung also durch eine
höhere Instanz nicht mehr geändert werden kann. In Rechtskraft erwächst
die festgestellte Rechtsfolge, nicht die Beurteilung vorgreiflicher Rechtsverhältnisse
(OLG Düsseldorf, FGPrax 98, 107). Die formelle Rechtskraft ist
Voraussetzung für den Eintritt der materiellen Rechtskraft, soweit eine Entscheidung
in Angelegenheiten der freiwilligen Gerichtsbarkeit überhaupt der
materiellen Rechtskraft fähig ist. Bei teilbaren Gegenständen ist **Teilrechtskraft** möglich.

2. Eintritt der formellen Rechtskraft

Der formellen Rechtskraft sind fähig sowohl Entscheidungen, die einem 2
befristeten Rechtsmittel unterliegen als auch unanfechtbare Entscheidungen.
Der formellen Rechtskraft fähig sind auch Entscheidungen, gegen die die
Rechtsbehelfe des Einspruchs, des Widerspruchs und der Erinnerung gegeben
sind.

Entscheidungen, die einem **befristeten** Rechtsmittel oder einem befriste- 3
ten Rechtsbehelf unterliegen, werden formell rechtskräftig mit Erschöpfung
des Instanzenzuges, mit dem ungenutzten Ablauf der Frist zur Einlegung des
Rechtsmittels oder des Rechtsbehelfs, durch Verzicht hierauf; bei Verwerfung
wegen Unzulässigkeit und Rücknahme erst mit Ablauf der Rechtsmittelfrist,
wenn auf das Rechtsmittel nicht ausdrücklich verzichtet wird. Bei **mehreren** 4
Beteiligten tritt die formelle Rechtskraft erst ein, wenn die Entscheidung für
alle Beschwerdeberechtigten, unanfechtbar geworden ist. **Unanfechtbare** 5
Entscheidungen werden mit ihrem Erlass (§ 38 III) formell rechtskräftig; der
schriftlich abgefasste und unterschriebene Beschluss ist erlassen mit der Übergabe
an die Geschäftsstelle zur Veranlassung der Bekanntgabe, der mündlich
durch Verlesen der Beschlussformel bekannt gemachte Beschluss mit der
Aufnahme in das Protokoll (Rn 6 zu § 41).

3. Voraussetzung der Wirksamkeit

Endentscheidungen werden grundsätzlich mit der Bekanntgabe wirksam 6
(§ 40 I). In einzelnen Angelegenheiten wird die Wirksamkeit der Entscheidung
an die formelle Rechtskraft geknüpft. Das sind Beschlüsse, durch die ein
Rechtsgeschäft genehmigt wird (Rn 6–10 zu § 40); Beschlüsse, die Grundlage
für Rechtshandlungen gegenüber dritten Personen sein können (Rn 12 zu
§ 40); ferner in einzelnen Vorschriften (Rn 5–9 zu § 40); in familienrechtlichen
Folgesachen ist Voraussetzung für die Wirksamkeit die formelle
Rechtskraft des Scheidungsurteils (§ 148). Auch Endentscheidungen des Beschwerdegerichts
werden grundsätzlich mit der Bekanntgabe wirksam
(§ 69 III iVm § 40 I), soweit nicht in einzelnen Angelegenheiten die Wirksamkeit
der Entscheidung an die formelle Rechtskraft geknüpft wird.

§ 45 Buch 1 – Allgemeiner Teil

4. Materielle Rechtskraft

7 Sie bedeutet die Maßgeblichkeit des Ergebnisses einer formell rechtskräftigen gerichtlichen Entscheidung für künftige Streitfälle unter denselben Beteiligten über denselben Gegenstand; sie hat den Zweck, eine zweite widersprechende Entscheidung zu verhindern. Eine materielle Rechtskraft in diesem Sinne ist in Angelegenheiten der freiwilligen Gerichtsbarkeit nur ausnahmsweise gegeben, weil es in der Regel an einem rechtskraftfähigen Gegenstand des Verfahrens (§ 322 ZPO) fehlt. Einstweilige Anordnungen erwachsen schon deshalb nicht in materielle Rechtskraft, weil sie nur eine vorläufige Regelung darstellen (OLG Naumburg, NJWE-FER 01, 240); ferner nicht in materielle Rechtskraft erwachsen Prozesskostenhilfe versagen-
8 de Beschlüsse (BGH, Rpfleger 04, 359, OLG Celle, Rpfleger 04, 294). Für eine materielle Rechtskraft ist im Allgemeinen nur Raum in den Verfahren, in denen, wie im Zivilprozess, eine **feststellende Entscheidung** über streitige Rechtsverhältnisse ergeht, zB Entscheidungen nach §§ 1382, 1383 BGB, in echten Streitsachen (BayObLG, NZM 01, 772: WEG), in denen sich mehrere Beteiligte mit widerstreitenden Interessen gegenüberstehen – auch wenn sie öffentlich-rechtlicher Natur sind – (BayObLG, MDR 88, 872, 873) oder eine solche Entscheidung aus sachlichen Gründen abgelehnt wird. In materielle Rechtskraft erwachsen auch Entscheidungen über Vaterschaftsanfechtungen; abweichend dann, wenn sie auf denselben Lebenssachverhalt gestützt werden (BGH, NJW 03, 585). Entscheidungen über Aufwandsentschädigung eines Betreuers sind der materiellen Rechtskraft fähig
9 (BayObLG, NJWE-FER 98, 66 für den aufgehobenen § 1836a BGB). In den **übrigen Angelegenheiten** ist eine einheitliche Beantwortung nicht möglich. Bei der Ausübung rechtsfürsorgerischer Tätigkeit sind die Entscheidungen des Gerichts regelmäßig rechtsgestaltender Art, führen also unmittelbar eine Veränderung der materiellen Rechtslage herbei, die gegenüber jedermann Geltung hat (BayObLG, FamRZ 85, 1082), nicht aber materielle Rechtskraft bedeutet; daher keine Bindung an in früheren Erbscheinsverfahren ergangene Entscheidungen; jedoch besondere Prüfung des Rechtsschutzinteresses (KG, FGPrax 99, 227). Das gilt auch für die rechtsgestaltenden Entscheidungen in den Regelungsstreitigkeiten nach der Hausratsverordnung und dem Wohnungseigentumsgesetz. Die Entscheidung, ob eine Freiheitsentziehung fortdauert, erwächst nicht in materielle Rechtskraft, weil sich die Frage der Fortdauer mit Fortentwicklung des Sachverhalts stets neu stellt (BayObLG 88, 138). Bei Ablehnung rechtsgestaltender Entscheidungen tritt ebenfalls keine materielle Rechtskraft ein, weil die Beteiligten in der Regel kein subjektives Recht auf Gestaltung haben, über das entschieden werden
10 könnte. Auch Entscheidungen der Gerichte im Verfahren auf Eintragung in das Handelsregister entfalten keine materielle Rechtskraft (BayObLG, NJW 96, 217 mit Anm Ebenroth, Koss). Eine in diesen Fällen eintretende **Bindung** des Gerichts folgt, wenn die Entscheidung einem befristeten Rechtsmittel unterliegt, durch den Eintritt formeller Rechtskraft; die Bindung entfällt dann nur, wenn das materielle Recht eine Änderung gestattet, wie zB in § 1382 VI BGB. Auch eine verfahrensrechtliche Entscheidung, durch die ein Rechtsschutzbegehren zurückgewiesen wird, kann in Bezug auf den

§ 46 Rechtskraftzeugnis **§ 46**

behandelten verfahrensrechtlichen Punkt der materiellen Rechtskraft fähig sein; sie besteht darin, dass für das konkrete Rechtsschutzbegehren keine Sachentscheidung zugelassen ist, jedoch ohne präjudizielle Bedeutung für die der verfahrensrechtlichen Entscheidung zu Grunde liegenden materiellen Rechtsbeziehungen (BGH, FamRZ 07, 536).

Rechtskraftzeugnis

46 Das Zeugnis über die Rechtskraft eines Beschlusses ist auf Grund der Verfahrensakten von der Geschäftsstelle des Gerichts des ersten Rechtszugs zu erteilen. Solange das Verfahren in einem höheren Rechtszug anhängig ist, erteilt die Geschäftsstelle des Gerichts dieses Rechtszugs das Zeugnis. In Ehe- und Abstammungssachen wird den Beteiligten von Amts wegen ein Rechtskraftzeugnis auf einer Ausfertigung ohne Begründung erteilt. Die Entscheidung der Geschäftsstelle ist mit der Erinnerung in entsprechender Anwendung des § 573 der Zivilprozessordnung anfechtbar.

1. Bedeutung

Das Rechtskraftzeugnis dient als Nachweis des Eintritts der formellen **1** Rechtskraft (Rn 1 zu § 45) und für den Eintritt der materiellen Rechtskraft, sofern diese im Verfahren der freiwilligen Gerichtsbarkeit eintreten kann (Rn 7–9 zu § 45). Es hat die Beweiskraft einer öffentlichen Urkunde nach § 418 ZPO. Ein **Teilrechtskraftzeugnis** ist zulässig. Ein Antrag auf Wiedereinsetzung (§§ 17–19) oder auf Wiederaufnahme des Verfahrens (§ 48 II) hindert die Erteilung des Rechtskraftzeugnisses nicht, ist jedoch auf der Entscheidung zu vermerken.

In **Ehesachen** gilt für isoliert behandelte Angelegenheiten § 46, für **2** Folgesachen § 706 ZPO; Teilrechtskraftzeugnis, wenn die Parteien in Bezug auf den Scheidungsausspruch auf die Einlegung eines Rechtsmittels verzichtet haben, auch wenn in einer Folgesache Rechtsmittel eingelegt ist (OLG Karlsruhe, NJW 79, 1211; OLG Schleswig, SchlHA 78, 214). Nur in Ehesachen wird der Tag des Eintritts der Rechtskraft auf der Entscheidung vermerkt.

2. Zuständigkeit für die Erteilung

Zuständig für die Erteilung des Zeugnisses ist der Urkundsbeamte der **3** Geschäftsstelle des Gerichts der ersten Instanz, der die zur Feststellung der Rechtskraft erforderlichen Ermittlungen von Amts wegen vorzunehmen hat **(Satz 1)**. Solange das Verfahren in einem höheren Rechtszug anhängig ist, erteilt die Geschäftsstelle dieses Rechtszuges das Zeugnis **(Satz 2)**; nach Abschluss der Rechtsmittelinstanz wieder die Geschäftsstelle der ersten Instanz.

Nach Art 39 der **VO Brüssel II a** stellt das zuständige Gericht oder die **4** Behörde eines Mitgliedstaates Bescheinigungen über Entscheidungen in Ehesachen und die elterliche Verantwortung aus; in Deutschland ist nach § 48 I IntFamRVG zuständig der Urkundsbeamte der Geschäftsstelle (Satz 2).

§ 47

3. Berechtigte

5 Berechtigt, das Zeugnis zu verlangen, ist jeder, der als Beteiligter oder als Beschwerdeberechtigter in Frage kommt, auch wenn er an dem Verfahren nicht teilgenommen hat; ferner jeder, der ein berechtigtes Interesse an der Erteilung glaubhaft (§ 31) macht. In **Ehe-** und **Abstammungssachen** wird den Beteiligten von Amts wegen ein Rechtskraftzeugnis erteilt; es wird auf einer Ausfertigung ohne Begründung erteilt **(Satz 3)**.

4. Anfechtbarkeit

6 Gegen die Erteilung oder die Verweigerung des Zeugnisses kann in entspr Anwendung des § 573 ZPO binnen einer Frist von zwei Wochen die Entscheidung des Gerichts beantragt werden (Erinnerung); sie ist schriftlich oder zu Protokoll der Geschäftsstelle des Gerichts einzulegen, dem der Urkundsbeamte der Geschäftsstelle angehört **(Abs 1)**. Gegen die im ersten Rechtszug ergangene Entscheidung des Gerichts findet die sofortige Beschwerde statt. Gegen Entscheidungen des Gerichts in zweiter Instanz gibt es nicht die sofortige Beschwerde; die Rechtsbeschwerde unter den Voraussetzungen des § 574 ist nicht ausgeschlossen.

Wirksam bleibende Rechtsgeschäfte

47 **Ist ein Beschluss ungerechtfertigt, durch den jemand die Fähigkeit oder die Befugnis erlangt, ein Rechtsgeschäft vorzunehmen oder eine Willenserklärung entgegenzunehmen, hat die Aufhebung des Beschlusses auf die Wirksamkeit der inzwischen von ihm oder ihm gegenüber vorgenommenen Rechtsgeschäfte keinen Einfluss, soweit der Beschluss nicht von Anfang an unwirksam ist.**

1. Anwendungsbereich

1 § 47 regelt die Wirkung der Abänderung einer Entscheidung auf Rechtsgeschäfte, die auf Grund einer geänderten Entscheidung vorgenommen wurden (KG, NJW 71, 53). Die Vorschrift hat **materiellrechtliche** Bedeutung für den Bestand des Rechtsgeschäfts. Nicht anwendbar ist § 47, wenn eine Entscheidung wegen veränderter Umstände in einem neuen Verfahren geändert wird, weil diese Entscheidungen keine rückwirkende Kraft haben und daher kein Bedürfnis für eine Regelung mit dem Inhalt des § 47 besteht. Es muss sich um Entscheidungen handeln, durch die die Fähigkeit oder Befugnis zur Vornahme eines Rechtsgeschäfts oder zur Entgegennahme einer Willenserklärung erlangt wurde.

2 Die **Fähigkeit zur Vornahme eines Rechtsgeschäftes oder zur Entgegennahme von Willenserklärungen** kann zB erlangt werden durch Genehmigung zum Betrieb eines Erwerbsgeschäftes oder zur Eingehung eines Dienst- und Arbeitsverhältnisses (§§ 112, 113 BGB), durch Aufhebung der Beschränkung der Berechtigung eines Ehegatten, Geschäfte mit Wirkung für

3 den anderen zu besorgen (§ 1357 II BGB). Die **Befugnis zur Vornahme eines Rechtsgeschäfts oder zur Entgegennahme von Willenserklärun-**

§ 47 Wirksam bleibende Rechtsgeschäfte **§ 47**

gen wird erlangt durch Entscheidungen, durch die jemand ermächtigt wird, für einen anderen als dessen Vertreter zu handeln, zB durch die Bestellung zum Vormund (§ 1789 BGB), zum Pfleger (§§ 1915, 1789 BGB), zum Betreuer (§§ 1896, 1902 BGB), zum Nachlasspfleger (§§ 1960, 1961 BGB), Bestellung zum Nachlassverwalter (§§ 1981, 1984 BGB), Ernennung zum Testamentsvollstrecker (§ 2200 BGB).

Ausgenommen von der Regelung des § 47 sind solche Entscheidungen, 4 die **von Anfang an unwirksam** sind; solche Entscheidungen können nicht Grundlage eines wirksam bleibenden Rechtsgeschäfts sein. Unwirksamkeit in diesem Sinn liegt vor, wenn es an jeder gesetzlichen Grundlage fehlt, eine der Rechtsordnung unbekannte Rechtsfolge ausgesprochen wird, eine Entscheidung ohne eine vom Gesetz ausdrücklich als notwendig bezeichnete Einwilligung ergeht; ferner wenn die Entscheidung gegenstandslos ist, bei Fehlen einer Rechtsmitteleinlegung, Entscheidung nach Rücknahme der Beschwerde (KG, Rpfleger 82, 304; BayObLG 88, 259) beim Fehlen einer ordnungsmäßigen Unterschrift im schriftlichen Verfahren (OLG Köln, NJW 88, 2805), bei Überschreiten der funktionellen Zuständigkeit des Urkundsbeamten der Geschäftsstelle (OLG Hamm, OLG 87, 272); ferner wenn es an der funktionellen Zuständigkeit für den Erlass einer Entscheidung gefehlt hat, wenn der Rechtspfleger anstelle des Richters in Sachen entschieden hat, die ihm weder übertragen waren noch übertragen werden konnten. Die Aufhebung dieser Entscheidungen hat nur **deklaratorische** Bedeutung; ihre formelle Aufhebung kann im Beschwerdeweg erreicht werden (BayObLG 88, 259; KG, Rpfleger 82, 304). Analoge Anwendung des § 47 in Bezug auf die Wirksamkeit eines Testats eines nach § 318 III HGB gerichtlich bestellten Abschlussprüfers bei späterer Aufhebung oder Abänderung des Bestellungsbeschlusses (OLG Düsseldorf, FGPrax 96, 153).

2. Wirkung

Die Aufhebung einer Entscheidung, durch die jemand die Fähigkeit oder 5 die Befugnis zur Vornahme eines Rechtsgeschäfts oder zur Entgegennahme einer Willenserklärung erlangt hat, wirkt erst von dem Eintritt der Wirksamkeit der aufhebenden Entscheidung an. Die durch die aufgehobene Entscheidung erlangten Befugnisse erlöschen erst mit diesem Zeitpunkt (Wirkung ex nunc). Die vorgenommenen Rechtsgeschäfte bleiben gültig. Sofern sie nicht aus Gründen des bürgerlichen Rechts anfechtbar oder unwirksam sind, und zwar auch dann, wenn die an dem Rechtsgeschäft Beteiligten wussten, dass die Voraussetzungen für eine Aufhebung oder Änderung der Entscheidung gegeben waren. Bei Unvereinbarkeit gelten die allgemeinen Grundsätze des bürgerlichen Rechts.

3. Entspr Regelung in Betreuungssachen

Wird nach § 306 ein Beschluss, durch den ein **Einwilligungsvorbehalt** 6 angeordnet worden ist, als ungerechtfertigt aufgehoben, bleibt die Wirksamkeit der von oder gegenüber dem Betroffenen vorgenommenen Rechtsgeschäfte unberührt; die Wirksamkeit dieser Geschäfte kann nicht auf Grund des Einwilligungsvorbehalts in Frage gestellt werden.

§ 48

Abänderung und Wiederaufnahme

48 (1) **Das Gericht des ersten Rechtszugs kann eine rechtskräftige Endentscheidung mit Dauerwirkung aufheben oder ändern, wenn sich die zugrunde liegende Sach- oder Rechtslage nachträglich wesentlich geändert hat. In Verfahren, die nur auf Antrag eingeleitet werden, erfolgt die Aufhebung oder Abänderung nur auf Antrag.**

(2) **Ein rechtskräftig beendetes Verfahren kann in entsprechender Anwendung der Vorschriften des Buches 4 der Zivilprozessordnung wiederaufgenommen werden.**

(3) **Gegen einen Beschluss, durch den die Genehmigung für ein Rechtsgeschäft erteilt oder verweigert wird, findet eine Wiedereinsetzung in den vorigen Stand, eine Rüge nach § 44, eine Abänderung oder eine Wiederaufnahme nicht statt, wenn die Genehmigung oder deren Verweigerung einem Dritten gegenüber wirksam geworden ist.**

1. Abänderung rechtskräftiger Endentscheidungen

1   Nach § 18 FGG bestand im Bereich der unbefristeten Beschwerde die Befugnis und bei Vorliegen der Voraussetzungen auch die Pflicht zur nachträglichen Änderung einer Entscheidung durch das Gericht, das sie erlassen hatte, wenn sie sich nachträglich als ungerechtfertigt herausstellte. Diese Möglichkeit war schon nach bisherigem Recht nicht gegeben bei Entscheidungen, die der sofortigen Beschwerde unterlagen; nach rechtskräftiger Entscheidung stand einer Änderung die formelle Rechtskraft entgegen. Nachdem nunmehr allgemein die befristete Beschwerde (§§ 58, 63) eingeführt worden ist, bleibt kein Raum mehr für eine dem § 18 FGG entspr Abänderungsmöglichkeit.

2. Änderung in einem neuen Verfahren

2   Die nachträgliche Änderung einer Entscheidung in einem neuen Verfahren war nach bisherigem Recht nicht ausdrücklich geregelt, aber von der Rechtsprechung anerkannt. Sie ist möglich, wenn wegen fehlender materieller Rechtskraft keine Bindung an die frühere Entscheidung besteht; trotz formeller Zurückweisung eines Erbscheinsantrags kann ein neuer inhaltsgleicher Antrag gestellt werden (KG, FGPrax 99, 227). Eine Änderung in einem neuen Verfahren kann sich ferner aus materiellrechtlichen Vorschriften ergeben, wenn es sich um Entscheidungen handelt, die auf Dauer wirken und auf besonderen persönlichen oder wirtschaftlichen Verhältnissen beruhen.

3   **Beispiele:** Aufhebung einer Vormundschaft nach §§ 1882, 1884 BGB, einer Pflegschaft nach §§ 1919, 1921 BGB; ferner eine Änderung der Rechtsstellung des Betreuers (§ 1908 IV 2 BGB), wenn eine Entlassung als Vereinsbetreuer nicht zum Wohl des Betreuten erforderlich ist (OLG Hamm, FGPrax 00, 192); ferner können Anordnungen in Bezug auf elterliche Sorge nach § 1696 BGB jederzeit in einem neuen Verfahren geändert werden, wenn dies im Interesse des Kindes angezeigt ist (BayObLG, FGPrax 99, 61; die Disposi-

§ 48 Abänderung und Wiederaufnahme **§ 48**

tionsbefugnis in Bezug auf Rechtsmittel wird hierdurch nicht berührt (BGH, NJWE-FER 99, 329).
Sondervorschrift: § 37 IV LandwVerfO.

3. Wesentliche Änderung der Sach- und Rechtslage

Schon nach bisherigem Recht wurde auch ohne ausdrückliche gesetzliche 4
Regelung bei allen Entscheidungen mit Dauerwirkung die Anpassung an veränderte tatsächliche Verhältnisse für die Zukunft anerkannt (Keidel/Schmidt, Rn 2 zu § 18 FGG). **Beispiele**: rückwirkende Feststellung der berufsmäßigen Betreuung (§ 1836 I 2 BGB) bei Änderung der Voraussetzungen durch BtÄndG (OLG Frankfurt, Rpfleger 01, 300); keine Rückwirkung, wenn zunächst ehrenamtlich bestellter Betreuer erst im Laufe des Verfahrens die Feststellung der berufsmäßigen Betreuung begehrt (BayObLG, FGPrax 01, 79).

Das Gesetz sieht nunmehr ausdrücklich vor, dass das Gericht des ersten 5
Rechtszuges **rechtskräftige Endentscheidungen** mit Dauerwirkung aufheben oder ändern kann, wenn sich die Sach- und Rechtslage wesentlich 6
geändert hat **(Abs 1)**. Eine Änderung der **Rechtslage** ist gegeben, wenn sich das materielle Recht geändert hat; auch eine andere Auslegung einer Gesetzesbestimmung durch das BVerfG (BGH, NJW 01, 3618); Änderung der Rechtsprechung bei Wechsel in der Unterhaltsberechnung zur Differenzmethode ab 13. 6. 2001 (BVerfG, NJW 02, 1185; NJW 03, 1798).

In Verfahren, die nur auf Antrag eingeleitet werden, erfolgt auch die 7
Aufhebung oder Abänderung **nur auf Antrag**. Voraussetzung für die Zulässigkeit des Änderungsantrages ist der Vortrag von Tatsachen, aus denen sich eine wesentliche Änderung der der Entscheidung zu Grunde liegenden tatsächlichen oder rechtlichen Verhältnisse ergibt. Die Änderung muss bereits eingetreten sein.

Sonderregelungen über die Abänderung, die der allgemeinen Vor- 8
schrift des § 48 I vorgehen: Für einstweilige Anordnung ist Grundlage § 54. Nach § 166 (Kindschaftssachen) kann das Gericht eine Entscheidung oder einen gerichtlich gebilligten Vergleich nach Maßgabe des § 1696 BGB ändern. Entscheidungen über Vergütung und Aufwendungsersatz nach § 168 können in entsprechender Anwendung des § 120 II 4 ZPO geändert werden. Weitere Sonderregelungen enthalten §§ 225, 226 für Entscheidungen über den Versorgungsausgleich, die bei der Scheidung getroffen werden. § 227 I verweist für die Abänderung einer Entscheidung über Ausgleichsansprüche nach der Scheidung auf § 48 I. Auf **Vereinbarungen** der Ehegatten über den Versorgungsausgleich sind die §§ 225, 226 entsprechend anzuwenden (§ 227 II). Weitere Sonderregelungen enthalten § 294 für Betreuungssachen und § 330 für Unterbringungssachen. Eine Abänderung von Entscheidungen in Adoptionssachen ist nach § 187 III, § 198 I, II, III ausgeschlossen.

In **Familienstreitsachen** (§ 112) ist § 48 nicht anwendbar (§ 113). Für 9
diese Angelegenheiten ist die grundlegende Vorschrift § 323 ZPO. Auch in diesen Angelegenheiten gilt für die Änderung von einstweiligen Anordnungen jedoch die allgemeine Vorschrift des § 54. Sondervorschriften für die

§ 48

Buch 1 – Allgemeiner Teil

Abänderung von Entscheidungen in Unterhaltssachen enthalten §§ 238, 240, für die Abänderung von Vergleichen und Urkunden § 239.

4. Wiederaufnahme

10 Eine Wiederaufnahme des Verfahrens entsprechend §§ 578–591 ZPO sah das FGG nicht vor. Sie wurde von der Rspr als zulässig angesehen in Streitsachen, die der materiellen Rechtskraft fähig sind. Sondervorschrift: § 37 IV LandwVerfO. In anderen Verfahren wurde eine Wiederaufnahme bejaht, soweit andere Rechtsbehelfe versagten (Keidel/Schmidt, Rn 70 zu § 18 FGG). Abs 2 knüpft an die bisherige Rspr an und verzichtet auf eine eigenständige Regelung der Wiederaufnahme unter Hinweis auf die entsprechende Anwendung der Vorschriften der ZPO. Aus diesen Vorschriften, ergibt sich auch, dass die Wiederaufnahme nur auf Antrag erfolgt (§ 578 ZPO).

11 **Sonderregelungen** über die Wiederaufnahme enthalten § 118 für Ehesachen und Familienstreitsachen; für diese Angelegenheiten gelten die §§ 578–591 ZPO entsprechend. § 185 I enthält für Abstammungssachen einen zusätzlichen Grund für eine Wiederaufnahme des Verfahrens. Diese ist auch dann statthaft, wenn ein Beteiligter ein neues Gutachten über die Abstammung vorlegt, das allein oder iVm den im früheren Verfahren erhobenen Beweisen eine andere Entscheidung herbeigeführt haben würde.

12 **Ausgeschlossen** ist eine Abänderung oder Wiederaufnahme in Adoptionssachen nach § 197 III, § 198 I, II; ferner ist die Wiederaufnahme ausgeschlossen gegen Entscheidungen, durch die die Befreiung vom Eheverbot erteilt wird, wenn die Ehe geschlossen worden ist (§ 198 III).

5. Ausschluss von Abänderung und Wiederaufnahme

13 **Abs 3** ergänzt die Vorschrift des § 40 II, die die Wirksamkeit von Entscheidungen, die die Genehmigung eines Rechtsgeschäfts zum Gegenstand haben, an den Eintritt der formellen Rechtskraft knüpft. Abs 3 berücksichtigt das schutzwürdige Interesse von an einem Rechtsgeschäft beteiligten Dritten an dem dauerhaften Bestand einer Genehmigungsentscheidung. Es wird deshalb bestimmt, dass, wenn eine Genehmigung oder Verweigerung einem Dritten gegenüber wirksam geworden ist, ausgeschlossen sind Wiedereinsetzung in den vorigen Stand (§§ 17–19), eine Rüge nach § 44, eine Abänderung (Abs 1) und eine Wiederaufnahme (Abs 2). Gegenüber dem Dritten wirksam wird die Genehmigung oder deren Verweigerung, wenn sie ihm durch den Vormund (Eltern, Betreuer, Pfleger) mitgeteilt wird (§ 1829 I 2 BGB, § 1829 I 2 iVm §§ 1643 III, 1908 i I, 1915 BGB). Als verweigert gilt die Genehmigung, wenn der Vertragspartner zur Mitteilung der Genehmigung auffordert und diese nicht innerhalb von vier Wochen erfolgt (§ 1829 II BGB), bei einem einseitigen Rechtsgeschäft dann, wenn der Vormund die Genehmigung nicht vorlegt und der Vertragspartner das Rechtsgeschäft aus diesem Grund unverzüglich zurückweist (§ 1831 BGB). Beschlüsse, die gegen ein Abänderungsverbot verstoßen, sind unwirksam (OLG Brandenburg, FamRZ 07, 57).

Abschnitt 4
Einstweilige Anordnung

Einstweilige Anordnung

49 (1) **Das Gericht kann durch einstweilige Anordnung eine vorläufige Maßnahme treffen, soweit dies nach den für das Rechtsverhältnis maßgebenden Vorschriften gerechtfertigt ist und ein dringendes Bedürfnis für ein sofortiges Tätigwerden besteht.**

(2) **Die Maßnahme kann einen bestehenden Zustand sichern oder vorläufig regeln. Einem Beteiligten kann eine Handlung geboten oder verboten, insbesondere die Verfügung über einen Gegenstand untersagt werden. Das Gericht kann mit der einstweiligen Anordnung auch die zu ihrer Durchführung erforderlichen Anordnungen treffen.**

1. Grundzüge

In den Angelegenheiten der freiwilligen Gerichtsbarkeit nach dem FGG hatte die Rechtsprechung auch ohne eine ausdrückliche gesetzliche Regelung die Zulässigkeit einer einstweiligen Anordnung bejaht und hierfür Grundzüge entwickelt. Sie war zulässig, wenn ein sofortiges Eingreifen ohne abschließende Klärung erforderlich war und auf Grund der glaubhaft zu machenden Tatsachen wahrscheinlich war, dass die abschließende Entscheidung in ähnlichem Sinn erlassen werde. Das Verfahren der einstweiligen Anordnung war Teil des Hauptverfahrens, das Voraussetzung für die Zulässigkeit war, inhaltlich die Grenzen des Verfahrensgegenstandes und zeitlich die Wirksamkeit bestimmte (OLG Karlsruhe, NJW-RR 92, 709 mwN). Die Einleitung erfolgte immer von Amts wegen, auch in Antragsverfahren. 1

Das Verfahren der einstweiligen Anordnung ist nunmehr in den §§ 49–57 geregelt. Das Verfahren ist nicht mehr Teil der Hauptsache, sondern ein **selbständiges** Verfahren, auch dann, wenn eine Hauptsache anhängig ist (**§ 51 III**). Es kann daher auch unabhängig von einem Hauptsacheverfahren eingeleitet werden. Nach Erlass einer einstweiligen Anordnung ist das Hauptsacheverfahren jedoch nach Maßgabe des § 52 einzuleiten. Das Gericht kann die einstweilige Anordnung jederzeit von Amts wegen, in Antragsverfahren auf Antrag, unabhängig von dem Verfahrensstand des Hauptverfahrens nach **§ 54 aufheben** oder **ändern.** In Verfahren, die nur auf Antrag eingeleitet werden, stellt § 56 II für das **Außer-Kraft-Treten** der einstweiligen Anordnung eine Verbindung zur Hauptsache her; sie tritt außer Kraft, wenn die Hauptsache aus einem der in § 56 II Nr 1–4 aufgeführten Gründe beendet wird. Aufzuheben ist die einstweilige Anordnung in Antragsverfahren, wenn innerhalb einer von dem Gericht gesetzten Frist weder ein Antrag auf Einleitung des Hauptverfahrens noch ein Antrag auf Bewilligung von Verfahrenskostenhilfe gestellt werden (52 II). 2 3

§ 49 Buch 1 – Allgemeiner Teil

2. Voraussetzungen

4 § 49 I stellt ebenso wie das bisherige Recht zwei Voraussetzungen auf: es muss ein **dringendes Bedürfnis** für ein sofortiges Tätigwerden bestehen; eine diesem Bedürfnis entspr Maßnahme muss durch das materielle Recht gerechtfertigt sein. Ein dringendes Bedürfnis für ein sofortiges Tätigwerden liegt vor, wenn eine Entscheidung in der Hauptsache nicht abgewartet werden kann, ohne dass erhebliche Nachteile für einen der Beteiligten zu besorgen sind. In einzelnen Fällen schreibt das Gesetz eine Prüfung der Dringlichkeit vor: in § 157 III in Verfahren nach §§ 1666, 1666a BGB, nach § 165 V 2 bei Scheitern eines Vermittlungsverfahrens. Bei einstweiligen Anordnungen nach § 246 ist ein dringendes Bedürfnis nicht zu prüfen, weil in Unterhaltssachen Eilbedürftigkeit immanent ist (Johannsen/Henrich/Büte, Rn 9 zu § 49). Auch wenn das Verfahren der einstweiligen Anordnung verfahrensrechtlich

5 unabhängig von der Hauptsache ist, muss sich die einstweilige Anordnung in den **Grenzen** dessen halten, was im Wege der **Hauptsache** erreicht werden könnte. **Beispiele:** das Nachlassgericht ist nur zuständig für die endgültige Amtsbeendigung des Testamentsvollstreckers; deshalb keine einstweilige An-

6 ordnung auf vorläufige Entlassung oder Eingreifen in die Amtsführung (OLG Köln, NJW-RR 87, 71). Zu den Voraussetzungen einer vorläufigen Anordnung zur Entziehung des Aufenthaltsbestimmungsrechts: BayObLG, FamRZ 97, 387; NJW-FER 99, 116; einer vorläufigen Sorgerechtsentscheidung: OLG Düsseldorf, NJW 95, 1970; einer vorläufigen Entziehung von Teilbereichen: OLG Brandenburg, FamRZ 10, 1743; vorläufige Sorgerechtsentziehung verneint bei Problemen mit der Umsetzung des Umgangsrechts: KG, FamRZ 10, 1749. Die Folgen einer vorübergehenden Trennung, insbesondere bei sehr kleinen Kindern sind zu berücksichtigen (BVerfG, NJW 09, 1135; OLG Köln, FamRZ 10, 1680: Kontinuität). Durch den Entzug der elterlichen Sorge im Eilverfahren können schwer rückgängig zu machende Tatsachen entstehen; deshalb sind die im Eilverfahren zur Verfügung stehenden Aufklärungs- und Prüfungspflichten voll auszuschöpfen (BVerfG, FamRZ 02, 1021). Sie sind auf das erforderliche Maß zu begrenzen, um nicht vor der endgültigen Entscheidung vollendete Tatsachen zu schaffen (BVerfG, FamRZ 94, 223; BGH, NJW-RR 86, 1267); insbesondere soll eine Änderung des sozialen Umfeldes nicht erfolgen, wenn das Ergebnis der endgültigen Entscheidung vollständig offen ist (OLG Karlsruhe, FamRZ 08, 633). Die Abwägung der Umstände ist nicht an einer Sanktion des Fehlverhaltens der Eltern, sondern vorrangig am Kindeswohl unter Beachtung der Kontinuitätsgrundsätze zu orientieren (BVerfG, FamRZ 09, 189). Auch im Beschwerdeverfahren entspricht eine Abänderung der erstinstanzlichen Entscheidung verbunden mit einem erneuten Ortswechsel in der Regel nicht dem Wohl des Kindes, sofern nicht schwerwiegende Gründe vorliegen (OLG Hamm, FamRZ 09, 432). Die Begrenzung folgt auch aus dem nur vorläufigen Charakter der einstweiligen Anordnung. In Versorgungsausgleichssachen kann das Familiengericht im Wege einer einstweiligen Anordnung eine schuldrechtliche Ausgleichsrente nach den §§ 20–22 VersAusglG zuerkennen; jedoch nicht den vollen Rentenbetrag, weil hierdurch die Hauptsache vorweggenommen würde, sondern nur

7 eine Notrente (Vorb v §§ 217–229, Rn 33). Die Einleitung eines **Haupt-**

§ 49 Einstweilige Anordnung **§ 49**

verfahrens ist nicht zwingend vorgesehen. Das Gericht kann es jedoch für erforderlich halten, eine endgültige Regelung zu treffen und im Hauptverfahren eine sichere Entscheidungsgrundlage zu finden; in Amtsverfahren ist dies von Amts wegen möglich, in Antragsverfahren nur auf Antrag (§ 52). Die Erforderlichkeit ergibt sich in der Regel aus dem Charakter der auf Grund summarischer Prüfung ergehenden einstweiligen Anordnung als einer vorläufigen Regelung, die nicht zu einer Vorwegnahme der Hauptsache führen darf (OLG Hamm, FamRZ 10, 825). Das Rechtsschutzbedürfnis entfällt daher nicht, wenn bereits eine dem Hauptsacheantrag entspr einstweilige Anordnung vorliegt; dieser kommt nicht dieselbe Bestandskraft zu wie einer im Hauptsacheverfahren ergangenen Entscheidung (OLG Nürnberg, FamRZ 10, 1679). Der vorläufige Charakter in Gewaltschutzsachen ergibt sich bereits aus dem Wortlaut des § 214 I. In Kindschaftssachen ist die Einleitung des Hauptverfahrens regelmäßig zwingend, weil eine erweiterte Ermittlungspflicht besteht (BGH, NJW 10, 1351), für die im Verfahren der einstweiligen Anordnung kein Raum ist (OLG Thüringen, FamRZ 10, 1830). Die Verfahrensgegenstände der einstweiligen Anordnung und des möglichen Hauptverfahrens müssen sich entsprechen; daher sind Sorgerechtsregelungen, Umgangsregelungen getrennt zu behandeln. Aus dem vorläufigen Charakter der einstweiligen Anordnung ergibt sich zB für die Verteilung des Hausrats, dass keine endgültige Regelung durch Zuweisung von Eigentum erfolgen darf (OLG Bamberg, FamRZ 00, 1102); es können auch nur einzelne, einem dringenden Bedürfnis entspr Gegenstände zugeteilt werden, nicht die Verteilung des gesamten Hausrats.

3. Sonderregelungen

Nach § 157 III hat das Gericht in Verfahren wegen Kindeswohlgefährdung 8 unverzüglich den Erlass einer einstweiligen Anordnung zu prüfen. Nach § 214 kann das Gericht in Gewaltschutzsachen eine vorläufige Regelung nach § 1 **oder § 2 des Gewaltschutzgesetzes** treffen. In Unterhaltssachen sehen die **§§ 246, 247, 248** einstweilige Anordnungen in Bezug auf den Unterhalt vor, in Betreuungssachen in den **§§ 300, 301, 302**, nach **§§ 331, 332, 333** in Unterbringungssachen und in Freiheitsentziehungssachen nach **§ 427**. Die §§ 331, 332, 333 gelten entspr, wenn nach § 1846 BGB Unterbringungsmaßnahmen getroffen werden sollen **(§ 334)**.

Abweichend von § 49 sind in Betreuungssachen (§ 301) und Unterbrin- 9 gungssachen (§ 332) auch einstweilige Anordnungen bei **gesteigerter Dringlichkeit** vorgesehen, wenn Gefahr im Verzug ist; es kann von Verfahrenshandlungen abgesehen werden, die unverzüglich nachzuholen sind.

Eine **zeitliche Befristung** einstweiliger Anordnungen sieht das Gesetz in 10 Betreuungssachen in § 302 und in Unterbringungssachen in § 333; für einstweilige Maßregeln in § 334 iVm § 333 vor. Eine einstweilige Anordnung auf Unterhalt bei Feststellung der Vaterschaft tritt automatisch außer Kraft, wenn der Antrag auf Feststellung der Vaterschaft zurückgenommen oder rechtskräftig zurückgewiesen worden ist (§ 248 V).

In **Ehesachen** und **Familienstreitsachen** nach § 112 finden die §§ 49–57 11 Anwendung (§ 113 I, § 119 I 1); in den Familienstreitsachen nach § 112

§ 50

Buch 1 – Allgemeiner Teil

Nr 2, 3 ist § 945 ZPO (Schadensersatz) anzuwenden. In Familienstreitsachen kann auch der Arrest entspr §§ 916–934 und §§ 943–945 ZPO angeordnet werden.

4. Maßnahmen im Wege einstweiliger Anordnung

12 Diese können dem Zweck dienen, ein Recht durch Erhaltung des bestehenden Zustandes zu sichern, einen bestehenden Zustand einstweilen zu regeln (zB Sorgerechts- und Umgangsregelungen), Handlungen zu gebieten oder zu verbieten (zB nach §§ 1, 2 GewSchG); ferner Verfügungen über einen Gegenstand zu untersagen (Abs 2 Satz 1, 2).

13 Zur **Durchführung** der einstweiligen Anordnung erforderlichen Maßnahmen kann das Gericht zugleich mit der einstweiligen Anordnung von Amts wegen erlassen. Diese Maßnahmen sind geboten, wenn die Vollstreckung ihrem Inhalt nach besondere Ausführungsmaßnahmen erfordert, deren Vollzug das Gericht zu überwachen hat. Keine vollzugsfähigen Entscheidungen sind gestaltende und feststellende Entscheidungen, auch nicht solche, die eine Regelung der elterlichen Sorge zB nach §§ 1671, 1672, 1632, 1666, 1666a, 1684, 1996 BGB enthalten. Grundlage für einen Vollzug sind vielmehr erst die Entscheidungen, die zur Durchsetzung der Regelung der elterlichen Sorge angeordnet werden, zB eine Herausgabeanordnung nach § 1632 II BGB in Verbindung mit der Anordnung der zu ihrer Durchführung erforderlichen Maßnahmen; Rückführungsentscheidung nach dem HKiEntÜ: OLG Stuttgart, FamRZ 02, 1138. Die Entscheidung muss die Verpflichtung eines Beteiligten zur Vornahme einer Handlung, Unterlassung oder Duldung der Vornahme einer Handlung mit einer jeden Zweifel ausschließenden Bestimmtheit enthalten (OLG Bamberg, NJWE-FER 95, 201; OLG Brandenburg, NJWE-FER 97, 211; BayObLG, Rpfleger 01, 74).

Zuständigkeit

50 (1) **Zuständig ist das Gericht, das für die Hauptsache im ersten Rechtszug zuständig wäre. Ist eine Hauptsache anhängig, ist das Gericht des ersten Rechtszugs, während der Anhängigkeit beim Beschwerdegericht das Beschwerdegericht zuständig.**

(2) **In besonders dringenden Fällen kann auch das Amtsgericht entscheiden, in dessen Bezirk das Bedürfnis für ein gerichtliches Tätigwerden bekannt wird oder sich die Person oder die Sache befindet, auf die sich die einstweilige Anordnung bezieht. Es hat das Verfahren unverzüglich von Amts wegen an das nach Absatz 1 zuständige Gericht abzugeben.**

1. Zuständigkeit des Gerichts der Hauptsache

1 Für den Erlass einer einstweiligen Anordnung (§ 49) ist, wenn noch keine Hauptsache anhängig ist, das Gericht zuständig, das für die Hauptsache im ersten Rechtszug zuständig wäre. Sachlich zuständig ist das Amtsgericht; in Familiensachen nach § 23a I Nr 1 GVG iVm § 111, in Angelegenheiten der
2 freiwilligen Gerichtsbarkeit nach § 23a I Nr 2 iVm II Nr 1–7 GVG. Die örtliche Zuständigkeit ist jeweils bei den einzelnen Angelegenheiten geregelt:

§ 50 Zuständigkeit **§ 50**

für Ehesachen in § 122, Kindschaftssachen § 152, Abstammungssachen § 170, Adoptionssachen § 187, Ehewohnungs- und Haushaltssachen § 201, Gewaltschutzsachen § 211, Versorgungsausgleichssachen § 218, Unterhaltssachen § 232, Güterrechtssachen § 267, Betreuungssachen § 272, Unterbringungssachen § 313, Betreuungsrechtliche Zuweisungssachen § 341 iVm § 272, Nachlass- und Teilungssachen §§ 343, 344, Registersachen § 377, für weitere Angelegenheiten der freiwilligen Gerichtsbarkeit nach §§ 410 ff in § 411, Freiheitsentziehungssachen § 416, für Aufgebotsverfahren §§ 454, 466.

Ist eine **Hauptsache** bereits **anhängig,** ist zuständig das Gericht des ersten 3 Rechtszuges. Befindet sich die Angelegenheit schon in der Beschwerdeinstanz ist während der Anhängigkeit in der Beschwerdeinstanz das Beschwerdegericht für den Erlass einer einstweiligen Anordnung zuständig; das ist in Betreuungssachen und Freiheitsentziehungssachen das Landgericht (§ 72 I 2 GVG), im Übrigen das Oberlandesgericht (§ 119 I Nr 1 a, b GVG). Während der Anhängigkeit der Hauptsache beim Rechtsbeschwerdegericht ist das Gericht des ersten Rechtszuges zuständig.

2. Zuständigkeit in besonders dringenden Fällen

Ein besonders dringender Fall. kann dann vorliegen, wenn der Erfolg der 4 Anordnung durch eine mit der Anrufung des Gerichts, dessen Zuständigkeit durch den Gerichtsstand der Hauptsache bestimmt wird, verbundene Verzögerung gefährdet werden könnte. Diese Voraussetzung kann auch dann gegeben sein, wenn ein Fall gesteigerter Dringlichkeit nach § 301 (Betreuung) oder § 332 (Unterbringung) vorliegt. In diesen Fällen kann auch das Amtsgericht entscheiden, in dessen Bezirk das Bedürfnis für ein gerichtliches Tätigwerden bekannt wird oder sich die Person oder Sache befindet, auf die sich die einstweilige Anordnung bezieht **(Abs 2).** In einzelnen Angele- 5 genheiten sieht das Gesetz ohnehin auch die örtliche Zuständigkeit des Gerichts vor, in dessen Bezirk das **Bedürfnis der Fürsorge** hervortritt: § 152 III, IV (Kindschaftssachen), § 272 II (Betreuung), § 313 III iVm § 321 Nr 3 (Unterbringung), § 416 (Freiheitsentziehung). Nach § 416 ist in Unterbringungssachen auch zuständig das Gericht, in dessen Bezirk sich die Person befindet. Die Anknüpfungspunkte für die örtliche Zuständigkeit nach Abs 2 werden hierdurch nicht begrenzt, sondern können darüber hinausgehen.

Das Eilgericht hat die Sache **unverzüglich** an das nach Abs 1 zuständige 6 Gericht **abzugeben,** an das Gericht der Hauptsache, wenn eine solche anhängig ist oder sonst an das Gericht, das für die Hauptsache zuständig wäre (Abs 2 Satz 2).

3. Einstweilige Anordnungen des Beschwerdegerichts

Das Beschwerdegericht kann während der Anhängigkeit der Sache im 7 Beschwerdeverfahren von Amts wegen oder auf Antrag einstweilige Anordnungen erlassen. Sie müssen sich im Rahmen des **bei ihm angefallenen** Verfahrensgegenstandes halten (BayObLG, NJWE-FER 97, 173; OLG Zweibrücken, FamRZ 96, 1226). Noch nicht wirksamen Entscheidungen kann auf diesem Wege Wirksamkeit verliehen werden (BayObLG, NJW 92,

§ 51

121); auch Überführung in Adoptionspflege durch einstweilige Anordnung (BayObLG, FamRZ 93, 1356). Es kann eine Aufenthaltsanordnung für ein Kind nach § 1671 BGB treffen, auch eine familiengerichtliche Genehmigung außer Kraft setzen, wenn diese den Vertragspartnern noch nicht mitgeteilt worden ist. Im Erbscheinsverfahren kann einstweilige Rückgabe zu den Akten angeordnet werden; diese Rückgabe steht in ihren Wirkungen nicht der Einziehung des Erbscheins gleich (OLG Köln, OLG 90, 303). In einem Verfahren nach §§ 1666, 1666a BGB kann der Aufenthaltspfleger ermächtigt werden, den Aufenthalt der Kinder nicht mitzuteilen (BayObLG, Rpfleger 77, 100).

Sondervorschriften: § 76 GBO, § 35 III VerschG.

4. Erweiterte internationale Zuständigkeit

8 Durch die im Bereich der Europäischen Union im Verhältnis der Mitgliedstaaten geltende **VO (EG) Nr 2201/2003** wird eine erweiterte internationale Zuständigkeit für einstweilige Maßnahmen einschließlich Schutzmaßnahmen begründet. Nach Art 20 der VO können in dringenden Fällen die Gerichte eines Mitgliedstaates unter Anwendung ihres nationalen Rechts einstweilige Maßnahmen in Bezug auf in diesem Staat befindliche Personen oder Vermögensgegenstände auch dann anordnen, wenn für die Entscheidung in der Hauptsache ein Gericht eines anderen Mitgliedstaates zuständig ist; jedoch dann nicht, wenn dieses Gericht die elterliche Sorge bereits vorläufig dem anderen Elternteil übertragen hat und diese Entscheidung vollstreckbar ist (EuGH, FamRZ 10, 525). Die einstweiligen Maßnahmen treten außer Kraft, wenn das zuständige Gericht eine eigene Entscheidung über die einstweiligen Maßnahmen trifft.

Verfahren

51 (1) **Die einstweilige Anordnung wird nur auf Antrag erlassen, wenn ein entsprechendes Hauptsacheverfahren nur auf Antrag eingeleitet werden kann. Der Antragsteller hat den Antrag zu begründen und die Voraussetzungen für die Anordnung glaubhaft zu machen.**

(2) **Das Verfahren richtet sich nach den Vorschriften, die für eine entsprechende Hauptsache gelten, soweit sich nicht aus den Besonderheiten des einstweiligen Rechtsschutzes etwas anderes ergibt. Das Gericht kann ohne mündliche Verhandlung entscheiden. Eine Versäumnisentscheidung ist ausgeschlossen.**

(3) **Das Verfahren der einstweiligen Anordnung ist ein selbständiges Verfahren, auch wenn eine Hauptsache anhängig ist. Das Gericht kann von einzelnen Verfahrenshandlungen im Hauptsacheverfahren absehen, wenn diese bereits im Verfahren der einstweiligen Anordnung vorgenommen wurden und von einer erneuten Vornahme keine zusätzlichen Erkenntnisse zu erwarten sind.**

(4) **Für die Kosten des Verfahrens der einstweiligen Anordnung gelten die allgemeinen Vorschriften.**

§ 51 Verfahren **§ 51**

1. Einleitung des Verfahrens

Das Verfahren der freiwilligen Gerichtsbarkeit unterliegt dem Grundsatz 1
des Amtsverfahrens; das Verfahren ist von Amts wegen (§ 26), auch auf
Anregung (§ 24), einzuleiten, soweit nicht ein Antrag gesetzlich vorgesehen
ist. Diese Grundsätze gelten auch für das Verfahren der einstweiligen Anordnung (§ 51 I). Wenn ein entspr Hauptverfahren nur auf Antrag eingeleitet
werden kann, ist eine einstweilige Anordnung auch nur auf Antrag zu erlassen
(**§ 51 I 1**). **Beispiele** für Antragsverfahren: Rn 2, 3 zu § 23. Soweit ein
Antrag gesetzlich vorgesehen ist, ist er Verfahrensvoraussetzung (Rn 6 zu
§ 23). Wenn der Antrag zugleich Sachantrag ist, wird der Umfang der Sachentscheidung hierdurch bestimmt (Rn 7 zu § 23); weitere Zulässigkeitsvoraussetzung ist die Antragsberechtigung (Rn 9 zu § 23).

In **Antragsverfahren** schreibt **Abs 1 Satz 2** eine Begründung und 2
Glaubhaftmachung durch den Antragsteller vor. Dies gilt nicht in Antragsverfahren, die dem **Amtsermittlungsgrundsatz** unterliegen. In diesen
Verfahren trifft die Beteiligten insofern eine gewisse Darlegungslast als es
ihnen obliegt, durch Vorbringen des ihnen bekannten Sachverhalts und
Angabe der ihnen bekannten Beweismittel dem Gericht Anhaltspunkte
dafür zu liefern, in welche Richtung es seine Ermittlungen ansetzen kann;
eine Glaubhaftmachung (§ 31) würde über die in diesem Verfahren zu
fordernden Mitwirkungspflichten hinausgehen. In Antragsverfahren, die der 3
Dispositionsmaxime unterliegen, ist Begründung und Glaubhaftmachung
(§ 31) vorgeschrieben. § 1 I, § 2 I GewSchG, § 14 I LwVG, § 23 I
EGGVG, § 111 I BNotO; ferner die auf Antrag einzuleitenden Familienstreitsachen nach § 112 Nr 1 (Unterhaltssachen nach § 231 I und Lebenspartnerschaftssachen nach § 269 I Nr 7, 8); nach § 112 Nr 2 (Güterrechtssachen nach § 261 I und Lebenspartnerschaftssachen nach § 269 I Nr 9)
sowie nach § 112 Nr 3 sonstige Familiensachen nach § 266 I und Lebenspartnerschaftssachen nach § 269 II).

2. Gang des Verfahrens

Das Verfahren richtet sich nach den Vorschriften, die für eine entsprechen- 4
de Hauptsache gelten, soweit nicht die Besonderheiten des einstweiligen
Rechtsschutzes entgegenstehen. Es bedarf keiner förmlichen Beweisaufnahme. Ein der Glaubhaftmachung entspr geringerer Grad an Wahrscheinlichkeit
genügt für die Feststellung von Tatsachen (**Abs 2 Satz 1**). Das Gericht kann
ohne die nur in Ehe- und Familienstreitverfahren vorgeschriebene mündliche
Verhandlung (§ 113 I iVm § 137 ZPO) entscheiden (§ 51 II 2). Eine Versäumnisentscheidung ist ausgeschlossen (Abs 1 Satz 3).

3. Einzelne Verfahrenshandlungen

Das Verfahren der einstweiligen Anordnung ist ein selbständiges Verfahren; 5
die in ihm getroffenen Feststellungen sind daher nicht Grundlage für die
Entscheidung im Hauptverfahren (Abs 3 Satz 1). Von einzelnen Verfahrenshandlungen soll jedoch **abgesehen** werden können, wenn von einer erneuten
Vornahme keine zusätzlichen Erkenntnisse zu erwarten sind (**Abs 3 Satz 2**).

Hiervon ist zurückhaltend Gebrauch zu machen; in der Hauptsache kann förmliche Beweisaufnahme geboten sein (§ 30), weitere Tatsachenfeststellungen erfordern (erneute) Gewährung rechtlichen Gehörs. Von einer erneuten persönlichen Anhörung kann abgesehen werden, wenn auf Grund des zeitlichen Abstandes keine neuen Erkenntnisse zu erwarten sind.

4. Kosten

6   Die verfahrensrechtliche Selbständigkeit der einstweiligen Anordnung erfordert eine eigene Kostenentscheidung, von der ebenso wie in einer entspr Hauptsacheentscheidung (§ 81 I 2) abgesehen werden kann. Die Kostenentscheidung folgt den Grundsätzen des § 81.

Einleitung des Hauptsacheverfahrens

§ 52 (1) **Ist eine einstweilige Anordnung erlassen, hat das Gericht auf Antrag eines Beteiligten das Hauptsacheverfahren einzuleiten. Das Gericht kann mit Erlass der einstweiligen Anordnung eine Frist bestimmen, vor deren Ablauf der Antrag unzulässig ist. Die Frist darf drei Monate nicht überschreiten.**

(2) **In Verfahren, die nur auf Antrag eingeleitet werden, hat das Gericht auf Antrag anzuordnen, dass der Beteiligte, der die einstweilige Anordnung erwirkt hat, binnen einer zu bestimmenden Frist Antrag auf Einleitung des Hauptsacheverfahrens oder Antrag auf Bewilligung von Verfahrenskostenhilfe für das Hauptsacheverfahren stellt. Die Frist darf drei Monate nicht überschreiten. Wird dieser Anordnung nicht Folge geleistet, ist die einstweilige Anordnung aufzuheben.**

1. Einleitung des Hauptverfahrens von Amts wegen

1   Die Verfahren der freiwilligen Gerichtsbarkeit sind Amtsverfahren, soweit das Gesetz nicht einen Antrag vorschreibt. Sie werden von Amts wegen eingeleitet. Wenn das Gericht daher von Amts wegen eine einstweilige Anordnung erlassen hat, kann es auch von Amts wegen ein Hauptverfahren einleiten. Eine vorläufige Anordnung zur Entziehung des Aufenthaltsbestimmungsrechts, eine vorläufige Sorgerechtsentscheidung bedürfen in der Regel der Überprüfung im Hauptverfahren, um die Entscheidung auf eine sichere Grundlage zu stellen (ebenso Keidel/Giers, Rn 24 zu § 51), ohne dass es darauf ankommt, ob sich die Beteiligten damit zufrieden geben wollen, weil diese keine Dispositionsbefugnis über das Verfahren haben.

2. Einleitung des Hauptverfahrens auf Antrag

2   **a) In Amtsverfahren** kann das Hauptsacheverfahren auch auf Antrag eines Beteiligten eingeleitet werden **(Abs 1 Satz 1).** Der Antrag ist nicht fristgebunden; er bedarf keiner Begründung. Eine anwaltliche Vertretung ist auch dann nicht erforderlich, wenn die Hauptsache dem Anwaltszwang unterliegt (§ 114 IV Nr 1). Das Gericht kann mit dem Erlass der einstweiligen Anordnung eine Frist, die drei Monate nicht überschreiten darf, bestimmen, vor

deren Ablauf der Antrag unzulässig ist **(Abs 1 Satz 2, 3)**, die Frist kann auch kürzer bemessen sein; die Frist soll verhindern, dass die Beteiligten „vorschnell in das Hauptsacheverfahren drängen". Die Frist läuft für jeden Beteiligten gesondert ab Bekanntgabe. Kriterium für die Frage, ob und mit welcher Dauer eine Frist bestimmt wird, kann sein die Schwere der Auswirkungen der Entscheidung, insbesondere hinsichtlich der Kontinuität in Sorge- und Umgangsverfahren. Bei der Erwartung einer Deeskalation infolge des zeitlichen Abstandes dürfte Zurückhaltung geboten sein. Ein vor Ablauf der Frist gestellter Antrag ist unzulässig. Die Fristsetzung unterbleibt, wenn das Gericht schon entschlossen ist, das Hauptsacheverfahren einzuleiten.

b) In Antragsverfahren hat das Gericht **auf Antrag** anzuordnen, dass 3 der Beteiligte, der die einstweilige Anordnung auf Antrag erwirkt hat, binnen einer vom Gericht zu bestimmenden Frist Antrag auf Einleitung des Hauptsacheverfahrens oder Antrag auf Bewilligung der Verfahrenskostenhilfe für das Hauptsacheverfahren stellt; die Frist darf drei Monate nicht überschreiten (Abs 2 Satz 1, 2). Sie sollte jedoch deutlich unter drei Monaten liegen. Auch hier sind die Auswirkungen der Fortwirkung der Entscheidung zu berücksichtigen (Johannsen/Henrich/Büte, Rn 7 zu § 52). Der Antrag ist zulässig, solange ein Hauptsacheverfahren noch nicht eingeleitet oder ein Antrag auf Verfahrenskostenhilfe für ein solches Verfahren nicht gestellt ist. Er ist nicht mehr zulässig, wenn sich die Hauptsache erledigt hat. Wird dieser Anordnung nicht fristgemäß Folge geleistet, ist die einstweilige Anordnung von Amts wegen durch unanfechtbaren Beschluss aufzuheben (Abs 2 Satz 3).

Vollstreckung

53 (1) **Eine einstweilige Anordnung bedarf der Vollstreckungsklausel nur, wenn die Vollstreckung für oder gegen einen anderen als den in dem Beschluss bezeichneten Beteiligten erfolgen soll.**

(2) **Das Gericht kann in Gewaltschutzsachen sowie in sonstigen Fällen, in denen hierfür ein besonderes Bedürfnis besteht, anordnen, dass die Vollstreckung der einstweiligen Anordnung vor Zustellung an den Verpflichteten zulässig ist. In diesem Fall wird die einstweilige Anordnung mit Erlass wirksam.**

1. Vollstreckungsklausel

Abs 1 bestimmt, dass eine einstweilige Anordnung nur dann einer Vollstre- 1 ckungsklausel bedarf, wenn die Vollstreckung für oder gegen eine nicht in dem Beschluss bezeichnete Person erfolgen soll. Die Vorschrift führt zu einem Wegfall der Klauselpflicht bei der Vollstreckung der in § 86 genannten Verpflichtungen, sofern gegen denjenigen vollstreckt werden soll, der in dem Beschluss bezeichnet wird. Soweit es nach den Vorschriften der §§ 88 ff ohnehin einer Vollstreckungsklausel nicht bedarf, verbleibt es hierbei auch für den Fall einer Vollstreckung gegen eine im Beschluss nicht genannte Person (Keidel/Giers, Rn 5 zu § 53).

§ 54 Buch 1 – Allgemeiner Teil

2. Vollstreckung vor Zustellung

2   Zur schnelleren Durchsetzung einer einstweiligen Anordnung kann das Gericht anordnen, dass die Vollstreckung der einstweiligen Anordnung bereits vor der Zustellung an den Verpflichteten möglich ist. Diese Möglichkeit besteht in Gewaltschutzsachen und in sonstigen Fällen, in denen hierfür ein besonderes Bedürfnis besteht (Abs 2). Ein besonderes Bedürfnis kann bestehen bei einstweiligen Anordnungen auf Herausgabe eines Kindes, bei einstweiligen Anordnungen auf vorläufige Freiheitsentziehung (§ 427 iVm Abs 2 Satz 1). Entspr Regelungen enthalten bei der Anordnung der sofortigen Wirksamkeit § 209 III (Ehewohnungs- und Haushaltssachen) und § 216 II (Gewaltschutzsachen).

Eine Vorverlagerung des Zeitpunktes, in dem die Wirksamkeit des Beschlusses über die einstweilige Anordnung eintritt, ist in den Fällen, in denen die Vollstreckung vor der Zustellung erfolgen soll, notwendig, weil dessen Wirksamkeit Voraussetzung für die Vollstreckung ist. Abs 2 Satz 2 bestimmt daher für diesen Fall, dass die Wirksamkeit mit dem Erlass (§ 38 III) eintritt.

Aufhebung oder Änderung der Entscheidung

54 (1) **Das Gericht kann die Entscheidung in der einstweiligen Anordnungssache aufheben oder ändern. Die Aufhebung oder Änderung erfolgt nur auf Antrag, wenn ein entsprechendes Hauptsacheverfahren nur auf Antrag eingeleitet werden kann. Dies gilt nicht, wenn die Entscheidung ohne vorherige Durchführung einer nach dem Gesetz notwendigen Anhörung erlassen wurde.**

(2) **Ist die Entscheidung in einer Familiensache ohne mündliche Verhandlung ergangen, ist auf Antrag auf Grund mündlicher Verhandlung erneut zu entscheiden.**

(3) **Zuständig ist das Gericht, das die einstweilige Anordnung erlassen hat. Hat es die Sache an ein anderes Gericht abgegeben oder verwiesen, ist dieses zuständig.**

(4) **Während eine einstweilige Anordnungssache beim Beschwerdegericht anhängig ist, ist die Aufhebung oder Änderung der angefochtenen Entscheidung durch das erstinstanzliche Gericht unzulässig.**

1. Aufhebung oder Änderung von Amts wegen

1   Das Gericht kann die Entscheidung in einer einstweiligen Anordnungssache jederzeit von Amts wegen aufheben oder ändern (durch anderweitige Regelung ersetzen, ergänzen), wenn sich die Entscheidung nachträglich als ungerechtfertigt herausstellt. Anlass hierzu kann sein eine andere rechtliche Beurteilung, die auch auf einer Änderung der Rechtsprechung beruhen kann; eine andere Würdigung des Sachverhalts; das Bekanntwerden von Tatsachen, die bei Erlass der Entscheidung schon gegeben, dem Gericht aber noch nicht bekannt waren. Liegen die Voraussetzungen für eine Änderung vor, ist das Gericht hierzu verpflichtet. Dies gilt sowohl für Entscheidungen, durch die eine einstweilige Anordnung erlassen wurde, als auch für Entscheidungen, durch die der Erlass einer einstweiligen Anordnung abgelehnt wurde. Soweit

§ 54 Aufhebung oder Änderung der Entscheidung **§ 54**

eine Entscheidung gegen Beteiligte ergangen ist, die nicht antragsberechtigt sind, können diese eine Aufhebung oder Änderung anregen (§ 24 entspr). (Abs 1 Satz 1)

2. Aufhebung oder Änderung auf Antrag

Diese erfolgt in Antragsverfahren auf Antrag, wenn ein entspr Hauptsacheverfahren auch nur auf Antrag eingeleitet würde. Den Antrag kann ein Beteiligter stellen, der durch die Entscheidung in seinen Rechten beeinträchtigt ist. Das kann der aus der Entscheidung Verpflichtete sein; der Antragsteller dann, wenn seinem Antrag ganz oder teilweise nicht entsprochen wurde. Wurde seinem Antrag entsprochen, fehlt es regelmäßig an einem Rechtsschutzbedürfnis. Das Gesetz schreibt eine Begründung des Antrags nicht vor; eine Verpflichtung hierzu kann sich aber aus §§ 23, 27 ergeben. Die Überprüfung der Entscheidung setzt keine Änderung der Sach- und Rechtslage voraus; die tatsächlichen und rechtlichen Grundlagen können neu gewürdigt werden (Keidel/Giers, Rn 11 zu § 54). Das Aufhebungs- und Änderungsverfahren ermöglicht eine Überprüfung in derselben Instanz und stellt in Fällen, in denen die Anfechtbarkeit ausgeschlossen ist, einen Ausgleich dar. Bei der Überprüfung können auch die Auswirkungen einer Entscheidung, insbesondere in Sorgerechtsverfahren berücksichtigt werden. Es kann jedoch an einem Rechtsschutzbedürfnis fehlen, wenn die Entscheidung nach ausführlicher Erörterung ergangen ist und kein neu zu würdigender Sachverhalt vorgetragen wird (Bassenge/Roth/Gottwald, Rn 11, 12 zu § 54; Keidel/Giers, aaO); aA Johannsen/Henrich/Büte, Rn 4 zu § 54: nur zulässig, wenn neue Tatsachen vorgetragen und glaubhaft gemacht werden, weil anderenfalls ein nicht zulässiges Rechtsmittel eingeführt werden könnte.

Von Amts wegen kann das Gericht auch in diesen Fällen die Entscheidung aufheben oder ändern, wenn die Entscheidung ohne eine notwendige Anhörung (§ 34) ergangen ist. Damit soll sicher gestellt werden, dass das Ergebnis der Anhörung berücksichtigt werden kann (Abs 1 Satz 3).

3. Mündliche Verhandlung

In Familiensachen nach § 111 ist auf Antrag auf Grund mündlicher Verhandlung erneut zu entscheiden, wenn eine einstweilige Anordnung ohne mündliche Verhandlung ergangen ist. Darunter ist keine mündliche Verhandlung nach § 137 ZPO zu verstehen, sondern ein Termin zur mündlichen Erörterung nach § 32 (Abs 2). Der Antrag nach Abs 2 hat keinen Vorrang vor dem Änderungsantrag nach Abs 1; es kann zwischen beiden Verfahren gewählt werden.

4. Zuständigkeit

Örtlich und sachlich zuständig ist das Gericht, das die einstweilige Anordnung erlassen oder abgelehnt hat. Das Gleiche gilt auch, wenn sich die zuständigkeitsbegründenden Umstände verändert haben; der Grundsatz der perpetuatio fori gilt auch für das Aufhebungs- und Abänderungsverfahren.

§§ 55, 56 Buch 1 – Allgemeiner Teil

Dies gilt nicht, wenn sich die Zuständigkeit durch Abgabe (§ 4) oder Verweisung (§ 3); § 113 I iVm § 281 ZPO geändert hat (Abs 3 Satz 1, 2); auch im Falle des § 50 II.

5. Vorrang des Rechtsmittels

6 Während der Anhängigkeit der Sache bei dem Beschwerdegericht ist eine Aufhebung oder Änderung der angefochtenen Entscheidung durch das erstinstanzliche Gericht unzulässig; ausnahmsweise dann wieder, wenn die Beschwerde als unzulässig verworfen wurde (Abs 4).

Aussetzung der Vollstreckung

55 (1) **In den Fällen des § 54 kann das Gericht, im Fall des § 57 das Rechtsmittelgericht, die Vollstreckung einer einstweiligen Anordnung aussetzen oder beschränken. Der Beschluss ist nicht anfechtbar.**

(2) **Wenn ein hierauf gerichteter Antrag gestellt wird, ist über diesen vorab zu entscheiden.**

1 Bei einer Vollstreckung einer einstweiligen Anordnung kann das erstinstanzliche Gericht in den Fällen des § 54, das Rechtsmittelgericht im Falle des § 57 die Vollstreckung einer einstweiligen Anordnung **aussetzen** oder **beschränken (Abs 1 Satz 1)**; sie kann von Bedingungen oder Auflagen abhängig gemacht werden, insbesondere von einer Sicherheitsleistung. Das Gericht entscheidet nach pflichtgemäßem Ermessen unter Berücksichtigung der Erfolgsaussichts des Rechtsbehelfs.

Die Aussetzung setzt keinen besonderen Antrag voraus; sie kann von Amts wegen erfolgen (Abs 1 Satz 1). Liegt ein Antrag vor, ist darüber vorab zu entscheiden **(Abs 2)**.

2 Die Entscheidungen nach Abs 1 Satz 1 sind unanfechtbar **(Abs 1 Satz 2)**, gleichgültig, ob die Vollstreckung ausgesetzt, beschränkt oder abgelehnt wird. Die Folgen der Einstellung ergeben sich aus §§ 93 II, 95, 120 iVm §§ 775, 776 ZPO. Die Entscheidung über die Vollstreckung wird mit der Entscheidung nach § 54 wirkungslos, ohne dass es einer ausdrücklichen Aufhebung bedarf.

Außerkrafttreten

56 (1) **Die einstweilige Anordnung tritt, sofern nicht das Gericht einen früheren Zeitpunkt bestimmt hat, bei Wirksamwerden einer anderweitigen Regelung außer Kraft. Ist dies eine Endentscheidung in einer Familienstreitsache, ist deren Rechtskraft maßgebend, soweit nicht die Wirksamkeit zu einem späteren Zeitpunkt eintritt.**

(2) **Die einstweilige Anordnung tritt in Verfahren, die nur auf Antrag eingeleitet werden, auch dann außer Kraft, wenn**

1. **der Antrag in der Hauptsache zurückgenommen wird,**
2. **der Antrag in der Hauptsache rechtskräftig abgewiesen ist,**
3. **die Hauptsache übereinstimmend für erledigt erklärt wird oder**
4. **die Erledigung der Hauptsache anderweitig eingetreten ist.**

§ 56 Außerkrafttreten

(3) **Auf Antrag hat das Gericht, das in der einstweiligen Anordnungssache im ersten Rechtszug zuletzt entschieden hat, die in den Absätzen 1 und 2 genannte Wirkung durch Beschluss auszusprechen. Gegen den Beschluss findet die Beschwerde statt.**

1. Fristablauf

Eine einstweilige Anordnung kann zeitlich befristet sein. Das Gericht kann 1 bei Erlass einer einstweiligen Anordnung eine Frist bestimmen, nach deren Ablauf die einstweilige Anordnung außer Kraft tritt. Eine **gesetzliche** Befristung sieht § 302 in Betreuungssachen, § 333, § 334 iVm § 333 in Unterbringungssachen und § 427 in Freiheitsentziehungssachen vor.

2. Anderweitige Regelung

Falls eine einstweilige Anordnung nicht befristet ist, tritt sie mit Wirksam- 2 keit (§ 40) einer anderweitigen Regelung **außer Kraft,** soweit sich die Regelungsbereiche decken. Handelt es sich bei der anderweitigen Regelung um eine Endentscheidung in einer Familienstreitsache (§ 112), ist deren Rechtskraft maßgebend (BGH, FamRZ 00, 751). Ausgenommen sind solche Entscheidungen, deren Wirksamkeit zu einem späteren Zeitpunkt eintritt. Ein Beispiel hierfür ist § 148, demgemäß Entscheidungen in Folgesachen nicht vor Rechtskraft des Scheidungsausspruchs wirksam werden. Eine anderweitige Regelung kann auch durch Vergleich erfolgen, wenn die Beteiligten über den Gegenstand des Verfahrens verfügen können.

3. Antragsverfahren

In Antragsverfahren gibt es zusätzliche Gründe für das automatische Außer- 3 Kraft-Treten einstweiliger Anordnungen, die an die **Beendigung der Hauptsache** anknüpfen **(Abs 2).** Die einstweilige Anordnung tritt außer Kraft, wenn der Antrag in der Hauptsache zurückgenommen wird **(Nr 1),** der Antrag in der Hauptsache rechtskräftig, auch als unzulässig, abgewiesen ist **(Nr 2),** die Hauptsache übereinstimmend für erledigt erklärt wird **(Nr 3)** oder die Erledigung der Hauptsache anderweitig eingetreten ist **(Nr 4).** Ergänzend bestimmt § 248 V 1 das Außer-Kraft-Treten von einstweiligen Anordnungen in Unterhaltssachen, wenn der Antrag auf Feststellung der Vaterschaft zurückgenommen oder rechtskräftig zurückgewiesen worden ist (Rn 8 zu § 248).

4. Beschluss

Das Gericht des ersten Rechtszuges, das zuletzt entschieden hat, hat auf 4 Antrag die Wirkungen nach Abs. 1, 2 durch Beschluss auszusprechen. Der Beschluss hat feststellenden Charakter und dient der Klarstellung (auch) gegenüber den Vollstreckungsorganen (§ 775 Nr 1, § 776 S 1 ZPO. Gegen den Beschluss findet die Beschwerde statt (§ 58), er ist daher zu begründen.

§ 57

Rechtsmittel

57 Entscheidungen in Verfahren der einstweiligen Anordnung in Familiensachen sind nicht anfechtbar. Dies gilt nicht, wenn das Gericht des ersten Rechtszugs auf Grund mündlicher Erörterung
1. über die elterliche Sorge für ein Kind,
2. über die Herausgabe des Kindes an den anderen Elternteil,
3. über einen Antrag auf Verbleiben eines Kindes bei einer Pflege oder Bezugsperson,
4. über einen Antrag nach den §§ 1 und 2 des Gewaltschutzgesetzes oder
5. in einer Ehewohnungssache über einen Antrag auf Zuweisung der Wohnung

entschieden hat.

1. Unanfechtbarkeit

1 Entscheidungen im Verfahren der einstweiligen Anordnung in **Familiensachen** (§ 111) sind unanfechtbar **(Abs 1 Satz 1);** dies gilt auch für die einen Antrag zurückweisenden Beschlüsse; für Entscheidungen über Verfahrenskostenhilfe für das einstweilige Anordnungsverfahren (BGH, NJW 05, 1659; OLG Hamm, FamRZ 06, 352 für § 620 c ZPO). Ferner unanfechtbar ohne mündliche Verhandlung ergangene einstweiligen Anordnungen. Ein **Ausgleich für**
2 **die begrenzte Anfechtbarkeit** ergibt sich aus der Möglichkeit, ein Hauptsacheverfahren einzuleiten (§ 52 I l), einen Antrag auf Fristbestimmung zur Einleitung eines Hauptsacheverfahrens zu stellen (§ 52 II) oder die Einleitung des Hauptsacheverfahrens durch das Gericht anzuregen (§ 24) oder im Rahmen des § 54 auf eine Aufhebung oder Änderung der Entscheidung hinzuwirken.

3 **Nicht erfasst** werden von dem Ausschluss der Anfechtbarkeit die Angelegenheiten der freiwilligen Gerichtsbarkeit **(§ 23 a I Nr 2, II GVG);** das sind Betreuungs-, Unterbringungssachen sowie betreuungsgerichtliche Zuweisungssachen, (Nr 1), Nachlass- und Teilungssachen (Nr 2), Registersachen Nr 3), unternehmensrechtliche Verfahren nach § 375 (Nr 4), die weiteren Angelegenheiten der freiwilligen Gerichtsbarkeit nach § 410 (Nr 5), Verfahren in Freiheitsentziehungssachen nach § 415 (Nr 6) und Aufgebotsverfahren (Nr 7). Anfechtbar sind auch die Maßnahmen zur Unterbringung eines Minderjährigen (§ 167 I), weil hierauf die Vorschriften über die Unterbringung Volljähriger Anwendung finden (OLG Celle, NJW 10, 1678; FamRZ 10, 1844: § 167 enthält eine umfassende Rechtsgrundverweisung; OLG Frankfurt, FamRZ 10, 907; OLG Dresden, FamRZ 10, 1845).

2. Ausnahmen von der Unanfechtbarkeit in Familiensachen

4 Ausnahmen von der Unanfechtbarkeit in Familiensachen sieht **Abs 1 Satz 2** für einzelne Angelegenheiten vor, wenn das Gericht des ersten Rechtszuges auf Grund mündlicher Erörterung (§ 32) entschieden hat. In diesen Angelegenheiten besteht ein besonderes Bedürfnis für eine Anfechtbarkeit, weil die darin getroffenen Entscheidungen wesentliche Eingriffe in die persönlichen Verhältnisse des Kindes darstellen. Die Anfechtbarkeit beschränkt sich auf diese Angelegenheiten; soweit eine Entscheidung darüber hinausgehende Regelungen ent-

hält, erstreckt sich die Anfechtbarkeit nicht auf diese Regelungen. **Anfechtbar** 5
sind Entscheidungen, auch ablehnende, über die elterliche Sorge für ein Kind
(Nr 1) (§§ 1626 ff, 1666 ff BGB), auch in Teilbereichen, zB Aufenthaltsbestimmung; ferner die Herausgabe des Kindes an den anderen Elternteil (§ 1632 I
BGB); hierunter fällt nicht die Herausgabe zum Umgang **(Nr 2);** eine Entscheidung über eine Verbleibensanordnung (§§ 1632 IV, 1682 BGB) **(Nr 3);** eine
Entscheidung über einen Antrag nach den §§ 1, 2 GewSchG **(Nr 4);** eine
Entscheidung über einen Antrag auf Zuweisung der Wohnung in einer Ehewohnungssache nach § 203 **(Nr 5). Nicht anfechtbar** sind einstweilige 6
Anordnungen in Umgangssachen; dies gilt sowohl für positive Umgangsentscheidungen als auch für einen gerichtlich angeordneten Umgangsausschluss.

3. Greifbare Gesetzeswidrigkeit

Von der Unanfechtbarkeit nach Abs 1 S 1 ausgenommen sind Entscheidungen, denen jede gesetzliche Grundlage fehlt (OLG Hamm, FamRZ 05, 532), 7
bei Verkennen der gesetzlichen Voraussetzungen. Ist das rechtliche Gehör in
entscheidungserheblicher Weise verletzt worden, ist die Anhörungsrüge nach
§ 44 gegeben, wenn nicht noch die Möglichkeiten nach §§ 52, 54 bestehen.

4. Beschwerde

Soweit Entscheidungen in Verfahren über einstweilige Anordnungen anfechtbar sind, ist das Rechtsmittel der Beschwerde nach § 58 I gegeben. Im 8
Hinblick auf den Charakter als Eilverfahren bestimmt § 63 II Nr 1 eine
kürzere Beschwerdefrist von zwei Wochen. Eine Rechtsbeschwerde findet
nicht statt im Verfahren über die Anordnung, Abänderung oder Aufhebung
einer einstweiligen Anordnung (§ 70 III). Gegen Entscheidungen, die das
Beschwerdegericht als erstinstanzliche Entscheidungen erlässt, ist ein Rechtsmittel nicht vorgesehen.

**Abschnitt 5
Rechtsmittel**

**Unterabschnitt 1
Beschwerde**

Statthaftigkeit der Beschwerde

58 (1) **Die Beschwerde findet gegen die im ersten Rechtszug ergangenen Endentscheidungen der Amtsgerichte und Landgerichte in Angelegenheiten nach diesem Gesetz statt, sofern durch Gesetz nichts anderes bestimmt ist.**

(2) **Der Beurteilung des Beschwerdegerichts unterliegen auch die nicht selbständig anfechtbaren Entscheidungen, die der Endentscheidung vorausgegangen sind.**

§ 58

Buch 1 – Allgemeiner Teil

Übersicht

1. Grundzüge	8
2. Zulässigkeit der Beschwerde	6
3. Beschwerde gegen Endentscheidungen	8
4. Beschwerde gegen Zwischenverfügungen in Registersachen	13
5. Zulässigkeit in vermögensrechtlichen Angelegenheiten	14
6. Zulässigkeit nach Erledigung der Hauptsache	15
7. Mit der Endentscheidung überprüfbare Zwischenentscheidungen	17
8. Sofortige Beschwerde nach den Vorschriften der Zivilprozessordnung gegen Zwischenentscheidungen	18
9. Unanfechtbarkeit von Zwischenentscheidungen	19
10. Zwischenentscheidungen des Beschwerdegerichts	21
11. Rechtsmittel bei greifbarer Gesetzwidrigkeit	22
12. Entscheidungen des Rechtspflegers	23

1. Grundzüge

1   Das Rechtsmittelsystem der freiwilligen Gerichtsbarkeit und des Verfahrens in Familiensachen ist durch das FGG-Reformgesetz neu gestaltet worden. Die Unterscheidung zwischen einfacher (unbefristeter) Beschwerde und befristeter Beschwerde ist aufgegeben worden. Grund für diese Systemänderung ist das Ziel der Angleichung der Verfahrensordnungen. Den bisher bei der unbefristeten Beschwerde nach § 18 I FGG bestehenden Änderungsmöglichkeiten steht im System der befristeten Beschwerde die formelle Rechtskraft entgegen. Ein Ausgleich für die Angelegenheiten der freiwilligen Gerichtsbarkeit ergibt sich aus der bisher bei der sofortigen Beschwerde fehlenden Möglichkeit der Abhilfe durch das Gericht, dessen Entscheidung angefochten wird (§ 68 I 1); dies gilt nicht für Endentscheidungen in Familiensachen (§ 68 I 2). Hat das Gericht eine der Form nach unrichtige Entscheidung gewählt, ist nach dem Grundsatz der **Meistbegünstigung** sowohl das Rechtsmittel gegeben, das nach Art der Entscheidung statthaft ist, als auch das Rechtsmittel, das bei einer in der richtigen Form getroffenen Entscheidung gegeben gewesen wäre (BGH, Rpfleger 10, 91).

2   Die **Beschwerde** (§ 58) ist das einzige Rechtsmittel, ein Rechtsbehelf, durch den eine noch nicht rechtskräftige Entscheidung der Nachprüfung durch das höhere Gericht unterstellt wird. Sie ist statthaft gegen die im ersten Rechtszug ergangenen Sachentscheidungen des Amtsgerichts (§ 23 a I GVG) und des Landgerichts (§ 71 II Nr 4 a–f GVG). § 58 gilt auch für Ehe- und Familienstreitsachen mit den sich aus § 117 ergebenden Abweichungen (Rn 1 zu § 117). **Keine Rechtsmittel** sind die Rechtsbehelfe, die das Verfahren

3   nicht in einer höheren Instanz anhängig machen, zB der Einspruch (§§ 388–390; § 392 iVm §§ 388–390, der Widerspruch in Amtslöschungsverfahren (§§ 393, 394, 395, 397, 399) und gegen die Dispache (§§ 406, 407), jedoch Beschwerde gegen die Verwerfung des Einspruchs (§ 391) und gegen die Zurückweisung des Widerspruchs (§ 393 III 2; § 394 III iVm § 393 III 2; § 395 III iVm § 393 III 2; § 399 III). Keine Rechtsmittel sind ferner die Erinnerung gegen Verfügungen des Urkundsbeamten der Geschäftsstelle (§ 573 ZPO) und die Erinnerung gegen die Entscheidungen des Rechtspflegers in den Fällen des § 11 II RPflG.

§ 58 Statthaftigkeit der Beschwerde § 58

Hemmungswirkung hat die Beschwerde nur insoweit als sie den Eintritt 4
der formellen Rechtskraft hemmt. Der Eintritt der Wirksamkeit wird nur in
den Fällen gehemmt, in denen die Entscheidung kraft ausdrücklicher gesetzlicher Vorschrift erst mit Rechtskraft wirksam wird (§§ 40, 45).

Kein Rechtsmittel in diesem Sinn ist auch die Wiedereinsetzung in den 5
vorigen Stand, die die bereits eingetretene Rechtskraft (§ 45) oder einen
sonstigen Rechtsnachteil (§ 367) beseitigen soll, und die Wiederaufnahme des
Verfahrens, weil durch sie die Beseitigung einer bereits rechtskräftigen Entscheidung erstrebt wird (§ 48).

2. Zulässigkeit der Beschwerde

Die Beschwerde ist gegen alle sachlichen Entscheidungen des Gerichts 6
der ersten Instanz, regelmäßig des Amtsgerichts (§ 23a GVG), zulässig,
gleichgültig, ob diese Entscheidungen auf formellrechtlichen oder materiellrechtlichen Gründen beruhen. Eine Beschwerde zum OLG findet statt nach
§§ 24, 40 II IntFamRVG. Die Beschwerde führt zu einer uneingeschränkten
sachlichen und rechtlichen Nachprüfung durch das Beschwerdegericht. Der 7
bloße **Nichterlass** ist keine Entscheidung (OLG Köln, FamRZ 02, 1125);
jedoch uU **Untätigkeitsbeschwerde** zur Erreichung effektiven Rechtsschutzes (BVerfG, NJW 04, 835; OLG Naumburg, FGPrax 05, 26; FamRZ
06, 967; FamRZ 07, 2090; OLG Köln, FamRZ 07, 194; KG, FamRZ 07,
2091; OLG München, FamRZ 08, 704; 09, 1420; OLG Brandenburg,
FamRZ 07, 491; OLG Karlsruhe, FamRZ 08, 1360; OLG Düsseldorf,
NJW 09, 2388; hierzu auch EGMR, NJW 06, 2389). Bei Begründetheit
führt die Untätigkeitsbeschwerde zur Anweisung an das untere Gericht,
dem Verfahren Fortgang zu geben. Eine gesetzliche Regelung ist beabsichtigt (Einl 89).

Keine mit der Beschwerde **anfechtbaren** Sachentscheidungen sind Maßnahmen der Aufsicht des Familiengerichts, soweit sie den inneren Dienstbetrieb betreffen; abschließende Aufsichtsmaßnahmen sind beschwerdefähig
(OLG Hamm, FGPrax 97, 228); Maßnahmen der Aufsicht über den Betreuer,
die Überprüfung jedoch beschränkt auf die Kontrolle der Rechtmäßigkeit
(OLG München, FGPrax 09, 226). Eine Erweiterung der Aufsicht auf die
Einhaltung persönlicher Kontakte ist beabsichtigt (Einl 89).

3. Beschwerde gegen Endentscheidungen

Die Beschwerde ist grundsätzlich statthaft gegen die in erster Instanz 8
ergangenen Endentscheidungen; das sind nach § 38 I die Entscheidungen,
durch die der Verfahrensgegenstand ganz oder teilweise erledigt wird
(§ 58 I). Auch isoliert ergehende Kostenentscheidungen sind nach § 58 I
anfechtbare Endentscheidungen (§ 61, Rn 1). Dies gilt auch für isolierte
Kostenentscheidungen in Ehe- und Familienstreitsachen, soweit diese zulässig sind (§§ 91a I, 269 III ZPO). In diesem Bereich können Kostenentscheidungen zwar grundsätzlich nur zusammen mit der Hauptsache angefochten werden (§ 113 I 1 iVm § 99 I ZPO; Rn 9 zu § 243); isolierte
Kostenentscheidungen können jedoch ergehen bei Erledigung der Hauptsache nach § 91a ZPO, Klagerücknahme nach § 269 III ZPO; auch diese

§ 58

sind Endentscheidungen nach § 58 I. Durch § 113 I 1 wird nur die Anwendbarkeit der §§ 80–85 ausgeschlossen, nicht jedoch die des § 58 I (str, wie hier: Keidel/Giers, Rn 11 zu § 243; OLG Oldenburg, NJW 10, 2815; aA Keidel/Meyer-Holz, Rn 97 zu § 58; Thomas/Putzo, Rn 11 zu § 243; OLG Frankfurt, FamRZ 10, 1696; OLG Nürnberg, NJW 10, 2816: sofortige Beschwerde nach §§ 91a II, 269 V ZPO iVm §§ 567 ff ZPO). Eine Zwischenentscheidung über einen verfahrensrechtlichen Zwischenstreit ist dann nach § 58 I anfechtbar, wenn sie in ihrer Wirkung einer **Endentscheidung gleich kommt** (BGH, NJW 09, 677). Eine Endentscheidung ist auch die Anordnung einer Ergänzungspflegschaft (§ 1909 BGB), deren Ablehnung, Aufhebung oder Ablehnung der Aufhebung (KG, FamRZ 10, 1171); es handelt sich hierbei nicht lediglich um eine verfahrensrechtliche Zwischenentscheidung. Gesetzlich kann etwas anderes bestimmt werden

9 (§ 58 I 2. Hs). Eine von dem allgemeinen Grundsatz abw gesetzliche Bestimmung ist § 382 IV, der eine Beschwerde gegen **Zwischenverfügungen** in Registersachen zulässt. Die schon bisher von der Rechtsprechung anerkannte Anfechtbarkeit von Zwischenverfügungen in Handels-, Genossenschafts-, Partnerschafts- und Vereinsregistersachen wird dadurch ausdrücklich gesetzlich geregelt.

10 **Unanfechtbar** ist in Adoptionssachen der Beschluss, durch den die Annahme als Kind ausgesprochen wird (§ 197 III 1), ferner der Beschluss, durch den die Befreiung vom Eheverbot des § 1308 I BGB erteilt wird (§ 198 III 1. Hs), jedoch ist der Teil der Entscheidung, durch den die Namensänderung abgelehnt wird, anfechtbar (OLG Zweibrücken, FGPrax 01, 75).

11 Nicht anfechtbar sind **gerichtliche Handlungen,** die den tatsächlichen oder rechtlichen Erfolg unmittelbar herbeiführen wie Beurkundungen und Eintragungen in öffentliche Register; jedoch kann eine den Beteiligten bekannt gegebene Eintragungsverfügung des Registergerichts mit der Beschwerde angefochten werden, solange sie noch nicht vollzogen ist (BayObLG 86, 540 für eine Löschungsanordnung; OLG Stuttgart, Rpfleger 75, 97). Die Unanfechtbarkeit schließt eine Berichtigung nicht aus (OLG München, Rpfleger 11, 91).

12 Im Übrigen können Änderungen oder Ergänzungen einer Eintragung nur im **Amtslöschungsverfahren** erreicht werden, wenn zugleich der Antrag gestellt wird, die Eintragung neu vorzunehmen (OLG Köln, FGPrax 04, 88). Eine gegen eine Eintragung im Handelsregister gerichtete unzulässige Beschwerde ist regelmäßig umzudeuten in eine Anregung, ein Amtslöschungsverfahren einzuleiten, sofern nicht lediglich Mehrdeutigkeit oder Missverständlichkeit geltend gemacht wird (BayObLG, NJW-RR 86, 48; 1161; DNotZ 85, 168; NJW-RR 92, 295).

4. Beschwerde gegen Zwischenverfügungen in Registersachen

13 Anlass für eine Zwischenverfügung können begründete Zweifel des Registerrichters an der Richtigkeit der einzutragenden Tatsachen sein (KG, Rpfleger 98, 474; OLG Naumburg, GmbHR 01, 570; OLG Schleswig, FGPrax 05, 136; BayObLG, Rpfleger 02, 366: bei Kapitalerhöhungen). Sind die Mängel behebbar, so darf das Gericht den Antrag nicht zurückweisen, sondern

§ 58 Statthaftigkeit der Beschwerde § 58

muss eine Zwischenverfügung erlassen (§ 26 Satz 2 HRV) (OLG Hamm, FGPrax 06, 276). **Beispiele:** Durch eine Zwischenverfügung ist Gelegenheit zu geben, eine Vollmacht von GmbH-Gesellschaftern bei Satzungsänderungen in der nach § 47 III GmbHG erforderlichen Form vorzulegen. Sind einzelne Satzungsbestimmungen einer GmbH nichtig, muss durch eine Zwischenverfügung die Auflage gemacht werden, den Gesellschaftsvertrag abzuändern, die Bonität eines Bürgen näher darzulegen (OLG Hamm, Rpfleger 86. 389). Gegen diese Zwischenverfügungen ist die Beschwerde zulässig (§ 58 I, 2. Hs iVm § 382 IV).

5. Zulässigkeit in vermögensrechtlichen Angelegenheiten

In vermögensrechtlichen Angelegenheiten ist die Beschwerde nur zulässig, **14** wenn der Beschwerdewert sechshundert Euro übersteigt (§ 61 I); Ausnahme § 228. Übersteigt der Beschwerdewert nicht diesen Betrag, ist die Beschwerde zulässig, wenn das Gericht der ersten Rechtszuges sie zugelassen hat (§ 61 II, III).

6. Zulässigkeit nach Erledigung der Hauptsache

Tritt eine Erledigung nach Erlass der Entscheidung ein, ist eine Beschwerde **15** grundsätzlich unzulässig; tritt die Erledigung nach Einlegung des Rechtsmittels ein, wird sie unzulässig, weil keine Beschwer in der Hauptsache mehr vorliegt.

Ein berechtigtes **Interesse** an der **Feststellung,** eine Anordnung sei rechts- **16** widrig gewesen, wurde für den Bereich der freiwilligen Gerichtsbarkeit verneint, wenn die Entscheidung auf die Rechtsstellung nicht mehr unmittelbar einwirkte (KG, OLG 82, 182). Das BVerfG hat dann jedoch entschieden, dass ein Rechtsschutzinteresse an der nachträglichen Feststellung der Rechtswidrigkeit bei einem tief greifenden Grundrechtseingriff zu bejahen ist (BVerfG, NJW 98, 2432; NJW 02, 2456). Dieser Grundsatz ist jetzt durch § 62 II Nr 1 in das Gesetz aufgenommen worden. Ein Feststellungsinteresse ist nach § 62 II Nr 2 darüber hinaus auch dann gegeben, wenn eine Wiederholung konkret zu erwarten ist.

7. Mit der Endentscheidung überprüfbare Zwischenentscheidungen

Das Gesetz schränkt die Anfechtbarkeit von Zwischenentscheidungen ein. **17** Soweit diese nicht unanfechtbar oder selbständig mit der sofortigen Beschwerde nach der ZPO anfechtbar sind, können sie in den Angelegenheiten, in denen sie als „nicht selbständig anfechtbar" bezeichnet werden, nur im Beschwerdeverfahren über die Endentscheidung überprüft werden. Hierunter fallen die verfahrensrechtliche Auskunftspflicht der Beteiligten (§ 235 IV), Dritter (§ 236 V); die Bestellung eines Verfahrensbeistandes, deren Aufhebung oder die Ablehnung einer derartigen Maßnahme (§ 158 III 4), die Bestellung eines Verfahrenspflegers, deren Aufhebung sowie die Ablehnung einer derartigen Maßnahme (§ 276 VI).

§ 58
Buch 1 – Allgemeiner Teil

8. Sofortige Beschwerde nach den Vorschriften der Zivilprozessordnung gegen Zwischenentscheidungen

18 Soweit Zwischenentscheidungen selbständig anfechtbar sind, finden §§ 567–572 ZPO entspr Anwendung. Die Statthaftigkeit der sofortigen Beschwerde ergibt sich aus der ausdrücklichen Bezugnahme bei den einzelnen Angelegenheiten in Verbindung mit § 567 I Nr 1 ZPO. Mit der sofortigen Beschwerde anfechtbar sind nach § 7 V 2 der Beschluss, durch den das Gericht einem Antrag auf Hinzuziehung nach § 7 II, III nicht entspricht; nach § 21 II der Beschluss, durch den die Aussetzung des Verfahrens angeordnet oder abgelehnt wird; nach § 33 III 5 gegen die Verhängung eines Ordnungsmittels bei Nichterscheinen trotz Anordnung des persönlichen Erscheinens; nach § 35 V der Beschluss, durch den Zwangsmittel angeordnet werden; nach § 42 III 2 der Beschluss, der eine Berichtigung ausspricht; nach § 76 II ein Beschluss, der im Verfahrenskostenhilfeverfahren ergeht; nach § 87 IV ein Beschluss, der im Vollstreckungsverfahren ergeht; ferner im Kostenfestsetzungsverfahren nach § 85 iVm § 104 III ZPO; bei unberechtigter Zeugnisverweigerung, bei unentschuldigtem Ausbleiben eines Zeugen nach § 30 iVm § 380 III ZPO; ferner nach § 355 bei Anordnungen in Verfahren zur Bestimmung eines Testamentsvollstreckers, nach § 372 I gegen Beschlüsse, die Fristsetzung nach § 366 III enthalten und durch die über Wiedereinsetzung (Gewährung und Ablehnung) nach § 367 im Teilungsverfahren entschieden wird.

9. Unanfechtbarkeit von Zwischenentscheidungen

19 Nicht anfechtbar kraft ausdrücklicher gesetzlicher Vorschrift, auch nicht nach § 58 I im Zusammenhang mit der Hauptentscheidung, sind ua der Beschluss, der eine Verweisung ausspricht (§ 3 III 1), der Beschluss, durch den die Zuständigkeit bestimmt wird (§ 5 III), der Beschluss über die Überlassung von Akten in die Geschäftsräume (§ 13 IV 2); zu der Frage der Anfechtbarkeit der Akteneinsicht: Rn 16, 17 zu § 13. Ferner unanfechtbar die Beschluss über die Aussetzung der Vollstreckung im Verfahren der einstweiligen Anordnung (§ 55 I 2); Anordnungen, durch die ein Verfahren eingeleitet wird (BayObLG, FGPrax 01, 78), Beschlüsse des Beschwerdegerichts, durch die die Sache einem Einzelrichter übertragen wird (§ 68 IV iVm § 526 III ZPO), es sei denn die Übertragung beruht auf Willkür (BGH, FamRZ 07, 554), Beweisbeschlüsse (BGH, FamRZ 07, 1728).

20 Gegen die Bewilligung von **Beratungshilfe** sind Rechtsmittel nach diesem Gesetz nicht gegeben; gegen den Beschluss, durch den der Antrag auf Beratungshilfe zurückgewiesen wird, ist nur die Erinnerung nach § 6 II BerHG statthaft (OLG Hamm 84, 272; FamRZ 10, 1364); jedoch keine Erinnerung des Rechtsanwalts im eigenen Namen (OLG Koblenz, Rpfleger 03, 447); keine Erinnerung der Staatskasse gegen die Bewilligung (AG Weiden, Rpfleger 95, 29).

10. Zwischenentscheidungen des Beschwerdegerichts

21 Sie sind als erstinstanzliche Entscheidungen anfechtbar mit Rechtsbeschwerde, wenn diese zugelassen wird (§ 574 I Nr 2 ZPO); § 567 I Nr 1

§ 58 Statthaftigkeit der Beschwerde **§ 58**

ZPO findet nur auf erstinstanzliche Entscheidungen des ersten Rechtszuges Anwendung. Unter dieser Voraussetzung können erstinstanzliche Entscheidungen des Beschwerdegerichts in den Fällen angefochten werden, in denen das Gesetz für erstinstanzliche Entscheidungen die Zulässigkeit der sofortigen Beschwerde nach der ZPO vorsieht (oben Rn 18). Darüber hinaus muss eine Beschwerde immer dann als zulässig angesehen werden, wenn die Entscheidung in so erheblichem Maß in die Rechte Beteiligter eingreift, dass ihre selbständige Anfechtbarkeit unbedingt geboten ist (Keidel/Kahl, Rn 9 zu § 19 FGG).

11. Rechtsmittel bei greifbarer Gesetzwidrigkeit

Der Gesetzgeber hat in der Begründung des Anhörungsrügengesetzes 22 (BT-Drs 15/3706) ausgeführt, dass außerordentliche Rechtsbehelfe durch § 29 a FGG (jetzt: § 44) nicht ausgeschlossen sein sollten. Die von der Rechtsprechung auf Grund der nach § 321 a ZPO möglichen Selbstkorrektur gezogene Schlussfolgerung, eine außerordentliche Beschwerde sei nicht mehr statthaft, ließ sich daher mit dieser Begründung nicht aufrecht erhalten. Die außerordentliche Beschwerde ist nicht entbehrlich, weil weiterhin Fälle greifbarer Gesetzeswidrigkeit (Unvereinbarkeit mit der geltenden Rechtsordnung, Fehlen jeder gesetzlichen Grundlage) denkbar sind, die von der Anhörungsrüge nicht erfasst werden (Keidel/Kahl, Rn 39 aE zu § 19 FGG; Keidel/Engelhardt, Rn 43 zu § 56 g FGG; aA Keidel/Meyer-Holz, Anhang zu § 58, Rn 56–58; OLG München, FGPrax 05, 278; 06, 175; BGH, FamRZ 06, 695: kein außerordentliches Rechtsmittel wegen greifbarer Gesetzwidrigkeit, jedoch fristgebundene (zwei Wochen) Gegenvorstellung; ebenso: BGH, FamRZ 06, 204; OLG Dresden, FamRZ 06, 717; OLG Frankfurt, FamRZ 06, 964. Der BGH hat außerordentliche Beschwerde bejaht bei willkürlicher Anordnung psychiatrischer Untersuchung (FamRZ 07, 1002); nach OLG Hamm, FamRZ 07, 2002 (Aufhebung Verfahrenspflegschaft), FamRZ 08, 427 (Entlassung Verfahrenspfleger) selbständige Anfechtbarkeit, wenn in einschneidender Weise in die Rechte des Betroffenen eingegriffen wird; tendenziell auch OLG Celle, FGPrax 07, 296; die Zulässigkeit einer außerordentlichen Beschwerde verneint; BGH, FGPrax 07, 296; OLG Köln, FamRZ 05, 2075; OLG Jena, FGPrax 06, 115; für außerordentliche sofortige weitere Beschwerde bei fehlender Zulassung: OLG München, FGPrax 08, 113, nachträgliche Zulassung der Rechtsbeschwerde auf Gegenvorstellung als außerordentlicher Rechtsbehelf (OLG Dresden, FamRZ 10, 1098).

12. Entscheidungen des Rechtspflegers

Hinsichtlich der Anfechtbarkeit ist zu unterscheiden zwischen Entscheidun- 23 gen, die nach allgemeinen verfahrensrechtlichen Vorschriften anfechtbar sind, solchen, die der befristeten Erinnerung unterliegen und unanfechtbaren Entscheidungen.

Grundsätzlich ist das Rechtsmittel gegeben, das nach den allgemeinen 24 verfahrensrechtlichen Vorschriften zulässig ist (§ 11 I RPflG). Es kommen die Vorschriften zur Anwendung, die bei einer richterlichen Entscheidung gege-

§ 58

ben wären, die Beschwerde nach §§ 58 ff gegen Endentscheidungen, die sofortige Beschwerde nach der ZPO gegen Zwischenentscheidungen, wenn sie gesetzlich vorgesehen ist. Abhilfe ist möglich nach § 68 I 2, außer in Familiensachen, und bei der sofortigen Beschwerde nach der ZPO gemäß § 572 I 1 ZPO.

25 Die **Erinnerung** (§ 11 II RPflG) findet statt, wenn nach den allgemeinen verfahrensrechtlichen Vorschriften ein Rechtsmittel nicht gegeben ist (BVerfG, NJW-RR 01, 1077). Sie ist befristet und innerhalb der für die Beschwerde (§ 63: 1 Monat), im Übrigen innerhalb der für die sofortigen Beschwerde (2 Wochen) geltenden Frist bei dem Gericht einzulegen, dem der RPfl angehört. Der RPfl kann der Erinnerung abhelfen (§ 11 II 2 RPflG). Er kann im Wege der Abhilfe auch die Zulassung eines Rechtsmittels aussprechen (BayObLG, Rpfleger 04, 160; BGH, NJW 04, 779; OLG Zweibrücken, FamRZ 05, 2019 für das bisherige Recht; OLG Stuttgart, FGPrax 10, 111 mAnm Sternal). Dies gilt nicht für die Rechtsbeschwerde (Rn 4 zu § 70). Bei Abhilfe ist gegen diese Entscheidung wiederum die Erinnerung möglich (KG, Rpfleger 82, 229). Erinnerungen, denen der RPfl nicht abhilft, weil er sie für unbegründet oder unzulässig hält, legt er dem Richter vor (§ 11 II 3 RPflG). Die Nichtabhilfeentscheidung bedarf als Sachentscheidung der Begründung (OLG Hamm, Rpfleger 96, 99) und zur Wirksamkeit der Unterschrift des RPfl (BayObLG, NJW-RR 96, 38); sie muss den Beteiligten zur Gewährung rechtlichen Gehörs zur Kenntnis gebracht werden (OLG Karlsruhe, Rpfleger 95, 402). Der Richter legt die Sache nicht dem Rechtsmittelgericht vor, sondern entscheidet selbst (§ 28 RPflG). Dies ergibt sich daraus, dass Erinnerungen nur noch zulässig sind gegen Entscheidungen, gegen die nach den allgemeinen verfahrensrechtlichen Vorschriften ein Rechtsmittel nicht gegeben ist. Die Entscheidung des Richters ist nicht anfechtbar. Gegen Zurückweisung Beratungshilfe nach §§ 24a II, 11 II 2, 3, 4 RPflG iVm § 6 II BerHG unbefristete Erinnerung (hM: OLG Stuttgart, Rpfleger 09, 462 mwN; AG Rockenhausen, Rpfleger 09, 625; aA LG Potsdam, Rpfleger 09, 242: § 6 II BerHG sei nicht eigenständig, sondern verweise auf den nicht mehr geltenden § 11 I RPflG aF; abl Anm Lissner, Rpfleger 09, 390). Der Amtsrichter entscheidet über die Erinnerung endgültig; Beschwerde dagegen ist ausgeschlossen (OLG Hamm, FamRZ 10, 1364). Die Erinnerung findet ferner nach § 57 FamGKG gegen den Kostenansatz statt; gegen die Entscheidung über die Erinnerung Beschwerde, wenn der Beschwerdewert 200 Euro übersteigt oder die Beschwerde wegen der grundsätzlichen Bedeutung zugelassen wurde (§ 57 II FamGKG); keine weitere Beschwerde (§ 57 VII FamGKG).

26 **Unanfechtbar** mit der Erinnerung sind gerichtliche Verfügungen, Beschlüsse oder Zeugnisse, die nach den Vorschriften der Grundbuchordnung, der Schiffsregisterordnung oder dieses Gesetzes wirksam geworden sind und nicht mehr geändert werden können (§ 11 III 1 RPflG). **Beispiele:** Eintragungen in öffentliche Bücher und Beurkundungen (§ 3 Nr 1f RPf lG), Entscheidungen nach § 40 III, § 48 III; ferner ist die Erinnerung ausgeschlossen, soweit die besonderen Rechtsbehelfe des Einspruchs (§§ 388–390; § 392 iVm §§ 388–390) oder des Widerspruchs (§§ 393, 394, 395, 397, 399; §§ 406, 407) gegeben sind.

§ 59 Beschwerdeberechtigte　　　　　　　　　　　　　　　　　　§ 59

Beschwerdeberechtigte

59 (1) **Die Beschwerde steht demjenigen zu, der durch den Beschluss in seinen Rechten beeinträchtigt ist.**

(2) **Wenn ein Beschluss nur auf Antrag erlassen werden kann und der Antrag zurückgewiesen worden ist, steht die Beschwerde nur dem Antragsteller zu.**

(3) **Die Beschwerdeberechtigung von Behörden bestimmt sich nach den besonderen Vorschriften dieses oder eines anderen Gesetzes.**

Übersicht

1. Zulässigkeitsvoraussetzung	1
2. Beeinträchtigung in einem Recht	4
3. Kindschaftssachen	9
4. Umfang und Ausübung der elterlichen Sorge	14
5. Betreuungssachen	15
6. Unterbringungssachen	21
7. Adoptionssachen	22
8. Nachlasssachen	23
9. Unternehmensrechtliche Verfahren	31
10. Registersachen	36
11. Beschwerdeberechtigung bei Entscheidungen, die nur auf Antrag erlassen werden	38
12. Beschwerdeberechtigung von Behörden	43

1. Zulässigkeitsvoraussetzung

Die Beschwerdeberechtigung ist ein Erfordernis der Zulässigkeit; die Be- 1 schwerde ist daher bei ihrem Fehlen als unzulässig zu verwerfen (BGH, FamRZ 96, 856; OLG Köln, OLG 71, 94, 96; OLG Hamm, OLG 78, 35, 37; FamRZ 04, 887).

Sondervorschriften enthält das Gesetz für die Beschwerdeberechtigung 2 Minderjähriger in § 60, die Beschwerdeberechtigung von Testamentsvollstreckern in § 355 III, die Beschwerdeberechtigung von berufsständischen Organen in § 380 V, für weitere Personen in § 184 III (Abstammungssachen, in § 303 (Betreuungssachen), in § 335 (Unterbringungssachen), in § 429 (Freiheitsentziehungssachen).

Daneben kann sich ein Beschwerderecht für bestimmte Personen aus Bundesgesetzen ergeben, ua aus §§ 17, 26 II, 33 a II iVm § 16 VerschG, § 53 PStG, § 75 SchiffsRegVO.

Bei **Auslandsberührung** ist die Beschwerdeberechtigung als Zulässigkeits- 3 voraussetzung nach deutschem Verfahrensrecht, die Frage der Beeinträchtigung eines Rechts des Beschwerdeführers (hier im Falle eines Erbrechts) nach dem Erbstatut zu beurteilen (BayObLG, NJW 88, 2745).

2. Beeinträchtigung in einem Recht

(Dazu Hormuth, Beschwerdeberechtigung und materielle Beteiligung im 4 FG-Verfahren; Kahl, Beschwerdeberechtigung und Beschwer in der freiwilligen Gerichtsbarkeit). Voraussetzung für die Beschwerdebefugnis (Beschwerdebe-

§ 59

Buch 1 – Allgemeiner Teil

rechtigung) ist, dass der Beschwerdeführer durch die angefochtene Entscheidung **in einem Recht** beeinträchtigt wird. Eine Beeinträchtigung liegt vor, wenn unmittelbar nachteilig in dessen Rechtsstellung eingegriffen wird, indem Rechte aufgehoben, beschränkt, gemindert oder deren Ausübung gestört oder erschwert wird. Diese Beeinträchtigung muss im Zeitpunkt des Erlasses der Entscheidung vorhanden gewesen sein und im Zeitpunkt der Einlegung der Beschwerde fortbestehen (BGH, NJW 89, 1858; FamRZ 08, 678; KG, FGPrax 95, 120). Dieser Grundsatz wird eingeschränkt, wenn das (übertragbare) beeinträchtigte Recht schon im Zeitpunkt der angefochtenen Entscheidung bestand, dem Beschwerdeführer aber erst zu einem späteren Zeitpunkt übertragen wurde; dann war bei unbefristeter Beschwerde nach bisherigem Recht Wiederholung möglich, obwohl dem Beschwerdeführer das Recht im Zeitpunkt der angefochtenen Entscheidung noch nicht zustand (KG, FGPrax 99, 157; BayObLG 03, 75); bei den jetzt eingeführten befristeten Rechtsmitteln ist die nachträglich erlangte Beschwerdeberechtigung nur noch zu berücksichtigen, wenn sie innerhalb der Beschwerdefrist geltend gemacht wird.

Für die Zulässigkeit der Beschwerde muss, die Unrichtigkeit der angefochtenen Entscheidung unterstellt, gefragt werden, ob der Beschwerdeführer in einem Recht beeinträchtigt sein würde; nicht ausreichend ist seine bloße Behauptung oder das Anführen von Tatsachen, aus denen sich seine Beschwerdeberechtigung ergibt (BGH, MDR 63, 39; OLG Frankfurt, NJW 77, 1018; BayOLG 83, 149, 150); es sei denn die Tatsachen fallen mit denen zusammen, von denen die Begründetheit des Rechtsmittels abhängt (OLG
5 Zweibrücken, OLG 78, 155). Beeinträchtigung eines Rechts ist nicht nur die Beeinträchtigung eines schutzwürdigen rechtlichen, berechtigten, wirtschaftlichen oder ideellen Interesses (hierzu: Kolhosser, Zur Stellung und zum Begriff der Verfahrensbeteiligten im Erkenntnisverfahren der freiwilligen Gerichtsbarkeit, S 329 ff; Hormuth, Beschwerdeberechtigung und materielle Beteiligung im FG-Verfahren; Habscheid, FG, S 183), sondern die Beeinträchtigung eines vom **Gesetz anerkannten** und von der Staatsgewalt geschützten subjektiven Rechts oder einer Anwartschaft hierauf (BGH, JZ 62, 250), gleichgültig, ob das Recht dem Privatrecht oder dem öffentlichen Recht angehört. Das geschützte Recht schließt auch das Recht auf informationelle Selbstbestimmung ein, das durch die Hinzuziehung weiterer Beteiligter, denen Informationen zugänglich werden können, verletzt werden kann (Saarländisches OLG, FGPrax 01, 70). Das Beschwerderecht eines Wohnungseigentümers kann sich aus dem Interesse an einer ordnungsmäßigen Verwaltung ergeben (BGH, FGPrax 03, 254); das Beschwerderecht dient nicht nur dem persönlichen Interesse, sondern auch dem Interesse der Gemeinschaft an einer ordnungsmäßigen Verwaltung (KG, FGPrax 04, 109).

6 Eine Rechtsbeeinträchtigung durch Verstoß gegen **zwingende** Vorschriften des **Verfahrensrechts** ist auch ohne dass unmittelbar in den materiellen Rechtsbereich des Beschwerdeführers durch die Entscheidung eingegriffen wurde, zu bejahen (OLG Hamm, FamRZ 77, 22; NJW 79, 434; OLG Koblenz, FamRZ 85, 1266), wenn der materiell Beteiligte überhaupt nicht zu dem Verfahren zugezogen wurde (BayObLG, NJW-RR 92, 150; NJWE-FER 00, 5); wenn eine offenkundig unrichtige Rechtsanwendung in Bezug auf Form- und Fristvorschriften vorliegt (BVerfG, NJW 04, 3551). Im Schrift-

§ 59 Beschwerdeberechtigte **§ 59**

tum wird die Beschwerde in diesem Fall vielfach als unzulässig angesehen (Habscheid § 32 III; Baur § 29 A III a, b; Bärmann § 29 II 4). Nach Keidel/ Kahl, Rn 10, 11 a–c zu § 20 FGG hat derjenige grundsätzlich kein Rechtsschutzbedürfnis, Unkorrektheiten im Verfahren nachprüfen zu lassen, der in seiner materiellen Rechtsstellung vom Ergebnis des Verfahrens nicht betroffen ist, jedoch sollte eine Beschwerdeberechtigung dann bejaht werden, wenn eine materielle Rechtsbeeinträchtigung des Betroffenen möglich ist (Keidel/ Kahl, aaO; Johannsen/Henrich/Althammer, Rn 4 zu § 59).

Die Beeinträchtigung des Rechts muss sich unmittelbar aus dem **Inhalt der** 7 **Entscheidung** ergeben, nicht lediglich aus den Gründen. Sie ist gegeben, wenn eine Beschwerde als unbegründet zurückgewiesen wird, obwohl sie unzulässig ist (OLG Zweibrücken, OLG 81, 396). Eine Beeinträchtigung kann auch dann vorliegen, wenn eine **Entscheidung antragsgemäß** erlassen wurde, die Entscheidung materiell aber eine Beeinträchtigung des Rechts des Beschwerdeführers beinhaltet; Beispiel: In Verschollenheitssachen Beschwerde mit dem Ziel eines anderen Todeszeitpunktes (KG, Rpfleger 97, 537).

Bei einer **Mehrheit** von Beteiligten ist grundsätzlich jeder zur Beschwerde 8 berechtigt, ohne dass die Rechtsmitteleinlegung zu Gunsten anderer Beteiligter wirkt. Steht das Antragsrecht nur mehreren Personen gemeinschaftlich zu, können sie gegen die den Antrag zurückweisende Verfügung nur gemeinschaftlich Beschwerde einlegen. Beispiele: Antrag auf Anordnung der Nachlassverwaltung nach § 2062 BGB, Antrag der Eintragung einer offenen Handelsgesellschaft, Kommanditgesellschaft durch die Gesellschafter. Durch die Zurücknahme der Beschwerde durch einen der Beschwerdeführer wird in diesem Fall Unzulässigkeit des Rechtsmittels für alle bewirkt. Kann nur einheitlich entschieden werden (Unterbringung), ist vor der Entscheidung zu prüfen, ob die Beschwerdefrist für alle Berechtigten abgelaufen ist; ein Verstoß kann zur Aufhebung führen (OLG Hamm, JMBl NRW 65, 42; 129).

3. Kindschaftssachen

a) Anordnung der Vormundschaft (Pflegschaft) über Minderjährige. 9 Beschwerdeberechtigt ist das Kind, weil ihm ein Vertreter aufgedrängt wird (BayObLG 70, 301); auch bei Bestellung eines Ergänzungspflegers (OLG Düsseldorf, FamRZ 07, 2091); der Vormund (Pfleger), weil er zur Wahrnehmung fremder Angelegenheiten herangezogen wird (OLG Karlsruhe, FamRZ 57, 423); das Gleiche gilt bei Ablehnung der Aufhebung der Vormundschaft. Beschwerdeberechtigt ist auch der **Vater** bei gleichzeitiger Entziehung der Personen- und der Vermögenssorge für das Kind und Anordnung einer Vormundschaft und Bestellung eines Vormundes (BayObLG 64, 284). Der **Vater** ist ferner beschwerdeberechtigt gegen die Anordnung einer Pflegschaft zur Verwaltung einer Vermächtniszuwendung an das Kind; nicht der Kindesvater gegen Bestellung eines Verfahrenspflegers, weil mangels einer gemeinsamen Sorgeerklärung kein Elternrecht besteht, das beeinträchtigt werden könnte (OLG Naumburg, FGPrax 02, 217 mwN); ein nicht sorgeberechtigter **Elternteil** mit Rücksicht auf das fortbestehende Verwandtschaftsverhältnis in Angelegenheiten von besonderer Tragweite (KG, FGPrax 08, 238); die **Eltern** gegen die Anordnung einer Ergänzungspflegschaft nach

§ 1909 BGB, durch die ihre Rechte nach § 1626 I BGB eingeschränkt werden (BayObLG 66, 343), die **Mutter** bei Ablehnung der Aufhebung der Ergänzungspflegschaft (BayObLG 61, 277); kein Beschwerderecht des Jugendamtes gegen Ablehnung der Bestellung eines Ergänzungspflegers im Vaterschaftsanfechtungsverfahren, weil dieses nicht zum Aufgabenkreis des Jugendamtes gehört (OLG Brandenburg, FamRZ 07, 2095). Kein Beschwerderecht des Beschuldigten bei Ablehnung der Bestellung eines Ergänzungspflegers für minderjährigen Zeugen (OLG Brandenburg, FGPrax 97, 99).

10 b) **Aufhebung der Vormundschaft (Pflegschaft).** Kein Beschwerderecht des Vormunds (Pflegers) im eigenen Namen, weil kein eigenes Recht auf Fortbestand der Vormundschaft (Pflegschaft) (KG Rpfleger 78, 138; OLG Zweibrücken, OLG 89, 298). Zur Beschwerdeberechtigung im Übrigen in diesem Fall: § 57 I Nr 1, 3, 9 (BayObLG 61, 277/278; KG, MDR 66, 149); jedoch dann, wenn mangels Wirksamkeit der Entlassungsverfügung der Entlassene im Amt geblieben ist, gegen die Bestellung eines weiteren Vormunds nach § 1791 c II BGB (KG, OLG 88, 1).

11 c) **Auswahl und Bestellung des Vormunds (Pflegers).** Beschwerdeberechtigt ist das **Kind** (Pflegebefohlene), der **Vater** gegen die Auswahl des Pflegers, wenn er die verstorbene Mutter allein beerbt hat, nicht gegen Auswahl des Unterhaltspflegers, die **Eltern,** wenn nach Ehescheidung die elterliche Sorge einem Vormund übertragen ist, gegen die Auswahl (OLG Hamm, OLG 77, 417 ff); der von der Verwaltung letztwillig zugewendeten Vermögens ausgeschlossene Elternteil nur im Namen des von ihm gesetzlich vertretenen Kindes gegen die Auswahl des Ergänzungspflegers (BayOblG, Rpfleger 77, 253); ferner die **Kinder** gegen die Auswahl eines Ergänzungspflegers (BayOblG 64, 277/280); **Pflegeeltern** gegen die Auswahl eines neuen Vormundes (OLG Karlsruhe, NJWE-FER 98, 104). Das Beschwerderecht **der zur Vormundschaft gesetzlich Berufenen** (§ 1776 BGB) ergibt sich aus § 59 I; im Übrigen **kein Beschwerderecht** von **Verwandten** und **Verschwägerten,** die nicht nach § 1776 BGB berufen sind, auch wenn sie nach § 1779 II 3 BGB zunächst zu berücksichtigen sind; insbesondere haben danach kein Beschwerderecht Verwandte gegen Auswahl eines Vermögenspflegers (KG, Rpfleger 81, 400), der **Großvater** wegen Nichtbestellung als Unterhaltspfleger des ehelichen Kindes gegen den Vater.

12 d) **Genehmigung von Rechtsgeschäften.** Beschwerdeberechtigt ist das **Kind** (Pflegebefohlene) vertreten durch seinen gesetzlichen Vertreter (Vormund, Pfleger, Inhaber der elterlichen Sorge) **bei Versagung** der Genehmigung (BGH FamRZ 57, 303; BayOblG 69, 15; KG FamRZ 63, 467; OLG 65, 375; FamRZ 71, 41; KG, OLG 76, 302; Johannsen/Henrich/Althammer, Rn 5 b zu § 59). **Kein Beschwerderecht** des Vormundes gegen die vom Vormund beantragte Genehmigung sowie gegen die Ablehnung der Änderung oder Aufhebung einer solchen Genehmigungsentscheidung, weil der Vormund den Erfolg durch Unterlassung der Mitteilung an den Gegner vereiteln kann (BayObLG 63, 1; 64, 240); Pfleger **nur** als **gesetzliche Vertreter,** wovon mangels gegenteiliger Umstände ausgegangen werden kann (OLG Hamm, OLG 83, 149). **Gegen Erteilung der Genehmigung** kann ausnahmsweise Beschwerdeberechtigung bestehen, wenn die Genehmigung gesetzlich nicht erforderlich war, der gesetzliche Vertreter zum Abschluss des

§ 59 Beschwerdeberechtigte **§ 59**

genehmigten Rechtsgeschäftes nicht befugt war oder die Genehmigung gegen seinen Willen erteilt wurde, Mündel (Betreuter) ausnahmsweise selbständig: (OLG Hamm, FamRZ 09, 1386).

Beschwerdeberechtigt ist der **Vater** im eigenen und im Namen des Kindes gegen die **Versagung** der Genehmigung zu einem von ihm vorgenommenen Rechtsgeschäft (OLG Hamburg, FamRZ 58, 333), die Eltern, wenn die Genehmigung der Auflassung mit der Begründung abgelehnt wird, die Genehmigung des Kaufvertrages enthalte bereits die Genehmigung der Auflassung (BayObLG 85, 43). **Vertragsgegner** sind **nicht** beschwerdeberechtigt gegen Versagung der Genehmigung zu einem Rechtsgeschäft des Vormundes, auch nicht, wenn das Geschäft die Befriedigung eines ihnen zustehenden Anspruchs bezweckt (BayObLG 64, 240; OLG Frankfurt, Rpfleger 79, 423; OLG München, Rpfleger 09, 679), wohl **aber gegen** die **Zurücknahme** der Genehmigung, wenn diese schon wirksam geworden war (BayObLG 60, 276; OLG Stuttgart, Rpfleger 59, 158) oder bei Versagung, wenn er vorbringt, das Rechtsgeschäft sei **nicht genehmigungsbedürftig** (BayObLG, FamRZ 77, 141; OLG Hamm, OLG 84, 327); nur bei unmittelbarem Eingriff in seine Rechte; berechtigtes Interesse genügt nicht (OLG Rostock, FGPrax 06, 215).

e) **Führung der Vormundschaft.** Gegen Entscheidungen, die die Führung der Vormundschaft (Pflegschaft) betreffen, ist der Vormund (Pfleger) beschwerdeberechtigt. **Beispiele:** Entlassung des Einzelvormundes wegen Pflichtwidrigkeit nach § 1886 BGB, Entscheidung über eine Vergütung nach § 1836 BGB (der **Pflegling,** wenn Rückwirkungen auf dessen Unterhalt und dadurch seine künftige Lebensführung beeinträchtigt wird: BayObLG 86, 15), gegen ein Gebot nach § 1837 BGB, gegen Beschränkung der Verfügungsmacht durch Bestellung eines Pflegers (KG, OLG 65, 237), gegen Verweigerung der Genehmigung zur Abhebung von Mündelgeld (BayObLG 59, 1), gegen die Androhung der Entlassung (BayObLG 65, 50/52), gegen die Entlassung; kein Beschwerderecht des Nachfolgevormundes gegen die Aufhebung der Entlassung des Vormundes (OLG Frankfurt, OLG 82, 417). Beschwerdeberechtigt ist der **Pfleger** gegen die Ablehnung einer von ihm nachgesuchten Weisung (LG Berlin, JR 63, 346), gegen die nachträgliche Beschränkung seines Wirkungskreises unter Bestellung eines weiteren Pflegers (KG, MDR 66, 149), gegen eine Anordnung über die Anlegung von Mündelgeld (KG, OLG 67, 255/256). Kein Beschwerderecht mehr nach dem Tod des Betroffenen, durch den das Verfahren beendet wird (OLG Köln, FGPrax 10, 71 für das bisherige Recht; Rn 15 zu § 22). 13

4. Umfang und Ausübung der elterlichen Sorge

Gegen Entscheidungen, die den Umfang und die Ausübung der elterlichen Sorge betreffen, sind beschwerdeberechtigt die **Inhaber der elterlichen Sorge** (Eltern, Vater, Mutter). **Beispiele:** Beschwerdeberechtigt ist der Vater gegen die Entziehung der Personen- und Vermögenssorge für das Kind bei gleichzeitig erfolgter Anordnung einer Vormundschaft (BayObLG 64, 284/285), die **Eltern** gegen die Anordnung einer Ergänzungspflegschaft nach § 1909 BGB, die ihre Rechte nach § 1626 I BGB einschränkt (BayObLG 66, 343/345), gegen Versagung der nach § 1631 III BGB nachgesuchten Unter- 14

§ 59

stützung durch geeignete Maßnahmen (KG, KGJ 47, 35). Ein Beschwerderecht des nichtehelichen Vaters, dem zu keiner Zeit die elterliche Sorge zugestanden hat, wurde bisher verneint (BGH, FamRZ 09, 220; OLG Saarbrücken, FamRZ 08, 1366; OLG München, FamRZ 07, 744). Bejaht wurde ein Beschwerderecht des nichtehelichen Vaters gegen die mit dem teilweisen Entzug der elterlichen Sorge der ursprünglich allein sorgeberechtigten Mutter verbundenen Anordnung einer Pflegschaft (OLG Nürnberg, FamRZ 10, 994), gegen die Ablehnung seines Antrags auf Übertragung des Sorgerechts in einem Fall, in dem der Mutter das Sorgerecht teilweise (Aufenthaltsbestimmungsrecht) entzogen worden war (BGH, FamRZ 10, 1242). Nachdem bereits der EGMR, FamRZ 10, 103, in dem Ausschluss einer gerichtlichen Überprüfung der Alleinsorge der Mutter nach § 1626 a II BGB eine Diskriminierung nichtehelicher Väter gesehen hat, hat nunmehr das BVerfG in seiner Entscheidung v 21. 7. 2010 (NJW 10, 3008) die Regelungen der §§ 1626 I Nr 1, 1672 I BGB für unvereinbar mit Art 6 II GG erklärt und eine vorläufige Regelung getroffen (Einl 87), die dem nichtehelichen Vater eine gerichtliche Klärung auch im Wege der Beschwerde ermöglicht (OLG Brandenburg, FamRZ 10, 3245; OLG Hamm, NJW 11, 389); kein Beschwerderecht des Elternteils, wenn das Familiengericht die vom Ergänzungspfleger beantragte Genehmigung zu einem im Hinblick auf § 1683 BGB geschlossenen Erbauseinandersetzungsvertrag nur unter aufschiebender Bedingung erteilt hat (BayObLG 73, 188). Beschwerdeberechtigt sind Eltern, auch wenn ihnen die Ausübung der Personensorge entzogen ist, gegen die Anordnung der Herausgabe des Kindes an den Pfleger (KG, FamRZ 70, 488, bei Unterbringungsmaßnahmen: Rn 11); **Pflegeeltern** im Rahmen des § 1632 IV BGB (OLG Köln, FamRZ 00, 635 mwN; OLG Frankfurt, OLG 83, 301); des § 1685 II BGB (BGH, NJW 01, 3337); jedoch kein Beschwerderecht gegen eine die elterliche Sorge, das Umgangsrecht (BGH, FamRZ 05, 975; OLG Braunschweig, FamRZ 09, 1229: (Großeltern als Pflegeeltern); für das Pflegekind betr Entscheidung des Familiengerichts (BGH, FamRZ 00, 219; OLG Köln, FamRZ 00, 1241); das **Jugendamt** mit der Begründung, das Kindeswohl werde verletzt (KG, FamRZ 82, 954); der **Minderjährige** gegen die Ablehnung seiner Anregung auf Erlass einer der in § 1666 BGB vorgesehenen Maßregeln (OLG Hamm, OLG 73, 446); auch gegen die Befristung einer Maßregel nach § 1666 BGB (OLG Stuttgart, OLG 75, 73); ein über 14 Jahre altes Kind selbstständig in Verfahren nach § 1671 BGB (BayObLG 74, 443).

5. Betreuungssachen

15 a) **Bestellung eines Betreuers, Anordnung, Erweiterung eines Einwilligungsvorbehalts.** Beschwerdeberechtigt ist der Betroffene, der Betreuer im eigenen Namen und für den Betroffenen; nach § 303 im Interesse des Betroffenen: der Ehegatte, Lebenspartner, Eltern, Großeltern, Pflegeeltern, Abkömmlinge, Geschwister sowie eine Person seines Vertrauens. § 303 II Nr 1 (bisher § 69 g I FGG) betrifft nur Lebenspartner gleichen Geschlechts iS des § 1 I LPartG, nicht Lebensgefährten (OLG Karlsruhe, RPfleger 08, 74). Beschwerdeberechtigt die zuständige Behörde unter den Voraussetzungen des § 303 I.

§ 59 Beschwerdeberechtigte **§ 59**

Bestellung eines Betreuers auf Antrag: Beschwerdeberechtigung des Betrof- 16
fenen, des Verfahrenspflegers für den Betroffenen, des Betreuers; **nicht:** naher
Angehöriger (OLG Düsseldorf, FGPrax 98, 53), Generalbevollmächtigter
(OLG Zweibrücken, FGPrax 02, 260); nicht Vorsorgebevollmächtigter im
eigenen Namen (BayObLG, Rpfleger 03, 424); Bevollmächtigter gegen die
Bestellung eines Auftragsbetreuers (OLG Stuttgart, FamRZ 95, 427); nicht
die zuständige Behörde (OLG Hamm, FamRZ 02, 194); nicht die Staatskasse
gegen Erweiterung des Aufgabenkreises (OLG Frankfurt, Rpfleger 04, 352).

b) Aufhebung der Bestellung des Betreuers, der Anordnung eines 17
Einwilligungsvorbehaltes, dessen Einschränkung Beschwerdeberechtigung wie unter a) (OLG Hamm, FamRZ 93, 988; OLG München, FamRZ
07, 743), jedoch kein eigenes Beschwerderecht des Betreuers.

c) Auswahl des Betreuers. Beschwerderecht des Betroffenen, des Ver- 18
fahrenspflegers für den Betroffenen, die in § 303 aufgeführten Personen;
nicht Verwandte oder Dritte, wenn ihr Antrag auf Genehmigung des Umgangs mit einem Betreuten nach Ausspruch eines Umgangsverbots durch den
Betreuer abgewiesen wird, weil diese kein subjektives Recht auf Umgang
haben (BayObLG, FamRZ 93, 1222).

d) Genehmigung einwilligungsbedürftiger Willenserklärungen. Be- 19
schwerderecht: der Betroffene, der Verfahrenspfleger für ihn; gegen deren
Versagung: der Betroffene, der Betreuer im Namen des Betreuten (OLG
Stuttgart, NJW 01, 3484); der Verfahrenspfleger für den Betroffenen, **nicht**
ein Vertragsgegner.

e) Führung der Betreuung. Beschwerderecht des Betroffenen, des Be- 20
treuers, des Verfahrenspflegers für den Betroffenen, die in § 303 aufgeführten
Personen.

Ablehnung der Entlassung des Betreuers; Beschwerderecht: der Betroffene,
der Verfahrenspfleger für den Betroffenen, der Betreuer, wenn eine von ihm
gewünschte Entlassung abgelehnt worden ist; kein Beschwerderecht Dritter
(BGH, FGPrax 96, 107; BayObLG 95, 305, Rpfleger 98, 112; OLG Zweibrücken, FGPrax 03, 31 mwN: Tochter; aA OLG Köln, FamRZ 96, 124; nur,
wenn die Betreuung im ausschließlichen Interesse eines Dritten angeordnet
worden ist, auch dieser Dritte (BayObLG 96, 105 zu § 20 I FGG). Gegen die
Entlassung des Vereinsbetreuers beschwerdeberechtigt der Betreuungsverein
(BayObLG, FamRZ 05, 750). Kein Beschwerderecht der Staatskasse gegen
die Feststellung, der Betreuer führe die Betreuung berufsmäßig (OLG Hamm,
FGPrax 01, 18; BayObLG, Rpfleger 01, 418; OLG Frankfurt, FGPrax 04,
122); kein Beschwerderecht des Betreuten gegen die Ablehnung der Festsetzung der Vergütung aus der Staatskasse (BayObLG, FGPrax 00, 202).

6. Unterbringungssachen

Beschwerdeberechtigt gegen Unterbringungsmaßnahmen, vorläufige Un- 21
terbringungsmaßnahmen oder die Ablehnung der Aufhebung solcher Maßnahmen: der Betroffene, auch wenn das Landgericht die vormundschaftsgerichtliche Genehmigung einer Maßnahme mit der Begründung aufhebt,
diese sei genehmigungsfrei (OLG Hamm OLG 94, 193); jedoch nicht gegen
eine Entscheidung, durch die die Genehmigung einer geschlossenen Unter-

§ 59

bringung abgelehnt wird (BayObLG, FamRZ 05, 834); das Kind, der Betreuer für den Betroffenen, der Verfahrenspfleger für den Betroffenen; die in § 335 bezeichneten Personen oder Stellen; der Ehegatte, wenn die Ehegatten nicht dauernd getrennt leben; jeder Elternteil und Kind, bei dem der Betroffene lebt oder bei Einleitung des Verfahrens gelebt hat, der Betreuer, eine von dem Betroffenen benannte Person seines Vertrauens, der Leiter der Einrichtung, in der der Betroffene untergebracht ist oder untergebracht werden soll, die zuständige Behörde; diese jedoch nicht gegen die Aufhebung einer Unterbringungsmaßnahme (OLG Frankfurt, Rpfleger 02, 147); bei Minderjährigen, die Elternteile, denen die Personensorge zusteht; bejaht auch, wenn Sorgerecht entzogen ist; ein unmittelbar benachteiligender Eingriff liegt in jeder ungünstigen Beeinflussung oder Schlechterstellung (OLG Karlsruhe, FamRZ 08, 428); verneint: OLG Hamm, FGPrax 07, 1577; OLG Karlsruhe, Rpfleger 10, 23 mwN; Johannsen/Henrich/Althammer, Rn 51 zu § 59); Ehegatten, Eltern und Kinder sind darüber hinaus beschwerdeberechtigt, soweit sie in ihren Rechten beeinträchtigt werden.

7. Beschwerdeberechtigung in Adoptionssachen

22 Beschwerdeberechtigt ist der **Annehmende** gegen einen Beschluss, durch den eine die Adoption aufhebende Entscheidung geändert wird, leibliche Eltern gegen eine eine Adoption aufhebende Entscheidung (KG, OLG 94, 68; OLG Düsseldorf, FGPrax 97, 222; Johannsen/Henrich/Althammer, Rn 7 zu § 59), das Kind im Verfahren nach § 1748 BGB) auf Ersetzung der Einwilligung (BayObLG, FamRZ 02, 1282: Antrag).

8. Beschwerdeberechtigung in Nachlasssachen

23 **a) Verfahren in Teilungssachen.** Beschwerdeberechtigt ist jeder als beteiligt Hinzugezogene gegen die Hinzuziehung, Einleitung des Verfahrens bis zum Beginn der Verhandlungen.

24 **b) Feststellung der Erbberechtigung.** Beschwerdeberechtigt ist jeder **Miterbe** wegen fälschlicher Feststellung seines Erbrechts (BayObLG 18, 265), im Verfahren über die Bestellung eines Nachlasspflegers für unbekannte Erben (KG, OLG 81, 151; aA OLG Frankfurt, OLG 79, 131), der **Erbe** und **Verwandte des Erblassers** gegen die Feststellung, dass ein anderer Erbe als der Fiskus nicht vorhanden sei (BayObLG FamRZ 86, 728), nicht aber gegen die Ablehnung einer entsprechenden Feststellung. Beschwerdeberechtigt ist in diesem Fall aber der **Nachlassgläubiger** gegen die Ablehnung der Feststellung (BayObLG 57, 360). Beschwerdeberechtigt ist der **Erbe** gegen die vom Nachlassgericht getroffene Feststellung, dass eine Erbausschlagung unwirksam sei (BayObLG 68, 68, 71); nicht der Pflichtteilsberechtigte im Erbscheinsverfahren (OLG Köln, NJW-RR 94, 1421).

25 **c) Erbscheinsverfahren.** Beschwerdeberechtigt ist der wirkliche Erbe (KG, Rpfleger 05, 260; OLG Köln, FGPrax 10, 194) gegen die Anordnung der Erteilung eines Erbscheins an die Nichterben; der Miterbe gegen einen Erbschein, wenn dieser einen anderen zu Unrecht als Miterben ausweist (BayObLG 74, 401). Die Beschwerdeberechtigung des Miterben entfällt nicht durch nachträgliches Ausscheiden aus der Erbengemeinschaft (BayObLG,

§ 59 Beschwerdeberechtigte **§ 59**

Rpfleger 01, 494). Die Beschwerdeberechtigung eines Erben bleibt erhalten, auch wenn im Laufe des Verfahrens auf Antrag eines anderen Beteiligten ein Erbschein anderen Inhalts erteilt wird (BayObLG, NJW-FER 01, 125).
Beschwerdeberechtigt kann auch sein, **wer** bei Erfolg seiner Beschwerde **26** eine ihm **günstigere Rechtstellung** erlangt (BayObLG 60, 254/256). Die Beschwerde gegen die Erteilung des Erbscheins mit dem Ziel seiner Einziehung kann auch dem zustehen, auf dessen Antrag der Erbschein erteilt worden ist (KG, NJW 60, 1158). Kein Beschwerderecht des Nacherben, wenn auf Anregung des Vorerben ein Erbschein mit Nacherbenvermerk eingezogen wurde, es sei denn aus den Gründen ergibt sich die konkrete Ankündigung, dem Antrag auf Erteilung eines Erbscheins ohne Nacherbenvermerk stattzugeben (BayObLG 75, 62); **kein** Beschwerderecht des Erben des Vorerben im Erbscheinsverfahren für den Nacherben (OLG Hamm, Rpfleger 86, 138), des Pflichtteilsberechtigten (OLG Hamm, Rpfleger 84, 273; OLG Köln, Rpfleger 94, 509), des Nacherben gegen die Einziehung des dem verstorbenen Vorerben erteilten Erbscheins (OLG Köln, MDR 84, 403). **Nachlassgläubiger** haben ein Beschwerderecht nur, wenn sie einen Vollstreckungstitel besitzen (BayObLG, MDR 73, 1029); das Gleiche gilt für **Vermächtnisnehmer** (BayObLG, NJW-RR 99, 446; FamRZ 04, 1818) und **Pflichtteilsberechtigte** (OLG Köln, OLG 71, 99). Der **Testamentsvollstrecker** ist beschwerdeberechtigt gegen die Anordnung der Erteilung des Erbscheins, die Ablehnung der Einziehung; ferner, wenn der Erbschein ohne Testamentsvollstreckervermerk erteilt ist (Keidel/Kahl, Rn 76 zu § 20 FGG; OLG Oldenburg, Rpfleger 65, 305); nach OLG Düsseldorf (FGPrax 00, 205) Beschwerdeberechtigung nur bei Nachweis der wirksamen Ernennung.

d) Nachlasspflegschaft. Beschwerdeberechtigt ist jeder Erbe gegen Anordnung und Ablehnung der Aufhebung, der Nachlasspfleger gegen die Anordnung (OLG Frankfurt, Rpfleger 94, 212) gegen die Ablehnung der Anregung, dem Nachlasspfleger bestimmte Anweisungen zu erteilen (BayObLG, FGPrax 96, 227); gegen die Ablehnung der Erweiterung des Wirkungskreises zur Entscheidung über seine Forderung der Nachlassgläubiger (BayObLG, aaO), nicht der vermeintliche Erbe gegen die Weisung, das Nachlassvermögen zu hinterlegen (KG, OLG 77, 129); ferner der **Gläubiger,** der den Anspruch des Erben auf Herausgabe des Nachlasses gegen den Pfleger gepfändet hat. Beschwerdeberechtigt ist der **Nachlassverwalter** gegen die Ablehnung der Nachlasspflegschaft sowie gegen die Beschränkung seines Wirkungskreises, gegen die Ablehnung der Anordnung einer Nachlasspflegschaft nach § 1961 BGB, nicht im Falle des § 1960 BGB (KG, NJWE-FER 00, 14), gegen die Aufhebung der Nachlasspflegschaft der **Nachlassgläubiger** (OLG Hamm, Rpfleger 87, 416, im Falle des § 1961 BGB) und der **Nachlassinsolvenzverwalter** (Keidel/Kahl, Rn 80 zu § 20 FGG); ein Nachlassgläubiger gegen die Festsetzung der **Vergütung,** wenn er sich verpflichtet hat, aus dem ihm zugewendeten Teil des Nachlasses die Vergütung des Nachlasspflegers zu zahlen (BayObLG, FamRZ 86, 107); die Erben des Beschwerdeberechtigten, wenn dessen Rechtsstellung (hier: Verpflichtung zur Zahlung der Pflegervergütung) vererblich ist (KG, OLG 91, 1); die Witwe, die mit dem Pflegling in Gütergemeinschaft gelebt hat, gegen die Festsetzung der Pflegervergütung (BayObLG, FamRZ 89, 1119); der Pflichtteilsberechtigte **27**

§ 59 Buch 1 – Allgemeiner Teil

(OLG Köln, Rpfleger 99, 397). **Kein** Beschwerderecht des Nachlasspflegers in Erbscheinsverfahren (BayObLG, Rpfleger 91, 21); keine Beschwerdeberechtigung des Inhabers einer über den Tod hinaus erteilten Generalvollmacht des Erblassers (BayObLG, Rpfleger 04, 702; OLG München, NJW 10, 2364); des nicht berücksichtigten Bewerbers gegen die Auswahl (OLG München, aaO).

28 e) **Nachlassverwaltung.** Beschwerdeberechtigt ist der Erbe gegen die Ablehnung des Antrags auf Aufhebung der Nachlassverwaltung, der **Nachlassverwalter** gegen Entlassung gegen seinen Willen und Beschränkung seiner Befugnisse; nicht gegen die Aufhebung der Nachlassverwaltung (Thür-OLG Jena, Rpfleger 98, 427), der **Nachlassgläubiger** gegen Aufhebung der Nachlassverwaltung (OLG Karlsruhe, NJW-RR 89, 1095; aA OLG Frankfurt, FGPrax 98, 64 mwN).

29 f) **Testamentsvollstreckung.** Beschwerdeberechtigt ist der Erbe gegen Bestellung des Testamentsvollstreckers, nicht gegen Erteilung eines Testamentsvollstreckerzeugnisses (OLG Hamm, OLG 74, 64; 84, 282); nicht, wenn das behauptete Erbrecht nicht besteht (KG, FGPrax 01, 24 m Anm Krug); nicht jedoch gewöhnliche Nachlassgläubiger (KG, OLG 73, 385; BayObLG, FamRZ 02, 641); auch nicht gegen die Ablehnung, einen Testamentsvollstrecker zu ernennen (OLG Düsseldorf, FGPrax 04, 32), der **Testamentsvollstrecker** gegen den seine Ernennung aufhebenden Beschluss, wenn er nach § 2200 BGB ernannt ist und sein Amt angetreten hat (KG, OLG 92, 139), gegen unrichtige Ausstellung des Testamentsvollstreckerzeugnisses, gegen dessen Einziehung (Keidel/Kahl, Rn 84 zu § 20 FGG); gegen die Einziehung des Erbscheins (OLG Hamm, NJW-RR 93, 461); nicht der **Pflichtteilsberechtigte** gegen die Ablehnung der Einziehung (OLG Hamm, MDR 77, 851); der Testamentsvollstrecker gegen Benachrichtigungen gemäß § 2262 BGB (BayObLG 79, 340 ff); nicht im Verfahren über die vormundschaftsgerichtliche Genehmigung eines Vergleichs über das Erbrecht (OLG Zweibrücken, OLG 80, 142), nicht gegen Ablehnung der Entlassung eines Betreuers des als Erben Betroffenen, weil der Testamentsvollstrecker den Nachlass verwaltet und die Betreuung als solche den Nachlass nicht berührt (OLG München, FamRZ 07, 1572); daher auch kein Beschwerderecht gegen die Auswahl eines Ergänzungspflegers (OLG München, FamRZ 08, 1549).

30 g) **Abwesenheitspflegschaft.** Gegen die Abwesenheitspflegschaft für Miterben kein Beschwerderecht anderer Miterben (OLG Frankfurt, Rpfleger 79, 105).

9. Unternehmensrechtliche Verfahren

31 Der einzelne **Gesellschafter** oder **Aktionär** ist nur gegen Verfügungen, die ein bestimmtes Recht des Einzelnen beeinträchtigen, beschwerdeberechtigt (BayObLG 66, 337/341; OLG Hamm, DNotZ 71, 247; OLG Frankfurt, FGPrax 09, 179); in Handelsregistersachen die Anmeldeberechtigten bzw -verpflichteten (OLG Hamm, OLG 83, 259). Der gemeinsame Vertreter der außenstehenden Aktionäre ist nicht zur Beschwerde gegen die einen Antrag nach den §§ 304, 305 AktG zurückweisende Entscheidung befugt

§ 59 Beschwerdeberechtigte **§ 59**

(KG, OLG 74, 430); der Antragsberechtigte, der nicht Antragsteller ist, ist beschwerdeberechtigt, wenn er im Zeitpunkt seiner Beschwerdeeinlegung den Antrag noch wirksam stellen könnte (BayObLG, NJW-RR 91, 1505); der außenstehende Aktionär ist in seinen Rechten beeinträchtigt, wenn ihm die Möglichkeit genommen wird, eine Entscheidung überprüfen zu lassen, durch die die Verpflichtung des Vorstandes zur Erstellung eines Abhängigkeitsberichts verneint wird (BGH, NJW 97, 1855). Keine Beschwerdebefugnis der Aktionäre gegen die Bestellung eines Pflegers für unbekannte Anteilsinhaber (KG, Rpfleger 09, 505).

Die Gesellschaft ist beschwerdeberechtigt gegen die Bestellung von Aufsichtsratsmitgliedern durch das Gericht, gegen Ernennung eines Abwicklers sowie gegen die Abberufung, gegen Ablehnung des Antrags, dem Abwickler die Vorlage eines Berichtes aufzugeben (BayObLG 63, 84/88); im Zwangsgeldverfahren gegen Vorstandsmitglieder, wenn die Entscheidung auch Rechte der Gesellschaft beeinträchtigt (BayObLG, Rpfleger 84, 105); im Zwangsgeldverfahren gegen Gesellschafter zur Erzwingung der Anmeldung des Erlöschens der Firma (BayObLG 78, 54, 57); gegen die Bestellung eines Liquidators nach § 2 III LöschG oder einen Nachtragsliquidator entspr § 273 IV AktG (BayObLG 83, 130); gegen die Bestellung von Liquidatoren nach § 66 II GmbHG (BayObLG, Rpfleger 96, 514); nicht der Gläubiger einer GmbH (OLG Köln, Betr 83, 100; BayObLG, NJW-RR 01, 613); jedoch gegen eine von ihm angeregte Löschung der Eintragung eines Liquidators, wenn er unmittelbar betroffen ist, nicht ausreichend ein Interesse der Allgemeinheit (OLG Düsseldorf, FGPrax 04, 135). **32**

Bei einer **GmbH** ist beschwerdeberechtigt deren **Geschäftsführer** gegen Zurückweisung der Anmeldung der Gesellschaft (BayObLG, NJW-RR 87, 1177; OLG Hamm, NJW-RR 93, 1381; OLG Köln, GmbHRdsch 87, 50); Anmeldung einer Kapitalerhöhung (BayObLG 84, 29); gegen Löschung seiner Eintragung, gegen Zurückweisung der Eintragung eines Gesellschafterbeschlusses (BayObLG 71, 242); bei einer **Vor-AG** diese selbst gegen die Ablehnung ihrer Eintragung (OLG Stuttgart, ZIP 92, 250); die **Gesellschafter** gegen Bestellung eines Notgeschäftsführers nach § 29 BGB (BayObLG, NJW-RR 99, 1259); gegen Ablehnung der Bestellung eines Notgeschäftsführers für eine GmbH auch die Gläubiger (OLG Hamm, FGPrax 96, 70, m Anm Jasper); die Gesellschafter zB gegen Zurückweisung des Antrags auf Abberufung des Liquidators der GmbH (OLG Hamm, OLG 71, 226), jedoch nicht gegen die Abberufung eines Liquidators (OLG Hamm, Rpfleger 77, 442), gegen die Auswahl eines Liquidators (FGPrax 95, 244 f), gegen die Zurückweisung der Anmeldung der Verschmelzung (OLG Düsseldorf, OLG 84, 259); **kein Beschwerderecht** der Gesellschafter gegen Verfügungen in Registerangelegenheiten der GmbH (KG, WM 67, 83/84). Der **Liquidator,** der nach § 66 II GmbHG bestellt ist, ist nicht beschwerdeberechtigt, weil er nicht zur Annahme des Amtes verpflichtet ist (BayObLG 96, 129), aA OLG Hamm, Rpfleger 97, 115 für den Fall der Bestellung eines Nachtragsliquidators nach § 273 IV AktG. **33**

Bei der **Genossenschaft** ist beschwerdeberechtigt die Genossenschaft gegen Ablehnung der Löschung zu Unrecht eingetragener Genossen, gegen die Zurückweisung der Anmeldung (BayObLG, NJW-RR 86, 1480); im Verfah- **34**

§ 59

ren betreffend die Eintragung in die Liste der Genossen die Genossenschaft und die Beitrittswilligen; ein Rechtsmittel der Vorstandsmitglieder ist deshalb ein solches der Genossenschaft (BayObLG, Rpfleger 89, 331), **die anmeldenden Vorstandsmitglieder gemeinschaftlich,** nicht die Genossenschaft, gegen die Zwischenverfügung, mit der die Anmeldung einer Änderung des Statuts zum Genossenschaftsregister beanstandet wird (BayObLG 74, 116), gegen eine Löschungsankündigung (BayObLG 84, 273); der **einzelne Genosse,** wenn es sich um ein Sonderrecht handelt, zB Ablehnung einer Löschung in der Genossenliste (BayObLG 58, 16/18), nicht durch die Anmeldung einer satzungswidrigen Vorstandswahl (OLG Hamm, NJW 76, 902).

35   Beschwerdeberechtigt gegen die **Ablehnung** eines **Amtslöschungsverfahrens** für die Eintragung der Durchführung einer Kapitalerhöhung nicht nur die **Inhaber** aller **Aktien,** sondern auch die **Neuaktionäre** (OLG Karlsruhe, Rpfleger 86, 140). **Nicht** beschwerdebefugt der **einzelne Aktionär** im Verfahren einer Verschmelzung von Aktiengesellschaften (OLG Zweibrücken, NJW-RR 90, 672); nicht bei nur mittelbarer Beeinträchtigung (KG, FGPrax 07, 276).

10. Registersachen

36   Die Industrie- und Handelskammer ist beschwerdeberechtigt, soweit sie sich an einem Anmeldeverfahren vor dem Registergericht nach § 380 beteiligt (OLG Saarbrücken, NJW-RR 86, 464) oder zur Stellung eines Antrags nach § 380 berechtigt gewesen wäre (OLG Hamm, OLG 86, 21), nicht jedoch gegen eine Zwischenverfügung, durch die die Firma einer zur Eintragung angemeldeten GmbH beanstandet wird; beschwerdeberechtigt ist nur der Anmelder (BayObLG 83, 250). Zum Beschwerderecht der Industrie- und Handelskammern und der Handwerkskammern (OLG Frankfurt, OLG 83, 23). Zum Beschwerderecht des **Bundesaufsichtsamtes** für das **Kreditwesen:** OLG Frankfurt, ZIP 82, 426. Beschwerderecht des **Registergerichts** gegen den nicht ordnungsgemäßen Vollzug einer Eintragungsmitteilung (BayObLG, NJW-RR 90, 1510). Beschwerderecht des **Mitbewerbers** gegen die Ablehnung der Einleitung eines Verfahrens nach § 399 (KG, NJW-RR 91, 860 für § 144 a FGG).

37   In **Vereinssachen** ist beschwerdeberechtigt gegen die Zurückweisung von Anmeldungen zum Vereinsregister der **Vorverein** (BayObLG 91, 52; OLG Jena, Rpfleger 94, 218); die allein zur Anmeldung befugten Vorstandsmitglieder (OLG Köln, NJW-RR 94, 1547); ferner die **einzelnen Vorstandsmitglieder** gegen Verfügungen, durch die ihre Rechte unmittelbar beeinträchtigt werden (BayObLG, Rpfleger 93, 347); der **Verein** gegen die Ablehnung der Eintragung einer Satzungsänderung (BayObLG 69, 33/35); keine Beschwerdeberechtigung Dritter gegen Eintragung einer Satzungsänderung (OLG Köln, Rpfleger 95, 163; gegen die Ersteintragung eines Vereins mit dem Ziel der Einleitung eines Amtslöschungsverfahrens (OLG Hamm, FamRZ 05, 2082). Die **einzelnen Vereinsmitglieder** haben kein Beschwerderecht in allgemeinen Vereinsangelegenheiten (KG, NJW 67, 933), jedoch zB gegen eine Eintragungsverfügung, wenn durch die Eintragung ein persönliches Recht des Beschwerdeführers beeinträchtigt wird (OLG Stuttgart, Rpfleger

§ 59 Beschwerdeberechtigte **§ 59**

70, 283); wenn er die Einleitung eines Amtslöschungsverfahrens angeregt hat (OLG Zweibrücken, FGPrax 02, 80).

11. Beschwerdeberechtigung bei Entscheidungen, die nur auf Antrag erlassen werden

Die Beschwerde steht, wenn der Antrag zurückgewiesen worden ist, nur dem Antragsteller zu (Furtner, DNotZ 66, 7/16; Bassenge, Das Beschwerderecht bei Zurückweisung eines Antrags nach § 20 Abs. 2 FGG, Rpfleger 81, 92), jedoch nur, wenn die Entscheidung ihn in einem subjektiven Recht beeinträchtigt (BGH, NJW-RR 91, 771). Leidet der Verfahrensantrag an einem Mangel, ist die Beschwerde zur Prüfung dieser Verfahrensfrage zulässig (BGH, NJW 89, 297; OLG Frankfurt, FGPrax 97, 69: Reichweite der gesetzlichen Vertretung). Soweit die Beschwerdeberechtigung von der Antragsbefugnis abhängt, ist diese bei Auslandsberührung verfahrensrechtlich zu qualifizieren, so dass inländisches Recht (lex fori) anwendbar ist (BayObLG 97, 85). 38

Regelung des Abs 2 findet nur Anwendung, wenn es sich um einen Antrag handelt, der **notwendige Verfahrensvoraussetzung** ist. Beispiele: Entscheidungen nach §§ 1672 S 2, 1. Hs, 1685 I, 1690, 1707, 1723, 1961 BGB; gegen die Ablehnung der Annahme als Kind der oder die Anzunehmenden (§ 1752 BGB), bei Annahme eines Volljährigen auch dieser (§ 1768 I BGB); gegen die Ablehnung der Ersetzung der Einwilligung eines Elternteils in eine Adoption (§ 1748 BGB) das Kind, das den Antrag gestellt hat (BayObLG, NJW-RR 91, 71; BayObLG, FamRZ 02, 1282); gegen die Zurückweisung oder Beanstandung einer **Anmeldung** nicht ein einzelner Gesellschafter (BayObLG 77, 321); die **GmbH** bei einer auf Herbeiführung einer **konstitutiven Eintragung** gerichteten Anmeldung bei deren Ablehnung (BGH, NJW 89, 295; BayObLG, BB 95, 1817); die **Aktiengesellschaft** bei Ablehnung der Eintragung in das Handelsregister (BGH NJW 92, 1824) jeder Miterbe bei Ablehnung des Antrags auf Löschung des Hofvermerks (BGH, NJW-RR 95, 705). Diese Regelung gilt auch bei teilweiser Zurückweisung, ferner bei der Anfechtung von Zwischenentscheidungen in diesen Verfahren. Nicht anwendbar ist Abs 2 auf solche Entscheidungen, die keinen Antrag erfordern, aber praktisch nur auf Antrag erlassen werden, wie zB eine vormundschaftsgerichtliche Genehmigung. 39 40

Die Beschwerdebefugnis steht den antragsberechtigten Personen auch dann zu, wenn sie den **Antrag in erster Instanz nicht gestellt** haben (Keidel/Kahl, Rn 51 zu § 20 FGG; Keidel/Meyer-Holz, Rn 41 zu § 59); jedenfalls dann, wenn sie im Zeitpunkt der Beschwerdeeinlegung den Antrag noch wirksam stellen könnten (BGH, NJW 93, 662; OLG Frankfurt, OLG 92, 35; BayObLG, NJW-RR 92, 150). Daher ist gegen Versagung eines gemeinschaftlichen Erbscheins auch ein Miterbe, der den Erbschein nicht beantragt hat, beschwerdeberechtigt (KG, MDR 90, 1023); ein Miterbe, der den Antrag hätte stellen können, auch zur **weiteren Beschwerde** berechtigt, wenn er von dem Recht zur Erstbeschwerde keinen Gebrauch gemacht hat (KG, aaO; OLG Karlsruhe FGPrax 03, 229). Eine VorGmbH ist zur Einlegung der weiteren Beschwerde dann befugt, wenn das Landgericht deren Erstbeschwer- 41

§ 59 Buch 1 – Allgemeiner Teil

de zurückgewiesen hat (BayObLG, DNotZ 85, 170). Der Antragsteller kann auch dann Beschwerde einlegen, wenn seinem Antrag stattgegeben wurde, wenn er durch die Entscheidung materiell beschwert ist; eine **formelle Beschwer** ist nicht erforderlich; anders in echten Streitsachen, die der Dispositionsbefugnis unterliegen und einen bindenden Sachantrag erfordern. Kein Beschwerderecht bei Ablehnung einer Anregung; nur Unterrichtung nach § 24 II (OLG Düsseldorf, FGPrax 10, 105: Anregung einer Löschung durch Vereinsmitglied).

42 Erfordert eine gerichtliche Entscheidung den Antrag **mehrerer Personen,** wie zB die Nachlassverwaltung nach § 2062 BGB, kann auch das Beschwerderecht nur gemeinsam ausgeübt werden; die von einem einzelnen eingelegte Beschwerde ist unzulässig (BayObLG, MDR 82, 1030). Der im Zivilprozess geltende Grundsatz, dass ein säumiger Streitgenosse durch einen nicht säumigen vertreten wird, gilt im Verfahren der freiwilligen Gerichtsbarkeit nicht (BGH, NJW 80, 1960, 61; BayObLG, NJW-RR 86, 1499). Beispiel: Gegen die Zurückweisung der Anmeldung zum Vereinsregister sind nur alle Vorstandsmitglieder beschwerdeberechtigt (BayObLG 72, 29/31). Ist ein Antragsteller gestorben, kann die Beschwerde nur von allen Miterben gemeinsam eingelegt werden, sofern es sich nicht um eine Maßnahme nach § 2038 I 2 BGB zur Erhaltung des Nachlasses handelt (Keidel/Kahl, Rn 56 zu § 20 FGG; Keidel/Meyer-Holz, Rn 42 zu § 59; BayObLG 64, 350/356). Ausnahme: beschwerdeberechtigt ist ein einzelner Anmelder, wenn das Registergericht dessen fehlende aber notwendige Mitwirkung übersehen hat (BayObLG, NJW-RR 88, 873).

12. Beschwerdeberechtigung von Behörden

43 Nach **Abs 3** steht den Behörden ein Beschwerderecht zu, soweit ihnen dieses Recht durch besondere Vorschriften in diesem Gesetz oder anderen Gesetzen zuerkannt wird. Es wird ihnen hierdurch die Möglichkeit eingeräumt, zur Wahrnehmung öffentlicher Interessen Rechtsmittel einzulegen. Das Beschwerderecht setzt nicht voraus, dass die Behörden in erster Instanz Beteiligte gewesen sind. Sie können sich darauf beschränken, sich am Beschwerdeverfahren zu beteiligen. Sie können auf Grund der ihnen mitzuteilenden Endentscheidungen der ersten Instanz beurteilen, ob eine Beteiligung im Beschwerdeverfahren zweckmäßig erscheint.

44 In diesem Gesetz ist vorgesehen die Beschwerdeberechtigung des Jugendamtes in § 162 III (Kindschaftssachen), § 176 II (Abstammungssachen), § 194 II (Adoptionssachen), § 205 II (Ehewohnungssachen); die Beschwerdeberechtigung der Betreuungsbehörde in §§ 303 I, 355 IV, der Staatskasse in § 304; das Beschwerderecht der Organe des Handelsstandes in § 380. Der Aufsichtsbehörde in Personenstandssachen steht nach § 53 PStG ein Beschwerderecht zu. Eine Aufsichtsbehörde hat ein von Beschwer unabhängiges Beschwerderecht; sie kann davon zu dem alleinigen Zweck Gebrauch machen, eine obergerichtliche Entscheidung herbeizuführen (BGH, NJW 04, 1108).

45 Die Behörden können auch nach § 59 I beschwerdeberechtigt sein, wenn durch die angefochtene Entscheidung ein **eigenes Recht** betroffen wird, sie an Erfüllung der ihnen auferlegten öffentlich-rechtlichen Pflichten ge-

§ 60 Beschwerderecht Minderjähriger

hindert werden. Dies gilt auch für einen **Notar;** zu verneinen jedoch bei Zurückweisung einer eingereichten Gesellschafterliste (OLG Köln, FGPrax 10, 202).

Beispiele für eigene Rechtsbeeinträchtigung: Eingriff in die Rechtsstellung 46 ohne finanzielle Mehrbelastung (BGH, NJW-RR 90, 1156; 96, 451; KG, FamRZ 80, 1033; OLG Hamm, FamRZ 85, 614; OLG Frankfurt, FamRZ 86, 1009); ferner bei verfahrenswidriger Nichtbeteiligung (BGH, NJW 80, 2418).

Beschwerderecht Minderjähriger

60 **Ein Kind, für das die elterliche Sorge besteht, oder ein unter Vormundschaft stehender Mündel kann in allen seine Person betreffenden Angelegenheiten ohne Mitwirkung seines gesetzlichen Vertreters das Beschwerderecht ausüben. Das Gleiche gilt in sonstigen Angelegenheiten, in denen das Kind oder der Mündel vor einer Entscheidung des Gerichts gehört werden soll. Dies gilt nicht für Personen, die geschäftsunfähig sind oder bei Erlass der Entscheidung das 14. Lebensjahr nicht vollendet haben.**

1. Selbständige Ausübung des Beschwerderechts

Das Beschwerderecht für ein Kind oder einen Mündel wird regelmäßig 1 durch seinen gesetzlichen Vertreter (Inhaber der elterlichen Sorge, Vormund, Pfleger) ausgeübt. § 60 gewährt dem Kind (Mündel) neben dem gesetzlichen Vertreter und unabhängig von dessen Willen die Möglichkeit, das Beschwerderecht selbständig auszuüben.

Sonderregelungen: in Betreuungssachen ist der Betroffene ohne Rück- 2 sicht auf seine Geschäftsfähigkeit verfahrensfähig (§ 275), ebenso der Betroffene in Unterbringungssachen (§ 316).

Die **Ausübung** des Beschwerderechts umfasst alle Verfahrenshandlungen, 3 die die Einleitung, Durchführung und Beendigung des Beschwerdeverfahrens betreffen, insbesondere auch Bestellung von Bevollmächtigten, Verzicht auf das Beschwerderecht und Rücknahme der Beschwerde. Aus der Einräumung 4 des Beschwerderechts folgt jedoch noch **nicht** auch das Recht, bereits in erster Instanz in Antragsverfahren **selbständig** erforderliche **Anträge** zu stellen. Dieses Recht ergibt sich für die nach bürgerlichem Recht beschränkt Geschäftsfähigen aus § 9 I Nr 3, soweit sie das 14. Lebensjahr vollendet haben und sie in einem Verfahren, das ihre Person betrifft, ein ihnen nach, bürgerlichem Recht zustehendes Recht geltend machen, zB die Ersetzung der Ermächtigung des Vormundes zur Eingehung eines Dienst- oder Arbeitsverhältnisses durch den Minderjährigen auf dessen Antrag (§ 113 III BGB), die Befreiung von dem Erfordernis der Volljährigkeit für die Eingehung einer Ehe durch das Familiengericht (§ 1303 II BGB).

2. Persönliche Voraussetzungen

Beschwerdeberechtigt sind die unter elterlicher Sorge oder Vormundschaft 5 stehenden Minderjährigen nach Vollendung des 14. Lebensjahres. Diesen Per-

§ 60

sonen sind gleichgestellt Pflegebefohlene, die zugleich unter elterlicher Sorge oder Vormundschaft stehen. Nicht ausgeübt werden kann das Beschwerderecht durch Personen, die geschäftsunfähig, auch partiell (BayObLG 58, 5)
6 sind oder das 14. Lebensjahr noch nicht vollendet haben **(Satz 3).** Der **maßgebende Zeitpunkt** ist der Erlass (§ 38 III) der Entscheidung; das ist bei schriftlicher Abfassung des Beschlusses der Zeitpunkt der Übergabe an die Geschäftsstelle zur Veranlassung der Bekanntgabe (§ 41) oder bei mündlicher Bekanntgabe durch Verlesen der Beschlussformel der im Vermerk hierüber angegebene Zeitpunkt. Vollendet das Kind noch innerhalb der Beschwerdefrist das 14. Lebensjahr, steht ihm ein Beschwerderecht nicht zu (Sedemund-Treiber, FamRZ 86, 215; Keidel/Meyer-Holz, Rn 13 zu § 60; aA Bork/Jacoby/Schwab/Müther, Rn 4 zu § 60). Das Beschwerderecht kann dagegen
7 ausgeübt werden durch den **Geschäftsunfähigen** gegen die Feststellung des Ruhens der elterlichen Sorge wegen Geschäftsunfähigkeit (OLG Düsseldorf, FamRZ 69, 663), nicht jedoch in Angelegenheiten, die den Vollzug einer Pflegschaft betreffen (KG, MDR 67, 922; aber: BayObLG 65, 59). Keine selbständige Ausübung des Beschwerderechts im Verfahren nach § 1837 BGB zur Vorbereitung der Wiederaufnahme eines Strafverfahrens (OLG Köln, OLG 78, 264). Soweit der Geschäftsunfähige zur Ausübung des Beschwerderechts nicht berechtigt ist, ist sein Rechtsmittel als unzulässig zu verwerfen. Bei nicht behebbaren Zweifeln ist er als geschäftsfähig und die Beschwerde als zulässig zu erachten. Der Geschäftsunfähige kann das Beschwerderecht auch nicht durch einen Bevollmächtigten ausüben, den er vor Eintritt der Geschäftsunfähigkeit bevollmächtigt hat, jedoch Vorsorgevollmacht möglich (§ 303 IV, § 335 III).

3. Sachliche Voraussetzungen

8 **a) Angelegenheiten der Personensorge.** Nach **Satz 1** sind beschwerdeberechtigt Kind und Mündel in allen seine Person mittelbar oder unmittelbar betreffenden Angelegenheiten.
9 **Beispiele:** Angelegenheiten der §§ 112, 1629 iVm 1796, 1630 II, 1638 II, 1632 II, 1666 (OLG Hamm, MDR 74, 45; OLG Stuttgart, OLG 75, 73), § 1671 BGB (BayObLG 74, 443), §§ 1672, 1674, 1678 II, 1680, 1681 II 2, 1693, 1696, 1763, 1800, 1887, 1669 BGB. Das Beschwerderecht ist auch gegeben in Angelegenheiten, die den Unterhalt betreffen; auch wenn in Angelegenheiten der Vermögensverwaltung der Unterhalt berührt wird oder sie zur Schmälerung der zum Unterhalt bereitstehenden Mittel führen könnten.
10 **b) Sonstige Angelegenheiten, in denen das Kind gehört werden soll.** Das Beschwerderecht steht dem Kind (Mündel) darüber hinaus in allen Angelegenheiten zu, in denen gesetzlich vorgesehen ist, dass es vor der Entscheidung gehört werden soll **(Satz 2):** nach § 159 I in Kindschaftssachen, nach § 192 I in Adoptionssachen. Die Anhörung nach § 159 I betrifft sowohl Angelegenheiten der **Personensorge** als auch der **Vermögenssorge.** Daher erstreckt sich das selbständige Beschwerderecht des Kindes auch auf eine Angelegenheit der Vermögenssorge, wenn und soweit es in dieser Angelegenheit gehört werden soll.

§ 61 Beschwerdewert; Zulassungsbeschwerde **§ 61**

Beispiele: Bestellung eines Pflegers zur Führung eines Rechtsstreits, familiengerichtliche Genehmigung eines Rechtsgeschäfts.

Unabhängig von § 60 ist aber die selbständige Berechtigung zur Beschwerdeeinlegung auch in Vermögensangelegenheiten anzuerkennen, wenn der beschränkt Geschäftsfähige in diesen Angelegenheiten ein **Antragrecht** hat, zB nach § 113 III BGB. **11**

Auch soweit nach § 159 II das noch nicht 14 Jahre alte Kind angehört werden soll, verbleibt es für das selbständige Beschwerderecht bei der Altersgrenze von 14 Jahren **(Satz 3)**. Das Beschwerderecht besteht unabhängig von der tatsächlichen Durchführung der Anhörung. **12**

4. Bekanntgabe

Um dem Kind die selbständige Ausübung des Beschwerderechts zu ermöglichen, sind die Entscheidungen neben dem gesetzlichen Vertreter dem Kind (Mündel) selbst bekannt zu machen, wenn es das 14. Lebensjahr vollendet hat und nicht geschäftsunfähig ist (§ 164 Satz 1). Die Entscheidung ist stets zu begründen (§ 38 III); die Ausnahme nach Abs 4 Nr 2 ist nicht anwendbar (§ 164 Satz 3). Die Unterrichtung über alle Einzelheiten der **Begründung** kann für das Kind (Mündel) abträglich sein. § 164 Satz 2 sieht daher vor, dass eine Begründung dem Kind (Mündel) nicht mitgeteilt werden soll, wenn Nachteile für dessen Entwicklung, Erziehung oder Gesundheitszustand zu befürchten sind. Die ohne oder mit abgekürzter Begründung versehene Entscheidung setzt die Rechtsmittelfrist in Lauf. Das Unterbleiben der Begründung ist in einer gesonderten Entscheidung auszusprechen; sie ist den Beteiligten, auch dem Kind, bekannt zu geben. **13**

14

Beschwerdewert; Zulassungsbeschwerde

61 (1) **In vermögensrechtlichen Angelegenheiten ist die Beschwerde nur zulässig, wenn der Wert des Beschwerdegegenstandes 600 Euro übersteigt.**

(2) **Übersteigt der Beschwerdegegenstand nicht den in Absatz 1 genannten Betrag, ist die Beschwerde zulässig, wenn das Gericht des ersten Rechtszugs die Beschwerde zugelassen hat.**

(3) **Das Gericht des ersten Rechtszugs lässt die Beschwerde zu, wenn**
1. **die Rechtssache grundsätzliche Bedeutung hat oder die Fortbildung des Rechts oder die Sicherung einer einheitlichen Rechtsprechung eine Entscheidung des Beschwerdegerichts erfordert und**
2. **der Beteiligte durch den Beschluss mit nicht mehr als 600 Euro beschwert ist.**

Das Beschwerdegericht ist an die Zulassung gebunden.

1. Statthaftigkeit in vermögensrechtlichen Angelegenheiten

Die Beschwerde ist in diesen Angelegenheiten nur zulässig, wenn der Wert des Beschwerdegegenstandes 600 Euro übersteigt. Eine Sonderregelung für die Anfechtbarkeit von Kosten- und Auslagenentscheidungen besteht nicht **1**

§ 61
Buch 1 – Allgemeiner Teil

mehr (Rn 3 zu § 81). Der als Voraussetzung für die Anfechtbarkeit zu erreichende Beschwerdewert beträgt einheitlich 600 Euro. Bei der Anfechtung einer isoliert ergangenen Kostenentscheidung oder der isolierten Anfechtung einer Kostenentscheidung ohne gleichzeitige Beschwerde gegen die Hauptsache (OLG München, FamRZ 10, 1465) ist der Wert der Kosten auch dann maßgebend, wenn es sich um eine nicht vermögensrechtliche Angelegenheit handelt, weil Kosten eine vermögenswerte Leistung darstellen (OLG Hamburg, FamRZ 10, 665; OLG Stuttgart, FamRZ 10, 664, FGPrax 10, 111; OLG München, aaO; OLG Köln, Rpfleger 10, 507; OLG Oldenburg, FamRZ 10, 1466; OLG Brandenburg, FamRZ 10, 1464; OLG Karlsruhe, FamRZ 10, 1695; OLG Zweibrücken, FamRZ 10, 1835; OLG Koblenz, FamRZ 10, 2013; aA OLG Nürnberg, FamRZ 10, 998). Der Beschwerdewert des Abs 1 findet auch Anwendung auf die Beschwerde gegen eine Zwangsgeldfestsetzung nach §§ 389, 391. Ausnahmen: In Versorgungsausgleichssachen gilt § 61 nur im Fall der Anfechtung einer Kostenentscheidung nach § 228; Beschwerdewert nach § 57 FamGKG 200 Euro.

Der Beschwerdewert bemisst sich nach dem vermögenswerten Interesse des Beschwerdeführers an der angefochtenen Entscheidung (BGH, NJW 92, 3305). **Maßgebender Zeitpunkt** für die Zulässigkeit des Rechtsmittels ist der Erlass der Entscheidung (Rn 4 zu § 38); bei schriftlicher Bekanntgabe entspricht die Regelung der bisherigen Rechtsprechung, dergemäß es auf den Zeitpunkt ankam, in dem das Gericht den Beschluss aus seiner Verfügungsgewalt entlassen hat (BGH, Rpfleger 84, 62). Die Beschwerdesumme kann nicht durch Erweiterung des erstinstanzlichen Antrags im Beschwerdeverfahren erreicht werden (BayObLG, NZM 01, 244; SchleswHolstOLG, FGPrax 05, 17). Bei **teilweiser** Abhilfe oder Rücknahme ist maßgebend die verbliebene Beschwerdesumme. Die Beschwer ist für jeden Beteiligten gesondert zu berechnen.

2. Zulassung

Übersteigt der Wert des Beschwergegenstandes nicht den Betrag von 600 Euro, kann das erstinstanzliche Gericht die Beschwerde zulassen **(Abs 2)**. Das Gericht lässt sie zu, wenn der Beteiligte durch den Beschluss mit nicht mehr als 600 Euro beschwert ist **(Abs 3 Nr 2)** und die Rechtssache grundsätzliche Bedeutung hat oder die Fortbildung des Rechts oder die Sicherung einer einheitlichen Rechtsprechung eine Entscheidung des Beschwerdegerichts erfordert **(Abs 3 Nr 1)**. Die Anfechtbarkeit einer Entscheidung ist nach diesen Grundsätzen gegeben, wenn dem Rechtsstreit eine über den Einzelfall hinausgehende Bedeutung zukommt oder wenn das Gericht des ersten Rechtszuges in einer Rechtsfrage von einer obergerichtlichen Entscheidung abweicht oder eine obergerichtliche Entscheidung der Rechtsfrage noch nicht erfolgt ist und Anlass besteht, diese Rechtsfrage einer Klärung zuzuführen. (Im Einzelnen zur Frage der Zulassung Rn 12 ff zu § 70).

3. Bindung an die Zulassung

Die Zulassung ist für das Beschwerdegericht bindend, ebenso wie das Rechtsbeschwerdegericht an eine Zulassung durch das Beschwerdegericht

§ 62 Statthaftigkeit der Beschwerde nach Erledigung der Hauptsache **§ 62**

gebunden ist (§ 70 II 2). Die Beschwerde kann daher nicht mit der Begründung als unzulässig verworfen werden, das erstinstanzliche Gericht habe die Voraussetzungen für die Zulassung der Beschwerde zu Unrecht angenommen. Die **Nichtzulassung** der Beschwerde ist generell nicht mehr anfechtbar.

Entscheidet dagegen der **Rechtspfleger** über die Nichtzulassung, ist gegen 5 diese Entscheidung die Erinnerung nach § 11 II RPflG gegeben; der Rechtspfleger kann die Beschwerde im Wege der Abhilfe zulassen (BGH, NJW 04, 779; OLG Stuttgart, Rpfleger 10, 325); nicht jedoch bei einer Entscheidung nach § 56 II 1, 33 IV 2 RVG (OLG München, Rpfleger 10, 628).

Statthaftigkeit der Beschwerde nach Erledigung der Hauptsache

62 (1) **Hat sich die angefochtene Entscheidung in der Hauptsache erledigt, spricht das Beschwerdegericht auf Antrag aus, dass die Entscheidung des Gerichts des ersten Rechtszugs den Beschwerdeführer in seinen Rechten verletzt hat, wenn der Beschwerdeführer ein berechtigtes Interesse an der Feststellung hat.**

(2) **Ein berechtigtes Interesse liegt in der Regel vor, wenn**
1. **schwerwiegende Grundrechtseingriffe vorliegen oder**
2. **eine Wiederholung konkret zu erwarten ist.**

1. Beschwerde nach Erledigung der Hauptsache

Nach Erledigung der Hauptsache wurde ein **Feststellungsinteresse** in der 1 freiwilligen Gerichtsbarkeit verneint. Das Verfahren wurde allgemein als wenig geeignet für eine Feststellung beurteilt, weil alle am Verfahren beteiligt werden müssten, zu deren Gunsten oder Lasten die Feststellung wirken könnte (BayObLG, FamRZ 93, 720). Ein Antrag auf Feststellung des Bestehens der gemeinsamen elterlichen Sorge wurde unter bestimmten Voraussetzungen bejaht (OLG Stuttgart, FamRZ 99, 804; OLG Hamm, FamRZ 99, 803; OLG Zweibrücken, FamRZ 00, 506), ohne dass die fehlende Rechtskraft als entscheidend angesehen wurde. Das OLG Stuttgart (FGPrax 08, 24) bejaht bei besonderem Feststellungsinteresse die Zulässigkeit von Feststellungsanträgen, die das Bestehen oder Nichtbestehen der elterlichen Sorge betreffen, weil ein praktisches Bedürfnis für eine verbindliche Klärung bestehen könne. Bei Erledigung nach Erlass der Entscheidung ist eine Beschwerde grundsätzlich unzulässig; tritt die Erledigung nach Einlegung des Rechtsmittels ein, wird sie unzulässig, weil eine Beschwer in der Hauptsache nicht mehr vorliegt. Ein berechtigtes Interesse an der Feststellung, eine Anordnung sei rechtswidrig gewesen, wurde verneint, wenn die Entscheidung auf die Rechtsstellung nicht mehr unmittelbar einwirkte (KG, OLG 82, 182).

Ausgehend von der Rechtsprechung des BVerfG wurde ein Feststellungs- 2 interesse bei **schwerwiegenden Grundrechtseingriffen** bejaht. Das BVerfG (NJW 97, 2146) hatte zunächst zu § 304 StPO entschieden, dass Art 19 IV GG die Bejahung eines Rechtsschutzinteresses bei tief greifenden Grundrechtseingriffen gebiete, wenn sich die direkte Belastung auf einen Zeitraum beschränkt, in dem eine gerichtliche Entscheidung nach dem typischen Verfahrensablauf kaum erlangt werden kann. Die Anwendung dieses Grundsatzes auf Verfahren

§ 62

der freiwilligen Gerichtsbarkeit, die mit Freiheitsentziehung verbunden sind, haben zunächst nur das OLG Frankfurt, FGPrax 98, 35; OLG Köln, NJW 98, 462; das Saarländische OLG, FGPrax 98, 197 und das OLG Schleswig, FGPrax 98, 244 bejaht. Das BVerfG, NJWE-FER 98, 163; NJW 98, 2432; NJW 99, 273 hat dann in einer Entscheidung, die eine vorläufige Unterbringungsmaßnahme nach § 70 h FGG betraf, auch für die freiwillige Gerichtsbarkeit klargestellt, dass die Rechtsauffassung, ein Rechtsmittel gegen die Anordnung einer vorläufigen Unterbringung sei im Falle prozessualer Überholung infolge Beendigung der Maßnahme als unzulässig zu verwerfen, dem Recht auf Gewährung effektiven Rechtsschutzes nach Art 19 IV GG widerspreche; ebenso KG, FGPrax 00, 213; OLG Karlsruhe, NJW-RR 00, 1172; OLG Zweibrücken, FGPrax 04, 95; das BayObLG, FamRZ 01, 578 jedoch mit der Einschränkung, dass die Unterbringung nicht länger als sechs Wochen dauert.

3   In seiner Entscheidung vom 5. 12. 2001, NJW 02, 2456 hat das BVerfG das Feststellungsinteresse bei **Freiheitsentziehungen** erweitert: Es ist zu bejahen wegen des Gewichts des Eingriffs in die Freiheit, dessen diskriminierender Wirkung und des Rehabilitationsinteresses, unabhängig vom konkreten Ablauf des Verfahrens, dem Zeitpunkt der Erledigung und unabhängig von der Frage, ob der Rechtsschutz typischerweise noch vor Beendigung der Freiheitsentziehung erlangt werden kann. Zulässigkeit der Beschwerde trotz Erledigung bejaht OLG Hamm, FGPrax 01, 263: Verlängerung der Abschiebehaft; OLG Hamm, FGPrax 04, 96: Überprüfung bis zum Abschiebetermin; Feststellung der Rechtswidrigkeit einer Betreuung nach deren Aufhebung wegen des fortwirkenden diskriminierenden Charakters der Grundrechte nach Art 2 I, 19 IV, 103 I GG verletzenden Maßnahme (BVerfG, NJW 10, 3360); Feststellung der Rechtswidrigkeit einer vorläufigen Betreuerbestellung und vorläufigen Unterbringung nach Erledigung der Hauptsache (BVerfG, FamRZ 08, 2260; OLG München, FGPrax 09, 113). § 62 sieht nunmehr ausdrücklich die Möglichkeit vor, im Beschwerdeverfahren auch nach Erledigung der Hauptsache einen Antrag auf Feststellung der Rechtswidrigkeit zu stellen; ein berechtigtes Interesse hieran ist insbesondere bei schwerwiegenden Grundrechtseingriffen gegeben (§ 62 II Nr 1). Auch im verfassungsgerichtlichen Verfahren kann nach Erledigung des eigentlichen Rechtsschutzbegehrens das Rechtsschutzbedürfnis fortbestehen, wenn der Grundrechtseingriff besonders schwerwiegend ist (BVerfG, FamRZ 09, 399).

4   Ein Feststellungsinteresse ist auch unabhängig davon zu bejahen, ob bereits Beschwerde eingelegt ist. Ein Feststellungsinteresse wird daher auch dann bejaht, wenn sich die Hauptsache **vor Einlegung des Rechtsmittels** erledigt hat: OLG München, FamRZ 08, 64: Feststellung der Rechtswidrigkeit einer Genehmigung der Unterbringung; ferner OLG Hamm, FGPrax 06, 230; PfälzOLG Zweibrücken, FGPrax 06, 235; OLG Naumburg, FamRZ 08, 186); in einer Unterbringungssache beschränkt sich die Feststellung auf den Zeitraum, in dem die Unterbringung vollzogen wurde (OLG Frankfurt/M, FGPrax 05, 88). Zu dem Recht auf Feststellung der Rechtswidrigkeit auch bei Erledigung vor Einlegung eines Rechtsmittels in Freiheitsentziehungssachen: Rn 11 zu § 417. Auch das bayerische Polizeiaufgabengesetz, das in Art 18 III auf die Vorschriften der §§ 415 ff des Verfahrens in Freiheitsentziehungssachen verweist, sieht in Art 18 II einen Antrag auf Feststellung der

§ 62 Statthaftigkeit der Beschwerde nach Erledigung der Hauptsache **§ 62**

Rechtswidrigkeit vor; dieser ist schon dann zulässig, wenn eine Freiheitsentziehung vor Erlass einer richterlichen Entscheidung beendet ist.

Kein Rechtsschutzbedürfnis für eine Feststellung der Rechtswidrigkeit 5 besteht bei nicht vollzogener Abschiebehaft (BayObLG, FGPrax 04, 307), bei nicht durchgeführter betreuungsrechtlicher Maßnahme (OLG Hamm, FGPrax 04, 231), bei Freiwilligkeit der Untersuchung nach Anordnung der Unterbringung zur Untersuchung (BVerfG, NJW 98, 2813; KG, FGPrax 02, 45), jedoch nur für den zeitlich begrenzten Zeitraum der Zustimmung (OLG München, FamRZ 08, 89). Kein Feststellungsinteresse, wenn die sich gegen die Bestellung eines vorläufigen Betreuers eingelegte Beschwerde durch Ablauf der vorläufigen Betreuung erledigt (BVerfG, FamRZ 02, 312); Rechtmäßigkeitsprüfung auch nach Ablauf der vorläufigen Betreuung bejaht: OLG Rostock, FamRZ 07, 302. Kein Feststellungsinteresse bei Entlassung des bisherigen und Bestellung eines neuen Betreuers, weil der Wechsel in der Person des Betreuers keinen Grundrechtseingriff darstellt (KG, FGPrax 09, 209). Kein Rechtsschutzbedürfnis der Alleinerbin zur Feststellung der Rechtswidrigkeit einer durch den Tod des Betroffenen erledigten Betreuungsmaßnahme, weil ein derartiger Anspruch höchstpersönlicher Natur und nicht Gegenstand des Erbrechts ist (KG, FGPrax 09, 264). Keine Feststellung der Rechtswidrigkeit der Anordnung einer Nachlasspflegschaft, wenn diese auf Beschwerde aufgehoben wurde (OLG Hamm, FGPrax 10, 79), des Notars gegen eine Zwischenverfügung, nachdem er dieser nachgekommen ist (OLG Düsseldorf, Rpfleger 10, 261), gegen Einholung eines Betreuungsgutachtens nach dessen Vorlage (KG, FGPrax 10, 69).

2. Gesetzliche Regelung

Der Gesetzgeber hat auf der Grundlage der Entscheidungen des BVerfG 6 in § 62 eine gesetzliche Regelung zu der Frage getroffen, unter welchen Voraussetzungen auch nach Erledigung der Hauptsache ein berechtigtes Interesse an einer feststellenden Entscheidung bestehen bleibt. Nach **Abs 1** spricht das Gericht auf Antrag aus, dass die Entscheidung des ersten Rechtszuges den Beschwerdeführer in seinen Rechten verletzt hat, wenn dieser ein berechtigtes Interesse an der Feststellung hat. Auch in den Rechtsbeschwerdeverfahren nach §§ 70 ff ist ein § 62 entspr Feststellungsantrag zulässig; einer Zulassung der Rechtsbeschwerde bedarf es nicht (BGH, FGPrax 10, 150, 152).

3. Berechtigtes Interesse

Nach Abs 2 liegt ein berechtigtes Interesse in der Regel vor, wenn **schwer-** 7 **wiegende Grundrechtseingriffe** vorliegen (Nr 1) oder eine **Wiederholung konkret** (OLG München, FGPrax 10, 209) zu erwarten ist (Nr 2). Zur Auslegung ist die Rechtsprechung heranzuziehen, die vor Einführung einer ausdrücklichen gesetzlichen Regelung ergangen ist (Rn 2–4). Die Feststellung der Rechtswidrigkeit schließt auch die Verletzung von Verfahrensrechten ein (OLG München, NJW 10, 2593).

§ 63
Buch 1 – Allgemeiner Teil

4. Antrag

8   Der Gesetzgeber hat sich dafür entschieden, für die Geltendmachung des Feststellungsinteresses einen förmlichen Antrag vorzusehen. Diese Frage war in der Rechtsprechung umstritten. Das Gericht hat jedenfalls auch im Beschwerdeverfahren die sich aus § 28 I, II ergebende Verpflichtung, auf die Notwendigkeit eines förmlichen Antrags hinzuweisen (OLG München, FamRZ 06, 62; Keidel/Budde, Rn 10 zu § 62; Johannsen/Henrich/Althammer, Rn 2 zu § 62); keine Rechtswidrigkeitsfeststellung durch beschwerdebefugte Angehörige im eigenen Namen (OLG München, FamRZ 07, 59). Im Rechtsbeschwerdeverfahren ist die Überprüfung auf die Verfahrensgegenstände beschränkt, die Gegenstand des Beschwerdeverfahrens waren (OLG Zweibrücken, FGPrax 05, 137).

Beschwerdefrist

63 **(1) Die Beschwerde ist, soweit gesetzlich keine andere Frist bestimmt ist, binnen einer Frist von einem Monat einzulegen.**

(2) Die Beschwerde ist binnen einer Frist von zwei Wochen einzulegen, wenn sie sich gegen

1. eine einstweilige Anordnung oder
2. einen Beschluss, der die Genehmigung eines Rechtsgeschäfts zum Gegenstand hat,

richtet.

(3) Die Frist beginnt jeweils mit der schriftlichen Bekanntgabe des Beschlusses an die Beteiligten. Kann die schriftliche Bekanntgabe an einen Beteiligten nicht bewirkt werden, beginnt die Frist spätestens mit Ablauf von fünf Monaten nach Erlass des Beschlusses.

1. Befristete Beschwerde

1   Das FGG-Reformgesetz hat **einheitlich** die befristete Beschwerde eingeführt, sie gilt für Endentscheidungen (§ 38) und für Zwischenentscheidungen, die selbständig mit der sofortigen Beschwerde nach der ZPO anfechtbar sind (Rn 18 zu § 58). Die Frist (Berechnung: § 16) beträgt für Endentscheidungen grundsätzlich einen Monat **(Abs 1);** sie ist auf zwei Wochen **verkürzt,** wenn sie sich richtet gegen eine einstweilige Anordnung nach § 57 **(Abs 2 Nr 1)** oder einen Beschluss, der eine Genehmigung eine Rechtsgeschäfts nach § 40 II zum Gegenstand hat **(Abs 2 Nr 2).** Soweit gegen Zwischenentscheidungen die sofortige Beschwerde nach der ZPO zulässig ist, beträgt die Frist zwei Wochen. Die Beschwerdefrist kann weder abgekürzt noch verlängert noch durch eine Entscheidung des Gerichts oder durch Vereinbarung der Parteien ausgeschlossen werden. Bei unverschuldeter Versäumung der Frist ist nach §§ 17–19 Wiedereinsetzung in den vorigen Stand möglich.

2. Fristbeginn

2   Die Frist beginnt mit der schriftlichen Bekanntgabe des Beschlusses (§ 41). Für den Fall, dass eine schriftliche Bekanntgabe nicht erfolgt ist, knüpft **Abs 3**

§ 63 Beschwerdefrist **§ 63**

an den Erlass (§ 38 III 3) des Beschlusses an; die Frist beginnt dann spätestens mit Ablauf von fünf Monaten nach dem Erlass. Das Fehlen einer jetzt zwin- 3 gend vorgeschriebenen Rechtsbehelfsbelehrung (§ 39) hindert den Fristbeginn nicht. Bei einer unterbliebenen oder fehlerhaften Rechtsbehelfsbelehrung wird jedoch bei einem Antrag auf Wiedereinsetzung fehlendes Verschulden vermutet (§ 17 II). Nach bisheriger Rechtslage war die Frage streitig, ob bei einer zwingend vorgeschriebenen Rechtsmittelbelehrung die Rechtsmittelfrist nicht zu laufen begann (OLG Naumburg, Rpfleger 01, 171) oder fehlendes Verschulden (unwiderlegbar) zu vermuten war (BGH, FGPrax 02, 166 auf Vorlage BayObLG, FGPrax 02, 14). Eine Kausalität zwischen fehlender Belehrung und Fristversäumnis ist zu verneinen bei Hinweis durch das Beschwerdegericht (für das bisherige Recht: KG, FGPrax 02, 245).

Die Frist beginnt für **jeden** Beschwerdeberechtigten mit der Bekanntgabe 4 (§ 41) an diesen, bei mehreren Beschwerdeberechtigten also zu verschiedenen Zeitpunkten (Abs 3 S 1). **Ausnahmsweise** bestimmt ein einheitlicher Zeit- 5 punkt den Beginn der Frist: Bei mehreren Verfahrensbevollmächtigten beginnt die Frist mit der zuerst erfolgten Zustellung (OLG Zweibrücken, Rpfleger 02, 2252). Ist eine für mehrere Personen bestimmte Entscheidung ihrem Inhalt nach untrennbar, wird sie mit der Bekanntgabe an den letzten der Beteiligten wirksam.

Wenn eine schriftliche Bekanntgabe an einen erstinstanzlichen Beteiligten 6 nicht erfolgen kann, kommt die **Auffangfrist** von fünf Monaten nach Abs 3 S 2 zur Anwendung. Wer am erstinstanzlichen Verfahren nicht beteiligt war, aber von der Entscheidung in seinen Rechten beeinträchtigt wird (§ 59 I), kann nur solange fristgemäß Beschwerde einlegen, bis die Frist für den letzten Beteiligten abgelaufen ist. Auch wenn daher eine schriftliche Bekanntgabe der Entscheidung an den im erstinstanzlichen Verfahren nicht Hinzugezogenen, aber materiell Beeinträchtigten unterblieben ist, wird für diesen die Auffangfrist von fünf Monaten nach Abs 3 nicht ausgelöst. Es tritt daher die Rechtskraft der Entscheidung mit Ablauf der Rechtsmittelfrist für den letzten der im erstinstanzlichen Verfahren hinzugezogenen Beteiligten ein. Diese gesetzliche Lösung dient dem Ziel, Rechtsklarheit und Rechtssicherheit für die Beteiligten herzustellen. Das Gesetz stellt zwar sicher, dass die dem Gericht bekannten Beteiligten hinzugezogen (§ 7 II Nr 1) oder in die Lage versetzt werden, einen Antrag auf Hinzuziehung zu stellen (§ 7 IV). Unbefriedigend ist diese Lösung jedoch für dem Gericht unbekannte und deshalb nicht hinzugezogene Beteiligte, sofern diese durch die Entscheidung in ihren Rechten beeinträchtigt werden.

In **Familiensachen** beginnt die Rechtsmittelfrist mit der Zustellung an 7 den Rechtsmittelführer und nicht erst mit der letzten Zustellung an einen der Beteiligten (BGH, NJW 02, 2252).

Sonderregelungen: In einigen ausdrücklich bestimmten Fällen genügt die 8 Bekanntgabe an einen von mehreren Beteiligten, für die die Entscheidung ihrem Inhalt nach bestimmt ist, damit die Entscheidung für alle Beteiligten wirksam wird:

In Betreuungssachen werden die Entscheidungen mit der Bekanntgabe an den Betreuer wirksam (§ 287 I); die Rechtsmittelfrist beginnt mit dieser Bekanntgabe. Die Genehmigung der Sterilisation wird dagegen wirksam durch Bekanntgabe an mehrere in § 297 VII aufgeführte Personen; in diesem Fall beginnt die Frist mit der Bekanntgabe an den letzten dieser Personen. Die Beschwerdefrist für die Staatskasse in Betreuungssachen beträgt drei Monate; sie beginnt mit der formlosen Mitteilung an den Vertreter der Staatskasse (§ 304 II).

Einlegung der Beschwerde

64 **(1) Die Beschwerde ist bei dem Gericht einzulegen, dessen Beschluss angefochten wird.**

(2) Die Beschwerde wird durch Einreichung einer Beschwerdeschrift oder zur Niederschrift der Geschäftsstelle eingelegt. Die Einlegung der Beschwerde zur Niederschrift der Geschäftsstelle ist in Ehesachen und in Familienstreitsachen ausgeschlossen. Die Beschwerde muss die Bezeichnung des angefochtenen Beschlusses sowie die Erklärung enthalten, dass Beschwerde gegen diesen Beschluss eingelegt wird. Sie ist von dem Beschwerdeführer oder seinem Bevollmächtigten zu unterzeichnen.

(3) Das Beschwerdegericht kann vor der Entscheidung eine einstweilige Anordnung erlassen; es kann insbesondere anordnen, dass die Vollziehung des angefochtenen Beschlusses auszusetzen ist.

1. Zuständiges Gericht

1   Die Beschwerde kann nur noch bei dem Gericht eingelegt werden, dessen Entscheidung angefochten wird. Bei **inkorrekten** Entscheidungen ergibt sich die Zuständigkeit aus dem Prinzip der formellen Anknüpfung (OLG Hamm, NJW 10, 879). Die bisherige Möglichkeit für den Beschwerdeführer, die Beschwerde nach seiner Wahl auch bei dem Beschwerdegericht einzulegen (§ 21 I FGG) besteht nicht mehr. Dem Gericht, dessen Entscheidung angefochten wird, wird es dadurch ermöglicht, der Beschwerde **abzuhelfen,** wenn es sie für begründet hält (§ 68 I 1). Durch Einlegung bei einem anderen Gericht wird die Frist nicht gewahrt, wenn die Beschwerde erst nach Ablauf der Frist an das zuständige Gericht gelangt. Ist für mehrere Gerichte eine allgemeine Einlaufstelle eingerichtet, ist das Schriftstück nur bei dem Gericht eingegangen, an das es adressiert ist (BayObLG, NJW 88, 714).

2   In **Unterbringungssachen** kann der Betroffene die Beschwerde auch bei dem Amtsgericht einlegen, in dessen Bezirk er untergebracht ist (§§ 305, 336); das gilt allgemein, wenn das Rechtsmittel gerade gegen die eigene Freiheitsentziehung gerichtet ist, nicht jedoch auch für weitere Angelegenheiten (BGH, FGPrax 02, 20, gegen das vorlegende BayObLG, FGPrax 01, 91: Adoption). Die Zuständigkeit ist auch gegeben, wenn Verfahrensbevollmächtigte Beschwerde im Namen des Betroffenen einlegen; nicht für weitere Beschwerdeberechtigte, auch nicht für Rechtsmittel des Verfahrenspflegers, Betreuers, aus eigenem Recht (Rn 7, 8 zu § 303).

2. Form der Beschwerdeeinlegung

3   Die Beschwerde kann durch Einreichung einer Beschwerdeschrift oder mit Ausnahme von Ehe- und Familienstreitsachen zur Niederschrift der Ge-

schäftsstelle (§ 25) eingelegt werden **(Abs 2 Satz 1);** sie ist auch möglich in Form eines elektronischen Dokuments entspr § 130 a ZPO (§ 14 II). Der Beschwerdeführer kann zwischen den gesetzlichen Formen der Beschwerdeeinlegung wählen.

a) Die Beschwerdeschrift muss die Bezeichnung des angefochtenen 4 Beschlusses enthalten und die Erklärung, dass Beschwerde gegen den Beschluss eingelegt wird (§ 64 II 2); sie ist von dem Beschwerdeführer oder seinem Bevollmächtigten zu unterzeichnen. Die Form ist auch gewahrt bei telegrafischer Einlegung (BVerfG, NJW 87, 2067; BGH, NJW 86, 2646; BayObLG 87, 237), durch Telekopie, die die Unterschrift des Absenders wiedergeben muss (BGH, NJW 90, 188), durch Telefax, dessen Zugang „nach Lage des Einzelfalles" durch Sendebericht und Statusbericht des Empfangsgerätes bewiesen werden kann (OLG Zweibrücken, FGPrax 02, 17), und bei Einlegung durch Fernschreiber (BGH, NJW 86, 1759). Auch die zu Protokoll der Geschäftsstelle eingelegte Beschwerde erfüllt die Voraussetzungen der Schriftform, wenn der Beschwerdeführer das Protokoll eigenhändig unterschreibt (OLG Düsseldorf, Rpfleger 78, 30).

b) Einlegung zu Protokoll. Im Einzelnen Rn 4, 7 zu § 25. Auch eine 5 entgegen § 24 I 1a RPflG von dem Richter protokollierte Beschwerde ist formgerecht (BayObLG, NJW-RR 89, 1241). Der Rechtspfleger, der nicht Urkundsbeamter der Geschäftsstelle ist, kann nach § 27 I, § 24 II RPflG zur Wahrnehmung von Geschäften des Urkundsbeamten der Geschäftsstelle herangezogen werden. Die Aufnahme einer Beschwerde zu Protokoll kann jedoch nur durch das **zuständige Gericht** erfolgen. Anderenfalls ist die Einlegung zu Protokoll unwirksam; sie kann auch nicht durch Weiterleitung an das zuständige Gericht wirksam werden (OLG München, Rpfleger 08, 192; aA Johannsen/Henrich/Althammer, Rn 4 zu § 64: § 25 II, III analog). Soweit eine Rechtsantragsstelle eingerichtet ist, tritt diese an die Stelle der zuständigen Geschäftsstelle. Zur Aufnahme einer Beschwerde eines der deutschen Sprache nicht mächtigen Ausländers ist die Zuziehung eines Dolmetschers geboten (BayObLG, Rpfleger 77, 133).

c) Einlegung als elektronisches Dokument (Einl 48). Bei Einlegung 6 eines elektronischen Dokuments entspr § 130 a ZPO muss dieses bestimmte „Formate" aufweisen und mit einer qualifizierten elektronischen Signatur nach § 2 Nr 3 SigG versehen sein. Die Einlegung ist erfolgt in dem **Zeitpunkt** der Aufzeichnung durch die für den Empfang bestimmte Einrichtung des Gerichts, nicht erst in dem Zeitpunkt des Ausdrucks. Der Zeitpunkt, von dem an diese Form der Beschwerdeeinlegung gewählt werden kann sowie die für die Bearbeitung geeignete Form werden durch Rechtsverordnungen bestimmt (§ 130 II ZPO). Die Zulassung der elektronischen Form kann auf einzelne Gerichte und Verfahren beschränkt werden.

3. Inhalt der Beschwerdeschrift

Aus der Beschwerdeschrift muss der Wille, die Nachprüfung einer be- 7 stimmten Entscheidung durch eine höhere Instanz herbeizuführen, hervorgehen. Die Rechtsbedingung, dass das Rechtsmittel eines anderen Beschwerdeführers erfolglos bleibt, schadet nicht (BayObLG, NJW-RR 89,

§ 64
Buch 1 – Allgemeiner Teil

1286). Die **Beschränkung** der Beschwerde ist möglich in Antragsverfahren, wenn die Entscheidung mehrere Gegenstände oder einen teilbaren Gegenstand betrifft, zB in Hausratsverfahren, Erbscheinsverfahren (BayObLG, FamRZ 90, 441; NJW-RR 97, 7); darüber hinaus allgemein auch in Amtsverfahren, wenn in einem Beschluss über mehrere selbständige Verfahrensgegenstände entschieden worden ist, zB bei der Regelung der elterlichen Sorge nach § 1671 BGB für mehrere Kinder; im Übrigen ist die teilweise Anfechtung einer einheitlichen Entscheidung über elterliche Sorge unzulässig (BayObLG 67, 466), jedoch möglich die Beschränkung auf die Nachprüfung der Übertragung der Personensorge, wenn trotz eines gemeinsamen Vorschlags dem einen Elternteil die Personensorge und dem anderen Elternteil die Vermögenssorge zu übertragen, beide Angelegenheiten einem Elternteil übertragen wurden (BayObLG 75, 34). In Betreuungssachen kann das Rechtsmittel gegen die Bestellung eines Betreuers auf die Frage der Auswahl beschränkt werden, weil Bestellung und Auswahl trennbar sind (BayObLG, FamRZ 96, 419; OLG Hamm, FGPrax 96, 183). Ist trotz unteilbaren Gegenstandes die Beschwerde beschränkt, ist die angefochtene
9 Entscheidung in vollem Umfang zu prüfen. Eine **Erweiterung** der Beschwerde innerhalb der Frist ist zulässig; für Erweiterung auch nach Fristablauf (BGH, NJW 87, 2831; BayObLG, NJW-RR 91, 402); unzulässig ist die Wiederholung der Beschwerde mit neuen Tatsachen, wenn schon
10 sachlich entschieden worden ist (OLG Frankfurt, OLG 79, 15). In Antragsverfahren ist **Änderung der Anträge** zulässig, soweit keine Änderung des
11 Verfahrensgegenstandes eintritt. Eine Beschwerde, die **vor** dem **Erlass** der der anzufechtenden Entscheidung für den Fall, dass diese einen bestimmten Inhalt hat, eingelegt wird, ist unzulässig (OLG Hamm, Rpfleger 79, 461); sie wird durch späteren Erlass zulässig, wenn die Entscheidung bei Beschwerdeeinlegung bereits gefasst, dh zu den Akten gebracht war (KG, OLG 77, 129). Einlegung nach Erlass, aber vor Bekanntgabe ist dagegen zulässig (OLG Zweibrücken, Rpfleger 77, 306) auch unter der Rechtsbedingung, dass eine nachteilige, noch unbekannte Entscheidung ergangen ist (KG, OLG 77, 129). Ein als unzulässig verworfenes Rechtsmittel kann nicht mit bereits vor Erlass der ersten Entscheidung bekanntem ergänzendem Vortrag wiederholt werden (BayObLG 81, 210); nach OLG Frankfurt, OLG 79, 394, ist die Wiederholung einer wegen Formmangels als unzulässig verworfenen Beschwerde zulässig.

4. Einstweilige Anordnung des Beschwerdegerichts

12   Das Beschwerdegericht kann die **Aussetzung der Vollziehung** der angefochtenen Entscheidung anordnen; die Anordnung, steht im pflichtgemäßen Ermessen des Gerichts; sie bedarf keines Antrags (OLG Nürnberg, OLG 93, 292). Die Aussetzung der Vollziehung einer Entscheidung kommt in Betracht bei Entscheidungen, die eines Vollzuges bedürfen, nicht jedoch, wenn die rechtlichen Wirkungen mit dem Wirksamwerden der Entscheidung eintreten. Abs 3 gilt entspr für das Rechtsbeschwerdegericht (BGH, FamRZ 10, 348); dieses kann vor der Entscheidung einstweilige Anordnungen erlassen, insbesondere die Vollziehung aussetzen.

§ 64 Einlegung der Beschwerde

Beispiele: Die Aussetzung des Vollzugs einer Entscheidung nach § 1671 **13** BGB hat zur Folge, dass der Elternteil, dem die elterliche Sorge übertragen ist, diese nicht ausüben, also die Herausgabe nicht erwirken und erzwingen kann (KG, OLG 76, 130). Auch die vom Familiengericht angeordnete sofortige Wirksamkeit einer Unterbringungsanordnung nach §§ 1800, 1631 b BGB, § 151 Nr 6) kann außer Kraft gesetzt werden. Das Beschwerdegericht kann eine vormundschaftsgerichtliche Genehmigung außer Kraft setzen, wenn diese dem Vertragspartner noch nicht mitgeteilt worden ist. Grundsätze für die Aussetzung der Vollziehung einer auf der Grundlage der §§ 1666, 1666 a BGB getroffenen Entscheidung: BVerfG, FamRZ 10, 328 zu § 24 II FGG.

Das Beschwerdegericht kann nach pflichtgemäßem Ermessen, auch ohne **14** Antrag, auch **einstweilige Anordnungen anderer Art,** die die schon eingetretene Wirksamkeit betreffen, erlassen; sie können nur hinsichtlich eines Verfahrensgegenstandes ergehen, der bei ihm angefallen ist (BayObLG, NJWE-FER 97, 173; OLG Zweibrücken, FamRZ 96, 1226). Noch nicht wirksamen Entscheidungen kann auf diesem Wege Wirksamkeit verliehen werden (BayObLG, NJW 92, 121); auch Überführung in Adoptionspflege durch einstweilige Anordnung (BayObLG, NJW 94, 668). Das Beschwerde- **15** gericht kann auch die **sofortige Wirksamkeit** einer Entscheidung anordnen, durch die auf Antrag die Ermächtigung oder die Zustimmung eines anderen zu einem Rechtsgeschäft ersetzt oder die Beschränkung oder Ausschließung der Berechtigung des Ehegatten oder Lebenspartners, Geschäfte mit Wirkung für den anderen Ehegatten oder Lebenspartner zu besorgen, aufgehoben wird. **16** **Beispiele:** Zustimmung zum Eintritt eines Minderjährigen in ein Dienstverhältnis (§ 113 BGB), Zustimmung zur Verfügung über Haushaltgegenstände, Gesamtgut (§§ 1365 II, 1369 II, 1426, 1452 II, 1487 BGB), im Falle von Lebenspartnerschaften (§ 8 II LPartG iVm §§ 1365 II, 1369 I BGB), Zustimmung zu Rechtsgeschäften über persönliche Angelegenheiten des anderen Ehegatten (§§ 1430, 1452 II BGB), Entscheidung über Meinungsverschiedenheiten zwischen Eltern und Pfleger, mehreren Vormündern oder Pflegern (§§ 1630 II, 1797 I 2, 1798, 1915 BGB), die Ersetzung der Zustimmung eines Dritten zu Abweichungen von Anordnungen des Dritten, die dieser bei einer Zuwendung an das Kind (Mündel) getroffen hat (§§ 1639 II, 1803 III, 1917 III BGB). Im Erbscheinsentziehungsverfahren kann einstweilige Rückgabe des Erbscheins zu den Akten angeordnet werden; diese Rückgabe steht in ihren Wirkungen nicht der Einziehung des Erbscheins gleich (OLG Köln, OLG 90, 303). In einem Verfahren nach §§ 1666, 1666 a BGB kann der Aufenthaltspfleger ermächtigt werden, den Aufenthalt der Kinder nicht mitzuteilen (BayObLG, Rpfleger 77, 100).

Die **Dauer der Wirksamkeit** der einstweiligen Anordnung des Beschwer- **17** degerichts kann in der Anordnung selbst bestimmt sein; sie endet jedenfalls, wenn der Verfahrensabschnitt in der Hauptsache beendet wird, ohne dass es einer besonderen Aufhebung bedarf, nicht durch eine vorläufig bestätigende Entscheidung (BayObLG, Rpfleger 99, 126). Die einstweiligen Anordnungen des Beschwerdegerichts, deren Aufhebung und die Ablehnung eines auf Erlass einer einstweiligen Anordnung gerichteten Antrags sind nicht anfechtbar. Das Beschwerdegericht kann seine Entscheidung aber jederzeit ändern (Keidel/Sternal, Rn 71 zu § 64).

§ 65

18 **Sondervorschriften** über einstweilige Anordnungen des Beschwerdegerichts enthalten § 76 GBO, § 35 III VerschG; auch in Verfahren nach § 111 BNotO ist das Beschwerdegericht befugt, die Vollziehung eines angefochtenen Verwaltungsaktes einstweilen bis zur Entscheidung über den Hauptantrag auszusetzen.

Beschwerdebegründung

65 (1) Die Beschwerde soll begründet werden.

(2) **Das Gericht kann dem Beschwerdeführer eine Frist zur Begründung der Beschwerde einräumen.**

(3) **Die Beschwerde kann auf neue Tatsachen und Beweismittel gestützt werden.**

(4) **Die Beschwerde kann nicht darauf gestützt werden, dass das Gericht des ersten Rechtszugs seine Zuständigkeit zu Unrecht angenommen hat.**

1. Begründung der Beschwerde

1 Das Beschwerdegericht hat nach § 26 die Richtigkeit der Entscheidung der Vorinstanz in tatsächlicher und rechtlicher Hinsicht von Amts wegen zu prüfen und seine Entscheidung nach der Sachlage in dem Zeitpunkt ihres Erlasses zu treffen. Abweichend von der bisherigen Regelung sieht das Gesetz nunmehr ausdrücklich vor, dass die Beschwerde begründet werden soll **(Abs 1)**. Mit der Entscheidung ist angemessene Zeit zu warten, um dem Beschwerdeführer Gelegenheit zu geben, Ausführungen zur Begründung seines Rechtsmittels zu machen. Es kann dem Beschwerdeführer auch eine **Frist** zur Begründung der Beschwerde setzen **(Abs 2)**. Auf Antrag kann diese Frist verlängert werden. Nichteinhaltung der Frist führt nicht zum Ausschluss späteren Vorbringens. Das Gericht hat vielmehr das gesamte Vorbringen bis zum Erlass der Entscheidung zu berücksichtigen (Keidel/Sternal, Rn 6 zu § 65). Abs 1, der die Begründung der Beschwerde vorschreibt, ist eine Soll-Vorschrift. Eine fehlende Begründung kann daher nicht zur Verwerfung der Beschwerde als unzulässig führen. Einer derartigen Entscheidung würde auch dem Amtsermittlungsgrundsatz entgegenstehen.

2. Neue Tatsachen und Beweise

2 Die Beschwerde kann auf neue Tatsachen und Beweismittel gestützt werden **(Abs 3);** auch der Beschwerdegegner und andere Beteiligte können neue
3 Tatsachen und Beweismittel vorbringen. **Neu** sind Tatsachen und Beweismittel, wenn sie in erster Instanz nicht vorgebracht wurden. Es ist nicht erforderlich, dass die Tatsachen erst nach Erlass der angefochtenen Entscheidung entstanden oder dem Beschwerdeführer bekannt geworden sind. Sie können bis zur Beendigung des Beschwerderechtszuges vorgebracht werden, auch noch nach Ablauf einer etwaigen Begründungsfrist.

§ 65 Beschwerdebegründung **§ 65**

Bei gesetzlicher Beschränkung der Beschwerdegründe (§ 372 II, § 391 **4**
II, § 408 II) sind neue Tatsachen und Beweismittel im Rahmen der zugelassenen Beschwerdegründe zulässig.

Das Beschwerdegericht ist nicht verpflichtet, über die neuen Tatsachen **5**
Ermittlungen anzustellen und den neuen Beweis zu erheben, weil es nach
§ 26 nur die ihm **erforderlich** erscheinenden Ermittlungen anzustellen und
die ihm geeigneten Beweise zu erheben hat. Es kann andererseits auch ohne
Antrag neue Tatsachen erforschen und weitere Beweise erheben oder Beweiserhebungen der Vorinstanz wiederholen. Bei mehrfacher Rechtsmitteleinlegung braucht ein möglicherweise unzulässiges Rechtsmittel nicht mehr
geprüft zu werden, wenn ein weiteres Rechtsmittel zur Sachprüfung führt
(BayObLG 80, 344).

3. Neue Anträge

Bei der Frage der Zulässigkeit neuer Anträge ist zu differenzieren. Das **6**
Beschwerdegericht darf den Verfahrensgegenstand weder erweitern noch
einschränken (BayObLG 75, 421, 435). Unzulässig sind daher neue Anträge,
die die Angelegenheit zu einer anderen machen als diejenige war, die Gegenstand der Entscheidung erster Instanz gewesen ist (OLG Hamm, OLG
76, 396; OLG Köln, NJW 63, 541; KG, OLG 71, 194); erhebliche Änderungen eines Vertrages, dessen Genehmigung das Vormundschaftsgericht
abgelehnt hat, ändern den Verfahrensgegenstand und können deshalb nicht
berücksichtigt werden (OLG Stuttgart, OLG 79, 328); keine neuen Ablehnungsgründe im Ablehnungsverfahren (BayObLG 85, 307); im Erbscheinsverfahren kann nicht erstmals in der Beschwerdeinstanz ein Hilfsantrag
gestellt werden (OLG Köln, OLG 94, 334). Keine Änderung des Verfahrensgegenstandes, wenn der Antrag einen Anhaltspunkt in eine bestimmte Richtung enthält und lediglich eine Klarstellung erforderlich ist (KG, OLG 73,
385/392). Ist in erster Instanz kein wirksamer Antrag gestellt, kann er in
zweiter Instanz nachgeholt werden, wenn er den bisherigen Verfahrensgegenstand betrifft (BayObLG 64, 313, 316); ein fehlender Erbscheinsantrag
kann unter diesen Voraussetzungen nachgeholt werden (BayObLG 97, 340).
Ein neuer Antrag kann nur wieder bei dem Gericht erster Instanz gestellt
werden (OLG Hamm, OLG, 68, 332; OLG Frankfurt, Rpfleger 78, 178;
OLG 78, 435 für Rechtsbeschwerdeverfahren). In Antragsverfahren ist der
Wechsel des Antragstellers mit Zustimmung des ursprünglichen Antragstellers
zulässig, wenn der Verfahrensgegenstand der gleiche bleibt.

4. Wechsel der Gesetzgebung

Bei Wechsel der Gesetzgebung ist das bei Erlass der Entscheidung geltende **7**
neue Gesetz anzuwenden, wenn es nach dem zeitlichen Geltungswillen das
Rechtsverhältnis erfasst (OLG München, Rpfleger 10, 71 mwN). Dies gilt
grundsätzlich auch für gesetzliche Änderungen des Verfahrensrechts (BGH,
DNotZ 66, 547), es sei denn, das Rechtsmittel ist vor dem Inkrafttreten der
Änderung eingelegt worden (OLG Hamm, Rpfleger 77, 415); anders bei
Wechsel des Rechtsweges (BGH, FamRZ 67, 464). Abweichend von diesem
allgemeinen Grundsatz bestimmt die Übergangsregelung des Art 111 FGG-

5. Prüfung der erstinstanzlichen Zuständigkeit

8   Die Beschwerde kann nicht darauf gestützt werden, dass das Gericht des ersten Rechtszuges seine Zuständigkeit zu Unrecht angenommen hat. Erfasst wird die örtliche, sachliche und funktionelle Zuständigkeit. Eine hierauf gestützte Beschwerde ist unzulässig. Dies gilt nicht für die internationale Zuständigkeit (BGH, NJW 04, 1456), auch nicht für die Frage des Rechtsweges.

Anschlussbeschwerde

66 **Ein Beteiligter kann sich der Beschwerde anschließen, selbst wenn er auf die Beschwerde verzichtet hat oder die Beschwerdefrist verstrichen ist; die Anschließung erfolgt durch Einreichung der Beschwerdeanschlussschrift bei dem Beschwerdegericht. Die Anschließung verliert ihre Wirkung, wenn die Beschwerde zurückgenommen oder als unzulässig verworfen wird.**

1. Zulässigkeit

1   Nach bisherigem Recht wurde die Zulässigkeit der unselbständigen Anschlussbeschwerde jedenfalls für die echten Streitsachen bejaht (BayObLG 80, 100, 104), weil die Beschwerde in diesen Angelegenheiten die Funktion der Berufung im Zivilprozess erfülle, für die die Anschließung des Gegners ausdrücklich zugelassen ist. Darüber hinaus wurde die Anschlussbeschwerde in allen Verfahren zugelassen, in denen sich mehrere Beteiligte in Gegnerstellung gegenüberstehen und in denen das Verbot der reformatio in peius nicht gilt (Keidel/Sternal, Rn 8, 9 zu § 22 FGG). Bei einem Verbot der reformatio in peius wurde das Rechtsschutzbedürfnis verneint (OLG Köln, FamRZ 02, 1053 für Umgangsverfahren). Nunmehr ist die unselbständige Anschlussbeschwerde allgemein zulässig. Ihre praktische Bedeutung wird sich weiterhin auf die Angelegenheiten beschränken, in denen sich Beteiligte mit widerstreitenden Interessen gegenüberstehen.

2   Die Anschlussbeschwerde setzt ein **zulässiges Hauptrechtsmittel** voraus. Für ihre Zulässigkeit ist weder eine Beschwer noch das Erreichen einer Beschwerdesumme erforderlich. Die Anschließung ist auch dann noch möglich, wenn die Beschwerdefrist verstrichen ist oder der Beteiligte, der das Anschlussrechtsmittel einlegt, auf die Beschwerde verzichtet hat (S 1). Die Anschlussbeschwerde erfolgt durch Einreichung einer Beschwerdeanschlussschrift (S 1, 2. Hs); sie ist abweichend von § 64 I bei dem Beschwerdegericht einzulegen. Es besteht daher für die Einlegung der Beschwerde das Schriftlichkeitserfordernis; dies entspricht dem Formerfordernis bei der Anschlussberufung des § 524 I 2 ZPO.

2. Verlust der Wirkung

Die Anschließung verliert ihre Wirkung, wenn das Hauptrechtsmittel zurückgenommen oder als unzulässig verworfen wird (S 2); das Gleiche gilt, wenn der Rechtsmittelführer des Hauptrechtsmittels nach Einlegung der Beschwerde auf diese verzichtet. Mit dem Zeitpunkt, in dem die Rücknahme, der Verzicht oder die Verwerfung als unzulässig wirksam werden, verliert die Anschlussbeschwerde kraft Gesetzes ihre Wirkung. Damit ist die Anschließung erledigt, ohne dass es einer Entscheidung hierüber bedarf. 3

3. Verzicht auf Anschlussbeschwerde

In Scheidungsverfahren können die Ehegatten, wenn sie auf Rechtsmittel gegen den Scheidungsausspruch verzichtet haben, auch auf dessen Anfechtung im Wege der Anschließung an eine Folgesache verzichten, um die Rechtskraft der Scheidung schnell herbeizuführen. § 144 ermöglicht diesen Verzicht schon, bevor ein solches Rechtsmittel eingelegt ist (Rn 2 zu § 144). 4

Verzicht auf die Beschwerde; Rücknahme der Beschwerde

67 **(1) Die Beschwerde ist unzulässig, wenn der Beschwerdeführer hierauf nach Bekanntgabe des Beschlusses durch Erklärung gegenüber dem Gericht verzichtet hat.**

(2) Die Anschlussbeschwerde ist unzulässig, wenn der Anschlussbeschwerdeführer hierauf nach Einlegung des Hauptrechtsmittels durch Erklärung gegenüber dem Gericht verzichtet hat.

(3) Der gegenüber einem anderen Beteiligten erklärte Verzicht hat die Unzulässigkeit der Beschwerde nur dann zur Folge, wenn dieser sich darauf beruft.

(4) Der Beschwerdeführer kann die Beschwerde bis zum Erlass der Beschwerdeentscheidung durch Erklärung gegenüber dem Gericht zurücknehmen.

1. Verzicht gegenüber dem Gericht

Durch Verzicht auf die Beschwerde wird das prozessuale Recht eines Beteiligten, eine ihm ungünstige Entscheidung der unteren Instanz nachprüfen zu lassen, endgültig aufgegeben. Der Verzicht auf die Beschwerde ist ebenso wie die Zurücknahme bedingungsfeindlich und unanfechtbar; er ist ausnahmsweise mit Einwilligung des Gegners widerruflich, wenn er gegenüber dem Gegner erklärt oder mit diesem vereinbart wurde. Ein schriftlicher Verzicht ist widerrufen, wenn der bei dessen Eingang bei Gericht anwesende Erklärende zu erkennen gibt, dass er das Verfahren fortsetzen will (OLG Hamm, Rpfleger 74, 357). Der Verzicht bedarf keiner besonderen Form und kann bei mehreren und teilbaren Gegenständen auch **teilweise** erfolgen. Die **Erklärung** des Verzichts muss nicht unbedingt ausdrücklich, jedoch zweifelsfrei sein (BayObLG 64, 448); er ist dann anzunehmen, wenn sich aus der Erklärung ergibt, dass sich der Beschwerdeführer mit der angefochtenen Entscheidung abfinden will. Die Erklärung, keine Beschwerde einlegen zu wollen, ist nicht gleichbe- 1

2

§ 67

deutend mit einem Verzicht (BayObLG 98, 62). Der Verzicht ist unwirksam, wenn dem Betroffenen zur Wahrnehmung seiner Verfahrensrechte ein Verfahrenspfleger hätte bestellt werden müssen (OLG Hamm, OLG 90, 401).

3 Ein Verzicht ist wirksam und macht die Beschwerde unzulässig **(Abs 1)**, wenn der Beschwerdeführer hierauf **nach Bekanntgabe** des Beschlusses durch Erklärung gegenüber dem Gericht verzichtet.

4 Das Gleiche gilt nach **Abs 2** für die **Anschlussbeschwerde;** auf sie kann nach Einlegung des Hauptrechtsmittels durch Erklärung gegenüber dem Gericht wirksam verzichtet werden. Hiervon zu unterscheiden ist der Verzicht auf die Beschwerde nach § 66, der der Einlegung einer Anschlussbeschwerde nicht entgegensteht. Die bisher umstr Frage, ob ein einseitiger Verzicht durch Erklärung gegenüber dem Gericht auch schon vor Erlass der Entscheidung wirksam sei, ist zu verneinen; nach Abs 1 ist der Verzicht auf die Beschwerde erst nach Bekanntgabe des Beschlusses, nach **Abs 2** der Verzicht auf die Anschlussbeschwerde **nach Einlegung des Hauptrechtmittels** wirksam.

5 Der Verzicht des Beschwerdeführer kann **gegenüber** dem Gericht, dessen Entscheidung angefochten wird (§ 64 I) oder während der Anhängigkeit bei dem Beschwerdegericht auch gegenüber diesem erklärt werden, die Rücknahme der Anschlussbeschwerde gegenüber dem Beschwerdegericht.

2. Verzicht gegenüber einem anderen Beteiligten (Beschwerdegegner)

6 Dieser kann erfolgen durch einseitige Erklärung gegenüber dem Gegner oder durch Vereinbarung mit diesem. In diesen Fällen ist der Verzicht ausnahmsweise mit Einwilligung des Gegners widerruflich. Der Verzicht auf ein bereits eingelegtes Rechtsmittel kann von den Parteien auch außergerichtlich durch Vertrag vereinbart werden (BGH, FamRZ 99, 1585).

3. Wirkung des Verzichts

7 Wenn der Verzicht gegenüber dem Gericht erklärt wurde, ist er vom Amts wegen zu berücksichtigen. Der dem Gegner gegenüber erklärte oder mit diesem vereinbarte Verzicht begründet eine verfahrensrechtliche Einrede **(Abs 3)**. Nach der bisherigen Rechtsprechung wurde auch dieser Verzicht von Amts wegen und nur in echten Streitsachen, in denen die Beteiligten über den Verfahrensgegenstand verfügen können, auf Einrede berücksichtigt.

Der Verzicht bewirkt, dass die Beschwerde unzulässig wird. Eine trotzdem ergangene Entscheidung ist wirkungslos.

4. Zurücknahme der Beschwerde

8 Die Beschwerde kann bis zum Erlass der Entscheidung über die Beschwerde jederzeit gegenüber dem Gericht, bei dem die Beschwerde eingelegt werden konnte, formlos (BayObLG 64, 448/450), auch mündlich, zurückgenommen werden. Sie ist bedingungsfeindlich (es sei denn, es handelt sich um eine innerprozessuale Bedingung BayObLG, NJW-RR 90, 1033), unanfechtbar

9 und unwiderruflich; Zustimmung der übrigen Beteiligten ist nicht erforderlich. Sind **mehrere Personen gemeinschaftlich** zur Einlegung der Beschwerde befugt, hat die Zurücknahme durch einen der Beteiligten die

Beendigung des Beschwerdeverfahrens zur Folge. Die Zurücknahme der Beschwerde kann Gegenstand eines Vergleichs sein, weil die Beteiligten die verfahrensrechtliche Dispositionsbefugnis haben, auch wenn sie materiellrechtlich über den Verfahrensgegenstand nicht verfügen können. Keine Rücknahme eines vom Wohnungseigentümer eingelegten Rechtsmittels durch Zwangsverwalter (KG, NJW-RR 87, 77). Bei mehreren oder teilbaren Gegenständen ist auch teilweise Zurücknahme zulässig. Die Zurücknahme bewirkt, dass das Rechtsmittel unzulässig wird. Entscheidet das Gericht trotzdem, ist die Entscheidung unwirksam (BayObLG 88, 259). Zur Frage, ob eine Erledigterklärung zur Hauptsache als Zurücknahme des Rechtsmittels gewertet werden kann (BGH, NJW 82, 2505). Die Zurücknahme verbraucht die Beschwerde nicht; sie kann also **erneut eingelegt** werden, wenn nicht im Falle der sofortigen Beschwerde Fristablauf entgegensteht.

Gang des Beschwerdeverfahrens

68 (1) **Hält das Gericht, dessen Beschluss angefochten wird, die Beschwerde für begründet, hat es ihr abzuhelfen; anderenfalls ist die Beschwerde unverzüglich dem Beschwerdegericht vorzulegen. Das Gericht ist zur Abhilfe nicht befugt, wenn die Beschwerde sich gegen eine Endentscheidung in einer Familiensache richtet.**

(2) **Das Beschwerdegericht hat zu prüfen, ob die Beschwerde an sich statthaft und ob sie in der gesetzlichen Form und Frist eingelegt ist. Mangelt es an einem dieser Erfordernisse, ist die Beschwerde als unzulässig zu verwerfen.**

(3) **Das Beschwerdeverfahren bestimmt sich im Übrigen nach den Vorschriften über das Verfahren im ersten Rechtszug. Das Beschwerdegericht kann von der Durchführung eines Termins, einer mündlichen Verhandlung oder einzelner Verfahrenshandlungen absehen, wenn diese bereits im ersten Rechtszug vorgenommen wurden und von einer erneuten Vornahme keine zusätzlichen Erkenntnisse zu erwarten sind.**

(4) **Das Beschwerdegericht kann die Beschwerde durch Beschluss einem seiner Mitglieder zur Entscheidung als Einzelrichter übertragen; § 526 der Zivilprozessordnung gilt mit der Maßgabe entsprechend, dass eine Übertragung auf einen Richter auf Probe ausgeschlossen ist.**

1. Abhilfe

Nach der bisherigen Rechtslage war bei einem befristeten Rechtsmittel 1 eine Abänderung der angefochtenen Entscheidung durch das Gericht, dessen Entscheidung angefochten wurde, nicht zulässig (§ 18 II FGG). Die Möglichkeit der Abhilfe wird nunmehr durch **Abs 1** in Anpassung an § 572 I ZPO eröffnet. **Ausgenommen** von der Abhilfemöglichkeit sind Familiensachen **(Abs 1 Satz 2)**; dies entspricht der bisherigen Regelung in § 621 e III ZPO aF iVm § 318 ZPO. Dies gilt auch für einstweilige Anordnungen; aA OLG Hamm, FamRZ 11, 234. Das Familiengericht ist innerhalb der Instanz an seine eigenen Entscheidungen gebunden.

§ 68 Buch 1 – Allgemeiner Teil

2   Die Abhilfe ist ein von dem Gericht, dessen Entscheidung angefochten wird, durchgeführter **Teil des Beschwerdeverfahrens**. Voraussetzung ist eine wirksam eingelegte Beschwerde: sie muss statthaft, nicht auch zulässig sein (Thomas/Putzo, Rn 2 zu § 572 ZPO). Neue Tatsachen (Rn 2–4 zu § 65) sind zu berücksichtigen. Hält das Gericht die Beschwerde für begründet, hilft es ihr nach Anhörung des Gegners durch begründeten Beschluss ab. Gegen diesen Beschluss kann der Gegner Beschwerde einlegen, sofern diese nach §§ 58, 61 statthaft ist.

3   Hilft das Gericht der Beschwerde nicht ab, ist die Sache unverzüglich dem Beschwerdegericht vorzulegen (**Abs 1 S 1 2. Hs**). Dies geschieht durch einen **Nichtabhilfebeschluss,** der jedenfalls dann zu begründen ist, wenn die Beschwerde neues Vorbringen enthält, auf das einzugehen ist (OLG München, Rpfleger 04, 167); der Nichtabhilfebeschluss muss sich konkret hiermit auseinandersetzen (OLG Düsseldorf, FamRZ 06, 1551; FGPrax 10, 43; OLG Thüringen, FamRZ 10, 1692). Ein Hinweis auf die zutreffenden Gründe der angefochtenen Entscheidung kann genügen, wenn die Beschwerde keine oder keine neue Begründung enthält oder in der angefochtenen Entscheidung schon auf die Gesichtspunkte eingegangen wurde, mit denen die Beschwerde begründet wird. Bei Abhilfe muss die Entscheidung eine Rechtsbehelfsbelehrung (§ 39) enthalten. Durch die Vorlage wird die Sache bei dem Beschwerdegericht anhängig; eine Abhilfe ist dann ausgeschlossen. Bei schweren Mängeln des Nichtabhilfeverfahrens kann die Sache an das Erstgericht zur erneuten Durchführung des Abhilfeverfahrens zurückgegeben werden (OLG München, FamRZ 10, 1000; OLG Hamm, FGPrax 10, 266). Wird bei Teilabhilfe der Beschwerdewert für den verbleibenden Teil nicht erreicht und ist keine Zulassung erfolgt, ist die Beschwerde unzulässig. Bei einer verfahrensrechtlich unzulässigen Teilabhilfeentscheidung (in einer Familiensache nach § 68 I 2) unterliegt die erstinstanzliche Entscheidung in vollem Umfang der Entscheidung des Beschwerdegerichts (Keidel/Sternal, Rn 76 zu § 68).

2. Verfahren vor dem Beschwerdegericht

4   Das Beschwerdegericht prüft zunächst von Amts wegen, ob die Beschwerde an sich statthaft ist (§§ 58, 61) und in der gesetzlichen Form (§ 64) und Frist (§ 83) eingelegt ist (**Abs 2**). Fehlt eine dieser Voraussetzungen, ist die Beschwerde als unzulässig zu verwerfen (**Abs 2 Satz 2**).

5   Für das **Beschwerdeverfahren** finden im Übrigen die Vorschriften über das Verfahren im ersten Rechtszug Anwendung, insbesondere § 26 (Ermittlung von Amts wegen), § 27 (Mitwirkung der Beteiligten), § 28 (Verfahrensleitung), §§ 29, 30, 31 (Beweiserhebung, Glaubhaftmachung), §§ 32, 33, 34 (Termin, Persönliches Erscheinen, Persönliche Anhörung), § 36 (Vergleich), § 37 (Grundlage der Entscheidung) (**Abs 3 Satz 1**).

6   Das Beschwerdegericht kann von der Durchführung eines Termins (§ 32), einer mündlichen Verhandlung oder einzelnen Verfahrenshandlungen **absehen,** wenn diese bereits im ersten Rechtszug vorgenommen wurden und keine zusätzlichen Erkenntnisse zu erwarten sind (**Abs 3 Satz 2**). Diese Möglichkeit bezieht sich nur auf solche Angelegenheiten, in denen ein Termin oder sonstige Verfahrenshandlungen durchgeführt werden müssen und

§ 68 Gang des Beschwerdeverfahrens **§ 68**

dies in erster Instanz geschehen ist. In diesen Fällen kann unter den Voraussetzungen des Abs 3 S 2 von einer Wiederholung in der Beschwerdeinstanz abgesehen werden. Im Übrigen gelten für Termine und sonstige Verfahrenshandlungen die in erster Instanz anzuwendenden Grundsätze (Rn 2, 3 zu § 32). Soweit danach diese Verfahrenshandlungen nicht geboten sind, kann auch das Beschwerdegericht nach Abs 3 S 1 davon absehen. Dies gilt insbesondere in Register-, Aufgebots- und Grundbuchsachen (OLG Schleswig, FGPrax 10, 106 m zust Anm Sternal; Prütting/Helms/Abramenko, Rn 24, 27 zu § 68); Abs 3 S 2 gilt auch für die persönliche Anhörung des Betroffenen (BGH, FamRZ 10, 809). Das Beschwerdegericht kann seine Entscheidung auf im ersten Rechtszug eingeholte Gutachten oder vorgelegte Zeugnisse stützen, soweit hierüber kein Streit besteht. Von einer **erneuten Anhörung** 7
kann abgesehen werden, wenn von einer erneuten Vornahme keine zusätzlichen Erkenntnisse zu erwarten sind, zB wenn es im Beschwerdeverfahren nur noch um die Klärung von Rechtsfragen geht. Wird von einer erneuten Anhörung abgesehen, ist dies zu begründen (OLG Düsseldorf, FamRZ 95, 118). Erforderlich ist die erneute Anhörung, wenn die Entscheidung zum Nachteil des Betroffenen geändert werden soll (OLG Frankfurt, BtPrax 97, 73), wenn wesentliche neue Tatsachen vorgetragen werden (OLG Celle, NdsRpfl 95, 353).

3. Einzelrichter im Beschwerdeverfahren

Abs 4 erweitert den fakultativen Einzelrichtereinsatz in der Beschwerde- 8
instanz; er ist nicht mehr auf die Zivilkammern bei dem Landgericht beschränkt. Die Möglichkeit wird vielmehr auch eröffnet für die Beschwerdezuständigkeit der Kammern für Handelssachen und die Beschwerdezuständigkeit der Oberlandesgerichte.

Das Beschwerdegericht kann die Beschwerde durch Beschluss einem sei- 9
ner Mitglieder zur Entscheidung als **Einzelrichter** übertragen, wenn die angefochtene Entscheidung von einem Einzelrichter erlassen wurde, die Sache keine besonderen Schwierigkeiten tatsächlicher oder rechtlicher Art aufweist, der Rechtsstreit keine grundsätzlich Bedeutung hat **(Abs 4 iVm § 526 I Nr 1–3 ZPO).** Entscheidet der Einzelrichter ohne Übertragungsbeschluss der Kammer, liegt absoluter Beschwerdegrund der nicht vorschriftsmäßigen Besetzung nach § 547 Nr 1 ZPO iVm § 72 III vor (für das bisherige Recht: BayObLG, FGPrax 04, 77; OLG Zweibrücken, FGPrax 03, 268).

Ausnahmen: § 4 VII 4 JVEG; § 57 V FamGKG; § 40 II IntFamRVG. 10
Eine Entscheidung über die **Zulassung der Rechtsbeschwerde** (§ 70) 11
erfolgt durch die Beschwerdekammer in der im GVG vorgeschriebenen Besetzung. Der Einzelrichter hat das Verfahren ohne Übertragungsermessen dem Beschwerdegericht zu übertragen (BGH, NJW 03, 3712: NJW 04, 448); es sei denn die Zulassung soll wegen grundsätzlicher Bedeutung erfolgen und seit der Übertragung auf den Einzelrichter hat sich insoweit keine wesentliche Änderung ergeben (BGH, NJW 03, 2900; BayObLG, Rpfleger 04, 779). **Abs 4** verweist nicht auf § 527 ZPO; daher **keine Zuweisung** an ein Mitglied der Kammer als Einzelrichter **zur Vorbereitung** der Entscheidung der Kammer.

§ 68

12 Die **Kammer für Handelssachen** tritt bei Handelssachen an die Stelle der Zivilkammer. Nach der bisherigen Rechtslage konnte der Vorsitzende der Kammer für Handelssachen (§ 349 ZPO) über die Beschwerde nicht als Einzelrichter entscheiden, weil er nicht Einzelrichter iSv § 568 Satz 1 ZPO ist (BayObLG, FGPrax 95, 163; OLG Karlsruhe, NJW 02, 1962; Schleswig-Holst OLG, FGPrax 05, 135).

13 **Abs 4** verweist nunmehr für das Beschwerdeverfahren uneingeschränkt auf die Anwendbarkeit des § 526 ZPO. Damit ist der **Vorsitzende der Kammer für Handelssachen** für das Beschwerdeverfahren Einzelrichter im Sinne dieser Vorschrift. Ihm kann durch Beschluss der Kammer für Handelssachen die Entscheidung über die Beschwerde als Einzelrichter übertragen werden. Entscheidet der Vorsitzende ohne Übertragung durch die Kammer, liegt darin der absolute Beschwerdegrund der nicht vorschriftsmäßigen Besetzung. Trotz Vorliegens des absoluten Beschwerdegrundes liegt keine „greifbare Gesetzeswidrigkeit" vor. Die Rechtsbeschwerde ist daher auch in diesem Fall nur zulässig, wenn sie in der Entscheidung **zugelassen** worden ist (BayObLG, NJW-RR 95, 1314).

14 Die Zuständigkeit der Kammern für Handelssachen für **Beschwerden** war bisher spezialgesetzlich in § 30 I 2 FGG geregelt. Zu dem Geschäftskreis gehörten nicht die in § 95 GVG aufgeführten Angelegenheiten, sondern die des fünften Buches des FGG (jetzt §§ 374–409). Nunmehr ergibt sich die Zuständigkeit der Kammern für Handelssachen aus dem GVG; sie umfasst darüber hinaus alle Angelegenheiten, die im HGB oder anderen Bundesgesetzen durch Verweisung als Handelssachen der freiwilligen Gerichtsbarkeit erklärt werden (OLG Frankfurt, FGPrax 02, 85). Die Regelung der Zuständigkeit der Kammern für Handelssachen im GVG wird erweitert durch Änderung des § 95 II Nr 2 iVm § 71 II Nr 4 GVG; einbezogen werden Verfahren nach § 324 HGB (a), §§ 98, 99, 132, 142, 145, 293c und 315 AktG (b), § 26 des SE-Ausführungsgesetzes (c), § 10 des Umwandlungsgesetzes (d), des Spruchverfahrensgesetzes (e) und der §§ 39a und 39b des Wertpapiererwerbs- und Übernahmegesetzes (f).

15 Zu den Handelssachen **nach dem GVG** oder nach anderen Bundesgesetzen durch Verweisung gehören ua: die Angelegenheiten der Versicherungsvereine auf Gegenseitigkeit, insbesondere die gerichtliche Ernennung von Liquidatoren für sie, des Genossenschaftsregisters (OLG Hamm, Rpfleger 90, 426) einschließlich der Bestellung von Vorstandsmitgliedern der Genossenschaft und der Entscheidung des Gerichts nach § 33 III 4 GenG, § 64b GenG (BayObLG 90, 192), Eintragung in die Genossenliste einer Genossenschaft (BayObLG, NJW-RR 91, 1510), die Bestellung von Notvertretern einer Handelsgesellschaft nach § 29 BGB, § 85 AktG, Führung des Musterregisters, nicht jedoch des Vereinsregisters, nicht gegen die Festsetzung eines Zwangsgeldes zur Erfüllung der Verpflichtung des Vorstands eines Rabattsparvereins (LG Ellwangen, Rpfleger 78, 57). Die Kammern für Handelssachen sind ferner zuständig für die Entscheidung über Kostenbeschwerden, wenn die Kosten in Handelssachen entstanden sind. Über Beschwerden in Schiffsregistersachen entscheidet eine Zivilkammer (§ 89 SchiffsRegO); auch im Zusammenhang mit der Führung des Partnerschaftsregisters (OLG Frankfurt, Rpfleger 01, 243).

§ 69 Beschwerdeentscheidung **§ 69**

Für einen **Zuständigkeitsstreit** zwischen einer Zivilkammer und einer 16
Kammer für Handelssachen fehlt eine gesetzliche Regelung. Die Voraussetzungen für eine Bestimmung nach § 5 liegen nicht vor. Die Frage muss daher im Wege der weiteren Sachbeschwerde entschieden werden.

Beschwerdeentscheidung

69 (1) **Das Beschwerdegericht hat in der Sache selbst zu entscheiden. Es darf die Sache unter Aufhebung des angefochtenen Beschlusses und des Verfahrens nur dann an das Gericht des ersten Rechtszuges zurückverweisen, wenn dieses in der Sache noch nicht entschieden hat. Das Gleiche gilt, soweit das Verfahren an einem wesentlichen Mangel leidet und zur Entscheidung eine umfangreiche oder aufwändige Beweiserhebung notwendig wäre und ein Beteiligter die Zurückverweisung beantragt. Das Gericht des ersten Rechtszugs hat die rechtliche Beurteilung, die das Beschwerdegericht der Aufhebung zugrunde gelegt hat, auch seiner Entscheidung zugrunde zu legen.**

(2) **Der Beschluss des Beschwerdegerichts ist zu begründen.**

(3) **Für die Beschwerdeentscheidung gelten im Übrigen die Vorschriften über den Beschluss im ersten Rechtszug entsprechend.**

1. Inhalt der Entscheidung des Beschwerdegerichts

Das Beschwerdegericht kann die Beschwerde als unzulässig verwerfen, sie 1
als unbegründet zurückweisen, unter Aufhebung der Vorentscheidung eine eigene Sachentscheidung treffen oder die Sache zur anderweitigen Entscheidung zurückverweisen.

a) Verwerfung der Beschwerde als unzulässig. Das Beschwerdegericht 2
prüft von Amts wegen die Zulässigkeitsvoraussetzungen der Beschwerde (§ 68 II). Fehlt es an einer der Zulässigkeitsvoraussetzungen, der Statthaftigkeit (§§ 58, 61), der Wahrung der gesetzlichen Form und Frist (§§ 63, 64), der Beschwerdeberechtigung (§§ 59, 60) des Beschwerdeführers, der Beschwerdesumme oder Zulassung (§ 61) ist die Beschwerde als unzulässig zu verwerfen. Eine sachliche Prüfung findet nicht mehr statt, auch nicht als Hilfserwägung. Grundsätzlich darf die Zulässigkeit auch nicht unterstellt und das Rechtsmittel zurückgewiesen werden, weil es ohnehin unbegründet sei. Jedoch kann ausnahmsweise zur Sache entschieden werden, wenn die Prüfung der Zulässigkeit des Rechtsmittels unverhältnismäßige Schwierigkeiten bereitet, das Rechtsmittel andererseits offenbar unbegründet ist (BGH 67, 207; OLG Köln, Rpfleger 75, 29; Keidel/Sternal, Rn 7 zu § 69; aA Bork/Jacoby/Schwab/Müther, Rn 7 zu § 69).

b) Zurückweisung der Beschwerde als unbegründet. Die Beschwerde 3
ist unbegründet, wenn die sachliche Prüfung des Beschwerdegerichts in rechtlicher und tatsächlicher Hinsicht ergibt, dass die angefochtene Entscheidung im Ergebnis gerechtfertigt ist; dies gilt auch dann, wenn die angefochtene Entscheidung aus anderen Gründen oder auf Grund von Tatsachen, die erst im Beschwerderechtszug hervorgetreten sind, aufrecht zu erhalten ist.

§ 69

Buch 1 – Allgemeiner Teil

4 c) Aufhebung der Vorentscheidung und eigene Sachentscheidung.
Ist die Beschwerde zulässig und begründet, erlässt das Beschwerdegericht in der Regel selbst die Sachentscheidung, die das erstinstanzliche Gericht hätte treffen sollen.

5   Eine **Schlechterstellung** (reformatio in peius), die vorliegt, wenn das Rechtsmittelgericht die angefochtene Sachentscheidung, nicht Nebenentscheidung (§§ 80 ff), nicht lediglich aus verfahrensrechtlichen Gründen abweisende Entscheidung, zum Nachteil desjenigen ändert, der das Rechtsmittel eingelegt hat, ist insoweit nicht zulässig, als die Einleitung, Begrenzung und Beendigung des Verfahrens zur Disposition der Beteiligten stehen und der Gegenstand ihrer freien Verfügung unterliegt, in echten Streitsachen auch, wenn eine Bindung an Sachanträge nicht gegeben ist (OLG Hamm, OLG 69, 273), in Antragsverfahren jedenfalls dann, wenn es sich um überwiegend private Interessen der Beteiligten handelt und die Entscheidung ein bestimmtes Begehren voraussetzt (OLG Hamm, Rpfleger 70, 393), keine Herabsetzung seiner Vergütung, wenn der Pfleger gegen die Festsetzung Beschwerde eingelegt hat (KG, OLG 86, 282). Das Verbot der Schlechterstellung gilt im Verfahren über den Versorgungsausgleich zu Gunsten des Rechtsmittelführers (BGH, NJW 83, 173; OLG Dresden, OLG-NL 01, 138); auch zu Gunsten des Versorgungsträgers (BGH, NJW 86, 185); in Betreuungssachen ist das Beschwerdegericht nicht befugt, den Aufgabenkreis zu erweitern, wenn allein
6 der Betroffene gegen die Bestellung des Betreuers Beschwerde einlegt (BayObLG 96, 81), das gilt **nicht** bei der Festsetzung des Geschäftswertes (BayObLG 79, 223). In den von Amts wegen einzuleitenden und durchzuführenden Verfahren, in denen das Wohl des Betroffenen im Vordergrund steht (§ 1666 BGB), gilt das Verbot nicht (OLG Brandenburg, FamRZ 09, 2103); allerdings muss sich die den Beschwerdeführer nachteilige Änderung im Rahmen des Verfahrensgegenstandes halten. In Bayern ist das Rechtsbeschwerdegericht in Nachlasssachen nicht durch den Grundsatz des reformatio in peius beschränkt, weil dort die Erbenermittlung von Amts wegen erfolgt (BayObLG, NJW-RR 97, 389). In einem Verfahren nach Zurückverweisung ist das untere Gericht nicht an einer dem Beschwerdeführer nachteiligen Entscheidung gehindert. **Keine Anwendung** findet das Verbot der reformatio in peius bei von Amts wegen zu beachtenden Verfahrensvorschriften, sofern die verletzte Verfahrensnorm ein größeres verfahrensrechtliches Gewicht hat als das Verschlechterungsverbot selbst (BGH, FamRZ 07, 2055; OLG Brandenburg, FamRZ 08, 287).

7   Das Beschwerdegericht tritt **in den Grenzen des Rechtsmittels** vollständig an die Stelle des erstinstanzlichen Gerichts. Es ist also bei der Nachprüfung auf den Gegenstand des erstinstanzlichen Verfahrens beschränkt. Es kann zB nicht an Stelle einer Anordnung nach § 1671 BGB eine solche nach § 1634 BGB treffen. Im Verfahren über eine einstweilige Anordnung kann nicht schon über die Genehmigung der Unterbringung entschieden werden. Das Beschwerdegericht kann nicht erstmalig einen Einwilligungsvorbehalt anordnen (OLG Zweibrücken, FGPrax 05, 254).

8   Das Beschwerdegericht ist auf eine eigene Entscheidung in der Sache beschränkt; es kann nicht selbst notwendige **Ausführungshandlungen** vornehmen. Diese sind dem erstinstanzlichen Gericht zu überlassen, das an die Ent-

§ 69 Beschwerdeentscheidung **§ 69**

scheidung des Beschwerdegerichts gebunden ist (BayObLG 62, 42). Danach sind dem Amtsgericht zB zu überlassen die Bestellung und Entlassung des Vormundes, Entlassung des Testamentsvollstreckers (OLG Karlsruhe, NJW 05, 1519), Erteilung oder Einziehung des Erbscheins (BayObLG 64, 17; OLG Hamm, OLG 68, 83). Gegen die Ausführung der Entscheidung des Beschwerdegerichts durch das Amtsgericht ist keine neue Beschwerde zulässig (BayObLG, Rpfleger 77, 125), es sei denn, eine Ausführung hätte wegen Veränderung der Sachlage unterbleiben müssen (Keidel/Sternal, Rn 12 zu § 69).

d) Aufhebung und Zurückverweisung. Das Beschwerdegericht kann 9 unter Aufhebung der Entscheidung des erstinstanzlichen Gerichts die Sache zur anderweitigen Entscheidung zurückverweisen. Diese Möglichkeit ist durch die neue gesetzliche Regelung des § 69 I 2, 3 erheblich eingeschränkt.

Das Beschwerdegericht darf die Sache unter Aufhebung des angefochtenen 10 Beschlusses und des Verfahrens nur noch in zwei Fällen zurückverweisen, von Amts wegen, **wenn** das Gericht des ersten Rechtszuges in der Sache noch nicht entschieden hat, das Begehren der Beschwerdeführers also aus formellen Gründen zurückgewiesen wurde, oder, **wenn** das erstinstanzliche Verfahren an einem wesentlichen Mangel leidet, zur Entscheidung eine umfangreiche oder aufwändige Beweisaufnahme notwendig wäre **und** ein Beteiligter die Zurückverweisung **beantragt.**

Sind die Beteiligten trotz Vorliegens eines Zurückverweisungsgrundes mit 11 einer Entscheidung des Beschwerdegerichts in der Sache einverstanden, ist das Beschwerdegericht hieran **gebunden.** Zu schwerwiegenden Verfahrensmängeln, auch ganz unzureichender Sachaufklärung: OLG Hamm, Rpfleger 69, 211; OLG Köln, FamRZ 71, 189; BayObLG, JurBüro 88, 636; Mitwirkung eines mit Erfolg abgelehnten Richters: BayObLG, FamRZ 02, 1348.

Im Falle der Zurückverweisung ist das erstinstanzliche Gericht an die in den 12 Gründen der Beschwerdeentscheidung zu gebende **rechtliche Beurteilung** für die neue Entscheidung gebunden (S 4); dies gilt jedoch nur für die den Beschwerdegegenstand unmittelbar betreffenden Gründe (BayObLG, Rpfleger 74, 148); es sei denn, dass sich auf Grund neuer Tatsachen und Beweismittel ein anderer Sachverhalt ergibt oder eine Änderung des anzuwendenden Rechts eingetreten ist (OLG Karlsruhe, Rpfleger 88, 315).

Dies gilt auch für das **Beschwerdegericht** selbst, wenn es auf erneute 13 Beschwerde mit der Sache befasst wird (BayObLG, FamRZ 99, 170).

Diese Selbstbindung **gilt nicht,** wenn eine Entscheidung nur wegen eines 14 Verfahrensmangels aufgehoben wird (BayObLG, FamRZ 88, 214); nicht in einem neuen Verfahren mit anders lautendem Antrag (BayObLG, Rpfleger 92, 432); ein anderer Erbscheinsantrag in Bezug auf denselben Nachlass: BayObLG, NJW-RR 98, 798). Die Entscheidung darüber, ob ein Vormund zu entlassen ist, der unter Verletzung der Auswahlvorschrift des § 1779 II 3 BGB bestellt wurde, kann dem Vormundschaftsgericht überlassen bleiben, an das die Sache zurückverwiesen werden muss (BayObLG, FamRZ 74, 219).

2. Begründung der Beschwerdeentscheidung

Nach § 25 FGG war die Beschwerdeentscheidung stets mit Gründen zu 15 versehen. In Abs 2 des Regierungsentwurfs war die Pflicht zur Begründung

§ 69 Buch 1 – Allgemeiner Teil

der Beschwerdeentscheidungen nur als Sollvorschrift gestaltet mit einem Ausnahmekatalog für Entscheidungen, die der zwingenden Begründung bedurften. Auf Empfehlung des Rechtsausschusses (BT-Drs 16/9733, S 360) ist die bisherige Regelung des § 25 FGG unverändert beibehalten worden. Die Beschwerdeentscheidung ist ausnahmslos zu begründen. Dadurch soll die Akzeptanz der Beschwerdeentscheidungen erhöht werden. Es ist besonders in den Angelegenheiten der freiwilligen Gerichtsbarkeit notwendig, die Gründe des Beschwerdegerichts zu kennen und zu verstehen, insbesondere dann, wenn sie mangels Zulassung unanfechtbar sind, aber auch deshalb, weil sie Grundlage von hierauf beruhenden vollzugsfähigen Entscheidungen und Grundlage für den Vollzug selbst sein können.

3. Umfang der Begründung

16 Das Beschwerdegericht muss seine Entscheidung in tatsächlicher und rechtlicher Hinsicht begründen, um eine Überprüfung durch das Rechtsbeschwerdegericht zu ermöglichen. Eine Bezugnahme auf Aktenbestandteile ist nur zulässig, wenn deren Umfang zweifelsfrei gekennzeichnet ist und die Entscheidung verständlich bleibt (BayObLG, NJW-RR 97, 396). Bei einer Verweisung auf die Gründe der Entscheidung des erstinstanzlichen Gerichts müssen diese den gestellten Anforderungen entsprechen (BayObLG, NJW-RR 88, 454).

17 Die Gründe müssen eine **vollständige Sachdarstellung** enthalten, insbesondere ist anzuführen, aus welchen Gründen eine Tatsache für erwiesen erachtet wurde oder nicht (BayObLG, NJW-RR 98, 1014; OLG Hamm, FamRZ 65, 83, 84; OLG Frankfurt, Rpfleger 78, 310), weil auch das verfahrensrechtlich einwandfreie Zustandekommen der Feststellungen der Nachprüfung unterliegt. Es muss erkennbar sein, ob die Beweisunterlagen sachgemäß und erschöpfend geprüft worden sind, daher genügt eine allgemeine Verweisung auf den Akteninhalt nicht (OLG Celle, NdsRpfl 70, 180), bei Ermessensentscheidungen die für die Ermessensausübung maßgeblich gewesenen Gesichtspunkte (BayObLG 75, 268). Zu begründen ist die unterlassene Hinzuziehung eines Dolmetschers (BayObLG, BayVerwBl 81, 187), die unterlassene mündliche Anhörung des Betroffenen (BayObLG, FamRZ 86, 603); die unterlassene Anhörung des Kindes nach § 50b III FGG (OLG Köln, FamRZ 02, 357); uU die erforderliche Sachkunde eines Gutachters (BayObLG 86, 214).

18 **Fehlen die Gründe** vollständig oder in wesentlichen Punkten, soweit sie nicht zwingend vorgeschrieben sind **(Abs 2 Satz 1),** beruht die Entscheidung auf einer Verletzung des Gesetzes (§ 72 III iVm § 547 Nr 6 ZPO), jedoch Bezugnahme auf hinreichend vollständige Sachverhaltsdarstellung des erstinstanzlichen Gerichtes möglich (OLG Köln, NJW 93, 1018); nicht ausreichend ist Bezugnahme auf die Stellungnahme des Jugendamtes (OLG Köln, FamRZ 02, 337); uU kann es genügen, wenn sich der Sachverhalt aus den Entscheidungsgründen ergibt (OLG Celle, NZI 00, 592). In den Gründen bedarf es keiner Auseinandersetzung mit tatsächlich oder rechtlich unerheblichen Beweisangeboten. Das Beschwerdegericht muss sich auch nicht mit allen möglicherweise in Betracht kommenden Umständen auseinandersetzen, insbesondere braucht es nicht auf irrige Rechtsausführungen einzugehen.

§ 70 Statthaftigkeit der Rechtsbeschwerde **§ 70**

4. Vorschriften des ersten Rechtszuges

Nach Abs 3 gelten im Übrigen die Vorschriften des ersten Rechtszuges 19 entspr, insbesondere § 39 (Rechtsbehelfsbelehrung, § 41 (Bekanntgabe), § 44 (Anhörungsrüge). Die Beschwerdeentscheidung wird mit der Bekanntgabe an den Beteiligten, für den sie ihrem wesentlichen Inhalt nach bestimmt ist, wirksam (Abs 3 iVm § 40 I), Genehmigungen von Rechtsgeschäften mit Rechtskraft (Abs 3 iVm § 40 II 1).

Unterabschnitt 2
Rechtsbeschwerde

Statthaftigkeit der Rechtsbeschwerde

70 (1) **Die Rechtsbeschwerde eines Beteiligten ist statthaft, wenn sie das Beschwerdegericht oder das Oberlandesgericht im ersten Rechtszug in dem Beschluss zugelassen hat.**

(2) Die Rechtsbeschwerde ist zuzulassen, wenn
1. die Rechtssache grundsätzliche Bedeutung hat oder
2. die Fortbildung des Rechts oder die Sicherung einer einheitlichen Rechtsprechung eine Entscheidung des Rechtsbeschwerdegerichts erfordert.

Das Rechtsbeschwerdegericht ist an die Zulassung gebunden.

(3) Die Rechtsbeschwerde gegen einen Beschluss des Beschwerdegerichts ist ohne Zulassung statthaft in
1. Betreuungssachen zur Bestellung eines Betreuers, zur Aufhebung einer Betreuung, zur Anordnung oder Aufhebung eines Einwilligungsvorbehalts,
2. Unterbringungssachen und Verfahren nach § 151 Nr. 6 und 7 sowie
3. Freiheitsentziehungssachen.

In den Fällen des Satzes 1 Nr. 2 und 3 gilt dies nur, wenn sich die Rechtsbeschwerde gegen den Beschluss richtet, der die Unterbringung oder die freiheitsentziehende Maßnahme anordnet.

(4) **Gegen einen Beschluss im Verfahren über die Anordnung, Abänderung oder Aufhebung einer einstweiligen Anordnung oder eines Arrests findet die Rechtsbeschwerde nicht statt.**

1. Statthaftigkeit

Gegen die Entscheidung des Beschwerdegerichts war bisher die weitere 1 Beschwerde nach § 27 FGG statthaft, wenn die Entscheidung auf einer Verletzung des Rechts beruhte; zuständig waren die Oberlandesgerichte (§ 28 I FGG). Der BGH war nur ausnahmsweise dann zur Entscheidung berufen (§ 28 III FGG), wenn ihm eine Sache wegen beabsichtigter Abweichung von einer Entscheidung eines anderen OLG oder des BGH vorgelegt wurde (§ 28 II FGG). Im Rechtsbeschwerdeverfahren ist ein § 62 entspr **Feststellungsantrag** zulässig; einer Zulassung der Rechtsbeschwerde bedarf es hierfür nicht

§ 70

Buch 1 – Allgemeiner Teil

(BGH, FGPrax 10, 150, 152). Eine Sonderregelung enthalten § 324 HGB, §§ 98, 132, 260 AktG, § 51 b GmbHG: gegen die Entscheidung des LG ist Beschwerde zum OLG möglich, die der Zulassung bedarf; mit ihr kann nur die Verletzung des Rechts geltend gemacht werden.

Das FGG-Reformgesetz hat in Anlehnung an §§ 574 ff ZPO eine allgemeine Rechtsbeschwerde eingeführt. Die Rechtsbeschwerde tritt an die Stelle der bisherigen weiteren Beschwerde mit der Möglichkeit der Vorlage an den BGH; der BGH wird unmittelbar eingeschaltet.

2 Die Rechtsbeschwerde ist grundsätzlich statthaft, wenn sie das Beschwerdegericht oder das OLG im ersten Rechtszug (zB nach Art 23, 25 EGGVG) von Amts wegen **zugelassen** hat (Abs 1). **Ohne Zulassung** ist die Rechtsbeschwerde nach Abs 3 statthaft in bestimmten Betreuungssachen (Nr 1), Unterbringungssachen (Nr 2) und Freiheitsentziehungssachen (Nr 3). Zulassungsfrei ist die Rechtsbeschwerde auch in den Verfahren zur Unterbringung Minderjähriger nach § 151 Nr 6, 7. Die Zulassungsfreiheit ist jedoch im Verfahren, deren Gegenstand Unterbringung oder freiheitsentziehende Maßnahmen sind, beschränkt; sie gilt nur für die Anordnung dieser Maßnahmen. Über die Zulassung entscheidet die Beschwerdekammer in der im GVG

3 vorgeschriebenen Besetzung. Der **Einzelrichter** hat das Verfahren ohne Übertragungsermessen dem Beschwerdegericht zu übertragen (BGH, NJW 03, 3712; NJW 04, 448; BGH, FamRZ 06, 199 für § 17 a IV 4, 5 GVG), es sei denn, die Zulassung soll wegen grundsätzlicher Bedeutung erfolgen und seit der Übertragung auf den Einzelrichter (§ 68 IV) hat sich insoweit keine wesentliche Änderung ergeben (BGH, NJW 03, 2900; BayObLG, FGPrax 04, 117).

4 Eine unterbliebene Zulassung kann **nicht** durch **Ergänzungsentscheidung** entsprechend § 321 ZPO nachgeholt werden (BGH, NJW 04, 779). Der Rechtspfleger kann zwar die Zulassung einer Beschwerde (§ 61 II) im Wege der Abhilfe nachträglich selbst aussprechen (BGH, NJW 04, 779), nicht jedoch die Zulassung einer Rechtsbeschwerde; deren Zulassung durch ein Amtsgericht ist ausnahmslos ausgeschlossen. Dies gilt auch für den Richter des Amtsgerichts, wenn dieser nach § 11 II RPflG über Erinnerungen gegen Entscheidungen des RPfl entscheidet (BGH, NJW-RR 07, 285).

5 Eine Ergänzung kann bei Vorliegen der Voraussetzungen für eine **Anhörungsrüge** (§ 44) erreicht werden. Eine Berichtigung ist dann möglich, wenn aus den Gründen die Absicht, die Rechtsbeschwerde zuzulassen, erkennbar ist und der Ausspruch der Zulassung erkennbar versehentlich unterblieben ist. Eine Beschränkung der Zulassung (in Bezug auf einen abtrennbaren Teil der Entscheidung) kann sich aus den Gründen der Entscheidung ergeben (BGH, NJW 08, 2351).

6 Ein an sich nicht statthaftes Rechtsmittel wird durch **irrtümliche Zulassung** nicht statthaft (BGH, NJW 03, 70 mwN; BGH, FamRZ 07, 1548; BGH, NJW 09, 3609); auch nicht durch unzutreffende Rechtsmittelbelehrung (OLG Stuttgart, FamRZ 09, 1082).

7 Eine nicht statthafte Beschwerde ist auch dann ausgeschlossen, wenn die **Nichtvorlage** nach **Art 234 EG** gerügt wird, weil sie mit der sachlichen Beurteilung der gesetzlichen Regelung verknüpft ist, die einer Nachprüfung durch eine weitere Instanz entzogen ist (OLG Hamm Rpfleger 03, 136).

§ 70 Statthaftigkeit der Rechtsbeschwerde **§ 70**

Im **Verfahrenskostenhilfeverfahren** kann das Beschwerdegericht die 8
Rechtsbeschwerde nach § 574 I Nr 2 ZPO zulassen (BGH, FGPrax 04, 142;
OLG Frankfurt, FGPrax 03, 175), auch soweit das Landgericht Verfahrenskostenhilfe für das Beschwerdeverfahren versagt hat (KG, FGPrax 03, 252).
Eine Zulassung ist jedoch nur unter eingeschränkten Voraussetzungen statthaft; nur dann, wenn es um Fragen des Verfahrens oder der persönlichen
Voraussetzungen für die Bewilligung geht (BGH, NJW 04, 1126); dies gilt
auch in Familiensachen (BGH, FamRZ 05, 790). Ein Rechtsmittel findet
nicht statt gegen eine die Verfahrenskostenhilfe verweigernde Entscheidung in
Verfahren, in denen die Entscheidung zur Hauptsache nicht anfechtbar ist
(BGH, NJW 05, 1639), weil der Rechtsschutz in Nebenverfahren nicht über
den in der Hauptsache hinausgehen soll.

In Verfahren der richterlichen Festsetzung der von der Staatskasse an den 9
Vormund, Gegenvormund, Betreuer nach § 168 I 4 iVm § 2 JVEG zu
erbringenden Zahlungen findet die Rechtsbeschwerde nur statt, soweit es um
die Voraussetzungen für die **Inanspruchnahme der Staatskasse** und nicht
nur um die Höhe des Betrages geht (BGH, NJW 97, 58 auf Vorlage; BayObLG, FGPrax 96, 102; NJWE-FER 99, 90; OLG Frankfurt, FGPrax 95, 85;
OLG Köln, NJW-RR 99, 156; aA OLG Hamm, Rpfleger 96, 345; OLG
Zweibrücken, Rpfleger 97, 315; OLG Schleswig, Rpfleger 07, 215) und sie
wegen der grundsätzlichen Bedeutung zugelassen wurde.

Im **Kostenfestsetzungsverfahren** ist die Rechtsbeschwerde gegeben, 10
wenn sie zugelassen wurde (§ 85 iVm § 104 III, § 574 I ZPO; BayObLG,
Rpfleger 03, 43; BGH, NJW 04, 3412); ferner nach § 4 V JVEG. Keine
Rechtsbeschwerde in Verfahren des FamGKG, auch nicht gegen Wertfestsetzung nach § 59 I 5 iVm § 57 VIII FamGKG, ausgeschlossen im Festsetzungsverfahren über die Vergütung des beigeordneten Rechtsanwalts aus der
Staatskasse nach § 56 II 1, 1. Hs iVm § 33 IV 3, VI 1 RVG (BGH, Rpfleger
10, 521).

Nicht statthaft ist eine Rechtsbeschwerde gegen Entscheidungen in Ver- 11
fahren der einstweiligen Anordnung (§§ 49 ff) und in Arrestverfahren (Abs 4).

2. Zulassung der Rechtsbeschwerde

Die Entscheidung über die Zulassung ist keine Ermessensentscheidung; bei 12
Vorliegen der gesetzlichen Voraussetzungen ist die Rechtsbeschwerde zuzulassen. Für die Zulassung muss die Rechtssache nach Abs 1 Satz 1 **Nr 1** grundsätzliche Bedeutung haben oder nach Abs 1 Satz 1 **Nr 2** die Fortbildung des
Rechts oder die Sicherung einer einheitlichen Rechtsprechung eine Entscheidung des Rechtsbeschwerdegerichts erfordern (BGH, NJW 02, 3029).

Grundsätzliche Bedeutung hat eine Rechtssache regelmäßig dann, wenn 13
eine klärungsbedürftige Rechtsfrage zu entscheiden ist, die das Interesse der
Allgemeinheit an einer einheitlichen Entwicklung des Rechts deshalb berührt,
weil sie sich in einer unbestimmten Vielzahl von Fällen stellen kann (BGH,
NJW 03, 1943), aus ihrem Gewicht für die beteiligten Verkehrskreise (BGH,
NJW 03, 3765). Grundsätzliche Bedeutung und zugleich Sicherung einer
einheitlichen Rechtsprechung ist auch dann zu bejahen, wenn das Beschwerdegericht von auf Beschwerde ergangene Entscheidungen anderer Oberlan-

§ 70 Buch 1 – Allgemeiner Teil

desgerichte abweichen will und noch keine höchstrichterliche Klärung der Rechtsfrage erfolgt ist (Divergenzvorlage) (OLG Köln, FGPrax 10, 202 m Anm Krafka).

14 Zur **Fortbildung des Rechts** ist die Zulassung erforderlich, wenn der Einzelfall Veranlassung zur Auslegung von Gesetzesbestimmungen des materiellen oder des Verfahrensrechts gibt oder Veranlassung Gesetzeslücken auszufüllen, insbesondere, wenn eine Rechtsfrage in der Literatur streitig ist.

15 Zur **Sicherung einer einheitlichen Rechtsprechung** ist die Rechtsbeschwerde zuzulassen, wenn vermieden werden soll, dass schwer erträgliche Unterschiede in der Rechtsprechung entstehen oder fortbestehen (BGH, NJW 02, 2473; NJW-RR 04, 1717) Dieser Zulassungsgrund ist gegeben, wenn das Beschwerdegericht objektiv von der ständigen höchstrichterlichen Rechtsprechung abweicht und die Gefahr einer Wiederholung besteht (BGH, NJW 02, 3783; BVerfG, NJW 08, 2493); wenn zu erwarten ist, dass sich ein Rechtsanwendungsfehler auf eine nicht unerhebliche Zahl künftiger Fälle übertragen lässt (BGH, NJW 03, 754); wenn bei Verletzung eines Verfahrensgrundrechts über den Einzelfall hinaus allgemeine Interessen berührt sein können und das Vertrauen in die Rechtsprechung insgesamt gefährdet ist (BGH, NJW 02, 2975; NJW 02, 3180; NJW 93, 1943; NJW 04, 1167); auch wenn der Anspruch auf wirkungsvollen Rechtsschutz verletzt wird (BGH, NJW 04, 367). Zur Sicherung einer einheitlichen Rechtsprechung ist die Rechtsbeschwerde auch dann zuzulassen, wenn ein absoluter Revisionsgrund nach § 547 Nr 1–4 ZPO geltend gemacht wird und vorliegt (BGH, NJW 07, 2702).

3. Bindung

16 Das Rechtsbeschwerdegericht ist an die Zulassung durch das Beschwerdegericht gebunden (Abs 2 S 2). Es hat daher über die zugelassenen Rechtsbeschwerden in der Sache zu entscheiden, auch wenn seiner Meinung nach Gründe für die Zulassung der Rechtsbeschwerde nicht vorliegen. Diese Regelung entspricht der Rechtslage im Revisionsrecht und im Recht der Rechtsbeschwerde nach der ZPO (§§ 511 IV 2, 574 III 2 ZPO).

Beurteilt das Rechtsbeschwerdegericht die Zulassungsvoraussetzungen abweichend von dem Beschwerdegericht, so kann es die Rechtsbeschwerde jedoch als unzulässig verwerfen. Zur erleichterten Erledigung zu Unrecht zugelassener oder aussichtsloser Rechtsbeschwerden sieht § 74 a die Möglichkeit eines einstimmigen Zurückweisungsbeschlusses nach dem Vorbild des § 552 a ZPO vor.

4. Zulassungsfreie Rechtsbeschwerden

17 Wenn durch gerichtliche Entscheidung in höchstpersönliche Rechte der Beteiligten eingegriffen wird und freiheitsentziehende Maßnahmen angeordnet werden, soll eine weitere Überprüfungsinstanz ohne Zulassungsvoraussetzungen zur Verfügung stehen; deshalb wird für bestimmte Betreuungssachen sowie für Unterbringungs- und Freiheitsentziehungssachen die zulassungsfreie Rechtsbeschwerde zum BGH eröffnet. Diese Regelung betrifft Betreuungssachen zur Bestellung eines Betreuers, Verlängerung der Betreuung, Auswahl des Betreuers bei Betreuerwechsel (BGH, NJW 10, 3777) zur Aufhebung einer

§ 71 Frist und Form der Rechtsbeschwerde **§ 71**

Betreuung und zur Anordnung oder Aufhebung eines Einwilligungsvorbehaltes (Abs 3 Nr 1 iVm § 271 Nr 1, Nr 2); ferner Unterbringungssachen (Abs 3 Nr 2 iVm § 151 Nr 6, 7, § 312) sowie Freiheitsentziehungssachen (§ 415). Die Zulassungsfreiheit bezieht sich nur auf die Rechtsbeschwerde eines Betroffenen, nicht auf die Rechtsbeschwerde einer Behörde; diese bedarf der Zulassung (BGH, FGPrax 10, 98). Durch diese Regelung wird keine weitere Tatsacheninstanz in diesen Angelegenheiten begründet. Dies folgt aus dem auch auf zulassungsfreie Beschwerden anwendbaren § 72; Gegenstand der Rechtsbeschwerde kann danach nur eine Rechtsverletzung durch die Beschwerdeentscheidung sein. Diese unterliegt jedoch nicht den mit einer Zulassung verbundenen Einschränkung gemäß § 70 II Nr 1 und 2.

Frist und Form der Rechtsbeschwerde

71 (1) **Die Rechtsbeschwerde ist binnen einer Frist von einem Monat nach der schriftlichen Bekanntgabe des Beschlusses durch Einreichen einer Beschwerdeschrift bei dem Rechtsbeschwerdegericht einzulegen. Die Rechtsbeschwerdeschrift muss enthalten:**
1. **die Bezeichnung des Beschlusses, gegen den die Rechtsbeschwerde gerichtet wird und**
2. **die Erklärung, dass gegen diesen Beschluss Rechtsbeschwerde eingelegt werde.**

Die Rechtsbeschwerdeschrift ist zu unterschreiben. Mit der Rechtsbeschwerdeschrift soll eine Ausfertigung oder beglaubigte Abschrift des angefochtenen Beschlusses vorgelegt werden.

(2) **Die Rechtsbeschwerde ist, sofern die Beschwerdeschrift keine Begründung enthält, binnen einer Frist von einem Monat zu begründen. Die Frist beginnt mit der schriftlichen Bekanntgabe des angefochtenen Beschlusses. § 551 Abs. 2 Satz 5 und 6 der Zivilprozessordnung gilt entsprechend.**

(3) **Die Begründung der Rechtsbeschwerde muss enthalten:**
1. **die Erklärung, inwieweit der Beschluss angefochten und dessen Aufhebung beantragt werde (Rechtsbeschwerdeanträge);**
2. **die Angabe der Rechtsbeschwerdegründe, und zwar**
    a) **die bestimmte Bezeichnung der Umstände, aus denen sich die Rechtsverletzung ergibt;**
    b) **soweit die Rechtsbeschwerde darauf gestützt wird, dass das Gesetz in Bezug auf das Verfahren verletzt sei, die Bezeichnung der Tatsachen, die den Mangel ergeben.**

(4) **Die Rechtsbeschwerde- und die Begründungsschrift sind den anderen Beteiligten bekannt zu geben.**

1. Frist für die Rechtsbeschwerde

Die Frist zur Einlegung der Rechtsbeschwerde (Berechnung: § 16) beträgt 1
einen Monat. Sie beginnt mit der schriftlichen Bekanntgabe der Beschwerdeentscheidung (§ 41). Für den Fall, dass eine schriftliche Bekanntgabe nicht erfolgt ist, knüpft § 41 III an den Erlass (§ 38 III 3) an; die Frist beginnt dann

§ 71

spätestens mit Ablauf von fünf Monaten nach Erlass. Diese Regelung gilt abweichend von § 548 ZPO **nicht** für die **Rechtsbeschwerde**. Das Fehlen einer jetzt zwingend vorgeschriebenen Rechtsbehelfsbelehrung (§ 39) hindert den Fristbeginn nicht, kann aber uU Wiedereinsetzung in den vorigen Stand

2 begründen (§§ 17–19). Im Einzelnen: Rn 3 zu § 63. Bei **mehreren** Beschwerdeberechtigten beginnt die Frist für jeden Beschwerdeberechtigten mit der Bekanntgabe an ihn, bei mehreren Beschwerdeberechtigten also zu verschiedenen Zeitpunkten. Ausnahmen: Rn 4 zu § 63); Sonderregelungen: Rn 8 zu § 63.

2. Zuständiges Gericht

3   Abw von der bisherigen Regelung des § 29 FGG besteht keine Wahlmöglichkeit mehr zwischen dem Gericht erster Instanz, dem Landgericht oder Oberlandesgericht; die Rechtsbeschwerde kann nur noch **bei dem Bundesgerichtshof** als Rechtsbeschwerdegericht eingelegt werden. Die Frist wird nicht durch Einlegung bei einem unzuständigen Gericht gewahrt, sondern erst mit Eingang bei dem zuständigen Gericht.

4   In **Unterbringungssachen** kann der Betroffene die Beschwerde, **nicht** jedoch die Rechtsbeschwerde, auch bei dem Amtsgericht einlegen, in dessen Bezirk er untergebracht ist; die Rechtsbeschwerde muss vielmehr durch einen bei dem BGH zugelassenen Rechtsanwalt eingelegt werden (§ 10 IV 1; § 114 II); daher Verfahrenskostenhilfe schon für das Verfahrenskostenhilfeverfahren (Rn 2 zu § 76).

3. Form der Einlegung der Rechtsbeschwerde

5   Die Rechtsbeschwerde ist durch Einreichung einer Beschwerdeschrift einzulegen **(Abs 1 Satz 1)**. Die Beschwerdeschrift muss enthalten die Bezeichnung des Beschlusses, gegen den die Rechtsbeschwerde gerichtet ist (Abs 1 Satz 2 **Nr** 1); von diesem soll eine Ausfertigung oder beglaubigte Abschrift beigefügt werden **(Abs 1 Satz 3);** ferner muss die Beschwerdeschrift enthalten die Erklärung, dass gegen den Beschluss Rechtsbeschwerde eingelegt wird (Abs 1 Satz 2 **Nr** 2). Die Rechtsbeschwerde ist den anderen Beteiligten ebenso wie die Begründung **(Abs 3)** bekannt zu geben **(Abs 4).**

4. Begründung der Rechtsbeschwerde

6   Die Rechtsbeschwerde ist zu begründen (Abs 2 Satz 1). Die Begründung muss enthalten **(Abs 3)** die Erklärung, inwieweit der Beschluss angefochten und dessen Aufhebung beantragt wird (konkreter Rechtsbeschwerdeantrag) **(Nr 1);** hierdurch wird der Umfang der Anfechtung bestimmt. Bei Unklarheit ist das Begehren durch Auslegung des weiteren innerhalb der Begründungsfrist erfolgten Vorbringens zu ermitteln. Ergibt sich hieraus eindeutig das Ziel der Rechtsbeschwerde, ist das Fehlen eines förmlichen Antrags unschädlich. Eine Beschränkung ist möglich in Antragsverfahren bei teilbarem Gegenstand (Im Einzelnen: Rn 8 zu § 69). Eine Erweiterung muss sich im Rahmen der innerhalb der Begründungsfrist vorgetragenen Beschwerdegründe halten. In der Begründung der Rechtsbeschwerde hat eine Auseinandersetz-

zung mit den tragenden Gründen des angefochtenen Beschlusses zu erfolgen (**Abs 3 Nr 2**). Bei einer Sachrüge (**Abs 3 Nr 2 a**) sind die konkreten Umstände, aus denen sich eine Verletzung materiellen Rechts ergibt, vorzutragen, bei einer Verfahrensrüge die Tatsachen, die einen Verfahrensfehler ergeben (**Abs 3 Nr 2 b**). Ein Nachschieben von Rügen hinsichtlich der Verletzung materiellen Rechts ist ohne Einschränkung möglich, weil das Rechtsbeschwerdegericht die angefochtene Entscheidung uneingeschränkt auf inhaltliche Richtigkeit prüft (§ 74 III 1, 2). Verfahrensrügen können nach Fristablauf nur noch nachgeholt werden, soweit sie Mängel betreffen, die von Amts wegen zu berücksichtigen sind; das sind solche, die einer Sachentscheidung entgegenstehen (Zulässigkeit, Mängel der Beschwerdeentscheidung, allgemeine Verfahrensvoraussetzungen).

Falls die Beschwerdeschrift keine Begründung enthält, ist sie **innerhalb** **eines Monats** seit Bekanntgabe der angefochtenen Entscheidung (§ 41) zu begründen (Abs 2 Satz 1). Bei Bewilligung der Verfahrenskostenhilfe nach Ablauf der Frist beginnt die Frist mit der Bewilligung; sie beträgt auch dann einen Monat (BGH, FamRZ 10, 809: § 71 II 1 iVm § 18 I, II 2). Die Frist zur Begründung kann **mehrfach verlängert** werden (Abs 2 Satz 2 iVm § 551 II 5, 6 ZPO). Die Frist kann zunächst um bis zu zwei Monate verlängert werden; erfolgt die Übersendung der Verfahrensakten durch das Beschwerdegericht nicht zügig, kann eine Verlängerung um bis zu zwei Monate nach Übersendung der Akten erfolgen. Weitere Verlängerungen sind mit Einwilligung des Gegners möglich. 7

Die Begründung muss ebenso wie die Beschwerdeschrift den Beteiligten **bekannt** gegeben werden (Abs 4); hierdurch wird der Lauf der Anschließungsfrist nach § 73 ausgelöst. 8

5. Anwaltliche Vertretung

Vor dem Bundesgerichtshof müssen sich die Beteiligten durch einen bei dem Bundesgerichtshof zugelassenen Rechtsanwalt vertreten lassen (§ 10 IV 1); dies gilt nicht für Behörden und juristische Personen des öffentlichen Rechts, soweit sich diese durch Personen mit Befähigung zum Richteramt vertreten lassen (im Einzelnen Rn 8 zu § 10). 9

Gründe der Rechtsbeschwerde

72 (1) **Die Rechtsbeschwerde kann nur darauf gestützt werden, dass die angefochtene Entscheidung auf einer Verletzung des Rechts beruht. Das Recht ist verletzt, wenn eine Rechtsnorm nicht oder nicht richtig angewendet worden ist.**

(2) **Die Rechtsbeschwerde kann nicht darauf gestützt werden, dass das Gericht des ersten Rechtszugs seine Zuständigkeit zu Unrecht angenommen hat.**

(3) **Die §§ 547, 556 und 560 der Zivilprozessordnung gelten entsprechend.**

§ 72 Buch 1 – Allgemeiner Teil

1. Beruhen der Beschwerdeentscheidung auf einer Rechtsverletzung

1 Die mit der Rechtsbeschwerde angefochtene Entscheidung muss auf einer Rechtsverletzung beruhen (Abs 1 Satz 1). Zwischen der Rechtsverletzung und der Entscheidung muss ein **ursächlicher Zusammenhang** bestehen. Verfahrensverstöße bilden dann einen Beschwerdegrund, wenn sie so schwer wiegen, dass die Möglichkeit einer anderen Entscheidung bei ordnungsmäßiger Durchführung des Verfahrens nicht ausgeschlossen werden kann. Dies gilt auch für die Verletzung von Vorschriften über die Anhörung und die Gewährung rechtlichen Gehörs, wenn hierauf die Entscheidung beruht oder beruhen kann (BGH, NJW 03, 3205; BayObLG, NJWE-FER 99, 91; HansOLG Hamburg, Rpfleger 82, 293); unter dem Gesichtspunkt der Überraschungsentscheidung (BayObLG, NJW-RR 02, 1381), es sei denn die Parteien haben ihre persönliche Anhörung vereitelt. Die Verletzung rechtlichen Gehörs durch Nichtbeteiligung kann nachgeholt werden, wenn sie nicht der weiteren Sachaufklärung dient (BayObLG, FGPrax 04, 64) oder wenn ausgeschlossen werden kann, dass sich der Beteiligte aktiv am Verfahren in den Vorinstanzen beteiligt hätte (BayObLG, FGPrax 03, 217). Eine Rechtsverletzung ist dann nicht ursächlich, wenn sich die Entscheidung aus anderen Gründen als richtig darstellt, es sei denn, es handelt sich um einen absoluten Beschwerdegrund entspr § 547 ZPO; in diesem Fall wird die Kausalität der Rechtsverletzung unwiderlegbar vermutet. (BGH, aaO); auch dann, wenn schon die erstinstanzliche Entscheidung auf einem absoluten Beschwerdegrund beruht und das Beschwerdegericht seine Entscheidung auf das fehlerhafte Verfahren der ersten Instanz gestützt hat (Keidel/Meyer-Holz, Rn 30 zu § 72). Das Vorliegen eines absoluten Beschwerdegrundes ist auf Verfahrensrüge (§ 71 III Nr 2 b iVm § 74 III 3) zu prüfen (BGH, NJW 07, 909), es sei denn der Beschwerdeführer hat sein Rügerecht nach § 295 I ZPO schon in der Beschwerdeinstanz verloren (Abs 3 iVm § 556 ZPO); dies gilt nicht, wenn es sich um eine unverzichtbare Verfahrensvoraussetzung handelt (Abs 3 iVm § 552 ZPO; Rn 4 zu § 74). Auch bei Vorliegen absoluter Beschwerdegründe ist Zulassung erforderlich.

2 Die Rechtsbeschwerde kann nicht darauf gestützt werden, dass das Gericht des ersten Rechtszuges seine **Zuständigkeit** zu Unrecht angenommen hat (Abs 2); auch wenn die Rechtsbeschwerde zur Prüfung dieser Frage zugelassen wurde (BGH, FamRZ 06, 860 für Revision).

2. Rechtsverletzung

3 Eine Rechtsverletzung liegt vor, wenn eine Rechtsnorm (§ 12 EGZPO), objektiv allgemein verbindliches Recht nicht oder nicht richtig angewendet worden ist. Nach Abs 1 Satz 1 muss die angefochtene Entscheidung auf einer Verletzung des Rechts beruhen. Der Überprüfung durch das Rechtsbeschwerdegericht unterliegen damit einheitlich alle Rechtsnormen; es wird nicht unterschieden, ob es sich um Bundesrecht, Landesrecht oder andere regional begrenzte Vorschriften handelt. Hierzu gehören auch Rechtsverordnungen, Verwaltungsanordnungen, die für Dritte eine bindende rechtliche Verpflichtung zur Folge haben können, Gewohnheitsrecht, Völkerrecht (Art 25 GG),

§ 72 Gründe der Rechtsbeschwerde § 72

Staatsverträge. Der Wortlaut des Abs 1 Satz 1 ist an den des § 545 I ZPO nF angepasst.

Auf eine Verletzung **ausländischen** Rechts kann nach Abs 3 iVm § 560 ZPO, der auf § 545 ZPO verweist, eine Rechtsbeschwerde nicht gestützt werden, weil die Darlegung des ausländischen Rechts verfahrensmäßig als Sachvortrag bewertet wird (Rn 9 zu § 26; Keidel/Meyer-Holz, Rn 4 zu § 72); nachprüfbar bleibt die Frage, ob deutsches oder ausländisches Recht anwendbar ist. Die Frage kann offen bleiben, wenn die Anwendung deutschen oder ausländischen Rechts nicht zu unterschiedlichen Ergebnissen führt (BGH, NJW-RR 04, 308); nachprüfbar ist auch, ob das Beschwerdegericht seiner Pflicht, das ausländische Recht zu ermitteln, nachgekommen ist; die Verfahrensrüge fehlerhafter Ermittlung ist in vollem Umfang nachprüfbar (BGH, NJW 02, 3335). 4

Eine **Verletzung** der Rechtsnorm liegt vor, wenn die abstrakten Merkmale der Rechtsnorm nicht richtig erkannt sind, das Gesetz unrichtig aufgefasst und ausgelegt wird; die Norm, der das Rechtsverhältnis untersteht, überhaupt nicht berücksichtigt ist oder der festgestellte Sachverhalt die abstrakten Tatbestandsmerkmale der Norm nicht ausfüllt. 5

Bei **Wechsel der Gesetzgebung** ist das bei Erlass der Entscheidung des Rechtsbeschwerdegerichts geltende Recht anzuwenden (BGH, NJW 93, 2241; BayObLG, NJW 88, 916; OLG Hamm, OLG 92, 15; OLG Frankfurt, FGPrax 95, 58; KG, NJW 95, 62). Dies gilt auch für Änderungen im Verfahrensrecht. Beispiele aus der Rspr: Änderung der Gerichtsbarkeit (BGH, NJW 53, 545), des Rechtsweges (BayObLG 64, 300), der Rechtsmittelfrist (BGH, MDR 55, 157). Änderungen von Vorschriften über die Zulässigkeit von Rechtsmitteln gelten nur für Rechtsmittel, die nach In-Kraft-Treten des neuen Rechts eingelegt werden, sofern nicht durch Übergangsregelungen besondere Bestimmungen getroffen werden (BGH, DNotZ 62, 500); für das FGG-RG: Art 111 (Rn 1 zu Art 111 FGG-RG). Wenn nicht festgestellt werden kann, ob eine Entscheidung vor dem 1. 1. 2002 der Geschäftsstelle übergeben wurde (§ 26 Nr 10 EGZPO), gilt das **Meistbegünstigungsprinzip** (BGH, NJW 02, 2106). 6

3. Nachprüfung der Sachverhaltsfeststellung

Bei der Nachprüfung der Sachverhaltsfeststellung, geht das Rechtsbeschwerdegericht grundsätzlich von dem Sachverhalt aus, den das Beschwerdegericht festgestellt hat (BayObLG, NJW-RR 88, 588; NJW-RR 96, 1478). Die Ermittlungen erstrecken sich jedoch darauf, ob die tatrichterlichen Instanzen den Sachverhalt **ausreichend erforscht** haben (OLG Hamm, OLG 89, 271). 7

Ausgenommen von diesem Grundsatz ist die Feststellung von Tatsachen, wenn diese die **allgemeinen Verfahrensvoraussetzungen** betreffen; ferner allgemeinkundige Tatsachen und unter bestimmten Voraussetzungen neue Tatsachen. Im Übrigen sind Tatsachenfeststellungen des Beschwerdegerichts nur daraufhin nachprüfbar, ob sie **unter Verletzung des Gesetzes** zustande gekommen sind. 8

§ 72

4. Verfahrensvoraussetzungen

9 Ausnahmsweise ist das Rechtsbeschwerdegericht in der Feststellung von Tatsachen frei, soweit diese die **allgemeinen Verfahrensvoraussetzungen** für die Zulässigkeit betreffen (BGH, FamRZ 67, 606/607; BayObLG 69, 209/212 für das bisherige Recht). Hierzu gehören ua die Gerichtsbarkeit, die Zuständigkeit, sachlich, örtlich (BayObLG, FamRZ 84, 886; NJWE-FER 00, 17: örtliche Zuständigkeit des Erstgerichts; OLG Düsseldorf, NJWE-FER 97, 253), international, funktionell; das Vorliegen eines von der örtlich zuständigen Ausländerbehörde gestellten Haftantrages (BayObLG, FGPrax 97, 117), Geschäftsfähigkeit eines Beteiligten, die dann auch materiellrechtlich berücksichtigt werden kann (BayObLG 76, 203), gesetzliche Vertretung, die Auslegung verfahrensrechtlicher Erklärungen (KG, OLG 73, 385/391; BayObLG, NJW-RR 96, 650).

5. Allgemeinkundige, neue Tatsachen

10 Bei allgemeinkundigen Tatsachen kann das Beschwerdegericht die Feststellung selbst vornehmen (BayObLG 82, 278), ferner bei solchen, die zwar nicht festgestellt sind, sich jedoch unzweideutig aus den Akten ergeben (KG, OLG 83, 431); **neue Tatsachen,** wenn sie im Falle der Rechtskraft der Entscheidung eine Wiederaufnahme rechtfertigen würden (Jansen[2], Rn 39; BayObLG, FGPrax 97, 63), eine verwaltungsgerichtliche Anordnung der aufschiebenden Wirkung von Rechtsbehelfen (KG, OLG 83, 431); ein rechtskräftiger Beschluss, mit dem der Konkurseröffnungsantrag einer GmbH mangels Masse zurückgewiesen wurde, im registergerichtlichen Verfahren (KG, Rpfleger 99, 186); unstreitige behördliche Akte (BayObLG, FamRZ 02, 1349). Berücksichtigt werden können auch Tatsachen bei einer Entscheidung über einen Wiedereinsetzungsantrag durch das Rechtsbeschwerdegericht (BGH, NJW 64, 2304); ferner Tatsachen, die das Verfahren gegenstandslos machen (OLG Köln, FamRZ 64, 524; OLG Frankfurt, NJW-RR 95, 391), insbesondere solche, die die Hauptsache erledigen (BayObLG 70, 63). Neue Tatsachen können ferner dann berücksichtigt werden, wenn sie ohne Ermittlungen feststehen und zu dem Ergebnis führen, dass die angefochtene Entscheidung bei ihrer Berücksichtigung nicht zu beanstanden ist.

6. Gesetzesverletzung bei Tatsachenfeststellungen

11 Abgesehen von den unter Rn 10 dargestellten Tatsachen kann das Rechtsbeschwerdegericht nicht selbständig Tatsachen feststellen (BGH, NJW 83, 1908, für Tatsachen, die im Versorgungsausgleichsverfahren nach der Entscheidung des OLG eingetreten sind; BayObLG, NJW 90, 775). Die Tatsachenfeststellung des Beschwerdegerichts ist nur daraufhin nachprüfbar, ob sie unter Verletzung des Gesetzes zustandegekommen ist (BayObLG, NJW-RR 95, 653). Das ist dann der Fall, wenn Formvorschriften für die Beweisaufnahme nicht beachtet worden sind (BayObLG 60, 267, 272; KG, FamRZ 68, 605), bei der Beweiswürdigung gegen gesetzliche Beweisregeln, gegen Denkgesetze oder feststehende Erfahrungssätze verstoßen worden ist (BayObLG, WuM 94, 229), wenn die Beweiswürdigung auf einer rechtlichen Vorausset-

§ 72 Gründe der Rechtsbeschwerde § 72

zung beruht, die nicht mit dem Gesetz in Einklang steht (OLG Köln, MDR 82, 678). Im Übrigen kann die Beweiswürdigung, die Würdigung der Glaubwürdigkeit von Zeugenaussagen nicht überprüft werden. Bei einer **Übergehung** von erheblichen Tatsachen und Beweisangeboten kann die Entscheidung auf einer Rechtsverletzung beruhen.

7. Denkgesetze und Erfahrungssätze

Nachprüfbar ist auch die Anwendung von **Denkgesetzen und Erfahrungssätzen** bei der Beurteilung und Wertung von Tatsachen. In diesem Rahmen ist auch zu prüfen, ob Willenserklärungen überhaupt auslegungsfähig sind und ihre Auslegung nach den Regeln der §§ 133, 157 BGB erfolgt ist (BayObLG 66, 408, 413; KG, OLG 68, 244; OLG Frankfurt, OLG 72, 120); die Auslegung der Satzung eines eingetragenen Vereins (BGH, Rpfleger 86, 184 ff); eine im Grundbuch eingetragene Gemeinschaftsordnung der Wohnungseigentümer (BayObLG, NJW-RR 88, 140); eine Teilungserklärung (OLG Köln, NZM 00, 1010); **nicht** überprüfbar die Würdigung von Tatsachen, die Beweiswürdigung, die tatrichterliche Auslegung von Erbverträgen (OLG Köln, Rpfleger 82, 424), die Auslegung von Eigentümerbeschlüssen (BayObLG, NJW-RR 87, 204; KG, NJW-RR 96, 586: Überprüfung nur auf Rechtsfehler; aA OLG Stuttgart, NJW-RR 96, 528), die Feststellung ob überhaupt ein Eigentümerbeschluss gefasst worden ist und welchen Inhalt er hat (BayObLG, NJW-RR 90, 210), die Auslegung eines gerichtlichen Vergleichs (BayObLG, NZM 98, 773), es sei denn bei der Auslegung ist ein Rechtsfehler unterlaufen, nicht lediglich eine abweichende Tatsachenwürdigung. 12

8. Ermessen

Die Ausübung des Ermessens in der angefochtenen Entscheidung ist dahin nachprüfbar, ob das Ermessen überhaupt ausgeübt werden durfte und der Ermessensspielraum nicht missbraucht worden ist (BayObLG 75, 92). Wird das Ermessen rechtsfehlerhaft ausgeübt, geht die Ermessensausübung auf das Rechtsbeschwerdegericht über (BayObLG, NZM 99, 852). 13

Kein Ermessensspielraum ist gegeben, wenn das Gesetz einen „unbestimmten Rechtsbegriff" enthält. Die Frage, ob Tatsachen in ihrer Gesamtheit Merkmale eines unbestimmten Rechtsbegriffs erfüllen, ist eine Rechtsfrage, ihre unrichtige Beantwortung eine Gesetzesverletzung, die in vollem Umfange nachprüfbar ist. **Beispiele:** „anhaltend gröblich" im Sinne von § 1748 BGB; unverhältnismäßiger Nachteil iSv § 1748 IV BGB (OLG Karlsruhe, FGPrax 00, 194); „schwerwiegende Gründe zum Wohl des Kindes" iS des § 1757 II 1 BGB; des § 1763 I BGB (BayObLG 79, 390); „sittliche Rechtfertigung" iS des § 1767 I BGB (BayObLG, FGPrax 02, 223); des § 3 III, IV BKGG (BayObLG, Rpfleger 85, 401); „schwerwiegende Gründe" im Sinne des § 1727 I BGB (OLG Karlsruhe/Freiburg, FamRZ 68, 94, 95) „erhebliche Gefährdung" im Sinne des § 1886 BGB (OLG Hamm Rpfleger 66, 17; Göppinger, FamRZ 61, 499), das Interesse des Kindes in den Fällen des § 1643 BGB (OLG Karlsruhe, FamRZ 73, 378; aA BayObLG 76, 285), „Besorgnis der Verwirrung" im Sinne des § 6 GBO (BayObLG 77, 120). 14

§ 72

15 Eine **Ermessensentscheidung** liegt vor, wenn mehrere Entscheidungen rechtmäßig sein können (OLG Frankfurt, Rpfleger 78, 178). **Beispiele:** Zumutbarkeit der Sicherheitsleistung nach § 1844 BGB, Interessengegensatz im Sinne des § 1796 BGB (OLG Hamm, FamRZ 63, 580), Auswahl des Vormundes, vormundschaftgerichtliche Genehmigung von Rechtsgeschäften (BayObLG, Rpfleger 90, 67); das „Interesse" des Betroffenen im Sinne des § 1822 Nr 3 BGB (BayObLG 76, 285; FamRZ 90, 208, 209); die „Eignung" zur Führung einer Betreuung (BGH, NJW 86, 2829, 2830; WM 95, 64, 65; BayObLG, FamRZ 94, 530); „im Kindesinteresse" des § 1643 II 1 BGB (OLG Stuttgart, OLG 80, 114 ff); „wichtiger; Grund" (BayObLG, NJW-RR 94, 781) im Sinne des § 2227 BGB (OLG Köln, OLG 88, 26); zu enge Auslegung ist Rechtsverletzung (BayObLG, FamRZ 88, 770); die Festsetzung der dem Vormund, Pfleger, Betreuer nach § 1836 BGB zustehenden Vergütung (KG, OLG 88, 281; OLG Zweibrücken, NJWE-FER 00, 315; BayObLG, NJW-RR 89, 136); bei „billigem" Ermessen ist die Billigkeit Bewertungsfaktor (BayObLG 72, 144). Die Ermessensentscheidung kann darauf **überprüft** werden, ob das Gericht **von** einem **Ermessen keinen oder** einen **rechtlich fehlerhaften,** Sinn und Zweck des Gesetzes zuwiderlaufenden **Gebrauch** gemacht hat. **Beispiele:** OLG Stuttgart, FamRZ 60, 247 (Verzicht auf Gehörgewährung im Verfahren der vorläufigen FE); KG, NJW 65, 1538 (Kostenentscheidung); KG, OLG 66, 357 (Aussetzung des Verfahrens); BayObLG, FGPrax 98, 240.

9. Absolute Beschwerdegründe

16 Bei Vorliegen der in § 547 ZPO aufgeführten Gründe wird unwiderlegbar vermutet, dass die Entscheidung auf den dort aufgeführten Verfahrensverstößen beruht (Rn 1). Die Entscheidung ist als auf einer Verletzung des Rechts beruhend anzusehen:

17 **nach Nr 1,** wenn das Gericht nicht vorschriftsmäßig besetzt war. Hierbei sind zu prüfen Befähigung zum Richteramt (§§ 5 ff DRiG), ordnungsgemäße Bestellung zum Richter (§§ 8 ff DRiG), richtige Zahl der Mitglieder des Gerichts und eventuelle Vertretung nach den Vorschriften des Gerichtsverfassungsgesetzes, gesetzmäßiges Zustandekommen der Geschäftsverteilung; Entscheidung des Einzelrichters im Beschwerdeverfahren (KG, OLG 79, 156); Entscheidung des Einzelrichters ohne Übertragungsbeschluss der Kammer bildet absoluten Beschwerdegrund der nicht vorschriftsmäßigen Besetzung (BayObLG, FGPrax 04, 77; OLG Zweibrücken, FGPrax 03, 268). Die Entscheidung einer Zivilkammer an Stelle einer **Kammer für Handelssachen** ist stets als auf einer Rechtsverletzung beruhend anzusehen (BayObLG, NJW-RR 91, 1510); die Strafkammer anstelle der Zivilkammer als Beschwerdegericht,

18 **nach Nr 2,** wenn bei der Entscheidung ein Richter mitgewirkt hat, der von der Ausübung des Richteramtes ausgeschlossen war, sofern nicht dieses Hindernis mittels eines Ablehnungsgesuchs ohne Erfolg geltend gemacht worden ist (§ 6).

19 **nach Nr 3** bei Mitwirkung eines Richters, obwohl dieser erfolgreich wegen Besorgnis der Befangenheit abgelehnt worden ist, auch bei Selbst-

§ 72 Gründe der Rechtsbeschwerde §72

ablehnung (§ 6); nicht jedoch, wenn die Ablehnung versäumt worden ist (BayObLG 70, 5), nicht, wenn über einen Ablehnungsgrund bereits rechtskräftig entschieden ist (BayObLG, Rpfleger 79, 266). Kein Beschwerdegrund bei erfolgreicher Ablehnung nach Unterzeichnung, aber vor Verkündung (BGH, NJW 01, 1502).

nach Nr 4, wenn eine Partei nicht nach Vorschrift des Gesetzes vertreten 20
war, sofern sie nicht die Prozessführung ausdrücklich oder stillschweigend genehmigt hat; dies kann auch noch im Rechtsbeschwerdeverfahren geschehen (BGH, NJW 89, 948; OLG Hamm, NJW-RR 88, 323; OLG 94, 134; BayObLG, NJW-RR 91, 849; FamRZ 97, 218), wenn der Mangel nicht dem Verfahrensantrag anhaftet (OLG Hamm, aaO). Entspr Anwendung, wenn ein materiell Beteiligter nicht zum Beschwerdeverfahren hinzugezogen wurde (BayObLG, FamRZ 89, 201); jedoch in der Regel nicht, wenn eine Beschwerde als unzulässig verworfen wurde (BayObLG, NJW-RR 92, 976).

Nr 5 kam nach bisherigem Recht nicht zur Anwendung. Eine Verletzung 21
des Grundsatzes der Nichtöffentlichkeit begründete regelmäßig keinen Verfahrensmangel, weil dieser aus den Vorschriften über die Öffentlichkeit hergeleitet wurde (Keidel/Kahl, 14. Aufl, Rn 7 zu Vorb zu §§ 8–18 FGG); § 8 FGG verwies nicht auf §§ 169 ff GVG aF. Nunmehr findet der Grundsatz der Nichtöffentlichkeit des § 170 GVG im Bereich des FamFG unmittelbare Anwendung (§ 12 GVG iVm § 2 EGGVG, § 15 GVG; Rn 1, 32–35 GVG). Ein absoluter Rechtsbeschwerdegrund liegt daher regelmäßig dann vor, wenn die Öffentlichkeit zugelassen wurde, es sei denn, das Gericht hat ausnahmsweise von seinem Ermessen ohne Rechtsfehler (Rn 13–15) Gebrauch gemacht und die Öffentlichkeit unter den Voraussetzungen des § 170 I 2 GVG zugelassen.

nach Nr 6 ist die Entscheidung als auf einer Verletzung des Rechts beru- 22
hend anzusehen, wenn die Entscheidung nicht mit Gründen versehen ist, wenn diese also überhaupt fehlen, unverständlich oder inhaltslos sind; nicht genügen Unrichtigkeit, Unklarheit, Unvollständigkeit in einem an sich behandelten Punkt, völliges Fehlen eines Sachverhalts (OLG Köln, NJW-RR 87, 223); des maßgeblichen Sachverhalts (BGH, NJW 02, 2648); wenn sich bei fehlender Sachverhaltsfeststellung der Sachverhalt auch nicht zweifelsfrei aus den Akten (Grundbuchverfahren) ergibt (OLG Zweibrücken, NJW-RR 99, 1174); es genügt aber, wenn das Beschwerdegericht sich auf eine hinreichend vollständige Sachverhaltsfeststellung des erstinstanzlichen Gerichts bezogen hat (OLG Köln, NJW 93, 1018).

10. Beschwerdeberechtigung

Für die Beschwerdeberechtigung ist nur die Beschwerdeentscheidung maß- 23
gebend. Sie ist also auch dann gegeben, wenn der Beschwerdeführer durch die erstinstanzliche Entscheidung nicht in seinen Rechten beeinträchtigt wurde. Das Beschwerderecht besteht auch dann, wenn der Beschwerdeführer von der Erstbeschwerde keinen Gebrauch gemacht hatte (BayObLG 86, 496; KG, OLG 90, 407; OLG Frankfurt, OLG 92, 35; BayObLG, FGPrax 98, 146). Ist durch die Entscheidung des Beschwerdegerichts unter Aufhebung der Entscheidung des erstinstanzlichen Gerichts ein Antrag zurückgewiesen worden

§ 73

oder eine zurückweisende Entscheidung bestätigt worden, ist nur der Antragsteller zur Einlegung der Rechtsbeschwerde befugt (KG, OLG 66, 596). Ein Beteiligter kann gegen einen Beschluss, durch den die Beschwerde eines anderen Beteiligten zurückgewiesen wurde, keine Rechtsbeschwerde einlegen, wenn er keine Erstbeschwerde eingelegt hat (BayObLG, FGPrax 03, 67: WEG).

Anschlussrechtsbeschwerde

73 Ein Beteiligter kann sich bis zum Ablauf einer Frist von einem Monat nach der Bekanntgabe der Begründungsschrift der Rechtsbeschwerde durch Einreichen einer Anschlussschrift beim Rechtsbeschwerdegericht anschließen, auch wenn er auf die Rechtsbeschwerde verzichtet hat, die Rechtsbeschwerdefrist verstrichen oder die Rechtsbeschwerde nicht zugelassen worden ist. Die Anschlussrechtsbeschwerde ist in der Anschlussschrift zu begründen und zu unterschreiben. Die Anschließung verliert ihre Wirkung, wenn die Rechtsbeschwerde zurückgenommen, als unzulässig verworfen oder nach § 74a Abs. 1 zurückgewiesen wird.

1. Zulässigkeit

1   Die Anschlussrechtsbeschwerde setzt ein **zulässiges Hauptrechtsmittel** voraus. Die Anschließung ist auch statthaft, wenn der Beteiligte, der die Anschlussbeschwerde einlegt, auf die Rechtsbeschwerde verzichtet hat, die Frist für die Einlegung der Rechtsbeschwerde verstrichen ist oder die Rechtsbeschwerde für den Beteiligten nicht zugelassen wurde (BGH, NJW 03, 2525); bei nur beschränkter Zulassung für das Hauptrechtsmittel ist die Anschließung unbeschränkt zulässig (BGH, NJW-RR 06, 1328); sie selbst bedarf keiner Zulassung. Die Anschlussrechtsbeschwerde ist ebenso wie die Rechtsbeschwerde (§ 71 I) bei dem Rechtsbeschwerdegericht einzulegen (Abs 1 Satz 1).

2   Abw von der Regelung für die Anschlussbeschwerde (§ 66) ist für die Einlegung der Anschlussrechtsbeschwerde eine **Frist** vorgesehen, die einen Monat beträgt (Abs 1 Satz 1); die Frist beginnt mit der Bekanntgabe der Begründungsschrift für die Rechtsbeschwerde (§ 71 IV iVm § 41). Auch die Anschlussrechtsbeschwerde ist zu begründen (Satz 2). Die Begründung muss in der Anschlussschrift enthalten sein, kann jedoch bis zum Ablauf der Frist für die Anschließung nachgeholt werden.

2. Verlust der Wirkung

3   Die Anschließung verliert ihre Wirkung, wenn die Rechtbeschwerde zurückgenommen, als unzulässig verworfen oder nach § 74a zurückgewiesen wird (Satz 3); das Gleiche gilt, wenn der Rechtsmittelführer der Rechtsbeschwerde nach Einlegung der Beschwerde auf diese verzichtet. Mit dem Zeitpunkt, in dem die Rücknahme, der Verzicht oder die Verwerfung der Rechtsbeschwerde als unzulässig wirksam werden, verliert die Anschlussrechtsbeschwerde kraft Gesetzes ihre Wirkung. Damit ist die Anschließung

erledigt, ohne dass es einer Entscheidung hierüber bedarf. Beziehen sich Rücknahme, Verzicht oder Verwerfung auf einen selbständigen Teil des Verfahrensgegenstandes, ist der Wirkungsverlust hierauf beschränkt.

Entscheidung über die Rechtsbeschwerde

74 (1) **Das Rechtsbeschwerdegericht hat zu prüfen, ob die Rechtsbeschwerde an sich statthaft ist und ob sie in der gesetzlichen Form und Frist eingelegt und begründet ist. Mangelt es an einem dieser Erfordernisse, ist die Rechtsbeschwerde als unzulässig zu verwerfen.**

(2) **Ergibt die Begründung des angefochtenen Beschlusses zwar eine Rechtsverletzung, stellt sich die Entscheidung aber aus anderen Gründen als richtig dar, ist die Rechtsbeschwerde zurückzuweisen.**

(3) **Der Prüfung des Rechtsbeschwerdegerichts unterliegen nur die von den Beteiligten gestellten Anträge. Das Rechtsbeschwerdegericht ist an die geltend gemachten Rechtsbeschwerdegründe nicht gebunden. Auf Verfahrensmängel, die nicht von Amts wegen zu berücksichtigen sind, darf die angefochtene Entscheidung nur geprüft werden, wenn die Mängel nach § 71 Abs. 3 und § 73 Satz 2 gerügt worden sind. Die §§ 559, 564 der Zivilprozessordnung gelten entsprechend.**

(4) **Auf das weitere Verfahren sind, soweit sich nicht Abweichungen aus den Vorschriften dieses Unterabschnitts ergeben, die im ersten Rechtszug geltenden Vorschriften entsprechend anzuwenden.**

(5) **Soweit die Rechtsbeschwerde begründet ist, ist der angefochtene Beschluss aufzuheben.**

(6) **Das Rechtsbeschwerdegericht entscheidet in der Sache selbst, wenn diese zur Endentscheidung reif ist. Andernfalls verweist es die Sache unter Aufhebung des angefochtenen Beschlusses und des Verfahrens zur anderweitigen Behandlung und Entscheidung an das Beschwerdegericht, oder, wenn dies aus besonderen Gründen geboten erscheint, an das Gericht des ersten Rechtszugs zurück. Die Zurückverweisung kann an einen anderen Spruchkörper des Gerichts erfolgen, das die angefochtene Entscheidung erlassen hat. Das Gericht, an das die Sache zurückverwiesen ist, hat die rechtliche Beurteilung, die der Aufhebung zugrunde liegt, auch seiner Entscheidung zugrunde zu legen.**

(7) **Von einer Begründung der Entscheidung kann abgesehen werden, wenn sie nicht geeignet wäre, zur Klärung von Rechtsfragen grundsätzlicher Bedeutung, zur Fortbildung des Rechts oder zur Sicherung einer einheitlichen Rechtsprechung beizutragen.**

1. Zulässigkeit

Das Rechtsbeschwerdegericht prüft von Amts wegen, ob die Rechtsbeschwerde an sich statthaft ist (§ 70), und sie in der gesetzlichen Form und Frist (§ 71) eingelegt und begründet ist (Abs 1 Satz 1). Fehlt es an einer dieser Voraussetzungen, ist die Rechtsbeschwerde als unzulässig zu verwerfen (**Abs 1 Satz 2**). 1

§ 74
Buch 1 – Allgemeiner Teil

2. Umfang der Prüfung der Begründetheit

2   Die Prüfung durch das Rechtsbeschwerdegericht wird begrenzt durch die Erklärung des Beschwerdeführers, inwieweit der Beschluss des Beschwerdegerichts angefochten und dessen Aufhebung beantragt wird: Rechtsbeschwerdeantrag gemäß § 71 III Nr 1; diese Begrenzung gilt auch im Falle der Aufhebung und Zurückverweisung. In diesem Rahmen prüft das Rechtsbeschwerdegericht die Begründetheit der Rechtsbeschwerde ohne Bindung an die geltend gemachten Rechtsbeschwerdegründe (§ 71 III 2a, b) nach § 72 (Rn 1 zu § 72) von Amts wegen: es kann die angefochtene Entscheidung auch aus anderen, als den geltend gemachten Gründen aufheben.

3   **Verfahrensmängel,** die nicht von Amts wegen zu berücksichtigen sind, sind nur dann zu prüfen, wenn sie in der Rechtsbeschwerde nach § 71 III 2b oder der Anschlussrechtsbeschwerde nach § 73 Satz 2 **gerügt** worden sind (§ 74 III 3, § 559 I 2 ZPO). Soweit das Rechtsbeschwerdegericht Rügen von Verfahrensmängeln nicht für durchgreifend erachtet, bedarf es keiner Begrün-
4   dung (§ 74 III 4 iVm § 564 Satz 1 ZPO). **Von Amts wegen** zu beachtende Verfahrensmängel sind solche, deren Einhaltung im öffentlichen Interesse liegt, zB Verfahrensvoraussetzungen, vorschriftsmäßige Besetzung des Gerichts. In Verfahren, die der Dispositionsbefugnis der Parteien unterliegen, kann verzichtbar sein eine Verletzung des Unmittelbarkeitsgrundsatzes, Durchführung von Freibeweis statt Strengbeweis, irrig bejahtes Zeugnisverweigerungsrecht (Thomas/Putzo, Rn 2 zu § 295 ZPO).

5   Für das weitere Verfahren finden ergänzend die Vorschriften für das **Verfahren im ersten Rechtszug** (§§ 23 ff) entspr Anwendung, soweit sich nicht aus den §§ 70–73 und der auf die rechtliche Überprüfung der Beschwerdeentscheidung beschränkten Funktion des Rechtsbeschwerdegerichts etwas anderes ergibt.

3. Entscheidung des Rechtsbeschwerdegerichts

6   Die Entscheidung des Rechtsbeschwerdegerichts kann lauten
7   auf **Zurückweisung der Beschwerde,** wenn diese mangels Vorliegens einer Gesetzesverletzung unbegründet ist. Ergibt die Prüfung, dass die angefochtene Entscheidung zwar auf einer Gesetzesverletzung beruht, diese sich jedoch aus anderen Gründen als richtig darstellt, ist die Beschwerde auch zurückzuweisen. Diese Regelung des **Abs 2** ergab sich bisher aus § 27 I 2 FGG iVm § 561 ZPO;
8   auf **eigene Sachentscheidung** unter Aufhebung der Entscheidung des Beschwerdegerichts. Voraussetzung ist, dass es für die Entscheidung keiner weiteren tatsächlichen Feststellungen bedarf und die Entscheidung auf einer anderen rechtlichen Würdigung durch das Rechtsbeschwerdegericht beruht; wenn ein Gesetzesverstoß vorliegt und der Sachverhalt genügend geklärt ist. Soweit die Rechtsbeschwerdeentscheidung einer **Vollziehung** bedarf, ist diese dem erstinstanzlichen Gericht zu überlassen (OLG Karlsruhe, FGPrax 05, 229).
9   **Aufhebung** der angefochtenen Entscheidung und **Zurückverweisung** zur anderweitigen Verhandlung und Entscheidung, wenn ein Gesetzesverstoß vorliegt und weitere tatsächliche Ermittlungen notwendig sind; auch dann,

§ 74 Entscheidung über die Rechtsbeschwerde   § 74

wenn das Beschwerdegericht noch nicht zur Sache verhandelt hat (**Abs 6 Satz 2**). Die Zurückverweisung ist obligatorisch, wenn ein absoluter Rechtsbeschwerdegrund (§ 72 III iVm § 547 ZPO) vorliegt. Soweit die Anwendung nicht revisiblen (ausländischen) Rechts unterlassen wurde, kann das Rechtsbeschwerdegericht dieses selbst feststellen und anwenden oder zurückverweisen (Keidel/Meyer-Holz, Rn 84 zu § 74: § 563 IV ZPO analog). Bei einer zu Unrecht als unzulässig verworfenen Beschwerde kann von einer Zurückverweisung abgesehen werden, wenn das erstinstanzliche Gericht sachlich zutreffend entschieden hat (BayObLG, DNotZ 93, 197); auch unter den Voraussetzungen des entspr anwendbaren § 563 III ZPO (BayObLG, NJW-RR 93, 1417).

Eine **Zurückverweisung** an das Gericht **des ersten Rechtszuges** sieht   10
Abs 6 Satz 2, 2. Hs jetzt ausdrücklich vor, wenn dies aus besonderen Gründen geboten erscheint. Diese Möglichkeit wurde schon bisher uU als zweckmäßig angesehen (OLG Celle, NdsRPfl 60, 227; BayObLG 71, 111; nach OLG Köln, OLG 75, 126, auch dann, wenn der erstinstanzlichen Entscheidung die gleichen Rechtsverstöße anhaften; aA Jansen[2] A 52 zu § 27 FGG, der eine Zurückverweisung an das erstinstanzliche Gericht nur dann für zulässig erachtete, wenn das Beschwerdegericht an das erstinstanzliche Gericht hätte zurückverweisen dürfen oder müssen. Diese Einschränkung ist jedenfalls auf Grund der ausdrücklichen gesetzlichen Regelung entfallen. Bei einer Zurückverweisung durch das Rechtsbeschwerdegericht an das Beschwerdegericht darf dieses jedoch nicht seinerseits an das erstinstanzliche Gericht zurückverweisen (BayObLG, NJW-RR 92, 191; NZM   11
98, 868). Die Zurückverweisung kann nach **Abs 6 Satz 3** auch an einen **anderen Spruchkörper** des Gerichts erfolgen, das die Entscheidung erlassen hat. Diese Möglichkeit wurde bisher mangels einer ausdrücklichen gesetzlichen Regelung im Hinblick auf das Gebot des gesetzlichen Richters im Verfahren der freiwilligen Gerichtsbarkeit nicht als zulässig angesehen.

4. Bindung an die Rechtsbeschwerdeentscheidung

Das Gericht, an das die Sache zurückverwiesen ist, hat die rechtliche   12
Beurteilung des Rechtsbeschwerdegerichts auch seiner Entscheidung zu Grunde zu legen (**Abs 6 Satz 4**). Die Bindung besteht nur an die rechtliche Beurteilung, auf der die Entscheidung des Rechtsbeschwerdegerichts beruht. Sie besteht nicht, wenn sich nach Zurückverweisung der Sachverhalt oder das anzuwendende Recht geändert haben. Die Bindung besteht nicht, wenn es sich um einen neuen Verfahrensabschnitt (Entscheidung über den Einspruch nach § 390 (§ 140 FGG) handelt oder dann, wenn das Rechtsbeschwerdegericht die Einleitung eines Firmenmissbrauchsverfahrens angeordnet hatte (Keidel/Meyer-Holz, Rn 94 zu § 74) oder Gegenstand des Verfahrens ein anderer Erbscheinsantrag ist (BayObLG, FamRZ 98, 1199).

5. Absehen von der Begründung

Von einer Begründung kann abgesehen werden, wenn sich hieraus kein   13
Beitrag für die Klärung einer Rechtsfrage von grundsätzlicher Bedeutung oder

§ 74a

für die Fortbildung des Rechts ergeben würde. Diese Möglichkeit ist sowohl bei Entscheidungen des BGH über zugelassene (§ 70 I, II) als auch über nicht zulassungsbedürftige (§ 70 III) Rechtsbeschwerden gegeben. Sie ist anwendbar bei Entscheidungen, die die Verwerfung einer Rechtsbeschwerde als unzulässig aussprechen (§ 70 III 2 iVm II Nr 1 oder Nr 2; § 74 I) und auch bei Sachentscheidungen nach Abs 6.

6. Einstweilige Anordnung des Rechtsbeschwerdegerichts

14 Das Rechtsbeschwerdegericht kann nach pflichtgemäßem Ermessen einstweilige Anordnungen erlassen, insbesondere die Vollziehung der angefochtenen Entscheidung aussetzen; § 64 III gilt entspr (BGH, FamRZ 10, 348; Rn 12–17 zu § 64).

Zurückweisungsbeschluss

74a **(1) Das Rechtsbeschwerdegericht weist die vom Beschwerdegericht zugelassene Rechtsbeschwerde durch einstimmigen Beschluss ohne mündliche Verhandlung oder Erörterung im Termin zurück, wenn es davon überzeugt ist, dass die Voraussetzungen für die Zulassung der Rechtsbeschwerde nicht vorliegen und die Rechtsbeschwerde keine Aussicht auf Erfolg hat.**

(2) Das Rechtsbeschwerdegericht oder der Vorsitzende hat zuvor die Beteiligten auf die beabsichtigte Zurückweisung der Rechtsbeschwerde und die Gründe hierfür hinzuweisen und dem Rechtsbeschwerdeführer binnen einer zu bestimmenden Frist Gelegenheit zur Stellungnahme zu geben.

(3) Der Beschluss nach Absatz 1 ist zu begründen, soweit die Gründe für die Zurückweisung nicht bereits in dem Hinweis nach Absatz 2 enthalten sind.

1. Zweck der Vorschrift

1 § 74 a eröffnet die Möglichkeit der Zurückweisung einer zugelassenen Rechtsbeschwerde durch einstimmigen Beschluss. Diese Regelung dient der erleichterten Erledigung von Rechtsbeschwerden, die zu Unrecht zugelassen wurden und keine Aussicht auf Erfolg haben oder die für grundsätzlich erachtete Rechtsfrage nicht entscheidungserheblich ist. In familiengerichtlichen Rechtsbeschwerdeverfahren entfällt dann in der Regel die nach § 74 IV grundsätzlich notwendige mündliche Verhandlung. Erfasst werden sollen auch Fälle mehrfacher Zulassung ein und derselben Rechtsfrage. Wenn in einer Sache eine Klärung mit der Folge der Aussichtslosigkeit des Rechtsmittels erfolgt ist, soll in den anderen Sachen die Möglichkeit eines Zurückweisungsbeschlusses gegeben sein. Dies kann jedoch dann nicht gelten, wenn in den anderen Rechtsbeschwerdefällen neue, noch nicht in Erwägung gezogene Argumente vorgebracht werden.

§ 75 Sprungrechtsbeschwerde **§ 75**

2. Voraussetzungen

Ein Zurückweisungsbeschluss ist nur dann zulässig, wenn im Zeitpunkt der 2 Beschlussfassung des Rechtsbeschwerdegerichts die Voraussetzung für die Zulassung der Rechtsbeschwerde (§ 70 II) nicht vorliegen; dies ist auch dann der Fall, wenn die Beschwerde zunächst zu Recht zugelassen wurde, der Zulassungsgrund aber nachträglich – infolge höchstrichterlicher Klärung der Rechtsfrage – weggefallen ist; hierzu BVerfG, NJW 08, 2493, zu dem nachträglichen Wegfall des Zulassungsgrundes im Falle einer Nichtzulassungsbeschwerde. Weitere Voraussetzung für die Zulässigkeit eines Zurückweisungsbeschlusses ist, dass die Sache bereits auf Grund der Aktenlage insgesamt keine Aussicht auf Erfolg hat. Mit dem Erfordernis der mangelnden Erfolgsaussicht soll dem Gedanken der Einzelfallgerechtigkeit Rechnung getragen werden. Die Rechtsbeschwerde darf daher nicht nach § 74 a zurückgewiesen werden, wenn nach der prognostischen Bewertung des Falles die Rechtsbeschwerde nicht von vornherein ohne Aussicht auf Erfolg ist, auch dann, wenn in diesem Fall die Zulassungsvoraussetzungen nicht vorlagen (BT-Drs 16/9733 S 363). Liegen die Zulassungsvoraussetzungen im Zeitpunkt der Entscheidung nicht vor, bleibt kein Raum mehr für die Frage, ob die Sache im Übrigen auf Grund der Aktenlage Erfolg gehabt haben würde. Die Voraussetzungen für den Zurückweisungsbeschluss muss das Rechtsbeschwerdegericht einstimmig feststellen (Abs 1).

3. Verfahren

Die Beteiligten sind durch das Rechtsbeschwerdegericht oder den Vorsitzenden auf die in Aussicht genommene Zurückweisung der Rechtsbeschwerde und die Gründe hierfür hinzuweisen. Dem Rechtsbeschwerdeführer ist zur Gewährung rechtlichen Gehörs innerhalb einer zu bestimmenden Frist Gelegenheit zur Stellungnahme zu geben. Die Beteiligten sollen hierdurch auch vor einer überraschenden Verfahrensweise geschützt werden.

4. Begründung der Entscheidung

Der Zurückweisungsbeschluss ist zu begründen, damit der unterliegende 4 Rechtsbeschwerdeführer über die wesentlichen Gründe für die Erfolglosigkeit seines Rechtsmittels unterrichtet ist. Von der Begründung der Entscheidung kann dann und insoweit abgesehen werden, als die Gründe bereits in dem Hinweis nach Abs 2 enthalten waren (Abs 3).

Sprungrechtsbeschwerde

75 (1) **Gegen die im ersten Rechtszug erlassenen Beschlüsse, die ohne Zulassung der Beschwerde unterliegen, findet auf Antrag unter Übergehung der Beschwerdeinstanz unmittelbar die Rechtsbeschwerde (Sprungrechtsbeschwerde) statt, wenn**

1. **die Beteiligten in die Übergehung der Beschwerdeinstanz einwilligen und**
2. **das Rechtsbeschwerdegericht die Sprungrechtsbeschwerde zulässt.**

§ 75

Der Antrag auf Zulassung der Sprungrechtsbeschwerde und die Erklärung der Einwilligung gelten als Verzicht auf das Rechtsmittel der Beschwerde.

(2) Für das weitere Verfahren gilt § 566 Abs. 2 bis 8 der Zivilprozessordnung entsprechend.

1. Zulässigkeitsvoraussetzungen

1   Durch das FGG-Reformgesetz ist die Möglichkeit eingeführt worden, im Wege der Sprungrechtsbeschwerde unter Übergehung der Beschwerdeinstanz unmittelbar die Rechtsbeschwerde einzulegen. Statthaft ist die Sprungrechtsbeschwerde nur gegen Entscheidungen, gegen die ohne Zulassung Beschwerde eingelegt werden kann; das sind alle nicht vermögensrechtlichen Angelegenheiten und vermögensrechtliche Angelegenheiten, wenn der Wert des Beschwerdegegenstandes sechshundert Euro übersteigt (§ 61 I).

Die Sprungrechtsbeschwerde findet nur auf **Antrag** statt und bedarf der **Einwilligung** der übrigen Beteiligten (Abs 1 Nr 1). Die Einwilligungen müssen mit der Rechtsbeschwerdeschrift oder innerhalb der Frist zur Einlegung der Rechtsbeschwerde vorgelegt werden; sie können zu Protokoll der Geschäftsstelle abgegeben werden, wenn für das Verfahren im ersten Rechtszug kein Anwaltszwang bestand (Abs 2 iVm § 566 II 4 ZPO).

2   Die Sprungrechtsbeschwerde bedarf der **Zulassung,** die nicht durch das Gericht, dessen Entscheidung angefochten wird, erfolgt, sondern durch das Rechtsbeschwerdegericht. Die Zulassungsgründe ergeben sich aus § 70 II; danach ist die Rechtsbeschwerde zuzulassen, wenn die Rechtssache grundsätzliche Bedeutung hat (Nr 1) oder die Fortbildung des Rechts oder die Sicherung einer einheitlichen Rechtsprechung (Nr 2) eine Entscheidung des Rechtsbeschwerdegerichts erfordert (Rn 12 ff zu § 70). Die Sprungrechtsbeschwerde kann nicht auf einen Mangel des Verfahrens gestützt werden (Abs 2 iVm § 566 IV 2 ZPO), sofern dieser nicht von Amts wegen zu beachten ist.

2. Verfahren nach Zulassung

3   Wird die Rechtsbeschwerde zugelassen, wird das Verfahren als Rechtsbeschwerdeverfahren fortgesetzt. Der Antrag auf Zulassung der Sprungrechtsbeschwerde gilt, sofern er form- und fristgerecht eingelegt ist, als Einlegung der Rechtsbeschwerde. Die Begründungsfrist für die Rechtsbeschwerde beginnt mit der Zustellung der Zulassungsentscheidung (Abs 2 iVm § 566 VII 3 ZPO); die Frist beträgt einen Monat (§ 71 I).

4   Für den Fall einer **Zurückverweisung** durch das Rechtsbeschwerdegericht ist § 563 ZPO mit der Maßgabe anzuwenden, dass die Zurückverweisung an das **erstinstanzliche** Gericht erfolgt. Wird gegen die nachfolgende Entscheidung des erstinstanzlichen Gerichts Beschwerde eingelegt, hat das Beschwerdegericht die rechtliche Beurteilung, die der Aufhebung durch das Rechtsbeschwerdegericht zu Grunde gelegt ist, auch seiner Entscheidung zu Grunde zu legen **(Abs 2 iVm § 566 VIII 2, 3 ZPO).**

§ 76 Voraussetzungen § 76

3. Verzicht auf Beschwerde

Die Einlegung der Sprungrechtsbeschwerde durch den Beschwerdeführer 5
und die Einwilligungen der übrigen Beteiligten **gelten als Verzicht** auf die
Beschwerde **(Abs 1 Satz 2)**. Die Bindung tritt für den Beschwerdeführer mit
Einlegung der Rechtsbeschwerde, für die übrigen Beteiligten mit Vorlage der
Einwilligungserklärungen ein. Wird die Zulassung der Sprungrechtsbeschwerde abgelehnt, ist eine Beschwerde nicht mehr zulässig. Mit der Zustellung des
die Zulassung ablehnenden Beschlusses wird die erstinstanzliche Entscheidung
formell rechtskräftig.

Abschnitt 6
Verfahrenskostenhilfe

Voraussetzungen

76 (1) **Auf die Bewilligung von Verfahrenskostenhilfe finden die Vorschriften der Zivilprozessordnung über die Prozesskostenhilfe entsprechende Anwendung, soweit nachfolgend nichts Abweichendes bestimmt ist.**

(2) **Ein Beschluss, der im Verfahrenskostenhilfeverfahren ergeht, ist mit der sofortigen Beschwerde in entsprechender Anwendung der §§ 567 bis 572, 127 Abs. 2 bis 4 der Zivilprozessordnung anfechtbar.**

Übersicht

1. Anwendungsbereich	1
2. Voraussetzungen für die Bewilligung von Verfahrenskostenhilfe	6
3. Verfahrenskostenhilfe für Ausländer	19
4. Parteien kraft Amtes, juristische Personen	20
5. Wirkungen der Verfahrenskostenhilfe	21
6. Anfechtbarkeit	22

1. Anwendungsbereich

Die §§ 76–78 finden in den Angelegenheiten der freiwilligen Gerichts- 1
barkeit und im Verfahren in Familiensachen mit Ausnahme der Ehesachen
(§§ 121 ff) und der Familienstreitsachen (§ 112) Anwendung; zu den Streitsachen gehören insbesondere Unterhaltssachen (§ 231 I), Güterrechtssachen
(§ 261 I) und zivilrechtliche Ansprüche, die einen Bezug zu Familienangelegenheiten aufweisen (§ 266 I); für diese gelten die §§ 114–127 a ZPO unmittelbar. Nach § 76 I finden die Vorschriften der ZPO über die Prozesskostenhilfe entsprechende Anwendung, soweit nicht in §§ 77, 78 abweichende
Regelungen getroffen sind. § 77 I behandelt die Frage, welchen Personen
Gelegenheit zur Stellungnahme zu geben ist, § 77 II den Umfang der Bewilligung von Verfahrenskostenhilfe für die Vollstreckung in das bewegliche Vermögen. § 78 behandelt die Voraussetzungen für die Beiordnung eines Rechts-

§ 76

anwaltes, in Abs 2 einschränkend gegenüber der entsprechenden Regelung des § 121 I der ZPO.

2   Für das **Verfahrenskostenhilfeverfahren** selbst kann grundsätzlich Verfahrenskostenhilfe nicht gewährt werden (BGH, Rpfleger 85, 38), bei Abschluss eines Vergleichs im Verfahrenskostenhilfeverfahren nur für diesen (BGH, FamRZ 04, 1708; OLG München, FamRZ 10, 143); ausnahmsweise jedoch für die Rechtsbeschwerde, weil diese nur durch einen bei dem BGH zugelassenen Rechtsanwalt eingelegt werden kann (BGH, NJW 03, 1192); jedoch keine Erstattung außergerichtlicher Kosten (BGH, FamRZ 10, 808); ferner Verfahrenskostenhilfe, wenn nach Bewilligungsreife das Verfahren in gütlicher Weise seine Erledigung findet (OLG Braunschweig, FamRZ 06, 961); für Vergleichsverhandlungen, wenn schwierige Tat- oder Rechtsfragen zu erörtern sind (OLG Karlsruhe, FamRZ 08, 1354). Bewilligung für das gesamte Verfahrenskostenhilfeverfahren entgegen BGH, aaO, stellt jedoch keine greifbare Gesetzeswidrigkeit dar (OLG Nürnberg, FamRZ 07, 1662). Das Verfahrenskostenhilfeverfahren kann nicht durch übereinstimmende Erklärungen der Beteiligten für erledigt erklärt werden, weil es sich um ein nicht streitiges, der staatlichen Daseinsfürsorge zuzurechnendes Antragsverfahren handelt (BGH, FamRZ 09, 1663); es kann daher auch nicht durch Erledigungserklärungen im Hauptsacheverfahren erledigt werden (BGH, aaO).

3   **Keine** Verfahrenskostenhilfe wird gewährt für außergerichtliche Streitbeilegung: Errichtung einer Jugendamtsurkunde, Vertragsverhandlungen, Mediation (OLG Brandenburg, FamRZ 97, 1994; OLG Dresden, FamRZ 07, 489).

4   **Innerhalb der EU** (mit Ausnahme Dänemarks) sieht die EG-Richtlinie 2003/8/EG v 31. 1. 2003 (ABl EG Nr L 26 S 41) Prozesskostenhilfe in grenzüberschreitenden Streitsachen vor, ohne dass es auf die Art der Gerichtsbarkeit ankommt (Text: NJW 03, 1101). Die Richtlinie wurde durch das Gesetz zur Umsetzung gemeinschaftsrechtlicher Vorschriften über die grenzüberschreitende Prozesskostenhilfe in Zivil- und Handelssachen in den Mitgliedstaaten (EG-Prozesskostenhilfegesetz vom 15. 12. 2004, BGBl I, 3392) in nationales deutsches Recht umgesetzt.

5   Das **Beratungshilfegesetz** vom 18. 6. 1980 (BGBl I, 689) gilt für den Bereich außerhalb eines gerichtlichen Verfahrens. Vorrang hat die Beratung durch Behörden (BVerfG, Rpfleger 07, 552; zum Zeitpunkt der Beantragung: BVerfG, NJW 08, 1541).

2. Voraussetzungen für die Bewilligung von Verfahrenskostenhilfe

6   **a) Persönliche und wirtschaftliche Verhältnisse.** Die Partei kann nach ihren persönlichen und wirtschaftlichen Verhältnissen die Kosten der Prozessführung nicht, nur zum Teil oder nur in Raten aufbringen. Maßgebend für die Beurteilung dieser Voraussetzungen sind die §§ 114 und 115 ZPO. In Sorgerechtsverfahren sind die Verhältnisse der Eltern, nicht die des Kindes zu Grunde zu legen (OLG Köln, FamRZ 10, 749).

7   Verfahrenskostenhilfe wird nicht gewährt, wenn der Beteiligte Anspruch auf **Prozesskostenvorschuss** hat, zB nach § 1360 a IV 1, § 1361 IV 4 BGB für Ehegatten, nach §§ 1601, 1610 II BGB für Kinder, sofern der Verpflichtete leistungsfähig und der Vorschuss alsbald realisierbar ist. (OLG Karlsruhe,

§ 76 Voraussetzungen **§ 76**

FamRZ 08, 1960). Wenn ein unterhaltsberechtigtes Kind um Verfahrenskostenhilfe nachsucht, ist zu berücksichtigen, dass die Eltern im Rahmen ihrer Unterhaltspflicht den Kindern die Kosten für lebenswichtige Prozesse vorzuschießen haben (KG, FamRZ 71, 440). Nach § 246 I kann eine Verpflichtung zur Zahlung eines Kostenvorschusses für ein gerichtliches Verfahren abw von § 49 auf Antrag durch einstweilige Anordnung geregelt werden. Prozesskostenvorschuss nach Übergangsrecht durch neuen Ehegatten: BGH, NJW 10, 372).

aa) Einkommen. Nach **§ 115 I 1 ZPO** hat die Partei für die Prozess- 8 führung ihr Einkommen einzusetzen. Das Einkommen ist der Maßstab für die Frage, ob sie der Verfahrenskostenhilfe bedarf. Zum Einkommen gehören alle Einkünfte in Geld oder Geldeswert, die auf Monatsbasis umzurechnen sind. Im Regelfall sind dies laufende Einkünfte aus Lohn, Gehalt, Rente, Pension, der Gewinn Selbständiger. Zu dem Einkommen gehören auch Urlaubs- und Weihnachtsgeld, Wohngeld, Arbeitslosengeld, Kindergeld, soweit es nicht zum Unterhalt des minderjährigen Kindes zu verwenden ist (BGH, NJW 05, 2393; OLG Karlsruhe, FamRZ 08, 1960). Zu der Frage der Zurechnung fiktiver Einkünfte: OLG Brandenburg, FamRZ 10, 827.

Nicht zum Einkommen zählen Sozialhilfe, Erziehungsgeld, Pflegegeld 9 gemäß § 37 SGB XI; Pflegegeld nach § 39 SGB VIII nur mit dem Anteil „Kosten der Erziehung". Bei Beziehern von Sozialleistungen nach SGB II oder SGB XII ist nicht von der Möglichkeit einer zumutbaren Erwerbsquelle auszugehen (BGH, NJW 09, 3658).

§ 115 I 3 ZPO bestimmt in den Nr 1–4 die von dem Einkommen **absetz-** 10 **baren Aufwendungen:**
nach **Nr 1 a** die in § 82 II SGB XII bezeichneten Beträge. Das sind die auf das Einkommen entrichteten Steuern, Pflichtbeiträge zur Sozialversicherung, gesetzlich vorgeschriebene Versicherungen, Lebensversicherungen, soweit sie der Altersvorsorge dienen, Altersvorsorgebeiträge, soweit sie staatlich gefördert werden; ferner die mit der Erzielung des Einkommens verbundenen notwendigen Ausgaben, Arbeitsförderungsgeld nach § 82 III Nr 5 SGB XII.

Bei **Erwerbstätigen** ist abzusetzen ein Betrag in Höhe von 50% des höchsten durch Rechtsverordnung nach § 26 II 1 SGB XII festgesetzten Regelsatzes für den Haushaltsvorstand **(Nr 1 b).**

Nach **Nr 2 a und b** sind Unterhaltsleistungen absetzbar. Basis für die Berechnung ist der durch Rechtsverordnung nach § 28 II 1 SGB XII festgesetzte Regelsatz für den Haushaltsvorstand. Für die Partei, ihren Ehegatten oder Lebenspartner ist jeweils absetzbar ein Betrag in Höhe des jeweils um 10% erhöhten höchsten Regelsatzes, für weitere Unterhaltsberechtigte 70% dieses Betrages nach Abzug eventueller eigener Einkünfte.

Nach Nr 3 sind abzusetzen Kosten der Unterkunft und Heizung, soweit sie nicht in auffälligem Missverhältnis zu den Lebensverhältnissen der Partei stehen. Das ist die Nettomiete, Mietnebenkosten, Umlagen von Betriebskosten. Bei mehreren verdienenden Bewohnern sind die Kosten aufzuteilen.

Nach Nr 4 sind absetzbar besondere Belastungen, soweit sie angemessen sind. Hierunter fallen Unterhaltsleistungen auf Grund einer sittlichen Pflicht, einmalige Ausgaben im Zusammenhang mit Familienereignissen; Zahlungs-

§ 76 Buch 1 – Allgemeiner Teil

verpflichtungen, die in Unkenntnis des bevorstehenden Prozesses eingegangen wurden; Aufwendungen für Fort- und Weiterbildung.

11   **bb) Einzusetzendes Einkommen** (Abs 2). Von dem nach den Abzügen verbleibenden Teil des monatlich einzusetzenden Einkommens sind unabhängig von der Zahl der Rechtszüge höchstens 48 Monatsraten gemäß der Tabelle (Abs 2) aufzubringen. Verfahrenskostenhilfe wird nicht bewilligt, wenn die Kosten der Prozessführung vier Monatsraten und die aus dem Vermögen aufzubringenden Teilbeträge voraussichtlich nicht übersteigen (Abs 4).

12   **cc) Einzusetzendes Vermögen** (Abs 3). Zum Vermögen zählen bewegliche, unbewegliche Sachen, Forderungen, sonstige Rechte. Vorhandene Verbindlichkeiten sind abzusetzen. Abfindungszahlungen, Renten- und Unterhaltsnachzahlungen können unterschiedlich beurteilt werden. Einmalige Zuwendungen sind keine laufenden Einnahmen und daher eher als Vermögen zu bewerten; sie können aber als Einkommen anzusehen sein, wenn sie der Deckung eines laufenden Bedarfs für einen gewissen Zeitraum dienen. Einsetzbar ist nur Vermögen, das in angemessener Zeitspanne durch Veräußerung oder Beleihung in Geld umgesetzt werden kann. Die Verwertung muss zumutbar sein.

13   **Nicht verwertbar** ist das Vermögen, von dessen Einsatz oder Verwertung nach § 90 SGB XII Sozialhilfe nicht abhängig gemacht werden darf; das sind die in § 90 II SGB XII aufgeführten Vermögensgegenstände, ferner nach § 90 III SGB XII solche, deren Einsatz und Verwertung für den, der sein Vermögen einzusetzen hat und für dessen unterhaltsberechtigte Angehörige eine Härte bedeuten würde; das ist dann der Fall, wenn eine angemessene Lebensführung oder die Aufrechterhaltung einer angemessenen Alterssicherung wesentlich erschwert würde. Zu § 90 II Nr 9 SGB XII ist die VO zu § 90 II Nr 9 SGB XII zu beachten.

14   **b) Erfolgsaussicht.** Die beabsichtigte Rechtsverfolgung muss hinreichende Aussicht auf Erfolg haben und nicht mutwillig erscheinen (Abs 1 iVm § 114 I ZPO). Die hinreichende Aussicht auf Erfolg muss in tatsächlicher und rechtlicher Hinsicht im Zeitpunkt der Entscheidung in der jeweiligen Instanz (OVG Hamburg, FamRZ 87, 178) bestehen. Zu den Grenzen zulässiger Beweisantizipation bei der Klärung des Sachverhalts: BVerfG, NJW 10, 288.

Die Verfahrenskostenhilfe, über die einzelfallbezogen zu entscheiden ist (BGH, FamRZ 09, 857; OLG Brandenburg, FamRZ 09, 1080), darf nicht versagt werden, wenn die Entscheidung in der Hauptsache von der Beantwortung einer schwierigen, bislang ungeklärten **Rechtsfrage** abhängt (BVerfG, NJW 06, 3412; FamRZ 07, 1876: auch wenn Abweichung von höchstrichterlich geklärter Rechtsfrage beabsichtigt ist; BGH, FamRZ 07, 1006). Das Gebot einer weitgehenden Angleichung der Situation von Bemittelten und Unbemittelten gebietet es, den grundrechtlich garantierten Rechtsschutz nicht in das summarische Verfahren der Prozesskostenhilfe zu verlagern, sondern das Hauptsacheverfahren zugänglich zu machen (BVerfG, FamRZ 02, 665; FamRZ 05, 1893; NJW 07, 2393; FamRZ 09, 191; 09, 1654; NJW 10, 1657: durch Überspannung der Anforderungen wird der Zweck verfehlt, Unbemittelten weitgehend gleichen Zugang zu den Gerichten zu ermöglichen; OLG Naumburg, FamRZ 06, 1286; OLG Brandenburg,

FamRZ 06, 1175; OLG Saarbrücken, FamRZ 06, 1395; OLG München, Rpfleger 04, 167). Es verstößt gegen Art 3 I GG iVm dem Rechtsstaatsprinzip, wenn eine Bewertung der Erfolgsaussicht im Nachhinein vorgenommen wird (BVerfG, FamRZ 09, 399). Ist über einen Antrag auf Gewährung von Verfahrenskostenhilfe pflichtwidrig nicht vorab, sondern erst mit der Hauptsache entschieden worden, ist für die Erfolgsaussicht auf die Sachlage bei Klageerhebung abzustellen (OLG Stuttgart; FamRZ 06, 797; OLG Köln, FamRZ 10, 52; BGH, FamRZ 10, 197: nach Klagerücknahme; aA OLG Naumburg, FamRZ 09, 1427 m abl Anm Gottwald). Eine Erfolgsaussicht kann auch liegen in der Verbesserung der Rechtsstellung durch Klärung eines regelungslosen Zustandes (OLG Nürnberg, NJWE-FER 01, 270). Zu den Anforderungen an die Gewährung von Verfahrenskostenhilfe wegen nachträglicher Feststellung der Rechtswidrigkeit: BVerfG, NJW 03, 576).

Die Rechtsverfolgung darf **nicht mutwillig** sein. Nicht mutwillig ist sie 15 dann, wenn sie von einem verständigen Beteiligten, der einer Verfahrenskostenhilfe nicht bedarf, in gleicher Weise verfolgt würde.

Beispiele für Erfolgsaussicht: In Umgangsverfahren, weil eine Verbes- 16 serung der Lage durch eine von Amts wegen zu treffende Entscheidung im Interesse des Kindeswohls erreicht werden kann: OLG Hamm, FamRZ 08, 429; OLG Brandenburg, FamRZ 05, 2011; Erweiterung von Umgangskontakten: OLG Stuttgart, FamRZ 09, 531; für das Vermittlungsverfahren nach § 165 (§ 52a FGG): OLG Frankfurt, FamRZ 07, 566; FamRZ 09, 1079; OLG Brandenburg, FamRZ 09, 1080; für das Vollstreckungsverfahren bei Schwierigkeit der Durchsetzung der Umgangsregelung: OLG Brandenburg, FamRZ 06, 1776. Keine Mutwilligkeit, wenn vor einer begehrten Umgangsregelung die Hilfe des Jugendamtes nicht in Anspruch genommen wurde (OLG München, FamRZ 08, 1080; OLG Koblenz, NJW 09, 1425). Der Antrag des Kindes auf Umgang mit einem unwilligen Elternteil ist auch nach der Entscheidung des BVerfG, FamRZ 08, 845, nicht mutwillig (OLG Stuttgart, FamRZ 09, 354). Mutwillig aber das Begehren einer lediglich deklaratorischen Feststellung (OLG Rostock, FamRZ 08, 1090: Ruhen der elterlichen Sorge). Im Vaterschaftsfeststellungsverfahren Erfolgsaussicht bei ernst zu nehmenden Zweifeln an der Vaterschaft: OLG Brandenburg, FamRZ 07, 151. Nicht mutwillig die Rechtsverteidigung des Vaters im Vaterschaftsanfechtungsverfahren, auch wenn er den Antrag unterstützt, weil er sich dem Verfahren nicht entziehen kann: OLG Hamm, FamRZ 07, 1753; Verfahrenskostenhilfe im Zwischenstreit über Duldung einer Abstammungsuntersuchung bejaht: OLG Hamburg, FamRZ 09, 1232. In Gewaltschutzsachen ist die gleichzeitige Einleitung des Hauptsacheverfahrens und des Verfahrens auf Erlass einer einstweiligen Anordnung nicht mutwillig; es handelt sich bei der einstweiligen Anordnung nach § 214 I nur um eine „vorläufige" Regelung, die von ihrem Regelungsgehalt her hinter der im Hauptverfahren möglichen zurückbleibt (OLG Hamm, NJW 10, 539; OLG Stuttgart, FamRZ 10, 1266 mwN); aA OLG Zweibrücken, NJW 10, 540, wenn über den Antrag auf einstweilige Anordnung schon entschieden ist. Nach OLG Hamm, aaO, muss durch die Gewährung von Verfahrenskostenhilfe grundsätzlich die Möglichkeit gegeben werden, im Hauptsacheverfahren eine endgültige Klärung herbeizuführen; das Verfahren der einstweiligen Anordnung darf nicht zu einer

§ 76

Vorwegnahme der Hauptsache führen und muss sich auf Grund der summarischen Prüfung auf eine vorläufuge Regelung beschränken.

17 **Beispiele für Erfolgsaussicht in Familienstreitsachen:** Vereinfachtes Unterhaltsfestsetzungsverfahren: OLG Frankfurt/M, FamRZ 07, 420; Stufenklage: OLG Naumburg, FamRZ 07, 1755; OLG Brandenburg, FamRZ 07, 1028; OLG Zweibrücken, FamRZ 07, 1109; KG, FamRZ 08, 702. Keine Mutwilligkeit bei isolierter Geltendmachung von Auskunftsansprüchen, weil zur Vorbereitung einer Folgesache: OLG Brandenburg, FamRZ 07, 911. Die Geltendmachung einer Folgesache außerhalb des Verbundes ist nicht mutwillig (OLG Naumburg, FamRZ 09, 1423); bei gleichzeitiger Geltendmachung von Auskunft und Teilunterhalt; OLG Stuttgart, FamRZ 07, 1109. Bei einer Stufenklage ist die Leistungsklage insofern immanent beschränkt, als sie durch die Auskunft gedeckt sein muss: OLG Brandenburg, FamRZ 08, 1354. Durch Überspannung der Anforderungen wird der Zweck verfehlt, Unbemittelten weitgehend gleichen Zugang zu den Gerichten zu ermöglichen (BVerfG, NJW 10, 1658).

18 Nur wenn der Beteiligte zur Verbesserung seiner **eigenen Rechtsposition** Verfahrenskostenhilfe erhalten möchte, kann diese gewährt werden. Verfahrenskostenhilfe ist daher ausgeschlossen für solche Personen, die auf Grund besonderer persönlicher Nähe im Interesse eines anderen am Verfahren beteiligt sind (§§ 274 IV, 315 IV).

3. Verfahrenskostenhilfe für Ausländer

19 Ausländern kann ohne Rücksicht auf eine Verbürgung der Gegenseitigkeit Verfahrenskostenhilfe bewilligt werden; § 114 II ZPO ist entfallen. Das Gleiche gilt für Staatenlose, heimatlose Ausländer iS der §§ 1, 2 des Gesetzes über die Rechtsstellung heimatloser Ausländer im Bundesgebiet v 25. 4. 1951 sowie für Deutsche iS des Art 116 I GG, die die deutsche Staatsangehörigkeit nicht besitzen. Für die grenzüberschreitende Verfahrenskostenhilfe innerhalb der Europäischen Union gelten ergänzend §§ 1076–1078 ZPO (Anhang zu § 78).

4. Parteien kraft Amtes, juristische Personen

20 Einer inländischen, ausländischen Partei kraft Amtes (Testamentsvollstrecker, Nachlassverwalter, Nachlasspfleger, Insolvenzverwalter) kann Verfahrenskostenhilfe gewährt werden, wenn die Kosten aus der verwalteten Vermögensmasse nicht aufgebracht werden können und den am Rechtsstreit wirtschaftlich Beteiligten (Erben, Pflichtteilsberechtigte) nicht zuzumuten ist, die Kosten aufzubringen (§ 116 I Ziff 1 ZPO), einer **inländischen juristischen Person** oder **parteifähigen Vereinigung** (oHG, KG), auch in einem Mitgliedstaat der EU oder einem anderen Vertragsstaat des EWR-Abkommens gegründete und dort ansässige, wenn die Kosten weder von ihr noch von den am Rechtsstreit wirtschaftlich Beteiligten aufgebracht werden können und wenn die Unterlassung der Rechtsverfolgung oder Rechtsverteidigung allgemeinen Interessen zuwider laufen würde (§ 116 I; Ziff 2 ZPO). Wirtschaftlich beteiligt sind Mitglieder der juristischen Personen und deren Angehörige, Gläubiger und stille Teilhaber, Mitglieder von Vorstand und

§ 76 Voraussetzungen **§ 76**

Aufsichtsrat. Weitere Voraussetzung ist, dass die Unterlassung der Durchführung des Verfahrens größere Kreise der Bevölkerung oder das Wirtschaftsleben berühren, soziale Wirkungen nach sich ziehen würde; das allgemeine Interesse an einer richtigen Entscheidung genügt nicht (BGH 25, 183).

5. Wirkungen der Verfahrenskostenhilfe

Diese ergeben sich für den antragstellenden Beteiligten aus §§ 121–123 **21** ZPO, für die **Gegenpartei,** soweit in einem Verfahren entgegengesetzte Interessen verfolgt werden, aus § 122 II ZPO. Die Bewilligung kann nur für den gesamten Rechtszug und als Ganzes erfolgen (OLG Bremen, OLG 89, 365), sie wirkt grundsätzlich nur für die Zukunft; ausnahmsweise kann die Bewilligung auf einen zurückliegenden Zeitpunkt bezogen werden (BayObLG, Rpfleger 78, 315); die Entscheidung wirkt jedoch nur bis zu dem Zeitpunkt zurück, in dem ein iS des § 117 I, II ZPO vollständiger Antrag vorlag (OLG Karlsruhe, OLG 85, 459 ff); auch noch nach Beendigung des Rechtszuges, wenn der Antrag rechtzeitig vor Beendigung gestellt war. Die Bewilligung bewirkt nach § 122 I Ziff 1 ZPO die vorläufige Kostenfreiheit; es entfällt die Vorschusspflicht auch gegenüber den nach Landesrecht zuständigen nichtrichterlichen Behörden, gegenüber Notaren nach § 17 II BNotO (LG Kaiserslautern, DNotZ 71, 767). § 122 I Ziff 2 ZPO, durch den die Befreiung von der Sicherheitsleistung für Prozesskosten vorgesehen wird, findet in Verfahren der freiwilligen Gerichtsbarkeit keine Anwendung. Nach **§ 122 I Ziff 3 ZPO** können nach § 121 ZPO beigeordnete Rechtsanwälte Ansprüche auf Vergütung gegen die Partei nicht geltend machen.

6. Anfechtbarkeit

Ein Beschluss, der im Verfahrenskostenhilfeverfahren ergeht, ist mit der **22** sofortigen Beschwerde in entsprechender Anwendung der §§ 567–572, 127 II–IV ZPO anfechtbar.

a) Sofortige Beschwerde. Zulässig ist die sofortige Beschwerde gegen **23** Ablehnung der Verfahrenskostenhilfe, auch gegen Beschlüsse über die Aufhebung der Bewilligung nach § 124 ZPO, die Ablehnung der Aufhebung der Anordnung von Ratenzahlungen (OLG Nürnberg, AnwBl 85, 219). Voraussetzung ist, dass der Streitwert 600 € übersteigt (§ 76 II iVm § 127 II 2, § 511 ZPO). Keine Wertgrenze besteht für die sofortige Beschwerde, wenn die persönlichen oder wirtschaftlichen Voraussetzungen ganz oder teilweise verneint wurden. Hat das Landgericht im Beschwerdeverfahren als Gericht des ersten Rechtszuges über Verfahrenskostenhilfe für das Beschwerdeverfahren entschieden, ist nach § 574 I Nr 2 ZPO bei Zulassung durch das Landgericht die Rechtsbeschwerde statthaft, für das bisherige Recht: BGH, FamRZ 10, 809; BayObLG, FGPrax 02, 182; OLG Hamm, FGPrax 02, 227.

b) Beschwerdefrist. Nach Inkrafttreten des ZPO-RG am 1. 1. 2002 **24** wurden die ZPO-Vorschriften nur in Bezug auf die Statthaftigkeit des Rechtsmittels, im Übrigen aber die Vorschriften des FGG angewendet. Dies führte zu unterschiedlichen Rechtsmittelfristen für die Verfahrenskostenhilfe im FGG-Verfahren und die Prozesskostenhilfe im ZPO-Verfahren. Die Frist beträgt nunmehr einheitlich einen Monat (§ 76 II iVm § 127 II 3 ZPO). Eine

§ 76 Buch 1 – Allgemeiner Teil

nachträgliche Beschwerde nach Beendigung der Instanz, auch nach rechtskräftigem Abschluss oder Erledigung der Hauptsache ist zulässig, wenn die Frist für die Einlegung gewahrt ist. Zweifel, die sich ua daraus ergeben können, dass eine rückwirkende Bewilligung nicht möglich ist, sind bei der Begründetheit zu prüfen (Thomas/Putzo, Rn 5 zu § 127 ZPO). Wird Verfahrenskostenhilfe nach Ablauf der Rechtsmittelfrist bewilligt, beginnt die Frist für einen Antrag auf Wiedereinsetzung und Einlegung des Rechtsmittels auf eigene Kosten nach einer Überlegungsfrist von drei bis vier Tagen (BGH, NJW 09, 3038).

25 **Abhilfe** ist nach § 76 II iVm § 572 I 1 ZPO möglich; die Abhilfeentscheidung ist zu begründen (OLG München, Rpfleger 04, 167).

26 **c) Rechtsbeschwerde.** § 76 II nimmt nicht Bezug auf § 574 I Nr 2 ZPO; die Rechtsbeschwerde ist daher auf der Grundlage des § 70 statthaft; sie kann von dem Beschwerdegericht nach § 70 II Nr 1 oder 2 zugelassen werden (BGH, FGPrax 04, 142; OLG Frankfurt, FGPrax 03, 252). Die Zulassung setzt voraus, dass die Rechtssache grundsätzliche Bedeutung hat oder die Fortbildung des Rechts oder die Sicherung einer einheitlichen Rechtsprechung eine Entscheidung des Rechtsbeschwerdegerichts erfordert (§ 70 II). Diese Voraussetzungen sind bei der Entscheidung über Verfahrenskostenhilfe nur zu bejahen, wenn es um **Fragen des Verfahrens oder der persönlichen Voraussetzungen** ihrer Bewilligung geht (BGH, NJW 04, 1126); dies gilt auch in Familiensachen (BGH, FamRZ 05, 790).

27 Das Rechtsmittel findet **nicht statt** gegen eine die Verfahrenskostenhilfe mangels Erfolgsaussicht verweigernde Entscheidung in Verfahren, in denen entsprechend § 127 II 1 ZPO die Entscheidung zur Hauptsache nicht anfechtbar ist (BGH, NJW 05, 1659); dies entspricht der weit überwiegenden Rechtsprechung zu dieser Frage vor der ZPO-Reform, dergemäß der Rechtsschutz in Nebenverfahren nicht über den in der Hauptsache hinausgehen kann (OLG Hamm, NJW 10, 1821 mAnm Grün: einstweilige Anordnung in Unterhaltssachen nach §§ 231, 57 S 1; OLG Saarbrücken, FamRZ 10, 1829); für einstweilige Anordnungen in Umgangsverfahren: OLG Köln, FamRZ 10, 1829.

28 **d) Ausschluss der Beschwerde.** Ausgeschlossen ist die Beschwerde gegen Entscheidungen, durch die die Verfahrenskostenhilfe bewilligt wird (§ 76 II iVm § 127 II 1 ZPO); auch dann, wenn das Gericht irrig die Rechts-
29 beschwerde zugelassen hat (BGH, NJW 02, 3554; Rpfleger 10, 220); jedoch **Beschwerdeberechtigung der Staatskasse,** wenn weder Monatsraten noch aus dem Vermögen zu zahlende Beträge festgesetzt worden sind, mit der Begründung, dass die Partei nach ihren persönlichen und wirtschaftlichen Verhältnissen Zahlungen zu leisten hat (OLG Koblenz, FamRZ 07, 1995); gegen Ablehnung der Abänderung einer ratenfreien Verfahrenskostenhilfebewilligung nach § 127 III ZPO (OLG München, Rpfleger 94, 218); gegen die Ablehnung einer Nachzahlungsanordnung (OLG Nürnberg, Rpfleger 95, 465 m Anm Philippi); kein Beschwerderecht mehr nach Ablauf von drei Monaten seit Verkündung oder Übergabe der Entscheidung zur Geschäftsstelle. Für die Rechtsbeschwerde ist der Bezirksrevisor unmittelbar postulationsfähig (BGH, FamRZ 05, 1164). Die Entscheidung wird der Staatskasse nicht von Amts wegen mitgeteilt (§ 127 III ZPO). Es verstößt nicht gegen das

Willkürverbot, wenn die Staatskasse sich bei der Ausübung des Beschwerderechts auf Stichproben beschränken darf (BVerfG, Rpfleger 95, 26).

Die Bewilligung der Verfahrenskostenhilfe durch den **Rechtspfleger** ist 30 mit der Erinnerung anfechtbar (§ 11 II RPflG).

Bewilligung

77 (1) Vor der Bewilligung der Verfahrenskostenhilfe kann das Gericht den übrigen Beteiligten Gelegenheit zur Stellungnahme geben. In Antragsverfahren ist dem Antragsgegner vor der Bewilligung Gelegenheit zur Stellungnahme zu geben, wenn dies nicht aus besonderen Gründen unzweckmäßig erscheint.

(2) Die Bewilligung von Verfahrenskostenhilfe für die Vollstreckung in das bewegliche Vermögen umfasst alle Vollstreckungshandlungen im Bezirk des Vollstreckungsgerichts einschließlich des Verfahrens auf Abgabe der Versicherung an Eides statt.

1. Gang des Verfahrens

a) **Zuständigkeit.** Zuständig ist für die Bewilligung das mit der Sache 1 befasste Gericht, also das Gericht, bei dem die Sache zurzeit der Antragstellung anhängig ist oder anhängig gemacht werden soll, der Vorsitzende oder ein von ihm beauftragtes Mitglied des Gerichts nach § 118 III ZPO. In den 2 dem **RPfl** übertragenen Angelegenheiten ist dieser für die Verfahrenskostenhilfe zuständig (§ 4 RPflG). Mit den in § 118 I, II ZPO vorgesehenen Ermittlungen einschließlich der Beurkundungen von Vergleichen kann der Vorsitzende den RPfl beauftragen (§ 20 Nr 4 a RPflG). Der RPfl ist ferner nach § 20 Nr 4 c zuständig für die Änderung und Aufhebung der Bewilligung der Verfahrenskostenhilfe nach § 120 IV, § 124 Nr 2, 3 und 4 ZPO und nach § 20 Nr 5 RPflG für die Bewilligung von Verfahrenskostenhilfe für die Zwangsvollstreckung außerhalb oder nach Abschluss eines gerichtlichen Verfahrens.

b) **Für die Form und Einlegung des Gesuchs** gilt die Vorschrift des 3 § 117 ZPO; daneben § 25. Das Gericht hat die Ermittlungen für die Grundlage der Entscheidung ausnahmsweise nicht nach dem Grundsatz des § 26 zu führen. Es gilt vielmehr § 117 I, II ZPO; der Gesuchsteller hat danach die Tatsachen und Beweismittel zur Rechtfertigung seines Antrages beizubringen. Nach § 118 II ZPO kann die Glaubhaftmachung der tatsächlichen Angaben verlangt werden, es können auch Vorermittlungen im Wege von formlosen Beweiserhebungen (Rn 3 zu § 29) durchgeführt werden, insbesondere kann das Gericht die Vorlegung von Urkunden anordnen und Auskünfte einholen; Zeugen und Sachverständige werden nur vernommen, wenn auf andere Weise nicht geklärt werden kann, ob die Rechtsverteidigung oder Rechtsverfolgung hinreichende Aussicht auf Erfolg bietet. Wiederholung des Gesuchs nach Ablehnung der Verfahrenskostenhilfe ist möglich, weil **keine materielle Rechtskraft** eintritt, jedoch ist Rechtsschutzbedürfnis zu prüfen (BGH, NJW 04, 1805; NJW 05, 1498; BGH, NJW 09, 657: zu verneinen bei missbräuchlicher Wiederholung; ferner OLG Celle, Rpfleger 04, 294).

§ 77 Buch 1 – Allgemeiner Teil

4   c) **Erklärung über die persönlichen und wirtschaftlichen Verhältnisse.** Diese ist nach § 117 II–IV ZPO mit entspr Belegen beizubringen. Falls für die Erklärung ein einheitliches Formular gemäß der Ermächtigung (§ 117 III ZPO) eingeführt ist, muss die Partei es verwenden (§ 117 IV ZPO); dies gilt grundsätzlich auch für die Rechtsmittelinstanz, es sei denn die Verhältnisse
5   sind seit dem früheren Rechtszug unverändert geblieben (BGH, Rpfleger 83, 327; Rpfleger 90, 372). Nach § 118 II 4 ZPO lehnt das Gericht die Bewilligung insoweit ab, als der Antragsteller innerhalb einer von dem Gericht, gesetzten Frist Angaben über seine persönlichen und wirtschaftlichen Verhältnisse nicht glaubhaft gemacht oder bestimmte Fragen nicht oder nicht genügend beantwortet hat.

6   **d) Rechtliches Gehör.** Vor der Bewilligung kann das Gericht den übrigen Beteiligten Gelegenheit zur Stellungnahme geben **(Abs 1 Satz 1).** Es steht im Ermessen des Gerichts, im Einzelfall zu bestimmen, welcher Beteiligte gehört werden soll, jedenfalls dann, wenn die verfahrensrechtliche Stellung durch die Gewährung von Verfahrenskostenhilfe berührt werden würde; das wird in der Regel nur dann der Fall sein, wenn widerstreitende Interessen zwischen dem Antragsteller und dem Beteiligten bestehen; ua in Verfahren nach § 113 III BGB und in den Güterrechtssachen nach § 261 II. In Verfahren, die durch einen Sachantrag eingeleitet werden (§ 23) ist regelmäßig Gelegenheit zur Stellungnahme zu geben, soweit hiergegen nicht besondere Gründe sprechen (Abs 1 Satz 2) (OLG Köln, Rpfleger 02, 573).

7   Die **Erklärung über die persönlichen und wirtschaftlichen Verhältnisse** und die Belege durften bisher dem Gegner nur mit Zustimmung des Antragstellers zugänglich gemacht werden (§ 117 I 2 ZPO). Diese Regelung beruhte auf der Entscheidung des BVerfG, NJW 91, 2060); das BVerfG hat mit dieser Entscheidung das Recht des Antragsgegners auf rechtliches Gehör zu Gunsten des Rechts des Antragstellers auf Persönlichkeits- und Datenschutz eingeschränkt. In Widerspruch zu dieser Entscheidung ist § 117 II 2 ZPO durch das FGG-Reformgesetz eine Ausnahme eingefügt worden. Die Erklärung über die persönlichen und wirtschaftlichen Verhältnisse ist nunmehr dem Antragsgegner dann zur Stellungnahme zu übermitteln, wenn dieser nach den Vorschriften des bürgerlichen Rechts einen Anspruch auf Auskunft über Einkünfte und Vermögen des Antragstellers hat; in Unterhaltsverfahren nach §§ 1580, 1605 BGB. **§ 127 I 3 ZPO** ist nicht geändert worden; soweit daher die Erklärung über die persönlichen und wirtschaftlichen Verhältnisse nicht an den Gegner zugänglich gemacht werden darf, dürfen auch Gründe der Entscheidung, die Angaben hierüber enthalten, dem Gegner nur mit Zustimmung des Antragstellers zugänglich gemacht werden.

8   **e) Kosten.** Außergerichtliche Kosten werden im Bewilligungsverfahren nicht erstattet; Gerichtsgebühren entstehen nicht; Auslagen nach § 118 II ZPO können uU nach §§ 80, 81 erstattet werden. Dies gilt auch für das Rechtsmittelverfahren.

2. Bewilligung

9   Die Verfahrenskostenhilfe beginnt mit Wirksamwerden des bewilligenden Beschlusses oder dem in dem Beschluss genannten Zeitpunkt, wenn das

Gericht dem Beschluss rückwirkende Kraft beilegen will. Nachträgliche Bewilligung nach Beendigung der Instanz statthaft, wenn der Antrag rechtzeitig gestellt und begründet war, aber vom Gericht verzögert worden ist, auch nach Rechtskraft des Prozesses ist das Gericht zur Änderung von Entscheidungen iSv § 120 IV ZPO zuständig (OLG Hamm, Rpfleger 91, 64; aA OLG Düsseldorf, Rpfleger 88, 280). Eine Bewilligung ohne Antrag ist zwar fehlerhaft, aber nicht wirkungslos und begründet das Vertrauen der Partei in den Fortbestand (str, OLG Zweibrücken, Rpfleger 02, 627). Die Bewilligung der Verfahrenskostenhilfe endet mit Abschluss des Verfahrens, Tod der Partei, der sie bewilligt war (OLG Frankfurt, OLG 85, 80) oder Aufhebung der Bewilligung (§ 124 ZPO).

Die Bewilligung der Verfahrenskostenhilfe erfolgt für **jeden Rechtszug** **10** und für **jedes Verfahren** besonders (§ 119 I ZPO); hierzu gehört auch die Beweisaufnahme vor einem ersuchten Richter. Kein neues Verfahren ist die Abhilfe bei Verletzung des Anspruchs auf rechtliches Gehör nach § 44; sie hat die Fortsetzung des Verfahrens zum Gegenstand. Nicht umfasst werden einstweilige Anordnungen und Wiederaufnahmeverfahren.

Die Bewilligung der Verfahrenskostenhilfe ist nach § 76 I iVm § 119 I 2 **11** ZPO für den **höheren Rechtszug** erleichtert. Hat ein anderer Beteiligter Rechtsmittel eingelegt, braucht in dem höheren Rechtszug nicht geprüft zu werden, ob die Rechtsverfolgung oder Rechtsverteidigung hinreichende Aussicht auf Erfolg bietet oder mutwillig erscheint, soweit Verfahrenskostenhilfe in der vorigen Instanz bewilligt war. Das BVerfG hat bisher offen gelassen, in welchen Grenzen entgegen dem Wortlaut des § 119 I 2 ZPO eine Prüfung der Erfolgsaussicht erlaubt oder gar geboten ist (BVerfG, NJW 87, 1619). Es bleibt auch offen, ob die Auslegung der Gerichte, dergemäß eine Verteidigung gegen offensichtlich fehlerhafte Urteile keine Verfahrenskostenhilfe erfordere, verfassungsrechtlichen Bestand haben kann. Auch in solchen Fällen ist jedenfalls zu beachten, dass mit dem Obsiegen in der Vorinstanz eine gewisse Erfolgsaussicht für die nächste Instanz erwiesen ist (BVerfG, NJW 10, 987).

Für die **Vollstreckung** in das bewegliche Vermögen umfasst die Bewilli- **12** gung der Verfahrenskostenhilfe alle Vollstreckungshandlungen im Bezirk des Vollstreckungsgerichts einschließlich des Verfahrens auf Abgabe der Versicherung an Eides statt (Abs 2). Für Vollstreckungsmaßnahmen, die sich nicht nur auf das bewegliche Vermögen beziehen, muss Verfahrenskostenhilfe für jede Maßnahme besonders beantragt werden (BGH, NJW-RR 04, 787).

Beiordnung eines Rechtsanwalts

78 (1) **Ist eine Vertretung durch einen Rechtsanwalt vorgeschrieben, wird dem Beteiligten ein zur Vertretung bereiter Rechtsanwalt seiner Wahl beigeordnet.**

(2) **Ist eine Vertretung durch einen Rechtsanwalt nicht vorgeschrieben, wird dem Beteiligten auf seinen Antrag ein zur Vertretung bereiter Rechtsanwalt seiner Wahl beigeordnet, wenn wegen der Schwierigkeit der Sach- und Rechtslage die Vertretung durch einen Rechtsanwalt erforderlich erscheint.**

§ 78

(3) **Ein nicht in dem Bezirk des Verfahrensgerichts niedergelassener Rechtsanwalt kann nur beigeordnet werden, wenn hierdurch besondere Kosten nicht entstehen.**

(4) **Wenn besondere Umstände dies erfordern, kann dem Beteiligten auf seinen Antrag ein zur Vertretung bereiter Rechtsanwalt seiner Wahl zur Wahrnehmung eines Termins zur Beweisaufnahme vor dem ersuchten Richter oder zur Vermittlung des Verkehrs mit dem Verfahrensbevollmächtigten beigeordnet werden.**

(5) **Findet der Beteiligte keinen zur Vertretung bereiten Anwalt, ordnet der Vorsitzende ihm auf Antrag einen Rechtsanwalt bei.**

1. Voraussetzungen der Beiordnung

1   Nach Abs 1 ist ein Rechtsanwalt beizuordnen, sofern eine Vertretung durch Anwälte vorgeschrieben ist (BGH, NJW 82, 2179). Die anwaltliche Vertretung ist für die Angelegenheiten der freiwilligen Gerichtsbarkeit und Verfahren in Familiensachen mit Ausnahme der Ehesachen (§ 121) und der Familienstreitsachen (§§ 112, 113) in § 10 geregelt. Für Ehesachen und Familienstreitsachen gelten die Vorschriften der Zivilprozessordnung unmittelbar (§ 113 I 1).

2   Ist eine Vertretung durch Anwälte nicht vorgeschrieben, ist ein Anwalt beizuordnen, wenn die Vertretung durch einen Rechtsanwalt wegen der **Schwierigkeit der Sach- und Rechtslage** erforderlich erscheint **(Abs 2).** Damit wird die entspr Anwendbarkeit des § 121 II ZPO, der den Grundsatz der „Waffengleichheit" enthält, ausgeschlossen. Die fehlende Notwendigkeit einer solchen Regelung für Amtsverfahren wird damit begründet, dass das Gericht auf Grund des Amtsermittlungsgrundsatzes des § 26 zur umfassenden Aufklärung des Sachverhalts verpflichtet sei. Diese Begründung steht in Widerspruch zu der Entscheidung des BVerfG, FamRZ 02, 531; danach kann die Versagung der Beiordnung nicht allein auf die Geltung des Amtsermittlungsgrundsatzes gestützt werden, weil die Aufklärungs- und Beratungspflicht des Anwaltes noch darüber hinausgeht.

3   Bei der Frage der **Erforderlichkeit** ist zu beachten, dass Art 3 Abs 1 iVm Art 20 III GG eine weitgehende Angleichung von Bemittelten und Unbemittelten bei der Verwirklichung des Rechtsschutzes gebietet (BVerfG, NJW 04, 1789). Eine Beiordnung ist daher dann geboten, wenn die tatsächliche oder rechtliche Schwierigkeit des Verfahrens sein Umfang, seine Dauer als auch die wirtschaftlichen und persönlichen Auswirkungen der Angelegenheit eine Laienpartei überfordern (Markwardt in Johannsen/Henrich, Rn 19 zu § 121 ZPO). **Subjektiv** ist von Bedeutung ob der Beteiligte nach seiner Vorbildung, geistigen Befähigung, Schreib- und Redegewandtheit in der Lage ist, sein Rechtsanliegen dem Gericht schriftlich oder mündlich ausreichend und ohne Gefahr der eigenen Rechtsbeeinträchtigung darzustellen. Nach der grundlegenden Entscheidung des BGH v 23. 6. 2010, NJW 10, 3029 m Anm Büte, ist über die Erforderlichkeit der Beiordnung einzelfallbezogen zu entscheiden. Sowohl die schwierige Sachlage allein als auch die schwierige Rechtslage allein können die Beiordnung eines Rechtsanwalts erforderlich machen. Bei der Beurteilung sind auch subjektive Fähigkeiten zu berücksichtigen. Die anwaltliche Vertretung anderer Beteilig-

ter kann ein Kriterium für die Erforderlichkeit einer Beiordnung sein. Ebenso: OLG Celle, NJW 10, 1008; OLG Zweibrücken, NJW 10, 541, 1212; OLG Schleswig, FamRZ 10, 826; OLG Hamburg, FamRZ 10, 1459; OLG Karlsruhe, FamRZ 10, 2003; aA KG, FamRZ 10, 1460: nach dem Willen des Gesetzgebers rechtfertigen persönliche Gründe eine Beiordnung nicht.

Beispiele: Beiordnung bejaht: OLG Hamm, FamRZ 84, 1245; OLG 4 Zweibrücken, NJW-RR 86, 160; wenn von der Sache her geboten; BayObLG, Rpfleger 78, 31; auch unter Berücksichtigung der **persönlichen Fähigkeiten** des Beteiligten; OLG Zweibrücken, Rpfleger 03, 592: auch wenn die andere Partei durch einen Rechtsanwalt und die Partei selbst durch eine Behörde vertreten ist, können besondere Schwierigkeiten eine Beiordnung rechtfertigen. In Verfahren über **Umgangsrecht** Beiordnung, wenn das Recht insgesamt oder wesentliche Elemente seiner Umgestaltung im Streit sind (OLG Karlsruhe, FamRZ 05, 2004; OLG Celle, NJW 10, 1008; OLG Düsseldorf, FamRZ 10, 580; OLG Zweibrücken, NJW 10, 1211; FamRZ 10, 1002); in **Kindschaftssachen** grundsätzlich wegen ihrer existentiellen Bedeutung (OLG Frankfurt, NJW 07, 230; OLG Schleswig, FamRZ 10, 826; OLG Frankfurt, FamRZ 10, 1094); nicht jedoch, wenn zwischen den Eltern Übereinstimmung in der Frage der elterlichen Sorge besteht (OLG Bamberg, FamRZ 00, 763); nur wenn rechtlich schwierig und umfangreich: OLG Naumburg, FamRZ 09, 1236; bei schwieriger Sach- oder Rechtslage: OLG Düsseldorf, NJW 10, 1211; KG, Rpfleger 10, 369; für ein **Vermittlungsverfahren** Beiordnung bejaht: OLG München, FamRZ 00, 1225; OLG Brandenburg, FamRZ 09, 1080; aA OLG Hamm, FamRZ 98, 1303; OLG Thüringen, FamRZ 05, 1578; für ein streitiges **Vaterschaftsfeststellungsverfahren** Beiordnung bejaht: OLG Schleswig, FamRZ 02, 1417; OLG Dresden, FamRZ 10, 2007; OLG Hamburg, FamRZ 11, 129; nicht grundsätzlich: KG, FamRZ 07, 1472; in Abstammungssachen regelmäßig wegen der Schwierigkeit der Sachlage: OLG Hamm, FamRZ 10, 1363; im Vaterschaftsfeststellungsverfahren auch bei Verzicht auf Beistandschaft durch das Jugendamt: OLG Karlsruhe, NJW 09, 2897; OLG Rostock, FamRZ 10, 56 mwN; Beiordnung in einem Zwangsvollstreckungsverfahren wegen einer Untersagung nach dem **Gewaltschutzgesetz:** OLG Brandenburg, FamRZ 07, 57; für Maßnahmen nach dem Gewaltschutzgesetz (OLG Zweibrücken, NJW 10, 541; OLG Bremen, NJW 10, 2067; OLG Celle, FamRZ 10, 1267; OLG Brandenburg, FamRZ 10, 1689; für die Zwangsvollstreckung von Kindesunterhalt, auch wenn Beistandschaft des Jugendamts nach § 1712 BGB möglich wäre: BGH, NJW, 06, 1204 mwN; wenn der Gegner durch das Jugendamt vertreten wird: OLG Bremen, FamRZ 06, 964; OLG Stuttgart, FamRZ 11, 178.

Zu der Frage der Beiordnung eines **auswärtigen Anwalts** war umstritten, 5 ob diese nur zu den Bedingungen eines am Prozessgericht zugelassenen Anwalts erfolgen könne, hierzu dessen ausdrückliches Einverständnis erforderlich sei oder ob der Beiordnungsantrag ein konkludentes Einverständnis beinhalte. Im Rahmen der umfangreichen Rechtsprechung zu dieser Frage hatte der BGH, NJW 06, 3783, entschieden, dass der Beiordnungsantrag regelmäßig konkludentes Einverständnis mit seiner Beiordnung zu den Bedingungen eines am Prozessgericht zugelassenen Anwalts enthalte.

§ 78 Buch 1 – Allgemeiner Teil

6   **Abs 3** stellt nunmehr in Übereinstimmung mit dem zum 1. 6. 2007 geänderten § 121 III ZPO klar, dass ein nicht in dem Bezirk des Verfahrensgerichts niedergelassener Rechtsanwalt nur beigeordnet werden kann, wenn dadurch **besondere Kosten nicht** entstehen. Voraussetzung ist, dass sonst nur Kosten eines ortsansässigen Rechtsanwalts entstehen könnten (OLG Köln, FamRZ 05, 2008); eine ausdrückliche Zustimmung ist nicht erforderlich (BGH, NJW 06, 3783 m Anm Fölsch).

7   Auch wenn kein Anwalt nach Abs 3 beigeordnet wird, kann, wenn besondere Umstände es erfordern, nach **Abs 4** dem Beteiligten auf dessen Antrag ein Anwalt seiner Wahl zur **Wahrnehmung eines Termins** zur Beweisaufnahme (Anhörungstermin) vor dem ersuchten Richter oder zur Vermittlung des Verkehrs mit dem Verfahrensbevollmächtigten **(Verkehrsanwalt)** beigeordnet werden.

8   Beiordnung eines Rechtsanwalts nach Abs 4 findet **nach Auswahl** durch den Vorsitzenden statt, wenn der Beteiligte nicht in der Lage ist, einen Rechtsanwalt seiner Wahl zu benennen (Abs 5).

**Anhang
EG-Prozesskostenhilfe**

1. Grundzüge

1   Innerhalb der EU (mit Ausnahme Dänemarks) sieht die EG-Richtlinie 2003/8/EG vom 31. 1. 2003 (ABl EG Nr L 26 S 41) Prozesskostenhilfe in grenzüberschreitenden Streitsachen vor, ohne dass es auf die Art der Gerichtsbarkeit ankommt (Text: NJW 03, 1101). Die Richtlinie wurde durch das Gesetz zur Umsetzung gemeinschaftsrechtlicher Vorschriften über die grenzüberschreitende Prozesskostenhilfe in Zivil- und Handelssachen in den Mitgliedstaaten (EG-Prozesskostenhilfegesetz vom 15. 12. 2004 (BGBl I S. 3392) in nationales deutsches Recht umgesetzt (Einl 62). Darüber hinaus wird durch eine Erweiterung des § 116 ZPO die Gleichbehandlung von juristischen Personen, die in einem anderen Mitgliedstaat der EU oder einem anderen Vertragsstaat der EWG gegründet und dort ansässig sind, mit inländischen juristischen Personen gewährleistet. Die Besonderheiten der grenzüberschreitenden Prozesskostenhilfe werden in Ergänzung des nationalen Prozesskostenhilferechts in den §§ 1076 bis 1078 des 11. Buchs der ZPO geregelt. Gegenstand dieser Vorschriften sind insbesondere Zuständigkeiten, die verfahrensmäßige Behandlung von Ersuchen und Sprachenfragen. Grundsätzlich ist auch bei einem aus einem anderen Mitgliedstaat übermittelten Antrag auf Prozesskostenhilfe das Unvermögen, die Kosten der Prozessführung zu tragen sowie die hinreichende Erfolgsaussicht und das Fehlen von Mutwilligkeit zu prüfen (§ 1076 ZPO; § 76 iVm §§ 114–116 ZPO).

2. Ausgehende Ersuchen

2   Für ausgehende Ersuchen (§ 1077 ZPO) ist das Amtsgericht als Übermittlungsstelle zuständig, in dem der Antragsteller seinen Wohnsitz oder gewöhnlichen Aufenthalt hat (Abs 1). Soweit Standardformulare (Einl 62) eingeführt sind (EG-Prozesskostenhilfevordruckverordnung (EG-PKHVV) vom 21. 12.

§ 78 Beiordnung eines Rechtsanwalts   § 78

2004 (BGBl I S. 3538), ist ihre Verwendung zwingend (Abs 2). Die Übermittlungsstelle fertigt von Amts wegen Übersetzungen der Eintragungen im Standardformular sowie der beizufügenden Anlagen (Abs 4 Satz 1). Sie prüft die Vollständigkeit des Antrags und wirkt darauf hin, dass alle erforderlichen Anlagen beigefügt werden (Abs 4 Satz 2).

Hat die ersuchte Stelle des anderen Mitgliedstaates das Ersuchen um Prozesskostenhilfe auf Grund der persönlichen oder wirtschaftlichen Verhältnisse abgelehnt oder eine Ablehnung angekündigt, stellt die Übermittlungsstelle auf Antrag eine Bescheinigung der Bedürftigkeit aus, wenn der Antragsteller in einem entspr deutschen Verfahren nach § 115 I, II ZPO als bedürftig anzusehen wäre (Abs 6). Diese Regelung trägt dem Umstand unterschiedlich hoher Lebenshaltungskosten in den Mitgliedstaaten Rechnung; die Antragsteller aus einem Mitgliedstaat mit relativ hohen Lebenshaltungskosten könnten in einem anderen Mitgliedstaat mit niedrigeren Lebenshaltungskosten von der Prozesskostenhilfe ausgeschlossen sein. Die Übermittlungsstelle kann die Übermittlung vollständig oder teilweise ablehnen, wenn der Antrag offensichtlich unbegründet ist, trotz Hinweises formelle Mängel nicht beseitigt wurden (OLG Hamm, FamRZ 10, 1587) oder offensichtlich nicht in den Anwendungsbereich der Richtlinie fällt. Gegen diese Entscheidung findet die sofortige Beschwerde nach Maßgabe des § 127 II 2, 3 ZPO statt (Abs 3).

3. Eingehende Ersuchen

Für eingehende Ersuchen (§ 1078 ZPO) ist das Prozessgericht oder das   3
Vollstreckungsgericht zuständig (Abs 1), das nach den Vorschriften der §§ 114 bis 116 ZPO des nationalen deutschen Rechts entscheidet (§§ 1076, 1078 II ZPO). Anträge und Anlagen sind in deutscher Sprache abzufassen (Abs 1 Satz 2). Auch für eingehende Ersuchen wird dem Umstand unterschiedlich hoher Lebenshaltungskosten in den Mitgliedstaaten Rechnung getragen. Der Antragsteller erhält daher auch dann Prozesskostenhilfe, wenn er nachweist, dass er wegen unterschiedlich hoher Lebenshaltungskosten im Mitgliedstaat seines Wohnsitzes oder gewöhnlichen Aufenthaltes einerseits und im Geltungsbereich dieses Gesetzes andererseits die Kosten der Prozessführung nicht, nur zum Teil oder nur in Raten aufbringen kann (Abs 3); jedoch keine Herabsetzung des Vermögensfreibetrages nach § 115 III ZPO (BGH, Rpfleger 08, 500 mwN). Nach § 119 I ZPO erfolgt im nationalen deutschen Recht die Bewilligung der Prozesskostenhilfe für jeden Rechtszug besonders, während in anderen Mitgliedstaaten lediglich einmal ein Antrag auf Bewilligung von Prozesskostenhilfe zu stellen ist. Es wird daher fingiert, dass in jedem weiteren eingeleiteten Rechtszug ein neuerliches Ersuchen als gestellt gilt (Abs 4 Satz 1). Dadurch wird der Prozessbeteiligte aus einem anderen Mitgliedstaat davon befreit, abw von der ihm vertrauten Rechtslage erneut ein Ersuchen zu stellen. Das Gericht soll ihn jedoch in geeigneter Weise veranlassen, die Bewilligungsvoraussetzungen darzulegen (Abs 4 Satz 2).

4. Beratungshilfe

Durch den neu eingefügten § 10 BerHG wird Beratungshilfe auch auf   4
Angelegenheiten ausgedehnt, in denen das Recht anderer Staaten Anwen-

§ 80

Buch 1 – Allgemeiner Teil

dung findet. Sie muss bei allen Streitigkeiten mit grenzüberschreitendem Bezug gewährt werden für die vorprozessuale Rechtsberatung im Hinblick auf eine außergerichtliche Streitbeilegung (Abs 1 Ziff 1), für die Unterstützung bei einem Antrag nach § 1077 ZPO bis das Ersuchen im Mitgliedstaat des Gerichtsstandes eingeht (Abs 1 Ziff 2). Für eingehende Ersuchen auf Beratungshilfe ist das in § 4 I 2 BerHG bezeichnete Amtsgericht zuständig.

79
(weggefallen)

Abschnitt 7. Kosten

Umfang der Kostenpflicht

80 Kosten sind die Gerichtskosten (Gebühren und Auslagen) und die zur Durchführung des Verfahrens notwendigen Aufwendungen der Beteiligten. § 91 Abs. 1 Satz 2 der Zivilprozessordnung gilt entsprechend.

1. Begriff

1   S 1 bestimmt den **Gegenstand** der Kosten, über die nach Maßgabe der §§ 81–84 zu entscheiden ist. Sie umfassen die Gerichtskosten, das sind die Gebühren und Auslagen, sowie die zur Durchführung des Verfahrens notwendigen Aufwendungen der Beteiligten. Die Formulierung „zur Durchführung des Verfahrens notwendigen Aufwendungen" entspricht inhaltlich den „zur zweckentsprechenden Erledigung der Angelegenheit notwendigen" Kosten (§ 13 a I 1 FGG, § 91 I 1 ZPO).

2. Gerichtskosten

2   Nach bisherigem Verständnis umfasste der Begriff der Kosten des Verfahrens nicht zwingend auch die Gerichtskosten. Wer Kostenschuldner war, ergab sich im Allgemeinen unmittelbar aus dem Gesetz. Es wurde daher als überflüssig angesehen, bei der Sachentscheidung auszusprechen, ob Gebühren entstanden sind und wer sie schuldet. Die Befugnis, dass dadurch gegenüber der Staatskasse ein Kostenschuldner geschaffen wird, ergab sich aus Sonderbestimmungen: ua § 44 LwVG. Darüber hinaus konnte ausnahmsweise aus Billigkeitsgründen neben den außergerichtlichen Kosten auch die Erstattung der von einem Beteiligten aufgewendeten Gerichtskosten und außergerichtlichen Auslagen angeordnet werden.

3   Durch die neue Regelung umfassen die Kosten, die einem Beteiligten auferlegt werden (§ 81 I 1) jetzt **immer auch** die Gerichtskosten. Diese ergeben sich für die Familiensachen des FamFG aus dem Gesetz über Gerichtskosten in Familiensachen (FamGKG). Für die übrigen Angelegenheiten

§ 81 Grundsatz der Kostenpflicht **§ 81**

der freiwilligen Gerichtsbarkeit gilt weiterhin die KostO. Soweit in dem FamGKG und der KostO Kostenschuldner bestimmt sind, besteht die Wirkung des § 81 I 1 darin, dass der Entscheidungsschuldner mit dem Kostenschuldner nach dem FamGKG und der KostO gegenüber der Staatskasse als Gesamtschuldner für die Gerichtskosten haftet.

Bei **Erledigung der Hauptsache** ergibt sich die Kostenfolge nach dem 4 FamGKG, KostO uU nicht eindeutig aus der Art des Geschäftes oder aus der Entscheidung; in diesem Fall dient die Entscheidung über die Gerichtskosten auch der Klarstellung (BayObLG, FamRZ 89, 886).

3. Notwendige Aufwendungen der Beteiligten

Als zur Durchführung des Verfahrens notwendige Aufwendungen anzuse- 5 hen sind ua erstattungsfähige Auslagen für notwendige Reisen einschließlich des Ersatzes der Zeitversäumung zu einem Termin, zu dem das persönliche Erscheinen eines Beteiligten angeordnet war, oder zu wichtigen Beweisterminen (§ 91 I ZPO), uU auch Reisen zur Information des Bevollmächtigten, Reisekosten eines Anwalts zu einem auswärtigen Beweistermin, Kosten eines Gutachtens über ausländisches Recht; die Unterbringungs- und Heilbehandlungskosten (BayObLG 87, 174). S 2 verweist nicht auf § 91 II 1 ZPO. Daher gehören die gesetzlichen Gebühren und Auslagen des Rechtsanwaltes eines Beteiligten nicht zwingend zu den erstattungsfähigen Kosten (BayObLG 61, 173; OLG Stuttgart, NJW 62, 1403); der Rechtsanwalt kann grundsätzlich nicht Erstattung von in eigener Sache angefallenen Gebühren verlangen (BayObLG, Rpfleger 77, 438). Ausnahmsweise kann auch eine Erstattung der Kosten angeordnet werden, die ein Beteiligter zur zweckentsprechenden Erledigung der Angelegenheit hat aufwenden müssen, zB einen Auslagenvorschuss nach § 8 II 1 KostO oder § 16 FamGKG oder eine Erstattung der Kosten, für die er nach den Vorschriften der KostO oder des FamGKG haftet. Kosten der Rückholung eines Kindes aus dem Ausland nach einem Herausgabebeschluss sind nicht erstattungsfähig, weil es sich nicht um eine Maßnahme der Zwangsvollstreckung handelt (OLG Bremen, NJW 02, 2962).

Grundsatz der Kostenpflicht

81 (1) **Das Gericht kann die Kosten des Verfahrens nach billigem Ermessen den Beteiligten ganz oder zum Teil auferlegen. Es kann auch anordnen, dass von der Erhebung der Kosten abzusehen ist. In Familiensachen ist stets über die Kosten zu entscheiden.**

(2) Das Gericht soll die Kosten des Verfahrens ganz oder teilweise einem Beteiligten auferlegen, wenn
1. der Beteiligte durch grobes Verschulden Anlass für das Verfahren gegeben hat;
2. der Antrag des Beteiligten von vornherein keine Aussicht auf Erfolg hatte und der Beteiligte dies erkennen musste;
3. der Beteiligte zu einer wesentlichen Tatsache schuldhaft unwahre Angaben gemacht hat;

§ 81

4. der Beteiligte durch schuldhaftes Verletzen seiner Mitwirkungspflichten das Verfahren erheblich verzögert hat;
5. der Beteiligte einer richterlichen Anordnung zur Teilnahme an einer Beratung nach § 156 Abs. 1 Satz 4 nicht nachgekommen ist, sofern der Beteiligte dies nicht genügend entschuldigt hat.

(3) Einem minderjährigen Beteiligten können Kosten in Verfahren, die seine Person betreffen, nicht auferlegt werden.

(4) Einem Dritten können Kosten des Verfahrens nur auferlegt werden, soweit die Tätigkeit des Gerichts durch ihn veranlasst wurde und ihn ein grobes Verschulden trifft.

(5) Bundesrechtliche Vorschriften, die die Kostenpflicht abweichend regeln, bleiben unberührt.

Übersicht

1. Grundzüge der Kostenregelung 1
2. Voraussetzungen 4
3. Ermessensentscheidung 10
4. Einschränkung des Ermessens 14
5. Minderjährige Beteiligte 20
6. Kostentragung Dritter 21
7. Bundesrechtliche Vorschriften 22
8. Abweichende bundesrechtliche Vorschriften 25

1. Grundzüge der Kostenregelung

1   §§ 81–85 finden Anwendung in den Angelegenheiten der freiwilligen Gerichtsbarkeit und in Familiensachen; **nicht** jedoch in **Ehesachen** (§§ 121 ff) und in **Familienstreitsachen** (§ 112); für diese Angelegenheiten gelten die Vorschriften der Zivilprozessordnung unmittelbar (§ 113).

2   **Abs 1** geht von dem Grundsatz aus, dass die Kosten nach **billigem Ermessen** zu verteilen sind, das Gericht aber auch, wie bisher, von der Erhebung von Kosten absehen kann; hiervon sind ausgenommen die Familiensachen, in denen stets über die Kosten zu entscheiden ist (Abs 1 Satz 3).

3   **Abs 2** regelt in den Nr 1–5 **Verhaltensweisen,** bei deren Vorliegen einem Beteiligten die Kosten des Verfahrens auferlegt werden sollen. Die neue Regelung weicht von dem Grundsatz des Kostenrechts der Veranlassung von Kosten ab. In der Begründung des Gesetzes (BT-Drs 16/6308, S 216) wird dies als neu eingeführte Orientierung am Verfahrensverhalten der Beteiligten bezeichnet; dies wird deutlich in Nr 3–5, während bei den Nr 1 und 2 das Verhalten des Beteiligten notwendigerweise auch Kosten verursacht. Die neue Regelung führt zu einer **Abkoppelung** der Kostenentscheidung von der Sachentscheidung. Daher kann die Bindung der Anfechtbarkeit der Kostenentscheidung an die Anfechtung der Hauptsache nicht aufrecht erhalten werden. Eine dem § 20 a FGG entspr Regelung wird daher nicht vorgesehen. Die Kostenentscheidungen sind **isoliert anfechtbar** mit der Folge einer der Zielsetzung des Gesetzes zuwider laufenden Zunahme an Beschwerden.

§ 81 Grundsatz der Kostenpflicht **§ 81**

2. Voraussetzungen

Eine Entscheidung über die Erstattung von Kosten kommt nur dann in 4
Betracht, wenn es sich um ein Verfahren mit **mehreren** Beteiligten im
formellen Sinn handelt (BGH, 31, 92; BayObLG 66, 64). Nicht beteiligt im
Sinne des § 81 werden Aktionäre, die der Eintragung eines Beschlusses der
Hauptversammlung widersprechen und angehört worden sind (BayObLG,
Rpfleger 73, 59). Auch **Parteien kraft Amtes** (Insolvenzverwalter, Nachlass- 5
verwalter, Testamentsvollstrecker) können als Beteiligte kostenpflichtig sein,
sie haften jedoch nur mit dem von ihnen verwalteten Vermögen. **Behörden** 6
sind nicht Beteiligte, soweit sie nur eine ihnen allgemein obliegende öffentliche Aufgabe erfüllen, zB das Jugendamt bei einer Anhörung nach § 162 I,
176 I, 194 I, 195 I. Eine Behörde, die Körperschaft, der sie angehört, ist dann
formell am Verfahren beteiligt und kann zur Kostenerstattung herangezogen
werden, wenn sie bestimmte Rechte wahrnimmt oder von der Entscheidung
betroffen werden kann und durch Auftreten in dem Verfahren oder durch
Hinzuziehung formell am Verfahren beteiligt ist. **Beispiele:** Das Jugendamt, 7
das erfolglos Rechtsmittel eingelegt hat (BayObLG, FamRZ 89, 652) (jetzt:
§ 84); die Körperschaft, deren Behörde für die Stellung eines Unterbringungsantrags zuständig gewesen wäre, wenn der Leiter der Einrichtung den
Betroffenen gegen seinen Willen festgehalten und das Gericht zu Unrecht die
vorläufige Unterbringung angeordnet hat, weil die Behörde für das Verhalten
der Einrichtung die Verantwortung trägt (BayObLG 90, 355), der Staatsanwalt
in Todeserklärungsverfahren nach § 16 II a, § 17 VerschG, die Standesamtsaufsichtsbehörde in Personenstandssachen nach § 51 II PStG, die Landwirtschaftsbehörde in Landwirtschaftsverfahren nach § 32 II 2, 3 LwVG, die
Industrie- und Handelskammer in Registersachen nach § 380 II 2; die Landeskasse im Streit nach §§ 14 II, III KostO (OLG Hamm, Rpfleger 73, 377),
jedoch keine Kostenerstattung durch die Staatskasse (BayObLG, Rpfleger 88,
385).

Weitere Voraussetzung ist, dass sich die mehreren Beteiligten mit **ent-** 8
gegengesetzten Interessen gegenübertreten, in Antragsverfahren dann,
wenn der andere Beteiligte dem Antrag widerspricht, in Amtsverfahren dann,
wenn entgegengesetzte Ziele erstrebt werden. **Beispiele:** Die Eltern bei
einem Streit um die elterliche Sorge (§ 1672 BGB), jedoch nicht bei einem
übereinstimmenden Vorschlag hierüber; ferner der den Erbschein beantragende Testamentserbe und der widersprechende gesetzliche Erbe; auch dann,
wenn ein am Verfahren formell Beteiligter, der berechtigt ist, die Belange des
Betroffenen im eigenen Namen wahrzunehmen, dem Verfahrensziel des Betroffenen entgegentritt (KG, OLG 88, 418).

Die Entscheidung über die Kostenerstattung ergeht **von Amts wegen,** sie 9
bedarf also keines besonderen Antrags. Es müssen Umstände vorliegen, die
eine Abweichung von dem Grundsatz, dass jeder Beteiligte die ihm erwachsenen Kosten selbst trägt, rechtfertigen.

3. Ermessensentscheidung

In den Angelegenheiten der freiwilligen Gerichtsbarkeit und den Familien- 10
sachen ist von dem Grundsatz auszugehen, dass jeder seine Kosten selbst zu

§ 81 Buch 1 – Allgemeiner Teil

tragen hat. Daran hat sich durch die Neuregelung nichts geändert. Das Gericht kann **nach billigem Ermessen** entscheiden (Abs 1 Satz 1); es kann auch von der Erhebung der Kosten absehen (Abs 1 Satz 2, soweit es sich nicht um Familiensachen handelt (Abs 1 Satz 3). Es kann auch teilweise von der Erhebung der Kosten abgesehen werden; in Freiheitsentziehungssachen bei Betroffenen, die der deutschen Sprache nicht mächtig sind, kann regelmäßig von der Erhebung der Dolmetscherkosten (§ 128 c III KostO) abgesehen werden (BGH, FGPrax 10, 157).

11 Eine **Erstattung** ist nach Abs 1 Satz 1 dann anzuordnen, wenn dies nach dem Ermessen des Gerichts auf Grund der besonderen Umstände des Einzelfalles der **Billigkeit** entspricht (KG, NJW 65, 1540; OLG Hamm, 69, 295); in Umgangssachen entspricht es grundsätzlich der Billigkeit, dass die Eltern die Gerichtskosten hälftig tragen und eine Erstattung außergerichtlicher Kosten nicht stattfindet (OLG Nürnberg, NJW 10, 1468). Hierbei können auch materiellrechtliche Kostenerstattungsansprüche eines Beteiligten berücksichtigt werden (BayObLG 02, 321). Eine Kostenentscheidung ist willkürlich, wenn das Gericht den Sachverhalt offensichtlich unzureichend würdigt (BVerfG, NJW 94, 1645), wenn auch nicht ansatzweise ein Bezug zu der angewendeten Norm besteht (BVerfG, NJW 10, 1349).

12 Das **Unterliegen** eines Beteiligten allein genügt nicht (BayObLG 63, 183); ebenso wenig die **Zurückweisung** oder **Zurücknahme** eines Antrags (KG, NJW 65, 1538, 1540; OLG Hamburg, MDR 70, 854; BayObLG, OLG 73, 32, 35). Besondere Gründe für die Anordnung der Kostenerstattung können gegeben sein, wenn ein Beteiligter offensichtlich unbegründete Anträge stellt, an denen er trotz Belehrung festhält; auch wenn der Beteiligte das Verfahren durch sein schuldhaftes Verhalten veranlasst, zB in Verfahren nach § 1666 BGB. Auch die persönlichen, insbesondere die Vermögensverhältnisse der Beteiligten können berücksichtigt werden. Bei Familienstreitigkeiten ist hinsichtlich der Anordnung der Kostenerstattung Zurückhaltung geboten (BayObLG Rpfleger 78, 315; KG, FamRZ 66, 241).

13 Bei **Erledigung der Hauptsache,** die dadurch eintritt, dass nach Einleitung des Verfahrens der Verfahrensgegenstand durch ein Ereignis, das die Veränderung der Sach- und Rechtslage herbeiführt, weggefallen ist (BayObLG, NJW-RR 88, 198; FamRZ 91, 846; NJWE-MietR 97, 15); wenn ein beantragter gegenständlich beschränkter Erbschein infolge der Wiedervereinigung seit dem 3. 10. 1990 nicht mehr erteilt werden kann (BayObLG, Rpfleger 92, 300); wenn eine Maßnahme zu Recht angeordnet wurde, die Voraussetzungen später weggefallen sind (BayObLG, FGPrax 01, 264); wenn die angeordnete Haftdauer abgelaufen ist, auch wenn sie auf Grund einer neuen Anordnung fortdauert (BayObLG 89, 227; aA KG, FamRZ 88, 981), ist eine Kostenerstattung nach Abs 1 Satz 1 auszusprechen, wenn hierzu aus **Billigkeitsgründen** Veranlassung besteht; § 91 a ZPO findet keine entsprechende Anwendung (BGH 28, 117). Keine Erledigung in der Hauptsache liegt vor, wenn der Antragsteller zwar einseitig für erledigt erklärt, sein Antrag jedoch zurückgewiesen wird, weil dann eine Entscheidung in der Hauptsache getroffen worden ist (OLG Hamm, FGPrax 99, 48). Das voraussichtliche **Unterliegen** eines Beteiligten kann hierbei in Betracht gezogen werden, ist

§ 81 Grundsatz der Kostenpflicht

jedoch nicht allein entscheidend; auch die wirtschaftlichen Verhältnisse können berücksichtigt werden, insbesondere kann bei rechtlich oder tatsächlich schwierigen Fällen die Kostenentscheidung ohne nähere Würdigung des zweifelhaften Verfahrensausgangs getroffen werden (KG, NJW 65, 1540; BayObLG Rpfleger 78, 315).

4. Einschränkung des Ermessens

Durch **Abs. 2** wird das Ermessen nach Abs 1 eingeschränkt. In den unter Nr 1–5 aufgeführten Fällen sollen einem Beteiligten Verfahrenskosten auferlegt werden. Da es sich nur um eine Soll-Vorschrift handelt, kann das Gericht auch in anderer Weise entscheiden; 14

nach Nr 1 sollen einem Beteiligten die Kosten ganz oder teilweise auferlegt werden, wenn er durch **grobes Verschulden** Anlass für das Verfahren gegeben hat. Diese Regelung knüpft an § 13 a I 2, 2. Alt FGG an, der jedoch abw von Abs 2 zwingend die Auferlegung von Kosten vorsah. Grobes Verschulden ist zu bejahen bei Vorsatz oder Außerachtlassung nach den Umständen erforderlicher Sorgfalt in ungewöhnlich hohem Maße (KG, NJW 65, 1538, 1540). Das grobe Verschulden kann begründet sein durch verfahrensmäßiges Verhalten, zB falsches unzureichendes, verspätetes Vorbringen oder, wenn im materiellen Recht ein grobes Verschulden liegt, zB wenn ein Beteiligter durch schuldhaftes Verhalten ein Verfahren nach § 1666 BGB veranlasst. 15

nach Nr 2 sollen einem Beteiligten die Kosten auferlegt werden, wenn er einen Antrag gestellt hat, der von vornherein keine Aussicht auf Erfolg hatte und der Beteiligte dies erkennen konnte. Ein erkennbar aussichtsloser Antrag fiel schon bisher unter das Tatbestandsmerkmal des groben Verschuldens mit der abw von der jetzigen Regelung zwingenden Kostenfolge aus § 13 a I 2 FGG. 16

nach Nr 3 sollen einem Beteiligten ganz oder teilweise die Kosten auferlegt werden, wenn er zu einer wesentlichen Tatsache **schuldhaft unwahre Angaben** gemacht hat. Auch ein solches Verhalten führte nach bisherigem Recht zur Auferlegung von Kosten, jedoch insoweit von der jetzigen Regelung abw als durch dieses Verhalten Kosten veranlasst worden sein mussten. 17

nach Nr 4 sollen einem Beteiligten ganz oder teilweise die Kosten auferlegt werden, wenn er durch schuldhaftes **Verletzen seiner Mitwirkungspflichten** das Verfahren erheblich verzögert hat. Auch ein solches Verhalten konnte nach bisherigem Recht zur Kostentragung unter dem Gesichtspunkt des groben Verschuldens führen, jedoch nur dann, wenn Kosten dadurch veranlasst wurden. 18

nach Nr 5 sollen einem Beteiligten die Kosten ganz oder teilweise auferlegt werden, wenn er einer **richterlichen Anordnung** zur Teilnahme an einer Beratung nach **§ 156 I 4** nicht nachgekommen ist, es sei denn die Nichtteilnahme ist genügend entschuldigt. Diese Regelung hat reinen **Sanktionscharakter.** Mit ihr soll das Hinwirken auf eine einvernehmliche Regelung der Eltern über das Sorge- und Umgangsrecht gefördert werden. Nach § 156 I 4 iVm Satz 2 kann das Gericht zu diesem Zweck anordnen, dass die Eltern an einer Beratung durch die Beratungsstellen und -dienste der Träger der Kinder- und Jugendhilfe teilnehmen. 19

§ 81

5. Minderjährige Beteiligte

20 Nach Abs 3 können einem minderjährigen Beteiligten Kosten in Verfahren, die seine Person betreffen, nicht auferlegt werden. Diese Vorschrift. knüpft an die bisherige Regelung des § 94 III 2 KostO an, demgemäß das Kind in den Fällen des § 94 I Nr 3–6 KostO nicht zahlungspflichtig ist; das sind die in § 1632 IV, § 1640 III und §§ 1666 bis 1667 BGB vorgesehenen Entscheidungen und Anordnungen (Nr 3); die Übertragung der elterlichen Sorge oder ihrer Ausübung, die Übertragung des Rechts, für die Person oder das Vermögen des Kindes zu sorgen sowie für Entscheidungen nach §§ 1684–1686 BGB (Nr 4); die Übertragung der Entscheidungsbefugnis in den persönlichen und vermögensrechtlichen Angelegenheiten des Kindes und die Einschränkung oder Ausschließung der Entscheidungsbefugnis in Angelegenheiten des täglichen Lebens oder über den Umgang (Nr 5); die Herausgabe des Kindes an seine Eltern oder einen Elternteil und die Bestimmung des Umgangs mit dem Kind auf Antrag eines Elternteils nach § 1632 III BGB (Nr 6); die Regelung des **Abs 3** ist jedoch nicht auf diese Angelegenheiten beschränkt.

6. Kostentragung Dritter

21 Die bisher nach § 13a II FGG enthaltenen Sonderregelungen für Betreuungs- und Unterbringungssachen sind nicht mehr in der allgemeinen Kostenregelung enthalten, sondern bei den jeweiligen Angelegenheiten in § 307 für Betreuungssachen und in § 337 für Unterbringungssachen, jedoch beschränkt auf die Staatskasse (§§ 307, 337 I) und die Verwaltungsbehörde (§ 337 II); in Freiheitsentziehungssachen (§§ 415 ff) in § 430 für die Körperschaft, der die Verwaltungsbehörde angehört. Darüber hinaus konnten auch nicht am Verfahren beteiligte Dritte, wenn sie eine Tätigkeit des Gerichts in diesen Angelegenheiten veranlasst hatten, bei grobem Verschulden, zur Tragung der Kosten verpflichtet werden (§ 13a II 2 FGG). **Abs 4** knüpft an diese Regelung an und verallgemeinert sie. Einem **Dritten** können nunmehr in allen Angelegenheiten im Anwendungsbereich des § 81 Kosten des Verfahrens auferlegt werden, soweit die Tätigkeit des Gerichts durch ihn veranlasst wurde und ihn ein grobes Verschulden trifft; grobes Verschulden liegt vor bei Vorsatz oder Außerachtlassen erforderlicher Sorgfalt in ungewöhnlich hohem Maße.

7. Bundesrechtliche Vorschriften

22 Die §§ 80–85 gelten für alle bundesgesetzlich der freiwilligen Gerichtsbarkeit zugewiesenen Angelegenheiten, in denen eine gerichtliche Entscheidung ergehen kann (KG, NJW 65, 1539). Sie gelten nicht für die auf Grund des § 486 II erlassenen landesrechtlichen Bestimmungen, für die jedoch vielfach eine entsprechende Anwendung des (bisherigen) allgemeinen Teils des FGG und damit auch die Kostenregelung vorgeschrieben haben. §§ 80–85 gelten ferner nicht im Verfahren auf Feststellung der Voraussetzungen für die Anerkennung eines ausländischen Urteils in Ehesachen (KG, OLG 84, 42); ferner nicht bei freiwilliger Abgabe einer eidesstattlichen Versicherung im Verfahren der freiwilligen Gerichtsbarkeit (§ 413) nach Verurteilung durch das Prozess-

§ 82 Zeitpunkt der Kostenentscheidung **§ 82**

gericht; die Kosten, die im Verfahren der freiwilligen Gerichtsbarkeit entstanden sind, müssen als materieller Anspruch im Wege der Klage geltend gemacht werden (KG, Rpfleger 93, 84).

Sondervorschriften: § 183 für die Anfechtung der Vaterschaft; § 243 für 23 Unterhaltssachen abw von ZPO nach billigem Ermessen; die Kosten des vereinfachten Verfahrens sind Teil der Kosten des streitigen Verfahrens (§ 255 V). Sonderregelung ferner nach § 307 für Betreuungssachen, nach § 337 für Unterbringungssachen.

Der bisherige § 16 FEVG, der die Erstattung der Auslagen des Betroffenen 24 regelte, war in seinem Anwendungsbereich vorrangig gegenüber § 13 a FGG. § 430 entspricht dem bisherigen § 16 FEG mit der Maßgabe, dass nicht nur die Ablehnung des Antrags der Verwaltungsbehörde, sondern auch dessen Rücknahme einbezogen werden. Für den Fall der Erledigung der Hauptsache finden die §§ 83 II, 81 Anwendung. Die Vorschriften der bisherigen §§ 14, 15 FEVG sind in die KostO übernommen worden.

8. Abweichende bundesrechtliche Vorschriften

§§ 80 ff gelten nicht, soweit in bundesrechtlichen Vorschriften abw Kosten- 25 regelungen getroffen sind. Abw Regelungen enthalten § 34 VerschG, §§ 44, 45 LwVG; § 30 EGGVG. Einzelne Vorschriften enthalten materielle Kostenregelungen: §§ 1035, 1067 I 2, § 1379 I 3, §§ 1835, 1836; §§ 2122, 2314 II BGB.

Zeitpunkt der Kostenentscheidung

82 Ergeht eine Entscheidung über die Kosten, hat das Gericht hierüber in der Endentscheidung zu entscheiden.

1. Kostenentscheidung in der Endentscheidung

Wenn über die Kosten entschieden werden soll, geschieht dies in der 1 Endentscheidung. In einzelnen Angelegenheiten ist zwingend vorgeschrieben, dass mit der Endentscheidung zugleich über die Kosten zu entscheiden ist, zB in § 253 I (Einziehung oder Kraftloserklärung von Erbscheinen), § 393 IV (Ablehnung eines Antrages auf Einleitung des Löschungsverfahrens), § 393 III (Entscheidung über Widerspruch gegen Löschung), soweit dies nicht unbillig ist. Ein ausdrücklicher Ausspruch über die Kosten oder zumindest eine klare Stellungnahme in den Gründen ist jedoch auch dann zu empfehlen, wenn eine Kostenerstattung nicht für geboten erachtet wird (BayObLG 63, 191). Enthält eine Entscheidung keinen Kostenausspruch, ist dies in der Regel (aber Rn 3) dahin zu verstehen, dass keine Kostenerstattung stattfindet (Keidel/Zimmermann, Rn 50 zu § 13 a FGG). Wird über die „Kosten des Verfahrens" entschieden, sind darunter in der Regel auch die außergerichtlichen Kosten zu verstehen (KG, Rpfleger 68, 152). Ist der Beschwerdeführer verstorben, ist bei der Kostenentscheidung entspr § 780 ZPO für die Kostenhaftung der Erben der Vorbehalt der beschränkten Erbenhaftung von Amts wegen einzufügen (BayObLG 64, 443). Es kann auch nur eine teilweise Kostenerstattung angeordnet werden, zB zu einem

§ 83 Buch 1 – Allgemeiner Teil

Bruchteil oder bis zu einem bestimmten Betrag oder nur in Bezug auf bestimmte Sonderkosten.

2   Im Zweifel ist **gleichmäßige Teilhaftung** nach § 420 BGB anzunehmen, wenn der unterliegende Teil aus mehreren formell Beteiligten besteht; bei einem unterschiedlichen Gewicht der Interessen der Beteiligten kann die Verteilung anders vorgenommen werden (BayObLG, Rpfleger 77, 26; für mehrere Beschwerdeführer: BayObLG, Rpfleger 75, 92). Die Teilhaftung nach § 420 BGB hat der Kostenbeamte von Amts wegen zu beachten, wenn sie in der Kostenentscheidung nicht ausgesprochen wurde (OLG Köln, Rpfleger 87, 23).

2. Nachholung der Kostenentscheidung

3   Enthält eine Endentscheidung keine Entscheidung über den Kostenpunkt, obwohl dies notwendig gewesen wäre, ist die Entscheidung auf innerhalb der zweiwöchigen Frist des § 43 II zu stellenden Antrag nachträglich nach § 43 I zu ergänzen, und zwar auch dann, wenn vergessen worden ist, die Frage der Kostenerstattung überhaupt zu erwägen. Ist die Frage der Kostenerstattung in den Gründen behandelt worden, ohne dass ein Ausspruch hierüber ergangen ist, kann die Entscheidung im Wege der Berichtigung ergänzt werden (§ 42).

3. Anfechtung der Kostenentscheidung

4   Die Kostenentscheidung ist isoliert anfechtbar. Das Gesetz enthält keine dem bisherigen § 20 a FGG entspr Vorschrift, durch die eine isolierte Anfechtbarkeit ausgeschlossen würde. Der gesetzgeberische Grund liegt darin, dass Verhaltensweisen der Beteiligten Kriterien für die Kostenentscheidung darstellen und dies zu einer Abkoppelung der Kostenentscheidung von der Sachentscheidung führt. Für die Anfechtung gelten §§ 58 ff, für den Beschwerdewert § 61, auch dann, wenn es sich um eine nichtvermögensrechtliche Angelegenheit handelt.

Kostenpflicht bei Vergleich, Erledigung und Rücknahme

83 (1) **Wird das Verfahren durch Vergleich erledigt und haben die Beteiligten keine Bestimmung über die Kosten getroffen, fallen die Gerichtskosten jedem Teil zu gleichen Teilen zur Last. Die außergerichtlichen Kosten trägt jeder Beteiligte selbst.**

(2) **Ist das Verfahren auf sonstige Weise erledigt oder wird der Antrag zurückgenommen, gilt § 81 entsprechend.**

1. Vergleich

1   Über die Kosten eines Vergleichs (§ 36) wurde bei fehlender Vereinbarung über die Kosten bisher nach billigem Ermessen entschieden (§ 13 a I 1 FGG), und zwar sowohl die Frage, ob überhaupt eine Kostenentscheidung getroffen werden sollte als auch die, wem die Kosten auferlegt werden sollten. Nach der Neuregelung des **Abs 1** tritt die Kostenfolge in Anlehnung an § 98 ZPO

§ 84 Rechtsmittelkosten **§ 84**

kraft Gesetzes ein. Die Gerichtskosten tragen die Beteiligten zu gleichen Teilen; die außergerichtlichen Kosten trägt jeder Beteiligte selbst, der Umfang der zu erstattenden Kosten ergibt sich aus § 80.

2. Erledigung, Antragsrücknahme (Abs 2 iVm § 22)

Das Gericht kann, auch soweit eine Endentscheidung nicht ergeht, eine 2 Kostenentscheidung treffen; für diese gelten die Grundsätze des § 81.

In **Antragsverfahren** kann eine Erledigung in sonstiger Weise eintreten 3 durch Antragsrücknahme (Rn 1–3 zu § 22) oder wenn die Beteiligten erklären, das Verfahren beenden zu wollen (Rn 8 zu § 22). Anlass für eine Beendigungserklärung kann sein, dass sich das Verfahren in der Hauptsache erledigt hat (Rn 9, 10 zu § 22) und die Beteiligten dies übereinstimmend erklären, weil nur dadurch das Verfahren beendet wird. Verfolgt der Antragsteller trotz Erledigung den Antrag weiter oder erfolgt nur eine einseitige Erledigungserklärung, bedarf es einer Entscheidung in der Sache.

In **Amtsverfahren** kann Erledigung in der Hauptsache dann eintreten, 4 wenn nach Einleitung des Verfahrens der Verfahrensgegenstand durch ein Ereignis das die Veränderung der Sach- und Rechtslage herbeiführt, wegfällt. Das Gericht stellt die Erledigung von Amts wegen formlos fest (Rn 14 zu § 22). Auch in diesem Fall gilt für die Kostenentscheidung § 81; das Gericht kann eine Kostenentscheidung erlassen (§ 81 I 1) oder von der Erhebung der Kosten absehen (§ 81 I 2); es sei denn, es handelt sich um eine Familiensache (§ 81 I 3). Wenn eine Kostenentscheidung ergeht, finden die Grundsätze des § 81 Anwendung.

Rechtsmittelkosten

84
Das Gericht soll die Kosten eines ohne Erfolg eingelegten Rechtsmittels dem Beteiligten auferlegen, der es eingelegt hat.

1. Anwendungsbereich

§ 84 regelt die Kostenfolge bei einem ohne Erfolg eingelegten Rechts- 1 mittel. **Ohne Erfolg eingelegt** ist sowohl ein unbegründetes als auch ein unzulässiges Rechtsmittel. Unbegründet ist ein Rechtsmittel auch dann, wenn es den Beschwerdeführer schlechter stellt. Nicht in den Anwendungsbereich fallen Rechtsbehelfe; das sind Erinnerung, Widerspruch, Einspruch, Antrag auf Wiedereinsetzung in den vorigen Stand, Gehörsrüge. **Auch** für die **Zurücknahme** eines Rechtsmittels gilt die Kostenregelung des § 81.

2. Kostenfolge

Die Kosten eines, erfolglosen Rechtsmittels sollen grundsätzlich dem Betei- 2 ligten auferlegt werden, der es eingelegt hat. Die Gestaltung als Soll-Vorschrift lässt die Möglichkeit offen, unter besonderen Umständen eine von diesem Grundsatz abw Kostenfolge auszusprechen.

§ 85
Buch 1 – Allgemeiner Teil

3 **Beispiele:** Bei der Zurücknahme eines Rechtsmittels sind auch die Umstände zu berücksichtigen, die den Rechtsmittelführer zu der Zurücknahme veranlasst haben, zB eine außergerichtliche Einigung; wenn eine befristete Beschwerde ausdrücklich zur Fristwahrung eingelegt und alsbald zurückgenommen wird (OLG Celle, FamRZ 05, 221); ferner kann berücksichtigt werden, inwieweit das Rechtsmittel objektiv veranlasst war (KG, NJW-RR 93, 831; nicht ohne Weiteres erkennbare Aussichtslosigkeit des Rechtsmittels (BayObLG, FamRZ 96, 1560); wenn das Rechtsmittel bei schwieriger Rechtslage infolge Hinweises durch das Beschwerdegericht zurückgenommen wird (BayObLG, FamRZ 98, 436). In Familienangelegenheiten Zurückhaltung bei der Auferlegung von Kosten (BayObLG, FamRZ 01, 1405).

4 Bei nur **teilweisem** Erfolg eines Rechtsmittels wurde § 13a I 2 FGG, der bei unbegründetem Rechtsmittel die Auferlegung der Kosten auf den Beschwerdeführer vorsah, nicht angewendet, weil diese Bestimmung als Ausnahmevorschrift nur angewendet werden sollte, wenn das Rechtsmittel in vollem Umfang erfolglos war (BayObLG 63, 300). Sind im entgegengesetzten Sinn eingelegte Beschwerden erfolglos geblieben, hängt es von den konkreten Umständen des einzelnen Falles ab, ob eine Abweichung von dem Kostengrundsatz des § 84 angezeigt ist. Bei teilweiser Zurücknahme eines Rechtsmittels und Antragsrücknahme hat das Beschwerdegericht über die gesamten Kosten zu entscheiden (BayObLG, NZM 99, 509).

5 Bei der Kostenentscheidung gilt das Verbot der **reformatio in peius** nicht; die Kostenentscheidung kann daher zu Ungunsten des Beschwerdeführers abgeändert werden.

Kostenfestsetzung

85 Die §§ 103 bis 107 der Zivilprozessordnung über die Festsetzung des zu erstattenden Betrags sind entsprechend anzuwenden.

1. Voraussetzungen

1 Für die Kostenfestsetzung sind die §§ 103–107 ZPO entspr anwendbar. Das Kostenfestsetzungsverfahren ist dem Rechtspfleger nach § 21 RPflG übertragen. Die Kostenfestsetzung, die zu einer Familiensache gehört, ist ebenfalls eine Familiensache; dies gilt auch für Vergütungsansprüche, die nach dem RVG geltend gemacht werden. Für **Ehesachen** (§§ 121 ff) und **Familienstreitverfahren** gelten die §§ 103–107 ZPO unmittelbar (§ 113).

2 Voraussetzung für die Kostenfestsetzung ist ein **vollstreckbarer Titel,** also entweder die gerichtliche Kostenentscheidung oder ein gerichtlicher, gerichtlich gebilligter, Vergleich. Die Entscheidung muss bekannt gemacht (§ 41) und wirksam (§ 40) sein. Sofern eine Entscheidung mit Rechtskraft (S 45) wirksam wird, bildet auch die Kostenentscheidung erst nach Rechtskraft einen zur Zwangsvollstreckung geeigneten Titel; in Folgesachen erst nach Rechtskraft des Scheidungsausspruchs. Die vollziehende Entscheidung darf auch nicht nach § 64 III durch das Beschwerdegericht ausgesetzt sein.

§ 85 Kostenfestsetzung **§ 85**

Der Kostenfestsetzungsbeschluss kann als **Europäischer Vollstreckungstitel** (§ 4 Nr 1 EuVTVO) nach § 6 EuVTVO iVm §§ 1079–1091 ZPO bestätigt werden, wenn die festgesetzten Kosten unstreitig sind. Die Voraussetzungen für die Bestätigung sind unabhängig von der Kostengrundentscheidung und dem zu Grunde liegenden Verfahren (Hauptsache oder einstweilige Anordnung) und unabhängig davon, ob auch diesem eine (unstreitige) Geldforderung zu Grunde lag, zu beurteilen (OLG Stuttgart, IPrax 08, 260; offen gelassen: OLG Nürnberg, Rpfleger 10, 92). Bei Zurückweisung eines Antrags auf Bestätigung sind die Vorschriften über die Anfechtung einer Entscheidung über die Erteilung einer Vollstreckungsklausel entspr anzuwenden (§ 1080 II ZPO).

2. Anfechtbarkeit

Gegen den Kostenfestsetzungsbeschluss ist das Rechtsmittel gegeben, das 3 nach den allgemeinen verfahrensrechtlichen Vorschriften zulässig ist (§ 11 I RPflG; § 104 III 1, § 567 II 2 ZPO); das ist die **sofortige Beschwerde.** Es besteht kein Anwaltszwang, weil das Kostenfestsetzungsverfahren vor dem RPfl betrieben wird (§ 13 RPflG) (BGH, Rpfleger 06, 416 mwN). Die sofortige Beschwerde ist innerhalb von zwei Wochen (§ 569 I ZPO) bei dem Gericht einzulegen, das die Entscheidung erlassen hat; zur Wahrung der Frist genügt auch die Einlegung bei dem Beschwerdegericht. Anschlussbeschwerde ist möglich (§ 567 III ZPO). Die Beschwerde ist nur zulässig, wenn der Wert des Beschwerdegegenstandes 200 Euro übersteigt (§ 567 II 2 ZPO). Der Rechtspfleger kann der Beschwerde abhelfen; § 572 I ZPO verlangt eine Abhilfeprüfung. Der nach § 28 RPflG zuständige Richter wird mit der Sache nicht mehr befasst. Zuständig für die Entscheidung über die sofortige Beschwerde ist das Landgericht oder, falls es sich um eine Angelegenheit handelt, für die das Familiengericht zuständig ist, das Oberlandesgericht. Nur wenn bei einem Beschwerdegegenstand bis 4 200 Euro ein Rechtsmittel nicht gegeben ist (§ 567 II 2 ZPO), ist die **befristete Erinnerung** an den Richter statthaft (§ 11 II, 28 RPflG); sie ist innerhalb von zwei Wochen bei dem Gericht einzulegen, dessen Rechtspfleger entschieden hat (§ 11 II 2 RPflG, § 569 I 1 ZPO). Der RPfl kann der Erinnerung abhelfen (§ 11 II 2 RPflG). Erinnerungen, denen er nicht abhilft, legt er dem Richter zur Entscheidung vor (§ 11 II 3 RPflG), der endgültig entscheidet. Unselbständige Anschlusserinnerung ist möglich (§ 11 II 4 RPflG, § 567 II ZPO). Gegen die Beschwerdeentscheidung des Land- 5 gerichts ist die **Rechtsbeschwerde** gegeben, wenn sie durch das Landgericht zugelassen worden ist (§ 104 III, § 574 I ZPO; BayObLG, Rpfleger 03, 43; BGH, NJW 04, 1107). Die Frist zur Einlegung beträgt einen Monat (§ 575 I ZPO).

Im Erinnerungsverfahren bedarf es keiner **Kostenentscheidung,** weil 6 Gerichtskosten nicht erhoben werden (§ 57 VIII FamGKG, § 14 IX KostO) und die Tätigkeit des Anwalts durch die Verfahrensgebühr abgegolten ist. Im Beschwerdeverfahren bilden die §§ 80 ff, 84 die Grundlage für die Kostenentscheidung.

Abschnitt 8
Vollstreckung

Unterabschnitt 1
Allgemeine Vorschriften

Vorbemerkungen vor §§ 86–96 a

1. Anwendungsbereich

1 § 33 FGG regelte den Vollzug gerichtlicher Entscheidungen, deren zwangsweise Durchsetzung zu den Aufgaben der freiwilligen Gerichtsbarkeit gehört. Es wurde nicht unterschieden zwischen gerichtlichen Anordnungen innerhalb eines Verfahrens und Endentscheidungen. Diese Unterscheidung wird nunmehr vorgenommen. § 35 regelt die Durchsetzung gerichtlicher Anordnungen, die innerhalb eines Verfahrens erlassen werden, §§ 86–94 die Vollstreckung von Endentscheidungen; §§ 95, 96 insoweit die Vollstreckung nach der Zivilprozessordnung.

2 In **Ehesachen** (§§ 121 ff) und **Familienstreitsachen** (§ 112) finden weder § 35 noch §§ 86–96 Anwendung; es gelten unmittelbar die Vorschriften der Zivilprozessordnung.

2. Verfahren

3 §§ 87, 88 I behandeln das Vollstreckungsverfahren. Die **örtliche** Zuständigkeit richtet sich nach den allgemeinen Vorschriften (Rn 1, 2 zu Vorb vor §§ 2–5). Das Verfahren, das die Festsetzung von Ordnungsmitteln (§ 89) oder unmittelbaren Zwang (§ 90) zum Gegenstand hat, ist ein selbständiges Verfahren und nicht Teil des Verfahrens, in dem die zu vollstreckende Anordnung
4 getroffen wurde. Für Vollstreckungsmaßnahmen zur Herausgabe von Personen und zur Regelung des Umgangs ist die örtliche Zuständigkeit in **§ 88 I** bestimmt; örtlich zuständig ist das Gericht, in dessen Bezirk sich die herauszugebende Person oder die Person, auf die sich eine Umgangsregelung
5 bezieht, ihren gewöhnlichen Aufenthalt hat. Funktionell zuständig kann auch der **Rechtspfleger** sein, wenn es sich um eine Entscheidung in einer dem Rechtspfleger übertragenen Angelegenheit handelt. Er ist zur Verhängung von Ordnungsgeld (§ 89) und zur Anwendung unmittelbaren Zwangs (§ 90) befugt, nicht jedoch zur Verhängung von Haft (§ 4 II Nr 2 RPflG), auch nicht zur zwangsweisen Vorführung eines Beteiligten.

6 Die **Einleitung** des Verfahrens erfolgt in Amtsverfahren von Amts wegen, in Antragsverfahren auf Antrag; auch in Amtsverfahren kann der Berechtigte die Einleitung des Verfahrens beantragen (§ 87 I) Voraussetzung für den Beginn der Zwangsvollstreckung ist die vorherige oder gleichzeitige Zustellung des Vollstreckungstitels (§ 87 II, 86). Ausnahmen: § 209 II, § 216 II 1.

Vorbemerkungen vor §§ 86–96a   **vor §§ 86–96a**

Unterstützung bei der **Durchführung** der Zwangsvollstreckung durch 7
polizeiliche Vollzugsorgane kann der Gerichtsvollzieher nachsuchen (§ 758 I,
II iVm §§ 759–763); auch in Verfahren nach dem Gewaltschutzgesetz und in
Wohnungszuweisungssachen (§ 96 I 2 iVm § 758 III und § 759 ZPO).

Für die **Kosten** gelten die §§ 80–82 und § 84 entspr, insbesondere die 8
Grundsätze des § 81.

Die **Anfechtbarkeit** von Entscheidungen, die im Vollstreckungsverfahren 9
ergehen, ergibt sich aus §§ 567–572 ZPO (§ 87 IV).

3. Grundlage der Vollstreckung

Grundlage der Vollstreckung sind die Vollstreckungstitel des § 86 I, gericht- 10
liche Beschlüsse, gerichtlich gebilligte Vergleiche nach § 156 II und Vollstreckungstitel im Sinne von § 794 ZPO, soweit die Beteiligten über den Gegenstand des Verfahrens verfügen können. Es muss sich um vollzugsfähige gerichtliche Entscheidungen handeln. Die Vollstreckung muss ihrem Inhalt nach besondere Ausführungsmaßnahmen erfordern, deren Vollzug das Gericht zu überwachen hat. Dazu gehören nicht rechtsgestaltende und feststellende Entscheidungen; ferner nicht gerichtliche Handlungen, die keine Entscheidung enthalten.

4. Vollstreckungsmaßnahmen

Für die Vollstreckung der Herausgabe von Personen und Umgangsregelun- 11
gen sieht das Gesetz Ordnungsmittel (§ 89), die Anwendung unmittelbaren Zwangs (§ 90), die Durchsuchung der Wohnung auf Grund richterlicher Anordnung (§ 91) und die eidesstattliche Versicherung über den Verbleib der herauszugebenden Person (§ 94) vor. Die Neuregelung enthält wesentliche Änderungen. Anstelle der bisher in § 33 FGG vorgesehenen Beugemittel des Zwangsgeldes und der Zwangshaft können nunmehr Ordnungsmittel (Ordnungsgeld, Ordnungshaft) verhängt werden; im Gegensatz zu Beugemitteln bleiben die Ordnungsmittel auch, wenn der Verpflichtete der gerichtlichen Anordnung nachgekommen ist, als Sanktion vollstreckbar. Weiterhin entfällt im Gegensatz zur Zivilprozessordnung (§ 890 II ZPO) die Notwendigkeit einer vorherigen Androhung; stattdessen soll in der Entscheidung auf die Folgen einer Zuwiderhandlung hingewiesen werden (§ 89 II) Ausnahme in Registersachen für das Zwangsgeldverfahren: § 388.

Soweit es sich nicht um die Herausgabe von Personen oder Durchsetzung 12
von Umgangsregelungen handelt, finden die Vorschriften der Zivilprozessordnung wegen der in § 95 I Nr 1–5 aufgeführten Vollstreckungsgegenstände Anwendung. Abweichend von den Vorschriften der Zivilprozessordnung kann das Gericht anstelle der Vollstreckung der Herausgabe von Sachen nach §§ 883, 885–887 ZPO und der Vollstreckung einer vertretbaren Handlung nach § 887 ZPO die in § 888 ZPO für unvertretbare Handlungen vorgesehenen Beugemittel anordnen (§ 95 IV ZPO). Für die Vollstreckung nach dem Gewaltschutzgesetz und in Wohnungszuweisungssachen sieht § 96 zusätzliche Maßnahmen vor.

§ 86

5. Einstellung der Zwangsvollstreckung

13 § 95 regelt in Anlehnung an §§ 707, 719 die einstweilige Einstellung, Beschränkung oder Aufhebung von Vollstreckungsmaßnahmen. § 95 III enthält eine Sonderregelung für die Vollstreckung wegen einer Geldforderung; sie kann bis zum Eintritt der Rechtskraft eingestellt werden, wenn der Verpflichtete glaubhaft macht, dass ihm die Vollstreckung einen nicht zu ersetzenden Nachteil bringen würde.

Vollstreckungstitel

86 (1) Die Vollstreckung findet statt aus
1. gerichtlichen Beschlüssen;
2. gerichtlich gebilligten Vergleichen (§ 156 Abs. 2);
3. weiteren Vollstreckungstiteln im Sinne des § 794 der Zivilprozessordnung, soweit die Beteiligten über den Gegenstand des Verfahrens verfügen können.

(2) Beschlüsse sind mit Wirksamwerden vollstreckbar.

(3) Vollstreckungstitel bedürfen der Vollstreckungsklausel nur, wenn die Vollstreckung nicht durch das Gericht erfolgt, das den Titel erlassen hat.

1. Grundlage der Zwangsvollstreckung

1 In **Abs 1** sind die Vollstreckungstitel aufgeführt, die Grundlage der Zwangsvollstreckung nach den §§ 86–96 sein können; das sind gerichtliche Beschlüsse **(Nr 1)**, gerichtlich gebilligte Vergleiche **(Nr 2)**, weitere Vollstreckungstitel im Sinne des § 794 ZPO, soweit die Beteiligten über den Gegenstand des Verfahrens verfügen können **(Nr 3)**.

2 Gerichtliche Beschlüsse, deren zwangsweise Durchsetzung zu den Aufgaben der freiwilligen Gerichtsbarkeit gehört, sind Grundlage der Vollstreckung (Nr 1), wenn es sich um **Endentscheidungen** handelt. Zwischenentscheidungen, die der Vollstreckung bedürfen, sind in § 35 geregelt (OLG Celle, NJW 10, 2223). Die gerichtliche Entscheidung muss einen vollzugsfähigen Inhalt haben, die Vollstreckung muss ihrem Inhalt nach besondere Ausführungsmaßnahmen erfordern, deren Vollzug das Gericht zu überwachen hat. Daher fallen rechtsgestaltende und feststellende Entscheidungen und gerichtliche Handlungen, die keine Entscheidung enthalten, nicht darunter. Auch Entscheidungen, die eine Regelung der elterlichen Sorge, zB nach §§ 1671, 1672, 1632, 1666, 1666 a, 1684, 1696 BGB enthalten, sind noch keine vollzugfähigen Entscheidungen. **3** **Grundlage für den Vollzug** sind vielmehr erst die Entscheidungen, die zur Durchsetzung der Regelung der elterlichen Sorge angeordnet werden, zB eine Herausgabeanordnung nach § 1632 II BGB in Verbindung mit der Anordnung der zu ihrer Durchführung erforderlichen Maßnahmen; Rückgabeentscheidungen nach dem HKiEntÜ (OLG Stuttgart, FamRZ, 02, 1138); Herausgabe eines eingezogenen Erbscheins (§ 2361 BGB); eines unrichtigen Testamentsvollstreckerzeugnisses (§ 2328 BGB); Herausgabe oder Vorlegung von Büchern oder Papieren nach §§ 157, 166 HGB; § 273 AktG.

Die Entscheidung muss die **Verpflichtung** eines Beteiligten zur Vornahme 4
einer Handlung oder einer Unterlassung oder Duldung der Vornahme einer
Handlung mit einer jeden Zweifel ausschließenden Bestimmtheit enthalten
(OLG Braunschweig, FamRZ 73, 268; BayObLG, FamRZ 75, 279; Rpfleger
01, 74; OLG Bamberg, NJWE-FER 95, 201; OLG Brandenburg, NJWE-FER 97, 211; Thüringer OLG, FGPrax 01, 64).

Nr 1 erfasst auch solche Beschlüsse, die keine Endentscheidungen sind, aber 5
verfahrensabschließende Entscheidungen sind, zB Beschlüsse nach §§ 887,
888, 890 ZPO, Kostenfestsetzungsbeschlüsse (§ 104 ZPO).

Gerichtlich gebilligte Vergleiche (Nr 2). Nach § 36 I ist ein das 6
Verfahren beendender Vergleich möglich, wenn die Parteien über den
Verfahrensgegenstand materiellrechtlich verfügen und den Gang des Verfahrens bestimmen können (Rn 1 zu § 36). In Amtsverfahren fehlt es in
der Regel an den Erfordernissen für den Abschluss eines Vergleichs, weil
die Beteiligten weder zur Verfügung über den Verfahrensgegenstand noch
über den Gang des Verfahrens berechtigt sind. Schon nach bisherigem
Recht war es jedoch möglich, dass das Gericht eine erstmalige Umgangsregelung als eigene Entscheidung billigte und ihr eindeutig (OLG Zweibrücken, 96, 877; OLG Bamberg, FamRZ 98, 306; OLG Köln, NJWE-FER 98, 163; OLG Brandenburg, NJW-RR 01, 1089) den Charakter
einer vollzugsfähigen Entscheidung verlieh (OLG München, FamRZ 99,
522; OLG Karlsruhe, FamRZ 94, 1491; OLG Zweibrücken, FamRZ 87,
21).

Das Gesetz sieht nunmehr in **Kindschaftssachen,** die das Umgangsrecht 7
oder die Herausgabe des Kindes betreffen, in § 156 II einen **gerichtlich
gebilligten Vergleich** vor. Erzielen die Beteiligten Einvernehmen über den
Umgang oder die Herausgabe des Kindes und widerspricht das Einvernehmen
nicht dem Kindeswohl, billigt das Gericht diesen Vergleich und verleiht ihm
den Charakter einer vollzugsfähigen Entscheidung.

Eine weitere Möglichkeit eines gerichtlich gebilligten Vergleichs ergibt sich 8
aus **§ 165 IV;** er kann in einem Verfahren zustande kommen, dessen Gegenstand die Erschwerung oder Vereitelung einer bereits ergangenen Entscheidung über den Umgang ist.

Weitere Möglichkeiten zum Abschluss eines Vergleichs in Amtsverfahren
sieht das Gesetz nicht vor.

Vollstreckungstitel nach Abs 1 können auch Vollstreckungstitel im Sinne 9
des **§ 794 ZPO** sein, soweit die Parteien über den Verfahrensgegenstand
verfügen können (Nr 3). Im Erbscheinsverfahren können sich die Beteiligten
über die Ausübung von Gestaltungsrechten, die die Erbschaft beeinflussen,
einigen, nicht jedoch über die Erbenstellung selbst.

Ausdrücklich zugelassen ist ein das Verfahren **beendender Vergleich** in 10
§§ 6–8 VersAusglG in Versorgungsausgleichssachen, in § 366 in Teilungssachen; Vereinbarungen nach § 366 I und Auseinandersetzungen nach § 368
werden mit Rechtskraft des Bestätigungsbeschlusses wirksam und bilden dann
einen Vollstreckungstitel (§ 371 II). Ferner ist ein verfahrensbeendender Vergleich möglich nach § 16 Satz 3; §§ 19, 20 II, 31 LwVG; in den Verfahren
nach § 264 (§§ 1382, 1383 BGB), § 362 (§ 2331a iVm § 1382 BGB),
§§ 206 ff (Hausratssachen).

2. Vollstreckbarkeit

11 Die Entscheidungen nach Abs 1 Nr 1 sind mit dem Eintritt der Wirksamkeit vollstreckbar. Die Vollstreckbarkeit fällt mit dem Beginn der Wirksamkeit zusammen und setzt diese voraus. Die Wirksamkeit einer Entscheidung tritt nach § 40 I grundsätzlich mit der Bekanntmachung an denjenigen ein, für den sie ihrem Inhalt nach bestimmt ist. An die formelle Rechtskraft wird der Eintritt der Wirksamkeit geknüpft bei den Entscheidungen nach § 40 II, III und in weiteren gesondert geregelten Angelegenheiten: §§ 164, 198, 209, 216, 224 I (§ 227 aF), § 324; ferner in § 7 III ErbbRG, §§ 29, 40 VerschG, § 40 I IntFamRVG.

12 Die Anordnung der **sofortigen Wirksamkeit** bei Entscheidungen, die erst mit Rechtskraft wirksam werden, ist möglich nach § 209 II 2 in Ehewohnungs- und Haushaltssachen, nach § 216 II in Gewaltschutzsachen, nach § 324 II in Unterbringungssachen, nach § 422 II in Freiheitsentziehungssachen. Die Möglichkeit der Anordnung der Vollstreckung vor Zustellung der Entscheidung ist vorgesehen in § 53 II 1 in Gewaltschutzsachen und in sonstigen Fällen, in denen ein besonderes Bedürfnis besteht, im Verfahren der einstweiligen Anordnung; ferner in § 209 III 1, § 214 II, § 216 II 1. Für einstweilige Anordnungen gilt § 53 I.

13 Eine **Vollstreckungsklausel** ist nach Abs 3 nur dann erforderlich, wenn die Vollstreckung nicht durch das Gericht erfolgt, das den Vollstreckungstitel erlassen hat. Eine Vollstreckungsklausel ist regelmäßig dann entbehrlich, wenn die Vollstreckung dem Gericht obliegt, das den Titel erlassen hat. Das Gericht hat bei der Einleitung der Vollstreckungsmaßnahmen zu prüfen, ob die Vollstreckung aus dem Titel statthaft ist.

14 **Erforderlich** ist die Vollstreckungsklausel, wenn die Vollstreckung nicht durch das Gericht erfolgt, das den Titel erlassen hat, zB nach § 88 I bei der Vollstreckung zur Herausgabe einer Person, wenn nach der Entscheidung ein Ortswechsel der herauszugebenden Person stattgefunden hat, oder bei der Vollstreckung von Geldforderungen (§ 95 I 1).

15 Gegen die Erteilung der Vollstreckungsklausel findet die **Erinnerung** nach § 732 ZPO (§ 95 I) statt, über die das Gericht entscheidet, dessen Geschäftsstelle die Klausel erteilt hat. Die Erinnerung kann nur auf Fehler formeller Art gestützt werden, die die Zulässigkeit der Klauselerteilung betreffen (BGH, Rpfleger 09, 465 mwN); gegen die Entscheidung des Gerichts Rechtsmittel nach § 87 IV (Rn 13 zu § 87).

Verfahren; Beschwerde

§ 87 (1) **Das Gericht wird in Verfahren, die von Amts wegen eingeleitet werden können, von Amts wegen tätig und bestimmt die im Fall der Zuwiderhandlung vorzunehmenden Vollstreckungsmaßnahmen. Der Berechtigte kann die Vornahme von Vollstreckungshandlungen beantragen; entspricht das Gericht dem Antrag nicht, entscheidet es durch Beschluss.**

(2) **Die Vollstreckung darf nur beginnen, wenn der Beschluss bereits zugestellt ist oder gleichzeitig zugestellt wird.**

§ 87 Verfahren; Beschwerde **§ 87**

(3) Der Gerichtsvollzieher ist befugt, erforderlichenfalls die Unterstützung der polizeilichen Vollzugsorgane nachzusuchen. § 758 Abs. 1 und 2 sowie die §§ 759 bis 763 der Zivilprozessordnung gelten entsprechend.

(4) Ein Beschluss, der im Vollstreckungsverfahren ergeht, ist mit der sofortigen Beschwerde in entsprechender Anwendung der §§ 567 bis 572 der Zivilprozessordnung anfechtbar.

(5) Für die Kostenentscheidung gelten die §§ 80 bis 82 und 84 entsprechend.

1. Zuständigkeit

Das Vollstreckungsverfahren ist ein selbständiges Verfahren und nicht Teil 1
des Verfahrens, in dem die zu vollstreckende Anordnung getroffen wurde; **sachlich** zuständig bleibt das Gericht, das die Anordnungen getroffen hat.

Funktionell zuständig kann auch der Rechtspfleger sein, wenn er die 2
Anordnung in einer ihm übertragenen Angelegenheit getroffen hat (§ 4 RPflG). Er ist zur Verhängung von Ordnungsgeld (§ 89) und zur Anwendung unmittelbaren Zwangs (§ 90) befugt, nicht jedoch zur Verhängung von Haft (§ 4 II Nr 2 RPflG), auch nicht zur zwangsweisen Vorführung eines Beteiligten.

Örtlich zuständig ist das Gericht, das die zu vollstreckende Anordnung 3
getroffen hat. Es kann sich jedoch die Notwendigkeit einer Vollstreckung an einem anderen Ort ergeben; dann ist die Sache zur Durchführung der Vollstreckungsmaßnahme an das Gericht abzugeben (§ 4), in dessen Bezirk die Vollstreckung erfolgen soll. § 88 I bestimmt für den Fall der Vollstreckung zur 4
Herausgabe einer Person deren gewöhnlichen Aufenthalt als Anknüpfungspunkt für die örtliche Zuständigkeit, wenn dieser im Zeitpunkt der Einleitung der Vollstreckung ein anderer ist als im Zeitpunkt der Anordnung. Auch bei der Vollstreckung einer Geldforderung kann sich die Notwendigkeit von Vollstreckungshandlungen an einem anderen Ort ergeben, wenn sich dort Gegenstände befinden, in die vollstreckt werden soll. In diesen Fällen bedarf der Titel auch einer Vollstreckungsklausel (§ 86 III).

2. Einleitung des Verfahrens

Die Einleitung des Verfahrens erfolgt in Amtsverfahren von Amts wegen 5
(Abs 1 Satz 1), in Antragsverfahren (Rn 1–3 zu § 23) auf Antrag; in Verfahren, die sowohl von Amts wegen als auch auf Antrag eingeleitet werden (Rn 7 zu § 22) von Amts wegen oder auf Antrag; auch in Amtsverfahren kann der Berechtigte die Einleitung des Vollstreckungsverfahrens beantragen (Abs 1 Satz 2). Die Einleitung des Vollstreckungsverfahrens entspricht daher der Einleitung des Anordnungsverfahrens (§§ 23, 24). Entspricht das Gericht dem Antrag des Berechtigten, Vollstreckungsmaßnahmen einzuleiten, nicht, ist dies durch Beschluss auszusprechen, gegen den die sofortige Beschwerde nach Abs 4 zulässig ist.

Die durchzuführenden **Vollstreckungsmaßnahmen** ergeben sich bei Zu- 6
widerhandlungen gegen Anordnungen zur Herausgabe von Personen oder zur Regelung des Umgangs aus dem Vollstreckungstitel, in dem auf die Folgen der Zuwiderhandlung hinzuweisen ist (§ 89 II). Für diesen Fall sind

§ 87

Ordnungsmittel nach § 89 und ergänzend unmittelbarer Zwang (§ 90), Durchsuchung der Wohnung (§ 91), Eidesstattliche Versicherung (§ 94) vorgesehen. Die konkret durchzuführenden Vollstreckungsmaßnahmen bestimmt das Gericht nach Anhörung des Verpflichteten (§ 92 I 1) und der von Amts wegen vorzunehmenden Klärung, ob eine Zuwiderhandlung vorliegt und der Verpflichtete diese ggfs zu vertreten hat.

7 Der **Beginn** der Zwangsvollstreckung setzt die vorherige oder gleichzeitige Zustellung des Vollstreckungstitels (§ 87 II, 86) voraus; die Zustellung erfolgt von Amts wegen nach den §§ 166 ff der Zivilprozessordnung.

8 In einzelnen Angelegenheiten ist der Vollzug einer Anordnung vor der Zustellung (Bekanntgabe) vorgesehen. Mit der Anordnung der sofortigen Wirksamkeit kann das Gericht auch die Zulässigkeit der Vollstreckung vor der Zustellung an den Antragsgegner anordnen in Ehewohnungs- und Haushaltssachen nach § 209 II, in Gewaltschutzsachen § 216 II 1. In Unterbringungssachen kann die sofortige Wirksamkeit einer Genehmigung oder die Anordnung einer Unterbringungsmaßnahme als Voraussetzung für die Unterbringung schon mit der Übergabe der Entscheidung an die Geschäftsstelle zur Bekanntgabe eintreten (§ 324 II Nr 3). Eine entspr Regelung enthält § 422 II Nr 2 für den Fall der Anordnung einer Freiheitsentziehung.

3. Polizeiliche Vollzugsorgane

9 Der Gerichtsvollzieher kann zur Durchführung der Zwangsvollstreckung, insbesondere bei Anwendung unmittelbaren Zwangs (§ 90), bei einer Wohnungsdurchsuchung (§ 91) Unterstützung durch polizeiliche Vollzugsorgane nachsuchen (§ 758 I, II iVm §§ 759–763 ZPO); auch in Verfahren nach dem Gewaltschutzgesetz und in Ehewohnungssachen (§ 96 I 2 iVm § 758 III und § 759 ZPO) **(Abs 3)**.

4. Kosten

10 Nach Abs 5 gelten für die Kosten die §§ 80–82 und § 84 entspr, insbesondere gelten die Grundsätze des § 81. Das Gericht entscheidet nach billigem Ermessen, ob es eine Kostenentscheidung vornimmt und wer ggfs die Kosten
11 zu tragen hat. Einem **minderjährigen** Beteiligten können Kosten in Verfahren, die seine Person betreffen, nicht auferlegt werden (§ 81 III), also nicht in Entscheidungen über die Herausgabe und die Regelung des Umgangs.
12 Abweichend von dieser allgemeinen Kostenregelung sind dem Verpflichteten mit der Festsetzung von Ordnungsmitteln oder der Anordnung des unmittelbaren Zwangs die Kosten des Verfahrens zwingend aufzuerlegen (§ 92 II).

5. Anfechtbarkeit

13 Entscheidungen, die im Vollstreckungsverfahren ergehen, sind in entspr Anwendung der §§ 567–572 ZPO mit der sofortigen Beschwerde isoliert (OLG Hamm, FamRZ 10, 1839) anfechtbar (Abs 4). Durch die entspr Anwendung der Beschwerdevorschriften wird die aufschiebende Wirkung der Beschwerde entspr der bisherigen Regelung des § 24 I FGG gewahrt (§ 570 I ZPO).

Unterabschnitt 2
Vollstreckung von Entscheidungen über die Herausgabe von Personen und die Regelung des Umgangs

Grundsätze

88 (1) **Die Vollstreckung erfolgt durch das Gericht, in dessen Bezirk die Person zum Zeitpunkt der Einleitung der Vollstreckung ihren gewöhnlichen Aufenthalt hat.**

(2) **Das Jugendamt leistet dem Gericht in geeigneten Fällen Unterstützung.**

1. Örtliche Zuständigkeit

Abs 1 regelt einen Sonderfall der örtlichen Zuständigkeit. Bei der Vollstreckung von Entscheidungen über die Herausgabe von Personen und die Regelung des Umgangs ist das Gericht örtlich zuständig, in dessen Bezirk die Person zum Zeitpunkt der Einleitung der Vollstreckung ihren gewöhnlichen Aufenthalt hat. Die Regelung trägt dem Umstand Rechnung, dass nach der zu vollstreckenden Anordnung ein Ortswechsel vorgenommen sein kann. Der Ortsnähe des Gerichts kommt in diesen Fällen besondere Bedeutung zu, weil uU Ermittlungen, zB der Frage des Vertretenmüssens einer nicht eingehaltenen Verpflichtung, durchzuführen sind. Es kann auch die Einschaltung des ortsnahen zuständigen Jugendamtes erforderlich sein. 1

2. Unterstützung durch das Jugendamt

Abs 2 behandelt die Unterstützung des Gerichts durch das Jugendamt bei der Vollstreckung von Entscheidungen, die die Herausgabe eines Kindes, das Sorge- oder Umgangsrecht zum Gegenstand haben. Sie ist zu unterscheiden von der Mitwirkung des Jugendamtes in den Verfahren, die zum Erlass der zu vollziehenden Anordnungen führen, zB in §§ 162, 176, 194, 213. Abs 2 knüpft an die Regelung des **§ 9 IntFamRVG** an und erstreckt sie auf Angelegenheiten mit ausschließlich nationalem Bezug. Nach § 9 IntFamRVG unterstützt das Jugendamt die Gerichte insbesondere durch Auskunft über die soziale Lage des Kindes und seines Umfeldes, durch Sicherung des Aufenthaltes des Kindes, bei der Ausübung des Rechts zum persönlichen Umgang, der Heraus- und Rückgabe des Kindes sowie der Vollstreckung gerichtlicher Entscheidungen. Bei der Vollstreckung soll die Mitwirkung eines Mitarbeiters des Jugendamtes der Vermeidung von Gewaltanwendung dienen und eine das Kindeswohl so wenig wie möglich beeinträchtigende Vollstreckung fördern. Es unterstützt auch den im Auftrag des Gerichts tätigen Gerichtsvollzieher. 2 3

Ordnungsmittel

89 (1) **Bei der Zuwiderhandlung gegen einen Vollstreckungstitel zur Herausgabe von Personen und zur Regelung des Umgangs kann das Gericht gegenüber dem Verpflichteten Ordnungsgeld und für den**

§ 89

Fall, dass dieses nicht beigetrieben werden kann, Ordnungshaft anordnen. Verspricht die Anordnung eines Ordnungsgelds keinen Erfolg, kann das Gericht Ordnungshaft anordnen. Die Anordnungen ergehen durch Beschluss.

(2) **Der Beschluss, der die Herausgabe der Person oder die Regelung des Umgangs anordnet, hat auf die Folgen einer Zuwiderhandlung gegen den Vollstreckungstitel hinzuweisen.**

(3) **Das einzelne Ordnungsgeld darf den Betrag von 25 000 Euro nicht übersteigen.** Für den Vollzug der Haft gelten § 901 Satz 2, die §§ 904 bis 906, 909, 910 und 913 der Zivilprozessordnung entsprechend.

(4) Die Festsetzung eines Ordnungsmittels unterbleibt, wenn der Verpflichtete Gründe vorträgt, aus denen sich ergibt, dass er die Zuwiderhandlung nicht zu vertreten hat. Werden Gründe, aus denen sich das fehlende Vertretenmüssen ergibt, nachträglich vorgetragen, wird die Festsetzung aufgehoben.

1. Anwendungsbereich

1 § 89 behandelt „Zuwiderhandlungen" gegen Vollstreckungstitel, die die Herausgabe von Personen und die Regelung des Umgangs beinhalten. Der Anwendungsbereich ist abw von der bisherigen generellen Regelung des § 33 I 1 FGG auf diese beiden Angelegenheiten beschränkt. Der Gesetzestext differenziert weiterhin abw von § 33 I 1 FGG nicht zwischen der Verpflichtung, eine Handlung vorzunehmen, die ausschließlich vom Willen des Verpflichteten abhängt, oder eine Handlung zu unterlassen oder die Vornahme einer Handlung zu dulden. Ein Verstoß gegen eine Umgangsregelung kann sowohl durch Nichtbefolgung einer Verpflichtung zu einer Handlung, durch Verstoß gegen eine Verpflichtung, eine Handlung zu dulden als auch der Verpflichtung, eine Handlung zu unterlassen, begründet sein. Der Begriff der „Zuwiderhandlung" umfasst diese Alternativen.

2 Für die weiteren Angelegenheiten der freiwilligen Gerichtsbarkeit und in Familiensachen mit Ausnahme der Ehesachen (§§ 121 ff) und der Familienstreitsachen (§ 112) finden die Vorschriften der **Zivilprozessordnung** entspr Anwendung (§ 95 I). Hierbei wird unterschieden zwischen der Vornahme einer vertretbaren (§ 887 ZPO) oder nicht vertretbaren (§ 888 ZPO) Handlung und der Verpflichtung zu Duldungen und Unterlassungen (§ 890 ZPO). Bei vertretbaren Handlungen kann anstelle oder neben § 887 ZPO (Ermächtigung zur Vornahme durch einen Dritten auf Kosten des Verpflichteten) Zwangsgeld (Zwangshaft) nach § 888 ZPO angeordnet werden (§ 95 IV).

2. Art der Vollstreckungsmaßnahmen

3 § 89 sieht abw von § 33 FGG nicht mehr Zwangsgeld und Zwangshaft als Beugemittel vor, sondern Ordnungsmittel (Ordnungsgeld und Ordnungshaft) mit Sanktionscharakter. Sie können noch festgesetzt werden, wenn die Handlungen wegen Zeitablaufs nicht mehr vorgenommen werden können. Sie müssen aber auch dann noch geleistet werden, wenn der Verpflichtete nach Verhängung seinen Verpflichtungen nachgekommen ist. Nach BVerfG, NJW 09, 2588, ist eine Festsetzung von Ordnungsmitteln nicht verfassungswidrig,

wenn die Handlung nach Fristablauf, jedoch vor der Festsetzung erfolgt: zu § 325 I 2, § 335 III 1 HGB; für diesen Fall Herabsetzung nach § 335 III 5 HGB. Der Bundesrat (BT-Drs 16/6308 S 371), hatte angeregt, neben den in § 89 vorgesehenen Ordnungsmitteln die Möglichkeit der Vollstreckung durch Zwangsgeld oder Zwangshaft wie bisher in § 33 FGG beizubehalten. Er hat zur Begründung ausgeführt, den Ordnungsmitteln könne die Funktion zukommen, die Vollstreckung von Handlungspflichten zu bewirken, bei denen dem Zeitmoment eine besondere Rolle zukäme, während Zwangsmittel geeigneter seien, bei dauerhaften Verpflichtungen die Erfüllung für die Zukunft sicherzustellen. Die Bundesregierung ist dem nicht gefolgt. Die Verhängung von Ordnungsmitteln nach § 89 ist jedoch flexibler gestaltet worden. Während nach der ursprünglich vorgesehenen Soll-Vorschrift von der Verhängung von Ordnungsmitteln nur bei Vorliegen besonderer atypischer Konstellationen abgesehen werden konnte, stellt die jetzt geltende Kann-Vorschrift die Verhängung von Ordnungsmitteln in das **pflichtgemäße Ermessen** des Gerichts. Veranlasst wurde diese Änderung durch die im Laufe des Gesetzgebungsverfahrens ergangene Entscheidung des BVerfG vom 1. 4. 2008 (NJW 08, 1287); diese betraf ein Verfahren, das die zwangsweise Durchsetzung einer Umgangsregelung zum Gegenstand hatte. Die jetzige Regelung, die die Festsetzung von Ordnungsmitteln in das pflichtgemäße Ermessen des Gerichts stellt, gilt jedoch allgemein und ist nicht auf Umgangsverfahren beschränkt. Für die zwangsweise Durchsetzung einer Umgangsregelung hat das BVerfG (aaO) entschieden, dass danach vorrangig die Frage ist, ob die zwangsweise Durchsetzung dem Kindeswohl dient. Die zwangsweise Durchsetzung der Umgangspflicht eines umgangsverweigernden Elternteils hat danach zu unterbleiben, es sei denn, im konkreten Einzelfall liegen hinreichende Anhaltspunkte dafür vor, dass der erzwungene Umgang dem Kindeswohl dient.

4

Eine **Sonderregelung** gegenüber § 89 enthält **§ 44 IntFamRVG**. Diese ist für die Verhängung von Ordnungsmitteln für die Vollstreckung von Umgangs- und Ordnungstiteln weiterhin als Soll-Vorschrift gestaltet. Diese Sonderregelung wird als sachlich vertretbar angesehen, weil sie der Erfüllung internationaler und gemeinschaftsrechtlicher Verpflichtungen dient und spezifische Nachteile von Fällen mit Auslandsberührung ausgleicht. Die Verpflichtung zum Zwang ist jedoch auch insoweit begrenzt, als die Rechte und Freiheiten aller Betroffenen, insbesondere das Kindeswohl und die Rechte des Kindes gemäß Art 8 EMRK zu berücksichtigen und ein angemessener Ausgleich herzustellen ist (EuGHMR, FamRZ 08, 1059). Eine Zwangshaft nach jahrelanger beharrlicher Weigerung der Herausgabe des Kindes ist nicht unverhältnismäßig (EuGHMR, FamRZ 08, 1317). Fragen der Vollstreckung einer deutschen Entscheidung auf Herausgabe eines Kindes in Litauen sind Gegenstand eines Eil-Vorabentscheidungsverfahrens vor dem EuGH gewesen (EuGH, NJW 08, 2973).

5

3. Vollzugsfähige gerichtliche Entscheidungen (gerichtlich gebilligte Vergleiche)

Die Entscheidung muss die Verpflichtung eines Beteiligten zur Vornahme einer Handlung oder einer Unterlassung oder Duldung der Vornahme einer

6

§ 89
Buch 1 – Allgemeiner Teil

Handlung mit einer jeden Zweifel ausschließenden Bestimmtheit enthalten (OLG Braunschweig, FamRZ 73, 268; BayObLG, Rpfleger 01, 74; OLG Bamberg, NJWE-FER 95, 201; OLG Brandenburg, NJWE-FER 97, 211; FamRZ 06, 1620; Thüringer OLG, FGPrax 01, 64). Entscheidungen über eine Umgangsregelung (§ 1684 BGB) müssen genaue und erschöpfende Bestimmungen über Art, Ort und Zeit des Umgangs mit dem Kind enthalten (OLG Frankfurt, FamRZ 96, 876; 10, 740; OLG Hamburg, FamRZ 93, 350; OLG Brandenburg, FamRZ 95, 484; KG, Rpfleger 76, 398). Das Gericht darf sich nicht auf die Ablehnung einer gerichtlichen Regelung beschränken (OLG Naumburg, FamRZ 09, 1417; BGH, FamRZ 94, 158). Voraussetzung für die zwangsweise Durchsetzung einer Umgangsregelung ist die positive Feststellung, dass diese dem Wohl des Kindes dient. Eine nur mit Zwangsmitteln gegen einen umgangsunwilligen Elternteil durchsetzbare Umgangsregelung dient in der Regel nicht dem Kindeswohl (BVerfG, NJW 08, 1287); bei nachhaltiger Ablehnung durch ein 11-jähriges Kind (OLG Düsseldorf, NJW 09, 3312). Werden einem Elternteil bei der Umgangsregelung bestimmte Befugnisse eingeräumt, sind diese von dem anderen Elternteil zu dulden. Eine gebotene Handlung muss ausschließlich vom Willen des Verpflichteten abhängen, zB das Bereithalten der Kinder zur Durchführung einer Besuchsregelung. Eine Anordnung kann auch das Unterlassen des persönlichen Umgangs mit dem Kind beinhalten (OLG Hamm, OLG 66, 206).

7 **Nicht** durch Ordnungsmittel erzwingbar sind psychologische Untersuchungen im Umgangsverfahren (Büte in Johannsen/Henrich, Rn 11 zu § 33 FGG; OLG Hamm, FamRZ 81, 706; 82, 94; OLG Frankfurt, FamRZ 01, 638; OLG Koblenz, FamRZ 00, 1233).

4. Zuwiderhandlung

8 Das Vorliegen einer Zuwiderhandlung hat das Gericht von Amts wegen festzustellen. Eine nur telefonische Mitteilung, der Umgang werde zu der gerichtlich bestimmten Zeit verweigert, reicht nicht aus (OLG Düsseldorf, FamRZ 78, 619). Die Behauptung des Berechtigten, der sorgeberechtigte Verpflichtete verstoße gegen die Elternpflichten, muss substantiiert und einer Beweisführung zugänglich sein (Büte in Johannsen/Henrich Rn 5 zu § 89; OLG Bamberg, FamRZ 00, 489; OLG Zweibrücken, FamRZ 96, 877).

9 Gründe, die gegen den Fortbestand der Anordnung über die Umgangsregelung sprechen, sind in dem (selbständigen) Vollstreckungsverfahren nicht zu prüfen, nach bisheriger Auffassung auch nicht die Frage, ob die getroffene Regelung gegen das Kindeswohl verstößt (ua OLG Hamm, FamRZ 96, 363). Die Frage des Kindeswohls ist jetzt vorrangig bei der nach pflichtgemäßem Ermessen zu treffenden Entscheidung zu prüfen, ob die getroffene Umgangsregelung zwangsweise durchgesetzt werden soll (BVerfG, NJW 08, 1287).

10 Eine zwangsweise Durchsetzung scheidet in jedem Fall dann aus, wenn die Entscheidung **abzuändern** ist (Büte in Johannsen/Henrich, Rn 6 zu § 89; OLG Bamberg, FamRZ 00, 1098; OLG Düsseldorf, FamRZ 93, 1349; OLG Hamburg, FamRZ 96, 1073; OLG Zweibrücken, FamRZ 96, 677; OLG Karlsruhe, FamRZ 07, 1160). In diesem Fall kann die Vollstreckung nach § 93 I Nr 4 eingestellt und (auch von Amts wegen) ein Verfahren auf Abän-

§ 89 Ordnungsmittel **§ 89**

derung der Umgangsregelung eingeleitet werden (van Els, FamRZ 09, 1418, zu OLG Frankfurt, aaO).

5. Fehlendes Vertretenmüssen (Abs 4)

Die Festsetzung eines Ordnungsmittels unterbleibt, wenn der Verpflichtete 11 die Zuwiderhandlung nicht zu vertreten hat. Die Umstände hat der Verpflichtete darzulegen, weil diese regelmäßig in seiner Sphäre liegen; er trägt die Darlegungslast. Den Sachverhalt hat das Gericht nach § 26 von Amts wegen zu ermitteln. Die Feststellung des schuldhaften (vorsätzlichen oder fahrlässigen) Verhaltens ist Voraussetzung für die Vollstreckung. Zur Ermöglichung des Umgangs mit dem Kind muss der verpflichtete Elternteil durch geeignete erzieherische Maßnahmen auf das Kind einwirken (OLG Hamm, NJW-RR 98, 939; OLG Karlsruhe, FamRZ 02, 1125), soweit dies noch möglich ist (OLG Karlsruhe, FamRZ 02, 624; FamRZ 05, 919). Ein schuldhaftes Verhalten kann auch bei beschränkt Geschäftsfähigen gegeben sein, soweit diese im Verfahren selbständig handlungsfähig sind, nicht aber bei Geschäftsunfähigen. Ein Verschulden der Mutter kann vorliegen, wenn sie nicht auf das sich (angeblich) weigernde Kind, dass es zu den Besuchszeiten zum Vater geht (OLG Brandenburg, FamRZ 96, 1092, OLG Hamm, FamRZ 96, 363), einwirkt.

Eine Festsetzung von Ordnungsmitteln ist nach der Rechtsprechung zum 12 bisherigen Recht dann **nicht mehr** möglich, wenn die gerichtliche Anordnung nach den Verstößen durch einen gerichtlichen Vergleich aufgehoben wurde (OLG Köln, FamRZ 02, 111) wenn der die Verpflichtung aussprechende Beschluss aufgehoben oder gegenstandslos geworden ist (OLG Hamm, FamRZ 75, 639; OLG Frankfurt, FamRZ 83, 217). Die **vorherige** Durchführung eines Vermittlungsverfahrens zur Umgangsregelung nach § 52a FGG (jetzt: § 165) ist nicht erforderlich (OLG Rostock, FamRZ 02, 967; OLG Bamberg, FamRZ 01, 169); jetzt ausdrücklich in § 92 III.

Werden Gründe, aus denen sich ein fehlendes Vertretenmüssen des Ver- 13 pflichteten ergibt, nach Festsetzung von Ordnungsmitteln vorgetragen, und festgestellt, wird die Festsetzung **aufgehoben (Abs 4 S 2)**.

6. Hinweis auf die Folgen einer Zuwiderhandlung

In dem Vollstreckungstitel ist der Verpflichtete über die Folgen einer 14 Zuwiderhandlung gegen die darin getroffene Anordnung zu belehren **(Abs 2)**. Die Belehrung ersetzt die nach bisherigem Recht erforderliche Androhung (§ 33 III 6 FGG); der eigenständige Verfahrensabschnitt der Androhung entfällt. Der Inhalt des Hinweises entspricht dem der bisherigen Androhung. Der Hinweis auf die mögliche Festsetzung eines Ordnungsgeldes bei Zuwiderhandlung muss nicht einen bestimmten Betrag enthalten, jedoch die in Aussicht genommene Höchstsumme (BGH, NJW 73, 2288). Zwischen dem Hinweis und der Festsetzung muss eine angemessene Frist liegen; es kann genügen, wenn bei der Anordnung einer Handlung für diese eine Frist bestimmt war. Auch ein gerichtlich gebilligter Vergleich muss einen Hinweis auf die Folgen einer Zuwiderhandlung enthalten (Johannsen/Henrich/Büte, Rn 10 zu § 89). Tritt ein solcher Vergleich an die Stelle einer angefochtenen

§ 90

gerichtlichen Entscheidung ist erneuter Hinweis erforderlich (OLG Köln, NJWE-FER 98, 163). Eine Wiederholung der Festsetzung von Ordnungsmitteln ist erst dann zulässig, wenn zuvor durch Vollstreckung die Durchsetzung der gerichtlichen Anordnung versucht wurde (OLG Celle, FamRZ 05, 1575). Bei einer nach neuem Recht durchzuführenden Zwangsvollstreckung bedarf es dann keines Hinweises, wenn vor dem 1. 9. 2009 die nach bisherigem Recht notwendige Androhung schon erfolgt ist (OLG Karlsruhe, FGPrax 10, 167). Str, im Einzelnen: Rn 1 zu Art 111 FGG-RG.

7. Höhe des Ordnungsgeldes

15 Das Ordnungsgeld kann bis zur Höhe von 25 000 Euro für jede einzelne Zuwiderhandlung festgesetzt werden (Abs 3 S 1); das Mindestmaß beträgt fünf Euro (§ 6 I EGStGB). Eine Überschreitung der gesetzlich vorgesehenen Höhe macht die Anordnung nicht nichtig, sondern anfechtbar (BayObLG, FamRZ 75, 279). Im Einzelfall richtet sich die Höhe des Ordnungsgeldes nach dem Maß des Verschuldens; hierbei sind etwaige frühere Zuwiderhandlungen mit zu berücksichtigen. Insbesondere sind die wirtschaftlichen Verhältnisse zu berücksichtigen. Die Höhe des Ordnungsgeldes darf sich bei einem minderbemittelten Verpflichteten nicht zu Lasten von dessen Familie auswirken (Zu Ermessensfehlern: BayObLG, FamRZ 93, 825; 96, 878; OLG Zweibrücken, OLG 89, 141). Zahlungserleichterungen sind möglich nach Art 7 EGStGB.

8. Ordnungshaft

16 Das Gericht kann für den Fall, dass Ordnungsgeld nicht beigetrieben werden kann, Ordnungshaft anordnen; dies kann auch nachträglich geschehen (Art 8 EGStGB). Verspricht die Anordnung von Ordnungsgeld keinen Erfolg, kann Ordnungshaft angeordnet werden **(Abs 1 Satz 1, 2)**. Das Gesetz sieht Ordnungshaft vor, ohne Mindest- und Höchstmaß zu bestimmen. Es kommt daher Art 6 II EGStGB zur Anwendung; danach beträgt das Mindestmaß einen Tag, das Höchstmaß sechs Monate; die Ordnungshaft wird in diesem Fall nach Tagen berechnet.

Anwendung unmittelbaren Zwangs

90 (1) **Das Gericht kann durch ausdrücklichen Beschluss zur Vollstreckung unmittelbaren Zwang anordnen, wenn**
1. **die Festsetzung von Ordnungsmitteln erfolglos geblieben ist;**
2. **die Festsetzung von Ordnungsmitteln keinen Erfolg verspricht;**
3. **eine alsbaldige Vollstreckung der Entscheidung unbedingt geboten ist.**

(2) **Anwendung unmittelbaren Zwangs gegen ein Kind darf nicht zugelassen werden, wenn das Kind herausgegeben werden soll, um das Umgangsrecht auszuüben. Im Übrigen darf unmittelbarer Zwang gegen ein Kind nur zugelassen werden, wenn dies unter Berücksichtigung des Kindeswohls gerechtfertigt ist und eine Durchsetzung der Verpflichtung mit milderen Mitteln nicht möglich ist.**

§ 91 Richterlicher Durchsuchungsbeschluss **§ 91**

1. Voraussetzungen

Das Gericht kann die Anordnung **unmittelbaren Zwangs** zur Herausgabe 1
eines Kindes nach Abs 1 anordnen, wenn die Festsetzung von Ordnungsmitteln erfolglos geblieben ist **(Nr 1)**, die Festsetzung von Ordnungsmitteln keinen Erfolg verspricht **(Nr 2)** oder eine alsbaldige Vollstreckung der Entscheidung unbedingt geboten ist **(Nr 3)**. Gemeinsam ist diesen Alternativen, dass nach der Überzeugung des Gerichts die Herausgabe des Kindes ohne Gewalt nicht erreicht werden kann.

Nicht zulässig ist unmittelbarer Zwang allein zum Zwecke der Durchset- 2
zung des Umgangsrechts **(Abs 2 Satz 1)**. In diesem Fall würde Anwendung unmittelbaren Zwangs gegen den Grundsatz der Unverhältnismäßigkeit verstoßen.

2. Herausgabe eines Kindes

Hauptanwendungsfälle des Abs 2 Satz 2 sind die Herausgabe eines Kindes 3
auf Grund von Anordnungen nach §§ 1671, 1672 iVm § 1632 I BGB Rückführung eines Kindes zum Inhaber des Personensorgerechts, im Rahmen des § 1666 BGB zur Unterbringung des Kindes in eine andere Familie oder Erziehungsanstalt.

Die Anwendung unmittelbaren Zwangs ist nur als **äußerstes Mittel** vor- 4
zusehen, wenn alle anderen keinen Erfolg versprechen oder ein alsbaldiges Einschreiten unbedingt erforderlich ist. Die Anordnung des unmittelbaren Zwangs kann gegenüber dem Herausgabepflichtigen und auch gegenüber dem Kind erfolgen. Es ist zu prüfen, ob nicht der Zwang dem Wohl des (Widerstand leistenden) Kindes zuwiderläuft. Es ist der Grundsatz der Verhältnismäßigkeit zu wahren. Das Kind, auch das ausländische, ist Träger des Grundrechts nach Art 2 I GG, das es je nach Alter selbständig ausüben kann; sein Widerstand darf in diesem Fall nicht überwunden werden; Grundrechtsmündigkeit bejaht BayObLG, FamRZ 84, 1259: 14 Jahre; AG Springe, NJW 78, 834: 11 Jahre; KG, FamRZ 66, 157: 10 Jahre; OLG Hamm, DAV 75, 168: 8 Jahre,

Den unmittelbaren Zwang kann das Gericht durch den **Gerichtsvollzie-** 5
her oder Gerichtswachtmeister vornehmen lassen. Diese können ohne besondere gerichtliche Anordnung die Hilfe der Polizei in Anspruch nehmen. Das Jugendamt kann in geeigneten Fällen Unterstützung leisten (Rn 2 zu § 88).

Richterlicher Durchsuchungsbeschluss

§ 91 (1) **Die Wohnung des Verpflichteten darf ohne dessen Einwilligung nur auf Grund eines richterlichen Beschlusses durchsucht werden.**
Dies gilt nicht, wenn der Erlass des Beschlusses den Erfolg der Durchsuchung gefährden würde.

(2) **Auf die Vollstreckung eines Haftbefehls nach § 94 in Verbindung mit § 901 der Zivilprozessordnung ist Absatz 1 nicht anzuwenden.**

(3) **Willigt der Verpflichtete in die Durchsuchung ein oder ist ein Beschluss gegen ihn nach Absatz 1 Satz 1 ergangen oder nach Absatz 1 Satz 2 entbehrlich, haben Personen, die Mitgewahrsam an der Wohnung**

§ 91 Buch 1 – Allgemeiner Teil

des Verpflichteten haben, die Durchsuchung zu dulden. Unbillige Härten gegenüber Mitgewahrsamsinhabern sind zu vermeiden.
(4) **Der Beschluss nach Absatz 1 ist bei der Vollstreckung vorzulegen.**

1. Durchsuchung der Wohnung

1   Die Wohnung eines Verpflichteten darf ohne dessen Einwilligung nur auf Grund **richterlichen Beschlusses** durchsucht werden **(Abs 1 Satz 1),** es sei denn der Erlass des Beschlusses würde den Erfolg der Durchsuchung gefährden (BVerfG, NJW 79, 1539). § 91 schafft die bisher fehlende gesetzliche Grundlage dafür, dass im Rahmen einer Vollstreckung in das Grundrecht der Unverletzlichkeit der Wohnung nach Art 13 GG eingegriffen wird (BVerfG, NJW 00, 943). Sie gilt ausschließlich für Entscheidungen über die Herausgabe von Personen und die Regelung des Umgangs.

2   Eine Anordnung ist **erforderlich** bei fehlender Einwilligung des Verpflichteten, die dann vorliegt, wenn sie ausdrücklich verweigert wird oder der Verpflichtete nach Vorankündigung durch den Gerichtsvollzieher nicht angetroffen wird. Sie dient der zielgerichteten Durchsuchung einer Wohnung nach der herauszugebenden Person. Die Durchsuchung ist nicht zulässig zur Vollstreckung eines Haftbefehls zur Abgabe einer eidesstattlichen Versicherung nach § 94 iVm § 901 ZPO **(Abs 2).**

3   **Zuständig** ist der Richter, der die Entscheidung über die Herausgabe erlassen hat, es sei denn die herauszugebende Person hat bei Einleitung der Vollstreckung ihren gewöhnlichen Aufenthalt in einem anderen Gerichtsbezirk (§ 88 I). Funktionell zuständig ist der Richter (Art 13 II GG), eine Zuständigkeit des Rechtspflegers ist ausgeschlossen.

4   Die **Entscheidung** ergeht von Amts wegen, in Antragsverfahren auf Antrag. Sie muss die zu durchsuchende Wohnung und die gesuchte Person genau bezeichnen. Der Beschluss ist bei der Vollstreckung, nicht notwendig vorher, vorzulegen **(Abs 4).**

2. Dritte Personen

5   Der zur Herausgabe Verpflichtete muss Inhaber oder Mitinhaber der zu durchsuchenden Wohnung sein. Hat dieser in die Durchsuchung der Wohnung eingewilligt, oder ist ein richterlicher Durchsuchungsbeschluss ergangen, haben dritte Personen, die Mitgewahrsam an der Wohnung haben, die Durchsuchung zu dulden; Härten sind zu vermeiden **(Abs 3 Satz 1, 2).** Es muss deshalb gegen sie keine Durchsuchungsanordnung ergehen. Dagegen bestehen wegen Art 13 I GG Bedenken (Thomas/Putzo, Rn 8 zu § 758a ZPO). Untermieter haben keine Duldungspflicht; sie haben den Besitz an den gemieteten Räumen aus eigenem Recht.

3. Anfechtbarkeit

6   Gegen die Durchsuchungsanordnung und deren Verweigerung ist die sofortige Beschwerde nach der Zivilprozessordnung gegeben (§ 87 IV). Gegen die **Entscheidung des Gerichtsvollziehers,** wegen Gefährdung des

§ 93 Einstellung der Vollstreckung §§ 92, 93

Durchsuchungserfolgs die Wohnung ohne richterliche Anordnung zu durchsuchen (Abs 1 Satz 2), ist die Erinnerung nach § 766 ZPO zulässig.

Vollstreckungsverfahren

92 (1) **Vor der Festsetzung von Ordnungsmitteln ist der Verpflichtete zu hören. Dies gilt auch für die Anordnung von unmittelbarem Zwang, es sei denn, dass hierdurch die Vollstreckung vereitelt oder wesentlich erschwert würde.**

(2) **Dem Verpflichteten sind mit der Festsetzung von Ordnungsmitteln oder der Anordnung von unmittelbarem Zwang die Kosten des Verfahrens aufzuerlegen.**

(3) **Die vorherige Durchführung eines Verfahrens nach § 165 ist nicht Voraussetzung für die Festsetzung von Ordnungsmitteln oder die Anordnung von unmittelbarem Zwang. Die Durchführung eines solchen Verfahrens steht der Festsetzung von Ordnungsmitteln oder der Anordnung von unmittelbarem Zwang nicht entgegen.**

§ 92 **ergänzt** die allgemeine Verfahrensvorschrift des § 87 für die Verfahren 1
zur Festsetzung von Ordnungsmitteln und zur Anwendung unmittelbaren Zwangs.

Nach **Abs 1** ist der Verpflichtete vor der Festsetzung von Ordnungsmitteln 2
in jedem Fall zu **hören**; dies kann durch Information über die Einleitung des Verfahrens (Antrag) und der Setzung einer Äußerungsfrist geschehen (aA für Kindschaftssachen: Johannsen/Henrich/Büte, Rn 1 zu § 92). Dies gilt auch vor der Anordnung unmittelbaren Zwangs; in diesen Fällen kann von der Anhörung jedoch abgesehen werden, wenn hierdurch die Vollstreckung vereitelt oder wesentlich erschwert würde.

Nach **Abs 2** sind dem Verpflichteten in dem Beschluss, durch den Ord- 3
nungsmittel festgesetzt oder unmittelbarer Zwang angeordnet wird, die **Kosten** des Verfahrens aufzuerlegen. Das ist abw von § 87 V eine zwingende Kostenfolge.

Abs 3 nimmt entspr der bisherigen Rechtsprechung in den Gesetzestext 4
auf, dass für die Festsetzung von Ordnungsmitteln und die Anordnung unmittelbaren Zwangs die Durchführung eines **Vermittlungsverfahrens** nach § 165 nicht Voraussetzung ist (Rn 12 zu § 89). Ein solches Vermittlungsverfahren soll aber auch der Durchführung dieser Vollstreckungsmaßnahmen nicht entgegenstehen **(Abs 2 Satz 2)**. Es soll danach möglich sein, während eines Vermittlungsverfahrens schon Vollstreckungsmaßnahmen durchzuführen.

Einstellung der Vollstreckung

93 (1) **Das Gericht kann durch Beschluss die Vollstreckung einstweilen einstellen oder beschränken und Vollstreckungsmaßregeln aufheben, wenn**
1. **Wiedereinsetzung in den vorigen Stand beantragt wird;**
2. **Wiederaufnahme des Verfahrens beantragt wird;**

§ 93

3. gegen eine Entscheidung Beschwerde eingelegt wird;
4. die Abänderung einer Entscheidung beantragt wird;
5. die Durchführung eines Vermittlungsverfahrens (§ 165) beantragt wird.

In der Beschwerdeinstanz ist über die einstweilige Einstellung der Vollstreckung vorab zu entscheiden. Der Beschluss ist nicht anfechtbar.

(2) **Für die Einstellung oder Beschränkung der Vollstreckung und die Aufhebung von Vollstreckungsmaßregeln gelten § 775 Nr. 1 und 2 und § 776 der Zivilprozessordnung entsprechend.**

1. Anwendungsbereich

1 Nach **Abs 1** kann das Gericht die Vollstreckung einstweilen einstellen, beschränken oder Vollstreckungsmaßregeln aufheben, wenn nach **Nr 1** Wiedereinsetzung in den vorigen Stand beantragt wird (§§ 17–19), oder nach **Nr 2** Wiederaufnahme des Verfahrens (§ 48 II); ferner, wenn gegen eine Entscheidung Beschwerde (§ 58) eingelegt wird, eine Abänderung einer Entscheidung in einem neuen Verfahren beantragt wird (§ 48 I) oder die Durchführung eines Vermittlungsverfahrens nach § 165 beantragt wird. Entspr anwendbar bei einer Anhörungsrüge nach § 44, weil auch in diesem Fall der Verpflichtete vor der Vollstreckung aus einem Titel geschützt werden soll, der möglicherweise als ungerechtfertigt aufgehoben wird.

2. Zuständigkeit

2 Zuständig ist in allen genannten Fällen das erstinstanzliche Gericht, bei Einlegung der Beschwerde im Rahmen der Abhilfe nach § 68 I 1, es sei denn es handelt sich um eine Familiensache (§ 68 I 2). Nach Vorlage an das Beschwerdegericht ist dieses zuständig, das die Vollziehung nach 64 III aussetzen oder die Zwangsvollstreckung nach § 93 einstellen kann. Soweit die sofortige Beschwerde nach der Zivilprozessordnung stattfindet, können sowohl das Gericht, dessen Entscheidung angefochten wird (§ 570 II ZPO) als auch das Beschwerdegericht (§ 570 III ZPO) die Vollziehung aussetzen.

3. Entscheidung

3 Sie ergeht von Amts wegen oder auf Antrag. Dem Berechtigten ist **rechtliches Gehör** zu gewähren. Bei der Notwendigkeit einer unverzüglichen Einstellung ist das unterbliebene rechtliche Gehör ggfs nachzuholen. Die Entscheidung über die Einstellung hat nur **vorläufigen** Charakter; sie kann daher jederzeit von Amts wegen oder auf Antrag geändert werden. Die Entscheidung ist jedoch nicht anfechtbar (Abs 1 Satz 3).

4. Vollstreckungsorgane

4 Die zuständigen Vollstreckungsorgane haben die ihnen vorzulegenden vollstreckbaren Entscheidungen nach § 775 Nr 1 ZPO (Einstellung wegen vollstreckungshindernder Entscheidungen) und Nr 2 (einstweilige Einstellung) zu beachten. Im Falle des § 775 Nr 1 ZPO sind die bereits getroffenen Vollstreckungsmaßregeln aufzuheben (§ 776 Satz 1 ZPO), im Falle der Nr 2 bleiben

§ 95 Anwendung der Zivilprozessordnung **§§ 94, 95**

die Maßregeln einstweilen bestehen, sofern nicht durch die Entscheidung auch die Aufhebung der bisherigen Vollstreckungshandlungen angeordnet ist (§ 776 Satz 2, 2. Hs ZPO). (Abs 2). Bei Fortsetzung der Vollstreckung trotz Einstellung ist Erinnerung nach § 766 ZPO gegeben.

Eidesstattliche Versicherung

94 **Wird eine herauszugebende Person nicht vorgefunden, kann das Gericht anordnen, dass der Verpflichtete eine eidesstattliche Versicherung über ihren Verbleib abzugeben hat. § 883 Abs. 2 bis 4, § 900 Abs. 1 und die §§ 901, 902, 904 bis 910 sowie 913 der Zivilprozessordnung gelten entsprechend.**

Wird bei der Anwendung unmittelbaren Zwangs (§ 90) die herauszugebende Person nicht vorgefunden, kann das Gericht anordnen, dass der Verpflichtete eine **eidesstattliche Versicherung** über ihren Verbleib abgibt **(Satz 1)**. Auf das Verfahren ist § 883 II–IV ZPO entspr anzuwenden. Von Amts wegen, in Antragsverfahren auf Antrag, wird ein Termin zur Abgabe der eidesstattlichen Versicherung bestimmt. Die eidesstattliche Versicherung ist zu Protokoll des mit der Sache befassten Gerichts abzugeben; das ist das Gericht, das die Herausgabeanordnung erlassen hat oder bei nachträglichem Wechsel des gewöhnlichen Aufenthalts der herauszugebenden Person das Gericht nach § 88 I. Weigert sich der Verpflichtete die eidesstattliche Versicherung abzugeben oder erscheint er zum Termin nicht, kann das Gericht von Amts wegen (auch in Antragsverfahren) einen Haftbefehl erlassen (§ 901 ZPO). Die §§ 902, 904 bis 910, 913 ZPO sind entspr anzuwenden. 1

Der **Rechtspfleger** ist in den ihm übertragenen Angelegenheiten (§ 4 RPflG) zur Abnahme der eidesstattlichen Versicherung befugt, nicht jedoch zur Anordnung von Haft (§ 4 II Nr 2 iVm Abs 3 RPflG). 2

**Unterabschnitt 3
Vollstreckung nach der Zivilprozessordnung**

Anwendung der Zivilprozessordnung

95 (1) **Soweit in den vorstehenden Unterabschnitten nichts Abweichendes bestimmt ist, sind auf die Vollstreckung**
1. **wegen einer Geldforderung,**
2. **zur Herausgabe einer beweglichen oder unbeweglichen Sache,**
3. **zur Vornahme einer vertretbaren oder nicht vertretbaren Handlung,**
4. **zur Erzwingung von Duldungen und Unterlassungen oder**
5. **zur Abgabe einer Willenserklärung**
die Vorschriften der Zivilprozessordnung über die Zwangsvollstreckung entsprechend anzuwenden.

(2) **An die Stelle des Urteils tritt der Beschluss nach den Vorschriften dieses Gesetzes.**

§ 95

(3) Macht der aus einem Titel wegen einer Geldforderung Verpflichtete glaubhaft, dass die Vollstreckung ihm einen nicht zu ersetzenden Nachteil bringen würde, hat das Gericht auf seinen Antrag die Vollstreckung vor Eintritt der Rechtskraft in der Entscheidung auszuschließen. In den Fällen des § 707 Abs. 1 und des § 719 Abs. 1 der Zivilprozessordnung kann die Vollstreckung nur unter derselben Voraussetzung eingestellt werden.

(4) Ist die Verpflichtung zur Herausgabe oder Vorlage einer Sache oder zur Vornahme einer vertretbaren Handlung zu vollstrecken, so kann das Gericht durch Beschluss neben oder anstelle einer Maßnahme nach den §§ 883, 885 bis 887 der Zivilprozessordnung die in § 888 der Zivilprozessordnung vorgesehenen Maßnahmen anordnen, soweit ein Gesetz nicht etwas anderes bestimmt.

1. Anwendungsbereich

1 Auf die Vollstreckung finden die Vorschriften der **Zivilprozessordnung** über die Zwangsvollstreckung entspr Anwendung, soweit nicht die Vollstreckung auf Herausgabe von Personen und die Durchsetzung einer Umgangsregelung gerichtet ist (§§ 88–94). In diesen Angelegenheiten kommen Ordnungsmittel (§ 89) und unmittelbarer Zwang (§ 90) zur Anwendung. Diese Vollstreckungsmaßnahmen treten an die Stelle der bei Verpflichtung zur Vornahme einer nicht vertretbaren Handlung nach § 888 ZPO vorgesehenen Beugemittel und bei Verpflichtung zu Duldungen oder Unterlassungen nach § 890 ZPO nach Androhung vorgesehenen Ordnungsmittel. § 95 findet nach § 113 ferner keine Anwendung in Ehesachen (§§ 121 ff) und Familienstreitsachen (§ 112). In diesen Angelegenheiten sind die Vorschriften der ZPO unmittelbar anzuwenden; in Familienstreitsachen bedarf es des Ausspruchs der vorläufigen Vollstreckbarkeit nach §§ 708 ff ZPO; Rechtsmittel: § 87 IV.

2 § 95 verweist nicht generell auf die Vorschriften der Zivilprozessordnung über die Zwangsvollstreckung, sondern weist auf die **anzuwendenden Vollstreckungsmaßnahmen** in Abs 1 Nr 1–5 hin, nach **Nr 1** auf die Zwangsvollstreckung wegen Geldforderungen nach §§ 803–882 a ZPO, nach **Nr 2** auf die Vorschriften zur Herausgabe einer beweglichen (§ 883 ZPO) oder unbeweglichen (§ 885 ZPO) Sache, nach **Nr 3** auf die Vorschriften zur Vornahme vertretbarer (§ 887 ZPO) oder nicht vertretbarer (§ 888 ZPO) Handlungen, nach **Nr 4** auf die Erzwingung von Duldungen und Unterlassungen nach § 890 ZPO und nach **Nr 5** auf die Vollstreckung zur Abgabe einer Willenserklärung nach § 894 ZPO. Der Beschluss, durch den Ordnungsgeld nach Abs 1 Nr 4 iVm § 890 I ZPO festgesetzt wird, kann Europäischer Vollstreckungstitel nach Art 2 I 1 EuVTVO sein (BGH, Rpfleger 10, 523 m Anm Heggen).

3 Abw von der Systematik der Zivilprozessordnung kann das Gericht nach **Abs 4,** wenn die Verpflichtung zur Herausgabe oder Vorlage einer Sache oder zur Vornahme einer vertretbaren Handlung zu vollstrecken ist, anstelle der Maßnahmen nach §§ 883, 885 bis 887 ZPO **auch** die in § 888 ZPO vorgesehenen **Zwangsmittel** anordnen. Die Maßnahmen sollen auch gleichzeitig nebeneinander möglich sein, die Beauftragung eines Gerichtsvollziehers

§ 95 Anwendung der Zivilprozessordnung §§ 94, 95

nach § 883 ZPO und das Anhalten durch Zwangsmittel nach § 888 ZPO, die Ermächtigung zur Vornahme einer vertretbaren Handlung nach § 887 ZPO und das Anhalten des Verpflichteten zur Vornahme der Handlung durch Zwangsmittel nach § 888 ZPO. Das Gericht entscheidet hierüber nach pflichtgemäßen Ermessen.

Beispiele: Vollstreckung wegen einer Geldforderung nach **Nr 1:** Vergütungen nach §§ 168, 292, Vollstreckung aus einer rechtskräftig bestätigten Dispache nach § 409. Die Vollstreckung eines nach § 888 ZPO festgesetzten Zwangsgelds erfolgt von Amts wegen oder auf Antrag des Berechtigten zu Gunsten der Staatskasse (BGH, NJW 83, 1859). Soll ein Zwangsgeld durch Pfändung einer Forderung beigetrieben werden, ist für den Pfändungs- und Überweisungsbeschluss das Gericht zuständig, das das Zwangsgeld festgesetzt hat (BayObLG 90, 256). 4

Gegenstand der Herausgabe von Sachen **(Nr 2)**, können die persönlichen Sachen des Kindes entspr dem bisherigen § 50 d FGG im Falle der Anordnung der Herausgabe eines Kindes sein; ferner die Herausgabe von Nachlassgegenständen auf Grund einer bestätigten Auseinandersetzungsvereinbarung (§ 366 iVm § 371) oder einer bestätigten Auseinandersetzung nach § 368 iVm § 371, die Herausgabe eines Erbscheins nach Einziehung (§ 2361 BGB), eines unrichtigen Testamentsvollstreckerzeugnisses (§ 2368 BGB). 5

Nicht vertretbare Handlungen **(Nr 3)** können sein die Vorlegung eines Vermögensverzeichnisses nach § 1640 BGB, die Befolgung einer Anordnung über die Anlegung von Mündelgeld nach § 1811 BGB. Beruht die Verpflichtung hierzu auf einer verfahrensleitenden Anordnung kommt § 35 zur Anwendung (Johannsen/Henrich/Büte, Rn 6 zu § 95). 6

Auf Unterlassen können Anordnungen im Zusammenhang mit der Einschränkung und Entziehung der elterlichen Sorge gerichtet sein, auf Dulden, wenn das Gericht Aktionären und Gläubigern Einsichtnahme in die Bücher nach § 273 III AktG gestattet **(Nr 4)**. 7

Auf Abgabe einer Willenserklärung kann zum Beispiel gerichtet sein die Verpflichtung zur Abgabe einer Erklärung zum Ehenamen nach § 1355 BGB (LG München I, FamRZ 00, 1168) **(Nr 5)**. 8

2. Ausschluss, Einstellung der Zwangsvollstreckung

Abs 4 ist an § 712 ZPO angelehnt. Ein zur Zahlung einer Geldforderung Verpflichteter kann beantragen, die Vollstreckung aus dem Titel vor Eintritt der Rechtskraft der Entscheidung **auszuschließen**. Voraussetzung ist, dass er einen nicht zu ersetzenden Nachteil durch die Vollstreckung glaubhaft (§ 31) macht. Das Gericht hat dann in der Entscheidung die Vollstreckung vor Eintritt der Rechtskraft auszuschließen. 9

Unter den gleichen Voraussetzungen kann die Zwangsvollstreckung im Falle des § 707 I ZPO (Abs 3 Satz 2), wenn Wiedereinsetzung in den vorigen Stand, die Wiederaufnahme des Verfahrens beantragt werden oder die Anhörungsrüge nach § 44 erhoben wird, **eingestellt** werden oder bei Einlegung von Rechtsmitteln nach § 719 I ZPO **(Abs 3, Satz 2)**.

315

§ 96

Vollstreckung in Verfahren nach dem Gewaltschutzgesetz und in Ehewohnungssachen

96 (1) Handelt der Verpflichtete einer Anordnung nach § 1 des Gewaltschutzgesetzes zuwider, eine Handlung zu unterlassen, kann der Berechtigte zur Beseitigung einer jeden andauernden Zuwiderhandlung einen Gerichtsvollzieher zuziehen. Der Gerichtsvollzieher hat nach § 758 Abs. 3 und § 759 der Zivilprozessordnung zu verfahren. Die §§ 890 und 891 der Zivilprozessordnung bleiben daneben anwendbar.

(2) Bei einer einstweiligen Anordnung in Gewaltschutzsachen, soweit Gegenstand des Verfahrens Regelungen aus dem Bereich der Ehewohnungssachen sind, und in Ehewohnungssachen ist die mehrfache Einweisung des Besitzes im Sinne des § 885 Abs. 1 der Zivilprozessordnung während der Geltungsdauer möglich. Einer erneuten Zustellung an den Verpflichteten bedarf es nicht.

1. Anwendungsbereich

1 Nach § 1 GewSchG, können bei vorsätzlicher widerrechtlicher Verletzung von Körper, Gesundheit oder Freiheit **(Abs 1)** oder bei Drohung mit solchen Verletzungen **(Abs 2)** auf Antrag der verletzten Person die zur Abwendung erforderlichen Maßnahmen, insbesondere die in Abs 1 Nr 1–5 GewSchG aufgeführten Unterlassungsansprüche zuerkannt werden. § 2 GewSchG behandelt die Überlassung der gemeinsam benutzten Wohnung, wenn der Täter und die verletzte Person im Zeitpunkt einer Tat nach § 1 I 1 GewSchG gemeinsam einen auf Dauer angelegten Haushalt geführt haben.

2. Zwangsvollstreckung

2 Diese findet nach den Vorschriften der Zivilprozessordnung **auf Betreiben** der Parteien statt. Grundlage sind wirksame Endentscheidungen, einstweilige Anordnungen, gerichtliche Vergleiche. Das Unterlassungsgebot muss die zu unterlassende Handlung konkret bezeichnen. Untersagt sind auch solche Handlungen, die nach der Verkehrsauffassung der verbotenen gleichwertig sind, weil sie im Kern mit der Verletzungshandlung übereinstimmen. Da Entscheidungen in Gewaltschutzsachen erst mit Rechtskraft wirksam werden, soll das Gericht die sofortige Wirksamkeit anordnen (§ 216 I 2, II).

3 Handelt der Verpflichtete einer auf Grund des § 1 GewschG ergangenen Anordnung zuwider, eine Handlung zu **unterlassen,** kann der Berechtigte zur Beseitigung der noch andauernden Zuwiderhandlung einen Gerichtsvollzieher zuziehen **(Abs 1 Satz 1).** Dieser kann selbst Gewalt anwenden oder die Polizei zur Unterstützung hinziehen **(Abs 1 Satz 2 iVm § 758 III**

4 **ZPO).** Wird bei der Vollstreckung **Widerstand** geleistet oder ist bei einer in der Wohnung des Verpflichteten vorzunehmenden Vollstreckungshandlung weder dieser noch eine zur Familie gehörige oder in der Familie dienende erwachsene Person anwesend, hat der Gerichtsvollzieher zwei erwachsene Personen oder einen Gemeinde- oder Polizeibeamten als Zeugen zuzuziehen (Abs 1 Satz 2 iVm **§ 759 ZPO**). Hierüber ist ein Protokoll aufzunehmen.

5 Die Möglichkeit der Durchsetzung von Unterlassungsansprüchen im Ord-

nungsmittelverfahren bleibt **daneben** bestehen **(Abs 1 Satz 3;** § 95 I Nr 4 iVm §§ 890, 891 ZPO).

Bei einer einstweiligen Anordnung in Gewaltschutzsachen, soweit Gegen- 6
stand des Verfahrens Regelungen aus dem **Bereich der Ehewohnungssachen** sind oder in Ehewohnungssachen findet § 885 I ZPO Anwendung. Nach § 885 ZPO ist Voraussetzung, dass der Titel eindeutig auf **Herausgabe, Überlassung, Räumung** gerichtet ist, nicht bei bloßer Zuweisung. Die 7
mehrfache Vollziehung einer einstweiligen Anordnung, während ihrer Geltungsdauer ist möglich (§ 885 I 3 ZPO) (Abs 2 Satz 1); einer erneuten Zustellung an den Verpflichteten bedarf es nicht (Abs 2 Satz 2).

Vollstreckung in Abstammungssachen

96a (1) **Die Vollstreckung eines durch rechtskräftigen Beschluss oder gerichtlichen Vergleich titulierten Anspruchs nach § 1598 a des Bürgerlichen Gesetzbuchs auf Duldung einer nach den anerkannten Grundsätzen der Wissenschaft durchgeführten Probeentnahme, insbesondere die Entnahme einer Speichel- oder Blutprobe, ist ausgeschlossen, wenn die Art der Probeentnahme der zu untersuchenden Person nicht zugemutet werden kann.**

(2) **Bei wiederholter unberechtigter Verweigerung der Untersuchung kann auch unmittelbarer Zwang angewendet werden, insbesondere die zwangsweise Vorführung zur Untersuchung angeordnet werden.**

1. Gegenstand der Vollstreckung

Der Antragsgegner hat nach Rechtskraft einer Entscheidung oder auf 1
Grund eines gerichtlichen Vergleiches nach § 1598 a BGB die Entnahme einer für die Abstammungsuntersuchung geeigneten genetischen Probe zu dulden; es muss sich um die Duldung einer nach den anerkannten Grundsätzen der Wissenschaft durchzuführenden Probeentnahme handeln; in der Regel handelt es sich um die Entnahme einer Speichel- oder Blutprobe. Die Vollstreckung der Duldung erfolgt nach den Vorschriften der Zivilprozessordnung (§ 95 I Nr 4 iVm § 890 ZPO). Handelt daher der Antragsgegner der Verpflichtung zuwider, die Vornahme der Entnahme einer genetischen Probe zu dulden, ist auf Antrag des Berechtigten Ordnungsgeld und für den Fall, dass dieses nicht beigetrieben werden kann, Ordnungshaft festzusetzen (§ 890 I ZPO). Der Festsetzung von Ordnungsmitteln muss eine entsprechende Androhung vorausgehen, wenn diese in der die Verpflichtung aussprechenden Entscheidung nicht enthalten ist (§ 890 II ZPO).

2. Ausschluss der Vollstreckung

Nach Abs 1 ist die Vollstreckung eines durch rechtskräftige Entscheidung 2
oder gerichtlichen Vergleichs titulierten Anspruchs auf Duldung einer Probeentnahme ausgeschlossen, wenn sie der zu untersuchenden Person nicht zugemutet werden kann. Das ist dann der Fall, wenn gesundheitliche Nachteile psychischer oder körperlicher Art nach den besonderen Verhältnissen des zu Untersuchenden (zB Spritzenphobie) für diesen zu befürchten sind und

§ 97

Buch 1 – Allgemeiner Teil

über die mit einer Entnahme üblicherweise verbundenen Beeinträchtigungen hinausgehen.

3. Unmittelbarer Zwang

3 Bei wiederholter unberechtigter Weigerung der Untersuchung kann auch unmittelbarer Zwang angewendet, insbesondere die zwangsweise Vorführung zur Untersuchung angeordnet werden (Abs 3). Abs 3 ist eine besondere Ausgestaltung der Vollstreckung nach § 90 Abs 1. Die Vollstreckung durch unmittelbaren Zwang bedarf eines ausdrücklichen gerichtlichen Beschlusses ebenso wie die Anordnung der Vorführung zur Untersuchung.

Abschnitt 9
Verfahren mit Auslandsbezug

Unterabschnitt 1
Verhältnis zu völkerrechtlichen Vereinbarungen und Rechtsakten der Europäischen Gemeinschaft

Vorrang und Unberührtheit

97 (1) **Regelungen in völkerrechtlichen Vereinbarungen gehen, soweit sie unmittelbar anwendbares innerstaatliches Recht geworden sind, den Vorschriften dieses Gesetzes vor.** Regelungen in Rechtsakten der Europäischen Gemeinschaft bleiben unberührt.

(2) **Die zur Umsetzung und Ausführung von Vereinbarungen und Rechtsakten im Sinne des Absatzes 1 erlassenen Bestimmungen bleiben unberührt.**

1 Die §§ 98–106 behandeln die **internationale Zuständigkeit** deutscher Gerichte. Die internationale Zuständigkeit bestimmt in Fällen mit Auslandsberührung, ob die Angelegenheiten vor irgendein deutsches oder ein Gericht eines fremden Staates gehören. Die internationale Zuständigkeit ist nicht
2 ausschließlich (§ 106), sondern konkurrierend. **Abs 1** weist entsprechend der für das internationale Privatrecht geltenden Vorschrift des Art 3 II EGBGB darauf hin, dass Regelungen in völkerrechtlichen Vereinbarungen, soweit sie unmittelbar anwendbares innerstaatliches Recht geworden sind, hinsichtlich der internationalen Zuständigkeit den nachfolgenden Vorschriften vorgehen. Innerhalb der Europäischen Union sind Rechtsakte der Gemeinschaft in ihrem Anwendungsbereich vorrangig.
3 § 199 enthält eine **Ergänzung** zu § 97 I für Adoptionssachen. Er bestimmt, dass die Vorschriften des Adoptionswirkungsgesetzes unberührt bleiben. Es geht als Spezialvorschrift denjenigen dieses Gesetzes vor. Die Ergänzung durch § 199 ist notwendig, weil der Gegenstand der Regelungen des Adoptionswirkungsgesetzes über die in Abs 1 genannten völkerrechtlichen Vereinbarungen und Rechtsakte der Europäischen Gemeinschaft hinausgeht.

§ 98 Ehesachen; Verbund von Scheidungs- und Folgesachen **§ 98**

Nach **Abs 2** sind die zur Umsetzung und Durchführung der genannten 4
Rechtsakte und Vereinbarungen erlassenen nationalen Bestimmungen zu beachten.
§ 97 hat in erster Linie Hinweis- und Warnfunktion für die Rechtspraxis.

Unterabschnitt 2
Internationale Zuständigkeit

Ehesachen; Verbund von Scheidungs- und Folgesachen

98 (1) **Die deutschen Gerichte sind für Ehesachen zuständig, wenn**
1. **ein Ehegatte Deutscher ist oder bei der Eheschließung war;**
2. **beide Ehegatten ihren gewöhnlichen Aufenthalt im Inland haben;**
3. **ein Ehegatte Staatenloser mit gewöhnlichem Aufenthalt im Inland ist;**
4. **ein Ehegatte seinen gewöhnlichen Aufenthalt im Inland hat, es sei denn, dass die zu fällende Entscheidung offensichtlich nach dem Recht keines der Staaten anerkannt würde, denen einer der Ehegatten angehört.**

(2) **Die Zuständigkeit der deutschen Gerichte nach Absatz 1 erstreckt sich im Fall des Verbunds von Scheidungs- und Folgesachen auf die Folgesachen.**

1. Internationale Zuständigkeit deutscher Gerichte

Abs 1 regelt die internationale Zuständigkeit deutscher Gerichte entspr 1
dem § 606a ZPO aF und knüpft gleichrangig an die Staatsangehörigkeits-
und Aufenthaltszuständigkeit an. Die Zuständigkeit ist keine ausschließliche
(§ 106), sondern eine konkurrierende. Sie ist von Amts wegen in jeder Lage
des Verfahrens zu prüfen (BGH, NJW 03, 426).
Anknüpfungspunkt nach **Nr 1** ist die Staatsangehörigkeit; einer der 2
Ehegatten muss bei Rechtshängigkeit Deutscher gewesen, bis zum Schluss der
letzten mündlichen Verhandlung geworden oder bei Eheschließung gewesen
sein. Gleichgestellt sind heimatlose Ausländer, Flüchtlinge und Asylberechtigte
und Ehegatten aus den Mitgliedstaaten der EU (Art 7 II der VO Brüssel II a).
Eine weitere Staatsangehörigkeit bleibt außer Betracht.
Anknüpfungspunkt nach **Nr 2** ist der Inlandsaufenthalt beider, auch aus- 3
ländischer, Ehegatten. Die Ehegatten müssen ihren gewöhnlichen Aufenthalt
im Inland haben, nicht notwendig einen gemeinsamen.
Anknüpfungspunkt nach **Nr 3** ist, dass ein Ehegatte, der Staatenloser ist, 4
seinen gewöhnlichen Aufenthalt im Inland hat und
nach **Nr 4** der gewöhnliche Aufenthalt einer der Ehegatten im Inland bei 5
ausländischen Ehegatten, **es sei denn** die Scheidung würde nach keinem
Heimatrecht der Ehegatten anerkannt, wenn zB eine Scheidung generell
ausgeschlossen oder den Gerichten des Heimatstaates vorbehalten ist. Diese
Ausnahme muss offensichtlich ohne nähere Prüfung vorliegen (OLG Celle,
NJW-RR 93, 1413; OLG Nürnberg, OLGR 01, 167).

§ 98   Buch 1 – Allgemeiner Teil

6   Die internationale Zuständigkeit deutscher Gerichte in der **Ehesache** erstreckt sich auf Folgesachen, die mit der Scheidungssache in **Verbund** stehen, sofern dem Verbund nicht völkerrechtliche Vereinbarungen oder Rechtsakte der Europäischen Union entgegenstehen; dann entsteht kein Verbund. In Unterhaltssachen steht die EuGVVO einer Verbundzuständigkeit nicht entgegen (Art 5 Nr 2 EuGVVO), es sei denn die Zuständigkeit beruht allein auf der Staatsangehörigkeit eines der Ehegatten. Dies gilt auch dann, wenn für die Folgesachen eine isolierte internationale Zuständigkeit nicht gegeben wäre. Auf Folgesachen, die getrennt von der Scheidungssache anhängig
7   gemacht werden, erstreckt sich die internationale Zuständigkeit der Scheidungssache nicht. In **Familiensachen,** die die elterliche Sorge, die Regelung des Umgangs mit einem Kind oder die Herausgabe eines Kindes zum Gegenstand haben, geht das Haager Minderjährigenschutzabkommen in seinem Anwendungsbereich auch der Verbundzuständigkeit vor (BGH, NJW 84, 1302; OLG Hamburg, IPRax 86, 364); ebenso die Brüssel II a-VO in ihrem Anwendungsbereich (Rn 14; Thomas/Putzo, Rn 7 zu Vor Art 1 Brüssel II a-
8   VO). **Verlegt** ein Elternteil, dem die alleinige Sorge für das Kind übertragen ist, den gewöhnlichen Aufenthalt für sich und das Kind während des Scheidungsverfahrens ins Ausland, ist das deutsche Familiengericht für die scheidungsbedingte Sorgerechtsregelung international nicht mehr zuständig (OLG Celle, Rpfleger 92, 390; 93, 282).
9   Für **getrennt** anhängig gemachte Folgesachen richtet sich die internationale Zuständigkeit im Übrigen nach der für die jeweilige Angelegenheit bestimmten örtlichen Zuständigkeit.

2. Internationale Zuständigkeit im Bereich der Europäischen Union

10   In diesem Bereich ist eine Zuständigkeit nach nationalem Recht (§ 122, § 606 a ZPO aF) nur dann gegeben, wenn sich aus Art 3–5 VO Nr 2201/2003 keine Zuständigkeit eines Gerichts eines Mitgliedstaates (Art 7 I VO) ergibt (EuGH, Urteil vom 29. 11. 2007, FamRZ 08, 128).
11   **Innerhalb der EU** – mit Ausnahme Dänemarks (Art 249, 299 EG) – verdrängte zunächst die VO (EG) Nr 1347/2000 über die Zuständigkeit und die Anerkennung und Vollstreckung von Entscheidungen in Ehesachen und in Verfahren betr die Verantwortung der gemeinsamen Kinder der Ehegatten vom 29. 5. 2000 – Brüssel II – (ABl EG Nr L 160 S 19) in ihrem Anwendungsbereich internationale Abkommen und die gesetzliche Regelung des § 606 a ZPO aF. Diese VO wurde mit Wirkung vom 1. 3. 2005 ersetzt durch die VO (EG) Nr 2201/2003 (ABl EG Nr L 338 S 1) – **Brüssel II a** –. Der Anwendungsbereich wird durch diese VO erweitert auf alle Kinder und auf Entscheidungen über die elterliche Verantwortung, die unabhängig von einer Trennung oder Scheidung der Eltern zu treffen sind. Der persönliche Anwendungsbereich in Ehesachen ist unabhängig von der Staatsangehörigkeit. Lebenspartner sind nicht einbezogen (Kohler, NJW 01, 10). Der sachliche Anwendungsbereich der Ehesachen erfasst alle Angelegenheiten, die den ehelichen Status betreffen, insbesondere Ehescheidungen. Nicht in den Anwendungsbereich der VO fallen Angelegenheiten, die das eheliche Güterrecht, den Versorgungsausgleich und Ehewohnung und Haushaltsgegenstände be-

§ 98 Ehesachen; Verbund von Scheidungs- und Folgesachen **§ 98**

treffen; Unterhaltssachen fallen in den Anwendungsbereich der EuGVVO (§ 5 Nr 2 EuGVVO, Rn 10 zu § 110).

Anknüpfungspunkt für die Zuständigkeit ist gleichrangig die Aufenthalts- und Staatsangehörigkeitszuständigkeit. Art 3 I a) knüpft an den **gewöhnlichen Aufenthalt** beider Ehegatten an oder den letzten gemeinsamen gewöhnlichen Aufenthalt, sofern einer von ihnen dort noch seinen gewöhnlichen Aufenthalt hat, oder im Falle eines gemeinsamen Antrags einer der Ehegatten seinen gewöhnlichen Aufenthalt hat, oder der Antragsteller seinen gewöhnlichen Aufenthalt hat, wenn er sich dort seit mindestens einem Jahr unmittelbar vor der Antragstellung aufgehalten hat, oder der Antragsteller seinen gewöhnlichen Aufenthalt hat, wenn er sich dort seit mindestens sechs Monaten unmittelbar vor der Antragstellung aufgehalten hat und entweder Staatsangehöriger des Mitgliedstaates ist oder im Falle des Vereinigten Königreichs und Irlands, dort sein „domicile" (Abs 2) hat. **Art 3 I b)** knüpft an die Staatsangehörigkeit an: die Gerichte des Mitgliedstaates sind zuständig, dessen **Staatsangehörigkeit** beide Ehegatten besitzen, oder, im Fall des Vereinigten Königreichs und Irlands, in dem sie ihr gemeinsames „domicile" (Abs 2) haben. Das nach Art 3 zuständige Gericht ist auch für einen Gegenantrag zuständig (Art 4). Der EuGH (FamRZ 09, 1571) hat entschieden, dass, wenn beide Ehegatten die Staatsangehörigkeit derselben zwei Mitgliedstaaten haben, die Gerichte beider Staaten zuständig sind und die Ehegatten die Wahl haben, welches Gericht mit der Sache befasst werden soll. Kohler (FamRZ 09, 1574) weist demgegenüber darauf hin, dass bei Verknüpfungen mit mehreren Staaten ein Schwerpunkt ermittelt werden müsse. Werde die Möglichkeit eröffnet einen beziehungsarmen Gerichtsstand zu wählen, bestehe die Gefahr des *forum shopping* zu Lasten des anderen Ehegatten. Art 6 begründet eine ausschließliche Zuständigkeit: Gegen einen Ehegatten, der seinen gewöhnlichen Aufenthalt im Hoheitsgebiet eines Mitgliedstaates hat oder Staatsangehöriger eines Mitgliedstaates ist (b); im Falle des Vereinigten Königreichs und Irlands sein „domicile" im Hoheitsgebiet hat, darf ein Verfahren nur vor den Gerichten nach Art 3, 4 und 5 geführt werden. Nur wenn sich aus diesen Vorschriften keine Zuständigkeit eines Gerichts eines Mitgliedstaates ergibt, bestimmt sich diese in jedem Mitgliedstaat nach dem Recht dieses Staates (Art 7).

Der Gerichtsstand der Ehesache gilt auch für mit der Ehesache **verbundene Angelegenheiten,** die die elterliche Verantwortung betreffen, wenn zumindest einer der Ehegatten die elterliche Verantwortung für das Kind hat, die Zuständigkeit des Gerichts von den Ehegatten oder den Trägern der elterlichen Verantwortung zum Zeitpunkt der Anrufung des Gerichts anerkannt wurde und die Zuständigkeit im Einklang mit dem Wohl des Kindes steht (Art 12 I). Diese Zuständigkeit endet mit der rechtskräftigen Entscheidung in der Ehesache oder, wenn nach diesem Zeitpunkt noch ein Verfahren über die elterliche Verantwortung anhängig ist, mit dessen rechtskräftigem Abschluss oder – in beiden Fällen bei Beendigung aus einem anderen Grund (Art 12 II). Art 16 bestimmt den Zeitpunkt der Rechtshängigkeit, an den die für die Zuständigkeit maßgebenden Kriterien anknüpfen. Das Verfahren bei doppelter Rechtshängigkeit regelt Art 19. Es gilt der Grundsatz der perpetuatio fori. **Einstweilige Maßnahmen** können in dringenden Fällen die Gerichte eines Mitgliedstaates auch dann anordnen, wenn in der Hauptsache das Gericht eines anderen Mitgliedstaates zuständig ist. Zu der Frage der Anerkennung und Vollstreckung von einstweiligen Maßnahmen nach Art 20 I der Brüssel II a-VO: Rn 24 zu § 108.

16 Die ergänzenden innerstaatlichen **Ausführungsvorschriften** für die Verordnung (EG) Nr 2201/2003 (Brüssel II a), das Europäische Sorgerechtsübereinkommen und das Haager Kindesentführungsübereinkommen sind jetzt einheitlich geregelt in dem Internationalen Familienrechtsverfahrensgesetz (IntFamRVG). § 10 dieses Gesetzes bestimmt die örtliche Zuständigkeit für die Anerkennung und Vollstreckung aus Art 21 III, 48 I und den Art 41 und 42 der VO Brüssel II a sowie für das Europäische Sorgerechtsübereinkommen, § 11 für Verfahren nach dem Haager Kindesentführungsübereinkommen.

17 § 12 sieht eine **Zuständigkeitskonzentration** bei einem Familiengericht in einem Oberlandesgerichtsbezirk vor. § **13**, der dem aufgehobenen § 64 a entspricht, erweitert die Zuständigkeitskonzentration auch auf andere sorge- und umgangsrechtliche Verfahren einschließlich Vollstreckungsmaßnahmen. Das Gericht wird dadurch in die Lage versetzt, eine ausländische Sorgeentscheidung durch eine Herausgabeanordnung zu ergänzen oder eine ausländische Umgangsregelung aktuellen Gegebenheiten anzupassen.

18 Die Absätze 2 bis 4 des § 13 regeln Verfahren und Abgabemöglichkeiten bei **paralleler Rechtshängigkeit** vor dem zentralisierten Gericht und dem nach allgemeinen Vorschriften zuständigen Familiengericht für alle dasselbe Kind betr Angelegenheiten der elterlichen Sorge, des Umgangs und der Herausgabe eines Kindes. Für isolierte Familiensachen gelten die allgemeinen Grundsätze.

Kindschaftssachen

99 (1) **Die deutschen Gerichte sind außer in Verfahren nach § 151 Nr. 7 zuständig, wenn das Kind**
1. **Deutscher ist oder**
2. **seinen gewöhnlichen Aufenthalt im Inland hat.**

Die deutschen Gerichte sind ferner zuständig, soweit das Kind der Fürsorge durch ein deutsches Gericht bedarf.

(2) **Sind für die Anordnung einer Vormundschaft sowohl die deutschen Gerichte als auch die Gerichte eines anderen Staates zuständig und ist die Vormundschaft in dem anderen Staat anhängig, kann die Anordnung der Vormundschaft im Inland unterbleiben, wenn dies im Interesse des Mündels liegt.**

(3) **Sind für die Anordnung einer Vormundschaft sowohl die deutschen Gerichte als auch die Gerichte eines anderen Staates zuständig und besteht die Vormundschaft im Inland, kann das Gericht, bei dem die Vormundschaft anhängig ist, sie an den Staat, dessen Gerichte für die Anordnung der Vormundschaft zuständig sind, abgeben, wenn dies im Interesse des Mündels liegt, der Vormund seine Zustimmung erteilt und dieser Staat sich zur Übernahme bereit erklärt. Verweigert der Vormund oder, wenn mehrere Vormünder die Vormundschaft gemeinschaftlich führen, einer von ihnen seine Zustimmung, so entscheidet anstelle des Gerichts,**

§ 99 Kindschaftssachen **§ 99**

bei dem die Vormundschaft anhängig ist, das im Rechtszug übergeordnete Gericht. Der Beschluss ist nicht anfechtbar.
(4) Die Absätze 2 und 3 gelten entsprechend für Verfahren nach § 151 Nr. 5 und 6.

Übersicht

1. Anwendungsbereich 1
2. Grundsätze 2
3. Anknüpfungskriterien 4
4. Deutsche im Ausland 8
5. Unterbleiben der Anordnung einer Vormundschaft (Pflegschaft) 10
6. Abgabe an den ausländischen Staat 11
7. Sonderregelungen 14
8. Zwischenstaatliche Vereinbarungen, EG-Verordnungen 15

1. Anwendungsbereich

§ 99 behandelt die internationale Zuständigkeit in **Kindschaftssachen.** 1 Dieser Begriff, der bisher Abstammungssachen nach §§ 640 ff ZPO aF bezeichnete, ist durch das FGG-Reformgesetz für die in § 151 Nr 1–8 aufgeführten Angelegenheiten eingeführt worden. Ausgenommen von der Anwendbarkeit des § 99 ist § 151 Nr 7 (freiheitsentziehende Unterbringung Minderjähriger nach den Landesgesetzen).

2. Grundsätze

Die internationale Zuständigkeit ist keine ausschließliche (§ 106). Sie ist in 2 jeder Lage des Verfahrens von Amts wegen zu prüfen (BGH, NJW 03, 426). Ihr geht grundsätzlich die Prüfung der örtlichen Zuständigkeit voraus. Die Begriffe „Wohnsitz" und „gewöhnlicher Aufenthalt" bestimmen sich nach der lex fori (BGH, NJW-RR 93, 130; BayObLG 74, 491; OLG Hamm, FamRZ 77, 132).

Die **Fortdauer** der internationale Zuständigkeit (perpetuatio fori) trotz 3 nachträglichen Wegfalls der sie begründenden Umstände hängt von einer Abwägung der beteiligten Interessen ab. Der Grundsatz der perpetuatio fori ist dann nicht zu rechtfertigen, wenn durch seine Anwendung der Schutzzweck unterlaufen würde (BGH, NJW 02, 2955), wenn durch das Gericht eines anderen Staates die am Wohl des Kindes ausgerichtete Entscheidung besser zu treffen ist (KG, NJW 96, 1565). Wenn das Kind die deutsche Staatsangehörigkeit besitzt, bleiben die Gerichte auf Grund dieses Umstandes zuständig **(Abs 1 Nr 1),** auch wenn der gewöhnliche Aufenthalt ins Ausland verlegt wird (BayObLG, NJWE-FER 97, 138).

3. Anknüpfungskriterien

Anknüpfungsperson ist das Kind (Mündel, Pflegling). Anknüpfungspunkte 4 sind gleichrangig und miteinander konkurrierend die Heimatzuständigkeit, die Aufenthaltszuständigkeit und die Fürsorgezuständigkeit.

§ 99

5   Nach **Nr 1** ist die internationale Zuständigkeit deutscher Gerichte gegeben, wenn das Kind Deutscher ist.

Besteht neben der deutschen auch ein **fremde Staatsangehörigkeit** ist nach Art 5 I 2 EGBGB die deutsche maßgebend, für Staatenlose ist das Recht des Staates anzuwenden, in dem diese ihren gewöhnlichen Aufenthalt oder mangels eines solchen ihren Aufenthalt haben. Ein Flüchtling iS des Genfer Flüchtlingsabkommens, der seinen gewöhnlichen Aufenthalt in der Bundesrepublik Deutschland hat, steht in Bezug auf die internationale Zuständigkeit einem deutschen Staatsangehörigen gleich (BGH, NJW 82, 2732),

6   **Nr 2** knüpft an den gewöhnlichen Aufenthalt des Kindes im Inland an.

Gewöhnlicher Aufenthalt ist der Ort, an dem sich jemand tatsächlich längere Zeit aufhält, der Ort, der der tatsächliche Mittelpunkt der Lebensführung einer Person ist, auch bei vorübergehender Abwesenheit (BayObLG 57, 311, 313; BGH, FamRZ 75, 272; OLG Hamm, FamRZ 74, 255; OLG Stuttgart, OLG 75, 391). Die für die Begründung eines gewöhnlichen Aufenthalts erforderliche soziale Integration setzt bei Kindern verschiedenen Alters verschiedene Zeiträume voraus (OGH Wien, IPRrax 92, 176); er ist selbstständig zu bestimmen, unabhängig vom Aufenthalt oder Wohnsitz der Eltern.

7   Eine internationale Fürsorgezuständigkeit besteht darüber hinaus überall da, wo das Kind der **Fürsorge** durch ein deutsches Gericht bedarf.

Diese erfasst auch die Fälle, in denen deutsches Recht nach Art 19 II iVm Art 14 I Nr 3 EGBGB, also äußerst hilfsweise, anzuwenden ist; darüber hinaus wird eine Zuständigkeit deutscher Gerichte nicht für alle denkbaren Fälle einer Anwendung deutschen Rechts ohne sonstigen verfahrensrechtlichen Inlandsbezug festgelegt (BT-Drucks 10/504 S 92).

4. Deutsche im Ausland

8   Abs 2 und 3 sehen Ausnahmeregelungen für Deutsche, die im Ausland ihren Wohnsitz oder Aufenthalt haben, vor, wenn sowohl die deutschen als auch die Gerichte eines anderen Staates zuständig sind. Durch die Gleichstellung von Heimat- und Aufenthaltszuständigkeit in Abs 1 (bisher § 35 b FGG) geht es in **Abs 2** und **3** um das Verhältnis gleichermaßen international zuständiger Gerichte zueinander (bisher § 47 FGG); eine elastische Regelung soll den Gerichten Ermessensspielraum geben (BT-Drs 10/504 S 95). Die
9   Regelungen in Abs 2 und 3 finden nach **Abs 5** entspr Anwendung auf Verfahren nach § 151 Nr 5 (Pflegschaft oder gerichtliche Bestellung eines sonstigen Vertreters für einen Minderjährigen oder für eine Leibesfrucht) und Nr 6 (Genehmigung der freiheitsentziehenden Unterbringung eines Minderjährigen nach §§ 1631 b, 1800, 1915 BGB).

5. Unterbleiben der Anordnung einer Vormundschaft (Pflegschaft)

10   Die Anordnung (nicht Fortführung) einer Vormundschaft im Inland kann unterbleiben (Abs 2), wenn sowohl die deutschen Gerichte als auch die Gerichte eines anderen Staates zuständig sind und durch die Vormundschaft im Ausland in gleichem Maße Schutz und Vorteile gewährt werden, wie die nach dem BGB einzuleitende Vormundschaft gewähren würde und die

§ 99 Kindschaftssachen § 99

gleichzeitige Führung einer Vormundschaft im Inland im Interesse des Kindes nicht als geboten erscheint. Wird im Inland eine Vormundschaft angeordnet, wird die im Ausland angeordnete für deutsche Rechtsverhältnisse unwirksam (OLG Hamm, Rpfleger 03, 87). Verliert der im Ausland befindliche Mündel die deutsche Staatsangehörigkeit, ist die inländische Vormundschaft aufzuheben, wenn festgestellt ist, dass der ausländische Staat die Fürsorge übernimmt. Abs 2 gilt entspr für Verfahren nach § 151 Nr 5 (Pflegschaft), Nr 6 (zivilrechtliche Unterbringung Minderjähriger durch Eltern, Vormund, Pfleger) (Abs 4).

6. Abgabe an den ausländischen Staat

Die Vormundschaft kann an den ausländischen Staat abgegeben werden **11** (**Abs 3**), wenn sowohl die deutschen als auch die Gerichte eines anderen Staates zuständig sind und wenn eine Vormundschaft im Inland anhängig, ein Vormund bestellt und dies im **Interesse des Mündels** angezeigt ist, ohne dass andere wichtige Gründe wie in § 4 herangezogen werden können. Weitere Voraussetzung ist, dass der ausländische Staat zur Übernahme bereit ist und der Vormund oder die Vormünder der Abgabe zustimmen; bei Verweigerung kann die Zustimmung auf Anrufen des Gerichts unanfechtbar durch das im Instanzenzug vorgeordnete Gericht ersetzt werden (Abs 3 S 2). Abs 3 gilt entspr für Verfahren nach § 151 Nr 5 (Pflegschaft), Nr 6 (zivilrechtliche Unterbringung Minderjähriger durch Eltern, Vormund, Pfleger) (Abs 4).

Die Abgabe bewirkt die **Beendigung** der Vormundschaft im Inland. Bei **12** eventueller Rückkehr ist neue Anordnung erforderlich.

Vormundschaften über **Ausländer** können jederzeit abgegeben werden. **13**

7. Sonderregelung

Nach Art 1 iVm Art 4 des **Haager Minderjährigenschutzabkommens 14** können Heimatbehörden Vormundschaften, Pflegschaften oder andere Maßnahmen zum Schutze Minderjähriger an sich ziehen, wenn das Wohl des Kindes dies erfordert. Nach Art 1 mit Art 5 III, Art 6 des Abkommens bleiben bei Aufenthaltswechsel in einen anderen Vertragsstaat die Heimatbehörden für die Durchführung der bisherigen Maßnahmen zuständig, bis die Behörde des neuen Aufenthaltstaats das Verfahren übernimmt.

8. Zwischenstaatliche Vereinbarungen, EG-Verordnungen

Vorrang vor § 99 haben Vorschriften über die internationale Zuständigkeit, **15** die in bilateralen Staatsverträgen, internationalen Übereinkommen und für den Bereich der Europäischen Union mit Ausnahme Dänemarks (Art 249, 299 EG) in EG-Verordnungen enthalten sind.

Das **Haager Abkommen** zur Regelung der Vormundschaften über Min- **16** derjährige vom **12. 6. 1902** (RGBl 1904 S. 240), das nur noch im Verhältnis zu Belgien anwendbar ist, regelt die internationale Zuständigkeit (Art 1, 3, 7) und das anzuwendende Recht lediglich für Vormundschaften, nicht Pflegschaften, Übertragung von elterlicher Sorge, aber auch vorläufige Schutzmaßnahmen (Art 7) für Minderjährige, die Angehörige eines Vertragsstaates sind

§ 99 und ihren gewöhnlichen Aufenthalt im Gebiet eines dieser Staaten haben (Art 9).

17 Das **Haager Übereinkommen** vom 5. 10. 1961 über die Zuständigkeit der Behörden und das anzuwendende Recht auf dem Gebiet des Schutzes von Minderjährigen mit Gesetz hierzu vom 30. 4. 1971 (BGBl II S. 217/ 219), in Kraft seit 17. 9. 1971 (BGBl II S. 1150) (Dazu: Kropholler, NJW 71, 1721; Luther, FamRZ 73, 406; Jayme, FamRZ 79, 21) verdrängt in seinem Anwendungsbereich die allgemeinen Regeln über die internationale Zuständigkeit, insbesondere § 35 b (BayObLG, NJW-RR 92, 70); auch bei Anhängigkeit einer Ehesache (BGH, NJW 94, 384).

18 Es bezieht sich in seinem **persönlichen Anwendungsbereich** auf Minderjährige auch dann, wenn sie nicht Angehörige eines Vertragsstaates sind (Art 13 III; BGH, NJW-RR 86, 1130; BayObLG, FamRZ 80, 1062); Minderjährigkeit muss sowohl nach dem innerstaatlichen Recht des Staates, dem der Betroffene angehört, als auch nach dem innerstaatlichen Recht seines gewöhnlichen Aufenthaltes vorliegen (Art 12); gesetzliche Vertretung für eilige Schutzmaßnahmen nach deutschem Recht (BayObLG, FamRZ 76, 163). Mit Eintritt der Volljährigkeit endet die Anwendbarkeit des Abkommens. Ob die angeordnete Maßnahme über diesen Zeitpunkt hinaus wirkt, richtet sich dann nach der vom Kollisionsrecht bestimmten Rechtsordnung (OLG München, FamRZ 09, 1602; FamRZ 10, 1095 [Sierra Leone]; FamRZ 10, 96

19 [Burundi]). Der **sachliche Anwendungsbereich** umfasst den gesamten Schutz des Minderjährigen, nicht nur die Vormundschaft, sondern auch die elterliche Sorge (BayObLG 78, 113, 115; OLG Karlsruhe, NJW 79, 500) und den öffentlich-rechtlichen Schutz (Anstaltsunterbringung); auch die Anordnung einer Ergänzungspflegschaft (OLG Hamm, FamRZ 93, 1122) und die Herausgabe des Kindes nach § 1632 BGB (OLG Karlsruhe, OLG 76, 1); auch eine Abänderungsentscheidung nach § 1696 BGB (BayObLG 75, 222; KG, OLG 75, 119); auch die Entziehung des Aufenthaltsbestimmungsrechts nach § 1666 BGB (BayObLG, FamRZ 77, 473: im Rahmen einer einstweiligen Anordnung; FamRZ 94, 913); nicht die Feststellung des Ruhens der elterlichen Sorge aus Rechtsgründen (BayObLG, NJW 76, 2076); jedoch, die Feststellung des Ruhens der elterlichen Sorge nach § 1674 I BGB aus tatsächlichen Gründen (BayObLG 88, 38); nach Art 4 Schutzmaßnahmen des Vormundschaftsgerichts des Heimatstaates des Minderjährigen mit gewöhnlichem Aufenthalt im Ausland (BayObLG 78, 113: Regelung der elterlichen Sorge nach § 1671 BGB).

20 International zuständig ist das Gericht des Staates, in dem der Minderjährige seinen **gewöhnlichen Aufenthalt** (BGH, NJW-RR 86, 1005; OLG Hamm, NJW 89, 672) hat, auch bei Aufenthalt gegen den Willen des sorgeberechtigten Elternteils, auch bei Kindern, die mehreren Staaten angehören (OLG Düsseldorf, NJW-RR 94, 5); auch bei Kindesentführungen, weil Schutzmaßnahmen in Sachnähe ermöglicht werden sollen (BGH 78, 293; BayObLG, FamRZ 84, 1259), es sei denn (Art 3) der Minderjährige steht nach seinem Heimatrecht kraft Gesetzes unter Vormundschaft oder einem ähnlichen Gewaltverhältnis (OLG Karlsruhe, OLG 76, 1; BayObLG, NJW 75, 2146; OLG Frankfurt, OLG 77, 416; KG, OLG 79, 187). Die Begründung eines gewöhnlichen Aufenthalts im Ausland kann dann noch nicht

festgestellt werden, wenn der Wille des sorgeberechtigten Elternteils entgegensteht und noch die Möglichkeit besteht, dass dieser die Rückführung des Minderjährigen durchsetzt (BGH, FamRZ 81, 135; OLG Bamberg, FamRZ 96, 1224; OLG Hamm, NJW-RR 97, 5). Ausnahmen: Bei ernsthafter Gefährdung des Minderjährigen sind die Behörden seines gewöhnlichen Aufenthaltes (Art 8) (BayObLG, NJW 75, 2146; KG, OLG 85, 52), in allen dringenden Fällen die Behörden jedes Vertragsstaates, in dem der Minderjährige oder ihm gehöriges Vermögen sich befindet (Art 9) zu Schutzmaßnahmen befugt (BayObLG, NJW-RR 93, 457; OLG Hamm, NJW 74, 1053; KG, OLG 79, 183); auch für die Anordnung einer Schutzmaßnahme, die der Durchsetzung eines nach dem Heimatrecht bestehenden gesetzlichen Gewaltverhältnisses dienen soll (BayObLG, NJW-RR 92, 70). Die Zuständigkeit besteht auch für eine ablehnende Entscheidung, die mit der Begründung beantragt wird, es liege eine ernsthafte Gefährdung vor (BayObLG 75, 291). Für Schutzmaßnahmen nach Art 4 I MSA gibt bei Mehrstaatern mit deutscher Staatsangehörigkeit die deutsche Staatsangehörigkeit den Ausschlag. Sie entfällt nur dann nach Art 3 MSA, wenn die Schutzmaßnahme einen Eingriff in das gesetzliche Gewaltverhältnis des fremden Staats darstellt. Dies ist nur dann der Fall, wenn das Recht dieses Staates eine solche Maßnahme nicht zulässt. Es ist jedoch im Rahmen der materiellen Voraussetzungen zu prüfen, die Behörden welchen Staates besser geeignet sind, Schutzmaßnahmen zu ergreifen und durchzusetzen (BGH, NJW 97, 3024). Die internationale Zuständigkeit deutscher Gerichte entfällt, wenn das Kind seinen gewöhnlichen Aufenthalt in einem anderen Vertragsstaat hat, auch wenn es widerrechtlich dorthin verbracht worden ist (OLG Stuttgart, NJW-RR 89, 1355).

Das **Haager Übereinkommen über die zivilrechtlichen Aspekte internationaler Kindesentführung** v 25. 10. 1980, für Deutschland in Kraft seit dem 1. 12. 1990 **(HKÜ)** behandelt die Rückführung der Minderjährigen und entzieht den Gerichten des Zufluchtstaates die internationale Zuständigkeit für eine Sachentscheidung über das Sorgerecht und das Recht zum persönlichen Umgang und belässt diese den Gerichten des Herkunftsstaates. Es **geht** in seinem Anwendungsbereich dem Haager Übereinkommen vom 5. 10. 1961 **vor.** 21

Das Europäische Übereinkommen über die Anerkennung und Vollstreckung von Entscheidungen über das Sorgerecht für Kinder und die Wiederherstellung des Sorgeverhältnisses – **ESÜ** (ESorgeÜ) – behandelt die Wiederherstellung verletzter Sorge- und Umgangsrechte. 22

Im Bereich der Europäischen Union (Einl 58) sieht Art 10 der **VO (EG) Nr 2201/2003,** die in ihrem Anwendungsbereich § 99 und den bilateralen Abkommen und internationalen Übereinkommen vorgeht, eine Ergänzung zu dem Haager Übereinkommen über die zivilrechtlichen Aspekte internationaler Kindesentführung vor: Art 10 der VO erschwert das Entstehen einer internationalen Zuständigkeit an dem Ort, an den das Kind widerrechtlich verbracht wurde. Nach OLG Koblenz, FamRZ 08, 813, ist nicht widerrechtlich iS von Art 3 HKiEntÜ der Wechsel des Wohnortes innerhalb der Staaten der Europäischen Union, weil der andere Elternteil seine Mitsorge auch von seinem Heimatland aus in ausreichendem Maß ausüben könne. Die bisherigen Gerichte bleiben so lange zuständig, bis das Kind mit Zustimmung 23

§ 99

des Sorgeberechtigten dort einen gewöhnlichen Aufenthalt (OLG Frankfurt, FamRZ 06, 883) erlangt hat oder sich das Kind dort ein Jahr nach Kenntnis des Sorgeberechtigten oder sonstiger Stellen aufgehalten hat und ein Antrag auf Rückgabe nicht gestellt oder zurückgezogen wurde, keine Anträge auf Prüfung des Sorgerechts gestellt wurden oder zwar eine Sorgerechtsentscheidung erlassen wurde, die Rückgabe des Kindes jedoch nicht angeordnet wurde. Eine von dem Gericht des fortbestehenden gewöhnlichen Aufenthalts angeordnete Entscheidung über die Rückgabe eines Kindes, für die eine Bescheinigung nach Art 42 der VO ausgestellt wurde, ist vorrangig gegenüber Entscheidungen des Vollstreckungsstaates; die Entscheidung ist nicht anfechtbar (EuGH, NJW 08, 2973). **Der gewöhnliche Aufenthalt** ist nach der Definition des EuGH, NJW 09, 1868, der „Ort, der Ausdruck einer gewissen sozialen und familiären Integration des Kindes" ist. Kriterien hierfür sind die Dauer, die Regelmäßigkeit und die Umstände des Aufenthalts, die Staatsangehörigkeit, Sprachkenntnisse.

24   Die **internationale Zuständigkeit** ist in den Art 12–15 der VO geregelt. Art 15 der VO sieht für den Bereich der Europäischen Union ebenso wie § 99 III (für die Anordnung einer Vormundschaft), jedoch als Ausnahmeregelung die Abgabe an ein Gericht eines anderen Mitgliedstaates vor, das den Fall besser beurteilen kann. Eine Abgabe ist abw von dem bisherigen Recht nicht (selbständig) anfechtbar. Wenn das Gericht eines Mitgliedstaates nicht zuständig ist, muss es sich von Amts wegen für unzuständig erklären, ist aber nicht verpflichtet, die Sache an ein anderes Gericht zu verweisen. Soweit es der Schutz des Kindeswohls erfordert, hat das Gericht das zuständige Gericht des anderen Mitgliedstaates in Kenntnis zu setzen (EuGH, NJW 09, 1868). Es kann eine Schutzmaßnahme nach Art 20 I der Brüssel IIa-VO treffen, wenn diese dringend erforderlich und nur vorübergehender Natur ist; auch dann, wenn es sich um eine Maßnahme des öffentlich-rechtlichen Kinderschutzes handelt (Rn 8 zu § 50); jedoch dann nicht, wenn das zuständige Gericht die elterliche Sorge bereits vorläufig dem anderen Elternteil übertragen hat und diese Entscheidung vollstreckbar ist (EuGH, FamRZ 10, 525). Die Vollstreckung einer mit einer Bescheinigung nach Art 42 der VO Nr 2201/2003 versehen Entscheidung eines Gerichts des Ursprungsmitgliedstaates kann auch dann nicht verweigert werden, wenn wegen nach Erlass dieser Entscheidung eingetretener Umstände das Wohl des Kindes schwerwiegend gefährdet werden könnte; eine solche Änderung muss vor dem Gericht des Ursprungsmitgliedstaates geltend gemacht werden (EuGH, FamRZ 10, 1229 m Anm Schulz, FamRZ 10, 1307).

25   Die ergänzenden **Ausführungsvorschriften** (Einl 64) zu der EG-Verordnung und den Übereinkommen sind jetzt einheitlich in dem IntFamRVG zusammengefasst, das in den §§ 10–13 die örtliche Zuständigkeit für die Fälle regelt, in denen sich nach der EG-Verordnung und den Übereinkommen die deutsche internationale Zuständigkeit ergibt; in §§ 37–43 das Verfahren. Die Zuständigkeitskonzentration des § 13 IntFamRVG hat Vorrang; sie ist auch in der Beschwerdeinstanz von Amts wegen zu beachten (OLG Oldenburg, FamRZ 08, 1209 mwN). Zur Notwendigkeit der Bestellung eines Verfahrenspflegers: BVerfG, FamRZ 06, 1261. Die bisherigen Ausführungsvorschriften zu den Übereinkommen wurden in dieses Gesetz integriert.

§ 101 Adoptionssachen **§§ 100, 101**

Abstammungssachen

100 Die deutschen Gerichte sind zuständig, wenn das Kind, die Mutter, der Vater oder der Mann, der an Eides statt versichert, der Mutter während der Empfängniszeit beigewohnt zu haben,
1. Deutscher ist oder
2. seinen gewöhnlichen Aufenthalt im Inland hat.

§ 100 behandelt die internationale Zuständigkeit in **Abstammungs-** 1
sachen entspr der bisherigen Vorschrift des § 640a ZPO aF. Abstammungssachen sind nach § 169 Verfahren auf Feststellung des Bestehens oder Nichtbestehens eines Eltern-Kind-Verhältnisses, insbesondere die Wirksamkeit oder Unwirksamkeit einer Anerkennung der Vaterschaft (Nr 1), die Ersetzung der Einwilligung in eine genetische Abstammungsuntersuchung und Anordnung der Duldung einer Probeentnahme (Nr 2), Einsicht in ein Abstammungsgutachten und Aushändigung einer Abschrift (Nr 3) und das **Verfahren** auf Anfechtung der Vaterschaft (Nr 4).

Anknüpfungspersonen sind gleichrangig das Kind, die Mutter, der Vater 2
oder der Mann, der an Eides statt versichert, der Mutter während der Empfängniszeit beigewohnt zu haben. Insoweit weicht die internationale Zuständigkeit von der örtlichen Zuständigkeit ab, die in erster Linie durch den gewöhnlichen Aufenthalt des Kindes bestimmt wird (§ 170 I).

Anknüpfungskriterien sind die deutsche Staatsangehörigkeit **(Nr 1)** oder 3
der gewöhnliche Aufenthalt im Inland **(Nr 2),** bei dem die Frage der Staatsangehörigkeit keine Rolle spielt. Maßgebender Zeitpunkt ist der Eingang des Antrags (§ 171 I) bei dem zuständigen Gericht.

Nicht anwendbar sind die EuGVVO (Art 1 II a EuGVVO) und die 4
Brüssel II a-Verordnung (Art 1 III a der VO).

Wird ein Vaterschaftsfeststellungsverfahren **mit** der Geltendmachung von 5
Unterhaltsansprüchen verbunden (§ 237) kommt Art 5 Nr 2 EuGVVO zur Anwendung, es sei denn die Zuständigkeit wird allein auf die Staatsangehörigkeit gestützt (§ 100 Nr 1) (AG Leverkusen, FamRZ 07, 2087 m Anm Henrich).

Adoptionssachen

101 Die deutschen Gerichte sind zuständig, wenn der Annehmende, einer der annehmenden Ehegatten oder das Kind
1. Deutscher ist oder
2. seinen gewöhnlichen Aufenthalt im Inland hat.

1. Anwendungsbereich

§ 101 behandelt die internationale Zuständigkeit in **Adoptionssachen** 1
entspr der bisherigen Vorschrift des § 43b I FGG. Adoptionssachen sind nach § 186 Verfahren, die betreffen die Annahme als Kind (Nr 1), die Ersetzung der Einwilligung zur Annahme als Kind (Nr 2), die Aufhebung des Annahme-

§ 101 Buch 1 – Allgemeiner Teil

verhältnisses (Nr 3) oder die Befreiung vom Eheverbot des § 1306 I BGB (Nr 4).

2   Zu den Verrichtungen im **Zusammenhang** mit dem Annahmeverfahren gehören die Entgegennahme von Einwilligungserklärungen nach § 1750 iVm §§ 1746, 1747 und § 1749 BGB, die Ersetzung der Einwilligung nach §§ 1748, 1749 I BGB, auch vor Einleitung des Adoptionsverfahrens (OLG Hamm, NJW-RR 87, 260), die Führung einer Vormundschaft nach § 1751 I 2 Hs 1 BGB, eine Anordnung nach § 1758 II BGB, die Rückübertragung der elterlichen Sorge nach § 1764 IV BGB.

2. Anknüpfungskriterien

3   Anknüpfungspersonen sind gleichrangig der Annehmende, einer der Annehmenden und das Kind, Anknüpfungskriterien sind die deutsche Staatsangehörigkeit **(Nr 1)** oder der gewöhnliche Aufenthalt im Inland **(Nr 2),** bei dem die Frage der Staatsangehörigkeit keine Rolle spielt. Die deutsche internationale Zuständigkeit ist daher auch dann zu bejahen, wenn Ausländer mit ausländischem Wohnsitz ein ausländisches Kind adoptieren wollen, das im Inland seinen gewöhnlichen Aufenthalt hat.

3. Maßgebender Zeitpunkt

4   Der für das Vorliegen der die internationale Zuständigkeit bestimmenden Kriterien maßgebende Zeitpunkt ist der des Eingangs des Antrags bei dem zuständigen Gericht, zB der Antrag auf Ersetzung der Einwilligung nach §§ 1748, 1749 I BGB, auf Ausspruch der Annahme nach §§ 1758, 1767 II, 1768 BGB, auf Aufhebung des Annahmeverhältnisses nach §§ 1760, 1771, 1772 II BGB oder der Eingang einer Erklärung nach § 1750 I, § 1767 II BGB.

5   Die internationale Zuständigkeit wird auch dann durch § 101 bestimmt, wenn das Haager Übereinkommen über den Schutz von Kindern und die internationale Zusammenarbeit auf dem Gebiet der internationalen Adoption vom 29. 5. 1993 (BGBl 2001 II S. 1034) iVm dem Gesetz zur Ausführung vom 5. 11. 2001 (BGBl I S. 2950) – Adoptionsübereinkommensausführungsgesetz zur Anwendung kommt.

6   **Nicht** anwendbar ist die VO Brüssel II a (Art 1 III b der VO).

4. Befreiung vom Eheverbot des § 1308 I BGB

7   Nach § 1308 I BGB soll eine Ehe nicht geschlossen werden, zwischen Personen, deren Verwandtschaft (§ 1307 BGB) durch Annahme als Kind begründet worden ist. Nach § 1308 II BGB kann Befreiung erteilt werden, wenn zwischen dem Antragsteller und seinem künftigen Ehegatten durch die Annahme als Kind eine Verwandtschaft in der Seitenlinie begründet worden ist.

8   **Eheverbote** sind zweiseitige Hindernisse, die sich nach dem jeweiligen Heimatrecht bestimmen. Das gilt auch für ausländische Verlobte, deren Heimatrecht das Hindernis der durch die Annahme als Kind begründeten Verwandtschaft in der Seitenlinie nicht kennt; auch dann, wenn sie in Deutsch-

§ 102 Versorgungsausgleichssachen

land geboren sind und hier dauerhaft leben (OLG Köln, NJWE-FER 99, 140); auch ihnen muss Befreiung erteilt werden.

International zuständig ist der Staat, der das Eheverbot angeordnet hat. Demnach ist ein deutsches Gericht international zuständig, wenn deutsches Recht für die Ehevoraussetzungen anzuwenden ist, also bei Zurückverweisung (Art 4 I EGBGB) oder bei Staatenlosen und Flüchtlingen, für die das deutsche Recht gilt (Art 5 II EGBGB, Art 1, 10 AHKG Nr 23, Art 12 der Flüchtlingskonvention). Gilt das zweiseitige Hindernis **nur nach deutschem Recht**, nicht aber nach dem Heimatrecht des ausländischen Verlobten, so kann das Familiengericht auch über die notwendige Befreiung der ausländischen Beteiligten entscheiden, nicht jedoch, wenn es sich um Ehehindernisse handelt, die im ausländischen Recht wurzeln. 9 10

§ 101 bestimmt erstmals die internationale Zuständigkeit für die **Befreiung vom Eheverbot** des § 1308 I BGB. Die Anknüpfung an die deutsche Staatsangehörigkeit oder den gewöhnlichen Aufenthalt gewährt Raum für die enge Verknüpfung der internationalen Zuständigkeit mit dem materiellen Recht und führt in gleichem Umfang wie nach den bisher geltenden Grundsätzen zur Bejahung der Zuständigkeit. 11

Versorgungsausgleichssachen

102 Die deutschen Gerichte sind zuständig, wenn

1. **der Antragsteller oder der Antragsgegner seinen gewöhnlichen Aufenthalt im Inland hat,**
2. **über inländische Anrechte zu entscheiden ist oder**
3. **ein deutsches Gericht die Ehe zwischen Antragsteller und Antragsgegner geschieden hat.**

§ 102 regelt erstmalig die internationale Zuständigkeit für **isolierte Versorgungsausgleichssachen** (§ 217); bisher wurde die internationale Zuständigkeit des § 606 a I ZPO aF für Ehesachen entspr angewendet. Im Hinblick auf den vermögensrechtlichen Charakter der Versorgungsausgleichssachen sieht § 102 in Anlehnung an §§ 23, 23 a ZPO auch dann die internationale Zuständigkeit deutscher Gerichte vor, wenn über inländische Anrechte zu entscheiden ist. 1

Anknüpfungskriterien sind der gewöhnliche Aufenthalt des Antragstellers oder des Antragsgegners im Inland **(Nr 1)**, ferner, wenn über inländische Anrechte zu entscheiden ist **(Nr 2)** und wenn ein deutsches Gericht die Ehe zwischen dem Antragsteller und Antragsgegner geschieden hat **(Nr 3)**. Die Zuständigkeit nach Nr 3 soll die Geltendmachung ausländischer Anrechte ermöglichen. Wenn sowohl Antragsteller als auch Antragsgegner ihren gewöhnlichen Aufenthalt im Ausland haben, soll ihnen auch nach Abtrennung des Verfahrens über den Versorgungsausgleich dessen Geltendmachung vor einem deutschen Gericht ermöglicht werden; dabei wurde auch berücksichtigt, dass ein Versorgungsausgleich möglicherweise vor einem ausländischen Gericht nicht durchgeführt werden kann. 2

§ 103   Buch 1 – Allgemeiner Teil

3   **Nicht anwendbar** sind die EuGVVO (Art 1 II a EuGVVO) und die Brüssel II a-Verordnung (Art 1 I a der VO).

Lebenspartnerschaftssachen

103 (1) **Die deutschen Gerichte sind in Lebenspartnerschaftssachen, die die Aufhebung der Lebenspartnerschaft auf Grund des Lebenspartnerschaftsgesetzes oder die Feststellung des Bestehens oder Nichtbestehens einer Lebenspartnerschaft zum Gegenstand haben, zuständig, wenn**

1. **ein Lebenspartner Deutscher ist oder bei Begründung der Lebenspartnerschaft war,**
2. **einer der Lebenspartner seinen gewöhnlichen Aufenthalt im Inland hat oder**
3. **die Lebenspartnerschaft vor einer zuständigen deutschen Stelle begründet worden ist.**

(2) **Die Zuständigkeit der deutschen Gerichte nach Absatz 1 erstreckt sich im Falle des Verbunds von Aufhebungs- und Folgesachen auf die Folgesachen.**

(3) **Die §§ 99, 101, 102 und 105 gelten entsprechend.**

1. Anwendungsbereich

1   § 103 behandelt die internationale Zuständigkeit in Lebenspartnerschaftssachen; das sind nach Abs 1 nur die Verfahren, die zum Gegenstand haben die Aufhebung einer Lebenspartnerschaft auf Grund des LPartG (§ 15 LPartG) oder die Feststellung des Bestehens oder Nichtbestehens einer Lebenspartnerschaft (§ 1 LPartG). Dies entspricht der bisherigen Rechtslage nach § 661 III ZPO.

2   Im Falle des **Verbundes** von Aufhebungs- und Folgesachen erstreckt sich die internationale Zuständigkeit deutscher Gerichte auch auf die Folgesachen; auch dann, wenn eine isolierte internationale Zuständigkeit nicht gegeben ist. Diese Regelung entspricht der Vorschrift des § 98 II in Ehesachen.

2. Anknüpfungskriterien

3   § 103 knüpft an die Regelung des § 661 III ZPO aF an, vereinfacht diese Regelung jedoch. Anknüpfungsperson ist in Nr 1 und Nr 2 der Lebenspartner. Anknüpfungspunkte sind gleichrangig und miteinander konkurrierend die Heimatzuständigkeit, die Aufenthaltszuständigkeit; ferner die Begründung der Lebenspartnerschaft vor einer zuständigen deutschen Behörde (§ 1 II 2 LPartG).

Ein Lebenspartner muss Deutscher sein oder bei Begründung der Lebenspartnerschaft gewesen sein (Nr 1); zur Frage der Staatsangehörigkeit Rn 4, 5 zu § 99, zum gewöhnlichen Aufenthalt Rn 6 zu § 99; bei der Aufenthaltszuständigkeit spielt die Staatsangehörigkeit keine Rolle.

3. Internationale Zuständigkeit in weiteren Angelegenheiten

Abs 3 stellt klar, dass die Vorschriften über die internationale Zuständigkeit 4
in Kindschaftssachen (§ 99 iVm § 269 I Nr 3), Adoptionssachen (§ 101 iVm
§ 269 I Nr 4, § 9 VI LPartG), Versorgungsausgleichssachen (§ 102 iVm
§ 269 I Nr 7) und in den anderen Verfahren nach diesem Gesetz gemäß § 105
iVm § 269 I Nr 5, 6 und Nr 8–12 entsprechende Anwendung finden. Diese
Regelung entspricht im Wesentlichen dem bisherigen § 661 II ZPO.

4. Internationale Zuständigkeit im Bereich der Europäischen Union

Die Brüssel II a-Verordnung ist, soweit es sich um Angelegenheiten zwi- 5
schen den Lebenspartnern handelt, nicht anwendbar, weil die VO nur für die
Ehe von Mann und Frau gilt. Anwendbar ist Art 8 der Brüssel II a-Verordnung, weil Bezugspunkt das Kind ist; Art 8 der VO ist daher vorrangig in den
Angelegenheiten nach § 269 I Nr 3. Für Unterhaltssachen gilt Art 5 Nr 2
EuGVVO (Rn 7 zu § 105), die nach In-Kraft-Treten der EG-UnterhaltsVO
durch diese abgelöst werden wird (Rn 8 zu § 105).

Betreuungs- und Unterbringungssachen; Pflegschaft für Erwachsene

104 (1) **Die deutschen Gerichte sind zuständig, wenn der Betroffene oder der volljährige Pflegling**
1. **Deutscher ist oder**
2. **seinen gewöhnlichen Aufenthalt im Inland hat.**

Die deutschen Gerichte sind ferner zuständig, soweit der Betroffene oder der volljährige Pflegling der Fürsorge durch ein deutsches Gericht bedarf.

(2) § 99 Abs. 2 und 3 gilt entsprechend.

(3) **Die Absätze 1 und 2 sind im Fall einer Unterbringung nach § 312 Nr. 3 nicht anzuwenden.**

1. Anwendungsbereich

§ 104 behandelt die internationale Zuständigkeit in **Betreuungssachen** 1
nach § 271; das sind Verfahren zur Bestellung eines Betreuers und zur Aufhebung der Betreuung (Nr 1), Verfahren zur Anordnung eines Einwilligungsvorbehalts (Nr 2) sowie sonstige Verfahren, die die Betreuung eines
Volljährigen nach §§ 1896–1906 BGB betreffen, soweit es sich nicht um eine
Unterbringung handelt (Nr 3); ferner in Unterbringungssachen nach § 312
Nr 1 (Genehmigung einer freiheitsentziehenden Unterbringung eines Betreuten (§ 1906 I–III BGB) oder einer Person, die einen Dritten zu ihrer
freiheitsentziehenden Unterbringung bevollmächtigt hat (§ 1906 V BGB)
sowie nach § 312 Nr 2 (Genehmigung einer freiheitsentziehenden Maßnahme nach § 1906 IV BGB). **Nicht** einbezogen in den Anwendungsbereich des 2
§ 104 ist eine freiheitsentziehende Unterbringung eines Volljährigen nach den
Landesgesetzen über die Unterbringung psychisch Kranker (§ 312 Nr 3).

Ferner nicht erfasst wird die Genehmigung einer freiheitsentziehenden
Unterbringung eines Minderjährigen nach § 151 Nr 6; diese fällt in den
Anwendungsbereich des § 99.

§ 104

3   In den Anwendungsbereich des § 104 fallen ferner Angelegenheiten, die die **Pflegschaft** für Erwachsene betreffen nach § 340 Nr 1 (§§ 1911, 1913, 1914 BGB) sowie nach § 17 SachenRBerG.

2. Anknüpfungskriterien

4   Anknüpfungsperson ist der Betroffene, der Betreute, der Unterzubringende, der Pflegling. Anknüpfungspunkte sind gleichrangig und miteinander konkurrierend die Heimatzuständigkeit, die Aufenthaltszuständigkeit und die Fürsorgezuständigkeit.

5   Nach **Nr 1** ist die internationale Zuständigkeit deutscher Gerichte gegeben, wenn der Betroffene Deutscher (Rn 5 zu § 99) ist.

6   **Nr 2** knüpft an den gewöhnlichen Aufenthalt des Betroffenen im Inland an; in diesem Fall spielt die Staatsangehörigkeit keine Rolle (Rn 6 zu § 99).

7   Eine internationale Fürsorgezuständigkeit besteht überall da, wo der Betroffene der Fürsorge durch ein deutsches Gericht bedarf (Rn 7 zu § 99). Sie kann auch begründet sein bei schlichtem Aufenthalt oder Belegenheit von Vermögen (Keidel/Engelhardt, Rn 4 zu § 104).

3. Deutsche im Ausland

8   Abs 3 iVm § 99 II und III sehen Regelungen vor für Deutsche, die im Ausland ihren Wohnsitz oder Aufenthalt haben, wenn sowohl die deutschen Gerichte als auch die Gerichte eines anderen Staates zuständig sind (Rn 8, 9 zu § 99).

9   Eine Anordnung in den oben aufgeführten Angelegenheiten (Rn 10 zu § 99) kann **unterbleiben,** wenn durch eine Maßnahme im Ausland in gleichem Maße Schutz und Vorteile gewährt werden und die gleichzeitige Behandlung der Angelegenheit im Inland nicht geboten erscheint (Abs 2 iVm § 99 II).

10 Eine **Abgabe** an den ausländischen Staat kann erfolgen, wenn eine Angelegenheit im Inland bereits anhängig ist und dies im Interesse des Betroffenen angezeigt ist, ohne dass andere wichtige Gründe wie in § 4 herangezogen werden können. Weitere Voraussetzung ist, dass der ausländische Staat zur Übernahme bereit ist und der Betreuer, die Betreuer, der Pfleger zustimmen; bei Verweigerung kann die Zustimmung auf Anrufen des Gerichts unanfechtbar durch das im Instanzenzug vorgeordnete Gericht ersetzt werden (Abs 2 iVm § 99 III).

11 Die Abgabe bewirkt die **Beendigung** der Betreuung, der Pflegschaft, der Unterbringung. Bei eventueller Rückkehr sind neue Anordnungen erforderlich.

12 Das Gesetz zur Umsetzung des Haager Übereinkommens über den internationalen Schutz Erwachsener (Einl 70) regelt die internationale Zuständigkeit, die Anerkennung, die Vollstreckung und die grenzüberschreitende Zusammenarbeit bei Maßnahmen zum Schutz betreuungsbedürftiger Erwachsener sowie das anwendbare Recht, nicht jedoch das materielle Betreuungsrecht. Es ist am 1. 1. 2009 in Kraft getreten; es wurde bisher ratifiziert von Schottland, Deutschland und Frankreich. Es hat insoweit Vorrang vor § 104.

§ 105 Andere Verfahren **§ 105**

Andere Verfahren

105 In anderen Verfahren nach diesem Gesetz sind die deutschen Gerichte zuständig, wenn ein deutsches Gericht örtlich zuständig ist.

1. Anknüpfung an örtliche Zuständigkeit

Soweit keine ausdrückliche gesetzliche Regelung über die internationale 1
Zuständigkeit getroffen ist, wurde schon bisher nach der Rechtsprechung die internationale Zuständigkeit aus der örtlichen hergeleitet. War für eine Angelegenheit eine örtliche Zuständigkeit gegeben, begründete dies die internationale Zuständigkeit deutscher Gerichte. Waren ausländische Staatsangehörige mit Wohnsitz oder Aufenthalt im Inland (BayObLG, NJW 03, 596; OLG Düsseldorf, FGPrax 02, 75), auch bei nur kurzfristigem Aufenthalt, beteiligt mit der Folge, dass deutsche Gerichte örtlich zuständig waren, konnte auch deren internationale Zuständigkeit gegeben sein.

§ 105 bestimmt nun ausdrücklich, dass die internationale Zuständigkeit in den gesetzlich nicht geregelten Fällen aus der örtlichen Zuständigkeit hergeleitet wird.

2. Nachlass- und Teilungssachen

Für die internationale Zuständigkeit in Nachlasssachen fehlte bisher eine 2
ausdrückliche Bestimmung. Die Rechtsprechung hat für diese Angelegenheiten nicht an die örtliche Zuständigkeit angeknüpft, sondern wegen der engen Verbindung der Zuständigkeit mit dem materiellen Recht die internationale Zuständigkeit dann angenommen, wenn die Anwendung des deutschen Rechts in Betracht kam. Auch nach dem In-Kraft-Treten des IPR-Gesetzes wurde die Zuständigkeit der deutschen Nachlassgerichte regelmäßig nach dem Grundsatz des **Gleichlaufs** zwischen materiellem Recht und internationaler Zuständigkeit (eine Rechtsordnung als Gesamtstatut) bestimmt (BayObLG 01, 203; Rpfleger 04, 566; OLG Zweibrücken, FGPrax 97, 192).

Die internationale Zuständigkeit wurde **erweiternd** auch dann bejaht, 3
wenn die Tätigkeit des Nachlassgerichts der Verwirklichung des maßgeblichen ausländischen Rechts dienen soll, das ausländische Recht eine derartige Mitwirkung billigt und die Tätigkeit des Gerichts diesem nicht wesensfremd ist. Das Problem ist, ob sich die Maßnahmen des ausländischen Rechts im Rahmen des deutschen Verfahrensrechts verwirklichen lassen (Keidel/Winkler, Rn 18, 19 zu § 73 FGG).

Der Gesetzgeber hat sich trotz dieser Problematik dafür entschieden, für 4
Nachlass- und Teilungssachen keine Sonderregelung vorzusehen, sondern sie nach der allgemeinen Vorschrift des § 105 aus der **örtlichen** Zuständigkeit herzuleiten. Die internationale Zuständigkeit für diese Angelegenheiten ergibt sich daher nunmehr aus der örtlichen Zuständigkeit der §§ 343, 344. (Kritisch zu dieser Regelung: Zimmermann, FGPrax 06, 190.)

Mit der neuen Regelung wird die internationale Zuständigkeit auf die 5
Erteilung eines **unbeschränkten** Teilerbscheins **ausgeweitet** mit der Not-

§ 106

wendigkeit der Ermittlung ausländischen Erbrechts. Es wird jedoch weiterhin nach dem geänderten § 2369 I BGB möglich sein, nur in Bezug auf die im Inland befindlichen Nachlassgegenstände einen **gegenständlich beschränkten Erbschein** zu erteilen ohne die Notwendigkeit der Ermittlung ausländischen Rechts.

3. Unterhaltssachen

7   Im Bereich der Europäischen Union ergibt sich die Zuständigkeit für Unterhaltssachen aus Art 5 Nr 2 EuGVVO. Zuständig ist das Gericht des Ortes, an dem der Unterhaltsberechtigte seinen Wohnsitz oder gewöhnlichen Aufenthalt hat; im Falle einer Unterhaltssache, über die im Zusammenhang mit einem Verfahren über den Personenstand zu entscheiden ist, das für dieses Verfahren zuständige Gericht, es sei denn die Zuständigkeit beruht lediglich auf der Staatsangehörigkeit einer der Parteien. Die Anwendbarkeit dieser Zuständigkeitsregelung ist weit auszulegen. Erfasst werden gesetzliche und vertragliche Unterhaltsansprüche, Abänderungsverfahren, Ansprüche auf Verfahrenskostenvorschuss.

8   Die Anwendbarkeit der EuGVVO entfällt mit In-Kraft-Treten der EG-UnterhaltsVO (Verordnung (EG) Nr 4/2009 des Rates v 18. 12. 2008 über die Zuständigkeit und das anwendbare Recht in Unterhaltssachen, die Anerkennung und Vollstreckung von Unterhaltsentscheidungen und die Zusammenarbeit im Bereich der Unterhaltspflichten – ABl EU Nr L 7 v 10. 1. 2009 S 1) am 18. 6. 2011. Diese VO regelt den Unterhalt bei Sachverhalten mit Auslandsberührung. Die Zuständigkeitsregeln werden an die Stelle der entspr Regeln der EuGVVO treten. Abw von der EuGVVO werden die Zuständigkeitsregeln auch dann gelten, wenn der Beklagte nicht in einem Mitgliedstaat Aufenthalt hat; für Gerichtsstandsvereinbarungen sind Einschränkungen vorgesehen. Die UnterhaltsVO wird EG-intern Vorrang haben vor dem neuen Haager Unterhaltsübereinkommen.

Das Haager Protokoll regelt das „auf Unterhaltspflichten anzuwendende Recht". Die Anwendbarkeit des Protokolls ist Voraussetzung für die Anwendung der UnterhaltsVO in der Gemeinschaft. Für Entscheidungen aus solchen Mitgliedstaaten, die durch das Protokoll gebunden sind, entfällt die Notwendigkeit einer Vollstreckbarerklärung (Art 17 UnterhaltsVO); für nicht gebundene Staaten enthalten §§ 23 ff der VO der EuGVVO entspr Regeln; sie gelten praktisch nur für Dänemark. Im Einzelnen hierzu: Wagner, NJW 09, 1911; Kohler/Pintens, FamRZ 08, 1529).

Keine ausschließliche Zuständigkeit

106 Die Zuständigkeiten in diesem Unterabschnitt sind nicht ausschließlich.

1   § 106 stellt klar, dass die internationale Zuständigkeit keine ausschließliche Zuständigkeit ist, sondern **konkurrierend.** Ihr können in völkerrechtlichen Vereinbarungen geregelte Zuständigkeiten, soweit sie unmittelbar anwend-

§ 107 Anerkennung ausländischer Entscheidungen in Ehesachen § 107

bares innerstaatliches Recht geworden sind, vorgehen. Innerhalb der Europäischen Union sind Rechtsakte der Gemeinschaft vorrangig.

Die internationale Zuständigkeit ist in jeder Lage des Verfahrens **von Amts** 2 **wegen** zu prüfen. Zu ihrer Fortdauer: Rn 3 zu § 99. Es besteht keine Bindung an eine Verweisung nach § 571 II 2 ZPO.

§ 65 IV, demgemäß eine Beschwerde nicht darauf gestützt werden kann, 3 dass das Gericht des ersten Rechtszuges seine Zuständigkeit zu Unrecht angenommen hat, bezieht sich **nicht** auf die internationale Zuständigkeit. Dies entspricht den Regelungen in der ZPO nach § 545 II ZPO (BGH, NJW 03, 2822), § 576 II ZPO (BGH, NJW 04, 3706); auch diese Regelungen stehen einer Berufung auf fehlende internationale Zuständigkeit nicht entgegen.

Eine abweichende Regelung besteht nach **Art 18 LugÜ** im Anwendungs- 4 bereich dieses Übereinkommens; die internationale Zuständigkeit wird durch rügelose Einlassung begründet, auch in der Berufungsinstanz (BGH, NJW 07, 3501 mwN).

Unterabschnitt 3
Anerkennung und Vollstreckbarkeit ausländischer Entscheidungen

Anerkennung ausländischer Entscheidungen in Ehesachen

107 (1) Entscheidungen, durch die im Ausland eine Ehe für nichtig erklärt, aufgehoben, dem Ehebande nach oder unter Aufrechterhaltung des Ehebandes geschieden oder durch die das Bestehen oder Nichtbestehen einer Ehe zwischen den Beteiligten festgestellt worden ist, werden nur anerkannt, wenn die Landesjustizverwaltung festgestellt hat, dass die Voraussetzungen für die Anerkennung vorliegen. Hat ein Gericht oder eine Behörde des Staates entschieden, dem beide Ehegatten zur Zeit der Entscheidung angehört haben, hängt die Anerkennung nicht von einer Feststellung der Landesjustizverwaltung ab.

(2) Zuständig ist die Justizverwaltung des Landes, in dem ein Ehegatte seinen gewöhnlichen Aufenthalt hat. Hat keiner der Ehegatten seinen gewöhnlichen Aufenthalt im Inland, ist die Justizverwaltung des Landes zuständig, in dem eine neue Ehe geschlossen oder eine Lebenspartnerschaft begründet werden soll; die Landesjustizverwaltung kann den Nachweis verlangen, dass die Eheschließung oder die Begründung der Lebenspartnerschaft angemeldet ist. Wenn eine andere Zuständigkeit nicht gegeben ist, ist die Justizverwaltung des Landes Berlin zuständig.

(3) Die Landesregierungen können die den Landesjustizverwaltungen nach dieser Vorschrift zustehenden Befugnisse durch Rechtsverordnung auf einen oder mehrere Präsidenten der Oberlandesgerichte übertragen. Die Landesregierungen können die Ermächtigung nach Satz 1 durch Rechtsverordnung auf die Landesjustizverwaltungen übertragen.

§ 107

(4) Die Entscheidung ergeht auf Antrag. Den Antrag kann stellen, wer ein rechtliches Interesse an der Anerkennung glaubhaft macht.

(5) Lehnt die Landesjustizverwaltung den Antrag ab, kann der Antragsteller beim Oberlandesgericht die Entscheidung beantragen.

(6) Stellt die Landesjustizverwaltung fest, dass die Voraussetzungen für die Anerkennung vorliegen, kann ein Ehegatte, der den Antrag nicht gestellt hat, beim Oberlandesgericht die Entscheidung beantragen. Die Entscheidung der Landesjustizverwaltung wird mit der Bekanntgabe an den Antragsteller wirksam. Die Landesjustizverwaltung kann jedoch in ihrer Entscheidung bestimmen, dass die Entscheidung erst nach Ablauf einer von ihr bestimmten Frist wirksam wird.

(7) Zuständig ist ein Zivilsenat des Oberlandesgerichts, in dessen Bezirk die Landesjustizverwaltung ihren Sitz hat. Der Antrag auf gerichtliche Entscheidung hat keine aufschiebende Wirkung. Für das Verfahren gelten die Abschnitte 4 und 5 sowie § 14 Abs. 1 und 2 und § 48 Abs. 2 entsprechend.

(8) Die vorstehenden Vorschriften sind entsprechend anzuwenden, wenn die Feststellung begehrt wird, dass die Voraussetzungen für die Anerkennung einer Entscheidung nicht vorliegen.

(9) Die Feststellung, dass die Voraussetzungen für die Anerkennung vorliegen oder nicht vorliegen, ist für Gerichte und Verwaltungsbehörden bindend.

(10) War am 1. November 1941 in einem deutschen Familienbuch (Heiratsregister) auf Grund einer ausländischen Entscheidung die Nichtigerklärung, Aufhebung, Scheidung oder Trennung oder das Bestehen oder Nichtbestehen einer Ehe vermerkt, steht der Vermerk einer Anerkennung nach dieser Vorschrift gleich.

1. Anwendungsbereich

1 § 107 betrifft die Anerkennung von im Ausland ergangenen Entscheidungen, die eine Ehe für nichtig erklärt, aufgehoben, dem Ehebande nach oder unter Aufrechterhaltung des Ehebandes geschieden haben, oder durch die das Bestehen oder Nichtbestehen einer Ehe zwischen den Beteiligten festgestellt worden ist (Abs 1 S 1). § 107 tritt an die Stelle des bisher für die Anerkennung ausländischer Ehescheidungen geltenden Art 7 § 1 FamRÄndG. Nach Abs 1 S 2 sind wie bisher nach Art 7 § 1 I 3 FamRÄndG ausgenommen von der Notwendigkeit der Anerkennung durch die Landesjustizverwaltung Entscheidungen des gemeinsamen Heimatstaates beider Ehegatten. § 107 findet ebenso wie Art 7 § 1 FamRÄndG keine Anwendung auf ausländische Entscheidungen, die nicht die Ehe selbst betreffen, sondern mit der Entscheidung über die Ehe getroffen wurden, zB Unterhalt und elterliche Sorge. Gegenstand der Anerkennung sind „Entscheidungen"; dieser Begriff umfasst sowohl gerichtliche Entscheidungen als auch ausländische behördliche Entscheidungen, wenn diese in ihrer Funktion und dem angewandten Verfahren einer gerichtlichen Entscheidung vergleichbar sind.

2 Eine verfahrensrechtliche Anerkennung kommt für **ausländische Privatscheidungen** nicht in Betracht. Diese werden als Rechtsgeschäfte auf ihre

§ 107 Anerkennung ausländischer Entscheidungen in Ehesachen § 107

Wirksamkeit nach dem deutschen Kollisionsrecht, ggf nach vorrangig anwendbarem staatsvertraglichen Kollisionsrecht (Art 3 II EGBGB) geprüft. Sofern keine staatsvertraglichen Regelungen zur Anwendung kommen, ist Grundlage Art 17 I EGBGB (Wagner, FamRZ 06, 747).

Der Anwendungsbereich des § 107 ist ebenso wie der des Art 7 § 1 **3** FamRÄndG eingeschränkt durch **die VO Brüssel II a,** deren Anwendungsbereich ua die Anerkennung von Entscheidungen in Ehesachen aus einem Mitgliedstaat in einem anderen Mitgliedstaat mit Ausnahme Dänemarks ist. In diesem Anwendungsbereich bedarf es keines besonderen Anerkennungsverfahrens (Art 21 I der VO). Das Anerkennungsverfahren erfasst daher nur noch Entscheidungen ausländischer Staaten außerhalb der EU und Entscheidungen Dänemarks.

2. Zuständigkeit

Zuständig ist die Landesjustizverwaltung des Landes, in dem einer der **4** Ehegatten seinen gewöhnlichen Aufenthalt hat; sofern keiner der Ehegatten seinen gewöhnlichen Aufenthalt im Inland hat, die Justizverwaltung des Landes, in dem die neue Ehe geschlossen oder eine Lebenspartnerschaft begründet (§ 1 II 2 LPartG) werden soll. Die Justizverwaltung kann den Nachweis verlangen, dass die Eheschließung oder die Begründung der Lebenspartnerschaft angemeldet ist. Ist keine der vorstehenden Zuständigkeiten gegeben, ist die Justizverwaltung des Landes Berlin zuständig (Abs 2).

Die Landesregierungen können die den Landesjustizverwaltungen zuste- **5** henden Befugnisse durch **Rechtsverordnungen** auf einen oder mehrere Präsidenten der Oberlandesgerichte übertragen (Abs 3 S 1); die Landesregierungen können auch die Ermächtigung zur Übertragung der Befugnisse auf Präsidenten der Oberlandesgerichte durch Rechtsverordnung auf die Landesjustizverwaltungen übertragen (Abs 3 S 2).

3. Verfahren

Das Verfahren wird auf **Antrag** eingeleitet, nach Abs 4 der Antrag auf **6** Feststellung, dass die Voraussetzungen für eine Anerkennung vorliegen, nach **Abs 8** der Antrag, dass die Voraussetzungen für eine Anerkennung nicht vorliegen. Voraussetzung ist, dass der Antragsteller ein rechtliches Interesse an der Feststellung glaubhaft (§ 31) macht **(Abs 4 Satz 2).**

Die Entscheidung der Landesjustizverwaltung, die entweder auf Ablehnung **7** (Abs 5) oder Feststellung der Anerkennung lauten kann (Abs. 6 Satz 1), wird nach Abs 6 Satz 2 mit der Bekanntgabe (§ 41) an den Antragsteller **wirksam** (§ 40); die Landesjustizverwaltung kann jedoch bestimmen, dass die Entscheidung erst nach Ablauf einer von ihr zu bestimmenden Frist wirksam wird (Abs 6 Satz 3).

Die Entscheidung des **Oberlandesgerichts** kann beantragt werden bei Ab- **8** lehnung der Feststellung der Antragsteller, bei Anerkennung ein Ehegatte, der den Antrag nicht gestellt hat (Abs 5, 6). Der Antrag hat keine aufschiebende Wirkung (Abs 7 Satz 2). Zuständig ist der Zivilsenat des Oberlandesgerichts, in dessen Bezirk die Landesjustizverwaltung ihren Sitz

§ 107
Buch 1 – Allgemeiner Teil

hat (Abs 7 Satz 1). Für das Verfahren vor dem Oberlandesgericht verweist Abs 7 Satz 3 auf die Abschnitte 4 und 5 sowie § 14 I 2 (Elektronische Akte, elektronisches Dokument) und § 48 II (Wiederaufnahme). Aus dem Hinweis auf Abschnitt 4 (§§ 49–57) folgt, dass das Gericht vor der Entscheidung eine einstweilige Anordnung erlassen kann, aus dem Hinweis auf Abschnitt 5 (§§ 58–75), dass der Antrag auf Entscheidung durch das Oberlandesgericht nach § 63 fristgebunden ist; die Frist beträgt einen Monat. Bisher bestand eine solche Frist nicht. Durch die jetzige Regelung kann die Entscheidung des Oberlandesgerichts rechtskräftig werden. Die Feststellung, dass die Voraussetzungen für die Anerkennung vorliegen oder nicht vorliegen, ist für Gerichte und Verwaltungsbehörden bindend (Abs 9).

9 Die **Anfechtbarkeit** der Entscheidung des Oberlandesgerichts ergibt sich aus §§ 70 ff. Sie war bisher durch Art 7 § 1 Abs 6 Satz 5 FamRÄndG ausgeschlossen. Nunmehr ist die Rechtsbeschwerde zum Bundesgerichtshof eröffnet.

10 Eine **Übergangsvorschrift** enthält Abs 10. Danach steht einer Anerkennung nicht entgegen, wenn am 1. November 1941 in einem deutschen Familienbuch (Heiratsregister) auf Grund einer ausländischen Entscheidung die Nichtigerklärung, Aufhebung, Scheidung oder Trennung oder das Bestehen oder Nichtbestehen einer Ehe vermerkt war.

4. VO Brüssel II a

11 Diese VO geht in ihrem Anwendungsbereich sowohl dem § 107 als auch Staatsverträgen, die die Mitgliedstaaten vereinbart haben, vor. In den Anwendungsbereich fallen ua die Ehescheidung, die Trennung ohne Auflösung des Ehebandes und die Ungültigkeitserklärung einer Ehe (Art 1 I a der VO).

12 Für die Anerkennung der Entscheidungen bedarf es keines besonderen Verfahrens (Art 21 I der VO). Die Gerichte können hierüber als **Vorfrage** entscheiden (Art 21 V der VO).

13 Eine Entscheidung über die Anerkennung oder Nichtanerkennung der Entscheidung in der Ehesache kann **auf Antrag** bei rechtlichem Interesse erfolgen; neben den Ehegatten können ein rechtliches Interesse auch Kinder, Erben, Behörden haben. Ein rechtliches Interesse kann vorliegen, wenn Gerichte oder Behörden die Frage unterschiedlich beurteilen, oder ein Ehepartner die Anerkennungsfähigkeit verneint. Die Entscheidung hat nur Wirkung zwischen den Beteiligten (Art 21 III der VO).

14 Gründe für eine **Nichtanerkennung** ergeben sich aus Art 22 der VO. Eine Entscheidung ist danach nicht anzuerkennen, wenn sie der öffentlichen Ordnung des Mitgliedstaates, in dem sie beantragt wird, widerspricht **(a),** bei Nichteinlassung, wenn das verfahrenseinleitende Schriftstück dem Antragsgegner nicht so rechtzeitig oder in einer Weise zugestellt wurde, dass er sich verteidigen konnte, es sei denn es wird festgestellt, dass er mit der Entscheidung eindeutig einverstanden ist **(b),** wenn die Entscheidung mit einer Entscheidung unvereinbar ist, die in einem anderen Verfahren zwischen denselben Parteien in dem Mitgliedstaat, in dem die Anerken-

nung beantragt wird, ergangen ist (c), wenn die Entscheidung mit einer früheren Entscheidung unvereinbar ist, die in einem anderen Mitgliedstaat oder in einem Drittstaat zwischen denselben Parteien ergangen ist, sofern die frühere Entscheidung die notwendigen Voraussetzungen für ihre Anerkennung in dem Mitgliedstaat erfüllt in dem die Anerkennung beantragt wird (d).

Anerkennung anderer ausländischer Entscheidungen

108 (1) **Abgesehen von Entscheidungen in Ehesachen werden ausländische Entscheidungen anerkannt, ohne dass es hierfür eines besonderen Verfahrens bedarf.**

(2) **Beteiligte, die ein rechtliches Interesse haben, können eine Entscheidung über die Anerkennung oder Nichtanerkennung einer ausländischen Entscheidung nicht vermögensrechtlichen Inhalts beantragen. § 107 Abs. 9 gilt entsprechend. Für die Anerkennung oder Nichtanerkennung einer Annahme als Kind gelten jedoch die §§ 2, 4 und 5 des Adoptionswirkungsgesetzes, wenn der Angenommene zur Zeit der Annahme das 18. Lebensjahr nicht vollendet hatte.**

(3) **Für die Entscheidung über den Antrag nach Absatz 2 Satz 1 ist das Gericht örtlich zuständig, in dessen Bezirk zum Zeitpunkt der Antragstellung**
1. **der Antragsgegner oder die Person, auf die sich die Entscheidung bezieht, sich gewöhnlich aufhält oder**
2. **bei Fehlen einer Zuständigkeit nach Nummer 1 das Interesse an der Feststellung bekannt wird oder das Bedürfnis der Fürsorge besteht.**

Diese Zuständigkeiten sind ausschließlich.

Übersicht

1. Anwendungsbereich	1
2. Grundsatz der Anerkennung	3
3. Anerkennungsfeststellungsverfahren	4
4. Anerkennung von Adoptionen	8
5. Vorrang	14
6. Anerkennung nach der VO Brüssel II a	24
7. Ausführungsbestimmungen	25

1. Anwendungsbereich

Anerkennung bedeutet, dass die Entscheidung grundsätzlich im Inland die Wirkung entfaltet, die ihr der Entscheidungsstaat beilegt. Gegenstand der Anerkennung sind ausländische Entscheidungen. Darunter sind sowohl gerichtliche als auch behördliche Entscheidungen zu verstehen, behördliche Entscheidungen, wenn diese in ihrer Funktion und dem angewandten Verfahren einer gerichtlichen Entscheidung vergleichbar sind. § 108 betrifft die Anerkennung ausländischer Entscheidungen, soweit es sich **nicht um Ehesachen** nach § 107 handelt.

§ 108

Buch 1 – Allgemeiner Teil

2 **Ausgenommen** von dem isolierten Anerkennungsverfahren des Abs 2 sind jedoch ausländische **Adoptionsentscheidungen,** soweit der Angenommene im Zeitpunkt der Annahme das achtzehnte Lebensjahr nicht vollendet hatte (Abs 2 Satz 1).

2. Grundsatz der Anerkennung

3 (Wagner, Anerkennung und Wirksamkeit ausländischer familienrechtlicher Rechtsakte nach autonomen deutschen Recht, FamRZ 06, 744). Ausländische Entscheidungen in Angelegenheiten der freiwilligen Gerichtsbarkeit waren grundsätzlich anzuerkennen, sofern sie nach ausländischem Recht wirksam waren. § 16 a FGG setzte diesen Grundsatz voraus und behandelte nur die Voraussetzungen für einen Ausschluss der Anerkennung, die jetzt Gegenstand des § 109 sind. **Abs 1** schließt an den unausgesprochenen Grundsatz des § 16 a FGG an und bestimmt ausdrücklich, dass es für die Anerkennung ausländischer Entscheidungen mit Ausnahme der Ehesachen (§ 107) eines besonderen Verfahrens nicht bedarf. Über die Anerkennung wird als Vorfrage in dem Verfahren entschieden, in dem sie für die Entscheidung erheblich ist. Die Anerkennung steht einer nachträglichen abändernden Entscheidung nicht entgegen; ausländische Entscheidungen können geändert werden, wenn das deutsche Gericht international zuständig ist und das anwendbare Recht dies zulässt (BGH, FamRZ 83, 806; NJW-RR 86, 1130).

3. Anerkennungsfeststellungsverfahren

4 Abw von dem bisherigen Recht lässt **Abs 2** auf Antrag ein **isoliertes** Anerkennungsverfahren zu; es ist auf Entscheidungen **nicht vermögensrechtlichen** Inhalts beschränkt. Entscheidungen über vermögensrechtliche Ansprüche wurden nicht einbezogen, weil diese vor der Vollstreckung nach § 110 II, III der Vollstreckbarerklärung bedürfen,

5 **Ausnahme** nach Abs 2 Satz 3 ist die Anerkennung oder Nichtanerkennung einer Annahme als Kind, wenn der Angenommene zur Zeit der Annahme das achtzehnte Lebensjahr nicht vollendet hatte; in diesem Fall kommen die §§ 2, 4 und 5 des Adoptionswirkungsgesetzes zur Anwendung.

6 **Zuständig** für die Entscheidung über einen Antrag, isoliert über die Anerkennung oder Nichtanerkennung zu entscheiden, ist das Gericht, in dessen Bezirk im Zeitpunkt der Antragstellung der Antragsgegner oder die Person (Kind, Mündel, Pflegling, Betreuter), auf die sich die Entscheidung bezieht, seinen gewöhnlichen Aufenthalt hat (Nr 1) oder bei Fehlen eines gewöhnlichen Aufenthalts im Inland das Interesse an der Feststellung bekannt wird oder das Bedürfnis der Fürsorge besteht (Nr 2). Die Zuständigkeit ist **ausschließlich** (Abs 3 Satz 2).

7 Die Feststellung, dass die Voraussetzungen für die Anerkennung vorliegen oder nicht, ist für Gerichte und Verwaltungsbehörden **bindend** (Abs 2 Satz 2 iVm § 107 IX).

4. Anerkennung von Adoptionen

Das Haager Übereinkommen über den Schutz von Kindern und die internationale Zusammenarbeit auf dem Gebiet der internationalen Adoption v 29. 5. 1993 (BGBl 2001 II S. 1034) iVm dem Gesetz zur Ausführung v 5. 11. 2001 (BGBl I S. 2950) – Adoptionsübereinkommensausführungsgesetz – **AdÜbAG** – behandelt die Anerkennung von Adoptionen. Adoptionen, die unter das Abkommen fallen, werden anerkannt, ohne dass es eines besonderen Verfahrens bedarf. 8

Ein **Feststellungsverfahren** kann nach § 2 des Gesetzes über Wirkungen der Annahme als Kind nach ausländischem Recht – AdWirkG – vom 5. 11. 2001 (BGBl I S. 2953), der die Annahme Minderjähriger behandelt, erfolgen; Antrag nach § 4 AdWirkG; sachliche Zuständigkeit des Familiengerichts, in dessen Bezirk ein Oberlandesgericht seinen Sitz hat, für den Bezirk des Oberlandesgerichts; das Amtsgericht Schöneberg für den Bezirk des Kammergerichts (§ 5 I 1 AdWirkG); für die örtliche und internationale Zuständigkeit gelten §§ 187, 101 (§ 5 I 1 AdWirkG). Kommen bei der Adoption durch einen oder beide Ehegatten nach dem Ehewirkungsstatut ausländische Sachvorschriften zur Anwendung, bestimmt § 5 I 1, II AdWirkG die örtliche Zuständigkeit. 9

Auf Antrag stellt das Gericht fest, ob eine Annahme als Kind anzuerkennen ist (Dekretadoption) oder wirksam ist (Vertragsadoption). Die Anerkennung ist dann zu versagen, wenn die ausländische Entscheidung ohne Prüfung der Elterneignung und ohne Anhörung der Beteiligten ergangen ist und damit gegen unverzichtbare Prinzipien des deutschen Adoptionsrechts verstößt (OLG Celle, FamRZ 08, 1109 m Anm Weigel; LG Potsdam, FamRZ 08, 1108; AG Köln, FamRZ 08, 1111 m Anm Gerling; OLG Köln, FGPrax 09, 221; OLG Frankfurt/M, FamRZ 09, 1605: nur formale Prüfung verstößt gegen den deutschen *ordre public;* OLG Hamm, Rpfleger 11, 85: Thailand). Das AdWirkG geht über den Grundsatz der verfahrensrechtlichen Anerkennung hinaus; es lässt auch Entscheidungen über materiellrechtliche Wirkungen zu. Im Rahmen der Anerkennung einer ausländischen Dekretadoption ist auch darüber zu entscheiden, ob das **Eltern-Kind-Verhältnis** des Kindes zu seinen bisherigen Eltern durch die Annahme **erloschen** ist. Ist dies der Fall, wird festgestellt, dass das Annahmeverhältnis einem nach deutschen Vorschriften begründeten Annahmeverhältnis gleichsteht (§ 2 II S 1 Nr 1 AdWirkG). **Besteht** das Eltern-Kind-Verhältnis **fort,** beschränkt sich die Feststellung auf die elterliche Sorge und die Unterhaltspflicht des Annehmenden (§ 2 II S 1 Nr 2 AdWirkG). Nach § 3 I, II AdWirkG können unter bestimmten Voraussetzungen eine schwache Adoption oder eine in ihren Wirkungen von einer deutschen Adoption abw ausländische Adoption in eine deutsche Volladoption **umgewandelt** werden (Wagner, FamRZ 06, 751). 10 11 12 13

5. Vorrang

Vorschriften über die Anerkennung ausländischer Entscheidungen, die in bilateralen Staatsverträgen, internationalen Übereinkommen und für den Bereich der Europäischen Union mit Ausnahme Dänemarks (Art 249, 299 EG) in EG-Verordnungen enthalten sind, haben Vorrang vor § 108. 14

§ 108

Buch 1 – Allgemeiner Teil

15 **Völkerrechtliche Vereinbarungen,** die § 108 in ihrem Anwendungsbereich vorgehen:

16 Das Haager Übereinkommen vom 5. 10. 1961 über die Zuständigkeit der Behörden und das anzuwendende Recht auf dem Gebiet des Schutzes Minderjähriger – MSA – bestimmt in Art 7, dass die von den zuständigen Behörden getroffenen Maßnahmen in allen Vertragsstaaten anzuerkennen sind, es sei denn, sie verstoßen gegen den ordre public (Art 16); auf Grund dieser Maßnahmen notwendige Vollstreckungshandlungen bestimmen sich entweder nach dem Recht des Staates, in dem die Vollstreckung beantragt wird, oder nach zwischenstaatlichen Übereinkünften.

17 Das Übereinkommen über die Anerkennung und Vollstreckung; von Entscheidungen über das Sorgerecht für Kinder und die Wiederherstellung des Sorgeverhältnisses v 20. 5. 1980 (Europäisches Sorgerechtsübereinkommen – ESÜ – BGBl II 1990, S. 220) regelt die innerstaatliche Anerkennung und Vollstreckung von Sorgerechtsentscheidungen über noch nicht 16 Jahre alte Kinder nach dem Grundsatz, dass jede in einem Vertragsstaat ergangene Sorgerechts- und Umgangsentscheidung in jedem anderen Vertragsstaat anerkannt und für vollstreckbar erklärt wird, wenn nicht besondere Versagungsgründe entgegenstehen.

18 Das Haager Übereinkommen über die zivilrechtlichen Aspekte internationaler Kindesentführung v 25. 10. 1988 – HKÜ – geht in seinem Anwendungsbereich dem Haager Übereinkommen v 5. 10. 1961 vor. Es will dem verletzten Sorgerecht durch eine Rückführungsentscheidung zur Wirksamkeit verhelfen und die Beachtung des Sorge- und Umgangsrechts in allen anderen Vertragsstaaten sicherstellen.

19 Das **Haager Übereinkommen** über die Zuständigkeit, das anzuwendende Recht, die Anerkennung, Vollstreckung und Zusammenarbeit auf dem Gebiet der elterlichen Verantwortung und die Maßnahmen zum Schutz von Kindern v 19. 10. 1996 – KSÜ – ist am 1. 1. 2011 in Kraft getreten (BGBl 2009 II S. 622; BGBl 2010 II S. 1527).

20 **EG-Verordnungen.** Diese gehen in ihrem jeweiligen Anwendungsbereich im Verhältnis der Mitgliedstaaten der Europäischen Union (mit Ausnahme Dänemarks) zueinander § 108 und völkerrechtlichen Vereinbarungen vor.

21 Die Verordnung (EG) Nr 44/2001 über die gerichtliche Zuständigkeit und die Anerkennung und Vollstreckung von Entscheidungen in Zivil- und Handelssachen **(EuGVVO)** v 22. 12. 2000, in Kraft seit dem 1. 3. 2002, ist im Bereich der freiwilligen Gerichtsbarkeit nur anwendbar auf privatrechtliche, nicht auch auf öffentlich-rechtliche Streitsachen; nicht anwendbar ist die VO (Art 1 II a VO) auf den Kernbereich der freiwilligen Gerichtsbarkeit, Ehesachen, Versorgungsausgleich, Ehewohnung und Hausrat, Erbrecht einschließlich Testamentsrecht.

22 Die Verordnung (EG) Nr 1347/2000 über die Zuständigkeit und die Anerkennung und Vollstreckung von Entscheidungen in Ehesachen und in Verfahren betr die elterliche Verantwortung für die gemeinsamen Kinder der Ehegatten (EheVO) v 29. 5. 2000, in Kraft seit dem 1. 3. 2001 wurde mWv 1. 3. 2005 ersetzt durch die VO (EG) Nr 2201/2003 **(Brüssel II a)** (ABl EG Nr L 338 S 1). Der **Anwendungsbereich** wurde erweitert auf alle Kinder und auf Entscheidungen über die elterliche Verantwortung, die unabhängig von einer Trennung oder Scheidung der Eltern zu treffen sind, insbesondere auf das Sorgerecht, das Umgangsrecht, die Vormundschaft, die Pflegschaft und entspr Rechtsinstitute, die Bestimmung und den Aufgabenbereich jeder Person oder Stelle, die für die Person oder das Vermögen des Kindes verantwortlich ist, es vertritt oder ihm beisteht, die Unterbringung des Kindes in einer Pflegefamilie oder einem Heim, Maßnahmen zum Schutz des Kindes im Zusammenhang mit der Verwaltung und Erhaltung seines Vermögens oder der Verfügung darüber; nicht in den Anwendungsbereich fallen ua nach Art 1 III Feststellung, Anfechtung des Eltern-Kind-Verhältnisses, Adoptionsentscheidungen, Namensrecht des Kindes, Volljährigkeitserklärung.

Die VO hat, soweit ihr Anwendungsbereich die elterliche Verantwortung betrifft, Vorrang vor dem Haager Minderjährigen-Schutzabkommen (MSA) und dem Europäischen Sorgerechtsübereinkommen (ESÜ). Das Haager Übereinkommen über die zivilrechtlichen Aspekte internationaler Kindesentführung (HÜK) bleibt als eigenständige Rechtsgrundlage erhalten. 23

6. Anerkennung nach der VO Brüssel II a

Im Anwendungsbereich dieser VO werden die in einem Mitgliedstaat ergangenen Entscheidungen in den anderen Mitgliedstaaten anerkannt, ohne dass es dafür eines besonderen Verfahrens bedarf (Art 21 I der VO). Die Anerkennung ist in einem Rechtsstreit als Vorfrage zu klären (Art 21 IV der VO): Eine Entscheidung über die Anerkennung oder Nichtanerkennung einer Entscheidung kann jedoch auf Antrag bei rechtlichem Interesse erfolgen (Art 21 III der VO). Umstritten ist die Frage, ob einstweilige Maßnahmen nach Art 20 I der VO Brüssel II a, die in dringenden Fällen nach dem nationalen Recht des Mitgliedstaates in Bezug auf in diesem Staat befindliche Personen oder Sachen ergehen können, Entscheidungen im Sinn des Art 2 Nr 4 der VO sind und nach Art 21 der VO anerkannt werden können. Der BGH hat diese Frage dem EuGH nach Art 234 EG zur Vorabentscheidung vorgelegt (FamRZ 09, 1297 mwN; Anm Helms, FamRZ 09, 1440). Der EuGH hat in seiner Entscheidung v 15. 7. 2010, NJW 10, 2861, die Art 21 ff der VO für nicht anwendbar auf einstweilige Maßnahmen nach Art 20 der VO (hier: Herausgabe eines Kindes) erklärt, weil Entscheidungen nach Art 20 der VO nur territoriale Wirkung haben. 24

7. Ausführungsbestimmungen

Die völkerrechtlichen Vereinbarungen und EG-Verordnungen bedürfen ergänzender Ausführungsbestimmungen durch das nationale Recht. 25

Das Internationale Familienrechtsverfahrensgesetz (**IntFamRVG**) enthält eigenständige Regelungen zur Durchführung familienrechtlicher Übereinkünfte und EG-Verordnungen (Einl 64). Es bestimmt in § 10 die **örtliche Zuständigkeit** für die Anerkennung und Vollstreckung aus Art 21 III, 48 I und den Art 41, 42 der VO Brüssel II a sowie für das Europäische Sorgerechtsübereinkommen, in § 11 für Verfahren nach dem Haager Kindesentführungsübereinkommen. § 12 sieht eine Zuständigkeitskonzentration bei 26

§ 109

einem Familiengericht in einem Oberlandesgerichtsbezirk vor. **§ 13,** der dem aufgehobenen § 64a entspricht, **erweitert die Zuständigkeitskonzentration** auch auf andere sorge- und umgangsrechtliche Verfahren einschließlich Vollstreckungsmaßnahmen. Das Gericht wird dadurch in die Lage versetzt, eine ausländische Sorgeentscheidung durch eine Herausgabeanordnung zu ergänzen oder eine ausländische Umgangsregelung aktuellen Gegebenheiten anzupassen. Die Absätze 2 bis 4 des § 13 regeln Verfahren und Abgabemöglichkeiten bei paralleler Rechtshängigkeit vor dem zentralisierten Gericht und dem nach allgemeinen Vorschriften zuständigen Familiengericht.

Die Entscheidung über die Zulassung der Zwangsvollstreckung, deren Bekanntmachung, Wirksamwerden und die Erteilung der Vollstreckungsklausel behandeln die §§ 20 bis 23 IntFamRVG.

Die bisherigen Ausführungsvorschriften, das Sorgerechtsübereinkommens-Ausführungsgesetz und das Gesetz zur Ausführung des Haager Übereinkommens über die zivilrechtlichen Aspekte internationaler Kindesentführung sind aufgehoben worden.

Anerkennungshindernisse

109 (1) Die Anerkennung einer ausländischen Entscheidung ist ausgeschlossen,
1. wenn die Gerichte des anderen Staates nach deutschem Recht nicht zuständig sind;
2. wenn einem Beteiligten, der sich zur Hauptsache nicht geäußert hat und sich hierauf beruft, das verfahrenseinleitende Dokument nicht ordnungsgemäß oder nicht so rechtzeitig mitgeteilt worden ist, dass er seine Rechte wahrnehmen konnte;
3. wenn die Entscheidung mit einer hier erlassenen oder anzuerkennenden früheren ausländischen Entscheidung oder wenn das ihr zugrunde liegende Verfahren mit einem früher hier rechtshängig gewordenen Verfahren unvereinbar ist;
4. wenn die Anerkennung der Entscheidung zu einem Ergebnis führt, das mit wesentlichen Grundsätzen des deutschen Rechts offensichtlich unvereinbar ist, insbesondere wenn die Anerkennung mit den Grundrechten unvereinbar ist.

(2) Der Anerkennung einer ausländischen Entscheidung in einer Ehesache steht § 98 Abs. 1 Nr. 4 nicht entgegen, wenn ein Ehegatte seinen gewöhnlichen Aufenthalt in dem Staat hatte, dessen Gerichte entschieden haben. Wird eine ausländische Entscheidung in einer Ehesache von den Staaten anerkannt, denen die Ehegatten angehören, steht § 98 der Anerkennung der Entscheidung nicht entgegen.

(3) § 103 steht der Anerkennung einer ausländischen Entscheidung in einer Lebenspartnerschaftssache nicht entgegen, wenn der Register führende Staat die Entscheidung anerkennt.

(4) Die Anerkennung einer ausländischen Entscheidung, die
1. Familienstreitsachen,
2. die Verpflichtung zur Fürsorge und Unterstützung in der partnerschaftlichen Lebensgemeinschaft,

§ 109 Anerkennungshindernisse **§ 109**

3. die Regelung der Rechtsverhältnisse an der gemeinsamen Wohnung und an den Haushaltsgegenständen der Lebenspartner,
4. Entscheidungen nach § 6 Satz 2 des Lebenspartnerschaftsgesetzes in Verbindung mit den §§ 1382 und 1383 des Bürgerlichen Gesetzbuchs oder
5. Entscheidungen nach § 7 Satz 2 des Lebenspartnerschaftsgesetzes in Verbindung mit den §§ 1426, 1430 und 1452 des Bürgerlichen Gesetzbuchs

betrifft, ist auch dann ausgeschlossen, wenn die Gegenseitigkeit nicht verbürgt ist.

(5) Eine Überprüfung der Gesetzmäßigkeit der ausländischen Entscheidung findet nicht statt.

1. Anwendungsbereich

Ausländische Entscheidungen werden nach § 108 I abgesehen von Ehesachen anerkannt, ohne dass es eines besonderen Verfahrens bedarf. Bei rechtlichem Interesse kann auf Antrag eine Entscheidung über die Anerkennung oder Nichtanerkennung nach § 108 II ergehen. Im Rahmen eines Anerkennungsverfahrens sind die gesetzlichen **Anerkennungshindernisse** zu berücksichtigen, sonst im Rahmen der Prüfung als Vorfrage. 1

Die Anerkennungshindernisse nach **Abs 1 Nr 1–4** betreffen die Angelegenheiten der freiwilligen Gerichtsbarkeit, die Familiensachen, die Ehesachen und die Lebenspartnerschaftssachen; ferner die Familienstreitsachen. **Abs 2** sieht eine Abweichung von den Anerkennungshindernissen nach Abs 1 Nr 1–4 für Ehesachen, **Abs 3** eine Abweichung für Lebenspartnerschaftssachen vor. 2

Eine **Verbürgung der Gegenseitigkeit** wurde bisher nach § 16 a FGG nicht gefordert. Bei diesem Grundsatz bleibt auch § 109 mit Ausnahme der in **Abs 4 Nr 1–5** aufgeführten Angelegenheiten bei diesen ist die Anerkennung ausgeschlossen, wenn die Gegenseitigkeit nicht verbürgt ist. Es handelt sich hierbei um die Familienstreitsachen (§ 112) und einzelne Angelegenheiten der Lebenspartnerschaftssachen. 3

Die **Verordnung Brüssel II a**, die im Bereich der Europäischen Union vorrangig zur Anwendung kommt, sieht zum Teil **abw Anerkennungshindernisse** vor, in Art 22 der VO für Ehesachen und in Art 23 der VO für Entscheidungen über die elterliche Verantwortung. 4

2. Anerkennungshindernisse nach Abs 1–3

Abs 1 übernimmt die Anerkennungshindernisse des § 16 a FGG. 5

Nach **Nr 1** ist eine Anerkennung ausgeschlossen, wenn das Gericht des ausländischen Staates nach deutschem Recht nicht international zuständig war (BayObLG, FamRZ 79, 1015; BGH, NJW 83, 2275); hierbei ist nicht auf den Zeitpunkt der Entscheidung des ausländischen Gerichts abzustellen, sondern auf den Zeitpunkt der Anerkennung. Eine konkurrierende Zuständigkeit des deutschen und des ausländischen Gerichts stehen der Anerkennung nicht entgegen (OLG Hamm, FamRZ 76, 529). 6

§ 109

7   Nach **Nr 2** ist eine Anerkennung ausgeschlossen wenn ein Beteiligter sich zur Hauptsache nicht geäußert hat (BayObLG, FamRZ 05, 923) und sich darauf beruft, dass ihm das verfahrenseinleitende Schriftstück nicht ordnungsgemäß (OLG Zweibrücken, FamRZ 05, 997) und nicht so rechtzeitig mitgeteilt (BGH, NJW 06, 701; BayObLG FamRZ 02, 1423; 04, 274) worden ist, dass er seine Rechte wahrnehmen konnte oder, soweit ein förmlich das Verfahren einleitendes Schriftstück nicht erforderlich ist, er nicht rechtzeitig durch das Gericht unterrichtet wurde. Diese Voraussetzung ist nicht von Amts wegen zu beachten, sondern nur, wenn der Beteiligte sich darauf beruft. Nichteinlegung eines Rechtsmittels gegen die ausländische Entscheidung steht nicht entgegen (BayObLG, FamRZ 00, 1170). Auf ein Einverständnis mit der ausländischen Entscheidung kommt es anders als nach Art 22 b, Art 23 c der VO Brüssel II a nicht an.

8   Nach **Nr 3** ist eine Anerkennung ausgeschlossen, wenn die Entscheidung mit einer deutschen Entscheidung, auch einer einstweiligen Anordnung (BGH, NJW 92, 3108), die nicht notwendig vor der ausländischen Entscheidung erlassen worden sein muss, einer früher erlassenen ausländischen Entscheidung (OLG Frankfurt, NJW 92, 3108; FamRZ 92, 463) oder mit einem früher im Inland rechtshängig gewordenen Verfahren unvereinbar ist; Unvereinbarkeit liegt vor, wenn die Ergebnisse der Urteile in Widerspruch stehen. Eine Rechtskraft des deutschen Urteils wird nicht vorausgesetzt. Die Rechtsstreitigkeiten müssen im Kernpunkt übereinstimmen; die Identität der Beteiligten wird nicht als Voraussetzung aufgestellt (OLG Hamm, FamRZ 01, 1015); eine Unvereinbarkeit nach deutschem Prozessrecht kann auch über die unmittelbar Beteiligten hinaus in Frage kommen.

9   Nach **Nr 4** ist eine Anerkennung ausgeschlossen, wenn die ausländische Entscheidung zu einem Ergebnis führt, das mit wesentlichen Grundsätzen des deutschen Rechts **offensichtlich unvereinbar** ist, insbesondere, wenn die Anerkennung mit den Grundrechten unvereinbar ist. Das ist dann der Fall, wenn die Entscheidung mit den der deutschen Rechtsordnung zu Grunde liegenden Gerechtigkeitsvorstellungen in einer Weise in Widerspruch steht, das sie für untragbar gehalten wird (BGH, NJW 02, 960) oder auf einem Verfahren beruht, das nach der deutschen Rechtsordnung nicht als ein geordnetes rechtsstaatliches Verfahren angesehen werden kann (BayObLG, FamRZ 02, 1638; KG, FamRZ 04, 275). Maßgebend für die Beurteilung ist die Rechtslage zurzeit der Entscheidung über die Anerkennung (OLG Stuttgart, FamRZ 05, 636; KG FamRZ 06, 1405). Einzelfälle aus der bisherigen Rechtsprechung: Sorgerechtsregelung in einem italienischen Ehescheidungsurteil (OLG Hamm, OLG 76, 426); Sorgerechtsregelung und Herausgabeanordnung eines niederländischen Gerichts in einem Ehescheidungsverfahren (BayObLG 76, 174). Eine im Zusammenhang mit einem noch nicht anerkannten schweizerischen Scheidungsurteil ergangene Regelung der elterlichen Sorge kann nicht anerkannt werden (OLG Frankfurt, OLG 77, 141). Ist ein rechtswirksames ausländisches Adoptionsurteil ergangen, ist grundsätzlich davon auszugehen, dass das Kindeswohl geprüft und berücksichtigt wurde (BayObLG 00, 180).

10 **Ausnahmen:** In **Ehesachen** steht einer Anerkennung nicht entgegen eine fehlende internationale Zuständigkeit nach § 98 I Nr 4, wenn ein Ehegatte

seinen gewöhnlichen Aufenthalt in dem Staat hat, dessen Gerichte entschieden haben (Abs 2 Satz 1); ferner steht einer Anerkennung eine fehlenden internationale Zuständigkeit nach § 98 nicht entgegen, wenn eine ausländische Entscheidung von den Staaten anerkannt wird, dem die Ehegatten angehören (Abs 2 Satz 2). Einer Anerkennung in **Lebenspartnerschaftssachen** steht eine fehlende internationale Zuständigkeit nach § 103 nicht entgegen, wenn der Register führende Staat (Art 17 b EGBGB) die Entscheidung anerkennt (Abs 3).

3. Prüfung der Gesetzmäßigkeit

Der Anerkennung ausländischer Entscheidungen liegt der Grundsatz der 11 **verfahrensrechtlichen** Anerkennung zugrunde; lediglich die prozessualen Entscheidungswirkungen werden anerkannt. Dies bestätigt **Abs 5,** demgemäß eine Überprüfung der Gesetzmäßigkeit der ausländischen Entscheidung nicht stattfindet.

4. Verbürgung der Gegenseitigkeit

Die Gegenseitigkeit ist verbürgt, wenn der ausländische Staat für die An- 12 erkennung und Vollstreckung deutscher Urteile im Wesentlichen die gleichen Grundsätze anwendet wie nach deutschem Recht für die Anerkennung und Vollstreckung von Urteilen dieses Staates in Deutschland (BGH, NJW 01, 524). Ob diese Voraussetzung gegeben ist, ergibt sich im Wesentlichen aus Staatsverträgen. Grundsätzlich wird in § 109 die Verbürgung der Gegenseitigkeit nicht als Voraussetzung für die Anerkennung aufgestellt.

Ausnahmsweise ist die Verbürgung der Gegenseitigkeit Voraussetzung für 13 die Anerkennung in den in **Abs 4** aufgeführten Angelegenheiten, nach **Nr 1** in Familienstreitsachen (§ 112), nach **Nr 2** in Angelegenheiten, die die Verpflichtung zur Fürsorge und Unterstützung in der partnerschaftlichen Lebensgemeinschaft zum Gegenstand haben, nach **Nr 3** für Entscheidungen, die die Regelung der Rechtsverhältnisse an der gemeinsamen Wohnung und an den Haushaltsgegenständen der Lebenspartner zum Gegenstand haben (§ 269 I Nr 4, 5); ferner für Entscheidungen nach § 6 Satz 2 LPartG iVm §§ 1382, 1383 BGB (**Nr 4**) und Entscheidungen nach § 7 Satz 2 LPartG iVm §§ 1426, 1430, 1452 BGB.

5. Anerkennungshindernisse nach der VO Brüssel II a

Art 22 der VO behandelt die Anerkennungshindernisse in **Ehesachen:** 14

Nach **a)** steht einer Anerkennung entgegen, wenn die Entscheidung der 15 öffentlichen Ordnung des Mitgliedstaates widerspricht, in dem die Anerkennung beantragt wird. Dieses Anerkennungshindernis entspricht mit abw Wortlaut § 109 I Nr 4, jedoch darf ein Verstoß gegen die internationale Zuständigkeit nicht als Verstoß gegen den ordre public bewertet werden (Art 24 der VO). Dieser Grundsatz wird unter bestimmten Voraussetzungen in § 109 II und III übernommen.

Buchstabe **b)** entspricht § 109 I Nr 2 mit der Maßgabe, dass eine Anerken- 16 nung dann nicht ausgeschlossen ist, wenn festgestellt wird, dass der Antragsgegner mit der Entscheidung eindeutig einverstanden ist. Dieses Einverständnis kann nicht allein aus einem Verzicht auf Rechtsmittel entnommen werden.

17 Nach c) steht einer Anerkennung die Unvereinbarkeit mit einer Entscheidung entgegen, die in dem Mitgliedstaat ergangen ist, in dem die Anerkennung beantragt wird, ferner

18 nach d) ist eine Entscheidung nicht anzuerkennen, die mit einer früheren Entscheidung unvereinbar ist, die in einem anderen Mitgliedstaat oder in einem Drittstaat zwischen denselben Parteien ergangen ist, sofern die frühere Entscheidung die notwendigen Voraussetzungen für ihre Anerkennung in dem Mitgliedstaat erfüllt, in dem die Anerkennung beantragt wird. Die Anerkennungshindernisse zu c) und d) entsprechen dem Grundgedanken des § 109 I Nr 3.

19 Art 23 der VO behandelt die Anerkennungshindernisse in Entscheidungen über die **elterliche Verantwortung.** Das Anerkennungshindernis des Art 23 c) entspricht dem des Art 22 b), die des Art 23 e) und f) im Wesentlichen denen des Art 22 c) und d).

20 Die **weiteren** Anerkennungshindernisse beziehen Gesichtspunkte, die die elterliche Verantwortung, das Wohl des Kindes betreffen, in die Frage der Anerkennung ein:

21 Nach a) muss bei der Frage der Nichtanerkennung wegen Verstoßes gegen den ordre public das Wohl des Kindes berücksichtigt werden. Die Nichtanerkennung muss dem Wohl des Kindes, das nach der Rechtsordnung des Anerkennungsstaates zu beurteilen ist, entsprechen,

22 Buchstabe **b)** behandelt einen Verstoß gegen den verfahrensrechtlichen ordre public. Eine Entscheidung kann danach nicht anerkannt werden, wenn das Kind außer in dringenden Fällen nicht gehört wurde (§ 159).

23 Auch Buchstabe **d)** behandelt einen Verstoß gegen den verfahrensrechtlichen ordre public, die Verletzung rechtlichen Gehörs, wenn eine Person, die darlegt, dass die Entscheidung in ihre elterliche Verantwortung eingreife (zB § 160) nicht gehört worden ist und

24 Buchstabe **g)** den Fall, dass das Verfahren nach Art 56 der VO nicht eingehalten wurde. Art 56 der VO behandelt die Unterbringung eines Kindes in einem anderen Mitgliedstaat. Wenn eine derartige Entscheidung ohne Einhaltung des nach Art 56 dafür vorgesehenen Verfahrens getroffen wird, kann sie nicht anerkannt werden.

Vollstreckbarkeit ausländischer Entscheidungen

110 (1) **Eine ausländische Entscheidung ist nicht vollstreckbar, wenn sie nicht anzuerkennen ist.**

(2) **Soweit die ausländische Entscheidung eine in § 95 Abs. 1 genannte Verpflichtung zum Inhalt hat, ist die Vollstreckbarkeit durch Beschluss auszusprechen. Der Beschluss ist zu begründen.**

(3) **Zuständig für den Beschluss nach Absatz 2 ist das Amtsgericht, bei dem der Schuldner seinen allgemeinen Gerichtsstand hat, und sonst das Amtsgericht, bei dem nach § 23 der Zivilprozessordnung gegen den Schuldner Klage erhoben werden kann. Der Beschluss ist erst zu erlassen,**

§ 110 Vollstreckbarkeit ausländischer Entscheidungen § 110

wenn die Entscheidung des ausländischen Gerichts nach dem für dieses Gericht geltenden Recht die Rechtskraft erlangt hat.

1. Anwendungsbereich

§ 110 behandelt die **Vollstreckbarkeit ausländischer Entscheidungen**, 1 die eine der in § 95 I genannten Verpflichtungen zum Gegenstand haben **(Abs 2 Satz 1).** Es sind die Angelegenheiten, auf die für die Zwangsvollstreckung die Vorschriften der Zivilprozessordnung anwendbar sind, die Zwangsvollstreckung wegen einer Geldforderung (Nr 1), zur Herausgabe einer beweglichen oder unbeweglichen Sache (Nr 2), zur Vornahme einer vertretbaren oder nicht vertretbaren Handlung (Nr 3), zur Erzwingung von Duldungen und Unterlassungen (Nr 4) oder zur Abgabe einer Willenserklärung (Nr 5).

Ein Vollstreckbarerklärungsverfahren ist **nicht** vorgesehen. Die Frage der 2 Anerkennungsfähigkeit ist als Vorfrage zu klären, wenn nicht auf Antrag ein Anerkennungsverfahren nach § 108 II stattgefunden hat.

2. Verfahren

Abs 2, 3 regeln die Frage der Vollstreckbarkeit ausländischer Entscheidun- 3 gen entspr §§ 722, 723 ZPO. Voraussetzung für die Zulässigkeit der Zwangsvollstreckung ist, dass diese durch eine Entscheidung ausgesprochen wird. Dies geschieht nach **Abs 2 Satz 1, 2** durch zu begründenden **Beschluss.** Dieser ist erst zu erlassen, wenn die ausländische Entscheidung nach dem für das entscheidende Gericht geltenden Verfahrensrecht (lex fori) Rechtskraft erlangt hat **(Abs 3 Satz 2).** Der Beschluss wird ohne Prüfung der Gesetzmäßigkeit der ausländischen Entscheidung erlassen (§ 109 V). **Gegenstand** des Verfahrens ist die Zulässigkeit der inländischen Zwangsvollstreckung aus dem ausländischen Titel.

Zuständig ist das Gericht, bei dem der Schuldner seinen allgemeinen 4 Gerichtsstand hat (§§ 12, 13 ZPO) oder, wenn die Voraussetzungen vorliegen, auch das Gericht, in dessen Bezirk sich Vermögen oder der mit der Klage in Anspruch genommene Gegenstand (Sachen und Rechte) befinden.

3. Vollstreckbarerklärung nach der VO Brüssel II a

Die §§ 28–35 der VO behandeln die Vollstreckbarerklärung von in 5 einem Mitgliedstaat ergangenen Entscheidungen über die elterliche Verantwortung für ein Kind. Entscheidungen betr die **elterliche Verantwor-** 6 **tung** für ein Kind, die in einem Mitgliedstaat ergangen sind, können in einem anderen Mitgliedstaat für vollstreckbar erklärt werden (Art 28 I). Art 28 II enthält eine formale Sonderregelung für das Vereinigte Königreich. Voraussetzungen: Vollstreckbarkeit in dem Ursprungsstaat, Zustellung des Titels, Antrag nach dem Recht des Mitgliedstaates, in dem vollstreckt werden soll (Art 30). Sachliche Zuständigkeit des Familiengerichts gemäß der der Kommission nach § 68 mitgeteilten Liste. Die örtliche Zuständigkeit (Art 29 I) wird bestimmt durch den gewöhnlichen Aufenthalt des Kindes, auf das sich der Antrag bezieht. Können diese Voraussetzungen

§ 110

nicht festgestellt werden, ist Anknüpfungspunkt der Ort der Vollstreckung. Das Gericht entscheidet ohne Anhörung der Person, gegen die die Vollstreckung durchgeführt werden soll (Art 31 I). Rechtsbehelf nach Art 33, 34.

7 Vollstreckbare Entscheidungen über das **Umgangsrecht** (Art 41) und über die **Rückgabe des Kindes** (Art 42) bedürfen keiner Vollstreckbarerklärung, wenn der Richter des Ursprungsmitgliedstaates eine Bescheinigung nach Art 41 II, 42 II ausgestellt hat.

8 Für das Vollstreckungsverfahren ist das **nationale Recht des Vollstreckungsmitgliedstaates** maßgebend; die danach zuständigen Gerichte können uU die praktischen Modalitäten der Ausübung des Umgangsrechts regeln (Art 48), wenn die notwendigen Vorkehrungen nicht oder nicht in ausreichendem Maße bereits in der Entscheidung getroffen wurden und der Wesensgehalt der Entscheidung unberührt bleibt. Eine Notwendigkeit hierfür kann sich ergeben, wenn sich aus der Formulierung der Entscheidung Probleme ergeben oder praktische Umsetzungsschwierigkeiten bestehen. Diese praktischen Modalitäten treten außer Kraft, wenn das zuständige Gericht des Mitgliedstaates in der Hauptsache eine Entscheidung erlassen hat (Art 48 II der VO).

4. Nationale Ausführungsbestimmungen

9 Die Regelungen der VO Brüssel II a bedürfen ergänzender Ausführungsbestimmungen durch das nationale Recht. Das Internationale Familienrechtsverfahrensgesetz (IntFamRVG) enthält eigenständige Regelungen zur Durchführung von EG-Verordnungen und familienrechtlicher Übereinkünfte.

Es bestimmt in § 10 die örtliche Zuständigkeit für die Anerkennung und Vollstreckung aus Art 21 III, 48 I und den Art 41, 42 der VO Brüssel II a sowie für das Europäische Sorgerechtsübereinkommen, in § 11 für Verfahren nach dem Haager Kindesentführungsübereinkommen. § 12 sieht eine Zuständigkeitskonzentration bei einem Familiengericht in einem Oberlandesgerichtsbezirk vor. **§ 13,** der dem aufgehobenen § 64 a entspricht, **erweitert die Zuständigkeitskonzentration** auch auf andere sorge- und umgangsrechtliche Verfahren einschließlich Vollstreckungsmaßnahmen. Das Gericht wird dadurch in die Lage versetzt, eine ausländische Sorgeentscheidung durch eine Herausgabeanordnung zu ergänzen oder eine ausländische Umgangsregelung aktuellen Gegebenheiten anzupassen. Die Absätze 2 bis 4 des § 13 regeln Verfahren und Abgabemöglichkeiten bei paralleler Rechtshängigkeit vor dem zentralisierten Gericht und dem nach allgemeinen Vorschriften zuständigen Familiengericht.

Die Entscheidung über die Zulassung der Zwangsvollstreckung, deren Bekanntmachung, Wirksamwerden und die Erteilung der Vollstreckungsklausel behandeln die §§ 20 bis 23 IntFamRVG.

Die bisherigen Ausführungsvorschriften, das Sorgerechtsübereinkommens-Ausführungsgesetz und das Gesetz zur Ausführung des Haager Übereinkommens über die zivilrechtlichen Aspekte internationaler Kindesentführung sind aufgehoben worden.

5. Vollstreckung nach der EuGVVO

Unterhaltssachen sind von der Anwendung der VO Brüssel II a ausgenommen. Deren Anerkennungsfähigkeit richtet sich nach Art 33, 34 EuGVVO, der Umfang der Prüfungspflicht nach Art 45 dieser VO. Deren Anwendbarkeit bleibt auch nach In-Kraft-Treten der EuTVO (VO Nr 861/2007 zur Einführung eines Europäischen Vollstreckungstitels für umstrittene Forderungen) erhalten: sie ist dann sinnvoll, wenn unklar ist, ob eine Forderung unbestritten ist. Grundsätzlich besteht ein Wahlrecht zwischen dem Vollstreckungssystem nach der EuTVO und der EuGVVO. Wenn jedoch bereits eine Bescheinigung als Europäischer Vollstreckungstitel nach Anhang I der EuTVO vorliegt, entfällt das Rechtsschutzbedürfnis für das Vollstreckungsverfahren nach der EuGVVO (OLG Stuttgart, Rpfleger 09, 688).

Die Anwendbarkeit der EuGVVO entfällt mit In-Kraft-Treten der **UnterhaltsVO** (Rn 8 zu § 105) am 18. 6. 2011. Übergangsvorschrift: Art 75 II dieser VO. Ein Gesetz zur Durchführung der UnterhaltsVO ist in Vorbereitung.

Die Anerkennung einer Entscheidung über die Feststellung der Vaterschaft richtet sich nach der VO Brüssel II a. Nur ausnahmsweise ist diese Entscheidung im Zusammenhang mit der Anerkennung und Vollstreckbarerklärung eines Unterhaltstitels nach der EuGVVO zu berücksichtigen, nur dann, wenn die Statusentscheidung erst das Eltern-Kind-Verhältnis als Grundlage für die Unterhaltspflicht begründet. Ein möglicher Verstoß der Statusentscheidung gegen den verfahrensrechtlichen *ordre public* ist dann als Vorfrage in dem Vollstreckungsverfahren hinsichtlich des Unterhaltstitels mitzuentscheiden (BGH, NJW 09, 3306); eine Vollstreckbarerklärung ist dann zu versagen. Zu einem Verstoß gegen den verfahrensrechtlichen *ordre public* auch BGH, FamRZ 09, 2069 m Anm Gottwald: Versagung bei verweigerter Mitwirkung nur, wenn diese nicht ersetzt werden kann, oder, wenn diese notwendig ist, um das Verfahren sachgerecht zum Abschluss bringen zu können.

Im Rahmen des Beschwerdeverfahrens zur Vollstreckbarerklärung eines ausländischen Unterhaltstitels nach § 12 AVAG können sachliche Einwendungen nicht berücksichtigt werden, auch nicht eine nachträgliche Änderung wesentlicher Verhältnisse, jedoch nachträgliche, ganz oder teilweise erfolgte Erfüllung (BGH, FamRZ 09, 1998).

Buch 2
Verfahren in Familiensachen

Abschnitt 1
Allgemeine Vorschriften

Familiensachen

111 Familiensachen sind
1. Ehesachen,
2. Kindschaftssachen,
3. Abstammungssachen,
4. Adoptionssachen,
5. Ehewohnungs- und Haushaltssachen,
6. Gewaltschutzsachen,
7. Versorgungsausgleichssachen,
8. Unterhaltssachen,
9. Güterrechtssachen,
10. sonstige Familiensachen,
11. Lebenspartnerschaftssachen.

1. Anwendungsbereich

§ 111 führt umfassend die Angelegenheiten auf, die Familiensachen sind. 1
Diese sind Angelegenheiten der freiwilligen Gerichtsbarkeit, auf die die
Vorschriften des allgemeinen Teils Anwendung finden, soweit sie nicht als
Familienstreitsachen (§ 112) den Vorschriften der ZPO nach Maßgabe des
§ 113 oder als Ehesachen (§§ 121–132) und Scheidungs- und Folgesachen
(§§ 133–150) den jeweiligen besonderen Vorschriften unterliegen. Der Kreis
der Angelegenheiten, die als Familiensachen zu behandeln sind, wurde aus
zwei Gründen erweitert. Der erste Grund liegt in dem **Wegfall des Vor-** 2
mundschaftsgerichts; die in diesen Bereich fallenden Angelegenheiten
sind nunmehr Familiensachen. Dazu gehören insbesondere die Vormundschaftssachen im engeren Sinne nach §§ 1773–1895 BGB (Vormundschaft
über Minderjährige), die Adoptionssachen, die bisher dem Vormundschaftsgericht auf Grund des JGG obliegenden Verrichtungen, die Angelegenheiten
der religiösen Kindererziehung nach dem Gesetz über die religiöse Kindererziehung, die Genehmigung zu dem Antrag auf Entlassung eines Kindes
oder Mündels aus der deutschen Staatsangehörigkeit nach § 19 StAG oder
zum Antrag auf Erwerb einer ausländischen Staatsangehörigkeit nach § 25
StAG; ferner die bisher dem Vormundschaftsgericht übertragenen Angelegenheiten nach dem BKGG (§ 3 IV BKGG). Ein weiterer Grund für die 3
Erweiterung des Kreises der Familiensachen liegt darin, dass bisher **in der**

§ 112   Buch 2 – Verfahren in Familiensachen

ZPO geregelte Angelegenheiten in das FamFG einbezogen wurden. Hierbei handelt es sich um die Abstammungssachen, die bisher als Kindschaftssachen Gegenstand der §§ 640 ff ZPO waren. Ferner sind Angelegenheiten, die zum Teil im FGG und zum Teil in der ZPO geregelt waren, nunmehr vollständig in das FamFG übernommen worden. Es handelt sich dabei um die Gewaltschutzsachen, die Unterhaltssachen und die Güterrechtssachen. Bei den sonstigen Familiensachen (Nr 10) handelt es sich um zivilprozessuale Angelegenheiten, die wegen des Sachzusammenhangs als Familiensachen behandelt werden. Die Ehewohnungs- und Haushaltssachen sind unter Aufhebung der Verfahrensvorschriften der HausratsVO als Familiensachen in das FamFG aufgenommen worden.

2. Abgrenzung

4   Von den in Nr 1–Nr 11 aufgeführten Angelegenheiten sind solche der **freiwilligen Gerichtsbarkeit** die Kindschaftssachen (Nr 2), die Abstammungssachen (Nr 3), die Adoptionssachen (Nr 4), die Ehewohnungs- und Haushaltssachen (Nr 5), Gewaltschutzsachen (Nr 6), die Versorgungsausgleichssachen (Nr 7). Von den Unterhaltssachen sind nur die in § 231 II aufgeführten Angelegenheiten (§ 3 II 3 BKGG, § 64 II 3 EStG), von den Güterrechtssachen die in § 261 II aufgeführten Angelegenheiten (§ 1365 II, § 1369 II und §§ 1382, 1383, 1426, 1430, 1452 BGB), von den sonstigen Familiensachen die Angelegenheiten nach § 266 II (§ 1357 II 1 BGB) An-
5   gelegenheiten der freiwilligen Gerichtsbarkeit. Im Übrigen sind die Unterhaltssachen (§ 231 I), die Güterrechtssachen (§ 261 I) und die sonstigen Familiensachen (§ 266 I) **Familienstreitsachen.** Für die Lebenspartnerschaftssachen (Nr 11) gilt die Zuordnung entsprechend.

3. Keine Familiensachen

6   Nicht alle Angelegenheiten, die bisher dem Vormundschaftsgericht zugewiesen waren, sind in den Kreis der Familiensachen aufgenommen worden. Es handelt sich dabei um die Pflegschaft mit Ausnahme der Pflegschaft für Minderjährige oder für eine Leibesfrucht (§ 340 Nr 1) und Verfahren, die die gerichtliche Bestellung eines sonstigen Vertreters für einen Volljährigen betreffen (§ 340 Nr 2); ferner die Betreuungssachen und die Unterbringungssachen für Volljährige; diese sind als betreuungsrechtliche Zuweisungssachen den **Betreuungsgerichten** zugewiesen.

Familienstreitsachen

112 Familienstreitsachen sind folgende Familiensachen:
1. **Unterhaltssachen nach § 231 Abs. 1 und Lebenspartnerschaftssachen nach § 269 Abs. 1 Nr. *8* und *9*,**
2. **Güterrechtssachen nach § 261 Abs. 1 und Lebenspartnerschaftssachen nach § 269 Abs. 1 Nr. *10* sowie**
3. **sonstige Familiensachen nach § 266 Abs. 1 und Lebenspartnerschaftssachen nach § 269 Abs. 2.**

§ 112 Familienstreitsachen § 112

1. Anwendungsbereich

Der Begriff der Familiensachen wird durch den Sachzusammenhang mit **1** Ehe und Familie im weitesten Sinn bestimmt; die zur Anwendung kommenden Verfahrensvorschriften sind unterschiedlich. Es ist zu unterscheiden zwischen Familiensachen, die den **Verfahrensvorschriften** der freiwilligen Gerichtsbarkeit unterliegen und den Familienstreitsachen und Ehesachen sowie den Scheidungssachen und Folgesachen, auf die zT die Vorschriften der ZPO und zT besondere Verfahrensvorschriften Anwendung finden. Durch die **2** gesetzliche Neuregelung sind familienrechtliche Streitsachen, die bisher den Vorschriften der ZPO unterlagen, als **Familienstreitsachen** (§ 112) in das FamFG aufgenommen worden. Für diese gelten die allgemeinen Vorschriften der ZPO und die Vorschriften über das Verfahren vor den Landgerichten nach Maßgabe der §§ 113 entspr. Diese Vorschriften treten insbesondere an die Stelle der §§ 2–37, 40–45, § 46 Satz 1, 2, §§ 47, 48 sowie 76–96. Neben den Unterhaltssachen (§ 112 Nr 1 iVm § 231 I) sowie Lebenspartnerschaftssachen (§ 269 I Nr 8, 9) und unter den Begriff „sonstige Familiensachen" zusammengefasste allgemeine Zivilsachen, die wegen ihrer besonderen Sachnähe zu den Familiensachen in das FamFG aufgenommen wurden (§ 112 Nr 3 iVm § 266 I) sowie Lebenspartnerschaftssachen nach § 269 II sind die Güterrechtssachen zu beachten, deren Zuordnung unterschiedlich geregelt ist.

Güterrechtssachen sind Ansprüche aus dem ehelichen Güterrecht **3** (§§ 1363–1561 BGB), auch wenn Dritte an dem Verfahren beteiligt sind, und gehören zu den Familienstreitsachen (§ 112 Nr 2 iVm § 261 I, § 269 II), soweit sie nicht hiervon ausgenommen werden. **Nicht** zu den Güterrechtssachen gehören die Verfahren nach §§ 1411, 1491 III, 1492 III und 1493 II BGB. Sie gehören zu den Kindschafts- bzw Betreuungssachen, weil ihr Gegenstand die Reichweite der Befugnisse des Sorgeberechtigten, Vormunds oder Betreuers ist und daher das Wohl des Minderjährigen bzw Betreuten im Vordergrund steht. Auch die Güterrechtssachen nach § 112 II sind keine Familienstreitsachen, sondern Angelegenheiten der freiwilligen Gerichtsbarkeit. Für sie gelten die Verfahrensvorschriften der §§ 261–265. Diese Angelegenheiten betreffen Gesamtvermögensgeschäfte im gesetzlichen Güterstand (§§ 1365 II, 1369 II BGB), die schon bisher dem Verfahren der freiwilligen Gerichtsbarkeit unterliegenden Regelungen der §§ 1382, 1383 BGB über den Zugewinnausgleich (§ 53a FGG) und bestimmte gerichtliche Aufgaben bei der Gütergemeinschaft (§§ 1426, 1430, 1452 BGB). Weder zu den Familienstreitverfahren noch zu den Güterrechtssachen gehören Verfahren über einen Antrag nach **§ 1357 II 1 BGB,** weil sie eine allgemeine Ehewirkung betreffen und damit güterstandsunabhängig sind; sie unterliegen den allgemeinen Verfahrensvorschriften der freiwilligen Gerichtsbarkeit.

Die Angelegenheiten des § 112 Nr 2, 3 iVm §§ 261 II, 266 II waren schon **4** bisher Angelegenheiten des Verfahrens der freiwilligen Gerichtsbarkeit: § 1357 II BGB in § 53 FGG, §§ 1382, 1383, 2331 a iVm § 1382 BGB in §§ 83 a, 53 a FGG, §§ 1365, 1369, 1426, 1430, 1452 BGB in § 53 FGG. Sie wurden als **privatrechtliche Streitsachen** bewertet, weil sie sich von den Angelegenheiten, die der Rechtsfürsorge dienen, dadurch unterscheiden, dass sich Beteiligte mit entgegen gesetzten Interessen gegenüberstehen und das

§ 112   Buch 2 – Verfahren in Familiensachen

Gericht über behauptete subjektive Rechte zu entscheiden hat. Dem entsprach eine weitgehende Dispositionsbefugnis über das Verfahren, das auf Antrag eingeleitet wurde und dessen Beendigung die Beteiligten durch Rücknahme des Antrags oder Vergleich bestimmen konnten. Es galten jedoch die allgemeinen Verfahrensgrundsätze der freiwilligen Gerichtsbarkeit, insbesondere der Amtsermittlungsgrundsatz. Es galt keine subjektive Beweislast, sondern eine objektive Darlegungslast insoweit, als den Beteiligten zur Vermeidung der Zurückweisung ihrer Anträge der Vortrag derjenigen tatsächlichen und rechtlichen Umstände oblag, die dem Gericht Anlass geben, erforderliche Beweise von Amts wegen zu erheben. Auf die Vorschriften der ZPO wurde im Übrigen nur insoweit zurückgegriffen, als die Verfahrensvorschriften der ZPO hierfür Raum ließen und dies zur zweckentsprechenden Verfahrensgestaltung geboten war.

5   Das FamFG nimmt diese von der Rechtsprechung entwickelte begriffliche Unterscheidung nicht auf; für die Unterscheidung besteht kein Bedürfnis mehr, weil die neu gestalteten **Verfahrensvorschriften** das notwendige Instrumentarium für das Verfahren in diesen Angelegenheiten bieten: § 23 (verfahrenseinleitender Antrag), § 22 (Antragsrücknahme, Beendigungserklärung), § 27 (Mitwirkung der Beteiligten), § 36 (Vergleich), § 45 (formelle Rechtskraft).

2. Familienstreitsachen

6   Hierzu gehören:
Nach **Nr 1** Unterhaltssachen nach § 231 I und Lebenspartnerschaftssachen nach § 269 I Nr 7 und 8. Gegenstand sind die auf Verwandtschaft beruhenden Unterhaltspflichten nach § 1601 ff BGB, die auf der Ehe begründete Unterhaltspflicht nach §§ 1360 ff BGB, die Unterhaltspflicht bei Getrenntlebenden nach § 1361 BGB, die Unterhaltspflicht geschiedener Ehegatten nach §§ 1569 ff BGB und die Unterhaltsansprüche von Mutter oder Vater nicht miteinander verheirateter Eltern nach § 1615 l BGB; ferner Ansprüche aus § 1615 m BGB.

7   **Keine Familienstreitsachen** sind die Unterhaltssachen nach § 231 II, es handelt sich hierbei um Verfahren nach § 3 II 3 des BKGG und § 64 II 3 des EStG. Auf diese Angelegenheiten sind die §§ 235–245 nicht anzuwenden.

8   Güterrechtssachen nach § 261 I und § 269 I Nr 9 des LPartG sind Familienstreitsachen (Nr 2). Hierzu gehören Ansprüche aus ehelichem Güterrecht, auch soweit Dritte betroffen sind, nach den §§ 1363–1561 BGB. Keine Familienstreitsachen sind Güterrechtssachen nach §§ 1365 II, 1369 II BGB, §§ 1382, 1383 BGB und §§ 1426, 1430, 1452 BGB; diese unterliegen dem Verfahren der freiwilligen Gerichtsbarkeit. Auch die Verfahren nach §§ 1411, 1491 III, 1492 III und 1493 II BGB unterliegen dem Verfahren der freiwilligen Gerichtsbarkeit, jedoch nicht als Güterrechtssachen, sondern als Kindschafts- bzw Betreuungssachen, weil das Wohl des Minderjährigen bzw Betreuten im Vordergrund steht.

9   Familienstreitsachen sind auch **sonstige Familiensachen** nach § 266 I und Lebenspartnerschaftssachen nach § 269 II (Nr 3). Hierbei handelt es sich um Angelegenheiten, die wegen ihres Sachzusammenhangs mit Ehe und

§ 113 Anwendung von Vorschriften der Zivilprozessordnung **§ 113**

Familie nicht mehr im Zivilprozess geltend gemacht werden sollen, sondern vor dem Familiengericht; es sind dies Verfahren in Bezug auf Ansprüche, die im Zusammenhang mit einem Verlöbnis stehen (Nr 1), aus der Ehe herrührende Ansprüche (Nr 2), Ansprüche im Zusammenhang mit Trennung, Scheidung oder Aufhebung der Ehe (Nr 3), aus dem Eltern-Kind-Verhältnis herrührende Ansprüche (Nr 4) oder aus dem Umgangsrecht herrührende Ansprüche (Nr 5), es sei denn diese Angelegenheiten sind bereits nach anderen Vorschriften Familiensachen. **Ausgenommen** von der Zuordnung als 10 Familienstreitsachen sind Angelegenheiten, die in die Zuständigkeit der Arbeitsgerichte fallen oder Verfahren, die die in § 348 Abs 1 Nr 2 a–k ZPO aufgeführten Sachgebiete betreffen, ferner Ansprüche, die aus dem Wohnungseigentumsrecht oder dem Erbrecht herrühren. Keine Streitsachen sind nach Abs 2 Verfahren über einen Antrag nach § 1357 II 1 BGB, die dem Verfahren der freiwilligen Gerichtsbarkeit unterliegen.

Anwendung von Vorschriften der Zivilprozessordnung

113 (1) In Ehesachen und Familienstreitsachen sind die §§ 2 bis 37, 40 bis 45, § 46 Satz 1 und 2 sowie die §§ 47, 48 sowie 76 bis 96 nicht anzuwenden. Es gelten die Allgemeinen Vorschriften der Zivilprozessordnung und die Vorschriften der Zivilprozessordnung über das Verfahren vor den Landgerichten entsprechend.

(2) In Familienstreitsachen gelten die Vorschriften der Zivilprozessordnung über den Urkunden- und Wechselprozess und über das Mahnverfahren entsprechend.

(3) In Ehesachen und Familienstreitsachen ist § 227 Abs. 3 der Zivilprozessordnung nicht anzuwenden.

(4) In Ehesachen sind die Vorschriften der Zivilprozessordnung über
1. die Folgen der unterbliebenen oder verweigerten Erklärung über Tatsachen,
2. die Voraussetzungen einer Klageänderung,
3. die Bestimmung der Verfahrensweise, den frühen ersten Termin, das schriftliche Vorverfahren und die Klageerwiderung,
4. die Güteverhandlung,
5. die Wirkung des gerichtlichen Geständnisses,
6. das Anerkenntnis,
7. die Folgen der unterbliebenen oder verweigerten Erklärung über die Echtheit von Urkunden,
8. den Verzicht auf die Beeidigung des Gegners sowie von Zeugen oder Sachverständigen

nicht anzuwenden.

(5) Bei der Anwendung der Zivilprozessordnung tritt an die Stelle der Bezeichnung
1. Prozess oder Rechtsstreit die Bezeichnung Verfahren,
2. Klage die Bezeichnung Antrag,
3. Kläger die Bezeichnung Antragsteller,
4. Beklagter die Bezeichnung Antragsgegner,
5. Partei die Bezeichnung Beteiligter.

§ 113 Buch 2 – Verfahren in Familiensachen

Übersicht

1. Anwendungsbereich	1
2. Ehe- und Familienstreitsachen	4
3. Weiterhin in Ehesachen und Familienstreitsachen anwendbare Vorschriften	19
4. Anwendung der Vorschriften der ZPO in Familienstreitsachen	24
5. Abweichungen in Ehesachen	26

1. Anwendungsbereich

1 § 113 bestimmt für Ehesachen und Familienstreitsachen, dass grundsätzlich die allgemeinen Vorschriften der ZPO und die Vorschriften der ZPO über das Verfahren vor den Landgerichten entsprechend anzuwenden sind (Abs 1). Auch soweit die Vorschriften der ZPO zur Anwendung kommen, bleibt es
2 bei der Zuordnung als familiengerichtliche Verfahren. Dementsprechend tritt auch die **Terminologie** des FamFG an die Stelle der ZPO. Die Bezeichnung Prozess oder Rechtsstreit wird ersetzt durch „Verfahren" (Abs 5 Nr 1), die Bezeichnung Klage durch „Antrag" (Abs 5 Nr 2), die Bezeichnung Kläger durch „Antragsteller" (Abs 5 Nr 3), die Bezeichnung Beklagter durch „Antragsgegner" (Abs 5 Nr 4) und die Bezeichnung Partei durch „Beteiligter"
3 (Abs 5 Nr 5). Die Anwendbarkeit der Vorschriften der ZPO ist für Familienstreitsachen und Ehesachen nicht einheitlich, sondern **differenziert** geregelt. Auf Verfahren in Scheidungssachen und Folgesachen finden die §§ 133–150 Anwendung.

2. Ehe- und Familienstreitsachen

4 Einheitlich werden die Ehesachen und Familienstreitsachen verfahrensrechtlich insoweit behandelt, als grundsätzlich die Vorschriften der ZPO zur Anwendung kommen; sie ersetzen die §§ 2–37, 40–45, 46 S 1, 2, §§ 47, 48 sowie 76–96.
5 An die Stelle der **§§ 2–5** treten die zivilprozessualen Vorschriften über die **örtliche Zuständigkeit:** Für den Vorrang unter mehreren örtlichen zuständigen Gerichten (§ 2 I) § 35 ZPO, nicht jedoch in selbständigen Familiensachen aus dem Bereich der freiwilligen Gerichtsbarkeit, die Amtsverfahren sind, weil dort eine Wahlmöglichkeit eines Antragstellers nicht in Betracht kommt; für die Bestimmung des örtlich zuständigen Gerichts (§ 5) § 36, 37 ZPO; § 36 Nr 6 ZPO findet bei einem Streit über die sachliche Zuständigkeit, negativen Kompetenzkonflikt zwischen einer Zivilabteilung und einer Abteilung für Familiensachen entsprechende Anwendung, auch im Verhältnis zum Vollstreckungsgericht (BayObLG, FamRZ 91, 212), auch bei Entscheidungen von RPfl verschiedener Gerichte (OLG Celle, Rpfleger 96, 278); für die Zuständigkeit zur Entscheidung über die Beschwerde (BayObLG, FamRZ
6 85, 945). Für die **Ausschließung und Ablehnung** des Richters (§ 6) gelten die §§ 42–48 ZPO unmittelbar; § 45 II 1, III ZPO, demgemäß das Oberlandesgerichts über die Ablehnung eines Familienrichters bei dem Amtsgericht entscheidet, wenn die Vertretungsregelung erschöpft ist, gilt jetzt auch
7 nach § 6 durch dessen umfassende Bezugnahme auf die Vorschriften der ZPO. Die Vorschriften der ZPO gelten ferner an Stelle der **§§ 7, 8, 9** für die

§ 113 Anwendung von Vorschriften der Zivilprozessordnung **§ 113**

Parteifähigkeit (§ 50 ZPO) und die **Prozessfähigkeit** (§ 51 ZPO). An die Stelle des **§ 11 (Verfahrensvollmacht)** treten die §§ 80–89 ZPO und damit auch abweichend von § 11 § 80 ZPO (Prozessvollmacht) und § 88 ZPO (Mangel der Vollmacht). An die Stelle des **§ 12** tritt § 90 ZPO; die Vertretung durch einen Rechtsanwalt (§ 10) folgt in Familienstreitsachen dem § 78 ZPO, in Ehesachen und Folgesachen für die Ehegatten und in selbständigen Familienstreitsachen für die Beteiligten aus § 114. Für die **Akteneinsicht (§ 13)** ist 8 § 299 ZPO anzuwenden, für die elektronische Aktenführung an Stelle von § 14 §§ 298, 298 a ZPO. An die Stelle des § 15, der die **Bekanntgabe** 9 behandelt, treten bei verkündeten Entscheidungen die §§ 317 ff ZPO, bei nicht verkündeten Entscheidungen § 329 II 1 ZPO; soweit diese eine Terminsbestimmung enthalten oder eine Frist in Lauf setzen, sind sie zuzustellen; die Zustellung in den Fällen der §§ 317 ff, des § 329 II 2 ZPO findet nach den §§ 166 ff ZPO statt. An die Stelle von **§ 16 (Fristen)** treten uneinge- 10 schränkt die Vorschriften der §§ 221–226 ZPO. An die Stelle der Vorschriften der §§ 17–19 über die **Wiedereinsetzung** in den vorigen Stand treten die 11 Vorschriften der §§ 233–237 ZPO, an die Stelle des **§ 20** (Verfahrensverbin- 12 dung und -trennung) die §§ 145, 147 ZPO; für die Aussetzung des Verfahrens (§ 21) die §§ 148–156 ZPO. An die Stelle des § 22 tritt für die Antragsrücknahme § 269 ZPO, für die Beendigungserklärung § 91 a ZPO. An die Stelle der Vorschriften über das Verfahren im ersten Rechtszug der **§§ 23–34** treten die Vorschriften über das Verfahren im ersten Rechtszug vor den Landgerichten nach §§ 253–494 a ZPO; sie umfassen auch die Vorschriften über die Beweisaufnahme. **§ 35,** der die Durchsetzung mit **Zwangsmitteln** von An- 13 ordnungen, die im Laufe des Verfahrens ergehen und nicht Endentscheidungen sind, behandelt, hat keine Entsprechung in der ZPO. An die Stelle des 14 den **Vergleich** behandelnden § 36 treten die §§ 278, 294 1 Nr 1 ZPO. § 37, 15 demgemäß der gesamte Inhalt des Verfahrens **Grundlage der Entscheidung** ist, kommt nicht zur Anwendung; an seine Stelle tritt der den Grundsatz des Zivilprozess zum Ausdruck bringende § 128 ZPO, demgemäß Entscheidungsgrundlage nur sein darf, was Gegenstand der mündlichen Verhandlung war. In den **Ehesachen und Familienstreitsachen** treten an die Stelle der 16 **§§ 40–45, 46 S 1, 2, §§ 47, 48** die Vorschriften der ZPO: An die Stelle des § 40 (Wirksamwerden) treten die §§ 704, 705 und §§ 708 ff ZPO über die vorläufige Vollstreckbarkeit, die in Ehesachen nicht zur Anwendung kommen (§ 704 II ZPO); in Ehesachen § 116 II, III. Die Bekanntgabe **(§ 41)** richtet sich nach §§ 310, 317, 329, 166 ff ZPO, die Berichtigung des Beschlusses **(§ 42)** nach § 319, die Ergänzung des Beschlusses **(§ 43)** nach § 321 ZPO, die Gehörsrüge **(§ 44)** nach § 321 a ZPO, die formelle Rechtskraft **(§ 45)** nach § 705 ZPO, die Vorschrift über das Rechtskraftzeugnis **(§ 46 S 1, 2)** nach § 706 ZPO; in Ehesachen § 46 S 3. Die Vorschrift über wirksam bleibende Rechtsgeschäfte des § 47 hat keine Entsprechung in der ZPO. An die Stelle von **§ 48 I** (Abänderung bei wesentlicher Änderung der der Entscheidung zu Grunde liegenden Sach- oder Rechtslage) tritt § 323 ZPO. Für eine Wiederaufnahme des Verfahrens **(§ 48 II)** gelten die §§ 578–591 ZPO unmittelbar. **§ 48 III,** der unter bestimmten Voraussetzungen bei Entscheidungen, die die Genehmigung eines Rechtsgeschäfts betreffen, die Wiedereinsetzung in den vorigen Stand, eine Rüge nach § 44, eine Abänderung oder

§ 113 Buch 2 – Verfahren in Familiensachen

eine Wiederaufnahme ausschließt, hat in der ZPO keine Entsprechung; er beruht auf den Besonderheiten des Verfahrens der freiwilligen Gerichtsbarkeit. In Familienstreitsachen können nach Abs 1 S 2 iVm §§ 330, 331, 307 ZPO Versäumnis- und Anerkenntnisbeschlüsse ergehen. In Familienstreitsachen bedarf es des Ausspruchs der vorläufigen Vollstreckbarkeit (Abs 1 S 2 iVm §§ 708 ff ZPO).

17 In Ehesachen und Familienstreitsachen finden ferner **keine Anwendung** die **§§ 76–96**; damit werden im vollen Umfang die Vorschriften über die Verfahrenskostenhilfe (**§§ 76–78**) durch die §§ 114–127 ZPO ersetzt, die Vorschriften über die Kosten (**§§ 80–84**) durch die §§ 91–101 ZPO, über die Kostenfestsetzung (**§ 85**) durch die §§ 103–107 ZPO. An die Stelle der Vorschriften über die Zwangsvollstreckung nach §§ 86–96 das 8. Buch der ZPO (§§ 704–915 h ZPO).

18 In Ehesachen und Familienstreitsachen ist § 227 III der ZPO nicht anzuwenden (Abs 3). Diese Vorschrift, die als Ersatz für die Gerichtsferien eingeführt wurde, um Parteien oder deren Vertretern eine Terminsverlegung während der Urlaubszeit vom **1. Juli bis 31. August** zu erleichtern, findet keine Anwendung; die Möglichkeit der erleichterten Terminsverlegung war schon bisher nach § 227 Abs 3 Nr 3 ZPO für Familiensachen ausgeschlossen.

3. Weiterhin in Ehesachen und Familienstreitsachen anwendbare Vorschriften

19 § 1 (Anwendungsbereich); **§ 38** (Entscheidung durch **Beschluss**) wird nicht durch eine Vorschrift der ZPO ersetzt; für Familiensachen wird dies ausdrücklich durch § 116 I ausgesprochen. **§ 39 (Rechtsbehelfsbelehrung)**, die in der ZPO nicht vorgesehen ist, ist in allen Angelegenheiten des FamFG einschließlich der Familienstreitsachen, Ehesachen und Scheidungs- und Folgesachen anzuwenden. Die Vorschriften über das Verfahren der **einstweiligen Anordnung (§§ 49–57)** werden grundsätzlich nicht durch die Vorschriften
20 der ZPO ersetzt. **Abweichungen** für Familienstreitsachen sieht jedoch § 119 vor; in den Familienstreitsachen nach § 112 Nr 2 (Güterrechtssachen nach § 261 I und Lebenspartnerschaftssachen nach § 269 I Nr 9) sowie in den Familienstreitsachen nach § 112 Nr 3 (sonstige Familiensachen nach § 266 I und Lebenspartnerschaftssachen nach § 269 II) gilt **§ 945 ZPO entspr** (**Schadensersatz** bei ungerechtfertigtem Arrest oder einstweiliger Verfügung). Damit ist zugleich klargestellt, dass sich auch in Unterhaltssachen einstweilige Anordnungen nach §§ 49–57 richten und die Vorschriften der
21 ZPO insoweit keine Anwendung finden; auch nicht § 945 ZPO. Das Gericht kann jedoch in allen Familienstreitsachen nach § 112 den **Arrest** anordnen (§ 119 II 1); die § 916–934 und insoweit für alle Familienstreitsachen des § 112 auch die §§ 943–945 der ZPO gelten entspr (§ 119 II 2).

22 Die Vorschriften über die **Beschwerde** (§§ 58–69) werden nicht durch die Vorschriften der ZPO über die Berufung ersetzt, weil diese wegen der grundsätzlichen Bindung des Gerichts an erstinstanzliche Feststellungen (§ 529 I ZPO) der Pflicht des Gerichts zur Zurückweisung verspäteten Vorbringens (§ 531 II ZPO), der Einschränkung der Anschlussberufung (§ 524 II ZPO) und wegen des weitgehenden Ausschlusses von Klageänderungen, Aufrech-

§ 113 Anwendung von Vorschriften der Zivilprozessordnung　　**§ 113**

nung und Widerklage (§ 533 ZPO) der in familiengerichtlichen Verfahren bestehenden Notwendigkeit, die Tatsachenfeststellungen an sich ändernde Lebensverhältnisse anzupassen, nicht gerecht werden. Es soll daher möglich sein, diese Änderungen bereits im Rechtsmittelverfahren und nicht erst in einem neuen Verfahren zu berücksichtigen. Deshalb ist das Rechtsmittelverfahren als zweite Tatsacheninstanz ausgestaltet. Die Vorschriften über die **Rechtsbeschwerde** (§§ 70–75) werden nicht durch Vorschriften der ZPO ersetzt. Sie sind in allen Verfahren des FamFG einschließlich der Familienstreitsachen, der Ehesachen, der Scheidungs- und Scheidungsfolgesachen anzuwenden. 23

4. Anwendung der Vorschriften der ZPO in Familienstreitsachen

Nur in diesen Angelegenheiten finden die Vorschriften der ZPO über den **Urkunden- und Wechselprozess** (§§ 592–605 a ZPO) Anwendung; ferner die Vorschriften über das Mahnverfahren (§§ 688–703 d ZPO); Zahlungsansprüche können in diesen Angelegenheiten daher auch im **Mahnverfahren** geltend gemacht werden. Nach § 690 I Nr 5 ZPO ist das für ein streitiges Verfahren zuständige Gericht anzugeben; das ist das Amtsgericht (Familiengericht). Durch diese Angabe wird deutlich, dass insbesondere auch in güterrechtlichen Streitigkeiten und sonstigen bürgerlichen Rechtsstreitigkeiten, die dem Familiengericht zugewiesen sind, die Zuständigkeit des Amtsgerichts gegeben ist, auch wenn der Streitwert die allgemeine sachliche Zuständigkeit des Amtsgerichts (5.000,00 €) übersteigt. 24 25

5. Abweichungen in Ehesachen

Abs 4 führt die Ausnahmen von der Anwendung zivilprozessualer Vorschriften in Ehesachen auf: 26

Nach **Nr 1** die Folgen der unterbliebenen oder verweigerten Erklärung über Tatsachen (**§ 138 III ZPO**); nach **Nr 7** die Folgen der unterbliebenen oder verweigerten Erklärung über die Echtheit von Urkunden (**§ 439 III ZPO**); nach **Nr 6** die Wirkung eines Anerkenntnisses mit der Folge, dass kein Anerkenntnisurteil (**§ 307**) ergehen kann und das Anerkenntnis als alleinige Urteilsgrundlage entfällt (OLG Brandenburg, MDR 00, 1380). Die entsprechenden Erklärungen unterliegen der freien Beweiswürdigung nach § 286 ZPO. Ferner findet keine Anwendung die Möglichkeit des **Verzichts auf die Beeidigung** des Gegners sowie von Zeugen und Sachverständigen (§§ 452 III, 391, 410 ZPO). Die Entscheidung über die Vereidigung steht im Ermessen des Gerichts. Die Ausnahmen gem **Nr 1** und **Nr 5–8** entsprechen dem bisherigen § 617 ZPO.

Nach **Nr 2** finden die Vorschriften der ZPO, die Voraussetzungen für eine **Klageänderung** aufstellen, keine Anwendung (**§§ 263, 264 ZPO**); entsprechend dem bisherigen § 611 I ZPO können vielmehr bis zum Schluss der mündlichen Verhandlung, auf die das Urteil ergeht, andere Gründe als in dem das Verfahren einleitenden Schriftsatz vorgebracht werden. 27

Nr 3 schließt entsprechend dem bisherigen § 611 II ZPO die Anwendung der Vorschriften des **§ 275 I 1, III, IV, § 276 ZPO** (früher erster Termin, gerichtliches Vorverfahren) aus; ferner die Regelungen des **§ 272 I, II ZPO** (Bestimmung der Verfahrensweise), **§ 275 I 2, II ZPO** (früher erster Termin) 28 und **§ 277 ZPO** (Klageerwiderung, Replik). Weiterhin **anwendbar bleiben § 273 ZPO** (vorbereitende Maßnahmen für den Termin), **§ 279 II, III ZPO** (Beweisaufnahme im Haupttermin) und **§ 282 ZPO** (Rechtzeitigkeit des Vorbringens).

30 Nach **Nr 4** findet die Vorschrift des § 278 ZPO über die **Güteverhandlung** keine Anwendung, weil hierfür wegen der Sonderregelungen in Ehesachen kein Bedürfnis bestehe.

Vertretung durch einen Rechtsanwalt; Vollmacht

114

(1) **Vor dem Familiengericht und dem Oberlandesgericht müssen sich die Ehegatten in Ehesachen und Folgesachen und die Beteiligten in selbständigen Familienstreitsachen durch einen Rechtsanwalt vertreten lassen.**

(2) **Vor dem Bundesgerichtshof müssen sich die Beteiligten durch einen bei dem Bundesgerichtshof zugelassenen Rechtsanwalt vertreten lassen.**

(3) **Behörden und juristische Personen des öffentlichen Rechts einschließlich der von ihnen zur Erfüllung ihrer öffentlichen Aufgaben gebildeten Zusammenschlüsse können sich durch eigene Beschäftigte oder Beschäftigte anderer Behörden oder juristischer Personen des öffentlichen Rechts einschließlich der von ihnen zur Erfüllung ihrer öffentlichen Aufgaben gebildeten Zusammenschlüsse vertreten lassen. Vor dem Bundesgerichtshof müssen die zur Vertretung berechtigten Personen die Befähigung zum Richteramt haben.**

(4) **Der Vertretung durch einen Rechtsanwalt bedarf es nicht**
1. **im Verfahren der einstweiligen Anordnung,**
2. **wenn ein Beteiligter durch das Jugendamt als Beistand vertreten ist,**
3. **für die Zustimmung zur Scheidung und zur Rücknahme des Scheidungsantrags und für den Widerruf der Zustimmung zur Scheidung,**
4. **für einen Antrag auf Abtrennung einer Folgesache von der Scheidung,**
5. **im Verfahren über die Verfahrenskostenhilfe,**
6. **in den Fällen des § 78 Abs. 3 der Zivilprozessordnung sowie**
7. **für den Antrag auf Durchführung des Versorgungsausgleichs nach § 3 Abs. 3 des Versorgungsausgleichsgesetzes und die Erklärungen zum Wahlrecht nach § 15 Abs. 1 und 3 des Versorgungsausgleichsgesetzes.**

(5) **Der Bevollmächtigte in Ehesachen bedarf einer besonderen auf das Verfahren gerichteten Vollmacht. Die Vollmacht für die Scheidungssache erstreckt sich auch auf die Folgesachen.**

1. Anwendungsbereich

1 § 114 ergänzt die allgemeine Vorschrift des **§ 10** (Bevollmächtigte) für Ehesachen, Folgesachen und Beteiligte in selbständigen Familienstreitsachen. Die Regelung führt zu einer **Erweiterung** der Notwendigkeit der **anwaltlichen Vertretung** in Familiensachen gegenüber dem geltenden § 78 ZPO. Die Notwendigkeit der anwaltlichen Vertretung wird eingeführt für erstinstanzliche Unterhaltsstreitigkeiten; ferner für die güterrechtlichen Verfahren, soweit sie von § 112 Nr 2 erfasst werden (§ 261 I, § 269 I Nr 9). Für die

§ 114 Vertretung durch einen Rechtsanwalt; Vollmacht **§ 114**

sonstigen Familienstreitsachen nach § 266 I (§ 112 Nr 3) besteht Anwaltszwang auch insoweit, als diese wegen der Streitwertgrenze in die Zuständigkeit der Amtsgerichte fallen.

2. Notwendige Vertretung

Nach Abs 1 müssen sich die Ehegatten in Ehesachen und Folgesachen und die Beteiligten in selbständigen Familienstreitsachen (§ 112) vor dem Familiengericht und dem Oberlandesgericht durch einen Rechtsanwalt vertreten lassen. Die Vertretung der Ehegatten in Folgesachen von Scheidungssachen ist auch dann notwendig, wenn über diese vorweg im Rahmen des § 137 III oder abgetrennt nach Erledigung des Scheidungsausspruchs nach § 140 entschieden wird; eine **Ausnahme** besteht in den Fällen des bisherigen § 78 III ZPO. Danach müssen sich am Verfahren über Folgesachen beteiligte Dritte und die Beteiligten in selbständigen Familienstreitsachen, die selbständig anhängig gemacht oder selbständig fortgesetzt werden, vor den Familiengerichten und den Oberlandesgerichten nicht durch einen Rechtsanwalt vertreten lassen. 2

3

Bei dem **Bundesgerichtshof** besteht notwendige Vertretung durch einen bei dem BGH zugelassenen Rechtsanwalt (Abs 2). Eine Ausnahme sieht Abs 3 für Behörden und **juristische Personen des öffentlichen Rechts** einschließlich der von ihnen zur Erfüllung ihrer öffentlichen Aufgaben gebildeten Zusammenschlüsse vor; diese können sich durch eigene Beschäftigte oder Beschäftigte anderer Behörden oder juristischer Personen des öffentlichen Rechts einschließlich der von ihnen zur Erfüllung ihrer öffentlichen Aufgaben gebildeten Zusammenschlüsse vertreten lassen. Abweichend von § 78 IV ZPO müssen die zur Vertretung der Behörden berechtigten Personen jedoch die Befähigung zum Richteramt haben. Diese Regelung entspricht der des § 10 Abs 4; sie bedürfen daher keiner anwaltlichen Vertretung für die Rechtsbeschwerde nach §§ 70–75. Diese Regelung gilt für das Jugendamt als Beteiligte in Familiensachen sowie die im Versorgungsausgleichsverfahren zu beteiligenden Versorgungsträger (Rn 5, 6 zu § 219). 4

5

6

3. Ausnahmen von der notwendigen anwaltlichen Vertretung

Der Vertretung durch einen Rechtsanwalt bedarf es nicht: 7
- in den Verfahren der **einstweiligen Anordnung** (§§ 49–57); 8
- wenn ein Beteiligter durch das **Jugendamt als Beistand** (§§ 1712–1717 BGB) vertreten wird; in Ehe- und Familiensachen kann eine Beistandschaft zur Geltendmachung von Unterhaltsansprüchen bestehen (§ 1712 I Nr 2 BGB). 9
- Nicht notwendig ist eine anwaltliche Vertretung für die **Zustimmung zur Scheidung,** zur Rücknahme des Scheidungsantrags und für den Widerruf der Zustimmung zur Scheidung (§ 134). 10

Nach Nr 4 ferner keine Notwendigkeit einer anwaltlichen Vertretung für einen Antrag auf **Abtrennung** einer Folgesache von der Scheidung (§ 140). 11

Nach Nr 5 nicht für das Verfahren über die **Verfahrenskostenhilfe,** auf das abweichend von §§ 76–79 die Vorschriften der ZPO in Ehesachen, 12

§ 115 Buch 2 – Verfahren in Familiensachen

Folgesachen und selbständigen Familienstreitsachen unmittelbar Anwendung finden.

13   Die Ausnahme nach Nr 6 betrifft die Fälle des § 78 III der ZPO. Das sind Verfahren vor einem beauftragten oder ersuchten Richter; ferner Verfahrenshandlungen, die vor dem Urkundsbeamten der Geschäftsstelle vorgenommen werden können; die Befreiung gilt jedoch nur für diese Verfahrenshandlungen, nicht für das sich anschließende Verfahren, soweit es dem Anwaltszwang unterliegt. Für das **vereinfachte Verfahren** in Unterhaltssachen nach §§ 249 ff gilt § 257. Danach können die Anträge und Erklärungen vor dem Urkundsbeamten der Geschäftsstelle abgegeben werden. Soweit Formulare eingeführt sind, werden diese ausgefüllt; der Urkundsbeamte vermerkt unter Angabe des Gerichts und des Datums, dass er den Antrag oder die Erklärung aufgenommen hat.

14   Einer Vertretung durch einen Rechtsanwalt bedarf es nach Nr 7 ferner nicht für den Antrag auf Durchführung des Versorgungsausgleiches nach § 3 III VersAusglG und die Erklärungen zum Wahlrecht hinsichtlich der Zielversorgung bei einer externen Teilung (§ 15 I, III VersAusglG; Vorbemerkung vor §§ 217–229, Rn 7, 29).

4. Vollmacht

15   Nach Abs 5 bedarf der Bevollmächtigte in Ehesachen einer **besonderen, auf das Verfahren gerichteten Vollmacht**; die Notwendigkeit besteht für alle Beteiligten in Ehesachen. Sie erstreckt sich nach § 114 V 2 auf die Folgesachen; sie ist nicht von Amts wegen zu prüfen (OLG Hamm, NJW 79, 2316); es sei denn, es bestehen ernsthafte Zweifel (BGH, NJW 01, 2095). Die Vertretung der Ehegatten in Folgesachen soll von vornherein sichergestellt werden. Es ist jedoch nicht ausgeschlossen, die Vollmacht auf die Scheidung oder einzelne Folgesachen zu beschränken.

5. Beiordnung eines Rechtsanwalts

16   Hat der Antragsgegner trotz Anwaltszwang einen Verfahrensbevollmächtigten nicht bestellt, hat das Gericht von Amts wegen hinsichtlich des Scheidungsantrages und eines Antrages nach § 1671 I BGB einen Rechtsanwalt beizuordnen, wenn dies zu dem Schutz der nicht vertretenen Partei unabweisbar erscheint und das Gericht nach der gesamten Sachlage aus freier Überzeugung zu dem Ergebnis kommt, dass die nicht vertretene Partei aus Unkenntnis, mangelnder Übersicht über ihre Lage und die Konsequenzen einer Scheidung oder infolge Beeinflussung durch den anderen Ehegatten ihre Rechte in unvertretbarer Weise nicht hinreichend wahrnimmt (OLG Hamm, FamRZ 82, 86); der beigeordnete Rechtsanwalt hat die Stellung eines Beistandes (§ 138).

Zurückweisung von Angriffs- und Verteidigungsmitteln

115 In Ehesachen und Familienstreitsachen können Angriffs- und Verteidigungsmittel, die nicht rechtzeitig vorgebracht werden, zurückgewiesen werden, wenn ihre Zulassung nach der freien Überzeugung des Gerichts die Erledigung des Verfahrens verzögern würde und die Verspätung auf grober Nachlässigkeit beruht. Im Übrigen sind die Angriffs- und Verteidigungsmittel abweichend von den allgemeinen Vorschriften zuzulassen.

§ 115 behandelt die Möglichkeit der **Zurückweisung von Angriffs-** **und Verteidigungsmitteln** in Ehe- und Familienstreitsachen; die Möglichkeit der Zurückweisung ist gegenüber den allgemeinen Vorschriften für die erste Instanz (§ 296 ZPO), für die Berufungsinstanz (§§ 530, 531 II ZPO) eingeschränkt. Sie ist nach der freien Überzeugung des Gerichts möglich, wenn ihre Zulassung die Erledigung des Verfahrens **verzögern** würde und die Verspätung auf **grober Nachlässigkeit** beruht. Im Übrigen sind abweichend von den allgemeinen Vorschriften Angriffs- und Verteidigungsmittel zuzulassen. Hierzu gehört das materielle und verfahrensrechtliche Vorbringen zur Durchsetzung und zur Abwehr des geltend gemachten Anspruchs, Tatsachenbehauptungen, Beweismittel, Einwendungen. Zwischen der Verspätung des Vorbringens und der Verzögerung muss ein **ursächlicher Zusammenhang** bestehen; dieser fehlt, wenn dieselbe Verzögerung auch bei rechtzeitigem Vorbringen eingetreten wäre (BVerfG, NJW 95, 1417). Es muss bezogen auf den Zeitpunkt des Vorbringens festgestellt werden, ob der Rechtsstreit allein durch die Berücksichtigung dieses Vorbringens länger dauern würde als bei dessen Zurückweisung. Die grobe Nachlässigkeit muss sich auf die Pflicht zur Förderung des Prozesses beziehen. Die Tatsachen, aus denen das Gericht die grobe Nachlässigkeit herleitet, sind in den Gründen der Entscheidung darzulegen. Der Beteiligte muss Gelegenheit gehabt haben, zu der Frage der groben Nachlässigkeit Stellung zu nehmen.

§ 115 beruht auf den bisherigen Regelungen der §§ 615, 621 d ZPO. § 615 ZPO behandelte nur die Ehesachen, § 621 d ZPO unterhalts- und güterrechtliche Familiensachen. Diese gehören nunmehr zu den **Familienstreitsachen,** auf die § 115 verweist (§ 112). Bei den übrigen Familiensachen kommt eine Präklusion wegen des Amtsermittlungsgrundsatzes nicht in Betracht.

Soweit die unterhaltsrechtlichen und güterrechtlichen Familiensachen (§ 137 II Nr 2, Nr 4) als **Folgesachen** im Verbund stehen, kann eine Verzögerung nur dann angenommen werden, wenn dadurch eine Entscheidung über alle anhängigen Folgesachen hinausgeschoben würde, weil über die Scheidungs- und Folgesachen gemeinsam zu entscheiden ist (§ 137 I) und die Entscheidungen in Folgesachen vor Rechtskraft des Scheidungsausspruchs nicht wirksam werden (§ 148).

In **Ehesachen** geht § 127 I dem § 115 vor. Der Amtsermittlungsgrundsatz kann es dem Gericht gebieten, auch Vorbringen, das nach § 115 auszuschließen wäre, zu berücksichtigen.

Entscheidung durch Beschluss; Wirksamkeit

116 (1) Das Gericht entscheidet in Familiensachen durch Beschluss.
(2) Endentscheidungen in Ehesachen werden mit Rechtskraft wirksam.

§ 117

Buch 2 – Verfahren in Familiensachen

(3) **Endentscheidungen in Familienstreitsachen werden mit Rechtskraft wirksam. Das Gericht kann die sofortige Wirksamkeit anordnen. Soweit die Endentscheidung eine Verpflichtung zur Leistung von Unterhalt enthält, soll das Gericht die sofortige Wirksamkeit anordnen.**

1. Entscheidungsform

1   Die Entscheidungsform nach dem FamFG ist der Beschluss. Abs 1 spricht aus, dass es weder in Ehesachen noch in Familienstreitsachen Urteile (§ 313 ZPO) in Übereinstimmung mit der allgemeinen Vorschrift des § 38 I gibt; es gelten die §§ 38, 39.

2. Wirksamkeit der Endentscheidungen

2   Abweichend von der allgemeinen Vorschrift des § 40 I, der den Eintritt der Wirksamkeit an die Bekanntgabe der Entscheidungen an die Beteiligten knüpft, tritt die Wirksamkeit der Endentscheidungen in Ehesachen erst mit Rechtskraft ein. Dies ist deshalb notwendig, weil es sich um rechtsgestaltende Entscheidungen handelt. Soweit in Ehesachen Entscheidungen ergehen, die nicht Endentscheidungen sind, soll ihre Wirksamkeit entsprechend § 329 eintreten. Nach § 329 II ZPO sind nicht verkündete Beschlüsse formlos mitzuteilen und werden damit wirksam, zB eine Aussetzung nach § 136.

3   Auch Endentscheidungen in **Familienstreitsachen** werden erst mit **Rechtskraft** wirksam (Abs 3 S 1). Abweichend von der Regelung in Ehesachen nach Abs 1 kann das Gericht jedoch die **sofortige Wirksamkeit** anordnen; sie sind dann mit dem Eintritt der sofortigen Wirksamkeit vollstreckbar (§ 120 II 1). Die sofortige Wirksamkeit soll angeordnet werden, wenn die Entscheidung eine Verpflichtung zur Leistung von Unterhalt enthält. Die Anordnung der sofortigen Wirksamkeit tritt in Familienstreitsachen an die Stelle der vorläufigen Vollstreckbarkeit.

4   Auf eine Anordnung der sofortigen Wirksamkeit in Unterhaltssachen kann dann **teilweise** oder **vollständig verzichtet** werden, wenn zB das Jugendamt übergegangene Ansprüche geltend macht (§§ 33 II 4 SGB II, § 94 IV 2 SGB XII oder § 7 IV 1 des Unterhaltsvorschussgesetzes (UhVorschG)) oder wenn neben dem laufenden Unterhalt länger zurückliegende Unterhaltsrückstände verlangt werden.

5   **Im Übrigen** bestimmt sich die Wirksamkeit in Familiensachen nach § 40; sie werden mit Bekanntgabe an den Beteiligten, für den sie ihrem wesentlichen Inhalt nach bestimmt sind, wirksam.

Rechtsmittel in Ehe- und Familienstreitsachen

117 (1) **In Ehesachen und Familienstreitsachen hat der Beschwerdeführer zur Begründung der Beschwerde einen bestimmten Sachantrag zu stellen und diesen zu begründen. Die Begründung ist beim Beschwerdegericht einzureichen. Die Frist zur Begründung der Beschwerde beträgt zwei Monate und beginnt mit der schriftlichen Bekanntgabe des Beschlusses, spätestens mit Ablauf von fünf Monaten nach Erlass**

§ 117 Rechtsmittel in Ehe- und Familienstreitsachen **§ 117**

des Beschlusses. § 520 Abs. 2 Satz 2 und 3 sowie § 522 Abs. 1 Satz 1, 2 und 4 der Zivilprozessordnung gelten entsprechend.

(2) Die §§ 514, 516 Abs. 3, 521 Abs. 2, § 524 Abs. 2 Satz 2 und 3, die §§ 528, 538 Abs. 2 und § 539 der Zivilprozessordnung gelten im Beschwerdeverfahren entsprechend. Einer Güteverhandlung bedarf es im Beschwerde- und Rechtsbeschwerdeverfahren nicht.

(3) Beabsichtigt das Beschwerdegericht von einzelnen Verfahrensschritten nach § 68 Abs. 3 Satz 2 abzusehen, hat das Gericht die Beteiligten zuvor darauf hinzuweisen.

(4) Wird die Endentscheidung in dem Termin, in dem die mündliche Verhandlung geschlossen wurde, verkündet, kann die Begründung auch in die Niederschrift aufgenommen werden.

(5) Für die Wiedereinsetzung gegen die Versäumung der Fristen zur Begründung der Beschwerde und Rechtsbeschwerde gelten die §§ 233 und 234 Abs. 1 Satz 2 der Zivilprozessordnung entsprechend.

1. Anwendungsbereich

In Ehesachen und Familienstreitsachen gelten die allgemeinen Vorschriften 1
der §§ 58–69. § 117 behandelt **Abweichungen** von den allgemeinen Vorschriften, die sich beziehen auf die Begründung der Beschwerde (Abs 2), Abweichungen vom Verfahren (Abs 2, Abs 3), die Möglichkeit, die Begründung einer Entscheidung in eine Niederschrift aufzunehmen (Abs 4) und die Anwendung der Vorschriften der ZPO über die Wiedereinsetzung in den vorigen Stand.

2. Begründung der Beschwerde

Nach der allgemeinen Vorschrift des § 65 I, II soll die Beschwerde begrün- 2
det werden. Abw hiervon sieht Abs 1 S 1 zwingend vor, dass der Beschwerdeführer in der bei dem Beschwerdegericht einzureichenden Begründung der 3
Beschwerde einen **bestimmten Sachantrag** zu stellen und diesen zu begründen hat. Ein bestimmter Sachantrag ist erforderlich, um festzustellen, in welchem Umfang die Entscheidung angefochten wird; der Antrag kann unter Berücksichtigung der Begründung ausgelegt werden (BGH, NJW-RR 05, 1659). Ein Antrag auf Aufhebung und Zurückverweisung ist regelmäßig dahin zu verstehen, dass die Entscheidung in vollem Umfang angefochten wird (BGH, NJW 06, 2705). Das Fehlen der Anträge macht die Beschwerde unzulässig; Änderungen im Rahmen der Beschwerdebegründung können zulässig sein (BGH, NJW 05, 3067).

3. Frist zur Begründung der Beschwerde

Die Frist zur Begründung der Beschwerde ist gesetzlich bestimmt und 4
beträgt zwei Monate (Abs 1 S 2). Sie beginnt mit der schriftlichen Bekanntgabe des Beschlusses. Sofern eine schriftliche Bekanntgabe nicht erfolgt ist, beginnt sie spätestens mit Ablauf von fünf Monaten nach Erlass des Beschlusses (§ 38 III 3). Diese Frist kann jedoch durch das Gericht 5
verlängert werden, wenn der Gegner einwilligt (§ 520 II 2 ZPO entspr),

§ 117

ohne Einwilligung kann die Frist um bis zu einem Monat verlängert werden, wenn nach freier Überzeugung des Gerichts das Verfahren durch die Verlängerung nicht verzögert wird oder wenn der Beschwerdeführer erhebliche Gründe darlegt (§ 520 II 3 ZPO entspr). Bei Einwilligung des Gegners ist die Verlängerung um mehr als einem Monat möglich; die Einwilligung kann von diesem selbst gegenüber dem Gericht erklärt werden oder muss in dem Verlängerungsantrag dargelegt werden (BGH, NJW 06, 2192). Die Ablehnung des Verlängerungsantrags trotz Darlegung erheblicher Gründe kann einen Wiedereinsetzungsgrund darstellen (BGH, NJW 99, 430). Geht der Antrag auf Verlängerung der Frist innerhalb der Frist ein, kann diese auch noch nach Ablauf der Frist verlängert werden. Geht der Antrag nach Fristablauf ein, ist eine Verlängerung nicht möglich wegen der mit Fristablauf

6 eingetretenen Rechtskraft (BGH, NJW 92, 842). Abw von den allgemeinen Vorschriften (§ 68 II) ist die Beschwerde nicht nur dann als unzulässig zu verwerfen, wenn das Rechtsmittel selbst nicht form- und fristgerecht eingelegt worden ist, sondern auch dann, wenn es **nicht** form- und fristgemäß **begründet** wurde. Dies kommt durch die Verweisung auf § 522 I 1, 2 ZPO zum Ausdruck. Der Beschluss, der die Beschwerde als unzulässig verwirft, ist

7 nach Abs 1 iVm § 522 I 4 ZPO mit der **Rechtsbeschwerde** anfechtbar, ohne dass diese einer Zulassung bedarf. Eine **Zurückweisung** durch einstimmigen Beschluss sieht das FamFG nicht vor, weil § 117 I nicht auf § 522 II ZPO verweist (aA Keidel/Weber, Rn 10 zu § 117; OLG Karlsruhe, NJW 10, 3247). Die **Zurücknahme** der Beschwerde (§ 67 IV) hat den Verlust des Rechtsmittels und die Verpflichtung zur Tragung der Kosten zur Folge; diese Wirkungen sind durch Beschluss auszusprechen (Abs 2 iVm § 516 III ZPO).

4. Frist zur Einlegung der Anschlussbeschwerde

8 Durch die entspr Anwendung des § 524 II 2, 3 ZPO erfolgt abw von § 66 für die Rechtsmittel in Ehe- und Familienstreitsachen auch insoweit eine Anpassung an die ZPO, als eine Frist für die Einlegung der Anschlussbeschwerde vorgesehen wird. Diese ist nur zulässig bis zum Ablauf der dem Beschwerdegegner gesetzten Frist zur Beschwerdeerwiderung. Keine Anwendung findet die Befristung bei wiederkehrenden Leistungen, zB in Unterhaltssachen. Sonderregelung im Verbund: § 145.

5. Bindung an die Beschwerdeanträge

9 Die Bindung an die Beschwerdeanträge gemäß dem entsprechend anwendbaren § 528 ZPO ist eine Folge der Notwendigkeit, einen bestimmten Sachantrag zu stellen (Abs 1 S 1). Das Verfahren wird nur in den Grenzen der Anträge Gegenstand des Beschwerdeverfahrens; eine Änderung der Entscheidung ist nur in diesen Grenzen möglich. Die Beschwerdeinstanz darf nicht mehr und nichts anderes zuerkennen. Insbesondere darf das Beschwerdegericht die Entscheidung der ersten Instanz nicht zum Nachteil des Beschwerdeführers abändern (außer auf Anschlussbeschwerde).

6. Zurückverweisung

Grundsätzlich hat das Beschwerdegericht die notwendigen Beweise zu erheben und in der Sache selbst zu entscheiden. In entsprechender Anwendung des § 538 II ZPO darf eine Zurückverweisung unter Aufhebung des Urteils und des Verfahrens an das Gericht des ersten Rechtszuges nur unter den dort unter Nr 1–7 aufgeführten Voraussetzungen erfolgen. Nach **Nr 1** muss ein **wesentlicher Verfahrensmangel** vorliegen und auf Grund dieses Mangels eine umfangreiche oder aufwendige Beweisaufnahme notwendig sein. Ein Verfahrensmangel berechtigt dann nicht zur Zurückverweisung, wenn er sich auf die Sachentscheidung nicht ausgewirkt hat (BGH, NJW-RR 03, 1572). Ein Verfahrensmangel liegt auch dann nicht vor, wenn auf Grund einer unrichtigen materiell-rechtlichen Beurteilung Hinweise oder Beweiserhebungen nicht in Betracht kommen; nicht jedoch dann, wenn der Kern des Parteivorbringens verkannt wird. Verfahrensmängel sind insbesondere die Verletzung rechtlichen Gehörs oder des Grundsatzes der Waffengleichheit; unterbliebene Hinweise, unterbliebene Beweiserhebungen. Eine umfangreiche oder aufwendige Beweisaufnahme ist dann anzunehmen, wenn nicht nur einzelne Zeugen, sondern mehrere Zeugen, mehrere Sachverständige zu hören sind; das Gericht muss dies in der Entscheidung über die Zurückverweisung nachprüfbar darlegen (BGH, MDR 05, 645).

Nach **Nr 2** kommt eine Zurückverweisung dann in Betracht, wenn das erstinstanzliche Gericht einen Einspruch gegen ein Versäumnisurteil **als unzulässig** verworfen hat, das Beschwerdegericht ihn aber für zulässig hält oder eine in erster Instanz abgelehnte Wiedereinsetzung in den vorigen Stand gewährt.

Nach **Nr 3** kommt eine Zurückverweisung dann in Betracht, wenn in der ersten Instanz **nur** über die **Zulässigkeit** des Antrags entschieden wurde. Keine entsprechende Anwendbarkeit, wenn das erstinstanzliche Gericht den Antrag aus sachlichen Gründen abgelehnt hat.

Nach **Nr 4** kann eine Zurückverweisung dann in Betracht kommen, wenn im Falle eines nach Grund und Betrag streitigen Anspruchs durch die angefochtene Entscheidung über den **Grund des Anspruchs** vorab entschieden wurde oder der Antrag abgewiesen wurde; es sei denn, der Streit über den Betrag des Anspruchs ist zur Entscheidung reif. Die Voraussetzungen können gegeben sein, wenn in erster Instanz ein Grundurteil (§ 304 ZPO) ergangen ist, das von dem Beschwerdegericht bestätigt wird; dann ist in erster Instanz über die Höhe zu entscheiden. Das Gleiche gilt, wenn in erster Instanz der Antrag abgewiesen wurde, das Beschwerdegericht jedoch eine Grundentscheidung erlässt; auch dann ist Zurückverweisung zur Entscheidung über die Höhe zulässig. Entsprechendes gilt bei der Stufenklage (BGH, NJW 06, 2626).

Nach **Nr 5** kann Zurückverweisung erfolgen, wenn die angefochtene Entscheidung im **Urkunden- oder Wechselprozess unter Vorbehalt** der Rechte ergangen ist. Diese Vorschrift ist nur anwendbar in Familienstreitsachen nach § 113 II. Voraussetzung für die Zurückverweisung wegen des Nachverfahrens ist ein entsprechender Antrag (OLG München, NJW-RR 87, 1024). Hat das Beschwerdegericht selbst ein Vorbehaltsurteil erlassen, fällt bei ihm auch das Nachverfahren an (BGH, NJW 05, 2701).

§ 117

16 Nach Nr 6 ist Zurückverweisung möglich, wenn ein **Versäumnisurteil**
17 auf (ausnahmsweise) statthafte Beschwerde aufgehoben wird (§ 514 II ZPO). Für **Ehesachen** gilt die Sonderregelung des **§ 146,** wenn eine Entscheidung aufgehoben wird, durch die der Scheidungsantrag abgewiesen wurde. Dann soll das Rechtsmittelgericht die Sache an das Gericht zurückverweisen, das die Abweisung ausgesprochen hat, wenn dort eine Folgesache zur Entscheidung ansteht.

18 Nach **Nr 7** Zurückverweisung dann, wenn in erster Instanz eine Teilentscheidung ergangen ist, ohne dass deren Voraussetzungen vorlagen, damit ein einheitlicher Rechtsstreit nicht in zwei Instanzen anhängig ist; ein hierauf gerichteter Antrag einer Partei ist nicht erforderlich (OLG Naumburg, NJW 09, 2964).

7. Versäumnisverfahren

19 Für Versäumnisverfahren in der Beschwerdeinstanz ist § 539 ZPO entsprechend anzuwenden. Erscheint der Beschwerdeführer im Termin nicht, ist seine Beschwerde auf Antrag durch Versäumnisurteil zurückzuweisen (§ 539 I ZPO). Erscheint der Beschwerdegegner nicht und beantragt der Beschwerdeführer Versäumnisurteil, ist das tatsächliche Vorbringen des Beschwerdeführers als zugestanden anzunehmen und, soweit es den Beschwerdeantrag rechtfertigt, nach diesem Antrag zu erkennen. Ist dies nicht der Fall, ist die Beschwerde zurückzuweisen. Im Übrigen gelten die erstinstanzlichen Vorschriften der ZPO über das Versäumnisverfahren nach §§ 330 ff ZPO entsprechend. Diese
20 Vorschrift kommt nur in Familienstreitsachen zur Anwendung, **in Ehesachen** gilt die Sondervorschrift des **§ 130.** Gegen den Antragsteller ist eine Versäumnisentscheidung dahin zu erlassen, dass der Antrag als zurückgenommen gilt. Eine Versäumnisentscheidung gegen den Antragsgegner ist unzulässig.

8. Absehen von Termin

21 Nach § 68 III 2 kann das Beschwerdegericht von der Durchführung eines Termins, einer mündlichen Verhandlung oder einzelner Verfahrenshandlungen **absehen,** wenn diese bereits im ersten Rechtszug vorgenommen wurden und von einer erneuten Vornahme keine zusätzlichen Erkenntnisse zu erwarten sind. Abs 3 ergänzt diese Vorschrift dahin, dass das Gericht die Beteiligten zuvor darauf hinzuweisen hat, dass es von einzelnen Verfahrensschritten absehen will.

9. Verkündete Entscheidungen

22 Abs 4 sieht die Möglichkeit vor, bei einer in dem Termin, in dem die mündliche Verhandlung geschlossen wurde, verkündeten Endentscheidung die Begründung auch in die Niederschrift aufzunehmen. Diese Vorschrift erscheint wenig praktikabel.

10. Wiedereinsetzung in den vorigen Stand

23 Für die Wiedereinsetzung gegen die Versäumung der Frist zur Begründung (Abs 1) der Beschwerde und der Rechtsbeschwerde (§ 71) ist an Stelle von

§ 17 I § 233 ZPO und an Stelle von § 18 I § 234 I 2 ZPO anzuwenden. Die Frist für den Wiedereinsetzungsantrag beträgt abweichend von § 18 I einen Monat. Bei Versäumung der Frist zur Einlegung der Beschwerde beträgt die Frist nach § 234 I 1 ZPO zwei Wochen.

Wiederaufnahme

118 Für die Wiederaufnahme des Verfahrens in Ehesachen und Familienstreitsachen gelten die §§ 578 bis 591 der Zivilprozessordnung entsprechend.

§ 118 ordnet ebenso wie § 48 II für die Verfahren der freiwilligen Gerichtsbarkeit auch für die Verfahren in Ehe- und Familienstreitsachen die Geltung der **Wiederaufnahmevorschrift der ZPO** an (§§ 578–591 ZPO) an. Eine Wiederaufnahme der Scheidungssache erstreckt sich auf die Folgesachen; eine auf Folgesachen beschränkte Wiederaufnahme lässt die Scheidung unberührt.

Einstweilige Anordnung und Arrest

119 (1) In Familienstreitsachen sind die Vorschriften dieses Gesetzes über die einstweilige Anordnung anzuwenden. In Familienstreitsachen nach § 112 Nr. 2 und 3 gilt § 945 der Zivilprozessordnung entsprechend.

(2) Das Gericht kann in Familienstreitsachen den Arrest anordnen. Die §§ 916 bis 934 und die §§ 943 bis 945 der Zivilprozessordnung gelten entsprechend.

1. Einstweilige Anordnung

§ 119 stellt klar, dass die Vorschriften über das Verfahren der einstweiligen 1 Anordnung in **§§ 49–57** auch für Familienstreitsachen gelten. Diese Vorschriften gelten daher für alle Verfahrensgegenstände der Familiensachen einschließlich der Familienstreitsachen einheitlich. Das Verfahren der einstweiligen Anordnung ist abweichend von dem bisherigen Recht unabhängig von der Anhängigkeit einer Hauptsache. Die §§ 935–942 ZPO finden auf die Angelegenheiten des FamFG keine Anwendung. Insbesondere kommen auch 2 in **Unterhaltssachen** (§ 112 Nr 1) die §§ 935 ff ZPO nicht zur Anwendung. Für Unterhaltssachen gelten ergänzend zu §§ 49 ff § 246 (besondere Vorschriften für die einstweilige Anordnung), § 247 (einstweilige Anordnung vor Geburt des Kindes), § 248 (einstweilige Anordnung bei Feststellung der Vaterschaft). Durch diese Vorschriften wird die Geltendmachung von Unterhaltsansprüchen im Wege der einstweiligen Anordnung gegenüber den allgemeinen Vorschriften der §§ 49 ff erleichtert.

In den Familienstreitsachen nach **§ 112 Nr 2** (Güterrechtssachen) und 3 **Nr 3** (sonstige Familiensachen) findet jedoch § 945 ZPO (**Schadensersatzpflicht**) entsprechende Anwendung. Erweist sich die Anordnung einer einstweiligen Maßnahme als von Anfang an ungerechtfertigt oder wird die angeordnete einstweilige Maßnahme aufgehoben, weil einer auf Antrag erlassenen

§ 120
Buch 2 – Verfahren in Familiensachen

Anordnung, binnen einer bestimmten Frist die Hauptsache einzuleiten, nicht Folge geleistet wurde, ist der Beteiligte, der die Anordnung erwirkt hat, verpflichtet, dem Gegner den Schaden zu ersetzen, der diesem aus der Vollziehung der angeordneten einstweiligen Maßnahme entsteht. Diese Regelung

4 gilt **nicht für Unterhaltssachen** (§ 112 Nr 1). Für diese Angelegenheiten ist schon in den bisherigen §§ 644, 620 ff ZPO ein Schadensersatzanspruch nicht vorgesehen; der BGH hat auch bisher eine entsprechende Anwendung des § 945 ZPO auf Unterhaltssachen abgelehnt (BGH, NJW 00, 742).

2. Arrest

5 Abs 2 sieht jedoch für **alle Familienstreitsachen** nach § 112 Nr 1, Nr 2, Nr 3 einschließlich der Unterhaltssachen vor, dass neben der einstweiligen Anordnung auch der persönliche oder der dingliche Arrest des Schuldners möglich ist (Abs 2 S 1). Die Vorschriften der ZPO über den Arrest (§§ 916–934, 943–945 ZPO) finden entsprechende Anwendung (Abs 2 S 2). Der Arrest findet zur Sicherung der Zwangsvollstreckung wegen einer Geldforderung in das bewegliche oder unbewegliche Vermögen statt (§ 916 I ZPO), wenn zu besorgen ist, dass ohne dessen Verhängung die Vollstreckung der Entscheidung vereitelt oder wesentlich erschwert werden würde (§ 917 I ZPO), der persönliche Sicherheitsarrest nur dann, wenn er erforderlich ist, um die gefährdete Zwangsvollstreckung in das Vermögen des Schuldners zu sichern (§ 918 ZPO). Für die Anordnung des Arrestes ist sowohl das Gericht der Hauptsache als auch das Amtsgericht zuständig, in dessen Bezirk der mit Arrest zu belegende Gegenstand oder die in ihrer persönlichen Freiheit zu beschränkende Person sich befindet (§ 919 ZPO).

Vollstreckung

120 (1) **Die Vollstreckung in Ehesachen und Familienstreitsachen erfolgt entsprechend den Vorschriften der Zivilprozessordnung über die Zwangsvollstreckung.**

(2) **Endentscheidungen sind mit Wirksamwerden vollstreckbar. Macht der Verpflichtete glaubhaft, dass die Vollstreckung ihm einen nicht zu ersetzenden Nachteil bringen würde, hat das Gericht auf seinen Antrag die Vollstreckung vor Eintritt der Rechtskraft in der Endentscheidung einzustellen oder zu beschränken. In den Fällen des § 707 Abs. 1 und des § 719 Abs. 1 der Zivilprozessordnung kann die Vollstreckung nur unter denselben Voraussetzungen eingestellt oder beschränkt werden.**

(3) **Die Verpflichtung zur Eingehung der Ehe und zur Herstellung des ehelichen Lebens unterliegt nicht der Vollstreckung.**

1. Anwendbare Vorschriften

1 Keine Anwendung finden in Ehesachen und Familienstreitsachen die Vorschriften der §§ 86–96 über die Vollstreckung; auch nicht § 95, der für bestimmte Ansprüche die Anwendung der Vorschriften der ZPO vorsieht. Die **§§ 704–915 h ZPO** finden vielmehr unmittelbare Anwendung (Abs 1).

§ 120 Vollstreckung **§ 120**

Abweichend von den Vorschriften der ZPO wird die **Einstellung der** 2
Zwangsvollstreckung behandelt. Diese Notwendigkeit ergibt sich daraus,
dass nach § 116 III 2 die sofortige Wirksamkeit von Endentscheidungen in
Familienstreitsachen angeordnet werden kann und das Gericht in Endentscheidungen, die eine Verpflichtung zur Leistung von Unterhalt enthalten, die
sofortige Wirksamkeit anordnen soll. In diesem Fall soll der Schuldner die
Möglichkeit haben, eine Einstellung oder Beschränkung der Zwangsvollstreckung vor Eintritt der Rechtskraft zu erlangen, wenn ihm die Vollstreckung
einen nicht zu ersetzenden Nachteil bringen würde (Abs 2 S 2). Der Ver- 3
pflichtete muss den **nicht zu ersetzenden Nachteil** glaubhaft machen
(Abs 2 S 2 iVm § 31). Auch in den Fällen des § 707 I ZPO und des § 719 I
ZPO kann die Vollstreckung nur eingestellt werden, wenn ein nicht zu
ersetzender Nachteil glaubhaft gemacht ist (Abs 2 S 3). § 707 ZPO betrifft
den Antrag auf Einstellung der Zwangsvollstreckung, wenn Wiedereinsetzung
in den vorigen Stand, Wiederaufnahme des Verfahrens beantragt wird oder
die Anhörungsrüge erhoben wird oder das Verfahren nach Verkündung eines
Vorbehaltsurteils fortgesetzt wird. § 719 I ZPO verweist auf § 707 ZPO in
den Fällen, in denen gegen ein für vorläufig vollstreckbar erklärtes Urteil
Einspruch oder Berufung eingelegt wird. Zur **Glaubhaftmachung** eines 4
nicht zu ersetzenden Nachteils reicht bei einer Verurteilung zu Unterhalt eine
mögliche Aussichtslosigkeit der Rückforderung zuviel gezahlten Unterhalts
nicht aus (OLG Koblenz, FamRZ 05, 468; aA für den Fall, dass eine Rückforderung ausgeschlossen ist: OLG Frankfurt, FamRZ 10, 1370). Der Bundesrat (BT-Drs 16/6308 S 373) hat sich dafür ausgesprochen, dass es auch insoweit bei den Regeln der ZPO bleiben sollte (§ 708 ff ZPO), denengemäß
eine Vollstreckung kleinerer Beträge vor Eintritt der formellen Rechtskraft
möglich sei mit Abwendungsbefugnis durch Sicherheitsleistung (§ 708 Nr 11,
711 ZPO) und eine Vollstreckung größerer Beträge vor Eintritt der Rechtskraft nur gegen Sicherheitsleistung des Vollstreckungsgläubigers (§ 709 ZPO).
Die Regelung des § 116 III 2 iVm § 120, dergemäß in Güterrechts- und
Unterhaltssachen eine Zwangsvollstreckung ohne Sicherheitsleistung und ohne Abwendungsbefugnis (bei Anordnung der sofortigen Wirksamkeit) möglich sei, bürde dem Vollstreckungsschuldner das Risiko der Vollstreckung einer
unrichtigen Entscheidung der ersten Instanz auf. Die Bundesregierung hat
demgegenüber darauf hingewiesen, dass die Möglichkeit der Anordnung der
sofortigen Wirksamkeit der Sicherung des Lebensbedarfs diene. Von der
Anordnung der sofortigen Wirksamkeit könne daher abgewichen werden,
wenn es dieser Sicherung nicht bedürfe, zB bei der Geltendmachung von
Unterhaltsrückständen oder von an das Jugendamt übergegangenen Ansprüchen (BT-Drs 16/6308 S 412).

2. Nicht vollstreckbare Entscheidungen

Nach Abs 3 unterliegen Entscheidungen, die die Verpflichtung zur Einge- 5
hung der Ehe oder zur Herstellung des ehelichen Lebens aussprechen, entsprechend dem bisherigen § 888 Abs 3 ZPO nicht der Vollstreckung. Gegenstand dieser Klagen sind die persönlichen, nicht die vermögensrechtlichen
Ansprüche der Ehegatten untereinander, die auf den §§ 1353–1359 BGB

§ 121   Buch 2 – Verfahren in Familiensachen

beruhen. Sie werden nicht mehr als Ehesachen (§ 121) behandelt, sondern als sonstige Familiensachen nach § 266 I Nr 2 und unterliegen damit dem Verfahren der Familienstreitsachen (§ 113).

Abschnitt 2
Verfahren in Ehesachen;
Verfahren in Scheidungssachen und Folgesachen

Unterabschnitt 1
Verfahren in Ehesachen

Ehesachen

121   Ehesachen sind Verfahren

1. auf Scheidung der Ehe (Scheidungssachen),
2. auf Aufhebung der Ehe und
3. auf Feststellung des Bestehens oder Nichtbestehens einer Ehe zwischen den Beteiligten.

1   § 121 enthält die gesetzliche Definition der **Ehesachen** (bisher § 606 I 1 ZPO aF). Ehesachen sind die Verfahren auf Scheidung der Ehe (Scheidungssachen) nach **Nr 1**, die Verfahren auf Aufhebung der Ehe nach **Nr 2** und auf Feststellung des Bestehens oder Nichtbestehens einer Ehe zwischen den Beteiligten nach **Nr 3**. Eine Ehe kann durch gerichtliche Entscheidung (Beschluss) auf Antrag eines oder beider Ehegatten geschieden werden. Die Entscheidung ist rechtsgestaltend und bewirkt die Auflösung der Ehe mit Rechtskraft des Urteils (§ 1564 I 1, 2 BGB). Die Gründe für eine Scheidung ergeben sich aus § 1564 S 3 BGB iVm §§ 1565–1568 BGB).

2   Eine **Aufhebung** der Ehe kann durch gerichtliche Entscheidung (Beschluss) auf Antrag erfolgen. Die Entscheidung ist rechtsgestaltend und bewirkt die Auflösung der Ehe mit der Rechtskraft (§ 1313 1, 2 BGB). Die Voraussetzungen, unter denen die Aufhebung begehrt werden kann, ergeben sich aus § 1313 3 BGB iVm §§ 1314–1318 BGB.

3   Ein Antrag auf **Feststellung des Bestehens oder Nichtbestehens** einer Ehe kommt in Betracht, wenn zwischen den Beteiligten streitig ist, ob eine Ehe zustande gekommen, aufgehoben oder geschieden ist oder (nach früherem Recht) für nichtig erklärt wurde; § 256 ZPO findet keine Anwendung. Beteiligte sind nur die Ehegatten, auf die sich die Rechtskraft der Entscheidung beschränkt.

4   **Nicht** mehr zu den Ehesachen gehören abw von § 606 I 1 ZPO Verfahren auf **Herstellung des ehelichen Lebens.** Sie gehören nunmehr ebenso wie negative Feststellungsklagen auf Feststellung des Rechts zum Getrenntleben zu den sonstigen Familiensachen nach § 266 I Nr 2; sie unterliegen daher dem Verfahren der Familienstreitsachen (§ 112 Nr 3).

§ 122 Örtliche Zuständigkeit **§ 122**

Örtliche Zuständigkeit

122 Ausschließlich zuständig ist in dieser Rangfolge:
1. das Gericht, in dessen Bezirk einer der Ehegatten mit allen gemeinschaftlichen minderjährigen Kindern seinen gewöhnlichen Aufenthalt hat;
2. das Gericht, in dessen Bezirk einer der Ehegatten mit einem Teil der gemeinschaftlichen minderjährigen Kinder seinen gewöhnlichen Aufenthalt hat, sofern bei dem anderen Ehegatten keine gemeinschaftlichen minderjährigen Kinder ihren gewöhnlichen Aufenthalt haben;
3. das Gericht, in dessen Bezirk die Ehegatten ihren gemeinsamen gewöhnlichen Aufenthalt zuletzt gehabt haben, wenn einer der Ehegatten bei Eintritt der Rechtshängigkeit im Bezirk dieses Gerichts seinen gewöhnlichen Aufenthalt hat;
4. das Gericht, in dessen Bezirk der Antragsgegner seinen gewöhnlichen Aufenthalt hat;
5. das Gericht, in dessen Bezirk der Antragsteller seinen gewöhnlichen Aufenthalt hat;
6. das Amtsgericht Schöneberg in Berlin.

1. Anwendungsbereich

Für die Ehesachen als Familiensachen nach § 111 Nr 1 sind die Amtsgerichte als Familiengerichte sachlich ausschließlich zuständig (§ 23 a I Nr 1 GVG). Eine Verbindung von Ehesachen mit anderen Verfahren ist unzulässig mit Ausnahme der Verhandlung und Entscheidung über Scheidungs- und Folgesachen im Verbund nach § 137 I (§ 126 II). Insbesondere ist eine Verbindung mit Nicht-Familiensachen unzulässig (BGH, NJW 79, 427, 659). Die internationale Zuständigkeit für Ehesachen und Verfahren im Verbund von Scheidungs- und Folgesachen ist in § 98 geregelt; sie ist nicht ausschließlich (§ 106). Die Anerkennung ausländischer Entscheidungen in Ehesachen behandelt § 107. 1

2. Örtliche Zuständigkeit in Ehesachen

Örtlich ausschließlich zuständig ist das Gericht, das sich aus der Rangfolge der Nr 1–5 ergibt; eine vorhergehende Zuständigkeit schließt die Zuständigkeit in Anknüpfung an die in den nachfolgenden Nummern aufgeführten Kriterien für eine örtliche Zuständigkeit aus. § 122 schließt an an den bisherigen § 606 ZPO aF. Nicht mehr aufgenommen ist das Kriterium des gemeinsamen gewöhnlichen Aufenthaltes aus § 606 I 1 ZPO aF. Verzichtet wird auf den Anknüpfungspunkt eines gemeinsamen gewöhnlichen Aufenthaltes der Ehegatten, weil dieser regelmäßig bei Einleitung einer Ehesache nicht mehr gegeben sei. Im Einzelnen: 2

Nr 1 knüpft an den Bezirk an, in dem einer der Ehegatten mit allen gemeinschaftlichen minderjährigen Kindern seinen gewöhnlichen Aufenthalt hat; durch die Ergänzung in **Nr 2** wird die örtliche Zuständigkeit des Gerichts auch dann an den gewöhnlichen Aufenthalt eines Ehegatten mit 3 4

§ 122

Buch 2 – Verfahren in Familiensachen

gemeinschaftlichen Kindern geknüpft, wenn nur ein Teil der Kinder bei diesem Ehegatten, der andere Teil jedoch bei Dritten, Großeltern, sonstigen Verwandten, Pflegepersonen, lebt; dies gilt dann nicht, wenn die gemeinsamen minderjährigen Kinder in demselben Gerichtsbezirk ihren gewöhnlichen Aufenthalt haben, ohne mit einem Elternteil zusammen zu leben (OLG Hamm, NJW-RR 89, 1486). Die Zuständigkeit nach Nr 2 ist auch dann nicht gegeben, wenn auch bei dem anderen Ehegatten gemeinschaftliche minderjährige Kinder ihren gewöhnlichen Aufenthalt haben. Halten sich die Kinder in verschiedenen Gerichtsbezirken auf (BGH, NJW-RR 92, 902) ist weder eine Zuständigkeit nach Nr 1 noch nach Nr 2 gegeben. Ein nur kurzfristiger Aufenthalt in einem anderen Gerichtsbezirk beeinflusst den gewöhnlichen Aufenthalt nicht; der Aufenthalt ist jedoch dann nicht mehr kurzfristig, wenn er sechs Monate erreicht (OLG Düsseldorf, FamRZ 10, 1178).

Der abw von dem Regierungsentwurf eingefügte Anknüpfungspunkt nach Nr 2 wurde deshalb vorgenommen, weil die Anknüpfung an den Aufenthalt eines Elternteils mit allen gemeinschaftlichen Kindern in Einzelfällen dazu führen könne, dass die Zuständigkeit eines Gerichts begründet werde, in dessen Bezirk sich keines der gemeinsamen Kinder aufhalte.

5 Nach **Nr 3** ist das Familiengericht zuständig, in dessen Bezirk die Ehegatten ihren gemeinsamen gewöhnlichen Aufenthalt zuletzt gehabt haben, wenn einer der Ehegatten bei Eintritt der Rechtshängigkeit (§ 113 I 2 iVm §§ 261 I, 253 ZPO) im Bezirk dieses Gerichts seinen gewöhnlichen Aufenthalt hat (§ 606 II 1 ZPO aF).

6 Fehlt ein Gerichtsstand nach Nr 3 ist zunächst das Familiengericht zuständig, in dessen Bezirk der gewöhnliche Aufenthaltsort des Antragsgegners besteht **(Nr 4)** oder falls ein solcher im Inland nicht gegeben ist, der gewöhnliche Aufenthaltsort des Antragstellers **(Nr 5)**. Haben beide Ehegatten das Verfahren rechtshängig gemacht, ist von den Gerichten, die nach Nr 4 und Nr 5 zuständig wären, das Gericht, bei dem das Verfahren zuerst rechtshängig geworden ist, zuständig. Wenn eine Ehesache nicht anhängig ist, ist von mehreren Familiengerichten nach § 2 I (§ 4 FGG) das als Erstes mit der Sache befasste Gericht zuständig (für die bisherige Rechtslage: BGH, NJW-RR 92, 258). Sind die Ehesachen am selben Tag rechtshängig geworden, ist das zuständige Gericht nach § 36 ZPO zu bestimmen (§ 113 I iVm § 36 ZPO). Der gewöhnliche Aufenthalt des Antragstellers ist auch dann maßgebend, wenn der Aufenthalt des Antrags-
7 gegners unbekannt ist. Hat auch der Antragsteller keinen gewöhnlichen Aufenthalt im Inland, ist das Amtsgericht Schöneberg in Berlin zuständig **(Nr 6)**.

8 Auch wenn sich die Ehesache bereits im Rechtsmittelzug befindet, ist das Gericht der Ehesache erster Instanz ausschließlich örtlich zuständig. Die einmal begründete Zuständigkeit bleibt nach dem Grundsatz der **perpetuatio fori** auch dann bestehen, wenn die Ehesache durch Rücknahme oder Abweisung beendet wird und andere Familiensachen anhängig bleiben. Dies gilt nicht für Überprüfungs- und Abänderungsverfahren nach § 1696 BGB; diese sind selbständige Angelegenheiten.

3. Abgabe

Sind Ehesachen, die dieselbe Ehe betreffen, unabhängig davon, ob sie denselben Streitgegenstand haben oder nicht, bei verschiedenen Gerichten im ersten Rechtszug **anhängig**, sind sie, wenn eines der Verfahren eine Scheidungssache ist, an das Gericht der Scheidungssache abzugeben; im Übrigen an das Gericht der Ehesache, die zuerst rechtshängig geworden ist (§ 123, 1). Die Abgabe ist **bindend** (§ 123, 2 iVm § 281 II ZPO); eine Bindung tritt jedoch dann nicht ein, wenn die Abgabe auf dem Irrtum des abgebenden Gerichts beruht, die Ehesache sei rechtshängig (BGH, NJW-RR 96, 897); mit dem Erlass des Abgabebeschlusses gilt das Verfahren als bei dem Gericht anhängig, an das abgegeben wurde. Verlässt ein Ehegatte seinen bisher für die Zuständigkeit maßgeblichen gewöhnlichen Aufenthaltsort nach Rechtshängigkeit, muss die Sache auf Antrag verwiesen werden (OLG Hamburg, NJW 83, 2037; OLG Celle, Rpfleger 92, 390; 93, 282). Wurde dem Antragsgegner die Antragsschrift nicht zugestellt, fehlt es an einer wirksamen Unzuständigkeitserklärung (BGH, NJW-RR 94, 645).

4. Abgabe zwischen Spruchkörpern

Auf die Abgabe zwischen dem für die Ehesache zuständigen Familiengericht und einem anderen Spruchkörper desselben Gerichts findet § 17a VI GVG Anwendung. Danach sind die Regeln, die für die Entscheidung über die Zulässigkeit des beschrittenen Rechtsweges gelten, entsprechend anzuwenden, soweit es innerhalb desselben (Zivil-)Rechtswegs das interne Verhältnis zwischen streitiger Gerichtsbarkeit, freiwilliger Gerichtsbarkeit und den Familiengerichten betrifft. Diese Regelung gilt nur in Antragsverfahren, weil es in Verfahren, die von Amts wegen einzuleiten sind, bereits im Ausgangspunkt an der Beschreitung eines Rechtsweges fehlt, so dass für die Anwendung der Vorschrift in diesen Fällen kein Raum ist. Zur gerichtsinternen Zuständigkeit, wenn eine Nicht-Familiensache und eine Familiensache im Verhältnis von Haupt- und Hilfsantrag geltend gemacht werden: BGH, NJW 80, 1283; 81, 2417. Über die Zuständigkeit ist im Verfahren nach § 17a GVG zu entscheiden; für eine Bestimmung nach § 36 ZPO ist im Regelfall des § 17a GVG kein Raum (BGH, NJW 02, 2474).

5. Abgabe aus Zweckmäßigkeitsgründen

Eine Abgabe aus Zweckmäßigkeitsgründen nach § 4 findet nur in Familiensachen aus dem Bereich der freiwilligen Gerichtsbarkeit statt, die unabhängig von einer Ehesache durchgeführt werden; auch nicht in Familiensachen, die nach Erledigung der Scheidungssache selbständig fortgeführt werden.

6. Bestimmung der örtlichen Zuständigkeit

In Ehesachen findet die Regelung des § 5 in Bezug auf die Bestimmung der örtlichen Zuständigkeit keine Anwendung; an seine Stelle treten die

§ 123   Buch 2 – Verfahren in Familiensachen

§§ 36, 37 ZPO (§ 113 I). Das zuerst angegangene Familiengericht hat die für die örtliche Zuständigkeit maßgebenden Verhältnisse zu klären (BGH, NJW-RR 93, 130). Für das Verhältnis der in bürgerlichen Rechtsstreitigkeiten, Familiensachen und Angelegenheiten der freiwilligen Gerichtsbarkeit zuständigen Spruchkörper untereinander finden nunmehr nach § 17a VI GVG dessen Abs 1–5 Anwendung (Rn 22 zu § 1; Rn 4 zu § 5). Für die Bestimmung zuständig ist das OLG.

7. Kosten (Einl 76)

15   In Ehesachen bestimmt sich der Verfahrenswert nach § 43 FamGKG. Die Scheidungssache und die Folgesachen gelten als ein Verfahren (§ 44 I FamGKG). Ist eine Kindschaftssache Folgesache erhöht sich der Verfahrenswert des § 43 FamGKG für jede Kindschaftssache um 20%, höchstens um jeweils 3.000,00 €. Eine Kindschaftssache ist auch dann als ein Gegenstand zu bewerten, wenn sie mehrere Kinder betrifft (§ 44 II 1 FamGKG). Die Werte der übrigen Folgesachen werden hinzugerechnet (§ 44 II 2 FamGKG). Sie ergeben sich für Ehewohnungs- und Haushaltssachen aus § 48 FamGKG, für Versorgungsausgleichssachen aus § 50 FamGKG und für Güterrechtssachen aus § 52 FamGKG; § 33 I 2 FamGKG findet keine Anwendung (§ 44 II 3 FamGKG). § 44 III FamGKG ermöglicht dem Gericht eine Wertfestsetzung nach Billigkeit.

16   **Gebühren** für das Hauptsacheverfahren in Ehesachen einschließlich aller Folgesachen ergeben sich aus Hauptabschnitt 1, für einstweiligen Rechtsschutz aus Hauptabschnitt 4, Abschnitt 2 des Kostenverzeichnisses.

Abgabe bei Anhängigkeit mehrerer Ehesachen

123
Sind Ehesachen, die dieselbe Ehe betreffen, bei verschiedenen Gerichten im ersten Rechtszug anhängig, sind, wenn nur eines der Verfahren eine Scheidungssache ist, die übrigen Ehesachen von Amts wegen an das Gericht der Scheidungssache abzugeben. Ansonsten erfolgt die Abgabe an das Gericht der Ehesache, die zuerst rechtshängig geworden ist. § 281 Abs. 2 und 3 Satz 1 der Zivilprozessordnung gilt entsprechend.

1. Anwendungsbereich

1   § 123 sieht eine Zusammenführung von gleichzeitig bei verschiedenen Gerichten im ersten Rechtszug anhängigen Ehesachen vor, die dieselbe Ehe betreffen. Wenn nur eines dieser Verfahren eine Scheidungssache ist, sind die übrigen Ehesachen an das Gericht der Scheidungssache abzugeben. Die Abgabe erfolgt unabhängig davon, ob die Ehesachen denselben Streitgegenstand haben oder nicht. Die Abgabe erfolgt von Amts wegen. Hat ein nachfolgendes Verfahren denselben Streitgegenstand, wird durch die Abgabe von Amts wegen vermieden, dass dem nachfolgenden Verfahren bei Fehlen eines Verweisungsantrages der Einwand der Rechtshängigkeit entgegengehalten werden kann. Ist eine Scheidungssache nicht anhängig, erfolgt die Abgabe an das Gericht der Ehesache, die zuerst rechtshängig geworden ist.

2. Anhängigkeit einer Scheidungssache

Sind mehrere Ehesachen, die dieselbe Ehe betreffen, bei verschiedenen Gerichten im ersten Rechtszug anhängig und ist eine davon eine Scheidungssache, sind die übrigen Ehesachen an das Gericht der Scheidungssache abzugeben. Die Abgabe erfolgt von Amts wegen. Die Scheidungssache hat in jedem Fall Vorrang, auch wenn eine andere Ehesache vor der Scheidungssache anhängig geworden ist. Wegen der gleichzeitigen Verhandlung und Entscheidung im Verbund nach § 137 I soll dem Scheidungsverfahren stets der Vorrang zukommen. Stellen Ehegatten in einer Ehesache nach § 121 Nr 1, Nr 2 oder Nr 3 in Bezug auf einen identischen Streitgegenstand wechselseitig Anträge, ist nur ein Verfahren zu führen. Gehören zu den nach § 123 zusammengeführten Verfahren solche auf Aufhebung und auf Scheidung der Ehe, die sich gegenseitig ausschließen, gebührt dem Verfahren auf Aufhebung der Ehe der Vorrang. Sind beide Anträge begründet, ist nur die Aufhebung der Ehe auszusprechen (§ 126 III). 2

Sind mehrere **Scheidungssachen** bei verschiedenen Gerichten anhängig, ist das für den Antragsgegner zuständige Gericht maßgebend, an den die Antragsschrift zuerst zugestellt wurde. Dieser Fall wird von § 123 nicht erfasst, die Sache muss daher auf Antrag an das zuständige Gericht verwiesen werden (§ 281 ZPO). Sind die Verfahren am selben Tag rechtshängig geworden, ist die Zuständigkeit nach § 36 ZPO zu bestimmen. 3

3. Abgabe bei fehlender Anhängigkeit einer Scheidungssache

Sind Ehesachen, die dieselbe Ehe betreffen, bei verschiedenen Gerichten im ersten Rechtszug anhängig und ist keine dieser Angelegenheiten eine Scheidungssache, erfolgt die Abgabe an das Gericht der Ehesache, die zuerst **rechtshängig** geworden ist. Abweichend von dem Fall, dass eine Scheidungssache anhängig ist mit der Folge, dass der dadurch begründete Gerichtsstand in jedem Fall Vorrang hat, bestimmt sich der Vorrang bei mehreren Ehesachen nach der Priorität. Die Sache ist von Amts wegen an dasjenige Gericht abzugeben, bei dem die zuerst rechtshängig gewordene Ehesache noch anhängig ist. 4

4. Abgaben von Familiensachen an das Gericht der Ehesache

§ 123 wird **ergänzt** durch Vorschriften bei einzelnen Angelegenheiten in Familiensachen, die die Abgabe an das Gericht der Ehesache vorschreiben. Hierdurch wird im Falle einer Scheidung auch die Zusammenführung mit den Angelegenheiten, über die nach § 137 I zusammen zu verhandeln und zu entscheiden ist (Verbund), gewährleistet. 5

Während der Anhängigkeit einer Ehesache ist das Gericht der Ehesache vorrangig zuständig in **Kindschaftssachen** (§ 152 I); wird eine Ehesache rechtshängig während eine Kindschaftssache, die ein gemeinsames Kind der Ehegatten betrifft, bei einem anderen Gericht im ersten Rechtszug anhängig ist, ist diese von Amts wegen an das Gericht der Ehesache abzugeben. 6

7

Die gleiche Regelung ergibt sich für **Ehewohnungs- und Haushaltssachen** für die örtliche Zuständigkeit aus § 201 Nr 1, für die Abgabe an das Gericht der Ehesache aus § 202. In **Versorgungsausgleichssachen** ist nach § 218 Nr 1 während der Anhängigkeit einer Ehesache das Gericht, bei dem die Ehesache im ersten Rechtszug anhängig ist oder war, ausschließlich zuständig. In **Unterhaltssachen** ist während der Anhängigkeit einer Ehesache das Gericht, bei dem die Ehesache im ersten Rechtszug anhängig ist oder war, nach § 232 I Nr 1 ausschließlich zuständig; wird eine Ehesache rechtshängig, während eine Unterhaltssache bei einem anderen Gericht im ersten Rechtszug anhängig ist, ist die Unterhaltssache von Amts wegen an das Gericht der Ehesache abzugeben (§ 233). In **Güterrechtssachen** gilt das gleiche für die örtliche Zuständigkeit nach § 262 I und für die Abgabe an das Gericht der Ehesache nach § 263. Auch für eine **sonstige Familiensache** nach § 266 I, die zu den Familienstreitsachen nach § 112 Nr 3 gehört, ist während der Anhängigkeit einer Ehesache das Gericht ausschließlich zuständig, bei dem die Ehesache im ersten Rechtszug anhängig ist oder war; auch insoweit ist eine Abgabe an das Gericht der Ehesache vorzunehmen, wenn eine Ehesache rechtshängig wird, während eine sonstige Familiensache bei einem anderen Gericht im ersten Rechtszug anhängig ist (§ 268).

5. Verfahren bei Abgabe

In den Fällen der Abgabe nach § 123 sowie §§ 153, 202, 233, 263, 268 ist die entsprechende Anwendung des § 281 II, III 1 ZPO vorgesehen. Danach können Anträge und Erklärungen zur Zuständigkeit des Gerichts vor dem Urkundsbeamten der Geschäftsstelle abgegeben werden. Der Beschluss, der die Abgabe ausspricht, ist unanfechtbar. Der Rechtsstreit wird bei dem im Beschluss bezeichneten Gericht mit Eingang der Akten anhängig. Der Beschluss ist für dieses Gericht **bindend.** Unanfechtbar ist der Beschluss auch dann, wenn er fehlerhaft ist, **es sei denn,** es fehlt jede gesetzliche Grundlage (BGH, NJW 02, 3634; BayObLG, ZIP 03, 1305); wenn sie bei noch nicht geklärter Zuständigkeit auf einer Versagung des rechtlichen Gehörs beruht (BGH, NJW 06, 847). Die Bindung erstreckt sich auch auf die **Rechtsmittelinstanz** hinsichtlich aller von dem verweisenden Gericht geprüften und bejahten Zuständigkeitsfragen. Es kann weder Weiterversagung noch Zurückverweisung erfolgen. In **Verfahrenskostenhilfeverfahren** bindet der Beschluss nur für dieses Verfahren, nicht für das nachfolgende Hauptverfahren (BGH, NJW-RR 04, 1437).

Für die **Kosten** bedeutet die entsprechende Anwendbarkeit des § 281 III 1 ZPO, dass die im Verfahren vor dem angegangenen Gericht erwachsenen Kosten als Teil der Hauptsache zu behandeln ist. Für die Kosten bildet das Verfahren eine Instanz. **Nicht anzuwenden** ist § 281 III 2 ZPO; Mehrkosten, die über die Kosten hinausgehen, die dann entstanden wären, wenn sofort das jetzt für zuständig erklärte Gericht angerufen worden wäre, sind dem Antragsteller nicht aufzuerlegen.

§ 124 Antrag § **124**

Antrag

124 Das Verfahren in Ehesachen wird durch Einreichung einer Antragsschrift anhängig. Die Vorschriften der Zivilprozessordnung über die Klageschrift gelten entsprechend.

1. Anwendungsbereich

Ehesachen sind Antragsverfahren, die nicht durch eine Klage, sondern 1 durch Einreichung einer Antragsschrift anhängig gemacht werden (S 1). Die Regelung beruht auf dem bisherigen § 622 I ZPO aF, dessen Anwendungsbereich jedoch auf Scheidungsverfahren beschränkt war. Nunmehr werden auch die weiteren Ehesachen des § 121, die auf Aufhebung der Ehe (Nr 2) und auf Feststellung des Bestehens oder Nichtbestehens einer Ehe zwischen den Beteiligten (Nr 3) gerichtet sind, einbezogen. Der Inhalt der Antragsschrift für Scheidungssachen wird in § 133 gesondert geregelt.

2. Bedeutung der Antragsschrift

Die Antragsschrift hat die Bedeutung einer Klageschrift; für sie gelten die 2 Vorschriften der ZPO über die Klageschrift entsprechend (S 2). Nur durch die Antragsschrift wird das Verfahren eingeleitet; sie kann nicht durch Antragstellung in der mündlichen Verhandlung ersetzt werden. Die Antragsschrift ist 3 Verfahrensvoraussetzung, der **Sachantrag** bestimmt den Verfahrensgegenstand, an den das Gericht gebunden ist (§ 308 ZPO). Das Gericht darf nicht mehr und nicht etwas Anderes zusprechen, als beantragt ist, jedoch einen anderen rechtlichen Gesichtspunkt zu Grunde legen. Die mündliche Verhandlung wird durch Stellung der Anträge eingeleitet (§ 137 I ZPO).

Anhängigkeit der Ehesache tritt ein mit der Einreichung der Antrags- 4 schrift; durch einen Antrag auf Bewilligung von Verfahrenskostenhilfe tritt diese Wirkung nicht ein. Bei Anhängigkeit mehrerer Ehesachen bei verschiedenen Gerichten sind diese, wenn eines der Verfahren eine Scheidungssache ist, von Amts wegen an das Gericht der Scheidungssache abzugeben, das unabhängig von der Frage der Rechtshängigkeit Vorrang hat.

Rechtshängigkeit des Scheidungsantrags (§§ 271, 253 I, 261 I ZPO) tritt 5 mit dessen Zustellung ein. Die Rechtshängigkeit hat materielle Bedeutung für die Berechnung der Ehezeit bei Zugewinnausgleich und Versorgungsausgleich (§ 1384 BGB, § 3 I VersAusglG). Bei Anhängigkeit oder Rechtshängigkeit mehrerer Ehesachen sind diese an das Gericht der Ehesache, die zuerst rechtshängig geworden ist, abzugeben (§ 123 Satz 2).

Ein **Abweisungsantrag** des Verfahrensgegners ist **nicht notwendig.** Sein 6 Fehlen hat keine nachteiligen Konsequenzen, weil nach § 130 II gegen den Antragsgegner weder eine Versäumnisentscheidung noch eine Entscheidung nach Lage der Akten zulässig ist. Ein ausdrücklich gestellter Gegenantrag kann die Bedeutung eines Widerklageantrages haben. Hierzu bedarf es keiner Antragsschrift; es genügt die Stellung des Antrags in der mündlichen Verhandlung. Eine Widerklage ist in Ehesachen zulässig, soweit diese miteinander verbunden werden können (§ 126 I), auch wenn beide Ehegatten die Scheidung der Ehe begehren, kann dies trotz des einheitlichen Streitgegenstandes im Wege von Klage und Widerklage erfolgen.

Verfahrensfähigkeit

125 (1) **In Ehesachen ist ein in der Geschäftsfähigkeit beschränkter Ehegatte verfahrensfähig.**

(2) **Für einen geschäftsunfähigen Ehegatten wird das Verfahren durch den gesetzlichen Vertreter geführt. Der gesetzliche Vertreter bedarf für den Antrag auf Scheidung oder Aufhebung der Ehe der Genehmigung des Familien- oder Betreuungsgerichts.**

1. Anwendungsbereich

1   § 125 ergänzt die Vorschriften der §§ 52–58 der ZPO über die Verfahrensfähigkeit. Er betrifft die Ehesachen nach § 121; er bezieht sich nicht mehr auf Klagen auf Herstellung des ehelichen Lebens; diese werden jetzt als Familienstreitsachen nach § 112 Nr 3 iVm § 266 I behandelt. Seine Anwendbarkeit ist auf Ehesachen beschränkt. Nicht erfasst werden die Folgesachen von Scheidungssachen, bei denen sich die Verfahrensfähigkeit nach § 9 richtet. Die Verfahrensfähigkeit ist nach § 56 I ZPO von Amts wegen zu prüfen.

2. Beschränkte Geschäftsfähigkeit

2   Einem Minderjährigen, der das 16. Lebensjahr vollendet hat, kann unter den Voraussetzungen des § 1303 II BGB auf Antrag Befreiung von dem Erfordernis der Ehemündigkeit nach § 1303 I BGB erteilt werden und heiraten. Trotz seiner beschränkten Geschäftsfähigkeit (§ 106) ist er in Ehesachen verfahrensfähig. Dies gilt auch für einen Ausländer, auf den das Verfahrensrecht des erkennenden Gerichts anzuwenden ist (§ 55 ZPO). Die Verfahrensfähigkeit umfasst alle Verfahrenshandlungen in den Verfahren auf Scheidung, Aufhebung der Ehe und Feststellung des Bestehens oder Nichtbestehens der Ehe. Nicht erfasst werden Folgesachen von Scheidungssachen; insoweit handelt der minderjährige Ehegatte durch seinen gesetzlichen Vertreter.

3. Geschäftsunfähigkeit

3   Geschäftsunfähig ist nach § 104 Nr 2 BGB, wer sich in einem die freie Willensbestimmung ausschließenden Zustand krankhafter Störung der Geistestätigkeit befindet, sofern nicht der Zustand seiner Natur nach ein vorübergehender ist; die Geschäftsunfähigkeit kann auf das Eheverfahren beschränkt sein (BGH, FamRZ 71, 243). Bei Geschäftsunfähigkeit fehlt die Verfahrensfähigkeit. Das Verfahren muss daher durch einen gesetzlichen Vertreter geführt werden, bei minderjährigen Ehegatten kann dies sein der Inhaber der elterlichen Sorge (§ 1629 BGB), ein Ergänzungspfleger (§ 1909 BGB); bei Volljährigen ein Betreuer (§§ 1896, 1902 BGB); in beiden Fällen auch ein Prozesspfleger nach § 57 ZPO.

4   **Verfahrensunfähigkeit** besteht nach § 53 ZPO auch dann, wenn eine verfahrensfähige Person durch einen **Betreuer** (§ 1896 BGB) oder einen

§ 126 Mehrere Ehesachen; Ehesachen und andere Verfahren **§ 126**

Pfleger (§§ 1909, 1911, 1913, 1960 BGB) vertreten wird. Voraussetzung ist, dass die Führung des Rechtsstreits in den Aufgabenbereich des Betreuers oder Pflegers fällt. Nur insoweit ist eine verfahrensfähige Person einer verfahrensunfähigen gleich gestellt. Sie bleibt für andere Verfahren verfahrensfähig.

4. Gesetzlicher Vertreter

Bei Geschäftsunfähigkeit eines Ehegatten kann der gesetzliche Vertreter alle Ehesachen (§ 121) führen (§ 125 II, 1). Er war jedoch schon bisher nicht befugt, in Klagen auf Herstellung der ehelichen Lebens tätig zu werden, weil diese den persönlichen Bereich der Ehegatten betreffen. Diese Klagen sind nicht Gegenstand des § 125 II; die Frage der Verfahrensfähigkeit kann sich aber bei der Durchführung eines solchen Verfahrens als Streitsache (§ 112 Nr 3 iVm § 266 I) stellen; es müsste dann ggf die Betreuung angeordnet werden. 5

Der Genehmigung des Familiengerichts oder des Betreuungsgerichts bedarf der gesetzliche Vertreter für den Antrag auf Scheidung oder Aufhebung der Ehe (§ 125 II, 2). Die Genehmigung ist als besondere Ermächtigung zur Prozessführung von Amts wegen zu prüfen (§ 56 I); nachträgliche Erteilung der Genehmigung ist möglich. Eine fehlende Genehmigung kann im Wege der Nichtigkeitsklage nach § 579 I Nr 4 geltend gemacht werden. 6

Mehrere Ehesachen; Ehesachen und andere Verfahren

126 (1) **Ehesachen, die dieselbe Ehe betreffen, können miteinander verbunden werden.**

(2) **Eine Verbindung von Ehesachen mit anderen Verfahren ist unzulässig. § 137 bleibt unberührt.**

(3) **Wird in demselben Verfahren Aufhebung und Scheidung beantragt und sind beide Anträge begründet, so ist nur die Aufhebung der Ehe auszusprechen.**

§ 126 ist eine **Sonderregelung** für Ehesachen gegenüber der in § 20 ausgesprochenen zulässigen Verbindung von Verfahren. Abs 1 beruht auf § 610 I ZPO aF, weicht jedoch im Anwendungsbereich hiervon ab. Nicht mehr erfasst werden Verfahren auf Herstellung der ehelichen Lebens, weil sie jetzt als Familienstreitsachen (§ 112 Nr 3 iVm § 266 I) behandelt werden. Andererseits werden sämtliche Ehesachen des § 121 erfasst; damit außer den Verfahren auf Scheidung und Aufhebung der Ehe auch Verfahren auf Feststellung des Bestehens oder Nichtbestehens einer Ehe. § 126 wird ergänzt durch § 123. Nach § 123 S 1 sind Ehesachen, die dieselbe Ehe betreffen und bei verschiedenen Gerichten im ersten Rechtszug anhängig sind, wenn eines der Verfahren eine Scheidungssache ist, an das Gericht abzugeben, bei dem die Scheidungssache anhängig ist. Nach § 123 S 2 erfolgt, wenn eine Scheidungssache nicht anhängig ist, die Abgabe an das Gericht der Ehesache, die zuerst rechtshängig geworden ist. Durch diese von Amts wegen vorzunehmenden Abgaben wird die Zusammenführung und **Verbindung der Ehesachen** nach Abs 1 erleichtert. Wenn Voraussetzungen und Ziele der Ehesachen 1

2

sich gegenseitig (zT) ausschließen, bestimmt Abs 3 einen Vorrang. Betreffen die Verfahren Aufhebung und Scheidung und sind beide Anträge begründet, ist nur die Aufhebung der Ehe auszusprechen.

3 Eine Verbindung von Ehesachen mit anderen Verfahren ist **unzulässig** (Abs 2 S 1). Unberührt hiervon bleibt § 137 I, demgemäß über Scheidung und Folgesachen zusammen zu verhandeln und zu entscheiden ist (Verbund).

Eingeschränkte Amtsermittlung

127 (1) **Das Gericht hat von Amts wegen die zur Feststellung der entscheidungserheblichen Tatsachen erforderlichen Ermittlungen durchzuführen.**

(2) **In Verfahren auf Scheidung oder Aufhebung der Ehe dürfen von den Beteiligten nicht vorgebrachte Tatsachen nur berücksichtigt werden, wenn sie geeignet sind, der Aufrechterhaltung der Ehe zu dienen oder wenn der Antragsteller einer Berücksichtigung nicht widerspricht.**

(3) **In Verfahren auf Scheidung kann das Gericht außergewöhnliche Umstände nach § 1568 des Bürgerlichen Gesetzbuchs nur berücksichtigen, wenn sie von dem Ehegatten, der die Scheidung ablehnt, vorgebracht worden sind.**

1. Geltung des Amtsermittlungsgrundsatzes

1 Abs 1 spricht aus, dass in Ehesachen der Amtsermittlungsgrundsatz gilt; er entspricht dem § 26. Dieser Grundsatz wird durch Abs 2, 3 unter dem Gesichtspunkt der Aufrechterhaltung der Ehe eingeschränkt. Begrenzt wird der Amtsermittlungsgrundsatz allgemein durch die Verfahrensanträge, die den Verfahrensgegenstand bestimmen.

2. Einschränkung in Verfahren auf Scheidung oder Aufhebung der Ehe

2 Unbeschränkt von Amts wegen zu ermitteln sind eheerhaltende Tatsachen, insbesondere in Bezug auf die Trennungsfristen (§ 1566 BGB); insoweit darf sich das Gericht auf übereinstimmenden Parteivortrag nicht verlassen. Von **3** den Parteien **nicht vorgebrachte ehevernichtende** Tatsachen dürfen nur dann berücksichtigt werden, wenn der Ehegatte, der die Scheidung oder Aufhebung der Ehe begehrt, nicht widerspricht. Der Widerspruch muss ausdrücklich erklärt werden; es kann genügen, wenn der antragstellende Ehegatte ehefreundliche Tatsachen vorträgt, die mit den ehefeindlichen unvereinbar sind (BGH, NJW 80, 1335). Abs 2 enthält nur ein Verbot, solche Tatsachen zu berücksichtigen; insoweit sollten aber auch Tatsachenermittlungen und Beweiserhebungen unterbleiben und nur der Vortrag der Ehegatten zu Grunde gelegt werden.

3. Einschränkung der Amtsermittlung bei Härteklausel

4 Nach § 1568 BGB soll eine Ehe nicht geschieden werden, obwohl sie gescheitert ist, wenn und solange die Aufrechterhaltung der Ehe im Interesse

§ 128 Persönliches Erscheinen der Ehegatten **§ 128**

der aus der Ehe hervorgegangenen minderjährigen Kinder aus besonderen Gründen ausnahmsweise notwendig ist, oder wenn und solange die Scheidung für den Antragsgegner, der sie ablehnt, auf Grund außergewöhnlicher Umstände eine so schwere Härte bedeuten würde, dass die Aufrechterhaltung der Ehe auch unter Berücksichtigung der Belange des Antragstellers ausnahmsweise geboten erscheint. Insoweit behandelt Abs 3 eine weitere Einschränkung der grundsätzlich nach Abs 1 durchzuführenden Amtsermittlung. Außergewöhnliche Umstände nach § 1568 BGB können danach nur berücksichtigt werden, **wenn** der Ehegatte, der die Scheidung ablehnt, diese **vorgebracht** hat. Es soll dem Antragsgegner auch bei gescheiterter Ehe freistehen, ob er auf Grund der Härteklausel des § 1568 BGB an der Ehe festhalten möchte. 5

Kein Ausschluss des Untersuchungsgrundsatzes gilt für die 1. Alt des § 1568 BGB, dergemäß eine Ehe nicht geschieden werden soll, solange die Aufrechterhaltung der Ehe im Interesse der minderjährigen Kinder aus besonderen Gründen ausnahmsweise notwendig ist. Insoweit gilt der Amtsermittlungsgrundsatz nach Abs 1 uneingeschränkt. 6

Persönliches Erscheinen der Ehegatten

128 (1) **Das Gericht soll das persönliche Erscheinen der Ehegatten anordnen und sie anhören. Die Anhörung eines Ehegatten hat in Abwesenheit des anderen Ehegatten stattzufinden, falls dies zum Schutz des anzuhörenden Ehegatten oder aus anderen Gründen erforderlich ist. Das Gericht kann von Amts wegen einen oder beide Ehegatten als Beteiligte vernehmen, auch wenn die Voraussetzungen des § 448 der Zivilprozessordnung nicht gegeben sind.**

(2) **Sind gemeinschaftliche minderjährige Kinder vorhanden, hat das Gericht die Ehegatten auch zur elterlichen Sorge und zum Umgangsrecht anzuhören und auf bestehende Möglichkeiten der Beratung hinzuweisen.**

(3) **Ist ein Ehegatte am Erscheinen verhindert oder hält er sich in so großer Entfernung vom Sitz des Gerichts auf, dass ihm das Erscheinen nicht zugemutet werden kann, kann die Anhörung oder Vernehmung durch einen ersuchten Richter erfolgen.**

(4) **Gegen einen nicht erschienenen Ehegatten ist wie gegen einen im Vernehmungstermin nicht erschienenen Zeugen zu verfahren; die Ordnungshaft ist ausgeschlossen.**

1. Anwendungsbereich

§ 128, der das persönliche Erscheinen der Ehegatten, deren Vernehmung als Beteiligte (Abs 1) und die Anhörung zur elterlichen Sorge und zum Umgangsrecht (Abs 2) behandelt, ist in allen Ehesachen (§ 121) anwendbar; nicht in anderen Familiensachen (§ 111 Nr 2–11). § 128 enthält für Ehesachen Sonderregelungen gegenüber § 141 ZPO (Anordnung des persönlichen Erscheinens) und § 448 ZPO (Vernehmung von Amts wegen). Eine Vernehmung beider Ehegatten von Amts wegen kann das Gericht in Abweichung von § 448 ZPO ohne weitere Voraussetzungen anordnen; insbesondere ist es 1

387

§ 128
Buch 2 – Verfahren in Familiensachen

nicht notwendig, dass das Ergebnis der Verhandlung und einer etwaigen Beweisaufnahme nicht ausreicht, um die Überzeugung des Gerichts von der Wahrheit oder Unwahrheit einer zu erweisenden Tatsache zu begründen; hierdurch soll die Durchführung der Amtsermittlung erleichtert werden. Eine Verletzung der Vorschrift stellt einen schwerwiegenden Verfahrensverstoß dar (OLG Hamm, FamRZ 00, 898 für § 613 ZPO). Die Vernehmung der beteiligten Ehegatten nach Abs 1 S 2 ist keine mündliche Verhandlung iS von § 269 I ZPO (BGH, FamRZ 04, 1364); daher ist Rücknahme des Scheidungsantrags ohne Zustimmung des Antragsgegners noch möglich.

2. Persönliche Anhörung in der Ehesache

2   Die persönliche Anhörung erfolgt nach Abs 1 S 1 iVm § 141 ZPO (OLG Brandenburg, FamRZ 00, 897). Sie dient der Aufklärung des Sachverhalts und ist daher nicht auf bisher vorgetragene Tatsachen beschränkt. Sie soll in der Regel erfolgen. Wird das persönliche Erscheinen angeordnet, ist jeder Ehegatte von Amts wegen selbst zu laden, auch wenn er einen Verfahrensbevollmächtigten hat; auf die Folgen des Ausbleibens ist er hinzuweisen (§ 113 I 2, § 141 II, III ZPO); die Verfahrensbevollmächtigten sind zu benachrichtigen (§ 113 I 2; § 172 I ZPO). Schon nach bisheriger Rspr konnte von einer gemeinsamen Anhörung der Ehegatten abgesehen werden (OLG Brandenburg, MDR 00, 585); dem anderen Ehegatten wurde jedoch auch bei einer isolierten Anhörung grundsätzlich ein Recht auf Anwesenheit
3   zuerkannt (OLG Brandenburg, FamRZ 00, 897). Nach Abs 1 S 2 wird nunmehr zwingend vorgesehen, dass eine **getrennte Anhörung** der Ehegatten zu erfolgen hat, wenn dies zum Schutz des anzuhörenden Ehegatten oder aus anderen Gründen erforderlich ist. Durch die Formulierung „in Abwesenheit des anderen Ehegatten" wird klargestellt, dass in diesen Fällen der getrennten Anhörung ein Anwesenheitsrecht des anderen Ehegatten nicht besteht. Diese Einschränkung besteht jedoch nur für die Anhörung; im Übrigen besteht für die mündliche Verhandlung ein auf dem Grundsatz der Parteiöffentlichkeit (§ 113 I 2; §§ 357 I, 370 I ZPO, §§ 169, 170 GVG) beruhendes Anwesenheitsrecht.

3. Parteivernehmung

4   Die nach Abs 1 von Amts wegen anzuordnende Vernehmung der beteiligten Ehegatten ist im Unterschied zu der Anhörung Beweisaufnahme; Gegenstand müssen bestimmte entscheidungserhebliche Tatsachen sein. Die Anordnung der Vernehmung der Beteiligten als Partei liegt im Ermessen des Gerichts; die Voraussetzungen des § 448 ZPO müssen nicht vorliegen. Abs 1 S 2 geht § 448 ZPO vor. Daneben bleibt die Vernehmung der beteiligten Ehegatten auf Antrag möglich (§§ 445, 447 ZPO).

4. Anhörung zur elterlichen Sorge und zum Umgangsrecht

5   Abs 2 schreibt die Anhörung der Ehegatten für den Fall vor, dass gemeinschaftliche minderjährige Kinder vorhanden sind. Grundlage ist der bisherige § 613 I 2 ZPO aF. Dieser schrieb die Anhörung zur elterlichen Sorge vor.

§ 129 Mitwirkung der Verwaltungsbehörde oder dritter Personen §129

Abs 2 erweitert die Anhörung auf das Umgangsrecht. Den Ehegatten soll ihre fortbestehende Verantwortung für die von Trennung und Scheidung betroffenen Kinder deutlich gemacht werden. Sie dient der Aufklärung der Eltern über die rechtliche Gestaltung der elterlichen Sorge und des Umgangs. Die Eltern sollen hierbei auch auf die **Beratungsmöglichkeiten** des § 17 II SGB 6
VIII hingewiesen werden; sie haben ein Recht auf Unterstützung bei der Entwicklung eines einvernehmlichen Konzepts für die Wahrnehmung der elterlichen Sorge, des Umgangs durch das Jugendamt. Deshalb ist das Jugendamt bei Einleitung eines Scheidungsverfahrens durch die Gerichte entsprechend zu informieren (§ 17 III SGB VIII).

5. Ersuchter Richter

Eine Anhörung oder Vernehmung eines Ehegatten kann durch einen 7
ersuchten Richter erfolgen, wenn er am Erscheinen verhindert (Krankheit, hohes Alter) ist oder er sich in so großer Entfernung von dem Gericht aufhält, dass ihm das Erscheinen nicht zugemutet werden kann **(Abs 3)**. Eine Zumutbarkeit wird wegen der persönlichen Bedeutung der Ehesachen für beide Ehegatten nur in Ausnahmefällen zu verneinen sein.

6. Ausbleiben eines Ehegatten

Erscheint ein Ehegatte zu der angeordneten Anhörung oder Vernehmung 8
nicht, ist wie gegen einen im Vernehmungstermin nicht erschienenen Zeugen zu verfahren (§§ 380, 381 ZPO). An eine Entschuldigung sind wegen der Bedeutung der Anhörung, Vernehmung, strenge Anforderungen zu stellen; bei unentschuldigtem Ausbleiben ist in der Regel **Ordnungsgeld** zu verhängen (OLG Brandenburg, MDR 00, 585). Bei Wiederholung ist auch eine **zwangsweise Vorführung** (§ 380 II ZPO) zulässig. Die Verhängung von Ordnungshaft ist **ausgeschlossen** (Abs 4, 2. Hs). Die Ordnungsmittel sind nur bei Nichterscheinen anzuwenden. Erklärungen bei der Anhörung oder Vernehmung sind **nicht erzwingbar.** Dem ersuchten Richter stehen die entsprechenden Befugnisse nach § 400 ZPO zu. Die Verhängung der Ordnungsmittel ist nach Abs 4 iVm §§ 380 III, 567 ZPO mit der sofortigen Beschwerde **anfechtbar.**

Mitwirkung der Verwaltungsbehörde oder dritter Personen

129 (1) **Beantragt die zuständige Verwaltungsbehörde oder bei Verstoß gegen § 1306 des Bürgerlichen Gesetzbuchs die dritte Person die Aufhebung der Ehe, ist der Antrag gegen beide Ehegatten zu richten.**

(2) **Hat in den Fällen des § 1316 Abs. 1 Nr. 1 des Bürgerlichen Gesetzbuchs ein Ehegatte oder die dritte Person den Antrag gestellt, ist die zuständige Verwaltungsbehörde über den Antrag zu unterrichten. Die zuständige Verwaltungsbehörde kann in diesen Fällen, auch wenn sie den Antrag nicht gestellt hat, das Verfahren betreiben, insbesondere selbständig Anträge stellen oder Rechtsmittel einlegen. Im Fall eines Antrags**

§ 129

auf Feststellung des Bestehens oder Nichtbestehens einer Ehe zwischen den Beteiligten gelten die Sätze 1 und 2 entsprechend.

1. Anwendungsbereich

1   § 129 behandelt die Mitwirkung der Verwaltungsbehörde oder dritter Personen im Verfahren auf **Aufhebung einer Ehe.** Erfasst werden Verfahren, in denen die Aufhebung der Ehe nach §§ 1313–1317 BGB beantragt wird; nicht ein (weiteres) Verfahren über die Folgen der Aufhebung nach § 1318 BGB. Eine Ehe kann auf Antrag aufgehoben werden (§ 1313 BGB), wenn sie entgegen den Vorschriften der §§ 1303, 1304, 1306, 1307, 1311 BGB geschlossen worden ist (§ 1314 I BGB); das ist der Fall bei fehlender Ehemündigkeit, bei Geschäftsunfähigkeit oder bei Verstoß gegen Eheverbote nach §§ 1306–1308 BGB. Die Ehe kann ferner aufgehoben werden (§ 1314 II BGB), wenn sich ein Ehegatte bei der Eheschließung im Zustand der Bewusstlosigkeit befunden hat (Nr 1), ein Ehegatte nicht gewusst hat, dass es sich um eine Eheschließung handelt (Nr 2), ein Ehegatte zur Eingehung der Ehe durch arglistige Täuschung bestimmt worden ist (Nr 3), ein Ehegatte zur Eingehung der Ehe widerrechtlich durch Drohung bestimmt worden ist (Nr 4) oder beide Ehegatten sich bei der Eheschließung darüber einig waren, dass sie keine Verpflichtung nach § 1353 I BGB begründen wollten (Nr 5).

2. Mitwirkung der Verwaltungsbehörde und Dritter

2   § 1316 I Nr 1, III BGB sieht eine Berechtigung zur Stellung eines Antrags auf Aufhebung der Ehe der zuständigen Verwaltungsbehörde und dritter Personen in bestimmten Fällen vor. Die zuständige Verwaltungsbehörde ist **antragsberechtigt** (§ 1316 I Nr 1 BGB) bei Verstoß gegen die §§ 1303, 1304, 1306, 1307, 1311 BGB sowie in den Fällen des § 1314 II Nr 1 BGB (Eheschließung im Zustand der Bewusstlosigkeit) und Nr 5 (fehlende Begründung einer Verpflichtung gem § 1353 I BGB). Bei Verstoß gegen die §§ 1304, 1306, 1307 BGB sowie in den Fällen des § 1314 II Nr 1, 5 BGB soll die zuständige Verwaltungsbehörde den Antrag stellen, es sei denn, dass die Aufhebung der Ehe für einen Ehegatten oder für die aus der Ehe hervorgegangenen Kinder eine so schwere Härte darstellen würde, dass die Aufrecht-
3   erhaltung der Ehe ausnahmsweise geboten erscheint (§ 1316 III BGB). Bei einem Verstoß gegen das Eheverbot des § 1306 BGB, wenn zwischen einer der Personen, die die Ehe miteinander eingehen wollen, und einer dritten Person eine Ehe oder Lebensgemeinschaft besteht, ist auch diese **dritte Person** antragsberechtigt (§ 1316 I Nr 1 BGB).

3. Verfahren

4   Bei einem Verstoß gegen § 1306 BGB (bestehende Ehe oder Lebenspartnerschaft) ist der Antrag, der von der Verwaltungsbehörde oder von der dritten Person gestellt wird, gegen beide Ehegatten zu richten (Abs 1).

5   Die zuständige Verwaltungsbehörde ist zu **unterrichten,** wenn ein Ehegatte oder die dritte Person in den Fällen des § 1316 I Nr 1 BGB (Verstoß gegen die §§ 1303, 1304, 1306, 1307, 1311 BGB); in den Fällen des § 1314 II Nr 1,

§ 130 Säumnis der Beteiligten **§ 130**

5 BGB den Antrag auf Aufhebung der Ehe gestellt hat. Auch wenn sie selbst keinen Antrag gestellt hat, kann die zuständige Verwaltungsbehörde in diesen Fällen das Verfahren betreiben; sie kann selbständig Anträge stellen und Rechtsmittel einlegen (Abs 2 S 2). Wenn die Behörde selbst einen Antrag stellt, erlangt sie die Beteiligtenstellung (§ 7 I) als Antragsteller, auch wenn sie sich durch eigenen Antrag anschließt oder Rechtsmittel einlegt.

4. Feststellung des Bestehens oder Nichtbestehens einer Ehe

Nach Abs 2 S 3 finden Abs 1 und 2 auf die Mitwirkung der Verwaltungs- 6
behörde oder dritter Personen bei Anträgen der Ehegatten, bzw Scheineheogatten, auf Feststellung des Bestehens oder Nichtbestehens einer Ehe entsprechende Anwendung. Dies entspricht der bisherigen Regelung in § 632 III iVm § 631 IV ZPO. Dadurch erhält die Verwaltungsbehörde die Möglichkeit, zur Wahrung des öffentlichen Interesses selbständig am Verfahren teilzunehmen.

Säumnis der Beteiligten

130
(1) **Die Versäumnisentscheidung gegen den Antragsteller ist dahin zu erlassen, dass der Antrag als zurückgenommen gilt.**

(2) **Eine Versäumnisentscheidung gegen den Antragsgegner sowie eine Entscheidung nach Aktenlage ist unzulässig.**

1. Anwendungsbereich

§ 130 regelt die Folgen der Säumnis eines Beteiligten in Ehesachen. Die 1
Säumnis des Antragstellers war bisher unterschiedlich geregelt. In Verfahren auf Feststellung des Bestehens oder Nichtbestehens einer Ehe wurde das Versäumnisurteil nach § 632 IV ZPO aF dahin erlassen, dass die Klage als zurückgenommen galt; in den Verfahren auf Scheidung oder Aufhebung der Ehe erging unter Anwendung der allgemeinen Vorschrift des § 330 ZPO ein Versäumnisurteil auf Abweisung des Antrags. Nunmehr gilt die bisherige Regelung des § 632 IV ZPO aF für alle Ehesachen (Abs 1). Der Rücknahmefiktion wurde gegenüber einem Versäumnisurteil auf Abweisung des Antrags der Vorzug gegeben, weil in Ehesachen ein besonderes Interesse an einer materiell richtigen Entscheidung besteht; auf Grund einer Säumnis soll daher keine der materiellen Rechtskraft fähige Entscheidung ergehen. Gegen das Versäumnisurteil ist der Rechtsbehelf des **Einspruchs** (§ 338 ZPO) gegeben. 2
Die Einspruchsfrist beträgt zwei Wochen; sie ist eine Notfrist und beginnt mit der Zustellung des Versäumnisurteils (§ 339 I ZPO). Der Einspruch wird durch Einreichung der Einspruchsschrift bei dem Gericht eingelegt (§ 340 ZPO); der Einspruch ist in der Einspruchsschrift oder in einem besonderen Schriftsatz innerhalb der Einspruchsfrist zu begründen. Die Frist zur Begründung kann auf Antrag verlängert werden, wenn nach der freien Überzeugung des Gerichts das Verfahren durch die Verlängerung nicht verzögert wird oder wenn der Beteiligte erhebliche Gründe darlegt (§ 340 III 2 ZPO). Eine fehlende Begründung macht den Einspruch nicht unzulässig.

§ 130 Buch 2 – Verfahren in Familiensachen

3 Ist der Antragsteller in der **Beschwerdeinstanz** säumig, ist nach §§ 113 I 1, 68 III 1 iVm § 130 I Versäumnisbeschluss gegen ihn mit der Maßgabe zu erlassen, dass der Scheidungsantrag als zurückgenommen gilt; wenn in erster Instanz dem Scheidungsantrag stattgegeben wurde, unter Aufhebung dieser Entscheidung (Keidel/Weber, Rn 5 zu § 130). § 130 ist in Ehe- und Scheidungssachen mit Ausnahme der Folgesachen vorrangig gegenüber § 539 ZPO (aA Voraufl).

2. Säumnis des Antragsgegners

4 Eine Versäumnisentscheidung gegen den Antragsgegner ist ebenso wie in der bisherigen Regelung des § 612 IV ZPO aF unzulässig. Abs 2 bezieht in diese Regelung auch eine Entscheidung nach Lage der Akten (§ 331 a ZPO)
5 ein. In einer Scheidungssache gilt für **Versäumnisurteile** die besondere sich aus der Notwendigkeit einer einheitlichen Endentscheidung ergebende Regelung des § 142 I. Danach ist im Falle der Scheidung über sämtliche im Verbund stehenden Familiensachen durch einheitlichen Beschluss zu entscheiden; das gilt auch, soweit eine Versäumnisentscheidung zu treffen ist. Der Erlass des Versäumnisurteils ist zeitlich bis zum Erlass der Endentscheidung unzulässig; die Versäumnisentscheidung ergeht einheitlich mit der Endentscheidung. Rechtfertigt das tatsächliche mündliche Vorbringen des Antragstellers den Verfahrensantrag nicht, kann gegen ihn Endentscheidung auf Abweisung des Antrags ergehen; es handelt sich hierbei um eine auf einseitiger mündlicher Verhandlung (§ 137 ZPO) mit dem Antragsteller ergehende Entscheidung.

6 Ist der Antragsgegner in der **Beschwerdeinstanz** säumig, ist sowohl eine Versäumnisentscheidung als auch eine Entscheidung nach Aktenlage gegen ihn unzulässig (§§ 113 I 1, 68 III iVm § 130 II). Der Sachvortrag des Antragstellers kann nicht als zugestanden behandelt werden; er gilt vielmehr als bestritten. Das Gericht muss daher die entscheidungserheblichen Tatsachen von Amts wegen nach § 127 feststellen und auf Grund einseitiger streitiger Verhandlung entscheiden. Diese Entscheidung ist kontradiktorisch und als Endentscheidung nach § 58 anfechtbar (Keidel/Weber, Rn 6 zu § 130). § 130 ist vorrangig gegenüber § 330 ZPO (aA Voraufl).

3. Säumnis beider Ehegatten

7 Erscheinen in einem Termin beide Ehegatten nicht, kann das Gericht nach Lage der Akten entscheiden (§ 251 a I ZPO). Eine Entscheidung darf jedoch nur dann ergehen, wenn in einem früheren Termin mündlich verhandelt worden ist. Sie darf frühestens in zwei Wochen verkündet werden. Der Verkündungstermin ist den nicht erschienenen Ehegatten formlos mitzuteilen. Ein **neuer Termin** zur mündlichen Verhandlung ist dann zu bestimmen, wenn ein Ehegatte dies spätestens am 7. Tag vor dem zur Verkündung bestimmten Termin beantragt und glaubhaft macht, dass er ohne Verschulden ausgeblieben ist und die Verlegung des Termins nicht rechtzeitig habe beantragen können (§ 251 a II ZPO). Eine Entscheidung nach Aktenlage kann bei Säumnis beider Ehegatten auch im Beschwerdeverfahren (§ 525 ZPO entspr) oder Revisionsverfahren (§ 555 ZPO entspr) ergehen.

§ 132 Kosten bei Aufhebung der Ehe   §§ 131, 132

Tod eines Ehegatten

131 Stirbt ein Ehegatte, bevor die Endentscheidung in der Ehesache rechtskräftig ist, gilt das Verfahren als in der Hauptsache erledigt.

1. Anwendungsbereich

§ 131 gilt in allen Ehesachen (§ 121); auch in den Rechtsmittelinstanzen. **1** Der zeitliche Anwendungsbereich beginnt mit der Rechtshängigkeit (§ 261 I ZPO) und endet mit der Rechtskraft (§ 45) der Entscheidung.

2. Rechtsfolgen

Der Tod einer Partei ist während der Rechtshängigkeit (§ 261 ZPO) von **2** Amts wegen zu berücksichtigen. Vor dem Eintritt der Rechtshängigkeit ist ein Antrag unzulässig; er muss abgewiesen werden, es sei denn, dass Rücknahme erklärt wird.

Stirbt ein Ehegatte **nach Rechtshängigkeit,** ist das Verfahren kraft Geset- **3** zes (§ 131) erledigt, ohne dass es einer Erklärung des anderen Ehegatten bedarf. Ist der Antragsgegner verstorben, kann der Scheidungsantrag zurückgenommen werden; es gilt § 269 III ZPO (OLG Naumburg, FamRZ 06, 867). Die Erledigung der Hauptsache kann durch deklaratorischen Beschluss festgestellt werden (OLG Zweibrücken, FamRZ 95, 619; bestr).

Nach Erlass der Endentscheidung, vor formeller Rechtskraft, wird die **4** Entscheidung durch den Tod eines Ehegatten wirkungslos. Rechtsmittel in der Hauptsache sind wegen fehlender Beschwer unzulässig (OLG Düsseldorf, FamRZ 05, 387). Ist die Entscheidung über den Scheidungsantrag formell rechtskräftig, über eine abgetrennte Folgesache jedoch noch nicht entschieden, wird diese durch den Tod eines Ehegatten in der Hauptsache erledigt (OLG Nürnberg, FamRZ 06, 959: Versorgungsausgleich).

Nicht wirkungslos wird die **Kostenentscheidung.** Insoweit treten die **5** Erben in das Verfahren ein (§ 239 ZPO). Gegen die Kostenentscheidung ist Beschwerde nach §§ 58, 61 zulässig, wenn der Wert des Beschwerdegegenstandes 600 € übersteigt oder die Beschwerde nach § 61 II zugelassen wurde. Ist eine Kostenentscheidung noch nicht ergangen, ist diese in Scheidungs- und Folgesachen nach § 150, in Verfahren auf Aufhebung der Ehe nach § 132; im Übrigen nach § 113 I 1 iVm §§ 91 ff ZPO zu erlassen. Tritt der Tod eines Ehegatten während des Rechtsmittelverfahrens ein, ist über die Kosten neu zu entscheiden.

Kosten bei Aufhebung der Ehe

132 (1) **Wird die Aufhebung der Ehe ausgesprochen, sind die Kosten des Verfahrens gegeneinander aufzuheben. Erscheint dies im Hinblick darauf, dass bei der Eheschließung ein Ehegatte allein die Aufhebbarkeit der Ehe gekannt hat oder ein Ehegatte durch arglistige Täuschung oder widerrechtliche Drohung seitens des anderen Ehegatten oder mit dessen Wissen zur Eingehung der Ehe bestimmt worden ist, als unbil-**

393

§ 132

lig, kann das Gericht die Kosten nach billigem Ermessen anderweitig verteilen.

(2) **Absatz 1 ist nicht anzuwenden, wenn eine Ehe auf Antrag der zuständigen Verwaltungsbehörde oder bei Verstoß gegen § 1306 des Bürgerlichen Gesetzbuchs auf Antrag des Dritten aufgehoben wird.**

1. Anwendungsbereich

1   Abs 1 entspricht dem bisherigen § 93a III ZPO; er regelt die Kostenverteilung bei einem erfolgreichen Antrag auf Aufhebung der Ehe (§ 129) durch einen Ehegatten. Abs 1 ist nicht anwendbar, wenn eine Ehe auf Antrag der zuständigen Verwaltungsbehörde (§ 129 I) oder einer dritten Person bei einem Verstoß gegen § 1306 BGB (§ 129 I) einen erfolgreichen Antrag auf Aufhebung der Ehe gestellt hat (Abs 2). Bei Abweisung des Aufhebungsantrags trägt der Antragsteller die Kosten nach § 91 I ZPO. Bei Verbindung eines Antrages auf Aufhebung der Ehe mit einem Antrag auf Feststellung des Bestehens oder Nichtbestehens einer Ehe (§ 126 I) gilt Abs 1 für den gesamten Rechtsstreit.

2. Aufhebung auf Antrag eines Ehegatten

2   In diesem Fall sind die Kosten des Verfahrens **gegeneinander aufzuheben**. Abweichend hiervon kann das Gericht unter bestimmten Voraussetzun-
3   gen die Kosten anderweitig nach **billigem Ermessen** verteilen. Voraussetzung ist, dass es unbillig erscheint, die Kosten des Verfahrens gegeneinander aufzuheben, weil bei der Eheschließung ein Ehegatte allein die Aufhebbarkeit der Ehe gekannt hat oder ein Ehegatte durch arglistige Täuschung, widerrechtliche Drohung des anderen Ehegatten oder mit dessen Wissen zur Eingehung der Ehe bestimmt worden ist. In der Regel sind diesem Ehegatten die gesamten Kosten des Verfahrens aufzuerlegen, es sei denn, es ist ein Mitverschulden des anderen Ehegatten zu bejahen.

4   **Nicht** in das billige Ermessen einzubeziehen ist abw von dem bisherigen § 93a III 2 ZPO, dass eine Kostentragung nach Abs 1 S 1 einen Ehegatten in seiner Lebensführung unverhältnismäßig beeinträchtigen würde.

3. Aufhebung auf Antrag der Verwaltungsbehörde, einer dritten Person

5   Nach § 129 I können die zuständige Verwaltungsbehörde oder bei Verstoß gegen § 1306 BGB die dritte Person die Aufhebung der Ehe beantragen (Rn 2 zu § 129). In diesen Fällen ist Abs 1 nicht anwendbar; es gilt weder der Grundsatz, dass die Kosten gegeneinander aufgehoben werden, noch besteht die Möglichkeit, eine Entscheidung über die Kosten nach billigem Ermessen zu erlassen. Es finden vielmehr die allgemeinen Vorschriften der §§ 91 ff ZPO Anwendung. Hat die zuständige Behörde durch Stellung des Antrags auf Aufhebung der Ehe oder Einlegung von Rechtsmitteln eine Beteiligtenstellung erlangt, sind der Staatskasse die Kosten des Verfahrens aufzuerlegen, wenn die Behörde mit ihrem Antrag oder Rechtsmittel unterliegt.

Unterabschnitt 2
Verfahren in Scheidungssachen und Folgesachen

Inhalt der Antragsschrift

133 (1) Die Antragsschrift muss enthalten:
1. Namen und Geburtsdaten der gemeinschaftlichen minderjährigen Kinder sowie die Mitteilung ihres gewöhnlichen Aufenthalts,
2. die Erklärung, ob die Ehegatten eine Regelung über die elterliche Sorge, den Umgang und die Unterhaltspflicht gegenüber den gemeinschaftlichen minderjährigen Kindern sowie die durch die Ehe begründete gesetzliche Unterhaltspflicht, die Rechtsverhältnisse an der Ehewohnung und an den Haushaltsgegenständen getroffen haben, und
3. die Angabe, ob Familiensachen, an denen beide Ehegatten beteiligt sind, anderweitig anhängig sind.

(2) Der Antragsschrift sollen die Heiratsurkunde und die Geburtsurkunden der gemeinschaftlichen minderjährigen Kinder beigefügt werden.

1. Anwendbare Vorschriften

Das Scheidungsverfahren wird ebenso wie die übrigen Ehesachen (§ 121) 1 durch Antrag eingeleitet. Die allgemeine Verfahrensvorschrift des § 23 über den verfahrenseinleitenden Antrag findet in Ehesachen keine Anwendung (§ 113 I). Die grundsätzliche Vorschrift über den Antrag in Ehesachen ist § 124; dieser bestimmt, dass Verfahren in Ehesachen durch Einreichung einer Antragsschrift anhängig werden. Auf die Antragsschrift sind die Vorschriften der ZPO über die Klageschrift (§ 253 ZPO) entspr anzuwenden. Die Antragsschrift muss daher enthalten die Bezeichnung der Parteien und des Gerichts (§ 253 II Nr 1 ZPO), die bestimmte Angabe des Gegenstandes und des Grundes des erhobenen Anspruchs, sowie einen bestimmten Antrag (§ 253 II Nr 2 ZPO). Mit der Zustellung der Antragsschrift wird das Verfahren auf Scheidung rechtshängig (§ 253 I ZPO); die Zustellung einer beglaubigten Abschrift einschließlich aller Anlagen (BGH, NJW 07, 775) erfolgt von Amts wegen (§ 271 I ZPO) nach den Vorschriften der §§ 166 ff ZPO. § 133 **ergänzt** den notwendigen Inhalt der Antragsschrift in Scheidungssachen.

2. Notwendiger Inhalt

Nach Abs 1 **Nr 1** sind Namen und Geburtsdaten der **gemeinschaftlichen** 2 **minderjährigen Kinder** sowie deren gewöhnlicher Aufenthalt anzugeben. Die Angabe dieser Daten hat verschiedene Funktionen. Es kann uU zu prüfen sein, ob von Amts wegen zu treffende Maßnahmen in Bezug auf die elterliche Sorge erforderlich sind. Die Daten sind auch Grundlage für die Mitteilung an das Jugendamt gem § 17 III SGB VIII. Die Angabe des gewöhnlichen Aufenthalts der Kinder ist notwendig für die Bestimmung der örtlichen Zuständigkeit;

§ 133 Buch 2 – Verfahren in Familiensachen

nach § 122 Nr 1 ist in erster Linie ausschließlich zuständig das Gericht, in dessen Bezirk einer der Ehegatten mit allen gemeinschaftlichen minderjährigen Kindern seinen gewöhnlichen Aufenthalt hat (Rn 3 zu § 122).

3   Nach der in Abs 1 **Nr 2** auf Empfehlung des Rechtsausschusses eingefügten Ergänzung wird der notwendige Inhalt eines Scheidungsantrages erweitert. Der Antrag hat eine **Erklärung des Antragstellers** darüber zu enthalten, ob die Eheleute **Einvernehmen** über die elterliche Sorge, das Umgangsrecht und den Kindesunterhalt sowie über den Ehegattenunterhalt und die Rechtsverhältnisse an Ehewohnung und Haushalt erzielt haben. Durch diese Änderung soll der **Rechtsgedanke des § 630 I ZPO aF** in das Verfahrensrecht übertragen werden. Die höheren Anforderungen an den notwendigen Inhalt der Antragsschrift sollen es den Gerichten ermöglichen, ihrer Schutzpflicht gegenüber minderjährigen Kindern und den wirtschaftlich schwächeren Ehegatten gerecht zu werden. Die Gerichte können auf Grund der Antragsschrift bereits zu Beginn des Verfahrens feststellen, ob und in welchem Umfang in Bezug auf die in der Antragsschrift zu machenden Angaben Streit besteht. Nicht begründet wird eine Verpflichtung, das Gericht über den Inhalt der Einigung zu informieren. Die Eheleute selbst sollen durch den erweiterten notwendigen Inhalt der Antragsschrift veranlasst werden, sich der bedeutsamen Scheidungsfolgen bewusst zu werden (OLG Hamm, FamRZ 10, 1581).

4   Die Angaben nach Nr 2 gehören zu den **zwingenden Formerfordernissen** des Abs 1 an die Antragsschrift. Ihr Fehlen macht den Scheidungsantrag daher unzulässig, auch ihre Unvollständigkeit. Fehlt die Erklärung nach Nr 2 oder ist sie unvollständig, hat das Gericht den Antragsteller auf die damit verbundene Folge der Unzulässigkeit des Scheidungsantrages hinzuweisen (§ 113 I iVm § 139 III ZPO).

5   Nach Abs 1 **Nr 3** ist anzugeben, ob Familiensachen, an denen beide Ehegatten beteiligt sind, **anderweitig anhängig** sind. Erfasst werden alle Familiensachen des § 111 und nicht nur die Familiensachen, die nach § 137 als Folgesachen in Betracht kommen: Versorgungsausgleichssachen (§ 137 II Nr 1 iVm § 111 Nr 7); Unterhaltssachen (§ 137 II Nr 2 iVm § 111 Nr 8); Ehewohnungs- und Haushaltssachen (§ 137 II Nr 3 iVm § 111 Nr 5); Güterrechtssachen (§ 137 II Nr 4 iVm § 111 Nr 9) sowie Kindschaftssachen nach § 137 III iVm § 111 II. Die Angaben über die darüber hinausgehenden Familiensachen nach § 111 Nr 3 (Abstammungssachen), Nr 4 (Adoptionssachen), Nr 6 (Gewaltschutzsachen), Nr 10 (sonstige Familiensachen) sollen der Information des Gerichts über die zwischen den Ehegatten bestehenden Streitpunkte dienen. Die Angabe über anderweitig anhängige Ehesachen (§ 121) dient der Zusammenführung der Ehesachen nach § 123; diese Verfahren sind von Amts wegen an das Gericht der Scheidungssache abzugeben, das für alle Ehesachen vorrangig zuständig ist, auch wenn diese vor der Scheidungssache rechtshängig geworden sind.

3. Beizufügende Urkunden

6   Der Antragsschrift sollen die Heiratsurkunde und die Geburtsurkunden der gemeinschaftlichen minderjährigen Kinder beigefügt werden. Die Heirats-

urkunde ist von Bedeutung für Namen und Geburtsdaten der Ehegatten und das Datum der standesamtlichen Eheschließung. Abs 2 ist eine Ausnahme von dem gem § 113 I anwendbaren § 131 III ZPO, demgemäß es bei Urkunden, die dem Gegner bereits bekannt sind oder von bedeutendem Umfang sind, genügt, deren genaue Bezeichnung mit dem Erbieten, Einsicht zu gewähren, anzugeben.

Die Vorschrift ist als **Sollvorschrift** ausgestaltet mit der Begründung, dass 7 die Verpflichtung nur bestehe, wenn dem Antragsteller die Urkunden zugänglich seien. Der Bundesrat (BT-Drs 16/6308 S 373) hat hierzu darauf hingewiesen, dass der Antragsteller sich die geforderten Unterlagen unschwer vom Standesamt beschaffen könne und dies nicht Aufgabe des Gerichts sei (BR-Drs 309/07, S 34). Die Bundesregierung (BT-Drs 16/6308 S 413) hat demgegenüber darauf hingewiesen, dass Fälle denkbar seien, in denen es unbillig sein könne, den Antragsteller mit der Beibringung der Urkunden zu belasten, zB dann, wenn die zu scheidende Ehe im Ausland geschlossen wurde und der Antragsgegner die Heiratsurkunde im Besitz hat (BR-Drs 309/07, S 27).

Zustimmung zur Scheidung und zur Rücknahme; Widerruf

134 (1) **Die Zustimmung zur Scheidung und zur Rücknahme des Scheidungsantrags kann zur Niederschrift der Geschäftsstelle oder in der mündlichen Verhandlung zur Niederschrift des Gerichts erklärt werden.**

(2) **Die Zustimmung zur Scheidung kann bis zum Schluss der mündlichen Verhandlung, auf die über die Scheidung der Ehe entschieden wird, widerrufen werden. Der Widerruf kann zur Niederschrift der Geschäftsstelle oder in der mündlichen Verhandlung zur Niederschrift des Gerichts erklärt werden.**

1. Zustimmung zur Scheidung

Nach § 1566 I BGB wird unwiderlegbar vermutet, dass die Ehe gescheitert 1 ist, wenn die Ehegatten seit einem Jahr getrennt leben und beide Ehegatten die Scheidung beantragen oder der Antragsgegner der Scheidung zustimmt. Nach Abs 1 wird die **Erklärung** der Zustimmung zur Scheidung erleichtert; 2 sie kann zur Niederschrift der Geschäftsstelle oder in der mündlichen Verhandlung zur Niederschrift des Gerichts erklärt werden. Hierdurch können die mit einer Scheidung verbundenen Verfahrenskosten reduziert werden, weil nur einer der Ehegatten anwaltlich vertreten sein muss; nach § 114 IV Nr 3 bedarf die Zustimmung zur Scheidung **nicht der Vertretung** durch 3 einen Rechtsanwalt. In Ergänzung zu dieser Regelung sieht § 134 I die Erklärung der Zustimmung zur Niederschrift der Geschäftsstelle oder in der mündlichen Verhandlung zur Niederschrift des Gerichts vor. Die Regelung soll die Erklärung der Zustimmung ohne anwaltliche Vertretung ermöglichen; sie kann jedoch auch wirksam im Schriftsatz des Anwalts erklärt werden. In der mündlichen Verhandlung ist sie bis zum Schluss der mündlichen Verhandlung möglich. Sie muss nicht notwendig durch den zustimmenden Ehegatten persönlich abgegeben werden.

§ 134
Buch 2 – Verfahren in Familiensachen

4 Die Erklärung der Zustimmung zur Scheidung **zur Niederschrift** der **Geschäftsstelle** oder des Gerichts entspricht der bisherigen Vorschrift des § 630 II 2 ZPO für den Fall der einverständlichen Scheidung. Die erleichterte Möglichkeit der Erklärung der Zustimmung zur Scheidung wird über den Geltungsbereich der bisherigen einverständlichen Scheidung hinaus auf **alle Scheidungsverfahren** ausgedehnt.

2. Zustimmung zu einer Antragsrücknahme

5 Der Scheidungsantrag kann grundsätzlich, auch noch in der Rechtsmittelinstanz, zurückgenommen werden, nach dem Beginn der mündlichen Verhandlung jedoch nur mit Zustimmung des Gegners (§ 269 I ZPO). Keine mündliche Verhandlung ist die Vernehmung des Antragsgegners (BGH, NJW-RR 04, 1297); soweit nur diese erfolgt ist, bedarf es der
6 Zustimmung des Antragsgegners nicht. Eine **anwaltliche Vertretung** für die Zustimmung zur Rücknahme des Scheidungsantrags ist **nicht** erforderlich (§ 114 IV Nr 3); die Zustimmung kann vielmehr auch durch den nicht anwaltlich vertretenen Antragsgegner zur Niederschrift der Geschäftsstelle oder in der mündlichen Verhandlung zur Niederschrift des Gerichts
7 erklärt werden (Abs 1). Die **Kosten** trägt bei Zurücknahme des Scheidungsantrags der Antragsteller (§ 150 II 1). Werden Scheidungsanträge beider Ehegatten zurückgenommen, werden die Kosten gegeneinander aufgehoben (§ 150 II 2).

3. Widerruf der Zustimmung

8 Die Zustimmung zur Scheidung (§ 1566 I BGB iVm Abs 1) kann bis zum Schluss der letzten mündlichen Verhandlung, auch noch in der Rechtsmittelinstanz (BGH, NJW 84, 1303) widerrufen werden. Für die Erklärung des Widerrufs der Zustimmung bedarf es ebenso wie zur Erklärung der Zustimmung zur Scheidung nicht der Vertretung durch einen Rechtsanwalt (§ 114 IV Nr 3 iVm § 134 II). Auch der Widerruf kann zur Niederschrift der Geschäftsstelle oder in der mündlichen Verhandlung zur
9 Niederschrift des Gerichts erklärt werden. Wird der Widerruf erklärt, ist das Verfahren als streitige Scheidungssache **fortzusetzen.** Es ist dann über Scheidung und Folgesachen zusammen zu verhandeln und zu entscheiden (§ 137 I).

4. Rechtsmittel

10 Gegen die Abweisung des Scheidungsantrags kann nur der Ehegatte Rechtsmittel einlegen, der die Scheidung beantragt hat, nicht derjenige, der lediglich die Zustimmung (§ 1366 I BGB iVm Abs 1) erklärt hat. Gegen die Entscheidung, die die Scheidung ausspricht, können beide Ehegatten mit dem Ziel der Aufrechterhaltung der Ehe Rechtsmittel einlegen verbunden mit der Rücknahme des Scheidungsantrags oder des Widerrufs der Zustimmung zur Scheidung (BGH, NJW 84, 1302).

§ 135

Außergerichtliche Streitbeilegung über Folgesachen

135 (1) **Das Gericht kann anordnen, dass die Ehegatten einzeln oder gemeinsam an einem kostenfreien Informationsgespräch über Mediation oder eine sonstige Möglichkeit der außergerichtlichen Streitbeilegung anhängiger Folgesachen bei einer von dem Gericht benannten Person oder Stelle teilnehmen und eine Bestätigung hierüber vorlegen. Die Anordnung ist nicht selbständig anfechtbar und nicht mit Zwangsmitteln durchsetzbar.**

(2) **Das Gericht soll in geeigneten Fällen den Ehegatten eine außergerichtliche Streitbeilegung anhängiger Folgesachen vorschlagen.**

1. Außergerichtliche Streitbeilegung

§ 135 behandelt eine nach bisherigem Recht nicht vorgesehene Möglichkeit der außergerichtlichen Streitbeilegung durch Mediation oder in sonstiger Form. Diese Möglichkeit soll in familiengerichtlichen Verfahren stärker hervorgehoben werden als im allgemeinen Zivilprozessrecht. Sie wird durch § 135 für den Bereich der Folgesachen vorgesehen; in Kindschaftssachen: § 156 I, II. Eine mögliche Anordnung des Gerichts ist **beschränkt** auf die Teilnahme an einem **Informationsgespräch** über außergerichtliche Streitbeilegung; nicht angeordnet werden kann die Teilnahme an einer Mediation oder einer sonstigen Form außergerichtlicher Streitbeilegung. 1

2. Teilnahme an einem Informationsgespräch

Das Gericht kann nach freiem Ermessen die Teilnahme an einem Informationsgespräch über außergerichtliche Streitbeilegung in Folgesachen anordnen. Die Ehegatten sollen sich nach Kenntnis der Möglichkeiten einer außergerichtlichen Streitbeilegung, die sie durch das Informationsgespräch erhalten sollen, frei entscheiden können, ob sie an einer außergerichtlichen Streitbeilegung teilnehmen. Das Informationsgespräch muss kostenfrei sein, für die Durchführung einer außergerichtlichen Streitbeilegung sieht das Gesetz Kostenfreiheit nicht vor. 2

Bei der Ausübung des **freien Ermessens** bei der Anordnung der Teilnahme an einem Informationsgespräch ist zu beachten, dass es in erster Linie Aufgabe des Gerichts ist, auf ein Einvernehmen hinzuwirken. In Kindschaftssachen, die die elterliche Sorge bei Trennung und Scheidung, den Aufenthalt des Kindes, das Umgangsrecht oder die Herausgabe des Kindes betreffen, wird dies durch § 156 I 1 ausdrücklich ausgesprochen. Die Beteiligten haben hierauf einen Anspruch. Schon durch die Teilnahme an einem Informationsgespräch kann eine Beeinflussung erfolgen, der sich nicht jede Partei entziehen kann. Die Anordnung der Teilnahme an einem Informationsgespräch soll auch dann unterbleiben, wenn die Wahrnehmung zB in Fällen häuslicher Gewalt oder bei größerer Entfernung nicht zumutbar ist. 3

In geeigneten Fällen soll das Gericht den Ehegatten eine außergerichtliche Streitbeilegung anhängiger Folgesachen vorschlagen (Abs 2). Vorbild dieser Regelung ist § 278 V 2 ZPO. Sie soll in Folgesachen, die Familienstreitsachen 4 sind, anzuwenden sein. Sie ist jedoch im Unterschied zu der zivilprozessualen Regelung als Sollvorschrift ausgestaltet.

3. Durchsetzung der Anordnung

5 Eine außergerichtliche Streitbeilegung ist dann nicht erfolgversprechend, wenn die Beteiligten hierzu gezwungen werden. Dies ist auch schon bei der Anordnung zu einem Informationsgespräch zu beachten. Dementsprechend sieht Abs 1 S 2 vor, dass diese Anordnung **nicht mit Zwangsmitteln (§ 35) durchsetzbar ist.** Trotzdem wird ein Zwang dadurch ausgeübt, dass eine
6 Nichtteilnahme an einem Informationsgespräch nach § 150 IV 2 **kostenrechtliche** Folgen nach sich ziehen kann. Das Gericht kann bei einer nach billigem Ermessen zu treffenden Kostenverteilung nach § 150 IV bei der Ausübung des Ermessens auch berücksichtigen, ob ein Beteiligter einer richterlichen Anordnung zur Teilnahme an einem Informationsgespräch nach § 135 I nicht nachgekommen ist, sofern der Beteiligte dies nicht genügend entschuldigt hat. Diese Möglichkeit ist allerdings in den Fällen des § 150 I–III, die eine zwingende Kostenfolge regeln, nicht anwendbar. Sie besteht nur nach Abs 4, wenn in den Fällen der Abs 1–3 die Kostenverteilung, insbesondere im Hinblick auf eine Versöhnung der Ehegatten oder auf das Ergebnis einer als Folgesache geführten Unterhaltssache oder Güterrechtssache als unbillig erscheint.

7 Die Anordnung der Teilnahme an einem Informationsgespräch ist **nicht** selbständig anfechtbar (Abs 1 S 2).

Aussetzung des Verfahrens

§ 136 (1) **Das Gericht soll das Verfahren von Amts wegen aussetzen, wenn nach seiner freien Überzeugung Aussicht auf Fortsetzung der Ehe besteht. Leben die Ehegatten länger als ein Jahr getrennt, darf das Verfahren nicht gegen den Widerspruch beider Ehegatten ausgesetzt werden.**

(2) **Hat der Antragsteller die Aussetzung des Verfahrens beantragt, darf das Gericht die Scheidung der Ehe nicht aussprechen, bevor das Verfahren ausgesetzt war.**

(3) **Die Aussetzung darf nur einmal wiederholt werden. Sie darf insgesamt die Dauer von einem Jahr, bei einer mehr als dreijährigen Trennung die Dauer von sechs Monaten nicht überschreiten.**

(4) **Mit der Aussetzung soll das Gericht in der Regel den Ehegatten nahelegen, eine Eheberatung in Anspruch zu nehmen.**

1. Aussetzung von Amts wegen

1 Wenn Aussicht auf Fortsetzung der Ehe besteht, soll das Gericht das Scheidungsverfahren von Amts wegen aussetzen. Das Gericht muss von der Aussicht auf Fortsetzung der Ehe überzeugt sein; es kann diese Überzeugung frei bilden, insbesondere auf Grund des Parteivorbringens und des Verhaltens der Ehegatten bei der persönlichen Anhörung. Das Gesetz geht davon aus,

§ 136 Aussetzung des Verfahrens § **§ 136**

dass eine Aussicht auf Fortsetzung der Ehe auch bei einer mehr als dreijährigen Trennung bestehen kann (Abs 3).

Die Anordnung der Aussetzung erfolgt durch **Beschluss,** der mit Bekanntgabe an die Beteiligten wirksam wird (§ 329 II 1 ZPO). In dem Beschluss kann, aber muss nicht, den Ehegatten nahe gelegt werden, eine Eheberatung in Anspruch zu nehmen (Abs 4). 2

Die Aussetzung umfasst den **ganzen Rechtsstreit** einschließlich der Folgesachen (§ 137); sie ist in allen Rechtszügen möglich. In dem Beschluss ist eine bestimmte Dauer der Aussetzung anzugeben, die Aussetzung endet mit Ablauf dieser Frist. Die Aussetzung hat die Wirkung, dass der Lauf einer jeden Frist aufhört und nach Beendigung die volle Frist von Neuem zu laufen beginnt (§ 249 I ZPO). Die während der Aussetzung von einer Partei vorgenommenen Prozesshandlungen sind der anderen Partei gegenüber ohne rechtliche Wirkung (§ 249 II ZPO). Zulässig bleiben einstweilige Anordnungen. 3

2. Aussetzung auf Antrag

Die Anordnung der Aussetzung kann auch auf Antrag des Antragstellers oder des Antragsgegners erfolgen. Hat der Antragsteller die Aussetzung des Verfahrens beantragt, ist die Anordnung der Aussetzung zwingend. Das Gericht darf die Scheidung der Ehe nicht aussprechen, bevor das Verfahren ausgesetzt war (Abs 2). Haben beide Ehegatten die Scheidung beantragt, ist auch für eine Aussetzung der Antrag beider Ehegatten erforderlich. 4

3. Widerspruch gegen die Aussetzung

Eine Aussetzung darf nicht erfolgen, wenn die Ehegatten länger als ein Jahr getrennt leben (§ 1566 I BGB) und beide Ehegatten der Aussetzung widersprechen (Abs 1 S 2). In diesem Fall wird unwiderlegbar vermutet, dass die Ehe gescheitert ist. Widerspruch eines Ehegatten allein genügt nicht, um die Anordnung der Aussetzung zu verhindern. 5

4. Dauer der Aussetzung

Bei der Anordnung der Aussetzung muss eine bestimmte Dauer der Aussetzung angegeben werden; die Aussetzung darf nur einmal wiederholt werden (Abs 3 S 1). Die Zeiten der Aussetzung müssen zusammengerechnet werden. Wenn eine Aussetzung vor der angeordneten Dauer endet, ist die tatsächliche Dauer maßgebend. Die Aussetzung darf insgesamt die Dauer von einem Jahr nicht überschreiten; bei einer mehr als dreijährigen Trennung darf die Dauer von sechs Monaten nicht überschritten werden; diese Frist beginnt mit dem Zeitpunkt des Wirksamwerdens der Aussetzungsanordnung. 6

5. Aufhebung des Aussetzungsbeschlusses

Der Aussetzungsbeschluss kann vor Ablauf der angeordneten Dauer aufgehoben werden; bei Anordnung von Amts wegen bei veränderter Sachlage, bei Anordnung auf Antrag des Antragstellers oder der Ehegatten, wenn beide die Aussetzung beantragt haben. 7

§ 137

6. Anfechtbarkeit

8 Gegen die Anordnung der Aussetzung oder Ablehnung einer Aussetzung findet die sofortige Beschwerde statt (§ 113 I 2 iVm §§ 252, 567 I 1 ZPO).

Verbund von Scheidungs- und Folgesachen

137 (1) Über Scheidung und Folgesachen ist zusammen zu verhandeln und zu entscheiden (Verbund).

(2) Folgesachen sind
1. Versorgungsausgleichssachen,
2. Unterhaltssachen, sofern sie die Unterhaltspflicht gegenüber einem gemeinschaftlichen Kind oder die durch Ehe begründete gesetzliche Unterhaltspflicht betreffen mit Ausnahme des vereinfachten Verfahrens über den Unterhalt Minderjähriger,
3. Ehewohnungs- und Haushaltssachen und
4. Güterrechtssachen,

wenn eine Entscheidung für den Fall der Scheidung zu treffen ist und die Familiensache spätestens zwei Wochen vor der mündlichen Verhandlung im ersten Rechtszug in der Scheidungssache von einem Ehegatten anhängig gemacht wird. Für den Versorgungsausgleich ist in den Fällen der §§ 6 bis 19 und 28 des Versorgungsausgleichsgesetzes kein Antrag notwendig.

(3) Folgesachen sind auch Kindschaftssachen, die die Übertragung oder Entziehung der elterlichen Sorge, das Umgangsrecht oder die Herausgabe eines gemeinschaftlichen Kindes der Ehegatten oder das Umgangsrecht eines Ehegatten mit dem Kind des anderen Ehegatten betreffen, wenn ein Ehegatte vor Schluss der mündlichen Verhandlung im ersten Rechtszug in der Scheidungssache die Einbeziehung in den Verbund beantragt, es sei denn, das Gericht hält die Einbeziehung aus Gründen des Kindeswohls nicht für sachgerecht.

(4) Im Fall der Verweisung oder Abgabe werden Verfahren, die die Voraussetzungen des Absatzes 2 oder des Absatzes 3 erfüllen, mit Anhängigkeit bei dem Gericht der Scheidungssache zu Folgesachen.

(5) Abgetrennte Folgesachen nach Absatz 2 bleiben Folgesachen; sind mehrere Folgesachen abgetrennt, besteht der Verbund auch unter ihnen fort. Folgesachen nach Absatz 3 werden nach der Abtrennung als selbständige Verfahren fortgeführt.

1. Verbund von Scheidungs- und Folgesachen

1 Soweit in Familiensachen eine Entscheidung für den Fall der Scheidung zu treffen ist und von einem Ehegatten rechtzeitig begehrt wird, ist hierüber gleichzeitig und zusammen mit der Scheidungssache zu verhandeln und, sofern dem Scheidungsantrag stattgegeben wird, zu entscheiden (§ 137 I). Dies gilt jedoch nur für die Regelung der Scheidungsfolgen, nicht für Entscheidungen, die eine solche Regelung vorbereiten (BGH, NJW 97, 2176). Voraussetzung für den Verbund ist, dass die Folgesache entweder **spätestens zwei Wochen** vor der mündlichen Verhandlung erster Instanz in der Scheidungssache anhängig gemacht oder eingeleitet wird, oder eine bereits anhängige, auch von Amts wegen einzuleitende Familiensache nach Rechtshängigkeit der Scheidungssache von Amts wegen an das für diese zuständige Familiengericht abgegeben wird (§ 123 iVm § 153 (Kindschaftssachen), § 202 (Ehewohnungs- und Haushaltssachen), § 233 (Unterhaltssachen), § 263 (Güterrechtssachen). Die Zweiwochenfrist bezieht sich nicht auf den „ersten" Termin, sondern auf den Termin, in dem die Scheidungssache und die bis dahin (fristgerecht) rechtshängigen Folgesachen entscheidungsreif sind (OLG Hamm, FamRZ 10, 2091; aA OLG Oldenburg, FamRZ 10, 2015: Frist verfassungswidrig). Die Möglichkeit der Anhängigmachung von Verbundsachen endet damit grundsätzlich bereits vor dem Termin. Es soll dadurch einer in der bisherigen Praxis häufig genutzten Möglichkeit entgegengewirkt werden, sich durch Übergabe eines entsprechenden Schriftsatzes erst im Termin „taktische Vorteile" zu verschaffen. Diese Regelung gibt dem Gericht auch die Möglichkeit, die neuen Streitpunkte vor der Verhandlung vorzubereiten. Bei **Auslandsbezug** erstreckt dich 2 die internationale Zuständigkeit deutscher Gerichte in der Ehesache nach § 98 II auch auf die Scheidungssache, soweit der Verbundzuständigkeit nicht internationale Abkommen und Europäische Rechtsakte entgegenstehen (Rn 6, 7, 14 zu § 98). Bei **Aufhebung und Zurückverweisung** eines den Scheidungsantrag abweisenden Beschlusses durch das Rechtsmittelgericht an das Gericht, das die Abweisung ausgesprochen hat, können bis zum Schluss der erneuten mündlichen Verhandlung auch noch neue Folgesachen eingeleitet werden, weil die gemeinsame Erledigung mit der Scheidungssache noch erreicht werden kann (§ 142 I) (Thomas/Putzo, Rn 24 zu § 137). Wird ein Verfahrenskostenhilfeantrag zwar noch während der Anhängigkeit gestellt, aber nicht vor Ende der Anhängigkeit beschieden, gelangt die Sache nicht mehr in den Verbund (OLG Köln, NJWE-FER 99, 44). Soweit eine Folgesache rechtzeitig anhängig gemacht wird, gelangt sie ohne besonderen Antrag in den Verbund (§ 137 II 1). Für die Durchführung des Versorgungsausgleichs in den Fällen der §§ 6–19, 28 VersAusglG ist kein Antrag erforderlich.

2. Folgesachen

Mit der Scheidung zusammen zu verhandeln und zu entscheiden (Abs 1) 3
sind die Folgesachen nach Abs 2 Nr 1–4.
Nach Nr 1 sind Folgesachen **Versorgungsausgleichsachen** (§ 217); der 4
Verbund mit der Scheidungssache tritt von Amts wegen ein in den Fällen der §§ 6–19 und 28 VersAusglG. Nur solche Angelegenheiten können Folgesachen werden, die bei der Scheidung durchzuführen sind. Folgesachen sind daher nicht die Ausgleichsansprüche nach der Scheidung (§§ 20–26 VersAusglG); über diese wird nur auf Antrag entschieden (§ 223). Die Einleitung einer Versorgungsausgleichssache von Amts wegen hat auch bei nur kurzer Ehedauer zu erfolgen; Gegenstand der Entscheidung ist dann die Feststellung, dass der Versorgungsausgleich nicht stattfindet (OLG Karlsruhe, BeckRS 10, 13344).
Nach Nr 2 sind Folgesachen **Unterhaltssachen,** die die Unterhaltspflicht 5
gegenüber gemeinschaftlichen Kindern (§§ 1601 ff BGB) mit Ausnahme des vereinfachten Verfahrens über den Unterhalt Minderjähriger (§§ 1600 a ff BGB) betreffen; ferner der Ehegattenunterhalt für die Zeit ab Scheidung nach

§ 137 Buch 2 – Verfahren in Familiensachen

§§ 1569 ff BGB. Wird auch Auskunft begehrt, muss der Unterhalt im Wege der Stufenklage geltend gemacht werden (OLG Brandenburg, FamRZ 07, 410); jedoch Verfahrenskostenhilfe für isolierte Unterhaltsklage möglich (BGH, FamRZ 05, 786). Über den vorbereitenden Anspruch auf Auskunft ergeht vorweg ohne Kosten eine Teilentscheidung.

6   Nach Nr 3 werden **Ehewohnungs- und Haushaltssachen** (§ 200) bei rechtzeitiger Geltendmachung Folgesachen. Als solche können nur endgültige Regelungen begehrt werden, nicht vorläufige Regelungen während des Getrenntlebens.

7   Nach Nr 4 sind **Güterrechtssachen** (§ 261) Folgesachen, wenn sie für den Fall der Scheidung geltend gemacht werden. Hierzu gehört der Anspruch auf Zugewinnausgleich nach § 1378 I BGB und vorbereitende Ansprüche (Rn 5); ferner Verfahren nach §§ 1382, 1383 BGB. Zu den Güterrechtssachen gehören jetzt zwar auch die Verfahren nach § 261 II. Diese weisen aber keinen notwendigen Zusammenhang mit der Scheidungssache auf und kommen daher als Folgesache nicht in Betracht.

3. Kindschaftssachen als Folgesachen

8   Kindschaftssachen gelangen nicht automatisch in den Verbund (Abs 3). Die Einbeziehung erfolgt vielmehr nur dann, wenn ein Ehegatte vor Schluss der mündlichen Verhandlung im ersten Rechtszug in der Scheidungssache die Einbeziehung in den Verbund beantragt, es sei denn, das Gericht hält die Einbeziehung aus Gründen des Kindeswohls nicht für sachgerecht (Abs 3).

9   Kindschaftssachen **können** Folgesachen sein, wenn sie die Übertragung oder Entziehung der elterlichen Sorge, das Umgangsrecht oder die Herausgabe eines gemeinschaftlichen Kindes der Ehegatten oder das Umgangsrecht eines Ehegatten mit dem Kind des anderen Ehegatten betreffen. Nach bisheriger Rechtslage (§ 623 I 1 ZPO) gelangten isolierte Sorgerechtsverfahren bei Anhängigkeit eines Scheidungsverfahrens automatisch in den Verbund. Die Sorgerechts-, Umgangs- und Herausgabeverfahren sind Folgesachen nur soweit sie das Verhältnis der Ehegatten untereinander betreffen, der Antrag auf Übertragung der elterlichen Sorge nach § 1671 I BGB, eine Umgangsregelung für ein gemeinschaftliches Kind nach § 1684 BGB, die Herausgabe des Kindes von einem Elternteil an den anderen nach § 1632 I BGB.

10 **Nicht einbezogen** als Folgesachen werden Verfahren wegen Gefährdung des Kindeswohls nach §§ 1666 ff BGB; diese werden als Kindschaftssachen behandelt und nicht in das Scheidungsverfahren einbezogen.

4. Abgetrennte Folgesachen

11 Folgesachen nach § 137 II Versorgungsausgleich (Nr 1), Unterhalts- (Nr 2), Ehewohnungs- und Haushalts- (Nr 3) und Güterrechtssachen (Nr 4) bleiben auch nach Abtrennung Folgesachen; weiterhin Anwaltszwang (§ 114 I). Sind **mehrere** Folgesachen abgetrennt, besteht unter ihnen der Verbund fort; über sie ist zusammen zu verhandeln und zu entscheiden (§ 137 I). **Kindschafts-**

12 **sachen** nach Abs 3, die auf Antrag eines Ehegatten in den Verbund einbezogen worden sind, verlieren ihren Charakter als Folgesache und werden nach der Abtrennung (§ 140) als selbständige Verfahren nach §§ 151 ff fortgesetzt.

§ 137 Verbund von Scheidungs- und Folgesachen **§ 137**

Die örtliche Zuständigkeit richtet sich dann nach § 152 mit der Möglichkeit der Abgabe nach § 4. Abweichend von den abgetrennten Folgesachen besteht kein Anwaltszwang mit Ausnahme der Rechtsbeschwerde vor dem BGH (§ 10 IV). Auf die Kostenentscheidung findet nicht § 93a ZPO, sondern §§ 80 ff Anwendung. Die Verfahrenskostenhilfe ist gesondert zu bewilligen. Das Rechtsmittelverfahren richtet sich nach §§ 58 ff.

5. Verhandlung und Entscheidung in Folgesachen

Über die Scheidungssache und die Folgesachen ist nach § 137 I gleichzeitig und zusammen mündlich zu verhandeln. Gegenstand dieser notwendigen mündlichen Verhandlung iS des § 128 I ZPO muss jedenfalls in der letzten der Entscheidung vorangehenden Verhandlung der gesamte Prozessstoff sein. Die Vorbereitung der Verfahren aus dem Bereich der freiwilligen Gerichtsbarkeit kann nach den Grundsätzen der §§ 26, 29, 30 erfolgen. Die Entscheidung ergeht nach § 142 bei Ausspruch der Scheidung einheitlich durch Beschluss. Eine **Versäumnisentscheidung** ist nur in den zivilprozessualen Folgesachen nach den allgemeinen Vorschriften der §§ 330 ff ZPO zulässig. Sie kann auch, wenn die Säumnislage vorher eingetreten sein sollte, erst mit dem Scheidungsausspruch ergehen und ist dann Teil einer einheitlichen Entscheidung (§ 142 I). Sie kann unmittelbare Auswirkungen auf das Verfahren der Scheidungssache und der Folgesachen haben, weil bei Einspruch gegen die Versäumnisentscheidung und gleichzeitigem Rechtsmittel gegen das Urteil im Übrigen zunächst über den Einspruch zu entscheiden ist und dadurch eine Verzögerung der Erledigung eintreten kann (§ 143). 13

14

6. Abweisung des Scheidungsantrages

Bei Abweisung des Scheidungsantrages werden die Folgesachen **gegenstandslos** (§ 142 II 1). Dies gilt nicht für Folgesachen nach § 137 III und für Folgesachen, hinsichtlich derer ein Beteiligter vor der Entscheidung ausdrücklich erklärt hat, sie **fortführen** zu wollen; diese werden als selbständige Familiensachen fortgeführt (§ 142 II). Der Vorbehalt ist in das Urteil aufzunehmen. Diese Regelung gilt auch dann, wenn der Scheidungsantrag abgewiesen wird, weil die Ehe bereits in einem anderen Verfahren geschieden worden ist (BGH, NJW 84, 2041). Soweit bei Abweisung des Scheidungsantrags die Folgesachen gegenstandslos werden, bedarf es keiner Entscheidung über die Folgesachen, allerdings nur unter der **auflösenden Bedingung,** dass das Rechtsmittelgericht dem Scheidungsantrag nicht stattgibt. Dringt der Scheidungsantrag auf Rechtsmittel hin durch, tritt die auflösende Bedingung ein; über die Folgesachen ist dann nach Maßgabe des § 146 I weiter zu verhandeln. Die Ehegatten können auch ein Interesse daran haben, die zunächst als Folgesachen betriebenen Verfahren mit geändertem Ziel fortzusetzen. Deshalb ist ihnen auf Antrag vorzubehalten, die Folgesache als selbständige Familiensache fortzusetzen. 15

16

17

7. Wirksamkeit der Entscheidungen in Folgesachen

§ 148 schiebt die Wirksamkeit der Entscheidungen in den Folgesachen bis zur Rechtskraft des Scheidungsausspruchs auf. 18

§ 138 Buch 2 – Verfahren in Familiensachen

19 Nach bisherigem Recht konnte eine Entscheidung über das Sorgerecht vorweg getroffen werden, wenn das Gericht von dem Antrag eines Ehegatten nach § 1671 I BGB, dem der andere Ehegatte zustimmt, abzuweichen beabsichtigte. Trotz Rechtskraft dieser Entscheidung trat die Wirksamkeit erst mit der Rechtskraft des Scheidungsausspruchs ein. Eine entsprechende Regelung enthält das Gesetz nicht mehr; sie ist nicht mehr erforderlich, weil **Kindschaftssachen** iS des § 137 III **nicht notwendig Folgesachen** sind und nur auf Antrag in den Verbund einbezogen werden. Für diese Angelegenheiten bleibt das Gericht der Scheidungssache örtlich zuständig (§ 152 I). Auch dann, wenn ein den Scheidungsantrag abweisender Beschluss aufgehoben und die Sache zurückverwiesen worden ist, gegen die Aufhebungsentscheidung jedoch Rechtsbeschwerde eingelegt ist und in diesem Fall auf Antrag über die Folgesachen verhandelt wird (§ 146 II ZPO), ist die Entscheidung hierüber zurückzustellen bis zur Entscheidung über die Rechtsbeschwerde; es ist dann ggf über die Folgesachen einheitlich mit dem Scheidungsausspruch nach § 142 I zu entscheiden.

20 **Ausnahmen** sieht § 140 vor. Danach kann dem Scheidungsantrag vor der Entscheidung über eine Folgesache mit der Wirkung stattgegeben werden, dass die Folgesache zu einem späteren Zeitpunkt wirksam wird; diese kann vor Rechtskraft der Scheidung verhandelt und entschieden werden (BGH, NJW 79, 1603). Die Eigenschaft als Folgesache bleibt auch nach Abtrennung bestehen. Die Ehegatten müssen sich daher weiterhin vor dem Familiengericht und dem OLG durch einen Rechtsanwalt vertreten lassen (§ 114 I). Nur für den Antrag auf Abtrennung einer Folgesache von der Scheidung bedarf es nicht der Vertretung durch einen Rechtsanwalt (§ 114 IV Nr 4). Für die Kosten der abgetrennten Folgesachen ist § 150 V iVm I–IV anzuwenden; die Vorschriften über Kosten in Scheidungssachen und Folgesachen gelten auch für die abgetrennten Folgesachen.

Beiordnung eines Rechtsanwalts

138 (1) **Ist in einer Scheidungssache der Antragsgegner nicht anwaltlich vertreten, hat das Gericht ihm für die Scheidungssache und eine Kindschaftssache als Folgesache von Amts wegen zur Wahrnehmung seiner Rechte im ersten Rechtszug einen Rechtsanwalt beizuordnen, wenn diese Maßnahme nach der freien Überzeugung des Gerichts zum Schutz des Beteiligten unabweisbar erscheint; § 78 c Abs. 1 und 3 der Zivilprozessordnung gilt entsprechend. Vor einer Beiordnung soll der Beteiligte persönlich angehört und dabei auch darauf hingewiesen werden, dass und unter welchen Voraussetzungen Familiensachen gleichzeitig mit der Scheidungssache verhandelt und entschieden werden können.**

(2) **Der beigeordnete Rechtsanwalt hat die Stellung eines Beistands.**

1. Voraussetzungen für die Beiordnung

1 Hat der Antragsgegner trotz Anwaltszwangs einen Verfahrensbevollmächtigten nicht bestellt, hat das Gericht von Amts wegen für den ersten Rechtszug, nicht in Verfahren der einstweiligen Anordnung, einen Rechtsanwalt beizuordnen, wenn dies zu dem Schutz der nicht vertretenen Partei unabweisbar erscheint und das Gericht nach der gesamten Sachlage aus freier Überzeugung zu dem Ergebnis kommt, dass die nicht vertretene Partei aus Unkenntnis, mangelnder Übersicht über ihre Lage und die Konsequenzen einer Scheidung oder infolge Beeinflussung durch den anderen Ehegatten ihre Rechte in unvertretbarer Weise nicht hinreichend wahrnimmt (OLG Hamm, FamRZ 82, 86). § 138 beruht auf dem bisherigen § 625 I ZPO aF; abw von dieser bisherigen Regelung stellt die jetzige Regelung nicht mehr auf einen bestimmten Antrag ab, sondern bezieht sich auf die **Scheidungssache selbst** und eine **Kindschaftssache, soweit** diese auf Antrag Folgesache geworden ist (§ 137 III). Für die Auswahl gilt § 78 c I, III ZPO entspr (Abs 1 S 2); der beizuordnende Anwalt ist aus der Zahl der bei dem Familiengericht oder dem übergeordneten OLG zugelassenen Rechtsanwälte auszuwählen.

2. Verfahren

Vor der Beiordnung soll der Antragsgegner **persönlich angehört** werden 2
und auf die Tragweite einer Scheidung sowie über die Möglichkeit der gleichzeitigen Erledigung der Scheidung und Scheidungsfolgesachen im Rahmen des Verbundes hingewiesen werden (Abs 1 S 3). Dem Antragsgegner ist nahe zu legen, einen Rechtsanwalt zu bevollmächtigen.

3. Wirkung der Beiordnung

Der beigeordnete Rechtsanwalt hat die Stellung eines Beistandes nach § 90 3
ZPO (Abs 2). Ihm kann nicht wirksam zugestellt werden (BGH, NJW 95, 1225). Nach Vollmachtserteilung durch den Antragsgegner erhält der beigeordnete Anwalt die Stellung eines Verfahrensbevollmächtigten. Gegen die Beiordnung Beschwerderecht des Antragsgegners (OLG Hamm, FamRZ 82, 86; NJW-RR 87, 952; OLG Oldenburg, NdsRpfl 80, 32); gegen die Auswahl nach § 78 c I ZPO sofortige Beschwerde der Partei und des beigeordneten Rechtsanwalts (§ 78 c III ZPO); dem Rechtsanwalt steht die sofortige Beschwerde auch dann zu, wenn der Vorsitzende des Gerichts den Antrag, die Beiordnung aufzuheben, ablehnt (§ 48 II BRAO).

Einbeziehung weiterer Beteiligter und dritter Personen

139 (1) Sind außer den Ehegatten weitere Beteiligte vorhanden, werden vorbereitende Schriftsätze, Ausfertigungen oder Abschriften diesen nur insoweit mitgeteilt oder zugestellt, als der Inhalt des Schriftstücks sie betrifft. Dasselbe gilt für die Zustellung von Entscheidungen an dritte Personen, die zur Einlegung von Rechtsmitteln berechtigt sind.

(2) **Die weiteren Beteiligten können von der Teilnahme an der mündlichen Verhandlung insoweit ausgeschlossen werden, als die Familiensache, an der sie beteiligt sind, nicht Gegenstand der Verhandlung ist.**

§ 140 Buch 2 – Verfahren in Familiensachen

1. Mitteilung von Schriftstücken

1 Auch soweit außer den Ehegatten weitere Beteiligte vorhanden sind, müssen diese Kenntnis von dem Sachvortrag haben, soweit er sie betrifft; insoweit sind ihnen Schriftsätze, Ausfertigungen oder Abschriften mitzuteilen oder zuzustellen. Abs 1 S 1 entspricht § 624 IV ZPO aF. Beispiele: In Ehewohnungssachen nach § 200 I Nr 2 der Vermieter der Wohnung, der Grundstückseigentümer, der Dritte nach § 1568a IV BGB, Personen, mit denen die Ehegatten oder einer von ihnen hinsichtlich der Wohnung in
2 Rechtsgemeinschaft steht; die Versorgungsträger nach § 219. In dieser Bestimmung kommt gleichzeitig zum Ausdruck, dass Dritte kein Recht auf Kenntnisnahme des Akteninhalts im Übrigen haben. Dies bedeutet eine **mittelbare Einschränkung** des § 13 I, der das Recht auf Akteneinsicht durch Beteiligte regelt. Eine Beteiligung der Kinder im Rechtsmittelverfahren kann sich ergeben, soweit diese ein ihnen nach § 60 zustehendes Beschwerde-
3 recht ausüben. Für den Umfang der **Unterrichtung** des Kindes gilt § 159 IV. Abs 1 S 1 ist als Ausdruck eines allgemeinen Grundsatzes in jedem Stadium des Verfahrens, auch in der mündlichen Verhandlung und bei der Beweisaufnahme zu beachten.

2. Mitteilung von Entscheidungen

4 Im Hinblick auf die allgemeine Befristung der Rechtsmittel nach §§ 58, 63 schreibt Abs 1 S 2 die Zustellung von Entscheidungen (§ 317 I, § 329 III ZPO) an Dritte vor, die zur Einlegung von Rechtsmitteln berechtigt sind, zB das Jugendamt nach § 162 III, § 205 II; beschwerdeberechtigte Minderjährige nach § 60. Auch insoweit gilt Abs 1 S 1; Entscheidungen sind nur insoweit an Dritte zuzustellen, als der Inhalt der Entscheidung diese betrifft.

3. Teilnahme an der mündlichen Verhandlung

5 Über die Beschränkung von Mitteilungen und Entscheidungen nach dem bisherigen § 624 IV ZPO aF hinaus regelt **Abs 2** die Möglichkeit, weitere Beteiligte von der **Teilnahme** an der mündlichen Verhandlung im Verbund insoweit **auszuschließen**, als nicht über die sie betreffenden Familiensachen verhandelt wird. Auf diese Weise sollen die Ehegatten davor geschützt werden, dass andere Personen auf Grund der Besonderheiten des Verbundes im weitergehenden Umfang, als dies geboten ist, Einblick in die Scheidungssache oder in andere Folgesachen erhalten. Abs 2 steht in Einklang mit § 170 S 1 GVG, der nunmehr einheitlich für Verhandlungen in Familiensachen und Familienstreitsachen, die Ehesachen und Scheidungssachen umfassen, den Grundsatz der Nichtöffentlichkeit enthält (GVG, Rn 34).

Abtrennung

140 (1) **Wird in einer Unterhaltsfolgesache oder Güterrechtsfolgesache außer den Ehegatten eine weitere Person Beteiligter des Verfahrens, ist die Folgesache abzutrennen.**

§ 140 Abtrennung **§ 140**

(2) Das Gericht kann eine Folgesache vom Verbund abtrennen. Dies ist nur zulässig, wenn
1. in einer Versorgungsausgleichsfolgesache oder Güterrechtsfolgesache vor der Auflösung der Ehe eine Entscheidung nicht möglich ist,
2. in einer Versorgungsausgleichsfolgesache das Verfahren ausgesetzt ist, weil ein Rechtsstreit über den Bestand oder die Höhe eines Anrechts vor einem anderen Gericht anhängig ist,
3. in einer Kindschaftsfolgesache das Gericht dies aus Gründen des Kindeswohls für sachgerecht hält oder das Verfahren ausgesetzt ist,
4. seit der Rechtshängigkeit des Scheidungsantrags ein Zeitraum von drei Monaten verstrichen ist, beide Ehegatten die erforderlichen Mitwirkungshandlungen in der Versorgungsausgleichsfolgesache vorgenommen haben und beide übereinstimmend deren Abtrennung beantragen oder
5. sich der Scheidungsausspruch so außergewöhnlich verzögern würde, dass ein weiterer Aufschub unter Berücksichtigung der Bedeutung der Folgesache eine unzumutbare Härte darstellen würde, und ein Ehegatte die Abtrennung beantragt.

(3) Im Fall des Absatzes 2 Nr. 3 kann das Gericht auf Antrag eines Ehegatten auch eine Unterhaltsfolgesache abtrennen, wenn dies wegen des Zusammenhangs mit der Kindschaftsfolgesache geboten erscheint.

(4) In den Fällen des Absatzes 2 Nr. 4 und 5 bleibt der vor Ablauf des ersten Jahres seit Eintritt des Getrenntlebens liegende Zeitraum außer Betracht. Dies gilt nicht, sofern die Voraussetzungen des § 1565 Abs. 2 des Bürgerlichen Gesetzbuchs vorliegen.

(5) Der Antrag auf Abtrennung kann zur Niederschrift der Geschäftsstelle oder in der mündlichen Verhandlung zur Niederschrift des Gerichts gestellt werden.

(6) Die Entscheidung erfolgt durch gesonderten Beschluss; sie ist nicht selbständig anfechtbar.

Übersicht

1. Anwendungsbereich	1
2. Zwingende Abtrennung	2
3. Versorgungsausgleichsfolgesache	3
4. Güterrechtsfolgesache	8
5. Kindschaftsfolgesache	9
6. Abtrennung bei außergewöhnlicher Verzögerung	11
7. Verfahren	16
8. Anfechtbarkeit	20
9. Verfahren in abgetrennten Folgesachen	23
10. Anfechtbarkeit der abgetrennten Folgesachen	30

1. Anwendungsbereich

Der Verbund zwischen einer Scheidungssache und familienrechtlichen Folgesachen, die für den Fall der Scheidung von einem Ehegatten rechtzeitig anhängig gemacht werden oder von Amts wegen einzuleiten sind (§ 137 II 1, 2) dient dem Zweck einer einheitlichen Entscheidung in Scheidungs- und **1**

§ 140

Folgesachen (§ 142 I). Der Verbund wird aufgelöst durch Rücknahme des Scheidungsantrages (§ 141), Abweisung des Scheidungsantrags (§ 142 II) oder durch Abtrennung nach § 140. Zwingend hat eine Abtrennung nach Abs 1 zu erfolgen, wenn in einer Unterhaltsfolgesache oder Güterrechtsfolgesache außer den Ehegatten eine weitere Person Beteiligte des Verfahrens wird. Vom Verbund als Folgesache abgetrennt werden können Versorgungsausgleichsfolgesachen nach Nr 1, Nr 2, Nr 4, Güterrechtsfolgesachen nach Nr 1, eine Kindschaftsfolgesache nach Nr 3, zugleich mit einer Unterhaltsfolgesache, wenn dies wegen des Zusammenhangs mit der Kindschaftsfolgesache geboten erscheint (Abs 3); allgemein kann eine Folgesache nach Nr 5 dann abgetrennt werden, wenn weiterer Aufschub unter Berücksichtigung der Bedeutung der Folgesache eine unzumutbare Härte (OLG Hamm, FamRZ 07, 651) darstellen würde. Die Voraussetzungen für die Abtrennung sind für die einzelnen Folgesachen gesondert zu prüfen (OLG Frankfurt, NJW-RR 88, 774). Die Abtrennung kann sowohl im erstinstanzlichen Verfahren als auch im Rechtsmittelverfahren vorgenommen werden (OLG Oldenburg, NJW 79, 989; nach BGH, NJW 81, 55; KG, NJW 80, 843, nur, wenn auch gegen den Scheidungsausspruch Rechtsmittel eingelegt ist).

2. Zwingende Abtrennung

2   Wird in einer Unterhaltsfolgesache oder Güterrechtsfolgesache, Folgesachen, die zu den Familienstreitverfahren nach § 112 Nr 1, Nr 2 gehören, außer den Ehegatten eine weitere Person Beteiligte des Verfahrens, ist die Folgesache zwingend abzutrennen. Nur die Ehegatten sollen Beteiligte des Scheidungsverfahrens sein. Güterrechtssachen (§ 261) werden nur insoweit erfasst, als eine Entscheidung für den Fall der Scheidung zu treffen ist, zB der Anspruch auf Zugewinnausgleich nach § 1378 I BGB, Verfahren nach den §§ 1382, 1383 BGB. Unterhaltssachen sind dann Folgesachen, wenn sie die Unterhaltspflicht gegenüber einem gemeinschaftlichen Kind oder die durch Ehe begründete gesetzliche Unterhaltspflicht betreffen mit Ausnahme des vereinfachten Verfahrens über den Unterhalt Minderjähriger (§ 137 II Nr 2).

3. Versorgungsausgleichsfolgesache

3   Versorgungsausgleichssachen (§ 137 II 1) gelangen in den Verbund, wenn diese spätestens zwei Wochen vor der mündlichen Verhandlung im ersten Rechtszug in der Scheidungssache von einem Ehegatten anhängig gemacht werden; der Versorgungsausgleich in den Fällen der §§ 6–19 und 28 VersAusglG wird von Amts wegen durchgeführt; er gelangt ohne Antrag in den Verbund (§ 137 II 2). Das Gericht kann nach seinem Ermessen eine Versorgungsausgleichsfolgesache unter unterschiedlichen Voraussetzungen nach Abs 2 Nr 1, 2, 4 und unter allgemeinen Voraussetzungen nach Nr 5 abtrennen.

Ausgenommen sind Scheidungsfolgesachen, in denen die Scheidung mit Zustimmung des Antragsgegners zu der Scheidung nach § 134 I ausgesprochen wird; in diesen Fällen tritt kein Verbund ein.

4   **Nach Nr 1** ist die Abtrennung einer Versorgungsausgleichsfolgesache zulässig, wenn vor der Auflösung der Ehe durch Scheidung eine Entscheidung

§ 140 Abtrennung § 140

nicht möglich ist. Dies kann der Fall sein, wenn eine Entscheidung nur auf Grund einer Änderung tatsächlicher oder rechtlicher Verhältnisse erfolgen kann, die erst nach rechtskräftiger Ehescheidung eintreten können. Diese Voraussetzung wurde für den Versorgungsausgleich ua dann bejaht, wenn eine entscheidungserhebliche Vorschrift für verfassungswidrig erklärt worden war (BGH, FamRZ 82, 478).

Nach Nr 2 ist eine Abtrennung zulässig, wenn das Verfahren über den 5 Versorgungsausgleich nach § 221 ausgesetzt ist; das Gericht kann das Verfahren aussetzen, wenn Streit über den Bestand oder die Höhe eines in den Versorgungsausgleich einzubeziehenden Anrechts besteht. Wenn noch kein Verfahren über die Höhe des Anrechts anhängig ist, kann das Gericht einem oder beiden Ehegatten eine Frist zur Erhebung der Klage setzen (§ 221 III 1); wenn ein Rechtsstreit über ein in den Versorgungsausgleich einzubeziehendes Anrecht bereits anhängig ist, muss das Gericht das Verfahren zwingend aussetzen (§ 221 II), auch wenn die einem oder beiden Ehegatten gesetzte Frist zur Erhebung einer Klage nach § 221 III 1 abgelaufen ist und die Klage erst nach Ablauf der Frist erhoben wird, kann das Gericht das Verfahren aussetzen. Es kann das Vorbringen, das mit der Klage hätte geltend gemacht werden können, in diesen Fällen jedoch auch unberücksichtigt lassen (§ 221 III 2). Eine Abtrennung ist nur zulässig, wenn das Verfahren bereits ausgesetzt ist; nicht schon, wenn lediglich eine Frist zur Klageerhebung vor dem anderen Gericht gesetzt wurde.

Nr 4 enthält eine erleichterte Abtrennungsmöglichkeit für Versorgungsaus- 6 gleichsfolgesachen, die nach dem bisherigen Recht nicht vorgesehen war. Voraussetzung ist, dass die Ehegatten die erforderlichen Mitwirkungshandlungen vorgenommen haben; diese Mitwirkungshandlungen behandelt § 220 III; danach kann das Gericht anordnen, dass die Ehegatten oder ihre Hinterbliebenen oder Erben gegenüber dem Versorgungsträger bestimmte für die Feststellung der in den Versorgungsausgleich einzubeziehenden Anrechte erforderliche Mitwirkungshandlungen zu erbringen haben. Das Gericht kann insbesondere anordnen, dass alle erheblichen Tatsachen anzugeben sind, die notwendigen Urkunden und Beweismittel beizubringen, die für die Feststellung der einzubeziehenden Anrechte erforderlichen Anträge zu stellen und dabei die vorgesehenen Formulare zu verwenden sind. **Weitere Vorausset-** 7 **zung** ist, dass die Ehegatten übereinstimmend die Abtrennung beantragen. Darüber hinaus muss seit Rechtshängigkeit des Scheidungsantrags ein Zeitraum von drei Monaten verstrichen sein, bevor eine Abtrennung erfolgen kann. Im Falle eines verfrühten Scheidungsantrages beginnt die Dreimonatsfrist jedoch erst mit Ablauf des Trennungsjahres, es sei denn, die Voraussetzungen des § 1565 II BGB liegen vor; das ist dann der Fall, wenn die Ehegatten zwar noch nicht ein Jahr getrennt leben, die Fortsetzung der Ehe für den Antragsteller jedoch aus Gründen, die in der Person des anderen Ehegatten liegen, eine unzumutbare Härte darstellen würde (§ 1565 II BGB).

4. Güterrechtsfolgesache

Nach Nr 1 ist in einer Güterrechtsfolgesache ebenso wie in einer Versor- 8 gungsausgleichsfolgesache eine Abtrennung zulässig, wenn vor der Auflösung

§ 140 Buch 2 – Verfahren in Familiensachen

der Ehe durch Scheidung eine Entscheidung nicht möglich ist, weil die Regelung der Folgesache eine Änderung der rechtlichen oder tatsächlichen Verhältnisse voraussetzt, die erst nach der Eheauflösung eintreten kann. Bei dem Ausgleich von Vermögenswerten kann es auf den Wert des Vermögens bei Rechtskraft des Scheidungsausspruchs ankommen, so zB bei der Auseinandersetzung der Gütergemeinschaft der Wert eingebrachter Gegenstände nach § 1477 II BGB, der bei einer Gütergemeinschaft zu verteilende Überschuss nach § 1476 I BGB. In den beiden genannten Fällen lässt die Rspr eine Abtrennung jedoch nur dann zu, wenn die auszugleichenden Vermögenswerte keinen festen überschaubaren Wert haben, sondern Schwankungen unterliegen, wie etwa bei Wertpapieren im Gegensatz zu einem Grundstück (BGH, FamRZ 82, 991; 84, 254; Johannsen/Henrich/Markwardt Rn 6 zu § 148).

5. Kindschaftsfolgesache

9   Die Abtrennung einer Kindschaftsfolgesache ist zulässig aus Gründen des Kindeswohls oder wenn das Verfahren ausgesetzt ist (Nr 3). Kindschaftssachen sind nach § 137 III nur dann Folgesachen, wenn sie die Übertragung oder Entziehung der elterlichen Sorge, des Umgangsrechts oder die Herausgabe eines gemeinschaftlichen Kindes der Ehegatten oder das Umgangsrecht eines Ehegatten mit dem Kind des anderen Ehegatten betreffen und ein Ehegatte vor Schluss der mündlichen Verhandlung im ersten Rechtszug in der Scheidungssache die Einbeziehung in den Verbund beantragt, es sei denn, das Gericht hält die Einbeziehung aus Gründen des Kindeswohls nicht für sachgerecht. Auch wenn die Kindschaftssache in den Verbund mit der Scheidungs-
10 sache gelangt ist, kann aus Gründen des Kindeswohls eine Abtrennung wieder erfolgen. Eine Abtrennung ist auch dann zulässig, wenn das Verfahren **ausgesetzt** ist; eine Aussetzung des Verfahrens, bei der eine Abtrennung zulässig ist, sieht das Gesetz nicht mehr ausdrücklich vor. Sie war möglich nach § 52 II FGG, wenn die Beteiligten bereit waren, außergerichtliche Beratung in Anspruch zu nehmen oder nach freier Überzeugung des Gerichts Aussicht auf ein Einvernehmen der Beteiligten bestand. Unter diesen Voraussetzungen ist auch weiterhin eine Aussetzung des Verfahrens möglich; § 140 II Nr 3 setzt diese Möglichkeit voraus. Wird das Verfahren in einer Kindschaftssache abgetrennt (Abs 2 Nr 3), kann das Gericht auf Antrag eines Ehegatten auch eine Unterhaltsfolgesache abtrennen, wenn dies wegen des Zusammenhangs mit der Kindschaftsfolgesache geboten erscheint (Abs 3); hierzu: BGH, NJW 09, 74, für das bisherige Recht mit Hinweis auf die Neuregelung.

6. Abtrennung bei außergewöhnlicher Verzögerung

11 In allen Folgesachen ist eine Abtrennung möglich, wenn die gleichzeitige Entscheidung über die Folgesache den Scheidungsausspruch so außergewöhnlich verzögern würde, dass der Aufschub auch unter Berücksichtigung der Bedeutung der Folgesache eine unzumutbare Härte darstellen würde (Abs 2 Nr 5) (BGH, NJW 87, 1772; OLG Hamm, FamRZ 92, 1086; OLG Hamburg, FamRZ 78, 42: Auch, wenn die Ehegatten sich über die Scheidungsfolgen geeinigt haben); ob in diesem Fall wegen außergewöhnlicher tatsäch-

licher oder rechtlicher Schwierigkeiten bei der Entscheidungsfindung in einer Folgesache ein unangemessener Aufschub eines Scheidungsausspruchs bewirkt würde, wird außer nach der Dauer der Verzögerung insbesondere nach dem Gewicht der Folgesache zu bestimmen sein. Ein Scheidungsausspruch wird 12 dann **außergewöhnlich verzögert,** wenn die Verzögerung, die durch den Entscheidungsverbund normalerweise eintritt oder leicht eintreten kann, überschritten wird; unerheblich ist, ob die außergewöhnliche Verzögerung auf Umständen beruht, die in der Sphäre der Parteien oder der Sphäre des Gerichts entstanden sind (BGH, NJW-RR 96, 1025; OLG Hamm, FamRZ 97, 1228; FamRZ 07, 651; OLG Köln, FamRZ 97, 1487; OLG Düsseldorf, NJW-RR 91, 264; OLG Stuttgart, MDR 98, 290; OLG Frankfurt, NJW 78, 1389; OLG Schleswig, SchlHA 80, 18). Für die Verfahrensdauer ist grundsätzlich von der Rechtshängigkeit des Scheidungsantrags auszugehen (OLG Zweibrücken, FamRZ 02, 334). **Außer Betracht** bleibt ebenso wie im Falle 13 der Nr 4 bei verfrühtem Scheidungsantrag der Zeitraum bis zum Ablauf des Trennungsjahres. Wird der Scheidungsantrag eingereicht, ohne dass die Voraussetzungen für eine Ehescheidung vorliegen, soll der Zeitraum, um den der Antrag zu früh eingereicht wurde, nicht zur Begründung einer verfahrensrechtlichen Privilegierung oder der Voraussetzungen einer Abtrennung wegen unzumutbarer Härte herangezogen werden können.

Eine **unzumutbare Härte** muss die Folge der außergewöhnlichen Ver- 14 zögerung sein, die allein eine Aussetzung nicht rechtfertigt. Die Feststellung der unzumutbaren Härte verlangt eine Interessenabwägung; Kriterium sind die Belange des anderen Ehegatten und der Kinder (KG, FamRZ 01, 928). Es können abzuwägen sein das Interesse des Antragstellers an einer baldigen Scheidung und das Interesse des Antragsgegners an einer gleichzeitigen Regelung der Folgesachen, über deren Abtrennung zu entscheiden ist.

Eine **Disposition** der Ehegatten über die Abtrennung besteht nicht; diese 15 kann nur bei Vorliegen der gesetzlichen Voraussetzungen erfolgen. Ohne die gesetzlichen Voraussetzungen kann eine Abtrennung auch bei Einvernehmen der Ehegatten nicht erfolgen (OLG Hamm, FamRZ 09, 367 für das bisherige Recht).

7. Verfahren

Die Abtrennung kann sowohl im erstinstanzlichen Verfahren als auch im 16 Rechtsmittelverfahren vorgenommen werden; nach BGH, NJW 81, 55; KG, NJW 80, 843 nur, wenn auch gegen den Scheidungsausspruch Rechtsmittel 17 eingelegt ist. Von **Amts wegen** hat die Abtrennung zu erfolgen nach Abs 1; sie kann von Amts wegen erfolgen nach Abs 2 Nr 1, Nr 2, Nr 3; **auf** 18 **Antrag** kann die Abtrennung erfolgen nach Abs 2 Nr 4, Nr 5 und Abs 3, sofern von Amts wegen eine Kindschaftsfolgesache nach Abs 2 Nr 3 abgetrennt wird. Soweit die Abtrennung einer Folgesache nur auf Antrag zulässig ist, erleichtert Abs 5 die Stellung dieses Antrages; er kann zur Niederschrift der Geschäftsstelle oder in der mündlichen Verhandlung zur Niederschrift des Gerichts gestellt werden. Der Vertretung durch einen Rechtsanwalt bedarf es nicht (§ 114 IV Nr 4). Vor der Entscheidung ist rechtliches Gehör zu gewähren.

§ 140 Buch 2 – Verfahren in Familiensachen

19   Die **Entscheidung** über die Abtrennung konnte bisher in der Endentscheidung oder durch gesonderten Beschluss erfolgen. Nach Abs 6 erfolgt sie nunmehr nur durch gesonderten Beschluss, aus dem die Gründe für die Abtrennung hervorgehen müssen.

8. Anfechtbarkeit

20   Nach bisheriger Rechtslage fehlte eine ausdrückliche gesetzliche Regelung über die Möglichkeit der Anfechtung; die Rspr lehnte sowohl die Anfechtbarkeit der Entscheidung, die die Abtrennung aussprach, als auch die Anfechtbarkeit der Entscheidung, die die Abtrennung ablehnte, ab (OLG Oldenburg, NJWE-FER 01, 58; OLG Naumburg (2. FamS) FamRZ 02, 248; OLG Hamm, FamRZ 02, 330; 05, 731; BGH, NJW 05, 143). Nunmehr spricht
21   Abs 6, 2. Hs ausdrücklich aus, dass die Entscheidung über die Abtrennung **nicht selbständig** anfechtbar ist; sie ist nunmehr nach § 58 II mit der Endentscheidung überprüfbar; danach unterliegen der Beurteilung des Beschwerdegerichts auch die nicht selbständig anfechtbaren Entscheidungen, die der Endentscheidung vorausgegangen sind. Diese gesetzliche Regelung entspricht der bisherigen Rspr. Danach schaffte ein Verstoß gegen § 628 ZPO aF eine selbständige Beschwer für die Anfechtung des Urteils (BGH, NJW-RR
22   96, 1025; KG, FamRZ 79, 140). Wird einem Scheidungsantrag bei Unzulässigkeit der Abtrennung vor der Entscheidung über die rechtswidrig abgetrennte Folgesache stattgegeben, bildet dies einen Aufhebungsgrund, der die Zurückverweisung gem § 538 Abs 2 Nr 7 ZPO gestattet, weil ein unzulässiges Teilurteil ergangen ist (OLG Stuttgart, FamRZ 05, 121; OLG Brandenburg, FamRZ 05, 1920; OLG Koblenz, FamRZ 08, 166; OLG Naumburg, NJW 09, 2964), es sei denn, die Wiederherstellung des Verbundes von Scheidungs- und Scheidungsfolgesache kann nicht mehr erreicht werden (OLG Düsseldorf, FamRZ 02, 1572).

9. Verfahren in abgetrennten Folgesachen

23   Die abgetrennten Verfahren behalten ihren Charakter als Folgesache (BGH, NJW 81, 233; OLG Düsseldorf, VersR 80, 359). Für das Verfahren gelten daher die hierfür maßgebenden Vorschriften mit Ausnahme derjenigen, die die gemeinsame Verhandlung und Entscheidung sicherstellen sollen. Mehrere abgetrennte Folgesachen stehen im Verbund, wenn dem Scheidungsantrag vor der Entscheidung über die Folgesachen stattgegeben wird (OLG Stuttgart, FamRZ 90, 1121). In den abgetrennten Folgesachen,
24   die als selbständige Familiensachen fortgeführt werden, bedarf es keiner **anwaltlichen Vertretung**, soweit es sich um Angelegenheiten der freiwilligen Gerichtsbarkeit handelt (§ 10); in den Folgesachen, die Familienstreitsachen sind (Unterhaltssachen nach § 112 Nr 1, Güterrechtssachen nach § 112 Nr 2) müssen sich die Ehegatten und die Beteiligten durch einen Rechtsanwalt vertreten lassen (§ 114 I). Hinsichtlich eines Antrags nach § 1671 I BGB ist nach Maßgabe des § 138 die Beiordnung eines Rechts-
25   anwaltes als Beistand möglich. Der Eintritt der Wirksamkeit bestimmt sich in den Angelegenheiten der freiwilligen Gerichtsbarkeit nach § 40, in
26   Familienstreitsachen nach § 116 III. Die **Kostenentscheidung** ergeht iso-

liert in Bezug auf das abgetrennte Verfahren. Nach § 150 V 2 gelten für Folgesachen, die als selbständige Familiensachen fortgeführt werden, die jeweils hierfür geltenden Kostenvorschriften; das sind in den Angelegenheiten der freiwilligen Gerichtsbarkeit die §§ 80 ff, in den Familiensachen die Vorschriften der ZPO. In den Familienstreitverfahren finden die Grundsätze des § 93 a ZPO Anwendung. Auch die Kosten der abgetrennten Folgesachen sind gegeneinander aufzuheben, es sei denn, die Voraussetzungen des § 93 a I 2 ZPO für eine anderweitige Kostenentscheidung nach billigem Ermessen liegen vor. Auch hinsichtlich der abgetrennten Folgesachen kann das Gericht eine **Vereinbarung** der Parteien über die Kosten der Entscheidung ganz oder teilweise zu Grunde legen. Wird der Scheidungsantrag **abgewiesen,** hat der Antragsteller auch die Kosten der abgetrennten Folgesachen zu tragen, die infolge der Abweisung gegenstandslos werden, es sei denn, die Voraussetzungen für eine Billigkeitsregelung nach § 150 Abs 4 liegen vor. Wird ein Scheidungsantrag **zurückgenommen,** trägt der Antragsteller die Kosten der Scheidungssache und der Folgesachen (§ 150 II 1). Die abgetrennten Folgesachen werden gegenstandslos. Folgesachen, die Kindschaftssachen sind, werden nach der Abtrennung als selbständige Verfahren fortgeführt (§ 137 V 2). 27 28 29

10. Anfechtbarkeit der abgetrennten Folgesachen

Für die Anfechtbarkeit von Endentscheidungen gelten die §§ 58 ff über die befristete Beschwerde allgemein für die Angelegenheiten der freiwilligen Gerichtsbarkeit, die Familienstreitsachen und die Ehesachen (§ 113 I) sowie für die Scheidungs- und Scheidungsfolgesachen. Damit entfällt die bisherige Unterscheidung der Rechtsmittel in den der freiwilligen Gerichtsbarkeit unterliegenden Gegenständen (§ 621 e I ZPO) und den Entscheidungen über Unterhalt (§ 621 I Nr 4, 5, 11 ZPO) und über Ansprüche aus dem ehelichen Güterrecht (§ 621 I Nr 8 ZPO), für die die Rechtsmittel der ZPO galten. Nunmehr gilt einheitlich die **befristete Beschwerde** nach §§ 58, 63. Sie ist in vermögensrechtlichen Angelegenheiten nur zulässig, wenn der Wert des Beschwerdegegenstandes 600,00 € übersteigt (§ 61 I) oder, wenn der Beteiligte durch den Beschluss mit nicht mehr als 600,00 € beschwert ist, bei Zulassung der Beschwerde durch das Gericht des ersten Rechtszuges unter den Voraussetzungen des § 61 III Nr 1. Eine **Ausnahme** gilt nach **§ 228** für Versorgungsausgleichssachen; in diesen Angelegenheiten ist die Erreichung eines Beschwerdewertes Zulässigkeitsvoraussetzung nur im Falle der Anfechtung einer Kostenentscheidung. Die Rechtsbeschwerde ist bei den als Folgesachen in Betracht kommenden Familiensachen statthaft bei Zulassung (§ 70 I) unter den Voraussetzungen des § 70 II Nr 1 oder Nr 2. Eine Nichtzulassungsbeschwerde sieht das Gesetz nicht mehr vor; damit entfällt auch die Vorschrift des § 26 Nr 9 EGZPO, durch die die Nichtzulassungsbeschwerde für Entscheidungen ausgeschlossen wurde, die vor dem 1. Januar 2010 verkündet oder einem Beteiligten zugestellt oder sonst bekannt gemacht worden sind. 30 31 32

Für die Anfechtbarkeit von **Zwischenentscheidungen** gelten allgemein für die Angelegenheiten des FamFG die gleichen Grundsätze. Nach § 58 II 33 unterliegen die Entscheidungen, die der Endentscheidung vorausgegangen sind, im Rahmen des Rechtsmittels zur Hauptsache der Beurteilung des Beschwerdegerichts, soweit sie im Gesetz als nicht selbständig anfechtbare Entscheidungen bezeichnet werden. In einzelnen Angelegenheiten ist die Anfechtbarkeit nach den Vorschriften der ZPO vorgesehen; die Anfechtbarkeit richtet sich dann nach §§ 567–572 ZPO (Rn 18 zu § 58). Weitere Zwischenentscheidungen sind kraft ausdrücklicher gesetzlicher Vorschrift nicht anfechtbar (Rn 19 zu § 58).

Rücknahme des Scheidungsantrags

141 Wird ein Scheidungsantrag zurückgenommen, erstrecken sich die Wirkungen der Rücknahme auch auf die Folgesachen. Dies gilt nicht für Folgesachen, die die Übertragung der elterlichen Sorge oder eines Teils der elterlichen Sorge wegen Gefährdung des Kindeswohls auf einen Elternteil, einen Vormund oder Pfleger betreffen, sowie für Folgesachen, hinsichtlich derer ein Beteiligter vor Wirksamwerden der Rücknahme ausdrücklich erklärt hat, sie fortführen zu wollen. Diese werden als selbständige Familiensachen fortgeführt.

1. Rücknahme des Scheidungsantrags

1   Der Scheidungsantrag kann in jeder Lage des Verfahrens und in jeder Instanz zurückgenommen werden (§ 269 I, II ZPO). Das Verfahren gilt dann als nicht anhängig geworden; eine bereits ergangene, noch nicht rechtskräftige Entscheidung wird wirkungslos, ohne dass es einer ausdrücklichen Aufhebung bedarf (§ 269 III 1 ZPO). Die Rücknahme bedarf nach
2   Beginn der mündlichen Verhandlung der **Zustimmung** des Antragsgegners (§ 269 I ZPO). Der Antragsgegner bedarf für die Zustimmung zur Rücknahme des Scheidungsantrags nicht der Vertretung durch einen Rechtsanwalt (§ 114 IV). Die Zustimmung kann zur Niederschrift der Geschäftsstelle oder in der mündlichen Verhandlung zur Niederschrift des Gerichts erklärt werden (§ 134 I). Eine Anhörung oder eine Vernehmung als Partei des Antragsgegners ist noch keine mündliche Verhandlung iS von § 269 I ZPO (BGH, FamRZ 04, 1364); in diesem Fall bedarf die Rücknahme des Scheidungsantrags daher keiner Zustimmung des Antragsgegners. Auch unabhängig von § 141 ist die Rücknahme einzelner Anträge in Folgesachen möglich.

2. Wirkungen der Rücknahme

3   Die Wirkungen einer Rücknahme des Scheidungsantrags erstrecken sich auch auf die Folgesachen; diese werden gegenstandslos. Hiervon sieht S 2 **Ausnahmen** vor.

4   Die Wirkung der Rücknahme des Scheidungsantrags erstreckt sich **nicht** auf Kindschaftsfolgesachen, die die Übertragung der elterlichen Sorge oder eines Teils der elterlichen Sorge wegen Gefährdung **des Kindeswohls** auf einen Elternteil, einen Vormund oder einen Pfleger betreffen. Diese Angelegenheiten sollen im Interesse des Kindeswohls nicht der Disposition der

§ 141 Rücknahme des Scheidungsantrags § 141

Ehegatten unterliegen und daher als Kindschaftsfolgesachen selbständig fortgesetzt werden.

Die als selbständige Familiensachen fortzusetzenden Kindschaftssachen sind 5 auf Anregung des Bundesrates (BT-Drs 16/6308 S 374) auf diese Fälle beschränkt worden. Die zunächst vorgesehene Erstreckung auf die Übertragung oder Entziehung der elterlichen Sorge, das Umgangsrecht oder die Herausgabe eines gemeinschaftlichen Kindes der Ehegatten oder das Umgangsrecht eines Ehegatten mit dem Kind des anderen Ehegatten ist entfallen. Der Bundesrat hat hierzu ausgeführt, die zunächst vorgesehene Regelung sei zu weit gefasst. Die Rücknahme des Scheidungsantrags beruhe in aller Regel auf einer Versöhnung der Ehegatten oder zumindest auf einer Vereinbarung der Ehegatten, die ihr Verhältnis auf einem für sie akzeptablen Niveau festigen soll. Für den somit erzielten Fortschritt im Verhältnis der Eheleute zueinander sei es abträglich, wenn weitere Kindschaftssachen zwingend fortgesetzt würden. Auch für das Verhältnis zwischen dem Kind und seinen Eltern sei die Durchführung der Kindschaftssache in Fällen, in denen sich die Familienverhältnisse wieder zu stabilisieren beginnen, eher von Nachteil als von Vorteil. Die Durchführung der Kindschaftssache solle daher nicht gegen den Willen der Beteiligten erfolgen, sondern nur dann, wenn ein Beteiligter ausdrücklich erkläre, sie fortführen zu wollen.

Die Wirkung der Rücknahme des Scheidungsantrags erstreckt sich ferner 6 **nicht** auf solche Folgesachen, hinsichtlich derer ein Beteiligter vor Wirksamwerden der Rücknahme erklärt, sie **fortführen** zu wollen.

Diesen Antrag kann auch der Beteiligte stellen, der die Folgesache nicht 7 anhängig gemacht hat (OLG Stuttgart, FamRZ 06, 714). Durch **die Erklärung** des Beteiligten tritt die Wirkung der Fortsetzung als selbständige Familiensache (S 3) ein; es bedarf nicht mehr wie bisher einer ausdrücklichen gerichtlichen Entscheidung hierüber. Diese Erklärung kann nur erfolgen in Bezug auf Folgesachen, die noch im Verbund anhängig sind; **nicht** erfasst werden Folgesachen, die nach § 140 abgetrennt worden sind.

Eine **analoge Anwendung** der selbständigen Fortsetzung von Folgesachen 8 wurde nach bisherigem Recht bejaht, wenn der Scheidungsantrag durch Tod einer Partei gegenstandslos wurde (KG, FamRZ 00, 1030) oder wenn die Ehe durch ein im Inland anerkanntes ausländisches Scheidungsurteil rechtskräftig geschieden und der Scheidungsantrag dadurch gegenstandslos geworden ist (OLG Hamm, NJW-RR 05, 1023). Eine analoge Anwendung ist **jetzt nicht** mehr möglich, weil die Fortsetzung als selbständige Folgesache durch die Erklärung eines Beteiligten herbeigeführt wird; die Beurteilung, ob eine analoge Anwendung in Betracht kommt, bedarf der gerichtlichen Entscheidung.

3. Kosten

Die Entscheidung über die Kosten, die bisher Bestandteil des § 626 ZPO 9 aF war, ist nunmehr gesondert in **§ 150** geregelt. Nach bisheriger Rechtslage ergab sich die Kostentragungspflicht des Antragstellers bei Rücknahme des Scheidungsantrags aus § 269 III-V ZPO für die Scheidungssache und die rechtshängigen Folgesachen. Eine andere Kostenverteilung war möglich in zivilprozessualen Folgesachen, die die Unterhaltspflicht und Ansprüche aus dem ehelichen Güterrecht betreffen.

10 Nunmehr bestimmt § 150 II ohne Bezugnahme auf § 269 ZPO, dass der Antragsteller bei **Rücknahme** des Scheidungsantrags die Kosten der Scheidungssache und der Folgesachen trägt; bei Rücknahme der Scheidungsanträge beider Ehegatten sind die Kosten der Scheidungssache und der Folgesachen

11 gegeneinander aufzuheben. Nach Abs 4 ist eine Verteilung der Kosten nach **billigem Ermessen** möglich, wenn die Kostenverteilung nach § 150 II im Hinblick auf eine Versöhnung der Ehegatten oder auf das Ergebnis einer als Folgesache geführten Unterhalts- oder Güterrechtssache als unbillig erscheint. Bei der Ausübung des billigen Ermessens kann berücksichtigt werden, ob ein Beteiligter einer richterlichen Anordnung zur Teilnahme an einem Informationsgespräch nach § 135 I nicht nachgekommen ist (§ 150 IV 2); diese Möglichkeit der Sanktion entspricht der Regelung des § 81 II Nr 5 für den Fall, dass ein Beteiligter einer richterlichen Anordnung zur Teilnahme an einer Beratung nach § 156 I 4 nicht nachgekommen ist. Haben die Parteien eine Vereinbarung über die Kosten getroffen, soll das Gericht sie ganz oder teilweise der Entscheidung zu Grunde legen. Bei den Billigkeitserwägungen entfällt der bisher in § 93 a I 2 ZPO enthaltene Gesichtspunkt der unverhältnismäßigen Beeinträchtigung der Lebensführung, weil er nur selten praktisch relevant sei. Als zusätzliches bei der Billigkeitsentscheidung zu berücksichtigendes Kriterium ist eine Versöhnung der Ehegatten aufgenommen worden. In die Billigkeitserwägungen kann einbezogen werden, welche Gründe für das Unterliegen maßgebend waren und die Veranlassung von (zusätzlichen) Prozesskosten; es handelt sich hierbei um die Kriterien der §§ 95 und 96 ZPO.

Einheitliche Endentscheidung; Abweisung des Scheidungsantrags

142 (1) **Im Fall der Scheidung ist über sämtliche im Verbund stehenden Familiensachen durch einheitlichen Beschluss zu entscheiden. Dies gilt auch, soweit eine Versäumnisentscheidung zu treffen ist.**

(2) **Wird der Scheidungsantrag abgewiesen, werden die Folgesachen gegenstandslos. Dies gilt nicht für Folgesachen nach § 137 Abs. 3 sowie für Folgesachen, hinsichtlich derer ein Beteiligter vor der Entscheidung ausdrücklich erklärt hat, sie fortführen zu wollen. Diese werden als selbständige Familiensachen fortgeführt.**

(3) **Enthält der Beschluss nach Absatz 1 eine Entscheidung über den Versorgungsausgleich, so kann insoweit bei der Verkündung auf die Beschlussformel Bezug genommen werden.**

1. Ausspruch der Scheidung

1 Über die Scheidungssache und die Folgesachen ist nach § 137 I gleichzeitig und zusammen mündlich zu verhandeln; Gegenstand dieser notwendigen mündlichen Verhandlung iS des § 128 I ZPO muss jedenfalls in der letzten der Entscheidung vorangehenden Verhandlung der gesamte Prozessstoff sein. Die Vorbereitung der Verfahren aus dem Bereich der freiwilligen

§ 142 Einheitliche Endentscheidung; Abweisung des Scheidungsantrags **§ 142**

Gerichtsbarkeit erfolgt nach den Grundsätzen der §§ 26, 29, 30. Die Entscheidung ergeht nach Abs 1 bei Ausspruch der Scheidung **einheitlich** 2 durch **Beschluss**. Eine **Versäumnisentscheidung** ist nur in den zivilprozessualen Folgesachen (Unterhalt, eheliches Güterrecht) nach den allgemeinen Vorschriften der §§ 330 ff ZPO zulässig. Die Versäumnisentscheidung kann, auch wenn die Säumnislage vorher eingetreten sein sollte, erst mit dem Scheidungsausspruch ergehen und ist dann Teil einer einheitlichen Entscheidung (Abs 1 S 2). Sie kann mittelbare Auswirkungen auf das Verfahren der Ehesache und der Folgesache haben, weil bei Einspruch gegen die Versäumnisentscheidung und gleichzeitigem Rechtsmittel gegen die Entscheidung im Übrigen zunächst über den Einspruch zu entscheiden ist und dadurch eine Verzögerung der Erledigung eintreten kann. Eine Versäumnisentscheidung bei Stattgeben des Scheidungsantrags gegen den Antragsgegner ist **unzulässig** (§ 130 II). In Angelegenheiten der freiwilligen Gerichtsbarkeit gibt es keine Versäumnisentscheidungen. Unterbleibt in der einheitlichen Endentscheidung die Entscheidung über eine rechtshängige Folgesache, ohne dass ein Abtrennungsgrund vorlag, liegt unzulässige Teilentscheidung nach § 538 II Nr 7 ZPO vor (OLG Nürnberg, FamRZ 05, 1497).

2. Abweisung des Scheidungsantrages

Bei Abweisung des Scheidungsantrages werden die Folgesachen gegen- 4 standslos (Abs 2 S 1), weil die Anträge in diesen Sachen nur für den Fall der Scheidung gestellt sind. Diese Wirkung tritt ein, ohne dass dies ausdrücklich ausgesprochen werden muss. Das Unterbleiben der Entscheidung über die Folgesachen steht allerdings unter der auflösenden Bedingung, dass das Rechtsmittelgericht dem Scheidungsantrag nicht stattgibt. Dringt der Scheidungsantrag auf Rechtsmittel hin durch, tritt die **auflösende Bedingung** ein; über die Folgesachen ist dann nach Maßgabe des § 146 weiter zu verhandeln.

Nicht gegenstandslos werden Folgesachen, soweit sie die Übertragung 5 der elterlichen Sorge oder eines Teils der elterlichen Sorge wegen **Gefährdung** des Kindeswohls auf einen Elternteil, einen Pfleger oder einen Vormund betreffen (§ 137 III); in diesem Fall wird die Folgesache als selbständige Familiensache fortgeführt.

Nicht **gegenstandslos** werden ferner Folgesachen, hinsichtlich derer ein 6 Beteiligter vor der Entscheidung ausdrücklich **erklärt** hat, sie **fortführen** zu wollen. Abweichend von der bisherigen Regelung des § 629 III 2 ZPO aF tritt diese Wirkung nicht auf Grund gerichtlicher Entscheidung durch Vorbehalt in der Entscheidung ein, sondern bereits auf Grund der Erklärung eines Beteiligten (Abs 2 S 2). Diese Folgesachen werden als selbständige Familiensachen fortgeführt (Abs 2 S 3). Eine analoge Anwendung ist ausgeschlossen, weil die Rechtsfolge durch Erklärung von Beteiligten eintritt, die Voraussetzungen für eine analoge Anwendung aber durch gerichtliche Entscheidung festgestellt werden müssen.

Enthält eine einheitliche Entscheidung nach Abs. 1 eine Entscheidung über 7 den Versorgungsausgleich, kann insoweit bei der Verkündung auf die Beschlussformel Bezug genommen werden (Abs 3).

§§ 143, 144 Buch 2 – Verfahren in Familiensachen

Einspruch

143 Wird im Fall des § 142 Abs. 1 Satz 2 gegen die Versäumnisentscheidung Einspruch und gegen den Beschluss im Übrigen ein Rechtsmittel eingelegt, ist zunächst über den Einspruch und die Versäumnisentscheidung zu verhandeln und zu entscheiden.

1   Bei Ausspruch der Scheidung ist über die Scheidung und sämtliche rechtshängigen im Verbund stehenden Folgesachen durch **einheitlichen Beschluss** zu entscheiden. Soweit die streitige Entscheidung zum Teil eine Versäumnisentscheidung enthält, ergeht sie als **streitiger End- und Versäumnisbeschluss.** Eine Versäumnisentscheidung kann nur betreffen zivilprozessuale Folgesachen (Unterhalt, Güterstand); nicht den Scheidungsausspruch gegen den Antragsgegner (§ 130 II); ferner nicht Folgesachen, die Angelegenheiten der freiwilligen Gerichtsbarkeit sind, weil es in diesem Bereich keine Versäumnisentscheidungen gibt. Gegen die nach § 331 ZPO ergangene Versäumnisentscheidung findet der Einspruch nach § 338 ZPO statt.

2   Ist gegen die Versäumnisentscheidung **Einspruch und** gegen den Beschluss im Übrigen ein **Rechtsmittel** eingelegt, ist zunächst über den Einspruch und die Versäumnisentscheidung zu verhandeln und zu entscheiden; für diese Entscheidung ist nur das Gericht zuständig, das die Versäumnisentscheidung erlassen hat. Erst danach ist die Angelegenheit in der Rechtsmittelinstanz zu verhandeln und zu entscheiden, damit auch in dieser Instanz die notwendige einheitliche Entscheidung im Verbund ergeht. Der Einspruch hat keinen Einfluss auf die Fristen, die für die mit Rechtsmittel anfechtbaren Teile der Entscheidung laufen. Der vorrangig zu erledigende Einspruch verzögert jedoch den Beginn des Rechtsmittelverfahrens.

Verzicht auf Anschlussrechtsmittel

144 Haben die Ehegatten auf Rechtsmittel gegen den Scheidungsausspruch verzichtet, können sie auch auf dessen Anfechtung im Wege der Anschließung an ein Rechtsmittel in einer Folgesache verzichten, bevor ein solches Rechtsmittel eingelegt ist.

1. Unselbständige Anschlussbeschwerde

1   Nach § 66 ist in den Angelegenheiten des FamFG die unselbständige Anschlussbeschwerde allgemein zulässig. Sie setzt ein zulässiges Hauptrechtsmittel voraus. Für die Zulässigkeit der Anschlussbeschwerde ist weder eine Beschwer noch das Erreichen einer Beschwerdesumme erforderlich. Sie ist auch dann noch möglich, wenn die Beschwerdefrist verstrichen ist oder der Beteiligte, der das Anschlussrechtsmittel einlegt, auf die Beschwerde verzichtet hat (§ 66 S 1); sie ist abweichend von § 64 I bei dem Beschwerdegericht einzulegen. Allgemein verliert die Anschließung ihre Wirkung, wenn das Hauptrechtsmittel zurückgenommen oder als unzulässig verworfen wird (§ 66 S 2). Diese Wirkung tritt automatisch ein, ohne dass es eines ausdrücklichen Ausspruchs hierüber bedarf.

2. Verzicht auf Anschlussrechtsmittel

Haben Ehegatten in Scheidungs- und Scheidungsfolgesachen, die im Verbund stehen, auf Rechtsmittel gegen den Scheidungsausspruch verzichtet, umfasst dieser Verzicht im Zweifel auch alle Folgesachen. Dieser Verzicht steht aber einer Anschließung nicht entgegen (§ 66 S 1). Durch die Regelung des § 144 soll es den Ehegatten ermöglicht werden, die Rechtskraft der Scheidung schnell herbeizuführen, indem auch auf eine Anfechtung im Wege der Anschließung in einer Folgesache verzichtet wird, bevor ein Rechtsmittel eingelegt ist. Allgemein wird für den Verzicht auf Anschlussrechtsmittel angenommen, dass dieser erst nach Einlegung des Rechtsmittels erklärt werden kann, dem die Anschließung folgen könnte, weil der auf Rechtsmittel Verzichtende erst dann die Rechtslage angemessen übersehen kann. § 144, der den Verzicht auf Anschlussrechtsmittel schon vor Einlegung des Hauptrechtsmittels ermöglicht, ist demgegenüber eine **Sonderregelung**. 2

Befristung von Rechtsmittelerweiterung und Anschlussrechtsmittel

145 (1) Ist eine nach § 142 einheitlich ergangene Entscheidung teilweise durch Beschwerde oder Rechtsbeschwerde angefochten worden, können Teile der einheitlichen Entscheidung, die eine andere Familiensache betreffen, durch Erweiterung des Rechtsmittels oder im Wege der Anschließung an das Rechtsmittel nur noch bis zum Ablauf eines Monats nach Zustellung der Rechtsmittelbegründung angefochten werden; bei mehreren Zustellungen ist die letzte maßgeblich.

(2) Erfolgt innerhalb dieser Frist eine solche Erweiterung des Rechtsmittels oder Anschließung an das Rechtsmittel, so verlängert sich die Frist um einen weiteren Monat. Im Fall einer erneuten Erweiterung des Rechtsmittels oder Anschließung an das Rechtsmittel innerhalb der verlängerten Frist gilt Satz 1 entsprechend.

1. Zeitliche Rechtsmittelbeschränkung

Die Rechtskraft einer einheitlichen Verbundentscheidung kann durch die Möglichkeit der Anfechtung einer oder mehrerer Folgesachen, auch durch dritte Beteiligte (Kinder, Jugendamt, Versorgungsträger) verzögert werden. Der Eintritt der Rechtskraft der Scheidungssache wird hinausgeschoben, Folgesachen können vor Rechtskraft des Scheidungsausspruchs nicht wirksam werden (§ 148). Durch § 145, der dem § 629a III ZPO aF entspricht, wird die Rechtsmitteleinlegung im Verbund zeitlich beschränkt. Der Scheidungsausspruch, Entscheidungen in Folgesachen, die Gegenstand einer einheitlichen Entscheidung sind, sollen im Wege eines nachträglichen Angriffs nur noch zeitlich befristet angegriffen werden können. Es soll für die nachträgliche Anfechtung anderer als der bereits angegriffenen Teile der Entscheidung durch eine zulässige Rechtsmittelerweiterung oder Anfechtung nur noch ein **befristeter Zeitraum** zur Verfügung stehen (BGH, NJW 98, 2679). § 145 bestimmt daher, dass, wenn eine nach § 142 I einheitlich ergangene Entscheidung durch Beschwerde (§§ 58 ff) oder Rechtsbeschwerde (§§ 70 ff) ange- 1 2

fochten wird, Teile der einheitlichen Entscheidung, die eine andere Familiensache betreffen, nur noch **bis zum Ablauf eines Monats** nach Zustellung der Rechtsmittelbegründung durch Erweiterung des Rechtsmittels oder im Wege der Anschließung an das Rechtsmittel angefochten werden können. Dies gilt nicht, wenn das Rechtsmittel unbeschränkt gegen die gesamte Entscheidung gerichtet ist (BGH, FamRZ 94, 827). Das Prinzip der einheitlichen Entscheidung von Scheidung und Folgesachen soll nicht dazu führen, dass die
3 Rechtskraft der Scheidung unzumutbar verzögert wird. Ein Fall des § 145 liegt dann **nicht** vor, wenn das Scheidungsverbundurteil zunächst im vollen Umfang angefochten wurde und das Rechtsmittel gegen den Scheidungsausspruch nachträglich unzulässig wird (BGH, NJW-RR 94, 834). Die Regelung bezweckt, dass Teile der Verbundentscheidung, die von den Beteiligten nicht oder nicht rechtzeitig angegriffen werden, rechtskräftig und damit dem Verbund entzogen werden.

2. Voraussetzungen

4 Die Befristung einer nachträglichen Teilanfechtung setzt eine Verbundentscheidung voraus, die den Scheidungsausspruch in Folgesachen oder aber auch nur Folgesachen betreffen kann. Die Entscheidung muss mit einem Hauptrechtsmittel (Beschwerde, Rechtsbeschwerde) angefochten sein, das nur zu einer **Teilanfechtung** (Scheidungsausspruch und Folgesachen oder nur Fol-
5 gesachen) führt. **Nicht anwendbar** ist § 145, wenn die Verbundentscheidung durch eine oder mehrere Hauptrechtsmittel vollständig angefochten ist. Auch die Angelegenheiten, die bereits Gegenstand einer Teilanfechtung sind, werden von § 145 nicht erfasst; insoweit besteht kein Bedürfnis, den Verbund zu entlasten. Die zeitliche Beschränkung bezieht sich vielmehr auf die nachträgliche Anfechtung in bisher nicht angefochtenen Angelegenheiten der Verbundentscheidung.

6 **Nicht** anwendbar ist die Befristung des § 145, soweit angefochtene und nicht angefochtene Teile der Verbundentscheidung **einheitliche** Verfahrensgegenstände haben. Dies kann im Einzelfall zweifelhaft sein (im Einzelnen: Johannsen/Henrich/Markwardt, Rn 3 zu § 145). Danach sind identisch der Zugewinnausgleich und Anträge nach den §§ 1382, 1383 BGB, Sorgerechtsverfahren für mehrere Kinder. Nicht identisch sind Haushaltsverteilung und Zuweisung der Ehewohnung.

7 Im Hauptrechtsmittelverfahren bleiben Rechtsmittelerweiterung und Anschließung unter den Voraussetzungen der §§ 524, 554 ZPO zulässig, vorausgesetzt, sie betreffen dieselbe Angelegenheit.

3. Befristete Anfechtung

8 Sind Teile einer einheitlichen Entscheidung teilweise durch Beschwerde oder Rechtsbeschwerde angefochten worden, können die bisher nicht angefochtenen Teile, die eine andere Familiensache betreffen, durch Erweiterung des Rechtsmittels oder im Wege der Anschließung an das Rechtsmittel nur
9 noch **innerhalb von einem Monat** angefochten werden. Die Frist beginnt mit der Zustellung der Rechtsmittelbegründung. Bei mehreren Zustellungen, mehreren Rechtsmittelbegründungen, auch verschiedener Beteiligter oder

einer fristgerecht ergänzten Begründung ist die letzte Zustellung maßgebend. Damit ist ein **einheitlicher Fristbeginn** gewährleistet. Die Rechtsmittelbegründung muss allen Beteiligten, die durch die angefochtene Teilentscheidung betroffen sind, zugestellt werden; andernfalls beginnt die Frist des Abs 1 nicht. Wird bis zum Ablauf der Monatsfrist keine weitere Anfechtung erklärt, erwachsen die Entscheidungen, soweit sie nicht mit einem Hauptrechtsmittel ganz oder teilweise angegriffen worden sind, in Rechtskraft (BGH, NJW-RR 93, 260). In den Verfahren, in denen fristgerecht nachträgliche Anfechtung erfolgt, gilt das allgemeine Rechtsmittelrecht. Es können sowohl Rechtsmittelerweiterung als auch Gegenanschließung erfolgen. Die Beschränkung des Abs 1 gilt dann nicht.

4. Weitere Fristverlängerung

Erfolgt innerhalb der Einmonatsfrist des Abs 1 eine Erweiterung des Rechtsmittels oder Anschließung an das Rechtsmittel in Bezug auf die bisher noch nicht durch ein Hauptrechtsmittel angefochtenen Teile der Verbundentscheidung, verlängert sich die Frist zur Rechtsmittelerweiterung und Anschlussrechtsmittel um einen weiteren Monat. Werden bis zum Ablauf dieser Frist keine weiteren Anfechtungen vorgenommen, werden die bis zu diesem Zeitpunkt nicht angegriffenen Teile der Verbundentscheidung rechtskräftig. Wird innerhalb der Frist jedoch ein weiterer Teil der Verbundentscheidung durch nachträgliche Anfechtung in das Rechtsmittelverfahren einbezogen, finden auf den nunmehr angefochtenen Gegenstand der Entscheidung die allgemeinen Rechtsmittelgrundsätze Anwendung. Für bisher nicht angefochtene Teile der Verbundentscheidung eröffnet sich die Möglichkeit für eine erneute Erweiterung des Rechtsmittels oder Anschließung an das Rechtsmittel nach Abs 2 S 2.   10

5. Wiedereinsetzung in den vorigen Stand

Die Fristen des § 145 sind keine Notfristen; sie werden jedoch wie eine Notfrist behandelt. Deshalb ist bei Fristversäumnis Wiedereinsetzung (§§ 233 ff ZPO) möglich (Thomas/Putzo, Rn 18 zu § 145).   11

Zurückverweisung

146 (1) **Wird eine Entscheidung aufgehoben, durch die der Scheidungsantrag abgewiesen wurde, soll das Rechtsmittelgericht die Sache an das Gericht zurückverweisen, das die Abweisung ausgesprochen hat, wenn dort eine Folgesache zur Entscheidung ansteht. Das Gericht hat die rechtliche Beurteilung, die der Aufhebung zugrunde gelegt wurde, auch seiner Entscheidung zugrunde zu legen.**

(2) **Das Gericht, an das die Sache zurückverwiesen wurde, kann, wenn gegen die Aufhebungsentscheidung Rechtsbeschwerde eingelegt wird, auf Antrag anordnen, dass über die Folgesachen verhandelt wird.**

§ 146

1. Anwendungsbereich

1   Wird ein Scheidungsantrag abgewiesen, werden die Folgesachen zunächst gegenstandslos (§ 142 II 1). Ausgenommen sind Folgesachen nach § 137 III und Folgesachen, hinsichtlich derer ein Beteiligter vor der Entscheidung erklärt hat, sie fortführen zu wollen (§ 142 II 2). Wird gegen die den Scheidungsantrag abweisende Entscheidung daher Rechtsmittel eingelegt, verbleiben die Folgesachen in der ersten Instanz. Wird die den Scheidungsantrag abweisende Entscheidung auf Rechtsmittel hin aufgehoben, sind die Folgesachen fortzusetzen. Um eine einheitliche Entscheidung über den Scheidungsantrag und die Folgesachen zu ermöglichen, bestimmt Abs 1, dass die Scheidungssache an das erstinstanzliche Gericht zurückzuverweisen ist, das die Abweisung des Scheidungsantrags ausgesprochen hat, wenn dort Folgesachen zur Entscheidung anstehen.

2. Zurückverweisung

2   Dringt der Scheidungsantrag erst in der Rechtsmittelinstanz durch, kann das Rechtsmittelgericht die Folgesachen nicht mit erledigen. Abs 1 bestimmt daher für diesen Fall, dass die Sache an das Gericht zurückzuverweisen ist, das die Abweisung ausgesprochen hat, wenn bei diesem Gericht eine Folgesache zur Entscheidung ansteht (OLG Celle, FamRZ 79, 234; OLG Hamm, NJWE-FER 99, 19). Das Gericht, an das zurückverwiesen worden ist, hat dann einheitlich durch Beschluss dem Scheidungsantrag stattzugeben und über die Folgesachen zu entscheiden; hinsichtlich der Scheidungssache hat es die rechtliche Beurteilung, die der Aufhebung zu Grunde gelegt war, auch seiner Entscheidung zu Grunde zu legen. Grund für die Aufhebung des den Scheidungsantrag abweisenden Beschlusses kann der zwischenzeitliche Ablauf des Trennungsjahres (§ 1565 I BGB) sein, der nach § 529 I Nr 2 ZPO zu
3   berücksichtigen ist (BGH, NJW 97, 1007; OLG Naumburg, FamRZ 07, 298). Das „Anstehen" auflösend bedingt gegenstandslos gewordener Folgesachen (§ 142 II 1) setzt nicht voraus, dass diese anhängig sind oder eine Angelegenheit der freiwilligen Gerichtsbarkeit bereits eingeleitet wurde.
4   Abs 1 findet auch dann Anwendung, wenn das **Beschwerdegericht** den Scheidungsantrag abgewiesen hat und Folgesachen bei ihm anhängig geworden sind, sofern eine Zurückverweisung an das Beschwerdegericht erfolgt.

3. Bindung an die rechtliche Beurteilung

5   Hinsichtlich der Scheidungssache ist das Gericht, an das zurückverwiesen worden ist, an die rechtliche Beurteilung der zurückverweisenden Entscheidung gebunden. Es hat grundsätzlich die Scheidung auszusprechen. Es können jedoch neue relevante Tatsachen oder eine Änderung der Rechtsauffassung des Gerichts, das die Sache zurückverwiesen hat, berücksichtigt werden.

4. Gesonderte Verhandlung in Folgesachen

6   Wird gegen die Aufhebungsentscheidung nach Abs 1 Rechtsbeschwerde eingelegt, darf das Familiengericht grundsätzlich nicht vor Rechtskraft der Entscheidung des Beschwerdegerichts in den Folgesachen weiter verhandeln.

§ 147 Erweiterte Aufhebung

Hiervon bestimmt **Abs 2** eine Ausnahme; auf Antrag eines Beteiligten kann das Gericht die Verhandlung in den Folgesachen anordnen; die Anordnung steht im Ermessen des Gerichts. Die Verhandlung muss nicht mündlich sein. Dem Antrag ist stattzugeben, wenn durch den gesonderten Beginn der Verhandlung eine Beschleunigung erwartet werden kann. Die Entscheidung kann jedoch auch hier nur gemeinsam mit dem Scheidungsausspruch ergehen, nachdem die Scheidungssache zurückgelangt ist.

Erweiterte Aufhebung

147 **Wird eine Entscheidung auf Rechtsbeschwerde teilweise aufgehoben, kann das Rechtsbeschwerdegericht auf Antrag eines Beteiligten die Entscheidung auch insoweit aufheben und die Sache zur anderweitigen Verhandlung und Entscheidung an das Beschwerdegericht zurückverweisen, als dies wegen des Zusammenhangs mit der aufgehobenen Entscheidung geboten erscheint. Eine Aufhebung des Scheidungsausspruchs kann nur innerhalb eines Monats nach Zustellung der Rechtsmittelbegründung oder des Beschlusses über die Zulassung der Rechtsbeschwerde, bei mehreren Zustellungen bis zum Ablauf eines Monats nach der letzten Zustellung, beantragt werden.**

1. Anwendungsbereich

In Fällen, in denen wegen Nichtzulassung der Rechtsbeschwerde eine 1 Anschlussrechtsbeschwerde nicht möglich ist, weil nur tatsächliche, nicht aber rechtliche Abhängigkeit in Frage steht, trifft § 147 entsprechend dem bisherigen § 629 c ZPO aF eine **ergänzende** Regelung. Danach kann das Rechtsbeschwerdegericht auf Antrag eines Beteiligten, wenn eine Entscheidung auf Rechtsbeschwerde teilweise aufgehoben wird, die Entscheidung auch hinsichtlich weiterer Folgesachen aufheben und die Sache an das Beschwerdegericht zurückverweisen, wenn eine **Rechtsbeschwerde** zwar nicht **zugelassen** ist, dies wegen des **Zusammenhangs** mit der aufgehobenen Entscheidung aber geboten erscheint. § 147 ist nicht anwendbar bei Zurückweisung des Rechtsmittels, bei vollständiger Aufhebung der Verbundentscheidung, bei Aufhebung des den Scheidungsantrag abweisenden Beschlusses durch den BGH. Das Rechtsbeschwerdegericht kann nicht über einen noch im unteren Rechtszug anhängigen Teil mitentscheiden (BGH, NJW 83, 1311); aber uU Erweiterung möglich (BGH, NJW 83, 172; NJW 87, 1024).

2. Antrag

Der Antrag auf erweiterte Aufhebung und Zurückverweisung kann von 2 den Ehegatten oder einem Drittbeteiligten gestellt werden. Er unterliegt dem Anwaltszwang (§ 114 I), der Antrag ist ein **verfahrensrechtlicher Rechtsbehelf** eigener Art. Er ist gegenüber der Rechtsbeschwerde subsidiär und kommt nur zum Tragen, wenn diese Rechtsbehelfe mangels erforderlicher Zulassung nicht zulässig sind (Johannsen/Henrich/Markwardt, Rn 2 zu § 147). Der Antrag muss **bis zum Schluss** der Verhandlung in der Rechts- 3 beschwerdeinstanz gestellt werden, auch schon in der Rechtsbeschwerde-

§ 148 Buch 2 – Verfahren in Familiensachen

begründung. Eine Aufhebung des Scheidungsausspruchs kann nur innerhalb eines Monats nach Zustellung der Rechtsmittelbegründung oder des Beschlusses über die Zulassung der Rechtsbeschwerde, bei mehreren Zustellungen bis zum Ablauf eines Monats nach der letzten Zustellung, beantragt werden (S 2).

3. Tatsächlicher Zusammenhang

4   Auf Antrag kann das Rechtsbeschwerdegericht auch eine mangels Zulassung nicht angefochtene Folgesache aufheben und zurückverweisen, wenn dies wegen des Zusammenhangs mit der aufgehobenen Entscheidung geboten erscheint. Es genügt ein tatsächlicher Zusammenhang; ein rechtlicher Zusammenhang ist nicht erforderlich. Ein tatsächlicher Zusammenhang kann bestehen zwischen der Scheidungssache und Folgesachen, insbesondere auch vermögensrechtlicher Art, zwischen Sorge- und Umgangsregelungen, zwischen Unterhalts- und Sorgerechtsregelungen.

4. Zurückverweisung

5   Die Zurückverweisung erfolgt an das Beschwerdegericht, das auf Grund erneuter Verhandlung in allen Folgesachen, die zurückverwiesen worden sind, eine einheitliche Entscheidung nach § 142 I erlässt. Das Gericht, an das die Sache zurückverwiesen wird, hat die rechtliche Beurteilung, die der Aufhebung zu Grunde liegt, auch seiner Entscheidung zu Grunde zu legen (§ 74 VI). Die Zurückverweisung ist zwingend, auch wenn der BGH die bei ihm angefallenen Verfahrensgegenstände abschließend erledigen könnte, weil anderenfalls die Anpassung an die aufgehobene Vorentscheidung nicht erfolgen könnte (Johannsen/Henrich/Markwardt, Rn 7 zu § 147; aA BJS/Löhnig, Rn 8 zu § 147: Ermessen).

Wirksamwerden von Entscheidungen in Folgesachen

148 Vor Rechtskraft des Scheidungsausspruchs werden die Entscheidungen in Folgesachen nicht wirksam.

1   **Folgesachen** beinhalten Regelungen, die nur für den Fall der Scheidung getroffen werden sollen. Daraus folgt, dass sie gegenstandslos werden, wenn der Scheidungsantrag abgewiesen wird (§ 142 II). § 148 bestimmt daher, dass die Folgesachen nicht vor Rechtskraft des Scheidungsausspruchs **wirksam werden.** Diese Regelung ist unabhängig davon, ob die Folgesache Gegenstand einer Verbundentscheidung (§ 137 I) ist oder über sie nach Abtrennung (§ 140) entschieden wird. Dies gilt auch dann, wenn einzelne Folgesachen isoliert in formelle Rechtskraft erwachsen sind. § 148 ist insoweit **Sonderregelung** gegenüber der allgemeinen Vorschrift des § 40, demgemäß eine Entscheidung wirksam wird mit Bekanntgabe an den Beteiligten, für den sie ihrem wesentlichen Inhalt nach bestimmt ist.

2   Die Rechtskraft des **Scheidungsausspruchs** kann auf Grund Rechtsmittelverzichts beider Ehegatten eintreten, der auch den Verzicht auf die Anfechtung des Scheidungsausspruchs im Wege der Anschließung an ein Rechts-

§ 149 Erstreckung der Bewilligung von Verfahrenskostenhilfe   **§ 149**

mittel in einer Folgesache umfassen muss (§ 144); ferner auch den Verzicht auf die mögliche erweiterte Teilaufhebung bei Rechtsbeschwerde nach § 147. Rechtskraft des Scheidungsurteils tritt ferner dann ein, wenn die Anfechtungsfristen abgelaufen sind, ohne dass ein Rechtsmittel eingelegt wurde.

Wenn eine den Scheidungsantrag abweisende Entscheidung aufgehoben 3 und die Sache zurückverwiesen worden ist, gegen die aufhebende Entscheidung jedoch Rechtsbeschwerde eingelegt ist, kann auf Antrag über die Folgesachen verhandelt werden (§ 146 II). Die Entscheidung hierüber ist jedoch zurückzustellen bis zur Entscheidung über die Rechtsbeschwerde; es ist dann ggf über die Folgesachen einheitlich mit dem Scheidungsausspruch (§ 137 I) zu entscheiden. Auch in diesem Fall tritt daher die Wirksamkeit der Folgesachen erst mit der Rechtskraft des Scheidungsausspruchs ein.

Ausnahmen von dem Grundsatz, dass Entscheidungen in Folgesachen vor 4 Rechtskraft des Scheidungsausspruchs nicht wirksam werden, ergeben sich für die nach § 140 abgetrennten Folgesachen. Auch ohne dass dies abweichend von § 628 ZPO aF ausdrücklich ausgesprochen wird, kann dem Scheidungsantrag vor der Entscheidung über eine abgetrennte Folgesache mit der Wirkung stattgegeben werden, dass die Folgesache zu einem späteren Zeitpunkt wirksam wird.

Die Wirksamkeit der Folgesachen tritt nicht vor Rechtskraft des Schei- 5 dungsausspruchs ein; sie kann jedoch auch erst **nach diesem Zeitpunkt** eintreten. Dies kann dann der Fall sein, wenn auch die Wirksamkeit der Folgesachen an die formelle Rechtskraft anknüpft. Für den Eintritt der Wirksamkeit muss daher außer der Rechtskraft des Scheidungsausspruchs auch die **formelle Rechtskraft der Folgesache** eingetreten sein. Die Wirksamkeit von möglichen Folgesachen wird an die formelle Rechtskraft geknüpft in Ehewohnungs- und Haushaltssachen nach § 209, in Gewaltschutzsachen nach § 216, in Versorgungsausgleichssachen nach § 226. Bei einem Ausschluss oder Teilausschluss des Versorgungsausgleichs erwachsen auch die tragenden Gründe der Entscheidung hierfür in Rechtskraft (§ 224 III). Keine Rechtskraft der Folgesache Versorgungsausgleich tritt ein, wenn in der Entscheidung über die Scheidung festgestellt wird, dass ein Versorgungsausgleich nicht stattfindet, aber tatsächlich kein Verfahren über den Versorgungsausgleich stattgefunden hat (OLG Hamm, FamRZ 07, 1257).

Erstreckung der Bewilligung von *Verfahrens*kostenhilfe

149 Die Bewilligung der Verfahrenskostenhilfe für die Scheidungssache erstreckt sich auf eine Versorgungsausgleichsfolgesache, sofern nicht eine Erstreckung ausdrücklich ausgeschlossen wird.

1. Verfahrenskostenhilfe in Folgesachen über den Versorgungsausgleich

Auf die Verfahrenskostenhilfe finden nicht die allgemeinen Vorschriften der 1 §§ 76–78 Anwendung, sondern unmittelbar die Vorschriften der §§ 114 ff der ZPO (§ 113 I 1). § 149 ergänzt diese Vorschriften für Versorgungsausgleichsfolgesachen. Danach erstreckt sich die Bewilligung der Verfahrenskostenhilfe

§ 149 Buch 2 – Verfahren in Familiensachen

für die Scheidungssache auf die von Amts wegen einzuleitende Folgesache über den Versorgungsausgleich, soweit diese nicht ausdrücklich in dem Bewilligungsbeschluss, nicht nachträglich, ausgenommen wird. Die **Erstreckung der Verfahrenskostenhilfe** auf diese Folgesachen erfolgt ohne besonderen Ausspruch; sie muss in der Bewilligungsentscheidung nicht ausdrücklich genannt werden. Erfasst werden nur die von Amts wegen einzuleitenden Versorgungsausgleichssachen nach §§ 6–19, 28 VersAusglG; erfasst werden auch Auskunftsansprüche (OLG Frankfurt, FamRZ 00, 99). Nicht erfasst von dem Bewilligungsbeschluss werden die Ausgleichsansprüche nach der Scheidung nach den §§ 20 ff VersAusglG. Die Einbeziehung entbindet grundsätzlich nicht von einer Prüfung der Erfolgsaussicht. Sofern diese fehlt, kann die Erstreckung **ausdrücklich ausgeschlossen** werden. In Versorgungsausgleichssachen, die von Amts wegen und nicht auf Initiative des Antragsgegners eingeleitet werden, ist Verfahrenskostenhilfe jedoch ohne Rücksicht darauf zu bewilligen, ob sich der Antragsgegner erfolgreich verteidigen kann. Die Bewilligung wirkt nach Abtrennung der Folgesache (§ 140) weiter.

2. Verfahrenskostenhilfe in anderen Folgesachen

4   Für alle anderen Folgesachen muss die Verfahrenskostenhilfe besonders bewilligt werden. Sie erstreckt sich nicht auf Verfahren der einstweiligen Anordnung nach §§ 49–57. Eine einstweilige Anordnung ist ein selbständiges Verfahren, auch wenn eine Hauptsache anhängig ist (§ 51 III 1). Die Bewilligung der Verfahrenskostenhilfe wirkt auch nach Abtrennung einer Folgesache (§ 140) weiter. Sie erstreckt sich jedoch nicht auf selbständig fortgesetzte Familiensachen. Die Bewilligung von Verfahrenkostenhilfe für ein Verfahren auf einstweilige Anordnung umfasst auch das spätere Abänderungsverfahren (§ 54).

5   Hinsichtlich der **Erfolgsaussicht** ist auf die beabsichtigte Rechtsverfolgung **als Ganzes** abzustellen, nicht auf den Abwehrerfolg gegenüber einzelnen Anträgen. Die Verfahrenskostenhilfe in Folgesachen darf daher nicht mit der Begründung versagt werden, die Verteidigung gegen den Scheidungsantrag des Anderen verspreche keinen Erfolg (OLG Hamm, NJW 78, 171, 895; MDR 78, 499; OLG Köln, NJW 78, 2303, aA: OLG Düsseldorf, NJW 78, 1865). Auch wenn eine Verteidigung gegen den Scheidungsantrag nicht beabsichtigt oder aussichtslos ist, darf dem Antragsgegner für das gesamte Verfahren Verfahrenkostenhilfe bewilligt werden. Die isolierte Geltendmachung einer zivilprozessualen Folgesache ist nicht mutwillig (BGH, NJW 05, 1497; 1499). In Umgangsverfahren liegt die Erfolgsaussicht in der Verbesserung der Rechtsstellung durch Klärung eines regelungslosen Zustandes (OLG Nürnberg, NJWE-FER 01, 270).

3. Beiordnung eines Rechtsanwalts

6   Soweit Anwaltszwang besteht, ist die Beiordnung eines Rechtsanwalts geboten; für das Verfahren zur Durchführung des Versorgungsausgleichs: OLG Hamm, AnwBl 78, 461; OLG Nürnberg, NJW 80, 1054; für das Verfahren zur Änderung der elterlichen Sorge: OLG Frankfurt, MDR 80, 674; für Verfahren, deren Gegenstand der Ausschluss des Umgangsrechts ist:

§ 149 Erstreckung der Bewilligung von Verfahrenskostenhilfe **§ 149**

OLG Köln, FamRZ 97, 1284; für eine Scheidungsvereinbarung: OLG München, Rpfleger 86, 4081; verneint für Kindschaftssachen: OLG Oldenburg, FamRZ 02, 106; Beiordnung bei rechtlicher oder tatsächlicher Schwierigkeit der Angelegenheit, auch unter Berücksichtigung der persönlichen Fähigkeiten der Beteiligten (BayObLG, Rpfleger 78, 315). Die Versagung der Beiordnung kann nicht allein auf die Geltung des Amtsermittlungsgrundsatzes gestützt werden, weil die Aufklärungs- und Beratungspflicht durch einen Rechtsanwalt noch darüber hinaus geht (BVerfG, Rpfleger 02, 212).

4. Verfahrenskostenvorschuss

Eine dem bisherigen § 621 f ZPO aF entspr Regelung entfällt nunmehr 7
(§ 246 Abs 1), eine Verpflichtung zur Zahlung eines Kostenvorschusses für ein gerichtliches Verfahren kann danach abw von § 49 nur durch einstweilige Anordnung geregelt werden. Eine Kostenvorschusspflicht kann in Ehesachen und Folgesachen bestehen; im Verhältnis der Ehegatten zueinander und im Verhältnis zu einem Kind. Das hängt davon ab, ob und inwieweit materiell-rechtliche Ansprüche gegeben sind; diese können beruhen auf § 1360 a IV 1, § 1361 IV 4 BGB für Ehegatten und auf §§ 1601, 1610 II BGB für Kinder.

Das **Verfahren** auf Erlass einer entsprechenden einstweiligen Anordnung 8
bedarf eines **Antrages** (§ 51 I 1). Da das Verfahren der einstweiligen Anordnung nunmehr als selbständiges Verfahren ausgestaltet ist, ist Voraussetzung für die Zulässigkeit des Antrags auf Erlass einer entsprechenden einstweiligen Anordnung nicht mehr wie bisher nach § 621 f ZPO aF, dass eine Ehesache bereits anhängig ist. **Zuständig** ist jedoch das Gericht, bei dem die Hauptsache (Scheidungsverfahren) anhängig ist; andernfalls das Gericht, das für die Hauptsache im ersten Rechtszug zuständig wäre (§ 50 I). Eine Aufhebung oder Änderung der Entscheidung ist nach § 54 möglich. Die einstweilige Anordnung tritt nach § 56 II unter den dort genannten Voraussetzungen außer kraft; nach § 56 I bei Wirksamwerden einer anderweitigen Regelung sowie nach Abs 2 dann, wenn der Scheidungsantrag zurückgenommen oder rechtskräftig abgewiesen wird oder wenn das Eheverfahren durch den Tod eines Ehegatten in der Hauptsache erledigt ist. Die einstweilige Anordnung verliert dann ohne weiteres die Wirkung. Auf Antrag ist dies durch Beschluss auszusprechen (§ 56 III 1).

Gegen die einstweilige Anordnung ist Beschwerde nach § 58 I innerhalb 9
einer Frist von zwei Wochen (§ 63 II Nr 1) möglich. Im Übrigen ist eine Aufhebung oder Änderung der Entscheidung nach § 54 möglich; grundsätzlich auf Antrag, es sei denn, die Entscheidung ist ohne vorherige Durchführung einer nach dem Gesetz notwendigen Anhörung erlassen worden; dann erfolgt diese von Amts wegen (§ 54 I 2).

Für die **Vollstreckung** bedarf es einer Vollstreckungsklausel nur, wenn diese für oder gegen einen anderen als den in dem Beschluss bezeichneten Beteiligten erfolgen soll (§ 53 I). Die Vollstreckung einer einstweiligen Anordnung kann ausgesetzt oder beschränkt werden (§ 55 iVm § 53); im Fall des § 57 durch das Rechtsmittelgericht. Die Vollstreckung erfolgt nach § 95 I Nr 1.

§ 150 Buch 2 – Verfahren in Familiensachen

Kosten in Scheidungssachen und Folgesachen

150 (1) **Wird die Scheidung der Ehe ausgesprochen, sind die Kosten der Scheidungssache und der Folgesachen gegeneinander aufzuheben.**

(2) Wird der Scheidungsantrag abgewiesen oder zurückgenommen, trägt der Antragsteller die Kosten der Scheidungssache und der Folgesachen. Werden Scheidungsanträge beider Ehegatten zurückgenommen oder abgewiesen oder ist das Verfahren in der Hauptsache erledigt, sind die Kosten der Scheidungssache und der Folgesachen gegeneinander aufzuheben.

(3) Sind in einer Folgesache, die nicht nach § 140 Abs. 1 abzutrennen ist, außer den Ehegatten weitere Beteiligte vorhanden, tragen diese ihre außergerichtlichen Kosten selbst.

(4) Erscheint in den Fällen der Absätze 1 bis 3 die Kostenverteilung insbesondere im Hinblick auf eine Versöhnung der Ehegatten oder auf das Ergebnis einer als Folgesache geführten Unterhaltssache oder Güterrechtssache als unbillig, kann das Gericht die Kosten nach billigem Ermessen anderweitig verteilen. Es kann dabei auch berücksichtigen, ob ein Beteiligter einer richterlichen Anordnung zur Teilnahme an einem Informationsgespräch nach § 135 Abs. 1 nicht nachgekommen ist, sofern der Beteiligte dies nicht genügend entschuldigt hat. Haben die Beteiligten eine Vereinbarung über die Kosten getroffen, soll das Gericht sie ganz oder teilweise der Entscheidung zugrunde legen.

(5) **Die Vorschriften der Absätze 1 bis 4 gelten auch hinsichtlich der Folgesachen, über die infolge einer Abtrennung gesondert zu entscheiden ist.** Werden Folgesachen als selbständige Familiensachen fortgeführt, sind die hierfür jeweils geltenden Kostenvorschriften anzuwenden.

1. Anwendungsbereich

1 § 150 regelt entsprechend dem § 93a ZPO aF die Kostentragung in Scheidungssachen und Folgesachen. § 150 ist ebenso wie § 93a ZPO aF eine **Sonderregelung** gegenüber den allgemeinen zivilprozessualen Vorschriften über die Kostentragung, die in Ehesachen Anwendung finden (§ 113 I). Abweichend von den allgemeinen Vorschriften (§§ 91, 92) liegt der Regelung nicht der allgemeine Grundsatz des Veranlassungs- und Er-
2 folgsprinzips zu Grunde. Die Vorschrift enthält zunächst **zwingende Kostenregelungen** für den Fall, dass die Scheidung der Ehe ausgesprochen wird (Abs 1), für Abweisung und Zurücknahme des Scheidungsantrages (Abs 2) und die Kostentragungspflicht weiterer Beteiligter außer den Ehegatten in Abs 3.

3 **Abweichend** von den Abs 1–3 kann das Gericht die Kosten unter den Voraussetzungen des Abs 4 nach **billigem Ermessen** verteilen. Abs 5 behandelt die Kostenverteilung hinsichtlich der Folgesache, über die infolge einer Abtrennung gesondert zu entscheiden ist (S 1) und Folgesachen, die als selbständige Familiensachen fortgeführt werden (S 2).

2. Zwingende Kostenregelung

Wird die Scheidung der Ehe auf Antrag ausgesprochen, sind die Kosten der 4
Scheidungssache und der Folgesache gegeneinander aufzuheben (Abs 1).
Wird der Scheidungsantrag abgewiesen (§ 142 II) oder zurückgenommen
(§ 141) trägt der Antragsteller die Kosten der Scheidungssache und der Folgesachen. Diese Regelung entspricht dem Grundsatz des § 91 ZPO. Werden
Scheidungsanträge beider Ehegatten zurückgenommen oder abgewiesen oder
ist das Verfahren in der Hauptsache erledigt, zB bei Tod eines Ehegatten
(§ 131), sind die Kosten der Scheidungssache und der Folgesachen gegeneinander aufzuheben; die Ehegatten haben die Gerichtskosten je zur Hälfte
und ihre eigenen außergerichtlichen Kosten selbst zu tragen.

In einer Folgesache können **weitere Beteiligte** vorhanden sein. Handelt 5
es sich um eine Unterhaltsfolgesache oder eine Güterrechtsfolgesache muss
in diesem Fall die Folgesache nach § 140 I abgetrennt werden. Dies ist
nicht zwingend, wenn in anderen Folgesachen Dritte beteiligt sind. Für
diese Fälle bestimmt Abs 3, dass die dritten Beteiligten ihre außergerichtlichen Kosten selbst tragen. Dies gilt jedoch nicht für einen Verfahrensbeistand (zB nach § 158). Diesem sind Verfahrenskosten nicht aufzuerlegen
(§ 158 VIII).

3. Billigkeitsklausel

Abs 4 ermöglicht in den Fällen der grundsätzlich zwingenden Kosten- 6
verteilung nach Abs 1–3 eine abweichende Kostenverteilung nach billigem
Ermessen. Diese Möglichkeit entspricht dem bisherigen § 93 a I 2 ZPO aF. 7
Die bei der Ausübung des billigen Ermessens zu berücksichtigenden **Kriterien** haben von der bisherigen Regelung abweichende Schwerpunkte; eine
unverhältnismäßige Beeinträchtigung der Lebensführung wird nicht mehr
ausdrücklich erwähnt, ist jedoch nicht ausgeschlossen. Als zusätzlicher bei der
Ausübung des Ermessens zu berücksichtigender Gesichtspunkt ist die Versöhnung der Ehegatten aufgenommen worden. Die zwingende Kostenfolge 8
nach Abs 1, 2 kann auch im Hinblick auf das Ergebnis **in einer Folgesache,**
die Ansprüche aus Unterhalt oder aus Güterrecht betrifft, als unbillig erscheinen; dies kann zB dann der Fall sein, wenn diese Ansprüche unbegründet
oder überhöht waren. Die hierdurch entstandenen Kosten können gesondert
einem Ehegatten ganz auferlegt werden oder nach den Grundsätzen des § 92
ZPO verteilt werden; auch Mehrkosten einer Folgesache dürfen auferlegt
werden (OLG München, NJW-RR 99, 366). Die Berücksichtigung des
Ergebnisses einer Folgesache beschränkt sich auf Unterhalts- und Güterrechtssachen; nicht einbezogen werden andere Folgesachen. In die Billig- 9
keitserwägungen einbezogen werden kann auch der Umstand, dass ein
Beteiligter sich geweigert hat, an einem nach § 135 I angeordneten Informationsgespräch teilzunehmen. Durch Einbeziehung in die Kostenregelung
wird dieses Verhalten sanktioniert, ohne dass es darauf ankommt, welche
Auswirkungen es auf den Verfahrensgang und das Ergebnis gehabt hat; die
Berücksichtigung dieses Gesichtspunktes ist nicht zwingend; hierzu auch
Rakete-Dombek, FPR 09, 17.

§ 150

4. Vereinbarung der Beteiligten

10   Eine Vereinbarung der Beteiligten über die Kosten bindet das Gericht nicht. Sie sollte aber berücksichtigt werden, wenn nicht erhebliche Gründe entgegenstehen. Die stärkere Berücksichtigung einer solchen Vereinbarung wird dadurch zum Ausdruck gebracht, dass die gesetzliche Regelung als „Soll"-Vorschrift ausgestaltet ist, während es sich bisher nach § 93 a I 3 ZPO aF um eine „Kann"-Vorschrift handelte. Das Gericht soll eine Vereinbarung „ganz oder teilweise" der Entscheidung zu Grunde legen (Abs 4, 3).

5. Kostenverteilung in abgetrennten Folgesachen

11   Ist in nach § 140 abgetrennten Folgesachen gesondert zu entscheiden, gelten für die in diesen Sachen zu treffenden Kostenentscheidungen die gleichen Grundsätze wie in der Scheidungssache. Bei erfolgreichem Scheidungsantrag sind auch die Kosten in einer Folgesache entspr Abs 1 gegeneinander aufzuheben. Bei Abweisung des Scheidungsantrags trägt der unterlegene Antragsteller auch die Kosten aller Folgesachen; das Gleiche gilt bei Rücknahme des Scheidungsantrages. Bei Rücknahme oder Abweisung beider Scheidungsanträge oder Erledigung des Verfahrens in der Hauptsache sind auch die Kosten der abgetrennten Folgesachen gegeneinander aufzuheben.

12   Außergerichtliche Kosten **Drittbeteiligter** werden von der Regelung des Abs 5 S 1 nicht erfasst. Abs 3 betrifft nur die Kostentragung weiterer Beteiligter in nicht abgetrennten Folgesachen mit Ausnahme von Unterhalts- und Güterrechtssachen.

13   Auch für die Kostenverteilung in abgetrennten Folgesachen gilt die **Billigkeitsklausel** des Abs 4. Sie ist jedoch beschränkt auf als Folgesache geführten Unterhalts- und Güterrechtssachen. Diese Möglichkeit des Ausgleichs ist notwendig bei unbegründeten oder überhöhten Unterhalts- oder Güterrechtsansprüchen. Ein Ehegatte kann mit dem Scheidungsantrag durchdringen, jedoch uU mit diesen Leistungsansprüchen ganz oder teilweise unterliegen; dann wäre es unbillig, wenn der Antragsgegner die gesamten Kosten dieser Folgesachen zu tragen hätte.

6. Kostenverteilung in selbständig fortgeführten Familiensachen

14   Kindschaftssachen nach § 137 III können auf Antrag in den Verbund einbezogen werden. Ist dies geschehen, erfolgt jedoch nachträglich eine Abtrennung nach § 140 II Nr 3, werden diese als selbständige Verfahren fortgeführt (§ 137 V). Wird ein Scheidungsantrag zurückgenommen, erstrecken sich die Wirkungen der Rücknahme grundsätzlich auch auf die Folgesachen (§ 141 S 1). Hiervon **ausgenommen** sind **Kindschaftssachen** nach § 137 III, soweit sie auf Antrag Folgesache geworden sind; ferner solche Folgesachen, hinsichtlich derer ein Beteiligter vor Wirksamwerden der Rücknahme ausdrücklich **erklärt** hat, sie **fortführen** zu wollen. Diese Folgesachen werden als selbständige Familiensachen fortgeführt. Bei Abweisung eines Scheidungsantrages werden die Folgesachen grundsätzlich gegenstandslos (§ 142 II 1), auch hiervon werden ausgenommen Kindschaftssachen, die nach § 137 III auf Antrag zur Folgesache geworden sind und solche Folgesachen, hinsichtlich

§ 150 Kosten in Scheidungssachen und Folgesachen **§ 150**

derer ein Beteiligter vor der Entscheidung ausdrücklich erklärt hat, sie fortführen zu wollen (§ 142 II 2). Auch diese Folgesachen werden als selbständige Familiensachen fortgeführt (§ 142 II 3).

Für diese selbständig fortgeführten Familiensachen ergeht die Kostenentscheidung nach dem Grundsatz der für die **jeweilige** Familiensache **maßgebenden Kostenvorschriften**. In Angelegenheiten der freiwilligen Gerichtsbarkeit sind dies die §§ 80–85; in den selbständig fortgeführten Familienstreitsachen nach § 112 Nr 1 (Unterhaltssachen), Nr 2 (Güterrechtssachen) sind dies die Kostenvorschriften der ZPO (§ 113 I). 15

7. Rechtsmittel

Die Kostenentscheidung in Scheidungs- und Folgesachen kann nur zusammen mit der Hauptsache angefochten werden (§ 99 I ZPO); die Verteilung der Rechtsmittelkosten erfolgt auf der Grundlage des § 97 ZPO, auch soweit es sich um Folgesachen in Angelegenheiten der freiwilligen Gerichtsbarkeit handelt. Ausgenommen hiervon sind selbständig fortgeführte Familiensachen aus dem Bereich der freiwilligen Gerichtsbarkeit, für die die Kostenvorschriften der §§ 80 ff gelten. Da eine dem § 20a FGG entsprechende Vorschrift nicht in das Gesetz aufgenommen worden ist, können Kostenentscheidungen in selbständig fortgeführten Familiensachen aus dem Bereich der freiwilligen Gerichtsbarkeit gesondert nach §§ 58 I, 61 angefochten werden. Die Kostenentscheidung bei einem erfolglosen Rechtsmittel in der Scheidungssache erfolgt nach § 97 I ZPO. Ist der im Rechtsmittelverfahren erfolgreiche Scheidungsantrag in erster Instanz an einer verfrühten Antragstellung gescheitert (§ 1565 II BGB), können die Kosten des Rechtsmittelverfahrens dem Beschwerdeführer in analoger Anwendung des § 97 II ZPO auferlegt werden (BGH, FamRZ 97, 347); diese analoge Anwendung kommt nicht in Betracht bei beiderseitig verfrühter Antragstellung (OLG Hamm, FamRZ 99, 726); auch nicht bei einem Scheidungsantrag, der wegen § 1568 BGB erfolglos bleibt. Im Übrigen gelten die Grundsätze des § 150 bei der Kostenverteilung in Scheidungs- und Scheidungsfolgesachen auch in der Rechtsmittelinstanz. Auch § 516 III ZPO ist anwendbar (§ 117 II 1). Bei Erfolg des Rechtsmittels sind die Kosten des Rechtsmittelverfahrens nach Abs 1, 4 zu verteilen. In Folgesachen, die die gesetzliche Unterhaltspflicht betreffen, kann eine abweichende Kostenverteilung nach billigem Ermessen erfolgen, wenn der in Anspruch Genommene seiner Verpflichtung, über Einkünfte und Vermögen Auskunft zu erteilen, nicht oder nicht vollständig nachgekommen ist. 16

Hat ein **Drittbeteiligter** Rechtsmittel eingelegt, trägt er die Kosten des Rechtsmittels, wenn dieses erfolglos ist, nach § 97 I ZPO (OLG Naumburg, FamRZ 01, 1374). Bei erfolgreichem Rechtsmittel tragen die Ehegatten die Kosten des Rechtsmittelverfahrens im Verhältnis zu dem Drittbeteiligten nach § 91 ZPO, bei Teilerfolg Kostenverteilung nach § 92 ZPO. Der auf die Ehegatten entfallende Anteil wird unter diesen nach § 150 I verteilt. Bei einem Versorgungsträger als Drittbeteiligtem ist § 97 II ZPO anzuwenden, wenn dieser auf Grund einer Korrektur seiner Auskunft obsiegt, die er erst nach dem Urteil der ersten Instanz vorgelegt hat (OLG Naumburg, FamRZ 02, 1631). 17

Abschnitt 3
Verfahren in Kindschaftssachen

Kindschaftssachen

151 Kindschaftssachen sind die dem Familiengericht zugewiesenen Verfahren, die
1. die elterliche Sorge,
2. das Umgangsrecht,
3. die Kindesherausgabe,
4. die Vormundschaft,
5. die Pflegschaft oder die gerichtliche Bestellung eines sonstigen Vertreters für einen Minderjährigen oder für eine Leibesfrucht,
6. die Genehmigung der freiheitsentziehenden Unterbringung eines Minderjährigen (§§ 1631 b, 1800 und 1915 des Bürgerlichen Gesetzbuchs),
7. die Anordnung der freiheitsentziehenden Unterbringung eines Minderjährigen nach den Landesgesetzen über die Unterbringung psychisch Kranker oder
8. die Aufgaben nach dem Jugendgerichtsgesetz

betreffen.

Übersicht

1. Begriff	1
2. Anwendungsbereich	2
3. Bestimmung des Geburtsnamens	14
4. Einbenennung eines Kindes	26
5. Geburtsname bei Annahme eines Kindes	29
6. Öffentlich-rechtliche Namensänderung	30
7. Kindschaftssachen nach dem IntFamRVG	31

1. Begriff

1 Die unter Nr 1–8 aufgeführten Angelegenheiten werden als Kindschaftssachen bezeichnet. Bisher wurde dieser Begriff für die Kindschaftssachen nach §§ 640 ff ZPO verwendet, die nunmehr als Abstammungssachen in den §§ 169–185 dieses Gesetzes behandelt werden; jedoch zählt die Feststellung des Bestehens oder Nichtbestehens der elterlichen Sorge der einen Partei für die andere (§ 640 II ZPO aF) nunmehr zu den Kindschaftssachen nach der neuen Begriffsbestimmung des § 151. Nach der Abschaffung des Vormundschaftsgerichts fallen die unter Nr 1–Nr 8 aufgeführten Angelegenheiten einheitlich in die Zuständigkeit des Familiengerichts; damit entfällt die Problematik der Zuständigkeitsabgrenzung zwischen Familiengericht und Vormundschaftsgericht. Für Betreuungs- und Unterbringungssachen treten die Betreuungsgerichte an die Stelle der bisherigen Vormundschaftsgerichte. Ausgenommen hiervon sind Unterbringungssachen, soweit sie Minderjährige

§ 151 Kindschaftssachen **§ 151**

betreffen; diese sind nicht den Betreuungsgerichten zugewiesen, sondern als Kindschaftssachen (Nr 6, Nr 7) den Familiengerichten.

2. Anwendungsbereich

Im Einzelnen gehören zu den Kindschaftssachen nach
Nr 1: Angelegenheiten der **elterlichen Sorge** nach §§ 1626–1693 BGB; 2 auch bei einem Streit von nicht miteinander verheirateten Eltern um das gemeinsame Sorgerecht für ihr Kind nach § 1626 a BGB (für das bisherige Recht: OLG Stuttgart, FamRZ 00, 632). Zu § 1626 a BGB hat der EGMR am 3. 12. 2009 (NJW 10, 501; Coester, NJW 10, 482) entschieden, dass dessen Regelung den Vater eines nichtehelichen Kindes beim Sorgerecht diskriminiert und eine verfahrensrechtliche Überprüfungsmöglichkeit bei Weigerung der Mutter, an einer gemeinsamen Sorgerechtserklärung mitzuwirken, fehlt. Das BVerfG hat am 21. 7. 2010 (FamRZ 10, 1403) den § 1626 a BGB für verfassungswidrig erklärt und eine Übergangsregelung getroffen (Einl 87; Rn 14 zu § 59). Ferner insbesondere die Regelung der Vertretung des Kindes nach § 1629 BGB, Genehmigung von Rechtsgeschäften nach § 1643 BGB, gerichtliche Maßnahmen bei Gefährdung des Kindeswohls nach §§ 1666, 1666 a, 1667 BGB; ein Streit um Eintritt oder Beendigung der elterlichen Sorge (bisher § 640 II 3 ZPO); elterliche Sorge bei getrennt lebenden Eltern (§§ 1671, 1672 I BGB), Ruhen der elterlichen Sorge (§ 1678 II BGB), elterliche Sorge nach Tod eines Elternteils (§§ 1680 II, 1681 BGB), elterliche Sorge nach Entziehung (§ 1680 III BGB); Feststellung des Bestehens oder Nichtbestehens der elterlichen Sorge (§ 62 Rn 1); Änderungen der genannten Entscheidungen nach § 1696 BGB; Maßnahmen zur Durchsetzung von Entscheidungen in Kindschaftssachen, soweit die Anordnungen von dem entscheidenden Gericht und nicht von dem Vollstreckungsgericht durchzuführen sind (§§ 89–91). Soweit Minderjährige unter elterlicher Sorge betroffen sind, sind auch die Verfahren nach §§ 1303 II–IV, 1315 I 1 Nr 1 BGB Kindschaftssachen. Kindschaftssachen sind auch Verfahren nach §§ 1411, 1491 III, 1492 III und 1493 II BGB; sie werden nicht als Güterrechtssachen bewertet, weil das Wohl des Minderjährigen im Vordergrund steht. Es geht um die Reichweite der Befugnisse des Sorgeberechtigten; ferner Entscheidungen nach §§ 112, 113 BGB.

Kindschaftssachen ergeben sich auch aus gesetzlichen Regelung **außerhalb** 3 **des FamFG:**
– Angelegenheiten der **religiösen** Kindererziehung nach dem Gesetz über die religiöse Kindererziehung,
– die Genehmigung zu dem Antrag auf Entlassung eines Kindes oder Mündels aus der deutschen Staatsangehörigkeit nach § 19 Staatsangehörigkeitsgesetz oder zum Antrag auf Erwerb einer ausländischen Staatsangehörigkeit nach § 25 Staatsangehörigkeitsgesetz (OLG Düsseldorf, FamRZ 78, 198),
– die dem Familiengericht nach dem **BKGG** übertragenen Angelegenheiten, 4 die Bestimmung der Anspruchsberechtigten nach 3 IV BKGG (OLG Hamm, Rpfleger 80, 298; BayObLG 81, 137; OLG Zweibrücken, Rpfleger 01, 78).

§ 151
Buch 2 – Verfahren in Familiensachen

5 Für die familiengerichtliche **Genehmigung von Rechtsgeschäften** des gesetzlichen Vertreters nach dem Vermögensgesetz ist nicht das Familiengericht, sondern die Bestellungsbehörde zuständig (KG, Rpfleger 97, 464; Thür OLG Jena, Rpfleger 96, 407; OLG Dresden, FGPrax 96, 7).

6 Nach **Nr 2** sind Kindschaftssachen Angelegenheiten, die das **Umgangsrecht** betreffenden Angelegenheiten nach § 1632 II, §§ 1684, 1685 BGB, ferner auch in den Fällen des § 1666 BGB (KG, FamRZ 06, 1773). Das Recht des Kindes auf Umgang mit seinen Eltern (§ 1884 I BGB) steht dem Kind als höchstpersönliches Recht zu und kann daher auch nur von ihm, vertreten durch den sorgeberechtigten Elternteil oder im Falle eines Interessenkonflikts durch einen Verfahrenspfleger, nicht aber von dem sorgeberechtigten Elternteil in eigenem Namen gerichtlich geltend gemacht werden (BGH, FamRZ 08, 1334).

7 Nach **Nr 3** sind Kindschaftssachen Angelegenheiten, die die **Kindesherausgabe** betreffen, Herausgabe des Kindes, Wegnahme von den Pflegeeltern nach § 1632 I, IV BGB oder von dem Ehegatten oder dem Umgangsberechtigten nach § 1682 BGB.

8 Nach **Nr 4** sind Kindschaftssachen die Vormundschaftssachen über Minderjährige nach §§ 1773 ff BGB. In diesen Anwendungsbereich fallen sämtliche Verfahren, die die Bestimmung der Person oder der Rechte oder Pflichten des Vormundes betreffen, insbesondere die Anordnung und Aufhebung der Vormundschaft (§§ 1773, 1774 BGB, §§ 1882 ff BGB), die Auswahl und Bestellung des Vormunds (§§ 1774 ff BGB), die Bestellung eines Amtsvormundes nach § 1791 b BGB, Entscheidungen bei Inobhutnahme von Kindern und Jugendlichen nach § 42 III 2 Nr 2, 4, V 2 SGB VIII; ferner die Genehmigungen des Familiengerichts (§§ 1819, 1820 BGB, §§ 1821–1832 BGB), die Aufsicht über die Tätigkeit des Vormunds (§§ 1837 ff BGB), (Einl 89), die Entscheidungen über die Vergütung (§§ 1835 ff BGB); auch das Herausgabeverlangen eines Vormundes, wenn dessen Bestellung Folge einer Sorgerechtsregelung gem §§ 1773, 1909 BGB ist (OLG Hamm, FamRZ 05, 814; ohne Einschränkung: KG, FamRZ 06, 278); ferner Entscheidungen des Vormundes nach §§ 112, 113 BGB.

9 Nach **Nr 5** sind Kindschaftssachen auch die Verfahren, die die Pflegschaft oder die **Bestellung eines sonstigen Vertreters** für einen Minderjährigen oder für eine Leibesfrucht betreffen. Sie gehören nicht zu den betreuungsgerichtlichen Zuweisungssachen nach § 340 Nr 1, 2. Erfasst werden alle Angelegenheiten, die auf die Bestimmung der Person des Pflegers oder Vertreters für einen Minderjährigen sowie auf dessen Rechte oder Pflichten beziehen, insbesondere eine Ergänzungspflegschaft nach § 1909 BGB, die Pflegschaft für eine Leibesfrucht nach § 1912 BGB. Ein Ergänzungspfleger kommt ua in Betracht für Genehmigungen von Rechtsgeschäften im Falle des Ausschlusses der Eltern nach §§ 1909, 1915, 1821 Nr. 1, 4 BGB; als Maßregel zum Schutz des Kindes nach §§ 1666, 1693 BGB. Zur Bestellung des Jugendamtes als Ergänzungspfleger: KG, FamRZ 10, 1998. Nach § 1697 BGB kann als Sorgerechtsmaßnahme eine Pflegschaft errichtet werden.

10 Die Bestellung eines Vertreters kann in Spezialregelungen außerhalb des BGB vorgesehen sein (Rn 7 zu § 340); diese Angelegenheiten sind dann Kindschaftssachen, wenn der Vertretene minderjährig ist.

Nach **Nr 6** sind Kindschaftssachen Verfahren, die die Genehmigung der 11
freiheitsentziehenden Unterbringung eines Minderjährigen nach §§ 1631 b,
1800 und 1915 BGB zum Gegenstand haben. Diese Angelegenheiten, die
bisher den Betreuungssachen zugeordnet waren, werden nunmehr als Kindschaftssachen behandelt. Die für Unterbringungssachen geltenden Vorschriften sind nach Maßgabe des § 167 auf die Unterbringung Minderjähriger
anzuwenden. Nr 6 entspricht dem bisherigen § 70 I Nr 1 a.

Nr 7 erfasst die Anordnungen der freiheitsentziehenden Unterbringung 12
eines Minderjährigen nach den Landesgesetzen über die Unterbringung psychisch Kranker. Sie entspricht beschränkt auf die Unterbringung Minderjähriger dem bisherigen § 70 I Nr 3 FGG.

Nach **Nr 8** sind die dem Familiengericht auf Grund des Jugendgerichts- 13
gesetzes obliegenden Aufgaben Kindschaftssachen. Hierzu gehören ua die
Festsetzung von Erziehungsmaßregeln als Rechtsfolge einer Straftat des Jugendlichen (§§ 9, 53, 104 IV JGG); ferner die Bestellung eines Pflegers nach
§ 67 IV 3 JGG, wenn dem Erziehungsberechtigten oder dem gesetzlichen
Vertreter ihre Verfahrensrechte entzogen worden sind.

3. Bestimmung des Geburtsnamens

Das Gesetz zur Neuordnung des Familiennamensrechts (Familiennamens- 14
rechtsgesetz – FamNamRG) v 16. 12. 1993 hatte in § 1355 BGB die Bestimmung des Ehenamens durch die Ehegatten neu geregelt. § 1355 II BGB, der
das Bestimmungsrecht auf die Geburtsnamen beschränkte, ist für verfassungswidrig erklärt worden (BVerfG, NJW 04, 1155). Durch das Gesetz zur
Änderung des Ehe- und Lebenspartnerschaftsnamensrechts vom 6. 2. 2005
(Einleitung 65) ist § 1355 II BGB geändert worden: Zum Ehenamen kann
jetzt auch ein durch frühere Eheschließung erworbener Name bestimmt
werden. Eine entsprechende Regelung gilt für Lebenspartner (§ 3 I 2
LPartG). Wird der Ehename nicht bestimmt, führen die Ehegatten ihren
zurzeit der Eheschließung geführten Namen auch nach der Eheschließung.
Ein zuvor nach ausländischem Recht bestimmter Ehename kann nach deutschem Recht für die Zukunft neu bestimmt werden, wenn auf Grund Statutenwechsels deutsches Recht maßgebend wird (BGH, Rpfleger 01, 412:
Aussiedler); erneute Rechtswahl auch nach Art 10 III Nr 1 iVm Art 10 II
Nr 1 EGBGB bei späterer Heirat der Kindeseltern (OLG Frankfurt, FGPrax
08, 64). Der Lebenspartnerschaftsname bestimmt sich nach § 3 LPartG.

Führen die Eltern **einen Ehenamen,** hat dies namensrechtliche Auswir- 15
kungen auf den Geburtsnamen des Kindes; es erhält den Ehenamen als
Geburtsnamen (§ 1616 BGB). Für alle anderen Fälle ist durch das Kindrechtsreformgesetz unter Aufgabe der Unterscheidung zwischen ehelichen und
nichtehelichen Kindern die Inhaberschaft der elterlichen Sorge als Anknüpfungspunkt eingefügt worden (§§ 1617–1617 c BGB).

Führen die Eltern **keinen Ehenamen** und steht ihnen das Sorgerecht 16
gemeinsam zu, muss der Geburtsname des Kindes bestimmt werden. Die Eltern
bestimmen in diesem Fall durch Erklärung gegenüber dem Standesbeamten
den Namen, den der Vater oder die Mutter zur Zeit der Erklärung führt, zum
Geburtsnamen des Kindes (§ 1617 I 1 BGB). Treffen die Eltern binnen eines 17

§ 151

Monats nach der Geburt des Kindes keine Bestimmung, überträgt das Familiengericht das **Bestimmungsrecht** einem Elternteil (§ 1617 I 1 BGB). Das Familiengericht kann dem Elternteil für die Ausübung des Bestimmungsrechts eine Frist setzen (§ 1617 II 3 BGB). Ist nach Ablauf der Frist das Bestimmungsrecht nicht ausgeübt worden, erhält das Kind den Namen des Elternteils, dem
18 das Bestimmungsrecht übertragen ist (§ 1617 II 4 BGB). Ein **Elternteil,** dem die elterliche Sorge nachträglich übertragen wird, kann dem Kind in entsprechender Anwendung des § 1617a II BGB mit Einwilligung des anderen Elternteils seinen eigenen Namen erteilen (BayObLG, NJWE-FER 01, 41); ebenso der Vater nach dem Tod der sorgeberechtigten Mutter, deren Namen das Kind trägt (BayObLG, FGPrax 04, 235), solange das Kind das 18. Lebensjahr noch nicht vollendet hat (BayObLG, FGPrax 04, 119); jedoch nicht der
19 Vater, der mit der allein sorgeberechtigten Mutter nicht verheiratet war (BGH, NJW 05, 3498). Die Bestimmung der Eltern gilt auch für die **weiteren Kinder** (§ 1617 I 3 BGB) (BayObLG, FamRZ 01, 856); diese Regelung ist mit dem GG vereinbar (BVerfG, NJW 02, 2861 für § 1616 II 3 BGB aF); sie gilt auch für später adoptierte Kinder (OLG Hamm, FGPrax 01, 20). Der Grundsatz der Namenseinheitlichkeit erstreckt sich jedoch nicht auf vor der Ehe geborene Vollgeschwister, deren Namen nach § 1617a II BGB bestimmt worden ist (OLG Karlsruhe, NJW-RR 06, 441).
20 Bestimmen die Eltern einen Ehenamen, nachdem das Kind das 5. Lebensjahr vollendet hat, erstreckt sich der Ehename auf den Geburtsnamen des Kindes nur dann, wenn es sich der Namensgebung **anschließt** (§ 1617 I 1 BGB). Ein Kind, das das 14. Lebensjahr vollendet hat, kann die Erklärung nur selbst abgeben; es bedarf der Zustimmung seines gesetzlichen Vertreters; für noch nicht 14 Jahre alte Kinder muss die Erklärung durch den gesetzlichen Vertreter abgegeben werden (OLG Köln, NJWE-FER 99, 232). Die Erklärung ist gegenüber dem Standesbeamten abzugeben; sie muss öffentlich beglaubigt werden (§ 1617c III BGB). Eine Genehmigung des Familiengerichts (§ 1616a IV BGB aF) für ein Kind, das das 14. Lebensjahr noch nicht vollendet hat, ist nicht mehr vorgesehen. Die Regelung gilt entsprechend in den Fällen des § 1617c II Nr 1 BGB und §§ 1617, 1617a, 1617b BGB.
21 Für das **Verfahren** gelten die allgemeinen Vorschriften für das Verfahren in Kindschaftssachen, insbesondere § 152 für die örtliche Zuständigkeit, § 159 für die persönliche Anhörung des Kindes und § 160 für die Anhörung der Eltern.
22 Die **Einleitung** des Verfahrens erfolgt von Amts wegen, wenn das Recht, den Geburtsnamen des Kindes zu bestimmen, einem Elternteil nach § 1617 II BGB übertragen werden soll. Damit das Gericht von der Notwendigkeit, tätig zu werden, Kenntnis erhält, bestimmt § 168a, dass der Standesbeamte dem
23 für den Wohnsitz oder gewöhnlichen Aufenthalt des Kindes zuständigen Familiengericht eine **Mitteilung** macht, falls die Eltern eines Kindes keinen Ehenamen führen und von ihnen binnen eines Monats nach der Geburt des Kindes der Geburtsname des Kindes nicht bestimmt worden ist. Das Familiengericht überträgt das Bestimmungsrecht auch dann von Amts wegen, wenn
24 ein Kind nicht im **Inland** geboren ist und die Eintragung des Namens des Kindes in ein deutsches Personenstandsbuch oder ein amtliches deutsches Identitätspapier erforderlich wird (§ 1617 III BGB). Im Übrigen überträgt das Familiengericht das Bestimmungsrecht einem Elternteil für ein Kind, das nicht

im Inland geboren ist, nur auf Antrag eines Elternteils oder des Kindes (§ 1617 III BGB).

Die **Erklärungen zur Namensführung** des Kindes (§ 45 I Nr 1–7 PStG) **25** sowie die erforderlichen Einwilligungen eines Elternteils oder des Kindes zu Erklärungen nach § 45 I Nr 6 und 7 PStG sowie etwa hierzu erforderliche Zustimmungen des gesetzlichen Vertreters können auch von dem **Standesbeamten** beglaubigt oder beurkundet werden (§ 45 I 1, 2 PStG). Zuständig ist das Standesamt, das das Geburtenregister, in dem die Geburt des Kindes beurkundet ist, führt. Ist die Geburt des Kindes nicht in einem deutschen Geburtenregister beurkundet, ist das Standesamt zuständig, in dessen Zuständigkeitsbereich der Erklärende seinen Wohnsitz oder seinen gewöhnlichen Aufenthalt hat. Ergibt sich danach keine Zuständigkeit, ist das Standesamt I in Berlin zuständig (§ 45 II 1, 2, 3 PStG).

4. Einbenennung eines Kindes

Die Einbenennung eines Kindes durch einen leiblichen Elternteil und **26** Stiefelternteil ist auch bei gemeinsamer Sorge der leiblichen Eltern möglich. Dies hat der Gesetzgeber durch Neufassung des § 1618 I 1 BGB (Einleitung 54) klargestellt (Art 1 Kinderrechteverbesserungsgesetz vom 9. 4. 2002 – BGBl I S. 1239). Diese Änderung entsprach der schon zuvor berichtigenden Auslegung durch die Rspr: OLG Hamm, FGPrax 00, 235; BayObLG, FGPrax 01, 77; OLG Karlsruhe, Rpfleger 01, 545). Eine dem § 1618 S 1 BGB entsprechende Regelung enthält § 9 V LPartG für eingetragene Lebenspartnerschaften; § 1618 S 2–6 BGB gilt entsprechend.

Die **Voranstellung oder Anfügung** des neuen Namens bedarf der Ein- **27** willigung des Elternteils, dessen Name das Kind führt; die Einwilligung kann durch das Familiengericht ersetzt werden (§ 1618 S 4 BGB). Die Ersetzung setzt voraus, dass die Namensänderung zum Wohl des Kindes „erforderlich" ist (BGH, NJW 02, 300; OLG Köln, NJW-RR 00, 1102; OLG Oldenburg, NJW-RR 00, 1169; OLG Stuttgart, NJW-RR 00, 1102; OLG Naumburg, Rpfleger 02, 27; OLG Koblenz, FamRZ 09, 439). Ob bei Tod des anderen Elternteils die Ersetzung der Einwilligung des verstorbenen Elternteils durch das Familiengericht erforderlich ist, wird nicht einheitlich beantwortet. Die herrschende Meinung verneint in diesem Fall das Erfordernis der Ersetzung (BayObLG, Rpfleger 04, 624, OLG Hamm, FGPrax 08, 66; aA OLG Zweibrücken (3. ZS), FamRZ 99, 1372). Keine gerichtliche Ersetzung einer Einbenennungserklärung des Stiefvaters in analoger Anwendung des § 1618 S 4 BGB, weil es sich um eine absolut freie höchstpersönliche Entscheidung handelt (OLG Zweibrücken, Rpfleger 04, 483).

Die **Erklärungen** zur Namensführung des Kindes nach § 45 I Nr 6, 7, die **28** hierzu erforderlichen Einwilligungen eines Elternteils oder des Kindes sowie eine etwa hierfür erforderliche Zustimmung des gesetzlichen Vertreters können auch von dem Standesbeamten beglaubigt oder beurkundet werden (§ 45 I PStG). Zur Beurkundung der namensrechtlichen Erklärungen zur Einbenennung des Kindes ist der Standesbeamte unabhängig davon verpflichtet, ob es der Ersetzung der Einwilligung bedarf (OLG Frankfurt, FGPrax 01, 201). Das Familiengericht hat keine eigene Beurkundungszuständigkeit für

§ 152

die Einverständniserklärung des anderen Elternteils (OLG Hamm, Rpfleger 10, 507). Formwirksam kann eine solche Erklärung im Rahmen eines gerichtlichen Vergleichs (§ 127 a BGB) abgegeben werden.

5. Geburtsname bei Annahme eines Kindes

29   Im Falle der Annahme eines Kindes erhält dieses als Geburtsnamen den Familiennamen des Annehmenden. Als Familienname gilt nicht der dem Ehenamen oder dem Lebenspartnerschaftsnamen (§ 3 LPartG) hinzugefügte Name (§ 1757 II BGB). Nimmt ein Ehepaar ein Kind an oder nimmt ein Ehegatte ein Kind des anderen Ehegatten an und führen die Ehegatten keinen Ehenamen, bestimmen sie den Geburtsnamen des Kindes vor dem Ausspruch der Annahme durch Erklärung gegenüber dem Familiengericht (§ 1757 II 1 BGB). Hat das Kind das 5. Lebensjahr vollendet, ist die Bestimmung nur wirksam, wenn es sich der Bestimmung vor dem Ausspruch der Annahme durch Erklärung gegenüber dem Familiengericht anschließt. Ein Kind, das das 14. Lebensjahr vollendet hat, kann die Erklärung nur selbst abgeben; es bedarf der Zustimmung seines gesetzlichen Vertreters (§ 1757 II 2 iVm § 1617 I 2 BGB). Im Falle des § 1757 IV BGB kann die Einwilligung oder Zustimmung des Vormundes oder Pflegers durch das Familiengericht ersetzt werden (§ 1757 IV 2 iVm § 1746 III 1. Hs BGB).

6. Öffentlich-rechtliche Namensänderung

30   Sie bleibt nach § 3 NÄG auch nach Inkrafttreten des KindRVerbG in Fällen der „Scheidungshalbwaisen" möglich. Ein wichtiger Grund für eine Namensänderung ist, jedenfalls bei fehlender Einwilligung des nicht sorgeberechtigten Elternteils, nur gegeben, wenn diese zum Wohl des Kindes erforderlich ist (BVerwG, NJW 02, 2406; OVG Lüneburg, NJW 00, 3351; OVG Münster, NJW 01, 2565).

7. Kindschaftssachen nach dem IntFamRVG

31   Die Ausführungsvorschriften für das Haager Übereinkommen über die zivilrechtlichen Aspekte internationaler Kindesentführung (HKÜ) sind nach Aufhebung des SorgeRÜbAG jetzt in das IntFamRVG integriert (§ 101, Rn 24). Eingehende Ersuchen, mit denen die Rückführung von Kindern aus Deutschland in das Ausland erreicht werden soll, gehören in die Zuständigkeit des Familiengerichts (§ 23 b Ziff 11 GVG, §§ 10–13 IntFamRVG); die örtliche Zuständigkeit bestimmt sich nach §§ 11, 12 IntFamRVG. Für ausgehende Ersuchen über die Rückführung von Kindern gelten die allgemeinen Vorschriften über die sachliche Zuständigkeit.

Örtliche Zuständigkeit

152 (1) **Während der Anhängigkeit einer Ehesache ist unter den deutschen Gerichten das Gericht, bei dem die Ehesache im ersten Rechtszug anhängig ist oder war, ausschließlich zuständig für Kindschaftssachen, sofern sie gemeinschaftliche Kinder der Ehegatten betreffen.**

§ 152 Örtliche Zuständigkeit **§ 152**

(2) **Ansonsten ist das Gericht zuständig, in dessen Bezirk das Kind seinen gewöhnlichen Aufenthalt hat.**

(3) **Ist die Zuständigkeit eines deutschen Gerichts nach des Absätzen 1 und 2 nicht gegeben, ist das Gericht zuständig, in dessen Bezirk das Bedürfnis der Fürsorge bekannt wird.**

(4) **Für die in den §§ 1693 und 1846 des Bürgerlichen Gesetzbuchs und in Artikel 24 Abs. 3 des Einführungsgesetzes zum Bürgerlichen Gesetzbuche bezeichneten Maßnahmen ist auch das Gericht zuständig, in dessen Bezirk das Bedürfnis der Fürsorge bekannt wird. Es soll die angeordneten Maßnahmen dem Gericht mitteilen, bei dem eine Vormundschaft oder Pflegschaft anhängig ist.**

1. Anwendungsbereich

Die allgemein für die Bestimmung der örtlichen Zuständigkeit maßgebenden Grundsätze sind in den §§ 2–5 geregelt. Nach § 2 I sind die Umstände für die Bestimmung der örtlichen Zuständigkeit maßgebend, die in dem Zeitpunkt vorliegen, in dem das Gericht mit der Angelegenheit „befasst" wird. Befasst ist das Gericht in Amtsverfahren, sobald es von Tatsachen amtlich Kenntnis erhält, die Anlass zum Tätigwerden geben, in Antragsverfahren mit dem Eingang des Antrags. § 2 II bestimmt die **Fortdauer** der einmal begründeten örtlichen Zuständigkeit auch bei Veränderung der sie begründenden Umstände, § 3 die Verweisung bei örtlicher oder sachlicher Unzuständigkeit, § 4 die Möglichkeit der Abgabe aus wichtigem Grund an ein anderes Gericht und § 5 die Bestimmung der örtlichen Zuständigkeit bei Verhinderung, Ungewissheit oder Kompetenzkonflikten. 1

§ 152 ersetzt die bisherigen differenzierten Regelungen der örtlichen Zuständigkeit in Angelegenheiten, die dem jetzigen Begriff der Kindschaftssachen entsprechen, durch eine **vereinfachte** Regelung. Anknüpfungspunkte sind während der Anhängigkeit einer Ehesache das Gericht der Ehesache, wenn die Angelegenheit gemeinschaftliche Kinder betrifft (Abs 1); im Übrigen wird an den gewöhnlichen Aufenthalt des Kindes (Abs 2) und hilfsweise an das Fürsorgebedürfnis (Abs 3, 4) angeknüpft. Der Wohnsitz entfällt allgemein als Anknüpfungspunkt für die örtliche Zuständigkeit; an seine Stelle tritt der gewöhnliche Aufenthalt. Dieser wird von einer auf längere Dauer angelegten sozialen Eingliederung, die den Aufenthalt als Mittelpunkt der Lebensführung ausweist, gekennzeichnet. Wenn abweichend von § 152 ein anderes Gericht größere Sachnähe aufweist, ist Abgabe aus wichtigem Grund nach § 4 möglich. 2

2. Anhängigkeit einer Ehesache

Ausschließlich örtlich zuständig ist während der Anhängigkeit einer Ehesache (§ 121) für Kindschaftssachen, sofern sie gemeinschaftliche Kinder der Ehegatten betreffen, das Gericht des ersten Rechtszuges, bei dem die Ehesache anhängig ist oder war. **Anhängig** ist die Ehesache mit der Einreichung einer Antragsschrift (§ 124 S 1), nicht erst ab Zustellung; durch einen Antrag auf Verfahrenskostenhilfe wird die Ehesache noch nicht anhängig. Zuständig ist das Gericht erster Instanz, auch wenn sich die Sache schon in der Rechts- 3

§ 152
Buch 2 – Verfahren in Familiensachen

mittelinstanz befindet. Die ausschließliche Zuständigkeit nach § 152 I erlischt, wenn die Ehesache nicht mehr anhängig ist, bei rechtskräftiger Entscheidung, Rücknahme oder sonstiger Erledigung. Die Zuständigkeitskonzentration auf das Gericht der Ehesache **entfällt** auch dann, wenn nach Erledigung der Ehesache noch eine Folgesache anhängig bleibt. Die örtliche Zuständigkeit

4 bestimmt sich dann nach Nr 2 (gewöhnlicher Aufenthalt des Kindes) oder Nr 3 (Fürsorgebedürfnis). Die ausschließliche Zuständigkeit des Gerichts der Ehesache gilt nicht nur wie bisher in § 621 II 1 Nr 1–3 ZPO aF für die elterliche Sorge (Nr 1), die Umgangsregelung (Nr 2) und Herausgabe eines Kindes (Nr 3), sondern erfasst darüber hinaus **alle Kindschaftssachen** nach § 151 Nr 1–8, soweit sie **gemeinschaftliche Kinder** der Ehegatten betreffen. Der Kreis der von der Zuständigkeitskonzentration erfassten Verfahren ist nicht identisch mit den Verfahren, die als Folgesache nach § 137 III in den Verbund einbezogen werden. Abs 1 wird **ergänzt durch** § 153, der den Fall regelt, dass eine Ehesache, die ein gemeinschaftliches Kind der Ehegatten betrifft, anhängig wird, nachdem eine Kindschaftssache bereits bei einem

5 anderen Gericht des ersten Rechtszuges anhängig ist. Zu dem Kreis der Kindschaftssachen, für die bei Anhängigkeit einer Ehesache das erstinstanzliche Gericht der Ehesache örtlich zuständig ist, gehören insbesondere die Regelung der elterlichen Sorge (§ 151 **Nr 1**), bei Getrenntleben nach §§ 1671, 1672 BGB; auch die Übertragung der elterlichen Sorge auf einen Vormund (§ 1773 I BGB) oder Pfleger (§ 1915 I iVm § 1773 I BGB); das Umgangsrecht **(Nr 2)** mit den Eltern (§ 1684 BGB), den Großeltern, Geschwistern (§ 1685 I BGB), mit sonstigen Bezugspersonen (§ 1685 II BGB); die Umgangsregelung soll umfassend durch ein Gericht entschieden werden. Ferner wird erfasst die **Kindesherausgabe** (§ 151 **Nr 3**); diese jedoch nur soweit die Herausgabe von einem an den anderen Elternteil erfolgen soll, nicht Herausgabeansprüche von oder gegenüber Dritten (Vormund, Pfleger). Ferner die Anordnung eines Ergänzungspflegers nach § 1909 BGB (§ 151 **Nr 5**); **freiheitsentziehende Maßnahmen** in Bezug auf den Minderjährigen nach § 151 **Nr 6, 7**); auch die Aufgaben nach dem **JGG** (§ 151 **Nr 8**), zB die Festsetzung von Erziehungsmaßregeln nach § 9 JGG.

3. Gewöhnlicher Aufenthalt des Kindes

6 Soweit die Voraussetzungen für eine ausschließliche Zuständigkeit des Gerichts der Ehesache nach Abs 1 nicht gegeben sind, ist Anknüpfungspunkt für die örtliche Zuständigkeit der gewöhnliche Aufenthalt des Kindes. Ein gewöhnlicher Aufenthalt ist durch eine gewisse Dauer und Regelmäßigkeit des Aufenthaltes sowie das Vorhandensein solcher Beziehungen zur Umwelt gekennzeichnet, die die Annahme einer sozialen Integration rechtfertigen (OLG Hamm, FamRZ 08, 1007: Bei Aufenthalts- oder Obhutswechsel); kein gewöhnlicher Aufenthalt des Kindes bei Verstoß gegen Verbleibensanordnung, wenn noch mit Rückführung gerechnet werden muss (OLG Zweibrücken, FamRZ 08, 1258). Ein rechtlicher oder natürlicher Bleibewille ist nicht erforderlich (OLG Frankfurt, FamRZ 06, 883); eine vorübergehende Abwesenheit (BGH, FamRZ 75, 272; OLG Hamm, FamRZ 74, 255; OLG Stuttgart, OLG 75, 391) steht nicht entgegen; auch ein entgegenstehender Wille

§ 152 Örtliche Zuständigkeit **§ 152**

des sorgeberechtigten Elternteils ist unbeachtlich, weil der gewöhnliche Aufenthalt nur aus der Beurteilung tatsächlicher Umstände abgeleitet wird. Die für die Begründung eines gewöhnlichen Aufenthalts erforderliche soziale Integration setzt bei Kindern verschiedenen Alters verschiedene Zeiträume voraus (OGH Wien, IPRrax 92, 176). Der gewöhnliche Aufenthalt ist **selb-** 7 **ständig** zu bestimmen, unabhängig vom Aufenthalt oder Wohnsitz der Eltern. Der gewöhnliche Aufenthalt kann auch an **mehreren** Orten bestehen (BayObLG 80, 52); der Vorrang bestimmt sich dann nach § 2 I; danach ist das Gericht zuständig, das zuerst mit der Sache befasst wurde. Abs 2 wird ergänzt durch § 154, danach soll es unter bestimmten Voraussetzungen bei der Zuständigkeit des Gerichts des ursprünglichen gewöhnlichen Aufenthaltes des Kindes bleiben, wenn ein Elternteil ohne Zustimmung des anderen Elternteils den gewöhnlichen Aufenthalt des Kindes durch Umzug geändert hat und dadurch ein anderer Gerichtsstand begründet wurde.

In Kindschaftssachen für **Geschwisterkinder** bestand bisher eine einheit- 8 liche Zuständigkeitsregelung in § 36 I 2 iVm § 64 I, § 43 I FGG. Danach bestand bisher folgende Regelung: Waren für mehrere Geschwister Anordnungen verschiedener Art vorzunehmen, war die Zuständigkeit für jede Verrichtung besonders zu bestimmen; es gab wie auch nach der Neuregelung keine einheitliche Zuständigkeit. Waren jedoch für mehrere Geschwister dieselben Verrichtungen (BayObLG, NJWE-FER 00, 17) vorzunehmen, galt Folgendes: War für eines oder mehrere Geschwister bereits eine Vormundschaft oder Pflegschaft anhängig, war das Gericht zuständig, bei dem diese anhängig war (§ 43 II FGG). War für keines der Geschwister eine Vormundschaft oder Pflegschaft anhängig, war der Wohnsitz oder Aufenthalt des jüngsten der Geschwister maßgebend (§ 36 I 2 FGG). War über ein oder mehrere Geschwister eine Vormundschaft, nicht Pflegschaft, anhängig und betraf die Anordnung andere Geschwister, war das Gericht, bei dem die Vormundschaft anhängig war, zuständig (§ 36 I 2 FGG). In § 152 wird diese sinnvolle Regelung nicht übernommen. Eine Zuständigkeitskonzentration wird nach Abs 1 nur für den Fall der Anhängigkeit einer Ehesache geregelt, nicht jedoch für die außerhalb einer Ehesache zu entscheidenden Vormundschaftssachen über Minderjährige (§ 151 Nr 4). Der Bundesrat (BT-Drs 16/6308 S 374) hat nicht eine Zuständigkeitskonzentration für bei Familiengerichten anhängige Vormundschaftssachen vorgeschlagen, jedoch eine solche für Kindschaftssachen, wenn diese für Geschwister bei verschiedenen Gerichten anhängig sind. Die Bundesregierung hat demgegenüber auf die Möglichkeit der Abgabe aus wichtigem Grund nach § 4 hingewiesen, durch die im Einzelfall eine Zusammenführung der Verfahren erfolgen könnte (BT-Drs 16/6308 S 413).

4. Bedürfnis der Fürsorge

Ist weder eine Ehesache anhängig (Abs 1) noch ein gewöhnlicher Aufenthalt 9 des Kindes feststellbar, ist das Gericht zuständig, in dessen Bezirk das Bedürfnis der Fürsorge bekannt wird (Abs 3). Ein Bedürfnis der Fürsorge besteht überall da, wo der Minderjährige (Mündel, Pflegling) der Fürsorge durch das Familiengericht bedarf. Voraussetzung ist, dass ein gewöhnlicher Aufenthalt des Kindes

§ 152 Buch 2 – Verfahren in Familiensachen

nicht festgestellt werden kann oder ein Aufenthalt sich noch nicht zu einem gewöhnlichen Aufenthalt verdichtet hat oder im Ausland liegt.

10 Der Gerichtsstand des Bedürfnisses der Fürsorge (Abs 3) findet auch auf den Fall des bisherigen § 36a FGG Anwendung, der die örtliche Zuständigkeit für die Bestellung eines Vormundes **vor der Geburt** des Kindes nach § 1774 S 2 BGB regelte, wenn zu erwarten war, dass das Kind im Zeitpunkt der Geburt eines Vormundes bedurfte, weil die Mutter minderjährig war. Bisher war Bezugsperson für die Anknüpfung der örtlichen Zuständigkeit die Mutter (OLG Oldenburg, FamRZ 08, 426). Auch das jetzt maßgebende Anknüpfungskriterium der Fürsorge wird sich hieran orientieren.

11 Tritt eine **Vormundschaft kraft Gesetzes** nach § 1791c BGB; §§ 55, 56, 57 KJHG ein oder soll schon vor der Geburt des Kindes ein Vormund bestellt werden, weil anzunehmen ist, dass das Kind mit seiner Geburt eines Vormundes bedarf (§ 1774 S 2 BGB) wurde die örtliche Zuständigkeit bisher nach § 36b FGG an das Gericht des Geburtsortes angeknüpft, wenn Anordnungen zu treffen zu waren, die ein Warten bis zum Eingreifen des zuständigen Gerichts nicht als tragbar erscheinen ließen, zB die Erteilung einer Bescheinigung nach § 1791c III BGB. Zuständig war bisher das Gericht des Geburtsortes. An seine Stelle tritt der Ort des Fürsorgebedürfnisses, das an dem Geburtsort entsteht. Diese durch ein Fürsorgebedürfnis vor der Geburt begründete Zuständigkeit bleibt anders als bisher bestehen, weil das Bedürfnis der Fürsorge nicht nur Anknüpfungspunkt für eilige Maßnahmen, sondern auch für die Hauptsache ist.

12 Für die **Pflegschaft über eine Leibesfrucht** nach **§ 1912 BGB**, die anzuordnen ist, soweit deren künftige Rechte der Fürsorge bedürfen, war bisher nach § 40 FGG das Gericht örtlich zuständig, das für die Vormundschaft zuständig gewesen wäre, falls das Kind zu der Zeit, zu welcher das Bedürfnis der Fürsorge hervortritt, geboren wäre. Künftige Rechte, die schon der Leibesfrucht zustehen, können sein Rechte aus Vermächtnis, aus Nacherbschaft oder aus einem zu ihren Gunsten geschlossenen Vertrag. Auch die örtliche Zuständigkeit für diese Angelegenheiten bestimmt sich nunmehr nach dem Bedürfnis der Fürsorge; dieses besteht dort, wo die genannten Rechte schon vor der Geburt wahrzunehmen sind.

13 Eine **Pflegschaft für unbekannte Beteiligte** kann nach § 1913 BGB angeordnet werden, wenn unbekannt oder ungewiss ist, wer bei einer Angelegenheit der Beteiligte ist und für die Angelegenheit eine Fürsorge erforderlich ist. Diese Angelegenheit ist dann eine Kindschaftssache nach § 151 Nr 5, wenn davon ausgegangen werden kann, dass dieser minderjährig ist, eine Feststellung, die jedoch nicht getroffen werden kann, wenn der Beteiligte unbekannt ist oder ungewiss ist, wer Beteiligter ist. Eine unterschiedliche Behandlung von Minderjährigen und Volljährigen in diesem Bereich ist daher wenig sinnvoll. In Betracht kommt die Anwendbarkeit auf Nacherben (§§ 2100ff BGB), die noch nicht erzeugt sind. § 1913 BGB kommt in diesem Fall jedoch nur dann zur Anwendung, wenn nicht die Zuständigkeit des Nachlassgerichts für die Bestellung eines Nachlasspflegers nach § 1960 BGB gegeben ist. Die Zuständigkeit für die Bestellung eines Pflegers nach § 1913 BGB wird ebenso wie bisher in § 41 FGG durch das Bedürfnis der Fürsorge nach Abs 3 bestimmt.

§ 152 Örtliche Zuständigkeit **§ 152**

5. Eilmaßnahmen

Abs 4 entspricht dem bisherigen § 44 FGG. Er schafft eine zusätzliche 14
örtliche Zuständigkeit, um ein rechtzeitiges Eingreifen des Gerichts zu sichern, wenn es an einem gesetzlichen Vertreter fehlt. Die Zuständigkeit des Gerichts, in dessen Bezirk das Bedürfnis der Fürsorge bekannt wird, wird begründet nach § 1693 BGB bei vorübergehender Verhinderung (vollständig oder in einzelnen Beziehungen) der Eltern, vorausgesetzt, dass auch der andere Elternteil die elterliche Sorge nicht hat (§ 1678 BGB); nach § 1846 BGB, wenn der Vormund noch nicht oder nicht wieder bestellt ist oder der amtierende Vormund an der Erfüllung seiner Pflicht verhindert ist; ferner nach Art 24 III EGBGB, wenn vorläufige Maßnahmen zur Fürsorge für einen minderjährigen Ausländer notwendig werden, über den im Inland eine Vormundschaft oder Pflegschaft angeordnet werden soll; diese unterliegen dem Recht des anordnenden Staates. In den Anwendungsbereich fallen auch 15
Unterbringungsmaßnahmen nach § 1846 BGB; § 334 findet Anwendung. Vorläufige Maßnahmen können bestehen in der Bestellung eines Pflegers, Handeln als Vertreter des Kindes, Vermögen in Verwahrung nehmen. Die zusätzliche Zuständigkeit des Abs 4 beschränkt sich auf einstweilige Maßnah- 16
men. Mit Wegfall des Fürsorgebedürfnisses **entfällt** auch die Zuständigkeit nach Abs 4, auch dann, wenn das in der Hauptsache zuständige Gericht tätig wird mit der Wirkung, dass die angeordneten Maßregeln gegenstandslos werden, soweit das zuständige Gericht eine abweichende Regelung trifft. Für die Beschwerde gegen Maßnahmen des nach Abs 4 tätig gewordenen Gerichts ist nach Übernahme durch das zuständige Gericht das diesem vorgeordnete Beschwerdegericht zuständig.

Es besteht eine **Mitteilungspflicht** für das Gericht, das einstweilige Maß- 17
nahmen erlassen hat; die angeordneten Maßnahmen sind dem Gericht mitzuteilen, bei dem eine Vormundschaft oder Pflegschaft anhängig ist (Abs 4 S 2). Mitteilungspflichten nach dem Minderjährigenschutzabkommen ergeben sich aus Art 11 des Abkommens, Art 2 des Zustimmungsgesetzes.

6. Funktionelle Zuständigkeit

Die Erledigung der richterlichen Geschäfte in Kindschaftssachen nach 18
§ 151 ist grundsätzlich dem **RPfl** nach § 3 Nr 2 a RPflG übertragen; die dem Richter vorbehaltenen Geschäfte ergeben sich aus § 14 RPflG (Vorbehaltsübertragung). Die Vermutung spricht daher für die Zuständigkeit des Rechtspflegers; diese ist auch gegeben für die in Art 3 V 2 RuStAÄndG vorgesehene gerichtliche Genehmigung (KG, OLG 78, 388). Soweit noch eine Beurkundungszuständigkeit bestehen geblieben ist, ist hierfür nach § 3 Nr 1 f RPflG der RPfl zuständig.

Der **Richter** ist in den ihm vorbehaltenen Angelegenheiten, die dem Familiengericht übertragen sind, zuständig (§ 14 I Nr 1–12 RPflG); im Einzelnen sind dem Richter vorbehalten: nach **Nr 1** Maßnahmen nach § 1666 BGB; nach **Nr 2** Übertragung der elterlichen Sorge nach §§ 1671, 1672, 1678 II, 1680 II, III, 1681 I, II BGB; nach **Nr 3** Übertragung von Angelegenheiten der elterlichen Sorge auf die Pflegeperson nach § 1630 III BGB; nach **Nr 4** Entscheidung von Meinungsverschiedenheiten zwischen Sorgeberech-

445

§ 153

Buch 2 – Verfahren in Familiensachen

tigten; nach **Nr 5** Ersetzung der Sorgeerklärung nach Art 224 § 2 Abs 3 EGBGB; nach **Nr 6** Regelung des persönlichen Umgangs zwischen Eltern und Kindern sowie Kindern und Dritten nach § 1684 III, IV, § 1685 III BGB, Entscheidung über die Beschränkung oder den Ausschluss des Rechts zur alleinigen Entscheidung in Angelegenheiten des täglichen Lebens nach §§ 1687, 1687a BGB sowie über Streitigkeiten, die eine Angelegenheit nach § 1632 II BGB betreffen; nach **Nr 7** Entscheidung über den Anspruch auf Herausgabe eines Kindes nach § 1632 I BGB sowie Entscheidung über den Verbleib des Kindes bei der Pflegeperson nach § 1632 IV BGB oder bei dem Ehegatten, Lebenspartner oder Umgangsberechtigten nach § 1682 BGB; nach **Nr 8** Anordnung einer Vormundschaft oder einer Pflegschaft über einen Angehörigen eines fremden Staates einschließlich der vorläufigen Maßregeln nach Art 24 EGBGB; nach **Nr 9** Maßnahmen, die die religiöse Kindererziehung nach § 1801 BGB sowie nach §§ 2, 3 und 7 des Gesetzes über die religiöse Kindererziehung betreffen; nach **Nr 10** Ersetzung der Zustimmung a) eines Sorgeberechtigten zu einem Rechtsgeschäft, b) eines gesetzlichen Vertreters zu der Sorgeerklärung eines beschränkt geschäftsfähigen Elternteils nach § 1626 II 1 BGB, c) des gesetzlichen Vertreters zur Bestätigung der Ehe nach § 1315 I 3, 2. Hs BGB; nach **Nr 11** Befreiung vom Erfordernis der Volljährigkeit nach § 1303 II BGB und die Genehmigung einer ohne diese Befreiung vorgenommenen Eheschließung nach § 1315 I 1 Nr 1 BGB, nach **Nr 12** die im JGG genannten Verrichtungen mit Ausnahme der Bestellung eines Pflegers nach § 67 IV 3 JGG. In den Rahmen der Entscheidung über Meinungsverschiedenheiten fällt auch die Entscheidung über das Namensbestimmungsrecht nach § 1627 II BGB (OLG Frankfurt, NJW-RR 96, 1288). **Nach § 14 II RPflG** ist der Richter ferner zuständig für Maßnahmen nach §§ 10–15, 20, 21, 32–35, 38, 40, 41, 44, 47 **IntFamRVG**, soweit diese dem Familiengericht obliegen.

7. Kosten (Einl 76)

19 Verfahrenswert: § 3 I iVm §§ 45, 46 FamGKG; Kosten: § 3 II FamGKG iVm Hauptabschnitt 3, Abschnitt 1; Hauptabschnitt 4, Abschnitt 1 des Kostenverzeichnisses.

Abgabe an das Gericht der Ehesache

153 **Wird eine Ehesache rechtshängig, während eine Kindschaftssache, die ein gemeinschaftliches Kind der Ehegatten betrifft, bei einem anderen Gericht im ersten Rechtszug anhängig ist, ist diese von Amts wegen an das Gericht der Ehesache abzugeben. § 281 Abs. 2 und 3 Satz 1 der Zivilprozessordnung gilt entsprechend.**

Diese Vorschrift **ergänzt** die **Zuständigkeitskonzentration** nach § 152 Abs 1. Die Zuständigkeitskonzentration soll auch dann herbeigeführt werden, wenn eine Ehesache rechtshängig wird, nachdem eine Kindschaftssache (auch einstweilige Anordnung), die ein gemeinschaftliches Kind der Ehegatten betrifft, bei einem anderen Gericht im ersten Rechtszug bereits anhängig ist.

§ 154 Verweisung bei einseitiger Änderung des Aufenthalts des Kindes **§ 154**

Die Anhängigkeit beginnt mit der Einreichung der Antragsschrift und, wenn das Verfahren von Amts wegen eingeleitet wird, sobald das Gericht amtlich von Tatsachen Kenntnis erhält, die Anlass zum Tätigwerden geben. Während § 152 I an die Anhängigkeit einer Ehesache, die mit Einreichung des Schriftsatzes begründet wird, anknüpft, ist nach § 153 maßgebend die Rechtshängigkeit der Ehesache, die mit Zustellung der Antragsschrift eintritt (§ 253 I ZPO). Die bei einem anderen Gericht im ersten Rechtszug anhängigen Kindschaftssachen sind von Amts wegen an das Gericht der Ehesache abzugeben. Erfasst werden weitergehend als bisher in § 621 III ZPO aF alle Kindschaftssachen des § 151, soweit sie gemeinschaftliche eheliche Kinder betreffen. Auf die Abgabe findet nach S 2 § 281 II, III 1 ZPO entsprechende Anwendung; die Abgabe ist unanfechtbar und bindend; Mehrkosten werden dem Antragsteller nicht auferlegt, weil auf § 281 III 2 ZPO nicht Bezug genommen wird. Eine Abgabe an das Gericht der Ehesache ist nur zulässig, solange in erster Instanz noch nicht abschließend entschieden worden ist (BGH, NJW 01, 1499 mwN; aA für den Fall der Abweisung einer Klage wegen örtlicher Unzuständigkeit: OLG Hamburg, NJW-RR 93, 1286); Abgabe nicht mehr in der Rechtsmittelinstanz, jedoch möglich nach Zurückverweisung (Johannsen/Henrich/Büte, Rn 3 zu § 153); Abgabe auch dann, wenn zuvor bindend an das abgebende Gericht verwiesen wurde.

Verweisung bei einseitiger Änderung des Aufenthalts des Kindes

154

Das nach § 152 Abs. 2 zuständige Gericht kann ein Verfahren an das Gericht des früheren gewöhnlichen Aufenthaltsorts des Kindes verweisen, wenn ein Elternteil den Aufenthalt des Kindes ohne vorherige Zustimmung des anderen geändert hat. Dies gilt nicht, wenn dem anderen Elternteil das Recht der Aufenthaltsbestimmung nicht zusteht oder die Änderung des Aufenthaltsorts zum Schutz des Kindes oder des betreuenden Elternteils erforderlich war.

§ 154 **ergänzt** die Vorschrift des § 152 II, der für die örtliche Zuständigkeit an den gewöhnlichen Aufenthalt des Kindes anknüpft. § 154 behandelt den Fall, dass ein Elternteil den Aufenthalt des Kindes ohne vorherige Zustimmung des anderen geändert hat, jedoch dann nicht, wenn dem anderen Elternteil das Recht der Aufenthaltsbestimmung nicht zustand. Wenn ein Elternteil durch Wegzug an einen anderen Ort den Aufenthalt des Kindes ändert und dadurch möglicherweise die Zuständigkeit des Gerichts an den neuen Aufenthaltsort begründet wird, kann das Gericht des neuen Aufenthaltsortes nach pflichtgemäßem Ermessen die Angelegenheit an das Gericht des früheren Aufenthaltsortes **verweisen** (S 1 iVm § 3). Diese Verweisung hat für das Gericht des früheren Aufenthaltsortes bindende Wirkung. Sie bedarf auch anders als nach § 4 bei einer Abgabe nicht der Zustimmung des Gerichts, an das abgegeben werden soll. Die Verweisung ist nicht zwingend; sie erfolgt nach **pflichtgemäßem Ermessen.** Von ihr ist insbesondere dann kein Gebrauch zu machen, wenn die Änderung des Aufenthaltsortes zum Schutz des Kindes oder des betreuenden Elternteils, etwa wegen Gewalt und Drohungen gegen den Ehegatten gerechtfertigt war (Satz 2). Entscheidender Gesichts-

1

2

3

§ 155   Buch 2 – Verfahren in Familiensachen

punkt bei der Ausübung des Ermessens ist das Kindeswohl. Die Verweisung an das Gericht des ursprünglichen Aufenthaltes soll daher dann nicht erfolgen, wenn sie dem Kindeswohl widerspricht.

Vorrang- und Beschleunigungsgebot

155 (1) **Kindschaftssachen, die den Aufenthalt des Kindes, das Umgangsrecht oder die Herausgabe des Kindes betreffen, sowie Verfahren wegen Gefährdung des Kindeswohls sind vorrangig und beschleunigt durchzuführen.**

(2) **Das Gericht erörtert in Verfahren nach Absatz 1 die Sache mit den Beteiligten in einem Termin. Der Termin soll spätestens einen Monat nach Beginn des Verfahrens stattfinden. Das Gericht hört in diesem Termin das Jugendamt an. Eine Verlegung des Termins ist nur aus zwingenden Gründen zulässig. Der Verlegungsgrund ist mit dem Verlegungsgesuch glaubhaft zu machen.**

(3) **Das Gericht soll das persönliche Erscheinen der verfahrensfähigen Beteiligten zu dem Termin anordnen.**

1. Vorrang- und Beschleunigungsgebot.

1   Im Interesse des Kindeswohls schreibt Abs 1 ein Vorrang- und Beschleunigungsgebot für **bestimmte Kindschaftssachen** vor; es betrifft Verfahren, die den Aufenthalt (§ 1631 I BGB), die Herausgabe des Kindes (§ 1632 I BGB), das Umgangsrecht (§ 1632 II, §§ 1684, 1685 BGB) und Verfahren wegen Gefährdung des Kindeswohls (§§ 1666, 1666a, 1667 BGB) betreffen. Die Vorschrift soll der Verkürzung der Verfahrensdauer in den genannten Verfahren dienen; sie gilt auch für einstweilige Anordnungen in Umgangssachen. Das Vorrang- und Beschleunigungsgebot gilt in jeder Lage des Verfahrens in allen Rechtszügen, ua bei der Bestimmung von Terminen, der Fristsetzung
2 für die Abgabe eines Sachverständigengutachtens (§ 163). Die Anwendung des Grundsatzes liegt im **pflichtgemäßen Ermessen** des Gerichts unter Berücksichtigung der konkreten Umstände des Falles; entscheidendes Kriterium ist das Kindeswohl. Der Anregung des Bundesrates (BT-Drs 16/6308 S 375), das Kindeswohl als Maßstab ausdrücklich in den Gesetzestext aufzunehmen, ist die Bundesregierung nicht gefolgt. Sie hat darauf hingewiesen, dass der Grundsatz des Kindeswohls als allgemeiner Rechtsgedanke in § 1697a BGB zum Ausdruck gebracht werde, der auch ohne ausdrückliche Erwähnung im Verfahrensrecht zur Anwendung komme (BT-Drs 16/6308 S 414).

2. Termin

3   Abs 2 behandelt die Durchführung eines Termins unter dem Gesichtspunkt des Beschleunigungsgebots. Um eine einvernehmliche Konfliktlösung zu fördern, soll das Familiengericht die Sache mit den Beteiligten mündlich in einem Termin erörtern (Abs 2 S 1), der **einen Monat** nach Beginn des Verfahrens (Abs 2 S 2) stattfinden soll. Dies soll auch schon gelten, wenn lediglich die Bewilligung von Verfahrenskostenhilfe für ein bestimmtes Ver-

fahren beantragt wird. Das Gericht entscheidet nach pflichtgemäßem Ermes- 4
sen über eine **Abweichung** von der Monatsfrist, wenn die konkreten Umstände des Falles diesen nicht als besonders eilbedürftig erscheinen lassen, zB dann, wenn kurz vor Einleitung des Hauptsacheverfahrens im Rahmen einer einstweiligen Anordnung ein Termin stattgefunden hat oder lediglich eine geringfügige Erweiterung eines Umgangs verlangt wird. Ein Zuwarten mit 5
dem Verfahrensfortgang kann auch dann gerechtfertigt sein, wenn sich hierdurch im Interesse des Kindeswohls bessere Voraussetzungen für eine einvernehmliche Regelung ergeben können (Johannsen/Henrich/Büte, Rn 8 zu § 155). Die **Verlegung** eines bereits bestimmten Termins ist nach Abs 2 S 4 nur aus zwingenden Gründen zulässig. Der Begriff „zwingende Gründe" geht über den der „erheblichen Gründe" (§ 32 S 2 iVm § 227 I ZPO) hinaus. Ein Verlegungsantrag ist nach Abs 2 S 5 glaubhaft zu machen (§ 31). In dem 6
Termin soll das **Jugendamt** mündlich angehört werden (Abs 2 S 3). Der Umfang der Mitwirkungspflicht ergibt sich auch aus § 50 II 2 SGB VIII. Der Vorteil der mündlichen Anhörung besteht darin, dass sich der Vertreter des Jugendamtes zu dem aktuellen Sachstand im Zeitpunkt des Termins äußern kann und der Vertreter des Jugendamtes bei einer mündlichen Berichterstattung auf Reaktionen der Beteiligten flexibel eingehen kann.

3. Persönliches Erscheinen

Nach Abs 3 soll das Gericht das persönliche Erscheinen der **verfahrens-** 7
fähigen Beteiligten zu dem Termin anordnen. Die Anordnung beschränkt sich auf die verfahrensfähigen Beteiligten, weil die Teilnahme des Kindes an dem Termin aus Gründen des Kindeswohls häufig nicht angezeigt ist. Soweit eine Anhörung des **Kindes** erforderlich ist, entscheidet das Gericht über den Zeitpunkt und Ort der Anhörung nach pflichtgemäßem Ermessen. Das Gericht kann nach pflichtgemäßem Ermessen auch von der Anordnung des 8
persönlichen Erscheinens der verfahrensfähigen Beteiligten zum Termin absehen oder eine getrennte Anhörung der Beteiligten anordnen; ein Grund hierfür kann erkennbare familiäre Gewalt sein. Im Falle unentschuldigten Fernbleibens von dem Termin können Ordnungsmittel nach § 33 III festgesetzt werden.

Hinwirken auf Einvernehmen

156 (1) **Das Gericht soll in Kindschaftssachen, die die elterliche Sorge bei Trennung und Scheidung, den Aufenthalt des Kindes, das Umgangsrecht oder die Herausgabe des Kindes betreffen, in jeder Lage des Verfahrens auf ein Einvernehmen der Beteiligten hinwirken, wenn dies dem Kindeswohl nicht widerspricht. Es weist auf Möglichkeiten der Beratung durch die Beratungsstellen und -dienste der Träger der Kinder- und Jugendhilfe insbesondere zur Entwicklung eines einvernehmlichen Konzepts für die Wahrnehmung der elterlichen Sorge und der elterlichen Verantwortung hin. Das Gericht soll in geeigneten Fällen auf die Möglichkeit der Mediation oder der sonstigen außergerichtlichen Streitbeilegung hinweisen. Es kann anordnen, dass die Eltern an einer Beratung nach**

§ 156   Buch 2 – Verfahren in Familiensachen

Satz 2 teilnehmen. Die Anordnung ist nicht selbständig anfechtbar und nicht mit Zwangsmitteln durchsetzbar.

(2) Erzielen die Beteiligten Einvernehmen über den Umgang oder die Herausgabe des Kindes, ist die einvernehmliche Regelung als Vergleich aufzunehmen, wenn das Gericht diese billigt (gerichtlich gebilligter Vergleich). Das Gericht billigt die Umgangsregelung, wenn sie dem Kindeswohl nicht widerspricht.

(3) Kann in Kindschaftssachen, die den Aufenthalt des Kindes, das Umgangsrecht oder die Herausgabe des Kindes betreffen, eine einvernehmliche Regelung im Termin nach § 155 Abs. 2 nicht erreicht werden, hat das Gericht mit den Beteiligten und dem Jugendamt den Erlass einer einstweiligen Anordnung zu erörtern. Wird die Teilnahme an einer Beratung oder eine schriftliche Begutachtung angeordnet, soll das Gericht in Kindschaftssachen, die das Umgangsrecht betreffen, den Umgang durch einstweilige Anordnung regeln oder ausschließen. Das Gericht soll das Kind vor dem Erlass einer einstweiligen Anordnung persönlich anhören.

1. Anwendungsbereich

1 § 156, dessen Abs 1 S 1, 2 im Wesentlichen dem bisherigen § 52 I 1, 2 FGG entspricht, soll dazu beitragen, in die Person des Kindes betreffenden Angelegenheiten die Eltern zu einer eigenverantwortlichen Konfliktlösung zu führen und sie hierbei zu unterstützen. Es wird eine über die allgemeine Pflicht des Gerichts hinausgehende Verpflichtung begründet, mit diesem Ziel tätig zu werden. Durch die angestrebte gerichtliche oder außergerichtliche **einvernehmliche Streitbeilegung** sollen die mit einem gerichtlichen Verfahren verbundenen Belastungen für die Kinder vermieden werden. Erfasst werden die Verfahren, die die elterliche Sorge bei Trennung und Scheidung (§§ 1671, 1672 BGB), den Aufenthalt des Kindes (§ 1631 BGB), das Umgangsrecht (§ 1632 II, §§ 1684, 1685 BGB) oder die Herausgabe des Kindes
2 (§ 1632 II BGB) betreffen. § 156 bezieht sich nicht auf solche Verfahren, deren Gegenstand von Amts wegen zu treffende Maßnahmen nach §§ 1666, 1666 a BGB sind. Diese unterliegen nicht der Verfügungsbefugnis der Beteiligten (OLG Celle, NJW 10, 2962).

2. Verfahren

3 Das Gericht soll die Beteiligten (Eltern, Kind) anhören und beraten. Der Zeitpunkt hierfür, der im Ermessen des Gerichts liegt, soll so früh wie möglich bestimmt werden. Das Gericht soll hierbei auf eine einvernehmliche Lösung hinwirken, wenn dies dem **Kindeswohl** nicht widerspricht. Diese Einschränkung des Hinwirkens auf eine einvernehmliche Lösung ist auf Empfehlung des Rechtsausschusses eingefügt worden (BT-Drs 16/9733 S 371). Hierdurch soll deutlich gemacht werden, dass eine einvernehmliche Lösung in einem Spannungsfeld zwischen der Lösung des Elternkonfliktes und dem Kindeswohl an Grenzen stoßen kann. Die Situation des Kindes im Elternkonflikt kann daher eine gerichtliche Regelung zwingend erforderlich machen insbesondere, wenn eine Regelung von den Eltern in eigener Verant-
4 wortung nicht erreicht werden kann. Zur Entwicklung eines einvernehmli-

chen Konzepts für die Wahrnehmung der elterlichen Sorge und der elterlichen Verantwortung kann die Beratung durch die Beratungsstellen und -dienste der Träger der Jugendhilfe in Anspruch genommen werden; hierauf sind die Eltern hinzuweisen. Nach § 17 SGB VIII haben Mütter und Väter im Rahmen der Jugendhilfe Anspruch auf Beratung in Fragen der Partnerschaft, wenn sie für ein Kind oder einen Jugendlichen zu sorgen haben oder tatsächlich sorgen, nach § 18 SGB VIII haben Mütter und Väter, die allein für ein Kind oder einen Jugendlichen zu sorgen haben oder tatsächlich sorgen, Anspruch auf Beratung oder Unterstützung für die Ausübung der Personensorge. Das Gericht kann die Teilnahme der Eltern an einer Beratung durch die Beratungsstellen und -dienste der Träger der Jugendhilfe **anordnen** (S 4), ua dann, wenn die Eltern im Termin kein Einvernehmen über die Regelung der sorge- und umgangsrechtlichen Fragen erreichen können. In der Anordnung soll das Gericht im Einvernehmen mit dem Jugendamt festlegen, bei welcher Beratungsstelle und binnen welcher Frist die Eltern sich beraten lassen sollen. Die Anordnung muss so konkret und nachvollziehbar formuliert sein, dass die Eltern wissen, was von ihnen verlangt wird (OLG Bremen, FamRZ 10, 821). Die Anordnung muss verhältnismäßig und geeignet sein; sie ist nicht geeignet, wenn ein Elternteil die Maßnahme ablehnt. Zweifel an einer Teilnahme an einer „integrierten videogestützten Interaktionsdiagnostik" wegen der damit verbundenen Eingriffe in das Elternrecht (Art 6 II 1 GG) und das allgemeine Persönlichkeitsrecht (Art 2 I GG): OLG Bremen, aaO. Da die Verpflichtung zur Beratung nicht zu einer Verzögerung des Verfahrens führen soll, ist anders als in § 52 II FGG eine **Aussetzung** des Verfahrens nicht mehr vorgesehen; sie kann jedoch nach der allgemeinen Vorschrift des § 21 aus wichtigem Grund erfolgen. Die Anordnung der Inanspruchnahme der Beratungshilfe nach S 2 ist als Zwischenentscheidung nicht selbständig anfechtbar. Sie ist **nicht mit Zwangsmitteln** nach § 35 5 durchsetzbar (S 5). Ein Zwang wird jedoch dadurch ausgeübt, dass die Weigerung eines Elternteils, an einer angeordneten Beratung teilzunehmen, oder deren Verzögerung durch einen Elternteil Kostennachteile nach sich ziehen kann. Nach § 81 II Nr 5 sollen einem Beteiligten die Kosten des Verfahrens ganz oder teilweise auferlegt werden, wenn er einer richterlichen Anordnung zur Teilnahme an einer Beratung nach § 156 I 4 nicht nachgekommen ist, sofern der Beteiligte dies nicht genügend entschuldigt hat.

Auf die Möglichkeit der **Mediation** oder der sonstigen außergerichtlichen 6 Streitbeilegung soll das Gericht in geeigneten Fällen hinweisen (Abs 1 S 3). Die gerichtliche Anordnung auf Teilnahme an einer Beratung (S 4) bezieht sich hierauf nicht. Das Gericht kann daher die Teilnahme an einer Mediation oder außergerichtlichen Streitbeilegung **nicht anordnen.** Eine Nichtteilnahme hat daher auch keine Kostennachteile zur Folge.

3. Hinwirken auf Einvernehmen

Das Gericht soll in Kindschaftssachen, die die elterliche Sorge bei Trennung 7 und Scheidung, den Aufenthalt des Kindes, das Umgangsrecht oder die Herausgabe des Kindes betreffen, auf ein Einvernehmen der Beteiligten hinwirken (Abs 1 S 1). Dieses Hinwirken auf eine einvernehmliche Einigung ist nur

§ 156

Buch 2 – Verfahren in Familiensachen

8 dann unproblematisch, wenn das Gericht das Ergebnis der Einigung einer Kontrolle in Bezug auf das Kindeswohl unterziehen kann (BT-Drs 16/6308 S 376). Diese Kontrolle ist dann gewährleistet, wenn das Einvernehmen der Beteiligten nach Abs 2 als Vergleich aufgenommen und von dem Gericht gebilligt wird **(gerichtlich gebilligter Vergleich);** die gerichtliche Billigung muss ausdrücklich erklärt werden. Voraussetzung ist, dass dieser Vergleich dem Kindeswohl nicht widerspricht. Grundsätzlich ist im Verfahren der freiwilligen Gerichtsbarkeit ein Vergleich nur möglich, wenn die Beteiligten über den

9 Gegenstand des Verfahrens verfügen können (§ 36 I). Das KindRG hat die Möglichkeiten zum Abschluss eines Vergleichs durch die neue rechtliche Konstruktion des gerichtlich gebilligten Vergleichs erweitert (§ 52a IV FGG für das Umgangsrecht). Der Gegenstand eines gerichtlich gebilligten Vergleichs ist nunmehr auf Anregung des Bundesrats (BT-Drs 16/6308 S 376) auf die **Herausgabe des Kindes** erweitert worden, nicht jedoch, wie der Bundesrat angeregt hatte, allgemein für Angelegenheiten, in denen nach Abs 1 auf ein Einvernehmen der Beteiligten hingewirkt werden soll. Soweit ein Einvernehmen nicht Gegenstand eines gerichtlich gebilligten Vergleichs sein kann, kann eine Einigung der Parteien zum Gegenstand einer gerichtlichen Entscheidung gemacht werden oder aber auch eine solche erübrigen.

10 In den Vergleich werden alle formell am Verfahren Beteiligten einbezogen, deren **Zustimmung** zu dem Vergleich daher erforderlich ist. Die Zustimmung der nach § 7 II Nr 1 beteiligten Kinder erfolgt durch die Eltern als deren gesetzliche Vertreter; bei widersprechenden Interessen ist ein Ergänzungspfleger zu bestellen (§ 1909 iVm §§ 1629 II, 1795, 1796 BGB) (OLG Oldenburg, FamRZ 10, 660). Der Vergleich bedarf der Zustimmung des Jugendamtes, wenn dieses auf Antrag schon in erster Instanz als Beteiligter hinzugezogen wurde, einer Pflegeperson, wenn diese als Beteiligte hinzugezogen wurde (§ 161 I). Bei dem Verfahrensbeistand ist zu differenzieren. Er wird zwar durch seine Bestellung Beteiligter (§ 158 III 2). Seine Zustimmung ist jedoch nur dann erforderlich, wenn ihm die zusätzliche Aufgabe übertragen worden ist, am Zustandekommen einer einvernehmlichen Regelung mitzuwirken (§ 158 IV 3). Auch wenn dem Verfahrensbeistand diese zusätzliche Aufgabe nicht übertragen worden ist, hat er das Interesse des Kindes festzustellen und im gerichtlichen Verfahren zur Geltung zu bringen (§ 158 II 1).

11 Der gerichtlich gebilligte Vergleich ist **Vollstreckungstitel** nach § 86 I Nr 2. Die Vollstreckung erfolgt nach den §§ 88–91.

4. Nichtzustandekommen einer Einigung

12 Abs 3 behandelt den Fall, dass eine einvernehmliche Regelung im Termin nach § 155 II nicht erreicht werden kann. Behandelt werden Kindschaftssachen, die den Aufenthalt des Kindes, das Umgangsrecht oder die Herausgabe des Kindes betreffen und die dem § 155 I entsprechen. Nicht einbezogen werden die Kindschaftssachen, die die elterliche Sorge bei Trennung und Scheidung betreffen, in denen nach Abs 1 auch auf ein Einvernehmen hingewirkt werden soll. Nicht erfasst werden nach § 156 ebenso wie nach § 155 Verfahren wegen Gefährdung des Kindeswohls; diese sind in § 157 gesondert geregelt worden. Diese konnten schon nach bisherigem Recht nicht Gegen-

§ 157 Erörterung der Kindeswohlgefährdung; einstweilige Anordnung **§ 157**

stand einer (gerichtlich gebilligten) Vereinbarung sein (OLG Dresden, FamRZ 06, 720). In den Verfahren, die den Aufenthalt des Kindes, das Umgangsrecht oder die Herausgabe des Kindes betreffen, soll das Gericht mit den Beteiligten erörtern, ob es notwendig ist, eine Regelung durch Erlass einer einstweiligen Anordnung zu treffen, um zu verhindern, dass durch Verfahrensverzögerungen für das Kindeswohl abträgliche Situationen herbeigeführt werden könnten. Bei der Abwägung der Folgen einer einstweiligen Anordnung hat das Kindeswohl Vorrang, nicht eine Sanktion des Elternverhaltens (BVerfG, FamRZ 07, 1626). Ist der Ausgang des Hauptverfahrens völlig offen, sind in der Regel das bisherige soziale Umfeld und die bisherigen Bezugspersonen zu erhalten (OLG Karlsruhe, NJW 08, 670). Das Gericht kann nach §§ 49, 51 I unabhängig von einem Hauptsacheverfahren einstweilige Anordnungen erlassen, von Amts wegen, sofern auch das Verfahren zur Hauptsache von Amts wegen eingeleitet werden kann (zB nach § 1684 III, § 1685 III iVm § 1684 III BGB); auf Antrag kann eine einstweilige Anordnung ergehen in Verfahren, die nur auf Antrag eingeleitet werden (zB nach §§ 1632 III, 1671 BGB). In **Umgangsverfahren** soll das Gericht eine vorläufige Regelung treffen, die auch den vorläufigen Ausschluss des Umgangs zum Inhalt haben kann, wenn das Gericht angeordnet hat, dass die Eltern an einer Beratung durch die Beratungsstellen und -dienste der Träger der Kinder- und Jugendhilfe teilnehmen sollen (§ 156 S 4 iVm S 2) oder eine Sachverständigenbegutachtung nach § 163 angeordnet wurde, weil es hierdurch zu einer Verfahrensverzögerung kommen kann. Einen **begleiteten Umgang** (§ 1684 III 3 BGB) soll das Gericht nur anordnen, wenn der Schutz des Kindes dies erfordert, um eine Gefährdung seiner seelischen und körperlichen Entwicklung abzuwehren (OLG Brandenburg, FamRZ 08, 1374; OLG Frankfurt, FamRZ 08, 1372; zur Feststellung der konkreten Gefahr: BVerfG, FamRZ 08, 494). Das Gericht kann von einer einstweiligen Anordnung absehen, wenn im Zeitpunkt des mündlichen Termins bereits erkennbar ist, dass die Anordnungen nur zu einer unwesentlichen Verzögerung führen werden. Vor dem Erlass einer derartigen Anordnung ist das Kind persönlich anzuhören (Abs 3 S 3).

13

14

Erörterung der Kindeswohlgefährdung; einstweilige Anordnung

157 (1) **In Verfahren nach den §§ 1666 und 1666a des Bürgerlichen Gesetzbuchs soll das Gericht mit den Eltern und in geeigneten Fällen auch mit dem Kind erörtern, wie einer möglichen Gefährdung des Kindeswohls, insbesondere durch öffentliche Hilfen, begegnet werden und welche Folgen die Nichtannahme notwendiger Hilfen haben kann. Das Gericht soll das Jugendamt zu dem Termin laden.**

(2) **Das Gericht hat das persönliche Erscheinen der Eltern zu dem Termin nach Absatz 1 anzuordnen. Das Gericht führt die Erörterung in Abwesenheit eines Elternteils durch, wenn dies zum Schutz eines Beteiligten oder aus anderen Gründen erforderlich ist.**

(3) **In Verfahren nach den §§ 1666 und 1666a des Bürgerlichen Gesetzbuchs hat das Gericht unverzüglich den Erlass einer einstweiligen Anordnung zu prüfen.**

1. Erörterung der Kindeswohlgefährdung

1 Das Verfahren bei Kindeswohlgefährdung ist in § 157 gesondert geregelt. Das Gericht soll in den Verfahren nach §§ 1666, 1666a BGB mit den Eltern, uU auch unter Einbeziehung des nicht sorgeberechtigten Elternteils, dem Jugendamt und in geeigneten Fällen auch mit dem Kind persönlich erörtern, wie eine mögliche Gefährdung des Kindeswohls abgewendet werden kann. Durch helfende, unterstützende Maßnahmen soll auf Herstellung oder Wiederherstellung eines verantwortungsbewussten Verhaltens der leiblichen Eltern hingewirkt werden BVerfG, FamRZ 10, 713). Eine Entziehung des Sorgerechts darf im Hinblick auf das grundgesetzlich verbürgte Elternrecht nur unter strikter Beachtung des Grundsatzes der Verhältnismäßigkeit erfolgen (BVerfG, aaO). Die besondere Behandlung der Kindeswohlgefährdung schließt nicht aus, dass das Gericht die Erörterung hierüber mit der Erörterung der Kindschaftssachen des § 155 I, die den Aufenthalt des Kindes, das Umgangsrecht oder die Herausgabe des Kindes betreffen, verbindet und einen gemein-
2 samen Erörterungstermin nach § 155 II bestimmt. Die **Beteiligung der Eltern,** deren persönliche Anhörung nach § 160 I 2 der Feststellung des Sachverhalts und der Gewährung des rechtlichen Gehörs dient, soll nach § 157 darüber hinausgehend eine Erörterung der Kindeswohlgefährdung ermöglichen. Das Gericht hat daher das persönliche Erscheinen der Eltern zu dem Termin anzuordnen (Abs 2); eine Vertretung durch Anwälte ist ausgeschlossen.
3 Abs 2 S 2 ermöglicht die Durchführung der Erörterung **in Abwesenheit** eines Elternteils, wenn dies zum Schutz eines Beteiligten oder aus anderen Gründen erforderlich ist. Die Erörterung soll schon bei einer nur möglichen Gefährdung des Kindeswohls und damit bereits **unterhalb der Schwelle** der Kindeswohlgefährdung erfolgen. Dies wird dadurch ermöglicht, dass das Jugendamt das Familiengericht bereits dann anzurufen hat, wenn die Eltern bei der Abschätzung des Gefährdungsrisikos nicht mitwirken (§ 8a III 1, 2. Hs SGB VIII), eine Gefährdung noch nicht sicher feststeht. Eine gemeinsame Erörterung mit dem Kind wird in der Regel in Betracht kommen, wenn Drogensucht oder wiederholte Straffälligkeit des Kindes Anlass zu dem Verfahren gegeben haben. Mit dem Jugendamt können mögliche Maßnahmen zur Abwendung der Kindeswohlgefährdung erörtert werden (§ 27 I SGB VIII).

2. Einstweilige Maßnahmen

4 Nach Abs 3 ist das Gericht in Verfahren nach §§ 1666, 1666a BGB verpflichtet, **unverzüglich** den Erlass einer einstweiligen Anordnung zu prüfen. Erhält daher das Gericht Kenntnis von einer möglichen Kindeswohlgefährdung, etwa durch eine Mitteilung des Jugendamtes, hat es unverzüglich den Sachverhalt zu ermitteln (§ 26) und zu prüfen, ob bei Vorliegen der Möglichkeit einer Kindeswohlgefährdung einstweilige Maßnahmen zu deren Abwendung geboten sind (§§ 49 ff); diese sind ggf von Amts wegen einzuleiten. In Betracht kommen Umgangsregelungen, Herausgabeanordnungen, Verbleibensanordnungen, Entzug von Teilbereichen der elterlichen Sorge (OLG Saarbrücken, FamRZ 10, 823). Voraussetzung für ein Eingreifen des Gerichts ist eine gegenwärtige, in einem solchen Maße vorhandene Gefahr, dass sich bei der weiteren Entwicklung der Dinge eine erhebliche Schädigung des

geistigen oder leiblichen Wohls des Kindes mit ziemlicher Sicherheit voraussehen lässt (BGH, NJW 10, 1351); nachhaltige Gefährdung (BVerfG, FamRZ 10, 713).

Verfahrensbeistand

158 (1) Das Gericht hat dem minderjährigen Kind in Kindschaftssachen, die seine Person betreffen, einen geeigneten **Verfahrensbeistand zu bestellen, soweit dies zur Wahrnehmung seiner Interessen erforderlich ist.**

(2) **Die Bestellung ist in der Regel erforderlich,**
1. **wenn das Interesse des Kindes zu dem seiner gesetzlichen Vertreter in erheblichem Gegensatz steht,**
2. **in Verfahren nach den §§ 1666 und 1666 a des Bürgerlichen Gesetzbuchs, wenn die teilweise oder vollständige Entziehung der Personensorge in Betracht kommt,**
3. **wenn eine Trennung des Kindes von der Person erfolgen soll, in deren Obhut es sich befindet,**
4. **in Verfahren, die die Herausgabe des Kindes oder eine Verbleibensanordnung zum Gegenstand haben, oder**
5. **wenn der Ausschluss oder eine wesentliche Beschränkung des Umgangsrechts in Betracht kommt.**

(3) Der Verfahrensbeistand ist so früh wie möglich zu bestellen. Er wird durch seine Bestellung als Beteiligter zum Verfahren hinzugezogen. Sieht das Gericht in den Fällen des Absatzes 2 von der Bestellung eines Verfahrensbeistands ab, ist dies in der Endentscheidung zu begründen. Die Bestellung eines Verfahrensbeistands oder deren Aufhebung sowie die Ablehnung einer derartigen Maßnahme sind nicht selbständig anfechtbar.

(4) Der Verfahrensbeistand hat das Interesse des Kindes festzustellen und im gerichtlichen Verfahren zur Geltung zu bringen. Er hat das Kind über Gegenstand, Ablauf und möglichen Ausgang des Verfahrens in geeigneter Weise zu informieren. Soweit nach den Umständen des Einzelfalls ein Erfordernis besteht, kann das Gericht dem Verfahrensbeistand die zusätzliche Aufgabe übertragen, Gespräche mit den Eltern und weiteren Bezugspersonen des Kindes zu führen sowie am Zustandekommen einer einvernehmlichen Regelung über den Verfahrensgegenstand mitzuwirken. Das Gericht hat Art und Umfang der Beauftragung konkret festzulegen und die Beauftragung zu begründen. Der Verfahrensbeistand kann im Interesse des Kindes Rechtsmittel einlegen. Er ist nicht gesetzlicher Vertreter des Kindes.

(5) Die Bestellung soll unterbleiben oder aufgehoben werden, wenn die Interessen des Kindes von einem Rechtsanwalt oder einem anderen geeigneten Verfahrensbevollmächtigten angemessen vertreten werden.

(6) Die Bestellung endet, sofern sie nicht vorher aufgehoben wird,
1. mit der Rechtskraft der das Verfahren abschließenden Entscheidung oder
2. mit dem sonstigen Abschluss des Verfahrens.

§ 158

(7) Für den Ersatz von Aufwendungen des nicht berufsmäßigen **Verfahrensbeistands** gilt § 277 Abs. 1 entsprechend. Wird die Verfahrensbeistandschaft berufsmäßig geführt, erhält der Verfahrensbeistand für die Wahrnehmung seiner Aufgaben nach Absatz 4 in jedem Rechtszug jeweils eine einmalige Vergütung in Höhe von 350 Euro. Im Fall der Übertragung von Aufgaben nach Absatz 4 Satz 3 erhöht sich die Vergütung auf 550 Euro. Die Vergütung gilt auch Ansprüche auf Ersatz anlässlich der Verfahrensbeistandschaft entstandener Aufwendungen sowie die auf die Vergütung anfallende Umsatzsteuer ab. Der Aufwendungsersatz und die Vergütung sind stets aus der Staatskasse zu zahlen. Im Übrigen gilt § 168 Abs. 1 entsprechend.

(8) **Dem Verfahrensbeistand sind keine Kosten aufzuerlegen.**

1. Aufgabenbereich des Verfahrensbeistandes

1   Das FGG-Reformgesetz ersetzt für Verfahren, in denen die Interessen minderjähriger Kinder wahrzunehmen sind, den Verfahrenspfleger (bisher § 50 FGG) durch den Verfahrensbeistand. Seine Bestellung ist bei Erforderlichkeit außer in § 158 vorgesehen in Abstammungssachen (§ 174) und in Adoptionssachen (§ 191); in Betreuungs- und Unterbringungssachen ist wie bisher bei Vorliegen der Voraussetzungen ein Verfahrenspfleger zu bestellen (§§ 276, 317). Die Bestellung eines Verfahrensbeistandes hat nur verfahrensrechtliche, nicht materiell-rechtliche Bedeutung; der Verfahrensbeistand ist **nicht gesetzlicher Vertreter** des Kindes (Abs 4 S 5). Bei Interessenkollision (Abs 2 Nr 1) muss, wenn diese erheblich ist und eine gesetzliche Vertretung notwendig ist, den Eltern die Vertretungsbefugnis entzogen und einem Ergänzungspfleger übertragen werden (§§ 1629 II 1, 1795 I BGB) (KG, FamRZ 10, 1171); es bedarf dann uU nicht der Bestellung eines Verfahrensbeistandes. Die Stellung des Verfahrensbeistandes nach § 158 ist sowohl gegenüber dem erst im Jahre 1997 eingeführten Rechtsinstitut des Verfahrenspflegers in § 50 FGG als auch gegenüber dem in Betreuungs- und Unterbringungssachen beibehaltenen Rechtsinstitut des Verfahrenspfle-
2   gers gestärkt (Abs 4). Er wird durch seine Bestellung **Beteiligter** (Abs 3 S 2); er kann im Interesse des Kindes Rechtsmittel einlegen (Abs 4 S 4). Bei einem Einvernehmen der Beteiligten, das bei Billigung durch das Gericht als Vergleich aufzunehmen ist, ist seine Zustimmung als Beteiligter erforderlich, wenn ihm die zusätzliche Aufgabe übertragen worden ist, am Zustandekommen einer einvernehmlichen Regelung mitzuwirken (§ 156 IV). Die originäre Aufgabe des Verfahrensbeistandes ist, das Interesse des Kindes festzustellen und im gerichtlichen Verfahren zur Geltung zu bringen. Durch diesen Aufgabenbereich wird sowohl das subjektive Interesse des Kindes (Wille des Kindes) als auch das objektive Interesse des Kindes (Kindeswohl) erfasst. Er hat das subjektive Interesse des Kindes darzulegen und das aus seiner Sicht möglicherweise abweichende objektive Interesse des Kindes-
3   wohls. Auf Empfehlung des Rechtsausschusses (BT-Drs 16/9733 S 372) ist der **Aufgabenbereich** des Verfahrensbeistandes **beschränkt** und präziser gefasst worden. Gespräche mit Eltern und anderen Bezugspersonen und die Mitwirkung an der Herstellung von Einvernehmen (§ 156) gehören nicht

§ 158 Verfahrensbeistand § **158**

zu den originären Aufgaben des Verfahrensbeistandes. Nur soweit nach den 4
Umständen des Einzelfalls ein Erfordernis besteht, kann das Gericht dem
Verfahrensbeistand als **zusätzliche Aufgabe** übertragen, Gespräche mit den
Eltern und weiteren Bezugspersonen des Kindes zu führen und am Zustandekommen einer einvernehmlichen Regelung über den Verfahrensgegenstand mitzuwirken. Dies setzt eine nach Art und Umfang **präzise** festgelegte **Beauftragung** durch das Gericht voraus, deren Notwendigkeit das
Gericht begründen muss. Schon nach bisherigem Recht bestand eine Mitwirkung des Verfahrensbeistandes nur im Rahmen des durch das Gericht
gestalteten Verfahrens; sie erlaubte keine eigenständige vermittelnde Tätigkeit (OLG Köln, FamRZ 06, 1057 mwN). Der Bundesrat (BT-Drs 16/6308
S 376–378) hat zutreffend darauf hingewiesen, dass das Gericht kraft des
Amtsermittlungsgrundsatzes ohnehin gehalten ist, den Sachverhalt nach allen
Richtungen hin zu erforschen und dabei auch die Belange des Kindes zu
berücksichtigen. Auch dem Jugendamt obliege es als originäre Aufgabe nach
dem SGB VIII, die Interessen des minderjährigen Kindes zu fördern; es sei
daher nach § 162 zwingend anzuhören. Die Wahrnehmung seiner Befugnisse durch den Verfahrensbeistand dürfe **nicht** zu einer **unzulässigen
Vermischung** der den Verfahrensbeteiligten zugedachten Rollen führen.
Durch die in Abs 4 S 3 vorgesehene Möglichkeit einer zusätzlichen Beauftragung des Verfahrensbeistandes durch das Gericht ist die bisher umstrittene
Frage (Bienwald, FamRZ 08, 74 gegen OLG Brandenburg FamRZ 08, 73),
ob die gesetzlichen Befugnisse des Verfahrensbeistandes durch einen gerichtlichen Auftrag erweitert werden können, gesetzlich geklärt.

2. Voraussetzungen der Bestellung

Ein Verfahrensbeistand ist zwingend zu bestellen, wenn und soweit dies 5
erforderlich ist, um die Interessen des minderjährigen Kindes wahrzunehmen
(Abs 1). Bei **Geschwisterkindern** kann die Bestellung eines oder mehrerer
Verfahrensbeistände in Betracht kommen bei unterschiedlicher Interessenlage,
unterschiedlichen Verfahrensgegenständen, Arten des Verfahrens (Johannsen/
Henrich/Büte, Rn 4 zu § 158). Die Fallpauschale (Abs 7) erhält der berufsmäßige Verfahrensbeistand für jedes Kind, zu dessen Interessenwahrnehmung
er bestellt ist (Rn 21). Bei der Auslegung des Begriffs der Erforderlichkeit
müssen auch die bei der Einführung des Rechtsinstituts des Verfahrenspflegers
im Jahre 1997 dargelegten gesetzgeberischen Gründe (BT-Drs 13/4899,
S 130) herangezogen werden. Danach sollte die Bestellung wegen des damit
verbundenen Eingriffs in das Elternrecht nur bei einem „schwerwiegenden
Interessenkonflikt in einer für das weitere Schicksal des Kindes bedeutsamen
Angelegenheit" gerechtfertigt sein.

3. Regelbeispiele

Dem Kind ist zur selbständigen Wahrnehmung seiner Interessen ein Ver- 6
fahrensbeistand immer dann zu bestellen, wenn dies auf Grund der konkreten
Umstände des Einzelfalles erforderlich ist (BVerfG, NJW 03, 3544). In Abs 2
Nr 1–5 werden Fälle aufgeführt, in denen die Erforderlichkeit der Bestellung
eines Verfahrensbeistandes in der Regel gegeben ist. Im Einzelnen:

§ 158
Buch 2 – Verfahren in Familiensachen

7   Nach **Nr 1** ist die Bestellung eines Verfahrensbeistandes in der Regel erforderlich, wenn das Interesse des Kindes zu dem seines gesetzlichen Vertreters in erheblichem Gegensatz steht, auch zur Klärung der Frage, ob ein **Interessengegensatz** besteht, wenn dies zu Verfahrensbeginn noch nicht feststeht, aber möglich erscheint.

8   Nach **Nr 2** ist die Bestellung eines Verfahrensbeistandes ferner in der Regel erforderlich, wenn Gegenstand des Verfahrens **Maßnahmen nach §§ 1666, 1666 a BGB sind;** Anlass zu einem solchen Verfahren kann ein Fehlverhalten der Eltern oder eines Elternteils gegenüber dem Kind mit der sich hieraus ergebenden Konfliktsituation sein (OLG Frankfurt, NJWE-FER 99, 239: Entziehung des Sorgerechts).

9   Nach **Nr 3** ist die Erforderlichkeit der Bestellung eines Verfahrensbeistandes in der Regel zu bejahen, wenn eine **Trennung** des Kindes von der Person erfolgen soll, in deren Obhut es sich befindet. Der Begriff der „Trennung" (§ 1666 a I 1 BGB) ist umfassend zu verstehen; die Vorschrift findet Anwendung unabhängig davon, wer die Trennung anstrebt, das Kind selbst, das Jugendamt, ein Elternteil, ein außen stehender Dritter oder ob das Gericht eine derartige Maßnahme in Betracht zieht. Die Anwendung dieser Vorschrift ist nicht beschränkt auf Verfahren nach §§ 1666, 1666 a BGB. Eine Trennung kann mit erheblichen Auswirkungen auf das Kindeswohl verbunden sein, weil durch sie das soziale Umfeld verändert wird und zu einer Herauslösung des Kindes aus der unmittelbaren Zuwendung des gegenwärtig betreuenden Elternteils führen kann (BVerfG, NJW 99, 631).

10 **Nr 4** betrifft Verfahren, die die Herausgabe des Kindes oder eine Verbleibensanordnung zum Gegenstand haben; auch hierbei geht es ebenso wie bei Nr 3 um die mögliche Herauslösung des Kindes aus dem sozialen Umfeld. Es kann sich um Verfahren auf Herausgabe des Kindes (§ 1632 I BGB) oder eine Verbleibensanordnung nach §§ 1632 IV, 1682 BGB handeln.

11 Nach **Nr 5** ist ein Verfahrensbeistand in der Regel zu bestellen, wenn der Ausschluss oder eine Beschränkung des Umgangsrechts (§ 1684 IV 1, 2 BGB) in Betracht kommt. Einschränkung oder Ausschluss des Umgangsrechts für längere Zeit oder auf Dauer setzen voraus, dass andernfalls das Wohl des Kindes gefährdet wäre. Es handelt sich hierbei um Fälle, die regelmäßig von einem schweren Grundkonflikt zwischen Kind und Umgangsberechtigten geprägt sind. Bei nur einmaliger oder vorübergehender Einschränkung des Umgangsrechts braucht ein Verfahrensbeistand nicht bestellt zu werden.

4. Verfahrensbeistand für das 14jährige Kind

12 Als weiteres Regelbeispiel war im Regierungsentwurf die Bestellung eines Verfahrensbeistandes für das 14 jährige Kind auf dessen Antrag vorgesehen. Auf Empfehlung des Rechtsausschusses (BT-Drs 16/9733 S 372) wurde dieses Regelbeispiel gestrichen, weil das Aufgabenprofil des Verfahrensbeistandes auf die Wahrnehmung der Interessen jüngerer Kinder zugeschnitten sei und in Einzelfällen die Bestellung eines Verfahrensbeistandes auf Grund der anderen Regelbeispiele nicht ausgeschlossen sei. Dem Kind, dass das 14. Lebensjahr vollendet hat, soll grundsätzlich die Wahrnehmung eigener materieller Rechte

§ 158 Verfahrensbeistand **§ 158**

(wie in § 1671 II Nr 1 BGB) im Verfahren unabhängig von seinem gesetzlichen Vertreter ermöglicht werden. Diesem gesetzgeberischen Ziel dient auch die in § 9 I Nr 3 vorgenommene Erweiterung seiner Verfahrensfähigkeit. Zur Unterstützung des verfahrensfähigen Kindes kann ggf auf Antrag Verfahrenskostenhilfe bewilligt und ein Rechtsanwalt beigeordnet werden.

5. Absehen von der Bestellung eines Verfahrensbeistandes

Das Gericht kann von der Bestellung eines Verfahrensbeistandes auch bei Vorliegen eines der Regelbeispiele des Abs 2 Nr 1–6 absehen bei Entscheidungen von **geringer Tragweite,** die sich auf die Rechtsposition der Beteiligten und auf die künftige Lebensgestaltung des Kindes nicht in erheblichem Umfang auswirken; auch dann, wenn die beteiligten Personen und Stellen **gleichgerichtete Verfahrensziele** verfolgen. Eine Bestellung kann insbesondere dann unterbleiben, aber auch aufgehoben werden, wenn die **Interessen** des Kindes von einem Rechtsanwalt oder einem anderen geeigneten Verfahrensbevollmächtigten **angemessen vertreten** werden, insbesondere aber auch dann, wenn ein Umgangspfleger nach § 1684 III 5 BGB als Ergänzungspfleger (§ 1909 BGB) bestellt ist (OLG Brandenburg, FamRZ 08, 1748; OLG Stuttgart, FamRZ 04, 1305 für das bisherige Recht) Sieht das Gericht in den Fällen, in denen nach Abs 2 Nr 1–6 in der Regel die Erforderlichkeit der Bestellung eines Verfahrensbeistandes bejaht wird, von der Bestellung ab, ist dies in der Endentscheidung zu begründen (Abs 3 S 3). 13

14

6. Bestellung des Verfahrensbeistandes

Der Zeitpunkt der Bestellung des Verfahrensbeistandes liegt im **Ermessen** des Gerichts. Sie soll so früh wie möglich erfolgen (Abs 3 S 1). Es muss einerseits Raum für Ermittlungen bleiben, um unnötige Bestellungen von Verfahrensbeiständen zu vermeiden, andererseits soll die Interessenwahrnehmung des Kindes baldmöglich gewährleistet sein. Ein besonderer Bestellungsakt ist nicht vorgesehen. Die Anordnung der Bestellung wird mit der Bekanntmachung (§ 41) an den Verfahrensbeistand wirksam. Dieser wird durch seine Bestellung als **Beteiligter** zum Verfahren hinzugezogen (Abs 3 S 2). Bei der im pflichtgemäßen Ermessen des Gerichts stehenden Auswahl des Verfahrensbeistandes sind auch hinsichtlich der Sachkenntnis (Sozialpädagoge, Kinderpsychologe, Rechtsanwalt) die Besonderheiten des Falles zu berücksichtigen. Die Bestellung des Verfahrensbeistandes endet durch die jederzeit im Laufe des Verfahrens mögliche Aufhebung durch das Gericht; ferner mit der Rechtskraft der das Verfahren abschließenden Entscheidung (Abs 6 Nr 1) oder mit dem sonstigen Abschluss des Verfahrens (Abs 6 Nr 2). Die Verfahrensbeistandsschaft endet daher nicht mit der die Instanz abschließenden Entscheidung; der Verfahrensbeistand ist vielmehr grundsätzlich berechtigt, im Interesse des Kindes Rechtsmittel einzulegen (Abs 4 S 4). Eine **Aufhebung** der Bestellung ist geboten bei mangelnder Eignung, Fehlverhalten, Unterlassung sachgerechter Wahrnehmung der Interessen des Kindes. 15

§ 158
Buch 2 – Verfahren in Familiensachen

7. Anfechtbarkeit

16 Die Bestellung eines Verfahrensbeistandes, die Ablehnung der Bestellung auf Anregung, die Aufhebung der Bestellung sind nach Abs 3 S 4 nicht selbständig anfechtbar. Die Frage der Anfechtbarkeit war schon im Zusammenhang mit der Bestellung eines Verfahrenspflegers in der Rspr sehr umstritten. Nachdem der BGH (FGPrax 03, 224) die Anfechtbarkeit verneint hatte, hatte sich die Rspr dieser Auffassung weitgehend angeschlossen und damit einem zügigen Verfahrensablauf Vorrang vor einer möglichen Beeinträchtigung der Interessen der Betroffenen, auch bei fehlerhafter Bestellung,
17 eingeräumt. Der Ausschluss der Anfechtbarkeit ist nunmehr ausdrücklich gesetzlich geregelt. Das Ergebnis bleibt **unbefriedigend.** Schon bei der Einführung des Rechtsinstituts des Verfahrenspflegers im Jahre 1997 hat der Gesetzgeber in der Bestellung des Verfahrenspflegers einen Eingriff in das Elternrecht gesehen (BT-Drs 13/4199 S 130). Die verfahrensrechtliche Stellung des Verfahrensbeistandes ist gegenüber der des Verfahrenspflegers verstärkt; er kann als Beteiligter alle Verfahrensrechte eigenständig wahrnehmen. Das BVerfG hat über die Frage, ob die unterbliebene Bestellung eines Verfahrenspflegers (jetzt: Verfahrensbeistand) einen Grundrechtsverstoß darstellt, nicht entschieden, weil der Beschwerdeführer dies im Verfahren nicht beanstandet hatte; er habe sich daher der Möglichkeit begeben, diesen Verstoß mit der Verfassungsbeschwerde als Grundrechtsverletzung geltend zu machen (BVerfG, FamRZ 08, 246). Es stellt sich die Frage, ob eine Entscheidung (Unterlassung der Pflegerbestellung), die unter dem Gesichtspunkt eines Grundrechtsverstoßes zu prüfen sein kann, zu Recht von dem Gesetzgeber als unanfechtbar gestaltet worden ist; hierzu auch Johannsen/Henrich/Büte, Rn 24 zu § 158, der im Übrigen den Ausschluss der Anfechtbarkeit grundsätzlich begrüßt.
18 Die Möglichkeit der **Anfechtung im Zusammenhang** mit der Endentscheidung (§ 58 II) schafft keinen Ausgleich für die fehlende isolierte Anfechtbarkeit. Schwierigkeiten wird insbesondere die Beantwortung der Frage bereiten, wie Verfahrenshandlungen des zu Unrecht bestellt gewesenen Verfahrensbeistandes zu bewerten sind.
19 Gegen die Entscheidung des **RPfl** ist auch bei fehlender Anfechtbarkeit nach § 11 II 1 RPflG die befristete Erinnerung gegeben (BayObLG, FamRZ 00, 249).

8. Vergütung und Aufwendungsersatz des Verfahrensbeistandes

20 Nach Abs 7 iVm § 277 erfolgen der Ersatz der Aufwendungen und die Vergütung des Verfahrensbeistandes aus der Staatskasse (§ 277 V 1). Die Kosten sollen nicht dem ohnehin oft mittellosen Kind zur Last fallen, sondern zunächst vom Staat aufgebracht werden und von diesem gegenüber den Verfahrensbeteiligten als Gerichtskosten (Auslagen) nach Maßgabe der Kostenvorschriften erhoben werden. Die Verfahrensbeistandsschaft ist grundsätzlich ehrenamtlich und nur ausnahmsweise berufsmäßig. Der ehrenamtliche Verfahrensbeistand erhält nur Ersatz seiner Aufwendungen (§ 277 I 1 iVm § 1835 I, II BGB); kein Anspruch auf Vergütung).

§ 159 Persönliche Anhörung des Kindes **§ 159**

Die Vergütung für den **berufsmäßigen** Verfahrensbeistand ist auf Empfeh- 21
lung des Rechtsausschusses (BT-Drs 16/9733 S 374) auf eine **Fallpauschale**
umgestellt worden. Der Verfahrensbeistand erhält grundsätzlich eine fallbezogene Vergütung in Höhe von 350 € inkl Aufwendungsersatz und Umsatzsteuer für jeden Rechtszug; bei Geschwistern die Fallpauschale für jedes Kind, falls die Bestellung für mehrere Kinder erfolgt (BGH, NJW 10, 3446; 11, 455: für Hauptsache und Eilverfahren gesondert; OLG Stuttgart, FGPrax 10, 111; OLG Frankfurt, FamRZ 10, 666; OLG Celle, FamRZ 10, 1182; OLG Rostock v 18. 3. 2010, FamRZ 10, 1181; OLG Rostock v 22. 3. 2010, FamRZ 10, 1181: Fallpauschale incl Fahrtkosten; OLG München, FamRZ 10, 1757; OLG Dresden, Rpfleger 10, 588; OLG Bamberg, Rpfleger 10, 588). Wenn das Gericht einen erweiterten Aufgabenkreis nach Abs 4 S 3 anordnet, erhöht sich die fallbezogene Vergütung auf 550 €. Maßgebend für die Einführung einer Fallpauschale für den Verfahrensbeistand war einerseits der Wegfall des erheblichen Abrechnungs- und Kontrollaufwandes auch für den Verfahrensbeistand, der sich dadurch auf seine eigentliche Tätigkeit, die Wahrnehmung der Kindesinteressen, konzentrieren könne, andererseits soll durch die Einführung der Fallpauschale eine Annäherung der Vergütung des Verfahrensbeistandes an die gebührenorientierte Vergütung des Rechtsanwaltes bewirkt werden. Das BVerfG hat in seiner Entscheidung v 9. 11. 2009, NJW 10, 359, eine Verfassungsbeschwerde gegen die in Abs 7 in Form von Fallpauschalen vorgesehene Vergütung nicht zur Entscheidung angenommen, weil der Grundsatz der Subsidiarität nicht beachtet war. Auch ein als Verfahrensbeistand bestellter Rechtsanwalt erhält die Fallpauschale nach Abs 7 S 2–4; keine Abrechnung nach dem RVG; § 1835 III BGB findet keine Anwendung.

Ist ein Mitarbeiter eines anerkannten **Betreuungsvereins** als Verfahrens- 22
beistand bestellt, stehen Aufwendungsersatz und Vergütung dem Verein zu (§ 277 IV 1). Ist ein Bediensteter einer Betreuungsbehörde als Verfahrensbeistand bestellt, erhält die Betreuungsbehörde weder Aufwendungsersatz noch Vergütung (§ 277 IV 3).

9. Kosten des Verfahrens

Nach Abs 8 sind dem Verfahrensbeistand Kosten des Verfahrens nicht auf- 23
zuerlegen; dies gilt für das gesamte Verfahren. Der gesetzgeberische Grund dafür, dass der Verfahrensbeistand keine Kosten tragen soll, ist der, dass er nicht im eigenen Interesse, sondern allein im Interesse des Kindes tätig wird.

Persönliche Anhörung des Kindes

159 (1) **Das Gericht hat das Kind persönlich anzuhören, wenn es das 14. Lebensjahr vollendet hat. Betrifft das Verfahren ausschließlich das Vermögen des Kindes, kann von einer persönlichen Anhörung abgesehen werden, wenn eine solche nach der Art der Angelegenheit nicht angezeigt ist.**

(2) **Hat das Kind das 14. Lebensjahr noch nicht vollendet, ist es persönlich anzuhören, wenn die Neigungen, Bindungen oder der Wille des**

§ 159 Buch 2 – Verfahren in Familiensachen

Kindes für die Entscheidung von Bedeutung sind oder wenn eine persönliche Anhörung aus sonstigen Gründen angezeigt ist.

(3) **Von einer persönlichen Anhörung nach Absatz 1 oder Absatz 2 darf das Gericht aus schwerwiegenden Gründen absehen.** Unterbleibt eine Anhörung allein wegen Gefahr im Verzug, ist sie unverzüglich nachzuholen.

(4) **Das Kind soll über den Gegenstand, Ablauf und möglichen Ausgang des Verfahrens in einer geeigneten und seinem Alter entsprechenden Weise informiert werden, soweit nicht Nachteile für seine Entwicklung, Erziehung oder Gesundheit zu befürchten sind. Ihm ist Gelegenheit zur Äußerung zu geben.** Hat das Gericht dem Kind nach § 158 einen Verfahrensbeistand bestellt, soll die persönliche Anhörung in dessen Anwesenheit stattfinden. Im Übrigen steht die Gestaltung der persönlichen Anhörung im Ermessen des Gerichts.

1. Anhörung des Kindes

1 § 159 erweitert die Verpflichtung des Gerichts (Familiengerichts, Beschwerdegerichts), das betroffene Kind in das Verfahren einzubeziehen. Die Berücksichtigung des Kindeswillens durch dessen persönliche Anhörung bei Sorgerechtsentscheidungen nach der Ehescheidung entspricht einem verfassungsrechtlichen Gebot (BVerfG, NJW 81, 217). Die Anhörung ist unter bestimmten Voraussetzungen zwingend (Abs 1, 2). Gegen eine entscheidungserhebliche Verletzung rechtlichen Gehörs schafft § 44, der auf § 29a FGG beruht, den förmlichen Rechtsbehelf der Anhörungsrüge für solche Fälle, in denen ein Rechtsmittel, ein anderer Rechtsbehelf oder eine andere Abänderungsmöglichkeit nicht zur Verfügung stehen. Bei Zulässigkeit (§ 44, Rn 5–7) und Begründetheit (§ 44, Rn 9) hat das Gericht, das die angegriffene Entscheidung erlassen hat, unter Nachholung des rechtlichen Gehörs das Verfahren im Umfang der Rüge fortzusetzen.

2 Die Verpflichtung des Gerichts zur persönlichen Anhörung des Kindes besteht **in allen Verfahren,** die die Person oder Vermögenssorge betreffen, auch für einstweilige Anordnungen, ua in Verfahren nach §§ 1666, 1666a, 1671, 1672, 1696, 1751 III, 1631a BGB (BGH, FamRZ 84, 1084; OLG Hamm, FamRZ 83, 1271; OLG Hamm, OLG 84, 27), § 1643 BGB. Die Anhörung kann auch durch einen ersuchten oder beauftragten Richter erfolgen. Dies sollte jedoch wegen der Bedeutung des persönlichen Eindrucks nur ausnahmsweise geschehen (BGH, NJW 85, 1702, BayObLG, Rpfleger 82, 27; KG, FamRZ 83, 1159). Die Beobachtung des Kindes ist keine persönliche Anhörung (OLG Karlsruhe, FamRZ 94, 915). Die Einholung eines kinderpsychologischen Sachverständigengutachtens entbindet nicht von der Verpflichtung zur persönlichen Anhörung (OLG Köln, FamRZ 02, 111).

2. Anhörung des Mündels

3 § 159 betrifft, auch wenn dies im Gegensatz zu § 50b IV FGG nicht mehr ausdrücklich ausgesprochen wird, auch die Anhörung des unter Vormund-

schaft stehenden minderjährigen Kindes (Mündels). Die Regelung für die Anhörung des Kindes gilt in gleicher Weise für die des Mündels. Der bisherige § 50b IV FGG hatte die Vorschriften der §§ 1779 III 3, 1847 S 2 und 1887 III BGB, die nur eine persönliche Fühlungnahme mit dem Mündel nach Maßgabe des § 1695 II BGB vorsahen, ersetzt. Ersetzt wurde auch der bisherige § 1827 BGB, demgemäß das Familiengericht den Mündel vor der Entscheidung über die Genehmigung eines Lehrvertrages oder eines auf die Eingehung eines Dienst- oder Arbeitsverhältnisses gerichteten Vertrages und, soweit der Mündel das 14. Lebensjahr vollendet hatte, vor der Entscheidung über die Entlassung aus dem Staatsverband und über die Genehmigung eines der in § 1821 BGB und in § 1822 Nr 3 BGB bezeichneten Rechtsgeschäfte sowie vor der Entscheidung über die Genehmigung des Beginns oder der Auflösung eines Erwerbsgeschäftes hören sollte. Zu hören ist der Betroffene 4 auch im Verfahren über die **Auswahl** eines Verfahrensbeistandes (BayObLG 80, 138 für Auswahl eines Pflegers), Vormundes (BayObLG, Rpfleger 87, 109); im Verfahren betreffend die Entlassung des Verfahrensbeistandes (OLG Düsseldorf, Rpfleger 81, 20 für die Entlassung eines Pflegers), bei der Festsetzung der Vergütung eines Vormundes, Verfahrensbeistandes (BayObLG, Rpfleger 82, 473).

3. Erforderlichkeit der Anhörung

Nach Abs 1 ist im Sorgerechtsverfahren das Kind persönlich anzuhören, 5 wenn es das **14. Lebensjahr vollendet** hat und nicht geschäftsunfähig ist; in Angelegenheiten der Vermögenssorge kann von einer persönlichen Anhörung abgesehen werden, wenn eine solche nach Art der Angelegenheit nicht angezeigt ist. Eine schriftliche Anhörung ist aus Gründen des recht- 6 lichen Gehörs (§ 37 II) stets erforderlich. Das Kind, das das **14. Lebensjahr noch nicht vollendet** hat, ist persönlich anzuhören, wenn die Neigungen, die Bindung oder der Wille des Kindes für die Entscheidung von Bedeutung sind. Dies wird vorwiegend bei Kindern in Betracht kommen, die nach ihrem Alter bereits in der Lage sind, entsprechende Empfindungen zu bilden und erkennbar zu machen (BayObLG, NJW-RR 86, 84; OLG Hamm, OLG 84, 27 für ein über sieben Jahre altes Kind; OLG Hamm, Rpfleger 85, 27; BayObLG, NJW 84, 2168 für das Verfahren nach § 1632 IV BGB; BayObLG, FamRZ 97, 223 für ein viereinhalb Jahre altes Kind). Beispiel für **Ausnahmen:** OLG Zweibrücken, NJW 86, 3033, für den Fall, dass Neigungen oder maßgebliche Bindungen des Kindes zu dem nicht sorgeberechtigten Elternteil aus tatsächlichen Gründen nicht vorliegen können.

Das **Beschwerdegericht** kann von der erneuten Anhörung absehen, 7 wenn weder neue entscheidungserhebliche Tatsachen vorgetragen sind noch eine Änderung des rechtlichen Gesichtspunktes eingetreten ist (BayObLG, FamRZ 95, 500); erneute Anhörung, wenn die Anhörung durch das Amtsgericht längere Zeit zurückliegt (BayObLG, NJW-RR 97, 1437). Wenn von der Anhörung abgesehen werden soll, muss das erstinstanzliche Anhörungsergebnis aussagekräftig niedergelegt sein (OLG Karlsruhe, NJW-RR 96, 771).

§ 159 Buch 2 – Verfahren in Familiensachen

8   Das noch nicht 14 Jahre alte Kind ist auch dann persönlich anzuhören, wenn dies aus sonstigen Gründen angezeigt ist (Abs 2). Dies kann insbesondere der Fall sein, wenn es zur Feststellung des Sachverhalts auf den unmittelbaren Eindruck ankommt.

4. Absehen von der Anhörung

9   Nach Abs 3 darf in Verfahren, die die Personen- oder Vermögenssorge betreffen, in denen das Kind nach Abs 1, 2 persönlich anzuhören ist, von der Anhörung nur aus schwerwiegenden Gründen (OLG Hamm, Rpfleger 85, 27; BGH, NJW-RR 86, 1130, wenn eine Störung des inneren Gleichgewichts zu befürchten ist) abgesehen werden; die Gründe sind in der Sachentscheidung umfassend darzulegen (OLG Köln, NJWE-FER 01, 301). Ein **schwerwiegender** Grund für das Unterlassen der Anhörung kann auch dann vorliegen, wenn andernfalls die in Betracht kommenden Maßnahmen unmöglich gemacht würden (BayObLG, FamRZ 84, 205).

10 Unterbleibt die Anhörung nur wegen Gefahr im Verzuge, ist sie **unverzüglich nachzuholen,** ohne dass hierfür eine bestimmte Frist vorgesehen ist (Abs 3 S 2); spätestens durch das Beschwerdegericht (BayObLG, NJW-RR 91, 777).

11 Das **Unterlassen** einer gebotenen Anhörung ist ein Verfahrensfehler, die unrichtige Beurteilung des unbestimmten Rechtsbegriffs „schwerwiegende Gründe" eine Rechtsverletzung (§ 72 I).

5. Gestaltung der Anhörung

12 Abs 4 gibt dem Kind ein eigenständiges Recht auf rechtliches Gehör; ihm ist Gelegenheit zur Äußerung zu geben. Die hierfür erforderliche Kenntnis **des Sachverhalts** wird durch ein Gericht dem Kind in geeigneter Weise durch ein persönliches Gespräch zu vermitteln, insbesondere soll das Kind über den Gegenstand, Ablauf und möglichen Ausgang des **Verfahrens** informiert werden, es sei denn, es sind Nachteile für seine Entwicklung, Erziehung oder Gesundheit zu befürchten (Abs 4, Abs 1, 2). Hat das Kind einen Verfahrensbeistand, soll die persönliche Anhörung in dessen Anwesenheit stattfinden (Abs 4 S 3).

13 Die Gestaltung der Anhörung liegt im Übrigen in dem **pflichtgemäßen Ermessen** des Gerichts unter Berücksichtigung des Kindeswohls. Das Gericht entscheidet insbesondere nach pflichtgemäßem Ermessen über An- oder Abwesenheit der Eltern oder deren Verfahrensbevollmächtigten (BGH, FamRZ 86, 895; OLG Hamm, Rpfleger 85, 27); ferner darüber, ob Geschwister getrennt oder gemeinsam angehört werden, ferner ob die Anhörung des Kindes in zeitlichem Zusammenhang mit dem Erörterungstermin oder zu einem anderen Zeitpunkt durchgeführt wird. Für das Kind soll eine möglichst geschützte Gesprächssituation geschaffen werden, damit es sich frei äußern kann (Abs 4). Ziel der Anhörung ist es, einen Eindruck von dem Kind zu gewinnen, insbesondere von dessen Neigungen und Bindungen. Hierbei sind das Alter, der Entwicklungsstand und die seelische Verfassung des Kindes zu berücksichtigen (Johannsen/Henrich/Büte, Rn 11 zu § 159).

§ 160 Anhörung der Eltern § 160

Anhörung der Eltern

160 (1) In Verfahren, die die Person des Kindes betreffen, soll das Gericht die Eltern persönlich anhören. In Verfahren nach den §§ 1666 und 1666a des Bürgerlichen Gesetzbuchs sind die Eltern persönlich anzuhören.

(2) In sonstigen Kindschaftssachen hat das Gericht die Eltern anzuhören. Dies gilt nicht für einen Elternteil, dem die elterliche Sorge nicht zusteht, sofern von der Anhörung eine Aufklärung nicht erwartet werden kann.

(3) **Von der Anhörung darf nur aus schwerwiegenden Gründen abgesehen werden.**

(4) **Unterbleibt die Anhörung allein wegen Gefahr im Verzug, ist sie unverzüglich nachzuholen.**

1. Anwendungsbereich

Durch das Gesetz zur Neuregelung des Rechts der elterlichen Sorge ist die 1 Verpflichtung des Gerichts zu einer Anhörung der Betroffenen (Eltern, Kind, Pflegeperson) in Verfahren, die die **Personen- oder Vermögenssorge** betreffen, Entlassung, Bestellung eines Vormunds nach § 1887 I BGB (OLG Hamm, Rpfleger 95, 212); Verfahren zur Durchsetzung von Entscheidungen, die die Personensorge betreffen (BayObLG, FamRZ 97, 109); Verfahren über einstweilige Maßnahmen (BayObLG, FamRZ 85, 100; OLG Karlsruhe, FamRZ 93, 90); Verfahren zur Bestimmung des Geburtsnamens des Kindes (§ 1617 II BGB), verstärkt worden. § 160 behandelt die **Anhörung der Eltern** des minderjährigen Kindes in Sorgerechtsverfahren; er behandelt auch ohne ausdrückliche Aufnahme in den Gesetzestext die Anhörung der Eltern eines minderjährigen, unter Vormundschaft stehenden Kindes.

Gegen eine entscheidungserhebliche **Verletzung rechtlichen Gehörs** 2 schafft § 44, der auf dem § 29a FGG beruht, den förmlichen Rechtsbehelf der Anhörungsrüge für solche Fälle, in denen ein Rechtsmittel, ein anderer Rechtsbehelf oder eine andere Abänderungsmöglichkeit nicht zur Verfügung stehen. Bei Zulässigkeit und Begründetheit hat das Gericht, das die angegriffene Entscheidung erlassen hat, unter Nachholung des rechtlichen Gehörs das Verfahren im Umfang der Rüge fortzusetzen.

Die §§ 159, 160 regeln nur die persönliche Anhörung des Kindes und der 3 Eltern; § 161 II die Anhörung einer Pflegeperson. Die **Anhörung Dritter,** gegen die die Entscheidung wirken kann, ist im Übrigen nicht besonders geregelt. Für diese Fälle ergibt sich eine erforderliche Anhörung aus der allgemeinen Verpflichtung zur Sachverhaltsermittlung nach § 26.

2. Anhörung sorgeberechtigter Eltern

Abs 1 konkretisiert die sich aus § 26 ergebende Verpflichtung des Gerichts 4 zur Aufklärung des Sachverhalts und bestimmt, dass das Gericht, auch ersuchter (BGH, NJW 85, 1702) oder beauftragter (BayObLG, NJW 84, 928) Richter, das Beschwerdegericht (OLG Frankfurt, OLG 82, 159), der Rechtspfleger nach § 4 I RPflG einen sorgeberechtigten Elternteil in einem Ver-

§ 160

5 fahren, das die Personensorge betrifft, persönlich anhören **soll;** in Verfahren der Kindeswohlgefährdung nach §§ 1666, 1666a BGB ist zwingende Anhörung vorgeschrieben, kein freies Ermessen (OLG Hamm, OLG 84, 21; BayObLG, FamRZ 84, 205); auch bei vorläufigen Regelungen, die mit einem erheblichen Eingriff in die Rechtssphäre der Beteiligten verbunden sind (BVerfG, NJW 94, 1208). Erklärungen zu Protokoll des Urkundsbeamten der Geschäftsstelle ersetzen nicht eine erforderliche persönliche Anhörung; diese
6 kann auch nicht einem Rechtspfleger übertragen werden (OLG München, OLG 80, 191). Die Anhörung der Eltern, eines Elternteils, kann in Anwesenheit eines Sachverständigen erfolgen, der jedoch nicht zu einer Befragung berechtigt ist (BGH, NJW 10, 1351); eine körperliche, psychiatrisch/psychologische Untersuchung kann bei Ablehnung der Mitwirkung der Eltern, eines Elternteils nicht durchgeführt werden, weil für eine solche, in das allgemeine Persönlichkeitsrecht eingreifende Maßnahme keine gesetzliche Grundlage gegeben ist (BVerfG FamRZ 11, 179; BGH, aaO). Auch für das **Beschwerdeverfahren** gilt § 160 unmittelbar (BayObLG, FamRZ 80, 290; NJWE-FER 99, 82; OLG Hamm, FamRZ 81, 820; OLG Frankfurt, OLG 82, 159; OLG Zweibrücken, NJW-RR 86, 1330; OLG Stuttgart, OLG 89, 419). Die nochmalige persönliche Anhörung ist für das Beschwerdegericht die Regel (BayObLG, NJW 93, 2057); jedenfalls wenn in erster Instanz von der persönlichen Anhörung abgesehen wurde (OLG Düsseldorf, NJW-RR 94, 1288); dann erneut, wenn weder die Niederschrift noch der sonstige Akteninhalt erkennen lassen, welchen persönlichen Eindruck die Eltern hinterlassen haben (BayObLG, FamRZ 94, 913; OLG Düsseldorf, NJW 95, 1970), wenn die Anhörung schon länger zurückliegt, zwischenzeitlich wesentliche Ermittlungsergebnisse gewonnen wurden (BayObLG, FamRZ 85, 100; OLG Frankfurt, OLG 82, 159), Erweiterung des Verfahrensgegenstandes (BayObLG, FGPrax 95, 155) oder eine Änderung rechtlicher Gesichtspunke eingetreten ist (BayObLG, NJW 93, 2057). Das **Absehen** von der Anhörung bedarf der besonderen Begründung (OLG Oldenburg, FGPrax 98, 21).

3. Anhörung in sonstigen Kindschaftssachen

7   Abs 2 regelt die Anhörung in Kindschaftssachen, die nicht die Person des Kindes betreffen. Die Regelung des § 160 beschränkt sich nicht mehr, wie bisher § 50a auf Verfahren, die die Personen- oder Vermögenssorge für ein Kind betreffen, sondern die Anhörung in jeder Kindschaftssache. Abs 1 trifft
8 eine spezielle Regelung für die Anhörung in Personensorgesachen, Abs 2 dagegen wegen der nunmehr umfassenden Anwendbarkeit die Anhörung in Angelegenheit der **Vermögenssorge** für ein Kind. Abs 2 S 1 bestimmt anders als in Angelegenheiten der Personensorge nach Abs 1 nicht eine persönliche Anhörung. Die Anhörung kann vielmehr **auch schriftlich** erfolgen. Die zumindest schriftliche Anhörung der sorgeberechtigten Elternteile zur Gewährleistung des rechtlichen Gehörs ist in jeder Kindschaftssache geboten.

4. Anhörung eines nicht sorgeberechtigten Elternteils

9   Auch ein Elternteil, dem die Sorge nicht zusteht, dem das Sorgerecht entzogen wurde oder der es auf Grund einer Entscheidung nach § 1671 BGB

§ 161 Mitwirkung der Pflegeperson **§ 161**

verloren hat, ein nichtehelicher Vater, ist grundsätzlich (OLG Frankfurt, Rpfleger 99, 391: Ersetzung der Einwilligung nach § 1618 S 4 BGB), insbesondere wenn zwischen ihm und dem betroffenen Kind engere Beziehungen und ein wünschenswerter Kontakt bestehen, zu hören; aA für den Fall, dass die Mutter das Kind annehmen will: OLG Hamm, NJW-RR 94, 1227. In diesen Fällen darf von einer Anhörung nur abgesehen werden, wenn eine Aufklärung nicht erwartet werden kann (Abs 2 S 2) (OLG Naumburg, FamRZ 10, 1351); es sei denn, schwerwiegende Gründe stünden einer Anhörung entgegen (Abs 3).

5. Anhörung von Eltern eines Mündels

Die Angelegenheiten eines unter Vormundschaft stehenden Minderjährigen sind Kindschaftssachen nach § 151 Nr 4. Auf sie findet Abs 2 S 2 Anwendung, der die Anhörung eines Elternteils behandelt, dem die elterliche Sorge nicht zusteht; die Anhörung war bisher in den §§ 1779 III 3, 1847 II 2, 1887 III 1 BGB geregelt. Die Eltern sind anzuhören, es sei denn, von der Anhörung kann eine Aufklärung nicht erwartet werden. Sie sind auch im Verfahren über die Auswahl eines Pflegers zu hören, selbst wenn sie nach § 1899 BGB iVm § 1779 II BGB für das Amt des Pflegers nicht geeignet sind (BayObLG, FamRZ 81, 96). 10

6. Absehen von einer Anhörung

Die Anhörung darf nach Abs 3 nur „aus schwerwiegenden Gründen" unterbleiben, etwa dann, wenn andernfalls die in Betracht kommenden Maßnahmen unmöglich gemacht würden (BayObLG, FamRZ 84, 205). Das Unterlassen einer gebotenen Anhörung ist ein Verfahrensfehler, die unrichtige Beurteilung des unbestimmten Rechtsbegriffs „schwerwiegende Gründe" eine Rechtsverletzung nach § 72. 11

Muss eine Anhörung, obwohl sie grundsätzlich geboten oder zwingend vorgeschrieben ist, unterbleiben, weil Gefahr im Verzug ist, ist sie unverzüglich nachzuholen (Abs 4), spätestens durch das Beschwerdegericht (BayObLG, NJW-RR 91, 777). 12

Mitwirkung der Pflegeperson

161 (1) **Das Gericht kann in Verfahren, die die Person des Kindes betreffen, die Pflegeperson im Interesse des Kindes als Beteiligte hinzuziehen, wenn das Kind seit längerer Zeit in Familienpflege lebt. Satz 1 gilt entsprechend, wenn das Kind auf Grund einer Entscheidung nach § 1682 des Bürgerlichen Gesetzbuchs bei dem dort genannten Ehegatten, Lebenspartner oder Umgangsberechtigten lebt.**

(2) **Die in Absatz 1 genannten Personen sind anzuhören, wenn das Kind seit längerer Zeit in Familienpflege lebt.**

1. Hinzuziehung als Beteiligte

Nach § 7 wird die Beteiligtenstellung, abgesehen von der des Antragstellers nach Abs 1, durch Hinzuziehung erlangt, wobei unterschieden wird zwischen 1

§ 162
Buch 2 – Verfahren in Familiensachen

solchen Personen, die zwingend hinzuzuziehen sind (§ 7 II), und solchen, die auf Antrag oder von Amts wegen zu dem Verfahren hinzugezogen werden können. Die Hinziehung setzt voraus, dass die Möglichkeit der Hinziehung bei den einzelnen Angelegenheiten gesetzlich vorgesehen ist. § 161 I 1 eröffnet die Möglichkeit, in Verfahren, die die Person des Kindes betreffen, die **Pflegeperson** im Interesse des Kindes von Amts wegen hinzuzuziehen und dadurch zur Beteiligten am Verfahren zu machen. Voraussetzung ist, dass das Kind seit längerer Zeit in Familienpflege lebt (Abs 1 S 1); unter diesen Voraussetzungen besteht auch die Möglichkeit der Hinziehung als Beteiligter nach § 7 III für einen Elternteil, dessen Lebenspartner oder einer nach § 1685 I BGB umgangsberechtigten volljährigen Person, wenn das Kind seit längerer Zeit in einem Haushalt mit dieser Person lebt (§ 1682 S 2 BGB). Das Gericht entscheidet über die Hinziehung nach **pflichtgemäßem Ermessen;** es berücksichtigt insbesondere, ob die Hinziehung dem Kindeswohl dienen kann. Durch die formelle Beteiligung der Pflegeperson (Ehegatte, Lebenspartner, Umgangsberechtigter) erhalten diese die Möglichkeit, sich über den Gang des Verfahrens und dessen Ergebnisse zu informieren und durch Ausübung von Verfahrensrechten hierauf Einfluss zu nehmen.

2. Anhörung der Pflegeperson

4 Befindet sich ein Kind seit längerem in einem Pflegeverhältnis, auch Unterbringung bei Verwandten (BayObLG, FamRZ 85, 100), kann es für die Entscheidungsfindung von Bedeutung sein, auch die Kenntnisse einer Pflegeperson zu verwerten. § 161 sieht daher für den Fall des § 1632 IV BGB (OLG Frankfurt, OLG 82, 6) und darüber hinaus für alle Angelegenheiten der Personensorge vor, dass auch die Pflegeperson (Ehegatte, Lebenspartner, Umgangsberechtigter) zu hören ist; nach pflichtgemäßem Ermessen mündlich oder schriftlich (Abs 2). In Angelegenheit der **Vermögenssorge** oder in Angelegenheiten der Personensorge, wenn ein **Pflegeverhältnis** erst **kurze Zeit** besteht, kann sich eine Pflicht zur Anhörung aus § 26 ergeben. Die Anhörung von Ehegatten, Lebenspartnern, Umgangsberechtigten nach Abs 2 iVm Abs 1 S 2 berücksichtigt die Neuregelung des § 1682 BGB und das LPartG. Wenn das Familiengericht angeordnet hat, dass das Kind bei den dort genannten Ehegatten, Lebenspartnern oder der nach § 1685 I BGB umgangsberechtigten volljährigen Person verbleibt, sind auch diese Personen anzuhören.

6 Das Gesetz schreibt nur die Anhörung, nicht die persönliche Anhörung vor; die Anhörung kann daher **mündlich oder schriftlich** erfolgen. Abweichend von dem bisherigen § 50 c S 1 FGG ist nicht mehr vorgesehen, dass von der Anhörung abgesehen werden kann, wenn davon eine Aufklärung nicht zu erwarten ist.

Mitwirkung des Jugendamts

162 (1) **Das Gericht hat in Verfahren, die die Person des Kindes betreffen, das Jugendamt anzuhören. Unterbleibt die Anhörung wegen Gefahr im Verzug, ist sie unverzüglich nachzuholen.**

§ 162 Mitwirkung des Jugendamts   § 162

(2) Das Jugendamt ist auf seinen Antrag an dem Verfahren zu beteiligen.

(3) Dem Jugendamt sind alle Entscheidungen des Gerichts bekannt zu machen, zu denen es nach Absatz 1 Satz 1 zu hören war. Gegen den Beschluss steht dem Jugendamt die Beschwerde zu.

1. Anhörung des Jugendamtes

§ 162 behandelt die Mitwirkung des Jugendamtes in Verfahren, die die **Person des Kindes** betreffen. Darunter sollen nicht nur die Angelegenheiten der Personensorge zu verstehen sein, sondern auch alle sonstigen Kindschaftssachen mit Ausnahme derjenigen, die die Vermögenssorge betreffen. § 162 ersetzt den bisherigen § 49a FGG und erweitert dessen Anwendungsbereich. Erfasst werden die bisherigen Angelegenheiten: Befreiung vom Erfordernis der Volljährigkeit (§ 1303 II), Ersetzung der Zustimmung zur Bestätigung der Ehe (§ 1315 I 3, 2. Hs BGB), Übertragung von Angelegenheiten der elterlichen Sorge auf die Pflegeperson (§ 1630 III BGB), Unterstützung der Eltern bei der Ausübung der Personensorge (§ 1631 III BGB), Unterbringung, die mit Freiheitsentziehung verbunden ist (§§ 1631b, 1800, 1915 BGB), Herausgabe des Kindes, Wegnahme von der Pflegeperson (§ 1632 I, IV BGB) oder von dem Ehegatten oder Umgangsberechtigten (§ 1682 BGB), Umgang mit dem Kind § 1632 II, §§ 1684, 1685 BGB), Gefährdung des Kindeswohls (§ 1666 BGB), Sorge bei Getrenntleben der Eltern (§§ 1671, 1672 I BGB, Art 224, § 2 III EGBGB), Ruhen der elterlichen Sorge (§ 1678 II BGB), elterliche Sorge nach dem Tod eines Elternteils (§ 1680 II, § 1681 BGB), elterliche Sorge nach Entziehung (§ 1680 III BGB); ferner Ersetzung der Einwilligung bei Einbenennung (§ 1618 S 4 BGB), gerichtliche Entscheidungen bei Meinungsverschiedenheiten der Eltern (§ 1628 BGB), Entziehung der Vertretungsbefugnis des Vaters oder der Mutter (§ 1629 II 3 BGB), gemeinsame elterliche Sorge (§ 1672 II 2 BGB), Änderungsverfahren (§ 1696 BGB); ferner auch Vollstreckung von Entscheidungen (§§ 88 ff).

Das Gericht hat das Jugendamt in diesen Verfahren anzuhören. Die **Anhörung** kann mündlich oder schriftlich erfolgen. Soweit eine mündliche Anhörung in einem **Termin** erfolgen soll, ist dies im Einzelfall ausdrücklich gesetzlich vorgesehen, in dem Erörterungstermin nach § 155 II 3, in dem Erörterungstermin bei Kindeswohlgefährdung nach § 157 I 2. Durch die Anhörung wird das Jugendamt nicht zum Verfahrensbeteiligten (§ 7 V). Das Familiengericht kann schon vor Anhörung des Jugendamtes Anordnungen treffen, einstweilige Anordnungen erlassen, wenn Gefahr im Verzuge ist; die Anhörung ist dann unverzüglich nachzuholen (Abs 1 S 2).

2. Beteiligung des Jugendamtes

Das Jugendamt hat die Wahl, ob es in dem Verfahren die Stellung eines formell Beteiligten einnehmen will. Auf Grund der Informationen im Zusammenhang mit der Anhörung und dem Inhalt der ihm bekannt zu machenden (Abs 3 S 1) Entscheidungen kann es beurteilen, ob eine formelle Beteiligung gewählt werden soll. Stellt das Jugendamt einen entsprechenden **Antrag**, ist es zwingend an dem Verfahren zu beteiligen (Abs 2). Stellt das

Jugendamt einen **Sach- oder Verfahrensantrag,** zu dem es auf Grund seiner Stellung als Jugendamt berechtigt ist, wird es durch diesen Verfahrensantrag formell beteiligt (§ 7 I); ferner durch Einlegung der Beschwerde (Abs 2 S 2). Die Beschwerdebefugnis besteht unabhängig von einer Beeinträchtigung eigener Rechte des Jugendamtes nach § 59 III iVm Abs 3 S 2.

Fristsetzung bei schriftlicher Begutachtung; Inhalt des Gutachtenauftrags; Vernehmung des Kindes

163 (1) **Wird schriftliche Begutachtung angeordnet, setzt das Gericht dem Sachverständigen zugleich eine Frist, innerhalb derer er das Gutachten einzureichen hat.**

(2) **Das Gericht kann in Verfahren, die die Person des Kindes betreffen, anordnen, dass der Sachverständige bei der Erstellung des Gutachtenauftrags auch auf die Herstellung des Einvernehmens zwischen den Beteiligten hinwirken soll.**

(3) **Eine Vernehmung des Kindes als Zeuge findet nicht statt.**

1. Fristsetzung

1   Wird eine schriftliche Begutachtung angeordnet, ist dem Sachverständigen nach Abs 1 eine Frist zu setzen, innerhalb derer er das Gutachten einzureichen hat. Diese Bestimmung weicht von § 411 I ZPO, der grundsätzlich gem § 30 I anzuwenden ist, ab. § 411 I ZPO ist eine Sollvorschrift und schreibt eine Fristsetzung nicht zwingend vor. Der Bundesrat (BT-Drs 16/6308 S 379) hat hierzu ausgeführt, dass nach Auffassung der gerichtlichen Praxis eine zwingende Fristsetzung nicht zu einer Verfahrensbeschleunigung führe, weil die Länge der Frist ohnehin den Kapazitäten des gewünschten Sachverständigen angepasst werden müsse. Es ist daher sinnvoll, die Frist nach vorheriger Abstimmung mit dem Sachverständigen bei der Beauftragung des Sachverständigen festzusetzen. In komplizierten Fällen, insbesondere bei psychisch belasteten Kindern kann die Erstellung des Gutachtens längere Zeit als vorgesehen in Anspruch nehmen; in derartigen Fällen kann auf die Mitteilung des Sachverständigen eine Fristverlängerung geboten sein (Johannsen/Henrich/Büte, Rn 2 zu § 163).

2. Erweiterung des Gutachterauftrages

2   Abs 2 sieht eine Erweiterung des Gegenstandes des Gutachterauftrages vor, wenn der Sachverständigenauftrag die Frage betrifft, welcher Elternteil zur Wahrnehmung der elterlichen Sorge besser geeignet ist oder in welchem Umfang ein Umgang des Kindes mit dem anderen Elternteil zu empfehlen ist. Der Gutachterauftrag kann darauf erweitert werden, mit den Beteiligten ein **einvernehmliches Konzept** zum zukünftigen Lebensmittelpunkt des Kindes
3   und zur Gestaltung des Umgangs zu erarbeiten. Dieses Konzept kann das Gericht im Rahmen des **Amtsermittlungsgrundsatzes** bei der Entscheidungsfindung oder bei dem Abschluss eines gerichtlich gebilligten Vergleichs, soweit Gegenstand des Verfahrens eine Umgangsregelung oder Herausgabe des Kindes ist (§ 156 II), **berücksichtigen.** Ebenso wenig wie bei der Mit-

§ 164 Bekanntgabe der Entscheidung an das Kind § 164

wirkung des Verfahrensbeistandes am Zustandekommen einer einvernehmlichen Regelung darf die Mitwirkung des Sachverständigen hieran nicht zu einer unzulässigen Vermischung der den Verfahrensbeteiligten obliegenden Aufgaben führen.

3. Vernehmung des Kindes

Durch Abs 3 wird klargestellt, dass das Kind **nicht als Zeuge** vernommen wird. Eine zusätzliche Belastung des Kindes durch eine Befragung als Zeuge in Anwesenheit der Eltern und anderer Beteiligter wird ausgeschlossen. Diese Klarstellung ist notwendig, weil in § 30 III die Verpflichtung des Gerichts begründet wird, eine förmliche Beweisaufnahme durchzuführen. 4

Bekanntgabe der Entscheidung an das Kind

164 Die Entscheidung, gegen die das Kind das Beschwerderecht ausüben kann, ist dem Kind selbst bekannt zu machen, wenn es das 14. Lebensjahr vollendet hat und nicht **geschäftsunfähig** ist. Eine Begründung soll dem Kind nicht mitgeteilt werden, wenn Nachteile für dessen Entwicklung, Erziehung oder Gesundheit zu befürchten sind. § 38 Abs. 4 Nr. 2 ist nicht anzuwenden.

§ 164 regelt die **Bekanntgabe** von Entscheidungen **an das Kind** in Angelegenheiten, in denen es das Beschwerderecht ausüben kann. Ein Kind, für das die elterliche Sorge besteht oder das unter Vormundschaft steht (Mündel), kann in allen seine Person betreffenden Angelegenheiten ohne Mitwirkung des gesetzlichen Vertreters das **Beschwerderecht** ausüben (§ 60 S 1). Diesen Personen sind gleichgestellt Pflegebefohlene, die zugleich unter elterlicher Sorge oder Vormundschaft stehen. **Nicht** ausgeübt werden kann das Beschwerderecht durch Personen, die geschäftsunfähig, auch partiell (BayObLG 58, 5) sind oder das 14. Lebensjahr noch nicht vollendet haben (§ 60 S 3). **Maßgebender Zeitpunkt** ist der Erlass (§ 38 III) der Entscheidung; das ist bei schriftlicher Abfassung des Beschlusses der Zeitpunkt der Übergabe an die Geschäftsstelle zur Veranlassung der Bekanntgabe (§ 41) oder bei mündlicher Bekanntgabe durch Verlesen der Beschlussformel der Zeitpunkt des Vermerks hierüber im Protokoll. Vollendet das Kind nach Erlass der Entscheidung innerhalb der Beschwerdefrist das 14. Lebensjahr, steht ihm ein Beschwerderecht nicht zu (Sedemund-Treiber, FamRZ 86, 215). Das Beschwerderecht besteht außer in allen die Person des Minderjährigen betreffenden Angelegenheiten auch in solchen, in denen **gesetzlich vorgesehen** ist, dass er vor der Entscheidung **gehört** werden soll (§ 60 S 2). Die in Kindschaftssachen nach § 159 I vorgeschriebene Anhörung des Minderjährigen umfasst grundsätzlich auch Angelegenheiten, die das Vermögen des Minderjährigen betreffen. Das Beschwerderecht erstreckt sich daher auch auf Angelegenheiten der **Vermögenssorge,** wenn und soweit der Minderjährige in dieser Angelegenheit gehört werden soll, es besteht unabhängig von der tatsächlichen Durchführung der Anhörung. 1

2

3

4

5　Unabhängig von § 60 ist die selbständige Berechtigung zur **Beschwerdeeinlegung** auch in **Vermögensangelegenheiten** anzuerkennen, wenn der Minderjährige in diesen Angelegenheiten ein **Antragsrecht** hat, zB nach § 113 III BGB.

6　Auch soweit nach § 159 II das noch nicht 14 Jahre alte Kind angehört werden soll, verbleibt es für das selbständige Beschwerderecht bei der Altersgrenze von 14 Jahren (§ 60 S 3). Unterhalb dieser **Altersgrenze** besteht kein Beschwerderecht.

7　Um dem Kind die selbständige Ausübung des Beschwerderechts zu ermöglichen, sind die Entscheidungen neben dem gesetzlichen Vertreter dem Kind (Mündel) selbst bekannt zu machen, wenn es das 14. Lebensjahr vollendet hat und nicht geschäftsunfähig ist (S 1). Die Entscheidung ist stets zu begründen (§ 38 III). § 38 IV Nr 2, der Ausnahmen von der Begründungspflicht vorsieht, ist nicht anwendbar (S 3).

8　Die Unterrichtung über **alle Einzelheiten** der Begründung kann für das Kind (Mündel) abträglich sein. S 2 sieht daher vor, dass eine Begründung dem Kind (Mündel) nicht mitgeteilt werden soll, wenn **Nachteile** für dessen Entwicklung, Erziehung oder Gesundheitszustand zu befürchten sind. Die ohne oder mit abgekürzter Begründung versehene Entscheidung setzt in
9　diesem Fall die Rechtsmittelfrist für das Kind (Mündel) in Lauf. Das Unterbleiben der Begründung ist in einer **gesonderten** Entscheidung auszusprechen; sie ist den Beteiligten, auch dem Kind, bekannt zu geben. Anders als in Betreuungs- und Unterbringungssachen nach §§ 288 I, 325 I bedarf es keines ärztlichen Zeugnisses für die Feststellung, dass die Bekanntgabe mit Nachteilen für Entwicklung, Erziehung oder Gesundheit des Minderjährigen verbunden sein könnte.

Vermittlungsverfahren

165 (1) **Macht ein Elternteil geltend, dass der andere Elternteil die Durchführung einer gerichtlichen Entscheidung oder eines gerichtlich gebilligten Vergleichs über den Umgang mit dem gemeinschaftlichen Kind vereitelt oder erschwert, vermittelt das Gericht auf Antrag eines Elternteils zwischen den Eltern. Das Gericht kann die Vermittlung ablehnen, wenn bereits ein Vermittlungsverfahren oder eine anschließende außergerichtliche Beratung erfolglos geblieben ist.**

(2) **Das Gericht lädt die Eltern unverzüglich zu einem Vermittlungstermin. Zu diesem Termin ordnet das Gericht das persönliche Erscheinen der Eltern an. In der Ladung weist das Gericht darauf hin, welche Rechtsfolgen ein erfolgloses Vermittlungsverfahren nach Absatz 5 haben kann. In geeigneten Fällen lädt das Gericht auch das Jugendamt zu dem Termin.**

(3) **In dem Termin erörtert das Gericht mit den Eltern, welche Folgen das Unterbleiben des Umgangs für das Wohl des Kindes haben kann. Es weist auf die Rechtsfolgen hin, die sich ergeben können, wenn der Umgang vereitelt oder erschwert wird, insbesondere darauf, dass Ordnungsmittel verhängt werden können oder die elterliche Sorge eingeschränkt oder entzogen werden kann. Es weist die Eltern auf die bestehenden**

§ 165 Vermittlungsverfahren **§ 165**

Möglichkeiten der Beratung durch die Beratungsstellen und -dienste der Träger der Kinder- und Jugendhilfe hin.

(4) Das Gericht soll darauf hinwirken, dass die Eltern Einvernehmen über die Ausübung des Umgangs erzielen. Kommt ein gerichtlich gebilligter Vergleich zustande, tritt dieser an die Stelle der bisherigen Regelung. Wird ein Einvernehmen nicht erzielt, sind die Streitpunkte im Vermerk festzuhalten.

(5) Wird weder eine einvernehmliche Regelung des Umgangs noch Einvernehmen über eine nachfolgende Inanspruchnahme außergerichtlicher Beratung erreicht oder erscheint mindestens ein Elternteil in dem Vermittlungstermin nicht, stellt das Gericht durch nicht anfechtbaren Beschluss fest, dass das Vermittlungsverfahren erfolglos geblieben ist. In diesem Fall prüft das Gericht, ob Ordnungsmittel ergriffen, Änderungen der Umgangsregelung vorgenommen oder Maßnahmen in Bezug auf die Sorge ergriffen werden sollen. Wird ein entsprechendes Verfahren von Amts wegen oder auf einen binnen eines Monats gestellten Antrag eines Elternteils eingeleitet, werden die Kosten des Vermittlungsverfahrens als Teil der Kosten des anschließenden Verfahrens behandelt.

1. Bedeutung der Vorschrift

§ 165 ersetzt den bisherigen § 52a FGG, durch den für den Bereich der **1** Durchsetzung des Umgangsrechts die Möglichkeit der Durchführung eines gerichtlichen **Vermittlungsverfahrens** eingeführt worden war, das eine einverständliche Konfliktlösung mit Hilfe des Gerichts ermöglichen soll. Es ist dabei von besonderer Bedeutung, bei dem Ausgleich zwischen Sorge- und Umgangsrecht darauf zu achten, dass der Umgang für den nicht sorgeberechtigten Elternteil nicht unzumutbar und damit faktisch vereitelt wird (BVerfG, NJW 02, 1863). Insbesondere sollen Verfahrensverzögerungen bei Umgangsregelungen vermieden werden, weil hierdurch Tatsachen geschaffen werden können, die das Ergebnis beeinflussen können (BVerfG, NJW 01, 961). Die abstrakte Gefahr einer Kindesentführung rechtfertigt keine Änderung der Umgangsregelung (BVerfG, FamRZ 10, 109).

Die **gesetzliche Ausgestaltung** des Vermittlungsverfahrens durch Über- **2** nahme des bisherigen § 52a FGG ist, worauf der Bundesrat (BT-Drs 16/6308 S 379) hingewiesen hat, lang, überaus detailliert und beinhaltet teilweise Selbstverständlichkeiten; sie gibt das richterliche Handeln bis ins Detail vor und signalisiert damit Misstrauen gegenüber den Richtern. § 52a FGG wurde in der Praxis kaum praktiziert (van Els, JAmt 06, 270; Motzer, FamRZ 00, 925).

2. Anwendungsbereich

§ 165 erfasst nur **Umgangsregelungen,** die die Eltern betreffen (§ 1684 **3** BGB). Über die Regelung des § 52a FGG hinaus, dergemäß das Vermittlungsverfahren nur für die Durchführung einer bereits ergangenen gerichtlichen Entscheidung über den Umgang in Betracht kam, **erweitert** § 165 den Anwendungsbereich auch auf Vereitelung oder Erschwerung eines gerichtlich gebilligten Vergleichs über den Umgang (§ 156 II). Anlass für ein

§ 165 Buch 2 – Verfahren in Familiensachen

Vermittlungsverfahren können sein Probleme über die Ausübung des Umgangs, Durchsetzung oder Änderung der getroffenen Entscheidung.

3. Einleitung des Verfahrens

4   Das Familiengericht leitet das Verfahren ein, wenn ein Elternteil einen **Antrag** auf Durchführung des Vermittlungsverfahrens mit der Begründung geltend macht, dass der andere Elternteil die Durchführung einer gericht-
5   lichen Entscheidung oder eines gerichtlich gebilligten Vergleichs vereitele oder erschwere. Das Gericht **kann** das auf eine Vermittlung gerichtete Verfahren **ablehnen,** wenn bereits ein Vermittlungsverfahren oder eine anschließende außergerichtliche Beratung erfolglos geblieben ist. Die Ablehnung des Vermittlungsverfahrens ist nach § 58 I **anfechtbar,** weil das Vermittlungsverfahren ein gesondertes Verfahren ist und die Entscheidung, ob es eingeleitet wird, nicht nur eine verfahrensrechtliche Zwischenentscheidung ist; anfechtungsberechtigt ist der antragstellende Elternteil (§ 59 I). Die Festsetzung von **Ordnungsmitteln** nach § 89 ist nicht von der vorherigen Durchführung eines Vermittlungsverfahrens abhängig (OLG Rostock, FamRZ 02, 967).

4. Vermittlungstermin

6   Das Gericht hat **unverzüglich** (bisher in § 52a FGG „alsbald") einen Termin zu bestimmen. Zu diesem Termin sind die Eltern zu laden. Ihr persönliches Erscheinen soll angeordnet werden, um eine Erörterung mit
7   ihnen durchführen zu können. Um der Ladung Nachdruck zu verleihen, ist in dieser auf die in Abs 5 vorgesehenen **Folgen des Nichterscheinens** hinzuweisen. Danach stellt das Gericht durch nicht anfechtbaren Beschluss fest, dass das Vermittlungsverfahren erfolglos geblieben ist, wenn mindestens ein Elternteil in dem Vermittlungsverfahren nicht erschienen ist. Es ist auch darauf hinzuweisen, dass in diesem Fall von Amts wegen zu prüfen ist, ob Ordnungsmittel ergriffen, Änderungen der Umgangsregelungen vorgenom-
8   men oder Sorgemaßnahmen ergriffen werden. Auch das **Jugendamt** kann zu dem Termin in geeigneten Fällen geladen werden. Die Teilnahme des Jugendamtes kann zweckmäßig sein, wenn dieses bereits an einem vorangegangenen Verfahren teilgenommen hat oder die Möglichkeit einer außergerichtlichen Konfliktlösung unter Mitwirkung des Jugendamtes in Betracht gezogen wird (Abs 2).

5. Gestaltung des Vermittlungstermins

9   Es muss dem Gericht überlassen bleiben, in welcher Weise es unter Berücksichtigung der besonderen Umstände des Falles den Termin gestaltet. Abs 3 ist unter Berücksichtigung dieses Grundsatzes auszulegen. In geeigneten Fällen ist auf die dort detailliert aufgeführten Folgen einer Vereitelung oder Erschwerung des Umgangs hinzuweisen, in jedem Fall aber auf die Möglichkeit der **Beratung** durch die Beratungsstellen und die Dienste der Träger der Jugendhilfe gem § 17, 18 SGB VIII; diese Beratung ist für den Bereich des Umgangsrechts speziell durch § 18 III 3, 4 SGB VIII geregelt.

6. Ergebnis des Vermittlungstermins

Dieses ist zu protokollieren. Das Ergebnis kann sein eine Einigung über die Ausübung des Umgangs, ein Einvernehmen der Beteiligten über die außergerichtliche Inanspruchnahme des Jugendamtes oder, dass ein Einvernehmen nicht erzielt wurde; in diesem Fall sind die Streitpunkte in einem Vermerk festzuhalten (Abs 4 S 3; § 28 IV). 10

7. Vergleich

Erzielen die Eltern Einvernehmen über eine von der gerichtlichen Regelung oder dem gerichtlich gebilligten Vergleich abweichende Regelung des Umgangs, ist die Umgangsregelung als **gerichtlich gebilligter Vergleich** nach § 36 II iVm §§ 159 ff ZPO zu **protokollieren.** In den Amtsverfahren der freiwilligen Gerichtsbarkeit ist ein Vergleich in der Regel nicht möglich, weil die Beteiligten über den Verfahrensgegenstand nicht verfügen können. Außer in den Fällen, in denen ein Vergleich ausdrücklich zugelassen ist, kann eine Einigung der Beteiligten zum Gegenstand einer gerichtlichen Entscheidung gemacht werden oder eine solche erübrigen. Abs 4 S 2 lässt einen gerichtlich gebilligten Vergleich ebenso wie § 156 II zu; es muss zum Ausdruck kommen, dass das Gericht den Inhalt des Einvernehmens als eigene Entscheidung billigt und der Regelung der Beteiligten den Charakter einer vollzugsfähigen Entscheidung verleiht. Dies wird durch Aufnahme in das Protokoll zum Ausdruck gebracht. Der Text des Vergleichs ist den Beteiligten vorzulesen oder zur Durchsicht vorzulegen (§ 162 I 1, 2 ZPO). In dem Protokoll ist zu vermerken, dass dies geschehen ist und die Beteiligten das Protokoll genehmigt haben (§ 162 I 3 ZPO). Das Fehlen der Feststellung nach § 162 I ZPO führt nicht zur Unwirksamkeit des Vergleichs, nimmt dem Protokoll jedoch insoweit die Beweiskraft einer öffentlichen Urkunde. Der gerichtlich gebilligte Vergleich ersetzt die bisherige Umgangsregelung und ist nach §§ 89 ff **vollstreckbar.** 11 12

8. Maßnahmen bei Scheitern der Vermittlung

Wird weder eine einvernehmliche Regelung des Umgangs noch Einvernehmen über die Inanspruchnahme außergerichtlicher Beratung des Jugendamtes erzielt, oder erscheint mindestens ein Elternteil in dem Termin nicht, stellt das Gericht fest, dass das Vermittlungsverfahren erfolglos geblieben ist; dieser Beschluss ist nicht anfechtbar. Das Gericht prüft von Amts wegen oder auf einen binnen eines Monats zu stellenden Antrag eines Elternteils, ob Ordnungsmittel (§ 89) ergriffen, Änderungen der Umgangsregelung vorgenommen oder Maßnahmen in Bezug auf die Sorge ergriffen werden. 13

9. Kosten

Keine Gerichtsgebühren. Falls ein Verfahren nach Abs 5 S 2 eingeleitet wird, sind die Kosten im Übrigen Teil der Kosten dieses anschließenden Verfahrens (S 3). 14

§ 166

Buch 2 – Verfahren in Familiensachen

Abänderung und Überprüfung von Entscheidungen und gerichtlich gebilligten Vergleichen

166 (1) Das Gericht ändert eine Entscheidung oder einen gerichtlich gebilligten Vergleich nach Maßgabe des § 1696 des Bürgerlichen Gesetzbuchs.

(2) Eine länger dauernde kindesschutzrechtliche Maßnahme hat das Gericht in angemessenen Zeitabständen zu überprüfen.

(3) Sieht das Gericht von einer Maßnahme nach den §§ 1666 bis 1667 des Bürgerlichen Gesetzbuchs ab, soll es seine Entscheidung in einem angemessenen Zeitabstand, in der Regel nach drei Monaten, überprüfen.

1. Änderung von Entscheidungen, gerichtlich gebilligten Vergleichen

1   Die nachträgliche Änderung einer Entscheidung (Vergleich) in einem neuen Verfahren war nach bisherigem Recht nicht ausdrücklich geregelt, aber von der Rspr bei Entscheidungen mit Dauerwirkung bei nachträglicher Veränderung der der Entscheidung zu Grunde liegenden tatsächlichen Verhältnisse anerkannt. § 48 I bestimmt nunmehr ausdrücklich, dass das Gericht des ersten Rechtszuges eine rechtskräftige Endentscheidung mit Dauerwirkung aufheben oder ändern kann, wenn sich die zu Grunde liegende Sach- oder
2   Rechtslage nachträglich wesentlich geändert hat. § 166 I ist für den Bereich der Kindschaftssachen **Spezialvorschrift** gegenüber § 48 I. Er ist die verfahrensrechtliche Gestaltung der materiell-rechtlichen Änderungsmöglichkeit nach § 1696 I, II BGB. Er erweitert die Abänderungsmöglichkeit von Entscheidungen auch auf gerichtlich gebilligte Vergleiche. § 1696 I BGB schreibt vor, dass das Familiengericht Anordnungen zu ändern hat, wenn dies aus triftigen, das Wohl des Kindes nachhaltig berührenden Gründen angezeigt ist (BayObLG, FGPrax 99, 61). Bei Gefährdung des Kindeswohls hat ein Einschreiten nach § 1666 BGB Vorrang vor einer Abänderung nach § 1696 BGB (BVerfG, FamRZ 09, 1472). Entscheidungen nach §§ 1666–1667 BGB sind aufzuheben, wenn infolge nachträglicher Änderung von Umständen eine
3   Gefahr für das Wohl des Kindes nicht mehr besteht (§ 1696 II BGB). Eine Abänderung kann auch dann geboten sein, wenn die Entscheidung **erkennbar fehlerhaft**, aber formell rechtskräftig geworden ist und Gründe iS des
4   § 1696 I BGB bereits bei Erlass vorlagen und noch bestehen (OLG Rostock, FamRZ 07, 1352). Das Abänderungsverfahren ist ein **neues Verfahren;** die Zuständigkeit bestimmt sich daher nach den Verhältnissen, die in dem Zeitpunkt vorliegen, in dem das Gericht mit der Sache befasst wird (§ 2 I). Befasst ist das Gericht in Amtsverfahren mit der Sache, wenn es von Tatsachen Kenntnis erhält, die Anlass zum Tätigwerden geben, in Antragsverfahren mit dem Eingang des Antrags. § 166 I betrifft nur **Endentscheidungen in der Hauptsache.**

5   Die **Abänderung** einer Entscheidung, eines gerichtlichen Vergleichs, die im Wege einer **einstweiligen Anordnungen** ergangen ist, richtet sich nach § 54. Das Gericht kann eine einstweilige Anordnung, auch deren Ablehnung, jederzeit von Amts wegen aufheben oder ändern, auch auf Anregung (§ 24 entspr). Es müssen nicht die Voraussetzungen des § 166 I vorliegen, weil eine

§ 167 Anwendbare Vorschriften bei Unterbringung Minderjähriger § 167

einstweilige Anordnung nicht in Rechtskraft erwächst. In Antragsverfahren erfolgt eine Änderung nur auf Antrag, jedoch auch dann von Amts wegen, wenn die Entscheidung ohne eine notwendige Anhörung (§ 34) ergangen ist. In Kindschaftssachen ist wie in allen Familiensachen nach § 111 erneut auf Grund mündlicher Verhandlung zu entscheiden, wenn eine einstweilige Anordnung ohne mündliche Verhandlung ergangen ist (§ 54 II).

2. Überprüfung von Entscheidungen und gerichtlich gebilligten Vergleichen

Abs 2 und 3 behandeln die Überprüfung von Entscheidungen, die wegen **Gefährdung des Kindeswohls** nach §§ 1666–1667 BGB getroffen wurden (Abs 2) und solchen, durch die von Maßnahmen nach §§ 1666–1667 BGB abgesehen wurde. Zu überprüfen ist, ob eine Kindeswohlgefährdung noch gegeben ist und/oder die getroffene Maßnahme noch erforderlich ist. Die Überprüfung im Fall der Ablehnung einer Maßnahme nach §§ 1666–1667 BGB (Abs 3) soll gewährleisten, dass das Gericht Kenntnis erhält, falls sich die Verhältnisse zum Nachteil des Kindes geändert haben. Es kann auf diese Weise überprüft werden, ob die Eltern möglicherweise dem Gericht gegenüber abgegebene Zusagen nicht eingehalten, insbesondere Jugendhilfeleistungen nicht in Anspruch genommen haben. Die durchzuführenden **Amtsermittlungen** zur Überprüfung können in einer Anhörung der Eltern oder des Kindes bestehen, auch in der Anforderung eines Berichtes des Jugendamtes, das auch in eigener Verantwortung das Gericht zu unterrichten hat. Die Überprüfung soll in einem angemessenen Zeitabstand vorgenommen werden, für den Abs 3 „in der Regel" drei Monate vorsieht. Die Vorschrift ist als Soll-Vorschrift ausgestaltet; das Gericht kann daher die Angemessenheit der Frist anhand des konkreten Einzelfalls nach pflichtgemäßem Ermessen bestimmen. Die Ausgestaltung als Soll-Vorschrift ermöglicht es auch, von einer nochmaligen Überprüfung in offensichtlich unbegründeten Fällen abzusehen, insbesondere, wenn auch das Jugendamt keine gerichtlichen Maßnahmen (mehr) für erforderlich hält. 6

7

Anwendbare Vorschriften bei Unterbringung Minderjähriger

167 (1) In Verfahren nach § 151 Nr. 6 sind die für Unterbringungssachen nach § 312 Nr. 1, in Verfahren nach § 151 Nr. 7 die für Unterbringungssachen nach § 312 Nr. 3 geltenden Vorschriften anzuwenden. An die Stelle des Verfahrenspflegers tritt der Verfahrensbeistand.

(2) Ist für eine Kindschaftssache nach Absatz 1 ein anderes Gericht zuständig als dasjenige, bei dem eine Vormundschaft oder eine die Unterbringung erfassende Pflegschaft für den Minderjährigen eingeleitet ist, teilt dieses Gericht dem für das Verfahren nach Absatz 1 zuständigen Gericht die Anordnung und Aufhebung der Vormundschaft oder Pflegschaft, den Wegfall des Aufgabenbereichs Unterbringung und einen Wechsel in der Person des Vormunds oder Pflegers mit; das für das Verfahren nach Absatz 1 zuständige Gericht teilt dem anderen Gericht die Unterbringungsmaßnahme, ihre Änderung, Verlängerung und Aufhebung mit.

§ 167

(3) Der Betroffene ist ohne Rücksicht auf seine Geschäftsfähigkeit verfahrensfähig, wenn er das 14. Lebensjahr vollendet hat.

(4) In den in Absatz 1 Satz 1 genannten Verfahren sind die Elternteile, denen die Personensorge zusteht, der gesetzliche Vertreter in persönlichen Angelegenheiten sowie die Pflegeeltern persönlich anzuhören.

(5) Das Jugendamt hat die Eltern, den Vormund oder den Pfleger auf deren Wunsch bei der Zuführung zur Unterbringung zu unterstützen.

(6) In Verfahren nach § 151 Nr. 6 und 7 soll der Sachverständige Arzt für Kinder- und Jugendpsychiatrie und -psychotherapie sein. In Verfahren nach § 151 Nr. 6 kann das Gutachten auch durch einen in Fragen der Heimerziehung ausgewiesenen Psychotherapeuten, Psychologen, Pädagogen oder Sozialpädagogen erstattet werden.

Übersicht

1. Anwendungsbereich	1
2. Anwendung der Vorschriften über die Unterbringung Volljähriger	2
3. Voraussetzungen für die Genehmigung der Unterbringung	3
4. Örtliche Zuständigkeit	5
5. Mitteilungspflichten	8
6. Abgabe	9
7. Verfahrensbeistand	11
8. Verfahrensfähigkeit	16
9. Anhörung des Betroffenen	17
10. Anhörung sonstiger Beteiligter	21
11. Einholung eines Gutachtens	22
12. Entscheidung	25
13. Zuführung zur Unterbringung	29
14. Entsprechende Anwendung weiterer Vorschriften	30

1. Anwendungsbereich

1   Die Unterbringung Minderjähriger ist den Kindschaftssachen zugeordnet. Es handelt sich um die Genehmigung der freiheitsentziehenden Unterbringung eines Minderjährigen nach §§ 1631 b, 1800 und 1915 BGB (§ 151 Nr 6) und die Anordnung der freiheitsentziehenden Unterbringung eines Minderjährigen nach den Landesgesetzen über die Unterbringung psychisch Kranker (§ 151 Nr 7); zu diesen Unterbringungsmaßnahmen zählen auch ohne ausdrückliche Erwähnung Maßnahmen, die das Gericht nach § 1846 BGB anordnet. Für die Unterbringung Minderjähriger ist das Familiengericht zuständig (§ 111 Nr 2), während die Unterbringung Volljähriger in die Zuständigkeit des Betreuungsgerichts fällt. Abs 1 verweist auf die Verfahrensvorschriften für die Unterbringung Volljähriger nach §§ 312–339. In den Verfahren der Genehmigung der freiheitsentziehenden Unterbringung eines Minderjährigen (§ 151 Nr 6) sind die für die Unterbringungssachen nach § 312 Nr 1, in den Verfahren der Anordnung der freiheitsentziehenden Unterbringung eines Minderjährigen nach den Landesgesetzen über die Unterbringung psychisch Kranker (§ 151 Nr 7) sind die Vorschriften für die Unterbringungssachen nach § 312 Nr 3 anzuwenden. Abweichungen von diesen Vorschriften ergeben sich aus Abs 1 S 2, Abs 2–6.

2. Anwendung der Vorschriften über die Unterbringung Volljähriger

Die Verweisung in Abs 1 auf die Vorschriften über die Unterbringung 2
Volljähriger ist nach OLG Celle, NJW 10, 1678; FamRZ 10, 1844; OLG
Dresden, FamRZ 10, 1845, eine umfassende Rechtsgrundverweisung. Die
Verfahren zur Unterbringung Minderjähriger bleiben jedoch Kindschaftssachen, auf die die Verfahrensvorschriften für die Unterbringung Volljähriger
anzuwenden sind. Aus der Anwendung dieser Vorschriften folgt, dass die
Anfechtbarkeit einstweiliger Anordnungen nicht durch § 57 ausgeschlossen
wird (OLG Celle, aaO; OLG Frankfurt, FamRZ 10, 907; Rn 3 zu § 57). Die
§§ 313–339 betreffen sowohl die zivilrechtliche als auch die öffentlich-rechtliche Unterbringung. Das Verfahrensrecht ist für diese Bereiche weitgehend
angeglichen. Unterschiede bleiben bestehen hinsichtlich der Einleitung des
Verfahrens; zivilrechtliche Unterbringungsmaßnahmen bedürfen der Genehmigung auf Antrag, während das Verfahren zur Anordnung öffentlich-rechtlicher Unterbringungsmaßnahmen ein Antragsverfahren ist. Bei der öffentlich-rechtlichen Unterbringung regeln die Ländergesetze im Einzelnen die
Einleitung des Verfahrens, insbesondere Form und Inhalt des Antrages sowie
die materiell-rechtlichen Voraussetzungen für eine Unterbringungsmaßnahme.

3. Voraussetzungen für die Genehmigung der Unterbringung

Genehmigungsbedürftig ist eine mit Freiheitsentziehung verbundene Un- 3
terbringung durch den Personensorgeberechtigten (§ 1631 b BGB), den Vormund (§ 1800 iVm § 1631 b BGB), den Pfleger (§ 1915 BGB iVm §§ 1800,
1631 b BGB). Der Antragsteller muss das Aufenthaltsbestimmungsrecht haben.
Dieses steht nicht dem Jugendamt zu; widerspricht der Personensorgeberechtigte einer Inobhutnahme nach § 42 V 1 SGB VIII, muss vor einer Genehmigung nach § 1631 b BGB im Rahmen der §§ 1666, 1666 a BGB über das
Aufenthaltsbestimmungsrecht entschieden werden (BVerfG, FamRZ 07,
1628). Eine Verlängerung der Genehmigung ist unzulässig, wenn der Sorgeberechtigte die Unterbringung nicht mehr will; gegen dessen Willen nur
zur Abwehr einer Gefahr für das Kindeswohl nach §§ 1666, 1666 a BGB
(OLG Naumburg, FamRZ 09, 431). Auch freiheitsentziehende Maßnahmen
(§ 312 Nr 2) bedürfen in analoger Anwendung des § 1906 IV BGB deren
Genehmigung (Dodegge, FamRZ 93, 1348). Keiner Genehmigung bedürfen 4
Unterbringungen, die nur mit Freiheitsbeschränkung verbunden sind. Vorrangig vor einer freiheitsentziehenden Unterbringung eines Minderjährigen
ist zu prüfen, ob diese durch eine sinnvolle Wahrnehmung des Erziehungsrechts vermieden werden kann oder die Unterbringung in einer offenen
Anstalt ausreicht. Entscheidend für die Genehmigung ist das wohlverstandene
Interesse des Kindes.

4. Örtliche Zuständigkeit

Die örtliche Zuständigkeit bestimmt sich nach § 152, weil es sich um eine 5
in die Zuständigkeit des Familiengerichts fallende Kindschaftssache handelt.
Danach ist während der Anhängigkeit einer Ehesache das Gericht des ersten

§ 167
Buch 2 – Verfahren in Familiensachen

Rechtszuges der Ehesache ausschließlich zuständig, sofern es sich bei dem unterzubringenden Minderjährigen um ein gemeinschaftliches Kind der Ehegatten handelt. Ist eine Ehesache nicht anhängig, ist das Gericht zuständig, in dessen Bezirk das Kind seinen gewöhnlichen Aufenthalt (OLG München, NJW 06, 3446: das Heim, wenn Rückkehr zum sorgeberechtigten Elternteil nicht beabsichtigt ist) hat (Abs 2). Ist eine Ehesache nicht anhängig (Abs 1) und hat das Kind keinen gewöhnlichen Aufenthalt im Inland, ist das Gericht zuständig, in dessen Bezirk das Bedürfnis der Fürsorge bekannt wird (Abs 3). Nach Abs 4 ist das Gericht, in dessen Bezirk das Bedürfnis der Fürsorge bekannt wird, auch zuständig für eine Unterbringungsmaßnahme nach § 1846 BGB.

6 Die **internationale Zuständigkeit** für die Genehmigung einer freiheitsentziehenden Maßnahme nach § 151 Nr 6 folgt aus § 99 Abs 4 iVm Abs 2 und Abs 3. In Verfahren nach § 151 Nr 7 (Anordnung der freiheitsentziehenden Unterbringung eines Minderjährigen nach den Landesgesetzen über die Unterbringung psychisch Kranker) ist nach § 105 die internationale Zuständigkeit deutscher Gerichte gegeben, wenn ein deutsches Gericht örtlich zuständig ist.

7 Im Bereich der **Europäischen Union** regelt Art 56 der VO(EG) Nr 2201/2003 die Unterbringung von Kindern in einer Einrichtung oder Pflegefamilie eines anderen Mitgliedstaates. Zuständig für die Erteilung der Zustimmung ist der überörtliche Träger der öffentlichen Jugendhilfe (Art 45, 46 IntFamRVG), der der Genehmigung des Familiengerichts bedarf (Art 47 I IntFamRVG). Örtlich zuständig ist das Familiengericht am Sitz des OLG, in dessen Zuständigkeitsbereich das Kind untergebracht werden soll (§ 47 II IntFamRVG).

5. Mitteilungspflichten

8 Ist für eine Unterbringungsmaßnahme ein anderes Gericht zuständig als dasjenige, bei dem eine Vormundschaft oder eine die Unterbringung erfassende Pflegschaft anhängig sind, teilt dieses Gericht dem für die Unterbringungsmaßnahme zuständigen Gericht die Aufhebung der Vormundschaft oder Pflegschaft, den Wegfall des Aufgabenbereichs der Unterbringung und einen Wechsel in der Person des Vormundes oder Pflegers mit. Das für die Unterbringungsmaßnahme zuständige Gericht teilt dem anderen Gericht die Unterbringungsmaßnahme, ihre Änderung, Verlängerung oder Aufhebung mit (Abs 2).

6. Abgabe

9 Nach § 4 ist eine Abgabe durch ein örtlich zuständiges Gericht an ein anderes Gericht aus **wichtigem Grund** möglich. Der auch in Unterbringungssachen für Minderjährige anzuwendende § 314 (Abs 1) ergänzt § 4 für Unterbringungssachen hinsichtlich der Frage, welche Umstände eine Abgabe
10 aus wichtigem Grund rechtfertigen. Ein **wichtiger Grund** für die Abgabe liegt dann vor, wenn nach dem Ermessen des abgebenden und des übernehmenden Gerichts im Interesse des Betroffenen durch die Abgabe eine zweckmäßigere und leichtere Behandlung der Angelegenheit ermöglicht wird; vor-

rangig ist hierbei das Interesse des Betroffenen. Nach § 314 kann das Gericht die Unterbringungssachen **isoliert** an das Gericht abgeben, in dessen Bezirk sich der Betroffene aufhält und die Unterbringungsmaßnahme vollzogen werden soll. Die Abgabe erfolgt nach Anhörung des Betroffenen und des gesetzlichen Vertreters, deren Zustimmung die Abgabe jedoch nicht bedarf. Weitere Voraussetzung ist, dass sich das Gericht, an das abgegeben werden soll, zur Übernahme bereit erklärt. Das um Übernahme gebetene Gericht beurteilt das Vorliegen eines wichtigen Grundes nach pflichtgemäßem Ermessen. Es kann sich eine Prüfung der Frage vorbehalten, ob eine Übernahme zweckmäßig ist. Sobald es in der Sache tätig wird, ist die Übernahme vollzogen (BayObLG, BtPrax 98, 237). Liegt ein wichtiger Grund vor, besteht eine Pflicht zur Übernahme. Im Einzelnen: Rn 7 zu § 314.

7. Verfahrensbeistand

Nach § 317 hat das Gericht dem betroffenen Volljährigen einen Verfah- 11
renspfleger zu bestellen, wenn dies zur Wahrnehmung der Interessen des Betroffenen erforderlich ist. Für Minderjährige tritt an die Stelle des Verfahrenspflegers der Verfahrensbeistand (Abs 1 S 2). Er ist stets zu bestellen, wenn nach den für Unterbringungssachen geltenden Vorschriften ein Verfahrenspfleger zu bestellen ist. Das ist insbesondere dann der Fall, wenn von einer Anhörung des Betroffenen abgesehen werden soll (§ 317 I 2). Bestellt das Gericht keinen Verfahrensbeistand, ist dies in der Entscheidung, durch die eine Unterbringungsmaßnahme genehmigt oder angeordnet wird, zu begründen (§ 317 II). **Vorrang** hat die Bestellung eines **ehrenamtlichen Verfah-** 12
rensbeistandes; nur wenn ein solcher nicht zur Verfügung steht, soll ein Verfahrensbeistand, der die Verfahrensbeistandschaft im Rahmen seiner Berufsausübung führt, bestellt werden (Abs 3). Die Bestellung soll **unterbleiben** 13
oder aufgehoben werden, wenn die Interessen des Betroffenen von einem Rechtsanwalt oder einem anderen geeigneten Verfahrensbevollmächtigten vertreten werden (Abs 4). Die Bestellung endet, sofern sie nicht vorher aufgehoben wird, mit der Rechtskraft der Endentscheidung oder mit dem sonstigen Abschluss des Verfahrens (§ 317 V). Die Bestellung oder deren Auf- 14
hebung sowie die Ablehnung einer derartigen Maßnahme sind nicht selbständig anfechtbar (§ 317 VI). Dem Verfahrensbeistand sind keine Kosten aufzuerlegen (§ 317 VII). Im Einzelnen: Rn 10 zu § 317.

Für die **Vergütung** und den Aufwendungsersatz des Verfahrenspflegers gilt 15
nach § 318 § 277 entsprechend.

8. Verfahrensfähigkeit

Nach § 316 ist der volljährige Betroffene ohne Rücksicht auf seine Ge- 16
schäftsfähigkeit verfahrensfähig. **Ergänzend** bestimmt **Abs 2** für Minderjährige, dass der betroffene Minderjährige ohne Rücksicht auf seine Geschäftsfähigkeit verfahrensfähig ist, wenn er das 14. Lebensjahr vollendet hat. Soweit er verfahrensfähig ist, wird die Verfahrensfähigkeit durch die Bestellung eines Verfahrensbeistandes nicht berührt. Der Betroffene kann sämtliche Verfahrenshandlungen selbst vornehmen. Soweit der Betroffene das 14. Lebensjahr nicht vollendet hat und daher nicht verfahrensfähig ist, handeln für ihn die nach

§ 167 Buch 2 – Verfahren in Familiensachen

bürgerlichem Recht befugten Personen (Rn 10 zu § 9); der Verfahrensbeistand ist nicht gesetzlicher Vertreter.

9. Anhörung des Betroffenen

17 Das Gericht hat den betroffenen Minderjährigen vor einer Unterbringungsmaßnahme persönlich anzuhören und sich einen persönlichen Eindruck von ihm zu verschaffen. Dies geschieht, soweit dies erforderlich ist, in der üblichen Umgebung des Betroffenen (§ 319 Abs 1). Es soll ihn über den möglichen Verlauf des Verfahrens unterrichten (§ 319 II). Die Anhörung soll nicht durch einen ersuchten Richter erfolgen (§ 319 IV), das Gericht kann bei Weigerung
18 Vorführung anordnen (§ 319 V). Von einer persönlichen Anhörung kann nur auf der Grundlage eines ärztlichen Gutachtens abgesehen werden, wenn Nachteile für die Gesundheit des Betroffenen zu besorgen sind (§ 319 III).
19 Die mündliche Anhörung gehört zu den bedeutsamen Verfahrensgarantien, deren Beachtung Art 104 GG fordert. Die Anhörung erschöpft sich nicht in der bloßen Gewährung rechtlichen Gehörs. Vorrangiger Zweck der Anhörung in Unterbringungssachen ist es, dem Richter einen persönlichen Eindruck von dem Betroffenen und der Art seiner Erkrankung zu verschaffen, damit er in den Stand gesetzt wird, ein klares und umfassendes Bild von der Persönlichkeit des Unterzubringenden zu gewinnen und seiner Pflicht zu genügen, den ärztlichen Gutachten richterliche Kontrolle entgegenzusetzen (BVerfG, FamRZ 07, 1628).
20 Unterbleibt die Anhörung vor Erlass einer einstweiligen Anordnung (§§ 331, 332) wegen Gefahr im Verzuge, ist sie zumindest unverzüglich nachzuholen (BVerfG aaO).

10. Anhörung sonstiger Beteiligter

21 Nach § 320 hat das Gericht die sonstigen Beteiligten anzuhören; es soll die zuständige Behörde anhören (im Einzelnen: Rn 2, 4 zu § 320). Abs 4 ergänzt die Anhörungspflicht für die Unterbringung Minderjähriger. Danach sind auch die Elternteile, denen die Personensorge zusteht, der gesetzliche Vertreter in persönlichen Angelegenheiten sowie die Pflegeeltern persönlich anzuhören; auch **vor** einer vorläufigen Unterbringung bei Gefahr im Verzug (OLG Naumburg, FamRZ 10, 1919); Abs 4 dient dem Schutz des minderjährigen Betroffenen. Durch die persönliche Anhörung dieser Personen sollen ua altersbedingte Kommunikationsschwierigkeiten vermieden und nicht sogleich ins Auge fallende Entwicklungsstörungen des Betroffenen dem Gericht vermittelt werden können.

11. Einholung eines Gutachtens

22 Vor einer Unterbringungsmaßnahme ist im Wege **förmlicher Beweisaufnahme** ein Gutachten über die Notwendigkeit der Unterbringungsmaßnahme einzuholen. Der Sachverständige hat den Betroffenen persönlich zu untersuchen und zu befragen. Das Gutachten soll sich auch auf die voraussichtliche
23 Dauer der Unterbringung erstrecken (§ 321 I 1, 2, 3). Abs 6 konkretisiert die an den **Sachverständigen** zu stellenden **Anforderungen** nach § 321 I 4 für

§ 167 Anwendbare Vorschriften bei Unterbringung Minderjähriger § 167

Unterbringungsmaßnahmen in Bezug auf Minderjährige. Danach soll in Verfahren nach § 151 Nr 6, 7, der Sachverständige Arzt für Kinder- und Jugendpsychiatrie und Psychotherapie sein; in Verfahren nach § 151 Nr 6 kann das Gutachten auch durch einen in Fragen der Heimerziehung ausgewiesenen Psychotherapeuten, Psychologen, Pädagogen oder Sozialpädagogen erstattet werden. Für stark verhaltensauffällige Kinder, für die eine geschlossene Unterbringung in Betracht kommt, ist zwar im Regelfall eine psychiatrische Begutachtung erforderlich. In bestimmten Fällen, etwa bei eindeutigen Erziehungsdefiziten, kann aber uU von vornherein nur eine Unterbringung in einem Heim der Kinder- und Jugendhilfe in Betracht kommen, ohne dass ein psychiatrischer Hintergrund im Raum steht.

Für die **Vorführung** zur Untersuchung und die Unterbringung zur Begutachtung gelten die §§ 283, 284 entsprechend (§ 322). 24

12. Entscheidung

Der notwendige Inhalt der Entscheidung ergibt sich aus § 38 II, III (Rn 1, 2 zu § 323). § 323 legt den zusätzlichen Inhalt der **Beschlussformel** für Entscheidungen fest, durch die eine Unterbringungsmaßnahme getroffen wird. Er erfasst die Fälle der Genehmigung (§ 312 Nr 1, Nr 2), der Anordnung (§ 312 Nr 3); ferner einstweilige Anordnungen nach § 331–333 und einstweilige Maßregeln nach § 334 iVm § 1846 BGB und Änderungsentscheidungen (§ 329). 25

Die Entscheidung muss die nähere **Bezeichnung der Unterbringungsmaßnahme** enthalten (Nr 1), bei öffentlich-rechtlicher Unterbringung (§ 312 Nr 3) die Art der Unterbringungseinrichtung, Rehabilitationseinrichtung, psychiatrische Anstalt, Klinik für Suchtkranke, Trinkerheilstätte, nicht jedoch eine bestimmte Einrichtung; diese hat der Sorgeberechtigte auszuwählen. Bei Minderjährigen muss klargestellt werden, ob die Unterbringung in einer psychiatrischen Klinik oder in einer geschlossenen Einrichtung der Jugendhilfe genehmigt wird. Nur so wird der unterschiedlichen Ausrichtung dieser beiden alternativen Arten der geschlossenen Unterbringung, deren Erforderlichkeit aus Kindeswohlgründen zu prüfen ist, Rechnung getragen (BVerfG, FamRZ 07, 1629). Die Maßnahmen sind in örtlicher und zeitlicher Hinsicht konkret anzugeben. 26

Ferner ist zwingend vorgeschrieben **(Nr 2)**, den **Zeitpunkt,** zu dem die Unterbringungsmaßnahme **endet,** wenn sie nicht vorher verlängert wird, anzugeben (im Einzelnen: Rn 6 zu § 323). Die Entscheidung ist zu begründen (im Einzelnen: Rn 7 zu § 323). 27

Die **Wirksamkeit** der Entscheidungen richtet sich nach § 324, deren Bekanntgabe nach § 325. 28

13. Zuführung zur Unterbringung

§ 326 behandelt die Durchführung zivilrechtlicher Unterbringung nach § 312 Nr 1. Diese wird im Falle der Unterbringung Minderjähriger durch den Sorgeberechtigten durchgeführt. Dem dringenden Bedürfnis der Praxis, dass diese Personen bei der Durchführung der Unterbringung eine Anlaufstelle erhalten, an die sie sich mit dem Wunsch um Unterstützung bei der Unterbringung wenden können, trägt § 326 Rechnung. Die Unterstützung 29

§ 168 Buch 2 – Verfahren in Familiensachen

bei der Unterbringung Minderjähriger wird durch Abs 5 konkretisiert. Danach hat das **Jugendamt** die Eltern, den Vormund oder den Pfleger auf deren Wunsch bei der Zuführung zur Unterbringung zu unterstützen. Dies kann geschehen durch Stellung eines Spezialfahrzeuges oder Zurverfügungstellung von Fachpersonal. **Gewalt** darf nur auf Grund einer besonderen gerichtlichen Entscheidung angewandt werden.

14. Entsprechende Anwendung weiterer Vorschriften

30 Die weiteren Verfahrensvorschriften für die Unterbringung Volljähriger finden ohne Modifikation auf die Unterbringung Minderjähriger Anwendung; das sind die Vorschriften über die Vollzugsangelegenheiten (§ 327) und die Aussetzung des Vollzuges (§ 328), Dauer und Verlängerung der Unterbringung (§ 329), Aufhebung der Unterbringung (§ 330), die Vorschriften über einstweilige Anordnungen und einstweilige Maßregeln der §§ 331–334, ergänzende Vorschriften über die Beschwerde (§§ 335, 336), Kosten in Unterbringungssachen (§ 337), Mitteilung von Entscheidungen (§ 338) und Benachrichtigung von Angehörigen (§ 339).

Beschluss über Zahlungen des Mündels

168 **(1) Das Gericht setzt durch Beschluss fest, wenn der Vormund, Gegenvormund oder Mündel die gerichtliche Festsetzung beantragt oder das Gericht sie für angemessen hält:**
1. Vorschuss, Ersatz von Aufwendungen, Aufwandsentschädigung, soweit der Vormund oder Gegenvormund sie aus der Staatskasse verlangen kann (§ 1835 Abs. 4 und § 1835a Abs. 3 des Bürgerlichen Gesetzbuchs) oder ihm nicht die Vermögenssorge übertragen wurde;
2. eine dem Vormund oder Gegenvormund zu bewilligende Vergütung oder Abschlagszahlung (§ 1836 des Bürgerlichen Gesetzbuchs).
Mit der Festsetzung bestimmt das Gericht Höhe und Zeitpunkt der Zahlungen, die der Mündel an die Staatskasse nach den §§ 1836c und 1836e des Bürgerlichen Gesetzbuchs zu leisten hat. Es kann die Zahlungen gesondert festsetzen, wenn dies zweckmäßig ist. Erfolgt keine Festsetzung nach Satz 1 und richten sich die in Satz 1 bezeichneten Ansprüche gegen die Staatskasse, gelten die Vorschriften über das Verfahren bei der Entschädigung von Zeugen hinsichtlich ihrer baren Auslagen sinngemäß.

(2) In dem Antrag sollen die persönlichen und wirtschaftlichen Verhältnisse des Mündels dargestellt werden. § 118 Abs. 2 Satz 1 und 2 sowie § 120 Abs. 2 bis 4 Satz 1 und 2 der Zivilprozessordnung sind entsprechend anzuwenden. Steht nach der freien Überzeugung des Gerichts der Aufwand zur Ermittlung der persönlichen und wirtschaftlichen Verhältnisse des Mündels außer Verhältnis zur Höhe des aus der Staatskasse zu begleichenden Anspruchs oder zur Höhe der voraussichtlich vom Mündel zu leistenden Zahlungen, kann das Gericht ohne weitere Prüfung den Anspruch festsetzen oder von einer Festsetzung der vom Mündel zu leistenden Zahlungen absehen.

(3) Nach dem Tode des Mündels bestimmt das Gericht Höhe und Zeitpunkt der Zahlungen, die der Erbe des Mündels nach § 1836e des Bürger-

§ 168 Beschluss über Zahlungen des Mündels   § 168

lichen Gesetzbuchs an die Staatskasse zu leisten hat. Der Erbe ist verpflichtet, dem Gericht über den Bestand des Nachlasses Auskunft zu erteilen. Er hat dem Gericht auf Verlangen ein Verzeichnis der zur Erbschaft gehörenden Gegenstände vorzulegen und an Eides Statt zu versichern, dass er nach bestem Wissen und Gewissen den Bestand so vollständig angegeben habe, als er dazu imstande sei.

(4) Der Mündel ist zu hören, bevor nach Absatz 1 eine von ihm zu leistende Zahlung festgesetzt wird. Vor einer Entscheidung nach Absatz 3 ist der Erbe zu hören.

(5) **Auf die Pflegschaft sind die Absätze 1 bis 4 entsprechend anzuwenden.**

Übersicht

1. Bedeutung der Vorschrift	1
2. Anwendungsbereich	3
3. Das Festsetzungsverfahren	10
4. Entscheidung	31
5. Vollstreckung	32
6. Änderung der Entscheidung	33
7. Rechtsmittel	34
8. Festsetzung im Verwaltungsweg	37
9. Rechtsbeschwerde	38
10. Pflegschaft	39
11. Das Vormünder- und Betreuervergütungsgesetz	40

1. Bedeutung der Vorschrift

§ 168 ersetzt den § 56g FGG mit Ausnahme von dessen Abs 5 (Anfechtbarkeit) und Abs 6 (Zwangsvollstreckung). Die gesetzliche Regelung der Ansprüche **auf Aufwendungsersatz und Vergütung** (§§ 1835, 1836 BGB) haben geführt und führen noch zu einer uneinheitlichen Rechtsanwendung und einer ungewöhnlich hohen Zahl von Rechtsmittelverfahren. Auch das durch das BtÄndG eingeführte Vergütungssystem führte nicht zu der angestrebten Reduzierung von Zeit und Personalaufwand. Die Problematik besteht vorwiegend im Bereich der Betreuungssachen, bei denen nach § 292 I § 168 zur Anwendung kommt. Das zweite BtÄndG (Einl 67) versucht eine Vereinfachung durch Einführung eines **pauschalierten Stundensatzes** für Berufsbetreuer herbeizuführen. Die Vergütungsregelungen der §§ 1836a, b BGB werden aufgehoben, das Gesetz über die Vergütung von Berufsvormündern (BVormVG) mit Wirkung vom 1.7.2005 durch das **Gesetz über die Vergütung von Berufsvormündern und Betreuern** (VBVG) ersetzt. Dieses bestimmt in § 2 die Höhe der dem berufsmäßigen Vormund (§ 1 VBVG) zu bewilligenden Stundensätze und enthält in §§ 4–6 Sondervorschriften für Betreuer und in §§ 7, 8 Vorschriften für Betreuungsvereine und Behördenbetreuer. Der berufsmäßige Vormund bekommt den tatsächlichen Zeitaufwand (§ 1836 I 3 BGB iVm VBVG) zuzüglich Umsatzsteuer und Aufwendungsersatz (§§ 1835, 1835b BGB), der berufsmäßige Betreuer einen Stundensatz, der auch Umsatzsteuer und Aufwendungen mit Ausnahme der sich aus § 1835 III BGB ergebenden

1

§ 168 Buch 2 – Verfahren in Familiensachen

2 abdeckt, nach einem pauschalierten Stundensansatz. Der Inklusivstundensatz für berufsmäßig tätige Betreuer infolge unterschiedlicher umsatzsteuerlicher Belstung ist nicht verfassungswidrig (BVerfG, FamRZ 09, 1123). Die Vergütung für den **Verfahrenspfleger,** soweit dieser berufsmäßig tätig ist, ist in § 277 besonders geregelt; entsprechende Anwendung auf den **Verfahrensbeistand** (§ 158 VII iVm § 277). Die Vergütung des Verfahrenspflegers beruht auf dem tatsächlichen Zeitaufwand zuzüglich Umsatzsteuer und Aufwendungen; jedoch keine aus § 1835 III BGB, weil hierauf nicht Bezug genommen wird.

2. Anwendungsbereich

3 § 168 behandelt das anzuwendende Verfahrensrecht bei der Festsetzung von Aufwendungsersatz und Vergütung des **Vormundes,** Gegenvormundes, sowie durch Verweisungen die des Verfahrenspflegers in Betreuungssachen (§ 277 V iVm § 168), des Verfahrenspflegers in Unterbringungssachen (§ 318 iVm § 277), die des **Verfahrensbeistandes** für das Kind (§ 158 VII iVm §§ 277, 168), des Nachlasspflegers (BayObLG, FamRZ 00, 1447; KG, FamRZ 06, 651; Pfälz OLG Zweibrücken, Rpfleger 07; 471); des Nachlassverwalters (BayObLG, NJW-RR 01, 870; KG, FamRZ 06, 559: § 1987 BGB; OLG München, Rpfleger 06, 405) sowie des **Betreuers** (§ 292 iVm
4 § 168); des Gegenbetreuers (OLG Köln, FamRZ 07, 937). § 168 behandelt das bei der Festsetzung von Aufwendungsersatz und Vergütung für den Betreuer nach den Vorschriften der §§ 1835–1836 e BGB anzuwendende **Verfahrensrecht.** Vergütungskriterien für die Höhe der Vergütung sind die für die Führung der Betreuung nutzbaren Fachkenntnis und der Umfang und die Schwierigkeit der Betreuungsgeschäfte. Die Qualifikation wird nach Art der Ausbildung in einer dreifachen Vergütungsstufung typisiert (Vormund: § 3 I VBVG; Betreuer: § 4 I VBVG; Verfahrenspfleger: § 3 I
5 VBVG). Sie hat nur dann für die Höhe der Vergütung Bedeutung, wenn sie für die Betreuung **nutzbar** ist (§ 4 I VBVG; OLG Hamm, FGPrax 03, 126); die Nutzbarkeit wird jedoch vermutet (§ 3 II 1 VBVG), ohne dass es auf die konkrete Anwendung ankommt. Die konkrete Schwierigkeit der Betreuung hat nur mittelbare Bedeutung. Sie präjudiziert die Auswahl des Betreuers, mit deren Durchführung der Vergütungssatz vorgegeben ist. Hiervon gibt es zwei Ausnahmen: Die Vergütung kann bei außergewöhnlicher Schwierigkeit erhöht werden. Es kann auch ein „überqualifizierter" Betreuer in einem einfachen Betreuungsfall bestellt werden. Für die Vergütung ist dann die geringere Nutzbarkeit maßgebend; dies muss in der Bestellung zum Ausdruck gebracht werden. Das Vermögen des Betreuten ist ohne Einfluss auf die Höhe der Vergütung (Brandenburgische OLG,
6 FGPrax 01, 72; OLG Düsseldorf, FGPrax 00, 197). Diese Grundsätze gelten auch für den **anwaltlichen Berufsbetreuer;** er kann nur dann Aufwendungsersatz nach § 1835 III BGB iVm dem RVG liquidieren, wenn auch ein nicht anwaltlicher Betreuer einen Rechtsanwalt hinzugezogen hätte (BVerfG 01, 23; BGH, FGPrax 07, 219; NJW 11, 453; OLG Düsseldorf, FamRZ 08, 76); nach OLG Hamm, FamRZ 07, 1186, hat der Rechtsanwalt die jederzeit abänderbare Wahl, seine Ansprüche nach RVG oder

§ 1836 iVm VBVG geltend zu machen. Keine Vergütung bei Delegation von Betreuungsaufgaben auf Dritte (OLG Frankfurt/M, Rpfleger 04, 161; Bienwald, FamRZ 10, 201). Für den **Betreuer** ist der konkrete Zeitaufwand nicht mehr Grundlage für die Berechnung der Vergütung, es wird vielmehr ein gestaffelter **pauschalierter** Stundensatz zu Grunde gelegt (§ 5 VBVG). Diese Berechnungsweise gilt nicht für Vormünder und Pfleger. Ein Pauschbetrag kann nur noch für einen Verfahrenspfleger, Verfahrensbeistand (§ 277 III) festgesetzt werden. Ausnahmsweise kann ein Pauschbetrag festgesetzt werden, wenn die erforderliche Zeit vorhersehbar ist. Bei Mittellosigkeit leistet die Staatskasse (§ 1 II 2 VBVG) mit der Möglichkeit, gegen den Betreuten bzw dessen Erben Rückgriff zu nehmen. **Mittellosigkeit** ist in dem Umfang anzunehmen, in dem die Gewährung von Hilfe in besonderen Lebenslagen in den Fällen des § 90 SGB XII und der zu § 90 II Nr 9 SGB XII ergangenen DVO vom Einsatz eigener Mittel des Betroffenen abhängig gemacht wird (OLG Köln, FamRZ 06, 1043). Die Verweisung in § 168 I 4 auf das Verfahren nach dem **JVEG** ermöglicht nur die Festsetzung von Aufwendungsersatz und Vergütung durch den Urkundsbeamten im vereinfachten Verfahren. Das gerichtliche Festsetzungsverfahren richtet sich jedoch auch in diesem Fall nach § 168; das Gericht ist an die Festsetzung des Urkundsbeamten nicht gebunden (BayObLG, FamRZ 99, 1590); dies steht der nachträglichen Festsetzung im Verfahren nach § 168 nicht entgegen (OLG Köln, FGPrax 06, 116).

3. Das Festsetzungsverfahren

Das Verfahren auf Festsetzung von Vorschuss, Ersatz von Aufwendungen und Aufwendungsentschädigung (Abs 1 Nr 1) und Vergütung oder Abschlagszahlung (Abs 1 Nr 2) wird auf Antrag (Rn 11) oder von Amts wegen (Rn 27) eingeleitet.

Antragsberechtigt sind der Vormund, Gegenvormund oder Mündel und im Falle einer Betreuung der Betreuer und der Betreute (§ 292 iVm § 168 I). Gegenstand des Antrags gem Abs 1 Nr 1 sind Vorschuss, Ersatz von Aufwendungen und Aufwandsentschädigung, soweit sie aus der **Staatskasse** verlangt werden können. Das ist dann der Fall, wenn der Mündel (Betreute) mittellos ist (§ 1835 IV BGB). Der Mündel (Betreute) gilt als mittellos, wenn er den Aufwendungsersatz oder die Vergütung aus seinem nach Kriterien des Bundessozialhilfegesetzes (§ 1836 d BGB) einzusetzenden Vermögen oder Einkommen nicht, nur zum Teil oder nur in Raten (§ 1836 d Nr 1 BGB) oder nur im Wege gerichtlicher Geltendmachung von Unterhaltsansprüchen (§ 1836 d Nr 2 BGB) aufbringen kann (§§ 1835, 1835 a BGB). Die Höhe der **Schongrenze** für die Feststellung der Mittellosigkeit (§ 1836 c Nr 2 BGB iVm § 90 SGB XII iVm der zu § 90 II Nr 9 SGB XII ergangenen DVO (OLG Köln, FamRZ 06, 1043) unter Berücksichtigung nur des Aktivvermögens (BayObLG 03, 271) beträgt 2.600 €, jedoch Abstufung je nach dem Grad der Behinderung (BGH, FGPrax 02, 23; BayObLG, FGPrax 01, 203; 02, 73: **Einheitliche Bewertung** für den gesamten Abrechnungszeitraum; OLG Schleswig, FGPrax 01, 75; OLG Frankfurt/M, FGPrax 01, 116; 04, 72). **Maßgebender Zeitpunkt** für die Feststellung der Mittel-

§ 168   Buch 2 – Verfahren in Familiensachen

losigkeit ist der der Entscheidung in der letzten Tatsacheninstanz, die auch die Beschwerdeinstanz sein kann (OLG Zweibrücken, FGPrax 99, 21; FamRZ 05, 1778; OLG München, FamRZ 07, 1188); es sei denn, der Betreuer hat die Vergütung bereits entnommen; dann ist auf den Zeitpunkt
15 der Entnahme abzustellen (BayObLG, FamRZ 98, 1618; OLG Zweibrücken, FGPrax 99, 21). Gegenstand des Antrags nach Abs 1 Nr 2 ist die Vergütung (§ 1836 BGB iVm mit VBVG). Ein **Vergütungsanspruch** besteht nur, wenn die Vormundschaft (Betreuung) **berufsmäßig** geführt wird (§ 1836 I BGB iVm § 1 I, II 1 VBVG). Werden die Voraussetzungen der Berufsmäßigkeit erst im Laufe des Verfahrens erfüllt, entsteht ein entsprechender Vergütungsanspruch erst ab dem Zeitpunkt der gerichtlichen Feststellung, die nicht rückwirkend getroffen werden kann (BayObLG,
16 FGPrax 01, 79). **Bei einem Wechsel** vom ehrenamtlichen zum Berufsbetreuer erhält der Berufsbetreuer nicht den erhöhten Stundensatz des Erstbetreuers nach § 5 I Nr 1 VBVG; das erstmalige Wirksamwerden der Betreuerbestellung ist maßgebend für die Vergütung bei Betreuerwechsel (OLG Hamm, FamRZ 06, 1066; OLG Karlsruhe, FamRZ 06, 1483; OLG Köln, FamRZ 06, 1876; OLG Schleswig, Rpfleger 06, 321; OLG Stuttgart, FamRZ 07, 1271). Endet eine vorläufig angeordnete Betreuung und wird erst längere Zeit später erneut Betreuung angeordnet, ist von einer (erneuten) Erstbestellung auszugehen (OLG Zweibrücken, Rpfleger 06, 401 für einen Zeitraum von neun Monaten). OLG Frankfurt, FGPrax 09, 215, bejaht schon dann die Anfangsbetreuervergütung, wenn zwischen dem Ende der ehrenamtlichen Tätigkeit und dem Beginn der Berufsbetreuung ein Zeitraum von sieben Wochen und drei Tagen liegt. Ein erhöhter Zeitaufwand für einen neu eingesetzten Betreuer nach § 5 I Nr 1 VBVG wurde bejaht von OLG Zweibrücken (FGPrax 06, 167), wenn der Wirkungskreis auf Geltendmachung von Regressansprüchen gegen den früheren Betreuer erstreckt wird und diese in beträchtlicher Höhe im Raum stehen. Nach OLG Stuttgart (FGPrax 07, 131) rechtfertigt eine Erweiterung des Aufgabenkreises im Rahmen des Betreuerwechsels es nicht, den zweiten Betreuer so zu behandeln, als ob es sich bei seiner Betreuung um eine
17 Erstbetreuung handele. Eine in das Ermessen des Gerichts gestellte **Erhöhung** des Stundensatzes für Betreuer bei nicht mittellosen Betroffenen und besonderer Schwierigkeit der Betreuungsgeschäfte sieht das Vergütungsrecht anders als für den berufsmäßigen Vormund **nicht** vor. Die Voraussetzungen einer analogen Anwendung sind nicht gegeben, weil weder eine planwidrige Gesetzeslücke besteht noch die zu beurteilenden Sachverhalte vergleichbar sind (OLG München, FGPrax 07, 25). Vor Wirksamwerden der Bestellung kann eine Festsetzung einer Vergütung für Betreuertätigkeit
18 nicht erfolgen (OLG Hamm, FGPrax 06, 161). **Mehreren Berufsbetreuern,** die iS von § 1899 I BGB für je gesonderte Aufgabenkreise bestellt
19 sind, steht jeweils eine volle Vergütung nach § 5 VBVG zu (OLG Hamm, Rpfleger 07, 74). Ein als Berufsbetreuer bestellter **Rechtsanwalt** kann eine Betreuertätigkeit nach §§ 1835 III, 1908 I 1 BGB nach anwaltlichem Gebührenrecht abrechnen, wenn sich die zu bewältigende Aufgabe als eine
20 für den Beruf des Rechtsanwalts spezifische Tätigkeit darstellt (BGH, NJW 07, 844). Das **BVerfG** hat eine **Vorlage** des OLG Braunschweig (FamRZ

§ 168 Beschluss über Zahlungen des Mündels

07, 303) wegen Verfassungswidrigkeit der §§ 4, 5 VBVG wegen nicht hinreichender Substantiierung als **unzulässig** abgewiesen. Die Vorlage betraf die Fragen, ob es verfassungsgemäß sei, dass bei einer Vergütung nach §§ 4, 5 VBVG eines nicht iS von § 1836 d BGB mittellosen Betreuten in keinem Fall Ausnahmen für besonders aufwendige und schwierige Betreuungen gegeben seien und ferner ob es verfassungsgemäß sei, dass § 4 II 1 VBVG auch Kosten für Aufwendungen abdeckt, die nicht Aufwendungen iS von § 1835 III BGB darstellen und nicht zu den gewöhnlichen Aufwendungen gehören (BVerfG, FamRZ 07, 622); nach OLG München (FamRZ 07, 675; OLG Karlsruhe, FamRZ 07, 2008; OLG Celle, FGPrax 08, 241) ist die Pauschalierung des Stundensatzes in der Betreuervergütung jedenfalls, soweit sie sich zu Lasten des nicht mittellosen Betreuten auswirkt, verfassungsgemäß. Das BVerfG, FamRZ 09, 1899, hat entschieden, dass unterschiedliche Stundensätze für die Betreuung bemittelter und unbemittelter Betreuter auf sachlich gerechtfertigten Erwägungen beruhen. Es bestehen auch keine verfassungsrechtlichen Bedenken gegen die unveränderte Höhe der Betreuervergütung trotz Mehrwertsteuererhöhung (OLG Köln, FGPrax 08, 108). Die Pauschalierung schließt grundsätzlich den Einwand mangelnder Tätigkeit aus (OLG München, FamRZ 07, 1188). Der Vormund (Gegenvormund) kann Abschlagszahlung verlangen (§ 3 IV VBVG).

Der **Vergütungsanspruch** richtet sich gegen den Mündel (Betreuten); wenn dieser mittellos ist (Rn 29, 43), kann der Vormund (Betreuer) die Vergütung aus der Staatskasse verlangen (§ 1 II 2 VBVG). Im Antrag sollen die persönlichen und wirtschaftlichen Verhältnisse des Mündels dargelegt werden. Wird eine Betreuung als ungerechtfertigt aufgehoben und legt das Beschwerdegericht die notwendigen Auslagen des Betroffenen der Staatskasse auf, umfassen diese nicht auch die Entschädigung des Betreuers, die dieser für zuvor erbrachte Leistungen im Rahmen seines Aufgabenkreises von dem nicht mittellosen Betroffenen erhalten hat und fordern kann (OLG München, FamRZ 06, 730). Nach der Beendigung der Betreuung durch **Tod des Betreuten** erhält der Betreuer keine volle Pauschale, sondern nur eine zeitanteilige Vergütung (OLG Köln, FamRZ 06, 1787); keine Vergütung für Abwicklungstätigkeit (OLG Dresden, FamRZ 06, 1483; OLG München, Rpfleger 06, 650), jedoch Erstattung nach Zeitaufwand (Einzelaufstellung) für unaufschiebbare Geschäfte; vergütungsfähige Abwicklungstätigkeiten bejaht durch OLG Frankfurt/M, FamRZ 06, 1151 mit ablehnender Anmerkung Bienwald, weil es sich bei den Abwicklungstätigkeiten nicht mehr um Angelegenheiten des Betreuten handele (FamRZ 06, 1152).

Die Ansprüche nach Abs 1 Nr 1 und Nr 2 können auch nach dem Tod des Betreuten gegen dessen **Erben** durch das Gericht im Verfahren nach § 168 festgesetzt werden (BayObLG Rpfleger 01, 419; OLG Jena FGPrax 01, 22). Festsetzung auch gegen die unbekannten Erben vertreten durch den Nachlasspfleger; in entsprechender Anwendung der §§ 305, 780 ZPO ist das Recht vorzubehalten, die **persönlichen Haftungsbeschränkungen** des § 1836 c I 3 BGB iVm § 102 III SGB XII nachträglich geltend zu machen (OLG Jena, FGPrax 06, 70). Eine evt **Mittellosigkeit des Nachlasses** ist entspr § 1836 e I 3 BGB nach sozialhilferechtlichen Grundsätzen zu beant-

21

22

23

§ 168 Buch 2 – Verfahren in Familiensachen

worten (OLG Jena, FGPrax 01, 22; OLG Frankfurt, NJW 04, 373; LG Berlin, Rpfleger 03, 587).

24 Für die Geltendmachung der Ansprüche sind **Fristen** vorgesehen, Ansprüche auf Ersatz von Aufwendungen erlöschen, wenn sie nicht binnen 15 Monaten nach ihrer Entstehung gerichtlich geltend gemacht werden, wobei die Geltendmachung der Ansprüche bei Gericht auch als Geltendmachung gegenüber dem Mündel gilt (§ 1835 I 3 BGB). Das Gericht kann eine **abweichende Frist** von mindestens zwei Monaten bestimmen (§ 1835 Ia BGB); eine Verlängerung setzt voraus, dass das Gericht dem Betreuer einen Schlusszeitpunkt für die Einreichung seines Antrages mitteilt, die bloße Erinnerung an die Nachreichung von Tätigkeitsnachweisen kann nicht als Fristverlängerung verstanden werden (OLG Schleswig, FGPrax 06, 119).

25 Der Anspruch auf **Aufwandsentschädigung** des **Vormundes** erlischt, wenn er nicht binnen drei Monaten nach Ablauf des Jahres, in dem der Anspruch entsteht, geltend gemacht wird. Auch insoweit gilt die Geltendmachung beim Gericht als Geltendmachung gegenüber dem Mündel (§ 1835 a IV BGB). Der Vergütungsanspruch erlischt, wenn er nicht binnen 15 Monaten nach seiner Entstehung beim Vormundschaftsgericht geltend gemacht wird (§ 2 VBVG). Die Geltendmachung beim Gericht gilt dabei auch als Geltendmachung gegenüber dem Mündel. Das Gericht kann eine abweichende Frist von mindestens zwei Monaten bestimmen (§ 2 S 2 VBVG iVm § 1835 Ia BGB; OLG Koblenz, FamRZ 02, 1355; OLG Schleswig, Rpfleger 02, 175 mwN). Werden die Ansprüche zunächst nur dem Grunde nach geltend gemacht, die fehlenden Angaben aber nicht innerhalb der Frist nachgereicht, ist der Anspruch ausgeschlossen (OLG Frankfurt, FamRZ 03, 194;
26 OLG Frankfurt, NJW 03, 3642; BayObLG, Rpfleger 03, 578). Zum Beginn der **Ausschlussfristen** nach bisherigem Recht: OLG Frankfurt, FGPrax 01, 243; OLG Schleswig, FGPrax 02, 175; 03, 127; OLG Hamm, Rpfleger 99, 180; BayObLG, NJWE-FER 99, 153: Beendigung des Amtes; BayObLG, FamRZ 03, 325: jeweils im Zeitpunkt der erbrachten Tätigkeit. Die Pauschalierung der Betreuervergütung ab 1. 7. 2005 durch das Vormünder- und Betreuervergütungsgesetz (VBVG) lässt nicht mehr zu, die für den Beginn der Ausschlussfrist maßgebende Entstehung des Anspruchs (§ 2 VBVG) bestimmten einzelnen Tagen zuzuordnen, weil eine konkrete Betreuertätigkeit nicht mehr festgestellt werden muss. Der Beginn der Ausschlussfrist ist daher auf den Zeitpunkt festzulegen, an dem der Anspruch nach Ablauf des nach § 9 VBVG vorgegebenen Abrechnungsquartals erstmals geltend gemacht werden kann; anderenfalls liefe die Ausschlussfrist bereits, bevor der Berufsbetreuer die Vergütung beanspruchen könnte (OLG Dresden, FamRZ 08, 1285; KG, FGPrax 09, 63; OLG Brandenburg, FamRZ 10, 65; OLG Celle, Rpfleger 09, 86; OLG München, FamRZ 08, 1285 (Vorlage) mwN: offen gelassen, ob mit Ablauf des jeweiligen Monats oder des Abrechnungsquartals; BGH (auf Vorlage), Rpfleger 08, 568: frühestens mit Ablauf des einzelnen Betreuungsmonats; offen gelassen, ob Fristbeginn erst nach Ablauf des Abrechnungsquartals nach § 9 VBVG; aA OLG Düsseldorf, FamRZ 08, 1184). Die Ausschlussfristen sind von Amts wegen im Festsetzungsverfahren zu prüfen, die Frage der Verjährung auf Einrede, weil die jetzige Verfahrensregelung zu

§ 168 Beschluss über Zahlungen des Mündels **§ 168**

einem Vollstreckungstitel führt (BayObLG, FamRZ 00, 1455). Die Verjährungsfrist beträgt drei Jahre (§ 195 BGB) und beginnt mit dem Schluss des Jahres, in dem der Anspruch entstanden ist (§ 199 I Nr 1 BGB). Nach bisherigem Recht erlosch der Vergütungsanspruch insoweit nicht, als der Betreuer Abschlagszahlungen erhalten hatte. Diese Möglichkeit besteht jetzt nicht mehr, weil der Betreuer keine Abschlagszahlungen mehr erhält. Hierfür besteht kein Bedürfnis mehr, weil jetzt nach drei Monaten abgerechnet werden kann (§ 9 VBVG mit Ausnahme der Fälle des § 6 VBVG).

Von Amts wegen nimmt das Gericht die Festsetzung nach Abs 1 vor, 27 wenn es sie für angemessen hält, nach dem Tode des Mündels Höhe und Zeitpunkt der Zahlungen, die der Erbe nach § 1836 e BGB an die Staatskasse zu leisten hat.

Das Gericht (RPfl nach § 3 I Nr 2 a RPflG) hat den Mündel (Betreuten) 28 (nicht notwendig mündlich) **anzuhören,** bevor es eine nach Abs 1 von ihm zu leistende Zahlung festsetzt, den Erben vor einer Entscheidung nach Abs 3 (Abs 4).

Für die **Feststellung einer Mittellosigkeit** des Mündels (Betreuten) kann 29 das Gericht von dem Antragsteller verlangen, dass dieser die sich hierauf beziehenden Angaben in dem Antrag glaubhaft macht. Das Gericht kann Erhebungen anstellen, insbesondere die Vorlegung von Urkunden anordnen und Auskunft einholen (Abs 2 S 2 iVm § 118 II 1, 2 ZPO). Steht der Aufwand zur Ermittlung der persönlichen und wirtschaftlichen Verhältnisse des Mündels (Betreuten) außer Verhältnis zur Höhe des aus der Staatskasse zu begleichenden Anspruchs oder zur Höhe der vom Mündel (Betreuten) voraussichtlich zu leistenden Zahlung, kann das Gericht hiervon absehen und ohne weitere Prüfung den Anspruch festsetzen oder von einer Festsetzung absehen.

Der **Erbe** ist verpflichtet, dem Gericht über den Stand des Nachlasses 30 Auskunft zu erteilen. Er hat dem Gericht auf Verlangen ein Verzeichnis der zur Erbschaft gehörenden Gegenstände vorzulegen und an Eides statt zu versichern, dass er nach bestem Wissen und Gewissen den Bestand so vollständig angegeben habe, als er dazu imstande sei (Abs 3 S 2, 3).

4. Entscheidung

Das Gericht erlässt gegen den Mündel (Betreuten) hinsichtlich der in Abs 1 31 S 1 aufgeführten Ansprüche einen Festsetzungsbeschluss. Es kann unter den Voraussetzungen des Abs 2 S 2, 3 auch von einer Festsetzung absehen. Dies ist durch begründeten Beschluss auszusprechen. Mit der Festsetzung oder gesondert, wenn dies zweckmäßig ist, bestimmt das Gericht Höhe und Zeitpunkt der Zahlungen, die der Mündel (Betreute) an die Staatskasse nach § 1836 e BGB zu leisten hat. Nach dem Tode des Mündels bestimmt das Gericht Höhe und Zeitpunkt der Zahlungen, die der Erbe des Mündels nach § 1836 e BGB an die Staatskasse zu leisten hat.

5. Vollstreckung

Aus einem gegen den Mündel ergangenen Festsetzungsbeschluss findet die 32 Zwangsvollstreckung nach den Vorschriften der ZPO statt (§ 95 I Nr 1, III).

§ 168

6. Änderung der Entscheidung

33   Aus der entsprechenden Anwendbarkeit des § 120 II 4 ZPO folgt, dass das Gericht unter den dort genannten Voraussetzungen die vorläufige Einstellung der Zahlungen anordnen kann. Es kann auch die Entscheidung über die an die Staatskasse zu leistenden Zahlungen ändern, wenn sich die persönlichen und wirtschaftlichen Verhältnisse des Mündels wesentlich geändert haben. § 120 IV 3 ist nicht entsprechend anwendbar. Daher ist eine Änderung zum Nachteil des Mündels nicht schon nach vier Jahren ausgeschlossen, sondern erst nach zehn Jahren (§ 1836 e I 2 BGB).

7. Rechtsmittel

34   Die **Beschwerde** findet statt, wenn der Wert des Beschwerdegegenstandes 600 € übersteigt oder das Gericht sie wegen der grundsätzlichen Bedeutung der Rechtssache zulässt (§ 58 I iVm § 61). Für den Zivilprozess wurde entschieden, dass eine Beschränkung der Zulassung auf einen abtrennbaren Teil zulässig ist (BGH, FamRZ 95, 1404; KG, FGPrax 03, 123). Eine unterlassene Zulassung kann nicht nach § 321 ZPO nachgeholt werden (OLG Karlsruhe, FGPrax 99, 183), jedoch ist möglich eine Berichtigung nach § 319 ZPO, wenn nur versehentlich nicht in den Tenor aufgenommen. Eine Anfechtung der Nichtzulassung ist gesetzlich nicht vorgesehen. Eine Zulassung kann nicht durch eine unrichtige Rechtsmittelbelehrung ersetzt werden (OLG Karlsruhe, FGPrax 99, 183). Wird der Beschwerdewert nicht erreicht und ein Rechtsmittel nicht zugelassen, findet die befristete Erinnerung statt (§ 11 II 1).

35   **Anfechtbar** sind die **Entscheidungen** nach Abs 1 S 1–3, Abs 2, 3, die betreffen Vorschuss, Ersatz von Aufwendungen, Aufwandsentschädigung, soweit sie aus der Staatskasse verlangt werden können (§§ 1835 IV, 1835 a III 1 BGB); eine Vergütung (§ 1836 BGB); ferner die Festsetzung der Zahlung, die der Mündel nach §§ 1836 c, 1836 e BGB an die Staatskasse zu leisten hat, sowie nach dem Tode des Mündels Höhe und Zeitpunkt der Zahlung, die der Erbe des Mündels nach § 1836 e BGB zu leisten hat; ferner Entscheidungen, durch die der Erbe verpflichtet wird, Auskunft zu erteilen, ein Nachlassverzeichnis vorzulegen und dessen Richtigkeit an Eides statt zu versichern (Abs 3); es handelt sich hierbei zwar um vorbereitende Entscheidungen, nicht jedoch um verfahrensleitende Zwischenentscheidungen. Die Beschwerde findet ferner statt bei Ablehnung der nachträglichen Feststellung der berufsmäßigen Betreuung (BayObLG, FGPrax 01, 79).

36   **Anfechtungsberechtigt** sind die Personen, die den Antrag nach Abs 1 S 1 gestellt haben oder zu stellen berechtigt waren (§ 59 II), die Beteiligten, die durch die Entscheidung in ihren Rechten beeinträchtigt werden: Vormund, Gegenvormund, Betreuer, Mündel, Betreuter, Erbe, die Staatskasse nach § 59 I. Der Betroffene ist nicht beschwerdeberechtigt, wenn ein Antrag des Betreuers auf Festsetzung der Vergütung aus der Staatskasse abgelehnt wird; die Mittellosigkeit ist in dem gegen ihn gerichteten Festsetzungsverfahren geltend zu machen (BayObLG, FGPrax 00, 202). Die Staatskasse hat kein Beschwerderecht gegen die Feststellung der berufsmäßigen Betreuung

§ 168 Beschluss über Zahlungen des Mündels **§ 168**

(OLG Hamm, FGPrax 01, 18; BayObLG, FamRZ 01, 1484); gegen Erweiterung des Aufgabenkreises des Berufsbetreuers (OLG Frankfurt, FGPrax 04, 75).

8. Festsetzung im Verwaltungsweg

Erfolgt keine Festsetzung nach Abs 1 S 1 und richten sich die Ansprüche gegen die Staatskasse, gelten die Vorschriften des Verfahrens bei der Entschädigung von Zeugen und Sachverständigen (jetzt: § 2 JVEG) hinsichtlich ihrer baren Auslagen sinngemäß (Abs 1 S 4; aA BayObLG 99, 121); es sei denn, es schließt sich ein gerichtliches Festsetzungsverfahren an (Rn 10 ff). Diese Festsetzung unterliegt der Anfechtung nach § 4 III–VII JVEG. 37

9. Rechtsbeschwerde

Sie ist nach § 70 statthaft, wenn das Gericht sie wegen der grundsätzlichen Bedeutung der zur Entscheidung stehenden Fragen zugelassen hat; keine Nachholung der Zulassung oder Anfechtung der Nichtzulassung (OLG Karlsruhe, FGPrax 99, 183; OLG Zweibrücken, NJW 99, 2125). Die Rechtsbeschwerde ist zulässig bei Festsetzung nach Abs 1 S 4 (Rn 9), soweit es um die Voraussetzungen für die Inanspruchnahme der Staatskasse – und nicht nur um die Höhe des Betrages – geht (BGH, NJW 97, 58, auf Vorlage des BayObLG, FGPRax 96, 102 gegen OLG Köln, FamRZ 95, 1599; OLG Hamm, FGPrax 96, 99. 38

10. Pflegschaft

Auf die Pflegschaft, Verfahrenspflegschaft, Verfahrensbeistandschaft sind die für die Vormundschaft geltenden Regeln entsprechend anzuwenden (§ 1915 BGB); Abs 5 stellt sicher, dass auch die Verfahrensregelungen auf die Pflegschaft Anwendung finden. 39

11. Das Vormünder- und Betreuervergütungsgesetz

Das VBVG vom 21. 4. 2005 (BGBl I S. 1073) ersetzt ab 1. 1. 2005 das bisherige Gesetz über die Vergütung von Berufsvormündern (Berufsvormündervergütungsgesetz – BVormVG). Die Neuregelung ist durch das zweite Betreuungsrechtsänderungsgesetz (2. BtÄndG) eingeführt worden. Tätigkeiten bis 30. 6. 2005 werden nach diesem alten Recht abgerechnet (Art 229 EGBGB), Tätigkeiten nach dem 30. 6. 2005 nach dem neuen Recht. 40

§ 1 I VBVG (bisher § 1836 I 3 BGB) regelt die Voraussetzungen für die in dem Bestellungsbeschluss zu treffende Feststellung der Berufsmäßigkeit. § 3 VBVG bestimmt wie bisher § 1 BVormG für Vormünder je Stunde der für die Führung der Vormundschaft aufgewandten Zeit je nach Ausbildung drei Vergütungsstufen zuzüglich Umsatzsteuer. Nur ausnahmsweise kann bei besonderer Schwierigkeit ein höherer Stundensatz für die Vergütung bewilligt werden (§ 3 III VBVG). 41

§ 168   Buch 2 – Verfahren in Familiensachen

42   Für **Betreuer** enthalten die §§ 4–11 VBVG **Sondervorschriften**. § 4 I VBVG sieht für jede nach § 5 VBVG anzusetzende Stunde je nach Ausbildung eine dreistufige Vergütungsregelung vor. Die Stundensätze sind höher als die des Vormundes; sie enthalten jedoch Umsatzsteuer und Aufwendungsersatz (§ 4 II VBVG); § 1835 III BGB bleibt unberührt. Der Zeitaufwand des Betreuers wird nach § 5 VBVG fiktiv berechnet. Grundlage der Vergütung sind nicht mehr die tatsächlich aufgewandten und erforderlichen Stunden. Unabhängig von dem tatsächlichen Zeitaufwand wird vielmehr eine monatlich pauschalierte Stundenzahl zu Grunde gelegt, deren Höhe
43   davon abhängt, wie lange die Betreuung bereits andauert (§ 5 VBVG); für den Beginn der Betreuung ist bei Betreuerwechsel von ehrenamtlicher zu berufsmäßig geführter Betreuung der Zeitpunkt der erstmaligen Begründung des Betreuerverhältnisses maßgebend (im Einzelnen: Rn 16). Bei einem Wechsel von einem beruflichen zu einem ehrenamtlichen Betreuer Vergütung nach § 5 V 1 VBVG, auch wenn kein Wechsel in der Person (OLG Hamm, FGPrax 08, 20). Es wird hierbei weiter unterschieden, ob die Betreuten vermögend (§ 5 I VBVG) oder mittellos (§ 5 II VBVG) sind. Die sich aus § 5 I, II VBVG ergebenden unterschiedlichen Stundensätze sind nach BVerfG, FamRZ 09, 1899, nicht verfassungswidrig. Bei einer im Abrechnungszeitraum eingetretenen Mittellosigkeit ist streitig, ob diese monatsweise (OLG München, FamRZ 09, 453) oder tageweise (OLG Brandenburg, FamRZ 07, 2109) zu berücksichtigen ist. Es wird ferner danach unterschieden, ob sich der Betreute in einem Heim (§ 5 I 2 VBVG) oder
44   nicht in einem Heim (§ 5 II 2 VBVG) befindet; der Begriff des „Heims" ist umstritten: Bejaht bei einem längeren Aufenthalt in einem Hospital bei nicht mehr heilbarer Erkrankung (OLG Köln, FamRZ 07, 1044), bei einer vorläufigen Unterbringung nach § 126a StPO im Regelfall kein Heimaufenthalt, jedoch zu bejahen bei einer fast neun Monate andauernden Unterbringung (OLG Köln, FamRZ 06, 1788); bejaht: OLG Rostock, FGPrax 07, 230; verneint bei Aufenthalt in psychiatrischer Klinik zur medizinischen Heilbehandlung (OLG Köln, FGPrax 07, 83); Heimaufenthalt bejaht, wenn es keinen anderen Daseinsmittelpunkt gibt (OLG München, FamRZ 07, 853; FamRZ 06, 1562; FamRZ 07, 83); bejaht bei Wohnung in Wohnpark mit Küche und Grundleistungen (OLG München, FGPrax 06, 163); bei betreutem Wohnen (OLG Stuttgart, FGPrax 07, 174; FamRZ 08, 344; 08, 443); kein Heimaufenthalt bei Unterbringung in Pflegefamilie (BGH,
45   FamRZ 08, 778). § 6 VBVG regelt die Vergütung für **Sonderfälle** der Betreuung: Einwilligung in die Sterilisation (§ 1899 II BGB) und Verhinderung des Betreuers (§ 1899 IV BGB), § 7 VBVG Vergütung und Aufwendungsersatz für Betreuungsvereine (KG, Rpfleger 06, 398; BGH, Rpfleger 07, 393: Vereinspflegschaft), § 8 VBVG Vergütung und Aufwendungsersatz für Behördenbetreuer. Weder Vergütung noch Aufwendungsersatz erhalten der Vereinsbetreuer selbst (§ 7 III VBVG) und der Behördenbetreuer (§ 6 III iVm § 7 III VBVG).
46   Der **Abrechnungszeitraum** für die Betreuervergütung beträgt drei Monate (§ 9 VBVG). Der Vergütungsanspruch sowohl der Vormünder als auch der Betreuer erlischt, wenn er nicht binnen 15 Monaten nach seiner Entstehung geltend gemacht wird (§ 2 VBVG) entsprechend der bisherigen

§ 168a Mitteilungspflichten des Standesamts § **168a**

Regelung in § 1836 II 4 BGB; für Betreuer ist das der Zeitpunkt, in dem die Vergütung erstmals geltend gemacht werden kann (OLG Dresden, FamRZ 08, 1285).

Mitteilungspflichten des Standesamts

168a (1) **Wird dem Standesamt der Tod einer Person, die ein minderjähriges Kind hinterlassen hat, oder die Geburt eines Kindes nach dem Tod des Vaters oder das Auffinden eines Minderjährigen, dessen Familienstand nicht zu ermitteln ist, angezeigt, hat das Standesamt dies dem Familiengericht mitzuteilen.**

(2) **Führen Eltern, die gemeinsam für ein Kind sorgeberechtigt sind, keinen Ehenamen und ist von ihnen binnen eines Monats nach der Geburt des Kindes der Geburtsname des Kindes nicht bestimmt worden, teilt das Standesamt dies dem Familiengericht mit.**

1. Bedeutung der Vorschrift

Die Anzeigepflicht des Standesbeamten dient der Prüfung, ob familiengerichtliche Maßnahmen erforderlich sind; sie besteht unbedingt, ohne dass der Standesbeamte zur Prüfung der Notwendigkeit im Einzelfall berechtigt wäre. Die Anzeige ist an das für den Sitz des Standesamtes zuständige Familiengericht zu richten, das die Sache erforderlichenfalls an das örtlich zuständige Familiengericht weitergibt. 1

2. Fälle der Anzeigepflicht

Anzuzeigen sind: 2
Der **Tod** einer Person, die ein minderjähriges Kind hinterlassen hat, weil die Bestellung eines Vormundes, Pflegers oder eine sonstige Maßregel erforderlich sein kann (§§ 1680, 1683, 1685, 1773, 1791 c, 1909 BGB).
Die **Geburt** eines Kindes nach dem Tod des Vaters (§§ 1592, 1593 BGB) 3 wegen etwaiger Bestellung eines Vormundes.
Die **Auffindung** eines Minderjährigen, dessen Familienstand nicht zu 4 ermitteln ist, weil er stets einen Vormund erhält (§ 1773 II BGB, §§ 24, 25 PStG).

3. Fehlende Bestimmung des Geburtsnamens eines Kindes

Das Familiengericht wird von Amts wegen tätig, wenn das Recht, den 5 Geburtsnamen des Kindes zu bestimmen, einem Elternteil nach § 1617 II BGB übertragen werden soll. Damit das Gericht von der Notwendigkeit, tätig zu werden, Kenntnis erhält, bestimmt Abs 2 entspr dem bisherigen § 21a PStG, der durch § 64c FGG ersetzt wurde und nunmehr Gegenstand des Abs 2 ist, dass der Standesbeamte dem für den Wohnsitz oder gewöhnlichen Aufenthalt des Kindes zuständigen Familiengericht eine Mitteilung macht, falls die Eltern eines Kindes keinen Ehenamen führen und von ihnen binnen eines Monats nach der Geburt des Kindes der Geburtsname des Kindes nicht bestimmt worden ist.

§ 169

Abschnitt 4
Verfahren in Abstammungssachen

Abstammungssachen

169 Abstammungssachen sind Verfahren
1. **auf Feststellung des Bestehens oder Nichtbestehens eines Eltern-Kind-Verhältnisses, insbesondere der Wirksamkeit oder Unwirksamkeit einer Anerkennung der Vaterschaft,**
2. **auf Ersetzung der Einwilligung in eine genetische Abstammungsuntersuchung und Anordnung der Duldung einer Probeentnahme,**
3. **auf Einsicht in ein Abstammungsgutachten oder Aushändigung einer Abschrift oder**
4. **auf Anfechtung der Vaterschaft.**

1. Anwendungsbereich

1   Die Abstammungsverfahren der §§ 169–184 umfassen die bisher zT in der ZPO (§§ 640–641i ZPO) und im FGG (§§ 55b, 56c FGG) behandelten Kindschaftssachen. Für diese Angelegenheiten wird jetzt der Begriff „Abstammungssachen" verwendet, während Kindschaftssachen die in §§ 151–168a geregelten Angelegenheiten sind. Die nunmehr unter den Begriff der Abstammungssachen fallenden Angelegenheiten werden einheitlich als ein Verfahren der freiwilligen Gerichtsbarkeit ausgestaltet, weil dieses Verfahren flexibler ist und die Einbeziehung weiterer Beteiligter (§ 172) problemloser möglich ist; dies gilt auch für die Einbeziehung des Jugendamtes. Insbesondere bedarf es im Verfahren der freiwilligen Gerichtsbarkeit keines formalen Gegners, deshalb waren schon nach bisherigem Recht die Verfahren über die Anträge auf Feststellung oder Anfechtung der Vaterschaft, sofern die Personen, gegen die die Klage zu richten gewesen wäre, verstorben waren, den Gerichten der freiwilligen Gerichtsbarkeit (Familiengericht) zugewiesen (§ 1600e II BGB aF). Die Unterscheidung der Verfahren in solche, die der ZPO unterstellt sind, und solche, auf die die Verfahrensvorschriften der freiwilligen Gerichtsbarkeit anzuwenden sind, entfällt nunmehr. In den Anwendungsbereich der Vorschriften über das Verfahren in Abstammungssachen fallen
2   **nach Nr 1** Anträge auf Feststellung des **Bestehens oder Nichtbestehens eines Eltern-Kind-Verhältnisses.** Besteht keine Vaterschaft nach § 1592 Nr 1 und Nr 2, § 1593 BGB, ist die Vaterschaft gerichtlich festzustellen (§ 1600d I BGB). Die Feststellung kann erfolgen auf Antrag mit dem Ziel der Feststellung der Vaterschaft des Mannes gegen das Kind oder im Falle der Anfechtung nach § 1600 I Nr 2 BGB gegen das Kind und den Vater iS von § 1600 I Nr 1 BGB. Einer gesonderten Regelung über die Antragsbefugnis in dem Fall, in dem eine Person, gegen die der Antrag zu richten gewesen wäre, verstorben ist, bedarf es nicht mehr. § 1600e BGB aF ist daher aufgehoben worden. Ein Antrag auf gerichtliche Feststellung des Bestehens oder Nicht-

bestehens eines Eltern-Kind-Verhältnisses ist nicht zulässig, solange die Vaterschaftsanerkennung eines anderen Mannes besteht (BGH, NJW 99, 1632). **Nicht** in den Anwendungsbereich fällt eine Klage des Kindes gegen seine Mutter auf Auskunft über den Vater (OLG Hamm, FamRZ 00, 38); hierbei dürfte es sich nunmehr um eine sonstige Familiensache nach § 266 I Nr 4 handeln, die als Familienstreitsache nach §§ 112, 113 zu behandeln ist.

In den Anwendungsbereich von Nr 1 fallen ferner Verfahren auf **Feststellung** 3 **der Wirksamkeit oder Unwirksamkeit einer Vaterschaftsanerkennung** nach §§ 1594–1598 BGB; auch Anerkennungsverfahren hinsichtlich eines ausländischen Vaterschaftsfeststellungsurteils (BGH, VersR 00, 613, für das bisherige den §§ 640 ff ZPO unterfallende Verfahren). Ferner fallen in den Anwendungsbereich Anträge auf Feststellung des Bestehens oder Nichtbestehens eines durch die Annahme als Kind (§ 1741 BGB) begründeten Eltern-Kind-Verhältnisses (§ 1754 BGB).

Nach Nr 2 sind Abstammungssachen Verfahren auf **Ersetzung der Ein-** 4 **willigung** in eine genetische Abstammungsuntersuchung und **Anordnung der Duldung** einer Probeentnahme. Diese Verfahrensgegenstände beruhen 5 auf dem Gesetz zur Klärung der Vaterschaft unabhängig vom Anfechtungsverfahren vom 26. 3. 2008 (BGBl I S. 441), das am 1. 4. 2008 in Kraft getreten ist (Einl 74). Der Gesetzgeber hat durch dieses Gesetz den ihm von dem BVerfG in dessen Entscheidung vom 13. 2. 2007 (FamRZ 07, 441) erteilten Auftrag erfüllt, ein von der Vaterschaftsanfechtung unabhängiges Verfahren zur Klärung der Abstammung zu schaffen. Durch § 1598a BGB wird ein materiell-rechtlicher Anspruch auf Einwilligung in eine genetische Abstammungsuntersuchung zur Klärung der leiblichen Abstammung und zur Duldung der Entnahme einer für die Untersuchung geeigneten genetischen Probe begründet. Die Einwilligung und die Duldung der Entnahme einer Probe können verlangen der Vater von Mutter und Kind (Nr 1), die Mutter von Vater und Kind (Nr 2) und das Kind jeweils von beiden Elternteilen (Nr 3). **Auf Antrag** des Klärungsberechtigten hat das Familiengericht eine 6 nicht erteilte Einwilligung zu ersetzen und die Duldung einer Probeentnahme anzuordnen (§ 1598a II BGB).

Nr 3 betrifft das Recht auf **Einsicht in das Abstammungsgutachten** 7 oder **Aushändigung** einer **Abschrift** des Gutachtens nach Durchführung einer Abstammungsuntersuchung (§ 1598a IV BGB). Derjenige, der in eine genetische Abstammungsuntersuchung eingewilligt hat oder dessen Einwilligung ersetzt wurde, und eine genetische Probe abgegeben hat, hat gegenüber dem Klärungsberechtigten ein Recht auf Einsichtnahme oder Abschrift in Bezug auf das Gutachten. Entsteht über diesen Anspruch Streit, entscheidet das Familiengericht (§ 1598a IV 2 BGB).

Nach Nr 4 sind Abstammungssachen Verfahren über Anträge, die die **An-** 8 **fechtung der Vaterschaft** zum Gegenstand haben. Nach § 1599 I BGB gilt eine Vaterschaft nach § 1592 Nr 1, 2 BGB, § 1593 BGB dann nicht, wenn auf Grund einer Anfechtung rechtskräftig festgestellt wird, dass der Mann nicht der Vater des Kindes ist. Die Entscheidungen über diese Anträge haben **gestaltende Wirkung.** In den Anwendungsbereich fallen nunmehr auch die bisher von § 1600e II BGB aF erfassten Anfechtungsverfahren in den Fällen, in denen Personen, gegen die der Antrag zu richten gewesen wäre, verstorben sind.

§ 170

9 **Anfechtungsberechtigt** sind der Mann, dessen Vaterschaft nach § 1592 Nr 1 und Nr 2, 1593 BGB besteht (§ 1600 I Nr 1 BGB), der Mann, der an Eides statt versichert, der Mutter des Kindes während der Empfängniszeit beigewohnt zu haben (§ 1600 I Nr 2 BGB). Die Anfechtung nach Nr 2 setzt voraus, dass zwischen dem (rechtlichen) Vater und dem Kind keine sozialfamiliäre Beziehung (BGH, NJW 07, 1677; NJW 08, 2985) besteht (§ 1600 II, III BGB); § 1600 II BGB ist verfassungsgemäß (BGH, FamRZ 07, 538 m Anm Luthin).

Örtliche Zuständigkeit

170 (1) **Ausschließlich zuständig ist das Gericht, in dessen Bezirk das Kind seinen gewöhnlichen Aufenthalt hat.**

(2) **Ist die Zuständigkeit eines deutschen Gerichts nach Absatz 1 nicht gegeben, ist der gewöhnliche Aufenthalt der Mutter, ansonsten der des Vaters maßgebend.**

(3) **Ist eine Zuständigkeit nach den Absätzen 1 und 2 nicht gegeben, ist das Amtsgericht Schöneberg in Berlin ausschließlich zuständig.**

1. Örtliche Zuständigkeit

1 § 170 ersetzt den bisherigen § 640 a ZPO aF, weicht jedoch inhaltlich davon ab. Vorrangig ausschließlich zuständig ist der Gerichtsstand des Kindes; dieser richtet sich nicht mehr wie bisher nach dessen Wohnsitz, sondern nach dessen gewöhnlichem Aufenthalt. Dieser wird von einer auf längere Dauer angelegten sozialen Eingliederung und von der tatsächlichen Situation gekennzeichnet, die den Aufenthalt als Mittelpunkt der Lebensführung ausweist. Der vorrangige kindbezogene Gerichtsstand gewährleistet eine einheitliche Zuständigkeit für alle Verfahren. Er ist unabhängig davon, ob das Kind Antragsteller ist oder ob sich das Verfahren gegen das Kind richtet. Abweichend von der bisherigen Regelung des § 640 a I 2 ZPO aF ist auch dann nur der ausschließliche Gerichtsstand des Kindes maßgebend, wenn die Mutter die Klage erhebt (Abs 1).

2 Der **gewöhnliche Aufenthalt** der Mutter ist nur dann maßgebend, wenn das Kind im Inland keinen gewöhnlichen Aufenthalt hat; hat auch die Mutter keinen gewöhnlichen Aufenthalt im Inland, ist das Gericht örtlich zuständig, in dessen Bezirk der Vater seinen gewöhnlichen Aufenthalt hat (Abs 2). Der Gerichtsstand des Vaters kommt in Betracht, wenn Kind oder Mutter sich dauernd im Ausland aufhalten.

3 Das **Amtsgericht Schöneberg** in Berlin ist nach Abs 3 dann örtlich zuständig, wenn weder das Kind noch die Mutter und der Vater einen gewöhnlichen Aufenthalt im Inland haben. Die Zuständigkeit des Amtsgerichts Schöneberg ist in diesem Fall abweichend von anderen Vorschriften, die die hilfsweise Zuständigkeit dieses Gerichts vorsehen, **ausschließlich**. Eine Abgabe nach § 4 aus Zweckmäßigkeitsgründen ist daher nicht zulässig.

§ 171

Antrag

171 (1) Das Verfahren wird durch einen Antrag eingeleitet.
(2) In dem Antrag sollen das Verfahrensziel und die betroffenen Personen bezeichnet werden. In einem Verfahren auf Anfechtung der Vaterschaft nach § 1600 Abs. 1 Nr. 1 bis 4 des Bürgerlichen Gesetzbuchs sollen die Umstände angegeben werden, die gegen die Vaterschaft sprechen, sowie der Zeitpunkt, in dem diese Umstände bekannt wurden. In einem Verfahren auf Anfechtung der Vaterschaft nach § 1600 Abs. 1 Nr. 5 des Bürgerlichen Gesetzbuchs müssen die Umstände angegeben werden, die die Annahme rechtfertigen, dass die Voraussetzungen des § 1600 Abs. 3 des Bürgerlichen Gesetzbuchs vorliegen, sowie der Zeitpunkt, in dem diese Umstände bekannt wurden.

1. Antragsverfahren

Die Verfahren der freiwilligen Gerichtsbarkeit sind Amtsverfahren, die, 1
soweit nichts anderes bestimmt ist, von Amts wegen eingeleitet werden.
Wenn ein Antrag für die Einleitung des Verfahrens erforderlich ist, ergibt sich dies aus dem materiellen Recht. Auch diese Verfahren werden durch den Amtsermittlungsgrundsatz (§ 26) bestimmt, der durch besondere Verfahrensvorschriften wie § 177 eingeschränkt sein kann. Soweit ein Antrag gesetzlich 2
vorgeschrieben ist, ist er **Verfahrensvoraussetzung;** sein Vorliegen muss in jeder Lage des Verfahrens von Amts wegen geprüft werden. Der Antrag kann in der Beschwerdeinstanz, auch noch in der Rechtsbeschwerdeinstanz, nachgeholt werden (BayObLG 64, 313). Wird ein unzulässiger Antrag gestellt, hat das Gericht Gelegenheit zu einem sachentsprechenden zulässigen Antrag zu geben (OLG Hamm, OLG 74, 172). Soweit ein Antrag zugleich Sachantrag ist, wird der Umfang der Sachentscheidung hierdurch bestimmt; es kann nicht über den Antrag hinausgegangen werden. Nach dem Amtsermittlungsgrundsatz ist der wirkliche Wille des Antragstellers zu erforschen; Anträge sind im weiten Umfang auslegungsfähig (BayObLG, NJW-RR 01, 156).

Weitere Zulässigkeitsvoraussetzung ist die **Antragsberechtigung.** Diese ist 3
im Bereich der Abstammungssachen jeweils gesetzlich bestimmt. Ist ein Antrag unzulässig, muss über ihn wegen der durch die Antragstellung begründeten materiellen Verfahrensbeteiligung jedoch entschieden werden. Der Antrag bedarf nach § 23 I 1–3 der Begründung. Wenn deren Voraussetzungen nicht erfüllt sind, rechtfertigt dies jedoch im Hinblick auf den Amtsermittlungsgrundsatz keine Zurückweisung des Antrags.

2. Antragsberechtigte

Bei Anträgen auf Feststellung des Bestehens oder Nichtbestehens eines 4
Eltern-Kind-Verhältnisses einschließlich der Feststellung der Wirksamkeit oder Unwirksamkeit eines Anerkennung der Vaterschaft (**§ 1599 I BGB**) können antragsberechtigt sein das Kind, der Vater, die Mutter, der Mann, dessen Vaterschaft vermutet wird (§ 1600 d II BGB). Bei Anfechtung der

§ 171 Buch 2 – Verfahren in Familiensachen

Vaterschaft nach Nr 2 werden die Anfechtungsberechtigten durch § **1600 BGB** bestimmt; danach ist anfechtungsberechtigt der Mann, dessen Vaterschaft nach § 1592 Nr 1, 2, § 1593 BGB besteht (Nr 1), der Mann, der an Eides statt versichert, der Mutter des Kindes während der Empfängniszeit beigewohnt zu haben (Nr 2), die Mutter (Nr 3), das Kind (Nr 4). Nach der in § 1600 I BGB neu eingefügten Nr 5 ist ferner anfechtungsberechtigt die **zuständige Behörde** (anfechtungsberechtigte Behörde) in den Fällen des § 1592 Nr 2. Das ist die Vaterschaft eines Mannes, der die Vaterschaft anerkannt hat. Die Anfechtungsberechtigung der Behörde setzt voraus, dass zwischen dem Kind und dem Anerkennenden keine sozialfamiliäre Beziehung besteht oder im Zeitpunkt der Anerkennung oder des Todes des Mannes bestanden hat und durch die Anerkennung rechtliche Voraussetzungen für die erlaubte Einreise oder den erlaubten Aufenthalt des Kindes oder eines Elternteils geschaffen werden (§ 1600 III BGB).

3. Begründung des Antrags

6   Nach § 23 soll ein verfahrenseinleitender Antrag begründet werden; die zur Begründung dienenden Tatsachen und Beweismittel sollen angegeben sowie die Personen benannt werden, die als Beteiligte in Betracht kommen. Abs 2 ergänzt den § 23 I für die Abstammungsverfahren. Die Ergänzungen betreffen die Verfahren auf Anfechtung der Vaterschaft nach § 1600 I Nr 1–5 BGB. In
7   der Antragsschrift sollen das **Verfahrensziel,** das sich aus dem Antrag ergibt, bezeichnet werden sowie die als Beteiligte in Betracht kommenden Personen (§ 172). Dies sind die Mindestangaben, aus denen sich die Abgrenzung des Verfahrensgegenstandes ergeben soll (Abs 2 S 1).
8   Bei einem Verfahren auf **Anfechtung der Vaterschaft** nach § 1600 I Nr 1–4 BGB sollen nach S 2 über die erforderlichen Mindestangaben hinaus die **Umstände** angegeben werden, die gegen eine Vaterschaft sprechen; darunter sind solche Umstände zu verstehen, die bei objektiver Betrachtung
9   geeignet sind, Zweifel an der Abstammung zu wecken. Darüber hinaus soll auch der **Zeitpunkt der Kenntniserlangung** von diesen Umständen dargelegt werden. Dieser Zeitpunkt ist von Bedeutung für den Beginn der Anfechtungsfrist nach § 1600 b I 2 BGB. Das Gericht wird dadurch in die Lage versetzt, die Einhaltung der Anfechtungsfrist zu prüfen. Zur Fristwahrung ist in den Verfahren nach § 1600 I Nr 2, 5 BGB die Einleitung des Verfahrens gegen beide Anfechtungsgegner erforderlich; im Falle des § 1600 I Nr 2 BGB, im Falle des § 1600 I Nr 5 BGB gegen das Kind und den Vater nach § 1592 Nr 2 BGB. Zur Wahrung der Anfechtungsfrist genügt ein unter den Voraussetzungen des § 204 I Nr 14 BGB am letzten Tag der Frist einge-
10 reichtes Gesuch auf Verfahrenskostenhilfe (OLG Dresden, NJW 06, 3504). Die **Frist** wird durch die Einleitung eines Verfahrens nach § 1598a II BGB gehemmt; § 204 II BGB gilt entspr (§ 1600 b V BGB). Sie läuft demnach erst sechs Monate nach rechtskräftigem Abschluss des Verfahrens nach § 1598a BGB weiter. Die Anforderungen entsprechen im Wesentlichen denen, die die Rechtsprechung bisher an die Schlüssigkeit einer Klage auf Anfechtung der
11 Vaterschaft gestellt hat (BGH, NJW 98, 2976). Diese Anforderungen sind

verfassungsrechtlich nicht zu beanstanden (BVerfG, FamRZ 07, 441). Es ist jedoch nicht erforderlich, dass die vorgetragenen Umstände die Nichtvaterschaft wahrscheinlich oder überwiegend wahrscheinlich machen. Es genügt vielmehr, dass die vorgetragenen Umstände bei objektiver Betrachtung geeignet sind, Zweifel an der Vaterschaft zu wecken und die Möglichkeit einer anderweitigen Abstammung des Kindes als nicht ganz fernliegend erscheinen 12 lassen (BGH, NJW 98, 2976). Sind auf Grund der dargelegten Umstände Zweifel an der Vaterschaft möglich, unterliegt die weitere Aufklärung des Sachverhalts und die Prüfung der Einhaltung der Anfechtungsfrist dem **Amtsermittlungsgrundsatz.** Soweit Zweifel an der Einhaltung der Anfech- 13 tungsfrist durch den Antragsteller verbleiben, richten sich die Folgen nach den Grundsätzen der Feststellungslast (objektive Beweislast). Sie regelt die Frage, welcher Beteiligte den Nachteil zu tragen hat, der sich daraus ergibt, dass eine Tatsache sich nicht hat erweisen lassen. Die Feststellungslast trägt der Beteiligte, der aus dem materiellen Recht die für ihn günstige Rechtsfolge herleitet (KG, NJW 01, 903). Danach trägt das beklagte Kind die Feststellungslast für die Versäumung der Anfechtungsfrist nach § 1600 b I BGB. Diese umfasst die Kenntnis des Vaters von den gegen seine Vaterschaft sprechenden Umständen und den Zeitpunkt dieser Kenntnis.

Für den Fall der **behördlichen** Anfechtung nach § 1600 I Nr 5 BGB sind 14 nach Abs 2 S 3 zwingend die Umstände anzugeben, aus denen sich der Tatbestand des behördlichen Anfechtungsrechts nach § 1600 III BGB ergibt. Zur Verfassungsmäßigkeit der Rückwirkung für Altfälle: AG Hamburg-Altona, NJW 10, 2160). Die darzulegenden Umstände betreffen zwei Tat- 15 bestandsmerkmale. Das erste Tatbestandsmerkmal knüpft die Anfechtung daran, dass „zwischen dem Kind und dem Anerkennenden **keine sozialfamiliäre Beziehung** besteht oder im Zeitpunkt der Anerkennung oder des Todes des Anerkennenden bestanden hat" (OLG Karlsruhe, FamRZ 10, 1174: zum Nachweis). Dadurch soll sichergestellt werden, dass durch die Anfechtung keine von Art 6 I GG geschützte soziale Familie auseinander gerissen wird. Eine Anfechtung kommt auch dann nicht in Betracht, wenn jedenfalls zum Zeitpunkt der Anerkennung eine sozial-familiäre Beziehung bestanden hat, die später beendet worden ist. Ein die Anfechtung rechtfertigender Missbrauch der Anerkennung zu Zwecken des Aufenthaltsrechts liegt auch hier nicht vor. Eine sozial-familiäre Beziehung ist zu bejahen, wenn der Anerkennende mit dem Kind bereits längere Zeit in häuslicher Gemeinschaft zusammenlebt. Die Übernahme tatsächlicher Verantwortung kann sich aber auch aus dem regelmäßigen Umgang mit dem Kind, seine Betreuung und Erziehung sowie die Leistung von Unterhalt ergeben. Sie ist auch in Fällen möglich, in denen ein Elternteil sich im Ausland befindet und im Visumsverfahren ein Aufenthaltsrecht auf Grund einer Vaterschaftsanerkennung geltend macht. Nach BVerfG (FamRZ 06, 187), wird die Entwicklung eines Kindes nicht nur durch quantifizierbare Betreuungsbeiträge der Eltern, sondern auch durch die geistige und emotionale Auseinandersetzung geprägt.

Die Begründung der Anfechtung muss darüber hinaus Umstände angeben, 16 aus denen sich die Voraussetzungen für das zweite notwendige Tatbestandsmerkmal ergeben. Weitere Voraussetzung für die Anfechtung ist, dass durch die Anerkennung „**rechtliche Voraussetzungen für die erlaubte Einreise oder den erlaubten Aufenthalt** des Kindes oder eines Elternteils" geschaffen werden. Diese Voraussetzungen liegen bei Staatsangehörigkeitserwerb des Kindes durch Geburt vor, weil das Kind als Deutscher ein Grundrecht auf Einreise und Aufenthalt (Art 11 GG) hat. Sie liegen außerdem aufenthaltsrechtlich bei der Mutter (Vater) vor, weil dann zur Ausübung der Personensorge ein Anspruch auf Familiennachzug zu einem deutschen Kind besteht (§ 28 I 1 Nr 3 AufenthG). Die anfechtende Behörde muss nur die ihr bekannten und in zumutbarer Weise zu ermittelnden Umstände, die gegen die Vaterschaft sprechen, vortragen. Sie muss nur die zusätzlichen Voraussetzungen des § 1600 III BGB darlegen. Nicht zumutbar ist die Darlegung von Zweifeln an der biologischen Abstammung, weil es sich hierbei um Umstände aus dem Kernbereich der Privatsphäre der Betroffenen handelt. Die objektive Unrichtigkeit der bestehenden Vaterschaft ist aber nach § 1599 I BGB Voraussetzung für alle Anfechtungsklagen.

Beteiligte

172 (1) Zu beteiligen sind
1. **das Kind,**
2. **die Mutter,**
3. **der Vater.**

(2) **Das Jugendamt ist in den Fällen des § 176 Abs. 1 Satz 1 auf seinen Antrag zu beteiligen.**

1. Erlangung der Beteiligtenstellung

1   Nach § 7 wird die Beteiligtenstellung durch Hinzuziehung (§ 7 II, III) erlangt, die auch konkludent erfolgen kann; ausgenommen ist der Antragsteller, der kraft Gesetzes Beteiligter wird (§ 7 I). Nach § 7 II sind zwingend hinzuzuziehen diejenigen, deren Recht durch das Verfahren unmittelbar betroffen werden kann, und die Personen, die bei den einzelnen Angelegenheiten dieses Gesetzes oder in anderen Gesetzen als zwingend Hinzuzuziehende bestimmt werden. In § 172 werden die Beteiligten benannt, die gem § 7 II Nr 2 zwingend hinzuzuziehen sind. Personen, die nach dem Ermessen des Gerichts von Amts wegen oder auf Antrag hinzugezogen werden können (§ 7 III) sind in Abstammungssachen nicht vorgesehen. Abweichend vom bisherigen Recht wurden die Abstammungssachen auch deshalb insgesamt dem Verfahren der freiwilligen Gerichtsbarkeit unterstellt, weil die Hinzuziehung weiterer Beteiligter problemloser erfolgen kann. In den bisherigen zivilprozessualen Verfahren war die Beteiligung weiterer Personen in § 640 e ZPO nur durch Beiladung und Streitverkündung möglich.

2. Beteiligte in Abstammungsverfahren

2   Beteiligt kraft Gesetzes sind der oder die jeweiligen **Antragsteller** in dem Verfahren (§ 7 I).

§ 172 Beteiligte **§ 172**

Beteiligte sind ferner kraft **zwingender Hinzuziehung** (§ 7 II Nr 2) in allen Abstammungsverfahren nach Abs 1 Nr 1–3 das Kind, die Mutter und der Vater. Minderjährige Kinder sind beteiligtenfähig (§ 8 Nr 1); sie sind jedoch in Abstammungssachen auch dann nicht verfahrensfähig, wenn sie das 14. Lebensjahr vollendet haben; § 9 I Nr 3 findet nur in Kindschaftssachen Anwendung (Keidel/Engelhardt, Rn 2 zu § 172). Sie werden daher von ihren Eltern vertreten (§ 1629 BGB). Ein Ergänzungspfleger (§ 1909 BGB) ist zu bestellen, wenn diese von der Vertretung ausgeschlossen sind: im Verfahren nach § 1598a BGB nach § 1629 II BGB; im Übrigen können sie wegen Interessenwiderstreits ausgeschlossen sein (Rn 3, 4 zu § 174).

In Verfahren auf Anfechtung der Vaterschaft ist zwingend als Beteiligter 3 hinzuziehen **der Mann,** der an Eides statt versichert, der Mutter während der Empfängniszeit beigewohnt zu haben (§ 1600 I Nr 2 BGB). Dieser ist in der Aufzählung des Abs 1 nicht aufgeführt, weil die Beteiligung durch § 7 I sichergestellt ist. Nicht erfasst wird die bisherige Möglichkeit des § 640 e II ZPO, demgemäß ein Kind, das für den Fall des Unterliegens in einem von ihm geführten Rechtsstreit einen Dritten als Vater in Anspruch nehmen zu können glaubte, diesem den Streit verkünden konnte. Die Beiziehung eines **Dritten** als möglichen Vater sieht § 172 **nicht** vor. Weiterhin kann auf Anfechtungsverfahren beschränkt die nach § 1600 I Nr 5 BGB anfechtungsberechtigte **Behörde** Beteiligte sein. Diese ist nach § 7 I, wenn sie einen Antrag stellt (§ 1592 Nr 2 BGB), kraft Gesetzes Beteiligte. In anderen Anfechtungsverfahren, in denen die Behörde von ihrem Anfechtungsrecht keinen Gebrauch macht, ist sie nicht zu beteiligen.

3. Beteiligung des Jugendamtes

Die mögliche Beteiligung des Jugendamtes fällt auch unter § 7 II Nr 2, 4 weil seine Hinzuziehung bei Vorliegen der Voraussetzungen kraft Gesetzes zwingend ist. Das Jugendamt ist nach Abs 2 auf seinen Antrag zu beteiligen, wenn es in den Fällen des § 176 I 1 angehört worden ist. Es handelt sich um Anhörungen in Verfahren auf Anfechtung der Vaterschaft nach § 1600 I Nr 2 BGB, wenn die Anfechtung durch den Mann erfolgt, der an Eides statt versichert, der Mutter des Kindes während der Empfängniszeit beigewohnt zu haben, und im Falle der Nr 5 bei Anfechtung durch die zuständige Behörde; im Falle einer Vaterschaftsanfechtung nach § 1600 I Nr 4 BGB durch das Kind ist das Jugendamt anzuhören, wenn die Anfechtung durch den gesetzlichen Vertreter erfolgt. In Fällen dieser Anhörung kann das Jugendamt auf seinen Antrag, dem stattzugeben ist, die Stellung eines Beteiligten im Verfahren erlangen. Dies gilt nicht, wenn im Übrigen das Gericht das Jugendamt anhört, wenn ein Beteiligter minderjährig ist (§ 176 I 2).

Die Entscheidung des Gerichts ist dem Jugendamt in Fällen einer Anhö- 5 rung nach § 176 I 1 und auch einer Anhörung nach § 176 I 2 mitzuteilen. Das Jugendamt ist dann berechtigt, gegen diese Entscheidung **Beschwerde**

§§ 173, 174

einzulegen, auch ohne in erster Instanz auf Antrag nach § 172 II beteiligt gewesen zu sein.

Vertretung eines Kindes durch einen Beistand

173 Wird das Kind durch das Jugendamt als Beistand vertreten, ist die Vertretung durch den sorgeberechtigten Elternteil ausgeschlossen.

1 § 173 entspricht dem bisherigen § 53a ZPO aF, demgemäß in einem Rechtsstreit, in dem ein Kind durch einen Beistand vertreten wurde, die Vertretung durch den sorgeberechtigten Elternteil ausgeschlossen war. Nach § 1712 I Nr 1 BGB wird das **Jugendamt** auf schriftlichen Antrag eines Elternteils **Beistand des Kindes** für die Feststellung der Vaterschaft. Die Beistandschaft tritt kraft Gesetzes ein, sobald der Antrag dem Jugendamt zugeht; dies gilt auch, wenn der Antrag vor der Geburt des Kindes gestellt wird (§ 1714 BGB). Die Beistandschaft endet, wenn derjenige, der die Beistandschaft beantragt hat, dies schriftlich verlangt. Sie endet auch, wenn der Antragsteller die Voraussetzungen der Antragsberechtigung nach § 1713 BGB nicht mehr erfüllt (§ 1715 BGB). Die Beistandschaft tritt nur ein, wenn das Kind seinen gewöhnlichen Aufenthalt im Inland hat; sie endet, wenn das Kind seinen gewöhnlichen Aufenthalt im Ausland begründet (§ 1717 S 1 BGB).

2 Durch die Beistandschaft wird die elterliche Sorge zwar nicht eingeschränkt (§ 1716 S 1 BGB). Es wird jedoch die verfahrensrechtliche Vertretung durch den sorgeberechtigten Elternteil ausgeschlossen; dadurch sollen im Verfahren gegensätzliche Erklärungen des Jugendamtes und des sorgeberechtigten Elternteils verhindert werden; hierbei wird dem Jugendamt der Vorrang eingeräumt.

3 Durch die Beistandschaft nach § 1712 BGB iVm der verfahrensrechtlichen Vertretungsbefugnis nach § 173 erlangt das Jugendamt nicht die Stellung eines Beteiligten im Verfahren. Die Erlangung der Beteiligtenstellung durch das Jugendamt ergibt sich allein aus den §§ 172 II, 176 I.

Verfahrensbeistand

174 Das Gericht hat einem minderjährigen Beteiligten in Abstammungssachen einen Verfahrensbeistand zu bestellen, sofern dies zur Wahrnehmung seiner Interessen erforderlich ist. § 158 Abs. 2 Nr. 1 sowie Abs. 3 bis 7 gilt entsprechend.

1. Anwendungsbereich

1 Durch das FGG-Reformgesetz ist für minderjährige Kinder anstelle des bisherigen Verfahrenspflegers nach § 50 FGG der Verfahrensbeistand eingeführt worden. Er ist vorgesehen in Kindschaftssachen (§ 158), Adoptionssachen (§ 191) und in Abstammungssachen nach § 174. Der Verfahrensbeistand soll die Interessen des Kindes ermitteln, es soll dessen geäußerten Willen

§ 174 Verfahrensbeistand **§ 174**

deutlich machen, aber auch das objektive Interesse des Kindes (Kindeswohl) einbeziehen. Der Verfahrensbeistand, der durch seine Bestellung Beteiligter wird (§ 174 S 2 iVm § 158 III 2), ist nicht der gesetzliche Vertreter des Kindes, die bestehenden gesetzlichen Vertretungsverhältnisse bleiben durch seine Bestellung unberührt. Er hat im Verfahren eine eigenständige Stellung, ohne an Weisungen gebunden zu sein. Er kann als Beteiligter alle Verfahrenshandlungen vornehmen, insbesondere auch im Interesse des Kindes Rechtsmittel einlegen (S 2 iVm § 158 IV 4). Er ist jedoch nicht zur Kostentragung verpflichtet (S 2 iVm § 158 VIII). Die Entscheidungen über die Bestellung oder Aufhebung der Bestellung eines Verfahrensbeistandes sowie über die Ablehnung einer derartigen Maßnahme sind nicht selbständig anfechtbar (S 2 iVm § 158 III 4). Für den Ersatz von Aufwendungen und die Vergütung des Verfahrensbeistandes gilt § 277 entspr (S 2 iVm § 158 VII).

2. Voraussetzungen für die Bestellung des Verfahrensbeistandes

Für den minderjährigen Beteiligten in Abstammungssachen ist ein Verfahrensbeistand zu bestellen, soweit dies zur Wahrnehmung seiner Interessen erforderlich ist. Dies gilt auch für das über 14 Jahre alte Kind; Abstammungssachen fallen nicht in den Anwendungsbereich des § 9 I Nr 3 (Rn 5 zu § 9). Stellt das Gericht die Erforderlichkeit fest, ist zwingend ein Verfahrensbeistand zu bestellen. In der Regel ist die Bestellung nach S 2 iVm § 158 II Nr 1 **erforderlich,** wenn das Interesse des Kindes zu dem seiner gesetzlichen Vertreter in erheblichem Gegensatz steht (Nr 1). In diesem Fall ist jedoch vorrangig zu prüfen, ob ein Ergänzungspfleger nach § 1909 I 1 iVm §§ 1629 II 3, 1796 BGB (BGH, FamRZ 07, 538) zu bestellen ist. In diesem Fall entfällt die Erforderlichkeit für die Bestellung eines Verfahrensbeistandes. Im **Regelfall** ist ein Ergänzungspfleger zu bestellen (OLG Hamburg, NJW 11, 235). Ob ein **Ergänzungspfleger** erforderlich ist, hängt von der jeweiligen Interessenlage ab. Ein Interessengegensatz ist zu bejahen, wenn das Kind gegen den sorgeberechtigten Vater ein Vaterschaftsanfechtungsverfahren führen will (OLG Brandenburg, FamRZ 10, 472, für das bisherige Recht); in Abstammungsverfahren der Mutter gegen den Ehemann (OLG Hamburg, FamRZ 10, 1825).Ein Interessengegensatz zwischen der Mutter als gesetzlicher Vertreterin und dem Kind wird verneint, wenn die Mutter sich gegen die Anfechtung wendet und die Anfechtung nicht im Interesse des Kindes liegt (BGH, NJW 75, 345), insbesondere auch deshalb, weil ihm das eigene Anfechtungsrecht bis zur Volljährigkeit erhalten bleibt (BGH, NJW 07, 1677). Nach OLG Hamburg, FamRZ 10, 745, rechtfertigt eine nur theoretische Möglichkeit eines Interessenwiderstreits nicht die Bestellung eines Ergänzungspflegers. Ein Ergänzungspfleger ist aber dann zu bestimmen, wenn dem Kind durch das Unterbleiben der Anfechtung ein unverhältnismäßiger Nachteil entsteht (BayObLG, FamRZ 94, 1196). Nach aA ist ein Ergänzungspfleger zu bestellen, wenn die Mutter die Anfechtung nur deshalb nicht betreibt, um dem Kind den Unterhaltsanspruch zu erhalten (OLG Hamm, DAV 85, 1026). Sind die Voraussetzungen gegeben, ist ein Ergänzungspfleger nach § 1909 I 1 iVm §§ 1629 II 3, 1796 BGB unverzüglich zu bestimmen (BGH, FamRZ 02, 880 für § 640 e ZPO aF). Die Zustimmung des Kindes zur Anerkennung der Vaterschaft erfolgt, wenn die Mutter noch minderjährig ist (§ 1595 II BGB) durch das Jugendamt als Amtsvormund (§ 1791 c BGB, § 55 SGB VII); es bedarf daher weder eines Verfahrensbeistandes noch eines Ergänzungspflegers. Allgemein kann die Erforderlichkeit für die Bestellung eines Verfahrensbeistandes zu verneinen sein bei Entscheidungen von geringer Tragweite; diese Voraussetzungen werden in Abstammungssachen nicht erfüllt.

3. Bestellung des Verfahrensbeistandes

5   Der Zeitpunkt der Bestellung des Verfahrensbeistandes liegt im Ermessen des Gerichts. Es muss einerseits Raum für Ermittlungen bleiben, um unnötige Pflegerbestellungen zu vermeiden, andererseits soll die Interessenwahrnehmung des Kindes baldmöglich gewährleistet sein. Die Bestellung erfolgt durch das mit dem Verfahren befasste Familiengericht. Ein besonderer Bestellungsakt ist nicht vorgesehen. Die Bestellung wird wirksam mit der Bekanntmachung an den Verfahrensbeistand (§ 40). Bei der im pflichtgemäßen Ermessen des Gerichts stehenden Auswahl des Verfahrensbeistandes sind auch hinsichtlich der Sachkenntnis (Sozialpädagoge, Kinderpsychologe, Rechtsanwalt) die Besonderheiten des Falles zu berücksichtigen.

4. Unterbleiben der Bestellung eines Verfahrensbeistandes

6   Unterbleibt die Bestellung eines Verfahrensbeistandes in den Fällen, in denen sie in der Regel erfolgen soll (S 2 iVm § 158 II Nr 1, 2), so ist dies in der Endentscheidung zu begründen. Eine Bestellung kann unterbleiben oder aufgehoben werden, wenn die Interessen des Kindes von einem Rechtsanwalt oder einem anderen Verfahrensbevollmächtigten angemessen vertreten werden (S 2 iVm § 158 V). Eine angemessene Vertretung ist zB dann nicht gegeben, wenn von den Eltern ein Bevollmächtigter beauftragt wurde, die Interessen des Kindes in einer bestimmten, ihren eigenen Interessen entsprechenden Weise wahrzunehmen. Eine andere angemessene Vertretung liegt auch dann und insoweit vor, als ein Ergänzungspfleger nach § 1909 BGB bestellt wurde; auch dann, wenn das Jugendamt das Kind als Beistand für die Feststellung der Vaterschaft nach § 1712 I Nr 2 BGB vertritt (§ 173).

5. Beendigung der Verfahrensbeistandschaft

7   Die Bestellung des Verfahrensbeistandes endet durch die jederzeit im Laufe des Verfahrens mögliche Aufhebung durch das Gericht. Sie endet ferner mit der das Verfahren abschließenden Entscheidung; die Bestellung ist daher nicht auf eine Instanz beschränkt, sondern bezieht sich auf das gesamte Verfahren, ohne dass es jeweils einer erneuten Bestellung bedarf. Daraus folgt auch die Berechtigung zur Rechtsmitteleinlegung durch den Verfahrensbeistand; diese kann er im Interesse des Kindes einlegen (S 2 iVm § 158 IV 4). Die Bestellung des Verfahrensbeistandes endet ferner durch einen sonstigen Abschluss des Verfahrens, der durch Antragsrücknahme eintreten kann; im Falle des Todes eines Beteiligten dann, wenn kein Beteiligter innerhalb einer vom Gericht gesetzten Frist die Fortsetzung des Verfahrens verlangt (§ 181 S 2).

§ 175 Erörterungstermin; persönliche Anhörung

175 (1) Das Gericht soll vor einer Beweisaufnahme über die Abstammung die Angelegenheit in einem Termin erörtern. Es soll das persönliche Erscheinen der verfahrensfähigen Beteiligten anordnen.

(2) Das Gericht soll vor einer Entscheidung über die Ersetzung der Einwilligung in eine genetische Abstammungsuntersuchung und die Anordnung der Duldung der Probeentnahme (§ 1598 a Abs. 2 des Bürgerlichen Gesetzbuchs) die Eltern und ein Kind, das das 14. Lebensjahr vollendet hat, persönlich anhören. Ein jüngeres Kind kann das Gericht persönlich anhören.

1. Termin zur Erörterung

Dem Richter ist die sachgemäße Gestaltung des Verfahrens weitgehend überlassen. Der Grundsatz der Mündlichkeit gilt nicht; unabhängig davon, ob eine mündliche Verhandlung zwingend vorgeschrieben ist oder tatsächlich stattgefunden hat, ist Entscheidungsgrundlage der gesamte Akteninhalt. Das Gericht kann nach der allgemeinen Vorschrift des § 32 I seinem pflichtgemäßen Ermessen anordnen, dass die Sache mit den Beteiligten in einem mündlichen Termin erörtert wird. § 175 enthält für Abstammungssachen eine **spezielle Regelung.** Nach S 1 sollen die Angelegenheiten mit den Beteiligten in einem Termin erörtert werden. Dieser soll vor einer Beweisaufnahme über die Abstammung stattfinden. Sinn dieser Regelung ist, dass auf diese Weise zunächst versucht werden soll, die Frage der Einhaltung der Anfechtungsfrist zu klären, bevor ggf ein Abstammungsgutachten in Auftrag gegeben wird. Die Regelung ist nicht zwingend. Von einem Erörterungstermin kann daher abgesehen werden, wenn sich die Beteiligten schriftlich geäußert haben und keine Anhaltspunkte dafür ersichtlich sind, dass die Anfechtungsfrist bereits abgelaufen ist. 1 2

Die Vaterschaft kann nach § 1600 b BGB binnen eines Jahres gerichtlich 3 angefochten werden. Klärungsbedürftig ist der **Fristbeginn,** soweit er an die **Kenntnis** des Berechtigten von Umständen anknüpft, die gegen die Vaterschaft sprechen (§ 1600 b I 2 BGB). Die Kenntnis von diesen Umständen ist auch dann maßgebend für den Fristbeginn, wenn der gesetzliche Vertreter eines minderjährigen Kindes die Vaterschaft nicht rechtzeitig angefochten hat; das Kind kann dann **nach Eintritt der Volljährigkeit** die Vaterschaft selbst 4 anfechten; in diesem Fall beginnt die Frist nicht vor dem Zeitpunkt, in dem das Kind von den Umständen erfährt, die gegen die Vaterschaft sprechen (§ 1600 b III BGB). Ferner ist die zu klärende Kenntnis von Umständen maßgebend für den Beginn der Frist im Falle des § 1600 b V BGB. Die Anfechtungsfrist beginnt in diesem Fall für das Kind erneut mit dem Zeitpunkt, in dem es Kenntnis von Umständen erhält, auf Grund derer die Folgen der Vaterschaft für es unzumutbar werden.

2. Ladungsfrist, Terminsverlegung

Zwischen der Ladung und dem Erörterungstermin soll eine angemessene 5 Frist liegen (§ 32 II). Für eine Terminsverlegung müssen nach dem entspre-

§ 175 Buch 2 – Verfahren in Familiensachen

chend anwendbaren § 227 I, II, IV ZPO erhebliche Gründe vorliegen; § 227 III ZPO findet als Ausnahmebestimmung für die Zeit vom 1. Juli bis 31. August keine Anwendung.

3. Persönliches Erscheinen der Beteiligten

6 Das persönliche Erscheinen eines Beteiligten zu einem Termin dient der Aufklärung des Sachverhalts und der Erörterung. Die grundsätzliche gesetzliche Regelung über die Anordnung des persönlichen Erscheinens eines Beteiligten enthält § 33. Sie kann nach pflichtgemäßem Ermessen des Gerichts ergehen, etwa weil eine schriftliche Äußerung des Beteiligten keine hinreichende Sachaufklärung erbracht hat oder von vornherein nicht erfolgversprechend erscheint. Die Anhörung des Beteiligten ist zugleich auch Gewährung rechtlichen Gehörs nach § 34; sie ist abzugrenzen zu der Beteiligtenvernehmung als Beweismittel. Eine **spezielle Regelung** für Abstammungsverfahren

7 enthält § 175 S 2 in Zusammenhang mit der Bestimmung eines Erörterungstermins nach § 175 S 1. Danach soll das Gericht das persönliche Erscheinen der verfahrensfähigen Beteiligten zu diesem Termin anordnen. Der Beteiligte ist stets selbst zu laden, auch wenn er einen Bevollmächtigten bestellt hat. Die Ladung soll zugestellt werden, wenn das Erscheinen eines Beteiligten „ungewiss" ist (§ 33 II); eine förmliche Zustellung ist jedenfalls eine sichere Grundlage für eine Festsetzung von Ordnungsmitteln nach § 33 III. In der Ladung ist der Beteiligte auf die Möglichkeit der Verhängung von Ordnungsmitteln im Falle seines Ausbleibens hinzuweisen (Abs 4). Wenn der Beteiligte einen Bevollmächtigten bestellt hat, ist dieser von der Ladung zu benachrichtigen (§ 33 II 1).

4. Persönliche Anhörung

8 In Verfahren über die Ersetzung der Einwilligung in eine genetische Abstammungsuntersuchung und die Anordnung der Duldung der Probeentnahme (§ 1598 a II BGB) soll das Gericht vor seiner Entscheidung die beteiligten **Elternteile** und ein **Kind,** das das **14. Lebensjahr vollendet** hat, persönlich anhören. Hierdurch wird dem Umstand Rechnung getragen, dass die Entscheidung sich erheblich auf die persönlichen Verhältnisse und familiären Beziehungen auswirken kann. Durch die persönliche Anhörung kann das Gericht sich einen unmittelbaren Eindruck von den Betroffenen verschaffen

9 und hat die Möglichkeit, auf eine einvernehmliche Lösung hinzuwirken. Die Anhörung des **Kindes,** das das **14. Lebensjahr noch nicht vollendet** hat, steht im Ermessen des Gerichts. In die Ermessensentscheidung ist einzubeziehen, inwieweit die Anhörung eine etwa bestehende Belastungssituation noch verschärfen würde. Die Anhörung des Kindes kann jedoch auch die Entscheidungsfindung des Gerichts darüber erleichtern, ob eine Aussetzung des Verfahrens nach § 1598 a III BGB in Betracht kommt, weil die Klärung der leiblichen Abstammung eine erhebliche Beeinträchtigung des Wohls des minderjährigen Kindes begründen würde, die auch unter Berücksichtigung der

10 Belange des Klärungsberechtigten für das Kind unzumutbar wäre. Die Ersetzung der Einwilligung in eine genetische Abstammungsuntersuchung und die Anordnung der Duldung einer Probeentnahme werden abw von dem allge-

§ 176 Anhörung des Jugendamts **§ 176**

meinen Grundsatz des § 40, demgemäß die Wirksamkeit mit Bekanntgabe eintritt, **mit Rechtskraft** (§ 45) **wirksam.** Die Anknüpfung an die Rechtskraft ist aus Gründen der Rechtssicherheit wegen der Bedeutung der Einwilligung für die Durchführung der Abstammungsuntersuchung erforderlich.

5. Ordnungsmittel

Gegen den Beteiligten, dessen persönliches **Erscheinen** nach § 33 angeordnet ist, kann nach § 33 III Ordnungsgeld, auch wiederholt, festgesetzt werden; bei wiederholtem unentschuldigtem Ausbleiben kann auch Vorführung angeordnet werden. Abweichend hiervon sind bei der Anordnung einer persönlichen **Anhörung** nach § 34 Ordnungsmittel nicht vorgesehen. Wird daher zugleich mit dem persönlichen Erscheinen auch die persönliche Anhörung angeordnet, sind keine Ordnungsmittel zu verhängen. Bei nachträglicher Entschuldigung werden die verhängten Ordnungsmittel aufgehoben. Zur **Höhe** der Ordnungsmittel wird in der Gesetzesbegründung auf Art 6 I EGStGB verwiesen; danach beträgt das Mindestmaß des Ordnungsgeldes 5,00 € und das Höchstmaß 1000,00 €. 11 12 13

Anhörung des Jugendamts

176 (1) **Das Gericht soll im Fall einer Anfechtung nach § 1600 Abs. 1 Nr. 2 und 5 des Bürgerlichen Gesetzbuchs sowie im Fall einer Anfechtung nach § 1600 Abs. 1 Nr. 4 des Bürgerlichen Gesetzbuchs, wenn die Anfechtung durch den gesetzlichen Vertreter erfolgt, das Jugendamt anhören. Im Übrigen kann das Gericht das Jugendamt anhören, wenn ein Beteiligter minderjährig ist.**

(2) **Das Gericht hat dem Jugendamt in den Fällen einer Anfechtung nach Absatz 1 Satz 1 sowie einer Anhörung nach Absatz 1 Satz 2 die Entscheidung mitzuteilen. Gegen den Beschluss steht dem Jugendamt die Beschwerde zu.**

1. Anhörung des Jugendamtes

Abs 1 unterscheidet zwischen einer Anhörung des Jugendamtes, die durchgeführt werden soll, und einer, die durchgeführt werden kann. Eine Anhörung des Jugendamtes soll nach S 1 im Falle einer Anfechtung der Vaterschaft nach § 1600 I Nr 2, 5 BGB sowie im Falle einer Anfechtung nach § 1600 I Nr 4 BGB erfolgen, im letzteren Fall jedoch nur dann, wenn die Anfechtung durch den gesetzlichen Vertreter erfolgt. Die Anfechtung nach § 1600 I Nr 2 BGB betrifft die Anfechtung durch den Mann, der an Eides statt versichert, der Mutter des Kindes während der Empfängniszeit beigewohnt zu haben; die Anfechtung nach § 1600 I Nr 5 die durch die zuständige Behörde (anfechtungsberechtigte Behörde) in den Fällen des § 1592 Nr 2 BGB (Anerkenntnis der Vaterschaft). § 1600 I Nr 4 betrifft die Anfechtung der Vaterschaft durch das Kind. Dieses Anfechtungsrecht besteht altersunabhängig. Soweit es bei Minderjährigkeit des Kindes durch den gesetzlichen Vertreter erfolgt, soll das Jugendamt angehört werden. 1

509

§ 176 Buch 2 – Verfahren in Familiensachen

2   Voraussetzung für die Anfechtung in den Fällen des § 1600 I Nr 2, 5 BGB ist, dass zwischen dem Kind und dem Anerkennenden keine sozialfamiliäre Beziehung besteht oder im Zeitpunkt der Anerkennung oder seines Todes bestanden hat. Dadurch soll sichergestellt werden, dass durch die Anfechtung keine von Art 6 I GG geschützte soziale Familie auseinandergerissen wird. Für das Bestehen einer sozial-familiären Beziehung sprechen ein längeres Zusammenleben in häuslicher Gemeinschaft, auch bei nicht Zusammenleben in häuslicher Gemeinschaft die Wahrnehmung typischer Elternrechte und -pflichten, wie der regelmäßige Umgang mit dem Kind, seine Betreuung und Erziehung sowie die Leistung von Unterhalt. Über die sozial-familiären Beziehungen wird das **Jugendamt** vielfach auf Grund seiner Beratungstätigkeit (§ 52a SGB VIII) oder im Rahmen der Beistandschaft (§§ 55, 56 SGB VIII, § 1712 BGB) Kenntnis haben. Außerdem kann das Jugendamt seine Bewertung der vorhandenen Fakten gemäß seinem Aufgabenverständnis in das Gerichtsverfahren einbringen. Durch die Anhörung des Jugendamtes besteht daher neben dem Untersuchungsgrundsatz eine weitere Absicherung dafür, dass die Anfechtung nur in den Fällen zum Erfolg führt, in denen der Vaterschaftsanerkennung keine sozial-familiäre Beziehung zu Grunde liegt.

3   In den Fällen der Anfechtung nach § 1600 I Nr 4 BGB durch den gesetzlichen Vertreter eines noch minderjährigen Kindes bestimmt § 1600a IV BGB, dass diese Anfechtung nur zulässig ist, wenn sie dem Wohl des Vertretenen dient. Auch insoweit wird die Einschätzung der **Frage des Kindeswohls** durch die Mitwirkung des Jugendamtes für das Gericht erleichtert.

4   Wird eine Anhörung des Jugendamtes nach Abs 1 S 1 durchgeführt, kann dieses auf seinen **Antrag** als **Beteiligte** hinzugezogen werden (§ 172 II).

5   Das Gericht kann das Jugendamt nach seinem Ermessen **in allen anderen Fällen** anhören (Abs 1 S 2); das ist in den Anfechtungsfällen des § 1600 I Nr 1, 3 BGB und in den Verfahren auf Feststellung des Bestehens oder Nichtbestehens eines Eltern-Kind-Verhältnisses, insbesondere der Wirksamkeit oder Unwirksamkeit einer Anerkennung der Vaterschaft (§ 169 I Nr 1). Durch eine Anhörung in diesen Fällen wird das Jugendamt **nicht berechtigt,** auf Antrag Verfahrensbeteiligte zu werden (§ 172 II).

2. Beschwerdebefugnis des Jugendamtes

6   Dem Jugendamt ist die Endentscheidung mitzuteilen, wenn es in einer Angelegenheit nach Abs 1 angehört worden ist; dies gilt sowohl dann, wenn eine Anhörung nach Abs 1 S 1 durchgeführt werden soll, als auch dann, wenn eine Anhörung nach Abs 1 S 2 nur durchgeführt werden kann. In **beiden Fällen** steht dem Jugendamt das Recht der **Beschwerde** zu. Dieses Recht besteht unabhängig davon, ob das Jugendamt in erster Instanz nach Abs 1 S 1 die Stellung eines Beteiligten erlangt hat. Das Jugendamt soll nicht gezwungen sein, sich schon in erster Instanz zu beteiligen. Daher ist das Beschwerderecht unabhängig von einer derartigen Beteiligung ausgestaltet. Das Beschwerderecht besteht auch unabhängig von den Voraussetzungen des § 59 I; es setzt nicht voraus, dass das Jugendamt in seinen Rechten beeinträchtigt ist. Die Beschwerdeberechtigung ergibt sich vielmehr aus § 59 III iVm Abs 2 S 2.

§ 177 Eingeschränkte Amtsermittlung; förmliche Beweisaufnahme § 177

Eingeschränkte Amtsermittlung; förmliche Beweisaufnahme

177 (1) Im Verfahren auf Anfechtung der Vaterschaft dürfen von den beteiligten Personen nicht vorgebrachte Tatsachen nur berücksichtigt werden, wenn sie geeignet sind, dem Fortbestand der Vaterschaft zu dienen, oder wenn der die Vaterschaft Anfechtende einer Berücksichtigung nicht widerspricht.

(2) Über die Abstammung in Verfahren nach § 169 Nr. 1 und 4 hat eine förmliche Beweisaufnahme stattzufinden. Die Begutachtung durch einen Sachverständigen kann durch die Verwertung eines von einem Beteiligten mit Zustimmung der anderen Beteiligten eingeholten Gutachtens über die Abstammung ersetzt werden, wenn das Gericht keine Zweifel an der Richtigkeit und Vollständigkeit der im Gutachten getroffenen Feststellungen hat und die Beteiligten zustimmen.

1. Einschränkung des Untersuchungsgrundsatzes

Abs 1 entspricht dem bisherigen § 640 d ZPO aF. Er entspricht dem § 127 II in Ehesachen. Die Einschränkung des Untersuchungsgrundsatzes bedeutet, dass das Gericht Tatsachen, die von den Parteien nicht vorgebracht sind, nur insoweit berücksichtigen kann, als sie geeignet sind, der Anfechtung entgegengesetzt zu werden, wenn der Anfechtende der Berücksichtigung dieser Tatsachen widerspricht. Die Einschränkung des Untersuchungsgrundsatzes ergibt sich daraus, dass kein öffentliches Interesse daran besteht, den Abstammungsstatus zu beseitigen. Insbesondere darf das Gericht nicht ohne entsprechenden Sachvortrag des anfechtenden Vaters zu Tatsachen, die Zweifel an seiner Vaterschaft wecken oder die Möglichkeit der Abstammung von einem anderen Mann als nicht ganz fern liegend erscheinen lassen, ein Sachverständigengutachten einholen (BGH, NJW 03, 585). Nicht berücksichtigt werden dürfen auch Tatsachen, die zwar das Anfechtungsbegehren des Anfechtenden stützen, jedoch in Widerspruch zu dessen Tatsachenvortrag stehen (BGH, NJW 90, 2813). Die Einschränkung des Untersuchungsgrundsatzes betrifft nur den Tatsachenvortrag; sie gilt nicht für Beweismittel. 1

2. Förmliche Beweisaufnahme

Grundsätzlich entscheidet das Gericht nach pflichtgemäßem Ermessen darüber, ob es die entscheidungserheblichen Tatsachen durch eine förmliche Beweisaufnahme entsprechend der ZPO feststellen will (§ 30 I). Eine förmliche Beweisaufnahme ist jedoch dann **zwingend** durchzuführen, wenn sie in diesem Gesetz vorgesehen ist (§ 30 II). Abs 2 S 1 knüpft an § 30 II an und bestimmt, dass eine Beweisaufnahme über die Frage der Abstammung in den Fällen des § 169 Nr 1 (Feststellung des Bestehens oder Nichtbestehens eines Eltern-Kind-Verhältnisses, insbesondere der Wirksamkeit oder Unwirksamkeit einer Anerkennung der Vaterschaft) und Nr 2 (Anfechtung der Vaterschrift) stets als förmliche Beweisaufnahme nach den Vorschriften der ZPO zu erfolgen hat. Dies erfordert die besondere Bedeutung der Frage der Abstammung. Die Vorschriften der ZPO gelten mit den Abweichungen, die sich aus der Natur des Verfahrens der freiwilligen Gerichtsbarkeit und dessen Verschie- 2 denheit zur ZPO ergeben. Unanwendbar sind daher die Vorschriften über Beweisantritte in den §§ 371, 403, 420 ZPO. Auch in Verfahren, die dem Untersuchungsgrundsatz unterliegen, können die Beteiligten aufgefordert werden, im Rahmen ihrer Mitwirkungspflicht (§ 27) Beweismittel anzugeben; das Gericht ist hieran jedoch nicht gebunden. Unanwendbar sind die Vorschriften über die Zurückweisung neuer Beweismittel (§ 296 ZPO) und die Vorschusspflicht (§§ 379, 402 ZPO). Nicht vorgeschrieben, aber zulässig ist der Erlass eines Beweisbeschlusses (§§ 358, 359 ZPO). Die Regelung des § 372a ZPO aF, der die Untersuchungen zur Feststellung der Abstammung behandelte, ist nunmehr Gegenstand des § 178.

Eine **Ausnahme** von dem Grundsatz des Strengbeweises eröffnet Abs 2 S 2. Danach hat das Gericht die Möglichkeit, im Einverständnis mit den Beteiligten ein privates **Abstammungsgutachten** zu verwenden. Das Einverständnis der Parteien allein reicht jedoch nicht aus. Für das Gericht dürfen sich keine Zweifel an den in dem Gutachten getroffenen Feststellungen ergeben. Die Beteiligten müssen nicht nur mit der Verwertung einverstanden sein; das private Abstammungsgutachten muss vielmehr auch mit Einwilligung aller Beteiligten eingeholt worden sein.

Untersuchungen zur Feststellung der Abstammung

178 (1) **Soweit es zur Feststellung der Abstammung erforderlich ist, hat jede Person Untersuchungen, insbesondere die Entnahme von Blutproben, zu dulden, es sei denn, dass ihr die Untersuchung nicht zugemutet werden kann.**

(2) Die §§ 386 bis 390 der Zivilprozessordnung gelten entsprechend. Bei wiederholter unberechtigter Verweigerung der Untersuchung kann auch unmittelbarer Zwang angewendet werden, insbesondere die zwangsweise Vorführung zur Untersuchung angeordnet werden.

1. Anwendungsbereich

1 § 178 entspricht im Wesentlichen dem bisherigen § 372a ZPO aF; er betrifft Untersuchungen zur Feststellung der Abstammung. Nach § 372a ZPO aF betraf der Anwendungsbereich die Fälle der §§ 1600c und 1600d BGB sowie auch andere Fälle, soweit dies zur Feststellung der Abstammung erforderlich war. Die jetzige Formulierung, nach der die Untersuchungen zur Feststellung der Abstammung erforderlich sein müssen, entspricht dem bisherigen Umfang. § 178 ist nicht nur dann anwendbar, wenn die Frage der Abstammung selbst Gegenstand des Verfahrens ist, sondern **auch,** wenn diese **Vorfrage** in einem anderen Verfahren, zB in einem Verfahren auf Leistung von Unterhalt ist. Die **Untersuchungen zur Abstammung** nach § 178 sind Augenscheinseinnahme nach §§ 371 ff ZPO; die daraus zu ziehenden Schlussfolgerungen sind Gegenstand von Sachverständigengutachten. Die Untersuchungen müssen zu dem Zweck der Feststellung der Abstammung erforderlich sein. Das ist die Untersuchung dann, wenn die Frage der Abstammung in dem Verfahren entscheidungserheblich und beweisbedürftig ist.

2. Art der Untersuchung

Die von dem Gericht zu bestimmende Art der Untersuchung kann erfolgen 2
durch Blutgruppenuntersuchung, serostatistische Zusatzberechnung, durch
Einholung eines erbbiologischen Gutachtens und/oder durch eine DNA-
Analyse. Über den Beweiswert der verschiedenen wissenschaftlichen Methoden zur Feststellung der Abstammung entscheidet das Gericht der Tatsacheninstanz unter Berücksichtigung der neueren wissenschaftlichen Erkenntnisse.
Ein biostatistisches Gutachten ist für sich allein nicht geeignet, einen mathematisch-naturwissenschaftlich zwingenden Beweis der Abstammung herbei- 3
zuführen. Die Übereinstimmung sämtlicher untersuchten genetischen Merkmale von Mutter, Kind und möglichem Vater können aber eine so hohe
Wahrscheinlichkeit der Vaterschaft erbringen, dass sich daraus – ggf iVm
unterstützenden Tatsachen oder Indizien – ein für das praktische Leben
brauchbarer Grad von Gewissheit ergibt (BGH, FamRZ 06, 1745). Es muss
für das Gericht zumindest im Ansatz nachvollziehbar sein, auf welchen Voraussetzungen und Methoden der Berechnung der Vaterschaftswahrscheinlichkeit das Gutachten beruht. Der BGH legt in dem angefochtenen Urteil die
Voraussetzungen der Berechnung der Vaterschaftswahrscheinlichkeit nach Essen-Möller dar. Die Wahrscheinlichkeit der Abstammung steigt mit der Zahl
der Übereinstimmungen von untersuchten Allelsystemen bzw. „Loci". Der
BGH (aaO) sieht in Übereinstimmung mit den Richtlinien der Bundesärztekammer 2002 eine Übereinstimmung von zwölf voneinander unabhängigen
Loci auf mindestens zehn verschiedenen Chromosomen als notwendig an, um
hinreichende Gewissheit über die Richtigkeit des Ergebnisses zu erlangen.
Unter diesen Umständen kann nach BGH (aaO) auch ein isoliertes DNA-
Gutachten grundsätzlich als geeignetes Beweismittel für die zu klärende Abstammung angesehen werden. Eine DNA-Analyse soll grundsätzlich anhand
einer entnommenen Blutprobe vorgenommen werden, weil es sich bei Blut
um das für ein Abstammungsgutachten geeignetste Material handelt, das zB
gegenüber einem Schleimhautabstrich deutliche Vorteile aufweist (BGH,
aaO), unter Hinweis auf die Richtlinien für die Erstattung von Abstammungsgutachten – „Richtlinien 2002" (FamRZ 02, 1159). Zur Anwendung des
„whole genome sequencing"-Verfahrens: BVerfG, NJW 10, 3772.

3. Duldung der Untersuchung

Soweit dies zur Feststellung der Abstammung erforderlich ist, hat jeder Mann 4
Untersuchungen, insbesondere die Entnahme von Blutproben zu dulden,
sofern die Untersuchung Aufklärung verspricht und sie nach den Folgen ihres
Ergebnisses für den zu Untersuchenden und die in § 383 I Nr 1–3 ZPO
bezeichneten Angehörigen und deren Gesundheit zugemutet werden kann.
Eine Untersuchung kann unzumutbar sein bei der Gefahr gesundheitlicher
Nachteile oder, wenn andere Beweismöglichkeiten noch nicht erschöpft sind
(Keidel/Engelhardt, Rn 13 zu § 178). Im Einzelfall kann strafgerichtliche Verfolgung auf Grund des Untersuchungsergebnisses ein Weigerungsgrund sein
(OLG Frankfurt, NJW 79, 1257; verneint: OLG Hamm, NJW 93, 474).
Mittelbare, vermögensrechtliche, Nachteile sind kein Weigerungsgrund, das
Recht des Kindes auf Kenntnis seiner Abstammung ist vorrangig gegenüber der

§ 178

Intimsphäre der Mutter (BGH, NJW 82, 381). Lebt ein als Vater in Betracht kommender Mann im europäischen **Ausland,** richtet sich die Verpflichtung zur Duldung der Untersuchung nach deutschem Prozessrecht (§ 372a ZPO); eine zwangsweise Durchsetzung im Wege der Rechtshilfe richtet sich nach dem Recht des ersuchten Staates (Art 13 EuBewVO), das vorab zu klären ist (OLG Bremen, FamRZ 09, 802 mit krit Anm Knöfel, FamRZ 09, 1339 – nach belgischem Recht keine zwangsweise Durchsetzung).

4. Verweigerung der Untersuchung

5   Die Untersuchung nach Abs 1 setzt vor, dass die Feststellung der Abstammung entscheidungserheblich und beweisbedürftig ist. Diese Voraussetzungen sind im Falle der **Unschlüssigkeit** einer Vaterschaftsanfechtungsklage nicht gegeben. Um in einem solchen Fall einen nicht gerechtfertigten Eingriff in Grundrechte abwehren zu können, besteht ein Weigerungsrecht analog §§ 386–389 ZPO, das entgegen § 355 II ZPO auch mit dem Fehlen der Erforderlichkeit der Abstammungsfeststellung begründet und im Rahmen eines Zwischenstreits nach § 387 ZPO geltend gemacht werden kann, über den durch Zwischenurteil zu entscheiden ist (BGH, NJW 06, 1659). Die Weigerung wird im Falle eines minderjährigen Kindes (9 Jahre), dem die erforderliche Verstandesreife für eine eigene Entscheidung fehlt, durch den gesetzlichen Vertreter (Ergänzungspfleger nach § 1909 I BGB) ausgeübt (BGH, NJW 06, 1660; OLG Karlsruhe, FamRZ 98, 563).

6   Die Untersuchung kann nach Abs 2 iVm §§ 386–390 ZPO **erzwungen** werden, wenn die Untersuchung ohne Angabe eines Grundes verweigert wird, wobei das Nichterscheinen allein nicht als Verweigerung zu werten ist (OLG Zweibrücken, FamRZ 86, 493) oder, sofern ein Grund in der Form des § 386 ZPO vorgebracht wurde, dessen Rechtmäßigkeit in einem Zwischenstreit nach § 387 ZPO verneint wurde. In diesen Fällen werden dem Verweigernden von Amts wegen die durch die Weigerung verursachten Kosten auferlegt. Zugleich wird gegen ihn ein Ordnungsgeld und für den Fall,
7   dass dieses nicht beigetrieben werden kann, Ordnungshaft festgesetzt. **Mindest- und Höchstmaß** für Ordnungsmittel ergibt sich aus Art 6 I, II EGStGB; für Ordnungsgeld beträgt das Mindestmaß 5 €, das Höchstmaß 1000 €; für Ordnungshaft das Mindestmaß einen Tag, das Höchstmaß sechs Wochen. Die Bundesregierung ist der Anregung des Bundesrates (BT-Drs 16/6308 S 380, 417), eine wiederholte unberechtigte Verweigerung der Untersuchung auch dann anzunehmen, wenn wiederholt Ladungen des beauftragten Sachverständigen unbeachtet geblieben sind, nicht gefolgt. Sie hat darauf hingewiesen, dass ein Sachverständiger die Beteiligten nicht förmlich zum Untersuchungstermin lädt, daher lasse sich mangels eines Zustellungsnachweises an ein Nichterscheinen keine Rechtsfolge knüpfen. Eine zwangsweise Vorführung eines Beteiligten komme nur in Betracht, wenn dessen Ladung förmlich durch das Gericht erfolgt. Abs 2 S 2 weicht von § 390 II ZPO ab.
8   Die Vorschrift der ZPO sieht nur die Anordnung von Zwangshaft vor, während Abs 2 S 2 die Durchführung der Untersuchung durch **Anwendung unmittelbaren Zwangs,** insbesondere die **zwangsweise Vorführung** zur Untersuchung ermöglicht. Auch insoweit sieht § 178 II einen Antrag nicht

§ 179 Mehrheit von Verfahren **§ 179**

vor. Die Verhängung der Maßnahmen nach Abs 2 setzt die Belehrung über die Pflichten aus § 178 I und die Folgen unberechtigter Verweigerung voraus (OLG Frankfurt, NJW-RR 88, 714).

Eine unberechtigte Verweigerung der Untersuchung kann als **Beweisvereitelung** gewertet werden, jedoch nur nach entsprechendem Hinweis (BGH, NJW 86, 2371). 9

5. Rechtsmittel

Hinsichtlich der Rechtsmittel ist zu unterscheiden zwischen einer **Beweisanordnung** als solcher und der Durchführung der Anordnung. Beweisanordnungen, die (noch) keine Handlungs- und Duldungspflichten auferlegen und keinen Zwang androhen, sind nicht anfechtbar (OLG Hamm, OLG 89, 15; BayObLG, FamRZ 02, 419; BGH, FamRZ 07, 549). 10

Gegen Beschlüsse, die **Maßnahmen** zur Erzwingung **anordnen,** steht den Betroffenen, gegen deren Ablehnung den hierdurch beeinträchtigten Beteiligten, die sofortige Beschwerde zu (Abs 2 S 2 iVm § 390 III iVm § 567 I Nr 1 ZPO), die Rechtsbeschwerde bei Zulassung (§ 574 I Nr 2 ZPO). 11

Mehrheit von Verfahren

179 (1) **Abstammungssachen, die dasselbe Kind betreffen, können miteinander verbunden werden. Mit einem Verfahren auf Feststellung des Bestehens der Vaterschaft kann eine Unterhaltssache nach § 237 verbunden werden.**

(2) **Im Übrigen ist eine Verbindung von Abstammungssachen miteinander oder mit anderen Verfahren unzulässig.**

1. Verbindung von Verfahren

Nach § 20 ist grundsätzlich die Verbindung mehrerer Verfahren durch das Gericht zulässig, soweit das Gericht dies für sachdienlich hält. § 179 **ergänzt** diese Vorschrift unter Berücksichtigung der Besonderheiten der Abstammungsverfahren. Danach ist eine Verbindung von Abstammungssachen zulässig, sofern sie **dasselbe Kind** betreffen. Insoweit konkretisiert Abs 1 S 1 den bisherigen § 640 c I ZPO aF. Abstammungssachen, die miteinander verbunden werden können, sind die in § 169 aufgeführten Abstammungssachen, die Verfahren auf Feststellung des Bestehens oder Nichtbestehens eines Eltern-Kind-Verhältnisses, insbesondere der Wirksamkeit oder Unwirksamkeit einer Anerkennung der Vaterschaft **(Nr 1)**, die Ersetzung der Einwilligung in eine genetische Abstammungsuntersuchung und die Anordnung der Duldung einer Probeentnahme **(Nr 2)** sowie die Anfechtung der Vaterschaft **(Nr 3)** (für das bisherige Recht: OLG Brandenburg, FamRZ 04, 471). Es können zB verbunden werden ein Verfahren über den Antrag auf Feststellung des Bestehens oder Nichtbestehens eines Eltern-Kind-Verhältnisses nach § 169 Nr 1 mit einem Verfahren auf Anfechtung der Vaterschaft nach § 169 Nr 3; mit beiden Verfahren ein solches auf Ersetzung der Einwilligung in eine genetische Abstammungsuntersuchung und die Anordnung der Duldung einer Probeentnahme nach § 169 Nr 2. Ebenso wie in dem bisherigen § 640 c I 3 1

2

§ 180

Buch 2 – Verfahren in Familiensachen

ZPO aF kann in einem Verfahren auf Feststellung des Bestehens der Vaterschaft (§ 169 Nr 3) eine **Unterhaltssache** nach § 237 (bisher § 653 I 1 ZPO aF) verbunden werden. Danach ist ein Antrag, durch den ein Mann zur Zahlung von Unterhalt für ein Kind in Anspruch genommen wird, wenn dessen Vaterschaft nach § 1592 Nr 1, 2 oder § 1593 BGB nicht besteht, nur zulässig, wenn das Kind minderjährig ist und ein Verfahren auf Feststellung der Vaterschaft nach § 1600 d BGB anhängig ist. Zugleich mit der Feststellung der Vaterschaft ist dann die Verurteilung zum Unterhalt auszusprechen, jedoch lediglich in Höhe des Mindestunterhalts und gemäß den Altersstufen nach § 1612 a I 3 BGB und unter Berücksichtigung der Leistungen nach den §§ 1612 b oder 1612 c BGB. Die Entscheidung, die die Verpflichtung zur Leistung von Unterhalt ausspricht, wird jedoch nicht wirksam vor Rechtskraft des Beschlusses, der die Vaterschaft feststellt oder vor Wirksamwerden der Anerkennung der Vaterschaft durch den Mann (§ 237 III, IV).

3 Abstammungsverfahren, die dasselbe Kind betreffen, können Gegenstand unterschiedlicher Verfahren sein, in denen **verschiedene Männer als Väter** in Betracht kommen. Auch insoweit lässt Abs 1 S 1 eine Verbindung zu.

2. Unzulässige Verbindung

4 Außer in den in Abs 1 aufgeführten Fällen ist eine Verbindung von Abstammungssachen nicht zulässig. Soweit eine Verbindung erfolgt, sind die Verfahren nach § 20 zu trennen. Eine Trennung ist in jedem Stadium des Verfahrens möglich, auch noch in der Beschwerde- und in der Rechtsbeschwerdeinstanz, weil es sich bei § 20 um eine allgemeine Verfahrensvorschrift handelt (BGH, FamRZ 07, 125 für § 145 ZPO). Wenn bei einer unzulässigen Verbindung ein Anspruch hilfsweise geltend gemacht wird, ist dieser hilfsweise geltend gemachte Anspruch als unzulässig abzuweisen, und zwar auch noch nach seiner Abtrennung, weil er auch als selbständiger Antrag noch ein bedingter Antrag bleibe; die Abweisung als unzulässig nach Abtrennung kann auf richterlichen Hinweis durch Fallenlassen der Bedingung vermieden werden (BGH, FamRZ 07, 125). In der Revisionsinstanz allerdings kann ein Hilfsantrag nicht mehr zum Hauptantrag erhoben werden (BGH, FamRZ 07, 371).

Erklärungen zur Niederschrift des Gerichts

180 Die Anerkennung der Vaterschaft, die Zustimmung der Mutter sowie der Widerruf der Anerkennung können auch in einem Erörterungstermin zur Niederschrift des Gerichts erklärt werden. Das Gleiche gilt für die etwa erforderliche Zustimmung des Mannes, der im Zeitpunkt der Geburt mit der Mutter des Kindes verheiratet ist, des Kindes oder eines gesetzlichen Vertreters.

1. Anwendungsbereich

1 Gegenstand einer **Erklärung zur Niederschrift** des Gerichts können sein die Anerkennung der Vaterschaft nach § 1592 Nr 2 iVm § 1594 BGB, die Zustimmung der Mutter hierzu nach § 1595 I BGB und die Zustimmung des

§ 181 Tod eines Beteiligten **§ 181**

Kindes, wenn der Mutter insoweit die elterliche Sorge nicht zusteht, nach § 1595 II BGB; insoweit auch die Zustimmung des gesetzlichen Vertreters, evt eines Ergänzungspflegers nach § 1909 BGB (§ 1596 II BGB); ferner die Niederschrift der Zustimmung des Mannes, der im Zeitpunkt der Geburt mit der Mutter des Kindes verheiratet war (§ 1599 II 2 BGB) sowie ein evt Widerruf der Anerkennung der Vaterschaft durch den Mann, der diese anerkannt hat (§ 1597 III BGB).

2. Form

Anerkennung und Zustimmung (§ 1597 I BGB) sowie ein Widerruf der 2 Anerkennung (§ 1597 III BGB) müssen **öffentlich beurkundet** werden. Das Formerfordernis hat einerseits die Funktion, für die Beteiligten die Bedeutung ihrer Erklärungen deutlich zu machen; andererseits wird die Nachprüfbarkeit dieser Erklärungen, die Grundlage der Vaterschaft sind, erleichtert. Die öffentliche Beurkundung kann durch einen Notar erfolgen (§ 20 BNotO), durch das Amtsgericht (§ 62 Nr 1 BeurkG, § 3 Nr 1 f RPflG), das Standesamt (§ 29 a I PStG, § 58 BeurkG). § 180 **ergänzt** diese Möglichkeiten der Beur- 3 kundung durch die Erklärungen **zur Niederschrift des Gerichts** in einem Erörterungstermin. Für die Niederschrift gelten die §§ 159 ff ZPO über die Protokollaufnahme. Sonstige Erklärungen nach § 160 III 3 ZPO, deren Feststellung (gesetzlich) vorgeschrieben ist, müssen daher den Beteiligten vorgelesen oder zur Durchsicht vorgelegt werden (§ 162 I 1 ZPO).

3. Wirkung

Bei der Anerkennung der Vaterschaft nach §§ 1594 ff BGB wird das Kind 4 auf Grund der Erklärung des Mannes ohne Rücksicht auf den Zeitpunkt der Anerkennung als dessen Kind zugerechnet. Die Rechtswirkungen der Vaterschaft gelten in diesen Fällen jedoch erst vom Wirksamwerden der Anerkennung an; bei gerichtlicher Feststellung mit der Rechtskraft des Statusurteils (§§ 1594 I, 1600 d IV BGB).

Tod eines Beteiligten

181 Stirbt ein Beteiligter vor Rechtskraft der Endentscheidung, hat das Gericht die übrigen Beteiligten darauf hinzuweisen, dass das Verfahren nur fortgesetzt wird, wenn ein Beteiligter innerhalb einer Frist von einem Monat dies durch Erklärung gegenüber dem Gericht verlangt. Verlangt kein Beteiligter innerhalb der vom Gericht gesetzten Frist die Fortsetzung des Verfahrens, gilt dieses als in der Hauptsache erledigt.

1. Anwendungsbereich

Besteht keine Vaterschaft nach § 1592 Nr 1 und Nr 2, § 1593 BGB, ist die 1 Vaterschaft gerichtlich festzustellen (§ 1600 d I BGB). Die Feststellung kann erfolgen auf Antrag mit dem Ziel der Feststellung der Vaterschaft des Mannes gegen das Kind oder im Falle der Anfechtung nach § 1600 I Nr 2 BGB gegen

§ 181 Buch 2 – Verfahren in Familiensachen

das Kind und den Vater iS von § 1600 I Nr 1 BGB oder der Mutter oder des Kindes gegen den Mann.

2   Ist im Falle eines Verfahrens auf gerichtliche Feststellung der Vaterschaft oder im Verfahren auf Anfechtung der Vaterschaft eine Person, gegen die der Antrag zu richten gewesen wäre, verstorben, so ist der Antrag nur gegen die andere Person zu richten. Sind die Personen, gegen die der Antrag zu richten gewesen wäre (der Vater, das Kind) **verstorben,** entscheidet das Familiengericht auf Antrag desjenigen, der zur Antragstellung berechtigt gewesen wäre (OLG Celle, NJW-RR 00, 1100 zu § 55b FGG). Die gerichtliche Feststellung der Vaterschaft ist nicht zulässig, solange die Vaterschaftsanerkennung eines anderen Mannes besteht (BGH, Rpfleger 99, 221). Es handelt sich hierbei um Verfahren, die bisher schon als Angelegenheit der freiwilligen Gerichtsbarkeit behandelt wurden und in den Anwendungsbereich des § 55b FGG fielen. Sie fielen nicht in den bisherigen Anwendungsbereich der §§ 640 ff ZPO, weil sie mangels eines durch Tod weggefallenen Antragsgegners für das zivilprozessuale Verfahren, das Parteien mit widersprechenden Interessen voraussetzt, nicht geeignet waren. Diese Verfahren sind nunmehr Teil der insgesamt dem Verfahren der freiwilligen Gerichtsbarkeit unterstellten Abstammungssachen nach §§ 169 ff.

2. Fortsetzung nach Tod eines Beteiligten

3   Stirbt ein Beteiligter nach Anhängigwerden einer Abstammungssache nach § 169 Nr 1, 2 vor Rechtskraft der Endentscheidung, wird das Verfahren nur fortgesetzt, wenn ein Beteiligter innerhalb einer Frist von einem Monat dies **durch Erklärung gegenüber dem Gericht** verlangt (S 1). Nach bisherigem Recht war bei Tod eines Beteiligten das Verfahren nach § 640 I iVm § 619 ZPO grundsätzlich als erledigt anzusehen; dieser Grundsatz wurde durch § 640g ZPO eingeschränkt für Verfahren auf Feststellung und Anfechtung der Vaterschaft, wenn Kind oder Mutter Antragsteller waren; bei Tod des Vaters galt § 619 ZPO mit der Folge der Erledigung der Hauptsache uneingeschränkt. Die Regelung des § 181 weicht hiervon insofern ab, als sie auch für den Fall gilt, dass der beteiligte Vater oder Mann stirbt.

4   Das Verfahren wird fortgesetzt, wenn ein Beteiligter dies durch Erklärung gegenüber dem Gericht verlangt. Auf diese Möglichkeit hat das Gericht die übrigen Beteiligten **hinzuweisen.** Das Gericht muss in dem Hinweis auch auf die Monatsfrist hinweisen. Die Frist zur Abgabe der Erklärung beginnt mit dem Zugang des gerichtlichen Schreibens. Dieses sollte förmlich zugestellt werden, damit Fristbeginn und -ablauf eindeutig festgestellt werden können. Stellt ein Beteiligter einen entsprechenden Antrag, ist das Verfahren fortzusetzen, ggf eine Beweisaufnahme durchzuführen oder fortzusetzen. Die Vermutung nach § 1600d II, III BGB greift erst ein, wenn die biologische Vaterschaft nach Erschöpfung aller Beweismittel (§ 26) nicht zweifelsfrei festgestellt werden kann (BayObLG, NJWE-FER 00, 17).

3. Erledigung in der Hauptsache

5   Verlangt keiner der Beteiligten innerhalb der Monatsfrist von S 1 die Fortsetzung des Verfahrens, gilt dieses als in der Hauptsache erledigt (S 2). Ein

§ 182 Inhalt des Beschlusses

deklaratorischer Beschluss über die Erledigung der Hauptsache ist zulässig. Tritt der Tod nach der Entscheidung aber vor Rechtskraft ein, wird die Entscheidung in der Hauptsache **wirkungslos;** nur die Kostenentscheidung gilt. Ein Rechtsmittel in der Hauptsache ist oder wird wegen fehlender Beschwer unzulässig (OLG Düsseldorf, FamRZ 05, 387).

Auf die **Kostenverteilung** sind die Vorschriften anzuwenden, die für die Angelegenheiten der freiwilligen Gerichtsbarkeit gelten; das sind die §§ 80–85. Bei Erledigung gelten nach § 83 II die allgemeinen Grundsätze des § 81 für die Kostenverteilung. Soweit das beteiligte Kind noch minderjährig ist, können ihm Kosten nicht auferlegt werden (§ 81 III). 6

Inhalt des Beschlusses

182 (1) **Ein rechtskräftiger Beschluss, der das Nichtbestehen einer Vaterschaft nach § 1592 des Bürgerlichen Gesetzbuchs infolge der Anfechtung nach § 1600 Abs. 1 Nr. 2 des Bürgerlichen Gesetzbuchs feststellt, enthält die Feststellung der Vaterschaft des Anfechtenden. Diese Wirkung ist in der Beschlussformel von Amts wegen auszusprechen.**

(2) **Weist das Gericht einen Antrag auf Feststellung des Nichtbestehens der Vaterschaft ab, weil es den Antragsteller oder einen anderen Beteiligten als Vater festgestellt hat, spricht es dies in der Beschlussformel aus.**

1. Anwendungsbereich

§ 182 behandelt den **Inhalt** eines rechtskräftigen Beschlusses, der das Nichtbestehen einer Vaterschaft nach § 1592 BGB infolge einer Anfechtung der Vaterschaft nach § 1600 I Nr 2 BGB feststellt. § 182 entspricht dem bisherigen § 640 h II ZPO aF. Diese Entscheidung enthält zugleich die Feststellung der Vaterschaft des Anfechtenden (Abs 1 S 1), Abs 2 behandelt den Fall der Abweisung eines Antrages auf Feststellung des Nichtbestehens der Vaterschaft, weil das Gericht den Antragsteller oder einen anderen Beteiligten als Vater festgestellt hat. Die in Abs 2 enthaltene Regelung entspricht dem bisherigen § 641 h ZPO aF. 1

2. Bedeutung der Vorschrift

§ 640 h II ZPO aF, dem Abs 1 entspricht, wurde mit Wirkung vom 30. 4. 2004 durch das Gesetz zur Änderung der Vorschriften über die Anfechtung der Vaterschaft und anderer Gesetze vom 23. 4. 2004 (BGBl S. 598) eingefügt. Die Bedeutung dieser Regelung besteht darin, zu verhindern, dass das Kind im Falle einer erfolgreichen Anfechtung der Vaterschaft nach § 1600 I 2 BGB vaterlos wird. Damit die durch das Gesetz beabsichtigte Wirkung eintreten kann, muss die Vaterschaft des nach § 1600 I Nr 2 BGB anfechtenden Mannes bewiesen sein, diese Frage muss daher im Rahmen der Gestaltungsklage, die auf die Beseitigung des Verwandtschaftsverhältnisses zwischen rechtlichem Vater und Kind gerichtet ist, als **Vorfrage** geklärt werden. 2

Abs 2, der auf § 641 h ZPO aF beruht, dient der **Klarstellung** bei Anträgen auf Feststellung des Nichtbestehens der Vaterschaft. Wird ein solcher Antrag abgewiesen, weil der Antragsteller oder ein anderer Beteiligter als Vater fest- 3

§ 183

gestellt worden ist, ist dies in der **Beschlussformel auszusprechen.** Ein solcher Ausspruch ist auch dann möglich, wenn eine sichere Feststellung über die Vaterschaft nicht getroffen wurde, weil in diesem Fall eine Vaterschaft nach § 1600 d II BGB vermutet wird; in einem Verfahren, das die Feststellung der Vaterschaft zum Gegenstand hat, kann diese Frage wegen der bei nicht zweifelsfreier Feststellung eingreifenden gesetzlichen Vermutung nicht offen bleiben.

3. Beschlussformel

4 Die Wirkungen nach Abs 1 und 2 sind in der Beschlussformel (§ 38 II Nr 3), die dem Urteilstenor entspricht, auszusprechen. In dem Beschluss, der das Nichtbestehen einer Vaterschaft nach § 1592 BGB infolge Anfechtung nach § 1600 I Nr 2 BGB feststellt, ist **zugleich von Amts wegen,** ohne einen hierauf gerichteten Antrag, **festzustellen,** dass der Anfechtende der Vater des Kindes ist (Abs 1). Wird ein Antrag auf Feststellung des Nichtbestehens der Vaterschaft abgewiesen, weil das Gericht den Antragsteller oder einen anderen Beteiligten als Vater festgestellt hat, wird in der Beschlussformel **zugleich mit der Klageabweisung** die Feststellung ausgesprochen, dass der Antragsteller oder ein anderer Beteiligter **als Vater festgestellt** ist (Abs 2). Die Wirkungen treten auch dann ein, wenn die gesetzlich vorgeschriebene Feststellung im Urteilstenor fehlt, die Wirkungen sich jedoch aus den Gründen der Entscheidung ergeben.

5 Eine erfolgreiche Vaterschaftsanfechtung kann den rückwirkenden Wegfall der **deutschen Staatsangehörigkeit** zur Folge haben; dies stellt keine unzulässige Entziehung der Staatsangehörigkeit dar (BVerfG, NJW 07, 425).

Kosten bei Anfechtung der Vaterschaft

183 Hat ein Antrag auf Anfechtung der Vaterschaft Erfolg, tragen die Beteiligten, mit Ausnahme des minderjährigen Kindes, die Gerichtskosten zu gleichen Teilen; die Beteiligten tragen ihre außergerichtlichen Kosten selbst.

1 Abstammungssachen sind Verfahren der freiwilligen Gerichtsbarkeit; Grundlage der Kostenentscheidung sind die §§ 80–85. § 183 trifft hiervon abweichend eine **Sonderregelung,** die auf dem bisherigen § 93 c S 1 ZPO aF beruht. Der Anwendungsbereich sind Verfahren auf **Anfechtung der Vaterschaft nach § 169 Nr 2.** Die Anwendbarkeit dieser Vorschrift ist hierauf beschränkt. Sie betrifft nur erfolgreiche Verfahren auf Anfechtung der Vater-
2 schaft; in anderen Fällen finden die allgemeinen Vorschriften Anwendung. Die Kostenregelung des § 183 ist **zwingend.** Die Gerichtskosten werden von den
3 Beteiligten zu gleichen Teilen getragen; die außergerichtlichen Kosten trägt jeder Beteiligte selbst. Ausgenommen von der Kostentragungspflicht ist, insoweit abweichend von § 93 c ZPO aF, das **minderjährige Kind.** Diesem sind Kosten nicht aufzuerlegen. Diese Regelung entspricht dem § 81 III.
4 Nicht übernommen wurde § 93 c S 2 ZPO aF, der auf die entsprechende Anwendung des § 96 ZPO verwies. Danach konnten nach dem Ermessen des Gerichts Kosten von ohne Erfolg gebliebenen Angriffs- oder Verteidigungs-

§ 184 Wirksamkeit des Beschlusses

mitteln dem Beteiligten auferlegt werden, der sie geltend gemacht hat. Eine solche **Ausnahme** von dem Grundsatz des § 183 ist daher **zu verneinen**. Eine isolierte Anfechtung der Kostenentscheidung ist wegen des Wegfalls des § 20 a FGG möglich.

Wirksamkeit des Beschlusses; Ausschluss der Abänderung; ergänzende Vorschriften über die Beschwerde

184 (1) **Die Endentscheidung in Abstammungssachen wird mit Rechtskraft wirksam. Eine Abänderung ist ausgeschlossen.**

(2) **Soweit über die Abstammung entschieden ist, wirkt der Beschluss für und gegen alle.**

(3) **Gegen Endentscheidungen in Abstammungssachen steht auch demjenigen die Beschwerde zu, der an dem Verfahren beteiligt war oder zu beteiligen gewesen wäre.**

1. Eintritt der Wirksamkeit

Abweichend von dem allgemeinen Grundsatz des § 40, demgemäß die Wirksamkeit mit der Bekanntgabe eintritt, wird die Wirksamkeit von Endentscheidungen in Abstammungssachen an die **Rechtskraft** (§ 45) geknüpft. Dies entspricht der bisherigen Rechtslage nach der ZPO und dem § 55 b II FGG für das Abstammungsverfahren, soweit es nach § 1600 e II BGB aF dem Verfahren der freiwilligen Gerichtsbarkeit zugewiesen war. Auch eine Entscheidung, durch die das Familiengericht eine nicht erteilte Einwilligung in eine genetische Abstammungsuntersuchung ersetzt und die Anordnung der Duldung einer Probeentnahme werden erst mit Rechtskraft wirksam. Auch insoweit ist die Anknüpfung an die Rechtskraft aus Gründen der Rechtssicherheit wegen der Bedeutung der Einwilligung für die Durchführung der Abstammungsuntersuchung erforderlich. Entsprechend der bisherigen Rechtslage ist auch eine **Abänderung** von Endentscheidungen in Abstammungssachen **unzulässig** (S 2). **Möglich** ist eine **Wiederaufnahme** des Verfahrens nach § 185. 1

2

2. Materielle Rechtskraft

Sie bedeutet allgemein die Maßgeblichkeit des Ergebnisses einer formell rechtskräftigen gerichtlichen Entscheidung für künftige Streitfälle unter denselben Beteiligten über denselben Gegenstand; sie hat den Zweck, eine zweite widersprechende Entscheidung zu verhindern. In Angelegenheiten der freiwilligen Gerichtsbarkeit, zu denen jetzt auch die Abstammungssachen gehören, wird eine materielle Rechtskraft ausnahmsweise nur dann angenommen, wenn das Verfahren einen rechtskraftfähigen Gegenstand hat. Diese Voraussetzungen sind in Abstammungssachen sowohl für feststellende als auch für gestaltende Entscheidungen gegeben, weil über das Bestehen oder Nichtbestehen eines Eltern-Kind-Verhältnisses oder die Anfechtung einer Vaterschaft zu entscheiden ist. Soweit über die Abstammung entschieden ist, wirkt die Entscheidung nicht nur zwischen den Beteiligten, sondern **für und gegen alle** (Abs 2). In materielle Rechtskraft erwachsen **auch abweisende** Urteile 3

4

in Abstammungssachen in Bezug auf den der Entscheidung zu Grunde liegenden Lebenssachverhalt (BGH, NJW 03, 585 für Abweisung einer Vaterschaftsanfechtung). In Abstammungssachen tritt auch bei Ablehnung einer beantragten rechtsgestaltenden Entscheidung materielle Rechtskraft ein, weil
5 die Beteiligten ein subjektives Recht auf Gestaltung haben. Die materielle Rechtskraft einer Entscheidung in Abstammungssachen hat Bindungswirkung auch in solchen Verfahren, in denen über die rechtskräftig entschiedene
6 Abstammungssache als **Vorfrage** zu entscheiden ist. Bei einer Entscheidung nach § 182 Abs 1, die das Nichtbestehen einer Vaterschaft nach § 1592 BGB und zugleich die Feststellung der Vaterschaft des Anfechtenden enthält, hat die Entscheidung eine **doppelte Wirkung.** Es wird das Nichtbestehen einer Vaterschaft nach § 1592 BGB infolge der Anfechtung festgestellt; durch die gleichzeitige Feststellung der leiblichen Vaterschaft des Anfechtenden rückt dieser in die abstammungsrechtliche Vaterposition mit deren Rechtsfolgewirkung ein; es handelt sich daher zugleich um eine gerichtliche Feststellung der Vaterschaft gemäß § 1592 Nr 3 BGB.
7 Die in § 640h I 1 ZPO aF enthaltene Einschränkung auf den Eintritt der Rechtskraft zu Lebzeiten der Partei war notwendig, weil die zivilprozessualen Verfahren nach §§ 640 ff ZPO aF auf die Regelung der Abstammungsfragen zu Lebzeiten der Beteiligten beschränkt waren und im Übrigen dem Verfahren der freiwilligen Gerichtsbarkeit unterlagen. Nach Aufhebung dieser unterschiedlichen Behandlung bedarf es daher dieser **Einschränkung nicht** mehr. **Nicht** übernommen wurde auch die bisher in § 640 h I 2, 3 ZPO aF geregelte **Feststellung** des Bestehens oder Nichtbestehens der elterlichen Sorge; diese Angelegenheiten fallen in den Bereich der Kindschaftssachen nach §§ 151 ff.

3. Beschwerdeberechtigung

8 Abs 3 **ergänzt** die Beschwerdeberechtigung für Abstammungssachen. Das Beschwerderecht der nach § 172 zu beteiligenden Personen soll sichergestellt werden; es handelt sich um solche, die beteiligt worden sind, und um solche,
9 die zu beteiligen gewesen wären. Für **Personen,** die zu beteiligen gewesen wären, jedoch nicht **hinzugezogen** worden sind, ist die besondere Regelung
10 des Fristbeginns des **§ 63 III** zu beachten (Rn 6 zu § 63). Da nach § 59 I ein Beschwerderecht nur demjenigen zusteht, der durch den Beschluss in seinen Rechten beeinträchtigt ist, die **Mutter** in Abstammungssachen nicht zwingend unmittelbar in ihren Rechten beeinträchtigt wird, wird ihre **Beschwerdeberechtigung** durch Abs 3, der eine Erweiterung der allgemeinen Regelung des § 59 darstellt, sichergestellt. Bei Entscheidungen, durch die die Einwilligung in eine genetische Abstammungsuntersuchung ersetzt und die Duldung der Entnahme einer genetischen Probe angeordnet wird (§ 1598 a BGB), ergibt sich die Beschwerdeberechtigung für den Antragsteller aus § 59 II iVm § 1598 a II BGB.
11 **Nicht beschwerdeberechtigt** sind Personen, die durch den Beschluss nur mittelbar in ihren Rechten beeinträchtigt werden, wie etwa die Großeltern im Hinblick auf ein Umgangsrecht mit dem Kind oder Geschwister des Kindes im Hinblick auf einen erhöhten Unterhaltsanspruch gegen den Elternteil (BT-Drs 16/9733 S 377).

Wiederaufnahme des Verfahrens

185 (1) Der Restitutionsantrag gegen einen rechtskräftigen Beschluss, in dem über die Abstammung entschieden ist, ist auch statthaft, wenn ein Beteiligter ein neues Gutachten über die Abstammung vorlegt, das allein oder in Verbindung mit den im früheren Verfahren erhobenen Beweisen eine andere Entscheidung herbeigeführt haben würde.

(2) Der Antrag auf Wiederaufnahme kann auch von dem Beteiligten erhoben werden, der in dem früheren Verfahren obsiegt hat.

(3) Für den Antrag ist das Gericht ausschließlich zuständig, das im ersten Rechtszug entschieden hat; ist der angefochtene Beschluss von dem Beschwerdegericht oder dem Rechtsbeschwerdegericht erlassen, ist das Beschwerdegericht zuständig. Wird der Antrag mit einem Nichtigkeitsantrag oder mit einem Restitutionsantrag nach § 580 der Zivilprozessordnung verbunden, ist § 584 der Zivilprozessordnung anzuwenden.

(4) § 586 der Zivilprozessordnung ist nicht anzuwenden.

1. Anwendungsbereich

§ 48 enthält den Grundsatz, dass ein rechtskräftig beendetes Verfahren in entsprechender Anwendung der Vorschriften des 4. Buches der ZPO wieder aufgenommen werden kann. § 185 **ergänzt** die **Gründe für eine Wiederaufnahme** des Verfahrens in Abstammungssachen entsprechend dem bisherigen § 641i ZPO aF. Zweck der in § 185 geregelten zusätzlichen Wiederaufnahmemöglichkeit ist es, eine größtmögliche Übereinstimmung der gerichtlichen Entscheidung mit der Abstammung zu ermöglichen; hierbei sollen auch neuere wissenschaftliche Erkenntnisse genutzt werden. Die Regelung ist verfassungsgemäß (BGH, NJW 03, 3708). § 185 ist anwendbar auf Verfahren, die die Feststellung des Bestehens oder Nichtbestehens eines Eltern-Kind-Verhältnisses, insbesondere der Wirksamkeit oder Unwirksamkeit einer Anerkennung der Vaterschaft (§ 169 Nr 1) oder die Anfechtung der Vaterschaft (§ 169 Nr 2) zum Gegenstand haben; auch Entscheidungen, die vor dem 1. 7. 1998 ergangen sind (OLG Köln, FamRZ 02, 673). Die Möglichkeit der Wiederaufnahme ist nicht mehr wie bisher in dem ZPO-Verfahren auf die Parteien des Vorprozesses beschränkt, sondern auch dann möglich, wenn das Verfahren **nach Tod** eines Beteiligten unter den Voraussetzungen des § 181 fortgesetzt worden ist.

2. Neues Gutachten über die Abstammung

Abs 1 schafft neben § 580 Nr 1–7 ZPO einen weiteren Grund zur Wiederaufnahme des Verfahrens. Diese ist auch dann statthaft, wenn ein Beteiligter ein neues Gutachten über die Abstammung vorlegt, das allein oder iVm den im früheren Verfahren erhobenen Beweisen eine andere Entscheidung herbeigeführt haben würde. Geeignet ist jedes auch im Rahmen der Untersuchungen nach § 178 verwertbare Gutachten; auch ein solches zur Zeugungsunfähigkeit (BGH, NJW 03, 3708). Das Gutachten muss für das Verfahren bereits vorliegen, Untersuchungen für die Erstellung eines neuen Gutachtens können nicht erzwungen werden (OLG Zweibrücken, FamRZ 05, 735). Neu ist ein im vorangegangenen Verfahren noch nicht verwertetes Gutachten. Es muss sich nicht auf neue Befunde stützen, jedoch, uU auf Grund neuerer wissenschaftlicher Erkenntnisse das Ergebnis des oder der bisherigen Gutachten in Frage stellen.

3. Verfahren

4   Das Verfahren wird **auf Antrag** eingeleitet. Es kann auch von einem Beteiligten beantragt werden, der in dem früheren Verfahren obsiegt hat; die Berechtigung, das Wiederaufnahmeverfahren einzuleiten, setzt daher **keine**
5   **Beschwer** voraus (Abs 2). Ausschließlich **zuständig** ist das Gericht, das die Entscheidung, die Gegenstand des Wiederaufnahmeverfahrens ist, erlassen hat. Nicht das Gericht des ersten Rechtszuges, sondern das Beschwerdegericht ist ausschließlich dann zuständig, wenn die Entscheidung, die Gegenstand des
6   Wiederaufnahmeverfahrens ist, durch das Beschwerdegericht oder das Rechtsbeschwerdegericht erlassen wurde. Für die Wiederaufnahme des Verfahrens nach § 185 sind die **Fristen** des § 586 ZPO **unanwendbar** (Abs 4). Für die Einleitung der Verfahren nach § 185 besteht daher **keine Frist** (BGH, NJW 03, 3708). Das gilt jedoch **dann nicht,** wenn der Antrag auf Gründe des § 580 ZPO gestützt wird; dann gelten die Fristen des § 586 ZPO (OLG Düsseldorf, FamRZ 02, 1268; umstritten). Zur Begründetheit des Antrags auf Wiederaufnahme des Verfahrens gehört die Darlegung durch den Antragsteller, dass in dem früheren Verfahren bei Vorliegen des neuen Gutachtens möglicherweise eine andere Entscheidung ergangen wäre.
7   Wird ein Antrag auf Wiederaufnahme nach § 185 **mit** einem **Nichtigkeitsantrag** nach § 579 ZPO oder mit einem Wiederaufnahmeantrag nach § 580 ZPO verbunden, ist § 584 ZPO anzuwenden (Abs 3 S 2). Danach ist zunächst ausschließlich zuständig das Gericht, das im ersten Rechtszug erkannt hat. Das Beschwerdegericht ist ausschließlich zuständig, wenn dieses Gericht die Entscheidung erlassen hat, die Gegenstand des Wiederaufnahmeverfahrens ist oder wenn es sich um eine Entscheidung des Rechtsbeschwerdegerichts auf Grund des § 580 Nr 1–3, 6, 7 ZPO handelt. Das Rechtsbeschwerdegericht ist ausschließlich zuständig, wenn eine in der Rechtsbeschwerdeinstanz erlassene Entscheidung auf Grund der §§ 579, 580 Nr 4, 5 ZPO angefochten wird.

Abschnitt 5
Verfahren in Adoptionssachen

Vorbemerkungen vor §§ 186–199

I. Materielles Recht

1   Durch das Gesetz über die Annahme als Kind – AdoptG vom 2. Juli 1976, das am 1. Januar 1977 in Kraft getreten ist – wurde die Adoption von Kindern auf eine neue rechtliche Grundlage gestellt. Die Annahme

wird nicht mehr durch Vertrag, sondern durch Ausspruch des Gerichts begründet, das sich bei seiner Entscheidung in erster Linie nach dem Wohl des Kindes zu richten hat. Das Kind wird mit vollen Rechtswirkungen – auch hinsichtlich der Staatsangehörigkeit – als eigenes Kind in die neue Familie aufgenommen; die bisherigen Verwandtschaftsverhältnisse erlöschen (Volladoption).

1. Voraussetzungen der Annahme eines Minderjährigen als Kind

Die Annahme ist nur zulässig, wenn sie dem Wohl des Kindes dient und zu 2 erwarten ist, dass zwischen dem Annehmenden und dem Kind ein Eltern-Kind-Verhältnis entsteht (§ 1741 I BGB). In der Regel soll die Annahme deshalb erst ausgesprochen werden, wenn der Annehmende das Kind eine angemessene Zeit in Pflege gehabt hat (§ 1744 BGB). Die Annahme darf nicht ausgesprochen werden, wenn ihr überwiegende Interessen der Kinder des Annehmenden oder des Anzunehmenden entgegenstehen oder wenn zu befürchten ist, dass Interessen des Anzunehmenden durch Kinder des Annehmenden gefährdet werden, wobei vermögensrechtliche Interessen nicht ausschlaggebend sein sollen (§ 1745 BGB); Kinderlosigkeit wie bis dahin nach § 1741 BGB ist nicht mehr Voraussetzung. Die Annahme als Kind kann erfolgen durch ein Ehepaar gemeinschaftlich (§ 1741 II 2 BGB), einen Ehegatten allein, wenn es sich um ein Kind seines Ehegatten handelt oder, wenn der andere Ehegatte ein Kind nicht annehmen kann, weil er geschäftsunfähig ist oder das eine 21. Lebensjahr noch nicht vollendet hat (§ 1741 II 3, 4 BGB); in anderen Fällen auch dann nicht, wenn der andere Ehegatte zustimmt (OLG Hamm, FGPrax 99, 104); auch wenn die Annahme durch den biologischen Vater erfolgen soll (OLG Hamm, FGPrax 03, 70); keine Annahme eines eigenen Kindes durch einen Elternteil nach Scheidung (OLG Hamm, Rpfleger 78, 373); ferner ist möglich die Annahme durch einen nicht Verheirateten allein (§ 1741 II 1 BGB); ausgeschlossen ist eine weitere Annahme nach § 1742 BGB, solange das Annahmeverhältnis besteht. Ausnahmen: Bei Lebzeiten eines Annehmenden kann ein angenommenes Kind von dessen Ehegatten mit der Wirkung angenommen werden (§ 1742 BGB), dass es die rechtliche Stellung eines gemeinschaftlichen Kindes der Ehegatten (§ 1754 I BGB) erlangt; ferner dann, wenn die neuen Eltern verstorben sind oder das erste Annahmeverhältnis nach §§ 1760 ff BGB aufgehoben worden ist. Die Einwilligung der leiblichen Eltern ist zu der erneuten Annahme nicht erforderlich, weil das Verwandtschaftsverhältnis infolge der Annahme nach § 1755 I BGB nicht mehr besteht. Eine erneute Annahme durch die leiblichen Eltern in diesem Fall ist denkbar.

Nach § 9 VI LPartG kann ein Lebenspartner ein Kind allein annehmen. 3 Hierfür ist die Einwilligung des anderen Lebenspartners erforderlich. § 1749 I 2, 3, III BGB ist entsprechend anzuwenden. Nach § 9 VII LPartG kann ein Lebenspartner auch ein Kind seines Lebenspartners allein annehmen (Stiefkinderadoption). Für diesen Fall gelten die §§ 1743 S 1, 1749 I 2, 3, III BGB, § 1751 II und IV S 2, § 1754 I, III, §§ 1755 II, 1756 II, 1757 II 1 und 1772 I 1 c BGB entsprechend. Ein bereits angenommenes Kind kann von dem eingetragenen Lebenspartner des Annehmenden nicht ein weiteres Mal angenommen werden. Die Rechtsfolgenverweisung in § 9 VII 2 LPartG umfasst nicht § 1742 BGB (OLG Hamm, NJW 10, 2065).

2. Persönliche Voraussetzungen des Annehmenden

4   Der Annehmende muss das 25. Lebensjahr vollendet haben, bei Ehepaaren genügt es, wenn ein Ehegatte das 25. Lebensjahr und der andere das 21. Lebensjahr vollendet hat (§§ 1743 S 2, 1741 II 2 BGB); derjenige, der ein Kind seines Ehegatten annehmen will, muss das 21. Lebensjahr vollendet haben (§§ 1743 S 1, 1741 II 3, 4 BGB); eine Befreiung von diesem Alterserfordernis ist nicht vorgesehen.

3. Antrag

5   Der Ausspruch der Annahme erfolgt auf Antrag der (des) Annehmenden; bei Volljährigen ist dessen Antrag neben dem des Annehmenden erforderlich (§ 1768 I BGB); eine Rücknahme des Antrags kann nur höchstpersönlich erfolgen und ist daher nicht vererblich (BayObLG, Rpfleger 96, 108). Ein Antrag, der auf den Ausspruch einer Adoption mit Rechtsfolgen gerichtet ist, die nach dem Gesetz ausgeschlossen sind, ist zurückzuweisen (OLG Hamm, FGPrax 01, 20).

4. Einwilligungen

Für die Annahme sind Einwilligungen erforderlich.

6   **a) Einwilligung des Kindes.** Der Antrag bedarf der Einwilligung des Kindes (§ 1746 BGB). Ist das Kind geschäftsunfähig oder hat es das 14. Lebensjahr noch nicht vollendet, kann nur sein gesetzlicher Vertreter die Einwilligung erteilen (§ 1746 I 1 BGB), auch im Fall der Stiefvater-Adoption ist die Mitwirkung eines Ergänzungspflegers grundsätzlich nicht mehr erforderlich, wenn die Mutter als gesetzliche Vertreterin die Einwilligung erklärt (OLG Hamm, NJW 79, 49; aA LG Stuttgart, NJW 77, 2167); jedoch persönliche Anhörung des Kindes nach § 192; ein in der Geschäftsfähigkeit beschränktes Kind über 14 Jahre erteilt die Einwilligung persönlich, bedarf aber der Zustimmung seines gesetzlichen Vertreters (§ 1746 I 3 BGB). Das über 14 Jahre alte Kind kann die Einwilligung (auch die des Vormundes und Pflegers) bis zum Wirksamwerden (§ 197 II) des Ausspruchs der Annahme gegenüber dem Familiengericht ohne Zustimmung des gesetzlichen Vertreters widerrufen (§ 1746 II BGB); der Widerruf bedarf der öffentlichen Beurkundung, die auch durch das Jugendamt erfolgen kann. Ist der gesetzliche Vertreter ein Vormund oder Pfleger, kann seine Einwilligung von Amts wegen ersetzt werden, wenn dieser sie ohne triftigen Grund „verweigert hat" (§ 1746 III BGB).

7   **b) Einwilligung der Eltern.** Zur Annahme eines Kindes ist die Einwilligung der Eltern (§ 1747 I BGB), zur Annahme eines Kindes durch einen Ehegatten allein darüber hinaus die des anderen Ehegatten (§ 1749 I 1 BGB), zur Annahme eines Verheirateten auch die Einwilligung des Ehegatten des Anzunehmenden (§ 1749 II BGB) erforderlich; es sei denn ein Elternteil (§ 1747 IV BGB) oder einer der Ehegatten (§ 1749 I 1, 2 BGB) ist zur Abgabe der Erklärung dauernd außer Stande oder sein Aufenthalt ist unbe-

kannt (§ 1749 III BGB). Zur Annahme eines Kindes ist die Einwilligung der Eltern erforderlich. Sofern kein anderer Mann nach § 1592 BGB als Vater anzusehen ist, gilt iS des § 1747 I 2 und des § 1748 IV BGB als Vater, wer die Voraussetzungen des § 1600 d II 1 BGB glaubhaft macht. Sind die Eltern nicht miteinander verheiratet und haben sie keine Sorgeerklärungen abgegeben (§ 1747 III BGB), kann die Einwilligung des Vaters bereits vor der Geburt erteilt werden (Ziff 1); wenn der Vater die Übertragung der Sorge nach § 1672 I BGB beantragt hat, kann eine Annahme erst ausgesprochen werden, nachdem über den Antrag des Vaters entschieden worden ist (Ziff 2). Der Vater kann darauf verzichten, die Übertragung der Sorge nach § 1671 I BGB zu beantragen (Ziff 3). Ein Verzicht des Vaters nach § 1747 II 3 BGB macht eine spätere Einwilligung nach § 1747 I BGB nicht entbehrlich; keine Fortwirkung. In allen Fällen ist Voraussetzung der Einwilligung, dass das Kind acht Wochen alt ist (§ 1747 II 1 BGB). Die Einwilligung ist auch wirksam, wenn der Einwilligende die schon fest stehenden Annehmenden nicht kennt (§ 1747 II 2 BGB). Damit wird die Inkognito-Einwilligung zugelassen. Eine Blanko-Einwilligung ist nicht möglich. Dies würde dazu führen können, dass leibliche Eltern aus ihrer Verantwortung entlassen werden, ohne dass eine neue elterliche Verantwortung an deren Stelle tritt, obwohl noch nicht sicher ist, ob eine Vermittlung zur Annahme möglich sein wird.

c) Form. Die Einwilligungserklärung ist dem nach § 187 örtlich zuständigen Familiengericht gegenüber abzugeben. Sie bedarf der notariellen Beurkundung (§ 1750 I BGB); eine beglaubigte Abschrift genügt nicht (OLG Hamm, Rpfleger 82, 66); sie darf nicht unter einer Bedingung oder Zeitbestimmung erteilt werden und ist unwiderruflich (§ 1750 II BGB). Ausnahme: Die Einwilligung des Kindes nach § 1746 II BGB. Sie ist höchstpersönlicher Natur; sie darf nicht durch einen Vertreter erteilt werden. Ist der Einwilligende in der Geschäftsfähigkeit beschränkt, bedarf er nicht der Zustimmung seines gesetzlichen Vertreters (§ 1750 III BGB). Ausnahme für das Kind: § 1746 I 2, 3 BGB. Die Einwilligungserklärung ist nach Art 11 I EGBGB auch dann formgültig, wenn sie der Ortsform genügt und diese die Annahme ihrer Art nach kennt (KG, FamRZ 93, 1363). 8

d) Eintritt der Wirksamkeit der Einwilligung. Die Einwilligung wird mit Zugang bei dem zuständigen Familiengericht wirksam; der spätestens gleichzeitig mit der Einwilligung einzureichende Widerruf bedarf nicht der für die Erklärung vorgeschriebenen Form (OLG Hamm, Rpfleger 82, 66). Kein wirksamer Zugang, wenn die Weiterleitung entgegen ausdrücklicher Weisung erfolgt (OLG Hamm, NJW-RR 87, 260). Sie verliert ihre Kraft, wenn der Antrag zurückgenommen oder die Annahme versagt wird; die Einwilligung eines Elternteils ferner dann, wenn das Kind nicht innerhalb von drei Jahren seit dem Wirksamwerden der Einwilligung angenommen wird (§ 1750 IV BGB). 9

e) Ruhen der elterlichen Sorge. Mit Wirksamwerden der Einwilligung (§ 1750 I 3 BGB) ruht die elterliche Sorge; das Jugendamt wird Vormund (§ 1751 I BGB); es sei denn, das Kind wird von dem anderen Ehegatten angenommen (§ 1751 II BGB) oder es besteht bereits eine Amtsvormundschaft (OLG Köln, NJW-RR 92, 903; bestr). Ruht die elterliche Sorge eines Elternteils nach § 1750 I 1 BGB, bedarf der Antrag des anderen Elternteils 10 auf Übertragung des alleinigen Sorgerechts nach § 1672 I BGB nicht dessen Zustimmung (BGH, NJW 08, 223). Das Familiengericht hat dem Jugendamt eine Bescheinigung über den Eintritt der Vormundschaft zu erteilen. Verliert die Einwilligung eines Elternteils ihre Kraft (§ 1751 IV BGB), hat das Familiengericht die elterliche Sorge dem Elternteil zurück zu übertragen, wenn und soweit dies dem Wohl des Kindes nicht widerspricht (§ 1751 III BGB). Die vorrangige Unterhaltspflicht des Annehmenden regelt § 1751 IV BGB.

5. Ersetzung der Einwilligungen

11   Die Einwilligung eines Elternteils (§ 1748 BGB) und die Einwilligung des Ehegatten des Annehmenden (§ 1749 I) können ersetzt werden; nicht die Einwilligung des Ehegatten des Annehmenden. Eine Ersetzung der Einwilligung eines Elternteils ist möglich, wenn dieser seine Pflichten gegenüber dem Kind anhaltend gröblich verletzt hat (OLG Frankfurt, FamRZ 08, 296: bei mehreren Kindern differenzierte Prüfung); er durch sein Verhalten gezeigt hat, dass ihm das Kind gleichgültig ist (BayObLG FamRZ 04, 397: Prüfung bei objektiv mehrdeutigem Verhalten) ist und, wenn das Unterbleiben der Annahme dem Kind zu unverhältnismäßigem Nachteil (OLG Karlsruhe, FGPrax 00, 194) gereichen würde oder die Pflichtverletzung zwar nicht anhaltend, aber besonders schwer ist und das Kind voraussichtlich dauernd nicht mehr der Obhut des Elternteils anvertraut werden kann (§ 1748 I BGB); ferner dann, wenn ein Elternteil wegen besonders schwerer geistiger Gebrechen zur Pflege und Erziehung des Kindes dauernd unfähig ist und das Kind bei Unterbleiben der Annahme nicht in einer Familie aufwachsen könnte und dadurch in seiner Entwicklung schwer gefährdet wäre (§ 1748 III BGB). Im Falle erheblicher Interessengegensätze ist der gesetzliche Vertreter von der Vertretung des Kindes auszuschließen und Ergänzungspflegschaft anzuordnen (OLG Nürnberg, NJW-RR 00, 1678). Die Ersetzung der Einwilligung des leiblichen Vaters in eine Stiefkinderadoption (§ 1748 IV iVm § 1626a II BGB) setzt eine umfassende Abwägung der Interessen des Kindes und des Vaters voraus; sie kommt selbst bei Fehlen eines gelebten Vater-Kind-Verhältnisses nur dann in Betracht, wenn der Vater selbst durch sein Verhalten das Scheitern eines solchen Verhältnisses zu verantworten hat (BVerfG, FGPrax 06, 69; 06, 209).

12   Die Ersetzung der Einwilligung des **Ehegatten des Annehmenden** liegt im Ermessen des Gerichts; sie darf jedoch dann nicht erfolgen, wenn berechtigte Interessen des anderen Ehegatten und der Familie der Annahme entgegenstehen (§ 1749 I 3 BGB).

6. Annahme Volljähriger

13   Die Annahme eines Volljährigen ist zulässig, wenn sie sittlich gerechtfertigt ist (§ 1767 I BGB); dies ist insbesondere anzunehmen, wenn zwischen dem Annehmenden und dem Anzunehmenden ein Eltern-Kind-Verhältnis bereits entstanden ist (OLG Schleswig, FamRZ 10, 46), zB dann, wenn der Anzunehmende schon als minderjähriges Pflegekind in der Familie des Annehmenden gelebt hat; wirtschaftliche Interessen, Fortführung eines Adelsnamens

können Neben-, aber nicht Hauptzweck sein (BayObLG, NJW-RR 93, 456; OLG Hamm, FGPrax 03, 124; OLG München, FGPrax 05, 261; OLG Karlsruhe, FamRZ 06, 572); auch wenn zu erwarten ist, dass sich eine Eltern-Kind-Beziehung noch herausbilden wird (OLG Zweibrücken, FGPrax 06, 21). **Abzulehnen** ist eine Volljährigenadoption, wenn finanzielle Motive im Vordergrund stehen (OLG München, FamRZ 09, 1335; FamRZ 10, 46); die Erwartung, Pflegeleistungen zu erhalten, als Motiv (OLG München, FamRZ 09, 1336). Sollen **Wirkungen** wie bei der **Annahme Minderjähriger** eintreten, darf eine solche Bestimmung nicht getroffen werden, wenn überwiegende Interessen der Eltern des Anzunehmenden entgegenstehen (§ 1772 I 2 BGB), (OLG München, FamRZ 09, 1337: überwiegende Interessen des leiblichen Vaters). Für die weiteren Voraussetzungen gelten die Vorschriften über die Annahme Minderjähriger sinngemäß mit folgenden Ausnahmen: **Keine Anwendung** finden: § 1744 BGB (Vorausgehen einer angemessenen Pflegezeit), § 1745 BGB (entgegenstehende Interessen der Kinder des Annehmenden oder des Anzunehmenden), § 1746 I, II BGB (Einwilligung des Kindes) und § 1747 BGB (Einwilligung der Eltern). Anstelle einer Einwilligung des Anzunehmenden ist dessen Antrag neben dem des Annehmenden vorgesehen (§ 1768 I BGB). An die Stelle von § 1745 BGB tritt § 1769 BGB; danach dürfen überwiegende Interessen der Kinder des Annehmenden oder des Anzunehmenden nicht entgegenstehen. Aus der Nichtanwendbarkeit des § 1745 S 2 BGB folgt, dass bei der Annahme eines Volljährigen auch vermögensrechtliche Interessen der Beteiligten beachtet werden können, jedoch dürfen diese nicht ausschließlich sein (OLG Zweibrücken, FGPrax 06, 21). Durch das AdRÄndG ist die Zweitadoption von Erwachsenen ermöglicht worden. § 1742 BGB findet keine Anwendung mehr (§ 1768 I 2 BGB). Der EuGHMR (FamRZ 08, 377 m Anm Henrich) hat für einen Fall nach Schweizer Recht entschieden, dass der Verlust von Rechten und Pflichten der leiblichen Mutter als Folge einer Adoption gegen Art 8 EMRK verstößt, wenn ein volljähriges behindertes Kind durch den Lebensgefährten der Mutter adoptiert wird und zwischen den Beteiligten ein Familienleben besteht.

7. Namensänderung

Über einen Antrag auf Namensänderung nach § 1757 IV 1 Ziff 1, 2 BGB kann das Gericht nur ausnahmsweise mit dem Ausspruch der Annahme entscheiden. Nach dem durch das AdRÄndG geänderten § 1757 BGB kann der Vorname des Kindes geändert werden, wenn dies dem Wohl des Kindes entspricht (Abs 4 S 1 Ziff 1), der bisherige Familienname dem neuen Familiennamen vorangestellt oder angefügt werden, wenn dies aus schwerwiegenden Gründen zum Wohl des Kindes erforderlich ist (Abs 4 S 1 Ziff 2). Führen bei der Annahme durch ein Ehepaar oder einen Ehegatten die Ehegatten keinen Ehenamen, ist der Geburtsname des Kindes vor dem Ausspruch der Annahme nach Abs 2, 3 zu bestimmen. Auch der den Namen betreffende Teil der Adoptionsentscheidung ist unanfechtbar; ein auf einen nachträglichen Antrag ergangener Ergänzungsbeschluss ist mangels gesetzlicher Grundlage nichtig (BayObLG 79, 346); jedoch Ergänzungsbeschluss möglich, wenn eine Bestimmung trotz rechtzeitigen Antrags fehlerhafterweise unterblieben ist

vor §§ 186–199 Buch 2 – Verfahren in Familiensachen

(OLG Hamm, OLG 83, 423). Eine in das Adoptionsdekret aufgenommene Bestimmung, dass der Angenommene seinen bisherigen Namen weiterführt, ist wegen Verstoßes gegen § 1757 I 1 BGB nichtig (OLG Karlsruhe, FGPrax 99, 58). Haben Ehegatten, die keinen gemeinsamen Ehenamen führen, für ein in der Ehe geborenes Kind nach § 1617 I BGB den Geburtsnamen bestimmt, erstreckt sich die Bindungswirkung auch auf Kinder, die zeitlich später durch Adoption die Rechtsstellung gemeinschaftlicher Kinder der Ehegatten erlangen (OLG Hamm, FGPrax 01, 20).

II. Verfahren

1. Zuständigkeit

18 Adoptionssachen gehören nunmehr nach § 111 Nr 4 zu den Familiensachen; daher ist sachlich zuständig nicht mehr das Vormundschaftsgericht, sondern das Familiengericht (§ 1752 I BGB). Die Zuständigkeit umfasst im Einzelnen die Ersetzung der Einwilligung oder der Zustimmung zu einer Annahme als Kind (§§ 1746 III, 1748, 1749 I BGB), die Entscheidung über die Annahme als Kind einschließlich der nur im Zusammenhang mit dem Ausspruch der Adoption (KG, OLG 78, 135) zu treffenden Entscheidung über den Namen des Kindes (§§ 1752, 1768, 1757 II BGB), die Genehmigung der Einwilligung des Kindes zur Annahme, die Aufhebung des Annahmeverhältnisses (§§ 1760, 1763, 1771 BGB), sowie die Entscheidungen nach §§ 1751 III, 1764 IV, 1765 II BGB und nach § 191 (Verfahrensbeistand). Die örtliche Zuständigkeit richtet sich nach § 187; funktionell zuständig ist der Richter nach § 14 Nr 13, 14 RPflG.

2. Antrag

19 Das Verfahren wird eingeleitet bei Minderjährigen auf Antrag der (des) Annehmenden (§ 1752 I BGB), bei Volljährigen auf Antrag des Annehmenden und des Anzunehmenden (§ 1768 I BGB). Der Antrag ist Verfahrens- und Sachantrag; er kann bis zum Ausspruch der Annahme zurückgenommen werden. Er kann nicht unter einer Bedingung oder Zeitbestimmung oder durch einen Vertreter gestellt werden; er bedarf der notariellen Beurkundung (§ 1752 II BGB).

3. Verfahrensgrundsätze

20 Für das Verfahren gelten die allgemeinen Grundsätze mit folgenden Besonderheiten: Die Annehmenden und das Kind sind persönlich anzuhören (§ 192 II), wird ein Minderjähriger angenommen, ist nach § 189 zwingend die Einholung einer gutachtlichen Äußerung der Adoptionsvermittlungsstelle bzw des Jugendamtes vorgeschrieben.

4. Zwischenverfahren

21 Ein Zwischenverfahren über die Ersetzung der Einwilligung oder Zustimmung eines Elternteils, des Vormundes oder Pflegers oder eines Ehegatten zu einer Annahme als Kind richtet sich nach § 198 I. Die familiengerichtliche Ersetzungsentscheidung wegen Gleichgültigkeit setzt zwingend eine vorangegangene Belehrung durch das Jugendamt voraus (§ 1748 II 1 BGB iVm § 51 I SGB VIII) (BayObLG 96, 276; aA OLG Hamm, Rpfleger 91, 416). Es ist auch zulässig, über die Wirksamkeit einer Einwilligung vor Einleitung des Adoptionsverfahrens zu entscheiden (OLG Hamm, NJW-RR 87, 260). Zur Sicherung des Inkognitos ist dem Kind nach der Annahme ggf für das Verfahren zur Vaterschaftsfeststellung, das zulässig bleibt, ein Pfleger zu bestellen.

III. Übergangsrecht in den neuen Bundesländern

In den neuen Bundesländern gilt für die Adoption nach Art 234 § 13 **22** EGBGB Übergangsrecht, wobei die Regelung, dass für die Aufhebung in der ehemaligen DDR begründeter Annahmeverhältnisse das BGB gilt, verfassungsrechtlich nicht zu beanstanden ist (KG, DtZ 93, 254).

Adoptionssachen

186 **Adoptionssachen sind Verfahren, die**
1. **die Annahme als Kind,**
2. **die Ersetzung der Einwilligung zur Annahme als Kind,**
3. **die Aufhebung des Annahmeverhältnisses oder**
4. **die Befreiung vom Eheverbot des § 1308 Abs. 1 des Bürgerlichen Gesetzbuchs**

betreffen.

Adoptionssachen sind nach § 111 Nr 4 Familiensachen. § 186 führt in **1** Nr 1–4 die Angelegenheiten auf, die unter den Begriff der Adoptionssachen fallen.

Nr 1 erfasst alle Verfahren, die die Annahme als Kind betreffen, die **2** Annahme Minderjähriger nach §§ 1756 ff BGB und die Annahme Volljähriger nach §§ 1767 ff BGB, die Entgegennahme von Einwilligungserklärungen nach § 1750 BGB iVm §§ 1746, 1747 und 1749 BGB; die Namensbestimmung nach § 1757 IV BGB; die Genehmigung der Einwilligung des Kindes bei unterschiedlicher Staatsangehörigkeit des Annehmenden und des Kindes nach § 1746 I 4 BGB.

Nr 2 nennt die Verfahren zur Ersetzung der Einwilligung zur Annahme als **3** Kind, die Ersetzung der Einwilligung eines Elternteils nach § 1748 BGB und die Ersetzung der Einwilligung des Ehegatten des Annehmenden nach § 1749 I BGB.

Nr 3 nennt die Aufhebung des Annahmeverhältnisses bei der Annahme **4** Minderjähriger nach § 1759 iVm §§ 1760, 1763 BGB und Volljähriger nach § 1771 BGB und die Entscheidungen über die Namensführung nach § 1765 BGB bei Aufhebung eines Annahmeverhältnisses über Minderjährige.

§ 187 Buch 2 – Verfahren in Familiensachen

5   **Nach Nr 4** ist Adoptionssache auch die Befreiung vom Eheverbot wegen der durch die Annahme als Kind begründeten Verwandtschaft in der Seitenlinie nach § 1308 II BGB.
6   **Nicht** Adoptions-, sondern Kindschaftssachen sind die Rückübertragung der elterlichen Sorge nach § 1751 III BGB und nach § 1764 IV BGB im Falle der Aufhebung eines Annahmeverhältnisses bzw Bestellung eines Vormundes oder Pflegers.

Örtliche Zuständigkeit

187 (1) **Für Verfahren nach § 186 Nr. 1 bis 3 ist das Gericht ausschließlich zuständig, in dessen Bezirk der Annehmende oder einer der Annehmenden seinen gewöhnlichen Aufenthalt hat.**

(2) Ist die Zuständigkeit eines deutschen Gerichts nach Absatz 1 nicht gegeben, ist der gewöhnliche Aufenthalt des Kindes maßgebend.

(3) **Für Verfahren nach § 186 Nr. 4 ist das Gericht ausschließlich zuständig, in dessen Bezirk einer der Verlobten seinen gewöhnlichen Aufenthalt hat.**

(4) **Kommen in Verfahren nach § 186 ausländische Sachvorschriften zur Anwendung, gilt § 5 Abs. 1 Satz 1 und Abs. 2 des Adoptionswirkungsgesetzes entsprechend.**

(5) **Ist nach den Absätzen 1 bis 4 eine Zuständigkeit nicht gegeben, ist das Amtsgericht Schöneberg in Berlin zuständig. Es kann die Sache aus wichtigem Grund an ein anderes Gericht verweisen.**

1. Anwendungsbereich

1   § 187 bestimmt in der Rangfolge der Abs 1, 3 und 4 die **örtliche** Zuständigkeit für Adoptionssachen, nach § 186 Nr 1 (Annahme als Kind), Nr 2 (Ersetzung von Einwilligungen) und Nr 3 (Aufhebung des Annahmeverhältnisses); für die Befreiung vom Eheverbot des § 1308 BGB (Nr 4) ist die örtliche Zuständigkeit in Abs 3 und Abs 4 geregelt.

2. Gerichtsstand des gewöhnlichen Aufenthaltes

2   Abs 1 bestimmt als **ausschließlich** zuständig das Gericht, in dessen Bezirk der Annehmende oder einer der Annehmenden seinen gewöhnlichen Aufenthalt hat. Der gewöhnliche Aufenthalt wird von einer auf längere Dauer angelegten sozialen Eingliederung und allein von der tatsächlichen Situation
3   gekennzeichnet, die den Aufenthalt als Mittelpunkt der Lebensführung ausweist. Haben die annehmenden Ehegatten an **verschiedenen Orten** ihren gewöhnlichen Aufenthalt, ergibt sich eine doppelte Zuständigkeit. Vorrang hat das Gericht, das mit der Angelegenheit zuerst befasst worden ist. Mit der Sache befasst (BGH NJW-RR 93, 1091) ist das Gericht in Amtsverfahren, sobald es von Tatsachen amtlich Kenntnis erhält, die Anlass zum Tätigwerden geben, in Antragsverfahren mit dem Eingang des Antrags. Annehmende sind auch Pflegeeltern ohne feste Adoptionsabsicht, sofern sich die eingehende

§ 187 Örtliche Zuständigkeit **§ 187**

Einwilligungserklärung der Kindeseltern auf diese Pflegeeltern bezieht (KG, Rpfleger 81, 399; OLG Hamm, NJW-RR 87, 260).

Maßgebender Zeitpunkt für die Bestimmung der örtlichen Zuständigkeit 4 ist der Eingang des jeweiligen Antrags auf Ersetzung der Einwilligung (§§ 1748, 1749 I BGB), auf Ausspruch der Annahme (§§ 1758, 1767 II, 1768 BGB), auf Aufhebung des Annahmeverhältnisses (§§ 1760, 1771, 1772 II BGB).

Nicht mehr ausdrücklich geregelt ist der Fall des Ausspruchs der Annahme 5 **nach dem Tode** des Annehmenden (§ 1753 II BGB). Sofern der Annehmende den Antrag vor seinem Tod bei Gericht eingereicht hat, lässt sich sein gewöhnlicher Aufenthalt im Zeitpunkt der Einreichung des Antrages bestimmen. Anders ist es jedoch, wenn der Annehmende den Antrag durch einen Notar beurkunden ließ und diesen mit der Einreichung des Antrags beauftragte. § 43 b II 1 FGG bestimmte für diesen Fall als Anknüpfungspunkt für die Bestimmung der örtlichen Zuständigkeit den Zeitpunkt, in dem der Annehmende den Notar mit der Einreichung des Antrags beauftragte hatte. Eine entsprechende Bestimmung fehlt jetzt. Da es nunmehr bei Einreichung 6 des Antrags durch den Notar an einem gewöhnlichen Aufenthalt des Annehmenden fehlt, bestimmt sich die Zuständigkeit nach dem gewöhnlichen **Aufenthalt des Kindes** (Abs 2); ist auch ein solcher im Inland nicht gegeben, ist das Amtsgericht Schöneberg in Berlin-Schöneberg zuständig (Abs 4). Nach KG, OLG 78, 139 ist maßgebender Zeitpunkt der der Rechtskraft der die Einwilligung ersetzenden Entscheidung, wenn noch kein Antrag auf Einleitung des Adoptionsverfahrens gestellt ist. Über die Wirksamkeit einer Einwilligung kann schon vor Einleitung dieses Verfahrens entschieden werden (OLG Hamm, NJW-RR 87, 260).

Fehlt es sowohl an einem gewöhnlichen Aufenthalt des oder der Annehmenden (Abs 1) oder des Kindes (Abs 2) ist nach Abs 4 das **Amtsgericht** 7 **Schöneberg** in Berlin zuständig. Abweichend von der allgemeinen Abga- 8 beregelung des § 4 kann das Amtsgericht Schöneberg die Sache aus wichtigem Grund an ein anderes Gericht **verweisen;** die Übernahmebereitschaft dieses Gerichts ist nicht erforderlich (Abs 4 S 2). Diese Regelung beruht auf einer Anregung des Bundesrates (BT-Drs 16/6308 S 380, 417), der darauf hingewiesen hat, dass das Amtsgericht Schöneberg als Auffanggericht in einem weiteren Umfang eine Sache abgeben können müsse als ein nach allgemeinen Regeln mit sachlichem Anknüpfungspunkt zuständiges Gericht nach § 4.

3. Zuständigkeit für die Befreiung von dem Eheverbot des § 1308 I BGB

Nach § 1308 I BGB soll eine Ehe nicht geschlossen werden zwischen 9 Personen, deren Verwandtschaft (§ 1307 BGB) durch Annahme als Kind begründet worden ist. Das Gericht kann nach § 1308 II BGB Befreiung erteilen, wenn zwischen dem Antragsteller und seinem künftigen Ehegatten durch die Annahme als Kind eine Verwandtschaft in der Seitenlinie begründet worden ist. Nach Abs 3 ist in diesem Fall ausschließlich zuständig das Gericht, in dessen Bezirk einer der Verlobten seinen gewöhnlichen Aufenthalt hat, bei gewöhnlichem Aufenthalt in verschiedenen Bezirken haben die Verlobten die Wahl. Vorrang hat das Gericht, bei dem zuerst der Antrag auf Befreiung nach § 1308 II BGB eingeht (§ 2 I). Hat keiner der Verlobten seinen gewöhnlichen Aufenthalt im Inland, ist das Amtsgericht Schöneberg in Berlin mit der Möglichkeit der Verweisung aus wichtigem Grund zuständig (Abs 4).

4. Zuständigkeit nach dem AdWirkG

10 Erfolgt die Annahme durch einen oder beide Ehegatten, unterliegt die Annahme dem Recht, das für die allgemeinen Wirkungen der Ehe maßgebend ist (Art 14 I EGBGB). Kommen danach **ausländische** Sachvorschriften zur Anwendung, gilt ergänzend § 5 I 1, II AdWirkG vom 5. 11. 2001. Diese Vorschrift regelt nur die örtliche Zuständigkeit für die **Annahme Minderjähriger,** weil sich das AdWirkG nur auf diese bezieht (§ 1 S 2 AdWirkG). Die nach bisherigem Recht entstandene Streitfrage, ob diese örtliche Zuständigkeit auch für die Annahme Volljähriger gilt, weil § 43 b II 2 FGG ohne Beschränkung auf Minderjährige auf das AdWirkG verwies und Art 22, 23 EGBGB nicht zwischen Minderjährigen und Volljährigen unterscheiden (so OLG Köln, FGPrax 06, 211), entfällt daher. Örtlich zuständig ist das Gericht, das in dem Bezirk des Oberlandesgerichts liegt, in dem der
11 Annehmende seinen Wohnsitz oder Aufenthalt hat; für den Bezirk des Kammergerichts das Amtsgericht Schöneberg. Die Zuständigkeitskonzentration greift nicht nur dann ein, wenn auf die Annahme insgesamt (so: OLG Bremen, FamRZ 06, 1142; OLG Schleswig, FamRZ 06, 1462), sondern auch dann, wenn nur auf Teil- oder Vorfragen ausländische Sachnormen zur Anwendung kommen (BayObLG, FGPrax 05, 65; OLG Zweibrücken, Rpfleger 05, 256; OLG Stuttgart, FamRZ 04, 1124; FamRZ 07, 839; OLG Hamm, FGPrax 06, 211; OLG Karlsruhe, FamRZ 06, 1464), auch dann, wenn das ausländische Recht auf deutsches Recht zurückverweist (OLG Karlsruhe, Rpfleger 05, 428).

5. Funktionelle Zuständigkeit

12 Der RPfl ist funktionell zuständig in Adoptionssachen nach § 186 gemäß § 3 Nr 2 a RPflG, soweit es sich nicht um dem Richter vorbehaltene Angelegenheiten nach § 14 Nr 13, 14 RPflG handelt.
Dem Richter vorbehalten sind nach § 14 **Nr 13** RPflG Ersetzung der Einwilligung oder Zustimmung zu einer Annahme als Kind nach § 1746 III BGB sowie nach den §§ 1748, 1749 I BGB, Entscheidung über die Annahme als Kind einschließlich der Entscheidung über den Namen des Kindes nach §§ 1752, 1768, 1757 IV BGB, Genehmigung der Einwilligung des Kindes zur Annahme nach § 1746 I 3 BGB, Aufhebung des Annahmeverhältnisses nach §§ 1760, 1763, 1771 BGB sowie Entscheidungen nach §§ 1751 III, 1764 IV, 1765 II BGB und nach dem Adoptionswirkungsgesetz, soweit diese Vorschriften eine richterliche Entscheidung enthalten; nach **Nr 14** Befreiung vom Eheverbot der durch die Annahme als Kind begründeten Verwandtschaft in der Seitenlinie nach § 1308 II BGB.

§ 188 Beteiligte

6. Kosten (Einl 76)

Die Annahme eines Minderjährigen als Kind ist gebührenfrei. Für die Annahme eines Volljährigen bestimmt sich der Verfahrenswert nach § 42 FamGKG (Auffangwert), die Gebühren richten sich nach § 3 II FamGKG iVm Hauptabschnitt 3, Abschnitt 2; für Verfahren auf Ersetzung der Einwilligung zur Annahme als Kind werden neben den Gebühren für das Verfahren über die Annahme als Kind keine Gebühren erhoben. 13

Beteiligte

188 (1) Zu beteiligen sind

1. in Verfahren nach § 186 Nr. 1
   a) der Annehmende und der Anzunehmende,
   b) die Eltern des Anzunehmenden, wenn dieser entweder minderjährig ist und ein Fall des § 1747 Abs. 2 Satz 2 oder Abs. 4 des Bürgerlichen Gesetzbuchs nicht vorliegt oder im Fall des § 1772 des Bürgerlichen Gesetzbuchs,
   c) der Ehegatte des Annehmenden und der Ehegatte des Anzunehmenden, sofern nicht ein Fall des § 1749 Abs. 3 des Bürgerlichen Gesetzbuchs vorliegt;
2. in Verfahren nach § 186 Nr. 2 derjenige, dessen Einwilligung ersetzt werden soll;
3. in Verfahren nach § 186 Nr. 3
   a) der Annehmende und der Angenommene,
   b) die leiblichen Eltern des minderjährigen Angenommenen;
4. in Verfahren nach § 186 Nr. 4 die Verlobten.

(2) **Das Jugendamt und das Landesjugendamt sind auf ihren Antrag zu beteiligen.**

1. Erlangung der Beteiligtenstellung

Kraft Gesetzes sind Beteiligte der oder die Antragsteller (§ 7 I). Im Übrigen wird die Beteiligtenstellung durch Hinzuziehung (§ 7 II, III) erlangt, die auch konkludent erfolgen kann. Nach § 7 II sind zwingend hinzuziehen diejenigen, deren Recht durch das Verfahren unmittelbar betroffen werden kann, und die Personen, die bei den einzelnen Angelegenheiten dieses Gesetzes oder in anderen Gesetzen als zwingend Hinzuziehende bestimmt werden. Hiervon zu unterscheiden sind nach Abs 3 solche Personen, die nach dem Ermessen des Gerichts von Amts wegen oder auf Antrag hinzugezogen werden können; diese werden bei den einzelnen Angelegenheiten abschließend genannt. Zu diesem Personenkreis gehören auch Personen, die durch das Verfahren nicht unmittelbar in eigenen Rechten betroffen werden, sondern zB als Angehörige ein ideelles Interesse am Ausgang des Verfahrens haben. Bei der Entscheidung über die Hinzuziehung dieser Personen ist Maßstab das wohlverstandene Interesse des Betroffenen. Widerspricht er der Hinzuziehung, ist von einer Beteiligung abzusehen, wenn nicht schwerwiegende Gründe für eine Hinzuzie- 1

§ 188 Buch 2 – Verfahren in Familiensachen

hung sprechen. Für das Adoptionsverfahren ist eine Beteiligung aus diesem Personenkreis nicht vorgesehen.

2. Beteiligte kraft Gesetzes (§ 7 I)

2 In Adoptionssachen werden die Verfahren überwiegend auf Antrag eingeleitet; der jeweilige Antragsteller ist Beteiligter des Verfahrens, bei der Adoption Minderjähriger auf Antrag der/des Annehmenden (§ 1752 I BGB), bei Volljährigen auf Antrag des Annehmenden und des Anzunehmenden (§ 1768 I BGB), die Ersetzung der Einwilligung eines Elternteils auf Antrag des Kindes (§ 1748 BGB), die Ersetzung der Einwilligung des Ehegatten auf Antrag des Annehmenden (§ 1749 I 2 BGB), die Bestimmung des Namens des Kindes auf Antrag des Annehmenden nach § 1757 IV BGB.

3. Beteiligung durch Hinzuziehung bei Annahme als Kind

3 In Verfahren nach § 186 Nr 1 (Annahme als Kind) sind hinzuziehen, sofern sie nicht schon als Antragsteller kraft Gesetzes Beteiligte sind, der Annehmende und der Anzunehmende (a) sowie die Eltern des Anzunehmenden, wenn dieser minderjährig ist, es sei denn es liegt ein Fall des § 1747 II 2 oder IV BGB vor; ferner im Falle des § 1772 BGB bei Annahme eines Volljährigen mit den Wirkungen der Minderjährigenadoption (b). Ferner sind zu beteiligen der Ehegatte des Annehmenden und der Ehegatte des Anzunehmenden, es sei denn es liegt ein Fall des § 1749 III BGB vor, demgemäß die Einwilligung des Ehegatten nicht erforderlich ist.

4. Hinzuziehung bei Ersetzung der Einwilligung zur Annahme als Kind (§ 186 Nr 2)

4 In diesen Verfahren sind die Personen hinzuziehen, deren Einwilligung ersetzt werden soll; das sind ein Elternteil nach § 1748 BGB oder der Ehegatte nach § 1749 BGB.

5. Hinzuziehung bei Aufhebung eines Annahmeverhältnisses (§ 186 Nr 3)

5 Hinzuziehen sind der Annehmende und der Angenommene (a); im Falle der Volljährigenadoption nach § 1771 BGB sind der Annehmende und der Angenommene bereits als Antragsteller kraft Gesetzes Beteiligte. Ferner sind hinzuziehen im Falle der Minderjährigenadoption die leiblichen Eltern, weil diese im Falle der Aufhebung der Adoption (§ 1759 iVm §§ 1760, 1763, § 1764 III BGB) kraft Gesetzes wieder ihre ursprüngliche Rechtsstellung erhalten.

6. Hinzuziehung bei Befreiung vom Eheverbot (§ 186 Nr 4)

6 Die Verlobten werden in diesem Fall kraft Hinzuziehung nach § 186 Nr 4 Beteiligte. Sie wären auch bereits nach § 7 II Nr 1 Beteiligte, weil sie in ihren Rechten betroffen werden. Darüber hinaus ist derjenige der Verlobten, der den Antrag auf Befreiung stellt (§ 1308 II BGB), kraft Gesetzes nach § 7 I Beteiligter.

7. Beteiligung des Jugendamtes, Landesjugendamtes (Abs 2)

Jugendamt und Landesjugendamt haben die Wahl, ob sie sich an dem Verfahren beteiligen wollen. Stellen sie einen entsprechenden Antrag, sind sie zwingend als Beteiligte hinzuzuziehen. Unabhängig von ihrer Beteiligtenstellung sind Jugendamt und Landesjugendamt nach §§ 194 I, 195 I anzuhören. Sie können auch, wenn sie in erster Instanz nicht beteiligt waren, gegen die Entscheidung Beschwerde einlegen (§ 194 II, § 195 II). 7

Fachliche Äußerung einer Adoptionsvermittlungsstelle

189 Wird ein Minderjähriger als Kind angenommen, hat das Gericht eine fachliche Äußerung der Adoptionsvermittlungsstelle, die das Kind vermittelt hat, einzuholen, ob das Kind und die Familie des Annehmenden für die Annahme geeignet sind. Ist keine Adoptionsvermittlungsstelle tätig geworden, ist eine fachliche Äußerung des Jugendamts oder einer Adoptionsvermittlungsstelle einzuholen. Die fachliche Äußerung ist kostenlos abzugeben.

1. Adoptionsvermittlungsstelle

Zur Klärung der Frage, ob die vorgesehene Adoption „dem Wohl des Kindes" (OLG Hamm, NJW-RR 94, 1227) entspricht, hat das Gericht die **fachliche Äußerung** derjenigen Adoptionsvermittlungsstelle (vgl das Gesetz über die Vermittlung der Annahme als Kind vom 22. 12. 2001, BGBl I S. 354; Einl 50) einzuholen, die das Kind vermittelt hat; diese ist mit dem Sachverhalt am Besten vertraut und deshalb am Ehesten in der Lage, dem Gericht die Tatsachen und Wertungen zu vermitteln, die es für seine Entscheidung benötigt. Die Ersetzung der Formulierung „gutachtliche" Äußerung durch „fachliche" Äußerung dient der sprachlichen und systematischen Klarheit, weil die Bezeichnung „gutachtlich" als Hinweis auf eine förmliche Beweisaufnahme missverstanden werden könnte. Nach § 1744 BGB soll die Annahme in der Regel erst ausgesprochen werden, wenn der Annehmende das Kind angemessene Zeit in Pflege gehabt hat. Daher wird auch zur Vorbereitung der Äußerung und als Grundlage der Prüfung des Kindeswohls ein gewisser Zeitraum für die Beurteilung notwendig sein. Nur in den Fällen, in denen keine Vermittlungsstelle tätig geworden ist, soll das Gericht die fachliche Äußerung eines Jugendamtes oder einer nicht mit der Sache befassten Adoptionsvermittlungsstelle einholen. Diese fachlichen Äußerungen sind kostenlos (S 3). Nach § 194 I hat das Gericht das Jugendamt anzuhören, sofern es nicht eine fachliche Äußerung abgegeben hat. 1

2. Anhörung des Vaters

Die Notwendigkeit einer Anhörung des Vaters, wenn die Eltern nicht miteinander verheiratet sind und keine Sorgeerklärungen nach § 1626a I 2

§§ 190, 191 Buch 2 – Verfahren in Familiensachen

Ziff 1 BGB abgegeben haben, folgt aus den nach § 1626 BGB zu beachtenden Voraussetzungen des § 1747 III BGB. Danach kann der Vater die Einwilligung bereits vor der Geburt erteilen (§ 1747 III Nr 1 BGB), die Übertragung der Sorge nach § 1672 I BGB beantragen (Ziff 2) und darauf verzichten, die Übertragung der Sorge zu beantragen (Ziff 3). Bevor über den Antrag nach Ziff 2 entschieden ist, darf eine Annahme nicht ausgesprochen werden.

Bescheinigung über den Eintritt der Vormundschaft

190 Ist das Jugendamt nach § 1751 Abs. 1 Satz 1 und 2 des Bürgerlichen Gesetzbuchs Vormund geworden, hat das Familiengericht ihm unverzüglich eine Bescheinigung über den Eintritt der Vormundschaft zu erteilen; § 1791 des Bürgerlichen Gesetzbuchs ist nicht anzuwenden.

Mit der Einwilligung eines Elternteils in die Annahme ruht die elterliche Sorge dieses Elternteils; die Befugnis zum persönlichen Umgang mit dem Kind darf nicht ausgeübt werden. Das **Jugendamt** wird Vormund; dies gilt nicht, wenn der andere Elternteil die elterliche Sorge allein ausübt oder wenn bereits ein Vormund bestellt ist (§ 1751 I 1, 2 BGB). In diesem Fall hat das Familiengericht dem Jugendamt unverzüglich eine **Bescheinigung über den Eintritt der Vormundschaft** zu erteilen. § 1791 BGB findet keine Anwendung; eine Bestallungsurkunde ist daher nicht erforderlich.

Verfahrensbeistand

191 Das Gericht hat einem minderjährigen Beteiligten in Adoptionssachen einen Verfahrensbeistand zu bestellen, sofern dies zur Wahrnehmung seiner Interessen erforderlich ist. § 158 Abs. 2 Nr. 1 sowie Abs. 3 bis 7 gilt entsprechend.

1. Anwendungsbereich

1   Nach bisherigem Recht war nur im Zusammenhang mit der Aufhebung eines Annahmeverhältnisses nach § 56 f II FGG bestimmt, dass das Gericht für das Aufhebungsverfahren einen Pfleger für das Kind zu bestellen hatte, wenn dieses minderjährig oder geschäftsunfähig und der Annehmende sein gesetzlicher Vertreter war. § 191 sieht nunmehr für das gesamte Adoptionsverfahren die Bestellung eines Verfahrensbeistandes (§ 158) für das Kind vor, wenn das Interesse des Kindes zu dem seiner gesetzlichen Vertreter in erheblichem Gegensatz steht (§ 191 iVm § 158 II Nr 1). Auf das Verfahren zur Bestellung und die Stellung des Verfahrensbeistandes finden die Vorschriften des § 158 III–VII entsprechende Anwendung; danach ist der Verfahrensbeistand nicht gesetzlicher Vertreter des Kindes (§ 158 IV 5); seine Bestellung soll unterbleiben oder aufgehoben werden, wenn die Interessen des Kindes von einem Rechtsanwalt oder einem anderen geeigneten Verfahrensbevollmächtigten angemessen vertreten werden (§ 158 V).

2. Voraussetzungen

Das Kind bedarf in einem Aufhebungsverfahren des Schutzes, weil die 2
Interessen des Annehmenden und des Kindes in diesem Verfahren in Widerstreit stehen. Daher war nach bisherigem Recht im Aufhebungsverfahren stets ein Pfleger zu bestellen, unabhängig davon, ob im konkreten Fall ein Interessenwiderstreit bestand. Für das Aufhebungsverfahren ist daher auch weiterhin die Erforderlichkeit einer Interessenwahrnehmung für das Kind zu bejahen; dies geschieht nunmehr durch den Verfahrensbeistand, der für die Interessenwahrnehmung Minderjähriger an die Stelle des Verfahrenspflegers tritt. Der Verfahrensbeistand ist jedoch anders als der bisherige Pfleger, der eine besondere Art des Ergänzungspflegers nach § 1909 I 1 BGB war, nicht Vertreter des Kindes (Keidel/Engelhardt, Rn 17, 18 zu § 56f FGG). In anderen Verfahrensabschnitten des Adoptionsverfahrens dürfte dagegen die Erforderlichkeit einer Interessenwahrnehmung durch einen Verfahrensbeistand nur ausnahmsweise zu bejahen sein. Der Bundesrat (BT-Drs 16/6308 S 381) der sich grundsätzlich gegen die Einführung eines Verfahrensbeistandes in Adoptionssachen gewandt hatte und stattdessen die Aufnahme einer speziellen Vorschrift über eine Ergänzungspflegschaft bei Aufhebung der Adoption in das BGB vorgeschlagen hatte, hat zutreffend darauf hingewiesen, dass abgesehen von dem Aufhebungsverfahren kein Bedürfnis für einen Verfahrensbeistand bestehe, weil es im Regelfall an einem Interessengegensatz fehlt und ein Verfahrensbeistand keine sinnvolle Funktion hat; dies gelte insbesondere vor dem Hintergrund der umfassenden Anhörungspflichten nach §§ 189, 192–195).

Anhörung der Beteiligten

192 (1) **Das Gericht hat in Verfahren auf Annahme als Kind oder auf Aufhebung des Annahmeverhältnisses den Annehmenden und das Kind persönlich anzuhören.**

(2) **Im Übrigen sollen die beteiligten Personen angehört werden.**

(3) **Von der Anhörung eines minderjährigen Beteiligten kann abgesehen werden, wenn Nachteile für seine Entwicklung, Erziehung oder Gesundheit zu befürchten sind oder wenn wegen des geringen Alters von einer Anhörung eine Aufklärung nicht zu erwarten ist.**

1. Persönliche Anhörung des Annehmenden und des Kindes

Nach Abs 1 ist in Verfahren auf Annahme als Kind oder auf Aufhebung des 1
Annahmeverhältnisses die persönliche Anhörung des Annehmenden und des Kindes **zwingend** vorgesehen. Wegen der besonderen Tragweite der in Adoptionssachen zu treffenden Entscheidungen ist es erforderlich, dass das Gericht sich einen persönlichen Eindruck von diesen Personen verschafft. 2
Nicht zwingend nach Abs 1 vorgesehen ist die persönliche Anhörung für Anordnungen des Familiengerichts im Zusammenhang mit dem Annahmeverfahren, für die Entgegennahme von Einwilligungserklärungen nach § 1750 BGB iVm §§ 1746, 1747 und 1749 BGB, die Ersetzung der Einwilligung

§ 193 Buch 2 – Verfahren in Familiensachen

nach §§ 1748, 1749 I, eine Anordnung nach § 1758 II BGB, die Rückübertragung der elterlichen Sorge nach § 1764 IV BGB.

2. Anhörung des minderjährigen Kindes

3   Aus der Anhörung des Kindes können sich für die Entscheidung bedeutende Feststellungen hinsichtlich der Neigungen, Bindungen oder des Willens des Kindes ergeben; der unmittelbare Eindruck von dem Kind kann zur Feststellung des Sachverhaltes beitragen. Nach Auffassung des BVerfG (Rpfleger 02, 202) ist auch in den Verfahren auf Ersetzung der Einwilligung eines
4   Elternteils in die Adoption der Blickwinkel des Kindes von besonderer Bedeutung. Von der Anhörung des Kindes ist nur aus schwerwiegenden Gründen abzusehen (für das bisherige Recht: BayObLG, FamRZ 93, 1480). Nach Abs 3 kann von der Anhörung **abgesehen** werden, wenn Nachteile für die Entwicklung des Kindes, dessen Erziehung oder Gesundheit zu befürchten sind oder wenn wegen seines Alters von einer Anhörung eine Aufklärung (noch) nicht zu erwarten ist.

3. Anhörung der weiteren Beteiligten

5   Nach Abs 2 sollen auch die weiteren beteiligten Personen angehört werden. Diese Anhörung ist jedoch **nicht zwingend,** sondern soll nach pflichtgemäßem Ermessen erfolgen. Während die zwingende Anhörung nach Abs 1 nur das Verfahren auf Annahme als Kind (§ 186 Nr 1) und die Aufhebung des Annahmeverhältnisses (§ 186 Nr 3) betrifft, erfasst Abs 2 auch die Verfahren auf Ersetzung der Einwilligung zur Annahme als Kind (§ 186 Nr 2); ferner die Befreiung vom Eheverbot des § 1308 I BGB (Nr 4). Zu diesem Personenkreis gehören die Eltern des Anzunehmenden (§ 188 I Nr 1 b); auch bei der Annahme eines Volljährigen mit den Wirkungen der Minderjährigenannahme; diese sind materiell betroffen, weil die Verwandtschaftsverhältnisse nach § 1755 I 2 BGB erlöschen (BVerfG, FamRZ 08, 243); der Ehegatte des Annehmenden und der Ehegatte des Anzunehmenden (§ 188 Abs 1 Nr 2 c); der Elternteil, auch der leibliche Vater, der Ehegatte des Annehmenden bei der Ersetzung der Einwilligung (§ 188 I Nr 2); die leiblichen Eltern des minderjährigen Angenommenen (§ 188 I Nr 3 b) wegen des Wiederauflebens des Verwandtschaftsverhältnisses (§ 1764 II BGB) und der Möglichkeit der Rückübertragung der elterlichen Sorge auf die leiblichen Eltern (§ 1764 IV BGB). Ferner sind anzuhören die Verlobten nach § 188 Abs 1 Nr 4.

Anhörung weiterer Personen

193 Das Gericht hat in Verfahren auf Annahme als Kind die Kinder des Annehmenden und des Anzunehmenden anzuhören. § 192 Abs. 3 gilt entsprechend.

1   § 193 behandelt die Anhörung **weiterer Personen,** die nicht als Beteiligte in § 186 aufgeführt sind. Es handelt sich hierbei insbesondere um die **Kinder** des Annehmenden und des Anzunehmenden (BGH, NJW 09, 138), deren Interessen nach §§ 1745, 1746, 1769 BGB zu berücksichtigen sind. Im Falle

der Minderjährigenadoption darf eine Annahme dann nicht ausgesprochen werden, wenn ihr überwiegende Interessen der Kinder des Annehmenden oder des Anzunehmenden entgegenstehen oder wenn zu befürchten ist, dass Interessen des Anzunehmenden durch Kinder des Annehmenden gefährdet werden. Im Falle der Volljährigenadoption darf die Annahme eines Volljährigen nach § 1769 nicht ausgesprochen werden, wenn ihr überwiegende Interessen der Kinder des Annehmenden oder des Anzunehmenden entgegenstehen. Um die Berücksichtigung dieser Interessen sicherzustellen, ist die Anhörung erforderlich; sie ist nach S 1 zwingend vorgeschrieben. Nach der entsprechend anwendbaren Vorschrift des § 192 III kann von der Anhörung **abgesehen** werden, wenn die anzuhörenden Abkömmlinge minderjährig sind und Nachteile für deren Entwicklung, Erziehung oder Gesundheit zu befürchten sind, oder wenn wegen deren Alters von einer Anhörung eine Aufklärung nicht zu erwarten ist.

Die Kinder des Annehmenden und des Anzunehmenden sind materiell- 3 rechtlich Betroffene. Das BVerfG hat dies (nach bisherigem Recht) für die Kinder des Annehmenden festgestellt. Sie sind daher als Beteiligte nach § 7 II Nr 1 zwingend hinzuzuziehen.

Anhörung des Jugendamts

194 (1) **In Adoptionssachen hat das Gericht das Jugendamt anzuhören, sofern der Anzunehmende oder Angenommene minderjährig ist. Dies gilt nicht, wenn das Jugendamt nach § 189 eine fachliche Äußerung abgegeben hat.**

(2) **Das Gericht hat dem Jugendamt in den Fällen, in denen dieses angehört wurde oder eine fachliche Äußerung abgegeben hat, die Entscheidung mitzuteilen. Gegen den Beschluss steht dem Jugendamt die Beschwerde zu.**

1. Anwendungsbereich

Nach Abs 1 hat das Gericht das **Jugendamt** in Adoptionssachen **zwin-** 1 **gend** anzuhören, wenn der Anzunehmende oder der Angenommene minderjährig sind. Abs 1 ersetzt den bisherigen Katalog des § 49 I FGG; daher fällt in den Anwendungsbereich der Angelegenheiten, in denen das Jugendamt angehört werden muss, die Annahme als Kind (§ 1741 BGB), sofern das Jugendamt nicht eine fachliche Äußerung nach § 189 anstelle einer Adoptionsvermittlungsstelle abgegeben hat; ferner die Ersetzung der Einwilligung eines Elternteils in die Annahme als Kind (§ 1748), die Aufhebung des Annahmeverhältnisses (§§ 1760, 1763), die Rückübertragung der elterlichen Sorge (§ 1751 III, § 1764 IV). Die Anhörungspflichten korrespondieren mit der Mitwirkungspflicht des Jugendamtes in den aufgeführten gerichtlichen Verfahren (§ 50 I 2 SGB VIII).

2. Bekanntmachung, Beschwerde

Dem Jugendamt sind alle Entscheidungen des Gerichts bekannt zu machen, 2 zu denen es nach Abs 1 zu hören war oder nach § 189 eine fachliche

Äußerung abgegeben hat. Das Jugendamt wird dadurch in die Lage versetzt, sich zu entscheiden, ob es Beschwerde einlegen will. Die Beschwerde steht dem Jugendamt nach Abs 2 S 2 zu, es ist eine eigenständige von § 59 unabhängige Beschwerdeberechtigung; sie setzt nicht die erstinstanzliche Beteiligung des Jugendamtes voraus.

Anhörung des Landesjugendamts

195 (1) **In den Fällen des § 11 Abs. 1 Nr. 2 und 3 des Adoptionsvermittlungsgesetzes hat das Gericht vor dem Ausspruch der Annahme auch die zentrale Adoptionsstelle des Landesjugendamts anzuhören, die nach § 11 Abs. 2 des Adoptionsvermittlungsgesetzes beteiligt worden ist. Ist eine zentrale Adoptionsstelle nicht beteiligt worden, tritt an seine Stelle das Landesjugendamt, in dessen Bereich das Jugendamt liegt, das nach § 194 Gelegenheit zur Äußerung erhält oder das nach § 189 eine fachliche Äußerung abgegeben hat.**

(2) **Das Gericht hat dem Landesjugendamt alle Entscheidungen mitzuteilen, zu denen dieses nach Absatz 1 anzuhören war. Gegen den Beschluss steht dem Landesjugendamt die Beschwerde zu.**

1. Anwendungsbereich

1   Die **zentrale Adoptionsstelle des Landesjugendamtes** ist in den Fällen des § 11 I Nr 2, 3 des AdVermiG vor dem Ausspruch der Annahme **anzuhören,** wenn der Adoptionsbewerber oder das Kind eine ausländische Staatsangehörigkeit besitzen oder staatenlos sind oder wenn der Adoptionsbewerber oder das Kind seinen Wohnsitz oder gewöhnlichen Aufenthalt nicht im Inland haben; in diesem Fall ist die Staatsangehörigkeit unerheblich. Die zwingende Anhörungspflicht erstreckt sich nicht auf Aufhebungsverfahren oder auf Verfahren der Rückübertragung der elterlichen Sorge; in diesen Fällen ist über die Anhörung nach § 26 zu entscheiden.

2   Angehört werden muss die zentrale Adoptionsstelle, die durch die Adoptionsvermittlungsstelle des Jugendamtes am Verfahren beteiligt worden war (§ 11 II AdVermiG). Ist eine zentrale Adoptionsstelle nicht beteiligt worden, tritt an ihre Stelle das **Landesjugendamt,** in dessen Bereich das Jugendamt, das nach § 194 I angehört wurde oder nach § 189 eine fachliche Äußerung abgegeben hat.

2. Mitteilung von Entscheidungen

3   Auch dem Landesjugendamt sind ebenso wie dem Jugendamt (§ 194 II) alle Entscheidungen mitzuteilen, zu denen es nach Abs 1 anzuhören war (Abs 2). Das Landesjugendamt erhält dadurch die Möglichkeit, sich zu entscheiden, ob es Beschwerde einlegen will. Abs 2 S 2 gibt ihm ein eigenständiges, von § 59 unabhängiges Beschwerderecht, das eine Beteiligung des Landesjugendamtes in der ersten Instanz nicht voraussetzt.

Unzulässigkeit der Verbindung

196 Eine Verbindung von Adoptionssachen mit anderen Verfahren ist unzulässig.

§ 196 stellt eine **Ausnahme** von der jetzt ausdrücklich geregelten Möglichkeit der **Verfahrensverbindung** bei Sachdienlichkeit dar; die persönlichen Umstände, die Gegenstand von Adoptionsverfahren sind, sollen nicht durch eine Verfahrensverbindung den Beteiligten anderer Verfahren zugänglich gemacht werden. Ein Beispiel hierfür ist das Offenbarungs- und Ausforschungsverbot des § 1758 BGB. Danach sollen Tatsache, die geeignet sind, die Annahme und ihre Umstände aufzudecken, nicht ohne Zustimmung des Annehmenden und des Kindes offenbart oder ausgeforscht werden, wenn nicht besondere Gründe des öffentlichen Interesse dies erfordern.

Beschluss über die Annahme als Kind

197 (1) In einem Beschluss, durch den das Gericht die Annahme als Kind ausspricht, ist anzugeben, auf welche gesetzlichen Vorschriften sich die Annahme gründet. Wurde die Einwilligung eines Elternteils nach § 1747 Abs. 4 des Bürgerlichen Gesetzbuchs nicht für erforderlich erachtet, ist dies ebenfalls in dem Beschluss anzugeben.

(2) In den Fällen des Absatzes 1 wird der Beschluss mit der Zustellung an den Annehmenden, nach dem Tod des Annehmenden mit der Zustellung an das Kind wirksam.

(3) Der Beschluss ist nicht anfechtbar. Eine Abänderung oder Wiederaufnahme ist ausgeschlossen.

1. Rechtsfolgen

Die Wirkungen einer Kindesannahme sind verschieden, je nachdem, ob ein allgemeiner Fall der Annahme eines Kindes vorliegt, oder ob sich die Annahme auf die Vorschriften der §§ 1756, 1767 oder 1772 BGB stützt. Damit im Rechtsverkehr keine Unklarheiten entstehen können, sind die maßgeblichen Gesetzesvorschriften in den Gründen der Entscheidung zu nennen. **1**

2. Annahme eines Minderjährigen

Nimmt ein Ehepaar ein Kind an (§ 1741 II 2 BGB) oder nimmt ein Ehegatte ein Kind des anderen Ehegatten an (§ 1741 II 3 BGB), erhält das Kind die rechtliche Stellung eines **gemeinschaftlichen Kindes** der Ehegatten (§ 1754 I BGB). Nimmt ein Ehegatte ein Kind allein an, auch dann, wenn der andere Ehegatte ein Kind nicht annehmen kann (§ 1741 II 4 BGB) oder nimmt jemand, der nicht verheiratet ist, ein Kind allein an (§ 1741 II 1 BGB), erlangt das Kind die rechtliche Stellung eines **Kindes des Annehmenden** (§ 1754 II BGB). **2**

Grundsätzlich erlischt mit der Annahme das **Verwandtschaftsverhältnis** des Kindes und seiner Abkommen zu den bisherigen Verwandten und die sich **3**

§ 197 Buch 2 – Verfahren in Familiensachen

aus ihm ergebenden Rechte und Pflichten (§ 1755 I 1 BGB). Ausnahmen: Nimmt ein Ehegatte das Kind des anderen Ehegatten an, erlischt nur das Verwandtschaftsverhältnis zu dem anderen Elternteil und dessen Verwandten (§ 1755 II BGB). Das Kind wird zum gemeinschaftlichen Kind des Annehmenden und des Elternteils, dessen Verwandtschaftsverhältnis zum ehelichen Eltern-Kind-Verhältnis erstarkt. Sind die Annehmenden mit dem Kind im zweiten oder dritten Grad verwandt oder verschwägert, erlischt nur das Verwandtschaftsverhältnis des Kindes und seiner Abkömmlinge zu den Eltern des Kindes (§ 1756 I BGB); im Übrigen bleibt das Verwandtschaftsverhältnis des Kindes zu den bisherigen Verwandten bestehen. Nimmt ein Ehegatte das Kind seines Ehegatten an, dessen frühere Ehe durch Tod aufgelöst ist, tritt das Erlöschen nicht im Verhältnis zu den Verwandten des verstorbenen Elternteils ein, wenn dieser die elterliche Sorge hatte (§ 1756 II BGB).

3. Annahme eines Volljährigen

4   Die Annahme eines Volljährigen ist grundsätzlich mit schwächeren Wirkungen verbunden. Der Angenommene wird nicht verwandt oder verschwägert mit den Verwandten und Verschwägerten der Adoptiveltern. Der Ehegatte des Annehmenden wird nicht mit dem Angenommenen, dessen Ehegatte wird nicht mit dem Annehmenden verschwägert (§ 1770 I BGB). Das Verwandtschaftsverhältnis des Angenommenen und seiner Abkömmlinge zu ihren leiblichen Verwandten bleibt bestehen mit der Folge des beiderseitigen Erbrechts und der gegenseitigen Unterhaltspflicht (§ 1770 II BGB); der Annehmende ist dem Angenommenen und dessen Abkömmlingen gegenüber jedoch vor den leiblichen Verwandten zum Unterhalt verpflichtet (§ 1770 III BGB).

4. Annahme eines Volljährigen nach den Vorschriften über die Annahme Minderjähriger

5   In bestimmten Ausnahmefällen kann das Familiengericht bei dem Ausspruch der Annahme eines Volljährigen auf Antrag des Annehmenden und des Anzunehmenden bestimmen, dass sich die Wirkungen der Annahme nach den Vorschriften über die Annahme eines Minderjährigen (KG, FGPrax 04, 113: wenn der Anzunehmende im Laufe des Verfahrens volljährig wird) oder eines verwandten Minderjährigen richten (§§ 1754–1756 BGB). Diese Möglichkeit besteht nach § 1772 I a BGB, wenn ein minderjähriger Bruder oder eine minderjährige Schwester des Anzunehmenden von dem Annehmenden als Kind angenommen worden ist oder gleichzeitig angenommen wird, nach § 1772 I b BGB, wenn der Anzunehmende bereits als Minderjähriger in die Familie des Annehmenden aufgenommen worden ist oder nach § 1772 I c BGB der Annehmende das Kind seines Ehegatten annimmt oder der Anzunehmende in dem Zeitpunkt, in dem der Antrag auf Annahme bei dem
6   Familiengericht eingereicht wird, noch nicht volljährig ist (§ 1772 I d BGB); in diesem Fall erhält ein von einem Deutschen adoptierter Ausländer kraft Gesetzes (§ 6 S 1 StAG) die **deutsche Staatsangehörigkeit,** eine Rechtsfolge, die bei der Adoption eines erwachsenen Ausländers nicht eintritt (BVerwG, FamRZ 07, 1168), es sei denn, die Adoption wurde schon vor der

§ 197 Beschluss über die Annahme als Kind

Vollendung des 18. Lebensjahres beantragt (BVerwG, NJW 04, 1401). Für den Staatsangehörigkeitserwerb ist das vollständige Erlöschen der Rechtsbeziehungen zu den Eltern nicht erforderlich (BVerwG, FamRZ 07, 1550).

5. Fehlende Erforderlichkeit der Einwilligung eines Elternteils

Es ist ferner in dem Beschluss anzugeben, wenn die Einwilligung eines Elternteils nach § 1747 IV BGB nicht für erforderlich erachtet wurde. Diese Feststellung ist von Bedeutung für eine evt Aufhebung des Annahmeverhältnisses. Sind die Voraussetzungen des § 1747 IV BGB zu Unrecht angenommen worden, ist eine Aufhebung des Annahmeverhältnisses (§ 1760 I BGB) ausgeschlossen, wenn der Elternteil die Einwilligung nachgeholt oder sonst zu erkennen gegeben hat, dass das Annahmeverhältnis aufrecht erhalten werden soll (§ 1760 V BGB). 7

6. Eintritt der Wirksamkeit

Die Wirksamkeit des die Annahme als Kind aussprechenden Beschlusses tritt mit der **Bekanntmachung an den Annehmenden** für alle Beteiligten ein, bei Annahme durch ein Ehepaar (§ 1754 I BGB) mit der zuletzt erfolgenden Bekanntgabe. Die Bekanntgabe muss durch Zustellung des schriftlich abgefassten Beschlusses erfolgen (Abs 2 S 1). Die Entscheidung ist auch den übrigen Beteiligten (§ 188) bekannt zu machen (§ 41 I 1). Für den Eintritt der Wirksamkeit ist die Bekanntmachung an die weiteren Beteiligten jedoch ohne Bedeutung. 8

Nach dem Tode des Annehmenden tritt die Wirksamkeit der Entscheidung mit der Bekanntmachung durch Zustellung an das Kind bzw dessen gesetzlichen Vertreter, wenn es geschäftsunfähig oder in der Geschäftsfähigkeit beschränkt ist, ein (Abs 2). Der Ausspruch der Annahme nach dem Tod des Annehmenden, der nur zulässig ist, wenn der Annehmende den Antrag dem Familiengericht eingereicht oder bei oder nach dem notariellen Beurkundung des Antrags den Notar mit der Einreichung betraut hat, hat die gleiche Wirkung, wie wenn er vor dem Tode des Annehmenden erfolgt wäre (§ 1753 II BGB); in diesem Fall ist die Entscheidung auch den Erben des Annehmenden bekannt zu machen, weil diese Personen durch die Entscheidung betroffen sein können. 9

Nach dem **Tod des Kindes** kann der Ausspruch der Annahme nicht mehr erfolgen (§ 1753 I BGB). 10

Der die Annahme als Kind **versagende** Beschluss wird mit der Bekanntmachung an alle Beteiligten (§ 41 I 1), bei mehreren Beteiligten mit der zuletzt erfolgenden Bekanntmachung wirksam. 11

7. Anfechtbarkeit, Abänderbarkeit

Nach Abs 3 S 1 ist die Entscheidung, durch die die Annahme ausgesprochen wird, unanfechtbar (BayObLG 79, 346, auch dann, wenn sie fehlerhaft ist (OLG Düsseldorf, FGPrax 08, 23); das Gericht kann sie auch nicht ändern (Abs 3 S 2). Das Kind ist durch die Notwendigkeit vorheriger persönlicher und notariell beurkundeter Einwilligung sowie die Möglichkeit des Widerrufs 12

§ 197

der Einwilligung bis zum Ausspruch der Annahme (§ 1746 II BGB) geschützt. Ergänzungen und Berichtigungen (§§ 42, 43) in einem späteren Beschluss sind möglich hinsichtlich der nach Abs 1 S 1 erforderlichen Angaben sowie der nach § 1757 IV, § 1772 BGB vorzunehmenden Bestimmungen, wenn ein rechtzeitig gestellter Antrag nicht beschieden wurde (OLG Zweibrücken, FGPrax 01, 75), jedoch keine Namensänderung auf einen nachträglich gestellten Antrag. Eine nachträgliche Änderung einer Volljährigenadoption in eine solche mit den Wirkungen einer Minderjährigenadoption ist auch dann nicht möglich, wenn geltend gemacht wird, sie sei von Anfang an beabsichtigt gewesen (OLG Frankfurt, FGPrax 09, 17). Wurde jedoch bei der Annahme eines Volljährigen beantragt, zu bestimmen, dass sich die Wirkungen der Annahme nach den Vorschriften über die Annahme Minderjähriger (§ 1772 I 1 b BGB) richten sollen, ist gegen eine Ablehnung dieses Antrags die Beschwerde zulässig (OLG München, FGPrax 10, 190). Unanfechtbar sind auch Entscheidungen des Beschwerdegerichts, durch die die Annahme ausgesprochen wird oder unter Aufhebung des erstinstanzlichen Beschlusses das Familiengericht angewiesen wird, von Bedenken Abstand zu nehmen (für das

13 bisherige Recht: OLG Hamm, OLG 65, 365). Der Ausschluss der Anfechtbarkeit nach Abs 3 S 1 bezieht sich nicht auf den die Annahme als Kind **ablehnenden Beschluss.** Diese Entscheidung ist daher nach § 58 anfechtbar. Gegen den die Annahme als Kind aussprechenden Beschluss ist eine **Wiederaufnahme ausgeschlossen** (Abs 3 S 2).

14 **Beschwerdeberechtigt** sind nach § 59 II der oder die Annehmenden, die den Antrag auf Ausspruch der Annahme als Kind gestellt haben (§ 1752 I BGB) (OLG Hamm, OLG 78, 406), im Falle der Annahme eines Volljährigen auch dieser, weil sein Antrag neben dem des Annehmenden notwendige Verfahrensvoraussetzung ist (§ 1768 I BGB).

8. Mitteilungspflicht; beschränkte Auskunft über Eintragungen

15 Der die Annahme aussprechende Beschluss ist dem Standesbeamten nach §§ 27, 23 II AVO PStG zu übersenden. Der Annahmebeschluss ist für den Standesbeamten bindend. Er hat die Eintragung des Randvermerks nach § 27 PStG vorzunehmen. Ist ein Volljähriger nach den Vorschriften über die Minderjährigenadoption angenommen worden, ist die Annahme als Minderjährigenadoption beizuschreiben. Der Annahmebeschluss ist nicht nichtig; der Standesbeamte kann nach § 48 II 1 PStG gerichtliche Entscheidungen herbeiführen (BayObLG, NJW-RR 96, 1093). Sind in einem Randvermerk die Gesetzesvorschriften, auf die sich die Annahme begründet, nicht aufgeführt, ist dieser nicht unvollständig, wenn sich die wesentlichen Umstände ander-

16 weitig aus dem Randvermerk ergeben (BayObLG 85, 251). **Einsicht** in den Geburtseintrag oder Erteilung einer Personenstandsurkunde aus dem Geburtenbuch darf nur Behörden, den Annehmenden, deren Eltern, dem gesetzlichen Vertreter des Kindes und dem über 16 Jahre alten Kind gewährt werden (§ 63 I 1 PStG); diese Beschränkung entfällt mit dem Tod des Kindes; § 1758 BGB bleibt unberührt. Das gleiche gilt für Eintragungen in das Familienbuch des Annehmenden. Unabhängig davon, ob ein Sperrvermerk eingetragen ist, hat der Standesbeamte § 1758 BGB zu beachten. Danach dürfen Tatsachen,

§ 198 Beschluss in weiteren Verfahren

die geeignet sind, die Annahme und ihre Umstände aufzudecken, ohne Zustimmung des Annehmenden und des Kindes nicht offenbart oder ausgeforscht werden, es sei denn, dass besondere Gründe des öffentlichen Interesses dies erfordern. Dies gilt sinngemäß schon dann, wenn eine nach § 1747 BGB erforderliche Einwilligung erteilt ist. Diese Wirkungen können auch für einen früheren Zeitpunkt durch das Familiengericht angeordnet werden, wenn ein Antrag auf Ersetzung der Einwilligung eines Elternteils gestellt worden ist (§ 1758 II BGB). Mit Rücksicht darauf, dass nach § 1308 I BGB eine Ehe nicht geschlossen werden soll zwischen Personen, deren Verwandtschaft (§ 1307 BGB) durch Annahme als Kind begründet worden ist, es sei denn, es ist Befreiung bei der Verwandtschaft in der Seitenlinie erteilt worden (§ 1308 II BGB), ist dem Standesbeamten bei Eheschließung die **Abstammungsurkunde**, nicht die Geburtsurkunde, vorzulegen, damit er alle Ehehindernisse prüfen kann (§ 13 I iVm § 12 II PStG). 17

Beschluss in weiteren Verfahren

198 (1) **Der Beschluss über die Ersetzung einer Einwilligung oder Zustimmung zur Annahme als Kind wird erst mit Rechtskraft wirksam. Bei Gefahr im Verzug kann das Gericht die sofortige Wirksamkeit des Beschlusses anordnen. Der Beschluss wird mit Bekanntgabe an den Antragsteller wirksam. Eine Abänderung oder Wiederaufnahme ist ausgeschlossen.**

(2) **Der Beschluss, durch den das Gericht das Annahmeverhältnis aufhebt, wird erst mit Rechtskraft wirksam; eine Abänderung oder Wiederaufnahme ist ausgeschlossen.**

(3) **Der Beschluss, durch den die Befreiung vom Eheverbot nach § 1308 Abs. 1 des Bürgerlichen Gesetzbuchs erteilt wird, ist nicht anfechtbar; eine Abänderung oder Wiederaufnahme ist ausgeschlossen, wenn die Ehe geschlossen worden ist.**

1. Anwendungsbereich

Während Gegenstand des § 197 die Entscheidung über die Annahme als Kind ist, behandelt § 198 die **weiteren Verfahren** in Adoptionssachen, die Ersetzung einer Einwilligung oder Zustimmung zur Annahme als Kind (§§ 1748, 1749 I BGB), die Aufhebung eines Annahmeverhältnisses (§ 1759 BGB iVm §§ 1760, 1763 BGB; § 1771 BGB); ferner die Befreiung vom Eheverbot nach § 1308 I BGB. 1

2. Ersetzung der Einwilligung oder Zustimmung zu einer Annahme als Kind

Die Ersetzung der Einwilligung oder Zustimmung des Vormundes oder Pflegers zu einer Annahme als Kind (§ 1746 III BGB), die Ersetzung der Einwilligung eines Elternteils, wenn ein Elternteil seine Pflichten gegenüber dem Kind anhaltend gröblich verletzt hat oder durch sein Verhalten gezeigt hat, dass ihm das Kind gleichgültig ist und wenn das Unterbleiben der Annahme dem Kind zu unverhältnismäßigem Nachteil gereichen würde; 2

547

§ 198 Buch 2 – Verfahren in Familiensachen

wenn die Pflichtverletzung zwar nicht anhaltend, aber besonders schwer ist und das Kind voraussichtlich dauernd nicht mehr der Obhut des Elternteils anvertraut werden kann (§ 1748 I BGB), wegen Gleichgültigkeit nur unter den Voraussetzungen des § 1748 II BGB; ferner die Ersetzung der Einwilligung eines Elternteils, wenn dieser wegen besonders schwerer geistiger Gebrechen zur Pflege und Erziehung des Kindes dauernd unfähig ist, unter den Voraussetzungen des § 1748 III BGB, die Ersetzung der Einwilligung des leiblichen Vaters nach § 1748 IV BGB; ferner die Ersetzung der Einwilligung des anderen Ehegatten des Annehmenden bei der Annahme eines Kindes
3 durch einen Ehegatten allein (§ 1749 I BGB). Diese Entscheidungen sind Grundlage für den Ausspruch der Annahme. Es darf daher keine Unsicherheit wegen der **Wirksamkeit** dieser Entscheidungen entstehen. Diese wird daher
4 nach **Abs 1** an die **Rechtskraft** geknüpft. **Abänderungen** und **Wieder-**
5 **aufnahme** des Verfahrens sind ausgeschlossen (Abs 1, 2. Hs). Bei Gefahr im Verzug kann das Gericht die **sofortige Wirksamkeit** des Beschlusses anordnen (Abs 1 S 2); dies entspricht der bisherigen Regelung in § 53 II FGG. Dies kann nötig sein, damit die Entscheidung sofort vollzogen werden kann. Die Entscheidung wird in dem Zeitpunkt wirksam, in dem sie und die Anordnung der sofortigen Wirksamkeit **bekannt gemacht** wird; **Adressat** der Bekanntmachung ist der Antragsteller (Abs 1 S 3). Im Falle der Ersetzung der Einwilligung eines Elternteils ist Antragsteller das Kind (§ 1748 I BGB). In den Fällen der Ersetzung der Einwilligung eines Ehegatten ist Antragsteller der Annehmende (§ 1749 I BGB).

3. Aufhebung eines Annahmeverhältnisses zu einem Minderjährigen (§§ 1759, 1760, 1763 BGB)

6 Sie ist nur durch gerichtlichen Beschluss mit Wirkung für die Zukunft möglich (§ 1764 I BGB). Wird das Annahmeverhältnis nach dem Tode des Annehmenden auf dessen Antrag oder nach dem Tode des Kindes auf dessen Antrag aufgehoben, hat dies die gleiche Wirkung wie wenn das Annahmeverhältnis vor dem Tod aufgehoben worden wäre (§ 1764 I BGB). Mit der Aufhebung erlöschen das durch die Annahme begründete Verwandtschaftsverhältnis des Kindes und seiner Abkömmlinge zu den bisherigen Verwandten und die sich aus ihm ergebenden Rechte und Pflichten (§ 1764 II BGB). Gleichzeitig leben das Verwandtschaftsverhältnis des Kindes und seiner Abkömmlinge zu den leiblichen Verwandten des Kindes und die sich aus ihm ergebenden Rechte und Pflichten mit Ausnahme der elterlichen Sorge wieder auf; ein etwaiges vorheriges Annahmeverhältnis lebt nicht wieder auf (§ 1764
7 III BGB). Die **elterliche Sorge** ist durch das Familiengericht den leiblichen Eltern zurück zu übertragen, wenn und soweit dies dem Wohl des Kindes nicht widerspricht; andernfalls ist ein Vormund oder ein Pfleger zu bestellen (§ 1764 IV BGB). Besteht das Annahmeverhältnis zu einem Ehepaar und erfolgt die Aufhebung nur im Verhältnis zu einem Ehegatten, erlischt das Verwandtschaftsverhältnis nur zwischen dem Kind und seinen Abkömmlingen und diesem Ehegatten und dessen Verwandten. Die Verwandtschaftsverhältnisse des Kindes und seiner Abkömmlinge zu den leiblichen Verwandten leben wieder auf.

4. Voraussetzungen der Aufhebung eines Annahmeverhältnisses zu einem Minderjährigen

Ein Annahmeverhältnis zu einem Minderjährigen kann **auf Antrag** aufgehoben werden, wenn es ohne Antrag des Annehmenden, ohne die Einwilligung des Kindes oder ohne die erforderliche Einwilligung eines Elternteils begründet worden ist (§ 1760 I BGB). Die Unwirksamkeit eines Antrages oder einer Einwilligung ist nach § 1760 II a–e BGB nur unter den dort aufgeführten Voraussetzungen zu bejahen, wenn nicht Ausnahmen davon nach § 1760 III–V BGB vorliegen. Trotz Fehlens oder Unwirksamkeit einer erforderlichen Einwilligung kann das Annahmeverhältnis nicht aufgehoben werden, wenn die Voraussetzungen für die Ersetzung der Einwilligung beim Ausspruch der Annahme vorgelegen haben oder wenn sie zum Zeitpunkt der Entscheidung über den Aufhebungsantrag vorliegen (§ 1761 I BGB). Das Annahmeverhältnis darf trotz Vorliegens der Voraussetzungen im Übrigen nicht aufgehoben werden, wenn dadurch das Wohl des Kindes erheblich gefährdet würde, es sei denn, dass überwiegende Interessen des Annehmenden die Aufhebung erfordern (§ 1761 II BGB).

8

Von Amts wegen kann das Familiengericht das Annahmeverhältnis während der Minderjährigkeit des Kindes aufheben, wenn dies aus schwerwiegenden Gründen zum Wohl des Kindes erforderlich ist (§ 1763 I BGB). Ist das Kind von einem Ehepaar angenommen, kann auch das zwischen dem Kind und einem Ehegatten bestehende Annahmeverhältnis aufgehoben werden (§ 1763 II BGB), wenn entweder der andere Ehegatte oder ein leiblicher Elternteil bereit ist, die Pflege und Erziehung des Kindes zu übernehmen (§ 1763 III a BGB). Eine Aufhebung ist unter den Voraussetzungen des § 1763 I BGB auch dann möglich, wenn sie die erneute Annahme des Kindes ermöglichen soll, für die schon eine begründete Aussicht bestehen muss (§ 1763 III b BGB).

9

5. Voraussetzungen für die Aufhebung eines Annahmeverhältnisses zu einem Volljährigen

Das Annahmeverhältnis, das zu einem Volljährigen begründet worden ist, kann auf Antrag des Annehmenden und des Angenommenen, auch nicht ausnahmsweise nur auf Antrag des Annehmenden allein (BGH, NJW 88, 1139; KG, NJW-RR 87, 776), aufgehoben werden, wenn ein wichtiger Grund vorliegt (§ 1771 S 1 BGB); diese Regelung gilt auch dann, wenn der Angenommene bei der Vornahme der Adoption minderjährig war, inzwischen aber volljährig geworden ist (BayObLG, NJW-RR 91, 1220; OLG Zweibrücken, FGPrax 97, 66: auch dann, wenn die Volljährigkeit vor der Entscheidung in der letzten Tatsacheninstanz eintritt). Im Übrigen auch entsprechend den Voraussetzungen, unter denen das Annahmeverhältnis zu einem Minderjährigen nach § 1760 BGB aufgehoben werden kann (§ 1771 S 2, 3 BGB). Zu den Voraussetzungen für die Aufhebung eines in den **neuen Bundesländern** vor dem Wirksamwerden des Beitritts begründeten Annahmeverhältnisses (Rn 22 zu Vorbemerkungen vor §§ 186–199).

10

11

§ 198

6. Verfahren

12 Das Aufhebungsverfahren wird eingeleitet, wenn das Annahmeverhältnis zu einem **Minderjährigen** begründet worden ist, von Amts wegen nach § 1763 BGB oder auf Antrag nach § 1760 BGB; antragsberechtigt ist nur derjenige, ohne dessen Antrag oder Einwilligung das Kind angenommen worden ist (§ 1762 I 1 BGB). Kinder des Annehmenden sind nicht berechtigt, die Aufhebung des Annahmeverhältnisses zu beantragen; das gilt auch dann, wenn sie im Annahmeverfahren nicht gehört worden sind (BayObLG 86, 57). Die Vorschrift des § 1771 S 1 BGB über die Aufhebung der Erwachsenenadoption kann auf die Minderjährigenadoption nicht analog angewendet werden (OLG Zweibrücken, NJW-RR 86, 1391); auch dann nicht, wenn vor der Entscheidung in der letzten Tatsacheninstanz Volljährigkeit eintritt (OLG Hamm, NJW 81, 2762; OLG Düsseldorf, NJW-RR 86, 300; BayObLG, NJW-RR 91, 1220; OLG Karlsruhe, FamRZ 96, 434; OLG Zweibrücken, FGPrax 97, 66). Für ein Kind, das geschäftsunfähig oder noch nicht 14 Jahre alt ist, und für den Annehmenden, der geschäftsunfähig ist, können die **gesetzlichen Vertreter** den Antrag stellen; im Übrigen kann der Antrag nicht durch einen Vertreter gestellt werden. Ist der Antragsberechtigte in der Geschäftsfähigkeit beschränkt, ist die Zustimmung des gesetzlichen Vertreters

13 nicht erforderlich (§ 1762 I 2, 3 und 4 BGB). **Antragsfrist:** Der Antrag kann nur innerhalb eines Jahres gestellt werden, wenn seit der Annahme noch keine drei Jahre verstrichen ist (§ 1762 II 1 BGB). Der Fristbeginn bestimmt sich für die einzelnen Fälle des § 1760 II–V BGB nach § 1762 II a–e BGB. Der Antrag bedarf der **notariellen Beurkundung** (§ 1762 III BGB).

14 Das Annahmeverhältnis, das zu einem **Volljährigen** begründet worden ist, kann **nur auf Antrag** aufgehoben werden; nach § 1771 S 1 BGB auf übereinstimmenden Antrag des Annehmenden und des Angenommenen (BayObLG, MDR 78, 579; OLG Frankfurt, OLG 82, 421; OLG Köln, NJW 80, 63; OLG Hamm, NJW 81, 2762; KG, NJW-RR 87, 776), wenn ein wichtiger Grund vorliegt; nach § 1771 S 2 BGB in sinngemäßer Anwendung der Vorschriften des § 1760 II BGB desjenigen, dessen Antrag unter den dort aufgeführten Voraussetzungen unwirksam war. Die leiblichen Eltern sind nicht berechtigt, die Aufhebung des Annahmeverhältnisses zu beantragen (BayObLG, FGPrax 00, 204). Für das Aufhebungsverfahren gilt § 1762 BGB im Übrigen entsprechend; der Antrag auf Aufhebung unterliegt jedoch nicht der dreijährigen Ausschlussfrist des § 1762 II BGB (OLG Schleswig, Rpfleger 95, 353; aA OLG München, FamRZ 08, 299).

7. Mündliche Erörterung

15 Die Aufhebung des Annahmeverhältnisses bringt für das Kind Rechtsverluste und einen starken Eingriff in sein Lebensschicksal; deshalb soll das Gericht die Sache mit den Beteiligten in einem Termin erörtern. Hierbei kann auch geklärt werden, ob Mängel bei der Begründung des Annahmeverhältnisses (§ 1760 III–V BGB) geheilt werden können. Der Termin kann im Zusammenhang mit den nach §§ 192–195 vorgesehenen Anhörungen erfolgen.

8. Eintritt der Wirksamkeit

Die Entscheidung, die die Aufhebung des Annahmeverhältnisses ausspricht, **16** wird mit **Rechtskraft** wirksam (Abs 2); sie bedarf der **förmlichen** Zustellung, damit über den Zeitpunkt des Eintritts der Wirksamkeit keine Unklarheit entstehen kann. Die Zustellung erfolgt an alle Beteiligten des Aufhebungsverfahrens; das sind der oder die Annehmenden, der Angenommene, die leiblichen Eltern des minderjährigen Angenommenen (§ 188 I Nr 3 a, b). Die Wirksamkeit tritt ein mit der **zuletzt** erfolgenden Zustellung. Die Entscheidung, durch die die Aufhebung abgelehnt wird, ist den Beteiligten bekannt zu machen (§ 41); ihre Wirksamkeit tritt mit der zuletzt erfolgenden Bekanntmachung ein (§ 40).

9. Anfechtbarkeit

Gegen die das Annahmeverhältnis aufhebende Entscheidung ist die Be- **17** schwerde nach § 58 gegeben. **Beschwerdeberechtigt** sind im Falle des § 1763 BGB der Annehmende und das Kind, im Falle der gemeinschaftlichen Annahme oder der Annahme des Kindes eines Ehegatten durch einen anderen (§ 1741 II BGB) auch der Ehegatte des Annehmenden, und zwar auch, wenn die Ehe der Wahleltern aufgelöst ist. Das Kind ist selbständig beschwerdeberechtigt, wenn es das 14. Lebensjahr vollendet hat (§ 60). Im Übrigen konnte nach bisherigem Recht der Pfleger als gesetzlicher Vertreter des Kindes Beschwerde einlegen. Der nunmehr an seine Stelle getretene Verfahrensbeistand kann im Interesse des Kindes Beschwerde einlegen, er ist jedoch nicht dessen gesetzlicher Vertreter. Im Falle der §§ 1760, 1762, 1771 S 1 BGB ist nur der Antragsteller beschwerdeberechtigt (§ 59 II).

Gegen die Entscheidung, die die Aufhebung des Annahmeverhältnisses **18** **ablehnt,** sind beschwerdeberechtigt diejenigen, die den Antrag auf Aufhebung des Annahmeverhältnisses gestellt haben (§ 59 II); im Falle der Aufhebung von Amts wegen nach § 1763 BGB das Kind, die Annehmenden nach § 59 I, weil sie in ihren Rechten beeinträchtigt sein können.

10. Mitteilungspflicht

Die rechtskräftige Entscheidung, durch die die Aufhebung des Annahme- **19** verhältnisses ausgesprochen wird, ist nach § 27 iVm § 23 II AVO PStG dem Standesbeamten, der das Geburtenbuch führt, mitzuteilen; dieser hat nach § 27 PStG einen Randvermerk zum Geburteneintrag des Kindes einzutragen.

11. Befreiung vom Eheverbot nach § 1308 I BGB (§ 186 Nr 4)

Die örtliche Zuständigkeit ergibt sich aus § 187 III, IV. Die Befreiung wird **20** nur auf Antrag nach § 1308 II BGB erteilt; das Verfahren ist vor der Eheschließung durchzuführen; eine nachträgliche Befreiung ist nicht vorgesehen. Der Antrag ist unzulässig, wenn offenkundig ist, dass das Ehefähigkeitszeugnis für ehefremde Zwecke missbraucht werden soll (OLG Düsseldorf, FamRZ 08, 277; OLG Naumburg, FamRZ 08, 276).

Die **Entscheidung** lautet auf Erteilung oder Versagung der Befreiung. Die **21** Befreiung soll nur versagt werden, wenn wichtige Gründe entgegenstehen

§ 199 Buch 2 – Verfahren in Familiensachen

(§ 1308 II 2 BGB). Die Erteilung wird mit der Bekanntmachung (§ 41) an die Verlobten, und zwar mit der zuletzt erfolgenden Bekanntmachung wirksam, die Versagung mit Bekanntmachung an den Antragsteller (§ 40 I). Die Entscheidung ist für den Standesbeamten bindend.

22 Die **Erteilung** der Befreiung ist **nicht anfechtbar** (Abs 3), auch wenn sie durch Beschluss des Landgerichts, der eine versagende Entscheidung aufhebt, erfolgt. Die Entscheidung, durch die die Befreiung **versagt** wird, ist mit der **Beschwerde** nach § 58 anfechtbar, der die Versagung bestätigende Beschluss des Beschwerdegerichts mit der Rechtsbeschwerde bei Zulassung (§ 70). **Beschwerdeberechtigt** ist jeder Verlobte bzw Ehegatte (§ 59 I, II). Eine Abänderung der Entscheidung oder die Wiederaufnahme ist ausgeschlossen, wenn die Ehe geschlossen worden ist (Abs 3, 2. Hs iVm § 1310 BGB).

Anwendung des Adoptionswirkungsgesetzes

199 Die Vorschriften des Adoptionswirkungsgesetzes bleiben unberührt.

1 Diese Vorschrift enthält eine **Ergänzung zu § 97 II** für das AdWirkG. § 97 II bestimmt für das Verhältnis zu völkerrechtlichen Vereinbarungen und Rechtsakten der Europäischen Gemeinschaft, dass die zur Umsetzung und Ausführung von Vereinbarungen und Rechtsakten iS des § 97 I erlassenen Bestimmungen unberührt bleiben. Diese Ergänzung ist notwendig, weil das AdWirkG über ein Gesetz zur Umsetzung und Ausführung von Rechtsakten nach § 97 I hinausgeht. § 199 besagt, dass die Vorschriften des AdWirkG als

2 **Spezialvorschrift** denjenigen dieses Gesetzes vorgehen (Einleitung 50; Rn 10, 11 zu § 187). Das AdWirkG gilt für die Annahme Minderjähriger dann, wenn diese auf einer ausländischen Entscheidung beruht oder ausländische Sachvorschriften zur Anwendung kommen. Dies gilt nicht nur dann, wenn auf die Annahme insgesamt ausländisches Recht zur Anwendung kommt (so: OLG Bremen, FamRZ 06, 1142; OLG Schleswig, FamRZ 06, 1462), sondern auch, wenn nur auf Teil- oder Vorfragen ausländische Sachnormen zur Anwendung kommen (BayObLG, FGPrax 05, 65; OLG Zweibrücken, Rpfleger 05, 256; OLG Stuttgart, FamRZ 04, 1124; FamRZ 07, 839; OLG Hamm, FGPrax 06, 211; OLG Karlsruhe, FamRZ 06, 1464); auch dann, wenn das ausländische Recht auf deutsches Recht zurückverweist (OLG Karlsruhe, Rpfleger 05, 428).

3 Auf Antrag stellt das Familiengericht fest, ob eine Annahme als Kind anzuerkennen oder wirksam ist. Dabei ist **zusätzlich festzustellen,** wenn das bisherige Eltern-Kind-Verhältnis erloschen ist, ob das Annahmeverhältnis einem nach deutschen Sachvorschriften begründeten Annahmeverhältnis gleich steht; andernfalls, dass das Annahmeverhältnis in Ansehung der elterlichen Sorge und der Unterhaltspflicht des Annehmenden einem nach deutschen Sachvorschriften begründeten Annahmeverhältnis gleich steht; in diesem Fall kann das Familiengericht auf Antrag nach § 3 AdWirkG unter den dort genannten Voraussetzungen aussprechen, dass das Kind die Rechtsstellung eines nach den deutschen Sachvorschriften angenommenen Kindes er-

§ 200 Ehewohnungssachen; Haushaltssachen　　　　　　　　　　§ 200

hält. § 4 AdWirkG behandelt die Antragsberechtigung und die Reichweite der Wirkungen der Entscheidungen, § 5 die Zuständigkeit und das Verfahren.

Abschnitt 6
Verfahren in Ehewohnungs- und Haushaltssachen

Ehewohnungssachen; Haushaltssachen

200 (1) **Ehewohnungssachen sind Verfahren**
1. **nach § 1361 b des Bürgerlichen Gesetzbuchs,**
2. **nach § 1568 a des Bürgerlichen Gesetzbuchs.**

(2) **Haushaltssachen sind Verfahren**
1. **nach § 1361 a des Bürgerlichen Gesetzbuchs,**
2. **nach § 1568 b des Bürgerlichen Gesetzbuchs.**

Übersicht

1. Anwendungsbereich	1
2. Wohnungszuweisung bei Getrenntleben	2
3. Wohnungszuweisung nach Scheidung	11
4. Haushaltverteilung bei Getrenntleben	17
5. Haushaltverteilung nach Scheidung	25

1. Anwendungsbereich

§ 200 bestimmt die Angelegenheiten, auf die die Verfahrensvorschriften **1** der §§ 200–209 anzuwenden sind. **Abs 1** behandelt die Ehewohnungssachen nach § 1361 b BGB bei Getrenntleben der Ehegatten (Nr 1) und nach § 1568 a BGB für die Zeit nach der Scheidung (Nr 2). **Abs 2** behandelt die Haushaltssachen nach § 1361 a BGB bei Getrenntleben (Nr 1) und nach § 1568 b BGB für die Zeit nach der Scheidung (Nr 2). In Lebenspartnerschaftssachen gelten die §§ 200 ff entspr (§ 269 I Nr 5, 6, § 270 I 2); nicht für nichteheliche Lebensgemeinschaften, jedoch Wohnungszuweisung nach § 2 GewSchG möglich.

2. Wohnungszuweisung bei Getrenntleben

Leben die Ehegatten voneinander getrennt oder will einer von ihnen **2** getrennt leben, kann ein Ehegatte verlangen, dass ihm der andere die Ehewohnung oder einen Teil zur alleinigen Benutzung überlässt, soweit dies notwendig ist, um eine unbillige Härte zu vermeiden, die insbesondere dann gegeben sein kann, wenn das Wohl von im Haushalt lebenden Kindern beeinträchtigt ist. § 1361 b BGB betrifft nur getrennt lebende Ehegatten, weil er auf der Fortwirkung der gegenseitigen Verantwortung nach § 1353 I BGB beruht. § 1361 BGB ermöglicht nur eine **vorläufige** Nutzungsregelung; **3** daher ist weder eine endgültige Wohnungszuweisung noch eine Umgestaltung des Mietverhältnisses möglich. Die Voraussetzungen des Getrenntlebens

§ 200 Buch 2 – Verfahren in Familiensachen

sind gegeben, wenn zwischen den Ehegatten keine häusliche Gemeinschaft besteht und ein Ehegatte sie erkennbar nicht herstellen will, weil er die eheliche Lebensgemeinschaft ablehnt (§ 1567 I 1 BGB). Eine Anordnung nach § 1361 b BGB kann aber auch schon bei bloßer Trennungsabsicht
4 ergehen. Unter den Begriff der **Ehewohnung** fallen alle zu Wohnzwecken geeigneten Räume, vorausgesetzt, dass sie von den Ehegatten oder einem von ihnen tatsächlich zum Wohnen benutzt wurden. Der Charakter als Ehewohnung geht nicht schon infolge des Auszuges eines Ehegatten verloren, wenn nicht besondere Umstände vorliegen, die auf eine fehlende Rückkehrabsicht schließen lassen. Nur wenn dieser Ehegatte innerhalb von sechs Monaten nach seinem Auszug dem anderen Ehegatten gegenüber eine ernstliche Rückkehrabsicht nicht bekundet hat, wird unwiderleglich vermutet, dass er die Ehe-
5 wohnung dem verbliebenen Ehegatten zur alleinigen Nutzung überlassen hat (§ 1361 b IV BGB). Die nach § 1361 b BGB auf Antrag eines Ehegatten zu treffende gerichtliche Anordnung hat nur **vorläufigen Charakter.** Dieser vorläufige Charakter bestimmt den Umfang der gerichtlichen Regelungsbefugnisse. Es darf daher in bestehende Rechtsverhältnisse nicht eingegriffen werden, insbesondere ist eine Regelung mit Außenwirkung gegenüber einem Dritten, dem Vermieter, etwa durch Umgestaltung eines Mietverhältnisses auch nicht mit Zustimmung des anderen Ehegatten möglich, weil dies einer endgültigen Regelung des Rechtsverhältnisses an der Ehewohnung gleich käme (OLG Hamm, FamRZ 00, 1102). Im Rahmen des § 1361 b BGB kann auch die Wiedereinräumung des durch verbotene Eigenmacht entzogenen Besitzes angeordnet werden (Keidel/Giers, Rn 7 zu § 200); bei Beschränkung des Anspruchs auf die vorher bestehende Besitzlage ohne Regelung der Wohnungszuweisung finden §§ 861, 862 BGB Anwendung; es handelt sich
6 dann um eine sonstige Familiensache (§ 266 I Nr 3). Dementsprechend ist in diesen Verfahren auch eine Beteiligung **Dritter nicht** vorgesehen; eine **Ausnahme** bildet nur die Anhörung des **Jugendamtes** nach § 205, wenn Kinder im Haushalt der Ehegatten leben. Voraussetzung für die Zuweisung der Ehewohnung an einen Ehegatten ist die Vermeidung einer unbilligen Härte, wobei das Wohl der Kinder, auch volljähriger Kinder, vorrangig zu berücksichtigen ist. Die Ehewohnung wird daher auch vorrangig dem Elternteil zuzuweisen sein, dem die elterliche Sorge übertragen wurde oder voraussichtlich übertragen werden wird (§ 1361 b I 2 BGB). In der Regel ist die alleinige Benutzung der Ehewohnung einem Ehegatten bei **vollzogener oder angedrohter Gewalt** (§ 1361 II 1 BGB) zu überlassen. Die Voraussetzungen für die Wohnungszuweisung zur alleinigen Nutzung sind hierauf jedoch nicht
7 beschränkt; notwendig ist vielmehr eine Gesamtwürdigung. Den Ehegatten, der die alleinige Wohnungszuweisung beantragt, trifft die **Darlegungslast.** Er muss die Umstände, aus denen er die Voraussetzungen für eine alleinige Wohnungszuweisung herleitet, konkret darlegen. Für die fehlende Wieder-
8 holungsgefahr bei Anwendung oder Drohung von Gewalt trägt der Täter die Beweislast (§ 1361 b II 2 BGB). Der **Grundsatz** ist die Zuweisung der **gesamten** Wohnung; nur ausnahmsweise kommt eine **Aufteilung** in Be-
9 tracht (OLG Hamm, FamRZ 89, 739, OLG Frankfurt, FamRZ 96, 289). Das Gericht kann im Zusammenhang mit der Wohnungszuweisung **Schutz- und Durchführungs-Anordnungen** nach § 209 I treffen. Es kann auch anord-

nen, dass der nutzungsberechtigte Ehegatte eine **Vergütung** für die Nutzung zu zahlen hat, wenn dies der Billigkeit entspricht (§ 1361 b III 2 BGB); dies gilt auch bei freiwilliger Überlassung an den verbleibenden Ehegatten. Die unter der Voraussetzung des Getrenntlebens getroffene Anordnung **verliert** ihre **Wirkung** mit Scheidung der Ehe, im Falle des § 1361 b IV BGB, wenn nicht innerhalb der sechsmonatigen Frist die ernstliche Rückkehrabsicht bekundet wird und bei Wiederaufnahme der häuslichen Gemeinschaft (OLG Zweibrücken, FamRZ 91, 848; OLG Brandenburg, FamRZ 00, 1102). 10

3. Wohnungszuweisung nach Scheidung

Können sich die Ehegatten anlässlich der Scheidung nicht darüber einigen, wer von ihnen die Ehewohnung künftig bewohnen soll, trifft das Gericht diese Regelung **auf Antrag.** Voraussetzung für das Verfahren ist ein Antrag eines Ehegatten (§ 203 I); der Gesetzestext enthält nicht mehr ausdrücklich eine fehlende Einigung der Ehegatten wie bisher § 1 I HausratsVO; das Gesetz geht davon aus, dass ohne ausdrückliche Erwähnung im Gesetzestext ein Regelungsinteresse für ein gerichtliches Verfahren entfällt, wenn sich die Ehegatten bereits ganz oder teilweise geeinigt haben. Über die Wohnungszuweisung entscheidet das Gericht unter Berücksichtigung aller Umstände des Einzelfalles, insbesondere des Wohls der Kinder und der Erfordernisse des Gemeinschaftslebens; es kommt auf eine Gesamtwürdigung aller Umstände im Zeitpunkt der Entscheidung an; künftige Ereignisse sind zu berücksichtigen, wenn sie sicher vorhersehbar sind. Während das Gericht auf der Grundlage des § 5 HausratsVO die Rechtsverhältnisse an der Ehewohnung nach billigem Ermessen gestalten konnte, entscheidet es nunmehr im Rahmen eines Sachantrags eines Ehegatten (§ 203 I iVm § 1568 a I BGB) über **Begründung oder Fortsetzung** eines Mietverhältnisses. Die Umgestaltung des Mietverhältnisses tritt mit Rechtskraft der Entscheidung kraft Gesetzes ein. Die Wohnungszuweisung darf nur an den geschiedenen Ehegatten, nicht an einen Dritten, erfolgen. Sie setzt voraus, dass das Mietverhältnis nicht bereits durch eine wirksame Kündigung des Vermieters beendet ist. Die Gestaltung des Rechtsverhältnisses an der Mietwohnung umfasst nicht die Befugnis zur Auflösung eines von dem Vermieter bereits eingegangenen weiteren Mietverhältnisses über die Ehewohnung. Mit der Zuweisung der alleinigen Benutzung der Ehewohnung an einen Ehegatten kann die Verpflichtung zur **Räumung** durch den anderen verbunden werden; dem anderen Ehegatten kann auch eine Räumungsfrist bewilligt werden. Das Gericht kann, wenn beide Ehegatten Mieter sind, anordnen, dass das Mietverhältnis nach der Scheidung mit einem Ehegatten fortgesetzt wird und der andere aus dem Mietverhältnis ausscheidet. Das Gericht kann auch, wenn der Mietvertrag nur mit einem Ehegatten besteht, anordnen, dass dieser aus dem Mietverhältnis ausscheidet und es mit dem anderen fortgesetzt wird (§ 1568 a III BGB). Dem Vermieter steht in diesen Fällen bei wichtigem Grund ein Sonderkündigungsrecht zu (§ 1568 a III 2 BGB); im Einzelnen: Johannsen/Henrich/Götz, Rn 38 zu § 1568 a BGB. Die Umgestaltung des Mietvertrages beschränkt sich auf den **Personenwechsel;** Änderungen des Vertragsinhaltes sind nur mit Zustimmung des Vermieters möglich. 11

12

13

§ 200 Buch 2 – Verfahren in Familiensachen

Besteht kein Mietverhältnis, können sowohl der zur Überlassung berechtigte Ehepartner als auch die zur Vermietung berechtigte Person die Begründung eines Mietverhältnisses zu ortsüblichen Bedingungen verlangen (§ 1568a V BGB). Wenn die Begründung eines unbefristeten Mietverhältnisses für den Vermieter unbillig wäre, kann eine angemessene Befristung des Mietverhältnisses durch den Vermieter verlangt werden (§ 1568a V 2 BGB). Eine **Nutzungsentschädigung** ist nicht vorgesehen, weil der Nutzungsberechtigte infolge der geänderten gesetzlichen Gestaltung durch Eintritt in das Mietvertragsverhältnis, dessen Fortsetzung oder Begründung eines neuen Mietvertrages zur Mietzahlung verpflichtet wird. Ausnahmsweise kann sie in Betracht kommen, wenn der Berechtigte sich auf die bloße, gesetzlich nicht mehr vorgesehene Nutzungsüberlassung beschränkt (Keidel/Giers, Rn 19 zu § 200). Eine bisher nach § 5 I 2 HausratsVO mögliche Sicherung der aus dem Mietverhältnis herrührenden Ansprüche des Vermieters durch Anordnung einer Mithaftung oder einer Sicherheitsleistung sieht das Gesetz nicht mehr vor.

15 Ist einer der Ehegatten allein oder gemeinsam mit einem Dritten **Eigentümer** des Hauses, in dem sich die Ehewohnung befindet, soll diese dem anderen Ehegatten nur zugewiesen werden, wenn dies notwendig ist, um eine unbillige Härte zu vermeiden. Das Gleiche gilt, wenn einem Ehegatten allein oder gemeinsam mit einem Dritten Wohnungseigentum, ein Dauerwohnrecht, der Nießbrauch, das Erbbaurecht oder ein dingliches Wohnrecht an dem Grundstück zusteht, auf dem sich die Ehewohnung befindet (§ 1568a II

16 BGB). Eine Wohnung, die die Ehegatten auf Grund eines **Dienst- oder Arbeitsverhältnisses** innehaben, das zwischen einem von ihnen und einem Dritten besteht, soll dem anderen Ehegatten nur zugewiesen werden, wenn der Dritte einverstanden ist oder dies notwendig ist, um eine schwere Härte zu vermeiden (§ 1568a IV BGB).

4. Haushaltsverteilung bei Getrenntleben

17 Leben die Ehegatten getrennt, kann jeder von ihnen die ihm gehörenden Haushaltsgegenstände von dem anderen Ehegatten herausverlangen (§ 1361a

18 I 1 BGB). § 1361a BGB ist ebenso wie § 1361b BGB Grundlage für **vorläufige Maßnahmen** des Gerichts bei Getrenntleben. Es dürfen daher keine endgültigen Regelungen zur Verteilung des Hausrats, auch keine rechtsgestaltenden Regelungen mit Außenwirkung gegenüber Dritten getroffen werden.

19 Als **Haushaltsgegenstände** sind alle Gegenstände anzusehen, die für die Wohnung, den Haushalt und das Zusammenleben der Familie bestimmt sind (OLG Köln, FamRZ 02, 322). Kriterien sind die Eignung und die tatsächliche

20 Verwendung. **Nicht Gegenstand** der Verteilung sind zum persönlichen Gebrauch bestimmte Sachen und solche, die überwiegend beruflichen Zwecken dienen; nicht in den Anwendungsbereich des § 1361a BGB fallen Ansprüche aus Verträgen über die Auseinandersetzung des Hausrats (OLG Karlsruhe, NJW-RR 07, 81 mwN); Schadensersatzansprüche, die sich auf Hausrats-

21 gegenstände beziehen (BGH, NJW 80, 192), insbesondere aus deren Veräußerung (BGH, FamRZ 88, 155). § 1361a BGB ist **keine Grundlage** zur Regelung von **Eigentumsverhältnissen.** Die Billigkeitsregelung dieser Vor-

schrift hat **Vorrang** gegenüber § 985 BGB. Ein Ehegatte kann danach auch verpflichtet sein, ihm gehörende Haushaltsgegenstände dem anderen Ehegatten zum Gebrauch zu überlassen, soweit dieser sie zur Führung eines abgesonderten Haushaltes benötigt und die Überlassung nach den Umständen des Falles der Billigkeit entspricht (§ 1361 a I 2 BGB). Dabei sind insbesondere die Interessen der Kinder zu berücksichtigen. Die Eigentumsverhältnisse bleiben hiervon unberührt; die Sachen werden lediglich zum Gebrauch überlassen. Es kann auch eine wechselseitige Überlassung von Haushaltsgegenständen angeordnet werden.

Haushaltsgegenstände, die den Ehegatten **gemeinsam gehören,** werden zwischen ihnen nach dem Grundsatz der Billigkeit verteilt (§ 1361 a II BGB). Nach dem sich aus § 1568 b II BGB ergebenden entspr anwendbaren Grundsatz wird vermutet, dass der während der Ehe für den gemeinsamen Haushalt angeschaffte Hausrat beiden Ehegatten gemeinsam gehört, sofern nicht das Alleineigentum eines Ehegatten feststeht. Eine **Nutzungsvergütung** kann nach § 1361 a III 2 BGB aus Billigkeitsgründen sowohl dann festgesetzt werden, wenn ein Ehegatte in seinem Eigentum stehende Gegenstände dem anderen überlässt, als auch dann, wenn gemeinschaftliche Gegenstände verteilt werden. Die vorläufige Regelung nach § 1361 a BGB **verliert** ihre **Wirkung** mit dem Eintritt der Wirksamkeit der Scheidung oder einer Wiederaufnahme der häuslichen Gemeinschaft. 22

23

24

5. Haushaltsverteilung nach Scheidung

Die Verteilung der Haushaltsgegenstände nach Scheidung beruht auf der materiell-rechtlichen Grundlage des § 1568 b BGB. Das Gericht entscheidet nach billigem Ermessen unter Berücksichtigung des Wohls der Kinder und der Erfordernisse des Gemeinschaftslebens. Bei der von dem Gericht vorzunehmenden Verteilung ist davon auszugehen, dass Hausrat, der während der Ehe für den gemeinsamen Haushalt angeschafft wurde, als **gemeinsames Eigentum** gilt, es sei denn, dass das Alleineigentum eines Ehegatten feststeht (§ 1568 b II BGB). Gegenstände, die nach der endgültigen Trennung von einem Ehegatten für einen gesonderten Haushalt erworben wurden, gehören nicht zu dem etwa zu verteilenden Hausrat (BGH, FamRZ 84, 144). Im Übrigen ist **maßgebender Zeitpunkt** für die Anschaffung der Haushaltsgegenstände der Zeitpunkt der Rechtskraft der Scheidung, bei gemeinsamer Verhandlung und Entscheidung der der letzten mündlichen Verhandlung in der Ehesache. 25

26

Das **Verfahren** unterliegt dem **Amtsermittlungsgrundsatz** (§ 26) mit der Maßgabe, dass das Verfahren nur **auf Antrag** (§ 203) **eingeleitet** wird und die Ehegatten konkrete **Mitwirkungspflichten** (§ 27) haben; diese betreffen nach § 206 die Angabe des Antragstellers, welche Haushaltsgegenstände er begehrt (Nr 1) und eine Aufstellung der Ehegatten über sämtliche vorhandenen Haushaltsgegenstände (Nr 2). 27

Durch die Anordnung der Zuweisung von Haushaltsgegenständen erwirbt der Ehegatte, dem sie zugewiesen werden, Alleineigentum; wenn es der Billigkeit entspricht, soll das Gericht diesem Ehegatten zu Gunsten des ande- 28

§ 201 Buch 2 – Verfahren in Familiensachen

ren eine **Ausgleichszahlung** auferlegen, sofern dieser es verlangt (§ 1568 b III BGB); dieser Antrag kann auch isoliert geltend gemacht werden.

Örtliche Zuständigkeit

201 Ausschließlich zuständig ist in dieser Rangfolge:
1. **während der Anhängigkeit einer Ehesache das Gericht, bei dem die Ehesache im ersten Rechtszug anhängig ist oder war;**
2. **das Gericht, in dessen Bezirk sich die gemeinsame Wohnung der Ehegatten befindet;**
3. **das Gericht, in dessen Bezirk der Antragsgegner seinen gewöhnlichen Aufenthalt hat;**
4. **das Gericht, in dessen Bezirk der Antragsteller seinen gewöhnlichen Aufenthalt hat.**

1. Örtliche Zuständigkeit

1 § 201 bestimmt die **ausschließliche** Zuständigkeit für die in § 200 aufgeführten Angelegenheiten in der Rangfolge der Nr 1–4.

2 Nach **Nr 1** ist während der Anhängigkeit einer Ehesache (Rn 4 zu § 124), nicht lediglich einer Folgesache nach Rechtskraft des Scheidungsurteils, das Gericht örtlich zuständig, bei dem die **Ehesache** im ersten Rechtszug anhängig ist oder war; diese Vorschrift kommt nicht zur Anwendung, wenn die Hausratssache bereits in der zweiten Instanz anhängig ist. Die Anhängigkeit der Ehesache endet mit Rücknahme des Antrags, übereinstimmende Erledigung, Rechtskraft des Scheidungsurteils, Tod eines Ehegatten (Keidel/Giers, Rn 4 zu § 201).

3 Ist eine Ehesache nicht oder noch nicht anhängig, ist das Gericht zuständig, in dessen Bezirk sich die **gemeinsame Wohnung** der Ehegatten
4 befindet; Anknüpfungspunkt ist damit zugleich der gemeinsame gewöhnliche Aufenthalt der Ehegatten (Nr 2). Leben die Ehegatten nicht mehr in einer gemeinsamen Wohnung, ist zunächst das Gericht zuständig, in dessen
5 Bezirk der **Antragsgegner** seinen gewöhnlichen Aufenthalt hat (Nr 3). Fehlt ein gewöhnlicher Aufenthalt des Antragsgegners im Inland, ist das Gericht zuständig, in dessen Bezirk der **Antragsteller** seinen gewöhnlichen Aufenthalt hat (Nr 4). Der gewöhnliche Aufenthalt wird von einer auf längere Dauer angelegten sozialen Eingliederung und der tatsächlichen Situation gekennzeichnet, die den Aufenthalt als Mittelpunkt der Lebensführung ausweist. Stellen beide Ehegatten bei unterschiedlichen Gerichten Anträge auf Wohnungszuweisung oder Hausratsverteilung, ist das Gericht zuständig, das **zuerst** mit der Angelegenheit befasst worden ist (§ 2 I); das ist das Gericht, bei dem zuerst ein Antrag eingegangen ist (Keidel/Giers, Rn 2 zu § 201).

2. Kosten (Einl 76)

6 Verfahrenswert: § 48 FamGKG; Gebühren: Hauptabschnitt 3, Abschnitt 2 des Kostenverzeichnisses.

Abgabe an das Gericht der Ehesache

202 Wird eine Ehesache rechtshängig, während eine Ehewohnungs- oder Haushaltssache bei einem anderen Gericht im ersten Rechtszug anhängig ist, ist diese von Amts wegen an das Gericht der Ehesache abzugeben. § 281 Abs. 2 und 3 Satz 1 der Zivilprozessordnung gilt entsprechend.

§ 202 sichert die **Zuständigkeitskonzentration** bei dem Gericht der 1 Ehesache nach § 123; danach sind, wenn Ehesachen, die dieselbe Ehe betreffen, bei verschiedenen Gerichten im ersten Rechtszug anhängig sind, diese an das Gericht der Ehesache abzugeben, die **zuerst rechtshängig** (Rn 4 zu § 123) geworden ist. § 202 bestimmt für diesen Fall, dass eine Ehewohnungs- oder Haushaltssache, die bei einem anderen Gericht im ersten Rechtszug anhängig ist, auch ein Verfahren auf Erlass einer einstweiligen Anordnung, von diesem von Amts wegen an das Gericht der Ehesache abzugeben ist. Entsprechende Anträge und Erklärungen zur Zuständigkeit des Gerichts kön- 2 nen vor dem **Urkundsbeamten der Geschäftsstelle** abgegeben werden, der daraufhin ergehende gerichtliche Beschluss ist **unanfechtbar**. Das Verfahren 3 wird bei dem im Beschluss bezeichneten Gericht mit Eingang der Akten anhängig. Der Beschluss ist für dieses Gericht bindend (S 2 iVm § 281 II 4 ZPO). Die im Verfahren vor dem angegangenen Gericht erwachsenen Kosten werden als Teil der Kosten behandelt, die bei dem im Beschluss bezeichneten Gericht erwachsen (S 2 iVm § 281 III 1 ZPO); eine dem § 281 III 2 ZPO entsprechende Vorschrift, dass dem Antragsteller die entstandenen Mehrkosten auch dann aufzuerlegen sind, wenn er in der Hauptsache obsiegt, ist nicht einbezogen worden, weil für die Kostenverteilung nach diesem Gesetz das Verursacherprinzip aufgegeben wird.

Antrag

203 (1) Das Verfahren wird durch den Antrag eines Ehegatten eingeleitet.

(2) **Der Antrag in Haushaltssachen soll die Angabe der Gegenstände enthalten, deren Zuteilung begehrt wird. Dem Antrag in Haushaltssachen nach § 200 Abs. 2 Nr. 2 soll zudem eine Aufstellung sämtlicher Haushaltsgegenstände beigefügt werden, die auch deren genaue Bezeichnung enthält.**

(3) **Der Antrag in Ehewohnungssachen soll die Angabe enthalten, ob Kinder im Haushalt der Ehegatten leben.**

Das Verfahren wird entsprechend dem bisherigen § 1 HausratsVO **auf** 1 **Antrag** eines Ehegatten eingeleitet (Abs. 1 iVm §§ 1568 a I, 1568 b I BGB; § 23). Dieser ist nunmehr auch Sachantrag. Auch ein Dritter kann im Fall des § 1568 a V BGB antragsberechtigt sein, wenn er eine „zur Vermietung berechtigte Person" ist. Die Anträge können gegenüber dem zuständigen Gericht schriftlich (§ 201) oder zur Niederschrift der Geschäftsstelle abgegeben

§ 204

werden (§ 25 I). Zur Niederschrift der Geschäftsstelle können die Anträge bei der Geschäftsstelle eines jeden Amtsgerichts abgegeben werden (§ 25 II).

2 Die Verfahren nach § 200 unterliegen dem **Amtsermittlungsgrundsatz** nach § 26. In den Antragsverfahren (Abs 1) trifft die Beteiligten jedoch
3 insoweit eine gewisse **Darlegungslast**, als es ihnen obliegt, durch Vorbringen des ihnen bekannten Sachverhalts und Angabe der ihnen bekannten Beweismittel dem Gericht Anhaltspunkte dafür zu liefern, in welche Richtung es seine Ermittlungen ansetzen kann; insbesondere kann von dem Antragsteller erwartet werden, dass er die ihm bekannten Umstände vorbringt und die ihm bekannten Beweismittel benennt (Keidel/Giers, Rn 5 zu § 203; BGH, NJW 85, 1902; BayObLG, NJW-RR 01, 1446 und 02, 726). Diese **Mitwirkungspflicht** der Beteiligten, die in § 27 allgemein geregelt ist, wird durch Abs 2 und 3 **konkretisiert;** diese werden **ergänzt** durch die besonderen Vorschriften in Haushaltssachen des § 206.

4 **Abs 2** betrifft Anträge in **Haushaltssachen** nach § 200 II Nr 1 und 2. Der Antragsteller soll die Gegenstände angeben, deren Zuteilung er begehrt. Damit wird der Umfang seines Antrages konkretisiert.

5 **Abs 2 S 2** betrifft die Verteilung der Haushaltsgegenstände nach der Scheidung (§ 200 II Nr 2). Diese Vorschrift enthält **zusätzliche** Anforderungen an die Begründung dieses Antrags. In diesem Fall soll eine Aufstellung **sämtlicher** Hausratsgegenstände mit deren genauer Bezeichnung beigefügt werden. Die Kenntnis dieser Gegenstände ist notwendig, um eine gerichtliche Entscheidung über die Verteilung zu ermöglichen. Die genaue Bezeichnung der einzelnen Gegenstände muss den **Anforderungen** entsprechen, die an einen Vollstreckungstitel zu richten wären.

6 Der Antrag in **Ehewohnungssachen** (Abs 3) soll die Angabe enthalten, ob Kinder im Haushalt der Ehegatten leben; diese sind mit Altersangabe im Einzelnen aufzuführen. Die Vorschrift ist nicht auf gemeinsame Kinder der Ehegatten beschränkt.

7 Bei den Anforderungen an Antrag und Begründung nach Abs 2 und 3 handelt es sich um **Soll**vorschriften. Ihre Nichtbeachtung darf daher nicht zur Zurückweisung des Antrags als unzulässig führen. Das Gericht hat vielmehr nach § 28 ggf auf Vervollständigung hinzuwirken.

Beteiligte

204 (1) **In Ehewohnungssachen nach § 200 Abs. 1 Nr. 2 sind auch der Vermieter der Wohnung, der Grundstückseigentümer, der Dritte (§ 1568a Absatz 4 des Bürgerlichen Gesetzbuchs) und Personen, mit denen die Ehegatten oder einer von ihnen hinsichtlich der Wohnung in Rechtsgemeinschaft stehen, zu beteiligen.**

(2) **Das Jugendamt ist in Ehewohnungssachen auf seinen Antrag zu beteiligen, wenn Kinder im Haushalt der Ehegatten leben.**

1 **Erlangung der Beteiligtenstellung.** Nach § 7 I ist der Antragsteller kraft Gesetzes Beteiligter. Nach § 7 II sind zwingend hinzuzuziehen diejenigen, deren Recht durch das Verfahren unmittelbar betroffen werden kann (Nr 1),

§ 205 Anhörung des Jugendamts in Ehewohnungssachen § 205

und die Personen, die bei den einzelnen Angelegenheiten dieses Gesetzes als zwingend **Hinzuzuziehende** bestimmt werden. § 204 bestimmt die nach 2 § 7 II Nr 2 hinzuzuziehenden Personen für **Ehewohnungssachen** anlässlich einer Scheidung (§ 200 II Nr 2). Die Vorschrift entspricht dem bisherigen § 7 der HausratsVO. Außer dem Ehegatten, der Antragsgegner ist (§ 7 II Nr 1) sind danach auch hinzuzuziehen der Vermieter der Ehewohnung, der Grundstückseigentümer, der Dienstherr (§ 1568a IV BGB) und Personen, mit denen die Ehegatten oder einer von ihnen hinsichtlich der Ehewohnung in Rechtsgemeinschaft stehen. Der **Vermieter** ist hinzuzuziehen, weil eine gerichtliche Gestaltung des Mietverhältnisses möglich ist, die auch Auswirkungen auf ihn hat. Die Notwendigkeit seines Einverständnisses ist entfallen; er hat jedoch ein Sonderkündigungsrecht nach § 1568a III 2 BGB. Dies gilt auch für den Untervermieter, wenn die Ehegatten zur Untermiete wohnen; ferner die dinglich Berechtigten nach (§ 1568a II BGB; ferner diejenigen, die durch einen gestaltenden Eingriff in eine Dienst- oder Werkswohnung (§ 1568a IV BGB) betroffen sein können. Mit den Ehegatten oder einem von ihnen in Rechtsgemeinschaft können leben Untermieter, nahe Angehörige; auch der neue Ehegatte eines geschiedenen Ehegatten. Stellt die zur Vermietung berechtigte Person einen Antrag auf Begründung eines Mietverhältnisses nach § 1568a V BGB, ist sie als Antragsteller beteiligt (§ 7 I).

Das **Jugendamt** ist in Ehewohnungssachen sowohl bei solchen während 3 des Getrenntlebens als auch bei solchen anlässlich der Scheidung nach Abs 2 **auf seinen Antrag** hinzuzuziehen, wenn Kinder im Haushalt der Ehegatten leben (§ 7 II Nr 2). Das Jugendamt ist auch, ohne dass es auf seinen Antrag hinzugezogen wird, nach § 205 I anzuhören.

Anhörung des Jugendamts in Ehewohnungssachen

205 (1) In Ehewohnungssachen soll das Gericht das Jugendamt anhören, wenn Kinder im Haushalt der Ehegatten leben. Unterbleibt die Anhörung allein wegen Gefahr im Verzug, ist sie unverzüglich nachzuholen.

(2) **Das Gericht hat in den Fällen des Absatzes 1 Satz 1 dem Jugendamt die Entscheidung mitzuteilen. Gegen den Beschluss steht dem Jugendamt die Beschwerde zu.**

In **Ehewohnungssachen** während des Getrenntlebens (§ 200 I Nr 1) und 1 anlässlich der Ehescheidung (§ 200 I Nr 2) soll das Gericht das **Jugendamt anhören,** wenn (minderjährige) Kinder im Haushalt der Ehegatten leben. Diese Vorschrift trägt dem Umstand Rechnung, dass die Zuweisung der Wohnung im Regelfall erhebliche Auswirkungen auf das Wohl der Kinder hat. Die Vorschrift knüpft an an den bisherigen § 49a II FGG, der jedoch die Anhörung des Jugendamtes nur bei ablehnenden Entscheidungen vorsah. Nunmehr ist das Jugendamt in jedem Fall anzuhören, unabhängig davon, wie das Verfahren voraussichtlich enden wird; von der Anhörung kann abgesehen werden, wenn keine erheblichen Erkenntnisse zu erwarten sind. Unterbleibt die Anhörung allein wegen Gefahr im Verzug, ist sie unverzüglich **nach-**

§ 206 Buch 2 – Verfahren in Familiensachen

zuholen (Abs 1 S 2). Das Jugendamt wird nicht durch die Anhörung Beteiligter (§ 7 V), es kann auf Antrag eine Beteiligtenstellung erhalten (§ 204 II); wenn es diesen Antrag stellt, ist die Beteiligung zwingend vorgeschrieben.

2 Dem Jugendamt ist, wenn Kinder im Haushalt der Ehegatten leben (Abs 2 iVm Abs 1 S 1), die Entscheidung über die Wohnungszuweisung auch dann **mitzuteilen,** wenn es nicht beteiligt ist. Es hat, auch wenn es in erster Instanz nicht beteiligt war, das Recht gegen die Entscheidung **Beschwerde** einzulegen (Abs 2 S 2) und erlangt dadurch die Beteiligtenstellung in zweiter Instanz.

Besondere Vorschriften in Haushaltssachen

206 (1) **Das Gericht kann in Haushaltssachen jedem Ehegatten aufgeben,**

1. **die Haushaltsgegenstände anzugeben, deren Zuteilung er begehrt,**
2. **eine Aufstellung sämtlicher Haushaltsgegenstände einschließlich deren genauer Bezeichnung vorzulegen oder eine vorgelegte Aufstellung zu ergänzen,**
3. **sich über bestimmte Umstände zu erklären, eigene Angaben zu ergänzen oder zum Vortrag eines anderen Beteiligten Stellung zu nehmen oder**
4. **bestimmte Belege vorzulegen**

und ihm hierzu eine angemessene Frist setzen.

(2) Umstände, die erst nach Ablauf einer Frist nach Absatz 1 vorgebracht werden, können nur berücksichtigt werden, wenn dadurch nach der freien Überzeugung des Gerichts die Erledigung des Verfahrens nicht verzögert wird oder wenn der Ehegatte die Verspätung genügend entschuldigt.

(3) Kommt ein Ehegatte einer Auflage nach Absatz 1 nicht nach oder sind nach Absatz 2 Umstände nicht zu berücksichtigen, ist das Gericht insoweit zur weiteren Aufklärung des Sachverhalts nicht verpflichtet.

1. Inhalt des Antrags

1 § 206 ergänzt § 203. Nach § 203 II 1 soll der Antrag in Haushaltssachen nach § 200 II Nr 1 und Nr 2 die Angabe der Gegenstände enthalten, deren Zuteilung begehrt wird. Das Fehlen dieser Angabe bewirkt nicht die Unzulässigkeit des Antrags; vielmehr soll das Gericht auf Ergänzung hinwirken (§ 28).

2 Abs 1 Nr 1 konkretisiert diese allgemeine **Hinweispflicht** durch die Wiederholung, dass die Haushaltsgegenstände anzugeben sind, deren Zuteilung begehrt wird. Ferner soll entsprechend § 203 II 1, der die Haushaltsverteilung anlässlich der Ehescheidung behandelt, eine Aufstellung sämtlicher Haushaltsgegenstände einschließlich deren genauer Bezeichnung vorgelegt oder eine vorgelegte Aufstellung ergänzt werden. Nach Nr 3 kann das Gericht den Ehegatten aufgeben, bestimmte Umstände zu erklären, eigene Angaben zu ergänzen oder zum Vortrag eines anderen Beteiligten Stellung zu nehmen oder nach Nr 4 bestimmte Belege vorzulegen. Dies kann notwendig sein, um hinsichtlich der Einzelgegenstände deren Verbleib, deren Eigentumslage, die

Umstände und den Zeitpunkt der Anschaffung und deren Wert zu klären. Hierzu soll eine angemessene Frist gesetzt werden (Abs 1 S 1).

2. Fehlende oder verspätete Angaben

Abs 2 und Abs 3 enthalten **Präklusionsregelungen** für den Fall, dass der 3 oder die Ehegatten einer Auflage nach Abs 1 nicht nachkommen, Umstände, die nach Fristablauf vorgebracht werden, können danach nur berücksichtigt werden, wenn dadurch nach der freien Überzeugung des Gerichts die Erledigung des Verfahrens nicht verzögert wird, oder wenn der Ehegatte die Verspätung genügend entschuldigt. Kommt ein Ehegatte einer Auflage nach Abs 1 überhaupt nicht nach oder ist sein Vorbringen nach Fristablauf wegen dadurch möglicher Verzögerung des Verfahrens und wegen nicht hinreichender Entschuldigung der Verspätung nicht zu berücksichtigen, ist das Gericht nach **Abs 3** insoweit zur weiteren Aufklärung des Sachverhalts nicht verpflichtet; der **Amtsermittlungsgrundsatz** wird **eingeschränkt.** Setzt das 4 Gericht jedoch in Bezug auf andere Umstände seine Amtsermittlung fort, kann auch das verspätete Vorbringen eines Ehegatten nicht ausgeschlossen werden, weil dann das Verfahren hierdurch nicht verzögert wird (Keidel/Giers, Rn 11 zu § 206).

Erörterungstermin

207 Das Gericht soll die Angelegenheit mit den Ehegatten in einem Termin erörtern. Es soll das persönliche Erscheinen der Ehegatten anordnen.

Das Gericht soll die Angelegenheit mit den Ehegatten in einem Termin erörtern (§ 32) und zu diesem Zweck das persönliche Erscheinen der Ehegatten anordnen (§ 33). § 207 ist eine Sollvorschrift, von der jedoch nur in Ausnahmefällen abgewichen werden soll. Unter den Voraussetzungen des § 33 I 2 kann die Anhörung eines Beteiligten in Abwesenheit des anderen Beteiligten stattfinden (Rn 4 zu § 33). Die Vorschrift dient der Aufklärung des Sachverhalts (§ 26) und der Gewährung rechtlichen Gehörs für die Beteiligten (§ 37 II); sie gibt Gelegenheit, auf eine gütliche Einigung hinzuwirken (§ 36 I 2).

Tod eines Ehegatten

208 Stirbt einer der Ehegatten vor Abschluss des Verfahrens, gilt dieses als in der Hauptsache erledigt.

Diese Vorschrift bestimmt in Anlehnung an die für Ehesachen geltende Vorschrift des § 131, dass das Verfahren bei Tod **eines Ehegatten** vor dessen Abschluss als in der Hauptsache erledigt gilt. Die Vorschrift trägt dem Umstand Rechnung, dass die Rechte der Ehegatten aus den speziellen Vorschriften über die Zuweisung von Wohnung und Haushalt höchstpersönlich und nicht vererblich sind; sie sollen daher mit dem Tod eines Ehegatten endgültig abgeschlossen sein.

Durchführung der Entscheidung, Wirksamkeit

209 (1) **Das Gericht soll mit der Endentscheidung die Anordnungen treffen, die zu ihrer Durchführung erforderlich sind.**

(2) **Die Endentscheidung in Ehewohnungs- und Haushaltssachen wird mit Rechtskraft wirksam. Das Gericht soll in Ehewohnungssachen nach § 200 Abs. 1 Nr. 1 die sofortige Wirksamkeit anordnen.**

(3) **Mit der Anordnung der sofortigen Wirksamkeit kann das Gericht auch die Zulässigkeit der Vollstreckung vor der Zustellung an den Antragsgegner anordnen. In diesem Fall tritt die Wirksamkeit in dem Zeitpunkt ein, in dem die Entscheidung der Geschäftsstelle des Gerichts zur Bekanntmachung übergeben wird. Dieser Zeitpunkt ist auf der Entscheidung zu vermerken.**

1. Anordnungen zur Durchführung der Entscheidung

1   Abs 1 bestimmt ebenso wie der bisherige § 15 HausratsVO, dass das Gericht in seiner Endentscheidung die Anordnungen treffen kann, die zu ihrer Durchführung erforderlich sind. Diese Maßnahmen richten sich nach dem Inhalt der Entscheidung. Sie können sich auch gegen Dritte, einen neuen Partner
2   des räumungspflichtigen Ehegatten, richten. Bei einer **Wohnungszuweisung** kann in Betracht kommen das Verbot des Betretens der Ehewohnung ohne Zustimmung des Berechtigten; ferner eine Räumungsanordnung, ggf mit Bewilligung einer Räumungsfrist (§§ 721, 765a ZPO). Die Entscheidung über die Fristbestimmung erfolgt nach billigem Ermessen, die Festsetzung der Räumungsfrist wird mit Rechtskraft wirksam (OLG Nürnberg, FamRZ 00, 1104). Die Räumungsfrist kann nachträglich bewilligt oder geändert werden, wenn sich die tatsächlichen Voraussetzungen geändert haben (OLG Bamberg, FamRZ 01, 691).

3   In Endentscheidungen über die Verteilung des **Haushalts** ist eine Herausgabeanordnung zu treffen, weil allein auf Grund der Zuweisung von Haushaltsgegenständen eine Vollstreckung nach § 95 I 2 iVm § 883 ZPO nicht erfolgen kann.

2. Wirksamkeit, sofortige Wirksamkeit

4   Die Endentscheidungen in Ehewohnungs- und Haushaltssachen werden abweichend von dem allgemeinen Grundsatz der Wirksamkeit mit Bekanntgabe nach § 40 I mit **formeller Rechtskraft** (§ 45) wirksam. Der Beginn der Rechtsmittelfrist bestimmt sich für jeden Beteiligten gesondert mit der Bekanntgabe (§ 41 I 1) an ihn; die formelle Rechtskraft tritt ein mit dem
5   Ablauf der Rechtsmittelfrist, die mit der zuletzt erfolgenden Bekanntgabe beginnt. Die Entscheidungen in Ehewohnungs- und Haushaltssachen erwachsen auch in **materielle Rechtskraft,** wenn sie formell rechtskräftig geworden sind; sie bedeutet die Maßgeblichkeit des Ergebnisses der gerichtlichen Entscheidung für künftige Streitfälle unter denselben Beteiligten über denselben

§ 209 Durchführung der Entscheidung, Wirksamkeit § 209

Gegenstand. Trifft das Gericht in Ehewohnungssachen bei Getrenntleben nach § 1361 b BGB (§ 200 I Nr 1) eine Entscheidung, kann es die **sofortige Wirksamkeit** anordnen. Der Beschluss über die sofortige Wirksamkeit ist zusammen mit der Endentscheidung zuzustellen. Mit der Anordnung der sofortigen Wirksamkeit kann das Gericht nach Abs 3 auch die Zulässigkeit der **Vollstreckung vor der Zustellung** an den Antragsgegner anordnen. In diesem Fall tritt die Wirksamkeit in dem Zeitpunkt ein, in dem sie der Geschäftsstelle zur Bekanntgabe übergeben wird (Abs 3 S 2); der Zeitpunkt ist auf der Entscheidung zu vermerken (Abs 3 S 3). Diese Regelung, die auf Anregung des Bundesrates (BT-Drs 16/9733 S 381, 417) eingefügt wurde, gleicht die Regeln von verheirateten Opfern (§ 1361 b BGB) häuslicher Gewalt denen in Gewaltschutzsachen nach § 216 II an. Abs 3 ist eine **Kann-Regelung**. Im Verfahren ohne Gewalthintergrund kann daher anders verfahren werden. 6 7

Das **Beschwerdegericht** kann vor der Entscheidung eine einstweilige Anordnung erlassen (§ 64 III); es kann die Vollziehung der angefochtenen Entscheidung aussetzen; es kann aber auch die sofortige Wirksamkeit anordnen, falls dies in der erstinstanzlichen Entscheidung unterblieben ist. 8

3. Vollstreckung

Die Zwangsvollstreckung erfolgt nach den Vorschriften der ZPO, bei Wohnungszuweisungen nach § 95 I Nr 2 iVm § 885, bei der Herausgabe von Haushaltsgegenständen nach § 95 I Nr 2 iVm § 883 ZPO. Nach § 95 IV sind neben oder anstelle dieser Vollstreckungsmaßnahmen auch Zwangsmittel nach § 888 ZPO zur Durchsetzung der Entscheidungen möglich. Zwangsmittel erscheinen in diesen Angelegenheiten zur Herausgabe von beweglichen oder unbeweglichen Sachen jedoch wenig sinnvoll; insbesondere könnte dies bei der Verpflichtung zur Herausgabe von Gegenständen des Haushalts dazu führen, dass das Gericht Beweiserhebungen darüber durchzuführen hätte, welche Gegenstände herausgegeben worden sind. Für die Gewährung einer Räumungsfrist gilt § 721 ZPO. Diese ist im Zusammenhang mit der Beschwerde gegen die Hauptsacheentscheidung überprüfbar. Die Hauptsacheentscheidung kann aber auch nur teilweise beschränkt auf die Räumungsfrist mit der Beschwerde angegriffen werden. 9 10

4. Einstweilige Anordnungen

Einstweilige Anordnungen können in dem selbständigen Verfahren nach §§ 49, 57 unabhängig von der Hauptsache erwirkt werden, wenn ein dringendes Bedürfnis für ein sofortiges Tätigwerden besteht. Durch einstweilige Anordnungen dürfen keine endgültigen Regelungen getroffen werden; insbesondere sind in Ehewohnungssachen gestaltende Entscheidungen in Bezug auf Mietverhältnisse nicht zulässig, in Haushaltsachen dürfen keine richterlichen Eingriffe in Eigentumsverhältnisse erfolgen; es darf auch keine endgültige Regelung über den gesamten Haushalt getroffen werden. Eine einstweilige Anordnung bedarf der **Vollstreckungsklausel** nur, wenn die Vollstreckung für oder gegen einen anderen als den in dem Beschluss bezeichneten Beteiligten erfolgen soll (§ 53 I). Wenn ein besonderes Bedürfnis besteht, kann das 11 12

Gericht anordnen, dass die Vollstreckung vor Zustellung an den Verpflichteten
13 zulässig ist. In diesem Fall wird die einstweilige Anordnung mit Erlass (§ 38 III) wirksam (§ 53 II). Sofern das Gericht keine Frist für die Dauer der einstweiligen Anordnung festgesetzt hat, tritt diese ua bei Wirksamwerden einer anderweitigen Anordnung **außer Kraft.** Dies ist die formelle Rechtskraft der Entscheidungen in Ehewohnungs- und Haushaltssachen in der Hauptsache; diese Wirkung tritt nicht dadurch ein, dass die sofortige Wirksamkeit angeordnet wird. Im Übrigen erfolgt die Vollstreckung in gleicher Weise wie die
14 Vollstreckung aus der Endentscheidung für Räumungen. In Ehewohnungssachen gilt eine zusätzliche Regelung; danach ist die **mehrfache Einweisung** des Besitzes iS des § 885 I ZPO während der Geltungsdauer der einstweiligen Anordnung möglich, ohne dass es jeweils einer erneuten Zustellung an den Verpflichteten bedarf.

5. Konkurrenzen

15   Bei Ehewohnungssachen kann Anspruchskonkurrenz nach § 1361 b BGB, § 1568 a I BGB mit § 2 GewSchG bestehen, wenn zugleich die Voraussetzungen des GewSchG gegeben sind. Ergeben sich Ansprüche in Bezug auf Haushaltsgegenstände bei bestehender Ehe ohne Getrenntleben aus §§ 823, 861, 862, 985 BGB, handelt es sich um eine Familienstreitsache nach § 112 Nr 3 iVm § 266 I. Auf diese Verfahren finden nach Maßgabe des § 113 die Vorschriften der ZPO Anwendung; einstweilige Regelungen werden jedoch nicht nach den §§ 935 ff ZPO getroffen; auf diese finden vielmehr trotz des zivilrechtlichen Charakters die §§ 49–57 Anwendung.

Abschnitt 7
Verfahren in Gewaltschutzsachen

Gewaltschutzsachen

210 Gewaltschutzsachen sind Verfahren nach den §§ 1 und 2 des Gewaltschutzgesetzes.

1   Die §§ 210–216 treten an die Stelle des bisherigen § 64 b FGG; dieser war durch das Gesetz zur Verbesserung des zivilrechtlichen Schutzes bei Gewalttaten und Nachstellungen sowie zur Erleichterung der Überlassung der Ehewohnung bei Trennung vom 11. 12. 2001 (BGBl I, S. 3513) eingefügt worden (Einleitung 52); er beinhaltete die jetzt in den §§ 210–216 geregelten Verfahrensvorschriften. Nach **§ 1 GewSchG** können bei vorsätzlicher widerrechtlicher Verletzung von Körper, Gesundheit oder Freiheit (Abs 1) oder bei Drohung mit solchen Verletzungen (Abs 2), auch dann, wenn sich der Täter durch „geistige" Getränke oder andere Mittel in einen die freie Willensbildung ausschließenden Zustand versetzt hat (Abs 3), auf
2 Antrag der verletzten Person die zur Abwendung **erforderlichen Maßnahmen** getroffen, insbesondere die in Abs 1 Nr 1–5 GewSchG aufgeführ-

ten Unterlassungsansprüche zuerkannt werden. Diese sind nach § 1 I 2 GewSchG grundsätzlich zu befristen (OLG Celle, FamRZ 09, 1751); insbesondere bei einstweiligen Anordnungen (OLG Saarbrücken, FamRZ 10, 1810). Im Einzelnen kann auf Antrag des Verletzten angeordnet werden, dass der Täter es unterlässt, die Wohnung der verletzten Person zu betreten, sich in einem bestimmten Umkreis der Wohnung aufzuhalten, Orte aufzusuchen, an denen sich die verletzte Person regelmäßig aufhält, Verbindung zu der verletzten Person aufzunehmen oder Zusammentreffen herbeizuführen. § 2 GewSchG behandelt die Überlassung der gemeinsam genutzten Wohnung, wenn der Täter und die verletzte Person im Zeitpunkt einer Tat nach § 1 I 1 GewSchG gemeinsam einen auf Dauer angelegten Haushalt geführt haben und dies notwendig ist, um eine unbillige Härte zu 3 vermeiden, insbesondere auch, wenn das Wohl von im Haushalt lebenden Kindern beeinträchtigt ist. Die Überlassung ist unter den Voraussetzungen des § 2 II GewSchG zu befristen. Nur wenn die Wohnungsüberlassung ausdrücklich auf § 2 GewSchG gestützt wird, liegt eine Gewaltschutzsache vor. Verfahren nach § 1361 b BGB sind, auch wenn die Voraussetzungen des § 2 GewSchG vorliegen, Ehewohnungssachen (Keidel/Giers, Rn 6 zu § 210). Das GewSchG enthält **keine** Anspruchsgrundlage für Ansprüche auf Schadensersatz oder Schmerzensgeld; diese sind nach den Vorschriften über die unerlaubte Handlung vor den Zivilgerichten geltend zu machen. §§ 1, 2 GewSchG finden, wenn die verletzte oder bedrohte Person unter elterlicher Sorge, Vormundschaft oder Pflegschaft steht, im Verhältnis zu den Eltern und zu sorgeberechtigten Personen **keine Anwendung.**

Örtliche Zuständigkeit

211 Ausschließlich zuständig ist nach Wahl des Antragstellers
1. **das Gericht, in dessen Bezirk die Tat begangen wurde,**
2. **das Gericht, in dessen Bezirk sich die gemeinsame Wohnung des Antragstellers und des Antragsgegners befindet oder**
3. **das Gericht, in dessen Bezirk der Antragsgegner seinen gewöhnlichen Aufenthalt hat.**

1. Sachliche Zuständigkeit

Die Familiengerichte bei den Amtsgerichten sind für Verfahren nach dem 1 GewSchG sachlich zuständig. Diese fallen als Familiensachen (§ 111 Nr 6) in den Anwendungsbereich des § 23 a I Nr 1 GVG. Die bisherige Aufspaltung in Verfahren vor dem Familiengericht und solche, für die die allgemeinen Zivilgerichte zuständig sind, entfällt. Für alle Gewaltschutzsachen soll das gegenüber dem Verfahrensrecht der ZPO flexiblere Verfahrensrecht der freiwilligen Gerichtsbarkeit gelten. In die sachliche Zuständigkeit des Familiengerichts werden nunmehr alle Gewaltschutzsachen nach § 1 GewSchG einbezogen; die sachliche Zuständigkeit wird daher über den Bereich der Familiensachen hinaus erweitert.

§ 212

2. Örtliche Zuständigkeit

2   Die örtliche Zuständigkeit nach § 211 ist ausschließlich, jedoch nicht in der Rangfolge nach Nr 1–3; der Antragsteller hat vielmehr die **Wahl** zwischen diesen verschiedenen örtlich zuständigen Gerichten.

3   **Nr 1** bestimmt als örtlich zuständig das Gericht, in dessen Bezirk die Tat begangen wurde, und entspricht daher wie bisher dem § 32 ZPO. Danach ist das Gericht zuständig, in dessen Bezirk die Handlung begangen wurde; das ist jeder Ort, an dem eines der wesentlichen Tatbestandsmerkmale verwirklicht wurde, insbesondere dort, wo eine Ursache gesetzt und der Erfolg (nicht nur Schadensfolgen) eingetreten ist. Auch bei dem Anknüpfungspunkt an den Ort der Tat können sich daher mehrere Gerichtsstände ergeben, zwischen denen der Antragsteller die Wahl hat.

4   **Nr 2** begründet zusätzlich die Zuständigkeit des Gerichts, in dessen Bezirk sich die gemeinsame Wohnung des Antragstellers und des Antragsgegners befindet; das ist ein auf Dauer angelegter gemeinsamer Haushalt.

5   **Nr 3** knüpft die Zuständigkeit an den **gewöhnlichen Aufenthalt** des Antragsgegners an. Der gewöhnliche Aufenthalt wird von einer auf längere Dauer angelegten sozialen Eingliederung und von der tatsächlichen Situation gekennzeichnet, die den Aufenthalt als Mittelpunkt der Lebensführung ausweist.

3. Funktionelle Zuständigkeit des Richters

Das RPflG überträgt dem Rechtspfleger keine Aufgaben in Gewaltschutzsachen.

6 4. Kosten (Einl 76)

7   Verfahrenswert: § 3 I iVm 49 FamGKG; Gebühren: Hauptabschnitt 3, Abschnitt 2 des Kostenverzeichnisses.

Beteiligte

212
In Verfahren nach § 2 des Gewaltschutzgesetzes ist das Jugendamt auf seinen Antrag zu beteiligen, wenn ein Kind in dem Haushalt lebt.

1   § 212 ist eine **Ergänzung** zu der allgemeinen Vorschrift des § 7 über die Erlangung der Beteiligtenstellung. Nach § 7 I ist kraft Gesetzes Beteiligter der Antragsteller. Darüber hinaus sind zwingend als Beteiligte hinzuzuziehen diejenigen, deren Recht durch das Verfahren unmittelbar betroffen wird (§ 7 II Nr 1); das sind der Antragsgegner und im Falle des § 2 GewSchG (Überlassung der gemeinsam genutzten Wohnung) auch der Vermieter, der Grundstückseigentümer, sofern er nicht zugleich der Vermieter ist, und Personen, mit denen Antragsteller und Antragsgegner oder einer von ihnen hinsichtlich der Wohnung in Rechtsgemeinschaft stehen. § 212 führt darüber hinaus keine weiteren Personen auf, die nach § 7 III als Beteiligte hinzuzuziehen wären.

2   Ergänzend zu § 7 bestimmt § 212 lediglich, dass im Falle des § 2 GewSchG (Überlassung der gemeinsam genutzten Wohnung) das Jugendamt zu beteiligen ist, wenn ein Kind im Haushalt lebt. Das Jugendamt ist nicht von Amts

§ 214 Einstweilige Anordnung **§§ 213, 214**

wegen hinzuzuziehen; es steht diesem vielmehr frei, zu entscheiden, ob es einen Antrag auf Hinzuziehung stellen will. Stellt das Jugendamt den Antrag, als Beteiligter hinzugezogen zu werden, ist die Hinzuziehung zwingend.

Das Jugendamt hat, auch wenn es in erster Instanz nicht als Beteiligter **3** hinzugezogen war, das Recht, gegen die ihm mitzuteilende Entscheidung Beschwerde einzulegen (§ 213).

Anhörung des Jugendamts

213 (1) In Verfahren nach § 2 des Gewaltschutzgesetzes soll das Gericht das Jugendamt anhören, wenn Kinder in dem Haushalt leben. Unterbleibt die Anhörung allein wegen Gefahr im Verzug, ist sie unverzüglich nachzuholen.

(2) Das Gericht hat in den Fällen des Absatzes 1 Satz 1 dem Jugendamt die Entscheidung mitzuteilen. Gegen den Beschluss steht dem Jugendamt die Beschwerde zu.

1. Anhörung des Jugendamts

In Verfahren nach **§ 2 GewSchG** (Überlassung der gemeinsam genutzten **1** Wohnung) soll das Gericht das Jugendamt anhören, **wenn Kinder** in dem gemeinsamen Haushalt leben. Die Pflicht zur Anhörung besteht unabhängig davon, ob das Jugendamt nach § 212 auf seinen Antrag beteiligt worden ist. Abweichend von der bisherigen Regelung in § 49a II FGG soll die Anhörung nicht nur vor einer beabsichtigten ablehnenden Entscheidung geschehen, sondern sowohl bei stattgebenden als auch bei ablehnenden Entscheidungen, weil das Kindeswohl in beiden Fällen im gleichen Maß berührt werden kann. Die Anhörung soll der Vorbereitung der Entscheidung dienen. Sie soll daher nicht von dem noch nicht feststehenden Ergebnis der Entscheidung abhängig sein. Nach Abs 1 S 2 kann die Anhörung des Jugendamtes bei **2** Gefahr im Verzug auch nachträglich erfolgen; sie ist dann unverzüglich **nachzuholen.** Dadurch wird vermieden, dass das Verfahren bei Eilbedürftigkeit durch eine vorherige Anhörung des Jugendamtes verzögert werden könnte.

2. Mitteilung der Entscheidungen, Beschwerderecht

In den Fällen des § 2 GewSchG hat das Gericht dem Jugendamt auch die **3** stattgebenden und ablehnenden Entscheidungen mitzuteilen. Gegen diese steht dem Jugendamt die Beschwerde zu, auch wenn es in erster Instanz nicht nach § 212 beteiligt war. Die Mitwirkung des Jugendamtes in den Gewaltschutzsachen durch Beteiligung, Anhörung, Mitteilung der Entscheidungen und Beschwerdemöglichkeit ist daher beschränkt auf die Verfahren, die Wohnungszuweisung zum Gegenstand haben, bei denen Kinder betroffen sein können.

Einstweilige Anordnung

214 (1) Auf Antrag kann das Gericht durch einstweilige Anordnung eine vorläufige Regelung nach § 1 oder § 2 des Gewaltschutzgesetzes treffen. Ein dringendes Bedürfnis für ein sofortiges Tätigwerden liegt in der Regel vor, wenn eine Tat nach § 1 des Gewaltschutzgesetzes begangen wurde oder auf Grund konkreter Umstände mit einer Begehung zu rechnen ist.

(2) Der Antrag auf Erlass der einstweiligen Anordnung gilt im Fall des Erlasses ohne mündliche Erörterung zugleich als Auftrag zur Zustellung durch den Gerichtsvollzieher unter Vermittlung der Geschäftsstelle und als Auftrag zur Vollstreckung; auf Verlangen des Antragstellers darf die Zustellung nicht vor der Vollstreckung erfolgen.

1. Voraussetzungen

1   Die Voraussetzungen und das Verfahren für den Erlass **einstweiliger Anordnungen** sind generell in den §§ 49–57 geregelt. Abweichend von dem bisherigen Recht ist das Verfahren auf Erlass einstweiliger Anordnungen ein selbständiges Verfahren, das nicht die Anhängigkeit des Hauptsacheverfahrens
2   voraussetzt. **Zuständig** für den Erlass der einstweiligen Anordnung ist das Gericht, das für die Hauptsache im ersten Rechtszug zuständig wäre; ist eine Hauptsache anhängig, das Gericht des ersten Rechtszuges, während bei Anhängigkeit beim Beschwerdegericht das Beschwerdegericht zuständig ist (§ 50
3   I). In **dringenden** Fällen kann auch das Amtsgericht entscheiden, in dessen Bezirk das Bedürfnis für ein gerichtliches Tätigwerden bekannt wird oder sich die Person oder Sache befindet, auf die sich die einstweilige Anordnung bezieht
4   (§ 50 II 1). Das Verfahren wird **auf Antrag** eingeleitet (Abs 1 S 1). Nach § 49 I
5   ist Voraussetzung für eine einstweilige Anordnung, dass ein **dringendes Bedürfnis** für ein sofortiges Tätigwerden besteht. Abs 1 S 2 konkretisiert diese Voraussetzungen für den Erlass einstweiliger Anordnungen nach §§ 1, 2 GewSchG; danach liegt ein dringendes Bedürfnis vor, wenn eine **Tat** nach § 1 des GewSchG **begangen** wurde, oder wenn auf Grund konkreter Umstände mit einer Begehung **zu rechnen** ist. Nach § 1 GewSchG ist Voraussetzung für gerichtliche Maßnahmen, dass bereits eine Tat begangen wurde (§ 1 I 1 GewSchG); dies gilt auch bei einer widerrechtlichen Drohung nach § 1 II 1 GewSchG; auch diese Androhung ist eine Tat iS des § 1 GewSchG. Der Bundesrat (BT-Drs 16/6308 S 382) hat, um eine Übereinstimmung zwischen dem GewSchG und Abs 1 S 2 herzustellen, eine Formulierung vorgeschlagen, dergemäß auf Grund konkreter Umstände mit einer Begehung der angedrohten Tat zu rechnen sei. Diese Formulierung ist nicht Gegenstand des Gesetzestextes geworden, jedoch bei der Auslegung zu berücksichtigen.

2. Zustellung, Vollstreckung

6   Das Gesetz ermöglicht Maßnahmen zur **schnelleren Durchsetzung** einer einstweiligen Anordnung. Nach **§ 53 II** kann das Gericht in Gewaltschutzsachen anordnen, dass die Vollstreckung der einstweiligen Anordnung vor Zustellung an den Verpflichteten zulässig ist. In diesem Fall wird die einstweilige Anordnung mit Erlass (§ 38 III) und nicht erst mit der Bekanntgabe (§ 41) wirksam (§ 40). Einer **Vollstreckungsklausel** bedarf eine einstweilige Anordnung nur, wenn die Vollstreckung für oder gegen eine im Beschluss nicht genannte Person erfolgen soll (§ 53 I), aber auch in diesem Fall dann nicht, wenn die Vollstreckung durch das Gericht erfolgt, das den Titel erlassen hat (§ 86 III).

§ 216 Wirksamkeit; Vollstreckung vor Zustellung   §§ 215, 216

Im Falle des Erlasses einer einstweiligen Anordnung **ohne** mündliche Verhandlung wird fingiert, dass der **Antrag auf Erlass** einer einstweiligen Anordnung ohne mündliche Verhandlung **zugleich** als Antrag zur Zustellung der einstweiligen Anordnung und deren Vollziehung durch den Gerichtsvollzieher durch Vermittlung der Geschäftsstelle anzusehen ist; die Partei kann verlangen, dass der Gerichtsvollzieher die **Zustellung nicht vor** der Vollziehung vornehmen darf (Abs 2); auch in diesem Fall wird die einstweilige Anordnung mit Erlass wirksam, andernfalls mit der Zustellung durch den Gerichtsvollzieher (§ 41). 7

Durchführung der Endentscheidung

215 In Verfahren nach § 2 des Gewaltschutzgesetzes soll das Gericht in der Endentscheidung die zu ihrer Durchführung erforderlichen Anordnungen treffen.

Im Falle der **Überlassung** der gemeinsam benutzten **Wohnung** (§ 2 GewSchG) soll das Gericht in der Endentscheidung die Voraussetzungen für den Vollzug der angeordneten Maßnahme durch die zu ihrer **Durchführung erforderlichen** Anordnungen treffen. Welche Maßnahmen im einzelnen Fall erforderlich sind, ergibt sich aus den konkreten Umständen des einzelnen Falles; sie können sich aus dem Maßnahmenkatalog des § 1 GewSchG ergeben; auch aus § 2 IV GewSchG, demgemäß der Täter alles zu unterlassen hat, was geeignet ist, die Ausübung des Nutzungsrechts zu erschweren oder zu vereiteln; hierzu gehören das Verbot des Betretens der Wohnung nach der Räumung ohne vorherige Zustimmung des Antragstellers (OLG Köln, FamRZ 03, 319); die Herausgabe sämtlicher Schlüssel. Dem Antragsgegner kann auch verboten werden, sich in einem bestimmten Umkreis der Wohnung der verletzten Person aufzuhalten (§ 1 I Nr 2 GewSchG), um den Schutz des in der Wohnung verbliebenen Ehegatten zu gewährleisten (OLG Köln, FamRZ 03, 319).

Wirksamkeit; Vollstreckung vor Zustellung

216 (1) **Die Endentscheidung in Gewaltschutzsachen wird mit Rechtskraft wirksam. Das Gericht soll die sofortige Wirksamkeit anordnen.**

(2) **Mit der Anordnung der sofortigen Wirksamkeit kann das Gericht auch die Zulässigkeit der Vollstreckung vor der Zustellung an den Antragsgegner anordnen. In diesem Fall tritt die Wirksamkeit in dem Zeitpunkt ein, in dem die Entscheidung der Geschäftsstelle des Gerichts zur Bekanntmachung übergeben wird; dieser Zeitpunkt ist auf der Entscheidung zu vermerken.**

1. Wirksamkeit

Die Endentscheidungen in Gewaltschutzsachen werden mit **Rechtskraft** 1 (§ 45) wirksam; insoweit abweichend von der allgemeinen Regel des § 40 I,

§ 216a

dergemäß grundsätzlich die Wirksamkeit mit Bekanntgabe (§ 41) an den Beteiligten, für den sie ihrem wesentlichen Inhalt nach bestimmt ist, eintritt.

2 Das Gericht kann jedoch die sofortige **Wirksamkeit** anordnen (Abs 1 S 2) und mit der Anordnung der sofortigen Wirksamkeit **auch** die Zulässigkeit der **Vollstreckung vor der Zustellung** an den Antragsgegner anordnen (Abs 2 S 1), wenn bei einem Aufschub der Wirksamkeit und der Vollstreckung die Gefahr (weiterer) Verletzungen bestünde; diese Anordnung kann von Amts
3 wegen oder auf Anregung der Beteiligten ergehen. Für die Anordnung der sofortigen Wirksamkeit sieht das Gesetz eine zusätzliche besondere **Form der Bekanntmachung** vor: Die Übergabe der Entscheidung an die Geschäftsstelle zur Bekanntmachung (Abs 2 S 2). Mit der Übergabe, deren Zeitpunkt auf der Entscheidung zu vermerken ist, wird die Entscheidung wirksam (Abs 2 S 2). Die Anordnung der sofortigen Wirksamkeit oder deren Ablehnung sind nicht isoliert anfechtbar. Die Anordnung der sofortigen Wirksamkeit ist keine anderweitige Regelung iS des § 56 I, die eine einstweilige Anordnung außer Kraft setzt (BGH, FamRZ 00, 751).

2. Vollstreckung

4 Die Zwangsvollstreckung findet nach den Vorschriften der ZPO **auf Betreiben der Parteien** statt (§§ 95, 96 iVm §§ 890, 891 ZPO; zum bisherigen Recht: OLG Brandenburg, FamRZ 06, 1860; OLG Bremen, FamRZ 07, 1033). Grundlage sind rechtskräftige, für sofort wirksam erklärte Endentscheidungen, einstweilige Anordnungen (§ 214), Vergleiche (§ 36). Abweichend
5 von dem allgemeinen Grundsatz, dass die Zwangsvollstreckung die Zustellung der Entscheidung voraussetzt, kann die Vollstreckung vor der Zustellung angeordnet werden bei einstweiligen Anordnungen nach § 214 II, 2. Hs, bei Endentscheidungen verbunden mit der Anordnung der sofortigen Wirksamkeit nach § 216 II.
6 Zur Durchsetzung einer auf Unterlassung gerichteten Entscheidung kann der Berechtigte zur Beseitigung einer jeden andauernden Zuwiderhandlung einen **Gerichtsvollzieher** zuziehen (§ 96 I 1), der selbst Gewalt anwenden oder die Polizei zur Unterstützung hinzuziehen kann; ggf ist hierbei ein
7 Protokoll aufzunehmen (§ 759 ZPO). Die Möglichkeit der Durchsetzung von Unterlassungsansprüchen im **Ordnungsmittelverfahren** nach §§ 890, 891 ZPO bleibt daneben bestehen (§ 96 I 3). Die Vollstreckung einer Ent-
8 scheidung auf Wohnungsüberlassung erfolgt nach § 885 ZPO; die **mehrfache Vollziehung** einer einstweiligen Anordnung während der Geltungsdauer ist möglich (§ 885 I 3 ZPO iVm § 96 II); einer erneuten Zustellung an den Verpflichteten bedarf es nicht. Versöhnen sich die Beteiligten nach Anordnung einer Maßnahme nach dem GewSchG, ist der Titel herauszugeben (KG, FamRZ 06, 49).

Mitteilung von Entscheidungen

216a
Das Gericht teilt Anordnungen nach den §§ 1 und 2 des Gewaltschutzgesetzes sowie deren Änderung oder Aufhebung der zuständigen Polizeibehörde und anderen öffentlichen Stellen, die von

der Durchführung der Anordnung betroffen sind, unverzüglich mit, soweit nicht schutzwürdige Interessen eines Beteiligten an dem Ausschluss der Übermittlung, das Schutzbedürfnis anderer Beteiligter oder das öffentliche Interesse an der Übermittlung überwiegen. Die Beteiligten sollen über die Mitteilung unterrichtet werden.

1. Mitteilung von Entscheidungen

Durch S 1 wird eine **bundesgesetzliche Rechtsgrundlage** für eine Pflicht zur Mitteilung von Anordnungen nach §§ 1, 2 GewschG sowie deren Aufhebung oder Änderung geschaffen. Dies war notwendig, weil in den Ländern kein Konsens darüber bestand, ob § 17 Nr 1, 4 EGGVG für eine solche Datenübermittlung eine ausreichende Rechtsgrundlage darstellt. Die Mitteilungen sollen unverzüglich an die zuständige Polizeibehörde und andere öffentliche Stellen, die von der Durchführung der Anordnung betroffen sind, erfolgen; hierbei kann es sich insbesondere handeln um Schulen, Kindergärten und Jugendhilfeeinrichtungen in öffentlich-rechtlicher Trägerschaft. Die Mitteilung an die Polizei ist erforderlich, damit diese bei Verstößen gegen gerichtliche Anordnung tätig werden kann.

2. Ausnahmen

Die Mitteilung unterbleibt, soweit schutzwürdige Interessen eines Beteiligten an dem Ausschluss der Übermittlung das Schutzbedürfnis anderer Beteiligter oder das öffentliche Interesse an der Übermittlung überwiegen.

3. Unterrichtung der Beteiligten

Nach S 2 sollen die Beteiligten in der Regel über die Mitteilung unterrichtet werden. Hiervon kann im Einzelfall abgesehen werden, insbesondere wenn dem Antragsgegner der Aufenthaltsort des Antragstellers oder betroffener Kinder nicht bekannt gemacht werden soll.

4. Datenübermittlung

Die konkrete Ausgestaltung der Datenübermittlung wird in den Mitteilungen in Zivilsachen (MiZi) geregelt.

Abschnitt 8
Verfahren in Versorgungsausgleichssachen

Vorbemerkungen vor §§ 217–229

1. Materielles Recht

Durch das Gesetz zur Strukturreform des Versorgungsausgleichs (VAStrRefG) (Einl 77) wird das materielle Recht des Versorgungsausgleichs in einem eigenen Gesetz geregelt; die bisherigen Vorschriften der §§ 1587–1587 g des Bürgerlichen Gesetzbuches entfallen. § 1587 BGB enthält nur noch einen deklaratorischen Verweis auf das Versorgungsausgleichsgesetz. Dieses Gesetz gestaltet als sekundäres System die für den Versorgungsausgleich relevanten Sachverhalte, die in den komplexen primären Versorgungssystemen geregelt sind. Die Aufgabe des Familiengerichts besteht in der Wertermittlung der Ehezeitanteile und auf dieser Grundlage in der Anordnung einer anrechtsbezogenen hälftigen Teilung.

2. Interne Teilung

2   Die wesentliche Änderung der Struktur des Versorgungsausgleichs besteht in der Einführung des Grundsatzes der internen Teilung; jedes Anrecht auf Versorgung ist eigenständig und wird gesondert innerhalb des jeweiligen Systems geteilt (§§ 1, 10 VersAusglG). Da der Ausgleichsberechtigte auf diese Weise an der Entwicklung des jeweiligen Anrechts teilnimmt, entfällt die bei dem bisherigen System des Einmalausgleichs über die gesetzliche Rentenversicherung bestehende Notwendigkeit einer Vergleichbarmachung als Voraussetzung für die Saldierung; die Barwertverordnung oder ein vergleichbares Instrument werden überflüssig. Versorgungsanrechte können weitgehend abschließend geteilt werden. Abänderungen sind nur noch erforderlich, soweit sich der Ehezeitanteil und damit der Ausgleichswert aus tatsächlichen oder rechtlichen Gründen ändert (§ 225 II).

3   **Einbezogen** in das System der internen Teilung werden auch berufsständische Versorgungen, die betriebliche und die private Vorsorge. Das faktische Moratorium wegen des Versorgungsausgleichs-Überleitungsgesetzes entfällt; Anwartschaften auf der Grundlage von „Entgeltpunkten West" und „Entgeltpunkten Ost" können gesondert ausgeglichen werden. Einbezogen in die interne Teilung wird auch die Beamtenversorgung des Bundes; das Gesetz über die interne Teilung beamtenversorgungsrechtlicher Ansprüche von Bundesbeamten im Versorgungsausgleich (BVersTG) ermöglicht diese Form des Ausgleichs. Nicht einbezogen werden Anrechte aus einem öffentlich-rechtlichen Dienst- oder Amtsverhältnis, solange die Träger der Versorgung keine interne Teilung vorsehen (§ 16 VersAusglG); insoweit bleibt es bei dem Ausgleich über die gesetzliche Rentenversicherung.

3. Externe Teilung

4   Als Ausnahme von dem Grundsatz der internen Teilung sieht § 14 VersAusglG unter besonderen Voraussetzungen eine externe Teilung durch Ausgleich über ein anderes Versorgungssystem vor. Das Familiengericht begründet in diesen Fällen für die ausgleichsberechtigte Person zu Lasten des Anrechts der ausgleichspflichtigen Person ein Anrecht in Höhe des Ausgleichswerts bei einem anderen Versorgungsträger als demjenigen, bei dem das Anrecht der ausgleichspflichtigen Person besteht (§ 14 I VersAusglG).

5   Die **externe Teilung** ist möglich, wenn die ausgleichsberechtigte Person und der Versorgungsträger der ausgleichspflichtigen Person eine externe Teilung vereinbaren oder der Versorgungsträger der ausgleichspflichtigen Person

– auch ohne Zustimmung der ausgleichsberechtigten Person – dies verlangt; dies ist jedoch nur möglich, wenn der Ausgleichswert am Ende der Ehezeit einen bestimmten Betrag gem § 14 II Nr 2 VersAusglG nicht überschreitet. Die externe Teilung ist unzulässig, wenn ein Anrecht durch Beitragszahlung nicht mehr begründet werden kann (§ 14 V VersAusglG).

Eine externe Teilung ist auch durchzuführen, solange der Träger einer **6 Beamtenversorgung** keine interne Teilung vorsieht (§ 16 I VersAusglG); das ist zZ der Fall bei der Versorgung von Landes- und Kommunalbeamten. Stets durch Begründung eines Anrechts in der gesetzlichen Rentenversicherung sind auszugleichen Anrechte aus einem Beamtenverhältnis auf Widerruf oder aus einem Dienstverhältnis eines Soldaten auf Zeit (§ 16 II VersAusglG).

Bei der externen Teilung hat die ausgleichsberechtigte Person ein **Wahl- 7 recht** hinsichtlich der Zielversorgung; sie kann wählen, ob ein für sie bestehendes Anrecht ausgebaut oder ein neues Anrecht begründet werden soll (§ 15 I VersAusglG). Übt sie das Wahlrecht nicht aus, erfolgt die externe Teilung durch Begründung eines Anrechts bei der Versorgungsausgleichskasse (Einl 86) durch das Familiengericht (§ 15 III VersAusglG).

4. Einschränkungen des Versorgungsausgleichs

Bei einer kurzen Ehedauer von bis zu drei Jahren findet ein Versorgungs- 8 ausgleich nur statt, wenn ein Ehegatte dies beantragt. Dieses Antragsrecht soll es in den seltenen Fällen eines hohen Anrechtserwerbs auf Seiten eines Ehegatten ermöglichen, einen Versorgungsausgleich durchzuführen (§ 3 III VersAusglG).

Wegen Geringfügigkeit soll das Familiengericht einen Ausgleich nicht 9 durchführen, wenn bei Anrechten gleicher Art die Differenz ihrer Ausgleichswerte gering ist (§ 18 I VersAusglG); einzelne Anrechte mit einem geringen Ausgleichswert sollen nicht ausgeglichen werden (§ 18 II VersAusglG). Es handelt sich um Ermessensentscheidungen des Familiengerichts; es soll in der Regel von einem Ausgleich absehen, jedoch einen Ausgleich durchführen, wenn die Umstände des Einzelfalles dies erfordern (BT-Drs 16/10144 S 61); hierzu: OLG Celle, FamRZ 10, 979 m Anm Borth; OLG München, FamRZ 10, 1664.

5. Durchführung des Versorgungsausgleichs

Die Neugestaltung des Versorgungsausgleichs wird von dem Grundsatz des **10** Ausgleichs bei der Scheidung bestimmt. Ein schuldrechtlicher Ausgleich **nach der Scheidung** ist nach Maßgabe der §§ 20–26 VersAusglG möglich. Er ist dann nach § 19 IV VersAusglG durchzuführen, wenn ein Anrecht noch nicht ausgleichsreif ist; in diesem Fall findet ein Ausgleich bei der Scheidung auch in Bezug auf sonstige Anrechte der Ehegatten nicht statt. Ein Anrecht ist nicht ausgleichsreif (§ 19 II VersAusglG), wenn es dem Grunde oder der Höhe nach nicht hinreichend verfestigt ist, insbesondere als Anrecht iS des Betriebsrentengesetzes noch verfallbar ist (Nr 1), soweit es auf eine abzuschmelzende Leistung gerichtet ist (Nr 2), soweit sein Ausgleich für die ausgleichsberechtigte Person unwirtschaftlich wäre (Nr 3) oder wenn es bei einem ausländischen, zwischenstaatlichen oder überstaatlichen Versorgungsträger besteht (Nr 4).

6. Schuldrechtlicher Versorgungsausgleich

11 Schuldrechtliche Ausgleichszahlungen finden aus noch nicht ausgeglichenen Anrechten statt in Form einer schuldrechtlichen Ausgleichsrente, wenn die ausgleichspflichtige Person eine laufende Versorgung bezieht (§ 20 VersAusglG), in Form einer Kapitalzahlung, wenn die ausgleichspflichtige Person Kapitalzahlungen aus einem noch nicht ausgeglichenen Anrecht erhält (§ 22 VersAusglG). In Höhe der Ausgleichsrente (§ 20 VersAusglG) kann die ausgleichsberechtigte Person nach Maßgabe des § 21 VersAusglG Abtretung des Anspruchs gegen den Versorgungsträger verlangen. Darüber hinaus besteht die Möglichkeit, für ein noch nicht ausgeglichenes Anrecht eine zweckgebundene Abfindung nach Maßgabe der §§ 23, 24 VersAusglG zu verlangen. In diesem Fall kann die ausgleichspflichtige Person Ratenzahlungen verlangen, wenn die Einmalzahlung zu einer unbilligen Belastung führen würde (§ 23 III VersAusglG).

12 Bei **Tod der ausgleichspflichtigen** Person kann die ausgleichsberechtigte Person für ein noch nicht ausgeglichenes Anrecht nach Maßgabe des § 25 VersAusglG Hinterbliebenenversorgung verlangen; der Anspruch richtet sich gegen die Witwe oder den Witwer, soweit das Anrecht bei einem ausländischen, zwischenstaatlichen oder überstaatlichen Versorgungsträger besteht.

13 Bei **Tod eines Ehegatten** nach Rechtskraft der Scheidung, aber vor Rechtskraft der Entscheidung über den Wertausgleich nach den §§ 9–19 VersAusglG ist das Recht des überlebenden Ehegatten gegen die Erben geltend zu machen; diese haben ihrerseits kein Recht auf Wertausgleich (§ 31 I, II VersAusglG); schuldrechtliche Ausgleichsansprüche nach der Scheidung mit Ausnahme von Ansprüchen aus Teilhabe an der Hinterbliebenenversorgung bleiben unberührt (§ 31 III VersAusglG).

7. Bestimmung des Ausgleichswertes

14 Bei der Bestimmung des Ausgleichswerts werden die auszugleichenden Anrechte (§ 2 VersAusglG) durch die Versorgungsträger in Bezug auf die Ehezeiten (§ 3 I, II VersAusglG) berechnet. Die Berechnung des Anrechts erfolgt in Form eines Rentenbetrages, eines Kapitalwertes oder einer anderen für das jeweilige Versorgungssystem maßgeblichen Bezugsgröße, insbesondere in Form von Entgeltpunkten, eines Rentenbetrags oder Kapitalwerts. Rechtliche und tatsächliche Veränderungen nach dem Ende der Ehezeit sind zu berücksichtigen, wenn sie auf den Ehezeitanteil zurückwirken (§ 5 I, II VersAusglG); in Verfahren über Ausgleichsansprüche nach der Scheidung ist grundsätzlich nur der Rentenbetrag zu berechnen. Allgemeine Wertanpassungen nach dem Ende der Ehezeit sind zu berücksichtigen (§ 5 IV VersAusglG). Der Versorgungsträger unterbreitet dem Familiengericht einen Vorschlag für die Bestimmung des Ausgleichswertes. Die Entscheidung hierüber trifft das Familiengericht (§ 5 III VersAusglG).

8. Wertermittlung

Die Wertermittlung erfolgt nach den Vorschriften der §§ 39–47 Vers- 15
AusglG. Es kommen zwei grundsätzliche Methoden zur Anwendung, die unmittelbare und die zeitratierliche; die **unmittelbare Methode** ist vorrangig. Eine unmittelbare Bewertung ist dann möglich, wenn ein direkter Zusammenhang zwischen einer Bezugsgröße, die aus der Ehezeit resultiert, und der Höhe der Versorgung besteht (§ 39 I VersAusglG). Beispielhaft, nicht abschließend, werden in § 39 II VersAusglG die Versorgungssysteme aufgeführt, die unmittelbar bewertet werden können. Anrechte, die sowohl unmittelbare als auch zeitratierliche Elemente enthalten, sind differenziert zu 16
berechnen. Die **zeitratierliche Bewertung** geht davon aus, dass ein Versorgungsanteil im Laufe der Zeit gleichmäßig aufgebaut wird, ohne dass eine unmittelbare Zuordnung von Wertbestandteilen zur Ehezeit möglich wäre. In die Bewertung werden einbezogen die bis zur Erreichung der für das Anrecht höchstens erreichbare Zeitdauer der Zugehörigkeit zum Versorgungssystem, deren Teil, der in die Ehezeit fällt, und die zu erwartende Versorgung (§ 40 I VersAusglG). Aus § 40 IV VersAusglG ergeben sich die Hauptanwendungsfälle, aus § 40 V VersAusglG die Behandlung der familienbezogenen Bestandteile. § 41 VersAusglG behandelt die Bewertung einer laufenden Versorgung. Die §§ 43–46 VersAusglG beinhalten Sondervorschriften für bestimmte Versorgungsträger.

§ 42 VersAusglG räumt dem Familiengericht einen **Ermessensspielraum** 17
bei der Bewertung ein. Der Wert ist dann nach billigem Ermessen zu ermitteln, wenn weder die unmittelbare Bewertung noch die zeitratierliche Bewertung zu einem Ergebnis führt, das dem Grundsatz der Halbteilung entspricht.

9. Ausgleich in Härtefällen

Einen Ausgleich von Härtefällen ermöglicht § 27 VersAusglG. Danach 18
findet ein Versorgungsausgleich ausnahmsweise dann nicht statt, wenn er grob unbillig wäre; das ist nur der Fall, wenn die gesamten Umstände des Einzelfalles es rechtfertigen, von der Halbteilung abzuweichen. Die Vorschrift übernimmt materiell in der Sache unverändert den bisherigen § 1587c Nr 1 BGB. Auf die bisherige Rspr zu den ausdrücklich geregelten Härtefällen und den darüber hinaus entwickelten Fallgruppen kann daher zurückgegriffen werden. Das neue System der anrechtsbezogenen Teilung erlaubt aber flexiblere Lösungen; einen teilweisen Ausschluss des Versorgungsausgleichs kann das Gericht auch durch Beschränkung der Teilung auf einzelne Anrechte erreichen. Anders als im geltenden Recht kann jetzt auch treuwidriges Einwirken jedes Ehegatten auf seine Anrechte sanktioniert werden.

10. Vereinbarungen der Ehegatten

Die Ehegatten können Vereinbarungen über den Versorgungsausgleich 19
treffen (§ 6 VersAusglG). Die bisherigen unterschiedlichen Regelungstatbestände entfallen; sie erlaubten Vereinbarungen im Rahmen eines Ehevertrages

nach § 1408 II BGB oder im Rahmen einer Scheidungsfolgenvereinbarung nach § 1587o BGB. Wirksame Vereinbarungen über den Versorgungsausgleich können damit jederzeit getroffen werden. Es ist weder eine dem bisherigen Recht des § 1408 II 2 BGB entsprechende Frist vorgesehen, noch eine richterliche Genehmigung. Der erforderliche Schutz wird durch die Prüfung der materiellen Wirksamkeit durch das Familiengericht (§ 8 VersAusglG) gewährleistet. § 6 I VersAusglG enthält Regelbeispiele für mögliche Vereinbarungen; der Versorgungsausgleich kann in die Regelung der ehelichen Vermögensverhältnisse einbezogen werden (Nr 1), er kann ausgeschlossen werden (Nr 2); es können auch schuldrechtliche Ausgleichsansprüche gemäß §§ 20–24 VersAusglG nach der Scheidung vorbehalten werden (Nr 3). Anrechte können nur übertragen oder begründet werden, wenn die maßgeblichen Regelungen dies zulassen und die betroffenen Versorgungsträger zustimmen (§ 8 II VersAusglG). In die Regelungen kann der Versorgungsausgleich „ganz oder teilweise" einbezogen werden.

Durch die Abkehr vom Einmalausgleich, dem eine Gesamtbilanz zu Grunde lag, ist jetzt auch eine anrechtsbezogene Teilung durch Vereinbarung möglich. Die Frage der Nichtigkeit eines Teilausschlusses eines Anrechts (BGH, FamRZ 88, 153) stellt sich nicht mehr, weil dies nicht mehr zu einer höheren Ausgleichspflicht einer insgesamt ausgleichspflichtigen Person führen kann.

20 Die **formellen Wirksamkeitsvoraussetzungen** ergeben sich aus § 7 VersAusglG. Verträge über den Versorgungsausgleich sind notariell zu beurkunden. Sie können auch in der in § 127a BGB bestimmten Form geschlossen werden (Abs 2). Für Vereinbarungen über den Versorgungsausgleich im Rahmen eines Ehevertrages sind dagegen die besonderen Formvorschriften für Eheverträge maßgeblich; die Anwesenheit beider Ehegatten bei der notariellen Beurkundung ist erforderlich (Abs 3 iVm § 1410 BGB).

Nach Rechtskraft der Entscheidung über den Versorgungsausgleich bedürfen Vereinbarungen über den Wertausgleich hinsichtlich noch nicht ausgeglichener Rechte keiner besonderen Form. Die Formvorschriften der Abs 1 und 2 gelten bis zur Rechtskraft der Entscheidung über den Versorgungsausgleich, auch wenn das Verfahren abgetrennt ist und die Entscheidung erst nach Rechtskraft der Scheidung ergeht.

21 Die **materiellen Wirksamkeitsvoraussetzungen** ergeben sich aus § 8 iVm § 6 II VersAusglG. Das Gericht prüft, ob der Vertrag nach den allgemeinen gesetzlichen Bestimmungen wirksam ist und ihm auch keine Durchsetzungshindernisse entgegenstehen. Das Gericht hat wie im bisherigen Recht eine Inhalts- und Ausübungskontrolle durchzuführen (BVerfG, FamRZ 01, 343; BGH, FamRZ 04, 601; 05, 185). Hält die Vereinbarung der inhaltlichen und formellen Kontrolle stand, ist sie für das Gericht bindend (§ 6 II VersAusglG). Das Gericht stellt dann in der Beschlussformel fest, dass insoweit kein Versorgungsausgleich durch das Gericht stattfindet (§ 24 III VersAusglG). Diese Entscheidung erwächst mit den tragenden Gründen der Entscheidung in Rechtskraft. In der Begründung sollen die Anrechte benannt werden, deren Ausgleich bei dem Wertausgleich bei der Scheidung nicht möglich ist.

11. Anpassung an Veränderungen

Anpassungen an Veränderungen zwischen dem Ende der Ehezeit und der 22 Entscheidung über den Versorgungsausgleich können nach § 5 II VersAusglG berücksichtigt werden, wenn sie auf den Ehezeitanteil zurückwirken. Das Ende der Ehezeit wird in § 3 I VersAusglG neu definiert; maßgebender Zeitpunkt ist der letzte Tag des Monats vor Zustellung des Scheidungsantrags. Nachehezeitliche Veränderungen sollen noch bis zur letzten Tatsacheninstanz im Erstverfahren berücksichtigt werden können. Eine solche Änderung kann sich zB dann ergeben, wenn die ausgleichspflichtige Person nach dem Ende der Ehezeit, aber vor der Entscheidung über den Versorgungsausgleich dienstunfähig wird. Diese gesetzliche Regelung entspricht der bisherige ständigen Rspr des Bundesgerichtshofs (BGH, FamRZ 88, 1148). Nicht zu berücksichtigen sind übliche Wertentwicklungen eines Anrechts oder nacheheliche Veränderungen, die keinen Bezug zur Ehezeit haben.

Das Gesetz regelt in den §§ 32–38 VersAusglG Sachverhalte, bei denen die 23 Rechtsfolgen der Entscheidung über den Versorgungsausgleich bei der Scheidung zeitweise, ganz oder teilweise oder endgültig beseitigt werden. Hierdurch soll entsprechend dem Auftrag des Bundesverfassungsgerichts (BVerfG, FamRZ 80, 326) einer nachträglich eintretenden **grundrechtswidrigen Auswirkung** des Versorgungsausgleichs begegnet werden. Anpassungsfähige Anrechte sind nur die in den Regelsicherungssystemen begründeten Anrechte (§ 32 VersAusglG). Die Anpassungen erfolgen nur auf Antrag (§ 33 I, § 36 I, § 37 I VersAusglG). Entsprechend dem bisherigen Rechtszustand kommen die Anpassungsvorschriften im Bereich der ergänzenden Altersvorsorge nicht zur Anwendung. Auch private Versorgungsträger fallen nicht in den Anwendungsbereich.

Ein Anpassungsrecht in **Unterhaltsfällen** wird in §§ 33, 34 VersAusglG 24 geregelt. Die Kürzung der Versorgung kann in Höhe des Unterhaltsanspruchs ausgesetzt werden, der bei ungekürzter Versorgung gegeben wäre. §§ 35, 36 VersAusglG regeln den Fall, dass die ausgleichspflichtige Person vor Erreichen der Altersgrenze invalide wird oder wegen Erreichens einer besonderen Altersgrenze eine laufende Versorgung bezieht. Wenn sie in diesem Fall aus einem im Versorgungsausgleich erworbenen Anrecht keine Leistung beziehen kann, wird die Kürzung der laufenden Versorgung auf Grund des Versorgungsausgleichs nach Maßgabe des § 35 VersAusglG ausgesetzt. §§ 37, 38 VersAusglG regeln die Anpassung wegen des Todes der ausgleichberechtigten Person. Die Durchführung der Anpassung erfolgt im Falle der §§ 33, 34 VersAusglG (Unterhalt) durch das Familiengericht, im Falle der §§ 35, 36 VersAusglG (Invalidität) und im Falle der §§ 37, 38 VersAusglG (Tod der ausgleichsberechtigten Person) durch den Versorgungsträger, bei dem das gekürzte Anrecht besteht (§ 36 I, § 38 I VersAusglG).

12. Abänderung des Versorgungsausgleichs bei der Scheidung

Eine Abänderung des bei der Scheidung bestimmten Wertausgleichs 25 nach der Scheidung regeln die §§ 225, 226. Danach ist eine Entscheidung über den Wertausgleich bei der Scheidung abänderbar, wenn sich nachträglich rechtliche oder tatsächliche Umstände geändert haben, die für die Bewertung des Ausgleichswerts eines Anrechts maßgeblich sind; die Wertänderung muss wesentlich sein. Beispiele sind die rückwirkende Anerkennung von Kindererziehungszeiten oder eine Dienstunfähigkeit vor Erreichen der Regelaltersgrenze, die bei der zeitratierlich zu bewertenden Beamtenversorgung zur Veränderung des Ehezeitanteils führen kann. Die Korrektur beschränkt sich auf das jeweils betroffene Anrecht. Das Problem einer Korrektur wegen unterschiedlicher Entwicklung der jeweiligen Versorgungssysteme ist entfallen, weil jeder Ehegatte bei der internen Teilung grundsätzlich an der Wertentwicklung auch der ihm zugeordneten Anrechte des anderen Ehegatten teilnimmt. Eine Abänderung ist auch dann zulässig, wenn durch sie eine für die Versorgung der ausgleichsberechtigten Person maßgebende Wartezeit erfüllt wird (Abs 4). Eine Abänderung setzt voraus, dass sie sich zu Gunsten eines Ehegatten oder seiner Hinterbliebenen auswirkt (Abs 5).

Eine Abänderung im Rahmen des § 225 ist nur bei Anrechten aus denjenigen Regelsystemen möglich, die in § 32 VersAusglG abschließend aufgeführt sind; nicht einbezogen werden Anrechte aus ergänzender Vorsorge, auch nicht solche, bei denen der Ausgleich durch Kapitalzahlung erfolgt, weil hier eine Loslösung von der ausgeglichenen Versorgung erfolgt ist.

13. Durchführung der Abänderung

26 Die Durchführung einer Abänderung (§ 226) erfolgt auf Antrag der Ehegatten, deren Hinterbliebenen und der von der Abänderung betroffenen Versorgungsträger (Abs 1). Abs 2 bestimmt den Zeitpunkt, ab dem ein Abänderungsantrag frühestens zulässig ist, Abs 4 den Eintritt der Wirkung einer Abänderung, Abs 5 das Verfahren, wenn der Ehegatte, der den Abänderungsantrag gestellt hat, vor der Entscheidung hierüber stirbt. Abs 3 verweist zur Entscheidung über Härtefälle in Abänderungsverfahren auf § 27 VersAusglG; hierdurch wird es dem Gericht ermöglicht, nach Billigkeit zu entscheiden und von einer schematischen Änderung abzusehen. Bereits bei der Erstentscheidung vorliegende, aber nicht geltend gemachte oder nicht berücksichtigte Umstände bleiben außer Betracht.

27 Eine **Abänderung von Vereinbarungen** über den Versorgungsausgleich ist entsprechend den Grundsätzen, die die §§ 225, 226 für eine Abänderung von Entscheidungen vorsehen, möglich, sofern eine Abänderung nicht ausgeschlossen worden ist (§ 227 II).

14. Abänderung des Versorgungsausgleichs nach der Scheidung

28 § 227 I verweist für die Abänderung von Entscheidungen über Ausgleichsansprüche nach der Scheidung (§§ 20–26 VersAusglG) auf die Abänderungsmöglichkeit des § 48 I. Es handelt sich hierbei um die schuldrechtliche Ausgleichsrente (§ 20 VersAusglG), deren Abtretung (§ 21 VersAusglG) und die Teilhabe an der Hinterbliebenenversorgung (§§ 25, 26 VersAusglG). Bei den genannten Entscheidungen über Rentenzahlungen handelt es sich um rechtskräftige Entscheidungen mit Dauerwirkung, die nach § 48 I wegen

nachträglich veränderter Tatsachen oder Rechtsgrundlagen aufgehoben oder geändert werden können.

15. Verfahren

Das neue materielle Recht hat verfahrensrechtliche Änderungen zur 29 Folge. In den allgemeinen Vorschriften des Verfahrens in Familiensachen ist in § 114 IV eine neue Ziffer 7 eingefügt worden; diese regelt, dass für das Wahlrecht hinsichtlich der Zielversorgung nach § 15 I, III VersAusglG iVm § 222 I eine Vertretung durch einen Rechtsanwalt nicht erforderlich ist. Damit wird auch der anwaltlich nicht vertretenen Partei bei einer Entscheidung über den Versorgungsausgleich die Möglichkeit eingeräumt, die Zielversorgung bei einer externen Teilung zu bestimmen. Einer entsprechenden Regelung für die Fälle des § 14 II Nr 1, 2 VersAusglG bedurfte es nicht. Im Falle des § 14 II Nr 1 VersAusglG handelt es sich um eine ausschließlich materiell-rechtliche Vereinbarung zwischen dem Versorgungsträger, der ausgleichspflichtigen Person und der ausgleichsberechtigten Person. Die hierfür erforderlichen Erklärungen können zwar im Rahmen des gerichtlichen Verfahrens abgegeben werden; Adressat ist aber nicht das Gericht. Verfahrensrechtlich stellt sich daher die Frage der Notwendigkeit einer anwaltlichen Vertretung nicht. Die Ausübung des einseitigen Wahlrechts des Versorgungsträgers nach § 14 II Nr 2 VersAusglG wird von § 114 I nicht erfasst und unterliegt daher auch nicht dem Anwaltszwang. Eine Vertretung durch einen Rechtsanwalt ist auch nicht erforderlich für den Antrag auf Durchführung des Versorgungsausgleichs bei nur kurzer Ehedauer nach § 3 I, III VersAusglG.

Durch die Neufassung des **§ 137 II 2** wird klargestellt, dass das zentrale 30 Verfahren des Versorgungsausgleichs wie im bisher geltenden Recht von Amts wegen durchgeführt wird. An die Stelle der Amtsverfahren nach § 1587b BGB und § 1 VAHRG tritt das Verfahren über den Wertausgleich bei der Scheidung nach den §§ 9–19 und 28 VersAusglG, für das ein Antrag nicht erforderlich ist.

Der dem **§ 142 neu angefügte Abs 3** enthält eine Verfahrenserleichte- 31 rung. Wird im Falle der Scheidung über sämtliche im Verbund stehenden Familiensachen durch einheitlichen Beschluss entschieden (§ 142 I) und enthält dieser Beschluss auch eine Entscheidung über den Versorgungsausgleich, kann, soweit der Beschluss den Versorgungsausgleich betrifft, bei der Verkündung auf die Beschlussformel Bezug genommen werden.

Auf Grund des geänderten materiellen Rechts sind **entfallen § 224** (bisher 32 § 53e FGG), der Zahlungen zur Begründung von Rentenanwartschaften regelte, sowie § 225 (bisher § 53f FGG), der die Aufhebung der früheren Entscheidung bei schuldrechtlichem Versorgungsausgleich behandelte. **§ 229** (bisher § 53g II FGG), der den Ausschluss der Rechtsbeschwerde für bestimmte Entscheidungen vorsah, ist entfallen. Für die Rechtsbeschwerde gelten die allgemeinen Vorschriften der §§ 70ff.

Entfallen ist auch **§ 226** (nach bisherigem Recht § 3a IX 3 VAHRG), der 33 eine **einstweilige Anordnung** bei der Teilhabe an der Hinterbliebenenversorgung (nach früherem Recht verlängerter schuldrechtlicher Versorgungsaus-

§ 217

gleich) vorsah. Diese Regelung ist deshalb entbehrlich, weil nunmehr die allgemeine Vorschrift des § 49 für alle Versorgungsausgleichssachen gelten soll. Damit kann das Gericht mittels einer einstweiligen Anordnung immer eine vorläufige Maßnahme treffen, soweit dies nach den für das Rechtsverhältnis maßgebenden Vorschriften gerechtfertigt ist und ein dringendes Bedürfnis für ein sofortiges Tätigwerden besteht. Auf der Grundlage des § 49 können daher auch über den Anspruch auf eine schuldrechtliche Ausgleichsrente nach den §§ 20–22 VersAusglG einstweilige Anordnungen ergehen. Ein Bedürfnis hierfür kann dann bestehen, wenn bei klarer materieller Rechtslage die ausgleichspflichtige Person das Verfahren durch Einlegung von Rechtsmitteln verzögert und die ausgleichsberechtigte Person dringend auf die schuldrechtliche Ausgleichsrente angewiesen ist. Das Gericht kann im Rahmen des § 49 jedoch nicht den vollen Rentenbetrag zusprechen, weil hierdurch die Hauptsache vorweggenommen würde; es kann in diesem Rahmen nur auf eine Notrente erkennen.

34 Die **neuen verfahrensrechtlichen Vorschriften** behandeln in § 217 den Begriff der Versorgungsausgleichssachen, in § 218 die örtliche Zuständigkeit, in § 219 die Beteiligten, in § 220 die verfahrensrechtliche Auskunftspflicht, in § 221 die Erörterung und Aussetzung, in § 222 die Durchführung der externen Teilung, in § 223 das Antragserfordernis für Ausgleichsansprüche nach der Scheidung und in § 224 die Entscheidung über den Versorgungsausgleich. § 225 behandelt die Zulässigkeit einer Abänderung des Wertausgleichs bei der Scheidung. § 226 dessen Durchführung und § 227 I iVm § 48 I die Abänderung sonstiger Entscheidungen, § 277 II die Abänderung von Vergleichen. § 228 sieht ebenso wie bisher vor, dass die Wertgrenze des § 61 für die Beschwerde in Versorgungsausgleichssachen mit Ausnahme der Anfechtung einer Kostenentscheidung nicht gilt. Der neu eingefügte § 229 regelt den elektronischen Rechtsverkehr zwischen den Familiengerichten und den Versorgungsträgern.

Versorgungsausgleichssachen

217
Versorgungsausgleichssachen sind Verfahren, die den Versorgungsausgleich betreffen.

1. Anwendungsbereich

1 Die Vorschriften der §§ 218–229 sind die Verfahrensvorschriften für den Versorgungsausgleich. In den Anwendungsbereich dieser Vorschriften fallen die auf Grund des VersAusglG zu treffenden Regelungen. Das ist der bei der Scheidung durchzuführende Versorgungsausgleich nach dem Grundsatz der **internen Teilung** (§§ 1, 10 VersAusglG); das Familiengericht entscheidet hierüber (§ 5 III VersAusglG) auf der Grundlage der Wertermittlung (§§ 39–47 VersAusglG) für den Ausgleichswert auf Vorschlag des Versorgungsträgers (§ 5 I, II VersAusglG). Bei einer ausnahmsweise möglichen **externen Teilung** (§ 14 VersAusglG) entscheidet das Familiengericht durch Begründung eines Anrechts in Höhe des Ausgleichswertes (§ 14 I VersAusglG). Bei einem nach §§ 20–26 VersAusglG möglichen schuldrechtlichen

Ausgleich nach der Scheidung kann Gegenstand der Entscheidung sein eine Ausgleichsrente (§ 20 VersAusglG), eine Kapitalzahlung (§ 22 VersAusglG), Abtretung des Anspruchs gegen den Versorgungsträger (§ 21 VersAusglG), eine zweckgebundene Abfindung (§§ 23, 24 VersAusglG); ferner der **schuldrechtliche Versorgungsausgleich** bei Tod der ausgleichspflichtigen Person (§ 25 VersAusglG); die Entscheidung über den Wertausgleich gegenüber den Erben bei Tod eines der Ehegatten nach Rechtskraft der Scheidung, aber vor Rechtskraft der Entscheidung über den Wertausgleich nach den §§ 9–19 VersAusglG (§ 31 I). In den Anwendungsbereich fallen ferner in Härtefällen die Entscheidungen, dass ein Versorgungsausgleich nicht stattfindet (§ 27 VersAusglG). Haben die Parteien eine wirksame Vereinbarung über den Versorgungsausgleich (§§ 6–8 VersAusglG) getroffen, spricht das Gericht in seiner Entscheidung aus, dass insoweit ein Versorgungsausgleich nicht stattfindet (§ 24 III).

In den Anwendungsbereich des § 217 fallen ferner **Einzelregelungen.** Bei 2 fehlender Ausübung des Wahlrechts hinsichtlich der Zielversorgung bei der externen Teilung (§ 15 I VersAusglG), Begründung eines Anrechts bei einem Träger der gesetzlichen Rentenversicherung durch das Familiengericht (§ 15 III VersAusglG); ferner die Entscheidungen darüber, ob entgegen dem Regelfall bei geringer Differenz von Ausgleichswerten gleicher Art (§ 18 I VersAusglG) oder geringem Wert einzelner Anrechte (§ 18 II VersAusglG) ein Ausgleich durchzuführen ist; ferner die Bewilligung von Ratenzahlungen nach § 23 III VersAusglG im Falle einer zweckgebundenen Abfindung nach §§ 23, 24 VersAusglG.

In den Anwendungsbereich fallen ferner die **Anpassungen des Versor-** 3 **gungsausgleichs** nach §§ 33, 34 VersAusglG in Unterhaltsfällen durch das Familiengericht; die Abänderung des bei der Scheidung bestimmten Wertausgleichs bei nachträglicher wesentlicher Veränderung der rechtlichen oder tatsächlichen Verhältnisse (§§ 225, 226) sowie die Abänderung von Entscheidungen über Ausgleichsansprüche nach der Scheidung (§§ 20–26 VersAusglG) nach § 227 I iVm § 48 I und die Abänderung von Vereinbarungen nach § 227 II iVm §§ 225, 226 VersAusglG.

Ferner fallen in den Anwendungsbereich die Auskunftsansprüche gem § 4 VersAusglG sowie die gegenüber dem Versorgungsträger nach § 47 VersAusglG.

2. Einleitung des Verfahrens

Wie im bisher geltenden Recht wird das zentrale Verfahren des Versor- 4 gungsausgleichs, der Wertausgleich bei der Scheidung durch interne Teilung (§§ 9–19 VersAusglG) von Amts wegen durchgeführt (§ 137 II); bei kurzer Ehedauer auf Antrag (§ 3 III VersAusglG). Die externe Teilung wird nur durchgeführt (§ 14 II VersAusglG), wenn die ausgleichsberechtigte Person und der Versorgungsträger der ausgleichspflichtigen Person eine solche vereinbaren (Nr 1) oder der Versorgungsträger der ausgleichspflichtigen Person eine externe Teilung verlangt (Nr 2). Schuldrechtliche Ausgleichszahlungen nach der Scheidung (§§ 20–26 VersAusglG) setzen ein entspr Verlangen des Berechtigten voraus. Die Durchführung einer Anpassung wegen Unterhalt er-

§ 218

folgt auf Antrag (§ 34 II), Abänderungen des Wertausgleichs bei der Scheidung auf Antrag nach § 225 II und Abänderungen einer Entscheidung über Ausgleichsansprüche nach der Scheidung (§§ 20–26 VersAusglG) auf Antrag nach § 227 I iVm § 48 I; Abänderungen von Vergleichen auf Antrag nach § 227 II.

3. Scheidungsfolgesachen

5   Über den von Amts wegen einzuleitenden Versorgungsausgleich nach den §§ 6–19 und 28 VersAusglG (§ 137 II 2) ist ebenso wie in den anderen Folgesachen gleichzeitig und zusammen mit der Scheidungssache zu verhandeln und, sofern dem Scheidungsantrag stattgegeben wird, zu entscheiden (§ 137 I, II Nr 1).

6   Eine **Abtrennung** zur selbständigen Fortsetzung des Verfahrens über den Versorgungsausgleich nach dem Scheidungsausspruch ist nach § 140 II Nr 1, Nr 2 oder 3 möglich, insbesondere, wenn das Verfahren nach § 221 II, III ausgesetzt ist.

Örtliche Zuständigkeit

218 Ausschließlich zuständig ist in dieser Rangfolge:
1. **während der Anhängigkeit einer Ehesache das Gericht, bei dem die Ehesache im ersten Rechtszug anhängig ist oder war;**
2. **das Gericht, in dessen Bezirk die Ehegatten ihren gemeinsamen gewöhnlichen Aufenthalt haben oder zuletzt gehabt haben, wenn ein Ehegatte dort weiterhin seinen gewöhnlichen Aufenthalt hat;**
3. **das Gericht, in dessen Bezirk ein Antragsgegner seinen gewöhnlichen Aufenthalt oder Sitz hat;**
4. **das Gericht, in dessen Bezirk ein Antragsteller seinen gewöhnlichen Aufenthalt oder Sitz hat;**
5. **das Amtsgericht Schöneberg in Berlin.**

1   Die **örtliche** Zuständigkeit nach § 218 ist in der Rangfolge der Nr 1–5 **ausschließlich**. Während der Anhängigkeit einer **Ehesache** ist das Gericht örtlich zuständig, bei dem die Ehesache im ersten Rechtszug anhängig ist oder war. Ist eine Scheidungssache anhängig, ist über diese und die Versorgungsausgleichssache zusammen zu verhandeln und zu entscheiden; die Durchführung des Versorgungsausgleichs nach den §§ 9–19 und 28 VersAusglG erfolgt von Amts wegen (§ 137 I, II).

2   Wird der Versorgungsausgleich in einem **selbständigen** Verfahren durchgeführt, bei Abtrennung nach § 140 II Nr 1, 2, 3 oder 5 oder in einem selbständigen Verfahren auf Anpassung wegen Unterhalts (§ 34 VersAusglG) oder Abänderung des Wertausgleichs bei der Scheidung nach §§ 225, 226 oder Abänderung einer Entscheidung über Ausgleichsansprüche nach der Scheidung nach § 227 I iVm § 48 I ist maßgebendes Kriterium der

3   **gewöhnliche Aufenthalt** in der Rangfolge der Nr 2–4. Grundsätzlich zuständig ist das Gericht des **gemeinsamen** gewöhnlichen Aufenthalts der Ehegatten. Das ist im Gegensatz zum schlichten Aufenthalt der, an dem

sich tatsächlich jemand längere Zeit aufhält, gleichgültig ob er vorübergehend abwesend ist (BGH, FamRZ 75, 272; OLG Hamm, FamRZ 74, 255; OLG Stuttgart, OLG 75, 391). Gemeinsam ist der Aufenthalt, wenn er den Mittelpunkt des ehelichen Lebens bildet, also der Ort der gemeinsamen Wohnung. Ein **mehrfacher** gewöhnlicher Aufenthalt ist denkbar mit der 4 Folge, dass mehrere Gerichte örtlich zuständig sind; die Zuständigkeit bestimmt sich dann nach § 2 I; zuständig ist das Gericht, das zuerst mit der Sache befasst wird. Befasst wird das Gericht in den Antragsverfahren des Versorgungsausgleichs mit der Sache, wenn ein Antrag eingeht. Der Wertausgleich bei der Scheidung wird im Rahmen eines anhängigen Scheidungsverfahrens (§ 137 II) von Amts wegen eingeleitet; die örtliche Zuständigkeit bestimmt sich dann nach Nr 1. Auch insoweit ist jedoch ein isoliertes Versorgungsausgleichsverfahren denkbar, wenn die Ehe im Ausland geschieden wurde und der Versorgungsausgleich nachträglich erfolgt; in diesen Fällen wird das Gericht durch Anregung der Ehegatten mit der Sache befasst.

Ist keine Ehesache anhängig und besteht kein gewöhnlicher Aufenthalt der 5 Ehegatten oder eines der Ehegatten, ist das **Amtsgericht Schöneberg** in Berlin zuständig (Nr 5).

Beteiligte

219 Zu beteiligen sind

1. **die Ehegatten,**
2. **die Versorgungsträger, bei denen ein auszugleichendes Anrecht besteht,**
3. **die Versorgungsträger, bei denen ein Anrecht zum Zweck des Ausgleichs begründet werden soll, und**
4. **die Hinterbliebenen und die Erben der Ehegatten.**

1. Beteiligtenbegriff

Nach bisherigem Recht wurde ohne eine ausdrückliche gesetzliche Rege- 1 lung zwischen Beteiligten im materiellen Sinn und Beteiligten im formellen Sinn unterschieden. Als Beteiligter im materiellen Sinn war jede Person anzusehen, deren Rechte und Pflichten durch die Regelung der Angelegenheit unmittelbar betroffen werden konnten. Als Beteiligter im formellen Sinn war anzusehen, wer von einem ihm im Gesetz verliehenen Antrags- oder Beschwerderecht Gebrauch machte, sowie jeder, der zur Wahrung seiner (auch vermeintlichen) Interessen im Verfahren auftrat oder zu ihm hinzugezogen wurde.

§ 7 enthält erstmals eine **ausdrückliche Regelung** des Begriffs des Betei- 2 ligten. Die Beteiligtenstellung wird formalisiert. Kraft Gesetzes ist nur der Antragsteller Beteiligter (§ 7 I), im Übrigen wird die Beteiligtenstellung durch den Akt der Hinzuziehung begründet (§ 7 II, III). Es wird unterschieden zwischen den Personen, die zwingend hinzuzuziehen sind (§ 7 II); das sind diejenigen, deren Rechte durch das Verfahren unmittelbar betroffen

§ 219 Buch 2 – Verfahren in Familiensachen

werden (§ 7 II Nr 1) und diejenigen, die auf Grund eines Gesetzes von Amts wegen oder auf Antrag hinzuzuziehen sind (§ 7 II Nr 2); dieser Personenkreis ist bei den einzelnen Angelegenheiten aufgeführt. Weitere Personen können nach Abs 3 auf Antrag oder von Amts wegen hinzugezogen werden; diese Personen sind in diesem oder in anderen Gesetzen ausdrücklich bestimmt.

3   § 219 behandelt die in Versorgungsausgleichsverfahren hinzuzuziehenden Personen und Versorgungsträger. **Hinzuzuziehen** sind immer die Ehegatten als nach § 7 II Nr 1 unmittelbar Betroffene (Nr 1). Zwingend hinzuzuziehen sind ferner alle Versorgungsträger, bei denen Anrechte der ausgleichspflichtigen Person bestehen und dort intern geteilt werden (Nr 2) oder bei denen Anrechte für die ausgleichsberechtigte Person im Wege der externen Teilung zu begründen sind (Nr 3). Die Notwendigkeit der Beteiligung von Hinterbliebenen oder Erben kann sich ergeben, wenn ihre Versorgungsansprüche betroffen sind.

4   Beteiligte iS des § 7 III, die von Amts wegen oder auf Antrag hinzugezogen werden können (Kann-Beteiligte), sind im Versorgungsausgleichsverfahren **nicht** vorgesehen.

2. Versorgungsträger

5   Soweit das Verfahren den Wertausgleich bei der Scheidung durch **interne Teilung** zum Gegenstand hat (§§ 9–13), sind die betroffenen Versorgungsträger als Beteiligte hinzuzuziehen. Als Beteiligte kommen nicht nur in Betracht die Träger der gesetzlichen Rentenversicherung (Arbeiterrenten-, Angestellten-, Knappschaftsversicherungen), sondern auch berufsständische Versorgungen, die betriebliche und die private Vorsorge. Einbezogen in die interne Teilung wird auch die Beamtenversorgung des Bundes; das Gesetz über die interne Teilung beamtenversorgungsrechtlicher Ansprüche von Bundesbeamten im Versorgungsausgleich (BVersTG) ermöglicht diese Form des Ausgleichs. Nicht einbezogen wird die Versorgung von Landes- und Kommunalbeamten, weil diese Versorgungssysteme (noch) keine interne Teilung zulassen (§ 16 VersAusglG); insoweit bleibt es bei dem Ausgleich über die gesetzliche Rentenversicherung.

6   Bei der **externen Teilung** (§§ 14–17 VersAusglG) sind die Versorgungsträger als Beteiligte hinzuzuziehen, bei denen Anrechte für die ausgleichsberechtigte Person zu begründen sind, sowie der Versorgungsträger der ausgleichspflichtigen Person, der mit der ausgleichsberechtigten Person eine externe Teilung vereinbart (§ 14 II Nr 1 VersAusglG) oder eine externe Teilung verlangt (§ 14 II Nr 2 VersAusglG).

7   Findet der **Ausgleich nach der Scheidung** durch schuldrechtliche Ausgleichszahlungen statt (§§ 20–24 VersAusglG), betrifft der Ausgleich nur die Ehegatten; Versorgungsträger sind daher grundsätzlich nicht zu beteiligen. Hinzuzuziehen ist der betroffene Versorgungsträger, wenn aus Teilhabe an der Hinterbliebenenversorgung ein Anspruch gegen ihn gerichtet ist (§ 25 VersAusglG). Der Versorgungsträger ist ferner als Beteiligter hinzuzuziehen, wenn er die Abänderung einer Anpassung wegen Unterhalt verlangt (§ 34 II 2 VersAusglG).

3. Hinterbliebene, Erben

Die Witwe oder der Witwer sind bei Ansprüchen aus der Teilhabe an der Hinterbliebenenversorgung nach §§ 25, 26 VersAusglG hinzuzuziehen, die Erben nach § 31 VersAusglG. 8

Verfahrensrechtliche Auskunftspflicht

220 (1) **Das Gericht kann über Grund und Höhe der Anrechte Auskünfte einholen bei den Personen und Versorgungsträgern, die nach § 219 zu beteiligen sind, sowie bei sonstigen Stellen, die Auskünfte geben können.**

(2) **Übersendet das Gericht ein Formular, ist dieses bei der Auskunft zu verwenden. Satz 1 gilt nicht für eine automatisiert erstellte Auskunft eines Versorgungsträgers.**

(3) **Das Gericht kann anordnen, dass die Ehegatten oder ihre Hinterbliebenen oder Erben gegenüber dem Versorgungsträger Mitwirkungshandlungen zu erbringen haben, die für die Feststellung der in den Versorgungsausgleich einzubeziehenden Anrechte erforderlich sind.**

(4) **Der Versorgungsträger ist verpflichtet, die nach § 5 des Versorgungsausgleichsgesetzes benötigten Werte einschließlich einer übersichtlichen und nachvollziehbaren Berechnung sowie der für die Teilung maßgeblichen Regelungen mitzuteilen. Das Gericht kann den Versorgungsträger von Amts wegen oder auf Antrag eines Beteiligten auffordern, die Einzelheiten der Wertermittlung zu erläutern.**

(5) **Die in dieser Vorschrift genannten Personen und Stellen sind verpflichtet, gerichtliche Ersuchen und Anordnungen zu befolgen.**

1. Verpflichtung zur Auskunft gegenüber dem Gericht

Gegenstand des § 220 ist die verfahrensrechtliche Auskunftspflicht. Auskunftsansprüche der Ehegatten, Hinterbliebenen und Erben untereinander, von diesen Personen gegenüber den betroffenen Versorgungsträgern und von Versorgungsträgern gegenüber diesen Personen sind in § 4 VersAusglG geregelt. 1

Das Gericht ist im Rahmen der **Amtsermittlung** nach § 26 verpflichtet, Grund und Höhe der Versorgungsanwartschaften zu klären. Abs 1 ermöglicht dem Gericht ebenso wie die bisherige § 53 b II 2, 3 FGG und § 11 II VAHRG Auskünfte einzuholen (für das bisherige Recht: BGH, NJW 02, 1712). Die in Abs 1 iVm § 219 genannten Personen und Stellen sind verpflichtet, den gerichtlichen Ersuchen und Anordnungen Folge zu leisten (Abs 5). Öffentliche Dienststellen können sich dieser Verpflichtung gegenüber nicht auf ihre Pflicht zur Amtsverschwiegenheit (§ 35 SGB I) und private Stellen nicht auf ein Zeugnisverweigerungsrecht (§ 30 iVm § 383 I Nr 6 ZPO) berufen (BGH, NJW 98, 138); **Erzwingung** nach § 35 (für das bisherige Recht: KG, FGPrax 95, 152; NJW-RR 96, 252), vorausgesetzt das Auskunftsbegehren ist hinreichend bestimmt (OLG Köln, FamRZ 98, 682). Die Versorgungsträger erfüllen durch die Auskunftserteilung zugleich eine 2

§ 220

gegenüber dem Versicherten und seinem Ehegatten bestehende Amtspflicht (BGH, NJW 98, 138).

2. Zur Auskunft verpflichtete Personen und Stellen

3   Die Auskunftspflicht war zunächst in § 53b II FGG auf Versorgungsträger und sonstige Stellen, die zur Erteilung der Auskünfte in der Lage sind, beschränkt; die Auskunftspflicht wurde durch § 11 II VAHRG auf Ehegatten und deren Hinterbliebene erweitert. Diese Personen sind nunmehr nach Abs 1 iVm § 219 in den Kreis der Personen, die zur Auskunft verpflichtet sind, einbezogen worden. Das Gericht kann von Amts wegen die Erteilung von Auskünften durch den oder die Ehegatten, durch die Hinterbliebenen oder Erben in den Fällen der §§ 25, 26 und § 31 anordnen und die Auskunftserteilung nach § 35 durch Zwangsmittel durchsetzen.

4   Zur Auskunft verpflichtet sind ferner nach Abs 1 Versorgungsträger, soweit sie nach § 219 zu beteiligen sind (Rn 5, 6 zu § 219). **„Sonstige Stellen"**, die Auskunft über Bestand und Höhe der Anrechte zu erteilen haben, sind ua frühere Arbeitgeber, die Arbeitsverwaltung zur Klärung von Rentenanwartschaften oder die Verbindungsstellen der gesetzlichen Rentenversicherung zur Klärung ausländischer Anrechte. Die Auskunftspflicht dieser Stellen besteht unabhängig davon, ob sie Verfahrensbeteiligte im formellen Sinn sind. Sie erlangen durch die Auskunftserteilung auch nicht die Stellung von Beteiligten (§ 7 V).

3. Form der Auskunft

5   Die Auskunftserteilung erfordert grundsätzlich eine eigene und schriftlich verkörperte Erklärung des Verpflichteten, die nicht die gesetzliche Schriftform des § 126 BGB erfüllen muss (BGH, NJW 08, 917). Eine besondere Form schreibt Abs 2 S 1 vor; übersendet das Gericht ein Formular, ist dieses bei der Auskunft zu verwenden. Abs 2 S 2 sieht eine Ausnahme für den Fall vor, dass die zur Auskunft Verpflichteten **elektronische Datenverarbeitungssysteme** (§ 229) einsetzen; hierbei wird es sich um große Versorgungsträger handeln, die Träger der gesetzlichen Rentenversicherung oder größere betriebliche Versorgungswerke. Erfolgt in diesen Fällen eine automatisierte Auskunftserteilung, entfällt die Pflicht zur Verwendung amtlicher Vordrucke. Die automatisierten Auskünfte müssen den gesetzlich geregelten Auskunftspflichten entsprechen.

4. Mitwirkungspflichten der Ehegatten

6   Abs 3 ist eine besondere Ausgestaltung der Mitwirkungspflicht des § 27 im Versorgungsausgleichsverfahren. Das Gericht kann **anordnen,** dass die Ehegatten oder ihre Hinterbliebenen gegenüber den Versorgungsträgern bestimmte Mitwirkungshandlungen zu erbringen haben, insbesondere alle erheblichen Tatsachen anzugeben, notwendige Urkunden und Beweismittel beizubringen und evt für die Feststellung der einzubeziehenden Anrechte erforderliche Anträge zu stellen haben. Dies kann insbesondere zur Klärung des Versiche-

§ 220 Verfahrensrechtliche Auskunftspflicht

rungskontos eines Ehegatten in der gesetzlichen Rentenversicherung notwendig sein. Anders als die in § 149 IV SGB VI enthaltene Verpflichtung besteht die Mitwirkungspflicht **gegenüber dem Gericht**. Es handelt sich um eine 7 eigenständige Verpflichtung, die mit den **Zwangsmitteln** des § 35 durchgesetzt werden kann. Es kann angeordnet werden, dass die vorgesehenen Formulare, insbesondere der Versorgungsträger, zu verwenden sind. Welche Mitwirkungspflichten im Einzelfall erforderlich sind, ergibt sich ggf aus den Hinweisen der Versorgungsträger auf fehlende Angaben oder Anträge.

5. Die Auskunftspflichten der Versorgungsträger

Abs 4 S 1 normiert die Auskunftspflichten der Versorgungsträger. Diese 8 haben dem Gericht die nach § 5 I VersAusglG zu berechnenden Ehezeitanteile mitzuteilen. Bei der Bestimmung des Ausgleichswerts werden die auszugleichenden Anrechte (§ 2 VersAusglG) durch die Versorgungsträger in Bezug auf die Ehezeit (§ 3 I, II VersAusglG) berechnet. Die Berechnung der Anrechte erfolgt in Form eines Rentenbetrages, eines Kapitalwertes oder einer anderen für das jeweilige Versorgungssystem maßgeblichen Bezugsgröße. Dabei sind rechtliche und tatsächliche Veränderungen nach der Ehezeit zu berücksichtigen, wenn sie auf den Ehezeitanteil zurückwirken (§ 5 I, II VersAusglG).

Die **Versorgungsträger** unterbreiten dem Gericht nach § 5 III einen 9 **Vorschlag** für die Bestimmung des Ausgleichswertes und, falls es sich nicht um einen Kapitalwert handelt, für einen korrespondierenden Kapitalwert nach § 47. Die Entscheidung hierüber trifft das Familiengericht, dem daher auch die **Prüfung** der mitgeteilten Werte obliegt. Damit das Gericht seiner Prüfungspflicht nachkommen kann, haben die Versorgungsträger im Rahmen der Auskunft die erforderlichen Berechnungen übersichtlich und nachvollziehbar darzustellen (Abs 4 S 1). Dazu gehört ua die Benennung der angewandten versicherungsmathematischen Berechnungsverfahren sowie die grundlegenden Annahmen der Berechnung, insbesondere Zinssatz und angewandte Sterbetafeln. Zur Offenlegung von Geschäftsgeheimnissen, etwa einer spezifischen geschäftsinternen Kalkulation, sind die Versorgungsträger nicht verpflichtet.

Um die spezifischen Rechnungsgrundlagen der jeweiligen Versorgungs- 10 systeme prüfen zu können, sind die Versorgungsträger auch zur **Auskunft über die für die Teilung maßgeblichen Regelungen, über Satzungsrecht und vertragliche Bestimmungen** (private Versicherungsverträge), individuell ausgestaltete betriebliche Versorgungszusagen, verpflichtet. **Sondervorschriften** über die Bewertungsmethoden bestimmter Versorgungsträger enthalten die §§ 43–46. Soweit Satzungen und Verträge vorzulegen sind, kann auch auf Unterlagen in anderen Verfahren bei demselben Gericht verwiesen werden.

Der Versorgungsträger hat nach § 5 III zusätzlich einen **korrespondie-** 11 **renden Kapitalwert** nach § 47 VersAusglG zu berechnen und vorzuschlagen, wenn ein Ausgleichswert in anderer Form als in einem Kapitalwert ermittelt wird, etwa als Entgeltpunkt, als Rentenbetrag oder als andere Bezugsgröße. Dadurch stehen dem Familiengericht und den Ehegatten für alle Anrechte

§ 220

Werte zur Verfügung, die den Stichtagswert der jeweiligen Ausgleichswerte als Kapitalbetrag ausdrücken.

12   In dem Verfahren über einen Ausgleichsanspruch **nach der Scheidung,** dessen Gegenstand eine schuldrechtliche Ausgleichsrente nach den §§ 20, 21 VersAusglG oder die Teilhabe an der Hinterbliebenenversorgung nach den §§ 25, 26 VersAusglG sein kann, ist abw von Abs 1 grundsätzlich nur der Rentenbetrag durch den Versorgungsträger zu berechnen (Abs 4), weil es sich in diesen Fällen um den Ausgleich laufender Versorgungen handelt; allgemeine Wertanpassungen des Anrechts sind zu berücksichtigen (§ 5 IV VersAusglG). Hingegen ist bei dem Anspruch auf Ausgleich von Kapitalzahlungen nach § 22 VersAusglG und der Abfindung der künftigen schuldrechtlichen Ausgleichsrente nach §§ 22, 23 und 24 VersAusglG die Berechnung nach § 5 I, III VersAusglG durchzuführen, weil eine Kapitalzahlung auf der Grundlage des Ausgleichswerts zu erbringen ist.

6. Wechselseitige Auskunftsansprüche der Beteiligten

13   § 4 VersAusglG regelt die Auskünfte der Ehegatten, Hinterbliebenen, Erben und Versorgungsträger untereinander. Eine Auskunft nach § 4 VersAusglG ist dann erforderlich, wenn Auskünfte zur Wahrnehmung der Rechte oder Interessen im Zusammenhang mit dem Versorgungsausgleich benötigt werden.

14   Die Ehegatten sind auch weiterhin **einander** zur Auskunft verpflichtet. Die bisher auf der Grundlage der §§ 1587 e I, 1587 k I iVm § 1580 BGB sowie in § 3 a VIII, § 9 IV und § 10 a XI VAHRG geregelten Auskunftsansprüche sind nunmehr in § 4 I VersAusglG zusammengefasst, der die Grundlage für die Auskunftsansprüche bildet. Der Anspruch auf Auskunftserteilung, der auch die Verpflichtung umfasst, die gerichtlichen Formulare zum Versorgungsausgleich richtig und vollständige auszufüllen (OLG Hamm, FamRZ 78, 700), ist ein **Nebenanspruch** im Rahmen des Versorgungsausgleichs und durch Antrag in diesem Verfahren geltend zu machen (OLG Hamm, aaO). Der aus-
15   kunftsberechtigte Ehegatte muss hierüber einen **Vollstreckungstitel** erwirken und hieraus nach § 95 I Nr 3 iVm § 888 ZPO vollstrecken. Die verfahrensrechtliche Auskunftspflicht nach § 220 macht die materiell-rechtliche Auskunftspflicht der Beteiligten untereinander nicht entbehrlich; die Notwendigkeit einer Auskunft kann sich insbesondere dann ergeben, wenn die Eheleute den Versorgungsausgleich vorab in einer Scheidungsfolgenvereinbarung regeln möchten. Ein mitwirkender Ehegatte hat auch die Möglichkeit, in dem Versorgungsausgleichsverfahren den Auskunftsanspruch gegen den säumigen Ehegatten selbständig geltend zu machen, um das Verfahren zu beschleunigen. Dieser Anspruch **besteht neben** dem von Amts wegen durchzusetzenden verfahrensrechtlichen Auskunftsanspruch des Gerichts gegen den säumigen Ehegatten.

16   Neben den Auskunftsansprüchen der Ehegatten untereinander (Abs 1) besteht nach Abs 2 ein hilfsweises Auskunftsrecht eines Ehegatten **gegenüber den Versorgungsträgern** des anderen Ehegatten. Voraussetzung ist der Nachweis der mangelnden Auskunftsbereitschaft des auskunftsverpflichteten Ehegatten durch den ausgleichsberechtigten Ehegatten, zB durch eine vergebliche Mahnung.

Auch ein **Versorgungsträger kann** bei berechtigtem Interesse **Auskunft** 17
von den Ehegatten, ihren Hinterbliebenen oder Erben oder anderen Versorgungsträgern verlangen (Abs 3). Eine solche Auskunft kann insbesondere gegenüber anderen Versorgungsträgern erforderlich sein, wenn ein Versorgungsträger die Höhe der auszugleichenden Versorgung nicht selbständig zu ermitteln vermag, weil diese von der Höhe einer anderen Versorgung abhängig ist, etwa bei einer Gesamtversorgung. Die Erteilung einer Auskunft durch einen anderen Versorgungsträger kann darüber hinaus bei Teilhabe an einer Hinterbliebenenversorgung benötigt werden oder bei einem Anpassungsverfahren nach den §§ 32–36 VersAusglG.

Neben den Auskunftsansprüchen nach § 4 können sich solche auch aus 18
dem jeweiligen **materiellen Leistungsrecht** ergeben. Als Rechtsgrundlage für derartige Auskünfte kommen in Betracht §§ 109, 149 III, IV sowie § 196 I SGB VI oder § 4 a BetrAVG. Gegenüber privaten Versorgungsträgern können vertragliche Auskunfts- und Informationsansprüche bestehen.

Erörterung, Aussetzung

221 (1) **Das Gericht soll die Angelegenheit mit den Ehegatten in einem Termin erörtern.**

(2) **Das Gericht hat das Verfahren auszusetzen. wenn ein Rechtsstreit über Bestand oder Höhe eines in den Versorgungsausgleich einzubeziehenden Anrechts anhängig ist.**

(3) **Besteht Streit über ein Anrecht, ohne dass die Voraussetzungen des Absatzes 2 erfüllt sind, kann das Gericht das Verfahren aussetzen und einem oder beiden Ehegatten eine Frist zur Erhebung der Klage setzen. Wird diese Klage nicht oder nicht rechtzeitig erhoben, kann das Gericht das Vorbringen unberücksichtigt lassen, das mit der Klage hätte geltend gemacht werden können.**

1. Erörterungstermin

Das Gericht soll die Angelegenheit des Versorgungsausgleichs mit den 1
Eheleuten in einem Termin erörtern (Abs 1). Durch die materiell-rechtlichen Änderungen im VersAusglG kommt der Erörterung mit den Eheleuten besondere Bedeutung zu, weil in weiterem Umfang als nach bisherigem Recht dem Gericht die Möglichkeit von Ermessens- oder Billigkeitsentscheidungen eingeräumt wird und die Möglichkeiten der Ehegatten, Vereinbarungen zu treffen, erweitert werden.

Das Familiengericht soll in den Fällern des § 18 I, II VersAusglG (Gering- 2
fügigkeit) von dem Versorgungsausgleich absehen; es kann den Ausgleich jedoch nach seinem Ermessen durchführen, wenn dies im Einzelfall geboten ist. Die möglichen Gründe hierfür (BT-Drs 16/10144 S 61) können Gegenstand einer Erörterung sein. Auch die Beschränkung oder der Wegfall des 3
Versorgungsausgleichs nach § 27 erfordert in besonderer Weise die Erörterung mit den Eheleuten. Ein Versorgungsausgleich findet nach § 27 ausnahmsweise nicht statt, soweit er **grob unbillig** wäre; diese Voraussetzungen sind auf Grund der gesamten Umstände des Einzelfalles festzustellen. Bei **Tod eines** 4

§ 221 Buch 2 – Verfahren in Familiensachen

Ehegatten ist bei Klärung des Wertausgleichs gegen die Erben (§ 31 I VersAusglG) **nach billigem Ermessen** darüber zu entscheiden, welche Anrechte zum Ausgleich herangezogen werden, wenn mehrere Anrechte auszugleichen
5 sind (§ 31 II 2 VersAusglG). Das Gericht hat über die **Wirksamkeit vertraglicher Abreden** der Eheleute über den Versorgungsausgleich nach §§ 6–8 VersAusglG zu entscheiden; soweit diese Vereinbarungen wirksam sind, hat
6 das Gericht auszusprechen, dass der Versorgungsausgleich nicht stattfindet. Bei **Anpassungen wegen Unterhalt** hat das Gericht, wenn der ausgleichspflichtigen Person mehrere Versorgungen zufließen, nach billigem Ermessen zu
7 entscheiden, welche Kürzung ausgesetzt wird (§ 33 IV VersAusglG). Bei der **Ermittlung des Ausgleichswertes** hat das Gericht nach billigem Ermessen den Wert zu ermitteln, wenn weder die unmittelbare Bewertung noch die zeitratierliche Bewertung zu einem Ergebnis führt, das dem Grundsatz der Halbteilung entspricht (§ 42).
8 Die **Regelungsbefugnisse der Ehegatten** ergeben sich aus § 6 VersAusglG; sie können danach insbesondere den Versorgungsausgleich ganz oder teilweise ausschließen, auf bestimmte Anrechte beschränken oder Ausgleichsansprüche nach der Scheidung gem den §§ 20–24 vorbehalten. Bestehen keine Wirksamkeits- oder Durchsetzungshindernisse (§ 6 II iVm § 8 VersAusglG) ist das Familiengericht an die Vereinbarung gebunden. Die Eheleute können auch eine nach § 21 II grundsätzlich nicht zulässige Abtretung auf rückständige Ansprüche auf eine schuldrechtliche Ausgleichsrente vereinbaren. Das Gericht kann im Rahmen der Erörterung bei entsprechenden Anhaltspunkten auf die Möglichkeiten hinweisen, zweckmäßige Vereinbarungen zu schließen.

2. Aussetzung des Verfahrens

9 Abs 2, 3 regeln die Frage einer Aussetzung des Verfahrens, die nach pflichtgemäßem Ermessen allgemein angeordnet werden kann, wenn die Entscheidung in dem Verfahren von der in einem anderen Verfahren zu treffenden Entscheidung abhängt (§ 21), für den Versorgungsausgleich ausdrücklich. Besteht Streit über den Bestand oder die Höhe eines in den Versorgungsausgleich einzubeziehenden Anrechts, kann das Gericht hierüber selbst entscheiden; es kann nach Abs 3 das Verfahren über den Versorgungsausgleich auch aussetzen und einem oder beiden Ehegatten eine Frist zur Erhebung der (Feststellungs-)Klage zur Klärung der Vorfrage vor dem zuständigen Spezialgericht setzen. Hierfür wird eine Feststellungsklage (§ 55 I Nr 1 und 2 SGG) vor einem Sozial-, Arbeits- oder Verwaltungsgericht in Betracht kommen
10 (Keidel/Weber, Rn 10 zu § 221). Streiten die Eheleute nicht nur über den Bestand oder den Wert eines Anrechtes, sondern über die Höhe des Ehezeitanteils bzw des Ausgleichswerts, kann auch der Bestand oder der Wert eines Anrechts betroffen sein, weil sich diese regelmäßig auch auf den Ausgleichswert auswirken. Es bleibt jedoch für die Bewertung des Ausgleichswerts bei der **Zuständigkeit des Familiengerichtes,** weil andernfalls die Fachgerichte über für sie fachfremde familienrechtliche Fragen zu entscheiden hätten. Eine Aufteilung der Frage würde zu Verzögerungen des Versorgungsausgleichsverfahrens führen.

Die **Aussetzung** des Verfahrens vor dem Familiengericht **kann** schon für 11
die Dauer der Frist zur Klageerhebung in Betracht kommen. Zwingend ist die
Aussetzung, sobald die Klage erhoben worden ist (Abs 2). Wird die Klage
nach Ablauf der Frist erhoben, steht es dagegen im Ermessen des Gerichts, ob
es das Verfahren bis zur Klärung der Vorfrage aussetzt oder das Vorbringen
unberücksichtigt lässt. Wird keine Klage anhängig gemacht, kann das Gericht
das Vorbringen, das mit der Klage hätte geltend gemacht werden können,
unberücksichtigt lassen. In die Erwägung hierüber ist jedoch einzubeziehen,
dass das Gericht nunmehr nach § 220 selbst die erforderlichen Auskünfte bei
den Versorgungsträgern einholen kann.

3. Zwingende Aussetzung

Ist ein Verfahren über ein in den Versorgungsausgleich einzubeziehendes 12
Anrecht bereits anhängig oder wird es während des Verfahrens über den
Versorgungsausgleich anhängig, ist das Verfahren nach Abs 2 zwingend auszusetzen. Dadurch wird sichergestellt, dass es nicht zu von einander abweichenden Ergebnissen zwischen dem Familiengericht und dem Fachgericht
kommt und das Familiengericht auf die Entscheidung des für das jeweilige
Anrecht zuständigen Fachgerichts zurückgreifen kann. An eine rechtskräftige
Entscheidung des Fachgerichts ist das Familiengericht nur gebunden, wenn
diese Entscheidung unter allen Beteiligten Rechtskraft entfaltet.

4. Anfechtbarkeit

Die Zwischenentscheidung, die die Aussetzung anordnet, oder eine bean- 13
tragte Aussetzung ablehnt, ist in entspr Anwendung der §§ 567–572 ZPO
(21 II) anfechtbar (OLG Nürnberg, NJW 10, 2145). Die Rechtsbeschwerde
gegen die Beschwerdeentscheidung findet statt, wenn das Beschwerdegericht
sie zugelassen hat (§ 574 I Nr 2 ZPO). § 567 I ZPO findet nur auf erstinstanzliche Entscheidungen Anwendung; eine erstmalige Entscheidung über
die Aussetzung im Beschwerdeverfahren ist daher unanfechtbar.

Durchführung der externen Teilung

222 (1) **Die Wahlrechte nach § 14 Abs. 2 und § 15 Abs. 1 des Versorgungsausgleichsgesetzes sind in den vom Gericht zu setzenden Fristen auszuüben.**

(2) **Übt die ausgleichsberechtigte Person ihr Wahlrecht nach § 15 Abs. 1 des Versorgungsausgleichsgesetzes aus, so hat sie in der nach Absatz 1 gesetzten Frist zugleich nachzuweisen, dass der ausgewählte Versorgungsträger mit der vorgesehenen Teilung einverstanden ist.**

(3) **Das Gericht setzt in der Endentscheidung den nach § 14 Abs. 4 des Versorgungsausgleichsgesetzes zu zahlenden Kapitalbetrag fest.**

(4) **Bei einer externen Teilung nach § 16 des Versorgungsausgleichsgesetzes sind die Absätze 1 bis 3 nicht anzuwenden.**

1. Externe Teilung

1 Als Ausnahme von dem Grundsatz der internen Teilung sieht § 14 **VersAusglG** unter besonderen Voraussetzungen eine externe Teilung durch Ausgleich über ein anderes Versorgungssystem vor. Das Familiengericht begründet in diesen Fällen für die ausgleichsberechtigte Person zu Lasten des Anrechts der ausgleichspflichtigen Person ein Anrecht in Höhe des Ausgleichswerts bei einem anderen Versorgungsträger als demjenigen, bei dem das Anrecht der ausgleichspflichtigen Person besteht (§ 14 I VersAusglG). Die externe Teilung ist möglich, wenn die ausgleichsberechtigte Person und der Versorgungsträger der ausgleichspflichtigen Person eine externe Teilung vereinbaren (§ 14 II Nr 1 VersAusglG) oder der Versorgungsträger der ausgleichspflichtigen Person – auch ohne Zustimmung der ausgleichsberechtigten Person – dies verlangt. Die externe Teilung ist jedoch nur möglich, wenn der Ausgleichswert am Ende der Ehezeit einen bestimmten Betrag gem § 14 II Nr 2 VersAusglG nicht überschreitet. Die externe Teilung ist unzulässig, wenn ein Anrecht durch Beitragszahlung nicht mehr begründet werden kann (§ 14 V VersAusglG).

2 Bei der externen Teilung hat die ausgleichsberechtigte Person ein **Wahlrecht** hinsichtlich der Zielversorgung; sie kann wählen, ob ein für sie bestehendes Anrecht ausgebaut oder ein neues Anrecht begründet werden soll (§ 15 I VersAusglG). Übt sie das Wahlrecht nicht aus, erfolgt die externe Teilung durch Begründung eines Anrechts bei einem Träger der gesetzlichen Rentenversicherung (§ 15 III VersAusglG).

3 § 222 behandelt nur die **Durchführung** der externen Teilung nach § 14 VersAusglG, eine externe Teilung auf Grund einer Vereinbarung zwischen der ausgleichsberechtigten Person und dem Versorgungsträger der ausgleichspflichtigen Person oder auf Grund eines Abfindungsverlangens des Versorgungsträgers der ausgleichspflichtigen Person. § 222 findet keine Anwendung solange der Träger einer Versorgung aus einem öffentlich-rechtlichen Dienst- oder Arbeitsverhältnis keine interne Teilung vorsieht und eine Beamtenversorgung über die gesetzliche Rentenversicherung nach § 16 VersAusglG ausgeglichen wird. Auch in diesem Fall handelt es sich zwar strukturell um eine externe Teilung. Das Gericht kann jedoch nur anordnen, dass zu Lasten des Anrechts der ausgleichspflichtigen Person bei der Beamtenversorgung für die ausgleichsberechtigte Person ein Anrecht bei der gesetzlichen Rentenversicherung begründet wird (§ 16 I VersAusglG). In diesen Fällen bestehen daher nicht die Gestaltungsmöglichkeiten, die die §§ 14, 15 VersAusglG vorsehen. Dies stellt Abs 4 klar.

2. Fristsetzung

4 Für die Abgabe von Erklärungen zur Herbeiführung einer externen Teilung nach § 14 VersAusglG ist eine gesetzliche Frist nicht vorgesehen. In der Praxis werden die Versorgungsträger regelmäßig bereits in der von ihnen übermittelten Auskunft mitteilen, ob sie eine externe Teilung wünschen und, ob dies im Rahmen einer Vereinbarung mit der ausgleichsberechtigten Person nach § 14 II Nr 1 VersAusglG oder auf Grund des einseitigen Optionsrechts nach § 14 II Nr 2 VersAusglG gewünscht wird. Auch die Eheleute können in der

Auskunft über die vorhandenen Anrechte bereits eine Erklärung über eine gewünschte Zielversorgung (§ 15 VersAusglG) abgeben. In den den Versorgungsträgern oder Eheleuten übersandten Formularen können entsprechende Rubriken vorgesehen werden.

Abs 1 sieht vor, dass das Gericht Fristen zur Ausübung der Wahlrechte nach 5 § 14 II und § 15 I VersAusglG setzen kann. Damit kann das Gericht diese Fragen frühzeitig klären. Die Rechte nach § 14 II Nr 1 oder 2 VersAusglG können dann nur innerhalb der gerichtlichen Frist ausgeübt werden; sie sind zu einem späteren Zeitpunkt ausgeschlossen. **Unterbleibt die Benennung einer Zielversorgung** nach § 15 I VersAusglG innerhalb der gesetzten gerichtlichen Frist, verliert die ausgleichsberechtigte Person ihr Wahlrecht; die externe Teilung erfolgt dann durch Begründung eines Anrechts bei der Versorgungsausgleichskasse (Einl 86) (§ 15 III VersAusglG).

3. Einverständnis des Versorgungsträgers zur gewählten Zielversorgung

Nach § 15 I VersAusglG kann die ausgleichsberechtigte Person bei der 6 externen Teilung (§ 14 II Nr 1 oder Nr 2 VersAusglG) wählen, ob ein für sie bestehendes Anrecht ausgebaut oder ein neues Anrecht begründet werden soll. Der Versorgungsträger, bei dem auf Grund der gewählten Zielversorgung ein Anrecht begründet oder ausgebaut werden soll, muss hierzu bereit sein. Die ausgleichsberechtigte Person hat die Bereitschaft des Versorgungsträgers gegenüber dem Gericht nachzuweisen. Hat das Gericht eine Frist nach Abs 1 gesetzt, ist der Nachweis zugleich mit der Benennung der Zielversorgung nach § 15 I VersAusglG innerhalb dieser Frist zu erbringen. Wurde kein Frist gesetzt, ist der Nachweis noch bis zur Entscheidung möglich. Zu dem Nachweis gehört die Mitteilung der einschlägigen Daten, damit das Gericht den Entscheidungstenor bestimmt fassen kann; zu diesen Daten gehört die genaue Firmenbezeichnung des Versicherungsunternehmens oder die Tarifbezeichnung und Policennummer eines bereits bestehenden Vorsorgevertrages, der ausgebaut werden soll. Zweckmäßigerweise sind diese Daten durch den Versorgungsträger in einem Bestätigungsschreiben anzugeben.

4. Entscheidung über die externe Teilung

Nach Abs 3 hat das Gericht in seiner Entscheidung den nach § 14 IV 7 VersAusglG zu zahlenden Kapitalbetrag festzusetzen. Der entsprechende Teil des Vorsorgevermögens geht damit von dem Versorgungsträger der ausgleichspflichtigen Person auf den Versorgungsträger der ausgleichsberechtigten Person und, sofern die Benennung der Zielversorgung unterblieben ist, auf die Versorgungsausgleichskasse (Einl 86) über. Der von dem Gericht in der Entscheidung festzusetzende Betrag entspricht bei Kapitalwerten dem Ausgleichswert, bei anderen Bezugsgrößen dem korrespondieren Kapitalwert (§ 47) des Ausgleichswertes.

Die Entscheidung des Gerichts ist **Vollstreckungstitel**. Zahlt der Versor- 8 gungsträger der ausgleichspflichtigen Person nach Rechtskraft der Entscheidung nicht, kann der Versorgungsträger der Zielversorgung aus der Entscheidung die Zwangsvollstreckung betreiben.

§ 223 Buch 2 – Verfahren in Familiensachen

Antragserfordernis für Ausgleichsansprüche nach der Scheidung

223 Über Ausgleichsansprüche nach der Scheidung nach den §§ 20 bis 26 des Versorgungsausgleichsgesetztes entscheidet das Gericht nur auf Antrag.

1. Schuldrechtlicher Ausgleich nach Scheidung

1   Die Neugestaltung des Versorgungsausgleichs wird von dem Grundsatz des Ausgleichs bei der Scheidung bestimmt. Ein schuldrechtlicher Ausgleich nach der Scheidung ist nach Maßgabe der §§ 20–26 VersAusglG möglich. Er ist nach § 19 IV VersAusglG durchzuführen, wenn ein Anrecht noch nicht ausgleichsreif ist; in diesem Fall findet ein Ausgleich bei der Scheidung auch in Bezug auf sonstige Anrechte der Ehegatten nicht statt. Ein Anrecht ist nicht ausgleichsreif (§ 19 II VersAusglG), wenn es dem Grunde oder der Höhe nach nicht hinreichend verfestigt ist, insbesondere als Anrecht iS des Betriebsrentengesetzes noch verfallbar ist (Nr 1), soweit es auf eine abzuschmelzende Leistung gerichtet ist (Nr 2), soweit sein Ausgleich für die ausgleichsberechtigte Person unwirtschaftlich wäre (Nr 3) oder wenn es bei einem ausländischen, zwischenstaatlichen oder überstaatlichen Versorgungsträger besteht (Nr 4).

2   Schuldrechtliche Ausgleichszahlungen finden aus noch nicht ausgeglichenen Anrechten statt in Form einer **schuldrechtlichen Ausgleichsrente,** wenn die ausgleichspflichtige Person Kapitalzahlungen aus einem noch nicht ausgeglichenen Anrecht erhält (§ 22 VersAusglG). In Höhe der Ausgleichsrente (§ 20 VersAusglG) kann die ausgleichsberechtigte Person nach Maßgabe des § 21 VersAusglG Abtretung des Anspruchs gegen den Versorgungsträger verlangen. Darüber hinaus besteht die Möglichkeit, für ein noch nicht ausgeglichenes Anrecht eine zweckgebundene Abfindung nach Maßgabe der §§ 23, 24 VersAusglG zu verlangen. In diesem Fall kann die ausgleichspflichtige Person Ratenzahlungen verlangen, wenn die Einmalzahlung zu einer

3   unbilligen Belastung führen würde (§ 23 III VersAusglG). Bei **Tod der ausgleichspflichtigen** Person kann die ausgleichsberechtigte Person für ein noch nicht ausgeglichenes Anrecht nach Maßgabe des § 25 VersAusglG **Hinterbliebenenversorgung** verlangen; der Anspruch richtet sich gegen die Witwe oder den Witwer, soweit das Anrecht bei einem ausländischen, zwischenstaatlichen oder überstaatlichen Versorgungsträger besteht. Bei **Tod** eines Ehegatten **nach** Rechtskraft der Scheidung, aber **vor** Rechtskraft der Entscheidung über den Wertausgleich nach den §§ 9–19 VersAusglG) ist das Recht der überlebenden Ehegatten gegen die **Erben** geltend zu machen; diese haben ihrerseits kein Recht auf Wertausgleich (§ 31 I, II VersAusglG); schuldrechtliche Ausgleichsansprüche nach der Scheidung mit Ausnahme von Ansprüchen aus Teilhabe an der Hinterbliebenenversorgung bleiben unberührt (§ 31 III VersAusglG).

2. Antragsverfahren

4   Für den grundsätzlich **bei** der Scheidung durchzuführenden Wertausgleich ist ein Antrag nicht erforderlich. Das Verfahren ist vielmehr von Amts wegen einzuleiten und durchzuführen (§ 137 II 2). Werden Ausgleichsansprüche

§ 224 Entscheidung über den Versorgungsausgleich **§ 224**

nach der Scheidung iS der §§ 20–26 VersAusglG geltend gemacht, wird das Gericht nur **auf Antrag** tätig. Dies wird durch § 223 klargestellt. Im Einzelnen gilt das Antragserfordernis für die schuldrechtliche Ausgleichsrente nach § 20 I, die Abtretung von Ansprüchen gegen den Versorgungsträger nach § 21 I, für den Anspruch auf Ausgleich von Kapitalzahlungen nach § 22, für den Anspruch auf Abfindung nach §§ 23, 24, für den Anspruch auf Teilhabe an der Hinterbliebenenversorgung nach §§ 25, 26.

Entscheidung über den Versorgungsausgleich

224 (1) **Endentscheidungen, die den Versorgungsausgleich betreffen, werden erst mit Rechtskraft wirksam.**

(2) **Die Endentscheidung ist zu begründen.**

(3) **Soweit ein Wertausgleich bei der Scheidung nach § 3 Abs. 3, den §§ 6, 18 Abs. 1 oder Abs. 2 oder § 27 des Versorgungsausgleichsgesetzes nicht stattfindet, stellt das Gericht dies in der Beschlussformel fest.**

(4) **Verbleiben nach dem Wertausgleich bei der Scheidung noch Anrechte für Ausgleichsansprüche nach der Scheidung, benennt das Gericht diese Anrechte in der Begründung.**

1. Eintritt der Wirksamkeit

Entscheidungen über den Versorgungsausgleich, die nach § 137 I als Folgesachen zusammen mit dem Scheidungsausspruch ergehen, werden erst mit Rechtskraft des Scheidungsausspruchs wirksam (§ 148), auch wenn diese zu einem früheren Zeitpunkt, zB bei Teilanfechtung einer Entscheidung nach § 137 I formell rechtskräftig werden. § 224 bestimmt den Eintritt der Wirksamkeit von Entscheidungen über den Versorgungsausgleich, die nicht gleichzeitig mit dem Scheidungsausspruch ergehen, bei Abtrennung zur späteren Erledigung nach § 140, bei Entscheidungen über den schuldrechtlichen Versorgungsausgleich nach der Scheidung (§§ 20–26 VersAusglG). 1

Mit Rechtskraft wirksam werden abw von § 40 auch die Entscheidungen in den **Änderungsverfahren** nach §§ 225–227. Die Rechtskraft einer Entscheidung über den Versorgungsausgleich wird nicht dadurch berührt, dass eine dieser Entscheidung zu Grunde liegende Vereinbarung der Eheleute angefochten wird (BGH, NJW 02, 3463). 2

2. Begründung der Entscheidung

In Verfahren der freiwilligen Gerichtsbarkeit war bisher nur hinsichtlich der Beschwerdeentscheidung in § 25 FGG eine Begründung vorgeschrieben; im Übrigen jedenfalls bei Eingriff in die Rechte Beteiligter. Eine Begründung der Entscheidung ist nunmehr allgemein in § 38 III 1 vorgeschrieben. Abs 2 spricht dies ausdrücklich auch für die erstinstanzlichen Entscheidungen in allen Verfahren über den Versorgungsausgleich aus, die in einer isolierten Familiensache ergehen. Bei einer einheitlichen Endentscheidung im Verbund mit dem Ausspruch der Entscheidung ergibt sich die Notwendigkeit der Begründung aus § 142 I iVm § 313 ZPO. 3

§ 224
Buch 2 – Verfahren in Familiensachen

4   Der **Tenor** lautet bei der internen Teilung nach § 10 I VersAusglG auf Übertragung eines Anrechts in Höhe des Ausgleichswertes bei dem Versorgungsträger, bei dem das Anrecht der ausgleichspflichtigen Person besteht zu Lasten des Anrechts der ausgleichspflichtigen Person, nach § 10 II VersAusglG, wenn Anrechte gleicher Art bei demselben Versorgungsträger auszugleichen sind, durch Übertragung nur in Höhe des Wertunterschiedes nach Verrechnung.
5   Bei der **externen Teilung** (§ 14 VersAusglG) begründet das Familiengericht für die ausgleichsberechtigte Person zu Lasten des Anrechts der ausgleichspflichtigen Person ein Anrecht in Höhe des Ausgleichswerts bei einem anderen Versorgungsträger als demjenigen, bei dem das Anrecht der ausgleichspflichtigen Person besteht. Der Versorgungsträger der ausgleichspflichtigen Person hat den Ausgleichswert als Kapitalbetrag an den Versorgungsträger der ausgleichsberechtigten Person zu zahlen (§ 14 IV VersAusglG). Das Gericht kann auch aussprechen, dass ein bestehendes Anrecht ausgebaut oder
6   ein neues Anrecht begründet werden soll (§ 15 I VersAusglG). Bei den Ausgleichsansprüchen **nach der Scheidung** lautet der Tenor grundsätzlich auf Zahlung einer Ausgleichsrente (§ 20 I VersAusglG); er kann auch lauten auf Verurteilung zur Abtretung von Versorgungsansprüchen (§ 21 VersAusglG), Zahlung des Ausgleichswerts nach § 22 VersAusglG, Zahlung einer Abfindung nach §§ 23, 24 VersAusglG oder auf Zahlung einer Hinterbliebenenversorgung gegen den Versorgungsträger (§ 25 VersAusglG) oder gegen die Witwe oder den Witwer (§ 26 VersAusglG). Die auf schuldrechtliche Ausgleichzahlungen nach der Scheidung gerichteten gerichtlichen Entscheidungen haben Leistungen zum Inhalt.
7   Soweit die Ehegatten **Vereinbarungen** über den Versorgungsausgleich getroffen haben (§§ 6–8 VersAusglG), denen keine Wirksamkeits- oder Durchsetzungshindernisse entgegenstehen (§ 6 II VersAusglG), **stellt** das Gericht in der Entscheidung **fest,** dass insoweit ein Versorgungsausgleich nicht stattfindet.
8   **Teilentscheidungen** sind zulässig, wenn ein aussonderbarer Teil einer selbständigen Entscheidung zugänglich ist. Es muss zum Ausdruck kommen, dass das Gericht über einen Teil vorab entscheiden will. Ist das Gericht sich dessen nicht bewusst, ist weder eine Berichtigung nach § 42 noch eine Ergänzung nach § 43 möglich (für das bisherige Recht: BGH, NJW 84, 1543; FamRZ 84, 1214). Einer Teilentscheidung steht nicht entgegen, dass eine Herabsetzung des Ausgleichsbetrages auf Grund einer Härteklausel in Betracht kommt (BGH, NJW 84, 120).

3. Ausschluss des Wertausgleichs bei der Scheidung

9   Das Gericht hat in der Entscheidung festzustellen, ob und inwieweit der Versorgungsausgleich ausgeschlossen wird. Ein Ausschluss oder Teilausschluss des Wertausgleichs bei der Scheidung kommt in den in Abs 3 abschließend aufgeführten Fällen in Betracht. Damit wird zugleich klargestellt, dass in diesen Fällen immer eine materielle Prüfung des Gerichts vorausgegangen ist. Infolge dessen erwächst eine Entscheidung nach **Abs 3** in jedem Fall in **Rechtskraft,** und zwar **mit den tragenden Gründen** der Entscheidung. Das Gericht hat in den Entscheidungsgründen auszuführen, ob der Versor-

gungsausgleich wegen einer kurzen Ehezeit (§ 3 III VersAusglG), wegen einer wirksamen Vereinbarung der Ehegatten über den Versorgungsausgleich nach den §§ 6–8 VersAusglG, wegen geringfügigen Wertunterschieden oder Ausgleichswerten (§ 18 I oder II VersAusglG) oder wegen Unbilligkeit (§ 27 VersAusglG) ganz oder teilweise ausgeschlossen wird. Der Tenor lautet dann: „Der Versorgungsausgleich findet nicht statt", bei einem Teilausschluss: „Im Übrigen findet kein Wertausgleich statt".

Bei einer Vereinbarung der Eheleute über den Versorgungsausgleich nach den §§ 6–8 VersAusglG ist das bisherige **Genehmigungserfordernis** nach § 1587 o II 3 BGB **weggefallen.** Es findet jedoch eine materielle Prüfung durch das Familiengericht nach § 6 II iVm § 8 I VersAusglG statt. Die Feststellung des Familiengerichts, dass insoweit ein Versorgungsausgleich nicht stattfindet, stellt damit zugleich die Wirksamkeit dieser Vereinbarung fest. Dieser Ausspruch geht in seiner Wirkung über das bisherige Recht hinaus, bei dem der Ausspruch, dass – bei Vorliegen einer Vereinbarung der Eheleute – kein Versorgungsausgleich stattfindet, nur deklaratorische Bedeutung hat (zB BGH, FamRZ 07, 536). 10

4. Fehlender Wertausgleich bei der Scheidung

Es können Anrechte bestehen, deren Ausgleich beim Wertausgleich bei der Scheidung noch nicht möglich ist. Es kann sich um Anrechte bei ausländischen Versorgungsträgern handeln, in Bezug auf die das Gericht noch keine Teilung anordnen kann. Es kann sich auch handeln um verfallbare betriebliche Anrechte, die nach der Entscheidung des Gerichts über den Wertausgleich bei der Scheidung unverfallbar werden können und dann im Rahmen von Ausgleichsansprüchen nach der Scheidung einem Ausgleich zugänglich sind. Nach Abs 4 soll das Gericht diese Anrechte in der Begründung der Entscheidung ausdrücklich benennen. Zweck dieser Regelung ist, die Eheleute daran zu erinnern, dass noch nicht ausgeglichene Anrechte vorhanden sind, und um welche Anrechte es sich dabei handelt. Diese Benennung ist nur ein Merkposten für die Eheleute in der Begründung der Entscheidung und hat keine konstitutive Wirkung. 11

5. Tod eines Ehegatten

Bei Tod eines Ehegatten vor Rechtskraft des Scheidungsausspruchs (§ 131) gilt das Verfahren als in der Hauptsache erledigt; die Kostenfolge ergibt sich dann aus § 150 II 2. Dies gilt auch für Versorgungsausgleichssachen, über die infolge einer Abtrennung gesondert zu entscheiden war (§ 150 V iVm II 2). Die Erledigung in der Hauptsache kann durch deklaratorischen Beschluss ausgesprochen werden (OLG Zweibrücken, FamRZ 95, 619). Tritt der Tod nach der Entscheidung, aber vor formeller Rechtskraft ein, wird die Entscheidung in der Hauptsache wirkungslos; ein Rechtsmittel in der Hauptsache ist oder wird unzulässig (OLG Düsseldorf, FamRZ 05, 387). Das Gleiche gilt nach formeller Rechtskraft der Entscheidung über den Versorgungsausgleich, aber vor dessen Wirksamwerden, wenn die Wirksamkeit im Verbund mit dem Scheidungsausspruch von der Rechtskraft des Scheidungsausspruchs abhängt (§ 148). Ist der Scheidungsausspruch dagegen formell rechtskräftig, über den 12

Versorgungsausgleich jedoch noch nicht entschieden, ist das Verfahren erledigt
13 (OLG Nürnberg, FamRZ 06, 959). Bei **Tod des ausgleichspflichtigen**
Ehegatten ist das Verfahren entspr §§ 239, 246 ZPO fortzusetzen (BGH,
NJW 84, 2829); in diesem Fall erlischt der Ausgleichsanspruch nicht; er ist
vielmehr gegen die **Erben** geltend zu machen. Bei Hinterbliebenenansprüchen sind die Hinterbliebenen zu ermitteln (OLG Nürnberg, NJW-RR 96,
395; OLG Bamberg, FamRZ 98, 682).

Zulässigkeit einer Abänderung des Wertausgleichs bei der Scheidung

225 (1) Eine Abänderung des Wertausgleichs bei der Scheidung ist nur für Anrechte im Sinne des § 32 des Versorgungsausgleichsgesetzes zulässig.

(2) **Bei rechtlichen oder tatsächlichen Veränderungen nach dem Ende der Ehezeit, die auf den Ausgleichswert eines Anrechts zurückwirken und zu einer wesentlichen Wertänderung führen, ändert das Gericht auf Antrag die Entscheidung in Bezug auf dieses Anrecht ab.**

(3) **Die Wertänderung nach Absatz 2 ist wesentlich, wenn sie mindestens 5 Prozent des bisherigen Ausgleichswerts des Anrechts beträgt und bei einem Rentenbetrag als maßgeblicher Bezugsgröße 1 Prozent, in allen anderen Fällen als Kapitalwert 120 Prozent der am Ende der Ehezeit maßgeblichen monatlichen Bezugsgröße nach § 18 Abs. 1 des Vierten Buches Sozialgesetzbuch übersteigt.**

(4) Eine Abänderung ist auch dann zulässig, wenn durch sie eine für die Versorgung der ausgleichsberechtigten Person maßgebende Wartezeit erfüllt wird.

(5) **Die Abänderung muss sich zugunsten eines Ehegatten oder seiner Hinterbliebenen auswirken.**

1. Anwendungsbereich

1   Abänderungen nach §§ 225, 226 sind nur bei Anrechten aus den in § 32 VersAusglG aufgeführten Regelsicherungssystemen zulässig. Nach § 32 Nr 1–5 VersAusglG handelt es sich nur um öffentlich-rechtliche Versorgungsträger. Im Bereich der ergänzenden Altersvorsorge kommen die Änderungsvorschriften nicht zur Anwendung. Zu den Anrechten, die in den Anwendungsbereich des § 225 fallen, zählen nach § 32 Nr 1 VersAusglG die gesetzliche Rentenversicherung, die deutsche Rentenversicherung Bund und die Regionalträger der deutschen Rentenversicherung sowie die Knappschaft Bahn-See (§ 125 SGB VI), nach § 32 Nr 2 VersAusglG gehören dazu die Beamtenversorgung oder eine andere Versorgung, die zur Versicherungsfreiheit nach § 5 I SGB VI führt; das sind die Versorgungen für Beamte, Richter, Soldaten, beamtenähnlich Beschäftigte sowie satzungsgemäße Mitglieder geistlicher Genossenschaften. In den Anwendungsbereich des § 225 fallen ferner nach § 32 Nr 3 VersAusglG berufsständische oder andere Versorgungen, die nach § 6 I Nr 1 oder Nr 2 SGB VI zu einer Befreiung von der Sozialversicherung führen können; das sind die berufsständischen Versorgungen iS des § 6 I Nr 1 SGB VI, die Versorgungsträger des pädagogischen

Personals von Privatschulen iS des § 6 I Nr 2 SGB VI; berufsständische Versorgungen sind öffentlich-rechtliche Versorgungsträger. In den Anwendungsbereich des § 225 fallen ferner nach § 32 Nr 4 VersAusglG die Alterssicherung der Landwirte, und nach § 32 Nr 5 VersAusglG die Versorgungssysteme der Abgeordneten und der Regierungsmitglieder im Bund und in den Ländern.

Die §§ 225, 226 gelten nach § 227 II entsprechend für die **Abänderung von Vereinbarungen** der Ehegatten. 2

Für die nicht in den Anwendungsbereich fallende **ergänzende Altersvorsorge** besteht nach Auffassung des Gesetzgebers rechtsstaatlich kein Bedarf für nachträgliche Abänderungen (BT-Drs 16/10144 S 98), weil bei kapitalgedeckten Anrechten nachträgliche Änderungen des Ehezeitanteils, die auf den Ausgleichswert zurückwirken, nicht vorstellbar sind; bei Anwartschaften aus der betrieblichen Altersversorgung, die der zeitratierlichen Bewertungsmethode folgen (§ 45 II 2, 3 VersAusglG), können sich keine rückwirkenden Änderungen zum Vorteil der ausgleichspflichtigen Person ergeben, weil bei der Wertermittlung der Übertragungswert bzw die unverfallbare Anwartschaft am Ehezeitende maßgeblich ist. 3

2. Voraussetzungen

Die §§ 225, 226 regeln die Abänderung von Entscheidungen über den Wertausgleich bei der Scheidung, § 225 die Zulässigkeit einer Abänderung, § 226 deren Durchführung. Nach neuer Struktur des Versorgungsausgleichs ist Gegenstand der Abänderung der Ausgleichswert eines Anrechts. Die Entscheidung über den Wertausgleich bei der Scheidung ist daher nach der Entscheidung dann abänderbar, wenn eine wesentliche Änderung der rechtlichen oder tatsächlichen Umstände eingetreten ist, die für die Bewertung dieses Anrechts maßgeblich waren. Die Beschränkung auf die Änderung eines Anrechts ist eine Folge der Änderung des materiellen Rechts, das auf dem Prinzip der internen Teilung (§ 10 VersAusglG) beruht. Jedes Anrecht wird grundsätzlich eigenständig bewertet und systemintern geteilt; der Ehegatte, dem ein Anrecht im Versorgungssystem des anderen Ehegatten zugeordnet ist, nimmt an der Wertentwicklung dieses Anrechts teil. Abweichend vom geltenden Recht bedarf es daher keines Ausgleichs von Wertunterschieden mehr, die durch die unterschiedliche Wertentwicklung der verschiedenen Versorgungssysteme bedingt waren. Berechnungs- oder Buchungsfehler können in das Abänderungsverfahren einbezogen werden. Noch verfallbare betriebliche Anrechte führen nicht mehr zu einem Abänderungsverfahren; diese sind vielmehr schuldrechtlich auszugleichen (§ 19 I iVm II Nr 1 VersAusglG). Der Wertausgleich bei der Scheidung ist auch dann zu ändern, wenn Annahmen bei der Durchführung des Wertausgleichs bei der Scheidung unzutreffend geworden sind. 4

3. Wesentliche Änderung

Nach Abs 2 muss es sich um nachträgliche wesentliche Änderungen des Ausgleichswertes des Anrechts, die tatsächlich oder rechtlich bedingt sind, handeln. Dazu zählen Rechtsänderungen, wie zB neue rentenrechtliche Be- 5

§ 226 Buch 2 – Verfahren in Familiensachen

stimmungen oder Neuregelungen im Beamtenversorgungsrecht oder tatsächliche Änderungen, wie zB das Ausscheiden aus dem Beamtenverhältnis oder der Eintritt einer vorzeitigen Dienstunfähigkeit. In allen Fällen muss wie im bisher geltenden Recht ein Bezug zur Ehezeit gegeben sein.

6 **Kein Abänderungsgrund** besteht bei einer extern geteilten Versorgung auf Grund einer von der Dynamik des auszugleichenden Rechts abweichenden Wertentwicklung entstandenen Wertunterschiedes; eine solche Abweichung ist entweder von den Ehegatten durch eine entsprechende Vereinbarung (§ 14 II Nr 1 VersAusglG) akzeptiert worden oder aber – bei geringfügigen Ausgleichswerten – von ihnen hinzunehmen (§ 14 II Nr 2 VersAusglG).

7 Nach Abs 5 ist weitere Voraussetzung für eine Abänderung, dass diese sich **zu Gunsten eines Ehegatten oder seiner Hinterbliebenen** auswirken würde.

4. Wesentlichkeitsgrenze

8 Abs 3 enthält wie im bisherigen Recht (§ 10 a II 1 VAHRG) eine relative und eine absolute Wesentlichkeitsgrenze, die sich aber abweichend von dem bisherigen Recht nicht auf einen Ausgleichsbetrag nach Saldierung bezieht, sondern entsprechend dem Grundsatz der internen Teilung auf den Ausgleichswert des jeweiligen Anrechts. Die Wertgrenze beträgt 5% bezogen auf den jeweiligen Ausgleichswert des Anrechts, um den Zugang zur Abänderung nicht zu sehr zu beschränken. Die Änderung muss jedoch eine absolute Wesentlichkeitsgrenze übersteigen, um Bagatellverfahren zu vermeiden. Diese absolute Wertgrenze beträgt 1% der Bezugsgröße nach § 18 SGB IV und entspricht der Geringfügigkeitsgrenze des § 18 III VersAusglG.

9 Eine **Ausnahme** sieht Abs 4 für den Fall vor, dass die Abänderung der Erfüllung einer Wartezeit dient. Unabhängig von einer Wesentlichkeitsgrenze ist die Abänderung möglich, wenn sie zur Erfüllung einer Wartezeit nach den §§ 50–52 und § 243 b SGB VI führt.

Durchführung einer Abänderung des Wertausgleichs bei der Scheidung

226 (1) **Antragsberechtigt sind die Ehegatten, ihre Hinterbliebenen und die von der Abänderung betroffenen Versorgungsträger.**

(2) **Der Antrag ist frühestens sechs Monate vor dem Zeitpunkt zulässig, ab dem ein Ehegatte voraussichtlich eine laufende Versorgung aus dem abzuändernden Anrecht bezieht oder dies auf Grund der Abänderung zu erwarten ist.**

(3) **§ 27 des Versorgungsausgleichsgesetzes gilt entsprechend.**

(4) **Die Abänderung wirkt ab dem ersten Tag des Monats, der auf den Monat der Antragstellung folgt.**

(5) **Stirbt der Ehegatte, der den Abänderungsantrag gestellt hat, vor Rechtskraft der Endentscheidung, hat das Gericht die übrigen antragsberechtigten Beteiligten darauf hinzuweisen, dass das Verfahren nur fortgesetzt wird, wenn ein antragsberechtigter Beteiligter innerhalb einer Frist von einem Monat dies durch Erklärung gegenüber dem Gericht**

Durchführung einer Abänderung des Wertausgleichs b. d. Scheidung **§ 226**

verlangt. **Verlangt kein antragsberechtigter Beteiligter innerhalb der Frist die Fortsetzung des Verfahrens, gilt dieses als in der Hauptsache erledigt. Stirbt der andere Ehegatte, wird das Verfahren gegen dessen Erben fortgesetzt.**

1. Anwendungsbereich

Die Abänderung des Wertausgleichs bei der Scheidung wird in zwei getrennten Vorschriften geregelt, § 225 enthält die materiellen Voraussetzungen, § 226 das Verfahren bei der Durchführung. § 226 regelt die Antragsberechtigung (Abs 1), den Zeitpunkt der Zulässigkeit des Antrags (Abs 2), den Zeitpunkt der Wirksamkeit der Abänderungsentscheidung (Abs 4); Abs 3 behandelt Härtefälle im Abänderungsverfahren unter Bezugnahme auf § 27 VersAusglG. 1

2. Antrag

Antragsberechtigt sind die Ehegatten, ihre Hinterbliebenen (§ 31 I VersAusglG) und die Versorgungsträger, die von der Abänderung betroffen sein würden. 2

Soweit die Änderung **für den Leistungsfall** einer zu erwartenden laufenden Versorgung beantragt wird, ist der Antrag frühestens sechs Monate vor dem Zeitpunkt zulässig, ab dem ein Ehegatte voraussichtlich eine laufende Versorgung aus dem abzuändernden Anrecht bezieht oder dies auf Grund der Abänderung zu erwarten ist (Abs 2). Hierdurch wird es ermöglicht, bis zu diesem Zeitpunkt eintretende Änderungen in diesem Verfahren zu berücksichtigen; es wird auch gewährleistet, dass ein weiteres Abänderungsverfahren in der Zwischenzeit unterbleibt. Es wird nicht mehr – wie bisher – alternativ auf das Lebensalter abgestellt, sondern nur noch auf den bevorstehenden Leistungsbeginn. Leistungsbeginn ist entweder der erstmalige Leistungsbezug eines Ehegatten aus dem Anrecht, dessen Ausgleichswert abgeändert werden soll, oder der Zeitpunkt, in dem die antragstellende Person durch die Abänderung die Erfüllung der entsprechenden Leistungsvoraussetzungen erwarten kann, zB die Erfüllung der Wartezeit infolge der Erhöhung des Ausgleichsanspruchs und der daraus folgenden Wartezeitgutschrift nach § 52 SGB VI; ebenso wie in § 50 II VersAusglG ist der Antrag in Anlehnung an § 120 d I SGB VI in der seit dem 1. Januar 2008 geltenden Fassung sechs Monate vor dem zu erwartenden Leistungsbeginn zulässig. 3

3. Härtefallprüfung

Abs 3 iVm § 27 VersAusglG ermöglicht es dem Gericht, die Billigkeit der zu treffenden Abänderungsentscheidung zu prüfen und ggf im Einzelfall von einer schematischen Abänderung abzusehen. Unter diesem Gesichtspunkt sind zu prüfen die wirtschaftlichen Verhältnisse der Ehegatten, insbesondere der nacheheliche Erwerb von Anrechten, die jeweilige Bedürftigkeit, die Gründe für die Änderung des Ehezeitanteils und damit des Ausgleichswertes. Bei der Härtefallprüfung sind jedoch nur solche Umstände zu berücksichtigen, die nachträglich entstanden sind; außer Betracht bleiben im Abänderungsverfah- 4

603

§ 226

ren wie im bisherigen Recht bereits bei der Erstentscheidung vorliegende, aber nicht geltend gemachte oder nicht berücksichtigte Umstände.

4. Eintritt der Wirksamkeit der Entscheidung

5 Nach Abs 4 wirkt die Abänderungsentscheidung ab dem ersten Tag des Monats, der auf den Monat der Antragstellung folgt. Der Wirkungszeitpunkt entspricht daher dem Wirkungszeitpunkt für die Anpassungsverfahren nach Rechtskraft; nach § 34 III VersAusglG für die Durchführung einer Anpassung wegen Unterhaltes, nach § 36 III VersAusglG für die Durchführung einer Anpassung wegen Invalidität und nach § 38 III VersAusglG für die Durchführung einer Anpassung nach dem Tod einer ausgleichsberechtigten Person.

5. Schutz des Versorgungsträgers

6 Der Schutz des Versorgungsträgers wird in § 30 VersAusglG geregelt. Die Notwendigkeit für diese Regelung ergibt sich daraus, dass das Familiengericht, wenn es rechtskräftig über den Versorgungsausgleich entscheidet, gestaltend auch in die Rechtsbeziehungen der ausgleichsberechtigten oder ausgleichspflichtigen Person zu den jeweils beteiligten Versorgungsträgern eingreift. Der Versorgungsträger muss im Zeitpunkt der rechtskräftigen Entscheidung uU bereits einer bestehenden Leistungspflicht nachkommen, die sich ändert oder zu der eine neue Leistungspflicht hinzutreten kann. Deshalb ist der Versorgungsträger nach § 30 I VersAusglG nach einer rechtskräftigen Entscheidung gegenüber der nunmehr auch berechtigten Person für eine Übergangszeit von der Leistungspflicht befreit, um Doppelleistungen zu vermeiden. Zu einer befreienden Wirkung kann ein bestehender Leistungsanspruch der bisher berechtigten Person gegen ihren Versorgungsträger führen, oder aber auch ein Leistungsanspruch auf Grund einer früheren Entscheidung eines Familiengerichts, die nun abgeändert wird. § 30 I 1 VersAusglG ist nach dessen Abs 1 S 2 entspr anwendbar auf Leistungen des Versorgungsträgers an die Witwe oder den Witwer der ausgleichspflichtigen Person.

7 Die **Übergangszeit nach § 30 II VersAusglG** dauert bis zum letzten Tag des Monats, der dem Monat folgt, in dem der Versorgungsträger von der Rechtskraft der Entscheidung nach § 30 I VersAusglG Kenntnis erlangt.

8 § 30 VersAusglG ist **allein** eine **Schutzvorschrift** zugunsten des Versorgungsträgers. Die Rechtsbeziehungen zwischen der nunmehr auch berechtigten Person und der bisher berechtigten Person unterliegen den allgemeinen bereicherungsrechtlichen Regelungen der §§ 812 ff BGB.

6. Tod eines Ehegatten während des Abänderungsverfahrens

9 **Abs 5** behandelt den Fall des Todes eines Ehegatten, der den Abänderungsantrag gestellt hat, während des Abänderungsverfahrens. Die Auswirkungen des Todes eines Beteiligten werden im FamFG unterschiedlich behandelt. Tritt der Tod eines Beteiligten nach §§ 131, 181, 208 ein, gilt das Verfahren als erledigt. Abs 5 bestimmt für den Fall des Todes des Ehegatten, der den Antrag gestellt hat, vor Rechtskraft der Endentscheidung, dass das Verfahren mit den übrigen antragsberechtigten Personen **fortgesetzt werden kann.** Vorausset-

§ 227 Sonstige Abänderungen **§ 227**

zung ist, dass ein antragsberechtigter Beteiligter dies durch **Erklärung** gegenüber dem Gericht verlangt. Das Gericht hat die übrigen antragsberechtigten Personen darauf **hinzuweisen**. Die **Frist** für die dem Gericht gegenüber abzugebende Erklärung, das Verfahren fortsetzen zu wollen, beginnt mit dem Zugang des gerichtlichen Hinweises; sie beträgt einen Monat. Nur wenn kein antragsberechtigter Beteiligter innerhalb dieser Frist die Fortsetzung des Verfahrens verlangt, gilt das Verfahren als in der Hauptsache erledigt (Abs 5 S 2).

Nicht entscheidend ist, ob die ausgleichspflichtige oder die ausgleichs- 10 berechtigte Person stirbt. Entscheidend ist, ob der Antragsteller oder der Antragsgegner stirbt. Bei Tod des Antragstellers können Hinterbliebene das Verfahren weiterführen. Stirbt der Antragsgegner, ist das Verfahren gegen die Erben als Prozessstandschafter fortzusetzen, weil die begehrte Änderung sich für die antragstellende Person künftig noch auswirken kann.

Sonstige Abänderungen

227 (1) **Für die Abänderung einer Entscheidung über Ausgleichsansprüche nach der Scheidung nach den §§ 20 bis 26 des Versorgungsausgleichsgesetzes ist § 48 Abs. 1 anzuwenden.**

(2) **Auf eine Vereinbarung der Ehegatten über den Versorgungsausgleich sind die §§ 225 und 226 entsprechend anzuwenden, wenn die Abänderung nicht ausgeschlossen worden ist.**

1. Anwendungsbereich

Gegenstand der Abänderungen nach §§ 225, 226 sind nur Anrechte aus 1 Regelsicherungssystemen, die in § 32 VersAusglG aufgeführt sind. § 227 betrifft die Abänderung sonstiger Entscheidungen. „Sonstige Entscheidungen" sind Entscheidungen über schuldrechtliche Ausgleichsansprüche nach der Scheidung nach §§ 20–26 VersAusglG. Ein schuldrechtlicher Ausgleich ist nach § 19 IV VersAusglG durchzuführen, wenn ein Anrecht noch nicht ausgleichsreif ist; in diesem Fall findet ein Ausgleich bei der Scheidung auch in Bezug auf sonstige Anrechte der Ehegatten nicht statt. Ein Anrecht ist nicht ausgleichsreif (§ 19 II VersAusglG), wenn es als Anrecht iS des Betriebsrentengesetzes noch verfallbar ist (Nr 1), soweit es auf eine abzuschmelzende Leistung gerichtet ist (Nr 2), soweit sein Ausgleich für die ausgleichsberechtigte Person unwirtschaftlich wäre (Nr 3) oder wenn es bei einem ausländischen, zwischenstaatlichen oder überstaatlichen Versorgungsträger besteht (Nr 4).

In dem neuen Teilungssystem sind Anordnungen des Familiengerichts, die 2 das Ruhen der Verpflichtung zur Beitragszahlung (§ 1587 d BGB aF) und die Einzahlung von Beiträgen für die ausgleichsberechtigte Person durch die ausgleichspflichtige Person (§ 3 b I Nr 2 VAHRG aF) betreffen, **nicht mehr** vorgesehen. Insoweit bedarf es keiner Abänderungsmöglichkeit mehr.

2. Ausgleichsansprüche nach der Scheidung

Schuldrechtliche Ausgleichszahlungen nach der Scheidung finden aus noch 3 nicht ausgeglichenen Anrechten statt in Form einer schuldrechtlichen Ausgleichsrente, wenn die ausgleichspflichtige Person eine laufende Versorgung bezieht (§ 20 VersAusglG), in Form einer Kapitalzahlung, wenn die ausgleichspflichtige Person Kapitalzahlungen aus einem noch nicht ausgeglichenen Anrecht erhält (§ 22 VersAusglG). In Höhe der Ausgleichsrente (§ 20 VersAusglG) kann die ausgleichsberechtigte Person nach Maßgabe des § 21 VersAusglG Abtretung des Anspruchs gegen den Versorgungsträger verlangen. Darüber hinaus besteht die Möglichkeit, für ein noch nicht ausgeglichenes Anrecht eine zweckgebundene Abfindung nach Maßgabe der §§ 23, 24 VersAusglG zu verlangen. In diesem Fall kann die ausgleichspflichtige Person dann Ratenzahlungen verlangen, wenn die Einmalzahlung zu einer unbilligen Belastung führen würde (§ 23 III VersAusglG).

4 Bei **Tod der ausgleichspflichtigen Person** kann die ausgleichsberechtigte Person für ein noch nicht ausgeglichenes Anrecht nach Maßgabe des § 25 VersAusglG Hinterbliebenenversorgung verlangen; der Anspruch richtet sich gegen die Witwe oder den Witwer, soweit das Anrecht bei einem ausländischen, zwischenstaatlichen oder überstaatlichen Versorgungsträger besteht. Bei Tod eines Ehegatten nach Rechtskraft der Scheidung, aber vor Rechtskraft der Entscheidung über den Wertausgleich nach den §§ 9–19 VersAusglG (interne Teilung) ist das Recht des überlebenden Ehegatten gegen die Erben geltend zu machen; diese haben ihrerseits kein Recht auf Wertausgleich (§ 31 I, II VersAusglG); Ansprüche auf Teilhabe an der Hinterbliebenenversorgung nach § 31 III 2 VersAusglG bleiben jedoch unberührt.

3. Gegenstand einer Abänderung nach § 48 I

5 Abs 1 verweist für die Abänderung einer Entscheidung über Ausgleichsansprüche nach der Scheidung nach den §§ 20–24 VersAusglG auf § 48 I. Gegenstand einer Abänderung können danach sein die schuldrechtliche Ausgleichsrente (§ 20 VersAusglG), deren Abtretung (§ 21 VersAusglG) und die Teilhabe an der Hinterbliebenenversorgung. Insoweit handelt es sich um Entscheidungen mit Dauerwirkung im Sinne des § 48 I. Rechtskräftige Endentscheidungen mit Dauerwirkung können danach wegen nachträglicher wesentlicher, bei Entscheidungsfindung maßgeblicher Verhältnisse geändert werden; geändert haben muss sich die Sach- oder die Rechtslage. Eine Änderung der Sachlage liegt immer dann vor, wenn sich die der Entscheidung zu Grunde liegenden Tatsachen ändern, eine Änderung der Rechtslage, wenn sich das maßgebliche materielle Recht geändert hat; hierunter können grundsätzlich auch Änderungen der höchstrichterlichen Rechtsprechung fallen. Es muss sich um eine wesentliche Änderung der der Entscheidung zu Grunde liegenden tatsächlichen oder rechtlichen Verhältnisse handeln, die bereits eingetreten sein muss. Abweichend von der Änderungsmöglichkeit nach §§ 225, 226 sieht Abs 1 iVm § 48 I jedoch keine konkrete Wesentlichkeitsgrenze vor. Die Mindestvoraussetzungen des § 225 III für die Feststellung der Wesentlichkeit einer Abänderung finden daher im Anwendungsbereich des Abs 1 iVm § 48 I keine Anwendung.

6 Die Abänderung setzt nach § 48 I 2 einen **Antrag** des ursprünglichen Antragstellers voraus. Voraussetzung für die Zulässigkeit des Abänderungsantrages ist der Vortrag von Tatsachen, aus denen sich eine wesentliche Änderung

§ 227 Sonstige Abänderungen **§ 227**

der der Entscheidung zu Grunde liegenden tatsächlichen oder rechtlichen Verhältnisse ergibt.

4. Abänderung von Vereinbarungen über den Versorgungsausgleich

Auf Vereinbarungen der Ehegatten über den Versorgungsausgleich finden nach Abs 2 die §§ 225, 226 entsprechende Anwendung. Bei der Abänderung von Vereinbarungen wird nicht unterschieden zwischen solchen, die bei der Scheidung getroffen werden, und solchen nach der Scheidung. § 48 I findet daher bei Abänderung von Vereinbarungen, die nach der Scheidung getroffen werden, keine Anwendung. Die entsprechende Anwendung der §§ 225, 226 bedeutet insbesondere, dass für die Feststellung der Wesentlichkeit einer Änderung des Ausgleichswertes eines Anrechtes die Mindestvoraussetzungen des § 225 III gegeben sein müssen. 7

5. Vereinbarungen der Ehegatten

Die Ehegatten können nach § 6 VersAusglG Vereinbarungen über den Versorgungsausgleich treffen. Die bisherigen unterschiedlichen Regelungstatbestände entfallen; sie erlaubten Vereinbarungen im Rahmen eines Ehevertrages nach § 1408 II BGB aF oder im Rahmen einer Scheidungsfolgenvereinbarung nach § 1587 o BGB aF. Wirksame Vereinbarungen über den Versorgungsausgleich können nunmehr jederzeit getroffen werden. Es ist weder eine dem bisherigen Recht des § 1408 II 2 BGB aF entsprechende Frist vorgesehen noch eine richterliche Genehmigung. Der erforderliche Schutz wird durch die Prüfung der materiellen Wirksamkeit durch das Familiengericht (§ 8 VersAusglG) gewährleistet. 8

§ 6 I VersAusglG enthält **Regelungsbeispiele** für mögliche Vereinbarungen; der Versorgungsausgleich kann in die Regelung der ehelichen Vermögensverhältnisse einbezogen werden (**Nr 1**), er kann ausgeschlossen werden (**Nr 2**); es können auch schuldrechtliche Ausgleichsansprüche gem § 20–24 VersAusglG nach der Scheidung vorbehalten werden (**Nr 3**). Anrechte können nur übertragen oder begründet werden, wenn die maßgeblichen Regelungen dies zulassen und die betreffenden Versorgungsträger zustimmen (§ 8 II VersAusglG). Über Anrechte in den öffentlich-rechtlichen Sicherungssystemen können die Ehegatten nicht disponieren (§§ 32, 46 II SGB I). Es soll jedoch möglich sein, im Rahmen des Ausgleichs aus privaten Versorgungen zu Gunsten der ausgleichsberechtigten Person ein Anrecht in einer gewissen Höhe bei einem öffentlich-rechtlichen Versorgungsträger zu schaffen; Voraussetzung ist, dass dieser mit der Vereinbarung einverstanden ist. In die Vereinbarung kann der Versorgungsausgleich „ganz oder teilweise" einbezogen werden. Durch die Abkehr vom Einmalausgleich, dem eine Gesamtbilanz zu Grunde lag, ist jetzt auch eine anrechtsbezogene Teilung möglich. Die Frage der Nichtigkeit eines Teilausschlusses eines Anrechts (BGH, FamRZ 88, 153) stellt sich nicht mehr, weil der Teilausschluss nicht mehr zu einer höheren Ausgleichspflicht einer insgesamt ausgleichspflichtigen Person führen kann. 9

§ 227
Buch 2 – Verfahren in Familiensachen

6. Prüfung durch das Gericht

10 Hält die Vereinbarung der von dem Gericht durchzuführenden inhaltlichen und formellen Kontrolle (§ 8 iVm § 6 VersAusglG) stand, ist sie für das Gericht bindend (§ 6 II VersAusglG). Das Gericht prüft, ob die Vereinbarung nach den allgemeinen gesetzlichen Bestimmungen wirksam ist und ihr auch keine Durchsetzungshindernisse entgegenstehen. Für die von dem Gericht durchzuführende **Inhalts- und Ausübungskontrolle** gelten die Grundsätze des bisherigen Rechts (BVerfG, FamRZ 01, 343; BGH, FamRZ 04, 601; 05, 185; NJW 09, 2124); sie ist auch zu Gunsten des Pflichtigen durchzuführen (BGH, NJW 09, 842).

11 Die **formellen** Wirksamkeitsvoraussetzungen ergeben sich aus § 7 VersAusglG. Verträge über den Versorgungsausgleich sind notariell zu beurkunden. Sie können auch in der in § 127 a BGB bestimmten Form geschlossen werden (§ 7 II VersAusglG). Für Vereinbarungen über den Versorgungsausgleich im Rahmen eines Ehevertrages sind dagegen die besonderen Formvorschriften für Eheverträge maßgeblich; die Anwesenheit beider Ehegatten bei der notariellen Beurkundung ist erforderlich (§ 7 III VersAusglG iVm § 1410 BGB). Nach Rechtskraft der Entscheidung über den Versorgungsausgleich bedürfen Vereinbarungen über den Wertausgleich hinsichtlich noch nicht ausgeglichener Rechte keiner besonderen Form. Die Formvorschriften des § 7 I, II VersAusglG gelten bis zur Rechtskraft der Entscheidung über den Versorgungsausgleich, auch wenn das Verfahren abgetrennt ist und die Entscheidung erst nach Rechtskraft der Scheidung ergeht.

12 Stellt das Gericht nach Prüfung der materiellen und formellen Voraussetzungen fest, dass die Vereinbarung über den Versorgungsausgleich wirksam ist, stellt es in der **Beschlussformel** fest, dass (insoweit) kein Versorgungsausgleich durch das Gericht stattfindet (§ 24 III VersAusglG). Diese Feststellung erwächst mit den sie tragenden Gründen der Entscheidung in Rechtskraft.

7. Voraussetzungen für eine Abänderung

13 Eine Änderung der Vereinbarung ist nach dem entsprechend anwendbaren § 225 II möglich bei rechtlichen oder tatsächlichen Veränderungen nach dem Ende der Ehezeit, die auf den Ausgleichswert eines Anrechts zurückwirken und zu einer wesentlichen Wertänderung führen. Nach dem entsprechend anwendbaren § 225 III gilt eine relative und eine absolute Wesentlichkeitsgrenze, die sich entsprechend dem Grundsatz der internen Teilung auf den Ausgleichswert des jeweiligen Anrechts bezieht. Die Wertgrenze beträgt 5%, bezogen auf den jeweiligen Ausgleichswert des Anrechts. Die Änderung muss jedoch eine absolute Wesentlichkeitsgrenze übersteigen, die 1% der Bezugsgröße nach § 18 I SGB IV beträgt und der Geringfügigkeitsgrenze des § 18 IV VersAusglG entspricht. Unabhängig von der Erreichung der Wesentlichkeitsgrenze ist eine Abänderung möglich, wenn sie zur Erfüllung einer Wartezeit nach §§ 50–52 und 243 b SGB VI führt. Weitere Voraussetzung ist, dass die Abänderung sich zu Gunsten eines Ehegatten oder seiner Hinterbliebenen auswirken muss (Abs 2 iVm § 225 V).

§ 227 Sonstige Abänderungen **§ 227**

Die Anpassung an veränderte Verhältnisse muss unter **Wahrung der Ver-** 14
gleichsgrundlage erfolgen. Haben die Parteien in der Vereinbarung auch die
Voraussetzungen für eine Abänderung festgelegt, richtet sich eine Abänderung
nach dieser Vereinbarung. Ist die Vergleichsgrundlage aus dem Vergleich nicht
ersichtlich, gehört zur Zulässigkeit des Abänderungsantrages auch die Darstellung der Vergleichsgrundlage. Diese kann sich auch ergeben aus der gerichtlichen Entscheidung darüber, ob und inwieweit ein Versorgungsausgleich
nicht stattfindet (§ 24 III VersAusglG), weil das Gericht sich hiermit bei der
Inhalts- und Ausübungskontrolle (§ 8 I VersAusglG) in den Gründen der
Entscheidung auseinandersetzen muss, die mit der Beschlussformel in Rechtskraft erwachsen. Im Falle einer Gesetzesänderung oder einer Änderung der
höchstrichterlichen Rechtsprechung ist eine Änderung unter Neubewertung
der jetzt erheblich gewordenen Umstände möglich.

8. Durchführung der Abänderung

Die Durchführung der Abänderung einer Vereinbarung ist entsprechend 15
§ 226 zu behandeln. Antragsberechtigt sind die Ehegatten, ihre Hinterbliebenen und die von der Abänderung betroffenen Versorgungsträger (§ 226 I).
Betrifft der Abänderungsantrag eine voraussichtlich laufende Versorgung, gilt
für die Frist § 226 II entsprechend. Die Entscheidung über die Abänderung
wirkt ab dem ersten Tag des Monats, der auf den Monat der Antragstellung
folgt (§ 226 IV). Für den Fall des Todes eines Ehegatten während des Änderungsverfahrens vor Rechtskraft der Endentscheidung kommen die Regeln
des § 226 V zur Anwendung.

9. Härtefallprüfung

§ 226 III iVm § 27 VersAusglG ermöglicht es dem Gericht, die Billigkeit 16
der zu treffenden Abänderungsentscheidung zu prüfen und im Einzelfall von
einer schematischen Abänderung abzusehen. Hierbei sind zu berücksichtigen
die wirtschaftlichen Verhältnisse der Ehegatten, ein evt nachehelicher Erwerb
von Anrechten, die jeweilige Bedürftigkeit und die Gründe für die Veränderung des Ehezeitanteils und damit des Ausgleichswertes. Bei dieser Härtefallprüfung sind nur solche Umstände zu berücksichtigen, die nachträglich
entstanden sind. Bereits bei der Vergleichsabschluss vorliegende Umstände
bleiben im Abänderungsverfahren außer Betracht.

10. Ausschluss der Abänderung

Die Abänderung einer Vereinbarung findet dann nicht statt, wenn die 17
Eheleute in der Vereinbarung eine Abänderung ausgeschlossen haben (Abs 2).
Die Wirksamkeit eines solchen Ausschlusses hat das Gericht im Rahmen der
Ausübungskontrolle am Maßstab des § 242 BGB zu prüfen. Der Ausschluss ist
dann unwirksam, wenn ein Ehegatte auf Grund einvernehmlicher Änderung
der gemeinsamen Lebensumstände über keine hinreichende Alterssicherung
verfügt und dieses Ergebnis mit dem Gebot ehelicher Solidarität schlechthin
unvereinbar erscheint (BGH, FamRZ 05, 185).

§§ 228, 229

Zulässigkeit der Beschwerde

228 In Versorgungsausgleichssachen gilt § 61 nur für die Anfechtung einer Kostenentscheidung.

1   In **vermögensrechtlichen** Angelegenheiten ist die Beschwerde nur zulässig, wenn der Beschwerdegegenstand 600 € übersteigt (§ 61). Eine Sonderregelung für die Anfechtbarkeit von Kostenentscheidungen besteht nicht mehr. Der als Voraussetzung für die Anfechtbarkeit zu erreichende Beschwerdewert beträgt einheitlich 600 € und bemisst sich nach dem Vermögenswerten Interesse des Beschwerdeführers an der angefochtenen Entscheidung (BGH, NJW 92, 3305); maßgebender Zeitpunkt für die Bemessung des Beschwerdewertes ist der Erlass der Entscheidung (§ 38).

2   § 228 bestimmt, dass die **Wertgrenze** des § 61 für die Beschwerde in Versorgungsausgleichssachen **nicht anzuwenden** ist; **ausgenommen** sind Kostenentscheidungen, für die die Wertgrenze weiterhin anzuwenden ist. Der gesetzgeberische Grund für diese Regelung ist, dass eine Mindestbeschwer in Versorgungsausgleichssachen jedenfalls für Rechtsmittel der Rentenversicherungsträger nicht sachgerecht ist, weil sie im Ergebnis die Interessen der Versichertengemeinschaft wahrzunehmen haben und sich wegen der Ungewissheit des künftigen Versicherungsverlaufs regelmäßig zunächst noch nicht feststellen lässt, ob sich die Entscheidung zum Nachteil für den Versorgungsträger auswirkt oder nicht. Die Wertgrenze entfällt darüber hinaus allgemein für alle Beteiligten mit Ausnahme der Kostenentscheidung, um eine Gleichbehandlung sicherzustellen.

Elektronischer Rechtsverkehr zwischen den Familiengerichten und den Versorgungsträgern

229 (1) **Die nachfolgenden Bestimmungen sind anzuwenden, soweit das Gericht und der nach § 219 Nr. 2 oder Nr. 3 beteiligte Versorgungsträger an einem zur elektronischen Übermittlung eingesetzten Verfahren (Übermittlungsverfahren) teilnehmen, um die im Versorgungsausgleich erforderlichen Daten auszutauschen. Mit der elektronischen Übermittlung können Dritte beauftragt werden.**

(2) **Das Übermittlungsverfahren muss**

1. **bundeseinheitlich sein,**
2. **Authentizität und Integrität der Daten gewährleisten und**
3. **bei Nutzung allgemein zugänglicher Netze ein Verschlüsselungsverfahren anwenden, das die Vertraulichkeit der übermittelten Daten sicherstellt.**

(3) **Das Gericht soll dem Versorgungsträger Auskunftsersuchen nach § 220, der Versorgungsträger soll dem Gericht Auskünfte nach § 220 und Erklärungen nach § 222 Abs. 1 im Übermittlungsverfahren übermitteln. Einer Verordnung nach § 14 Abs. 4 bedarf es insoweit nicht.**

(4) **Entscheidungen des Gerichts in Versorgungsausgleichssachen sollen dem Versorgungsträger im Übermittlungsverfahren zugestellt werden.**

Elektronischer Rechtsverkehr **§ 229**

(5) Zum Nachweis der Zustellung einer Entscheidung an den Versorgungsträger genügt die elektronische Übermittlung einer automatisch erzeugten Eingangsbestätigung an das Gericht. Maßgeblich für den Zeitpunkt der Zustellung ist der in dieser Eingangsbestätigung genannte Zeitpunkt.

1. Anwendungsbereich

§ 229 enthält die Rechtsgrundlagen für den elektronischen Rechtsverkehr 1
zwischen den Familiengerichten und den Versorgungsträgern. Der Anwendungsbereich ist zu unterscheiden von dem des § 14 II, der für alle Beteiligten die Übermittlung von Anträgen und Erklärungen als elektronisches Dokument ermöglicht. Der Teilnehmerkreis ist auf die **Familiengerichte** und die beteiligten **Versorgungsträger** beschränkt. Es können jedoch Dritte mit der elektronischen Übermittlung beauftragt werden (Abs 1 S. 2).
Der **sachliche** Anwendungsbereich wird dadurch bestimmt, dass der im 2
Versorgungsausgleich erforderliche Datenaustausch auf elektronischem Wege ermöglicht werden soll. Nach Abs 3 soll das Gericht dem Versorgungsträger Auskunftsersuchen nach § 220, der Versorgungsträger dem Gericht die nach § 220 zu erteilenden Auskünfte (Rn 8–12 zu § 220) und Erklärungen nach § 222 I (Rn 1, 4, 6 zu § 222) in dem Übermittlungsverfahren des § 229 übermitteln. Nach Abs 4 soll das Gericht dem Versorgungsträger Entscheidungen in Versorgungsausgleichssachen auf diesem Wege zustellen.

2. Standards für das Übermittlungsverfahren

Abs 2 bestimmt die Standards, die eingehalten werden müssen, um die 3
Einheitlichkeit und die Sicherheit des Übermittlungsverfahrens zu gewährleisten. Es darf nur ein einheitlicher bundesweiter Standard gelten, der nicht flächendeckend nutzbar sein muss (Nr 1). Die Einheitlichkeit wird bei dem Übermittlungsverfahren durch die vorgesehene Übermittlung der Daten über das EGVP (Elektronisches Gerichts- und Verwaltungspostfach) gewährleistet. Die Authentizität und die Integrität der Daten (Nr 2) wird durch die Richtlinien des EGVP gewährleistet. Die bei Nutzung allgemein zugänglicher Netze notwendige Verschlüsselung der Daten soll durch ein von dem Betreiber verbindlich vorgegebenes Verfahren gewährleistet werden (Nr 3).

3. Benutzungszwang

Die Teilnahme an dem Übermittlungsverfahren beruht auf Freiwilligkeit. 4
Eine förmliche Teilnahmeerklärung ist nicht vorgesehen; die Teilnahme kann durch faktische Nutzung begründet werden. Der Rahmen für das Verfahren ist informell; eine Verordnungsermächtigung ist nicht vorgesehen.
Sobald das Übermittlungsverfahren jedoch verfügbar ist und Familiengericht und Versorgungsträger daran teilnehmen, besteht eine Pflicht zur Nutzung; hierdurch wird das gerichtliche Ermessen in Bezug auf den Ermittlungsweg eingeschränkt.

zu § 229 Buch 2 – Verfahren in Familiensachen

4. Rechtliche Wirkungen

5 Die elektronische Übermittlung erfüllt die Voraussetzungen der Bekanntgabe (§ 41) und setzt Fristen, falls solche gesetzt sind, in Lauf.

Die Übersendung von Entscheidungen auf dem Wege des Übermittlungsverfahrens gilt als förmliche Zustellung (Abs 4). Der Nachweis der Zustellung erfolgt nach Abs 5 durch eine automatisiert erzeugte Eingangsbestätigung des elektronischen Postfachs.

Die Regelungen des Übermittlungsverfahrens, die Bekanntgabe und Zustellung in diesem Verfahren, sind als Ordnungsvorschrift gestaltet. Daher bleiben die allgemeinen Vorschriften über Bekanntgabe (§ 41) und Zustellung (§ 15 II iVm §§ 166–195 ZPO, § 174 III 2 ZPO) unberührt.

Übergangsregelung

1. Anwendungsbereich

1 Den §§ 48–54 VersAusglG liegt die Erwägung zu Grunde, dass das neue Recht möglichst weitgehend und möglichst schnell zur Anwendung kommen soll. Dadurch soll vermieden werden, dass die Praxis über einen längeren Zeitraum zwei Rechtsordnungen nebeneinander anwenden muss. § 48 sieht für das Verfahrensrecht eine allgemeine an Art 111 FGG-Reformgesetz orientierte Übergangsregelung vor. §§ 49–54 enthalten Sonderregelungen: § 49 für nachträgliche Anpassungen nach §§ 4–10 VAHRG, § 50 für Wiederaufnahme ausgesetzter Verfahren nach dem VAÜG, §§ 51, 52 Abänderungen des öffentlich-rechtlichen Versorgungsausgleichs und deren Durchführung, § 53 die Bewertung eines bereits erfolgten Teilausgleichs bei Ausgleichsansprüchen nach der Scheidung, § 54 weiterhin anwendbare Übergangsvorschriften auf vor dem 1. Juli 1977 liegende Sachverhalte.

2. Allgemeine Übergangsregelung

2 Nach § 48 VersAusglG sind auf Verfahren, die bei Inkrafttreten des VersAusglG **bereits anhängig** sind, das bis dahin geltende materielle Recht und auch das bisherige Verfahrensrecht anzuwenden. Diese Regelung entspricht der allgemeinen Übergansvorschrift des Art 111 des FGG-Reformgesetzes. Sie gilt daher auch für Scheidungssachen und Versorgungsausgleichssachen als Folgesachen.

3 Von diesem Grundsatz sehen § 48 II VersAusglG und in Übereinstimmung hiermit Art § 111 III, IV, V des FGG-Reformgesetzes **Ausnahmen** vor:

Das neue materielle Recht und das neue Verfahrensrecht sind auch dann anzuwenden, wenn der Versorgungsausgleich bei Inkrafttreten des Gesetzes bereits **abgetrennt** war (§ 626 Nr 1, 2 oder 4 ZPO) oder nach Inkrafttreten des Gesetzes abgetrennt wird (§ 140 II Nr 1, 2, 4 oder 5). Die gleiche Regelung gilt für Verfahren, die bei Inkrafttreten des Gesetzes **ausgesetzt** waren oder deren **Ruhen angeordnet** war oder dies nach Inkrafttreten des Gesetzes geschieht. Bei Wiederaufnahme des Verfahrens gilt in beiden Fällen das neue Recht (§ 48 II Nr 1, 2 VersAusglG).

Eine **weitere Ausnahme** sieht § 48 III 4 VersAusglG in Übereinstimmung 4
mit Art 111 V FGG-Reformgesetz vor. Danach sind das neue materielle
Recht und das neue Verfahrensrecht auch auf solche Verfahren über den
Versorgungsausgleich und mit diesen in Verbund stehende Scheidungs- und
Folgesachen anzuwenden, in denen am **31. August 2010** noch **keine Endentscheidung** ergangen ist.

3. Nachträgliche Anpassung einer Entscheidung über den öffentlich-rechtlichen Versorgungsausgleich

Bei Verfahren auf nachträgliche Anpassung einer Entscheidung über den 5
öffentlich-rechtlichen Versorgungsausgleich (§§ 4ff VAHRG, jetzt §§ 32–38
VersAusglG) sieht § 49 VersAusglG die Anwendung des bisher geltenden
Rechtes vor, wenn der Antrag bei dem zuständigen Versorgungsträger vor
dem Inkrafttreten des Versorgungsausgleichsgesetzes eingegangen ist. Der Eingang des verfahreneinleitenden Antrags bei dem Versorgungsträger ist auch
dann maßgebend, wenn sich an das behördliche Verfahren ein gerichtliches
Verfahren angeschlossen hat und dieses Verfahren noch beim Gericht anhängig ist.

Abw von § 48 VersAusglG wird für anhängige Verfahren nach den
§§ 4–10 VAHRG, die **nach** einer **Aussetzung** wieder aufgenommen werden, nicht die Geltung des neuen Rechts angeordnet. Die Beibehaltung der
Anwendung des bisherigen Rechts beruht auf der Erwägung, dass es andernfalls zu einer Änderung der Zuständigkeit zwischen Versorgungsträgern und
Familiengericht in einem laufenden Verfahren kommen könnte. Nach dem
neuen Recht sind die Versorgungsträger nicht mehr für Anträge auf Anpassung wegen Unterhalts (§§ 33, 34 VersAusglG) zuständig, sondern die Familiengerichte.

4. Wiederaufnahme von ausgesetzten Verfahren nach dem Versorgungsausgleichsüberleitungsgesetz (§ 50 VersAusglG)

§ 50 VersAusglG regelt, zu welchem Zeitpunkt nach § 2 I 2 VAÜG aus- 6
gesetzte Versorgungsausgleichsverfahren wieder aufzunehmen sind. Nach § 2
II iVm § 2 I 1 Nr 2 VAÜG war der Versorgungsausgleich vor der Einkommensangleichung auf Antrag eines Ehegatten, eines Hinterbliebenen oder
eines betroffenen Versorgungsträgers wieder aufzunehmen, wenn aus einem
im Versorgungsausgleich zu berücksichtigenden Anrecht auf Grund des Versorgungsausgleichs Leistungen zu erbringen oder zu kürzen gewesen wären.
Der Fall der Wiederaufnahme auf Antrag ist nunmehr in § 50 I Nr 1 VersAusglG geregelt. In § 2 III 2 VAÜG war eine Wiederaufnahme des ausgesetzten Verfahrens von Amts wegen spätestens fünf Jahre nach der Einkommensangleichung vorgesehen. Da nach dem neuen Recht auf Grund der Teilung
jedes Anrechts ein Wertausgleich bereits vor der Einkommensangleichung
durchgeführt werden kann, sieht die neue Regelung in § 50 I Nr 2 VersAusglG eine Wiederaufnahme von Amts wegen spätestens fünf Jahre nach
dem Inkrafttreten der Reform vor. Nach § 48 S 2 VersAusglG ist bei Wiederaufnahme des Verfahrens nach neuem Recht zu entscheiden.

zu § 229 Buch 2 – Verfahren in Familiensachen

Auf Antrag ist ein nach § 2 I 2 VAÜG ausgesetzter Versorgungsausgleich wieder aufzunehmen, wenn aus einem im Versorgungsausgleich zu berücksichtigenden Anrecht Leistungen zu erbringen oder zu kürzen wären. Da der Versorgungsausgleich in diesen Fällen bereits direkte Auswirkungen auf die Höhe der laufenden Versorgung hat, sollen die Ehegatten nicht darauf warten müssen, bis das Gericht tätig wird. Antragsberechtigt sind die Ehegatten und die Versorgungsträger. Abw vom bisherigen Recht haben die Hinterbliebenen kein Antragsrecht, weil einem solchen Antragsrecht keine materielle Berechtigung entsprechen würde; mit dem Tod eines Ehegatten erlischt nach § 31 VersAusglG dessen Recht auf Wertausgleich.

§ 50 II VersAusglG enthält eine **Sonderbestimmung** zu § 50 I Nr 1 VersAusglG. Anders als nach dem bisherigen Recht kann der Antrag nach Abs 1 Nr 1 bereits bis zu sechs Monaten vor dem Zeitpunkt gestellt werden, zu dem auf Grund des Versorgungsausgleichs voraussichtlich Leistungen zu erbringen oder zu kürzen wären. Abw hiervon ist im Fall der Invaliditätsrente der frühestmögliche Zeitpunkt für den Antrag nach Abs 1 Nr 1 der Zeitpunkt des Antrags auf Invaliditätsrente.

5. Abänderung des öffentlich-rechtlichen Versorgungsausgleichs (§ 51 VersAusglG)

7 §§ 51, 52 VersAusglG regeln die Abänderung gerichtlicher Entscheidungen über einen öffentlich-rechtlichen Versorgungsausgleich nach bisherigem Recht. Diese konnten unter den Voraussetzungen des § 10 a VAHRG abgeändert werden. Die §§ 51, 52 VersAusglG ordnen eine „Totalrevision" nach neuem Recht an. In diese sind nur die Anrechte einzubeziehen, die auch Gegenstand der abzuändernden Entscheidung waren. Anrechte, deren Einbeziehung erst das neue Recht ermöglicht, wie etwa Kapitalleistungen aus der betrieblichen Altersversorgung (§ 1 II Nr 3 VersAusglG) bleiben außer Betracht.

Nach § 51 I ist eine Abänderung nur im Falle einer **wesentlichen Wertänderung** zulässig. In welchen Fällen eine solche vorliegt, ergibt sich aus den Abs 2 und 3. Daneben ist eine Abänderung nach Abs 5 iVm § 225 IV auch dann möglich, wenn durch sie eine Wartezeit erfüllt wird, die für die Versorgung der ausgleichsberechtigten Person maßgebend ist.

Nach Abs 2 ist eine wesentliche Wertänderung gegeben, wenn es sich um Wertänderungen des auszugleichenden Anrechts auf Grund rechtlicher oder tatsächlicher Veränderungen nach dem Ende der Ehezeit handelt. Für die Höhe der Wertänderung verweist § 50 II auf die Wesentlichkeitsgrenze in § 225 III.

§ 51 III behandelt Fälle von **Wertverzerrungen,** die durch die „Dynamisierung" entstanden sind, also durch die Umwertung von so genannten nicht volldynamischen Anrechten mit der Barwertverordnung zur Ermittlung einer dynamischen Rente durch fiktive Einzahlung in die gesetzliche Rentenversicherung. Die so entstandenen Wertverzerrungen stellen eine wesentliche Wertänderung dar, wenn der ursprünglich ermittelte Wert des Ehezeitanteils der Versorgung von dem in den Saldo eingestellten und aktualisierten Wert abweicht. Hierbei sind zu vergleichen der Wert des Ehezeitanteils der aus-

Übergangsregelung **zu § 229**

zugleichenden Versorgung und der Wert, der sich ergibt, wenn der damals mit der Barwertverordnung dynamisierte Wert des Ehezeitanteils durch den damaligen aktuellen Rentenwert dividiert und mit dem heutigen aktuellen Rentenwert multipliziert wird. Diese Fragen betreffen nur die Zulässigkeit für eine Abänderung nach § 51 I VersAusglG. Neue Auskünfte der Rententräger werden erst benötigt, wenn die Zulässigkeit des Antrags festgestellt ist. Der in vorstehender Weise ermittelte Wertunterschied ist wesentlich is des § 51 I, wenn die beiden Werte um mindestens 2% der bei der Antragstellung maßgeblichen monatlichen Bezugsgröße nach § 18 I SGB IV abweichen. In der Sache entspricht dies der Wertänderung gem § 225 III.

Eine Abänderung nach Abs 3 ist ausgeschlossen, wenn für das betroffene Anrecht noch Ausgleichsansprüche nach der Scheidung nach den §§ 20–26 VersAusglG geltend gemacht werden können (§ 51 IV 1 VersAusglG). Durch den Vorrang der Geltendmachung von Ausgleichsansprüchen nach der Scheidung erübrigt sich der Aufwand einer vollständig neuen Ausgleichsentscheidung im Wege der Abänderung. Der Vorrang der schuldrechtlichen Korrektur nach § 51 IV 1 gilt nicht für Anrechte aus einer Zusatzversorgung des öffentlichen oder kirchlichen Dienstes. Ist für diese Ansprüche eine Abänderung nach § 51 III VersAusglG zulässig, ist ein vollständiger neuer Wertausgleich auch dann durchzuführen, wenn das Anrecht in der ursprünglichen Entscheidung nur anteilig ausgeglichen wurde. In den Anwendungsbereich einer Abänderung nach § 51 III VersAusglG fallen ferner Anrechte aus einer Beamtenversorgung oder einer berufsständischen Versorgung, bei denen schuldrechtlich auszugleichende Rechte ua deshalb entstehen konnten, weil der bislang geltende Höchstbetrag für einen Ausgleich über die gesetzliche Rentenversicherung überschritten wurde.

Eine Abänderung ist unabhängig von einer wesentlichen Wertänderung auch dann zulässig, wenn sie dazu führt, dass eine **Wartezeit erfüllt** wird (§ 51 V VersAusglG). Sie ist andererseits nur dann vorzunehmen, wenn sie sich zu Gunsten eines Ehegatten oder seiner Hinterbliebenen auswirkt (§ 51 V VersAusglG iVm § 225 V).

6. Durchführung einer Abänderung des öffentlich-rechtlichen Versorgungsausgleichs (§ 52 VersAusglG)

§ 52 VersAusglG bestimmt, dass für die Durchführung des Abänderungsverfahrens nach § 51 VersAusglG § 226 anzuwenden ist; dies betrifft die Antragsberechtigung (§ 226 I), den frühesten zulässigen Zeitpunkt der Antragstellung (§ 226 II), die Anwendung der Härtefallbestimmung in § 27 VersAusglG (§ 226 III), den Zeitpunkt der Wirkung der Abänderung (§ 226 IV) sowie die Regelungen für den Fall, dass einer der Ehegatten während des Abänderungsverfahrens stirbt (§ 226 IV).

8

Nach § 52 II VersAusglG hat der Versorgungsträger in den Fällen des § 51 II VersAusglG – neben den in § 5 VersAusglG geregelten allgemeinen Pflichten – den Ehezeitanteil des abzuändernden Anrechts auch **als Rentenbetrag mitzuteilen.** Dieser ist nach den veränderten rechtlichen bzw tatsächlichen Bedingungen, aber zum Stichtag Ehezeitende zu ermitteln. Nachehezeitliche Bestandteile sind nicht zu berücksichtigen. Das Gericht benötigt aber auch die auf den Ehezeitanteil beruhenden Ausgleichswerte, um ggf die Teilung nach neuem Recht durchzuführen. In den Fällen des § 51 III VersAusglG ist keine ergänzende Berechnung durch den Versorgungsträger erforderlich, weil es in diesen Fällen auf den Vergleich des ursprünglichen mit dem aktualisierten Ehezeitanteil ankommt.

Nach Abs 3 sind Beiträge zur Begründung von Anrechten zu Gunsten der ausgleichsberechtigten Person unter Anrechnung der gewährten Leistungen **zurückzuzahlen**. Die Pflicht zur Rückerstattung ist unmittelbare gesetzliche Rechtsfolge der Abänderung; es bedarf künftig keiner gerichtlichen Anordnung hierzu.

7. Bewertung eines Teilausgleichs bei Ausgleichsansprüchen nach der Scheidung (§ 53 VersAusglG)

9   Für Verfahren über Ausgleichsansprüche nach der Scheidung, die nach Inkrafttreten dieses Gesetzes anhängig werden, gilt nach § 48 S 1 VersAusglG das neue Recht. Wenn zuvor bereits ein Teilausgleich nach bislang geltendem Recht durchgeführt worden ist, muss dieser Teilausgleich in dem neuen Verfahren berücksichtigt werden. § 53 VersAusglG regelt, wie dieser Wert zu bestimmen ist. Für die Bestimmung dieses Wertes ordnet § 53 VersAusglG die Rentenwertmethode an (OLG Karlsruhe, FamRZ 00, 238). Bei dieser Methode wird der zum Zeitpunkt der ursprünglichen Entscheidung mit der Barwertverordnung umgerechnete und öffentlich-rechtlich ausgeglichene Teil der Versorgung durch den aktuellen Rentenwert zum Ehezeitende dividiert und mit dem aktuellen Rentenwert zum Zeitpunkt der Entscheidung über die Ausgleichsansprüche nach der Scheidung multipliziert.

8. Weiter anwendbare Übergangsvorschriften des Ersten Gesetzes zur Reform des Ehe- und Familienrechts und des Gesetzes über weitere Maßnahmen auf dem Gebiet des Versorgungsausgleichs für Sachverhalte vor dem 1. Juli 1977 (§ 54)

10 Die Vorschrift ordnet an, dass für Sachverhalte vor dem 1. Juli 1977 einige Bestimmungen des Ersten EheRG sowie des Versorgungsausgleichsmaßnahmengesetzes weiterhin anzuwenden sind. Aus Gründen der Rechtsbereinigung werden die entsprechenden Bestimmungen mit Art 19 und 20 Nr 3 des Gesetzes zur Strukturreform des Versorgungsausgleichs aufgehoben und die noch maßgeblichen Vorschriften in § 54 VersAusglG für weiterhin anwendbar erklärt. Im Einzelnen handelt es sich um folgende Sachverhalte:

Mit Art 12 Nr 3 S 1 des Ersten EheRG wird klargestellt, dass ein Versorgungsausgleich grundsätzlich auch dann durchzuführen ist, wenn die Ehe vor dem 1. Juli 1977 (Einführung des Rechtsinstituts des Versorgungsausgleichs) geschlossen worden ist.

Abw hiervon wird ein Versorgungsausgleich nach Art 12 Nr 3 S 4 des Ersten EheRG nicht durchgeführt, wenn eine Ehe zwar vor dem 1. Juli 1977 geschlossen worden ist, aber noch nach dem alten Recht geschieden worden ist, das bis zum 30. 6. 1977 gegolten hat.

Der Versorgungsausgleich ist nach der Regelung des Art 12 Nr 3 S 5 des Ersten EheRG auch dann nicht durchzuführen, wenn vor dem 1. Juli 1977

Vorb vor §§ 231–260   vor §§ 231–260

eine **endgültige Abfindung** an die ansonsten ausgleichsberechtigte Person für zukünftige Unterhaltsansprüche geleistet wurde, indem von der ansonsten ausgleichspflichtigen Person Vermögensgegenstände übertragen worden sind.

Gleiches gilt, wenn die Eheleute vor dem 1. Juli 1977 einen **Vertrag geschlossen** haben, der ihre ansonsten vom Versorgungsausgleich umfassten Versorgungsanwartschaften betrifft. Solche Vereinbarungen unterliegen jedoch der Inhalts- und Ausübungskontrolle durch das Familiengericht.

Die bisher in Art 12 Nr 3 S 6 und 7 des Ersten EheRG enthaltene Übergangsregelung ist gegenstandslos geworden.

Weiter anwendbar ist Art 4 § 4 **Versorgungsausgleichmaßnahmengesetz.** Diese Vorschrift beinhaltet einen Wert der Bezugsgröße nach § 18 SGB IV, der für Sachverhalte vor dem 1. Juli 1977 in wenigen Einzelfällen noch von Bedeutung sein kann.

230 *(weggefallen)*

Abschnitt 9
Verfahren in Unterhaltssachen

Unterabschnitt 1
Besondere Verfahrensvorschriften

Vorbemerkungen vor §§ 231–260

Änderungen durch das Gesetz zur Änderung des Unterhaltsrechts vom 21. 12. 2007 (BGBl I S. 3189) – (UnterhÄndG). 1

1. Materiell-rechtliche Änderungen

Die materiell-rechtlichen Änderungen durch das UnterhÄndG (hierzu im Überblick Scholz FamRZ 07, 2021 und Born NJW 08, 1) beruhen im Wesentlichen auf **zwei Grundsätzen:** der Förderung des Kindeswohls und der Stärkung der Eigenverantwortung nach der Ehe. 2

Der **Förderung des Kindeswohls** dient die Änderung der Rangfolge im Mangelfall, die Verbesserung der Rechtsstellung Kinder bereuender, nicht miteinander verheirateter Eltern und die gesetzliche Definition des Mindestunterhalts von Kindern. 3

Die **Rangfolge** der Unterhaltsberechtigten ist nunmehr in der zentralen Vorschrift des § 1609 BGB geregelt, der die bisherigen § 1582 iVm § 1609 BGB ersetzt. Nach Nr 1 hat der Kindesunterhalt Vorrang vor allen anderen Unterhaltsansprüchen. Nach Nr 2 stehen im zweiten Rang alle Kinder betreuenden Elternteile, unabhängig davon, ob sie verheiratet sind oder waren, gemeinsam oder allein ein Kind erziehen. Auch im zweiten Rang stehen 4

vor §§ 231–260

Ehegatten bei langer Ehedauer; das über Jahre hinweg gewachsene Vertrauen in die eheliche Solidarität soll auch nach der Scheidung einen besonderen Schutz erhalten. In welchen Fällen die eheliche Solidarität bei langer Ehedauer auch nach der Scheidung fortwirkt, ist nach den konkreten Umständen des Einzelfalls zu beurteilen. Nach Nr 3 stehen im dritten Rang die nicht unter Nr 2 fallenden geschiedenen Ehegatten, insbesondere solche, die nur kurz verheiratet waren und keine Kinder betreuen. Für diese Ehegatten steht der Grundsatz der Eigenverantwortung im Vordergrund.

5 Zur Förderung des Kindeswohls dient auch der **Betreuungsunterhalt** von nicht miteinander verheirateten Eltern und geschiedenen Ehegatten, die ein Kind betreuen. Während bisher der Elternteil, der ein außerhalb einer bestehenden Ehe geborenes Kind betreut, bis zu drei Jahren nach der Geburt des Kindes Betreuungsunterhalt erhält (§ 1615 l II BGB aF), muss der geschiedene Ehegatte, der ein Kind betreut, nach ständiger Rechtsprechung frühestens dann wieder erwerbstätig werden, wenn das Kind etwa acht Jahre alt ist. Dieser unter dem Gesichtspunkt des Kindeswohls nicht gerechtfertigten unterschiedlichen Behandlung (BVerfG 28. 2. 2007, NJW 07, 1735) ist durch das UnterhÄndG durch Vereinheitlichung des Betreuungsunterhalts beseitigt worden. Der Basisunterhalt für die Betreuung eines Kindes beträgt für geschiedene Ehegatten (§ 1570 I BGB) und Mütter nichtehelich geborener Kinder (§ 1615 l II BGB) einheitlich drei Jahre (Born, NJW 08, 3). Gleichzeitig wird unter Aufhebung des § 1615 l III 3 BGB aF die Rangfolge nach § 1609 BGB unter Betonung der Eigenverantwortung des geschiedenen Ehegatten, der keine minderjährigen Kinder betreut, betont; diesen Ehegatten gegenüber geht künftig der unverheiratete Elternteil, der Kinder betreut, im Rang vor.

6 Unter dem Gesichtspunkt der Förderung des Kindeswohls ist auch die Definition des **Mindestunterhalts minderjähriger Kinder** nach § 1612 a BGB zu sehen. Die Bestimmung des Mindestunterhalts wird von der Anknüpfung an die **Regelbetragverordnung** abgekoppelt, die **aufgehoben** wird. Anknüpfungspunkt ist nunmehr der steuerrechtliche Kinderfreibetrag, durch den einkommensteuerrechtlich das sächliche Existenzminimum festgestellt wird (§ 32 VI 1 EStG). § 1612 a I 1 BGB erfüllt die gleiche Funktion wie schon bisher; der Mindestunterhalt bleibt auch weiterhin Rechengröße, der die Dynamisierung des Individualunterhalts minderjähriger Kinder ermöglicht und Anknüpfungspunkt für das vereinfachte Verfahren zur Festsetzung des Unterhalts minderjähriger Kinder ist. Anders als im Steuerrecht, das die Höhe des Existenzminimums von Kindern für alle Altersstufen einheitlich festlegt, wird nach § 1612 a I 3 BGB die bisher in der Regelbetragverordnung enthaltene Differenzierung nach drei Altersstufen und die Einteilung der Altersgruppen beibehalten.

7 Nach der geänderten Vorschrift des § 1612 b BGB tritt an die Stelle der bisherigen Anrechnung des **Kindergeldes** auf den Barunterhaltsanspruch des Kindes künftig der bedarfsmindernde Vorwegabzug des Kindergeldes. Das individuelle, auf das jeweilige unterhaltsbedürftige Kind entfallende Kindergeld ist als zweckgebundene, existenzsichernde Leistung für dieses zu verwenden und mindert damit dessen individuellen Unterhaltsbedarf. Die Formulierung „verwenden" bringt zum Ausdruck, dass das Kind Anspruch auf die Auszahlung des Kindergeldes oder die Erbringung entsprechender Naturalleistungen gegenüber demjenigen hat, der das Kindergeld ausgezahlt erhält.

2. Stärkung der Eigenverantwortung nach der Ehe

Die nachehelichen Unterhaltsansprüche beruhen auf dem Prinzip einer 8
fortwirkenden nachehelichen Solidarität, die im Falle der Bedürftigkeit des
einen Ehegatten für bestimmte Tatbestände eine Unterhaltsverpflichtung des
anderen Ehegatten auch nach der Scheidung zur Folge haben kann (§§ 1570 ff
BGB). Im Hinblick auf den Grundsatz der Eigenverantwortung nach der Ehe
war schon bisher der nacheheliche Unterhaltsanspruch nicht die Regel, sondern die Ausnahme. § 1569 BGB, der als Auslegungsregel zu verstehen ist, betont in S 1 die Eigenverantwortung des geschiedenen Ehegatten, und in S 2 die Ausnahme für den Fall, dass er außer Stande ist, für seinen Unterhalt zu sorgen.

Der neu eingefügte § 1578 b BGB sieht bei **Unbilligkeit** eine Herabset- 9
zung (Abs 1), Begrenzung (Abs 2) und eine Verbindung von beiden Möglichkeiten (Abs 3) vor. In § 1579 BGB, der die Beschränkung oder Versagung des Unterhalts wegen grober Unbilligkeit behandelt, ist als weiterer Grund in Nr 2 aufgenommen der Fall, dass der Unterhaltsberechtigte in einer verfestigten Lebensgemeinschaft lebt.

3. Verfahrensrechtliche Änderung

Nach dem bisherigen § 1612 II 2 BGB aF konnte auf Antrag des Kindes das 10
Familiengericht die Bestimmung der Eltern über die Unterhaltsart aus besonderen Gründen ändern. Im Unterhaltsverfahren konnte es, wenn ein Elternteil sich auf das Unterhaltsbestimmungsrecht berief, zu Verzögerungen kommen. Die obergerichtliche Rechtsprechung war in Bezug auf die verfahrensrechtliche Beurteilung dieser Bestimmung uneinheitlich. Teilweise wurde angenommen, dass die Unterhaltsbestimmung vom Prozessgericht innerhalb des Unterhaltsverfahrens geändert werden könne; nach anderer Auffassung sollte die Abänderung nur in einem gesonderten Verfahren erfolgen können. Überwiegend wurde das gerichtliche Abänderungsverfahren noch als gesondertes Verfahren der freiwilligen Gerichtsbarkeit angesehen.

Nunmehr wird mit der **Aufhebung von § 1612 II 2 BGB aF** das Abän- 11
derungsverfahren als gesondertes Verfahren abgeschafft und eine **einheitliche Entscheidung** des Familiengerichts ermöglicht. Künftig kann das Kind, das die elterliche Unterhaltsbestimmung nicht hinnehmen will, im Unterhaltsverfahren den entsprechenden Einwand geltend machen. Künftig ist daher die Überprüfung einer dem Barunterhaltsanspruch entgegenstehenden Unterhaltsbestimmung der Eltern lediglich eine **Vorfrage** im Rahmen des Unterhaltsverfahrens. Die Abänderung der elterlichen Unterhaltsbestimmung entspricht daher der verfahrensrechtlichen Behandlung der Einrede des Gestattungsanspruchs des Unterhaltspflichtigen nach § 1612 I 2 BGB.

4. Anpassung von Unterhaltstiteln an die neue Rechtslage

Diese Frage wird in den Übergangsvorschriften des **§ 35 EGZPO** behan- 12
delt, die sowohl materiell-rechtliche als auch verfahrensrechtliche Bedeutung haben. Eine Abänderung bestehender Unterhaltstitel setzt eine wesentliche Änderung der Unterhaltsverpflichtung voraus. Hierbei ist in einer Gesamt-

schau aller Umstände, auch solcher, die von der Reform unabhängig sind, zu prüfen, in welchem Umfang sich die für die Unterhaltsverpflichtung und -bemessung maßgeblichen Verhältnisse geändert haben. Eine Änderung der **tatsächlichen** Verhältnisse wird dabei **nicht** vorausgesetzt. Da eine Änderung der Gesetzgebung die Anpassung eines Unterhaltstitels rechtfertigen kann, genügt **allein** die Änderung der **Rechtslage**. Umstände, die bereits im Zeitpunkt der ersten Entscheidung vorlagen, können durch die Gesetzesänderung eine andere Bedeutung erlangen und für die Entscheidung, ob und inwieweit die Erstregelung abgeändert werden muss, von Belang sein; keine Abänderung, wenn die Vereinbarung auch bei Anwendung des neuen Rechts einen gerechten Interessenausgleich darstellt (OLG Dresden, FamRZ 09, 1693). Neben der Wesentlichkeit der Änderung muss eine Änderung unter Berücksichtigung des Vertrauens in den Fortbestand der Entscheidung oder der Unterhaltsvereinbarung **zumutbar** sein.

13 Die Frage der Zumutbarkeit kann sich insbesondere im Hinblick auf die Änderung der Rangordnung der Unterhaltsberechtigten (§ 1609 BGB) stellen. Durch den Vorrang der unterhaltsberechtigten Kinder kann es bei unveränderter Leistungsfähigkeit des Verpflichteten zu einer Kürzung oder sogar zum völligen Wegfall der Unterhaltsansprüche von Ehegatten kommen; derartige Ergebnisse können im Hinblick auf das bestehende Vertrauen unzumutbar sein.

14 **Verfahrensrechtlich** wird durch Nr 2, 4 und 5 des § 35 EGZPO sichergestellt, dass Umstände, die erst durch das neue Recht erheblich geworden sind, in das Verfahren eingeführt werden können. Nach **Nr 2** sollen, soweit die Anpassung im Wege einer Abänderungsklage oder, soweit dies statthaft ist, im Wege einer Vollstreckungsgegenklage erfolgen soll, die **Präklusionsvorschriften** der jeweiligen Rechtsbehelfe bei der Anpassung des Unterhaltstitels an das neue Recht **nicht** anwendbar sein. Durch **Nr 4** soll gewährleistet werden, dass Verfahren, die **vor dem BGH** anhängig sind, auf der Grundlage des neuen Rechts sachgerecht abgewickelt werden können.

15 Es wird daher eine **Ausnahme** von dem Grundsatz vorgesehen, dass neue Tatsachen im Rechtsbeschwerdeverfahren nicht berücksichtigt werden können. Sind die auf Grund der Übergangsregelung neu vorgetragenen Tatsachen unstreitig, hat das Rechtsbeschwerdegericht unter den Voraussetzungen von § 563 III ZPO eine eigene Sachentscheidung zu treffen. Wird eine Beweisaufnahme notwendig, kann das Rechtsbeschwerdegericht die Sache an das Beschwerdegericht zurückverweisen. Hierzu ist das Rechtsbeschwerdegericht jedoch nicht verpflichtet; es kann auch kleinere Beweisaufnahmen selbst durchführen.

16 Nach **Nr 5** soll in einem laufenden Unterhaltsverfahren eine mündliche Verhandlung auf Antrag **wiedereröffnet** werden können, um den Parteien Gelegenheit zu geben, Tatsachen, die erst durch das Änderungsgesetz Relevanz erlangt haben, noch vorzutragen. Das Ermessen des Gerichts bei der Entscheidung über die Wiedereröffnung der mündlichen Verhandlung (§ 156 I ZPO) wird hierdurch reduziert, um eine einheitliche Rechtsanwendung sicherzustellen und zu gewährleisten, dass die neuen Tatsachen noch in derselben Instanz bzw in demselben Verfahren vorgebracht werden können und nicht erst im Rechtsmittelverfahren oder im Wege einer Abänderungsklage.

§ 231 Unterhaltssachen

Unterhaltssachen

231 (1) Unterhaltssachen sind Verfahren, die
1. die durch Verwandtschaft begründete gesetzliche Unterhaltspflicht,
2. die durch Ehe begründete gesetzliche Unterhaltspflicht,
3. die Ansprüche nach § 1615 l oder § 1615 m des Bürgerlichen Gesetzbuchs

betreffen.

(2) Unterhaltssachen sind auch Verfahren nach § 3 Abs. 2 Satz 3 des Bundeskindergeldgesetzes und § 64 Abs. 2 Satz 3 des Einkommensteuergesetzes. Die §§ 235 bis 245 sind nicht anzuwenden.

1. Anwendungsbereich

Unterhaltssachen nach Abs 1 Nr 1–3 sind **Familienstreitsachen** nach 1 § 112 Nr 1. Auf diese finden im Wesentlichen nach Maßgabe des § 113 die Vorschriften der ZPO Anwendung. Bei der Anwendung der Vorschriften der ZPO treten jedoch an die Stelle der Bezeichnung Prozess oder Rechtsstreit die Bezeichnung Verfahren (§ 113 V Nr 1), an die Stelle der Bezeichnung Klage die Bezeichnung Antrag (Nr 2), an die Stelle der Bezeichnung Kläger die Bezeichnung Antragsteller (Nr 3), an die Stelle der Bezeichnung Beklagter die Bezeichnung Antragsgegner (Nr 4); die Parteien werden als Beteiligte bezeichnet (Nr 5). Die Entscheidung erfolgt nicht durch Urteil, sondern durch Beschluss (§ 38), für die Rechtsmittel gelten nicht die Vorschriften der ZPO, sondern die Rechtsmittel des FamFG, die §§ 58–69 für die Beschwerde und die §§ 70–75 für die Rechtsbeschwerde. Für einstweilige Anordnungen gelten grundsätzlich die §§ 49–57, sofern nicht die Sonderregelungen der §§ 246–248 zur Anwendung kommen.

2. Unterhaltssachen

§ 231 bestimmt, welche Verfahren Unterhaltssachen sind. Die in **Abs 1** 2 Nr 1–3 aufgeführten Angelegenheiten sind Familienstreitsachen, die in **Abs 2** aufgeführten Angelegenheiten solche der freiwilligen Gerichtsbarkeit.

Nach Abs 1 **Nr 1** sind Unterhaltssachen Verfahren, die die durch **Ver-** 3 **wandtschaft** (§ 1589 BGB) begründete gesetzliche Unterhaltspflicht nach den §§ 1601 ff BGB betreffen. Es ist zu unterscheiden zwischen Betreuungs- und Barbedarf. Der **Betreuungsbedarf** betrifft die tatsächliche Versorgung mit Unterkunft, Nahrung, Kleidung, bei Minderjährigen durch Pflege und Erziehung, während der **Barbedarf** die erforderlichen Geldmittel bezeichnet. Grundvoraussetzung ist die Verwandtschaft in gerader Linie nach § 1601 BGB. Die Unterhaltsregelungen gelten aber auch bei Adoption (§ 1754 BGB), bloßer Scheinvaterschaft (§ 1592 BGB); sie gelten ferner für den Unterhaltsanspruch bei nicht ehelicher Geburt (§ 1615 l BGB). In den Anwendungsbereich fallen auch vertragliche Regelungen der gesetzlichen Unterhaltspflicht, insbesondere durch einen Vergleich.

Nach **Nr 2** sind Unterhaltssachen auch Ansprüche aus **durch Ehe begrün-** 4 **deten** gesetzlichen Unterhaltspflichten. Die gesetzliche Unterhaltspflicht

§ 231

während bestehender Ehe aus §§ 1360, 1360a BGB, während der Trennung aus § 1361 BGB und nach Scheidung als nachehelicher Unterhalt aus den
5 §§ 1569 ff BGB. Der **Familienunterhalt** (§ 1360 BGB) beruht auf der Familieneinheit bei bestehender häuslicher Gemeinschaft. Er kann sowohl durch Geld als auch durch Naturalleistung (§ 1360a BGB) erbracht werden. Nach Auflösung der Familieneinheit kann der bedürftige Ehegatte von dem
6 leistungsfähigen Ehegatten Unterhalt nur als Geldrente verlangen. Der **Trennungsunterhalt** beruht auf der noch bestehenden Ehe. Die ehelichen Le-
7 bensverhältnisse sind daher noch Maßstab für die Bemessung des Unterhalts. Der **nacheheliche Unterhalt** wird bestimmt durch den Grundsatz der Eigenverantwortung, der durch die gesetzliche Neuregelung (Vorbemerkung, Rn 8, 9) noch verstärkt wird. Daneben bleibt der Grundsatz der nachwirken-
8 den Mitverantwortung des wirtschaftlich stärkeren Ehegatten bestehen. Die Verfahren auf Familien-, Trennungs- und nachehelichen Unterhalt haben **verschiedene Streitgegenstände;** der Anspruch auf Familienunterhalt erlischt mit der Trennung, der Anspruch auf Trennungsunterhalt endet mit der Rechtskraft der Scheidung. Der Anspruch auf nachehelichen Unterhalt beginnt mit dem Tag der Rechtskraft der Ehescheidung (OLG Köln, FamRZ 02, 326). Der nacheheliche Unterhalt kann aus verschiedenen Gründen gerechtfertigt sein, nach § 1570 BGB wegen Betreuung eines Kindes, nach § 1571 BGB wegen Alters, nach § 1572 BGB wegen Krankheit oder Gebrechen, nach § 1573 BGB wegen Erwerbslosigkeit und Aufstockungsunterhalt. Wenn der zuerkannte Anspruch sich jeweils nur zum Teil aus unterschiedlichen Anspruchsgrundlagen ergibt, muss dies gesondert in der Formel des Beschlusses ausgesprochen werden. Die jeweilige Anspruchsgrundlage kann Bedeutung für ein evt Abänderungsverfahren haben.
9 Nach **Nr 3** sind Unterhaltssachen Verfahren, die Ansprüche nach **§ 1615 l** oder **§ 1615 m BGB** betreffen. § 1615 l I BGB betrifft den Unterhaltsanspruch der Mutter gegen den Vater vor und nach der Geburt des Kindes. § 1615 l II BGB behandelt den Unterhaltsanspruch der Mutter, die einer Erwerbstätigkeit nicht nachgeht, weil sie dazu infolge einer im Zusammenhang mit der Schwangerschaft stehenden Krankheit außer Stande ist; das Gleiche gilt, soweit die Mutter wegen der Pflege oder Erziehung des Kindes
10 einer Erwerbstätigkeit nicht nachgehen kann. Die in § 1615 l II 3 BGB vorgesehene **Befristung** auf drei Jahre nach der Geburt, kann jetzt erleichtert verlängert werden, soweit und solange es der Billigkeit entspricht; grobe Unbilligkeit ist nicht mehr Voraussetzung. Wenn der Vater das Kind betreut,
11 steht ihm ein entsprechender Anspruch zu (§ 1615 l IV BGB). **Stirbt** die Mutter infolge der Schwangerschaft oder der Entbindung, hat der Vater die Kosten der Beerdigung nach § 1615 m BGB zu tragen, soweit ihre Bezahlung nicht von den Erben der Mutter zu erlangen ist.
12 Die Unterhaltssachen nach **Abs 2** sind Verfahren der **freiwilligen Gerichtsbarkeit,** auf die die allgemeinen Vorschriften Anwendung finden. Die Anwendbarkeit der §§ 235–245 ist ausgeschlossen (Abs 2 S 2). Dies betrifft insbesondere die Abänderungsmöglichkeit nach §§ 238–240, die einstweilige Einstellung der Vollstreckung nach § 242 und die Kostenentscheidung nach § 243. Anwendbar bleibt die Regelung der örtlichen Zuständigkeit nach § 232, die Abgabe an das Gericht der Ehesache, wenn eine Ehesache rechts-

§ 232 Örtliche Zuständigkeit **§ 232**

hängig wird, nach § 233, und der Ausschluss der Vertretung durch einen sorgeberechtigten Elternteil, wenn das Kind durch das Jugendamt als Beistand (§ 1712 BGB) vertreten wird, nach § 234.

In den Anwendungsbereich des Abs 2 fallen die Verfahren nach **§ 3 II 3** **13** **BKGG** (Bestimmung des Bezugsberechtigten für das Kindergeld durch das Familiengericht auf Antrag des Berechtigten); ferner auch nach **§ 64 II 3 EStG**.

Örtliche Zuständigkeit

232 (1) Ausschließlich zuständig ist

1. **für Unterhaltssachen, die die Unterhaltspflicht für ein gemeinschaftliches Kind der Ehegatten betreffen, mit Ausnahme des vereinfachten Verfahrens über den Unterhalt Minderjähriger, oder die die durch die Ehe begründete Unterhaltspflicht betreffen, während der Anhängigkeit einer Ehesache das Gericht, bei dem die Ehesache im ersten Rechtszug anhängig ist oder war;**
2. **für Unterhaltssachen, die die Unterhaltspflicht für ein minderjähriges Kind oder ein nach § 1603 Abs. 2 Satz 2 des Bürgerlichen Gesetzbuchs gleichgestelltes Kind betreffen, das Gericht, in dessen Bezirk das Kind oder der Elternteil, der auf Seiten des minderjährigen Kindes zu handeln befugt ist, seinen gewöhnlichen Aufenthalt hat; dies gilt nicht, wenn das Kind oder ein Elternteil seinen gewöhnlichen Aufenthalt im Ausland hat.**

(2) Eine Zuständigkeit nach Absatz 1 geht der ausschließlichen Zuständigkeit eines anderen Gerichts vor.

(3) Sofern eine Zuständigkeit nach Absatz 1 nicht besteht, bestimmt sich die Zuständigkeit nach den Vorschriften der Zivilprozessordnung mit der Maßgabe, dass in den Vorschriften über den allgemeinen Gerichtsstand an die Stelle des Wohnsitzes der gewöhnliche Aufenthalt tritt. Nach Wahl des Antragstellers ist auch zuständig

1. **für den Antrag eines Elternteils gegen den anderen Elternteil wegen eines Anspruchs, der die durch Ehe begründete gesetzliche Unterhaltspflicht betrifft, oder wegen eines Anspruchs nach § 1615l des Bürgerlichen Gesetzbuchs das Gericht, bei dem ein Verfahren über den Unterhalt des Kindes im ersten Rechtszug anhängig ist;**
2. **für den Antrag eines Kindes, durch den beide Eltern auf Erfüllung der Unterhaltspflicht in Anspruch genommen werden, das Gericht, das für den Antrag gegen einen Elternteil zuständig ist;**
3. **das Gericht, bei dem der Antragsteller seinen gewöhnlichen Aufenthalt hat, wenn der Antragsgegner im Inland keinen Gerichtsstand hat.**

1. Zuständigkeit während der Anhängigkeit einer Ehesache

Abs 1 bestimmt die ausschließliche Zuständigkeit des Gerichts der Ehesache 1 im ersten Rechtszug während der Anhängigkeit einer Ehesache für Verfahren in Unterhaltssachen, die die Unterhaltspflicht für **ein gemeinschaftliches Kind** der Ehegatten betreffen (§§ 1601 ff BGB), jedoch mit Ausnahme des

vereinfachten Verfahrens über den Unterhalt Minderjähriger (§§ 249–260); ferner für Verfahren, die die **durch die Ehe begründete** Unterhaltspflicht (§§ 1569 ff BGB) betreffen. Anhängig ist die Ehesache von der Einreichung der Antragsschrift bis zu dem rechtskräftigen Abschluss des Verfahrens; zuständig bleibt das Gericht des ersten Rechtszuges, auch wenn sich die Sache im
2 Rechtsmittelverfahren befindet. Abs 1 wird **ergänzt** durch § 233, danach ist eine Unterhaltssache nach § 231 I Nr 1, die bei einem anderen Gericht im ersten Rechtszug anhängig ist, von Amts wegen an das Gericht der Ehesache abzugeben, jedoch erst dann, wenn die Ehesache **rechtshängig** geworden ist, die Antragsschrift dem Antragsgegner zugestellt ist. Die Unterhaltssache wird **Folgesache** iS von § 137 II Nr 2, wenn in dieser Unterhaltssache eine Entscheidung für den Fall der Scheidung zu treffen ist, und die Unterhaltssache spätestens zwei Wochen vor der mündlichen Verhandlung im ersten Rechtszug in der Scheidungssache von einem Ehegatten anhängig gemacht wird. Über Scheidung und Folgesachen ist dann zusammen zu verhandeln und zu entscheiden (§ 137 I). Die durch Nr 1 bestimmte ausschließliche Zuständigkeit geht jeder anderen ausschließlichen Zuständigkeit eines anderen Gerichts vor.

2. Unterhalt von Kindern

3   Nach Abs 1 Nr 2 ist ferner ausschließlich zuständig in Verfahren, die die Unterhaltspflicht für ein minderjähriges Kind (§§ 1601 ff BGB) oder ein nach § 1603 II 2 BGB gleich gestelltes volljähriges Kind betreffen, das Gericht, in dessen Bezirk das Kind oder der Elternteil, der auf Seiten des minderjährigen Kindes zu handeln befugt ist, seinen **gewöhnlichen Aufenthalt** hat. Der gewöhnliche Aufenthalt wird von einer auf längere Dauer angelegten sozialen Eingliederung und von der tatsächlichen Situation gekennzeichnet, die den Aufenthalt als Mittelpunkt der Lebensführung ausweist. Das Gesetz knüpft **alternativ** an den gewöhnlichen Aufenthalt des Kindes oder den des handlungsbefugten Elternteils an. Zwischen beiden Gerichtsständen hat der Antragsteller die **Wahl.** Das Gericht, das durch den zuerst eingehenden Antrag
4 mit der Sache befasst wird, wird allein zuständig. Die **Handlungsbefugnis** in der Unterhaltsangelegenheit, an die Nr 2 anknüpft, ist in **§ 1629 BGB** geregelt. Damit wird auch die Prozessstandschaft nach § 1629 III 1 BGB erfasst; danach kann ein Elternteil Unterhaltsansprüche des Kindes gegen einen anderen Elternteil nur im eigenen Namen geltend machen, wenn die Eltern des Kindes miteinander verheiratet sind, solange die Eltern getrennt leben oder eine Ehesache zwischen ihnen anhängig ist.

3. Vorrang

5   Die ausschließliche Zuständigkeit nach Abs 1 hat Vorrang gegenüber anderen ausschließlichen Gerichtsständen (Abs 2). Diese Regelung hat praktische Bedeutung insbesondere im Falle einer Vollstreckungsgegenklage. Für diese Fälle wurde bisher ein Vorrang des nach §§ 767 I, 802 ZPO ausschließlich zuständigen Gerichts des ersten Rechtszuges angenommen. Nunmehr hat die ausschließliche Zuständigkeit nach Abs 1 Vorrang.

§ 232 Örtliche Zuständigkeit § **232**

4. Anwendung der ZPO

Sofern eine Zuständigkeit nach Abs 1 nicht besteht, bestimmt sich die 6
Zuständigkeit nach den **Vorschriften der ZPO** (Abs 3). Eine Zuständigkeit
nach Abs 1 Nr 1 fehlt dann, wenn eine Ehesache nicht anhängig ist, nach
Abs 1 Nr 2 dann, wenn in den dort genannten Fällen das Kind oder ein
Elternteil seinen gewöhnlichen Aufenthalt im Ausland hat. Die Vorschriften 7
der ZPO finden mit der Maßgabe Anwendung, dass in den Vorschriften über
den allgemeinen Gerichtsstand (§§ 12 ff BGB) an die Stelle des Wohnsitzes
der **gewöhnliche Aufenthalt** tritt (Rn 3). Diese Gerichtsstände sind nicht
ausschließlich. Daneben sind **nach Wahl** des Antragstellers (§ 35 ZPO) die
Gerichte nach Abs 3 Nr 1–3 zuständig; die Wahl wird ausgeübt durch Einreichen der Antragsschrift bei dem gewählten Gericht.

Nach **Nr 1** besteht neben dem allgemeinen Gerichtsstand nach der ZPO 8
ein weiterer nicht ausschließlicher Gerichtsstand bei dem Gericht, bei dem
ein Verfahren über den Unterhalt des Kindes im ersten Rechtszug anhängig
ist, wenn ein Ehegatte gegen den anderen einen Anspruch geltend macht, der
die durch die Ehe begründete gesetzliche Unterhaltspflicht betrifft; darunter
fällt die gesetzliche Unterhaltspflicht während bestehender Ehe nach
§§ 1360–1360 b BGB oder bei Getrenntleben nach § 1361 BGB; die Zu- 9
ständigkeit für den Unterhalt nach Scheidung der Ehe (§§ 1569–1586 b BGB)
nur dann, wenn dieser isoliert nach rechtskräftigem Abschluss des Scheidungsverfahrens geltend gemacht wird. Während der Anhängigkeit einer
Ehesache ist ausschließlich zuständig das erstinstanzliche Gericht der Ehesache 10
(Abs 1 Nr 1). Das Gericht, bei dem ein Verfahren über den Unterhalt des
Kindes im ersten Rechtszug anhängig ist, ist nach Wahl des Antragstellers
auch dann zuständig, wenn ein Unterhaltsanspruch nach § 1615 l BGB
geltend gemacht wird; das kann sein ein Anspruch im Zusammenhang mit
der Geburt des Kindes nach § 1615 I BGB oder ein Unterhaltsanspruch der
Mutter, die einer Erwerbstätigkeit nicht nachgeht, weil sie infolge einer durch
Schwangerschaft oder Entbindung verursachten Krankheit dazu außer Stande
ist oder weil eine Erwerbstätigkeit wegen der Pflege oder Erziehung des
Kindes nicht erwartet werden kann (§ 1615 l II BGB). Entsprechendes gilt für 11
den Fall, dass der Vater das Kind betreut nach § 1615 l IV iVm II 2 BGB. Es
kann sich auch um Ansprüche eines Dritten handeln, auf der der Unterhaltsanspruch übergegangen ist. Verbindung des Unterhaltsanspruchs eines Ehegatten mit dem Unterhaltsanspruch eines Kindes ist möglich (§ 20).

Nr 2 betrifft einen **Antrag eines Kindes,** durch den beide Elternteile auf 12
Unterhalt in Anspruch genommen werden. Voraussetzung ist die gemeinschaftliche, nicht notwendig gleichzeitige gerichtliche Inanspruchnahme.
Wahlweise ist für die Inanspruchnahme beider Eltern das Gericht zuständig,
das für einen Elternteil zuständig ist. Hierdurch wird für den anderen Elternteil ein zusätzlicher Gerichtsstand begründet. Der Gegenstand des Antrages
des Kindes ist nicht auf die gesetzliche Unterhaltspflicht beschränkt; der
Anspruch kann auch durch Vertrag begründet sein. Die Regelung entspricht
dem bisherigen § 35 a ZPO aF.

Nr 3 behandelt den Fall, dass der Antragsgegner **im Inland keinen** 13
Gerichtsstand hat, auch nicht einen solchen aus § 23 ZPO. Der Gerichtsstand

§ 233 Buch 2 – Verfahren in Familiensachen

nach Nr 3 betrifft allgemein Unterhaltssachen; er umfasst daher Unterhaltsansprüche von Kindern und auch solche von Ehegatten untereinander und
14 nicht verheirateten Elternteilen. Die durch Abs 3 Nr 3 begründete Zuständigkeit gilt auch für **Abänderungsklagen** (BGH, NJW-RR 87, 1474; BayObLG 85, 18 für § 23 a ZPO aF). Der Gerichtsstand nach Nr 3 gilt auch für die Ansprüche nach Abs 1 Nr 2, wenn das Kind oder ein Elternteil seinen gewöhnlichen Aufenthalt im Ausland hat.
15 **Vorrang vor Nr 3** haben **Art 2, 5 Nr 2 EuGVVO** dann, wenn der gewöhnliche Aufenthalt des Antragsgegners in einem anderen Mitgliedsstaat als dem Gerichtsstaat liegt. Die Anwendung der Zuständigkeit nach Nr 3 ist in diesem Fall ausgeschlossen.

5. Funktionelle Zuständigkeit des Richters

16 Durch Einzelzuweisung gemäß § 3 Nr 3 g) iVm § 25 Nr 2 RPflG ist der Rechtspfleger funktionell zuständig nach Nr 2 a) für Verfahren nach § 231 II, soweit nicht ein Verfahren nach § 231 I anhängig ist; nach Nr 2 b) für die Bezifferung von Unterhaltstiteln nach § 245; nach Nr 2 c) für das vereinfachte Verfahren über den Unterhalt Minderjähriger.

6. Kosten (Einl 76)

17 Verfahrenswert: § 3 I iVm § 51 FamGKG; Gebühren: Hauptabschnitt 2, Abschnitt 1,2 des Kostenverzeichnisses.

Abgabe an das Gericht der Ehesache

233 Wird eine Ehesache rechtshängig, während eine Unterhaltssache nach § 232 Abs. 1 Nr. 1 bei einem anderen Gericht im ersten Rechtszug anhängig ist, ist diese von Amts wegen an das Gericht der Ehesache abzugeben. § 281 Abs. 2 und 3 Satz 1 der Zivilprozessordnung gilt entsprechend.

1 § 233 ergänzt die **Zuständigkeitsregelung** des § 232 I Nr 1, Nr 2, soweit es sich um Unterhaltsansprüche **gemeinschaftlicher** Kinder handelt (§ 232 I Nr 1); dies gilt nicht, soweit diese im vereinfachten Verfahren (§§ 249–260) geltend gemacht werden. Wenn eine solche Unterhaltssache im ersten Rechtszug anhängig ist, ist sie an das Gericht der **Ehesache** abzugeben, sobald eine Ehesache rechtshängig wird. Anhängig ist die Unterhaltssache mit Einreichung der Antragsschrift. Sie ist abzugeben, wenn die Ehesache rechts-
2 hängig wird, die Antragsschrift in der Ehesache bereits zugestellt ist. Die Zuständigkeit der Ehesache **erlischt,** wenn die Anhängigkeit der Ehesache endet. Die einmal begründete Zuständigkeit des Gerichts wird jedoch durch diese Veränderung der sie begründenden Umstände nicht berührt (§ 2 II). Bleibt nach Beendigung der Anhängigkeit der Ehesache eine Folgesache anhängig, wird hierdurch die Zuständigkeit einer Unterhaltssache nicht be-
3 rührt; diese ist nicht nach § 233 an das Gericht der Ehesache abzugeben. Die **Abgabe** bewirkt, dass die Unterhaltssache mit Eingang der Akten bei dem Gericht der Ehesache anhängig wird; der Beschluss ist für das Gericht der

§ 235 Verfahrensrechtliche Auskunftspflicht der Beteiligten §§ 234, 235

Ehesache bindend (§ 281 II 2, 3 ZPO). Die in dem Verfahren vor dem zunächst angegangenen Gericht erwachsenen Kosten werden als Teil der Kosten behandelt, die bei dem Gericht der Ehesache erwachsen sind (§ 281 III 1 ZPO). Nicht entsprechend anwendbar ist § 281 III 2 ZPO, demgemäß dem Antragsteller die entstandenen Mehrkosten auch dann aufzuerlegen sind, wenn er in der Hauptsache obsiegt (§ 281 III 2 ZPO).

Vertretung eines Kindes durch einen Beistand

234 Wird das Kind durch das Jugendamt als Beistand vertreten, ist die Vertretung durch den sorgeberechtigten Elternteil ausgeschlossen.

§ 234 regelt die **Vertretungsberechtigung** im Verfahren, wenn das Kind 1 durch das **Jugendamt als Beistand** nach § 1712 I Nr 2 BGB vertreten wird. Die Vorschrift entspricht dem § 53a ZPO aF. Eine Beistandschaft des Jugendamtes entsteht auf schriftlichen Antrag eines Elternteils für die Geltendmachung von Unterhaltsansprüchen nach Maßgabe des § 1712 I Nr 2 BGB. Das sind die Ansprüche aus den §§ 1601 ff BGB einschließlich der Rückstände gegen alle in Frage kommenden Unterhaltsverpflichteten; die Beistandschaft berechtigt zur gerichtlichen Geltendmachung von Unterhaltsansprüchen einschließlich Auskunftsansprüchen nach § 1605 BGB, Erwirkung einstweiliger Anordnungen; sie berechtigt ferner zum Abschluss von Vergleichen (OLG Köln, FamRZ 02, 50), zur Durchführung der Zwangsvollstreckung, zu Abänderungsklagen und Verteidigung gegen Abänderungsklagen (OLG Naumburg, FamRZ 06, 1223).

Die Beistandschaft **tritt ein** auf schriftlichen Antrag (§ 1712 I BGB) eines 2 Elternteils (§ 1713 BGB) sobald der Antrag dem Jugendamt zugeht (§ 1714 S 1 BGB).

Durch die Beistandschaft wird die elterliche Sorge nicht eingeschränkt 3 (§ 1716 S 1 BGB). Im Unterhaltsverfahren haben die Verfahrenshandlungen des Beistandes jedoch Vorrang. Dies bestimmt § 234 entspr dem bisherigen § 53a ZPO aF iVm §§ 1716 S 2, 1915 I BGB). Die Vertretung durch den **sorgeberechtigten Elternteil** ist insoweit **ausgeschlossen** (OLG Naumburg, FamRZ 06, 1223). Das Jugendamt wird jedoch durch die Beistandschaft nicht zum Verfahrensbeteiligten.

Verfahrensrechtliche Auskunftspflicht der Beteiligten

235 (1) Das Gericht kann anordnen, dass der Antragsteller und der Antragsgegner Auskunft über ihre Einkünfte, ihr Vermögen und ihre persönlichen und wirtschaftlichen Verhältnisse erteilen sowie bestimmte Belege vorlegen, soweit dies für die Bemessung des Unterhalts von Bedeutung ist. Das Gericht kann anordnen, dass der Antragsteller und der Antragsgegner schriftlich versichern, dass die Auskunft wahrheitsgemäß und vollständig ist; die Versicherung kann nicht durch einen Vertreter erfolgen. Mit der Anordnung nach Satz 1 oder Satz 2 soll das Gericht eine angemessene Frist setzen. Zugleich hat es auf die Verpflich-

§ 235
Buch 2 – Verfahren in Familiensachen

tung nach Absatz 3 und auf die nach den §§ 236 und 243 Satz 2 Nr. 3 möglichen Folgen hinzuweisen.

(2) Das Gericht hat nach Absatz 1 vorzugehen, wenn ein Beteiligter dies beantragt und der andere Beteiligte vor Beginn des Verfahrens einer nach den Vorschriften des bürgerlichen Rechts bestehenden Auskunftspflicht entgegen einer Aufforderung innerhalb angemessener Frist nicht nachgekommen ist.

(3) Antragsteller und Antragsgegner sind verpflichtet, dem Gericht ohne Aufforderung mitzuteilen, wenn sich während des Verfahrens Umstände, die Gegenstand der Anordnung nach Absatz 1 waren, wesentlich verändert haben.

(4) Die Anordnungen des Gerichts nach dieser Vorschrift sind nicht selbständig anfechtbar und nicht mit Zwangsmitteln durchsetzbar.

1. Auskunftsrecht des Gerichts

1   Abs 1 begründet die Befugnis des Gerichts, Auskunft und die Vorlage von Belegen zu verlangen, soweit dies für die Bemessung des Unterhalts von Bedeutung ist. Abs 1 S 1 entspricht im Wesentlichen dem bisherigen § 643 I ZPO aF und begründet ebenso wie diese Vorschrift **keine Amtsermittlungspflicht** des Gerichts. Es gilt weiterhin der Beibringungsgrundsatz für die Beteiligten (§ 113 I 2). Die durch die Abs 1, 2 begründeten Aufklärungspflichten des Gerichts sollen der beschleunigten Durchführung des Verfahrens dienen und eine Stufenklage weitgehend überflüssig machen. Die Abs 2 und 3 begründen bei richtiger Einordnung in ihrem Anwendungsbereich keine Amtsermittlung, sondern eine Erweiterung der Befugnisse nach §§ 273 II Nr 1, 142 ZPO (Johannsen/Henrich/Maier, Rn 3 zu § 235). Die Vorschrift ist anwendbar in allen Verfahren, deren Gegenstand Ansprüche aus gesetzlicher Unterhaltspflicht sind. Inhaltlich entspricht der **verfahrensrechtliche Auskunftsanspruch** im Wesentlichen dem materiell-rechtlichen Auskunftsanspruch von Unterhaltsberechtigten nach § 1605 I BGB. Das Auskunftsverlangen ist nicht gerechtfertigt, soweit es sich auf Tatsachen bezieht, die unstreitig oder für die Entscheidung unerheblich sind. Der Umfang der zu

2   erteilende Auskunft muss **möglichst konkret** angegeben werden. Zur Auskunft **verpflichtet** sein können der Antragsteller und/oder der Antragsgegner. Gegenstand der Auskunft sind deren Einkünfte, deren Vermögen und deren persönliche und wirtschaftliche Verhältnisse; auch die Vorlage bestimmter Belege kann angeordnet werden. Die Auskunft erfordert eine eigene und schriftlich verkörperte Erklärung des Verpflichteten; sie muss nicht die gesetzliche Schriftform des § 126 BGB erfüllen (BGH, NJW 08, 917). Auch die Vorlage bestimmter Belege kann angeordnet werden.

2. Schriftliche Versicherung

3   Mit der Anordnung der Auskunftserteilung kann das Gericht anordnen, dass der Antragsteller und/oder der Antragsgegner eine schriftliche Versicherung abgeben, dass die Auskunft wahrheitsgemäß und vollständig ist. Die Versicherung muss durch den Beteiligten selbst abgegeben werden, insbesondere kann er sich hierzu nicht eines Vertreters, auch nicht eines Verfahrens-

§ 235 Verfahrensrechtliche Auskunftspflicht der Beteiligten   § 235

bevollmächtigten bedienen. Die Möglichkeit, von einem Beteiligten eine ausdrückliche eigenhändige Versicherung über die Richtigkeit der Auskunft zu verlangen, sah § 643 I ZPO aF nicht vor. Sinn der Neuregelung ist, in Unterhaltssachen zeitintensive Stufenklagen möglichst entbehrlich zu machen. Die Möglichkeit, die Abgabe einer schriftlichen Versicherung anzuordnen, soll die Funktion der zweiten Stufe einer Stufenklage erfüllen. Es wird als ausreichend angesehen, dass anstelle der in der zweiten Stufe der Stufenklage vorgesehenen eidesstattlichen Versicherung eine schriftliche Versicherung abgegeben wird. Das Gericht kann sich auf die Einholung einer Auskunft nach 4 S 1 beschränken, diese jedoch sofort schon mit der Anordnung einer schriftlichen Versicherung **verbinden** oder die schriftliche Versicherung, wenn dies notwendig erscheint, später anordnen.

Bei der Anordnung der Auskunft, der Anordnung der schriftlichen Ver- 5 sicherung soll das Gericht nach Abs 1 S 3 eine **angemessene Frist setzen.** Hiervon kann abgesehen werden, wenn feststeht, dass der Beteiligte, an den sich die Auflage richtet, bestimmte Informationen oder Belege ohne eigenes Verschulden nicht kurzfristig erlangen kann.

3. Hinweispflicht

Wenn das Gericht für die Erteilung einer Auskunft oder die Abgabe einer 6 schriftlichen Versicherung eine Frist setzt (Abs 1 S 2), muss es zugleich Hinweise geben. Es muss darauf hinweisen, dass es, wenn ein Beteiligter innerhalb der hierfür gesetzten Frist seiner Verpflichtung nicht oder nicht vollständig nachgekommen ist, über die Höhe der Einkünfte Auskunft und bestimmte **Belege bei Dritten** gemäß § 236 I Nr 1–5 anfordern kann. Es hat zugleich auf die Möglichkeit einer nachteiligen Kostenentscheidung nach § 243 S 2 Nr 3 hinzuweisen. Dabei hat das Gericht bei der nach billigem Ermessen zu 7 treffenden **Kostenentscheidung** insbesondere zu berücksichtigen, wenn ein Beteiligter einer Aufforderung des Gerichts zur Erteilung einer Auskunft oder Abgabe einer schriftlichen Versicherung innerhalb der gesetzten Frist nicht oder nicht vollständig nachgekommen ist. Das Gericht hat ferner die Betei- 8 ligten auf ihre Verpflichtung hinzuweisen, das Gericht **zu unterrichten,** wenn sich während des Verfahrens Umstände, die Gegenstand einer Anordnung nach Abs 1 waren, **wesentlich geändert** haben. Das Gericht hat insbesondere darauf hinzuweisen, dass die Beteiligten zu dieser Mitteilung ohne besondere Aufforderung durch das Gericht verpflichtet sind. Diese ausdrückliche Verpflichtung zu ungefragter Information geht über das geltende Recht hinaus. Sinn der Regelung ist die damit verbundene Möglichkeit der Beschleunigung des Verfahrens (Abs 3).

4. Zwingende Auskunftseinholung

Abs 2 enthält eine über das bisherige Recht hinausgehende Verpflichtung 9 des Gerichts zur Anordnung einer Auskunftserteilung und/oder Abgabe einer schriftlichen Versicherung. Voraussetzung für diese Verpflichtung des Gerichts ist, dass ein Beteiligter einen entsprechenden Antrag stellt und der andere Beteiligte vor Beginn des Verfahrens einer nach den Vorschriften des bürgerlichen Rechts bestehenden Auskunftspflicht entgegen einer Aufforderung innerhalb angemessener Frist nicht nachgekommen ist. Sinn dieser Regelung ist es, für den Auskunftsberechtigten einen Anreiz zu schaffen, die für die Durchsetzung seiner Unterhaltsansprüche notwendigen Informationen zunächst außergerichtlich zu beschaffen.

5. Anfechtbarkeit, Durchsetzbarkeit

10 Die Anordnungen nach Abs 1 sind **nicht selbständig** anfechtbar (Abs 4); sie unterliegen jedoch der Beurteilung des Beschwerdegerichts im Rahmen des Rechtsmittels über die Endentscheidung (§ 58 II).

11 Die Anordnungen sind **nicht** mit **Zwangsmitteln** durchsetzbar. Die Nichterfüllung der Anordnungen kann jedoch im Rahmen der Kostenentscheidung nach § 243 S 2 Nr 3 sanktioniert werden. Darüber hinaus wird es dem Gericht ermöglicht, die entsprechenden Angaben von Arbeitgebern und anderen Auskunftspersonen des Verpflichteten zu verlangen.

Verfahrensrechtliche Auskunftspflicht Dritter

§ 236

(1) **Kommt ein Beteiligter innerhalb der hierfür gesetzten Frist einer Verpflichtung nach § 235 Abs. 1 nicht oder nicht vollständig nach, kann das Gericht, soweit dies für die Bemessung des Unterhalts von Bedeutung ist, über die Höhe der Einkünfte Auskunft und bestimmte Belege anfordern bei**
1. **Arbeitgebern,**
2. **Sozialleistungsträgern sowie der Künstlersozialkasse,**
3. **sonstigen Personen oder Stellen, die Leistungen zur Versorgung im Alter und bei verminderter Erwerbsfähigkeit sowie Leistungen zur Entschädigung und zum Nachteilsausgleich zahlen,**
4. **Versicherungsunternehmen oder**
5. **Finanzämtern.**

(2) **Das Gericht hat nach Absatz 1 vorzugehen, wenn dessen Voraussetzungen vorliegen und der andere Beteiligte dies beantragt.**

(3) **Die Anordnung nach Absatz 1 ist den Beteiligten mitzuteilen.**

(4) **Die in Absatz 1 bezeichneten Personen und Stellen sind verpflichtet, der gerichtlichen Anordnung Folge zu leisten. § 390 der Zivilprozessordnung gilt entsprechend, wenn nicht eine Behörde betroffen ist.**

(5) **Die Anordnungen des Gerichts nach dieser Vorschrift sind für die Beteiligten nicht selbständig anfechtbar.**

1. Auskunftspflicht Dritter

1 Abs 1 enthält die Befugnis des Gerichts, für den Fall, dass ein Beteiligter innerhalb der hierfür gesetzten Frist einer nach § 235 I bestehenden Verpflichtung nicht oder nicht vollständig nachgekommen ist, bestimmte **Auskünfte und Belege** bei **Dritten** anzufordern. Die Vorschrift weicht von der bisherigen entsprechenden Regelung des § 643 II 1 ZPO aF ab. Von dem Auskunftsrecht des Gerichts gegenüber Dritten werden **nicht erfasst** das Vermögen und die persönlichen und wirtschaftlichen Verhältnisse. Der Umfang der Inanspruchnahme der an dem Verfahren nicht beteiligten Dritten soll

hierdurch begrenzt werden. Der Bestand des Vermögens zu einem bestimmten Stichtag spielt für die Berechnung des Unterhalts nur eine untergeordnete Rolle. Erträge des Vermögens, wie etwa Zinsen, sind vom Begriff der Einkünfte umfasst. Durch die Begrenzung des Umfangs der Auskunft soll auch eine Ausforschung verhindert werden, die im Hinblick auf das Antragsrecht nach Abs 2 bestehen könnte.

2. Auskunftspflichtige Personen und Stellen

Die in Nr 1–5 genannten Personen und Stellen entsprechen den im bisherigen § 643 II 1 Nr 1–3 ZPO aF genannten Dritten. Abweichend von § 643 II Nr 3 ZPO aF **entfällt** die **Beschränkung** der Auskunftspflicht der Finanzämter auf Verfahren, die den Unterhaltsanspruch eines minderjährigen Kindes betreffen. Der Aufhebung der Beschränkung liegt die Überlegung zu Grunde, dass der Steuerpflichtige in der Regel auf Grund materiellen Rechts zur Auskunftserteilung über seine Einkünfte gegenüber dem Gegner verpflichtet ist. Erteilt er die Auskunft, zu der er verpflichtet ist, nicht, soll er im geringeren Maße schutzwürdig sein. Eine Begrenzung des Auskunftsbegehrens des Gerichts gegenüber dem Finanzamt wird auch deshalb als nicht sachgerecht angesehen, weil Unterhaltsansprüche der Mutter mit denen minderjähriger Kinder in demselben Verfahren geltend gemacht werden können oder die Mutter Unterhaltsansprüche des Kindes in dessen Vertretung oder Prozessstandschaft geltend macht, so dass die Mutter im Ergebnis ohnehin regelmäßig Kenntnis von der Auskunft erhält. 2

Nicht übernommen wurde aus dem bisherigen § 643 II 1 Nr 2 ZPO aF die Möglichkeit, von der Datenstelle der Rentenversicherungsträger Auskunft zu erhalten, weil sich hierfür kein nennenswertes praktisches Bedürfnis ergeben hat. 3

3. Verpflichtung zur Einholung der Auskunft

Während es nach Abs 1 im Ermessen des Gerichts steht, ob es die Auskunft bei Dritten einholt, wenn ein Beteiligter seiner Verpflichtung innerhalb der hierfür gesetzten Frist nach § 235 I nicht oder nicht vollständig nachgekommen ist, ist das Gericht nach **Abs 2 verpflichtet,** die Auskunft bei Dritten einzuholen und bestimmte Belege anzufordern, wenn der andere Beteiligte dies **beantragt.** Es handelt sich hierbei um eine Parallelregelung zu § 235 II. 4

Eine Anordnung nach Abs 1 ist den Beteiligten **mitzuteilen** (Abs 3). Die Einholung von Auskünften und Belegen bei Dritten soll nicht ohne gleichzeitige Kenntniserlangung der Beteiligten erfolgen. Die Beteiligten müssen **unterrichtet** werden über die Personen und Stellen, bei denen Auskünfte eingeholt werden sollen; ferner über den konkreten Umfang der erbetenen Auskunft und die genau zu bestimmenden Belege. 5

4. Verpflichtung zur Auskunft

Abs 4 S 1 entspricht dem bisherigen § 643 III 1 ZPO aF, S 2 entspricht im Wesentlichen dem bisherigen § 643 III 2 ZPO aF. Die in Abs 1 S 2 Nr 1–5 bezeichneten Personen und Stellen sind verpflichtet, ohne Zeugnisverweige- 6

§ 237

rungsrecht und ohne Rücksicht auf eine Verschwiegenheitspflicht der gerichtlichen Anordnung zur Auskunft Folge zu leisten; für Arbeitgeber (Abs 1 S 2 Nr 1) ist eine analoge Anwendung von §§ 383, 384 erwägenswert (Thomas/
7 Putzo, Rn 12 zu § 643 ZPO aF). § 390 ZPO gilt entsprechend; wird daher die Auskunft ohne Angabe eines Grundes oder aus einem rechtskräftig für unerheblich erklärten Grund **verweigert,** so werden dem Auskunftsverpflichteten, ohne dass es eines Antrages bedarf, die durch die Weigerung verursachten Kosten auferlegt; zugleich wird gegen ihn ein Ordnungsgeld und für den Fall, dass dieses nicht beigetrieben werden kann, Ordnungshaft festgesetzt. Nach § 390 II ZPO kann im Falle wiederholter Weigerung auf Antrag Haft angeordnet werden, jedoch nicht über den Zeitpunkt der Beendigung des Verfahrens in dem Rechtszug hinaus. § 390 ZPO findet keine Anwendung, wenn eine **Behörde** zur Auskunft verpflichtet ist.

5. Anfechtbarkeit

8   Die Anordnung der Auskunft durch Dritte ist ebenso wie die Anordnung der Auskunft durch Beteiligte (§ 235 IV) **nicht selbständig** anfechtbar (Abs 5). Die Anordnungen unterliegen jedoch der Beurteilung des Beschwerdegerichts im Rahmen der Anfechtung der Endentscheidung (§ 58 II). Der Ausschluss der Anfechtbarkeit gilt ausdrücklich nicht für am Verfahren beteiligte
9 ligte Dritte; er ist auf die Beteiligten beschränkt. Am Verfahren **beteiligte Dritte** haben nicht die Möglichkeit, die Rechtmäßigkeit einer Anordnung nach Abs 1 durch ein Rechtsmittel in der Hauptsache überprüfen zu lassen (§ 58 II). Ihnen steht daher gegen die Anordnung zur Auskunft und deren Umfang die **Beschwerde** nach § 58 I zu, sofern es sich nicht nur um eine Frage des Zeugnisverweigerungsrechts handelt, bei der nach § 390 III ZPO die sofortige Beschwerde stattfindet.

Unterhalt bei Feststellung der Vaterschaft

237 (1) **Ein Antrag, durch den ein Mann auf Zahlung von Unterhalt für ein Kind in Anspruch genommen wird, ist, wenn die Vaterschaft des Mannes nach § 1592 Nr. 1 und 2 oder § 1593 des Bürgerlichen Gesetzbuchs nicht besteht, nur zulässig, wenn das Kind minderjährig und ein Verfahren auf Feststellung der Vaterschaft nach § 1600 d des Bürgerlichen Gesetzbuchs anhängig ist.**

(2) **Ausschließlich zuständig ist das Gericht, bei dem das Verfahren auf Feststellung der Vaterschaft im ersten Rechtszug anhängig ist.**

(3) **Im Fall des Absatzes 1 kann Unterhalt lediglich in Höhe des Mindestunterhalts und gemäß den Altersstufen nach § 1612a Abs. 1 Satz 3 des Bürgerlichen Gesetzbuchs und unter Berücksichtigung der Leistungen nach § 1612 b oder § 1612 c des Bürgerlichen Gesetzbuchs beantragt werden. Das Kind kann einen geringeren Unterhalt verlangen. Im Übrigen kann in diesem Verfahren eine Herabsetzung oder Erhöhung des Unterhalts nicht verlangt werden.**

(4) **Vor Rechtskraft des Beschlusses, der die Vaterschaft feststellt, oder vor Wirksamwerden der Anerkennung der Vaterschaft durch den Mann**

§ 237 Unterhalt bei Feststellung der Vaterschaft **§ 237**

wird der Ausspruch, der die **Verpflichtung zur Leistung des Unterhalts** betrifft, nicht wirksam.

1. Anwendungsbereich

§ 237 ersetzt den bisherigen § 653 ZPO aF, weicht inhaltlich jedoch von 1
diesem ab. Das Verfahren ist nicht mehr ein notwendiger Teil des auf Feststellung der Vaterschaft gerichteten Abstammungsverfahrens, sondern ein **selbständiges** Verfahren. Nach § 179 I 2 kann eine Unterhaltssache nach § 237 mit einem Verfahren auf Feststellung des Bestehens der Vaterschaft verbunden werden. Es bleibt jedoch auch in diesem Fall eine Unterhaltssache, auf die die Verfahrensvorschriften für Unterhaltssachen und nicht die für Abstammungssachen anwendbar sind. Ein **Antrag** auf Zahlung von 2
Unterhalt ist nach Abs 1 zulässig, wenn zwar die Vaterschaft des in Anspruch genommenen Mannes nicht festgestellt ist, jedoch **zugleich** mit dem Antrag auf Unterhaltszahlung ein Verfahren auf Feststellung der Vaterschaft anhängig 3
ist. In entsprechender Weise wird die Zulässigkeit eines Antrages auf Erlass einer **einstweiligen Anordnung,** durch den ein Mann auf Zahlung von Unterhalt für ein Kind oder dessen Mutter in Anspruch genommen wird, in **§ 248 I** geregelt; auch ein derartiger Antrag ist **nur** zulässig, **wenn** ein Verfahren auf Feststellung der Vaterschaft anhängig ist. Bei dem Verfahren nach § 237 handelt es sich wie bei der einstweiligen Anordnung nach § 248 um eine Durchbrechung des Grundsatzes des § 1600 d IV BGB, demgemäß die Rechtswirkungen der Vaterschaft grundsätzlich erst von dem Zeitpunkt an geltend gemacht werden können, in dem diese rechtskräftig festgestellt sind.

2. Ausschließliche örtliche Zuständigkeit

Nach Abs 2 ist für die Unterhaltssache das Gericht, bei dem das Verfahren 4
auf Feststellung der Vaterschaft im ersten Rechtszug anhängig ist, ausschließlich zuständig. Hierdurch wird die Verbindung der Unterhaltssache mit der Abstammungssache nach § 179 I 2 ermöglicht.

3. Höhe des Unterhalts

Wird nach Abs 1 ein Mann auf Zahlung von Unterhalt für ein Kind in 5
Anspruch genommen, wenn das Kind minderjährig ist und ein Verfahren auf Feststellung der Vaterschaft nach § 1600 d BGB anhängig ist, bestimmt sich die Höhe des Unterhaltes, der in diesem Verfahren geltend gemacht werden kann, nach **Abs 3.** In diesem Verfahren kann nur der **Mindest-** 6
unterhalt (§ 1612 a I BGB) gemäß den Altersstufen nach § 1612 a I 3 BGB geltend gemacht werden. Der Mindestunterhalt ist auch die Rechengröße, der die Dynamisierung des Individualunterhalts minderjähriger Kinder ermöglicht und Anknüpfungspunkt für die Statthaftigkeit des vereinfachten Verfahrens zur Festsetzung des Unterhalts minderjähriger Kinder nach §§ 249 ff ist. Mindestunterhalt ist derjenige Barunterhaltsbetrag, auf den das minderjährige Kind grundsätzlich Anspruch hat und den der Unterhaltspflichtige grundsätzlich zu leisten verpflichtet ist. Durch das Unter-

§ 237

Buch 2 – Verfahren in Familiensachen

haltsÄndG wurde die Bestimmung des Mindestunterhalts von der Anknüpfung an die Regelbetrag-Verordnung abgekoppelt; § 1612a III 1, IV, V BGB aF, die den Erlass der Regelbetrag-Verordnung und deren Anpassung
7 regelten, sind aufgehoben worden. **Bezugspunkt** für den gesetzlichen Mindestunterhalt ist nunmehr der einkommensteuerrechtliche Kinderfreibetrag nach § 32 VI 1 EStG. Der Steuergesetzgeber hat den Kinderfreibetrag, der im Existenzminimumbericht als sächliches Existenzminimum von Kindern ausgewiesen ist, halbiert; die Summe der beiden Elternteilen gewährten Kinderfreibeträge stellt das volle sächliche Existenzminimum eines Kindes dar (§ 32 VI 2 EStG). § 1612a I BGB definiert den Mindestunterhalt daher als den doppelten Freibetrag. Da der Kinderfreibetrag im Einkommensteuerrecht als Jahresbetrag ausgewiesen ist, das Unterhaltsrecht aber auf den Monat als Bezugsgröße abstellt (§ 1612 III 1 BGB), wird der Mindestunterhalt in § 1612a I 3 BGB als der zwölfte Teil des doppelten Kinderfreibetrages festgelegt. § 1612a I 3 BGB enthält die aus der Regelbetrag-Verordnung bekannten Altersstufen, die auch der Düsseldorfer Tabelle sowie der Berliner Vortabelle zur Düsseldorfer Tabelle zu Grunde liegen. Die Differenzierung nach drei Altersstufen und die Einteilung der Altersgruppen werden daher beibehalten. Der Mindestunterhalt nach § 1612a
8 BGB wird **vermindert** um die nach § 1612b BGB und § 1612c BGB anzurechnenden Leistungen. Durch die Neuregelung des § 1612b BGB tritt an die Stelle der bisherigen Anrechnung des Kindergeldes auf den Barunterhaltsanspruch des Kindes der bedarfsmindernde **Vorwegabzug des Kindergeldes.** Die Neuregelung berücksichtigt, dass das Kindergeld zwar den Eltern ausbezahlt wird, es sich aber um eine zweckgebundene, der Familie für das Kind zustehende Leistung handelt; das auf das unterhaltsberechtigte Kind entfallende Kindergeld wird deshalb von dessen Unterhaltsbedarf vorweg abgesetzt; auf diese Weise wird der Mindestunterhalt teilweise sichergestellt. Die Anrechnung nach § 1612c BGB bezieht sich auf regelmäßig wiederkehrende **kindbezogene Leistungen,** soweit sie den Anspruch auf Kindergeld ausschließen.
9 Das Kind kann in diesem Verfahren keinen höheren Betrag als den Mindestunterhalt nach § 1612a BGB verlangen, jedoch einen **geringeren** Unterhalt (Abs 3 S 2); auf diese Weise kann einer beschränkten Leistungsfähigkeit des Vaters Rechnung getragen und ein Verfahren auf Abänderung (§ 240) vermieden werden. In dem Verfahren nach § 237 kann im Übrigen eine Herabsetzung oder Erhöhung des Unterhalts nicht verlangt werden (Abs 3 S 3); ein auf fehlende oder eingeschränkte Leistungsfähigkeit gestütz-
10 ter Einwand des Vaters ist ausgeschlossen (BGH, FamRZ 03, 304). Zulässig ist jedoch der **Einwand** der Erfüllung und des Forderungsübergangs (Thomas/Putzo, Rn 6 zu § 653 ZPO aF, aA: BGH, FamRZ 03, 1095).
11 **Herabsetzung** oder **Erhöhung** des Unterhalts ist nur in dem Abänderungsverfahren nach § 240 möglich, wenn eine rechtskräftige Entscheidung nach § 237 eine Verpflichtung zu künftig fällig werdenden wiederkehrenden Leistungen enthält, es sei denn, es ist ein Antrag auf Durchführung des streitigen Verfahrens nach § 255 gestellt; in diesem Fall wird wie nach Eingang eines Antrags in einer Unterhaltssache weiter verfahren (§ 255 II).

§ 237 Unterhalt bei Feststellung der Vaterschaft **§ 237**

4. Wirksamkeit der Entscheidung

Diese ist an die **formelle Rechtskraft** der Entscheidung im Verfahren auf 12
Feststellung der Vaterschaft nach § 1600 d BGB gebunden. Bleibt der
Antrag auf Feststellung der Vaterschaft **erfolglos,** entfällt auch der Unterhaltsanspruch. Wird dem Antrag auf Feststellung der Vaterschaft **entsprochen,**
stellt Abs 4 sicher, dass der Unterhaltsanspruch zugleich mit der Feststellung
der Vaterschaft **wirksam wird.** Dieses Ergebnis entspricht § 1600 d IV BGB,
demgemäß die Rechtswirkungen der Vaterschaft erst vom Zeitpunkt ihrer
Feststellung an geltend gemacht werden können.

5. Vollstreckung

Aus der Entscheidung, die den Mindestunterhalt nach Zeitraum und Höhe 13
bestimmt, ist Vollstreckung möglich. Im Hinblick darauf, dass nach Abs 4 die
Entscheidung über den Unterhaltsanspruch nicht vor Rechtskraft des Beschlusses, der die Vaterschaft feststellt, wirksam wird, tritt eine vorläufige Vollstreckbarkeit nach § 708 Nr 8 ZPO nicht ein (Thomas/Putzo, Rn 7 zu § 653
ZPO aF, aA: OLG Brandenburg, FamRZ 03, 617).

6. Übergangsregelung

§ 36 EGZPO enthält die materiell-rechtlichen und verfahrensrechtlichen 14
Übergangsvorschriften in Bezug auf die durch das **UnterhÄndG** eingetretenen Änderungen. Die Übergangsregelung **für Titel** aus § 237 enthält Nr 3 15
des § 36 EGZPO. Danach gilt der Titel fort; an die Stelle des Regelbetrages
tritt der Mindestunterhalt, an die Stelle des bisherigen Prozentsatzes tritt ein
neuer Prozentsatz. Die Berechnung des Prozentsatzes ergibt sich aus Nr 3 a,
wenn die Anrechnung des hälftigen oder eines Teils des hälftigen Kindergeldes
vorgesehen ist, aus Nr 3 b, wenn die Hinzurechnung des hälftigen Kindergeldes vorgesehen ist, aus Nr 3 c bei Anrechnung des vollen Kindergeldes und
aus Nr 3 d, wenn weder eine Anrechnung noch eine Hinzurechnung des
Kindergeldes oder eines Teils des Kindergeldes vorgesehen sind.

7. Düsseldorfer Tabelle

Darin wird unter **E. Übergangsregelung** ausgeführt: 16
Umrechnung dynamischer Titel über Kindesunterhalt nach § 36 Nr 3
EGZPO: Ist Kindesunterhalt als Prozentsatz des jeweiligen Regelbetrages zu
leisten, bleibt der Titel bestehen. Eine Abänderung ist nicht erforderlich. An
die Stelle des bisherigen Prozentsatzes vom Regelbetrag tritt ein neuer Prozentsatz vom Mindestunterhalt. Dieser ist für die jeweils maßgebliche Altersstufe gesondert zu bestimmen und auf eine Stelle nach dem Komma zu
begrenzen (§ 36 Nr 3 EGZPO). Der Bedarf ergibt sich aus der Multiplikation
des neuen Prozentsatzes mit dem Mindestunterhalt der jeweiligen Altersstufe
und ist auf volle Euro aufzurunden (§ 1612 a II 2 BGB). Der Zahlbetrag ergibt
sich aus dem um das jeweils anteilige Kindergeld verminderten bzw erhöhten
Bedarf.

Fallgestaltung und Tabelle der Zahlbeträge im Einzelnen: FamRZ 08, VII,
VIII.

§ 238

Abänderung gerichtlicher Entscheidungen

238 (1) **Enthält eine in der Hauptsache ergangene Endentscheidung des Gerichts eine Verpflichtung zu künftig fällig werdenden wiederkehrenden Leistungen, kann jeder Teil die Abänderung beantragen. Der Antrag ist zulässig, sofern der Antragsteller Tatsachen vorträgt, aus denen sich eine wesentliche Veränderung der der Entscheidung zugrunde liegenden tatsächlichen oder rechtlichen Verhältnisse ergibt.**

(2) **Der Antrag kann nur auf Gründe gestützt werden, die nach Schluss der Tatsachenverhandlung des vorausgegangenen Verfahrens entstanden sind und deren Geltendmachung durch Einspruch nicht möglich ist oder war.**

(3) **Die Abänderung ist zulässig für die Zeit ab Rechtshängigkeit des Antrags. Ist der Antrag auf Erhöhung des Unterhalts gerichtet, ist er auch zulässig für die Zeit, für die nach den Vorschriften des bürgerlichen Rechts Unterhalt für die Vergangenheit verlangt werden kann. Ist der Antrag auf Herabsetzung des Unterhalts gerichtet, ist er auch zulässig für die Zeit ab dem Ersten des auf ein entsprechendes Auskunfts- oder Verzichtsverlangen des Antragstellers folgenden Monats. Für eine mehr als ein Jahr vor Rechtshängigkeit liegende Zeit kann eine Herabsetzung nicht verlangt werden.**

(4) **Liegt eine wesentliche Veränderung der tatsächlichen oder rechtlichen Verhältnisse vor, ist die Entscheidung unter Wahrung ihrer Grundlagen anzupassen.**

Übersicht

1. Anwendungsbereich	1
2. Zulässigkeit	4
3. Wesentliche Änderung der tatsächlichen Verhältnisse	9
4. Änderung der rechtlichen Verhältnisse	10
5. Nachträgliche Veränderung	13
6. Rückwirkung der Abänderung	17
7. Begründetheit des Abänderungsantrages	22
8. Übergangsregelung	23

1. Anwendungsbereich

1 Die Vorschrift des § 48 des allgemeinen Teils, die eine Aufhebung oder Änderung rechtskräftiger Endentscheidungen ermöglicht, wenn sich die zu Grunde liegende Sach- oder Rechtslage nachträglich wesentlich geändert hat, gilt nur für die Angelegenheiten der freiwilligen Gerichtsbarkeit. Unterhaltssachen nach § 231 I gehören dagegen zu den Familienstreitsachen (§ 112 Nr 1), auf die die Vorschriften der ZPO nach Maßgabe des § 113 anwendbar
2 sind; die Anwendung des § 48 ist ausdrücklich ausgeschlossen. Die grundlegende Vorschrift für Abänderungen von Entscheidungen zu künftig fällig werdenden wiederkehrenden Leistungen bei wesentlicher Änderung der der
3 Entscheidung zu Grunde liegenden Verhältnisse, ist **§ 323 ZPO**. **§ 238** ist demgegenüber eine **Spezialregelung** für die Abänderung gerichtlicher Entscheidungen in Unterhaltssachen. Sie betrifft nur **Endentscheidungen,** nicht

§ 238 Abänderung gerichtlicher Entscheidungen **§ 238**

einstweilige Anordnungen; für diese gilt § 54. Die Abänderungsmöglichkeiten sind Gegenstand **verschiedener** Vorschriften; gesondert behandelt wird die Abänderung von Vergleichen und Urkunden in § 239 und die Abänderung von Entscheidungen nach den §§ 237, 253 in § 240. Ist ein Unterhaltsanspruch rechtskräftig wegen mangelnder Schlüssigkeit abgewiesen worden, steht diese Entscheidung einer erneuten Klage nicht entgegen, weil sie keine in die Zukunft weisende Wirkung und insoweit keine materielle Rechtskraft entfaltet hat. In diesem Fall stellt sich nicht die Frage, ob eine Leistungsklage oder eine Abänderungsklage zu erheben ist (OLG München, NJW 09, 3246).

2. Zulässigkeit

Enthält eine Endentscheidung eine Verpflichtung zu künftig fällig werden- 4
den wiederkehrenden Leistungen, kann jeder Teil die **Abänderung beantragen.** Voraussetzung für die **Zulässigkeit** des Abänderungsantrages ist der Vortrag von Tatsachen, aus denen sich eine wesentliche Änderung der der Entscheidung zu Grunde liegenden tatsächlichen oder rechtlichen Verhältnisse ergibt. Es muss sich um den **gleichen Streitgegenstand** wie im Vorprozess 5
handeln; nur im Rahmen dieses Streitgegenstandes ist eine Abänderung möglich. Bei Ehegatten ist zu unterscheiden zwischen dem Familienunterhalt, der auf der Familieneinheit beruht und den Bedarf der gesamten Familie umfasst (§ 1360a BGB), dem Trennungsunterhalt (§ 1361 BGB), der auf der noch bestehenden Ehe beruht und sich in der Regel nach den bisherigen ehelichen Verhältnissen richtet; davon zu unterscheiden ist der nacheheliche Unterhalt für den Zeitraum nach rechtskräftiger Scheidung (§§ 1570–1576 BGB); hierbei steht im Vordergrund der Grundsatz der Eigenverantwortung, dem der Grundsatz der nachwirkenden Mitverantwortung des wirtschaftlich stärkeren Ehegatten gegenübersteht. Der nacheheliche Unterhaltsanspruch ist 6
ein **einheitlicher** Anspruch, unabhängig davon, auf welchen Tatbestand der §§ 1570 ff BGB die Entscheidung gestützt wird. Eine Entscheidung auf Abweisung eines Unterhaltsanspruchs erfasst daher alle Tatbestände der §§ 1570 ff BGB; ein unerörtert gebliebener Tatbestand kann nur unter den Voraussetzungen eines Abänderungsverfahrens geltend gemacht werden (BGH, FamRZ 84, 353). Ein Unterhaltsanspruch kann sich aus verschiedenen Tatbeständen (§ 1572 BGB oder § 1573 BGB) ergeben. Eine **Differenzie-** 7
rung der Anspruchsgrundlagen und der jeweiligen Höhe der Teilansprüche ist in der Regel erforderlich; bei einem Abänderungsverfahren können sich wesentliche Änderungen nämlich in Bezug auf unterschiedliche Bereiche ergeben, zB bei Krankheit nach § 1572 BGB, bei Arbeitslosigkeit nach § 1573 BGB (Palandt/Brudermüller, Rn 8, 9 zu § 1569 BGB; Rn 9 zu § 1571 BGB; Rn 16, 17, 18, 19 zu § 1572 BGB, Rn 39 zu § 1573 BGB). Eine **nachträgliche zeitliche** Begrenzung eines Unterhaltsanspruchs nach §§ 1573 V, 1578 I 2 BGB ist im Wege der Abänderungsklage geltend zu machen (BGH, FamRZ 01, 905; 1364). Ein Unterhaltsanspruch aus Billigkeitsgründen nach § 1576 BGB ist gegenüber §§ 1570–1572, 1575 BGB subsidiär (BGH, FamRZ 03, 1734); auch insoweit ist Klarstellung erforderlich, zu welchem Teil der Anspruch auf § 1576 BGB beruht (Palandt/Brudermüller, Rn 11 zu 8
§ 1576 BGB). Bei Geltendmachung einer auf § 1579 BGB gestützten späte-

ren Herabsetzung, Versagung oder zeitlichen Begrenzung erfolgt in dem Abänderungsverfahren eine neue Prüfung unter Einbeziehung **aller Billigkeitsfaktoren,** auch unter Berücksichtigung des Zeitablaufs (Palandt/Brudermüller, Rn 58 zu § 1579 BGB). Wegen des unterschiedlichen Streitgegenstandes ist ein Titel auf Trennungsunterhalt nicht abänderbar in einen Titel auf nachehelichen Unterhalt (BGH, NJW 80, 2811).

3. Wesentliche Änderung der tatsächlichen Verhältnisse

9   Sie muss bereits eingetreten sein. Sie kann beruhen auf einer Änderung der Einkommensverhältnisse des Unterhalsberechtigten oder Unterhaltspflichtigen, Erhöhung der Lebenshaltungskosten, nicht nur vorübergehende Arbeitslosigkeit, Krankheit, Wiederverheiratung des Unterhaltspflichtigen, Wiederzusammenleben getrennter Ehegatten, Verfestigung des Zusammenlebens des unterhaltsberechtigten Ehegatten in einer nicht ehelichen Lebensgemeinschaft; Änderung des Unterhaltstatbestandes durch Wegfall der Kinderbetreuung (OLG Schleswig, FamRZ 08, 64; Änderung der allgemeinen wirtschaftlichen Verhältnisse (OLG Hamm, FamRZ 04, 1885; OLG Karlsruhe, FamRZ 04, 1052).

4. Änderung der rechtlichen Verhältnisse

10 Im Gesetzestext (Abs 1 S 2) wird ausdrücklich klargestellt, dass ein Änderungsantrag auch bei wesentlicher Änderung der der Entscheidung zu Grunde liegenden rechtlichen Verhältnisse zulässig ist. Eine wesentliche Änderung der rechtlichen Verhältnisse kann grundsätzlich auch durch eine **Gesetzesänderung** eintreten; auch durch die Auslegung eines Gesetzes durch das BVerfG
11 zur Vermeidung verfassungswidriger Ergebnisse (BGH, NJW 01, 3618). Ein Beispiel für eine wesentliche Änderung der rechtlichen Verhältnisse durch **höchstrichterliche Entscheidung** ist die Entscheidung des BGH zur Differenzmethode vom 13. 6. 2001 (NJW 01, 2254, bestätigt durch das BVerfG, NJW 02, 1185), durch das die Haushaltsführung des nicht erwerbstätigen Ehegatten der Erwerbstätigkeit des anderen Ehegatten gleich gestellt wurde. Nach der Entscheidung des BGH vom 12. 4. 2006 zur Befristung des Aufstockungsunterhalts (NJW 06, 2401) ergibt sich weder aus Rechtsprechung noch aus Gesetzgebung eine wesentliche Änderung der rechtlichen Verhältnisse (BGH, NJW 10, 3582). Ein weiteres Beispiel ist die geänderte Rspr des BGH
12 (NJW 06, 1654) zum Selbstbehalt (OLG Koblenz, NJW 07, 1146 m Anm Schürmann). Der **Zeitpunkt,** ab dem eine Entscheidung wegen Änderung der höchstrichterlichen Rechtsprechung abgeändert werden kann, ist der der Verkündung der höchstrichterlichen Entscheidung (BGH, FamRZ 07, 793 mit Anm Büttner, 07, 882 mit Anm Born, 07, 983 m Anm Schürmann).

5. Nachträgliche Veränderung

13 **Abs 2** enthält eine § 323 II ZPO entsprechende Tatsachenpräklusion für den Antragsteller des Änderungsverfahrens. Der Antrag kann danach nur auf Gründe gestützt werden, die **nach Schluss** der Tatsachenverhandlung des vorausgegangenen Verfahrens entstanden sind; das ist nach Schluss der mündlichen Verhandlung in erster Instanz, bei Beschwerde der Schluss der münd-

§ 238 Abänderung gerichtlicher Entscheidungen **§ 238**

lichen Verhandlung vor dem Beschwerdegericht. Ferner ist Voraussetzung, dass die Geltendmachung der Gründe auch nicht durch Einspruch hätte erfolgen können, also nicht nach Erlass eines **Versäumnisurteils** innerhalb der Frist für den Einspruch entstanden sind; die der Entscheidung zu Grunde liegenden tatsächlichen Verhältnisse müssen sich geändert haben, nicht die dem Versäumnisbeschluss zu Grunde gelegten (fingierten) Verhältnisse (BGH, FamRZ 10, 1150 m Anm Graba). Bei einem **Anerkenntnisurteil** kommt es für die Frage, ob eine wesentliche Änderung der tatsächlichen Verhältnisse eingetreten ist, auf die dem Anerkenntnis zu Grunde liegenden tatsächlichen Verhältnisse an (BGH, NJW 07, 2921 m Anm Born). Der Antrag auf Änderung kann **nicht auf Gründe** gestützt werden, die im Vorprozess bereits eingetreten waren oder mit Sicherheit vorauszusehen waren (BGH, NJW 04, 3108). Der Antrag auf Abänderung kann auch nicht auf eine fehlerhafte Beurteilung der tatsächlichen Verhältnisse im Vorprozess gestützt werden (BGH, NJW-RR 01, 937). Eine **Ausnahme** wurde dann angenommen, wenn der Unterhaltsberechtigte im Vorprozess Vermögen verschleiert hat (OLG Koblenz, NJW-RR 97, 1229), wenn bei Anwendung einer Unterhaltstabelle eine Veränderung der allgemeinen wirtschaftlichen Verhältnisse nicht berücksichtigt wurde, die in der Zeit zwischen der Veröffentlichung der Unterhaltstabelle und dem Schluss der mündlichen Verhandlung im Vorprozess entstanden waren (BGH, NJW 95, 534). Der **Antragsgegner,** der selbst keine Abänderung verlangt, unterliegt **keiner Beschränkung;** er kann Tatsachen vortragen, die bereits im Vorprozess vorlagen, aber nicht vorgetragen wurden (BGH, NJW 00, 3789). 14

15

16

6. Rückwirkung der Abänderung

Abs 3 behandelt die Zeitgrenze, bis zu der eine rückwirkende Abänderung möglich ist. Die Abänderung ist grundsätzlich zulässig für die **Zeit ab Rechtshängigkeit** des Antrags auf Abänderung; maßgeblich ist die Zustellung des Antrags an den Gegner, nicht die Einreichung des Abänderungsantrags bei Gericht; auch nicht die Einreichung eines Gesuchs auf Verfahrenskostenhilfe. 17

Ein auf **Erhöhung** des Unterhalts gerichteter Abänderungsantrag ist abweichend von S 1 auch zulässig für die **Zeit,** für die er **nach den Vorschriften des bürgerlichen Rechts** Unterhalt für die Vergangenheit verlangen könnte **(S 2).** Unter welchen Voraussetzungen dies möglich ist, ergibt sich aus § 1613 BGB. 18

Für Anträge auf **Herabsetzung** des Unterhalts enthält **S 3** eine vom bisherigen Recht abweichende neue Regelung. Anträge auf Herabsetzung des Unterhalts sind danach auch für die **Zeit** ab dem 1. des auf ein entsprechendes Auskunfts- oder Verzichtsverlangen des Antragstellers folgenden Monats zulässig. Das auf eine Herabsetzung gerichtete Verlangen unterliegt danach **spiegelbildlich** den Voraussetzungen, für die nach den **Vorschriften des bürgerlichen Rechts** Unterhalt für die Vergangenheit verlangt werden kann. Die Neufassung des § 1585b II BGB verweist nunmehr auf § 1613 I BGB. Erforderlich sind daher entweder ein Auskunftsverlangen mit dem Ziel der Herabsetzung des Unterhalts gegenüber dem Unterhaltsberechtigten oder eine „negative Mahnung", die Aufforderung an den Unterhaltsberechtigten, 19

§ 238

Buch 2 – Verfahren in Familiensachen

20 teilweise oder vollständig auf den titulierten Unterhalt zu verzichten. **Nach S 4** wird das Herabsetzungsverlangen **zeitlich begrenzt**. Der Abänderungsantrag ist danach nicht zulässig für eine mehr als **ein Jahr vor Rechtshängigkeit** liegende Zeit. Grund für diese Regelung ist, dass das Herabsetzungsverlangen rein verfahrensrechtlich ausgestaltet ist; es kann sich daher anders als im materiellen Recht die Frage der Verjährung nicht stellen. Auch in Bezug auf ein Verfahrensrecht kann zwar in engen Grenzen eine Verwirkung in Betracht kommen. Aus Gründen der Rechtssicherheit sieht das Gesetz eine bestimmte zeitliche Grenze vor.

21 Die zeitlichen Grenzen für rückwirkende Geltendmachung von Abänderungsanträgen nach den S 1–4 soll **dann nicht** gelten (S 5), wenn sich hieraus eine **grobe Unbilligkeit** ergeben würde. Diese Härteklausel gilt sowohl für Abänderungsanträge auf Erhöhung als auch für Abänderungsanträge auf Herabsetzung des Unterhalts.

7. Begründetheit des Abänderungsantrages

22 Liegt eine wesentliche Veränderung der tatsächlichen oder rechtlichen Verhältnisse vor, so ist die Entscheidung **unter Wahrung ihrer Grundlagen** anzupassen (Abs 4). Die Formulierung „unter Wahrung ihrer Grundlagen anzupassen" entspricht inhaltlich der Formulierung „eine entsprechende Abänderung" des § 323 I ZPO. Der Gesichtspunkt der Bindungswirkung soll hierdurch stärker zum Ausdruck gebracht werden. Sie bedeutet, dass eine Änderung der früheren Entscheidung nur insoweit möglich ist, als sich die Verhältnisse geändert haben; im Übrigen bleibt die Entscheidung auch bei fehlerhaften Feststellungen oder Beurteilungen bindend.

8. Übergangsregelung

23 Der bisher schon in der Rechtsprechung anerkannte Grundsatz, dass auch eine wesentliche Veränderung der der Entscheidung zu Grunde liegenden rechtlichen Verhältnisse eine Abänderung einer Endentscheidung rechtfertigt (BGH, NJW 01, 3618) ist nunmehr ausdrücklich in den Gesetzestext auf-
24 genommen worden (Abs 1 S 2). Daher kann sich auch bei Anwendung der durch das **UnterhÄndG geänderten Vorschriften** eine wesentliche Änderung hinsichtlich Voraussetzungen und Umfang der Unterhaltspflicht gegenüber der Vorentscheidung ergeben. Diese Änderungen (Vorb vor §§ 231–260) betreffen insbesondere die geänderte Rangfolge der Unterhaltsberechtigten in § 1609 BGB, die Stärkung des Grundsatzes der Eigenverantwortung nach der Scheidung durch die Auslegungsregel des § 1569 BGB unter Berücksichtigung der nachehelichen Verantwortung gemäß § 1574 II BGB; ferner durch die Möglichkeit der Herabsetzung und zeitlichen Begrenzung des Unterhalts wegen Unbilligkeit nach § 1578 b BGB. Wesentliche Auswirkungen können ferner haben die Neufassung von § 1615 l BGB und § 1570 BGB; durch diese Änderungen wird die unterschiedliche Dauer von Unterhaltsansprüchen für die Betreuung ehelicher und nicht ehelicher Kinder beseitigt, die Dauer der Unterhaltsansprüche wegen der Betreuung eines Kindes richtet sich nunmehr nach denselben Grundsätzen und ist gleich lang ausgestaltet (BVerfG, NJW 07, 1735).

§ 239 Abänderung von Vergleichen und Urkunden **§ 239**

Verfahrensrechtlich sieht Abs 3 **Einschränkungen** für eine **rückwir-** 25
kende Abänderung vor. Die Übergangsregelung des § 36 EGZPO bestimmt, in welchem Umfang das neue Recht für Unterhaltsansprüche gelten soll, die bereits vor dem Inkrafttreten der Neuregelung entstanden sind. **Nach** 26
Nr 1 sind Umstände, die vor dem Tag des Inkrafttretens des UnterhÄndG entstanden sind und erst durch dieses Gesetz erheblich geworden sind, zu berücksichtigen, soweit eine wesentliche Änderung der Unterhaltsverpflichtung eintritt und die Änderung für den anderen Teil unter Berücksichtigung seines Vertrauens in die getroffene Regelung zumutbar ist. Diese Umstände 27
können nach **Nr 2** bei der erstmaligen Änderung eines vollstreckbaren Unterhaltstitels **ohne die Beschränkung** auf § 238 II geltend gemacht werden. In noch laufenden Verfahren soll gewährleistet werden, dass diese auf der Grundlage des neuen Rechts sachgerecht abgewickelt werden können. Zu diesem Zweck bestimmt **S 1** eine Ausnahme von dem Grundsatz, dass neue Tatsachen im Rechtsbeschwerdeverfahren nicht berücksichtigt werden können, **S 2** behandelt die Frage einer Zurückverweisung. Ist in einer Unterhaltssache eine 28
mündliche Verhandlung bereits geschlossen, ist diese nach **Nr 5** auf Antrag wiederzueröffnen, um den Parteien Gelegenheit zu geben, Tatsachen, die erst durch das UnterhaltsÄndG Relevanz erlangt haben, noch vorzutragen.

Abänderung von Vergleichen und Urkunden

239 (1) **Enthält ein Vergleich nach § 794 Abs. 1 Nr. 1 der Zivilprozessordnung oder eine vollstreckbare Urkunde eine Verpflichtung zu künftig fällig werdenden wiederkehrenden Leistungen, kann jeder Teil die Abänderung beantragen. Der Antrag ist zulässig, sofern der Antragsteller Tatsachen vorträgt, die die Abänderung rechtfertigen.**

(2) **Die weiteren Voraussetzungen und der Umfang der Abänderung richten sich nach den Vorschriften des bürgerlichen Rechts.**

1. Anwendungsbereich

§ 239 behandelt die Abänderung von Vergleichen und Urkunden. **Pro-** 1
zessvergleiche nach § 794 I Nr 1 ZPO sind solche, die zwischen den Beteiligten oder zwischen einem Beteiligten und einem Dritten zur Beilegung des Verfahrens seinem ganzen Umfang nach oder in Bezug auf einen Teil des Streitgegenstandes abgeschlossen werden. Hierzu zählen auch Vergleiche zur Beendigung des Verfahrens auf Verfahrenskostenhilfe (§ 118 I 3 ZPO). In den Anwendungsbereich fallen ferner Vergleiche, die auf Grund des UnterhÄndG nach § 1585 c S 3 BGB formbedürftig sind; das sind Vereinbarungen über den nachehelichen Unterhalt, die in einem Verfahren in Ehesachen vor rechtskräftiger Scheidung (§ 1585 c S 1 BGB) geschlossen werden können in notarieller Form (§ 1585 c S 2 BGB) oder (mit Anwaltszwang) zu Protokoll des Prozessgerichts (§ 1585 c S 3 BGB); kritisch zu dieser Regelung: Bergschneider, FamRZ 08, 17). Der Prozessvergleich hat eine Doppelnatur (BGH, NJW 05, 3576). Er ist Verfahrenshandlung, weil er das Verfahren unmittelbar beendet und materielles Rechtsgeschäft, weil er das materielle Rechtsverhältnis der Beteiligten durch einen Vertrag (§ 779 BGB) regelt.

2 Gegenstand der Regelung des Abs 1 sind ferner **vollstreckbare Urkunden** nach § 794 I Nr 5 ZPO. Zuständig für die Aufnahme von Urkunden ist das Amtsgericht für die in § 62 BeurkG aufgeführten Ansprüche (§ 56 IV BeurkG) und die Notare nach § 56 IV BeurkG. Hierunter fällt auch eine Vereinbarung über den nachehelichen Unterhalt, die vor Rechtskraft einer Scheidung getroffen wird. Diese bedarf nach der durch das UnterhÄndG eingefügten Formvorschrift des § 1585 c S 2 BGB der notariellen Beurkundung, an deren Stelle auch die Protokollierung vor dem Prozessgericht in einem Verfahren in Ehesachen treten kann (§ 1585 c S 3 BGB). Der Prozessvergleich oder die vollstreckbare Urkunde müssen eine Verpflichtung zu künftig fällig werdenden wiederkehrenden Leistungen enthalten.

2. Voraussetzungen einer Abänderung

3 Ein Antrag auf Abänderung eines Prozessvergleichs oder einer vollstreckbaren Urkunde ist nur zulässig, wenn der Antragsteller Tatsachen vorträgt, die – ihre Richtigkeit unterstellt – eine Abänderung des Titels rechtfertigen würden. Die vorzutragenden Tatsachen entsprechen jedoch nicht denjenigen, die einen Antrag auf Abänderung eines Vollstreckungstitels nach § 323 ZPO rechtfertigen würden. Die Vorschriften des § 323 I, II, III ZPO finden auf die Abänderung eines Prozessvergleichs, einer vollstreckbaren Urkunde grund-
4 sätzlich **keine Anwendung;** daher setzt die Abänderung eines Vergleichs weder eine wesentliche Änderung der Verhältnisse voraus (§ 323 I ZPO) noch gibt es für die Abänderung eine zeitliche Beschränkung gemäß § 323 II, III ZPO; der gesetzgeberische Grund für diese Bestimmungen ist, die Rechtskraftwirkung unanfechtbar gewordener gerichtlicher Entscheidungen zu sichern, dieser Zweck kommt bei gerichtlichen Vergleichen nicht in Betracht (OLG Karlsruhe, FamRZ 05, 816; BGH, FamRZ 95, 221). Auch dann, wenn ein Antrag auf Abänderung des Vergleichs abgewiesen wurde, ergibt sich die Unterhaltsverpflichtung weiterhin aus dem ursprünglichen Vergleich (OLG Karlsruhe, aaO). Eine Abänderung unterliegt daher den für Vergleiche maßgebenden Grundsätzen. Etwas anderes gilt, wenn ein Verfahren auf Abänderung eines Vergleichs zu einer Änderung des Vergleichs geführt hat; in einem nachfolgenden Änderungsverfahren ist dann nicht mehr Gegenstand eine Abänderung des Vergleichs, sondern eine solche des Abänderungsurteils.

5 Die Voraussetzungen für die Abänderung von Vergleichen richten sich abweichend von § 238 I 2 nach dem **materiellen Recht.** Eine Abänderung kann nur dann verlangt werden, wenn die Geschäftsgrundlage des Vergleichs weggefallen oder so schwerwiegend verändert worden ist, dass ein Festhalten an dem Vergleich unter Beachtung der beiderseitigen Interessen unbillig iS des § 242 BGB wäre (BGH, NJW 04, 3106; OLG Köln, FamRZ 05, 1755; zur Abänderung eines Vergleichs über Aufstockungsunterhalt: OLG Düsseldorf, NJW 10, 1085). Auch ein vereinbarter Unterhaltsverzicht kann materiell-rechtlich nach den Regeln des Wegfalls der Geschäftsgrundlage an geänderte tatsächliche Verhältnisse angepasst werden (OLG Zweibrücken, FamRZ 08, 1453). Das Abänderungsverfahren ermöglicht jedoch keine freie, von der bisher festgesetzten Höhe unabhängige Neubemessung des Unterhalts und keine abweichende Beurteilung der zu Grunde liegenden Verhältnisse. In der

§ 240 Abänderung von Entscheidungen nach den §§ 237 und 253 **§ 240**

Abänderungsentscheidung muss die Anpassung des Unterhalts an veränderte Verhältnisse unter Wahrung der Grundlagen des Unterhaltstitels vorgenommen werden. Ist eine Vergleichsgrundlage nicht aus dem Vergleich ersichtlich, gehört zur Zulässigkeit des Abänderungsantrages auch die Darstellung der Vergleichsgrundlage (OLG Köln, FamRZ 05, 1755). Die fehlende Niederlegung einer Vergleichsgrundlage in einem pauschalen Unterhaltsvergleich kann für einen Ausschluss der Anpassung sprechen; dies ist aber regelmäßig nicht der Fall (BGH, FamRZ 10, 192 m Anm Graba). Zur Frage der Abänderung eines Unterhaltsvergleichs wegen Unterhaltsbefristung: BGH, FamRZ 10, 1238; OLG Karlsruhe, FamRZ 10, 1253. Die Grundsätze des Wegfalls oder der Veränderung der Geschäftsgrundlage finden jedoch dann keine Anwendung, wenn sich die Grundlagen des Vergleichs nicht mehr feststellen lassen (BGH, NJW 01, 2259). Die Parteien können in dem Vergleich auch die Voraussetzungen für eine Abänderung festlegen; dann richtet sich eine Abänderung nach dieser Vereinbarung (OLG Zweibrücken, FamRZ 04, 1884). Im Falle einer Gesetzesänderung oder einer Änderung der höchstrichterlichen Rechtsprechung ist eine Änderung unter Neubewertung der jetzt erheblich gewordenen Umstände möglich (BGH, NJW 04, 3106).

Bei Urkunden mit **einseitiger Zwangsvollstreckungsunterwerfung** 6 kommen nach BGH, NJW 03, 3770, die Regeln über den Wegfall oder die Veränderung der Geschäftsgrundlage mangels einer Geschäftsgrundlage nicht zur Anwendung; so auch Hoppenz, FamRZ 09, 716 mwN; aA OLG Hamm, FamRZ 03, 1025. Nach Graba, FamRZ 05, 678, 683, hat der Unterhaltsberechtigte bei einseitiger Titulierung in einer **Jugendamtsurkunde** die 7 Wahl zwischen einer Abänderungsklage nach § 323 ZPO bei Bejahung der Urkunde als materielle Rechtsgrundlage oder einer Erstklage über einen Teil oder den gesamten Anspruch, sofern der Urkunde keine materiellrechtliche Wirkung beigemessen wird. Bei einem einseitigen Schuldversprechen und Schuldanerkenntnis des Unterhaltsverpflichteten in einer Jugendamtsurkunde kommt es nach Graba (FamRZ 05, 678, 683) in Übereinstimmung mit dem OLG Hamm (FamRZ 03, 1025) nicht allein auf die gegenwärtige Lage, sondern auch auf die früheren Verhältnisse und deren Entwicklung an; die Entscheidung des BGH (NJW 03, 3770) stehe nicht entgegen, weil diese Entscheidung einen durch die Jugendamtsurkunde nicht gebundenen Unterhaltsgläubiger behandelt habe. Überwiegend wird eine Bindung an die Jugendamtsurkunde bejaht und entweder der Grundsatz des Wegfalls der Geschäftsgrundlage entspr angewendet (OLG Naumburg, FamRZ 09, 1693) oder eine Änderung der materiellen Rechtslage geprüft (Hoppenz, FamRZ 09, 716 mwN). Nach OLG Brandenburg, FamRZ 08, 1022 besteht keine Zeitschranke für eine rückwirkende Abänderung.

Abänderung von Entscheidungen nach den §§ 237 und 253

240 (1) **Enthält eine rechtskräftige Endentscheidung nach § 237 oder § 253 eine Verpflichtung zu künftig fällig werdenden wiederkehrenden Leistungen, kann jeder Teil die Abänderung beantragen, sofern nicht bereits ein Antrag auf Durchführung des streitigen Verfahrens nach § 255 gestellt worden ist.**

§ 240
Buch 2 – Verfahren in Familiensachen

(2) **Wird ein Antrag auf Herabsetzung des Unterhalts nicht innerhalb eines Monats nach Rechtskraft gestellt, so ist die Abänderung nur zulässig für die Zeit ab Rechtshängigkeit des Antrags. Ist innerhalb der Monatsfrist ein Antrag des anderen Beteiligten auf Erhöhung des Unterhalts anhängig geworden, läuft die Frist nicht vor Beendigung dieses Verfahrens ab. Der nach Ablauf der Frist gestellte Antrag auf Herabsetzung ist auch zulässig für die Zeit ab dem Ersten des auf ein entsprechendes Auskunfts- oder Verzichtsverlangen des Antragstellers folgenden Monats. § 238 Abs. 3 Satz 4 gilt entsprechend.**

1. Anwendungsbereich

1   § 240 behandelt die Abänderung von rechtskräftigen Endentscheidungen nach § 237 oder § 253. **§ 237** behandelt das Verfahren auf Zahlung von Unterhalt bei Anhängigkeit eines Verfahrens auf Feststellung der Vaterschaft nach § 1600d BGB (§ 237 I); die Höhe des Unterhalts, der in diesem Verfahren geltend gemacht werden kann, ist durch § 237 III begrenzt.

2   Weiterer Gegenstand der Regelung des § 240 über die Abänderung von Entscheidungen ist ein Festsetzungsbeschluss nach **§ 253.** Werden in einem vereinfachten Verfahren über den Unterhalt Minderjähriger nach §§ 249 ff keine oder lediglich nach § 252 I 3 zurückzuweisende oder nach § 252 II unzulässige Einwendungen erhoben, wird der Unterhalt nach Ablauf der in § 251 I 2 Nr 3 bezeichneten Frist durch Beschluss festgesetzt (§ 253 I). In dem Beschluss ist darauf **hinzuweisen,** welche Einwendungen mit der sofortigen Beschwerde geltend gemacht werden können und unter welchen Voraussetzungen eine **Abänderung** verlangt werden kann (§ 253 II). Für den Fall einer Abänderungsklage muss auf § 240 II hingewiesen werden, der zeitliche Schranken für die Zulässigkeit der Abänderung setzt.

2. Voraussetzungen

3   Enthalten die rechtskräftigen Endentscheidungen nach §§ 237, 253 eine Verpflichtung zu künftig fällig werdenden wiederkehrenden Leistungen, kann **jeder Teil** die Abänderung beantragen, **es sei denn** nach § 255 I wird auf Antrag einer Partei das streitige Verfahren durchgeführt, nachdem das Gericht Mitteilungen über Einwendungen nach § 254 gemacht hat. Voraussetzung ist lediglich, dass der Titel, dessen Änderung beantragt wird, rechtskräftig ist.

4   § 240 ist **lex specialis** gegenüber § 238 (OLG Karlsruhe, FamRZ 03, 1672). Es wird weder vorausgesetzt, dass eine wesentliche Veränderung der der Entscheidung zu Grunde liegenden tatsächlichen oder rechtlichen Verhältnisse eingetreten ist (§ 238 I 1) noch, dass es sich um Gründe handeln muss, die nach Schluss der letzten Tatsachenverhandlung entstanden sind (§ 238 II). Durch § 240 wird es den Beteiligten ermöglicht, eine pauschale Unterhaltsfestsetzung den individuellen Gegebenheiten anzupassen (OLG Hamm, FamRZ 04, 1588).

3. Zeitschranke für Herabsetzung des Unterhalts

5   Wird ein Antrag auf Herabsetzung des Unterhalts **innerhalb eines Monats** nach Rechtskraft einer Endentscheidung nach §§ 237, 253 gestellt, ist bei

§ 241 Verschärfte Haftung § **241**

Vorliegen der materiellen Voraussetzungen eine Abänderung des Titels zeitlich uneingeschränkt möglich. Wird ein Antrag auf Herabsetzung des Unterhalts **nicht innerhalb eines Monats** nach Rechtskraft der Entscheidungen gestellt, ist eine Abänderung nur für die Zeit ab Rechtshängigkeit des Antrages zulässig (Abs 2 S 1). Bei Fristversäumnis wegen fehlenden Hinweises auf die Voraussetzungen einer Abänderung nach § 253 II ist **Wiedereinsetzung nach § 233 ZPO** möglich. Die Monatsfrist gilt jedoch dann nicht, wenn innerhalb dieser Frist ein Antrag eines anderen Beteiligten auf Erhöhung des Unterhalts anhängig geworden ist; die Frist für einen Antrag auf Herabsetzung des Unterhalts läuft dann nicht vor Beendigung des Verfahrens über die Erhöhung des Unterhalts ab; diese Beendigung kann eintreten mit der formellen Rechtskraft des Verfahrens auf Erhöhung des Unterhalts oder der Antragsrücknahme in diesem Verfahren. 6

Ein **nach Ablauf der Monatsfrist** gestellter Antrag auf Herabsetzung des Unterhalts ist ferner auch dann zulässig, **wenn zuvor** ein zur Vorbereitung des Abänderungsverfahrens gerichtetes Auskunfts- oder Verzichtsverlangen durch den Antragsteller gestellt wurde. In diesem Fall ist der Antrag auf Herabsetzung insoweit zulässig, als er die Zeit ab dem ersten des auf ein entsprechendes Auskunfts- oder Verzichtsverlangen des Antragstellers folgenden Monats betrifft. Diese Regelung entspricht der des § 238 III; jedoch kann nach dem entsprechend anwendbaren § 238 III 4 eine Herabsetzung für eine mehr als ein Jahr vor Rechtshängigkeit liegende Zeit nicht verlangt werden. 7

Verschärfte Haftung

241 Die Rechtshängigkeit eines auf Herabsetzung gerichteten Abänderungsantrags steht bei der Anwendung des § 818 Abs. 4 des Bürgerlichen Gesetzbuchs der Rechtshängigkeit einer Klage auf Rückzahlung der geleisteten Beträge gleich.

Bei einem auf Herabsetzung eines Unterhaltsbetrages gerichteten Abänderungsantrag kann möglicherweise die **Rückforderung** des zu viel gezahlten Unterhaltes nicht realisiert werden, weil der zur Rückzahlung Verpflichtete sich auf den Wegfall oder auf die Minderung der Bereicherung nach § 818 III BGB beruft. Die Berufung hierauf entfällt nach § 818 IV BGB von dem Eintritt der Rechtshängigkeit an, weil sich die Haftung dann nach den allgemeinen Vorschriften des bürgerlichen Rechts richtet. Da das Abänderungsverfahren nicht auf Leistung der Rückzahlung gerichtet ist, war es nach bisherigem Recht erforderlich, dass zusätzlich zu dem Antrag auf Abänderung ein auf Rückzahlung gerichteter gesonderter Leistungsantrag erhoben wurde. 1

Durch § 241 wird ein solcher Leistungsantrag zur Herbeiführung der Rechtshängigkeit überflüssig. § 241 bestimmt, dass die Rechtshängigkeit eines auf Herabsetzung gerichteten Änderungsantrages **einem Leistungsantrag auf Rückzahlung** zu viel geleisteter Unterhaltsbeiträge für den Eintritt der verschärften Haftung nach § 818 IV BGB **gleichsteht**, obwohl der Herabsetzungsantrag und der Leistungsantrag systematisch nicht vergleichbar sind. Die Regelung erleichtert jedoch die praktische Rechtsanwendung. Der zur Rückzahlung Verpflichtete kann sich ab Rechtshängigkeit des Abänderungsverfah- 2 rens nicht mehr darauf berufen, dass er nicht mehr oder nur vermindert bereichert sei. Er ist vielmehr im vollen Umfang zur Rückzahlung der zu viel gezahlten Unterhaltsbeiträge verpflichtet. Bei nicht freiwilliger Leistung wird allerdings eine Leistungsklage nicht entbehrlich. Der Vorteil ist, dass auch bei späterer Rechtshängigkeit der Leistungsklage eine Berufung auf § 818 III BGB nicht mehr erfolgen kann. Eine analoge Anwendung auf einstweilige Anordnungen ist zu verneinen, weil diese keine Rechtshängigkeit des Anspruchs bewirken (§ 113 I 2 iVm §§ 253 I, 261 I ZPO).

Einstweilige Einstellung der Vollstreckung

242 Ist ein Abänderungsantrag auf Herabsetzung anhängig oder hierfür ein Antrag auf Bewilligung von Verfahrenskostenhilfe eingereicht, gilt § 769 der Zivilprozessordnung entsprechend. Der Beschluss ist nicht anfechtbar.

1   § 242 sieht die Möglichkeit einer **einstweiligen Einstellung der Zwangsvollstreckung** vor, wenn ein Abänderungsantrag auf Herabsetzung von Unterhaltsleistungen anhängig ist oder hierfür ein Antrag auf Bewilligung von Verfahrenskostenhilfe eingereicht ist. In diesen Fällen kann das Prozessgericht auf Grund des entsprechend anwendbaren **§ 769 ZPO** auf Antrag anordnen, dass die Zwangsvollstreckung aus der Entscheidung, deren Abänderung begehrt wird, gegen oder ohne Sicherheitsleistung eingestellt wird oder Vollstreckungsmaßregeln gegen Sicherheitsleistung aufgehoben werden. Die Einstellung der Zwangsvollstreckung kann in dem Umfang erfolgen, in dem die Entscheidung abgeändert werden soll. § 241 ist anwendbar sowohl bei einem Herabsetzungsantrag nach § 238 als auch bei einem solchen nach § 240; ferner auch bei einem Antrag auf Herabsetzung des Unterhaltsbetrages aus einem Prozessvergleich oder aus einer vollstreckbaren Urkunde nach § 239.

2   **Verfahrensvoraussetzung** ist ein **Antrag**. Die Zwangsvollstreckung muss noch nicht begonnen haben, darf jedoch noch nicht beendet sein. Die Antragsschrift auf Abänderung muss eingereicht, nicht notwendig zugestellt sein. Ein Antrag auf Verfahrenskostenhilfe genügte nach bisherigem Recht nicht, ist jedoch nunmehr als Voraussetzung für die Zulässigkeit eines Einstellungsantrages ausdrücklich in den Gesetzestext aufgenommen. Der Antragsteller hat die tatsächlichen Behauptungen, die den Antrag auf Einstellung der Zwangsvollstreckung begründen, **glaubhaft zu machen** (§ 294 ZPO). Die Entscheidung über die Einstellung steht im Ermessen des Gerichts. Eine Einstellung ohne Sicherheitsleistung kommt nur ausnahmsweise in Betracht.

3   **Zuständig** ist das Gericht, bei dem das Verfahren über den Abänderungsantrag anhängig ist. In **dringenden Fällen** (§ 769 II ZPO), die vorliegen können, wenn die Zwangsvollstreckung bereits begonnen hat, ist zuständig **auch** das **Vollstreckungsgericht;** in diesem Fall dessen RPfl nach § 20 Nr 17 RPflG. Es muss eine Frist bestimmt werden, innerhalb der die Entscheidung des Gerichts der Hauptsache beizubringen ist. Geschieht dies nicht innerhalb der gesetzten Frist, wird die Zwangsvollstreckung fortgesetzt. Der Beschluss tritt außer Kraft mit Erlass der Endentscheidung.

§ 243 Kostenentscheidung **§ 243**

Der **Beschluss,** durch den über einen Antrag auf Einstellung der Zwangs- 4
vollstreckung entschieden wird, ist **nicht anfechtbar** (S 2; BGH NJW 04, 2224; OLG Brandenburg, FamRZ 06, 47, zu § 769 ZPO); auch eine eine einstweilige Einstellung ablehnende Entscheidung ist nicht anfechtbar (OLG Naumburg, FamRZ 06, 1269). Entspr Anwendbarkeit auf einen Beschluss über die Einstellung der Zwangsvollstreckung im Rahmen eines Abänderungsantrags auf Herabsetzung von Unterhalt; auch im Rahmen einer Vollstreckungsabwehrklage nach § 95 I Nr 1, § 767 ZPO (OLG Zweibrücken, FamRZ 10, 1003).

Die **Entscheidung des Rechtspflegers** des Vollstreckungsgerichts im 5
Falle einer Entscheidung in dringenden Fällen nach § 769 II ZPO ist mit der Erinnerung innerhalb der für die sofortige Beschwerde geltenden Frist anfechtbar (§ 11 II RPflG).

Eine **Aufhebung** oder **Änderung** des Beschlusses über die Einstellung der 6
Zwangsvollstreckung ist jedoch auf Antrag einer Partei jederzeit wegen veränderter Umstände möglich. Auch ein derartiger Beschluss ist nicht anfechtbar.

Die **Kosten** des Verfahrens über die Einstellung der Zwangsvollstreckung 7
sind Teil der Kosten der Hauptsache.

Kostenentscheidung

243 Abweichend von den Vorschriften der Zivilprozessordnung über die Kostenverteilung entscheidet das Gericht in Unterhaltssachen nach billigem Ermessen über die Verteilung der Kosten des Verfahrens auf die Beteiligten. Es hat hierbei insbesondere zu berücksichtigen:
1. das Verhältnis von Obsiegen und Unterliegen der Beteiligten, einschließlich der Dauer der Unterhaltsverpflichtung,
2. den Umstand, dass ein Beteiligter vor Beginn des Verfahrens einer Aufforderung des Gegners zur Erteilung der Auskunft und Vorlage von Belegen über das Einkommen nicht oder nicht vollständig nachgekommen ist, es sei denn, dass eine Verpflichtung hierzu nicht bestand,
3. den Umstand, dass ein Beteiligter einer Aufforderung des Gerichts nach § 235 Abs. 1 innerhalb der gesetzten Frist nicht oder nicht vollständig nachgekommen ist, sowie
4. ein sofortiges Anerkenntnis nach § 93 der Zivilprozessordnung.

1. Anwendungsbereich

Unterhaltssachen nach §§ 231 ff sind **Familienstreitsachen** nach § 112 1
Nr 1, auf die die Vorschriften der ZPO nach Maßgabe des § 113 Anwendung finden. Die Anwendung der für die Angelegenheiten der freiwilligen Gerichtsbarkeit maßgebenden Kostenvorschriften der §§ 80–85 ist ausdrücklich ausgeschlossen. Grundlage der **Kostenentscheidungen** in Familienstreitsachen sind die §§ 91 ff der ZPO. Abweichend hiervon ist § 243 eine **Spezial-** 2
vorschrift für die Kostenverteilung in Unterhaltssachen. In diesen Angelegenheiten soll die Kostenentscheidung nach billigem Ermessen erfolgen.

§ 243

Buch 2 – Verfahren in Familiensachen

2. Kostenverteilung nach billigem Ermessen

3   Über die Kostenverteilung in Unterhaltssachen entscheidet das Gericht nach billigem Ermessen. Hierbei ist die Billigkeit Bewertungsfaktor bei der Ausübung des Ermessens. Die Ermessensentscheidung kann in der Rechtsbeschwerdeinstanz darauf überprüft werden, ob das Gericht von einem Ermessen keinen oder einen rechtsfehlerhaften, Sinn und Zweck des Gesetzes zuwiderlaufenden Gebrauch gemacht hat (BayObLG, FGPRax 98, 240). Es sind die Gründe darzulegen, die bei der Billigkeitsentscheidung berücksichtigt wurden.

4   Für die in Unterhaltssachen zu treffende Ermessensentscheidung sind **die in S 2 Nr 1–4 aufgeführten Gesichtspunkte** zu berücksichtigen; diese sind jedoch nicht abschließend („insbesondere"). Die in S 2 Nr 1–4 aufgeführten in die Billigkeitsentscheidung einzubeziehenden Grundsätze entsprechen Regelungen der ZPO, die jedoch nicht starr angewendet werden sollen.

5   Nach Nr 1 ist das Verhältnis von **Obsiegen und Unterliegen** der Beteiligten entsprechend §§ 91, 92 ZPO zu berücksichtigen. Hierbei kann auch die Dauer der Unterhaltsverpflichtung berücksichtigt werden, der bei der Streitwertermittlung nur begrenzt Rechnung getragen werden kann. Auch bei Unterliegen kann es unbillig sein, einem Beteiligten Kosten aufzuerlegen, wenn die Stellung eines Antrags auf unverschuldeter Unkenntnis der tatsächlichen oder rechtlichen Verhältnisse beruhte, jedenfalls aber dann, wenn einem Antragsteller die Aussichtslosigkeit seines Antrages von vornherein erkennbar war. Auch die persönlichen, insbesondere die Vermögensverhältnisse der Beteiligten können berücksichtigt werden; auch materiell-rechtliche Kostenerstattungsansprüche eines Beteiligten (BayObLG 02, 321).

6   **Nach Nr 4** kann die Kostenfolge des § 93 ZPO bei einem **sofortigen Anerkenntnis** im Rahmen der Billigkeitsentscheidung zu berücksichtigen sein. Dem Antragsteller fallen danach die Kosten des Verfahrens zur Last, wenn der Antragsgegner den Anspruch sofort anerkennt und keine Veranlassung für das Verfahren gegeben hat. Maßgebend für die Beurteilung ist grundsätzlich das Verhalten vor Einleitung des Verfahrens. In der Regel gibt der Schuldner Veranlassung zur Einleitung des Verfahrens, wenn er nicht zahlt. Er muss sich so verhalten haben, dass der Antragsteller annehmen musste, nur durch ein gerichtliches Verfahren die Leistungen erlangen zu können (BGH, NJW-RR 05, 1005; ZIP 07, 95). Wird die Abänderung eines Unterhaltstitels erstrebt, muss hierzu vor Einleitung des Verfahrens **aufgefordert** werden, andernfalls hat der Unterhaltsschuldner keine Veranlassung für das Verfahren gegeben (OLG Brandenburg, FamRZ 05, 536). Bei Unterhaltsschulden liegt Veranlassung zur Klageerhebung auch dann vor, wenn verspätet bezahlt wird (OLG München, FamRZ 93, 454 mwN), nur Teilleistungen erbracht werden (BGH, FamRZ 10, 195 für das bisherige Recht m Anm Gottwald); Veranlassung für den vollen Unterhalt bei Teilleistungen, auch wenn er zuvor nicht zur Titulierung des freiwillig gezahlten Teils aufgefordert worden ist (BGH, FamRZ 10, 447 m Anm Abbo-Andreas Schmidt). Auch der Unterhaltsschuldner, der den Unterhalt regelmäßig zahlt, kann Anlass zur Einleitung des Verfahrens geben, wenn er sich weigert, an einer für ihn kostenfreien Errich-

§ 243 Kostenentscheidung **§ 243**

tung des Titels mitzuwirken (OLG Oldenburg, FamRZ 03, 1575 mwN). Er gibt keinen Anlass für das Verfahren auf den vollen Betrag, wenn er nur den Spitzenbetrag nicht zahlt (OLG Oldenburg, aaO).

Nr 2 entspricht im Wesentlichen dem bisherigen § 93 d ZPO aF, danach ist 7 der Umstand zu berücksichtigen, dass ein Beteiligter vor Beginn des Verfahrens einer **Aufforderung des Gegners** zur Erteilung der Auskunft und Vorlage von Belegen (§ 1361 IV 3, § 1580, § 1605 BGB); auch der Ausgaben und Belastungen (OLG Köln, FamRZ 00, 622) **nicht nachgekommen** ist und die fehlende oder unvollständige Auskunft kausal für den Ausgang des Verfahrens geworden ist (OLG Celle, FamRZ 09, 72). Durch die Anwendung von Nr 2 soll ebenso wie in dem bisherigen § 93 d ZPO aF die außergerichtliche Klärung des Unterhaltsanspruchs gefördert werden. Abweichend von § 93 d ZPO aF ist in Nr 2 nicht ausdrücklich erwähnt, dass der Beteiligte durch die nicht oder nicht vollständige Erfüllung seiner Verpflichtung zur Auskunftserteilung Anlass für das Verfahren gegeben haben muss. Diese Voraussetzung muss aber notwendigerweise gegeben sein, um im Rahmen der Billigkeitsentscheidung dem Antragsgegner die Kosten ganz oder teilweise aufzuerlegen.

Nach **Nr 3** ist bei der Billigkeitsentscheidung zu berücksichtigen, wenn 8 ein Beteiligter einer Aufforderung des Gerichts nach § 235 I innerhalb der gesetzten Frist nicht oder nicht vollständig nachgekommen ist. § 235 beinhaltet die verfahrensrechtliche Auskunftspflicht der Beteiligten, die bisher in § 643 ZPO aF geregelt war. Die Nichterteilung einer Auskunft nach dieser Vorschrift war nicht Gegenstand des bisherigen § 93 d ZPO aF, weil sie für die Frage der Veranlassung zur Einleitung des Verfahrens nicht erheblich war. Dieses Verhalten wird jedoch nunmehr durch Nr 3 in die Billigkeitsentscheidung einbezogen. Nach Nr 3 soll abweichend von dem bisherigen Recht ein Umstand in die Billigkeitsentscheidung einbezogen werden, der regelmäßig keine Auswirkungen auf die entstehenden Kosten hat. Es handelt sich um eine Sanktion für nicht fristgemäße Erfüllung einer Anordnung des Gerichts nach § 235 I, die im Übrigen mit Zwangsmitteln nicht durchsetzbar ist (§ 235 IV).

3. Anfechtbarkeit

Eine Kostenentscheidung nach § 243 ist nach § 99 I ZPO nur zusammen 9 mit der Entscheidung in der Hauptsache anfechtbar. Das Rechtsmittel in der Hauptsache erstreckt sich ohne besonderen Antrag auf die ganze Kostenentscheidung, die im Rahmen des Rechtsmittels abgeändert werden kann. Isoliert anfechtbar sind nur solche Kostenentscheidungen, die nach Erledigung der Hauptsache, Klagerücknahme oder Anerkenntnis ergangen sind (Rn 8 zu § 58). Die Anfechtbarkeit von Kostenentscheidungen in Familienstreitsachen, auf die die Kostenvorschriften der ZPO nach Maßgabe des § 113 anwendbar sind, weicht insoweit von den für die Angelegenheiten der freiwilligen Gerichtsbarkeit maßgebenden Vorschriften der §§ 80 ff ab. In diesen Angelegenheiten sind Kostenentscheidung isoliert anfechtbar; sie enthalten nicht mehr eine dem bisherigen § 20 a FGG entsprechende Vorschrift, die insoweit dem § 99 I ZPO entsprach.

Unzulässiger Einwand der Volljährigkeit

244 Wenn der Verpflichtete dem Kind nach Vollendung des 18. Lebensjahres Unterhalt zu gewähren hat, kann gegen die Vollstreckung eines in einem Beschluss oder in einem sonstigen Titel nach § 794 der Zivilprozessordnung festgestellten Anspruchs auf Unterhalt nach Maßgabe des § 1612 a des Bürgerlichen Gesetzbuchs nicht eingewandt werden, dass die Minderjährigkeit nicht mehr besteht.

1 § 244 entspricht dem bisherigen § 798 a ZPO aF. Sinn der Regelung ist es, einem minderjährigen Kind die **Vollstreckung** aus einem auf § 1612 a BGB beruhenden Unterhaltstitel **auch über den Eintritt der Volljährigkeit hinaus** zu ermöglichen. Die Vorschrift ist anwendbar bei Beschlüssen oder sonstigen Titeln nach § 794 I Nr 1, 2 a, 4 b, 5 ZPO, der einen Anspruch nach § 1612 a BGB betrifft. Ein Titel nach § 1612 a BGB betrifft den Mindestunterhalt minderjähriger Kinder; ein minderjähriges Kind kann von einem Elternteil, mit dem es nicht in einem Haushalt lebt, den Unterhalt als Prozentsatz des jeweiligen Mindestunterhalts nach Maßgabe dieser Vorschrift verlangen. Der Gesetzeswortlaut bezieht sich ausdrücklich auf die dynamischen
2 (unbefristeten) Titel nach dieser Vorschrift. Der Unterhalt aus diesem Titel kann auch nach Eintritt der Volljährigkeit mit Vollendung des 18. Lebensjahres weiter durchgesetzt werden. Ein Einwand, dass die Minderjährigkeit nicht mehr bestehe, ist **nicht zulässig**. Sind die Voraussetzungen für die Unterhaltsberechtigung nach §§ 1601 ff BGB entfallen, ist dies im Wege eines Abänderungsverfahrens nach § 240 geltend zu machen; der Einwand der Volljährigkeit kann auch nicht im Wege der Vollstreckungsgegenklage nach § 767 ZPO geltend gemacht werden; § 244 ist dieser Möglichkeit gegenüber **Spezialvorschrift.**
3 Streitig war für den bisherigen § 798 a ZPO aF, ob dieser auch dann anwendbar ist, wenn ein **nicht dynamischer unbefristeter Unterhaltstitel** vorliegt, es sich also um einen Titel über bezifferte Unterhaltsbeträge handelt. Nach OLG Brandenburg, FamRZ 04, 1888 und OLG Hamm, FamRZ 06, 48, kam eine analoge Anwendung der Vorschrift des § 798 a ZPO auf titulierte Ansprüche über bezifferte Beträge nicht in Betracht. Das volljährige Kind bedarf in diesem Fall für den Unterhalt ab Volljährigkeit eines neuen Titels (OLG Hamm, aaO mit Anm Otten; aA: AG Halberstadt, FamRZ 06, 1049; Pütz, FamRZ 06, 1558).

Bezifferung dynamisierter Unterhaltstitel zur Zwangsvollstreckung im Ausland

245 (1) Soll ein Unterhaltstitel, der den Unterhalt nach § 1612 a des Bürgerlichen Gesetzbuchs als Prozentsatz des Mindestunterhalts festsetzt, im Ausland vollstreckt werden, ist auf Antrag der geschuldete Unterhalt auf dem Titel zu beziffern.

(2) **Für die Bezifferung sind die Gerichte, Behörden oder Notare zuständig, denen die Erteilung einer vollstreckbaren Ausfertigung des Titels obliegt.**

§ 246 Besondere Vorschriften für die einstweilige Anordnung **§ 246**

(3) Auf die Anfechtung der Entscheidung über die Bezifferung sind die Vorschriften über die Anfechtung der Entscheidung über die Erteilung einer Vollstreckungsklausel entsprechend anzuwenden.

1. Vollstreckung im Ausland

§ 245 ersetzt den bisherigen § 790 ZPO aF. Er soll für Unterhaltstitel des 1 § 1612a BGB, die die Höhe des Unterhalts nur nach dem Prozentsatz des Mindestunterhalts bestimmen, die Vollstreckung im Ausland ermöglichen. Voraussetzung für die Vollstreckung im Ausland ist ein **bezifferter Titel** 2 (Art 4 Nr 2 EuVTVO; Rausch, FuR 05, 437). Bereits vorliegende dynamisierte Titel, die den Kindesunterhalt noch als Prozentsatz des jeweiligen Regelbetrags nach der Regelbetrag-Verordnung festsetzen, sind nach § 36 Nr 3 EGZPO zunächst auf den Mindestunterhalt **umzustellen** und können sodann **konkret beziffert** werden. Entsprechendes gilt, soweit eine Berücksichtigung des Kindergeldes nach § 1612b BGB in dynamisierter Form möglich ist.

2. Zuständigkeit

Für die Bezifferung sind die Gerichte, Behörden oder Notare zuständig, die 3 auch für die Erteilung einer vollstreckbaren Ausfertigung des Titels zuständig sind. Bei den **Gerichten** ist zuständig der RPfl nach § 24 II ZPO iVm § 20 Nr 11 RPflG; bei den **Behörden** das Jugendamt, der **Notar** (§ 797 II ZPO), die den Beschluss verwahren. Diese haben die Bezifferung auf dem Titel zu vermerken.

3. Anfechtbarkeit

Die Entscheidung über die Bezifferung ist entsprechend den Vorschriften 4 über die Anfechtung der Entscheidung über die Erteilung einer Vollstreckungsklausel anfechtbar (Abs 3). Der **Unterhaltsberechtigte,** der den Antrag auf Bezifferung des Titels gestellt hat, kann den Rechtsbehelf des § 797 ZPO geltend machen oder Klage nach § 731 ZPO erheben; der **Unterhaltsverpflichtete,** der sich gegen die Bezifferung, auch hinsichtlich der Höhe, wendet, kann die Einwendungen im Wege der Erinnerung nach § 732 ZPO oder durch Klage gegen die Vollstreckungsklausel nach § 768 ZPO geltend machen.

**Unterabschnitt 2
Einstweilige Anordnung**

Besondere Vorschriften für die einstweilige Anordnung

246 **(1) Das Gericht kann durch einstweilige Anordnung abweichend von § 49 auf Antrag die Verpflichtung zur Zahlung von Unterhalt oder zur Zahlung eines Kostenvorschusses für ein gerichtliches Verfahren regeln.**

§ 246
Buch 2 – Verfahren in Familiensachen

(2) **Die Entscheidung ergeht auf Grund mündlicher Verhandlung, wenn dies zur Aufklärung des Sachverhalts oder für eine gütliche Beilegung des Verfahrens geboten erscheint.**

1. Anwendungsbereich

1   Das Verfahren der einstweiligen Anordnung ist in den §§ **49–57** geregelt. Diese Vorschriften finden sowohl in den Angelegenheiten der freiwilligen Gerichtsbarkeit als auch in den Familienstreitsachen einschließlich der Ehesachen und Scheidungssachen (§ 113) Anwendung. Das Verfahren ist nicht mehr Teil der Hauptsache, sondern ein selbständiges Verfahren, auch dann, wenn eine Hauptsache anhängig ist (§ 51 III). Es kann daher auch unabhängig von einem Hauptsacheverfahren eingeleitet werden. Nach § 49 I ist Voraussetzung für den Erlass einer einstweiligen Anordnung ein durch das materielle Recht gerechtfertigtes dringendes Bedürfnis für ein sofortiges Tätigwerden.

2   Die §§ **246, 247** und **248** sind **Spezialvorschriften** für Unterhaltssachen. § 246 behandelt **einstweilige Anordnungen** zur Regelung der Verpflichtung zur Zahlung von **Unterhalt** oder zur Zahlung eines **Kostenvorschusses** für ein gerichtliches Verfahren (§ 1360a IV BGB; § 1361 IV iVm § 1360a IV BGB). Da das Verfahren auf Erlass einer einstweiligen Anordnung nunmehr als selbständiges, von der Hauptsache unabhängiges Verfahren ausgestaltet ist, ist es auch für die Regelung der Ansprüche, die Gegenstand des § 246 sind, nicht notwendig, dass ein Verfahren zur Hauptsache anhängig ist; es ist daher weder die Anhängigkeit einer Ehesache, eines isolierten Unterhaltsverfahrens noch die Einreichung eines entsprechenden Antrages auf Bewilligung von Prozesskostenhilfe Voraussetzung für die Zulässigkeit des Antrags auf Erlass einer einstweiligen Anordnung.

2. Modifizierte Voraussetzungen

3   Abs 1 modifiziert gegenüber § 49 die Voraussetzungen für den Erlass einer einstweiligen Anordnung. Abweichend von § 49 ist ein dringendes Bedürfnis für ein sofortiges Tätigwerden nicht erforderlich. Der Gegenstand der einstweiligen Anordnung ist nicht begrenzt auf eine vorläufige Maßnahme; es kann vielmehr **Leistung** beansprucht werden. Wie im geltenden Recht kann durch eine einstweilige Anordnung der laufende Unterhalt **ohne zeitliche Begrenzung** zuerkannt werden, jedoch erst ab Antragstellung, nicht für die vorangegangene Zeit. Es kann der volle Unterhalt geltend gemacht werden, nicht nur ein Notbedarf (Luthin, FamRZ 01, 357; aA OLG Hamm, FamRZ 00, 964).

3. Anfechtbarkeit, Abänderbarkeit

4   Entscheidungen im Verfahren der einstweiligen Anordnung in Familiensachen sind nicht anfechtbar (§ 57 I 1). Eine Änderung oder Aufhebung ist nach §§ 52, 54 möglich; das Außerkrafttreten bestimmt § 56. Der Unterhaltsschuldner hat nach § 52 I 1 die Möglichkeit, einen Antrag auf Einleitung des Hauptsacheverfahrens zu stellen. Das Gericht hat dann nach § 52 II anzuordnen, dass der Beteiligte, der die einstweilige Anordnung erwirkt hat, binnen

§ 247 Einstweilige Anordnung vor Geburt des Kindes **§ 247**

einer zu bestimmenden Frist Antrag auf Einleitung des Hauptsacheverfahrens oder Antrag auf Bewilligung von Verfahrenskostenhilfe für das Hauptsacheverfahren stellt. Wird dieser Anordnung nicht Folge geleistet, ist die einstweilige Anordnung aufzuheben.

Nach § 54 kann das Gericht die Entscheidung in der einstweiligen Anordnungssache **aufheben oder ändern.** Dies geschieht von Amts wegen, wenn die Entscheidung ohne vorherige Durchführung einer nach dem Gesetz notwendigen Anhörung erlassen wurde. Im Übrigen erfolgt eine Aufhebung oder Änderung in Antragsverfahren auf Antrag. Eine weitere Möglichkeit besteht, wenn in einer Familiensache eine Entscheidung ohne mündliche Verhandlung ergangen ist. Dann ist auf Antrag auf Grund mündlicher Verhandlung (Abs 2) erneut zu entscheiden. 5

Eine einstweilige Anordnung tritt **außer Kraft,** wenn eine anderweitige Regelung wirksam wird; dies kann die Entscheidung in der Hauptsache sein. In einer Unterhaltssache als Familienstreitsache (§ 112 Nr 1) ist für den Eintritt der Wirksamkeit die **Rechtskraft** maßgebend, soweit nicht die Wirksamkeit zu einem späteren Zeitpunkt eintritt. Dies ist bei einer Unterhaltssache als Scheidungsfolgesache die Rechtskraft des Scheidungsurteils (§ 148). Die einstweilige Anordnung tritt im Übrigen unter den Voraussetzungen des § 56 II Nr 1–4 außer Kraft. 6

4. Mündliche Verhandlung

Eine einstweilige Anordnung ergeht dann auf Grund mündlicher Verhandlung, wenn dies zur Aufklärung des Sachverhalts notwendig ist oder eine gütliche Streitbeilegung möglich erscheint. Durch **Abs 2** wird die Bedeutung einer mündlichen Verhandlung für Verfahren der einstweiligen Anordnung in Unterhaltssachen betont. Das Ziel der Verfahrensbeschleunigung steht nicht wie in anderen Bereichen des einstweiligen Rechtsschutzes im Vordergrund. In der mündlichen Verhandlung können offen gebliebene Gesichtspunkte geklärt und Rechts- und Einschätzungsfragen erörtert werden. Eine mündliche Verhandlung erleichtert auch das Zustandekommen von Vereinbarungen. Von einer mündlichen Verhandlung kann abgesehen werden in einfachen oder besonders eilbedürftigen Fällen. Ist eine Entscheidung ohne mündliche Verhandlung ergangen, ist auf Antrag eine mündliche Verhandlung zu bestimmen, auf Grund deren erneut zu entscheiden ist (§ 54 II). 7

Einstweilige Anordnung vor Geburt des Kindes

247 (1) **Im Wege der einstweiligen Anordnung kann bereits vor der Geburt des Kindes die Verpflichtung zur Zahlung des für die ersten drei Monate dem Kind zu gewährenden Unterhalts sowie des der Mutter nach § 1615l Abs. 1 des Bürgerlichen Gesetzbuchs zustehenden Betrags geregelt werden.**

(2) **Hinsichtlich des Unterhalts für das Kind kann der Antrag auch durch die Mutter gestellt werden. § 1600d Abs. 2 und 3 des Bürgerlichen Gesetzbuchs gilt entsprechend. In den Fällen des Absatzes 1 kann auch**

§ 247 Buch 2 – Verfahren in Familiensachen

angeordnet werden, dass der Betrag zu einem bestimmten Zeitpunkt vor der Geburt des Kindes zu hinterlegen ist.

1. Anwendungsbereich

1   Das Verfahren der einstweiligen Anordnung ist in den §§ 49–57 sowohl für die Angelegenheiten der freiwilligen Gerichtsbarkeit als auch für die Familienstreitsachen einschließlich der Ehesachen und Scheidungssachen (§ 113) ein-
2   heitlich geregelt. § 247 enthält ebenso wie §§ 246, 248 **Spezialregelungen** in Unterhaltssachen. Gegenstand der Regelung des § 247 ist die Möglichkeit, Unterhaltsansprüche für das Kind und die Mutter bereits **vor der Geburt des Kindes** im Wege der einstweiligen Anordnung geltend zu machen. Abs 1 enthält den verfahrensrechtlichen Gehalt der Regelungen des bisherigen § 1615 o BGB; danach hat der Mann, der die Vaterschaft anerkannt hat oder der nach § 1600 d II BGB als Vater vermutet wird, den für die ersten drei Monate dem Kind zu gewährenden Unterhalt zu zahlen. Der Unterhaltsanspruch kann, soweit er sich aus § 1615 l I BGB ergibt, schon vor der Geburt des Kindes geltend gemacht werden. Er betrifft die Dauer von sechs Wochen vor und acht Wochen nach der Geburt des Kindes. Hierzu gehören auch die Kosten, die infolge der Schwangerschaft oder der Entbindung außerhalb dieses Zeitraumes entstehen. Im Interesse der Mutter und des Kindes soll die Zahlung des Unterhalts in der besonderen Situation kurz vor und nach der
3   Geburt in einem beschleunigten und möglichst einfach zu betreibenden Verfahren sichergestellt werden. **Abs 2 S 3** sieht auch ebenso wie in dem bisherigen § 1615 o I, II BGB die Möglichkeit der Anordnung vor, die Unterhaltsbeträge gemäß Abs 1 zu einem bestimmten Zeitpunkt vor der Geburt des Kindes zu **hinterlegen.** Im Hinblick auf den Regelungszweck des § 247 sollte die Hinterlegung jedoch die Ausnahme und die Anordnung der Zahlung der Regelfall sein.

2. Vertretungsbefugnis der Mutter

4   Der Antrag auf Zahlung des Unterhalts für das Kind nach Abs 1 kann auch durch die Mutter gestellt werden. Hierdurch wird die Handlungsbefugnis der Mutter für das einstweilige Anordnungsverfahren auf den Zeitraum vor der Geburt des Kindes erweitert. Da die elterliche Sorge erst mit der Geburt beginnt, wäre für den davor liegenden Zeitraum ohne diese Regelung die Bestellung eines Pflegers erforderlich.

3. Vaterschaftsvermutung

5   Die abstammungsrechtliche Vaterschaftsvermutung nach § 1600 d II, III BGB gilt nach Abs 2 S 2 **auch** in dem **Verfahren** auf einstweilige Anordnung vor Geburt des Kindes. Die nach § 1600 d II BGB für das Verfahren auf gerichtliche Feststellung der Vaterschaft geltende Vermutung gilt daher in gleicher Weise für die im Verfahren nach § 247 geltend gemachten Unterhaltsansprüche des Kindes. Diese Regelung erlangt Bedeutung, wenn die Vaterschaft des in Anspruch genommenen Vaters nicht feststeht. § 248, der einstweilige Anordnungen auf Unterhalt bei Anhängigkeit eines Verfahrens

§ 248 Einstweilige Anordnung bei Feststellung der Vaterschaft § 248

auf Feststellung der Vaterschaft nach § 1600 d BGB regelt, kommt nicht zur Anwendung, weil vor der Geburt des Kindes das in § 248 vorausgesetzte Vaterschaftsfeststellungsverfahren noch nicht in Betracht kommt. Es bedurfte daher der ausdrücklichen gesetzlichen Regelung, dass die Vermutung der Vaterschaft auch in dem Verfahren nach § 247 gelten soll.

Einstweilige Anordnung bei Feststellung der Vaterschaft

248 (1) **Ein Antrag auf Erlass einer einstweiligen Anordnung, durch den ein Mann auf Zahlung von Unterhalt für ein Kind oder dessen Mutter in Anspruch genommen wird, ist, wenn die Vaterschaft des Mannes nach § 1592 Nr. 1 und 2 oder § 1593 des Bürgerlichen Gesetzbuchs nicht besteht, nur zulässig, wenn ein Verfahren auf Feststellung der Vaterschaft nach § 1600 d des Bürgerlichen Gesetzbuchs anhängig ist.**

(2) **Im Fall des Absatzes 1 ist das Gericht zuständig, bei dem das Verfahren auf Feststellung der Vaterschaft im ersten Rechtszug anhängig ist; während der Anhängigkeit beim Beschwerdegericht ist dieses zuständig.**

(3) **§ 1600 d Abs. 2 und 3 des Bürgerlichen Gesetzbuchs gilt entsprechend.**

(4) **Das Gericht kann auch anordnen, dass der Mann für den Unterhalt Sicherheit in bestimmter Höhe zu leisten hat.**

(5) **Die einstweilige Anordnung tritt auch außer Kraft, wenn der Antrag auf Feststellung der Vaterschaft zurückgenommen oder rechtskräftig zurückgewiesen worden ist. In diesem Fall hat derjenige, der die einstweilige Anordnung erwirkt hat, dem Mann den Schaden zu ersetzen, der ihm aus der Vollziehung der einstweiligen Anordnung entstanden ist.**

1. Anwendungsbereich

§ 248 ist Spezialvorschrift für die Geltendmachung von Unterhaltsansprü- 1
chen in Verfahren der einstweiligen Anordnung; § 248 ist sowohl **Spezialvorschrift** gegenüber der allgemeinen Vorschrift des § 49 und hinsichtlich der allgemeinen Regelung über die Geltendmachung von Unterhaltsansprüchen im Verfahren der einstweiligen Anordnung des § 246. Abs 1 enthält zusätzliche Zulässigkeitsvoraussetzungen für bestimmte Fälle von einstweiligen Anordnungen, die den Unterhalt betreffen. Steht die Vaterschaft des im einstweiligen Anordnungsverfahren auf Unterhaltszahlung in Anspruch genommenen Mannes nicht bereits auf Grund § 1592 Nr 1, Nr 2 BGB fest, ist ein Antrag auf einstweilige Anordnung nur zulässig, wenn ein Verfahren auf Feststellung der Vaterschaft nach § 1600 d BGB anhängig ist. Die Anhängigkeit ist 2
lediglich **Zulässigkeitsvoraussetzung.** Das Verfahren auf einstweilige Anordnung ist nicht Teil des Verfahrens auf Feststellung der Vaterschaft; es bleibt ein selbständiges Verfahren nach den §§ 49–57. Die Möglichkeit, **schon während der Anhängigkeit** des Verfahrens auf Feststellung der Vaterschaft nach § 1600 d BGB Unterhaltszahlungen geltend machen zu können, durchbricht die Sperrwirkung des § 1600 IV BGB, demgemäß die Rechtswirkun-

§ 248

gen der Vaterschaft grundsätzlich erst vom Zeitpunkt der rechtskräftigen Feststellung der Vaterschaft an geltend gemacht werden können.

2. Zuständigkeit

3   Für den Erlass einer einstweiligen Anordnung auf Unterhalt gemäß Abs 1 ist das Gericht zuständig, bei dem das Verfahren auf Feststellung der Vaterschaft anhängig ist (Abs 2). Während der Anhängigkeit im ersten Rechtszug ist das Gericht des ersten Rechtszuges zuständig, während der Anhängigkeit beim Beschwerdegericht, dieses. Damit wird sichergestellt, dass das Verfahren auf Feststellung der Vaterschaft und die einstweilige Anordnung auf Unterhalt immer in derselben Instanz anhängig sind.

3. Erweiterung der Vaterschaftsvermutung

4   Die Vaterschaftsvermutung des § 1600 d II, III BGB gilt nur im Verfahren der gerichtlichen Feststellung der Vaterschaft; sie ist daher nur in Abstammungssachen zu berücksichtigen. **Abs 3** erweitert deshalb den Anwendungsbereich der Vaterschaftsvermutung auf den im Wege der einstweiligen Anordnung geltend gemachten Unterhaltsanspruch. Hierdurch wird der bisherige Rechtszustand nach § 641 d ZPO aF hergestellt; danach war die Geltendmachung des Unterhaltsanspruchs während des Vaterschaftsfeststellungsverfahrens Teil der Kindschaftssachen (Abstammungssachen), für die die Vermutung des § 1600 d II, III BGB galt.

4. Voraussetzungen

5   Der Antragsteller hat die Voraussetzungen für den Erlass einer einstweiligen Anordnung auf Unterhalt glaubhaft zu machen (§ 51 I 2). Glaubhaft zu machen ist die Bedürftigkeit des Kindes, wenn der vermutete Vater nicht oder in nicht genügender Höhe zahlt. Die Durchsetzung des Unterhaltsanspruchs im Wege der einstweiligen Anordnung ist jedoch dann nicht notwendig, wenn die Mutter oder deren Verwandte den Unterhalt aufbringen können (OLG Koblenz, FamRZ 06, 1137). Die Bedürftigkeit des Kindes entfällt jedoch nicht
6   dadurch, dass Sozialhilfe geleistet wird. Der Unterhaltsanspruch ist auf Zahlung gerichtet. Soweit es um die Abstammung als Voraussetzung für die einstweilige Anordnung geht, gilt der Grundsatz der Amtsermittlung (§ 26) (Keidel/Giers, Rn 9 zu § 248). Es kann auch **Sicherheitsleistung** angeordnet werden **(Abs 4).** Dies kann dann notwendig sein, wenn die Erfüllung von Unterhaltsrückständen gefährdet ist. Dem steht nicht entgegen, wenn der Unterhalt durch die Mutter oder mütterliche Verwandte gewährleistet ist. Streitig ist, ob ein Anspruch auf Sicherheitsleistung schon dann besteht, wenn der vermutete Vater nicht zahlt und nicht Sicherheit leistet oder ob eine konkrete Gefahr für die Verwirklichung des Unterhaltsanspruchs (Büdenbender, FamRZ 81, 323) dargelegt und glaubhaft gemacht werden muss.

5. Außerkrafttreten

7   Nach dem Grundsatz des § 56 II tritt eine einstweilige Anordnung in den dort unter Nr 1–4 aufgeführten Fällen außer Kraft, deren Gemeinsamkeit in

dem Wegfall des Hauptsacheverfahrens besteht. **Abs 5 S 1 ergänzt** § 56 und 8
enthält zwei **zusätzliche** Fälle des Außerkrafttretens der einstweiligen Anordnung in Unterhaltssachen. Danach tritt die einstweilige Anordnung auch dann außer Kraft, wenn der **Antrag** auf Feststellung der Vaterschaft **zurückgenommen** oder **rechtskräftig zurückgewiesen** worden ist. Diese Ergänzung ist notwendig, weil das Vaterschaftsfeststellungsverfahren nicht Hauptsache iS des § 56 II ist. Durch die Ergänzung wird das Vaterschaftsfeststellungsverfahren der Hauptsache iS des § 56 II Nr 1 (Rücknahme) und Nr 2 (rechtskräftige Abweisung) gleichgestellt. Abweichend von der bisherigen 9
entsprechenden Regelung in § 641f ZPO aF tritt die Wirkung des klageabweisenden Urteils nicht schon mit dessen Verkündung ein, sondern erst mit dessen **formeller Rechtskraft** (§ 45). Damit entfällt auch die nach bisherigem Recht bestehende Notwendigkeit oder Möglichkeit, nach Abweisung der Klage in erster Instanz eine erneute einstweilige Anordnung durch das zweitinstanzliche Gericht zu erlassen. Nach der jetzigen Regelung bleibt die einstweilige Anordnung auch in einem etwaigen Rechtsmittelverfahren bis zum rechtskräftigen Abschluss in Kraft.

6. Schadensersatzpflicht

Abs 5 S 2 entspricht dem bisherigen § 641g ZPO aF. Wenn danach ein 10
Antrag auf Feststellung der Vaterschaft zurückgenommen worden ist oder dieser rechtskräftig abgewiesen wurde und der Antragsteller aus der einstweiligen Anordnung bereits vollstreckt hat, besteht Schadensersatzpflicht des Antragstellers. Er hat dem vermuteten Vater den Schaden zu ersetzen, der diesem aus der Vollstreckung aus der einstweiligen Anordnung entstanden ist. Der **Schaden** muss durch die **Zwangsvollstreckung** adäquat verursacht 11
worden sein; dazu gehört auch das, was zur Abwendung der Zwangsvollstreckung geleistet wurde. Die begonnene Zwangsvollstreckung muss nicht vollendet worden sein. Eine Schadensersatzpflicht kann auch dann entstehen, wenn der Schuldner unter Vollstreckungsdruck freiwillig erfüllt (BGH, NJW 93, 593). Es handelt sich um einen materiell-rechtlichen Schadensersatzanspruch entsprechend §§ 717 II, 945 ZPO. Er ist in einem gesonderten Verfahren geltend zu machen (§ 112 Nr 3 iVm § 266 I).

**Unterabschnitt 3
Vereinfachtes Verfahren über den Unterhalt Minderjähriger**

Statthaftigkeit des vereinfachten Verfahrens

249 (1) **Auf Antrag wird der Unterhalt eines minderjährigen Kindes, das mit dem in Anspruch genommenen Elternteil nicht in einem Haushalt lebt, im vereinfachten Verfahren festgesetzt, soweit der Unterhalt vor Berücksichtigung der Leistungen nach § 1612b oder § 1612c des Bürgerlichen Gesetzbuchs das 1,2fache des Mindestunterhalts nach § 1612a Abs. 1 des Bürgerlichen Gesetzbuchs nicht übersteigt.**

§ 249

(2) Das vereinfachte Verfahren ist nicht statthaft, wenn zum Zeitpunkt, in dem der Antrag oder eine Mitteilung über seinen Inhalt dem Antragsgegner zugestellt wird, über den Unterhaltsanspruch des Kindes entweder ein Gericht entschieden hat, ein gerichtliches Verfahren anhängig ist oder ein zur Zwangsvollstreckung geeigneter Schuldtitel errichtet worden ist.

1. Grundzüge des vereinfachten Verfahrens

1 Ziel des vereinfachten Verfahrens ist es, unterhaltsberechtigten minderjährigen Kindern schnell zu einem Vollstreckungstitel zu verhelfen. Auf Antrag kann daher der Unterhalt eines minderjährigen Kindes, das mit dem in Anspruch genommenen Elternteil nicht in einem Haushalt lebt, unter bestimmten Voraussetzungen im vereinfachten Verfahren geltend gemacht werden. Voraussetzung dafür ist, dass der geltend gemachte Unterhalt nach Berücksichtigung der Leistungen nach §§ 1612b oder 1612c BGB **das 1,2-fache** des Mindestunterhalts nach § 1612a I BGB nicht übersteigt. Im vereinfachten Verfahren kann nur der in diesem **Umfang begrenzte** Unterhalt begehrt werden.

2 Gegenüber der bisherigen Regelung in § 645 ZPO aF ergeben sich zwei Abweichungen. An die Stelle der Regelbetrag-Verordnung, die aufgehoben worden ist, ist als neue Bezugsgröße der **Mindestunterhalt** getreten. Dieser bleibt auch weiterhin Rechengröße, der die Dynamisierung des Individualunterhalts minderjähriger Kinder ermöglicht und Anknüpfungspunkt für die Statthaftigkeit des vereinfachten Verfahrens zur Festsetzung des Unterhalts

3 minderjähriger Kinder ist. Die weitere Abweichung ergibt sich aus dem geänderten § 1612b BGB, demgemäß an die Stelle der bisherigen Anrechnung des Kindergeldes auf den Barunterhaltsanspruch des Kindes der bedarfmindernde **Vorwegabzug** des **Kindergeldes** tritt. Nach § 1612a I 2, 3 BGB ist Bezugspunkt für den gesetzlichen Mindestunterhalt der einkommensteuerrechtliche Kinderfreibetrag (§ 32 VI 1 EStG). Steuerrechtlich kommt dieser Kinderfreibetrag jedem einzelnen einkommensteuerpflichtigen Elternteil zu. Da der Steuergesetzgeber aus diesem Grund den Kinderfreibetrag halbiert hat, ist Mindestunterhalt iS des § 1612a BGB der doppelte Freibetrag; dieser stellt das sächliche Existenzminimum nach dem Existenzminimumbericht dar. Da der Kinderfreibetrag im Einkommensteuerrecht als Jahresbetrag ausgewiesen ist, das Unterhaltsrecht aber auf den Monat als Bezugsgröße abstellt (§ 1612 III 1 BGB), wird der Mindestunterhalt in § 1612a I 3 BGB als der zwölfte Teil des doppelten Kinderfreibetrages festgelegt. Die Differenzierung nach drei Altersstufen und die Einteilung der Altersgruppen wird aus der nunmehr aufgehobenen Regelbetrag-Verordnung in § 1612a I 3 BGB übernommen. Das vereinfachte Verfahren ist auch dann zulässig, wenn ein geringerer Betrag als das 1,2-fache des Mindestunterhalts geltend gemacht wird. Das vereinfachte Ver-

4 fahren ist nur **zulässig** für die **Erstfestsetzung** des Unterhalts (OLG Naumburg, FamRZ 02, 1045). Das Verfahren ist daher nicht mehr statthaft, wenn bereits eine gerichtliche Entscheidung über den Unterhaltsanspruch des Kindes

5 vorliegt oder ein zur Zwangsvollstreckung geeigneter Schuldtitel errichtet worden ist; **vorrangig** ist ein gerichtliches Verfahren über den Unterhaltsanspruch, wenn dieses in dem Zeitpunkt, in dem der Antrag in dem vereinfachten Verfahren zugestellt wird, bereits anhängig ist (Abs 2).

§ 249 Statthaftigkeit des vereinfachten Verfahrens **§ 249**

2. Voraussetzungen

Es muss sich um einen Unterhaltsanspruch, auch um einen rückständigen, minderjähriger Kinder handeln. Sie dürfen mit dem in Anspruch genommenen Elternteil **nicht** in **einem Haushalt** leben (OLG Celle, FamRZ 03, 1475); diese Voraussetzung betrifft die Zulässigkeit des Verfahrens; ihr Fehlen kann als Einwand auch noch uneingeschränkt im Beschwerdeverfahren geltend gemacht werden (KG, FamRZ 09, 1847). Der geltend gemachte Anspruch darf das 1,2-fache des Mindestunterhaltes nicht übersteigen, jedoch kann ein geringerer Betrag geltend gemacht werden. Dieser Unterhalt kann **ohne Nachweis** verlangt werden. Es muss sich um die erstmalige Festsetzung des Unterhaltsanspruchs handeln (OLG Naumburg, FamRZ 02, 1045). Das Verfahren ist nicht statthaft, wenn für den Unterhaltsanspruch bereits gerichtlich entschieden ist oder ein zur Zwangsvollstreckung geeigneter Schuldtitel errichtet worden ist. Das Verfahren ist auch dann nicht statthaft, wenn in dem Zeitpunkt, in dem der Antrag in dem vereinfachten Verfahren dem Antragsgegner zugestellt wird, bereits ein gerichtliches Verfahren anhängig ist; dieses ist vorrangig (Abs 2). Dies gilt auch dann, wenn der anderweitige Titel nur eine **Teilentscheidung** ist (OLG München, FamRZ 99, 450). Entgegen steht nur eine **positive** Entscheidung über den Unterhaltsanspruch. Eine vorangegangene Zurückweisung eines Antrags nach § 249 II steht nicht entgegen, auch nicht die Abweisung einer Auskunftsklage nach § 1605 BGB. Abs 2 stellt auf einen bei Antragstellung bereits vorliegenden Titel ab; daher steht eine nach Antragstellung errichtete Jugendamtsurkunde dem vereinfachten Verfahren nicht entgegen (OLG München, FamRZ 01, 1076).

6

7

8

3. Verhältnis zum streitigen Verfahren

Im vereinfachten Verfahren sind Einwendungen des Antragsgegners nur eingeschränkt nach § 252 möglich. Nach Mitteilung der Einwendungen durch das Gericht nach § 254 ist auf Antrag einer Partei nach § 255 der Übergang in das streitige Verfahren möglich. In diesem streitigen Verfahren gilt der Grundsatz des Abs 1, demgemäß das Kind ohne Nachweis das 1,2-fache des Mindestunterhalts verlangen kann, nicht (OLG Karlsruhe, FamRZ 00, 1432).

9

Ein Rechtsschutzbedürfnis für die sofortige Einleitung eines streitigen Verfahrens fehlt nicht deshalb, weil das vereinfachte Verfahren zulässig wäre, jedoch kann der Bewilligung von **Prozesskostenhilfe** Mutwilligkeit entgegenstehen, wenn das vereinfachte Verfahren zulässig ist und nicht mit dem Übergang in das streitige Verfahren zu rechnen ist (OLG Nürnberg, FamRZ 02, 891); das gilt nicht, wenn der Unterhaltsverpflichtete mangelnde Leistungsfähigkeit einwendet (OLG Rostock, FamRZ 06, 1394). Die Beiordnung eines Rechtsanwalts nach § 121 II ZPO ist auch dann geboten, wenn der andere Beteiligte nicht anwaltlich vertreten ist, weil die Ausfüllung der Fragebögen Rechtskenntnisse voraussetzt (Keidel/Giers, Rn 12 zu § 149; OLG Frankfurt, FamRZ 08, 420). Die Bewilligung von Prozesskostenhilfe für das vereinfachte Verfahren erstreckt sich nicht automatisch auf das streitige Verfahren.

10

§ 249 Buch 2 – Verfahren in Familiensachen

11 Eine **Abänderung** des im vereinfachten Verfahren erwirkten rechtskräftigen Beschlusses nach § 237 ist unter den Voraussetzungen des § 240 möglich, der gegenüber § 323 ZPO **lex specialis** ist. § 240 ist nicht anwendbar auf einen Vergleich (OLG Naumburg, FamRZ 06, 211 für § 654 ZPO aF). In dem Abänderungsverfahren kann der Unterhaltsanspruch angepasst werden, ohne dass eine nachträgliche wesentliche Veränderung der Verhältnisse dargelegt werden müsste (OLG Hamm, FamRZ 04, 1588).

4. Vollstreckung im Ausland

12 Der **Festsetzungsbeschluss** nach § 253 ist Vollstreckungstitel gemäß § 794 I Nr 2 a ZPO; auch soweit ein Unterhaltstitel abgeändert wird oder der Antrag zurückgewiesen wird. Für eine Zwangsvollstreckung im Ausland muss der dynamisierte Unterhaltstitel nach § 790 ZPO **beziffert** werden (Art 4 Nr 2 EuVTVO). Dies geschieht auf Antrag bei Gericht durch den RPfl (§ 724 II ZPO), bei vollstreckbaren Urkunden durch die Behörde, das Jugendamt, den Notar (§ 797 II ZPO). Titel, die den Kindesunterhalt noch als Prozentsatz des jeweiligen Regelbetrages nach der Regelbetrag-Verordnung enthalten, sind nach § 36 Nr 3 EGZPO zunächst auf den Mindestunterhalt **umzustellen;** entsprechendes gilt, soweit eine Berücksichtigung des Kindergeldes nach § 1612 b BGB in dynamisierter Form möglich ist.

5. Übergangsregelung (§ 36 Nr 3 EGZPO)

13 Dynamische Unterhaltstitel und Vereinbarungen bleiben nach dem Inkrafttreten des UnterhaltsÄndG (BGBl I S. 3189) am 1. 1. 2008 wirksam; aus ihnen kann weiterhin die Vollstreckung betrieben werden. Sie werden kraft Gesetzes in der Weise **auf das neue Recht umgestellt,** dass lediglich der Anknüpfungspunkt für die Dynamisierung ausgetauscht wird. An die Stelle des Regelbetrages tritt der Mindestunterhalt als neue Bezugsgröße. An die Stelle des bisherigen Prozentsatzes tritt ein neuer Prozentsatz, dessen Berechnung durch § 36 Nr 3 S 4, 5 EGZPO geregelt ist. Dies gilt **nicht ohne Weiteres** für ein nach § 1612 b I 2 BGB **anzurechnendes Kindergeld.** Das neue System der bedarfsdeckenden Verrechnung des Kindergeldes führt dazu, dass das Kindergeld den beiden barunterhaltspflichtigen Eltern nicht hälftig, sondern entsprechend ihren Haftungsanteilen zukommt (§ 1606 III 1 BGB). Diese Änderung kann durch bloße Umstellung nicht berücksichtigt werden; daher ist hierfür eine **Abänderungsklage** erforderlich (§ 36 Nr 3 S 6 iVm Nr 1 und Nr 2 EGZPO).

14 Eine **Veränderung** des Unterhaltsanspruchs als Folge der Änderung des **materiellen Rechts,** zB durch den verbesserten Rang des Kindesunterhalts nach § 1609 BGB kann im Rahmen der Übergangsregelung des § 36 Nr 3 EGZPO **nicht angepasst** werden. In diesen Fällen ist eine Anpassung an das neue Recht auch für Titel, die im vereinfachten Verfahren erlangt worden sind, nur nach § 36 Nr 1, Nr 2 EGZPO möglich. Abweichend von den erleichterten Voraussetzungen des § 240 ist ein solcher **Abänderungsantrag** nur unter den Voraussetzungen des § 238 zulässig; Voraussetzung ist eine nachträgliche wesentliche Veränderung der im Zeitpunkt der Entscheidung vorliegenden tatsächlichen oder rechtlichen Verhältnisse.

§ 250 Antrag

Antrag

250 (1) Der Antrag muss enthalten:
1. die Bezeichnung der Beteiligten, ihrer gesetzlichen Vertreter und der Verfahrensbevollmächtigten;
2. die Bezeichnung des Gerichts, bei dem der Antrag gestellt wird;
3. die Angabe des Geburtsdatums des Kindes;
4. die Angabe, ab welchem Zeitpunkt Unterhalt verlangt wird;
5. für den Fall, dass Unterhalt für die Vergangenheit verlangt wird, die Angabe, wann die Voraussetzungen des § 1613 Abs. 1 oder Abs. 2 Nr. 2 des Bürgerlichen Gesetzbuchs eingetreten sind;
6. die Angabe der Höhe des verlangten Unterhalts;
7. die Angaben über Kindergeld und andere zu berücksichtigende Leistungen (§ 1612 b oder § 1612 c des Bürgerlichen Gesetzbuchs);
8. die Erklärung, dass zwischen dem Kind und dem Antragsgegner ein Eltern-Kind-Verhältnis nach den §§ 1591 bis 1593 des Bürgerlichen Gesetzbuchs besteht;
9. die Erklärung, dass das Kind nicht mit dem Antragsgegner in einem Haushalt lebt;
10. die Angabe der Höhe des Kindeseinkommens;
11. eine Erklärung darüber, ob der Anspruch aus eigenem, aus übergegangenem oder rückabgetretenem Recht geltend gemacht wird;
12. die Erklärung, dass Unterhalt nicht für Zeiträume verlangt wird, für die das Kind Hilfe nach dem Zwölften Buch Sozialgesetzbuch, Sozialgeld nach dem Zweiten Buch Sozialgesetzbuch, Hilfe zur Erziehung oder Eingliederungshilfe nach dem Achten Buch Sozialgesetzbuch, Leistungen nach dem Unterhaltsvorschussgesetz oder Unterhalt nach § 1607 Abs. 2 oder Abs. 3 des Bürgerlichen Gesetzbuchs erhalten hat, oder, soweit Unterhalt aus übergegangenem Recht oder nach § 94 Abs. 4 Satz 2 des Zwölften Buches Sozialgesetzbuch, § 33 Abs. 2 Satz 4 des Zweiten Buches Sozialgesetzbuch oder § 7 Abs. 4 Satz 1 des Unterhaltsvorschussgesetzes verlangt wird, die Erklärung, dass der beantragte Unterhalt die Leistung an oder für das Kind nicht übersteigt;
13. die Erklärung, dass die Festsetzung im vereinfachten Verfahren nicht nach § 249 Abs. 2 ausgeschlossen ist.

(2) Entspricht der Antrag nicht den in Absatz 1 und den in § 249 bezeichneten Voraussetzungen, ist er zurückzuweisen. Vor der Zurückweisung ist der Antragsteller zu hören. Die Zurückweisung ist nicht anfechtbar.

(3) Sind vereinfachte Verfahren anderer Kinder des Antragsgegners bei dem Gericht anhängig, hat es die Verfahren zum Zweck gleichzeitiger Entscheidung zu verbinden.

1. Form des Antrags

Im vereinfachten Verfahren können Anträge und Erklärungen vor dem **Urkundsbeamten der Geschäftsstelle** abgegeben werden (§ 257 I 1); es besteht kein Anwaltszwang. Die Anträge können bis zur Entscheidung

1

§ 250
Buch 2 – Verfahren in Familiensachen

ergänzt und berichtigt werden. Ist eine maschinelle Bearbeitung zulässig (§ 258 I 1), können die Anträge auch durch Datenträger übermittelt werden;
2 eine Verpflichtung hierzu besteht jedoch nicht. Soweit **Formulare** eingeführt sind (§ 259 I), müssen sich die Beteiligten für Anträge und Erklärungen dieser Formulare bedienen (§ 259 II). Werden in diesem Fall Anträge und Erklärungen vor dem Urkundsbeamten der Geschäftsstelle abgegeben, vermerkt dieser unter Angabe des Gerichts und des Datums, dass er den Antrag oder die Erklärung aufgenommen hat (§ 257 S 2). Der Antrag ist von dem Antragsteller eigenhändig zu unterschreiben (OLG Düsseldorf, FamRZ 02, 547).

2. Inhalt des Antrags

3   Das Gericht prüft vor Zustellung des Antrags an den Antragsgegner (§ 251 I 1), ob der Antrag die nach Abs 1 Nr 1–13 notwendigen Angaben enthält. Diese entsprechen dem bisherigen § 646 I Nr 1–13 ZPO aF mit der Maßgabe, dass Nr 7 den Änderungen des UnterhÄndG in Bezug auf die Kindergeldanrechnung angepasst ist. Das Gericht prüft ferner, ob bereits eine gerichtliche Entscheidung über den Unterhalt oder ein zur Zwangsvollstreckung geeigneter Titel vorliegen und ein anderes gerichtliches Verfahren über den
4   Unterhalt nicht anhängig ist (**Abs 2**). Fehlt eine dieser Voraussetzungen, ist der Antrag zurückzuweisen. Der Antrag muss enthalten
5   **nach Nr 1** die Bezeichnung der Beteiligten, ihrer gesetzlichen Vertreter und der Verfahrensbevollmächtigten;
6   **nach Nr 2** ist das Gericht zu bezeichnen, bei dem Antrag gestellt wird; das ist nach § 232 I Nr 2 das Gericht, in dessen Bezirk das Kind oder der Elternteil, der auf Seiten des minderjährigen Kindes zu handeln befugt ist, seinen gewöhnlichen Aufenthalt hat, es sei denn, der gewöhnliche Aufenthalt besteht im Ausland; dann bestimmt sich die Zuständigkeit nach § 232
7   III. Sachlich zuständig ist das Familiengericht. Einen gemeinsamen Gerichtsstand für den Fall, dass **mehrere** minderjährige Kinder ihre Unterhaltsansprüche im vereinfachten Verfahren geltend machen, sieht das Gesetz nicht vor. Sind Ansprüche mehrerer Kinder bei einem Gericht anhängig, sind die Verfahren jedoch zum Zwecke gleichzeitiger Entscheidung zu verbinden (Abs 3).
8   **Nach Nr 3** ist das Geburtsdatum des Kindes anzugeben. Dies ist notwendig, weil die Minderjährigkeit Voraussetzung des Verfahrens ist. Diese Angabe dient ferner der Festsetzung nach der Altersstufe nach § 1612 a I Nr 1–3 BGB, die der bisherigen Einteilung nach der Regelbetrag-Verordnung entspricht.
9   **Nach Nr 4** ist der Zeitpunkt anzugeben, ab welchem Unterhalt verlangt wird. Diese Angabe ist auf den laufenden Unterhalt zugeschnitten. Zusätzlich kann
10 **nach Nr 5** rückständiger Unterhalt verlangt werden. Diese Möglichkeit besteht jedoch nur im Zusammenhang mit der Geltendmachung des laufenden Unterhaltes. Isoliert ist rückständiger Unterhalt im Wege des streitigen Verfahrens geltend zu machen. Für den rückständigen Unterhalt muss der Zeitpunkt angegeben werden; ferner die materiell-rechtlichen Voraussetzun-

gen gemäß § 1613 I, II BGB. Nach § 1613 I BGB kann für die Vergangenheit ab dem Zeitpunkt Unterhalt geltend gemacht werden, zu dem der Unterhaltsverpflichtete aufgefordert wurde, über Einkünfte und Vermögen Auskunft zu erteilen, zu welchem dieser in Verzug gekommen ist oder der Unterhaltsanspruch rechtshängig wurde; ferner unter den besonderen Voraussetzungen des § 1613 II Nr 2 BGB, dies dann, wenn der Unterhaltsberechtigte für den Zeitraum aus rechtlichen Gründen oder aus tatsächlichen Gründen, die in den Verantwortungsbereich des Unterhaltspflichtigen fallen, an der Geltendmachung des Unterhaltsanspruchs gehindert war.

Nach Nr 6 ist die Höhe des verlangten Unterhaltes anzugeben; nicht **11** zwingend ein bestimmter Geldbetrag. Es kann auch ein Prozentsatz des Mindestunterhaltes nach § 1612a I BGB angegeben werden.

Nach Nr 7 sind Angaben über das Kindergeld zu machen, nicht notwen- **12** dig eine Bezifferung der Kindergeldhöhe. Die Angabe „abzüglich hälftiges Kindergeld für ein erstes Kind" kann genügen (Thomas/Putzo, 28. Aufl, Rn 2 zu § 646 ZPO aF; Ehinger, FamRZ 06, 338). Der Antrag muss ferner enthalten die für die Anrechnung des Kindergeldes notwendigen Angaben nach § 1612b BGB und Angaben über kindbezogene Leistungen nach § 1612c BGB, soweit diese den Anspruch auf Kindergeld ausschließen.

Nach Nr 8 muss erklärt werden, dass zwischen dem Kind und dem **13** Antragsgegner ein Eltern-Kind-Verhältnis nach den §§ 1591–1593 BGB besteht; dabei muss die Art der Vaterschaft angegeben werden, zB ein Vaterschaftsanerkenntnis nach § 1592 Nr 2 BGB oder die gerichtliche Feststellung einer Vaterschaft nach § 1592 Nr 3 BGB.

Nach Nr 9 ist die Angabe erforderlich, dass das Kind nicht mit dem **14** Antragsgegner in einem Haushalt lebt. Dieser Umstand ist Voraussetzung für die Statthaftigkeit des vereinfachten Verfahrens nach § 249 I.

Nach Nr 10 ist die Angabe der Höhe des Kindeseinkommens notwendig, **15** weil dieses auf den Bedarf vorweg anzurechnen ist.

Nach Nr 11 ist anzugeben, ob der Anspruch aus eigenem, übergegange- **16** nem oder rückabgetretenem Recht geltend gemacht wird. Diese Angaben dienen der Klarstellung der Aktivlegitimation. Das Jugendamt, das einen Vorschuss geleistet hat und auf das der Unterhaltsanspruch übergegangen ist (§ 7 UVG), ist antragsberechtigt. Die Überleitung setzt grundsätzlich nicht die Rechtmäßigkeit der Hilfegewährung voraus, es sei denn, die Belange eines dritten Unterhaltsverpflichteten würden in unzulässiger Weise verkürzt (OLG Köln, FamRZ 06, 431).

Die nach Nr 12 notwendigen Angaben sollen sicherstellen, dass keine **17** Unterhaltsansprüche geltend gemacht werden, die bereits auf Dritte übergegangen sind. Es handelt sich hierbei um Hilfe für das Kind nach SGB XII, Sozialgeld nach SGB II, Hilfe zur Erziehung oder Eingliederungshilfe nach SGB VIII, Leistungen nach dem Unterhaltsvorschussgesetz (UVG); ferner um Übergang nach § 1607 II, III BGB, wenn ein nicht unterhaltspflichtiger Verwandter oder der Ehegatte des anderen Elternteils Unterhalt geleistet hat. Soweit Unterhalt auf Grund übergegangenen Rechts geltend gemacht wird, sind die in Nr 12 geforderten Angaben erforderlich, damit der Dritte, auf den der Anspruch übergegangen ist, nicht mehr erhält als er geleistet hat.

§ 251

Buch 2 – Verfahren in Familiensachen

18   Nach **Nr 13** ist die Erklärung erforderlich, dass für den Unterhaltsanspruch weder eine gerichtliche Entscheidung noch ein zur Zwangsvollstreckung geeigneter Schuldtitel vorliegt und ein gerichtliches Verfahren nicht anhängig ist. Diese Erklärung ist erforderlich, weil nur unter diesen Voraussetzungen das vereinfachte Verfahren zulässig ist (§ 249 II).

3. Zurückweisung des Antrags

19   Enthält der Antrag nicht die in Abs 1 Nr 1–13 aufgeführten Angaben oder ist er nach § 249 II nicht zulässig, weil bereits eine gerichtliche Entscheidung über den Unterhalt vorliegt oder ein zur Zwangsvollstreckung geeigneter Schuldtitel errichtet worden ist oder ein gerichtliches Verfahren anhängig ist,
20   ist der Antrag **zurückzuweisen.** Vor der Zurückweisung ist der Antragsteller zu hören; dies geschieht in der Regel schriftlich. Ihm ist mitzuteilen, welche Beanstandungen dem Antrag entgegenstehen, damit er diese ggf durch Berichtigung oder Ergänzung des Antrages beheben kann oder aber, wenn er
21   hierzu nicht in der Lage ist, den Antrag zurücknimmt. Hierzu ist dem Antragsteller eine **Frist** zu setzen. Bei örtlicher Unzuständigkeit kann auf Antrag Verweisung erfolgen. Erscheint hingegen nach dem Vorbringen des Antragstellers das vereinfachte Verfahren zulässig, erfolgt die Zustellung des Antrags auf Unterhalt an den Antragsgegner oder eine Mitteilung über seinen Inhalt verbunden mit Hinweisen nach § 251.

4. Anfechtbarkeit der Zurückweisung

22   Die Zurückweisung ist nach Abs 2 S 3 **nicht anfechtbar.** Dies gilt nur für den Fall einer vollständigen Zurückweisung des Antrags, nicht aber, wenn der Antrag teilweise zurückgewiesen wurde, im Übrigen aber eine Festsetzung erfolgt ist. Andernfalls käme es zu einer Aufsplitterung der Zuständigkeiten, falls beide Parteien Rechtsbehelfe gegen die Entscheidung des RPfl einlegen. Über die sofortige Beschwerde des Antragsgegners hätte nach § 256 das OLG zu entscheiden, während der Rechtsbehelf des Antragsteller als Rechtspflegererinnerung gemäß § 11 II RPflG der Entscheidung des Familiengerichts unterfiele (OLG Koblenz, FamRZ 05, 2000). Unanfechtbar ist im Übrigen nur die Entscheidung des Gerichts; gegen die Entscheidung des RPfl ist nach
23   § 11 II RPflG die Erinnerung gegeben. Die zurückweisende Entscheidung steht einem neuen (geänderten) Antrag **nicht entgegen.** Entscheidungen nach § 249 II, die der Statthaftigkeit des vereinfachten Verfahrens entgegenstehen, sind nur solche, die den Unterhaltsanspruch zusprechen.

Maßnahmen des Gerichts

251 (1) **Erscheint nach dem Vorbringen des Antragstellers das vereinfachte Verfahren zulässig, verfügt das Gericht die Zustellung des Antrags oder einer Mitteilung über seinen Inhalt an den Antragsgegner. Zugleich weist es ihn darauf hin,**

1. **ab welchem Zeitpunkt und in welcher Höhe der Unterhalt festgesetzt werden kann; hierbei sind zu bezeichnen:**

§ 251 Maßnahmen des Gerichts § 251

   a) die Zeiträume nach dem Alter des Kindes, für das die Festsetzung des Unterhalts nach dem Mindestunterhalt der ersten, zweiten und dritten Altersstufe in Betracht kommt;
   b) im Fall des § 1612a des Bürgerlichen Gesetzbuchs auch der Prozentsatz des jeweiligen Mindestunterhalts;
   c) die nach § 1612b oder § 1612c des Bürgerlichen Gesetzbuchs zu berücksichtigenden Leistungen;
2. dass das Gericht nicht geprüft hat, ob der verlangte Unterhalt das im Antrag angegebene Kindeseinkommen berücksichtigt;
3. dass über den Unterhalt ein Festsetzungsbeschluss ergehen kann, aus dem der Antragsteller die Zwangsvollstreckung betreiben kann, wenn er nicht innerhalb eines Monats Einwendungen in der vorgeschriebenen Form erhebt;
4. welche Einwendungen nach § 252 Abs. 1 und 2 erhoben werden können, insbesondere, dass der Einwand eingeschränkter oder fehlender Leistungsfähigkeit nur erhoben werden kann, wenn die Auskunft nach § 252 Abs. 2 Satz 3 in Form eines vollständig ausgefüllten Formulars erteilt wird und Belege über die Einkünfte beigefügt werden;
5. dass die Einwendungen, wenn Formulare eingeführt sind, mit einem Formular der beigefügten Art erhoben werden müssen, das auch bei jedem Amtsgericht erhältlich ist.

Ist der Antrag im Ausland zuzustellen, bestimmt das Gericht die Frist nach Satz 2 Nr. 3.

(2) § 167 der Zivilprozessordnung gilt entsprechend.

1. Verfahren bei Zulässigkeit des Antrags

Hat die von Amts wegen vorzunehmende Prüfung des Gerichts ergeben, dass die Voraussetzungen für die Zulässigkeit des Antrages nach § 250 I Nr 1–13 gegeben sind und anderweitige Titel über den Unterhalt oder anhängige Verfahren nach § 249 II nicht entgegenstehen, ist der Antrag auf Zahlung von Unterhalt im vereinfachten Verfahren an den Antragsgegner zuzustellen (§§ 166 ff ZPO); das Gericht kann auch eine zusammenfassende Mitteilung über den Inhalt des Antrags einschließlich evt Ergänzungen und Berichtigungen zustellen. Da im vereinfachten Verfahren nur ein an objektive Kriterien geknüpfter Mindestunterhalt (§ 1612a I BGB) erlangt werden kann, ist der Sachvortrag der Beteiligten auf die Klärung dieser objektiven Kriterien zu begrenzen; das gilt auch für die Einwendungen des Antragsgegners (§ 252). § 251 schreibt daher vor, dass der Antragsgegner mit der Zustellung der Antragsschrift bzw deren zusammenfassender Mitteilung über Inhalt und Wirkung eines Festsetzungsbeschlusses und über die dem Antragsgegner möglichen Einwendungen zu informieren ist. Er ist zugleich darüber zu unterrichten, in welcher Form die Einwendungen geltend zu machen sind, insbesondere ob und welche Formulare (§ 259) zu verwenden sind. 1

2. Hinweise des Gerichts

In Nr 1–Nr 5 sind die Hinweise im Einzelnen aufgeführt, die das Gericht zu geben hat: 2

§ 251 Buch 2 – Verfahren in Familiensachen

Nach Nr 1 ist anzugeben, ab welchem Zeitpunkt und in welcher Höhe auf Grund des Antrages und der Angaben im Antrag des Antragstellers Unterhalt festgesetzt werden kann, insbesondere die Zeiträume nach dem Alter des Kindes für den Mindestunterhalt nach der jeweiligen Altersstufe (a), der Prozentsatz des jeweiligen Mindestunterhalts (b) und evt nach § 1612 b BGB (Kindergeld) oder § 1612 c BGB (sonstige kindesbezogene Leistungen) zu berücksichtigende Leistungen (c).

3   Nach Nr 2 ist darauf hinzuweisen, dass das Gericht nicht geprüft hat, ob das im Antrag nach § 250 I Nr 10 anzugebende Kindeseinkommen bei der Höhe des Antrags berücksichtigt wurde. Der Antragsgegner bekommt durch diesen Hinweis Gelegenheit, seinerseits zu prüfen, ob das Kindeseinkommen berücksichtigt wurde.

4   **Nach Nr 3** ist der Antragsgegner darauf hinzuweisen, dass er Einwendungen in der vorgeschriebenen **Form** innerhalb einer **Frist** von einem Monat erheben muss. Diese Frist beginnt mit der Zustellung der Antragsschrift oder der zusammengefassten Mitteilung des Antrags. Ist der Antrag im **Ausland** zuzustellen, ist nicht die Monatsfrist maßgebend, sondern eine **gesondert** von dem Gericht zu bestimmende Frist (Abs 1 S 3). Der Antragsgegner ist auf die Folgen der Versäumung der Frist hinzuweisen. Er ist darauf hinzuweisen, dass über den Unterhalt ein Festsetzungsbeschluss (§ 253) ergehen kann, der ein Vollstreckungstitel gemäß § 794 I Nr 2 a ZPO ist. Die innerhalb der Frist vorzubringenden Einwendungen ergeben sich aus

5   **Nr 4.** Der Antragsgegner ist im Einzelnen über die nach § 252 I und II zulässigen Einwendungen zu informieren, insbesondere darüber, dass der Einwand eingeschränkter oder fehlender Leistungsfähigkeit nur zulässig ist, wenn der Antragsgegner zugleich unter Verwendung des eingeführten Formulars Auskünfte gemäß § 252 II Nr 1–3 erteilt und über seine Einkünfte Belege vorlegt.

6   Nach Nr 5 ist darauf hinzuweisen, dass Einwendungen, wenn **Formulare** eingeführt sind, durch Ausfüllen des Formulars vorgebracht werden müssen. Die Formulare sind beizufügen. Der Hinweis, dass diese auch bei jedem AG erhältlich sind, dient der evt Notwendigkeit, ein Ersatzexemplar zu beschaffen.

3. Fristwahrung, Verjährung

7   Nach Abs 1 findet § 167 ZPO entsprechende Anwendung. Soll daher durch die Zustellung des Antrags eine Frist gewahrt werden, die Verjährungsfrist neu beginnen oder nach § 204 BGB gehemmt werden, tritt diese Wirkung bereits mit dem **Eingang** des Antrags oder der Erklärung ein, wenn die **Zustellung**
8   **demnächst** erfolgt. Maßgebend ist der Eingang des Antrags oder die Erklärung zu Protokoll des Gerichts. Voraussetzung ist, dass die Zustellung demnächst erfolgt, „demnächst" ist ein den Umständen nach angemessener Zeitraum. Geringfügige Verzögerungen sind unschädlich (BGH, NJW-RR 06, 789). Auf vermeidbare Verzögerungen im Geschäftsablauf des Gerichts entfallende Zeit wird nicht mitgerechnet (OLG Hamm, FamRZ 04, 1973; BGH, NJW 00, 2282). Die Verzögerung darf aber nicht vom Antragsteller schuldhaft herbeigeführt worden sein (BGH, NJW 05, 1194).

Einwendungen des Antragsgegners

252 (1) Der Antragsgegner kann Einwendungen geltend machen gegen
1. die Zulässigkeit des vereinfachten Verfahrens;
2. den Zeitpunkt, von dem an Unterhalt gezahlt werden soll;
3. die Höhe des Unterhalts, soweit er geltend macht, dass
   a) die nach dem Alter des Kindes zu bestimmenden Zeiträume, für die der Unterhalt nach dem Mindestunterhalt der ersten, zweiten und dritten Altersstufe festgesetzt werden soll, oder der angegebene Mindestunterhalt nicht richtig berechnet sind,
   b) der Unterhalt nicht höher als beantragt festgesetzt werden darf,
   c) Leistungen der in § 1612b oder § 1612c des Bürgerlichen Gesetzbuchs bezeichneten Art nicht oder nicht richtig berücksichtigt worden sind.

Ferner kann er, wenn er sich sofort zur Erfüllung des Unterhaltsanspruchs verpflichtet, hinsichtlich der Verfahrenskosten geltend machen, dass er keinen Anlass zur Stellung des Antrags gegeben hat. Nicht begründete Einwendungen nach Satz 1 Nr. 1 und 3 weist das Gericht mit dem Festsetzungsbeschluss zurück, ebenso eine Einwendung nach Satz 1 Nr. 2, wenn ihm diese nicht begründet erscheint.

(2) Andere Einwendungen kann der Antragsgegner nur erheben, wenn er zugleich erklärt, inwieweit er zur Unterhaltsleistung bereit ist und dass er sich insoweit zur Erfüllung des Unterhaltsanspruchs verpflichtet. Den Einwand der Erfüllung kann der Antragsgegner nur erheben, wenn er zugleich erklärt, inwieweit er geleistet hat und dass er sich verpflichtet, einen darüber hinausgehenden Unterhaltsrückstand zu begleichen. Den Einwand eingeschränkter oder fehlender Leistungsfähigkeit kann der Antragsgegner nur erheben, wenn er zugleich unter Verwendung des eingeführten Formulars Auskunft über
1. seine Einkünfte,
2. sein Vermögen und
3. seine persönlichen und wirtschaftlichen Verhältnisse im Übrigen

erteilt und über seine Einkünfte Belege vorlegt.

(3) Die Einwendungen sind nur zu berücksichtigen, solange der Festsetzungsbeschluss nicht verfügt ist.

1. Zulässigkeit von Einwendungen

Durch das vereinfachte Verfahren sollen unterhaltsberechtigte minderjährige Kinder schnell zu einem Vollstreckungstitel gelangen. Gegenstand des Verfahrens ist ein Mindestunterhalt (§ 1612a BGB), der an objektive Kriterien anknüpft. Die hierfür notwendigen Angaben sind zwingend durch den Antragsteller in dem Antrag darzulegen (§ 250 I). Dementsprechend sind auch die zulässigen Einwendungen des Antragsgegners in diesem Verfahren beschränkt (Abs 1), weitergehende zulässige Einwendungen (Abs 2) führen zur Überleitung in das streitige Verfahren (§ 255).

1

2. Zulässige Einwendungen im vereinfachten Verfahren

2   Dazu gehören
nach Nr 1 neben den allgemeinen Prozessvoraussetzungen insbesondere die Zulässigkeit des vereinfachten Verfahrens; diese ist zu verneinen bei Fehlen von notwendigen Angaben im Antrag nach § 250 I Nr 1–13 oder, wenn im Zeitpunkt der Zustellung des Antrags bereits ein gerichtlicher Unterhaltstitel oder ein anderer zur Zwangsvollstreckung geeigneter Titel vorliegt oder ein gerichtliches Verfahren auf Unterhaltszahlung anhängig ist (§ 249 II); nicht entgegensteht ein Titel, der nach Zustellung der Antragsschrift erlangt wurde.

3   **Nach Nr 2** kann der Antragsgegner Einwendungen gegen den Zeitpunkt erheben, von dem an Unterhalt gezahlt werden soll; hierunter fällt insbesondere, wenn der Antrag auch Unterhalt für die Vergangenheit erfasst (§ 250 I Nr 5). In diesem Zusammenhang kommen Einwendungen in Betracht, die sich gegen das Vorliegen der Voraussetzungen des § 1613 I, II Nr 2 BGB richten. Mit einem Einwand kann nicht die zeitliche Begrenzung des künftigen Unterhalts auf den Eintritt der Volljährigkeit verlangt werden (OLG Stuttgart, NJW-RR 00, 1103).

4   **Nr 3** bezieht sich auf die Hinweise des Gerichts gemäß § 252 I 1 a–c. Danach können Einwendungen geltend gemacht werden gegen die Einordnung in eine bestimmte Altersstufe oder eine unrichtige Berechnung des Mindestunterhalts (a). Es kann ferner geltend gemacht werden, dass der Unterhalt nicht höher festgesetzt werden darf als beantragt ist (b); hierunter fallen Berechnungsfehler, die zu einer höheren Festsetzung führen können. Ferner können Einwendungen geltend gemacht werden, die eine fehlende oder nicht richtige Berücksichtigung der Leistungen nach § 1612 b BGB (Kindergeld) oder § 1612 c BGB (kinderbezogene Leistungen) betreffen (c).

5   Hinsichtlich **der Kosten** kann der Antragsgegner geltend machen, dass er keinen Anlass zur Stellung des Antrags gegeben hat; das ist dann der Fall, wenn er sich sofort zur Erfüllung des Unterhaltsanspruchs verpflichtet. Dieser Einwand ist im Rahmen der nach Billigkeit zu treffenden Kostenentscheidung des § 243 nach **Nr 4** zu berücksichtigen, in der auf den Grundsatz des § 93 ZPO bei einem sofortigen Anerkenntnis hingewiesen wird.

3. Entscheidung über zulässige Einwendungen

6   Richten sich die Einwendungen
nach Nr 1 gegen die Zulässigkeit des vereinfachten Verfahrens und sind sie begründet, ist der Antrag zurückzuweisen (§ 250 II 1). Die Entscheidung des RPfl ist mit der Erinnerung nach § 11 II RPflG anfechtbar; die auf die Erinnerung ergehende Entscheidung des Gerichts ist unanfechtbar (§ 250 II 3).

7   Einwendungen **nach Nr 2 und 3** gegen den Zeitpunkt und die Höhe des Unterhalts können, soweit sie begründet sind, in dem vereinfachten Verfahren **nicht berücksichtigt** werden. Hierauf ist der Antragsteller nach § 254 S 1 **hinzuweisen.** In diesem Fall wird auf Antrag das streitige Verfahren durchgeführt (§ 255 I 1).

8   **Nicht begründete** Einwendungen nach Abs 1 S 1 Nr 1–3 weist das Gericht mit dem Festsetzungsbeschluss zurück (Abs 1 S 3).

4. Andere Einwendungen

Einwendungen nach Abs 2 können inhaltlich nicht in dem vereinfachten 9
Verfahren berücksichtigt werden. Einbezogen wird jedoch die Frage ihrer
Zulässigkeit. Ergibt die Prüfung, dass diese Einwendungen **unzulässig** sind,
bleiben sie im vereinfachten Verfahren unberücksichtigt und werden in dem
Festsetzungsbeschluss (§ 253) ausdrücklich zurückgewiesen. Ergibt die Prüfung die **Zulässigkeit** der Einwendungen, ist dies dem Antragsteller nach
§ 254 S 1 mitzuteilen; zugleich ist darauf **hinzuweisen,** dass in diesem Fall 10
auf Antrag einer Partei das streitige Verfahren durchgeführt werden kann
(§ 255 I). Die Einwendungen nach Abs 2, die nach Prüfung ihrer Zulässigkeit
auf Antrag zu dem Übergang in das **streitige Verfahren** führen, sind materiell-rechtlicher Natur. Zu ihrer Zulässigkeit gehört, dass der Antragsgegner
zugleich mit der Erhebung der Einwendungen erklärt, inwieweit er zur
Unterhaltsleistung bereit ist und dass er sich insoweit zur Erfüllung des Unterhaltsanspruchs verpflichtet. Der Einwand der **Erfüllung** ist nur zulässig, wenn 11
der Antragsgegner zugleich erklärt, wie viel er geleistet hat und sich verpflichtet, einen darüber hinausgehenden Unterhaltsrückstand zu begleichen. Der 12
Einwand **eingeschränkter** oder **fehlender Leistungsfähigkeit** ist nur zulässig, wenn der Antragsgegner zugleich unter Verwendung des eingeführten
Formulars **Auskunft** über seine Einkünfte (Nr 1), sein Vermögen (Nr 2) und
seine persönlichen und wirtschaftlichen Verhältnisse im Übrigen (Nr 3) erteilt
und hierüber Belege vorlegt (OLG Nürnberg, FamRZ 04, 475); für in
fremder Sprache ausgefüllte Vordrucke und Belege kann das Gericht Übersetzung nach § 142 III ZPO anordnen (OLG München, FamRZ 05, 381). Der 13
Antragsgegner ist darauf **hinzuweisen,** dass bei unvollständig ausgefülltem
Vordruck der Einwand nicht wirksam erhoben und unzulässig ist (OLG
Oldenburg, FamRZ 01, 1078). Es ist auch im vereinfachten Verfahren ein
Gebot fairen Verfahrens, dem Antragsgegner Gelegenheit zur Vervollständigung seiner Angaben im Formular sowie zur Nachreichung von Belegen zu
geben (OLG Karlsruhe, FamRZ 06, 1548). Wenn der Antragsgegner seinen
Einwand fehlender Leistungsfähigkeit nachvollziehbar begründet hat, ist eine
gesonderte Erklärung des Unterhaltspflichtigen nach Abs 2 S 1 entbehrlich
(OLG Hamm, FamRZ 06, 211; OLG Koblenz, FamRZ 05, 915). **Der** 14
Übergang in das streitige Verfahren nach §§ 254, 255 setzt zulässige
Einwendungen voraus. Es müssen daher zunächst die für die Zulässigkeit
notwendigen Feststellungen anhand des Sachvortrages und der vorgelegten
Belege getroffen werden.

5. Zeitliche Beschränkung der Einwendungen

Nach § 251 I Nr 3 ist der Antragsgegner darauf hinzuweisen, dass ein 15
Festsetzungsbeschluss (§ 253) ergehen kann, wenn er nicht innerhalb eines
Monats Einwendungen in der vorgeschriebenen Form erhebt. Hierdurch
werden jedoch nach Ablauf der Frist vorgebrachte Einwendungen nicht ausgeschlossen. Sie sind vielmehr nach Abs 3 zu **berücksichtigen, so lange** der 16
Festsetzungsbeschluss nicht „verfügt" ist. Hierunter wird auch nach bisherigem Recht der Erlass der Entscheidung verstanden, der nicht schon durch die
Unterzeichnung des Beschlusses (KG, FamRZ 06, 1209), sondern erst durch

das Hinausgehen aus dem internen Geschäftsbereich (OLG Hamm, FamRZ 06, 44; FamRZ 07, 836) bewirkt wurde. Die Definition des „Erlasses" einer Entscheidung enthält nunmehr § 38 III, der nach § 113 auch in Familienstreitsachen, Ehesachen, Scheidungssachen anwendbar ist; es wird Bezug genommen auf das Datum der Übergabe des Beschlusses an die Geschäftsstelle. Für die Rechtzeitigkeit der Einwendungen kommt es auf deren Eingang bei Gericht an (OLG Köln, FamRZ 01, 1464).

Festsetzungsbeschluss

253 (1) Werden keine oder lediglich nach § 252 Abs. 1 Satz 3 zurückzuweisende oder nach § 252 Abs. 2 unzulässige Einwendungen erhoben, wird der Unterhalt nach Ablauf der in § 251 Abs. 1 Satz 2 Nr. 3 bezeichneten Frist durch Beschluss festgesetzt. In dem Beschluss ist auszusprechen, dass der Antragsgegner den festgesetzten Unterhalt an den Unterhaltsberechtigten zu zahlen hat. In dem Beschluss sind auch die bis dahin entstandenen erstattungsfähigen Kosten des Verfahrens festzusetzen, soweit sie ohne weiteres ermittelt werden können; es genügt, wenn der Antragsteller die zu ihrer Berechnung notwendigen Angaben dem Gericht mitteilt.

(2) In dem Beschluss ist darauf hinzuweisen, welche Einwendungen mit der Beschwerde geltend gemacht werden können und unter welchen Voraussetzungen eine Abänderung verlangt werden kann.

1. Voraussetzungen

1   Ein **Festsetzungsbeschluss** kann ergehen, wenn die dem Antragsgegner für die Erhebung von Einwendungen gesetzte **Monatsfrist** nach § 251 I Nr 3 abgelaufen ist und **keine** Einwendungen erhoben wurden oder zulässige aber nicht begründete Einwendungen nach § 252 I 1 Nr 1–3 iVm S 2 oder **unzulässige** Einwendungen nach § 252 II. Bei zulässigen Einwendungen nach § 252 II findet auf Antrag der Übergang in das **streitige Verfahren** statt (§§ 254, 255 I). Wird vor Ablauf der Monatsfrist des § 251 I Nr 3 entschieden, stellt dies nur dann einen erheblichen Verstoß dar, wenn infolge dessen rechtzeitig erhobene Einwendungen unberücksichtigt geblieben sind. Andererseits sind auch nach Ablauf der Frist vorgebrachte Einwendungen zu berücksichtigen, weil es sich hierbei nicht um eine Ausschlussfrist handelt und § 252 III ausdrücklich ihre Berücksichtigung vorschreibt, solange der Festsetzungsbeschluss noch nicht erlassen ist. Ist ein Vordruck unvollständig ausgefüllt oder fehlen Belege, hat das Gericht hierauf nach § 139 ZPO hinzuweisen (OLG Karlsruhe, FamRZ 06, 1548). Die entsprechende Vorschrift des § 28 II des allgemeinen Teils findet auf die Familienstreitsachen nach § 113 keine Anwendung.

2. Inhalt des Beschlusses

2   Der Festsetzungsbeschluss ist Vollstreckungstitel nach § 794 I Nr 2a ZPO. Die **Beschlussformel** muss daher die Zahlung auf Unterhalt aussprechen unter Angabe der Unterhaltsbeträge und der Zeiträume, für die zu zahlen ist;

§ 253 Festsetzungsbeschluss **§ 253**

für einen **dynamisierten Unterhaltstitel** nach § 1612a BGB die für die Bestimmung des Prozentsatzes des jeweiligen Mindestunterhalts notwendigen Angaben. Auch für das vorweg anzurechnende **Kindergeld** nach § 1612b BGB ist nach den Änderungen durch das UnterhÄndG eine Bezifferung nicht mehr notwendig; es genügt auch hier die Angabe des Prozentsatzes des anzurechnenden Kindergeldes und die für die Höhe des Kindergeldes maßgebende Rangfolge des Kindes. Der Unterhaltsanspruch ist **zeitlich nicht** auf 3 den Eintritt der Volljährigkeit zu beschränken; hat nämlich der Unterhaltsverpflichtete nach Eintritt der Volljährigkeit weiterhin Unterhalt zu leisten, kann die Vollstreckung aus dem im vereinfachten Verfahren erwirkten Titel fortgesetzt werden (§ 244). Im Übrigen kann gegen einen rechtskräftigen 4 Festsetzungsbeschluss nach **§ 253 Abänderung** beantragt werden, ohne dass die allgemeinen Voraussetzungen für die Abänderung von Unterhaltstiteln nach § 238 vorliegen müssen, die eine nachträgliche wesentliche Änderung der der Entscheidung zu Grunde liegenden tatsächlichen oder rechtlichen Verhältnisse voraussetzt.

Soll ein Festsetzungsbeschluss, der den Unterhalt nach § 1612a BGB als 5 Prozentsatz des Mindestunterhalts festsetzt, **im Ausland vollstreckt** werden, ist der geschuldete Unterhalt auf Antrag auf dem Titel zu beziffern (§ 245).

Mit **Inkrafttreten des UnterhÄndG** zum 1. 1. 2008 werden dynamische 6 Unterhaltstitel und Vereinbarungen ohne gesondertes Verfahren allein durch eine Umrechnung in das neue Recht überführt; der von dem Unterhaltsverpflichteten zu zahlende Betrag bleibt gleich. Es werden lediglich die Anknüpfungspunkte für die Dynamisierung ausgetauscht. Die Berücksichtigung des anzurechnenden Kindergeldes regelt § 36 Nr 3 S 4 EGZPO. Durch 7 Änderung des **materiellen Rechts** können sich Änderungen ergeben, die nicht im Rahmen einer bloßen Umstellung berücksichtigt werden können; hierzu ist ggf eine Abänderungsklage erforderlich. Die Notwendigkeit hierfür kann sich daraus ergeben, dass nach § 1606 III 1 BGB das Kindergeld den beiden barunterhaltspflichtigen Eltern nicht mehr hälftig, sondern entsprechend ihren Haftungsanteilen zukommt. Durch eine bloße Umstellung des Titels kann auch die neue Regelung des § 1612b BGB nicht berücksichtigt werden, dergemäß das Kindergeld auch dann bedarfsmindernd zu verrechnen ist, wenn nur einer der Elternteile kindergeldberechtigt ist. Im Einzelnen zur Umstellung: Vossenkämper, FamRZ 08, 201.

3. Kostenentscheidung

Die Kostenentscheidung ergeht nach **§ 243** nach billigem Ermessen; hier- 8 bei ist insbesondere das Verhältnis von Obsiegen und Unterliegen der Beteiligten (§§ 91, 92 ZPO) zu berücksichtigen (Nr 1); insbesondere auch ein sofortiges Anerkenntnis nach § 93 ZPO (Nr 4) iVm § 252 I 2, wenn der Antragsgegner, der sich sofort zur Erfüllung des Unterhaltsanspruchs verpflichtet, geltend macht, dass er keinen Anlass zur Stellung des Antrags gegeben habe.

In dem Beschluss kann zugleich **Kostenfestsetzung** erfolgen, auch ohne 9 dass der Antragsteller einen bezifferten Antrag stellt. Voraussetzung ist, dass die zu erstattenden Kosten auf Grund der Angaben des Antragstellers sofort ermittelt werden können. Soweit dies nicht der Fall ist, hat später Kostenfestsetzung nach §§ 103 ff ZPO zu erfolgen.

4. Hinweis auf Beschwerde, Abänderung

10 In dem Beschluss ist entsprechend einer Rechtsmittelbelehrung darauf hinzuweisen, dass Einwendungen mit der befristeten Beschwerde geltend gemacht werden können (Abs 2); diese richtet sich nach § 11 I RPflG
11 unmittelbar gegen den durch den RPfl erlassenen Feststellungsbeschluss. Um den **Erfordernissen** einer Rechtsbehelfsbelehrung nach § 39 zu entsprechen, die nach § 113 auch in Familienstreitsachen anwendbar ist, sind auch anzugeben das Gericht, bei dem die Beschwerde einzulegen ist, dessen Sitz
12 und die einzuhaltende Form und Frist. Die **zulässigen Beschwerdegründe** sind nach § 256 begrenzt. Die Beschwerde kann nur darauf gestützt werden, dass nach § 252 I zulässige Einwendungen nicht berücksichtigt oder als nicht begründet behandelt wurden oder andere Einwendungen nach § 252 II fehlerhaft als unzulässig behandelt wurden. In dem Hinweis muss der konkrete Gesetzestext des § 252 angegeben werden, damit erkennbar ist und beurteilt werden kann, ob und inwieweit der Festsetzungsbeschluss fehlerhaft
13 ist. Hinsichtlich der **Kostenentscheidung** ist darauf hinzuweisen, dass sie nicht isoliert, sondern nur zusammen mit der Hauptsache angefochten werden kann (§ 99 I ZPO); insoweit weicht die Anfechtbarkeit von Kosten-
14 entscheidungen von denen der §§ 80 ff des allgemeinen Teils ab. Andererseits ist in Bezug auf die Kostenfestsetzung, soweit sie schon Teil des Festsetzungsbeschlusses geworden ist (Abs 1 S 3) darauf hinzuweisen, dass der Beschluss insoweit nach § 104 III ZPO mit der sofortigen Beschwerde (§ 11 I RPflG)
15 anfechtbar ist. Es ist ferner darauf hinzuweisen, dass die Beschwerde **nicht zulässig** ist, soweit sie auf materiell-rechtliche Einwendungen nach § 252 II gestützt wird, die nicht vor Erlass des Festsetzungsbeschlusses (§ 253) erhoben wurden. Diese Einwendungen sind nach § 252 III nur zu berücksichtigen, solange der Festsetzungsbeschluss noch nicht erlassen ist (§ 38 III); sie können daher auch im Rechtsmittelverfahren nicht mehr berücksichtigt werden.

5. Hinweis auf Abänderungsverfahren

16 Die pauschale Festsetzung des Unterhalts im vereinfachten Verfahren kann auch in dessen Rechtsmittelverfahren nicht den **individuellen Besonderheiten** angepasst werden. Diese Möglichkeit besteht nur in dem Abänderungsverfahren nach § 240. Hierauf ist in dem Beschluss hinzuweisen. Voraussetzungen für die Abänderungsklage ist die Rechtskraft des Festsetzungsbeschlusses. Hinsichtlich des Sachvortrages bestehen keine Beschränkungen; es muss keine wesentliche Änderung der der Entscheidung zu Grunde liegenden
17 tatsächlichen oder rechtlichen Verhältnisse eingetreten sein. Es ist jedoch darauf hinzuweisen, dass es bei einem Antrag auf **Herabsetzung** des Unterhalts für eine **rückwirkende** Abänderung **Fristen** gibt. Diese müssen im Einzelnen gemäß § 240 II in dem Hinweis angegeben werden.

§ 255 Streitiges Verfahren　　　　　　　　　　　　　**§§ 254, 255**

Mitteilungen über Einwendungen

254 Sind Einwendungen erhoben worden, die nach § 252 Abs. 1 Satz 3 nicht zurückzuweisen oder die nach § 252 Abs. 2 zulässig sind, teilt das Gericht dem Antragsteller dies mit. Es setzt auf seinen Antrag den Unterhalt durch Beschluss fest, soweit sich der Antragsgegner nach § 252 Abs. 2 Satz 1 und 2 zur Zahlung von Unterhalt verpflichtet hat. In der Mitteilung nach Satz 1 ist darauf hinzuweisen.

Sind Einwendungen erhoben worden, die nach § 252 I 3 nicht zurück- 1
zuweisen sind oder die nach § 252 II zulässig sind, ist dies dem **Antragsteller mitzuteilen.** Hierbei handelt es sich um Einwendungen nach § 252 I Nr 1–3, die begründet sind und daher in dem Festsetzungsbeschluss zurückgewiesen werden können (§ 252 S 3). Ferner sind dem Antragsteller Einwendungen nach § 252 II mitzuteilen, soweit diese zulässig sind. Gegenstand des vereinfachten Verfahrens ist nur deren Zulässigkeit, ist diese zu verneinen, werden sie in dem Festsetzungsbeschluss zurückgewiesen. Ist die Zulässigkeit zu bejahen, besteht die Möglichkeit der Überleitung in das **streitige Verfahren.**

Soweit sich der Antragsgegner im Rahmen der zulässigen Einwendungen 2
nach § 252 II 1 und 2 **zur Zahlung** von Unterhalt **verpflichtet** hat, ist der Antragsteller hierauf ebenfalls hinzuweisen; es handelt sich nach § 252 II 1 um die Verpflichtung zur Erfüllung des Unterhaltsanspruchs, soweit der Antragsgegner hierzu bereit ist, und nach § 252 II S 2 um die Verpflichtung, einen über den bereits geleisteten hinausgehenden Unterhaltsrückstand zu begleichen. Erklärt der Antragsgegner nur zur Zahlung eines bestimmten Betrages in der Lage zu sein, ist dies als Zahlungszusage zu 3
verstehen. Der Antragsteller kann einen **Teilfestsetzungsbeschluss** beantragen **und** im Übrigen die Durchführung des **streitigen Verfahrens** (§ 255); er kann **aber auch** für den gesamten geltend gemachten Betrag das streitige Verfahren wählen (Anm van Els zu OLG Naumburg, FamRZ 07, 1659).

Sind Einwendungen nach § 252 I 3 erhoben worden, die nicht zurück- 4
zuweisen sind oder die nach § 252 II zulässig sind, kann auf Antrag einer Partei das **streitige Verfahren** durchgeführt werden (§ 255 I 1). Auch hierauf ist in der Mitteilung hinzuweisen (§ 255 I S 2).

Soweit auf (neuen) Antrag des Antragstellers ein Festsetzungsbeschluss in 5
der Höhe ergangen ist, in der sich der Antragsgegner verpflichtet hat, handelt es sich um eine **Teilentscheidung.** Der weitergehende Antrag des Antragstellers wird daher nicht zurückgewiesen; es ergeht auch keine Kostenentscheidung. Ein **weitergehender** Anspruch ist Gegenstand des **streitigen Verfahrens,** wenn eine der Parteien dies beantragt.

Streitiges Verfahren

255 (1) Im Fall des § 254 wird auf Antrag eines Beteiligten das streitige Verfahren durchgeführt. Darauf ist in der Mitteilung nach § 254 Satz 1 hinzuweisen.

§ 255

(2) Beantragt ein Beteiligter die Durchführung des streitigen Verfahrens, ist wie nach Eingang eines Antrags in einer Unterhaltssache weiter zu verfahren. Einwendungen nach § 252 gelten als Erwiderung.

(3) Das Verfahren gilt als mit der Zustellung des Festsetzungsantrags (§ 251 Abs. 1 Satz 1) rechtshängig geworden.

(4) Ist ein Festsetzungsbeschluss nach § 254 Satz 2 vorausgegangen, soll für zukünftige wiederkehrende Leistungen der Unterhalt in einem Gesamtbetrag bestimmt und der Festsetzungsbeschluss insoweit aufgehoben werden.

(5) Die Kosten des vereinfachten Verfahrens werden als Teil der Kosten des streitigen Verfahrens behandelt.

(6) Wird der Antrag auf Durchführung des streitigen Verfahrens nicht vor Ablauf von sechs Monaten nach Zugang der Mitteilung nach § 254 Satz 1 gestellt, gilt der über den Festsetzungsbeschluss nach § 254 Satz 2 oder die Verpflichtungserklärung des Antragsgegners nach § 252 Abs. 2 Satz 1 und 2 hinausgehende Festsetzungsantrag als zurückgenommen.

1. Anwendungsbereich

1   Die Überleitung des vereinfachten Verfahrens in das **streitige Verfahren** findet statt, wenn in dem vereinfachten Verfahren Einwendungen nach § 252 I 3 erhoben worden sind, die nicht zurückzuweisen sind oder zulässige Einwendungen nach § 252 II. Sie setzt einen **Antrag** auf Durchführung des streitigen Verfahrens voraus. Antragsberechtigt sind beide Beteiligte. Nach Abs 1 S 2 iVm § 254 ist nur der Antragsteller hierauf hinzuweisen; der Antragsgegner kann, muss aber nicht darauf hingewiesen werden. Durch den Antrag auf Durchführung des streitigen Verfahrens wird der Festsetzungsantrag nach § 250 zu einem verfahrenseinleitenden Antrag eines Verfahrens auf Unterhalt. Das Verfahren gilt rückwirkend als mit der Zustellung des Festsetzungsantrages nach § 251 I 1 rechtshängig geworden (Abs 3).

2. Antrag

2   Der Antrag nach Abs 1 kann schriftlich oder, da er noch Teil des vereinfachten Verfahrens ist, zu Protokoll des Urkundsbeamten der Geschäftsstelle abgegeben werden (§ 257); es besteht kein Anwaltszwang (§ 13 RPflG). Der Antrag auf Übergang in das streitige Verfahren kann nicht schon mit dem Festsetzungsantrag nach § 250 gestellt werden, auch nicht durch den Antragsgegner iVm den Einwendungen nach § 252. Er ist vielmehr **erst zulässig,** nachdem das Gericht die Einwendungen auf ihre Begründetheit (§ 252 I 3) und Zulässigkeit (§ 252 II) geprüft und Mitteilung hierüber nach § 254 gemacht hat.

3. Verfahren

3   Das Verfahren wird nach den besonderen Verfahrensvorschriften über Unterhaltssachen nach **§§ 231 ff** durchgeführt. Gemäß § 114 I besteht für die Durchführung des streitigen Verfahrens als Familienstreitsache (§ 112 Nr 1) nunmehr Anwaltszwang. Wird eine Ehesache anhängig, ist die Unterhalts-

sache nach § 233 an das Gericht der Ehesache abzugeben. Es bestehen die verfahrensrechtlichen Auskunftspflichten der Beteiligten (§ 235) und Dritter (§ 236). Eine Verpflichtung zur Zahlung von Unterhalt kann auch durch einstweilige Anordnung nach § 246 geregelt werden. Die Einwendungen nach § 252 I, soweit sie nicht zurückzuweisen sind, und die nach § 252 II, soweit diese zulässig sind, gelten als Erwiderung (Abs 2). Weitergehende Einwendungen können nicht geltend gemacht werden; das streitige Verfahren soll nicht zur Umgehung von § 252 missbraucht werden. Der Feststellungsantrag kann nicht mehr zurückgenommen werden, weil er jetzt als verfahrenseinleitender Antrag der Unterhaltssache gilt; nur dieser Antrag kann zurückgenommen werden.

4. Einheitliche Entscheidung

Soweit sich der Antragsgegner in dem vereinfachten Verfahren nach § 252 II 1 und 2 zur Zahlung von Unterhalt verpflichtet hat, kann insoweit auf Antrag des Antragstellers ein (Teil)Festsetzungsbeschluss ergehen (§ 254 S 2). Soweit die Verpflichtung zur Unterhaltszahlung die Verpflichtung für künftige wiederkehrende Leistungen enthält (§ 252 II 1), soll dieser in einem **Gesamtbetrag** bestimmt werden, soweit in dem streitigen Verfahren ein weitergehender Unterhaltsanspruch zuzuerkennen ist. Voraussetzung ist, dass der Anspruch auf künftigen Unterhalt in dem Festsetzungsbeschluss und der weitergehende Anspruch des streitigen Verfahrens **denselben Zeitraum** betreffen. Ein Gesamtbetrag ist nicht zu bestimmen, wenn der Festsetzungsbeschluss einen anderen Zeitraum betrifft; hierbei wird es sich in der Regel um rückständigen Unterhalt (§ 252 II 2) handeln. Die Bestimmung eines Gesamtbetrages ist nicht zwingend; sie „soll" erfolgen; hierdurch wird die Zwangsvollstreckung erleichtert. Erfolgt die Bestimmung eines Gesamtbetrages, ist der (Teil)Festsetzungsbeschluss aufzuheben. Insoweit ist die Zwangsvollstreckung aus dem Festsetzungsbeschluss nach § 775 Nr 1 ZPO einzustellen und getroffene Vollstreckungsmaßregeln nach § 776 ZPO aufzuheben.

4

5

5. Kosten

Nach **Abs 5** sind die Kosten des vereinfachten Verfahrens als Teil der Kosten des streitigen Verfahrens zu behandeln. Über die Kosten ist daher einheitlich zu entscheiden. Grundlage der Kostenentscheidung ist **§ 243,** der Spezialvorschrift gegenüber den allgemeinen Vorschriften der §§ 91 ff ZPO ist. Die Kostenentscheidung erfolgt **nach billigem Ermessen.** Hierbei sind jedoch die allgemeinen Kostengrundsätze der ZPO, die an das Obsiegen oder Unterliegen eines Beteiligten, ein Anerkenntnis, anknüpfen, zu berücksichtigen. Wenn daher der Antragsgegner, der sich sofort zur Erfüllung des Unterhaltsanspruchs verpflichtet, geltend macht, er habe keinen Anlass zur Stellung des Antrags gegeben (§ 252 I S 2), ist dies nach dem Grundsatz des § 93 ZPO bei der Kostenverteilung zu berücksichtigen. Soweit nach **Abs 6** ein Festsetzungsantrag als **zurückgenommen** gilt, erfolgt die Kostenentscheidung auf Grund des § 269 III ZPO; im Übrigen nach den §§ 91 ff ZPO.

6

7

8

§ 256 Buch 2 – Verfahren in Familiensachen

6. Antragsfrist

9 Der Antrag auf Durchführung des streitigen Verfahrens muss innerhalb einer Frist von **sechs Monaten** nach Zugang der Mitteilung über das Ergebnis der Prüfung der Einwendungen nach § 254 S 1 gestellt werden. Geschieht dies nicht, wird das streitige Verfahren nicht durchgeführt, es verbleibt, soweit der Antragsgegner eine Verpflichtungserklärung nach § 252 II 1, 2 abgegeben
10 hat, bei dem (Teil)Festsetzungsbeschluss nach § 254 S 2. Der weitergehende Festsetzungsantrag **gilt als zurückgenommen.** Durch diese Regelung soll für den Antragsgegner Rechtssicherheit geschaffen werden.

Beschwerde

256 Mit der Beschwerde können nur die in § 252 Abs. 1 bezeichneten Einwendungen, die Zulässigkeit von Einwendungen nach § 252 Abs. 2 sowie die Unrichtigkeit der Kostenentscheidung oder Kostenfestsetzung, sofern sie nach allgemeinen Grundsätzen anfechtbar sind, geltend gemacht werden. Auf Einwendungen nach § 252 Abs. 2, die nicht erhoben waren, bevor der Festsetzungsbeschluss verfügt war, kann die Beschwerde nicht gestützt werden.

1. Anwendungsbereich

1 § 256 behandelt das **Rechtsmittel** gegen den Festsetzungsbeschluss (§ 253). Es richtet sich gegen die Entscheidung des RPfl (§ 11 I RPflG). Es finden die allgemeinen Vorschriften über das Beschwerdeverfahren (§§ 58–69) und das Verfahren der Rechtsbeschwerde (§§ 70–75) Anwendung. Entsprechend der Beschränkung des Sachvortrags in dem vereinfachten Verfahren
2 sind auch die Gründe, die mit der Beschwerde geltend gemacht werden können, beschränkt. Die **Beschwerde** ist nur **insoweit zulässig**, als sie auf die in § 256 aufgeführten Gründe gestützt wird. Wurden zulässige Einwendungen (§ 252) nicht geltend gemacht, ist die Beschwerde insgesamt unzulässig. Der Antragsteller kann Beschwerde einlegen, wenn der Unterhalt abweichend von seinem Antrag (§ 250) zu niedrig festgesetzt worden ist (OLG München, FamRZ 02, 547; aA: OLG Naumburg, FamRZ 03, 690). Eine darüber hinausgehende Antragserweiterung im Wege der Beschwerde ist unzulässig.
3 Zulässig ist die Anfechtung der **Kostenentscheidung** oder der **Kostenfestsetzung** im Wege der Beschwerde, soweit deren Unrichtigkeit geltend gemacht wird. Soweit die Kostenentscheidung nach allgemeinen Vorschriften isoliert anfechtbar ist, kann sie auch im Wege der Beschwerde nach § 256 isoliert angefochten werden. **Unzulässige Einwendungen** können nur im Verfahren auf Abänderung nach § 240 iVm § 253 geltend gemacht werden. **Gegenstand der Beschwerde** können nur die in § 252 I bezeichneten Einwendungen und die Frage der Zulässigkeit von Einwendungen nach § 252 II sein. Auf Einwendungen nach § 252 II, die nicht vor Erlass des Festsetzungsbeschlusses (§ 252 III) erhoben worden sind, kann die Beschwerde nicht gestützt werden; sie ist insoweit unzulässig. Insoweit können auch Auskunft und Belege in Bezug auf den Einwand eingeschränkter oder fehlender Leis-

§ 257 Besondere Verfahrensvorschriften § 257

tungsfähigkeit nach § 252 II 3 nicht nachgereicht werden. Gegenstand der Beschwerde kann nur sein, ob die erhobenen Einwendungen zutreffend behandelt wurden. Es kann geltend gemacht werden Unzulässigkeit des vereinfachten Verfahrens (§ 252 I Nr 1), insbesondere eine fehlerhafte Berechnung des Unterhalts sowohl hinsichtlich des Zeitraumes als auch hinsichtlich der Höhe (§ 252 I Nr 2, 3), fehlender Nachweis der Leistungsfähigkeit (§ 252 II 3). Es kann geltend gemacht werden, dass Einwendungen nach § 252 I Nr 1–3 zu Unrecht als nicht begründet behandelt wurden (§ 252 I S 3) oder zulässige Einwendungen nach § 252 II als unzulässig behandelt wurden.

Soweit die Geltendmachung von Einwendungen im Rechtsmittelverfahren **ausgeschlossen** ist, besteht die Möglichkeit, eine Änderung im Wege eines **Abänderungsverfahrens** herbeizuführen. Die Änderung eines Festsetzungsbeschlusses (§ 253) in dem Verfahren nach § 240 setzt lediglich die Rechtskraft des Festsetzungsbeschlusses voraus; eine nachträgliche wesentliche Änderung der tatsächlichen und rechtlichen Umstände ist für die Zulässigkeit dieses Verfahrens nicht erforderlich. 4

2. Isolierte Kostenfestsetzung

In dem Festsetzungsbeschluss können auch die bis zum Erlass des Beschlusses entstandenen erstattungsfähigen Kosten des Verfahrens festgesetzt werden, soweit sie ohne weiteres ermittelt werden können (§ 253 I 2). Soweit deren Unrichtigkeit geltend gemacht wird, ist nach S 1 die Beschwerde zulässig. Erfolgt die Kostenfestsetzung jedoch ganz oder zum Teil durch gesonderten Beschluss, findet die sofortige Beschwerde nach § 104 III ZPO statt. 5

3. Rechtsbehelfsbelehrung

Durch § 39 ist allgemein für das FamFG die Rechtsbehelfsbelehrung eingeführt worden. Danach hat jeder Beschluss eine Belehrung über das statthafte Rechtsmittel, sowie das Gericht, bei dem dieses einzulegen ist, dessen Sitz und die einzuhaltende Form und Frist zu enthalten. Zusätzlich zu diesen formalen Hinweisen ist in dem Beschluss darauf hinzuweisen, welche Einwendungen mit der Beschwerde geltend gemacht werden können (§ 253 II); dieser Hinweis muss die **Zulässigkeitsvoraussetzungen für die Beschwerde nach § 256** im Einzelnen enthalten. 6

Besondere Verfahrensvorschriften

257 In vereinfachten Verfahren können die Anträge und Erklärungen vor dem Urkundsbeamten der Geschäftsstelle abgegeben werden. Soweit Formulare eingeführt sind, werden diese ausgefüllt; der Urkundsbeamte vermerkt unter Angabe des Gerichts und des Datums, dass er den Antrag oder die Erklärung aufgenommen hat.

1. Anwendungsbereich

Im vereinfachten Verfahren können **alle Anträge und Erklärungen** schriftlich und gemäß § 257 auch vor dem Urkundsbeamten der Geschäfts- 1

§ 258 Buch 2 – Verfahren in Familiensachen

stelle abgegeben werden. Hierzu gehört auch der noch im vereinfachten Verfahren zu stellende Antrag einer Partei auf Durchführung des streitigen Verfahrens (§ 255 I). Insoweit besteht auch kein Anwaltszwang (§ 13 RPflG).

2 **Nicht anwendbar** ist die Möglichkeit, Anträge und Erklärungen vor dem Urkundsbeamten der Geschäftsstelle abzugeben bei der Durchführung des streitigen Verfahrens nach § 255 II. Auch nicht in Verfahren auf Abänderung von Festsetzungsbeschlüssen (§ 240 iVm § 253). Anwendbar ist § 257 jedoch im Beschwerdeverfahren. § 64 II 2 findet auf das vereinfachte Verfahren keine Anwendung.

2. Erklärungen zu Protokoll

3 Diese können, soweit sie zulässig sind (§ 257), vor der Geschäftsstelle des zuständigen Gerichts, aber auch eines jeden Amtsgerichts, zu Protokoll abgegeben werden (§ 129a ZPO). Die Geschäftsstelle hat das Protokoll unverzüglich an das Gericht zu übermitteln, an das der Antrag oder die Erklärung gerichtet ist. Die Anträge oder Erklärungen werden erst mit Eingang des Protokolls bei dem zuständigen Gericht wirksam (§ 129a II 2 ZPO).

3. Form der Erklärung

4 Sie wird mündlich vor dem Urkundsbeamten des Gerichts abgegeben; soweit Formulare für Anträge und Erklärungen der Beteiligten eingeführt sind, müssen diese ausgefüllt werden (§ 259 II). Soweit Vordrucke nicht eingeführt sind, nimmt der Urkundsbeamte der Geschäftsstelle die Anträge und Erklärungen auf. Nach S 2, Hs 2, ersetzt ein Vermerk des Urkundsbeamten der Geschäftsstelle mit dessen Unterschrift das Protokoll und den Nachweis der Abgabe der Erklärungen (§ 415 ZPO).

Sonderregelungen für maschinelle Bearbeitung

258 (1) **In vereinfachten Verfahren ist eine maschinelle Bearbeitung zulässig. § 690 Abs. 3 der Zivilprozessordnung gilt entsprechend.**

(2) **Bei maschineller Bearbeitung werden Beschlüsse, Verfügungen und Ausfertigungen mit dem Gerichtssiegel versehen; einer Unterschrift bedarf es nicht.**

1. Zulässigkeit der maschinellen Bearbeitung

1 Die maschinelle Bearbeitung kann durch die Landesjustizverwaltungen eingeführt werden. Die Benutzung steht dem RPfl im Einzelfall frei. Nach dem entsprechend anwendbaren § 690 III 1, 3 ZPO kann der Antrag in einer nur maschinell lesbaren Form übermittelt werden, wenn diese dem Gericht für seine maschinelle Bearbeitung geeignet erscheint. Die Zulassung steht im Ermessen des zuständigen Gerichts. Nicht Bezug genommen wird auf § 690 III 2 ZPO, der die Einreichung von Anträgen durch einen Rechtsanwalt betrifft, weil im vereinfachten Verfahren kein Anwaltszwang besteht.

§ 260 Bestimmung des Amtsgerichts §§ 259, 260

2. Unterzeichnung

Der Antrag bedarf keiner handschriftlichen Unterzeichnung, wenn in anderer Weise gewährleistet ist, dass der Antrag nicht ohne den Willen des Antragstellers übermittelt wird (Abs 1 S 2 iVm § 690 III 3 ZPO). 2

3. Ersatz der Unterschrift bei Entscheidungen

Beschlüsse, Verfügungen und Ausfertigungen, die der maschinellen Bearbeitung unterliegen, bedürfen keiner Unterschrift. Diese wird durch das Gerichtssiegel ersetzt. 3

Formulare

259 (1) **Das Bundesministerium der Justiz wird ermächtigt, zur Vereinfachung und Vereinheitlichung der Verfahren durch Rechtsverordnung mit Zustimmung des Bundesrates Formulare für das vereinfachte Verfahren einzuführen. Für Gerichte, die die Verfahren maschinell bearbeiten, und für Gerichte, die die Verfahren nicht maschinell bearbeiten, können unterschiedliche Formulare eingeführt werden.**

(2) **Soweit nach Absatz 1 Formulare für Anträge und Erklärungen der Beteiligten eingeführt sind, müssen sich die Beteiligten ihrer bedienen.**

Das Bundesministerium der Justiz ist ermächtigt, für das vereinfachte Verfahren **Formulare** einzuführen; diese können für Gerichte, die das Verfahren maschinell bearbeiten, und für Gerichte, die das Verfahren nicht maschinell bearbeiten, unterschiedlich sein (Abs 1). Diese Formulare sind durch die KindUFV vom 19. 6. 1998 (BGBl I S. 1364), zuletzt geändert durch Verordnung vom 17. 7. 2009 (BGBl I S. 2134), eingeführt worden für Anträge auf Festsetzung nach §§ 249, 250 gemäß Anlage 1 der Verordnung, und für die Erhebung von Einwendungen nach § 252 nach Anlage 2 der Verordnung. 1

Nach Abs 2 besteht **Benutzungszwang**. Ein ohne Formular gestellter Antrag muss wiederholt werden; bei Wiederholung bleibt der Eingang des nicht formularmäßig gestellten Antrages für die Fristwahrung maßgebend. Wird ein Formular für den Antrag nicht benutzt, ist dieser als unzulässig zurückzuweisen. 2

Bestimmung des Amtsgerichts

260 (1) **Die Landesregierungen werden ermächtigt, die vereinfachten Verfahren über den Unterhalt Minderjähriger durch Rechtsverordnung einem Amtsgericht für die Bezirke mehrerer Amtsgerichte zuzuweisen, wenn dies ihrer schnelleren und kostengünstigeren Erledigung dient. Die Landesregierungen können die Ermächtigung durch Rechtsverordnung auf die Landesjustizverwaltungen übertragen.**

(2) **Bei dem Amtsgericht, das zuständig wäre, wenn die Landesregierung oder die Landesjustizverwaltung das Verfahren nach Absatz 1 nicht einem anderen Amtsgericht zugewiesen hätte, kann das Kind Anträge**

§ 261 Buch 2 – Verfahren in Familiensachen

und Erklärungen mit der gleichen Wirkung einreichen oder anbringen wie bei dem anderen Amtsgericht.

1 Durch Rechtsverordnung gemäß Abs 1 kann für das vereinfachte Verfahren über den Unterhalt Minderjähriger **ein Amtsgericht** für die Bezirke **mehrerer** Amtsgerichte als zuständig bestimmt werden, wenn dies ihrer schnelleren und kostengünstigeren Erledigung dient. Diese Zuständigkeit besteht nur für das vereinfachte Verfahren. Wird ein Antrag auf Durchführung des streitigen Verfahrens nach § 255 I gestellt, gilt diese Zuständigkeit nicht. Zur Durchführung des streitigen Verfahrens ist die Sache an das örtlich ausschließlich zuständige Amtsgericht nach § 232 zu verweisen (§ 281 ZPO).

2 Eine **Ausnahmeregelung** besteht für das Kind. Dieses kann Anträge und Erklärungen mit fristwahrender Wirkung auch gegenüber dem Amtsgericht abgeben, das ohne die anderweitige Bestimmung nach Abs 1 zuständig wäre. Diese Möglichkeit ist auf Antrag und Erklärungen des Kindes beschränkt; sie gilt nicht für andere an dem Verfahren beteiligte Personen.

Abschnitt 10
Verfahren in Güterrechtssachen

Güterrechtssachen

261 (1) **Güterrechtssachen sind Verfahren, die Ansprüche aus dem ehelichen Güterrecht betreffen, auch wenn Dritte an dem Verfahren beteiligt sind.**

(2) **Güterrechtssachen sind auch Verfahren nach § 1365 Abs. 2, § 1369 Abs. 2 und den §§ 1382, 1383, 1426, 1430 und 1452 des Bürgerlichen Gesetzbuchs.**

1. Anwendungsbereich

1 Die Zuordnung der Güterrechtssachen ist unterschiedlich geregelt. Güterrechtssachen nach Abs 1 sind Verfahren, die Ansprüche aus dem ehelichen Güterrecht betreffen, auch wenn Dritte an dem Verfahren beteiligt sind. Ihr Anwendungsbereich entspricht dem bisherigen § 621 I Nr 8 ZPO aF. Die in diesen Anwendungsbereich fallenden Ansprüche aus dem ehelichen Güterrecht nach §§ 1363–1561 BGB gehören zu den **Familienstreitsachen** nach § 112 Nr 2 iVm Abs 1, soweit sie hiervon nicht ausgenommen werden.

2 **Nicht** zu den Güterrechtssachen gehören die Verfahren nach §§ 1411, 1491 III, 1492 III und 1493 II BGB. Sie gehören zu den **Kindschafts- bzw Betreuungssachen,** weil ihr Gegenstand die Reichweite der Befugnisse des Sorgeberechtigten, Vormunds oder Betreuers ist und daher das Wohl des Minderjährigen bzw Betreuten im Vordergrund steht.

3 Angelegenheiten der **freiwilligen Gerichtsbarkeit,** nicht Familienstreitsachen, sind die Güterrechtssachen nach **Abs 2.** Sie betreffen die Ersetzung der Genehmigung eines Ehegatten durch das Familiengericht bei Gesamtvermögensgeschäften im gesetzlichen Güterstand (§§ 1365 II, 1369 II BGB); hierzu gehören ferner die schon bisher dem Verfahren der freiwilligen Gerichtsbarkeit unterliegenden Regelungen der §§ 1382, 1383 BGB über den Zugewinnausgleich (§ 53a FGG).

§ 1382 BGB betrifft die **Stundung der Ausgleichsforderung** bei vor- 4 zeitigem Zugewinnausgleich in den Fällen, in denen der gesetzliche Güterstand in anderer Weise als durch Tod beendet wird (§ 1372 iVm §§ 1373–1390 BGB). Als Beispiele für Beendigung sind zu nennen: Scheidung (§§ 1564 ff BGB), Aufhebung der Ehe (§§ 1313 ff BGB), rechtskräftiges Urteil auf vorzeitigen Zugewinnausgleich (§§ 1385–1388 BGB), Ehevertrag (§ 1408 BGB); ferner, wenn der überlebende Ehegatte nicht Erbe wird (§ 1371 II iVm §§ 1373–1383, 1390 BGB).

Eine **Übertragung von Vermögensgegenständen** (§ 1383 BGB) des 5 Schuldners (bewegliche Sachen, Grundstücke, Rechte am Grundstück; jedoch kein Zwang zum Abschluss eines Gesellschaftsvertrages) kann unter Anrechnung auf die Ausgleichsforderung in Betracht kommen, wenn es erforderlich ist, um eine grobe Unbilligkeit für den Gläubiger zu vermeiden und wenn dies dem Schuldner zugemutet werden kann. Diese Verfahren sind Angelegenheiten der **freiwilligen Gerichtsbarkeit,** soweit die Ausgleichsforderung unstreitig ist. Ist die Ausgleichsforderung streitig, ist sie als **Famili-** 6 **enstreitsache** zu behandeln. Ist ein solches Verfahren anhängig, kann der Schuldner einen Antrag auf Stundung nur in diesem Verfahren stellen (§ 1382 V BGB); das Gleiche gilt für die Übertragung von Vermögensgegenständen (§ 1383 III iVm § 1382 V BGB). Wird eine Ausgleichsforderung im Laufe des Verfahrens der freiwilligen Gerichtsbarkeit streitig und kommt ein Vergleich zustande, so ist der Antrag als unzulässig abzuweisen. Nach rechts- 7 kräftiger Zuerkennung einer Ausgleichsforderung kann das Familiengericht sachlich zuständig sein, wenn sich die Verhältnisse nach der Entscheidung wesentlich geändert haben, jedoch nur hinsichtlich der Fälligkeit (einschließlich Verzinsung und Sicherheitsleistung) und Stundung der Ausgleichsforderung.

Güterrechtssachen der freiwilligen Gerichtsbarkeit sind **ferner** Ver- 8 fahren nach §§ 1426, 1430 und 1452 BGB. Diese Vorschriften behandeln die Ersetzung der Zustimmung des anderen Ehegatten durch das Familiengericht, nach § 1426 BGB zu einem Rechtsgeschäft, das nur mit Einwilligung des anderen Ehegatten vorgenommen werden kann, nach § 1430 BGB die Ersetzung der Zustimmung des Ehegatten, der das Gesamtgut verwaltet, zu einem Rechtsgeschäft, das der andere Ehegatte zur ordnungsmäßigen Besorgung seiner persönlichen Angelegenheiten vornehmen muss und nach § 1452 I BGB die Ersetzung der Zustimmung des anderen Ehegatten zur Vornahme eines Rechtsgeschäftes oder zur Führung eines Rechtsstreits, wenn dies für die ordnungsmäßige Verwaltung des Gesamtgutes erforderlich ist.

Keine Güterrechtssachen, sondern **sonstige Familiensachen** iS des § 266 9 II sind Verfahren über einen Antrag nach § 1357 II 1 BGB. Danach kann das Familiengericht die Beschränkung oder Ausschließung der Berechtigung des anderen Ehegatten, Geschäfte mit Wirkung für einen Ehegatten zu besorgen, aufheben, wenn hierfür ein ausreichender Grund nicht gegeben ist. Das

§ 262

Buch 2 – Verfahren in Familiensachen

Verfahren über diesen Antrag gehört als sonstige Familiensache nach § 266 II zu den Angelegenheiten der freiwilligen Gerichtsbarkeit; es ist keine Güterrechtssache, weil es eine allgemeine Ehewirkung betrifft und daher güterstandsunabhängig ist.

Örtliche Zuständigkeit

262 (1) **Während der Anhängigkeit einer Ehesache ist das Gericht ausschließlich zuständig, bei dem die Ehesache im ersten Rechtszug anhängig ist oder war. Diese Zuständigkeit geht der ausschließlichen Zuständigkeit eines anderen Gerichts vor.**

(2) **Im Übrigen bestimmt sich die Zuständigkeit nach der Zivilprozessordnung mit der Maßgabe, dass in den Vorschriften über den allgemeinen Gerichtsstand an die Stelle des Wohnsitzes der gewöhnliche Aufenthalt tritt.**

1. Zuständigkeit des Gerichts der Ehesache

1   Während der Anhängigkeit einer Ehesache (§ 121) ist das Gericht ausschließlich zuständig, bei dem die Ehesache im ersten Rechtszug **anhängig** ist oder, soweit diese sich bereits im Rechtsmittelverfahren befindet, anhängig war. Die Zuständigkeit des Gerichts der Ehesache geht der ausschließlichen Zuständigkeit eines anderen Gerichts vor (Abs 1 S 2). Diese Regelung entspricht dem § 621 II 1 ZPO aF, in dessen Anwendungsbereich die Familiensachen nach § 621 I Nr 8, 9 ZPO aF fielen. In den Anwendungsbereich des Abs 1 fallen sowohl die Güterrechtssachen nach § 261 I (Familienstreitsachen) als auch die nach § 261 II (Angelegenheiten der freiwilligen Gerichtsbarkeit). Die Regelung dient der Zuständigkeitskonzentration bei dem Gericht der Ehesache.

2   Die **Anhängigkeit** der Ehesache beginnt mit der Einreichung der Antragsschrift, nicht erst ab Zustellung; ein Gesuch auf Verfahrenskostenhilfe genügt nicht. Die Zuständigkeit erlischt, wenn die Anhängigkeit der Ehesache endet. Sie bleibt jedoch bestehen, wenn dann noch eine Folgesache anhängig ist (BGH, NJW 82, 1000).

2. Zuständigkeit nach der ZPO

3   Wenn eine Ehesache nicht anhängig ist, bestimmt sich die örtliche Zuständigkeit für die Güterrechtssachen nach § 261 nach der ZPO, insbesondere nach den Vorschriften über den allgemeinen Gerichtsstand nach §§ 12 ff mit der Maßgabe, dass an die Stelle des Wohnsitzes (§ 13 ZPO) der gewöhnliche Aufenthalt tritt. Der gewöhnliche Aufenthalt wird von einer auf längere Dauer angelegten sozialen Eingliederung und von der tatsächlichen Situation gekennzeichnet, die den Aufenthalt als Mittelpunkt der Lebensführung ausweist. Ferner kommen als Anknüpfungspunkt für die örtliche Zuständigkeit insbesondere in Betracht der Gerichtsstand des Vermögens oder des Gegenstandes nach § 23 ZPO, der besondere Gerichtsstand des Erfüllungsortes nach § 29 ZPO und der besondere Gerichtsstand der Widerklage nach § 33 ZPO.

§ 263 Abgabe an das Gericht der Ehesache **§ 263**

Die jetzige Regelung der örtlichen Zuständigkeit weicht von der bisherigen 4
Regelung in Güterrechtssachen, soweit es sich dabei um Angelegenheiten der
freiwilligen Gerichtsbarkeit handelt, in § 45 FGG ab; dieser knüpfte an den
gewöhnlichen Aufenthalt der Ehegatten an.

3. Funktionelle Zuständigkeit

Durch Einzelzuweisung gemäß § 3 Nr 3 g) iVm § 25 Nr 3 RPflG ist der 5
Rechtspfleger funktionell zuständig nach Nr 3 a) für die Ersetzung der Zustimmung eines Ehegatten, Lebenspartners oder Abkömmlings nach § 1455
BGB; nach Nr 3 b) für die Entscheidung über die Stundung einer Ausgleichsforderung und Übertragung von Vermögensgegenständen nach §§ 1382,
1383 BGB, jeweils auch iVm § 6 S 2 des LPartG, mit Ausnahme der Entscheidung im Falle des § 1382 V BGB und des § 1383 III BGB, jeweils iVm
§ 6 S 2 LPartG.

4. Kosten

Verfahrenswert: § 52 FamGKG; Gebühren: Hauptabschnitt 3, Abschnitt 2 6
des Kostenverzeichnisses, wenn es sich um eine Angelegenheit der freiwilligen
Gerichtsbarkeit handelt; Hauptabschnitt 2, wenn es sich um selbständige
Familienstreitverfahren handelt.

Abgabe an das Gericht der Ehesache

263 Wird eine Ehesache rechtshängig, während eine Güterrechtssache bei einem anderen Gericht im ersten Rechtszug anhängig ist, ist diese von Amts wegen an das Gericht der Ehesache abzugeben.
§ 281 Abs. 2 und 3 Satz 1 der Zivilprozessordnung gilt entsprechend.

§ 263 **ergänzt** die Regelung der örtlichen Zuständigkeit in § 262 I. Dieser 1
bestimmt während der Anhängigkeit einer Ehesache die ausschließliche Zuständigkeit des Gerichts der Ehesache für die Güterrechtssachen nach § 261.
Wird eine Ehesache **nachträglich rechtshängig,** während eine Güterrechtssache bei einem anderen Gericht im ersten Rechtszug anhängig ist, ist die
Sache von Amts wegen an das Gericht der Ehesache abzugeben. Hierdurch
wird die Zuständigkeitskonzentration auch dann gewährleistet, wenn eine
Ehesache nachträglich rechtshängig wird. Die Vorschriften der §§ 262 und
263 unterscheiden sich jedoch hinsichtlich des Zeitpunktes. Für die Begründung der örtlichen Zuständigkeit nach § 262 I genügt die Anhängigkeit einer
Ehesache, die durch Einreichung einer Antragsschrift begründet wird; nicht
erforderlich ist, dass diese auch bereits zugestellt ist. Abweichend hiervon ist
eine Güterrechtssache nach § 263 erst an das Gericht der Ehesache abzugeben, wenn diese rechtshängig ist. Dies gilt auch für eine Familiensache, die
zuvor von dem Gericht der Ehesache verwiesen wurde; eine solche Verweisung entfaltet keine Bindungswirkung wegen des Vorrangs von S 1. Damit
soll die Entscheidungskonzentration gefördert werden.

Für die **Abgabe** nach **S 1** bestimmt **S 2** die entspr Anwendung des § 281 2
II, III 1 ZPO. Die Abgabe, die grundsätzlich von Amts wegen vorzunehmen

ist, kann danach auch auf Antrag erfolgen, der zur Niederschrift des Urkundsbeamten der Geschäftsstelle abgegeben werden kann. Der Abgabebeschluss ist unanfechtbar und bindend (§ 281 II ZPO). Nach § 281 III 1 ZPO werden die im Verfahren vor dem angegangenen Gericht erwachsenen Kosten als Teil der Kosten behandelt, die bei dem im Beschluss bezeichneten Gericht erwachsen. Auf § 281 III 2 ZPO wird nicht verwiesen; daher dürfen dem Antragsteller die durch die Notwendigkeit der Abgabe entstehenden Mehrkosten nicht auferlegt werden. Die Abgabe an das Gericht der Ehesache ist zulässig, solange in erster Instanz noch nicht abschließend entschieden ist (für das bisherige Recht bei Verweisung einer zivilprozessualen Familiensache: BGH, NJW 01, 1499).

Verfahren nach den §§ 1382 und 1383 des Bürgerlichen Gesetzbuchs

264 (1) **In den Verfahren nach den §§ 1382 und 1383 des Bürgerlichen Gesetzbuchs wird die Entscheidung des Gerichts erst mit der Rechtskraft wirksam. Eine Abänderung oder Wiederaufnahme ist ausgeschlossen.**

(2) **In dem Beschluss, in dem über den Antrag auf Stundung der Ausgleichsforderung entschieden wird, kann das Gericht auf Antrag des Gläubigers auch die Verpflichtung des Schuldners zur Zahlung der Ausgleichsforderung aussprechen.**

1. Inhalt der Entscheidung

1   Das Gericht bewilligt die **Stundung,** wenn die sofortige Zahlung den Schuldner besonders hart treffen würde und dem Gläubiger eine Stundung zugemutet werden kann (§ 1382 I BGB). Die gestundete Forderung ist zu
2   verzinsen. Über die Höhe der **Verzinsung** entscheidet das Gericht nach
3   billigem Ermessen (§ 1382 II, IV BGB). Auf Antrag ist für eine gestundete Forderung **Sicherheitsleistung** anzuordnen, über deren Art und Umfang nach billigem Ermessen zu entscheiden ist (§ 1382 III, IV BGB). Das Gericht ist nicht auf die in §§ 232 ff BGB aufgeführten Sicherheitsleistungen beschränkt. Auch Sicherungsübereignung ist zulässig, jedoch kann das Gericht nicht das Grundbuchamt um die Eintragung einer Sicherungshypothek ersu-
4   chen. **Auf Antrag** des Gläubigers kann auch angeordnet werden, dass der Schuldner bestimmte **Gegenstände seines Vermögens** dem Gläubiger unter Anrechnung auf die Ausgleichsforderung zu **übertragen** hat (§ 1383 BGB). Gegenstand der Übertragung können bewegliche und unbewegliche Gegenstände oder Rechte sein. Die Entscheidung bewirkt den Rechtsübergang nicht rechtsgestaltend, sondern verpflichtet den Schuldner zu einer Leistung. In die Entscheidung ist daher die **Verpflichtung zur Abgabe einer entsprechenden Willenserklärung** aufzunehmen (Keidel/Weber, Rn 25 zu
5   § 53a FGG; Baur, FamRZ 58, 252). Auf Antrag des Gläubigers kann auch die Verpflichtung des Schuldners zur Zahlung einer **unstreitigen Ausgleichsforderung** ausgesprochen werden (Abs 2), um dem Gläubiger einen Vollstreckungstitel zu geben.

2. Wirksamkeit der Entscheidung

Abs 1 S 1 knüpft die Wirksamkeit der Entscheidungen in den Verfahren nach den §§ 1382, 1383 BGB an die **Rechtskraft** der Entscheidung. Diese tritt nach § 45 ein, wenn eine Entscheidung mit Rechtsmitteln nicht mehr angefochten werden kann. Bei Entscheidungen nach §§ 1382, 1383 BGB tritt die formelle Rechtskraft nach Ablauf der Beschwerdefrist (§§ 58, 63), mit Erschöpfung des Instanzenzuges, mit Rechtsmittelverzicht ein; bei Verwerfung wegen Unzulässigkeit oder Rücknahme tritt die formelle Rechtskraft erst mit Ablauf der Rechtsmittelfrist ein, wenn auf das Rechtsmittel nicht ausdrücklich verzichtet wird. Bei **mehreren** Beteiligten wird die Entscheidung formell rechtskräftig, wenn sie für alle Beschwerdeberechtigten unanfechtbar geworden ist. 6

Abs 2 S 1 bestimmt abweichend von dem allgemeinen Grundsatz des § 40 I, dass die Wirksamkeit der Entscheidungen erst mit formeller Rechtskraft beginnt. Ist die Güterrechtssache Folgesache einer Scheidungssache, tritt die Wirksamkeit erst mit formeller Rechtskraft des Scheidungsurteils (§ 148) ein. Entscheidungen, die die Stundung der Ausgleichsforderung und die Übertragung von Vermögensgegenständen nach §§ 1382, 1383 BGB betreffen, sind der materiellen Rechtskraft fähig, die mit der formellen Rechtskraft eintritt. 7

8

3. Aufhebung, Abänderung

Das Familiengericht kann die eigene Entscheidung, der auch ein Vergleich, soweit er die Stundung betrifft, gleichsteht sowie eine Entscheidung des Prozessgerichts, soweit diese die Stundung betrifft, aufheben oder ändern, wenn sich die Verhältnisse nach der früheren Entscheidung wesentlich geändert haben (§ 1382 VI BGB). Das nachträgliche Bekanntwerden von Umständen, die eine andere Entscheidung gerechtfertigt haben würden, reicht im Hinblick auf den Gesetzeswortlaut nicht aus. Die **Änderungen** können sowohl in der Person der Beteiligten als auch in den allgemeinen Verhältnissen liegen, zB nachträglich eingetretene Arbeitsunfähigkeit des Gläubigers, drohender Vermögensverfall des Schuldners, allgemeine Verteuerung der Lebenshaltungskosten. Auf Grund der Änderungsentscheidung können gegen das Prozessurteil Einwendungen nach § 775 Nr 1, 2, 4 ZPO erhoben werden. 9

10

Die Möglichkeit einer Abänderung **beschränkt sich** auf die **materiellen Voraussetzungen des § 1382 VI BGB**. Eine weitergehende Abänderung, die durch Abs 1 S 2 ausgeschlossen wird, gab es auch nach bisherigem Recht nicht, weil die Entscheidung mit einem befristeten Rechtsmittel anfechtbar war (§ 18 II FGG). Auch eine **Wiederaufnahme** des Verfahrens nach §§ 1578 ff ZPO ist nunmehr durch Abs 1 S 2 **ausgeschlossen;** sie war nach bisherigem Recht zulässig (Keidel/Weber, Rn 20 zu § 53 a FGG). 11

12

4. Einstweilige Anordnung

Das Verfahren der einstweiligen Anordnung ist jetzt ein selbständiges von einer Hauptsache unabhängiges Verfahren. Seine Voraussetzungen und das Verfahren werden in den §§ 49–57 geregelt und gelten für alle Angelegenheiten des FamFG. Eine einstweilige Anordnung kann auf Antrag ergehen, wenn 13

§ 264

14 ein dringendes Bedürfnis für ein sofortiges Tätigwerden besteht (§ 49 I). Das Gericht kann, ohne dass es die Endentscheidung vorwegnehmen darf, **vorläufigen Zahlungsaufschub** auch unter Auferlegung von **Ratenzahlungen** bewilligen, evt die einstweilige Einstellung der Zwangsvollstreckung aus einem vollstreckbaren Titel anordnen, die Aufhebung von Vollstreckungsmaßnahmen mit oder ohne Sicherheitsleistung; es kann auch eine vorläufige **Sicherstellung** anordnen oder, insbesondere im Verfahren nach § 1383 BGB die Verfügung über einen Gegenstand untersagen (Veräußerungsverbot) (§ 49 II 2). Das Gericht kann die einstweilige Anordnung befristen (§ 56 I); andernfalls tritt sie mit der Rechtskraft der Endentscheidung oder dem Abschluss eines Vergleichs außer Kraft. Die einstweilige Anordnung kann auch nach § 54 aufgehoben oder geändert werden oder nach § 56 II außer Kraft treten. Sie ist nicht anfechtbar (§ 57).

5. Zwangsvollstreckung

15 Die Zwangsvollstreckung aus den rechtskräftigen Entscheidungen (§§ 704 ff ZPO), Vergleichen (§ 794 I Nr 1 ZPO) und den einstweiligen Anordnungen richtet sich nach den **Vorschriften der ZPO** (§ 95 I Nr 1, Nr 5). Die auf Übertragung von Vermögensgegenständen gerichtete Zwangsvollstreckung (§ 1383 BGB) richtet sich nach den §§ 883 ff, insbesondere §§ 894, 897 ZPO.

16 Eine einstweilige Anordnung bedarf der **Vollstreckungsklausel** nur, wenn die Vollstreckung für oder gegen einen anderen als den in dem Beschluss bezeichneten Beteiligten erfolgen soll (§ 53 I). In den Fällen des § 53 kann das erstinstanzliche Gericht die Vollstreckung einer einstweiligen Anordnung **aussetzen oder beschränken;** im Falle des § 57 das Rechtsmittelgericht (§ 55 I 1). Der Aussetzungsbeschluss ist nicht anfechtbar (§ 55 I 2).

6. Konkurrenz

17 Soweit ein Verfahren nach der HausratsVO zulässig ist, wird ein Rechtsschutzbedürfnis für ein Verfahren nach § 1383 BGB nur dann gegeben sein, wenn eine Ausgleichung des Zugewinns während der Ehe stattfindet. Eine Entscheidung nach § 1383 BGB kann dann uU einer Entscheidung nach der HausratsVO, die Gegenstände nur zur einstweiligen Nutzung an Ehegatten zuweisen kann (§ 1361 a BGB, § 200 II Nr 1) die Grundlage entziehen.

7. Rechtsmittel

18 Gegen stattgebende und ablehnende Entscheidungen in den Familiensachen der §§ 1382, 1383 BGB ist die Beschwerde nach §§ 58, 63 gegeben, wenn der Wert des Beschwerdegegenstandes 600,00 € übersteigt (§ 61 I); andernfalls nur bei Zulassung durch das Gericht des ersten Rechtszuges (§ 61 II, III).

19 Steht die Angelegenheit als **Folgesache** im Verbund mit der Scheidung (§ 137 I, II Nr 4), kann die einheitliche Endentscheidung (§ 142 I) insgesamt oder beschränkt auf die güterrechtliche Folgesache angefochten werden, es sei

§ 266 Sonstige Familiensachen §§ 265, 266

denn, die Güterrechtsfolgesache war nach § 140 I abzutrennen, weil außer den Ehegatten eine weitere Person Beteiligter des Verfahrens geworden ist.

Einheitliche Entscheidung

265 **Wird in einem Verfahren über eine güterrechtliche Ausgleichsforderung ein Antrag nach § 1382 Abs. 5 oder § 1383 Abs. 3 des Bürgerlichen Gesetzbuchs gestellt, ergeht die Entscheidung durch einheitlichen Beschluss.**

§ 265 **ergänzt** § 264 hinsichtlich des **Inhalts** der Entscheidung. Er betrifft 1 die Geltendmachung einer **Ausgleichsforderung** aus Zugewinngemeinschaft nach § 1378 BGB. Hierbei handelt es sich um eine Familienstreitsache nach § 112 Nr 2 iVm § 261 I, auf die nach Maßgabe des § 113 die Vorschriften der ZPO Anwendung finden. Wird in einem solchen Verfahren Stundung nach § 1382 V BGB oder Übertragung von Vermögensgegenständen nach § 1383 III BGB beantragt, kann in diesem Verfahren auch über diese Anträge entschieden werden. Die Entscheidung muss **zwingend einheitlich** 2 und damit gleichzeitig ergehen. Das Gleiche gilt, wenn ein Verfahren nach §§ 1382 V BGB, 1383 III BGB anhängig ist. Auch in diesen Verfahren kann eine Verpflichtung des Schuldners zur Zahlung einer Ausgleichsforderung ausgesprochen werden, um dem Gläubiger einen Vollstreckungstitel zu geben, wenn es sich um eine unstreitige Ausgleichsforderung handelt. Auch diese Entscheidung muss einheitlich und gleichzeitig ergehen. Das Gleiche gilt für eine Entscheidung im Beschwerdeverfahren.

Abschnitt 11
Verfahren in sonstigen Familiensachen

Sonstige Familiensachen

266 (1) **Sonstige Familiensachen sind Verfahren, die**
1. **Ansprüche zwischen miteinander verlobten oder ehemals verlobten Personen im Zusammenhang mit der Beendigung des Verlöbnisses sowie in den Fällen der §§ 1298 und 1299 des Bürgerlichen Gesetzbuchs zwischen einer solchen und einer dritten Person,**
2. **aus der Ehe herrührende Ansprüche,**
3. **Ansprüche zwischen miteinander verheirateten oder ehemals miteinander verheirateten Personen oder zwischen einer solchen und einem Elternteil im Zusammenhang mit Trennung oder Scheidung oder Aufhebung der Ehe,**
4. **aus dem Eltern-Kind-Verhältnis herrührende Ansprüche oder**
5. **aus dem Umgangsrecht herrührende Ansprüche**

betreffen, sofern nicht die Zuständigkeit der Arbeitsgerichte gegeben ist oder das Verfahren eines der in § 348 Abs. 1 Satz 2 Nr. 2 Buchstabe a bis

§ 266

Buch 2 – Verfahren in Familiensachen

k der Zivilprozessordnung genannten Sachgebiete, das Wohnungseigentumsrecht oder das Erbrecht betrifft und sofern es sich nicht bereits nach anderen Vorschriften um eine Familiensache handelt.

(2) Sonstige Familiensachen sind auch Verfahren über einen Antrag nach § 1357 Abs. 2 Satz 1 des Bürgerlichen Gesetzbuchs.

1. Anwendungsbereich

1   Die Zuständigkeit des Familiengerichts soll sich auch auf solche zivilprozessualen Angelegenheiten erstrecken, die eine besondere Sachnähe zu familienrechtlichen Regelungsgegenständen haben; diese sind unter der Bezeichnung „sonstige Familiensachen" Gegenstand des **Abs 1**. Sie gehören zu den Familienstreitsachen nach § 112 Nr 3, auf die nach Maßgabe des § 113 die Vorschriften der ZPO Anwendung finden. In den Anwendungsbereich fallen Verfahren, die ihren Grund unmittelbar in einem familienrechtlichen Rechtsverhältnis haben, einem Verlöbnis, einer Ehe, einem Eltern-Kind-Verhältnis, und solche, die im Zusammenhang mit der Beendigung eines familienrechtlich geregelten Rechtsverhältnisses stehen; dieser Zusammenhang kann sowohl aus inhaltlicher als auch aus zeitlicher Hinsicht begründet sein. Erfasst werden vermögensrechtliche und nicht vermögensrechtliche Streitigkeiten. Entscheidend ist, ob das Verfahren seinen Grund unmittelbar in einem familienrechtlich geregelten Rechtsverhältnis hat oder im Zusammenhang mit der Beendigung eines solchen Verhältnisses steht. Die Rechtsnatur des Anspruchs bei seiner Entstehung bestimmt die Zuordnung zu den sonstigen Familiensachen. Diese Zuordnung bleibt auch dann bestehen, wenn etwa nachträglich im Wege der Rechtsnachfolge der Anspruch auf einen Dritten übergeht.

2. Die einzelnen Angelegenheiten

2   Sonstige Familiensachen sind
nach Nr 1 Streitigkeiten zwischen miteinander verlobten oder ehemals verlobten Personen oder zwischen einer solchen und einer dritten Person, wenn ein Zusammenhang mit der Beendigung des Verlöbnisses besteht; dritte Personen nur insoweit als Ansprüche aus den §§ 1298, 1299 BGB geltend gemacht werden. Hierunter fallen etwa Verfahren auf Rückgabe von Geschenken oder sonstigen Zuwendungen (OLG Celle, NJW 08, 1005; OLG Oldenburg, FamRZ 09, 2004).

3   **Nach Nr 2** sind sonstige Familiensachen aus der Ehe herrührende Ansprüche, unabhängig davon, gegen wen sie sich richten. In erster Linie fallen hierunter aus § 1353 BGB herzuleitende Ansprüche; ferner solche Ansprüche, die der Abwehr von Störungen des absoluten Rechts zur ehelichen Lebensgemeinschaft (§ 823 I BGB) dienen; hierunter fallen Abwehr- und Unterlassungsansprüche sowie Schadensersatzansprüche.

4   **Nach Nr 3** sind sonstige Familiensachen Ansprüche zwischen miteinander verheirateten oder ehemals verheirateten Personen oder zwischen einer solchen und einem Elternteil. Es muss ein Zusammenhang mit Trennung, Scheidung oder Aufhebung der Ehe bestehen. Erfasst werden sollen Ansprüche aus vermögensrechtlichen Auseinandersetzungen zwischen den Ehegatten außerhalb des Güterrechts. Hierzu soll auch gehören die Auseinandersetzung

zwischen einem Ehegatten und dessen Eltern oder den Eltern des anderen Ehegatten aus Anlass der Trennung, Scheidung oder Aufhebung der Ehe, zB Rückabwicklung von Zuwendungen der Schwiegereltern. Bei den Ansprüchen zwischen den Ehegatten kann es sich handeln um Ansprüche auf Nutzungsentschädigung für die ehemalige Ehewohnung, wenn der weichende Ehegatte die Wohnung endgültig verlassen hat (KG, FamRZ 07, 908); für das im Miteigentum der Ehegatten stehende Hausgrundstück (OLG München, NJW 08, 381 für das bisherige Recht); auf Schadensersatz aus familiengerichtlichem Titel; um Ansprüche aus Auseinandersetzung einer Miteigentumsgemeinschaft, Auflösung einer Innengesellschaft der Ehegatten, Streitigkeiten wegen Gesamtschuldnerausgleich, Rückgewähr von Zuwendungen, Aufteilung von Steuerguthaben.

Nach Nr 4 sind sonstige Familiensachen Ansprüche aus dem Eltern-Kind-Verhältnis. Als Ergänzung zur Zuständigkeit für Kindschaftssachen soll das Familiengericht auch für sonstige zivilrechtliche Ansprüche aus dem Eltern-Kind-Verhältnis zuständig sein. Ein bloßer Zusammenhang mit dem Eltern-Kind-Verhältnis genügt nicht. Ansprüche in diesem Zusammenhang können sich ergeben aus Streitigkeiten wegen der Verwaltung des Kindesvermögens, auch soweit es sich um Schadensersatzansprüche handelt. 5

Nach Nr 5 sind sonstige Familiensachen aus dem Umgangsrecht herrührende Ansprüche, nicht Regelungen des Umgangsrechts selbst, weil es sich dabei um Kindschaftssachen handelt. Nr 5 erfasst zivilrechtliche Ansprüche aus dem Umgangsrecht, insbesondere Schadensersatzansprüche wegen Nichteinhaltung einer Umgangsregelung, für die nach bisherigem Recht die Zivilgerichte zuständig waren. Das Gesetz weist diese Angelegenheiten wegen des Sachzusammenhangs nunmehr ausdrücklich den Familiengerichten zu. 6

3. Keine sonstigen Familiensachen

Die in den Nr 1 bis 5 aufgeführten Angelegenheiten fallen dann nicht unter den Begriff der sonstigen Familiensache und damit in die Zuständigkeit des Familiengerichts, wenn die Arbeitsgerichte zuständig sind, das Verfahren eines der in § 348 I 2 Nr 2 a–k ZPO genannten Sachgebiete, das Wohnungseigentumsrecht oder das Erbrecht betrifft. Es handelt sich hierbei um Sachgebiete, die besondere Rechtskenntnisse erfordern. Hierbei setzt sich der Gesichtspunkt der **Spezialität** gegenüber den für die Zuständigkeit des Familiengerichts maßgeblichen Kriterien durch. 7

Eine sonstige Familiensache ist auch dann nicht gegeben, wenn das Verfahren bereits nach anderen Vorschriften eine Familiensache ist; die Anwendung der hierfür maßgeblichen Vorschriften ist vorrangig. 8

4. Beschränkung, Ausschließung der Berechtigung eines Ehegatten

Nach § 1357 II 1 kann die Berechtigung **eines Ehegatten,** für den anderen Ehegatten Geschäfte mit Wirkung für ihn zu besorgen, beschränkt oder ausgeschlossen werden. Wenn dies ohne zureichenden Grund erfolgt, kann das Familiengericht diese Beschränkung oder Ausschließung aufheben. Auch die Regelung dieser Angelegenheit ist nach Abs 2 eine sonstige Familiensache. Sie wird nicht den Güterrechtssachen zugeordnet, weil sie eine 9

§ 267

allgemeine Ehewirkung betrifft und damit güterstandsunabhängig ist. Diese Verfahren gehören jedoch nicht zu den Familienstreitsachen; es sind Angelegenheiten der freiwilligen Gerichtsbarkeit.

Örtliche Zuständigkeit

267 (1) **Während der Anhängigkeit einer Ehesache ist das Gericht ausschließlich zuständig, bei dem die Ehesache im ersten Rechtszug anhängig ist oder war. Diese Zuständigkeit geht der ausschließlichen Zuständigkeit eines anderen Gerichts vor.**

(2) **Im Übrigen bestimmt sich die Zuständigkeit nach der Zivilprozessordnung mit der Maßgabe, dass in den Vorschriften über den allgemeinen Gerichtsstand an die Stelle des Wohnsitzes der gewöhnliche Aufenthalt tritt.**

1. Zuständigkeit des Gerichts der Ehesache

1 Während der Anhängigkeit einer Ehesache (§ 121) ist das Gericht ausschließlich zuständig, bei dem die Ehesache im ersten Rechtszug **anhängig** ist oder, soweit diese sich bereits im Rechtsmittelverfahren befindet, anhängig war. Die Zuständigkeit des Gerichts der Ehesache geht der ausschließlichen Zuständigkeit eines anderen Gerichts vor (Abs 1 S 2). Sie dient der Zuständigkeitskonzentration bei dem Gericht der Ehesache. In den Anwendungsbereich des Abs 1 fallen sowohl die sonstigen Familiensachen des § 266 I (Familienstreitsachen) als auch die nach § 266 II (Angelegenheiten der freiwilligen Gerichtsbarkeit).

2 Die **Anhängigkeit** der Ehesache beginnt mit der Einreichung der Antragsschrift, nicht erst ab Zustellung; ein Gesuch auf Verfahrenskostenhilfe genügt nicht. Die Zuständigkeit erlischt, wenn die Anhängigkeit der Ehesache endet. Sie bleibt jedoch bestehen, wenn dann noch eine Folgesache anhängig ist (BGH, NJW 82, 1000).

2. Zuständigkeit nach der ZPO

3 Wenn eine Ehesache nicht anhängig ist, bestimmt sich die örtliche Zuständigkeit für die sonstigen Familiensachen nach § 266 nach der ZPO, insbesondere nach den Vorschriften über den allgemeinen Gerichtsstand nach §§ 12 ff mit der Maßgabe, dass an die Stelle des Wohnsitzes (§ 13 ZPO) der gewöhnliche Aufenthalt tritt. Der gewöhnliche Aufenthalt wird von einer auf längere Dauer angelegten sozialen Eingliederung und von der tatsächlichen Situation gekennzeichnet, die den Aufenthalt als Mittelpunkt der Lebensführung ausweist. Ferner kommen als Anknüpfungspunkt für die örtliche Zuständigkeit insbesondere in Betracht der Gerichtsstand des Vermögens und des Gegenstandes nach § 23 ZPO, der besondere Gerichtsstand des Erfüllungsorts nach § 29 ZPO, der besondere Gerichtsstand der Vermögensverwaltung nach § 31 ZPO, der besondere Gerichtsstand der unerlaubten Handlung nach § 32 ZPO und der besondere Gerichtsstand der Widerklage nach § 33 ZPO.

§ 268 Abgabe an das Gericht der Ehesache **§ 268**

3. Funktionelle Zuständigkeit des Richters

Diese besteht für die Familienstreitsachen nach Abs 1 und die ehebezogenen Angelegenheiten nach Abs 2. 4

4. Kosten

Verfahrenswert für die Angelegenheiten nach Abs 2: § 3 I iVm § 42 FamGKG (Auffangwert); Gebühren: Hauptabschnitt 3, Abschnitt 2, soweit es sich nicht um Familienstreitsachen handelt; für diese gilt Hauptabschnitt 2, Abschnitt 2 des Kostenverzeichnisses. 5

Abgabe an das Gericht der Ehesache

268 Wird eine Ehesache rechtshängig, während eine sonstige Familiensache bei einem anderen Gericht im ersten Rechtszug anhängig ist, ist diese von Amts wegen an das Gericht der Ehesache abzugeben. § 281 Abs. 2 und 3 Satz 1 der Zivilprozessordnung gilt entsprechend.

§ 268 **ergänzt** die Regelung der örtlichen Zuständigkeit in § 267 I. Dieser bestimmt während der Anhängigkeit einer Ehesache die ausschließliche Zuständigkeit des Gerichts der Ehesache für die sonstigen Familiensachen nach § 266. Wird eine Ehesache **nachträglich rechtshängig**, während eine sonstige Familiensache bei einem anderen Gericht im ersten Rechtszug anhängig ist, ist die Sache von Amts wegen an das Gericht der Ehesache abzugeben. Hierdurch wird die Zuständigkeitskonzentration auch dann gewährleistet, wenn eine Ehesache nachträglich rechtshängig wird. Die Vorschriften der §§ 267 und 268 unterscheiden sich jedoch hinsichtlich des Zeitpunktes. Für die Begründung der örtlichen Zuständigkeit nach § 267 I genügt die Anhängigkeit einer Ehesache, die durch Einreichung einer Antragsschrift begründet wird; nicht erforderlich ist, dass diese auch bereits zugestellt ist. Abweichend hiervon ist eine sonstige Familiensache nach § 268 erst an das Gericht der Ehesache abzugeben, wenn diese rechtshängig ist. Dies gilt auch für eine Familiensache, die zuvor von dem Gericht der Ehesache verwiesen wurde; eine solche Verweisung entfaltet keine Bindungswirkung wegen des Vorranges von S 1. Damit soll die Entscheidungskonzentration gefördert werden. 1

Für die **Abgabe** nach S 1 bestimmt S 2 die entsprechende Anwendung des § 281 II, III 1 ZPO. Die Abgabe, die grundsätzlich von Amts wegen vorzunehmen ist, kann danach auch auf Antrag erfolgen, der zur Niederschrift des Urkundsbeamten der Geschäftsstelle abgegeben werden kann. Der Abgabebeschluss ist unanfechtbar und bindend (§ 281 II ZPO). Nach § 281 III 1 ZPO werden die im Verfahren vor dem angegangenen Gericht erwachsenen Kosten als Teil der Kosten behandelt, die bei dem im Beschluss bezeichneten Gericht erwachsen. Auf § 281 III 2 ZPO wird nicht verwiesen; daher dürfen dem Antragsteller die durch die Notwendigkeit der Abgabe entstehenden Mehrkosten nicht auferlegt werden. Die Abgabe an das Gericht der Ehesache ist zulässig, solange in erster Instanz noch nicht abschließend entschieden ist (BGH, NJW 01, 1499 für das bisherige Recht). 2

Abschnitt 12
Verfahren in Lebenspartnerschaftssachen

Lebenspartnerschaftssachen

269 (1) Lebenspartnerschaftssachen sind Verfahren, welche zum Gegenstand haben:
1. die Aufhebung der Lebenspartnerschaft auf Grund des Lebenspartnerschaftsgesetzes,
2. die Feststellung des Bestehens oder Nichtbestehens einer Lebenspartnerschaft,
3. die elterliche Sorge, das Umgangsrecht oder die Herausgabe in Bezug auf ein gemeinschaftliches Kind,
4. die Annahme als Kind und die Ersetzung der Einwilligung zur Annahme als Kind,
5. Wohnungszuweisungssachen nach § 14 oder § 17 des Lebenspartnerschaftsgesetzes,
6. Haushaltssachen nach § 13 oder § 17 des Lebenspartnerschaftsgesetzes,
7. den Versorgungsausgleich der Lebenspartner,
8. die gesetzliche Unterhaltspflicht für ein gemeinschaftliches minderjähriges Kind der Lebenspartner,
9. die durch die Lebenspartnerschaft begründete gesetzliche Unterhaltspflicht,
10. Ansprüche aus dem lebenspartnerschaftlichen Güterrecht, auch wenn Dritte an dem Verfahren beteiligt sind,
11. Entscheidungen nach § 6 des Lebenspartnerschaftsgesetzes in Verbindung mit § 1365 Abs. 2, § 1369 Abs. 2 und den §§ 1382 und 1383 des Bürgerlichen Gesetzbuchs,
12. Entscheidungen nach § 7 des Lebenspartnerschaftsgesetzes in Verbindung mit den §§ 1426, 1430 und 1452 des Bürgerlichen Gesetzbuchs.

(2) Sonstige Lebenspartnerschaftssachen sind Verfahren, welche zum Gegenstand haben:
1. Ansprüche nach § 1 Abs. 4 Satz 2 des Lebenspartnerschaftsgesetzes in Verbindung mit den §§ 1298 bis 1301 des Bürgerlichen Gesetzbuchs,
2. Ansprüche aus der Lebenspartnerschaft,
3. Ansprüche zwischen Personen, die miteinander eine Lebenspartnerschaft führen oder geführt haben, oder zwischen einer solchen Person und einem Elternteil im Zusammenhang mit der Trennung oder Aufhebung der Lebenspartnerschaft,

sofern nicht die Zuständigkeit der Arbeitsgerichte gegeben ist oder das Verfahren eines der in § 348 Abs. 1 Satz 2 Nr. 2 Buchstabe a bis k der Zivilprozessordnung genannten Sachgebiete, das Wohnungseigentumsrecht oder das Erbrecht betrifft und sofern es sich nicht bereits nach anderen Vorschriften um eine Lebenspartnerschaftssache handelt.

(3) Sonstige Lebenspartnerschaftssachen sind auch Verfahren über einen Antrag nach § 8 Abs. 2 des Lebenspartnerschaftsgesetzes in Verbindung mit § 1357 Abs. 2 Satz 1 des Bürgerlichen Gesetzbuchs.

1. Anwendungsbereich

Die Lebenspartnerschaftssachen sind in dem LPartG vom 16. 2. 2001 **1** (BGBl I S. 266); geändert durch das Gesetz vom 15. 12. 2004 (BGBl I S. 3396) geregelt; weitere Änderungen wurden durch das Gesetz zur Änderung des Ehe- und Lebenspartnerschaftsnamensrechts vom 6. 2. 2005 (BGBl I S. 203) eingefügt. Änderungen durch das Gesetz zur Reform des Personenstandsrechts (Personenstandsrechtsreformgesetz – PStRG) sind am 1. 1. 2009 in Kraft getreten. Das LPartG behandelt in den §§ 2–11 die Wirkungen der Lebenspartnerschaft, in den §§ 12–14 die Rechtsverhältnisse während Getrenntlebens der Lebenspartner und in den §§ 15–20 die Aufhebung der Lebenspartnerschaft und die infolge dessen notwendigen Regelungen über den nachpartnerschaftlichen Unterhalt (§ 16 LPartG), über die gemeinsame Wohnung (§ 18 LPartG), den Hausrat (§ 19 LPartG) und den Versorgungsausgleich (§ 20 LPartG). Die Lebenspartnerschaftssachen sind Familiensachen nach § 111 Nr 11 und diesen gleichgestellt.

In § 269 werden die Angelegenheiten aufgeführt, die Lebenspartnerschafts- **2** sachen sind. Das sind Angelegenheiten, die zum **Gegenstand** haben das Lebenspartnerschaftsverhältnis selbst **(Nr 1, Nr 2),** die Regelungen für ein gemeinschaftliches Kind **(Nr 3),** die Annahme als Kind und die Ersetzung der Einwilligung zur Annahme als Kind **(Nr 4),** Wohnungszuweisungssachen **(Nr 5),** Haushaltssachen **(Nr 6),** Versorgungsausgleichssachen **(Nr 7),** die Unterhaltspflicht für ein gemeinschaftliches minderjähriges Kind **(Nr 8),** die durch die Lebenspartnerschaft begründete gesetzliche Unterhaltspflicht **(Nr 9),** Ansprüche aus dem lebenspartnerschaftlichen Güterrecht **(Nr 10, Nr 11, Nr 12).**

Die Unterhaltssachen nach Nr 1, 8 und 9 und die Güterrechtssachen nach **3** Abs 1 Nr 10 sind **Familienstreitsachen** nach § 112 Nr 1 und Nr 2, auf die nach Maßgabe des § 113 die Vorschriften der ZPO Anwendung finden. Bei **4** den Verfahren nach Abs 1 Nr 3 (Kindschaftssachen), Nr 4 (Adoptionssachen), Nr 5 und Nr 6 (Wohnungszuweisungs- und Haushaltssachen), Nr 7 (Versorgungsausgleichssachen), den in Nr 12 aufgeführten güterrechtlichen Kindschaftssachen handelt es sich um Angelegenheiten der **freiwilligen Gerichtsbarkeit.**

Sonstige Lebenspartnerschaftssachen nach § 112 Nr 3 werden in **Abs** **5** **2** behandelt. Dieser enthält eine Aufzählung bestimmter zivilgerichtlicher Verfahren, die nunmehr als Lebenspartnerschaftssachen in die Zuständigkeit des Familiengerichts fallen sollen. Sie entsprechen im Wesentlichen den sonstigen Familiensachen nach § 266 I. Auch die sonstigen Lebenspartnerschafts- **6** sachen sind **Familienstreitsachen** (§ 112 Nr 3), auf die nach Maßgabe des § 113 die Vorschriften der ZPO Anwendung finden. Hiervon **ausgenom- 7 men** sind die Angelegenheiten des Abs 3, die Verfahren über einen Antrag nach § 8 II des LPartG iVm § 1357 II 1 BGB betreffen; diese sind keine Familienstreitsachen, sondern Angelegenheiten der freiwilligen Gerichtsbarkeit.

In den Anwendungsbereich des § 269 fallen auch **ausländische** Lebens- **8** partnerschaften, auch wenn sie nicht vollständig den deutschen Vorschriften entsprechen; andere Formen der Partnerschaften werden nicht erfasst.

§ 269 Buch 2 – Verfahren in Familiensachen

2. Die einzelnen Angelegenheiten

9   Lebenspartnerschaftssachen sind Verfahren, die zum Gegenstand haben
10 **nach Nr 1** die **Aufhebung** der Lebenspartnerschaft nach § 15 LPartG. Das Gericht hebt die Lebenspartnerschaft auf (§ 15 I LPartG), wenn die Lebenspartner seit einem Jahr getrennt leben und beide Lebenspartner die Aufhebung beantragen oder der Antragsgegner der Aufhebung zustimmt oder nicht erwartet werden kann, dass eine partnerschaftliche Lebensgemeinschaft wieder hergestellt werden kann (§ 15 II Nr 1 a, b LPartG). Die Lebenspartnerschaft wird ferner aufgehoben, wenn ein Lebenspartner die Aufhebung beantragt und die Lebenspartner seit drei Jahren getrennt leben (Nr 2) oder die Fortsetzung der Lebenspartnerschaft für den Antragsteller aus Gründen, die in der Person des anderen Lebenspartners liegen, eine unzumutbare Härte
11 wäre (Nr 3). Die Voraussetzungen des **Getrenntlebens** sind nach § 15 V LPartG gegeben, wenn zwischen den Lebenspartnern keine häusliche Gemeinschaft besteht und ein Lebenspartner sie erkennbar nicht herstellen will, weil er die lebenspartnerschaftliche Gemeinschaft ablehnt.
12 Das Gericht hebt die Lebenspartnerschaft ferner auf, wenn bei einem Lebenspartner ein **Willensmangel** iS des § 1314 II Nr 1–4 BGB vorgelegen hat (§ 15 II 3 LPartG), es sei denn, die Lebenspartnerschaft wurde bestätigt (§ 15 IV LPartG).
13 Eine Aufhebung nach § 15 II S 1 Nr 1–3 LPartG soll dann **nicht** erfolgen, wenn sie auf Grund außergewöhnlicher Umstände eine **schwere Härte** darstellen würde (§ 15 III LPartG). Gegenstand des Verfahrens nach Nr 1 ist eine Gestaltungsklage.
14 **Nr 2** betrifft die Feststellung des Bestehens oder Nichtbestehens einer Lebenspartnerschaft; Gegenstand dieses Verfahrens ist eine Feststellungsklage, die ein Feststellungsinteresse voraussetzt.

Nr 3 betrifft die elterliche Sorge (§§ 1626 ff BGB), das Umgangsrecht (§ 1684 BGB) oder die Herausgabe (§ 1632 BGB), sofern es sich um ein gemeinschaftliches Kind der Lebenspartner handelt.

Nr 4 betrifft die Annahme als Kind durch einen Lebenspartner und die Einwilligung zur Annahme als Kind nach § 9 VI LPartG mit entspr Anwendung des § 1749 I 2, 3, III BGB.

Nr. 5 betrifft Wohnungszuweisungssachen bei Getrenntleben nach § 14 LPartG oder nach Aufhebung der Lebenspartnerschaft nach § 18 LPartG.

Nr 6 betrifft Haushaltssachen nach § 13 LPartG bei Getrenntleben oder § 19 LPartG nach Aufhebung der Lebenspartnerschaft.

Nr 7 betrifft den Versorgungsausgleich der Lebenspartner nach § 20 LPartG,

Nr 8 die gesetzliche Unterhaltspflicht für ein gemeinschaftliches Kind der Lebenspartner nach §§ 1601 ff BGB,

Nr 9 die durch die Lebenspartnerschaft begründete gesetzliche Unterhaltspflicht bei Getrenntleben nach § 12 LPartG und den nachpartnerschaftlichen Unterhalt nach Aufhebung der Lebenspartnerschaft nach § 16 LPartG.

Nr 10 behandelt Ansprüche aus dem lebenspartnerschaftlichen Güterrecht, auch wenn Dritte an dem Verfahren beteiligt sind. Es handelt sich hierbei um Ansprüche, die Familienstreitsachen nach § 112 Nr 2 sind, auf die nach

Maßgabe des § 113 die Vorschriften der ZPO Anwendung finden. Es handelt sich um Ansprüche aus dem ehelichen Güterrecht nach §§ 1363–1561 BGB. Diese sind Familienstreitsachen nach § 112 Nr 2, soweit es sich nicht um Angelegenheiten der freiwilligen Gerichtsbarkeit handelt, die Gegenstand von Nr 10 und Nr 11 sind.

Nach Nr 11 sind Lebenspartnerschaftssachen Verfahren nach § 6 LPartG iVm den §§ 1365 II, 1369 II BGB; sie betreffen die Ersetzung der Zustimmung bei Gesamtvermögensgeschäften im gesetzlichen Güterstand, die ebenso wie die Regelungen der §§ 1382, 1383 BGB über Stundung und Vermögensübertragung bei Zugewinnausgleich (§ 53 a FGG) schon bisher zu den Angelegenheiten der freiwilligen Gerichtsbarkeit gehörten.

Nach Nr 12 sind Lebenspartnerschaftssachen Verfahren nach § 7 LPartG iVm §§ 1426, 1430 und 1452 BGB; hierbei handelt es sich um gerichtliche Aufgaben bei der Gütergemeinschaft; sie behandeln die Ersetzung der Zustimmung eines Ehepartners durch das Gericht.

Nach Abs 3 sind auch Lebenspartnerschaftssachen, die Verfahren über einen Antrag nach § 8 II LPartG iVm § 1357 II 1 BGB betreffen. Sie beruhen auf einer allgemeinen Ehewirkung und sind güterstandsunabhängig. Sie gehören zu den Angelegenheiten der freiwilligen Gerichtsbarkeit. **15**

3. Zivilprozessuale Lebenspartnerschaftssachen

Die Regelung des Abs 2 entspricht dem § 266 I für sonstige Familiensachen. Es handelt sich um zivilgerichtliche Verfahren, die als Familiensachen behandelt werden und in die Zuständigkeit des Familiengerichts fallen, weil sie eine besondere Sachnähe zu familiengerichtlichen Verfahren haben. Sie gehören zu der Kategorie der Familienstreitsachen nach § 112 Nr 3, auf die die Vorschriften der ZPO nach Maßgabe des § 113 anzuwenden sind. Es handelt sich um Ansprüche aus dem Versprechen, eine Lebenspartnerschaft zu begründen (§ 1 IV LPartG). Auf diese Ansprüche finden die Vorschriften über Streitigkeiten zwischen miteinander verlobten oder ehemals verlobten Personen oder zwischen einer solchen und einer dritten Person nach §§ 1298, 1299 BGB entsprechende Anwendung (Abs 2 **Nr 1**). Ferner gehören hierzu Ansprüche aus der Lebenspartnerschaft (Nr 2), wobei es nicht darauf ankommt, gegen wen sie sich richten. Bei der entsprechenden Regelung für Ehegatten werden hierzu Ansprüche aus § 1353 BGB gezählt, denen im Wesentlichen § 4 LPartG entspricht. Ferner gehören zu dieser Kategorie Abwehr- und Unterlassungsansprüche gegen Störung des räumlich gegenständlichen Bereichs der Lebenspartnerschaft gegenüber einem anderen Ehegatten oder einem Dritten und sich hieraus ergebende Schadensersatzansprüche nach § 823 I BGB. Nach **Nr 3** werden erfasst Ansprüche zwischen Personen, die miteinander eine Lebenspartnerschaft führen oder geführt haben oder zwischen einer solchen Person und einem Elternteil im Zusammenhang mit der Trennung oder Aufhebung der Lebenspartnerschaft. Es muss ein Zusammenhang mit Trennung oder Aufhebung der Lebenspartnerschaft bestehen. Die hieraus sich möglicherweise ergebenden vermögensrechtlichen Auseinandersetzungen sollen den Familiengerichten zugewiesen werden. Es kann sich hierbei handeln um die Rückabwicklung von Zuwendungen, Aus- **16 17 18 19**

§ 270 Buch 2 – Verfahren in Familiensachen

20 einandersetzung einer Miteigentumsgemeinschaft, Auflösung einer Innengesellschaft der Ehegatten. **Ausgenommen** von diesem Anwendungsbereich sind Verfahren, die in die Zuständigkeit des Arbeitsgerichts fallen; ferner ausgenommen sind Streitigkeiten der in § 348 I 2 a – k ZPO genannten Art. Ferner ausgenommen Angelegenheiten, die das Wohnungseigentumsrecht oder das Erbrecht betreffen. In den Anwendungsbereich des § 269 II fallen ferner nicht solche Angelegenheiten, die bereits nach anderen Vorschriften Lebenspartnerschaftssachen sind.

Anwendbare Vorschriften

270 **(1) In Lebenspartnerschaftssachen nach § 269 Abs. 1 Nr. 1 sind die für Verfahren auf Scheidung geltenden Vorschriften, in Lebenspartnerschaftssachen nach § 269 Abs. 1 Nr. 2 die für Verfahren auf Feststellung des Bestehens oder Nichtbestehens einer Ehe zwischen den Beteiligten geltenden Vorschriften entsprechend anzuwenden. In den Lebenspartnerschaftssachen nach § 269 Abs. 1 Nr. 3 bis 12 sind die in Familiensachen nach § 111 Nr. 2, 4, 5 und 7 bis 9 jeweils geltenden Vorschriften entsprechend anzuwenden.**

(2) In sonstigen Lebenspartnerschaftssachen nach § 269 Abs. 2 und 3 sind die in sonstigen Familiensachen nach § 111 Nr. 10 geltenden Vorschriften entsprechend anzuwenden.

1 § 270 bestimmt, **welche Vorschriften** aus dem Bereich der Familiensachen, Familienstreitsachen, Scheidungs- und Scheidungsfolgesachen auf die Lebenspartnerschaftssachen nach § 269 Anwendung finden. Verfahrensrechtlich werden die Lebenspartnerschaftssachen wie die ihnen jeweils entsprechenden Familiensachen im Fall der Ehe behandelt. Die Verweisung bezieht sich auf sämtliche in den entsprechenden Familiensachen anwendbaren Vorschriften; sie umfasst daher auch die allgemeinen Vorschriften der §§ 1 ff und anderer Gesetze, soweit diese im Fall der Ehe Anwendung finden.

2 In den Lebenspartnerschaftssachen nach § 269 I **Nr 1** (Aufhebung der Lebenspartnerschaft) sind die **für die Scheidung** der Ehe (§ 121 Nr 1) geltenden Verfahrensvorschriften entsprechend anwendbar. Das sind die speziellen Vorschriften über Verfahren in Scheidungssachen und Folgesachen nach §§ 133 ff, insbesondere auch die Herstellung des Verbundes nach § 137. Ergänzend sind heranzuziehen die allgemeinen Vorschriften für Verfahren in Ehesachen nach §§ 121–132.

3 Für die Verfahren auf Feststellung des Bestehens oder Nichtbestehens einer Lebenspartnerschaft nach **Nr 2,** die § 121 Nr 3 in Ehesachen entsprechen, finden die Verfahrensvorschriften über **Ehesachen** nach §§ 122–132 entsprechende Anwendung.

4 Die Verfahren nach **Nr 3** in Bezug auf ein gemeinschaftliches Kind sind **Kindschaftssachen** nach § 111 Nr 2. Auf diese finden die Vorschriften der §§ 151–168 a entsprechende Anwendung.

5 Die Verfahren nach **Nr 4** (Annahme als Kind und die Ersetzung der Einwilligung zur Annahme als Kind) sind **Adoptionssachen** nach § 111 Nr 4. Auf diese finden die Vorschriften der §§ 186–199 entspr Anwendung.

Auf die Verfahren nach **Nr 5 (Wohnungszuweisungssachen)** und **Nr 6** 6
(Haushaltssachen) finden die Verfahrensvorschriften in Wohnungszuweisungs- und Hausratssachen nach §§ 200–209 entspr Anwendung.

Für den **Versorgungsausgleich** nach **Nr 7** (§ 20 LPartG) gelten die 7
Vorschriften der §§ 217–229 für Verfahren in Versorgungsausgleichsachen. Materiellrechtlich findet das VersAusglG enspr Anwendung. Hinsichtlich der auszugleichenden Anrechte (§ 2 I VersAusglG) stehen sie Eheleuten gleich; die zunächst vorgesehene Beschränkung durch Herausnahme der §§ 32–38 VersAusglG ist entfallen. Es finden daher auch die Härtefallregelungen des § 38 VersAusglG entspr Anwendung.

Auf die **Unterhaltssachen** nach **Nr 8** und **Nr 9** finden die Verfahrens- 8
vorschriften der §§ 231 ff entspr Anwendung, die Vorschriften über das vereinfachte Verfahren über den Unterhalt Minderjähriger der §§ 249–260 nur für die Fälle der Nr 8.

Die **güterrechtlichen Ansprüche** nach **Nr 10** sind Familienstreitsachen 9
nach § 112 Nr 2; sie unterliegen nach Maßgabe des § 113 den Vorschriften der ZPO. Die güterrechtlichen Ansprüche nach **Nr 11** und **Nr 12** entsprechen den Güterrechtssachen des § 261 II. Insoweit handelt es sich um Angelegenheiten der freiwilligen Gerichtsbarkeit, für die die besonderen Verfahrensvorschriften des §§ 262 II, 264 und 265 gelten.

Die **sonstigen Lebenspartnerschaftssachen** nach Abs 2 iVm § 112 Nr 3 10
sind zivilprozessuale Verfahren, die als Familienstreitsachen behandelt werden; auf diese finden die Vorschriften der ZPO nach Maßgabe des § 113 Anwendung.

Die sonstigen Lebenspartnerschaftssachen nach § 269 III, die denen in 11
Familiensachen des § 266 II entsprechen und Verfahren über einen Antrag nach § 1357 II 2 BGB betreffen, sind Angelegenheiten der freiwilligen Gerichtsbarkeit, auf die die allgemeinen Verfahrensvorschriften Anwendung finden.

Buch 3
Verfahren in Betreuungs- und Unterbringungssachen

Abschnitt 1
Verfahren in Betreuungssachen

Vorbemerkungen vor §§ 271–311

Durch das Gesetz zur Reform der Vormundschaft und Pflegschaft für Voll- 1
jährige (Betreuungsgesetz – BtG) vom 12. 9. 1990 (BGBl I S. 2002), das am
1. 1. 1992 in Kraft trat, wurden die Rechtsinstitute der Entmündigung, der
Vormundschaft über Volljährige und die Gebrechlichkeitspflegschaft des bisherigen Rechts durch das neue Rechtsinstitut der Betreuung ersetzt, die
bisherige gespaltene Zuständigkeit zwischen Prozessgericht und Vormundschaftsgericht beseitigt und durch ein einheitliches Verfahrensrecht der freiwilligen Gerichtsbarkeit ersetzt. Durch das **FGG-Reformgesetz** wurden die 2
Vormundschaftsgerichte abgeschafft. Für den Bereich der Betreuungssachen,
Unterbringungssachen und betreuungsgerichtliche Zuweisungssachen sind die
Betreuungsgerichte an die Stelle der Vormundschaftsgerichte getreten (§ 22
GVG). Die §§ 271–311 (bisher §§ 65–69o FGG) sind die verfahrensrechtliche Ergänzung zu den Vorschriften über die **rechtliche Betreuung** in den
§§ 1896 bis 1908i BGB. Ein Volljähriger, der auf Grund einer psychischen
Krankheit oder einer körperlichen, geistigen oder seelischen Behinderung
seine Angelegenheiten ganz oder teilweise nicht besorgen kann, erhält einen
Betreuer (§ 1896 I BGB). Bei der Auswahl des Betreuers (§ 1897 BGB) ist
eine Gesamtabwägung der für und gegen die Bestellung einer bestimmten
Person sprechenden Gesichtspunkte erforderlich. Die Bestellung eines Berufsbetreuers kommt nur in Betracht, wenn kein ehrenamtlicher Betreuer zur
Verfügung steht (KG, Rpfleger 09, 454). Die Aufsicht des Gerichts beschränkt
sich auf die Kontrolle der Rechtmäßigkeit seines Handelns; nicht Gegenstand
der Kontrolle ist die Zweckmäßigkeit (OLG München, FGPrax, 09, 226).
Künftig soll sich die Aufsicht auch auf die Einhaltung persönlicher Kontakte
zu dem Betreuten erstrecken (Einl 89). Für Minderjährige kann sie unter den
Voraussetzungen des § 1908a BGB schon vorsorglich für den Zeitpunkt des
Eintritts der Volljährigkeit angeordnet werden. Der Umfang der Betreuung
wird durch zwei Kriterien begrenzt:

Die Betreuung umfasst die **rechtliche** Besorgung der Angelegenheiten des 3
Betroffenen. Maßnahmen die keinen Bezug zur Rechtsfürsorge haben, oder
in Überschreitung dieses Bereichs in zusätzlicher tatsächlicher Hilfeleistung
bestehen, gehören nicht zu den dem Betreuer zugewiesenen Aufgaben.

§ 271 Buch 3 – Betreuungs- und Unterbringungssachen

4   Es gilt das Prinzip der **Erforderlichkeit** für die Anordnung, den Umfang und die Dauer der Betreuung. Sie ist gegenüber anderen Möglichkeiten subsidiär: Vorrangig ist das Selbstbestimmungsrecht des Betroffenen. Gegen dessen freien Willen darf ein Betreuer nicht bestellt werden (§ 1896 I a BGB). Kriterien für die freie Willensbestimmung sind die Einsichtsfähigkeit und die Fähigkeit, nach dieser Einsicht zu handeln (OLG Hamm, FamRZ 09, 1436). Entscheidend ist das Verständnis, dass ein gesetzlicher Vertreter bestellt werden kann, der eigenständig Entscheidungen in dem ihm übertragenen Aufgabenbereich treffen kann (§ 1902 BGB). Maßgebender Zeitpunkt für die Feststellung ist die Entscheidung (KG, FamRZ 10, 924). Über die für diese
5   Entscheidung relevanten Umstände ist der Betroffene aufzuklären. Das Selbstbestimmungsrecht kann im Falle einer psychischen Erkrankung sowie einer geistigen und seelischen Behinderung durch eine **Vorsorgevollmacht** gesichert werden (KG, Rpfleger 07, 139: Zur Bestellung eines Betreuers trotz Vorsorgevollmacht; OLG München, FGPrax 09, 221). Das BtÄndG sieht Erleichterungen bei der Erstellung von Vorsorgevollmachten vor: Die Beglaubigung von Unterschriftsleistungen und Handzeichen wird in den Aufgabenkreis von Betreuungsbehörden aufgenommen. Die Beratungskompetenz der Betreuungsvereine und Behörden wird erweitert. Schon nach der bisherigen Rechtslage sind die Betreuungsvereine (§§ 1908 f I Nr. 2 a BGB) und die Betreuungsbehörden (§ 6 Satz 2 BtBG) verpflichtet, über Vorsorgevollmachten zu informieren. Eine Betreuung ist auch dann subsidiär und daher nicht erforderlich, wenn die Angelegenheiten des Betroffenen ebenso gut wie durch eine Betreuung durch andere Hilfen besorgt werden können (§ 1896 II 2 BGB; KG, FamRZ 10, 635); ein nur bedingt für den Fall der Betreuungsbedürftigkeit eingesetzter Vorsorgebevollmächtigter ist nicht geeignet, die Angelegenheiten des Betroffenen ebenso gut wie ein Betreuer zu besorgen (KG, aaO). Zu Vorsorgevollmachten im internationalen Rechtsverkehr: Wedemann, FamRZ 10, 785.

Betreuungssachen

§ 271 Betreuungssachen sind

1. **Verfahren zur Bestellung eines Betreuers und zur Aufhebung der Betreuung,**
2. **Verfahren zur Anordnung eines Einwilligungsvorbehaltes sowie**
3. **sonstige Verfahren, die die rechtliche Betreuung eines Volljährigen (§§ 1896 bis 1908 i des Bürgerlichen Gesetzbuchs) betreffen, soweit es sich nicht um eine Unterbringungssache handelt.**

1. Anwendungsbereich

1   Die Vorschriften der §§ 272–311 sind anwendbar auf Verfahren über die Bestellung eines Betreuers, auch eines neuen Betreuers, und die Aufhebung der Betreuung (Nr 1), die Verfahren auf Anordnung eines Einwilligungsvorbehaltes (Nr 2) sowie auf sonstige Verfahren über die rechtliche Betreuung von Volljährigen nach §§ 1896–1908 i BGB. Ausgenommen ist die Unter-

§ 271 Betreuungssachen **§ 271**

bringung eines Betreuten nach § 1906 BGB; hierauf findet das Verfahren in Unterbringungssachen (§§ 312–339) Anwendung. Im Einzelnen:

2. Bestellung eines Betreuers

Die Bestellung, auch vorläufige, eines oder mehrerer Betreuer für einen Volljährigen, wenn dieser auf Grund einer psychischen Krankheit oder einer körperlichen, geistigen (BayObLG, FamRZ 94, 318) oder seelischen Behinderung seine Angelegenheiten ganz oder teilweise nicht besorgen kann (§ 1896 I, § 1899 I BGB), auch bei Gefahr eines akuten Schubes einer Psychose (BayObLG, FamRZ 94, 319), für Aufgabenkreise, in denen die Betreuung erforderlich ist (§ 1896 II BGB); jedoch auch bei einem unheilbar psychisch Kranken nicht „auf Vorrat", wenn ein aktuelles Betreuungsbedürfnis nicht besteht (OLG Köln, NJWE-FER 99, 324). 2

3. Einwilligungsvorbehalt

Die Anordnung eines Einwilligungsvorbehaltes, auch vorläufige, zu einer Willenserklärung des Betreuten, die den Aufgabenkreis des Betreuers betrifft, wenn der Betreute auf Grund einer psychischen Erkrankung seinen Willen nicht frei bestimmen kann (BayObLG, NJWE-FER 98, 273), soweit dies zur Abwendung einer erheblichen Gefahr für die Person oder das Vermögen des Betreuten erforderlich ist (§ 1903 I BGB). 3

4. Minderjährige

Die Bestellung eines Betreuers, Anordnung eines Einwilligungsvorbehaltes für einen Minderjährigen, der das 17. Lebensjahr vollendet hat, wenn anzunehmen ist, dass diese Maßnahmen bei Eintritt der Volljährigkeit erforderlich werden (§ 1908 a BGB iVm §§ 1896, 1903 BGB). 4

5. Entlassung, Aufhebung, Erweiterung

Die **Entlassung** (§ 296 I iVm § 1908 b BGB) des Betreuers (BayObLG, Rpfleger 94, 252), die Bestellung eines neuen Betreuers (§ 296 II iVm § 1908 c BGB); die Entlassung einer Behörde und Bestellung einer natürlichen Person als Betreuer. 5

Die **Aufhebung** der Betreuung, wenn ihre Voraussetzungen weggefallen sind (§ 1908 d I, II BGB), die Aufhebung der Anordnung eines Einwilligungsvorbehaltes (§ 1908 d IV iVm § 1908 d I, II BGB; § 294). 6

Die **Erweiterung** (§ 293) des Aufgabenkreises des Betreuers oder des Kreises der einwilligungsbedürftigen Willenserklärungen (§ 1908 d III, § 1908 d IV iVm III BGB), die Verlängerung der Betreuung (§ 295). 7

6. Genehmigungen

Genehmigungen des Betreuungsgerichts von Einwilligungen des Betreuers in eine Untersuchung des Gesundheitszustandes, eine Heilbehandlung oder einen ärztlichen Eingriff, wenn die begründete Gefahr besteht, dass der Betreute auf Grund der Maßnahme stirbt oder einen schweren oder länger 8

§ 272 Buch 3 – Betreuungs- und Unterbringungssachen

dauernden gesundheitlichen Schaden erleidet (§ 1904 S 1 BGB; § 298), in eine Sterilisation (§ 1905 II BGB, § 297); ferner zur Kündigung eines Mietverhältnisses über Wohnraum, den der Betreute gemietet hat (§ 1907 I BGB), zu einem Miet- oder Pachtvertrag oder zu einem anderen Vertrag, durch den der Betreute zu wiederkehrenden Leistungen verpflichtet wird, wenn das Vertragsverhältnis länger als zwei Jahre dauern soll oder vom Betreuer Wohnraum vermietet werden soll (§ 1907 III BGB), zu dem Versprechen oder Gewähren einer Ausstattung aus dem Vermögen des Betreuten (§ 1908 BGB).

9 **Nicht mehr** wie bisher nach dem Betreuungsverfahren, sondern nach dem Unterbringungsverfahren (§§ 312–339) werden behandelt die Genehmigungen des Betreuungsgerichts zu einer Unterbringung des Betreuten durch den Betreuer, die mit Freiheitsentziehung verbunden ist (§ 1906 I, II BGB); ferner, wenn dem Betreuten, ohne untergebracht zu sein, durch mechanische Vorrichtungen, Medikamente oder auf andere Weise über einen längeren Zeitraum oder regelmäßig die Freiheit entzogen werden soll (§ 1906 IV iVm I, II, III BGB) (unterbringungsähnliche Maßnahmen).

Örtliche Zuständigkeit

272 (1) **Ausschließlich zuständig ist in dieser Rangfolge:**
1. **das Gericht, bei dem die Betreuung anhängig ist, wenn bereits ein Betreuer bestellt ist;**
2. **das Gericht, in dessen Bezirk der Betroffene seinen gewöhnlichen Aufenthalt hat;**
3. **das Gericht, in dessen Bezirk das Bedürfnis der Fürsorge hervortritt;**
4. **das Amtsgericht Schöneberg in Berlin, wenn der Betroffene Deutscher ist.**

(2) **Für einstweilige Anordnungen nach § 300 oder vorläufige Maßregeln ist auch das Gericht zuständig, in dessen Bezirk das Bedürfnis der Fürsorge bekannt wird. Es soll die angeordneten Maßregeln dem nach Absatz 1 Nr. 1, 2 oder Nr. 4 zuständigen Gericht mitteilen.**

1. Voraussetzungen

1 Maßgebend für die örtliche Zuständigkeit des Betreuungsgerichts sind die tatsächlichen Verhältnisse in dem Zeitpunkt, in dem das Gericht mit der Angelegenheit befasst wird (§ 2 I). Befasst ist das Gericht in Amtsverfahren mit dem Eingang einer Mitteilung oder Kenntnisnahme von Umständen, die ergeben, dass das Gericht von Amts wegen tätig werden muss, in Antragsverfahren (§ 1896 I 3 BGB) mit der Stellung eines Antrages zur Entscheidung bei dem angerufenen Gericht. Die Zuständigkeit wird durch nachträgliche Änderung der Voraussetzungen nicht berührt (§ 2 II).

2 Die örtliche Zuständigkeit des Betreuungsgericht ist in der gesetzlichen Rangfolge **ausschließlich.** Danach ist vorrangig zuständig das Gericht, bei dem die Betreuung anhängig ist, wenn bereits ein Betreuer bestellt ist **(Nr 1).** Ist eine Betreuung noch nicht anhängig, knüpft das Gesetz zunächst

§ 272 Örtliche Zuständigkeit **§ 272**

an den gewöhnlichen Aufenthalt des Betroffenen **(Nr 2)**, dann an das Gericht, in dessen Bezirk das Bedürfnis der Fürsorge hervortritt **(Nr 3)** an. Sind diese Voraussetzungen nicht gegeben, ist die Zuständigkeit des Amtsgerichts Schöneberg in Berlin begründet, wenn der Betroffene Deutscher ist **(Nr 4)**.

Für **einstweilige Anordnungen** nach § 300, §§ 49 ff und vorläufige Maß- 3 regeln nach Art 24 III EGBGB und § 1908 i I 1 iVm § 1846 BGB ist neben den in Abs 1 Nr 1–4 aufgeführten Gerichtsständen auch das Gericht zuständig, in dessen Bezirk das Bedürfnis der Fürsorge bekannt wird (Abs 2 S 1).

2. Anhängigkeit einer Betreuung

Ist für den Betroffenen bereits ein Betreuer bestellt, bleibt das Gericht, bei 4 dem die Betreuung anhängig ist, auch für weitere die Betreuung betreffende Angelegenheiten zuständig, zB Anordnung eines Einwilligungsvorbehaltes, sofern dies nachträglich geschieht; Erweiterung des Aufgabenkreises auf weitere Gebiete, Bestellung eines weiteren Betreuers; ferner für die Aufhebung der Betreuung, die Aufhebung der Anordnung eines Einwilligungsvorbehaltes, Einschränkungen dieser Maßnahmen, Entlassung des Betreuers und Bestellung eines neuen Betreuers; ferner für Genehmigungen von Einwilligungen des Betreuers nach §§ 1904, 1905 BGB, §§ 1907, 1908 BGB.

3. Der gewöhnliche Aufenthalt des Betroffenen

Dieser ist Anknüpfungspunkt für die örtliche Zuständigkeit (Nr 2), wenn 5 ein Betreuer noch nicht bestellt ist (Nr 1). Der gewöhnliche Aufenthalt ist im Gegensatz zum schlichten Aufenthalt der, an dem sich der Betroffene tatsächlich längere Zeit aufhält, gleichgültig, ob er vorübergehend abwesend ist (BayObLG 57, 313; FamRZ 75, 272; OLG Hamm, FamRZ 74, 255; OLG Stuttgart, OLG 75, 391); nicht bei einem von vornherein nur als vorübergehend angelegten Aufenthalt (BayObLG, NJW 93, 670; OLG Stuttgart, NJWE-FER 97, 111: Krankenhausaufenthalt; OLG Karlsruhe, FamRZ 96, 1341). An den gewöhnlichen Aufenthalt wird angeknüpft, weil dieser nur einer Tatsachenfeststellung bedarf, während die Bestimmung des Wohnsitzes bei ungeklärter oder fehlender Geschäftsfähigkeit Schwierigkeiten bereiten könnte.

4. Bedürfnis der Fürsorge

Bei fehlendem gewöhnlichen Aufenthalt im Inland oder, falls ein solcher 6 nicht feststellbar ist, ist das Gericht zuständig, in dessen Bezirk das Bedürfnis der Fürsorge bekannt wird, zB in Grundstücksangelegenheiten der Gerichtsbezirk, in dem das Grundstück liegt, in anderen vermögensrechtlichen Angelegenheiten der Ort, an dem eine Angelegenheit zu regeln ist (Geschäft, Fabrik) und in personensorgerechtlichen Fragen auch der Ort des Aufenthaltes (Krankenhaus, Unterbringungsanstalt) zum Zeitpunkt der Regelungsbedürftigkeit (BayObLG, Rpfleger 96, 287).

5. Amtsgericht Schöneberg in Berlin

7 Für Deutsche ohne gewöhnlichen Aufenthalt im Inland, für die auch im Inland ein Bedürfnis der Fürsorge nicht hervortritt, ist das Amtsgericht Schöneberg in Berlin-Schöneberg zuständig. Die Regelung gilt nicht für Ausländer; bei mehreren Staatsangehörigkeiten kann uU die deutsche Staatsangehörigkeit maßgebend sein (Art 5 I 2 EGBGB). Die Regelung betrifft im Wesentlichen Deutsche, die im Ausland leben.

8 Die Zuständigkeit des Amtsgerichts Schöneberg ist bei fehlendem Inlandsbezug eine Auffangzuständigkeit. Bisher konnte das Amtsgericht Schöneberg eine Sache aus wichtigem Grund mit bindender Wirkung an ein anderes Gericht abgeben (§ 36 II FGG). Auch auf die **Abgabe** durch das Amtsgericht Schöneberg ist jetzt § 4 anwendbar mit der Folge, dass eine Abgabe nur noch dann erfolgen kann, wenn sich das Gericht, an das abgegeben werden soll, zur Übernahme bereit erklärt; die Abgabe ist auch dann nicht bindend.

6. Einstweilige Anordnungen, vorläufige Maßregeln

9 Durch die Regelung des Abs 2 soll ein rechtzeitiges Eingreifen gesichert werden, wenn ein Betreuer noch nicht bestellt ist. Das Betreuungsgericht ist zu vorläufigen Maßnahmen befugt nach Art 24 III des Einführungsgesetzes zum BGB, wenn vorläufige Maßnahmen zur Fürsorge für einen Ausländer notwendig werden, über den im Inland eine Betreuung angeordnet werden soll, für vorläufige Maßnahmen nach § 1908i I 1 iVm § 1846 BGB, zur Bestellung eines vorläufigen Betreuers oder Anordnung eines vorläufigen Einwilligungsvorbehaltes nach § 300, wenn dringende Gründe für die Annahme bestehen, dass die Voraussetzungen für die Bestellung eines Betreuers oder der Anordnung eines Einwilligungsvorbehaltes gegeben sind und mit dem Aufschub Gefahr verbunden wäre. Für diese vorläufigen Maßnahmen ist örtlich **auch** zuständig das Gericht, in dessen Bezirk das **Bedürfnis der Fürsorge** bekannt wird (BayObLG, FamRZ 96, 485: Unterbringungsort).

10 Das nach Abs 2 S 1 tätig gewordene Gericht soll das nach Abs 1 Nr 1, Nr 2 oder Nr 4 zuständige Gericht von den angeordneten Maßnahmen **unterrichten,** damit dieses ggf von Amts wegen tätig werden kann (Abs 2 S 2).

11 **Nach Erledigung** der durch die Dringlichkeit gebotenen Aufgaben – Bestellung eines vorläufigen Betreuers – ist die Sache **an das zuständige Gericht** zu übersenden; die Bestellung ist jedoch erst dann beendet, wenn der Betreuer mündlich verpflichtet (§ 289) und ihm die Bestellungsurkunde (§ 290) ausgehändigt worden ist (OLG Frankfurt, FGPrax 04, 287 für das bisherige Recht). Mit Wegfall des Fürsorgebedürfnisses **entfällt** auch die Zuständigkeit nach Abs 2 S 1; ebenso, wenn das nach Abs 1 Nr 1, Nr 2 oder Nr 4 zuständige Gericht tätig wird mit der Wirkung, dass die Maßnahmen gegenstandslos werden, soweit das zuständige Gericht eine abweichende Regelung trifft.

12 Für die **Beschwerde** gegen Maßnahmen des nach Abs 2 S 1 tätig gewordenen Gerichts nach Übernahme durch das nach Abs 1 Nr 1, 2, 4 zuständige Gericht ist das diesem vorgeordnete Landgericht zuständig.

§ 272 Örtliche Zuständigkeit **§ 272**

7. Funktionelle Zuständigkeit des Richters

Diese ist nach **§ 15 Nr 1 RPflG** gegeben für die Bestellung eines Betreuers 13 (§ 1896 BGB), mehrere weitere Betreuer (§ 1899 I BGB), eines Vereinsbetreuers (§ 1900 I BGB), eines Behördenbetreuers (§ 1900 IV BGB) einschließlich der Bestimmung des Aufgabenkreises und der Auswahl des Betreuers; ferner für die Bestellung eines Betreuers für die Entscheidung über die Einwilligung in eine Sterilisation (§ 1899 II BGB), eines Gegenbetreuers (§ 1908i I 1 iVm § 1792 BGB); teilweise Entlassung des Betreuers und Bestellung eines weiteren Betreuers (§ 1908i I 1 iVm § 1796 BGB), ferner für die Bestellung eines Betreuers und die Anordnung eines Einwilligungsvorbehalts für einen Minderjährigen (§ 1908 BGB), für die Entlassung eines Betreuers (§ 1908 b I, II, V BGB), sowie der anschließenden Neubestellung; nach § 15 Nr 2 RPflG für die Bestellung eines neuen Betreuers im Falle des Todes des Betreuers (§ 1908 c BGB); nach § 15 Nr 3 RPflG für die Aufhebung der Betreuung, Einschränkung des Aufgabenkreises, Erweiterung des Aufgabenkreises (§ 1908 d I, II, III BGB), Aufhebung, Einschränkung, Erweiterung des Einwilligungsvorbehaltes (§ 1908 d IV BGB); Überprüfung der Betreuerauswahl nach § 291, **sofern** diese Verrichtungen nicht nur in einer 14 Betreuung nach § 1896 III BGB (Geltendmachung von Rechten des Betreuten gegenüber seinem Bevollmächtigten) bestehen; insoweit ist der RPfl nach § 3 Nr 2 b RPflG zuständig. Ferner ist nach § 15 Nr 4 RPflG der Richter zuständig für Verrichtungen auf Grund der §§ 1903–1905 BGB: Für die Anordnung eines Einwilligungsvorbehaltes (§ 1903 BGB), für die Genehmigung der Einwilligung des Betreuers in eine Untersuchung des Gesundheitszustandes, eine Heilbehandlung, einen ärztlichen Eingriff (§ 1904 BGB), in eine Sterilisation (§ 1905 II BGB). Nach § 15 Nr 5 RPflG ist der Richter zuständig für die Anordnung einer Betreuung für einen Angehörigen eines fremden Staates einschließlich der vorläufigen Maßregeln (Art 24 EGBGB), nach Nr 6 für die Anordnung einer Betreuung oder Pflegschaft auf Grund dienstrechtlicher Vorschriften, nach Nr 7 für Entscheidungen bei Meinungsverschiedenheiten mehrerer Betreuer (§ 1908i I 1 BGB iVm § 1797 I 2, § 1798 BGB), nach Nr 8 für die Genehmigung nach § 6 des Gesetzes über die freiwillige Kastration und andere Behandlungsmethoden, nach Nr 9 für die Genehmigung nach § 3 I 2 sowie § 6 II 1, § 7 III 2 und § 9 III 1, jeweils iVm § 1 I 2 des Gesetzes über die Änderung der Vornamen und die Feststellung der Geschlechtszugehörigkeit in besonderen Fällen.

Für die **Abgabe- und Übernahmeentscheidung** (§ 4) sowie die **Herbeiführung** einer Entscheidung des gemeinschaftlichen oberen Gerichts (§ 5) ist allein der Richter zuständig (Rn 15 zu § 4; Bassenge/Roth, Rn 13 zu § 15 RPflG mwN; BayObLG, FamRZ 93, 448; OLG Zweibrücken, FGPrax 10, 169; aA für den Fall, dass ein dem Richtervorbehalt unterliegendes Verfahren nicht bereits anhängig ist: OLG Hamm, FamRZ 94, 449; Keidel/Sternal, Rn 35 zu § 4). 15

8. Funktionelle Zuständigkeit des RPfl

Diese ist nach **§ 3 Nr 2 b RPflG** gegeben für Betreuungssachen, soweit 16 kein Richtervorbehalt besteht; für die Bestellung eines Betreuers nach § 1896

§ 273 Buch 3 – Betreuungs- und Unterbringungssachen

III BGB (Geltendmachung von Rechten des Betreuten gegenüber seinem Bevollmächtigten), für die Entlassung eines Betreuers nach § 1908 b III BGB, § 1908 IV BGB, sowie die Bestellung eines neuen Betreuers in diesen Fällen nach § 1908 c BGB; auch für die Entlassung nach § 1908 i I 1 BGB iVm § 1888 BGB sowie der Bestellung eines neuen Betreuers; ferner für die Beratung und Einführung des Betreuers, die Aufsicht über ihn einschließlich der Androhung und Festsetzung von Zwangsgeldern (§ 1908 i I 1 BGB iVm § 1837 BGB). Der RPfl ist ferner zuständig für die Genehmigungen nach § 1907 I, III BGB, § 1908 BGB, für Genehmigungen bei Erbverträgen und Erbverzicht, ferner für Verrichtungen nach § 1908 i I 1 BGB iVm § 1802 I 1, III BGB, § 1803 II, III 2 BGB, §§ 1810, 1811, 1812, 1815 II BGB, §§ 1817, 1818, 1819, 1820 I, II BGB, §§ 1821, 1822, 1823, 1824, 1825, 1836 I 2, II BGB, § 1836 a BGB, § 1837 I–III BGB, §§ 1839, 1840, 1841 II 2 BGB, § 1843 I BGB, §§ 1845, 1890, 1892 I, II BGB, § 1893 II BGB; ferner in den betreuungsrechtlichen Zuweisungssachen nach **§ 340**.

9. Württembergisches Rechtsgebiet

17   In Baden-Württemberg funktionelle Zuständigkeit des **Notars** im Landesdienst für Betreuungssachen; **Richtervorbehalt** für Anordnungen bzw. Genehmigungen nach §§ 1903–1906 BGB, Anordnung der Unterbringung zur Untersuchung sowie für Bestellung eines Betreuers im Disziplinarverfahren (MüKoZPO/Schmidt-Recla, Rn 20 zu § 273).

10. Richter auf Probe

18   Ein Richter auf Probe darf im ersten Jahr seiner Ernennung nicht in Betreuungssachen eingesetzt werden, weil nach Meinung des Gesetzgebers ein Mindestmaß an beruflicher Erfahrung erforderlich ist (§ 23 c II 2 GVG).

11. Kosten (Einl 76)

19   §§ 92, 93, 96 KostO; Geschäftswert: § 30 KostO; Beschwerdeverfahren: § 131 KostO.

Abgabe bei Änderung des gewöhnlichen Aufenthalts

273 Als wichtiger Grund für eine Abgabe im Sinne des § 4 Satz 1 ist es in der Regel anzusehen, wenn sich der gewöhnliche Aufenthalt des Betroffenen geändert hat und die Aufgaben des Betreuers im Wesentlichen am neuen Aufenthaltsort des Betroffenen zu erfüllen sind. Der Änderung des gewöhnlichen Aufenthalts steht ein tatsächlicher Aufenthalt von mehr als einem Jahr an einem anderen Ort gleich.

1. Anwendungsbereich

1   Eine einmal begründete örtliche Zuständigkeit wird durch nachträglichen Wegfall der sie begründenden Umstände nicht berührt (§ 2 II). Der in der freiwilligen Gerichtsbarkeit im Vordergrund stehende Personenbezug erfordert aber eine räumliche Nähe des Gerichts zu dem Ort, an dem sich der

§ 273 Abgabe bei Änderung des gewöhnlichen Aufenthalts   **§ 273**

Betroffene befindet und die bei einem nachträglichen Ortswechsel nicht mehr gegeben sein kann. § 4 sieht nunmehr anstelle der bisherigen Einzelregelungen in §§ 46, 65 a, 70 III FGG allgemein die Möglichkeit der **Abgabe aus wichtigem Grund** durch ein örtlich zuständiges Gericht an ein anderes Gericht ohne Bindungswirkung vor. § 273 ist dazu eine **ergänzende** Vorschrift. Er bestimmt für Betreuungssachen die Kriterien, bei deren Vorliegen ein wichtiger Grund für eine Abgabe gegeben sein kann. 2

2. Voraussetzungen

Eine Betreuung muss anhängig, darf aber noch nicht beendet sein. Das abgebende Gericht muss an sich zuständig sein, mindestens aber seine Zuständigkeit für gegeben halten. Auch weitere Abgabe oder „Rückgabe" ist möglich. 3

Die Abgabe erfolgt aus **wichtigen Gründen,** wenn also nach dem Ermessen des abgebenden und übernehmenden Gerichts im Interesse des Betroffenen eine zweckmäßigere und leichtere Führung der Betreuung ermöglicht werden soll. § 273 bestimmt in Übereinstimmung mit der bisherigen Rechtsprechung, dass es in der Regel als wichtiger Grund anzusehen ist, wenn sich der gewöhnliche Aufenthalt des Betroffenen; der tatsächliche Mittelpunkt der Lebensführung (OLG Karlsruhe, Rpfleger 95, 458; OLG Köln, FGPrax 06, 162; OLG Hamm, FGPrax 10, 215); auch der Ort der nicht nur vorübergehenden Unterbringung (BayObLG NJWE-FER 99, 305) geändert hat und die Aufgaben des Betreuers im Wesentlichen am neuen Aufenthaltsort des Betroffenen zu erfüllen sind **(S 1).** Der Änderung des gewöhnlichen Aufenthalts steht ein tatsächlicher Aufenthalt von mehr als einem Jahr an einem anderen Ort gleich **(S 2).** Da für die Abgabe allein Zweckmäßigkeitserwägungen maßgebend sind, kann die Abgabe auch an ein Gericht erfolgen, das nach § 272 nicht zuständig wäre (BayObLG, Rpfleger 98, 200). Der Abgabe steht **nicht entgegen,** dass über einen Antrag des Betreuten auf Aufhebung der Betreuung noch nicht entschieden ist (OLG Karlsruhe, FamRZ 94, 449). Abgabe auch dann, wenn noch kein Betreuer bestellt ist; dessen Zustimmung ist nur erforderlich, wenn er bereits bestellt ist (BayObLG, FamRZ 93, 449). Der persönliche Kontakt zwischen Betroffenem, Betreuer und dem Gericht, der dem Reformanliegen des BtG entspricht, soll gewährleistet sein (OLG Karlsruhe, FamRZ 94, 449). 4 5

Nach bisherigem Recht war es möglich, wenn **mehrere Betreuer** für unterschiedliche Aufgabenkreise bestellt waren, auch das nur einen Betreuer betreffende Verfahren isoliert abzugeben. Ein wichtiger Grund hierfür konnte sein, dass der Betroffene seinen gewöhnlichen Aufenthalt wechselte, am bisherigen Aufenthaltsort jedoch wichtige vermögensrechtliche Angelegenheit weiterhin für ihn zu regeln waren. Diese Regelung des § 65 a I 3 FGG ist in § 273 nicht übernommen worden. Die **Konzentration** der Betreuung bei einem Gericht soll auch, wenn mehrere Betreuer bestellt sind, bestehen bleiben, um die Gefahr widerstreitender Entscheidungen zu vermeiden. 6

Weitere Voraussetzung ist die formlose Erklärung des anderen Gerichts, zur **Übernahme bereit** zu sein (§ 4 S 1). Das um Übernahme gebetene Gericht beurteilt das Vorliegen eines wichtigen Grundes nach pflichtgemäßem Ermes- 7 sen. Es kann sich eine Prüfung der Frage vorbehalten, ob eine Übernahme zweckmäßig ist. Sobald es in der Sache tätig wird, ist die Übernahme vollzogen (BayObLG, BtPrax 98, 237). Liegt ein wichtiger Grund vor, besteht eine Pflicht zur Übernahme. Diese Verpflichtung besteht, wenn auf diese Weise der persönliche Kontakt zwischen Gericht und Betroffenem zu gewährleisten ist; ferner sofern der Aufgabenkreise vermögensrechtliche Angelegenheiten betrifft, um die in Bezug auf die Vermögensgegenstände zu treffenden Maßnahmen an dem Ort, an dem sie sich befinden, durchführen zu können. Ist die Abgabe im Rahmen einer Entscheidung über Verlängerung und Erweiterung einer Betreuung erfolgt, hat das übernehmende Gericht eine Anfechtbarkeit dieser Entscheidung nicht zu prüfen, es sei denn, diese Entscheidung ist nichtig (OLG Karlsruhe, FGPrax 02, 115; aA OLG Brandenburg, NJWE-FER 00, 322).

3. Anhörung der Beteiligten (§ 4 S 2)

8 Vor der Abgabe ist dem Betroffenen und dem Betreuer, falls ein solcher schon bestellt ist, Gelegenheit zur Äußerung zu geben. Die Zustimmung des Betreuers zur Abgabe und ein Widerspruch des Betroffenen gegen die Abgabe waren schon in dem bisherigen § 65 a FGG nicht mehr vorgesehen, um die Abgabe zu erleichtern. Eine Zustimmung wurde auch deshalb für nicht erforderlich angesehen, weil im Rahmen der Anhörung Gelegenheit besteht, sich zu der Frage eines wichtigen Grundes für eine Abgabe zu äußern. Die Anhörung ist durch das abgebende Gericht durchzuführen. Von der Anhörung des Betroffenen kann abgesehen werden, wenn dieser außerstande ist, den Vorgang der Abgabe zu begreifen; die Bestellung eines Verfahrenspflegers für diesen Fall kommt nicht in Betracht, weil sie gesetzlich nicht vorgesehen ist (BayObLG, FamRZ 98, 1181; aA OLG Brandenburg NJWE-FER 00, 322: Verfahrenspfleger wegen des Absehens von der persönlichen Anhörung).

9 Dem **Gegenbetreuer** muss keine Gelegenheit zur Stellungnahme gegeben werden (BayObLG, NJWE-FER 97, 90). § 4 S 2 ist eine Sollvorschrift; hierdurch soll es dem Gericht ermöglicht werden, in besonders eiligen Fällen von einer Anhörung abzusehen. Eine solche Eilbedürftigkeit kann sich insbesondere in Betreuungs- und Unterbringungssachen ergeben.

4. Bestimmung durch das nächsthöhere gemeinsame Gericht

10 Bei Verweigerung der Abgabe oder Übernahme durch eines der beteiligten Gerichte wird das zuständige Gericht auf Anrufen eines der beteiligten Gerichte durch das nächsthöhere gemeinsame Gericht bestimmt. Die Bestimmung des zuständigen Gerichts unter diesen Voraussetzungen ist nunmehr als
11 weiterer Anwendungsfall in **§ 5 I Nr 5** aufgenommen worden. Die Bestimmung wird getroffen durch das nächsthöhere **gemeinsame Gericht.** Das ist für Amtsgerichte im Bezirk desselben Landgerichts das Landgericht; für Amtsgerichte im Bezirk verschiedener Landgerichte in einem Oberlandesgerichtsbezirk das OLG; für Amtsgerichte im Bezirk verschiedener Oberlandesgerichte anstelle des BGH (BGH, NJW 99, 221), das OLG, zu dessen Bezirk das zuerst mit der Sache befasste (KG, OLG 94, 563) Gericht gehört. (Im
12 Einzelnen: Rn 12 ff zu § 5). Die Entscheidung ergeht **auf Anrufen** eines der

beteiligten Gerichte (OLG München, FamRZ 07, 1186), auch des RPfl, nachdem das anrufende Gericht das andere Gericht gehört hat (BayObLG, NJW 92, 1633). Das abgebende Gericht hat den Sachverhalt so vollständig zu ermitteln, dass das zur Entscheidung berufene Gericht abschließend beurteilen kann, ob wichtige Gründe für eine Abgabe vorliegen. Für die Anrufung ist dann kein Raum mehr, wenn die Abgabe des Betreuungsverfahrens vollzogen ist (BayObLG, FGPrax 98, 145). Die Entscheidung des OLG wird mit der Bekanntmachung an das Gericht, das übernehmen soll, wirksam.

5. Umfang und Wirkung der Abgabe

Die Angelegenheit geht für einen bestimmten zu bezeichnenden Auf- 13
gabenkreis, für den ein Betreuer bestellt ist, auf das übernehmende Gericht über. Zuständig für **Beschwerden** ist das dem jetzt zuständigen Gericht vorgeordnete Beschwerdegericht (LG, OLG), auch wenn die Beschwerde schon vor Abgabe oder Übernahme eingelegt war (BayObLG, FamRZ 85, 1184), auch wenn das zunächst unzuständige Amtsgericht inzwischen zuständig geworden ist (BayObLG 82, 261). Die Beschwerde ist nach der Neuregelung des § 64 I nur noch bei dem Gericht einzulegen, dessen Beschluss angefochten wird; sie ist daher auch nach Übernahme bei dem abgebenden Gericht einzulegen.

6. Rechtsmittel

Der Beschluss, durch den das nächsthöhere gemeinsame Gericht das zustän- 14
dige Gericht bestimmt, ist nicht anfechtbar (§ 5 III). Abgabe und Ablehnung der Abgabe sind nicht mehr wie nach bisherigem Recht isoliert anfechtbar, jedoch ist ihre Überprüfung im Rahmen der Beschwerde zur Hauptsache möglich (§ 58 II); im Einzelnen: Rn 14 zu § 5).

7. Funktionelle Zuständigkeit

Auch der RPfl kann die ihm übertragenen Angelegenheiten abgeben (§ 4 I 15
RPflG). Er ist jedoch nicht befugt, gleichzeitig anhängige Verfahren, die dem Richtervorbehalt unterliegen, mit abzugeben (BayObLG 72, 21) oder zu übernehmen.

In Betreuungssachen ist für die Abgabe des Verfahrens oder die Ableh- 16
nung der Übernahme funktionell der **Richter** zuständig (§ 15 RPflG), weil ein Betreuungsverfahren zwangsläufig dem Richter vorbehaltene Aufgaben umfasst, in denen er fortlaufend weiter tätig wird. In diese Zuständigkeit würde durch eine von dem RPfl veranlasste Abgabe eingegriffen (KG, Rpfleger 96, 237; OLG Düsseldorf, Rpfleger 98, 103; BayObLG, FamRZ 94, 449; OLG Zweibrücken, Rpfleger 05, 604; FGPrax 08, 210; OLG München, FGPrax 08, 67; aA OLG Hamm, FamRZ 94, 342: sofern ein dem Richtervorbehalt unterliegendes Verfahren noch nicht anhängig ist. Eine Abgabe durch einen funktionell unzuständigen RPfl ist unwirksam (§ 8 IV 1 RPflG).

Beteiligte

274 (1) Zu beteiligen sind
1. der Betroffene,
2. der Betreuer, sofern sein Aufgabenkreis betroffen ist,
3. der Bevollmächtigte im Sinne des § 1896 Abs. 2 Satz 2 des Bürgerlichen Gesetzbuchs, sofern sein Aufgabenkreis betroffen ist.

(2) Der Verfahrenspfleger wird durch seine Bestellung als Beteiligter zum Verfahren hinzugezogen.

(3) Die zuständige Behörde ist auf ihren Antrag als Beteiligte in Verfahren über
1. die Bestellung eines Betreuers oder die Anordnung eines Einwilligungsvorbehalts,
2. Umfang, Inhalt oder Bestand von Entscheidungen der in Nummer 1 genannten Art

hinzuzuziehen.

(4) Beteiligt werden können
1. in den in Absatz 3 genannten Verfahren im Interesse des Betroffenen dessen Ehegatte oder Lebenspartner, wenn die Ehegatten oder Lebenspartner nicht dauernd getrennt leben, sowie dessen Eltern, Pflegeeltern, Großeltern, Abkömmlinge, Geschwister und eine Person seines Vertrauens,
2. der Vertreter der Staatskasse, soweit das Interesse der Staatskasse durch den Ausgang des Verfahrens betroffen sein kann.

1. Erlangung der Beteiligtenstellung

1 Nach § 7 wird die Beteiligtenstellung durch Hinzuziehung (§ 7 II, III) erlangt, die auch konkludent erfolgen kann; ausgenommen ist der Antragsteller, der kraft Gesetzes Beteiligter wird (§ 7 I).

2 **Zwingend** hinzuzuziehen sind nach § 7 II diejenigen, deren Recht durch das Verfahren unmittelbar betroffen werden kann, und die Personen, die bei den einzelnen Angelegenheiten dieses Gesetzes oder in anderen Gesetzen als zwingend hinzuzuziehen bestimmt werden.

3 Weitere Personen können nach dem Ermessen des Gerichts von Amts wegen oder auf Antrag hinzugezogen werden (§ 7 III). Die gesetzliche Aufzählung dieser Personen bei den einzelnen Angelegenheiten ist abschließend; es steht nicht in dem Ermessen des Gerichts, weitere Personen hinzuzuziehen. Zu dem Kreis der Personen, die hinzugezogen werden können, gehören auch solche, die durch das Verfahren nicht unmittelbar in eigenen Rechten betroffen sind, sondern zB als Angehörige ein ideelles Interesse am Ausgang des Verfahrens haben. Maßstab für die Hinzuziehung ist das **wohlverstandene Interesse** des Betroffenen. Widerspricht er der Hinzuziehung, ist von einer Beteiligung abzusehen, wenn nicht schwerwiegende Gründe für eine Hinzuziehung sprechen.

2. Zwingende Hinzuziehung

Zwingend hinzuzuziehen sind entsprechend § 7 II Nr 2 der Betroffene **4** (Abs 1 Nr 1), der Betreuer, sofern sein Aufgabenkreis betroffen ist (Abs 1 Nr 2); bei **mehreren** Betreuern für verschiedene Aufgabenkreise nur der, **5** dessen Aufgabenkreis berührt wird; entsprechendes gilt bei Erweiterung oder Einschränkung des Aufgabenkreises. Ferner ist zu beteiligen ein Bevollmächtigter iS von § 1896 II 2 BGB, sofern sein Aufgabenkreis betroffen ist (Abs 1 Nr 3); dieser kann in seinen Rechten betroffen sein, wenn zB ein Widerruf seiner Bevollmächtigung droht oder die Bestellung eines Kontrollbetreuers nach § 1896 BGB.

3. Beteiligung des Verfahrenspflegers

Das Gericht hat dem Betroffenen nach Maßgabe des § 276 einen Verfah- **6** renspfleger zu bestellen, wenn dies zur Wahrnehmung der Interessen des Betroffenen erforderlich ist. Von der Bestellung kann abgesehen werden, wenn ein Interesse des Betroffenen hieran offensichtlich nicht besteht (§ 276 II); sie kann unterbleiben oder aufgehoben werden, wenn die Interessen des Betroffenen von einem Rechtsanwalt oder einem anderen geeigneten Verfahrensbevollmächtigten vertreten werden (§ 276 IV). Wird ein Verfahrens- **7** pfleger bestellt, wird er durch seine Bestellung (kraft Gesetzes) **als Beteiligter** zum Verfahren hinzugezogen (Abs 2); bei einer Aufhebung der Bestellung, zB nach § 276 IV, verliert dieser mit der Aufhebung automatisch seine Beteiligtenstellung. Im Übrigen ist die Beteiligtenstellung an den Bestand der Bestellung als Verfahrenspfleger geknüpft; sie endet daher erst mit der Rechtskraft der Endentscheidung oder mit dem sonstigen Abschluss des Verfahrens (§ 276 V).

4. Beteiligung der zuständigen Behörde

Die zuständige Behörde (Jugendamt, Betreuungsbehörde) ist nicht **8** schon von Amts wegen hinzuzuziehen. Sie entscheidet selbst darüber, ob sie sich an dem Verfahren beteiligen will. Stellt sie einen entsprechenden **Antrag,** ist sie zwingend ohne Ermessensspielraum hinzuzuziehen (§ 7 II Nr 2). Voraussetzung ist, dass der Verfahrensgegenstand eine Angelegenheit nach Abs 3 Nr 1, 2 betrifft; dieser muss umfassen die Bestellung eines Betreuers oder die Anordnung eines Einwilligungsvorbehaltes (Nr 1) oder Umfang, Inhalt oder Bestand (§§ 293–296, 297) dieser Entscheidungen (Nr 2).

5. Beteiligte aus ideellem Interesse

Nach § 7 III 1 können auch Personen hinzugezogen werden, die durch **9** das Verfahren nicht unmittelbar in eigenen Rechten betroffen werden, sondern lediglich ein ideelles Interesse am Ausgang des Verfahrens haben. Der Kreis der unter diesem Gesichtspunkt zu beteiligenden Personen ist gesetzlich beschränkt; nur solche Personen können hinzugezogen werden, die das Gesetz vorsieht. In Betreuungsangelegenheiten bestimmt **Abs 4 Nr 1** **10** diesen Personenkreis. Er umfasst Ehegatten oder Lebenspartner des Betroffe-

§ 275   Buch 3 – Betreuungs- und Unterbringungssachen

nen, wenn diese nicht dauernd getrennt leben, sowie dessen Eltern, Pflegeeltern, Großeltern, Abkömmlinge, Geschwister sowie eine Person seines Vertrauens. Die Hinzuziehung kann von Amts wegen oder auf Antrag geschehen. Die Hinzuziehung setzt voraus, dass sie im Interesse des Betroffenen liegt, widerspricht dieser, ist von einer Beteiligung abzusehen, wenn nicht schwerwiegende Gründe dafür sprechen.

6. Beteiligung der Staatskasse

11   Abs 4 Nr 2 nennt als Beteiligten, der nach § 7 III 1 hinzugezogen werden kann, den Vertreter der Staatskasse, wenn deren **fiskalische Interessen** durch den Ausgang des Verfahrens betroffen sein können. Diese Voraussetzung entspricht der für das Beschwerderecht der Staatskasse nach § 304. Danach kann der Vertreter der Staatskasse insbesondere geltend machen, der Betreuer habe eine Abrechnung falsch erstellt oder der Betreute könne anstelle eines nach § 1897 VI BGB bestellten Betreuers durch eine oder mehrere andere geeignete Personen außerhalb einer Berufsbetreuung betreut werden. Das Beschwerderecht der Staatskasse nach § 304 setzt jedoch nicht deren Beteiligung in erster Instanz nach Abs 4 Nr 2 voraus.

Verfahrensfähigkeit

275   In Betreuungssachen ist der Betroffene ohne Rücksicht auf seine Geschäftsfähigkeit verfahrensfähig.

1. Begriff

1   **Verfahrensfähigkeit** ist die Fähigkeit einer Person, ihre Rechte im Verfahren selbst auszuüben. § 9 enthält hierüber nunmehr eine bisher fehlende ausdrückliche gesetzliche Regelung. Verfahrensfähig sind nach § 9 I die nach bürgerlichem Recht Geschäftsfähigen (Nr 1), beschränkt Geschäftsfähige, soweit sie nach bürgerlichem Recht für bestimmte Bereiche als geschäftsfähig behandelt werden (Nr 2), soweit sie das 14. Lebensjahr vollendet haben und sie in einem Verfahren, das ihre Person betrifft, ein ihnen nach bürgerlichem Recht zustehendes Recht geltend machen können (Nr 3) und solche, die in diesem Gesetz als verfahrensfähig bestimmt werden (Nr 4). § 275 sieht entsprechend dem bisherigen § 66 FGG die Verfahrensfähigkeit des Betroffenen ohne Rücksicht auf seine Geschäftsfähigkeit vor. Er ist damit fähig, seine Rechte in den Verfahren uneingeschränkt selbst auszuüben, sämtliche Verfahrenshandlungen, Anträge, Erklärungen, Rechtsmittel, vorzunehmen, Verfahrensvollmacht zu erteilen, nach OLG Schleswig, FamRZ 07, 1126, auch bei Fehlen eines natürlichen Willens. Verfahrensfähigkeit besteht daher auch dann, wenn der Betroffene jegliche Fähigkeit eingebüßt hat, Sinn und Folge seiner Erklärungen zu erkennen und sich wenigstens eine ungefähre Vorstellung von seiner Lage zu bilden (Schmidt, FGPrax 99, 178, aA OLG Saarbrücken, FGPrax 99, 108). **2** Der **Betreuer,** der bestellt wird, soweit die Tatsache, dass ein Volljähriger auf Grund einer psychischen Krankheit oder einer körperlichen, geistigen oder seelischen Behinderung seine Angelegenheiten ganz oder

§ 275 Verfahrensfähigkeit **§ 275**

teilweise nicht besorgen kann, dies erforderlich macht (§ 1896 I, II BGB), wird im Rahmen seines Aufgabenkreises **gesetzlicher Vertreter** des Betroffenen (§ 1902 BGB), ohne dass hierdurch die rechtliche Handlungsfähigkeit des Betroffenen eingeschränkt wird. Dies geschieht auch nicht 3 generell durch einen **Einwilligungsvorbehalt,** der angeordnet wird, soweit dies zur Abwendung einer erheblichen Gefahr für die Person oder das Vermögen des Betroffenen erforderlich ist (§ 1903 BGB). Der Betroffene bedarf dann zwar zu Willenserklärungen, die den Bereich betreffen, für den ein Einwilligungsvorbehalt angeordnet ist, der vorherigen Zustimmung des Betreuers mit der Folge der schwebenden Unwirksamkeit bei einem Vertragsschluss ohne Einwilligung (§ 108 BGB) und der Unwirksamkeit bei einem einseitigen Rechtsgeschäft ohne Einwilligung (§ 111 BGB). Diese Rechtsfolgen treten jedoch unabhängig davon ein, ob der Betroffene geschäftsfähig oder geschäftsunfähig (§ 104 Nr 2, 105 I BGB) ist, weil § 1903 BGB nur die Abwendung einer **erheblichen Gefahr** als Voraussetzung für die Anordnung eines Einwilligungsvorbehalts bestimmt und nicht zwischen geschäftsfähigen und geschäftsunfähigen Betroffenen unterscheidet. Eine Geschäftsunfähigkeit steht daher der Anordnung eines Einwilligungsvorbehalts nicht entgegen (BayObLG, BtPrax 94, 136). § 1903 4 BGB ist insoweit als **Spezialvorschrift** gegenüber der geltenden Rechtssystematik anzusehen, dergemäß weder die Willenserklärung eines Geschäftsfähigen zu ihrer Wirksamkeit einer Einwilligung bedarf, noch die Willenserklärung eines Geschäftsunfähigen durch eine Einwilligung wirksam werden kann (§ 105 I BGB). Die rechtliche Handlungsfähigkeit des Betroffenen wird danach zwar im Rahmen der Anordnung eingeschränkt, die Geschäftsfähigkeit und die Verfahrensfähigkeit werden hierdurch jedoch nicht berührt. Auch die Willenserklärung eines geschäftsunfähigen Betreuten wird mit der Einwilligung wirksam. Vor Bestellung eines Betreuers, Anordnung eines Einwilligungsvorbehaltes ist daher auch nicht die Frage der Geschäftsfähigkeit zu prüfen, sondern nur das Vorliegen der besonderen Voraussetzungen der §§ 1896, 1903 BGB, evt auch die Frage der Einwilligungsunfähigkeit.

2. Verfahrenspfleger

Die Verfahrensfähigkeit des Betroffenen wird auch dann nicht einge- 5 schränkt, wenn ein Pfleger für das Verfahren nach § 276 bestellt ist. Der Verfahrenspfleger soll Helfer, nicht „Vormund" des Betroffenen sein. Er hat unabhängig von Weisungen des Betroffenen dessen objektive Interessen wahrzunehmen. Diese **verfahrensrechtliche Eigenständigkeit** sowohl des Betroffenen als auch des Verfahrenspflegers hat zwar die Möglichkeit widersprechender Verfahrenshandlungen zur Folge; im Rahmen des Amtsermittlungsgrundsatzes können diese jedoch in die zur Entscheidung führenden Erwägungen einbezogen werden. Widersprechende Rechtsmittel müssen eigenständig entschieden werden (BGH, FGPrax, NJW 96, 1825), es ist jedoch zu beachten, dass rechtsgestaltende Entscheidungen sachlich notwendig einheitlich ergehen müssen.

§ 276

Verfahrenspfleger

276 (1) Das Gericht hat dem Betroffenen einen Verfahrenspfleger zu bestellen, wenn dies zur Wahrnehmung der Interessen des Betroffenen erforderlich ist. Die Bestellung ist in der Regel erforderlich, wenn

1. von der persönlichen Anhörung des Betroffenen nach § 278 Abs. 4 in Verbindung mit § 34 Abs. 2 abgesehen werden soll oder
2. Gegenstand des Verfahrens die Bestellung eines Betreuers zur Besorgung aller Angelegenheiten des Betroffenen oder die Erweiterung des Aufgabenkreises hierauf ist; dies gilt auch, wenn der Gegenstand des Verfahrens die in § 1896 Abs. 4 und § 1905 des Bürgerlichen Gesetzbuchs bezeichneten Angelegenheiten nicht erfasst.

(2) Von der Bestellung kann in den Fällen des Absatzes 1 Satz 2 abgesehen werden, wenn ein Interesse des Betroffenen an der Bestellung des Verfahrenspflegers offensichtlich nicht besteht. Die Nichtbestellung ist zu begründen.

(3) Wer Verfahrenspflegschaften im Rahmen seiner Berufsausübung führt, soll nur dann zum Verfahrenspfleger bestellt werden, wenn keine andere geeignete Person zur Verfügung steht, die zur ehrenamtlichen Führung der Verfahrenspflegschaft bereit ist.

(4) Die Bestellung eines Verfahrenspflegers soll unterbleiben oder aufgehoben werden, wenn die Interessen des Betroffenen von einem Rechtsanwalt oder einem anderen geeigneten Verfahrensbevollmächtigten vertreten werden.

(5) Die Bestellung endet, sofern sie nicht vorher aufgehoben wird, mit der Rechtskraft der Endentscheidung oder mit dem sonstigen Abschluss des Verfahrens.

(6) Die Bestellung eines Verfahrenspflegers oder deren Aufhebung sowie die Ablehnung einer derartigen Maßnahme sind nicht selbständig anfechtbar.

(7) Dem Verfahrenspfleger sind keine Kosten aufzuerlegen.

1. Stellung des Verfahrenspflegers

1 Die durch BtG eingeführte Möglichkeit der Bestellung eines Verfahrenspflegers dient dem Schutz des Betroffenen. Er soll den Betroffenen unterstützen und nicht, wie etwa der Prozesspfleger des § 53 ZPO ersetzen. Durch die Bestellung des Verfahrenspflegers wird die Verfahrensfähigkeit des Betroffenen nicht berührt. Der Verfahrenspfleger unterliegt weder der Aufsicht des Gerichts noch ist er an Weisungen des Betroffenen gebunden. Er hat jedoch dessen objektive Interessen wahrzunehmen.

2 Durch das FGG-Reformgesetz ist die Stellung des Verfahrenspflegers gestärkt worden. § 274 II bestimmt, dass er, wenn er nach § 276 I im Interesse des Betroffenen bestellt wird, zugleich **Beteiligter** ist. Er wird ohne weiteren Hinzuziehungsakt durch seine Bestellung **Beteiligter.** Er hat alle Rechte und Pflichten eines Beteiligten mit **Ausnahme** der Pflicht zur Kostentragung (§ 276 VII). Aus dieser verfahrensrechtlichen Eigenständigkeit des Pflegers folgt die Möglichkeit widersprechender Verfahrenshandlungen und Rechts-

§ 276 Verfahrenspfleger § 276

mittel des Betroffenen und des Pflegers. Das Gericht hat im Rahmen seiner Amtsermittlungspflicht die widersprechenden Verfahrenshandlungen in seine Erwägungen einzubeziehen; widersprechende Rechtsmittel sind eigenständig zu entscheiden. Es ist jedoch zu beachten, dass rechtsgetaltende Entscheidungen sachlich notwendig einheitlich ergehen müssen.

2. Voraussetzungen der Bestellung des Verfahrenspflegers

Das Gericht hat nach pflichtgemäßem Ermessen einen Verfahrenspfleger zu bestellen, wenn dies zur Wahrnehmung der Interessen des Betroffenen **erforderlich** ist, in der Regel dann, wenn der Betroffene nicht in der Lage ist, seinen Willen kundzutun (OLG Hamm, Rpfleger 93, 338; OLG Zweibrücken, NJWE-FER 98, 130); wenn er schwer ansprechbar ist (BayObLG 93, 14). Die Erforderlichkeit ist auf Grund aller Umstände des Einzelfalles zu ermitteln; hierbei sind ua zu berücksichtigen der Grad der Behinderung und die Bedeutung des jeweiligen Verfahrensgegenstandes; wenn ein ehrenamtlicher Betreuer entlassen und durch einen Berufsbetreuer ersetzt werden soll (KG, FGPrax 09, 16). Im Vergütungsfestsetzungsverfahren ist die Bestellung eines Verfahrenspflegers erforderlich, wenn der Betroffene zur Wahrnehmung seiner Interessen nicht fähig erscheint (OLG Karlsruhe, Rpfleger 96, 27; FGPrax 03, 30; OLG Frankfurt, FGPrax 97, 109). In der Regel wird die Bestellung **nicht erforderlich** sein, wenn es lediglich um die Bestellung eines Betreuers auf Antrag eines körperlich Behinderten geht oder nur leichte psychische Krankheiten, leichte geistige oder seelische Behinderungen vorliegen oder das Verfahren die Genehmigung von Rechtsgeschäften im Rahmen einer anhängigen Betreuung betrifft.

3

4

3. Zwingende Bestellung eines Verfahrenspflegers

Zwingend vorgeschrieben ist die Bestellung eines Verfahrenspflegers, wenn die persönliche Anhörung des Betroffenen unterbleibt weil nach ärztlichem Gutachten hiervon erhebliche Nachteile für die Gesundheit des Betroffenen zu besorgen sind oder der Beteiligte offensichtlich nicht in der Lage ist, seinen Willen kundzutun (§ 276 I Nr 1 iVm § 278 IV iVm § 34 II); durch die Bestellung des Verfahrenspflegers soll in diesem Fall die Gewährung des rechtlichen Gehörs sichergestellt werden (OLG München, Rpfleger 05, 16). Ein Verfahrenspfleger ist ferner zwingend zu bestellen, wenn Gegenstand des Verfahrens die Bestellung eines Betreuers zur Besorgung **aller Angelegenheiten** des Betroffenen (BGH, FamRZ 10, 1648) oder die Erweiterung des Aufgabenkreises hierauf (BayObLG, FamRZ 94, 327) ist, wegen des schwerwiegenden Charakters solcher Maßnahmen, die auch den Ausschluss des Wahlrechts zur Folge haben können. Die Bestellung des Verfahrenspflegers ist in diesem Fall auch dann zwingend erforderlich, wenn der Gegenstand des Verfahrens die Entscheidung über den Fernmeldeverkehr des Betroffenen und über die Entgegennahme, das Öffnen und das Anhalten seiner Post (§ 1896 IV BGB) und die Einwilligung in eine Sterilisation (§ 1905 BGB) nicht erfasst; zwingende Bestellung auch nach § 298 III.

5

6

§ 276

4. Absehen von der Bestellung eines Verfahrenspflegers

7 Von der Bestellung kann in den Fällen des Abs 1 S 2 Nr 1, 2 abgesehen werden, wenn ein Interesse des Betroffenen an der Bestellung eines Verfahrenspflegers **offensichtlich nicht** besteht (Abs 2 S 1). Hiervon erfasst wird nicht der gesondert aufgeführte Fall, dass die Interessen des Betroffenen in anderer Weise wahrgenommen werden. Ein offensichtlich fehlendes Interesse ist im Übrigen schwer vorstellbar. Jedenfalls dem Betroffenen, der unfähig ist, sein Recht auf Gehör selbst auszuüben, ist ein Verfahrenspfleger zu bestellen, damit dessen objektive Interessen im Verfahren wahrgenommen werden. Das Absehen von der Bestellung des Verfahrenspflegers ist durch eine besondere Entscheidung auszusprechen, die zu begründen ist (Abs 2 S 2).

8 Die Bestellung eines Verfahrenspflegers in dem Verfahren der Genehmigung einer Einwilligung des Betreuers in eine **Sterilisation** ist nunmehr gesondert in § 297 V geregelt.

9 In allen Fällen ist die Bestellung grundsätzlich dann nicht erforderlich, wenn die **Interessen** des Betroffenen im Verfahren in anderer geeigneter Weise wahrgenommen werden, wenn der Betroffene von einem Rechtsanwalt oder von einem anderen geeigneten Verfahrensbevollmächtigten vertreten wird; in diesen Fällen soll die Bestellung unterbleiben oder aufgehoben werden **(Abs 4)**. Die Bestellung eines Verfahrenspflegers ist in diesen Fällen jedoch nicht ausgeschlossen; sie kann zB dann erforderlich sein, wenn der Betroffene ständig seinen Rechtsanwalt wechselt. Die Bestellung eines Verfahrenspflegers kann auch dann unterbleiben oder aufgehoben werden, wenn das Gericht dem Betroffenen im Wege der Verfahrenskostenhilfe einen Rechtsanwalt beiordnet (§ 78 iVm §§ 114 ff ZPO).

5. Auswahl, Zeitpunkt der Bestellung

10 Bei der **Auswahl** des Verfahrenspflegers soll nur dann ein berufsmäßiger Pfleger bestellt werden, wenn keine andere Person zur Verfügung steht, die zur ehrenamtlichen Übernahme bereit ist (Abs 3 iVm § 1897 VI 1 BGB). Die Auswahl liegt im pflichtgemäßen Ermessen des Gerichts, uU muss zB eine im Umgang mit psychisch Kranken besonders erfahrene Person bestellt werden. Der Wille des Betroffenen hat unabhängig von seiner Geschäftsfähigkeit Vorrang, soweit sein Wohl nicht entgegensteht (BayObLG, FamRZ 94, 530; Rpfleger 94, 110). Das Rechtsbeschwerdegericht muss nach Anfechtung der Betreuerbestellung regelmäßig selbst einen anderen Betreuer bestellen, wenn es nur die Auswahl für fehlerhaft hält (BayObLG 93, 16).

11 Der **Zeitpunkt** der Bestellung ist gesetzlich nicht festgelegt; darüber entscheidet das Gericht im Rahmen seiner Amtsermittlungen nach pflichtgemäßem Ermessen; unnötige Pflegerbestellungen sollen vermieden werden. Es soll jedoch baldmöglichst über die Pflegerbestellung entschieden werden, um dem Betroffenen frühzeitig den erforderlichen Schutz zu gewähren. Ein besonderer Bestellungsakt ist **nicht** vorgesehen; die Bestellung erfolgt durch Bekanntmachung nach § 41. Wenn die Voraussetzungen für die Bestellung eines Verfahrenspflegers vorliegen, ist dieser auch schon vor Erlass einer einstweiligen Anordnung zu bestellen und anzuhören (§ 300 I 1 Nr 3); lediglich bei Gefahr im Verzug kann das Gericht hiervon absehen (§ 301 I 1); die Bestel-

§ 276 Verfahrenspfleger **§ 276**

lung und Anhörung des Verfahrenspflegers sind unverzüglich nachzuholen (§ 301 I 2).

Die Bestellung des Pflegers **endet** durch die jederzeit im Laufe des Verfahrens mögliche **Aufhebung** durch das Gericht; zB in der Regel, wenn der Betroffene einen Rechtsanwalt oder einen anderen geeigneten Verfahrensbevollmächtigten bestellt, jedoch nicht zwingend, weil Fälle denkbar sind, in denen der Betroffene den Rechtsanwalt, der an dessen Weisungen gebunden ist, unsachgemäß einengt. Sofern die Bestellung nicht aufgehoben wird, endet sie mit der **Rechtskraft** der Endentscheidung oder mit dem sonstigen **Abschluss** des Verfahrens (**Abs 5**). Sofern die Entscheidung nicht in Rechtskraft erwächst, wie zB eine Entscheidung über eine Genehmigung, ist das Ende der Verfahrenspflegschaft vom Gericht festzustellen. Die Bestellung endet ferner mit dem **sonstigen Abschluss** des Verfahrens, Rücknahme des Antrags, Rücknahme des Nachsuchens auf eine Genehmigung, Erledigung der Hauptsache. Die Bestellung erfolgt daher nicht mehr wie bisher (§ 67 II FGG) für jeden Rechtszug gesondert, sondern für das gesamte Verfahren bis zu dessen Abschluss. Im Rechtsmittelverfahren ist es daher nicht mehr notwendig, einen Verfahrenspfleger in einem gesonderten Beschluss erneut zu bestellen. 12

6. Anfechtbarkeit

Die Frage der Anfechtbarkeit der Bestellung eines Verfahrenspflegers (Zimmermann, FamRZ 94, 286; Bienwald, FamRZ 96, 358) war in der **Rechtsprechung** sehr umstritten. Die Rechtsprechung neigte zunächst tendenziell zur Bejahung der Anfechtbarkeit, weil die Bestellung eines Verfahrenspflegers einen erheblichen Eingriff in die Rechte des Betroffenen und der am Verfahren beteiligten Sorgeberechtigten darstelle (Vorauflage, Rn 9 zu § 67 FGG). Nachdem der BGH (FamRZ 03, 1275) die Anfechtbarkeit verneint hatte, hatte sich die Rechtsprechung dieser Auffassung angeschlossen: OLG Hamburg, FamRZ 05, 221; OLG München, FamRZ 05, 635; KG, FGPrax 04, 117; 06, 261; OLG Zweibrücken, FamRZ 04, 1591; 1980; OLG Koblenz, FamRZ 04, 1591; OLG Köln, FamRZ 05, 221. Die Rechtsprechung räumte damit einem zügigen Verfahrensablauf Vorrang vor einer möglichen Beeinträchtigung der Interessen der Betroffenen ein, auch bei fehlerhafter Bestellung, wenn diese wegen anderweitiger Interessenwahrung, Jugendamt, anwaltliche Vertretung, nicht erforderlich war; offen gelassen wurde die Frage der Anfechtbarkeit für den Fall, dass es an jeder verfahrensrechtlichen Grundlage fehlt: KG, FGPrax 04, 117. 13

Der Gesetzgeber des FGG-Reformgesetzes hat durch **Abs 6** gesetzlich geregelt, dass die Bestellung eines Verfahrenspflegers, deren Aufhebung und deren Ablehnung **nicht selbständig anfechtbar** sind, weil nicht in einem Maße in die Rechtssphäre des Betroffenen eingegriffen werde, dass ihre selbständige Anfechtbarkeit notwendig mache. Noch im Jahre 1997 hatte der damalige Gesetzgeber bei der Einführung des Rechtsinstituts des Verfahrenspflegers für das Kind dessen Bestellung als Eingriff in das Elternrecht bezeichnet (BT-Drs 13/4899 S 130). 14

Die Bestellung, Ablehnung, Aufhebung der Verfahrenspflegerbestellung bleiben wie bisher anfechtbar **mit der Endentscheidung** (§ 58 II). Stellt das 15

Rechtsmittelgericht fest, dass die Bestellung des Verfahrenspflegers nicht gerechtfertigt war, stellt sich die Frage nach der Wirksamkeit der Verfahrenshandlungen des Verfahrenspflegers und der von ihm für den Betroffenen abgegebenen Erklärungen. Bienwald (FamRZ 06, 283) stellt die Frage, ob sich die nächste Instanz von den Erklärungen des Verfahrenspflegers wird lösen können.

7. Kostentragung

16 Abs 7 bestimmt, dass der Verfahrenspfleger nicht mit Verfahrenskosten belegt werden kann, weil er im Interesse des Betroffenen tätig werde und dessen Rechte wahrnehme. Verursacht ein Verfahrenspfleger nicht gerechtfertigte Kosten, hat das Gericht die Möglichkeit, ihn als Pfleger zu entlassen.

Vergütung und Aufwendungsersatz des Verfahrenspflegers

277 (1) **Der Verfahrenspfleger erhält Ersatz seiner Aufwendungen nach § 1835 Abs. 1 bis 2 des Bürgerlichen Gesetzbuchs. Vorschuss kann nicht verlangt werden. Eine Behörde oder ein Verein erhält als Verfahrenspfleger keinen Aufwendungsersatz.**

(2) § 1836 Abs. 1 und 3 des Bürgerlichen Gesetzbuchs gilt entsprechend. Wird die Verfahrenspflegschaft ausnahmsweise berufsmäßig geführt, erhält der Verfahrenspfleger neben den Aufwendungen nach Absatz 1 eine Vergütung in entsprechender Anwendung der §§ 1, 2 und 3 Abs. 1 und 2 des Vormünder- und Betreuervergütungsgesetzes.

(3) Anstelle des Aufwendungsersatzes und der Vergütung nach den Absätzen 1 und 2 kann das Gericht dem Verfahrenspfleger einen festen Geldbetrag zubilligen, wenn die für die Führung der Pflegschaftsgeschäfte erforderliche Zeit vorhersehbar und ihre Ausschöpfung durch den Verfahrenspfleger gewährleistet ist. Bei der Bemessung des Geldbetrags ist die voraussichtlich erforderliche Zeit mit den in § 3 Abs. 1 des Vormünder- und Betreuervergütungsgesetzes bestimmten Stundensätzen zuzüglich einer Aufwandspauschale von 3 Euro je veranschlagter Stunde zu vergüten. In diesem Fall braucht der Verfahrenspfleger die von ihm aufgewandte Zeit und eingesetzten Mittel nicht nachzuweisen; weitergehende Aufwendungsersatz- und Vergütungsansprüche stehen ihm nicht zu.

(4) Ist ein Mitarbeiter eines anerkannten Betreuungsvereins als Verfahrenspfleger bestellt, stehen der Aufwendungsersatz und die Vergütung nach den Absätzen 1 bis 3 dem Verein zu. § 7 Abs. 1 Satz 2 und Abs. 3 des Vormünder- und Betreuervergütungsgesetzes sowie § 1835 Abs. 5 Satz 2 des Bürgerlichen Gesetzbuchs gelten entsprechend. Ist ein Bediensteter der Betreuungsbehörde als Verfahrenspfleger für das Verfahren bestellt, erhält die Betreuungsbehörde keinen Aufwendungsersatz und keine Vergütung.

(5) Der Aufwendungsersatz und die Vergütung des Verfahrenspflegers sind stets aus der Staatskasse zu zahlen. Im Übrigen gilt § 168 Abs. 1 entsprechend.

§ 277 Vergütung und Aufwendungsersatz des Verfahrenspflegers **§ 277**

1. Anwendungsbereich

§ 277 ersetzt den bisherigen § 67a FGG. Er regelt den Anspruch des 1
Verfahrenspflegers auf **Aufwendungsersatz** und **Vergütung** in entsprechender Anwendung der für den Vormund geltenden Vorschriften der §§ 1835, 1836 BGB iVm dem Vormünder- und Betreuervergütungsgesetz. Das Gesetz geht von dem Vorrang der ehrenamtlichen Pflegschaft aus, die nur „ausnahmsweise" berufsmäßig geführt werden soll **(Abs 2 S 2)**. Gegenstand der Regelung sind auch Aufwendungsersatz und/oder Vergütung für Behörden und Vereine als Pfleger, Mitarbeiter eines Betreuungsvereins und Bedienstete einer Betreuungsbehörde **(Abs. 4)**. Aufwendungsersatz und Vergütung sind stets aus der **Staatskasse** zu zahlen **(Abs 5)**.

2. Der ehrenamtliche Verfahrenspfleger

Er erhält nur Ersatz seiner **Aufwendungen** (Abs 1 S 1 iVm § 1835 I, II 2
BGB). Er hat keinen Anspruch auf Vorschuss (Abs. 1 S 2). Ein Anspruch auf Vergütung ist ausgeschlossen. § 277 verweist nicht auf § 1836 II BGB. Diese Vorschrift, die aus besonderen Gründen die Gewährung einer Vergütung für den ehrenamtlichen Vormund vorsieht, ist auf den ehrenamtlichen Verfahrenspfleger nicht mehr anwendbar.

3. Der berufsmäßige Verfahrenspfleger

Dieser erhält ebenso wie der ehrenamtliche Verfahrenspfleger Ersatz seiner 3
Aufwendungen nach Abs 1 S 1 iVm § 1835 I, II BGB; daneben nach Abs 2 eine Vergütung in entsprechender Anwendung der §§ 1–3 I, II VBVG. Auf § 4 II VBVG wird nicht verwiesen. Das bedeutet, dass anders als bei berufsmäßigen Betreuern Aufwendungen und Umsatzsteuer nicht mit abgegolten werden. Der Anspruch auf Vergütung entsteht, wenn in dem Bewilligungs- 4
beschluss die **Feststellung** getroffen wird, dass die Verfahrenspflegschaft nach § 1 des Gesetzes über die Vergütung von Vormündern und Betreuern iVm § 1836 I 2 BGB berufsmäßig geführt wird. Die Höhe der Vergütung bestimmt sich nach Zeitaufwand und Stundensatz zuzüglich Umsatzsteuer (§ 3 I VBVG). Abs 2 S 2 verweist nicht auf § 3 III VBVG. Es kommt **§ 1915 I 2** 5
BGB zur Anwendung. Danach bestimmt sich die Höhe einer nach § 1836 I BGB zu bewilligenden Vergütung nach den für die Führung der Pflegschaftsgeschäfte nutzbaren Fachkenntnisse des Pflegers sowie nach dem Umfang und der Schwierigkeit der Pflegschaftsgeschäfte, sofern der Pflegling nicht mittellos ist (Pfälz OLG Zweibrücken, Rpfleger 08, 137). Das Pauschalvergütungssystem der §§ 4 ff VBVG findet keine Anwendung, weil sich die Verweisung in Abs 2 S 2 hierauf nicht erstreckt. Abs 3 gibt jedoch dem Familiengericht die Möglichkeit, dem Pfleger einen festen Betrag zuzubilligen, wenn die für die Führung der Pflegschaftsgeschäfte erforderliche Zeit vorhersehbar und ihre Ausschöpfung durch den Pfleger gewährleistet ist.

4. Rechtsanwalt als Verfahrenspfleger

Einem als Verfahrenspfleger bestellten Rechtsanwalt ist es **grundsätzlich** 6
versagt, anstelle der in Abs 2 iVm § 3 I VBVG vorgesehenen Vergütung die

§ 278 Buch 3 – Betreuungs- und Unterbringungssachen

Gebühren nach dem RVG abzurechnen und als Aufwendungsersatz nach § 1835 III BGB aus der Staatskasse zu verlangen. § 277 verweist nicht auf § 1835 III BGB, der daher nicht zur Anwendung kommt. Auch § 1 II 1 RVG schließt die Liquidation einer von einem Rechtsanwalt geleisteten Tätigkeit als Verfahrenspfleger aus. Diese Regelung stellt eine mit Art 12 GG zu vereinbarende Berufsausübungsregelung dar (BVerfG, FamRZ 00, 1280). Allerdings wird nicht jede Liquidation nach dem RVG ausgeschlossen (Keidel/Kayser, Rn 21 zu § 67 FGG; weitergehend Keidel/Budde, Rn 9–11 zu § 277).

5. Festsetzung der Vergütung

7   Auf das Verfahren zur Festsetzung der Vergütung des Verfahrenspflegers findet nach Abs 5 § 168 I entsprechende Anwendung. Vor der Festsetzung von Aufwendungen und Vergütung ist der Betroffene zu hören. Aufwendungsersatz und Vergütung sind stets durch die **Staatskasse** zu tragen (Abs 5 S 1).

8   Eine gesonderte Regelung der **Anfechtbarkeit** der Festsetzung von Aufwendungen und Vergütung entsprechend dem bisherigen § 56 g V FGG sieht das Gesetz nicht mehr vor, weil diese sich nunmehr aus der allgemeinen Regelung des § 61 ergibt. Danach ist in vermögensrechtlichen Angelegenheiten die Beschwerde nur zulässig, wenn der Wert des Beschwerdegegenstandes 600 € übersteigt (§ 61 I); übersteigt der Beschwerdegegenstand diesen Betrag nicht, ist die Beschwerde nur dann zulässig, wenn das Gericht des ersten Rechtszuges sie zulässt (§ 61 II, III).

Anhörung des Betroffenen

278 **(1) Das Gericht hat den Betroffenen vor der Bestellung eines Betreuers oder der Anordnung eines Einwilligungsvorbehalts persönlich anzuhören. Es hat sich einen persönlichen Eindruck von dem Betroffenen zu verschaffen. Diesen persönlichen Eindruck soll sich das Gericht in dessen üblicher Umgebung verschaffen, wenn es der Betroffene verlangt oder wenn es der Sachaufklärung dient und der Betroffene nicht widerspricht.**

(2) **Das Gericht unterrichtet den Betroffenen über den möglichen Verlauf des Verfahrens. In geeigneten Fällen hat es den Betroffenen auf die Möglichkeit der Vorsorgevollmacht, deren Inhalt sowie auf die Möglichkeit ihrer Registrierung bei dem zentralen Vorsorgeregister nach § 78 a Abs. 1 der Bundesnotarordnung hinzuweisen. Das Gericht hat den Umfang des Aufgabenkreises und die Frage, welche Person oder Stelle als Betreuer in Betracht kommt, mit dem Betroffenen zu erörtern.**

(3) **Verfahrenshandlungen nach Absatz 1 dürfen nur dann im Wege der Rechtshilfe erfolgen, wenn anzunehmen ist, dass die Entscheidung ohne eigenen Eindruck von dem Betroffenen getroffen werden kann.**

(4) **Soll eine persönliche Anhörung nach § 34 Abs. 2 unterbleiben, weil hiervon erhebliche Nachteile für die Gesundheit des Betroffenen zu besorgen sind, darf diese Entscheidung nur auf Grundlage eines ärztlichen Gutachtens getroffen werden.**

§ 278 Anhörung des Betroffenen § 278

(5) **Das Gericht kann den Betroffenen durch die zuständige Behörde vorführen lassen, wenn er sich weigert, an Verfahrenshandlungen nach Absatz 1 mitzuwirken.**

1. Grundsatz

Das Betreuungsgesetz sieht für das Betreuungsverfahren eine im Einzelnen 1 ausgestaltete flexible Regelung der **Anhörung** des Betroffenen vor, um den erwünschten persönlichen Kontakt zwischen Betroffenem und Gericht sowie eine optimale Aufklärung aller entscheidungserheblichen Umstände herbeizuführen, insbesondere vor Einschaltung eines Sachverständigen zu prüfen, ob die übrigen Voraussetzungen einer Betreuerbestellung gegeben sind (AG Neuruppin, Rpfleger 06, 1629 m Anm Bienwald). § 278 regelt die persönliche Anhörung des Betroffenen vor Bestellung eines Betreuers oder Anordnung eines Einwilligungsvorbehaltes.

2. Persönliche Anhörung

Nach Abs 1 S 1, 2 ist das Gericht verpflichtet, den Betroffenen persönlich 2 anzuhören, um sich im Wege der Augenscheinseinnahme unmittelbar einen Eindruck von ihm zu verschaffen. Das Gesetz ersetzt den bisherigen Begriff des unmittelbaren Eindrucks durch den des persönlichen Eindrucks, ohne dass hiermit eine inhaltliche Änderung verbunden wäre. Den persönlichen Ein- 3 druck soll (OLG Düsseldorf, FGPrax 96, 184) sich das Gericht in der **üblichen Umgebung** verschaffen, wenn der Betroffene dies verlangt oder es der Sachaufklärung dient und der Betroffene nicht widerspricht. Die übliche Umgebung kann auch ein Heim oder eine Anstalt sein, in der sich der Betroffene auf Dauer aufhält. Auf den Widerspruch des Betroffenen hin soll seine Intimsphäre jedoch gewahrt bleiben. Die Anhörung bezieht sich auch 4 auf den Vorschlag für die **Betreuerauswahl** und die hierfür wesentlichen Gesichtspunkte (KG, FGPrax 95, 110). Die Auswahl der Person des Betreuers ist für den Betroffenen von zentraler Bedeutung; daher hat der Wille des Betroffenen unbedingten Vorrang, auch wenn noch geeignetere Personen in Betracht kommen (OLG Köln, NJWE-FER 99, 37; nach KG, Rpfleger 06, 651: grundsätzlich Vorrang eines ehrenamtlichen Betreuers), es sei denn, dass die ernsthafte Gefahr besteht, der Ausgewählte werde sein Amt nicht zum Wohle des Betroffenen führen (OLG Köln, NJWE-FER 99, 323).

Um sicherzustellen, dass mindestens ein Mitglied des erkennenden Gerichts 5 sich den persönlichen Eindruck verschafft, **schließt Abs 3** die Anhörung durch den **ersuchten Richter** grundsätzlich **aus;** sie darf nur dann erfolgen, wenn von vornherein anzunehmen ist, dass das entscheidende Gericht das Ergebnis der Ermittlungen auch ohne eigenen Eindruck von dem Betroffenen zu würdigen vermag; in eindeutigen Fällen: OLG Hamm, NJW-RR 97, 70. Ein Rechtshilfeersuchen darf nicht zurückgewiesen werden, wenn die vorzunehmende Handlung jedenfalls nicht allgemein verboten ist, weil der ersuchte Richter die Voraussetzungen im konkreten Fall nicht zu prüfen hat (BayObLG 92, 271; OLG Frankfurt, OLG 94, 75; zur Frage eines rechtsmißbräuchlichen Ersuchens: OLG Schleswig 95, 114).

§ 278

Buch 3 – Betreuungs- und Unterbringungssachen

6   Hat der Betroffene seinen Aufenthalt nicht nur vorübergehend im Ausland, erfolgt die Anhörung im Wege der **internationalen Rechtshilfe.** Das Gesetz enthält nicht mehr wie bisher in § 68 I 5 FGG einen ausdrücklichen Hinweis darauf. Allgemein richtet sich die Rechtshilfe mit dem Ausland nach der ZRHO, die nach § 1 I ZRHO auch für die Angelegenheiten der freiwilligen Gerichtsbarkeit gilt. Für den Bereich der EU findet für Beweisaufnahmen die Verordnung (EG) Nr 1206/2001 des Rates vom 28. 5. 2001 über die Zusammenarbeit zwischen den Gerichten der Mitgliedsstaaten auf dem Gebiet der Beweisaufnahme in Zivil- oder Handelssachen – **EuBVO** – (ABlEG Nr L 174 vom 27. 6. 2001, S 1) ab 1. 1. 2004 Anwendung. Beauftragte des ersuchenden Gerichts können an der Beweisaufnahme teilnehmen (Art 12 VO). Das Gericht kann auch in einem anderen Mitgliedsstaaten unmittelbar Beweis erheben (Art 17 der VO).

7   Für das **Beschwerdeverfahren** gelten die Grundsätze des Abs 1 S 1 entsprechend (§ 68 III 1). Die Anhörung soll in der Regel nicht durch den beauftragten Richter vorgenommen werden, das Beschwerdegericht kann jedoch von einer erneuten Anhörung absehen, wenn von dieser keine zusätzlichen Erkenntnisse zu erwarten sind.

3. Wahrnehmung des rechtlichen Gehörs

8   Durch die persönliche Anhörung erhält der Betroffene zugleich die Möglichkeit zur Wahrnehmung des rechtlichen Gehörs. Die Einleitung eines Betreuungsverfahrens ohne vorherige Anhörung verstößt gegen den Grundsatz des rechtlichen Gehörs (BVerfG, FamRZ 10, 186). Um das Verfahren verständlich zu machen und ihn in die Lage zu versetzen, die Gründe vorzubringen, die aus seiner Sicht gegen die Bestellung eines Betreuers oder die Anordnung eines Einwilligungsvorbehaltes sprechen, bestimmt **Abs 2 S 1,** dass das Gericht ihn über den möglichen Verlauf des Verfahrens zu **unterrichten** hat. Es soll in geeigneten Fällen auf die Möglichkeit einer **Vorsorgevollmacht** und deren Inhalt hinweisen. Es handelt sich hierbei um Betreuungswünsche, die jemand für den Fall seiner Betreuung schriftlich niederlegt. Sie kann beinhalten Vorschläge zur Auswahl des Betreuers oder Wünsche zur Wahrnehmung der Betreuung (§ 1901a BGB) (KG, FGPrax 95, 110). In Abs 2 S 1 wurde zusätzlich aufgenommen, dass auch auf die Möglichkeit der **Registrierung** einer Vorsorgevollmacht bei dem zentralen Vorsorgeregister nach § 78a I BNotO hinzuweisen ist. Diese Unterrichtung muss nicht durch das erkennende Gericht erfolgen. Sie kann auch durch einen ersuchten Richter vorgenommen werden.

4. Unterbleiben der Anhörung

9   Die Anhörung unterbleibt, wenn nach ärztlichem Gutachten (**Abs 4** iVm § 34 II) erhebliche Nachteile für den Gesundheitszustand des Betroffenen zu besorgen sind. Die Anhörung unterbleibt nicht schon dann, wenn eine Verständigung nicht möglich ist oder der Betroffene zu einer selbständigen Beurteilung seiner Lage nicht fähig ist. Diese Umstände bilden einen wesentlichen Teil des Persönlichkeitsbildes, über den sich das Gericht im Rahmen der Anhörung unterrichten soll. Die persönliche Anhörung unterbleibt ferner,

§ 278 Anhörung des Betroffenen § 278

wenn der Betroffene nach dem unmittelbaren Eindruck des Gerichts offensichtlich nicht in der Lage ist, seinen Willen kundzutun (Abs 4 iVm 34 II). Das Gericht muss sich in jedem Fall einen persönlichen Eindruck von dem Betroffenen verschaffen. Wird von der Anhörung des Betroffenen **abgesehen,** ist zur Wahrnehmung seiner Interessen die Bestellung eines Verfahrenspflegers erforderlich (§ 276 Abs 1 Nr 1). Der Verfahrenspfleger hat auch in dem abschließenden Gespräch (Rn 14) die Interessen des Betroffenen wahrzunehmen. 10

5. Weigerung des Betroffenen

Weigert der Betroffene sich, sich anhören zu lassen (Abs 1), kann das Gericht seine Vorführung anordnen, die nach Abs 5 erzwungen werden kann. Die **Vorführung** erfolgt nicht durch den Gerichtsvollzieher, sondern durch die zuständige (Fach-)Behörde (§ 1 BtBG), damit ein sachgerechter Umgang mit psychisch kranken oder behinderten Betroffenen gewährleistet ist. 11

6. Hinzuziehung eines Sachverständigen, Anwesenheit einer Person des Vertrauens

Zu der Anhörung des Betroffenen hat das Gericht nach pflichtgemäßem Ermessen einen **Sachverständigen** hinzuziehen, um eine möglichst weitgehende Sachaufklärung bereits in diesem Stadium des Verfahrens zu erreichen. Gesetzliche Grundlage hierfür ist nunmehr **§ 280 II**. 12

Auf Verlangen des Betroffenen ist einer **Person seines Vertrauens** die Anwesenheit zu gestatten; anderen Personen kann das Gericht die Anwesenheit gestatten, jedoch nicht gegen den Willen des Betroffenen; das Verfahren bedarf der Vertraulichkeit; daher soll der Kreis der beteiligten Personen nicht gegen den Willen des Betroffenen ausgedehnt werden dürfen. § 278 enthält diese Regelung anders als bisher § 68 IV 3 FGG nicht; ihre Grundlage ist § 170 GVG. 13

7. „Schlussgespräch"

§ 278 sieht nicht mehr wie bisher in § 68 V FGG eine gesonderte Regelung über das abschließende Gespräch vor. Gesetzliche Grundlage hierfür ist nunmehr § 278 Abs 2 S 2 iVm §§ 26, 34 I, 37 II. Soweit dies zur Gewährung des rechtlichen Gehörs oder zur Sachaufklärung erforderlich ist, hat eine mündliche Erörterung mit dem Betroffenen vor der Bestellung eines Betreuers oder der Anordnung eines Einwilligungsvorbehaltes stattzufinden. Diese mündliche Erörterung kann im Zusammenhang mit der Gewährung rechtlichen Gehörs (Abs 1) oder in einem gesonderten Termin erfolgen. Gegenstand sind dabei das Ergebnis der Anhörung (Abs 1), des Gutachtens des Sachverständigen (§ 280), das vor dem Termin zu übersenden ist (OLG Düsseldorf FamRZ 97, 1361), oder das ärztliche Zeugnis (§ 300 Abs 1 Nr 2), der etwaige Umfang des Aufgabenkreises (§ 1896 II BGB), und die Frage, welche Person oder Stelle als Betreuer in Betracht kommt (§ 1897 BGB). 14

Soweit der Betroffene **selbst nicht** teilnimmt (Abs 4) hat das Gericht die Erörterung mit dem Pfleger für das Verfahren und, soweit ein vorläufiger oder 15 endgültiger Betreuer bereits bestellt ist, auch mit diesem durchzuführen. Auch hierbei ist auf Verlangen des Betroffenen die Anwesenheit einer Person seines Vertrauens zu gestatten. Anderen Personen kann das Gericht die Anwesenheit gestatten, jedoch nicht gegen den Willen des Betroffenen (§ 170 GVG).

Anhörung der sonstigen Beteiligten, der Betreuungsbehörde und des gesetzlichen Vertreters

279 **(1) Das Gericht hat die sonstigen Beteiligten vor der Bestellung eines Betreuers oder der Anordnung eines Einwilligungsvorbehalts anzuhören.**

(2) Das Gericht hat die zuständige Behörde vor der Bestellung eines Betreuers oder der Anordnung eines Einwilligungsvorbehalts anzuhören, wenn es der Betroffene verlangt oder es der Sachaufklärung dient.

(3) Auf Verlangen des Betroffenen hat das Gericht eine ihm nahestehende Person anzuhören, wenn dies ohne erhebliche Verzögerung möglich ist.

(4) Das Gericht hat im Fall einer Betreuerbestellung oder der Anordnung eines Einwilligungsvorbehalts für einen Minderjährigen (§ 1908 a des Bürgerlichen Gesetzbuchs) den gesetzlichen Vertreter des Betroffenen anzuhören.

1. Anhörung der Beteiligten

1   Nach **Abs 1** sind die nach § 274 hinzugezogenen Beteiligten anzuhören; dies entspricht dem Erfordernis des Art 103 GG. Das sind die nach § 274 I Nr 1–3 zwingend zu beteiligenden Personen; ferner Personen, die nach dem Ermessen des Gerichts im Interesse des Betroffenen aus dem in § 274 IV Nr 1 bezeichneten Personenkreis hinzugezogen worden sind. Ferner ist anzuhören das Jugendamt, die Betreuungsbehörde, die auf ihren Antrag als Beteiligte nach Abs 3 Nr 1 und 2 hinzugezogen wurde, sowie der Vertreter der Staatskasse, soweit er nach Abs 4 Nr 2 von Amts wegen oder auf Antrag hinzugezogen wurde. Soweit ein Verfahrenspfleger bestellt (§ 276) wurde, ist er stets Beteiligter (§ 274 II) und als solcher ebenfalls anzuhören.

2. Anhörung Angehöriger

2   Anzuhören sind die nach § 274 IV Nr 1 im Interesse des Betroffenen hinzugezogenen Angehörigen. Abweichend von der bisherigen Regelung in § 68 a S 3 FGG ist ein Widerspruchsrecht des Betroffenen gegen deren Anhörung nicht mehr vorgesehen. Ein Widerspruchsrecht wird deshalb für nicht erforderlich gehalten, weil die Interessen des Betroffenen schon bei der Hinzuziehung naher Angehöriger als Beteiligte zu berücksichtigen sind. Diese können, sofern sie nicht in eigenen Rechten betroffen sind, nur im Interesse des Betroffenen Beteiligte werden. Bei der Beurteilung des Interesses des Betroffenen muss das Gericht dessen Willen beachten. Widerspricht dieser bereits der Hinzuziehung, ist von einer Beteiligung abzusehen, wenn nicht schwerwiegende Gründe für eine Hinzuziehung sprechen.

§ 280 Einholung eines Gutachtens

3. Anhörung der zuständigen Behörde

Die zuständige Behörde (Jugendamt, Betreuungsbehörde) ist, wenn die 3 Angelegenheit die Bestellung eines Betreuers oder die Anordnung eines Einwilligungsvorbehalts oder deren Änderung betrifft (§ 274 III Nr 1, 2), auf ihren Antrag zu beteiligen. Sie ist dann nach Abs 1 als Beteiligte anzuhören. Auch dann, wenn sie keinen Antrag auf Beteiligung gestellt hat und daher nicht die Stellung eines Verfahrensbeteiligten erlangt hat, ist sie unter den Voraussetzungen des Abs 2 anzuhören. Dies ist dann der Fall, wenn es der Betroffene verlangt oder es der Sachaufklärung (§ 26) dient.

4. Anhörung nahe stehender Personen

Auf Verlangen des Betroffenen hat das Gericht auch eine nahe stehende 4 Person anzuhören. Es kann sich hierbei auch um Angehörige, Person seines Vertrauens nach § 274 IV 1 handeln, wenn sie im Einzelfall nicht als Beteiligte zum Verfahren hinzugezogen wurden; andernfalls sind sie nach Abs 1 anzuhören. Die Durchführung der Anhörung ist zwingend, sofern sie ohne erhebliche Verzögerung des Verfahrens möglich ist.

5. Anhörung des gesetzlichen Vertreters

Für einen Minderjährigen, der das 17. Lebensjahr vollendet hat, kann ein 5 Betreuer bestellt (§ 1908 a BGB iVm § 1896 BGB) oder ein Einwilligungsvorbehalt angeordnet werden (§ 1908 a BGB iVm § 1903 BGB). In diesem Fall ist auch der gesetzliche Vertreter (sorgeberechtigter Elternteil, Vormund, Pfleger) anzuhören.

Einholung eines Gutachtens

280 (1) Vor der Bestellung eines Betreuers oder der Anordnung eines Einwilligungsvorbehalts hat eine förmliche Beweisaufnahme durch Einholung eines Gutachtens über die Notwendigkeit der Maßnahme stattzufinden. Der Sachverständige soll Arzt für Psychiatrie oder Arzt mit Erfahrung auf dem Gebiet der Psychiatrie sein.

(2) Der Sachverständige hat den Betroffenen vor der Erstattung des Gutachtens persönlich zu untersuchen oder zu befragen.

(3) Das Gutachten hat sich auf folgende Bereiche zu erstrecken:
1. das Krankheitsbild einschließlich der Krankheitsentwicklung,
2. die durchgeführten Untersuchungen und die diesen zu Grunde gelegten Forschungserkenntnisse,
3. den körperlichen und psychiatrischen Zustand des Betroffenen,
4. den Umfang des Aufgabenkreises und
5. die voraussichtliche Dauer der Maßnahme.

1. Sachverständigengutachten vor Bestellung eines Betreuers

Abs 1 S 1 schreibt für die Bestellung eines Betreuers von Amts wegen 1 zwingend vor, dass ein Betreuer (§ 1896 BGB) erst bestellt werden darf, nachdem durch ein Gutachten eines Sachverständigen im Wege **förmlicher**

§ 280 Buch 3 – Betreuungs- und Unterbringungssachen

Beweisaufnahme (§ 30) festgestellt worden ist, dass der Betroffene nicht imstande ist, seinen Willen unbeeinflusst von der Krankheit oder Behinderung zu bilden und nach zutreffend gewonnenen Einsichten zu handeln (BGH, NJW 96, 918); bei Bestellung gegen den Willen des Betroffenen, dass der Betroffene auf Grund seiner Krankheit oder Behinderung seinen Willen nicht frei bestimmen kann (BayObLG, NJWE-FER 01, 206; OLG Köln, FGPrax 06, 117; OLG Schleswig, FamRZ 07, 1126). Die Erforderlichkeit bedarf für jeden einzelnen Aufgabenkreis der Konkretisierung (BayObLG, FamRZ 95,
2 116; OLG Hamm, FamRZ 95, 433). Der **Sachverständige** in Betreuungsverfahren soll Arzt für Psychiatrie oder Arzt mit Erfahrung auf dem Gebiet der Psychiatrie sein (BayObLG, FamRZ 93, 851; NJW-RR 97, 1501). Diese von der Rechtsprechung zur Frage der Qualifikation entwickelten Grundsätze werden durch Abs 1 S 2 in den Gesetzestext aufgenommen. Der Sachverständige muss den Betroffenen selbst untersucht oder befragt haben; das Gutachten soll auf Grund eigener Erkenntnisse des Sachverständigen zeitnah erstellt wer-
3 den und nicht nur auf Grund von Akten. Es kann notwendig sein, **mehrere Gutachten** unter verschiedenartigen Gesichtspunkten einzuholen, medizinischen, psychologischen und sozialen. Gegenstand des Gutachtens, der von dem Gericht in dem Beweisthema festzulegen ist, ist die Notwendigkeit der Betreuung, der Ausprägungsgrad der psychischen Krankheit oder körperlichen, geistigen oder seelischen Behinderung und dessen Auswirkungen auf die Fähigkeit des Betroffenen, seine Angelegenheiten zu besorgen; bejaht der Gutachter die Notwendigkeit der Betreuung, erstreckt sich das Gutachten auch auf den Umfang des Aufgabenkreises und die voraussichtliche Dauer der
4 Betreuungsbedürftigkeit; es muss eine **Prognose** hinsichtlich der weiteren Entwicklung enthalten. Es genügt nicht, wenn das Gutachten lediglich einzelne Befundtatsachen, eine bestimmte medizinische Diagnose und/oder die Feststellung enthält, die Bestellung des Betreuers sei erforderlich, ohne dass die Schlussfolgerungen aus den erhobenen Befunden auf die Diagnose nachvollziehbar dargestellt werden; es sind ausreichende Tatsachen anzugeben, die dem Gericht eine eigene Prüfung des Ergebnisses der Untersuchungen ermöglichen
5 (für den Fall der Geschäftsunfähigkeit: KG, NJW-RR 88, 1031). Insbesondere sind nach Abs 3 darzulegen das **Krankheitsbild** einschließlich der Krankheitsentwicklung **(Nr 1),** die durchgeführten Untersuchungen und die zu Grunde gelegten Forschungserkenntnisse **(Nr 2)** und der körperliche und psychiatrische Zustand des Betroffenen **(Nr 3).** Durch diese Konkretisierung in Abs 3 werden die Anforderungen an den Inhalt des Gutachtens, die von der Rechtsprechung (BayObLG, FamRZ 01, 1403; KG, FamRZ 95, 1379; OLG Brandenburg, FamRZ 01, 38) entwickelt wurden, in den Gesetzestext aufgenommen. Wurde das Gutachten mündlich erstattet, sind die wesentlichen Grundlagen des Gutachtens in einem Protokoll, Vermerk oder in den Entscheidungsgründen niederzulegen (OLG Braunschweig, NJWE-FER 00, 322).

2. Sachverständigengutachten bei Anordnung eines Einwilligungsvorbehaltes (Abs 1 iVm § 1903 BGB)

6 Betrifft der Aufgabenkreis des Betreuers eine Untersuchung des Gesundheitszustandes, eine Heilbehandlung oder einen ärztlichen Eingriff, ist zusätz-

lich festzustellen, dass der Betroffene nicht selbst einwilligen kann, weil er einwilligungsunfähig ist, er also nicht in der Lage ist, die Bedeutung und Tragweite des Eingriffs zu erfassen und auf Grund dessen eine Entscheidung zu treffen. Daher muss sich das Gutachten in diesem Fall auch auf die Frage der Einwilligungsunfähigkeit erstrecken.

Ärztliches Zeugnis; Entbehrlichkeit eines Gutachtens

281 (1) Anstelle der Einholung eines Sachverständigengutachtens nach § 280 genügt ein ärztliches Zeugnis, wenn

1. **der Betroffene die Bestellung eines Betreuers beantragt und auf die Begutachtung verzichtet hat und die Einholung des Gutachtens insbesondere im Hinblick auf den Umfang des Aufgabenkreises des Betreuers unverhältnismäßig wäre oder**
2. **ein Betreuer nur zur Geltendmachung von Rechten des Betroffenen gegenüber seinem Bevollmächtigten bestellt wird.**

(2) § 280 Abs. 2 gilt entsprechend.

Von der **Einholung eines Gutachtens** vor Bestellung eines Betreuers 1 kann nach § 281 abgesehen werden, wenn die Bestellung eines Betreuers auf Antrag des Betroffenen (§ 1896 I BGB) erfolgen soll, dieser auf Begutachtung verzichtet und die Einholung des Gutachtens insbesondere im Hinblick auf den Umfang des Aufgabenkreises des Betreuers unverhältnismäßig wäre (Nr 2); ferner dann, wenn ein Betreuer nur zur Geltendmachung von Rechten des Betroffenen gegenüber seinen Bevollmächtigten bestellt werden soll (§ 1896 III BGB). In diesen Fällen genügt ein **ärzt-** 2 **liches Zeugnis;** dieses kann der Betroffene selbst vorlegen und auch den ausstellenden Arzt bestimmen. Das ärztliche Zeugnis muss alle für die Entscheidung erheblichen Gesichtspunkte, wenn auch in verkürzter Form, enthalten. Es hat sich auch auf den Umfang des Aufgabenkreises und die voraussichtliche Dauer der Maßnahme zu erstrecken (Abs 2 iVm § 280 II 2). Auch das ärztliche Zeugnis muss darauf beruhen, dass der Arzt den Betroffenen persönlich untersucht oder befragt hat (Abs 2 iVm § 280 II 1; OLG Hamm, BtPrax 99, 238).

Vorhandene Gutachten des Medizinischen Dienstes der Krankenversicherung

282 (1) Das Gericht kann im Verfahren zur Bestellung eines Betreuers von der Einholung eines Gutachtens nach § 280 Abs. 1 absehen, soweit durch die Verwendung eines bestehenden ärztlichen Gutachtens des Medizinischen Dienstes der Krankenversicherung nach § 18 des Elften Buches Sozialgesetzbuch festgestellt werden kann, inwieweit bei dem Betroffenen infolge einer psychischen Krankheit oder einer geistigen oder seelischen Behinderung die Voraussetzungen für die Bestellung eines Betreuers vorliegen.

(2) **Das Gericht darf dieses Gutachten einschließlich dazu vorhandener Befunde zur Vermeidung weiterer Gutachten bei der Pflegekasse anfor-**

§ 283 Buch 3 – Betreuungs- und Unterbringungssachen

dern. Das Gericht hat in seiner Anforderung anzugeben, für welchen Zweck das Gutachten und die Befunde verwendet werden sollen. Das Gericht hat übermittelte Daten unverzüglich zu löschen, wenn es feststellt, dass diese für den Verwendungszweck nicht geeignet sind.

(3) Kommt das Gericht zu der Überzeugung, dass das eingeholte Gutachten und die Befunde im Verfahren zur Bestellung eines Betreuers geeignet sind, eine weitere Begutachtung ganz oder teilweise zu ersetzen, hat es vor einer weiteren Verwendung die Einwilligung des Betroffenen oder des Pflegers für das Verfahren einzuholen. Wird die Einwilligung nicht erteilt, hat das Gericht die übermittelten Daten unverzüglich zu löschen.

(4) Das Gericht kann unter den Voraussetzungen der Absätze 1 bis 3 von der Einholung eines Gutachtens nach § 280 insgesamt absehen, wenn die sonstigen Voraussetzungen für die Bestellung eines Betreuers zur Überzeugung des Gerichts feststehen.

1 Durch § 282 wird entsprechend dem bisherigen § 68 b I a FGG eine weitere Möglichkeit geschaffen, von der Einholung eines Gutachtens nach § 280 I abzusehen, eine Regelung, die nicht bei der beabsichtigten Anordnung eines Einwilligungsvorbehaltes gilt. Das Gericht kann ein **ärztliches Gutachten des medizinischen Dienstes der Krankenversicherung** nach § 18 SGB IX anfordern. Ergibt eine Prüfung, dass dieses Gutachten nicht geeignet ist, hat das Gericht die übermittelten Daten zu löschen oder zurückzugeben.

2 Hält das Gericht das Gutachten für die Bestellung eines Betreuers für geeignet, ist für die Verwertung die **Einwilligung** „des Betroffenen oder Pflegers" erforderlich. Wird die Einwilligung nicht erteilt, sind die Daten ebenfalls unverzüglich zu löschen oder zurückzugeben. Zu recht kritisch Keidel/Budde, Rn 3 zu § 282 zu der Möglichkeit, die Einwilligung des Betroffenen durch die des Verfahrenspflegers zu ersetzen, der gerade nicht die Stellung eines gesetzlichen Vertreters hat: „Wenn … der Anspruch des Betroffenen auf Wahrung des Sozialdatenschutzes durch das Verfahren auf Prüfung der Erforderlichkeit einer Betreuerbestellung nicht eingeschränkt und deshalb sein Einverständnis mit der Verwertung gutachterlicher Feststellungen aus dem Bereich der Pflegeversicherung vorausgesetzt wird, so steht die Rechtsstellung des Betroffenen zur Disposition des Verfahrenspflegers, wenn dessen Einverständnis dasjenige des Betroffenen soll ersetzen können." (Keidel/Budde, Rn 3 zu § 282).

Vorführung zur Untersuchung

283 (1) Das Gericht kann anordnen, dass der Betroffene zur Vorbereitung eines Gutachtens untersucht und durch die zuständige Behörde zu einer Untersuchung vorgeführt wird. Der Betroffene soll vorher persönlich angehört werden.

(2) Gewalt darf die Behörde nur anwenden, wenn das Gericht dies auf Grund einer ausdrücklichen Entscheidung angeordnet hat. Die zuständige Behörde ist befugt, erforderlichenfalls die Unterstützung der polizeilichen Vollzugsorgane nachzusuchen.

§ 283 Vorführung zur Untersuchung § 283

(3) **Die Wohnung des Betroffenen darf ohne dessen Einwilligung nur betreten werden, wenn das Gericht dies auf Grund einer ausdrücklichen Entscheidung angeordnet hat. Bei Gefahr im Verzug findet Satz 1 keine Anwendung.**

1. Die Möglichkeit einer zwangsweisen Vorführung und Untersuchung des Betroffenen

Hierdurch soll sichergestellt werden, dass das für die Entscheidung erforderliche Gutachten erstattet werden kann. Die Vorführung erfolgt durch die zuständige Fachbehörde (§ 1 BtBG), weil die Vorführung durch geschultes Personal für den Betroffenen möglichst schonend durchgeführt werden soll. Bei der Untersuchung sind körperliche Eingriffe gegen den Willen des Betroffenen nicht zulässig; seine Mitwirkung kann nicht erzwungen werden. 1

2. Anwendung von Gewalt (Abs 2 iVm § 35)

Die Vorführung zur Untersuchung kann im Gegensatz zur Untersuchung selbst gegen den Willen des Betroffenen erfolgen. Hierbei kann sich die Notwendigkeit unmittelbaren Zwangs ergeben, der jedoch nur angewendet werden darf, wenn das Gericht dies auf Grund einer ausdrücklichen Entscheidung angeordnet hat. Die Vorschrift entspricht § 326 II, der für die Zuführung zur Unterbringung unter Gewaltanwendung ebenfalls eine gesonderte gerichtliche Entscheidung verlangt. Das Nachsuchen der Unterstützung durch polizeiliche Vollzugsorgane nach Abs 2 S 2 ist nur als „ultima ratio" zulässig. 2

3. Anhörung

Der Betroffene soll vor der Anordnung der Vorführung zur Untersuchung zur Erforderlichkeit der Bestellung eines Betreuers persönlich angehört werden (Abs 1 S 2 iVm § 34 I Nr 2, II). Die Anordnung verstößt gegen Art 103 I GG, wenn rechtliches Gehör weder gewährt noch nachgeholt wurde (BVerfG, FamRZ 10, 1145). 3

4. Betreten der Wohnung

Eine zwangsweise Vorführung zur Begutachtung kann häufig nur gelingen, wenn es der zuständigen Behörde gestattet ist, die Wohnung des Betroffenen zu betreten und notfalls gewaltsam zu öffnen. **Abs 1** ermächtigt das Gericht nicht nur die Anordnung der Durchführung zu treffen, sondern auch die Anordnungen, die zur Durchführung der Vorführung erforderlich sind. Wegen der besonderen Eingriffsschwere (Art 13 II GG)einer solchen Maßnahme bedarf diese jedoch einer vorherigen ausdrücklichen gerichtlichen Entscheidung (Abs 3 S 1). Von dieser kann nur bei Gefahr im Verzug abgesehen werden (Abs 3 S 2). (BVerfG, FamRZ 09, 1814; Leibold, FamRZ 09, 1985; BVerfG, NJW 09, 3712: Träger des Grundrechts bei Durchsuchung von Räumen). 4

5. Anfechtbarkeit

5   Die Vorführungsanordnung ist als Zwischenentscheidung nicht selbständig anfechtbar; dies gilt auch für die Anordnungen, die zur Durchführung erforderlich sind. Ein Anfechtungsrecht besteht ausnahmsweise dann, wenn die Anordnung als objektiv willkürlich erscheint (BVerfG, FamRZ 10, 1145).

Unterbringung zur Begutachtung

284 (1) **Das Gericht kann nach Anhörung eines Sachverständigen beschließen, dass der Betroffene auf bestimmte Dauer untergebracht und beobachtet wird, soweit dies zur Vorbereitung des Gutachtens erforderlich ist. Der Betroffene ist vorher persönlich anzuhören.**

(2) **Die Unterbringung darf die Dauer von sechs Wochen nicht überschreiten. Reicht dieser Zeitraum nicht aus, um die erforderlichen Erkenntnisse für das Gutachten zu erlangen, kann die Unterbringung durch gerichtlichen Beschluss bis zu einer Gesamtdauer von drei Monaten verlängert werden.**

(3) **§ 283 Abs. 2 und 3 gilt entsprechend. Gegen Beschlüsse nach den Absätzen 1 und 2 findet die sofortige Beschwerde nach den §§ 567 bis 572 der Zivilprozessordnung statt.**

1. Unterbringung zur Begutachtung

1   § 284 eröffnet die Möglichkeit einer befristeten Unterbringung und Beobachtung, **nicht zur Behandlung,** des Betroffenen, wenn dies erforderlich ist, um das Gutachten über den Zustand des Betroffenen erstellen zu können. Voraussetzung ist die vorherige Anhörung eines Sachverständigen zur Frage der Notwendigkeit der Unterbringung für die Erstellung des Gutachtens und zu der Frage der notwendigen Dauer (Abs 1 S 1). Der Betroffene ist vorher persönlich anzuhören (Abs 1 S 2 iVm § 34). Die Unterbringung zur Untersuchung darf nur beschlossen werden, wenn zuvor alle andere Maßnahmen erfolglos versucht wurden, insbesondere eine Vorführung zur Untersuchung oder zu einem Erörterungstermin (BayObLG, FamRZ 01, 1559).

2. Dauer der Unterbringung

2   Die Unterbringung darf die Dauer von **sechs Wochen** nicht überschreiten (Abs 2 S 1); nur wenn dieser Zeitraum nicht ausreicht, um die erforderliche Erkenntnis zu erlangen, kann nach nochmaliger Anhörung des Sachverständigen die Unterbringung durch gerichtlichen Beschluss bis zu einer Gesamtdauer von drei Monaten verlängert werden (Abs 2 S 2).

3. Zwangsweise Durchsetzung

3   Die Unterbringung kann nach § 284 III iVm § 283 II zwangsweise durchgesetzt werden, wenn der Betroffene nicht freiwillig bereit ist, sich unterbringen zu lassen. Die Anwendung **unmittelbaren Zwangs** bedarf jedoch einer ausdrücklichen gerichtlichen Anordnung (§ 284 III iVm § 283 II 1); die mit der Unterbringung beauftragte zuständige Fachbehörde kann

erforderlichenfalls die Unterstützung der polizeilichen Vollzugsorgane nachsuchen (§ 284 III iVm § 283 II 2).

Die Unterbringung zur Begutachtung kann häufig nur gelingen, wenn die 4 Wohnung des Betroffenen betreten und notfalls gewaltsam geöffnet werden kann. Diese Maßnahmen dürfen jedoch nur auf Grund vorheriger ausdrücklicher **gerichtlicher Entscheidung** erfolgen (Abs 3 iVm § 283 III 1), von der nur bei Gefahr im Verzug abgesehen werden darf.

4. Anfechtbarkeit

Anordnungen zur Unterbringung (Abs 1) und Verlängerung der Unter- 5 bringung (Abs 2) sind mit der sofortigen Beschwerde nach den §§ 567–572 ZPO anfechtbar (Abs 3 S 2). Die Anfechtbarkeit dieser stark in die Rechte des Betroffenen eingreifenden Entscheidungen entspricht der bisherigen Rechtslage (BayObLG, FamRZ 94, 1190) und ist auf Empfehlung des Bundesrates (BT-Drs 16/6308 S 387) in das Gesetz aufgenommen worden. **Nicht** anfechtbar ist ein Beschluss, der sich darauf beschränkt, einen Sachverständigen mit der Erstellung eines medizinischen Gutachtens über die Betreuungsbedürftigkeit eines Betroffenen zu beauftragen, der den Betroffenen aber nicht verpflichtet, sich zum Zwecke der Begutachtung untersuchen zu lassen (BGH, NJW-RR 08, 739).

Herausgabe einer Betreuungsverfügung oder der Abschrift einer Vorsorgevollmacht

§ 285

In den Fällen des § 1901a des Bürgerlichen Gesetzbuchs erfolgt die Anordnung der Ablieferung oder Vorlage der dort genannten Schriftstücke durch Beschluss.

Wer ein Schriftstück besitzt, in dem jemand für den Fall seiner Betreu- 1 ung Vorschläge zur Auswahl des Betreuers oder Wünsche zur Wahrnehmung der Betreuung geäußert hat, **Betreuungsverfügung** (§ 1901a BGB), hat es unverzüglich an das Betreuungsgericht **abzuliefern,** nachdem er von der Einleitung eines Verfahrens über die Bestellung eines Betreuers Kenntnis erlangt hat. Vor Einleitung des Betreuungsverfahrens können die Schriftstücke nicht abgeliefert werden; es steht noch nicht fest, welches Gericht künftig möglicherweise örtlich zuständig sein wird (KG, Rpfleger 95, 458). Das Gleiche gilt nach § 1901a S 2 BGB für den Besitzer von Schriftstücken, in denen der Betroffene eine andere Person mit der Wahrnehmung seiner Angelegenheiten bevollmächtigt hat **(Vorsorgevollmacht).**

Auf die **Vollstreckung** zur Herausgabe dieser Schriftstücke findet § 35 2 Anwendung. Nach § 35 I kann das Gericht zur Durchsetzung der Herausgabe Zwangsmittel festsetzen. Neben oder anstelle dieser Zwangsmittel kann nach § 35 IV iVm § 883 ZPO die Herausgabe durch den Gerichtsvollzieher vollstreckt werden. Nach § 883 II ZPO hat der Verpflichtete uU eine eidesstattliche Versicherung abzugeben.

§ 286

Inhalt der Beschlussformel

286 (1) Die Beschlussformel enthält im Fall der Bestellung eines Betreuers auch
1. die Bezeichnung des Aufgabenkreises des Betreuers;
2. bei Bestellung eines Vereinsbetreuers die Bezeichnung als Vereinsbetreuer und die des Vereins;
3. bei Bestellung eines Behördenbetreuers die Bezeichnung als Behördenbetreuer und die der Behörde;
4. bei Bestellung eines Berufsbetreuers die Bezeichnung als Berufsbetreuer.

(2) Die Beschlussformel enthält im Fall der Anordnung eines Einwilligungsvorbehalts die Bezeichnung des Kreises der einwilligungsbedürftigen Willenserklärungen.

(3) Der Zeitpunkt, bis zu dem das Gericht über die Aufhebung oder Verlängerung einer Maßnahme nach Absatz 1 oder Absatz 2 zu entscheiden hat, ist in der Beschlussformel zu bezeichnen.

1. Bedeutung der Vorschrift

1   Das Gesetz sieht keine Aufspaltung der Betreuerbestellung in eine Anordnung der Betreuung und eine Auswahl des Betreuers vor. Durch die Einheitsentscheidung der Bestellung des Betreuers wird zugleich die Betreuung angeordnet. In einer Entscheidung soll über die Notwendigkeit der Betreuung, den Aufgabenkreis, die evt Anordnung eines Einwilligungsvorbehaltes mit der Bezeichnung des Kreises der einwilligungsbedürftigen Willenserklärungen und die Bestellung eines bestimmten Betreuers entschieden werden; sie ist eine Anordnungs- und eine Auswahlentscheidung. Eine „Aufspaltung" kann jedoch nachträglich bei vorübergehendem Wegfall eines Betreuers, zB durch Entlassung, Tod, eintreten; die Betreuung, die Anordnung des Einwilligungsvorbehaltes, bleiben dann bestehen. Dies folgt auch daraus, dass für die Bestellung eines neuen Betreuers (§ 1908 c BGB, § 296 II) nicht die gleichen Verfahrensgarantien vorgesehen sind wie bei der erstmaligen Bestellung.

2. Inhalt der Beschlussformel

2   § 286 behandelt den notwendigen Inhalt der Beschlussformel für Entscheidungen in Betreuungssachen **ergänzend** zu den allgemeinen Vorschriften. Abweichend von dem bisherigen § 69 FGG, der den Inhalt zusammenhängend darstellte, ergibt sich nunmehr die Notwendigkeit der Bezeichnung des Betroffenen aus § 38 II Nr 1 als Beteiligter; das Gleiche gilt für die Person des Betreuers (bisher § 69 Nr 2 a FGG).

3   **Abs 1** legt den Inhalt der Beschlussformel für den Fall der **Bestellung** eines Betreuers fest; danach muss diese enthalten den Aufgabenkreis des Betreuers (Nr 1), der so konkret wie möglich angegeben werden muss (BayObLG,

4   FamRZ 94, 1059); bei Bestellung eines Vereinsbetreuers die **Bezeichnung als Vereinsbetreuer** (BayObLG, FamRZ 94, 1061) und die des Vereins (Nr 2); bei Bestellung eines Behördenbetreuers die Bezeichnung als Behördenbetreuer und die Behörde (Nr 3), weil für diese besondere Vorschriften gelten (§§ 1897

§ 287 Wirksamwerden von Beschlüssen §287

II, 1908 b IV, 1908 a, 1908 g BGB). Bei der Bestellung eines Berufsbetreuers ist 5
die **Bezeichnung als Berufsbetreuer** anzugeben (Nr 4). Diese Notwendigkeit ist neu in das Gesetz aufgenommen worden. Die Notwendigkeit ergibt sich daraus, dass die Feststellung der berufsmäßigen Betreuung die Voraussetzung für eine Vergütung des Betreuers ist. Diese Feststellung muss das Gericht nach § 1836 I 2 BGB iVm § 1 I 1 Vormünder- und Betreuungsvergütungsgesetz (VBVG) bereits bei der Bestellung des Betreuers treffen.

Im Falle der Anordnung eines Einwilligungsvorbehalts ist in die Beschluss- 6
formel ferner die Bezeichnung des Kreises der **einwilligungsbedürftigen Willenserklärungen** aufzunehmen (bisher § 69 Nr 4 FGG).

3. Begründung, Rechtsbehelfsbelehrung

Die Entscheidung, durch die ein Betreuer bestellt oder ein Einwilligungs- 7
vorbehalt angeordnet wird, muss **begründet** werden; dies gilt auch im Falle der Ablehnung einer derartigen Maßnahme. Diese Notwendigkeit ist nicht mehr wie bisher im Zusammenhang mit den Vorschriften über die Betreuungssachen geregelt, sondern ergibt sich aus der allgemeinen Vorschrift des § 38 III 1. Eine fehlende Begründung setzt die Beschwerdefrist nicht in Lauf. Von der Bekanntmachung der Entscheidungsgründe an den Betroffenen kann unter den Voraussetzungen des § 288 I abgesehen werden.

Die Notwendigkeit einer **Rechtsbehelfsbelehrung** ergibt sich nunmehr 8
aus der allgemeinen Vorschrift des § 39. Sie ist sowohl bei stattgebenden als auch bei ablehnenden Entscheidungen zu erteilen. Eine fehlende oder unrichtige Belehrung hindert den Beginn der Rechtsmittelfrist nicht; sie begründet jedoch im Falle der Wiedereinsetzung in den vorigen Stand die Vermutung des fehlenden Verschuldens (§ 17 II).

4. Zeitpunkt der Überprüfung

In der Entscheidung ist der Zeitpunkt anzugeben, zu dem das Gericht 9
spätestens über die Aufhebung oder Verlängerung der Maßnahme zu entscheiden hat (Abs 2). Die Frist ist unter Berücksichtigung der voraussichtlichen Betreuungsbedürftigkeit zu bestimmen (BayObLG, NJW-RR 95, 1274: schubförmig verlaufende Krankheit). Anhaltspunkte hierfür können aus dem Gutachten des Sachverständigen gewonnen werden (§ 280 I). Die Höchstdauer von sieben Jahren ab Erlass der Entscheidung (§§ 294 III, 295 II) darf nicht überschritten werden; vor Ablauf dieser Frist ist eine Entscheidung über die Verlängerung erforderlich.

Wirksamwerden von Beschlüssen

§ 287 (1) **Beschlüsse über Umfang, Inhalt oder Bestand der Bestellung eines Betreuers, über die Anordnung eines Einwilligungsvorbehalts oder über den Erlass einer einstweiligen Anordnung nach § 300 werden mit der Bekanntgabe an den Betreuer wirksam.**

(2) **Ist die Bekanntgabe an den Betreuer nicht möglich oder ist Gefahr im Verzug, kann das Gericht die sofortige Wirksamkeit des Beschlusses anordnen. In diesem Fall wird er wirksam, wenn der Beschluss und die Anordnung seiner sofortigen Wirksamkeit**

§ 287

1. dem Betroffenen oder dem Verfahrenspfleger bekannt gegeben werden oder
2. der Geschäftsstelle zum Zweck der Bekanntgabe nach Nummer 1 übergeben werden.

Der Zeitpunkt der sofortigen Wirksamkeit ist auf dem Beschluss zu vermerken.

(3) Ein Beschluss, der die Genehmigung nach § 1904 Absatz 2 des Bürgerlichen Gesetzbuchs zum Gegenstand hat, wird erst zwei Wochen nach Bekanntgabe an den Betreuer oder Bevollmächtigten sowie an den Verfahrenspfleger wirksam.

1. Eintritt der Wirksamkeit

1   Entscheidungen in Betreuungssachen werden mit der Bekanntgabe (§ 41) an den Betreuer wirksam; diese Regelung wurde getroffen, um Zweifel am Eintritt der Wirksamkeit bei Krankheiten oder Behinderungen des Betroffenen auszuschließen. Beschlüsse nach § 1904 II BGB werden zwei Wochen nach Bekanntgabe an den Betreuer oder Bevollmächtigten und an den Verfahrenspfleger wirksam. Eine Anordnung der sofortigen Wirksamkeit sieht das Gesetz insoweit nicht vor; der Erlass einer einstweiligen Anordnung ist ausgeschlossen. Hierdurch wird Schutz gewährt vor einer zu schnellen Umsetzung der Entscheidung und eine Überprüfung vor der Umsetzung ermöglicht. Die Regelung erfasst nach **Abs 1** Beschlüsse über Umfang, Inhalt oder Bestand der Bestellung eines Betreuers, über die Anordnung eines Einwilligungsvorbehalts oder über den Erlass einer einstweiligen Anordnung nach § 300.

2   Das Gericht kann die **sofortige Wirksamkeit** von Entscheidungen nach Abs 1 anordnen, wenn die Bekanntgabe an den Betreuer nicht möglich ist oder Gefahr im Verzuge ist, zB wenn nach § 1908 d BGB die Betreuung aufzuheben und ein Betreuer nicht vorhanden ist, weil er verstorben ist oder entlassen wurde. Für den Eintritt der Wirksamkeit dieser Entscheidungen hat das BtÄndG eine Änderung vorgesehen, die praktischen Bedürfnissen Rechnung trägt. Die **Wirksamkeit tritt** danach **ein** mit der Bekanntgabe des

3   Beschlusses und der Anordnung seiner sofortigen Wirksamkeit an den Betroffenen oder den Verfahrenspfleger (Abs 2 Nr 1) oder durch Übergabe an die Geschäftsstelle des Gerichts zum Zwecke der Bekanntgabe nach Abs 2 Nr 1 (Abs 2 Nr 2). Der Zeitpunkt der Übergabe ist durch die Geschäftsstelle auf der Entscheidung zu vermerken und nicht mehr durch den Richter. Hat dieser den Beschluss in einem Heim oder in einer Klinik erlassen, muss dieser nicht persönlich das Gericht aufsuchen.

2. Wirksamkeit nach allgemeinen Vorschriften

4   Beschlüsse, die nicht in den Anwendungsbereich des Abs 1 fallen, werden grundsätzlich nach § 40 I mit der Bekanntgabe an den Beteiligten wirksam, für den sie ihrem wesentlichen Inhalt nach bestimmt sind. Beispiel: Eine Vorführungsanordnung nach § 283 wird mit der Bekanntgabe an den Betroffenen wirksam. Unberührt bleibt auch die Vorschrift des § 40 II, dergemäß Beschlüsse, die Genehmigungen eines Rechtsgeschäftes zum Gegenstand haben, erst mit Rechtskraft wirksam werden.

§ 288

Bekanntgabe

288 (1) **Von der Bekanntgabe der Gründe eines Beschlusses an den Betroffenen kann abgesehen werden, wenn dies nach ärztlichem Zeugnis erforderlich ist, um erhebliche Nachteile für seine Gesundheit zu vermeiden.**

(2) **Das Gericht hat der zuständigen Behörde den Beschluss über die Bestellung eines Betreuers oder die Anordnung eines Einwilligungsvorbehalts oder Beschlüsse über Umfang, Inhalt oder Bestand einer solchen Maßnahme stets bekannt zu geben. Andere Beschlüsse sind der zuständigen Behörde bekannt zu geben, wenn sie vor deren Erlass angehört wurde.**

1. Bekanntmachung der Entscheidungen an den Betroffenen

§ 288 geht von dem Grundsatz des § 41 I 1 aus, demgemäß die Entscheidungen dem Beteiligten stets selbst bekannt zu geben sind und verzichtet darauf, dies ausdrücklich auszusprechen. Die Bekanntmachung aller Entscheidungen im Zusammenhang mit der Betreuung, Bestellung des Betreuers (§ 1896 BGB), Anordnung eines Einwilligungsvorbehaltes (§ 1903 BGB), Änderung und Aufhebung derartiger Maßnahmen (§§ 293, 294, 295), Genehmigungen des Betreuungsgerichts nach § 1904 BGB, § 1905 II BGB, § 1906 II BGB, § 1907 I, III BGB, § 1908 BGB, erfolgt gegenüber dem Betroffenen. § 69 a I 1 FGG hatte dies ausdrücklich ausgesprochen, um dessen Rechtsposition zu stärken. 1

Von der Mitteilung der Entscheidungsgründe an den Betroffenen kann **abgesehen werden,** wenn dies nach ärztlichem Zeugnis erforderlich ist, um erhebliche Nachteile für dessen Gesundheit zu vermeiden (§ 288 I), nicht jedoch schon bei zu erwartenden Schwierigkeiten; nicht bei befürchteter Störung des Vertrauensverhältnisses zum sozialpsychiatrischen Dienst (OLG Frankfurt, FGPrax 03, 221). Der Tenor der Entscheidung ist dem Betroffenen in jedem Fall mitzuteilen. Die Beschränkung der Bekanntgabe auf den Tenor ist in einer gesonderten Entscheidung auszusprechen; sie ist den Beteiligten, dem Betroffenen, dem Betreuer, dem Verfahrenspfleger, bekannt zu geben. 2

2. Bekanntmachung der Entscheidungen an die Behörde

Der zuständigen Behörde sind nach Abs 2 Entscheidungen bekannt zu machen, durch die ein Betreuer bestellt (§ 1896 BGB) oder ein Einwilligungsvorbehalt angeordnet wird (§ 1903 BGB), nach Abs 2 S 2 auch andere Entscheidungen, wenn das Gericht der zuständigen Behörde Gelegenheit zur Äußerung gegeben hatte; damit sollen die Behörden in die Lage versetzt werden, etwa erforderlich werdende Maßnahmen zu Gunsten des Betroffenen besser beurteilen und in die Wege leiten zu können. Die Bekanntmachung an die Behörde ist insbesondere von Bedeutung im Zusammenhang mit dem **Beschwerderecht** der zuständigen Behörde gemäß § 303 I. Der Umfang ihres Beschwerderechts entspricht dem Umfang ihres Rechts auf Antrag, schon in erster Instanz zu dem Verfahren als Beteiligte hinzugezogen zu werden (§ 274 III). Ihr Beschwerderecht umfasst nicht nur Betreuungen, die von Amts wegen angeordnet wurden, sondern auch solche auf Antrag des 3

4

§ 289   Buch 3 – Betreuungs- und Unterbringungssachen

Betroffenen. Sie kann daher im vollen Umfang im Wege der Beschwerde die Überprüfung von Betreuungen veranlassen.

Verpflichtung des Betreuers

289 (1) **Der Betreuer wird mündlich verpflichtet und über seine Aufgaben unterrichtet. Das gilt nicht für Vereinsbetreuer, Behördenbetreuer, Vereine, die zuständige Behörde und Personen, die die Betreuung im Rahmen ihrer Berufsausübung führen, sowie nicht für ehrenamtliche Betreuer, die mehr als eine Betreuung führen oder in den letzten zwei Jahren geführt haben.**

(2) **In geeigneten Fällen führt das Gericht mit dem Betreuer und dem Betroffenen ein Einführungsgespräch.**

1. Bestellung des Betreuers

1   Der Betreuer hat die Angelegenheiten des Betreuten so zu besorgen, wie es dessen Wohl entspricht (§ 1901 I BGB), wozu auch die Möglichkeit für den Betreuten gehört, im Rahmen seiner Fähigkeiten sein Leben nach eigenen Wünschen und Vorstellungen zu gestalten. Der Betreuer ist an diese Wünsche gebunden, soweit dies dem Wohl des Betreuten nicht zuwiderläuft und es dem Betreuer zumutbar ist (§ 1901 II BGB). Der Betreuer hat innerhalb seines Aufgabenkreises dazu beizutragen, dass Möglichkeiten genutzt werden, die Krankheit oder Behinderung des Betreuten zu beseitigen (§ 1901 III BGB). Der Betreuer hat dem Gericht Mitteilung über Umstände zu machen, die eine Aufhebung der Betreuung ermöglichen oder eine Änderung der
2   Entscheidung notwendig machen (§ 1901 IV BGB). Nach § 1902 BGB vertritt der Betreuer den Betreuten im Rahmen seines Aufgabenkreises **gerichtlich und außergerichtlich.** Sein Handeln ist aber auf die Fälle zu beschränken, in denen der Betroffene nicht selbst tätig werden kann. Soweit Betreute selbständig rechtlich handeln können, insbesondere, soweit kein Einwilligungsvorbehalt angeordnet ist, kann sich aus der Bindung des Betreuers an das Wohl und die Wünsche des Betreuten ergeben, dass dem eigenen rechtsgeschäftlichen Handeln des Betreuten der Vorrang einzuräumen ist.

2. Die Verpflichtung des Betreuers

3   Die Verpflichtung des Betreuers erfolgt mündlich (Abs 1 S 1); fernmündliche Verpflichtung genügt nicht (KG Rpfleger 95, 68); die Verpflichtung ist nicht Voraussetzung für die Wirksamkeit der Bestellung, die mit Bekanntmachung eintritt (BayObLG, FamRZ 93, 602). Der Betreuer ist über seine Aufgaben und Pflichten, insbesondere den Umfang des Aufgabenkreises und eines evt Einwilligungsvorbehalts, Verpflichtung zur Einholung von gerichtlichen Genehmigungen, zu unterrichten (Abs 1 S 1). § 1789 BGB gilt nach § 1908 i BGB nicht (BayObLG FamRZ 93, 602).

4   **Ausgenommen** von der mündlichen Verpflichtung und der Unterrichtung über die Aufgaben des Betreuers (Abs 1 S 1) waren schon nach bisheriger Rechtslage Vereinsbetreuer, Behördenbetreuer, Vereine und die zuständige Behörde. Diesen sind ihre Aufgaben und Pflichten bekannt; der Umfang der

§ 290 Bestellungsurkunde **§ 290**

Aufgaben ergibt sich aus der Entscheidung. Abs 1 erweitert den Kreis derjenigen, die weder einer Verpflichtung noch einer Unterrichtung bedürfen, das sind Berufsbetreuer und erfahrene ehrenamtliche Betreuer; das sind solche, die mehr als eine Betreuung führen oder in den letzten zwei Jahren geführt haben.

3. Einführungsgespräch (Abs 2)

In geeigneten Fällen soll ein Einführungsgespräch mit dem Betreuer und 5 dem Betroffenen geführt werden; dies gilt auch für Vereinsbetreuer, Behördenbetreuer, Vereine. Geeignet sind nur Fälle, in denen eine Verständigung mit dem Betroffenen möglich ist. Dieses Gespräch kann dazu dienen, ein Vertrauensverhältnis zwischen dem Betroffenen und dem Betreuer herzustellen, künftig zu erwartende Schwierigkeiten zu erörtern und auch auf die Möglichkeit, künftig auftauchende Fragen mit dem Gericht zu besprechen, hinzuweisen. Ein solches Gespräch wird in der Regel **nicht erforderlich** 6 sein, wenn ein Familienangehöriger oder Bekannter, zu dem ein Vertrauensverhältnis besteht, zum Betreuer bestellt wird.

4. Rechtspfleger

Funktionell zuständig ist der RPfl (§ 3 Nr 2 b RPflG); auch für die Bestel- 7 lung eines Gegenbetreuers (LG Bonn, Rpfleger 93, 233); die Verpflichtung kann auch durch ein ersuchtes Gericht erfolgen.

Bestellungsurkunde

290 Der Betreuer erhält eine Urkunde über seine Bestellung. Die Urkunde soll enthalten:
1. **die Bezeichnung des Betroffenen und des Betreuers;**
2. **bei Bestellung eines Vereinsbetreuers oder Behördenbetreuers diese Bezeichnung und die Bezeichnung des Vereins oder der Behörde;**
3. **den Aufgabenkreis des Betreuers;**
4. **bei Anordnung eines Einwilligungsvorbehalts die Bezeichnung des Kreises der einwilligungsbedürftigen Willenserklärungen;**
5. **bei der Bestellung eines vorläufigen Betreuers durch einstweilige Anordnung das Ende der einstweiligen Maßnahme.**

1. Bestellungsurkunde

Der Betreuer erhält eine Urkunde über die Bestellung (S 1), mit der er im 1 Rechtsverkehr seine Bestellung nachweisen kann. Sie ist keine Vollmachtsurkunde (BayObLG, FamRZ 94, 1059). Anzugeben sind die Personalien des Betroffenen und des Betreuers, ferner, ob es sich um einen Vereins- oder Behördenbetreuer handelt, sowie ggf die Bezeichnung des Vereins oder der Behörde; ferner der Aufgabenkreis des Betreuers, ein Einwilligungsvorbehalt und die Bezeichnung des Kreises der einwilligungsbedürftigen Willenserklärungen. Der Inhalt der Bestellung **entspricht** damit im Wesentlichen dem **Tenor** der Entscheidung (§ 286).

§ 291 Buch 3 – Betreuungs- und Unterbringungssachen

2   Der **Zeitpunkt,** in dem das Gericht über die Aufhebung oder Verlängerung der Betreuung oder des Einwilligungsvorbehaltes zu entscheiden hat, wird in der Bestellungsurkunde nicht angegeben. Etwas anderes gilt jedoch für die Bestellung eines vorläufigen Betreuers durch einstweilige Anordnung
3   (Nr 5). Das **Ende** dieser **einstweiligen Maßnahme** ist in der Bestellungsurkunde anzugeben. § 302 bestimmt abweichend von § 56 I für einstweilige Maßnahmen in Betreuungsverfahren nur eine begrenzte Geltungsdauer. Sie tritt, sofern kein früherer Zeitpunkt bestimmt ist, nach sechs Monaten außer Kraft, kann jedoch unter den Voraussetzungen des § 302 S 2 bis zu einer Gesamtdauer von einem Jahr verlängert werden. Diese Regelung ist notwendig, weil einstweilige Anordnungen in Betreuungsverfahren unter erleichterten Voraussetzungen möglich sind; das Gericht soll daher nach einer bestimmten Zeit eine erneute Prüfung vornehmen.

2. Rechtspfleger

4   Funktionell zuständig ist der RPfl (§ 3 Nr 2 b RPflG); auch für die Bestellung eines Gegenbetreuers (LG Bonn, Rpfleger 93, 233).

Überprüfung der Betreuerauswahl

291 **Der Betroffene kann verlangen, dass die Auswahl der Person, der ein Verein oder eine Behörde die Wahrnehmung der Betreuung übertragen hat, durch gerichtliche Entscheidung überprüft wird. Das Gericht kann dem Verein oder der Behörde aufgeben, eine andere Person auszuwählen, wenn einem Vorschlag des Betroffenen, dem keine wichtigen Gründe entgegenstehen, nicht entsprochen wurde oder die bisherige Auswahl dem Wohl des Betroffenen zuwiderläuft. § 35 ist nicht anzuwenden.**

1. Persönliche Betreuung

1   Ein wesentliches Anliegen der Reform durch das Betreuungsgesetz war es, die persönliche Betreuung des Betroffenen sicher zu stellen. In der Regel bestellt das Betreuungsgericht daher eine natürliche Person, die geeignet ist, in dem gerichtlich bestimmten Aufgabenkreis die Angelegenheiten des Betreuten zu besorgen und ihn hierbei im erforderlichen Umfang persönlich zu betreuen, zum Betreuer (§ 1897 I BGB). Hierzu rechnen auch Vereinsbetreuer, Mitarbeiter eines nach § 1908 f BGB anerkannten Betreuungsvereins und Behördenbetreuer, Mitarbeiter einer in Betreuungsangelegenheiten zuständigen Behörde, die dort ausschließlich oder zeitweilig als Betreuer tätig sind.
2   **Nur wenn** der Volljährige durch eine oder mehrere natürliche Personen nicht hinreichend betreut werden kann, bestellt das Betreuungsgericht einen anerkannten **Betreuungsverein** zum Betreuer (§ 1900 I 1 BGB); kann der Volljährige durch einen oder mehrere natürliche Personen oder durch einen Verein nicht hinreichend betreut werden (BayObLG, Rpfleger 93, 447), bestellt das Gericht die **zuständige Behörde** zum Betreuer (§ 1900 IV 1 BGB). Die Notwendigkeit zur Bestellung eines Vereins oder einer Behörde zum Betreuer kann sich aus der Art der Erkrankung oder der Behinderung eines Betroffenen ergeben mit der Folge, dass die Zuordnung konkreter

§ 292 Zahlungen an den Betreuer **§ 292**

Einzelpersonen eine Betreuung eher erschwert als erleichtert; dies gilt auch, wenn die Art der Erkrankung oder Behinderung den Aufbau einer Vertrauensbeziehung erschwert; hier kann der Verein oder die Behörde verschiedene Personen mit der Wahrnehmung der Betreuung beauftragen und abwarten, zu welcher dieser Personen eine Vertrauensbeziehung entsteht.

2. Betreuerauswahl

Die Auswahl der Person des Betreuers ist für den Betroffenen von zentraler Bedeutung. Deshalb gewährt ihm S 1 im Falle der Bestellung eines Vereins oder einer zuständigen Behörde zum Betreuer Einfluss auf die Auswahl der die Betreuung wahrnehmenden Personen. Der Verein, die Behörde, haben bei der Auswahl Vorschlägen des Betroffenen zu entsprechen, soweit nicht wichtige Gründe entgegenstehen (§ 1900 II 2, IV 2 BGB). Gegen die Auswahl kann der Betroffene **gerichtliche Entscheidung** beantragen (S 1). Das Gericht kann dem Verein, der Behörde, aufgeben, eine andere Person auszuwählen, wenn ein Vorschlag des Betroffenen, dem keine wichtigen Gründe entgegenstehen, nicht entsprochen wurde oder die bisherige Auswahl dem Wohl des Betroffenen zuwider läuft. Das Gericht kann jedoch nicht selbst über die Entlassung entscheiden (BayObLG, Rpfleger 93, 403). Das Gericht kann auch die Auswahl eines anderen Mitarbeiters nicht nach § 35 erzwingen. Der Verein oder die Behörde kann ggf nach § 1908b I 1 BGB entlassen werden. 3 4

Der **Antrag** des Betroffenen ist an keine Form und Frist gebunden. Das Verfahren richtet sich nach den allgemeinen Vorschriften. § 296 kommt nicht zur Anwendung, weil es sich nicht um die Bestellung eines neuen Betreuers handelt. 5

Funktionell zuständig ist der Richter nach § 15 Ziff 3 RPflG, sofern es sich nicht um eine Betreuung nach § 1896 III BGB handelt, für die der RPfl zuständig ist (§ 3 Nr 2 b RPflG). 6

Zahlungen an den Betreuer

292 (1) In Betreuungsverfahren gilt § 168 entsprechend.

(2) **Die Landesregierungen werden ermächtigt, durch Rechtsverordnung für Anträge und Erklärungen auf Ersatz von Aufwendungen und Bewilligung von Vergütung Formulare einzuführen. Soweit Formulare eingeführt sind, müssen sich Personen, die die Betreuung im Rahmen der Berufsausübung führen, ihrer bedienen und sie als elektronisches Dokument einreichen, wenn dieses für die automatische Bearbeitung durch das Gericht geeignet ist. Andernfalls liegt keine ordnungsgemäße Geltendmachung im Sinne von § 1836 Abs. 1 Satz 2 des Bürgerlichen Gesetzbuchs in Verbindung mit § 1 des Vormünder- und Betreuungsvergütungsgesetzes vor. Die Landesregierungen können die Ermächtigung nach Satz 1 durch Rechtsverordnung auf die Landesjustizverwaltungen übertragen.**

§ 293 Buch 3 – Betreuungs- und Unterbringungssachen

1. Anwendungsbereich

1   § 292 beruht auf dem bisherigen § 69 e FGG. Abs 1 dieser Vorschrift enthielt Verweisungen auf §§ 35 b, 47 FGG über die internationale Zuständigkeit, die Anhängigkeit einer Vormundschaft im Ausland und die Abgabe einer Vormundschaft an einen Auslandsstaat. Diese Fragen sind jetzt für das Betreuungsverfahren gesondert in § 104 geregelt. Die Verweisung auf § 53 I 3 FGG (Wirksamkeit von Verfügungen, durch die eine Einwilligung oder Zustimmung ersetzt wird) ist jetzt durch die ausdrückliche Regelung in § 40 III ersetzt, die Verweisung auf die §§ 55, 62 FGG (Unabänderbarkeit von Verfügungen, durch die die Genehmigung zu einem Rechtsgeschäft ersetzt oder verweigert wird) ist jetzt durch die Regelung des § 48 III ersetzt.

2   Bestehen bleibt die **Verweisung** auf die Verfahrensregelung des **§ 168** (bisher § 56 g FGG) zur Festsetzung von Aufwendungsersatz und Vergütung des Betreuers (§§ 1835 ff, 1908 i I 1 BGB).

2. Ermächtigungen für die Landesregierungen

3   Abs 2 ermächtigt die Landesregierungen durch Rechtsverordnung, für Anträge und Erklärungen auf Ersatz von Aufwendungen und Bewilligung von Vergütung der Berufsbetreuer **Formulare** einzuführen. Ein ohne Beachtung der Form eingereichter Antrag stellt keine ordnungsmäßige Geltendmachung iSv § 1836 I 2 BGB iVm § 1 des Vormünder- und Betreuervergütungsgesetzes dar; wenn die Geltendmachung nicht ordnungsgemäß innerhalb der Frist des § 2 des Vormünder- und Betreuervergütungsgesetzes erfolgt, kann dies zum Ausschluss des Vergütungsanspruchs führen.

Erweiterung der Betreuung oder des Einwilligungsvorbehalts

293 (1) **Für die Erweiterung des Aufgabenkreises des Betreuers und die Erweiterung des Kreises der einwilligungsbedürftigen Willenserklärungen gelten die Vorschriften über die Anordnung dieser Maßnahmen entsprechend.**

(2) **Einer persönlichen Anhörung nach § 278 Abs. 1 sowie der Einholung eines Gutachtens oder ärztlichen Zeugnisses (§§ 280 und 281) bedarf es nicht,**
1. **wenn diese Verfahrenshandlungen nicht länger als sechs Monate zurückliegen oder**
2. **die beabsichtigte Erweiterung nach Absatz 1 nicht wesentlich ist.**

Eine wesentliche Erweiterung des Aufgabenkreises des Betreuers liegt insbesondere vor, wenn erstmals ganz oder teilweise die Personensorge oder eine der in § 1896 Abs. 4 oder den §§ 1904 bis 1906 des Bürgerlichen Gesetzbuchs genannten Aufgaben einbezogen wird.

(3) **Ist mit der Bestellung eines weiteren Betreuers nach § 1899 des Bürgerlichen Gesetzbuchs eine Erweiterung des Aufgabenkreises verbunden, gelten die Absätze 1 und 2 entsprechend.**

§ 293 Erweiterung der Betreuung oder des Einwilligungsvorbehalts **§ 293**

1. Anwendungsbereich

Die bisher in § 69i FGG behandelten nachträglichen Änderungen von 1
Anordnungen in Betreuungssachen werden nunmehr getrennt behandelt, in
§ 293 die **Erweiterung** der Betreuung oder des Einwilligungsvorbehaltes, in
§ 294 die Aufhebung und Einschränkung der Betreuung oder des Einwilligungsvorbehaltes, in § 295 die Verlängerung der Betreuung oder des Einwilligungsvorbehaltes, in § 296 die Entlassung des Betreuers und die Bestellung
eines neuen Betreuers.

Der Erweiterung des Aufgabenkreises des Betreuers und der Erweiterung 2
des Kreises der einwilligungsbedürftigen Willenserklärungen nach Abs 1 steht
die Bestellung eines **weiteren** Betreuers nach § 1899 BGB gleich, **wenn**
damit eine Erweiterung des Aufgabenkreises verbunden ist.

2. Erweiterung des Aufgabenkreises und Erweiterung des Kreises der einwilligungsbedürftigen Willenserklärungen

Hierfür gelten die gleichen Verfahrensgarantien wie für die **erstmalige** 3
Bestellung. Eine Ausnahme bilden unwesentliche Erweiterungen, die jedoch
jedenfalls dann nicht vorliegen, wenn folgende Bereiche in den Aufgabenkreis
einbezogen werden: erstmals ganz oder teilweise die Personensorge, eine der
in § 1896 IV BGB aufgeführten Entscheidungen über den Fernmelde- und
Postverkehr des Betroffenen, die Genehmigung zur Einwilligung des Betreuers in eine Untersuchung des Gesundheitszustandes, eine Heilbehandlung
oder einen ärztlichen Eingriff (§ 1904 BGB), Genehmigung der Einwilligung
in eine Sterilisation (§ 1905 BGB).

Liegt eine **unwesentliche** Erweiterung vor, bedarf es keiner persönlichen 4
Anhörung nach § 278 I; das Gericht braucht sich keinen unmittelbaren
Eindruck von dem Betroffenen zu verschaffen, insbesondere nicht in der
üblichen Umgebung des Betroffenen. Es muss den Betroffenen jedoch anhören (§ 34 I Nr 1). Es bedarf auch keiner Einholung eines Gutachtens oder
eines ärztlichen Zeugnisses nach §§ 280, 281 (Abs 2).

Die Bestellung eines weiteren Betreuers nach § 1899 BGB erfordert, wenn 5
sie mit einer Erweiterung des Aufgabenkreises verbunden ist, die gleichen
Verfahrensgarantien wie für die erstmalige Bestellung eines Betreuers (Abs 3
iVm Abs 1). Durch die Bestellung eines **Ergänzungsbetreuers** bei erheblichem Interessenkonflikt kann dem Betreuer konkludent die Vertretungsmacht
für den entsprechenden Aufgabenkreis entzogen werden (BayObLG, Rpfleger
04, 42); Ergänzungsbetreuer auch soweit Betreuer teilweise an der Besorgung
der Angelegenheit verhindert ist (OLG Schleswig, FGPrax 04, 70). Ein
Kontrollbetreuer (§ 1896 III BGB) kann bestellt werden, wenn ein konkretes Bedürfnis für eine Überwachung besteht.

3. Erneute Verfahrenshandlungen innerhalb von sechs Monaten

Einer erneuten persönlichen Anhörung nach § 278 I sowie der Einholung 6
eines Gutachtens oder ärztlichen Zeugnisses nach §§ 280, 281 bedarf es nicht,
wenn diese Verfahrenshandlungen nicht länger als sechs Monate zurückliegen;
auch in diesen Fällen muss das Gericht den Betroffenen jedoch anhören (§ 34

§ 294   Buch 3 – Betreuungs- und Unterbringungssachen

I Nr 1). Die gesetzgeberische Absicht ist, den Verfahrensaufwand einzuschränken, wenn der Richter aus eigener Kenntnis oder auf Grund ärztlicher Feststellungen wisse, dass der Zustand des Betroffenen im Wesentlichen unverändert sei. Von diesen Verfahrenserleichterungen ist jedoch dann kein Gebrauch zu machen, wenn eine **wesentliche Erweiterung** des Aufgabenkreises des Betreuers erfolgen soll, weil dies ein weitgehender Eingriff in die Rechte des Betroffenen ist und die Notwendigkeit einer wesentlichen Erweiterung voraussetzt, dass auch eine wesentliche Änderung der tatsächlichen Verhältnisse eingetreten ist, die bei der Anhörung nach § 278 I unter Einholung eines Gutachtens oder ärztlichen Zeugnisses nach §§ 280, 281 noch nicht berücksichtigt werden konnten.

7

Aufhebung und Einschränkung der Betreuung oder des Einwilligungsvorbehalts

294 (1) **Für die Aufhebung der Betreuung oder der Anordnung eines Einwilligungsvorbehalts und für die Einschränkung des Aufgabenkreises des Betreuers oder des Kreises der einwilligungsbedürftigen Willenserklärungen gelten die §§ 279 und 288 Abs. 2 Satz 1 entsprechend.**

(2) **Hat das Gericht nach § 281 Abs. 1 Nr. 1 von der Einholung eines Gutachtens abgesehen, ist dies nachzuholen, wenn ein Antrag des Betroffenen auf Aufhebung der Betreuung oder Einschränkung des Aufgabenkreises erstmals abgelehnt werden soll.**

(3) **Über die Aufhebung der Betreuung oder des Einwilligungsvorbehalts hat das Gericht spätestens sieben Jahre nach der Anordnung dieser Maßnahmen zu entscheiden.**

1. Aufhebung von Maßnahmen

1   Für die Aufhebung der Betreuung, die Einschränkung des Aufgabenkreises des Betreuers, die Aufhebung eines Einwilligungsvorbehalts oder die Einschränkung des Kreises der einwilligungsbedürftigen Willenserklärungen sind Verfahrenserleichterungen vorgesehen **(Abs 1)**. Es gelten nicht die Vorschriften über die Notwendigkeit der persönlichen Anhörung des Betroffenen nach § 278 und die Notwendigkeit der Einholung eines Sachverständigengutachtens nach § 280; eine erneute Einholung eines Sachverständigengutachtens muss jedoch dann erfolgen, wenn ein entsprechendes zeitnahes Gutachten nicht vorliegt (OLG Frankfurt, OLG 92, 294). Anzuwenden sind § 279 über die Anhörung der sonstigen Beteiligten, der Betreuungsbehörde und des gesetzlichen Vertreters und § 288 II 1, demgemäß das Gericht der zuständigen Behörde auch Beschlüsse über Umfang, Inhalt oder Bestand der Bestellung eines Betreuers oder der Anordnung eines Einwilligungsvorbehaltes bekannt zu geben hat. Weitere Maßnahmen können sich aus der Amtsermittlungspflicht des Gerichts nach § 26 ergeben; insbesondere kann eine nicht zwingend vorgeschriebene persönliche Anhörung des Betroffenen auf dieser Grundlage erforderlich sein.

§ 295 Verlängerung der Betreuung oder des Einwilligungsvorbehalts § **295**

2. Nachholung der Begutachtung

Soll ein Antrag des Betroffenen auf Aufhebung der Betreuung oder auf 2
Einschränkung des Aufgabenkreises des Betreuers erstmals abgelehnt werden, ist die Begutachtung nach § 280 nachzuholen, wenn diese Anordnung nach § 281 I Nr 1 nur auf Grund eines ärztlichen Zeugnisses erfolgt ist, weil der Betroffene selbst die Bestellung eines Betreuers beantragt und auf die Begutachtung verzichtet hatte und die Einholung eines Gutachtens insbesondere im Hinblick auf den Umfang des Aufgabenkreises des Betreuers unverhältnismäßig gewesen wäre. Die Anwendung des Abs 1 ist beschränkt auf die erstmalige Ablehnung eines Antrags des Betroffenen auf Aufhebung der Einschränkung; im weiteren Verfahren entscheidet das Gericht nach § 26 über die Einholung eines Gutachtens (OLG Frankfurt, NJW 92, 1395).

3. Zeitpunkt der Überprüfung

Das Gericht hat in der Entscheidung anzugeben, zu welchem Zeitpunkt 3
eine Überprüfung der Aufhebung der Betreuung oder des Einwilligungsvorbehalts erfolgen soll, damit die Beteiligten sich hierauf einstellen können. Die Frist ist unter Berücksichtigung der voraussichtlichen Betreuungsbedürftigkeit zu bestimmen (BayObLG, NJW-RR 95, 1274: schubförmig verlaufende Krankheit). Anhaltspunkte hierfür können aus dem Gutachten des Sachverständigen gewonnen werden. Die Höchstdauer von sieben Jahren nach der Anordnung der zu überprüfenden Maßnahme darf nicht überschritten werden; vor Ablauf dieser Frist ist eine Entscheidung über die Verlängerung erforderlich (Abs 3).

Verlängerung der Betreuung oder des Einwilligungsvorbehalts

295 (1) **Für die Verlängerung der Bestellung eines Betreuers oder der Anordnung eines Einwilligungsvorbehalts gelten die Vorschriften über die erstmalige Anordnung dieser Maßnahmen entsprechend. Von der erneuten Einholung eines Gutachtens kann abgesehen werden, wenn sich aus der persönlichen Anhörung des Betroffenen und einem ärztlichen Zeugnis ergibt, dass sich der Umfang der Betreuungsbedürftigkeit offensichtlich nicht verringert hat.**

(2) **Über die Verlängerung der Betreuung oder des Einwilligungsvorbehalts hat das Gericht spätestens sieben Jahre nach der Anordnung dieser Maßnahmen zu entscheiden.**

1. Verlängerung von Maßnahmen

Für die Verlängerung der Bestellung eines Betreuers oder der Anordnung 1
eines Einwilligungsvorbehaltes gelten die Vorschriften über die erstmalige Anordnung entsprechend (BayObLG, FGPrax 02, 117; OLG Zweibrücken, FGPrax 02, 112: Verlängerung der Betreuung, Auswahl des Betreuers; OLG Zweibrücken, FGPrax 99, 107: Fortbestand des Einwilligungsvorbehaltes). 2
Bei der Verlängerung der Betreuung sind für die **Auswahl** der Person des

§ 296 Buch 3 – Betreuungs- und Unterbringungssachen

Betreuers die Vorschriften über die Neubestellung (§ 1897 BGB) anzuwenden; auch diese Entscheidung ist eine Einheitsentscheidung (OLG Hamm,
3 FGPrax 00, 196). Von der erneuten Einholung eines **Gutachtens** kann jedoch abgesehen werden, wenn sich aus der persönlichen Anhörung des Betroffenen und einem ärztlichen Zeugnis ergibt, dass sich der Umfang der Betreuungsbedürftigkeit offensichtlich nicht verringert hat (Abs 1 S 2). Dies setzt jedoch voraus, dass eine erstmalige Betreuerbestellung auf der Grundlage eines ausführlichen Gutachtens vorliegt (OLG Hamm, FGPrax 95, 56).

2. Zeitpunkt der Überprüfung

4 In der Entscheidung ist anzugeben, wann die Entscheidungen über die Verlängerung der Betreuung oder des Einwilligungsvorbehalts überprüft werden sollen. Die Frist ist unter Berücksichtigung der voraussichtlichen Betreuungsbedürftigkeit zu bestimmen (BayObLG, NJW-RR 95, 1274: Schubförmig verlaufende Krankheit). Anhaltspunkte hierfür können aus dem Gutachten des Sachverständigen gewonnen werden. Die Höchstdauer von sieben Jahren ab Erlass der Entscheidung darf nicht überschritten werden; vor Ablauf dieser Frist ist eine Entscheidung über die Verlängerung der Betreuung oder des Einwilligungsvorbehaltes erforderlich.

Entlassung des Betreuers und Bestellung eines neuen Betreuers

296 (1) **Das Gericht hat den Betroffenen und den Betreuer persönlich anzuhören, wenn der Betroffene einer Entlassung des Betreuers (§ 1908 b des Bürgerlichen Gesetzbuchs) widerspricht.**

(2) **Vor der Bestellung eines neuen Betreuers (§ 1908 c des Bürgerlichen Gesetzbuchs) hat das Gericht den Betroffenen persönlich anzuhören. Das gilt nicht, wenn der Betroffene sein Einverständnis mit dem Betreuerwechsel erklärt hat. § 279 gilt entsprechend.**

1. Entlassung eines Betreuers

1 Nach § 1908 b BGB hat das Betreuungsgericht den Betreuer zu entlassen, wenn seine Eignung, die Angelegenheiten des Betreuten zu besorgen, nicht mehr gewährleistet ist oder ein anderer wichtiger Grund für die Entlassung vorliegt; ferner dann, wenn sich ergibt, dass ein zunächst bestellter Berufsbetreuer oder eine oder mehrere andere geeignete Personen außerhalb der Berufsausübung ersetzt werden können (§ 1908 b I 3 iVm § 1897 VI BGB) oder wenn entgegen § 1899 I 3 BGB mehrere Betreuer, die eine Vergütung erhalten, bestellt waren. Eine mangelnde Eignung kann vorliegen, wenn der Betreuer den Aufgabenbereich nur unzulänglich und unter Gefährdung der Interessen des Betreuten bewältigen kann oder den notwendigen Einsatz vermissen lässt. Es genügen konkrete Tatsachen, die Anlass zu Zweifeln geben (OLG Düsseldorf, FamRZ 10, 669). Teilweise Entlassung und Bestellung eines neuen Betreuers in Bezug auf das Aufenthaltsbestimmungsrecht; das Gericht kann insoweit nicht selbst tätig werden (OLG München, FGPrax 10, 72: teilweise Entlassung des Betreuers in Bezug auf die Frage einer Ernährung über eine PEG-Sonde); Bestellung eines neuen Betreuers vorrangig vor einer

grundsätzlich möglichen Eilentscheidung des Gerichts nach §§ 1908i, 1849 BGB (OLG Düsseldorf, FamRZ 10, 669 mwN, auch zur Frage einer Teilentlassung). Eine Entscheidung nach § 1846 BGB muss jedoch dann vorrangig sein, wenn durch die mit der Bestellung des neuen Betreuers verbundene Verzögerung eine irreparable Verschlechterung des Zustandes des Betroffenen eintreten würde.

Beispiele für Entlassungsgründe: Ein nunmehr zur Verfügung stehender 2 naher Verwandter, der dem Wohl des Betreuten erheblich besser entspricht (BayObLG 00, 128); bei mehreren Betreuern, wenn die Voraussetzungen nach § 1899 I BGB nicht vorgelegen haben oder später weggefallen sind (OLG Schleswig, Rpfleger 02, 445; OLG München, Rpfleger 05, 533); bei gemeinschaftlicher **Mitbetreuung,** wenn die gesetzlichen Voraussetzungen der Mitbetreuung nach § 1899 I BGB entfallen sind (OLG München, FGPrax 07, 124). Ein wichtiger Grund für die Entlassung eines von mehreren berufsmäßig tätigen Betreuern, die bereits vor dem 1. 7. 2005 bestellt waren, stellt die durch § 1899 I 3 BGB eingeführte Gesetzesänderung dar (OLG München, FGPrax 06, 117); ferner Entlassung des Betreuers auf Verlangen des Betreuers bei neuer **Vergütungsregelung** (BayObLG, Rpfleger 01, 546); bei mangelnder Eignung (BayObLG, NJWE-FER 01, 97). Nach dem Entwurf eines Gesetzes zur Änderung des Vormundschafts- und Betreuungsrechts (Einl 89) soll künftig die Nichteinhaltung persönlicher Kontakte des Betreuers zu dem Betreuten einen wichtigen Grund für die Entlassung des Betreuers darstellen.

2. Widerspruch des Betroffenen gegen die Entlassung des Betreuers

Widerspricht der Betroffene der Entlassung des Betreuers (§ 1908 b BGB), 3 sind der Betroffene und der Betreuer persönlich anzuhören (Abs 1). Die persönliche Anhörung des Betroffenen kann nach § 34 II unterbleiben, wenn hiervon erhebliche Nachteile für die Gesundheit des Betroffenen zu besorgen sind oder der Betroffene offensichtlich nicht in der Lage ist, seinen Willen kundzutun. In diesem Fall ist ihm ein Verfahrenspfleger zu bestellen. Dem Betreuer ist rechtliches Gehör zu gewähren (BayObLG, Rpfleger 93, 491). Die Anhörung kann auch durch den ersuchten Richter und im Beschwerdeverfahren durch den beauftragten Richter durchgeführt werden (BayObLG, Rpfleger 94, 110), wenn der persönliche Eindruck nicht entscheidungserheblich ist (BayObLG, NJWE-FER 97, 204).

3. Bestellung eines neuen Betreuers

Wird der Betreuer entlassen, ist nach § 1908 c BGB ein neuer Betreuer zu 4 bestellen. Vor der Bestellung ist der Betroffene **persönlich anzuhören** (§ 278); dies gilt auch, wenn ein vorläufiger Betreuer zunächst durch einstweilige Anordnung nach § 300 I bestellt worden war; für die Bestellung in der Hauptsache bedarf es einer Auswahlentscheidung nach § 1897 BGB (BayObLG, NJWE-FER 01, 75). Die persönliche Anhörung kann nach § 34 II 5 **unterbleiben,** wenn hiervon erhebliche Nachteile für die Gesundheit des Betroffenen zu besorgen sind oder der Betroffene offensichtlich nicht in der Lage ist, seinen Willen kundzutun. Wenn die Bestellung eines weiteren

§ 297 Buch 3 – Betreuungs- und Unterbringungssachen

Betreuers keine Erweiterung des Aufgabenkreises zum Inhalt hat, ist nach Meinung des BayObLG (NJW-RR 98, 869) in der Regel eine persönliche Anhörung des Betroffenen nicht erforderlich.

6 Eine **weitere Ausnahme** von der Notwendigkeit der persönlichen Anhörung ergibt sich aus Abs 2 S 2. Die persönliche Anhörung kann dann unterbleiben, wenn der Betroffene sein **Einverständnis** mit dem Betreuerwechsel erklärt hat. Diese Regelung entspricht der bereits durch das BtÄndG zur Verfahrenserleichterung eingeführten Änderung in § 69i VIII 1 FGG. Die Bestimmung ist dahin auszulegen, dass es sich um die konkrete Zustimmung zu einer bestimmten Person handeln muss, weil der Person des Betreuers besondere Bedeutung zukommmt.

Sterilisation

297 **(1) Das Gericht hat den Betroffenen vor der Genehmigung einer Einwilligung des Betreuers in eine Sterilisation (§ 1905 Abs. 2 des Bürgerlichen Gesetzbuchs) persönlich anzuhören und sich einen persönlichen Eindruck von ihm zu verschaffen. Es hat den Betroffenen über den möglichen Verlauf des Verfahrens zu unterrichten.**

(2) Das Gericht hat die zuständige Behörde anzuhören, wenn es der Betroffene verlangt oder es der Sachaufklärung dient.

(3) Das Gericht hat die sonstigen Beteiligten anzuhören. Auf Verlangen des Betroffenen hat das Gericht eine ihm nahestehende Person anzuhören, wenn dies ohne erhebliche Verzögerung möglich ist.

(4) Verfahrenshandlungen nach den Absätzen 1 bis 3 können nicht durch den ersuchten Richter vorgenommen werden.

(5) Die Bestellung eines Verfahrenspflegers ist stets erforderlich, sofern sich der Betroffene nicht von einem Rechtsanwalt oder einem anderen geeigneten Verfahrensbevollmächtigten vertreten lässt.

(6) Die Genehmigung darf erst erteilt werden, nachdem durch förmliche Beweisaufnahme Gutachten von Sachverständigen eingeholt sind, die sich auf die medizinischen, psychologischen, sozialen, sonderpädagogischen und sexualpädagogischen Gesichtspunkte erstrecken. Die Sachverständigen haben den Betroffenen vor Erstattung des Gutachtens persönlich zu untersuchen oder zu befragen. Sachverständiger und ausführender Arzt dürfen nicht personengleich sein.

(7) Die Genehmigung wird wirksam mit der Bekanntgabe an den für die Entscheidung über die Einwilligung in die Sterilisation bestellten Betreuer und

1. an den Verfahrenspfleger oder
2. den Verfahrensbevollmächtigten, wenn ein Verfahrenspfleger nicht bestellt wurde.

(8) Die Entscheidung über die Genehmigung ist dem Betroffenen stets selbst bekannt zu machen. Von der Bekanntgabe der Gründe an den Betroffenen kann nicht abgesehen werden. Der zuständigen Behörde ist die Entscheidung stets bekannt zu geben.

§ 297 Sterilisation **§ 297**

1. Sterilisation

Besteht ein ärztlicher Eingriff in einer Sterilisation des Betreuten, in die 1
dieser nicht einwilligen kann, kann der Betreuer nur unter den Voraussetzungen des § 1905 I 1 Nr 1–5 BGB seine Einwilligung erteilen. Der hierfür **besonders zu bestellende Betreuer** (§ 1899 II BGB) bedarf nach § 1905 II BGB der Einwilligung des Familiengerichts; Voraussetzung ist nach BayObLG, NJW 02, 149, eine konkrete Schwangerschaftserwartung. Für dieses Verfahren gelten die strengsten Verfahrensgarantien, die das Betreuungsverfahren kennt; die Sterilisation ist ein schwerer Eingriff in die körperliche Integrität und in die Lebensführung des Betroffenen.

2. Anhörungen

Das Gericht hat den **Betroffenen** vor der Genehmigung persönlich anzuhö- 2
ren und sich einen unmittelbaren Eindruck von ihm zu verschaffen (Abs 1 S 1 iVm § 278). Es hat den Betroffenen über den möglichen Verlauf des Verfahrens zu unterrichten (Abs 1 S 2 iVm § 278 Abs 2). Die persönliche Anhörung kann unterbleiben, wenn hiervon erhebliche Nachteile für die Gesundheit zu besorgen sind oder der Betroffene offensichtlich nicht in der Lage ist, seinen Willen kundzutun (§ 34 II); es ist jedoch immer notwendig, dass das Gericht sich einen persönlichen Eindruck verschafft. Für den Betroffenen ist immer ein **Verfah-** 3
renspfleger zu bestellen (§ 276) und nicht nur dann, wenn die Voraussetzungen des § 34 II vorliegen; es sei denn, der Betroffene wird von einem Rechtsanwalt oder einem anderen geeigneten Verfahrensbevollmächtigten (§§ 11, 12) vertreten. Wegen der Notwendigkeit, dass das Gericht sich einen unmittelbaren Eindruck verschafft, sind Verfahrenshandlungen nach Abs 1–3 durch den ersuchten Richter ausgeschlossen (Abs 4); das sind die Anhörungen des Betroffenen (Abs 1); ein Rechtshilfeersuchen kann jedoch nicht zurückgewiesen werden (OLG Karlsruhe, OLG 94, 345).

Auf Verlangen des Betroffenen ist einer **Person seines Vertrauens** die 4
Anwesenheit zu gestatten; sie ist auf sein Verlangen anzuhören, wenn dies ohne erhebliche Verzögerung möglich ist (Abs 3 S 2). Anderen Personen kann das Gericht die Anwesenheit gestatten, jedoch nicht gegen den Willen des Betroffenen (§ 170 GVG). Anzuhören ist auch die **zuständige Behörde,** wenn es 5
der Betroffene verlangt oder es der Sachaufklärung (§ 26) dient (Abs 2). Ist die 6
Entscheidung in Bezug auf einen Minderjährigen, der das 17. Lebensjahr vollendet hat, zu treffen (§ 1908 a BGB), ist auch dem **gesetzlichen Vertreter** des Betroffenen Gelegenheit zur Äußerung zu geben. Ferner sind nach Abs 3 S 2 7
auch die **sonstigen Beteiligten** anzuhören; in der Regel der Ehegatte des Betroffenen, seine Eltern, Pflegeeltern und Kinder. Das Ergebnis der Anhörung, das Gutachten eines oder mehrerer Sachverständiger, sind in einem Gespräch mit dem Betroffenen mündlich zu erörtern, soweit dies zur Gewährung des rechtlichen Gehörs oder zur Sachaufklärung erforderlich ist (§ 26).

3. Sachverständigengutachten

Die Genehmigung darf erst erteilt werden, nachdem Gutachten von Sach- 8
verständigen eingeholt worden sind, die den Betroffenen persönlich unter-

§ 298 Buch 3 – Betreuungs- und Unterbringungssachen

sucht oder befragt haben. Sachverständiger und ausführender Arzt dürfen nicht personengleich sein. Die Gutachten müssen sich auf die medizinischen, psychologischen, sozialen, sonderpädagogischen und sexualpädagogischen Gesichtspunkte erstrecken. Die Einwilligungsunfähigkeit des Betroffenen, insbesondere ob diese vorübergehend oder auf Dauer angelegt ist, ist auf Grund der Gutachten zu beurteilen (Abs 6).

4. Bekanntgabe, Wirksamkeit

9   Die Entscheidung über die Genehmigung (oder deren Ablehnung) ist dem Betroffenen stets selbst bekanntzumachen (Abs 8 S 1). Von der Bekanntgabe der Gründe an den Betroffenen kann nicht abgesehen werden (Abs 8 S 2). Auch der zuständigen Behörde ist die Entscheidung stets selbst bekanntzumachen (Abs 8 S 2); nicht nur dann, wenn ihr das Gericht im Verfahren Gelegenheit zur Äußerung gegeben hatte.

10 Die Wirksamkeit der **Genehmigung** tritt mit der Bekanntgabe an den für die Entscheidung über die Einwilligung in die Sterilisation bestellten Betreuer und den Verfahrenspfleger (Abs 7 Nr 1) oder an den Betreuer und den Verfahrensbevollmächtigten, wenn ein Verfahrenspfleger unter den Voraussetzungen des Abs 5 nicht bestellt wurde, ein. Die Wirksamkeit tritt erst ein (§ 40), wenn die Bekanntgabe (§ 41) an beide Personen erfolgt ist; der Zeitpunkt der Wirksamkeit wird durch die **letzte Bekanntgabe** bestimmt.

11 Die Sterilisation darf erst zwei Wochen nach Wirksamkeit der Genehmigung durchgeführt werden. Die Einwilligung des Betreuers in die Sterilisation ist **unwirksam,** wenn diesem der Genehmigungsbeschluss nicht vorgelegen hat; die Unwirksamkeit ist nicht heilbar. OLG Düsseldorf, FGPrax 96, 22, bejaht die Zulässigkeit der Beschwerde gegen die Genehmigung nach Durchführung der Sterilisation, weil die Genehmigung der Sterilisation den Anschein der Rechtmäßigkeit verleihe. Die Beschwerde hat zu der Aufhebung des Genehmigungsbeschlusses geführt.

Verfahren in Fällen des § 1904 des Bürgerlichen Gesetzbuchs

298 (1) **Das Gericht darf die Einwilligung eines Betreuers oder eines Bevollmächtigten in eine Untersuchung des Gesundheitszustands, eine Heilbehandlung oder einen ärztlichen Eingriff (§ 1904 Absatz 1 des Bürgerlichen Gesetzbuchs) nur genehmigen, wenn es den Betroffenen zuvor persönlich angehört hat. Das Gericht soll die sonstigen Beteiligten anhören. Auf Verlangen des Betroffenen hat das Gericht eine ihm nahestehende Person anzuhören, wenn dies ohne erhebliche Verzögerung möglich ist.**

(2) **Das Gericht soll vor der Genehmigung nach § 1904 Absatz 2 des Bürgerlichen Gesetzbuchs die sonstigen Beteiligten anhören.**

(3) **Die Bestellung eines Verfahrenspflegers ist stets erforderlich, wenn Gegenstand des Verfahrens eine Genehmigung nach § 1904 Absatz 2 des Bürgerlichen Gesetzbuchs ist.**

§ 298 Verfahren in Fällen des § 1904 des Bürgerlichen Gesetzbuchs **§ 298**

(4) **Vor der Genehmigung ist ein Sachverständigengutachten einzuholen. Der Sachverständige soll nicht auch der behandelnde Arzt sein.**

1. Genehmigung bei ärztlichen Maßnahmen

Nach § 1904 I BGB bedarf die Einwilligung des Betreuers in eine Untersuchung des Gesundheitszustandes, einer Heilbehandlung oder einen ärztlichen Eingriff der Genehmigung des Betreuungsgerichts, wenn die Gefahr besteht, dass der Betreute auf Grund der Maßnahme stirbt oder einen schweren und länger dauernden gesundheitlichen Schaden erleidet. § 298 behandelt die Frage, welche Personen vor der Genehmigung anzuhören sind (Abs 1); ferner die Notwendigkeit der Einholung eines Sachverständigengutachtens (Abs 4). 1

2. Anhörung

Vor der Entscheidung des Betreuungsgerichts ist der Betroffene persönlich anzuhören (§ 278). Die persönliche Anhörung kann unterbleiben, wenn hiervon erhebliche Nachteile für die Gesundheit des Betroffenen zu besorgen sind oder der Betroffene offensichtlich nicht in der Lage ist, seinen Willen kundzutun (§ 34 II). In der Regel ist in diesem Fall für den Betroffenen ein Verfahrenspfleger zu bestellen (§ 276 I 1); hiervon ist nur dann abzusehen, wenn ein Interesse des Betroffenen an der Bestellung des Verfahrenspflegers offensichtlich nicht besteht (§ 276 II). Auf Verlangen des Betroffenen ist einer **ihm nahe stehenden Person** die Anwesenheit zu gestatten und ihr Gelegenheit zur Anhörung zu geben, wenn dies ohne erhebliche Verzögerung möglich ist (Abs 1 S 3). Die **sonstigen Beteiligten** soll das Gericht anhören; welche Personen hierfür in Betracht kommen, bestimmt das Gericht nach billigem Ermessen; in der Regel sind dies der Ehegatte des Betroffenen, die Eltern, Pflegeeltern, Kinder, es sei denn, das Recht des Betroffenen auf informationelle Selbstbestimmung wird hierdurch verletzt (OLG Saarbrücken, FGPrax 01, 70). 2

3

4

3. Gutachten eines Sachverständigen

Die Genehmigung der Einwilligung eines Betreuers in die schwerwiegenden Eingriffe nach § 1904 I BGB darf nur nach Einholung eines Gutachtens eines Sachverständigen erfolgen (Abs 4 S 1). Sachverständiger und ausführender Arzt **sollen nicht personengleich** sein, damit ein unabhängiges Gutachten sichergestellt ist **(Abs 4 S 2)**. Es handelt sich hierbei jedoch nur um eine Sollvorschrift, während bei der Genehmigung der Einwilligung in eine Sterilisation ein strenges Verbot der Personenidentität besteht (§ 297 VI 3). Das auch für die Genehmigung der Einwilligung nach § 1904 BGB bestehende strenge Verbot der Personenidentität wurde durch das BtÄndG gelockert. Diese Änderung beruhte auf praktischen Erwägungen, weil es insbesondere bei eilbedürftigen Entscheidungen schwierig ist, in der zur Verfügung stehenden Zeit ein geeignetes Gutachten einzuholen. Das Gutachten muss sich auch auf die Frage der Einwilligungsunfähigkeit erstrecken. 5

749

4. Genehmigung der Nichteinwilligung in ärztliche Maßnahmen (Einl 81)

6   Nach § 1904 II BGB bedarf die Nichteinwilligung oder der Widerruf der Einwilligung in eine ärztliche Maßnahme durch den Betreuer (Bevollmächtigten) der Genehmigung des Betreuungsgerichts, wenn die Gefahr besteht, dass der Betreute auf Grund des Unterbleibens oder Abbruchs der Maßnahme stirbt oder einen länger dauernden gesundheitlichen Schaden erleidet; Gegenstand der Genehmigung ist die Frage, ob die Entscheidung des Betreuers dem festgestellten Willen des Betreuten entspricht (BGH, NJW 11, 161, 162). Dieser ergibt sich entweder aus einer Patientenverfügung (Einl 81) oder dem zu klärenden (§ 26) mutmaßlichen Willen; wenn der festgestellte Wille der aktuellen Behandlungssituation entspricht, ist er bindend und die Genehmigung zu erteilen. Keiner Genehmigung bedarf es, wenn zwischen dem Betreuer und dem behandelnden Arzt Einvernehmen darüber besteht, dass die Entscheidung dem nach § 1901a BGB festgestellten Willen des Betreuten entspricht (§ 1904 IV BGB). Zu Recht kritisch zu der gesetzlichen Regelung: Rakete-Dombek, NJW 10, 1316).

7   Die Genehmigung wird erst zwei Wochen nach Bekanntgabe an den Betreuer oder Bevollmächtigten und an den im Genehmigungsverfahren stets zu bestellenden Verfahrenspfleger wirksam (§ 287 III; Rn 1 zu § 287). Die sonstigen Beteiligten sollen angehört werden (Abs 2). Ein Sachverständigengutachten ist nach Abs 4 einzuholen.

8   Die Abs 1–4 gelten auch für Bevollmächtigte. Die schriftliche Vollmacht muss die Maßnahmen nach Abs 1, 2 ausdrücklich umfassen (Abs 5).

Verfahren in anderen Entscheidungen

299   Das Gericht soll den Betroffenen vor einer Entscheidung nach § 1908i Abs. 1 Satz 1 in Verbindung mit den §§ 1821, 1822 Nr. 1 bis 4, 6 bis 13 sowie den §§ 1823 und 1825 des Bürgerlichen Gesetzbuchs persönlich anhören. Vor einer Entscheidung nach § 1907 Abs. 1 und 3 des Bürgerlichen Gesetzbuchs hat das Gericht den Betroffenen persönlich anzuhören.

1   § 299 behandelt **Genehmigungen** des Betreuungsgerichts **zu Rechtsgeschäften** nach § 1908i I 1 iVm den §§ 1821, 1822 Nr 1–4, 6–13 BGB, die Genehmigung zum Beginn eines Erwerbsgeschäftes oder zur Auflösung eines bestehenden Erwerbsgeschäftes nach § 1823 BGB und die Erteilung einer allgemeinen Ermächtigung des Betreuungsgerichtes zu Rechtsgeschäften, zu denen nach § 1812 BGB die Genehmigung des Gegenvormundes erforderlich ist sowie zu den in § 1822 Nr 8–10 BGB bezeichneten Rechtsgeschäften nach § 1825 BGB; ferner die Genehmigung zur Aufgabe einer Mietwohnung (§ 1907 I BGB), zum Abschluss eines Miet- oder Pachtvertrages oder Vermietung von Wohnraum nach § 1907 III BGB.

2   Die **persönliche Anhörung des Betroffenen** ist mit Ausnahme der Genehmigung zur Einwilligung nach § 1907 I, III BGB als **Sollvorschrift** ausgestaltet; im Falle des § 1907 I, III BGB ist die persönliche Anhörung des

§ 300 Einstweilige Anordnung   **§ 300**

Betroffenen zwingend. Aber auch im Übrigen handelt es sich um Rechtsgeschäfte von erheblicher vermögensrechtlicher Bedeutung (zB Grundstücksgeschäfte, Verfügungen über Vermögen im Ganzen oder eine angefallene Erbschaft), die nach pflichtgemäßem Ermessen des Gerichts eine persönliche Anhörung (§ 278 I) erfordern; bei Vorliegen der Voraussetzungen des § 34 II ist in der Regel nach § 276 I Nr 1 die Bestellung eines Verfahrenspflegers erforderlich.

Einstweilige Anordnung

300 (1) **Das Gericht kann durch einstweilige Anordnung einen vorläufigen Betreuer bestellen oder einen vorläufigen Einwilligungsvorbehalt anordnen, wenn**
1. **dringende Gründe für die Annahme bestehen, dass die Voraussetzungen für die Bestellung eines Betreuers oder die Anordnung eines Einwilligungsvorbehalts gegeben sind und ein dringendes Bedürfnis für ein sofortiges Tätigwerden besteht,**
2. **ein ärztliches Zeugnis über den Zustand des Betroffenen vorliegt,**
3. **im Fall des § 276 ein Verfahrenspfleger bestellt und angehört worden ist und**
4. **der Betroffene persönlich angehört worden ist.**

Eine Anhörung des Betroffenen im Wege der Rechtshilfe ist abweichend von § 278 Abs. 3 zulässig.

(2) **Das Gericht kann durch einstweilige Anordnung einen Betreuer entlassen, wenn dringende Gründe für die Annahme bestehen, dass die Voraussetzungen für die Entlassung vorliegen und ein dringendes Bedürfnis für ein sofortiges Tätigwerden besteht.**

1. Die §§ 300–302 regeln in Anlehnung an § 69 f FGG das Verfahren der **1** **einstweiligen Anordnung** in Betreuungssachen. Im Wege der einstweiligen Anordnung kann die Bestellung eines **vorläufigen Betreuers** (BayObLG, FamRZ 97, 1288) und die Anordnung eines **vorläufigen Einwilligungsvorbehaltes** unter den Voraussetzungen des § 300 I Nr 1–4 erfolgen. Das Gleiche gilt für entsprechende Erweiterungen (§ 293), Aufhebung und Einschränkungen (§ 294) und Verlängerungen (§ 295); ferner kann das Gericht durch einstweilige Anordnung einen **Betreuer entlassen,** wenn dringende Gründe für die Annahme bestehen, dass die Voraussetzungen für die Entlassung vorliegen und ein dringendes Bedürfnis für ein sofortiges Tätigwerden besteht (Abs 2). Die materiellen Voraussetzungen für eine Entlassung sind nach § 1908 b I BGB gegeben, wenn die Eignung des Betreuers, die Angelegenheiten des Betreuten zu besorgen, nicht mehr gewährleistet ist oder ein anderer wichtiger Grund vorliegt (§ 296 I). Das Gericht kann in **Ausnahme-** **2** **fällen** nach § 1846 BGB im Interesse des Betroffenen erforderliche Maßregeln treffen, wenn ein Betreuer noch nicht bestellt ist oder dieser an der Erfüllung seiner Pflichten verhindert ist.

Die Vorschriften der nunmehr in den §§ 49–57 des allgemeinen Teils für **3** alle Angelegenheiten dieses Gesetzes getroffenen Regelung sind **ergänzend** heranzuziehen. Abweichend von dem bisher durch die Rechtsprechung ent-

§ 300 Buch 3 – Betreuungs- und Unterbringungssachen

wickelten Grundsatz, dass die einstweilige Anordnung Teil des Hauptverfahrens sei, bestimmt § 51 III nunmehr, dass dieses Verfahren nicht mehr Teil der Hauptsache, sondern ein selbständiges Verfahren ist, auch dann, wenn eine Hauptsache anhängig ist. Es kann daher auch unabhängig von einem Hauptsacheverfahren eingeleitet werden. Das Hauptsacheverfahren ist jedoch bei den Maßnahmen, die Gegenstand einer einstweiligen Anordnung nach §§ 300–302 sind, von Amts wegen einzuleiten; die Einleitung des Hauptsacheverfahrens kann auch von einem Beteiligten angeregt werden (§ 24). In Antragsverfahren (§ 1896 I 3 BGB) richtet sich die Einleitung des Hauptsacheverfahrens nach § 52 II.

4   Für die **örtliche Zuständigkeit** ist § 272 vorrangig gegenüber der allgemeinen Vorschrift des § 50. Ausschließlich zuständig ist danach zunächst das Gericht, bei dem die Betreuung anhängig ist, wenn bereits ein Betreuer bestellt ist (§ 272 I Nr 1); das ist das Gericht der Hauptsache. Falls ein Betreuer noch nicht bestellt ist, sind die Gerichte in der Rangfolge des § 272 I Nr 2, 3, 4 zuständig. Für einstweilige Anordnungen nach § 300 oder vorläufige Maßregeln ist neben den Gerichten des § 272 I Nr 1, 2, 4 auch das Gericht zuständig, in dessen Bezirk das Bedürfnis der Fürsorge hervortritt (Abs 2 S 1). Dieses soll die angeordneten Maßnahmen dem nach Abs 1 Nr 1, Nr 2 oder Nr 4 zuständigen Gericht mitteilen (§ 272 II 2).

2. Voraussetzungen

5   Für die einstweilige Anordnung sind die Voraussetzungen in Abs 1 geregelt; nach **Nr 1** müssen **dringende** Gründe für die Annahme bestehen, dass die Voraussetzungen für eine endgültige Bestellung eines Betreuers oder die endgültige Anordnung eines Einwilligungsvorbehaltes gegeben sind und ein dringendes Bedürfnis für ein sofortiges Tätigwerden besteht; diese Formulierung ersetzt die bisherige des § 69 f FGG, dass „mit dem Aufschub Gefahr verbunden wäre", ohne dass damit eine inhaltliche Änderung verbunden wäre. Das Gericht muss auf Grund eines Antrages oder von Amts wegen mit der Sache befasst werden; die einstweilige Anordnung selbst bedarf keines
6   Antrages, das Gericht entscheidet von Amts wegen. Ferner muss dem Gericht nach **Nr 2** ein **ärztliches Zeugnis** über den Zustand des Betroffenen vorliegen. Aus dem Zeugnis müssen sich auch die dringenden Gründe gemäß Nr 1 ergeben, die auf einer zeitnahen persönlichen Untersuchung beruhen müssen (OLG Frankfurt, FGPrax 05, 23). Die Einholung eines Sachverständi-
7   gengutachtens ist nicht erforderlich. Nach **Nr 3** muss, wenn die Voraussetzungen für die Bestellung eines **Verfahrenspflegers** nach § 276 I vorliegen, ein Verfahrenspfleger bestellt und angehört worden sein (§ 279), damit die Rechte des Betroffenen auch in diesem vorläufigen Verfahren gewahrt werden können.

8   **Nr 4** schreibt vor, dass der Betroffene vor Erlass der einstweiligen Anordnung **persönlich angehört** worden sein muss (§ 278 I), damit das Gericht eine ausreichende Grundlage für die Entscheidung hat. Unterbleibt die persönliche Anhörung des Betroffenen nach § 34 II, ist dies ein Grund für die Bestellung eines Verfahrenspflegers nach § 276 I Nr 1 (Abs 1 Nr 3). Nach

Abs 1 S 2 kann die Anhörung des Betroffenen abweichend von der Regelung für das Hauptsacheverfahren (§ 278 III) auch durch einen ersuchten Richter erfolgen, um für die nur übergangsweise geltende eilbedürftige Entscheidung unnötige Zeitverluste zu vermeiden. Das Ersuchen darf von dem Gericht am Ort der vorläufigen Unterbringung nicht abgelehnt werden (BayObLG, FamRZ 95, 304).

Einstweilige Anordnung bei gesteigerter Dringlichkeit

301 (1) **Bei Gefahr im Verzug kann das Gericht eine einstweilige Anordnung nach § 300 bereits vor Anhörung des Betroffenen sowie vor Anhörung und Bestellung des Verfahrenspflegers erlassen. Diese Verfahrenshandlungen sind unverzüglich nachzuholen.**

(2) **Das Gericht ist bei Gefahr im Verzug bei der Auswahl des Betreuers nicht an § 1897 Abs. 4 und 5 des Bürgerlichen Gesetzbuchs gebunden.**

1. Gesteigerte Dringlichkeit

Schon § 69 f FGG unterschied zwei Dringlichkeitsstufen für den Erlass 1 einer einstweiligen Anordnung, nach § 69 f I Nr 1 FGG, dass mit dem Aufschub Gefahr verbunden wäre, dem jetzt die Formulierung „ein dringendes Bedürfnis für ein sofortiges Tätigwerden" (§ 300 I Nr 1) entspricht, und nach § 69 f I 3 FGG „bei Gefahr im Verzug", die jetzt Gegenstand des § 301 ist. Bei **Gefahr im Verzug** kann eine einstweilige Anordnung unter erleichterten Voraussetzungen erlassen werden. Das Gericht kann zunächst von der Anhörung des Betroffenen (§ 278 I) und von der Anhörung und einer Bestellung des Verfahrenspflegers, soweit diese nach § 276 I erforderlich ist, absehen. Diese Verfahrenshandlungen sind unverzüglich nachzuholen (Abs 1 S 2).

2. Auswahl des vorläufigen Betreuers

Abs 2 regelt für diesen Sonderfall Erleichterungen für die Auswahl des 2 vorläufigen Betreuers. Das Gericht ist nicht an § 1897 IV, V BGB gebunden. Es kann den vorläufigen Betreuer abweichend von Vorschlägen des volljährigen Betroffenen bestellen und ist bei der Auswahl auch nicht gehalten, auf die verwandtschaftlichen und sonstigen persönlichen Bindungen Rücksicht zu nehmen.

Dauer der einstweiligen Anordnung

302 **Eine einstweilige Anordnung tritt, sofern das Gericht keinen früheren Zeitpunkt bestimmt, nach sechs Monaten außer Kraft. Sie kann jeweils nach Anhörung eines Sachverständigen durch weitere einstweilige Anordnungen bis zu einer Gesamtdauer von einem Jahr verlängert werden.**

§ 302 Buch 3 – Betreuungs- und Unterbringungssachen

1. Entscheidung

1 Die Entscheidung über die einstweilige Anordnung ist zu **begründen** (§ 38 III 2). Für den Inhalt der Beschlussformel gilt § 38 II und ergänzend § 286 II, III. Sie muss eine Rechtsmittelbelehrung enthalten (§ 39).

2 Die Entscheidung ist dem Betroffenen selbst **bekanntzumachen** (§ 41); von der Bekanntmachung der Entscheidungsgründe an ihn kann abgesehen werden, wenn dies nach ärztlichem Zeugnis wegen erheblicher Nachteile für seine Gesundheit erforderlich ist (§ 288 I). Der zuständigen Behörde sind auch die Beschlüsse über die Bestellung eines Betreuers, die Anordnung eines Einwilligungsvorbehaltes oder Änderungen dieser Entscheidung im Wege der einstweiligen Anordnung stets selbst bekanntzumachen (§ 288 II 1); andere Beschlüsse, wenn sie vor deren Erlass angehört worden ist (§ 288 II 2). Wirksam werden die einstweiligen Anordnungen mit der Bekanntmachung an den Betreuer (§ 287 I).

2. Außerkrafttreten der einstweiligen Anordnung

3 § 302 regelt die Dauer der einstweiligen Anordnung entsprechend § 69 f II FGG. Das Gericht kann in der einstweiligen Anordnung einen **Zeitpunkt**
4 bestimmen, an dem diese außer Kraft tritt. Ist dies nicht geschehen, tritt die einstweilige Anordnung **mit Ablauf** von sechs Monaten außer Kraft (S 1). Das Gericht kann die Dauer der einstweiligen Anordnung zu einem Zeitpunkt vor dem Außerkrafttreten jeweils nach Anhörung eines Sachverständigen durch weitere einstweilige Anordnungen bis zu einer Gesamtdauer von einem Jahr verlängern. Diese ausdrückliche gesetzliche Bestimmung ist erforderlich, weil einstweilige Anordnungen nach der allgemeinen Regelung des § 56 I bis zum Wirksamwerden einer anderen Regelung gelten würden. Da der Erlass einer einstweiligen Anordnung in Betreuungsverfahren unter erleichterten Voraussetzungen möglich ist, ist es notwendig, in kürzeren Zeitabständen zu überprüfen, ob die Voraussetzungen noch vorliegen. Das Ver-
5 fahren der einstweiligen Anordnung eines **vorläufigen Einwilligungsvorbehalts** erledigt sich **nicht** durch die endgültige Entscheidung (§ 56 I 1), weil die einstweilige Anordnung schon materielle Wirkung entfaltet hat; die Beschwerde bleibt zulässig (OLG Hamm, OLG 93, 261 für das bisherige Recht); Erledigung aber bei Ablauf einer vorläufigen Betreuung (BayObLG, FamRZ 93, 720).

3. Anfechtbarkeit, Abänderung

6 Die einstweiligen Anordnungen nach §§ 301, 302 sind mit der **Beschwerde** nach § 58 I anfechtbar. Der Ausschluss der Rechtsmittel des § 57 betrifft nur Familiensachen. Eine Aufhebung oder **Änderung** der einstweiligen Anordnung ist auch nach § 54 I 1 möglich; in Fällen, in denen das Hauptsacheverfahren nur auf Antrag eingeleitet werden kann, nur auf Antrag, es sei denn, die einstweilige Anordnung ist ohne vorherige Durchführung einer nach dem
7 Gesetz vorgeschriebenen Anhörung erlassen worden (§ 54 I 2, 3). **Zuständig** ist das Gericht, das die einstweilige Anordnung erlassen hat. Ist die Sache an ein anderes Gericht abgegeben oder verwiesen worden, ist dieses zuständig

§ 303 Ergänzende Vorschriften über die Beschwerde §303

(§ 54 III). Während der Anhängigkeit beim Beschwerdegericht ist eine Aufhebung oder Änderung der angefochtenen Entscheidung durch das erstinstanzliche Gericht unzulässig (§ 54 IV).

Ergänzende Vorschriften über die Beschwerde

303 (1) Das Recht der Beschwerde steht der zuständigen Behörde gegen Entscheidungen über

1. die Bestellung eines Betreuers oder die Anordnung eines Einwilligungsvorbehalts,
2. Umfang, Inhalt oder Bestand einer in Nummer 1 genannten Maßnahme

zu.

(2) Das Recht der Beschwerde gegen eine von Amts wegen ergangene Entscheidung steht im Interesse des Betroffenen

1. dessen Ehegatten oder Lebenspartner, wenn die Ehegatten oder Lebenspartner nicht dauernd getrennt leben, sowie den Eltern, Großeltern, Pflegeeltern, Abkömmlingen und Geschwistern des Betroffenen sowie
2. einer Person seines Vertrauens

zu, wenn sie im ersten Rechtszug beteiligt worden sind.

(3) Das Recht der Beschwerde steht dem Verfahrenspfleger zu.

(4) Der Betreuer oder der Vorsorgebevollmächtigte kann gegen eine Entscheidung, die seinen Aufgabenkreis betrifft, auch im Namen des Betroffenen Beschwerde einlegen. Führen mehrere Betreuer oder Vorsorgebevollmächtigte ihr Amt gemeinschaftlich, kann jeder von ihnen für den Betroffenen selbständig Beschwerde einlegen.

1. Anwendungsbereich

Nach der allgemeinen Vorschrift des § 59 ist derjenige beschwerdeberechtigt, der durch die Entscheidung in seinen Rechten beeinträchtigt wird. Die §§ 303–305 enthalten ergänzende Vorschriften über die Beschwerdeberechtigung in Betreuungssachen. Die Beschwerdeberechtigung nach § 303 korrespondiert im Wesentlichen mit dem Kreis der als Beteiligte hinzuzuziehenden Personen nach § 274. Gesondert wird geregelt in § 304 das Beschwerderecht der Staatskasse, in § 305 eine zusätzliche Möglichkeit für die Einlegung der Beschwerde des Untergebrachten. 1

2. Beschwerderecht der zuständigen Behörde

Das Jugendamt, die Betreuungsbehörde, sind nach Abs 1 beschwerdeberechtigt gegen Entscheidungen über die Bestellung eines Betreuers oder die Anordnung eines Einwilligungsvorbehaltes (Nr 1) sowie gegen Entscheidungen über Umfang, Inhalt, Bestand dieser Maßnahmen (Nr 2). Der Kreis der Angelegenheiten, in Bezug auf die die Beschwerdeberechtigung gegeben ist, entspricht dem, in dem die Behörde auf ihren Antrag zu beteiligen ist (§ 274 III Nr 1, 2). Die Beschwerdebefugnis setzt jedoch nicht voraus, dass die 2

Behörde bereits in erster Instanz einen Antrag auf Beteiligung gestellt hat und hinzugezogen worden ist. Abweichend von § 69 g I FGG kann die zuständige Behörde Beschwerde **auch** dann einlegen, wenn die Entscheidung nicht von Amts wegen, sondern **auf Antrag des Betroffenen** ergangen ist; ihr steht daher ein Beschwerderecht auch gegen den Willen des Betroffenen zu. Es soll ihr dadurch die Möglichkeit eingeräumt werden, Betreuungen überprüfen zu lassen, die auf Antrag des Betroffenen eingeleitet wurden, obwohl dieser zur Regelung seiner Angelegenheiten tatsächlich in der Lage ist.

3. Beschwerdebefugnis naher Angehöriger

3   Der Kreis der Personen, die als nahe Angehörige zur Beschwerde befugt sind, entspricht dem, der nach § 274 IV Nr 1 im Interesse des Betroffenen am Verfahren beteiligt werden kann. Die Beschwerdebefugnis setzt aber abweichend von der Beschwerdebefugnis der zuständigen Behörde voraus, dass diese Personen **bereits in erster Instanz** am Verfahren beteiligt waren (§ 303 II Nr 1). Die Beschwerdebefugnis einer Person des Vertrauens des Betroffenen (Abs 2 Nr 2) besteht im gleichen Umfang wie das der nahen Angehörigen nach Abs 2 Nr 1. Abweichend von der Beschwerdebefugnis der zuständigen Behörde ist die der nahen Angehörigen und der Person des Vertrauens beschränkt auf Entscheidungen, die **von Amts wegen** ergangen sind, nicht gegen eine Anordnung, die auf Antrag des Betroffenen ergangen ist; in diesen Fällen kann sich eine Beschwerdebefugnis nur nach der allgemeinen Vorschrift des § 59 ergeben (OLG Düsseldorf, FGPrax 98, 53).

4   **Beispiele** für Beschwerdebefugnis naher Angehöriger (bisheriges Recht): Bestellung und Auswahl des Betreuers; auch die Auswahl eines Ergänzungsbetreuers (OLG Zweibrücken, FGPrax 99, 182); die Beschwerde kann auch auf die Auswahl beschränkt werden (KG, Rpfleger 95, 411; OLG Celle, NdsRPfl 97, 45; OLG; Zweibrücken, NJWE-FER 97, 155; NJWE-FER 99, 240); auch mit dem Ziel, die eigene Person an die Stelle des Betreuers zu setzen; in Bezug auf die Verlängerung der Betreuerbestellung (OLG Schleswig, NJWE-FER 98, 155). Ein Elternteil ist zur Beschwerde berechtigt gegen die Bestellung des anderen Elternteils mit dem Ziel, die gemeinschaftliche Betreuung durch beide Elternteile zu erreichen (OLG Zweibrücken, Rpfleger 02, 22); ferner gegen die Übertragung eines zusätzlichen Aufgabenkreises (BayObLG, NJWE-FER 99, 322). Der Antrag auf Aufhebung der Betreuung enthält auch den Antrag auf Entlassung des Betreuers; deshalb umfasst die Beschwerdeberechtigung auch einen Hilfsantrag auf Entlassung des Betreuers (BayObLG 93, 350). Auch die Auswahl einer bestimmten Person ist isoliert anfechtbar (OLG Hamm, OLG 93, 387; OLG Düsseldorf, FamRZ 94, 451; OLG Oldenburg, FamRZ 94, 178; OLG Schleswig, MDR 94, 805; OLG Karlsruhe, BtPrax 94, 214; BayObLG, FamRZ 96, 419).

5   Eine Beschwerdebefugnis besteht nur unter den Voraussetzungen des **§ 59** im Falle der **Ablehnung der Entlassung** des Betreuers (§ 1908 b BGB), weil diese von der Regelung des § 303 nicht erfasst wird (OLG Zweibrücken, FGPrax 03, 31 für das bisherige Recht).

§ 303 Ergänzende Vorschriften über die Beschwerde

4. Beschwerdebefugnis Dritter

Eine Beschwerdebefugnis dritter Personen kann sich nur aus § 59 ergeben, 6
wenn sie in eigenen Rechten betroffen sind. Das kann dann der Fall sein, wenn die Bestellung eines Betreuers den ausschließlichen Interessen Dritter dient; Beschwerdeberechtigung des Vermieters: BayObLG, FGPrax 96, 105. Eine Beschwerdeberechtigung der Lebensgefährtin wurde verneint: OLG Schleswig, FamRZ 02, 587; OLG Karlsruhe, FGPrax 08, 21.

5. Beschwerdebefugnis des Verfahrenspflegers

Ein Verfahrenspfleger (§ 276), der durch seine Bestellung Beteiligter wird 7
(§ 274 II), ist nach Abs 3 zur Beschwerde berechtigt. Die Beschwerdeberechtigung besteht im Interesse des Betroffenen, zu dessen Wahrnehmung er bestellt ist. Im eigenen Namen kann er Beschwerde nach § 59 einlegen, soweit er in einem eigenen Recht beeinträchtigt wird.

6. Beschwerdebefugnis des Betreuers

Der Betreuer kann gegen eine Entscheidung, die seinen Aufgabenbereich 8
betrifft, auch im Namen des Betreuten Beschwerde einlegen; nicht jedoch gegen die Aufhebung der Betreuung (OLG Köln, NJW-RR 97, 708; OLG München, FamRZ 06, 577; 06, 1301); aber gegen die eigene Entlassung, nicht jedoch im Namen des Betreuten (BayObLG, Rpfleger 96, 156; KG, FamRZ 06, 505); kein Beschwerderecht bei einer noch nicht rechtskräftigen Bestellung eines Betreuers, weil es sich um eine in ihrem Fortbestand noch unsichere Rechtsstellung handelt (OLG Düsseldorf, Rpfleger 95, 412; OLG Stuttgart, FGPrax 95, 196; OLG Köln, NJWE-FER 98, 106; OLG Zweibrücken, FGPrax 02, 25).

Führen **mehrere** Betreuer ihr Amt gemeinschaftlich, so kann jeder von 9
ihnen für den Betroffenen selbständig Beschwerde einlegen (Abs 4 S 2).

Im **eigenen** Namen kann der Betreuer Beschwerde einlegen, soweit er in 10
einem eigenen Recht beeinträchtigt wird (§ 59), zB gegen die Festsetzung von Aufwendungen oder Vergütung (§ 1908 i 1 BGB iVm §§ 1835, 1836), bei einem Verstoß gegen § 1898 BGB, bei einer Weigerung seiner Entlassung im Falle des § 1908 b II BGB.

7. Beschwerdebefugnis des Vorsorgebevollmächtigten

Auf Anregung des Bundesrates (BT-Drs 16/6308 S 387) ist das Beschwer- 11
derecht des Vorsorgebevollmächtigten im Betreuungsverfahren aufgenommen worden. Der Bundesrat hat darauf hingewiesen, das Ziel des Betroffenen bei der Bestellung eines Vorsorgebevollmächtigten sei es, die Bestellung eines Betreuers möglichst überflüssig zu machen. Wenn trotzdem ein Betreuer bestellt werde, solle die Möglichkeit einer Überprüfung gegeben sein. Insbesondere dann, wenn der Betroffene auf Grund seines Zustandes nicht mehr in der Lage ist, die Überprüfung aus eigenem Recht zu bewirken, soll der Vorsorgebevollmächtigte, dem der Betroffene während seiner Handlungsfähigkeit vertraut hat, für diesen handeln können. Ebenso wie das Beschwerderecht des Betreuers ist das des Vorsorgebevollmächtigten beschränkt auf die

§ 304 Buch 3 – Betreuungs- und Unterbringungssachen

12 Angelegenheiten, die seinen Aufgabenbereich betreffen (Abs 4 S 1). Führen **mehrere** Betreuer oder Vorsorgebevollmächtigte ihr Amt gemeinschaftlich, kann jeder von ihnen für den Betroffenen selbständig Beschwerde einlegen. Eine entspr Regelung enthält § 335 II für das Unterbringungsverfahren.

Beschwerde der Staatskasse

304 (1) **Das Recht der Beschwerde steht dem Vertreter der Staatskasse zu, soweit die Interessen der Staatskasse durch den Beschluss betroffen sind. Hat der Vertreter der Staatskasse geltend gemacht, der Betreuer habe eine Abrechnung falsch erteilt oder der Betreute könne anstelle eines nach § 1897 Abs. 6 des Bürgerlichen Gesetzbuchs bestellten Betreuers durch eine oder mehrere andere geeignete Personen außerhalb einer Berufsausübung betreut werden, steht ihm gegen einen die Entlassung des Betreuers ablehnenden Beschluss die Beschwerde zu.**

(2) **Die Frist zur Einlegung der Beschwerde durch den Vertreter der Staatskasse beträgt drei Monate und beginnt mit der formlosen Mitteilung (§ 15 Abs. 3) an ihn.**

1. Beschwerdeberechtigung der Staatskasse

1 § 304 regelt in Ergänzung zur Beteiligung des Vertreters der Staatskasse nach § 274 Abs 4 Nr 2 dessen Beschwerderecht. Es besteht gegen einen die Entlassung des Betreuers ablehnenden Beschluss, wenn der Vertreter der Staatskasse geltend gemacht hat, der Betreute könne anstelle eines nach § 1897 VI 1 BGB bestellten Berufsbetreuer durch eine oder mehrere geeignete Personen außerhalb einer Berufsausübung betreut werden, weil die Staatskasse durch die Vergütung des Betreuers belastet werden kann; ferner wenn der Vertreter der Staatskasse geltend macht, der Betreuer habe eine Abrechnung vorsätzlich falsch erteilt (entsprechend dem Entlassungsgrund des § 1908 b I 1 a BGB), weil hierdurch die Durchsetzung der Kontrolle durch
2 die Staatskasse gestärkt wird. Im Übrigen **kein Beschwerderecht** der Staatskasse gegen die Bestellung eines Berufsbetreuers (OLG Schleswig, FGPrax 99, 110), die Erweiterung des Aufgabenkreises des Berufsbetreuers (OLG Frankfurt, FGPrax 04, 75), gegen die Feststellung der Betreuer führe die Betreuung berufsmäßig (BayObLG, FamRZ 01, 1484; OLG Hamm, FGPrax 01, 18; OLG Frankfurt, FGPrax 04, 122).

2. Beschwerdefrist

3 Abs 2 soll sicherstellen, dass die Bezirksrevisoren ihre bisherige Praxis beibehalten und in regelmäßigen Abständen Revisionen vornehmen können. Der Lauf der Beschwerdefrist beginnt ihnen gegenüber daher in Abweichung von § 63 III mit ihrer tatsächlichen Kenntnisnahme von der Entscheidung. Die Frist beginnt mit der formlosen Mitteilung nach § 15 III oder mit Kenntnisnahme im Zusammenhang mit einer Revision. Die Frist beträgt drei Monate. Nach diesem Zeitpunkt tritt Rechtskraft ein.

Beschwerde des Untergebrachten

305 Ist der Betroffene untergebracht, kann er Beschwerde auch bei dem Amtsgericht einlegen, in dessen Bezirk er untergebracht ist.

Die Möglichkeit zur **Einlegung** der Beschwerde, die nach § 64 I bei dem Gericht einzulegen ist, dessen Entscheidung angefochten wird, wird durch § 305 erweitert; der Betroffene kann die Beschwerde auch bei dem Amtsgericht einlegen, in dessen Bezirk er **untergebracht** ist. Die Beschwerde kann auch zur Niederschrift der Geschäftsstelle eingelegt werden (§ 64 II 1). Diese zusätzliche Möglichkeit zur Einlegung der Beschwerde ist außer für die Beschwerde des Betroffenen gegen die eigene Freiheitsentziehung (BGH, FGPrax 02, 20) auch gegeben für dessen Verfahrensbevollmächtigten, den Verfahrenspfleger oder Betreuer, soweit die Beschwerden im Namen des Betroffenen eingelegt werden; nicht für weitere Beschwerdeberechtigte, auch nicht für Rechtsmittel des Betreuers aus eigenem Recht.

Aufhebung des Einwilligungsvorbehalts

306 Wird ein Beschluss, durch den ein Einwilligungsvorbehalt angeordnet worden ist, als ungerechtfertigt aufgehoben, bleibt die Wirksamkeit der von oder gegenüber dem Betroffenen vorgenommenen Rechtsgeschäfte unberührt.

1. Anwendungsbereich

§ 306 entspricht inhaltlich dem bisherigen § 69 h FGG. Wird eine Entscheidung, durch die ein Einwilligungsvorbehalt nach § 1903 BGB, auch ein vorläufiger (§ 300 I) angeordnet worden ist, durch ein Rechtsmittelgericht als von Anfang an ungerechtfertigt aufgehoben, sollen dem Betroffenen aus der sachlich unrichtigen Entscheidung der ersten Instanz keine Nachteile erwachsen. Die **von oder gegenüber dem Betroffenen** vorgenommenen Rechtsgeschäfte sind daher wirksam. 1

2. Eintritt der Wirksamkeit

Den Interessen des Rechtsverkehrs an hinreichender Klarheit über die Wirksamkeit von Rechtsgeschäften wird dadurch Rechnung getragen, dass gegen die Anordnung eines Einwilligungsvorbehaltes das befristete Rechtsmittel der Beschwerde gegeben ist (§ 58 I, § 63 I). Ab dem Zeitpunkt der formellen Rechtskraft der Anordnung eines Einwilligungsvorbehaltes können alle Beteiligten sicher sein, dass dieser nicht mehr rückwirkend aufgehoben wird. Zwar kann das Betreuungsgericht den Einwilligungsvorbehalt aufheben, wenn seine Voraussetzungen weggefallen sind (§ 1908 d IV iVm I BGB); diese Aufhebung wirkt aber nur für die Zukunft, so dass eine dem § 306 entsprechende Regelung für diesen Fall nicht notwendig ist. 2

§ 307 Buch 3 – Betreuungs- und Unterbringungssachen

3. Wirksam bleibende Rechtsgeschäfte

3 § 306 regelt den Fall, dass die Anordnung eines Einwilligungsvorbehaltes aus materiellen Gründen, weil die Voraussetzungen der Anordnungen nach §§ 1903 I, II BGB nicht vorlagen, von Anfang an ungerechtfertigt war; nicht erfasst wird die Aufhebung wegen eines Verfahrensfehlers. Die Beschränkung des Kreises der einwilligungsbedürftigen Willenserklärungen entspricht einer Teilaufhebung und fällt in den Anwendungsbereich des § 306, wenn das Rechtsgeschäft in den Bereich des Einwilligungsvorbehaltes fällt, der durch die Einschränkung entfallen ist. Die Aufhebung der Betreuung oder des Einwilligungsvorbehaltes als von Anfang an ungerechtfertigt hat auf die Wirksamkeit der von oder gegenüber dem Betreuten vorgenommenen Rechtsgeschäfte keinen Einfluss. Diese Rechtsgeschäfte bleiben nach § 306 wirksam.

4 Auch auf die Wirksamkeit der **von oder gegenüber dem Betreuer** vorgenommenen Rechtsgeschäfte (§ 1902 BGB) hat die **Aufhebung** der Betreuung oder des Einwilligungsvorbehalts als von Anfang an ungerechtfertigt keinen Einfluss. Dies folgt aus dem auch in Betreuungssachen anwendbaren § 32. Die Aufhebung der Betreuung, durch die der Betreuer die Befugnis erhalten hatte, den Betroffenen gerichtlich und außergerichtlich zu vertreten (§ 1902 BGB), wirkt erst von dem Eintritt der Wirksamkeit der aufhebenden Entscheidung an. Die durch die aufgehobene Entscheidung erlangten Befugnisse erlöschen erst mit diesem Zeitpunkt (Wirkung ex nunc) (OLG Köln, FGPrax 95, 106). Die vorgenommenen Rechtsgeschäfte bleiben gültig, sofern sie nicht aus Gründen des bürgerlichen Rechts anfechtbar oder unwirksam sind, und zwar auch dann, wenn die an dem Rechtsgeschäft Beteiligten wussten, dass die Voraussetzungen für eine Aufhebung oder Änderung der Entscheidung gegeben waren.

Kosten in Betreuungssachen

307 In Betreuungssachen kann das Gericht die Auslagen des Betroffenen, soweit sie zur zweckentsprechenden Rechtsverfolgung notwendig waren, ganz oder teilweise der Staatskasse auferlegen, wenn eine Betreuungsmaßnahme nach den §§ 1896 bis 1908 i des Bürgerlichen Gesetzbuchs abgelehnt, als ungerechtfertigt aufgehoben, eingeschränkt oder das Verfahren ohne Entscheidung über eine solche Maßnahme beendet wird.

1. Anwendungsbereich

1 § 13 a II FGG enthielt für Betreuungs- und Unterbringungssachen Sonderregelungen für die Erstattung von Auslagen des Betroffenen und die Kosten des Verfahrens, durch die Staatskasse, nicht beteiligte Dritte und in Unterbringungssachen durch die zuständige Verwaltungsbehörde. Die **Kostentragungspflicht** ist nunmehr **gesondert** geregelt: In § 307 für Betreuungssachen die Kostentragungspflicht der Staatskasse, in § 337 Abs 1 die Kostentragungspflicht in Unterbringungssachen durch die Staatskasse und in § 337 II die Kostentragungspflicht der zuständigen Verwaltungsbehörde in Unterbringungssachen. Eine Kostentragungspflicht Dritter ist Gegenstand der allgemeinen Regelung des § 81 IV.

2. Voraussetzungen

Das Gericht kann nach pflichtgemäßem Ermessen die **Auslagen des Betroffenen,** soweit sie zur zweckentsprechenden Rechtsverfolgung notwendig waren, ganz oder teilweise der Staatskasse auferlegen, wenn Betreuungsmaßnahmen nach §§ 1896–1908 i BGB abgelehnt, als ungerechtfertigt aufgehoben, eingeschränkt oder das Verfahren ohne Entscheidung über eine Maßnahme beendet wird, und zwar unabhängig davon, ob das Verfahren auf Antrag des Betroffenen oder von Amts wegen eingeleitet wird, damit der Betroffene einen seiner Ansicht nach erforderlichen Antrag unbeeinflusst von dem Kostenrisiko stellen kann. Die Kostenentscheidung ist isoliert anfechtbar nach §§ 58 I, 61. Eine dem § 20 a FGG entsprechende Vorschrift, dergemäß eine isolierte Anfechtung der Entscheidung über den Kostenpunkt unzulässig war, enthält das Gesetz nicht mehr.

Mitteilung von Entscheidungen

308 (1) Entscheidungen teilt das Gericht anderen Gerichten, Behörden oder sonstigen öffentlichen Stellen mit, soweit dies unter Beachtung berechtigter Interessen des Betroffenen erforderlich ist, um eine erhebliche Gefahr für das Wohl des Betroffenen, für Dritte oder für die öffentliche Sicherheit abzuwenden.

(2) Ergeben sich im Verlauf eines gerichtlichen Verfahrens Erkenntnisse, die eine Mitteilung nach Absatz 1 vor Abschluss des Verfahrens erfordern, hat diese Mitteilung über die bereits gewonnenen Erkenntnisse unverzüglich zu erfolgen.

(3) Das Gericht unterrichtet zugleich mit der Mitteilung den Betroffenen, seinen Verfahrenspfleger und seinen Betreuer über Inhalt und Empfänger der Mitteilung. Die Unterrichtung des Betroffenen unterbleibt, wenn

1. der Zweck des Verfahrens oder der Zweck der Mitteilung durch die Unterrichtung gefährdet würde,
2. nach ärztlichem Zeugnis hiervon erhebliche Nachteile für die Gesundheit des Betroffenen zu besorgen sind oder
3. der Betroffene nach dem unmittelbaren Eindruck des Gerichts offensichtlich nicht in der Lage ist, den Inhalt der Unterrichtung zu verstehen.

Sobald die Gründe nach Satz 2 entfallen, ist die Unterrichtung nachzuholen.

(4) Der Inhalt der Mitteilung, die Art und Weise ihrer Übermittlung, ihr Empfänger, die Unterrichtung des Betroffenen oder im Fall ihres Unterbleibens deren Gründe sowie die Unterrichtung des Verfahrenspflegers und des Betreuers sind aktenkundig zu machen.

1. Anwendungsbereich

Für Mitteilungen an Gerichte und Behörden enthalten die §§ 308–311 eine gesetzliche Grundlage entsprechend den Maßstäben der Entscheidung des Bundesverfassungsgerichts vom 15. Dezember 1983 (NJW 84, 419).

§ 308 Buch 3 – Betreuungs- und Unterbringungssachen

§§ 69 k, l und m FGG enthielten die gesetzlichen Grundlagen für Mitteilungen in Betreuungssachen. § 69 k FGG stellte eine allgemeine Vorschrift für entsprechende Mitteilungen dar, § 69 l und m FGG für besondere Fälle. § 308 ersetzt § 69 k FGG.

2. Mitteilung an Gerichte, Behörden

2 Entscheidungen teilt das Betreuungsgericht, der Richter, der RPfl, entsprechend der funktionellen Zuständigkeit, anderen Gerichten, Behörden oder sonstigen öffentlichen Stellen mit, soweit dies unter Beachtung berechtigter Interessen des Betroffenen nach den Erkenntnissen im gerichtlichen Verfahren erforderlich ist, um eine erhebliche Gefahr für das Wohl des Betroffenen, für
3 Dritte oder die öffentliche Sicherheit abzuwenden (Abs 1). Die **Mitteilung** der Entscheidungen muss der Erfüllung der den Empfängern obliegenden gesetzlichen Aufgaben dienen. Daneben besteht für die Empfänger weiterhin das Recht auf Auskunft aus den gerichtlichen Unterlagen. Die Beachtung berechtigter Interessen des Betroffenen bedeutet, dass abzuwägen ist, ob das öffentliche Interesse an der Aufgabenerfüllung gegenüber dem Schutzinteresse des persönlich Betroffenen vorrangig ist. Das Gericht muss eine Güterabwägung vornehmen. Darüber hinaus bestehen einschränkende Voraussetzungen, die darin bestehen, dass die Zweckbestimmung der Abwendung einer erheblichen Gefahr für das Wohl des Betroffenen, für Dritte oder die öffentliche Sicherheit vorliegen muss:
4 Eine erhebliche Gefahr für das **Wohl des Betroffenen** kann vorliegen, wenn in einem Ermittlungs- oder Strafverfahren eine im Betreuungsverfahren erkennbare Schuldunfähigkeit des Betroffenen nicht bekannt ist oder in anderen gerichtlichen Verfahren eine etwaige Geschäftsunfähigkeit oder Prozessunfähigkeit des Betroffenen unberücksichtigt bliebe.
5 Eine erhebliche Gefahr für **Dritte** kann sich ergeben, wenn der Betroffene gewalttätig ist und beabsichtigt, gegenüber bestimmten Personen vorzugehen; ferner wenn er im Rahmen seiner beruflichen Tätigkeit Dritte erheblich schädigt (als Arzt, Apotheker, Krankenpfleger, Polizist, Rechtsanwalt oder Notar).
6 Eine erhebliche Gefahr für die **öffentliche Sicherheit** kann sich ergeben, wenn die konkrete und ernstliche Gefahr besteht, dass der Betroffene zB durch Führen eines Kraftfahrzeuges oder durch eine Waffe Andere schädigt. Nach **Abs 2** ist **unverzüglich** Mitteilung zu machen, wenn sich im Verlauf eines gerichtlichen Verfahrens Erkenntnisse der vorgenannten Art ergeben, soweit diese eine Mitteilung vor Abschluss des Verfahrens erfordern.

3. Unterrichtung des Betroffenen

7 Vor einer Mitteilung an andere Gerichte, Behörden oder sonstige öffentliche Stellen sind der Betroffene, sein Pfleger für das Verfahren und sein Betreuer zugleich zu unterrichten (Abs 3 S 1). Die Unterrichtung des Betroffenen **unterbleibt** (Abs 3 S 2), wenn der Zweck des Verfahrens oder der Zweck der Mitteilung durch die Unterrichtung gefährdet würde **(Nr 1)** oder nach ärztlichem Zeugnis hiervon erhebliche Nachteile für die Gesundheit des Betroffenen zu besorgen sind **(Nr 2)** oder der Betroffene nach dem unmittel-

baren Eindruck des Gerichts offensichtlich nicht in der Lage ist, den Inhalt der Unterrichtung zu verstehen **(Nr 3);** sobald diese Gründe entfallen, ist die Unterrichtung nachzuholen (Abs 3 S 3). Dem genannten Personenkreis wird damit die Möglichkeit gegeben, die Interessen des Betroffenen unmittelbar beim Empfänger geltend zu machen, bevor dieser Maßnahmen ergreift oder frühzeitig in anderer Weise seine Rechte geltend macht.

4. Aktenkundigkeit

Die Mitteilungen gem Abs 1, 2 sowie die Unterrichtung über die Mittei- 8
lungen nach Abs 3 sind aktenkundig zu machen (Abs 4); ebenso die Gründe
für das evt Unterbleiben der Unterrichtung nach Abs 3.

Besondere Mitteilungen

309 (1) **Wird beschlossen, einem Betroffenen zur Besorgung aller seiner Angelegenheiten einen Betreuer zu bestellen oder den Aufgabenkreis hierauf zu erweitern, so hat das Gericht dies der für die Führung des Wählerverzeichnisses zuständigen Behörde mitzuteilen. Das gilt auch, wenn die Entscheidung die in § 1896 Abs. 4 und § 1905 des Bürgerlichen Gesetzbuchs bezeichneten Angelegenheiten nicht erfasst. Eine Mitteilung hat auch dann zu erfolgen, wenn eine Betreuung nach den Sätzen 1 und 2 auf andere Weise als durch den Tod des Betroffenen endet oder wenn sie eingeschränkt wird.**

(2) Wird ein Einwilligungsvorbehalt angeordnet, der sich auf die Aufenthaltsbestimmung des Betroffenen erstreckt, so hat das Gericht dies der Meldebehörde unter Angabe des Betreuers mitzuteilen. Eine Mitteilung hat auch zu erfolgen, wenn der Einwilligungsvorbehalt nach Satz 1 aufgehoben wird oder ein Wechsel in der Person des Betreuers eintritt.

1. Anwendungsbereich

Während § 308 allgemeine Mitteilungspflichten des Betreuungsgerichts in 1
Betreuungssachen beinhaltet und die gesetzliche Grundlage hierfür schafft,
betrifft § 309 die Mitteilung an die für die Führung des **Wählerverzeichnisses** zuständige Behörde, wenn für einen Betroffenen zur Besorgung aller
seiner Angelegenheiten ein Betreuer bestellt (§ 1896 BGB) oder der Aufgabenkreis hierauf erweitert wird (§ 293), auch dann, wenn die Entscheidung
die Angelegenheiten des § 1896 IV BGB (Fernmelde- und Postkontrolle) und
§ 1905 BGB (Genehmigung zur Einwilligung in eine Sterilisation) nicht
erfasst. Die Mitteilung ist **notwendig**, weil durch die genannten Anordnun- 2
gen das Wahlrecht entfällt (§ 13 Nr 2 Bundeswahlgesetz). Es besteht kein
Ermessensspielraum für das Gericht. Zum Schutz des Betroffenen hat auch in
den Fällen eine Mitteilung an die für die Führung des Wählerverzeichnisses
zuständige Behörde zu erfolgen, wenn das Wahlrecht wieder auflebt, weil eine
Betreuung nach Abs 1 S 1, 2 endet oder eingeschränkt wird und diese Folge
auf andere Weise als durch den Tod des Betroffenen eintritt (Abs 1 S 2).

2. Rechtsgrundlage für Mitteilungen

3 Abs 2 S 1 schafft die Rechtsgrundlage für die Mitteilungen an die **Meldebehörde,** wenn ein Einwilligungsvorbehalt angeordnet wird, der sich auf die Aufenthaltsbestimmung des Betroffenen erstreckt. Die Kenntnis hiervon ist für die Meldebehörde von Bedeutung, um eine rechtmäßige An- oder Abmeldung überprüfen zu können. Die Mitteilung muss auch die Personalien des Betreuers enthalten, Vor- und Familiennamen, akademische Grade, Anschrift und Tag der Geburt des Betreuers (§ 2 I Nr 9 Melderechtsrahmengesetz). Die Mitteilungspflicht ist auch dann gegeben, wenn der Einwilligungsvorbehalt nach Abs 2 S 1 aufgehoben wird oder ein Wechsel in der Person des Betreuers eintritt (Abs 2 S 2).

3. Unterrichtung des Betroffenen

4 Eine Unterrichtung des Betroffenen, des Betreuers, des Pflegers für das Verfahren entspr § 208 III ist nicht vorgesehen, weil die Mitteilungen zwingend erforderlich sind und die genannten Personen auch ohne entspr Unterrichtung von der erfolgten Mitteilung ausgehen können.

Mitteilungen während einer Unterbringung

310 **Während der Dauer einer Unterbringungsmaßnahme hat das Gericht dem Leiter der Einrichtung, in der der Betroffene untergebracht ist, die Bestellung eines Betreuers, die sich auf die Aufenthaltsbestimmung des Betroffenen erstreckt, die Aufhebung einer solchen Betreuung und jeden Wechsel in der Person des Betreuers mitzuteilen.**

§ 310 schafft eine gesetzliche Grundlage für Mitteilungen in Unterbringungssachen. Während der Dauer einer Unterbringungsmaßnahme sind die Bestellung eines Betreuers, die sich auf die Aufenthaltsbestimmung des Betroffenen erstreckt, deren Aufhebung und jeder Wechsel in der Person des Betreuers dem **Leiter der Einrichtung** mitzuteilen, in der der Betroffene lebt, damit dieser die Berechtigung des Betreuers prüfen und während der Durchführung der Unterbringungsmaßnahme mit diesem zusammenarbeiten kann.

Mitteilungen zur Strafverfolgung

311 **Außer in den sonst in diesem Gesetz, in § 16 des Einführungsgesetzes zum Gerichtsverfassungsgesetz sowie in § 70 Satz 2 und 3 des Jugendgerichtsgesetzes genannten Fällen, darf das Gericht Entscheidungen oder Erkenntnisse aus dem Verfahren, aus denen die Person des Betroffenen erkennbar ist, von Amts wegen nur zur Verfolgung von Straftaten oder Ordnungswidrigkeiten anderen Gerichten oder Behörden mitteilen, soweit nicht schutzwürdige Interessen des Betroffenen an dem Ausschluss der Übermittlung überwiegen. § 308 Abs. 3 und 4 gilt entsprechend.**

§ 311 wurde durch das JuMiG eingefügt. Er betrifft die Mitteilung von Entscheidungen oder Erkenntnissen, aus denen die Person des Betroffenen, der Betreute oder zu Betreuende, erkennbar ist. Diese dürfen außer in den gesetzlich geregelten Fällen (§§ 308, 309, 310, § 16 EGGVG, § 70 S 1, 3 JGG) nur **zur Verfolgung** von **Straftaten** oder **Ordnungswidrigkeiten** an Gerichte oder Behörden mitgeteilt werden. Die Mitteilung ist nicht zwingend vorgeschrieben. Die Entscheidung hierüber liegt im Ermessen des Gerichts. In die Ermessensentscheidung ist die Frage einzubeziehen, ob das schutzwürdige Interesse des Betroffenen an dem Ausschluss der Übermittlung überwiegt. Außer in den genannten Fällen sind Mitteilungen, aus denen die Person des Betroffenen erkennbar ist, nicht zulässig. Über die Mitteilung sind nach Maßgabe des entspr anwendbaren § 308 III, IV der Betroffene, der Verfahrenspfleger und sein Betreuer zu unterrichten.

Abschnitt 2
Verfahren in Unterbringungssachen

Unterbringungssachen

312 Unterbringungssachen sind Verfahren, die
1. **die Genehmigung einer freiheitsentziehenden Unterbringung eines Betreuten (§ 1906 Abs. 1 bis 3 des Bürgerlichen Gesetzbuchs) oder einer Person, die einen Dritten zu ihrer freiheitsentziehenden Unterbringung bevollmächtigt hat (§ 1906 Abs. 5 des Bürgerlichen Gesetzbuchs),**
2. **die Genehmigung einer freiheitsentziehenden Maßnahme nach § 1906 Abs. 4 des Bürgerlichen Gesetzbuchs oder**
3. **eine freiheitsentziehende Unterbringung eines Volljährigen nach den Landesgesetzen über die Unterbringung psychisch Kranker**

betreffen.

Anwendungsbereich. § 312 beschreibt den Bereich der Unterbringungs- 1 sachen, auf die die Verfahrensvorschriften der §§ 313–339 anzuwenden sind. Diese Vorschriften treten an die Stelle der bisherigen §§ 70–70n, jedoch nur für die Unterbringung Volljähriger; die Unterbringung Minderjähriger wird im Zusammenhang mit den Verfahrensvorschriften über die Kindschaftssachen in den §§ 151 Nr 6, 7, 167 behandelt. Für die Unterbringung Volljähriger ist das Betreuungsgericht zuständig, für die Unterbringung Minderjähriger das Familiengericht.

Das Verfahrensrecht betrifft sowohl die **zivilrechtlichen** als auch die 2 **öffentlich-rechtlichen** Unterbringungsmaßnahmen. Es ist für diese Bereiche weitgehend angeglichen. Unterschiede bleiben bestehen hinsichtlich der Einleitung des Verfahrens; zivilrechtliche Unterbringungsmaßnahmen werden von Amts wegen eingeleitet, während das Verfahren zur Anordnung **öffentlich-rechtlicher** Unterbringungsmaßnahmen ein Antragsverfahren ist. 3

§ 312 Buch 3 – Betreuungs- und Unterbringungssachen

Darüber hinaus regeln die Unterbringungsgesetze der Länder die Einleitung des Verfahrens, insbesondere Form und Inhalt des Antrages, unterschiedlich. Auch die materiell-rechtlichen Voraussetzungen der Unterbringungsmaßnahmen bleibt den Ländergesetzen vorbehalten. Soweit in einzelnen Bundesländern eine Gesetzesanpassung des Unterbringungsverfahrens nicht bis 1. 1. 1992
4 erfolgt war, galt der Vorrang der §§ 70 ff, jetzt §§ 312 ff. Besondere Regelungen sind getroffen, soweit der **unterschiedliche Charakter** der Maßnahmen dies erfordert, so zB liegt die Verantwortung für die Zuführung zu einer zivilrechtlichen Unterbringung bei dem Betreuer und nicht bei einer Behörde (§ 326), die Aussetzung der Vollziehung ist nur für die öffentlich-rechtliche Unterbringung geregelt (§ 328) und auch nur für diese ist gegen Maßnahmen zur Regelung einzelner Angelegenheiten im Vollzug der Unterbringung eine
5 gerichtliche Entscheidung vorgesehen (§ 327). Die Unterbringung nach dem Gesetz über das **gerichtliche Verfahren bei Freiheitsentziehung** ist jetzt unter Aufhebung dieses Gesetzes in den §§ 415–432 geregelt, jedoch nicht in
6 die Verfahrensvorschriften über die Unterbringung einbezogen. Die Verfahrensvorschriften über die Unterbringung durch einen **Betreuer** gelten in gleicher Weise für die Unterbringung durch einen **Bevollmächtigten nach § 1906 V BGB**. Wird im Beschwerdeverfahren festgestellt, dass die Voraussetzungen für eine öffentlich-rechtliche (vorläufige) Unterbringung nicht vorliegen, kann die weitere Unterbringung auf zivilrechtliche Rechtsgrundlagen gestützt werden (OLG München, FamRZ 06, 62).
7 Die Vorschriften über die Unterbringung gelten auch für **„unterbringungsähnliche Maßnahmen"** (§ 1906 IV BGB). War ein Angeklagter auf Grund eines Strafverfahrens nach dem DDR-EinweisungsG untergebracht, waren nach dem Beitritt die weiteren die Unterbringung betreffenden Maß-
8 nahmen nach §§ 70, 70 a–70 n FGG zu behandeln (OLG Dresden, DtZ 93, 381). In den Anwendungsbereich der Verfahrensvorschriften über die Unterbringung fällt auch die Unterbringung durch das Gericht nach **§ 1846 BGB** im Wege einer einstweiligen Anordnung (§ 334 iVm §§ 331–333).
9 **Schmerzensgeld** und **Schadensersatzansprüche** nach Art 5 EMRK sind den mit Abschiebungshaftsachen befassten Gerichten der freiwilligen Gerichtsbarkeit entzogen (OLG Hamm, FGPrax 03, 98: ordentliche Gerichte).
10 Nach **Nr 1** gehören zu den **zivilrechtlichen Unterbringungsmaßnahmen** die Genehmigung einer Unterbringung eines Betreuten, die mit Freiheitsentziehung (gegen oder ohne den natürlichen Willen des Betroffenen) verbunden ist, nach § 1906 I – III BGB; einer Person, die einen Dritten zu ihrer Unterbringung, die mit Freiheitsentziehung verbunden ist, bevollmäch-
11 tigt hat (§ 1906 V BGB). **Nicht genehmigungsbedürftig** ist eine Unterbringung in eine offene Alten- oder Pflegeeinrichtung (BGH, FGPrax 01, 40;
12 OLG Hamm, Rpfleger 03, 189). Eine Unterbringung ist nur zulässig, solange sie zum **Wohl des Betroffenen** erforderlich ist, weil **1.** auf Grund einer psychischen Krankheit oder geistigen oder seelischen Behinderung des Betreuten die Gefahr besteht, dass er sich selbst tötet oder erheblichen gesundheitlichen Schaden zufügt, nicht jedoch im Interesse der Allgemeinheit oder Dritter, oder 2. eine Untersuchung des Gesundheitszustandes, eine Heilbehandlung oder ein ärztlicher Eingriff notwendig ist, der ohne die Unterbrin-

gung nicht durchgeführt werden kann und der Betreute auf Grund einer psychischen Krankheit oder geistigen oder seelischen Behinderung die Notwendigkeit der Unterbringung nicht erkennen oder nicht nach dieser Einsicht handeln kann (BGH, FamRZ 10, 1432: Verhältnismäßigkeit); ein Vorratsbeschluss ist unzulässig (BGH, NJW 10, 3718). Bei einer Zwangsbehandlung sind die Zwangsbefugnisse und die entspr Duldungspflichten untrennbar mit der Genehmigung der Unterbringung verbunden; daher keine Zwangsbehandlung einer bereits auf anderer Rechtsgrundlage (§ 63 StGB) untergebrachten Person (OLG München, Rpfleger 09, 381). Im Rahmen einer nach 13 § 1906 I Nr 2 BGB genehmigten Unterbringung umfasst die Befugnis des Betreuers ausnahmsweise auch das Recht, einen der ärztlichen Maßnahme **entgegenstehenden Willen** des Betroffenen **zu überwinden** (BGH, NJW 06, 1277 mwN; BGH, FamRZ 01, 149; OLG Jena, FamRZ 06, 576). Die zu duldende Behandlung muss präzise angegeben werden, weil sich nur aus diesen Angaben der Unterbringungszweck, Inhalt, Gegenstand und Ausmaß der Behandlung hinreichend konkret und bestimmbar ergeben; in der Regel auch Angaben über Arzneimittel und deren Verabreichung (OLG Stuttgart, FamRZ 10, 1107). Eine Unterbringung zur Vermeidung einer Selbstschädigung setzt voraus, dass der Kranke auf Grund seiner Krankheit seinen Willen nicht frei bestimmen kann (BayObLG, FamRZ 93, 600; NJWE-FER 01, 150: auch partiell). Auch bei Unterbringung mit gerichtlicher Genehmigung ist für diese Maßnahmen eine weitere Genehmigung erforderlich (BayObLG, FamRZ 94, 721). Die Genehmigung der Unterbringung auf einer geschlossenen Station verliert mit probeweiser Verlegung auf eine offene Station ihre Wirkung, für eine Rückverlegung bedarf es der erneuten Genehmigung (OLG Hamm, FGPrax 99, 222; aA bei probeweiser Verlegung wenige Tage vor Entlassung: KG, FamRZ 06, 1481).

Nach Nr 2 sind Unterbringungssachen auch die Verfahren zur Genehmi- 14 gung einer **unterbringungsähnlichen Maßnahme** nach § 1906 IV BGB, die dann vorliegt, wenn dem Betreuten, der sich in einer Anstalt, einem Heim oder einer sonstigen Einrichtung befindet, ohne untergebracht zu sein, durch mechanische Vorrichtungen, Medikamente oder auf andere Weise über einen längeren Zeitraum oder regelmäßig die Freiheit entzogen werden soll (OLG Hamm, OLG 94, 188; FGPrax 97, 64; LG Frankfurt, FamRZ 93, 601); 15 **genehmigungsfähig** sind diese Maßnahmen, wenn der Betroffene durch sein Verhalten Dritte gefährdet, sofern damit die Gefahr verbunden ist, dass dieser selbst erheblichen Schaden erleidet (OLG Karlsruhe, FGPrax 09, 36); es genügt körperliche Verwahrlosung, wenn damit Gesundheitsgefahr verbunden ist, nicht notwendig zielgerichtetes Verhalten des Betroffenen (BGH, FamRZ 10, 365); abzuwägen ist das Verhältnis zwischen dem Gewicht der freiheitsbeschränkenden Maßnahme und dem Ausmaß der drohenden gesundheitlichen Schäden. Die Genehmigung der Einwilligung eines Bevollmächtigten setzt voraus, dass die Vorsorgevollmacht ausdrücklich freiheitsentziehende Maßnahmen erfasst (BVerfG, NJW 09, 1803), **nicht genehmigungsfähig** nach § 1906 II iVm § 1906 I Nr 2 oder § 1906 IV sind gegen den Willen eines Betreuten in regelmäßigen Zeitabständen durchzuführende Dauermedikation und die zwangsweise Zuführung zu dieser Behandlung (BGH, NJW 01, 888; FGPrax 08, 133). Die Fixierung eines Betroffenen zur zwangsweisen Verabreichung einer Depotspritze zur Verhütung einer Schwangerschaft ist nicht nach § 1906 IV iVm § 1906 I Nr 1 BGB genehmigungsfähig, weil sie nicht dazu dient, eine Lebensgefahr oder erhebliche gesundheitliche Schäden, die ihre Ursache in einer psychischen Krankheit haben, abzuwenden (OLG Karlsruhe, FGPrax 08, 133). Nicht genehmigungsfähig eine Unterbringung, wenn die damit beabsichtigte Heilbehandlung wegen unterschiedlicher medizinischer Beurteilung nicht durchgeführt wird (BGH, FGPrax 10, 94).

16 **Unterbringungsmaßnahmen,** die das Betreuungsgericht nach § 1908 i I S 1 iVm **§ 1846 BGB** anordnet, werden zwar von § 312 nicht unmittelbar erfasst; durch die Bezugnahme in § 334 sind sie zu den Unterbringungssachen nach § 312 zu zählen.

17 Nach Nr 3 werden die öffentlich-rechtlichen Unterbringungssachen in den Verfahrensbereich der §§ 312 ff einbezogen. Diese umfassen die Anordnungen freiheitsentziehender Unterbringung nach den Landesgesetzen über die Unterbringung psychisch Kranker (Abdruck aller Landesgesetze bei Marschner/Volckart/Lesting, Freiheitsentziehung und Unterbringung, im Anhang).

Örtliche Zuständigkeit

313 (1) **Ausschließlich zuständig für Unterbringungssachen nach § 312 Nr. 1 und 2 ist in dieser Rangfolge:**
1. **das Gericht, bei dem ein Verfahren zur Bestellung eines Betreuers eingeleitet oder das Betreuungsverfahren anhängig ist;**
2. **das Gericht, in dessen Bezirk der Betroffene seinen gewöhnlichen Aufenthalt hat;**
3. **das Gericht, in dessen Bezirk das Bedürfnis für die Unterbringungsmaßnahme hervortritt;**
4. **das Amtsgericht Schöneberg in Berlin, wenn der Betroffene Deutscher ist.**

(2) **Für einstweilige Anordnungen oder einstweilige Maßregeln ist auch das Gericht zuständig, in dessen Bezirk das Bedürfnis für die Unterbringungsmaßnahme bekannt wird. In den Fällen einer einstweiligen Anordnung oder einstweiligen Maßregel soll es dem nach Absatz 1 Nr. 1 oder Nr. 2 zuständigen Gericht davon Mitteilung machen.**

(3) **Ausschließlich zuständig für Unterbringungen nach § 312 Nr. 3 ist das Gericht, in dessen Bezirk das Bedürfnis für die Unterbringungsmaßnahme hervortritt. Befindet sich der Betroffene bereits in einer Einrichtung zur freiheitsentziehenden Unterbringung, ist das Gericht ausschließlich zuständig, in dessen Bezirk die Einrichtung liegt.**

(4) **Ist für die Unterbringungssache ein anderes Gericht zuständig als dasjenige, bei dem ein die Unterbringung erfassendes Verfahren zur Bestellung eines Betreuers eingeleitet ist, teilt dieses Gericht dem für die Unterbringungssache zuständigen Gericht die Aufhebung der Betreuung, den Wegfall des Aufgabenbereiches Unterbringung und einen Wechsel in der Person des Betreuers mit. Das für die Unterbringungssache zuständige Gericht teilt dem anderen Gericht die Unterbringungsmaßnahme, ihre Änderung, Verlängerung und Aufhebung mit.**

§ 313 Örtliche Zuständigkeit **§ 313**

1. Anwendungsbereich

Die allgemein auf die örtliche Zuständigkeit anwendbaren Grundsätze sind 1
in den §§ 2–5 geregelt. Maßgebend für die Begründung der örtlichen Zuständigkeit ist das Vorliegen der die Zuständigkeit begründenden Umstände im Zeitpunkt, in dem das Gericht mit der Sache befasst wird (§ 2 I). Befasst (BGH, NJW-RR 93, 1091) ist das Gericht in Amtsverfahren, sobald es von Tatsachen amtlich Kenntnis erhält, die Anlass zum Tätigwerden geben, in Antragsverfahren mit dem Eingang des Antrags. Die örtliche Zuständigkeit eines Gerichts bleibt auch bei Veränderung der sie begründenden Umstände erhalten (§ 2 II); es sei denn, es liegen die Voraussetzungen für eine Abgabe aus wichtigem Grund vor (§ 4 iVm § 314). **Abs 1** behandelt die örtliche Zuständigkeit für zivilrechtliche Unterbringungen, **Abs 2** die örtliche Zuständigkeit für einstweilige Anordnungen oder einstweilige Maßregeln für zivilrechtliche Unterbringungen, Abs 3 die Zuständigkeit für die öffentlich-rechtliche Unterbringung.

2. Zivilrechtliche Unterbringung

Die örtliche Zuständigkeit ist jeweils in der gesetzlichen Rangfolge der 2
Nr 1–4 ausschließlich. Nach **Nr 1** ist in erster Linie zuständig das Gericht, bei dem bereits ein **Verfahren** zur **Bestellung** eines Betreuers eingeleitet oder das Betreuungsverfahren anhängig ist; Voraussetzung ist, dass der Aufgabenbereich des bestellten oder zu bestellenden Betreuers die Unterbringung umfasst. Ohne eine (vorläufige) Betreuerbestellung kommt eine zivilrechtliche Unterbringung nur nach § 1846 BGB in Betracht, die jedoch eine unverzügliche Betreuerbestellung erfordert. Die Zuständigkeit nach Nr 1 wird dann im Zeitpunkt des von Amts wegen einzuleitenden Verfahrens auf Betreuerbestellung begründet (Keidel/Budde, Rn 3 zu § 313). Ist ein solches Verfahren weder eingeleitet noch anhängig, ist nach **Nr 2** das Gericht ausschließlich zuständig, in dessen Bezirk der Betroffene zu dem Zeitpunkt, in dem das Gericht mit der Angelegenheit befasst wird, seinen **gewöhnlichen Aufenthalt** hat. Der gewöhnliche Aufenthalt wird von einer auf längere Dauer angelegten sozialen Eingliederung, die den Aufenthalt als Mittelpunkt der Lebensführung ausweist, gekennzeichnet. Hat der Betroffene im Inland keinen gewöhnlichen Aufenthalt oder ist ein solcher nicht feststellbar, ist nach **Nr 3** das Gericht zuständig, in dessen Bezirk das **Bedürfnis für die Unterbringungsmaßnahme** hervortritt. Fehlt es an einer hinreichenden örtlichen Beziehung zum Inland wird die zentrale Zuständigkeit des **Amtsgerichts Schöneberg** in Berlin-Schöneberg nach **Nr 4** begründet, wenn der Betroffene Deutscher ist. Besteht neben der deutschen auch eine fremde Staatsangehörigkeit kann nach Art 5 I 2 EGBGB die deutsche Staatsangehörigkeit maßgebend sein.

Abs 2 regelt die örtliche Zuständigkeit für **Anordnungen nach § 312** 3
Nr 1 und **Maßregeln nach § 312 Nr 2,** wenn diese im Wege der einstweiligen Anordnung (§§ 331–333, 334 iVm § 331–333) getroffen werden. Hierfür ist neben dem Gericht, bei dem ein Verfahren zur Bestellung eines Betreuers eingeleitet oder das Betreuungsverfahren anhängig ist (Nr 1) oder dem Gericht, in dessen Bezirk der Betroffene seinen gewöhnlichen Aufenthalt

§ 313 Buch 3 – Betreuungs- und Unterbringungssachen

hat (Nr 2) auch das Gericht zuständig, in dessen Bezirk das Bedürfnis für die Unterbringungsmaßnahme bekannt wird. Dieses Gericht soll dem nach Nr 1 oder Nr 2 zuständigen Gericht Mitteilung machen.

3. Öffentlich-rechtliche Unterbringung

4 Für eine öffentlich-rechtliche Unterbringung nach § 312 Nr 3 bestimmt **Abs 3** die ausschließliche örtliche Zuständigkeit. Ausschließlich örtlich zuständig ist das Gericht, in dessen Bezirk das Bedürfnis für die Unterbringungsmaßnahme hervortritt. Befindet sich der Betroffene jedoch bereits in einer Einrichtung zur freiheitsentziehenden Unterbringung, ist das Gericht vorrangig ausschließlich zuständig, in dessen Bezirk die Einrichtung liegt.

4. Konzentrationsermächtigung

5 Die bisher in § 70 VI FGG geregelte Ermächtigung der Landesregierungen, die öffentlich-rechtlichen Unterbringungssachen zur sachdienlichen Förderung oder schnelleren Erledigung der Verfahren durch Rechtsverordnung bei einem Amtsgericht für die Bezirke mehrerer Amtsgerichte zu konzentrieren, ist nunmehr in § 23 d GVG geregelt.

5. Mitteilungspflichten

6 Ist für die Unterbringungsmaßnahme ein anderes Gericht zuständig als dasjenige, bei dem ein die Unterbringung erfassendes Verfahren zur Bestellung eines Betreuers eingeleitet ist, teilt dieses Gericht dem für die Unterbringungsmaßnahme zuständigen Gericht die Aufhebung der Betreuung, den Wegfall des Aufgabenbereiches der Unterbringung und einen Wechsel in der Person des Betreuers mit. Das für die Unterbringungsmaßnahme zuständige Gericht teilt dem anderen Gericht die Unterbringungsmaßnahme, ihre Änderung, Verlängerung oder Aufhebung mit (Abs 4).

6. Funktionelle Zuständigkeit

7 Für Unterbringungsmaßnahmen ist ausschließlich der Richter zuständig. Dem Rechtspfleger sind keine Angelegenheiten, die eine freiheitsentziehende Unterbringung zum Gegenstand haben, übertragen worden.

7. Kosten (Einl 76)

8 In Unterbringungssachen (§ 312) werden keine Gebühren erhoben. Von dem Betroffenen werden, wenn die Gerichtskosten nicht einem anderen auferlegt worden sind, Auslagen nur nach § 137 I Nr 16 KostO erhoben, wenn die Voraussetzungen des § 93 a II KostO gegeben sind. Im Übrigen werden Auslagen nur von demjenigen erhoben, dem sie durch gerichtliche Entscheidung auferlegt worden sind (§ 128 b KostO). Für das Beschwerdeverfahren gilt § 131 KostO; die Beschwerde ist nach § 131 V 1 KostO in jedem Fall gebührenfrei, wenn sie von dem Betreuten, dem Pflegling oder im Interesse dieser Personen eingelegt worden ist. Entsprechendes gilt für ein sich anschließendes Rechtsbeschwerdeverfahren (§ 131 V 2 KostO).

§ 314 Abgabe der Unterbringungssache § 314

Abgabe der Unterbringungssache

314 Das Gericht kann die Unterbringungssache abgeben, wenn der Betroffene sich im Bezirk des anderen Gerichts aufhält und die Unterbringungsmaßnahme dort vollzogen werden soll, sofern sich dieses zur Übernahme des Verfahrens bereit erklärt hat.

1. Abgabe aus wichtigem Grund

Eine einmal begründete örtliche Zuständigkeit wird durch den nachträglichen Wegfall der sie begründenden Umstände nicht berührt (§ 2 II). Der in der freiwilligen Gerichtsbarkeit im Vordergrund stehende Personenbezug erfordert aber eine räumliche Nähe des Gerichts zu dem Ort, an dem sich der Betroffene befindet und die bei einem nachträglichen Ortswechsel nicht mehr gegeben sein kann. Durch § 4 wird nunmehr ausdrücklich gesetzlich die nach bisherigem Recht schon bejahte Möglichkeit einer **Abgabe** durch ein örtlich zuständiges Gericht an ein anderes Gericht aus wichtigem Grund geregelt. § 4 wird ergänzt durch einzelne Bestimmungen bei den besonderen Angelegenheiten, in Unterbringungssachen durch § 314. 1

Voraussetzung ist, dass das **abgebende Gericht zuständig** ist, mindestens aber seine Zuständigkeit für gegeben hält (OLG Köln, Rpfleger 60, 90; BayObLG, NJWE-FER 97, 282); es bedarf keiner Prüfung, ob das abgebende Gericht tatsächlich zuständig ist. Auch weitere Abgabe oder Rückgabe ist möglich. Die Abgabe ist auch in der Beschwerdeinstanz möglich, jedoch von Amtsgericht zu Amtsgericht zu vollziehen (BayObLG 64, 28). 2

Die abzugebende Angelegenheit muss **anhängig,** darf aber noch nicht beendet sein. Die Abgabe kann schon erfolgen, wenn ein Betreuer noch nicht bestellt ist (BayObLG, FamRZ 93, 449). Es ist unter Zweckmäßigkeitsgesichtspunkten zu beurteilen, ob entscheidungsreife Entscheidungen (Genehmigung, Betreuerabrechnung) noch von dem abgebenden Gericht getroffen werden oder ob eine notwendige persönliche Anhörung durch das Gericht, an das abgegeben werden soll, vorrangig ist (BayObLG 92, 270; FamRZ 94, 1189; 95, 485; OLG Karlsruhe, FamRZ 94, 449; OLG Zweibrücken, Rpfleger 92, 443). 3

Ein **wichtiger Grund** für die Abgabe liegt vor, wenn nach dem Ermessen des abgebenden und des übernehmenden Gerichts im Interesse des Betroffenen durch die Abgabe eine zweckmäßigere und leichtere Behandlung der Angelegenheit ermöglicht wird. Vorrangig ist hierbei das Interesse des Betroffenen zu berücksichtigen; nur wenn dieses nicht entgegensteht, auch die Interessen anderer Beteiligter. Es sind die gesamten Umstände des Einzelfalles zu berücksichtigen (BayObLG, FamRZ 99, 97). 4

2. Abgabe in Unterbringungssachen

§ 314 regelt für Unterbringungssachen, welche Umstände eine Abgabe aus wichtigem Grund rechtfertigen. Er tritt an die Stelle des bisherigen § 70 III 1, 1. Hs FGG für zivilrechtliche Unterbringungsmaßnahmen, die zusammen mit einer Betreuung, deren Aufgabenbereich die Unterbringung umfasst, anhängig sind, eine **isolierte** Abgabe aus wichtigen Gründen 5

6 vorsah. Das Gericht kann die Sache danach isoliert abgeben an das Gericht, in dessen Bezirk sich der Betroffene aufhält und die Unterbringungsmaßnahme vollzogen werden soll. Die Abgabe erfolgt nach Anhörung des Betroffenen, des gesetzlichen Vertreters, des Betreuers, dessen Zustimmung es jedoch nicht bedarf.

7 Weitere Voraussetzung ist, dass sich das Gericht, an das abgegeben werden soll, zur **Übernahme bereit** erklärt. Das um Übernahme gebetene Gericht beurteilt das Vorliegen eines wichtigen Grundes nach pflichtgemäßem Ermessen. Es kann sich eine Prüfung der Frage vorbehalten, ob eine Übernahme zweckmäßig ist. Sobald es in der Sache tätig wird, ist die Übernahme vollzogen (BayObLG, BtPrax 98, 237). Liegt ein wichtiger Grund

8 vor, besteht eine Pflicht zur Übernahme; vorrangig ist das Wohl des Betroffenen. Bei **Verweigerung** der Abgabe oder Übernahme durch eines der beteiligten Gerichte wird das zuständige Gericht auf Anrufen eines der

9 beteiligten Gerichte durch das nächst höhere gemeinsame Gericht bestimmt. Die **Bestimmung** des zuständigen Gerichts unter diesen Voraussetzungen ist nunmehr als weiterer Anwendungsfall in § 5 I Nr 5 aufgenommen worden. Die Abgabe ist schon nach Erlass einer einstweiligen Anordnung nach §§ 331 ff möglich (OLG Celle, FamRZ 93, 223). Bis zur Entscheidung durch das gemeinschaftliche obere Gericht ist das Gericht, an das das Verfahren abgegeben werden soll, von dem Eingang der Akten bei ihm an bis zur Entscheidung des Gerichts für eine vorläufige Maßregel zuständig. Eine weitere Abgabe ist zulässig. Das nach der Abgabe zuständige Gericht ist auch für die Verlängerung einer Unterbringungsmaßnahme zuständig.

Beteiligte

315 (1) Zu beteiligen sind
1. der Betroffene,
2. der Betreuer,
3. der Bevollmächtigte im Sinne des § 1896 Abs. 2 Satz 2 des Bürgerlichen Gesetzbuchs.

(2) **Der Verfahrenspfleger wird durch seine Bestellung als Beteiligter zum Verfahren hinzugezogen.**

(3) **Die zuständige Behörde ist auf ihren Antrag als Beteiligte hinzuzuziehen.**

(4) **Beteiligt werden können im Interesse des Betroffenen**
1. **dessen Ehegatte oder Lebenspartner, wenn die Ehegatten oder Lebenspartner nicht dauernd getrennt leben, sowie dessen Eltern und Kinder, wenn der Betroffene bei diesen lebt oder bei Einleitung des Verfahrens gelebt hat, sowie die Pflegeeltern,**
2. **eine von ihm benannte Person seines Vertrauens,**
3. **der Leiter der Einrichtung, in der der Betroffene lebt.**

Das Landesrecht kann vorsehen, dass weitere Personen und Stellen beteiligt werden können.

§ 315 Beteiligte **§ 315**

1. Erlangung der Beteiligtenstellung

Nach § 7 wird die Beteiligtenstellung durch **Hinzuziehung** (§ 7 II, III) 1
erlangt, die auch konkludent erfolgen kann; ausgenommen ist der Antragsteller, der kraft Gesetzes Beteiligter wird (§ 7 I). Nach § 7 II sind zwingend hinzuzuziehen diejenigen Personen, deren Recht durch das Verfahren unmittelbar betroffen werden kann (Nr 1) und die Personen, die bei den einzelnen Angelegenheiten dieses Gesetzes oder in anderen Gesetzen als zwingend Hinzuzuziehende bestimmt werden. Hiervon zu unterscheiden sind nach Abs 3 solche Personen, die nach dem Ermessen des Gerichts von Amts wegen oder auf Antrag hinzugezogen werden können. Die gesetzliche Aufzählung bei den einzelnen Angelegenheiten ist abschließend. In den Kreis der nach Abs 3 hinzuzuziehenden Personen gehören auch solche, die durch das Verfahren nicht unmittelbar in eigenen Rechten betroffen sind, sondern zB als Angehörige ein ideelles Interesse am Ausgang des Verfahrens haben. Bei der Entscheidung über die Hinzuziehung ist Maßstab das wohl verstandene Interesse des Betroffenen. Widerspricht er der Hinzuziehung, ist von einer Beteiligung abzusehen, wenn nicht schwerwiegende Gründe für eine Hinzuziehung sprechen.

2. Beteiligte in Unterbringungsverfahren

Zwingend hinzuzuziehen (§ 7 II Nr 2) ist der Betroffene (Abs 1 Nr 1). 2
Ferner hinzuzuziehen ist der Betreuer (Abs 1 Nr 2). Während in Betreuungssachen der Betreuer nach § 274 I Nr 2 nur hinzuzuziehen ist, sofern sein Aufgabenkreis betroffen ist, enthält § 315 I Nr 2 diese Einschränkung nicht. Entgegen der Stellungnahme des Bundesrates (BR-Drs 309/07, S 67) ist die Bundesregierung der Meinung, dass eine Freiheitsbeschränkung wesentlichen Einfluss auf die persönliche Beziehung zwischen Betreuer und Betreutem habe und jeder Betreuer aus diesem Grund zu beteiligen sei (BT-Drs 16/6308 S 273). Ferner ist zwingend zu beteiligen ein Bevollmächtigter iS von § 1896 II 2 BGB (Abs 1 Nr 3); auch insoweit besteht keine Beschränkung auf den Aufgabenkreis des Bevollmächtigten.

Der **Verfahrenspfleger** (§ 317) wird durch seine Bestellung kraft Gesetzes 3
Beteiligter (Abs 2).

Die **zuständige Behörde** (Jugendamt, Betreuungsbehörde) ist nicht schon 4
von Amts wegen hinzuzuziehen. Sie entscheidet selbst darüber, ob sie sich an dem Verfahren beteiligen will. Stellt sie einen entspr Antrag, ist sie zwingend ohne Ermessensspielraum hinzuzuziehen. Voraussetzung ist, dass der Verfahrensgegenstand eine Unterbringungssache iS des § 312 betrifft.

3. Beteiligte aus ideellem Interesse

Nach § 7 III 1 können auch Personen hinzugezogen werden, die durch das 5
Verfahren nicht unmittelbar in eigenen Rechten betroffen werden, sondern lediglich ein ideelles Interesse am Ausgang des Verfahrens haben, soweit dies gesetzlich ausdrücklich vorgesehen ist. Diese Personen werden in Abs 4 Nr 1–3 abschließend aufgeführt. Beteiligt werden können danach im Interesse des Betroffenen dessen Ehegatte oder Lebenspartner, wenn die Ehegatten

oder Lebenspartner nicht dauernd getrennt leben, sowie dessen Eltern und Kinder unter der Voraussetzung, dass der Betroffene bei diesen lebt oder bei der Einleitung des Verfahrens gelebt hat, sowie die Pflegeeltern. Der Kreis der nahen Angehörigen ist gegenüber dem Kreis in Betreuungssachen einge-

6 schränkt; nicht einbezogen werden Großeltern und Geschwister. Ferner kann im Interesse des Betroffenen eine von ihm benannte Person seines Vertrauens (Abs 4 Nr 2) sowie der Leiter der Einrichtung, in der der Betroffene lebt (Abs 4 Nr 3) beteiligt werden.

7 Bisher war in § 70d I S 2 vorgesehen, dass nach Landesrecht weiteren Personen und Stellen Gelegenheit zur Äußerung zu geben ist. **Abs 4 S 2** geht darüber hinaus und bestimmt, dass nach Landesrecht vorgesehen werden kann, **weitere Personen** und Stellen zu **beteiligen.**

Verfahrensfähigkeit

316 **In Unterbringungssachen ist der Betroffene ohne Rücksicht auf seine Geschäftsfähigkeit verfahrensfähig.**

§ 316, der § 70a FGG entspricht, stärkt die Rechtsposition des Betroffenen in Unterbringungsverfahren. Bis zum Inkrafttreten des Betreuungsgesetzes waren geschäftsunfähige Betroffene wegen des schwerwiegenden Eingriffs in ihre Freiheit schon als verfahrensfähig angesehen worden. Durch § 70a FGG, jetzt § 316, wird dies für Unterbringungsverfahren ausdrücklich gesetzlich geregelt. Der Betroffene ist ohne Rücksicht auf seine Geschäftsfähigkeit in Unterbringungsverfahren im vollen Umfang **verfahrensfähig;** er kann alle Angriffs- und Verteidigungsmittel selbst vorbringen, von Rechtsmitteln Gebrauch machen, auch selbst einen Verfahrensbevollmächtigten bestellen, insbesondere einen Rechtsanwalt mit seiner Vertretung beauftragen (BayObLG, FamRZ 00, 1445); ihm gegenüber können auch Verfahrenshandlungen stellungen) wirksam vorgenommen werden. Auf die Verfahrensfähigkeit des Betroffenen hat auch die Bestellung eines Verfahrenspflegers keinen Einfluss, auch nicht widersprechende Verfahrenshandlungen des Betroffenen und des Verfahrenspflegers; über Rechtsmittel des Betroffenen und des Verfahrenspflegers ist ggf gesondert zu entscheiden.

Verfahrenspfleger

317 (1) **Das Gericht hat dem Betroffenen einen Verfahrenspfleger zu bestellen, wenn dies zur Wahrnehmung der Interessen des Betroffenen erforderlich ist. Die Bestellung ist insbesondere erforderlich, wenn von einer Anhörung des Betroffenen abgesehen werden soll.**

(2) Bestellt das Gericht dem Betroffenen keinen Verfahrenspfleger, ist dies in der Entscheidung, durch die eine Unterbringungsmaßnahme genehmigt oder angeordnet wird, zu begründen.

(3) **Wer Verfahrenspflegschaften im Rahmen seiner Berufsausübung führt, soll nur dann zum Verfahrenspfleger bestellt werden, wenn keine andere geeignete Person zur Verfügung steht, die zur ehrenamtlichen Führung der Verfahrenspflegschaft bereit ist.**

§ 317 Verfahrenspfleger **§ 317**

(4) **Die Bestellung eines Verfahrenspflegers soll unterbleiben oder aufgehoben werden, wenn die Interessen des Betroffenen von einem Rechtsanwalt oder einem anderen geeigneten Verfahrensbevollmächtigten vertreten werden.**

(5) **Die Bestellung endet, sofern sie nicht vorher aufgehoben wird, mit der Rechtskraft der Endentscheidung oder mit dem sonstigen Abschluss des Verfahrens.**

(6) **Die Bestellung eines Verfahrenspflegers oder deren Aufhebung sowie die Ablehnung einer derartigen Maßnahme sind nicht selbständig anfechtbar.**

(7) **Dem Verfahrenspfleger sind keine Kosten aufzuerlegen.**

1. Bestellung eines Verfahrenspflegers

Ein Verfahrenspfleger ist zu bestellen (Abs 1 S 1), wenn es nach der allgemeinen Verfahrenssituation erforderlich ist, dass der Betroffene Beistand von dritter Seite erhält. Nach den von der Rechtsprechung zunächst herausgebildeten Grundsätzen sollte dies dann geschehen, wenn eine Verständigung nicht möglich war. Durch die Formulierung „zur Wahrnehmung der Interessen des Betroffenen" sollen weitere Fälle erfasst werden. zB wenn der Betreuer des Betroffenen aus einer Spannungslage heraus die Unterbringung betreibt und sich damit in einer Interessenkollision befindet. Die Bestellung ist insbesondere erforderlich, wenn die **Bekanntmachung der Entscheidungsgründe** an den Betroffenen unterbleibt (§ 325 I), wenn die persönliche Anhörung des Betroffenen unterbleibt, weil nach ärztlichem Gutachten hiervon erhebliche Nachteile für die Gesundheit des Betroffenen zu besorgen sind und der Betroffene nach dem unmittelbaren Eindruck des Gerichts offensichtlich nicht in der Lage ist, seinen Willen kundzutun (§ 319 III iVm § 34 II). In diesem Fall ist die Bestellung eines Verfahrenspflegers zwingend und liegt nicht im Ermessen des Gerichts (Abs 1 S 3). Der **Verfahrenspfleger** ist vor der Anordnung einer vorläufigen Unterbringung **persönlich** zu hören; unterbleibt die Anhörung wegen Gefahr im Verzuge, ist sie unverzüglich nachzuholen (LG Frankfurt, NJW 92, 986). Der Verfahrenspfleger ist an den Verfahrenshandlungen zu beteiligen, insbesondere zur persönlichen Anhörung des Betroffenen (§ 319) zu laden (BayObLG, Rpfleger 02, 24; OLG Köln, FGPrax 08, 136). Die Bestellung soll jedoch **unterbleiben** oder aufgehoben werden, wenn der Betroffene von einem Rechtsanwalt oder von einem anderen geeigneten Verfahrensbevollmächtigten vertreten wird (Abs 1 S 2), auch wenn ein Rechtsanwalt im Wege der Verfahrenskostenhilfe beigeordnet ist (§ 78). Bestellt das Gericht dem Betroffenen keinen Pfleger für das Verfahren, ist dies in der Entscheidung, durch die eine Unterbringungsmaßnahme genehmigt oder angeordnet wird, zu begründen (Abs 2). 1

2

3

4

Die **Auswahl** des Verfahrenspflegers liegt im pflichtgemäßen Ermessen des Gerichts (LG Braunschweig, FamRZ 94, 524). Zum Verfahrenspfleger kann ein Rechtsanwalt bestellt werden; er ist kein beigeordneter Rechtsanwalt iS des § 45 RVG (LG Frankfurt, Rpfleger 92, 299). 5

Durch die Bestellung des Verfahrenspflegers wird die **Verfahrensfähigkeit** des Betroffenen für das Unterbringungsverfahren nicht berührt (§ 316). 6

2. Beendigung der Verfahrenspflegschaft

7   Die Bestellung des Verfahrenspflegers endet durch die jederzeit im Laufe des Verfahrens mögliche Aufhebung durch das Gericht, zB wenn der Betroffene einen Rechtsanwalt oder einen anderen geeigneten Verfahrensbevollmächtigten bestellt (Abs 1 S 2), jedoch nicht zwingend, weil Fälle denkbar sind, in denen der Betroffene den Rechtsanwalt, der an seine Weisungen gebunden ist, unsachgemäß einengt.

8   Die Bestellung endet ferner mit der **Rechtskraft** der das Verfahren abschließenden Entscheidung oder dem sonstigen Abschluss des Verfahrens (Abs 5), Rücknahme des Nachsuchens auf Genehmigung, Erledigung der Hauptsache, zB durch Entweichen des Untergebrachten. Die Bestellung des Verfahrenspflegers war schon nach bisherigem Recht (§ 70 b FGG) nicht auf einen Rechtszug beschränkt (BayObLG, FamRZ 02, 1363); die Beschränkung auf einen Rechtszug sieht auch § 276 V, insoweit abweichend von der bisherigen Rechtslage in § 67 II FGG, nicht vor.

3. Anfechtbarkeit

9   Die Bestellung, die Ablehnung einer Bestellung auf Anregung, die Aufhebung der Bestellung sind nach Abs 6 nicht selbständig anfechtbar. Sie können nach § 58 II mit der Endentscheidung überprüft werden. Kritisch zu dieser Regelung: Rn 13–15 zu § 276.

4. Kosten

10   Nach Abs 7 sind dem Verfahrenspfleger keine Verfahrenskosten aufzuerlegen, weil er allein im Interesse des Betroffenen tätig wird und dessen Rechte wahrnimmt. Verursacht ein Verfahrenspfleger im Einzelfall wider Erwarten nicht gerechtfertigte Kosten, hat das Gericht die Möglichkeit, ihn zu entlassen.

Vergütung und Aufwendungsersatz des Verfahrenspflegers

318 Für die Vergütung und den Aufwendungsersatz des Verfahrenspflegers gilt § 277 entsprechend.

Für die **Vergütung** und den **Aufwendungsersatz** des Verfahrenspflegers in Unterbringungssachen gilt die Vergütungsregelung für Betreuungssachen nach § 277 entsprechend.

Der Bundesrat (BR-Drs 309/07, S 62) hatte darauf hingewiesen, dass der berufsmäßige Verfahrenspfleger, dessen Vergütung nach den konkret aufgewandten Stunden berechnet wird (§ 3 I VBVG) auch bei Begrenzung durch das Kriterium der „Erforderlichkeit" (§ 3 I 1 VBVG) uU eine insgesamt höhere Vergütung bewilligt erhält als ein Rechtsanwalt, dessen Vergütung durch das RVG begrenzt ist. Der Bundesrat hat vorgeschlagen, die sich regelmäßig für einen Rechtsanwalt ergebenden 2,5 Gebühren für den Pfleger auf zwei Gebühren zu reduzieren und den sich hieraus ergebenden Betrag als Obergrenze für die Vergütung des Verfahrenspflegers anzusetzen. Die Bundesregierung hat diesem Vorschlag widersprochen und darauf hingewiesen, dass eine Begrenzung des Aufwendungsersatzes und der Vergütung des Verfahrenspflegers bereits nach § 277 III 1 möglich sei, indem das Gericht dem Verfahrenspfleger nach § 277 III 1 einen festen Geldbetrag zubillige.

Anhörung des Betroffenen

319 (1) Das Gericht hat den Betroffenen vor einer Unterbringungsmaßnahme persönlich anzuhören und sich einen persönlichen Eindruck von ihm zu verschaffen. Den persönlichen Eindruck verschafft sich das Gericht, soweit dies erforderlich ist, in der üblichen Umgebung des Betroffenen.

(2) Das Gericht unterrichtet den Betroffenen über den möglichen Verlauf des Verfahrens.

(3) Soll eine persönliche Anhörung nach § 34 Abs. 2 unterbleiben, weil hiervon erhebliche Nachteile für die Gesundheit des Betroffenen zu besorgen sind, darf diese Entscheidung nur auf Grundlage eines ärztlichen Gutachtens getroffen werden.

(4) Verfahrenshandlungen nach Absatz 1 sollen nicht im Wege der Rechtshilfe erfolgen.

(5) Das Gericht kann den Betroffenen durch die zuständige Behörde vorführen lassen, wenn er sich weigert, an Verfahrenshandlungen nach Absatz 1 mitzuwirken.

1. Persönliche Anhörung

Vor einer Unterbringungsmaßnahme ist der Betroffene zwingend persönlich anzuhören, damit sich das Gericht im Wege der Augenscheinseinnahme unmittelbar einen Eindruck von ihm verschaffen kann; soweit dies erforderlich ist, in der üblichen Umgebung des Betroffenen (Abs 1, S 1, 2); dies kann auch die Einrichtung sein, in der er untergebracht ist. Ist entgegen dem gesetzlichen Gebot die vorherige Anhörung unterblieben, ist die mit der Unterbringung verbundene Freiheitsentziehung rechtswidrig; eine rückwirkende Heilung durch Nachholung der Maßnahme ist nicht möglich (OLG Hamm, FamRZ 08, 1116). Um sicherzustellen, dass mindestens ein Mitglied des erkennenden Gerichts sich den persönlichen Eindruck verschafft, schließt Abs 4 die Anhörung im Wege der Rechtshilfe aus; möglich bleibt die Einschaltung des beauftragten Richters durch das Rechtsmittelgericht (BayObLG 81, 306). Nach BVerfG, NJW 84, 1025, erfordert das Grundgesetz nicht, dass der Betroffene vor dem **Beschwerdegericht** erneut mündlich anzuhören ist. Von einer erneuten Anhörung kann nach BGH, FamRZ 83, 691, dann abgesehen werden, wenn hiervon zusätzliche Erkenntnisse nicht zu erwarten sind (auch: BayObLG, FamRZ 93, 998). Hat der Betroffene seinen Aufenthalt nicht nur vorübergehend im Ausland, erfolgt die Anhörung im Wege der **internationalen Rechtshilfe** (GVG, Rn 17–20; Rn 42–44 zu § 30). Bei der Anhörung hat das Gericht den Betroffenen über den möglichen Verlauf des Verfahrens zu unterrichten (Abs 2).

2. Unterbleiben der Anhörung

5   Soll eine persönliche Anhörung nach § 34 II unterbleiben, weil hiervon erhebliche Nachteile für die Gesundheit des Betroffenen zu besorgen sind, darf die Entscheidung nur auf Grundlage eines ärztlichen Gutachtens getroffen werden (Abs 3). Eine Anhörung unterbleibt nicht schon dann, wenn eine Verständigung nicht möglich ist oder der Betroffene zu einer selbständigen Beurteilung seiner Lage nicht fähig ist. Diese Umstände bilden einen wesentlichen Teil seines Persönlichkeitsbildes, über den sich das Gericht im Rahmen der Anhörung unterrichten soll. Zu der Frage, wann nach bisherigem Recht ausnahmsweise von der Anhörung abgesehen werden konnte: BayObLG 65, 162; Arnold, FamRZ 63, 484, 486; BGH 35, 1, 12. Haben die Voraussetzungen für ein Unterbleiben der Anhörung nicht vorgelegen, muss die Anhörung
6   im Beschwerdeverfahren nachgeholt werden (OLG Schleswig, SchlHA 94, 65). Die Notwendigkeit der Anhörung besteht auch bei der Genehmigung von **freiheitsentziehenden Maßnahmen** nach § 1906 IV BGB (§ 312 Nr 2); das Gesetz sieht insoweit keine Ausnahme vor.

3. Vorführung

7   Erscheint der Betroffene trotz Ladung nicht, kann das Gericht seine Vorführung durch die zuständige Behörde (Jugendamt, Betreuungsbehörde) anordnen; diese Anordnung kann nach § 35 erzwungen werden.

4. Sachverständiger

8   Nach § 321 Abs 1 ist für Unterbringungsmaßnahmen nach § 312 Nr 1, 3 ein Sachverständigengutachten einzuholen; für Maßnahmen nach § 312 Nr 2 genügt ein ärztliches Zeugnis. Ein Gutachten ist ferner nach § 319 Abs 3 einzuholen, wenn von einer persönlichen Anhörung nach § 34 II abgesehen werden soll. Eine zusätzliche dem bisherigen § 70c S 4 iVm § 68 IV FGG entsprechende Bestimmung, dass das Gericht einen Sachverständigen hinzuziehen kann, wenn es den Betroffenen persönlich anhört und sich einen unmittelbaren Eindruck von ihm verschafft, ist in dem Gesetz nicht mehr enthalten, jedoch nicht ausgeschlossen. Das Gericht kann nach §§ 26, 30 jederzeit einen Sachverständigen hinzuziehen, wenn es dies für erforderlich hält. Das Gericht kann nach § 26 auf Verlangen des Betroffenen auch einer Person seines Vertrauens die Anwesenheit bei der Anhörung gestatten. Anderen Personen kann das Gericht die Anwesenheit gestatten, jedoch nicht gegen den Willen des Betroffenen (§ 170 GVG).

5. Rechtliches Gehör

9   Durch die persönliche Anhörung erhält der Betroffene zugleich die Möglichkeit zur Wahrnehmung des rechtlichen Gehörs. Um ihm das Verfahren verständlich zu machen und ihn in die Lage zu versetzen, die Gründe vorzubringen, die aus seiner Sicht gegen eine Unterbringung sprechen, unterrichtet ihn das Gericht über den möglichen Verlauf des Verfahrens (Abs 2). Er ist über die beabsichtigte Einholung eines Gutachtens (§ 321) und über die

§ 320 Anhörung der sonstigen Beteiligten und der zuständigen Behörde **§ 320**

Person des Sachverständigen in Kenntnis zu setzen (KG, FamRZ 07, 1043). Die Gewährung rechtlichen Gehörs für Dritte ist in § 320 geregelt.

6. Mündliche Erörterung

Das **Ergebnis der Anhörung,** das Gutachten des Sachverständigen oder 10 das ärztliche Zeugnis sind mit dem Betroffenen mündlich zu erörtern, soweit dies zur Gewährung des rechtlichen Gehörs oder zur Sachaufklärung erforderlich ist (§§ 26, 27 II). Die Anhörung und die abschließende Erörterung können in einem Termin stattfinden. Auch hierbei ist auf Verlangen des Betroffenen einer Person seines Vertrauens die Anwesenheit zu gestatten. Anderen Personen kann das Gericht die Anwesenheit gestatten, jedoch nicht gegen den Willen des Betroffenen (§ 170 GVG).

Anhörung der sonstigen Beteiligten und der zuständigen Behörde

320 Das Gericht hat die sonstigen Beteiligten anzuhören. Es soll die zuständige Behörde anhören.

§ 320 regelt die Gewährung rechtlichen Gehörs für die **sonstigen Beteiligten** und die **zuständige Behörde.** § 320 knüpft an den bisherigen § 70 d FGG an, führt den Kreis der anzuhörenden Personen jedoch nicht konkret auf; diese ergeben sich vielmehr aus dem durch § 315 bestimmten Kreis der Beteiligten. Das sind der Betreuer (§ 315 I Nr 2), ein Bevollmächtigter iS des § 1896 II 2 BGB, falls ein solcher bestellt ist (§ 315 I Nr 3) und der Verfahrenspfleger, wenn ein solcher bestellt ist (Abs 2).

Die **zuständige Behörde** soll angehört werden. Sie wird hierdurch nicht 2 notwendigerweise Beteiligte (§ 7 V). Es steht der Behörde frei, ob sie einen Antrag stellt, als Beteiligte hinzugezogen zu werden (§ 315 III). Das Gericht soll sich unabhängig von einer Beteiligtenstellung der Behörde durch deren Anhörung einen Eindruck über sonstige Umstände – auch mildere Mittel als die der Unterbringung – verschaffen können. Zuständige Behörde ist die Betreuungsbehörde und für die öffentlich-rechtliche Unterbringung die jeweilige Behörde nach den Landesgesetzen über die Unterbringung psychisch Kranker.

Die Anhörungen bei der Unterbringung **Minderjähriger,** die jetzt im 3 Zusammenhang mit den Kindschaftssachen geregelt ist, ergeben sich jetzt aus § 167 IV.

Satz 1 sieht zwingend die Anhörung der sonstigen Beteiligten vor. Daher 4 sind auch zwingend die im Interesse des Betroffenen hinzugezogenen Beteiligten anzuhören. Dies sind nach **Abs 4 Nr 1,** soweit sie hinzugezogen wurden, der Ehegatte oder Lebenspartner, wenn die Ehegatten oder Lebenspartner nicht dauernd getrennt werden, Eltern und Kinder des Betroffenen, wenn dieser bei diesen lebt oder bei Einleitung des Verfahrens gelebt hat sowie die Pflegeeltern; ferner eine von dem Betroffenen benannte Person seines Vertrauens **(Abs 4 Nr 2)** und der Leiter der Einrichtung, in der der Betroffene lebt **(Abs 4 Nr 3).** Nach Landesrecht kann vorgesehen sein, dass weitere Personen und Stellen, soweit sie zu beteiligen sind, anzuhören sind.

§§ 321, 322 Buch 3 – Betreuungs- und Unterbringungssachen

Einholung eines Gutachtens

321 (1) **Vor einer Unterbringungsmaßnahme hat eine förmliche Beweisaufnahme durch Einholung eines Gutachtens über die Notwendigkeit der Maßnahme stattzufinden. Der Sachverständige hat den Betroffenen vor der Erstattung des Gutachtens persönlich zu untersuchen oder zu befragen. Das Gutachten soll sich auch auf die voraussichtliche Dauer der Unterbringung erstrecken. Der Sachverständige soll Arzt für Psychiatrie sein; er muss Arzt mit Erfahrung auf dem Gebiet der Psychiatrie sein.**

(2) Für eine Maßnahme nach § 312 Nr. 2 genügt ein ärztliches Zeugnis.

1 Vor einer Unterbringungsmaßnahme hat eine förmliche Beweisaufnahme (§ 30) durch Einholung eines **Gutachtens** über die Notwendigkeit der Maßnahme stattzufinden (Abs 1 S 1). Diese Regelung entspricht der des § 280 I vor der Bestellung eines Betreuers oder der Anordnung eines Einwilligungsvorbehaltes. Der Sachverständige hat den Betroffenen vor der Erstattung des
2 Gutachtens persönlich zu untersuchen und zu befragen. Die **Auswahl** des Sachverständigen liegt im Ermessen des Gerichts. Nach Abs 1 S 3 soll der Sachverständige in der Regel „Arzt für Psychiatrie" sein. Nur in Ausnahmefällen genügt es, dass er Arzt mit ausreichenden Erfahrungen auf diesem Gebiet ist. Eine geringere Qualifikation darf der Arzt nicht haben. Das Hinzuziehen anderer Sachverständiger anderer Fachrichtungen, zB Pädagogen, kann erforderlich sein. Bei dem Sachverständigen kann es sich um den bei der
3 Anhörung hinzugezogenen handeln. Zu den Anforderungen an den **Inhalt** des Gutachtens: BayObLG, FamRZ 95, 695; OLG Düsseldorf, FamRZ 95, 118; OLG Hamm, FGPrax 09, 90 zu § 1906 I 2 BGB: die Ausführungen des Sachverständigen müssen in tatsächlicher Hinsicht eine ausreichende Grundlage für den strengen Prüfungsmaßstab sein, der bei einer mit Freiheitsentziehung verbundenen Zwangsbehandlung anzulegen ist. Der für die Genehmigung notwendige Ausschluss der Einsichtsfähigkeit muss jeweils bezogen auf die konkrete Maßnahme dargelegt werden. Das Gutachten soll sich auch auf die voraussichtliche Dauer der Unterbringung erstrecken (Abs 1 S 3). Dies ist notwendig, weil das Gericht in der Beschlussformel den Zeitpunkt anzugeben hat, zu dem die Unterbringungsmaßnahme endet (§ 323 Nr 2).
4 Ist Gegenstand der Genehmigung eine **unterbringungsähnliche Maßnahme** nach § 312 Nr 2 iVm § 1906 IV BGB genügt anstelle des Gutachtens ein **ärztliches Zeugnis**. Im Einzelfall kann sich aber aus dem Amtsermittlungsgrundsatz (§ 26) die Verpflichtung zur Einholung eines Sachverständigengutachtens ergeben.

Vorführung zur Untersuchung; Unterbringung zur Begutachtung

322 **Für die Vorführung zur Untersuchung und die Unterbringung zur Begutachtung gelten die §§ 283 und 284 entsprechend.**

1. Vorführung zur Untersuchung

1 § 322 verweist hinsichtlich der Voraussetzungen und der Durchführung der Vorführung zur Untersuchung durch einen Sachverständigen auf die entspre-

§ 322 Vorführung zur Untersuchung; Unterbringung zur Begutachtung **§ 322**

chende Vorschrift des § 283 in Betreuungssachen. Die Vorführung zur Untersuchung kann angeordnet werden, wenn der Betroffene nicht freiwillig zum Untersuchungstermin erscheint. Im Gegensatz zur Untersuchung selbst kann sie gegen den Willen des Betroffenen erfolgen. Zur Schonung des Betroffenen soll die Vorführung zur Untersuchung von der zuständigen Betreuungsbehörde vorgenommen werden, weil diese über hinreichend geschultes Personal verfügt. Der Betroffene soll vor der Vorführung **persönlich angehört** werden (§ 283 I 1). Ist die Vorführung nur unter Anwendung **unmittelbaren Zwangs** durchzuführen, bedarf dies einer ausdrücklichen **gerichtlichen Entscheidung** (§ 283 II 1). Die Unterstützung der Betreuungsbehörde durch polizeiliche Vollzugsorgane hierbei soll nur als „ultima ratio" zur Anwendung kommen (§ 283 II 2).

2. Unterbringung zur Begutachtung

Die Unterbringung zur **Vorbereitung** des Gutachtens kann angeordnet werden, wenn dies erforderlich ist, um das Gutachten über den Zustand des Betroffenen erstellen zu können. Voraussetzung ist die vorherige Anhörung eines Sachverständigen zu der Frage der Notwendigkeit der Unterbringung für die Erstellung des Gutachtens und zu der Frage der notwendigen Dauer. Vor der Unterbringung ist der Betroffene persönlich anzuhören (§ 284 I 1, 2).

Die Unterbringung darf die **Dauer** von sechs Wochen nicht überschreiten; nur wenn dieser Zeitraum nicht ausreicht, um die erforderliche Erkenntnis zu erlangen, kann nach nochmaliger Anhörung des Sachverständigen die Unterbringung durch eine weitere Anordnung bis zu einer Gesamtdauer von drei Monaten verlängert werden (§ 284 II). Der Betroffene ist nicht verpflichtet, aktiv am Zustandekommen des Gutachtens mitzuwirken; eine derartige Mitwirkung kann auch **nicht erzwungen** werden.

Die Unterbringung kann durch Anwendung **unmittelbaren Zwangs** durchgesetzt werden (§ 284 III iVm § 283 II). Die Anwendung von Gewalt darf nur auf Grund einer ausdrücklichen gerichtlichen Entscheidung erfolgen (§ 284 III iVm § 283 II 1). Die Vorschrift des § 283 II entspricht der des § 326 II, der für die Zuführung zur Unterbringung unter Gewaltanwendung ebenfalls eine eigene richterliche Entscheidung verlangt. Die Betreuungsbehörde kann als „ultima ratio" Unterstützung der polizeilichen Vollzugsorgane nachsuchen.

§ 284 III iVm § 283 I ermächtigen das Gericht nicht nur zur Anordnung der Vorführung und zur Anordnung der Unterbringung zur Begutachtung, sondern auch dazu, die Anordnungen zu treffen, die zur **Durchführung** der Vorführung, der Unterbringung zur Begutachtung, erforderlich sind. Im Zusammenhang mit den Zwangsmaßnahmen kann eine **Durchsuchung der Wohnung** des Betroffenen, also ein Öffnen und Betreten, notwendig werden. Der zuständigen Behörde muss es dann gestattet sein, die Wohnung des Betroffenen zu betreten und notfalls **gewaltsam** zu öffnen. Wegen der besonderen Eingriffsschwere (Art 13 II GG) ist die Berechtigung hierzu durch § 283 I 1 ausdrücklich gesetzlich geregelt. Der Umfang der Durchsuchung ist durch die Zweckbestimmung begrenzt; sie dient der Feststellung des Aufenthaltsortes des Betroffenen.

§ 323

3. Anfechtbarkeit

7   Die Anordnung der Untersuchung zur Vorbereitung des Gutachtens, die Vorführung zur Untersuchung, sind unanfechtbar. Dies folgt daraus, dass nach § 58 I nur Endentscheidungen anfechtbar sind und Entscheidungen über Verfahrensfragen nur dann, wenn die Vorschriften über die sofortige Beschwerde nach der ZPO für anwendbar erklärt werden. Dies ist in § 283 nicht geschehen.

Unanfechtbar waren nach bisherigem Recht (§ 68 b III FGG) auch das Öffnen und Betreten der Wohnung des Betroffenen, wenn dies zur Durchführung der Vorführung notwendig war (KG, FGPrax 96, 182; OLG Hamm, FGPrax 96, 221).

8   **Anfechtbar** sind nach § 284 III mit der sofortigen Beschwerde nach den §§ 567–572 ZPO die Anordnungen nach den Abs 1 und 2; das sind die Anordnungen der Unterbringung und die Entscheidungen hinsichtlich der Dauer der Unterbringung (für das bisherige Recht: BayObLG, FamRZ 93, 1225; 94, 1190). Diese Entscheidungen sind anfechtbar, weil sie stark in die Rechte des Betroffenen eingreifen.

9   Erledigt sich die Anordnung über die Unterbringung im Laufe des Rechtsmittelverfahrens, kann ein Rechtsschutzbedürfnis für die **Feststellung der Rechtswidrigkeit** der Maßnahme bestehen (§ 62 I, II 1). Die bisher umstrittene Frage, ob es eines ausdrücklichen Feststellungsbegehren bedürfe, ist durch
10 die gesetzliche Regelung geklärt; die Feststellung der Rechtswidrigkeit der Maßnahme bedarf keines **Antrages.** Es ist aber jedenfalls nach § 26 **zu ermitteln,** ob der Betroffene Feststellung begehrt. Das BVerfG hat ein Rechtsschutzbedürfnis für eine Feststellung für einen Fall verneint, in dem sich der Betroffene freiwillig hat untersuchen lassen, weil in einem solchen Fall ein tiefgreifender Grundrechtseingriff nicht zu bejahen sei (BVerfG, NJW 98, 2813).

11 **Beschwerdeberechtigt** sind der Betroffene, der Betreuer, der Verfahrenspfleger für den Betroffenen.

Inhalt der Beschlussformel

323 Die Beschlussformel enthält im Fall der Genehmigung oder Anordnung einer Unterbringungsmaßnahme auch
1. die nähere Bezeichnung der Unterbringungsmaßnahme sowie
2. den Zeitpunkt, zu dem die Unterbringungsmaßnahme endet.

1. Inhalt der Entscheidung

1   § 38 regelt in Abs 2 und Abs 3 den notwendigen Inhalt der Entscheidung. Der Beschluss muss enthalten die Bezeichnung der Beteiligten, ihrer gesetzlichen Vertreter und der Bevollmächtigten (Abs 2, **Nr 1**), die Bezeichnung des Gerichts und die Namen der Gerichtspersonen, die bei der Entscheidung mitgewirkt haben (Abs 2, **Nr 2**) sowie die Beschlussformel (Abs 2, **Nr 3**). Der
2   Beschluss ist zu begründen und zu unterschreiben (Abs 3, S 1, 2). Der Be-

§ 323 Inhalt der Beschlussformel § 323

schluss ist **erlassen** mit der Übergabe des Beschlusses an die Geschäftsstelle zur Veranlassung der Bekanntgabe oder der Bekanntgabe durch Verlesen der Beschlussformel; dieses Datum ist auf dem Beschluss zu vermerken (§ 38 III, 2). Der Zeitpunkt des Erlasses ist von Bedeutung für den Beginn der Frist des § 63 III. Die Notwendigkeit einer Rechtsmittelbelehrung ergibt sich nunmehr aus § 39.

2. Zusätzlicher Inhalt in Unterbringungssachen

§ 323 legt den zusätzlichen Inhalt der Beschlussformel für Entscheidungen 3 fest, durch die eine Unterbringungsmaßnahme getroffen wird; erfasst werden die Fälle der Genehmigung (§ 312, Nr 1, 2) und der Anordnung (§ 312 Nr 3); ferner einstweilige Anordnungen nach §§ 331–333 und einstweilige Maßregeln nach § 334 iVm § 1846 BGB und Änderungsentscheidungen (§ 329).

Die Entscheidung muss die nähere Bezeichnung der Unterbringungsmaß- 4 nahme **enthalten (Nr 1);** bei einer beabsichtigten Heilbehandlung deren Art, Inhalt und Dauer, weil der Zweck der Unterbringung entfällt, wenn diese beendet oder undurchführbar geworden ist (OLG Brandenburg, FamRZ 07, 1127). Bei öffentlich-rechtlicher Unterbringung (§ 312 **Nr 3**) ist die Art der Unterbringungseinrichtung, Rehabilitationseinrichtung, psychiatrische Anstalt, Klinik für Suchtkranke, Trinkerheilstätte, nicht jedoch eine bestimmte Einrichtung anzugeben; diese hat der Betreuer auszuwählen (BayObLG, 5 FamRZ 94, 320), bei **unterbringungsähnlichen Maßnahmen** die Art der Maßnahme, zB Fixierung am Bett; Zeiten, zu denen das Abschließen der Aufenthaltsräume erlaubt ist. Die Maßnahmen sind in örtlicher und zeitlicher Hinsicht konkret anzugeben.

Ferner ist zwingend vorgeschrieben **(Nr 2),** den **Zeitpunkt,** zu dem die 6 Unterbringungsmaßnahme endet, wenn sie nicht vorher verlängert wird, anzugeben. Die zulässige Höchstdauer beträgt ein Jahr, bei offensichtlich langer Unterbringungsbedürftigkeit spätestens mit Ablauf von zwei Jahren, wenn sie nicht vorher verlängert wird (§ 329 I); die Frist beginnt mit dem Erlass der Entscheidung (BGH, FGPrax 95, 130). Das Gericht ist verpflichtet, ggf den konkreten Umständen entsprechende kürzere Zeiträume als Höchstdauer festzusetzen.

3. Begründung der Entscheidung

Die Notwendigkeit der Begründung der Entscheidung, durch die eine 7 Unterbringungsmaßnahme getroffen wird, ergibt sich nunmehr aus § 38 III; dies gilt auch im Falle der Ablehnung der Unterbringung. Der bloße Hinweis auf „eigen- und fremdgefährdende Fehlhandlungen" ist keine ausreichende Begründung (OLG Schleswig, NJW 04, 169). Eine fehlende Begründung setzt die Beschwerdefrist nicht in Lauf. Von der Bekanntgabe der Gründe eines Beschlusses an den Betroffenen kann jedoch abgesehen werden, wenn dies nach ärztlichem Zeugnis erforderlich ist, um erhebliche Nachteile für seine Gesundheit zu vermeiden (§ 325 I).

§ 324 Buch 3 – Betreuungs- und Unterbringungssachen

Wirksamwerden von Beschlüssen

324 (1) Beschlüsse über die Genehmigung oder die Anordnung einer Unterbringungsmaßnahme werden mit Rechtskraft wirksam.

(2) Das Gericht kann die sofortige Wirksamkeit des Beschlusses anordnen. In diesem Fall wird er wirksam, wenn der Beschluss und die Anordnung seiner sofortigen Wirksamkeit

1. dem Betroffenen, dem Verfahrenspfleger, dem Betreuer oder dem Bevollmächtigten im Sinne des § 1896 Abs. 2 Satz 2 des Bürgerlichen Gesetzbuchs bekannt gegeben werden,
2. einem Dritten zum Zweck des Vollzugs des Beschlusses mitgeteilt werden oder
3. der Geschäftsstelle des Gerichts zum Zweck der Bekanntgabe übergeben werden.

Der Zeitpunkt der sofortigen Wirksamkeit ist auf dem Beschluss zu vermerken.

1. Eintritt der Wirksamkeit

1 § 40 bestimmt allgemein, dass eine Entscheidung mit der Bekanntgabe an den Beteiligten, für den sie ihrem wesentlichen Inhalt nach bestimmt ist, wirksam wird. Abweichend hiervon kann der Eintritt der Wirksamkeit an die formelle Rechtskraft (§ 45) geknüpft werden; das Gesetz sieht dies in einzelnen Angelegenheiten ausdrücklich vor. Nach **Abs 1** tritt die Wirksamkeit bei Entscheidungen über die Genehmigung oder die Anordnung einer Unterbringungsmaßnahme mit **Rechtskraft** ein. Abs 1 entspricht dem bisherigen § 70 g III 1 FGG, der auch die ablehnenden Entscheidungen erfasste, auf die jetzt nicht mehr verwiesen wird. Da nach der Gesetzesbegründung (BT-Drs 16/6308, S 275) § 70 g III 1 FGG nur redaktionell überarbeitet wurde, ist davon auszugehen, dass Abs 1 **auch ablehnende** Entscheidungen erfasst.

2. Sofortige Wirksamkeit

3 Es kann notwendig sein, dass die Entscheidung sofort wirksam wird, um vollzogen werden zu können. In diesem Fall kann das Gericht nach **Abs 2** die sofortige Wirksamkeit anordnen. Die Entscheidung wird dann in dem Zeitpunkt wirksam, in dem sie und die Anordnung der sofortigen Wirksamkeit dem Betroffenen, dem Verfahrenspfleger, dem Betreuer oder dem Bevollmächtigten iS des § 1896 II 2 BGB, sofern ein solcher bestellt ist, bekannt gegeben werden (Nr 1) oder einem Dritten (zB Leiter einer Unterbringungseinrichtung) zum Zwecke des Vollzugs der Entscheidung mitgeteilt werden (Abs 2 **Nr 2**) oder der Geschäftsstelle des Gerichts zum Zwecke der Bekanntgabe übergeben werden (Abs 2 **Nr 3**). Der Zeitpunkt ist auf der Entscheidung zu vermerken (Abs 2 S 2).

4 Die Anordnung der sofortigen Wirksamkeit ist ebenso wie ihre Ablehnung **nicht selbständig** anfechtbar. Das Beschwerdegericht kann auch die sofortige Wirksamkeit anordnen, es kann diese aber auch durch eine Anordnung nach § 64 III wieder beseitigen.

§ 325 Bekanntgabe § 325

Bekanntgabe

325 (1) Von der Bekanntgabe der Gründe eines Beschlusses an den Betroffenen kann abgesehen werden, wenn dies nach ärztlichem Zeugnis erforderlich ist, um erhebliche Nachteile für seine Gesundheit zu vermeiden.

(2) Der Beschluss, durch den eine Unterbringungsmaßnahme genehmigt oder angeordnet wird, ist auch dem Leiter der Einrichtung, in der der Betroffene untergebracht werden soll, bekannt zu geben. Das Gericht hat der zuständigen Behörde die Entscheidung, durch die eine Unterbringungsmaßnahme genehmigt, angeordnet oder aufgehoben wird, bekannt zu geben.

1. Bekanntgabe der Entscheidung

Die Bekanntgabe der Entscheidung ist allgemein in § 41 geregelt. Sie ist 1 nach Abs 1 S 1 den Beteiligten bekannt zu geben; das sind die Personen, die nach § 315 I Ziff 1–3 zwingend als Beteiligte hinzuzuziehen sind, und die Personen, die nach Abs 4 im Interesse des Betroffenen hinzugezogen werden können und hinzugezogen worden sind; ferner der Verfahrenspfleger nach § 315 II, falls ein solcher bestellt ist, und die zuständige Behörde nach § 315 III, falls sie auf ihren Antrag bereits als Beteiligte hinzugezogen worden ist.

2. Bekanntgabe in Unterbringungssachen

§ 325 enthält **zusätzliche** Bestimmungen über die Bekanntgabe in Unter- 2 bringungssachen. Die Entscheidung, durch die eine Unterbringungsmaßnahme genehmigt oder angeordnet wird, ist auch dem Leiter der Einrichtung bekannt zu geben, in der der Betroffene untergebracht werden soll. Dieser ist zu unterscheiden von dem Leiter der Einrichtung, in der der Betroffene (bereits) lebt (§ 315 IV Nr 3). Der **zuständigen Behörde** hat das Gericht 3 eine Entscheidung, durch die eine Unterbringungsmaßnahme genehmigt oder angeordnet wird, bekannt zu geben, darüber hinaus auch solche Entscheidungen, durch die diese Maßnahmen aufgehoben werden. Die Regelung der Bekanntgabe an die zuständige Behörde betrifft den Fall, dass diese in erster Instanz noch nicht als Beteiligte hinzugezogen worden war, weil sie einen entsprechenden Antrag noch nicht gestellt hatte (§ 315 III). Sie gehört daher noch nicht zu dem Kreis der Personen, denen die Entscheidung nach § 41 bekannt zu geben ist. Sie muss über die Entscheidungen jedoch unterrichtet sein, damit sie von ihrem Beschwerderecht nach § 335 IV Gebrauch machen kann. Durch die Bekanntmachung an die genannten Personen und Stellen soll darüber hinaus gewährleistet werden, dass diese durch die Kenntnis von der Entscheidung die im Interesse des Betroffenen erforderlichen Maßnahmen ergreifen können. Für **ablehnende** Entscheidungen ist die Bekannt- 4 machung an die genannten Personen und Stellen nicht vorgesehen; das ist nicht notwendig, weil nichts zu veranlassen ist; die Bekanntmachung in diesem Fall könnte sich in der Regel für den Betroffenen negativ auswirken. Auch der zuständigen Behörde sind ablehnende Entscheidungen nicht mehr wie bisher bekannt zu geben, sondern lediglich aufhebende Entscheidungen.

§ 326 Buch 3 – Betreuungs- und Unterbringungssachen

3. Bekanntgabe der Entscheidung

5   Entscheidungen über die Genehmigung oder Anordnung einer Unterbringungsmaßnahme sind dem Betroffenen stets selbst bekannt zu geben (§ 41 I iVm § 315 Abs 1 Nr 1); dadurch soll die Rechtsstellung des Betroffenen gestärkt werden. Von der Bekanntmachung des Entscheidungstenors kann nicht abgesehen werden; jedoch kann die Bekanntmachung der Entscheidungsgründe unterbleiben, wenn mit der Bekanntgabe der Gründe erhebliche Nachteile für die Gesundheit des Betroffenen zu erwarten wären. Das Absehen von der Bekanntgabe der Gründe darf nur auf Grund eines ärztlichen Zeugnisses erfolgen, durch das die Gefahr erheblicher Nachteile für den Betroffenen durch die Bekanntgabe der Entscheidungsgründe bestätigt wird. Zu erwartende Schwierigkeiten rechtfertigen nicht das Absehen von der Bekanntgabe der Entscheidungsgründe.

Zuführung zur Unterbringung

326 (1) **Die zuständige Behörde hat den Betreuer oder den Bevollmächtigten im Sinne des § 1896 Abs. 2 Satz 2 des Bürgerlichen Gesetzbuchs auf deren Wunsch bei der Zuführung zur Unterbringung nach § 312 Nr. 1 zu unterstützen.**

(2) **Gewalt darf die zuständige Behörde nur anwenden, wenn das Gericht dies auf Grund einer ausdrücklichen Entscheidung angeordnet hat. Die zuständige Behörde ist befugt, erforderlichenfalls die Unterstützung der polizeilichen Vollzugsorgane nachzusuchen.**

(3) **Die Wohnung des Betroffenen darf ohne dessen Einwilligung nur betreten werden, wenn das Gericht dies auf Grund einer ausdrücklichen Entscheidung angeordnet hat. Bei Gefahr im Verzug findet Satz 1 keine Anwendung.**

1   § 326 behandelt die **Durchführung zivilrechtlicher Unterbringung** nach § 312 Nr 1. Zivilrechtliche Unterbringungen werden durch den Betreuer oder einen Bevollmächtigten im Sinne des § 1896 II 2 BGB durchgeführt. Dem dringenden Bedürfnis der Praxis, dass diese Personen bei der Durchführung der Unterbringung eine Anlaufstelle erhalten, an die sie sich mit dem Wunsch um Unterstützung bei der Unterbringung wenden können, hat bereits § 70 g V 1 FGG Rechnung getragen, der für solche Fälle eine Rechtsgrundlage schaffte. Diese Vorschrift ist nunmehr in § 326 I übernommen

2   worden. Danach hat die Betreuungsbehörde dem Betreuer, dem Bevollmächtigten, auf Wunsch die erforderliche **Unterstützung** zu gewähren, zB durch Stellung eines Spezialfahrzeuges oder Zurverfügungstellung von Fachpersonal.

3   Gewalt darf nur auf Grund einer besonderen gerichtlichen Entscheidung angewandt werden (Abs 2 S 1). Die Behörde ist befugt, erforderlichenfalls die Unterstützung der **polizeilichen Vollzugsorgane** nachzusuchen (Abs 2

4   S 2). Die Zuführung zur Unterbringung Minderjähriger ist im Zusammenhang mit Kindschaftssachen nunmehr in § 167 V geregelt.

5   Zur Durchführung der Unterbringung kann es erforderlich sein, die **Wohnung des Betroffenen** zu betreten und notfalls gewaltsam zu öffnen. Wegen

der besonderen Eingriffsschwere (Art 13 II GG) ist das Betreten der Wohnung ohne Einwilligung des Betroffenen nur zulässig, wenn dies durch vorherige ausdrückliche gerichtliche Entscheidung angeordnet wurde (Abs 3 S 1). Nur bei Gefahr im Verzug kann die Wohnung auch ohne gerichtliche Anordnung betreten werden (Abs 3 S 2). Eine entspr Regelung enthält § 283 II für die Durchführung der Vorführung zur Untersuchung.

Vollzugsangelegenheiten

327 (1) **Gegen eine Maßnahme zur Regelung einzelner Angelegenheiten im Vollzug der Unterbringung nach § 312 Nr. 3 kann der Betroffene eine Entscheidung des Gerichts beantragen. Mit dem Antrag kann auch die Verpflichtung zum Erlass einer abgelehnten oder unterlassenen Maßnahme begehrt werden.**

(2) **Der Antrag ist nur zulässig, wenn der Betroffene geltend macht, durch die Maßnahme, ihre Ablehnung oder Unterlassung in seinen Rechten verletzt zu sein.**

(3) **Der Antrag hat keine aufschiebende Wirkung. Das Gericht kann die aufschiebende Wirkung anordnen.**

(4) **Der Beschluss ist nicht anfechtbar.**

§ 327 behandelt gerichtliche Entscheidungen in **Vollzugsangelegenhei-** 1
ten der **öffentlich-rechtlichen** Unterbringung (§ 312 Nr 3) entspr dem bisherigen § 70 I FGG. § 327 eröffnet für **Anträge** auf gerichtliche Entscheidungen gegen Maßnahmen zur Regelung einzelner Angelegenheit im Vollzug der öffentlich-rechtlichen Unterbringung für den Betroffenen den **Rechtsweg** zum Betreuungsgericht. Eine entsprechende Regelung für zivilrechtliche Unterbringungen ist nicht vorgesehen, weil es insofern bei der Verantwortlichkeit des Betreuers, des Bevollmächtigten nach § 1896 II 2 BGB, bleiben soll. Das Betreuungsgericht kann ggf nach §§ 1908 i I 1, 1837 BGB angerufen werden; örtlich zuständig ist das Gericht, das die Unterbringung angeordnet hatte (streitig, Keidel/Kayser, Rn 5 zu § 70 I FGG mwN). Die Einrichtung, in der der Betroffene untergebracht ist, ist aus eigenem Recht zu keinen Eingriffen in die Rechte des Untergebrachten, wie Zwangsbehandlung oder Postkontrolle, befugt. Nur der Betreuer ist einzelfallbezogen zur Genehmigung der in die Rechte des Untergebrachten eingreifenden Maßnahmen befugt.

Der **Antrag** hat keine aufschiebende Wirkung; diese kann jedoch durch 2
das Betreuungsgericht angeordnet werden. Die Entscheidung des Gerichts ist unanfechtbar (Abs 3, 4).

Aussetzung des Vollzugs

328 (1) **Das Gericht kann die Vollziehung einer Unterbringung nach § 312 Nr. 3 aussetzen. Die Aussetzung kann mit Auflagen versehen werden. Die Aussetzung soll sechs Monate nicht überschreiten; sie kann bis zu einem Jahr verlängert werden.**

§ 329

(2) **Das Gericht kann die Aussetzung widerrufen, wenn der Betroffene eine Auflage nicht erfüllt oder sein Zustand dies erfordert.**

1. Anwendungsbereich

1 Gegenstand des § 328 ist die Regelung der **Aussetzung der Vollziehung** der **öffentlich-rechtlichen** Unterbringungsmaßnahme (§ 312 Nr 3) nicht Aussetzung der Vollziehung einer zivilrechtlichen Unterbringungsmaßnahme. Diese wird nicht durch das Gericht oder eine Behörde vollzogen, sondern von dem Betreuer, Bevollmächtigten, durchgeführt; eine Vollzugsregelung ist daher grundsätzlich entbehrlich. Die Aussetzung betrifft nur die Vollziehung, nicht das Unterbringungsverfahren selbst; bei Entscheidungsreife ist eine Entscheidung erforderlich und daher zu erlassen. Lässt sich die Unterbringungsbedürftigkeit nicht eindeutig feststellen, ist nicht auszusetzen, sondern die Unterbringungsmaßnahme abzulehnen. Die Möglichkeit der Aussetzung der Vollziehung öffentlich-rechtlicher Unterbringungsmaßnahmen ist notwendig, um einen flexiblen Vollzug sicherzustellen.

2. Befristung der Aussetzung

2 Die Aussetzung soll lediglich befristet möglich sein, um belastende Schwebezustände nicht unnötig auszudehnen. Sie soll in der Regel sechs Monate nicht überschreiten; sie kann bis zu einem Jahr verlängert werden (§ 328 I 2). Das Gericht kann die Aussetzung mit Auflagen (psychiatrische Nachbehandlung) verbinden (Abs 1 S 2). Erfüllt der Betroffene die Auflage nicht, kann das Gericht die Aussetzung widerrufen; auch dann, wenn der Zustand des Betroffenen dies erfordert (Abs 2). Die Nichterfüllung der Auflagen rechtfertigt den Widerruf dann nicht, wenn der Zustand des Betroffenen eine Unterbringung nicht erfordert (BayObLG, FamRZ 95, 1001).

3 Nach bisherigem Recht waren die Aussetzung und deren Widerruf **anfechtbar**. § 328 enthält keine Bestimmung über die Anfechtbarkeit. Allgemein ist jedoch für die Aussetzung des Verfahrens nach § 21 II die **Anfechtbarkeit** mit der sofortigen Beschwerde nach §§ 567–572 ZPO vorgesehen. Diese Regelung ist auch auf § 328 anzuwenden.

Dauer und Verlängerung der Unterbringung

329 (1) **Die Unterbringung endet spätestens mit Ablauf eines Jahres, bei offensichtlich langer Unterbringungsbedürftigkeit spätestens mit Ablauf von zwei Jahren, wenn sie nicht vorher verlängert wird.**

(2) **Für die Verlängerung der Genehmigung oder Anordnung einer Unterbringungsmaßnahme gelten die Vorschriften für die erstmalige Anordnung oder Genehmigung entsprechend. Bei Unterbringungen mit einer Gesamtdauer von mehr als vier Jahren soll das Gericht keinen Sachverständigen bestellen, der den Betroffenen bisher behandelt oder begutachtet hat oder in der Einrichtung tätig ist, in der der Betroffene untergebracht ist.**

§ 330 Aufhebung der Unterbringung § **330**

1. Dauer der Unterbringung

Abs 1 bestimmt die Dauer der Unterbringung entspr dem bisherigen § 70 f 1
I Nr 3 FGG. In der Regel beträgt die zulässige Höchstdauer einer Unterbringungsmaßnahme ein Jahr; nur bei offensichtlich langer Unterbringungsbedürftigkeit höchstens zwei Jahre nach Erlass der Entscheidung (BGH, FGPrax 95, 130; OLG Hamm, FGPrax 09, 135: langfristige Genehmigung bei Alkoholismus), wenn sie nicht vorher verlängert wird. Das Gericht ist verpflichtet, ggf den konkreten Umständen entspr kürzere Zeiträume als Höchstdauer festzusetzen.

2. Verlängerung der Unterbringung

Erneute Unterbringungsmaßnahmen dürfen vor Ablauf der in Abs 1 ent- 2
haltenen Fristen nur unter Beachtung der Verfahrensgarantien für die erstmalige Maßnahme durchgeführt werden (Abs 2 S 1). Zu prüfen ist erneut, ob ein Verfahrenspfleger zu bestellen ist. Anzuhören sind der Betroffene nach § 319, die sonstigen Beteiligten nach § 320; ferner ist im Wege einer förmlichen Beweisaufnahme nach § 321 ein Gutachten einzuholen. Der Gutachter hat die in § 321 aufgestellten Voraussetzungen für seine Sachkunde zu erfüllen. Wird eine (vorläufige) Unterbringung durch Entweichen des Betroffenen unterbrochen, ist nach dessen Wiedereinlieferung der bereits abgelaufene Vollzugszeitraum bei Verlängerungsentscheidungen in die Höchstfrist der Maßnahme einzubeziehen (OLG München, FGPrax 08, 137).

Für die Verlängerung der Genehmigung oder Anordnung einer Unterbrin- 3
gungsmaßnahme mit einer Gesamtdauer von **mehr als vier Jahren** sieht das Gesetz eine besondere Garantie für den Betroffenen vor. Die Begutachtung ist durch einen **neuen Sachverständigen** durchzuführen, der den Betroffenen vorher weder behandelt noch begutachtet hat und der in keinem Abhängigkeitsverhältnis zu der Einrichtung, in der der Betroffene untergebracht ist, steht. Nur in Ausnahmefällen soll davon abgewichen werden können, zB wenn andere als nach dieser Vorschrift ausgeschlossene Ärzte für Psychiatrie nicht oder nur schwer erreichbar sind. Daneben bleibt der Amtsermittlungsgrundsatz des § 26 unberührt; das Gericht hat bei Vorliegen etwaiger Zweifel auch unabhängig von einer Gesamtdauer von mehr als vier Jahren der Unterbringung jederzeit von Amts wegen einen anderen Gutachter zu beauftragen.

Aufhebung der Unterbringung

330 **Die Genehmigung oder Anordnung der Unterbringungsmaßnahme ist aufzuheben, wenn ihre Voraussetzungen wegfallen. Vor der Aufhebung einer Unterbringungsmaßnahme nach § 312 Nr. 3 soll das Gericht die zuständige Behörde anhören, es sei denn, dass dies zu einer nicht nur geringen Verzögerung des Verfahrens führen würde.**

Unterbringungsmaßnahmen sind vom Gericht von Amts wegen **aufzuhe-** 1
ben, wenn die materiellen Voraussetzungen dafür nicht mehr vorliegen. Bei eindeutiger Sachlage ist das Gericht verpflichtet, die Unterbringungsmaßnahme unverzüglich aufzuheben, ohne ein Gutachten einzuholen oder andere

§ 331 Buch 3 – Betreuungs- und Unterbringungssachen

Verfahrenshandlungen, die zu einer Verzögerung führen könnten, vornehmen zu müssen. Der Betreuer hat die Unterbringung zu beenden, wenn ihre Voraussetzungen wegfallen und dies dem Gericht anzuzeigen (§ 1906 III BGB). Auch in diesem Fall und bei Entlassung durch die Einrichtung ist die Unterbringungsanordnung aufzuheben.

2 Im Falle der öffentlich-rechtlichen Unterbringung nach § 312 Nr 3 ist der zuständigen **Behörde** Gelegenheit zur **Äußerung** zu geben, es sei denn, dass dies zu einer nicht nur geringen Verzögerung des Verfahrens führen würde. Der Behörde ist die Aufhebung der Unterbringungsmaßnahme stets bekannt zu geben (§ 325 Abs 2 S 2). Dem Betroffenen und den weiteren Beteiligten nach § 315 ist die Entscheidung über die Aufhebung der Unterbringungsmaßnahme nach § 41 I 1 bekannt zu geben.

Einstweilige Anordnung

331 Das Gericht kann durch einstweilige Anordnung eine vorläufige Unterbringungsmaßnahme anordnen oder genehmigen, wenn
1. dringende Gründe für die Annahme bestehen, dass die Voraussetzungen für die Genehmigung oder Anordnung einer Unterbringungsmaßnahme gegeben sind und ein dringendes Bedürfnis für ein sofortiges Tätigwerden besteht,
2. ein ärztliches Zeugnis über den Zustand des Betroffenen vorliegt,
3. im Fall des § 317 ein Verfahrenspfleger bestellt und angehört worden ist und
4. der Betroffene persönlich angehört worden ist.

Eine Anhörung des Betroffenen im Wege der Rechtshilfe ist abweichend von § 319 Abs. 4 zulässig.

1. Anwendungsbereich

1 Die §§ 331–333 regeln für Unterbringungssachen den Erlass von **einstweiligen Anordnungen,** § 334 iVm §§ 331–333 den Erlass **einstweiliger Maßregeln** durch das Gericht nach § 1846 BGB. Diese Vorschriften ersetzen den bisherigen § 70 h FGG.

2 Die §§ 331–334 **ergänzen** die allgemeinen Regeln der §§ 49–57 für das Verfahren der einstweiligen Anordnung, soweit die Besonderheiten des Unterbringungsverfahrens dies erfordern. Das Verfahren der einstweiligen Anordnung ist abweichend von den bisher von der Rechtsprechung entwickelten Grundzügen ein selbständiges Verfahren und nicht mehr Teil der Hauptsache. Das Verfahren kann selbständig eingeleitet werden; es ist ein selbständiges Verfahren auch dann, wenn eine Hauptsache bereits anhängig ist (§ 51 III). Das Gericht kann die einstweilige Anordnung jederzeit von Amts wegen, in Antragsverfahren auf Antrag, unabhängig von dem Verfahrensstand des Hauptsacheverfahrens nach § 54 aufheben oder ändern.

3 Das **Hauptsacheverfahren** kann jederzeit nach § 26 von Amts wegen durch das Gericht eingeleitet werden; in Unterbringungssachen ist dies **zwingend,** damit die durch die einstweilige Maßnahme getroffenen Anordnungen, die einen erheblichen Grundrechtseingriff darstellen, in einem endgültigen

§ 331 Einstweilige Anordnung **§ 331**

Verfahren überprüft werden. In Antragsverfahren ist die Hauptsache nach Maßgabe des § 52 einzuleiten.

Für das **Außerkrafttreten** der einstweiligen Anordnung geht § 333 dem 4 § 56 I zunächst vor. Das Gericht kann eine Frist für die Dauer der vorläufigen Unterbringung bestimmen, die jedoch die Höchstdauer des § 333 nicht überschreiten darf. Vor Ablauf der gerichtlich bestimmten Frist für die einstweilige Anordnung oder der Höchstdauer nach § 333 tritt die einstweilige Anordnung nur dann außer Kraft, wenn eine anderweitige Regelung wirksam wird (§ 56 I 1).

2. Voraussetzungen

Bei einer einstweiligen Anordnung einer vorläufigen Unterbringungsmaß- 5 nahme kann es sich handeln um die Genehmigung einer zivilrechtlichen Unterbringung (§ 312 Nr 1), die Genehmigung einer freiheitsentziehenden Maßnahme nach § 1906 IV BGB (Nr 2), eine vorläufige Unterbringung durch das Gericht nach § 334 iVm § 1846 BGB und eine öffentlich-rechtliche Unterbringung (§ 312 Nr 3). Das Gesetz unterscheidet zwei **Dring-** 6 **lichkeitsstufen;** nach § 331 ist Voraussetzung, dass ein dringendes Bedürfnis für ein sofortiges Tätigwerden (bisher: „mit dem Aufschub Gefahr verbunden wäre") und dem erleichterten Erlass einer einstweiligen Anordnung nach § 332 bei „Gefahr im Verzug".

Die Voraussetzungen für eine **zivilrechtliche** Unterbringung liegen dann 7 vor, wenn auf Grund einer psychischen Krankheit oder geistigen oder seelischen Behinderung des Betreuten die Gefahr besteht, dass er sich selbst tötet oder erheblichen gesundheitlichen Schaden zufügt (§ 1906 I 1 Nr 1 BGB) oder eine Untersuchung des Gesundheitszustandes, eine Heilbehandlung oder ein ärztlicher Eingriff notwendig ist, der ohne eine Betreuung nicht durchgeführt werden kann und der Betroffene auf Grund einer psychischen Krankheit oder geistigen oder seelischen Behinderung die Notwendigkeit der Unterbringung nicht erkennen oder nicht nach dieser Einsicht handeln kann (§ 1906 I 1 Nr 2 BGB) (OLG Karlsruhe, NJW-RR 00, 1172); ein drohender Gesundheitsschaden muss so gewichtig sein, dass er die mit der Unterbringung verbundene Freiheitsentziehung zu rechtfertigen vermag (OLG Bremen, FamRZ 07, 1128). Eine zivilrechtliche Unterbringung darf nur genehmigt werden, wenn **drin-** 8 **gende Gründe** für die Annahme bestehen, dass eine endgültige Unterbringung genehmigt wird und ein dringendes Bedürfnis für ein sofortiges Tätigwer- 9 den besteht (Nr 1). Eine vorläufige Unterbringung setzt grundsätzlich voraus, dass **bereits ein Betreuer,** vorläufiger Betreuer (§§ 300, 301) bestellt ist, dem das Recht zur Veranlassung einer Unterbringungsmaßnahme eingeräumt ist. Ist der Betreuer verhindert oder ein Betreuer noch nicht bestellt, kommt die vorläufige Unterbringung nach **§ 334 iVm § 1846 BGB** in Betracht.

Die Voraussetzungen für eine **öffentlich-rechtliche** Unterbringung sind 10 in den Unterbringungsgesetzen der Länder geregelt (Marschner/Volckart/ Lesting, Freiheitsentziehung und Unterbringung, Anhang). Auch die Voraussetzungen für ein dringendes Bedürfnis für ein sofortiges Tätigwerden („Gefahr, die mit dem Aufschub verbunden wäre") richten sich nach den materiellen Voraussetzungen der jeweiligen Unterbringungsgesetze.

3. Verfahren

11 Eine vorläufige Unterbringung darf nur angeordnet werden, wenn ein **ärztliches Zeugnis** über den Zustand des Betroffenen vorliegt (Nr 2); dieses muss zeitnah sein und konkrete Angaben über die beabsichtigte Behandlung und den gewünschten Behandlungserfolg sowie über die Nachteile enthalten, die bei einer Behandlung ohne die Unterbringung zu erwarten sind (OLG
12 Köln, FGPrax 06, 232). Nach § 317 I hat das Gericht dem Betroffenen einen **Verfahrenspfleger** zu bestellen, wenn dies zur Wahrnehmung der Interessen des Betroffenen erforderlich ist, es sei denn, dessen Interessen werden durch einen Rechtsanwalt oder einen anderen geeigneten Verfahrensbevollmächtigten vertreten. Grundsätzlich ist wegen der Schwere des mit der Unterbringung verbundenen Eingriffs in die Rechte des Betroffenen die Bestellung eines Verfahrenspflegers erforderlich; geschieht dies nicht, ist dies in der Entscheidung, durch die eine Unterbringungsmaßnahme genehmigt oder angeordnet wird, zu begründen (§ 317 II). Ist ein Verfahrenspfleger bestellt, ist dieser vor der Anordnung oder Genehmigung der vorläufigen Unterbrin-
13 gungsmaßnahme anzuhören (Nr 3); ferner ist der Betroffene vor Erlass der
14 einstweiligen Anordnung **persönlich anzuhören** (Nr 4 iVm § 319 I). Wenn es notwendig ist, um Verzögerungen zu vermeiden, kann die Anhörung des Betroffenen abweichend von § 319 IV auch im Wege der **Rechtshilfe** durchgeführt werden (S 2). Ein entsprechendes Rechtshilfeersuchen darf von dem
15 ersuchten Gericht grundsätzlich nicht abgelehnt werden (BayObLG, FamRZ 98, 841). Die **Unterrichtung** des Betroffenen über den möglichen Verlauf des Verfahrens ist nicht ausdrücklich vorgesehen, dürfte jedoch im Hinblick auf den mit einer vorläufigen Unterbringungsmaßnahme verbundenen erheblichen Eingriff geboten sein, um den Betroffenen auch in dem Verfahren der einstweiligen Anordnung im gleichen Umfang wie in dem Genehmigungsverfahren zur Ausübung des rechtlichen Gehörs zu befähigen.
16 Die persönliche Anhörung kann **unterbleiben,** wenn hiervon erhebliche Nachteile für die Gesundheit des Betroffenen zu besorgen sind. Die Entscheidung über das Absehen von der persönlichen Anhörung darf nur auf der Grundlage eines **ärztlichen Gutachtens** getroffen werden (§ 319 III). In diesem Fall ist ein Verfahrenspfleger nach § 317 I 1 zu bestellen.

4. Bekanntmachung, Wirksamkeit

17 Alle Entscheidungen über einstweilige Anordnungen, deren Änderung, Aufhebung oder Ablehnung sind dem **Betroffenen** stets selbst bekannt zu geben (§ 41 I 1). Von der Bekanntgabe der Gründe eines Beschlusses, nicht von der Bekanntgabe der Beschlussformel, die stets zu erfolgen hat, kann abgesehen werden, um erhebliche Nachteile für die Gesundheit des Betroffenen zu vermeiden; Voraussetzung ist, dass ein ärztliches Zeugnis über die mit der Bekanntgabe der Gründe verbundenen erheblichen Nachteile für die
18 Gesundheit des Betroffenen vorliegen (§ 325 II). Der Beschluss ist ferner bekannt zu geben an **alle Beteiligten** (§ 41 I 1); ferner dem **Leiter der Einrichtung,** in der der Betroffene untergebracht werden soll (§ 325 II 1); der Leiter der Einrichtung, **in der** der Betroffene lebt (§ 315 IV Nr 3) kann schon durch Hinzuziehung Beteiligter sein; ihm gegenüber ist die Entschei-

§ 331 Einstweilige Anordnung § 331

dung dann schon nach § 41 I 1 bekannt zu geben. Der zuständigen **Behörde** 19
(Betreuungsbehörde, Behörde nach den Landesgesetzen) sind die Entscheidungen stets, auch bei Aufhebung, bekannt zu geben, auch wenn die zuständige Behörde keinen Antrag auf Hinzuziehung als Beteiligte in erster Instanz gestellt hat (§ 315 III); sie erhält dadurch die Möglichkeit zu prüfen, ob sie von ihrem Recht auf Beschwerde nach § 335 IV Gebrauch machen soll. Das 20
Gesetz erwähnt nicht ausdrücklich die Bekanntgabe einer **ablehnenden** Entscheidung an die Behörde. Das ist nicht notwendig, weil nichts zu veranlassen ist.

Wirksam werden Beschlüsse über die Genehmigung oder die Anordnung 21
einer Unterbringungsmaßnahme mit **Rechtskraft** (§ 324 I). Das Gericht 22
kann jedoch die **sofortige Wirksamkeit** anordnen. In diesem Fall wird die Entscheidung wirksam, wenn sie und die Anordnung der sofortigen Wirksamkeit dem Betroffenen, dem Verfahrenspfleger, dem Betreuer oder dem Bevollmächtigten iS des § 1896 II 2 BGB bekannt gegeben werden (§ 324 II Nr 1) oder einem Dritten zum Zwecke des Vollzugs des Beschlusses mitgeteilt werden; das kann der Leiter einer Einrichtung sein (Nr 2) oder die Entscheidung der Geschäftsstelle des Gerichts zum Zwecke der Bekanntgabe übergeben wird (Nr 3). Der Zeitpunkt der sofortigen Wirksamkeit ist auf dem Beschluss zu vermerken (§ 324 II 2).

Im Falle der zivilrechtlichen Unterbringung nach § 312 Nr 1 sieht § 326 23
die **Unterstützung** der Betreuungsbehörde vor.

5. Anfechtbarkeit

Die einstweilige Anordnung und deren Ablehnung ist nach § 58 I mit der 24
Beschwerde anfechtbar. Der Ausschluss der Anfechtbarkeit nach § 57 bezieht sich nicht auf Betreuungs- und Unterbringungssachen. Anfechtbar sind auch die Maßnahmen zur Unterbringung Minderjähriger, weil nach § 167 I hierauf die Vorschriften über die Unterbringung Volljähriger Anwendung finden (OLG Celle, FGPrax 10, 163; OLG Frankfurt, FamRZ 10, 907). Die Frist zur Einlegung der Beschwerde, die grundsätzlich einen Monat beträgt (§ 63 I) beträgt, soweit sie sich gegen eine einstweilige Anordnung richtet, nur **zwei Wochen** (§ 63 II Nr 1).

Im Fall der Unterbringung, die einen schwerwiegenden Grundrechtsein- 25
griff darstellt (§ 62 II Nr 1) bleibt auch dann, wenn sich die angefochtene Entscheidung in der Hauptsache erledigt hat, ein **berechtigtes Interesse** an der Feststellung, dass der Beschwerdeführer durch die Entscheidung in seinen Rechten verletzt wurde, bestehen (§ 62 I); diese setzt einen **Antrag** voraus. 26
Das Gericht hat hierauf hinzuweisen und darauf hinzuwirken, dass ein sachdienlicher Antrag gestellt wird (§ 26 iVm § 28 II). Das **Feststellungsinteresse** bei Freiheitsentziehungen ist wegen des Gewichts des Eingriffs in die Freiheit, dessen diskriminierender Wirkung und des Rehabilitationsinteresses, unabhängig von dem konkreten Ablauf des Verfahrens, dem Zeitpunkt der Erledigung und unabhängig von der Frage, ob der Rechtsschutz typischerweise noch vor Beendigung der Unterbringung erlangt werden kann, gegeben (BVerfG, NJW 02, 2456 mwN; BVerfG, NJWE-FER 98, 163; NJW 98, 2432; KG, FGPrax 00, 213; OLG Karlsruhe, NJW-RR 00, 1172; BayObLG

§§ 332, 333 Buch 3 – Betreuungs- und Unterbringungssachen

01, 93); bei Verlängerung der Freiheitsentziehung: OLG Hamm, FGPrax 01, 263; FGPrax 04, 96; in einer Unterbringungssache nur für den Zeitraum, in dem die Unterbringung vollzogen wurde: OLG Frankfurt, FGPrax 05, 88). Ein Rechtsschutzbedürfnis wurde verneint bei nicht vollzogener Freiheitsentziehung: BayObLG, FGPrax 04, 307; bei nicht durchgeführter betreuungsrechtlicher Maßnahme: OLG Hamm, FGPrax 04, 231.

6. Beschwerdeberechtigung

27   Beschwerdeberechtigt sind der Betroffene (§ 59); ferner die in § 335 ergänzend zu § 59 für das Unterbringungsverfahren aufgeführten Personen.

Einstweilige Anordnung bei gesteigerter Dringlichkeit

332 **Bei Gefahr im Verzug kann das Gericht eine einstweilige Anordnung nach § 331 bereits vor Anhörung des Betroffenen sowie vor Anhörung und Bestellung des Verfahrenspflegers erlassen. Diese Verfahrenshandlungen sind unverzüglich nachzuholen.**

1   § 332 regelt Verfahrenserleichterungen für einstweilige Anordnungen nach § 331 bei **gesteigerter Dringlichkeit.** Diese liegt vor, wenn nicht nur ein dringendes Bedürfnis für ein sofortiges Tätigwerden besteht, sondern Gefahr im Verzug ist; diese Gefahr muss für den Betroffenen selbst oder im Falle der öffentlich-rechtlichen Unterbringung für die öffentliche Sicherheit oder Ordnung bestehen. Die Gefahr muss so konkret sein, dass von sonst notwendigen Verfahrenshandlungen zunächst abgesehen werden muss, um eine Verzöge-
2   rung zu vermeiden. Unter diesen Voraussetzungen kann eine einstweilige Anordnung vor Anhörung des Betroffenen (§ 331 Nr 4) sowie vor Anhörung und Bestellung des Verfahrenspflegers (§ 331 Nr 3) ergehen. Die Anhörung muss unverzüglich, in aller Regel am nächsten Tag (BayObLG, FamRZ 01, 578) nachgeholt werden; geschieht dies nicht, ist die mit der Unterbringung verbundene Freiheitsentziehung rechtswidrig (OLG Hamm, FamRZ 08,
3   1116 mwN). **Nicht verzichtet** werden kann vor Erlass der einstweiligen Anordnung auf ein ärztliches Zeugnis über den Zustand des Betroffenen (§ 331 Nr 2). Die unterlassenen Verfahrenshandlungen sind nach S 2 unverzüglich nachzuholen (BayObLG, NJW-RR 01, 654; OLG Karlsruhe, NJW-RR 00, 1172). Bei Gefahr im Verzug kann das Gericht den vorläufigen Betreuer auch abweichend von § 1897 IV, V BGB bestellen. Auch auf die Bestellung eines vorläufigen Betreuers kann nicht verzichtet werden (§ 300 I), es sei denn, das Gericht trifft ausnahmsweise einen Unterbringungsmaßnahme nach § 334 iVm § 1846 BGB.

Dauer der einstweiligen Anordnung

333 **Die einstweilige Anordnung darf die Dauer von sechs Wochen nicht überschreiten. Reicht dieser Zeitraum nicht aus, kann sie nach Anhörung eines Sachverständigen durch eine weitere einstweilige Anordnung verlängert werden. Die mehrfache Verlängerung ist unter den**

§ 334 Einstweilige Maßregeln § 334

Voraussetzungen der Sätze 1 und 2 zulässig. Sie darf die Gesamtdauer von drei Monaten nicht überschreiten. Eine Unterbringung zur Vorbereitung eines Gutachtens (§ 322) ist in diese Gesamtdauer einzubeziehen.

Nach der allgemeinen Vorschrift des § 56 I 1 tritt eine einstweilige Anord- 1 nung grundsätzlich mit dem Wirksamwerden einer anderweitigen Regelung außer Kraft, sofern nicht das Gericht einen früheren Zeitpunkt bestimmt hat. Wegen des mit einer Unterbringungsmaßnahme verbundenen schwerwiegenden Grundrechtseingriffs darf das Ende der einstweiligen Anordnung nicht von dem ungewissen Zeitpunkt einer künftigen anderweitigen Entscheidung 2 abhängen. § 333 bestimmt daher für die Dauer der einstweiligen Anordnung **Fristen,** die nicht überschritten werden dürfen. Der Zeitpunkt der Beendigung der Unterbringungsmaßnahme ist zwingend Inhalt der **Beschlussformel** (§ 323 Nr 2).

Die **zulässige Höchstdauer** für die einstweilige Anordnung beträgt sechs 3 Wochen; sie kann, wenn dieser Zeitraum nicht ausreicht, nach Anhörung eines Sachverständigen durch eine weitere einstweilige Anordnung bis zu einer Gesamtdauer von drei Monaten verlängert werden. Eine Unterbringung zur Vorbereitung eines Gutachtens (§ 322 iVm § 284 II) ist in die Gesamtdauer einzubeziehen (S 3). Die **Wirksamkeit** der einstweiligen Anordnung 4 **endet** mit diesem Fristablauf; ferner mit der endgültigen Anordnung (Genehmigung) der Unterbringung, und zwar mit deren Vollzug, mit der endgültigen Ablehnung der Anordnung (Genehmigung) oder durch Aufhebung der einstweiligen Anordnung (KG, FamRZ 93, 84). Sie endet auch, wenn der Untergebrachte entwichen und seine Rückkehr unbestimmt ist (LG München I, FamRZ 69, 439).

Einstweilige Maßregeln

334 Die §§ 331, 332 und 333 gelten entsprechend, wenn nach § 1846 des Bürgerlichen Gesetzbuchs eine Unterbringungsmaßnahme getroffen werden soll.

Die Regelungen der §§ 331–333 gelten entsprechend, wenn eine **Un-** 1 **terbringungsmaßnahme** nach § 1846 BGB getroffen werden soll. Eine derartige Maßnahme kommt nur ausnahmsweise dann in Betracht, wenn der Betreuer verhindert oder ein Betreuer noch nicht bestellt ist, und auch nur dann, wenn wegen des Krankheitsbildes die Bestellung eines Betreuers erforderlich ist; andernfalls ist eine Unterbringung nach öffentlichem Unterbringungsrecht in Erwägung zu ziehen. Mit dem Aufschub ist Gefahr verbunden, wenn die Bestellung des Betreuers oder eines neuen Betreuers nicht abgewartet werden kann. Der Betreuer ist **unverzüglich** zu bestellen 2 und aufzufordern, um die Genehmigung zur Unterbringung nachzusuchen. Geschieht dies nicht innerhalb angemessener Frist, wird die Unterbringungsanordnung unzulässig und ist aufzuheben (OLG Schleswig, NJW 92, 2974; BGH, NJW 02, 1801, auf Vorlage des BayObLG, FGPrax 01, 44 wegen Abweichung von OLG Frankfurt, Rpfleger 93, 195; BayObLG, FGPrax 02, 191; 03, 145; OLG München, Rpfleger 08, 360: von Anfang 3

§ 335 Buch 3 – Betreuungs- und Unterbringungssachen

an rechtswidrig). Die Anordnung ist **unzulässig**, wenn bereits ein Betreuer mit dem Aufgabenkreis Aufenthaltsbestimmung und Sorge für die Gesundheit bestellt ist und dieser nicht verhindert ist (BayObLG, NJW-RR 00, 524; OLG Schleswig, NJW-RR 01, 1370).

4   Zuständig ist der **Richter** nach § 15 Nr 1 RPflG; auch für eine Übernahme (BayObLG, NJW 92, 1634).

Ergänzende Vorschriften über die Beschwerde

335 (1) **Das Recht der Beschwerde steht im Interesse des Betroffenen**

1. **dessen Ehegatten oder Lebenspartner, wenn die Ehegatten oder Lebenspartner nicht dauernd getrennt leben, sowie dessen Eltern und Kindern, wenn der Betroffene bei diesen lebt oder bei Einleitung des Verfahrens gelebt hat, den Pflegeeltern,**
2. **einer von dem Betroffenen benannten Person seines Vertrauens sowie**
3. **dem Leiter der Einrichtung, in der der Betroffene lebt,**

zu, wenn sie im ersten Rechtszug beteiligt worden sind.

(2) **Das Recht der Beschwerde steht dem Verfahrenspfleger zu.**

(3) **Der Betreuer oder der Vorsorgebevollmächtigte kann gegen eine Entscheidung, die seinen Aufgabenkreis betrifft, auch im Namen des Betroffenen Beschwerde einlegen.**

(4) **Das Recht der Beschwerde steht der zuständigen Behörde zu.**

1. Beschwerdebefugnis im Interesse des Betroffenen

1   Nach § 59 ist derjenige beschwerdeberechtigt, der durch die Entscheidung in seinen Rechten beeinträchtigt ist. § 335 enthält **ergänzende** Regelungen
2   über die Beschwerdeberechtigung in Unterbringungssachen. In Abs 1 Nr 1–3 werden die Personen aufgeführt, die berechtigt sind, **im Interesse** des Betroffenen Beschwerde einzulegen. Sie entsprechen dem Kreis der Personen, die nach § 315 IV von Amts wegen oder auf Antrag im Interesse des Betroffenen als Beteiligte hinzugezogen werden können. Es sind dies die Ehegatten oder Lebenspartner, wenn die Ehegatten oder Lebenspartner nicht dauernd getrennt leben, sowie dessen Eltern und Kinder, wenn der Betroffene bei diesen lebt oder bei Einleitung des Verfahrens gelebt hat; ferner die Pflegeeltern (Nr 1), eine von dem Betroffenen benannte Person seines Vertrauens (Nr 2) sowie der Leiter der Einrichtung, in der der Betroffene lebt, sofern er bereits unterge-
3   bracht ist (Nr 3). Voraussetzung für die Beschwerdeberechtigung ist, dass diese Personen bereits **in erster Instanz** als Beteiligte zu dem Verfahren hinzugezogen waren (Abs 1, 2. Hs iVm § 315 IV). Eine Beschränkung des Beschwerderechts auf von Amts wegen ergehende Entscheidungen besteht abweichend von der Beschwerdeberechtigung in Betreuungssachen (§ 303 II) **nicht**.

2. Beschwerdeberechtigung des Verfahrenspflegers

4   Dem Verfahrenspfleger (§ 317) steht eine Beschwerdeberechtigung nach Abs 2 zu; sie besteht im Interesse des Betroffenen, zu dessen Wahrnehmung er

§ 335 Ergänzende Vorschriften über die Beschwerde § 335

bestellt ist. Im **eigenen** Namen kann er Beschwerde nach § 59 einlegen, soweit er in einem eigenen Recht beeinträchtigt ist.

3. Beschwerdeberechtigung des Betreuers

Der Betreuer kann gegen eine Entscheidung, die seinen **Aufgabenbereich** 5 betrifft, auch im Namen des Betreuten Beschwerde einlegen; nicht gegen die Aufhebung der Betreuung (OLG Köln, NJW-RR 97, 708); Nichtübertragung eines Aufgabenkreises (OLG Köln, FGPrax 09, 70); aber gegen die eigene Entlassung, nicht jedoch im Namen des Betreuten. Abweichend von der Regelung in Betreuungssachen ist die Beschwerdeberechtigung des Betreuers nach § 335 III auf seinen Aufgabenbereich beschränkt, während die Hinzuziehung als Beteiligter nach § 315 I Nr 2 unbeschränkt ist. Auch abweichend von 6 der Regelung bei der Betreuung wird ein selbständiges Beschwerderecht einzelner Betreuer bei einer gemeinschaftlichen Mitbetreuung durch **mehrere** Betreuer nicht vorgesehen. In Unterbringungssachen soll der Betroffene nach einer Entscheidung des Gerichts, insbesondere nach seiner Entlassung, unbelastet weiter leben können. Eine mehrfache Beschwerde unterschiedlicher Betreuer soll daher vermieden werden.

4. Beschwerdeberechtigung des Vorsorgebevollmächtigten

Auf Anregung des Bundesrates (BT-Drs 16/6308 S 387) ist ein Beschwer- 7 derecht des Vorsorgebevollmächtigten ebenso wie im Betreuungsverfahren (§ 303 III) in Abs 3 für das Unterbringungsverfahren aufgenommen worden. Der Bundesrat hat darauf hingewiesen, das Ziel des Betroffenen bei der Bestellung eines Vorsorgebevollmächtigten sei es, die Bestellung eines Betreuers möglichst überflüssig zu machen. Wenn trotzdem ein Betreuer bestellt werde, solle die Möglichkeit einer Überprüfung gegeben sein. Insbesondere dann, wenn der Betroffene auf Grund seines Zustandes nicht mehr in der Lage sei, die Überprüfung aus eigenem Recht zu bewirken, solle der Vorsorgebevollmächtigte, dem der Betroffene während seiner Handlungsfähigkeit vertraut habe, für diesen handeln können. Ebenso wie dem Betreuer ist 8 das Beschwerderecht beschränkt auf Angelegenheiten, die den **Aufgabenbereich** des Vorsorgebevollmächtigten betreffen. Widerruft der Betreuer mit 9 dem Aufgabenkreis „Widerruf von Vollmachten" die Vorsorgevollmacht, ist eine Beschwerdebefugnis nicht mehr gegeben (KG, NJW 09, 1425); nach Widerruf durch den Kontrollbetreuer (OLG Frankfurt, FGPrax 09, 67). Abweichend von der Regelung des § 303 IV 2 ist ein selbständiges Beschwerderecht nicht vorgesehen, wenn **mehrere** Vorsorgebevollmächtigte ihr Amt gemeinschaftlich ausüben. In Unterbringungssachen soll der Betroffene nach einer Entscheidung des Gerichts, insbesondere nach seiner Entlassung, unbelastet weiterleben können. Eine mehrfache Beschwerde unterschiedlicher Vorsorgebevollmächtigter soll daher vermieden werden.

5. Beschwerdeberechtigung der zuständigen Behörde

Die zuständige Behörde (Jugendamt, Betreuungsbehörde) ist nach Abs 4 10 unabhängig davon beschwerdeberechtigt, ob sie schon in erster Instanz auf

§§ 336, 337   Buch 3 – Betreuungs- und Unterbringungssachen

ihren Antrag als Beteiligte hinzugezogen war (§ 315 III). Abweichend von dem bisherigen Recht kann die Behörde auch Beschwerde einlegen, wenn die Entscheidung nicht von Amts wegen, sondern auf Antrag des Betroffenen ergangen ist. Ihr steht das Beschwerderecht damit auch gegen den Willen des Betroffenen zu.

Einlegung der Beschwerde durch den Betroffenen

336 Der Betroffene kann die Beschwerde auch bei dem Amtsgericht einlegen, in dessen Bezirk er untergebracht ist.

Die Möglichkeit zur **Einlegung** der Beschwerde, die nach § 64 I bei dem Gericht einzulegen ist, dessen Beschluss angefochten wird, wird durch § 336 **erweitert**; der Betroffene kann die Beschwerde auch bei dem Amtsgericht einlegen, in dessen Bezirk er **untergebracht** ist. Sie kann dort auch zur Niederschrift der Geschäftsstelle eingelegt werden (§ 64 II 1). Diese zusätzliche Möglichkeit zur Einlegung der Beschwerde ist außer für die Beschwerde des Betroffenen **auch** gegeben für dessen Verfahrensbevollmächtigten, den Verfahrenspfleger oder Betreuer soweit die Beschwerden im Namen des Betroffenen eingelegt werden; nicht für weitere Beschwerdeberechtigte, auch nicht für Rechtsmittel des Betreuers aus eigenem Recht.

Kosten in Unterbringungssachen

337 (1) **In Unterbringungssachen kann das Gericht die Auslagen des Betroffenen, soweit sie zur zweckentsprechenden Rechtsverfolgung notwendig waren, ganz oder teilweise der Staatskasse auferlegen, wenn eine Unterbringungsmaßnahme nach § 312 Nr. 1 und 2 abgelehnt, als ungerechtfertigt aufgehoben, eingeschränkt oder das Verfahren ohne Entscheidung über eine Maßnahme beendet wird.**

(2) **Wird ein Antrag auf eine Unterbringungsmaßnahme nach den Landesgesetzen über die Unterbringung psychisch Kranker nach § 312 Nr. 3 abgelehnt oder zurückgenommen und hat das Verfahren ergeben, dass für die zuständige Verwaltungsbehörde ein begründeter Anlass, den Unterbringungsantrag zu stellen, nicht vorgelegen hat, hat das Gericht die Auslagen des Betroffenen der Körperschaft aufzuerlegen, der die Verwaltungsbehörde angehört.**

1. Kosten in zivilrechtlichen Unterbringungssachen

1   Abs 1 betrifft die Genehmigung von Unterbringungsmaßnahmen nach § 1906 I–III BGB (§ 312 Nr 1) und die Genehmigung einer freiheitsent-
2   ziehenden Maßnahme nach § 1906 IV BGB (§ 312 Nr 2). Das Gericht kann nach pflichtgemäßem Ermessen die **Auslagen** des Betroffenen, soweit sie zur zweckentsprechenden Rechtsverfolgung notwendig waren, ganz oder teilweise der **Staatskasse** auferlegen, wenn die genannten Maßnahmen abgelehnt, als ungerechtfertigt aufgehoben, eingeschränkt oder das Verfahren ohne Entscheidung über eine Maßnahme beendet wird, und zwar

unabhängig davon, ob das Verfahren auf Antrag des Betroffenen oder von Amts wegen eingeleitet wird. Damit soll der Betroffene einen seiner Ansicht nach erforderlichen Antrag unbeeinflusst vom Kostenrisiko stellen können.

2. Kosten öffentlich-rechtlicher Unterbringung

Abs 2 enthält für Unterbringungsmaßnahmen, die nach den Landesgesetzen über die Unterbringung psychisch Kranker (§ 312 Nr 3) angeordnet werden, eine **zwingende** Kostenregelung. Er behandelt Anträge einer Verwaltungsbehörde, der Eilmaßnahmen der Polizei oder des Leiters der Einrichtung, in der sich der Betroffene bereits befindet, zuzurechnen sind (BayObLG, NJW 92, 2709) auf Anordnung einer freiheitsentziehenden Unterbringung nach den Landesgesetzen über die Unterbringung psychisch Kranker. Wenn ein solcher Antrag **abgelehnt** oder **zurückgenommen** wird und das Verfahren ergeben hat, dass ein begründeter Anlass, diesen Antrag zu stellen, nicht vorgelegen hat, sind die Auslagen des Betroffenen der Körperschaft, der die Verwaltungsbehörde angehört, aufzuerlegen. Das gleiche gilt bei **unterbliebenem** Antrag auf Aufhebung einer unzulässig gewordenen freiheitsentziehenden Maßnahme (OLG Düsseldorf, FGPrax 04, 254: Abschiebungshaft). Abweichend von Abs 1 enthält Abs 2 **nicht** die Alternative, dass das Verfahren ohne Entscheidung über eine Maßnahme beendet wurde. Nach bisherigem Recht erfolgte eine Kostenerstattung nach Billigkeit (§ 13a I FGG), wenn ein Unterbringungsantrag weder abgelehnt noch zurückgenommen wurde (BayObLG, Rpfleger 94, 339). Eine analoge Anwendung des bisherigen § 13a II 3 FGG (jetzt: § 337 II) wurde bejaht, wenn sich das Verfahren vor einer Entscheidung in der Hauptsache durch Beendigung der vorläufigen Unterbringung erledigt hat (OLG Hamm, FamRZ 07, 934).

3

4

5

6

Mitteilung von Entscheidungen

338 **Für Mitteilungen gelten die §§ 308 und 311 entsprechend. Die Aufhebung einer Unterbringungsmaßnahme nach § 330 Satz 1 und die Aussetzung der Unterbringung nach § 328 Abs. 1 Satz 1 sind dem Leiter der Einrichtung, in der der Betroffene lebt, mitzuteilen.**

1. Mitteilungen von Entscheidungen

Für die Mitteilungen von Entscheidungen gelten die §§ 308–311 entsprechend. Entscheidungen teilt das Gericht anderen Gerichten oder Behörden oder sonstigen öffentlichen Stellen mit, soweit dies unter Beachtung berechtigter Interessen des Betroffenen nach den Erkenntnissen im gerichtlichen Verfahren erforderlich ist, um eine erhebliche Gefahr für das Wohl des Betroffenen, für Dritte oder die öffentliche Sicherheit abzuwenden (§ 308 I). Ergeben sich im Verlaufe eines gerichtlichen Verfahrens Erkenntnisse, die eine Mitteilung vor Abschluss des Verfahrens erfordern, hat das Gericht unverzüglich Mitteilung zu machen (§ 308 II). Über die Mittei-

1

2

lungen sind der Betroffene, der Pfleger für das Verfahren und der Betreuer
3 zu **unterrichten;** die Unterrichtung des Betroffenen **unterbleibt,** wenn der Zweck des Verfahrens oder der Zweck der Mitteilung durch die Unterrichtung gefährdet wird, nach ärztlichem Zeugnis hierdurch erhebliche Nachteile für die Gesundheit des Betroffenen zu besorgen sind oder der Betroffene nach dem unmittelbaren Eindruck des Gerichts offensichtlich nicht in der Lage ist, den Inhalt der Unterrichtung zu verstehen. Sobald
4 diese Gründe entfallen, ist die Unterrichtung nachzuholen (§ 308 III). Der Inhalt der Mitteilung, die Art und Weise ihrer Übermittlung, der Empfänger, die Unterrichtung des Betroffenen oder die Gründe für das Unterbleiben der Unterrichtung sowie die Unterrichtung des Pflegers für das Verfahren und des Betreuers sind **aktenkundig** zu machen (§ 308 IV). Die besonderen Mitteilungen nach § 309 betreffen Betreuungssachen und nicht Unterbringungssachen.

2. Zweck, Verwendung

5   Zweckbindung und Verwendungsregelung der übermittelten Daten ergeben sich aus §§ 19–21 EGGVG. § 311 regelt die Frage, ob und inwieweit Entscheidungen oder Erkenntnisse, aus denen die Person des Betroffenen erkennbar ist, zur Verfolgung von Straftaten oder Ordnungswidrigkeiten mitgeteilt werden dürfen.
6   Eine besondere Mitteilungspflicht wird durch § 310 **für die Aufhebung** der Unterbringung (§ 330) und die **Aussetzung** einer Unterbringungsmaßnahme (§ 328) begründet. Von diesen Maßnahmen ist der Leiter der Einrichtung, in der der Betroffene lebt, zu unterrichten (S 2). Hierdurch soll der Schutz des Betroffenen vor einer durch gerichtliche Entscheidung nicht mehr gedeckten Unterbringung gestärkt werden.

Benachrichtigung von Angehörigen

339 **Von der Anordnung oder Genehmigung der Unterbringung und deren Verlängerung hat das Gericht einen Angehörigen des Betroffenen oder eine Person seines Vertrauens unverzüglich zu benachrichtigen.**

Die Regelung des § 339 ist neu eingefügt. Sie beruht auf Art 104 IV GG, demgemäß von jeder richterlichen Entscheidung über die Anordnung oder Fortdauer der Freiheitsentziehung unverzüglich ein **Angehöriger** des Festgehaltenen oder eine Person seines Vertrauens zu **benachrichtigen** ist. Dementsprechend bestimmt § 339, dass das Gericht von der Anordnung oder Genehmigung der Unterbringung (§ 312) und deren Verlängerung (§ 329 II) einen Angehörigen des Betroffenen oder eine Person seines Vertrauens unverzüglich zu benachrichtigen hat. Sind die Personen bereits nach § 315 IV als Beteiligte zu dem Verfahren hinzugezogen, wird der Benachrichtigungspflicht damit in der Regel genüge getan.

Anhang zu §§ 312–339 FamFG

Gesetz zur Therapierung und Unterbringung psychisch gestörter Gewalttäter (Therapieunterbringungsgesetz – ThUG)

vom 22. 12. 2010 (BGBl I S. 2305)

Vorbemerkungen

Der EGMR hat in seinem Urteil vom 17. 12. 2009 (Nr 19359/04) ent- 1
schieden, dass die **Sicherungsverwahrung** als eine dem Rückwirkungsverbot des Art 7 I 2 EMRK unterliegende Strafe anzusehen ist und der nach Art 5 I 2 EMRK notwendige Kausalzusammenhang zwischen dem schuldfeststellenden Urteil und der folgenden Freiheitsentziehung dann nicht mehr gegeben ist, wenn diese Freiheitsentziehung nach Ablauf der im Zeitpunkt der Verurteilung geltenden Höchststrafe erfolgt. Als Konsequenz aus dieser Entscheidung müssen Straftäter, die weiterhin als gefährlich eingestuft werden, aus der Sicherungsverwahrung entlassen werden. Durch das Gesetz zur Therapierung und Unterbringung psychisch gestörter Gewalttäter, das als Art 5 des Gesetzes zur Neuordnung des Rechts der Sicherungsverwahrung am 22. 12. 2010 vom Bundestag verabschiedet wurde, wird für einen Teil dieser Straftäter, für den nach der Entscheidung des EGMR eine Sicherungsverwahrung nicht aufrechterhalten werden kann, eine eng begrenzte Sonderregelung getroffen. Das Gesetz sieht eine Therapieunterbringung in einer geschlossenen Einrichtung vor, wenn eine psychische Störung der Straftäter mit einer daraus resultierenden Gefährlichkeit die Unterbringung zum Schutz der Allgemeinheit erforderlich macht. Im Vordergrund der Therapieunterbringung steht eine zielgerichtete intensive Behandlung, durch die den untergebrachten Personen eine Entlassungsperspektive eröffnet werden soll.

Für das **Verfahren** gelten die Allgemeinen Vorschriften und die Vorschrif- 2
ten des Verfahrens in Unterbringungssachen des FamFG entspr, soweit nicht die Besonderheiten der Therapieunterbringung abw Regelungen erfordern. Grundlegende Unterschiede ergeben sich daraus, dass die sachliche Zuständigkeit der Zivilkammern der Landgerichte begründet wird (§ 4 I), einstweilige Anordnungen Teil der Hauptsache sind (§ 14 I) und Rechtsbeschwerde und Sprungrechtsbeschwerde ausgeschlossen sind (§ 17). An ihre Stelle tritt eine Divergenzvorlage an den Bundesgerichtshof durch ein als Beschwerdegericht mit der Sache befasstes Oberlandesgericht (§ 18).

§ 1 Therapieunterbringung

(1) **Steht auf Grund einer rechtskräftigen Entscheidung fest, dass eine wegen einer Straftat der in § 66 Absatz 3 Satz 1 des Strafgesetzbuches genannten Art verurteilte Person deshalb nicht länger in der Sicherungsverwahrung untergebracht werden kann, weil ein Verbot rückwirkender Verschärfungen im Recht der Sicherungsverwahrung zu berücksichtigen**

ist, kann das zuständige Gericht die Unterbringung dieser Person in einer geeigneten geschlossenen Einrichtung anordnen, wenn

1. sie an einer psychischen Störung leidet und eine Gesamtwürdigung ihrer Persönlichkeit, ihres Vorlebens und ihrer Lebensverhältnisse ergibt, dass sie infolge ihrer psychischen Störung mit hoher Wahrscheinlichkeit das Leben, die körperliche Unversehrtheit, die persönliche Freiheit oder die sexuelle Selbstbestimmung einer anderen Person erheblich beeinträchtigen wird, und
2. die Unterbringung aus den in Nummer 1 genannten Gründen zum Schutz der Allgemeinheit erforderlich ist.

(2) Absatz 1 ist unabhängig davon anzuwenden, ob die verurteilte Person sich noch im Vollzug der Sicherungsverwahrung befindet oder bereits entlassen wurde.

1 **Verfahrensrechtliche** Voraussetzung für die Therapieunterbringung ist das Vorliegen einer rechtskräftigen Entscheidung der Strafvollstreckungskammer, durch die eine weitere Vollstreckung der Sicherungsverwahrung wegen eines Rückwirkungsverbots für unzulässig erklärt wird (Abs 1) und die solche Personen betrifft, die wegen der Entscheidung des EGMR entlassen werden oder bereits entlassen worden sind (Abs 2). Durch den rechtskräftigen Abschluss der Strafverfolgung vor der Therapieunterbringung wird die Unabhängigkeit der Verfahren voneinander verdeutlicht. Ein Antrag auf Einleitung des Verfahrens der Unterbringung ist zwar schon vor Rechtskraft der Entscheidung der Strafvollstreckungskammer zulässig (§ 5 II 1): hierdurch soll nur ein Verfahrensvorlauf ermöglicht werden, damit eine mit dem Zeitpunkt der Entlassung in zeitlichem Zusammenhang stehende Entscheidung getroffen werden kann. Das Gericht entscheidet erst nach Rechtskraft der Entscheidung über die Entlassung aus der Sicherungsverwahrung (§ 10 I 1). Nach Einleitung des Hauptverfahrens kann das Gericht jedoch bereits durch einstweilige Anordnung eine vorläufige Unterbringung anordnen (§ 14 II); für diese Entscheidung gilt § 10 I 1 nicht. Das Gericht kann anordnen, dass diese Entscheidung erst mit Rechtskraft der Entscheidung über die Entlassung aus der Sicherungsverwahrung wirksam wird (§ 14 II 2).

2 Der **Anwendungsbereich** des Gesetzes ist begrenzt auf solche Personen, die wegen einer Straftat nach § 66 III 1 StGB verurteilt worden sind: das sind Verbrechen gegen das Leben, die körperliche Unversehrtheit, die persönliche Freiheit und die sexuelle Selbstbestimmung. Es reicht aus, wenn die Verurteilung wegen dieser Straftaten eine Sicherungsverwahrung möglich gemacht hat, nicht erforderlich ist, dass sie Veranlassung für die Sicherungsverwahrung war.

3 **Zentrale Voraussetzung** für die Anordnung einer Therapieunterbringung ist das Vorliegen einer **psychischen Störung** und eine daraus resultierende **Gefährlichkeit** (Nr 1), durch die eine Unterbringung zum Schutz der Allgemeinheit erforderlich wird (Nr 2). Die Annahme einer psychischen Störung erfordert einen klinisch erkennbaren Komplex von Symptomen oder Verhaltensauffälligkeiten, die mit Belastungen und Beeinträchtigungen auf der individuellen, kollektiven oder sozialen Ebene verbunden sind. Spezifische Störungen der Persönlichkeit, des Verhaltens, der Sexualpräferenz, der

Impuls- oder Triebkontrolle können sich als psychische Störungen darstellen, nicht jedoch soziale Abweichungen und soziale Konflikte allein ohne persönliche Beeinträchtigung der betroffenen Person. Weitere Voraussetzung für die Unterbringung ist, dass die betroffene Person infolge der psychischen Störung das Leben, die körperliche Unversehrtheit, die persönliche Freiheit und die sexuelle Selbstbestimmung einer anderen Person erheblich beeinträchtigen kann. Die hierfür erforderliche Prognose verlangt einen hohen Wahrscheinlichkeitsgrad. In diese Prognose sind das Vorleben, die aktuellen Lebensverhältnisse und bei bereits entlassenen Personen das Verhalten in Freiheit einzubeziehen.

Die Gefährlichkeit des Betroffenen muss die Unterbringung zum Schutz der Allgemeinheit erforderlich machen. Es ist daher zu prüfen, ob nicht weniger belastende Mittel zum Schutz der Allgemeinheit in Betracht kommen, etwa Maßnahmen im Rahmen der Führungsaufsicht.

§ 2 Geeignete geschlossene Einrichtungen

Für die Therapieunterbringung nach § 1 sind nur solche geschlossenen Einrichtungen geeignet, die
1. **wegen ihrer medizinisch-therapeutischen Ausrichtung eine angemessene Behandlung der im Einzelfall vorliegenden psychischen Störung auf der Grundlage eines individuell zu erstellenden Behandlungsplans und mit dem Ziel einer möglichst kurzen Unterbringungsdauer gewährleisten können,**
2. **unter Berücksichtigung therapeutischer Gesichtspunkte und der Sicherheitsinteressen der Allgemeinheit eine die Untergebrachten so wenig wie möglich belastende Unterbringung zulassen und**
3. **räumlich und organisatorisch von Einrichtungen des Strafvollzuges getrennt sind.**

Für den Vollzug der Therapieunterbringung und die Bereitstellung **geeigneter Einrichtungen** sind die Länder zuständig. § 2 bestimmt die Kriterien, die eine geschlossene Einrichtung erfüllen muss. Die Eignung wird bestimmt durch den Zweck der Unterbringung, Personen, von denen auf Grund einer psychischen Störung die Gefahr ausgeht, die in § 1 beschriebenen Straftaten zu begehen, einer Behandlung zuzuführen mit dem Ziel, eine Entlassung nach möglichst kurzer Unterbringungsdauer zu ermöglichen. Die Einrichtung muss auf Grund ihrer medizinisch-therapeutischen Ausrichtung eine angemessene Behandlung gewährleisten (Nr 1). Das ist schon dann der Fall, wenn die Einrichtung entspr Therapieangebote vorhält; sie wird nicht durch Therapieverweigerung, Therapieabbruch oder fehlende Therapierbarkeit in Frage gestellt. Die Behandlung muss auf Grund eines individuell zu erstellenden Behandlungsplans erfolgen, damit der Untergebrachte Gestaltung und Ziel der Unterbringung erkennen kann (Nr 1). Die Einrichtung muss eine den Untergebrachten so wenig wie möglich belastende Unterbringung zulassen (Nr 2). Strukturelle Ausstattungsdefizite in persönlicher Hinsicht sind nur zulässig, soweit therapeutische und Sicherheitsgründe dies erfordern.

Anh. zu §§ 312–339 Buch 3 – Betreuungs- und Unterbringungssachen

2   Die Einrichtung muss räumlich und organisatorisch von solchen des Strafvollzuges **getrennt** sein, um den behandlungsorientierten Ansatz der Unterbringung zu unterstreichen und sie von der Freiheitsstrafe abzugrenzen (Nr 3).

§ 3 Gerichtliches Verfahren

Für das gerichtliche Verfahren gelten die Vorschriften des Allgemeinen Teils und die Vorschriften über das Verfahren in Unterbringungssachen des Gesetzes über das Verfahren in Familiensachen und in den Angelegenheiten der freiwilligen Gerichtsbarkeit entsprechend, soweit nachfolgend nichts Abweichendes bestimmt ist.

Für das **gerichtliche Verfahren** gelten die Vorschriften des Allgemeinen Teils (Buch 1) und die Vorschriften über das Verfahren in Unterbringungssachen (Buch 3 Abschnitt 2) des FamFG entspr, soweit in diesem Gesetz nichts Abweichendes bestimmt ist. Solche Abweichungen sind durch die Besonderheiten der Therapieunterbringung bedingt. Sie betreffen die sachliche Zuständigkeit (§ 4 I), die Einleitung des Verfahrens (§ 5), die Beteiligten (§ 6), die Beiordnung eines Rechtsanwalts anstelle eines Verfahrenspflegers, die Gestaltung der einstweiligen Anordnung als Teil der Hauptsache (§ 14), die Ersetzung der Rechtsbeschwerde und der Sprungrechtsbeschwerde durch eine Divergenzvorlage (§§ 17, 18).

§ 4 Sachliche und örtliche Zuständigkeit; Besetzung des Spruchkörpers

(1) Für das gerichtliche Verfahren nach diesem Gesetz sind die Zivilkammern der Landgerichte ausschließlich zuständig. Eine Übertragung der Entscheidung auf den Einzelrichter ist ausgeschlossen.

(2) Örtlich ausschließlich zuständig ist das Gericht, in dessen Bezirk das Bedürfnis für die Therapieunterbringung entsteht. Befindet sich die Person, die nach § 1 untergebracht werden soll (Betroffener), in der Sicherungsverwahrung, ist das Gericht ausschließlich zuständig, in dessen Bezirk die Einrichtung liegt, in der diese vollstreckt wird.

1   In den Angelegenheiten der freiwilligen Gerichtsbarkeit sind nach § 23 a I 1 Nr 2 iVm II Nr 1, § 23 c GVG die Amtsgerichte sachlich zuständig. Hiervon abw bestimmt § 4 die **sachliche Zuständigkeit** der mit drei Berufsrichtern besetzten Zivilkammern bei den Landgerichten (§ 75 GVG) unter Ausschluss einer Übertragung des Verfahrens auf den Einzelrichter.

2   Abs 2 knüpft für die ausschließliche **örtliche Zuständigkeit** an den Bezirk an, in dem das Bedürfnis für die Therapieunterbringung entsteht. Befindet sich der Betroffene noch in der Sicherungsverwahrung, geht die örtliche Zuständigkeit des Gerichts vor, in dessen Bezirk sich die Einrichtung befindet (§ 4 II 2). Das kann eine Justizvollzugsanstalt sein, in der die Sicherungsverwahrung vollzogen wird (§ 139 StVollzG), aber auch eine andere Einrichtung des Maßregelvollzugs, in der die Sicherungsverwahrung auf Grund einer

3   Überweisung nach § 67 a II 1 StGB vollstreckt wird. Abw von der Regelung des § 313 III FamFG besteht für das Verfahren der **einstweiligen Anord-**

Therapieunterbringungsgesetz **Anh. zu §§ 312–339**

nung keine besondere Zuständigkeit, weil dieses Teil des Hauptsacheverfahrens ist (§ 14 I).
Eine Abgabe aus wichigem Grund ist in entspr Anwendung des § 314 FamFG möglich.

§ 5 Einleitung des gerichtlichen Verfahrens

(1) Das gerichtliche Verfahren wird eingeleitet, wenn Gründe für die Annahme bestehen, dass die Voraussetzungen für eine Therapieunterbringung nach § 1 gegeben sind. Den Antrag stellt die untere Verwaltungsbehörde, in deren Zuständigkeitsbereich das Bedürfnis für die Therapieunterbringung entsteht. Befindet sich der Betroffene in der Sicherungsverwahrung, so ist auch der Leiter der Einrichtung antragsberechtigt, in der diese vollstreckt wird. Der Betroffene ist über die Antragstellung zu unterrichten.

(2) Der Antrag ist bereits vor der Entlassung des Betroffenen aus der Sicherungsverwahrung zulässig. Er gilt als zurückgenommen, wenn nicht innerhalb von zwölf Monaten seit Antragstellung die in § 1 Absatz 1 vorausgesetzte Entscheidung rechtskräftig geworden ist.

(3) Die für die Sicherungsverwahrung des Betroffenen zuständige Vollstreckungsbehörde, der in Absatz 1 Satz 3 genannte Antragsberechtigte sowie die Führungsaufsichtsstelle des Betroffenen teilen der zuständigen unteren Verwaltungsbehörde die für die Einleitung des gerichtlichen Verfahrens notwendigen Daten mit, wenn Gründe für die Annahme bestehen, dass die Voraussetzungen für eine Therapieunterbringung nach § 1 gegeben sind. Die Übermittlung personenbezogener Daten zu dem in Satz 1 genannten Zweck ist zulässig, wenn dem keine schutzwürdigen Interessen des Betroffenen entgegenstehen. Der Inhalt der Mitteilung, die Art und Weise ihrer Übermittlung und der Empfänger sind aktenkundig zu machen. Der Betroffene ist über die Mitteilung und den Inhalt der Mitteilung zu unterrichten.

Das Verfahren wird durch zu begründenden **Antrag** (§ 23 FamFG) **eingeleitet.** In dem Antrag muss das Vorliegen der Voraussetzungen des § 1 dargelegt werden; hierzu gehört grundsätzlich auch das Vorliegen einer rechtskräftigen Entscheidung der Strafvollstreckungskammer über die Beendigung der Sicherungsverwahrung (§ 1 I 1). Es wird jedoch ein Verfahrensvorlauf eingeräumt, damit das Gericht rechtzeitig vor der voraussichtlichen Entlassung eine Entscheidung treffen kann. Der Antrag ist daher schon vor der rechtskräftigen Entscheidung der Strafvollstreckungskammer zulässig, das Gericht entscheidet jedoch erst nach Rechtskraft dieser Entscheidung (§ 10 I 1). 1

Antragsberechtigt ist die zuständige untere Verwaltungsbehörde (Ordnungsamt, Gesundheitsamt) oder eine von den Ländern im Rahmen des Art 84 I 2 GG bestimmte Behörde. Befindet sich der Betroffene in einer Einrichtung zur Sicherungsverwahrung, ist auch der Leiter dieser Einrichtung antragsberechtigt. 2

Die zur Einleitung des Verfahrens notwendigen **Daten** sind der zuständgen unteren Verwaltungsbehörde **mitzuteilen.** Die Verpflichtung hierzu besteht 3 für den Leiter der Einrichtung, in der sich der Betroffene befindet, und die Führungsaufsichtsstelle des Betroffenen. Die Mitteilung von Daten ist jedoch nur insoweit zulässig, als sie diesem Zweck dient und keine schutzwürdigen Interessen des Betroffenen entgegenstehen. Der Inhalt der Mitteilung, die Art und Weise der Übermittlung und die Empfänger sind aktenkundig zu machen. Der Betroffene ist über die Mitteilung und deren Inhalt zu unterrichten (Abs 3).

§ 6 Beteiligte

(1) **Beteiligte sind der Betroffene und der Antragsteller.**

(2) **Der dem Betroffenen beigeordnete Rechtsanwalt wird durch seine Beiordnung als Beteiligter zum Verfahren hinzugezogen.**

(3) **Auf ihren Antrag sind als Beteiligte hinzuzuziehen:**
1. **die zuständige untere Verwaltungsbehörde und der Leiter der Einrichtung, in der sich der Betroffene zur Vollstreckung der Sicherungsverwahrung befindet, sofern sie nicht Antragsteller sind, sowie**
2. **die Führungsaufsichtsstelle des Betroffenen.**

1 § 6 behandelt die Erlangung der Beteiligtenstellung (§ 7 FamFG). Kraft Gesetzes sind beteiligt der Antragsteller und abw von § 7 II 1 FamFG der Betroffene (Abs 1). Der nach § 7 beizuordnende Rechtsanwalt wird durch die Beiordnung **kraft Gesetzes** Beteiligter (Abs 2).

2 **Auf Antrag** sind hinzuzuziehen die zuständige untere Verwaltungsbehörde und der Leiter der Einrichtung, in der der Betroffene sich befindet, sofern diese nicht schon als Antragsteller Beteiligte sind (Abs 3 Nr 1, 2) sowie die Führungsaufsichtsstelle des Betroffenen (Abs 3 Nr 2). Zwar ruht die Führungsaufsicht während des Vollzugs der Unterbringung (§ 11 II), die Führungsaufsichtsstelle kann jedoch zur Entscheidungsfindung durch Darlegung der Lebensverhältnisse des Betroffenen beitragen und darlegen, ob durch die weniger belastende Führungsaufsicht ein ausreichender Schutz für die Allgemeinheit gewährleistet werden könnte.

Die auf Antrag Hinzuzuziehenden sind von der Einleitung des Verfahrens zu unterrichten und über ihr Antragsrecht zu belehren (§ 7 IV FamFG). Die Entscheidung über die Hinzuziehung richtet sich nach § 7 FamFG (Rn 31–35 zu § 7 FamFG).

Kann-Beteiligte im Sinne von § 7 III FamFG sieht das Gesetz nicht vor.

§ 7 Beiordnung eines Rechtsanwalts

(1) **Das Gericht hat dem Betroffenen zur Wahrnehmung seiner Rechte im Verfahren und für die Dauer der Therapieunterbringung einen Rechtsanwalt beizuordnen. § 78 c Absatz 1 und 3 der Zivilprozessordnung gilt entsprechend.**

(2) **Der beigeordnete Rechtsanwalt hat die Stellung eines Beistands. § 48 Absatz 1 Nummer 3 und Absatz 2 der Bundesrechtsanwaltsordnung gilt entsprechend.**

(3) **Die Beiordnung ist auf Antrag des beigeordneten Rechtsanwalts oder des Betroffenen nach rechtskräftigem Abschluss des gerichtlichen**

Verfahrens aufzuheben, wenn der Antragsteller hieran ein berechtigtes Interesse hat. Die Aufhebung der Beiordnung aus wichtigem Grund bleibt hiervon unberührt. Wird die Beiordnung während der Therapieunterbringung aufgehoben, so ist dem Betroffenen unverzüglich ein anderer Rechtsanwalt beizuordnen.

(4) **Von der Beiordnung ausgenommen sind Vollzugsangelegenheiten.**

Abw von § 317 FamFG sieht das Gesetz die Bestellung eines Verfahrenspflegers nicht vor. An dessen Stelle wird dem Betroffenen zur Wahrnehmung seiner Rechte für die Dauer der Therapieunterbringung ein **Rechtsanwalt beigeordnet;** § 78 c I, III ZPO gilt entspr. Der Rechtsanwalt kann die Übernahme seiner Tätigkeit nicht von der Zahlung eines Vorschusses abhängig machen; § 78 c II ZPO findet keine Anwendung. Die nach § 78 c I ZPO getroffene Auswahlentscheidung ist mit der sofortigen Beschwerde nach §§ 567 ff ZPO anfechtbar. Der beigeordnete Rechtsanwalt hat die Stellung eines Beistandes (§ 12 FamFG); er ist zur Übernahme der Beistandschaft verpflichtet (Abs 2 iVm § 48 I Nr 3, II BRAO). Durch Erteilung einer Vollmacht erlangt er umfassende Vertretungsbefugnis. 1

Die Beiordnung **endet** grundsätzlich mit der Entlassung aus der geschlossenen Einichtung, wenn zu diesem Zeitpunkt kein gerichtliches Verfahren anhängig ist. Vor dessen Beendigung kann die Beiordnung auf Antrag des Betroffenen oder des beigeordneten Rechtsanwalts nur aus wichtigem Grund nach § 48 II BRAO aufgehoben werden.

Die Beiordnung umfasst nicht **Vollzugsangelegenheiten** im Sinne des § 327 FamFG. Sofern die Voraussetzungen für eine Verfahrenskostenhilfe (§ 76 FamFG) vorliegen, kann eine Beiordnung nach § 78 FamFG erfolgen. 2

§ 8 Anhörung des Betroffenen und der sonstigen Beteiligten

(1) **Das Gericht hat die Beteiligten anzuhören.**

(2) **Der Betroffene ist persönlich anzuhören. Seine Anhörung soll nicht im Wege der Rechtshilfe erfolgen.**

(3) **Das Gericht kann abweichend von § 33 Absatz 3 des Gesetzes über das Verfahren in Familiensachen und in den Angelegenheiten der freiwilligen Gerichtsbarkeit die sofortige Vorführung des Betroffenen durch die zuständige untere Verwaltungsbehörde anordnen, wenn er zum Anhörungstermin nicht erscheint. Das Gericht entscheidet hierüber durch nicht anfechtbaren Beschluss.**

Die **Beteiligten** sind vor einer Entscheidung über die Anordnung einer Therapieunterbringung zur Aufklärung des Sachverhalts (§ 26 FamFG) anzuhören (Abs 1). 1

Der **Betroffene** ist zwingend persönlich anzuhören. Eine Anhörung im Wege der Rechtshilfe soll nicht erfolgen; das Gericht soll sich selbst einen Eindruck von dem Betroffenen verschaffen. Wenn der Betroffene trotz Ladung nicht zu seiner Anhörung erscheint, kann das Gericht die Vorführung durch die zuständige Verwaltungsbehörde anordnen (Abs 3, § 319 V FamFG entspr). Zum Zwecke der Vorführung darf die Behörde Gewalt nur auf Grund 2 ausdrücklicher gerichtlicher Entscheidung anwenden; sie kann ggfs die Unterstützung der polizeilichn Vollzugsorgane nachsuchen (Abs 4). Auch das Öffnen, Betreten und Durchsuchen der Wohnung ohne Einwilligung des Betroffnen bedarf der ausdrücklichen gerichtlichen Entscheidung; nur bei Gefahr im Verzug kann die Anordnung durch die zuständige untere Verwaltungsbehörde erfolgen (Abs 5 S 1, 2). Durch diese Regelung wird das Grundrecht der Unverletzlichkeit der Wohnung eingeschränkt (Abs 5 S 3 iVm Art 19 I 2 GG).

§ 9 Einholung von Gutachten

(1) **Vor einer Therapieunterbringung hat eine förmliche Beweisaufnahme durch Einholung von zwei Gutachten stattzufinden. Als Sachverständiger ist nicht zu bestellen, wer den Betroffenen bisher behandelt hat. Höchstens einer der Sachverständigen kann aus dem Kreis der Personen bestellt werden, die im Rahmen eines ständigen Dienstverhältnisses in der Einrichtung tätig sind, in der der Betroffene untergebracht ist oder zuletzt untergebracht war.**

(2) **Die Sachverständigen haben den Betroffenen zur Erstellung der Gutachten unabhängig voneinander zu untersuchen oder zu befragen. Die Gutachten müssen Aussagen darüber enthalten, ob der Betroffene an einer psychischen Störung leidet und ob er infolge dieser Störung mit hoher Wahrscheinlichkeit das Leben, die körperliche Unversehrtheit, die persönliche Freiheit oder die sexuelle Selbstbestimmung einer anderen Person erheblich beeinträchtigen wird. Die Gutachten sollen auch Behandlungsvorschläge sowie Angaben zu deren zeitlicher Umsetzung beinhalten.**

Vor der Entscheidung über die Therapieunterbringung hat eine förmliche Beweisaufnahme (§ 30 FamFG) durch Einholung von **zwei Gutachten** stattzufinden. Beide mit den Gutachten beauftragten Sachverständigen dürfen den Betroffenen bisher nicht behandelt haben. Mindestens ein Gutachten muss von einem externen Sachverständigen erstellt werden (Abs 1 S 2). Die Sachverständigen müssen Ärzte für Psychiatrie sein, sie müssen Erfahrungen auf dem Gebiet der Psychiatrie haben Abs 2 S 4). Die Anforderungen an die Gutachter sind damit höher als in den ebenfalls grundrechtsrelevanten Unterbringungssachen. Diese Anforderungen sind auch deshalb gerechtfertigt, weil es sich bei der Feststellung einer psychischen Störung um eine schwierige Frage der Abgrenzung von nur sozialer Abweichung einerseits und psychischer Krankheit andererseits handelt.

Die Sachverständigen haben den Betroffenen unabhängig voneinander zu untersuchen und zu befragen. Die Gutachten müssen Aussagen darüber enthalten, ob eine psychische Störung besteht und infolgedessen mit hoher Wahrscheinlichkeit eine Gefahr für die Allgemeinheit besteht. Die Gutachter sollen auch einen Behandlungsplan unter Angabe des hierfür erforderlichen Zeitraums vorschlagen; hierbei ist die gesetzlich vorgesehene Regeldauer von 18 Monaten zu berücksichtigen.

Therapieunterbringungsgesetz **Anh. zu §§ 312–339**

§ 10 Entscheidung; Beschlussformel

(1) **Das Gericht entscheidet über den Antrag in der Hauptsache erst nach Eintritt der Rechtskraft der in § 1 Absatz 1 vorausgesetzten Entscheidung.** Eine Entscheidung kann bereits zu einem früheren Zeitpunkt ergehen, wenn der Antrag aus anderen Gründen als wegen Fehlens der in Satz 1 vorausgesetzten Entscheidung abzuweisen ist.

(2) **Die Beschlussformel hat den Zeitpunkt zu bestimmen, an dem die Therapieunterbringung endet.**

(3) **Das Gericht kann die sofortige Wirksamkeit des Beschlusses anordnen.**

Das Gericht **entscheidet** über die Therapieunterbringung erst nach Rechtskraft der Entscheidung der Strafvollstreckungskammer über die Beendigung der Sicherungsverwahrung (§ 1 I 1), auch wenn der hierauf gerichtete Antrag zulässigerweise schon vor der Entlassung gestellt wurde (§ 5 II 1). Zu einem früheren Zeitpunkt kann die Entscheidung ergehen, wenn der Antrag aus anderen Gründen als wegen Fehlens der Entscheidung der Strafvollstreckungskammer abzuweisen ist.

Nach dem entspr anwendbaren § 324 I FamFG wird die Entscheidung mit Rechtskraft wirksam; das Gericht kann jedoch die sofortige Wirksamkeit anordnen (§ 324 II FamFG entspr).

In der Entscheidung ist zwingend der Zeitpunkt anzugeben, in dem die Unterbringung endet, wenn sie nicht vorher verlängert wird. Die zulässige Höchstdauer beträgt 18 Monate (§ 12 I). Die Frist beginnt mit dem Erlass der Entscheidung (§ 38 FamFG). Das Gericht ist verpflichtet, ggfs den Umständen entspr kürzere Zeiträume als Höchstdauer festzusetzen.

§ 11 Zuführung und Vollzug der Therapieunterbringung; Ruhen der Führungsaufsicht

(1) **Die Zuführung des Betroffenen in die Einrichtung nach § 2 und der Vollzug der Unterbringung obliegen der zuständigen unteren Verwaltungsbehörde.**

(2) **Während des Vollzugs der Unterbringung ruht die Führungsaufsicht.**

Die **Zuführung** des Betroffenen in die durch § 2 bestimmte Einrchtung erfolgt durch die zuständige untere Verwaltungsbehörde. Anordnung von Gewalt und gewaltsames Betreten der Wohnung ohne Einverständnis des Betroffenen dürfen nur auf Grund ausdrücklicher gerichtlicher Anordnung erfolgen.

Während des Vollzugs der Unterbringung ruht die **Führungsaufsicht**, weil es einer zusätzlichen Führungsaufsicht nicht bedarf. Die Führungsaufsichtsstelle kann jedoch auf ihren Antrag als Beteiligte hinzugezogen werden (§ 6 III Nr 2).

§ 12 Dauer und Verlängerung der Therapieunterbringung

(1) **Die Unterbringung endet spätestens mit Ablauf von 18 Monaten, wenn sie nicht vorher verlängert wird.**

Anh. zu §§ 312–339 Buch 3 – Betreuungs- und Unterbringungssachen

(2) **Für die Verlängerung der Therapieunterbringung gelten die Vorschriften über die erstmalige Anordnung entsprechend. Abweichend von § 9 Absatz 1 Satz 1 kann die Beweisaufnahme auf die Einholung eines Gutachtens beschränkt werden. Als Sachverständiger ist nicht zu bestellen, wer den Betroffenen bisher behandelt hat oder im Rahmen eines ständigen Dienstverhältnisses in der Einrichtung tätig ist, in der der Betroffene untergebracht ist oder zuletzt untergebracht war. Als Sachverständiger soll nicht bestellt werden, wer den Betroffenen bereits mehr als ein Mal im Rahmen eines Unterbringungsverfahrens nach diesem Gesetz begutachtet hat.**

Die zulässige **Höchstdauer** der Therapieunterbringung beträgt in der Regel 18 Monate, wenn sie nicht vorher verlängert wird (Abs 1.)

Eine **Verlängerung** der Unterbringung vor Ablauf der in der ursprünglichen Anordnung angegebenen Frist darf nur unter Beachtung der für die erstmalige Anordnung vorgesehenen Verfahrensgarantien erfolgen. Die Beteiligten sind vor der Entscheidung anzuhören, der Betroffene stets persönlich. Gutachten sind im Wege der förmlichen Beweisaufnahme (§ 30 FamFG) einzuholen. Abw von § 9 I 1 kann die Beweisaufnahme jedoch auf die Einholung nur eines Gutachtens beschränkt werden. Als Sachverständiger scheidet aus, wer den Betroffenen bisher behandelt hat oder im Rahmen eines ständigen Dienstverhältnisses in der Einrichtung tätig ist, in der der Betroffene untergebracht ist. Als Sachverständiger soll nicht bestellt werden, wer den Betroffenen mehr als ein Mal begutachtet hat; diese Soll-Vorschrift erlaubt eine Abweichung in begründeten Ausnahmefällen.

§ 13 Aufhebung der Therapieunterbringung

Das Gericht hebt die Anordnung einer Unterbringung nach § 1 von Amts wegen auf, wenn ihre Voraussetzungen wegfallen. Vor der Aufhebung der Maßnahme soll das Gericht die zuständige untere Verwaltungsbehörde, den Leiter der Einrichtung, in der sich der Betroffene befindet, und den Betroffenen anhören, es sei denn, dass dies zu einer nicht nur geringen Verzögerung des Verfahrens führen würde.

Die Unterbringung kann bereits vor dem in der Anordnung angegebenen zeitlichen Ablauf **aufgehoben** werden, wenn die Voraussetzungen des § 1 nicht mehr gegeben sind, etwa, weil ein Therapieerfolg eingetreten ist. Die Entscheidung erfolgt von Amts wegen. Einen Antrag auf Aufhebung sieht das Gesetz nicht vor. Es kann jedoch eine Anregung auf Aufhebung erfolgen (§ 24 I FamFG); folgt das Gericht dieser Anregung nicht, besteht Unterrichtungspflicht (§ 24 II FamFG). Abw von § 330 FamFG ist vor der Entscheidung die Anhörung der unteren Verwaltungsbehörde, des Leiters der Einrichtung, in der der Betroffene sich befindet und des Betroffenen durchzuführen. Hiervon kann abgesehen werden, wenn die Anhörung zu einer nicht geringen Verzögerung der Entlassung führen würde.

§ 14 Einstweilige Anordnung

(1) Das Gericht kann im Hauptsacheverfahren durch einstweilige Anordnung für die Dauer von drei Monaten eine vorläufige Unterbringung anordnen, wenn
1. Gründe für die Annahme bestehen, dass die Voraussetzungen für die Anordnung einer Therapieunterbringung nach § 1 gegeben sind und ein dringendes Bedürfnis für ein sofortiges Tätigwerden besteht, und
2. der Betroffene persönlich und ein ihm beigeordneter Rechtsanwalt angehört worden sind. Eine Anhörung des Betroffenen im Wege der Rechtshilfe ist zulässig.

(2) Abweichend von § 10 Absatz 1 kann die Entscheidung über die einstweilige Anordnung bereits vor Rechtskraft der in § 1 Absatz 1 vorausgesetzten Entscheidung ergehen. Das Gericht kann anordnen, dass der Beschluss mit Rechtskraft der in § 1 Absatz 1 vorausgesetzten Entscheidung wirksam wird.

(3) Die Dauer der vorläufigen Unterbringung auf Grund einer einstweiligen Anordnung kann um jeweils weitere drei Monate bis zu einer Gesamtdauer von einem Jahr nach Anhörung der Sachverständigen nur verlängert werden, wenn eine besondere Schwierigkeit in der Begutachtung oder ein anderer wichtiger Grund die Entscheidung im Hauptsacheverfahren erheblich verzögert.

Die **einstweilige Anordnung** ist abw von der Regelung im FamFG als 1 Teil des Hauptverfahrens gestaltet; es handelt sich nicht um ein selbstständiges Verfahren. Eine einstweilige Anordnung kann daher erst dann ergehen, wenn das Hauptsacheverfahren auf Antrag eingeleitet worden ist (§ 5 I). Die Wirksamkeit einer einstweiligen Anordnung endet unabhängig von der in ihr bestimmten Verfahrensdauer mit Beendigung der Hauptsache.

Voraussetzung für den Erlass einer einstweiligen Anordnung auf vorläufige Unterbringung ist die begründete Annahme, dass die Voraussetzungen 2 des § 1 gegeben sind und ein dringendes Bedürfnis für ein sofortiges Tätigwerden besteht (Abs 1 Nr 1). Diese Gründe können sich aus dem Verhalten des Betroffenen während des Vollzugs oder aus einem während des Vollzugs erstatteten Gutachten ergeben. Ein dringendes Bedürfnis für ein sofortiges Tätigwerden kann sich ergeben, wenn der Betroffene bereits aus der Sicherungsverwahrung entlassen wurde oder seine Entlassung bevorsteht. Weitere Voraussetzung für den Erlass einer einstweiligen Anordnung ist, dass der Betroffene persönlich und der ihm beigeordnete Rechtsanwalt angehört worden sind (Abs 1 Nr 2). Abw von § 8 II kann der Betroffene wegen der gebotenen Eile ausnahmsweise im Wege der Rechtshilfe angehört werden.

Die einstweilige Anordnung kann abw von § 10 I bereits erlassen werden, bevor die Entscheidung der Strafvollstreckungskammer vorliegt. Damit soll sichergestellt werden, dass der Betroffene mit Rechtskraft der Entscheidung über seine Entlassung sofort untergebracht werden kann. Das Gericht kann anordnen, dass die einstweilige Anordnung erst mit Rechtskraft der Entlassungsentscheidung wirksam wird (Abs 2).

Anh. zu §§ 312–339   Buch 3 – Betreuungs- und Unterbringungssachen

3   Die **Dauer** der vorläufigen Unterbringung beträgt drei Monate (Abs 1). Eine Verlängerung von jeweils drei Monaten bis zur Höchstdauer von einem Jahr ist nur aus Gründen zulässig, die sich aus dem Verfahrensverlauf in der Hauptsache ergeben (Abs 3); dies kann dann der Fall sein, wenn besondere Schwierigkeiten bei der Begutachtung des Betroffenen auftreten. Vor der Verlängerung sind die Sachverständigen zu diesen Schwierigkeiten und zu dem noch notwendigen Zeitraum zu hören.

§ 15 Einstweilige Anordnung bei gesteigerter Dringlichkeit

Bei Gefahr im Verzug kann das Gericht eine einstweilige Anordnung nach § 14 bereits vor Anhörung des Betroffenen sowie vor Anhörung und Beiordnung eines Rechtsanwalts erlassen. Diese Verfahrenshandlungen sind unverzüglich nachzuholen.

Die Vorschrift entspr § 332 FamFG. **Gefahr im Verzug** bedeutet eine gesteigerte Form der Dringlichkeit. Die Gefahr, die von einem bereits aus der Sicherungsverwarung entlassenen Betroffenen ausgeht, muss besonders hoch sein. Dies wird nur ausnahmsweise angenommen werden können. Bei Gefahr im Verzug kann eine vorläufige Unterbringung im Wege der einstweiligen Anordnung ergehen, bevor der Betroffene angehört worden ist und bevor ihm ein Rechtsanwalt beigeordnet worden ist. Diese Verfahrenshandlungen sind unverzüglich nachzuholen.

§ 16 Beschwerde; Beschwerdefrist

(1) Das Recht der Beschwerde steht dem Betroffenen, dem ihm beigeordneten Rechtsanwalt, der zuständigen unteren Verwaltungsbehörde sowie dem Leiter der Einrichtung nach § 5 Absatz 1 Satz 3 zu, sofern er einen Antrag nach dieser Vorschrift gestellt hat.

(2) Die Beschwerde ist binnen einer Frist von zwei Wochen einzulegen.

(3) Eine Übertragung der Entscheidung über die Beschwerde auf den Einzelrichter ist ausgeschlossen.

1   Auf die **Beschwerde** finden die Vorschriften der §§ 58 ff FamFG entspr Anwendung. Die Beschwerde ist statthaft gegen die im ersten Rechtszug ergangenen Endentscheidungen (Rn 8 zu § 58 FamFG); hierzu zählen auch die Entscheidungen über die Verlängerung der Therapieunterbringung (§ 12 II) und der vorläufigen Unterbringung (§ 14 III).

2   Die **Beschwerdebefugnis** ist abw von § 59 FamFG geregelt und orientiert sich an der Beteiligtenstellung des § 6. Beschwerdebefugt sind der Betroffene, der beigeordnete Rechtsanwalt; der Leiter der Einrichtung nach § 5 I 3 nur, wenn er durch Stellung eines Antrags nach § 6 III Nr 1 Beteiligter des Verfahrens geworden ist.

3   Die **Beschwerdefrist** gegen Hauptsacheentscheidungen und Entscheidungen über den Erlass einstweiliger Anordnungen beträgt abw von § 63 I FamFG zwei Wochen; sie beginnt mit der schriftlichen Bekanntgabe des Beschlusses an die Beteiligten jeweils gesondert.

Therapieunterbringungsgesetz **Anh. zu §§ 312–339**

Abw von § 69 IV FamFG ist auch in der Beschwerdeinstanz eine Übertragung auf den **Einzelrichter** nicht zulässig (Abs 3); dies entspricht der Regelung in § 4 I 2. 4

§ 17 Ausschluss der Rechtsbeschwerde und der Sprungrechtsbeschwerde

Die Entscheidungen des Beschwerdegerichts können nicht mit der Rechtsbeschwerde angefochten werden. Die im ersten Rechtszug ergangenen Entscheidungen können nicht mit der Sprungrechtsbeschwerde angefochten werden.

Das FamFG eröffnet gegen Beschwerdeentscheidungen der Oberlandesgerichte die **Rechtsmittel** der Rechtsbeschwerde (§§ 70 ff FamFG) und gegen im ersten Rechtszug erlassene Beschlüsse, die ohne Zulassung der Beschwerde unterliegen, die Sprungrechtsbeschwerde (§ 75 FamFG). Beide Rechtsmittel sind in dem Verfahren nach dem Therapieunterbringungsgesetz ausgeschlossen. An die Stelle der Rechtsbeschwerde tritt die Divergenzvorlage nach § 18.

§ 18 Divergenzvorlage

(1) **Will ein Oberlandesgericht bei seiner Entscheidung in einer Rechtsfrage von der Entscheidung eines anderen Oberlandesgerichts oder des Bundesgerichtshofs abweichen, so hat es die Sache unter Begründung seiner Rechtsauffassung dem Bundesgerichtshof vorzulegen. Der Bundesgerichtshof entscheidet dann anstelle des Oberlandesgerichts. Der Bundesgerichtshof kann sich auf die Entscheidung der Divergenzfrage beschränken und dem Beschwerdegericht die Entscheidung in der Hauptsache übertragen, wenn dies nachdem Sach- und Streitstand des Beschwerdeverfahrens angezeigt erscheint.**

(2) **In einstweiligen Anordnungsverfahren ist Absatz 1 nicht anwendbar.**

An die Stelle der Rechtsbeschwerde (§§ 70 ff FamFG) tritt eine dem § 28 II FGG entspr **Divergenzvorlage** (Bumiller/Winkler, Rn 3–10 zu § 28 FGG). Sie soll die Einheitlichkeit der Rechtsprechung sicherstellen; sie ist daher beschränkt auf einen Teil der für eine Zulassung der Rechtsbeschwerde maßgeblichen Gründe (§ 70 II 2 FamFG). Wenn ein Oberlandesgericht als Beschwerdegericht bei seiner Entscheidung in einer Rechtsfrage von einer Entscheidung eines anderen Oberlandesgerichts oder des Bundesgerichtshofs abweichen will, hat es die Sache unter Begründung seiner Rechtsauffassung dem Bundesgerichtshof vorzulegen, der anstelle des Oberlandesgerichts entscheidet. Der Bundesgerichtshof kann sich auf die Entscheidung der Divergenzfrage beschränken und dem Beschwerdegericht die Entscheidung in der Hauptsache übertragen.

Im Verfahren der einstweiligen Anordnung findet Abs 1 keine Anwendung (Abs 2).

Anh. zu §§ 312–339 Buch 3 – Betreuungs- und Unterbringungssachen

§ 19 Gerichtskosten

In Verfahren nach diesem Gesetz über die Anordnung, Verlängerung oder Aufhebung der Therapieunterbringung werden keine Gerichtskosten erhoben.

Für die Verfahren nach diesem Gesetz besteht **Kostenfreiheit**. Gerichtskosten werden für Anordnung, Verlängerung oder Aufhebung einer Therapieunterbringung nicht erhoben.

§ 20 Vergütung des Rechtsanwalts

(1) In Verfahren nach diesem Gesetz über die Anordnung, Verlängerung oder Aufhebung der Therapieunterbringung erhält der Rechtsanwalt Gebühren in entsprechender Anwendung von Teil 6 Abschnitt 3 des Vergütungsverzeichnisses zum Rechtsanwaltsvergütungsgesetz.

(2) § 52 Absatz 1 bis 3 und 5 des Rechtsanwaltsvergütungsgesetzes ist auf den beigeordneten Rechtsanwalt (§ 7) entsprechend anzuwenden. Gegen den Beschluss nach § 52 Absatz 2 des Rechtsanwaltsvergütungsgesetzes ist die Beschwerde statthaft; § 22 ist anzuwenden.

(3) Der beigeordnete Rechtsanwalt erhält für seine Tätig- keit nach rechtskräftigem Abschluss eines Verfahrens nach Absatz 1 bis zur ersten Tätigkeit in einem weiteren Verfahren eine Verfahrensgebühr nach Nummer 6302 des Vergütungsverzeichnisses zum Rechtsanwaltsvergütungsgesetz. Die Tätigkeit nach Satz 1 ist eine besondere Angelegenheit im Sinne des Rechtsanwaltsvergütungsgesetzes.

Die Vergütung eines nach diesem Gesetz beigeordneten Rechtsanwalts (§ 7) richtet sich nach dem Rechtsanwaltsvergütungsgesetz (RVG). Abs 1 behandelt die **Vergütungsansprüche** in Verfahren über die Anordnung, Verlängerung und Aufhebung der Therapieunterbringung, Abs 3 die Vergütung für Tätigkeiten nach rechtskräftigem Abschluss eines Verfahrens nach Abs 1 bis zu einer ersten Tätigkeit in einem weiteren Verfahren.
Die entspr Anwendbarkeit des § 52 I–III, V RVG bedeutet, dass der beigeordnete Rechtsanwalt von dem Betroffenen unter den Voraussetzungen des § 52 II RVG die Gebühren eines gewählten Verteidigers verlangen kann. Das Gericht entscheidet hierüber durch Beschluss (§ 52 II RVG), gegen den die Beschwerde nach § 58 zulässig ist; die Beschwerdefrist beträgt zwei Wochen.

§ 21 Einschränkung von Grundrechten

Durch § 1 und die §§ 4 bis 18 wird das Grundrecht der Freiheit der Person (Artikel 2 Absatz 2 Satz 2 des Grundgesetzes) eingeschränkt.

1   Nach Art 19 I 2 GG muss das Grundrecht, das durch gesetzliche Regelungen eingeschränkt wird, ausdrücklich benannt werden. Dies geschieht durch § 21.

Abschnitt 3
Verfahren in betreuungsgerichtlichen Zuweisungssachen

Betreuungsgerichtliche Zuweisungssachen

340 Betreuungsgerichtliche Zuweisungssachen sind
1. Verfahren, die die Pflegschaft mit Ausnahme der Pflegschaft für Minderjährige oder für eine Leibesfrucht betreffen,
2. Verfahren, die die gerichtliche Bestellung eines sonstigen Vertreters für einen Volljährigen betreffen sowie
3. sonstige dem Betreuungsgericht zugewiesene Verfahren,

soweit es sich nicht um Betreuungssachen oder Unterbringungssachen handelt.

1. Anwendungsbereich

Den Betreuungsgerichten werden unter dem Sammelbegriff „betreuungsgerichtliche Zuweisungssachen" weitere Zuständigkeiten für Angelegenheiten zugewiesen, die weder Betreuungs- noch Unterbringungssachen sind. Es handelt sich dabei überwiegend um Verfahren, für die bisher das Vormundschaftsgericht zuständig war; diese werden nach Auflösung des Vormundschaftsgerichts dem Betreuungsgericht übertragen. Soweit eine der in § 340 aufgeführten Angelegenheiten bereits Betreuungs- oder Unterbringungssache ist, **geht diese Zuordnung vor.** Ausgenommen sind auch Pflegschaften für Minderjährige oder für eine Leibesfrucht; diese werden den Kindschaftssachen zugeordnet. 1

2

2. Pflegschaften

Nach Nr 1 sind betreuungsgerichtliche Zuweisungssachen Pflegschaften mit Ausnahme der Pflegschaft für Minderjährige oder für eine Leibesfrucht. In den Anwendungsbereich fallen daher insbesondere Pflegschaften nach §§ 1911, 1913, 1914 BGB. Nach **§ 1911 BGB** ist für einen abwesenden Volljährigen, dessen Aufenthalt unbekannt ist, ein Abwesenheitspfleger zu bestellen, sofern dessen Vermögensangelegenheiten der Fürsorge bedürfen; auch für einen abwesenden Volljährigen, dessen Aufenthalt zwar bekannt ist, der aber an der Rückkehr und an der Besorgung seiner Vermögensangelegenheiten verhindert ist, zB auf Antrag der Bank bei notleidender Baufinanzierung (OLG Naumburg, Rpfleger 03, 188); ferner als Güterpfleger, wenn in Strafverfahren Vermögensbeschlagnahme nach §§ 290, 292 II, 443 StPO angeordnet ist (BayObLG 63, 257). Durch § 10 ZustErgG wird das Institut der Abwesenheitspflegschaft auf juristische Personen und Gesellschaften sowie deren Organe und Mitglieder von Organen erweitert. Ausnahme: Für eine Abwesenheitspflegschaft (§ 1911 BGB) in Auseinandersetzungsverfahren ist nicht das Betreuungsgericht, sondern das Nachlassgericht zuständig (§ 364 Satz 2). 3

4

§ 341 Buch 3 – Betreuungs- und Unterbringungssachen

5   Nach § 1913 BGB ist ein Pfleger zu bestellen, wenn unbekannt oder ungewiss ist, wer bei einer Angelegenheit der Beteiligte ist und für diese Angelegenheit eine Fürsorge erforderlich ist (BayObLG 59, 493; OLG Hamm, Rpfleger 69, 342), nicht jedoch im ausschließlichen Interesse Dritter. Ein Pfleger kann auch bestellt werden für einen Nacherben (§§ 2100 ff BGB), der noch nicht erzeugt ist oder dessen Person erst durch ein künftiges Ereignis bestimmt wird; für die Genehmigung eines Rechtsgeschäfts des Nachlasspflegers für unbekannte Erben (OLG Hamm, Rpfleger 11, 87; auch für eine noch unbekannte juristische Person, jedoch nicht für ein herrenloses Grundstück, es sei denn, die Voraussetzungen des § 207 Nr 5 BBauG liegen vor. Die Pflegschaft nach § 1913 BGB ist Personen- und nicht Sachpflegschaft; dies schließt eine quotale Pflegerbestellung nicht aus (KG, Rpfleger, 09, 505 für unbekannte Aktionäre, die prozentuale Anteile am Grundkapital halten).

6   Nach **§ 1914 BGB** kann eine Pflegschaft für Sammelvermögen angeordnet werden; Voraussetzung ist, dass durch öffentliche Sammlung Vermögen für einen vorübergehenden Zweck zusammengebracht worden ist und die zur Verwaltung und Verwendung berufenen Personen weggefallen sind.

3. Gerichtliche Bestellung eines Vertreters für Volljährige

7   Nr 2 betrifft Verfahren, die die gerichtliche, nicht rechtsgeschäftliche, Bestellung eines sonstigen Vertreters für einen Volljährigen betreffen. Hierunter fallen zB Vertreterbestellungen nach § 16 des Verwaltungsverfahrensgesetzes (VwVfG), § 7 des Baugesetzbuches, § 119 des Flurbereinigungsgesetzes (FlurbG) oder § 15 SGB X. Auch die weiteren Entscheidungen, die das Vertreterverhältnis betreffen, sind vorbehaltlich anderweitiger spezialgesetzlicher Regelung als Verfahren kraft Sachzusammenhangs von Nr 2 erfasst.

4. Zuweisungssachen

8   Betreuungsgerichtliche Zuweisungssachen sind auch sonstige dem Betreuungsgericht zugewiesene Verfahren (Nr 3); Nr 3 ermöglicht die Zuweisung einzelner weiterer Aufgaben an das Betreuungsgericht.

Örtliche Zuständigkeit

341 Die Zuständigkeit des Gerichts bestimmt sich in betreuungsgerichtlichen Zuweisungssachen nach § 272.

1. Örtliche Zuständigkeit

1   § 341 verweist hinsichtlich der örtlichen Zuständigkeit für die betreuungsgerichtlichen Zuweisungssachen auf die Zuständigkeitsregelung in Betreuungssachen des § 272. Die Anknüpfungspunkte für die örtliche Zuständigkeit in § 272 sind jedoch **nur eingeschränkt** auf die betreuungsgerichtlichen
2   Zuweisungssachen übertragbar. Die Anknüpfungspunkte müssen in diesen Angelegenheiten **im Einzelfall** konkret ermittelt werden. Bei einer Abwesenheitspflegschaft nach § 1911 BGB oder einer Pflegschaft für unbekannte Beteiligte kommt nur das Gericht in Betracht, in dessen Bezirk das Bedürfnis

§ 341 Örtliche Zuständigkeit **§ 341**

der Fürsorge hervortritt (§ 272 I Nr 3); das kann, wenn es sich um die Besorgung von Vermögensangelegenheiten handelt, der Ort sein, an dem sich das Vermögen befindet. Im Falle einer Pflegschaft für Sammelvermögen (§ 1914 BGB) war bisher nach § 42 FGG das Gericht des Ortes der bisherigen Verwaltung des Sammelvermögens zuständig; es genügte auch die Verwahrung an einem bestimmten Ort, ohne dass dort bestimmte Verwaltungsmaßnahmen vorgenommen sein mussten. Diese Umstände begründen auch jetzt unter dem Gesichtspunkt des Bedürfnisses der Fürsorge die Zuständigkeit (§ 272 I Nr 3). Auch in Verfahren, die die gerichtliche Bestellung eines Vertreters für einen Volljährigen betreffen (Nr 2) ist an den Ort der zu regelnden Angelegenheiten unter dem Gesichtspunkt des Fürsorgebedürfnisses anzuknüpfen.

2. Funktionelle Zuständigkeit

Für betreuungsrechtliche Zuweisungssachen ist grundsätzlich der Rechts- 3
pfleger nach § 3 Nr 2 b RPflG funktionell zuständig, soweit diese Angelegenheiten nicht nach § 15 Nr 8, 9 RPflG dem Richter vorbehalten sind. Der Richter ist nach § 15 Nr 8 RPflG funktionell zuständig für die Genehmigung nach § 6 des Gesetzes über die freiwillige Kastration und andere Behandlungsmethoden, nach § 15 Nr 9 RPflG für die Genehmigung nach § 3 I 2 sowie nach § 6 II 1, § 7 III 2 und § 9 III 1 jeweils iVm § 3 I 2 des Gesetzes über die Änderung von Vornamen und die Feststellung der Geschlechtszugehörigkeit in besonderen Fällen.

3. Kosten (Einl 76)

Gebühren nach § 91 KostO iVm §§ 92–93 a und § 97 KostO. Wert: § 30 4
KostO. Beschwerdeverfahren: § 131 KostO. Richtet sich die Beschwerde gegen eine Entscheidung des Betreuungsgerichts und ist sie von dem Pflegling oder in dessen Interesse eingelegt worden, ist das Beschwerdeverfahren in jedem Fall gebührenfrei; entsprechendes gilt für ein sich anschließendes Rechtsbeschwerdeverfahren (§ 131 V KostO).

Buch 4
Verfahren in Nachlass- und Teilungssachen

Abschnitt 1
Begriffsbestimmung; örtliche Zuständigkeit

Vorbemerkung

1. Materielles Recht

Nach § 1922 BGB geht mit dem Tod einer Person deren Vermögen auf 1
eine oder mehrere andere Personen (Erben) über. Hinterlässt der Erblasser
mehrere Erben, so wird der Nachlass gemeinschaftliches Vermögen der Erben
(§ 2032 I BGB). Jeder Miterbe kann nach § 2042 BGB grundsätzlich jederzeit
die Auseinandersetzung verlangen. Mehrere Erben als Voraussetzung der Auseinandersetzung sind nicht vorhanden, wenn nur ein Erbe und ein Nacherbe
vorhanden ist oder sämtliche Erbteile auf einen einzigen Erben übertragen
worden sind. Wer mit einem Vermächtnis bedacht (§ 2147 BGB) oder auf
den Pflichtteil gesetzt ist (§§ 2303, 2304 BGB), ist nicht Erbe. Die **Durchführung der Auseinandersetzung** ist in den §§ 2046 ff BGB geregelt. Sie
richtet sich im Übrigen nach den allgemeinen Normen für Rechtsgeschäfte
und kann daher regelmäßig formlos erfolgen. Nur wo das Gesetz besondere
Formen vorschreibt, müssen diese auch im Auseinandersetzungsverfahren
beachtet werden, etwa bei der Übertragung von Grundstücken (§ 313 BGB),
GmbH-Anteilen (§ 15 IV GmbHG) etc. Sind Minderjährige beteiligt, so muss
jeder einen gesetzlichen Vertreter haben; für minderjährige Geschwister müssen Ergänzungspfleger aufgestellt werden (§§ 181, 1795, 1909 BGB). In
diesem Fall muss das Familiengericht die Auseinandersetzung nach § 1822
Nr 2 BGB genehmigen.

2. Grundzüge der FGG-Reform

Die Nachlass- und Teilungssachen sind im Zuge der FGG-Reform einer in 2
Teilen grundlegenden Umgestaltung unterworfen worden (BT-Drs 16/6308,
170). So sind die verfahrensrechtlichen Vorschriften über die Eröffnung von
Verfügungen von Todes wegen in das FamFG überführt worden. Andere
verfahrensrechtliche Vorschriften sind hingegen im BGB verblieben, etwa
zum Erbscheinsverfahren. Das Erbscheinsverfahren ist insoweit einer grundlegenden Änderung unterworfen, als unter Abkehr vom bisherigen Vorbescheidsverfahren (BT-Drs 16/6308, 170) eine Vorschrift zur Wirksamkeit
des Beschlusses eingefügt worden sind, mit welchem die für die Erteilung des
Erbscheines erforderlichen Tatsachen als festgestellt erachtet werden (§ 352).

Vor § 342 Buch 4 – Verfahren in Nachlass- und Teilungssachen

Weiteres Kernstück der Reform in Nachlasssachen ist eine die Regelungen des allgemeinen Teils ergänzende Definition des Beteiligtenbegriffs. So soll der Kreis der Beteiligten in den verschiedenen nachlassrechtlichen Verfahren überschaubar gehalten werden (BT-Drs 16/6308, 170). Ob diese Zielsetzung des Gesetzgebers aufgeht, erscheint allerdings fraglich (vgl. dazu insbes § 345 Rn 9). Im Übrigen gilt für alle Verfahren, dass auf Grund der grundsätzlichen Geltung der Vorschriften des allgemeinen Teils erhöhte Förmlichkeiten eintreten, die zum Teil so nicht beabsichtigt sein können (vgl. etwa die Annahme von Verfügungen in die amtliche Verwahrung, § 346 Rn 7 ff).

3. Nachlass- und Teilungssachen

3   **a) Nachlasssachen** sind die in § 342 Abs 1 aufgezählten Verfahren. Es handelt sich um die dem Nachlassgericht anlässlich eines eingetretenen Todesfalls obliegenden Verrichtungen. Sie lassen sich in solche unterteilen, in denen es von Amts wegen tätig wird, in denen ein Antrag Voraussetzung für die Einleitung eines Verfahrens ist und in denen sich die Zuständigkeit auf die Entgegennahme von Erklärungen beschränkt (Keidel/Zimmermann § 342 Rn 2).
— **Amtsverfahren:** zB §§ 83, 1953, 1957, 1960, 1964, 1965, 2081, 2200, 2259, 2281, 2300, 2361, 2368 BGB, §§ 36, 37, 83 GBO,
— **Antragsverfahren:** zB §§ 1507, 1961, 1981, 1994, 1996, 2002, 2003, 2151, 2153–2155, 2192, 2193, 2198, 2199, 2202, 2216, 2224, 2227, 2331 a, 2353, 2368, 2369 BGB, §§ 36, 37, 82 a GBO,
— **Entgegennahme von Erklärungen:** zB §§ 1484, 1491, 1492, 1945, 1955, 1993, 2004, 2006, 2081, 2146, 2198, 2199, 2202, 2226, 2281, 2384, 2385 BGB.

4   **b) Teilungssachen** sind die in § 342 Abs 2 aufgezählten Verfahren. Nicht zu den Teilungssachen zählt die Auseinandersetzung anderer Gemeinschaften, für die ein Verfahren der freiwilligen Gerichtsbarkeit vom Gesetz nicht vorgesehen ist.

4. Verfahrensvorschriften

5   Die Nachlass- und Teilungssachen sind auch hinsichtlich des Verfahrens nicht vollständig im FamFG geregelt. Die wichtigsten Verfahrensvorschriften finden sich im BGB, FamFG, BeurkG. Weitere Bestimmungen sind zB in §§ 20, 25 BNotO und §§ 11, 12 KonsG enthalten. Daneben treten über Art 147 EGBGB, §§ 486, 487 landesrechtliche Ergänzungsbestimmungen (ausführlich Keidel/Zimmermann § 343 Rn 3 ff).

5. Übergangsvorschriften

6   Nach Art. 111 FGG-Reformgesetz v 17. 12. 2008 (BGBl I S. 2586) sind auf Nachlass- und Teilungsverfahren, die bis zum Inkrafttreten des FGG-Reformgesetzes am 1. 9. 2009 (Art 112 FGG-Reformgesetz) eingeleitet sind oder deren Einleitung vor diesem Datum beantragt wurde, weiter die vor Inkrafttreten des FGG-Reformgesetzes geltenden Vorschriften anzuwenden. Dies gilt auch für die Rechtsmittel in diesen Verfahren (BT-Drs 16/6308,

§ 342 Begriffsbestimmung §342

359), so dass für alle Instanzen maßgeblich ist, wann das Verfahren in erster Instanz beantragt worden ist (OLG Schleswig FGPrax 09, 290, 291; OLG Köln FGPrax 09, 287, 288; s auch Art 111 Rn 1 ff).

Begriffsbestimmung

342 (1) Nachlasssachen sind Verfahren, die
1. die besondere amtliche Verwahrung von Verfügungen von Todes wegen,
2. die Sicherung des Nachlasses einschließlich Nachlasspflegschaften,
3. die Eröffnung von Verfügungen von Todes wegen,
4. die Ermittlung der Erben,
5. die Entgegennahme von Erklärungen, die nach gesetzlicher Vorschrift dem Nachlassgericht gegenüber abzugeben sind,
6. Erbscheine, Testamentsvollstreckerzeugnisse und sonstige vom Nachlassgericht zu erteilende Zeugnisse,
7. die Testamentsvollstreckung,
8. die Nachlassverwaltung sowie
9. sonstige den Nachlassgerichten durch Gesetz zugewiesene Aufgaben

betreffen.

(2) Teilungssachen sind
1. die Aufgaben, die Gerichte nach diesem Buch bei der Auseinandersetzung eines Nachlasses und des Gesamtguts zu erledigen haben, nachdem eine eheliche, lebenspartnerschaftliche oder fortgesetzte Gütergemeinschaft beendet wurde, und
2. Verfahren betreffend Zeugnisse über die Auseinandersetzung des Gesamtguts einer ehelichen, lebenspartnerschaftlichen oder fortgesetzten Gütergemeinschaft nach den §§ 36 und 37 der Grundbuchordnung sowie nach den §§ 42 und 74 der Schiffsregisterordnung.

1. Allgemeines

Die Vorschrift regelt, für welche Verfahren das Vierte Buch Anwendung findet. Gleichzeitig erfolgt eine Definition der Nachlass- und Teilungssachen. Es handelt sich um eine Neuregelung des FamFG ohne Vorgängerbestimmung im FGG. 1

2. Nachlasssachen

Abs 1 enthält in Nummern 1 bis 8 eine Aufzählung der wichtigsten Verfahrensgegenstände. Als Auffangtatbestand für die Vielzahl weiterer Einzelaufgaben dient Nr 9 (BT-Drs 16/6308, 277). Im Einzelnen: 2

Nr 1 Besondere amtliche Verwahrung von Verfügungen von Todes wegen. Vgl. §§ 2248, 2258a, 2258b, 2277 BGB, §§ 346, 347. Verfügungen von Todes wegen (Testamente und Erbverträge, § 1937 BGB) sind grundsätzlich in die besondere amtliche Verwahrung zu nehmen. Dies gilt für nach § 2247 BGB errichtete Testamente nur auf Verlangen des Erblassers und für 3

§ 342 Buch 4 – Verfahren in Nachlass- und Teilungssachen

notarielle Erbverträge insoweit als nicht die Beteiligten die besondere amtliche Verwahrung ausgeschlossen haben (§ 34 Abs 3 BeurkG).

4 **Nr 2 Sicherung des Nachlasses einschließlich Nachlasspflegschaften.** Vgl. §§ 1960 ff (s auch § 344 Rn 10 f; § 359). Dem Nachlassgericht obliegt in Ausnahmefällen Fürsorgemaßnahmen für den Nachlass, vor allem solange Erben unbekannt sind. Als Maßnahmen kommen insbesondere die in § 1960 Abs 2 genannten in Betracht, nämlich Anlegung von Siegeln, Hinterlegung von Geld, Wertpapieren und Kostbarkeiten sowie Anordnung der Aufnahme von Nachlassverzeichnissen. Das Nachlassgericht ist grundsätzlich in der Auswahl der Sicherungsmaßnahmen frei (Palandt/Edenhofer § 1960 Rn 8).

5 **Nr 3 Eröffnung von Verfügungen von Todes wegen.** Vgl. §§ 348–351. (s. insbes § 348). Die Eröffnung von Verfügungen von Todes dient sowohl dem öffentlichen als auch dem Interesse der Beteiligten. Zum einen soll amtlich gewährleistet werden, dass auch längere Zeit nach dem Erbfall noch diejenigen Schriftstücke überprüft werden können, aus denen als letztwillige Verfügungen Rechte hergeleitet werden können (LG München I, NJW-RR 00, 1319). Zum anderen dient die Eröffnung der Information der Beteiligten, insbesondere der gesetzlichen und gewillkürten Erben, um sie durch die Kenntnis aller letztwilliger Verfügungen in die Lage zu versetzen, ihre Rechte hinsichtlich des Nachlasses wahrzunehmen (BGH NJW 78, 633; BayObLG 89, 323, 326).

6 **Nr 4 Ermittlung der Erben.** Vgl. §§ 1960, 1964–1966 BGB, § 41 LFGG Bad-Württ, Art. 37 AGGVG Bayern. Bundesweit kommt die amtliche Erbenermittlung nur in Ausnahmefällen in Betracht, insbesondere zur Feststellung des Erbrechts des Fiskus gem. §§ 1964 ff BGB. Erbermittlung ist auch denkbar als Fürsorgemaßnahme nach § 1960 BGB (Palandt/Edenhofer § 1960 Rn 8). Nur in Süddeutschland (Bayern, dort eingeschränkt, und Baden-Württemberg) hat das Nachlassgericht auch außerhalb dieses Feststellungsverfahrens die Erben von Amts wegen zu ermitteln.

7 **Nr 5 Entgegennahme von Erklärungen.** Vgl. §§ 1484, 1491, 1492, (auch iVm § 7 LPartG) 1945, 1955, 1993, 2004, 2006, 2081, 2146, 2202, 2226, 2281, 2384, 2385 BGB. Das BGB sieht vor, dass verschiedene Erklärungen unmittelbar gegenüber dem Nachlassgericht abzugeben sind, insbesondere die Ausschlagungen sowie die Anfechtungen (s § 344 Rn 16).

8 **Nr 6 Erbscheine, Testamentsvollstrecker- und sonstige Zeugnisse.** Vgl. §§ 352–355, §§ 1507 ff, 2353 ff BGB, §§ 36 f GBO 42, 74 SchiffsregO. (s insbes § 352 Rn 3 ff, § 354 Rn 1 ff). Zentrale Aufgabe der Nachlassgerichte ist die Erteilung von Zeugnissen über die Erbfolge, den Erbscheinen. Ferner erteilt das Nachlassgericht insb. Fortsetzungszeugnisse gem § 1507 BGB, Testamentsvollstreckerzeugnisse sowie die sog. Überweisungszeugnisse nach §§ 36 f GBO und §§ 42, 74 SchiffsregO. Nicht in die Zuständigkeit des Nachlassgerichts fällt hingegen das Hoffolgezeugnis, da dieses nicht vom Nachlassgericht, sondern vom Landwirtschaftsgericht zu erteilen ist (s Vor §§ 343, 344 Rn 4).

9 **Nr 7 Testamentsvollstreckung.** Vgl § 355, §§ 2198 Abs 2, 2200, 2202 Abs 2, 2216 Abs 2, 2224, 2227, 2228 BGB. Dem Nachlassgericht obliegen im Zusammenhang mit der Testamentsvollstreckung verschiedene Aufgaben, insbesondere Ernennung des Testamentsvollstreckers, wenn im Testament das

Nachlassgericht dazu ersucht wurde, Fristbestimmungen und Entlassung auf Antrag. Andere im Zusammenhang mit der Testamentsvollstreckung stehende Verrichtungen (vor allem die Verrichtungen zu Testvollstreckerzeugnissen) sind bereits durch Nrn 5 und 6 als Nachlasssachen definiert (s auch § 355 Rn 6 ff).

Nr 8 Nachlassverwaltung. Vgl § 359, §§ 1975 ff BGB. Die Haftung der 10 Erben beschränkt sich auf den Nachlass, wenn eine Nachlasspflegschaft zum Zwecke der Befriedigung der Nachlassgläubiger angeordnet ist (§ 1975 Abs 1 BGB; s § 359 Rn 4 ff).

Nr 9 Sonstige den Nachlassgerichten durch Gesetz zugewiesene 11 **Aufgaben.** Dem Nachlassgericht ist eine Vielzahl von weiteren Einzelaufgaben zugewiesen. Hierzu gehören die Aufgaben bei der Inventarerrichtung (§§ 1993 ff BGB, § 360 (s § 360 Rn 1 ff), bei der Fristbestimmung bei Vermächtnissen und Auflagen (§§ 2151, 2153 bis 2155, 2192, 2193 BGB; s § 355 Rn 2), bei der Stundung des Pflichtteilsanspruches (§ 2331 a BGB; § 362), beim Aufgebot von Nachlassgläubigern (§§ 454 ff, § 1970 BGB, hM s § 454 Rn 3); bei Anzeigen gegenüber dem Nachlassgericht über den Erbschaftskauf (§§ 2384, 2385 BGB) oder bei Eintritt der Nacherbschaft (§ 2146) (BT-Drs 16/6308, 277). Nicht zu den Nachlasssachen gehört infolge der Zuweisung zum Insolvenzgericht das Nachlassinsolvenzverfahren (§§ 315 ff InsO).

3. Teilungssachen

In Abs 2 erfolgt eine abschließende Definition des Begriffes der Teilungs- 12 sachen. Teilungssachen sind demgemäß die nach Nrn 1 und 2 zu erledigenden Aufgaben und Verfahren. Hierbei handelt es sich einerseits um das Nachlassauseinandersetzungsverfahren der §§ 363 ff sowie andererseits die Aufgaben des Nachlassgerichts in Verfahren betreffend die sog. Überweisungszeugnisse nach GBO und SchiffregO, soweit die Auseinandersetzung einer Auseinandersetzung des Gesamtgutes einer ehelichen, lebenspartnerschaftlichen oder fortgesetzten Gütergemeinschaft Gegenstand ist. Bei den vorgenannten Überweisungszeugnissen ist die Abgrenzung als Nachlass- oder Teilungssache danach vorzunehmen, ob die Auseinandersetzung eines Nachlasses oder des Gesamtgutes Gegenstand des Zeugnisses ist (s § 373 Rn 4).

Vorbemerkung zu §§ 343, 344

1. Allgemeines, Örtliche Zuständigkeit

In den §§ 343, 344 wurden die verschiedenen Regelungen zur örtlichen 1 Zuständigkeit in Nachlass- und Teilungssachen zusammengefasst.

Die Bestimmung zur sachlichen Zuständigkeit in § 72 FGG ist entfallen. Die sachliche Zuständigkeit wird durch die Einbeziehung der FamFG-Verfahren in den sachlichen Geltungsbereich des GVG (§ 23 a Abs 1 Nr 2) nunmehr in § 23 a Abs 2 Nr 2 GVG geregelt. Für die funktionelle Zuständigkeit ist unverändert das RPflG maßgeblich.

Vor §§ 343, 344 Buch 4 – Verfahren in Nachlass- und Teilungssachen

2. Sachliche Zuständigkeit

2   Nach § 23 a Abs 2 Nr 2 iVm Abs 1 Nr 2 GVG sind die **Amtsgerichte** in Nachlass- und Teilungssachen zuständig. Nach Landes- bzw. Bundesrecht bestehen jedoch folgende Sonderzuständigkeiten:

3   **a) Landesrecht.** Nach Art 147 EGBGB, §§ 486, 487 bleiben landesgesetzliche Vorschriften unberührt, wonach für die dem Nachlassgericht obliegenden Verrichtungen andere als gerichtliche Behörden zuständig sind, zB in Baden-Württemberg die Notariate gem §§ 1 Abs 2, 38 ff LFGG Bad-Württ (s. Keidel/Zimmermann, § 343 Rn 3 ff)

4   **b) Bundesrecht.** Vor allem für die Nachlass- und Teilungsverfahren betreffend land- und forstwirtschaftlichen Besitz sind teilweise besondere Zuständigkeiten gegeben (Einzelheiten hierzu s Keidel/Zimmermann, § 343 Rn 21 ff). ZB: Zur Entscheidung der Frage, wer **Hoferbe** geworden ist, sowie zur Erteilung oder Einziehung eines Erbscheins, wenn zum Nachlass ein Hof gehört **(Hoffolgezeugnis),** ist in den Ländern der ehemals britischen Zone das Landwirtschaftsgericht berufen (§ 18 II HöfeO), wenn der Hof, der zum Nachlass gehört, in diesem Bereich gelegen ist (Dressel, NJW 76, 1244). Gehört zum Nachlass ein im Geltungsbereich der HöfeO gelegener Hof, so ist das Landwirtschaftsgericht auch für die Erteilung des Erbscheines über das hoffreie Vermögen zuständig (BGH NJW 1988, 2739). Für die Auseinandersetzung einer Erbengemeinschaft (Haegele, Rpfleger 61, 276/281) sowie für die Erteilung eines TestVollstrzeugnisses (BGH, NJW 72, 582) ist das Nachlassgericht, für die gerichtliche Zuweisung eines land- oder forstwirtschaftlichen Besitzes (§§ 13–17 GrdstVG) das Landwirtschaftsgericht zuständig. Zur Zuständigkeit deutscher Konsuln in Nachlasssachen im Ausland verstorbener Deutscher s §§ 9, 11, 19 KonsG.

3. Funktionelle Zuständigkeit

5   **a) Rechtspflegergeschäfte.** Nach § 3 Nr 2 c RPflG nimmt die Geschäfte in Nachlass- und Teilungssachen nach § 342 grundsätzlich der RPfl wahr. Ihm sind die Nachlass- und Teilungssachen übertragen mit Ausnahme der unter Rn 8 ff aufgeführten Aufgaben. Der Rechtspfleger ist **nicht Richter** im Sinn der Art 92, 101 GG. § 9 RPflG bestimmt, dass der Rechtspfleger bei seinen Entscheidungen nur dem Gesetz unterworfen, also sachlich unabhängig ist. Persönliche Unabhängigkeit kommt ihm aber nicht zu. GG, GVG, DRiG und RPflG gehen von einem einheitlichen Richterbegriff aus, zu dem als wesentliches Element neben der sachlichen auch die persönliche Unabhängigkeit gehört (Art 97 II GG); auch übt der Rechtspfleger keine rechtsprechende Gewalt im Sinn des Art 92 GG aus (BVerfG 101, 397; sa BVerfG FGPrax 00, 103, 105; BayObLG 74, 335; ; Blaessing NJW 71, 1436; Jansen § 1 FGG Rn 104; Keidel/Sternal Einl. Rn 75 f; Maunz/Dürig Art 92 GG Rn 82; Winkler ZZP 88, 218; aA Herbst Rpfleger 94, 481; Eickmann Rpfleger 76, 153; Lindacher Rpfleger 87, 45; Habscheid Rpfleger 68, 237).

6   **RPflgeschäfte** sind danach unter anderem (vgl Firsching/Graf, Rn 2.12; Keidel/Zimmermann § 343 Rn 100 ff): Anordnung und Aufhebung einer **Nachlasspflegschaft** oder **Nachlassverwaltung** (§§ 1919, 1960, 1961,

Vorbemerkung zu §§ 343, 344

1962, 1975, 1981 ff BGB), Auswahl, Festlegung des Wirkungskreises, Verpflichtung, Erteilung der Bestallung, Überwachung und Entlassung des Pflegers oder Nachlassverwalters (§§ 1779, 1789, 1791, 1837, 1886, 1889, 1915, 1962, 1975 BGB), Festsetzung ihrer Vergütung (§§ 1836, 1915, 1962, 1987 BGB), Ermittlungsverfahren nach § 2358 BGB, **Erbenermittlung** von Amts wegen (Art 37 BayAGGVG, § 41 LFGG Bad-Württ), Erteilung von unbeschränkten **Erbscheinen**, wenn eine Verfügung von Todes wegen nicht vorliegt, und von sonstigen Zeugnissen (§ 1507 BGB; §§ 36, 37 GBO; 42, 71 SchiffregO), Feststellung des Erbrechts des Fiskus (§§ 1964–1966 BGB), Mitteilung zur Anerkennung durch letztwillige Verfügung errichteter Stiftungen (§ 83 BGB), Entscheidung über die **Einsichtnahme** von Akten und Urkunden und die Erteilung von Abschriften (§§ 13, 357, 1953 III, 1957 II, 2010, 2081 II, 2146 II, 2228, 2384 II BGB), **Inventarerrichtung** (§§ 1993 ff BGB), besondere amtliche **Verwahrung** (§§ 2246, 2248, 2258 a, b, 2277, 2300 BGB), auch nach Eröffnung (BayObLG 74, 7), und **Eröffnung** (§§ 348 ff) von Testamenten und Erbverträgen, Rückgabe in amtliche Verwahrung genommener Testamente (§ 2256 BGB), Entgegennahme von **Anzeigen** und Erklärungen gegenüber dem Nachlassgericht (§§ 1484, 1491, 1492, 2081, 2146, 2198, 2199, 2202, 2226, 2281, 2384, 2385 BGB), **Fristbestimmungen** bei Vermächtnissen (§§ 2151, 2154, 2155 BGB), Auflagen (§§ 2192, 2193 BGB), zur Ernennung eines TestVollstr (§ 2198 BGB), über die Annahme des Amtes (§ 2202 BGB), Stundung des **Pflichtteilsanspruchs** (§ 2331 a BGB, § 362), Entgegennahme **eidesstattlicher Versicherungen** nach §§ 2006, 2228, 2057 mit §§ 259, 260 BGB; Genehmigungen bei der Vermittlung der Erbauseinandersetzung gem § 368 III.

Darüber hinaus ist der RPfl zuständig zu gerichtlichen **Beurkundungen** in 7 Nachlasssachen. Dies sind insbesondere die Ausschlagung einer Erbschaft oder Anfechtung der Annahme oder Ausschlagung einer Erbschaft (§§ 1945, 1955 BGB, vgl § 57 III Nr 4 BeurkG) und die Aufnahme einer eidesstattlichen Versicherung im Erbscheinsverfahren (§ 2356 II 1 BGB, vgl § 56 III 2 BeurkG). Das RPflG hat in § 3 Nr 1 f „Urkundssachen einschließlich der Entgegennahme der Erklärung" in vollem Umfang auf den RPfl übertragen. In diesem Fall gelten alle Vorschriften des **BeurkG** auch für den RPfl. Der RPfl ist nicht nur für die Beurkundung selbst zuständig, zB die Beurkundung der Erbausschlagung, sondern grundsätzlich auch für die Folgegeschäfte der §§ 45–51 BeurkG, wobei etwa die Ausfertigung nach § 48 S 2 BeurkG der UrkB der Geschäftsstelle erteilt. Soweit der RPfl zuständig ist, gelten auch für Beurkundungen die §§ 5–7 RPflG. Für die **Ausschließung** und Ablehnung des RPfls gelten gemäß § 10 RPflG die für den Richter maßgeblichen Vorschriften, somit die §§ 3, 6, 7 BeurkG. Gegen Entscheidungen des RPfls ist nach § 11 II RPflG die **Erinnerung** statthaft, welche innerhalb der Frist für die Beschwerde geltenden Frist einzulegen ist (§ 11 Abs 2 RPflG unterscheidet hinsichtlich der Fristen zwischen den Verfahren nach dem FamFG, bei denen die Erinnerung innerhalb der Frist für die Beschwerde, und den sonstigen Verfahren, bei denen die Frist für die sofortige Beschwerde maßgeblich ist. Die Beurkundung ist ein Verfahren der freiwilligen Gerichtsbarkeit (Winkler BeurkG, § 1 Rn 62), weswegen es insoweit ein Verfahren nach dem FamFG im Sinne des § 11 RPflG darstellt). Die Beschwerde gegen die

Entscheidung des Richters (§ 11 III RPflG) richtet sich nach § 54 BeurkG bzw, wenn es sich nicht um die Ablehnung der dort genannten Fälle handelt, nach § 59 (vgl. Winkler, BeurkG § 1 Rn 55 ff).

8 **b) Zuständigkeit des Richters.** Nach § 16 I RPflG bleiben dem **Richter** folgende Angelegenheiten **vorbehalten:**

Nr 1: die Geschäfte des Nachlassgerichts, die bei einer **Nachlasspflegschaft** oder **Nachlassverwaltung** erforderlich werden, soweit sie den nach § 14 RPflG von der Übertragung ausgeschlossenen Geschäften in Kindschaftssachen entsprechen sowie die Anordnung der Nachlasspflegschaft hinsichtlich des Nachlasses eines Ausländers (OLG Hamm, Rpfleger 76, 94). Dies sind (1) die Erteilung von Genehmigungen nach §§ 1962, 1975, 1915 mit §§ 1822 Nr 1–3, 12 und 1823 BGB (§ 14 Nr 10 RPflG), (2) die Entscheidung von Meinungsverschiedenheiten zwischen mehreren Nachlasspflegern oder -verwaltern gemäß §§ 1962, 1975, 1915, 1798 BGB (§ 14 Nr 4 RPflG).

9 **Nr 2:** die **Ernennung** des **TestVollstr** (§ 2200 BGB). Die übrigen mit der Ernennung zusammenhängenden Tätigkeiten, etwa die Fristbestimmungen nach §§ 2198 II, 2202 III BGB, die Entgegennahme von Erklärungen nach §§ 2198 I, 2199 III, 2202 II BGB obliegen dagegen dem RPfl.

Nr 3: die Entscheidung über Anträge, eine vom Erblasser für die Verwaltung des Nachlasses durch letztwillige Verfügung getroffene **Anordnung außer Kraft** zu setzen (§ 2216 II 2 BGB).

Nr 4: Die Entscheidung von **Meinungsverschiedenheiten** zwischen mehreren **TestVollstr** (§ 2224 BGB).

Nr 5: Die **Entlassung eines TestVollstr** aus wichtigem Grund (§ 2227 BGB). Die Rückforderung des kraftlos gewordenen TestVollstrzeugnisses nach § 2368 III BGB sowie die Entgegennahme der Kündigung nach § 2226 BGB obliegen dagegen dem RPfl.

Nr 6: Die Erteilung gewisser Zeugnisse:

10 • von **Erbscheinen** (§ 2353 BGB, s § 352 Rn 3 f; Firsching/Graf, Rn 4.137 ff) und **Überweisungszeugnissen** nach §§ 36, 37 GBO und §§ 42, 74 Schiffsregisterordnung, sofern eine Verfügung von Todes wegen vorliegt. Hierzu bestimmt § 16 II RPflG, dass der Richter die Erteilung des Erbscheins oder des Zeugnisses dem RPfl auch dann übertragen kann, wenn eine Verfügung von Todes wegen vorliegt, aber ein Erbschein oder ein Zeugnis auf Grund gesetzlicher Erbfolge zu erteilen ist und deutsches Erbrecht anzuwenden ist. Der RPfl ist an die ihm mitgeteilte Auffassung des Richters gebunden. Letzterer Anwendungsfall ist gegeben, wenn eine Verfügung von Todes wegen vorliegt, jedoch unwirksam ist. Eine Übertragung ist dagegen nicht zulässig, wenn der Erblasser in der letztwilligen Verfügung eine Erbeinsetzung angeordnet hat, die mit der gesetzlichen Erbfolge übereinstimmt. Der RPfl ist daher insbesondere für die Erteilung von unbeschränkten Erbscheinen und Zeugnissen zuständig, wenn keine oder eine unwirksame Verfügung von Todes wegen vorliegt und der Richter die Erteilung dem RPfl übertragen hat. Aufgabe des RPfl ist auch das der Erbscheinserteilung vorhergehende Ermittlungs- und Beweisverfahren (§ 2358 BGB), einschließlich der Erbscheinsverhandlung und zwar auch dann, wenn eine Verfügung von Todes wegen vorhanden ist.

- **wenn** die Anwendung ausländischen Rechts in Betracht kommt, 11 unabhängig, ob eine Verfügung von Todes wegen vorliegt oder nicht (BT-Drs 16/6308, 322). Die Ausweitung der internationalen Zuständigkeit in Nachlasssachen führt nunmehr zum generellen Richtervorbehalt in allen Fällen, in denen bei der Erteilung eines Erbscheines oder von Zeugnissen nach §§ 36, 37 GBO und 42, 47 SchiffsregO die Anwendung ausländischen Rechts in Betracht kommt (BT-Drs 16/6308, 322). Der Richtervorbehalt ist somit nicht auf die Erteilung von Erbscheinen nach § 2369 BGB beschränkt.
- von **TestVollstrzeugnissen** nach § 2368 BGB (s § 354 Rn 2; Firsching/Graf, NachlaßR, Rn 4.449).

Nr 7: Die **Einziehung** von Erbscheinen (§ 2361 BGB) und Zeugnissen 12 nach §§ 36, 37 GBO und §§ 42, 74 SchiffsRegO, wenn sie vom Richter erteilt oder wegen einer Verfügung von Todes wegen einzuziehen sind, ferner die Einziehung von TestVollstrzeugnissen (§ 2368 BGB) und von Zeugnissen über die Fortsetzung einer Gütergemeinschaft (§ 1507 BGB). Die Kraftloserklärung (§ 2361 II BGB) und die Rückforderung eines nach § 2368 III BGB kraftlos gewordenen TestVollstrzeugnisses sind dagegen Aufgabe des RPfl.

c) Umfang des Vorbehaltes. Soweit die Entscheidung dem Richter 13 vorbehalten ist, muss dieser auch die für seine Beschlussfassung erheblichen **Vorbereitungen und Ermittlungen,** die den Kernbereich der richterlichen Entscheidung betreffen, sei es durch förmliche Beweisaufnahme, aber auch im Weg des Freibeweises, selbst vornehmen; er kann sie nicht dem RPfl übertragen (BayObLG 80, 191).

d) Aufhebung der Richtervorbehalte. Gemäß § 19 RPflG sind die 14 Landesregierungen ermächtigt, **Richtervorbehalte** durch Rechtsverordnung **aufzuheben,** und zwar **(a)** die Geschäfte des Nachlassgerichts, die bei einer Nachlasspflegschaft oder Nachlassverwaltung erforderlich werden, soweit sie den nach § 14 I Nr 8 RPflG ausgeschlossenen Geschäften in Kindschaftssachen entsprechen (§§ 19 I Nr 2, 16 I Nr 1 RPflG), **(b)** die Ernennung von Testamentsvollstreckern (§§ 19 I Nr 3, 16 I Nr 2 RPflG), die Entlassung von Testamentsvollstreckern aus wichtigem Grund, soweit der Erblasser den Testamentsvollstrecker nicht selbst ernannt oder einen Dritten zu dessen Ernennung bestimmt hat (§§ 19 I Nr 1, 16 I Nr 5 RPflG), **(c)** die Erteilung von Erbscheinen sowie Zeugnissen nach §§ 36, 37 GBO und §§ 42, 74 Schiffregisterordnung, sofern eine Verfügung von Todes wegen vorliegt oder die Anwendung ausländischen Rechts in Betracht kommt (§§ 19 I Nr 5, 16 I Nr 6 RPflG), und **(d)** die Einziehung von Erbscheinen und Zeugnissen nach §§ 36, 37 GBO, §§ 42, 74 SchiffregO, wenn der Erbschein vom Richter erteilt wurde oder wegen einer Verfügung von Todes wegen einzuziehen ist, sowie Einziehung von Testamentsvollstreckerzeugnissen und Fortsetzungszeugnissen nach § 1507 BGB.

Die Verordnungen, durch welche die Richtervorbehalte wieder aufgehoben werden, müssen vorsehen, dass der Rechtspfleger das Verfahren in den vorbezeichneten Fällen vorzulegen hat, soweit gegen den Erlass der beantragten Entscheidung Einwände erhoben werden.

Vor §§ 343, 344 Buch 4 – Verfahren in Nachlass- und Teilungssachen

Von der Verordnungsermächtigung haben zB Gebrauch gemacht: Hessen § 1 der Verordnung zur Aufhebung von Richtervorbehalten nach dem Rechtspflegergesetz v 29. 10. 2008, geändert durch Verordnung vom 24. 11. 2009 GVBl I S. 497; Mecklenburg-Vorpommern § 1 der Verordnung zur Aufhebung von Richtervorbehalten in nachlassgerichtlichen Verfahren v 11. 12. 07 (GVOBl M-V 08, 2); Niedersachsen § 16 h der Verordnung zur Regelung von Zuständigkeiten in der Gerichtsbarkeit und der Justizverwaltung (Nds. GVBl Nr 13/2008 S. 221); Rheinland-Pfalz § 1 der Landesverordnung zur Übertragung von Aufgaben auf den Rechtspfleger und den Urkundsbeamten der Geschäftsstelle v 15. 5. 2008 (GVBl S. 81).

4. Internationale Zuständigkeit

15 Die internationale Zuständigkeit (dazu Zimmermann, FGPrax 06, 189, 190 f; Firsching/Graf Rn 2.54 ff) ist **von Amts wegen** in jeder Lage des Verfahrens zu beachten; einer entsprechenden Rüge bedarf es nicht (OLG Zweibrücken MittBayNot 02, 203 mit Anm. Riering). Bei Fällen mit Auslandsberührung ist zu unterscheiden, welche Normen maßgebend sind und ob das Gericht überhaupt zuständig ist. Die erste Frage ist dem internationalen Privatrecht zu entnehmen. Das zweite Problem ist die internationale Zuständigkeit. Hierzu regelt § 105, dass sich die internationale Zuständigkeit der örtlichen Zuständigkeit der §§ 343, 344 folgt. Ist also ein deutsches Gericht nach §§ 343, 344 örtlich zuständig, ist es auch unabhängig von dem nach dem IPR anzuwendenden Sachrecht international zuständig. Ausdrücklich erteilt damit das FamFG in Nachlass- und Teilungssachen eine Absage an die sog. Gleichlauftheorie (dazu 8. Aufl. § 73 FGG Rn 9; Firsching/Graf Rn 2.55 ff), wonach deutsche Gerichte nur bei der Anwendung deutschen Sachrechts zuständig sind (BT-Drs 16/6308, 221). Folge ist, dass das Nachlassgericht uneingeschränkt ausländisches Erbrecht anwenden muss, was zu erheblichen Schwierigkeiten führen dürfte (Zimmermann, FGPrax 06, 189, 190 f; ders ZEV 09, 53, 55; eingehend zur internationalen Zuständigkeit: Kroiß ZEV 09, 493; Bachmayer BWNotZ 10, 146).

5. Ersatzzuständigkeit

16 Die Regelung zur Ersatzzuständigkeit, also zur Frage, welches Gericht zuständig ist, wenn am Sitz des nach § 343 zuständigen Nachlassgerichts deutsche Gerichtsbarkeit nicht mehr ausgeübt wird, ist durch die Aufhebung des § 7 ZustErgG durch das Erste Gesetz über der Bereinigung des Bundesrechts im Bereich des Justiz (Art. 48, BGBl I 2006, 866) grundsätzlich entfallen. Der Aufhebung liegt die Erwartung zu Grunde, alle überhaupt denkbaren Verfahrensfortsetzungen seien inzwischen rechtlich und tatsächlich abgewickelt (BT-Drs 16/47, 59). Ebenso denkbar ist allerdings, dass erst jetzt ein Erbschein etwa zur Berichtigung des Grundbuches benötigt wird, weswegen ein neues Verfahren erforderlich ist. In diesem Fall richtet sich infolge der Aufhebung des § 7 ZustErgG die Zuständigkeit nach § 343 Abs 2. Stellt sich hingegen das Verfahren als Fortsetzung eines Nachlassverfahrens dar, gilt § 7 weiterhin, da die Zuständigkeit bereits wirksam angeordnet war und durch die Aufhebung des § 7 auch nicht entfallen

§ 343 Örtliche Zuständigkeit § 343

ist (vgl BT-Drs 16/47, 59), mit der Folge, dass jedes Amtsgericht, in dessen Bezirk sich Nachlassgegenstände befinden, als Nachlassgericht zuständig ist (§ 7 ZustErgG). Voraussetzung für eine fortbestehende Zuständigkeit nach § 7 ZustErgG ist aber, dass ein Amtsgericht als Nachlassgericht bereits tätig geworden ist. Gleichzeitig ist es dann für den gesamten Nachlass ausschließlich zuständig (§ 7 II ZustErgG). Die Ersatzzuständigkeit greift ohne Rücksicht darauf ein, ob der Erblasser vor oder nach dem 8. 5. 1945 verstorben ist (s Keidel/Zimmmermann, § 343 Rn 46 f).

Örtliche Zuständigkeit

343 (1) **Die örtliche Zuständigkeit bestimmt sich nach dem Wohnsitz, den der Erblasser zur Zeit des Erbfalls hatte; fehlt ein inländischer Wohnsitz, ist das Gericht zuständig, in dessen Bezirk der Erblasser zur Zeit des Erbfalls seinen Aufenthalt hatte.**

(2) **Ist der Erblasser Deutscher und hatte er zur Zeit des Erbfalls im Inland weder Wohnsitz noch Aufenthalt, ist das Amtsgericht Schöneberg in Berlin zuständig. Es kann die Sache aus wichtigen Gründen an ein anderes Gericht verweisen.**

(3) **Ist der Erblasser ein Ausländer und hatte er zur Zeit des Erbfalls im Inland weder Wohnsitz noch Aufenthalt, ist jedes Gericht, in dessen Bezirk sich Nachlassgegenstände befinden, für alle Nachlassgegenstände zuständig.**

1. Allgemeines

§ 343 regelt die örtliche Zuständigkeit in Nachlass- und Teilungssachen (zur Abgrenzung zwischen sachlicher und örtlicher Zuständigkeit s OLG Hamm, OLG 72, 73). § 343 entspricht weitgehend dem bisherigen § 73 Abs 1 bis 3 FGG. Allerdings wurde Abs 3 im Hinblick auf den Wegfall der Beschränkung der Tätigkeit des Nachlassgerichts auf im Inland belegene Gegenstände neu gefasst (BT-Drs 16/6308, 277). Als Ergänzung regelt § 344 besondere örtliche Zuständigkeiten für die Verwahrung, Sicherung des Nachlasses, Auseinandersetzung des Gesamtgutes und Eröffnung einer Verfügung von Todes wegen nach Verwahrung. 1

Soweit § 344 nichts anderes bestimmt, ist also maßgeblich der Wohnsitz des Erblassers zur Zeit des Erbfalls, hilfsweise sein Aufenthalt (Abs 1). Bestehen im Inland weder Wohnsitz noch Aufenthalt, so ist bei einem Deutschen das Amtsgericht Schöneberg (Abs 2) und bei einem Ausländer jedes Gericht zuständig, in dessen Bezirk sich Nachlassgegenstände befinden (Abs 3). Die örtliche Zuständigkeit ist vor der internationalen (dazu Vor §§ 343, 344 Rn 15) zu prüfen (OLG Hamm, OLG 69, 250).

2. Zuständigkeit nach Abs. 1

Grundsätzlich bestimmt sich die Zuständigkeit nach dem Wohnsitz des Erblassers zum Zeitpunkt seines Todes. Fehlt ein solcher, ist der Aufenthalt maßgeblich. 2

§ 343 Buch 4 – Verfahren in Nachlass- und Teilungssachen

3 **a) Wohnsitz.** Die örtliche Zuständigkeit bestimmt sich nach Abs 1 in erster Linie nach dem Wohnsitz des Erblassers zur Zeit des Erbfalls. Der Wohnsitz (§§ 7–11 BGB) ist der räumliche Schwerpunkt (Mittelpunkt) der gesamtem Lebensverhältnisse einer Person (Palandt/Heinrichs § 7 Rn 1 mwN). Polizeiliche Anmeldung begründet für sich allein noch keinen Wohnsitz, kann aber ein Beweiszeichen dafür sein (BGH NJW-RR 90, 506; Hermann ZEV 02, 260). Bei Wohnungswechsel ist nicht die Begründung eines neuen Wohnsitzes entscheidend, sondern die Frage, ob der alte Wohnsitz tatsächlich aufgegeben worden ist, wobei die Aufgabe als geschäftsähnliche Handlung nach außen hervortreten und zumindest für einen mit den Gegebenheiten vertrauten Beobachter erkennbar sein muss (OLG Hamm, FGPrax 06, 222, 223; BayObLG Rpfleger 95, 254). Bei mehreren Wohnsitzen des Erblassers hat nach § 2 I das Gericht den Vorzug, das zuerst mit der Sache befasst ist (KG, 4 Rpfleger 69, 391). Maßgeblich ist der Wohnsitz zum **Zeitpunkt des Todes** des Erblassers (§ 1922 BGB). Bei einer Todeserklärung ist der Zeitpunkt des Todes in dem Beschluss festgestellt (§§ 9, 23 VerschG; Hermann ZEV 02, 261). Lässt sich der Zeitpunkt des Todes nicht sicher feststellen und kommen deshalb mehrere Gerichte in Frage, so wird das zuständige Gericht durch das nächsthöhere gemeinsame Gericht bestimmt (§ 5 Abs 1 Nr 2), ebenso wenn der Erblasser einen doppelten Wohnsitz (dazu auch BayObLG, Rpfleger 85, 66) hatte und kein Gericht bereits in der Sache tätig geworden ist (KG, OLG 69, 493). Steht nicht fest, ob der Erblasser bei der Aufgabe eines früheren Wohnsitzes geschäftsfähig war, so ist für das Verfahren der Bestimmung des zuständigen Gerichts seine Geschäftsfähigkeit im maßgeblichen Zeitpunkt zu unterstellen (BayObLG Rpfleger 90, 73).

5 Stirbt der Erblasser im **Krankenhaus,** ist regelmäßig seine Wohnung als Schwerpunkt seiner Lebensverhältnisse als Wohnsitz anzusehen, da im Krankenhaus die zeitlich begrenzte Versorgung im Vordergrund steht und die alsbaldige Rückkehr des Patienten in sein Wohnumfeld regelmäßig vorgesehen ist. Hält sich der Erblasser dagegen zurzeit des Erbfalls in einem **Hospiz** auf und hat sein Betreuer um gerichtliche Genehmigung der Wohnungsauflösung nachgesucht, weil eine Rückkehr des Erblassers in die zuletzt von ihm bewohnte, an einem anderen Ort befindliche Wohnung nicht mehr in Betracht zu ziehen ist, so ist der für die örtliche Zuständigkeit maßgebliche letzte Wohnsitz des Erblassers am Ort des Hospizes (OLG Düsseldorf, Rpfleger 02, 314). Gleiches gilt bei Aufenthalt in einem „Pflegewohnzentrum", wenn aufgrund des Gesundheitszustandes des Erblassers und der dadurch erforderlichen medizinischen und pflegerischen Betreuung Anhaltspunkte für eine Rückkehr in seine zuletzt bewohnte Wohnung nicht ersichtlich sind (OLG Düsseldorf, FGPrax 09, 271).

6 **b) Aufenthalt.** Hatte der Erblasser keinen inländischen Wohnsitz, so kommt es auf seinen Aufenthalt zurzeit seines Todes an. Darunter ist der Ort zu verstehen, wo sich der Erblasser tatsächlich zurzeit seines Todes befand, gleichgültig, ob dies vorübergehend, zB auf der Durchreise (KG, Rpfleger 73, 96; BayObLG, NJW 03, 596; Rpfleger 78, 180), oder auf längere Dauer berechnet, gewollt oder unfreiwillig, bewusst oder unbewusst war (KG, Rpfleger 68, 287; BayObLG Rpfleger 03, 195). Zum Nachweis genügt regelmäßig die Sterbeurkunde (Hermann ZEV 02, 261).

§ 343 Örtliche Zuständigkeit **§ 343**

3. Zuständigkeit nach Abs 2

Nach § 343 II ist das Amtsgericht Schöneberg zuständig, wenn der Erb- 7
lasser Deutscher ist (auch wenn er daneben noch eine fremde Staatsangehörigkeit besitzt, KG, OLG 69, 285/287; Hermann ZEV 02, 261) und zurzeit des Erbfalls im Inland weder Wohnsitz noch Aufenthalt hatte. Das Nachlassgericht muss die Staatsangehörigkeit des Erblassers von Amts wegen prüfen (BayObLG 65, 457, 459). **War** der Erblasser Deutscher, so ist davon solange auszugehen, als nicht seine Ausländereigenschaft nachgewiesen ist 8 (BayObLG 68, 262, 265). Hatte der Erblasser zurzeit des Todes die deutsche Staatsangehörigkeit verloren, ohne eine andere erworben zu haben, so gilt nicht Abs 2, sondern Abs 3 (Hermann ZEV 02, 261). Ebenso galt für deutsche Staatsangehörige der ehemaligen DDR nicht Abs 2, sondern Abs 3 entspr (u Rn 11 ff). Aus wichtigen Gründen kann das Amtsgericht Schöne- 9
berg durch Beschluss die Sache an ein anderes Gericht **verweisen,** das an den Verweisungsbeschluss gebunden ist (Abs 2 Satz 2 iVm § 3 Abs 3 S 2; dazu LG Frankenthal, Rpfleger 83, 315). Auch ist der Beschluss nicht anfechtbar (§ 3 III S 1), ebenso die Ablehnung der Verweisung, da nur Endentscheidungen iSv § 38 anfechtbar sind (MünchKommZPO/J. Mayer § 343 FamFG Rn 24) Die Bindungswirkung für das im Beschluss bezeichnete Gericht tritt auch bei einem Rechtsirrtum oder Verfahrensfehler ein. Lediglich wenn des dem Beschluss an jeder rechtlichen Grundlage fehlt, er also objektiv willkürlich erscheint, entfällt die Bindungswirkung (BT-Drs 16/6308, 175). Der Begriff des **wichtigen Grundes** entspricht dem ansons- 10
ten bei § 4 anzuwendenden Maßstab (BT-Drs 16/6308, 277), insbesondere soll damit der verallgemeinerungsfähige Rechtsgedanke des § 46 FGG Anwendung finden, dass auf Grund des Personenbezuges aller FamFG-Verfahren zweckmäßig sein kann, das Verfahren an ein Gericht abzugeben, in dessen Nähe sich die maßgeblich vom Verfahren betroffene Person zwischenzeitlich befindet (vgl. BT-Drs 16/6308, 175). Auf Grund des Ausnahmecharakters der Verweisung nach § 343 II S 2 kann allerdings eine Verweisung nicht schon dadurch gerechtfertigt sein, dass die Erben nicht in der Nähe des Amtsgerichts Schöneberg wohnen. Dies dürfte in den vorhandenen Fällen sogar die Regel sein. Vielmehr muss es im Verfahren auf die persönliche Beteiligung gerade ankommen. Die Abgabebefugnis ist nicht deshalb ausgeschlossen, weil das Gericht hinsichtlich des gleichen Nachlasses tätig geworden ist und einen Teilerbschein erteilt hat (KG, BWNotZ 77, 44). Kein Fall des § 343 Abs 2, sondern eine Angelegenheit der Geschäftsverteilung ist die Abgabeverfügung gemäß der Zuständigkeitsverteilung zwischen Hauptgericht und Zweigstelle (KG, Rpfleger 74, 399).

4. Zuständigkeit nach Abs 3

Ist der Erblasser Ausländer und hatte er zurzeit des Erbfalls im Inland **weder** 11
Wohnsitz noch Aufenthalt (dazu o Rn 3 ff), so ist jedes Gericht, in dessen Bezirk sich Nachlassgegenstände befinden, für alle Nachlassgegenstände zuständig. Die noch in § 73 Abs 3 FGG enthaltene Einschränkung „für alle im Inland befindlichen Nachlassgegenstände" ist infolge der Aufgabe der sog. Gleichlauftheorie entfallen. Erforderlich ist aber, dass jedenfalls ein Teil des Nachlasses sich

§ 343

Buch 4 – Verfahren in Nachlass- und Teilungssachen

im Inland befindet, weil es sonst gemäß § 105 an der internationalen Zuständigkeit fehlt (BT-Drs 16/6308, 277). Die Zuständigkeit des Nachlassgerichts fehlt, wenn zum Zeitpunkt des Befasstwerdens keine Nachlassgegenstände
12 mehr in seinem Bezirk belegen sind (KG, OLG 75, 293). Diese Vorschrift gilt auch für Staatenlose. Trotz Streichung des Verweises (so bislang § 73 III S 2 FGG) ist § 2369 II BGB weiterhin für die Bestimmung des zuständigen Gerichts von Bedeutung. Handelt es sich um Gegenstände, für die von einer deutschen Behörde ein zur Eintragung des Berechtigten bestimmtes Buch oder **Register** geführt wird (§ 2369 II 1 BGB), so ist das Amtsgericht zuständig, in dessen Bezirk die das Buch oder Register führende Behörde ihren Sitz hat; also etwa bei Grundstücken und Grundstücksrechten, Schiffen, Luftfahrzeugen und Pfandrechten an ihnen, Urheberrechten, Zeichen- und Erfinderrechten. Bei Ansprüchen, für deren Geltendmachung ein deutsches Gericht zuständig ist (§ 2369 II 2 BGB), ist das Amtsgericht zuständig, das (ohne Rücksicht auf den Streitwert) für die Klage zuständig wäre (BayObLG 61, 79). Bei beweglichen Sachen ist Amtsgericht zuständig, in dessen Bezirk sich diese befinden. Als bewegliche Sachen in diesem Sinne gelten auch Inhaber- und Orderpapiere, die mit Blankoindossament versehen sind (Keidel/Zimmermann Rn 71). Zur Zuständigkeit, wenn der Nachlass aus Miterbenanteilen besteht s Eule ZEV 10, 508. Maßgebender Zeitpunkt für die Zuständigkeitsvoraussetzungen ist nicht der Erbfall, sondern der Zeitpunkt, zu dem das Gericht mit der Sache befasst wird (BayObLG Rpfleger 91, 316), zB der Tag, an dem der Erbscheinsantrag eingeht (OLG Hamm OLG 75, 413).
13 Zu **Lastenausgleichsansprüchen** s § 229 Abs 1 LAG, wonach der Anspruch nicht zum Nachlass gehört, sondern dem Erben zusteht, und zwar nicht in seiner Eigenschaft als Erben, sondern persönlich als dem Geschädigten (BGH, NJW 76, 780; Rpfleger 76, 174) siehe ausführlich Vorauflage § 73 Rn 19 ff.

Zum Recht der **ehemaligen DDR** s 4. Aufl Anm 7 sowie nachstehend Rn 15).

5. Zuständigkeitswechsel

14 a) Bei **Zuständigkeitsveränderungen** ist für die örtliche Zuständigkeit der Zeitpunkt maßgeblich, in dem das Nachlassgericht mit der Sache befasst wird (BayObLG Rpfleger 01, 135) bzw nach der Zuständigkeitsregelung im Zeitpunkt des Erbfalls (OLG Dresden Rpfleger 01, 352). Die einmal begründete Zuständigkeit bleibt bis zur Erledigung aller dem Nachlassgericht obliegenden Geschäfte bestehen, die sich inhaltlich als **eine Angelegenheit** darstellen (KG OLGZ 93, 17), selbst wenn sich die gesetzliche Zuständigkeitsregelung ändert (perpetuatio fori). Eine Abgabe an ein anderes Gericht ist nunmehr nach Maßgabe des § 4 generell möglich. Es muss sich um eine Sache handeln; Entgegennahme der Sterbefallanzeige, Eröffnung des Testaments und Erbscheinsverfahren etwa sind Verrichtungen, die untereinander verschieden sind und auch nicht ineinandergreifen, sodass sie nicht als eine einheitliche Sache anzusehen sind (BayObLG Rpfleger 81, 113). Für die besondere amtliche Weiterverwahrung eines **gemeinschaftlichen Testaments** ist nunmehr das Nachlassgericht des Erstversterbenden zuständig, es sei

§ 343 Örtliche Zuständigkeit **§ 343**

denn der Verwahrung wird bei einem anderen Amtsgericht verlangt (nun ausdrücklich § 344 Abs 2, vgl schon zu § 73 FGG noch OLG Hamm OLG 90, 276; OLG Zweibrücken Rpfleger 98, 428; OLG Celle Rpfleger 79, 24; OLG Frankfurt Rpfleger 95, 253; aA BayObLG NJW-RR 89, 712; Rpfleger 95, 300; Palandt/Edenhofer § 2273 BGB Rn 6).

b) Dieser allgemeine **Grundsatz der Kontinuität** gilt nach Herstellung 15 der deutschen Einheit nicht, wenn ein Erblasser vor dem 3. 10. 1990 mit letztem Wohnsitz im Gebiet der früheren DDR verstorben ist und ein Nachlassgericht der alten Bundesländer entspr. § 73 II oder III im Erbscheinsverfahren als interlokal örtlich zuständiges Gericht tätig geworden ist. Die entsprechende Anwendung beruhte im Wesentlichen auf dem Gesichtspunkt des Fürsorgebedürfnisses oder der Notzuständigkeit (BGH 65, 311, 315), da die an sich zuständigen Nachlassbehörden der ehemaligen DDR in bestimmten Fällen aus politischen Gründen keine Erbscheine erteilten. Nachdem die Gründe hierfür mit der Herstellung der deutschen Einheit entfallen sind, besteht auch unter dem Gesichtspunkt der Kontinuität einmal wirksam begründeter Zuständigkeiten kein Anlass, hieran für weitere Verrichtungen festzuhalten (KG OLG 92, 287; OLG 93, 15; FGPrax 00, 120).

6. Prüfung der Zuständigkeit

Das Gericht hat seine (auch internationale) **Zuständigkeit von Amts** 16 **wegen zu prüfen,** auch noch in der Rechtsbeschwerdeinstanz und ohne Bindung an die Feststellungen der Vorinstanzen (BayObLG, FamRZ 84, 886), und hierzu die erforderlichen Ermittlungen, insbesondere über die Staatsangehörigkeit des Erblassers (BayObLG 65, 457; 68, 262, 265; 82, 236, 239; Rpfleger 75, 304) anzustellen. Gleichgültig ist für die örtliche Zuständigkeit, ob auf den Erbfall deutsches oder fremdes Erbrecht anzuwenden ist (nunmehr infolge des Fortfalls der Gleichlauftheorie, vgl. auch BayObLG 71, 34, 37; KG, OLG 69, 285). Eröffnet das verwahrende Nachlassgericht vor Einleitung des Erbscheinsverfahrens ein Testament, so wird es hierdurch weder mit dem Erbscheinverfahren befasst, noch wird eine Vorgriffszuständigkeit begründet (BayObLG FamRZ 95, 680). Ein von einem örtlich **unzuständigen** Gericht erteilter Erbschein ist unrichtig und einzuziehen (OLG Zweibrücken MittBayNot 02, 203).

7. Verweisung; Abgabe an ein anderes Gericht; Bestimmung der Zuständigkeit durch das nächsthöhere Gericht

Das Verfahren zur Verweisung bei Unzuständigkeit des angegangenen Ge- 17 richts, wenn es an der örtlichen (oder auch sachlichen) Zuständigkeit fehlt, regelt nunmehr ausdrücklich § 3. Sind mehrere Nachlassgerichte zuständig, ist an das vom Antragsteller gewählte Gericht zu verweisen. Die Verweisung erfolgt durch nicht anfechtbaren, bindenden Beschluss. Ist das Nachlassgericht hingegen zuständig, aber eine Abgabe aus wichtigem Grund an ein anderes Nachlassgericht angezeigt, gilt § 4. Besteht Streit über die örtliche Zuständigkeit, findet grundsätzlich das Bestimmungsverfahren gem § 5 Anwendung (OLG Hamm FGPrax 06, 222).

§ 344 Buch 4 – Verfahren in Nachlass- und Teilungssachen

Besondere örtliche Zuständigkeit

344 (1) **Für die besondere amtliche Verwahrung von Testamenten ist zuständig,**
1. **wenn das Testament vor einem Notar errichtet ist, das Gericht, in dessen Bezirk der Notar seinen Amtssitz hat;**
2. **wenn das Testament vor dem Bürgermeister einer Gemeinde errichtet ist, das Gericht, zu dessen Bezirk die Gemeinde gehört;**
3. **wenn das Testament nach § 2247 des Bürgerlichen Gesetzbuchs errichtet ist, jedes Gericht.**

Der Erblasser kann jederzeit die Verwahrung bei einem nach Satz 1 örtlich nicht zuständigen Gericht verlangen.

(2) **Die erneute besondere amtliche Verwahrung eines gemeinschaftlichen Testaments nach § 349 Abs. 2 Satz 2 erfolgt bei dem für den Nachlass des Erstverstorbenen zuständigen Gericht, es sei denn, dass der überlebende Ehegatte oder Lebenspartner die Verwahrung bei einem anderen Amtsgericht verlangt.**

(3) **Die Absätze 1 und 2 gelten entsprechend für die besondere amtliche Verwahrung von Erbverträgen.**

(4) **Für die Sicherung des Nachlasses ist jedes Gericht zuständig, in dessen Bezirk das Bedürfnis für die Sicherung besteht.**

(5) **Für die Auseinandersetzung des Gesamtguts einer Gütergemeinschaft ist, falls ein Anteil an dem Gesamtgut zu einem Nachlass gehört, das Gericht zuständig, das für die Auseinandersetzung über den Nachlass zuständig ist. Im Übrigen bestimmt sich die Zuständigkeit nach § 122.**

(6) **Hat ein anderes Gericht als das nach § 343 zuständige Gericht eine Verfügung von Todes wegen in amtlicher Verwahrung, ist dieses Gericht für die Eröffnung der Verfügung zuständig.**

(7) **Für die Entgegennahme einer Erklärung, mit der die Erbschaft ausgeschlagen (§ 1945 Abs. 1 des Bürgerlichen Gesetzbuchs) oder die Ausschlagung angefochten (§ 1955 des Bürgerlichen Gesetzbuchs) wird, ist auch das Nachlassgericht zuständig, in dessen Bezirk der Ausschlagende oder Anfechtende seinen Wohnsitz hat. Die Niederschrift über die Erklärung ist von diesem Gericht an das zuständige Nachlassgericht zu übersenden.**

1. Allgemeines

1 § 344 ist lex specialis zu § 343 und ordnet für bestimmte Nachlass- und Teilungssachen, nämlich die Verwahrung von Testamenten und Erbverträgen, die Sicherung des Nachlasses, die Auseinandersetzung des Gesamtgutes einer Gütergemeinschaft, falls ein Anteil zu einem Nachlass gehört, sowie die Eröffnung von Verfügung von Todes wegen nach amtlicher Verwahrung **besondere Zuständigkeiten** an. Absätze 1 und 3 übernehmen den Regelungsgehalt der bisherigen § 73 IV und V sowie des § 82b FGG. Diese sind wiederum erst durch das Personenstandsrechtsreformgesetz vom 19. 2. 2007 (BGBl. I S. 122) mit Wirkung zum 1. 1. 2009 aus dem BGB entfernt (§§ 2258a Abs 2 und 3, 2300 S 1, 2277 BGB a. F.) und aus systematischen Gründen (BT-Drs 16/1831, 39) in das FGG überführt worden. Abs 4 entspricht § 74 Satz 1

§ 344 Besondere örtliche Zuständigkeit **§ 344**

FGG. Abs 5 übernimmt den Regelungsgehalt des bisherigen § 99 Abs 2 FGG und Abs 6 den Regelungsgehalt des bisherigen § 2261 Satz 1 BGB, der über § 2300 Abs 1 auch für den Erbvertrag galt. Abs 2 und 7 stellen eine Neuregelung dar.

2. Zuständigkeit für die Verwahrung (Abs 1 bis 3)

Da die **besondere amtliche Verwahrung** von Verfügungen von Todes 2 nunmehr ausdrücklich als Nachlasssache definiert ist (§ 342 I Nr 1; da die Verrichtung des Amtsgerichts noch zu Lebzeiten erfolgte, wurde das Amtsgericht bislang nicht als Nachlassgericht tätig (OLG Hamburg RPfleger 85, 194)), wäre im Grundsatz auch eine Zuständigkeitsregel entsprechend § 343 I nach dem Wohnsitz des Verfügenden denkbar gewesen. In Übernahme der bisherigen Bestimmungen (oben Rn 1) ordnen aber § 344 I und III besondere Zuständigkeiten an, die auch im Hinblick auf den Wortlaut des § 343 Abs 1 („zur Zeit des Erbfalls") für die amtliche Verwahrung notwendig sind.

Besondere amtliche Verwahrung ist die Verwahrung von Testamenten und Erbverträgen durch die Amtsgerichte (bzw. in Bad-Württ nach Art. 147 EGBGB, §§ 1 I, II, 38 LFGG durch die Notariate als Nachlassgerichte) nach Maßgabe des in § 346 angeordneten Verfahrens. Sie bietet durch die besonderen Sicherungsvorkehrungen ein größeres Maß an Sicherheit im Hinblick auf die Geheimhaltung und den Schutz vor nachträglichen Veränderungen (BGH DNotZ 90, 436). Sie ist zu unterscheiden von der Verwahrung von Erbverträgen durch den beurkundenden Notar – Testamente sind vom Notar stets in die besondere amtliche Verwahrung abzuliefern (§ 34 Abs 1 S 4 BeurkG) – sowie der einfachen Verwahrung von Testamenten in den Nachlassakten, etwa nach Ablieferung gem § 2259 BGB.

a) Testamente. Zuständig für die Verwahrung notarieller Testament ist das 3 Gericht, in dessen Bezirk der Notar seinen Amtssitz hat (Abs 1 Ziffer 1); wenn das Testament vor dem Bürgermeister einer Gemeinde errichtet worden ist (§ 2249 BGB), das Gericht, zu dessen Bezirk die Gemeinde gehört (Abs 1 Ziffer 2). Eigenhändige Testamente (§ 2247 BGB) können bei jedem Gericht hinterlegt werden.

b) Erbverträge. Erbverträge (§§ 2274 ff BGB) sind grundsätzlich auch in 4 die besondere amtliche Verwahrung abzuliefern (§ 34 Abs 2 BeurkG, es sei denn haben die Beteiligten die amtliche Verwahrung ausgeschlossen (§ 34 Abs 3 BeurkG). Dies wird vermutet, wenn der Erbvertrag mit einem anderen Vertrag (zB Ehevertrag) in derselben Urkunde verbunden ist (§ 34 Abs 2 BeurkG). Ist die Verwahrung ausgeschlossen, erfolgt die Verwahrung in der Urkundensammlung des Notars; die Erbverträge können aber auch von der Urkundensammlung gesondert aufbewahrt werden (§ 18 Abs 4 DONot). Der Notar ist verpflichtet, ein Erbvertragsverzeichnis anzulegen (§ 9 DONot).

c) Konsulartestamente und -erbverträge. Bei Testamenten und Erbver- 5 trägen, die der Konsularbeamte beurkundet hat (vgl § 11 KonsG), ist an das Amtsgericht Schöneberg (§ 11 Abs 2 KonsG) zuständig ist, wobei strittig ist, ob überhaupt eine Ablieferungspflicht in die besondere amtliche Verwahrung durch den Konsularbeamten besteht (siehe § 346 Rn 3).

§ 344

Buch 4 – Verfahren in Nachlass- und Teilungssachen

3. Verlangen (Abs 1 Satz 2)

6   Der Erblasser kann jederzeit die **Hinterlegung bei einem anderen als dem zuständigen Gericht** verlangen (Abs 1 Satz 2). Eine bestimmte Form ist nicht vorgeschrieben. Diese Bestimmung ist notwendig, da der Wohnsitz des Erblassers für die Zuständigkeit keine Rolle spielt (Abs 1), die Verwahrung beim Gericht am Wohnsitz aber häufig gewünscht wird. Der Erblasser kann Verwahrung durch ein anderes Gericht **jederzeit** verlangen, also auch nachdem das Testament bereits in die besondere Verwahrung eines Gerichts gebracht worden ist (str. ebenso Prütting/Helms/Fröhler Rn 32; aA MünchKommZPO/J.Mayer § 344 FamFG Rn 4), Hierfür spricht auch,dass das Verlangen in der Praxis bei Wohnortwechseln oder zur Vermeidung mehrerer Eröffnungen gestellt wird (Bahrenfuss/Schaal Rn. 6). Bei einem gemeinschaftlichen Testament hat das Verlangen durch beide Erblasser zu erfolgen. Zu den Besonderheiten bei gemeinschaftlichen Testament und Erbvertrag s Rn 8 f.

4. Ablieferung beim unzuständigen Gericht

7   Die Ablieferung bei einem örtlich unzuständigen Gericht ist **unschädlich** (§ 2 Abs 3). Allerdings wird in der Ablieferung in der Regel auch ein Verlangen im Sinne des Abs 1 Satz 2 zu sehen sein, weswegen auch die Zuständigkeit anzunehmen ist. Sollte dies ausnahmsweise nicht der Fall sein, hat das Gericht sich nach Anhörung der Beteiligten für unzuständig erklären und die Sache an das zuständige Gericht zu verweisen (§ 3 Abs 1). Im Rahmen der Anhörung wird insbesondere zu klären sein, ob der Erblasser nicht doch gerade die Verwahrung durch das angegangene Gericht wünscht.

5. Erneute besondere amtliche Verwahrung (Abs 2)

8   Die Regelung in Abs 2 ist neu. Sie soll den bestehenden Streit beenden, welches Gericht für die erneute Verwahrung zuständig ist, wenn also ein **gemeinschaftliches Testament oder Erbvertrag** nach dem Tode des Erstversterbenden eröffnet wurde, aber noch Verfügungen von Todes wegen des Längstlebenden enthält. Das Gesetz schließt sich nunmehr der Ansicht an, die, insbesondere um ein Hin- und Hersenden und die damit verbundene Verlustgefahr zu vermeiden, das Nachlassgericht des Erstversterbenden als zuständig ansah (so schon OLG Hamm NJW-RR 87, 835; OLG Zweibrücken Rpfleger 98, 428) und nicht das bisherige Verwahrungsgericht (dafür insbesondere das BayObLG, NJW-RR 89, 712). Auch soll beim Nachlassgericht des Erstversterbenden häufig ein engerer Bezug zum familiären Umfeld des Längstlebenden bestehen, als dies beim ursprünglichen Verwahrungsgericht der Fall sein soll. Der zusätzliche Aufwand eines erneuten Verfahrens nach § 346 sowie die damit verbundene Mitteilung an das Standesamt nebst dortiger Korrektur wird bewusst in Kauf genommen (vgl. BT-Drs 16/6308, 278).

9   Ist ein gemeinschaftliches Testament oder ein Erbvertrag nach dem Tode eines Ehegatten bzw. des einen Vertragteils eröffnet, konnte bislang die Verwahrung durch ein anderes Gericht nicht mehr verlangt werden (so die hM

§ 344 Besondere örtliche Zuständigkeit **§ 344**

zum § 2258 a BGB, vgl. Firsching/Graf Rn 4.22. Dies ist aber nunmehr nach Abs 2 letzter Halbsatz möglich, allerdings nach dem Wortlaut (im Gegensatz zu Abs 1 Satz 2) nicht „jederzeit". Das „Verlangen" beschränkt sich demgemäß auf **einmaliges Wahlrecht.** Es muss daher bis zu dem Zeitpunkt gestellt sein, in welchem das Nachlassgericht nach der Wiederverschließung das gemeinschaftliche Testament oder den Erbvertrag nach § 349 II wieder in die besondere amtliche Verwahrung bringen möchte (ebenso MünchKomm-ZPO/J. Mayer § 344 FamFG Rn 6; a. A. Keidel/Zimmermann Rn 344: keine Befristung).

6. Zuständigkeit für Nachlasssicherungsmaßnahmen (Abs 4)

a) **Allgemeines.** Das Nachlassgericht bzw. daneben auch das nach § 344 10 IV zuständige Gericht hat nach § 1960 BGB für die Sicherung des Nachlasses zu sorgen, soweit ein **Bedürfnis** besteht, zB wenn der Erbe bekannt ist, die Erbschaft aber noch nicht angenommen hat, oder wenn ungewiss ist, ob er die Erbschaft angenommen hat, oder wenn der Erbe unbekannt ist. In diesen Fällen kann das Nachlassgericht insbesondere die Anlegung von Siegeln, die Hinterlegung von Geld, Wertpapieren und Kostbarkeiten sowie die Aufnahme eines Nachlassverzeichnisses anordnen und für denjenigen, der Erbe wird, einen Nachlasspfleger bestellen (§ 1960 II BGB). Die Ausstellung eines Erbscheins ist keine Maßnahme zur Sicherung des Nachlasses, fällt also nicht unter Abs 4 (BGH, NJW 76, 481). Abs 4 gilt auch für die Sicherung des Nachlasses von Ausländern, wobei sich die Art der Maßregeln nach deutschem Recht bestimmt. Die Frage, ob zu den Sicherungsmaßnahmen nach Abs 4 auch die Anordnung einer Nachlasspflegschaft auf Antrag eines Nachlassgläubigers nach § 1961 BGB gehört, wird teils bejaht, weil auch die Bestellung des Nachlasspflegers stets zugleich die Sicherung des Nachlasses bezwecke (OLG Düsseldorf JMBL NRW 54, 83; MünchKommBGB/Leipold § 1961 Rn 2), ist aber richtigerweise zu verneinen, weil diese Pflegschaft dem Interesse des Antragstellers dient, nicht aber der Sicherung des Nachlasses, wie Abs 4 es verlangt (OLG Hamm FGPrax 08, 161; Bassenge/Roth/Bassenge Rn 5; Jansen/Müller-Lukoschek § 74 Rn 5; grundsätzlich auch Keidel/Zimmermann Rn 15, allerdings Zuständigkeit des Nachlassgerichts bei Eilbedürftigkeit; offen gelassen von OLG Frankfurt Rpfleger 94, 67).

b) **Zuständigkeit.** Zuständig ist jedes Amtsgericht, in dessen Bezirk das 11 Bedürfnis für die Sicherung hervortritt, zB wenn Teilungszwangsversteigerung über ein Nachlassgrundstück beantragt wird und Erben unbekannt sind. Es können auch mehrere Gerichte nach Abs 4 für denselben Nachlass Sicherungsmaßregeln treffen; treten sie miteinander in Widerspruch, gilt § 2 I. Die Zuständigkeit des Nachlassgerichts gem § 343 wird durch Maßnahmen nach Abs 4 nicht berührt. Das Gericht ist nach Abs 4 nicht nur berechtigt, sondern verpflichtet, die in seinem Bezirk notwendig werdenden Sicherungsmaßnahmen vorzunehmen. Es darf sich nicht damit begnügen, an das zuständige Nachlassgericht zu verweisen. Seine Maßnahmen ergehen jedoch nur vorbehaltlich der abweichenden Regelung durch das Nachlassgericht. Nach § 3 Nr 2 c RPflG ist für Maßnahmen der Nachlasssicherung grundsätzlich der

§ 344

RPfl zuständig, soweit sich nicht aus dem Richtervorbehalt in § 16 I Nr 1 RPflG etwas anderes ergibt (s Vor §§ 343, 344 Rn 8).

12 **c) Mitteilungspflicht.** Das Gericht, das nach Abs 4 Maßregeln zur Sicherung des Nachlasses angeordnet hat, soll nach § 356 Abs 2 dem nach § 343 zuständigen Nachlassgericht Mitteilung machen, damit dieses über die Sachlage informiert ist.

13 **d) Gerichtsgebühren für Nachlasssicherungsmaßnahmen.** §§ 52, 104, 106 KostO.

7. Auseinandersetzung des Gesamtgutes (Abs 5)

14 Abs 5 übernimmt den Regelungsgehalt des bisherigen § 99 Abs 2 FGG über die örtliche Zuständigkeit für Verfahren über die Auseinandersetzung einer Gütergemeinschaft, wenn ein Anteil am Gesamtgut zum Nachlass gehört. Zum Verfahren siehe § 373. Sachlich **zuständig** sind die Amtsgerichte gem § 23 a I Nr 2, II Nr 2 GVG. Zuständig ist innerhalb des Amtsgerichts nach § 3 Nr 2 c RPflG der RPfl (der bislang bestehende Richtervorbehalt für Genehmigungen des § 16 I Nr 8 RPflG ist aufgehoben worden durch Art. 9 1. JuMoG v 24. 8. 2004; BGBl I S. 2198). Örtlich zuständig ist das Amtsgericht, das für die Auseinandersetzung über den Nachlass zuständig ist, also das nach § 343 örtlich zuständige Nachlassgericht. Erfolgt eine Auseinandersetzung des Gesamtgutes aus anderen Gründen, wird also die Gütergemeinschaft nicht wegen des Todes eines Ehegatten auseinandergesetzt, richtet sich die Zuständigkeit nach § 122. Dies gilt auch im Falle der fortgesetzten Gütergemeinschaft bei Auseinandersetzung zu Lebzeiten des längstlebenden Ehegatten (Keidel/Kuntze/Winkler § 99 FGG Rn 9). Ist die Vermittlung der Auseinandersetzung in Ansehung des Gesamtguts und des Nachlasses beantragt, so können sie bei Zuständigkeit des gleichen Nachlassgerichts miteinander verbunden werden (Firsching/Graf, Rn 4.968). Unabhängig von der Auseinandersetzung nach § 373 kann eine Teilungsversteigerung durchgeführt werden, da diese nicht unmittelbar der Auseinandersetzung der Teilhaber am Gesamtgut dient, sondern diese vorbereitet (BayObLG 71, 293, 297).

8. Eröffnung nach Verwahrung (Abs 6)

15 Abs 6 entspricht dem durch Art. 50 das FGG-Reformgesetz aus dem BGB gestrichenen § 2261 Satz 1, der über § 2300 BGB auch für die Erbverträge galt. Die Geltung für Erbvertrag und Testament ist durch die Verwendung des Begriffs „Verfügung von Todes wegen" klargestellt (§§ 1937, 1941 BGB). Zuständig für die Eröffnung ist somit jedes Gericht, welches eine Verfügung von Todes wegen verwahrt, unabhängig davon, ob es sich um die besondere amtliche Verwahrung oder nur eine einfache Verwahrung in den Nachlassakten des Gerichts handelt (BT-Drs 16/6308, 278; zu § 2261 schon OLG Hamm Rpfleger 72, 23). Die Eröffnungszuständigkeit als Verwahrungsgericht besteht auch dann, wenn die Verwahrung erst infolge einer Ablieferung nach § 2259 BGB zustande kam (BayObLG 92, 123), etwa weil ein Testament nicht beim Nachlassgericht, sondern wegen Ortsferne beim nächstgelegenen Gericht abgeliefert wurde (vgl. Palandt/Edenhofer § 2259 Rn 1). Eine Zu-

§ 344 Besondere örtliche Zuständigkeit **§ 344**

ständigkeit wird allerdings dann nicht begründet, wenn ein Gericht, dass nicht Nachlassgericht oder Verwahrungsgericht sein kann (zB Landgericht, Verwaltungsgericht, etc.) eine Verfügung von Todes wegen etwa in den Prozessakten verwahrt (Keidel/Zimmermann Rn 35). Diese sind nach § 2259 II BGB ablieferungspflichtig. Verwahrt allerdings eine andere Abteilung eines Amtsgerichts die Verfügung von Todes wegen, kann es die Verfügung an die Nachlassabteilung zwecks Eröffnung abgeben (str. ebenso noch zu § 2261 BGB Bamberger/Roth/Litzenburger 2. Aufl. § 2261 Rn 2; Staudinger/Baumann 13. Aufl. § 2261 Rn 6; Soergel/Mayer 13. Aufl. § 2261 Rn 2; aA Reimann/Bengel/J. Mayer/Voit 5. Aufl. § 2261 Rn 4; MünchKommBGB/Hagena 4. Aufl. § 2261 Rn 6; Keidel/Zimmermann Rn. 35). Der Einwand, dass letztlich somit ausschließlich die funktionelle Zuständigkeit entscheidet (Voit aaO), ist zwar beachtlich. Für eine Abgabe an die Nachlassabteilung spricht aber, dass so dem Zweck der Zuständigkeit des Verwahrungsgerichts für die Eröffnung Rechnung getragen wird, nämlich dem Verlustrisiko vorzubeugen. Die Eröffnung nach Verwahrung ist keine „erste Befassung" im Sinne des § 2 Abs 1, wenn später die Zuständigkeit streitig ist (BayObLG 95, 340/343; OLG Frankfurt aM NJW-RR 98, 367; OLG Hamm FGPrax 06, 222). Mit der Eröffnung und der Übersendung nebst einer beglaubigten Abschrift nach § 350 endet das Verfahren beim Eröffnungsgericht; beim Nachlassgericht wird ein neues Verfahren in Gang gesetzt (OLG Hamburg RPfleger 85, 194). Zur Frage, ob dem Verwahrungsgericht infolge der Zuständigkeitsbegründung gem § 344 VI auch die Durchführung des gesamten Eröffnungsverfahren gem §§ 348 ff, wozu auch die Benachrichtigung der Beteiligten gehört, obliegt (s. u. § 350 Rn 3 f).

9. Zuständigkeit für Entgegennahme von Ausschlagungs- und Anfechtungserklärungen

Abs 7 regelt ohne bisheriges Vorbild im FGG eine zusätzliche Zuständigkeit **16** des Wohnsitznachlassgerichts für den gem § 1945 BGB Ausschlagenden oder den gem § 1955 BGB Anfechtenden. Grundsätzlich bestimmt sich die örtliche Zuständigkeit für die Entgegennahme von Erklärungen (s § 342 Rn 7) nach § 343. Diese Zuständigkeit gilt auch für Ausschlagungs- und Anfechtungserklärungen. Abs 7 begründet eine zusätzliche Zuständigkeit des Wohnsitzgerichtes des Ausschlagenden bzw. Anfechtenden („auch"). Abs 7 gilt über den Wortlaut hinaus auch für die Anfechtung der Annahme der Erbschaft (§ 1956 BGB) sowie der Anfechtung der Ausschlagung nach § 2308 I BGB (hM: Heinemann ZErb 08, 293, 295; Prütting/Helms/Fröhler Rn 67; MünchKommZPO/J. Mayer § 344 FamFG Rn 14; Bahrenfuss/Schaal Rn 24; aA Keidel/Zimmermann Rn. 52).

Diese auf Wunsch des Bundesrates (BT-Drs 16/6308, 390; BT-Drs 16/9733, 130) eingefügte Regelung soll die Rechtsunsicherheit beseitigen, die entsteht, wenn Ausschlagungs- oder Anfechtungserklärungen von dem örtlich unzuständigen Nachlassgericht entgegengenommen wurden. Einige Nachlassgerichte hatten die Entgegennahme durch das örtlich unzuständige Nachlassgericht nicht anerkannt, wenn zuvor nicht ein ausdrückliches Ersuchen um Amtshilfe ergangen ist (BT-Drs 16/6308, 390). Folge ist, dass unter Umstän-

§ 345

Buch 4 – Verfahren in Nachlass- und Teilungssachen

den eine neue Ausschlagungserklärung erfolgen muss und häufig zudem bereits der Ablauf der Ausschlagungs- und Anfechtungsfrist eingetreten ist. Ausschlagungs- und Anfechtungserklärungen sind gem § 1945 I zur Niederschrift des Nachlassgerichts oder in öffentlich beglaubigter Form abzugeben. Als empfangsbedürftige Willenserklärungen werden sie aber stets erst mit dem Zugang beim Nachlassgericht wirksam (Palandt/Edenhofer § 1945 Rn 1). Die Zuständigkeit des Nachlassgerichts, in dessen Bezirk der Ausschlagende oder Anfechtende seinen Wohnsitz hat, gilt allgemein für die Entgegennahme, also tritt die Wirksamkeit der Ausschlagungs- und Anfechtungserklärung auch mit Zugang bei diesem Gericht ein. Somit können auch notariell beglaubigte Ausschlagungs- und Anfechtungserklärungen beim Wohnsitznachlassgericht als zuständigem Gericht eingereicht werden. Zur Fristwahrung genügt stets auch der Zugang beim Wohnsitznachlassgericht. Auch wenn Abs 7 S 2 hinsichtlich der Weiterleitung nur von der Niederschrift spricht, gilt die Weiterleitungspflicht auch für die notariell beglaubigten Erklärungen (ganz hM Heinemann DNotZ 09, 6, 25; Keidel/Zimmermann Rn 48; MünchKommZPO/J. Mayer § 344 FamFG Rn 15; Prütting/Helms/Fröhler Rn 68; Bahrenfuss/Schaal Rn 26). Nach Abs 7 S 2 ist das Original der Niederschrift zu übersenden, das Wohnsitzgericht kann eine Ausfertigung der Niederschrift zurückbehalten (OLG Celle FGPrax 10, 192). Wurde die Erklärung einer Ausschlagung oder Anfechtung von einem Gericht entgegengenommen, welches weder Nachlassgericht noch nach § 344 Abs 7 zuständig ist, kann die Erklärung gleichwohl als wirksam und fristwahrend angesehen werden, wenn das entgegennehmende Gericht nicht sofort durch entsprechende Maßnahmen seine Unzuständigkeit klarstellt (s im Einzelnen: Heinemann ZErb 2008, 293, 297; MünchKommZPO/J. Mayer § 344 FamFG Rn 20).

Abschnitt 2
Verfahren in Nachlasssachen

Unterabschnitt 1
Allgemeine Bestimmungen

Beteiligte

345 (1) **In Verfahren auf Erteilung eines Erbscheins ist Beteiligter der Antragsteller. Ferner können als Beteiligte hinzugezogen werden:**
1. **die gesetzlichen Erben,**
2. **diejenigen, die nach dem Inhalt einer vorliegenden Verfügung von Todes wegen als Erben in Betracht kommen,**
3. **die Gegner des Antragstellers, wenn ein Rechtsstreit über das Erbrecht anhängig ist,**
4. **diejenigen, die im Fall der Unwirksamkeit der Verfügung von Todes wegen Erbe sein würden, sowie**

§ 345 Beteiligte **§ 345**

5. alle Übrigen, deren Recht am Nachlass durch das Verfahren unmittelbar betroffen wird.
Auf ihren Antrag sind sie hinzuzuziehen.

(2) Absatz 1 gilt entsprechend für die Erteilung eines Zeugnisses nach § 1507 des Bürgerlichen Gesetzbuchs oder nach den §§ 36 und 37 der Grundbuchordnung sowie den §§ 42 und 74 der Schiffsregisterordnung.

(3) Im Verfahren zur Ernennung eines Testamentsvollstreckers und zur Erteilung eines Testamentsvollstreckerzeugnisses ist Beteiligter der Testamentsvollstrecker. Das Gericht kann als Beteiligte hinzuziehen:
1. die Erben,
2. den Mitvollstrecker.
Auf ihren Antrag sind sie hinzuzuziehen.

(4) In den sonstigen auf Antrag durchzuführenden Nachlassverfahren sind als Beteiligte hinzuzuziehen in Verfahren betreffend
1. eine Nachlasspflegschaft oder eine Nachlassverwaltung der Nachlasspfleger oder Nachlassverwalter;
2. die Entlassung eines Testamentsvollstreckers der Testamentsvollstrecker;
3. die Bestimmung erbrechtlicher Fristen derjenige, dem die Frist bestimmt wird;
4. die Bestimmung oder Verlängerung einer Inventarfrist der Erbe, dem die Frist bestimmt wird, sowie im Fall des § 2008 des Bürgerlichen Gesetzbuchs dessen Ehegatte oder Lebenspartner;
5. die Abnahme einer eidesstattlichen Versicherung derjenige, der die eidesstattliche Versicherung abzugeben hat, sowie im Fall des § 2008 des Bürgerlichen Gesetzbuchs dessen Ehegatte oder Lebenspartner.

Das Gericht kann alle Übrigen, deren Recht durch das Verfahren unmittelbar betroffen wird, als Beteiligte hinzuziehen. Auf ihren Antrag sind sie hinzuzuziehen.

I. Allgemeines

Die gesetzliche Regelung des **Beteiligtenbegriffs** soll „das Kernstück" 1 (BT-Drs 16/6308, 177) der Reform der freiwilligen Gerichtsbarkeit sein. Ein allgemeiner Beteiligtenbegriff existierte im FGG nicht; vielmehr wurde die Frage nach den Beteiligten in den unterschiedlichen Verfahrensarten der freiwilligen Gerichtsbarkeit jeweils für das Verfahren beantwortet (s § 7 Rn 1). Trotz der Einführung des allgemeinen Beteiligtenbegriff in § 7 kommt allerdings auch das FamFG nicht ohne eine Sonderregelung des Beteiligtenbegriffs für die Nachlasssachen aus.

§ 345 regelt die Beteiligten aber nur für die Antragsverfahren. In den von Amts wegen durchzuführenden Verfahren (dazu Vor § 342 Rn 3) richtet sich der Kreis der Beteiligten ausschließlich nach § 7. Eine besondere Bestimmung wurde als überflüssig erachtet, da die Betroffenen gem § 7 II und III stets von Amts wegen hinzuzuziehen sind, etwa im Verfahren auf Einziehung eines Erbscheines derjenige, der im Erbschein als Erbe ausgewiesen ist (BT-Drs 16/6308, 278).

§ 345

Für die Antragsverfahren ist § 345 eine ergänzende Sondervorschrift zu § 7 (BT-Drs 16/6308, 278).

II. Beteiligte am Nachlassverfahren nach dem FGG

2   Die bisherigen Normen zur Beteiligung im BGB (insb §§ 2360, 2368 Abs 2 BGB) wurden durch das grundrechtsgleiche Recht auf **rechtliches Gehör** (Art. 103 Abs 1 GG), das grundsätzlich auch in Verfahren mit Amtsermittlungsgrundsatz gilt (BVerfGE 7, 53, 56 f), sowie in Verfahren vor dem Rechtspfleger zumindest durch den rechtsstaatlichen Grundsatz des fairen Verfahrens (BVerfGE 101, 397), maßgeblich überlagert. Teilweise wurde den diesen Normen sogar eine eigenständige Bedeutung abgesprochen (Palandt/Edenhofer § 2360 Rn 1). Jedenfalls bestand weitgehend Einigkeit, dass vor diesem Hintergrund Beteiligter etwa des Erbscheinsverfahrens jeder ist, der von der zu treffenden Entscheidung in seinem möglichen Erbrecht unmittelbar betroffen sein kann (MünchKommBGB/Mayer § 2360 Rn 6; Palandt/Edenhofer § 2360 Rn 2; Firsching/Graf 4.211). Als Beteiligte des Erbscheinsverfahrens galten daher insb die ges Erben sowie anderen Erbanwärter, Nacherben oder Testamentsvollstrecker hinsichtlich der Ausweisung ihrer Rechtsstellung, nicht dagegen Nachlassgläubiger (mit Ausnahme der Fälle der §§ 792, 896 ZPO) und Vermächtnisnehmer. § 2360 Abs 1 ordnete zudem ausdrücklich die Beteiligung des Gegners eines Rechtsstreites über das Erbrecht an.

III. Überblick Begriff Beteiligter nach dem FamFG

3   Die **neue Beteiligungsregelung** des FamFG orientiert sich an den anderen Verfahrensordnungen, insbesondere der ZPO, wodurch die Frage der Beteiligung mehr nach formellen Gesichtspunkten, denn nach – wie bislang im FGG zumindest auch – nach materiellen Gesichtspunkten beantwortet wird. Dadurch soll der Kreis der betroffenen Personen im Interesse einer effektiven Verfahrensführung maßvoll beschränkt werden können (BT-Drs 16/6308, 178). Das FamFG unterscheidet demgemäß nunmehr wie folgt: Stets Beteiligter ist in Antragsverfahren der **Antragsteller,** weil (und sei es nur, dass keine Antragsbefugnis vorliegt) über seinen Antrag entschieden wird. § 7 II regelt die **Muss-Beteiligten.** Das sind diejenigen Personen, deren Recht durch das Verfahren unmittelbar betroffen wird (Abs 2 Nr 1) und diejenigen Personen, deren Zuziehung kraft Gesetzes zu erfolgen hat (Abs 2 Nr 2). Darüber hinaus kann das Gericht auf Antrag oder von Amts wegen weitere Personen beteiligen (sog. **Kann-Beteiligte**), § 7 III. Die Antragsberechtigten sind über die Verfahrenseinleitung zu benachrichtigen und über ihr Antragsrecht zu belehren (§ 7 IV). Macht der Antragsberechtigte von seinem Antragsrecht Gebrauch, ist er nach § 7 II Nr 2 zu beteiligen (BT-Drs 16/6308, 179). Die **Benachrichtigungs- und Belehrungspflicht** des § 7 IV dient der Verwirklichung des Anspruches auf rechtliches Gehör (Art. 103

GG; BT-Drs 16/6308, 179). Aus dem „Kann-Beteiligten" wird so durch seine Antragstellung ein „Muss-Beteiligter".

Die **Hinzuziehung** erfolgt gem § 7 V. Ein Beschluss ist nur dann erforderlich, wenn dem Antrag auf Hinzuziehung nicht entsprochen wird. Dieser Beschluss ist mit der sofortigen Beschwerde in entsprechender Anwendung der §§ 567 bis 572 ZPO anfechtbar. Im Übrigen ist ein formeller Hinzuziehungsakt nicht erforderlich, sondern kann auch konkludent etwa durch Übersendung von Schriftstücken oder Ladungen zu Terminen erfolgen (BT-Drs 16/6308, 179).

Für die **Beschwerdeberechtigung** ist allerdings die Frage, ob eine Person Beteiligter im erstinstanzlichen Verfahren war, ohne Bedeutung (BT-Drs 16/6308, 204). Nach § 59 I kommt es für die Beschwerdeberechtigung allein auf die Beeinträchtigung eigener Rechte an. Allerdings ist die Beschwerde mit dem Antrag auf Hinzuziehung zu verbinden (s § 7 Rn 34) ggfs. ist die Beschwerde auch als an solcher Antrag auszulegen. Beschwerdeberechtigt ist daher gerade auch diejenige Person, die nach Maßgabe von § 7 und § 345 einen Anspruch auf Beteiligung hatte, aber nicht gem § 7 IV benachrichtigt worden ist.

IV. Erbscheinsverfahren (Abs 1)

Abs 1 regelt als (ergänzende) Spezialvorschrift zu § 7 den Kreis der Beteiligten im Erbscheinsverfahren. 4

1. Antragsteller (Satz 1)

Da über seinen Antrag (§ 2353 BGB) entschieden wird, ist der Antragsteller Beteiligter, so dass § 345 I S 1 etwas Selbstverständliches regelt (zutreffend Zimmermann FGPrax 06, 189, 192) und insofern nur der Klarstellung dient (BT-Drs 16/6308, 278).

2. Kreis der Beteiligten (Satz 2 und 3)

Als Beteiligte können die in Abs 1 S 2 Nrn 1 bis 5 genannten Personen hinzugezogen werden. Diese sind gem § 7 IV zu benachrichtigen und über ihr Antragsrecht zu belehren. Wird ein solcher Antrag gestellt, ist diese Person hinzuziehen (S 3). Satz 3 ist eine Vorschrift im Sinne des § 7 II S 2 (BT-Drs 16/6308, 278). Wird ein solcher Antrag nicht gestellt, kann gleichwohl eine Hinzuziehung nach verfahrensökonomischen Gesichtspunkten durch das Gericht nach § 7 III von Amts wegen erfolgen (BT-Drs 16/6308, 178). Sind über den in Abs 2 S. 2 benannten Personenkreis hinaus Personen im Rahmen der amtlichen Pflicht zur Sachverhaltermittlung anzuhören oder zur Auskunftserteilung hinzuziehen (dazu Rn 20), werden diese dadurch nicht Beteiligte (§ 7 VI). 5

Auf ihren Antrag hinzuziehende Personen sind **gesetzliche Erben** (Nr 1) oder **gewillkürte Erben,** sei es auf Grund der aktuell vorliegenden Verfügung von Todes wegen (Nr 2) oder einer früheren, aber unter Umständen widerrufenen Verfügung von Todes wegen (Nr 4). Ebenso sind **Gegner des** 6

§ 345 Buch 4 – Verfahren in Nachlass- und Teilungssachen

Antragstellers hinzuziehen, wenn ein Rechtsstreit über das Erbrecht anhängig ist (Nr 3). In der Regel dürfte ein solcher Gegner aber zum Personenkreis der Nrn 1, 2 oder 4 gehören. Als Erbe „in Betracht kommt" (Nr 2) auch derjenige, dessen Stellung als Erbe erst das Ergebnis einer denkbaren Auslegung ist, etwa in den Fällen des § 2087 I BGB, also etwa der Vermächtnisnehmer, der wesentliche Teile des Erblasservermögens erhalten soll. **Pflichtteilsberechtigte Personen** sind in ihrer Eigenschaft als gesetzliche Erben gem Nr 1 zu beteiligen.

7   Nach Nr 5 sind Personen zu beteiligen, deren Recht am Nachlass durch das Verfahren unmittelbar betroffen wird. Nr 5 ist als Auffangtatbestand für diejenigen Fälle anzusehen, in denen Personen, die nicht bereits über die Nrn 1 bis 4 erfasst sind, rechtliches Gehör gem Art. 103 GG durch Beteiligung am Erbscheinsverfahren gewährt werden muss (zu den unterschiedlichen Arten der Anhörung im Erbscheinsverfahren s. § 352 Rn 14 ff). Danach kommen in Betracht: Personen, die neben den in Ziffern 1 bis 4 genannten Personen antragsberechtigt oder beschwerdeberechtigt sind, also insbes **Erbeserbe, Nachlassinsolvenzverwalter, Nachlassverwalter, Gläubiger in den Fällen der §§ 792, 896 ZPO** (Keidel/Zimmermann Rn 24), ferner Personen, deren Rechtsstellung im Erbschein angegeben werden muss, nämlich der **Testamentsvollstrecker** (§ 2364 I BGB) und **Nacherben** (§ 2363 I BGB), ebenso der Ersatznacherbe (str. Prütting/Helms/Fröhler Rn 36 aA Keidel/Zimmermann Rn 24), der ebenfalls im Erbschein des Vorerben anzugeben ist (MünchKommBGB/J. Mayer § 2363 Rn 13).; Personen, die in einer nicht anerkannten Verfügung von Todes wegen nicht als Erben, sondern zB als Vermächtnisnehmer eingesetzt sind (Firsching/Graf 4.213), da die Entscheidung über den Erbschein auch eine Beurteilung (wenn auch nur inzident und nicht bindend) der Wirksamkeit des Vermächtnisses beinhaltet. Beim **Vermächtnisnehmer** oder **Nachlassgläubiger** handelt es sich hingegen regelmäßig nicht um eine Person im Sinne der Nr 5 (BT-Drs 16/6308, 279).

3. Ermessen des Gerichts und Antrag

8   Es steht im **Ermessen** des Gerichts, welche der in Satz 2 genannten Personen unabhängig von einem Antrag beteiligt werden. Die Hinzuziehung der in Satz 2 genannten Personen kann aus Gründen der im öffentlichen Interesse bestehenden Richtigkeitsgewähr, der Rechtsfürsorge oder der Sachverhaltsermittlung im Einzelfall geboten sein (BT-Drs 16/6308, 278). Das Ermessen ist nicht durch den Anspruch der in Satz 2 genannten Personen auf rechtliches Gehör reduziert. Deren Anspruch wird durch die Benachrichtigungs- und Belehrungspflicht des § 7 IV gewahrt. Das Ermessen **entfällt,** wenn eine Person im Sinne des Abs 1 Nrn. 1 bis 5 einen Antrag auf Beteiligung stellt. Der Antrag ist in jeder Phase des Verfahrens möglich, auch noch in der Beschwerde bzw. Rechtsbeschwerdeinstanz (s § 7 Rn 33).

4. Benachrichtigungs- und Belehrungspflicht (§ 7 IV)

9   **a) Personenkreis.** Die Personen im Sinne des § 345 I S. 2 sind gem § 7 IV von der Einleitung des Verfahrens zu benachrichtigen und über ihre Antragsrecht zu belehren (s § 7 Rn 21), nach dem Wortlaut allerdings nur „soweit sie

dem Gericht bekannt sind". Nach der Entwurfsbegründung soll sich die Benachrichtigungspflicht auf die dem Gericht bekannten Personen beschränken. Den Namen und die Anschrift unbekannter Rechtsinhaber müsse das Gericht nicht ermitteln. Es könne dies zwar tun, es kann dies aber auch dem Antragsteller aufgeben, der im Rahmen seiner Mitwirkungspflicht (§ 27) zur Verfahrensförderung verpflichtet sei (BT-Drs 16/6308, 179 und 279). Entgegen der Begründung und des Wortlautes kann die Benachrichtigungspflicht jedoch nicht auf die dem Gericht bekannten Personen beschränkt sein. Aus dem Grundsatz des **rechtlichen Gehörs** resultiert gerade auch die Pflicht, die Betroffenen von der Verfahrenseinleitung zu benachrichtigen (etwa BVerfGE 4, 190, 192; 55, 95, 99; BayObLG NJW-RR 99, 86, 87). § 7 IV dient der Gewährung des rechtlichen Gehörs. Damit darf nicht die Frage verwechselt werden, wie die zu benachrichtigenden Beteiligten ermittelt werden, also ob die Ermittlungen durch das Gericht selbst erfolgen oder ob weitere Ermittlungen dem Antragsteller aufgegeben werden. Dementsprechend ist § 7 IV für das Erbscheinsverfahren in gleicher Weise verfassungskonform auszulegen wie bereits § 2360 III BGB a. F., wonach eine Anhörung unterbleiben konnte, soweit sie untunlich war. Eine Ermittlung der unbekannten Beteiligten von Amts wegen ist daher grundsätzlich geboten (OLG Köln FGPrax 09, 287, 289) Eine Benachrichtigung kann dementsprechend nur dann unterbleiben, wenn 10 die Benachrichtigung **tatsächlich unmöglich** erscheint, wobei ein gewisser Spielraum entsprechend der Bedürfnisse der Praxis angenommen werden kann (so die hM zu § 2360 III BGB aF: BayObLG 60, 432, 434). Die Benachrichtigung der gesetzlichen Erben kann unterbleiben, soweit keine festgestellt werden können oder deren Aufenthalt nicht ermittelt werden kann (KG NJW-RR 05, 1677, 1678). Nicht hingegen entfällt die Benachrichtigungspflicht, nur weil zahlreiche oder weit entfernt wohnende oder schwierig zu ermittelnde Personen als Erben in Betracht kommen (BayObLG FamRZ 99, 1472). Diskutiert wurde darüber hinaus, ob die Anhörungspflicht über den Verhältnismäßigkeitsgrundsatz eine weitergehende Einschränkung findet (dafür zum wegefallenen § 2360 BGB MünchKommBGB/J. Mayer (4. Aufl.) § 2360 Rn 36; Soergel/Zimmermann (13. Aufl.) § 2360 Rn 7). Dem ist auch für die Benachrichtigungspflicht zuzustimmen, da im Einzelfall auch den Grundrechten der Antragsteller Vorrang gegenüber dem Anspruch aus dem Grundsatz des rechtlichen Gehörs einzuräumen ist (in diesem Sinne auch KG NJW-RR 05, 1677, 1678), etwa kann es den durch Verfügung von Todes wegen berufenen Erben nicht zumutbar sein, dass die Erteilung des Erbscheines sich wegen umfangreicher Ermittlungen der gesetzlichen Erben bei weitläufiger Verwandtschaft verzögert, ohne dass ernsthafte Zweifel an der Wirksamkeit der Verfügung von Todes wegen bestehen.

b) Inhalt der Benachrichtigung. Infolge der Streichung des noch im 11 RegE vorgesehenen § 345 V durch den Rechtsausschuss (BT-Drs 16/9733, 131, 287) enthält das Gesetz nunmehr keine Bestimmung über den Inhalt der Benachrichtigung. § 345 V 2 RegE sah vor, dass den Personen eine Abschrift des verfahrenseinleitenden Antrages zu übersenden ist (BT-Drs 16/6308, 67). Zwingend ist die Übersendung des Antrages somit nicht mehr. Die Übersendung ist aber wegen der Bindung des Gerichts an den Erbscheinsantrag (s § 352 Rn 21) äußerst zweckmäßig, damit die zu benachrichtigende Person eine fundierte Entscheidung treffen kann, ob sie einen Antrag auf Hinzuziehung stellt.

V. Sonstige Zeugnisse

12   Die vorstehenden Grundsätze gelten gem Abs 2 entsprechend für das Verfahren zur Erteilung eines Zeugnisses über die Fortsetzung einer Gütergemeinschaft (§ 1507 BGB), sowie der gerichtlichen Zeugnisse nach §§ 36, 37 GBO und 42, 74 SchiffsRegO (s. § 354).

VI. Testamentsvollstreckung, Abs 3

13   Abs 3 bestimmt als (ergänzende) Spezialnorm gegenüber § 7 II (BT-Drs 16/6308, 278) und gegenüber Abs 1 den Beteiligtenkreis bei Verfahren zur Ernennung eines Testamentsvollstrecker (§ 2200 BGB) oder Erteilung eines Testamentsvollstreckerzeugnisses (§ 2368 BGB). Nicht hingegen regelt Abs 3 die Beteiligten im Verfahren auf Entlassung des Testamentsvollstreckers. Diese richten sich nach Abs 4 Ziffer 2. Im Einzelen zum Testamentsvollstreckerzeugnis s § 354 sowie zur Ernennung § 355 Rn 9 ff.
Wie § 2360 BGB aF wurde auch mit § 2368 II BGB aF die bislang im BGB vorhandene Vorschrift zur Anhörung bei Erteilung eines Testamentsvollstreckerzeugnisses gestrichen, die aber ebenso auch durch den Grundsatzes des rechtlichen Gehörs überlagert war (Art. 103 GG) (MünchKommBGB/ J. Mayer 3. Aufl. § 2368 Rn 11). Da Abs 3 keine Auffangklausel wie Abs 4 Nr 5 für den Erbschein enthält, ist der Kreis der Beteiligten bei den Verfahren auf Ernennung eines Testamentsvollstreckers und auf Erteilung eines Testamentsvollstreckerzeugnisses eingegrenzt auf den **Testamentsvollstrecker** (Abs 3 S 1), die **Erben** (Abs 3 S 2 Nr 1) sowie etwaige **Mitvollstrecker** (Abs 3 S 2 Nr 2). Letztere (Erben und Mitvollstrecker) sind auf ihren Antrag zu beteiligen (Abs 3 S 3), daher sind sie gem § 7 IV über die Einleitung des Verfahrens zu benachrichtigen und über ihr Antragsrecht zu belehren (im Übrigen s Rn 11). Die Beteiligteneigenschaft eines **Nachlassgläubigers,** der einen Antrag auf Erteilung eines Testamentsvollstreckerzeugnisses unter den Voraussetzungen der §§ 792, 896 ZPO stellt, ergibt unmittelbar aus § 7 I (BT-Drs 16/6308, 278).
Abs 3 greift zu kurz in den Fällen einer Vermächtnisvollstreckung nach § 2223 BGB, die auch als Dauervollstreckung iS des § 2209 angeordnet sein kann (s dazu Bamberger/Roth/J. Mayer § 2223 Rn 2; MünchKommBGB/ Zimmermann § 2223 Rn 6 f). Da hier die Beschwerung den Vermächtnisnehmer wie einen Erben trifft, ist auch der Vermächtnisnehmer nach Abs 3 S 2 Nr 1 zu beteiligen, obwohl der Wortlaut des Abs 3 nur den Erben aufführt.

VII. Sonstige Nachlassverfahren, Abs 4

14   Abs 4 regelt für weitere **auf Antrag** durchzuführende Nachlassverfahren die Beteiligten.

§ 345 Beteiligte **§ 345**

1. Zwingende Beteiligung

Satz 1 bestimmt, wer **zwingend zu beteiligen** ist. Gemeinsam ist Satz 1 Nrn 1 bis 5, dass die Beteiligung der genannten Personen zwingend geboten ist, entweder aus Gründen der Gewährung rechtlichen Gehörs (Art. 103 GG) oder weil ihnen gegenüber Fristen gesetzt oder von ihnen eine Handlung (Abgabe einer eidesstattliche Versicherung) verlangt wird. Der Antragsteller ist auch in diesen Verfahren stets Beteiligter (§ 7 I), auch wenn eine dem § 345 I 1 entsprechende Sonderregelung fehlt. Im Übrigen soll die Bestimmung des Personenkreises, der gem Satz 2 auf Antrag oder nach pflichtgemäßen Ermessen zu beteiligen ist, der Praxis überlassen werden (BT-Drs 16/6308, 279). Zwingend zu beteiligen sind:

Nr 1: In Verfahren betreffend Nachlasspflegschaft und Nachlassverwaltung 15 (s dazu § 359 Rn 2 f) der **Nachlasspfleger** bzw. der **Nachlassverwalter,** also insbes Verfahren auf Anordnung und Aufhebung der Verwaltung bzw. Pflegschaft sowie in Verfahren auf Entlassung des Verwalters bzw. Pflegers durch das Nachlassgericht. Nr 1 betrifft hingegen nicht die Verfahren, in denen eine Nachlasspflegschaft von Amts wegen angeordnet wird (Keidel/Zimmermann Rn 67).

Nr 2: In Verfahren auf Entlassung eines Testamentsvollstreckers ist zwin- 16 gend der **Testamentsvollstrecker** selbst zu beteiligen. Nach § 2227 BGB kann das Nachlassgericht einen Testamentsvollstrecker auf Antrag eines Beteiligten entlassen, wenn ein wichtiger Grund vorliegt. Die zwingende Beteiligung des Testamentsvollstreckers ist aus Gründen des rechtlichen Gehörs geboten. Aus gleichem Grund wurde auch § 2227 II BGB aF gestrichen (BT-Drs 16/6308, 348); zum Verfahren im Übrigen s § 355 Rn 10.

Nr 3: Das Gesetz sieht in verschiedenen Fällen vor, dass durch das Nach- 17 lassgericht dem Beschwerten oder einem Dritten eine **Frist zur Erklärung** bestimmt wird (im Einzelnen § 355 Rn 2 ff). In solchen Verfahren ist stets derjenige, dem die Frist bestimmt wird, zu beteiligen.

Nr 4: Nach § 1994 I BGB hat das Nachlassgericht auf Antrag eines Nach- 18 lassgläubigers einem Erben eine Frist zur Errichtung des Inventars (Verzeichnis des Nachlasses, § 1993 BGB) zu bestimmen. Unter den Voraussetzungen des § 1996 I BGB kann diese Frist verlängert werden. Zu beteiligen ist der Erbe, dem die Frist bestimmt wird, sowie im Fall des § 2008 BGB der Ehegatte oder Lebenspartner, also im Fall der Gütergemeinschaft auch der Ehegatte oder Lebenspartner, der das Gesamtgut allein oder gemeinschaftlich mit dem anderen Ehegatten verwaltet, sofern die Erbschaft zum Gesamtgut gehört (das Gesetz nimmt dies als Regelfall an, da nach § 1418 II Nr 2 BGB der Erblasser anordnen muss, dass sein Nachlass Vorbehaltsgut des Erben und somit nicht Gesamtgut wird).

Nr 5: Nach § 2006 I BGB hat der Erbe auf Verlangen eines Nachlassgläubi- 19 gers zu Protokoll des Nachlassgerichts an Eides statt zu versichern, dass er nach besten Wissen die Nachlassgegenstände so vollständig angegeben habe, als er dazu imstande sei. In diesem Fall ist zwingend derjenige zu beteiligen, der die Versicherung abzugeben hat, sowie in den Fällen des § 2008 BGB dessen Ehegatte oder Lebenspartner, wobei str ist, ob dieser auch die eidesstattliche Versicherung abgeben muss (dafür etwa MünchKommBGB/Küpper § 2008

Rn 3; dagegen etwa Soergel/Stein § 2008 Rn 7; § 345 IV Nr 5 trifft zu dieser Frage keine Entscheidung, da es nur um die Frage der Beteiligung geht, zumeist mindestens aber auch eine Ladung des Ehegatten verlangt wird). § 345 IV Nr 5 betrifft nicht die eidesstattliche Versicherung des § 2356 BGB, da diese bereits über § 345 I 1 erfasst ist.

2. Hinzuziehung Dritter, Abs 4 Satz 2

20 Nach Abs 4 S 2 können **weitere Personen,** deren Recht durch das Verfahren unmittelbar betroffen wird, hinzugezogen werden. Diese Personen sind gem § 7 IV von der Einleitung des Verfahrens zu benachrichtigen und über ihr Antragsrecht zu belehren. Auf ihren **Antrag** sind sie hinzuziehen (Satz 3). § 345 IV Satz 2 kommt eine Auffangfunktion zu. Zwar lässt der Wortlaut („alle Übrigen") den Schluss zu, Satz 2 beziehe sich auf die in den Nrn. 1 bis 5 genannten Verfahren. Die amtliche Begründung führt jedoch beispielhaft Verfahren auf, die nicht in den Nrn. 1 bis 5 genannt ist (BT-Drs 16/6308, 279). § 345 IV 2 bezieht sich somit auf alle sonstigen auf Antrag durchzuführenden Verfahren. Personen, „deren Recht durch das Verfahren unmittelbar betroffen ist" im Sinne des Abs 4 S 2 sind, wie auch bei der entsprechenden Formulierung des § 7 II Nr 1, die Beteiligten im materiellen Sinn des bisherigen Rechts (s § 7 Rn 8).

Unterabschnitt 2
Verwahrung von Verfügungen von Todes wegen

Verfahren bei besonderer amtlicher Verwahrung

346 (1) **Die Annahme einer Verfügung von Todes wegen in besondere amtliche Verwahrung sowie deren Herausgabe ist von dem Richter anzuordnen und von ihm und dem Urkundsbeamten der Geschäftsstelle gemeinschaftlich zu bewirken.**

(2) **Die Verwahrung erfolgt unter gemeinschaftlichem Verschluss des Richters und des Urkundsbeamten der Geschäftsstelle.**

(3) **Dem Erblasser soll über die in Verwahrung genommene Verfügung von Todes wegen ein Hinterlegungsschein erteilt werden; bei einem gemeinschaftlichen Testament erhält jeder Erblasser einen eigenen Hinterlegungsschein, bei einem Erbvertrag jeder Vertragsschließende.**

Übersicht

I. Allgemeines	1
II. Begriff der amtlichen Verwahrung	4
III. Zuständigkeit	5
IV. Annahme	6
1. Anordnung	7
2. Bewirkung der Annahme	10
3. Durchführung der Verwahrung	11
4. Benachrichtigung	12
5. Erteilung des Hinterlegungsscheins (III)	13

V. Herausgabe	14
1. Herausgabeverlangen	14
2. Verfahren	15
3. Wirkung	17
4. Einsichtnahme	18
VI. Erneute besondere amtliche Verwahrung	19
VII. Einfache amtliche Verwahrung	21
VIII. Rechtsbehelfe	23
IX. Gebühren	24

I. Allgemeines

§ 346 entspricht weitgehend § 82a I bis III FGG in der Fassung des Personenstandrechtsreformgesetzes (BT-Drs 16/6308, 279). § 82a wurde erst durch das Personenstandsrechtsreformgesetz in das FGG eingefügt (BGBl 2007 I S. 122). § 82a FGG übernahm wiederum den Regelungsgehalt des im gleichen Zuge durch dieses Gesetz aufgehobenen § 2258b BGB aF. § 346 fasst jedoch nunmehr erstmals das Verfahren bei besonderer amtlicher Verwahrung für **Testamente und Erbverträge** in einer Vorschrift zusammen. Bislang war das Verfahren für die besondere amtliche Verwahrung von Erbverträgen immer durch Verweisung geregelt worden (vgl zuletzt § 82b I 1 FGG). 1

§ 346 betrifft alle Arten von Verfügungen von Todes wegen (BT-Drs 16/6308, 279), also **öffentliche Testamente** (§ 2232 BGB), **eigenhändige Testamente** (§ 2247 BGB), **Nottestamente** (§§ 2249–2251 BGB) und **Erbverträge** (§§ 2274 ff BGB). Hinsichtlich des öffentlichen Testaments und des Nottestaments vor dem Bürgermeister (§ 2249 BGB) besteht eine **Ablieferungspflicht** durch die aufnehmende Amtsperson gemäß § 34 I 4 BeurkG (für den Bürgermeister iVm § 2249 I 4 BGB). Eigenhändige Testamente sind nur auf Verlangen in die besondere amtliche Verwahrung zu nehmen (§ 2248 BGB). Dies gilt entsprechend auch für die Nottestamente vor drei Zeugen (§ 2250 BGB) und auf See (§ 2251 BGB), wo ebenfalls eine aufnehmende Amtsperson fehlt, die einer Ablieferungspflicht unterworfen sein könnte (Palandt/Edenhofer § 2250 Rn 11). Auch Erbverträge sind vom Notar grundsätzlich in die besondere amtliche Verwahrung zu bringen, es sei denn die Vertragsschließenden haben dies ausgeschlossen (§ 34 II BeurkG). Strittig ist, ob eine Ablieferungspflicht in die besondere amtliche Verwahrung für den **Konsularbeamten** besteht (so Staudinger/Baumann § 2258a Rn 10; Keidel/Zimmermann Rn 3) oder vorrangig auch hier § 10 III Ziffer 4 KonsG gilt, wonach Urschriften den Beteiligten auszuhändigen sind, sofern sie nicht amtliche Verwahrung verlangen (MünchKommBGB/Hagena (4. Aufl.) § 2258a Rn 11). Zutreffend dürfte sein, dass eine Ablieferungspflicht gem § 11 Abs 2 KonsG für Testamente über den gem § 10 III KonsG anwendbaren § 34 BeurkG stets besteht und für Erbverträge nur dann nicht, wenn besondere amtliche Verwahrung gem § 34 III 1 BeurkG ausgeschlossen wurde. Ist letzteres der Fall, ist die Niederschrift gem § 10 III Ziffer 4 KonsG auszuhändigen, sofern nicht (einfache) amtliche Verwahrung beim AG Schöneberg verlangt wird. Zu beachten ist, dass die DONot als aufsichtsrechtliche Verwaltungsvorschrift (vgl. dazu Schippel/Bracker/Vollhardt, BNotO, Einl. DONot Rn 2f) für den Konsularbeamten generell nicht gilt. 2 3

II. Begriff der amtlichen Verwahrung

4 Das FamFG verwendet an verschiedenen Stellen (§§ 344 VI, 351) den Begriff der amtlichen Verwahrung und meint damit stets sowohl die **besondere amtliche Verwahrung** als auch die **(einfache) amtliche Verwahrung** (etwa BT-Drs 16/6308, 280). Ist Regelungsgegenstand die besondere amtliche Verwahrung ist diese auch so bezeichnet. Besondere amtliche Verwahrung ist die Verwahrung von Testamenten und Erbverträgen durch die Amtsgerichte (bzw. in Bad-Württ nach Art. 147 EGBGB, § 1 Abs 1 und 2, 38 LFGG durch die Notariate als Nachlassgerichte) nach Maßgabe des in § 346 angeordneten Verfahrens. Sie soll durch die besonderen Sicherungsvorkehrungen ein größeres Maß an Sicherheit im Hinblick auf die Geheimhaltung und den Schutz vor nachträglichen Veränderungen bieten (BGH DNotZ 90, 436). Die (einfache) amtliche Verwahrung betrifft etwa die Verwahrung von Testamenten in den Nachlassakten, etwa nach Ablieferung gem § 2259 BGB oder die Verwahrung von Erbverträgen durch den beurkundenden Notar – Testamente sind vom Notar stets in die besondere amtliche Verwahrung abzuliefern (§ 34 Abs 1 S 4 BeurkG) (s. o. § 344 Rn 3f).

III. Zuständigkeit

5 Zuständig sind grundsätzlich die **Amtsgerichte,** § 23a I Nr 2, II Nr 2 GVG, in Bad-Württ die Notariate, §§ 1, 35 LFGG Bad-Württ. Die örtliche Zuständigkeit richtet sich nach § 344 I bis III. Funktionell zuständig, also Richter im Sinne des § 346 ist der **RPfl** (§ 3 Nr 2c) RPflG). Die Zuständigkeit für die Annahme, mit aber der Herausgabe kann nach § 36b I Nr 1 RPflG durch die Landesregierungen durch Rechtsverordnung dem Urkundsbeamten der Geschäftsstelle übertragen werden. Hiervon haben, soweit ersichtlich, Gebrauch gemacht: Bayern GeschStVO (GVBl 05 S. 40); Bremen RPflAÜVO (Gbl. 06 S. 193); Hamburg RPflAÜVO (GVBl 05 S. 200); Hessen RPflGAÜVO (GVBl I 03 S. 290); Niedersachsen RPflaUebVO (GVBl 05 S. 223); Sachsen-Anhalt RPflAÜVO (GVBl LSA 04 S. 724); Thüringen RPflAÜV (GVBl 03 S. 319).

IV. Annahme

6 Die näheren Einzelheiten ergeben sich insbesondere aus der Ausführungsbestimmung § 27 AktO (abgedruckt bei Firsching/Graf Anh. 4 in der in Bayern geltenden Fassung).

1. Anordnung

7 Die „Anordnung" der Annahme einer Verfügung von Todes wegen in besonderer amtlichen Verwahrung erfolgt durch Beschluss (§ 38 I) (str. ebenso MünchKomm/Hagena § 2248 Rn 11; aM Keidel/Zimmermann Rn 6; MünchKommZPO/Muscheler § 346 FamFG Rn 6: Anordnung ist lediglich Verfügung, da ihr die Qualität einer Endentscheidung fehle und nach Abs 3 lediglich eine Quittung (Hinterlegungsschein) auszuhändigen sei). Die Anordnung ist eine **Endentscheidung** iS des § 38 I 1, da der Verfahrensgegenstand ganz erledigt wird. Es liegt auch eine Entscheidung vor, wenngleich sich die Entscheidung auf die Feststellung der Zuständigkeit beschränkt (s Rn 10). Dass es sich bei der Anordnung des § 346 I um einen Beschluss handelt, ergibt sich auch aus dem Fehlen einer Ausnahmevorschrift wie § 382 I 1, zumal die Ausnahme der Entscheidungspflicht durch Beschluss ausdrücklich nur auf Registersachen beschränkt ist (§ 38 I S 2; BT-Drs 16/6308, 195). Hieraus ergeben sich jedoch wohl kaum beabsichtigte **Förmlichkeiten:** Der Beschluss wäre 8 bekannt zu geben (§ 40), weswegen die Übersendung des Hinterlegungsscheines in der alten Form reicht nicht mehr ausreichend wäre. Zwar wäre der Beschluss nicht zu begründen, da dem gleichgerichteten Antrag des Beteiligten stattgegeben wird (§ 38 IV Nr 2), aber förmlich bekanntzugeben, entweder gem § 41 I 1 iVm § 15 II FamFG oder Anwesenden durch Verlesen (§ 41 II 1). Die Bekanntgabe ist im letzteren Fall in den Akten zu vermerken (§ 41 II 2); unverändert bliebe die schriftliche Bekanntgabe erforderlich (§ 41 II 3). Der Beschluss könnte gem § 15 II 1 iVm 173 ZPO durch Aushändigung an der Amtsstelle zugestellt werden. In der Praxis müsste der Hinterlegungsschein so abgeändert werden, dass er allen Förmlichkeiten des Beschluss genügt (§ 38 II), insbesondere müsste anstelle der Wiedergabe des Eintragungsvermerkes in den Spalten 1 und 2 des Verwahrungsbuches (vgl. Muster bei Firsching/Graf Rn 4.16) die Beschlussformel mitgeteilt werden, um so eine doppelte Übersendung sowohl des Beschlusses als auch des Hinterlegungsscheins zu vermie- 9 den. Ob allerdings diese zusätzlichen Förmlichkeiten tatsächlich beabsichtigt waren, erscheint sehr zweifelhaft. Die Begründung enthält keinerlei Aussagen darüber, dass das Hinterlegungsverfahren einer grundlegenden Änderung unterworfen sein soll (vgl. Begründung zu § 346 BT-Drs 16/6308, 279). Aus diesem Grund erscheint es sachnäher, **§ 352 I 2 und 3 analog anzuwenden,** dh der Beschluss, mit welchem die Annahme einer Verfügung von Todes wegen angeordnet wird, wird mit seinem Erlass wirksam. Er ist nicht bekanntzugeben. Wie beim Erbscheinsverfahren genießt das Interesse an einer zügigen Abwicklung Vorrang, zumal der dem Antrag auf Inverwahrungnahme stattgebende Beschluss seiner Natur nach unstreitig ist. Es reicht aus, dass dem Antragsteller wie beim Erbschein, der Hinterlegungsschein erteilt wird. Der Meinungsstreit über die Rechtsnatur wirkt sich somit im Ergebnis kaum aus (Beck´scher OnlineKommentar/Schlögel § 346 FamFG Rn 6).

2. Bewirkung der Annahme

Der RPfl (bzw. Urkundsbeamten, vgl. § 36 RPflegerG iVm mit den ent- 10 sprechenden Landesrechtsvorordnungen) prüft seine sachliche und örtliche (§ 344 I bis III) Zuständigkeit (Keidel/Zimmermann Rn. 7). Die Annahme ist sodann gemeinschaftlich vom RPfl (bzw. Urkundsbeamten)und Urkundsbeamten zu bewirken (Abs 1). Eigenhändige Testamente und 3-Zeugen-Nottestamente sind in einem Umschlag mit einem Dienstsiegel zu verschließen (§ 27 III AktO). Eine Prüfungspflicht besteht weder in materieller noch formeller Hinsicht (allg M, MünchKommBGB/Hagena § 2248 Rn 12; Keidel/Zimmermann Rn 7). Der RPfl ist jedoch berechtigt auf formelle Fehler

§ 346 Buch 4 – Verfahren in Nachlass- und Teilungssachen

hinzuweisen, ein Recht, die Verwahrung abzulehnen, besteht jedoch nicht (MünchKommBGB/Hagena § 2248 Rn 12). Öffentliche Testamente und Testamente vor dem Bürgermeister werden bereits im Umschlag verschlossen und mit Dienstsiegel versehen übersandt (§ 34 I 1 BeurkG). Die Verschließung durch das Gericht entfällt daher ebenso wie eine Frage der Prüfungspflicht. Allerdings kann der RPfl Mängel beim Umschlag und dessen Verschließung beanstanden. Beseitigt die Amtsperson den Mangel aber nicht, besteht die Pflicht, die Verfügung zur Verwahrung anzunehmen (KG RJA 8, 257).

3. Durchführung der Verwahrung

11 Diese erfolgt, indem die Verfügungen unter gemeinschaftlichen Verschluss der beiden Verwahrungsbeamten an einem feuersicheren Ort in der Nummernfolge des Verwahrungsbuches aufbewahrt werden (II, § 27 IV 5 AktO).

4. Benachrichtigung

12 Die zuständigen Standesämter sind gem § 347 schriftlich zu benachrichtigen (s. u. § 347).

5. Erteilung des Hinterlegungsscheins (III)

13 Jedem Erblasser ist ein eigener Hinterlegungsschein zu erteilen. Die Regelung erfolgt erstmalig ausdrücklich auch für gemeinschaftliche Testamente (BT-Drs 16/6308, 279), bei einem Erbvertrag ist jedem Vertragschließenden ein Hinterlegungsschein zu erteilen, selbst wenn nur einer der Vertragschließenden Verfügungen von Todes wegen trifft. Die Förmlichkeiten für den Hinterlegungsschein wurden wesentlich im Laufe des Gesetzgebungsverfahrens reduziert. Der Regierungsentwurf hatte noch den Regelungsgehalt des § 2258 b III 2 BGB bzw. § 82 III 2 FGG übernommen, wonach der Hinterlegungsschein vom RPfl und UrkB zu unterschreiben und mit einem Dienstsiegel zu versehen war. Diese Bestimmung ist im Laufe des Gesetzgebungsverfahrens auf Wunsch des Bundesrates ersatzlos zur Entlastung der Nachlassgerichte mit der Begründung gestrichen worden, ein Vieraugenprinzip sei bei notarieller Verwahrung eines Erbvertrag auch nicht erforderlich (BT-Drs 16/6308, 391; BT-Drs 16/9733, 132). Dementsprechend ist für den Hinterlegungsschein jetzt ausreichend, wenn er durch einen Urkundsbeamten unterschrieben wird. Bei Nottestamenten soll der Hinterlegungsschein einen Hinweis auf die Bestimmungen des § 2252 BGB, nämlich die begrenzte Gültigkeitsdauer, enthalten (§ 27 VI AktO). Verlangt der Erblasser die besondere amtliche Verwahrung durch ein anderes Gericht (§ 344 I 2 Rn 6), ist gegen Einziehung des alten Hinterlegungsscheins einer neuer zu erteilen (§ 27 VII 3 AktO).

V. Herausgabe

1. Herausgabeverlangen

14 Der Erblasser kann **jederzeit** die Herausgabe eines Testamentes aus der besonderen amtlichen Verwahrung verlangen (§ 2256 II 1 BGB). Bei **ge-**

meinschaftlichen Testamenten kann die Rücknahme nur gemeinschaftlich erfolgen (§ 2272 BGB). Erbverträge können nur dann aus der amtlichen Verwahrung entnommen und an die Vertragschließenden zurückgegeben werden, wenn die Urkunde ausschließlich Verfügungen von Todes wegen enthält (§ 2300 II 1 BGB), andernfalls kann Rückgabe in notarielle Verwahrung verlangt werden (Palandt/Edenhofer § 2300 Rn 3). Das **Rückgabeverlangen** ist nicht lediglich eine verfahrensrechtliche, sondern in erster Linie eine **materiell-rechtliche Erklärung**, str. ob letztwillige Verfügung (BGH 23, 207, 211, BayObLG MittBayNot 05, 510) oder Rechtsgeschäft unter Lebenden mit Wirkung einer letztwilligen Verfügung (MünchKommBGB/Hagena § 2256 Rn 6, Firsching/Graf Rn 4.26). Nach hM muss zum Zeitpunkt des Rückgabeverlagens Testierfähigkeit noch nicht vorliegen, sondern erst bei der Rücknahme selbst (Keidel/Zimmermann Rn 6). Antrag ist formlos, insbesondere mündlich, möglich (allg. M. Firsching/Graf Rn 4.22). § 25 ist nicht ein allgemeiner Schriftlichkeitsgrundsatz zu entnehmen, da er an § 11 FGG „anknüpfen" soll (BT-Drs 16/6308, 186).

2. Verfahren

Die Herausgabe ist vom RPfl durch **Beschluss** (§ 38 I) anzuordnen. AM **15** ist die hM (Keidel/Zimmermann Rn 16; MünchKommZPO/Muscheler FamFG Rn15: Wie bei der Annahme auch mangels Entscheidung nur eine „Verfügung"). Allerdings spricht für den Beschluss, dass mit der „Anordnung" der Herausgabe eine Entscheidung über die Testierfähigkeit getroffen wird, da das Rückgabeverlangen eines erkennbar Testierunfähigen zurückzuweisen ist (s dazu MünchKommBGB/Hagena § 2256 Rn 6). Dieser Beschluss nicht zu begründen ist, da dem gleichgerichteten Antrag des Beteiligten stattgegeben wird (§ 38 IV Nr 2). Der Beschluss als solcher ist **bekannt zu geben** (§ 40), dh entweder gem § 41 I 1 iVm § 15 II zuzustellen bzw. zu übersenden oder nach § 41 II 1 Anwesenden gegenüber zu verlesen (§ 41 II 1). Die Bekanntgabe ist bei Verlesung in den Akten zu vermerken (§ 41 II 2). Allerdings bleibt auch bei Verlesung die schriftliche Bekanntgabe erforderlich (§ 41 II 3). Der Beschluss kann in allen Fällen Anwesenden gegenüber gem § 15 II 1 iVm 173 ZPO durch Aushändigung an der Amtsstelle zugestellt werden. RPfl prüft spätestens zum Zeitpunkt der Rückgabe und zumindest bei notariellen Testamenten und Erbverträgen die Testierfähigkeit im Hinblick auf die materiellrechtliche Wirkung (Rn 17), wobei eine Ablehnung der Herausgabe, die durch Beschluss zu erfolgen hat, nur in Fällen offensichtlicher und zweifelfreier Testierunfähigkeit in Frage kommt, im übrigen reicht es aus, entsprechende Beobachtungen in der Niederschrift über die Rückgabe zu vermerken (Keidel/Zimmermann Rn 17).

Der **Hinterlegungsschein** soll zurückgefordert werden (§ 27 VI AktO). **16** Wird der Hinterlegungsschein nicht vorgelegt, darf der RPfl die Rückgabe nicht verweigern (hMKeidel/Zimmermann Rn 12; Prütting/Helms Rn 31; MünchKommZPO/Muscheler § 346 FamFG Rn 10). Der RPfl hat die Identität des Antragstellers zu prüfen. Der Hinterlegungsschein ist keine hinreichende Urkunde zur Identitätsprüfung, sondern lediglich „bloßer Service für den Hinterleger" (Stellungnahme des BR zum Regierungsentwurf

§ 346 Buch 4 – Verfahren in Nachlass- und Teilungssachen

BT-Drs 16/6308, 391). Die Rückgabe darf nur an den Erblasser höchstpersönlich erfolgen (§ 2256 II 2 BGB). Über die Rückgabe ist eine Niederschrift aufzunehmen (Muster bei Firsching/Graf Rn 4.28). In der Niederschrift und auf der zurückgegebenen Urkunde ist zu vermerken, dass die Belehrung über die Rechtswirkung der Rückgabe (§ 2256 I 2 BGB) erfolgt ist. Die Bewirkung der Rückgabe erfolgt durch RPfl und UrkB gemeinschaftlich, dh auch ist der Vermerk über die Herausgabe im Verwahrungsbuch gemeinschaftlich zu unterschreiben. Die Rückgabe kann auch bei einem dazu ersuchten Gericht im Wege der Rechtshilfe erfolgen (§ 27 VIII AktO).

3. Wirkung

17 Materiell-rechtlich gilt durch die Rückgabe aus der Verwahrung gem § 2256 I BGB das notarielle Testament (§ 2232), das Testament gem § 2249 sowie der Erbvertrag (dann iVm 2300 II BGB) als **widerrufen.** Bei eigenhändigem (§ 2247 BGB) und 3-Zeugen Testamenten (§ 2250 BGB) ist die Rückgabe ohne Einfluss auf die Wirksamkeit (2256 III BGB). Die Wirkung des Widerrufs tritt unabhängig vom Willen des Erblassers ein (BayObLG FGPrax, 04, 72). Eine fehlende Belehrung kann daher nur Schadensersatz auslösen, nicht aber die Widerrufsfunktion beseitigen. Da aber die Rücknahme eine Verfügung von Todes wegen ist (str. s. o. Rn 14), besteht Anfechtungsmöglichkeit gem § 2078 BGB, wenn der Erblasser im Irrtum über die Rechtswirksamkeit war (BayObLG MittBayNot 05, 510).

4. Einsichtnahme

18 Der Erblasser kann jederzeit die Einsicht in die hinterlegte Verfügung und Abschriften verlangen, bei gemeinschaftlichen Testamenten und Erbverträgen jeder Teil ohne Zustimmung des anderen (Keidel/Zimmermann Rn 19). Die Einsicht ist keine Herausgabe, löst also nicht die Widerrufswirkungen aus. Zum Verfahren im Einzelnen Firsching/Graf Rn 4.23 f mit Muster einer über die Einsichtnahme anzufertigenden Niederschrift.

VI. Erneute besondere amtliche Verwahrung

19 Ein **gemeinschaftliches Testament,** welches sich in besonderer amtlicher Verwahrung befunden hat, ist nach Eröffnung und Fertigung einer begl. Abschrift der Verfügungen des Erstversterbenden wieder zu verschließen und bei dem nach § 344 II zuständigen Gericht erneut in die besondere amtliche Verwahrung zurückzubringen (§ 349 II 2). Zuständig ist das für den Nachlass des Erstverstorbenen zuständige Gericht. Ist danach ein anderes Gericht als das bisherige Verwahrungsgericht zuständig, hat das neue Verwahrungsgericht den alten dem Zweitversterbenden erteilten Hinterlegungsschein gegen Erteilung eines neuen Hinterlegungsscheins einzuziehen (vgl. § 27 VI AktO: bisheriges Verfahren bei Wechsel des Verwahrungsgerichts auf Wunsch des Erblassers). Kommt es zu einem Wechsel des Verwahrungsgerichts etwa infolge der Zuständigkeit des Nachlassgerichts des Erstversterbenden (§ 344 II), sind erneute Mitteilungen nach § 347 erforderlich, um die Auffindbarkeit zu

gewährleisten. Dies ergibt sich auch aus der Mitteilungspflicht des § 347 II in den Fällen einfacher Aktenverwahrung. Die erneute amtliche Verwahrung erfolgt ohne Antrag nur bei gemeinschaftlichen Testamenten, die sich in der besonderen amtlichen Verwahrung befunden haben. § 349 II gilt ausdrücklich nicht für **Erbverträge**. Diese ebenso wie nach § 2259 abgelieferte privat- 20 schriftliche Testamente verbleiben nach Eröffnung in der einfachen Aktenverwahrung des Nachlassgerichts, sofern nicht der Längstlebende besondere amtliche Verwahrung beantragt (BT-Drs 16/6308, 280).

VII. Einfache amtliche Verwahrung

Neben der besonderen amtlichen Verwahrung können sich Verfügungen 21 von Todes wegen auch in (einfacher) amtlicher Verwahrung befinden, also etwa die **einfache Aktenverwahrung** durch das Nachlassgericht, insbesondere nach Eröffnung der Verfügung von Todes wegen, sowie die **notarielle Verwahrung** von Erbverträgen gem § 34 BeurkG. Eröffnete Testamente werden in einfacher Aktenverwahrung verwahrt, ebenso nach § 2259 BGB zur Eröffnung abgelieferte Testamente. Zur Behandlung gemeinschaftlicher Testamente und Erbverträge nach Eröffnung nach dem Erstversterbenden (s. o. Rn 19 f).

Erbverträge (§§ 2274 ff BGB) können auch vom beurkundenden Notar 22 verwahrt werden. Zwar sind sie grundsätzlich auch in die besondere amtliche Verwahrung abzuliefern (§ 34 Abs 2 BeurkG). Die Beteiligten können aber die **amtliche Verwahrung ausschließen** (§ 34 Abs 3 BeurkG). Dies wird vermutet, wenn der Erbvertrag mit einem anderen Vertrag (zB Ehevertrag) in derselben Urkunde verbunden ist (§ 34 Abs 2 2. Hs BeurkG). Ist die Verwahrung ausgeschlossen, erfolgt die Verwahrung in der Urkundensammlung des Notars; die Erbverträge können aber auch von der Urkundensammlung gesondert aufbewahrt werden (§ 18 Abs 4 DONot). Der Notar ist verpflichtet, ein Erbvertragsverzeichnis anzulegen (§ 9 DONot).

VIII. Rechtsbehelfe

Gegen die Ablehnung der Anordnung der besonderen amtlichen Verwah- 23 rung, der Herausgabe sowie der Einsichtnahme steht dem Erblasser das Rechtsmittel der Beschwerde (§ 11 I RPflG iVm §§ 58 ff) zu, die beim Nachlassgericht einzulegen ist (§ 64 I). Zuständig ist für Verhandlung und Entscheidung ist das OLG (§ 119 I 1. b) GVG). Ist gem § 36 b RPflG der Urkundsbeamte zuständig (s. o. Rn 5) ist zunächst Erinnerung gem § 573 I ZPO, nunmehr zum Nachlassrichter statthaft, da die besondere amtliche Verwahrung gem § 342 I Nr 1 Nachlasssache ist (vgl. auch zur alten Rechtslage MünchKommBGB/Hagena (4. Aufl.) § 2258 b Rn 19). Beschwerderecht der Person, die die Verfügung von Todes wegen beurkundet hat (Notar, Bürgermeister idF des § 2249 BGB), nur soweit eigene Rechte verletzt sind, so bei Ablehnung der Annahme eines gem § 34 BeurkG abgelieferten Testaments, str. ob dies auch bei Herausgabe gilt (so Staudinger/Baumann § 2258 b Rn 22; aA MünchKom).

IX. Gebühren

24 Die besondere amtliche Verwahrung löst eine Viertelgebühr gem § 101 KostO aus. Die Herausgabe durch das Gericht erfolgt gebührenfrei. Die Übersendung zur Verwahrung bei einem anderen Gericht erfolgt im Grundsatz ohne neue Gebühr, allerdings hat der Erblasser die Versendungskosten zu tragen (Firsching/Graf Rn 4.22). Die Verwahrung eines Erbvertrages durch den Notar erfolgt kostenfrei. Str. ob die Herausgabe eines Erbvertrages aus der notariellen Verwahrung ebenso mangels entsprechenden Gebührentatbestand ohne Gebühr zu erfolgen hat. HM will § 147 II KostO anwenden (Korinthenberg/Reimann § 46 Rn 10 a). Verlangt der Erblasser die Verwahrung bei einem anderen Gericht gem § 344 I 2 oder wird ein gemeinschaftliches Testament oder ein Erbvertrag nach dem Tode des Erstversterbenden gem § 349 II 2 wieder in die besondere amtliche Verwahrung gebracht, fällt keine neue Gebühr fällt an (Korinthenberg/Lappe § 101 Rn 13 f).

Mitteilung über die Verwahrung

347 (1) **Über jede in besondere amtliche Verwahrung genommene Verfügung von Todes wegen ist das für den Geburtsort des Erblassers zuständige Standesamt schriftlich zu unterrichten. Hat der Erblasser keinen inländischen Geburtsort, ist die Mitteilung an das Amtsgericht Schöneberg in Berlin zu richten. Bei den Standesämtern und beim Amtsgericht Schöneberg in Berlin werden Verzeichnisse über die in amtlicher Verwahrung befindlichen Verfügungen von Todes wegen geführt. Erhält die das Testamentsverzeichnis führende Stelle Nachricht vom Tod des Erblassers, teilt sie dies dem Gericht schriftlich mit, von dem die Mitteilung nach Satz 1 stammt. Die Mitteilungspflichten der Standesämter bestimmen sich nach dem Personenstandsgesetz.**

(2) **Absatz 1 gilt entsprechend für ein gemeinschaftliches Testament, das nicht in besondere amtliche Verwahrung genommen worden ist, wenn es nach dem Tod des Erstverstorbenen eröffnet worden ist und nicht ausschließlich Anordnungen enthält, die sich auf den mit dem Tod des verstorbenen Ehegatten oder des verstorbenen Lebenspartners eingetretenen Erbfall beziehen.**

(3) **Für Erbverträge, die nicht in besondere amtliche Verwahrung genommen worden sind, sowie für gerichtliche oder notariell beurkundete Erklärungen, nach denen die Erbfolge geändert worden ist, gilt Absatz 1 entsprechend; in diesen Fällen obliegt die Mitteilungspflicht der Stelle, die die Erklärungen beurkundet hat.**

(4) **Die Landesregierungen erlassen durch Rechtsverordnung Vorschriften über Art und Umfang der Mitteilungen nach den Absätzen 1 bis 3 sowie § 34 a des Beurkundungsgesetzes, über den Inhalt der Testamentsverzeichnisse sowie die Löschung der in den Testamentsverzeichnissen gespeicherten Daten. Die Erhebung und Verwendung der Daten ist auf das für die Wiederauffindung der Verfügung von Todes wegen unumgänglich Notwendige zu beschränken. Der das Testamentsverzeichnis führenden Stelle dürfen nur die Identifizierungsdaten des Erblassers, die Art der Verfügung von Todes wegen sowie das Datum der Inverwahrnahme mit-**

§ 347 Mitteilung über die Verwahrung   § 347

geteilt werden. Die Fristen für die Löschung der Daten dürfen die Dauer von fünf Jahren seit dem Tod des Erblassers nicht überschreiten; ist der Erblasser für tot erklärt oder der Todeszeitpunkt gerichtlich festgelegt worden, sind die Daten spätestens nach 30 Jahren zu löschen.

(5) Die Mitteilungen nach den Absätzen 1 bis 3 sowie § 34a des Beurkundungsgesetzes können elektronisch erfolgen. Die Landesregierungen bestimmen durch Rechtsverordnung den Zeitpunkt, von dem an Mitteilungen in ihrem Bereich elektronisch erteilt und eingereicht werden können, sowie die für die Bearbeitung der Dokumente geeignete Form.

(6) Die Landesregierungen können die Ermächtigungen nach Absatz 4 Satz 1 und Absatz 5 Satz 2 durch Rechtsverordnung auf die Landesjustizverwaltungen übertragen.

1. Allgemeines

§ 347 übernimmt den Regelungsgehalt der erst durch das Personenstandsrechtsreformgesetz geschaffenen gesetzlichen **Grundlage für die Benachrichtigung in Nachlasssachen** von den §§ 82a, b FGG. Abs 1 entspricht § 82a IV FGG, Abs 2 § 82a V FGG, Abs 3 § 82b II FGG. Die Absätze 4 bis 6 entsprechen den § 82a VI bis VIII, umfassen aber unmittelbar alle Arten von Verfügungen von Todes wegen, so dass der Verweis im bisherigen § 82b I 1 FGG entfallen konnte (BT-Drs 16/6308, 279). 1

Die Schaffung einer rechtlichen Grundlage für die Testamentsdatei war eines der Kernstücke des **Personenstandsrechtsreformgesetzes** vom 19. 2. 2007 (BGBl I S. 122). Grundlage für die Mitteilungspflichten zwischen Gerichten, Notaren, Standesämtern und der bei dem Amtsgericht Schöneberg angesiedelten Hauptkartei für Testamente sowie die bei den Standesämtern und dem Amtsgericht Schöneberg geführten Verzeichnisse war bis dahin die „Allgemeine Verfügung (AV) der Länder über die Benachrichtigung in Nachlasssachen" (nachstehend AV Mitteilung in Nachlasssachen) in der Fassung vom 1. 3. 2001 (DNotZ 02, 81), ihrer Rechtsnatur nach eine gleichlautende Verwaltungsvorschrift aller Bundesländer. Diese ist nach In-Kraft-Treten des Personenstandsrechtsreformgesetzes nochmals neu gefasst geändert worden (Fassung vom 10. 8. 2007, zB JMBl NRW S. 17). Die Pflichten der Notare waren ebenso ohne gesetzliche Grundlage in § 20 DONot niedergelegt, ebenfalls somit nur eine (aufsichtsrechtliche) Verwaltungsvorschrift. Eine gesetzliche Grundlage fehlte, obwohl das aus Art. 2 I iVm 1 I GG folgende Grundrecht auf informationelle Selbstbestimmung Eingriffe nur auf einer gesetzlichen Grundlage zulässt, aus der sich die Voraussetzungen und der Umfang der Einschränkungen klar und für den Bürger erkennbar ergeben (BVerfGE 65, 1, 44 = NJW 1984, 419). 2

Die zu §§ 82a, 82b erlassenen Rechtsverordnungen sind die weitgehend zum 1. 1. 2009 in Kraft getretenen Verordnungen der Länder zu Mitteilungen in „**Nachlasssachen an die die Testamentsverzeichnisse führenden Stellen und über den Inhalt der Testamentsverzeichnisse** (BenachrichtigungsVO Nachlasssachen)". Daneben behält die AV Mitteilung Nachlasssachen unverändert Bedeutung, die weitere Einzelheiten des Meldeverfahrens als Verwaltungsvorschrift regelt. 3

§ 347 Buch 4 – Verfahren in Nachlass- und Teilungssachen

2. Grundzüge des Benachrichtigungssystems

4 Gesetzlich normiert wurde bereits das in §§ 82a, b FGG sowie § 34a BeurkG angelegte zunächst unverändert in das FamFG übernommene dezentrale Benachrichtigungssystem. **Grundzüge des Systems** sind: Die Benachrichtigung der Geburtsstandesämter bzw. Amtsgericht Schöneberg, wenn ein Testament oder Erbvertrag in die besondere amtliche Verwahrung genommen wird oder wenn ein Notar einen nicht die amtliche Verwahrung zu bringenden Erbvertrag oder eine die Erbfolge ändernde Erklärung beurkundet. Das den Todesfall beurkundende Standesamt teilt den Todesfall dem Geburtsstandesamt bzw. dem Amtsgericht Schöneberg als Testamentskartei führende Stellen mit. Diese informieren die Stellen, die Verfügungen von Todes wegen oder eine die Erbfolge ändernde Erklärung verwahren. Dieses dezentrale Meldesystem wird ab dem 1. 1. 2012 in das Zentrale Testamentsregister überführt (s Rn 10).

3. Benachrichtigungspflichten bei besonderer amtlicher Verwahrung (Abs 1)

5 Abs 1 regelt das **dezentrale Benachrichtigungssystem**. Wird eine Verfügung von Todes wegen in besondere amtliche Verwahrung genommen, hat das Verwahrungsgericht das für den Geburtsort des Erblassers zuständige Standesamt zu unterrichten (S 1). Hat der Erblasser keinen inländischen Geburtsort, besteht eine Auffangzuständigkeit des Amtsgerichts Schöneberg in Berlin, welches die die sog. „Hauptkartei für Testamente" führt (S. 2). Die Einzelheiten der Mitteilung sind in § 1 der Benachrichtigungs VO Nachlasssachen sowie in Nr II 6 der AV über die Benachrichtigung in Nachlasssachen geregelt, einschließlich der Muster über die für die Meldung auszufüllenden Formulare. Danach erfolgt die Mitteilung an die Standesämter gem. Anlage 2a und b zur AV „Mitteilung in Nachlasssachen" auf hellgelber Karteikartei, während für das Amtsgericht Schöneberg gem. Anlage 2c ein DIN A4 Formular zu verwenden ist. S. 3 bestimmt, dass die Standesämter und das Amtsgericht Schöneberg Testamentsverzeichnisse zu führen haben. Er enthält damit die gesetzliche Grundlage für die Verzeichnisse (vgl BT-Drs 16/1831, 56 zu § 82a IV FGG). Die Einzelheiten der Verzeichnisse ergeben sich derzeit noch aus Ziffer I. 6. AV „Benachrichtigung Nachlasssachen". Die Geburtsstandesämter bzw das Amtsgericht Schöneberg macht Mitteilung an das Verwahrungsgericht, wenn es Nachricht vom Tode des Erblassers erhält. Da § 347 I nur die Mitteilungspflichten der das Testamentsverzeichnis führenden Standesämter an das Verwahrungsgericht regelt, muss zur Funktionsfähigkeit des Benachrichtigungssystems gewährleistet sein, dass auch das Geburtsstandesamt Nachricht vom Tode des Erblassers erhält. Diese Benachrichtigungspflicht des Standesbeamten, der den Tod des Erblassers beurkundet, an das Geburtsstandesamt bzw. des Amtsgerichts Schöneberg ergibt sich aus dem Personenstandsgesetz, worauf Satz 5 hinweist, im Wesentlichen aus § 73 Ziff 8 iVm § 43 I PersStdGAV.

§ 347 Mitteilung über die Verwahrung **§ 347**

4. Benachrichtigungspflicht bei nach dem Erstverstorbenen eröffneten Testamenten (Abs 2)

Abs 2 regelt eine Benachrichtigungspflicht des **Nachlassgerichts,** wenn es 6
ein gemeinschaftliches Testament nach dem Erstversterbenden eröffnet und
sodann in einfacher Aktenverwahrung in den Nachlassakten behält. Die
Benachrichtigungspflicht soll sicherstellen, dass die Verfügungen des Längstlebenden auch gefunden werden, obwohl sich das Original des Testaments in
den Nachlassakten des Erstversterbenden befindet (BT-Drs 16/6308, 279).

Betroffen sein können grundsätzlich nur eigenhändige Testamente (§ 2247
BGB) sowie Nottestamente vor drei Zeugen, die beim Tode des erstversterbenden Erblassers abgeliefert werden, sich also nicht bereits gem § 346 in
besonderer amtlicher Verwahrung befunden haben. Gemeinschaftliche Testamente, die sich bereits in besonderer amtlicher Verwahrung befunden haben,
sind wieder in diese zu verbringen.

5. Erbverträge (Abs 3)

Sind Erbverträge in notarieller Verwahrung geblieben, obliegen dem **Notar** 7
die Benachrichtigungspflichten gem Abs 1. Die Benachrichtigungspflicht
wird für den Notar auch in § 34 a I BeurkG angeordnet. Neben Erbverträge
lösen auch Urkunden, die eine Erklärung enthalten, nach deren Inhalt die
Erbfolge geändert wird, Benachrichtigungspflichten aus, also insbesondere
Aufhebungsverträge, Rücktritts- und Anfechtungserklärungen, Erbverzichtsverträge, Ehe- und Lebenspartnerschaftsverträge mit erbrechtlichen Auswirkungen, nicht aber Pflichtteilsverzichtsverträge, da durch sie die Erfolge nicht
geändert wird. Für den Konsularbeamten gilt § 34 a I BeurkG über § 10 III
KonsG. Die Anordnung in § 347 III hat daher insbesondere Bedeutung für
gerichtliche Urkunden, also wenn die notarielle Form durch den gerichtlichen Vergleich ersetzt wird (§ 127 a BGB). Zulässig ist etwa die Beurkundung eines Erbvertrages durch gerichtlichen Vergleich (zur Zulässigkeit und
Wirksamkeitsvoraussetzungen BGH 14, 381 mAv Keidel DNotZ 55, 190;
NJW 80, 2307) sowie eines Erbverzichtsvertrag (BGH DB 59,790) oder eines
die Erbfolge ändernden Ehevertrages (allg M; Palandt/Brudermüller § 1410
Rn 4; MüKo/Kanzleiter § 1410 Rn 7).

6. Zuständigkeiten

Die Mitteilung obliegt immer der **in Verwahrung nehmenden Stelle.** 8
Beim Testament ist es das örtliche zuständige (§ 344 I bis III) Amtsgericht, dass
das Testament in die besondere amtliche Verwahrung nimmt. Nicht mitteilungspflichtig ist in diesem Fall also der Notar, der Testament beurkundet hat.
Bleibt hingegen ein Erbvertrag oder eine andere die Erbfolge ändernde
Erklärung in notarieller Verwahrung, obliegt dem verwahrenden (und beurkundenden) Notar selbst die Benachrichtigung.

7. Rechtsverordnungen (Abs 4–6)

Durch Abs 4 werden die **Landesregierungen** berechtigt und verpflichtet, 9
den Rahmen der Mitteilungen an die das Testamentsverzeichnis führenden

§ 347 Buch 4 – Verfahren in Nachlass- und Teilungssachen

Stellen durch nähere Vorschriften über Art und Umfang der Mitteilungspflichten durch Rechtsverordnungen festzulegen sowie durch Rechtsverordnungen den erforderlichen Inhalt der Testamentsdateien einschließlich der Löschung der Daten regeln. Abs 4 Satz 2 dient der Rechtfertigung des mit den Mitteilungen und Speicherungen verbundenen Eingriffs in das Grundrecht auf informationelle Selbstbestimmung aus Art. 2 I iVm 1 I GG, indem die Weitergabe und Verarbeitung der Daten auf das für die Funktionsfähigkeit des Benachrichtigungssystems unumgänglich notwendige Maß reduziert wird (BR-Drs 16/1831, 56). Abs 4 Satz 3 formt diesen Grundsatz aus, wonach nur die Identifizierungsdaten des Erblassers, die Art der Verfügung von Todes wegen sowie das Datum der Inverwahrnahme mitgeteilt werden dürfen. Ferner legt Abs 4 Satz 4 die zwingenden Anforderungen an die Löschung von Daten fest. Abs 5 erlaubt den Ländern auch ein elektronisches Mitteilungsverfahren einzuführen. Von der Vorgabe zu Einzelheiten der Anforderungen an die Qualität der elektronischen Signatur (vgl § 2 Ziff 1 bis 3 SigG) wurde bewusst abgesehen (BT-Drs 16/1831, 56). Abs 6 enthält sodann eine Subdelegationsermächtigung zugunsten der Landesjustizverwaltungen.

8. Zentrales Testamentsregister

10 Durch das Gesetz zur Modernisierung des Benachrichtigungswesens durch Schaffung eines **Zentralen Testamentsregisters** bei der Bundesnotarkammer v. 22. 12. 2010 (BGBl. I 2255) wird eine zentrale Testamentsdatei bei der Bundesnotarkammer geschaffen (s auch Diehn NJW 11, 481). Dadurch wird das dezentrale Meldesystem in das Zentrale Testamentsregister überführt. Die Mitteilungspflichten in § 347 und § 34a BeurkG werden entsprechend geändert. Die Änderungen treten mit Wirkung zum 1. 1. 2012 in Kraft. Allerdings erfolgt die Übergabe der Verwahrnachrichten, die in den Testamentsverzeichnissen und der Hauptkartei für Testamente vorliegen, in einem Zeitraum von 6 Jahren nach dem 1. 1. 2012 (§ 1 des Gesetzes zur Überführung der Testamentsverzeichnisse und der Hauptkartei beim Amtsgericht Schöneberg in das Zentrale Testamentsregister der Bundesnotarkammer). In dieser Zeit sind Mitteilungen über Sterbefälle gem. § 4 des Testamentsverzeichnis-Überführungsgesetzes zu bearbeiten, also je nach Stand der Übernahme noch die übergebenden Standesämter bzw. die Hauptkartei oder bereits in das Testamentsregister führende Registerbehörde bei der Bundesnotarkammer. § 347 gilt ab dem 1. 1. 2012 mit folgender Fassung:

(1) Nimmt das Gericht ein eigenhändiges Testament oder ein Nottestament in die besondere amtliche Verwahrung, übermittelt es unverzüglich die Verwahrungsangaben im Sinne von § 78b Absatz 2 Satz 2 der Bundesnotarordnung elektronisch an die das Zentrale Testamentsregister führende Registerbehörde. Satz 1 gilt entsprechend für eigenhändige gemeinschaftliche Testamente und Erbverträge, die nicht in besondere amtliche Verwahrung genommen worden sind, wenn sie nach dem Tod des Erstverstorbenen eröffnet wurden und nicht ausschließlich Anordnungen enthalten, die sich auf den mit dem Tod des Erstverstorbenen eingetretenen Erbfall beziehen.

(2) Wird ein gemeinschaftliches Testament oder ein Erbvertrag nach § 349 Absatz 2 Satz 2 und Absatz 4 erneut in die besondere amtliche Verwahrung

genommen, so übermittelt das nach § 344 Absatz 2 oder Absatz 3 zuständige Gericht die Verwahrangaben an die das Zentrale Testamentsregister führende Registerbehörde, soweit vorhanden unter Bezugnahme auf die bisherige Registrierung.

(3) Wird eine in die besondere amtliche Verwahrung genommene Verfügung von Todes wegen aus der besonderen amtlichen Verwahrung zurückgegeben, teilt das verwahrende Gericht dies der Registerbehörde mit.

(4) Die bei den Standesämtern und beim Amtsgericht Schöneberg in Berlin bestehenden Verzeichnisse über die in amtlicher Verwahrung befindlichen Verfügungen von Todes wegen werden bis zur Überführung in das Zentrale Testamentsregister nach dem Testamentsverzeichnis-Überführungsgesetz von diesen Stellen weitergeführt. Erhält die das Testamentsverzeichnis führende Stelle Nachricht vom Tod des Erblassers, teilt sie dies der Stelle mit, von der die Verwahrungsnachricht stammt, soweit nicht die das Zentrale Testamentsregister führende Registerbehörde die Mitteilungen über Sterbefälle nach § 4 Absatz 1 des Testamentsverzeichnis-Überführungsgesetzes bearbeitet. Die Landesregierungen erlassen durch Rechtsverordnung Vorschriften über Art und Umfang der Mitteilungen nach Satz 2, über den Inhalt der Testamentsverzeichnisse sowie die Löschung der in den Testamentsverzeichnissen gespeicherten Daten. Die Verwendung der Daten ist auf das für die Wiederauffindung der Verfügung von Todes wegen unumgänglich Notwendige zu beschränken. Die Fristen für die Löschung der Daten dürfen die Dauer von fünf Jahren seit dem Tod des Erblassers nicht überschreiten; ist der Erblasser für tot erklärt oder der Todeszeitpunkt gerichtlich festgelegt worden, sind die Daten spätestens nach 30 Jahren zu löschen.

(5) Die Mitteilungen nach Absatz 4 Satz 2 können elektronisch erfolgen. Die Landesregierungen bestimmen durch Rechtsverordnung den Zeitpunkt, von dem an Mitteilungen in ihrem Bereich elektronisch erteilt und eingereicht werden können, sowie die für die Bearbeitung der Dokumente geeignete Form.

(6) Die Landesregierungen können die Ermächtigungen nach Absatz 4 Satz 3 und Absatz 5 Satz 2 durch Rechtsverordnung auf die Landesjustizverwaltungen übertragen.

Unterabschnitt 3
Eröffnung von Verfügungen von Todes wegen

Eröffnung von Verfügungen von Todes wegen durch das Nachlassgericht

348 (1) **Sobald das Gericht vom Tod des Erblassers Kenntnis erlangt hat, hat es eine in seiner Verwahrung befindliche Verfügung von Todes wegen zu eröffnen. Über die Eröffnung ist eine Niederschrift aufzunehmen. War die Verfügung von Todes wegen verschlossen, ist in der Niederschrift festzustellen, ob der Verschluss unversehrt war.**

(2) **Das Gericht kann zur Eröffnung der Verfügung von Todes wegen einen Termin bestimmen und die gesetzlichen Erben sowie die sonstigen Beteiligten zum Termin laden. Den Erschienenen ist der Inhalt der Ver-**

fügung von Todes wegen mündlich bekannt zu geben. Sie kann den Erschienenen auch vorgelegt werden; auf Verlangen ist sie ihnen vorzulegen.

(3) **Das Gericht hat den Beteiligten den sie betreffenden Inhalt der Verfügung von Todes wegen schriftlich bekannt zu geben. Dies gilt nicht für Beteiligte, die in einem Termin nach Absatz 2 anwesend waren.**

Übersicht

I. Allgemeines	1
II. Zuständigkeit	3
III. Gegenstand der Eröffnung	4
IV. Beteiligte	9
V. Verfahrensgang	11
1. Kenntniserlangung	11
2. Eröffnungsverhandlung	12
3. Verfahren nach Eröffnung	15
VI. Bekanntgabe	16
1. Bekanntgabepflicht	17
2. Bekanntgabe im Termin (Abs 2)	18
3. Schriftliche Bekanntgabe	19
4. Inhalt der Bekanntgabe	20
5. Verzichtbarkeit und Entbehrlichkeit der Bekanntgabe	21
VII. Rechtsbehelfe	23
VIII. Auslandsberührung	24
IX. Gebühren	25

I. Allgemeines

1   § 348 übernimmt weitgehend den Regelungsgehalt der bisherigen §§ 2260 und 2262 BGB in das FamFG, wobei allerdings das Verfahren der Eröffnung ohne Anwesenheit der Beteiligten nunmehr zur „**gleichrangigen Alternative**" erklärt wird (BT-Drs 16/6308, 280). Es handelt sich demgemäß um eine Neuregelung ohne Vorgängervorschrift im FGG. §§ 2260 und 2262 BGB aF sind gestrichen worden. Zudem erfolgt eine redaktionelle Überarbeitung der Vorschriften, insbesondere wird der bisherige Begriff der „Verkündung" durch „Bekanntgabe" (auch in § 1944 BGB) ersetzt.

2   Die Ablieferung und Eröffnung von Verfügungen von Todes wegen erfolgen im **öffentlichen Interesse**. Es soll amtlich gewährleistet werden, dass auch längere Zeit nach dem Erbfall noch diejenigen Schriftstücke überprüft werden können, aus denen als letztwillige Verfügungen Rechte hergeleitet werden können (LG München I, NJW-RR 00, 1319). Sie dient ferner der **Information** der Beteiligten, insbesondere der gesetzlichen und gewillkürten Erben, um sie durch die Kenntnis aller letztwilliger Verfügungen in die Lage zu versetzen, ihre Rechte hinsichtlich des Nachlasses wahrzunehmen (BGH NJW 78, 633; BayObLG 89, 323, 326).

II. Zuständigkeit

3   Zuständig für die Eröffnung ist grundsätzlich das örtlich zuständige Nachlassgericht (§ 344). Dies ist das Amtsgericht, § 23 a I Nr 2, II Nr 2 GVG, in

§ 348 Eröffnung von Verfügungen von Todes wegen **§ 348**

Bad-Württ die Notariate als Nachlassgerichte, §§ 1, 35 LFGG Bad-Württ. Hat ein anderes Gericht als das Nachlassgericht eine Verfügung von Todes wegen in amtlicher (also sowohl besondere amtliche Verwahrung als auch einfache Aktenverwahrung, insb. wegen Ablieferung) Verwahrung gehabt, ist dieses auch für die Eröffnung zuständig (§ 344 VI; s im Einzelnen einschl. Ausnahmen § 344 Rn 15). Funktionell zuständig ist der RPfl gem § 3 Ziffer 2. c) RpflG, für Bad-Württ ist § 35 RpflG zu beachten, zuständig ist somit der Notar bzw. der zum Rechtspflegeramt befähigte Beamte im Notariat. Nach § 11 III 2 KonsG kann auch der Konsularbeamte die Eröffnung vornehmen, wenn der Erblasser stirbt, bevor der Konsularbeamte das Testament oder den Erbvertrag an das Amtsgericht abgesandt hat oder ihm eine Verfügung von Todes wegen abgeliefert wurde.

III. Gegenstand der Eröffnung

Die Eröffnung betrifft jede in der Verwahrung befindliche Verfügung von 4
Todes wegen, also unabhängig davon, ob sich die Verfügung vorher in besonderer amtlicher Verwahrung oder einfacher Aktenverwahrung nach Ablieferung gem § 2259 BGB befunden hat. Jedes in Verwahrung befindliche Schriftstück ist zu eröffnen, solange es sich bei diesem Schriftstück nach seiner äußeren Form oder seinem Inhalt nach um eine Verfügung von Todes wegen handeln kann. Es besteht **Pflicht zur Eröffnung** dieser Schriftstücke 5
durch das Gericht, die Prüfung der Rechtswirksamkeit ist erst im Erbscheinsverfahren bzw durch das Prozessgericht vorzunehmen (BayObLG 89, 323, 325; KG FGPrax 02, 136, 137). Die Frage der Wirksamkeit der Verfügung von Todes wegen ist deswegen für die Frage der Eröffnung grundsätzlich bedeutungslos, auch offensichtlich unwirksame Verfügungen von Todes wegen sind zu eröffnen (MüchKommZPO/Muscheler § 348 FamFG Rn 11; Prütting/Helms/Fröhler Rn 14; aA Keidel/Zimmermann Rn 12: Prüfung im Einzelfall), zB maschinenschriftliches, nur unterzeichnetes Testaments (KG OLG 77, 394), Nottestament gem § 2250 nach Ablauf der 3-Monatsfrist, ebenso widerrufene Verfügungen (BayObLG NJW-RR 89, 1284) oder aufgehobene Erbverträge (Frage der Eröffnung gegenstandsloser Verfügungen in gemeinschaftlichen Testamenten und Erbverträgen s § 349 Rn 3 ff). Unbeachtlich ist ebenso eine Anordnung des Erblassers, durch die er die Eröffnung verbietet (§ 2263 BGB). Eine Eröffnung unterbleibt hingegen bei 6
Schriftstücken, die sich schon äußerlich als reine Entwürfe darstellen (Firsching/Graf 4.31), die inhaltlich zweifelsfrei keine Verfügungen von Todes wegen enthalten, etwa bei reinen Bestattungsanordnungen (MünchKommZPO/Muscheler § 348 FamFG Rn 10), Ankündigungen, etwa in Briefen, bei denen zweifelsfrei der Testierwille gefehlt hat (OLG Hamm RPfleger 83, 253). Abgelieferte Briefe, die nicht als Testament bezeichnet sind, kann das Gericht auf etwaige letztwillige Verfügungen prüfen (KG RPfleger 77, 256), wozu es gleichzeitig auch verpflichtet ist. In Zweifelsfällen ist zu eröffnen (OLG Frankfurt RPfleger 70, 392; OLG Hamm RPfleger 83, 253, 254), da die Prüfung der Wirksamkeit der Verfügung gerade nicht Aufgabe des Eröffnungsverfahrens ist.

§ 348 Buch 4 – Verfahren in Nachlass- und Teilungssachen

7 Zu **eröffnen ist die Urschrift**. Sind mehrere gleichlautende Urschriften vorhanden, sind alle zu eröffnen (BayObLG NJW-FER 00, 165). Ist die Urschrift nicht mehr vorhanden, kann auch eine Ausfertigung oder öffentlich beglaubigte Abschrift eröffnet werden (KG FGPRax 07, 134), nicht aber eine einfache Abschrift (KG JW 19, 586; BayObLG aaO; Prütting/Helms/Fröhler Rn 15; aA Keidel/Zimmermann Rn 15). Gleiches gilt, wenn die Urschrift aus dem Ausland wegen des ausländischen Rechts nicht oder nur unter nicht behebbaren tatsächlichen Schwierigkeiten beschafft werden kann (KG OLGE 30, 221; LG Hagen MittRhNotK 92, 121).

8 Die Eröffnung umfasst grundsätzlich das **gesamte Schriftstück**. Auch vom Erblasser vorgenommene Streichungen sind mitzueröffnen (hM Münch-KommBGB/Hagena (4. Aufl.) § 2260 Rn 16; Reimann/Bengel/J.Mayer/Voit § 2260 Rn 10). Mit Rücksicht auf das Geheimhaltungsinteresse des Erblassers sind allerdings Textpassagen ohne jeden erbrechtlichen Bezug nicht zu eröffnen, soweit sie sich im Sinne des § 349 I „trennen" (nach § 2273 BGB aF noch „sondern") lassen (BayObLG RPfleger 84, 18, 19). Zur Frage der Eröffnung der Verfügungen in gemeinschaftlichen Testamenten und Erbverträgen s § 349 Rn 3 ff.

IV. Beteiligte

9 § 348 beinhaltet einen **einheitlichen Beteiligtenbegriff,** auch wenn Abs 2 von „gesetzlichen Erben sowie sonstigen Beteiligten" und Abs 3 nur von „Beteiligten" spricht. Die Unterschiede resultieren aus der wörtlichen Übernahme der Formulierungen der Vorläufervorschriften § 2260 I 2 und § 2262 BGB aF. Die Beteiligten sind nach § 7 (nicht § 345) zu ermitteln, da das Eröffnungsverfahren nicht Antragsverfahren ist und für von Amts wegen durchzuführende Verfahren ausschließlich § 7 gilt (BT-Drs 16/6308, 278) wobei die gesetzlichen Erben Beteiligte kraft Gesetzes gem § 7 II Nr 2 sind, da die Anordnung in § 348 II, die „gesetzlichen Erben" seien zu laden, als entsprechende Vorschrift anzusehen ist. Sonstige Beteiligte sind im Grunde nach § 7 II Nr 1 zu bestimmen, also diejenigen, deren Recht durch das Verfahren unmittelbar betroffen wird. Eine Schwäche des in § 7 II 1 definierten Beteiligtenbegriffs zeigt sich hier, da das Eröffnungsverfahren selbst eigentlich keine Entscheidung beinhaltet (vgl OLG Köln NJW-RR 04, 1014), die insbesondere auch keine „unmittelbare Betroffenheit" auslöst. Eine unmittelbare Betroffenheit durch das Verfahren ist allenfalls durch den durch die Bekanntgabe ausgelösten Fristbeginn für die Ausschlagung (§ 1944 II 2 BGB) denkbar. Da aber unverändert Zweck des Eröffnungsverfahrens auch ist, diejenigen Personen, deren Rechtslage durch die in der Verfügung von Todes wegen getroffenen Bestimmungen unmittelbar beeinflusst werden, zu informieren, damit diese ihre Rechte wahrnehmen können (BGHZ 70, 173, 176; BayObLG 89, 323, 326), muss für die unmittelbare Betroffenheit nicht auf das Verfahren, sondern durch den Inhalt der Verfügungen von Todes wegen abgestellt werden, so dass Beteiligte im Sinne des § 348 unverändert die materiell-rechtlich Beteiligten sind (OLG Zweibrücken ZEV 10, 476). Die Prüfung der zu beteiligenden Personen hat sich daher immer an diesem Zweck des Eröffnungsverfahren zu

orientieren (so schon KG OLG 79, 269, 273). Sonstige Beteiligte neben den 10
gesetzlichen Erben sind somit sämtliche durch die Verfügung von Todes wegen
zu Erben berufenen Personen, unabhängig davon, ob sie als Vor-, Nach- oder
Ersatzerben (OLG Hamm NJW-RR 94, 75) oder auch nur bedingt berufen
sind (Reimann/Bengel/J.Mayer/Voit § 2262 Rn 5), auch wenn sie in einer
später widerrufenen Verfügung berufen sind (BayObLG 89, 323, 325), sowie
Vermächtnisnehmer (auch Vor-, Nach- und Ersatzvermächtnisnehmer), Begünstigte aus einer Auflage einschließlich derjenigen Personen, die Vollziehung
gem § 2194 BGB verlangen können sowie Testamentsvollstrecker. Die Pflichtteilsberechtigten sind als gesetzliche Erben beteiligt, da das Pflichtteilsrecht stets
ein gesetzliches Erbrecht voraussetzt. Zur Frage der Beteiligung bei gemeinschaftlichen Testamenten und Erbverträgen § 349 Rn 7.

V. Verfahrensgang

1. Kenntniserlangung

Das Gericht muss zuverlässige Kenntnis vom Tode des Erblassers erlangen. 11
Dies geschieht im Regelfall durch die Todesanzeige des Standesbeamten des
Geburtsstandesamtes gem der AV Benachrichtigung in Nachlasssachen. Möglich ist aber die Kenntniserlangung auch die Vorlage einer Sterbeurkunde
durch einen Beteiligten, Übersendung eines Todeserklärungsbeschlusses durch
das Amtsgericht bzw. sonstige Mitteilung. Im Zweifelsfall muss das Gericht
sich Gewissheit durch eigene Ermittlungen gem § 26 verschaffen (Firsching/
Graf Rn 4.35). Eine Eröffnung ohne sichere Kenntnis vom Tod des Erblassers
ist ausschließlich gem § 351 I 2 statthaft, wenn sich also ein Testament oder
ein Erbvertrag mehr als 30 Jahre in amtlicher Verwahrung befindet und das
Gericht nicht ermitteln konnte, ob der Erblasser noch lebt.

2. Eröffnungsverhandlung

Die Eröffnungsverhandlung erfolgt in allen Fällen durch, sofern eine ver- 12
schlossene Verfügung vorliegt, Öffnen des Umschlages nebst Feststellung im
Sinne gem Abs 1 Satz 3, sowie Prüfung, ob äußerliche Auffälligkeiten des
Schriftstückes vorhanden sind. Neben diesen stets vorzunehmenden und deswegen in Abs 1 geregelten Handlungen, stehen sodann alternativ zwei Verfahren zur Verfügung, wobei das Gericht die Auswahl des Verfahrens nach 13
seinem freien, nicht nachprüfbaren Ermessen treffen kann (MünchKommZ-
PO/Muscheler § 348 FamFG Rn 21). Zum einen das Verfahren der **„stillen" Eröffnung,** welches bundesweit der Regelfall sein dürfte (BT-Drs 16/
6308, 279). Die Eröffnung erfolgt ohne Anwesenheit der Beteiligten. Ihnen
ist sodann gem III 1 der Inhalt der Verfügungen schriftlich bekanntgegeben.
Zum anderen kann das Gericht nach pflichtgemäßen Ermessen einen **Termin** 14
bestimmen und die Beteiligten (s Rn 9) zu dem Termin laden (Abs 2). Der
Termin ist nicht öffentlich (§ 170 GVG). Die Eröffnung der Verfügungen
erfolgt dann im Termin durch ggfs. Öffnen eines Umschlages und mündliche
Bekanntgabe nach Satz 2 oder Vorlage nach Satz 3. Über die Eröffnungsverhandlung ist bei beiden Verfahrensalternativen eine Niederschrift aufzuneh-

men. Die gesetzlichen Anforderungen an den Mindestinhalt ergeben sich nur aus Abs 1 Satz 3 hinsichtlich der Feststellung der Unversehrtheit des Verschlusses. Nach Sinn und Zweck der Niederschrift sind aber die erfolgten Feststellungen nebst Auffälligkeiten zu protokollieren (allgM Keidel/Zimmermann Rn 35; Muster einer Niederschrift gegenüber Abwesenden bei Firsching/Graf Rn 4.41). Die Niederschrift ist öffentliche Urkunde (§ 418 ZPO), aber selbst kein Erbnachweis (BayObLG 83, 176, 181).

3. Verfahren nach Eröffnung

15 Auf die eröffneten Verfügungen von Todes wegen ist zweckmäßigerweise ein Eröffnungsvermerk zu setzen (Prütting/Helms/Fröhler Rn 33). Nach Eröffnung verbleibt die letztwillige Verfügung in einfacher Aktenverwahrung beim Nachlassgericht, sofern nicht gem § 349 II 2 gemeinschaftliche Testamente oder Erbverträge wieder in die amtliche Verwahrung zu bringen sind (s dort Rn 8 ff). Die Herausgabe ist – auch in Fällen eines ideellen Interesses an der Rückgabe der Urschrift – unzulässig, da die weitere Verwahrung der dauerhaften Dokumentation der erbrechtlichen Lage dient (BayObLG NJW-FER 00, 317).

Das Nachlassgericht hat gem § 34 II Nr 3 ErbStG dem Finanzamt die eröffnete Verfügung von Todes wegen anzuzeigen.

VI. Bekanntgabe

16 Den Beteiligten ist der Inhalt der eröffneten Verfügung von Todes wegen im Termin (Abs 2) oder schriftlich (Abs 3) bekanntzugeben. Es ist unbeachtlich, dass Abs 2 diese als „gesetzliche Erben sowie sonstige Beteiligte" und Abs 3 nur als „Beteiligte" bezeichnet. Der Beteiligtenbegriff ist einheitlich (Rn 9).

1. Bekanntgabepflicht

17 Es besteht Pflicht zur Bekanntgabe gegenüber allen Beteiligten. Insoweit besteht auch die Amtspflicht zur Ermittlung der Beteiligten, also insbesondere auch der gesetzlichen Erben, die sich unmittelbar aus der Pflicht des § 7 II, die Beteiligten von Amts wegen hinzuziehen, ergibt. Bedeutet die Ermittlung einzelner Beteiligter einen unverhältnismäßig großen Aufwand oder können sie nicht ermittelt werden, ist ein Nachlasspfleger (§ 1960 BGB) oder ein Pfleger für unbekannte Beteiligte (§ 1913 BGB) zu bestellen (BayObLG 79, 340, 343; MünchKommZPO/Muscheler § 348 FamFG Rn 30; aA Keidel/Zimmermann Rn 52).

2. Bekanntgabe im Termin (Abs. 2)

18 Entgegen dem Wortlaut von Satz 2 „ist" soll die Art der Bekanntgabe im Termin gegenüber Anwesenden in einem nach Satz 2 und 3 eröffneten Ermessen des Gerichts stehen. Wörtlich wird in der Gesetzesbegründung ausgeführt (BT-Drs 16/6308, 280): Das Gericht „kann den anwesenden Beteiligten den

§ 348 Eröffnung von Verfügungen von Todes wegen § 348

Inhalt der Verfügung von Todes wegen gemäß Satz 2 vorlesen, deren wesentlichen Inhalt genau schildern oder gem Satz 3 den Erschienenen zur Durchsicht vorlegen." Erkennbar sollte der bisherige Regelungsgehalt des bisherigen § 2260 II 2 BGB unverändert übernommen werden. In § 348 II 3 ist daher ein „anstelle der mündlichen Bekanntgabe" mit zu lesen. Dies ist – allerdings eben nicht eindeutig – bisher nur durch das Wort „auch" angedeutet. Letztlich soll sich somit das Eröffnungsverfahren gegenüber Anwesenden inhaltlich nicht ändern (vgl zum Verfahren nach § 2260 BGB aF etwa MünchKommBGB/Hagena (4. Aufl.) § 2260 Rn 32). Somit kann also anstelle der mündlichen Bekanntgabe auch die Verfügung von Todes wegen zur Durchsicht vorgelegt werden. Auf Verlangen der Erschienenen muss dies geschehen, zusätzliche mündliche Bekanntgabe bleibt zulässig. Im Falle der Vorlegung sind nicht zu eröffnende, trennungsfähige Teile der Verfügung abzudecken.

3. Schriftliche Bekanntgabe

Die schriftliche Bekanntgabe erfolgt im Verfahren der „stillen" Eröffnung 19 stets, aber auch im Verfahren mit Termin (Abs 2) denjenigen Beteiligten gegenüber, die im Termin nicht anwesend waren (Abs 3 Satz 2). Die Bekanntgabe hat in der in § 15 II geregelten Form zu erfolgen (BT-Drs 16/6308, 280). Wie die Benachrichtigung ausgeführt wird, steht im pflichtgemäßen Ermessen des Nachlassgerichts (BayObLG NJW-RR 89, 1284, 1285). Bewährte und verbreitete Praxis ist die Übersendung einer begl. Ablichtung der Verfügungen und des Eröffnungsprotokolls, da hierdurch zumindest bei notariellen Testamenten und Erbverträgen in der Regel gleichzeitig die Erbfolge nachzuweisen ist.

4. Inhalt der Bekanntgabe

Während in der mündlichen Verhandlung der Inhalt der Verfügung von 20 Todes wegen insgesamt bekannt zu geben ist, reicht es im schriftlichen Verfahren aus, wenn den Beteiligten der sie betreffende Inhalt der Verfügung von Todes wegen bekannt gegeben wird. Die Differenzierung wurde übernommen aus den Vorgängervorschriften §§ 2260, 2262 BGB. Sie erscheint aber angesichts der nunmehr angeordneten „Gleichrangigkeit" der Verfahren nicht mehr sachgerecht. In der Praxis hat diese Einschränkung der Bekanntgabe bislang allerdings auch nicht die entscheidende Rolle gespielt (s Reimann/Bengel/J. Mayer/Voit § 2262 Rn 6), insbes da in der Regel nur die Bekanntgabe des gesamten Testaments einer in ihrer erbrechtlichen Stellung beeinträchtigten Person die Prüfung ermöglicht, ob der Erblasser noch testierfähig war oder ob Anfechtungsgründe vorliegen (OLG Hamm FamRZ 74, 387, 389).

5. Verzichtbarkeit und Entbehrlichkeit der Bekanntgabe

Der einzelne Beteiligte kann auf die Bekanntgabe ihm gegenüber verzich- 21 ten (Keidel/Zimmermann Rn 46). Ein Verzicht ist allerdings nicht schon in dem Umstand zu sehen, dass er einen nach Abs 2 angesetzten Eröffnungstermin nicht wahrnimmt (Staudinger/Baumann § 2262 Rn 24). In diesem Fall bleibt eine schriftliche Bekanntgabe erforderlich, da Abs 3 S 2 nur die im

§ 348

Buch 4 – Verfahren in Nachlass- und Teilungssachen

Termin Anwesenden von der Benachrichtigungspflicht ausnimmt. Allerdings ist zu beachten, dass nur ein Verzicht auf die Bekanntgabe erfolgt, dh die Eröffnung als solche ist auch ihm gegenüber erfolgt, da die Eröffnung grundsätzlich im öffentlichen Interesse geschieht. Auch beginnen Fristen, insbesondere nach § 1944 II 2 BGB, zu laufen.

22   Hingegen ist die Bekanntgabe nicht schon dann entbehrlich, wenn aktenkundig ist, dass der Beteiligte auf Grund anderer Umstände Kenntnis vom Inhalt der Verfügung hat, etwa durch Ablieferung einer offenen Schrift an das Nachlassgericht (Keidel/Zimmermann Rn 46; aA noch hM zu § 2262 BGB aF die hM MünchKommBGB/Hagena (4. Aufl.) § 2262 Rn 26; Reimann/Bengel/J. Mayer/Voit § 2262 Rn 11; Staudinger/Baumann § 2262 Rn 23). Der Beteiligte hat rechtsichere Kenntnis über die erbrechtliche Lage, insb ob es sich bei dem von ihm abgelieferten Testament um das einzige handelt, erst durch die Durchführung der Eröffnungsverhandlung und der Bekanntgabe. Trotz Kenntnis vom Inhalt kann es also etwa sein, dass der Beteiligte im Vertrauen auf den Fristbeginn nach § 1944 II 2 BGB mit einer Ausschlagung wartet, bis er durch die förmliche Bekanntgabe Gewissheit über seine erbrechtliche Stellung hat.

VII. Rechtsbehelfe

23   Die bereits erfolgte Testamentseröffnung selbst ist keine anfechtbare Verfügung (BayObLG 86, 118, 124; BayObLG NJW-RR 94, 1162; OLG Köln NJW-RR 04, 1014), da der Eröffnung keine Entschließung bzw. Entscheidung des Gerichts innewohnt (OLG Köln NJW-RR 04, 1014) und der reale Akt auch nicht mehr rückgängig gemacht werden kann (. Hingegen ist die Entscheidung, ein Schriftstück nicht zu eröffnen mit der Beschwerde anfechtbar (OLG Hamm RPfleger 83, 252). Die bislang gegebenen Möglichkeit Rechtsbehelfe gegen die (in Zweifelsfällen an sich sehr empfehlenswerte nach Art eines Vorbescheides) Ankündigung, ein Schriftstück zu eröffnen, einzulegen (OLG Hamm NJW 82, 57), ist entfallen, da nunmehr nach § 58 I iVm § 38 I nur noch Endentscheidungen anfechtbar sind (OLG Düsseldorf FGPrax 11, 48; OLG Köln FGPrax 11, 49; aA Keidel/Zimmermann Rn 79; MünchKommZPO/Muscheler § 348 FamFG Rn 36). Bestehen also nunmehr Zweifel, ob ein Schriftstück zu eröffnen ist, sollte die Eröffnung im Hinblick auf die Möglichkeit der Beschwerde eher abgelehnt werden. Im Sonderfall der Miteröffnung der Verfügungen einer noch lebenden Personen bei gemeinschaftlichen Testamenten und Erbverträgen infolge fehlender Trennbarkeit ist hiervon eine Ausnahme zu machen (OLG Zweibrücken ZEV 10, 476, s. u. § 349 Rn 11).

VIII. Auslandsberührung

24   Die Eröffnung einer Verfügung von Todes eines Ausländers erfolgt dann, wenn die Zuständigkeit eines deutschen Gerichts nach §§ 343, 344 gegeben ist (s Vorb zu §§ 343, 344 Rn 15). Infolge der Aufgabe des Gleichlauf Grundsatzes ist es also nunmehr ohne Belang, ob auf die eröffnete Verfügung von

Todes wegen deutsches oder ausländisches Recht anwendbar ist. Hat also ein deutsches Gericht eine Verfügung eines Ausländers in amtlicher Verwahrung, ist es auch stets nach § 344 VI zur Eröffnung berechtigt und verpflichtet. Im Ergebnis sind also in amtlicher Verwahrung befindliche Verfügungen eines Ausländers stets auch durch das deutsche (Verwahrungs-)gericht zu eröffnen. Wird hingegen eine Verfügung von Todes wegen abgeliefert, so hat ein deutsches Nachlassgericht zu eröffnen, wenn der Ausländer Wohnsitz oder Aufenthalt im Inland hatte (§ 343 I); sind weder Wohnsitz noch Aufenthalt im Inland vorhanden, muss eine Zuständigkeit gem § 343 III gegeben sein, damit auch die Eröffnung statthaft ist. Es müssen also Nachlassgegenstände im Inland vorhanden sein (aA Keidel/Zimmermann Rn 70: Zuständigkeit bereits bei Ablieferung). Fehlt es auch an letzterem, ist eine internationale Zuständigkeit noch auf Grund von Staatsverträgen oder auf Grund eines Sicherungsbedürfnisses für den Nachlass (BayObLG 99, 298, 303) oder als Notzuständigkeit, wenn die Erben sonst rechtsschutzlos blieben, (BayObLG aaO; OLG Zweibrücken OLGZ 85, 413, 416) denkbar. Ist das deutsche Gericht nach den vorstehenden Maßstäben nicht international zuständig, hat es die Urschrift der zuständigen ausländischen Behörde oder der zuständigen diplomatischen Vertretung (Botschaft, Konsulat) zuzusenden (Firsching/Graf Rn 4.34). Hat eine zuständige ausländische Stelle das Testament eines Ausländers bereits eröffnet, ist eine erneute Eröffnung im Inland grundsätzlich nicht erforderlich (im Einzelnen: Keidel/Zimmermann Rn 72; Firsching/Graf Rn 4.34).

IX. Gebühren

Für die Eröffnung einer Verfügung von Todes wegen wird gem § 102 **25** KostO die Hälfte der vollen Gebühr erhoben. Werden mehrere Verfügungen bei demselben Gericht gleichzeitig eröffnet, ist gem § 103 II KostO nur eine Gebühr aus dem zusammengerechneten Wert zu erheben. § 103 II bedarf jedoch zu seiner verfassungskonformen, verhältnismäßigen Anwendung eine einschränkende Anwendung, dazu Korintenberg/Lappe § 103 Rn 30 ff.

Besonderheiten bei der Eröffnung von gemeinschaftlichen Testamenten und Erbverträgen

349 (1) Bei der Eröffnung eines gemeinschaftlichen Testaments sind die Verfügungen des überlebenden Ehegatten oder Lebenspartners, soweit sie sich trennen lassen, den Beteiligten nicht bekannt zu geben.

(2) Hat sich ein gemeinschaftliches Testament in besonderer amtlicher Verwahrung befunden, ist von den Verfügungen des verstorbenen Ehegatten oder Lebenspartners eine beglaubigte Abschrift anzufertigen. Das Testament ist wieder zu verschließen und bei dem nach § 344 Abs. 2 zuständigen Gericht erneut in besondere amtliche Verwahrung zurückzubringen.

(3) **Absatz 2 gilt nicht, wenn das Testament nur Anordnungen enthält, die sich auf den Erbfall des erstversterbenden Ehegatten oder Lebenspart-**

§ 349 Buch 4 – Verfahren in Nachlass- und Teilungssachen

ners beziehen, insbesondere wenn das Testament sich auf die Erklärung beschränkt, dass die Ehegatten oder Lebenspartner sich gegenseitig zu Erben einsetzen.

(4) Die Absätze 1 bis 3 sind auf Erbverträge entsprechend anzuwenden.

1. Allgemeines

1 § 349 Abs 1 bis 3 übernehmen im Wesentlichen den Regelungsgehalt des § 2273 BGB aF unter Berücksichtigung des Umstandes, dass nunmehr auch Lebenspartner ein gemeinschaftliches Testament errichten können. Abs 4 übernimmt den Regelungsgehalt des bisherigen § 2300 I erster Halbsatz BGB. Der 2. Halbsatz von § 2300 I BGB aF konnte redaktionell infolge der entsprechenden Anwendung von Abs 2 entfallen (BT-Drs 16/6308, 280). § 349 dient dem Geheimhaltungsinteresse des Längstlebenden, dass seine Verfügungen nicht vor seinem Tode bekannt werden (BGH NJW 84, 2098, 2099; BayObLG MittBayNot 90, 121, 122; OLG Zweibrücken FGPrax 02, 260, 261). Die Regelung, dass eine Eröffnung nur insoweit unterbleibt, als sie sich trennen lassen, ist verfassungskonform (BVerfG NJW 94, 2535).

2. Zuständigkeit

2 S § 348 Rn 3.

3. Trennung

3 Im Grundsatz sind die Verfügungen des Längstlebenden nicht zu eröffnen, allerdings nur insoweit als sie sich trennen lassen. § 2273 I BGB aF verwandte noch den Begriff des „Sonderns". Hierbei handelt sich aber um eine redaktionelle Umstellung (BT-Drs 16/6308, 280), eine inhaltliche Änderung soll demgemäß nicht erfolgen.

4 Eine **Trennung** der beiderseitigen Verfügung ist **möglich,** wenn sie in selbständigen, auch äußerlich auseinandergehaltenen Sätzen getroffen sind, vorausgesetzt sie sind sprachlich so gefasst, dass die Verfügungen des zuerst Verstorbenen ihrem Inhalt nach auch ohne die Verfügungen des Überlebenden verständlich bleiben. Untrennbarkeit der Verfügungen ist hingegen regelmäßig anzunehmen, wenn sie sprachlich zusammengefasst sind, also wenn die Ehegatten in der Mehrheitsform gemeinschaftlich verfügen oder ausdrücklich auf die Verfügungen des anderen Teils Bezug genommen wird (OLG Zweibrücken FGPrax 02, 260, 261). Die Verwendung der Begriffe „wir" oder „unser" führt daher in der Regel schon zur sprachlichen Untrennbarkeit. Die Verfügungen eines „Überlebenden von uns" oder „Längstlebenden von uns" etwa der Ehegatten hat die Eröffnung der Verfügungen des Längstlebenden zur Folge, da in diesem Fall beide Ehegatten die Verfügung in dem Bewusstsein getroffen hatten, möglicherweise der Längstlebende zu sein und sie daher beiden Ehegatten gleichermaßen zuzurechnen sind. Der Tod des Erstversterbenden macht sie lediglich gegenstandslos, weswegen sie aber – wie alle anderen unwirksamen Verfügungen auch – grundsätzlich zu eröffnen sind (OLG Köln FGPrax 11, 49; BayObLG, MittBayNot 90, 121, 122 unter Ablehnung der Gegenansicht von Langenfeld NJW 87, 1577 hierin ausschließlich Verfügungen des längstleben-

§ 349 Eröffnung gemeinschaftlicher Testamente/Erbverträge **§ 349**

den Ehegatten zu sehen; wie BayObLG bereits OLG Hamm NJW 82, 57). Bezugnahmen des Erstversterbenden auf Verfügungen des Längstlebenden führen stets zur Eröffnung der in Bezug genommenen Verfügungen, selbst wenn sie – etwa infolge der Anordnung für gleichzeitiges Versterben – sich als gegenstandslos erwiesen haben (etwa OLG Köln DNotZ 88, 721). Im Ergebnis bejaht die Rechtsprechung eine Trennbarkeit nur sehr zurückhaltend, was letztlich mit der Erwägung begründet wird, dass es die Testierenden durch entsprechende Gestaltung in der Hand gehabt hätten, klar trennbare Verfügungen zu errichten, um so ihrem Geheimhaltungsinteresse zu genügen (so bereits BGH NJW 84, 2098, 2099).

Rechtsfolge der Trennbarkeit ist, dass die Verfügungen des Längstleben- 5 den weder mündlich noch schriftlich bekanntgegeben werden dürfen. Bei mündlicher Bekanntgabe sind die nicht zu eröffnenden Verfügungen nicht mit vorzulesen. Bei der Vorlage zur Durchsicht (§ 348 II 3) sind sie abzudecken (Firsching/Graf Rn 4.81). Bei schriftlicher Bekanntgabe sind die Verfügungen, sofern wie üblich Ablichtungen versandt werden, herauszukopieren. Mit Einwilligung des Längstlebenden ist eine Bekanntgabe zulässig, da § 349 ausschließlich sein Geheimhaltungsinteresse schützt (str. ebenso OLG Hamm JMBl NRW 62, 62 („sofern keine öffentlichen Interessen entgegenstehen"); Reimann/Bengel/J. Mayer § 2273 Rn 16; MünchKommZPO/Muscheler § 349 FamFG Rn 4; aA KG KGJ 34 A, 103; Keidel/Zimmermann Rn 14; Prütting/Helms/Fröhler Rn 13; Firsching/Graf Rn 4.81). Dies erscheint zweckmäßig, um dem Gericht eine unter Umständen schwierige Prüfung der Trennbarkeit von Verfügungen zu ersparen, wenn der betroffene Längstlebende gegen die Bekanntgabe keine Einwände hat. Auch kann jeder einzelne Beteiligte auf die Bekanntgabe ihm gegenüber verzichten (s § 348 Rn 21).

Lassen sich die Verfügungen des Längstlebenden nicht trennen oder erfolgt 6 eine Bekanntgabe wegen des Verzichts des Längstlebenden, liegt trotz ihrer Bekanntgabe **keine Eröffnung dieser Verfügungen im Rechtssinne** vor, sondern nur ein rein tatsächlicher Vorgang (RG 137, 230; OLG Hamm NJW-RR 87, 835, 836). Die Eröffnung dieser Verfügungen erfolgt nach dem Tode des Längstlebenden nach § 348.

4. Beteiligte

Für die Frage, wer der Beteiligter ist, gilt § 348 (s dort Rn 9). Beim gemein- 7 schaftlichen Testament und beim Erbvertrag muss allerdings hinsichtlich der Beteiligten unterschieden werden, wessen Verfügungen eröffnet werden. Es sind daher nur diejenigen Personen zu beteiligen, die durch die jeweiligen Verfügungen desjenigen, dessen Verfügungen eröffnet werden, **unmittelbar in ihrer Rechtslage betroffen** werden. Dies ist insbesondere für die Bekanntgabe der Verfügungen nach dem Tode des Erstversterbenden zu beachten. So berührt etwa ein Vermächtnis, welches nach dem Längstlebenden angeordnet ist, (noch) nicht die Rechtslage dieses Vermächtnisnehmers, da er nach dem Erstversterbenden keine Rechte erwirbt, weswegen er im Eröffnungsverfahren beim Tode des Erstversterbenden nicht zu beteiligen ist (BGH NJW 78, 633, 634). Bei einer Erbeinsetzung nach dem Längstlebenden sind die Schlusserben in der Regel zu beteiligen, um ihnen die (im Eröffnungsverfahren unzulässige)

§ 349 Buch 4 – Verfahren in Nachlass- und Teilungssachen

Prüfung zu ermöglichen, ob sie als Schlusserben oder als Nacherben eingesetzt sind (OLG Hamm NJW 82, 57 unter ausdrücklichen Hinweis, dass darin kein Widerspruch zu BGH NJW 78, 633 zu sehen sei). Gleichwohl findet die von der Rechtsprechung angenommene, sehr weit gehende Eröffnungspflicht in praktischer Hinsicht über die Anforderungen an die Beteiligten eine gewisse Einschränkung (worauf J. Mayer in Reimann/Bengel § 2273 Rn 19 hinweist).

5. Verfahren nach Eröffnung der Verfügungen des Erstversterbenden

8 **a) Gemeinschaftliches Testament oder Erbvertrag hat sich in besonderer amtlicher Verwahrung befunden und enthält Anordnungen auf den Erbfall nach dem Längstlebenden (Abs 2).** Von den Verfügungen des Verstorbenen eine begl. Ablichtung zu fertigen. Sie wird offen zu den Nachlassakten genommen und vertritt, soweit möglich, die Urschrift (Firsching/Graf Rn 4.84). Sodann ist die Verfügung von Amts wegen wieder zu verschließen und bei dem nach § 344 II zuständigen Gericht wieder in die besondere amtliche Verwahrung zu bringen. Zuständiges Gericht ist gem § 344 danach grundsätzlich das Nachlassgericht des Erstversterbenden, es sei es denn der Längstlebende verlangt die Verwahrung durch ein anderes Gericht. Das Verlangen nach § 344 II muss rechtzeitig gestellt sein (aA Keidel/Zimmermann Rn 20: Keine Frist für das Verlangen), dh vor dem Zeitpunkt, zu welchem das Nachlassgericht von Amts wegen das gemeinschaftliche Testament oder den Erbvertrag bei sich wieder in die besondere amtliche Verwahrung gebracht hat (s § 344 Rn 9). Der Längstlebende sollte hierauf hingewiesen werden.

9 **b) Gemeinschaftliches Testament oder Erbvertrag befand sich nicht in besonderer amtlicher Verwahrung und enthält Anordnungen auf den Erbfall nach dem Längstlebenden.** Wurde ein gemeinschaftliches Testament oder ein Erbvertrag, der sich in notarieller Verwahrung befunden hat, erst beim Tode des Erstversterbenden abgeliefert, so ist das Testament bzw. der Erbvertrag weder wieder zu verschließen noch in die besondere amtliche Verwahrung zu bringen, sondern offen in den Nachlassakten zu verwahren. Der Längstlebende kann jedoch die besondere amtliche Verwahrung beantragen (Keidel/Zimmermann Rn 23; Prütting/Helms/Fröhler Rn 23).

10 **c) Gemeinschaftliches Testament oder Erbvertrag enthält Anordnungen lediglich auf den Erbfall nach dem Erstversterbenden (Abs 3).** Abs 3 gilt insbesondere für den Fall, dass lediglich eine gegenseitige Erbeinsetzung erfolgt ist, weswegen die Verfügungen des Längstlebenden in dem gemeinschaftlichen Testament bzw. dem Erbvertrag gegenstandslos werden. Das gemeinschaftliche Testament bzw. der Erbvertrag verbleiben in der offen Aktenverwahrung des Nachlassgerichts. Zwar schließt Abs 3 nur die Wiederverschließung und erneute amtliche Verwahrung gem Abs 2 aus, seinem Sinn nach muss Abs 3 (unverändert, d. h. wie schon § 2273) aber so verstanden werden, dass auch eine erneute Eröffnung gem Abs 1 iVm § 348 unterbleiben soll (Keidel/Zimmermann Rn 24).

6. Rechtsmittel

11 S § 348 Rn 23. Die noch lebende Person, deren Verfügungen in einem gemeinschaftlichen Testament oder Erbvertrag infolge fehlender Trennbarkeit

§ 350 Eröffnung durch ein anderes Gericht § 350

mit eröffnet werden sollen, kann gegen eine entsprechende Ankündigung des Gerichts Beschwerde einlegen (aA OLG Köln FGPrax 11, 49 allerdings soll der den Antrag auf Teileröffnung zurückweisende Beschluss analog § 352 II L ausgesetzt werden). Zwar ist die Beschwerde gem § 58 grundsätzlich nur gegen Endentscheidungen statthaft. Hier muss aber eine Ausnahme zur Wahrung von deren allgemeinen Persönlichkeitsrechts (Art. 2 I iVm 1 I GG) anerkannt werden (OLG Zweibrücken ZEV 10, 476 im Anschluss an Keidel/Zimmermann Rn. 29, § 348 Rn 78, nach dem die Ankündigung stets anfechtbar ist). Da durch die einmal erfolgte Eröffnung eine Verletzung der Rechte des Längstlebenden irreparabel eingetreten ist, muss ihm vorher ein Rechtsmittel zur Klärung der Frage der Trennbarkeit der Verfügung zustehen, und zwar auch in Fällen, in denen nicht ein Antrag auf Teileröffnung gestellt wurde. Aus diesem Grund greift auch die Lösung über § 352 II L analog (OLG Köln aaO) zu kurz. Auch bislang wurde im Rahmen des Vorbescheidsverfahren dem Längstlebenden die Möglichkeit gegeben, die Frage der Trennbarkeit zu klären.

7. Gebühren

Jeder Erbfall löst eine Gebühr nach § 102 KostO aus, es sei denn die 12 Eröffnung unterbleibt gem Abs 3. Geschäftswert bestimmt sich nach § 46 KostO aus dem jeweiligen Nachlass.

Eröffnung der Verfügung von Todes wegen durch ein anderes Gericht

350 Hat ein nach § 344 Abs. 6 zuständiges Gericht die Verfügung von Todes wegen eröffnet, hat es diese und eine beglaubigte Abschrift der Eröffnungsniederschrift dem Nachlassgericht zu übersenden; eine beglaubigte Abschrift der Verfügung von Todes wegen ist zurückzubehalten.

1. Allgemeines

§ 350 übernimmt den Regelungsgehalt des bisherigen § 2261 S. 2 BGB in 1 das FamFG, wobei eine Regelung umfassend für alle Verfügungen von Todes wegen erfolgt (BT-Drs 16/6308, 280). Die Bestimmung dient der Beschleunigung des Eröffnungsverfahrens, indem die Eröffnung „nicht durch andere Erhebungen" einschließlich der Versendung der Urschrift und der Akten herausgeschoben wird (BayObLG NJW-RR 93, 460). Ferner beugt sie einen Verlust der Verfügung von Todes wegen durch die Versendung vor, indem ihr Inhalt durch die Eröffnung bereits vor der Versendung grundsätzlich bekannt wird (OLG München MDR 90, 341).

2. Zuständiges Gericht

Die Eröffnung obliegt dem nach § 344 VI zuständigen Gericht. Es muss die 2 Verfügung von Todes wegen nicht zwingend in besonderer amtlicher Verwahrung gehabt haben, einfache Aktenverwahrung etwa auch nach Ablieferung gem § 2259 BGB beim unzuständigen Gericht oder Verwahrung eines Erb-

§ 350 Buch 4 – Verfahren in Nachlass- und Teilungssachen

vertrages, der sich zunächst in notarieller Verwahrung befunden hatte und nach dem Tode des Erstversterbenden zu dessen Nachlassakten genommen wurde, ist ausreichend, was insbesondere durch Begriff „amtliche Verwahrung" in § 344 VI klargestellt ist (BT-Drs 16/6308, 280). Dies entspricht der Rechtslage unter Geltung des FGG (vgl etwa BayObLG aaO.; OLG Hamm RPfleger 72, 23). Zuständigkeit besteht auch, wenn eine andere Abteilung des Amtsgerichts (etwa Zivil- oder Strafabteilung) die Verfügung etwa in den Prozessakten verwahrt (vgl. § 344 Rn 15). Unzuständig sind aber Gerichte, die zur Eröffnung grundsätzlich nicht befugt sind, also LG, OLG, VG, etc. Diese haben die Verfügung von Todes wegen nach § 2259 II BGB an das zuständige Nachlassgericht abzuliefern.

3. Eigenes Eröffnungsverfahren

3   Das nach § 344 Abs 6 zuständige Gericht hat das gesamte Eröffnungsverfahren als eigenes Verfahren durchzuführen, nach Übersendung an das Nachlassgericht beginnt dort ein neues Verfahren; aus diesem Grund ist das Nachlassgericht auch nicht befugt, eine fehlerhafte Eröffnung des Eröffnungsgerichts zu wiederholen (OLG Hamburg RPfleger 85, 194). Auch das Verwahrungsgericht hat das freie Wahlrecht, ob es das Verfahren durch mündliche Bekanntgabe oder durch schriftliche Bekanntgabe durchführt (s. o. § 348 Rn 12). Bislang oblag dem Verwahrungsgericht allein die Eröffnung des Testaments, das Nachlassgericht war gem § 2262 BGB aF für Benachrichtigung zuständig (vgl etwa Reimann/Bengel/J. Mayer/Voit § 2262 Rn 7). § 2262 BGB aF ist jedoch entfallen; gleichzeitig wurden das Verfahren mit Termin und das Verfahren der „stillen" Eröffnung in Abwesenheit der Beteiligten zur gleichrangigen Alternative. Trotz des weitgehend übernommen Wortlautes muss das Verwahrungsgericht jetzt nicht nur die Eröffnung im Termin nach Ladung der Beteiligten vornehmen (wie schon bisher nach § 2261 BGB aF s MünchKommBGB/Hagena (4. Aufl.) § 2261 Rn 7), sondern auch das Verfahren mittels schriftlicher Bekanntgabe nach § 348 III durchführen (aA die ganz hM: Schriftliche Bekanntgabe nach § 348 III erfolgt wie unter Geltung des § 2262 BGB durch das Nachlassgericht, Keidel/Zimmermann Rn 10; MünchKommZPO/Muscheler § 350 FamFG Rn 4; Prütting/Helms/Fröhler Rn 4). Die hM beruft sich dabei auf den neugefassten Wortlaut des § 1944 II 2 BGB, wonach die Ausschlagungsfrist nicht vor der Bekanntgabe der Verfügung von Todes wegen „durch das Nachlassgericht" beginnt. Der neue Wortlaut ist aber insoweit als redaktioneller Fehler anzusehen, nicht aber als eine bewusste Entscheidung des Gesetzgebers, dass bei „stiller Eröffnung" das Nachlassgericht (und nicht das Verwahrungsgericht) die Benachrichtigungen vorzunehmen hat. Denn die Benachrichtigung erfolgt im mündlichen Verfahren nach § 348 II durch das Verwahrungsgericht, eine schriftliche Benachrichtigung gegenüber im Termin Anwesenden erfolgt nach § 348 III 2 nicht mehr. Würde man nicht einen redaktionellen Fehler in § 1944 II 2 BGB annehmen, würde der Lauf der Ausschlagungsfrist in den Fällen der mündlichen Bekanntgabe durch das Verwahrungsgericht mangels schriftlicher Bekanntgabe durch das Nachlassgericht nicht beginnen. Die Frist begann aber auch bislang bei Verkündung im Termin gegenüber Anwesenden durch das Verwahrungsgericht (vgl. BGH

§ 350 Eröffnung durch ein anderes Gericht **§ 350**

NJW 91, 169, 170: Entscheidend ist die Kenntnis des Erben, sei es durch Verkündung im Termin oder durch Bekanntgabe nach dem bisherigen § 2262 BGB). § 2260 II S 1 BGB aF beschrieb – ausgehend vom Regelverfahren der Eröffnung im Termin – die Eröffnung wie folgt: „In dem Termin ist das Testament zu eröffnen, den Beteiligten zu verkünden und ihnen auf Verlangen vorzulegen." Die Eröffnung einer Verfügung von Todes wegen bestand also schon immer aus den zwei Akten „Öffnung" und – in neuer Terminologie – der „Bekanntgabe". Eröffnung in § 350 bedeutet also sowohl „Öffnung" als auch „Bekanntgabe", was die hM für das mündliche Verfahren auch so animmt. Eine Differenzierung der Zuständigkeit für mündliche oder schriftliche Bekanntgabe ist aber § 350 nicht zu entnehmen.

Für die weiteren Verrichtungen bleibt das Nachlassgericht zuständig, insbes für die Einsichtnahme in eröffnete Verfügungen gem § 357 I.

4. Weiteres Verfahren

Das Eröffnungsgericht hat nach Eröffnung die Verfügung von Todes wegen 5 in Urschrift (einschließlich einer etwaigen Niederschrift über die Errichtung des Testaments durch Übergabe einer verschlossenen oder offenen Schrift (§ 2232 Satz 1 2. Alt. BGB) und einer beglaubigten Ablichtung der Eröffnungsniederschrift zu übersenden. Ferner erstattet es die Anzeige an das zuständige Finanzamt – Erbschaftsteuerstelle – nach § 34 II Nr 3 ErbStG, § 7 ErbStDV. Eine beglaubigte Abschrift ist in den Akten des Eröffnungsgerichts zurückzubehalten, um so der Gefahr des Verlustes bei Übersendung zu begegnen (Staudinger/Baumann § 2261 Rn 2).

5. Kosten

Die Kosten für die Eröffnung durch das Verwahrungsgericht werden vom 6 Nachlassgericht erhoben, § 103 III KostO.

6. Rechtsmittel

Für die Beteiligten s § 348 Rn 23. 7
Nach bislang hM sollte auch das Nachlassgericht beschwerdeberechtigt sein, wenn dieses in eigenen Rechten betroffen ist und nicht lediglich ein Streit über die örtliche Zuständigkeit vorliegt (§ 5), etwa wenn das Eröffnungsgericht die Übersendung der Urschrift an das Nachlassgericht verweigert (BayObLG 86, 118, 126; Bengel/Reimann/J. Mayer/Voit § 2261 Rn 6; MünchKommBGB/Hagena (4. Aufl.) § 2261 Rn 22, Prütting/Helms/Fröhler Rn 14). Hiergegen wurde schon eingewandt, dass es für solche Organstreitigkeiten einer ausdrücklichen gesetzlichen Grundlage bedürfe, da es im Verhältnis staatlicher Gerichte nicht zur Verletzung subjektiver Rechte kommen könne (Bamberger/Roth/Litzenburger (2. Aufl.) § 2261 Rn 3). Dies gilt umso mehr, als § 59 III nunmehr die Beschwerdeberechtigung von Behörden nur in den Fällen zulässt, in denen sie gesetzlich angeordnet sind (Keidel/Zimmermann Rn 12; MünchKommZPO/Muscheler § 350 FamFG Rn 6. Verweigert das zuständige Nachlassgericht die Annahme einer eröff-

neten Verfügung von Todes wegen, kommt ein Verfahren nach § 5 analog in Betracht (Bamberger/Roth/Litzenburger aaO).

Eröffnungsfrist für Verfügungen von Todes wegen

351 **Befindet sich ein Testament, ein gemeinschaftliches Testament oder ein Erbvertrag seit mehr als 30 Jahren in amtlicher Verwahrung, soll die verwahrende Stelle von Amts wegen ermitteln, ob der Erblasser noch lebt. Kann die verwahrende Stelle nicht ermitteln, dass der Erblasser noch lebt, ist die Verfügung von Todes wegen zu eröffnen. Die §§ 348 bis 350 gelten entsprechend.**

1. Allgemeines

1   Grundsätzlich soll durch das Benachrichtigungssystem (§ 347) gewährleistet werden, dass Testament und Erbverträge, die sich in amtlicher Verwahrung befinden, auch eröffnet werden. § 351 stellt dementsprechend in den Fällen, in denen eine Benachrichtigung – aus welchen Gründen auch immer – unterbleibt, sicher, dass gleichwohl eine Eröffnung stattfindet und nicht die Testamente und Erbverträge auf Dauer in amtlicher Verwahrung verbleiben.

§ 351 übernimmt den Regelungsgehalt der bisherigen §§ 2263a, 2300a BGB in das FamFG und gleicht dabei gleichzeitig die Fristen für Testamente und gemeinschaftliche Testamente einerseits (bislang Ermittlungs- und Eröffnungspflicht nach 30 Jahren) und Erbverträgen (bislang Frist von 50 Jahren) einheitlich auf 30 Jahre an. Ursprünglich sah der Regierungsentwurf eine Frist von 50 Jahren vor. Diese Frist wurde nach dem Hinweis des Bundesrates, nach 50 Jahren bestünden in der Praxis häufig Probleme, die Erblasser zu ermitteln (BT-Drs 16/6308, 390; BT-Drs 16/9733, 134), auf die jetzt geregelten 30 Jahre verkürzt.

2. Anwendungsbereich

2   § 351 ist anwendbar auf Testamente, gemeinschaftliche Testamente und Erbverträge, nicht aber auf Pflichtteilsverzichtsverträge, weil sie die Erblage nicht beeinflussen, auf Erbverzichtsverträge (BayObLG 83, 149) sowie – angesichts des klaren Wortlautes – auch nicht auf Eheverträge, auch wenn sie die Vereinbarung einer Gütertrennung oder einer Gütergemeinschaft zum Inhalt haben und somit die Erblage beeinflussen.

3. Amtliche Verwahrung und zuständige Stelle

3   Die Verfügungen müssen sich in amtlicher Verwahrung (s § 346 Rn 4) befunden haben, also sowohl besondere amtliche Verwahrung gem § 346 als einfache amtliche Verwahrung einschließlich der Verwahrung von Erbverträgen durch den Notar (BT-Drs 16/6308, 281). Zuständig für die Ermittlung ist stets die verwahrende Stelle selbst, also das Gericht oder der Notar. Zuständig für die Eröffnung ist das Verwahrungsgericht. Der Notar, der für die Eröffnung nicht zuständig ist, hat die Verfügung von Todes wegen dem für seinen Amtssitz zuständigen Nachlassgericht zur Eröffnung einzureichen, auch wenn

der Erblasser möglicherweise sein Wohnsitz aus Bezirk des Nachlassgerichts verlegt hat (OLG Zweibrücken RPfleger 82, 69). Lehnt das Gericht die Annahme ab, kann der Notar hiergegen Beschwerde (§ 58) einlegen (BayObLG 83, 149, 150). Hat ein Gericht, dass generell nicht für die Eröffnung zuständig ist (etwa LG, OLG, etc., s § 350 Rn 2), eine Verfügung von Todes wegen in amtlicher Verwahrung, besteht für dieses weder Ermittlungs- noch Eröffnungspflicht (Reimann/Bengel/J. Mayer/Voit § 2263 a Rn 4).

4. Funktionelle Zuständigkeit

Wie § 348 (s Rn 3). **4**

5. Ermittlungs- und Eröffnungspflicht

a) Fristberechung und -überwachung. Nach 30 Jahren soll die verwah- **5** rende Stelle Ermittlungen anstellen, ob der Erblasser noch lebt. Fristbeginn ist die Inverwahrungnahme, hilfsweise der Tag der Errichtung (MünchKommZPO/Muscheler § 351 FamFG Rn 3). Befand sich die Verfügung von Todes wegen bei einer anderen Stelle in Verwahrung (s Rn 3) ist diese Zeit in die Fristberechnung mit einzubeziehen, da nach dem Zweck der Norm nicht auf die Art der Verwahrung ankommen kann (zutreffend Reimann/Bengel/J. Mayer/Voit § 2263 a Rn 4). Fristende ist gem. § 188 II BGB zu bestimmen. Einzelheiten zur Fristenüberwachung sowie zum Überwachungsverzeichnis s. § 27 X AktO (abgedruckt bei Firsching/Graf als Anhang 4 in der für Bayern geltenden Fassung).

b) Ermittlungspflicht. Die Ermittlungen, ob der Erblasser noch lebt, **6** erfolgen von Amts wegen. Der Umfang steht im pflichtgemäßen Ermessen des Nachlassgerichts (Reimann/Bengel/J. Mayer/Voit § 2263 a Rn 5). Diese Rechtslage soll sich trotz der Umformulierung von „hat die verwahrende Stelle von Amts wegen, soweit tunlich, …" in „soll die verwahrende Stelle von Amts wegen …" weiterhin gelten (Stellungnahme des Bundesrates BT-Drs 16/6308, 391). Das Ermessen wird daher kaum dahingehend ausgeübt werden können, dass die Ermittlungen gänzlich unterbleiben. Vielmehr wird regelmäßig eine Anfrage beim Einwohnermeldeamt des letzten bekannten Wohnortes des Erblassers und, sofern diese Anfrage erfolglos war, eine Anfrage beim Geburtsstandesamt des Erblassers mindestens angezeigt sein. Darüber hinaus kann ggf. das Staatsarchiv befragt werden (Kordel DNotZ 09, 644, 647).

c) Eröffnungspflicht. Eine eigenständige Eröffnungspflicht ordnet Satz 3 **7** konsequenterweise nur in den Fällen an, in denen die Ermittlungen erfolglos geblieben sind. Zeigen die Ermittlungen nämlich, dass der Erblasser noch lebt, hat die Eröffnung zu unterbleiben; erneute Ermittlungen richten sich nach den Umständen des Einzelfalles (zB Alter des Testators), § 27 X AktO. Haben die Ermittlungen ergeben, dass der Erblasser verstorben ist, hat das Verwahrungsgericht nach den allgemeinen Bestimmungen (§§ 348 ff iVm § 344 VI) die Verfügung zu eröffnen, bzw. der Notar den Erbvertrag zur Eröffnung bei Gericht einzureichen. Kommt es zur Eröffnung infolge der Erfolglosigkeit der Ermittlungen, ist das Verwahrungsgericht auch das zuständige Nachlassgericht. Dafür wird unterstellt, dass der Erblasser seinen letzten Wohnsitz im Bezirk des Verwahrungsgericht gehabt hat (Keidel/Zimmermann Rn 11).

8 Erfolgt eine Eröffnung, obwohl der Erblasser noch lebt, berührt dies die Gültigkeit seiner Verfügung von Todes wegen nicht. Die Verfügung ist wieder zu verschließen und muss auf Wunsch des Erblassers wieder in die Verwahrung zurückgebracht werden. Eine den Beteiligten übersandte begl. Ablichtung des Eröffnungsprotokolls nebst der begl. Ablichtungen der Verfügung ist wegen ihrer Beweiswirkung vom Gericht zurückzufordern (Keidel/Zimmermann Rn 12). Soweit dem Erblasser durch die vorzeitige Eröffnung Schäden entstanden sind (etwa Mehrkosten für erneute Errichtung eines Testaments) kommen Amtshaftungsansprüche in Betracht (was aber wiederum Verschulden der verwahrenden Stelle voraussetzt, etwa bei ungenügenden Ermittlungen).

Unterabschnitt 4
Erbscheinsverfahren; Testamentsvollstreckung

Entscheidung über Erbscheinsanträge

352 (1) **Die Entscheidung, dass die zur Erteilung eines Erbscheins erforderlichen Tatsachen für festgestellt erachtet werden, ergeht durch Beschluss. Der Beschluss wird mit Erlass wirksam. Einer Bekanntgabe des Beschlusses bedarf es nicht.**

(2) **Widerspricht der Beschluss dem erklärten Willen eines Beteiligten, ist der Beschluss den Beteiligten bekannt zu geben. Das Gericht hat in diesem Fall die sofortige Wirksamkeit des Beschlusses auszusetzen und die Erteilung des Erbscheins bis zur Rechtskraft des Beschlusses zurückzustellen.**

(3) **Ist der Erbschein bereits erteilt, ist die Beschwerde gegen den Beschluss nur noch insoweit zulässig, als die Einziehung des Erbscheins beantragt wird.**

Übersicht

I. Allgemeines	1
II. Erbschein	3
1. Inhalt des Erbscheins	3
2. Arten des Erbscheins	4
III. Zuständigkeit	5
IV. Beteiligte des Erbscheinsverfahrens	6
V. Erteilungsvoraussetzungen	7
1. Antrag	7
2. Nachweise	9
3. Weitere Voraussetzungen	10
VI. Das der Entscheidung vorhergehende Verfahren	11
1. Prüfung des Antrages	11
2. Sachverhaltsermittlung und Beweiserhebung	12
3. Anhörung	14
VII. Entscheidung gem Abs 1	17
1. Voraussetzung	18
2. Entscheidungsalternativen	25
VIII. Erteilung des Erbscheines	30
IX. Rechtsmittel (auch Abs 3)	31
1. Ablehnung des Antrages und Beschluss (Abs 1)	31
2. Beschwerde nach Erteilung des Erbscheines (Abs 3)	32

§ 352 Entscheidung über Erbscheinsanträge § 352

I. Allgemeines

Durch die grundsätzliche **Abschaffung des Vorbescheides** (dazu Zimmermann FGPrax 06, 193) bedurfte das Verfahren zur Erteilung eines Erbscheins einer Neuregelung. Bislang wurde in Fällen zweifelhafter Sach- oder Rechtslage ein Vorbescheid erlassen, dh eine in Beschlussform gekleidete Ankündigung, ein Erbschein des beantragten Inhalts werde erteilt, falls gegen diesen Beschluss nicht innerhalb einer bestimmten Frist Beschwerde eingelegt werde (Keidel/Winkler § 84 Rn 1; auch Vorauflage § 84 Rn 4 f). Da nach Erteilung eines Erbscheines eine Anfechtung nur noch mit dem Ziel der Einziehung und eine Einziehung im Zweifel nicht sofort, sondern erst nach Prüfung erfolgen kann (MünchKommBGB/J. Mayer § 2353 Rn 109), andererseits durch die Publizitätswirkung des Erbscheines aber erhebliche Gefahren drohen, entspricht das Verfahren in Form des bisherigen Vorbescheidsverfahrens einem dringenden praktischen Bedürfnis (BGH 20, 255, 256). 1

Der Gesetzgeber hat sich daher entschlossen, das bisherige Vorbescheidsverfahren **in ähnlicher Form** in das Gesetz zu übernehmen. Es ergeht nunmehr vor Erteilung des Erbscheines ein Beschluss, dass die zur Erteilung des Erbscheines erforderlichen Tatsachen als festgestellt erachtet werden. Abs 1 und 2 sollen im Zusammenspiel ein einfaches Verfahren bei unstreitigen Fällen sowie ein dem früheren Vorbescheidsverfahren entsprechendes Verfahren in streitigen Fällen sicherstellen. Eine anfechtbare Entscheidungsankündigung im Wege eines Vorbescheides gibt es daneben nicht mehr (OLG Köln FGPrax 10, 266). 2

Abs 3 entspricht der bisherigen Rechtslage, wonach nach Erteilung eines Erbscheines die Anfechtung nur noch mit dem Antrag auf Einziehung des Erbscheines zulässig ist (RGZ 61, 273; BayObLG 52, 291).

Das Erbscheinsverfahren ist unverändert zu wesentlichen Teilen im BGB geregelt. Der Diskussionsentwurf des Bundesministeriums der Justiz sah noch vor, auch die Verfahrensvorschriften des Erbscheinsverfahrens aus dem BGB in das FamFG zu überführen (kritisch dazu bereits Zimmermann FGPRax 06, 192).

II. Erbschein

1. Inhalt des Erbscheins

Nach § 2353 BGB hat das Nachlassgericht dem Erben auf Antrag ein Zeugnis über sein Erbrecht und, wenn er nur zu einem Teil der Erbschaft berufen ist, über die Größe des Erbteils zu erteilen (Erbschein). Der Erbschein trägt die Vermutung in sich, dass demjenigen, der in dem Erbschein als Erbe bezeichnet ist, das im Erbschein angegebene Erbrecht zusteht und dass er nicht durch andere als die angegebenen Anordnungen beschränkt ist. Der Erbschein genießt gem § 2366 BGB **öffentlichen Glauben** (im einzelnen Palandt/Edenhofer § 2366 Rn 2 ff). 3

Der Inhalt des Erbscheines ergibt sich aus den §§ 2353, 2357 BGB (Firsching/Graf Rn 4.270 ff). Anzugeben sind Person des Erblassers, des Erben sowie das Bestehen von Beschränkungen des Erbrechts wie bspw. Nacherbfol-

§ 352 Buch 4 – Verfahren in Nachlass- und Teilungssachen

ge oder Testamentsvollstreckung. Der Erbschein bezeugt allerdings nur das Erbrecht und die damit unmittelbar verbundenen Beschränkungen (MünchKommBGB/J. Mayer § 2353 Rn 22), nicht aber im Bezug auf den Nachlass bestehende Schuldverhältnisse. Nicht anzugeben sind daher insbesondere Teilungsanordnungen, Pflichtteile sowie Vermächtnisse (BayObLG FamRZ 97, 126), jedoch mit Ausnahme des unmittelbar dinglich wirkenden Vorausvermächtnisses zugunsten des alleinigen Vorerben (BayObLG 65, 457, 465).

2. Arten des Erbscheines

4   Folgende Erbscheinsarten werden grundsätzlich unterschieden: **Erbschein des Alleinerben** (§ 2353 1. Alt BGB). **Gemeinschaftlicher Erbschein** (§ 2357): Zeugnis über alle Miterben unter Angabe der Erbteile. **Teilerbschein** (§ 2357 2. Alt.): Zeugnis über die Größe des Erbteiles eines Miterben, ohne das die übrigen Miterben bezeichnet werden. Ist die Höhe des Erbteils noch ungewiss, unterscheidet man den sog. **Nasciturus-Erbschein,** bei welchem im Erbschein entgegen dem Wortlaut des § 2353 nicht die Größe des Erbteiles angegeben wird (MünchKommBGB/J. Mayer § 2353 Rn 10; Tenorierungsbeispiel bei Firsching/Graf Rn 4.280) und den **Mindestteilerbschein** (BayObLG 60, 478), bei welchem der Erbteil des Miterben mit einer Mindestgröße angegeben wird (etwa weil sich der Erbteil nach Feststellung des Wegfalles eines Miterben noch erhöhen kann; Firsching/Graf Rn 4.145). **Gemeinschaftlicher Teilerbschein:** Dieser weißt auf Antrag eines Miterben die Erbbeteiligung mehrerer Miterben aus (zB eines Familienstammes), so dass er das Erbrecht mehrerer, aber nicht aller Miterben unter Angabe ihrer Erbteile bezeugt (MünchKommBGB/J. Mayer § 2353 Rn 11; Firsching/Graf Rn 4.146). Er hat den **Gruppenerbschein** überholt (Firsching/Graf Rn 4.146; MünchKommBGB/J. Mayer § 2353 Rn 12), der nur nach Antrag aller derjenigen Miterben erteilt wurde, deren Teilerbscheine in dem Gruppenerbschein zusammengefasst wurde. Im sog. **Doppelerbschein** (MünchKommBGB/J. Mayer § 2353 Rn 13) werden im Fall der Nachlassspaltung sowohl das inländische Erbrecht als auch das ausländische Erbrecht ausgewiesen. Beim **Sammelerbschein** werden mehrere (aufeinanderfolgende) Erbfolgen nach unterschiedlichen Erblassern zusammengefasst, wobei Voraussetzung ist, dass dasselbe Nachlassgericht zuständig ist (BayObLG 51, 690, 696; Firsching/Graf Rn 4. 147). Der **gegenständlich beschränkte Erbschein** wird nur hinsichtlich bestimmter Vermögensgegenstände oder abgrenzbarer Vermögensmassen erteilt. Wichtigste Beispiele sind der auf die im Inland befindlichen Vermögensgegenstände beschränkte Erbschein gem § 2369 BGB sowie das Hoffolgezeugnis. Außerhalb der besonderen Anwendungsfälle ist die Erteilung von Erbscheinen für nur bestimmte Vermögensgegenstände unzulässig (BGH 65, 311, 318). Davon zu unterscheiden ist der **Erbschein zu beschränktem Gebrauch,** etwa zu Grundbuchzwecken, bei welchem ein gewöhnlicher allgemeiner Erbschein vorliegt, der aber aus Kostengründen nur für bestimmte Gegenstände verwandt werden darf, andernfalls erfolgt eine Nacherhebung der Kosten (§ 107 a I KostO).

III. Zuständigkeit

Zuständig für die Erteilung des Erbscheines ist das Nachlassgericht (§ 343 I 5
Nr 6 iVm § 23 a II, I Nr 2 GVG). **Örtliche Zuständigkeit** richtet sich nach
§ 343. Funktionelle Zuständigkeit ist grundsätzlich der **RPfl**, soweit nicht gem
§ 16 I Nr 6 RPflG der **Richter** zuständig ist, so bei Vorliegen einer Verfügung
von Todes wegen oder soweit die Anwendung ausländischen Rechts in Betracht
kommt. Zur Frage der Übertragung von dem Richter vorbehaltenen
Aufgaben gem § 19 RPflG s Vor §§ 343, 344 Rn 14. Ist das Gericht örtlich
zuständig, ist es auch **international zuständig** (§ 105), ohne Rücksicht auf
das anzuwendende materielle Erbrecht (s Vor §§ 343, 344 Rn 15).

IV. Beteiligte des Erbscheinsverfahrens

Die Beteiligten richten sich nach § 345 I (s dort Rn 4 ff). Beteiligte des 6
Erbscheinsverfahrens sind die in § 345 I 2 genannten Personen nur dann,
wenn das Gericht sie auf ihren Antrag oder von Amts wegen tatsächlich
hinzugezogen hat. Aus diesem Grund sind die „Kann-Beteiligten" des § 345
I 2 gem § 7 IV über die Einleitung des Verfahrens zu benachrichtigen und
über ihr Antragsrecht zu belehren. Inhalt der Belehrung ist im Hinblick auf
die Wahrung des Grundsatzes des rechtlichen Gehörs insbesondere auch, dass
die Wahrung eigener Rechte im Verfahren nur durch die Stellung des Hinzuziehungsantrages
erfolgen kann.

V. Erteilungsvoraussetzungen

1. Antrag

Die Erteilung des Erbscheines setzt einen Antrag voraus (§ 2353 BGB). 7
Eine bestimmte **Form** ist nicht vorgeschrieben. Faktisch erweist sich jedoch
die Pflicht des § 2356 II BGB, bestimmte Angaben durch eidesstattliche
Versicherung nachzuweisen, als Formvorschrift, so dass der Antrag in der
Regel zur Niederschrift eines Notars oder des Gerichts gestellt wird. Der
Inhalt des Antrages ergibt sich aus §§ 2354, 2355, 2357 BGB. Der Erbscheinsantrag
muss bei gesetzlicher Erbfolge die **Angaben** gem § 2354 BGB enthalten,
bei Antrag auf Grund gewillkürter Erbfolge Angaben gem 2355 BGB
sowie, ob das Erbrecht auf gesetzlicher Erbfolge oder gewillkürter Erbfolge
beruht. Bei mehreren Erben ist zudem Angabe sämtlicher Erben sowie der
Erbteile erforderlich (§ 2357 II BGB) sowie ggf. Erklärung, dass alle Miterben
angenommen haben (§ 2357 III BGB). Der Antrag kann ferner enthalten,
dass er auf die im Inland befindlichen Gegenstände beschränkt wird (§ 2369 I
BGB) oder nur zu beschränktem Gebrauch (zB Grundbuchzwecke) benötigt
wird. Der Antrag muss **inhaltlich bestimmt** sein, dh er muss mit dem zu
erteilenden Erbschein deckungsgleich sein (Bamberger/Roth/Siegmann/Höger
§ 2353 Rn 16). Die Aufteilung in Haupt- und Hilfsanträgen ist zulässig,
wenn derselbe Erbfall betroffen und die Prüfreihenfolge vorgegeben ist (RG
156, 172), allerdings kann der Hilfsantrag in der Beschwerdeinstanz nicht
mehr wirksam gestellt werden (OLG Hamm ZEV 05, 436, 437).

§ 352 Buch 4 – Verfahren in Nachlass- und Teilungssachen

8 **Antragsberechtigt** ist der Erbe, auch der einzelne Miterbe, Fiskus aber erst nach Feststellung gem § 1964 BGB. Der Nacherbe ist während der Zeit der Vorerbschaft nicht antragsberechtigt (allgM MünchKommBGB/J. Mayer § 2353 Rn 79 mwN), sondern nur der Vorerbe. Str. ob Käufer der (ganzen) Erbschaft (§§ 2371 ff BGB) Antragsrecht zumindest auf Namen des Erben hat (dafür Palandt/Edenhofer § 2371 Rn 6; Bamberger/Roth/Siegmann/Höger § 2353 Rn 11; ablehnend MünchKommBGB /J. Mayer § 2353 Rn 86; Staudinger/Schilken § 2353 Rn 45). Antragsrecht besteht für Erbteilserwerber (MünchKommBGB/J. Mayer § 2353 Rn 83). Ferner antragsberechtigt: Nachlassinsolvenzverwalter, Testamentsvollstrecker, Nachlassverwalter, von diesem ist der Erbschein auf den Namen des Erben zu beantragen (BayObLG NJW-RR 99, 805). Nicht antragsberechtigt sind hingegen diejenigen, die nur schuldrechtliche Ansprüche gegen den Nachlass oder die Erben haben, sei es als Nachlassgläubiger wie zB Vermächtnisnehmer (BayObLG FamRZ 00, 1231) oder Pflichtteilsberechtigte (OLG Köln NJW-RR 94, 1421), sei es als Gläubiger des Erblassers oder der Erben, es sei denn die Voraussetzungen der §§ 792, 896 ZPO liegen vor. Ist der Erbschein bereits erteilt, hat der Gläubiger Anspruch auf Erteilung einer Ausfertigung (§ 357 II s dort Rn 8 f).

2. Nachweise

9 Die Nachweise gem § 2356 BGB müssen vorliegen, also
a) die **öffentlichen Urkunden** gem § 2356 I BGB über den Todeszeitpunkt des Erblassers, über das Verhältnis, auf dem das Erbrecht des Antragstellers beruht sowie über den Wegfall der Personen, durch welche sein Erbrecht gemindert oder ausgeschlossen werden würde, sowie
b) die **Versicherung an Eides** statt gem. § 2356 II 1 BGB, sofern letztere nicht ausnahmsweise gem § 2356 II 2 erlassen wird oder hinsichtlich der Tatsachen Offenkundigkeit gem § 2356 III vorliegt.

3. Weitere Voraussetzungen

10 Vor Erteilung des Erbscheines muss das Erbe angenommen sein. Ist der Erbe auf Grund Verfügung von Todes wegen berufen, muss diese eröffnet sein (§ 348).

VI. Das der Entscheidung vorhergehende Verfahren

1. Prüfung des Antrages

11 Das Gericht prüft, ob der Antrag den §§ 2354–2356 BGB entspricht, insbesondere ob sämtliche vom Antragsteller vorzulegenden Nachweise vorhanden sind (Einzelheiten dazu Firsching/Graf Rn 4.176 ff). Das Vorliegen ist Voraussetzung für die Erteilung des Erbscheines, nicht aber für seinen Bestand (Firsching/Graf Rn 4.175).

§ 352 Entscheidung über Erbscheinsanträge **§ 352**

2. Sachverhaltsermittlung und Beweiserhebung

Das Gericht ermittelt den Sachverhalt von Amts wegen (§ 26 und § 2358   12
BGB). Der Grundsatz der **Amtsermittlung** verpflichtet das Tatsachengericht, alle zur Aufklärung des Sachverhalts erforderlichen Ermittlungen durchzuführen und die geeignet erscheinenden Beweise zu erheben. Das bedeutet zwar nicht, dass allen Beweisanträgen der Beteiligten stattgegeben und allen denkbaren Möglichkeiten zur Erforschung des Sachverhalts von Amts wegen nachgegangen werden müsste. Eine Aufklärungspflicht besteht aber insoweit, als das Vorbringen der Beteiligten und der festgestellte Sachverhalt auf Grund der Tatbestandsvoraussetzungen des materiellen Rechts bei sorgfältiger Überlegung zu weiteren Ermittlungen Anlass geben. Das Gericht darf seine Ermittlungen erst abschließen, wenn von einer weiteren Beweisaufnahme ein sachdienliches, die Entscheidung beeinflussendes Ergebnis nicht mehr zu erwarten ist (BGH NJW 63, 1972; BayObLG 83, 153, 161; BayObLG NJW-RR 97, 7, 8). Die Ermittlungspflicht ist aber nicht unbegrenzt. Vielmehr können solche **Ermittlungen unterbleiben,** von denen unter Berücksichtigung der bereits bekannten Tatsachen und ohne eine vorweggenommene Beweiswürdigung keine weiteren entscheidungserheblichen Erkenntnisse zu erwarten sind (OLG Hamm FGPrax 08, 32, 34). Der Umfang der Ermittlungen ist jedoch stets beschränkt auf die Feststellung der für den Inhalt des Antrages erforderlichen Tatsachen und zielen nicht auf eine allgemeine Feststellung des Erbrechts (MünchKommBGB/J. Mayer § 2358 Rn 4).

Der Antragsteller ist nicht verpflichtet, über die Vorlage der Nachweise der   13
§§ 2354–2356 BGB hinaus Ermittlungen anzustellen, jedoch hat er aber an den weiteren Ermittlungen des Nachlassgerichts durch vollständige und wahrheitsgemäße Angaben gem § 27 **mitzuwirken** (KG NJW-RR 05, 1677). Eine über die Mitwirkungspflicht hinausgehende formelle Beweislast trifft den Antragsteller wegen des Amtsermittlungsgrundsatzes nicht (Firsching/Graf Rn 4.192). Verweigert der Antragsteller die gebotene Mitwirkung, kann dies dazu führen, dass eine weitere Ermittlungspflicht des Gerichts entfällt (BayObLG 01, 347, 351). Dem Gericht bleibt aber auch in diesem Fall unbenommen, eigene Ermittlungen anzustellen.

Die Erhebung der Beweise steht im pflichtgemäßen Ermessen des Gerichts, sowohl ob ein beantragter Beweis erhoben wird (§ 29 II 2) als auch ob eine förmliche Beweisaufnahme durchgeführt wird (§ 30 I). Eine Pflicht zur **förmlichen Beweisaufnahme** besteht, wenn durch die sonstigen Ermittlungen eine hinreichend sichere Aufklärung nicht zu erreichen ist (BayObLG FamRZ 86, 1043; Firsching/Graf Rn 4.232) sowie unter der Voraussetzung des § 30 III, wenn also das Nachlassgericht eine entscheidungserhebliche Tatsache als festgestellt erachtet, die von einem Beteiligten ausdrücklich bestritten wird. Im Übrigen wird es auch weiterhin im Regelfall beim Freibeweisverfahren verbleiben. An das Vorbringen der Beteiligten ist das Gericht nicht gebunden (§ 29 I 2). Im Erbscheinsverfahren ist jedoch die Bindung an den Antrag zu beachten (s. u. Rn 21). Eine förmliche Ablehnung von Beweisanträgen findet nicht statt (Keidel/Zimmermann Rn 66; aA wegen Gesetzesentwurfs des § 29 II 3, BT-Drs. 16/6308, 188, noch Vorauflage).

3. Anhörung

14 **a) Rechtliches Gehör.** Das Gericht hat in jedem Stadium des Verfahrens den Grundsatz des rechtlichen Gehörs zu wahren, dh es muss den Beteiligten Gelegenheit geben, von Tatsachen und Beweisergebnissen, die es seiner Entscheidung zu Grunde legen will, Kenntnis zu nehmen und Gelegenheit zu einer Äußerung geben (BVerfG NJW 94, 1053, 1054). Das Gericht muss die Ausführungen der Beteiligten zur Kenntnis nehmen und in Erwägung ziehen (BVerfG NJW 95, 2095; NJW 83, 2017). Ist jedoch ein „Kann-Beteiligter" im Sinne des § 345 I S 2 vom Verfahren gem § 7 IV benachrichtigt worden und hat sodann keinen Antrag auf Hinzuziehung gestellt, ist eine weitere Anhörung ist nicht erforderlich. Die weiteren Pflichten bestehen also nur gegenüber den tatsächlich (förmlich) Beteiligten. Diese Auffassung steht nicht im Widerspruch zur bislang zum FGG bestehenden Auffassung des BVerfG, dass es nicht auf die förmliche Beteiligtenstellung, sondern auf die unmittelbare materiell-rechtliche Betroffenheit ankomme (BVerfG NJW 94, 1053, 1054). Dem Anspruch auf rechtliches Gehör wird durch die Benachrichtigung und Belehrung des § 7 IV genügt. Es ist Sache des Gesetzgebers zu entscheiden, in welcher Weise das rechtliche Gehör gewährt werden soll (BVerfGE 60, 175, 210 f).

15 **b) Art der Anhörung.** Auch die Art der Anhörung steht im pflichtgemäßen Ermessen des Gerichts. Es besteht insbesondere kein Anspruch auf mündliche Verhandlung (BVerfG NJW 94, 1053). Es kann aber ausnahmsweise eine persönliche Anhörung nach § 34 I Nr 1 geboten sein. Bleibt eine Person im anberaumten Anhörungstermin unentschuldigt aus, kann das Verfahren ohne seine persönliche Anhörung beendet werden, worauf der Beteiligte hinzuweisen ist (§ 34 III).

16 **c) Anhörung zur Sachverhaltsermittlung.** Von der Anhörung zur Gewährung des rechtlichen Gehörs ist die Anhörung zur Sachverhaltsermittlung zu unterscheiden. Durch die bloße Anhörung wird eine Person nicht Beteiligter (§ 7 VI). Die Anhörung zur Sachverhaltsermittlung steht im pflichtgemäßen Ermessen des Gerichts (Firsching/Graf Rn 4.219).

VII. Entscheidung gem Abs 1

17 Inhalt der Entscheidung des § 352 I ist, dass die Voraussetzungen für die Erteilung des Erbscheines gem § 2359 BGB gegeben sind, also das Nachlassgericht die zur Begründung des Antrages erforderlichen Tatsachen als festgestellt erachtet. Diese Entscheidung ergeht durch Beschluss (§ 352 I). Diese Entscheidung war auch vor Inkrafttreten des FamFG allgemein üblich, sie wurde jedoch unterschiedlich als „Beschluss" oder „Verfügung" bezeichnet (Zimmermann FGPrax 06, 189, 192). Der Beschluss enthält gleichzeitig die Anordnung bzw. Bewilligung, dass der Erbschein wie beantragt erteilt wird.

1. Voraussetzung

18 Nach § 352 I stellt das Gericht durch Beschluss fest, dass die Voraussetzungen für die Erteilung des Erbscheines für festgestellt erachtet werden. Dies ist

§ 352 Entscheidung über Erbscheinsanträge   **§ 352**

der Fall, wenn sämtliche Voraussetzungen für Zulässigkeit und Begründetheit des Erbscheinsantrages zur Überzeugung des Gerichts feststehen.

a) Zulässigkeit. Voraussetzungen sind insbesondere die Statthaftigkeit in dem Sinne, dass das Gesetz den beantragen Erbschein auch vorsieht (Firsching/Graf Rn 4.258), örtliche, sachliche und funktionelle Zuständigkeit, Bestehen des Antragsrechtes des Antragstellers sowie Vorliegen der Angaben und Nachweise gem §§ 2354–2357 BGB. Eine Zurückweisung des Erbscheinesantrages wegen Fehlen der letztgenannten Angaben und Nachweise kann erst nach entsprechender **Zwischenverfügung**, die eine Aufforderung zur Nachreichung enthält, erfolgen (Firsching/Graf Rn 4.258; MünchKommZPO/J.Mayer § 352 FamFG Rn 20). Die Zwischenverfügung ist trotz der Bestimmung des §§ 58 I, 382 IV weiterhin zulässig (Keidel/Zimmermann Rn 134). Unzulässig ist aber ein Erbscheinsantrag in Bezug auf einen Erblasser, der vor dem Inkrafttreten des BGB (1. 1. 1900) verstorben ist (BayObLG FamRZ 90, 101, 102). 19

b) Begründetheit. Der Antrag ist unbegründet, wenn der beantragte Erbschein nach der Überzeugung des Gerichtes nicht wie beantragt erteilt werden kann. 20

aa) Bindung an den Antrag. Das Nachlassgericht ist an den Antrag auf Erteilung des Erbscheines gebunden. Es darf keinen Erbschein mit einem anderen als dem beantragten Inhalt erteilen (BayObLG 65, 457, 464; 73, 28, 30; 02, 359, 365). Das Gericht muss jedoch dem Antragsteller, wenn der Erbschein mit dem beantragten Inhalt nicht erteilt werden kann, unter Hinweis auf die Rechtslage Gelegenheit zu einer Änderung des Antrags geben, wenn ein solcher nach Sachlage in Betracht kommt (BayObLG 02, 359, 365 noch unter Verweis auf den Grundgedanken des § 139 ZPO; BGH NJW 89, 984; OLG Köln FGPrax 09, 287, 288). Diese Hinweis- und Hinwirkungspflicht ergibt sich jetzt unmittelbar aus § 28. 21

bb) Überzeugung des Gerichts. Das Gericht entscheidet nach seiner freien, aus dem gesamten Inhalt des Verfahrens gewonnenen Überzeugung (§ 37). Das Gericht muss von der Wahrheit der Feststellungen, die es seiner Entscheidung zugrundelegen will, überzeugt sein. Es reicht – wie bei § 286 ZPO – ein für das praktische Leben brauchbarer Grad an Gewissheit (BT-Drs 16/6308, 194; BGH NJW 93, 935). Bestehen nach den erforderlichen Ermittlungen des Nachlassgerichts unbehebbare Zweifel an der Richtigkeit entscheidungserheblicher Tatsachen, stellt sich die Frage der Beweis- bzw. **Feststellungslast** (Keidel/Zimmermann Rn 103). Dabei ist zu beachten, dass es in Verfahren der freiwilligen Gerichtsbarkeit im Hinblick auf die Amtsermittlungspflicht nach § 26 keine Beweislast eines Beteiligten im Sinne einer formellen oder subjektiven Beweisführungslast gibt (Keidel/Sternal § 29 Rn 40). Bleiben die Ermittlungen ohne Erfolg, beantwortet sich die Frage, wer die Folgen der Ungewissheit zu tragen hat, nach den Regeln der Feststellungslast. Die Grundsätze für die Verteilung der Feststellungslast ergeben sich aus dem materiellen Recht; auf die Stellung der Beteiligten im Verfahren kommt es nicht an. Im Antragsverfahren trägt in der Regel der Antragsteller die Feststellungslast für die seinen Antrag begründenden Tatsachen (BayObLG 70, 173, 181; KG NJW-RR 91, 392, 393), also insb. Vorliegen einer wirksamen letztwilligen Verfügung in Abgrenzung zu einem Entwurf (KG NJW-RR 1991, 22 23

392, 393), gesamter Inhalt einer letztwilligen Verfügung (OLG Hamm, FGPRax 08, 32, 35), Echtheit und Eigenhändigkeit eines Testaments (BayObLG FamRZ 05, 1015, 1017) sowie Testierfähigkeit bei einem undatierten Testament entspr § 2247 V BGB, wenn feststeht, dass der Erblasser zu irgendeinem Zeitpunkt während des in Betracht kommenden Zeitraumes der Testamentserrichtung testierunfähig war (OLG Jena NJW-RR 05, 1247, 1249; BayObLG NJW-RR 02, 297, 299). Die Feststellungslast trifft hingegen den Antragsgegner hinsichtlich solcher Umstände, mit denen er dem Antragsbegehren entgegentritt (BayObLG, FGPrax 02, 111), also etwa Unwirksamkeit infolge Testierunfähigkeit (BayObLG NJW-RR 02, 1089), Wirksamkeit einer Ausschlagung, Anfechtung oder eines Widerrufstestamentes, aber auch Vorliegen der Voraussetzungen der §§ 2077, 1933 BGB (BGH NJW 95, 1082, 1084). Gesetzliche Vermutungen gelten auch im Erbscheinsverfahren. Solange der Gegenbeweis zur Überzeugung des Gerichts nicht erbracht ist, binden sie das Nachlassgericht (MünchKommBGB/J. Mayer § 2359 Rn 18).

24   cc) **Auslegung/Bindung.** Die Auslegung von Verfügungen von Todes wegen hat das Nachlassgericht ggfs. auch durch weitere Ermittlungen grundsätzlich selbst vorzunehmen (OLG Karlsruhe FGPrax 06, 78, 79). Es ist dabei auf Grund des Amtsermittlungsgrundsatzes nicht an die Behauptungen der Beteiligten gebunden, selbst wenn diese unstreitig sind, es muss diese vielmehr überprüfen (BayObLG NJW-RR 92, 1225; OLG München MDR 10, 874). Gleiches gilt für einen sog. (notariellen) Auslegungsvertrag (vgl etwa BGH DNotZ 87, 109), in welchem sich die Beteiligten einigen, wie eine Verfügung von Todes wegen auszulegen ist. Dieser kann, auch wenn es sich um einen gerichtlichen Vergleich handelt, das NachlassG nicht binden und seine Pflicht zur Prüfung und Ermittlung von Amts wegen (§§ 2358 BGB, 26 FamFG) nicht beseitigen (hM KG FGPRax 04, 31; BayObLG, 91, 1, 6; Palandt/Edenhofer § 2359 Rn 1); da der Erbschein (mit Wirkung des § 2366 BGB) Geltung über die Verfahrensbeteiligten hinaus beansprucht und auch nicht in materieller Rechtskraft erwächst, sondern bei Unrichtigkeit einzuziehen ist. Allenfalls kann ihm indizielle Wirkung zukommen, wenn nach den Umständen angenommen werden kann, dass die vereinbarte Auslegung dem Erblasserwillen entspricht (KG FGPRax 04, 31). Hingegen bindet ein das Erbrecht rechtskräftig feststellendes zivilprozessuales Urteil auch das Nachlassgericht, soweit die Parteien des Rechtsstreites mit den Beteiligten des Erbscheinsverfahrens identisch sind (BayObLG FamRZ 99, 334, 335). Kommen hingegen auch Personen als Erben in Betracht, die nicht Partei des Rechtsstreites waren, besteht für das Nachlassgericht keine Bindung (MünchKommBGB/J. Mayer § 2359 Rn 44). Im Hinblick auf den neuen Beteiligtenbegriff des § 345 ist aber eine Bindung des Nachlassgerichts auch dann anzunehmen, wenn Parteien des Rechtsstreites sämtliche als Erben in Betracht kommende Personen waren, auch wenn im Erbscheinsverfahren noch weitere Personen (insb. solche im Sinne des § 345 I Nr 5, etwa Testamentsvollstrecker, Nachlassverwalter, etc.) beteiligt sind.

2. Entscheidungsalternativen

25   a) **Ablehnung des Antrages.** § 352 regelt unmittelbar nur Fälle, in denen das Nachlassgericht die für die Erteilung des Erbscheines erforderlichen Tatsa-

chen als festgestellt erachtet. Für die Ablehnung des Erbscheinsantrages gelten die allgemeinen Vorschriften der §§ 38 ff, dh die Entscheidung ergeht durch Beschluss, der zu begründen ist. Der Beschluss ist bekanntzugeben (§ 41) und wird mit der Bekanntgabe wirksam (§ 40). Voraussetzung für die Ablehnung des Antrages ist, dass zur Überzeugung des Gerichts feststeht, dass der Antrag unzulässig oder unbegründet ist, wobei sämtliche Ermittlungsmöglichkeiten nach Maßgabe der vorstehenden Ausführungen erschöpft sind und dem Antragssteller nach Maßgabe der Hinweis- und Hinwirkungspflicht des § 28 die Möglichkeit gegeben worden ist, soweit Antragsberechtigung vorhanden ist, den Antrag noch zu ändern.

b) Beschluss. Erfolgt keine Ablehnung des Antrages, ergeht vor der 26 Erteilung des Erbscheines der Beschluss, dass das Nachlassgericht die für die (antragsgemäße) Erteilung des Erbscheines erforderlichen Tatsachen für festgestellt erachtet. Der Beschluss enthält gleichzeitig die Anordnung oder Bewilligung, dass der beantragte Erbschein erteilt wird. Dieser Beschluss wird mit Erlass, also gem § 38 III 2 mit Übergabe des Beschlusses an die Geschäftsstelle, wirksam. Der Erbscheinsinhalt muss nicht im Tenor des Beschlusses wiedergegeben werden, um so zu verhindern, dass ein Anordnungsbeschluss im Rechtsverkehr missverständlich als Erbschein verstanden oder als solcher verwendet wird (BT-Drs 16/6308, 281). Nach dem Erlass des Beschlusses richtet sich das weitere Verfahren maßgeblich danach, ob diese Entscheidung dem erklärten Willen eines Beteiligten widerspricht, § 352 II. Ist dies der Fall, ist nach Abs 2 zu verfahren. Ist dies nicht der Fall, kann der Erbschein im vereinfachten Verfahren gem Abs 1 erteilt werden.

aa) Erklärter Wille. Das Gesetz schreibt keine spezifische Form vor. Auch 27 die amtliche Begründung äußert sich zur Art und Weise, in welcher der widersprechende Wille vorliegen muss, nicht. Aus dem Wortlaut „erklärter" ist zunächst eine Abgrenzung zum mutmaßlichen Willen zu entnehmen, dh es muss eine ausdrückliche Erklärung des Beteiligten darüber vorliegen, dass er anderer Auffassung hinsichtlich des Erbrechtes ist. Es reicht nicht aus, dass das Nachlassgericht dies bei einem Beteiligten nur vermutet; man wird aber in diesen Fällen eine Hinwirkungspflicht nach § 28 I 1 des Nachlassgerichts annehmen müssen, dass dieser Beteiligte sich eindeutig erklärt. Ferner ist aus „erklärter" die Einhaltung der Form des § 25 I abzuleiten, wonach Erklärungen gegenüber dem zuständigen Gericht schriftlich oder zur Niederschrift der Geschäftsstelle (ggfs auch eines anderen Amtsgerichts, § 25 II) abgegeben werden müssen. Ebenfalls ausreichend ist eine mündliche Erklärung im Termin nach § 32 oder in einem Anhörungstermin gem § 34. Hingegen erscheint nicht erforderlich, dass der Wille durch einen abweichenden Erbscheinsantrag zum Ausdruck gekommen ist, wenngleich dies in der Praxis sogar der Regelfall sein dürfte. Dies hätte zum einen einer entsprechenden Regelung bedurft und kann dem Begriff „erklärter Wille" nicht ohne weiteres entnommen werden. Zum anderen erscheint es denkbar, dass der widersprechende Beteiligte selbst nicht auf einen Erbschein angewiesen ist, etwa weil er selbst durch ein notarielles Testament eingesetzt ist, dessen Wirksamkeit, zB wegen Testierunfähigkeit, von demjenigen, der den Erbscheinsantrag gestellt hat, bezweifelt wird.

28 **bb) Beschluss widerspricht nicht dem erklärten Willen eines Beteiligten.** Widerspricht der Beschluss nicht dem erklärten Willen eines Beteiligten, kann nach Abs 1 verfahren werden. Der Beschluss wird mit Erlass wirksam. Einer Bekanntgabe des Beschlusses bedarf es gem § 352 I 3 abweichend von § 41 I 1 nicht. Das Gericht kann damit gleichzeitig mit der Beschlussfassung den Erbschein erteilen (BT-Drs 16/6308, 281). Eine Begründung ist gem § 38 IV Nr 2 nicht erforderlich. Eine solche kann jedoch etwa in Fällen einer vom Gericht durchgeführten Testamentsauslegung oder Beweiswürdigung angezeigt sein (Firsching/Graf Rn 4.261 a). Das Gericht kann die im Erbschein ausgewiesenen Erben, die am Verfahren nicht beteiligt waren, durch formlose Mitteilung gem § 15 III vom Ausgang des Verfahrens benachrichtigen (BT-Drs 16/6308, 281).

29 **cc) Beschluss widerspricht dem erklärten Willen eines Beteiligten.** Widerspricht der Beschluss dem erklärten Willen eines Beteiligten, ist nach Abs 2 zu verfahren. Der Beschluss ist bekanntzugeben (§ 41). Die sofortige Wirksamkeit des Beschlusses ist auszusetzen. Der Erbschein darf erst nach der Rechtskraft des Beschlusses (§ 45) erteilt werden. Damit besteht für die Beteiligten die Möglichkeit, die Entscheidung des Nachlassgerichts durch die nächsthöhere Instanz überprüfen zu lassen, bevor der Erbschein erteilt wird (BT-Drs 16/6308, 281). Der Beschluss ist zu begründen (§ 38 III 1) und mit einer Rechtsmittelbelehrung zu versehen (§ 39). Formulierungsbeispiel bei Firsching/Graf Rn 4.261 a. Dieses Verfahren tritt anstelle des bisherigen Vorbescheidsverfahrens (BT-Drs 16/6308, 281) und zwar auch „in Fällen unklarer Sach- und Rechtslage" (OLG Köln FGPrax 10, 266; aA Firsching/Graf Rn 4.259). Die Entscheidungsform des Vorbescheides nennt das Gesetz nicht mehr, insbesondere ist die Beschwerde nur gegen Endentscheidungen oder in den ausdrücklich genannten Fällen statthaft. Es ist daher davon auszugehen, dass der Vorbescheid insgesamt abgeschafft ist (Zimmermann FGPrax 06, 189, 193; ders ZEV 09, 53, 56). Regelungslücken im Vergleich zur bisherigen Rechtslage sind zumindest dann nicht zu befürchten, wenn das Gericht im Rahmen der Hinweis- und Hinwirkungspflicht des § 28 sowie in Erfüllung seiner Pflichten, die aus dem Grundsatz des rechtlichen Gehörs resultieren, seine Ansichten frühzeitig kundtut und darauf achtet, dass sich die Beteiligten eindeutig erklären, ob diese Entscheidung ihrem Willen widerspricht. Denn auch das Vorbescheidsverfahren konnte in Fällen unklarer Sach- und Rechtslage nur dann Wirkung entfalten, wenn ein Beteiligter Beschwerde erhebt.

VIII. Erteilung des Erbscheines

30 „Erteilt" ist der Erbschein erst dann, wenn die Urschrift oder eine Ausfertigung **in den Verkehr gelangt** ist (KG, FamRZ 67, 226, 227), also der Erbschein in Urschrift oder Ausfertigung dem Antragssteller – bei mehreren, einem von ihnen – oder auf Antrag einem Dritten, insbes dem Grundbuchamt, ausgehändigt oder übersandt wurde (hM: Keidel/Zimmermann Rn 130; MünchKommZPO/J. Mayer § 352 FamFG Rn 18). Die Erteilung des Erbscheines ist in den Fällen des Abs 2 zurückzustellen bis zur Rechtskraft des Beschlusses. Gemeint ist formelle Rechtskraft iSd § 45. Sie tritt ein, wenn der

§ 352 Entscheidung über Erbscheinsanträge **§ 352**

Beschluss sämtlichen Beteiligten des konkreten Verfahrens bekanntgegeben ist, und diese Beteiligten innerhalb der Beschwerdefrist nicht Beschwerde erhoben haben. Nicht abzuwarten braucht das Gericht hingegen, ob gem § 59 I beschwerdeberechtigte Personen, insbesondere Personen gem § 345 I 2 auf ihren Antrag hinzuziehen gewesen wären, noch Beschwerde einlegen, da die formelle Rechtskraft mit Ablauf der Frist gegenüber sämtlichen formell Beteiligten eintritt (BT-Drs 16/9733, 289).

IX. Rechtsbehelfe (auch Abs 3)

1. Ablehnung des Antrages und Beschluss (Abs 1)

Gegen die Ablehnung des Antrages sowie gegen einen Bewilligungsbeschluss nach Abs 1 ist die Beschwerde gem § 58 (soweit der RPfl handelt iV mit § 11 RPflG) statthaft. Eine Zwischenverfügung (Rn 19) ist hingegen wegen § 58 I nicht anfechtbar. Zuständig ist das OLG (§ 119 I Nr 1 b GVG). Beschwerdeberechtigt ist bei Ablehnung des Antrages der Antragsteller sowie – über den Wortlaut des § 59 II hinaus – jeder der berechtigt ist, einen Antrag auf Erteilung des Erbscheines zu stellen (hM KG NJW-RR 90, 1296, Keidel/Zimmermann Rn 142; Prütting/Helms/Fröhler Rn 32)). Gegen Beschlüsse nach Abs 1 besteht Beschwerdeberechtigung nach § 59 I, dh der Beschluss (also eine spätere Erteilung des beantragten Erbscheines) muss den Beschwerdeführer in seinen Rechten verletzen. Dies ist der Fall, wenn der Erbschein die erbrechtliche Stellung des Beschwerdeführers nicht oder nur unzutreffend ausweist (OLG Köln FGPrax 10, 194). Die Beschwerde gegen den Anordnungsbeschluss gem Abs 1 steht jedem Beschwerdeberechtigtem gem § 59 I zu, unabhängig davon ob er auch Beteiligter war (BT-Drs 16/6308, 204). Der Wert des Beschwerdegegenstandes muss sechshundert Euro überschreiten oder das Nachlassgericht muss die Beschwerde gem. § 61 II, III zugelassen haben. Frist zur Einlegung der Beschwerde gem § 63 ein Monat nach Bekanntgabe. Die unbefristete Beschwerde ist in Nachlasssachen grundsätzlich abgeschafft (BT-Drs 16/6308, 205), allerdings kann, da der Erbschein nicht in materieller Rechtskraft erwächst, stets ein anderslautender Erbschein beantragt werden, dessen Erteilung die Einziehung des zuvor erteilten Erbscheines zur Folge hat. **31**

2. Beschwerde nach Erteilung des Erbscheines (Abs 3)

Nach Erteilung ist nur Beschwerde mit dem Ziel der Anweisung an das Nachlassgericht zur Einziehung bzw Kraftloserklärung des Erbscheins zulässig (so bereits die Rechtslage nach dem FGG, s. BayObLG 54, 71, 74; 57, 292, 293; 92, 345; FamRZ 76, 101, 103; KG, NJW 55, 1074, 1075). Denn anderenfalls würde dem Erbschein und dem durch ihn ermöglichten gutgläubigen Erwerb (§ 2366 BGB) rückwirkend die Grundlage entzogen. Ein Beschwerdeantrag gegen die Erteilung eines Erbscheins ist im Zweifel als Antrag zur Einziehung bzw Kraftloserklärung des Erbscheins auszulegen (BayObLG NJW-RR 96, 1094). Da das Erbrecht des wirklichen Erben durch die Erteilung eines unrichtigen Erbscheins in seinem Bestand nicht berührt wird, **32**

889

genügt es, dass durch den erteilten Erbschein sein Recht gefährdet oder die Ausübung seines Rechts erschwert wird; der unrichtige Erbschein verleiht den in ihm genannten Erben eine dem wirklichen Erben gegenüber wirksame Verfügungsbefugnis (§ 2366 BGB) und erschwert den Nachweis seines Erbrechts.

X. Kosten

33 Erteilung und Einziehung des Erbscheins: §§ 107, 107 a, 108 KostO.

Einziehung oder Kraftloserklärung von Erbscheinen

353 (1) In Verfahren über die Einziehung oder Kraftloserklärung eines Erbscheins hat das Gericht über die Kosten des Verfahrens zu entscheiden. Die Kostenentscheidung soll zugleich mit der Endentscheidung ergehen.

(2) **Ist der Erbschein bereits eingezogen, ist die Beschwerde gegen den Einziehungsbeschluss nur insoweit zulässig, als die Erteilung eines neuen gleichlautenden Erbscheins beantragt wird. Die Beschwerde gilt im Zweifel als Antrag auf Erteilung eines neuen gleichlautenden Erbscheins.**

(3) **Ein Beschluss, durch den ein Erbschein für kraftlos erklärt wird, ist nicht mehr anfechtbar, nachdem der Beschluss öffentlich bekannt gemacht ist (§ 2361 Abs. 2 Satz 2 des Bürgerlichen Gesetzbuchs).**

1. Allgemeines; Zuständigkeit

1 Ergibt sich, dass der erteilte **Erbschein unrichtig** ist, so hat ihn das Nachlassgericht **einzuziehen**. Die Aufhebung der Anordnung eines tatsächlich erteilten Erbscheins sowie eine Änderung oder Ergänzung seines Inhalts sind nicht statthaft. Eine **Berichtigung** ist nur dann zulässig, wenn es sich um die Beseitigung unzulässiger oder überflüssiger oder um die Aufnahme vorgeschriebener Zusätze handelt, die den Sachverhalt des Erbscheins unberührt lassen und die am öffentlichen Glauben des Erbscheins nicht teilnehmen (OLG Hamm, Rpfleger 83, 71). Der Erbschein ist etwa unrichtig, wenn das in ihm bezeugte Erbrecht nicht besteht, wenn bestehende Beschränkungen nicht vermerkt sind, wenn die angegebene Testamentsvollstreckung beendet ist (OLG Hamm, Rpfleger 83, 71), wenn er unter Verletzung formellen Rechts, etwa ohne Antrag, unter Abweichung vom gestellten Antrag (BayObLG 71, 34, 45; 73, 28, 29), durch ein unzuständiges Gericht, erteilt worden ist, mag er die Erbfolge auch richtig wiedergeben (BGH, Rpfleger 76, 174; BayObLG, Rpfleger 75, 304). Es genügt, dass die Überzeugung des Gerichts erschüttert ist (BGH 40, 54; BayObLG 61, 200; OLG Frankfurt, Rpfleger 73, 95).

2 Mit der Einziehung wird der Erbschein **kraftlos** (§ 2361 I BGB). Dies ist erst dann der Fall, wenn die Urschrift und sämtliche Ausfertigungen an das Nachlassgericht abgeliefert sind, so dass die Berufung auf den öffentlichen Glauben ausgeschlossen ist. Das Nachlassgericht sowie das Beschwerdegericht können durch einstweilige Anordnung (§ 49) die Rückgabe des Erbscheins zu

§ 353 Einziehung oder Kraftloserklärung von Erbscheinen **§ 353**

den Akten anordnen (BGH 40, 54, 60), eine Maßnahme, die nicht die Wirkungen der Erbscheinseinziehung hat und den öffentlichen Glauben unberührt lässt (hM MünchKommBGB/J. Mayer § 2361 Rn 44 mwN; der Streit, ob die einstweilige Anordnung auch durch das Nachlassgericht erfolgen kann (bislang ablehnend BGH 40, 54, 59), sollte durch die Neuregelung des § 49 entschieden sein). Kann der Erbschein nicht sofort erlangt werden, so hat ihn das Nachlassgericht durch Beschluss für kraftlos zu erklären (§ 2361 II 1 BGB). Dabei kann das Nachlassgericht von Amts wegen über die Richtigkeit eines erteilten Erbscheins Ermittlungen vornehmen (§ 2361 III BGB).

Das Gericht, welches den Erbschein erteilt hat, ist gemäß § 2361 BGB auch für die Einziehung **örtlich, sachlich und international zuständig** (Prütting/Helms/Fröhler Rn 4). **Funktionell** zuständig ist der Richter, wenn der Erbschein vom Richter erteilt wurde (§ 16 I Nr 7 RPflG; zu den landesrechtlichen Ausnahmen s Vor §§ 343, 344 Rn 14), sonst der RPfl. Da es sich beim Einziehungsverfahren um ein Verfahren von Amts wegen handelt, ist **Beteiligter** gem § 7 II Nr 1 der im Erbschein genannte Erbe, § 345 IV gilt nicht (Keidel/Zimmermann Rn 11).

2. Einziehungsbeschluss (Abs 2)

Gegen den **Beschluss über die Einziehung** eines Erbscheins ist die Beschwerde uneingeschränkt, dh mit dem Ziel der Aufhebung des Beschlusses nur zulässig, solange der Erbschein noch nicht eingezogen ist; die Einziehung ist, wie ausgeführt, erst mit der (ggfs auch zwangsweise erfolgten) Ablieferung der Urschrift und aller Ausfertigungen des Erbscheins durchgeführt. Ist die Einziehung allerdings durchgeführt, ist der Erbschein gem § 2361 I 2 BGB kraftlos. Dementsprechend ist ein neuer gleichlautender Erbschein erforderlich. Die Beschwerde geht also nach vollzogener Einziehung auf die Anweisung an das Nachlassgericht durch das Beschwerdegericht, einen gleichlautenden Erbschein zu erlassen (OLG München MDR 10, 874). Im Zweifel ist die Beschwerde als solcher Antrag aufzufassen (Abs 2 S 2; so schon BGH 40, 54, 56; KG FGPrax 99, 227). 3

Bei **Ablehnung einer beantragten Einziehung** gelten die allgemeinen Regeln (§§ 58 ff). Die Beschwerde zielt auf die Anweisung an das Nachlassgericht durch das Beschwerdegericht, den Erbschein einzuziehen (BayObLG FGPrax 05, 217, 218).

3. Beschluss über die Kraftloserklärung (Abs 3)

Kann der Erbschein nicht sofort erlangt werden, so hat ihn das Nachlassgericht durch Beschluss für kraftlos zu erklären (§ 2361 II BGB). Der Beschluss, durch den der Erbschein für kraftlos erklärt wird, kann angefochten werden, bis der Beschluss gem § 2361 II 2 öffentlich bekannt gemacht ist (so schon BayObLG 58, 364). Danach ist zum Schutz des Rechtsverkehrs eine Anfechtung nicht mehr möglich (BT-Drs 16/6308, 281). Den Beteiligten bleibt nur die Möglichkeit, einen neuen – gleichlautenden – Erbschein beim Nachlassgericht zu beantragen. 4

§ 354 Buch 4 – Verfahren in Nachlass- und Teilungssachen

4. Beschwerdeberechtigung

5 Gegen den Beschluss über die Einziehung oder Kraftloserklärung eines Erbscheines ist jeder beschwerdeberechtigt, der in seinen Rechten beeinträchtigt ist (materielle Beschwer, § 59 I). Nicht erforderlich ist, dass der Beschwerdeführer selbst den Antrag auf Erteilung des Erbscheines gestellt hat. Es reicht aus, dass der Beschwerdeführer antragsberechtigt ist (BGH 30, 220). Gegen den Beschluss über die Ablehnung der Einziehung ist nur derjenige beschwerdebefugt, dessen Rechte infolge des öffentlichen Glaubens des Erbscheins im Falle seiner Unrichtigkeit gefährdet sind (BayObLG NJWE-FER 00, 93). Eine Beschwerdeberechtigung besteht für den im Erbschein ausgewiesen Erben bereits dann, wenn der Erbschein ihn unrichtig, also auch etwa zu einem höheren Anteil ausweist (der Beschwerdeführer also bei Erfolg eine ungünstigere Rechtsstellung erlangt), wobei unschädlich ist, dass der Beschwerdeführer den von ihm als unrichtig angegriffenen Erbschein ursprünglich selbst beantragt hat (BGH 30, 261; BayObLG FGPrax 05, 217 f).

5. Kostenentscheidung (Abs 1)

6 Sowohl der Beschluss über die Einziehung des Erbscheines als auch der Beschluss über die Kraftloserklärung sollen vom Gericht mit einer Kostenentscheidung versehen werden. Die Regelung in § 2 KostO zur Kostentragungspflicht in Amtsverfahren wurde nicht als nicht immer angemessen erachtet (BT-Drs 16/6308, 281). Allerdings lässt Abs 1 den **Maßstab** für die Kostenentscheidung offen. Insoweit ist auf den Rechtsgedanken des § 2 Nr 5 KostO zurückzugreifen. Bei der Kostenentscheidung dürfte etwa zu berücksichtigen sein, wessen Interesse mit der Einziehung oder Kraftloserklärung wahrgenommen wird oder wer durch falsche oder unvollständige Angaben die Erteilung des eingezogenen Erbscheines veranlasst hat (BT-Drs 16/6308, 391). Der Beschluss soll mit der **Kostenentscheidung** verbunden werden. Allerdings kann im Einzelfall die Unrichtigkeit des Erbscheines zwar feststehen, aber noch offen sein, wer nach den vorstehenden Maßstäben die Kosten zu tragen hat, insbesondere wenn die tatsächlichen Erben noch nicht bekannt sind (BT-Drs 16/6308, 391). Deswegen wurde von der ursprünglich im Regierungsentwurf vorgesehenen zwingend einhergehenden Kostenentscheidung Abstand genommen und Abs 1 zu einer Soll-Vorschrift umgestaltet (BT-Drs 16/9733, 297; BT-Drs 16/6308, 391).

6. Kosten

7 Erteilung und Einziehung des Erbscheins: §§ 107, 107 a, 108 KostO.

Sonstige Zeugnisse

§ 354 Die §§ 352 und 353 gelten entsprechend für die Erteilung von Zeugnissen nach den §§ 1507 und 2368 des Bürgerlichen Gesetzbuchs, den §§ 36 und 37 der Grundbuchordnung sowie den §§ 42 und 74 der Schiffsregisterordnung.

§ 354 Sonstige Zeugnisse § 354

Die Vorschrift erklärt das Verfahren zur Erteilung eines Erbscheines sowie 1
die Vorschriften über die Rechtsmittel gegen die Einziehung und Kraftloserklärung für entsprechend anwendbar auf die vom Nachlassgericht zu erteilenden Zeugnisse über
- das **Zeugnis über die Fortsetzung der Gütergemeinschaft** (§ 1507 BGB). Das Zeugnis bezeugt den Eintritt der fortgesetzten Gütergemeinschaft. Antragsberechtigt ist zunächst nur der überlebende Ehegatte im Hinblick auf das Alleinverwaltungsrecht des § 1487 BGB (Palandt/Brudermüller § 1507 Rn 2) sowie Gläubiger nach §§ 792, 896 ZPO, nach dem Tode des überlebenden Ehegatten dessen Erben sowie die am Gesamtgut Beteiligten, und zwar jeder einzeln (KG OLGE 40, 155). Zum Inhalt eines Zeugnisses siehe mit Mustern Firsching/Graf Rn 4.368.
- das **Zeugnis über die Ernennung zum TestVollstr** (§ 2368 BGB, dazu 2 Winkler, Testamentsvollstrecker, Rn 700 ff). Das Testamentsvollstreckerzeugnis ist nach § 2368 I BGB ein Zeugnis des Nachlassgerichts darüber, dass der darin Genannte wirksam zum Testamentsvollstrecker ernannt ist und dass keine weiteren als die in dem Zeugnis angegebenen Beschränkungen oder Erweiterungen seiner Befugnisse bestehen (KG NJW 64, 1905). Antragsberechtigt ist der Testamentsvollstrecker, nicht aber der Erbe (str., BayObLG NJW-RR 95, 711, 712). Es wird nach § 2368 III BGB mit der Beendigung des Amts von selbst kraftlos, so dass eine Kraftloserklärung entbehrlich ist; dies gilt nicht, wenn ein Entlassungsbeschluss des Nachlassgerichts vom Beschwerdegericht aufgehoben ist (BayObLG 59, 129). Gegen die Ablehnung der Einziehung des TestVollstrZeugnisses steht dem Pflichtteilsberechtigten kein Beschwerderecht zu (OLG Hamm, OLG 77, 422).
- die Zeugnisse auf Grund §§ 36, 37 GBO und §§ 42, 47 SchRegO. Die 3 **sog Überweisungszeugnisse** der §§ 36, 37 GBO, §§ 42, 74 SchRegO ermöglichen bei einem zum Nachlass oder zum Gesamtgut gehörenden Grundstück oder Erbbaurecht (bzw. Schiff oder Schiffshypotkek) den Nachweis der Auseinandersetzung über das Grundstück oder Erbbaurecht an Stelle eines Erbscheines und der sonstigen Erklärungen gegenüber dem Grundbuchamt oder dem Schiffsregister durch Zeugnis des Nachlassgerichts bzw. dem nach § 344 V zuständigen Gericht zu führen. Voraussetzung für die Erteilung gem § 36 II GBO ist, dass die Voraussetzungen für die Erteilung eines Erbscheines vorliegen sowie die sonstigen Erklärungen der Beteiligten, insbes die Auflassung, formgerecht (§ 29 GBO; § 37 SchRegO) dem Gericht nachgewiesen sind. Die Einziehung und Kraftloserklärung dieser Zeugnisse ist in entspr Anwendung von § 2361 BGB zulässig, wenn sie unrichtig sind (BGH NJW 63, 72), was im Übrigen sich jetzt auch aus der Anordnung der entsprechenden Geltung der §§ 352, 353 auf die Überweisungszeugnisse ergibt. In Abgrenzung zu § 373 II regelt § 354 diejenigen Fälle, in denen das Zeugnis über die Auseinandersetzung eines Nachlasses erteilt wird. S im Übrigen auch zum Überweisungszeugnis bei Auseinandersetzung einer Gütergemeinschaft (auch wenn der Anteil zum Nachlass gehört) § 373 II.

§ 355

Buch 4 – Verfahren in Nachlass- und Teilungssachen

Testamentsvollstreckung

355 (1) Ein Beschluss, durch den das Nachlassgericht einem Dritten eine Frist zur Erklärung nach § 2198 Abs. 2 des Bürgerlichen Gesetzbuchs oder einer zum Testamentsvollstrecker ernannten Person eine Frist zur Annahme des Amtes bestimmt, ist mit der sofortigen Beschwerde in entsprechender Anwendung der §§ 567 bis 572 der Zivilprozessordnung anfechtbar.

(2) Auf einen Beschluss, durch den das Gericht bei einer Meinungsverschiedenheit zwischen mehreren Testamentsvollstreckern über die Vornahme eines Rechtsgeschäfts entscheidet, ist § 40 Abs. 3 entsprechend anzuwenden; die Beschwerde ist binnen einer Frist von zwei Wochen einzulegen.

(3) Führen mehrere Testamentsvollstrecker das Amt gemeinschaftlich, steht die Beschwerde gegen einen Beschluss, durch den das Gericht Anordnungen des Erblassers für die Verwaltung des Nachlasses außer Kraft setzt, sowie gegen einen Beschluss, durch den das Gericht über Meinungsverschiedenheiten zwischen den Testamentsvollstreckern entscheidet, jedem Testamentsvollstrecker selbständig zu.

I. Allgemeines

1   § 355 bündelt verschiedene Regelungen zur Testamentsvollstreckung, soweit noch eigenständige Regelungen für erforderlich gehalten wurden. So sind insb die bislang in § 81 enthaltenen Bestimmungen zur Ernennung und Entlassung eines TestVollstr weggefallen (s dazu Rn 9). Nicht mehr Gegenstand einer eigenständigen Regelung des FamFG sind auch die bislang in § 80 geregelten Fristbestimmungen mit Ausnahme der Fristbestimmung des § 2198 II BGB. Diese fortgefallenen Regelungen wurden als entbehrlich angesehen, da sie als Endentscheidungen iSd § 38 anzusehen und daher gem. § 58 mit der Beschwerde anfechtbar seien (BT-Drs 16/6308, 282).

II. Fristbestimmungen im Allgemeinen, insb Fristbestimmung zur Annahme des Testamentsvollstreckeramtes (Abs 1)

1. Fristbestimmungen

2   Das Gesetz sieht in verschiedenen Fällen vor, dass durch das Nachlassgericht dem Beschwerten oder einem Dritten eine Frist zur Erklärung bestimmt wird. Solche erbrechtlichen Fristbestimmungen sind in folgenden Fällen vorgesehen:
- **§ 2151 BGB,** wonach der Erblasser mehrere mit einem Vermächtnis in der Weise bedenken kann, dass der Beschwerte oder ein Dritter zu bestimmen hat, wer von den mehreren das Vermächtnis erhalten soll.
- **§ 2153 BGB,** wonach der Erblasser mehrere mit einem Vermächtnis in der Weise bedenken kann, dass der Beschwerte oder ein Dritter zu bestimmen hat, was jeder von dem vermachten Gegenstand erhalten soll.
- **§ 2154 BGB,** wonach der Erblasser ein Vermächtnis in der Art anordnen kann, dass der Bedachte von mehreren Gegenständen nur den einen oder den anderen erhalten soll und die Wahl einem Dritten übertragen hat.

§ 355 Testamentsvollstreckung **§ 355**

- **§ 2155 BGB,** wonach der Erblasser die vermachte Sache nur der Gattung nach bestimmen und die Bestimmung der Sache dem Bedachten oder einem Dritten übertragen kann.
- **§ 2192 BGB,** wonach der Erblasser die gleichen Bestimmungen (a bis d) mittels einer Auflage treffen kann.
- **§ 2193 BGB,** wonach der Erblasser bei der Anordnung einer Auflage, deren Zweck er bestimmt, die Bestimmung der Person, an die die Leistung erfolgen soll, dem Beschwerten oder einem Dritten überlassen kann.
- **§ 2198 BGB,** wonach der Erblasser die Bestimmung der Person des TestVollstr einem Dritten überlassen kann.
- **§ 2202 III BGB,** wonach das Nachlassgericht dem zum TestVollstr Ernannten eine Frist zur Erklärung über die Annahme des Amtes setzen kann.

Die Fristbestimmung erfolgt nach § 3 Nr 2 c RPflG durch den RPfl. 3 Beteiligter ist neben dem Antragsteller gem § 345 IV Nr 3 derjenige, demgegenüber die Frist bestimmt wird. Die Fristbestimmung wird gemäß § 15 I mit der Bekanntmachung an den wirksam, für den sie ihrem Inhalt nach bestimmt ist. Die Bekanntmachung muss gemäß § 15 I auch an die übrigen Beteiligten durch Zustellung von Amts wegen erfolgen. Gegen die Beschlüsse, durch welche die Fristbestimmungen erfolgen, ist die Beschwerde nach §§ 58 ff statthaft, mit Ausnahme der Fristbestimmungen nach § 2198 II BGB und 2202 III BGB.

2. Anwendungsbereich des § 355 I: Sofortige Beschwerde

Anders als noch § 80 FGG normiert § 355 I die Statthaftigkeit der sofortigen Beschwerde in entsprechender Anwendung der §§ 567 bis 572 ZPO nur gegen Beschlüsse, durch die einem Dritten eine Erklärungsfrist zur Bestimmung eines TestVollstr (§ 2198 II BGB) oder einem zum TestVollstr Ernannten eine Frist zur Annahme des Amtes bestimmt wird (§ 2202 III BGB). 4

Nach § 355 I findet gegen derartige Beschlüsse nicht die einfache (§ 58), sondern die **sofortige Beschwerde** in entsprechender Anwendung der §§ 567 bis 572 ZPO statt. Die Beschwerdefrist beträgt 2 Wochen (§ 569 I ZPO) und beginnt für jeden Beteiligten mit der Zustellung, spätestens mit dem Ablauf von fünf Monaten nach der Verkündung des Beschlusses. Die sofortige Beschwerde ist nur zulässig, soweit die angefochtene Entscheidung den Beschwerdeführer beschwert (Musielak/Ball, § 567 Rn 19). Bei der Bestimmung des TestVollStr durch einen Dritten nach § 2198 BGB können dies auch die Nachlassgläubiger sein.

Wird der Antrag auf Bestimmung einer Frist vom Nachlassgericht abgelehnt, so steht hiergegen nach § 58 II (nur) dem Antragsteller die einfache Beschwerde zu. Das Beschwerdegericht ist zur Fristbestimmung nicht befugt, es hat die Sache an das Nachlassgericht zurückzuverweisen (Horndasch/Viefhus/Heinemann Rn 13; str. aA noch Vorauß.).

3. Gebühren

§§ 113, 114 Nr 2, 115 KostO. 5

895

§ 355 Buch 4 – Verfahren in Nachlass- und Teilungssachen

III. Mehrere Testamentsvollstrecker (Abs 2 und 3)

1. Meinungsverschiedenheiten mehrerer TestVollstr (Abs 2)

6 Das Nachlassgericht entscheidet bei einer Meinungsverschiedenheit zwischen mehreren TestVollstr nach § 2224 BGB. Voraussetzung ist hierbei, dass es sich um einen Streit innerhalb der gemeinschaftlichen Amtsführung handelt; dagegen ist das Prozessgericht zuständig, wenn die TestVollstr über eine Rechtsfrage, etwa wie das Testament auszulegen ist, uneinig sind (BGH NJW 56, 986). Im Einzelnen ist die Abgrenzung strittig, vor allem wenn die Rechtsfrage eine Vorfrage für die Verwaltungshandlung darstellt (str. zutreffend für Zuständigkeit des Nachlassgerichts: Keidel/Zimmermann Rn 29; MünchKommZPO/J. Mayer § 355 FamFG Rn 9). Antragsberechtigt ist jeder TestVollstr und jede beteiligungsfähige Person iSd § 345 IV 2 (s dort Rn 20). Inhalt der Entscheidung ist, den Vorschlag eines TestVollstr zu billigen oder auch alle vorgetragenen Vorschläge abzulehnen. Allenfalls unbedeutende Modifikationen sind dem Nachlassgericht gestattet (Staudinger/Reimann § 2224 Rn 26), nicht aber völlig eigene Entscheidungen über die Art die Verwaltung. Für die Entscheidung nach § 2224 I BGB ist nur der Richter zuständig (§ 16 I Nr 4 RPflG).

7 Auf den **Beschluss,** durch den das Gericht bei einer Meinungsverschiedenheit mehrerer Testamentsvollstrecker entscheidet, findet § 40 III mit der Folge Anwendung, dass der Beschluss erst mit seiner Rechtskraft wirksam wird (§ 40 III 1). Das Gericht kann bei Gefahr im Verzug die sofortige Wirksamkeit anordnen. Der Beschluss wird in diesem Fall mit der Bekanntgabe an den Antragsteller wirksam (§ 40 III 2 u 3). Die Beschwerde (einfache Beschwerde iS des § 58) ist innerhalb einer Frist von 2 Wochen einzulegen. Es handelt sich insoweit um eine anderweitig im Gesetz geregelte Frist iSd § 63 I. Fristbeginn gem § 63 III, dh mit der schriftlichen Bekanntgabe spätestens mit Ablauf von fünf Monaten nach Erlass des Beschlusses. Nicht mehr ist also die sofortige Beschwerde statthaft (so bislang § 82 II FGG), die Frist für die Einlegung der Beschwerde beträgt aber unverändert 2 Wochen (§ 355 II letzter Halbsatz). Das Beschwerderecht steht bei mehreren TestVollstr jedem selbständig zu sowohl bei Zustimmung zu einem Vorschlag als auch bei vollständiger Ablehnung der Vorschläge (Abs. 3). Im Übrigen sind beschwerdeberechtigt gegen die Ablehnung des Antrags gemäß § 2224 I BGB nach § 59 II nur der Antragsteller, gegen die Entscheidung über eine Meinungsverschiedenheit jeder, der durch die Entscheidung in seinen Rechten betroffen wird (§ 59 I).

2. Selbständiges Beschwerderecht

8 § 355 III enthält eine Sonderregelung über die Beschwerdeberechtigung, wenn mehrere TestVollstr vorhanden sind. Führen mehrere TestVollstr das Amt gemeinschaftlich, so können sie Anträge und Beschwerden grundsätzlich nur gemeinschaftlich verfolgen (Winkler, Testamentsvollstrecker, Rn 458 ff). Hier bestimmt § 355 III, dass in folgenden Sonderfällen jedem TestVollstr das Beschwerderecht selbstständig zusteht:

§ 355 Testamentsvollstreckung **§ 355**

- gegen die Entscheidungen bei Meinungsverschiedenheiten (Rn 7),
- gegen die auf Antrag des TestVollstr oder eines anderen Beteiligten vom Nachlassgericht verfügte Außerkraftsetzung von letztwilligen Anordnungen, die der Erblasser für die Verwaltung getroffen hat (§ 2216 II BGB).

In den Fällen des § 2216 II BGB kann es sich um alle Verwaltungsanordnungen handeln, nicht jedoch um die TestVollstreckung als solche (Palandt/Edenhofer § 2216 BGB Rn 5). Mehrere TestVollstr können einen Antrag nach § 2216 II nur gemeinschaftlich stellen (Bamberger/Roth/J. Mayer § 2216 Rn 33). Zur Entscheidung nach § 2216 II BGB ist nur der Richter befugt (§ 16 I Nr 3 RPflG).

Beschwerdeberechtigt gegen den Beschluss auf Außerkraftsetzung sind neben dem Testamentsvollstrecker sämtliche Personen, deren Rechte durch den Beschluss beeinträchtigt werden (§ 59 I), also insbesondere Erben, Vermächtnisnehmer, Auflageberechtigte. Gegen die Ablehnung einer Anordnung auf Außerkraftsetzung ist nach § 59 II nur der Antragsteller beschwerdebefugt, in diesem Fall mehrere TestVollstr nur gemeinschaftlich (hM Keidel/Zimmermann Rn 40; MünchKommZPO/J. Mayer § 355 FamFG Rn 14; Bahrenfuss/Schaal Rn 30). Statthaft ist die (einfache) Beschwerde (§ 58).

IV. Ernennung und Entlassung von Testamentsvollstreckern

1. Ernennung zum Testamentsvollstrecker

Nach § 2200 BGB kann das Nachlassgericht einen TestVollstr ernennen, **9** wenn der Erblasser in dem Testament darum ersucht hat (zu den Voraussetzungen des „Ersuchens" OLG Zweibrücken FGPrax 06, 169). Daneben kann ein TestVollstr auch vom Erblasser (§ 2197 BGB), von einem Dritten, dem der Erblasser die Bestimmung der Person überlassen hat (§ 2198 BGB), oder einem TestVollstr (§ 2199 BGB) ernannt werden. In allen Fällen beginnt das Amt erst mit dem Zeitpunkt, in dem der Ernannte das Amt annimmt (§ 2202 I BGB). Auf Antrag eines Beteiligten kann das Nachlassgericht nach § 2202 III BGB dem Ernannten eine Frist zur Erklärung über die Annahme bestimmen. Mit dem Ablauf der Frist gilt das Amt als abgelehnt, wenn nicht die Annahme vorher erklärt wird (§ 2202 III 2 BGB). Die Ernennung bzw die Fristbestimmung ist auch weiteren Beteiligten iS des § 345 III Satz 2, insbes den Erben, **bekanntzumachen,** deren Verfügungsrecht über den Nachlass durch die Ernennung betroffen wird (§§ 2205, 2208, 2211 BGB). Der Beschluss des Nachlassgerichts wird gemäß § 40 I mit der Bekanntmachung an den TestVollstr wirksam.

2. Entlassung des Testamentsvollstreckers

Das Nachlassgericht kann den TestVollstr auf Antrag eines der Beteiligten **10** (zum Begriff im Sinne des § 2227 BGB s BGH 35, 296, 299; BayObLG NJW-RR 04, 366) entlassen, wenn ein **wichtiger Grund** vorliegt; ein solcher Grund ist insbesondere grobe Pflichtverletzung oder Unfähigkeit zur ordnungsmäßigen Geschäftsführung (§ 2227 I BGB; OLG Hamm, NJW 68, 800; OLG 84, 282); es darf jedoch keine vorläufige Entlassung aussprechen oder durch einstweilige Anordnungen in die Amtsführung der TestVollstrecker eingreifen

§ 355 Buch 4 – Verfahren in Nachlass- und Teilungssachen

(OLG Köln, OLG 87, 280). **Antragsberechtigt** ist jeder, der ein rechtliches Interesse an der TestVollstreckung hat (BGH 35, 296, 301), also zB Erben, Erbersatzberechtigte (§§ 1934 a ff BGB), Nacherben, Vermächtnisnehmer, Auflage- und Pflichtteilsberechtigte (KG, NJW 63, 1553; Rpfleger 02, 207), nicht aber gewöhnliche Nachlassgläubiger (BGH 35, 296). Der Testamentvollstrecker ist gem § 345 IV Nr 2 zwingend zu beteiligen. Der Beschluss wird gemäß § 40 I mit der Bekanntmachung an der TestVollstr wirksam; mit der Beendigung des Amtes wird zugleich das über die Ernennung erteilte Zeugnis kraftlos (§ 2368 III BGB). Das Zeugnis gilt jedoch als nicht kraftlos geworden, wenn der Entlassungsbeschluss durch das Beschwerdegericht aufgehoben wird (BayObLG 59, 128; FamRZ 91, 615, 617: „auflösend bedingte Entlassung"; Winkler, Testamentsvollstrecker, Rn 801; aA mit beachtlichen Gründen Bestelmeyer ZEV 97, 316, 320, der folgerichtig ein Zeugnis über das Fortbestehen des Amtes des Testamentsvollstreckers ablehnt).

3. Rechtsmittel

11 Gegen den Beschluss, durch die das Nachlassgericht den TestVollstr **ernennt** oder **entlässt**, findet die Beschwerde gem §§ 58 ff statt. Die Beschwerdefrist richtet sich nach § 63. Gegen die Abweisung des Antrags auf Ernennung eines Testamentsvollstreckers ist die Beschwerde gegeben (vgl BayObLG ZEV 01, 284). Hat ein TestVollstr seine Entlassung mit der Beschwerde angefochten und sein Amt für einen späteren Zeitpunkt gekündigt, so erledigt sich das Beschwerdeverfahren an dem Tag, für den gekündigt wurde, wenn dann über die Beschwerde noch nicht entschieden ist (BayObLG 69, 138).

4. Zuständigkeit

12 Die **Ernennung und Entlassung** des TestVollstr sind dem **Richter** vorbehalten (§ 16 Nr 2, 5 RPflG), kann aber durch Verordnung des Landes dem RPfleger übertragen werden, die Entlassung aber nur soweit der Erblasser den TestVollstr nicht selbst ernannt oder einen Dritten zu dessen Ernennung bestimmt hat(Vor §§ 343, 344 Rn 14).

Die Zuständigkeit zwischen **Nachlassgericht** und **Prozessgericht** ist genau abgegrenzt. So kann etwa die Ernennung durch das Nachlassgericht vom Prozessgericht nicht nachgeprüft werden (OLG Hamburg, NJW 65, 68; Jansen, NJW 66, 331; AG Starnberg FamRZ 99, 743). Etwas anderes könnte nur bei krassen Fehlentscheidungen des Nachlassgerichts gelten, etwa wenn der Erblasser überhaupt keine TestVollstreckung angeordnet hat (MünchKommBGB/Zimmermann § 2200 BGB Rn 13), wenn kein Ernennungsersuchen des Erblassers vorliegt (BayObLG FamRZ 95, 124) oder wenn die TestVollstreckung offensichtlich bereits beendet ist (BGHZ 41, 23). Andererseits ist das Nachlassgericht nur in den gesetzlich bestimmten Fällen zur Entscheidung von Streitigkeiten zwischen Erben und dem TestVollstr befugt und kann zB die TestVollstreckung nicht als solche aufheben (BGH NJW 64, 1316, 1319; OLG Köln, DNotZ 87, 324).

5. Gebühren

13 §§ 113, 115 KostO.

Unterabschnitt 5
Sonstige verfahrensrechtliche Regelungen

Mitteilungspflichten

356 (1) Erhält das Gericht Kenntnis davon, dass ein Kind Vermögen von Todes wegen erworben hat, das nach § 1640 Abs. 1 Satz 1 und Abs. 2 des Bürgerlichen Gesetzbuchs zu verzeichnen ist, teilt es dem Familiengericht den Vermögenserwerb mit.

(2) Hat ein Gericht nach § 344 Abs. 4 Maßnahmen zur Sicherung des Nachlasses angeordnet, soll es das nach § 343 zuständige Gericht hiervon unterrichten.

1. Allgemeines

§ 356 fasst die bisher bereits im FGG geregelten Mitteilungspflichten zusammen (BT-Drs 16/6308, 282). Abs 1 übernimmt den Regelungsgehalt des § 74a FGG. Abs 2 entspricht § 74 S 2 FGG. 1

2. Mitteilungspflicht bei Vermögenserwerb eines Minderjährigen (Abs1)

Nach **§ 1640 I 1 BGB** haben die Eltern das ihrer Verwaltung unterliegende Vermögen, das das Kind von Todes wegen erwirbt, zu verzeichnen, das Verzeichnis mit der Versicherung der Richtigkeit und Vollständigkeit zu versehen und dem Familiengericht einzureichen, es sei denn, der Wert des Vermögenserwerbs übersteigt nicht 15 000 Euro (§ 1640 II Nr 1 BGB) oder der Erblasser hat durch letztwillige Verfügung eine abweichende Anordnung getroffen (§ 1640 II Nr 2 BGB). Reichen die Eltern ein Verzeichnis nicht ein oder ist das eingereichte Verzeichnis ungenügend, kann das Familiengericht anordnen, dass das Verzeichnis durch eine zuständige Behörde oder einen zuständigen Notar aufgenommen wird (§ 1640 III BGB). Verspricht eine derartige Anordnung keinen Erfolg, kann dem Elternteil, der die Verpflichtung nicht erfüllt hat, die Vermögenssorge entzogen werden. § 356 I begründet deshalb die **Mitteilungspflicht** des **Nachlassgerichts** an das Familiengericht, damit dieses gegebenenfalls nach § 1640 II oder III BGB von Amts wegen tätig werden kann. 2

3. Mitteilungspflicht bei Nachlasssicherungsmaßnahmen

Das Gericht, das nach § 344 IV Maßregeln zur Sicherung des Nachlasses angeordnet hat, soll nach § 356 II dem nach § 343 zuständigen Nachlassgericht Mitteilung machen, damit dieses über die Sachlage informiert ist. Zu Nachlasssicherungsmaßnahmen s § 344 Rn 10 ff. 3

§ 357

Einsicht in eine eröffnete Verfügung von Todes wegen; Ausfertigung eines Erbscheins oder anderen Zeugnisses

357 (1) **Wer ein rechtliches Interesse glaubhaft macht, ist berechtigt, eine eröffnete Verfügung von Todes wegen einzusehen.**

(2) **Wer ein rechtliches Interesse glaubhaft macht, kann verlangen, dass ihm von dem Gericht eine Ausfertigung des Erbscheins erteilt wird. Das Gleiche gilt für die nach § 354 erteilten gerichtlichen Zeugnisse sowie für die Beschlüsse, die sich auf die Ernennung oder die Entlassung eines Testamentsvollstreckers beziehen.**

1. Allgemeines

1   Abs 1 übernimmt den Regelungsgehalt des bisherigen § 2264 BGB in das FamFG, wobei das Einsichtsrecht nunmehr auf alle Arten von Verfügungen von Todes wegen ausgedehnt wird (eröffnete Erbverträge konnten bislang nur unter den Voraussetzungen des § 34 FGG eingesehen werden). Abs 2 entspricht § 85 FGG. Abs 2 ist lex specialis zu § 13 III.

Die bislang in § 78 FGG geregelten, speziellen Einsichtsrechte wurden mit Blick auf § 13 als entbehrlich erachtet (BT-Drs 16/6308, 282).

2. Glaubhaftmachung eines rechtlichen Interesses

2   Voraussetzung sowohl für die Einsichtnahme nach Abs 1 als auch für die Erteilung von Ausfertigungen nach Abs 2 ist, dass ein **rechtliches Interesse** glaubhaft gemacht wird. Ein solches ist gegeben, wenn der Inhalt der eröffneten Verfügung von Todes wegen oder der Erbschein auf die rechtlichen Beziehungen des Antragstellers einwirken kann (RG 151, 57, 62 ff) oder die Kenntnis vom Inhalt der Verfügung oder des Erbscheines erforderlich ist, um Rechte zu verfolgen oder Ansprüche abzuwehren (BayObLG NJW-RR 99, 661, 662 zu § 61 PStG). Nicht ausreichend ist ein bloß wirtschaftliches Interesse, auch nicht ein berechtigtes Interesse im Sinne des § 13 II.

Ein rechtliches Interesse haben demnach insbesondere die gesetzlichen Erben, auch soweit sie durch spätere Verfügungen wieder enterbt worden sind (BayObLG 54, 312), durch die Verfügung bedachte Personen, nicht aber Nachlassgläubiger (str KG RPfleger 78, 140 für Anspruch auf Erteilung einer Ausfertigung; aA nur Einsichtsrecht nach § 34 FGG (jetzt § 13): BayObLG NJW-RR 97, 771).

3   Ein Anspruch auf Einsicht oder auf Erteilung einer Ausfertigung besteht nur bei **Glaubhaftmachung** (§ 31) eines rechtlichen Interesses. Glaubhaftmachung ist eine Beweisführung, die dem Richter oder RPfl nicht die volle Überzeugung von der Richtigkeit der zu beweisenden Tatsache, sondern lediglich einen geringeren Grad von Wahrscheinlichkeit vermitteln soll (RG, JW 27, 1309). Zur Glaubhaftmachung kann sich der Antragsteller aller Mittel bedienen (§ 31). Hierher gehören etwa Urkunden, Zeugenaussagen, schriftliche Bestätigungen dritter Personen, eidesstattliche Versicherungen.

4   § 357 I steht neben dem **allgemeinen Einsichtsrecht** des § 13 II (vgl BayObLG 54, 310, 313), da § 13 II die Einsicht in das Ermessen des Gerichts stellt, während § 357 I einen Anspruch bei Vorliegen des rechtlichen Interes-

§ 357 Einsicht in eine eröffnete Verfügung von Todes wegen **§ 357**

ses einräumt. § 357 II verdrängt in seinen Anwendungsbereich § 13 III, so dass Ausfertigungen nur bei Vorliegen des rechtlichen Interesses, nicht aber bei Vorliegen eines berechtigten Interesses verlangt werden können (BT-Drs 16/6308, 282). Daneben besteht aber bei Vorliegen eines berechtigten Interesses die Möglichkeit einer dem Ermessen des Gerichts unterliegenden Entscheidung über die Erteilung einer Abschrift des Erbscheines nach § 13 III (vgl. KG RPfleger 78, 140; Keidel/Zimmermann Rn 37), die auf Verlangen zu beglaubigen ist (§ 13 III 2).

3. Einsichtsrecht bei eröffneten Verfügungen von Todes wegen und Abschriftserteilung

a) Umfang des Einsichtsrechts. Ist das rechtliche Interesse glaubhaft gemacht, kann die Urschrift der Verfügung von Todes wegen insgesamt (mit Ausnahme der nicht bekanntgegebenen Teile, Rn 6) einschließlich etwaiger Anlagen eingesehen werden. Eine Beschränkung des Einsichtsrecht auf die den Einsichtnehmenden betreffende Teil der Anordnung , sieht § 357 nicht vor (str. ebenso OLG Hamm FamRZ 74, 387; Prütting/Helms/Fröhler Rn 14; aA Keidel/Zimmermann Rn 22; MünchKommZPO/J. Mayer § 357 Rn 8; Bahrenfuss/Schaal Rn 8). Anders als etwa in § 348 III wird nicht hinsichtlich des Inhalts der Verfügung differenziert. Auch die Niederschrift über die Eröffnungsverhandlung kann angesichts des Wortlautes des § 357 I nicht nach § 357, sondern nur nach § 13 eingesehen werden. 5

Das Einsichtsrecht bezieht sich aber nur auf die **bekanntgegebenen Teile** der Verfügung von Todes wegen. Gem § 349 I trennbare Verfügungen bei gemeinschaftlichen Testamenten u. Erbverträgen unterliegen nicht dem Einsichtsrecht (BayObLG RPfleger 84, 18, 19). 6

b) Ausübung des Einsichtsrechts. Einsichtnahme **vor Eröffnung** ist nur dem Erblasser gestattet, s § 346 Rn 18. 7

Das Recht auf Erteilung von Ausfertigungen, Auszügen und Abschriften folgt nunmehr aus § 13 III. Eine ausdrückliche Regelung entsprechend § 2264 2. Hs BGB wurde als entbehrlich angesehen (BT-Drs 16/6308, 282).

Das Einsichtsrecht kann durch einen **Bevollmächtigten** ausgeübt werden, eine besondere Bevollmächtigung ist nicht erforderlich (Keidel/Zimmermann Rn 24; aA Voraufl. und OLG Jena FGPrax 98, 61).

4. Anspruch auf Erteilung von Ausfertigungen von Erbscheinen

a) Allgemeines. § 357 II bezieht sich auf den Erbschein (§ 2353 BGB), das TestVollstrzeugnis (§ 2368 BGB), das Zeugnis über die Fortsetzung der Gütergemeinschaft (§ 1507 BGB), auf Beschlüsse, die die Ernennung oder die Entlassung eines TestVollstr betreffen (§§ 2200, 2202 III, 2227 BGB) und auf Zeugnisse gemäß §§ 36, 37 GBO, 42, 74 SchiffsregO. § 357 II gibt kein Recht auf Erteilung eines solchen Zeugnisses, sondern nur auf Erteilung einer Ausfertigung (Firsching/Graf, Rn 4.154). Das rechtliche Interesse (s Rn 2) muss sich zudem gerade auf die Erteilung einer Ausfertigung beziehen. Wem für seine rechtlichen Bedürfnisse eine beglaubigte Abschrift genügt, muss sich mit dieser begnügen (OLG Hamm NZG 10, 1033). Zum Recht des Gläubigers, die Erteilung eines Erbscheins oder einer Urkunde zum Zweck der 8

§ 358   Buch 4 – Verfahren in Nachlass- und Teilungssachen

Zwangsvollstreckung zu verlangen, s § 792 ZPO und KG, Rpfleger 78, 140. Zum Recht auf Einsicht der Gerichtsakten und auf Erteilung einer Abschrift s § 13.

9   **b) Ausfertigung.** Die Ausfertigung vertritt die Urschrift im Rechtsverkehr (vgl § 47 BeurkG), ist also erforderlich, wenn es auf den Besitz der Urkunde ankommt. Eine beglaubigte Abschrift kann beliebig oft erteilt werden und auch nach der Einziehung des Erbscheins oder der Aufhebung der TestVollstreckung in den Händen die nicht mehr Berechtigten verblieben sein, während Urschrift und Ausfertigung nach Erlöschen der Berechtigung zurückgefordert werden. Daher kann etwa der Nachweis einer Erbfolge oder Test-Vollstreckung nur durch Vorlage der Urschrift oder einer Ausfertigung des Erbscheins oder des TestVollstreckerzeugnisses geführt werden (Winkler, § 47 BeurkG, Rn 6). So muss sich etwa ein Notar diese Zeugnisse in Urschrift oder in Ausfertigung vorlegen lassen, da er nur so ihren Fortbestand prüfen kann. Mit der Vorlage einer einfachen oder beglaubigten Abschrift darf er sich nicht begnügen, da ihr Besitz auch nach dem Erlöschen der Berechtigung möglich ist (Winkler, DNotZ 71, 149). Der nach § 357 II Berechtigte kann mehr als nur eine Ausfertigung des Erbscheins verlangen, wenn er ein tatsächliches Interesse glaubhaft macht, etwa Verlust der ersten Ausfertigung (LG Köln, Rpfleger 69, 350).

5. Zuständigkeit

10   Zuständig ist das Nachlassgericht, dort nach § 3 Nr 2 c RPflG der RPfl. Befindet sich die eine Verfügung noch beim Verwahrungsgericht, welches die Eröffnung vorgenommen hat, ist dieses für die Einsichtgewährung zuständig.

6. Rechtsmittel

11   Gegen die Ablehnung der Einsichtnahme oder Erteilung einer Ausfertigung ist die Beschwerde gem § 58 statthaft.

7. Gebühren

12   Einsicht erfolgt gebührenfrei; Kosten für Abschriften, Ausfertigungen und begl. Ablichtungen, §§ 132, 136 KostO.

Zwang zur Ablieferung von Testamenten

358   **In den Fällen des § 2259 Abs. 1 des Bürgerlichen Gesetzbuchs erfolgt die Anordnung der Ablieferung des Testaments durch Beschluss.**

1. Allgemeines

1   § 358 ersetzt § 83 FGG. Die Regelung soll sich jedoch nunmehr darauf beschränken, dass das Gericht unter Vorliegen der Voraussetzungen des § 2259 I BGB die Ablieferung des Testaments durch Beschluss anordnen kann. Die Vollstreckung dieses Beschluss erfolgt nach § 35 (BT-Drs 16/6308, 282). Gestrichen wurde § 83 II FGG, wonach jemand zur Abgabe einer eidesstatt-

§ 358 Zwang zur Ablieferung von Testamenten   § 358

lichen Versicherung über den Verbleib des Testaments angehalten werden konnte, wenn das Nachlassgericht nur annahm, dass sich diejenige Person im Besitz der Verfügung befand (dazu Rn 5).

2. Materielle Regelung

a) Ablieferung, Verwahrung (s auch § 347 Rn 4). Das öffentliche Testa- 2 ment (§ 2232 BGB) ist nach § 34 I 4 BeurkG unverzüglich in besondere amtliche Verwahrung beim Amtsgericht (§ 2258 a BGB) (in Baden-Württemberg beim Notar [§§ 1 II, 38, 46 III, 48 III LFGG]) zu bringen (ebenso das Bürgermeistertestament nach § 2249 I 4 BGB und das Konsulartestament nach § 11 II KonsG). Das eigenhändige Testament ist dagegen nach § 2248 BGB nur auf Verlangen des Erblassers in besondere amtliche Verwahrung zu nehmen. Um sicherzustellen, dass das Testament eröffnet (§ 2260 BGB) und so der Wille des Erblassers durchgesetzt wird, müssen nach § 2259 BGB alle Testamente, die sich nicht in besonderer amtlicher Verwahrung (§ 2259 I BGB) oder bei einer anderen Behörde als einem Gericht befinden (§ 2259 II BGB), an das Nachlassgericht abgeliefert werden. Gleichgültig ist, ob das Testament gültig, widerrufen, zurückgenommen (§ 2256 BGB) oder sonst gegenstandslos ist; dies hat nicht der Ablieferungspflichtige, sondern das Nachlassgericht zu entscheiden. Daher sind auch Schriftstücke abzuliefern, deren Eigenschaft als Testament überhaupt zweifelhaft ist. Auch Testamente von Ausländern sind abzugeben, ebenso gemeinschaftliche Testamente und Erbverträge (§ 2300 BGB). Abzuliefern ist die Urschrift bzw bei deren Verlust eine etwa vorhandene Abschrift. Eine Ausnahme besteht nur, wenn der Erblasser sich vor Ablieferung zum Widerruf entschließt und das Testament in Gegenwart des Notars vernichtet (Winkler, § 34 BeurkG Rn 8).

b) Ablieferungspflicht. Die Ablieferungspflicht trifft jeden Besitzer eines 3 Testaments. Der Erblasser kann von ihr nicht befreien (vgl auch § 2263 BGB). Erfährt das Nachlassgericht, dass jemand ein Testament in Besitz hat, so hat es den Besitzer aufzufordern, das Testament oder den Erbvertrag (§ 2300 BGB, § 34 BeurkG; Firsching/Graf NachlR Rn 4.48 ff) unverzüglich an das Nachlassgericht abzuliefern. Die Ablieferungspflicht entsteht erst, nachdem der Besitzer vom Tod des Erblassers Kenntnis erlangt hat; dies ist jedenfalls mit der Aufforderung des Nachlassgerichts der Fall. Erst jetzt sind Zwangsmaßregeln zulässig. Befindet sich eine Verfügung von Todes wegen bei einer Behörde in amtlicher Verwahrung, so hat das Nachlassgericht die Ablieferung zu veranlassen (§ 2259 II BGB). Eine solche Behörde kann etwa ein Bürgermeister, Notar oder Konsul sein, der entgegen § 2249 I 4 BGB, § 34 I BeurkG, §§ 9, 20 DONot, § 11 II KonsG ein Testament noch nicht in amtliche Verwahrung gebracht hat oder ein Notar, der einen Erbvertrag nach § 34 II BeurkG verwahrt. Gegen sie besteht das Zwangsmittel der §§ 358, 35 nicht.

3. Erzwingung der Ablieferung; Verfahren

Die Nichtablieferung der Testamentsurkunde kann straffällig (vgl § 274 4 Nr 1 StGB) und schadensersatzpflichtig machen. Die Ablieferung kann vom Beteiligten selbst durch Klage durchgesetzt werden. Die Erzwingung der

§ 358

Buch 4 – Verfahren in Nachlass- und Teilungssachen

Ablieferung durch das Nachlassgericht erfolgt durch Beschluss, der wegen seines Charakters als verfahrensleitende Zwischenentscheidung nach § 35 vollstreckt wird (BT-Drs 16/6308, 282). Für den Beschluss gelten die §§ 38 ff, insbesondere ist er gem § 41 bekanntzugeben.

§§ 358, 35 weisen dem Nachlassgericht somit als Zwangsmittel die Anwendung unmittelbaren Zwangs nach § 35 III, die Festsetzung von Zwangsgeld oder (als neu hinzugetretenem Zwangsmittel) die Zwangshaft (§ 35 I) zu, Einzelheiten s dort. Der Beschluss ist aber nur statthaft, wenn die Voraussetzungen des § 2259 I BGB vorliegen. Aus Sicht des Nachlassgerichts muss somit feststehen, dass das Testament im Besitz der Person ist, der gegenüber durch den Beschluss die Ablieferung angeordnet wird (so bisher die allg. M zu § 83 I, etwa Keidel/Kuntze/Winkler § 83 FGG Rn 7; Firsching/Graf 4.53). Zu beachten ist allerdings, dass die Befugnis des Nachlassgerichts weggefallen ist, eine Person nach § 83 II FGG zu einer eidesstattlichen Versicherung über den Besitz und Verbleib eines Testaments anzuhalten, mithin also auch die Differenzierung des § 83 FGG in Fällen, in denen der Besitz feststeht oder weitere Ermittlungen erforderlich sind. Dementsprechend muss in Zweifelsfällen nunmehr im Rahmen der Beweiserhebung vor Erlass des Beschlusses das Nachlassgericht sich Gewissheit verschaffen, ob Besitz vorliegt. Hier erscheint insbesondere die Anordnung des persönlichen Erscheinens angeraten (§ 33). Sollte das Nachlassgericht zur Überzeugung gelangen, dass eine Person im Besitz einer Verfügung ist, obwohl sie diesen bestreitet, kann das Nachlassgericht den Beschluss erlassen und sodann nach § 358, 35 iVm § 883 II ZPO eine eidesstattliche Versicherung einholen.

4. Wegfall der eidesstattlichen Versicherung nach § 83 II FGG

5   § 83 II FGG sah bislang in dem Fall, dass nicht feststand, dass eine Person im Besitz einer Verfügung von Todes wegen ist, jedoch Grund zu dieser Annahme bestand, vor, dass das Nachlassgericht diese Person zur Abgabe einer eidesstattlichen Versicherung über den Verbleib anhalten konnte (§ 83 II FGG). Die Versicherung lautete (8. Aufl. § 83 Rn 7): „dass er das Testament nicht besitze, auch nicht wisse, wo es sich befinde" (§ 883 II ZPO). Der Gesetzgeber hat jedoch diese Regelung mit der Begründung gestrichen, die eidesstattliche Versicherung entspreche inhaltlich schon bisher derjenigen nach § 883 II ZPO (BT-Drs 16/6308, 282). Dabei wurde allerdings übersehen, dass § 83 II andere Voraussetzungen hatte, nämlich die eidesstattliche Versicherung gerade als Mittel zur Ermittlung des Verbleibs eines Testamentes diente. Eine eidesstattliche Versicherung kann nach §§ 358 I, 35 III iVm § 883 II ZPO nunmehr nur erfolgen, wenn eine Vollstreckung auf Herausgabe des Testamentes erfolglos geblieben ist (vgl allgemein zu § 883 ZPO Musielak/Lackmann, § 883 Rn 11), der Gerichtsvollzieher das Testament also nicht vorgefunden hat. Das setzt aber immer voraus, dass das Nachlassgericht sicher ist, dass Besitz vorhanden ist. Unmittelbare Zwangsmittel des Nachlassgerichts gegen eine Person, bei welcher das Nachlassgericht den Besitz nur vermutet, bestehen somit nicht mehr. Vorauszugehen hat somit stets eine ausreichende Beweiserhebung, damit das Nachlassgericht selbst zu einer Überzeugung kommt.

5. Zuständigkeit

Zuständig für das Verfahren nach § 358 ist der **RPfl** (§ 3 Nr 2 c RPflG), 6 insbesondere ist er also für den Beschluss zuständig. Ebenso für die Vollstreckung. Er ist jedoch nicht befugt, Haft anzudrohen oder anzuordnen (§ 4 II Nr 2 RPflG), sondern muss die Angelegenheit dann dem Richter zur Entscheidung vorlegen (§ 4 III RPflG).

6. Beschwerde

Gegen die Beschlüsse, die eine Beeinträchtigung enthalten, steht jedem, der 7 in seinen Rechten dadurch betroffen wird, nach § 58 die einfache Beschwerde zu. Dies gilt hinsichtlich des Beschlusses selbst. Gegen die Beschlüsse, durch welche die Zwangsmaßnahmen angeordnet werden, ist die sofortige Beschwerde statthaft (§ 35 V iVm §§ 567 bis 572 ZPO). Die sofortige Beschwerde hat in diesem Fall aufschiebende Wirkung, da sie die Festsetzung eines Zwangsmittels zum Gegenstand hat (§ 35 iVm § 570 ZPO).

7. Gebühren

Gebühren für die Vollstreckung gem § 134 KostO. Für den Beschluss selbst 8 ist kein Gebührentatbestand geschaffen worden.

Nachlassverwaltung

359 (1) **Der Beschluss, durch den dem Antrag des Erben, die Nachlassverwaltung anzuordnen, stattgegeben wird, ist nicht anfechtbar.**

(2) **Gegen den Beschluss, durch den dem Antrag eines Nachlassgläubigers, die Nachlassverwaltung anzuordnen, stattgegeben wird, steht die Beschwerde nur dem Erben, bei Miterben jedem Erben, sowie dem Testamentsvollstrecker zu, der zur Verwaltung des Nachlasses berechtigt ist.**

1. Allgemeines

Die Vorschrift regelt die Rechtsmittel in Verfahren der Nachlassverwaltung. 1 § 359 I entspricht § 76 I FGG; § 359 entspricht § 76 II FGG. Die Übernahme von § 76 II 1 FGG wurde als entbehrlich erachtet, da die Beschwerde gegen den dem Antrag eines Nachlassgläubigers auf Anordnung der Nachlassverwaltung stattgebenden Beschluss bereits nach den allgemeinen Vorschriften (§ 58 I) statthaft sei (BT-Drs 16/6308, 283). Die Vorschrift des § 75 FGG zur Nachlasspflegschaft wurde nicht in das FamFG übernommen. Für diese sollen künftig die Vorschriften des allgemeinen Teils sowie über § 340 als betreuungsgerichtliche Zuweisungssache die Vorschriften des Buches 3 gelten.

a) Nachlasspflegschaft. Die Behandlung des Nachlasses ist an sich Sache 2 der Beteiligten. Das Nachlassgericht hat nur einzuschreiten, soweit ein Bedürfnis besteht. §§ 1960 II, 1961 BGB sehen dann die Möglichkeit der Anordnung der Nachlasspflegschaft vor. Die Nachlasspflegschaft ist eine Unterart der Pflegschaft, auf die gemäß § 1915 I BGB die Vorschriften über die Vormundschaft Anwendung finden, soweit sich nicht daraus etwas anderes

§ 359 Buch 4 – Verfahren in Nachlass- und Teilungssachen

ergibt, dass sie einen Nachlass betrifft und der Pflegling regelmäßig unbekannt ist (vgl § 1962 BGB). Eine Abart der Nachlasspflegschaft ist die Nachlassverwaltung der §§ 1975 ff BGB.

3 **b) Nachlassverwaltung.** Die Nachlassverwaltung ist eine Nachlasspflegschaft, die zum Zweck der Befriedigung der Nachlassgläubiger vom Nachlassgericht angeordnet wird (§ 1975 BGB). Antragsberechtigt sind der **Erbe** (§ 1981 I BGB), soweit nicht ein Ablehnungsgrund besteht (§§ 1982, 2013, 2062 BGB) sowie ein **Nachlassgläubiger,** wenn Grund zu der Annahme besteht, dass die Befriedigung der Nachlassgläubiger aus dem Nachlass durch das Verhalten oder die Vermögenslage des Erben gefährdet wird (§ 1981 II BGB); der Antrag eines Gläubigers kann nicht mehr gestellt werden, wenn seit der Annahme der Erbschaft 2 Jahre verstrichen sind (§ 1981 II 2 BGB).

2. Nachlassverwaltung

4 **a) Antrag des Erben (Abs 1).** Das Antragsrecht ist zeitlich unbegrenzt und auch schon vor Erbschaftsannahme möglich, nicht mehr jedoch, wenn Nachlassinsolvenz eröffnet ist. Den Antrag können auch ein TestVollstr und ein Erbschaftskäufer (§ 2383 BGB) stellen, auch der Nacherbe (§ 2144 BGB), nicht jedoch der Nachlasspfleger. Nach § 359 I ist die **Beschwerde** gegen die Anordnung unzulässig, auch durch den TestVollstr. Ausnahmsweise ist die Beschwerde gegen die Anordnung zulässig, wenn sie zu Unrecht angeordnet wurde, zB ohne Antrag oder nach Teilung des Nachlasses (§ 2062 Hs 2 BGB) oder wenn die internationale Zuständigkeit des Nachlassgerichts fehlt (BayObLG 65, 423; 76, 151, 154; die Bedeutung der Fallgruppe wird wg Aufgabe der Gleichlauftheorie abnehmen, MünchKommZPO/J. Mayer § 359 FamFG Rn 5). Wird der Antrag zurückgewiesen, so steht dem Antragsteller nach § 59 I die Beschwerde zu. Haben den Antrag mehrere Erben gemeinschaftlich gestellt, so können sie auch das Beschwerderecht nur gemeinsam ausüben. Gegen die Ablehnung des Antrags auf Aufhebung der Nachlassverwaltung steht jedem einzelnen Miterben das Beschwerderecht zu. Der Nachlassverwalter hat gegen die Aufhebung der Nachlassverwaltung kein Beschwerderecht.

5 **b) Antrag des Nachlassgläubigers.** Jeder Nachlassgläubiger, auch wenn er zugleich Miterbe ist, kann innerhalb der zweijährigen Ausschlussfrist seit Annahme der Erbschaft (durch den Erben oder Nacherben, § 2144 BGB) Antrag stellen, wenn er seine Forderung und deren Gefährdung glaubhaft macht. Nachlassgläubiger sind außer den Gläubigern des Erblassers die Pflichtteilsberechtigten und die aus Vermächtnissen und Auflagen Forderungsberechtigten (§ 1967 II BGB). Der Anordnungsbeschluss wird nach § 40 I mit der Bekanntmachung an die Erben oder den TestVollstr wirksam. Gegen den Beschluss, durch den dem Antrag eines Nachlassgläubigers, die Nachlassverwaltung anzuordnen, stattgegeben wird, findet nach den allgemeinen Vorschriften die Beschwerde (§§ 58 ff) statt. Dies gilt auch dann, wenn geltend gemacht wird, dass der Antragsteller nicht Nachlassgläubiger, also zu dem Antrag nicht berechtigt war. Die Beschwerde steht nach § 359 II aber nur dem Erben, bei Miterben jedem Erben, sowie dem TestVollstr zu, der zur Verwaltung des Nachlasses berechtigt ist (§§ 2205 ff BGB), nicht aber den

§ 360 Bestimmung einer Inventarfrist § 360

Nachlassgläubigern. Gegen die Zurückweisung des Antrags steht nur dem Antragsteller die **Beschwerde** zu (§ 59 II). Falls hierauf das Beschwerdegericht die Nachlassverwaltung anordnet, ist hiergegen die Rechtsbeschwerde gegeben.

3. Nachlasspflegschaft

Für die Nachlasspflegschaft sollen künftig die Vorschriften des allgemeinen Teils sowie über § 340 Nr 1 (die Nachlasspflegschaft gilt als betreuungsgerichtliche Zuweisungssache) die Vorschriften des Buches 3 gelten, wobei sich die sachliche Zuständigkeit des Nachlassgerichts aus § 1962 BGB ergibt (BT-Drs 16/6308, 283). Die örtliche Zuständigkeit ergibt sich nicht aus § 344 IV (s dort Rn 11), sondern aus § 343. Die Abgabe an ein anderes Nachlassgericht aus wichtigem Grund gem § 4 ist möglich, wenn der Nachlass hauptsächlich aus Grundstücken im Bezirk des anderen Nachlassgerichts besteht (OLG Brandenburg FGPrax 06, 221). Die Beschlüsse über die Anordnung und Anfechtung der Nachlasspflegschaft sowie die Entlassung des Nachlasspflegers gegen seinen Willen sind als Endentscheidungen nach § 58 I mit der Beschwerde anfechtbar (BT-Drs 16/6308, 283). Beschwerdeberechtigt gegen die Anordnung der Nachlasspflegschaft sind der Erbe, der Erbprätendent, der sein Erbrecht schlüssig behauptet, Erbteilserwerber, Nachlassgläubiger, der vollstreckbaren Titel erwirkt oder Erbteil gepfändet hat, nicht Ersatzerbe, Vorerbe, wenn für Nacherben Pflegschaft angeordnet wird (OLG Stuttgart, OLG 71, 463; BayObLG FGPrax 96, 326; LG Frankenthal, Rpfleger 83, 153) und ebenso nicht der Generalbevollmächtigte des Erblassers (OLG München NJW 10, 2364). Im Übrigen ist hinsichtlich der Beschwerdeberechtigung in Verfahren, die Anordnungen des Nachlassgerichts an den Nachlasspfleger zum Gegenstand haben, zu prüfen, ob sie lediglich dessen verfahrensrechtliche Behandlung (dazu KG, Rpfleger 77, 132) oder den Bestand des Nachlasses berühren (vgl. BayObLG FGPrax 96, 326). 6

4. Gerichtsgebühren

§ 106 KostO. 7

Bestimmung einer Inventarfrist

360 (1) **Die Frist zur Einlegung einer Beschwerde gegen den Beschluss, durch den dem Erben eine Inventarfrist bestimmt wird, beginnt für jeden Nachlassgläubiger mit dem Zeitpunkt, in dem der Beschluss dem Nachlassgläubiger bekannt gemacht wird, der den Antrag auf die Bestimmung der Inventarfrist gestellt hat.**

(2) **Absatz 1 gilt entsprechend für die Beschwerde gegen einen Beschluss, durch den über die Bestimmung einer neuen Inventarfrist oder über den Antrag des Erben, die Inventarfrist zu verlängern, entschieden wird**

§ 360 Buch 4 – Verfahren in Nachlass- und Teilungssachen

1. Allgemeines

1   Die Vorschrift übernimmt die bislang in § 77 III FGG geregelten Spezialvorschriften zum Lauf der Rechtsmittelfristen für die Nachlassgläubiger.

2. Materielles Recht

2   Nach § 1994 BGB hat das Nachlassgericht dem Erben auf Antrag eines Nachlassgläubigers (nicht wenn dieser zugleich Miterbe ist, KG OLG 79, 276 mwN) zur Errichtung des Inventars eine Frist zu bestimmen. Der Antragsteller hat seine Forderung glaubhaft zu machen. Die Frist soll mindestens einen Monat, höchstens 3 Monate betragen und beginnt mit der Zustellung des Beschlusses, durch den die Frist bestimmt wird (§ 1995 I BGB). Auf Antrag des Erben kann das Nachlassgericht die Frist nach seinem Ermessen verlängern (§ 1995 III BGB). Ist der Erbe durch höhere Gewalt verhindert worden, das Inventar rechtzeitig zu errichten oder die nach den Umständen gerechtfertigte Verlängerung der Inventarfrist zu beantragen, so hat ihm auf seinen Antrag das Nachlassgericht eine neue Inventarfrist zu bestimmen (§ 1996 BGB). Der Antrag muss binnen 2 Wochen nach der Beseitigung des Hindernisses und spätestens vor dem Ablauf eines Jahres nach dem Ende der zuerst bestimmten Frist gestellt werden (§ 1996 II). Versäumt der Erbe die Frist, so ist Folge die unbeschränkte Haftung für die Nachlassverbindlichkeiten (§ 1994 I 2 BGB). Zur Aufnahme des Inventars muss der Erbe nach § 2002 einen zuständigen Beamten oder Notar (§ 20 I BNotO) zuziehen. Der Erbe kann beantragen, dass das Nachlassgericht das Inventar selbst aufnimmt oder die Aufnahme einem zuständigen Beamten oder Notar überträgt (§ 2003 I BGB).

3. Zuständigkeit; Beteiligte

3   Zuständig für den Beschluss, durch den dem Erben eine Inventarfrist bestimmt wird, ist das örtlich zuständige **Nachlassgericht** (§ 343), dort der **RPfl** (§ 3 Nr 2 c RPflG). Das Nachlassgericht ist ferner zuständig für die Inventarerrichtung. Landesrechtliche Vorschriften, nach denen das Nachlassgericht ausgeschlossen ist oder die Aufnahme den Notaren (§ 20 BNotO) oder anderen Behörden übertragen kann (s Keidel/Zimmermann Rn 13 f), sind aufrechterhalten (dazu Firsching/Graf Rn 4.732; Staudinger/Winkler Art 148 EGBGB). Neben dem Antragsteller ist Muss-Beteiligter gem 345 IV S 1 Nr 4 stets der Erbe, dem die Frist gesetzt wird. Weitere Kann-Beteiligte ergeben sich aus § 345 IV S 2 (§ 345 Rn 18, 20).

4. Beschwerde

4   Gegen einen Beschluss, durch den dem Erben eine Inventarfrist bestimmt wird, und gegen einen Beschluss, durch die über die Bestimmung einer neuen Inventarfrist oder über den Antrag des Erben, die Inventarfrist zu verlängern, entschieden wird, ist die Beschwerde nach §§ 58 ff gegeben (BT-Drs 16/6308). Beschwerdeberechtigt ist jeder Erbe und Nachlassgläubiger. Wird ein Antrag auf Fristbestimmung zurückgewiesen, so ist hiergegen ebenfalls die Beschwerde statthaft, zu der nur der Antragsteller berechtigt ist (§ 59 II).

§ 361 Eidesstattliche Versicherung　　　　　　　　　　　　　　　　　　　　**§ 361**

5. Beschwerdefrist

Die Frist zur Einlegung der Beschwerde beginnt für jeden Erben nach　5
§ 63 III mit der schriftlichen Bekanntmachung des Beschlusses an ihn. Für jeden Nachlassgläubiger beginnt sie nach § 360 I mit dem Zeitpunkt, in dem der Beschluss dem Nachlassgläubiger schriftlich (§ 63 III iVm § 41) bekannt gemacht wird, der den Antrag auf die Bestimmung der Inventarfrist gestellt hat. Die formlose Mitteilung des mit der Beschwerde anfechtbaren Beschlusses setzt demgemäß die Beschwerdefrist nicht in Lauf, sie beginnt dann aber gem § 63 III spätestens 5 Monate nach Erlass (§ 38 III 2) des Beschlusses.

6. Gebühren

§§ 114 Nr 1, 115 KostO.　　　　　　　　　　　　　　　　　　　　　　　　　　　　6

Eidesstattliche Versicherung

361 Verlangt ein Nachlassgläubiger von dem Erben die Abgabe der in § 2006 des Bürgerlichen Gesetzbuchs vorgesehenen eidesstattlichen Versicherung, kann die Bestimmung des Termins zur Abgabe der eidesstattlichen Versicherung sowohl von dem Nachlassgläubiger als auch von dem Erben beantragt werden. Zu dem Termin sind beide Teile zu laden. Die Anwesenheit des Gläubigers ist nicht erforderlich. Die §§ 478 bis 480 und 483 der Zivilprozessordnung gelten entsprechend.

1. Allgemeines

§ 361 entspricht § 79 FGG.　　　　　　　　　　　　　　　　　　　　　　　　　　1

2. Materielles Recht

Nach § 2006 BGB hat der Erbe auf Verlangen eines Nachlassgläubigers bei　2
der Inventarerrichtung zu Protokoll des Nachlassgerichts an Eides Statt zu versichern, dass er nach bestem Wissen die Nachlassgegenstände so vollständig angegeben habe, als er dazu imstande sei. Voraussetzung ist, dass ein vom Erben errichtetes Inventar vorliegt. Vor der Abgabe der eidesstattlichen Versicherung ist der Erbe berechtigt, das Inventar zu vervollständigen. Die Abnahme der eidesstattlichen Versicherung erfolgt durch den **RPfl** (§ 3 Nr 2 c RPflG). Die Verweigerung durch den Erben hat seine unbeschränkte Haftung gegenüber dem Gläubiger zur Folge, der den Antrag gestellt hat (§ 2006 III BGB); ob diese unbeschränkte Erbenhaftung eingetreten ist, hat jedoch allein das Prozessgericht zu entscheiden; im Verfahren nach § 361 ist eine solche Sachentscheidung nicht zu treffen (OLG Hamm FGPrax 95, 69).

Die **Terminbestimmung** zur Abgabe der eidesstattlichen Versicherung　3
erfolgt auf Antrag des **Nachlassgläubigers** (auch des Pflichtteilsberechtigten oder des Vermächtnisnehmers), der die Abgabe der eidesstattlichen Versicherung verlangt, wenn er seine Forderung glaubhaft macht (§ 1994 II BGB) oder des **Erben,** von dem die Abgabe der eidesstattlichen Versicherung verlangt wird. Sie ist ausgeschlossen, wenn der Erbe die Erbschaft ausgeschlagen hat, während der Dauer der Nachlassverwaltung oder der Nachlassinsolvenz.

§ 362

4 Eine **wiederholte Abgabe** der eidesstattlichen Versicherung kann derselbe Gläubiger oder ein anderer Gläubiger nur verlangen, wenn Grund zu der Annahme besteht, dass dem Erben nach der Abgabe der eidesstattlichen Versicherung weitere Nachlassgegenstände bekannt geworden sind (§ 2006 IV BGB). Erscheint der Erbe weder im Termin noch in einem auf Antrag des Gläubigers bestimmten neuen Termin, so haftet der Erbe ebenfalls unbeschränkt, es sei denn, dass ein Grund vorliegt, durch den das Nichterscheinen in diesem Termin genügend entschuldigt wird (§ 2006 III 2 BGB). Ein Beschluss, durch den der Rechtspfleger einen Termin vertagt hat, kann vom Nachlassgläubiger nicht mit dem Ziel angefochten werden, festzustellen, dass der Erbe die Abgabe der eidesstattlichen Versicherung verweigert habe (OLG Hamm FGPrax 95, 69).

3. Verfahren

5 Gemäß § 361 S 4 gelten die Vorschriften der §§ 478–480, 483 ZPO entspr. Danach muss die eidesstattliche Versicherung von dem Betroffenen in Person geleistet werden. Die Anwesenheit des Gläubigers ist nach § 361 S 3 nicht erforderlich. Vor der Abgabe ist der Pflichtige in angemessener Weise auf die Bedeutung der eidesstattlichen Versicherung hinzuweisen (§ 480 ZPO). Im Klageweg ist die Abgabe der eidesstattlichen Versicherung nicht erzwingbar (Firsching/Graf Rn 4.749).

4. Gebühren

6 § 124 KostO. Über die Kostenpflicht wird keine Entscheidung getroffen (KG, OLG 70, 408). Zahlungspflichtig ist der Antragsteller (§ 2 Nr 1 KostO).

Stundung des Pflichtteilsanspruchs

362 Für das Verfahren über die Stundung eines Pflichtteilsanspruchs (§ 2331a in Verbindung mit § 1382 des Bürgerlichen Gesetzbuchs) gilt § 264 entsprechend.

1. Allgemeines; materielles Recht

1 § 362 entspricht dem bisherigen § 83a FGG. Ein Erbe, der selbst pflichtteilsberechtigt ist (dazu §§ 2303, 2331a BGB), kann nach § 2331a BGB Stundung des Pflichtteilsanspruchs verlangen. Voraussetzung ist, dass die sofortige Erfüllung des ganzen Anspruchs den Erben wegen der Art der Nachlassgegenstände ungewöhnlich hart treffen, insbesondere wenn sie ihn zur Aufgabe seiner Familienwohnung oder zur Veräußerung eines Wirtschaftsguts zwingen würde, das für den Erben und seine Familie die wirtschaftliche Lebensgrundlage bildet. Die Interessen des Pflichtteilsberechtigten sind angemessen zu berücksichtigen.

2. Zuständigkeit

2 Für die Entscheidung über eine Stundung ist, wenn der Pflichtteilsanspruch nicht bestritten wird, nach § 2331a II BGB das **Nachlassgericht** zuständig.

§ 362 Stundung des Pflichtteilsanspruchs § **362**

Über die Stundung entscheidet nach § 3 Nr 2 c RPflG der **RPfl.** Die örtliche Zuständigkeit bestimmt sich nach § 343. Soweit der Pflichtteilsanspruch noch streitig ist und über ihn ein Rechtsstreit anhängig ist, kann der Antrag auf Stundung nur beim Prozessgericht gestellt werden (§ 1382 V BGB).

3. Antragsverfahren

Das Verfahren richtet sich nach § 1382 II–IV BGB, § 264). Es wird nur auf Antrag eingeleitet. Antragsberechtigt ist der Erbe (auch der Vorerbe bis zum Eintritt der Nacherbfolge) als Schuldner des Pflichtteils (§ 2303 BGB). Voraussetzung ist, dass er selbst pflichtteilsberechtigt ist. Von mehreren Miterben können Stundung nur die verlangen, die selbst pflichtteilsberechtigt sind. Der TestVollstr ist nicht antragsberechtigt (vgl § 2213 I 3 BGB), wohl aber der Nachlassverwalter und der Nachlassinsolvenzverwalter. 3

4. Vergleich

§ 53 a FGG – Vorgängervorschrift des § 264 – bestimmte, dass das Nachlassgericht mit den Beteiligten (Gläubiger und Schuldner) mündlich verhandeln und darauf hinwirken soll, dass sie sich gütlich einigen. Letztes ergibt sich nun aus der allgemeinen Vorschrift des § 36 I 2. Die bislang vorhandene Pflicht, möglichst **mündlich zu verhandeln,** ist nur noch Maßgabe des § 32 vorhanden, dh das Nachlassgericht muss einen Termin als sachdienlich erachten. Kommt in einem Termin eine Einigung zustande, so ist hierüber eine **Niederschrift** gemäß § 264 II ivm §§ 159–163 ZPO aufzunehmen. An Formalien muss sie enthalten (§ 160 ZPO): Ort und Tag der Verhandlung, Name des RPfls und der erschienenen Beteiligten, gesetzlicher Vertreter, Bevollmächtigter und Beistände, sowie den Inhalt der Vereinbarung. Dieser setzt sich zusammen aus dem Schuldbetrag, den Zins- und Zahlungsbedingungen sowie etwaigen Sicherheiten und zweckmäßig einer Kostenvereinbarung. Die Niederschrift ist den Beteiligten vorzulesen und zur Durchsicht vorzulegen. Dies und die Genehmigung ist zu vermerken (§ 162 ZPO). Ist der Inhalt des Protokolls nur vorläufig aufgezeichnet worden, genügt es wenn die Aufzeichnungen vorgelesen oder abgespielt werden (§ 162 I 2 ZPO). Die Niederschrift ist anschließend vom RPfl zu unterzeichnen (§ 163 ZPO). Zur Aufnahme einer Anlage s § 160 V ZPO, zur vorläufigen Protokollaufzeichnung s § 160 a ZPO. 4

Zulässig ist ferner ein schriftlich entsprechend § 278 VI ZPO geschlossener Vergleich (§ 36 III). In diesen Fall unterbreiten die Parteien dem Gericht einen schriftlichen Vergleichsvorschlag oder nehmen einen Vergleichsvorschlag des Gerichts durch Schriftsatz gegenüber dem Gericht an. Das Gericht stellt das Zustandekommen und den Inhalt des geschlossenen Vergleichs durch Beschluss fest.

5. Entscheidung des Gerichts

Kommt **keine Einigung** zustande, so ermittelt das Nachlassgericht die für die Entscheidung erheblichen Tatsachen nach § 26 von Amts wegen und **entscheidet** auf Grund seiner Feststellungen. Es kann den Antrag ganz oder 5

§ 362 Buch 4 – Verfahren in Nachlass- und Teilungssachen

teilweise zurückweisen, Stundung des ganzen Betrags bis zu einem bestimmten Termin oder Ratenzahlungen bewilligen, nach billigem Ermessen die Höhe der Verzinsung und den Zinsbeginn festlegen (§ 1382 II, IV BGB) und auf Antrag des Gläubigers Sicherheitsleistung anordnen (§ 1382 III, IV BGB). In der Entscheidung kann das Gericht nach § 264 II auch die Verpflichtung des Schuldners zur Zahlung des Pflichtteils aussprechen und damit einen Vollstreckungstitel gem § 86 I Nr 1 schaffen. Nach § 264 I wird die Entscheidung erst mit Rechtskraft wirksam.

Gegen den Beschluss ist die Beschwerde statthaft (§ 58). Einstweilige Anordnungen können nur noch (eine § 53 a III FGG entsprechende Vorschrift ist nicht geschaffen worden) nach Maßgabe der allgemeinen Vorschriften erlassen werden. Das Nachlassgericht kann nach § 49 auch eine (nicht anfechtbare (§ 57)) einstweilige Anordnung treffen, wenn hierfür ein dringendes Bedürfnis besteht. Der Erlass einer einstweiligen Anordnung ist nur auf Antrag möglich, § 51 I.

6. Nachträgliche Änderung oder Aufhebung

6 Das Nachlassgericht kann nach § 1382 VI BGB auf Antrag eines Beteiligten die rechtskräftige Entscheidung oder den Vergleich (Palandt/Edenhofer § 2331 a BGB Rn 7; MünchKommZPO/J. Mayer § 362 FamFG Rn 8; aA Keidel/Zimmermann Rn 18) aufheben oder ändern, wenn sich die Verhältnisse nach der Entscheidung wesentlich geändert haben. Die Abänderung und Wiederaufnahme unter anderen Voraussetzungen ist gem § 264 I 2 ausgeschlossen (BT-Drs 16/6308, 262). Den Antrag können der Erbe und der Pflichtteilsberechtigte stellen. Auch wenn über die Forderung im Prozessverfahren rechtskräftig entschieden worden ist, ohne dass damals ein Stundungsantrag gestellt wurde, kann unter den Voraussetzungen des § 1382 VI BGB ein solcher Antrag beim Nachlassgericht gestellt werden.

7. Kosten

7 § 106 a KostO.

Abschnitt 3
Verfahren in Teilungssachen

Vorbemerkung zu §§ 363–373

1. Allgemeines

1 Die Beteiligten können das Nachlassgericht nach §§ 363 ff zur **Vermittlung der Auseinandersetzung** anrufen. Neben diesem Verfahren, das nur auf Antrag stattfindet, steht die auf dem Vorbehalt des § 487 beruhende amtliche Vermittlung der Auseinandersetzung, wie sie Bayern und Baden-Württemberg vorgesehen haben, wenn die Auseinandersetzung nicht binnen

einer bestimmten Frist erfolgt ist. Unberührt sind die landesgesetzlichen Vorschriften, wonach anstelle des Gerichts oder neben diesem die Notare die Auseinandersetzung zu vermitteln haben (§ 487 I Nr 3, Art 147 EGBGB, § 20 V BNotO). Das Gesetz bietet den Erben, die eine freiwillige Übereinkunft nicht herbeiführen können, es andererseits ablehnen, den schwierigen Prozessweg zu beschreiten, eine Hilfe, durch gemeinsame Besprechung unter sachverständiger Leitung des Gerichts oder des Notars zu einer Auseinandersetzung zu kommen (Firsching, DNotZ 52, 117). Die Tätigkeit des Gerichts oder Notars ist nur **vermittelnd:** durch Vermittlung soll eine Einigung über solche Streitpunkte herbeigeführt werden, die durch den übereinstimmenden Willen aller Beteiligten beigelegt werden können. Eine Entscheidung über Streitigkeiten steht dem Gericht oder Notar nicht zu; notfalls ist das Verfahren auszusetzen. Die Verwaltung des Nachlasses verbleibt den Erben. Das Gericht bzw der Notar darf auch nicht die Befriedigung der Gläubiger selbst in die Hand nehmen. Wenn die von den Beteiligten beabsichtigte Regelung nicht billig oder zweckmäßig erscheint, werden das Gericht oder der Notar zwar darauf hinweisen, können die Beurkundung jedoch deshalb nicht ablehnen (Firsching/Graf Rn 4.895).

2. Reform

Die FGG-Reform hat das Verfahren in Teilungssachen weitgehend **unverändert** gelassen. Dies ist letztlich auch dem Umstand geschuldet, dass das Verfahren in der Praxis kaum eine Rolle spielt (Zimmermann FGPrax 06, 189, 190; Firsching/Graf Rn 4.892). Ursache hierfür dürfte sein, dass einigungsbereite Erben eher auf weniger förmliche Verfahren, etwa durch Erbauseinandersetzung durch eine notariell beurkundete Einigung, die in der Praxis eine erhebliche Bedeutung hat, zurückgreifen. Zu den verschiedenen Auseinandersetzungsmöglichkeiten im Einzelnen Firsching/Graf Rn 4.879 ff.

Antrag

363 (1) **Bei mehreren Erben hat das Gericht auf Antrag die Auseinandersetzung des Nachlasses zwischen den Beteiligten zu vermitteln; das gilt nicht, wenn ein zur Auseinandersetzung berechtigter Testamentsvollstrecker vorhanden ist.**

(2) **Antragsberechtigt ist jeder Miterbe, der Erwerber eines Erbteils sowie derjenige, welchem ein Pfandrecht oder ein Nießbrauch an einem Erbteil zusteht.**

(3) **In dem Antrag sollen die Beteiligten und die Teilungsmasse bezeichnet werden.**

1. Allgemeines; Einleitung des Auseinandersetzungsverfahrens

Während grundsätzlich die Auseinandersetzung zwischen den Beteiligten ohne Mitwirkung des Nachlassgerichts durchgeführt wird, kann die Auseinandersetzung **auf Antrag** auch durch das Nachlassgericht vermittelt werden (dazu Bracker, MittBayNot 84, 114 f; Firsching/Graf, Rn 4.892 ff; zum Inhalt des Antrags s Abs 3). Der Antrag ist unzulässig, wenn bereits im Zeitpunkt des

§ 363 Buch 4 – Verfahren in Nachlass- und Teilungssachen

Antrags streitige Rechtsfragen auftreten, da diese nur vor dem Prozessgericht zu klären sind (OLG Düsseldorf FGPrax 02, 231). Landesgesetzlich kann in Ausnahmefällen die Vermittlung **von Amts wegen** vorgeschrieben sein, wenn die Auseinandersetzung nicht binnen einer Frist erfolgt ist (vgl § 487); Baden-Württemberg und Bayern hatten von dieser Möglichkeit Gebrauch gemacht, sie jedoch durch das LFGG v 12. 2. 1975 und das BayAGGVG v 23. 6. 1981 wieder aufgehoben. Gegen den Widerspruch eines Beteiligten, darf das Gericht das Verfahren zwar einleiten, aber nicht in der Sache entscheiden (KG, NJW 65, 1538, 1539). Die Einleitung des Verfahrens erfolgt durch förmlichen Einleitungsbeschluss oder durch Ladung zum Verhandlungstermin (§ 365).

§ 363 I und II entspricht weitgehend dem bisherigen § 86 FGG. § 363 III übernimmt die Regelung des bisherigen § 87 I FGG, wobei die Regelungen des § 87 II FGG im Hinblick auf die Vorschriften des Allgemeinen Teils, insbesondere §§ 27 bis 29, als entbehrlich erachtet wurden (BT-Drs 16/6308, 283).

2 **a) Antragsberechtigung.** Antragsberechtigt sind nach § 363 II: (1) **Jeder Miterbe,** und zwar gleich, ob sein Erbteil gepfändet oder mit einem Pfandrecht oder Nießbrauch belastet ist, dagegen nicht mehr nach Veräußerung des Erbteils (§ 2033 I BGB). Leben Ehegatten in Gütergemeinschaft, so wird der Antrag vom verwaltungsberechtigten Ehegatten gestellt (§§ 1422, 1450 BGB), soweit die Erbschaft nicht nach § 1418 II Nr 2 BGB ins Vorbehaltsgut fällt. (2) Der **Erwerber eines Erbteils** (vgl § 1922 II BGB); dies gilt jedoch nur, soweit der Erbteil im Weg der Gesamtrechtsnachfolge nach §§ 2033, 2037, 2371 ff BGB übergangen ist, nicht aber, wenn nur der Anspruch auf das Auseinandersetzungsguthaben übertragen wurde (RGZ 60, 126). (3) Derjenige, dem ein **Pfandrecht an einem Erbteil** zusteht, gleich ob es durch Vertrag (§§ 398, 413, 1274, 2033 BGB) oder durch Pfändung des Erbteils (§ 859 II ZPO) erworben ist. Der Pfändungspfandgläubiger muss einen rechtskräftigen, nicht bloß einen vorläufig vollstreckbaren Schuldtitel haben (§§ 2042 II, 751 Satz 2 BGB). Der Vertragspfandgläubiger kann nach § 1258 II BGB den Antrag vor dem Eintritt der Verkaufsberechtigung nur zusammen mit dem Erben stellen; nach diesem Zeitpunkt ist er allein antragsberechtigt. Mit dem Wegfall des Miterbenanteils tritt an seine Stelle im Weg der dinglichen Surrogation der auf den einzelnen Miterben entfallende Gegenstand (BGH 52, 99). Unabhängig hiervon kann auch der Erbe selbstständig den Antrag stellen. (4) Derjenige, dem ein **Nießbrauch an einem Erbteil** zusteht (zur Mitwirkung des Miterben bei der Auseinandersetzung vgl § 1066 II BGB). Auch hier kann der Erbe selbstständig den Antrag stellen. (5) Soweit nur am Teil eines Miterben **TestVollstreckung** angeordnet ist, ist auch der für den Anteil bestellte TestVollstr antragsberechtigt. (6) Ist ein Antragsberechtigter nicht voll geschäftsfähig, so richtet sich die **Vertretung** nach den allgemeinen Regeln (§§ 1626, 1629 II, 1671 ff BGB); sind etwa die Eltern von der Vermögensverwaltung für die Erbschaft ausgeschlossen (§ 1638 I BGB), so muss ein Pfleger zur Antragstellung bestellt werden (§ 1909 BGB). Eine Genehmigung des Vormundschaftsgerichts ist zur Stellung des Antrags nicht erforderlich. (7) **Kein Antragsrecht** haben die Nachlassgläubiger (BayObLG 83, 101, 107), also auch nicht Vermächtnisnehmer. Pflichtteilsberech-

§ 363 Antrag **§ 363**

tigte, der Nacherbe vor dem Eintritt des Nacherbfalls; ferner nicht der Nachlassverwalter, der Nachlasspfleger, der Insolvenzverwalter und der TestVollstr (u Rn 11, Ausnahme s. o. Rn 6).

b) Zurücknahme des Antrags. Grundsätzlich ist die Zurücknahme 3 des Antrags bis zur Rechtskraft des Bestätigungsbeschlusses zulässig. Strittig ist, ob eine einseitige Zurücknahme nicht mehr möglich ist, sobald das Verfahren in Gang gesetzt ist, da in der Einlassung der anderen Beteiligten ist eine stillschweigende Antragstellung zu sehen sei (Prütting/Helms/Fröhler Rn 33; Bahrenfuss/Wick Rn 9; Keidel/Kuntze/Winkler, § 86 FGG Rn 71; aA: Keidel/Zimmermann Rn 44; MünchKommZPO/J.Mayer § 363 FamFG Rn 30).

c) Ausschluss eines Auseinandersetzungsverfahrens. Die gerichtliche 4 Auseinandersetzungsvermittlung setzt voraus, dass die **Erbengemeinschaft** noch besteht; sind nur noch einzelne zum Nachlass gehörige Gegenstände unverteilt, so findet lediglich eine Sachteilung nach den §§ 752 ff BGB statt. Ist ein **TestVollstr** vorhanden, der zur Bewirkung der Auseinandersetzung berechtigt ist (§§ 2204, 2208, 2209 BGB), oder kann ein Dritter nach § 2048 BGB die Auseinandersetzung nach billigem Ermessen vornehmen, so ist für eine gerichtliche Auseinandersetzung ebenfalls kein Raum (BayObLG 67, 230, 239). Das Gleiche gilt, wenn die Erben das Recht, die Aufhebung der Erbengemeinschaft zu verlangen, durch Vereinbarung für immer oder auf Zeit ausgeschlossen haben (§§ 2042 II, 749 II, III BGB). Wenn streitige Rechtsverhältnisse auftreten (OLG Düsseldorf FGPrax 02, 231) sowie wenn und solange ein **Prozess** wegen der Auseinandersetzung anhängig ist, ist die Einleitung des Verfahrens nicht möglich (MünchKommZPO/J.Mayer § 363 FamFG Rn 12; aM Jansen/Müller-Lukoschek, § 86 Rn 22). Dies gilt auch für die Dauer eines Nachlassinsolvenzverfahrens oder einer Nachlassverwaltung, da in beiden Verfahren den Erben das Verwaltungs- und Verfügungsrecht über den Nachlass entzogen ist (Firsching/Graf, Rn 4.902). Da die Nachlassauseinandersetzung durch das Gericht nur im Weg einer gütlichen Einigung herbeigeführt werden kann, scheidet sie aus, wenn und solange das Erbrecht eines Beteiligten oder seine Antragsberechtigung bestritten ist und solange die Erbteile nicht bestimmt sind (BayObLG FGPrax 97, 229). Der **Widerspruch** eines Beteiligten hindert zwar nicht die Einleitung des Verfahrens, wohl aber eine Sachentscheidung (KG, NJW 65, 1538, 1539).

2. Zuständigkeit

Zur Vermittlung der Nachlassauseinandersetzung ist das **Nachlassgericht** 5 (§ 342 II, § 23a II Nr 2 GVG) zuständig, und zwar nach § 3 Nr 2c RPflG der **RPfl** (der Richtervorbehalt gem § 16 I Nr 8 RPflG für Genehmigung nach § 368 III ist aufgehoben durch Art. 9 1. JuMoG v 24. 8. 2004 (BGBl I 2198)). Für die örtliche Zuständigkeit gilt § 343. Werden Eheleute, deren Letztversterbender Mitglied der Erbengemeinschaft nach dem Vorverstorbenen war, von den (im Übrigen) selben Erben beerbt, besteht kein Rechtsschutzbedürfnis zur Durchführung von zwei parallel laufenden Vermittlungsverfahren gemäß § 363 nach beiden Erblassern. Das für den nachverstorbenen

§ 363 Buch 4 – Verfahren in Nachlass- und Teilungssachen

Ehegatten zuständige Nachlassgericht ist dabei auf Grund des umfassenderen – da den gesamten Nachlass betreffenden – Aufgabenkreises vorrangig zuständig (LG Koblenz FamRZ 03, 40). Zur Zuständigkeit anderer Behörden nach Landesrecht s § 487. Eine Sonderzuständigkeit des Landwirtschaftsgerichts ist dann gegeben, wenn ein landwirtschaftlicher Betrieb zu einer Erbengemeinschaft gehört und sich die Miterben im Verfahren der Nachlassauseinandersetzung nach §§ 363 ff nicht einigen; stellt dann ein Miterbe einen Zuweisungsantrag (vgl §§ 13–17 GrdstVG), so kann das Landwirtschaftsgericht die Zuweisung vornehmen (ausführlich dazu Keidel/Zimmermann Rn 75 ff). War der Erblasser **Ausländer,** so ist das Nachlassgericht **international** nach § 105 immer dann zuständig, wenn es gem § 343 örtlich zuständig ist.

3. Tätigkeit des Nachlassgerichts

6   **a) Vermittlung.** Das Nachlassgericht hat die Auseinandersetzungen zwischen den Beteiligten zu vermitteln, ist also nicht berufen, Streitigkeiten zwischen den Beteiligten zu entscheiden; ergeben sich bei den Verhandlungen Streitpunkte, so ist nach § 370 ein Protokoll darüber aufzunehmen und das Verfahren bis zur Erledigung der Streitpunkte auszusetzen. Kommt eine gütliche Einigung nicht zustande, so muss der Streit im **Prozessweg** ausgetragen werden. Es ist nicht Aufgabe des Nachlassgerichts, sondern der Beteiligten, die getroffenen Vereinbarungen zu vollziehen. Soweit jedoch Erklärungen zur Bewirkung der Auseinandersetzung erforderlich sind, die vor dem Gericht wirksam abgegeben werden können, ist das Nachlassgericht hierzu zuständig. So können vor ihm Forderungen und andere Rechte durch Abtretungsvertrag im Rahmen der Auseinandersetzung übertragen werden, ebenso die Einigung über Verfügungen über ein Grundstück oder ein Grundstücksrecht oder die Erteilung von Vollmachten hierzu mit bindender Wirkung (§ 873 II BGB). Weigert sich ein Miterbe, der Auseinandersetzung zuzustimmen, so wird dadurch die Durchführung des Verfahrens gehindert (KG, NJW 65, 1538; BayObLG 71, 293, 297). Beantragt ein Miterbe nach Vermittlung die erneute Vermittlungstätigkeit des Nachlassgerichts, weil er die Auseinandersetzung für unwirksam hält, so steht es im Ermessen des Nachlassgerichts, ob es erneut tätig werden will (LG Heilbronn, Justiz 76, 259).

7   **b) Beteiligte.** Die Beteiligten richten sich nach § 7 II Nr 1. Beteiligte sind die Personen, die auch bei der Auseinandersetzung nach den Vorschriften der §§ 2046 ff beteiligt sein müssen. Es sind dies insbesondere der Erbe; der Nacherbe, soweit seine Zustimmung zu Verfügungen bei der Auseinandersetzung erforderlich ist, etwa wenn Grundstücke zum Nachlass gehören (§ 2113 BGB), sofern nicht der Vorerbe von den Beschränkungen befreit ist (§§ 2136, 2137 BGB); der Erbteilserwerber anstelle des Erben (§§ 2033 ff, 2371 ff BGB); der Nießbraucher an einem Erbteil (§§ 1089, 1066 I, II BGB), der Pfändungs- und Pfandrechtsgläubiger (§ 1258 BGB); bei Ehegatten, die im Güterstand der Gütertrennung (§ 1414 BGB) oder im gesetzlichen Güterstand (§§ 1363 ff BGB) leben, nur der Erbe, soweit sich nicht im gesetzlichen Güterstand gemäß §§ 1365–1367 BGB etwas anderes ergibt; bei Gütergemeinschaft der verwaltungsberechtigte Ehegatte, soweit nicht die Erbschaft

§ 363 Antrag **§ 363**

zum Vorbehaltsgut gehört (§ 1418 I Nr 2 BGB) oder es sich um Grundbesitz handelt (§ 1424 BGB); ist ein Miterbe verstorben, so treten an seine Stelle seine Erben bzw der TestVollstr, der Nachlass- oder Insolvenzverwalter für seinen Nachlass; soweit eine gesetzliche Vertretung erforderlich ist, der gesetzliche Vertreter. Beteiligte können sich jederzeit durch einen **Bevollmächtigten** vertreten lassen (§ 10). Nicht beteiligt sind die Nachlassgläubiger, also auch nicht Vermächtnisnehmer und Pflichtteilsberechtigte (vgl § 2304 BGB).

4. Form und Inhalt des Antrags (Abs 3)

Der Antrag kann schriftlich oder zur Niederschrift der Geschäftsstelle 8 gestellt werden (§ 25). Er soll enthalten:
– **die Personalien des Erblassers**, also seinen Namen, Stand, Staatsangehörigkeit, Todestag, letzten Wohnort, ersatzweise Aufenthalt, Sterbeort; hieraus muss sich die Zuständigkeit des Gerichts feststellen lassen;
– die Bezeichnung der **Beteiligten** (zu diesem Begriff s. o. Rn 7) und ihre erbrechtlichen Stellung, also ob sie auf Grund Gesetzes oder Verfügung von Todes wegen zur Erbfolge berufen sind,
– die Bezeichnung der **Teilungsmasse** (Aktiva und Passiva), wenn möglich der einzelnen Nachlassbestandteile (Muster bei Firsching/Graf Rn 4.910).

5. Unvollständigkeit des Antrags

Hält das Gericht vor der Verhandlung mit den Beteiligten eine weitere 9 Aufklärung für angemessen, so hat es den Antragsteller zur Ergänzung des Antrags, insbesondere zur Angabe der den einzelnen Beteiligten in Ansehung des Nachlasses zustehenden Ansprüche zu veranlassen (BayObLG 83, 101, 107). Dies ergab sich bislang aus § 87 Abs 2 Satz 1 FGG und kann nunmehr den allgemeinen Vorschriften entnommen werden (BT-Drs 16/6308, 283), hier insbesondere § 28. Der Gesetzgeber geht davon aus, dass auch der Inhalt des § 87 II FGG aus den allgemeinen Vorschriften ergibt. Dies gilt sicherlich für § 87 II 1 FGG, wonach das Nachlassgericht unvollständige Anträge nicht sofort zurückweisen, sondern dem Antragsteller die Ergänzung des Antrags gegeben musste (jetzt: § 28). Allerdings darf das Nachlassgericht nicht mehr in Ausnahme zum Grundsatz der Amtsermittlung (vgl. Vorauß § 87 Rn 5) die Beschaffung von Unterlagen aufgeben (so noch § 87 II Satz 2 FGG), sondern nur noch im Rahmen der allgemeinen Mitwirkungspflicht des § 27. Solche Unterlagen sind zB Testamente, Ehe- und Erbverträge, Personenstandsurkunden, Grundbuchauszüge. Zwar ist diese Mitwirkung der Beteiligten vom Gericht nur eingeschränkt erzwingbar. Jedoch können die Beteiligten bei Vernachlässigung ihrer Mitwirkungspflichten nicht erwarten, dass das Gericht allen denkbaren Möglichkeiten von Amts wegen nachgeht (BT-Drs 16/6308, 186). Ferner gilt unverändert, dass das Nachlassgericht nicht berechtigt ist, die zur Durchführung des Verfahrens erforderlichen Unterlagen auf Antrag eines Beteiligten gegen den Willen anderer Beteiligter beizuschaffen (Keidel/Zimmermann Rn 43). Im Ergebnis dürfte daher der Unterschied zur bisherigen Praxis kaum ins Gewicht fallen, zumal eine Zurückweisung des Antrages wegen fehlender Unterlagen auch bislang nur dann in Betracht kam, wenn das Gericht nicht in der Lage ist oder nach der Sachlage nicht veranlasst ist, von Amts wegen das

§ 364 Buch 4 – Verfahren in Nachlass- und Teilungssachen

Fehlende beizubringen (Keidel/Kuntze/Winkler § 87 FGG Rn 4). Kann die Teilungsmasse im Antrag noch nicht vollständig angegeben werden, so hat das bei der Verhandlung mit den Beteiligten zu geschehen.

6. Zurückweisung des Antrags

10 Das Nachlassgericht darf den Antrag nur zurückweisen, wenn
– dem Antragsteller ein Antragsrecht überhaupt nicht zusteht oder bestritten wird, wobei der Widerspruch eines Beteiligten die Einleitung des Verfahrens nicht hindert (KG, NJW 65, 1538, 1539),
– Hindernisse entgegenstehen, die auch durch eine Einigung der Beteiligten nicht beseitigt werden können (s o Rn 4) oder eine Einigung der Beteiligten nicht möglich ist (s o Rn 6),
– der Antragsteller die verlangten Ergänzungen des Antrags nicht beibringt und auch das Gericht die fehlenden Unterlagen nicht beschaffen kann (s o Rn 9).

7. Rechtsmittel

11 Gegen die Einleitung des Verfahrens ist mangels Endentscheidung keine Beschwerde gegeben (Keidel/Zimmermann Rn 92; MünchKommZPO/ J. Mayer § 363 FamFG Rn 34; aA noch Vorauflage; Prütting/Helms/Fröhler Rn 58: Anfechtbarer Einleitungsbeschluss); gegen die Zurückweisung des Antrags steht dem Antragsteller die Beschwerde zu. Zwischenentscheidungen sind, mit Ausnahme der in § 372 genannten Fälle, nicht mehr anfechtbar (§ 58 I (Endentscheidungen); BT-Drs 16/6308, 203).

8. Gebühren

12 §§ 116, 148 KostO.

Pflegschaft für abwesende Beteiligte

364 Das Nachlassgericht kann einem abwesenden Beteiligten für das Auseinandersetzungsverfahren einen Pfleger bestellen, wenn die Voraussetzungen der Abwesenheitspflegschaft vorliegen. Für die Pflegschaft tritt an die Stelle des Betreuungsgerichts das Nachlassgericht.

1. Allgemeines

1 § 364 ist eine Unterart der allgemeinen Abwesenheitspflegschaft nach § 1911 BGB, auf dessen Voraussetzungen ausdrücklich verwiesen wird. Die Bestellung des Abwesenheitspflegers gemäß § 364 erfolgt nur für das Auseinandersetzungsverfahren. Voraussetzung ist, dass nicht bereits eine Pflegschaft über den Abwesenden anhängig ist; hierbei kommt nicht jede Pflegschaft nach §§ 1909, 1910 BGB in Frage, sondern nur eine solche, deren Wirkungskreis die Befugnis des Pflegers zur Vertretung im Auseinandersetzungsverfahren umfasst. § 364 scheidet auch dann aus, wenn eine Vormundschaft für den Abwesenden besteht.

§ 364 übernimmt den Regelungsgehalt des bisherigen § 88 FGG.

2. Voraussetzungen der Abwesenheitspflegschaft

Nach § 1911 BGB erhält ein abwesender Volljähriger für seine Vermögens- 2
angelegenheiten, soweit sie der Fürsorge bedürfen, einen Abwesenheitspfleger, wenn sein Aufenthalt unbekannt ist oder sein Aufenthalt zwar bekannt, er aber an der Rückkehr und der Besorgung seiner Vermögensangelegenheiten verhindert ist (§ 1911 BGB). Es genügt die Verhinderung, an den Ort zu gelangen, an dem die Vermögensangelegenheiten besorgt werden müssen (RG 98, 263), ebenso eine wesentliche Erschwerung. Gleichgültig ist, ob die Verhinderung auf seinem Willen beruht, also zB auf Geschäften, die ihn im Ausland zurückhalten. Steht der Betreffende unter Betreuung oder ist ein rechtsgeschäftlicher Vertreter bestellt, so ist ein Fürsorgebedürfnis zu verneinen (Keidel/Zimmermann Rn 6).

3. Anordnung durch das Nachlassgericht

a) Örtliche und funktionelle Zuständigkeit. Die örtliche Zuständig- 3
keit des Nachlassgerichts bestimmt sich nach § 343 (s. o. § 343). Zuständig ist nach § 3 Nr 2 c der RPfl (der Richtervorbehalt des § 16 I Nr 8 mit § 14 Nr 9, 17 RPflG wurde durch Art. 9 des 1. JuMoG (BGBl 2004 I S. 2198) aufgehoben).

b) Ermessen des Gerichts. Nach § 364 kann das Nachlassgericht einen 4
Pfleger bestellen. Es steht also im pflichtgemäßen Ermessen des Nachlassgerichts, ob es die erforderliche Pflegschaft selbst einleiten oder die Einleitung bei dem nach §§ 341, 272 zuständigen Betreuungsgericht anregen will (vgl § 22 a). Solange eine Pflegschaft nach § 364 besteht, ist das zuständige Betreuungsgericht gehindert, seinerseits für die gleiche Angelegenheit eine Pflegschaft einzuleiten, da es an einem Fürsorgebedürfnis fehlt. Umgekehrt darf das Betreuungsgericht die Anordnung einer erforderlichen Pflegschaft nicht deshalb ablehnen, weil das Nachlassgericht dazu in der Lage wäre und praktische Erwägungen dafür sprechen (OLG Frankfurt, OLG 79, 131; Keidel/Zimmermann, Rn 8). Das Nachlassgericht kann die Pflegschaft auch schon vor Annahme der Erbschaft durch den Abwesenden und vor Einleitung des Auseinandersetzungsverfahrens anordnen, ebenso während des Verfahrens.

4. Stellung des Nachlassgerichts im Verhältnis zum Betreuungsgericht

Nach § 364 Satz 2 tritt das Nachlassgericht für die Pflegschaft an die Stelle 5
des Betreuungsgerichts. Es gelten also die Vorschriften des BGB und des FamFG über die Pflegschaft mit Ausnahme der lediglich die Zuständigkeit regelnden Vorschriften. Das Nachlassgericht hat also insbesondere über die gesamte Tätigkeit des Pflegers die Aufsicht zu führen und gegen Pflichtwidrigkeiten durch geeignete Gebote und Verbote einzuschreiten (§§ 1837 ff, 1915 BGB) sowie die erforderlichen Genehmigungen zu erteilen (§ 1822 Nr 2 BGB). Das Nachlassgericht hat insbesondere zu prüfen, ob der Erbteilungsplan den Interessen des Pfleglings gerecht wird.

§ 365 Buch 4 – Verfahren in Nachlass- und Teilungssachen

5. Umfang der Pflegschaft

6 Der Pfleger vertritt im Auseinandersetzungsverfahren den Abwesenden und ist zu **allen Handlungen** berechtigt, die dazu erforderlich sind; er ist daher etwa befugt, die Erbschaft für den Abwesenden anzunehmen, einen Erbschein zu beantragen, den Bestand des Nachlasses festzustellen etc (BayObLG 83, 101, 107). Die Verwaltung des Erbteils als solche ist jedoch nicht Gegenstand des Teilungsverfahrens und somit auch nicht Aufgabe des Pflegers. Ebenso ist er nicht zur Empfangnahme des Erbteils des Abwesenden oder zur Zwangsvollstreckung aus der Vereinbarung über die Auseinandersetzung (§ 371 II) befugt. Die Pflegschaft **endet** mit der Beendigung des Auseinandersetzungsverfahrens. Sie erledigt sich während des Auseinandersetzungsverfahrens, wenn der Abwesende an der Wahrnehmung seiner Angelegenheiten nicht mehr gehindert ist, mit seinem Tod oder mit Rechtskraft des seine Todeserklärung aussprechenden Beschlusses (§ 29 VerschG).

6. Rechtsmittel

7 Die Ablehnung der Pflegschaftsbestellung kann von den übrigen Beteiligten mit der Beschwerde angegriffen werden (KG, NJW 62, 1921).

7. Gebühren

8 §§ 2 Nr 2, 106 KostO.

Ladung

365 (1) **Das Gericht hat den Antragsteller und die übrigen Beteiligten zu einem Verhandlungstermin zu laden. Die Ladung durch öffentliche Zustellung ist unzulässig.**

(2) **Die Ladung soll den Hinweis darauf enthalten, dass ungeachtet des Ausbleibens eines Beteiligten über die Auseinandersetzung verhandelt wird und dass die Ladung zu dem neuen Termin unterbleiben kann, falls der Termin vertagt oder ein neuer Termin zur Fortsetzung der Verhandlung anberaumt werden sollte. Sind Unterlagen für die Auseinandersetzung vorhanden, ist in der Ladung darauf hinzuweisen, dass die Unterlagen auf der Geschäftsstelle eingesehen werden können.**

1. Allgemeines

1 Das Auseinandersetzungsverfahren **beginnt** mit der Terminsanberaumung und Ladung der Beteiligten. Form und Inhalt der Ladung sind in § 365 geregelt, die Frist bestimmt sich nach § 32, Versäumnisfolgen bei Ausbleiben in §§ 366 III, 367, 368 II. Die Terminsänderung, insb Vertagung, richtet sich nach § 32 I iVm § 227 I, II und IV ZPO.

§ 365 übernimmt den Regelungsgehalt des § 89 FGG. Auf eine Regelung der Ladungsfrist, bislang § 90 FGG wurde im Hinblick auf die Bestimmungen des Allgemeinen Teils, insbes § 32, verzichtet (BT-Drs 16/6308, 283).

§ 365 Ladung **§ 365**

2. Form, Inhalt und Frist der Ladung

a) Form. Die Ladung ist, da mit ihr ein Termin bestimmt wird, bekannt zu 2 geben (§ 15 I). Die Bekanntgabe erfolgt gemäß § 15 II 1 1. Alt durch Zustellung nach den für die Zustellung von Amts wegen geltenden Vorschriften der ZPO (§§ 165 bis 195 ZPO) oder gem. § 15 II 1 2. Alt durch Aufgabe zur Post. Im letzteren Fall gilt die Ladung 3 Tage nach Aufgabe zur Post als bekannt gegeben, es sei denn, der Beteiligte macht glaubhaft, dass ihm die Ladung erst später zugegangen sei (§ 15 II 2). Die Ladung durch öffentliche Zustellung ist nach § 366 Satz 1 unzulässig; wo sie erforderlich wäre, muss nach § 364 eine Abwesenheitspflegschaft eingeleitet werden.

b) Zu ladende Personen. Das Gericht hat den Antragsteller und die 3 übrigen Beteiligten (s § 363 Rn 7) zu laden, soweit ein gesetzlicher oder bevollmächtigter Vertreter vorhanden ist, diesen. Ein Beteiligter kann nicht gezwungen werden, der Ladung Folge zu leisten (Keidel/Zimmermann Rn 15).

c) Inhalt der Ladung. Als **Muss**vorschrift bestimmt § 365 II, dass, wenn 4 Unterlagen für die Auseinandersetzung vorhanden sind, in der Ladung darauf hingewiesen werden muss, dass die Unterlagen auf der Geschäftsstelle eingesehen werden können (Satz 2). Werden diese Erfordernisse nicht eingehalten, so ist die Ladung **unwirksam** und für den nicht ordnungsgemäß Geladenen unverbindlich. Der Mangel kann durch Anfechtung geltend gemacht werden, und zwar durch Anfechtung des Bestätigungsbeschlusses (§ 58 II), solange dieser noch nicht rechtskräftig ist (hM MünchKommZPO/J.Mayer § 365 FamFG Rn 6; Prütting/Helms/Fröhler Rn 9; aA Keidel/Zimmermann Rn 12). Das Gericht soll den verfahrenseinleitenden Antrag den übrigen Beteiligten übermitteln (§ 27 II). Dies kann zusammen mit der Ladung, aber auch schon vorher geschehen. Die Ladung **soll** ferner den Hinweis darauf enthalten, dass ungeachtet des Ausbleibens eines Beteiligten über die Auseinandersetzung verhandelt werden würde und bei Vertagung oder Neuanberaumung die Ladung zu dem neuen Termin unterbleiben könne (Satz 1). Ein Verstoß gegen diese Vorschriften beeinflusst die Wirksamkeit der Ladung nicht.

d) Frist. Die Frist zwischen der Ladung und dem Termin muss angemessen 6 sein, § 32 II. § 90 I FGG sah eine Frist von mindestens zwei Wochen vor, die weiterhin als angemessene Frist angesehen werden kann, da nicht erkennbar ist, dass der Gesetzgeber durch Streichung des § 90 FGG eine andere Frist einführen wollte. Allerdings hat die Streichung des § 90 FGG insoweit Bedeutung als nicht mehr von einer Mindestfrist auszugehen ist (MünchKommZPO/J.Mayer § 365 FamFG Rn 8; aA Keidel/Zimmermann Rn 3, da bei Unterscheitung der Frist der Anspruch auf rechtliches Gehör (Art. 103 GG) verletzt sei). Für die Rechtsfolgen einer Ladung mit unangemessener Frist gelten daher die allgemeinen Grundsätze (s § 32 Rn 6). Die Ladung zu einem weiteren Termin bei Vertagung oder zur Fortsetzung der Verhandlung kann mit kürzerer Frist erfolgen (vgl bislang § 90 II FGG).

3. Versäumnisfolgen bei ordnungsmäßiger Ladung

Ungeachtet des Ausbleibens eines ordnungsgemäß geladenen Beteiligten 7 kann nach § 365 II Satz 1 das Gericht über die Auseinandersetzung verhan-

§ 366

deln. Wird die Verhandlung mit den Erschienenen nicht in einem Termin zu Ende geführt und ein neuer Termin zur Fortsetzung anberaumt, so kann die Ladung des nicht erschienenen Beteiligten zu dem neuen Termin unterbleiben. Zweckmäßigerweise wird das Gericht jedoch den Termin in diesem Fall sofort verlegen bzw den Nichterschienenen zu einem neuen Termin laden, da dieser nach §§ 366 III, IV, 368 II die Anberaumung eines neuen Termins beantragen kann.

4. Rechtsmittel

8   Die Ladung zum Termin ist nicht mehr eigenständig anfechtbar (zur Anfechtbarkeit der Ladung unter Geltung des FGG als Verfügung nach § 19 FGG siehe Vorauflage § 89 Rn 1). § 58 I beschränkt die Anfechtbarkeit auf Endentscheidungen, sofern das Gesetz nicht etwas anderes bestimmt, was aber für die Ladung nicht der Fall ist (vgl die Aufzählung der anfechtbaren Zwischenentscheidungen in § 372). Streitigkeiten, etwa darüber, dass der Geladene nicht beteiligt oder der Antragsteller nicht antragsberechtigt ist, müssen durch einen Widerspruch im Termin mit der Folge der Aussetzung (§ 370) oder im Beschwerdeverfahren gegen den Bestätigungsbeschluss (§ 372 II) geklärt werden.

Außergerichtliche Vereinbarung

366 (1) **Treffen die erschienenen Beteiligten vor der Auseinandersetzung eine Vereinbarung, insbesondere über die Art der Teilung, hat das Gericht die Vereinbarung zu beurkunden. Das Gleiche gilt für Vorschläge eines Beteiligten, wenn nur dieser erschienen ist.**

(2) **Sind alle Beteiligten erschienen, hat das Gericht die von ihnen getroffene Vereinbarung zu bestätigen. Dasselbe gilt, wenn die nicht erschienenen Beteiligten ihre Zustimmung zu einer gerichtlichen Niederschrift oder in einer öffentlich beglaubigten Urkunde erteilen.**

(3) **Ist ein Beteiligter nicht erschienen, hat das Gericht, wenn er nicht nach Absatz 2 Satz 2 zugestimmt hat, ihm den ihn betreffenden Inhalt der Urkunde bekannt zu geben und ihn gleichzeitig zu benachrichtigen, dass er die Urkunde auf der Geschäftsstelle einsehen und eine Abschrift der Urkunde fordern kann. Die Bekanntgabe muss den Hinweis enthalten, dass sein Einverständnis mit dem Inhalt der Urkunde angenommen wird, wenn er nicht innerhalb einer von dem Gericht zu bestimmenden Frist die Anberaumung eines neuen Termins beantragt oder wenn er in dem neuen Termin nicht erscheint.**

(4) **Beantragt der Beteiligte rechtzeitig die Anberaumung eines neuen Termins und erscheint er in diesem Termin, ist die Verhandlung fortzusetzen; anderenfalls hat das Gericht die Vereinbarung zu bestätigen.**

I. Allgemeines; Unterscheidung von vorbereitenden Maßnahmen und Auseinandersetzung

1   Das Gesetz unterscheidet in §§ 366 und 368 **zwei Verfahrensabschnitte:** Verhandlung über vorbereitende Maßnahmen und Verhandlung über die

§ 366 Außergerichtliche Vereinbarung **§ 366**

Auseinandersetzung selbst. Das Vermittlungsverfahren soll sich möglichst nach der Lage des einzelnen Falles richten. Über beides kann im selben Termin verhandelt werden. Die Beteiligten können schon im ersten Termin mit einer Vereinbarung über die Art der Teilung die endgültige Auseinandersetzung kommen; das Verfahren über vorbereitende Maßnahmen kann sich auch ganz erübrigen oder mit der Verhandlung über den Auseinandersetzungsplan verbunden werden (Bracker, MittBayNot 84, 114; Firsching/Graf, Rn 4.927).

§ 366 soll § 91 FGG entsprechen, der lediglich redaktionell überarbeitet worden sei (BT-Drs 16/6308, 283). Allerdings ist durch die Streichung der Worte „über vorbereitende Maßregeln" nicht mehr aus dem Gesetzeswortlaut ersichtlich, dass § 366 Vereinbarungen über vorbereitende Maßnahmen betrifft. Vielmehr erweckt § 366 jetzt den Eindruck, es seien insgesamt außergerichtliche Vereinbarungen über die Nachlassteilung geregelt. Angesichts des klar in der Begründung zum Ausdruck gekommenen gesetzgeberischen Willens, dass nur redaktionelle Änderungen erfolgt seien, ist grundsätzlich an der Unterscheidung zwischen vorbereitenden Maßnahmen in § 366 und Verhandlung über die Auseinandersetzung selbst in § 368 festzuhalten.

II. Vorbereitende Maßnahmen

Soweit die Auseinandersetzung vorbereitende Maßnahmen erfordert, muss 2 mit den Beteiligten zunächst über diese verhandelt werden.

1. Beispiele

Vorbereitende Maßnahmen zur Auseinandersetzung sind insbesondere die 3 vollständige Erfassung der Aktiven und Passiven des Nachlasses, Vereinbarungen über Schätzung und Art der Teilung einzelner Nachlassgegenstände (in Natur, durch freihändigen Verkauf, durch öffentliche Versteigerung, durch Übernahme seitens eines Erben), über Gegenstand und Wert der unter Abkömmlingen auszugleichenden Zuwendungen, Übernahme von Nachlassverbindlichkeiten durch einzelne Erben. Die Frage, welche Teile jeder Miterbe erhalten soll, gehört dagegen nicht zu den vorbereitenden Maßnahmen im Sinn des § 366, sondern zur Teilung selbst (§ 368).

2. Vereinbarung

Sind sämtliche Beteiligten erschienen und kommt es zu einer Einigung 4 (§ 366 I, vgl auch § 370 Satz 2), so ist diese zu beurkunden (u Rn 9). Ergeben sich bei den Verhandlungen Streitpunkte, so ist ein Protokoll darüber aufzunehmen und das Verfahren bis zur Erledigung des Streitpunktes im Prozessweg auszusetzen (§ 370 Satz 1). Als widersprechend gilt auch, wer keine Erklärung zur Sache abgibt oder das Protokoll nicht unterschreibt (Firsching/Graf, Rn 4.947). Sind nicht sämtliche Beteiligten erschienen, so richtet sich das Verfahren nach dem anschließend Ausgeführten.

§ 366

3. Erscheinen der Beteiligten

5   Soweit alle Beteiligten erschienen sind, gilt das oben Rn 4 Ausgeführte.
6   Ist **nur ein Beteiligter erschienen,** so hat das Gericht die von ihm gemachten Vorschläge zu beurkunden (§ 366 I 2). Das Gericht hat den Nichterschienenen die Urkunde bekanntzumachen und sie gleichzeitig zu benachrichtigen, dass sie die Urkunde auf der Geschäftsstelle einsehen und eine Abschrift der Urkunde fordern können. Die Bekanntmachung muss den Hinweis enthalten, dass bei Nichteinhaltung der Fristbestimmung für die Beantragung eines neuen Termins die Versäumung der Frist als Zustimmung gilt (Abs 3 Satz 2). Ist kein Beteiligter erschienen, ruht das Verfahren nach entsprechendem Beschluss (Keidel/Zimmermann Rn 10).
7   **Nicht erschienen** ist nicht nur der, der dem Termin ferngeblieben ist, sondern auch, wer sich vor Abschluss der Verhandlung und Beurkundung entfernt hat, ohne eine widersprechende Erklärung abgegeben zu haben. Nicht erschienen ist auch, wer sein Nichterscheinen genügend entschuldigt hat; das Gericht wird in einem solchen Fall den Termin jedoch vertagen und neu laden. Verweigert ein Beteiligter dagegen die Abgabe einer Erklärung, so ist das als Widerspruch gegen die Durchführung des Ver-
8   fahrens anzusehen. Wer nicht erschienen ist, kann **nachträglich** seine **Zustimmung** erteilen, und zwar nach § 366 II 2 entweder zur Niederschrift des Nachlassgerichts (RPfl) oder in einer öffentlich beglaubigten Urkunde (§ 129 BGB). Die Zustimmung kann auch schon vor dem Termin wirksam erklärt werden. Sie hat zur Folge, dass eine wirksame Vereinbarung zustande gekommen ist, die vom Gericht bestätigt werden kann (§ 366 II 1).

4. Beurkundung der Vereinbarung

9   **a) Zuständigkeit und Form.** Sowohl die Vereinbarung zwischen den erschienenen Beteiligten wie auch die von einem Beteiligten gemachten Vorschläge sind nach § 366 I zu beurkunden. Zuständig ist nach § 3 Nr 1 f, 2 c RPflG der RPfl. Die Beurkundung hat zu Protokoll des Nachlassgerichts zu erfolgen, wobei das BeurkG nicht gilt; die Beurkundung ist derart in das gerichtliche Erbauseinandersetzungsverfahren eingebettet, dass sie in ihrem Wesen nicht von einem Notar, sondern nur von dem Nachlassgericht wahrgenommen werden kann, so dass auch eine entspr Anwendung gemäß § 1 II BeurkG ausscheidet (Winkler, Rpfleger 71, 346). Man wird jedoch auch hier die Vorschriften der §§ 6–16, 22–26 BeurkG für die Beurkundung von Willenserklärungen berücksichtigen (Firsching/Graf Rn 3.25), insbesondere § 13, wonach das Protokoll von den Beteiligten genehmigt und unterzeichnet (Winkler § 13 BeurkG Rn 45) und vom RPfl unterschrieben wird (aA Keidel/Zimmermann Rn 36: Protoll nach § 160 III ZPO ausreichend). Für die Ausschließung und Ablehnung von Gerichtspersonen sind § 6 FamFG, § 10 RPflG, §§ 6, 7 BeurkG zu beachten (Winkler, § 1 BeurkG, Rn 60).
10 **b) Umfang der Beurkundung.** Zu beurkunden sind die Vereinbarung mehrerer Beteiligter bzw die Vorschläge eines Beteiligten (§ 366 I). Aus dem Protokoll muss sich auch ergeben, worüber keine Einigung erzielt werden konnte. An die beurkundeten Vorschläge und Vereinbarungen sind die Betei-

§ 366 Außergerichtliche Vereinbarung **§ 366**

ligten gebunden; die Bindung erlischt, wenn ein früher nicht Erschienener in dem auf seinen Antrag anberaumten Termin (unten Rn 16) widerspricht oder neue Vorschläge macht (Keidel/Zimmermann Rn 45).

5. Versäumnisverfahren

Das Versäumnisverfahren ist in § 366 III, IV geregelt.   11

a) Zweck. Das Gericht soll durch seine Vermittlung eine gütliche Einigung der Beteiligten herbeiführen (oben § 363 Rn 6), es kann deren Erscheinen zum Termin jedoch nicht erzwingen. Daher sucht das Gesetz durch das Versäumnisverfahren wenigstens einen mittelbaren Druck zum Erscheinen auszuüben. Wer trotz ordnungsgemäßer Ladung nicht erscheint, dem steht nur offen, binnen einer vom Gericht bestimmten Frist neuen Terminsantrag zu stellen und zu erscheinen, andernfalls wird sein Einverständnis mit dem beurkundeten Vorschlag bzw der Vereinbarung unterstellt (Firsching/Graf, Rn 4.946).

b) Bekanntmachung. Die Einleitung des Versäumnisverfahrens geschieht   12
durch Bekanntmachung gemäß § 366 III. Danach hat das Gericht dem Nichterschienenen den Inhalt der Urkunde, soweit dieser ihn betrifft, bekanntzumachen und ihn zu benachrichtigen, dass er die Urkunde auf der Geschäftsstelle einsehen und eine Abschrift der Urkunde fordern könne. Die Bekanntmachung muss den Hinweis auf die Versäumnisfolgen und die Bestimmung einer angemessenen Frist zur Abwendung des Eintritts dieser Folgen enthalten (Satz 2). Die Bekanntmachung erfolgt gemäß § 15 II 1, also durch Zustellung von Amts wegen, wobei auch öffentliche Zustellung zulässig ist, oder Aufgabe zur Post. Gegen die Fristbestimmung steht den Betroffenen und den übrigen Beteiligten die sofortige Beschwerde zu (§ 372 I) mit der Behauptung, dass die Frist zu kurz oder zu lang bemessen sei. Entspricht die Bekanntmachung nicht den gesetzlichen Erfordernissen, so treten die Versäumnisfolgen nicht ein.

c) Abgabe keiner Erklärung. Gibt der Ausgebliebene keine Erklärung   13
innerhalb der Frist ab, so wird es so angesehen, als ob der Säumige der beurkundeten Vereinbarung oder den Vorschlägen zugestimmt habe. Nach Ablauf der Frist wird dann die Bestätigung erteilt. Eine Anfechtung ist nur noch wegen Formfehlern, nicht jedoch auf Grund materieller Einwendungen zulässig. Eine bloße Mitteilung des Ausgebliebenen, dass er mit der Vereinbarung nicht einverstanden sei, wendet die Versäumnisfolgen nicht ab. Zur Wiedereinsetzung in den vorigen Stand s § 367.

d) Terminsantrag. Beantragt der Ausgebliebene rechtzeitig die Anberau-   14
mung eines neuen Termins und erscheint er in diesem Termin, so ist nach Abs 4 Satz 1 die Verhandlung fortzusetzen (zur Wiedereinsetzung bei nicht rechtzeitigem Antrag oder Erscheinen s § 367). Zum neuen Termin sind wieder alle Beteiligten zu laden, wobei die Ladung nicht den in § 364 II vorgeschriebenen Inhalt haben muss. Ist der früher ausgebliebene Beteiligte mit den Vereinbarungen einverstanden, so können sie bestätigt werden. Ist er nicht einverstanden, so hat das Nachlassgericht erneut mit den übrigen Beteiligten eine Einigung zu versuchen.

§ 367 Buch 4 – Verfahren in Nachlass- und Teilungssachen

6. Bestätigung der Vereinbarung

15 Das Gericht bestätigt die getroffenen Vereinbarungen durch Beschluss (§ 372), wenn entweder sämtliche Beteiligten erschienen sind (Abs 2 S 1), nicht erschienene Beteiligte ihre Zustimmung nach Abs 2 S 2 erteilt haben oder nicht erschienene Beteiligte nach ordnungsgemäßer Benachrichtigung und Aufforderung nicht rechtzeitig einen neuen Termin beantragt haben (Abs 4 2. Hs.). Der Bestätigungsbeschluss kann in einfachen Fällen entfallen, auf ihn kann auch von sämtlichen Beteiligten verzichtet werden. Das Gericht hat vor Erteilung der Bestätigung nur zu prüfen, ob die Vorschriften über das **Verfahren** beachtet, insbesondere also ob Formen und Fristen eingehalten sind. Aus sachlichen Gründen kann die Bestätigung nur versagt werden, wenn die getroffenen Vereinbarungen gegen ein Verbotsgesetz oder gegen die guten Sitten verstoßen (Keidel/Zimmermann Rn 72); eine Prüfung der Zweckmäßigkeit der Vereinbarungen findet nicht statt. Die Bestätigung ist gemäß § 41 sämtlichen Beteiligten **bekanntzumachen.** Gegen den Beschluss findet die Beschwerde statt (§ 58). Die Beschwerde kann nur darauf gegründet werden, dass die Vorschriften über das Verfahren nicht beachtet seien (§ 372 II). Gegen die Verweigerung der Bestätigung findet ebenfalls die Beschwerde statt (§§ 58 ff). Zur Wirkung der Bestätigung s § 371.

Wiedereinsetzung

367 War im Fall des § 366 der Beteiligte ohne sein Verschulden verhindert, die Anberaumung eines neuen Termins rechtzeitig zu beantragen oder in dem neuen Termin zu erscheinen, gelten die Vorschriften über die Wiedereinsetzung in den vorigen Stand (§§ 17, 18 und 19 Abs. 1) entsprechend.

1. Voraussetzungen der Wiedereinsetzung

1 **a) Gegenstand.** § 367 (wie die Vorgängervorschrift § 92 FGG) regelt zwei Fälle, nämlich die unverschuldete Verhinderung eines im Termin nicht Erschienenen, die Anberaumung eines neuen Termins rechtzeitig zu beantragen oder in dem neuen Termin zu erscheinen. Die Wiedereinsetzung findet sowohl bei einer Vereinbarung über vorbereitende Maßnahmen gemäß § 366 als auch bei der endgültigen Auseinandersetzung gemäß § 368 statt (§§ 367, 367 II 2). Der Gesetzgeber hat in § 367 auf detaillierte Regelungen des Wiedereinsetzungsverfahrens im Hinblick auf die Bestimmungen des Allgemeinen Teils verzichtet (BT-Drs 16/6308, 283).

2 **b) Unverschuldete Verhinderung.** Die Gründe des mangelnden Verschuldens sind die gleichen wie im entsprechend anzuwendenden § 17 (s § 17 Rn 9 ff). Ein Fehlen des Verschuldens wird vermutet, wenn eine Rechtsbehelfsbelehrung unterblieben ist oder fehlerhaft war (§ 17 II). Ein Verschulden seines Vertreters muss sich der Beteiligte zurechnen lassen (s § 17 Rn 17, auch wenn die ausdrücklichen Regelungen in § 92 Satz 2 FGG und § 22 II Satz 2 FGG entfallen sind). Hätte sich der Beteiligte durch einen Bevollmächtigten vertreten lassen können, so ist die Versäumnis nicht unverschuldet.

§ 368 Auseinandersetzungsplan; Bestätigung §368

c) **Antrag.** Die Wiedereinsetzung wird auf Antrag gewährt (§ 18 I). Er ist 3
binnen 2 Wochen nach der Wegfall des Hindernisses (§ 18 I), spätestens
binnen Jahresfrist, vom Ende der Frist an gerechnet, zu stellen (§ 18 III). Wird
die versäumte Rechtshandlung innerhalb der Antragsfrist nachgeholt, kann
die Wiedereinsetzung auch ohne Antrag gewährt werden.

2. Entscheidung

Über den Antrag auf Wiedereinsetzung in den vorigen Stand entscheidet 4
das Nachlassgericht, dort der RPfl. Die Beteiligten sind von der Wiedereinsetzung in Kenntnis zu setzen. Gegen den Beschluss, durch den über den
Antrag auf Wiedereinsetzung in den vorigen Stand entschieden wird, findet
nach § 372 die **sofortige Beschwerde** in entsprechender Anwendung der
§§ 567 bis 572 ZPO statt (zur Beschwerdeberechtigung s § 372 Rn 4).

3. Wirkung der Wiedereinsetzung

Durch die Wiedereinsetzung wird das Verfahren in die Lage **zurück-** 5
versetzt, in der es sich vor der Versäumung des Antragstellers befand. Die
Vereinbarung über vorbereitende Maßnahmen gemäß § 366 oder die Auseinandersetzung nach § 368 wird wirkungslos. Es ist so anzusehen, als ob
der Antragsteller nach § 366 IV rechtzeitig die Anberaumung eines neuen
Termins beantragt oder den Termin wahrgenommen hätte. Ein etwa bereits
erlassener Bestätigungsbeschluss wird nach hM automatisch wirkungslos,
ohne das eine förmliche Aufhebung erforderlich ist (Keidel/Zimmermann
Rn 14; Prütting/Helms/Fröhler Rn 18; Bassenge/Roth/Bassenge Rn 2;
BJS/Löhnig Rn 1; aA Vorauflage; MünchKommZPO/J. Mayer § 367 FamFG
Rn 8).

Auseinandersetzungsplan; Bestätigung

368 (1) **Sobald nach Lage der Sache die Auseinandersetzung stattfinden kann, hat das Gericht einen Auseinandersetzungsplan
anzufertigen. Sind die erschienenen Beteiligten mit dem Inhalt des Plans
einverstanden, hat das Gericht die Auseinandersetzung zu beurkunden.
Sind alle Beteiligten erschienen, hat das Gericht die Auseinandersetzung
zu bestätigen; dasselbe gilt, wenn die nicht erschienenen Beteiligten ihre
Zustimmung zu gerichtlichem Protokoll oder in einer öffentlich beglaubigten Urkunde erteilen.**

(2) **Ist ein Beteiligter nicht erschienen, hat das Gericht nach § 366
Abs. 3 und 4 zu verfahren. § 367 ist entsprechend anzuwenden.**

(3) **Bedarf ein Beteiligter zur Vereinbarung nach § 366 Abs. 1 oder zur
Auseinandersetzung der Genehmigung des Familien- oder Betreuungsgerichts, ist, wenn er im Inland keinen Vormund, Betreuer oder Pfleger
hat, für die Erteilung oder die Verweigerung der Genehmigung an Stelle
des Familien- oder des Betreuungsgerichts das Nachlassgericht zuständig.**

§ 368

1. Der Auseinandersetzungsplan

1 Während § 366 die Verhandlung über vorbereitende Maßnahmen betrifft (s § 366 Rn 1), regelt § 368 den zweiten Verfahrensabschnitt, die Verhandlung über die Auseinandersetzung selbst. Sobald nach Lage der Sache die Auseinandersetzung stattfinden kann, hat das Gericht einen Auseinandersetzungsplan nach § 368 anzufertigen. Das ist nach der Bestätigung der Vereinbarung über die vorbereitenden Maßnahmen der Fall, wobei deren Rechtskraft nur abzuwarten ist, wenn mit der Möglichkeit der Anfechtung zu rechnen ist. Über die Maßnahmen des § 366 und die Auseinandersetzung selbst kann im selben Termin verhandelt werden, das erstere Verfahren kann sich auch erübrigen (§ 366 Rn 1). Der Auseinandersetzungsplan hat die gesamten Verhältnisse des Nachlasses und seiner Verteilung zu berücksichtigen. Aus ihm muss sich ergeben, wie die einzelnen Aktiven und Passiven unter Berücksichtigung der Erbrechtsverhältnisse verwertet, übernommen oder aufgeteilt werden. Die Ansprüche der einzelnen Beteiligten, die einzelnen Nachlassgegenstände, die der einzelne Beteiligte erhält, und die Ausgleichung der Ansprüche müssen aus ihm ersichtlich sein. Die Aufstellung eines förmlichen Teilungsplanes erübrigt sich, wenn in einfachen Fällen die vereinbarte Auseinandersetzung im Einzelnen in das Verhandlungsprotokoll aufgenommen wird (Firsching/Graf, Rn 4.932).

2. Beurkundung

2 Sind die Erschienenen mit dem Inhalt des Plans einverstanden, so hat das Nachlassgericht die Auseinandersetzung zu beurkunden (§ 368 I 2). Bei der Beurkundung wird sich das Nachlassgericht zweckmäßig an die Vorschriften des BeurkG halten (s § 366 Rn 9).

3. Nichterscheinen eines Beteiligten

3 Ist ein Beteiligter nicht erschienen, so hat das Gericht in gleicher Weise wie nach § 366 III und IV vorzugehen (§ 368 II), so dass auf die Ausführungen zum Versäumnisverfahren verwiesen wird (§ 366 Rn 11). Auch die Vorschriften des § 367 über die Wiedereinsetzung in den vorigen Stand finden entspr Anwendung (Abs 2 S 2).

4. Bestätigungsbeschluss

4 Das Gericht hat die Auseinandersetzung zu bestätigen, wenn alle Beteiligten erschienen sind; dasselbe gilt, wenn die nichterschienenen Beteiligten ihre Zustimmung zu gerichtlichem Protokoll oder in einer öffentlich beglaubigten Urkunde erteilen (§ 368 I 3) oder ihre Zustimmung durch die Säumnisfolgen ersetzt wird (§ 368 Abs 2). Es gilt hier das Gleiche wie für die vorbereitenden Maßregeln (s § 366 Rn 15). Gegen den Beschluss, durch den die Auseinandersetzung bestätigt wird, findet nach § 372 die sofortige Beschwerde statt. Die Beschwerde kann nur darauf gegründet werden, dass die Vorschriften über das Verfahren nicht beachtet seien. Zu den Wirkungen der Bestätigung s § 371.

§ 369 Verteilung durch das Los

5. Genehmigung nach § 368 III

a) Erfordernis der Genehmigung. Ein Beteiligter bedarf zur Vereinbarung oder Auseinandersetzung der Genehmigung des **Betreuungs-** bzw im Fall des § 1643 BGB des **Familiengerichts** etwa in den Fällen der §§ 1643, 1821, 1822 Nr 2 BGB. Die Genehmigungen müssen dem Nachlassgericht vor der Erteilung des Bestätigungsbeschlusses vorliegen. 5

b) Erteilung durch das Nachlassgericht. Nach Abs 3 ist das Nachlassgericht anstelle des Betreuungs-/Familiengerichts zur Genehmigung zuständig, wenn der Beteiligte im Inland keinen Vormund, Betreuer oder Pfleger hat. Es muss also ein gesetzlicher Vertreter (auch ein Elternteil) aufgetreten sein, der nicht von einem inländischen Betreuungs-/Familiengericht bestellt ist oder nicht der Aufsicht eines solchen unterliegt. Die Zuständigkeit eines inländischen Betreuungs-/Familiengerichts zur Bestellung eines Vormunds, Betreuers oder Pflegers darf nicht gegeben sein (Keidel/Zimmermann Rn 55). **Zuständig** zur Erteilung der Genehmigung ist nach der Rechtspfleger (der Richtervorbehalt in § 16 I Nr 8, § 14 Nr 9 wurde durch das 1. JuMoG (BGBl I S. 2198) aufgehoben). Für eine Anwendung des § 368 III auf die Beistandschaft ist, anders noch die Vorgängervorschrift § 97 II FGG, kein Bedürfnis mehr vorhanden (BT-Drs 16/6308, 283). 6

c) Sachliche Prüfung. Im Übrigen gelten die gleichen Bestimmungen, wie wenn das Betreuungs-/Familiengericht die Genehmigung erteilen würde. Das Nachlassgericht muss daher die getroffenen Vereinbarungen vom Standpunkt des Interesses des Beteiligten aus prüfen, für den die Genehmigung erforderlich ist. Die Genehmigung muss nach §§ 1828, 1643 II BGB dem gesetzlichen Vertreter gegenüber erteilt und dem anderen Teil nach § 1829 BGB mitgeteilt werden. 7

6. Gebühren

Gebühren und Kostenpflicht des Bestätigungsbeschlusses: § 116 KostO. 8

Verteilung durch das Los

369 Ist eine Verteilung durch das Los vereinbart, wird das Los, wenn nicht ein anderes bestimmt ist, für die nicht erschienenen Beteiligten von einem durch das Gericht zu bestellenden Vertreter gezogen.

1. Voraussetzungen

Die Verteilung durch das Los muss **vereinbart** sein bzw muss nach § 366 III 2 als vereinbart angesehen werden können. Weitere Voraussetzung ist, dass nichts anderes bestimmt ist, etwa dass für den Nichterschienenen andere Personen das Los ziehen sollen. § 369 entspricht dem bisherigen § 94 FGG. 1

2. Bestellung des Vertreters

Liegen diese Voraussetzungen vor, so **muss** vom Gericht ein Vertreter bestellt werden, der das Los ziehen soll. Zuständig ist der RPfl. Die Bestellung steht nicht im Ermessen des Gerichts, sondern kann notfalls im Beschwer- 2 deweg erzwungen werden. Sie geschieht für einen nicht erschienenen Beteiligten, der ein Los zu ziehen hätte, wobei gleichgültig ist, aus welchem Grund er nicht erschienen ist. Sie scheidet aus, wenn ein erschienener Beteiligter die Losziehung verweigert. Die Bestellung wird mit der Bekanntmachung an den bestellten Vertreter wirksam. Die bestellte Person ist **Vertreter** des Nichterschienenen kraft Gesetzes. Der Nichterschienene muss sich daher das Verhalten des Vertreters voll zurechnen lassen. Die Vertretungsbefugnis beschränkt sich ausschließlich auf die Losziehung. Zu anderen Handlungen oder Erklärungen ist der Vertreter nicht berechtigt. Er ist insbesondere bei sonstigen Meinungsverschiedenheiten, auch etwa über die Losziehung, nicht zuzuziehen.

Aussetzung bei Streit

370 Ergeben sich bei den Verhandlungen Streitpunkte, ist darüber eine Niederschrift aufzunehmen und das Verfahren bis zur Erledigung der Streitpunkte auszusetzen. Soweit unstreitige Punkte beurkundet werden können, hat das Gericht nach den §§ 366 und 368 Abs. 1 und 2 zu verfahren.

1. Allgemeines

1   Die Tätigkeit des Nachlassgerichts ist eine vermittelnde, die auf eine gütliche Ausgleichung von Meinungsverschiedenheiten hinzuwirken hat. Es ist jedoch nicht berufen, Streitpunkte, die sich bei den Verhandlungen über die Auseinandersetzung ergeben, zu entscheiden. Soweit eine gütliche Einigung nicht herbeigeführt werden kann, muss daher das Verfahren ausgesetzt werden, bis der Streit im **Prozessweg** ausgetragen ist. § 370 gilt sowohl für das vorbereitende Verfahren nach § 366, als auch für das Auseinandersetzungsverfahren nach § 368. Bestehen bereits im Zeitpunkt des Antrags streitige Rechtsfragen, ist kein Raum für das Verfahren nach § 370, sondern ist die Einleitung als unzulässig abzulehnen, weil die Rechtsfragen vor dem Prozessgericht zu klären sind (OLG Düsseldorf FGPrax 02, 231).

2. Streitpunkte

2   **a) Geltendmachung.** Die Streitpunkte müssen sich bei den Verhandlungen vor dem Nachlassgericht ergeben haben. Hat ein Beteiligter vor Einleitung des Verfahrens, außerhalb des Termins oder schriftlich einen Widerspruch erklärt, so ist er nicht zu beachten. Zur Aussetzung zwingt nur ein **im Termin** geltend gemachter Widerspruch (Keidel/Zimmermann Rn 11). Dabei darf sich das Gericht nicht begnügen, schon beim Vorhandensein eines einzigen nicht zu beseitigenden Widerspruchs das Verfahren auszusetzen, es hat vielmehr mit den Beteiligten sämtliche erforderlichen Maßnahmen zu besprechen, um herauszufinden, ob noch weitere Streitpunkte bestehen. Maßgeblich sind dabei nur Streitpunkte über ein konkretes Verhältnis, das den Gegenstand eines Rechtsstreits bilden kann. Allgemeine Meinungsverschiedenheiten der Beteiligten rechtfertigen die Aussetzung nicht.

§ 371 Wirkung der bestätigten Vereinbarung und Auseinandersetzung; Vollstreckung **§ 371**

b) Aufnahme einer Niederschrift. Über sämtliche festgestellten Streitpunkte hat das Nachlassgericht eine Niederschrift aufzunehmen. Die Niederschrift muss genau feststellen, welchen Inhalt die Streitigkeiten haben, unter welchen Beteiligten sie bestehen und welche Stellung die nicht unmittelbar Beteiligten einnehmen. Die Feststellungen in der Niederschrift sind jedoch weder für das Prozessgericht noch für die Beteiligten bindend; vielmehr können neue Streitpunkte in den Prozess eingeführt werden. Die Form der Niederschrift muss sich nicht nach dem BeurkG richten (s § 366 Rn 9), wird jedoch zweckmäßig entspr dem BeurkG abgefasst (vgl Begr BT-Drs 16/6308, 284; MünchKommZPO/J.Mayer § 370 FamFG Rn 6; aA Keidel/Zimmermann Rn 6). Hinsichtlich der Anfertigung der Niederschrift ist § 370 Spezialvorschrift zu § 28 IV. 3

c) Aussetzung des Verfahrens. Da das Gericht zur Entscheidung von Streitigkeiten nicht berufen ist, **muss** es das Verfahren aussetzen, wenn eine Einigung nicht herbeigeführt werden kann. § 370 ergänzt insoweit § 21 (BT-Drs 16/6308, 284). Die Aussetzung erfolgt nur hinsichtlich der streitigen Teile des Nachlasses; sind sich die Beteiligten über die Auseinandersetzung wenigstens eines Teils des Nachlasses einig, so kann insoweit das Auseinandersetzungsverfahren durchgeführt werden (s. u. Rn 5). Eine Frist zur Erledigung der Streitpunkte darf das Nachlassgericht nicht setzen. Ist das Hindernis beseitigt, sei es durch gütliche Einigung oder Prozessurteil, so wird das Verfahren auf Antrag eines Beteiligten wieder aufgenommen. 4

3. Teilvollzug

Nach § 370 Satz 2 hat das Gericht vorbereitende Maßnahmen und die Auseinandersetzung zu treffen, soweit bezüglich der unstreitigen Punkte die Aufnahme einer Urkunde ausführbar ist. Betreffen die Streitpunkte also nicht die ganze Teilungsmasse, so kann das Verfahren hinsichtlich des unstreitigen Teils weiter durchgeführt werden. Insoweit gelten die allgemeinen Vorschriften. Auch wenn hinsichtlich des Teilvollzugs nicht alle Beteiligten betroffen sind, sind sie weiter am Verfahren beteiligt und muss ihre Zustimmung zu den weiteren Vereinbarungen eingeholt werden, notfalls im Versäumnisverfahren nach §§ 366 III, IV, 368 II. 5

4. Rechtsmittel

Da § 370 als Ergänzung zu § 21 anzusehen ist (BT-Drs 16/6308, 284), gilt auch § 21 II. Der Beschluss über die Aussetzung ist daher mit der sofortigen Beschwerde in entsprechender Anwendung der §§ 567 bis 572 ZPO angreifbar (§ 21 II). 6

Wirkung der bestätigten Vereinbarung und Auseinandersetzung; Vollstreckung

371 (1) **Vereinbarungen nach § 366 Abs. 1 sowie Auseinandersetzungen nach § 368 werden mit Rechtskraft des Bestätigungsbeschlusses wirksam und für alle Beteiligten in gleicher Weise verbindlich wie eine vertragliche Vereinbarung oder Auseinandersetzung.**

§ 371 Buch 4 – Verfahren in Nachlass- und Teilungssachen

(2) **Aus der Vereinbarung nach § 366 Abs. 1 sowie aus der Auseinandersetzung findet nach deren Wirksamwerden die Vollstreckung statt. Die §§ 795 und 797 der Zivilprozessordnung sind anzuwenden.**

1. Allgemeines

1 § 371 regelt die Wirkung der bestätigten Vereinbarungen über die vorbereitenden Maßnahmen nach § 366 I und der Auseinandersetzung nach § 368 und deren Vollstreckung. § 371 I entspricht inhaltlich § 97 I FGG. § 371 II übernimmt den Regelungsgehalt des bisherigen § 98 FGG. Auf die Prüfbitte des Bundesrates hin wurde die Klarstellung, dass die §§ 795, 797 ZPO entsprechende Anwendung finden, wieder aufgenommen, weil es sich bei den Titeln im Sinne des § 371 II zwar um sonstige Titel handelt, die nicht auf einer streitigen Entscheidung des Gerichts beruhen, diese aber durch § 794 ZPO nicht ausdrücklich in Bezug genommen sind (BT-Drs 16/6308, 422).

2. Wirkung der bestätigten Vereinbarung und Auseinandersetzung

2 Die Vereinbarung über vorbereitende Maßnahmen (§ 366) und die Auseinandersetzung (§ 368) hat das Gericht **durch Beschluss zu bestätigen.** Gemäß § 371 findet daraus nach dem Eintritt der Rechtskraft des Bestätigungsbeschlusses die Zwangsvollstreckung statt. Der Bestätigungsbeschluss ist also ein obrigkeitlicher Akt, der die rechtsgeschäftlichen Vereinbarungen der Beteiligten wirksam und vollstreckbar macht. Nach der rechtskräftigen Bestätigung wird es so angesehen, als ob auch die Nichterschienenen im Zeitpunkt der Auseinandersetzung zugestimmt hätten. Die Bestätigung bezeugt, dass ein ordnungsgemäßes Verfahren eingehalten worden ist. **Verfahrensmängel** können nach Eintritt der Rechtskraft nicht mehr geltend gemacht werden. Die rechtskräftig bestätigte Auseinandersetzung ist in gleicher Weise verbindlich wie eine vertragsmäßige Auseinandersetzung (§ 371). Dagegen werden **materiellrechtliche Mängel,** die dem Auseinandersetzungsvertrag anhaften, nicht gedeckt; ein Streit darüber ist nicht vor dem Nachlassgericht, sondern vor dem Prozessgericht auszutragen.

3 Der Bestätigungsbeschluss **wird rechtskräftig,** wenn entweder die Frist für die Beschwerde gem § 63 für alle Beteiligten ohne Einlegung eines Rechtsmittels verstrichen ist (§ 45) oder wenn die eingelegten Rechtsmittel rechtskräftig zurückgewiesen sind. Die Rechtskraft des Beschlusses ist jedoch nicht mit der eines Urteils vergleichbar; er hat vielmehr nur die gleiche Wirkung wie eine vertragsmäßige Vereinbarung oder Auseinandersetzung (§ 370 I). Die Beteiligten sind daher an die bestätigte Vereinbarung oder Auseinandersetzung nicht dauernd gebunden, sondern können sie durch vertragsmäßige Vereinbarung ändern oder wieder aufheben. Dem Beschluss kommt also keine materielle Rechtskraft wie einem Urteil zu.

3. Vollstreckung

4 **a) Vollstreckbare Titel.** Die rechtskräftig bestätigten Vereinbarungen über die vorbereitenden Maßnahmen (§§ 366 I, 371) und die Auseinandersetzung (§§ 368, 371) sind **vollstreckbare Titel** für die in den Urkunden von den

Beteiligten eingegangenen Verpflichtungen. Einer eigenen Zwangsvollstreckungsunterwerfung in der Urkunde bedarf es zur Zwangsvollstreckung nicht. Wie auch bei anderen Vollstreckungstiteln ist die Zwangsvollstreckung Sache der Beteiligten. Jeder Beteiligte, der einen Anspruch auf Grund der Vereinbarung oder Auseinandersetzung besitzt, kann die Zwangsvollstreckung betreiben. Das Nachlassgericht hat mit dem Vollzug und damit mit der Zwangsvollstreckung nichts mehr zu tun.

b) Vollstreckungsvorschriften. Auf die Zwangsvollstreckung sind gemäß 5 § 795 ZPO die Vorschriften der §§ 724–793 entspr anzuwenden, soweit nicht in den §§ 795 a bis 800 ZPO abweichende Vorschriften enthalten sind. Im Übrigen ist nach den allgemeinen Vorschriften zu unterscheiden zwischen der Zwangsvollstreckung wegen Geldforderungen (§§ 803–882 a ZPO), die je nach dem Gegenstand der Vollstreckung verschieden ist, und der Zwangsvollstreckung zur Erwirkung der Herausgabe von Sachen und zur Erwirkung von Handlungen oder Unterlassungen (§§ 883–898 ZPO). Erforderlich ist eine **vollstreckbare Ausfertigung** der bestätigten Urkunde nach § 724 ZPO, für deren Erteilung der Urkundsbeamte der Geschäftsstelle des Gerichts, das die Urkunde verwahrt, zuständig ist (§ 797 I ZPO) bzw der Notar, wenn die Beurkundung durch einen Notar erfolgte (§ 797 II ZPO).

c) Formelle Erklärungen. Sonstige zur Rechtsübertragung materiell- 6 rechtlich erforderliche Erklärungen können in der Vereinbarung dem Nachlassgericht gegenüber erklärt werden. Die Erklärungen nichterschienener Beteiligter werden durch die rechtskräftige Bestätigung ersetzt. Dies gilt auch für grundbuchrechtliche Eintragungsbewilligungen, etwa zur Übertragung von Grundpfandrechten. Zur Entgegennahme der **Auflassung** ist das Amtsgericht nicht mehr befugt, sofern es im Verfahren nicht zu einem gerichtlichen Vergleich kommt (Zimmermann, Rpfleger 70, 189, 195). Ist die Auflassung nicht in der Auseinandersetzungsurkunde enthalten, so muss die Zwangsvollstreckung nach § 888 ZPO durchgeführt werden; § 894 ZPO gilt nicht.

Rechtsmittel

372 (1) **Ein Beschluss, durch den eine Frist nach § 366 Abs. 3 bestimmt wird, und ein Beschluss, durch den über die Wiedereinsetzung entschieden wird, ist mit der sofortigen Beschwerde in entsprechender Anwendung der §§ 567 bis 572 der Zivilprozessordnung anfechtbar.**

(2) **Die Beschwerde gegen den Bestätigungsbeschluss kann nur darauf gegründet werden, dass die Vorschriften über das Verfahren nicht beachtet wurden.**

§ 372 regelt die Anfechtbarkeit von Entscheidungen im Teilungsverfahren 1 und ersetzt den bisherigen § 96 FGG (BT-Drs 16/6308, 284).

1. Anfechtbarkeit von Zwischenentscheidungen

a) Anfechtbare Zwischenentscheidungen. Nach § 372 I sind bestimm- 2 te Zwischenentscheidungen mit der sofortigen Beschwerde in entsprechender

§ 372 Buch 4 – Verfahren in Nachlass- und Teilungssachen

Anwendung der §§ 567 bis 572 ZPO anfechtbar. Im einzelnen handelt es sich um (1) einen Beschluss, durch den eine Frist nach § 366 Abs 3 bestimmt wird, also auch in den Fällen der § 368 II und § 370 Satz 2, sowie (2) gegen den Beschluss, durch den über die Wiedereinsetzung entschieden wird, also sowohl den ablehnenden Beschluss als auch in Abweichung zu § 19 II ein der Wiedereinsetzung stattgebender Beschluss (BT-Drs 16/6308, 284).

3   **b) Sofortige Beschwerde. aa) Frist.** Die in § 372 I genannten Beschlüsse sind den Beteiligten nach §§ 41 I, 15 II bekanntzumachen. Die Beschwerdefrist beträgt zwei Wochen ab Bekanntgabe (§ 569 I). Spätestens beginnt die Frist mit dem Ablauf von fünf Monaten nach Verkündung des Beschlusses. Die Beschwerdefrist läuft für jeden Beschwerdeberechtigten gesondert ab der Bekanntmachung (Baumbach/Lauterbach/Albers/Hartmann § 569 Rn 5).

4   **bb) Beschwerdeberechtigung.** Beschwerdeberechtigt sind die am Verfahren Beteiligten. Sie müssen jedoch auch durch die Entscheidung beschwert sein (Musielak/Ball § 567 ZPO Rn 19). Teilweise, vor allem in der Rechtsprechung der OLG wurde ein allgemeines Recht auf ordnungsgemäße Sachbehandlung angenommen (vgl dazu § 59 Rn 6), so dass letztlich die sofortige Beschwerde von jedem Beteiligten mit der Behauptung eines Verfahrensmangels, der ihn jedoch selbst nicht berühren muss, hätte erhoben werden können (so auch Voraufl. § 97 Rn 6). Ein solches Recht allgemeines Recht ist jedoch abzulehnen, da jemand, der in seiner materiellen Rechtsstellung von einer Entscheidung nicht betroffen ist, grundsätzlich kein Rechtsschutzbedürfnis hat (zutreffend Keidel/Meyer-Holz Rn 7).

5   **cc) Begründung.** Die Einschränkung des Abs 2, wonach nur die Verletzung von Vorschriften über das Verfahren gerügt werden dürfen, gilt für die mit der sofortigen Beschwerde angreifbaren Beschlüsse nicht.

2. Anfechtbarkeit der Bestätigungsbeschlüsse

6   Die Bestätigungsbeschlüsse der § 366 II und § 368 I sind als Endentscheidungen mit der Beschwerde (§ 58) angreifbar (BT-Drs 16/6308, 284). Beschwerdeberechtigung richtet sind nach § 59 I, es muss also eine Verletzung eigener Rechte durch den Bestätigungsbeschluss vorliegen. Dies ist auch beim nicht zu dem Verfahren Zugezogenen der Fall, wenn er durch die Vereinbarung betroffen ist (vgl. bereits Voraufl. § 96 Rn 6; grundsätzlich auch BayObLG 92, NJW-RR 92, 150). Zur Frage, ob die Beschwerde stets, auch bei fehlender eigener Beeinträchtigung auf die Verletzung von Verfahrensrechten gestützt werden kann, s Rn 4.

Die Beschwerde gegen den Bestätigungsbeschluss kann nur darauf gegründet werden, dass die Vorschriften über das **Verfahren** nicht beachtet seien (Abs 2). Einwendungen gegen den Inhalt oder die Gültigkeit der bestätigten Vereinbarung selbst sind daher ausgeschlossen. Über Mängel der Auseinandersetzung entscheidet nicht mehr das Nachlassgericht, sondern das Prozessgericht; inhaltliche Mängel können mit der Feststellungs- oder Vollstreckungsgegenklage (§§ 767, 794 Nr 5, 795, 797 IV ZPO) geltend gemacht werden. An Verfahrensvorschriften, deren Nichtanwendung oder unrichtige Anwendung gerügt werden kann, kommen insbesondere in Betracht die §§ 365, 366 III und IV, 368 II; ferner die Verletzung allgemeiner Verfahrensvorschriften, zB über Vertretung Beteiligter, Fristen, fehlende Genehmigung des Betreuungsgerichts, Zuständigkeit.

Die Aufhebung eines Bestätigungsbeschlusses hat zur Folge, dass das Verfahren in den Zustand versetzt wird, den es vor Erlass des Bestätigungsbeschlusses hatte; die Wirkung tritt daher gegenüber allen Beteiligten ein, nicht nur gegenüber dem Beschwerdeführer (Keidel/Zimmermann Rn 24).

Auseinandersetzung einer Gütergemeinschaft

373 (1) **Auf die Auseinandersetzung des Gesamtguts nach der Beendigung der ehelichen, lebenspartnerschaftlichen oder der fortgesetzten Gütergemeinschaft sind die Vorschriften dieses Abschnitts entsprechend anzuwenden.**

(2) **Für das Verfahren zur Erteilung, Einziehung oder Kraftloserklärung von Zeugnissen über die Auseinandersetzung des Gesamtguts einer ehelichen, lebenspartnerschaftlichen oder fortgesetzten Gütergemeinschaft nach den §§ 36 und 37 der Grundbuchordnung sowie den §§ 42 und 74 der Schiffsregisterordnung gelten § 345 Abs. 1 sowie die §§ 352, 353 und 357 entsprechend.**

1. Beendigung der Gütergemeinschaft

a) Die **Gütergemeinschaft** endet mit der Auflösung der Ehe durch Tod **1** eines Ehegatten, wenn bei beerbter Ehe nicht die Fortsetzung der Gütergemeinschaft vereinbart war (§ 1483 BGB), mit der Rechtskraft eines Aufhebungsurteils (§§ 1447 bis 1449, 1469, 1470 BGB), mit der Auflösung der Ehe durch Scheidung, Aufhebung, Wiederverheiratung nach Todeserklärung (§§ 1564 ff, 1313 ff, 1319 BGB), durch Ehevertrag (§ 1408 BGB).

b) Die **fortgesetzte Gütergemeinschaft** (§§ 1483 ff BGB) endet durch **2** Aufhebung seitens des überlebenden Ehegatten, durch Vertrag (§ 1492 BGB), durch Wegfall oder Verzicht aller Abkömmlinge (§§ 1490, 1491 BGB), durch Tod oder Todeserklärung (§ 1494 BGB) oder durch Wiederverheiratung des überlebenden Ehegatten (§ 1493 BGB), mit der Rechtskraft des Aufhebungsurteils (§§ 1495, 1496 BGB).

c) Die Vorschriften gelten entsprechend für die Lebenspartnerschaft (§ 7 LPartG).

2. Antrag

Die Vermittlung der Auseinandersetzung findet **nur auf Antrag** statt **3** (§ 363). Antragsberechtigt ist jeder Ehegatte im Fall der Scheidung oder sonstigen Beendigung während der Ehe; der überlebende Ehegatte sowie die Erben des Verstorbenen, falls die Gütergemeinschaft durch Tod endet und nicht fortgesetzt wird; der Insolvenzverwalter und der andere Ehegatte bei Beendigung einer Errungenschaftsgemeinschaft durch Insolvenzverfahren des Mannes; bei Beendigung der fortgesetzten Gütergemeinschaft der überlebende Ehegatte bzw seine Erben und die anteilsberechtigten Abkömmlinge (Firsching/Graf Rn 4.966). Der Widerspruch eines Beteiligten hindert zwar

§ 373 Buch 4 – Verfahren in Nachlass- und Teilungssachen

nicht die Einleitung des Verfahrens, wohl aber die Vermittlungstätigkeit (BayObLG 71, 293, 297).

3. Gegenstand der Auseinandersetzung

4 Gegenstand der Auseinandersetzung kann nur das Gesamtgut sein (§§ 1416, 1485 BGB). Die sonstigen Güter werden nicht gemäß §§ 363 ff verteilt. Die Auseinandersetzung erfolgt bei der Gütergemeinschaft nach den §§ 1471–1481 BGB. Auseinandersetzung eines Gesamtguts und Auseinandersetzung eines Nachlasses, in den ein Anteil am Gesamtgut fällt, sind zwei selbstständige Verfahren (OLG Hamm, DNotZ 66, 744).

4. Überweisungszeugnisse (Abs 2)

5 **a) Anwendungsbereich.** Abs 2 ordnet die Geltung verschiedener für den Erbschein geltender Vorschriften in den Verfahren über die Erteilung, Einziehung und Kraftloserklärung für die Zeugnisse über die Auseinandersetzung einer ehelichen, lebenspartnerschaftlichen oder fortgesetzten Gütergemeinschaft an (zu den sog Überweisungszeugnissen im übrigen s § 354 Rn 3). Der Anwendungsbereich des § 373 ist in den Fällen eröffnet, in denen die Verfahren als Teilungssache einzuordnen sind, weil die Auseinandersetzung des Gesamtgutes und nicht eines Nachlasses Gegenstand der Auseinandersetzung sind.

6 **b) Örtliche Zuständigkeit.** Sie richtet sich gem § 36 GBO nach § 344 V. Danach ist das für die Auseinandersetzung des Nachlasses zuständige Gericht zuständig, falls ein Anteil an dem Gesamtgut zu einem Nachlass gehört. Hingegen richtet sich die örtliche Zuständigkeit nach § 122, wenn eine Auseinandersetzung der Gütergemeinschaft aus anderen Gründen als der Beendigung der Ehe durch den Tod eines Ehegatten erfolgt. Dies gilt auch für den Fall der Auflösung der fortgesetzten Gütergemeinschaft zu Lebzeiten des längstlebenden Ehegatten (Keidel/Kuntze/Winkler § 99 FGG Rn 9).

7 **c) Anzuwendende Vorschriften.** Die entsprechend anwendbaren Vorschriften sind im Einzelnen: § 345 I (Beteiligte), § 352 (Erteilung), § 353 (Einziehung und Kraftloserklärung) sowie § 357 (Einsicht). Die Anordnung ist erforderlich, da es sich bei den Vorschriften sämtlich um solche aus dem Abschnitt 2 „Verfahren in Nachlasssachen" handelt, die hier in Rede stehenden Überweisungszeugnisse aber als Teilungssachen einzuordnen sind.

Buch 5
Verfahren in Registersachen, unternehmensrechtliche Verfahren

Abschnitt 1
Begriffsbestimmung

Vorbemerkung zu §§ 374, 375

Das FamFG führt in gesellschafts- und registergerichtlichen Angelegenheiten 1
eine neue Terminologie ein. So wird jetzt zwischen Registersachen in § 374
und den unternehmensrechtlichen Verfahren in § 375 unterschieden. Überholt
ist damit aus Sicht der freiwilligen Gerichtsbarkeit der bislang als Überschrift
über den 7. Abschnitt des FGG verwandte Begriff der „Handelssachen". Der
Begriff hat jedoch unverändert in § 95 GVG seine Bedeutung (zur inhaltlichen Abweichung des Begriffs nach FGG einerseits und materiellen und prozessualen Recht andererseits vgl 8. Aufl. Vorb. Siebenter Abschnitt Rn 1).

Eine wesentliche Änderung der registergerichtlichen und der unternehmens- 2
rechtlichen Verfahren war durch die FGG-Reform zumindest nicht beabsichtigt
worden. Die registergerichtlichen und unternehmensrechtlichen Verfahren lagen nur „im äußeren Wahrnehmungsbereich" der Entwurfsverfasser (Krafka
FGPrax 07, 51). Allerdings werden die Vorschriften zu den Registerverfahren
zusammengefasst und dadurch insgesamt übersichtlicher gestaltet. Offener ist
die Frage, inwieweit die grundsätzliche Anwendbarkeit der Vorschriften des
Allgemeinen Teils auch für die Registerverfahren zu Änderungen führt.

Nach Art. 111 FGG-Reformgesetz v 17. 12. 2008 (BGBl I S. 2586) sind 3
auf Verfahren in Registersachen und unternehmensrechtliche Verfahren, die
bis zum Inkrafttreten des FGG-Reformgesetzes am 1. 9. 2009 (Art 112 FGG-Reformgesetz) eingeleitet sind oder deren Einleitung vor diesem Datum
beantragt wurde, weiter die vor Inkrafttreten des FGG-Reformgesetzes geltenden Vorschriften anzuwenden. Dies gilt auch für die Rechtsmittel in diesen
Verfahren (BT-Drs 16/6308, 359; OLG Schleswig NJW 10, 242; OLG Nürnberg MittBayNot 10, 404, 405).

Registersachen

374 Registersachen sind
1. **Handelsregistersachen,**
2. **Genossenschaftsregistersachen,**
3. **Partnerschaftsregistersachen,**
4. **Vereinsregistersachen,**
5. **Güterrechtsregistersachen.**

§ 374 Buch 5 – Registersachen, unternehmensrechtliche Verfahren

I. Allgemeines

1 Die Vorschrift enthält eine Aufzählung der einzelnen Registerverfahren, zu denen sich in Buch 5 Verfahrensvorschriften befinden. Neben allgemeinen Bestimmungen in §§ 376, 377 zur Zuständigkeit werden die Registersachen allgemein in Abschnitt 3, §§ 378 bis 399 geregelt. Eigenständige ergänzende Vorschriften sind nur für das Vereinsregister vorhanden (§§ 400, 401). Unverändert enthält somit das FamFG nur ergänzende Vorschriften in Registersachen. Eine der GBO entsprechende Registerverfahrensordnung ist auch durch das FamFG nicht geschaffen worden (Krafka FGPrax 07, 51). Das Registerrecht des FGG konnte aber durch die Zusammenfassung der Normen deutlich übersichtlicher gestaltet werden.

II. Elektronische Register

2 In Umsetzung der novellierten „Publizitätsrichtlinie" (Richtlinie 2003/58/EG des Europäischen Parlamentes und des Rates vom 15. 7. 2003 (Abl. Nr L 221/13 v 4. 9. 2003) hat der Deutsche Gesetzgeber das **„Gesetz über elektronische Handels- und Genossenschaftsregister sowie das Unternehmensregister (EHUG)"** erlassen (BGBl 2006 I S. 2553). Danach werden seit dem 1. 1. 2007 Handels-, Genossenschafts- und Partnerschaftsregister vollständig elektronisch geführt. Dadurch hat ein Prozess seinen Abschluss gefunden, der bereits durch das Bilanzrichtliniengesetz 1986 (BGBl 1985 I S. 2355) begonnen hatte. Der seinerzeit eingefügte § 8a HGB enthielt Vorschriften für eine Teilautomation der Registerführung (Aufbewahrung von Schriftstücken und Einreichung von Jahres- und Konzernabschlüssen auf Bild- und Datenträger) und wurde deshalb zur Grundnorm des elektronischen Handelsregisters. Das Registerverfahrensbeschleunigungsgesetz vom 20. 12. 1993 (BGBl I S. 2182, 2204) hatte u. a. – in Anlehnung an die Regelungen des § 126 I GBO – in § 8a I HGB die Mindestanforderungen an Technik und Organisation des elektronischen Handelsregisters (dazu Willer/Krafka Rpfleger 02, 411) geregelt. Mit dem EHUG schließlich wurden die genannten Register vollständig elektronisiert, dh sowohl die Einreichung von Dokumenten zum Register, insb die Anmeldungen, erfolgen ebenso ausschließlich elektronisch wie auch der Abruf von Daten aus dem Register vollständig elektronisch möglich ist. In der Praxis werden zum Zweck der elektronischen Registerführung nicht nur die Anmeldungen nebst Anlagen von den Notaren mittels der Programme „SigNotar" und „XNotar" elektronisch aufbereitet, sondern darüber hinaus auch ein Datensatz aus sog. „XML-Strukturdaten" hergestellt, aus denen beim Registergericht der Entwurf der Eintragung ganz oder teilweise erzeugt wird. Die Kommunikation mit den Registern findet im Wesentlichen geschützt im Internet über sog. EGVP-Clients statt (ausführlich zur elektronischen Registerführung nach dem EHUG Sikora/Schwab MittBayNot 07, 1). Mit dem Gesetz zur Erleichterung der elektronischen Anmeldungen zum Vereinsregister und anderer vereinsrechtlicher Änderungen v. 24. 9. 2009 (BGBl. I S. 3145) wurden weitere Voraussetzungen für die elektronische Registerführung der Vereinsregister geschaffen. Die Entscheidung,

§ 374 Registersachen §374

ob und inwieweit die Registerführung elektronisch erfolgt, obliegt den Ländern (§ 55 a BGB). Die schriftliche Einreichung von Anmeldungen bleibt aber, anders als beim Handels-, Partnerschafts- und Genossenschaftsregister, stets unverändert zulässig (Terner DNotZ 10, 5).

III. Rechtsgrundlagen der Register

Für alle genannten Register gilt, dass das FamFG lediglich das anzuwendende Verfahren regelt. Die eigentlichen Eintragungsinhalte ergeben sich jeweils aus dem materiellen Recht (insb BGB, HGB, GmbHG, AktG, PartGG, UmwG). Zudem sind im jeweiligen Sachgesetz wesentliche Grundlagen der jeweiligen Register geregelt. Die näheren Bestimmungen über Einrichtung und Führung des Registers, die Einsicht in das Register und das Verfahren bei Anmeldungen, Eintragungen und Bekanntmachungen ergeben sich (mit Ausnahme des Güterrechtsregisters) aus den jeweiligen Registerverordnungen (Handelsregisterverordnung (HRV), Genossenschaftsregisterverordnung (GenRegV), Partnerschaftsregister (PRV), Vereinsregisterverordnung (VRV)), die als Rechtsverordnungen, die durch das Bundesministerium der Justiz erlassen werden, ihre Ermächtigungsgrundlagen teilweise im FGG (§ 125 II; 160 b) oder aber im jeweiligen Sachgesetz hatten (§ 156 GenG; § 55 a VII BGB). Mit § 387 II gibt es nun eine einheitliche Ermächtigungsgrundlage für alle Registerverordnungen mit Ausnahme der Vereinsregisterverordnung, welche auf Grundlage des § 387 IV erlassen wird. 3

IV. Unternehmensregister

Nach § 8 b HGB führt das Bundesministerium der Justiz oder eine vom ihm nach § 9 a HGB beliehene juristische Person des privaten Rechts das Unternehmensregister. Zweck des Unternehmensregisters ist über eine vom ihm betriebene Internetseite verschiedenste Eintragungen, eingereichte Dokumente und Bekanntmachungen des Handels-, Genossenschafts- und Partnerschaftsregister, die im einzelnen in § 8 b II HGB aufgelistet sind, zugänglich zu machen. Beim Unternehmensregister handelt es sich um ein reines Informationsmedium. Die Registerführung durch die Gerichte ist davon mit Ausnahme von Übermittlungspflichten (s. dazu die Verordnung über das Unternehmensregister (URV) v. 26. 2. 2007 (BGBl. I S. 217)) nicht berührt. 4

V. Registersachen

1. Handelsregistersachen

a) Zweck des Handelsregisters. Zweck des Handelsregisters ist die Verlautbarung der für die Sicherung des Handelsverkehrs in seiner Außenwirkung maßgeblichen Rechtsverhältnisse, soweit das Gesetz deren Eintragung vorsieht (BGH NJW 98, 1071; BayObLG Rpfleger 77, 212; OLG Zweibrücken GmbHR 99, 665) **(Publizitätsfunktion):** zB die Kaufleute, die OHG oder 5

§ 374 Buch 5 – Registersachen, unternehmensrechtliche Verfahren

KG, ferner Entstehen der Kaufmannseigenschaft, der OHG und KG, wenn der Kaufmann oder die Gesellschaft nicht schon nach § 1 II HGB ein Handelsgewerbe ist (§§ 2, 105 II HGB) oder die Gesellschaft nur eigenes Vermögen verwaltet (§§ 105 II, 161 II HGB) (konstitutive Eintragung), der juristischen Person (§ 41 I AktG, § 11 I GmbHG), Wirksamkeit von Satzungsänderungen bei Kapitalgesellschaften (§ 181 III AktG, § 54 III GmbHG), Vertretungsmacht (§ 125 HGB, § 78 III AktG, § 35 II GmbHG), Haftungsbeschränkungen (§§ 25, 28, 176 HGB, § 11 II GmbHG), Verjährungsbeginn der Haftung des ausscheidenden Gesellschafters (§§ 128, 159 HGB), jedem zustehendes Recht auf Einsicht in das Handelsregister und die eingereichten Schriftstücke (§ 9 I HGB); Einzelheiten s § 385. Die **Schutz- und Vertrauensfunktion** des Handelsregisters ergibt sich aus § 15 HGB und dem daraus entwickelten Gewohnheitsrecht. Die **Kontrollfunktion** des Handelsregisters übt das Gericht sowohl bei der Eintragung (zB §§ 37, 38 AktG, § 8 GmbHG) wie bei der Wiederherstellung der Funktionsfähigkeit des Registers durch Löschung (zB §§ 14, 31 II, 37 HGB, §§ 132 ff, 140, 141, 142 FGG) aus (Lutter NJW 69, 1873).

6   **b) Rechtsgrundlagen.** Die wesentlichen Grundlagen des Handelsregisters sind in den durch das EHUG (Gesetz über elektronische Handelsregister und Genossenschaftsregister sowie das Unternehmensregister (BGBl 2006 I S. 2553) grundsätzlich neu gestalteten §§ 8 ff. HGB geregelt, insbesondere elektronische Führung der Register durch die Gerichte (§ 8 HGB), Wirksamkeit der Eintragungen (§ 8 a I), Anmeldungen und elektronische Einreichungen (§ 8 a II, 12 HGB), Einsichtnahme, Unternehmensregister (s Rn 4), Bekanntmachungen (§§ 8 b, 9, 10 HGB), Festsetzung von Zwangsgeld (§ 14 HGB) und Publizität (§ 15 HGB). Die näheren Bestimmungen über die Einrichtung und Führung des Handelsregisters, die Einsicht in das Handelsregister und das Verfahren bei Anmeldungen, Eintragungen und Bekanntmachungen ergeben sich aus der Handelsregisterverordnung (HRV; abgedruckt bei Krafka/Willer/Kühn, Anhang 2), die auf Grund der Ermächtigung in § 125 III FGG (bzw. jetzt § 387 II, s dort Rn 3) durch das Bundesministerium der Justiz erlassen worden ist. Sie regelt insbesondere die Aufteilung in die verschiedenen Abteilungen A und B (§ 3 HRV), welche Punkte in den einzelnen Spalten aufzuführen sind und die sonstigen erforderlichen Angaben (§§ 39 ff HRV).

Was einzutragen ist, wird durch das materielle Recht bestimmt (insb HGB, AktG, GmbHG, UmwG). Die §§ 378 ff. regeln demgegenüber das anzuwendende Verfahren.

2. Genossenschaftsregistersachen

7   **a) Allgemeines.** Für das Genossenschaftsregister sind in erster Linie maßgeblich das GenG; zu Umwandlung, Verschmelzung, Spaltung und Formwechsel bei Beteiligung eingetragener Genossenschaften s §§ 79–98, 147 FGG, 148, 251–257, 258–271, 283–290 UmwandlG. Auch das Genossenschaftsregister ist öffentlich. Gemäß § 9 I, II HGB iVm § 156 I 1 GenG ist die Einsicht des Genossenschaftsregisters sowie der zum Genossenschaftsregister eingereichten Schriftstücke jedem gestattet.

§ 374 Registersachen § 374

b) Rechtsgrundlagen. Genossenschafts- und Handelsregister sind in den 8
letzten Jahren weitgehend vereinheitlicht worden (vgl. zu diesem Prozess
s. 8. Aufl. § 147 FGG Rn 4 a). Auch das Genossenschaftsregister wird seit
dem Inkrafttreten des EHUG elektronisch geführt (§ 156 GenG iVm § 8 I
HGB). Maßgebliche Vorschriften zum Genossenschaftsregister befinden sich
in §§ 10, 11 GenG sowie in § 156 GenG, wo insbesondere auf §§ 8 I, 8 a, 9
und 11 HGB verwiesen wird. Die näheren Bestimmungen über Einrichtung
und Führung des Genossenschaftsregisters, die Einsicht in das Genossenschaftsregister und das Verfahren bei Anmeldungen, Eintragungen und Bekanntmachungen ergeben sich aus der Genossenschaftsregisterverordnung
(GenRegV; abgedruckt bei Krafka/Willer/Kühn, Anhang 3), die bislang auf
Grund der Ermächtigungsgrundlage in § 161 GenG (bzw. jetzt § 387 II, s
dort Rn 3) vom Bundesministerium der Justiz erlassen wurde. Die Eintragungsinhalte werden auch hier durch das materielle Recht bestimmt (insb
GenG, UmwG). Nähere Vorschriften über den Inhalt der Eintragungen enthält insb § 26 GenRegVO.

3. Partnerschaftsregistersachen

a) Allgemeines. Durch das Gesetz zur Schaffung von Partnerschaftsgesell- 9
schaften vom 25. 7. 1994 (BGBl I S. 1744) wurde mit Wirkung zum 1. 7.
1995 eine neue Gesellschaftsform ermöglicht, deren sich Angehörige freier
Berufe zur Ausübung ihrer Berufe bedienen können. Die Partnerschaft übt
kein Handelsgewerbe aus. Angehörige einer Partnerschaft können nur natürliche Personen sein und zwar Ärzte, Zahnärzte, Tierärzte, Heilpraktiker,
Krankengymnasten, Hebammen, Heilmasseure, Diplom-Psychologen, Mitglieder der Rechtsanwaltskammern, Patentanwälte, Wirtschaftsprüfer, Steuerberater, beratende Volks- und Betriebswirte, vereidigte Buchprüfer (vereidigte
Buchrevisoren), Steuerbevollmächtigte, Ingenieure, Architekten, Handelschemiker, Lotsen, hauptberufliche Sachverständige, Journalisten, Bildberichterstatter, Dolmetscher, Übersetzer und ähnliche Berufe sowie Wissenschaftler,
Künstler, Schriftsteller, Lehrer und Erzieher (§ 1 II PartGG). Auf die Partnerschaft finden, soweit im Gesetz nichts anderes bestimmt ist, die Vorschriften des BGB über die Gesellschaft Anwendung.

b) Rechtsgrundlagen. § 7 I PartGG sieht vor, dass die Partnerschaft mit 10
Eintragung in das Handelsregister im Verhältnis zu Dritten wirksam wird. Die
Eintragung in das Register ist danach für die Entstehung der Partnerschaft im
Außenverhältnis konstitutiv; anders als bei Personenhandelsgesellschaften, die
entweder mangels Eintragung (§§ 105 II, 123 I HGB), mangels Aufnahme
der Geschäfte (§ 123 II HGB) oder auf Grund fehlenden Handelsgewerbes
(§ 123 II 2 HGB) nur Gesellschaften bürgerlichen Rechts sein können,
findet sich bei der Partnerschaft ein derartiger Gleichlauf zwischen Außen- und
Innenverhältnis nicht. Es spricht aber vieles dafür, dass die Partnerschaft vor
Eintragung in das Partnerschaftsregister eine BGB-Gesellschaft ist, auch wenn
sie bereits ihre Geschäfte aufgenommen hat (Stuber, WiB 94, 705, 708). Aus
§ 7 I PartGG folgt auch, dass die gesetzliche Haftungsverfassung und die
Vertretungsregelung erst mit Eintragung in das Partnerschaftsregister wirksam
werden. Die Eintragung ins Register bewirkt nach dem in § 5 II PartGG für

§ 374 Buch 5 – Registersachen, unternehmensrechtliche Verfahren

anwendbar erklärten § 15 HGB, dass Dritte die eingetragenen Tatsachen gegen sich gelten lassen müssen, auch wenn sie sie nicht kennen.

Auf das Partnerschaftsregister (dazu Schaub NJW 96, 625) und die registerrechtliche Behandlung von Zweigniederlassungen sind die §§ 8 bis 12, 13, 13 d, 13 h, 14 bis 16 HGB über das Handelsregister entsprechend anzuwenden (§ 5 II PartGG). Einzelheiten s Partnerschaftsregisterverordnung (PRV). Zum Inhalt der Eintragung § 5 PartGG.

4. Vereinsregistersachen

11 **a) Allgemeines.** Das Vereinsrecht ist in den §§ 21 bis 76 BGB geregelt. Vereinsregistersachen im Sinn des § 374 Nr 4 sind jedoch nur die Angelegenheiten, die den eingetragenen Verein betreffen, also die §§ 21, 22, 55 bis 79 BGB. Der Idealverein erlangt gemäß § 21 BGB Rechtsfähigkeit durch Eintragung in das Vereinsregister des zuständigen Amtsgerichts. Ein Verein, dessen Zweck auf einen wirtschaftlichen Geschäftsbetrieb gerichtet ist, erlangt gemäß § 22 BGB Rechtsfähigkeit durch staatliche Verleihung; hier kommt eine gerichtliche Handlung nur in Ausnahmefällen in Frage, etwa nach den §§ 29, 37 BGB (s § 375 Rn 52).

Sondervorschriften über die als eV organisierten Prüfungsverbände nach dem GenG enthalten §§ 63 b–i, 64 GenG; Bestimmungen über die Verschmelzung genossenschaftlicher Prüfungsverbände enthalten §§ 105–108 UmwandlG, über die Spaltung § 150 UmwandlG. Die Verschmelzung unter Beteiligung rechtsfähiger Vereine regeln §§ 99–104 a UmwandlG, die Spaltung § 149 UmwandlG, den Formwechsel §§ 272–290 UmwandlG.

12 **b) Führung des Vereinsregisters.** Die Einzelheiten von Einrichtung und Führung des Vereinsregisters waren früher praktisch nicht geregelt; lediglich einige Fragen waren durch die Bestimmungen des Bundesrats über das Vereins- und das Güterrechtsregister vom 3. 11. 1898 geregelt, nach deren § 1 die Eintragungen in das Register auf Grund einer Verfügung des Amtsgerichts erfolgen. Das Registerverfahrensbeschleunigungsgesetz vom 20. 12. 1993 (BGBl I 2182 S. 2209) schaffte in § 55 a VII BGB eine bundesrechtliche Grundlage der früher landesrechtlich geregelten Registerführung; während gemäß § 55 a I BGB die Länderregierungen durch Rechtsverordnung bestimmen können, dass und in welchem Umfang das Vereinsregister in maschineller Form als automatisierte Datei geführt wird, ermächtigte § 55 a VII BGB das Bundesministerium der Justiz, durch Rechtsverordnung mit Zustimmung des Bundesrates nähere Vorschriften zu erlassen über die Einzelheiten der Errichtung und Führung des Vereinsregisters, auch soweit es maschinell geführt wird. Die in § 55 a VII BGB enthaltene Ermächtigung wurde mit § 387 IV in das FamFG übernommen.

13 Mit der **Verordnung über das Vereinsregister** vom 10. 2. 1999 (BGBl I S. 147, dazu Demharter FGPrax 99, 84, nunmehr **Vereinsregisterverordnung (VRV)**, zuletzt geändert durch Gesetz v 24. 9. 2009, BGBl I S. 3145) hat das BMJ von dieser Ermächtigung Gebrauch gemacht und erstmals die Einzelheiten der Einrichtung und Führung des Vereinsregisters geregelt; insbesondere sind die Voraussetzungen für die Führung auch dieses Registers in maschineller Form als automatisierte Datei geschaffen worden (vgl dazu

§§ 18 ff VO). Die Bestimmungen, die der Bundesrat am 3. 11. 1898 erlassen hat, gelten als Allgemeine Verwaltungsvorschriften fort (BR-Drs 982/98 S. 31).

Nach § 2 VRV wird das Vereinsregister in Karteiform geführt. Die früher übliche Form der Einrichtung des Registers in gebundenen Bänden wird, weil nicht mehr praktiziert, nicht erwähnt. Das Register wird grundsätzlich in Papierform geführt (§ 2 II VO), soweit nicht die Umstellung auf maschinelle Führung durch Rechtsverordnung der Landesregierung oder der Landesjustizverwaltung bestimmt wird.

Die Vorschriften über die **maschinelle Führung des Vereinsregisters** 14 wurden den §§ 126 ff GBO nachgebildet. Nach § 55 a I BGB kann bestimmt werden, dass und in welchem Umfang das Vereinsregister in maschineller Form als automatisierte Datei geführt wird. Hierzu enthält § 18 VRV eine generalklauselartige Verweisung auf die allgemeinen Bestimmungen der §§ 1–17 VRV, die die Einzelheiten des in „Papierform" geführten konventionellen Vereinsregisters regeln, soweit nicht in §§ 18 ff VRV etwas anderes bestimmt ist. Dabei muss unter anderem gewährleistet sein, dass die Grundsätze einer ordnungsgemäßen Datenverarbeitung eingehalten, insbesondere Vorkehrungen gegen einen Datenverlust getroffen sowie die erforderlichen Kopien der Datenbestände mindestens tagesaktuell gehalten und die originären Datenbestände sowie deren Kopien sicher aufbewahrt werden und die vorzunehmenden Eintragungen alsbald in einen Datenspeicher aufgenommen und auf Dauer inhaltlich unverändert in lesbarer Form wiedergegeben werden können. Das maschinell geführte Register tritt für eine Seite des Registers an die Stelle des bisherigen Registers, sobald die Eintragungen dieser Seite in den für die Vereinsregistereintragungen bestimmten Datenspeicher aufgenommen und als Vereinsregister freigegeben worden sind (§ 25 VRV); die entsprechenden Seiten des bisherigen Vereinsregisters sind mit einem Schließungsvermerk zu versehen (§ 55 a II S 2 BGB).

5. Güterrechtsregistersachen

a) Grundlagen. Das Güterrechtsregister hat in der Praxis eine nur geringe 15 Bedeutung. Die Eintragung im Güterrechtsregister bewirkt, dass Dritte die eingetragenen Tatsachen gegen sich gelten lassen müssen, auch wenn sie sie nicht kennen. Da die Eintragung die Möglichkeit bietet, sich von den Tatsachen Kenntnis zu verschaffen (§ 1563 BGB), hat jeder die Folgen der Nichtkenntnis zu tragen. Auf die Veröffentlichung der Eintragung nach § 1562 BGB kommt es nicht an. Ist die Tatsache nicht eingetragen, so muss der Dritte sie nur dann gegen sich gelten lassen, wenn er sie kennt (§ 1412 BGB); jeder Ehegatte hat also ein Interesse an der Eintragung und an ihrer Berichtigung, wenn ihm die Unrichtigkeit bekannt ist. Dem Güterrechtsregister kommt kein öffentlicher Glaube zu (Reithmann, DNotZ 79, 67, 74).

b) Eintragungsfähige Tatsachen (dazu Kanzleiter, DNotZ 71, 453). Ge- 16 genstand der Eintragung sind:

(1) Abschluss eines Ehevertrages, seine Änderung und Aufhebung, und zwar auch dann, wenn sie durch Urteil erfolgt (§§ 1412 II, 1449 II, 1470 II BGB, Art 16 I EGBGB), Vorbehaltsgutseigenschaft (§ 1418 IV BGB), nicht

aber der Eintritt der fortgesetzten Gütergemeinschaft, da das Güterrechtsregister nur über Tatsachen während des Bestehens der Ehe Auskunft gibt.

(2) Änderung und Ausschließung des gesetzlichen Güterstandes (§ 1412 BGB), auch Beseitigung der Verfügungsbeschränkung des § 1365 I BGB oder Änderung des Zugewinnausgleichs (BGH, Rpfleger 76, 241, anders noch BGH 41, 370, 377).

(3) Beschränkung und Ausschließung der Befugnis eines Ehegatten, Geschäfte zur Deckung des Lebensbedarfs mit Wirkung auch für den anderen Ehegatten zu besorgen (Schlüsselgewalt, § 1357 II BGB),

(4) Einspruch gegen den Betrieb eines Erwerbsgeschäfts bei Gütergemeinschaft und Widerruf der Einwilligung (§§ 1431 III, 1456 III BGB).

Die Eintragung nichteintragungsfähiger Tatsachen ist vom Registergericht abzulehnen (BGH 41, 370/376).

VI. Zuständigkeit; Beteiligte; Rechtsmittel

17 Zur Zuständigkeit in Registersachen s. § 376 f.; zu den Beteiligten § 382 Rn 10; zu den Rechtsmitteln s. § 382 14 ff., § 383 4 f.

VII. Gebühren

18 §§ 28, 29, 38 I Nr 7, 41 a, b, 79 a, 80, 81, 86, 89, 90 KostO sowie Handelsregistergebührenverordnung (HRegGebV v 30. 9. 2004 (BGBl I S. 2562) zuletzt geändert durch Art 1 der VO v 29. 11. 10 (BGBl I S. 1731).

Unternehmensrechtliche Verfahren

375 Unternehmensrechtliche Verfahren sind die nach
1. § 146 Abs. 2, den §§ 147, 157 Abs. 2, § 166 Abs. 3, § 233 Abs. 3 und § 318 Abs. 3 bis 5 des Handelsgesetzbuchs,
2. den §§ 522, 590 und 729 Abs. 1 des Handelsgesetzbuchs und § 11 des Binnenschifffahrtsgesetzes sowie die in Ansehung der nach dem Handelsgesetzbuch oder dem Binnenschifffahrtsgesetz aufzumachenden Dispache geltenden Vorschriften,
3. § 33 Abs. 3, den §§ 35 und 73 Abs. 1, den §§ 85 und 103 Abs. 3, den §§ 104 und 122 Abs. 3, § 147 Abs. 2, § 183 a Abs. 3, § 265 Abs. 3 und 4, § 270 Abs. 3 sowie § 273 Abs. 2 bis 4 des Aktiengesetzes,
4. Artikel 55 Abs. 3 der Verordnung (EG) Nr. 2157/2001 des Rates vom 8. Oktober 2001 über das Statut der Europäischen Gesellschaft (SE) (ABl EG Nr. L 294 S. 1) sowie § 29 Abs. 3, § 30 Abs. 1, 2 und 4, § 45 des SE-Ausführungsgesetzes,
5. § 26 Abs. 1 und 4 sowie § 206 Satz 2 und 3 des Umwandlungsgesetzes,
6. § 66 Abs. 2, 3 und 5, § 71 Abs. 3 sowie § 74 Abs. 2 und 3 des Gesetzes betreffend die Gesellschaften mit beschränkter Haftung,
7. § 45 Abs. 3, den §§ 64 b, 83 Abs. 3, 4 und 5 sowie § 93 des Genossenschaftsgesetzes,

§ 375 Unternehmensrechtliche Verfahren **§ 375**

8. **Artikel 54 Abs. 2 der Verordnung (EG) Nr. 1435/2003 des Rates vom 22. Juli 2003 über das Statut der Europäischen Genossenschaft (SCE) (ABl EU Nr. L 207 S. 1),**
9. **§ 2 Abs. 3 und § 12 Abs. 3 des Publizitätsgesetzes,**
10. **§ 11 Abs. 3 des Gesetzes über die Mitbestimmung der Arbeitnehmer in den Aufsichtsräten und Vorständen der Unternehmen des Bergbaus und der Eisen und Stahl erzeugenden Industrie,**
11. **§ 2 c Abs. 2 Satz 2 bis 7, den §§ 22 o, 38 Abs. 2 Satz 2, § 45 a Abs. 2 Satz 1, 3, 4 und 6, § 46 Abs. 2 des Kreditwesengesetzes,**
12. **§ 2 Abs. 5 Satz 1 und 2, § 30 Abs. 2 Satz 1 und Abs. 5 Satz 1 sowie § 31 Abs. 1, 2 und 4 des Pfandbriefgesetzes,**
13. **§ 104 Abs. 2 Satz 3 bis 8 und § 104 u Abs. 2 Satz 1 bis 6 des Versicherungsaufsichtsgesetzes,**
14. **§ 6 Abs. 4 Satz 4 bis 7 des Börsengesetzes,**
15. **§ 10 des Partnerschaftsgesellschaftsgesetzes in Verbindung mit § 146 Abs. 2 und den §§ 147 und 157 Abs. 2 des Handelsgesetzbuchs**
16. **§ 9 Abs. 2 und 3 Satz 2 und § 18 Abs. 2 Satz 2 und 3 des Schuldverschreibungsgesetzes.**

vom Gericht zu erledigenden Angelegenheiten.

Übersicht

I. Allgemeines	1
II. Zuständigkeit	3
1. Sachliche Zuständigkeit	3
2. Örtliche Zuständigkeit	5
3. Internationale Zuständigkeit	6
4. Funktionelle Zuständigkeit	7
III. Einzelfälle	8
1. HGB (Nr 1)	9
2. Seerecht (Nr 2)	12
3. AktG (Nr 3)	13
4. SE-Ausführungsgesetz (Nr 4)	24
5. UmwG (Nr 5)	28
6. GmbHG (Nr 6)	29
7. GenG (Nr 7)	31
8. Europäische Genossenschaft Nr 8	36
9. PublG (Nr 9)	37
10. MontanMitbestG (Nr 10)	38
11. KWG (Nr 11)	39
12. PfandBG (Nr 12)	45
13. VAG (Nr 13)	48
14. BörsG (Nr 14)	50
15. PartGG (Nr 15)	51
16. SchVG	52
IV. Zuständigkeiten des AG in Vereinssachen	53
V. Gebühren	54

I. Allgemeines

§ 375 definiert, welche Geschäfte der neu eingeführte Begriff „unternehmensrechtliche Verfahren" im Einzelnen umfasst. Diese sind weitgehend **1**

§ 375 Buch 5 – Registersachen, unternehmensrechtliche Verfahren

identisch mit den bisher nach §§ 145 I, 149, 160 b II FGG den Amtsgerichten zugewiesen Geschäften (BT-Drs. 16/6308, 284). Ferner sind einige Verfahren neu hinzugekommen (s zu Nr 7 Rn 31 bis 34, Nr 6 Rn 29 f und Nr 11 Rn 42 sowie Korrekturen und Ergänzungen auf Grund zwischenzeitlicher Gesetzesänderungen vorgenommen worden (s im Einzelnen BT-Drs. 16/6308, 284). Weitere Voraussetzung für das Vorliegen eines unternehmensrechtlichen Verfahrens im Sinne des § 375 ist, dass die Zuständigkeit des Amtsgerichts gem § 23 a II Nr 4 GVG vorliegt. Den Landgerichten gem § 95 II GVG zugewiesene Verfahren sind nicht in der Aufzählung des § 375 enthalten, wenngleich auch auf diese Verfahren die Vorschriften des FamFG auf Grund der jeweiligen Verweisungen in den Sachgesetzen anwendbar sind (s. u. Rn 4).

2   § 375 erklärt eine Reihe von Fällen, in denen das HGB und andere Gesetze Maßnahmen des Gerichts vorschreiben, zu Angelegenheiten der freiwilligen Gerichtsbarkeit. Die sachliche Zuständigkeit der Amtsgerichte für diese Verfahren ergibt sich aus § 23 a II Nr 4 GVG. Die Zuständigkeit ist ausschließlich; Entscheidungen des Prozessgerichts, auch in Form einstweiliger Verfügungen, sind unzulässig (OLG Frankfurt NJW-RR 89, 98). Wie sich jetzt auch aus der Trennung von Registersachen einerseits und unternehmensrechtlichen Verfahren andererseits ergibt, ist das zuständige Gericht nicht als Registergericht tätig. Für das Verfahren gelten daher nicht die Vorschriften des Abschnitts 3 „Registersachen" (§§ 378 bis 401), sondern die des Abschnitts 4 (§§ 402 bis 409, wobei sich allerdings §§ 403 bis 409 ausschließlich auf die Dispache beziehen). Insbesondere sind daher die berufsständischen Organe nicht zu beteiligen (für Registersachen: § 380). Weitere Einzelheiten zum Verfahren s § 402 Rn 3 ff.

II. Zuständigkeit

1. Sachliche Zuständigkeit

3   **a) Amtsgericht.** Sachlich zuständig für die unternehmensrechtlichen Verfahren im Sinne des § 375 ist gem § 23 a II Nr 4 GVG das Amtsgericht, und zwar als Organ der freiwilligen Gerichtsbarkeit, nicht aber als Registergericht. Ein Streit zwischen verschiedenen Abteilungen eines Amtsgerichts über die Zuständigkeit ist jetzt nach § 17 a VI GVG zu entscheiden (für das bisherige Recht wurde die Anwendbarkeit des § 36 I ZPO durch OLG Hamm FGPrax 07, 142 bejaht; s auch § 5 Rn 4).

4   **b) Zuständigkeiten des Landgerichts.** Gem § 71 Nr 4 GVG sind die Landgerichte für eine Reihe von Verfahren zuständig, die nicht in der Aufzählung des § 375 enthalten sind und daher nicht zu unternehmensrechtlichen Verfahren zählen, auf die aber auf Grund der Verweisung in den Sachgesetzen die Vorschriften des FamFG anwendbar sind, soweit nicht das Verfahren dort selbst geregelt ist. Insb handelt es sich um Meinungsverschiedenheiten zwischen Kapitalgesellschaften und Abschlussprüfer (§ 324 HGB), gerichtliche Entscheidung über die Zusammensetzung des Aufsichtsrates (§§ 98, 99 AktG), gerichtliche Entscheidung über das Auskunftsrecht (§ 132

§ 375 Unternehmensrechtliche Verfahren **§ 375**

AktG), Bestellung von Sonderprüfern (§ 142 AktG; nach § 145 war noch die Zuständigkeit des AG gegeben) und Prüfungsbericht (§ 145 AktG), Bestellung von Sonderprüfern (§ 258 AktG; nach § 145 FGG war noch die Zuständigkeit des AG gegeben), Gerichtliche Entscheidung über die abschließenden Feststellung der Sonderprüfer (§ 260), Bestellung der Vertragsprüfer bei Unternehmensverträgen (§ 293 c AktG), Bestellung eine Sonderprüfer gem § 315 AktG (nach § 145 FGG war noch die Zuständigkeit des AG gegeben), Gerichtliche Entscheidung über die Zusammensetzung des Verwaltungsrates einer SE (§ 26 SEAG), Bestellung der Verschmelzungsprüfer (§ 10 UmwG), Verfahren nach dem Gesetz über das gesellschaftsrechtliche Spruchverfahren (SpruchG) sowie die Verfahren nach §§ 39 a, b WpÜG.

2. Örtliche Zuständigkeit

Die örtliche Zuständigkeit bestimmt sich nach § 377 (s dort 2 ff), ist aber für 5 die einzelnen Angelegenheiten jeweils zumeist gesondert geregelt (vgl zB §§ 146 II, 157 II HGB, § 14 AktG); zuständig ist jeweils das Gericht des Sitzes der Gesellschaft bzw bei Doppelsitz das Gericht eines Sitzes. Für Maßnahmen, die der Eintragung einer Gesellschaft im Handelsregister vorausgehen, zB Bestellung von Gründungsprüfern nach § 33 II, III AktG, ist das Amtsgericht des vorgesehenen Gesellschaftssitzes örtlich zuständig (Hüffer, § 33 AktG Rn 7). Soll eine Gesellschaft bereits vor Eintragung im Handelsregister wieder abgewickelt werden, so ist nicht das Amtsgericht des satzungsgemäßen Sitzes der geplanten Gesellschaft zuständig, sondern der Ort, wo die Hauptverwaltung der Gründungsvereinigung geführt wird (BayObLG 65, 294, 299; aA Keidel/Heinemann Rn 4; SBW/Nedden-Boeger § 377 Rn 27 a). Die örtliche Zuständigkeit des Amtsgerichts ist ausschließlich (Jansen/Ries § 145 FGG Rn 1).

3. Internationale Zuständigkeit

Die internationale Zuständigkeit bestimmt sich gem § 105 nach der örtli- 6 chen Zuständigkeit. Maßgebend ist also gem. § 377 Abs. 1 der statuarische Sitz der Gesellschaft (Keidel/Heinemann Rn 6; aA teilweise noch Vorauflage).

4. Funktionelle Zuständigkeit

Die funktionelle Zuständigkeit ist für die einzelnen Maßnahmen verschie- 7 den geregelt, zum Teil ist der Richter, zum Teil der RPfl zuständig (jeweils nachstehend für die einzelnen Verfahren aufgeführt).

III. Einzelfälle

Die einzelnen unternehmensrechtlichen Verfahren sind: 8

§ 375 Buch 5 – Registersachen, unternehmensrechtliche Verfahren

1. HGB (Nr 1)

Ernennung (§ 146 II HGB) und **Abberufung (§ 147 HGB)** von **Liquidatoren** einer OHG oder KG (§ 161 II HGB) aus wichtigem Grund, wenn ein Beteiligter dies beantragt (OLG Hamm, BB 58, 497; 60, 918; OLG Karlsruhe, Rpfleger 67, 176). Die sachliche Prüfungskompetenz des Gerichts erstreckt sich nicht auf die Frage, ob die Gesellschaft durch wirksame Kündigungserklärung eines Gesellschafters in das Liquidationsstadium eingetreten ist, wenn darüber zwischen den Gesellschaftern Streit besteht; die Streitentscheidung hierüber kann nur im Zivilprozess herbeigeführt werden (OLG Hamm FGPrax 07, 279). Zuständig ist nach §§ 3 Nr 2 d, 17 Nr 2 a RPflG der RPfl. Das Prozessgericht darf die Ernennung oder Abberufung nicht vornehmen, sondern ist nur zur Festsetzung der Vergütung der gerichtlich bestellten Abwickler zuständig.

9   Bestimmung über die **Verwahrung der Bücher** und Papiere einer aufgelösten OHG oder KG (§ 161 II HGB), wenn sich die Beteiligten nicht einigen können (§ 157 II HGB). Zuständig ist der RPfl (§§ 3 Nr 2 d, 17 Nr 2 a RPflG). Die Erzwingung der Herausgabe der Bücher muss dagegen vor dem Prozessgericht erfolgen (BayObLG 67, 240).

10 **Anordnung der Mitteilung einer Bilanz** oder sonstiger Aufklärungen sowie die **Vorlegung der Bücher** und Papiere aus wichtigem Grund, wenn dies von einem Kommanditisten (§ 166 III HGB) (OLG Köln, OLG 67, 362; OLG Düsseldorf, BB 70, 1779; OLG Hamm, OLG 70, 195, 388; OLG 70, 394; OLG 71, 485, 488; OLG Stuttgart, OLG 70, 262; dazu auch BayObLG DB 95, 36) oder einem stillen Gesellschafter (§ 233 III HGB) beantragt wird. Nach Eröffnung des Insolvenzverfahrens richtet sich der Informationsanspruch gegen den Insolvenzverwalter, der diese Verpflichtung durch Einsicht in die von ihm in Verwahrung genommenen Geschäftsunterlagen aus der Zeit vor der Eröffnung des Insolvenzverfahrens erfüllen kann (OLG Zweibrücken FGPrax 06, 278). Zuständig ist auch hier der Rpfleger (§§ 3 Nr 2 d, 17 Nr 2 a RPflG). Die Anordnung erfolgt durch Beschluss (s § 402 I), der nach § 95 vollstreckt werden kann (OLG München FGPrax 10, 307, 309).

11 **Bestellung eines Abschlussprüfers** oder eines anderen Abschlussprüfers, wenn dies aus einem in der Person des gewählten Prüfers liegenden Grund geboten erscheint, und Festsetzung der Auslagen und Gebühren des Abschlussprüfers (§ 318 III–V HGB). Zuständig ist der Richter § 17 Nr 2 a RPflG.

2. Seerecht (Nr 2)

12 Verschiedene Verrichtungen gemäß dem **Seerecht,** nämlich Anmeldung und Aufnahme der Verklarung (§§ 522 ff HGB), Bestimmung des Zeitpunkts der Abreise eines Schiffs auf Antrag des Befrachters (§ 590 HGB), Ernennung von Dispacheuren (§ 729 I HGB). Beweisaufnahme bei Unfall des Binnenschiffs oder der Ladung (§ 11 BinSchG) sowie der Dispache (dazu Vor § 403 Rn 4). Zuständig ist mit Ausnahme der Verrichtungen nach § 11 BinSchG der Richter.

§ 375 Unternehmensrechtliche Verfahren **§ 375**

3. AktG (Nr 3)

Zuständig ist für alle unternehmensrechtlichen Verfahren nach dem AktG 13
ist nach § 17 Nr 2 RPflG der Richter. Entscheidungen durch den Rechtspfleger sind unwirksam (OLG Frankfurt GmbHR 93, 320 für Bestellung von Abwicklern nach § 265 AktG). Im Einzelnen:
Bestellung der Gründungsprüfer einer AG oder KGaA auf Antrag der Gründer, sofern nicht der beurkundende Notar die Gründungsprüfung vornimmt (§§ 33 III, 278 III AktG); hiergegen ist die Beschwerde zulässig (§ 33 III 3 AktG). Ebenso kann das Gericht auf Antrag von Aktionären, die am Tag der Beschlussfassung und des Antrages gemeinsam 5% des Grundkapitals halten, einen Prüfer in den Fällen der **Sachkapitalerhöhung nach § 183 a AktG** (Kapitalerhöhung mit Sacheinlagen ohne Prüfung) bestellen.

Entscheidung über Meinungsverschiedenheiten zwischen Gründern 14
und Gründungsprüfern einer AG oder KGaA nach § 35 II AktG und die Festsetzung der Auslagen und Vergütung für die Gründungsprüfer nach § 35 III AktG. Zuständig ist nach § 17 Nr 2 a RPflG in allen Fällen der Richter; die Entscheidung gemäß § 35 II AktG ist unanfechtbar, gegen die nach § 35 III AktG findet die Beschwerde, aber keine Rechtsbeschwerde statt.

Genehmigung der **Kraftloserklärung von Aktien,** die trotz Aufforderung 15
nicht zur Berichtigung oder zum Umtausch bei der Gesellschaft eingereicht sind, nach § 73 AktG. Gegen die Entscheidung des Gerichts ist nach § 73 I 4 die Beschwerde zulässig; eine Anfechtung der Entscheidung, durch die die Genehmigung erteilt wird, ist ausgeschlossen.

Bestellung fehlender zur Vertretung erforderlicher **Vorstandsmitglieder** 16
einer AG in dringenden Fällen auf Antrag eines Beteiligten nach § 85 I AktG sowie die **Festsetzung der Auslagen** und der Vergütung für die gerichtlich bestellten Vorstandsmitglieder nach § 85 III AktG, wenn sich diese und die Gesellschaft nicht einigen. Die Gesellschaft, vertreten durch den Aufsichtsrat (vgl §§ 105, 112 AktG), sowie im Fall des § 85 I die etwa vorhandenen Vorstandsmitglieder und im Fall des § 85 III das gerichtlich bestellte Vorstandsmitglied sind anzuhören (OLG Frankfurt FGPrax 08, 163). Die gerichtliche Bestellung kommt in der Regel nicht in Betracht, wenn nur die Wirksamkeit einer Bestellung infolge von gegen die Bestellung eines Vorstandsmitgliedes erhobener Anfechtungs- und Nichtigkeitsklagen (noch) zweifelhaft ist (OLG Frankfurt aaO). Gegen die Entscheidungen ist jeweils die Beschwerde zulässig. Im Fall des § 85 III ist die Rechtsbeschwerde ausgeschlossen.

Abberufung eines Aufsichtsratsmitgliedes, wenn in dessen Person ein 17
wichtiger Grund vorliegt, auf Antrag des Aufsichtsrats nach § 103 III AktG. Zuständig ist nach § 17 Nr 2 a RPflG der Richter. Den Antrag können auch Aktionäre stellen, deren Anteile zusammen den zehnten Teil des Grundkapitals oder den Nennbetrag von 1 Mill € erreichen, wenn das Aufsichtsratsmitglied auf Grund der Satzung in den Aufsichtsrat entsandt worden ist. Das betroffene Aufsichtsratsmitglied ist vor der Entscheidung zu hören, gegen die die Beschwerde zulässig ist.

Das Gericht hat ferner nach § 104 AktG den **Aufsichtsrat zu ergänzen,** 18
wenn diesem nicht die zur Beschlussfähigkeit nötige Zahl von Mitgliedern angehört oder wenn ihm weniger Mitglieder angehören, als durch Gesetz oder

§ 375 Buch 5 – Registersachen, unternehmensrechtliche Verfahren

Satzung vorgeschrieben ist. Das ist nach § 104 I AktG auf Antrag des Vorstands, eines Aufsichtsratsmitglieds oder eines Aktionärs möglich, um die Beschlussfähigkeit (dazu § 108 II AktG) wieder herzustellen. Der Antrag kann, wenn der Aufsichtsrat auch aus Arbeitnehmervertretern besteht, auch von den in § 104 I 3 AktG genannten Personen gestellt werden. Nach § 104 II AktG hat das Gericht ferner die Befugnis, einen Aufsichtsrat durch Bestellung neuer Mitglieder auf die durch Gesetz oder Satzung festgesetzte Zahl zu ergänzen. Außer in dringenden Fällen (dazu OLG Düsseldorf FGPrax 10, 99) ist die Ergänzung erst möglich, wenn eine Frist von 3 Monaten verstrichen ist. Abs 3 bestimmt hiervon eine Ausnahme, wenn Arbeitnehmern ein Mitbestimmungsrecht nach dem Mitbestimmungsgesetz, dem Montan-Mitbestimmungsgesetz oder dem Mitbestimmungsergänzungsgesetz zusteht, dass das Gericht den Aufsichtsrat hinsichtlich des weiteren Mitgliedes, das nach Montanmitbestimmungsgesetz oder Mitbestimmungsergänzungsgesetz auf Vorschlag der übrigen Aufsichtsratmitglieder gewählt wird, nicht vom Gericht ergänzt werden kann, da das Gericht dem „neutralen" Mitglied nicht die erforderliche Vertrauensbasis verschaffen kann (Hüffer, AktG § 104 Rn 8). Abs 4 schränkt die Entscheidungsfreiheit des Gerichts hinsichtlich der Auswahl der zu ergänzenden Aufsichtsratsmitglieder ein, wenn dem Aufsichtsrat auch Vertreter der Arbeitnehmer angehören. In diesem Fall hat die Ergänzung so zu erfolgen, dass das für den jeweiligen Aufsichtsrat zur Herstellung seiner Beschlussfähigkeit maßgebliche zahlenmäßige Verhältnis hergestellt wird (BayObLG 97, 262, 264). Das Gericht setzt auf Antrag des Aufsichtsratsmitglieds die Auslagen und die Vergütung nach § 104 VI 2 AktG fest. Gegen die Entscheidungen ist jeweils die Beschwerde zulässig, wobei im Fall des § 104 IV AktG die Rechtsbeschwerde ausgeschlossen ist. Diese Vorschriften gelten auch für GmbHs mit mehr als 500 Arbeitnehmern (§ 1 Nr 3 DrittelbG).

19 Ermächtigung einer Aktionärsminderheit, deren Anteile zusammen den zwanzigsten Teil des Grundkapitals der AG erreichen, zur **Einberufung einer Hauptversammlung** oder Bekanntmachung des Gegenstands der Beschlussfassung nach § 122 III 1 AktG und Bestimmung des Vorsitzenden der Versammlung gemäß § 122 III 2 AktG. Dies kann geschehen, wenn der Vorstand dem Verlangen der Aktionäre auf Einberufung nicht nachkommt (zur Frage der Rechtsmissbräuchlichkeit s OLG München FGPrax 10, 46) Gegen die Entscheidung ist nach § 122 III 4 AktG die Beschwerde zulässig.

20 **Bestellung besonderer Vertreter** nach § 147 II AktG zur Geltendmachung von Ersatzansprüchen der Gesellschaft gegen Gründer, Vorstands- und Aufsichtsratsmitglieder und sonstige Personen, die nach den §§ 46–48, 53 AktG verpflichtet sind. Voraussetzung ist, dass die Hauptversammlung die Geltendmachung des Ersatzanspruchs beschlossen hat oder eine Minderheit sie verlangt und ein Antrag von Aktionären vorliegt, deren Anteile zusammen den **zehnten** Teil des Grundkapitals oder den Nennbetrag von **1 Mill. Euro** erreichen. Die **Auslagen** und die Vergütung setzt das Gericht fest (§ 147 II 6 AktG). Gegen beide Entscheidungen ist die Beschwerde zulässig (§ 147 II 4 und 6 AktG). Lediglich im Fall des § 147 II 6 AktG ist die Rechtsbeschwerde ausgeschlossen (vgl BT-Drs. 16/6308, 150).

21 **Bestellung und Abberufung von Abwicklern** nach § 265 III AktG auf Antrag des Aufsichtsrats oder einer Aktionärsminderheit (zwangzigster Teil des

§ 375 Unternehmensrechtliche Verfahren **§ 375**

Grundkapitals oder anteiliger Betrag von 500. 000 €) aus wichtigem Grund. Das Gericht setzt die Auslagen und die Vergütung fest, wenn sich der gerichtlich bestellte Abwickler und die Gesellschaft nicht einigen (§ 265 IV 2 AktG). Gegen die Entscheidung ist die Beschwerde zulässig, im Fall des § 265 IV AktG ist die Rechtsbeschwerde ausgeschlossen.

Befreiung von der Prüfung des Jahresabschlusses und Lageberichts durch 22 einen Abschlussprüfer, wenn die Verhältnisse der Gesellschaft so überschaubar sind, dass eine Prüfung im Interesse der Gläubiger und Aktionäre nicht geboten erscheint (§ 270 III AktG). Gegen die Entscheidung ist die Beschwerde zulässig.

Bestimmung über die **Aufbewahrung der Bücher** und Schriften der 23 Gesellschaft nach Beendigung der Abwicklung gemäß § 273 II AktG und **Gestattung der Einsicht** in Bücher und Schriften durch Aktionäre und Gläubiger nach § 273 III AktG. Durchsetzung erfolgt nach § 95 (vgl OLG München FGPrax 10, 307, 309 zu § 166 III HGB). Stellt sich nach Beendigung der Abwicklung und Löschung der Gesellschaft heraus, dass weitere Abwicklungsmaßnahmen nötig sind, so hat auf Antrag eines Beteiligten das Gericht die bisherigen Abwickler neu zu bestellen oder andere Abwickler zu berufen (§ 273 IV AktG); dies gilt entspr bei der GmbH (OLG Frankfurt GmbHR 93, 320). § 265 IV gilt in diesem Fall entspr. Gegen die Entscheidungen ist die Beschwerde zulässig.

4. SE-Ausführungsgesetz (Nr 4)

Nr 4 betrifft die Verrichtungen des Gerichts für die europäische Aktiengesellschaft (Societas Europaea, SE). Zuständig ist für alle Entscheidungen nach Nr 4 ist der Richter (§ 17 Nr 2 a RPflG). 24

Anordnung der Einberufung der Hauptversammlung innerhalb einer bestimmten Frist nach Antrag der Aktionären (bzw. Ermächtigung deren Vertreter hierzu), deren Anteil mind. 5% des gezeichneten Kapitals ausmacht gem Art. 55 III VO (EG) (ABl L 294 S. 1) i. V. m. § 50 I SE-AusführungsG.

Abberufung eines Mitgliedes des Verwaltungsrates gem § 29 III SE- 25 AusführungsG auf Antrag des Verwaltungsrates bei Vorliegen eines wichtigen Grundes. Ist das Mitglied des Verwaltungsrates auf Grund der Satzung entsandt, kann der Antrag auch von Aktionären gestellt werden, deren Beteiligung zusammen den zehnten Teil des Grundkapitals oder den Anteil von einer Million Euro erreichen. Gegen die Entscheidung ist die Beschwerde zulässig (§ 29 III 3 SE-AusführungsG).

Ergänzung von Mitgliedern des Verwaltungsrates zur Herstellung der 26 Beschlussfähigkeit gem § 30 I SE-AusführungsG auf Antrag eines Mitglied des Verwaltungsrates oder eines Aktionärs bzw, wenn der Verwaltungsrat auch aus Vertretern der Arbeitnehmer zu bestehen hat, auch die in § 104 I 3 AktG genannten Personen oder der SE-Betriebsrat (§ 30 I 3 SE-AusführungsG). Gleiches gilt, wenn der Verwaltungsrat länger als 3 Monate nicht die nach Gesetz oder Satzung festgelegte Zahl hat (§ 30 II SE-AusführungsG). Das Gericht entscheidet ferner auf Antrag über Auslagen und Vergütung (§ 30 IV SE-AusführungsG). Gegen die Entscheidungen ist Beschwerde zulässig. Im Fall des § 30 IV SE-AusführungsG ist die Rechtsbeschwerde ausgeschlossen.

§ 375 Buch 5 – Registersachen, unternehmensrechtliche Verfahren

27 **Bestellung eines geschäftsführenden Direktors** auf Antrag der Beteiligten. Nach § 45 SE-AusführungsG gilt für das Verfahren § 85 I 2, II, III AktG ensprechend (s oben Rn 16).

5. UmwG (Nr 5)

28 **Bestellung besonderer Vertreter** zur Geltendmachung von **Schadensersatzansprüchen** anlässlich der Verschmelzung nach dem UmwG gegen Mitglieder des Vertretungsorgans und, wenn ein Aufsichtsorgan vorhanden ist, des Aufsichtsorgans eines übertragenden Rechtsträgers nach § 26 I, § 206 S. 2 UmwG und die **Festsetzung** der **Auslagen** und der **Vergütung** nach § 26 IV, § 206 S. 3 UmwG. Die Bestellung geschieht auf Antrag eines Anteilsinhabers oder eines Gläubigers dieses Rechtsträgers; Gläubiger sind nur antragsberechtigt, wenn sie vom übernehmenden Rechtsträger keine Befriedigung erlangen können. Gegen die Entscheidung, die der Richter trifft (§ 17 Nr 2 a RPflG), findet die Beschwerde statt. Das Gericht setzt Auslagen und Vergütung des besonderen Vertreters fest; hiergegen findet die Beschwerde statt, wobei die Rechtsbeschwerde ausgeschlossen ist (§ 26 IV, § 206 S. 3 UmwG).

6. GmbHG (Nr 6)

29 **Bestellung und Abberufung von Liquidatoren** auf Antrag von Gesellschaftern, deren Geschäftsanteile zusammen mindestens dem zehnten Teil des Stammkapitals entsprechen, aus wichtigem Grund gemäß § 66 II, III GmbHG (BayObLG NJW 55, 1678; BayObLG 69, 65, 68; BayObLG NJW-RR 96, 1384). Ein wichtiger Grund für die Abberufung eines Liquidators kann auch darin liegen, dass zwei gleichberechtigte Gesellschafter, die Liquidatoren bestellt wurden, untereinander heillos zerstritten sind und über einen Zeitraum von mehren Jahren keine Einigung über die Veräußerung und Verwertung von Vermögensgegenständen der Gesellschaft erzielen konnten (OLG Frankfurt GmbHR 06, 493). Ist eine GmbH **vor** der Eintragung bereits wieder aufgelöst, so kann das Gericht keinen Liquidator bestellen (BGH 51, 30; str. aA Baumbach/Hueck/Schulze-Osterloh/Noack § 66 Rn 18 mwN). Ebenso entfällt das Rechtsschutzbedürfnis für eine Beschwerde gegen den Beschluss über die Bestellung eines Notliquidators mit der Bestellung eines Liquidators durch die Gesellschafter (OLG Köln FGPrax 07, 281). Der Anspruch gegen die Abwickler auf Rechnungslegung kann nur im Prozessweg erzwungen werden (BayObLG 63, 84). Zuständig für die Entscheidungen ist der RPfl (§ 17 Nr 2 a RPflG).

30 **Befreiung von der Prüfung** des Jahresabschlusses und des Lageberichts einer GmbH durch einen Abschlussprüfer, wenn die Verhältnisse der Gesellschaft so überschaubar sind, dass eine Prüfung im Interesse der Gläubiger und der Gesellschafter nicht geboten erscheint. Gegen die Entscheidung ist die Beschwerde zulässig (§ 71 III 2 GmbHG). Zuständig ist der Richter (§ 17 Nr 2 a RPflG).

Bestimmung über die **Aufbewahrung der Bücher** und Schriften der Gesellschaft nach § 74 II GmbHG und Ermächtigung von Gläubigern der Gesellschaft zur Einsichtnahme nach § 74 III GmbHG. Die Entscheidung

§ 375 Unternehmensrechtliche Verfahren

kann nach § 95 vollstreckt werden (OLG München FGPrax 10, 307, 309 zu § 166 III HGB; aA noch BayObLG 67, 240, 243: Durchsetzung über das Prozessgericht; Keidel/Heinemann Rn 75). Zuständig ist der RPfl (§ 17 Nr 2 a RPflG).

7. GenG (Nr 7)

Ermächtigung einzelner Genossen zur **Berufung der Generalversammlung** oder zur Ankündigung des Gegenstandes der Generalversammlung nach § 45 III GenG, wenn die Generalversammlung trotz Verlangen des zehnten oder des in der Satzung hierfür bezeichneten geringeren Teils der Genossen nicht einberufen wird (RG 170, 83). 31

Gehört eine Genossenschaft keinem Prüfungsverband an, kann das Gericht einen **Prüfungsverband** zur Wahrnehmung der im Gesetz den Prüfungsverbänden übertragenen Aufgaben **bestellen.** Dabei sollen die fachliche Eigenart und der Sitz der Genossenschaft berücksichtigt werden (§ 64 b S 2 GenG). 32

Ernennung und Abberufung von Liquidatoren auf Antrag des Aufsichtsrates oder mindestens des zehnten Teils der Genossen gemäß § 83 III, IV und V GenG. Die Vergütung der Abwickler setzt das Registergericht nicht fest (Keidel/Heinemann Rn 79; aA MünchKommZPO/Krafka § 375 FamFG Rn 50). 33

Bestimmung über die **Aufbewahrung der Bücher** und Schriften der aufgelösten Genossenschaft und Ermächtigung zur Einsichtnahme gemäß § 93 GenG. 34

Die sachliche **Zuständigkeit** des Amtsgerichts folgt nunmehr aus § 23 a II Nr 4 GVG. Örtlich zuständig ist das Gericht, in dessen Bezirk sich der Sitz der Genossenschaft befindet, § 376 I FamFG. Die Zuständigkeitsregelungen des GenG sind im Zuge der FGG-Reform (Art. 77) gestrichen worden. Funktionell zuständig ist der RPfl. 35

8. Europäische Genossenschaft (Nr 8)

Nach Art. 54 II der Verordnung (EG) Nr 1435/2003 des Rates über das Statut der Europäischen Genossenschaft kann die zuständige Behörde die Generalversammlung einberufen. Zuständig ist gem § 17 Nr 2 a RPflG der RPfl. 36

9. PublG (Nr 9)

Bestellung von Prüfern zur Prüfung der **Rechnungslegungspflicht** nach §§ 2 III, 12 III PublG. Besteht Anlass für die Annahme, dass ein Unternehmen in der Rechtsform des § 3 I PublG oder eine Konzernleitung oder Teilkonzernleitung zur Rechnungslegung nach dem 1. Abschn des Gesetzes verpflichtet ist, so hat das Gericht hierzu Prüfer zu bestellen. Das Verfahren erfolgt von Amts wegen. Für die Auswahl der Prüfer gilt § 143 AktG entspr, wobei die gesetzlichen Vertreter des Unternehmens oder der Konzernleitung und ein evtl Aufsichtsrat zu hören sind. Für die Rechte der Prüfer gilt § 145 I–III AktG, für die Festsetzung der Vergütung und der Auslagen der Prüfer 37

§ 375 Buch 5 – Registersachen, unternehmensrechtliche Verfahren

§ 142 VI AktG. Die Entscheidungen, gegen die die Beschwerde zulässig ist, sind dem Richter vorbehalten (§ 17 Nr 2 a RPflG).

10. MontanMitbestG (Nr 10)

38 **Abberufung** nach § 11 III MontanMitbestG des in §§ 8 mit 4 I c MontanMitbestG bezeichneten Mitglieds des **Aufsichtsrats** eines der in § 1 MontanMitbestG aufgeführten Unternehmen (dazu BGH NJW 83, 248; BayObLG 72, 38). Die Abberufung kann auf Antrag von mindestens drei Aufsichtsratsmitgliedern aus wichtigem Grund erfolgen. Zuständig ist nach § 17 Nr 2 a RPflG der Richter.

11. KWG (Nr 11)

39 Dem Inhaber einer **bedeutenden Beteiligung** an einem **Kreditinstitut** kann unter bestimmten Umständen die Ausübung seiner Stimmrechte untersagt werden (§ 2 c KWG). Liegen Tatsachen vor, aus denen sich ergibt, dass der vom Inhaber oder von gesetzlichen Vertretern oder persönlich haftenden Gesellschaftern des beteiligten Unternehmens ausgeübte Einfluss sich schädlich auf das Kreditinstitut auswirken kann, so kann die Ausübung der Stimmrechte auf einen Treuhänder übertragen werden. Der Treuhänder kann auch zusätzlich mit der Veräußerung der Anteile beauftragt werden. Der Treuhänder hat bei der Ausübung der Stimmrechte den Interessen einer soliden und umsichtigen Führung des Kreditinstituts Rechnung zu tragen. Der Treuhänder wird auf Antrag des Kreditinstituts, eines an ihm Beteiligten oder der Bundesanstalt für Finanzdienstleistungsaufsicht (nachfolgend „Bundesanstalt") vom Gericht des Sitzes des Kreditinstituts bestellt. Sind die Voraussetzungen entfallen, hat die Bundesanstalt den Widerruf der Bestellung des Treuhänders zu beantragen. Der Treuhänder hat Anspruch auf Ersatz angemessener Auslangen und auf Vergütung für seine Tätigkeit. Das Gericht setzt auf Antrag des Treuhänders die Auslagen und die Vergütung fest; die Rechtsbeschwerde gegen die Vergütungsfestsetzung ist ausgeschlossen.

40 § 45 a KWG betrifft Maßnahmen gegenüber **Finanzholding-Gesellschaften:** Übermittelt eine Finanzholding-Gesellschaft an der Spitze einer Finanzholding-Gruppe dem übergeordneten Kreditinstitut nicht die gesetzlich geforderten Angaben, kann die Bundesanstalt der Finanzholding-Gesellschaft die Ausübung ihrer Stimmrechte unter besonderen Voraussetzungen untersagen. In diesem Fall hat auf Antrag der Bundesanstalt das Gericht des Sitzes des übergeordneten Unternehmens einen Treuhänders zu bestellen, auf den es die Ausübung des Stimmrechts überträgt (§ 45 a II 1 KWG). Die Bundesanstalt kann aus wichtigem Grund die Bestellung eines anderen Treuhänders beantragen. Sind die Voraussetzungen der Untersagung entfallen, hat das Amt den Widerruf der Bestellung des Treuhänders zu beantragen. Das Gericht setzt auf Antrag des Treuhänders seine Auslagen und seine Vergütung fest; die Rechtsbeschwerde gegen die Vergütungsfestsetzung ist ausgeschlossen (§ 45 a II 6 KWG).

41 Bei Insolvenzgefahr kann auf Antrag der Bundesanstalt ein oder zwei Personen als Sachwalter für ein ein Refinanzierungsregister führendes Unternehmen im Sinne des § 22 a KWG bestellt werden (§ 22 o KWG).

§ 375 Unternehmensrechtliche Verfahren　　　　　　　　　　　§ 375

Wird die **Erlaubnis,** Bankgeschäfte zu betreiben bzw. Finanzdienstleis- 42
tungen zu erbringen, **aufgehoben** oder erlischt diese, hat diese Entscheidung
der Bundesanstalt für Personenhandelsgesellschaften und juristische Person die
Wirkung eines Auflösungsbeschlusses. Auf Antrag der Bundesanstalt hat das
Gericht einen Abwickler zu bestellen, wenn die sonst zur Abwicklung berufenen Personen keine Gewähr für eine ordnungsgemäße Abwicklung bieten
(§ 38 II KWG).

Der Verweis auf § 46 II KWG geht ins Leere, da dort keine gerichtlichen 43
Verfahren mehr geregelt sind.

Nicht zu den unternehmensrechtlichen Verfahren des § 375 zählen die 44
Beschlüsse nach § 28 II KWG auf gerichtliche Bestellung eines Abschlussprüfers durch das Registergericht (s die Aufzählung in § 17 Nr 2 a RPflG).

12. PfandBG (Nr 12)

Das Gericht des Sitzes der Pfandbriefbank ernennt auf Antrag der Bundes- 45
anstalt ein oder zwei Personen als Sachwalter für die Abwicklung der Deckungsmassen, wenn die Erlaubnis aufgehoben wird oder erlischt (§ 2 V
PfandBG).

Ebenso bestellt das Gericht im Falle der Insolvenz (§ 30 II 1 PfandBG) 46
sowie bei Insolvenzgefahr (§ 30 V PfandBG) auf Antrag der Bundesanstalt ein
oder zwei Personen als Sachverwalter für die Verwaltung und Verfügung über
die Deckungsmassen.

Der Sachwalter unterliegt der Aufsicht des Gerichts, welches jederzeit 47
einzelne Auskünfte oder einen Bericht über den Sachstand und die Geschäftsführung verlangen kann (§ 31 I PfandBG). Er erhält eine Urkunde über seine
Ernennung, die er unverzüglich nach Beendigung des Amtes zurückgeben
hat. Das Gericht hat die Ernennung und die Abberufung dem Registergericht
mitzuteilen und unverzüglich im Bundesanzeiger bekanntzumachen (§ 31 II
PfandBG). Der Sachverwalter hat Anspruch auf eine Vergütung und Ersatz
angemessener Auslagen. Das Gericht setzt auf Antrag des Sachverwalters
Vergütung und Auslagen fest. Die Rechtsbeschwerde ist ausgeschlossen (§ 31
IV 4).

Zuständig für alle Verrichtungen ist das Gericht des Sitzes der Pfandbriefbank, dort der Richter (§ 17 Nr 2 a RPflG).

13. VAG (Nr 13)

Die im Grundsatz gleiche Regelung wie § 2 c KWG besteht für die 48
Inhaber bedeutender Beteiligungen an **Versicherungsunternehmen:** § 104
Abs 2 Sätze 5 bis 8 **VAG** enthalten die gleichen Vorschriften (s Rn 39).
Zuständig ist das Gericht des Sitzes des Versicherungsunternehmens.

Ferner besteht im Grundsatz die gleiche Regelung im VAG zu den ge- 49
mischten Finanzholdinggesellschaften wie § 45 a KWG (s Rn 40). Zuständig
ist das Gericht des Sitzes des übergeordneten Finanzkonglomeratunterneh-
mens (§ 104 u II 1 VAG)

Funktionell zuständig ist der Richter (§ 17 Nr 2 a RPflG).

14. BörsG (Nr 14)

50   Für die Inhaber bedeutender Beteiligungen an einen Träger einer Börse besteht nach § 6 IV S 4 bis 7 BörsG im Grundsatz die gleiche Regelung wie § 2 c KWG (s Rn 39). Zuständig ist das Gericht des Sitzes des Trägers der Börse, dort der Richter (§ 17 Nr 2 a RPflG).

15. PartGG (Nr 15)

51   Nach § 10 PartGG sind auf die Liquidation der Partnerschaft die Vorschriften über die Liquidation von Handelsgesellschaften entsprechend anwendbar. Demgemäß kommen als unternehmensrechtliche Verfahren bei der Partnerschaft die gerichtliche Bestellung von Liquidatoren aus wichtigem Grund (§ 146 II HGB), die gerichtliche Abberufung von Liquidatoren aus wichtigem Grund (§ 147 HGB) sowie die gerichtliche Bestimmung der Person, die die Bücher und Papiere der aufgelösten Gesellschaft verwahrt, in Betracht (s Rn 8 f). Zuständig ist das Amtsgericht des Sitzes der Gesellschaft (§§ 146 II, 157 II HGB), dort der RPfl (§ 17 Nr 2 a RPflG).

16. SchVG

52   Gläubiger, deren Schuldverschreibungen 5% der ausstehenden Schuldverschreibungen erreichen, können verlangen, dass eine Gläubigerversammlung einberufen wird. Wird dem Verlangen nicht entsprochen, können sie bei Gericht beantragen, sie zu ermächtigen, die Gläubigerversammlung einzuberufen. Zuständig ist das Gericht, in dessen Bezirk der Schuldner seinen Sitz hat, oder mangels eines Sitzes das AG Frankfurt am Main (§ 9 III SchVG). Funktionell zuständig ist der RPfl (§ 17 2 a RPflG). Auch kann das Gericht bei Abstimmungen ohne Versammlung einen Abstimmungsleiter bestimmen (§ 18 II 2 SchVG).

IV. Zuständigkeiten des AG in Vereinssachen

53   Die Auflistung des § 375 enthält nicht die Zuständigkeiten des AG in Vereinssachen, obwohl es sich um FG-Verfahren handelt, die ihrem Inhalt nach den unternehmensrechtlichen Verfahren entsprechen. Insbesondere wurde ohne nähere Begründung § 160 FGG, der verfahrensrechtliche Ergänzungen zu § 37 BGB enthielt, nicht in das FamFG übernommen. Im einzelnen handelt es sich um:
(1) Bestellung von Notvorständen und Notliquidatoren nach §§ 29, 48 I BGB.
(2) Ermächtigung einer Minderheit von Mitgliedern (bei Fehlen einer Regelung in der Satzung des zehnten Teils) zur Berufung der Mitgliederversammlung gem § 37 BGB.
   Die sachliche Zuständigkeit der Amtsgerichte ergibt sich § 23 a I Nr 11 GVG iVm den jeweiligen Sachnormen, die zudem das Amtsgericht ausdrücklich als zuständig bezeichnen. Örtlich zuständig ist für die Angelegenheiten der §§ 29, 48 I, 37 jeweils das AG, das für den Bezirk, in dem der Verein

seinen Sitz hat, das Vereinsregister führt (§§ 29, 37 II 2 BGB). Funktionell zuständig ist der RPfl nach § 3 Nr 1 a RPflG.
Zur Entziehung der Rechtsfähigkeit nach § 73 BGB s § 401.

V. Gebühren

§§ 50 II, 121 KostO. 54

Abschnitt 2
Zuständigkeit

Besondere Zuständigkeitsregelungen

376 (1) **Für Verfahren nach § 374 Nr. 1 und 2 sowie § 375 Nr. 1, 3 bis 14 und 16 ist das Gericht, in dessen Bezirk ein Landgericht seinen Sitz hat, für den Bezirk dieses Landgerichts zuständig.**

(2) **Die Landesregierungen werden ermächtigt, durch Rechtsverordnung die Aufgaben nach § 374 Nr. 1, 3 sowie § 375 Nr. 1, 3 bis 14 und 16 anderen oder zusätzlichen Amtsgerichten zu übertragen und die Bezirke der Gerichte abweichend von Absatz 1 festzulegen. Sie können die Ermächtigung nach Satz 1 durch Rechtsverordnung auf die Landesjustizverwaltungen übertragen. Mehrere Länder können die Zuständigkeit eines Gerichts für Verfahren nach § 374 Nr. 1 bis 3 über die Landesgrenzen hinaus vereinbaren.**

I. Allgemeines

§ 376 ist eine besondere Zuständigkeitsregelung der sachlichen Zuständigkeit. Abs 1 sieht die Konzentration verschiedener Aufgaben, insbesondere der Registerführung, auf ein Amtsgericht vor, während Abs 2 den Ländern wiederum gestattet, hiervon Ausnahmen zu machen, nämlich einerseits durch § 376 II 1 im Sinne eine Dekonzentration (Jansen/Steder § 125 Rn 7) oder einer weitergehenden Konzentration, die nach § 376 II 3 auch über die Landesgrenzen hinweggehen kann. 1

§ 376 I entspricht § 125 I FGG in seiner seit 1. 1. 2002 gültigen Fassung (Art 20 des G v 22. 6. 1998, BGBl I S. 1474). Ferner wurde die Regelung des § 10 II GenG einbezogen, wonach die Führung der Genossenschaftsregister den zur Führung des Handelsregisters zuständigen Amtsgerichten übertragen ist. § 376 II übernimmt insb die bisher in § 125 II 1 Nr 1, S 3 und 4 iVm § 160 b I 1 FGG sowie § 10 II GenG enthaltenen Ermächtigungen zu anderweitigen Zuständigkeitsregelungen.

Weitere Konzentrationsermächtigungen (§§ 145 a, 149 FGG, § 55 II BGB) sollen im Hinblick auf die generelle Konzentrationsermächtigung des § 23 d GVG entbehrlich sein (BT-Drs. 16/6308, 285). § 23 d GVG enthält eine

§ 376 Buch 5 – Registersachen, unternehmensrechtliche Verfahren

umfassende Konzentrationsermächtigung für alle Angelegenheiten der freiwilligen Gerichtsbarkeit (BT-Drs. 16/6308, 319).
Die örtliche Zuständigkeit regelt § 377.

II. Grundsätzliche sachliche Zuständigkeit des Amtsgerichts

2 Gem § 8 HGB, § 10 GenG, § 5 II PartGG, § 55 I BGB sind für die Führung des Handels-, Genossenschafts- Partnerschafts- und Vereinsregisters die Gerichte zuständig. Sachlich zuständig, also Gericht im Sinne des § 376 I, ist gem § 23 a II Nr n 3 und 4 GVG das Amtsgericht. Die Zuständigkeit des Amtsgerichts ist eine ausschließliche (OLG Hamm, OLG 67, 333, 339).

III. Funktionelle Zuständigkeit

1. Grundsatz

3 Die Aufgaben in Registersachen sind zwischen Richter, RPfl und Urkundsbeamten der Geschäftsstelle verteilt. Rechtsgrundlage hierfür sind § 387 II, § 3 Nr 2 d, 17, 26 RPflG sowie die Bestimmungen der Handelsregisterverordnung §§ 4, 9 III, 17 I, 25, 27 bis 31 HRV (Genossenschaftsregister- und Partnerschaftsregisterverordnung verweisen weitgehend auf die HRV) sowie §§ 1 III, 17, 27 I VRV (die Registerverordnungen sind abgedruckt bei Krafka/Willer/Kühn Anh. 2 bis 4).

2. Aufgaben des Richters

4 **a) Vorbehaltsaufgaben.** Dem Richter sind gem § 17 Nr 1 RPflG in Registersachen (für die unternehmensrechtlichen Verfahren nach § 375 s. jeweils dort) insb vorbehalten:
Bei AG, KGaA, GmbH, VVaG (Handelsregister Abt B) folgende Verfügungen beim Gericht des Sitzes und, wenn es sich um eine Gesellschaft mit Sitz im Ausland handelt, beim Gericht der Zweigniederlassung:
(1) die erste Eintragung (§§ 36–40, 278 III AktG, §§ 7, 8, 10 GmbHG, §§ 31–33 VAG). Für die Eintragung von Zweigniederlassungen ausländischer Gesellschaften gelten §§ 42, 44, 278 III AktG, § 12 GmbHG; handelt es sich um eine inländische Gesellschaft, so ist die Eintragung einer Zweigniederlassung nicht als erste Eintragung anzusehen (§ 42 AktG, § 12 GmbHG).
(2) die Eintragung von Satzungsänderungen, die nicht nur die Fassung betreffen (§§ 181, 278 III AktG, § 8 EGAktG, §§ 53–59 GmbHG, § 40 VAG). Unter Satzungsänderung (zum Begriff Winkler, DNotZ 69, 394, 403) fällt jede sachliche Änderung des Gesellschaftsvertrags, etwa Erhöhung und Herabsetzung des Grund- bzw Stammkapitals, Sitzverlegung, Vereinbarungen über die Gewinnverteilung, über den Gesellschaftsgegenstand. Nicht hierher gehören Änderungen, die nur die Fassung betreffen (dazu Winkler, DNotZ 69, 394, 404) oder solche Bestimmungen, die nur formell in der Satzung

§ 376 Besondere Zuständigkeitsregelungen **§ 376**

enthalten sind, also etwa die Bestellung eines GmbH-Geschäftsführers, der nicht sonderberechtigt ist. Keine Satzungsänderung ist daher ein Wechsel des Vorstands oder des Geschäftsführers, die Errichtung von Zweigniederlassungen (ausführlich dazu Winkler, DNotZ 69, 394 ff).

(3) die Eintragung der Eingliederung, (§§ 319–327 AktG), Verschmelzung, Spaltung, Vermögensübertragung oder Formwechsel (UmwandlungsG v 28. 10. 1994, BGBl I S. 3210, ber 1995 I S. 428), §§ 44 a ff VAG;

(4) die Eintragung des Bestehens, der Änderung oder Beendigung eines Unternehmensvertrags (§§ 291 ff AktG, §§ 22, 26 EGAktG);

(5) die Löschung im Handelsregister nach den §§ 394, 395, 397 und 398 sowie § 43 II KWG,

(6) Beschlüsse nach § 399.

b) Aufhebung des Richtervorbehalts. Gemäß § 19 I 1 Nr 6 RPflG **5** sind die Landesregierungen ermächtigt, Richtervorbehalte durch Rechtsverordnung aufzuheben, und zwar (1) die vorgenannten in § 17 Nr 1 RPflG aufgezählten Registersachen, sowie (2) von den unternehmensrechtlichen Verfahren die Ernennung von Liquidatoren, wenn eine Löschung nach § 394 erfolgt ist, soweit sich diese nicht auf Genossenschaften bezieht, sowie der Beschluss nach § 47 II VAG (§ 17 Nr 2 b iVm § 19 I 1 Nr 6 RPflG).

Die Verordnungen, durch welche die Richtervorbehalte wieder aufgehoben werden, müssen vorsehen, dass der Rechtspfleger das Verfahren in den vorbezeichneten Fällen vorzulegen hat, soweit gegen den Erlass der beantragten Entscheidung Einwände erhoben werden.

Von der Verordnungsermächtigung haben zB Gebrauch gemacht: Baden-Württemberg § 1 Aufgaben-Übertragungsverordnung v 3. 12. 2004 (GBl 2004 S. 919); Hessen § 1 Abs 2 Richtervorbehaltaufhebungsverordnung, geändert durch VO v 24. 9. 2009 (GVBl I S. 497); Niedersachsen § 16 h der Verordnung zur Regelung von Zuständigkeiten in der Gerichtsbarkeit und der Justizverwaltung (Nds. GVBl Nr 13/08 S. 221); Rheinland-Pfalz § 1 Landesverordnung zur Übertragung von Aufgaben auf den Rechtspfleger und den Urkundsbeamten der Geschäftsstelle v 15. 5. 2008 (GVBl S. 81); Thüringen § 1 RPfl-Richtervorbehalteaufhebungsverordnung v. 20. 10. 2008 (GVBl S. 426).

3. Rechtspfleger

a) Handels- und Partnerschaftsregistersachen. Mit Ausnahme der **6** eben in 1. aufgezählten Aufgaben sind alle anderen richterlichen Geschäfte in Handels- und Partnerschaftsregistersachen gemäß § 3 Nr 2 d dem RPfl übertragen. Die Vermutung spricht daher für die Zuständigkeit des RPfl (Brüggemann, Rpfleger 70, 198). Aufgaben des RPfl sind daher uneingeschränkt die Entscheidung über Anträge und Anmeldungen zur Eintragung ins Handelsregister Abt A (Einzelkaufleute, OHG, KG, jur Personen gemäß § 33 HGB), die Entscheidung über Eintragungen in das Genossenschaftsregister. Allein ist der RPfl auch zuständig für das Zwangsgeldverfahren nach § 388 einschließlich der Entscheidung über den Einspruch (§ 390). Soweit über Anträge und Anmeldungen zur Eintragung ins Handelsregister

§ 376 Buch 5 – Registersachen, unternehmensrechtliche Verfahren

Abt B (GmbH, AG, KGaA, VVaG) zu entscheiden ist, ist der RPfl zuständig, falls nicht nach § 17 Nr 1 RPflG ein Richtervorbehalt besteht (s Rn 4 f). Die Führung des Partnerschaftsregisters obliegt in vollem Umfang dem RPfl.

7 **b) Genossenschaftsregistersachen.** Zuständig zur Führung des Genossenschaftsregisters ist nach § 3 Nr 2 d RPflG der RPfl; ein Richtervorbehalt besteht nur für die Bestellung von Abwicklern für Kreditgenossenschaften nach § 38 I Nr 5 KWG (§ 17 Nr 2 b RPflG).

8 **c) Vereinsregistersachen.** Die Vereinsregistersachen sind in vollem Umfang dem RPfl übertragen (§ 3 Nr 1 a RPflG, § 1 III Vereinsregister-VO); der Richter ist daher mit Vereinsregistersachen nur befasst, wenn ihm der RPfl nach § 5 RPflG die Angelegenheit vorlegt oder wenn nach § 11 RPflG Erinnerung eingelegt wird. Unberührt hiervon ist die Zuständigkeit des Urkundsbeamten der Geschäftsstelle (§ 26 RPflG); über Erinnerungen gegen seine Entscheidungen befindet nach § 4 II Nr 3 RPflG der Richter.

9 **d) Güterrechtsregistersachen.** Sämtliche Güterrechtsregistersachen sind nach § 3 Nr 1 e RPflG in vollem Umfang dem RPfl übertragen; eine Ausnahme gilt nur, wenn die Anwendung ausländischen Rechts in Frage kommt (§ 5 I Nr 3 RPflG). Auch zur Löschung unzulässiger Eintragungen von Amts wegen nach § 395 einschließlich der Entscheidung über den Widerspruch ist der RPfl zuständig.

4. Urkundsbeamte

10 Der Urkundsbeamte der Geschäftsstelle hat insb die in §§ 9 III, 27 II, 28, 29 (iVm 30, 30 a) 31, 36 HRV sowie §§ 1 III, 17, 27 I VRV bezeichneten Aufgaben zu erfüllen. Er ist für die Beglaubigung von Abschriften aus dem Handels- bzw Genossenschaftsregister ausschließlich zuständig (OLG Hamm, Rpfleger 68, 122). Gleiches gilt grundsätzlich auch für die Führung des Genossenschafts- und Partnerschaftsregisters (§ 1 GenRegVO, § 1 PRV). Durch das RPflG ist die Zuständigkeit des Urkundsbeamten der Geschäftsstelle nicht berührt worden (§ 26 RPflG).

IV. Besondere sachliche Zuständigkeit eines Amtsgerichts

1. Grundsatz Abs 1

11 § 376 I ergänzt zu den vorstehend genannten Bestimmungen, dass grundsätzlich für Handelsregister- und Genossenschaftsregistersachen das Gericht, in dessen Bezirk ein Landgericht seinen Sitz hat, für den Bezirk dieses Landgerichts zuständig ist. Zuständiges Amtsgericht ist somit für den gesamten Landgerichtsbezirk das Amtsgericht am Sitz des Landgerichts, wodurch durch das Gesetz selbst eine Zuständigkeitskonzentration auf ein Amtsgericht pro Landgerichtsbezirk vorgenommen wird. Vor dem 1. 1. 2002 war zwar grundsätzlich jedes Amtsgericht auch für die Führung des Handelsregisters zuständig. Es bestand aber auch hier schon die Möglichkeit von Zuständigkeitskonzentrationen durch Landesrechtsverordnung. Die Neuregelung zum 1. 1.

§ 376 Besondere Zuständigkeitsregelungen § 376

2002 (s Rn 1) hat somit das bis dahin bestehende Regel-Ausnahme-Verhältnis umgekehrt (vgl. dazu Jansen/Steder § 125 Rn 5).

2. Ausnahme

Will ein Land von der Zuständigkeitskonzentration abweichen, ermöglicht 12 Abs 2 Satz 1 für die Handelsregister-, Genossenschaftsregister- und Partnerschaftsregistersachen sowie für die unternehmensrechtlichen Verfahren der § 375 Nrn 1 und 3 bis 14 insoweit Ausnahmen von der Zuständigkeitsregelung des Abs 1 zu treffen, als die Aufgaben anderen oder zusätzlichen Gerichten übertragen werden oder die Bezirke abweichend von Abs 1 festgelegt werden. Abs 2 Satz 2 enthält eine Subdelegationsermächtigung, so dass die Entscheidung über die konkreten Zuständigkeiten im Land von der Landesjustizverwaltung getroffen werden kann.

3. Weitere Ausnahme

Nach Abs 2 Satz 3 können sich mehrere Länder auf ein zuständiges 13 Registergericht in Handelsregister-, Genossenschaftsregister und Partnerschaftsregistersachen durch Staatsvertrag (SBW/Nedden-Boeger Rn 11) einigen. Hiervon ist aber bislang, soweit ersichtlich, kein Gebrauch gemacht worden.

4. Bestehende Zuständigkeitsregelungen

Derzeit bestehen in den Ländern folgende Zuständigkeitsregelungen (s 14 Krafka/Willer/Kühn Rn 13; Keidel/Heinemann Rn 10 ff.):
a) Baden-Württemberg. Zuständig sind nach §§ 5 und 5a ZuVOJu v 20. 11. 1998 (GBl S. 360, zuletzt geändert durch Gesetz v 29. 7. 2010 (GBl S. 555)) die Amtsgerichte Freiburg im Breisgau, Mannheim, Stuttgart, Ulm für die Führung des Handels-, Genossenschafts- und Partnerschaftsregisters sowie für die unternehmensrechtlichen Verfahren gem § 375 Nr. 1 und 3 bis 14. Die Führung des Vereins- und Güterrechtsregister wird für die Bezirke der AG Stuttgart und Stuttgart-Bad Canstatt dem AG Stuttgart zugewiesen (§ 6 ZuVoJu).
b) Bayern. Es gilt grundsätzlich § 376 I. Allerdings wurden einige Sonderregelungen getroffen (AG München ist auch zuständig für die Amtsgerichts Bezirke Erding und Freising; AG Fürth ist zuständig für die Amtsgerichtsbezirke Erlangen, Fürth, Neustadt a. d. Aisch; AG Straubing ist zuständig für seinen Bezirk; § 9 GZVJu v 16. 11. 2004, GVBl S. 471, zuletzt geändert durch VO v 13. 12. 2010, GVBl S. 870). Die Führung des Partnerschafts-, des Vereins- und des Genossschaftsregisters obliegt dem für die Führung des Handelsregisters zuständigen Gericht (§§ 10, 10a und 10b GZVJu). Diese Gerichte sind auch für die unternehmensrechtlichen Verfahren des § 375 Nr. 1 und 3 bis 14 zuständig.
c) Berlin. Zuständig für das Handels-, Vereins- und Partnerschaftsregister sowie für das Güterstandsregister ist das AG Charlottenburg (§§ 5, 6 ZuwV v 8. 5. 2008 GVBl S. 116, zuletzt geändert durch VO v 25. 1. 2010, GVBl. S. 25).

d) Brandenburg. Es gilt grundsätzlich § 376 I (Keidel/Heinemann Rn 14), auch für das Partnerschafts- und Vereinsregister (2. GerZV v 8. 5. 2007 GVBl. II S. 113, zuletzt geändert durch VO v 3. 6. 2010 GVBl. II Nr. 28 S. 1).

e) Bremen. Das AG Bremerhaven ist zuständig für seinen Gerichtsbezirk für die Führung des Handels- und Genossenschaftsregisters sowie die unternehmensrechtlichen Verfahren gem. § 375 Nr. 1 und 3 bis 14 (§ 1 Abs. II RegisterführungsVO v. 17. 12. 1986 Brem. GBl. S. 315, zuletzt geändert durch VO v. 4. 8. 2009 (Brem. GBl. S. 289). Die Führung des Vereins- und Güterrechtsregisters sowie die Führung des Partnerschaftsregisters für den Bezirk des AG Bremen-Blumenthal ist dem AG Bremen übertragen (§ 1 I Registerführungsverordnung und § 1 PartnerschaftsregisterVO, BremGBl. S. 329).

f) Hamburg. Zuständig für die Führung der Register sowie für die unternehmensrechtlichen Verfahren des § 375 Nr. 1 und 3 bis 14 ist das Amtsgericht Hamburg (§ 1 Nrn 11 bis 16 VO v 1. 9. 1987 HamGBl S. 172, zuletzt geändert durch VO v 20. 10. 2009 HamGBl S. 370).

g) Hessen. Mit § 10 I GerJZustVO v 16. 9. 2008 (GVBl S. 822) wird weiteren Amtsgerichten Zuständigkeiten für das Handelsregister zugewiesen. Amtsgerichte mit Handelsregister in Hessen sind neben den Amtsgerichten am Sitz des Landgerichts: AG Offenbach am Main, AG Bad Homburg v. d. H., AG Königstein i. T., AG Bad Hersfeld, AG Friedberg, AG Eschwege, AG Fritzlar, AG Korbach, AG Wetzlar. Das Partnerschaftsregister wird beim AG Frankfurt/Main geführt (§ 10 II GerJZustVO). Ähnlich sind auch für die Führung des Vereinsregisters gem. § 4 GerJZustVO neben den Gerichten am Sitz des LG weitere Amtsgerichte zuständig: AG Offenbach am Main, AG Bad Homburg v. d. H., AG Bad Hersfeld, AG Friedberg, AG Fritzlar, AG Korbach, AG Wetzlar.

h) Mecklenburg-Vorpommern. Es gilt § 376 I (Keidel/Heinemann Rn 18).

i) Niedersachsen. Gem § 16 d I ZustVO-Justiz v. 18. 11. 2009 (Nds. GVBl. S. 506) werden die Handels-, Vereins- und Genossenschaftsregister von den Amtsgerichten Aurich, Braunschweig, Göttingen, Hannover, Hildesheim, Lüneburg, Oldenburg, Osnabrück, Tostedt, Stadthagen, Walsrode geführt. Das Partnerschaftsregister wird vom AG Hannover geführt (§ 16 d II ZustVO-Justiz).

j) Nordrhein-Westfalen. Es wurde eine umfassende Zuständigkeitsregelung getroffen, die teils § 376 I entspricht, teils aber auch von der Dekonzentrationsmöglichkeit Gebrauch macht (§ 1 I ERegister-VO iVm Anlage 1 und 2 v 19. 12. 2006 (GV S. 606) zuletzt geändert durch VO v 27. 8. 2009 (GV S. 487). Gerichte mit Handels-, Vereins- und Genossenschaftsregister sind: OLG-Bezirk Düsseldorf: Düsseldorf, Neuss, Duisburg, Kleve, Krefeld, Mönchengladbach, Wuppertal. OLG-Bezirk Hamm: Arnsberg, Bielefeld, Gütersloh, Bad Oeynhausen, Bochum, Recklinghausen, Lemgo, Dortmund, Hamm, Essen, Gelsenkirchen, Hagen, Iserlohn, Coesfeld, Münster, Steinfurt, Paderborn, Siegen. OLG Bezirk Köln: Aachen, Düren, Bonn, Siegburg, Köln. Zuständig für die Führung des Partnerschaftsregisters ist das Amtsgericht Essen (§ 1 III RegisterVO).

k) Rheinland-Pfalz. Grundsätzlich gilt § 376 I. Mit dem weiteren Registergericht Montabaur wurde in einem Fall von der Dekonzentrationsmöglichkeit Gebrauch gemacht. Ferner ist im Landgerichtsbezirk Trier das AG Wittlich ausschließlich zuständig sowie im Landgerichtsbezirk Frankenthal das AG Ludwigshafen am Rhein (§ 3 ZFGGZuVo v 22. 11. 1985, zuletzt geändert durch VO v 18. 11. 2010 GVBl S. 433). Diese Zuständigkeiten gelten nicht nur für das Handels- und Genossenschaftsregister, sondern auch für das Vereinsregister. Beim Partnerschaftsregister ist das AG Koblenz für den Bezirk des OLG Koblenz zuständig und das AG Zweibrücken für den Bezirk den Pfälzischen OLG Zweibrücken (§ 3 III ZFGGZuVo).

l) Saarland. Das Handels-, Genossenschafts- und Partnerschaftsregister wird vom AG Saarbrücken geführt (§ 1 I RegisterVO v 29. 3. 2003 (ABl S. 2238)).

m) Sachsen. Die Zuständigkeit für das Handels-, Partnerschafts- und Genossenschafts- und Vereinsregister einschließlich der unternehmensrechtlichen Verfahren gem § 375 Nr 1, 3 bis 14 und 16 und für das Güterrechtsregister ist bei drei Amtsgerichten konzentriert: Chemnitz, Dresden, Leipzig (§ 9 SächsJOrgVO v 14. 12. 2007, SächsGVBl 2007, 600, zuletzt geändert durch VO v 28. 9. 2010, SächsGVBl S. 274).

n) Sachsen-Anhalt. Für die Führung des Handels-, Partnerschafts- Vereins- und Genossenschaftsregister ist das AG Stendal zuständig (§ 14 GBRegVO v 13. 12. 2004 GVBl LSA 2004 S. 829, zuletzt geändert durch VO v 28. 7. 2008 GVBl LSA 2008 S. 287).

o) Schleswig-Holstein. Die Zuständigkeit für das Handels-, Genossenschafts- und Vereinsregister entspricht im Grunde der Regelung des § 376 I (Flensburg, Kiel, Lübeck), jedoch ist für den Landgerichtsbezirk Itzehoe das Amtsgericht Pinneberg (§ 1 I RegisterVO v 3. 8. 2009 (GVOBl S. 565) sowie für das Partnerschaftsregister das Amtsgericht Kiel für alle Amtsgerichtsbezirke zuständig (§ 2 RegisterVO).

p) Thüringen. Die Führung des Handels-, Genossenschafts- und Partnerschaftsregister ist ausschließlich dem Amtsgericht Jena überlassen (§ 2 ThürOrdGZVO v 12. 8. 1993 (GVBl 1993 S. 563) zuletzt geändert durch Gesetz v. 16. 12. 2008 (GVBl S. 563).

V. Vereins- und Güterstandsregister

§ 376 umfasst keine Konzentrationsermächtigung für das Vereins- und **15** Güterstandsregister.

1. Vereinsregister

Für das Vereinsregister bestand bislang eine Konzentrationsermächtigung in § 55 II BGB, nach welcher die Landesjustizverwaltungen die Vereinssachen einem Amtsgericht für die Bezirke mehrerer Amtsgerichte zuweisen konnten (wovon mit Ausnahme von Mecklenburg-Vorpommern, Saarland, Sachsen-Anhalt und Thüringen alle Länder mehr oder minder, häufig entsprechend der Konzentration beim Handels- und Genossenschaftsregister Gebrauch ge-

§ 377   Buch 5 – Registersachen, unternehmensrechtliche Verfahren

macht hatten, s Rn 14 und ausführlich Krafka/Willer/Kühn Rn 2102). Die Konzentrationsermächtigung des § 55 II BGB wurde mit Blick auf die allgemeine Konzentrationsermächtigung des § 23 d GVG für entbehrlich gehalten (BT-Drs 16/6308, 285) und ist entfallen.

2. Güterrechtsregister

Hingegen besteht die Konzentrationsermächtigung des § 1558 II BGB für das Güterrechtsregister fort. Die Landesjustizverwaltung kann die Führung des Registers für mehrere Amtsgerichtsbezirke einem Amtsgericht übertragen (§ 1558 II BGB).

Örtliche Zuständigkeit

377 (1) **Ausschließlich zuständig ist das Gericht, in dessen Bezirk sich die Niederlassung des Einzelkaufmanns, der Sitz der Gesellschaft, des Versicherungsvereins, der Genossenschaft, der Partnerschaft oder des Vereins befindet, soweit sich aus den entsprechenden Gesetzen nichts anderes ergibt.**

(2) **Für die Angelegenheiten, die den Gerichten in Ansehung der nach dem Handelsgesetzbuch oder nach dem Binnenschifffahrtsgesetz aufzumachenden Dispache zugewiesen sind, ist das Gericht des Ortes zuständig, an dem die Verteilung der Havereischäden zu erfolgen hat.**

(3) **Die Eintragungen in das Güterrechtsregister sind bei jedem Gericht zu bewirken, in dessen Bezirk auch nur einer der Ehegatten oder Lebenspartner seinen gewöhnlichen Aufenthalt hat.**

(4) **§ 2 Abs. 1 ist nicht anzuwenden.**

1. Allgemeines

1   Das FGG enthielt keine generelle Regelung zur örtlichen Zuständigkeit. Die entsprechenden Vorschriften befanden sich in den Sachgesetzen. Die Zuständigkeitsregelungen der Sachgesetze sind nicht im Hinblick auf die Einführung einer allgemeinen örtlichen Zuständigkeitsnorm gestrichen, sondern sind vielmehr – auch soweit sie inhaltlich mit § 377 I übereinstimmen – unverändert bestehen geblieben. Diese Bestimmungen sind vorrangig (Abs 1 letzter Halbs: „soweit sich nicht etwas anderes ergibt"), so dass der Anwender unverändert die Zuständigkeit weitgehend nach dem jeweiligen Sachgesetz zu prüfen hat.

2. Zuständigkeit gem. Abs 1

2   Die örtliche Zuständigkeit des Gerichts ist **ausschließlich.** Hat jedoch ein örtlich unzuständiges Gericht eine Eintragung in das Handels-, Vereins- und Genossenschaftsregister vorgenommen, so ist sie nach § 2 III nicht unwirksam (Keidel/Heinemann, Rn 2), die Eintragungen des unzuständigen Gerichts können jedoch im Amtslöschungsverfahren beseitigt werden (§ 395).

Die örtliche Zuständigkeit für die verschiedenen Eintragungen ist unverändert in den einzelnen Gesetzen gesondert geregelt. Nach §§ 29, 106, 161 II

§ 377 Örtliche Zuständigkeit **§ 377**

HGB, §§ 14, 278 III AktG, § 7 GmbHG, § 10 GenG, § 30 VAG ist örtlich zuständig das Amtsgericht, in dessen Bezirk sich die Niederlassung des Einzelkaufmanns oder der Sitz der Gesellschaft, Genossenschaft oder des Versicherungsvereins befindet. Bei Kapitalgesellschaften, Vereinen und Genossenschaften ist auf den statuarischen Sitz abzustellen, also unabhängig davon, an welchem Ort sich die tatsächliche Geschäftsführung befindet (Keidel/Heinemann Rn 7; MünchKommZPO/Krafka § 377 FamFG Rn. 5; SBW/Nedden-Boeger Rn. 12) Zur Kompetenzverteilung bei Sitzverlegung s OLG Frankfurt FGPrax 02, 184. Die Zuständigkeit des Gerichts für die Eintragung von Zweigniederlassungen ist geregelt in den §§ 13, 13d, h HGB, § 14 GenG.

Beim **Verein** richtet sich die **örtliche** Zuständigkeit nach dessen statuarischen Sitz (§§ 55, 24 BGB, § 1 VRV). Die umstrittene Frage der **Sitzverlegung** hat § 6 VRV entschieden: Wird der Sitz eines Vereins aus dem Bezirk des Registergerichts des bisherigen Sitzes verlegt, so hat dieses unverzüglich von Amts wegen die Verlegung dem Gericht des neuen Sitzes mitzuteilen. Der Mitteilung sind die Eintragungen für den bisherigen Sitz sowie die Registerakten beizufügen. Das Gericht des neuen Sitzes hat zu prüfen, ob der Sitz ordnungsgemäß verlegt und § 57 II BGB beachtet ist. Ist dies der Fall, so hat es die Verlegung einzutragen und dabei die ihm mitgeteilten Eintragungen ohne weitere Nachprüfung in sein Vereinsregister zu übernehmen. Die Eintragung ist dem Gericht des bisherigen Sitzes mitzuteilen. Nach Eingang dieser Mitteilung trägt das Gericht des bisherigen Sitzes die Sitzverlegung ein und schließt das bisherige Registerblatt. Sind mit der Sitzverlegung weitere Eintragungen vorzunehmen, ist das Gericht des neuen Sitzes auch für die Vornahme dieser Eintragungen zuständig. Sitzverlegung ins Ausland ist als Auflösung des Vereins zu werten mit allen entspr Folgen wie Liquidation etc. 3

3. Zuständigkeit gem Abs 2

Zur Dispache allgemein s Vor § 403 Rn 4. Die örtliche Zuständigkeit für die Verrichtungen, die den Gerichten bei der Dispache obliegen, ist in § 377 II geregelt. Örtlich zuständig ist das **Amtsgericht** des Orts, an dem die Verteilung der Havereischäden zu geschehen hat, soweit nicht gemäß § 23d GVG die Zuweisung an ein anderes Amtsgericht erfolgt ist. Dies ist bei Seeschiffen gemäß § 727 HGB der Bestimmungsort bzw wenn dieser nicht erreicht wird, der Hafenort, wo die Reise endet oder wenigstens ein erheblicher Teil der Ladung gelöscht wird, bei Binnenschiffen gemäß § 86 BinnenSchG der Ort, wo die Reise endet. Sind sämtliche Beteiligten über den Ort einig, an dem die Havereischäden verteilt werden sollen, so kann dadurch die Zuständigkeit eines anderen Amtsgerichts begründet werden; im Übrigen ist eine willkürliche Vereinbarung eines anderen Gerichtsstandes unzulässig. Sachlich zuständig ist das Amtsgericht § 23 I Nr 4 GVG, dort der Richter § 17 Nr 2a RPflG. 4

4. Zuständigkeit gem Abs 3

Abs 3 wiederholt aus systematischen Gründen die in § 1558 I BGB enthaltene Zuständigkeitsregelung (BT-Drs. 16/6308, 285). Danach ist für die 5

§ 378 Buch 5 – Registersachen, unternehmensrechtliche Verfahren

Eintragung in das Güterrechtsregister das Gericht örtlich zuständig, in dem auch nur einer der Ehegatten oder Lebenspartner seinen gewöhnlichen Aufenthalt hat. Der Ort des gewöhnlichen Aufenthalts ist der Ort, in dem der Schwerpunkt der Bindungen der betroffenen Person, ihr Daseinsmittelpunkt, liegt (BGH NJW 75, 1068), wobei zu verlangen ist, dass der Aufenthalt in Abgrenzung zum schlichten bzw. einfachen Aufenthalt nicht nur gering oder vorübergehend, sondern von einer Dauer sein muss (BGH NJW 93, 2048, 2049). Haben die Eheleute oder Lebenspartner allein oder zusammen mehrere gewöhnliche Aufenthalte, hat die Eintragung aus Gründen des Verkehrsschutzes bei **jedem** Register zu erfolgen; hat keiner der Ehegatten oder der Lebenspartner einen inländischen gewöhnlichen Aufenthalt, können mangels Zuständigkeit eines inländischen Gerichts Eintragungen nicht erfolgen (Bamberger/Roth/J. Mayer § 1559 Rn 13 mwN.). Eintragungsfähig ist, wenn mind. einer der Ehegatten seinen gewöhnlichen Aufenthalt im Inland hat, auch ein ausländischer Güterstand gem. Art. 16 I Hs 2 EGBGB, da einem Dritten sonst Verfügungsbeschränkungen aus diesem Güterstand nicht entgegengehalten werden können (LG Aurich NJW 91, 642). Zum Güterrechtsregister s § 374 Rn 15 f.

5. Ausschluss von § 2 I

6   Abs 4 schließt die Anwendung von § 2 I aus, wonach unter mehreren örtlich zuständigen Gerichten das Gericht zuständig ist, welches zuerst mit der Angelegenheit befasst war, da die Regelung für die Registersachen und unternehmensrechtliche Verfahren ungeeignet ist (BT-Drs. 16/6308, 285).

Abschnitt 3
Registersachen

Unterabschnitt 1
Verfahren

Antragsrecht der Notare

378 (1) **Für Erklärungen gegenüber dem Register, die zu der Eintragung erforderlich sind und in öffentlicher oder öffentlich beglaubigter Form abgegeben werden, können sich die Beteiligten auch durch Personen vertreten lassen, die nicht nach § 10 Abs. 2 vertretungsberechtigt sind. Dies gilt auch für die Entgegennahme von Eintragungsmitteilungen und Verfügungen des Registers.**

(2) **Ist die zu einer Eintragung erforderliche Erklärung von einem Notar beurkundet oder beglaubigt, gilt dieser als ermächtigt, im Namen des zur Anmeldung Berechtigten die Eintragung zu beantragen.**

§ 378 Antragsrecht der Notare **§ 378**

1. Allgemeines

Abs. 1 wurde eingefügt durch Art. 8 des Ges zur Modernisierung von 1
Verfahren im anwaltlichen und notariellen Berufsrecht (BT-Drs 16/12717,
59). § 378 II ersetzt die bisherige Regelung des § 129 FGG. Durch ihren
Standort gilt die Vollmachtsvermutung des § 378 unmittelbar für **alle Registerverfahren** (BT-Drs. 16/6308, 285)

2. Vertretung im Registerverfahren

Abs 1 enthält eine Ausnahme zu § 10 II. 378 I stellt klar, dass Erklärungen, 2
die unmittelbar eintragungsrelevant sind und in gehöriger Form abgegeben
werden, auch von solchen Personen abgegeben werden können, die nicht
zum vertretungsberechtigten Personenkreis des § 10 II gehören (BT-Drs 16/
12717, 73). Durch die Regelung soll erheblichen praktischen Bedürfnissen
Rechnung getragen werden, etwa dem Bedürfnis nach Registervollmachten
bei großen Personengesellschaften. Voraussetzung ist, dass die Erklärung in
öffentlicher (notarielle Beurkundung, § 128 BGB oder gerichtlicher Vergleich, § 127 a BGB) oder öffentlich beglaubigter (§ 129 BGB) Form vorliegt.
Ferner muss die Erklärung zur Eintragung im Register erforderlich sein, also
unmittelbar eintragungsrelevant sein. § 378 I gilt sowohl für Fälle der Bevollmächtigung als auch der Vertretung ohne Vertretungsmacht (BT-Drs 16/
12717, 76). Umfasst sind Eintragungsanträge (s § 382 Rn 4), ebenso deren
Rücknahme (Arg.: actus contrarius), nicht hingegen sonstige verfahrensrechtliche Erklärungen, wie etwa im Rechtsbehelfsverfahren (BT-Drs 16/12717,
77), so dass diese Erklärungen durch die in § 10 genannten Personen erfolgen
müssen. Da § 10 nur eine Beschränkung in verfahrensrechtlicher Hinsicht
darstellt (dazu Lindemeier RNotZ 09, 37, 45), bleibt die materiell-rechtliche
Befugnis unberührt, den Vertreter auch zu den letztgenannten Handlungen
zu bevollmächtigen. Sonst würde das Institut der Registervollmacht entgegen
dem Zweck der Norm bereits bei der Anfechtung einer Zwischenverfügung
ins Leere laufen. Der Vertreter muss dann aber zur verfahrensrechtlichen
Umsetzung eine entsprechende Untervollmacht an gem § 10 vertretungsberechtigte Personen erteilen. Denn die Erteilung einer Verfahrensvollmacht
gem. § 11 kann sowohl durch die Beteiligten selbst als auch durch einen
Vertreter erfolgen (MünchKommZPO/Pabst § 11 FamFG Rn 4 (für die Prozessvollmacht allgemein: Thomas/Putzo/Hüßtege § 80 Rn 4, 5 a; aA Keidel/
Heinemann § 378 Rn. 5: Unterbevollmächtigung unzulässig). In der Registervollmacht sollte der Bevollmächtigte ausdrücklich zur Erteilung von Untervollmachten berechtigt werden, um Auslegungsfragen zu vermeiden, da an
die Auslegung strenge Anforderungen zu stellen sind (OLG Frankfurt FGPrax
10, 305). Die nach Satz 1 vertretungsberechtigten Personen sind gem Satz 2
auch berechtigt, Eintragungsmitteilungen und „Verfügungen" des Registers
entgegen zu nehmen. Verfügungen in diesem Sinne sind nach dem Sinn und
Zweck des § 378 I insbesondere Beschlüsse (etwa der den Antrag zurückweisende Beschluss, 382 III) und Zwischenverfügungen iS des § 382 IV (str.
ebenso SBW/Nedden-Boeger Rn 0 d; aA MünchKommZPO/Krafka § 378
FamFG Rn 3).

§ 378 Buch 5 – Registersachen, unternehmensrechtliche Verfahren

3. Antragsrecht der Notare

3 **a) Vollmacht.** Ist die zu einer Eintragung erforderliche Erklärung von einem Notar beurkundet oder beglaubigt, so gilt er als ermächtigt, im Namen der Beteiligten die Eintragung beim Grundbuchamt (§ 15 GBO), beim Handels-, Genossenschafts-, Vereins-, Partnerschafts- oder Güterrechtsregister (§ 378) sowie beim Schiffsregister (§ 25 SchiffsRegO) zu beantragen. Das Gleiche gilt für den Notarvertreter (§ 39 BNotO) und den Notariatsverwalter (§§ 56 ff BNotO). Diese Vorschriften begründen für den Notar kein eigenes Antragsrecht (OLG Köln, OLG 83, 267; OLG Nürnberg MittBayNot 10, 404, 405), sondern eine **widerlegbare Vermutung der Vollmacht** (OLG Hamm NJW-Spezial 10, 625): Er braucht dem Gericht nicht nachzuweisen, dass die Beteiligten ihn zur Antragstellung bevollmächtigt haben. Zur Widerlegung der Vermutung reicht eine einfache Erklärung gegenüber dem Gericht (OLG Frankfurt NJW 84, 620).

4 Die Neufassung des § 378 beendet den Streit, ob der Notar zur Stellvertretung nur der Person, die zu einer Anmeldung verpflichtet ist, berechtigt ist (so bislang die hL: BayObLG Rpfleger 78, 143; NJW-RR 00, 990; KG GmbHR 00, 493. Das Antragsrecht besteht nach dem neuen Gesetzeswortlaut auch dann, wenn nur ein Recht, aber keine Pflicht zur Anmeldung besteht, wie etwa in den §§ 3 II, 25 II HGB, § 79 GmbHG (BT-Drs. 16/6308, 285; Krafka/Willer/Kühn Rn 121; Keidel/Heinemann Rn 8). Der Notar, der den Gesellschaftsvertrag einer GmbH beurkundet hat, ist berechtigt, die darin enthaltene abstrakte Vertretungsregelung im Namen der Geschäftsführer zur Eintragung ins Handelsregister anzumelden (LG München, DNotZ 76, 682) oder die Befreiung des Geschäftsführers von den Beschränkungen des § 181 BGB (LG Weiden, MittBayNot 80, 174). Es wird ohne weiteres vermutet, dass der Notar zur Antragstellung ermächtigt ist; zur Begründung der Vermutung genügt die Vorlage der vom Notar beurkundeten oder beglaubigten Erklärung (Schaub MittBayNot 99, 539, 543). Der Notar handelt bei der Antragstellung auf Grund Amtes, nicht auf Grund Vertrags. Die Antragstellung wird daher auch nicht dadurch gehindert, dass eine gewillkürte Stellvertretung unzulässig ist (MünchKommHGB/Bokelmann § 12 HGB Rn 28; Jansen/Steder § 129 Rn 6; Staub/Hüffer § 12 HGB Rn 12; Keidel/Heinemann Rn 11; aA BayObLG DNotZ 86, 692 mit Anm Winkler; Schaub MittBayNot 99, 539, 544), wie etwa nach überwiegender Ansicht bei der Anmeldung der Gründung und Kapitalerhöhung von Kapitalgesellschaften (vgl Nachweise BayObLG aaO; dagegen OLG Köln, NJW 87, 135; Winkler, DNotZ 86, 696; Voraufl. Rn 4). Die Vollmachtsvermutung erstreckt sich in diesem Fall nur auf die Antragstellung, nicht auf die höchstpersönliche Erklärung (Keidel/Heinemann Rn 11; Krafka/Willer/Kühn Rn 122). Das Registergericht ist nicht berechtigt, einen Vollmachtsnachweis zu verlangen. Bei der Antragstellung muss der Notar deutlich zum Ausdruck bringen, ob er von der gesetzlichen Ermächtigung Gebrauch macht oder die in der Urkunde enthaltenen Anträge lediglich als „Bote" weiterleiten will. Eine Vorlegung der Urkunde „zum Vollzug", „zur weiteren Veranlassung" oder „mit der Bitte, den gestellten Anträgen zu entsprechen", lässt den Notar im Zweifel nur als Boten erscheinen (BGH, DNotZ 64, 435; vgl Bärwaldt/Glöckner GmbHR 04, 1581).

§ 378 Antragsrecht der Notare   § 378

b) Beschwerde und Rechtsbeschwerde. Hat der Notar den Antrag 5
gestellt, so kann er auch Beschwerde, Erinnerung im Fall des § 11 II RPfG und
Rechtsbeschwerde einlegen (BayObLG 66, 337, 340; 84, 29; OLG Nürnberg
MittBayNot 10, 404, 405), im letzteren Fall aber unter Beziehung eines beim
BGH zugelassenen Anwaltes (§ 10 IV). Hat der Notar den Antrag zum Registergericht
nicht gestellt, so steht ihm die Befugnis zur Beschwerdeeinlegung
für die Beteiligten auf Grund § 378 nicht zu, allerdings ist zu prüfen, ob sich die
Vollmacht nicht aus sonstigen Umständen ergibt (BayObLG NJW-RR 00,
990; Keidel/Heinemann Rn 15). Falls der Notar bei Einlegung der Beschwerde
nicht ausdrücklich erwähnt hat, in wessen Namen er das Rechtsmittel
einlegt, ist mangels gegenteiliger Anhaltspunkte anzunehmen, dass er für alle
Anmeldepflichtigen das Rechtsmittel einlegt (KG, OLG 69, 501, 502; OLG
Hamm, OLG 83, 259; OLG Nürnberg MittBayNot 10, 404, 405). Die vom
Notar in einer Handelsregistersache eingelegte Beschwerde gilt im Zweifel als
im Namen der Firma eingelegt, für die er als Notar tätig geworden war; der
Gebrauch der Wendung „lege ich Beschwerde ein" ist dabei ohne Bedeutung
(OLG Frankfurt, DNotZ 78, 750). Ein eigenes Beschwerderecht steht dem
Notar nicht zu (BayObLG 84, 29, 31; OLG Köln, OLG 83, 267; OLG Nürnberg
aaO.), auszunehmen sind nach wohl derzeit hM die Fälle des § 40 II
GmbHG, wo der Notar bei Ablehnung der Aufnahme der Gesellschafterliste in
den Registerordner in eigenen Rechten verletzt sein kann (OLG München
FGPrax 09, 181; FGPrax 09, 277; OLG Bamberg FGPrax 10, 196, 197; OLG
Jena FGPrax 10, 198, 199; aA OLG Hamm FGPRax 10, 88 (dort wird eine
Beschwerde der Gesellschaft angenommen); OLG Köln FGPrax 10, 202, 203
mit Anm. Krafka). Das Beschwerdegericht hat die Anmeldung als Verfahrenshandlung
selbstständig auszulegen, und zwar im Zweifel so, dass sie im Ergebnis
Erfolg haben kann (BayObLG NJW-RR 00, 990).
Bei der Einlegung der Rechtsbeschwerde bedarf es neben den angegebenen
Voraussetzungen wegen § 10 IV der Zuziehung eines beim BGH zugelassenen
Anwaltes (str. Keidel/Heinemann hält die Regelung für verfassungswidrig,
weswegen der Notar die Rechtsbeschwerde einlegen darf; nach SBW/
Nedden-Boeger Rn. 26 a und Prütting/Helms/Maass Rn. 15 muss der Beteiligte
den BGH-Anwalt selbst beauftragen, der Notar ist hierzu nicht berechtigt).
Zwar ist der Notar nach § 10 II Nr 3 vertretungsberechtigt. Die bislang
in § 29 I 3 FGG enthaltene Ausnahme für den Notar ist aber nicht in § 10 IV
übernommen worden.

c) Zurücknahme des Antrags. Die vermutete Vollmacht des Notars 6
bezieht sich auch auf die Befugnis, die von ihm gestellten Anträge zurückzunehmen
(§ 24 III BNotO). Die Rücknahmeerklärung muss mit Unterschrift
und Amtssiegel des Notars versehen sein. Die Anmeldung ist bis zur
Eintragung frei zurücknehmbar (OLG 43, 205; van Venroog GmbHR 02,
701, 709). Nach Eintragung ist die Zurücknahme eine neue Anmeldung und
bedarf daher wieder der Form des § 12 HGB. Macht der Notar von der
Ermächtigung des § 378 im Namen verschiedener Beteiligter Gebrauch, so
verhindert er dadurch einseitige Handlungen eines Beteiligten zum Nachteil
anderer, zB die Rücknahme eines nur einseitig gestellten Antrags; insoweit hat
der Antrag nach § 378 auch den Zweck, die Beteiligten voreinander zu
schützen (vgl Weber, DNotZ 64, 394 zu § 15 GBO).

Mitteilungspflichten der Behörden

379 (1) **Die Gerichte, die Staatsanwaltschaften, die Polizei- und Gemeindebehörden sowie die Notare haben die ihnen amtlich zur Kenntnis gelangenden Fälle einer unrichtigen, unvollständigen oder unterlassenen Anmeldung zum Handels-, Genossenschafts-, Vereins- oder Partnerschaftsregister dem Registergericht mitzuteilen.**

(2) **Die Finanzbehörden haben den Registergerichten Auskunft über die steuerlichen Verhältnisse von Kaufleuten oder Unternehmen, insbesondere auf dem Gebiet der Gewerbe- und Umsatzsteuer, zu erteilen, soweit diese Auskunft zur Verhütung unrichtiger Eintragungen im Handels- oder Partnerschaftsregister sowie zur Berichtigung, Vervollständigung oder Löschung von Eintragungen im Register benötigt wird. Die Auskünfte unterliegen nicht der Akteneinsicht (§ 13).**

1. Allgemeines

1   § 379 I übernimmt den Regelungsgehalt der §§ 125a, 160b I 2, 147 I 2 FGG hinsichtlich der Mitteilungspflichten der Behörden. Neu ist die Ausdehnung der Mitteilungspflicht über Erkenntnisse über unterlassene Meldungen zum Vereinsregister. § 379 II übernimmt die bisher in § 125a FGG geregelte Mitteilungspflicht der Finanzbehörden, wobei diese sich nunmehr auch auf Auskünfte erstrecken, die zur Löschung von Eintragungen benötigt werden (BT-Drs. 16/6308, 285).

2. Allgemeine Mitteilungspflicht

2   Schon nach allgemeinen Grundsätzen sind sich alle Behörden des Bundes und der Länder gegenseitig zur Rechts- und Amtshilfe verpflichtet (Art 35 GG). § 379 geht hierüber hinaus und verlangt ein selbstständiges Tätigwerden der dort genannten Dienststellen. Die Mitteilungspflicht trifft Gerichte, Staatsanwaltschaften, Polizei- und Gemeindebehörden, gleich ob es sich um Behörden des Bundes, der Länder oder Gemeinden handelt. Die Notare können sich dieser Verpflichtung gegenüber weder auf ihre Schweigepflicht (§ 18 BNotO) noch auf § 51 BeurkG (§ 51 IV BeurkG) berufen. Zur Anzeigepflicht von Geschäftsanteilsabtretungen gemäß § 15 III GmbHG durch Notare s § 40 II GmbHG. Weitere Vorschriften über die Unterstützungspflicht anderer Behörden enthalten zB §§ 396, 398 AktG, § 87 V VAG, § 42 S 2 KWG, § 31 InsO.

Die Mitteilungspflicht bezieht sich nur auf solche Eintragungen, deren Anmeldung mittels Zwangsgeld (§ 388) erzwungen oder von Amts wegen (§ 394 ff) eingetragen werden können (Keidel/Heinemann Rn. 7). Hauptanwendungsfall ist, dass eine Firma eintragungspflichtig ist, jedoch eine Eintragung noch nicht durchgeführt ist. Nur auf diese Weise kann der Zweck des Handelsregisters erfüllt werden, klare und möglich lückenlose Verhältnisse im Handelsverkehr zu schaffen.

Nach § 15 EGGVG ist in Zivilsachen einschließlich der Angelegenheiten der fG die Übermittlung personenbezogener Daten zulässig, wenn die Kenntnis der Daten aus der Sicht der übermittelnden Stelle erforderlich ist zur

Berichtigung oder Ergänzung eines von einem Gericht geführten Registers oder Verzeichnisses, dessen Führung durch eine Rechtsvorschrift angeordnet ist, und wenn die Daten Gegenstand des Verfahrens sind.

3. Auskunftspflicht der Finanzbehörden

Darüber hinaus haben die Finanzbehörden den Registergerichten Auskunft über die steuerlichen Verhältnisse von Kaufleuten oder Unternehmern zu erteilen, soweit dies zur Verhütung unrichtiger Eintragungen sowie zur Berichtigung, Vervollständigung und Löschung von Eintragungen im Register benötigt wird. Dies ist insbesondere von Bedeutung für die Frage, ob eine Firma Kaufmannseigenschaft hat oder gelöscht werden muss. Durch die Erweiterung der Mitteilungspflicht auf Auskünfte, die zur Löschung von Eintragungen im Register benötigt werden, soll die Ermittlung der Vermögensverhältnisse bei den Löschungsverfahren (§ 394) erleichtert werden (BT-Drs. 16/6308, 285) 3

Die Auskünfte hierüber unterliegen nicht der Akteneinsicht des § 13. Sie sind daher nicht bei den Registerakten, sondern in Sammelakten aufzubewahren und dürfen nur von den mit der Registerführung und Kostenberechnung befassten Beamten eingesehen werden (§ 24 Ziff 6 AktenO). Demgemäß können von den Auskünften auch keine Abschriften verlangt werden (§ 13 III).

Beteiligung der berufsständischen Organe; Beschwerderecht

380 (1) **Die Registergerichte werden bei der Vermeidung unrichtiger Eintragungen, der Berichtigung und Vervollständigung des Handels- und Partnerschaftsregisters, der Löschung von Eintragungen in diesen Registern und beim Einschreiten gegen unzulässigen Firmengebrauch und unzulässigen Gebrauch eines Partnerschaftsnamens von**
1. **den Organen des Handelsstandes,**
2. **den Organen des Handwerksstandes, soweit es sich um die Eintragung von Handwerkern handelt,**
3. **den Organen des land- und forstwirtschaftlichen Berufsstandes, soweit es sich um die Eintragung von Land- oder Forstwirten handelt,**
4. **den berufsständischen Organen der freien Berufe, soweit es sich um die Eintragung von Angehörigen dieser Berufe handelt,**

(berufsständische Organe) unterstützt.

(2) **Das Gericht kann in zweifelhaften Fällen die berufsständischen Organe anhören, soweit dies zur Vornahme der gesetzlich vorgeschriebenen Eintragungen sowie zur Vermeidung unrichtiger Eintragungen in das Register erforderlich ist. Auf ihren Antrag sind die berufsständischen Organe als Beteiligte hinzuzuziehen.**

(3) **In Genossenschaftsregistersachen beschränkt sich die Anhörung nach Absatz 2 auf die Frage der Zulässigkeit des Firmengebrauchs.**

(4) **Soweit die berufsständischen Organe angehört wurden, ist ihnen die Entscheidung des Gerichts bekannt zu geben.**

(5) **Gegen einen Beschluss steht den berufsständischen Organen die Beschwerde zu.**

§ 380 Buch 5 – Registersachen, unternehmensrechtliche Verfahren

1. Allgemeines

1   Die Führung der Register ist wegen der großen Bedeutung des Registers für den sicheren Ablauf insb des Handelsverkehrs dem Gericht übertragen (§ 8 HGB). Die berufsständischen Organe im Sinne des § 380 I 1 helfen dabei. Sie sind nach § 380 verpflichtet, das Registergericht bei der Vermeidung unrichtiger Eintragungen, bei der Berichtigung und Vervollständigung des Handels- und Partnerschaftsregisters, bei der Löschung von Eintragungen sowie beim Einschreiten gegen unzulässigen Firmengebrauch oder Gebrauch eines Partnerschaftsnamens zu unterstützen. Zwischen ihnen und dem Registergericht findet daher eine enge Zusammenarbeit statt. So kann das Registergericht gemäß § 23 HRV bei Eintragung neuer Firmen und Firmenänderungen in zweifelhaften Fällen (früher: hat in der Regel, sonst in zweifelhaften Fällen, BGBl 1998 I S. 1482) ihr Gutachten einholen. Das Bedürfnis hierzu dürfte abnehmen, da das Registergericht über das Unternehmensregister (s § 374 Rn 4) selbst die Unterscheidbarkeit der Firma prüfen kann (Weikart NotBZ 07, 73, 85). Die Grundlagen zur Beteiligung der berufsständischen Organe enthält § 380 insbesondere über die Unterstützungspflicht des Abs. 1 und dem Beteiligungsrecht gem. Abs. 2 S 2 einschließlich Beschwerderecht gem Abs. 5. Darüber hinaus sind ihnen nach § 37 HRV und § 6 PRV die meisten Veränderungen mitzuteilen.

2. Berufsständische Organe

2   Die in Abs 1 Nrn 1 bis 4 bezeichneten Organe sind legal definiert als „berufsständische Organe". Im Einzelnen handelt es sich um:

3   **a) Organe des Handelsstandes.** Einzige Organe des Handelsstandes mit öffentlichen Aufgaben sind die Industrie- und Handelskammern (in Hamburg und Bremen nur „Handelskammer"). Ihre Organisation wurde durch das Gesetz zur vorläufigen Regelung des Rechts der IHK vom 18. 12. 1956 (BGBl I S. 920) vereinheitlicht. Sie sind Körperschaften des öffentlichen Rechts (§ 3 I) mit Pflichtmitgliedschaft aller Unternehmer und Gesellschaften, die im Bezirk eine gewerbliche Niederlassung, Betriebsstätte oder Verkaufsstelle unterhalten (§ 2), und unterstehen der Aufsicht des Landes, in dem sie ihren Sitz haben (Ausführungsgesetze der Länder s Keidel/Heinemann, Rn 5). Die Pflichtmitgliedschaft in einer IHK und die damit verbundene Beitragslast ist mit dem GG vereinbar (BVerfG NVwZ 02, 335).

4   **b) Organe des Handwerks.** Ihre Rechtsgrundlage und Aufgaben sind in der Handwerksordnung vom 28. 12. 1965 (BGBl 1966 I S. 1) niedergelegt. Wichtigstes Organ ist die Handwerkskammer, evtl kommen auch die Handwerksinnungen und Innungsverbände in Betracht. Auch die Handwerkskammern (§§ 90–115 HandwO) haben als Körperschaften des öffentlichen Rechts (§ 90 I) ua die Aufgabe, die Behörden durch Anregungen, Vorschläge, Erstattung von Gutachten zu unterstützen (§ 91 I Nr 2). Die Handwerksinnungen (§§ 52 bis 78 HandwO) müssen über Angelegenheiten der in ihnen vertretenen Handwerke den Behörden Gutachten und Auskünfte erteilen (§ 54 I Nr 8).

5   **c) Organe des land- und forstwirtschaftlichen Berufsstandes.** Das Gesetz über die Kaufmannseigenschaft von Land- und Forstwirten v 13. 5. 1976 (BGBl I S. 1197) änderte § 3 HGB und ermöglicht Land- und Forst-

§ 380 Beteiligung der berufsständischen Organe; Beschwerderecht § 380

wirten, sich mit ihrem land- oder forstwirtschaftlichen Unternehmen in das Handelsregister eintragen zu lassen, sofern das Unternehmen nach Art und Umfang einen in kaufmännischer Weise eingerichteten Geschäftsbetrieb erfordert (Hofmann, NJW 76, 1297). Den Organen des land- und forstwirtschaftlichen Berufsstandes kommt, soweit es sich um die Eintragung von Land- und Forstwirten in das Handelsregister handelt, die gleiche Stellung zu wie den Organen des Handels- und Handwerksstandes. Organe des land- und forstwirtschaftlichen Berufsstandes sind die Landwirtschaftskammern (Selbstverwaltungskörperschaften des öffentlichen Rechts mit Zwangsmitgliedschaft) oder, wenn eine Landwirtschaftskammer nicht besteht, die nach Landesrecht zuständige Stelle (vgl § 11 II 2, § 23 S 3, § 37 HRV), in Bayern etwa der Bayerische Bauernverband (VO Nr 106 v 29. 10. 46, BayBS IV, 318) (Einzelheiten s Keidel/Heinemann, Rn 12 f.).

d) Organe der freien Berufe. Berufsständischen Organe im Sinne von 6 Abs 1 Nr 4 sind die jeweiligen Berufskammern (§ 4 PRV), zB Anwaltskammer, Ärztekammer, Steuerberaterkammer, Ingenieurkammer etc. Diese unterstützen das Registergericht, soweit es sich um Eintragungen von Angehörigen dieser Berufe handelt. Besteht für den freien Beruf keine Kammer, entfällt mangels Adressaten auch eine Mitwirkungspflicht. Durch § 380 ist jetzt klargestellt, dass die Beteiligung nicht nur für das Partnerschaftsregister betreffende Verfahren gilt, sondern auch für das Handelsregisterverfahren, etwa für die Eintragung oder Löschung einer Anwalts-GmbH im Handelsregister (für die Beteiligung der örtlichen zuständigen Rechtsanwaltskammer in entspr Anwendung des § 126 FGG schon BayObLG NJW 96, 3217).

3. Pflicht zur Unterstützung, Abs 1

a) Unterstützungspflicht. Die berufsständischen Organe sind in Handels- 7 und Partnerschaftsregistersachen (in Genossenschaftsregistersachen eingeschränkt s Abs 3) zur Unterstützung des Registergerichts verpflichtet. Sie haben zu den Mitteilungen und Anfragen des Gerichts Stellung zu nehmen und Gutachten zu erstatten. Dazu sind sie als die zuständigen Behörden, die der Sache am nächsten sind, eher in der Lage als das Registergericht (OLG Hamm, OLG 74, 139). Auch bei Bestellung eines Notgeschäftsführers für eine GmbH sind die Organe bei der Ermittlung einer geeigneten Person zu beteiligen, wenn der Antragsteller keine geeignete Person benennt (OLG Hamm FGPrax 96, 70). Gemäß § 387 III können die näheren Bestimmungen dieser Mitwirkung durch Rechtsverordnung getroffen werden, insbesondere kann bestimmt werden, dass den berufsständischen Organen laufend oder in regelmäßigen Abständen die zur Erfüllung ihrer Aufgaben erforderlichen Daten aus dem Handelsregister und den zum Handelsregister eingereichten Schriftstücken mitgeteilt werden; die berufsständischen Organ dürfen die übermittelten personenbezogenen Daten nur für den Zweck verwenden, zu dessen Erfüllung sie ihnen übermittelt wurden (s § 387 Rn 4).

Eine Bindung des Registergerichts an die Auffassung der berufsständischen 8 Organe besteht nicht. Hierdurch sollen unrichtige Eintragungen vermieden werden und die Richtigkeit und Vollständigkeit des Handelsregisters gewährleistet werden. Die berufsständischen Organe müssen daher nicht nur dafür

§ 380 Buch 5 – Registersachen, unternehmensrechtliche Verfahren

Sorge tragen, dass unrichtige Eintragungen beseitigt werden, sondern auch dafür, dass die notwendigen Eintragungen herbeigeführt, insbesondere die erforderlichen Urkunden beim Gericht eingereicht werden. Umgekehrt ist auch das Registergericht verpflichtet, auf die Anregungen dieser Organe von Amts wegen die nötigen Ermittlungen zu veranstalten. Gebraucht zB jemand eine unzulässige Firma, so hat nicht nur gemäß § 37 HGB das Registergericht durch Zwangsmittel die Unterlassung durchzusetzen, sondern sind auch die berufsständischen Organe gemäß § 380 zur Unterstützung verpflichtet. Unabhängig hiervon besteht jedoch die Amtsermittlungspflicht des Registergerichts nach § 26 (KG Rpfleger 97, 168). Falls ein Gewerbetreibender der Industrie- und Handelskammer keine Auskünfte über Art und Umfang seines Geschäftsbetriebs gibt, muss das Gericht eigene Ermittlungen anstellen und notfalls durch Zwangsmittel gemäß § 35 erzwingen, kann aber nicht einem Beteiligten die Auskunftserteilung an die Industrie- und Handelskammer auferlegen (BayObLG 67, 385, 389).

9 **b) Mitwirkung der berufsständischen Organe.** § 126 FGG gewährte ein Antragsrecht der berufsständischen Organe, soweit sie zur Unterstützung verpflichtet waren. Dieses allgemeine Antragsrecht ist in die Neufassung des § 380 nicht übernommen worden. Die im Rahmen der Mitwirkungspflicht gegebenen Anregungen und Hinweise sind vom Registergericht aufzugreifen, welches von Amts wegen die erforderlichen Ermittlungen einleitet (BT-Drs. 16/6308, 286). Antragsrechte sind jetzt vielmehr zu den jeweiligen Spezialvorschriften geregelt, nämlich § 393 I (Löschung einer Firma), § 394 I (Löschung vermögensloser Gesellschaften), § 395 I (Löschung unzulässiger Eintragungen) und § 399 I (Auflösung wegen Mangels der Satzung).

10 **c) Anhörung und Recht auf Beteiligung, Abs 2.** Das Gericht kann in zweifelhaften Fällen die berufsständischen Organe anhören, soweit dies zur Vornahme der gesetzlich vorgeschriebenen Eintragungen und zur Vermeidung unrichtiger Eintragungen erforderlich ist. Abs 2 übernimmt den Regelungsgehalt von § 23 S 2 HRV in das FamFG (BT-Drs. 16/9733, 298). Die Entscheidung, ob eine Anhörung erfolgt, liegt beim Gericht. Schon aus Gründen der Verfahrensbeschleunigung sollte sich die Anhörung auf zweifelhafte Fälle beschränken (BT-Drs. 16/6308, 286). Die Anhörung allein macht das berufsständische Organ noch nicht zum Beteiligten (§ 7 VI). Abs 2 Satz 2 gewährt daher ein Recht auf Beteiligung auf Antrag. Dieses Recht steht nicht jedem in Frage kommenden berufsständischen Organ zu, sondern nur insoweit, als vorher das berufsständische Organ gem Satz 1 angehört wurde (BT-Drs. 16/6308, 286; Bassenge/Roth/K.Walter Rn 11; die mittlerweile hM sieht anders als die Gesetzesbegründung die Anhörung nicht als Voraussetzung für die Beteiligungsrecht an: Keidel/Heinemann Rn 31; MünchKommZPO/Krafka § 380 FamFG Rn. 9; SBW/Nedden-Boeger Rn. 26). Liegt diese Voraussetzung vor, hat das Gericht dem Antrag zu entsprechen, ein Ermessen besteht nicht. Für den Antrag gelten die allgemeinen Bestimmungen (s § 7 Rn 32 ff).

4. Genossenschaftsregister, Abs 3

11 Eine Anhörung der Organe des Handelsstandes sah das FGG mangels entsprechenden Verweises in § 147 FGG nicht vor. Die Anhörung wurde

§ 380 Beteiligung der berufsständischen Organe; Beschwerderecht

jedoch auch in Genossenschaftsregistersachen für die Frage des zulässigen Firmengebrauchs als zweckmäßig erachtet (BT-Drs. 16/6308, 286). Abs 3 sieht nunmehr eine entsprechend eingeschränkte Anhörungsmöglichkeit vor und beendet insoweit auch den bislang bestehenden Streit über Mitwirkung der Organe des Handelsstandes in Genossenschaftsregistersachen (dazu Keidel/Kuntze/Winkler 15. Aufl. § 147 FGG Rn 5). Im übrigen gelten die Ausführungen zu Abs 2.

5. Bekanntgabe, Abs 4

Ist ein berufsständisches Organ angehört worden, ist ihm die Entscheidung, 12 hierzu gehört auch eine etwaige Zwischenverfügung (Keidel/Heinemann Rn 34), bekanntzugeben (Einzelheiten sind str.: nach Keidel/Heinemann Rn 34 u. MünchKommZPO/Krafka § 380 FamFG Rn 10 erfolgt förmliche Zustellung gem. § 41 I S. 2, wenn Entscheidung dem erkennbaren Willen widerspricht; nach SBW/Nedden-Boeger Rn. 35 ist der Anwendungsbereich des Abs. 4 noch weitergehend teleologisch zu reduzieren) . Eine Bekanntgabe erfolgt demgemäß auch dann, wenn das berufsständische Organ nicht Beteiligter geworden ist, weil kein entsprechender Antrag gem Abs 2 Satz 2 gestellt worden ist, worin die eigentliche Bedeutung der Vorschrift liegt. Ist das berufsständische Organ nämlich nach Hinzuziehung Beteiligter geworden, richtet sich die Bekanntgabe ohnehin nach den allgemeinen Vorschriften (SBW/Nedden-Boeger Rn. 34). Die hM, die die Anhörung entgegen der Konzeption des Gesetzgebers nicht als Voraussetzung für das Beteiligungsrecht gem. Abs. 2 Satz 2 ansieht (Rn. 10), steht allerdings vor dem Problem, dass unabhängig von der Anhörung gem Abs. 2 Satz 1 jede für das berufsständische Organ anfechtbare Entscheidung (s. Rn 13 f.) bekanntgegeben muss, um die Beschwerdefristen in Gang zu setzen (worauf SBW/Nedden-Boeger Rn 36 zu Recht hinweist).

6. Beschwerderecht, Abs 5

§ 380 V gewährt ein eigenes Beschwerderecht, ohne dass die Voraussetzun- 13 gen des § 59 I vorliegen müssen; auch gegen Entscheidungen des Rechtspflegers besteht das Recht zur Beschwerde bzw im Fall des § 11 II RpflG das Recht der Erinnerung. Die Neufassung des Abs 5 lässt offen, gegen welche Beschlüsse das Recht zur Beschwerde bestehen soll. Aus der Systematik der Neuregelung der Mitwirkungspflichten folgt jedoch, dass eine Beschwerdeberechtigung insoweit gegeben ist, wie auch ein Antragsrecht des berufsständischen Organes auf Beteiligung am Verfahren besteht, also entweder durch das Recht auf Hinzuziehung durch Antrag gem Abs 2 Satz 2 nach Anhörung (s. Rn. 10) gem. Abs 2 Satz 1 oder durch ein eigenständiges Antragsrecht (§§ 393 I, 394 I, 395 I, 399 I). Der Antrag auf Hinzuziehung kann, unter der Voraussetzung, dass eine Anhörung des berufsständischen Organes gem. Abs 2 Satz 1 erfolgt ist, noch durch Einlegung der Beschwerde gestellt werden (SBW/Nedden-Boeger Rn 42). Auch in den Fällen des eigenständigen Antragsrechts ist, soweit nicht § 59 Abs. 2 greift, der verfahrenseinleitende Antrag nicht Voraussetzung für die Beschwerdemöglichkeit. Da die hM die Anhörung nicht als Voraussetzung für das Recht auf Hinzuziehung ansieht (s.

§ 381 Buch 5 – Registersachen, unternehmensrechtliche Verfahren

Rn 10), gelangt sie auch für das Beschwerderecht zu weiteren Ergebnissen und gewährt es im Grundsatz gegen alle anfechtbaren Entscheidungen (Keidel/Heinemann Rn 35; MünchKommZPO/Krafka FamFG Rn 14; SBW/Nedden-Boeger Rn 37; Prütting/Helms/Maass Rn 17), wobei str. ist, ob die zu Rn 14 genannten Einschränkungen gelten. Unstr. ist jedenfalls, dass auch hier § 383 Abs. 3 gilt, dass also die bereits erfolgte Eintragung nicht angefochten werden kann.

14 Im übrigen gilt auch hier § 59 II, wonach die Beschwerde nur dem Antragsteller zusteht, soweit ein Beschluss nur auf Antrag erlassen werden kann und der Antrag zurückgewiesen worden ist (ebenso SBW/Nedden-Boeger Rn 39; Bahrenfuss/Steup Rn 21; aA Keidel/Heinemann Rn 35; MünchKommZPO/Krafka § 380 FamFG Rn 14). Ein Beschwerderecht der berufsständischen Organe besteht daher nicht gegen die Ablehnung der Anmeldung eines Beteiligten (OLG Oldenburg, NJW 57, 349), gegen einen den Widerspruch des Beteiligten zurückweisenden Beschluss im Firmenlöschungsverfahren (KG, OLG 78, 277). Ebenso besteht keine Anfechtungsmöglichkeit gegen eine dem Gutachten der Industrie- und Handelskammer widersprechende Eintragung ins Handelsregister (OLG Hamm, DNotZ 54, 92). In einem solchen Fall kann eine Beschwerde aber als Anregung bzw., soweit ein Antragsrecht besteht, als entsprechender Antrag, zur Einleitung eines Verfahrens nach §§ 388 ff, 393 ff gedeutet werden (OLG Oldenburg, NJW 57, 349; vgl dazu den Sonderfall BGH 46, 7, 9).

Aussetzung des Verfahrens

381 Das Registergericht kann, wenn die sonstigen Voraussetzungen des § 21 Abs. 1 vorliegen, das Verfahren auch aussetzen, wenn ein Rechtsstreit nicht anhängig ist. Es hat in diesem Fall einem der Beteiligten eine Frist zur Erhebung der Klage zu bestimmen.

1. Allgemeines

1 § 381 gilt für das Registergericht und die Beschwerdeinstanzen in allen Registersachen (also Handels-, Genossenschafts-, Partnerschafts-, Vereins- und Güterregistersachen) dagegen nicht für das Amtsgericht in den Fällen der unternehmensrechtlichen Verfahren, da es hier nicht Registergericht ist (BayObLG Rpfleger 90, 23, 24); in diesen Fällen kann aber nach allg Regeln nach § 21 ausgesetzt werden.

Der Regelungsgehalt des § 381 liegt darin, dass auch dann das Verfahren ausgesetzt werden kann, wenn ein Rechtsstreit nicht anhängig ist. Die sonstigen Voraussetzungen des § 21 I müssen aber stets vorliegen. Im Interesse der Verfahrensbeschleunigung ist aber die Aussetzung, wenn ein Rechtsstreit noch nicht anhängig ist, zwingend mit der Fristbestimmung zur Erhebung der Klage zu verbinden (BT-Drs 16/6308, 286).

2. Umfang der Prüfungspflicht

2 **a) Bei Anmeldung.** Die Frage, in welchem Umfang dem Registergericht bei einer Anmeldung ein Prüfungsrecht zusteht, ist umstritten. Zum Schutz

§ 381 Aussetzung des Verfahrens **§ 381**

des Rechtsverkehrs (vgl § 15 HGB; ausführlich Winkler FS für Wiedemann, 2002, S. 1369) sollen unrichtige Eintragungen in das Handelsregister möglichst vermieden werden. Die Aufgaben des Registergerichts bestehen vor allem in Eintragungen, Berichtigungen, Löschungen (s §§ 393 ff), Zwangsmitteln. In allen diesen Fällen hat das Gericht gemäß § 26 von Amts wegen die erforderlichen Ermittlungen über die Tat- und Rechtsfragen zu veranstalten, von denen der von ihm zu treffende Beschluss abhängt (OLG Frankfurt, Rpfleger 79, 60), und die geeignet erscheinenden Beweise zu erheben. Allerdings beschränkt sich das Prüfungsrecht in der Regel auf die formelle Richtigkeit der Anmeldung, das materielle Prüfungsrecht beschränkt sich hingegen auf diejenigen Fälle, in denen begründete Zweifel oder erhebliche Bedenken an der Richtigkeit der angemeldeten Tatsachen bestehen (BGH 113, 335, 352; ausführlich Keilbach MittRhNotK 00, 365). Der Zweck des § 381 liegt darin, dem Registergericht die Entscheidung streitiger Rechtsverhältnisse der Gesellschafter zu ersparen, diese können auf den Prozessweg verwiesen werden (Dietsch NotBZ 07, 193, 197) Einzelfälle:

aa) Handelsregister, Genossenschafts- und Partnerschaftsregister. 3 Insbesondere bei Erstanmeldungen ist gemäß § 38 I AktG, §§ 7, 8, 9 c GmbHG zu prüfen, ob die Gesellschaft ordnungsgemäß errichtet ist, etwa wieweit bei Bargründung einer GmbH das Stammkapital im Zeitpunkt der Eintragung vorbelastet ist (BayObLG GmbHR 98, 1225; zur Verwertung einer Mantel- oder Vorrats-GmbH BGH NJW 03, 892; OLG Brandenburg FGPrax 02, 129; OLG Celle FGPrax 02, 183). Das Gericht hat alle formellen und materiellen Voraussetzungen zu prüfen, etwa seine Zuständigkeit, die Rechts-, Geschäftsfähigkeit, Vertretungs-, Verfügungsbefugnis und Anmeldung des Antragstellers, zivilrechtlich erforderliche Genehmigungen (zB des Betreuungsgerichts), Form der Anmeldung (dazu BayObLG 77, 76; Groß, Rpfleger 76, 235). Nicht mehr Gegenstand der Prüfung sind staatliche Genehmigungen im Sinne des § 8 I Nr 6 GmbHG aF (zB § 2 GaststG, § 34 c GewO, § 2 PersonenbeförderungsG, § 3 I EinzelhG, §§ 8, 80, 90 GüKG, § 2 KAGG, § 32 III SteuerberG, § 1 III, § 128 WirtschaftsprüferO, §§ 20, 21 LuftVG, § 1 RBerG, Eintragung in der Handwerksrolle (dazu 8. Aufl. § 127 FGG Rn 3)), da mit dessen Streichung durch das MoMiG (BGBl I 08, 2026) das Eintragungsverfahren beschleunigt werden sollte, indem es vom staatlichen Genehmigungsverfahren unabhängig wird (Wälzholz MittBayNot 08, 425, 426).

Bei Sitzverlegung ist das Gericht des neuen Sitzes für die Prüfung der Satzung örtlich zuständig (OLG Hamm OLG 91, 275 gegen LG Mannheim Rpfleger 90, 301). Eine Verlegung des Satzungssitzes einer nach deutschem Recht gegründeten GmbH ins Ausland kann nicht ins deutsche Handelsregister eingetragen werden, da sie die Auflösung der Gesellschaft zur Folge hat (BayObLG FGPrax 04, 133; die durch das „MoMiG" (BGBl 2008 I S. 2026) durch Streichung des § 4a II GmbHG eingeführte Möglichkeit der Verlegung des Verwaltungssitzes ins Ausland hat daran nichts geändert).

Das Gericht prüft stets die formellen Voraussetzungen der Eintragung, dagegen nur im Einzelfall bei begründeten Zweifeln die Richtigkeit angemeldeter Tatsachen (vgl KG FGPrax 98, 193; OLG Naumburg GmbHR 01, 570;

§ 381 Buch 5 – Registersachen, unternehmensrechtliche Verfahren

OLG Schleswig FGPrax 05, 136; Einzelheiten Keidel/Heinemann § 374 Rn 51 ff). Etwa darf die Eintragung eines Haftungsausschlusses nach § 25 II HGB nur abgelehnt werden, wenn offensichtlich ist, dass eine Haftung des neuen Unternehmensträgers nach § 25 IHGB nicht in Betracht kommt (OLG Köln FGPrax 10, 144). Ist zB der Erwerb des Geschäftsanteils nach § 16 GmbHG durch Eintragung in die beim Handelsregister hinterlegte Gesellschafterliste angezeigt, ist auch das Registergericht daran gebunden, dass der Erwerber gegenüber der GmbH als Gesellschafter gilt (noch zu § 16 GmbHG aF: OLG Hamm GmbHR 01, 920; Winkler, FS für Wiedemann, 2002, S. 1369, 1375). Voraussetzung ist in jedem Fall, dass die angemeldeten Tatsachen eintragungsfähig sind: der Kreis dieser Tatsachen ist im Gesetz abschließend geregelt, so dass nur diejenigen Eintragungen zulässig sind, die das Gesetz ausdrücklich anordnet oder wenigstens zulässt (BayObLG 71, 55). Besonderheiten gelten für die Eintragung von Beschlüssen im Handelsregister. Soweit sie überhaupt einzutragen sind (zB §§ 181 III, 294 II AktG, § 54 III GmbHG, §§ 19, 20, 36, 53, 56, 78, 118, 131, 171, 236, 247, 255, 266, 280, 288, 298, 304 UmwG), darf der Registerrichter nichtige und unwirksame Beschlüsse nicht eintragen. Er ist daher bei Satzungsänderungen und Geschäftsführerbestellung einer GmbH zur Prüfung berechtigt und verpflichtet, ob der beschließende Gesellschafter im Inland anzuerkennende Rechtsfähigkeit besitzt (KG Rpfleger 97, 440). Anfechtbare Beschlüsse muss er dagegen unabhängig von dem zur Anfechtbarkeit führenden Mangel eintragen, wobei er den Ablauf der Anfechtungsfrist abwarten darf und soll; bei einer Reihe von Beschlüssen darf die Eintragung nicht vor Ablauf der Anfechtungsfrist erfolgen (vgl zB §§ 319 V, 320 I AktG). Die Eintragung einer zulässigen Satzungsänderung darf er nicht deshalb ablehnen, weil er eine weitere Satzungsänderung für erforderlich hält; in einem solchen Fall hat er vielmehr das Verfahren auf Feststellung eines Satzungsmangels durchzuführen (BayObLG GmbHR 97, 73). Bei einer Gesellschafterliste nach § 40 GmbHG hat das Registergericht zwar kein materielles Prüfungsrecht; es muss die Gesellschafterliste aber hinsichtlich der formalen Anforderungen prüfen, und zwar auch dann, wenn die Liste nach § 40 II GmbHG vom Urkundsnotar eingereicht wird (OLG Bamberg FGPrax 10, 196, 197).

4   **bb) Vereinsregister.** Das Registergericht hat die Anmeldung auf ihre formelle und materielle Ordnungsmäßigkeit zu prüfen; dabei unterliegen der vollen materiellen Prüfungsbefugnis nur die sich aus dem Vereinsrecht ergebenden Mindestanforderungen an die körperschaftliche Organisation, der Zweck des Vereins und die Einhaltung der in den §§ 56 bis 59 BGB genannten formellen Eintragungsvoraussetzungen (OLG Köln NJW-RR 94, 1547). Die Erklärungen zu den Anmeldungen müssen von den zuständigen Personen in öffentlich beglaubigter Form (dazu § 382 Rn 7, 9) abgegeben werden. Die Anmeldung ist in Urschrift oder (insbesondere bei elektronischer Anmeldung) in beglaubigter Abschrift einzureichen. Beizufügen sind Abschriften der Satzung und Urkunden über die Bestellung des Vorstandes (§ 59 BGB). Die Satzung muss den Zweck (dazu Winkler, NJW 70, 449), den Namen und den Sitz des Vereins (§ 57 BGB), sowie Bestimmungen über den Ein- und Austritt der Mitglieder, die Beiträge, die Bildung des Vorstands, die Einberufung der Mitgliederversammlung und die Fassung der Beschlüsse (§ 58 BGB) enthal-

§ 381 Aussetzung des Verfahrens **§ 381**

ten. Die Eintragung soll nur erfolgen, wenn die Zahl der Mitglieder mindestens 7 beträgt (§ 56 BGB). Materielle Fehler kann das Gericht jedoch nur dann prüfen, wenn sie sich aus den Urkunden ergeben und Tatsachen eingetragen werden müssten, gegen deren Richtigkeit Bedenken bestehen (BayObLG 63, 15, 17; LG Siegen, Rpfleger 64, 264; LG Hildesheim, NJW 65, 2400; LG Krefeld, Rpfleger 68, 14). Ordnungsvorschriften, zB. zur Einberufung einer Mitgliederversammlung hat das Registergericht nur zu prüfen, wenn sich im Einzelfall begründete Zweifel am wirksamen Zustandekommen des Beschlusses (etwa über eine Satzungsänderung) ergeben (OLG Düsseldorf FGPrax 10, 43).

cc) **Güterrechtsregister.** In Güterrechtsregistersachen hat das Registergericht nur die formellen Voraussetzungen einer bei ihm beantragten Eintragung zu prüfen (BayObLG 68, 15; OLG Düsseldorf, FamRZ 59, 250). Die Richtigkeit der einzutragenden Tatsachen unterliegt der Prüfungspflicht nicht, etwa ob Ehegatten tatsächlich einen Ehevertrag abgeschlossen haben (BayObLG 59, 89, 101) oder bei Eintragung der Entziehung der Schlüsselgewalt der Ausschluss begründet ist. 5

b) Zweifel an der Richtigkeit der einzutragenden Tatsachen. Diese muss das Gericht prüfen. Über die gesetzlichen Bestimmungen hinausgehende Versicherungen und Nachweise kann es nur dann verlangen, wenn sich im konkreten Einzelfall begründete Zweifel ergeben (so KG FGPrax 98, 193; BayObLG Rpfleger 02, 366 bei Kapitalerhöhung). Sind die Mängel behebbar, so darf das Gericht den Antrag noch nicht zurückweisen, sondern muss eine Zwischenverfügung erlassen (§ 382 IV). Entspricht etwa die Vollmacht von GmbH-Gesellschaftern bei Satzungsänderungen nicht der erforderlichen Form (§ 47 III GmbHG), so ist dies ein Grund für eine Zwischenverfügung, damit die Form nachgeholt werden kann (vgl OLG Neustadt, BB 51, 768). Sind nur einzelne Satzungsbestimmungen einer GmbH, etwa über die Einziehung von Geschäftsanteilen nichtig, so muss eine Zwischenverfügung erlassen werden mit der Auflage, den Gesellschaftsvertrag abzuändern. Ist dagegen ein Gesellschaftsvertrag offenkundig nichtig, so ist eine Ablehnung der Eintragung angebracht (OLG Oldenburg, BB 57, 416; AG Hamburg, Die AG 67, 203), während die Eintragung anfechtbarer Rechtsgeschäfte nicht abgelehnt werden kann. Eine einheitliche Anmeldung darf das Registergericht nicht teilweise vollziehen und teilweise zurückweisen; etwas anderes gilt, wenn der Sache nach mehrere Anmeldungen vorliegen (BayObLG 70, 235/238; Rpfleger 88, 472). 6

c) Nach Eintragung. Anders ist es, wenn die Eintragung bereits im Register erfolgt ist. Hier kommt nur noch das Löschungsverfahren in Betracht. Während § 395 ganz allgemein die Löschung unzulässiger Eintragungen regelt, schränken §§ 397, 398 die Löschung von Kapitalgesellschaften und deren Beschlüssen auf bestimmte eng abgegrenzte Fälle ein. Das Löschungsverfahren ist ein selbstständig ausgestaltetes Verfahren, das vom Grundsatz der Erhaltung der Eintragung beherrscht wird. Es dient nicht dazu, etwaige Fehler des Anmeldeverfahrens zu korrigieren. Die Löschung soll nicht bewirken, das Register von unwirksamen oder unrichtigen Eintragungen zu befreien, sondern hat vielmehr den Zweck, im öffentlichen Interesse erlassene Vorschriften durchzusetzen. Gegenüber der Anmeldung besteht hier ein stark einge- 7

§ 381 Buch 5 – Registersachen, unternehmensrechtliche Verfahren

schränktes Prüfungsrecht des Registergerichts (BayObLG GmbHR 92, 304; OLG Köln EWiR 02, 157 m Anm Winkler).

3. Aussetzung

8   Das Registergericht kann seine Entscheidung aussetzen, wenn sie von der Beurteilung eines streitigen Rechtsverhältnisses abhängt, bis über den Rechtsstreit entschieden ist. Im Eintragungsverfahren greift § 381 nicht ein, solange eine ordnungsgemäße Anmeldung nicht vorliegt (BGH NJW 90, 2747), etwa eine unzulässige Firma angemeldet wird; entgegen BayObLG Rpfleger 88, 369 ist in letzterem Fall eine Aussetzung des Anmeldeverfahrens bis zur Erledigung eines Firmenmissbrauchsverfahrens nicht geboten (Winkler, DNotZ 89, 245).

9   **a) Wichtiger Grund.** Voraussetzung der Aussetzung ist das Vorliegen eines wichtigen Grundes nach § 21 I 1, insbesondere kann das Gericht also aussetzen, wenn die Entscheidung ganz oder zum Teil von dem Bestehen oder nicht Nichtbestehen eines Rechtsverhältnisses abhängt, das den Gegenstand eines anderen anhängigen Verfahrens bildet oder von einer Verwaltungsbehörde festzustellen ist, dass dieses also **vorgreiflich** ist. Die Entscheidung ist dann von dem Rechtsverhältnis abhängig, wenn über dieses jedenfalls in den Entscheidungsgründen des Beschlusses zu befinden wäre. Diese Abhängigkeit muss im Zeitpunkt der Entscheidung bestehen. Die Abhängigkeit fehlt, wenn über den Beschluss ohne Rücksicht auf das streitige Rechtsverhältnis entschieden werden kann (vgl Keilbach DNotZ 01, 683).

10   **b) Anhängiger Rechtsstreit.** Für die Aussetzungsentscheidung ist nicht erforderlich, dass bereits ein Rechtsstreit anhängig ist. Hierin liegt nach Schaffung einer Vorschrift zur Aussetzung im Allgemeinen Teil (§ 21) der wesentliche Regelungsgehalt des § 381. Als Beispielsfälle kommen in Betracht Streitigkeiten über die Wirksamkeit von Hauptversammlungsbeschlüssen (BayObLG 63, 15; BGH NJW 90, 2747), über die nach einem Gesellschaftsvertrag abwicklungsberechtigten Personen, über die Anmeldung eines Kaufmanns einer für einen anderen eingetragenen Firma, der gegen dessen Widerspruch behauptet, dass dieser nicht zum Gebrauch der Firma berechtigt sei.

11   **c) Ermessensentscheidung.** Das Gericht kann das Verfahren aussetzen, hat also nach pflichtgemäßem Ermessen zu überlegen, ob das Abwarten der Entscheidung des Prozessgerichts sinnvoll ist (KG, NJW 67, 401; BayObLG, Rpfleger 83, 74). Die Aussetzung geschieht von Amts wegen; ein Antrag eines Beteiligten ist als Anregung anzusehen. Gleichgültig ist, ob das streitige Rechtsverhältnis in einem FamFG-, Schiedsgerichts-, Insolvenz-, Straf-, Verwaltungsgerichtsverfahren etc entschieden wird. Ist eine sofortige Entscheidung im Interesse der Beteiligten geboten, etwa weil die Haftungsregelung in § 176 HGB erhöhte Eile verlangt (OLG Karlsruhe Rpfleger 96, 461), so kann die Aussetzung unter Umständen nicht im pflichtgemäßen Ermessen liegen (BayObLG 64, 231, 235; KG, NJW 67, 401; Keilbach DNotZ 01, 684). Bei Verfahren, die keinen Aufschub dulden, darf das Registergericht das Verfahren nur aussetzen, wenn eine Entscheidung entweder nicht ohne schwierige, zeitraubende und umfangreiche Ermittlungen getroffen werden kann oder sie von zweifelhaften in Rechtsprechung und Lehre unterschiedlich beantworte-

ten Rechtsfragen abhängt (OLG Düsseldorf FGPrax 09, 123, 124). Ein generelles Aussetzungsverbot ist nicht anzuerkennen. Dies gilt insbesondere auch dann, wenn Gegenstand der Anmeldung der Wechsel der alleinigen gesetzlichen Vertretung einer Handelsgesellschaft ist (OLG Hamm FGPrax 98, 190).

d) Beendigung. Die Aussetzung endet, wenn über das streitige Rechts- 12
verhältnis rechtskräftig entschieden ist, wenn eine nach § 381 S 2 gesetzte Frist fruchtlos verstrichen ist (OLG Zweibrücken, Rpfleger 90, 77; Keilbach DNotZ 01, 684) oder wenn das Gericht die Aussetzung aus anderen Gründen aufhebt (s. u. Rn 13). Das Verfahren ist alsdann von Amts wegen fortzusetzen (OLG Köln FGPrax 10, 215, 216).

4. Fristsetzung

Ist der Rechtsstreit noch nicht anhängig, so hat das Registergericht einem 13
der Beteiligten eine Frist zur Erhebung der Klage bestimmen (dazu OLG Zweibrücken, Rpfleger 90, 77; Keilbach DNotZ 01, 684). Aus Gründen der Verfahrensbeschleunigung wurde die bislang (§ 127 FGG) im pflichtgemäßen Ermessen stehende Entscheidung, die Aussetzung mit der Fristsetzung zur Klageerhebung zu verbinden, zwingend ausgestaltet (BT-Drs. 16/6308, 286). Einen Zwang zur Durchführung des Rechtsstreits, etwa durch Zwangsmittel, darf es aber nicht ausüben (BayObLG GmbHR 96, 441). Es kann jedoch seinen Beschluss jederzeit ändern und in der Sache selbst entscheiden. Dies gilt auch, wenn eine Entscheidung des Prozessgerichts nicht erfolgt.

5. Beschwerde

Der Aussetzungsbeschluss ist den Beteiligten bekanntzumachen, und zwar, 14
da er nunmehr stets mit der Fristsetzung zu verbinden ist, nach § 15 I, II. Der Beschluss ist mit der sofortigen Beschwerde in entsprechender Anwendung der §§ 567 bis 572 ZPO, auch bei Entscheidungen des Rechtspflegers (§ 11 I RPflG), anfechtbar (OLG Köln FGPrax 10, 215). Gleiches gilt für die Entscheidung über die Ablehnung der Aussetzung (s § 21 Rn 5; SBW/Nedden-Boeger Rn 23; aA Keidel/Heinemann Rn 17). Beschwerdeberechtigt ist der Anmeldende, im Übrigen jeder, der durch den Beschluss in seinen Rechten beeinträchtigt ist; dem Mehrheitsgesellschafter einer GmbH steht gegen den Aussetzungsbeschluss kein eigenes Antrags- und Beschwerderecht zu (OLG Hamm GmbHR 97, 414), ebenso dem Geschäftsführer einer GmbH, der aus dem Handelsregister gelöscht werden soll (OLG München GmbHR 05, 476). Das Beschwerdegericht entscheidet in vollem Umfang anstelle des Amtsgerichts nach seinem eigenen pflichtgemäßen Ermessen (KG, NJW 67, 401; OLG Düsseldorf FGPrax 09, 123, 124). In der Rechtsbeschwerde ist die Ermessensausübung nur eingeschränkt überprüfbar (OLG Karlsruhe Rpfleger 96, 461). Auf die Beschwerde gegen einen Aussetzungsbeschluss kann das Beschwerdegericht nicht über die Sache (Eintragung im Handelsregister) selbst entscheiden (BayObLG NJW-RR 00, 181; OLG Köln FGPrax 10, 215, 216).

§ 382 Buch 5 – Registersachen, unternehmensrechtliche Verfahren

6. Bindung des Registergerichts

15 Das Registergericht ist an Prozessentscheidungen grundsätzlich nicht gebunden, und zwar unabhängig davon, ob es seine Entscheidung ausgesetzt hat oder diese sogar durch Fristsetzung herbeigeführt hat. Ausnahmen bestehen nur in drei Fällen:

a) rechtsgestaltende Prozessentscheidungen. Bindend für das Registergericht sind rechtskräftige rechtsgestaltende Prozessentscheidungen, etwa gemäß §§ 117, 127, 133, 140 HGB, §§ 248, 275 IV AktG, § 75 GmbHG, §§ 94 ff GenG; dies gilt in diesem Rahmen auch für einstweilige Verfügungen, zB gemäß §§ 117, 127 HGB.

16 **b) Verurteilung zur Anmeldung oder Feststellung des Rechtsverhältnisses.** Bindend für das Registergericht ist die rechtskräftige Verurteilung zu einer Anmeldung oder Feststellung eines Rechtsverhältnisses, bezüglich dessen eine Eintragung zu erfolgen hat, da sie die Anmeldung gemäß § 894 ZPO ersetzt. Dies ergänzt § 16 I HGB dahin, dass in diesem Fall zur Eintragung die Anmeldung der übrigen Beteiligten genügt, und zwar bereits dann, wenn ein vorläufig vollstreckbares Urteil ergangen ist. Wird die Entscheidung, auf Grund deren die Eintragung erfolgt ist, aufgehoben, so ist dies auf Antrag eines der Beteiligten im Handelsregister einzutragen (§ 16 I 2 HGB).

17 **c) Entscheidung über die Unzulässigkeit der Eintragung.** Verbindlich für das Registergericht ist nach § 16 II HGB auch eine rechtskräftige oder vorläufig vollstreckbare Prozessentscheidung, die eine Eintragung für unzulässig erklärt, wenn der obsiegende Teil widerspricht. Hierbei kann es sich etwa um die Untersagung der Führung einer Firma oder die Ungültigerklärung des Beschlusses einer Aktiengesellschaft handeln. Widerspricht derjenige, der die Entscheidung erwirkte, der Eintragung, so darf sie nicht erfolgen. Ein Widerspruch nach der Eintragung gibt kein Recht auf Löschung, vielmehr muss der Widerspruchsberechtigte aus dem Urteil, falls es soweit reicht, auf Stellung eines Löschungsantrages durch den Verpflichteten vollstrecken (Baumbach/Hopt § 16 Rn 6). Ferner ist ein Widerspruch nach erfolgter Eintragung als Anregung auf Einleitung eines Amtslöschungsverfahrens auszulegen (Keidel/Heinemann Rn 29).

Entscheidung über Eintragungsanträge

382 (1) **Das Registergericht gibt einem Eintragungsantrag durch die Eintragung in das Register statt. Die Eintragung wird mit ihrem Vollzug im Register wirksam.**

(2) **Die Eintragung soll den Tag, an welchem sie vollzogen worden ist, angeben; sie ist mit der Unterschrift oder der elektronischen Signatur des zuständigen Richters oder Beamten zu versehen.**

(3) **Die einen Eintragungsantrag ablehnende Entscheidung ergeht durch Beschluss.**

(4) **Ist eine Anmeldung zur Eintragung in die in § 374 Nr. 1 bis 4 genannten Register unvollständig oder steht der Eintragung ein anderes durch den Antragsteller behebbares Hindernis entgegen, hat das Register-**

§ 382 Entscheidung über Eintragungsanträge **§ 382**

gericht dem Antragsteller eine angemessene Frist zur Beseitigung des Hindernisses zu bestimmen. Die Entscheidung ist mit der Beschwerde anfechtbar.

1. Allgemeines

Die Bestimmungen des allgemeinen Teils werden dem Registerverfahren in mehrfacher Hinsicht nicht gerecht. Zunächst sind die Regelungen zur Form der Entscheidung und zum Wirksamwerden (§§ 38, 40) nicht übertragbar, weswegen Abs 1 Sondervorschriften zur Entscheidung (Satz 1) und zum Wirksamwerden enthält (Satz 2). Abs 4 enthält eine Ausnahme vom Grundsatz des § 58, wonach nur Endentscheidungen anfechtbar sind, um dem Registerverfahren das von der Rechtsprechung anerkannte und flexible Zwischenverfügungsverfahren zu erhalten (BT-Drs. 16/6308, 286). Infolge der Regelung der Zwischenverfügung in Abs 4 wurde die Vorschriften zur Zwischenverfügung in § 26 HRV und § 9 VRV aufgehoben.

§ 382 II übernimmt den Regelungsgehalt des § 130 I FGG angepasst an die elektronische Registerführung.

1

2. Bedeutung der Eintragung

Die Bedeutung der Eintragung ist verschieden, je nach dem ob die Eintragung **konstitutiv** oder **deklaratorisch** ist (dazu auch § 395 Rn 8). In ersterem Fall hängt die Wirksamkeit des Rechtsgeschäfts von der Eintragung ab, so etwa bei einem Kaufmann oder einer OHG oder KG, die kein Handelsgewerbe im Sinn des § 1 II HGB betreiben (§§ 2, 105 II HGB) oder OHG oder KG, die nur eigenes Vermögen verwalten (§ 105 II HGB), oder zB bei Gründung und Satzungsänderungen von Kapitalgesellschaften (§§ 41, 181 III AktG, §§ 11 I, 54 III GmbHG) oder bei Rechtsvorgängen nach dem UmwG (§§ 19, 20, 36, 53, 56, 67, 78, 118, 131, 171, 202, 236, 247, 255, 266, 280, 288, 298, 304). In letzterem Fall ist die Wirksamkeit unabhängig von der Eintragung, so etwa wenn ein Einzelkaufmann, eine OHG oder KG ein Handelsgewerbe im Sinn des § 1 II HGB betreiben, bei der Bestellung eines Prokuristen (§ 48 HGB) oder eines GmbH-Geschäftsführers (§ 35 GmbHG). In verschiedenen Fällen werden **Haftungsbeschränkungen** des Handelsrechts erst mit der Eintragung im Register wirksam: so etwa die Haftungsbeschränkung der GmbH-Gesellschafter (§ 11 II GmbHG), der Kommanditisten (§ 176 HGB) (dazu BGH, NJW 80, 54; Hoffmann, GmbHR 70, 182), des Geschäftserwerbers bei Ausschluss der Schuldenhaftung (§ 25 HGB), des in das Geschäft eines Einzelkaufmanns eintretenden Gesellschafters unter Ausschluss der Altschuldenhaftung (§ 28 HGB). Die **Verjährung** der Haftung der ausscheidenden Gesellschafter beginnt erst mit Eintragung (§§ 128, 159 HGB). Schließlich knüpft das **negative Publizitätsprinzip** des Handelsregisters (§ 15 HGB) – zusammen mit der Veröffentlichung – ebenfalls an die Eintragung im Register an. Redliche Dritte müssen sich etwa die Entlassung eines Prokuristen bis zur Eintragung im Register und deren Bekanntmachung nicht entgegenhalten lassen.

2

§ 382 Buch 5 – Registersachen, unternehmensrechtliche Verfahren

3. Eintragungsverfahren

3 **a) Regelungsbereich des FamFG.** Das FamFG regelt nur die Grundzüge des Registerverfahrens. Die weiteren Einzelheiten der Verfahren bei der Führung der Register sind in den Registerverordnungen erfasst (s § 374 Rn 6, 8, 10, 13). So regelt etwa die Handelsregisterverordnung insbesondere die Aufteilung in die verschiedenen Abteilungen A und B (§ 3 HRV), welche Punkte in den einzelnen Spalten aufzuführen sind und die sonstigen erforderlichen Angaben (§§ 39 ff HRV; s. o. § 374 Rn 6). Die Handelsregisterverordnung gilt zu wesentlichen Teilen über § 1 GenRegV und § 1 PRV für das Eintragungsverfahren auch für das Genossenschafts- und Partnerschaftsregister (s § 374 Rn 8, 10). Für die elektronisch geführten Register (Handels-, Genossenschaftsregister und Partnerschaftsregister), ist zudem § 8 a HGB (auch iVm § 156 GenG, bzw. § 5 II PartGG) und § 55 a IV BGB zu beachten.

4 **b) Eintragungsantrag.** Das Registergericht wird grundsätzlich nicht von Amts wegen, sondern auf Antrag tätig (Ausnahmen zB §§ 388, 394, 395).

aa) Handelsregister. Eintragungen in das Handelsregister bedürfen einer Anmeldung. Anmeldungen sind etwa vorgesehen in HGB §§ 12, 13, 29, 31, 33, 34, 53, 106, 107, 108, 148, 162, GmbHG §§ 2, 7, 54, 57, 65, 67, AktG §§ 36, 45, 52, 181 I, 184, 188, 195, 210, 223, 237 IV, 274, 294 I, 319 IV, UmwandlG §§ 16, 52, 129, 137, 140, 146, 148, 160, 198, 222, 235, 246, 254, 265, 278, 286, 296. Die Anmeldungen sind in elektronisch öffentlich beglaubigter Form einzureichen (insb § 12 HGB).

5 **bb) Genossenschaftsregister.** Anmeldungen zum Genossenschaftsregister sind ebenfalls elektronisch in öffentlich beglaubiger Form einzureichen (§ 11, 14, 16 V, 28, 42, 84, 157 I GenG, ferner § 6 GenRegVO).

6 **cc) Partnerschaftsregister.** Auch zum Partnerschaftsregister ist der Antrag in öffentlich beglaubigter Form zu stellen (§ 12 HGB, § 5 II 1 PartGG, § 129 BGB). Die Anmeldung ist von sämtlichen Partnern zu bewirken (§ 108 HGB, § 4 I PartGG).

7 **dd) Vereinsregister.** Eintragungen im Vereinsregister erfolgen grundsätzlich nur auf Antrag. Sämtliche Anmeldungen, insbesondere auch die Erstanmeldung, können nach der Neufassung des § 77 BGB (BGBl. 2009 I S. 3145) nunmehr die Vorstandsmitglieder in vertretungsberechtigter Zahl vornehmen (Terner DNotZ 10, 5, 19). Die Anmeldung kann auch durch einen Bevollmächtigten auf Grund einer öffentlich beglaubigten allgemeinen oder speziellen Vollmacht erfolgen. Die Form der Anmeldungen zum Vereinsregister richtet sich nach § 77 BGB. Die Erklärung der Anmeldung hat ebenfalls in öffentlich beglaubigter Form zu erfolgen. Die Eintragungsanträge zum Vereinsregister sind anders als etwa Grundbuchanträge unabhängig voneinander zu erledigen, ohne dass ein Vorrang eines früher eingereichten Antrags vor einem späteren bestünde. Die Eintragung des Vereins hat konstitutive Wirkung (RG 81, 206), ebenso die Eintragung einer Satzungsänderung (BGH NJW 57, 497; OLG Köln, NJW 64, 1575).

8 **ee) Güterrechtsregister.** Auch Anmeldungen (Anträge) zum Güterrechtsregister sind gem § 1560 S 2 BGB in öffentlich beglaubiger Form zu bewirken. Der Antrag ist regelmäßig bereits in dem notariell zu beurkun-

§ 382 Entscheidung über Eintragungsanträge § 382

denden Ehevertrag (§ 1410 BGB) enthalten; die notarielle Beurkundung ersetzt nach § 129 II BGB die öffentliche Beglaubigung. Vollmachten müssen ebenfalls öffentlich beglaubigt sein. Nach § 1560 BGB soll eine Eintragung in das Register nur auf Antrag und nur insoweit erfolgen, als sie beantragt ist. Der Antrag kann schon vor der Eheschließung gestellt werden; die Eintragung soll jedoch erst vorgenommen werden, nachdem die Ehe geschlossen ist. Zur Eintragung ist nach § 1561 BGB der Antrag beider Ehegatten erforderlich; jeder Ehegatte ist dem anderen gegenüber zur Mitwirkung verpflichtet. Die Antragsberechtigung eines Ehegatten ist in § 1561 II, III BGB geregelt.

ff) Form der Anmeldung. Die öffentlich beglaubigte Form der Anmeldung richtet sich nach § 129 BGB und §§ 39, 39a, 40 BeurkG. Zuständig für die Unterschriftsbeglaubigung ist der Notar (§ 20 I BNotO). Die Anmeldung kann auch durch einen Vertreter erfolgen, wobei dann auch die Vollmacht in öffentlich beglaubigter Form nachzuweisen ist (dazu Gustavus, GmbHR 78, 219); § 181 BGB gilt bei der Anmeldung als einer Verfahrenshandlung nicht (BayObLG Rpfleger 70, 288; Winkler, ZGR 73, 177, 215). Die Unterschrift kann sowohl vor dem Notar vollzogen als auch vor ihm nur anerkannt werden. Der Beglaubigungsvermerk muss die Echtheit der Unterschrift bezeugen und die Person bezeichnen die die Unterschrift vollzogen oder anerkannt hat (§ 40 III 1 BeurkG) sowie Unterschrift und Siegel des Notars enthalten (§ 39 BeurkG) (ausführlich dazu Winkler, § 40 BeurkG, Rn 50 ff). 9

Anmeldungen und Dokumenten sind bei den elektronisch geführten Registern „**elektronisch**" einzureichen (für das Handelsregister: § 12 I 1 und II 1 HGB). Die Einzelheiten hierzu regeln auf der Landesebene erlassene Rechtsverordnungen, die aber bundesweit weitgehend einheitlich ausgestaltet wurden (Krafka/Willer Rn 137 ff mit weiteren Einzelheiten). Soweit eine Anmeldung in öffentlich beglaubigter Form oder notariell beurkundete Dokumente oder eine öffentlich beglaubigte Abschrift zum Register einzureichen ist, geschieht dies durch ein einfaches elektronisches Zeugnis des Notars nach § 39a BeurkG. Dabei ist die inhaltliche Übereinstimmung eines elektronischen Abbildes mit dem Originaldokument ist nach § 12 Abs 2 HGB, § 39a BeurkG ausreichend; eine optische Übereinstimmung ist nicht erforderlich (LG Regensburg MittBayNot 2008, 318 mit Anm Kirchner). Für sonstige Dokumente, die in Urschrift oder Abschrift einzureichen sind, genügt die Übermittlung einer elektronischen Aufzeichnung (§ 12 II 2 HGB; zum Begriff der elektronischen Aufzeichnung Sikora/Schwab MittBayNot 07, 1, 4).

c) Beteiligte. Die Beteiligten des Eintragungsverfahrens sind gem § 7 zu bestimmen. Beteiligter sind daher der bzw die Antragssteller, wozu neben dem antragstellenden Vertretungsorgan immer auch der vertretene Rechtsträger selbst zu zählen ist (Keidel/Heinemann § 374 Rn 44; SBW/Nedden-Boeger Vor § 378 Rn 50) sowie die berufsständischen Organe nach Maßgabe des § 380. Darüber hinaus wären Personen gem § 7 II Nr 1 zu beteiligen, deren Recht durch das Verfahren unmittelbar betroffen wird, etwa der Geschäftsführer bzw. Vorstand oder Prokurist bei der Anmeldung des Erlöschens der Prokura oder Abberufung als Geschäftsführer bzw Vorstand. Dadurch 10

§ 382 Buch 5 – Registersachen, unternehmensrechtliche Verfahren

würde der Kreis der zu beteiligenden Personen unangemessen weit ausgedehnt (dazu Krafka FGPrax 07, 51, 52). Im Interesse der gebotenen Beschleunigung des Registerverfahrens sollte diese Vorschrift nach dem Vorschlag von Krafka im Wege einer teleologischen Reduktion des Beteiligtenbegriffs beschränkt werden, so dass solche Personen im Registerverfahren nicht zu beteiligen sind, die nach den zu Grunde liegenden materiellrechtlichen Vorschriften auf die einzutragenden Tatsachen keinen Einfluss nehmen können, sofern der einzutragende Umstand nach den allgemeinen registerrechtlichen Grundsätzen im Antragsschriftsatz oder durch Vorlage von Nachweisen plausibel dargelegt ist (Krafka aaO, 52; im Ergebnis ebenso: SBW/Nedden-Boeger Vor § 378 Rn 50; Bahrenfuss/Steup Vor 374 Rn 10; Keidel/Heinemann Rn 43; Prütting/Helms/Maass Rn 23 ff.). Insbes bei Anmeldung des Erlöschens einer Prokura, Abberufung als Geschäftsführer bzw. Vorstand sind die Abberufenen nicht selbst zu beteiligen (Heinemann DNotZ 09, 6, 32 f; aA Krafka NZG 2009, 650, 653).

4. Stattgebende Entscheidung

11 Abs 1 Satz 1 bestimmt als Sondervorschrift zu § 38, dass die dem Eintragungsantrag stattgebende Entscheidung durch Eintragung in das Register erfolgt, also nicht in der Beschlussform des § 38. Die Entscheidung über die Eintragung trifft nach § 25 HRV der Richter bzw der RPfl (s zur funktionellen Zuständigkeit § 376 Rn 3 ff).

5. Datierung und Unterzeichnung

12 Nach § 382 II soll jede Eintragung den Tag, an welchem sie vollzogen ist, angeben. Damit entspricht die Vorschrift der des § 44 GBO und § 48 SchiffsRegO. Der Tag der Eintragung ist von besonderer Bedeutung für konstitutive Eintragungen (s Rn 2). Falls die Unterschrift nicht sofort erfolgt, ist der Tag der Unterschrift anzugeben. Anträge, die dem Registergericht vorliegen, müssen – anders als im Grundbuchverfahren (§ 45 GBO) – nicht in der Reihenfolge des Einlaufs erledigt werden. § 382 II ist eine Sollvorschrift, so dass unrichtige oder fehlende Datierungen den Vermerk nicht unwirksam machen. Der Beweis, dass der Tag der Eintragung unrichtig angegeben ist, ist zulässig. Die Entscheidung über die Eintragung trifft nach § 25 HRV der Richter bzw der RPfl (§ 376 Rn 3 ff), der nach § 27 I HRV (bzw. § 27 VRV) diese und die Bekanntmachung entweder selbst vornimmt oder beides verfügt. Im letzteren Fall erfolgt die Ausführung der Eintragungs- und Bekanntmachungsverfügung durch den Urkundsbeamten der Geschäftsstelle. Die Unterzeichnung bzw. die elektronische Signatur erfolgt durch die eintragende Person (§ 28 HRV; § 28 VRV). Auch diese Vorschrift ist eine Sollvorschrift, so dass der Mangel der Unterschrift die Eintragung nicht ungültig macht.

6. Wirksamkeit

13 § 381 I 2 enthält eine Sondervorschrift zu § 40, wonach die Wirksamkeit der Eintragung mit ihrem Vollzug im Register eintritt. Vollzogen ist die Eintragung, wenn die Eintragung gem § 28 HRV durch die Hinzusetzung des

§ 382 Entscheidung über Eintragungsanträge **§ 382**

Nachnamens und elektronischer Signatur des zuständigen Richters oder Beamten abgeschlossen ist. Die Wirksamkeit tritt also unabhängig von der Bekanntgabe ein, die nach § 383 erfolgt. § 382 I 2 wird aber für die elektronisch geführten Register (Handels-, Genossenschafts- und Partnerschaftsregister) überlagert durch § 8a HGB, wonach die Eintragung wirksam wird, sobald sie in dem für die Registereintragung bestimmten Datenspeicher aufgenommen ist und auf Dauer inhaltlich unverändert in lesbarer Form wiedergegeben werden kann. § 8a HGB ist eine Spezialregelung gegenüber § 382 I (BT-Drs. 16/6308, 286). Gleiches gilt für § 55a IV BGB. Die Wirksamkeit der Eintragung ist zu überprüfen, nämlich die Richtigkeit, Vollständigkeit und die Abrufbarkeit aus dem Datenspeicher (§ 27 IV HRV, § 27 II VRV). Ebenso wird die Eintragung in das Güterrechtsregister rechtswirksam (§ 1412 BGB) nicht durch die Bekanntmachung, sondern mit dem Zeitpunkt der Eintragung (Kanzleiter DNotZ 71, 453).

7. Ablehnende Entscheidung und Zwischenverfügung, Abs 4

a) Ablehnende Entscheidung. § 382 III stellt klar, dass eine einen Ein- **14** tragungsantrag ablehnende Entscheidung durch Beschluss (§ 38) ergeht. Für die ablehnende Entscheidung gelten somit sämtliche Vorschriften des allgemeinen Teils, insbes ist sie mit der Beschwerde (§ 58) nach den allgemeinen Bestimmungen anfechtbar. Hingegen ist, wenn ein Beteiligter durch „Einspruch" Einwendungen gegen eine Anmeldung erhoben hat, für eine gesonderte Zurückweisung der Einwendungen durch Beschluss kein Raum; das Gericht hat vielmehr die Eintragung vorzunehmen, wenn es die Einwendungen für unbegründet hält (OLG München NotBZ 10, 423). Beschwerdeberechtigt sind die Beteiligten (s. Rn. 10), also zumindest der Rechtsträger und das antragstellende Organ. Str. ist wegen § 59 II, ob darüber hinaus auch weitere Vertreter des Rechtsträgers, die den Antrag selbst hätten stellen können, beschwerdeberechtigt sind (dafür SBW/Nedden-Boeger Rn 34 mwN.; dagegen Keidel/Heinemann Rn 19). Zum Umfang der Prüfungspflicht des Registergerichts s. § 381 Rn. 2 ff.

b) Anfechtbare Zwischenverfügung. Eine ablehnende Entscheidung ist **15** nur dann statthaft, wenn kein behebbares Hindernis vorliegt. Liegt ein behebbares Hindernis vor, hat das Registergericht dem Antragsteller Möglichkeit zur Beseitigung durch eine Zwischenverfügung zu geben. Für die Registerverfahren (mit Ausnahme des Güterrechtsregisters) hat der Gesetzgeber die Möglichkeit einer (für das FGG von der Rechtsprechung anerkannten) anfechtbaren Zwischenverfügung belassen und somit eine Ausnahme vom Grundsatz des § 58 I gemacht, wonach nur Endentscheidungen anfechtbar sind, um letztlich auch den Gleichlauf zum Grundbuchverfahren zu erhalten. Die entsprechenden Vorschriften in den Registerverordnungen (§ 26 HRV und § 9 VRV wurden aufgehoben, da diese Ausnahme nur durch Gesetz geregelt sein kann (§ 58 I).

Nach Abs 4 ist das Registergericht daher gehalten, bei unvollständiger Anmeldung oder bei Vorliegen eines anderen durch den Antragsteller behebbaren Hindernis, dem Antragsteller durch anfechtbare Entscheidung eine angemessene Frist zur Beseitigung des Hindernisses zu bestimmen. Das Hin-

§ 383 Buch 5 – Registersachen, unternehmensrechtliche Verfahren

dernis sowie Möglichkeiten zur Beseitigung des Hindernisses sind in der Zwischenverfügung zu benennen (BayObLG FGPrax 00, 39). Str. ist, ob die Zwischenverfügung in Form eines Beschlusses (Keidel/Heinemann Rn 25) ergehen muss oder lediglich eine Verfügung ist, auf die die Vorschriften des ersten Buches nicht anwendbar sind (SBW/Nedden-Boeger Rn 22 mwN.). Unabhängig vom vorstehenden Meinungsstreit verlangt die wohl hM eine Rechtsbehelfsbelehrung (vgl. etwa MünchKommZPO/Krafka FamFG Rn 23; SBW/Nedden-Boeger Rn 23 mwN.)

16   **aa) Behebbares Hindernis.** Voraussetzung für die Zwischenverfügung ist somit, dass es sich um ein behebbares Hindernis handelt. Entspricht etwa die Vollmacht von GmbH-Gesellschaftern bei Satzungsänderungen nicht der erforderlichen Form (§ 47 III GmbHG), so ist dies ein Grund für eine Zwischenverfügung, damit die Form nachgeholt werden kann (vgl OLG Neustadt, BB 51, 768). Auch die Vorlage einer familiengerichtlichen Genehmigung zur Übertragung einer Kommanditbeteiligung an Minderjährige kann mittels Zwischenverfügung verlangt werden (OLG Frankfurt a. M. NZG 08, 749). Sind nur einzelne Satzungsbestimmungen einer GmbH, etwa über die Einziehung von Geschäftsanteilen nichtig, so muss eine Zwischenverfügung erlassen werden mit der Auflage, den Gesellschaftsvertrag abzuändern. Ist dagegen ein Gesellschaftsvertrag offenkundig nichtig, so ist eine Ablehnung der Eintragung angebracht (OLG Oldenburg, BB 57, 416; AG Hamburg, Die AG 67, 203), während die Eintragung anfechtbarer Rechtsgeschäfte nicht abgelehnt werden kann. Eine einheitliche Anmeldung darf das Registergericht nicht teilweise vollziehen und teilweise zurückweisen; etwas anderes gilt, wenn der Sache nach mehrere Anmeldungen vorliegen (BayObLG Rpfleger 70, 398; Rpfleger 88, 472). Liegt kein behebbares Hindernis vor, ist die Zwischenverfügung unzulässig und die Anmeldung sofort zurückzuweisen (BayObLG DNotZ 95, 224, 225).

17   **bb) Angemessene Frist.** Die zu setzende Frist sollte mindestens einen Monat betragen, um angemessen zu sein (Krafka/Willer/Kühn Rn 168).

18   **c) Formlose Beanstandung.** Die Zwischenverfügung ist abzugrenzen von der formlosen Beanstandung einer Anmeldung, etwa in Form eines Hinweises auf die Rechtsauffassung des Gerichts, die dem Anmeldenden Gelegenheit geben soll, zur Vermeidung einer ablehnenden Entscheidung die Anmeldung zu ändern oder zu ergänzen, die nicht anfechtbar ist (OLG München NJW-RR 07, 187). Diese liegt insbesondere dann vor, wenn die Verfügung des Gerichts nicht das behebbare Hindernis bezeichnet (BayObLG FGPrax 00, 39).

Bekanntgabe; Anfechtbarkeit

383 (1) Die Eintragung ist den Beteiligten bekannt zu geben; auf die Bekanntgabe kann verzichtet werden.

(2) **Die Vorschriften über die Veröffentlichung von Eintragungen in das Register bleiben unberührt.**

(3) **Die Eintragung ist nicht anfechtbar.**

§ 383 Bekanntgabe; Anfechtbarkeit **§ 383**

1. Allgemeines

§ 383 I, II übernehmen den Regelungsgehalt des § 130 II FGG in Anpas- 1
sung an die Systematik des FamFG. Abs 3 entspricht der bisherigen Rechtslage.

2. Bekanntmachung (Abs 1 u 2)

Es ist zu unterscheiden zwischen der Bekanntmachung an den Beteiligten 2
(§ 383 I) und der öffentlichen Bekanntmachung gemäß §§ 10, 11 HGB, § 66
I BGB.

a) Beteiligter. Beteiligter im Eintragungsverfahren ist nach § 7 I in der
Regel der Antragsteller. Weitere Beteiligte können sich nach § 7 II ergeben
(s § 382 Rn 10). Die Eintragung dem Beteiligten bzw seinem Bevollmächtigten (OLG Stuttgart, NJW 74, 705) bekanntzumachen. In den Fällen des
§ 380 ist dem berufsständischen Organ die Entscheidung bekannt zu geben,
soweit es angehört wurde (§ 380 IV). Ist der Antrag vom Notar auf Grund
der gesetzlichen Ermächtigung des § 378 gestellt, so übersendet das Gericht
dem Notar die Entscheidung und Vollzugsmitteilungen (SBW/Nedden-
Boeger Rn 8; aA Keidel/Heinemann Rn 5; Bahrenfuss/Steup Rn 4: Mitteilung auch an Beteiligte), während es bei reiner Botentätigkeit diese Nachrichten regelmäßig an die Beteiligten schickt (s § 378 Rn 2). Dies wirkt sich
auch auf die Überwachungspflicht des Vollzugs aus (Winkler, § 53 BeurkG,
Rn 56). Das Verfahren der Bekanntmachung richtet sich nach § 15 III
(SBW/Nedden-Boeger Rn 4; aA Keidel/Heinemann Rn 7: Anwendung
von § 15 II). Unabhängig hiervon sind bestimmte Eintragungen den berufsständischen Organen mitzuteilen (§ 37 HRV). Auf die Bekanntmachung
kann von den Personen, an die die Bekanntmachung erfolgen soll, verzichtet
werden; ein Hinwirken auf den Verzicht ist aber im Hinblick auf § 839 III
BGB nicht empfehlenswert (Krafka/Willer/Kühn Rn 194). Der Verzicht
kann formlos erklärt werden.

b) Veröffentlichung. Unabhängig hiervon hat das Gericht die Eintra- 3
gungen in das Handels-, Genossenschafts- und Partnerschaftsregister ihrem
gesamten Inhalt nach, soweit nicht das Gesetz etwas anderes vorschreibt (Bsp:
für die Nichtveröffentlichung § 32 II HGB (Insolvenzvermerke), §§ 162 II,
III, 175 S 2 (Kommanditisten und ihre Hafteinlagen) sowie für abweichende
Veröffentlichungen insb etwa nach dem UmwG § 22 I 3, § 61 S 2, 111 S 2,
nach dem AktG § 225 I 2, § 321 I 2 sowie nach dem GenG § 156 I 2
genannten Fällen), in dem von der Landesjustizverwaltung bestimmten elektronischen Informations- und Kommunikationsmedium in der zeitlichen
Folge ihrer Eintragung nach Tagen geordnet bekanntzugeben (§ 10 HGB).
Die Eintragung des Vereins in das Vereinsregister ist in dem von der Landesjustizverwaltung bestimmten elektronischen Informations- und Kommunikationssystem zu veröffentlichen (§ 66 I BGB). Die Veröffentlichung der Eintragung ist unverzüglich zu veranlassen (§ 32 HRV; 14 VRV). Weicht der
Wortlaut der Eintragung von dem Wortlaut der öffentlichen Bekanntmachung ab, so muss dies nach § 27 HRV besonders verfügt werden. Die
öffentlichen Bekanntmachungen sollen nach § 33 HRV knapp gefasst und
leicht verständlich sein. In der Bekanntmachung ist das Gericht und der Tag

§ 383 Buch 5 – Registersachen, unternehmensrechtliche Verfahren

der Eintragung zu bezeichnen, einer Unterschrift bedarf es nicht (§ 33 II HRV; § 14 S 3 VRV). Zum Inhalt der Bekanntmachung siehe §§ 33 ff HRV, § 14 VRV. Wegen der rechtlichen Bedeutung der Bekanntmachung wird auf § 15 HGB verwiesen.

3. Unanfechtbarkeit der Eintragung; Fassungsbeschwerde

4   a) **Grundsatz der Unanfechtbarkeit.** Abs 3 stellt in Übereinstimmung mit der bisherigen Rechtslage klar, dass die Eintragung nicht anfechtbar ist. Es gilt der Grundsatz der Erhaltung der Eintragung (OLG Zweibrücken FGPRax 01, 125). Eintragungen in Register unterliegen daher ebenso wie Eintragungen in das Grundbuch (§ 71 II GBO) nicht der Beschwerde. Ihre Wirkung tritt so endgültig ein, dass sie nicht durch Aufhebung im Beschwerdeverfahren rückgängig gemacht werden können. Die Eintragung kann nur im Weg des § 395 beseitigt werden (BGH NJW 66, 1813 mit Anm Jansen; BayObLG 88, 170, 173; OLG Düsseldorf FGPrax 98, 148; NJW-RR 99, 1052; OLG Zweibrücken FGPrax 02, 132). Die Beschwerde kann nur mit dem Ziel eingelegt werden, das Registergericht zur Einleitung eines Amtslöschungsverfahrens nach § 395 anzuweisen (s § 395 Rn 1 f).

5   b) **Fassungsbeschwerde.** Die Bestimmung des Abs 3 soll die Zulässigkeit der sog Fassungsbeschwerde (dazu Krafka/Willer Rn 2442 ff.) unberührt lassen (BT-Drs. 16/6308, 286). Aus dieser Äußerung des Gesetzgebers kann entnommen werden, dass trotz fehlender ausdrücklicher Regelung die sog. Fassungsbeschwerde zulässig ist (bislang war deren Zulässigkeit str. dafür Krafka/Willer (7. Aufl.) Rn 2442; dagegen etwa OLG Hamm DNotZ 54, 92; Keidel/Winkler/Kahl (15. Aufl.) FGG § 19 Rn 16). Dementsprechend steht den Beteiligten jederzeit die Möglichkeit offen, eine entsprechende Neufassung der Eintragung, also die Korrektur von einer Namensangabe oder die korrekte Verlautbarung rechtlicher Verhältnisse, zu beantragen. Wird dieser Beschluss abgelehnt, steht den Beteiligten gegen die Ablehnung das Rechtsmittel der Beschwerde zu (Krafka FGPrax 07, 51, 57).

6   c) **Anfechtung einer vorab bekannt gemachten Eintragungsverfügung bzw. eines Vorbescheides.** Str. ist, ob eine vorab bekannt gemachte Eintragungsverfügung, solange sie noch nicht ausgeführt ist, anfechtbar ist; gleiches gilt für die Frage, ob berufsständischen Organen (§ 380) über einen Vorbescheid eine Beschwerdemöglichkeit eingeräumt werden kann (SBW/ Nedden-Boeger Rn 38; Bahrenfuss/Steup § 395 Rn 9; aA Keidel/Heinemann Rn § 382 Rn 4 insbes mit dem Arg., dass nur eine interne Verfügung vorliege). Im Hinblick auf § 58 I, wonach nur Endentscheidungen anfechtbar sind, wenn nichts anderes bestimmt ist, und dem Fehlen einer gesetzlichen Ausnahme, anders als etwa für die ausdrücklich ins Gesetz übernommene Zwischenverfügung gem § 382 IV, kann jedoch eine Beschwerdemöglichkeit hier nicht angenommen werden (vgl. auch OLG München NotBZ 10, 423, wonach „Einsprüche" durch Eintragung oder Ablehnung der Eintragung zu entscheiden sind, sowie Keidel/Heinemann § 382 Rn 4 mit Verweis auf § 352).

§ 384 Von Amts wegen vorzunehmende Eintragungen

Von Amts wegen vorzunehmende Eintragungen

384 (1) **Auf Eintragungen von Amts wegen sind § 382 Abs. 1 Satz 2 und Abs. 2 sowie § 383 entsprechend anwendbar.**

(2) **Führt eine von Amts wegen einzutragende Tatsache zur Unrichtigkeit anderer in diesem Registerblatt eingetragener Tatsachen, ist dies von Amts wegen in geeigneter Weise kenntlich zu machen.**

1. Verfahren bei von Amts wegen vorzunehmende Eintragungen

a) **Von Amts wegen vorzunehmende Eintragungen.** Abs 1 erklärt die 1 Regelungen zur Entscheidung über Eintragungsanträge, soweit erforderlich, in den von Amts wegen vorzunehmenden Eintragungen für entsprechend anwendbar.

Bsp für von Amts wegen vorzunehmende Eintragungen sind:
– Amtslöschung erloschener und vermögensloser Gesellschaften (§§ 393, 394), unzulässiger Eintragungen (§ 395), nichtiger Gesellschaften (§ 397) sowie nichtiger Beschlüsse (§ 398);
– Eintragung der Auflösung einer Gesellschaft wegen Mangels der Satzung (§ 399);
– Eintragung gerichtlich bestellter Geschäftsführer, Vorstände Liquidatoren und Abwickler sowie die Eintragung deren Abberufung (vgl. insb §§ 34 IV, 148 II HGB; § 265 IV AktG; § 67 IV GmbHG; § 67 II BGB);
– Eintragungen auf Grund von Insolvenzverfahren insb nach § 32 HGB, § 75 BGB, § 263 S 3 AktG; § 65 I 3 GmbHG, § 82 I iVm § 81 a Nr 1 GenG;
– Auflösung einer AG oder KGaA durch gerichtliches Urteil (§ 398 S 2 AktG); Entzug der Rechtsfähigkeit eines Vereins nach Anzeige der zuständigen Behörde, § 74 III BGB .

b) **Anzuwendende Vorschriften.** Mangels Eintragungsantrag ist nur 2 § 382 I 2 anzuwenden. Die Eintragung wird also mit ihrem Vollzug im Register wirksam. Die Formalien des § 382 II gelten uneingeschränkt, d. h. Tag des Vollzuges der Eintragung ist anzugeben und die Eintragung ist mit der Unterschrift oder elektronischen Signatur des zuständigen Richters oder Beamten zu versehen. § 383 gilt hinsichtlich der Bekanntgabe und Anfechtbarkeit uneingeschränkt.

2. Unrichtigkeit anderer Tatsachen, Abs 2

Durch Eintragungen von Amts wegen können andere im Registerblatt 3 eingetragene Tatsachen unrichtig werden, so etwa Änderungen der Vertretungslage nach Eintragung der Auflösung von Gesellschaften oder Folgeänderungen nach Eintragung von Insolvenzvermerken, etwa den Wegfall von Prokuren nach § 117 I InsO. Durch Abs 2, der dem Regelungsgehalt des § 144 c FGG entspricht, soll es dem Gericht trotz des grundsätzlich geltenden Antragsprinzips ermöglicht werden, auch diese Korrekturen vorzunehmen (s Ries RPfleger 2006, 233, 236). Str ist, ob § 384 II die Befugnis umfasst, positiv die richtige Rechtslage wiederzugeben (so Krafka/Willer/Kühn Rn 450 e) oder nur die Hinzusetzung eines Hinweises, dass die wiedergegebene Rechtslage unrichtig ist (Ries aaO). Keinesfalls beinhaltet aber

§ 385 Buch 5 – Registersachen, unternehmensrechtliche Verfahren

§ 384 II die Pflicht des Registergerichts die richtige Rechtslage zu ermitteln (BT-Drs. 16/960, 54). Die Art und Weise der Kenntlichmachung soll in geeigneter Weise erfolgen (Bsp dazu bei Krafka/Willer/Kühn Rn 450 f).

Einsicht in die Register

385 Die Einsicht in die in § 374 genannten Register sowie die zum jeweiligen Register eingereichten Dokumente bestimmt sich nach den besonderen registerrechtlichen Vorschriften sowie den auf Grund von § 387 erlassenen Rechtsverordnungen.

1. Allgemeines

1   Ohne die besondere Vorschrift des § 385 würde sich die Einsicht in die nach § 374 beim Amtsgericht geführten Register sowie die zum jeweiligen Register eingereichten Dokumente nach den Vorschriften des Allgemeinen Teils richten (§ 13), die jedoch für die Register nicht passend sind. Für die Einsicht gelten daher die besonderen registerrechtlichen Vorschriften sowie die auf Grund von § 387 erlassenen Rechtsverordnungen. Angesichts der Vielgestaltigkeit der Regelungen zur Einsichtnahmemöglichkeit in die einzelnen Register wurde auf eine einheitliche Regelung im FamFG bewusst verzichtet, so dass sich die Regelungen weiterhin ausschließlich in den Sachgesetzen befinden (BT-Drs. 16/6308, 287).

2. Einsicht in die Register und zum jeweiligen Register eingereichten Dokumente

2   Im Gegensatz zum beschränkt öffentlichen Grundbuch, bei dem ein berechtigtes Interesse erforderlich ist (§ 12 GBO), kann in die von § 374 erfassten öffentlichen Register und die zu ihm eingereichten Dokumente jeder Einsicht nehmen.

a) Handelsregister, Genossenschafts- und Partnerschaftsregister. Nach § 9 I 1 HGB ist jedem die Einsicht zu Informationszwecken gestattet. Gem § 156 I GenG und § 5 II PartGG gilt dies auch für das Genossenschafts- und Partnerschaftsregister. Die elektronische Übermittlung von Dokumenten kann, sofern diese nur in Papierform vorhanden sind, nur verlangt werden, werden diese weniger als zehn Jahre vor der Antragstellung eingereicht wurden (§ 9 II HGB; weitere Einzelheiten enthalten §§ 10, 30 ff., 52 f. HRV, die über § 1 PRV und § 1 GenRegV auch für diese Register gelten).

b) Vereinsregister. Die Einsicht des Vereinsregisters sowie der vom Verein beim Amtsgericht eingereichten Schriftstücke ist nach § 79 BGB jedem gestattet. Von den Eintragungen kann eine Abschrift gefordert werden, die auf Verlangen zu beglaubigen ist (Einzelheiten §§ 17, 32 VRV).

c) Güterrechtsregister. Jedem ist nach § 1563 BGB die Einsicht gestattet. Von den Eintragungen kann eine Abschrift gefordert werden, die auf Verlangen zu beglaubigen ist

3. Einsicht in die Registerakten

§ 385 erfasst nicht die Einsicht in die Registerakten. Für die Einsicht in diese gilt § 13. 3

Bescheinigungen

386 Das Registergericht hat auf Verlangen eine Bescheinigung darüber zu erteilen, dass bezüglich des Gegenstands einer Eintragung weitere Eintragungen in das Register nicht vorhanden sind oder dass eine bestimmte Eintragung in das Register nicht erfolgt ist.

1. Allgemeines

Jeder kann ohne Nachweis eines Interesses vom Amtsgericht eine Bescheinigung im Sinne des § 386 verlangen, also nicht nur etwa Gesellschafter, Ehegatten oder deren Gläubiger. § 9 V HGB enthält die gleiche Regelung. Da der Regelungsgehalt übernommen werden sollte (BT-Drs. 16/6308, 287), ist unklar, warum § 9 V HGB bestehen blieb. § 386 entspricht ferner weitgehend dem Wortlaut des § 162 FGG, der die Bescheinigung für das Vereins- und Güterrechtsregister regelte. 1

Die Erteilung der Bescheinigung verfügt nach § 3 Nr 1 a, e sowie Nr. 2 d RPflG der RPfl, während der Urkundsbeamte der Geschäftsstelle sie ausfertigt (Keidel/Heinemann Rn 6; aA noch Voraufl.).

2. Negativzeugnisse

Die Bescheinigung gemäß § 382 hat nur den negativen Inhalt, dass bezüglich des Gegenstands einer Eintragung weitere Eintragungen in das Register nicht vorhanden sind oder dass eine bestimmte Eintragung in das Register nicht erfolgt ist. Die Bescheinigungen genießen keinen öffentlichen Glauben. 2

3. Positive Zeugnisse

Zeugnisse über erfolgte Eintragungen in ein Register sind nur in bestimmten Fällen zulässig, zB 3
- Zeugnisse gem **§ 32 GBO** über die Vertretungsbefugnis bei Handelsgesellschaften (die aber im Hinblick auf die flächendeckende elektronische Registerführung und Möglichkeit der Online-Einsichtnahme als entbehrlich angesehen wurden, weswegen auch die Parallelvorschrift § 9 III HGB entfallen ist (BT-Drs. 16/2781, 79) hingegen sieht das OLG Hamm das Zeugnis oder eine Notarbescheinigung nach § 21 BNotO als erforderlich an (DNotZ 08, 530),
- Zeugnis des Gerichts nach **§ 33 GBO,** dass zwischen Ehegatten Gütertrennung oder ein vertragsmäßiges Güterrecht besteht oder dass ein Gegenstand zum Vorbehaltsgut eines Ehegatten gehört,
- Zeugnis nach **§ 26 II GenG** über die Vertretungsbefugnis bei Genossenschaften,
- Zeugnis des Gerichts nach **§ 69 BGB,** dass der Vorstand aus den im Register eingetragenen Personen besteht,

§ 387 Buch 5 – Registersachen, unternehmensrechtliche Verfahren

- **Notarbescheinigung** nach § 21 BNotO: die Vorschrift des § 21 BNotO lässt, ohne auf den Zusammenhang mit einem Beurkundungsvorgang abzustellen, notarielle Bescheinigungen über eine Vertretungsberechtigung zu, wenn sich diese aus einer Eintragung im Register ergibt, oder über das Bestehen oder den Sitz, Firmen- bzw. Namensänderung, Umwandlung oder sonstige rechtserhebliche Umstände; nicht hierher gehört das Güterrechtsregister, das die Vertretungsbefugnis nicht berührt (Winkler, § 20 BeurkG Rn 20). Die Bescheinigung hat die gleiche Beweiskraft wie ein Zeugnis des Registergerichts (§ 21 I 2 BNotO).
- im Übrigen kann eine Bestätigung positiven Inhalts durch **Abschriften** bzw. Ausdrucke erlangt werden, die die Geschäftsstelle erteilt. Ein Recht auf Erteilung einer Abschrift bzw. eines Ausdruckes ergibt sich zB aus den §§ 79, 1563 BGB, § 9 IV HGB. Auch der Notar kann gemäß § 39 BeurkG eine Bescheinigung über Eintragungen in öffentlichen Registern erteilen mit dem Inhalt, dass ein öffentliches Register bestimmte Eintragungen enthält. Das Zeugnis hat dieselbe Beweiskraft wie ein beglaubigter Registerauszug und erbringt Beweis für die Eintragung, nicht aber für deren Richtigkeit.

Ermächtigungen

387 (1) **Die Landesregierungen werden ermächtigt, durch Rechtsverordnung zu bestimmen, dass die Daten des bei einem Gericht geführten Handels-, Genossenschafts-, Partnerschafts- oder Vereinsregisters auch bei anderen Amtsgerichten zur Einsicht und zur Erteilung von Ausdrucken zugänglich sind. Die Landesregierungen können diese Ermächtigung durch Rechtsverordnung auf die Landesjustizverwaltungen übertragen. Mehrere Länder können auch vereinbaren, dass die bei den Gerichten eines Landes geführten Registerdaten auch bei den Amtsgerichten des anderen Landes zur Einsicht und zur Erteilung von Ausdrucken zugänglich sind.**

(2) **Das Bundesministerium der Justiz wird ermächtigt, durch Rechtsverordnung mit Zustimmung des Bundesrates die näheren Bestimmungen über die Einrichtung und Führung des Handels-, Genossenschafts- und Partnerschaftsregisters, die Übermittlung der Daten an das Unternehmensregister und die Aktenführung in Beschwerdeverfahren, die Einsicht in das Register, die Einzelheiten der elektronischen Übermittlung nach § 9 des Handelsgesetzbuchs und das Verfahren bei Anmeldungen, Eintragungen und Bekanntmachungen zu treffen. Dabei kann auch vorgeschrieben werden, dass das Geburtsdatum von in das Register einzutragenden Personen zur Eintragung anzumelden sowie die Anschrift der einzutragenden Unternehmen und Zweigniederlassungen bei dem Gericht einzureichen ist; soweit in der Rechtsverordnung solche Angaben vorgeschrieben werden, ist § 14 des Handelsgesetzbuchs entsprechend anzuwenden.**

(3) **Durch Rechtsverordnung nach Absatz 2 können auch die näheren Bestimmungen über die Mitwirkung der in § 380 bezeichneten Organe im Verfahren vor den Registergerichten getroffen werden. Dabei kann insbesondere auch bestimmt werden, dass diesen Organen laufend oder in**

§ 387 Ermächtigungen **§ 387**

regelmäßigen Abständen die zur Erfüllung ihrer gesetzlichen Aufgaben erforderlichen Daten aus dem Handels- oder Partnerschaftsregister und den zu diesen Registern eingereichten Dokumenten mitgeteilt werden. Die mitzuteilenden Daten sind in der Rechtsverordnung festzulegen. Die Empfänger dürfen die übermittelten personenbezogenen Daten nur für den Zweck verwenden, zu dessen Erfüllung sie ihnen übermittelt worden sind.

(4) Des Weiteren können durch Rechtsverordnung nach Absatz 2 nähere Bestimmungen über die Einrichtung und Führung des Vereinsregisters, insbesondere über das Verfahren bei Anmeldungen, Eintragungen und Bekanntmachungen sowie über die Einsicht in das Register, und über die Aktenführung im Beschwerdeverfahren erlassen werden.

(5) Die elektronische Datenverarbeitung zur Führung des Handels-, Genossenschafts-, Partnerschafts- oder Vereinsregisters kann im Auftrag des zuständigen Gerichts auf den Anlagen einer anderen staatlichen Stelle oder auf den Anlagen eines Dritten vorgenommen werden, wenn die ordnungsgemäße Erledigung der Registersachen sichergestellt ist.

1. Allgemeines

In § 387 regelt die bisher in den §§ 125, 147 I 1, 159 I 1 und § 160 b I 2   **1**
FGG sowie § 55 a VI und VII BGB enthaltenen Ermächtigungen zu Erlass von Rechtsverordnungen hinsichtlich der Einsichtnahme in die Register sowie die Details der Registerführung und Datenübermittlung.

2. Übermittlung von Daten, Abs 1

Abs 1 fasst die in den bisherigen § 125 II 2 Nr 2, Satz 2 und 4 FGG, § 147   **2**
I 1 § 159 I 1 und § 160 b I 2 FGG sowie § 55 a VI 2 BGB enthaltenen Ermächtigungen an die Landesregierungen zur Datenübermittlung für das Handels-, Genossenschafts-, Partnerschafts- und Vereinsregister zusammen. Danach können die Landesregierungen durch Rechtsverordnung bestimmen, dass die Daten des bei einem Gericht geführten Handels-, Genossenschafts-, Partnerschafts- oder Vereinsregisters auch bei anderen Amtsgerichten zur Einsicht und zur Erteilung von Ausdrucken zugänglich sind. Von dieser Ermächtigung wurde, soweit ersichtlich, bislang im Zusammenhang mit den Verordnungen über die Zuständigkeit der Gerichte in Registersachen Gebrauch gemacht (s die Zusammenstellung § 376 Rn 14).

3. Handels-, Partnerschafts- und Genossenschaftsregisterverordnung, Abs 2

Abs 2 enthält die Ermächtigungsgrundlagen für das Bundesministerium der   **3**
Justiz zum Erlass der Handelsregisterverordnung (Verordnung über die Einrichtung und Führung des Handelsregister – Handelsregisterverordnung HRV vom 12. 8. 1937 (DJ S. 1251), zuletzt geändert durch Gesetz vom 11. 8. 2009 (BGBl I S. 2713), der Genossenschaftsregisterordnung (Verordnung über das Genossenschaftsregister (Genossenschaftsregisterverordnung – GenRegV zuletzt neu bekanntgemacht am 16. 10. 2006 (BGBl I S. 2268), zuletzt geändert durch Gesetz vom.25. 5. 2009 (BGBl I S. 1102) sowie der Partnerschafts-

registerverordnung (Verordnung über die Einrichtung und Führung des Partnerschaftsregister (Partnerschaftsregisterverordnung – PRV) vom 16. 6. 1995 (BGBl I S. 808), zuletzt geändert durch Gesetz vom 10. 11. 2006 (BGBl I S. 2553). Diese waren bislang verstreut in den § 125 III FGG (auch in Verbindung mit § 160 b I 2 FGG) sowie § 161 GenG geregelt. Die Rechtsverordnungen bedürfen unverändert der Zustimmung des Bundesrates. Ferner kann durch Rechtsverordnung gemäß Abs 3 S 2 vorgeschrieben werden, dass das Geburtsdatum von im Handelsregister einzutragenden Personen zur Eintragung in das Handelsregister anzumelden sowie die Anschrift der einzutragenden Unternehmen und Zweigniederlassungen beim Gericht einzureichen ist; dazu kann gemäß § 14 HGB auch durch Zwangsgeld angehalten werden (s § 388 Rn 6). Die Einzelheiten der Übermittlung der Daten an das Unternehmensregister sind durch die Verordnung über das Unternehmensregister (URV) v. 26. 2. 2007 (BGBl I S. 217) geregelt.

4. Mitwirkung der berufsständischen Organe, Abs 3

4   In den auf Grund Abs 3 ergehenden Rechtsverordnungen können auch nähere Bestimmungen über die Mitwirkung der in § 380 bezeichneten berufsständischen Organe im Verfahren vor dem Registergericht getroffen werden. Wegen der Rechte und Pflichten dieser Organe wird auf § 380 verwiesen. Abs 3 bestimmt darüber hinaus, dass im Rahmen dieser Mitwirkung auch dem Registergericht Mitteilungspflichten gegenüber diesen Organen auferlegt werden können. Während § 380 die Organe zur Unterstützung des Registergerichts verpflichtet, kann die Verordnung festlegen, dass die Registergerichte ihnen laufend oder in regelmäßigen Abständen die zur Erfüllung ihrer Aufgaben erforderlichen Daten aus dem Handels- und Partnerschaftsregister und den zu diesen Registern eingereichten Schriftstücken mitteilen. Diese mitzuteilenden Daten müssen ausdrücklich festgelegt werden. Die Organe dürfen die übermittelten Daten, soweit sie personenbezogen sind, nur für den Zweck verwenden, zu dessen Erfüllung sie ihnen übermittelt worden sind. Abs 3 S 2 bis 4 gilt in Übereinstimmung mit der bisherigen Rechtslage nicht für das Genossenschaftsregister (s auch § 380 Rn 11), während hinsichtlich Satz 1 auch die Einschränkung des § 380 III zu beachten ist. Für das Vereinsregister gilt Abs 3 mangels entsprechender Mitwirkungspflicht nicht. Zu beachten ist aber die Meldepflicht des Registergerichts gem § 400.

5. Ermächtigungsgrundlage für die Vereinsregisterverordnung, Abs 4

5   Abs 4 beinhaltet die Ermächtigungsgrundlage für die Vereinsregisterverordnung (Vereinsregisterverordnung (VRV) vom 10. 2. 1999, zuletzt geändert durch Gesetz vom 24. 9. 2009 (BGBl I S. 3145). Sie wendet sich an das Bundesministerium der Justiz. Die Rechtsverordnung bedarf der Zustimmung des Bundesrates. Abs 4 übernimmt den Regelungsgehalt des § 55 a VII BGB in das FamFG. Dabei wird die Ermächtigungsgrundlage aber zugleich ausgeweitet. Die Vorschrift enthält nunmehr auch die Ermächtigung zum Erlass von Regelungen über die Aktenführung im Beschwerdeverfahren.

§ 388 Androhung **§ 388**

6. Übertragung der Datenverarbeitung, Abs 5

Die elektronische Datenverarbeitung (dazu Willer/Krafka Rpfleger 02, **6** 411; Sikora/Schwab MittBayNot 07, 1) muss nicht bei jedem Amtsgericht, das ein Handels- Genossenschafts-, Partnerschafts oder Vereinsregister führt, durchgeführt werden. Es kann sein, dass das Amtsgericht selbst nicht den aufwändigen Apparat dazu hat oder aber die Datenverarbeitung anderer staatlicher Stellen nicht ausgelastet ist. Daher eröffnet Abs 5 die Möglichkeit, die Datenverarbeitung im Auftrag des zuständigen Amtsgerichts auf den Anlagen einer anderer staatlichen Stelle oder eines Dritten vorzunehmen. Abs 5 führt die in §§ 125 V FGG, 147 I 1 FGG und § 160 b I 2 FGG sowie § 55 a VI 1 BGB enthaltenen Ermächtigungen zusammen und harmonisiert den Wortlaut. Gleichzeitig wird eine Erweiterung des zugelassenen Personenkreises von anderen juristischen Personen des öffentlichen Rechts auf jetzt „Dritte" vorgenommen, um „z. B. Personengesellschaften mit der Verarbeitung der Registerdaten zu beauftragen" (BT-Drs. 16/6308, 287). Voraussetzung ist stets, dass die ordnungsgemäße Erledigung der Registersachen sichergestellt ist.

Unterabschnitt 2
Zwangsgeldverfahren

Androhung

388 (1) **Sobald das Registergericht von einem Sachverhalt, der sein Einschreiten nach den §§ 14, 37 a Abs. 4 und § 125 a Abs. 2 des Handelsgesetzbuchs, auch in Verbindung mit § 5 Abs. 2 des Partnerschaftsgesellschaftsgesetzes, den §§ 407 und 408 des Aktiengesetzes, § 79 Abs. 1 des Gesetzes betreffend die Gesellschaften mit beschränkter Haftung, § 316 des Umwandlungsgesetzes oder § 12 des EWIV-Ausführungsgesetzes rechtfertigt, glaubhafte Kenntnis erhält, hat es dem Beteiligten unter Androhung eines Zwangsgelds aufzugeben, innerhalb einer bestimmten Frist seiner gesetzlichen Verpflichtung nachzukommen oder die Unterlassung mittels Einspruchs zu rechtfertigen.**

(2) In gleicher Weise kann das Registergericht gegen die Mitglieder des Vorstands eines Vereins oder dessen Liquidatoren vorgehen, um sie zur Befolgung der in § 78 des Bürgerlichen Gesetzbuchs genannten Vorschriften anzuhalten.

1. Allgemeines

a) Gesetzliche Regelung. Die §§ 388 bis 392 regeln das Verfahren zu **1** den materiellrechtlichen Vorschriften der §§ 14, 37 a IV, 125 a II HGB (auch iVm § 5 II PartGG), §§ 407, 408 AktG, § 79 I GmbHG, § 316 UmwG und § 12 EWiVAG bei der Festsetzung von Zwangsgeld. Sie gelten entspr für die Genossenschaft (§ 160 II GenG), den VVaG (§ 16 VAG), Anmeldungen zum Schiffsregister (§ 19 II SchiffsRegO) und nach Maßgabe des Abs 2 für den Verein. Dieses Verfahren ist im FamFG selbstständig geregelt; die Vorschriften

§ 388 Buch 5 – Registersachen, unternehmensrechtliche Verfahren

anderer Gesetze, etwa des StGB oder der StPO sind unanwendbar. Die Vorschriften über den Registerzwang sind keiner ausdehnenden Auslegung fähig (BayObLG, NJW 86, 140). Ein Zwangsgeldverfahren ist nur zulässig, wenn die genannten Gesetze es ausdrücklich vorsehen. So kann zB im Fall des § 381 die Klagestellung oder im Fall des § 145 AktG die Berichtseinreichung durch den Sonderprüfer (BayObLG aaO) nicht erzwungen werden.

2 **b) Verhältnis zu anderen Vorschriften.** Ein entspr Zwang ist vorgesehen zur Unterbindung eines unzulässigen Firmengebrauchs (§ 37 I HGB); § 392 erklärt die Vorschriften der §§ 388–391 mit bestimmten Maßgaben für anwendbar. Wird eine im Handelsregister nicht eingetragene Firma unbefugt gebraucht, so können die Verfahren nach § 392 und §§ 388 ff zur Erzwingung der Anmeldung der tatsächlich gebrauchten Firma nebeneinander eröffnet werden (Jansen/Steder § 140 FGG Rn 29). Auch der Zwang zur Anmeldung gemäß § 14 HGB und die Amtslöschung einer unrichtig gewordenen Eintragung nach § 393 können nebeneinander in Betracht kommen, wobei nach § 31 II 2 HGB das Verfahren nach §§ 388 ff zuerst anzuwenden ist. Die Unzulässigkeit einer Firma rechtfertigt es nicht, durch Androhung von Zwangsgeld gegen die Gesellschafter einzuschreiten, um eine Änderung der Firma zu erreichen (OLG Hamm, OLG 79, 1). Im Gegensatz zu § 393 setzt das Verfahren nach §§ 388 ff keine eindeutige Rechtslage voraus, diese kann vielmehr im Instanzenzug geklärt werden (LG Limburg, BB 63, 324; s Rn 15 ff). Soll eine Firma deshalb gelöscht werden, weil eine Niederlassung überhaupt nicht bestanden hat, so findet nicht das Verfahren nach §§ 388 ff, sondern nach § 395 Anwendung (LG Aachen, BB 54, 74). Wird eine unzulässige Firma angemeldet, so darf das Gericht nicht die Anmeldung einer ordnungsgemäßen Firma erzwingen, sondern hat zunächst den Eintragungsantrag abzulehnen (BayObLG NJW 73, 371). Ebenso darf das Gericht eine nicht zu bemängelnde Anmeldung nicht deshalb zurückweisen, um eine von ihm für erforderlich gehaltene sonstige Anmeldung herbeizuführen; nur die säumigen Anmeldepflichtigen sind zur Anmeldung anzuhalten (BayObLG, DNotZ 79, 109).

3 **c) FGG.** Die Vorschriften über das Zwangsgeldverfahren (§§ 132 ff FGG) wurden weitgehend unverändert in das FamFG übernommen. Es wurden lediglich systematische Änderungen vorgenommen und die Vorschriften an die neue Terminologie angepasst (BT-Drs. 16/6308, 287). § 388 übernimmt den Regelungsgehalt des bisherigen § 132 I, der auch auf das Partnerschaftsregister erstreckt wird.

2. Zuständigkeit

4 **a) Örtliche Zuständigkeit.** Zur Durchführung des Zwangsgeldverfahrens ist das Gericht ausschließlich örtlich zuständig, bei dem die Hauptniederlassung eingetragen ist (§ 377 I). Eine Zuständigkeit des Amtsgerichts der Zweigniederlassung ist auch nicht für Eintragungen begründet, die sich ausschließlich auf die Zweigniederlassung beziehen. Das Gericht der inländischen Zweigniederlassung ist allerdings bei ausländischen Rechtsträgern zuständig (Keidel/Heinemann Rn 24). Weitere Ausnahmen können sich ergeben im

§ 388 Androhung **§ 388**

Amtslöschungsverfahren nach § 395 und bei Beanstandung der Firma der Zweigniederlassung gem § 30 HGB.
b) Funktionelle Zuständigkeit. Nach § 3 Nr 2 d RPflG ist für das 5 Zwangsgeldverfahren der RPfl zuständig.

3. Einzelfälle

Die einzelnen Fälle sind 6
a) auf Grund § 14 HGB (VVaG: § 16 VAG). (1) Nichterfüllung der Verpflichtung zur Anmeldung zB nach §§ 13 I, 13 d–h, 29, 31, 33, 34, 53, 106, 107, 108 (dazu OLG Karlsruhe Rpfleger 97, 438), 143 (BayObLG, DNotZ 79, 109), 144, 148, 150, 157, 161 II, 162 HGB; §§ 42, 45, 81, 94, 201, 227, 229, 239, 248, 249, 263, 266, 273, 275, 278, 283 Nr 1, 289 VI, 298, 327 III AktG; §§ 39 (dazu KG FGPrax 99, 156), 65, 67, 78 GmbHG; §§ 14, 16, 28, 51 V, 78 II, 79 II, 84, 85 II, 89, 96 GenG; §§ 52, 73, 78, 96, 114, 118, 125, 140, 146, 148, 160 UmwG; §§ 30–32, 34, 40, 45, 47, 49 VAG; str. ist, ob auch die Anmeldung von Tatsachen erzwungen werden kann, die durch richterliche Rechtsfortbildung als anmeldepflichtig anerkannt wurden zB Umwandlung von OHG in KG (bejahend die hM KG NJW-RR 99, 1341; SBW/Nedden-Boeger Rn 8; ablehnend Keidel/Heinemann Rn 6). (2) Nichterfüllung der Verpflichtung zur Einreichung von Schriftstücken zB gemäß §§ 34 III, 99 V, 106, 130 V, 145 VI 3, 248, 249, 250 III, 251 III, 253 II, 254 II, 255 III, 275 IV, 278 III, § 283 Nr 1 AktG; §§ 86, 148 II, 199, 223 UmwG; §§ 40, 52, 75 GmbHG; §§ 33, 89 GenG; §§ 35, 36, 47 VAG; (3) Nichterfüllung der Verpflichtung, bestimmte Angaben bei der Anmeldung zu machen, wie zB des Geburtsdatums von im Handelsregister einzutragenden Personen, oder die Anschrift der einzutragenden Unternehmen und Zweigniederlassungen beim Gericht einzureichen, wenn dies durch Rechtsverordnung vorgeschrieben wird (§ 387 II 2).
b) auf Grund § 37 a Abs 4 HGB. Nichterfüllung der Verpflichtung, auf 7 allen Geschäftsbriefen des Kaufmanns, die an einen bestimmten Empfänger gerichtet sind, die Firma, die Bezeichnung „eingetragener Kaufmann", „eingetragene Kauffrau", „e. K.", „e. Kfm., e. Kfr." etc (§ 19 I Nr 1 HGB), den Ort der Handelsniederlassung, das Registergericht und die Handelsregisternummer anzugeben. Das einzelne Zwangsgeld darf den Betrag von 5000 Euro nicht übersteigen (§ 37 a IV 2, § 14 S 2 HGB).
c) auf Grund § 125 a II HGB. Nichterfüllung der Pflicht, die auf Ge- 8 schäftsbriefen für Personengesellschaften, bei denen kein Gesellschafter eine natürliche Person ist (zB GmbH & Co KG), vorgeschriebenen Angaben zu machen (vgl §§ 35 a, 79 I GmbHG, § 80 AktG), wobei sich das Zwangsgeldverfahren gegen die zur Vertretung berechtigte Gesellschafter und deren organschaftlichen Vertreter oder Liquidatoren richtet.
d) auf Grund von § 5 II PartGG. Das Amtsgericht kann die Partner zur 9 Befolgung der Vorschriften über die Anmeldung anhalten, und zwar sowohl der Neueintragung, Änderung und Liquidation. Mit Zwangsgeld zu belegen sind die anmeldepflichtigen Einzelpersonen, nicht die Partnerschaft.
e) auf Grund von §§ 407, 408 AktG, § 79 GmbHG, § 316 10 **UmwG.** Nichtbefolgung der den Mitgliedern des Vorstands einer AG, den

§ 388 Buch 5 – Registersachen, unternehmensrechtliche Verfahren

Geschäftsführern einer GmbH, den persönlich haftenden Gesellschaftern einer KGaA, den Abwicklern einer AG, KGaA oder GmbH auferlegten, in §§ 407, 408 AktG, (dazu BayObLG NJW-RR 00, 771), §§ 35 a, 71 Nr 5, 79 GmbHG und § 316 UmwG außer den Anmeldungen und Einreichungen (vgl § 14 HGB) obliegenden Verpflichtungen (ausführlich dazu Keidel/Heinemann Rn 14 - 19).

11 **f) nach § 12 EWIV-AG.** Geschäftsführer oder Abwickler, die Art 25 der Verordnung über die Schaffung einer Europäischen wirtschaftlichen Interessenvereinigung (EWIV, dazu Baumbach/Hopt Einl v § 105 HGB Rn 7 B) nicht befolgen, sind hierzu vom Registergericht durch Festsetzung eines Zwangsgeldes anzuhalten; § 14 HGB bleibt unberührt (eingefügt durch EWIV-Ausführungsgesetz v 14. 4. 1988, BGBl I S. 514). Gemäß Art 25 müssen Briefe, Bestellscheine und ähnliche Schriftstücke Angaben enthalten über den Namen der Vereinigung mit den Worten EWIV, Registerort und Registernummer, Anschrift, Vertretung der Vereinigung und gegebenenfalls Angabe darüber, dass sich die Vereinigung in Abwicklung befindet.

12 **g) nach Abs 2.** Das Amtsgericht kann nach § 78 BGB die Mitglieder des Vorstands zur Befolgung der Vorschriften über die Anmeldung von Änderungen des Vorstandes nach § 67 I BGB, von Satzungsänderungen nach § 71 I BGB und der Auflösung des Vereins nach § 74 II BGB, der Fortsetzung des Vereines nach § 75 II BGB, über die Einreichung einer Bescheinigung über die Zahl der Vereinsmitglieder auf Verlangen des Gerichts nach § 72 BGB, sowie die Mitglieder des Vorstands bzw die Liquidatoren zur Befolgung der Vorschrift über die Anmeldung der Liquidatoren nach § 76 BGB sowie eine von § 48 III BGB abweichende Regelung ihrer Beschlussfassung durch Mitglieder des Vorstands bzw Liqidatoren durch Zwangsgeld anhalten.

13 **h) Auf Genossenschaften** findet § 14 HGB keine Anwendung; vielmehr sind die Verpflichtungen des Vorstands und der Liquidatoren in § 160 I GenG aufgeführt, dessen Abs 2 auf §§ 388–391 verweist. Im Zwangsgeldverfahren gegen Vorstandsmitglieder und Liquidatoren ist auch die Genossenschaft beschwerdeberechtigt (BGH NJW 57, 1558; BayObLG 55, 197).

4. Beteiligte

14 Für jur Personen und Gesellschaften sind die gesetzlichen Vertreter anmelde- bzw einreichungspflichtig. Ihnen obliegen die durch das Gesetz zu erzwingenden Verpflichtungen, so dass das Zwangsgeldverfahren nur gegen sie durchgeführt werden kann. Androhung und Festsetzung richten sich nur gegen sie persönlich, nicht gegen die Gesellschaft oder jur Person als solche oder den Vorstand als solchen (BayObLG FGPrax 00, 74). Als Adressaten der Aufforderung und Androhung sind sie Beteiligte im Sinne des § 7 I Nr 1.

Kann eine erzwingbare Handlung nur von mehreren gemeinsam vorgenommen werden, etwa bei Gesamtvertretung, so ist das Zwangsgeldverfahren nur zusammen gegen die zulässig, die der Pflicht nicht nachkommen. Ist Abwickler einer AG eine GmbH (vgl § 265 II 2 AktG), so richtet sich das Zwangsgeld-

§ 388 Androhung § 388

verfahren gegen deren Geschäftsführer. Stellvertretende Vorstandsmitglieder sind erst dann anmelde- bzw einreichungspflichtig, wenn sie anstelle der ordentlichen Mitglieder zum Handeln berufen sind, ebenso Aufsichtsratsmitglieder nur dann, wenn sie Vorstandsmitglieder vertreten oder gemeinsam mit diesen zu einer Anmeldung verpflichtet sind (§ 105 AktG); nur in diesen Fällen kann auch das Zwangsgeldverfahren gegen sie durchgeführt werden. Gegen einen Bevollmächtigten, somit auch gegen einen Prokuristen, kann ein Zwangsgeld nicht festgesetzt werden (BayObLG, Rpfleger 82, 289). Solange ein Vertreter fehlt, ist § 388 unanwendbar. Unter Umständen kann ein Vertreter vom Gericht bestellt werden (vgl zB § 76 AktG).

5. Verfahren

a) Einleitungspflicht. Liegen die Voraussetzungen des § 388 vor, so muss 15 das Registergericht das Zwangsgeldverfahren einleiten; es hat keinen Ermessensspielraum. Es hat einzuschreiten, sobald es glaubhaft von einem sein Einschreiten rechtfertigenden Sachverhalt erfährt (OLG Hamm, OLG 89, 148/150; Bassenge, Rpfleger 74, 174). Gleichgültig ist, wodurch dies geschieht, etwa durch dritte Personen, Behörden, berufsständische Organe (§§ 379, 380) oder in sonstiger Weise. Glaubhafte Kenntnis genügt, volle Gewissheit ist nicht erforderlich; der volle Nachweis des wirklichen Sachverhalts und die endgültige Entscheidung ist dem Einspruchsverfahren vorbehalten (BayObLG 78, 319; OLG Frankfurt, DNotZ 79, 620); das Registergericht soll nicht mit der Prüfung belastet werden, ob einem Gläubiger die von ihm behauptete Forderung tatsächlich zusteht (OLG Düsseldorf FGPrax 96, 195). Das Gericht hat nicht von sich aus die Verpflichtung, derartige Tatsachen zu erforschen. Hat es aber von Tatsachen Kenntnis erlangt, die sein Einschreiten etwa nötig machen, so hat es von Amts wegen nach § 26 die zur Feststellung dieser Tatsachen erforderlichen Ermittlungen zu veranstalten und die geeignet erscheinenden Beweise aufzunehmen.

b) Ausschluss eines Zwangs. Das Gericht darf ein Zwangsgeldverfahren 16 nur in den genannten Fällen einleiten, wenn das HGB, AktG, GmbHG und die Nebengesetze es ausdrücklich vorsehen (BayObLG 72, 310, 313). In allen anderen Fällen ist ein Vorgehen nach §§ 388 ff unzulässig. So können etwa Aufsichtsratsmitglieder nicht auf Grund § 111 III AktG zur Berufung einer Hauptversammlung angehalten werden (BayObLG 68, 118, 121); ebenso findet kein Zwang in den Fällen des § 93 AktG (Vorstandspflichten bei Verlust, Überschuldung und Zahlungsunfähigkeit) statt. In den Fällen des § 79 II GmbHG kann Zwangsgeld nur angedroht werden, soweit es sich um Anmeldungen zum Handelsregister am Sitz der Zweigniederlassung handelt, nicht aber am Sitz der Gesellschaft. Unzulässig ist das Zwangsgeldverfahren auch gegen Prokuristen zur Anmeldung der Prokura (BayObLG, OLG 29, 301). Ist die Firma bereits vor Eintritt des Erbfalls erloschen, so besteht keine Anmeldepflicht der Erben. Ebenso ist das Registergericht nicht befugt, einen Gewerbetreibenden zur Auskunftserteilung gegenüber der Industrie- und Handelskammer anzuhalten (s § 380 Rn 8); für die Erzwingung von Auskünften im Zuge von Ermittlungen, zu denen das Gericht nach § 26 verpflichtet ist, kommt § 388 als Rechtsgrundlage nicht in Betracht (BayObLG

§ 388 Buch 5 – Registersachen, unternehmensrechtliche Verfahren

78, 319 unter Aufgabe von 67, 385, 387). Wird eine unzulässige Firma angemeldet, so darf das Gericht nicht die Anmeldung einer ordnungsgemäßen Firma erzwingen, sondern hat zunächst den Eintragungsantrag abzulehnen (BayObLG NJW 73, 371).

17 **c) Angabe der Verpflichtung.** Das Verfahren ist nach Inhalt und Reihenfolge genau vorgeschrieben. Die einleitende Verfügung (ein förmlicher Beschluss ist nicht erforderlich, OLG Köln FGPrax 10, 203) muss das bezifferte Zwangsgeld mit einer angemessenen Frist zur Erfüllung der Pflicht oder Rechtfertigung der Unterlassung unter Hinweis auf die Zulässigkeit des Einspruchs androhen. Die zu erfüllende Verpflichtung, also die Handlung oder Unterlassung, muss möglichst genau bezeichnet werden (BayObLG 67, 458, 463); etwa die Verpflichtung, die durch den Tod eines Gesellschafters einer OHG eingetretene Veränderung anzumelden, oder die Firma, die ein Kaufmann nicht führen darf. Mehrere selbstständige Verpflichtungen müssen ebenfalls genau bezeichnet werden, können aber durch ein einheitliches Zwangsgeld erzwungen werden (BayObLG 67, 458, 463).

18 **d) Fristbestimmung.** Unentbehrlich ist auch die Bestimmung einer Frist, innerhalb deren der Verpflichtete seiner Verpflichtungen nachzukommen oder die Unterlassung mittels Einspruch gegen die Verfügung zu rechtfertigen hat. Fehlt die alternative Auflage, ist die Verfügung unwirksam, auf Beschwerde aufzuheben (OLG Hamm, Rpfleger 86, 390) und kann selbst bei Rechtskraft der Androhung kein Zwangsgeld festgesetzt werden. Die Frist muss so bemessen sein, dass die Erfüllung der Verpflichtung möglich ist (BGH 135, 107, 115); eine zu kurze Frist eröffnet die Beschwerde nach § 391 (s § 391 Rn 4). Solange sie noch nicht abgelaufen ist, kann sie von Amts wegen oder auf Antrag verlängert werden (Keidel/Heinemann Rn 37; aA SBW/Nedden-Boeger Rn. 43: nur noch Verlängerung auf Antrag nach § 16 II); nach Ablauf ist eine Verlängerung wegen § 389 ausgeschlossen (BayObLG 67, 458, 463). Dies ergibt sich trotz Fortfalls des § 18 FGG und unabhängig von § 48 aus dem Gedanken, dass die Aufforderung und die Androhung gem § 388 als verfahrenseinleitende Verfügungen keine Endentscheidungen sind (s Rn 23) und die Verlängerung der Frist innerhalb des laufenden Verfahrens erfolgt. Zur Berechnung der Frist s § 16.

19 **e) Androhung des Zwangsgeldes.** Das angedrohte Zwangsgeld muss genau beziffert sein; bloße Inaussichtstellung eines betragsmäßig nicht umrissenen Zwangsgeldes reicht nicht aus (OLG Stuttgart, OLG 72, 368; nach BGH, NJW 73, 2288 ist Androhung „bis zu . . . Euro" zulässig, wenn dieser Betrag voraussichtlich in Betracht kommt). Es muss den Umständen des Falles entspr bemessen werden. Das Zwangsgeld beträgt in Vereinsregistersachen zwischen 5 und 1000 Euro (Art 6 I EGStGB). Es darf in den Fällen der §§ 14, 125a HGB, § 407 I AktG, § 79 GmbHG, § 316 UmwG, § 12 EWIV-AG den Betrag von 5000 Euro nicht übersteigen (Keidel/Heinemann Rn 38). Umwandlung in Zwangshaft ist ausgeschlossen.

20 **f) Festsetzung des Zwangsgeldes.** Wird innerhalb der Frist die Verpflichtung weder erfüllt noch Einspruch erhoben, so hat das Registergericht das angedrohte Zwangsgeld festzusetzen und zugleich die frühere Verfügung unter Androhung eines erneuten Zwangsgeldes zu wiederholen (§ 389). Dieses Verfahren ist fortzusetzen. Verspätete Erfüllung vor der Beitreibung

schließt eine Festsetzung aus (entspr § 888 ZPO, streitig). Eine teilweise Erfüllung hindert die Fortsetzung des Verfahrens wegen des Restes nicht. Voraussetzung für die Festsetzung ist ein Verschulden. Umwandlung des Zwangsgeldes in Zwangshaft ist nicht möglich.

g) Einspruch. Der Einspruch kann schriftlich oder zu Protokoll der Geschäftsstelle eines jeden Amtsgerichts erklärt werden und bedarf keiner Begründung. Einspruchsfrist ist die in der Verfügung gesetzte Frist, die durch Eingang beim Registergericht gewahrt ist. Ein verspäteter Einspruch muss unbeachtet bleiben. Falsche Bezeichnung des Rechtsbehelfs schadet nicht, wenn sich nur aus dem Inhalt der Erklärung der Wille ergibt, die Aufforderung sei nicht gerechtfertigt und es solle eine gerichtliche Prüfung und Entscheidung herbeigeführt werden (Keidel, Rpfleger 55, 134, 135, 242); dieser Wille kann jedoch in der Beschwerdeinstanz nicht mehr nachträglich klargestellt werden (BayObLG, Rpfleger 74, 347). Gegen eine Verfügung ohne Zwangsgeldandrohung ist kein Rechtsbehelf gegeben (BayObLG, Rpfleger 78, 59). Auch gegen die mit der Androhung eines erneuten Zwangsgeldes verbundene Setzung einer erneuten Frist ist regelmäßig nicht die Beschwerde, sondern der Einspruch gegeben, über den das Registergericht zu entscheiden hat. Ist die Zwangsgeldfestsetzung mit erneuter Fristsetzung und Androhung eines erneuten Zwangsgeldes verbunden, so ist ein Rechtsmittel im Zweifel sowohl als Beschwerde gegen die Festsetzung des Zwangsgeldes als auch als Einspruch zu werten (OLG Karlsruhe NJW-RR 00, 411). 21

h) Verfahren nach Einspruch. Dem Einspruch ist stattzugeben, wenn er offenbar begründet ist; anderenfalls soll zu einem Termin geladen werden. Erscheint der Geladene nicht, so kann das Gericht nach Lage der Sache entscheiden (§ 390 II). Ist der Einspruch begründet, so ist die Verfügung aufzuheben; ist er unbegründet, so ist er zu verwerfen, das Zwangsgeld oder ein geringeres festzusetzen und erneut nach § 388 zu verfahren (§ 390 IV, V). Auf den Einspruch gegen die wiederholte Verfügung kann das Gericht das frühere Zwangsgeld aufheben oder ermäßigen (§ 390 VI). Die Bekanntmachung der Entscheidung bei der Verhandlung erfolgt durch Verkündung (§ 41 II), andernfalls durch Zustellung (§ 41 I Satz 2, § 15 II). Die Kosten des Verfahrens muss der Verpflichtete persönlich tragen, also insbesondere ein gesetzlicher Vertreter, weil diese Kosten eines gegen ihn gerichteten Zwangsverfahrens sind (s Rn 14). Die Kosten der Eintragung trägt dagegen der Vertretene. Gegen die Versäumung der Einspruchsfrist ist Wiedereinsetzung gem §§ 17 bis 19 möglich (§ 137 FGG wurde im Hinblick auf diese Vorschriften des allgemeinen Teils nicht übernommen, BT-Drs. 16/6308, 287). Der Festsetzungsbeschluss legt den Beteiligten zugleich auch die Kosten des Verfahrens auf (§ 389 II), die sich nach § 119 KostO richten. Gegen den Beschluss, durch den das Zwangsgeld festgesetzt oder der Einspruch verworfen wird, findet die Beschwerde statt (§ 391) (BayObLG 67, 458, 462). 22

6. Rechtsbehelfe

a) Verfahrenseinleitende Verfügung. Gegen die einleitende Verfügung des RPfl ist die Beschwerde unzulässig, sondern nur der Einspruch statthaft, 23 über den ebenfalls der RPfl entscheidet. Trotz Fortfalls des § 132 II FGG ergibt sich die Unzulässigkeit der Beschwerde nach § 58 I, da es sich nicht um eine Endentscheidung handeln soll (BT-Drs. 16/6308, 287; OLG Köln FGPrax 10, 203).

24 **b) Ablehnung des Einschreitens nach §§ 388 ff.** Hat das Registergericht abgelehnt, gemäß §§ 388 ff einzuschreiten, so steht hiergegen die Beschwerde jedem zu, dessen Recht iSd § 59 I durch die Verfügung beeinträchtigt ist (BGH 135, 107, 109 f). Ein bloßes berechtigtes Interesse, etwa eines Gläubigers, reicht nicht aus. Auch Beeinträchtigung des Wettbewerbs gibt daher kein Beschwerderecht. Die berufsständischen Organe sind dagegen nach Maßgabe des § 380 V beschwerdeberechtigt (s § 380 Rn 13 f). Hat das Registergericht ein Zwangsgeldverfahren abgelehnt, wurde es jedoch vom Beschwerdegericht zur Durchführung angewiesen, so ist hiergegen nicht die Rechtsbeschwerde statthaft, sondern lediglich der Einspruch gegen die auf Anforderung vom Registergericht zu erlassende Verfügung (Jansen/Steder § 132 FGG Rn 117); das Beschwerdegericht ist nicht zuständig, eine Verfügung nach § 388 I selbst zu erlassen.

Festsetzung

389 (1) **Wird innerhalb der bestimmten Frist weder der gesetzlichen Verpflichtung genügt noch Einspruch erhoben, ist das angedrohte Zwangsgeld durch Beschluss festzusetzen und zugleich die Aufforderung nach § 388 unter Androhung eines erneuten Zwangsgelds zu wiederholen.**

(2) **Mit der Festsetzung des Zwangsgelds sind dem Beteiligten zugleich die Kosten des Verfahrens aufzuerlegen.**

(3) **In gleicher Weise ist fortzufahren, bis der gesetzlichen Verpflichtung genügt oder Einspruch erhoben wird.**

1. Allgemeines

1 § 389 I und III entsprechen § 133 FGG. § 138 FGG wurde aus systematischen Gründen als § 389 II eingefügt (BT-Drs. 16/6308, 287).

2. Voraussetzungen

2 Das angedrohte Zwangsgeld ist durch Beschluss (§ 38) festzusetzen, wenn innerhalb der bestimmten Frist weder der gesetzlichen Verpflichtung genügt noch Einspruch erhoben wird (zur Unterscheidung zwischen Ordnungsgeld und Zwangsgeld s BayObLG NJW 99, 297 = FGPrax 98, 233).

a) Keine Erfüllung. Erforderlich ist, dass die Verpflichtung zu einer Anmeldung oder Einreichung von Schriftstücken nicht erfüllt ist. Gleichgültig ist, wann dies geschieht, da das Zwangsgeld nur ein Zwangsmittel ist und entfällt, sobald erfüllt ist. Mit der Erfüllung ist daher das Verfahren beendet, ohne dass es einer Aufhebung der Verfügung nach § 388 I bedarf, und zwar auch dann, wenn verspätet erfüllt ist. Zwischen rechtzeitiger und verspäteter Erfüllung besteht daher kein Unterschied (Keidel, Rpfleger 55, 242). Ist der Zwangsgeldfestsetzungsbeschluss bereits erlassen, bevor erfüllt wird, so kann

§ 389 Festsetzung **§ 389**

der Beschluss nicht wegen veränderter Umstände mangels entsprechender Rechtsgrundlage, da § 48 I nur für Endentscheidungen mit Dauerwirkung gilt, aufgehoben werden; eine Aufhebung kommt auch nicht in Betracht, wenn die Verpflichtung erst nach Rechtskraft der Zwangsgeldfestsetzung erfüllt wird (Prütting/Helms/Maass Rn 7; aA Keidel/Heinemann Rn 5; SBW/Nedden-Boeger Rn 26; andere Rechtslage noch nach §§ 133, 18 FGG s 8. Aufl. Rn 2). Allerdings kann der Verpflichtete das Zwangsgeld bis zu dessen Beitreibung durch Erfüllung abwenden (vgl zu § 888 ZPO OLG Hamburg FamRZ 88, 1213; Baumbach/Lauterbach/Albers/Hartmann § 888 Rn 18).

b) Kein Einspruch. Weitere Voraussetzung ist, dass der Einspruch nicht 3 innerhalb der gesetzten Frist eingelegt ist. Dem steht es gleich, wenn der eingelegte Einspruch zurückgenommen wurde. Ist der Einspruch nicht form- und fristgerecht eingelegt, ohne dass nach §§ 17 ff Wiedereinsetzung erfolgt, so ist ebenfalls nach § 389 zu verfahren, ohne dass der Einspruch gesondert verworfen werden müsste. Das Gericht kann aber auch bei verspätetem Einspruch von der Zwangsgeldfestsetzung absehen.

3. Festsetzung des Zwangsgeldes

Liegen die eben genannten Voraussetzungen vor, so ist durch Beschluss das 4 Zwangsgeld festzusetzen und die Auferlegung der Kosten auszusprechen (§ 389 II). Das Zwangsgeld ist innerhalb der angedrohten Höchstgrenze festzusetzen, wobei das Gericht auch darunter bleiben darf. Gleichzeitig ist die frühere Verfügung zu wiederholen und ein erneutes Zwangsgeld anzudrohen. Die erneut gesetzte Frist beginnt sofort mit Zustellung der wiederholten Verfügung zu laufen (BayObLG 67, 458, 463). Gegen den Beschluss, durch den das Zwangsgeld festgesetzt wird, findet nach § 391 die Beschwerde statt. Die Beschwerde hat gemäß § 570 I ZPO analog aufschiebende Wirkung (s § 391 Rn 1). Stellt das Gericht fest, dass die nach § 388 erlassene Anordnung ungerechtfertigt war, so kann es von dem Verfahren nach § 389 absehen. Dies gilt trotz Fortfall des § 18 FGG und unabhängig von § 48, weil es sich noch um ein laufendes Verfahren handelt. Es muss dann die nach § 388 erlassene Verfügung aufheben oder abändern und den Beteiligten bekannt machen. Setzt das Registergericht ein Zwangsgeld fest, ohne den Einspruch zu beachten, so ist auch dies eine Zwangsgeldfestsetzung nach § 389 (LG Landau, Rpfleger 70, 244).

4. Kostenentscheidung, Abs 2

a) Allgemeines. Eine Sondervorschrift über die Notwendigkeit einer 5 Kostenentscheidung enthält § 389 II. Zum Begriff der Kosten s § 80.

b) Kostenentscheidung. Nach § 389 II muss das Gericht in die Kosten 6 des Verfahrens auferlegen, ohne dass ihm ein Ermessen zusteht. Voraussetzung ist, dass ein Zwangsgeld – nach § 389 oder nach § 390 IV – festgesetzt und nicht bloß die Beschwerde zurückgewiesen wird (Keidel, Rpfleger 55, 243). Wird nach § 390 IV von der Festsetzung eines Zwangsgeldes abgesehen, so greift § 389 II nicht ein. Hebt das Gericht gemäß § 390 VI das früher fest-

§ 390 Buch 5 – Registersachen, unternehmensrechtliche Verfahren

gesetzte Zwangsgeld auf, so ist auch die Verurteilung im Kostenpunkt zurückzunehmen.

7 **c) Nachholung der Kostenentscheidung.** Die Kostenentscheidung kann, wenn sie vom Gericht übersehen wurde, jederzeit nachgeholt werden. Auch das Beschwerde- und das Rechtsbeschwerdegericht haben bei Bestätigung der Festsetzung des Zwangsgeldes die Auferlegung der Kosten nach § 389 II in der Beschwerdeentscheidung auszusprechen (OLG Hamm, Rpfleger 55, 241). Wird dagegen die Beschwerde verworfen oder zurückgewiesen, so ist eine Entscheidung über die Kosten des Beschwerdeverfahrens nicht erforderlich (Keidel, Rpfleger 55, 243).

8 **d) Kostenschuldner.** Der Verpflichtete ist Kostenschuldner im Sinn des § 3 Nr 1 KostO (Keidel, Rpfleger 55, 243), also bei einer jur Person deren Vertreter. Die jur Person selbst oder die Gesellschaft haftet dagegen nicht (s § 388 Rn 14).

5. Wiederholung, Abs 3

9 Dieses Verfahren ist fortzusetzen, bis der gesetzlichen Verpflichtung genügt oder Einspruch erhoben wird (§ 389 III), und zwar unbegrenzt, ohne dass ein Höchstmaß der Gesamtsumme der Zwangsgelder vorgesehen ist. Gegen die erneute Androhung ist nicht die Beschwerde, sondern der Einspruch statthaft. Dies gilt auch dann, wenn die Zwangsgeldfestsetzung und die erneute Aufforderung in einem Beschluss verbunden sind. In diesem Fall richtet sich die Beschwerde nur gegen die Zwangsgeldfestsetzung, während die Aufforderung mit dem Einspruch anzufechten ist (Keidel/Heinemann Rn 16).

Verfahren bei Einspruch

390 (1) **Wird rechtzeitig Einspruch erhoben, soll das Gericht, wenn sich der Einspruch nicht ohne weiteres als begründet erweist, den Beteiligten zur Erörterung der Sache zu einem Termin laden.**

(2) **Das Gericht kann, auch wenn der Beteiligte zum Termin nicht erscheint, in der Sache entscheiden.**

(3) **Wird der Einspruch für begründet erachtet, ist die getroffene Entscheidung aufzuheben.**

(4) **Andernfalls hat das Gericht den Einspruch durch Beschluss zu verwerfen und das angedrohte Zwangsgeld festzusetzen. Das Gericht kann, wenn die Umstände es rechtfertigen, von der Festsetzung eines Zwangsgelds absehen oder ein geringeres als das angedrohte Zwangsgeld festsetzen.**

(5) **Im Fall der Verwerfung des Einspruchs hat das Gericht zugleich eine erneute Aufforderung nach § 388 zu erlassen. Die in dieser Entscheidung bestimmte Frist beginnt mit dem Eintritt der Rechtskraft der Verwerfung des Einspruchs.**

(6) **Wird im Fall des § 389 gegen die wiederholte Androhung Einspruch erhoben und dieser für begründet erachtet, kann das Gericht, wenn die Umstände es rechtfertigen, zugleich ein früher festgesetztes Zwangsgeld aufheben oder an dessen Stelle ein geringeres Zwangsgeld festsetzen.**

§ 390 Verfahren bei Einspruch　　　　　　　　　　　　　　　　§ **390**

1. Allgemeines

Wird nicht rechtzeitig Einspruch erhoben, so bestimmt sich das weitere 1
Verfahren nach § 389. Ist innerhalb der nach § 388 bestimmten Frist rechtzeitig Einspruch eingelegt oder bei Fristversäumung Wiedereinsetzung in den vorigen Stand gewährt, so gilt § 390, der §§ 134, 135 und 136 FGG zusammenfasst. Sieht das Gericht den Einspruch ohne weiteres für begründet an, so hebt es die erlassene Verfügung auf. Ist dies nicht der Fall, so ist nicht mehr, wie noch bei § 134 I FGG zwingend ein Termin zur mündlichen Verhandlungen bestimmen, vielmehr „soll" das Gericht dies tun. Die Durchführung des Termins ist damit in das pflichtgemäße Ermessen des Gerichts gestellt (BT-Drs. 16/6308, 287).

2. Verfahren ohne Termin bei Begründetheit, Abs 1

Erachtet das Gericht den Einspruch ohne weiteres für begründet, so hebt es 2
die nach § 388 erlassene Verfügung auf. Dies ist dann der Fall, wenn der Einspruch schlüssig ist und das Gericht den Sachverhalt für gegeben annimmt. Die Entscheidung ist den Beteiligten, bei Beteiligung der berufsständischen Organe wegen ihres Beschwerderechts auch diesen (§ 380), nach § 41 bekanntzumachen. Gegen die Entscheidung ist die Beschwerde statthaft. Wird die Aufhebungsentscheidung aufgehoben und die Verhandlung über den Einspruch angeordnet, so ist hiergegen die Beschwerde nicht zulässig, da die Prüfung des Sachverhalts zunächst im Einspruchsverfahren geschehen soll (BayObLG FGPrax 98, 233; Jansen/Steder § 134 FGG Rn 4).

3. Terminsbestimmung, Abs 2

Erachtet das Gericht den Einspruch nicht ohne weiteres für begründet oder 3
unbegründet, so soll es nach pflichtgemäßen Ermessen einen Termin zur Erörterung der Sache zu bestimmen und die Beteiligten zu laden. Da der Termin der Gewährung des rechtlichen Gehörs dient, ist ein Absehen vom Termin nach hM nur in seltenen Ausnahmefällen möglich, nicht ausreichen soll, dass der Einspruch offensichtlich unbegründet ist (OLG Köln FGPrax 10, 203, 205; Keidel/Heinemann Rn 9; aA noch Voraufl. und trotz strenger Maßstäbe auch SBW/Nedden-Boeger Rn 12). Solche Fälle erscheinen daher zB denkbar, wenn der Beteiligte auf Terminsanberaumung verzichtet (vgl. etwa die Fälle eines unzulässigen Verzichts auf einen Termin unter Geltung von § 134 I FGG, OLG Düsseldorf FGPrax 98, 149; SBW/Nedden-Boeger Rn 12; aA Keidel/Heinemann Rn 9). Ist der Einspruch ohne Termin verworfen worden, so kann das Beschwerdegericht auf die Beschwerde hin, entweder das Registergericht zur Terminsbestimmung anweisen oder den Termin selbst nachholen (BayObLG NJW 99, 297; aA Jansen/Steder § 134 FGG Rn 4). Voraussetzung ist allerdings nunmehr, dass das Beschwerdegericht feststellt, dass die Verwerfung ohne Termin ermessensfehlerhaft war.

4. Entscheidung nach Lage der Sache

Nach § 390 II kann das Gericht nach Lage der Sache entscheiden, auch 4
wenn der Beteiligte nicht erscheint. Es gibt also kein Versäumnisverfahren,

§ 390 Buch 5 – Registersachen, unternehmensrechtliche Verfahren

sondern das Gericht hat von Amts wegen die erforderlichen Ermittlungen anzustellen und Beweise zu erheben. Nötigenfalls kann es auch das persönliche Erscheinen der Beteiligten anordnen und nach § 33 erzwingen (OLG Hamm, Rpfleger 56, 243 mit Anm Keidel; BayObLG 70, 114). Auf Grund des Ergebnisses entscheidet das Gericht nach Lage der Sache. Setzt das Registergericht ein Zwangsgeld fest, ohne einen erhobenen Einspruch zu beachten, so ist der Zwangsgeldbeschluss aufzuheben und die Sache an das Registergericht zur Durchführung des Einspruchsverfahrens gemäß §§ 390 zurückzuverweisen (OLG Hamm, Rpfleger 85, 302).

5. Prüfung der Sache, Abs 3, 4 und 5

5   Das Gericht hat in eine Prüfung der Sache nur einzutreten, wenn der Einspruch frist- und formgerecht eingelegt ist (§ 390); anderenfalls ist nach § 389 zu verfahren. Bei der Sachentscheidung hat das Gericht sämtliche tatsächlichen und rechtlichen Voraussetzungen zu prüfen, von denen die Verfügung abhängt; soweit ein streitiges Rechtsverhältnis vorgreiflich ist, kann das Gericht nach § 381 aussetzen.

a) Aufhebung der Entscheidung, Abs 3. Ist der Einspruch begründet, so ist nach Abs 3 die erlassene Entscheidung aufzuheben. Ein bereits ergangener Zwangsgeldfestsetzungsbeschluss ist wegen veränderter Umstände aufzuheben. Wird gegen die Aufhebung Beschwerde eingelegt, so ist bei deren Erfolg der Einspruch nach Abs 4 zu verwerfen, das Zwangsgeld festzusetzen und das Registergericht zur Erneuerung des Verfahrens nach § 388 anzuhalten. Wird der aufgegebenen Verpflichtung zwar nach Erlass des Zwangsgeldfestsetzungsbeschlusses, jedoch zugleich mit der Einlegung der Erstbeschwerde nachgekommen, so muss das Beschwerdegericht diesen Umstand als neue Tatsache berücksichtigen und die Zwangsgeldfestsetzung aufheben (BayObLG, Rpfleger 79, 215). Ist das Gericht über das zulässige Maß hinausgegangen, ist die Entscheidung aufzuheben und eine neue Aufforderung nach § 388 in beschränkter Weise zu erlassen (BayObLG, NJW 88, 2051).

6   **b) Verwerfung des Einspruchs, Abs 4 und 5.** Erachtet das Gericht den Einspruch nicht für begründet, so hat es ihn zu verwerfen, das angedrohte Zwangsgeld festzusetzen (Abs 4 Satz 1) und zugleich eine erneute Aufforderung nach § 388 zu erlassen (Abs 5). Außerdem muss es im Kostenpunkt einen Ausspruch treffen (§ 389 II). Gegen die Verwerfung des Einspruchs und gegen die Zwangsgeldfestsetzung ist die Beschwerde statthaft. Gegen die erneute Aufforderung und die Zwangsgeldandrohung ist nur der Einspruch zulässig. Die Frist für die Befolgung der erneuten Aufforderung oder Einspruchseinlegung beginnt jedoch erst mit dem Eintritt der Rechtskraft der Verwerfung des Einspruchs (Abs 5 Satz 2), also mit Ablauf der Beschwerdefrist gem § 63.

7   **c) Festsetzung des Zwangsgeldes.** Das Gericht kann von der Festsetzung eines Zwangsgeldes absehen oder ein geringeres als das angedrohte Zwangsgeld festsetzen (Abs 4 Satz 2). Es muss jedoch stets eine Entscheidung über das Zwangsgeld treffen und kann es nicht stillschweigend übergehen. Ob das Gericht von der Festsetzung des Zwangsgeldes absieht oder ein geringeres festsetzt, steht in seinem Ermessen. Es kommt darauf an, ob der Anmelde-

§ 390 Verfahren bei Einspruch

pflichtige Uneinsichtigkeit oder grobe Nachlässigkeit erkennen lässt oder ob er in gutem Glauben gehandelt, die Erfüllung der Auflage aus entschuldbaren Gründen unterlassen hat oder verständigen Anlass hatte, eine Entscheidung des Gerichts herbeizuführen (BayObLG 70, 317, 319). Wenn die Umstände es rechtfertigen, kann das Gericht auch ohne Einspruch von der Zwangsgeldfestsetzung wegen einer Zuwiderhandlung absehen (Keidel/Heinemann Rn 24).

6. Wiederholte Androhung, Abs 6

§ 390 VI gilt nur, wenn die wiederholte Androhung wegen nicht oder 8 nicht rechtzeitig erfolgter Einspruchseinlegung nach § 389 erging, nicht dagegen, wenn sie mit der Einspruchsverwerfung nach § 390 IV erlassen wurde (BayObLG Rpfleger 55, 239; BayObLG 67, 458, 463). Es darf also noch keine Sachprüfung stattgefunden haben. § 390 VI ist eine Ausnahme von § 48 und gestattet eine Änderung der Entscheidung des Registergerichts durch Aufhebung oder Ermäßigung der Festsetzung des Zwangsgeldes. Die Befugnis des § 390 VI steht nicht nur dem Registergericht bzw RPfl zu, sondern auch dem Beschwerdegericht. Die allgemeine Berechtigung des Registergerichts, eine rechtskräftige Zwangsgeldfestsetzung wegen veränderter Umstände aufzuheben, wird durch § 390 VI nicht berührt (BayObLG 55, 124 zu § 136 FGG), abgesehen von dem Fall, dass solche Umstände erst nach Einziehung des Zwangsgeldes eingetreten sind.

a) Voraussetzungen. Es muss sich um eine wiederholte Androhung han- 9 deln, gegen die Einspruch erhoben ist, da nur dann ein Zwangsgeld bereits früher festgesetzt ist, das aufgehoben oder ermäßigt werden kann. Gleichgültig ist daher, um die wievielte Androhung es sich handelt. Das Gericht muss den Einspruch gegen die wiederholte Androhung für begründet erachten, die Androhung also aus tatsächlichen oder rechtlichen Gründen für rechtswidrig ansehen. Eine Entscheidung ist selbst dann noch möglich, wenn die frühere Zwangsgeldfestsetzung formell rechtskräftig ist (OLG Schleswig FGPrax 10, 208, 209).

b) Änderung der Zwangsgeldfestsetzung. Die Änderung steht im 10 pflichtgemäßen Ermessen des Gerichts, ohne dass ein Anspruch darauf besteht. Das Gericht hat zu prüfen, ob die Umstände die Aufhebung oder Herabsetzung des Zwangsgeldes rechtfertigen. Es wird dies etwa bejahen, wenn die Fristversäumnis nicht vom Betroffenen selbst, sondern von seinem Vertreter verschuldet und deswegen eine Wiedereinsetzung nicht möglich ist (s Rn 12). Hebt das Gericht das Zwangsgeld auf, so hat es auch die Verurteilung im Kostenpunkt aufzuheben. Ist das Zwangsgeld schon geleistet, so ist es bei Aufhebung ganz bzw bei Herabsetzung zum Teil zurückzuerstatten (BayObLG 55, 124,131).

c) Verhältnis Einspruch zur Beschwerde. Hat der Betroffene gegen die 11 Festsetzung des Zwangsgeldes Beschwerde (s § 391) und gleichzeitig gegen die erneute Aufforderung Einspruch eingelegt, so erledigt sich die Beschwerde, wenn das Registergericht auf den Einspruch hin das früher festgesetzte Zwangsgeld aufhebt. Es ist daher zweckmäßig, die Entscheidung über die Beschwerde auszusetzen, bis über den Einspruch sachlich entschieden ist (BayObLG 78, 54, 61; Keidel, Rpfleger 55, 134, 135).

§ 391 Buch 5 – Registersachen, unternehmensrechtliche Verfahren

7. Wiedereinsetzung

12   Das angedrohte Zwangsgeld festzusetzen, wenn innerhalb der bestimmten Frist weder der gesetzlichen Verpflichtung genügt noch Einspruch erhoben ist. Bei Versäumung der Einspruchsfrist kann Wiedereinsetzung nach §§ 17 ff beantragt werden (Keidel/Heinemann Rn 12). § 137 FGG, der hierzu eine ausdrückliche Regelung enthielt, ist mit Blick auf die entsprechenden Bestimmungen des Allgemeinen Teils nicht übernommen worden (BT-Drs. 16/6308, 287). Nach § 17 I ist einem Betroffenen, der ohne sein Verschulden verhindert war, die Frist einzuhalten, auf Antrag die Wiedereinsetzung in den vorigen Stand zu erteilen, wobei sich der Betroffene das Verschulden eines Vertreters zurechnen lassen muss. Der Antrag muss binnen 2 Wochen nach Wegfall des Hindernisses gestellt werden und die Tatsachen, die die Wiedereinsetzung begründen, müssen glaubhaft gemacht werden. Über den Antrag entscheidet das Registergericht bzw der RPfl, nicht das Beschwerdegericht. Die Wiedereinsetzung ist nicht anfechtbar (§ 19 II), die Versagung der Wiedereinsetzung mit der Beschwerde (§ 19 III). Nach Ablauf eines Jahres vom Ende der versäumten Frist an kann die Wiedereinsetzung nicht mehr beantragt werden (§ 18 IV).

Beschwerde

391 **(1) Der Beschluss, durch den das Zwangsgeld festgesetzt oder der Einspruch verworfen wird, ist mit der Beschwerde anfechtbar.**

(2) Ist das Zwangsgeld nach § 389 festgesetzt, kann die Beschwerde nicht darauf gestützt werden, dass die Androhung des Zwangsgelds nicht gerechtfertigt gewesen sei.

1. Allgemeines

1   Nach § 391 findet gegen den Beschluss, durch den das Zwangsgeld festgesetzt oder der Einspruch verworfen wird, die Beschwerde (§ 58) statt. § 391 weicht damit sowohl von § 139 FGG, dessen Regelungsgehalt zwar im übrigen übernommen wurde, der aber die Zulässigkeit der sofortigen Beschwerde vorsah, als auch von § 35 V ab, wonach die dortigen Zwangsmittel ebenfalls mit der sofortigen Beschwerde anfechtbar sind. Der Regelungsgehalt des § 391 liegt mithin darin, dass die Beschwerde nach § 58 anstelle der sofortigen Beschwerde über § 35 V in entsprechender Anwendung der §§ 567 bis 572 ZPO statthaft ist sowie dass die Beschwerdegründe nach Abs 2 eingeschränkt werden. Auch muss der Wert der Beschwerde 600 € überschreiten (OLG Zweibrücken NZG 10, 794, 795).

Zu beachten ist allerdings, dass der Beschwerde grundsätzlich keine aufschiebende Wirkung zukommt. Aus diesem Grund ordnete § 24 FGG die aufschiebende Wirkung einer Beschwerde gegen eine Verfügung, durch die ein Ordnungs- oder Zwangsmittel festgesetzt wird, ausdrücklich an. Aufschiebende Wirkung hat auch die sofortige Beschwerde nach § 35 V gegen den Beschluss, durch welchen Zwangsmaßnahmen angeordnet werden, über den entsprechend anwendbaren § 570 I ZPO. Da weder ein Grund für eine

§ 391 Beschwerde **§ 391**

Änderung der bisherigen Rechtslage angegeben wird, noch ein Grund erkennbar ist, warum einer Beschwerde nach § 391 keine aufschiebende Wirkung zukommen soll, ist § 570 I ZPO auch auf die Beschwerde nach § 391 entsprechend anzuwenden (wohl hM Keidel/Heinemann § 389 Rn 16; Bahrenfuss/Steup Rn 1, 11); aA SBW/Nedden-Boeger Rn 20 ff.).

2. Fälle der Beschwerde

Die Beschwerde gegen die Entscheidung des RPfls bzw die Rechtsbeschwerde gegen den Beschluss des Beschwerdegerichts ist nach § 391 zulässig gegen jede Entscheidung, durch die
a) ein Zwangsgeld festgesetzt wird, sei es nach § 389, weil weder der gesetzlichen Verpflichtung genügt noch Einspruch erhoben wurde, oder nach § 390 IV, wenn das Gericht den Einspruch verworfen und das angedrohte Zwangsgeld festgesetzt hat (BayObLG 67, 458, 462), 2

b) der Einspruch verworfen wird, und zwar auch dann, wenn von der Festsetzung eines Zwangsgeldes abgesehen wird (§ 390 IV 2). Die Beschwerde nach § 391 mit der Einschränkung der zulässigen Beschwerdegründe findet nur dann statt, wenn das Verfahren nach §§ 388 ff gesetzlich statthaft war. Hat hingegen das Registergericht unzulässigerweise eine nicht im Zwangsgeldverfahren erzwingbare Handlung unter Zwangsgeldandrohung verlangt, findet die – hinsichtlich der Beschwerdegründe unbeschränkte – Beschwerde (§ 58) statt, denn § 391 II setzt voraus, dass das Zwangsgeld „nach § 389" festgesetzt worden ist (vgl zu § 139 FGG: OLG Hamm, OLG 79, 1; Rpfleger 85, 302, 303). Beschwerdeberechtigt sind die unmittelbar Betroffenen (s § 388 Rn 24) sowie die Gesellschaft, der Verein etc (BayObLG 55, 197, 198; 62, 107, 111; Rpfleger 84, 105). Im Zwangsgeldverfahren gegen den Geschäftsführer der Komplementär-GmbH zur Erzwingung der Vorlage von Geschäftsabschlüssen der KG ist auch die KG selbst beschwerdeberechtigt, wenn diese die Vorlagepflicht bestreitet (BayObLG GmbHR 01, 984). Die Beschwerde ist auch nach Bezahlung des Zwangsgeldes zulässig (BayObLG, Rpfleger 74, 17; aA OLG Hamm, OLG 66, 484). 3

3. Beschwerdegründe

Nach § 391 II kann die Beschwerde im Fall des § 389 nicht darauf gestützt werden, dass die Verfügung, durch die das Zwangsgeld angedroht wurde, nicht gerechtfertigt gewesen sei. Dadurch kommt zum Ausdruck, dass die Prüfung der materiellen Voraussetzungen des Zwangsgeldausspruchs ausschließlich dem Einspruchsverfahren vorbehalten sind (Keidel, Rpfleger 55, 134; LG Landau, Rpfleger 70, 244). Wie auch den §§ 388, 389 zu entnehmen ist, kann die Verpflichtung, der Aufforderung nachzukommen, nur im Einspruchsverfahren bestritten werden. Die Beschwerde kann also nur damit begründet werden, dass das vorausgegangene Verfahren fehlerhaft gewesen ist (OLG Schleswig FGPrax 10, 208; OLG Hamm, Rpfleger 55, 241; LG Landau, Rpfleger 70, 244; Keidel, Rpfleger 55, 134, 242), also etwa, dass die Frist nicht schuldhaft versäumt worden sei, dass sie zu kurz bemessen, unrichtig berechnet oder nicht richtig bekanntgemacht worden sei. Diese durch § 391 II angeordnete Beschränkung des Prüfungsumfanges 4

§ 392 Buch 5 – Registersachen, unternehmensrechtliche Verfahren

wird gemildert durch die Möglichkeit des Registergerichts, nach § 390 VI ein bereits festgesetztes Zwangsgeld aufzuheben oder zu mindern (OLG Schleswig FGPrax 10, 208, 209). Nicht zur Frage, ob die Zwangsgeldandrohung gerechtfertigt gewesen sei, gehört auch die Möglichkeit, das Zwangsgeld aufzuheben oder herabzusetzen; daher kann, soweit ein Ermessensspielraum bleibt (s Keidel, Rpfleger 55, 242), auch die Höhe des festgesetzten Zwangsgeldes und die Möglichkeit eines Ermessensmissbrauchs nachgeprüft werden (OLG Hamm, Rpfleger 55, 241). Ist dagegen die Zwangsgeldfestsetzung oder die Einspruchsverwerfung auf Grund § 390 IV ergangen, hat also eine sachliche Prüfung des Einspruchs bereits stattgefunden, so besteht die Einschränkung der Beschwerdegründe gemäß § 391 II nicht. In diesem Fall kann das Beschwerdegericht alle tatsächlichen und rechtlichen Gesichtspunkte berücksichtigen.

4. Verfahren

5   Das Verfahren richtet sich nach den allgemeinen Grundsätzen (§§ 58 ff). Die Beschwerde ist beim Registergericht einzulegen (§ 64 I), und zwar durch Einreichung einer Beschwerdeschrift oder durch Erklärung zur Niederschrift der Geschäftsstelle (§ 64 II). Sie hat nach § 570 I analog aufschiebende Wirkung (s Rn 1). Das Beschwerdegericht kann, auch wenn es der Beschwerde gegen die Einspruchsverwerfung nicht stattgibt, die Zwangsgeldfestsetzung aufheben oder ein geringeres Zwangsgeld festsetzen (§ 390 IV und VI). Ist zur Zeit der Beschwerdeentscheidung die Verpflichtung erfüllt, so hat das Beschwerdegericht den Einspruch für begründet zu erklären und die Zwangsgeldfestsetzung aufzuheben, selbst wenn das Zwangsgeld schon bezahlt ist (OLG Hamm, Rpfleger 55, 241 mit Anm Keidel). Setzt das Registergericht ein Zwangsgeld fest, ohne einen erhobenen Einspruch zu beachten, so ist der Zwangsgeldbeschluss aufzuheben und die Sache an das Registergericht zur Durchführung des Einspruchsverfahrens gemäß § 390 zurückzuverweisen (OLG Hamm, Rpfleger 85, 302).

Verfahren bei unbefugtem Firmengebrauch

392 (1) **Soll nach § 37 Abs. 1 des Handelsgesetzbuchs gegen eine Person eingeschritten werden, die eine ihr nicht zustehende Firma gebraucht, sind die §§ 388 bis 391 anzuwenden, wobei**

1. **dem Beteiligten unter Androhung eines Ordnungsgelds aufgegeben wird, sich des Gebrauchs der Firma zu enthalten oder binnen einer bestimmten Frist den Gebrauch der Firma mittels Einspruchs zu rechtfertigen;**
2. **das Ordnungsgeld festgesetzt wird, falls kein Einspruch erhoben oder der erhobene Einspruch rechtskräftig verworfen ist und der Beteiligte nach der Bekanntmachung des Beschlusses diesem zuwidergehandelt hat.**

(2) **Absatz 1 gilt entsprechend im Fall des unbefugten Gebrauchs des Namens einer Partnerschaft.**

§ 392 Verfahren bei unbefugtem Firmengebrauch **§ 392**

1. Unzulässiger Firmengebrauch

§ 392 ist die **Ausführungsvorschrift zu § 37 I HGB.** § 37 HGB regelt 1
das Vorgehen gegen jemanden, der eine ihm nicht zustehende Firma gebraucht. Dass die Firma eingetragen ist, obwohl sie nicht hätte eingetragen werden dürfen, hindert das Einschreiten nicht; auch ist das Eingetragensein keine Voraussetzung hierzu (OLG Hamm, OLG 79, 1, 4). Nach § 37 I HGB ist er vom Registergericht zur Unterlassung des Gebrauchs der Firma durch Ordnungsgelder anzuhalten, während Abs 2 dem in seinen Rechten verletzten Dritten einen Unterlassungsanspruch gibt (ein solcher Rechtsstreit ist ein Grund zur Aussetzung nach § 381). § 37 HGB ist anwendbar gegen falsch firmierende Kaufleute und Handelsgesellschaften und gegen Personen, die zu Unrecht wie Kaufleute eine Firma führen. Firma ist nach § 17 HGB der Name, unter dem ein Kaufmann im Handel seine Geschäfte betreibt und die Unterschrift abgibt.

Gebrauch der Firma ist nicht nur die Herbeiführung oder die Duldung 2
der Eintragung im Handelsregister und das Bestehen lassen der Eintragung, sondern auch die Verwendung außerhalb des Registers, im Geschäftsverkehr als Handelsname zB auf Briefköpfen, Türschild, durch Briefunterzeichnung, Anmeldung zum Telefonbuch, in Zeitungsinseraten (vgl OLG Celle, OLG 72, 220; BayObLG Rpfleger 92, 304). Ob allein die Anmeldung einer Firma ohne Hinzutreten weiterer Umstände schon als Gebrauch in diesem Sinn anzusehen ist (so BayObLG DNotZ 89, 243), erscheint zweifelhaft, da gerade erst auf Grund der Anmeldung das Registergericht die Rechtmäßigkeit der Firmierung prüfen soll. Das BayObLG hält grundsätzlich die Aussetzung des Anmeldeverfahrens bis zur Beendigung des Firmenmissbrauchsverfahrens für geboten (dagegen Winkler, DNotZ 89, 245). Die Vorschriften gelten nicht nur für den **Einzelkaufmann** (§ 17 HGB), sondern auch für **OHG, KG** (§ 19 HGB), **Partnerschaftsgesellschaft** (§ 2 PartGG, ausdrücklich jetzt gem Abs 2); **GmbH** (§ 4 GmbHG), **AG** und **KGaA** (§§ 4, 279 AktG; § 26a EGAktG: nach dieser Vorschrift gilt die Erlaubnis des Art 22 EGHGB nicht mehr, wonach Firmen aus der Zeit vor dem 1. 1. 1900 ohne den Zusatz „Aktiengesellschaft" fortgeführt werden durften, dazu Hüffer, § 4 AktG Rn 22), **Genossenschaft,** da auch für sie die allgemeinen firmenrechtlichen Grundsätze gelten (§ 3 GenG, § 30 HGB) (BayObLG 60, 345; OLG Zweibrücken, OLG 72, 391, 393), VVaG (§ 18 II VAG); sie finden nach § 43 I 2 Halbsatz 2 KWG entspr Anwendung auf die Bezeichnung als **Bank oder Sparkasse** (Keidel/Heinemann Rn 34); § 32 III SteuerberatungsG; §§ 31, 128 II, 130 II, 133 WirtschaftsprüferO; §§ 18, 36, 200 UmwG; gegen Vereine kann wegen des Vereinsnamens dagegen nicht nach § 392 vorgegangen werden. Gleichgültig ist, ob die unzulässige Firma im Handelsregister eingetragen ist (OLG Hamm, OLG 79, 1, 4). Das Verfahren nach § 37 I HGB iVm § 392 zielt auf Unterlassung des Gebrauchs einer bestimmten unzulässigen Firma, auch einer Firma in einer bestimmten Fassung, zB der Verwendung eines bestimmten Zusatzes (BGH 44, 116), nicht auf Unterlassung einer bestimmten Gebrauchsweise; erst recht nicht positiv auf Führung einer bestimmten zulässigen Firma, wie es § 388 beabsichtigt. Für das Verfahren nach § 392 einschließlich der Entscheidung über

§ 392　　Buch 5 – Registersachen, unternehmensrechtliche Verfahren

den Einspruch und die Ordnungsgeldfestsetzung ist nach § 3 Nr 2 d RPflG der RPfl zuständig. Die örtliche Zuständigkeit richtet sich nach § 377 I iVm § 376; ist der Rechtsträger nicht im Register eingetragen, ist das Gericht zuständig, in dessen Register die Firma einzutragen wäre (Keidel/Heinemann Rn 19). Zur Anwendung des § 392 im Rahmen des § 43 I 2 KWG s OLG Düsseldorf, Rpfleger 77, 309 und Keidel/Heinemann Rn 34).

2. Verhältnis zwischen §§ 388 ff und § 392

3　　**a) Unterschiede.** Beide Vorschriften gehen von gegensätzlichen Voraussetzungen aus. Nach § 388 greift das Registergericht ein, wenn es von einem pflichtwidrigen Unterlassen erfährt und hat den Betroffenen demgemäß aufzufordern, seiner Verpflichtung nachzukommen, also etwas zu tun. § 392 dagegen setzt voraus, dass jemand eine ihm nicht zustehende Firma gebraucht, also pflichtwidrig etwas tut; demgemäß hat das Registergericht nach § 392 zu einem Unterlassen aufzufordern. Daraus erklären sich auch die Besonderheiten, die § 392 vorsieht: Nach Ziff 1 muss dem Beteiligten aufgegeben werden, den Gebrauch der Firma zu unterlassen bzw zu rechtfertigen, nicht etwa – wie bei § 388 – eine bestimmte Eintragung vornehmen zu lassen. Während nach § 389 das Zwangsgeld festzusetzen ist, wenn der Betroffene nicht innerhalb der bestimmten Frist seiner Verpflichtung nachgekommen ist, ist dies nach § 392 nicht möglich, da ja zu einem Unterlassen aufgefordert ist; nach § 392 Ziff 2 kann das Registergericht demgemäß das Ordnungsgeld nur dann festsetzen, wenn der Beteiligte nach der Bekanntmachung des Beschlusses den Gebrauch der unzulässigen Firma fortgesetzt, also positiv etwas getan hat.

4　　**b) Gleichlauf beider Verfahren.** Gebraucht jemand eine Firma unbefugt, ohne dass sie im Handelsregister eingetragen ist, so können die Verfahren nach § 392 und §§ 388 ff zur Erzwingung der Anmeldung tatsächlich gebrauchten Firma nebeneinander laufen (Jansen/Steder § 140 FGG Rn 46). Meldet der Anmeldepflichtige dann die vom Registergericht für unzulässig erachtete Firma zur Eintragung an, so ist zuerst die Entscheidung in dem Verfahren nach §§ 388 ff zu treffen und das Verfahren nach § 392 zunächst auszusetzen (Keidel/Heinemann Rn 5). Das Gericht darf eine als solche nicht zu bemängelnde Anmeldung zum Handelsregister nicht deshalb zurückweisen oder durch Zwischenverfügung beanstanden, um eine von ihm als erforderlich gesehene sonstige Anmeldung herbeizuführen (OLG Hamm, OLG 77, 438).

3. Einleitung des Verfahrens

5　　**a) Allgemeines.** Das Gericht leitet das Verfahren nach § 392 von Amts wegen ein, ggfs auch auf Anregung; zur Mitwirkung der berufsständischen Organe s § 380. Es muss jedoch nicht gegen jeden Verstoß vorgehen, sondern hat öffentliche und private Interessen abzuwägen und kann von einem Einschreiten absehen, wenn das Privatinteresse an der Firmenfortführung das öffentliche Interesse an der Firmenwahrheit wesentlich übersteigt (Bassenge, Rpfleger 74, 175). Eine alte besonders wertvolle Firma kann es daher trotz

§ 392 Verfahren bei unbefugtem Firmengebrauch **§ 392**

Widerspruchs zum Firmenrecht bestehen lassen, wenn sich aus der unzulässigen Firmenführung nur geringe Unzuträglichkeiten ergeben, durch ihre Verhinderung aber für den Inhaber unverhältnismäßige Nachteile entstehen würden (BayObLG 86, 150, 154; KG, NJW 65, 254; OLG Zweibrücken, OLG 72, 392, 395).

b) Aufforderung. Das Verfahren beginnt mit der Aufforderung an den 6
Beteiligten, sich des Gebrauchs der Firma zu enthalten oder binnen bestimmter Frist den Gebrauch der Firma mittels Einspruchs zu rechtfertigen. Dabei ist ein Ordnungsgeld anzudrohen (s Rn 7). Die Aufforderung ergeht durch Beschluss (SBW/Nedden-Boeger Rn 28). Sonstige gesetzlich nicht gestattete Auflagen dürfen nicht aufgenommen werden. Das Registergericht darf also insbesondere nicht etwa die Anmeldung der Löschung der Firma, die Entfernung eines Firmenschildes oder die Änderung der Firma verlangen. Es darf immer nur gegen den Gebrauch der Firma als solchen vorgegangen werden. Im Übrigen gelten die allgemeinen Vorschriften der §§ 388 ff; insbesondere ist also die Beschwerde unzulässig; die Zulässigkeit des Gebrauchs der Firma kann nur im Einspruchsverfahren nachgeprüft werden. Ob eine nachträgliche Änderung der Aufforderung nebst Androhung auf verspäteten Einspruch aus Gründen, die im Einspruchsverfahren hätten geprüft werden können, möglich ist, ist str. (so Keidel/Heinemann Rn 29; aA SBW/Nedden-Boeger Rn 51). Eine nachträgliche Änderung ist im übrigen bei veränderter Sach- und Rechtslage nach § 48 möglich.

4. Festsetzung des Ordnungsgeldes

Wie vorstehend ausgeführt, setzt § 392 den unzulässigen Gebrauch einer 7
Firma voraus, es wird daher zu einem Unterlassen aufgefordert; §§ 388 ff setzen dagegen ein pflichtwidriges Unterlassen voraus, so dass das Registergericht zu einem Tun auffordern muss. Demgemäß ist die Voraussetzung der Ordnungsgeldfestsetzung nach § 392 Ziff 2, dass der Beteiligte den Firmengebrauch nach Bekanntmachung des Beschlusses weiter fortsetzt, wobei die Zuwiderhandlung schuldhaft sein muss (Keidel/Heinemann Rn 25). Legt er also keinen Einspruch ein oder wird der eingelegte Einspruch rechtskräftig verworfen, so darf das Registergericht das angedrohte Ordnungsgeld nicht sofort festsetzen, insbesondere nicht schon in dem Beschluss, durch den der Einspruch verworfen wird. Es darf dies vielmehr erst dann tun, wenn es erfährt, dass der Firmengebrauch schuldhaft fortgesetzt wird. Hierfür genügt nicht eine glaubhafte Kenntnis, sondern eine positive Feststellung des Gerichts, die es von Amts wegen vorzunehmen hat. Nachforschungen des Gerichts von Amts wegen sind jedoch nicht erforderlich, vielmehr kann es abwarten, bis es von den Betroffenen Mitteilung erhält.

5. Einspruch

Erhebt der Betroffene rechtzeitig Einspruch, so hat das Gericht nach 8
§ 390 I entweder den Beschluss aufzuheben oder soll zur Erörterung der Sache zu einem Termin zu laden, auf Grund dessen der erlassene Beschluss nach § 390 III aufgehoben oder aber der Einspruch nach § 390 IV verwor-

Vor §§ 393–399 Buch 5 – Registersachen, unternehmensrechtl. Verfahren

fen wird. In letzterem Fall darf jedoch nach § 392 Ziff 2 das Ordnungsgeld nicht sofort festgesetzt werden (s Rn 7), sondern erst, wenn die Verwerfung rechtskräftig und festgestellt ist, dass danach eine weitere Zuwiderhandlung erfolgt ist. Wird kein Einspruch erhoben, so ist auch dann Voraussetzung für die Festsetzung des Ordnungsgeldes, dass der Beteiligte den Firmengebrauch fortsetzt.

6. Gebühren

9   § 119 KostO.

Unterabschnitt 3
Löschungs- und Auflösungsverfahren

Vorbemerkung zu §§ 393 bis 399

1   Die Regelungen des FamFG zu den Löschungs- und Auflösungsverfahren **entsprechen inhaltlich** weitgehend denen des **FGG**. Sie wurden allerdings für die unterschiedlichen Registerverfahren in den jeweiligen Vorschriften zusammengefasst, so dass die Verweisungen des FGG entfallen können. § 393 (Löschung einer Firma) übernimmt den Regelungsgehalt des § 141 FGG, § 394 (Löschung vermögensloser Gesellschaften und Genossenschaften) entspricht weitgehend § 141 a FGG, § 395 (Löschung unzulässiger Eintragungen) ersetzt § 142 FGG, § 397 entspricht weitgehend § 144 I FGG, § 398 entspricht weitgehend § 144 II FGG unter Einbeziehung der Genossenschaften (§ 147 IV FGG) und § 399 (Löschung wegen Mangel der Satzung) übernimmt den Regelungsgehalt des § 144 a FGG.

§ **144 b FGG** ist bereits durch das Gesetz zur Modernisierung des GmbH-Rechts und zur Bekämpfung von Missbräuchen v 23. 10. 2008 (BGBl 2006 I S. 2026) **gestrichen** worden, da die zugrundeliegende materiell-rechtliche Regelung des § 19 IV GmbHG (Volleinzahlung der Einlagen bei Vereinigung sämtlicher Geschäftsanteile in der Hand eines Gesellschafters) infolge der Änderung der Kapitalaufbringungsvorschriften entfallen ist (s BT-Drs. 16/6140, 33).

2   Die **konkurrierende Zuständigkeit des Landgerichts** nach § 143 FGG für Löschung nach § 142 FGG (jetzt § 395) ist nicht in das FamFG übernommen worden. Zwar sah dies der Regierungsentwurf in § 396 noch vor. Diese Vorschrift wurde jedoch auf Grund der Beschlussempfehlung des Rechtsausschusses (BT-Drs. 16/9733, 148) nicht übernommen. Die konkurrierende Zuständigkeit wurde als nicht erforderlich angesehen, zumal Auslegungsschwierigkeiten vorhanden gewesen seien, welchem Gericht im Einzelfall der Vorzug zu geben ist (BT-Drs. 16/9733, 298).

Löschung einer Firma

393 (1) Das Erlöschen einer Firma ist gemäß § 31 Abs. 2 des Handelsgesetzbuchs von Amts wegen oder auf Antrag der berufsständischen Organe in das Handelsregister einzutragen. Das Gericht hat den eingetragenen Inhaber der Firma oder dessen Rechtsnachfolger von der beabsichtigten Löschung zu benachrichtigen und ihm zugleich eine angemessene Frist zur Geltendmachung eines Widerspruchs zu bestimmen.

(2) Sind die bezeichneten Personen oder deren Aufenthalt nicht bekannt, erfolgt die Benachrichtigung und die Bestimmung der Frist durch Bekanntmachung in dem für die Bekanntmachung der Eintragungen in das Handelsregister bestimmten elektronischen Informations- und Kommunikationssystem nach § 10 des Handelsgesetzbuchs.

(3) Das Gericht entscheidet durch Beschluss, wenn es einem Antrag auf Einleitung des Löschungsverfahrens nicht entspricht oder Widerspruch gegen die Löschung erhoben wird. Der Beschluss ist mit der Beschwerde anfechtbar.

(4) Mit der Zurückweisung eines Widerspruchs sind dem Beteiligten zugleich die Kosten des Widerspruchsverfahrens aufzuerlegen, soweit dies nicht unbillig ist.

(5) Die Löschung darf nur erfolgen, wenn kein Widerspruch erhoben oder der den Widerspruch zurückweisende Beschluss rechtskräftig geworden ist.

(6) Die Absätze 1 bis 5 gelten entsprechend, wenn die Löschung des Namens einer Partnerschaft eingetragen werden soll.

1. Voraussetzungen des § 31 II HGB

Nach § 31 II 1, I HGB ist **das Erlöschen einer Firma** zur Eintragung in 1 das Handelsregister anzumelden. Kann die Anmeldung des Erlöschens von dem hierzu Verpflichteten nicht im Weg des § 14 HGB durch Zwangsmittel erzwungen werden, so hat das Gericht das Erlöschen von Amts wegen einzutragen (§ 31 II 2 HGB). Dieses Verfahren ist erst als letzte Möglichkeit zulässig, wenn die Löschung auch nicht durch Zwangsmittel vom Verpflichteten zu erreichen oder wenn dieser oder sein Aufenthalt unbekannt ist; § 393 ist die Ausführungsvorschrift zu § 31 II HGB. Die Firma erlischt durch endgültige Einstellung oder Aufgabe des Unternehmens (Baumbach/Hopt § 1 Rn 52); die Firma einer OHG oder KG erlischt außerdem mit deren Auflösung bzw bei Liquidation nach deren Beendigung (§§ 157, 161 II HGB), die Firma der AG, GmbH, KGaA, Genossenschaft, des VVaG nach Beendigung der Abwicklung (§§ 273, 278 III AktG, § 74 GmbHG, §§ 78 ff GenG, § 47 VAG) (s auch Kollhosser, Die AG 77, 117). Eine vorübergehende Einstellung des Geschäftsbetriebs (OLG Frankfurt, Rpfleger 82, 427), eine Änderung (§ 31 I HGB) oder ein Unzulässigwerden der Firma (§ 37 HGB), Übertragung des Handelsgeschäfts mit der Firma, führen nicht zu einem Erlöschen der Firma und damit zu den Folgen des § 31 II HGB. Die Vorschrift gilt auch für Zweigniederlassungen, deren Aufhebung nach § 13 III

§ 393 Buch 5 – Registersachen, unternehmensrechtliche Verfahren

HGB anzumelden ist; zuständig für das Verfahren nach § 393 ist das Registergericht der Zweigniederlassung.

2. Beginn des Verfahrens

2   Liegen die Voraussetzungen des § 31 II HGB vor, so hat das Registergericht von Amts wegen einzuschreiten, da das Register von erloschenen Firmen freigehalten werden muss. Alternativ wird das Registergericht auf Antrag eines berufsständischen Organs tätig. In tatsächlicher Hinsicht genügt nicht die glaubhafte Kenntnis von einem die Löschung rechtfertigenden Sachverhalt, vielmehr muss die Sachlage klar und eindeutig sein (BayObLG, Rpfleger 58, 153; OLG Hamm, OLG 71, 475; DNotZ 71, 247; Rpfleger 73, 405; Bassenge, Rpfleger 74, 175). Zuständig ist nach § 3 Nr 2 d RPflG der RPfl. Er hat
(1) den eingetragenen Inhaber der Firma oder dessen Rechtsnachfolger von der beabsichtigten Löschung **zu benachrichtigen** und
(2) ihm zugleich eine **angemessene Frist** zur Geltendmachung eines Widerspruchs **zu bestimmen**. Rechtsnachfolger ist der Erbe, der Erwerber des Geschäfts (§ 25 HGB), des Vermögens nach § 311 b BGB. Die Frist muss angemessen sein. Die bislang in § 141 II S 2 FGG vorgesehene Mindestfrist von 3 Monaten ist allerdings nicht übernommen, um die Löschungsverfahren gem §§ 393, 394 und 395 aneinander anzupassen (BT-Drs. 16/6308, 288). Die Frist beginnt mit der Bekanntgabe (§ 16 I) und kann jederzeit verlängert werden.

3. Benachrichtigung

3   Die Benachrichtigung erfolgt gemäß § 15 II 1 durch Zustellung von Amts wegen. Sind die bezeichnete Personen oder deren Aufenthalt nicht bekannt, so erfolgt die Benachrichtigung und die Bestimmung der Frist gemäß Abs 2 durch Bekanntmachung in dem für die Bekanntmachung der Eintragungen in das Handelsregister bestimmten elektronischen Informations- und Kommunikationssystem nach § 10 HGB.

4. Widerspruch und Entscheidung durch Beschluss (Abs 3)

4   a) **Widerspruch.** Einziger Rechtsbehelf gegen die Verfügung ist der Widerspruch gem Abs 3. Die Beschwerde ist mangels Endentscheidung unzulässig. Widerspruchsberechtigt ist der Firmeninhaber oder sein Rechtsnachfolger, evtl auch der Insolvenzverwalter. Der Widerspruch kann formlos erhoben werden, sei es beim Registergericht oder einem anderen Amtsgericht, und zwar schriftlich oder mündlich zu Protokoll. Eine Begründung ist nicht vorgeschrieben. Die Frist ist nur gewahrt, wenn der Widerspruch rechtzeitig beim Registergericht eingeht. Sofern die Löschung noch nicht erfolgt ist, kann der Widerspruch auch noch nach Ablauf der Frist eingelegt werden; eine Wiedereinsetzung gegen die Versäumung der Frist ist vom Gesetz daher nicht vorgesehen (SBW/Nedden-Boeger Rn 47; aA Keidel/Heinemann Rn 22: analoge Anwendung der §§ 17 bis 19).

§ 393 Löschung einer Firma § 393

b) Entscheidung durch Beschluss. Das Registergericht bzw der RPfl 5
entscheidet gem Abs 3 durch Beschluss (§ 38) (1) wenn dem Antrag eines
berufsständischen Organes auf Einleitung des Löschungsverfahrens nicht entsprochen wird und (2) wenn Widerspruch erhoben wird. Auf einen Widerspruch hin wird dementsprechend immer durch Beschluss entschieden, unabhängig davon ob dem Widerspruch stattgegeben wird oder er zurückgewiesen wird und unabhängig davon ob das Verfahren von Amts wegen oder auf Antrag eingeleitet wurde.
c) Kosten (Abs 4). Sofern eine Zurückweisung des Widerspruches erfolgt, 6
sollen dem Beteiligten, also dem eingetragenen Inhaber der Firma oder dessen Rechtsnachfolger, die Kosten auferlegt werden, sofern dies nicht ausnahmsweise unbillig ist.

5. Beschwerde (Abs 3 Satz 3)

Beschlüsse nach Abs 3 sind mit der Beschwerde (§ 58) anfechtbar. Be- 7
schwerdeberechtigt sind (1) das berufsständische Organ, wenn dem Antrag auf Einleitung eines Löschungsverfahrens nicht entsprochen wird sowie bei Beteiligung des berufsständischen Organes auf Grund eigenen Antrages oder nach § 380 II 2 auch wenn dem Widerspruch stattgegeben wird. Der Beteiligte nach § 393 I ist beschwerdeberechtigt, wenn der Widerspruch zurückgewiesen wird. Gegen die Entscheidung des Beschwerdegerichts ist die Rechtsbeschwerde nach den allgemeinen Bestimmungen statthaft.

6. Löschung, Abs 5

Die Löschung darf nach Abs 5 nur erfolgen, wenn (1) Widerspruch inner- 8
halb der gesetzlichen Frist nicht erhoben ist oder (2) der den Widerspruch zurückweisende Beschluss rechtskräftig (§ 45) geworden ist. Die Löschungsanordnung darf daher nicht in dem den Widerspruch zurückweisenden Beschluss ergehen (OLG Hamm, Rpfleger 74, 198). Die Verfügung, durch die die Löschung angeordnet wird, ist als innerdienstliche Anordnung des Registergerichts nicht anfechtbar (OLG Stuttgart, Rpfleger 74, 199). Das Registergericht kann jedoch von der Eintragung der verfügten Löschung absehen, wenn es erkennt, dass seine Verfügung ungerechtfertigt war; es muss von der Löschung absehen, wenn der Löschungsgrund nach Rechtskraft entfallen ist (OLG Schleswig FGPrax 00, 160). Auch gegen die erfolgte Löschung ist ein Rechtsmittel nicht zulässig; sie kann nur im Amtslöschungsverfahren (§ 395) beseitigt werden, wobei eine unzulässige Beschwerde als Anregung hierzu angesehen werden kann (s auch § 395 Rn 14). Durch vorzeitige Löschung vor Abschluss des Beschwerdeverfahrens wird die Beschwerde nicht unzulässig, kann aber nunmehr zur Einleitung eines Amtslöschungsverfahrens führen (OLG Schleswig FGPrax 00, 160).

7. Partnerschaft, Abs 6

Abs 6 ordnet die Anwendung des § 393 auf die Löschung unzulässiger 9
Namen von Partnerschaften an.

§ 394 Buch 5 – Registersachen, unternehmensrechtliche Verfahren

8. Genossenschaft

10 § 393 gilt nicht für die Genossenschaft. Die Firma der Genossenschaft erlischt nicht von selbst, vielmehr ist das Erlöschen nach Beendigung der Liquidation anzumelden.

9. Gebühren

11 § 88 II KostO.

Löschung vermögensloser Gesellschaften und Genossenschaften

394 (1) Eine Aktiengesellschaft, Kommanditgesellschaft auf Aktien, Gesellschaft mit beschränkter Haftung oder Genossenschaft, die kein Vermögen besitzt, kann von Amts wegen oder auf Antrag der Finanzbehörde oder der berufsständischen Organe gelöscht werden. Sie ist von Amts wegen zu löschen, wenn das Insolvenzverfahren über das Vermögen der Gesellschaft durchgeführt worden ist und keine Anhaltspunkte dafür vorliegen, dass die Gesellschaft noch Vermögen besitzt.

(2) Das Gericht hat die Absicht der Löschung den gesetzlichen Vertretern der Gesellschaft oder Genossenschaft, soweit solche vorhanden sind und ihre Person und ihr inländischer Aufenthalt bekannt ist, bekannt zu machen und ihnen zugleich eine angemessene Frist zur Geltendmachung des Widerspruchs zu bestimmen. Auch wenn eine Pflicht zur Bekanntmachung und Fristbestimmung nach Satz 1 nicht besteht, kann das Gericht anordnen, dass die Bekanntmachung und die Bestimmung der Frist durch Bekanntmachung in dem für die Bekanntmachung der Eintragungen in das Handelsregister bestimmten elektronischen Informations- und Kommunikationssystem nach § 10 des Handelsgesetzbuchs erfolgt; in diesem Fall ist jeder zur Erhebung des Widerspruchs berechtigt, der an der Unterlassung der Löschung ein berechtigtes Interesse hat. Vor der Löschung sind die in § 380 bezeichneten Organe, im Fall einer Genossenschaft der Prüfungsverband, zu hören.

(3) Für das weitere Verfahren gilt § 393 Abs. 3 bis 5 entsprechend.

(4) Die Absätze 1 bis 3 sind entsprechend anzuwenden auf offene Handelsgesellschaften und Kommanditgesellschaften, bei denen keiner der persönlich haftenden Gesellschafter eine natürliche Person ist. Eine solche Gesellschaft kann jedoch nur gelöscht werden, wenn die für die Vermögenslosigkeit geforderten Voraussetzungen sowohl bei der Gesellschaft als auch bei den persönlich haftenden Gesellschaftern vorliegen. Die Sätze 1 und 2 gelten nicht, wenn zu den persönlich haftenden Gesellschaftern eine andere offene Handelsgesellschaft oder Kommanditgesellschaft gehört, bei der eine natürliche Person persönlich haftender Gesellschafter ist.

1. Allgemeines

1 Durch das am 18. 10. 1994 verkündete Einführungsgesetz zur Insolvenzordnung (BGBl I S. 2911) wurde u a auch das Gesetz über die Auflösung

§ 394 Löschung vermögensloser Gesellschaften und Genossenschaften **§ 394**

und Löschung von Gesellschaften und Genossenschaften v 9. 10. 1934 (LöschG) aufgehoben, das aber ebenso wie die Konkursordnung für bereits am 1. 1. 1999 laufende Fälle weitergilt. Der Auflösungstatbestand des § 1 LöschG nach Konkursabweisung bzw. nunmehr Ablehnung des Insolvenzverfahrens mangels Masse war seit 1. 1. 1999 in § 60 I Nr 5 GmbHG, § 262 I Nr 4 AktG und § 81 a Nr 1 GenG, der Löschungstatbestand des § 2 LöschG infolge Vermögenslosigkeit in § 60 I Nr 7 GmbHG, § 262 I Nr 6 AktG iVm § 141 a FGG sowie in § 147 FGG geregelt (Schmidt GmbHR 94, 829). Bedeutendste sachliche Änderung war die Ausdehnung beider Tatbestände auf die GmbH & Co KG. Diese Regelungen sind weitgehend unverändert unter Zusammenfassung in einer Vorschrift in das FamFG übernommen worden. Allerdings sind nunmehr die berufsständischen Organe (§ 380) wieder antragsberechtigt.

2. Anwendungsbereich

§ 394 gilt nicht nur für **AG, KGaA, Genossenschaft und GmbH,** 2 sondern nach Abs 4 auch für **GmbH & Co., AG & Co., KGaA & Co.** Abs 4 erstreckt den Anwendungsbereich der Abs 1 und 2 auf Gesellschaften ohne eigene Rechtspersönlichkeit, bei denen keine persönliche Haftung einer natürlichen Person besteht. Auch die Haftung derartiger Gesellschaften ist auf ein bestimmtes Vermögen beschränkt: ist dieses Vermögen tatsächlich nicht mehr vorhanden, muss so weit wie möglich verhindert werden, dass die Gesellschaften weiterhin am Geschäftsverkehr teilnehmen. Im Hinblick auf den Eröffnungsgrund der Überschuldung (§ 19 III InsO) und die Pflicht der Gesellschaftsorgane zum Insolvenzantrag (§§ 130 a, 177 a HGB) sind die von Abs 4 erfassten Gesellschaften den Handelsgesellschaften mit Rechtspersönlichkeit gleichgestellt.

Nach Abs 4 Satz 2 müssen bei diesen Gesellschaften die Voraussetzungen der Löschung, soweit sie sich auf die Vermögenslosigkeit beziehen, nicht nur bei der Gesellschaft, sondern auch bei den persönlich haftenden Gesellschaftern vorliegen. Es besteht kein Anlass, beispielsweise eine GmbH und Co. KG zu löschen, solange die GmbH noch Vermögen besitzt (BT-Drucks 12/3803, S 71).

3. Vermögenslosigkeit

§ 394 I entspricht im Wesentlichen § 2 I des aufgehobenen LöschG (Bay- 3 ObLG NJW-RR 99, 1054; OLG Karlsruhe FGPrax 99, 235). Vermögenslosigkeit ist gegeben, wenn die Gesellschaft über keine Vermögenswerte verfügt, die für eine Gläubigerbefriedigung oder eine Verteilung unter die Gesellschafter in Betracht kommen (BayObLG aaO). Maßgeblich ist der Zeitpunkt der Löschungsanordnung (OLG Schleswig FGPrax 00, 160). Es ist nach Anhörung der berufsständischen Organe in Anwendung von § 26 zu prüfen, ob die Gesellschaft nach der Auffassung eines vernünftig denkenden Kaufmanns ohne Aktivvermögen ist (OLG Düsseldorf GmbHR 97, 131). Wegen der schwerwiegenden Folgen der Löschung sind die tatsächlichen Umstände, aus denen auf die Vermögenslosigkeit geschlossen werden kann, **besonders genau und gewissenhaft zu prüfen** und festzustellen (OLG Karlsruhe aaO).

§ 394 Buch 5 – Registersachen, unternehmensrechtliche Verfahren

Seine Überzeugung von der Vermögenslosigkeit einer Gesellschaft kann das Gericht nicht etwa auf unterlassene Darlegung des Geschäftsführers stützen; vielmehr muss diese Überzeugung auf ausreichenden Ermittlungen des Registergerichts und positiver Feststellung im Einzelfall beruhen (OLG Düsseldorf aaO). Auch wenn sie nur ein verschwindend geringes Vermögen besitzt, darf eine Gesellschaft nicht gelöscht werden (BayObLG GmbHR 85, 53; str); beabsichtigt eine Gesellschaft ernsthaft, Ansprüche geltend zu machen, die nicht offensichtlich unbegründet sind, kommt eine Löschung der Gesellschaft als vermögenslos nicht in Betracht (BayObLG NJW-RR 95, 103). Ein die Löschung nach § 394 hindernder Vermögenswert ist dabei bereits anzunehmen, wenn die Gesellschaft eine konkrete Forderung behauptet und diese ernsthaft verfolgt (KG NZG 07, 474). Ein ohne jegliche Erläuterung vorgelegter Bankauszug über ein Habensaldo von etwa 250 Euro reicht jedoch nicht aus (OLG Köln NJW-RR 94, 726). Vermögenslosigkeit ist ein Zustand, aus dem die Lebensunfähigkeit der Gesellschaft hervorgeht. Auch die bloße Tatsache, dass die GmbH als Beklagte an einem vermögensrechtlichen Prozess beteiligt ist, hindert die Löschung nicht; allerdings sind hier eingehende Ermittlungen geboten, ob nicht Vermögenswerte vorhanden sind, auf die der Kläger gegebenenfalls zurückgreifen will (BayObLG 95, 9). Das Know-How als Teil des Firmen-goodwill ist kein Vermögen in diesem Sinn (OLG Frankfurt Rpfleger 78, 22).

4   Eine **Genossenschaft**, die kein Vermögen besitzt, kann unter denselben Voraussetzungen und im gleichen Verfahren wie eine Kapitalgesellschaft von Amts wegen oder auch auf Antrag der Finanzbehörde gelöscht werden. Sie muss von Amts wegen gelöscht werden, wenn das Insolvenzverfahren durchgeführt ist und keine Anhaltspunkte vorliegen, dass die Gesellschaft noch Vermögen besitzt. Bei Feststellung der Vermögenslosigkeit kann die Haftpflicht (Nachschusspflicht) der Genossen (§§ 2, 105 GenG) nicht als Vermögenswert berücksichtigt werden, wohl aber nicht voll einbezahlte Geschäftsanteile (§ 7 Nr 2, § 50 GenG). Mit der Löschung nach § 394 wird die Gesellschaft aufgelöst (§ 81 a Nr 2 GenG).

4. Löschungsverfahren

5   **a) Einleitung des Verfahrens.** Das Löschungsverfahren regelt § 394 II, der – wie § 142 II FGG – weitgehend dem früheren § 2 II LöschG entspricht. Ist die Gesellschaft vermögenslos, steht die Einleitung des Löschungsverfahrens in pflichtgemäßem Ermessen des Gerichts, das das öffentliche und private Interesse abzuwägen hat. Antragsberechtigt sind die staatlichen und gemeindlichen Steuerbehörden sowie nunmehr wieder – wie noch nach dem aufgehobenen § 2 I 1 LöschG – die berufsständischen Organe (§ 380), die sowie im Fall einer Genossenschaft, der Prüfungsverband, auch nach § 394 II 3 vor der Löschung zu hören sind (Müther Rpfleger 99, 10). Die Einleitung kann auch von Amts wegen erfolgen. Aktionäre, Gläubiger und Mitglieder von Gesellschaftsorganen können die Löschung anregen. Durch § 394 I 2 ist das Registergericht verpflichtet, von Amts wegen die Gesellschaft zu löschen, sobald es vom Insolvenzgericht über die Durchführung des Insolvenzverfahrens unterrichtet worden ist und keine Anhaltspunkte dafür vorliegen, dass die

§ 394 Löschung vermögensloser Gesellschaften und Genossenschaften **§ 394**

Gesellschaft noch Vermögen besitzt. In diesem Fall steht dem Gericht kein Ermessen zu, es muss löschen.

b) Bekanntmachung. Die beabsichtigte Löschung ist den gesetzlichen 6 Vertretern der Gesellschaft, wenn ihr Aufenthalt bekannt ist, bekanntzumachen. § 141 a FGG verwies dazu noch ausdrücklich auf die Vorschriften der ZPO über die Zustellung von Amts wegen (§§ 166 bis 195 ZPO) (dazu OLG Düsseldorf FGPrax 99, 231). Nach § 15 II 1 kann die Bekanntmachung nunmehr auch neben der Zustellung nach den Vorschriften der §§ 166 bis 195 ZPO auch dadurch bewirkt werden, dass das Schriftstück unter der Anschrift des Adressaten zur Post gegeben wird. Seit Änderung der Vorschriften über Zustellung durch das Zustellungsreformgesetz (BGBl 2001 I S. 1206) spielt auch die Frage, ob eine Ersatzzustellung der Löschungsankündigung an die gesetzlichen Vertreter der Gesellschaft durch Niederlegung zur Post unter deren Wohnanschrift nur wirksam ist, wenn die Gesellschaft kein besonderes Geschäftslokal hat (so etwa BayObLG NJW-RR 98, 613), keine Rolle mehr (Jansen/Steder § 141 a FGG Rn 41). Ohnehin genügt es, wenn die Zustellung an die im Handelsregister eingetragene inländische Geschäftsanschrift erfolgt (Keidel/Heinemann Rn 21).

Das Gericht kann auch, wenn die Voraussetzungen des Abs 1 nicht 7 vorliegen, also gesetzliche Vertreter oder ihre Person oder ihr inländischer Aufenthalt nicht bekannt sind, **öffentliche Bekanntmachung** nach Abs 2 Satz 2 anordnen. Ist der einzige Geschäftsführer unbekannten Aufenthalts, ist das Registergericht regelmäßig gehalten, die Löschungsabsicht zu veröffentlichen. Die Zustellung der Löschungsankündigung an nur einen von mehreren Gesellschaftern reicht nicht aus, um die Gesellschaft am Löschungsverfahren ordnungsgemäß zu beteiligen (BayObLG NJW-RR 95, 612).

Das Schreiben nach Abs 2 Satz 1, mit dem das Amtsgericht dem gesetzlichen Vertreter einer Gesellschaft seine Absicht bekannt macht, die Gesellschaft wegen Vermögenslosigkeit zu löschen, muss klar gehalten sein und eine **angemessene Frist** zur Geltendmachung des Widerspruchs bestimmen. Eine Frist von einem Monat dürfte im Regelfall angemessen sein (Keidel/Heinemann Rn 50). Die durch die Bekanntgabe vermittelte **Anhörung der Vertretungsorgane** der betroffenen Gesellschaft ist als wesentlicher und unbedingt notwendiger Bestandteil der Ermittlungen anzusehen, weswegen sie auch im Beschwerdeverfahren nicht nachgeholt werden kann (KG FGPrax 07, 184). Inhaltlich genügt aber, dass das Amtsgericht dem gesetzlichen Vertreter einer Gesellschaft seine Absicht bekannt macht, die Gesellschaft wegen Vermögenslosigkeit zu löschen, eine Frist zum Widerspruch setzt und Hinweise dazu erteilt, wie der Nachweis des Vorhandenseins von Vermögen geführt werden kann. Einer Angabe, woraus das Registergericht auf eine Vermögenslosigkeit schließt, und der Beifügung entsprechender Unterlagen bedarf es nicht (KG FGPrax 06, 225).

Wird dem Beteiligten nach Anhörung und eingelegten Widerspruch mitgeteilt, dass das Verfahren eingestellt wird, bedarf es im Falle der Wiederaufnahme des Löschungsverfahrens einer erneuten Anhörung nach § 394 II 1 (KG FGPrax 07, 184).

§ 394 Buch 5 – Registersachen, unternehmensrechtliche Verfahren

5. Widerspruch

8 Die Gesellschaft, vertreten durch ihren Vorstand, Geschäftsführer oder Liquidator, ist berechtigt gegen die Ankündigung der Löschung Widerspruch einzulegen (BayObLG Rpfleger 96, 72). Das Widerspruchsrecht steht nicht nur den gesetzlichen Vertretern der Gesellschaft, sondern allen zu, die an der Unterlassung der Löschung ein berechtigtes Interesse haben, also auch den Gesellschaftern (BayObLG GmbHR 94, 481) und Gesellschaftsgläubigern, wenn die Löschungsankündigung öffentlich bekannt gemacht worden ist. Erklärungen eines Beteiligten, wonach er mit der beabsichtigten Löschung der Gesellschaft nicht einverstanden ist, sind als Widerspruch zu behandeln (BayObLG Rpfleger 78, 181). Im übrigen bestimmt sich das Verfahren nach § 393 III bis V. Eine Wiedereinsetzung gegen die Versäumung der Widerspruchsfrist findet nicht statt (SBW/Nedden-Boeger Rn 48; aA Keidel/Heinemann Rn 26: analoge Anwendung der §§ 17 bis 19). Die Löschung hat zu unterbleiben, wenn vor Eintragung der Löschung glaubhaft gemacht wird, dass die Gesellschaft nicht vermögenslos ist, die Glaubhaftmachung ist vom Registergericht auch noch nach rechtskräftiger Zurückweisung des Widerspruchs zu beachten (OLG Köln NJW-RR 94, 726). Eine Löschung wegen Vermögenslosigkeit ohne Entscheidung über den fristgerecht erhobenen Widerspruch stellt eine die Amtslöschung nach § 395 rechtfertigende Verletzung wesentlicher Verfahrensvorschriften dar (OLG Zweibrücken FGPrax 02, 132; OLG Düsseldorf FGPrax 06, 226).

6. Eintragung der Löschung

9 Die Vermögenslosigkeit allein führt noch nicht zum Verlust der Rechts- und Parteifähigkeit; der Tatbestand bei Vermögenslosigkeit muss auch im Handelsregister eingetragen werden (BAG GmbHR 88, 388). Bei Eintragung der Löschung ist auf die gesetzliche Grundlage hinzuweisen (§ 19 II HRV). Sie ist gemäß § 10 HGB zu veröffentlichen. Mit der Löschung gilt die Gesellschaft als aufgelöst, eine Abwicklung findet nicht statt (OLG Düsseldorf Rpfleger 95, 257). Die Eintragung im Handelsregister, die GmbH sei aufgelöst, führt zum Verlust der Rechts- und Parteifähigkeit, so dass zB eine Klage gegen sie als unzulässig abzuweisen ist (OLG Saarbrücken GmbHR 92, 311; aA BAG GmbHR 88, 388), es sei denn, es bestehen Anhaltspunkte dafür, dass bei der Gesellschaft noch verwertbares Vermögen vorhanden ist (BGH DStR 10, 2643). Für die Parteifähigkeit einer gelöschten GmbH im Zwangsvollstreckungsverfahren genügt die Möglichkeit des Vorhandenseins von Gesellschaftsvermögen. Ist die aufgelöste GmbH Komplementärin einer KG, so bewirkt die Auflösung der GmbH nicht auch die Auflösung der KG; die KG wird deshalb auch nach diesem Zeitpunkt nicht durch einen Liquidator, sondern durch den bisherigen Liquidator der Komplementär-GmbH vertreten (OLG Frankfurt Rpfleger 77, 138).

7. Nachtragsliquidation

10 Die Vorschriften zur Nachtragsliquidation sind in § 66 V GmbHG, § 264 II AktG, § 83 V GenG enthalten. Ergibt sich nach der Löschung, dass Vermögen vorhanden ist, so ist die Abwicklung durchzuführen und muss ein neuer Liquidator bestellt werden, insoweit wird der Fortbestand der Gesellschaft fingiert (BGH 48, 303; OLG Düsseldorf Rpfleger 95, 257). Der Liquidator kann nur durch das Gericht und zwar funktionell durch den Richter (OLG Schleswig FGPrax 00, 73; § 17 Nr 2 b RPflG, wobei nunmehr das Landesrecht Ausnahmen gem § 19 I Nr 6 RPflG vorsehen kann, s § 376 Rn 5), nicht durch die Gesellschafterversammlung bestellt werden (KG GmbHR 04, 1286). Macht eine wegen Vermögenslosigkeit gelöschte GmbH gegen einen Dritten durch Klageeinreichung Ansprüche geltend, so gilt sie für diesen Aktivprozess als parteifähig, weil darin die Behauptung liegt, noch Vermögen zu haben; zu ihrer gesetzlichen Vertretung hat das Gericht einen Nachtragsliquidator zu bestellen; es braucht nicht im Einzelnen zu prüfen, inwieweit die Klage Aussicht auf Erfolg hat (BayObLG 93, 651; Senger GmbHR 94, 300). Es genügt in der Regel, dass greifbare Anhaltspunkte für die Berechtigung eines Anspruchs vorhanden sind, dessen Realisierung verteilbares Vermögen der Gesellschaft ergibt; schwierige rechtliche und tatsächliche Fragen muss das Registergericht nicht abschließend entscheiden (OLG Celle GmbHR 97, 752). Um die durch die Löschung einer Gesellschaft begründete Vermutung ihrer Vermögenslosigkeit zu entkräften, muss ein Gläubiger substantiiert die Tatsachen darlegen, aus denen sich aus Vorhandensein von Gesellschaftsvermögen ergeben soll (BayObLG GmbHR 85, 55; OLG Frankfurt Rpfleger 76, 329; GmbHR 05, 1137); lediglich zum Zweck, auf Grund vager Angaben nach verbliebenem Firmenvermögen zu forschen, kann ein Nachtragsliquidator nicht bestellt werden (OLG Frankfurt GmbHR 05, 1137). Zur Führung eines Zivilprozesses gegen die Gesellschaft ist ein Liquidator nur zu bestellen, wenn das Vorhandensein von Gesellschaftsvermögen konkret vorgetragen werden kann; die einfache Behauptung unwirksamer Stammeinlageleistungen reicht dazu nicht aus (KG RPfleger 07, 398). Die Gesellschaft ist als in Liquidation befindlich wieder einzutragen; die Eintragung wirkt nur deklaratorisch und hat unter der bisherigen HR-Nummer zu erfolgen (OLG Düsseldorf GmbHR 79, 276).

Hat eine gelöschte GmbH noch steuerliche Pflichten zu erfüllen, ist auf Antrag der Steuerbehörde ein Nachtragsliquidator zu bestellen; der BFH vertritt in ständiger Rechtsprechung die Auffassung, dass eine GmbH trotz ihrer Löschung im Handelsregister steuerlich fortbesteht, wenn sie noch steuerliche Rechtspflichten zu erfüllen hat, wie etwa Duldung einer Betriebsprüfung oder Zustellung erforderlicher Steuerbescheide (GmbHR 86, 401). Darüber hinaus kann eine Betriebsprüfung auch zu Steuererstattungsansprüchen führen, insofern also verteilungsfähiges Vermögen ergeben (BayObLG Rpfleger 83, 404).

8. Zuständigkeit

Die Löschung nach § 394 ist dem Richter vorbehalten (§ 17 Nr 1 e, 2 b **11** RPflG), mit Ausnahme jedoch der Personenhandelsgesellschaften für die der Richtervorbehalt nicht gilt (Keidel/Heinemann Rn 13). Für die Löschung von Genossenschaften ist der RPfl zuständig (§ 3 Nr 2 d RPflG).

9. Kosten

Gerichtsgebühren s § 88 KostO. **12**

§ 395 Buch 5 – Registersachen, unternehmensrechtliche Verfahren

Löschung unzulässiger Eintragungen

395 (1) Ist eine Eintragung im Register wegen des Mangels einer wesentlichen Voraussetzung unzulässig, kann das Registergericht sie von Amts wegen oder auf Antrag der berufsständischen Organe löschen. Die Löschung geschieht durch Eintragung eines Vermerks.

(2) Das Gericht hat den Beteiligten von der beabsichtigten Löschung zu benachrichtigen und ihm zugleich eine angemessene Frist zur Geltendmachung eines Widerspruchs zu bestimmen. § 394 Abs. 2 Satz 1 und 2 gilt entsprechend.

(3) Für das weitere Verfahren gilt § 393 Abs. 3 bis 5 entsprechend.

1. Allgemeines

1   Während im Anmeldungsverfahren das Registergericht weitgehende Prüfungsrechte und -pflichten hat, die das Ziel haben, zum Schutz des Rechtsverkehrs unrichtige Eintragungen im Handelsregister möglichst zu vermeiden, gilt für die erfolgte Eintragung der **Grundsatz der Erhaltung der Eintragung** (OLG Zweibrücken FGPrax 01, 125). Eintragungen im Handelsregister unterliegen daher ebenso wenig wie Grundbucheintragungen (§ 71 II GBO) der Beschwerde (§ 383 III). Ihre Wirkung tritt so endgültig ein, dass sie nicht durch Aufhebung im Beschwerdeverfahren rückgängig gemacht werden können.

2   Die **Eintragung kann nur im Weg der §§ 395 ff beseitigt** werden (BGH NJW 66, 1813 mit Anm Jansen; BayObLG 88, 170, 173; OLG Düsseldorf FGPrax 98, 148; NJW-RR 99, 1052; OLG Zweibrücken FGPrax 02, 132); dies gilt auch für eine nach § 2 LöschG (aufgehoben seit 1. 1. 1999) bzw. den Nachfolgevorschriften (s § 394 Rn 1) vollzogene Löschung (OLG Frankfurt, GmbHR 93, 298). Das Löschungsverfahren ist ein selbständig ausgestaltetes Verfahren. Es dient nicht dazu, etwaige Fehler des Anmeldeverfahrens zu korrigieren (OLG Zweibrücken GmbHR 95, 723). Die Löschung soll nicht bewirken, das Register von unwirksamen oder unrichtigen Eintragungen zu befreien. Sie hat vielmehr den Zweck, im öffentlichen Interesse erlassene Vorschriften durchzusetzen. Gegenüber der Anmeldung besteht daher ein stark eingeschränktes Prüfungsrecht des Registergerichts (BayObLG GmbHR 92, 304; 96, 441; OLG Zweibrücken FGPrax 01, 125).

Als Eintragung iS des § 395 ist auch eine Löschung anzusehen (OLG Frankfurt, BB 77, 675; OLG Hamm GmbHR 01, 820). Ein Rechtsbehelf ist nur mit dem Ziel der Amtslöschung zulässig. Allerdings ist idR in einer derartigen Beschwerde die Anregung zur Einleitung eines Amtslöschungsverfahrens nach § 395 zu sehen (BayObLG, Rpfleger 78, 181; 90, 200; DNotZ 86, 48; OLG Düsseldorf Rpfleger 99, 29; GmbHR 99, 237). Solange eine Eintragung in das Handelsregister noch nicht vollzogen und den Beteiligten bekannt gemacht worden, sondern erst verfügt ist, handelt es sich um einen unanfechtbaren, verwaltungsinternen Vorgang (OLG Hamm, BB 81, 260; aA Baums, BB 81, 262); nach Ansicht der Gerichte ist dagegen die Beschwerde noch zulässig, wenn das Registergericht dem Dritten die Eintragungsverfügung bekanntgegeben hat, um ihm zu ermöglichen, sie noch vor der

Eintragung durch das Beschwerdegericht abändern zu lassen (BayObLG, Rpfleger 90, 200; OLG Stuttgart, Rpfleger 70, 283).

Die **Voraussetzungen** der Löschung nach § 395 sind, dass die Eintragung 3 zurzeit der Vornahme unzulässig war oder nachträglich geworden ist (OLG Hamm, OLG 77, 54), diese Unzulässigkeit auf einem wesentlichen Mangel beruht, der rechtlich zweifelsfrei zu erkennen ist und dass bei pflichtgemäßer Abwägung aller Umstände eine Löschung angebracht erscheint (BayObLG 70, 269, 272). § 395 gilt auch für das Genossenschafts-, Vereins-, Partnerschafts- und Güterrechtsregister.

Schreibfehler und sonstige offenbare Unrichtigkeiten können auf Anordnung des Richters (Rechtspflegers § 4 I RPflG) berichtigt werden (§ 17 HRV). Zur sog Fassungsbeschwerde s BayObLG, DNotZ 86, 48, 49 u § 383 Rn 5.

2. Verhältnis zu anderen Vorschriften

a) §§ 397, 398. Im Verhältnis zu §§ 397, 398 gehen diese grundsätzlich für 4 die dort genannten Eintragungen als Spezialvorschriften dem § 395 vor (BayObLG 69, 215, 219; 89, 44, 49; OLG Karlsruhe, OLG 86, 155; OLG Zweibrücken GmbHR 95, 723; OLG Köln EWIR 02, 157 m Anm Winkler; OLG Frankfurt FGPrax 02, 357; OLG Düsseldorf DB 04, 1877). § 395 gilt also für die Gesellschaften und Beschlüsse, die in Abt A des Handelsregisters einzutragen sind, wie OHG, KG und die in § 33 HGB genannten jur Personen. Für die in § 397 genannten Gesellschaften (AG, KGaA, GmbH) greift § 395 nur ein, wenn es sich nicht um die Löschung der Gesellschaft oder ihrer Beschlüsse handelt. Dagegen ist er anzuwenden auf die sonstigen, nicht in § 397 aufgeführten Eintragungen, die sich auf diese Gesellschaften beziehen; ist etwa eine GmbH nichtig, so findet auf die Löschung § 397 Anwendung, steht dagegen etwa der Inhalt des Gesellschaftsvertrags mit dem Gegenstand des Unternehmens der GmbH in Widerspruch, so ist nach § 395 zu löschen (s Vorb § 397 Rn 4). Ausnahmen von diesen Grundsätzen können jedoch verfassungsrechtlich geboten sein, um eine Verletzung des Justizgewährungsanspruches zu verhindern (BVerfG NJW-RR 10, 1474, 1476 zum Fall eines anfechtbaren, versehentlich eingetragenen Übertragungsbeschlusses im Rahmen eines Squeeze-out).

b) § 392. Von § 392 unterscheidet sich § 395 in seiner Zielsetzung dadurch, dass dieser ein unrichtiges Verfahren des Registergerichts, jener den Missbrauch der Beteiligten aus der Welt schaffen will. Beide Verfahren sind auch nebeneinander zulässig. 5

c) § 399. Im Verhältnis zu § 399 wird § 395 regelmäßig von § 399 als der 6 spezielleren Vorschrift verdrängt (BayObLG, NJW-RR 89, 867).

3. Zuständigkeit

Zuständig nach § 395 ist das **Registergericht.** Die Amtslöschung im 7 Handelsregister A, im Genossenschafts-, Vereins-, Partnerschafts- und Güterrechtsregister hat der RPfl (§ 3 Nr 2 d, Nr 1 a, e RPflG), die Löschungen im Handelsregister B hat der Richter zu besorgen (§ 17 Nr 1 e RPflG), es sei denn der Richtervorbehalt wurde durch Rechtsverordnung in den Ländern

§ 395 Buch 5 – Registersachen, unternehmensrechtliche Verfahren

gem § 19 RPflG aufgehoben. Die bislang bestehende Zuständigkeit des Landgerichts nach § 143 FGG wurde nicht ins FamFG übernommen s Vorb § 393 Rn 2.

4. Unzulässigkeit der Eintragung

8   a) **Unzulässigkeit.** Eine Registereintragung ist unzulässig, wenn sie entweder sachlich unrichtig ist oder aber auf einen Verstoß gegen Verfahrensvorschriften zurückzuführen ist. Dies gilt auch für Löschungen (BGH, NJW 79, 1987; BayObLG 56, 303; OLG Zweibrücken Rpfleger 02, 83) und für Eintragungen, die auf Anweisung des Beschwerdegerichts vorgenommen wurden. Gleichgültig ist, ob die Eintragungen konstitutiver oder deklaratorischer Natur sind. Die Löschung einer Firma im **Handelsregister** stellt ihrerseits eine Eintragung dar und kann gelöscht und die frühere Eintragung wieder hergestellt werden (OLG Hamm GmbHR 01, 820), wenn etwa die Löschungsankündigung dem gesetzlichen Vertreter einer Gesellschaft nicht förmlich zugestellt worden ist (OLG Frankfurt NJW-RR 98, 612; GmbHR 98, 893; OLG Düsseldorf FGPrax 99, 231) oder wenn sich nachträglich herausstellt, dass die Firma in Wirklichkeit noch nicht erloschen ist, weil noch abzuwickelndes Gesellschaftsvermögen vorhanden ist, und daher im Handelsregister zu Unrecht gelöscht wurde (BGH, NJW 79, 1987; BayObLG 78, 121, 126; 353, 355; Rpfleger 83, 73) oder wenn ein Geschäftsführer einer GmbH eingetragen wird, der wegen einer Insolvenzstraftat verurteilt ist (OLG Naumburg FGPrax 00, 121). Schreibfehler und sonstige offenbare Unrichtigkeiten gehören nicht hierher und sind auf Anordnung des RPfl zu berichtigen (§ 17 HRV, § 4 I RPflG). Im Übrigen können Unrichtigkeiten, Mehrdeutigkeit oder Missverständlichkeit nur auf Antrag der Beteiligten berichtigt werden. Zur sog Fassungsbeschwerde s § 17 Abs 2 HRV (BayObLG DNotZ 85, 168; 86, 48; Rpfleger 86, 390, und § 383 Rn 5).

9   Bei **Partnerschaften** liegt Unzulässigkeit der Eintragung etwa vor, wenn die Partnerschaft ohne Anmeldung eingetragen wurde, nicht alle oder nicht die richtigen Partner die Eintragung beantragt haben, der Gesellschaftsvertrag nicht den richtigen Inhalt (§ 3 II PartGG) oder die richtige Form (§ 3 I PartGG) hat, wenn der Name unzulässig gebildet wurde (§ 2 PartGG), zur Täuschung geeignet ist oder sich nicht deutlich genug von Gesellschaften des gleichen Orts unterscheidet (§ 2 II PartGG, § 30 HGB), wenn die Betreibenden keinen freien Beruf im Sinn von § 1 II PartGG ausüben.

10   Bei **Vereinen** ist liegt Unzulässigkeit der Eintragung etwa vor, wenn ein Verein ohne Anmeldung eingetragen wurde, nicht alle oder nicht die richtigen Vorstandsmitglieder die Eintragung beantragt haben, die Satzung nicht den vorgeschriebenen Inhalt hat (zum Zusammenhang mehrerer Satzungsvorschriften s BayObLG 75, 435), der Zweck nach der Satzung auf einen wirtschaftlichen Geschäftsbetrieb gerichtet ist (OLG Frankfurt, BB 66, 52; OLG Stuttgart, OLG 71, 465; BayObLG 78, 87; 84, 283; OLG Hamm, Rpfleger 81, 66; Rpfleger 93, 249; OLG Celle NJW-RR 96, 1502; Hornung, Rpfleger 74, 343), die Satzung gemäß §§ 134, 138 BGB nichtig ist (KG, NJW 62, 1917), die Mitgliederversammlung nicht ordnungsgemäß einberufen war (BayObLG 63, 15, 18; OLG Hamm, DNotZ 66, 56), der

Vereinsname zur Täuschung geeignet ist (BayObLG NJW 72, 957; BayObLG 74, 299; 75, 332; OLG Hamm, OLG 78, 428) oder der Vorstand unzulässig gebildet ist (BayObLG, Rpfleger 72, 400; Stöber, Rpfleger 67, 342, 347). Der Tod des letzten wirksam beigetretenen Mitglieds führt zur Auflösung des Vereins und jedenfalls dann, wenn der Fiskus Anfallberechtigter ist, zu dessen Erlöschen ohne Liquidation (KG Rpfleger 04, 397). Betreibt der Verein satzungswidrig einen anderen Zweck, so sollte dies bislang keinen Mangel im Sinne des § 395 darstellen (s Voraufl. Rn 10 mwN). Nach der Neufassung des § 43 soll nunmehr § 395 in allen Fällen der Rechtsformverfehlung anwendbar sein, so dass gerade das satzungswidrige Unterhalten eines wirtschaftlichen Geschäftsbetriebes einen Löschungsgrund darstellt (Terner DNotZ 10, 5, 13). Kein Mangel ist es dagegen, wenn ein Nichtmitglied zum Vorstandsmitglied des Vereins gewählt und eingetragen ist (OLG Stuttgart, Rpfleger 64, 20).

b) Zeitpunkt. Maßgeblich für die Unzulässigkeit ist der Zeitpunkt der **11 Löschung.** Das Löschungsverfahren nach § 395 ist demnach auch zulässig, wenn die Eintragung erst nachträglich unzulässig geworden ist, was durch die Änderung der Formulierung des Abs 1 gegenüber § 142 I FGG klargestellt ist (BT-Drs. 16/6308, 288; zu § 142 schon die Rspr.: KG OLG 93, 30; BayObLG 75, 332; 94, 102, 105; OLG Frankfurt, OLG 79, 318, 321; OLG Düsseldorf GmbHR 99, 237). Ist dagegen ein zurzeit der Vornahme der Eintragung etwa vorhandener Mangel inzwischen behoben worden, so ist eine Löschung nicht mehr zulässig (BayObLG 56, 303, 312; FGPrax 95, 172). Hat das Registergericht etwa unberechtigt eine Firma ohne Antrag gelöscht, so ist dieser Löschungsvermerk nicht wieder nach § 395 zu löschen, wenn die Firma tatsächlich erloschen ist. Es geht nicht an, dass durch Löschung einer – nach Behebung des Mangels – ordnungsgemäßen Eintragung nicht ein wahrer, sondern ein fehlerhafter Registerzustand geschaffen wird. Es greift hier der Grundsatz der materiellen Richtigkeit des Registers ein (für das Handelsregister: BayObLG FGPrax 01, 213; OLG Hamm GmbHR 01, 820; für das Vereinsregister: BayObLG FGPrax 95, 172).

5. Wesentlichkeit des Mangels

Die Eintragung muss wegen Mangels einer wesentlichen Voraussetzung **12** unzulässig sein. Hierzu genügt nicht lediglich der Verstoß gegen eine Sollvorschrift (BayObLG 71, 266, 269; OLG Hamm GmbHR 93, 295; OLG Frankfurt GmbHR 93, 298) oder ein geringfügiger Fehler. Ob der Mangel wesentlich ist, entscheidet das Registergericht nach Lage des Falls (BayObLG FGPrax 02, 82; Richert, Rpfleger 54, 501). Wesentlich sind zB regelmäßig Verstöße gegen die Vorschriften über die Firma, etwa wenn sie unzulässig gebildet ist (OLG 67, 471, 473), wenn sie sich nicht deutlich genug von Firmen des gleichen Orts unterscheidet (§ 30 HGB: BGH NJW 66, 1813; § 57 II BGB: LG Bonn Rpfleger 96, 463), wenn dem Betreibenden gar keine Kaufmannseigenschaft zukommt, Verstoß gegen die Firmenwahrheit (OLG Hamm, NJW 65, 256; BayObLG NJW 72, 957; OLG Frankfurt, OLG 80, 295; LG Osnabrück, BB 76, 1530). Ist eine Gesellschaft nach Abschluss der Abwicklung gelöscht und stellt sich nachträglich heraus, dass noch Ver-

§ 395 Buch 5 – Registersachen, unternehmensrechtliche Verfahren

mögensgegenstände vorhanden und auseinanderzusetzen sind, so kann die Löschung gelöscht und die frühere Eintragung der Gesellschaft wiederhergestellt werden (vgl § 273 IV AktG, dazu Baumbach/Hueck, § 273 AktG Rn 8). Dies ist etwa auch der Fall, wenn die Löschungsankündigung dem gesetzlichen Vertreter einer Gesellschaft nicht förmlich zugestellt worden ist (OLG Frankfurt NJW-RR 98, 612; OLG Hamm 98, 893; OLG Düsseldorf Rpfleger 99, 29, wobei jetzt § 15 II 1 zu beachten ist, wonach die Zustellung auch durch Aufgabe zur Post bewirkt werden kann) oder wenn eine (unterbliebene) Anhörung eines berufsständischen Organes (§ 380) konkrete Umstände für das Nichtvorliegen von Vermögenslosigkeit im Falle des § 393 ergeben hätte (KG FGPrax 06, 225). Keine Amtslöschung ist erforderlich etwa, wenn die Firmenbezeichnung zwar wegen einer Änderung der Verkehrsanschauung und der Rechtsauffassung unzulässig geworden ist, die Verhältnisse aber nicht wesentlich von den früheren abweichen (OLG Stuttgart, NJW 60, 1865; KG, NJW 65, 254). Sind nur die Vorschriften über die Form der Anmeldung (§ 12 HGB) nicht beachtet worden, so ist dies kein wesentlicher Mangel im Sinn des § 395 (OLG Hamm, 71, 475, 477). Anders ist es dagegen, wenn ein Antrag überhaupt nicht gestellt ist und das Registergericht trotzdem tätig wurde; nach § 395 ist in einem solchen Fall nur dann nicht zu verfahren, wenn die Eintragung nur deklaratorisch (s. u. Rn 13) und damit sachlich richtig war.

6. Kausalität des Mangels

13 Die Eintragung muss gerade wegen des Mangels einer wesentlichen Voraussetzung unzulässig sein, also auf ihm beruhen (KG GmbHR 04, 1286). Hierbei ist zu unterscheiden, ob die Eintragung **deklaratorisch** oder **konstitutiv** ist (zu diesen Begriffen Müller, Rpfleger 70, 376 ff und § 382 Rn 2). Ersteres ist etwa bei einer OHG oder KG der Fall, deren Gewerbebetrieb schon nach § 1 II HGB Handelsgewerbe ist (§ 105 II HGB), oder bei Eintragung eines GmbH-Geschäftsführers oder Prokuristen; letzteres bei Eintragung einer GmbH, AG oder einer OHG oder KG, deren Gewerbebetrieb nicht schon nach § 1 II HGB Handelsgewerbe ist oder die nur eigenes Vermögen verwaltet (§ 105 II HGB). Ist die Eintragung rechtsbegründend, so kann sie gelöscht werden, wenn sie unter Verletzung wesentlicher Verfahrensvorschriften erfolgte, weil dann die formelle Voraussetzung die Rechtsänderung fehlt (BayObLG FGPrax 02, 82; OLG Hamm, OLG 71, 475, 476; OLG Düsseldorf GmbHR 99, 237). Handelt es sich dagegen nur um eine rechtsfeststellende Eintragung, so rechtfertigt ein Verfahrensmangel die Löschung nicht, wenn die Eintragung sachlich richtig ist (BayObLG 55, 333, 340; 56, 303, 317; OLG Hamm, NJW 63, 1554; Rpfleger 71, 402; OLG Celle, NJW 64, 933; KG, OLG 86, 296, 299; OLG Düsseldorf GmbHR 99, 237). Dabei ist es gleichgültig, ob die unzulässige Eintragung in einer positiven oder einer Löschung bestand, da auch diese eine Eintragung ist und im Weg des § 395 wieder gelöscht werden kann (BayObLG 56, 303, 308; KG, OLG 86, 296, 299; Richert, MDR 56, 149). Hat das Registergericht eine bereits erloschene Firma ohne Antrag gelöscht, wenn auch versehentlich, so ist dieser Löschungsvermerk daher nicht wieder nach § 395 zu löschen.

§ 395 Löschung unzulässiger Eintragungen **§ 395**

7. Einleitung der Löschung

Die Löschung geschieht von Amts wegen oder auf Antrag der berufsstän- 14
dischen Organe (§ 380). Anträge von übrigen Dritten, die sich durch die
Eintragung beeinträchtigt glauben, sind lediglich Anregungen und keine
Anmeldungen (BayObLG 70, 269, 271; 71, 329, 331; OLG Köln Rpfleger
02, 209). Solchen Anregungen hat das Registergericht nachzugehen (Bay-
ObLG 55, 333, 339; KG, WM 67, 83; OLG Hamm, Rpfleger 71, 402; OLG
Frankfurt, Rpfleger 76, 213).

Das Registergericht kann die Eintragung löschen. Es ist also dazu nur
berechtigt, nicht aber verpflichtet und hat nach **pflichtgemäßem Ermessen** zu entscheiden (KG, WM 67, 83; BayObLG 78, 87; 89, 187; Rpfleger
79, 19). Sein Einschreiten ist insbesondere dann veranlasst, wenn das Fortbestehen der Eintragung Schädigungen Berechtigter zur Folge haben oder
dem öffentlichen Interesse widersprechen würde (KG, NJW 65, 254; BayObLG 70, 269; Rpfleger 72, 14; GmbHR 01, 776; FGPrax 02, 82; OLG
Hamm, OLG Rpfleger 74, 198).

Ein öffentliches Interesse besteht vor allem an der Durchsetzung des Firmenrechts (OLG Hamm, Rpfleger 73, 405). Voraussetzung ist stets, dass die
Sachlage zweifelsfrei ist; gegebenenfalls obliegt dem Gericht zunächst die
Klärung des Sachverhalts nach § 26. Ist die Rechtslage zweifelhaft, so ist nicht
allein deshalb von der Einleitung des Amtslöschungsverfahrens abzusehen
(OLG Hamm, Rpfleger 73, 405; aA BayObLG 58, 16, 21; OLG Hamm,
NJW 63, 1554; OLG 71, 226, 228; DNotZ 71, 247; OLG Düsseldorf NJW-
RR 98, 756; OLG Zweibrücken FGPrax 06, 229). Das Argument, den
Beteiligten könne die Klärung zweifelhafter Rechtsfragen im Prozessweg
überlassen bleiben (BayObLG 58, 16/21; OLG Hamm, OLG 71, 226, 228;
475, 477, OLG Düsseldorf NJW-RR 98, 756), überzeugt nicht, da nicht in
jedem Fall ein weiterer Beteiligter vorhanden ist, der an der Erhebung einer
Klage nach § 37 Abs 2 HGB gegen den Inhaber der beanstandeten Firma
interessiert wäre. Vielmehr kommt es für die Einleitung auf das pflichtgemäße
Ermessen und die Überzeugung des Gerichts an (Bassenge, Rpfleger 74, 176).
Die Löschung selbst darf nur erfolgen, wenn die Unzulässigkeit der Eintragung nach Überprüfung aller hierfür maßgebenden Umstände ohne vernünftigen Zweifel zu bejahen ist (BayObLG 79, 351; FGPrax 02, 82; Keidel/
Heinemann Rn 30).

8. Verfahren

Das Gericht hat den Beteiligten von der beabsichtigten Löschung zu 15
benachrichtigen und ihm zugleich eine angemessene Frist zur Geltendmachung eines Widerspruches zu bestimmen (Abs 2). Innerhalb dieser Frist kann
der Betroffene nicht nur den Widerspruch einlegen, sondern auch den Mangel beseitigen, auf dem die Unzulässigkeit beruht (OLG Stuttgart, OLG 74,
340; Jansen, NJW 66, 1813). Die Bekanntmachung erfolgt gemäß § 15 II 1
durch Zustellung nach den §§ 166 bis 195 ZPO oder dadurch, dass das
Schriftstück unter der Anschrift des Adressaten zur Post gegeben wird. § 394
II S 1 und 2 sind entsprechend anwendbar, so dass unter den dort genannten

Voraussetzungen die Benachrichtigung und Fristsetzung auch durch Bekanntmachung gemäß § 394 II 2 erfolgen kann.

Gesellschaften müssen **ordnungsgemäß vertreten** sein; bestehen Zweifel, ob ein organschaftlicher Vertreter vorhanden ist, so muss das Registergericht dies klären und notfalls einen Notgeschäftsführer bestellen (BayObLG, DStR 94, 1702, 1703). Die Zustellung an die im Handelsregister eingetragene inländische Geschäftsanschrift sollte aber genügen (Keidel/Heinemann Rn 21). Für das weitere Verfahren verweist § 395 III auf § 393 III bis V. Gegen die Benachrichtigung findet somit nicht die Beschwerde, sondern nur der Widerspruch statt, über den das Gericht bzw der RPfl entscheidet. Erst gegen den Beschluss nach § 395 III iV mit § 393 III 1 ist die Beschwerde zulässig (im Einzelnen § 393 Rn 4 ff). Berufsständische Organe können einen Beschluss, durch den einem Antrag auf Einleitung des Amtslöschungsverfahrens, nicht entsprochen wird, mit der Beschwerde anfechten. Im übrigen steht gegen die Ablehnung der Einleitung des Amtslöschungsverfahrens die Beschwerde offen, wenn ein sachliches Recht des Antragstellers im Sinn des § 59 I verletzt ist, etwa des Gesellschafters einer GmbH bei Kündigung der Gesellschaft durch einen anderen Gesellschafter (OLG Hamm, OLG 71, 226; 76, 396; OLG Düsseldorf Rpfleger 95, 257) oder des Vorstandsmitglieds eines Vereins, das behauptet, zu Unrecht im Register gelöscht worden zu sein (BayObLG Rpfleger 93, 347). Die Stellung als Gesellschafter bzw. Vereinsmitglied allein begründet noch kein Beschwerderecht (vgl OLG Düsseldorf NZG 10, 395; Keidel/Heinemann Rn 44). Dies gilt erst recht, wenn jemand als Gesellschafter einer Kapitalgesellschaft die Löschung von Eintragungen in das Handelsregister begehrt, an der er nur mittelbar beteiligt ist (KG NJW-RR 08, 632).

Weist das Oberlandesgericht das Registergericht auf Beschwerde gegen die Ablehnung des Amtslöschungsverfahrens zur Einleitung dieses Verfahrens an (vgl OLG Düsseldorf FGPrax 04, 300), so ist gegen diese Anordnung die **Rechtsbeschwerde** nicht gegeben, weil es am Rechtsschutzbedürfnis fehlt; die Einwendungen der Beteiligten sind vielmehr in Widerspruchsverfahren zu erheben (OLG Hamm NJW 56, 428; KG Rpfleger 70, 343; OLG München GmbHR 05, 476). Zur Beteiligung des Bundesaufsichtsamts für Finanzdienstleistungsaufsicht s OLG Frankfurt OLG 82, 300 sowie zur Löschung nach § 43 II KWG, 3 IV InvG und § 4 III VAG Keidel/Heinemann Rn 52.

9. Löschung

16 Die Löschung darf nur erfolgen, wenn Widerspruch nicht erhoben oder wenn der den Widerspruch zurückweisende Beschluss rechtskräftig geworden ist (§ 395 III, § 393 V). Im erstinstanzlichen Verfahren auf Amtslöschung einer Eintragung im Vereinsregister darf die Löschung nicht durch einstweilige Anordnung verfügt werden (BayObLG NJW-RR 94, 870). Wird eine Gesellschaft im Handelsregister wegen Vermögenslosigkeit gelöscht, obwohl über ihren Widerspruch gegen die Ankündigung der Löschung noch nicht rechtskräftig entschieden worden ist, bleibt das gegen die Ankündigung gerichtete Rechtsmittel zulässig (OLG Düsseldorf FGPrax 06,

Vorbemerkung zu §§ 397 bis 399 **Vor §§ 397–399**

226). Die Eintragung muss als solche gelöscht und darf nicht etwa abgeändert werden; eine Teillöschung ist daher unstatthaft (BayObLG 71, 329). Die Löschung geschieht durch Eintragung eines Vermerks (§ 395 I S 2, § 19 HRV). Da auch die Löschung eine Eintragung ist, kann sie ihrerseits durch ein neues Löschungsverfahren wieder beseitigt werden (BayObLG 56, 303; s Rn 2).

10. Gebühren
§ 88 KostO. 17

396 *(entfallen)*

Vorbemerkung zu §§ 397 bis 399

1. Allgemeines

Während im Anmeldeverfahren das Registergericht weitgehende Prüfungs- 1
rechte und -pflichten hat, die das Ziel verfolgen, zum Schutz des Rechtsverkehrs unrichtige Eintragungen im Handelsregister möglichst zu vermeiden (s § 395 Rn 1), gilt für erfolgte Eintragungen der Grundsatz der Erhaltung der Eintragung (OLG Zweibrücken GmbHR 95, 723).
a) Gesellschaft. GmbH, AG und KGaA entstehen (anders als meist Personengesellschaften, dazu § 395 Rn 13) erst durch die Eintragung im Register als am öffentlichen Rechtsverkehr beteiligte jur Personen (§ 11 I GmbHG, §§ 41 I, 278 III AktG); ab diesem Zeitpunkt stellt sich die Frage, inwieweit die Nichtigkeit von Bestimmungen des Gesellschaftsvertrags die Existenz der Gesellschaft noch berühren kann. Das Gesetz hat sich in § 275 AktG, § 75 GmbH, §§ 397 ff aus Gründen der Rechtssicherheit und des Vertrauensschutzes für den Grundsatz der Erhaltung der Eintragung entschieden. Dieser Grundsatz ist auf zweifache Art durchgeführt:
(1) Einmal kann nur das Fehlen oder die Nichtigkeit der wesentlichen körperschaftsrechtlichen Elemente der Satzung die Existenz der jur Person selbst berühren; § 275 AktG, § 75 GmbHG, §§ 397 ff stellen eine erschöpfende Regelung der Gründe dar, aus denen die eingetragene jur Person für nichtig erklärt werden kann (BGH 21, 378, 381).
(2) Zum anderen beseitigt auch das Vorliegen eines der in § 275 AktG, § 75 GmbHG genannten Nichtigkeitsgründe nicht ohne weiteres die Existenz der jur Person, sondern führt lediglich zu ihrer Vernichtbarkeit mit der Rechtsfolge ihrer Auflösung, wobei die Vernichtung ein gerichtliches Urteil oder die Entscheidung des Registergerichts gemäß § 397 voraussetzt. Bis zum Erlass des Nichtigkeitsurteils oder Vorgehen des Registergerichts gemäß § 397 kann die Rechtsbeständigkeit der Gesellschaft weder von den Gesellschaftern noch von Dritten bestritten werden; auch nach Eintragung der Nichtigkeit

Vor §§ 397–399 Buch 5 – Registersachen, unternehmensrechtl. Verfahren

der Gesellschaft in das Handelsregister bleibt die Wirksamkeit der im Namen der Gesellschaft mit Dritten vorgenommenen Rechtsgeschäfte unberührt (§ 277 II AktG, § 77 II GmbHG).

2   **b) Fehlerhafte Beschlüsse.** Ähnliche Überlegungen gelten für fehlerhafte Beschlüsse, soweit sie im Handelsregister eingetragen sind. Auch bei ihnen ist eine Löschung nur in Ausnahmefällen zulässig. Es genügt nicht, dass der Beschluss nichtig ist (vgl §§ 241 ff AktG), etwa wegen Verfahrensverstößen. Er muss vielmehr durch seinen Inhalt zwingende gesetzl Vorschriften und das öffentliche Interesse verletzen (s § 398 Rn 3 ff).

2. Einschränkung der Nichtigkeitsgründe

3   Die Beschränkung der Nichtigkeitsgründe, die die Existenz der jur Person berühren können, auf die in § 275 AktG, § 75 GmbHG genannten Fälle bedeutet, dass die Nichtigkeit anderer Bestimmungen der Satzung auch nicht über § 139 BGB zur Nichtigkeit der Gesellschaft führen kann, mögen sie auch für die Gesellschafter noch so wesentlich gewesen sein. Die Anwendbarkeit des § 139 BGB ist deshalb für den Geltungsbereich der § 275 AktG, § 75 GmbHG ausgeschlossen; anderenfalls könnte die Nichtigkeit jeder beliebigen Bestimmung der Satzung über § 139 BGB zur Nichtigkeit der AG oder GmbH führen (vgl zu § 117 BGB BGH 21, 378).

3. Verhältnis zu § 395

4   (s dazu auch u § 395 Rn 4). Soweit die Voraussetzungen des § 397 vorliegen, enthalten sie eine abschließende Regelung, so dass eine Löschung nicht über § 395 herbeigeführt werden kann. § 395 ist durch § 397, der die spezielle Vorschrift ist, ausgeschlossen (BayObLG 69, 215, 219; 89, 44, 49; OLG Frankfurt FGPrax 02, 211; OLG Köln EWIR 02, 157 m Anm Winkler; OLG Düsseldorf DB 04, 1877; Horsch Rpfleger 05, 577, 578). Das Gesetz erschwert durch § 397 die Löschung der darin genannten Gesellschaften und Beschlüsse gegenüber sonstigen Eintragungen. Sie sollen nur unter den engen Voraussetzungen des § 397 gelöscht werden können.

Die allgemeine Vorschrift des § 395, nach der der Registerrichter eine Eintragung im Handelsregister löschen kann, wenn sie „wegen Mangels einer wesentlichen Voraussetzung unzulässig war", gilt also für die Gesellschaften und Beschlüsse, die in Abt A des Handelsregisters einzutragen sind, wie OHG, KG, und die in § 33 HGB genannten jur Personen. Für die in § 397 genannten Gesellschaften (AG, KGaA, GmbH, Genossenschaft) greift § 395 nur ein, wenn es sich nicht um die Löschung der Gesellschaften oder ihrer Beschlüsse handelt (vgl Baums, Eintragung und Löschung von Gesellschafterbeschlüssen 1981 § 12). Diese einschränkende Gesetzesauslegung ist mit Art 19 Abs 4 und Art 14 Abs 1 GG vereinbar (OLG Karlsruhe Rpfleger 01, 498 für Hauptversammlungsbeschlüsse).

4. Verhältnis von §§ 397, 398 zu § 399

5   §§ 397, 398 einerseits und § 399 andererseits ergänzen sich gegenseitig. Sie treffen für die AG wie für die GmbH die gleiche Regelung. §§ 397, 398

§ 397 Löschung nichtiger Gesellschaften und Genossenschaften § 397

erfassen die Fälle, dass der Gegenstand des Unternehmens oder das Stammbzw Grundkapital in der Satzung nicht enthalten sind oder der Gegenstand nichtig ist. § 399 regelt das Fehlen von Bestimmungen über Firma und Sitz und der Beträge der von jedem Gesellschafter übernommenen Aktien bzw Stammeinlagen sowie die Nichtigkeit der Regelung über Firma und Sitz, über das Grund- bzw Stammkapital und die Beträge der von jedem Gesellschafter übernommenen Aktien bzw Stammeinlagen. Nach §§ 397, 398 kann das Registergericht die Gesellschaft bzw Gesellschafterbeschlüsse von Amts wegen als nichtig löschen. § 399 sieht ein gerichtliches Verfahren vor, in dem das Registergericht die Gesellschaft zur Behebung des Mangels durch Satzungsänderung auffordert; dieses Verfahren endet, falls der Mangel nach Fristsetzung nicht behoben wird, mit der gerichtlichen Feststellung des Mangels der Satzung. Die rechtskräftige Feststellung des Satzungsmangels hat gemäß § 262 I Nr 5 AktG, § 60 I Nr 5 GmbHG die Auflösung der Gesellschaft zur Folge.

Während die Einleitung und Durchführung des Verfahrens gemäß §§ 397, 398 dem pflichtgemäßen Ermessen des Gerichts obliegt, ist das Gericht bei Vorliegen der Voraussetzungen des § 399 verpflichtet, das darin vorgesehene Verfahren einzuleiten und nach Abschluss des Verfahrens den Beschluss über die Feststellung des Mangels zu erlassen (KG, Rpfleger 91, 255). Dies bedeutet, dass das Registergericht, auch wenn es einen unheilbaren Nichtigkeitsgrund nach § 275 AktG, § 75 GmbHG festgestellt hat, unter besonderen Umständen von der Einleitung eines Verfahrens gemäß §§ 397, 398 absehen kann, während die Feststellung eines Satzungsmangels gemäß § 399 nicht in Ausübung pflichtgemäßen Ermessens unter Abwägung des öffentlichen Interesses an der Beseitigung des Mangels einerseits und der damit für die Gesellschaft verbundenen Nachteile andererseits zu erfolgen hat. Zur Konkurrenz aktienrechtlicher Gerichtsverfahren s Kollhosser, Die AG 77, 117.

Löschung nichtiger Gesellschaften und Genossenschaften

397 Eine in das Handelsregister eingetragene Aktiengesellschaft oder Kommanditgesellschaft auf Aktien kann nach § 395 als nichtig gelöscht werden, wenn die Voraussetzungen vorliegen, unter denen nach den §§ 275 und 276 des Aktiengesetzes die Klage auf Nichtigerklärung erhoben werden kann. Das Gleiche gilt für eine in das Handelsregister eingetragene Gesellschaft mit beschränkter Haftung, wenn die Voraussetzungen vorliegen, unter denen nach den §§ 75 und 76 des Gesetzes betreffend die Gesellschaften mit beschränkter Haftung die Nichtigkeitsklage erhoben werden kann, sowie für eine in das Genossenschaftsregister eingetragene Genossenschaft, wenn die Voraussetzungen vorliegen, unter denen nach den §§ 94 und 95 des Genossenschaftsgesetzes die Nichtigkeitsklage erhoben werden kann.

1. Allgemeines

Wie bereits ausgeführt (Vorb § 397 bis 399 Rn 1 ff), findet § 397 nur   1
Anwendung, wenn die Löschung einer AG, KGaA, GmbH oder Genossen-

§ 397   Buch 5 – Registersachen, unternehmensrechtliche Verfahren

schaft als nichtig aus den in § 397 aufgeführten materiellen Gründen erfolgt, seien diese materiellrechtlicher oder verfahrensrechtlicher Art. Handelt es sich dagegen um die Löschung sonstiger Eintragungen, so gilt die Vorschrift des § 395 (BayObLG 55, 333; OLG Hamm, OLG 71, 226). § 397 stellt eine Sondervorschrift dar, die den Rückgriff auf die allgemeine Vorschrift des § 395 verbietet. Zwar verweist § 397 auf § 395, das gilt aber nur für die Modalitäten des Löschungsverfahrens; die Voraussetzungen der Löschung regelt § 397 selbstständig und abschließend (BayObLG 69, 215, 219; OLG Hamm, Rpfleger 79, 308; OLG Karlsruhe, OLG 86, 155). Zum Verhältnis zu § 399 s Vorb zu §§ 397 bis 399 Rn 5.

Zweck der Vorschrift ist es, Gesellschaften nur unter den besonderen Voraussetzungen des § 397 im Handelsregister zu löschen. Die Bestimmung trägt dem Umstand Rechnung, dass Gesellschaften, wenn sie erst einmal eingetragen sind, vielfach weitreichende Folgen haben und nur schwer rückgängig zu machen sind. § 397 schützt das Vertrauen der Öffentlichkeit in den Bestand und räumt diesem Vertrauen Vorrang ein vor den privaten Interessen einzelner Personen, die durch die Eintragung in ihren Rechten betroffen werden können (BGH 21, 378, 381; KG FGPrax 01, 31; OLG Frankfurt FGPrax 02, 78; OLG Düsseldorf FGPrax 04, 295; vgl auch § 382 Rn 2 ff).

2. Zuständigkeit

2   Zuständig ist immer das Registergericht des Hauptsitzes, und zwar auch dann, wenn es sich um die Löschung einer Zweigniederlassung handelt; nach Sitzverlegung einer Gesellschaft ist das neue Registergericht zuständig (LG Kassel, DNotZ 50, 104). Funktionell zuständig ist nicht der RPfl, sondern nach § 17 Nr 1 e RPflG der Richter (BayObLG, Rpfleger 83, 443), soweit nicht von § 19 RPflG Gebrauch gemacht worden ist. Zuständig zur Führung des Genossenschaftsregisters ist nach § 3 Nr 2 d RPflG der RPfl.

3. Nichtigkeit der AG, KGaA, GmbH, Genossenschaft

3   Eine in das Handelsregister eingetragene AG, KGaA oder GmbH kann als nichtig gelöscht werden, wenn die Voraussetzungen vorliegen, unter denen nach den §§ 275, 276 AktG, §§ 75, 76 GmbHG, §§ 94, 95 GenG die Klage auf Nichtigerklärung erhoben werden kann. Wie bereits oben (Vorb vor §§ 397 bis 399 Rn 3) ausgeführt, regeln § 275 AktG, § 75 GmbHG, § 94 GenG die Nichtigkeitsgründe abschließend und sind einer Ausdehnung nicht fähig (KG GmbHR 01, 33; OLG Frankfurt FGPrax 02, 35). Keine Nichtigkeitsgründe sind etwa Geschäftsunfähigkeit eines Gründers (KG GmbHR 01, 33), Mangel im Gründungsverfahren, verschleierte Sachgründung, Strohmanngründung, Beteiligung einer sog Auslandsscheingesellschaft (OLG Frankfurt FGPrax 02, 78), Beurkundungsmangel (Winkler NJW 74, 1034). Soweit die Bestandskraft einer Eintragung nach § 20 II UmwG reicht, ist eine Amtslöschung nach § 397 auch bei Mängeln des Umwandlungsverfahrens ausgeschlossen (OLG Hamburg RNotZ 08, 37).

Nichtigkeitsgründe:

4   **a) AktG und GmbHG: (1) Grund- oder Stammkapital:** Die Satzung enthält keine Bestimmung über die Höhe des Grundkapitals der AG (§ 23 III

§ 397 Löschung nichtiger Gesellschaften und Genossenschaften § **397**

Nr 3 AktG) bzw Stammkapitals der GmbH (§ 3 I Nr 3 GmbHG). Ist der Betrag zwar angegeben, die Bestimmung aber nichtig, so greift nicht § 397, sondern § 399 ein (u § 399 Rn 5). **(2) Gegenstand des Unternehmens:** Die Satzung enthält keine Bestimmung über den Gegenstand des Unternehmens (§ 23 III Nr 2 AktG, § 3 I Nr 2 GmbHG) oder die Bestimmungen der Satzung über den Gegenstand des Unternehmens sind nichtig (dazu BayObLG NJW 96, 3217; Winkler, NJW 70, 449). Nichtigkeit kommt insbesondere in Frage, wenn der Gegenstand der Satzung gegen die guten Sitten verstößt (Jansen/Steder § 144 FGG Rn 20; Baumbach/Hueck, § 275 AktG Rn 2).

b) GenG. Die wesentlichen Bestimmungen der Satzung fehlen oder sind 5 nichtig (§ 94 GenG). Wesentlich gem § 95 I GenG sind die Bestimmungen über die Firma, den Sitz, den Gegenstand der Genossenschaft, die Form für die Berufung der Generalversammlung, die Form, in der die von der Genossenschaft ausgehenden Bekanntmachungen erfolgen, sowie über die öffentlichen Blätter, in die dieselben aufzunehmen sind (§ 6 GenG), über die Geschäftsanteile und die erforderlichen Einzahlungen darauf, die Bildung einer gesetzlichen Rücklage zur Deckung eines eventuellen Verlusts und die Art seiner Bildung (§ 7 Nr 1, 3 GenG) und über die Haftsumme der einzelnen Genossen (§ 119) (dazu BGH NJW 53, 258). Nichtig sind einzelne dieser Bestimmungen zB wenn die Firma nicht vom Gegenstand des Unternehmens entlehnt ist (§ 3 GenG), wenn die Haftsumme niedriger ist als der Geschäftsanteil (§ 119).

c) Heilung. Ein Mangel, der die Bestimmungen über den Gegenstand 6 des Unternehmens betrifft, kann in der AG durch einen satzungsändernden (§§ 179 ff, 278 AktG) und in der GmbH durch einen einstimmigen Beschluss (§§ 53, 54 GmbHG) der Versammlung der Gesellschafter geheilt werden (§ 276 AktG, § 76 GmbHG), der jeweils in das Handelsregister einzutragen ist. Die Löschung von Amts wegen kann dann nicht mehr erfolgen. Es ist gleichgültig, ob die Frist für die Erhebung des Widerspruchs bereits abgelaufen oder der Widerspruch rechtskräftig zurückgewiesen ist; die Heilung kann auch noch nach einem rechtskräftigen Nichtigkeitsurteil (§ 275 AktG, § 75 GmbHG) und sogar noch nach Eintragung des Nichtigkeitsurteils (§ 277 AktG, § 75 GmbHG) eintreten, dann ggfs mit Fortsetzungsbeschluss (Hüffer § 277 AktG Rn 3). Ein Mangel, der eine wesentliche Bestimmung des Statuts einer Genossenschaft betrifft, kann durch einen Beschluss der Generalversammlung geheilt werden (§§ 95 II, 16 GenG).

d) Frist. An die Dreijahresfrist des § 275 III 1 AktG ist das Registergericht 7 nicht gebunden (§ 275 III 2 AktG).

e) Wirkung der Amtslöschung. Ist die Nichtigkeit der AG, KGaA oder 8 GmbH in das Handelsregister eingetragen, so findet die Abwicklung nach den Vorschriften über die Abwicklung bei der Auflösung statt. Die Wirksamkeit der im Namen der Gesellschaft vorgenommenen Rechtsgeschäfte wird durch die Nichtigkeit nicht berührt (s auch Hönn, ZHR 138 (1974), 50). Die Gesellschafter haben die Einzahlung zu leisten, soweit es zur Erfüllung der eingegangenen Verbindlichkeiten erforderlich ist (§§ 277, 278 III AktG, § 77 GmbHG).

§ 398 Buch 5 – Registersachen, unternehmensrechtliche Verfahren

4. Verfahren

9 Einleitung und Durchführung eines Verfahrens gemäß § 397 obliegen dem pflichtgemäßen Ermessen des Gerichts. Dagegen ist das Gericht bei Vorliegen der Voraussetzungen des § 399 verpflichtet, das Verfahren einzuleiten und nach Abschluss des Verfahrens den Beschluss über die Feststellung des Mangels zu erlassen (s Vorb zu §§ 397 bis 399 Rn 5). Dies bedeutet, dass das Registergericht, auch wenn es einen unheilbaren Nichtigkeitsgrund nach § 275 AktG, § 75 GmbHG festgestellt hat, unter besonderen Umständen von der Einleitung eines Verfahrens gemäß § 397 absehen kann; dies etwa dann, wenn die Gesellschaft lange Zeit unbeanstandet bestanden hat und die Löschung nur wirtschaftlichen Schaden bringen könnte (vgl KG JW 38, 3048). Jedenfalls aber muss die Nichtigkeit zweifelsfrei sein und darf nicht von der Entscheidung eines streitigen Rechtsverhältnisses abhängig sein; anderenfalls wird das Gericht von seiner Aussetzungsbefugnis gemäß § 381 Gebrauch machen. Zu den Beteiligten vgl BayObLG, Rpfleger 83, 443. Im Übrigen gelten die Vorschriften des § 395 (s § 395 Rn 14 f). Auch ist die Mindestfrist von 3 Monaten nach § 144 III FGG nicht übernommen worden, so dass die Frist nach § 395 angemessen sein muss. Die Frist sollte mindestens einen Monat betragen (Keidel/Heinemann Rn 22). Die Löschung erfolgt durch Eintragung eines Vermerks, der die Gesellschaft bzw den Beschluss als nichtig bezeichnet (§§ 44, 45 HRV, § 22 GenRegV).

5. Gebühren

10 § 88 KostO.

Löschung nichtiger Beschlüsse

398 Ein in das Handelsregister eingetragener Beschluss der Hauptversammlung oder Versammlung der Gesellschafter einer der in § 397 bezeichneten Gesellschaften sowie ein in das Genossenschaftsregister eingetragener Beschluss der Generalversammlung einer Genossenschaft kann nach § 395 als nichtig gelöscht werden, wenn er durch seinen Inhalt zwingende gesetzliche Vorschriften verletzt und seine Beseitigung im öffentlichen Interesse erforderlich erscheint.

1. Allgemeines

1 § 398 entspricht § 144 II FGG und regelt die Behandlung nichtiger Beschlüsse durch das Registergericht. Dadurch unterscheidet er sich von § 397, bei dem es um die Nichtigkeit der Gesellschaft insgesamt geht. Zweck der Vorschrift ist es, Beschlüsse nur unter den besonderen Voraussetzungen des § 398 im Handelsregister zu löschen und eine Ausnahme nur zuzulassen, soweit es sich um Nicht- oder Scheinbeschlüsse handelt. Im übrigen entspricht der Zweck dem des § 397.

2. Nichtige Beschlüsse

Nach § 398 kann ein in das Handels- oder Genossenschaftsregister eingetragener Beschluss der Versammlung der Gesellschafter bzw. der Generalversammlung einer Genossenschaft als nichtig gelöscht werden, wenn er durch seinen Inhalt zwingende Vorschriften verletzt und seine Beseitigung im öffentlichen Interesse erforderlich erscheint; als solches kommt regelmäßig nicht das Recht des einzelnen Aktionärs in Betracht (OLG Frankfurt FGPrax 02, 35). Beschlüsse, die vor der Eintragung der Gesellschaft gefasst werden, unterliegen nicht § 398. Ebenso ist § 398 nicht anwendbar auf die Löschung gerade wegen Nichtvorliegens eines Gesellschafterbeschlusses (BayObLG 55, 333; BayObLG GmbHR 92, 672; OLG Köln Rpfleger 02, 209) oder auf Aufsichtsratsbeschlüsse. Dagegen ist der Anwendungsbereich nicht beschränkt auf Beschlüsse, die eine Änderung der Satzung zum Gegenstand haben (zB Kapitalerhöhung, s OLG Karlsruhe, OLG 86, 155), sondern erfasst sämtliche Beschlüsse der Gesellschaftsversammlung, die der Eintragung bedürfen, zB auch Bestellung und Abberufung eines Geschäftsführers (BayObLG 56, 303; Rpfleger 83, 443; GmbHR 92, 304; 96, 441; OLG München FGPrax 10, 145; zu Verschmelzungsbeschlüssen Horsch Rpfleger 05, 577).

a) Inhaltliche Nichtigkeit. Der Beschluss muss durch seinen Inhalt zwingende Vorschriften des Gesetzes verletzen (Winkler, NJW 74, 1034). Die Vorschrift überschneidet sich daher mit § 241 AktG; Beschlüsse, die nicht ordnungsgemäß zustande gekommen sind, etwa weil die Einberufung (§ 241 Nr 1 AktG) oder die Beurkundung (§ 241 Nr 2 AktG) fehlerhaft sind, werden von § 398 nicht erfasst; für die kleine (nichtbörsenzugelassene) AG sind durch das Gesetz für kleine AG v 2. 8. 1994 (BGBl I S. 1961) – in Kraft seit 10. 8. 1994 – die Einberufung und die Niederschrift erleichtert; es genügt die Aufnahme einer vom Aufsichtsratsvorsitzenden zu unterzeichnenden Niederschrift, ausgenommen lediglich Beschlüsse, für die gesetzlich eine Dreiviertel – oder größere Mehrheit bestimmt ist, also sog. Grundlagenbeschlüsse, für die es beim Beurkundungszwang (§ 130 I AktG) verbleibt (dazu Dehner, WiB 94, 753; Planck, GmbHR 94, 501; Winkler § 37 BeurkG Rn 20 ff). Die Nichtigkeitsgründe des Aktienrechts werden auf die GmbH entspr angewendet (BGH 36, 207, 211; GmbHR 66, 189; vgl auch § 75 GmbHG; Anton, GmbHR 73, 75). Von Bedeutung sind hier vor allem § 241 Nr 3 und 4 AktG, wonach Beschlüsse dann nichtig sind, wenn sie mit dem Wesen der AG bzw GmbH nicht zu vereinbaren sind oder durch ihren Inhalt Vorschriften verletzen, die ausschließlich oder überwiegend zum Schutz der Gläubiger der Gesellschaft oder sonst im öffentlichen Interesse gegeben sind, oder durch ihren Inhalt gegen die guten Sitten verstoßen (BGH 8, 348, 356; 15, 382, 385; 21, 354, 357; Scholz, GmbHR 52, 161; 54, 65). Ob eine Vorschrift zwingend oder dispositiv ist, ergibt sich regelmäßig aus ihrem Wortlaut. Es gehören hierher etwa die Vorschriften über das Grund- bzw Stammkapital und seine Erhaltung, über den Mindestnennbetrag und die Teilung von Aktien oder Stammeinlagen, über das Verbot der Rückzahlung von Einlagen etc (vgl §§ 7, 8, 9, 57, 58, 66, 69, 72, 119, 150 AktG, §§ 5, 17, 30, 31 GmbHG). Auch hier ist die Löschung ausgeschlossen, wenn der Mangel inzwischen durch einen eingetragenen Beschluss der Versammlung gemäß

§ 398 Buch 5 – Registersachen, unternehmensrechtliche Verfahren

§ 242 AktG geheilt ist (BayObLG 56, 303, 312). Der Ablauf der Frist des § 242 II AktG über die Geltendmachung der Nichtigkeit, die für die GmbH nicht gilt (BGH 11, 231, 243), hindert jedoch das Einschreiten nach § 398 nicht (KG, WM 59, 733).

Bei der Genossenschaft kommen als zwingende Vorschriften in Betracht: Die Vorschriften über die Firmenbildung (§ 3 GenG), über die Vorschriften zur Aufkündigung der Genossen (§ 65 II GenG), über die Schaffung eines neuen Ausschließungsgrunds durch Mehrheitsentscheidung (vgl OLG Düsseldorf, BB 68, 1260).

4   **b) Sonstige Mängel** des Beschlusses, sei es, dass sie nicht gegen zwingende Vorschriften verstoßen oder dass sie verfahrensrechtlicher Natur sind, rechtfertigen die Löschung nicht. Letztere liegen etwa vor, wenn die Versammlung nicht ordnungsgemäß einberufen (OLG München FGPrax 10, 145, 146; OLG Köln Rpfleger 02, 209; für die Genossenschaft, BGH 11, 231) oder die Abstimmung nicht einwandfrei durchgeführt wurde (BayObLG 55, 333; 56, 303, 311; OLG München aaO.) oder die Generalversammlung an einem anderen Ort als dem satzungsmäßigen Sitz der Genossenschaft abgehalten (s BayObLG NJW 59, 485). Anfechtbarkeit des Beschlusses reicht nicht aus (OLG Hamm, NJW-RR 94, 548). Bei einem fehlerhaften Gesellschafterbeschluss ist ein Gesellschafter nicht berechtigt, die Beschwerde mit dem Ziel der Amtslöschung des im Handelsregister eingetragenen Beschlusses einzulegen; er muss vielmehr seine Rechte durch Antragstellung und Beschlussfassung in der Gesellschafterversammlung oder im Wege der Anfechtungsklage ausüben (OLG Köln Rpfleger 02, 209). Ebenso greift § 398 nicht ein, wenn es sich um einen vermeintlichen Gesellschafterbeschluss handelt, ein solcher aber gar nicht vorliegt (BayObLG GmbHR 92, 672; OLG Köln Rpfleger 02, 209). In diesen Fällen greifen unmittelbar § 395 ein.

5   **c) Öffentliches Interesse.** Die Beseitigung des Beschlusses muss im öffentlichen Interesse erforderlich sein. Dies hat das Registergericht nach Lage des Falles zu beurteilen (BayObLG 56, 303, 313). Als öffentliches Interesse kommt regelmäßig nicht das der Aktionäre, wohl aber das der Gesellschaftsgläubiger in Frage (Keidel/Heinemann Rn 16). Diese Voraussetzungen sind nicht gegeben, wenn der Beschluss unter Verletzung der Vorschriften über die Einberufung bzw Abstimmung zustande gekommen ist oder weil sein Inhalt gegen Satzungsbestimmungen verstößt (BayObLG GmbHR 92, 304; 96, 441).

6   **d) Rückwirkung.** Die Löschung des Versammlungsbeschlusses vernichtet den Beschluss mit Rückwirkung vorbehaltlich des Schutzes Dritter nach § 15 HGB.

3. Verfahren

7   Das Verfahren entspricht dem Verfahren des § 397 (s § 397 Rn 9).

4. Gebühren

8   § 88 KostO.

Auflösung wegen Mangels der Satzung

399 (1) Enthält die Satzung einer in das Handelsregister eingetragenen Aktiengesellschaft oder einer Kommanditgesellschaft auf Aktien eine der nach § 23 Abs. 3 Nr. 1, 4, 5 oder Nr. 6 des Aktiengesetzes wesentlichen Bestimmungen nicht oder ist eine dieser Bestimmungen oder die Bestimmung nach § 23 Abs. 3 Nr. 3 des Aktiengesetzes nichtig, hat das Registergericht die Gesellschaft von Amts wegen oder auf Antrag der berufsständischen Organe aufzufordern, innerhalb einer bestimmten Frist eine Satzungsänderung, die den Mangel der Satzung behebt, zur Eintragung in das Handelsregister anzumelden oder die Unterlassung durch Widerspruch gegen die Aufforderung zu rechtfertigen. Das Gericht hat gleichzeitig darauf hinzuweisen, dass andernfalls ein nicht behobener Mangel im Sinne des Absatzes 2 festzustellen ist und dass die Gesellschaft dadurch nach § 262 Abs. 1 Nr. 5 oder § 289 Abs. 2 Nr. 2 des Aktiengesetzes aufgelöst wird.

(2) Wird innerhalb der nach Absatz 1 bestimmten Frist weder der Aufforderung genügt noch Widerspruch erhoben oder ist ein Widerspruch zurückgewiesen worden, hat das Gericht den Mangel der Satzung festzustellen. Die Feststellung kann mit der Zurückweisung des Widerspruchs verbunden werden. Mit der Zurückweisung des Widerspruchs sind der Gesellschaft zugleich die Kosten des Widerspruchsverfahrens aufzuerlegen, soweit dies nicht unbillig ist.

(3) Der Beschluss, durch den eine Feststellung nach Absatz 2 getroffen, ein Antrag oder ein Widerspruch zurückgewiesen wird, ist mit der Beschwerde anfechtbar.

(4) Die Absätze 1 bis 3 gelten entsprechend, wenn der Gesellschaftsvertrag einer in das Handelsregister eingetragenen Gesellschaft mit beschränkter Haftung eine der nach § 3 Abs. 1 Nr. 1 oder Nr. 4 des Gesetzes betreffend die Gesellschaften mit beschränkter Haftung wesentlichen Bestimmungen nicht enthält oder eine dieser Bestimmungen oder die Bestimmung nach § 3 Abs. 1 Nr. 3 des Gesetzes betreffend die Gesellschaften mit beschränkter Haftung nichtig ist.

1. Verhältnis zu §§ 395, 397, 398

§ 399 ergänzt §§ 397, 398 und betrifft die notwendigen Satzungsbestandteile (§ 23 III AktG, § 3 I GmbHG), die §§ 397, 398 nicht erfasst. §§ 397, 398 regeln die Amtslöschung hinsichtlich der Gründe, die eine Nichtigkeitsklage rechtfertigen (§ 275 AktG, § 75 GmbHG), § 399 die übrigen Mängel von notwendigen Satzungsbestandteilen (s Vorb vor §§ 397 bis 399 Rn 5). Ferner gilt § 399 nur für AG, KGaA und GmbH, nicht aber im Gegensatz zu § 397, 398 für die Genossenschaft und ebenso nicht für eingetragene Vereine. Das Verfahren nach § 399 greift nur bei eingetragenen Kapitalgesellschaften ein; stellt das Gericht vor Eintragung der Gesellschaft einen solchen Mangel der Satzung fest, so hat es die Eintragung abzulehnen. Die Eintragung einer zulässigen Satzungsänderung darf es nicht deshalb ablehnen, weil es eine weitere Satzungsänderung für erforderlich hält; in einem solchen Fall hat es vielmehr das Verfahren nach § 399 durchzuführen (BayObLG GmbHR 97,

§ 399 Buch 5 – Registersachen, unternehmensrechtliche Verfahren

73). Gegenüber § 395 ist in dem von ihm geregelten Bereich § 399 die speziellere Vorschrift (BayObLG, BB 89, 727; KG, Rpfleger 91, 255).

2. Zuständigkeit

2 Zuständig zum Verfahren nach § 399 ist das Registergericht. Örtlich zuständig ist das Registergericht des Sitzes der Gesellschaft (§ 14 AktG, § 7 I GmbHG iVm § 377 I). Funktionell zuständig ist nicht der RPfl, sondern nach § 17 Nr 1 f RPflG der Richter, vorbehaltlich des § 19 RPflG.

3. Mängel der Satzung

3 § 399 I führt folgende nach Abs 2 für die AG und KGaA und nach Abs 4 für die GmbH feststellbare Mängel auf, die nach hM auch erst nachträglich eintreten können (Keidel/Heinemann Rn 7; SBW/Nedden-Boeger Rn 8; aA Bahrenfuss/Steup Rn 10):

a) Firma. Die Satzung der AG und GmbH muss gemäß § 23 III Nr 1 AktG, § 3 I Nr 1 GmbHG die Firma enthalten. Fehlt eine Bestimmung darüber oder ist sie nichtig, so greift § 399 ein. Nichtig ist die Firma, wenn sie den gesetzlichen Vorschriften widerspricht, etwa § 4 AktG, § 4 GmbHG (OLG Köln, OLG 80, 309), §§ 18 II, 22, 30 HGB (aA bei nachträglicher Unzulässigkeit BayObLG 79, 207; DNotZ 83, 195). Parallel zu § 399 kann auch ein Firmenmissbrauchsverfahren nach § 37 I HGB, § 392 eingeleitet werden (Jansen/Steder, § 144 a FGG Rn 10).

4 **b) Sitz.** Die Satzung der AG und GmbH muss nach § 23 III Nr 1 AktG, § 3 I Nr 1 GmbHG auch eine Bestimmung über den Sitz der Gesellschaft enthalten. Fehlt eine Bestimmung darüber oder ist sie nichtig, etwa wegen Bestimmung eines Sitzes im Ausland (dazu Baumbach/Hueck, § 121 AktG Rn 9) oder eines unzulässigen Doppelsitzes (dazu LG Köln, NJW 50, 871; BayObLG 62, 107), so ist dies ein Mangel im Sinn des § 399. Nachträgliches Auseinanderfallen von satzungsmäßigem und tatsächlichem Sitz bewirkt keine Nichtigkeit der Satzungsbestimmung über den Sitz (OLG Frankfurt, OLGZ 79, 309 9; BayObLG, DNotZ 83, 195); dies gilt auch bei unzulässiger Änderung der Sitzbestimmung, da nicht die Satzung nichtig wird, sondern die bisherige Satzungsbestimmung weiter maßgeblich bleibt; nichtig ist vielmehr der zugrundeliegende Gesellschafterbeschluss (analog § 241 Nr 3 3. Fall AktG; Hüffer § 5 AktG Rn 9; Hueck/Fastrich § 4 a GmbHG Rn 8; Scholz/ Emmerich § 4 a GmbHG Rn 19; aA: für § 144 a FGG auch in diesem Fall LG Memmingen Rpfleger 02, 157), was aber nicht zur Amtsauflösung führt, sondern zur Amtslöschung des Beschlusses nach § 398 (Hueck/Fastrich § 4 a GmbHG Rn 8). Im Hinblick auf die freie Sitzwahl nach § 4 a GmbHG dürfte dieser Fall nur noch eingeschränkte Bedeutung haben. Fehlen postalischer Erreichbarkeit und mangelnde Beschilderung des Betriebsgrundstücks kann nicht die Unzulässigkeit einer Mantel- oder Vorratsgründung begründen (OLG Köln DNotZ 88, 56).

5 **c) Grund- oder Stammkapital.** Nach § 23 III Nr 3 AktG bzw § 3 I Nr 3 GmbHG muss die Satzung auch den Betrag des Grund- bzw Stammkapitals angeben. Ist die Bestimmung hierüber nichtig, etwa wegen Verstoßes gegen die §§ 6, 7 AktG, § 5 I GmbHG, so ist dies ein Fall des § 399. Nach

§ 399 Auflösung wegen Mangels der Satzung § 399

Eintragung einer GmbH in das Register können bei einer Neufassung der Satzung die Angaben über die Stammeinlagen und die Person ihrer Übernehmer auch dann entfallen, wenn die Stammeinlagen noch nicht voll einbezahlt sind (BayObLG GmbHR 97, 73; aA OLG Hamm OLGZ 84, 266). Fehlt eine Bestimmung über die Höhe des Grund- bzw Stammkapitals dagegen überhaupt, so greift § 397 ein (s § 397 Rn 4).

d) Aktien und Stammeinlagen. Die Satzung muss nach § 23 III Nr 4 6 AktG die Nennbeträge der Aktien und die Zahl der Aktien jeden Nennbetrags sowie, wenn mehrere Gattungen bestehen, die Gattung der Aktien und die Zahl der Aktien jeder Gattung enthalten bzw nach § 3 I Nr 4 GmbHG die Zahl und die Nennbeträge der Geschäftsanteile, die jeder Gesellschafter gegen Einlage auf das Stammkapital übernimmt (BayObLG 70, 285, 288). Fehlt eine solche Bestimmung überhaupt oder ist sie nichtig, etwa wegen Verstoßes gegen §§ 8, 11 AktG oder § 5 GmbHG, so ist dies ebenfalls ein Fall des § 399 (Temme/Küperkoch GmbHR 04, 1556).

e) Inhaber- oder Namensaktien. Die Satzung muss die Angabe enthal- 7 ten, ob die Aktien auf den Inhaber oder auf den Namen ausgestellt werden (§ 23 III Nr 5 AktG).

f) Vorstand. Die Satzung muss eine die Angabe der Zahl der Mitglieder 8 des Vorstands oder Regeln, nach denen diese Zahl festgelegt wird, enthalten (§ 23 III Nr 6 AktG).

4. Verfahren

a) Verpflichtung des Gerichts. Das Registergericht wird grundsätzlich 9 von Amts wegen tätig, wobei die Anregung durch eine Behörde, Gesellschafter oder Dritte erfolgen kann. Antragsberechtigt sind nur die berufsständischen Organe (§ 380). Anders als das Verfahren nach §§ 397, 398 obliegt das Eingreifen nach § 399 nicht dem pflichtgemäßen Ermessen des Gerichts (s Vorb vor §§ 397 bis 399 Rn 5). Gelangt das Gericht zur Überzeugung, dass das Verfahren zur Feststellung des Mangels führt, so ist es verpflichtet, das Verfahren einzuleiten und nach Abschluss den Beschluss über die Feststellung des Mangels zu erlassen; ein Ermessen steht ihm insoweit nicht zu (KG Rpfleger 91, 255).

b) Aufforderung zur Satzungsänderung. In diesem Fall hat das Regis- 10 tergericht die Gesellschaft aufzufordern, innerhalb einer bestimmten Frist eine Satzungsänderung, die den Mangel der Satzung behebt, zur Eintragung in das Handelsregister anzumelden oder die Unterlassung durch Widerspruch gegen die Aufforderung zu rechtfertigen. Da Gesellschafterversammlungen erforderlich sind, um die Satzungsänderung durchzuführen, ist eine Frist von zwei bis drei Monaten angemessen (Keidel/Heinemann Rn 22). Es muss darauf hinweisen, dass ein nicht behobener Mangel nach Abs 2 festzustellen ist und dass die Gesellschaft dadurch nach §§ 262 I Nr 5, 289 II Nr 2 AktG, § 60 I Nr 6 GmbHG aufgelöst wird (Abs 1 Satz 2, Abs 4). Die Bekanntmachung der Verfügung geschieht nach § 15 II 1 (s § 393 Rn 3) und ist an die Gesellschaft zu richten, die durch ihre Organe vertreten wird. Die Gesellschafter sind nicht beteiligt, wohl aber die berufsständischen Organe nach Maßgabe des § 380.

c) Widerspruch. Gegen die Verfügung ist nicht die Beschwerde, son- 11 dern nur der Widerspruch gegeben. Die vom Registergericht gesetzte Frist kann jederzeit verlängert werden, eine Wiedereinsetzung in den vorigen Stand findet nicht statt (SBW/Nedden-Boeger Rn 37; aA Keidel/Heinemann Rn 27: analoge Anwendung der §§ 17 bis 19). Ist der Feststellungsbeschluss nach Abs 2 noch nicht erlassen, so muss auch ein verspäteter Widerspruch berücksichtigt werden. Über den Widerspruch entscheidet das Registergericht. Es hat zu diesem Zweck die erforderlichen Ermittlungen von Amts wegen anzustellen (§ 26) und den Beteiligten rechtliches Gehör zu gewähren (Art 103 I GG). Wird der Widerspruch zurückgewiesen, der Mangel nach Abs 1 festgestellt oder wird ein Antrag auf Einleitung des Verfahrens zurückgewiesen, so findet dagegen nach Abs 3 die Beschwerde statt. Wird der Mangel behoben und die verlangte Satzungsänderung angemeldet, so ist das Verfahren erledigt und bedarf es keiner besonderen Entscheidung mehr.

5. Feststellung des Mangels gemäß Abs 2

12   **a) Feststellung.** Wird weder der Aufforderung genügt, noch Widerspruch erhoben oder ist der Widerspruch zurückgewiesen worden, so hat das Gericht den Mangel der Satzung festzustellen. Das Gericht muss dabei die Rechtskraft der Zurückweisung des evtl Widerspruchs nicht abwarten, sondern kann die Feststellung mit der Zurückweisung des Widerspruchs verbinden (Abs 2 Satz 2; Jansen/Steder § 144a FGG Rn 40). Solange die Feststellung noch nicht erfolgt ist, ist eine Behebung des Mangels durch Satzungsänderung oder ein Widerspruch auch noch nach Fristablauf zu berücksichtigen. Mit der Zurückweisung des Widerspruches sind der Gesellschaft zugleich die Kosten des Verfahrens aufzuerlegen, soweit dies nicht unbillig ist.

13   **b) Beschwerde.** Gegen die Feststellung des Mangels der Satzung findet nach Abs 3 die Beschwerde statt, die gleichzeitig auch gegen die Zurückweisung des Widerspruchs erhoben werden kann, wenn beide Beschlüsse gleichzeitig ergingen. Zu einer Änderung der Beschlüsse ist das Gericht nicht befugt. Behebt die Gesellschaft den Mangel daher nach der Feststellung durch das Registergericht, so muss die Gesellschaft dies mit der Beschwerde geltend machen (Keidel/Heinemann Rn 34). Das Gericht der Rechtsbeschwerde kann eine nach dem Wirksamwerden des Beschlusses des Beschwerdegerichts in das Handelsregister eingetragene Satzungsänderung berücksichtigen (BayObLG NJW-RR 01, 1047).

14   **c) Folgen der Feststellung.** Durch die Feststellung ist die Gesellschaft nach §§ 262 I Nr 5, 289 II Nr 2 AktG, § 60 I Nr 6 GmbHG aufgelöst, so dass die Abwicklung stattfinden muss (§§ 264 ff AktG, §§ 66 ff GmbHG). Das Registergericht hat die Auflösung von Amts wegen im Handelsregister einzutragen (§ 263 Satz 2 AktG, § 65 I 2, 3 GmbHG) (zur deklaratorischen Bedeutung der Eintragung s BFH GmbHR 01, 840; Wiedemann in Großkomm § 262 AktG Rn 38 c). Unabhängig hiervon können die Gesellschafter wie in anderen Fällen auch die Fortsetzung der Gesellschaft beschließen (§ 274 I, II Nr 2, IV AktG, der entspr auch für die GmbH gilt).

6. Kosten

15   § 88 KostO.

Unterabschnitt 4
Ergänzende Vorschriften für das Vereinsregister

Mitteilungspflichten

400 Das Gericht hat die Eintragung eines Vereins oder einer Satzungsänderung der zuständigen Verwaltungsbehörde mitzuteilen, wenn Anhaltspunkte bestehen, dass es sich um einen Ausländerverein oder eine organisatorische Einrichtung eines ausländischen Vereins nach den §§ 14 und 15 des Vereinsgesetzes handelt.

§ 400 regelt eine besondere Mitteilungspflicht in Vereinsregistersachen. Das 1 Gericht hat die Pflicht, die Eintragung oder die Satzungsänderung eines Vereins der zuständigen Verwaltungsbehörde mitzuteilen, wenn Anhaltspunkte bestehen, dass es sich um einen Ausländerverein oder eine organisatorische Einrichtung eines ausländischen Vereins gemäß §§ 14 und 15 VereinsG handelt. § 400 entspricht § 159 II FGG.

Entziehung der Rechtsfähigkeit

401 Der Beschluss, durch den einem Verein nach § 73 des Bürgerlichen Gesetzbuchs die Rechtsfähigkeit entzogen wird, wird erst mit Rechtskraft wirksam.

1. Entziehung der Rechtsfähigkeit

§ 401 ist eine Verfahrensvorschrift zu § 73 BGB. Nach § 73 BGB hat das 1 Amtsgericht auf Antrag des Vorstands und, wenn der Antrag nicht binnen drei Monaten gestellt wird, von Amts wegen, dem Verein die Rechtsfähigkeit zu entziehen, wenn die Zahl der Vereinsmitglieder unter drei herabsinkt.
Gegenüber § 160a II FGG, der das Entziehungsverfahren bislang regelte, wurde § 401 mit Blick auf die Vorschriften des allgemeinen Teils wesentlich verkürzt (BT-Drs. 16/6308, 289).

2. Zuständigkeit

Örtlich zuständig ist das nach § 55 I BGB das zuständige Registergericht. 2 Funktionell zuständig ist der RPfl nach § 3 Nr 1 a RPflG.

3. Verfahren

Die Einleitung erfolgt auf Antrag des Vorstandes und, wenn der Antrag 3 nicht binnen 3 Monaten gestellt wird, von Amts wegen. Die Frist läuft von dem Tage, an die Verminderung der Mitgliederzahl eingetreten ist (Jansen/Steder § 160a FGG Rn 18). Der Vorstand ist anzuhören (§ 73 BGB). Der Beschluss ist dem Vorstand nach § 41 bekanntzumachen, wie noch § 160a II 1 FGG ausdrücklich regelte. Beschwerdeberechtigt sind die Vorstandsmitglieder und, sofern der Verein bereits eingetragen ist, der Verein selbst (OLG

Frankfurt, BB 83, 930). Ist kein Vereinsvorstand mehr vorhanden, so muss das Amtsgericht in entspr Anwendung des § 29 BGB einen Notvorstand bestellen. Der Beschluss wird gemäß § 401 erst mit Rechtskraft wirksam.

Abschnitt 4
Unternehmensrechtliche Verfahren

Anfechtbarkeit

402 (1) **Der Beschluss des Gerichts, durch den über Anträge nach § 375 entschieden wird, ist mit der Beschwerde anfechtbar.**

(2) **Eine Anfechtung des Beschlusses, durch den einem Antrag nach den §§ 522 und 729 Abs. 1 des Handelsgesetzbuchs sowie den §§ 11 und 87 Abs. 2 des Binnenschifffahrtsgesetzes stattgegeben wird, ist ausgeschlossen.**

(3) **Die Vorschriften des Handelsgesetzbuchs, des Aktiengesetzes und des Publizitätsgesetzes über die Beschwerde bleiben unberührt.**

1. Allgemeines

1   Für das Verfahren in den in § 375 genannten Fällen gelten grundsätzlich die Vorschriften des allgemeinen Teils, auch §§ 58 ff. Der Regelung des § 402 I bedurfte es im Grundsatz daher strenggenommen nicht mehr. Sie erklärt sich vielmehr aus den Sonderregelungen der Abs 2 und 3 sowie dem Umstand, dass die Vorläufervorschriften der §§ 146, 148 FGG Bestimmungen zur Anfechtbarkeit enthielten, wenngleich die sofortige Beschwerde angeordnet wurde. § 146 I FGG, welcher die Anhörung in unternehmensrechtlichen Verfahren zum Gegenstand hatte, ist mit Blick auf die Bestimmungen des allgemeinen Teils entfallen. § 402 gilt gemäß § 47 II VAG auch für Versicherungsunternehmen.

2. Zuständigkeit

2   S § 375 Rn 3 ff.

3. Verfahren in den Fällen des § 375

3   **a) Beteiligte. aa) Allgemeines.** Die zu beteiligenden Personen bestimmen sich nach § 7. Dies sind in Antragsverfahren die Antragsteller, § 7 I, sowie diejenigen, deren Recht durch das Verfahren unmittelbar betroffen wird (§ 7 II Nr 1) und diejenigen, die auf Grund des FamFG oder eines anderen Gesetzes von Amts wegen oder Antrag zu beteiligen sind (§ 7 II Nr 2). Der Antragsgegner wird in § 7 selbst nicht erwähnt, ist aber durch den gegen ihn gerichteten Antrag im Sinne des § 7 II Nr 1 unmittelbar betroffen und daher notwendigerweise Beteiligter (s § 7 Rn 4; auch Jähnig/Leißring ZIP 10, 110, 113). Für die unternehmensrechtlichen Verfahren nach § 375 gilt daher, dass der „Gegner" im Sinne des vormaligen § 146 I FGG auch Beteiligter im

§ 402 Anfechtbarkeit §402

Sinne des § 7 II Nr 1 ist, zumal § 146 I FGG der Wahrung des Anspruches auf rechtliches Gehör diente (s 8. Aufl. § 146 FGG Rn 3), welcher im FamFG durch die Beteiligung am Verfahren gewahrt wird. Im Ergebnis hat sich insoweit an den zu beteiligende Personen nichts geändert. Zu prüfen ist darüber hinaus, ob weitere Personen, die bislang nicht als „Gegner" im Sinne des § 146 FGG galten, aber gleichwohl im Sinne des § 7 II Nr 1 durch das Verfahren unmittelbar betroffen sind, vorhanden sind (vgl. hierzu SBW/Nedden-Boeger § 375 Rn 15 ff.).

Der Antragsteller ist in Antragsverfahren stets Beteiligter. Hingegen ist in amtswegigen Verfahren, derjenige, der eine Anregung auf Einleitung des Verfahrens gegeben hat, nicht Beteiligter, es sei denn es wäre ausnahmsweise im FamFG oder in einem anderen Gesetz etwas anderes geregelt (§ 7 III). § 7 III kann entnommen werden, dass die zu beteiligenden Personen abschließend geregelt sind (s § 7 Rn 20).

bb) Einzelfälle. Es ist im Einzelfall zu entscheiden, wer neben dem 4 Antragsteller als Beteiligter in Betracht kommt. Nach dem Vorstehenden sind jedenfalls die „Gegner" im Sinne des vormaligen § 146 FGG weiterhin Beteiligte. Dies ist etwa der Fall, wenn der Aufsichtsrat die Abberufung eines Aufsichtsratsmitglieds (§ 103 III AktG), der Aufsichtsrat oder eine Aktionärsminderheit nach § 265 III AktG die Abberufung der Abwickler, ein Kommanditist oder ein stiller Gesellschafter die Mitteilung einer Zwischenbilanz oder sonstiger Aufklärung beantragt (§§ 166 III, 233 III HGB). Hier sind das abzuberufende Aufsichtsratsmitglied, der Abschlussprüfer, der Abwickler, der persönlich haftende Gesellschafter oder der Inhaber des Handelsgeschäfts Beteiligte (s auch 8. Aufl. § 146 FGG Rn 2). Hingegen sind diejenigen Personen, die vom Gericht zu Mitgliedern von Vertretungs- und Aufsichtsorganen, Liquidatoren, zu Prüfern oder besonderen Vertretern bestellt werden sollen, nicht zwingend Beteiligte im Sinne des § 7 II Nr 1, da sie das Amt auch noch ablehnen können (vgl etwa das fehlende Anfechtungsrecht eines vom Gericht bestellten Liquidators gegen die Bestellung: BayObLG NJW-RR 1997, 419). Zweckmäßigerweise sollten diese Personen gem § 7 VI angehört werden, ob sie das Amt annehmen (Jansen/Steder § 146 FGG Rn 13).

b) Anhörung. Die Anhörung, die noch Gegenstand der Regelung des 5 § 146 I FGG war, bestimmt sich jetzt nach den allgemeinen Vorschriften, insbes § 34.

c) Beschluss, Benachrichtigung. Die Entscheidung des Gerichts erfolgt 6 stets durch Beschluss (Abs 1). Dieser ist gem § 41 I bekanntzugeben, insbes demjenigen zuzustellen, dessen erklärten Willen er nicht entspricht. Folgt das Gericht einer Anregung auf Einleitung eines Verfahrens nicht, soll es denjenigen, der die Einleitung angeregt hat, darüber unterrichten, soweit ein berechtigtes Interesse an der Unterrichtung ersichtlich ist (§ 24 II).

4. Beschwerde

a) Grundsatz. Grundsätzlich unterliegen alle Beschlüsse in unternehmens- 7 rechtlichen Verfahren der Beschwerde. Es ist gleichgültig, ob der Antrag positiv oder negativ verbeschieden wurde. Gegen die Entscheidung des Be-

§ 402   Buch 5 – Registersachen, unternehmensrechtliche Verfahren

schwerdegerichts findet die Rechtsbeschwerde nach Maßgabe der §§ 70 ff statt. Beschwerdeberechtigt ist nach § 59 I jeder, dessen Recht durch den Beschluss beeinträchtigt ist; soweit ein Antrag zurückgewiesen worden ist, steht die Beschwerde nur dem Antragsteller zu (§ 59 II). Für die Beschwerdefrist gilt § 63. Die Beschwerde ist beim Gericht einzulegen, dessen Beschluss angefochten wird (§ 64 I).

8   **b) Ausschluss der Beschwerde.** Nach § 402 II ist eine Anfechtung von Beschlüssen, die Angelegenheiten des Seerechts und Binnenschifffahrtsgesetzes betreffen, ausgeschlossen, wenn dem Antrag entsprochen wird. Im Einzelnen:

aa) Verklarung eines Schiffsunfalls nach § 522 HGB und Bestellung eines Dispacheurs nach § 729 I HGB. Im Fall eines Unfalls eines Schiffs oder der Ladung ist der Kapitän berechtigt und auf Verlangen der in § 522 I 2 HGB genannten Personen verpflichtet, die Aufnahme einer Verklarung in dem Hafen, den das Schiff als nächstes nach dem Unfall oder dem Verlangen erreicht, zu verlangen. Nach § 522 II wird die Verklarung im Geltungsbereich des Grundgesetzes von den Gerichten, außerhalb des Geltungsbereiches von der durch Rechtsverordnung bestimmten Auslandsvertretungen der Bundesrepublik Deutschland durchgeführt. Fehlt ein für Havereifälle bei der Binnen- oder Seeschifffahrt allgemein bestellter Dispacheur, so kann Amtsgericht einen Dispacheur bestellen (§ 729 I HGB). Auch in diesem Fall gelten die allgemeinen Vorschriften des FamFG.

9   **bb) Verklarung eines Schiffsunfalls nach § 11 BinnenSchG und Bestellung eines Dispacheurs nach § 87 II BinnenSchG.** (1) Im Fall eines Unfalls des Schiffes oder der Ladung ist der Schiffer berechtigt und auf Verlangen des Schiffseigners oder eines Ladungsberechtigten verpflichtet, vor dem Amtsgericht des Zielortes bzw wenn das Schiff vor Beendigung der Reise an einem Ort längere Zeit liegen bleiben muss, vor dem Amtsgericht dieses Orts eine Beweisaufnahme zu beantragen. Bei einem Zusammenstoß ist jeder der beteiligten Schiffer antragsberechtigt. Neben den allgemeinen Vorschriften des FamFG gelten die Sonderregeln der §§ 11 II, 12–14 BinnenSchG, für die Durchführung der Beweisaufnahme sind die §§ 371 ff ZPO anzuwenden. Die Aussagen von Zeugen im Verklarungsverfahren können im Rechtsstreit von den Parteien ebenso verwendet werden, wie wenn diese Beweise in einem vorhergegangenen Beweissicherungsverfahren erhoben worden wären (BGH, MDR 65, 116). (2) Fehlt ein für Havereifälle bei der Binnen- oder Seeschifffahrt allgemein bestellter Dispacheur, so kann durch das Amtsgericht des Orts, an dem die Reise endet, auf Antrag ein Dispacheur bestellt werden (§§ 86, 87 II BinnenSchG). Auch in diesem Fall gelten die allgemeinen Vorschriften des FamFG.

10   **c) Besonderheiten des HGB, AktG, und des PublGs.** Nach Abs 3 bleiben die Vorschriften über die Beschwerde in den drei genannten Gesetzen unberührt. Dies beruht darauf, dass für diese Angelegenheiten jeweils besondere Vorschriften in das Gesetz aufgenommen sind. Hierbei kann als allgemeiner Grundsatz festgehalten werden, dass gegen die Entscheidung über Vergütungen und Auslagen wurde die Rechtsbeschwerde generell ausgeschlossen wurde, da der Gesetzgeber hier ein Bedürfnis nach höchstrichterlicher Entscheidung nicht sah (BT-Drs. 16/6308, 352, 353, 354). Die Aufzählung ist nicht abschließend, so dass auch die zB im UmwG, KWG, VAG, BörsG, usw. enthaltenen Sonderbestimmungen unberührt bleiben (Keidel/Heinemann Rn 8 mit weiteren Einzelheiten).

aa) HGB: Nach § 318 V HGB ist die Rechtsbeschwerde bei Entscheidungen über die Vergütung und die Auslagen von Abschlussprüfern ausgeschlossen.

bb) AktG: (1) Mit der Beschwerde bzw der Rechtsbeschwerde sind die Entscheidungen des Amtsgerichts nach folgenden Vorschriften des AktG anfechtbar: Bestellung von Gründungsprüfern (§ 33 III), Vorstandsmitgliedern (§ 85 I), Aufsichtsratsmitgliedern (§ 103 III–V; dazu OLG Köln FGPrax 07, 143), besonderen Vertretern zur Geltendmachung von Ersatzansprüchen (§ 147 II 2, 3 AktG, § 26 I 4 UmwG), Bestellung und Abberufung von Abwicklern (§ 265 III; KG, NJW 57, 1722), Abberufung von Aufsichtsratsmitgliedern (§ 104 I–IV), Ermächtigung einer Aktionärsminderheit zur Einberufung der Hauptversammlung (§ 122 III), Befreiung von der Prüfung des Jahresabschlusses und des Lageberichts (§ 270 III), Bestimmung des Aufbewahrungsorts für Bücher und Schriften der Gesellschaft, Einsichtgewährung, Neubestellung von Abwicklern (§ 273 II–V). (2) In folgenden Fällen ist die Entscheidung des Amtsgerichts mit der Beschwerde anfechtbar, die Rechtsbeschwerde aber ausgeschlossen: Festsetzung der Auslagen und Vergütung für Gründungsprüfer (§ 35 II), gerichtlich bestellte Vorstandsmitglieder (§ 85 III), Aufsichtsratsmitglieder (§ 104 VI), Abwickler (§§ 265 IV, 273 IV), besondere Vertreter (§ 26 IV 4, § 206 S 3 UmwG). (3) Unanfechtbar sind folgende Entscheidungen nach dem AktG: Entscheidung von Meinungsverschiedenheiten zwischen Gründern und Gründungsprüfern (§ 35 I, II); Genehmigung der Kraftloserklärung von Aktien (§ 73 I), wenn die Genehmigung erteilt wird; gegen die Ablehnung ist die Beschwerde bzw die Rechtsbeschwerde statthaft

cc) PublG: s insbes § 2 III u § 12 III PublG.

5. Gebühren

§§ 50 II, 121 KostO

Vorbemerkung zu §§ 403 ff

1. Allgemeines

Die Vorschriften der §§ 149 ff FGG über die den Gerichten zugewiesenen Aufgaben im Zusammenhang mit der Aufmachung der Dispache sind inhaltlich weitgehend unverändert in das FamFG übernommen worden.

2. Grundlagen, insbesondere Beteiligte

Große Haverei ist der einem Schiff und (oder) der Ladung durch den Kapitän oder auf dessen Weisung vorsätzlich zugefügte Schaden, um beide aus einer gemeinsamen Gefahr zu retten und wird von Schiff und Ladung

Vor §§ 403 ff   Buch 5 – Registersachen, unternehmensrechtliche Verfahren

gemeinschaftlich getragen. An der Gefahrengemeinschaft beteiligt sind daher die aus dem Havereischaden Verpflichteten und Berechtigten, also der Reeder, Schiffseigner, Befrachter, Eigentümer der Ladung, Absender von Postsachen, in gewissem Umfang auch Frachtführer, Schiffsbesatzung und Fahrgäste, nicht dagegen der Versicherer (BGH NJW 77, 501), es sei denn, dass ihm der Dispacheur eine Beitragspflicht auferlegt. Zwischen diesen Beteiligten wird ein Ausgleich herbeigeführt, in dem derjenige, der Opfer gebracht hat, von dem, der keine oder geringere Opfer gebracht hat, eine Vergütung verlangen kann; die Vergütungsberechtigten stehen den Beitragspflichtigen gegenüber. In der Dispache, der Rechnung für die große Haverei, werden die Havereischäden und -kosten unter die Beteiligten verteilt. Ihre Aufstellung kann jeder Beteiligte veranlassen, wenn der Schiffer sie verzögert (BGH NJW 59, 723). Über die Dispache wird auf Antrag eines Beteiligten in einem besonderen, der freiwilligen Gerichtsbarkeit unterliegenden Verfahren mit dem Ziel der Schadensverteilung unter die Beteiligten verhandelt; hierbei obliegt dem Richter der freiwilligen Gerichtsbarkeit eine im Wesentlichen vermittelnde Tätigkeit. Die Entscheidung über Streitigkeiten zwischen den Beteiligten muss er dem Prozessgericht überlassen (§ 407). Das Dispacheverfahren kann mit einem gegen die Beteiligten vollstreckungsfähigen Bestätigungsbeschluss enden (§§ 406 bis 409).

3. Zuständigkeit

3   Die Zuständigkeit richtet sich nach § 377 II (s § 377 Rn 4).

4. Begriffe

4   • **Große Haverei** ist der einem Schiff und (oder) der Ladung durch den Kapitän oder auf dessen Weisung vorsätzlich zugefügte Schaden, um beide aus einer gemeinsamen Gefahr zu retten (§§ 700, 706 HGB für Seeschiffe, §§ 78, 82 BinnenSchG für Binnenschiffe) (RG 147, 160; OLG Bremen, MDR 64, 60; OLG Hamburg, MDR 66, 591).
   • **Dispache** ist die Berechnung, die die Verteilung der Beitragspflicht zum Ersatz der durch große Haverei entstandenen Schäden unter den Beteiligten festlegt (§§ 700, 706, 716 HGB, §§ 78, 82, 84 BinnenSchG).
   • **Dispacheur** ist der Sachverständige zur Aufmachung der Dispache (RG 149, 58). Ausnahmsweise kann nach § 87 BinnenSchG der Schiffer zur Anfertigung der Dispache verpflichtet werden. Er ist nicht Dispacheur im Sinn des Gesetzes; ihn treffen die Rechte und Pflichten des Dispacheurs nicht, soweit nicht ausnahmsweise etwas anderes bestimmt ist (zB § 404 II Satz 2).

5. Verrichtungen nach §§ 403 ff

5   Die Bestellung ständiger Dispacheure ist Sache der durch Landesrecht hierfür als zuständig bezeichneten Organe. Die gerichtliche Ernennung für den Einzelfall ist in den § 729 HGB, § 87 I BinnenSchG, § 375 Nr 2 geregelt. Die §§ 403 bis 409 sind nur anzuwenden auf die nach dem HGB oder

dem BinnenSchG aufzumachende Dispache, nicht also, wenn die Beteiligten etwas anderes vereinbaren.

Weigerung des Dispacheurs

403 (1) **Lehnt der Dispacheur den Auftrag eines Beteiligten zur Aufmachung der Dispache aus dem Grund ab, weil ein Fall der großen Haverei nicht vorliege, entscheidet über die Verpflichtung des Dispacheurs auf Antrag des Beteiligten das Gericht.**
(2) **Der Beschluss ist mit der Beschwerde anfechtbar.**

1. Stellung des Dispacheurs

Der Dispacheur ist nicht bloß ein gerichtlicher Sachverständiger, etwa im 1 Sinn der §§ 402 ff ZPO und daher nicht verpflichtet, den Auftrag zur Aufmachung der Dispache anzunehmen (vgl dagegen §§ 407–409 ZPO). Er hat das Recht, aber nicht die Pflicht, die Voraussetzungen für das Vorliegen der großen Haverei selbstständig zu prüfen und die Aufmachung der Dispache abzulehnen. Hat das Gericht gemäß § 403 seine Verpflichtung rechtskräftig festgestellt, die Dispache aufzumachen, so wird er schadensersatzpflichtig, wenn er sie nicht erfüllt.

2. Entscheidung des Gerichts über die Ablehnung

Voraussetzung für die gerichtliche Entscheidung ist, (1) dass der Dispacheur 2 den Auftrag ablehnt, weil ein Fall der großen Haverei (zum Begriff s. Vorb §§ 403 ff Rn 4) nicht vorliege. Weigert sich der Dispacheur, so greift § 403 nicht ein, (2) dass der Beteiligte, der den Auftrag erteilt hat, gerichtliche Entscheidung beantragt. Beteiligt sind die Personen, die aus dem Havereischaden berechtigt oder verpflichtet sind (s Vorbem §§ 403 ff Rn 2; MünchKommZPO/Postler § 403 FamFG Rn 20; BJS/Müther Rn 4; Bahrenfuss/Steup Rn. 4; aA Keidel/Heinemann Rn 14). Das Gericht stellt fest, ob ein Fall der großen Haverei vorliegt und ob demgemäß die Weigerung des Dispacheurs berechtigt ist oder nicht. In letzterem Fall verpflichtet es ihn zur Aufnahme der Dispache. Der Entscheidung kommt jedoch keine Rechtskraft zwischen den an der großen Haverei Beteiligten zu.

3. Beschwerde

Gegen den Beschluss findet nach Abs 2 die Beschwerde statt (§§ 58 ff). 3 Wird dem Antrag stattgegeben, so ist nach wohl hM nur der Dispacheuer beschwerdeberechtigt (Keidel/Heinemann Rn 17; Bahrenfuss/Steup Rn. 8; MünchKommZPO/Postler § 403 FamFG Rn 20; aA Keidel/Kuntze/Winkler § 150 Rn 7 sowie Voraufl.), wird er abgelehnt, so ist nur der Antragsteller beschwerdeberechtigt (§ 59 II). Für die hM spricht, dass bei stattgebendem Bescheid keine Rechtsbeeinträchtigung der übrigen Beteiligten vorliegt, da die gerichtlich festgestellte Pflicht zur Aufmachung der Dispache den übrigen Beteiligten in späteren Verfahren keine Einwendungen abschneidet (MünchKommZPO/Postler § 403 FamFG Rn 20) und auch nicht durch die Entscheidung des Gerichts der Tatbestand der großen Haverei verbindlich zwischen den Beteiligten festgestellt wird. Der Beschluss ist nach § 41 I bekannt zu geben. Demjenigen dessen erklärten Willen er widerspricht, ist der Beschluss zuzustellen.

Aushändigung von Schriftstücken; Einsichtsrecht

404 (1) **Auf Antrag des Dispacheurs kann das Gericht einen Beteiligten verpflichten, dem Dispacheur die in seinem Besitz befindlichen Schriftstücke, zu deren Mitteilung er gesetzlich verpflichtet ist, auszuhändigen.**

(2) **Der Dispacheur ist verpflichtet, jedem Beteiligten Einsicht in die Dispache zu gewähren und ihm auf Verlangen eine Abschrift gegen Erstattung der Kosten zu erteilen. Das Gleiche gilt, wenn die Dispache nach dem Binnenschifffahrtsgesetz von dem Schiffer aufgemacht worden ist, für diesen.**

1. Verpflichtung zur Herausgabe der Papiere, Abs 1

1   a) **Verpflichtung.** Jeder Beteiligte (s Vorbem §§ 403 ff Rn 2) hat dem Dispacheur die in seinem Besitz befindlichen und zur Aufstellung der Dispache erforderlichen Schriftstücke auszuhändigen. Es sind dies insbesondere Frachtbriefe, Ladescheine, Chartepartien, Konnossemente, Fakturen (§ 729 II HGB, § 87 BinnenSchG).

b) **Antrag.** Die gerichtliche Anordnung gem Abs 1 setzt einen Antrag des Dispacheurs voraus, in dem der Sachverhalt schlüssig enthalten ist. Die Anordnung kann nur gegen die Beteiligten erfolgen, die im Besitz der erwähnten Schriftstücke sind, die also die tatsächliche Gewalt über sie ausüben (§ 854 BGB), mittelbarer Besitz (§ 868 BGB) reicht nicht aus (hM MünchKomm-ZPO/Postler § 404 FamFG Rn 4; Keidel/Heinemann Rn 2; aA SBW/Nedden-Boeger Rn 5).

c) **Entscheidung des Gerichts.** Das Gericht muss vor der Entscheidung über die Verpflichtung zur Herausgabe der verlangten Urkunden prüfen, ob die Voraussetzungen gegeben sind, ob also insbesondere ein Fall der großen Haverei vorliegt, die Dispache ordnungsgemäß beantragt ist und der in Anspruch genommene Beteiligte das Schriftstück in seinem unmittelbaren Besitz hat. Welche Anforderungen an Feststellung des Gerichts zu stellen sind, ob eine große Haverei vorliegt, ist str. Nach wohl hM reicht aus, dass zumindest kein offensichtliches Fehlen des Tatbestandes gegeben ist (hM Münch-KommZPO/Postler § 404 FamFG Rn 6; SBW/Nedden-Boeger Rn 4; aA Keidel/Heinemann Rn 2: keine Prüfung; Voraufl. und Bahrenfuss/Steup Rn 4: volle Prüfung) Die Entscheidung des Gerichts über die Anordnung der Herausgabe ergeht durch Beschluss (§ 408 I), obwohl sie ihrer Natur nach eine Anordnung mit verfahrensleitendem Charakter ist (dazu § 35 Rn 3), weswegen sich die Durchsetzung auch nach § 35 richtet (hM, BT-Drs. 16/6308, 289, Keidel/Heinemann Rn 9; aA SBW/Nedden-Boeger Rn 7: Vollstreckung nach § 95). Das Gericht (wie bislang in § 151 FGG vorgesehen) hat danach zur Durchsetzung der Anordnung Zwangsgeld wiederum durch Be-

§ 405 Termin; Ladung **§ 405**

schluss festsetzen. Die Höhe des einzelnen Zwangsgeldes beträgt bis 25.000 €. Für die Rechtsmittel müssen der Beschluss gem § 404 I über die Anordnung der Herausgabe, der gem § 408 I mit der Beschwerde anfechtbar ist, unterschieden werden vom Beschluss über die Festsetzung des Zwangsgeldes, der gem § 35 V mit der sofortigen Beschwerde in entsprechender Anwendung der §§ 567 bis 572 ZPO anfechtbar ist.

2. Einsicht

§ 404 ist Sondervorschrift gegenüber § 13, der daher nicht zur Anwendung kommt. Jeder Beteiligte (s Vorbem §§ 403 ff Rn 2) kann Einsicht in die Dispache und Erteilung einer Abschrift gegen Erstattung der Kosten verlangen. Des Nachweises eines Interesses bedarf es nicht. Das Recht bezieht sich auch auf die der Anfertigung der Dispache zugrundeliegenden Unterlagen. Verpflichtet zur Gewährung der Einsicht und Erteilung einer Abschrift ist nicht nur der Dispacheur, sondern auch der Schiffer, der nach § 87 BinnenSchG die Dispache selbst aufgestellt hat (dazu Vorbem §§ 403 ff Rn 4). Der Dispacheur ist nicht verpflichtet, die Dispache und die Unterlagen an den Berechtigten zu versenden, sondern nur zur Gewährung der Einsicht in seinen Geschäftsräumen. Weigert sich der Dispacheur, so macht er sich schadensersatzpflichtig. Der Berechtigte kann seinen Anspruch nach den Vorschriften der ZPO oder mittels Antrags nach § 405 verfolgen.

2

Termin; Ladung

405 (1) **Jeder Beteiligte ist befugt, bei dem Gericht eine mündliche Verhandlung über die von dem Dispacheur aufgemachte Dispache zu beantragen.** In dem Antrag sind diejenigen Beteiligten zu bezeichnen, welche zu dem Verfahren hinzugezogen werden sollen.

(2) **Wird ein Antrag auf mündliche Verhandlung gestellt, hat das Gericht die Dispache und deren Unterlagen von dem Dispacheur einzuziehen und, wenn nicht offensichtlich die Voraussetzungen der großen Haverei fehlen, den Antragsteller sowie die von ihm bezeichneten Beteiligten zu einem Termin zu laden.**

(3) **Die Ladung muss den Hinweis darauf enthalten, dass, wenn der Geladene weder in dem Termin erscheint noch vorher Widerspruch gegen die Dispache bei dem Gericht anmeldet, sein Einverständnis mit der Dispache angenommen wird.** In der Ladung ist zu bemerken, dass die Dispache und deren Unterlagen auf der Geschäftsstelle eingesehen werden können.

(4) **Die Frist zwischen der Ladung und dem Termin muss mindestens zwei Wochen betragen.**

(5) **Erachtet das Gericht eine Vervollständigung der Unterlagen der Dispache für notwendig, hat es die Beibringung der erforderlichen Belege anzuordnen. § 404 Abs. 1 gilt entsprechend.**

§ 405 Buch 5 – Registersachen, unternehmensrechtliche Verfahren

1. Übersicht über das Verfahren

1 In den §§ 405 bis 409 versucht das Gesetz, gleichsam wie in einem Schiedsverfahren mit dem Ziel der Schadensverteilung unter Vermeidung eines Prozesses einen Vollstreckungstitel zu schaffen. Auch wenn zunächst nicht alle Beteiligten mit der Dispache einverstanden sind und Widerspruch erheben, ist es Aufgabe des Richters, nach vorgängig einverständlicher Berichtigung, die dem Dispacheur selbst nicht zusteht, eine Einigung über einen erhobenen Widerspruch (§ 406) herbeizuführen. Nach dem Verfahren der §§ 405 bis 409 wird die von dem Dispacheur aufgemachte Dispache vom Amtsgericht (§ 23 I Nr 4 GVG) – unverändert (§ 406 I) oder nach vorgängiger Berichtigung (§ 406 II) – bestätigt und hierdurch mit der Wirkung der Vollstreckbarkeit versehen (§ 409) (BGH 23, 223, 226 = NJW 59, 723). Dieses Verfahren ist nur möglich für die nach den Bestimmungen des HGB oder des BinnenSchG aufgemachte, nicht dagegen die auf Grund Rechtsgeschäfts oder von dem Schiffer selbst nach § 87 BinnenSchG erstellte Dispache (s Vorbem §§ 403 ff Rn 5).

2. Antrag auf gerichtliche Verhandlung

2 Das Verfahren der §§ 405 bis 409 wird nur durchgeführt, wenn ein entspr Antrag beim Gericht gestellt wird.

a) Antragsberechtigt ist jeder Beteiligte (s Vorbem §§ 403 ff Rn 2), also der Reeder, Schiffseigentümer, Befrachter, Eigentümer der Ladung, Absender von Postsachen, der Versicherer nur, wenn ihm der Dispacheur eine Beitragspflicht auferlegt, ferner Personen, die ein erhebliches Interesse an der Berichtigung der Dispache haben. Der Dispacheur ist selbst nicht beteiligt.

b) Der Antrag kann **schriftlich oder mündlich zur Niederschrift der Geschäftsstelle** des Gerichts gestellt werden (§ 25 I). Er muss den Antrag auf gerichtliche Verhandlung über die Dispache enthalten und diejenigen Beteiligten bezeichnen, die zu dem Verfahren zugezogen werden sollen (Abs 1 Satz 2). Beteiligte, die die Dispache bereits anerkannt haben und von denen die Erfüllung der ihnen darin auferlegten Verpflichtungen erwartet wird, müssen nicht zugezogen werden.

3. Einleitung des Verfahrens

3 a) Einziehung der Unterlagen. Das Gericht hat gemäß Abs 2 die Dispache und deren Unterlagen von dem Dispacheur einzuziehen, notfalls mittels Androhung von Zwangsgeld gemäß § 35. Erachtet es eine Vervollständigung der Unterlagen der Dispache für notwendig, so hat es die Beibringung der erforderlichen Belege nach Abs 5 anzuordnen und notfalls gemäß §§ 404 I, 35 von den Besitzern durchzusetzen.

b) Verbindung mehrerer Anträge. Haben verschiedene Beteiligte hinsichtlich der gleichen Dispache mehrere Anträge gestellt, so kann sie das Gericht zum Zweck der gleichzeitigen Verhandlung verbinden (§ 20; mit Blick auf diese Vorschrift konnte die ausdrückliche Regelung in § 153 II 2 FGG entfallen). Die Beteiligten haben kein Recht auf die Verbindung, daher auch keine Beschwerde gegen die Ablehnung. Sie steht vielmehr im Ermessen

§ 405 Termin; Ladung **§ 405**

des Gerichts, das die Verbindung auch dann noch anordnen kann, nachdem bereits auf einen Antrag hin Termin anberaumt wurde.
c) Terminsbestimmung und Ladung. Falls nicht offensichtlich die Voraussetzungen der großen Haverei fehlen (s Rn 4), hat das Gericht den Antragsteller sowie die von ihm bezeichneten Beteiligten zu einem Termin zu laden. Die Frist zwischen der Ladung und dem Termin, auf deren Einhaltung die Beteiligten verzichten können, muss gemäß Abs 4 mindestens zwei Wochen betragen. Wegen des Laufs der Ladungsfrist ist die Ladung von Amts wegen nach § 15 I, II bekannt zu geben, und zwar gem § 15 II durch Zustellung oder Aufgabe zur Post. Die Vorschriften über Frist und Inhalt der Ladung müssen in jedem Fall für die Durchführung des ersten Termins befolgt sein, und zwar auch dann, wenn der erste Termin nicht durchgeführt werden kann und deshalb eine Terminsverlegung oder Anberaumung eines neuen Termins notwendig ist. Wird nach der begonnenen Verhandlung dagegen Termin zu Fortsetzung bestimmt, so sind diese Vorschriften nicht mehr zu beachten. (1) Zu laden sind der Antragsteller und die von ihm bezeichneten Beteiligten. Andere Personen dürfen nicht geladen werden. Der Dispacheur ist zwar nicht Beteiligter, seine Zuziehung ist jedoch zulässig und zweckmäßig. (2) Die Ladung muss den Hinweis darauf enthalten, dass das Einverständnis mit der Dispache angenommen wird, wenn der Geladene weder in dem Termin erscheint noch vorher Widerspruch gegen die Dispache bei dem Gericht anmeldet (Abs 3 Satz 1). Ein Mangel dieses Hinweises auf die Versäumnisfolgen macht die Ladung unwirksam und verhindert den Eintritt in die Verhandlung, wenn der Geladene nicht erscheint. Der Widerspruch kann schriftlich oder zu Protokoll der Geschäftsstelle erklärt werden. Das Fehlen des in Abs 3 Satz 1 zwingend vorgeschriebenen Hinweises begründet die Beschwerde gegen den Bestätigungsbeschluss, wenn trotz des Mangels verhandelt wird, und wird erst durch die rechtskräftige Bestätigung der Dispache geheilt. (3) Nach Abs 3 Satz 2 soll die Ladung darauf hinweisen, dass die Dispache und deren Unterlagen auf der Geschäftsstelle eingesehen werden können. Fehlt dieser Hinweis, so kann der Betroffene die Verhandlung ablehnen, bis ihm die Einsicht gewährt ist. Der Mangel begründet außerdem ein Beschwerderecht.

4. Ablehnung des Antrags

Das Gericht kann den Antrag auf gerichtliche Verhandlung sofort ablehnen, 4 wenn (1) die Voraussetzungen des gerichtlichen Verfahrens fehlen, etwa wenn die Dispache von den Beteiligten auf Grund Rechtsgeschäfts oder nach § 87 BinnenSchG von dem Schiffer selbst aufgemacht ist (s Rn 1), oder der Antragsteller nicht antragsberechtigt ist, b) offensichtlich die Voraussetzungen der großen Haverei (Vorbem §§ 403 ff Rn 4) fehlen (Abs 2); ist das Gericht im Zweifel, so besteht ein Ablehnungsrecht nicht, sondern erst, wenn sich der Mangel im Lauf des Verfahrens herausstellt.

5. Vervollständigung der Unterlagen, Abs 5

Damit das Gericht eine sachgerechte Entscheidung treffen kann, müssen 5 ihm sämtliche Unterlagen, die der Anfertigung der Dispache zugrunde liegen,

§ 406   Buch 5 – Registersachen, unternehmensrechtliche Verfahren

zur Verfügung stehen. Ist schon der Dispacheur nur unter diesen Voraussetzungen zur Anfertigung der Dispache in der Lage (vgl § 404), so gilt dies erst recht für die Entscheidung durch das Gericht. Es hat nach § 405 II nicht nur die Dispache und deren Unterlagen vom Dispacheur einzuziehen, sondern nach § 405 V auch die Beibringung der sonstigen erforderlichen Belege anzuordnen. Die Herausgabe kann nicht nur vom Antragsteller und dem Dispacheur, sondern von jedem, der sie im unmittelbaren Besitz hat, verlangt und mittels Androhung von Zwangsgeld erzwungen werden; auf die Ausführungen zu § 404 wird verwiesen.

Verfahren im Termin

406 **(1) Wird im Termin ein Widerspruch gegen die Dispache nicht erhoben und ist ein solcher auch vorher nicht angemeldet, hat das Gericht die Dispache gegenüber den an dem Verfahren Beteiligten zu bestätigen.**

(2) Liegt ein Widerspruch vor, haben sich die Beteiligten, deren Rechte durch ihn betroffen werden, zu erklären. Wird der Widerspruch als begründet anerkannt oder kommt anderweitig eine Einigung zustande, ist die Dispache entsprechend zu berichtigen. Erledigt sich der Widerspruch nicht, so ist die Dispache insoweit zu bestätigen, als sie durch den Widerspruch nicht berührt wird.

(3) Werden durch den Widerspruch die Rechte eines in dem Termin nicht erschienenen Beteiligten betroffen, wird angenommen, dass dieser den Widerspruch nicht als begründet anerkennt.

1. Allgemeines

1   § 406 entspricht weitgehend § 155 FGG. Gestrichen wurde lediglich § 155 I FGG, weil die dortige Regelung, dass mit den Erschienenen über die Dispache zu verhandeln ist, entbehrlich erschien (BT-Drs. 16/6308, 289).

2. Verfahren im Termin

2   Bevor das Gericht in die Verhandlung eintritt, hat es festzustellen, ob alle an dem Verfahren Beteiligten (s Vorb §§ 403 ff Rn 2) form- und fristgerecht (s § 405 Rn 3) geladen sind; anderenfalls muss ein neuer Termin anberaumt werden. Ist dies der Fall, so ist in die Verhandlung einzutreten, auch wenn nur ein einziger Beteiligter erschienen ist; bei den übrigen wird gemäß § 405 III ihr Einverständnis mit der Dispache angenommen, soweit sie nicht vorher Widerspruch eingelegt haben. Die Verhandlung ist, wie allgemein im Verfahren der freiwilligen Gerichtsbarkeit, nicht öffentlich (§ 170 Satz 1 GVG).

3. Widerspruch

3   Liegt ein Widerspruch vor, so haben sich die Beteiligten, deren Rechte durch ihn betroffen werden, gemäß Abs 2 zu erklären.

§ 406 Verfahren im Termin § **406**

a) Einlegung. Der Widerspruch ist an keine Form gebunden und kann vor dem Termin schriftlich oder mündlich zur Niederschrift der Geschäftsstelle oder auch während des Termins erhoben werden. Zum Widerspruch ist auch der Antragsteller selbst befugt, der dies auch nur zu dem Zweck tun kann, um seine Einwendungen gegen die Dispache geltend zu machen. Ist der Widerspruch vorher eingelegt, so treten gemäß § 405 III keine Versäumnisfolgen ein, auch wenn der Widersprechende in dem Termin nicht erscheint.

b) Anerkennung. Wird der Widerspruch als begründet anerkannt oder kommt anderweit eine Einigung zustande, so ist gemäß Abs 2 Satz 2 die Dispache entspr zu berichtigen. Auch gegen die berichtigte Dispache ist der Widerspruch zulässig (Bahrenfuss/Steup Rn 11; aA SBW/Nedden-Boeger Rn 15). Eine endgültige Einigung ist mit Rücksicht auf die Bestimmung des Abs 3 nur möglich, wenn alle Beteiligten erschienen sind oder die Rechte der Nichterschienenen vom Widerspruch nicht betroffen sind.

c) Verfolgung. Soweit ein Widerspruch nicht gemäß § 406 II erledigt wird, hat ihn der Widersprechende gemäß § 407 durch Erhebung der Klage gegen die Beteiligten zu verfolgen, deren Rechte durch den Widerspruch betroffen werden.

d) Nichterschienene Beteiligte. Wird auf Grund des Widerspruchs die Dispache berichtigt, so werden nach Abs 3 die Rechte eines im Termin nicht erschienenen Beteiligten nicht betroffen. Da gemäß § 405 III nur vermutet wird, dass er mit der Dispache so, wie sie aufgestellt ist, einverstanden ist, schadet es nicht, wenn er weder im Termin erschienen ist noch Widerspruch angemeldet hat.

4. Bestätigung der Dispache

Das Gericht hat die Dispache gegenüber den an dem Verfahren Beteiligten durch besonderen Beschluss zu bestätigen, (1) wenn ein Widerspruch gegen die Dispache nicht erhoben ist, und zwar selbst dann, wenn kein Beteiligter in dem Termin erschienen ist, (2) wenn ein Widerspruch erhoben ist, hinsichtlich der ganzen aufgestellten oder berichtigten Dispache, falls eine vollständige Einigung erzielt wurde, oder teilweise, nämlich insoweit, als die Dispache vom Widerspruch nicht berührt ist oder auf Grund erzielter Einigung eine Berichtigung erfolgen konnte, falls sich die erhobenen Widersprüche nicht oder nicht vollständig erledigen ließen (Abs 2). Ist der Widerspruch durch rechtskräftiges Urteil oder in anderer Weise erledigt, so wird die Dispache bestätigt, nachdem sie erforderlichenfalls vom Amtsgericht nach Maßgabe der Erledigung der Einwendungen berichtigt ist (§ 407 II).

Die Einigung erfolgt zu Protokoll des Gerichts, wobei nach nunmehr hM gem. § 36 II nach den Vorschriften über den gerichtlichen Vergleich (§§ 159 ff ZPO) zu protokollieren ist (Keidel/Heinemann Rn 13; Bahrenfuss/Steup Rn 9; MünchKommZPO/Postler § 406 FamFG Rn 18; aA noch Vorauﬂ.). Der Mangel der Form wird durch die Rechtskraft des Bestätigungsbeschlusses geheilt (Jansen/Steder § 156 FGG Rn 11; im Ergebnis auch

4

§ 407 Buch 5 – Registersachen, unternehmensrechtliche Verfahren

MünchKommZPO/Postler § 406 FamFG Rn 18, der keine besondere Formbedürftigkeit der Einigung annimmt; aA Keidel/Heinemann Rn 13).

Da gegen die Bestätigung nach § 408 die Beschwerde stattfindet, ist der Bestätigungsbeschluss sämtlichen Beteiligten gemäß § 41 bekanntzumachen. Der Umfang der Wirksamkeit und die Vollstreckbarkeit der bestätigten Dispache ist in § 409 geregelt.

5. Ausschluss der Bestätigung

5   Soweit eine Einigung nicht zustandekommt oder von dem Widerspruch Nichterschienene nach Abs 3 betroffen sind, ist eine Bestätigung ausgeschlossen. Auch gegen die letzteren muss vom Widersprechenden gemäß § 407 I im Weg der Klage vorgegangen werden. Bestätigt das Gericht eine Dispache, obwohl in ihr auch Ansprüche nichtbeteiligter Personen geregelt werden, etwa die Zahlung des Bergelohns an den Berger, so ist dieser Beschluss nicht nichtig (so aber NJW 59, 723), sondern ebenfalls mit der Beschwerde anfechtbar; alle Rechtswege, die das Grundgesetz vorsieht, sind gleichwertig, so dass die Entscheidung eines Gerichts der freiwilligen Gerichtsbarkeit in Angelegenheiten, die einer anderen Gerichtsbarkeit, zB der streitigen, zugewiesen ist, aus diesem Grund nicht nichtig ist (Habscheid, NJW 66, 1787, 1792; Keidel/Zimmermann, § 7 FGG Rn 24 a; aM Jansen/Müther § 7 Rn 25).

Verfolgung des Widerspruchs

407 (1) **Soweit ein Widerspruch nicht nach § 406 Abs. 2 erledigt wird, hat ihn der Widersprechende durch Erhebung der Klage gegen diejenigen an dem Verfahren Beteiligten, deren Rechte durch den Widerspruch betroffen werden, zu verfolgen. Die §§ 878 und 879 der Zivilprozessordnung sind mit der Maßgabe entsprechend anzuwenden, dass das Gericht einem Beteiligten auf seinen Antrag, wenn erhebliche Gründe glaubhaft gemacht werden, die Frist zur Erhebung der Klage verlängern kann und dass an die Stelle der Ausführung des Verteilungsplans die Bestätigung der Dispache tritt.**

(2) **Ist der Widerspruch durch rechtskräftiges Urteil oder in anderer Weise erledigt, so wird die Dispache bestätigt, nachdem sie erforderlichenfalls von dem Amtsgericht nach Maßgabe der Erledigung der Einwendungen berichtigt ist.**

1. Allgemeines

1   Wie ausgeführt, wird über die Dispache auf Antrag eines Beteiligten in einem besonderen, der freiwilligen Gerichtsbarkeit unterliegenden Verfahren mit dem Ziel der Schadensverteilung unter die Beteiligten verhandelt, wobei dem Richter eine im Wesentlichen vermittelnde Tätigkeit obliegt. Die Entscheidung über Streitigkeiten zwischen den Beteiligten muss er daher dem Prozessgericht überlassen. Einigen sich die Beteiligten daher nicht, so geschieht die Verfolgung des Widerspruchs durch Klageerhebung beim zuständigen Prozessgericht.

§ 407 Verfolgung des Widerspruchs § 407

2. Zuständigkeit

Für die Klage ist das Amtsgericht zuständig, das mit der Sache als Gericht 2
der freiwilligen Gerichtsbarkeit befasst war, und, wenn der Streitgegenstand
nicht zur Zuständigkeit der Amtsgerichte gehört (§§ 23, 71 GVG), das Landgericht, in dessen Bezirk das Amtsgericht seinen Sitz hat (§ 407 I 2, § 879
ZPO); zuständig ist nach §§ 95 I Nr 4f, 96, 98 GVG die Kammer für
Handelssachen. Im Fall mehrerer Widersprüche ist das Landgericht für sämtliche Widersprüche zuständig, wenn seine Zuständigkeit auch nur für eine
Klage begründet ist, sofern nicht die sämtlichen Beteiligten vereinbaren, dass
das Amtsgericht über alle Widersprüche entscheiden solle (§ 879 II ZPO,
§ 156 I 2).

3. Klageerhebung

Der Widerspruch muss durch Klageerhebung verfolgt werden, nicht nur 3
wenn eine Einigung nicht zustandekommt, sondern auch wenn gemäß
§ 406 III von dem Widerspruch Nichterschienene betroffen sind; auch
gegen die letzteren ist von dem Widersprechenden nach § 407 I zu verfahren. Die Klage kann als Leistungs- oder Feststellungsklage erhoben
werden.

a) Klagefrist. Der widersprechende Kläger muss gemäß § 878 ZPO
dem Amtsgericht die Klageerhebung ohne vorherige Aufforderung binnen
einer Frist von einem Monat nachweisen, die mit dem Tag des Verhandlungstermins über die Dispache vor dem Amtsgericht beginnt (nach hM
richtet sich die Berechnung nach § 16 II FamFG, § 222 ZPO, §§ 187 II,
der Tag des Verhandlungstermines ist mitzuzählen (Keidel/Heinemann
Rn 5; MünchKommZPO/Postler § 407 FamFG Rn 5). Zwar ist die Klage
wirksam erst mit Zustellung erhoben (§ 253 ZPO), es genügt für die Fristwahrung jedoch bereits die rechtzeitige Einreichung und Vorschusszahlung
bzw. Stellung eines Prozesskostenhilfegesuchs (hM Keidel/Heinemann
Rn 10; Jansen/Steder § 156 FGG Rn 3). Wiedereinsetzung gegen die Versäumung der Frist findet nicht statt (Keidel/Heinemann Rn 10; aA MünchKommZPO/Postler § 407 FamFG Rn 10). Das Gericht kann jedoch die
Frist auf Antrag bei Glaubhaftmachung wichtiger Gründe verlängern, solange sie noch nicht abgelaufen ist.

b) Versäumung der Frist. Versäumt der Widersprechende die gesetzliche
oder die verlängerte Frist, so hat das Amtsgericht die Dispache ohne Rücksicht auf den Widerspruch zu bestätigen (§ 407 I 2 FamFG, § 878 I 2 ZPO).
Es treten nunmehr alle Wirkungen des § 409 ein. Gemäß § 878 II ZPO wird
die Befugnis des Widersprechenden, ein besseres Recht gegen den vom
Widerspruch betroffenen Beteiligten im Weg der Klage geltend zu machen,
durch die Versäumung der Frist und durch die Bestätigung der Dispache nicht
ausgeschlossen.

c) Ruhen des Verfahrens. Hat der Widersprechende die Klageerhebung
rechtzeitig nachgewiesen, so ruht das Verfahren über die Dispache bis zur
Erledigung des Widerspruchs, sei es durch rechtskräftiges Urteil oder Vergleich, Verzicht, Anerkenntnis oder Klagezurücknahme.

4. Bestätigung der Dispache

4 Ist der Widerspruch durch rechtskräftiges Urteil oder in anderer Weise erledigt, so wird nach § 407 II die Dispache bestätigt, nachdem sie erforderlichenfalls vom Amtsgericht nach Maßgabe der Erledigung der Einwendungen berichtigt ist. Hiergegen ist nach § 408 die Beschwerde statthaft.

Beschwerde

408 (1) Der Beschluss, durch den ein nach § 405 gestellter Antrag auf gerichtliche Verhandlung zurückgewiesen, über die Bestätigung der Dispache entschieden oder ein Beteiligter nach § 404 zur Herausgabe von Schriftstücken verpflichtet wird, ist mit der Beschwerde anfechtbar.

(2) Einwendungen gegen die Dispache, die mittels Widerspruchs geltend zu machen sind, können nicht mit der Beschwerde geltend gemacht werden.

1. Beschwerde

1 Nach Abs 1 findet die Beschwerde (§§ 58 ff) statt gegen Beschlüsse, (1) durch die ein nach § 405 gestellter Antrag auf gerichtliche Verhandlung zurückgewiesen wird, (2) durch die über die Bestätigung der Dispache entschieden wird, und zwar sowohl wenn sie erteilt als auch wenn sie ganz oder teilweise versagt wird sowie (3) ein Beteiligter zur Herausgabe von Schriftstücken nach § 404 verpflichtet wird. Beim Beschluss gem § 404 I ist zu beachten, dass dieser Beschluss mit der Beschwerde, während der Beschluss über die Festsetzung des Zwangsgeldes gem § 35 V zur Durchsetzung der Verpflichtung mit der sofortigen Beschwerde in entsprechender Anwendung der §§ 567 bis 572 ZPO anfechtbar ist.

Beschwerdeberechtigung ist im Fall der Zurückweisung des Antrags auf gerichtliche Verhandlung ist gemäß § 59 II nur der Antragsteller. Hinsichtlich der Bestätigung der Dispache sind alle an der Dispache Beteiligten (s Vorbem § 403 Rn 2) beschwerdeberechtigt, sofern sie in ihren Rechten beeinträchtigt sind (§ 59 I).

2. Beschränkung der Beschwerdegründe (Abs 2)

2 Im Weg der Beschwerde können die Einwendungen gegen die Dispache nicht mehr geltend gemacht werden, die bereits mittels des Widerspruchs geltend gemacht werden konnten. Dies sind alle materiellen Einwendungen gegen die Dispache als solche. Mit der Beschwerde können somit nur noch Fehler gerügt werden, die während des Verfahrens unterlaufen sind oder der Entscheidung anhaften. Hier kommen insbesondere in Betracht formelle Mängel des Verfahrens, mangelhafte Ladung und Bekanntmachung, Nichteinhaltung der Ladungsfrist, unrichtige Berichtigung der Dispache gemäß §§ 406 II, 407 II, mangelhafte Beurkundung der Einigung.

§ 409 Wirksamkeit; Vollstreckung

409 (1) **Die Bestätigung der Dispache ist nur für das gegenseitige Verhältnis der an dem Verfahren Beteiligten wirksam.**
(2) **Der Bestätigungsbeschluss wird erst mit Rechtskraft wirksam.**
(3) **Für Klagen auf Erteilung der Vollstreckungsklausel sowie für Klagen, durch welche Einwendungen gegen die in der Dispache festgestellten Ansprüche geltend gemacht werden oder die bei der Erteilung der Vollstreckungsklausel als eingetreten angenommene Rechtsnachfolge bestritten wird, ist das Gericht zuständig, das die Dispache bestätigt hat. Gehört der Anspruch nicht vor die Amtsgerichte, sind die Klagen bei dem zuständigen Landgericht zu erheben.**

1. Wirkung der Bestätigung, Abs 1

Die Bestätigung der Dispache ist nur für das gegenseitige Verhältnis der 1 an dem Verfahren Beteiligten wirksam (Abs 1). Die Rechtskraft der bestätigten Dispache entspricht damit den Wirkungen des § 325 ZPO. Für die nicht zu den Verhandlungen zugezogenen Beteiligten ergeben sich aus ihr weder Rechte noch Pflichten, vielmehr können sie ihrerseits Verhandlung über die Dispache beantragen und im Verfahren der Dispache widersprechen. Es beginnt dann ein völlig neues Verfahren, in dem eine Änderung der früher bestätigten Dispache gegenüber den neuen Beteiligten möglich ist.

2. Wirksamkeit des Bestätigungsbeschlusses, Abs 2

Die Wirksamkeit des Bestätigungsbeschlusses tritt erst mit der Rechtskraft 2 ein. § 409 II ist damit eine Sondervorschrift zu § 40 I, wonach die Wirksamkeit mit der Bekanntgabe an die Beteiligten eintritt. Die Bestimmung ist erforderlich, damit auch künftig (wie bislang § 158 II FGG) die Vollstreckung, die nach § 86 II grundsätzlich mit der Wirksamkeit eines Beschlusses möglich ist, nur aus rechtskräftigen Bestätigungsbeschlüssen erfolgen kann.

3. Zwangsvollstreckung.

Die Zwangsvollstreckung ist erst möglich mit Rechtskraft des Bestätigungs- 3 beschlusses (§§ 409 II, 86 II), über den gemäß § 46 ein Rechtskraftzeugnis erteilt werden kann. Sie findet für und gegen die zum Verfahren zugezogenen Beteiligten statt und richtet sich nach den Vorschriften des allgemeinen Teils, insbes § 95 (BT-Drs. 16/6308, 289), der wiederum für die Vollstreckung des Beschlusses auf die Vorschriften der ZPO verweist. Einwendungen gegen den in der Dispache festgestellten Anspruch sind daher nur insoweit zulässig, als die Gründe, auf denen sie beruhen, erst nach dem Schluss der mündlichen Verhandlung entstanden sind, in der Einwendungen spätestens hätten geltend gemacht werden müssen (§ 767 II ZPO, der auf Beschlüsse nach dem FamFG anwendbar ist s Baumbach/Lauterbach/Albers/Hartmann § 767 Rn 13). Nicht betroffen hiervon ist der Einwand, dass ein Havereibeitrag bereits vor Einleitung des Verfahrens bezahlt worden sei, da auch ein solcher Beitrag –

ungeachtet der Zahlung – in die Dispache aufzunehmen ist (Keidel/Heinemann Rn 12).

4. Zuständigkeit, Abs 4

4   Abs 3 erklärt für Klagen auf Erteilung der Vollstreckungsklausel (§ 731 ZPO) sowie für Klagen, durch die Einwendungen gegen die in der Dispache festgestellten Ansprüche geltend gemacht werden oder die bei der Erteilung der Vollstreckungsklausel als eingetreten angenommene Rechtsnachfolge bestritten wird (§§ 767, 768 ZPO), das Amtsgericht für zuständig, das die Dispache bestätigt hat. Gehört der Anspruch nicht vor das Amtsgericht (§§ 23, 71 GVG), so sind diese Klagen bei dem Landgericht zu erheben, in dessen Bezirk das Amtsgericht liegt, das die Dispache bestätigt hat (Abs 3 Satz 2).

Buch 6
Verfahren in weiteren Angelegenheiten der freiwilligen Gerichtsbarkeit

Vorbemerkung zu §§ 410 ff

Buch 6 enthält die bisher in §§ 163 bis 166 FGG geregelten Angelegenheiten, nämlich verfahrensrechtliche Vorschriften zur eidesstattlichen Versicherung, Untersuchung und Verwahrung von Sachen sowie Pfandverkauf. Die Vorschriften werden inhaltlich weitgehend übereinstimmend übernommen, systematisch aber vollständig neu gegliedert. Die Verschiedenartigkeit der geregelten Verfahren erfordert allerdings, dass die betreffenden Gegenstände, insb Zuständigkeit, Beteiligte, für jedes Verfahren letztlich doch gesondert geregelt sind.

Weitere Angelegenheiten der freiwilligen Gerichtsbarkeit

410 Weitere Angelegenheiten der freiwilligen Gerichtsbarkeit sind

1. die Abgabe einer nicht vor dem Vollstreckungsgericht zu erklärenden eidesstattlichen Versicherung nach den §§ 259, 260, 2028 und 2057 des Bürgerlichen Gesetzbuchs,
2. die Ernennung, Beeidigung und Vernehmung des Sachverständigen in den Fällen, in denen jemand nach den Vorschriften des bürgerlichen Rechts den Zustand oder den Wert einer Sache durch einen Sachverständigen feststellen lassen kann,
3. die Bestellung des Verwahrers in den Fällen der §§ 432, 1217, 1281 und 2039 des Bürgerlichen Gesetzbuchs sowie in Festsetzung der von ihm beanspruchten Vergütung und seiner Aufwendungen,
4. eine abweichende Art des Pfandverkaufs im Fall des § 1246 Abs. 2 des Bürgerlichen Gesetzbuchs.

§ 410 enthält in Übereinstimmung mit der Systematik der übrigen Bücher zunächst die Definition der weiteren Verfahren im Sinne des Buches 6. Im einzelnen handelt es sich um:

1. Eidesstattliche Versicherung

a) §§ 259, 260, 2028, 2057 BGB. Eine eidesstattliche Versicherung hat unter bestimmten Voraussetzungen abzugeben, wer verpflichtet ist, über eine mit Einnahmen oder Ausgaben verbundene Verwaltung Rechenschaft abzulegen (§ 259 BGB), einen Inbegriff von Gegenständen herauszugeben oder über den Bestand eines solchen Inbegriffs Auskunft zu erteilen (§ 260 BGB),

§ 410 Buch 6 – Verfahren in weiteren Angelegenheiten der fG

dem Erben auf Verlangen Auskunft darüber zu erteilen, welche erbschaftlichen Geschäfte er geführt hat und was ihm über den Verbleib der Erbschaftsgegenstände bekannt ist (§ 2028 BGB), den übrigen Erben auf Verlangen Auskunft über ausgleichspflichtige Zuwendungen zu erteilen (§ 2057 BGB).

2 **b) Anwendungsfälle der §§ 259, 260 BGB.** Es besteht keine allgemeine Pflicht zur Rechenschaftslegung, vielmehr ist ein besonderer Rechtsgrund erforderlich (BGH NJW 57, 669). (1) Für eine Reihe von Fällen hat das Gesetz eine Pflicht zur Rechenschaftslegung ausdrücklich angeordnet, etwa die Verpflichtung des Beauftragten (§§ 666, 675 BGB), des Geschäftsführers ohne Auftrag (§§ 681, 687 II BGB), des geschäftsführenden Gesellschafters (§ 713 BGB), des Gesellschafters gegenüber dem ausgeschiedenen Mitgesellschafter (§ 740 BGB), des Ehegatten (§ 1379 BGB), der Eltern (§§ 1667, 1698 BGB), des Vormunds und Pflegers (§§ 1890, 1891, 1915 BGB), des Erben (§ 1978 BGB), des Erbschaftsbesitzers (§§ 2018, 2027 I, 2028 BGB), des Vorerben (§§ 2127, 2130 II BGB), des TestVollstr (§ 2218 BGB), des Erben gegenüber dem Pflichtteilsberechtigten (§ 2314 BGB), dessen, dem ein unrichtiger Erbschein erteilt wurde (§ 2362 II BGB), des Erbschaftsverkäufers (§ 2374 BGB). Sondervorschriften gibt es für die Verpflichtung des Verwalters nach § 28 III, IV WEG, des Provisionsverpflichteten nach § 87c HGB, des Kommissionärs nach § 384 HGB, des Zwangsverwalters nach § 154 ZVG. (2) Diesen ausdrücklich geregelten Fällen ist nach der Rechtsprechung in Verbindung mit § 242 BGB der Grundsatz zu entnehmen, dass rechenschaftspflichtig jeder ist, der fremde Angelegenheiten besorgt oder solche, die zugleich fremde und eigene sind (BGH 10, 385, 386 f; 164, 348, 350). Eine Pflicht zur Rechenschaftslegung besteht daher auch etwa bei einem Baubetreuungsvertrag (Locher, NJW 68, 2324; nicht aber bei Festpreisvereinbarung, OLG Hamm, NJW 69, 1438), bei einem Mietvertrag Rechenschaftspflicht des Vermieters hinsichtlich der Heizkosten (BGH NJW 82, 573, 574), bei partiarischer Beteiligung am Gewinn (KG OLGE 19, 390), bei der Abwicklung von Vertragsverhältnissen, etwa Abfindung eines aus einer GbR ausgeschiedenen Gesellschafters (BGH NJW 00, 2276).

3 **c) Anwendungsbereich des fG-Verfahrens.** Der Gläubiger kann versuchen, dass der Schuldner die eidesstattliche Versicherung freiwillig vor dem Gericht der freiwilligen Gerichtsbarkeit abgibt. Nur in diesem Fall gelten die Vorschriften des FamFG. Solange noch kein vollstreckbares Urteil vorliegt, steht eine Klage der freiwilligen Abgabe nicht entgegen (BayObLG 53, 135). Eine Abnahme vor dem Gericht der freiwilligen Gerichtsbarkeit ist auch nach einer Verurteilung noch möglich, wenn Gläubiger und Schuldner damit einverstanden sind.

Verweigert der Schuldner die eidesstattliche Versicherung, so muss der Gläubiger Klage erheben, die gemäß § 254 ZPO mit der Klage auf Auskunft (Rechenschaftslegung) und Leistung verbunden werden kann. In diesem Fall wird die eidesstattliche Versicherung vor dem Amtsgericht als Vollstreckungsgericht, und zwar gemäß § 20 RPflG vor dem RPfl abgegeben (die Anordnung der Erzwingungshaft ist jedoch nach § 4 II Nr 2c RPflG dem Richter vorbehalten). Die Vollstreckung des Urteils richtet sich nach den §§ 889, 478–480, 483 ZPO.

4 **d) Verfahren.** S § 413

§ 410 Weitere Angelegenheiten der freiwilligen Gerichtsbarkeit § 410

e) Kosten. Im Verfahren über die Abnahme der eidesstattlichen Versicherung vor der freiwilligen Gerichtsbarkeit ist kein Raum für eine Kostenentscheidung nach § 81 (KG Rpfleger 70, 243; LG Bochum Rpfleger 94, 451 mit Anm. Meyer-Stolte). Gebühren: § 124 KostO.

2. Untersuchung von Sachen

a) Grundlagen. § 410 Nr 2 gilt für die Fälle, in denen nach den Vorschriften des Bürgerlichen Rechts (also nicht Landesgesetze) jemand den Zustand oder den Wert einer Sache durch Sachverständige feststellen lassen kann. Es sind dies insbesondere die Feststellung des Zustands der mit einem Nießbrauch belasteten Sache (§§ 1034, 1067, 1075 BGB), des Werts der Vermögensgegenstände bei Ausgleich des Zugewinns (§ 1377 Abs 2 BGB), des Zustands von Sachen, die zu einer Erbschaft gehören (§ 2122 BGB), des Zustandes eines Frachtgutes (§§ 438 III, 464, 611 HGB, § 61 BinnenSchG). Handelt es sich dagegen nicht um die Feststellung des Zustandes oder Wertes einer **einzelnen** Sache, sondern eines **Vermögensinbegriffs,** der auch Forderungen und Schulden umfasst, so ist § 410 Nr 2 nicht anwendbar, etwa in den Fällen der §§ 738, 1477 II, 1502 I BGB. In solchen Fällen können die Beteiligten eine Zuständigkeit nach § 410 Nr 2, 411 II auch nicht vereinbaren.

b) Verfahren. Die Tätigkeit des Gerichts besteht in der Ernennung, Beeidigung und Vernehmung des Sachverständigen. Das Verfahren wird nur auf Antrag eingeleitet. Es richtet sich gemäß § 39 nach den §§ 404 bis 413, 478 ff ZPO. Die Aussage des Sachverständigen ist vom Gericht zu Protokoll zu nehmen. Die Feststellung des Sachverständigen nur den Charakter eines Gutachtens und keine bindende Wirkung für die Parteien.

c) Gebühren. § 120 Nr 1 KostO.

3. Verwahrung von Sachen

a) Grundlagen. § 410 Nr 3 betrifft Verfahren auf Bestellung des Verwahrers und auf Festsetzung einer vom Verwahrer beanspruchten Vergütung sowie seines Aufwendungsersatzes in folgenden Fällen: Verwahrung der geschuldeten Sache, wenn mehrere Gläubiger, die nicht Gesamtgläubiger sind, eine unteilbare Leistung zu fordern haben (§ 432 BGB) oder wenn an dem Anspruch auf Herausgabe ein Pfandrecht besteht (§ 1281 BGB), des Pfandes, wenn der Pfandgläubiger die Rechte des Verpfänders verletzt (§ 1217 BGB), einer dem Nachlass geschuldeten Sache, wenn mehrere Erben vorhanden sind (§ 2039 BGB) (vgl OLG Stuttgart FGPrax 99, 40). In allen Fällen ist Voraussetzung, dass sich die Sache nicht zur Hinterlegung eignet (§ 372 BGB, § 5 HinterlegungsO).

Nach § 410 Nr 3 ist es nunmehr auch möglich, die Erstattung von Aufwendungen des Verwahrers festzusetzen, die bislang von § 165 FGG nicht umfasst war und daher nicht in die Zuständigkeit des Gerichtes der freiwilligen Gerichtsbarkeit fiel (Keidel/Kuntze/Winkler (15. Aufl.) § 165 FGG Rn 5). Die Einbeziehung des Aufwendungsersatzes soll dem Gericht der freiwilligen Gerichtsbarkeit ermöglichen, eine umfassende Klärung aller aus der Tätigkeit des Verwahrers herrührenden Erstattungsansprüche herbeizuführen.

§ 410   Buch 6 – Verfahren in weiteren Angelegenheiten der fG

10   **b) Verfahren.** Das Gericht darf gemäß § 410 Nr 3 nicht von Amts wegen tätig werden, sondern die Bestellung des Verwahrers und die Festsetzung der Vergütung und Aufwendung nur **auf Antrag** vornehmen. Für die Beschwerde gelten die allgemeinen Vorschriften.

11   **c) Gebühren.** § 120 Nr 2 KostO.

4. Pfandverkauf

12   **a) Grundlagen.** Entspricht eine von den Vorschriften der §§ 1235–1240 abweichende Art des Pfandverkaufs nach billigem Ermessen den Interessen der Beteiligten, so kann nach § 1246 jeder von ihnen verlangen, dass der Verkauf in dieser Art erfolgt. Kommt eine Einigung nicht zustande, so entscheidet das Gericht (§ 1246 II BGB). Es handelt sich nach § 410 Nr 4 um eine Angelegenheit der freiwilligen Gerichtsbarkeit, für die der Prozessweg ausgeschlossen ist.

Dies gilt auch in den Fällen, in denen im Gesetz auf die Vorschriften über den Pfandverkauf verwiesen ist, so etwa beim Verkauf eines gesetzlichen Pfandes nach § 1257 BGB (zB §§ 233, 559 ff, 585, 590, 647, 704 BGB; §§ 397, 410, 421, 440, 623, 674, 725, 726, 731, 751, 754, 755 HGB, §§ 89, 102 BinnenSchG), eines gemeinschaftlichen Gegenstands zum Zweck der Aufhebung der Gemeinschaft nach § 753 BGB, eines zum Nachlass gehörigen Gegenstands zum Zweck der Auseinandersetzung zwischen mehreren Miterben nach §§ 2042 II, 753 BGB, eines dem kaufmännischen Zurückbehaltungsrecht unterliegenden Gegenstandes nach § 371 HGB, des Kommissionsguts zur Befriedigung des Kommissionärs nach § 398 HGB, eines zur Insolvenzmasse gehörigen beweglichen Gegenstands unter den Voraussetzungen des § 166 InsO; auch wenn das Insolvenzgericht vorher auf Grund von § 173 II InsO eine Entscheidung getroffen hat, ist das Gericht der fG zur Entscheidung befugt (Staudinger/Wiegand § 1246 BGB Rn 7; Keidel/Giers Rn 13; aA MünchKommZPO/Zimmermann § 410 FamFG Rn 32).

Das Gericht hat nur über die Art des Pfandverkaufs zu entscheiden, nicht über die Verkaufsberechtigung. Sind die Voraussetzungen der Verwertung überhaupt streitig, so kann eine Anordnung nach § 1246 II BGB nicht stattfinden; diese Frage kann nur das Prozessgericht klären. Auch für die Anordnung des Gerichts gilt § 1245 II BGB, wonach auf die Beobachtung der Vorschriften der §§ 1235, 1237 S 1, 1240 BGB nicht vor dem Eintritt der Verkaufsberechtigung verzichtet werden kann; soll eine dieser Vorschriften nicht beachtet werden, so kann das Gericht erst nach Eintritt der Verkaufsberechtigung (§ 1228 II BGB) entscheiden.

13   **b) Verfahren.** Den Antrag kann jeder Beteiligte stellen, also nach § 1245 I BGB der Eigentümer, der Pfandgläubiger und Dritte, die an dem Pfand ein Recht haben, das durch die Veräußerung erlischt. Nicht beteiligt ist der persönliche Schuldner. Wird vor dem Pfandverkauf ein Rechtsmittel eingelegt, so kann das Gericht nach § 93 Nr 3 die Vollstreckung aussetzen. Nach dem Pfandverkauf sind Rechtsmittel unzulässig.

14   **c) Gebühren.** S § 120 Nr 3 KostO.

Örtliche Zuständigkeit

411 (1) In Verfahren nach § 410 Nr. 1 ist das Gericht zuständig, in dessen Bezirk die Verpflichtung zur Auskunft, zur Rechnungslegung oder zur Vorlegung des Verzeichnisses zu erfüllen ist. Hat der Verpflichtete seinen Wohnsitz oder seinen Aufenthalt im Inland, kann er die Versicherung vor dem Amtsgericht des Wohnsitzes oder des Aufenthaltsorts abgeben.

(2) In Verfahren nach § 410 Nr. 2 ist das Gericht zuständig, in dessen Bezirk sich die Sache befindet. Durch eine ausdrückliche Vereinbarung derjenigen, um deren Angelegenheit es sich handelt, kann die Zuständigkeit eines anderen Amtsgerichts begründet werden.

(3) In Verfahren nach § 410 Nr. 3 ist das Gericht zuständig, in dessen Bezirk sich die Sache befindet.

(4) In Verfahren nach § 410 Nr. 4 ist das Gericht zuständig, in dessen Bezirk das Pfand aufbewahrt wird.

1. Allgemeines

§ 411 regelt die **örtlichen** Zuständigkeiten für die Verfahren des Buches 6. 1
Diese Zuständigkeiten entsprechen weitgehend den Zuständigkeiten der §§ 163 bis 166 FGG. Ferner wurden die bislang in §§ 261 I, 2028 III, 2057 S 3 BGB enthaltenen Regelungen zur örtlichen Zuständigkeit in § 411 Nr 1 in das FamFG übernommen und im BGB gestrichen.

2. Sachliche und funktionelle Zuständigkeit

Sachlich zuständig für sämtliche Verfahren des § 410 ist gem § 23 a I Nr 5 2
GVG das AG; **funktionell** zuständig ist § 3 Nr 1 b RPflG der RPfl.

3. Örtliche Zuständigkeit

a) Eidesstattliche Versicherung (§ 410 Nr 1). Zuständig ist grundsätz- 3
lich das AG, in dessen Bezirk die Verpflichtung zur Auskunft, zur Rechnungslegung oder zur Vorlegung des Verzeichnisses zu erfüllen ist. Hat der Verpflichtete seinen Wohnsitz oder seinen Aufenthalt im Inland, so kann er die Versicherung vor dem Amtsgericht des Wohnsitzes oder des Aufenthaltsortes abgeben.

b) Untersuchung von Sachen (§ 410 Nr 2). Örtlich zuständig ist das 4
Amtsgericht, in dessen Bezirk sich die Sache befindet. Durch eine ausdrückliche Vereinbarung der Beteiligten kann nach § 411 II 2 die Zuständigkeit eines anderen Amtsgerichts begründet werden. Erstreckt sich die Sache, etwa ein Grundstück, in den Bezirk mehrerer Gerichte, so ist das Gericht zuständig, das zuerst tätig geworden ist (§ 2 I). Tritt nachträglich eine Ortsveränderung ein, so beeinflusst das die Zuständigkeit des zuerst befassten Gerichtes nicht. Hat ein örtlich unzuständiges Gericht den Sachverständigen vernommen, so ist das nach § 2 III unschädlich.

c) Verwahrung von Sachen (§ 410 Nr 3). Örtlich ist das Amtsgericht 5
zuständig, in dessen Bezirk sich die Sache befindet; auf den in Aussicht genommenen künftigen Verwahrungsort kommt es nicht an.

§ 412 Buch 6 – Verfahren in weiteren Angelegenheiten der fG

6   **d) Pfandverkauf (§ 410 Nr 4).** Maßgeblich für die **örtliche** Zuständigkeit ist der Ort, an dem das Pfand aufbewahrt wird, und zwar zum Zeitpunkt, in dem das Gericht mit der Sache befasst wird. Die Zuständigkeit ist ausschließlich, so dass eine Vereinbarung nicht möglich ist.

Beteiligte

412 Als Beteiligte sind hinzuzuziehen:

1. **in Verfahren nach § 410 Nr. 1 derjenige, der zur Abgabe der eidesstattlichen Versicherung verpflichtet ist, und der Berechtigte;**
2. **in Verfahren nach § 410 Nr. 2 derjenige, der zum Sachverständigen ernannt werden soll, und der Gegner, soweit ein solcher vorhanden ist;**
3. **in Verfahren nach § 410 Nr. 3 derjenige, der zum Verwahrer bestellt werden soll, in den Fällen der §§ 432, 1281 und 2039 des Bürgerlichen Gesetzbuchs außerdem der Mitberechtigte, im Fall des § 1217 des Bürgerlichen Gesetzbuchs außerdem der Pfandgläubiger und in einem Verfahren, das die Festsetzung der Vergütung und der Auslagen des Verwahrers betrifft, dieser und die Gläubiger;**
4. **in Verfahren nach § 410 Nr. 4 der Eigentümer, der Pfandgläubiger und jeder, dessen Recht durch eine Veräußerung des Pfands erlöschen würde.**

§ 412 regelt in Ergänzung zu § 7 für die einzelnen Verfahren die **Beteiligten.** Diese sind somit zumindest nach § 7 II Nr 2 zwingend zu beteiligen, wobei sich die Beteiligteneigenschaft dieser Personen daneben auch aus § 7 I (Antragsteller) und § 7 II Nr 1 (Antragsgegner) ergeben kann. Ferner können weitere Personen als **Antragsteller** nach § 7 I Beteiligte der Verfahren sein. Im Einzelnen:

1. Eidesstattliche Versicherung

1   § 412 Nr 1 stellt klar, dass beide Teile, also sowohl der Verpflichtete als auch der Berechtigte der jeweiligen materiell-rechtlichen Rechnungslegungs- bzw. Auskunftsansprüche (s § 410 Rn 2 f), zu beteiligen sind. Beteiligte als Antragsteller nach § 7 I können auch weitere antragsberechtigte Personen sein: Im Fall des § 2028 BGB etwa der TestVollstr dann, wenn er die Vermächtnisse zu erfüllen hat, die einem ausgleichsberechtigten Miterben auferlegt sind; der Nachlassverwalter und Nachlassinsolvenzverwalter bei Verbindlichkeiten, die nur einen Erbteil belasten (Keidel/Kuntze/Winkler (15. Aufl.), § 163 FGG Rn 6; Jansen/v. König § 163 FGG Rn 16).

2. Untersuchung von Sachen

2   § 412 Nr 2 benennt als Beteiligte des Verfahrens nach § 410 Nr 2 die Person, die zum Sachverständigen ernannt werden soll, sowie den Gegner, soweit ein solcher vorhanden ist. Durch die Beteiligung des Gegners, der bislang deswegen nach § 164 III FGG zwingend anzuhören war (Keidel/

§ 413 Eidesstattliche Versicherung **§ 413**

Kuntze/Winkler (15. Aufl.) § 164 Rn 8), wird dessen Anspruch auf rechtliches Gehör gewahrt (BT-Drs 16/6308, 290).

3. Verwahrung von Sachen

§ 412 Nr 3 benennt enumerativ den Kreis der Personen, die durch das 3
Verfahren zur Bestellung eines Verwahrers in ihren Rechten betroffen sind (BT-Drs. 16/6308, 290; Keidel/Giers Rn 1). Stets Beteiligter ist die Person, die zum Verwahrer bestellt werden sollen. Darüber hinaus ist Beteiligter:
- in den Fällen der §§ 432, 1281 und 2039 BGB der Mitberechtigte, also die Mitgesamtgläubiger, Pfandgläubiger oder Gläubiger oder Miterben, die nicht bereits als Antragsteller am Verfahren beteiligt sind,
- in Fall des § 1217 BGB der Pfandgläubiger,
- in Verfahren, die die Festsetzung der Vergütung des Verwahrers betreffen, dieser und die Gläubiger.

4. Pfandverkauf

Nach § 412 Nr 4 sind in Verfahren nach § 410 Nr 4 der Eigentümer, der 4
Pfandgläubiger und Dritte, die an dem Pfand eine Recht haben, das durch die Veräußerung erlischt, zu beteiligen. § 412 Nr 4 regelt den Kreis der Beteiligten in Übereinstimmung mit der bislang zu § 166 FGG vertretenen Ansicht (BT-Drs 16/6308, 290 unter Bezugnahme auf Keidel/Kuntze/Winkler (15. Aufl.) § 166 FGG Rn 7). Nicht beteiligt ist der persönliche Schuldner.

Eidesstattliche Versicherung

413 In Verfahren nach § 410 Nr. 1 kann sowohl der Verpflichtete als auch der Berechtigte die Abgabe der eidesstattlichen Versicherung beantragen. Das Gericht hat das persönliche Erscheinen des Verpflichteten anzuordnen. Die §§ 478 bis 480 und 483 der Zivilprozessordnung gelten entsprechend.

§ 413 entspricht inhaltlich den bisherigen §§ 163, 79 FGG. In Verfahren 1
nach § 410 Nr 1 kann sowohl der Verpflichtete als auch der Berechtigte die Abgabe der eidesstattlichen Versicherung **beantragen.** Das Gericht hat stets die Pflicht zum **persönlichen Erscheinen** des Verpflichteten anzuordnen, da dieser den Eid abgeben muss. Ein Zwang zur Abgabe der eidesstattlichen Versicherung ist nicht möglich; bei Verweigerung muss der Gläubiger Klage erheben. Da es sich um freiwilliges Verfahren handelt, ist eine **Glaubhaftmachung** vom Gläubiger nicht zu verlangen. Ebenso hat das Gericht nicht zu prüfen, ob Grund zur Annahme einer unsorgfältigen Auskunft bzw Rechnungslegung besteht. Für die Abnahme sind die §§ 478–480, 483 ZPO entspr anzuwenden. Eine **Beschwerde** gegen die Terminsbestimmung und die Ladung findet nicht statt, da es sich nicht um Endentscheidungen handelt MünchKommZPO/Zimmermann § 410 FamFG Rn 14).

§ 414   Buch 6 – Verfahren in weiteren Angelegenheiten der fG

Unanfechtbarkeit

414 **Die Entscheidung, durch die in Verfahren nach § 410 Nr. 2 dem Antrag stattgegeben wird, ist nicht anfechtbar.**

1   Die Entscheidung, durch die dem Antrag in Verfahren nach § 410 Nr 2 stattgegeben wird, kann nach § 414 nicht mit der **Beschwerde** angefochten werden. § 414 entspricht damit § 164 II FGG. Dagegen ist gegen die Ablehnung des Antrags die Beschwerde und Rechtsbeschwerde unter den allgemeinen Voraussetzungen gegeben. Gegen die stattgebende Entscheidung ist aber die **Erinnerung** nach § 11 II RPflG statthaft. Durch die Unanfechtbarkeit der Entscheidung wird das Recht zur **Ablehnung des ernannten Sachverständigen** (§ 39 FamFG, § 406 ZPO) und das Recht zur Beschwerde gegen einen die Ablehnung verwerfenden Beschluss nicht berührt (Jansen/v König § 164 Rn 9).

Buch 7
Verfahren in Freiheitsentziehungssachen

Freiheitsentziehungssachen

415 (1) **Freiheitsentziehungssachen sind Verfahren, die die auf Grund von Bundesrecht angeordnete Freiheitsentziehung betreffen, soweit das Verfahren bundesrechtlich nicht abweichend geregelt ist.**

(2) **Eine Freiheitsentziehung liegt vor, wenn einer Person gegen ihren Willen oder im Zustand der Willenlosigkeit insbesondere in einer abgeschlossenen Einrichtung, wie einem Gewahrsamsraum oder einem abgeschlossenen Teil eines Krankenhauses, die Freiheit entzogen wird.**

1. Anwendungsbereich

Abs 1 knüpft an den bisherigen § 1 des Freiheitsentziehungsgesetzes 1 (FEVG) an; Gegenstand des Verfahrens sind danach Regelungen von Freiheitsentziehungen, die auf Grund von **Bundesrecht** angeordnet werden, 2 soweit das Verfahren bundesrechtlich nicht abweichend geregelt ist. In diesen Anwendungsbereich fallen insbesondere die Abschiebungshaft für Ausländer (§ 62 AufenthG) zur Vorbereitung der Ausweisung (§ 62 I AufenthG), zur Sicherung der Abschiebung (§ 62 II AufenthG) (BVerfG, NJW 09, 2659; OLG München, FGPrax 09, 138: Abschiebung in einen Schengen-Staat); Abschiebung bei anhängigem Strafverfahren nur mit Zustimmung der Staatsanwaltschaft (BGH, FGPrax 10, 263); ferner Inhaftnahme nach § 59 II iVm § 89 II AsylVfG; ferner die zwangsweise Absonderung durch Unterbringung in einem abgeschlossenen Krankenhaus oder in einem abgeschlossen Teil eines Krankenhauses nach § 30 IfSG; ferner fallen in den Anwendungsbereich des Verfahrens nach §§ 415 ff Freiheitsentziehungen auf Grund der Ermächtigungen in §§ 23 III 4, 25 III, 39 I, II, 43 V des BPolG, eine Ingewahrsamnahme nach § 21 VII des BKAG oder nach § 23 I 2 Nr 8 des ZFdG. Darüber hinaus finden die §§ 415 ff immer dann Anwendung, wenn das **Landesrecht** hierauf 3 ausdrücklich **verweist;** eine derartige Verweisung enthalten alle Polizeigesetze der Bundesländer für den Fall des polizeilichen Gewahrsams, so zB das Polizeigesetz des Landes **Nordrhein-Westfalen** (PolG NRW) in § 36 II für die 4 richterliche Entscheidung über § 36 I über Zulässigkeit und Fortdauer einer Ingewahrsamnahme nach § 35; diese ist ua zulässig, um eine Platzverweisung (§ 34) durchzuführen (Abs 1 Nr 3), eine Wohnungsverweisung oder ein Rückkehrverbot (§ 34 a) durchzusetzen (Abs 1 Nr 4) oder um eine Person, die aus dem Vollzug von Untersuchungshaft, Freiheitsstrafe oder freiheitsentziehenden Maßnahmen der Besserung und Sicherung entwichen ist oder sich sonst ohne Erlaubnis außerhalb der JVA aufhält, in die Anstalt zurückzubringen (Abs 3); Minderjährige nur, um sie den Sorgeberechtigten oder dem Jugendamt zuzuführen (Abs 3); das Gesetz über die Aufgaben und Be- 5

§ 415   Buch 7 – Verfahren in Freiheitsentziehungssachen

fugnisse der **Bayrischen** staatlichen Polizei (Polizeiaufgabengesetz) in Art 18 III für eine richterliche Entscheidung über Zulässigkeit und Fortdauer der Freiheitsentziehung nach Art 18 I und eine richterliche Entscheidung über einen Antrag des Betroffenen auf Feststellung der Rechtswidrigkeit einer vor Erlass einer richterlichen Entscheidung beendeten Freiheitsentziehung nach Art 18 II. Gründe für eine Ingewahrsamnahme, die nach Art 18 I, II zu überprüfen ist, ergeben sich aus Art 17.

6   **Nicht** in den Anwendungsbereich der §§ 415 ff fallen Freiheitsentziehungen, die durch **Bundesrecht abweichend** geregelt sind. Dem Verfahren nach diesen Vorschriften unterliegen daher nicht Freiheitsentziehungen bei zivilrechtlicher Unterbringung Volljähriger durch Betreuer oder Bevollmächtigte (§ 312 Nr 1) oder deren öffentlich-rechtliche Unterbringung nach den Landesgesetzen über die Unterbringung psychisch Kranker (§ 312 Nr 3); die zivilrechtliche Unterbringung Minderjähriger durch Eltern, Vormund, Pfleger (§ 167 iVm § 312 Nr 1) oder deren öffentlich-rechtliche Unterbringung (§ 167 iVm § 312 Nr 3). In den Anwendungsbereich fallen **ferner nicht** Freiheitsentziehungen im Rahmen der Strafrechtspflege (Untersuchungshaft, Jugendstrafe, freiheitsentziehende Maßregeln der Besserung,
7   Sicherungshaft); **ferner nicht** zivilrechtliche Haftanordnungen, zB Ordnungshaft gegen Zeugen nach § 318 I 2 ZPO, Haft zur Erzwingung des Zeugnisses nach § 390 II ZPO, Zwangshaft zur Erzwingung nicht vertretbarer Handlungen nach § 888 I ZPO, Ordnungshaft nach §§ 177, 178 GVG im Rahmen der Sitzungspolizei.

2. Begriff der Freiheitsentziehung

8   **Abs 2** definiert den Begriff der Freiheitsentziehung in Anknüpfung an den bisherigen § 2 I FEVG aF. Freiheitsentziehung ist danach die Einschließung einer Person gegen ihren Willen oder im Zustand der Willenlosigkeit in einer abgeschlossenen Einrichtung. Abs 2 nennt beispielhaft für eine **abgeschlossene Einrichtung** einen Gewahrsamsraum oder einen abgeschlossenen Teil eines Krankenhauses. Mit dem Verzicht auf die bisherige Aufzählung in § 2 I FEVG aF ist eine Änderung des Anwendungsbereichs nicht verbunden. Wesentlich ist das Einsperren oder Einschließen einer Person in einer abgeschlossenen Einrichtung. Wesentlich ist der Ausschluss der Möglichkeit, den Raum auf Grund einer eigenen Entscheidung zu verlassen. Dies kann auch dann der Fall sein, wenn der Raum zwar nicht geschlossen ist, die Bewegungsfreiheit jedoch durch Kontrollmaßnahmen ausgeschlossen ist.

9   Bei der **Abgrenzung** zwischen einer Freiheitsbeschränkung nach § 104 I GG und einer Freiheitsentziehung nach Art 104 II GG ist die Intensität der Beeinträchtigung der Freiheit maßgebend. Die Abgrenzung ist im Einzelfall umstritten. Eine **Vorführung zur Untersuchung** nach dem IfSG soll dann keine Freiheitsentziehung darstellen, wenn die Untersuchung einen bestimmten Zeitraum nicht überschreitet (BGH, FamRZ 01, 149 für § 18 GeschlKrG aF); auch in diesem Fall ist jedoch eine Freiheitsentziehung zu bejahen, wenn der Betroffene gegen seinen Willen festgenommen und festgehalten wird. Auch im Falle einer **Abschiebung** nach § 58 AufenthG ist unabhängig von der Frage, wie lange der Betroffene hierfür in Gewahrsam gehalten wird, eine

Freiheitsentziehung deshalb anzunehmen, weil diese sich nicht auf ein kurzfristiges Festhalten an einem Ort beschränkt, sondern der zwangsweisen Verbringung an einen anderen Ort dient. Eine Freiheitsentziehung liegt nur dann vor, wenn der Ausschluss der Bewegungsfreiheit **gegen den Willen** einer Person erfolgt. Sie ist daher dann zu verneinen, wenn die Einwilligung des Betroffenen vorliegt. Das setzt voraus, dass diese Person die natürliche Fähigkeit besitzt, die Bedeutung des Ausschlusses des Freiheitsrechts und seiner Zustimmung hierzu zu erkennen, insbesondere ob zu dem angestrebten Zweck auch weniger belastende Mittel ausreichen, und entsprechend der auf diese Weise gewonnenen Beurteilung zu handeln. Die Einwilligung **entfällt** dann, wenn der Betroffene zu erkennen gibt, dass er mit dem Ausschluss der Bewegungsfreiheit nicht mehr einverstanden ist und die abgeschlossene Einrichtung verlassen will.

Örtliche Zuständigkeit

416 **Zuständig ist das Gericht, in dessen Bezirk die Person, der die Freiheit entzogen werden soll, ihren gewöhnlichen Aufenthalt hat, sonst das Gericht, in dessen Bezirk das Bedürfnis für die Freiheitsentziehung entsteht. Befindet sich die Person bereits in Verwahrung einer abgeschlossenen Einrichtung, ist das Gericht zuständig, in dessen Bezirk die Einrichtung liegt.**

1. Anwendungsbereich

Die allgemein auf die örtliche Zuständigkeit anwendbaren Grundsätze sind in den §§ 2–5 geregelt. Maßgebend für die Begründung der örtlichen Zuständigkeit ist das Vorliegen der für die Zuständigkeit begründenden Umstände in dem Zeitpunkt, in dem das Gericht mit der Sache befasst wird; das ist in den Verfahren, die auf Freiheitsentziehung gerichtet sind, der **Eingang des Antrags** der zuständigen Verwaltungsbehörde (§ 417); Verfahren nach §§ 415 ff werden nicht von Amts wegen eingeleitet. Die örtliche Zuständigkeit eines Gerichts bleibt auch bei Veränderung der sie begründenden Umstände erhalten (§ 2 II). Eine Abgabe aus wichtigem Grund, die bisher in dem FEVG nicht vorgesehen war, ist jetzt nach § 4 möglich. Bei der Beurteilung der Frage, ob ein wichtiger Grund vorliegt, ist neben der Frage, wo eine zweckmäßigere Führung des Verfahrens möglich ist, hauptsächlich das Wohl des Betroffenen zu berücksichtigen. Sein Interesse, dass ein ortsnahes Gericht die Sache führt, geht in der Regel den Interessen des um Übernahme ersuchten Gerichts, keine Sachen übernehmen zu müssen, die das abgebende Gericht mit weniger Aufwand erledigen könnte, vor (OLG Köln, FGPrax 10, 318, 319). Einen besonderen Fall der Abgabe regelte das AuslG; nach § 103 II 2 AuslG konnte das Verfahren an das Gericht abgegeben werden, in dessen Bezirk die Abschiebungshaft vollzogen wird (OLG Düsseldorf, FGPrax 95, 168). Das AufenthG enthält keine entspr Regelung mehr.

Die Zuständigkeitsregelung des § 416 umfasst die **erstmalige Anordnung** einer Freiheitsentziehung auf Antrag der Verwaltungsbehörde (§ 417), die

§ 416   Buch 7 – Verfahren in Freiheitsentziehungssachen

4   Entscheidungen über eine Verlängerung der Freiheitsentziehung (§ 425), deren Aufhebung (§ 426) und für Entscheidungen über Verwaltungsmaßnahmen nach § 428. Die Vorschrift ist **entsprechend** anwendbar im Falle der nachträglichen Feststellung der Rechtswidrigkeit einer Freiheitsentziehung. Die Anordnung von Sicherungshaft nach gescheiterter Luftabschiebung ist eine **erneute** Entscheidung, nicht eine solche über Haftfortdauer; deshalb örtliche Zuständigkeit nach § 416 (OLG München, FGPrax 06, 233 mwN).

5   Für **einstweilige Maßnahmen** ist neben dem Gericht der Hauptsache nach § 416 in besonders dringenden Fällen nach § 50 II auch das Amtsgericht zuständig, in dessen Bezirk das Bedürfnis für ein gerichtliches Tätigwerden bekannt wird oder sich die Person befindet, auf die sich die einstweilige Anordnung bezieht. Diese für das gesamte FamFG geltende Zuständigkeitsvorschrift für einstweilige Maßnahmen macht die bisherige Regelung des § 4 II FEVG aF entbehrlich.

6   Die bisher in § 4 III FEVG aF enthaltene Ermächtigung der Landesregierungen, die Verfahren nach dem FEVG durch Rechtsverordnung bei einem Amtsgericht für die Bezirke mehrerer Amtsgerichte zu **konzentrieren,** ergibt sich nunmehr aus § 23 d GVG.

7   Eine **Sonderregelung** enthält § 36 II 1 PolGNW für eine richterliche Entscheidung über die Fortdauer der Freiheitsentziehung; dasjenige Amtsgericht ist örtlich zuständig, in dessen Bezirk die Person festgehalten wird. Dies ist nach OLG Köln, FGPrax 09, 189, das Gericht, in dessen Bezirk die Person in Gewahrsam genommen wird, weil bereits dann die dem Richtervorbehalt unterliegende Freiheitsentziehung vorliegt. Der Richter am Ort der Festnahme hat daher über die Fortsetzung der Freiheitsentziehung zu entscheiden; aA OLG Hamm, FGPrax 06, 183: das Gericht, in dessen Bezirk die Freiheitsentziehung in dem Zeitpunkt vollzogen wird, in dem das Gericht mit der Angelegenheit befasst wird. Diese Auffassung kann dazu führen, dass bei Großveranstaltungen durch die Verbringung der Betroffenen in eine Sammelstelle eine andere Zuständigkeit begründet würde als im Normalfall eines polizeilichen Einschreitens gegen Einzelpersonen. Es würde dann für eine unbestimmte Anzahl von Verfahren eine Zuständigkeit ohne gesetzliche Grundlage begründet (so aber: OLG Karlsruhe, NJW 09, 926 m abl Anm Schulte-Kellinghaus).

2. Anknüpfungspunkte für die örtliche Zuständigkeit

8   § 416 enthält **gleichrangig** nebeneinander Anknüpfungspunkte für die
9   örtliche Zuständigkeit; ein Vorrang besteht nicht. Zuständig ist danach das Gericht, in dessen Bezirk die Person, der die Freiheit entzogen werden soll, ihren gewöhnlichen **Aufenthalt** hat. Der gewöhnliche Aufenthalt wird von einer auf längere Dauer angelegten sozialen Eingliederung, die den Aufenthalt
10   als Mittelpunkt der Lebensführung ausweist, gekennzeichnet. Besteht kein gewöhnlicher Aufenthalt oder ist dieser nicht feststellbar, ist zuständig das Amtsgericht, in dessen Bezirk das Bedürfnis für die Freiheitsentziehung entsteht. Auch wenn ein gewöhnlicher Aufenthalt besteht, der Betroffene sich aber an einem anderen Ort aufhält, kann sich dort ein Bedürfnis für die Freiheitsentziehung ergeben und einen Gerichtsstand begründen.

3. Sonderregelungen

Nach § 36 II PolG NRW ist örtlich zuständig für Entscheidungen nach § 36 I iVm § 35 PolG NRW das Amtsgericht, in dessen Bezirk der Betroffene festgehalten wird, nach Art 18 III 1 iVm Art 18 I iVm Art 17 des **Bayrischen Polizeiaufgabengesetzes** das Amtsgericht, in dessen Bezirk die Freiheitsentziehung vollzogen wird, nach Art 18 III 2 iVm Art 18 II das Amtsgericht, in dessen Bezirk der Betroffene in Gewahrsam genommen wurde. Nach § 40 II BPolG ist für die richterliche Entscheidung über Zulässigkeit und Fortdauer der Freiheitsentziehung das Amtsgericht örtlich zuständig, in dessen Bezirk der Betroffene festgehalten wird.

4. Kosten (Einl 76)

In Freiheitsentziehungssachen (§ 415) wird nach § 128 c KostO für die Entscheidung, die eine Freiheitsentziehung oder ihre Fortdauer anordnet oder einen nicht von dem Untergebrachten selbst gestellten Antrag, die Freiheitsentziehung aufzuheben, zurückweist, die volle Gebühr erhoben (§ 128 c I KostO). Wert: § 128 c II iVm § 30 II KostO. Schuldner der Gerichtskosten sind, wenn diese nicht einem anderen auferlegt worden sind, der Betroffene und im Rahmen ihrer gesetzlichen Unterhaltspflicht die zu seinem Unterhalt Verpflichteten. Von der Verwaltungsbehörde werden Gebühren nicht erhoben (§ 128 c III KostO). Für das Beschwerdeverfahren gilt § 131 KostO. Ist die Beschwerde von dem Betreuten, dem Pflegling oder im Interesse dieser Personen eingelegt, ist das Beschwerdeverfahren in jedem Fall gebührenfrei. Entsprechendes gilt für ein sich anschließendes Rechtsbeschwerdeverfahren (§ 131 V KostO).

Antrag

417 (1) **Die Freiheitsentziehung darf das Gericht nur auf Antrag der zuständigen Verwaltungsbehörde anordnen.**

(2) **Der Antrag ist zu begründen. Die Begründung hat folgende Tatsachen zu enthalten:**
1. **die Identität des Betroffen,**
2. **den gewöhnlichen Aufenthaltsort des Betroffenen,**
3. **die Erforderlichkeit der Freiheitsentziehung,**
4. **die erforderliche Dauer der Freiheitsentziehung sowie**
5. **in Verfahren der Abschiebungs-, Zurückschiebungs- und Zurückweisungshaft die Verlassenspflicht des Betroffenen sowie die Voraussetzungen und die Durchführbarkeit der Abschiebung, Zurückschiebung und Zurückweisung.**

Die Behörde soll in Verfahren der Abschiebungshaft mit der Antragstellung die Akte des Betroffenen vorlegen.

1. Einleitung des Verfahrens

Die Anordnung einer Freiheitsentziehung darf nicht von Amts wegen, sondern nur **auf Antrag** der zuständigen Verwaltungsbehörde erfolgen. Eine

§ 417

Ausnahme ergibt sich aus § 428, danach ist bei einer Verwaltungsmaßnahme, die ohne richterliche Anordnung vorgenommen wurde, die richterliche Entscheidung jedoch unverzüglich herbeizuführen.

2 Der Antrag ist **Verfahrensvoraussetzung;** sein Vorliegen muss in jeder Lage des Verfahrens von Amts wegen geprüft werden. Er kann noch in der Beschwerde- und Rechtsbeschwerdeinstanz nachgeholt werden (BGH, FGPrax 10, 210). Das Gericht hat ggf Gelegenheit zu einem sachentsprechenden zulässigen Antrag zu geben. Fehlt die Berechtigung, ist der Antrag unzulässig; über ihn muss jedoch wegen der durch die Antragstellung begründeten Verfahrensbeteiligung entschieden werden.

2. Antragsberechtigung

3 Die Antragsberechtigung ist **Zulässigkeitsvoraussetzung** für den Antrag. Die sachliche Zuständigkeit ergibt sich aus den jeweils zur Anwendung kommenden Gesetzen; nach dem IfSG die nach dem Landesrecht für zuständig erklärte Verwaltungsbehörde (§ 54 IfSG), in Verfahren der Abschiebungshaft die Ausländerbehörde (§ 63 I AuslG) sowie gleichrangig die Polizeibehörden der Länder. Für Zurückweisungen und Zurückschiebungen an der Grenze ist die Bundespolizei zuständig (§ 71 III Nr 1 AufenthG, § 2 I Bundespolizeigesetz); antragsberechtigt ist die örtlich zuständige Bundespolizeidirektion. Der Antrag einer Bundespolizeiinspektion, die mangels organisatorischer Selbständigkeit keine Behörde ist, wird der jeweils übergeordneten Bundespolizeidirektion zugerechnet und ist daher zulässig (BGH, FGPrax 10, 158).

4 Weitere Voraussetzung für die Zulässigkeit des Antrages ist die **örtliche Zuständigkeit** der antragstellenden **Behörde** (KG, FGPrax 98, 157: Für Abschiebungshaft; OLG Karlsruhe/Freiburg, FGPrax 08, 228); zuständig ist die Behörde, in deren Bezirk der Betroffene seinen gewöhnlichen Aufenthalt hat. Die Ausländerbehörde, die für den dem Asylbewerber zugewiesenen Aufenthaltsort zuständig ist, bleibt zuständig, auch wenn der Asylbewerber sich unerlaubt aus dem Bezirk entfernt, weil die örtliche Zuständigkeit der Ausländerbehörde durch die Aufenthaltsbeschränkung bestimmt wird (BGH, FGPrax 10, 156 mwN; aA nach mehr als sechs Monate andauerndem Aufenthalt an einem anderen Ort: Bonk/Schmitz in Stelkens/Bonk/Sachs, VwVfG, § 3 Rn 24). Ein von einer örtlich unzuständigen Behörde gestellter Antrag hat die Rechtswidrigkeit einer darauf beruhenden Entscheidung zur Folge (OLG Köln, FGPrax 09, 137).

3. Formelle Voraussetzungen

5 Eine **Begründungspflicht** für einen verfahrenseinleitenden Antrag ergibt sich bereits aus der allgemeinen Vorschrift des § 23 I 1; danach soll die Begründung das Rechtsschutzziel darlegen. Nach § 23 I 2 sollen die zur Begründung dienenden Tatsachen und Beweismittel angegeben werden, nach § 23 I 3 Urkunden, auf die Bezug genommen wird, in Urschrift oder Abschrift beigefügt werden. Die Begründung soll dem Gericht eine Grundlage für die von Amts wegen durchzuführenden Ermittlungen geben. Der Antrag ist nach § 23 I 4 zu unterschreiben. Er ist den Beteiligten zur Gewährung rechtlichen Gehörs zu übermitteln. Um dies zu ermöglichen, schreibt

§ 23 I 2 vor, dass die Personen anzugeben sind, die als Beteiligte in Betracht kommen (§ 418).

Bereits auf der Grundlage des bisherigen Rechts hat die Rspr **Anforde-** 6 **rungen** entwickelt, die an die Begründung eines Antrags auf Freiheitsentziehung zu stellen sind. Sie umfassen die Identität des Betroffenen, die Erforderlichkeit der Freiheitsentziehung, die notwendige Dauer der Freiheitsentziehung, die Verlassenspflicht in Verfahren der Abschiebungshaft sowie die Voraussetzungen und die Durchführbarkeit der Abschiebung, Zurückschiebung und Zurückweisung in Verfahren der Abschiebungs-, Zurückschiebungs- und Zurückweisungshaft (u. a. BayObLG, InfAuslG 91, 345). Auf Empfehlung des Rechtsausschusses (BT-Drs 16/9733 S 388) ist der für einen 7 Antrag auf Freiheitsentziehung **notwendig Inhalt** ausdrücklich durch **Abs 2 Nr 1–5** in den Gesetzestext aufgenommen worden. Das Gericht soll bereits durch den Inhalt des Freiheitsentziehungsantrages eine hinreichende Tatsachengrundlage für die Einleitung weiterer Ermittlungen und für seine Entscheidung erhalten. Die notwendigen Angaben (Abs 2 S 1) sind Vorausset- 8 zung für die **Zulässigkeit** des Antrags auf Freiheitsentziehung. Ist der Antrag **unvollständig**, hat das Gericht zunächst auf eine entspr Ergänzung der Antragsbegründung hinzuwirken. Erfolgt diese nicht, ist der Antrag als unzulässig zurückzuweisen. Ergeht trotzdem eine Haftanordnung, ist sie 9 rechtswidrig (BGH, FGPrax 10, 316). Die für die Zulässigkeit des Antrags **notwendigen Angaben** betreffen die Identität des Betroffenen **(Nr 1),** den gewöhnlichen Aufenthalt des Betroffenen **(Nr 2),** die Erforderlichkeit der Freiheitsentziehung **(Nr 3),** die erforderliche Dauer der Freiheitsentziehung **(Nr 4)** sowie in Verfahren der Abschiebungshaft die Verlassenspflicht des Betroffenen, die Abschiebungsvoraussetzungen und die Durchführbarkeit der Abschiebung (BGH, FGPrax 10, 316) **(Nr 5).** Bei der Unterbringung nach dem IfSG soll die Verwaltungsbehörde, die den Antrag auf Freiheitsentziehung gestellt hat, ihrem Antrag ein **ärztliches Gutachten** beifügen (§ 420 IV 2).

Nach Abs 2 S 3 soll die antragstellende Behörde die **Akte** des Betroffenen 10 **übersenden**, weil sich aus ihrem Inhalt häufig weitere wesentliche Informationen für die Ermittlungen und die Entscheidung des Gerichts ergeben. Die Übersendung der Akte ist nicht als Zulässigkeitsvoraussetzung gestaltet. Die unterlassene Beiziehung kann jedoch eine Verletzung des Grundsatzes der Amtsermittlung darstellen (BGH, FGPrax 10, 260).

4. Verfahren auf Feststellung der Rechtswidrigkeit

Für Verfahren auf Feststellung der Rechtswidrigkeit der Freiheitsentzie- 11 hung findet § 416 für die örtliche Zuständigkeit entsprechende Anwendung. Der Betroffene kann einen **Antrag auf Feststellung** der Rechtswidrigkeit der Freiheitsentziehung stellen; dieser ist auch noch im Rechtsbeschwerdeverfahren zulässig (BGH, FGPrax 10, 150). Ausgehend von der Rspr des **BVerfG** wird ein Feststellungsinteresse bei tiefgreifenden Grundrechtseingriffen bejaht. Das BVerfG hatte dies zunächst zu § 304 StPO entschieden (BVerfG, NJW 97, 2164), dann auch für das Verfahren der freiwilligen Gerichtsbarkeit in einer Entscheidung zu § 70 h FGG (BVerfG, NJWE-FER

§ 418

98, 163; NJW 98, 2432; NJW 99, 273). In seiner Entscheidung vom 5. 12. 01 (NJW 02, 2456 mwN) hat das BVerfG klargestellt, dass das Feststellungsinteresse unabhängig vom konkreten Ablauf des Verfahrens, dem Zeitpunkt der Erledigung und unabhängig von der Frage, ob der Rechtsschutz typischerweise noch vor Erledigung der Haft erlangt werden kann, zu bejahen ist; alleinige Voraussetzung ist das Gewicht des Eingriffs in die Freiheit, dessen diskriminierende Wirkung und das Rehabilitationsinteresse. Ein Rechtsschutzbedürfnis wurde verneint bei nicht vollzogener Abschiebehaft (BayObLG, FGPrax 04, 307). Bei Freiwilligkeit der Untersuchung nach Anordnung der Unterbringung zur Untersuchung (BVerfG, NJW 98, 2813; KG, FGPrax 02, 45). Ein Antrag auf Feststellung der Rechtswidrigkeit von Abschiebungshaft kann darauf beschränkt werden, dass die Haft erst ab einem bestimmten Zeitpunkt unzulässig war (OLG Köln, FGPrax 05, 274 für § 62 II 2 AufenthG).

12   Das **Polizeiaufgabengesetz des Landes Bayern** vom 14. 9. 1990 sieht in Art 18 II ausdrücklich bei berechtigtem Interesse eine nachträgliche Feststellung der Rechtswidrigkeit einer Freiheitsentziehung nach deren Beendigung auf Antrag des Betroffenen vor. Für die Entscheidung nach Art 18 II ist örtlich zuständig das Amtsgericht, in dessen Bezirk der Betroffene von der Polizei in Gewahrsam genommen wurde (Art 18 III). Der Antrag ist innerhalb eines Monats nach Beendigung der Freiheitsentziehung schriftlich oder zu Protokoll des zuständigen Gerichts zu stellen. Die Entscheidung ist mit sofortiger Beschwerde anfechtbar; die sofortige weitere Beschwerde ist statthaft bei Zulassung (Art 18 II 2, 3, 4) (OLG München, FGPrax 09, 38).

Beteiligte

418 (1) **Zu beteiligen sind die Person, der die Freiheit entzogen werden soll (Betroffener), und die Verwaltungsbehörde, die den Antrag auf Freiheitsentziehung gestellt hat.**

(2) **Der Verfahrenspfleger wird durch seine Bestellung als Beteiligter zum Verfahren hinzugezogen.**

(3) **Beteiligt werden können im Interesse des Betroffenen**
1. **dessen Ehegatte oder Lebenspartner, wenn die Ehegatten oder Lebenspartner nicht dauernd getrennt leben, sowie dessen Eltern und Kinder, wenn der Betroffene bei diesen lebt oder bei Einleitung des Verfahrens gelebt hat, die Pflegeeltern sowie**
2. **eine von ihm benannte Person seines Vertrauens.**

1. Beteiligtenstellung

1   Das FamFG enthält erstmals in § 7 eine ausdrückliche Regelung des Begriffs des Beteiligten. Die Beteiligtenstellung wird formalisiert; sie tritt ein kraft Gesetzes (Abs 1) oder durch den Akt der Hinzuziehung (Abs 2, 3). Kraft Gesetzes ist nach § 7 I Beteiligter nur der Antragsteller; im Übrigen bedarf es der Hinzuziehung. Zwingend hinzuzuziehen nach § 7 II sind diejenigen, deren Rechte durch das Verfahren unmittelbar betroffen werden (§ 7 II Nr 1) und diejenigen, die ausdrücklich auf Grund des

FamFG oder anderer Gesetze von Amts wegen oder auf Antrag hinzuzuziehen sind (§ 7 II Nr 2). § 7 II Nr 1 knüpft an das materielle Recht an; Personen, deren Rechte und Pflichten durch die Regelung der Angelegenheit unmittelbar betroffen werden können, sind zwingend hinzuzuziehen; das sind die Beteiligten im materiellen Sinn des bisherigen Rechts. Sie sind jedoch nicht schon wie bisher durch ihre materielle Rechtsstellung Beteiligte, sondern werden dies erst durch die Hinzuziehung. Das Gericht hat bei der Beteiligung dieses Personenkreises keinen Ermessensspielraum. Hiervon zu unterscheiden sind die „Kann"-Beteiligten (§ 7 III 1). Es sind Personen, die durch das Verfahren nicht unmittelbar in eigenen Rechten betroffen werden, sondern lediglich ein ideelles Interesse am Ausgang des Verfahrens haben. Sie können auf Antrag oder von Amts wegen hinzugezogen werden; ihre Hinzuziehung muss jedoch nicht zwingend erfolgen. Das Gericht hat nach pflichtgemäßem Ermessen zu entscheiden, ob eine Beteiligung sachgerecht und verfahrensfördernd ist. Der Maßstab ist das wohlverstandene Interesse des Betroffenen, weil eine Beteiligung seinem Interesse dienen soll. Widerspricht er daher, ist von einer Beteiligung abzusehen, wenn nicht schwerwiegende Gründe für eine Hinzuziehung sprechen. Der Kreis der Personen, die aus ideellem Interesse hinzugezogen werden können, ist bei den einzelnen Angelegenheiten abschließend aufgeführt; weitere Personen können aus ideellem Interesse nicht beigezogen werden.

2. Beteiligung kraft Gesetzes

Nach § 7 I ist Beteiligter kraft Gesetzes der Antragsteller. Bei Freiheitsentziehungssachen ist dies die **zuständige Behörde,** deren Antrag Zulässigkeitsvoraussetzung für das Verfahren ist. Die Zuständigkeit ergibt sich aus den jeweiligen Gesetzen, in Verfahren nach dem IfSG die nach Landesrecht für zuständig erklärte Verwaltungsbehörde (§ 54 IfSG), in Verfahren der Abschiebungshaft nach dem AufenthG die Ausländerbehörde (§ 71 AufenthG); ferner die Polizeibehörden der Länder (BayObLG, InfAuslR 99, 85). 2

Auch die Beteiligung eines **Verfahrenspflegers** (§ 419) tritt kraft Gesetzes ein, weil der Erwerb der Beteiligtenstellung an seine Bestellung als Verfahrenspfleger geknüpft ist. Sie endet daher mit Aufhebung der Bestellung (§ 419 II) oder mit der Rechtskraft des Beschlusses über die Freiheitsentziehung oder dem sonstigen Abschluss des Verfahrens (§ 419 III); sie bleibt daher abweichend von dem bisherigen Recht auch für das Rechtsmittelverfahren bestehen. 3

3. Zwingende Hinzuziehung

Nach Abs 1 ist zwingend von Amts wegen am Verfahren zu beteiligen die Person, deren Recht auf Freiheit durch den Ausgang des Verfahrens unmittelbar beeinträchtigt wird. Diese Regelung entspricht § 7 II Nr 1; danach sind diejenigen hinzuzuziehen, deren Recht durch das Verfahren unmittelbar betroffen wird. Eine weitere zwingende Hinzuziehung von Personen in Freiheitsentziehungsverfahren sieht das Gesetz nicht vor. 4

§ 419 Buch 7 – Verfahren in Freiheitsentziehungssachen

4. Beteiligte aus ideellem Interesse

5   Nach § 7 III 1 können Personen hinzugezogen werden, die ein ideelles Interesse am Ausgang des Verfahrens haben. Dieser Personenkreis ist bei den einzelnen Angelegenheiten **abschließend** geregelt. Im Verfahren auf Freiheitsentziehung können nach **§ 418 III** im Interesse des Betroffenen beteiligt werden dessen Ehegatte oder Lebenspartner, wenn diese nicht dauernd getrennt leben, sowie die Eltern und Kinder des Betroffenen, wenn der Betroffene bei diesen lebt oder bei Einleitung des Verfahrens gelebt hat, sowie Pflegeeltern (Nr 1) und eine von ihm benannte Person des Vertrauens (Nr 2). Dieser Personenkreis ist, soweit er hinzugezogen wird, nach § 420 III 1 anzuhören.

5. Anzuhörende Personen

6   § 7 V stellt klar, dass Personen oder Behörden, die auf Grund von Vorschriften dieses Gesetzes anzuhören sind oder eine Auskunft zu erteilen haben, nicht allein dadurch zu Beteiligten des Verfahrens werden.

6. Entscheidung über die Hinzuziehung

7   Sie bedarf keines formellen Hinzuziehungsaktes. Eine Hinzuziehung kann auch konkludent durch Übersendung von Schriftstücken oder Ladung zu einem Termin erfolgen. Einen **ausdrückliche** Entscheidung erfordert das Gesetz **nur** dann, wenn ein Antrag auf Hinzuziehung zurückgewiesen wird; gegen diese Entscheidung ist die sofortige Beschwerde nach §§ 567–572 ZPO zulässig. Jedenfalls ist aber auch bei einer konkludenten Hinzuziehung ein gerichtlicher Hinweis erforderlich, damit der Hinzuzuziehende die Bedeutung dieses Vorgangs erkennen kann.

Verfahrenspfleger

419 (1) **Das Gericht hat dem Betroffenen einen Verfahrenspfleger zu bestellen, wenn dies zur Wahrnehmung seiner Interessen erforderlich ist. Die Bestellung ist insbesondere erforderlich, wenn von einer Anhörung des Betroffenen abgesehen werden soll.**

(2) **Die Bestellung eines Verfahrenspflegers soll unterbleiben oder aufgehoben werden, wenn die Interessen des Betroffenen von einem Rechtsanwalt oder einem anderen geeigneten Verfahrensbevollmächtigten vertreten werden.**

(3) **Die Bestellung endet, wenn sie nicht vorher aufgehoben wird, mit der Rechtskraft des Beschlusses über die Freiheitsentziehung oder mit dem sonstigen Abschluss des Verfahrens.**

(4) **Die Bestellung eines Verfahrenspflegers oder deren Aufhebung sowie die Ablehnung einer derartigen Maßnahme sind nicht selbständig anfechtbar.**

(5) **Für die Vergütung und den Aufwendungsersatz des Verfahrenspflegers gilt § 277 entsprechend. Dem Verfahrenspfleger sind keine Kosten aufzuerlegen.**

§ 419 Verfahrenspfleger **§ 419**

1. Bestellung eines Verfahrenspflegers

Ein Verfahrenspfleger ist zu bestellen (Abs 1 S 1), wenn es nach der allgemeinen Verfahrenssituation erforderlich ist, dass der Betroffene Beistand von dritter Seite erhält. Nach den von der Rspr bisher herausgebildeten Grundsätzen sollte dies dann geschehen, wenn eine Verständigung nicht möglich war. Durch die Formulierung „wenn dies zur Wahrnehmung seiner Interessen erforderlich ist" werden weitere Fälle erfasst. Die Bestellung ist insbesondere erforderlich, wenn die **persönliche Anhörung** des Betroffenen **unterbleibt.** Die persönliche Anhörung kann unterbleiben, wenn nach ärztlichem Gutachten hiervon erhebliche Nachteile für dessen Gesundheit zu besorgen sind, oder wenn er an einer übertragbaren Krankheit im Sinne des IfSG leidet (§ 420 II). Im Falle einer an einer übertragbaren Krankheit leidenden Person kann jedoch dann nicht von einer persönlichen Anhörung abgesehen werden, wenn ausreichende Möglichkeiten zum Schutz der Gesundheit der Person, die die Anhörung durchführt, verfügbar sind. Ein Verfahrenspfleger ist auch dann zu bestellen, wenn eine persönliche Anhörung deshalb unterbleibt, weil der Betroffene nach dem unmittelbaren Eindruck des Gerichts offensichtlich nicht in der Lage ist, seinen Willen kundzutun (§ 34 II); ferner dann, wenn von der Bekanntgabe der Gründe der Entscheidung an den Betroffenen nach ärztlichem Zeugnis abgesehen wird, um erhebliche Nachteile für dessen Gesundheit zu vermeiden (§ 423).

Eine **vorläufige Freiheitsentziehung** durch einstweilige Anordnung kann bei Gefahr im Verzug bereits vor der persönlichen Anhörung des Betroffenen sowie vor Bestellung und Anhörung des Verfahrenspflegers ergehen (§ 427 II 1, 1. Hs); die Verfahrenshandlungen sind dann jedoch unverzüglich nachzuholen (§ 427 II, 2. Hs). Wird in der **Beschwerdeinstanz** nach § 68 III 2 von einer Anhörung abgesehen, führt dies nicht zwingend zu einer Verfahrenspflegerbestellung. Diese liegt dann im pflichtgemäßen Ermessen des Gerichts; es kann im Einzelfall zweifelhaft sein, ob zu Recht von der Anhörung abgesehen wurde.

Die **Notwendigkeit** der Bestellung eines Verfahrenspflegers in Freiheitsentziehungssachen ist uU nach anderen Kriterien zu beurteilen als in Betreuungs- und Unterbringungssachen. In der Regel befinden sich die Betroffenen „im Vollbesitz ihrer geistigen Kräfte" (BT-Drs 16/6308, S 291), so zB nach dem Aufenthalts- und Asylverfahrensgesetz, der Ingewahrsamnahme zur Verhinderung einer Straftat (§ 39 I Nr 2 BPolG), der Ingewahrsamnahme zur Durchsetzung eines Platzverweises (§ 39 I Nr 2 BPolG). Die Bestellung eines Verfahrenspflegers kann dann uU nicht erforderlich sein, weil ein die freie Willensbildung ausschließender Zustand oder eine sonstige hilflose Lage von nur kurzfristiger Dauer sind, so zB bei Ingewahrsamnahme nach § 39 I Nr 1 BPolG. Aber auch in einem solchen Fall und im Falle einer Ingewahrsamnahme nach § 30 II IfSG kann die Bestellung eines Verfahrenspflegers erforderlich sein; der Betroffene kann auch „bei Vollbesitz seiner geistigen Kräfte" durch die Situation überfordert und nicht in der Lage sein, seine Verfahrensrechte selbst sachgerecht wahrzunehmen. Auch aus diesem Grund kann die Bestellung eines Verfahrenspflegers erforderlich sein (EGMR, NJW 92, 2945).

6 § 419 sieht abweichend von § 317 II für Unterbringungssachen im Fall, dass ein Verfahrenspfleger nicht bestellt wird, **nicht zwingend** die Begründung für das Absehen von der Bestellung vor; diese liegt daher im pflichtgemäßen Ermessen des Gerichts.

7 Die Bestellung eines Verfahrenspflegers soll **unterbleiben** oder **aufgehoben** werden, wenn der Betroffene von einem Rechtsanwalt oder von einem anderen geeigneten Verfahrensbevollmächtigten vertreten wird (Abs 2); auch wenn ein Rechtsanwalt im Wege der Verfahrenskostenhilfe beigeordnet ist (§ 78). Wird ein Rechtsanwalt zum Verfahrenspfleger bestellt, ist dieser kein beigeordneter Rechtsanwalt iS des § 45 RVG (LG Frankfurt, Rpfleger 92, 299).

2. Beendigung der Verfahrenspflegschaft

8 Die Bestellung des Verfahrenspfleger endet durch die jederzeit im Laufe des Verfahrens mögliche **Aufhebung** durch das Gericht, zB wenn der Betroffene einen Rechtsanwalt oder einen anderen geeigneten Verfahrensbevollmächtigten bestellt (Abs 2), jedoch nicht zwingend, weil Fälle denkbar sind, in denen der Betroffene den Rechtsanwalt, der an seine Weisungen gebunden ist, unsachgemäß einengt.

9 Die Bestellung endet ferner mit der Rechtskraft der das Verfahren abschließenden Entscheidung oder dem sonstigen **Abschluss des Verfahrens** (Abs 3), Rücknahme des Antrags, Erledigung der Hauptsache zB durch Entweichen des Betroffenen.

3. Anfechtbarkeit

10 Die Bestellung, die Ablehnung einer Bestellung auf Anregung, die Aufhebung der Bestellung sind nach Abs 4 **nicht selbständig** anfechtbar. Sie können nach § 58 II mit der Endentscheidung überprüft werden. Kritik an dieser Regelung: Rn 13–15 zu § 276.

4. Kosten

11 Nach Abs 5 sind dem Verfahrenspfleger **keine** Verfahrenskosten aufzuerlegen, weil er allein im Interesse des Betroffenen tätig wird und dessen Rechte wahrnimmt. Verursacht ein Verfahrenspfleger im Einzelfall wider Erwarten nicht gerechtfertige Kosten, hat das Gericht die Möglichkeit, ihn zu entlassen.

Anhörung; Vorführung

420 (1) **Das Gericht hat den Betroffenen vor der Anordnung der Freiheitsentziehung persönlich anzuhören. Erscheint er zu dem Anhörungstermin nicht, kann abweichend von § 33 Abs. 3 seine sofortige Vorführung angeordnet werden. Das Gericht entscheidet hierüber durch nicht anfechtbaren Beschluss.**

(2) **Die persönliche Anhörung des Betroffenen kann unterbleiben, wenn nach ärztlichem Gutachten hiervon erhebliche Nachteile für seine Ge-**

sundheit zu besorgen sind oder wenn er an einer übertragbaren Krankheit im Sinne des Infektionsschutzgesetzes leidet.

(3) Das Gericht hat die sonstigen Beteiligten anzuhören. Die Anhörung kann unterbleiben, wenn sie nicht ohne erhebliche Verzögerung oder nicht ohne unverhältnismäßige Kosten möglich ist.

(4) Die Freiheitsentziehung in einem abgeschlossenen Teil eines Krankenhauses darf nur nach Anhörung eines ärztlichen Sachverständigen angeordnet werden. Die Verwaltungsbehörde, die den Antrag auf Freiheitsentziehung gestellt hat, soll ihrem Antrag ein ärztliches Gutachten beifügen.

1. Persönliche Anhörung

Vor der Anordnung einer Freiheitsentziehung ist der Betroffene zwingend persönlich anzuhören. Die vorherige persönliche Anhörung gehört zu den wesentlichen Verfahrensgarantien gemäß Art 104 GG, gewährleistet das rechtliche Gehör gemäß Art 103 I GG und trägt entscheidend zur Sachverhaltsermittlung bei (BVerfG, NJW 91, 1283; InfAuslR 96, 198). Ein Verstoß ist nicht heilbar (BGH, FGPrax 10, 263). Ein Sicherungshaftvertrag der beteiligten Behörde muss dem Betroffenen vor der persönlichen Anhörung in schriftlicher Übersetzung zugeleitet werden, es sei denn der Sachverhalt ist einfach und der Haftantrag von geringem Umfang (BGH, FGPrax 10, 152; aA OLG Hamm, FGPrax 10, 159). Bei ausländischen Staatsangehörigen (hier: Sierra Leone), für die der Konsularvertrag zwischen der Bundesrepublik Deutschland und dem Vereinigten Königreich von Großbritannien v 30. 7. 1956 Anwendung findet, ist der Betroffene bei der Inhaftierung über sein Recht zu belehren, jederzeit mit dem zuständigen Konsul in Verbindung zu treten; unterbleibt die Belehrung, ist die Freiheitsentziehung rechtswidrig (BGH, FGPrax 10, 212). Die vorherige mündliche Anhörung hat **Vorrang** vor dem vermeintlichen Sachzwang behördlicher Planungen (BVerfG, FGPrax 07, 39 m Anm Lorbacher). Durch die Anhörung soll sich das Gericht im Wege der Augenscheinseinnahme unmittelbar einen Eindruck von dem Betroffenen verschaffen; daher ist die Anhörung durch einen ersuchten Richter in der Regel **ausgeschlossen** (OLG Frankfurt, FGPrax 95, 167). Ist der Betroffene unbekannten Aufenthalts kommt nach seiner Festnahme nur eine vorläufige Freiheitsentziehung nach § 427 in Betracht (KG, FGPrax 97, 74 für § 11 FEVG). Die endgültige Entscheidung über die Freiheitsentziehung bedarf der vorherigen mündlichen Anhörung. Abs 2 eröffnet nunmehr die Möglichkeit, von einer vorherigen Anhörung **abzusehen,** wenn diese den Zweck der Anordnung gefährden würde; die Anhörung ist dann jedoch unverzüglich nachzuholen. Auch in diesem Fall dürfte jedoch nur eine vorläufige Freiheitsentziehung (§ 427) in Betracht kommen. Unverzüglich ist die Nachholung der Anhörung in der Regel am nächsten Tag; wird die Anhörung nicht unverzüglich nachgeholt, ist die Freiheitsentziehung rechtswidrig (BayObLG, FamRZ 01, 578; OLG Hamm, FamRZ 08, 1116: für Unterbringung; KG, FGPrax 08, 178).

Grundsätzlich gilt die Pflicht zur mündlichen Anhörung auch im **Beschwerdeverfahren.** Nach BVerfG, NJW 84, 1025, erfordert das GG jedoch nicht die erneute mündliche Anhörung durch das Beschwerdegericht. Von einer erneuten Anhörung kann nach BGH, FamRZ 83, 691, dann abgesehen werden, wenn hiervon zusätzliche Erkenntnisse nicht zu erwarten sind (BayObLG, FamRZ 93, 998; OLG Hamm, FGPrax 97, 77; OLG Karlsruhe, FGPrax 98, 116; KG, FGPrax 98, 242, OLG Düsseldorf, FGPrax 98, 200; OLG Naumburg, FGPrax 00, 211). Das Beschwerdegericht darf von der erneuten Anhörung dann nicht absehen, wenn sich nach der Haftordnung neue Gesichtspunkte ergeben haben (BGH, FGPrax 10, 261).

6   Ein **Dolmetscher** ist nach § 185 I GVG hinzuzuziehen, wenn der Betroffene der deutschen Sprache nicht mächtig ist oder nicht über ausreichende Kenntnisse der deutschen Sprache verfügt; in diesen Fällen ist regelmäßig nach § 81 I 2 anzuordnen, dass von der Erhebung von Dolmetscherkosten abzusehen ist (BGH, FGPrax10, 154). Ein Verstoß gegen § 185 I GVG liegt nicht nur dann vor, wenn die Hinzuziehung unterbleibt, sondern auch dann, wenn die Übersetzung durch den Dolmetscher an erheblichen Mängeln leidet (BVerwG 83, 668). Nach § 185 III GVG bedarf es der Hinzuziehung eines Dolmetschers jedoch dann nicht, wenn der Richter, bei einem Kollegium das ganze Kollegium, der Sprache, in der sich der Betroffene erklärt, mächtig ist. Die Nichthinzuziehung eines Dolmetschers im Fall des § 185 I GVG stellt eine Verletzung des rechtlichen Gehörs dar.

7   Hat das Gericht einen Termin für das persönliche Erscheinen des Betroffenen nach § 33 bestimmt und ist der ordnungsgemäß geladene Betroffene zu dem Anhörungstermin nicht erschienen, können Ordnungsmittel nach § 33 III verhängt werden; abweichend hiervon kann nach **Abs 2 S 2** die **sofortige Vorführung** angeordnet werden; ein wiederholtes unentschuldigtes Ausbleiben ist hierfür nicht erforderlich, weil das in der Regel eilbedürftige Verfahren nicht verzögert werden soll. Das Gericht entscheidet hierüber durch nicht anfechtbaren Beschluss (Abs 1 S 3).

2. Unterbleiben der Anhörung

8   Soll eine persönliche Anhörung unterbleiben, weil hiervon erhebliche Nachteile für die Gesundheit des Betroffenen zu besorgen sind oder wenn er an einer übertragbaren Krankheit iS des IfSG leidet (Abs 2), darf die Entscheidung nur auf der Grundlage eines **ärztlichen Gutachtens** getroffen werden. Eine Anhörung unterbleibt nicht schon dann, wenn eine Verständigung nicht möglich ist oder der Betroffene zu einer selbständigen Beurteilung seiner Lage nicht fähig ist. Diese Umstände bilden einen wesentlichen Teil seines Persönlichkeitsbildes, über den sich das Gericht im Rahmen der Anhörung unterrichten soll. Haben die Voraussetzungen für ein Unterbleiben der Anhörung nicht vorgelegen, muss die Anhörung im Beschwerdeverfahren **nachgeholt** werden (OLG Schleswig, SchlHA 94, 65). Sind für das Gericht ausreichende Möglichkeiten zum Schutz der Gesundheit der anhörenden Personen verfügbar, kann von einer persönlichen Anhörung auch bei einer übertragbaren Krankheit nicht abgesehen werden. Unterbleibt die Anhörung des Betroffenen, ist ihm nach § 419 I 2 ein Verfahrenspfleger zu bestellen.

3. Anhörung sonstiger Beteiligter

Abs 3 S 1 regelt die Gewährung rechtlichen Gehörs für die sonstigen 9
Beteiligten. Der Kreis der anzuhörenden Personen wird nicht konkret aufgeführt; diese ergeben sich vielmehr aus dem durch § 418 bestimmten Kreis der Beteiligten. Das sind die antragstellende Behörde (§ 418 I), der Verfahrenspfleger, soweit ein solcher bestellt ist (§ 418 II). Zwingend anzuhören sind auch die sonstigen Beteiligten, die im Interesse des Betroffenen hinzugezogen wurden (§ 418 III). Das können sein der Ehegatte oder Lebenspartner, wenn diese nicht dauernd getrennt leben, Eltern und Kinder, wenn der Betroffene bei diesen lebt oder bei Einleitung des Verfahrens gelebt hat, sowie Pflegeeltern; ferner eine von dem Betroffenen benannte Person seines Vertrauens. 10
Die Anhörung kann **unterbleiben,** wenn sie nicht ohne erhebliche Verzögerung oder nicht ohne unverhältnismäßige Kosten möglich ist. Dies ist in der Regel der Fall, wenn der Angehörige im Ausland lebt. Von der Anhörung des deutschen Ehegatten eines Ausländers, der in Abschiebungshaft genommen werden soll, soll grundsätzlich nicht abgesehen werden.

4. Anhörung eines ärztlichen Sachverständigen

Die Anordnung der Freiheitsentziehung in einem **abgeschlossenen Teil** 11
eines Krankenhauses kommt in erster Linie nach § 30 IfSG in Betracht. Eine Absonderung im Wege der zwangsweisen Unterbringung setzt voraus, dass der Betroffene den seine Absonderung betreffenden Anordnungen nicht nachkommt oder dies nach seinem bisherigen Verhalten anzunehmen ist (§ 30 II IfSG). Zur Begründung hat die antragstellende Behörde konkrete Tatsachen darzulegen. Die Absonderung im Wege der zwangsweisen Unterbringung ist Freiheitsentziehung, die der vorherigen Anordnung durch den Richter bedarf, es sei denn, dass wegen Gefahr im Verzug eine einstweilige Anordnung nach § 427 II erfolgt. Abs 4 bestimmt für diese Fälle, dass die Anordnung der Freiheitsentziehung nur nach vorheriger Anhörung eines **ärztlichen Sachverständigen** angeordnet werden darf. Das Gutachten ist nach Untersuchung des Betroffenen in einem Termin, an dem die Beteiligten teilnehmen können, 12
mündlich zu erstatten. Die Verwaltungsbehörde hat bereits ihrem Antrag auf Freiheitsentziehung ein ärztliches Gutachten beizufügen (Abs 4 S 2). Dieses Gutachten ist Voraussetzung für die Zulässigkeit des Antrags; eine Zurückweisung erfolgt jedoch nur, wenn der Mangel trotz Aufforderung nicht behoben wird. Dieses von der Behörde vorzulegende Gutachten ersetzt jedoch nicht die durch das Gericht anzuordnende Anhörung eines ärztlichen Sachverständigen nach Abs 4 S 1.

Inhalt der Beschlussformel

421 Die Beschlussformel zur Anordnung einer Freiheitsentziehung enthält auch
1. die nähere Bezeichnung der Freiheitsentziehung sowie
2. den Zeitpunkt, zu dem die Freiheitsentziehung endet.

§ 421 Buch 7 – Verfahren in Freiheitsentziehungssachen

1. Inhalt der Entscheidung

1 § 38 regelt in Abs 2 und Abs 3 den notwendigen Inhalt der Entscheidung. Der Beschluss muss enthalten die Bezeichnung der Beteiligten, ihrer gesetzlichen Vertreter und der Bevollmächtigten (Abs 2 **Nr 1**), die Bezeichnung des Gerichts und die Namen der Gerichtspersonen, die bei der Entscheidung
2 mitgewirkt haben (Abs 2 Nr 2) sowie die Beschlussformel (Abs 2 Nr 3). Der Beschluss ist zu **begründen** und zu unterschreiben (Abs 3 S 1, 2). Der Beschluss ist erlassen mit der Übergabe des Beschlusses an die Geschäftsstelle zur Veranlassung der Bekanntgabe oder der Bekanntgabe durch Verlesen der Beschlussformel; dieses Datum ist auf dem Beschluss zu vermerken (§ 38 III
3 2). Der Zeitpunkt des Erlasses ist von Bedeutung für den Beginn der Frist des § 63 III. Die Notwendigkeit einer Rechtsmittelbelehrung ergibt sich nunmehr aus § 39; bei einem Betroffenen, der der deutschen Sprache nicht oder nicht ausreichend mächtig ist, ist dem Beschluss und der Rechtsmittelbelehrung eine **Übersetzung** beizufügen.

2. Zusätzlicher Inhalt in Freiheitsentziehungssachen

4 § 421 legt den zusätzlichen Inhalt der **Beschlussformel** für Entscheidungen fest, durch die eine Freiheitsentziehung angeordnet wird; erfasst werden Freiheitsentziehungen nach § 415 II, die auf Grund von Bundesrecht (§ 415 I) angeordnet werden. Es kann sich hierbei handeln um Abschiebungshaft nach § 62 AufenthG, Inhaftnahme nach § 59 II iVm § 89 II AsylVfG, eine Freiheitsentziehung nach § 30 des IfSG, Freiheitsentziehungen auf Grund der Ermächtigungen in §§ 23 III 4, 25 III, 39 I, II, 43 V des BPolG, eine Ingewahrsamnahme nach § 21 VII des BKAG oder nach § 23 I 2 Nr 8 des Zollfahndungsdienstgesetzes (ZFdG).

5 Die Entscheidung muss die nähere **Bezeichnung** der Freiheitsentziehungsmaßnahme enthalten (Nr 1), die sich aus der gesetzlichen Grundlage der Freiheitsentziehung ergibt, zB „Abschiebungshaft" nach § 62 AufenthG, „Inhaftnahme" nach § 59 II iVm § 89 II AsylVfG, „Ingewahrsamnahme" nach § 21 VII BKAG. Bei einer Freiheitsentziehung nach § 30 II IfSG ist die Art des Krankenhauses zu bezeichnen, in dem der Betroffene untergebracht werden soll.

6 Ferner ist zwingend vorgeschrieben (Nr 2), den **Zeitpunkt,** zu dem die Freiheitsentziehungsmaßnahme **endet,** anzugeben. Die zulässige Höchstdauer beträgt nach § 425 I ein Jahr; den konkreten Umständen entsprechend sind kürzere Zeiträume als Höchstdauer festzusetzen. Bei einer Unterbringung nach dem IfSG orientiert sich die Höchstdauer an der voraussichtlichen Behandlungsdauer und dem Wegfall der Ansteckungsgefahr. Die Dauer ist im Übrigen nach der spezialgesetzlichen Eingriffsermächtigung einzelbezogen festzulegen. Für die Abschiebungshaft ist die Befristung in § 62 AufenthG besonders geregelt.

3. Begründung der Entscheidung

7 Die Notwendigkeit der Begründung der Entscheidung, durch die eine Freiheitsentziehung angeordnet wird, ergibt sich nunmehr aus § 38 III; dies

gilt auch, wenn ein Antrag der zuständigen Behörde auf Anordnung von Freiheitsentziehung abgelehnt wird. Die Begründung muss einzelfallbezogen sein; aus ihr müssen sich die tatsächlichen Feststellungen und die rechtlichen Erwägungen vollständig ergeben; eine schematische Begründung, die Verwendung von formularmäßigen Vordrucken ist unzulässig. Eine fehlende Begründung setzt die Beschwerdefrist nicht in Lauf. Von der Bekanntgabe der Gründe eines Beschlusses an den Betroffenen kann jedoch abgesehen werden, wenn dies nach ärztlichem Zeugnis erforderlich ist, um erhebliche Nachteile für seine Gesundheit zu vermeiden (§ 423).

Wirksamwerden von Beschlüssen

422 (1) **Der Beschluss, durch den eine Freiheitsentziehung angeordnet wird, wird mit Rechtskraft wirksam.**

(2) **Das Gericht kann die sofortige Wirksamkeit des Beschlusses anordnen. In diesem Fall wird er wirksam, wenn der Beschluss und die Anordnung der sofortigen Wirksamkeit**
1. **dem Betroffenen, der zuständigen Verwaltungsbehörde oder dem Verfahrenspfleger bekannt gegeben werden oder**
2. **der Geschäftsstelle des Gerichts zum Zweck der Bekanntgabe übergeben werden.**

Der Zeitpunkt der sofortigen Wirksamkeit ist auf dem Beschluss zu vermerken.

(3) **Der Beschluss, durch den eine Freiheitsentziehung angeordnet wird, wird von der zuständigen Verwaltungsbehörde vollzogen.**

(4) **Wird Zurückweisungshaft (§ 15 des Aufenthaltsgesetzes) oder Abschiebungshaft (§ 62 des Aufenthaltsgesetzes) im Wege der Amtshilfe in Justizvollzugsanstalten vollzogen, gelten die §§ 171, 173 bis 175 und 178 Abs. 3 des Strafvollzugsgesetzes entsprechend.**

1. Eintritt der Wirksamkeit

§ 40 bestimmt allgemein, dass eine Entscheidung mit der Bekanntgabe an den Beteiligten, für den sie ihrem wesentlichen Inhalt nach bestimmt ist, wirksam wird. Abweichend hiervon kann der Eintritt der Wirksamkeit an die formelle Rechtskraft (§ 45) geknüpft werden; das Gesetz sieht dies in einzelnen Angelegenheiten ausdrücklich vor. Nach **Abs 1** tritt die Wirksamkeit von Entscheidungen, durch die eine Freiheitsentziehung angeordnet wird, mit **Rechtskraft** ein; dies gilt nach dem Wortlaut des Gesetzes **nicht** für ablehnende Entscheidungen.

2. Sofortige Wirksamkeit

Es kann notwendig sein, dass die Entscheidung sofort wirksam wird, um vollzogen werden zu können. In diesem Fall **kann** das Gericht nach **Abs 2** die sofortige Wirksamkeit anordnen. Die Anordnung der sofortigen Wirksamkeit kann geboten sein bei Abschiebungshaft, wenn sich der betroffene Ausländer in Freiheit befindet oder seine Freilassung aus der Untersuchungs- oder Strafhaft zu einem nahen, nicht genau bestimmbaren Zeitpunkt zu

erwarten ist; bei Freiheitsentziehung nach dem IfSG dann, wenn dies wegen der von dem Betroffenen ausgehenden Ansteckungsgefahr dringend geboten
3 ist. Ist durch **einstweilige Anordnung** eine vorläufige Freiheitsentziehung nach § 427 angeordnet worden, ist die Anordnung der sofortigen Wirksamkeit der Entscheidung in der Hauptsache regelmäßig geboten. Die Anordnung der sofortigen Wirksamkeit liegt im Ermessen des Gerichts; sie ist zu begrün-
4 den. Sie ist nicht isoliert anfechtbar. Bei Einlegung der Beschwerde in der Hauptsache kann das **Beschwerdegericht** jedoch vor seiner Entscheidung die Vollziehung des angefochtenen Beschlusses aussetzen (§ 64 III, 2. Hs). Bei Anordnung der sofortigen Wirksamkeit kann die für die Vollstreckung zuständige Verwaltungsbehörde (Abs 3) die Freiheitsentziehung schon vor Rechtskraft der Entscheidung vollziehen.
5 Die Entscheidung, durch die die **sofortige Wirksamkeit** angeordnet wird, wird in dem Zeitpunkt **wirksam,** in dem sie und die Anordnung der sofortigen Wirksamkeit dem Betroffenen, der zuständigen Verwaltungsbehörde, die den Antrag auf Freiheitsentziehung gestellt hat, oder dem Verfahrenspfleger (§ 419) bekannt gegeben wird (Nr 1) oder der Geschäftsstelle des Gerichts zum Zwecke der Bekanntgabe übergeben wird (Nr 2). Der Zeitpunkt ist auf der Entscheidung zu vermerken (Abs 2 S 2).

3. Vollzug

6 Die Anordnung der Freiheitsentziehung wird durch die antragstellende Behörde vollstreckt. Die Abschiebungshaft kann in Justizvollzugsanstalten oder außerhalb von Justizvollzugsanstalten vollstreckt werden, die Freiheitsentziehung nach dem IfSG in einem Krankenhaus. Soweit der Vollzug in Justizvoll-
7 zugsanstalten erfolgt, sind die **Vorschriften des StVollzG anwendbar.** Abs 4 regelt dies entsprechend dem bisherigen § 8 II FEVG mit den Ergänzungen in der Fassung des Gesetzes zur Umsetzung aufenthalts- und asylrechtlicher Richtlinien der Europäischen Union (BGBl 2008 I 162). Erfasst werden die Abschiebungshaft in Form der Vorbereitungshaft (§ 62 I AufenthG), die Sicherungshaft (§ 62 II, III AufenthG), die Zurückschiebungshaft (§ 57 III iVm § 62 AufenthG) sowie die Zurückweisungshaft (§ 15 V, VI AufenthG). Anwendbar sind nach § 171 StVollzG § 173 StVollzG (Benutzung eigener Kleidung, Wäsche), § 174 StVollzG (Einkauf) und nach § 175 StVollzG (Freistellung von Arbeit) sowie § 178 III StVollzG (Taschengeld bei Bedürftigkeit). Weitergehende Bestimmungen zur Regelung des Haftvollzuges enthalten Art 17 (Haftbedingungen) und Art 18 (Inhaftnahme von Minderjährigen und Familien) der Richtlinie 2008/115/EG v 16. Dezember 2008 zur Rückführung illegal aufhältiger Drittstaatsangehöriger – Europäische Rückführungsrichtlinie; diese war bis zum 24. Dezember 2010 in nationales Recht umzusetzen.
8 Wenn die Abschiebungshaft außerhalb von Justizvollzugsanstalten vollzogen wird, gibt es in den Ländern keine einheitliche Regelung für den Vollzug. In diesen Fällen ist bei Einwendungen gegen den Vollzug der **Verwaltungsrechtsweg** gegeben. Für den Vollzug der Freiheitsentziehung nach dem IfSG sind Einzelheiten in § 30 III IfSG geregelt. Sie dienen der Sicherung des Unterbringungszweckes. Sie betreffen die Abnahme von Gegenständen, die

dem Entweichen dienen könnten, sowie die Postkontrolle. Über § 30 III IfSG hinausgehende Grundrechtseingriffe sind unzulässig.

Wird die Freiheitsentziehung unter menschenunwürdigen Bedingungen 9 vollzogen, entscheiden hierüber die **ordentlichen Gerichte** im Rahmen der Prüfung der Fortdauer der Freiheitsentziehung.

Absehen von der Bekanntgabe

423 Von der Bekanntgabe der Gründe eines Beschlusses an den Betroffenen kann abgesehen werden, wenn dies nach ärztlichem Zeugnis erforderlich ist, um erhebliche Nachteile für seine Gesundheit zu vermeiden.

1. Bekanntgabe der Entscheidung

Die Bekanntgabe der Entscheidung ist allgemein in § 41 geregelt. Sie ist 1 nach § 41 I 1 den Beteiligten bekannt zu machen; das sind nach § 418 I der Betroffene und die antragstellende Verwaltungsbehörde; ein Verfahrenspfleger, sofern ein solcher bestellt ist (§ 419); ferner die Personen, die im Interesse des Betroffenen nach § 418 III hinzugezogen worden sind. Abweichend von § 325 in Unterbringungsverfahren enthalten die Vorschriften über das Verfahren in Freiheitsentziehungssachen keine zusätzlichen Bestimmungen über die Bekanntgabe.

2. Absehen von der Bekanntgabe

Entscheidungen über die Genehmigung oder Anordnung einer Freiheits- 2 entziehung sind dem Betroffenen stets selbst bekannt zu machen (§ 41 I iVm § 315 I Nr 1); dadurch soll die Rechtsstellung des Betroffenen gestärkt werden. Von der Bekanntmachung des **Entscheidungstenors** kann nicht abgesehen werden; jedoch kann die Bekanntmachung der Entscheidungsgründe unterbleiben, wenn mit der Bekanntgabe der Gründe erhebliche Nachteile für die Gesundheit des Betroffenen zu erwarten wären. Das Absehen von der Bekanntgabe der Gründe darf nur auf Grund eines **ärztlichen Zeugnisses** erfolgen, durch das die Gefahr erheblicher Nachteile für den Betroffenen durch die Bekanntgabe der Entscheidungsgründe bestätigt wird. Zu erwartende Schwierigkeiten rechtfertigen nicht das Absehen von der Bekanntgabe der Entscheidungsgründe. Der Beschluss, der das Absehen der Mitteilung der Gründe an den Betroffenen ausspricht, ist zu begründen. Er ist **nicht anfechtbar**.

Aussetzung des Vollzugs

424 (1) Das Gericht kann die Vollziehung der Freiheitsentziehung aussetzen. Es hat die Verwaltungsbehörde und den Leiter der Einrichtung vorher anzuhören. Für Aussetzungen bis zu einer Woche bedarf es keiner Entscheidung des Gerichts. Die Aussetzung kann mit Auflagen versehen werden.

§ 424 Buch 7 – Verfahren in Freiheitsentziehungssachen

(2) **Das Gericht kann die Aussetzung widerrufen, wenn der Betroffene eine Auflage nicht erfüllt oder sein Zustand dies erfordert.**

1. Anwendungsbereich

1   § 424 ersetzt den bisherigen § 10 III FEVG, der die Möglichkeit einer Beurlaubung regelte. Eine Beurlaubung sieht das Gesetz nicht mehr vor. An dessen Stelle tritt die Möglichkeit einer **Aussetzung der Vollziehung** (Abs 1 S 1). Die Möglichkeit der Aussetzung der Vollziehung wird vorgesehen, um einen flexiblen Vollzug sicherzustellen. Vorgesehen ist nur die Aussetzung des Vollzugs, nicht des Unterbringungsverfahrens; bei dessen Entscheidungsreife ist eine Entscheidung erforderlich und daher zu erlassen. Lässt sich die Notwendigkeit der Freiheitsentziehung nicht eindeutig feststellen, ist nicht auszusetzen, sondern die Anordnung der Freiheitsentziehung abzulehnen. Eine

2   Aussetzung kommt **in Betracht,** wenn der Zweck der Freiheitsentziehung dadurch nicht gefährdet wird, eine vollständige Aufhebung der Freiheitsentziehung aber noch nicht vertretbar erscheint, insbesondere, wenn es um die Erprobung des Verhaltens des Betroffenen geht.

2. Befristung der Aussetzung

3   Die Aussetzung soll lediglich befristet möglich sein, um belastende Schwebezustände nicht unnötig auszudehnen. Abweichend von § 328 für das Unterbringungsverfahren sieht § 424 für das Verfahren der Freiheitsentziehung **keine bestimmten** Fristen für eine Aussetzung vor. Nur die Möglichkeit der Aussetzung der Freiheitsentziehung durch die **Verwaltungsbehörde** ohne Entscheidung des Gerichts ist befristet; die Verwaltungsbehörde kann den Vollzug der Freiheitsentziehung **bis zu einer Woche** aussetzen (Abs 1 S 2). Das Gericht kann die Aussetzung mit Auflagen verbinden.

3. Widerruf

4   Nach **Abs 2** kann das Gericht die Aussetzung widerrufen. Dies setzt einen wichtigen Grund voraus (BVerfG, NStZ 94, 379). Ein solcher Grund kann vorliegen, wenn die Erwartungen in das Verhalten des Betroffenen auf Grund einer nachträglichen Tatsache nicht eingetreten sind. Die Nichterfüllung der Auflage allein rechtfertigt den Widerruf dann nicht, wenn die Voraussetzungen für eine Freiheitsentziehung nicht mehr gegeben sind. Ein Widerruf ist auch dann gerechtfertigt, wenn der Zustand des Betroffenen dies erfordert.

4. Anhörung

5   Vor der Entscheidung über eine Aussetzung ist die zuständige Verwaltungsbehörde, die den Antrag auf Freiheitsentziehung gestellt hat, und der Leiter der Einrichtung (JVA, Krankenhaus) anzuhören. Abweichend von dem bisherigen § 10 III 1, 2. Hs FEVG ist die Anhörung dieser Personen nunmehr **zwingend** vorgeschrieben.

5. Anfechtbarkeit

§ 424 enthält keine ausdrückliche Vorschrift über die Anfechtbarkeit der 6
Aussetzung. Allgemein ist jedoch für die Aussetzung des Verfahrens nach § 21 II
die Anfechtbarkeit mit der sofortigen Beschwerde nach §§ 567–572 ZPO
vorgesehen. Diese Regelung gilt auch für das Aussetzungsverfahren nach § 424.

Dauer und Verlängerung der Freiheitsentziehung

425 (1) **In dem Beschluss, durch den eine Freiheitsentziehung angeordnet wird, ist eine Frist für die Freiheitsentziehung bis zur Höchstdauer eines Jahres zu bestimmen, soweit nicht in einem anderen Gesetz eine kürzere Höchstdauer der Freiheitsentziehung bestimmt ist.**

(2) **Wird nicht innerhalb der Frist die Verlängerung der Freiheitsentziehung durch richterlichen Beschluss angeordnet, ist der Betroffene freizulassen. Dem Gericht ist die Freilassung mitzuteilen.**

(3) **Für die Verlängerung der Freiheitsentziehung gelten die Vorschriften über die erstmalige Anordnung entsprechend.**

1. Befristung der Freiheitsentziehung

§ 425 regelt die Befristung der Freiheitsentziehung und deren Höchstdauer. 1
In dem Beschluss, durch den die Freiheitsentziehung angeordnet wird, ist
einzelfallbezogen eine Frist für die Dauer der Freiheitsentziehung anzugeben;
der Zeitpunkt, zu dem die Freiheitsentziehung endet, ist kalendermäßig
anzugeben (§ 421 Nr 2). Die **Höchstdauer** beträgt ein Jahr (Abs 1). Eine 2
Verlängerung der bei der Anordnung der Freiheitsentziehung bestimmten
Frist ist vor Ablauf dieser Frist möglich (Abs 2 S 1). Insgesamt darf die Höchstdauer von einem Jahr jedoch nicht überschritten werden (Abs 1). § 425 ist
eine Auffangregelung; soweit nicht in einem anderen Gesetz eine kürzere
Höchstdauer der Freiheitsentziehung bestimmt ist (Abs 1, 2. Hs).

2. Dauer der Freiheitsentziehung

Die bei der Anordnung der Freiheitsentziehung festzusetzende Frist für die 3
Dauer (§ 421 Nr 2) ist einzelfallbezogen festzulegen und **zu begründen.** Die
Höchstdauer von einem Jahr sollte nur ausnahmsweise ausgeschöpft werden.

Bei einer Unterbringung wegen bestimmter ansteckender Krankheiten 4
nach dem IfSG sind für die Dauer der Freiheitsentziehung maßgebend die
voraussichtliche **Behandlungsdauer,** der Wegfall der Ansteckungsgefahr.

Eine **spezialgesetzliche** Regelung enthält § 62 AufenthG für die Dauer 5
der Abschiebungshaft. Nach § 62 I AufenthG kann ein Ausländer zur Vorbereitung der Ausweisung auf richterliche Anordnung in Haft genommen
werden, wenn über die Ausweisung nicht sofort entschieden werden kann
und die Abschiebung ohne die Inhaftnahme wesentlich erschwert oder vereitelt würde (Vorbereitungshaft). Die **Dauer der Vorbereitungshaft** soll 6
sechs Wochen nicht überschreiten (§ 62 I 2 AufenthG). Nach § 62 II AufenthG kann ein Ausländer zur Sicherung der Abschiebung auf richterliche
Anordnung in Haft genommen werden (Sicherungshaft), wenn eine der in

§ 425 Buch 7 – Verfahren in Freiheitsentziehungssachen

§ 62 II Nr 1–5 AufenthG aufgeführten Voraussetzungen gegeben ist. Eine Aufrechterhaltung der Haft über den für eine Durchführung der **Abschiebung erforderlichen Zeitraum** hinaus, die nicht der Sicherung der Haft,
7 sondern der Verhinderung weiterer illegaler Einreisen dienen soll, ist verfassungswidrig. Eine **analoge** Anwendung der in § 62 II Nr 1–5 AufenthG aufgeführten Gründe verstößt **gegen** die in Art 104 I 1 GG geforderte strikte Gesetzesbindung jeglicher Freiheitsentziehung (BVerfG, FGPrax 07, 1874;
8 OLG Schleswig, FGPrax 08, 92 mwN). In Abschiebungshaftsachen besteht für die beteiligten Behörden ein **Beschleunigungsgebot;** dessen Verletzung steht einer weiteren Haftanordnung entgegen (OLG München, FGPrax 05, 276; OLG Köln, FGPrax 08, 91). Die Dauer dieser Sicherungshaft darf längstens zwei Wochen betragen, wenn die Ausreisefrist abgelaufen ist und feststeht, dass die Abschiebung durchgeführt werden kann (§ 62 II AufenthG). Sie kann im Übrigen bis zu sechs Monaten angeordnet werden und in Fällen, in denen der Ausländer seine Abschiebung verhindert, um höchstens zwölf Monate verlängert werden. Eine Vorbereitungshaft ist auf die Gesamtdauer
9 der Sicherungshaft anzurechnen (§ 62 III AufenthG). Bei **Minderjährigen** ist Haft nur geboten und zulässig, wenn anderweitige geeignete Sicherungsmaßnahmen nicht gegeben sind; dies hat die antragstellende Behörde darzulegen (OLG Rostock, FGPrax 07, 46).
10 Einem **Ausländer** kann eine räumliche Beschränkung insoweit auferlegt werden, als er sich in einem Teil des Bundesgebietes nicht aufhalten darf. Kommt er der Verpflichtung, dieses Gebiet unverzüglich zu verlassen (§ 12 III AufenthG) nicht nach, kann er zur Durchsetzung der Verlassungspflicht auf richterliche Anordnung in Haft genommen werden (§ 59 II AsylVfG. Die Befristung richtet sich in diesem Fall **einzelfallbezogen** nach § 425 I.
11 Nach dem BPolG kann die **Bundespolizei** eine Person in **Gewahrsam** nehmen zum Schutze der Person; ferner wenn dies unerlässlich ist, um eine Platzverweisung nach § 38 BPolG durchzuführen oder eine unmittelbar bevorstehende Begehung oder Fortsetzung einer Straftat oder einer Ordnungswidrigkeit von erheblicher Bedeutung für die Allgemeinheit zu verhindern (§ 39 I Nr 1–3 BPolG). Voraussetzung für die Ingewahrsamnahme ist die Darlegung konkreter Anhaltspunkte für eine bevorstehende Straftat (OLG Hamm, FGPrax 08, 90 zu 35 I Nr 2 PolG NRW). Unzulässig ist ein polizeilicher Gewahrsam, der dazu dient, erst noch eine abschließende Gefahren-
12 prognose zu treffen (OLG München, FGPrax 07, 298). **Minderjährige** können nur in Gewahrsam genommen werden, um sie dem Sorgeberechtigten oder dem Jugendamt zuzuführen. Die Bundespolizei kann ferner Personen, die aus dem Vollzug von Untersuchungshaft, Freiheitsstrafen, Jugendstrafen oder freiheitsentziehenden Maßregeln der Besserung und Sicherung entwichen sind, in Gewahrsam nehmen, um sie in die Anstalt zurückzubrin-
13 gen (§ 39 III BPolG). Die **Dauer der Gewahrsamnahme** wird durch § 42 **BPolG** bestimmt. Sie endet, sobald der Grund für die Maßnahme weggefallen ist (Nr 1), wenn die Fortdauer der Freiheitsentziehung durch richterliche Entscheidung für unzulässig erklärt wird (Nr 2); in jedem Fall spätestens zum Ende des Tages nach dem Ergreifen, wenn nicht vorher die Fortdauer der Freiheitsentziehung durch richterliche Entscheidung angeordnet wird (Nr 3). Eine solche Anordnung kann auf Grund des BPolG nur in den Fällen des § 39

§ 425 Dauer und Verlängerung der Freiheitsentziehung § 425

I Nr 3 erfolgen, wenn eine Straftat nach den §§ 125, 125a, 240 StGB begangen worden ist und Anhaltspunkte dafür vorliegen, dass der Betroffene sich an einer solchen Straftat beteiligt hat oder beteiligen wollte und ohne die Freiheitsentziehung eine Fortsetzung dieser Verhaltensweise zu erwarten ist. Die **höchstzulässige** Dauer der Freiheitsentziehung in diesen Fällen darf nicht mehr als vier Tage betragen (§ 42 II BPolG). Erfolgt eine Freiheitsentziehung zum Zwecke der **Feststellung der Identität,** darf die Dauer von insgesamt zwölf Stunden nicht überschritten werden (§ 42 II BPolG). 14

15

Nach § 21 VII BKAG kann das Bundeskriminalamt eine Person in Gewahrsam nehmen, wenn dies unerlässlich ist, um eine **unmittelbar bevorstehende** Begehung einer Straftat gegen eine zu schützende Person oder Räumlichkeit zu verhindern. In diesem Fall finden die §§ 40 I, II, 41 BPolG Anwendung, insbesondere für die Dauer der Ingewahrsamnahme § 42 I 1, II BPolG; danach darf die Ingewahrsamnahme nur bis **zum Ende des Tages nach dem Ergreifen** andauern; eine Fortdauer der Freiheitsentziehung durch richterliche Entscheidung ist nicht vorgesehen. Eine Freiheitsentziehung zum Zwecke der **Feststellung der Identität** durch das Bundeskriminalamt darf die Dauer von insgesamt **zwölf Stunden** nicht überschreiten. 16

Der **Fristbeginn** ist kalendermäßig festzusetzen. Daher ist eine Frist „ab Ergreifung" wegen Fehlen der Bestimmtheit unzulässig (KG, FGPrax 97, 74). Durch eine zwischenzeitlich vollstreckte Strafhaft wird das Ende der Frist nicht hinausgeschoben (BayObLG 94, 155). Es ist auch unzulässig, Abschiebungshaft im Anschluss an eine noch nicht rechtskräftig verhängte Strafhaft anzuordnen (BGH, NJW 95, 2226). Zulässig ist es jedoch, bei der Anordnung einer Freiheitsentziehung während einer Untersuchungshaft den Beginn der Freiheitsentziehung an den Zeitpunkt der Aufhebung des Haftbefehls für die Untersuchungshaft anzuknüpfen (BGH, NJW 95, 2226). 17

3. Ende der Freiheitsentziehung

Endet die nach Abs 1 iVm § 421 Nr 2 bestimmte Frist für die Dauer der Freiheitsentziehung, ohne dass innerhalb der Frist eine Verlängerung durch richterlichen Beschluss angeordnet wird, ist der Betroffene **freizulassen** (Abs 2 S 1). Die Entlassung erfolgt durch die zuständige Behörde, die die Anordnung der Freiheitsentziehung beantragte hatte, oder, falls diese nicht tätig wird, durch die Einrichtung, in der dem Betroffenen die Freiheit entzogen ist. Die Entlassung erfolgt durch diese Behörden in eigener Verantwortung, ohne dass es einer erneuten richterlichen Anordnung bedarf. Die antragstellende Behörde und das haftanordnende Gericht haben **von Amts wegen** sicherzustellen, dass ein Betroffener nach Fristablauf entlassen wird; die antragstellende Behörde ist zur Fristenkontrolle verpflichtet (OLG Köln, FGPrax 07, 297 zu § 14 III 3 AsylVfG). Es besteht jedoch eine Mitteilungspflicht; das Gericht ist von der Entlassung zu benachrichtigen (Abs 2 S 2). 18

19

4. Verlängerung der Freiheitsentziehung

Innerhalb der in der Freiheitsentziehung angeordneten Frist kann eine Verlängerung der Freiheitsentziehung angeordnet werden, jedoch nur bis zu einer Höchstdauer von insgesamt einem Jahr. Abweichend von dem bisherigen § 9 20

§ 426 Buch 7 – Verfahren in Freiheitsentziehungssachen

Abs 1 FEVG aF ist über eine Fortdauer der Freiheitsentziehung nicht von Amts wegen zu entscheiden, sondern **auf Antrag** der zuständigen Behörde. Für das Verfahren auf Verlängerung der Freiheitsentziehung gelten die Vorschriften für die erstmalige Anordnung entsprechend. Eine Verlängerung der Freiheitsentziehung darf daher nur unter Beachtung der Verfahrensgarantien für die erstmalige Maßnahme durchgeführt werden. Für die Verlängerung bleibt das Gericht örtlich zuständig, das die Freiheitsentziehung angeordnet hat; eine Abgabe aus wichtigem Grund aus § 4 ist möglich. Die Anforderungen an den Antrag auf Verlängerung entsprechen denen des erstmaligen Antrags auf Anordnung einer Freiheitsentziehung nach § 417. Zu beachten sind die Vorschriften über die Beteiligten (§ 418). Ist bei der erstmaligen Anordnung ein Verfahrenspfleger nach § 419 bestellt worden, **besteht** diese **Bestellung fort;** sie endet erst mit der rechtskräftigen Beendigung des Verfahrens. Der Betroffene und die sonstigen Beteiligten sind erneut nach Maßgabe des § 420 anzuhören. Die bei der erstmaligen Anordnung der Haft erfolgte Anhörung kann die erforderliche erneute Anhörung nicht ersetzen. Die fehlende Anhörung hat die Rechtswidrigkeit der Haft zur Folge. Eine Heilung durch Nachholung der Maßnahme ist nicht möglich (OLG Köln, FGPrax 08, 136). Hinsichtlich der Entscheidung gelten die Vorschriften über den Inhalt der Beschlussformel (§ 421), das Wirksamwerden von Beschlüssen (§ 422) und das Absehen von der Bekanntgabe der Gründe an den Betroffenen nach § 423.

21

Aufhebung

426 (1) **Der Beschluss, durch den eine Freiheitsentziehung angeordnet wird, ist vor Ablauf der nach § 425 Abs. 1 festgesetzten Frist von Amts wegen aufzuheben, wenn der Grund für die Freiheitsentziehung weggefallen ist. Vor der Aufhebung hat das Gericht die zuständige Verwaltungsbehörde anzuhören.**

(2) **Die Beteiligten können die Aufhebung der Freiheitsentziehung beantragen. Das Gericht entscheidet über den Antrag durch Beschluss.**

1. Materielle Voraussetzungen für die Aufhebung der Freiheitsentziehung

1   Diese entfallen dann, wenn die gesetzlichen Voraussetzungen weggefallen sind. § 426 regelt den Fall des Wegfalls der Voraussetzungen **vor dem** ursprünglich **festgesetzten Ende** der Freiheitsentziehung (§ 421 Nr 2). Im Falle einer Freiheitsentziehung nach § 30 II IfSG kann dies der vorzeitige Wegfall der Ansteckungsgefahr sein, im Falle einer Abschiebungshaft kann der Grund für eine Freiheitsentziehung entfallen, wenn eine Voraussetzung nach § 62 II Nr 1–5 AufenthG weggefallen ist; die Sicherungshaft kann unzulässig werden, wenn sich herausstellt, dass aus Gründen, die der Ausländer nicht zu vertreten hat, die Abschiebung nicht innerhalb von drei Monaten durchgeführt werden kann (§ 62 II 4 AufenthG). Eine Abschiebungshaftanordnung verliert ihre Wirkung, wenn ein konkreter Abschiebungsversuch vorzeitig abgebrochen werden muss; es bedarf ggfs einer erneuten richterlichen Entscheidung (OLG Frankfurt, FGPrax 09, 188).

§ 427 Einstweilige Anordnung   **§ 427**

2. Aufhebung von Amts wegen

Freiheitsentziehungsmaßnahmen sind von dem Gericht von Amts wegen 2
aufzuheben, wenn die materiellen Voraussetzungen dafür nicht mehr vorliegen (Abs 1 S 2). Bei eindeutiger Sachlage ist das Gericht verpflichtet, die Freiheitsentziehung unverzüglich zu beenden, ohne Verfahrenshandlungen vorzunehmen, die zu einer Verzögerung führen können. Nicht abgesehen 3
werden kann von der vorherigen **Anhörung der Verwaltungsbehörde,** die den Antrag auf Freiheitsentziehung gestellt hat; diese Anhörung ist **zwingend** vorgeschrieben (Abs 1 S 2). Das Gericht hat von Amts wegen zu prüfen, ob die Voraussetzungen für die Freiheitsentziehung weggefallen sind, ohne an Anträge der Beteiligten gebunden zu sein. Die Beteiligten können jedoch auf Umstände hinweisen, die Veranlassung für das Gericht sein können, die Fortdauer der Freiheitsentziehung von Amts wegen zu überprüfen. Die antragstellende Verwaltungsbehörde ist zu einem solchen Hinweis verpflichtet.

3. Aufhebung auf Antrag

Im Regierungsentwurf war ein förmliches Antragsrecht der Beteiligten auf 4
Aufhebung der freiheitsentziehenden Maßnahmen abw von § 10 II FEVG nicht mehr vorgesehen. Es ist jedoch auf Empfehlung des Rechtsausschusses (BT-Drs 16/9733 S 389) wieder eingefügt worden. Nach **Abs 2 S 1** haben die Beteiligten ein **förmliches Antragsrecht** auf Aufhebung der Freiheitsentziehung und ein Recht auf Bescheidung ihres Antrags durch Beschluss (Abs 2 5
S 2). Dieses **Antragsrecht** haben der Betroffene, die Verwaltungsbehörde, die den Antrag auf Freiheitsentziehung gestellt hat (§ 418 I), der Verfahrenspfleger (§ 418 II) sowie Beteiligte, die im Interesse des Betroffenen zu dem Verfahren hinzugezogen worden sind (§ 418 III Nr 1 und Nr 2). Das Gericht kann die Beteiligten anhören. Zwingend vorgeschrieben ist die Anhörung der Verwaltungsbehörde, die den Antrag auf Freiheitsentziehung gestellt hat.

Einstweilige Anordnung

427 (1) **Das Gericht kann durch einstweilige Anordnung eine vorläufige Freiheitsentziehung anordnen, wenn dringende Gründe für die Annahme bestehen, dass die Voraussetzungen für die Anordnung einer Freiheitsentziehung gegeben sind und ein dringendes Bedürfnis für ein sofortiges Tätigwerden besteht. Die vorläufige Freiheitsentziehung darf die Dauer von sechs Wochen nicht überschreiten.**

(2) **Bei Gefahr im Verzug kann das Gericht eine einstweilige Anordnung bereits vor der persönlichen Anhörung des Betroffenen sowie vor Bestellung und Anhörung des Verfahrenspflegers erlassen; die Verfahrenshandlungen sind unverzüglich nachzuholen.**

1. Anwendungsbereich

§ 427 regelt für Freiheitsentziehungssachen den Erlass von einstweiligen 1
Anordnungen. Er ergänzt die allgemeinen Regeln der §§ 49–57 für das Verfahren der einstweiligen Anordnung, soweit die Besonderheiten des Frei-

§ 427   Buch 7 – Verfahren in Freiheitsentziehungssachen

heitsentziehungsverfahrens dies erfordern. Das Verfahren der einstweiligen Anordnung ist abweichend von den bisher von der Rspr entwickelten Grundsätzen ein selbständiges Verfahren und nicht mehr Teil der Hauptsache. Auch die Anordnung einer einstweiligen Freiheitsentziehung nach § 11 FEVG aF setzte die Einleitung des Hauptsacheverfahrens durch einen Antrag auf Freiheitsentziehung voraus. Das Verfahren auf Erlass einer einstweiligen Anordnung kann nunmehr selbständig eingeleitet werden; es ist ein selbständiges Verfahren auch dann, wenn eine Hauptsache bereits anhängig ist (§ 51 III). Das Gericht kann die einstweilige Anordnung jederzeit auf Antrag der zuständigen Verwaltungsbehörde unabhängig von dem Verfahrensstand des Hauptsacheverfahrens nach § 54 I 2 aufheben oder ändern. Eine Aufhebung ist auch von Amts wegen nach § 426 möglich, wenn der Grund für die Freiheitsentziehung weggefallen ist.

2   Die **vorläufige Freiheitsentziehung** im Wege einer einstweiligen Anordnung stellt einen erheblichen Grundrechtseingriff dar, der in einem endgültigen Verfahren zu überprüfen ist. Da die Verfahren auf Freiheitsentziehung nach Bundesrecht Antragsverfahren sind, ist Voraussetzung für die Einleitung
3   des Hauptsacheverfahrens ein Antrag der zuständigen Verwaltungsbehörde. Das Gericht kann jedoch **auf Antrag eines Beteiligten** anordnen, dass die Verwaltungsbehörde, die die einstweilige Anordnung erwirkt hat, binnen einer zu bestimmenden Frist den Antrag auf Einleitung des Hauptsacheverfahrens stellt. Wird dieser Anordnung nicht Folge geleistet, ist die einstweilige Anordnung aufzuheben.

4   Für das **Außerkrafttreten** der einstweiligen Anordnung geht § 427 dem § 56 I zunächst vor. Das Gericht kann eine Frist für die vorläufige Freiheitsentziehung bestimmen, die die Höchstdauer von sechs Wochen nicht überschreiten darf. Vor Ablauf der gerichtlich bestimmten Frist für die einstweilige Anordnung oder der Höchstdauer nach § 427 tritt die einstweilige Anordnung nur dann außer Kraft, wenn eine anderweitige Regelung wirksam wird (§ 56 I 1).

2. Voraussetzungen

5   Es müssen **dringende Gründe** für die Annahme bestehen, dass die Voraussetzungen für die Anordnung einer Freiheitsentziehung gegeben sind. Diese Voraussetzungen müssen nach den jeweiligen Vorschriften des Bundesrechts gegeben sein: Die Voraussetzungen der Abschiebungshaft nach § 62 AufenthG, die Inhaftnahme nach § 59 II AsylVfG, die Absonderung durch zwangsweise Unterbringung nach § 30 II IfSG, Ingewahrsamnahmen nach
6   § 39 I, II, § 43 V BPolG, Ingewahrsamnahmen nach § 21 VII BKAG, nach § 23 I 2 Nr 8 ZFdG. Weitere Voraussetzung für eine einstweilige Anordnung nach Abs 1 ist, dass ein **dringendes Bedürfnis** für ein sofortiges Tätigwerden besteht. Es muss feststehen, dass über die endgültige Freiheitsentziehung nicht rechtzeitig entschieden werden kann. Ein dringendes Bedürfnis für ein sofor-
7   tiges Tätigwerden besteht bei Ansteckungsgefahr nach dem IfSG. Zur vorläufigen Sicherung einer Abschiebung kann die zuständige Behörde einen Ausländer nicht selbst in Gewahrsam nehmen; jede mit der Abschiebung in

§ 427 Einstweilige Anordnung § 427

Zusammenhang stehende Freiheitsentziehung bedarf der vorherigen richterlichen Entscheidung (BVerwG, NJW 82, 536; BGH, NJW 93, 3069).

Das AufenthG sieht für den Fall der Sicherungshaft eine **spezielle Regelung** vor. Danach kann die für den Haftantrag zuständige Behörde einen Ausländer ohne vorherige richterliche Anordnung festhalten und vorläufig in Gewahrsam nehmen, wenn die Ausreisefrist abgelaufen ist und feststeht, dass die Abschiebung durchgeführt werden kann, die richterliche Entscheidung über die Anordnung der Sicherungshaft nicht vorher eingeholt werden kann und der begründete Verdacht vorliegt, dass sich der Ausländer der Anordnung der Sicherungshaft entziehen will (§ 62 IV Nr 1–3 AufenthG). Auch in diesem Fall ist der Ausländer **unverzüglich** dem Richter zur Entscheidung über die Anordnung der Sicherungshaft vorzuführen (§ 62 IV 2 AufenthG). 8

3. Verfahren

Das Verfahren über die einstweilige Anordnung richtet sich nach den **Vorschriften** des Verfahrens über die **Hauptsache.** Zuständig ist das Gericht, das für die Hauptsache im ersten Rechtszug zuständig wäre; ist eine Hauptsache anhängig, ist das Gericht der Hauptsache zuständig (§ 50 I iVm § 416). Das Gericht, in dessen Bezirk das Bedürfnis für die Freiheitsentziehung entsteht, kann sowohl nach § 416 als auch nach § 50 II zuständig sein. Ein Verfahrenspfleger ist unter den Voraussetzungen des § 419 zu bestellen. Die Bestellung ist insbesondere notwendig, wenn von der persönlichen Anhörung des Betroffenen nach § 420 II abgesehen werden soll. Der Betroffene ist vor der Anordnung der vorläufigen Freiheitsentziehung persönlich anzuhören; hiervon kann nicht abgesehen werden, es sei denn, es sind nach ärztlichem Gutachten hiervon erhebliche Nachteile für seine Gesundheit zu besorgen (§ 420 II). Auch die sonstigen Beteiligten (§ 418) sind anzuhören; ihre Anhörung kann jedoch unterbleiben, wenn sie nicht ohne erhebliche Verzögerung oder nicht ohne unverhältnismäßige Kosten möglich ist (§ 420 III). 9

Soll nach **§ 30 II IfSG** die vorläufige Freiheitsentziehung in einem abgeschlossenen Teil eines Krankenhauses durchgeführt werden, muss die Verwaltungsbehörde ihrem Antrag ein **ärztliches Gutachten** beifügen. Weitere Voraussetzung ist die **Anhörung** eines ärztlichen Sachverständigen vor Erlass der einstweiligen Anordnung (§ 420 IV). 10

4. Gefahr im Verzug

Abs 2 behandelt den Fall einer **gesteigerten Dringlichkeit.** Diese liegt vor, wenn nicht nur ein dringendes Bedürfnis für ein sofortiges Tätigwerden besteht, sondern Gefahr im Verzug ist. Diese Gefahr kann insbesondere wegen einer akuten Ansteckungsgefahr bestehen, die eine Absonderung durch Unterbringung nach **§ 30 II IfSG** erfordert. Im Falle der Sicherungshaft nach dem AufenthG sieht **§ 62 IV AufenthG** eine spezielle Regelung vor. Die Gefahr muss so konkret sein, dass von sonst notwendigen Verfahrenshandlungen zunächst abgesehen werden muss, um eine Verzögerung zu vermeiden. Unter diesen Voraussetzungen kann eine einstweilige Anordnung bereits vor 11

§ 427 Buch 7 – Verfahren in Freiheitsentziehungssachen

der persönlichen Anhörung des Betroffenen sowie vor Bestellung und Anhörung eines Verfahrenspflegers erlassen werden. Die Verfahrenshandlungen sind
12 jedoch **unverzüglich** nachzuholen (Abs 2 S 1, 2). **Nicht verzichtet** werden kann bei einer Freiheitsentziehung in einem abgeschlossenen Teil eines Krankenhauses nach § 420 IV iVm § 30 II IfSG auf die Anhörung eines **ärztlichen Sachverständigen.**

5. Bekanntmachung, Wirksamkeit

13   Alle Entscheidungen über einstweilige Anordnungen, deren Änderung, Aufhebung oder Ablehnung sind dem **Betroffenen** stets selbst bekannt zu machen (§ 41 I 1). Von der Bekanntgabe **der Gründe** eines Beschlusses, **nicht** von der Bekanntgabe der **Beschlussformel,** die stets zu erfolgen hat, **kann abgesehen** werden, um erhebliche Nachteile für die Gesundheit des Betroffenen zu vermeiden. Voraussetzung ist, dass ein ärztliches Zeugnis über die mit der Bekanntgabe der Gründe verbundenen erheblichen Nachteile für die Gesundheit des Betroffenen vorliegt (§ 423). Der Beschluss ist ferner bekannt zu machen an alle Beteiligten (§ 41 I 1).

6. Anfechtbarkeit

14   Die einsteilige Anordnung und deren Ablehnung ist nach § 58 I mit der Beschwerde anfechtbar. Der Ausschluss der Anfechtbarkeit nach § 57 betrifft (teilweise) Angelegenheiten in Familiensachen. Die Frist zur Einlegung der Beschwerde von grundsätzlich einem Monat (§ 63 I) beträgt, soweit sie sich gegen eine einstweilige Anordnung richtet, nur zwei Wochen (§ 63 II Nr 1).

15   Im Falle der Freiheitsentziehung, die einen schwerwiegenden Grundrechtseingriff darstellt (§ 62 II Nr 1) bleibt auch dann, wenn sich die angefochtene Entscheidung in der Hauptsache erledigt hat, ein **berechtigtes Interesse** an der Feststellung, dass der Beschwerdeführer durch die Entscheidung in seinen Rechten verletzt wurde, bestehen (§ 62 I, II Nr 1); diese setzt einen Antrag voraus. Das Gericht hat hierauf hinzuweisen und darauf hinzuwirken, dass ein sachdienlicher Antrag gestellt wird (§ 26 iVm § 28 II). Das Feststellungsinteresse bei Freiheitsentziehungen ist wegen des Gewichts des Eingriffs in die Freiheit, dessen diskriminierender Wirkung und des Rehabilitationsinteresses unabhängig von dem konkreten Ablauf des Verfahrens, dem Zeitpunkt der Erledigung und unabhängig von der Frage, ob der Rechtsschutz typischerweise noch vor Beendigung der Freiheitsentziehung erlangt werden kann, gegeben (BVerfG, NJW 02, 2456; BVerfG, NJWE-FER 98, 163; NJW 98, 2432; KG, FGPrax 00, 213; OLG Karlsruhe, NJW-RR 00, 1172; BayObLG 00, 93; OLG Schleswig, FamRZ 08, 718); bei Verlängerung der Freiheitsentziehung: OLG Hamm, FGPrax 01, 263; FGPrax 04, 96; in einer Unterbringungssache nur für den Zeitraum, in dem die Unterbringung vollzogen wurde: OLG Frankfurt, FGPrax 05, 88; kein Rechtsschutzbedürfnis bei nicht vollzogener Freiheitsentziehung: BayObLG, FGPrax 04, 307.

7. Beschwerdeberechtigung

Die Beschwerdeberechtigung des Betroffenen ergibt sich aus § 59. Ergänzende Vorschriften enthält § 429 für die Beteiligten (§ 418) in dem Verfahren auf Freiheitsentziehung. 16

Verwaltungsmaßnahme; richterliche Prüfung

428 (1) **Bei jeder Verwaltungsmaßnahme, die eine Freiheitsentziehung darstellt und nicht auf richterlicher Anordnung beruht, hat die zuständige Verwaltungsbehörde die richterliche Entscheidung unverzüglich herbeizuführen. Ist die Freiheitsentziehung nicht bis zum Ablauf des ihr folgenden Tages durch richterliche Entscheidung angeordnet, ist der Betroffene freizulassen.**

(2) Wird eine Maßnahme der Verwaltungsbehörde nach Absatz 1 Satz 1 angefochten, ist auch hierüber im gerichtlichen Verfahren nach den Vorschriften dieses Buches zu entscheiden.

1. Anwendungsbereich

§ 428 regelt die richterliche Überprüfung von Verwaltungsmaßnahmen, die eine Freiheitsentziehung darstellen. Erfasst werden **vorläufige behördliche Maßnahmen,** die nicht auf einer richterlichen Anordnung beruhen. Das sind insbesondere eine Ingewahrsamnahme nach § 39 BPolG, wenn diese zum Schutz der Person gegen eine Gefahr für deren Leib oder Leben erforderlich ist; unerlässlich ist, um eine Platzverweisung nach § 38 BPolG durchzuführen, unerlässlich ist, um die unmittelbar bevorstehende Begehung oder Fortsetzung einer Straftat oder Ordnungswidrigkeit von erheblicher Bedeutung für die Allgemeinheit zu verhindern. In diesen Fällen ist schon nach § 40 I BPolG unverzüglich eine richterliche Entscheidung über Zulässigkeit und Fortdauer der Freiheitsentziehung herbeizuführen; ferner Ingewahrsamnahme durch das Bundeskriminalamt nach § 21 VII BKAG iVm § 40 I, II, §§ 41, 42 I 1, 2 BPolG, Ingewahrsamnahme durch das Zollkriminalamt nach § 23 I 2 Nr 8 ZFdG. **Nicht erfasst** wird **Abschiebungshaft** nach dem AufenthG; die zuständige Verwaltungsbehörde ist nicht ermächtigt, einen Ausländer zur vorläufigen Sicherung der Abschiebung in Gewahrsam zu nehmen oder dem Haftrichter vorzuführen (BVerwG, NJW 82, 536; BGH, NJW 93, 3069). Es ist immer eine vorherige richterliche Entscheidung, ggf im Wege der einstweiligen Anordnung (§ 427) erforderlich. Es gibt **keinen** der Abschiebungshaft **vorgelagerten Freiheitsentzug durch** die **Behörde** (Marschner/Volckart, 4. Aufl., Rn 2 zu § 13 FEVG aF). 1

2

2. Unverzügliche richterliche Entscheidung

Die zuständige Verwaltungsbehörde hat in jedem Fall einer vorläufigen behördlichen Freiheitsentziehung unverzüglich die richterliche Entscheidung herbeizuführen. Unverzüglich bedeutet ohne jede vermeidbare Säumnis, auch vor Ablauf des der Festnahme folgenden Tages. Das Gericht entscheidet über die Fortdauer der Freiheitsentziehung und damit über die Rechtmäßigkeit der 3

§ 429 Buch 7 – Verfahren in Freiheitsentziehungssachen

Freiheitsentziehung für die Zukunft; nicht Gegenstand der Entscheidung nach Abs 1 ist die Rechtmäßigkeit der vorausgegangenen polizeilichen Freiheitsentziehung.

4   Die gerichtliche Entscheidung ist **spätestens** bis zum Ablauf des auf den Beginn der Freiheitsentziehung folgenden Tages herbeizuführen; ist dies nicht geschehen, ist der Betroffene frei zu lassen (Abs 1).

3. Gerichtliche Kontrolle von Verwaltungsmaßnahmen

5   Gegenstand einer gerichtlichen Entscheidung nach **Abs 2** ist nicht die Fortdauer der Freiheitsentziehung, sondern die Rechtmäßigkeit der behördlichen Freiheitsentziehung; das Verfahren ist gerichtet auf die nachträgliche Feststellung der Rechtswidrigkeit einer behördlichen Maßnahme. Diese „Anfechtung" stellt keinen förmlichen Antrag dar und ist auch nicht an eine Frist gebunden. Es muss nur der Wille zum Ausdruck kommen, dass die behördliche Maßnahme überprüft werden soll. Ein solches Begehren kann mit dem Verfahren der Herbeiführung einer richterlichen Entscheidung über die vorläufige behördliche Maßnahme durch die Verwaltungsbehörde verbunden werden. Diese „Anfechtung" hat insbesondere aber praktische Bedeutung, wenn sich die behördliche Freiheitsentziehung zur Herbeiführung einer richterlichen Entscheidung, zB durch Freilassung, erledigt hat.

6   Die Kontrolle der behördlichen Maßnahme ist, obwohl es sich um eine Verwaltungsmaßnahme handelt, den **ordentlichen Gerichten** zugewiesen; es entscheidet das Amtsgericht (§ 23 a I Nr 6 GVG). Für die örtliche Zuständigkeit gilt § 416, für die Beteiligten § 418, deren Anhörung § 420; für die evt Bestellung eines Verfahrenspflegers § 419.

Ergänzende Vorschriften über die Beschwerde

429 **(1) Das Recht der Beschwerde steht der zuständigen Behörde zu.**

(2) Das Recht der Beschwerde steht im Interesse des Betroffenen

1. **dessen Ehegatten oder Lebenspartner, wenn die Ehegatten oder Lebenspartner nicht dauernd getrennt leben, sowie dessen Eltern und Kindern, wenn der Betroffene bei diesen lebt oder bei Einleitung des Verfahrens gelebt hat, den Pflegeeltern sowie**
2. **einer von ihm benannten Person seines Vertrauens**

zu, wenn sie im ersten Rechtszug beteiligt worden sind.

(3) Das Recht der Beschwerde steht dem Verfahrenspfleger zu.

(4) Befindet sich der Betroffene bereits in einer abgeschlossenen Einrichtung, kann die Beschwerde auch bei dem Gericht eingelegt werden, in dessen Bezirk die Einrichtung liegt.

1. Beschwerdeberechtigung in Freiheitsentziehungssachen

1   Nach § 59 ist derjenige beschwerdeberechtigt, der durch die Entscheidung in seinen Rechten beeinträchtigt wird. § 429 enthält **ergänzende** Vorschriften über die Beschwerdeberechtigung.

2. Beschwerderecht der zuständigen Behörde

Zuständige Behörde ist die nach dem jeweils zur Anwendung kommenden 2
Bundesrecht zur Antragstellung berechtigte Behörde, nach dem AufenthG,
dem AsylVfG, dem IfSG, dem BPolG, dem BKAG, dem ZFdG. Sie ist als
Antragstellerin Beteiligte des Verfahrens (§ 7 I iVm § 418 I). Das Beschwerderecht steht der zuständigen Behörde zu, wenn die Entscheidung nicht ihrem
Begehren entspricht, wenn ihr Antrag auf Anordnung der Freiheitsentziehung, vorläufige Anordnung der Freiheitsentziehung, abgelehnt wird oder
eine Freiheitsentziehung aufgehoben oder zeitlich eingeschränkt wird.

Der Polizeibehörde steht jedoch gegen Entscheidungen, die einen von ihr 3
gestellten Antrag zurückweisen, **kein Beschwerderecht** mit dem **Ziel** der
nachträglichen Feststellung der Rechtmäßigkeit der Ingewahrsamnahme
zu. Es besteht kein anerkennenswertes Interesse des Staates, eine zu seinem
Nachteil ergangene gerichtliche Entscheidung nachträglich überprüfen zu
lassen (OLG München, FGPrax 06, 89; OLG Hamburg, FGPrax 96, 39; aA
für den Fall, dass die Behörde durch die Entscheidung des Beschwerdegerichts
erstmals beschwert ist (Feststellung der Rechtswidrigkeit, Belastung mit den
Kosten) OLG Köln, FGPrax 07, 193; OLG Celle, FGPrax 05, 48.

3. Beschwerdeberechtigung im Interesse des Betroffenen

Nach § 418 III können im Interesse des Betroffenen beteiligt werden 4
dessen Ehegatte oder Lebenspartner, wenn diese nicht dauernd getrennt
leben, sowie dessen Eltern und Kinder, wenn der Betroffene bei diesen lebt
oder bei Einleitung des Verfahrens gelebt hat, die Pflegeeltern (Nr 1) sowie
eine von ihm benannte Person des Vertrauens (Nr 2). Diese Personen können
ein eigenes Beschwerderecht nach § 59 haben, wenn sie in eigenen Rechten
betroffen sind. Soweit sie im Interesse des Betroffenen an dem Verfahren
beteiligt sind, besteht diese Beschwerdeberechtigung nicht.

Abs 2 erweitert das Beschwerderecht des § 59 auf diesen Personenkreis. 5
Sie können, ohne selbst in ihren Rechten beeinträchtigt zu sein, im Interesse
des Betroffenen Beschwerde einlegen. Diese ergänzende Beschwerdeberechtigung beschränkt sich auf den Bereich der **Interessen des Betroffenen.** Nur
soweit diese durch die Entscheidung beeinträchtigt werden, ist diese Beschwerdeberechtigung gegeben. Die Beschwerdeberechtigung ist Zulässigkeitsvoraussetzung für die Beschwerde. Weitere Voraussetzung für die Beschwerdeberechtigung ist, dass die Person bereits **im erstinstanzlichen** Verfahren beteiligt wurde.

4. Beschwerdeberechtigung des Verfahrenspflegers

Diesem steht eine Beschwerdeberechtigung nach **Abs 3** iVm § 419 nur im 6
Namen und im Interesse des Betroffenen zu, zu dessen Wahrnehmung er
bestellt ist. Im eigenen Namen kann er Beschwerde nach § 59 einlegen,
soweit er in einem eigenen Recht beeinträchtigt wird.

5. Einlegung der Beschwerde durch den Betroffenen

Die Möglichkeit zur Einlegung der Beschwerde, die nach § 64 I bei dem 7
Gericht einzulegen ist, dessen Beschluss angefochten wird, wird durch **Abs 4**

§ 430   Buch 7 – Verfahren in Freiheitsentziehungssachen

erweitert. Befindet sich der Betroffene bereits in einer abgeschlossenen Einrichtung, kann die Beschwerde auch bei dem Amtsgericht eingelegt werden, in dessen Bezirk er untergebracht ist. Sie kann dort auch zur Niederschrift der Geschäftsstelle eingelegt werden (§ 64 II 1). Diese zusätzliche Möglichkeit zur Einlegung der Beschwerde ist außer für die Beschwerde des Betroffenen **auch** gegeben für dessen Verfahrensbevollmächtigten, den Verfahrenspfleger, soweit die Beschwerden **im Namen** des Betroffenen eingelegt werden; nicht für weitere Beschwerdeberechtigte, auch nicht für Rechtsmittel des Verfahrenspflegers aus eigenem Recht.

6. Sonderregelung

8   Das **Bayrische Polizeiaufgabengesetz** gibt in Art 18 II dem Betroffenen das Recht, nach Beendigung einer Freiheitsentziehung auf Antrag deren Rechtswidrigkeit feststellen zu lassen, wenn ein berechtigtes Interesse besteht. Die hierüber ergehende Entscheidung des Amtsgerichts ist mit der sofortigen Beschwerde anfechtbar (Art 18 III, 3), mit der sofortigen weiteren Beschwerde bei Zulassung (Art 18 III, 4).

Auslagenersatz

430 Wird ein Antrag der Verwaltungsbehörde auf Freiheitsentziehung abgelehnt oder zurückgenommen und hat das Verfahren ergeben, dass ein begründeter Anlass zur Stellung des Antrags nicht vorlag, hat das Gericht die Auslagen des Betroffenen, soweit sie zur zweckentsprechenden Rechtsverfolgung notwendig waren, der Körperschaft aufzuerlegen, der die Verwaltungsbehörde angehört.

1. Anwendungsbereich

1   § 430 entspricht inhaltlich dem bisherigen § 16 S 1 FEVG aF. Gegenstand der Regelung ist die Erstattung der Auslagen des Betroffenen, soweit sie zur zweckentsprechenden Rechtsverfolgung notwendig waren (Bay-
2   ObLG 79, 213; 97, 338). Die **Sonderregelung** des § 430 weicht hinsichtlich der Kostenerstattung teilweise von den allgemeinen Vorschriften der §§ 80 ff ab. Die Auslagen des Betroffenen sind der Körperschaft aufzuerlegen, der die Verwaltungsbehörde angehört, wenn der Antrag der Behörde abgelehnt wird oder ein begründeter Anlass nicht vorlag (KG, OLG 87, 294) oder das Verfahren sich durch Rücknahme des Haftantrages erledigt hat, wenn zu prüfen ist, ob bei Stellung des Antrags ein begründeter Anlass vorlag, der nachträglich entfallen ist (KG, FGPrax 98, 199). Wird die Kostenentscheidung in diesen Fällen irrtümlich auf die allgemeinen Kostenregelungen der §§ 80 ff gestützt, ist kein Beschwerderecht unter dem Gesichtspunkt „greifbare Gesetzwidrigkeit" gegeben (BGH, NJW 96, 466 für
3   das bisherige Recht). Bei **erfolglosem Rechtsmittel** finden die allgemeinen Vorschriften Anwendung (§ 84), weil § 430 nur im Rahmen seines Wirkungskreises den allgemeinen Vorschriften vorgeht; hierunter fallen nicht die Kosten eines erfolglosen Rechtsmittels (BayObLG 89, 427). OLG Hamm (FGPrax 05, 94 für das bisherige Recht) wendet die Sonderregelung

§ 431 Mitteilung von Entscheidungen § **431**

entsprechend auf die Kosten eines Rechtsmittels an, wenn die Ausländerbehörde nicht die rechtzeitige Entlassung des Betroffenen aus der Abschiebungshaft mit Ablauf der Frist des § 14 IV 3 AsylVfG veranlasst hat. § 430 kommt jedoch auch dann zur Anwendung, wenn die Verwaltungsbehörde den Antrag nicht bereits in erster Instanz, sondern während des Rechtsmittelverfahrens zurücknimmt und sich dadurch das Verfahren in der Hauptsache erledigt (KG, FGPrax 98, 199). Eine Aufhebung der Freiheitsentziehung nach § 426 fällt nicht in den Anwendungsbereich des § 430; Gegenstand dieses Verfahrens ist die Fortdauer und nicht die erstmalige Anordnung der Freiheitsentziehung.

2. Voraussetzung der Auslagenerstattung

Ein Antrag der zuständigen Verwaltungsbehörde auf Freiheitsentziehung 4
muss abgelehnt oder zurückgenommen sein, weil ein begründeter Anlass zur Stellung des Antrags nicht vorgelegen hat. Hat kein begründeter Anlass für die Antragstellung bestanden, ist die Anordnung der Auslagenerstattung **zwingend;** es besteht kein Ermessensspielraum. Grundlage für die Beurteilung ist die Frage, wie sich der Behörde der Sachverhalt zur Zeit der Antragstellung dargestellt hätte, wenn sie alle ihr zuzumutenden Ermittlungen angestellt hätte; nachträglich eingetretene Tatsachen scheiden bei der Beurteilung aus (Marschner/Volkart/Lesting, Rn 5 zu § 430). Die Auslagen des 5
Betroffenen sind auch dann zu erstatten, wenn ein **Antrag auf Aufhebung** einer unzulässig gewordenen Abschiebungshaft **unterblieben** ist (OLG Düsseldorf, FGPrax 04, 254). Ist ein Antrag weder abgelehnt noch zurückgenommen worden, sondern **Erledigung in der Hauptsache** eingetreten, finden die allgemeinen Vorschriften Anwendung (BayObLG 93, 381). Erstattungsschuldner ist die Körperschaft, der die Verwaltungsbehörde angehört.

3. Gerichtskosten

Die Kostenvorschrift des bisherigen § 14 FEVG aF sowie die Regelung 6
über die Kostenschuldnerschaft im bisherigen § 15 FEVG aF wurden in die Kostenordnung übernommen. Sie sind jetzt Gegenstand des § 128 c KostO.

Mitteilung von Entscheidungen

431 Für Mitteilungen von Entscheidungen gelten die §§ 308 und 311 entsprechend, wobei an die Stelle des Betreuers die Verwaltungsbehörde tritt. Die Aufhebung einer Freiheitsentziehungsmaßnahme nach § 426 Satz 1 und die Aussetzung ihrer Vollziehung nach § 424 Abs. 1 Satz 1 sind dem Leiter der abgeschlossenen Einrichtung, in der sich der Betroffene befindet, mitzuteilen.

1. Mitteilung von Entscheidungen

Für die Mitteilung von Entscheidungen gelten die §§ 308–311 entspre- 1
chend. Entscheidungen teilt das Gericht anderen Gerichten oder Behörden

§ 432 Buch 7 – Verfahren in Freiheitsentziehungssachen

oder sonstigen öffentlichen Stellen mit, soweit dies unter Beachtung berechtigter Interessen des Betroffenen nach den Erkenntnissen im gerichtlichen Verfahren erforderlich ist, um eine erhebliche Gefahr für das Wohl des Betroffenen, für Dritte oder die öffentliche Sicherheit abzuwenden (§ 308 I). Ergeben sich im Verlaufe eines gerichtlichen Verfahrens Erkenntnisse, die eine Mitteilung vor Abschluss des Verfahrens erfordern, hat das Gericht
2 unverzüglich Mitteilung zu machen (§ 308 II). Über die Mitteilungen sind der Betroffene, der Pfleger für das Verfahren, die zuständige Verwaltungs-
3 behörde zu **unterrichten;** die Unterrichtung des Betroffenen **unterbleibt,** wenn der Zweck des Verfahrens oder der Zweck der Mitteilung durch die Unterrichtung gefährdet wird, nach ärztlichem Zeugnis hierdurch erhebliche Nachteile für die Gesundheit des Betroffenen zu besorgen sind oder der Betroffene nach dem unmittelbaren Eindruck des Gerichts offensichtlich
4 nicht in der Lage ist, den Inhalt der Unterrichtung zu verstehen. Sobald
5 diese Gründe entfallen, ist die Unterrichtung **nachzuholen** (§ 308 III). Der Inhalt der Mitteilung, die Art und Weise ihrer Übermittlung, der Empfänger, die Unterrichtung des Betroffenen oder die Gründe für das Unterbleiben der Unterrichtung sowie die Unterrichtung des Pflegers für das Verfahren und der zuständigen Verwaltungsbehörde sind **aktenkundig** zu machen (§ 308 IV).
6 **Zweckbindung** und **Verwendungsregelung** der übermittelten Daten ergeben sich aus §§ 19–21 EGGVG. S 1 regelt iVm § 311 die Frage, ob und inwieweit Entscheidungen oder Erkenntnisse, aus denen die Person des Betroffenen erkennbar ist, zur Verfolgung von Straftaten oder Ordnungswidrigkeiten mitgeteilt werden dürfen.

2. Mitteilung an den Leiter der Einrichtung

7 Eine besondere Mitteilungspflicht wird durch S 2 für die Aufhebung einer Freiheitsentziehungsmaßnahme (§ 426 S 1) und die Aussetzung ihrer Vollziehung (§ 424 I 1) begründet. Von diesen Maßnahmen ist der Leiter der abgeschlossenen Einrichtung, in der sich der Betroffene befindet, zu unterrichten. Hierdurch soll der Schutz des Betroffenen vor einer durch gerichtliche Entscheidung nicht mehr gedeckten Unterbringung gestärkt werden.

Benachrichtigung von Angehörigen

432 Von der Anordnung der Freiheitsentziehung und deren Verlängerung hat das Gericht einen Angehörigen des Betroffenen oder eine Person seines Vertrauens unverzüglich zu benachrichtigen.

Die Regelung des § 432 ist ebenso wie die des § 339 neu eingefügt. Sie beruht auf Art 104 IV GG, demgemäß vor jeder richterlichen Entscheidung über die Anordnung oder Fortdauer einer Freiheitsentziehung unverzüglich ein Angehöriger des Festgehaltenen oder eine Person seines Vertrauens zu benachrichtigen ist. Sind diese Personen bereits nach § 418 III als Beteiligte zu dem Verfahren hinzugezogen, wird der Benachrichtigungspflicht damit in der Regel Genüge getan.

Buch 8
Verfahren in Aufgebotssachen

Vorbemerkungen vor §§ 433 ff

1. Grundzüge der FGG-Reform im Aufgebotsverfahren

Das Aufgebotsverfahren wurde neu in das FamFG eingefügt. Es war vorher **1** geregelt in den §§ 946 bis 1024 ZPO. Jedoch galt es schon bislang nicht als kontradiktorisches Verfahren des Zivilprozesses zwischen zwei Parteien, sondern als Verfahren der freiwilligen Gerichtsbarkeit (BT-Drs. 16/6308, 171; Zöller/Geimer (27. Aufl.) Vor § 946 Rn 8; Stein/Jonas/Schlosser (22. Aufl.) Vor § 946 Rn 8). Die Einfügung in das FamFG ist folgerichtig. Gleichzeitig wird eine Straffung des Verfahrens angestrebt, indem der bisher erforderliche Aufgebotstermin (§ 947 II Nr 2 ZPO aF) entfällt (BT-Drs. 16/6308, 172). Dadurch entfällt auch das Erfordernis im bisherigen Aufgebotstermin einen Antrag auf Erlass des Ausschlussurteils zu stellen. Es reicht jetzt ein einheitlich zu Verfahrensbeginn zu stellender Antrag. Im Ergebnis wird das Aufgebotsverfahren zu einem reinen schriftlichen Anmeldeverfahren (Zimmermann, Das neue FamFG, Rn 799). Neugestaltet wurde auch das Rechtsbehelfsverfahren (s § 439 Rn 6 ff). Bislang war nach § 957 I ZPO aF ein Rechtsmittel gegen das Ausschlussurteil nicht gegeben, vielmehr fand nur der spezifische Rechtsbehelf der Anfechtungsklage statt, wobei die Gründe, auf die die Anfechtung gestützt werden konnten, erheblich eingeschränkt waren (§ 957 II ZPO aF). Die Möglichkeiten der Wiedereinsetzung und der Wiederaufnahme wurden zudem erheblich ausgedehnt, um den Rechtsschutz des durch den Ausschließung von Rechten Betroffenen zu verbessern (BT-Drs 16/6308, 295), wobei sich die Frage stellt, ob die Neuregelung nicht eine zu starke Verschiebung zugunsten von Rechtsbehelfen beinhaltet, die dem Zweck des Aufgebotsverfahrens, nämlich für bestimmte Verhältnisse eine klare Rechtslage herbeizuführen (BGH NJW 80, 2529) widersprechen. Die funktionelle Zuständigkeit ist nunmehr beim RPfl. Die bisherige zwingende Befassung des Richters in Aufgebotssachen mit der Wahrnehmung des Aufgebotstermins und der darin ergehenden Entscheidung (§ 20 Nr 2 RPflG aF) konnte durch das Beschlussverfahren entfallen. Abgeschafft wurde ferner die Mindestaufgebotsfrist für die Kraftloserklärung von Urkunden gem § 1015 ZPO. Nunmehr ist in § 476 nur noch eine Höchstfrist von 6 Monaten geregelt.

2. Systematik der Vorschriften

a) Gesetzliche Anordnung. Ob überhaupt ein Aufgebotsverfahren statt- **2** haft ist, bestimmen nicht die Regelungen des FamFG, sondern entsprechende

§ 433 Buch 8 – Verfahren in Aufgebotssachen

Anordnungen im materiellen Recht (s § 433 Rn 2). Gleichwohl vollzieht Buch 8 die gesetzlichen Anordnungen weitgehend nach, indem es nach einem Abschnitt mit allgemeinen Bestimmungen die einzelnen Aufgebotsarten abschnittsweise behandelt.

3 **b) Aufgebotsarten.** Dementsprechend regelt
(1) Abschnitt 2 (§§ 442 bis 446) das Aufgebot des Eigentümers von Grundstücken, Schiffen und Schiffsbauwerken,
(2) Abschnitt 3 (§§ 447 bis 453) das Aufgebot des Gläubigers von Grund- und Schiffspfandrechten sowie des Berechtigten sonstiger dinglicher Rechte,
(3) Abschnitt 4 (§§ 454 bis 464) das Aufgebot der Nachlassgläubiger,
(4) Abschnitt 5 (§ 465) das Aufgebot der Schiffsgläubiger
(5) Abschnitt 6 (§§ 466 bis 483) das Aufgebot zur Kraftloserklärung von Urkunden.

4 **c) Luftfahrzeuge.** Aufgebotsverfahren sieht ferner das Gesetz über Rechte an Luftfahrzeugen (LuftFzgG) in §§ 13, 66, 67 zur Löschung von Vormerkungen und Registerpfandrechten (mit und ohne Hinterlegung) vor, die weitgehend ähnlich zu den Aufgebotsverfahren §§ 887, 1170, 1171 BGB ausgestaltet sind, ohne jedoch im FamFG selbst (Ausnahme § 484 I) im Gegensatz zu den entsprechenden Bestimmungen des Gesetzes über Rechte an eingetragenen Schiffen und Schiffsbauwerken (§§ 452, 453) einen eigene Regelung erfahren zu haben.

3. Landesrechtliche Vorbehalte

5 Das Aufgebotsverfahren ist durch zahlreiche Vorbehalte zugunsten des Landesrechts geprägt. Aufgebotsverfahren können durch Landesgesetz angeordnet sein (s § 490) und ganz oder teilweise abweichend von den Vorschriften des Buches 8 geregelt sein (s §§ 483, 484).

4. Übergangsvorschriften

6 Nach Art. 111 FGG-Reformgesetz v 17. 12. 2008 (BGBl I S. 2586) sind auf Aufgebotsverfahren, die bis zum Inkrafttreten des FGG-Reformgesetzes am 1. 9. 2009 (Art 112 FGG-Reformgesetz) eingeleitet sind oder deren Einleitung vor diesem Datum beantragt wurde, weiter die vor Inkrafttreten des FGG-Reformgesetzes geltenden Vorschriften anzuwenden. Dies gilt auch für die Rechtsmittel in diesen Verfahren (BT-Drs 16/6308, 359).

Abschnitt 1
Allgemeine Verfahrensvorschriften

Aufgebotssachen

433 Aufgebotssachen sind Verfahren, in denen das Gericht öffentlich zur Anmeldung von Ansprüchen oder Rechten auffordert, mit der Wirkung, dass die Unterlassung der Anmeldung einen Rechtsnachteil zur Folge hat; sie finden nur in den durch Gesetz bestimmten Fällen statt.

§ 433 Aufgebotssachen **§ 433**

1. Allgemeines

§ 433 enthält die allgemeine Definition der Aufgebotssachen. Er über- 1
nimmt den Regelungsgehalt des bisherigen § 946 I ZPO. Zweck des Aufgebotsverfahren ist für bestimme Verhältnisse eine klare Rechtslage herbeizuführen (BGH NJW 80, 2529). Es ist gerichtet auf eine allen gegenüber wirkende Feststellung eines Rechtszustandes (LG Koblenz NJW 63, 255).

2. Begriff

Nach § 433 sind Aufgebotssachen Verfahren, in denen das Gericht zur 2
Anmeldung von Ansprüchen oder Rechten auffordert, mit der Wirkung, dass die Unterlassung der Anmeldung einen Rechtsnachteil zur Folge hat.
a) Gesetzliche Anordnung. Grundvoraussetzung ist, dass ein Gesetz das 3
Aufgebotsverfahren vorsieht. Gesetz ist jede Rechtsnorm (§ 485 iVm Art 2 EGBGB). Die Statthaftigkeit des Aufgebotsverfahrens ergibt sich mithin aus dem materiellen Recht. Entsprechende gesetzliche Anordnungen sind insb §§ 799, 808 II, 887, 927, 1104, 1112, 1162, 1170, 1171, 1970 BGB, § 365 II HGB, § 72 AktG, Art 90 I WG, Art 59 I ScheckG, §§ 13, 66, 67 des Gesetzes über Rechte an Schiffen oder Schiffsbauwerken (SchRG), §§ 13, 66, 67 LuftFzgG.
b) Antragsverfahren. Das Gericht wird nur auf Antrag tätig (s § 434 I). 4
c) Öffentliche Aufforderung. Die Aufgebotsverfahren sind dadurch ge- 5
kennzeichnet, dass Rechts- bzw. Anspruchinhaber öffentlich aufgefordert werden, ihre Rechte anzumelden. Die öffentliche Aufforderung erfolgt im Grundsatz durch öffentliche Bekanntmachung gem § 435. Ausnahmen und Ergänzungen hierzu enthalten §§ 456, 458, 470
d) Rechtsnachteil. Folgt der Rechts- bzw. Anspruchinhaber der Auffor- 6
derung zur Anmeldung seiner Rechte oder Ansprüche nicht, erleidet er einen Rechtsnachteil, der für die jeweiligen Aufgebotsverfahren unterschiedlich ist und zB darin besteht, dass er mit seinem Eigentumsrecht, seinem Grundpfandrecht, usw ausgeschlossen wird, nur noch beschränkte Befriedigung verlangen kann oder seine Urkunde für kraftlos erklärt wird. Die in das Aufgebot aufzunehmenden Rechtsnachteile sind gesondert bezeichnet in §§ 445, 450 IV, 451 II, 458 I, 460 I Satz 2, 465 VI, 469 Satz 2.

3. Zuständigkeit

a) Sachliche Zuständigkeit. Sachlich zuständig ist das Amtsgericht gem 7
§ 23 a I Nr 2 und II Nr 7 GVG.
b) Örtliche Zuständigkeit. Die örtliche Zuständigkeit ist für die einzelnen Aufgebotsverfahren jeweils gesondert geregelt in §§ 442 II, 448 II, 454 II.
c) Funktionelle Zuständigkeit. Funktionell zuständig ist der RPfl gem § 3 Nr 1 c) RPflG.

4. Beteiligte des Aufgebotsverfahrens

Beteiligter ist stets der Antragssteller (§ 7 I). Die Antragsberechtigung ist für 8
die einzelnen Verfahren jeweils gesondert geregelt (§§ 443, 448, 455, 460, 464, 467). Ferner sind gem § 7 II Nr 1 diejenigen Beteiligte, deren Recht

§ 434　　　　　　　　　　　　　　Buch 8 – Verfahren in Aufgebotssachen

durch das Verfahren unmittelbar betroffen wird, also diejenigen den gegenüber der jeweilige Rechtsnachteil infolge der Unterlassung der Anmeldung eintritt. Diese sind auch beschwerdebefugt (s auch insoweit zur Klagebefugnis nach dem bisherigen § 957: MünchKomm/ZPO/Eickmann (3. Aufl.) § 957 Rn 6).

5. Rechtsbehelfe

9　　Gegen die Verfügung, mit welcher das Gericht das Aufgebot erlässt, findet die Beschwerde nicht statt, da es nicht um eine Endentscheidung handelt.

6. Kosten

10　　§ 128 d KostO

Antrag; Inhalt des Aufgebots

434 (1) **Das Aufgebotsverfahren wird nur auf Antrag eingeleitet.**

(2) **Ist der Antrag zulässig, so hat das Gericht das Aufgebot zu erlassen. In das Aufgebot ist insbesondere aufzunehmen:**
1. **die Bezeichnung des Antragstellers;**
2. **die Aufforderung, die Ansprüche und Rechte bis zu einem bestimmten Zeitpunkt bei dem Gericht anzumelden (Anmeldezeitpunkt);**
3. **die Bezeichnung der Rechtsnachteile, die eintreten, wenn die Anmeldung unterbleibt.**

1. Allgemeines

1　　§ 434 übernimmt weitgehend den Regelungsgehalt des bisherigen § 947 ZPO. Als bekanntzumachender Zeitpunkt, bis zu dem die Anmeldung der Ansprüche und Rechte erfolgt sein muss, ist allerdings nunmehr der Anmeldezeitpunkt gem Abs 2 Nr 2 anstelle des Aufgebotstermins gem § 947 II Nr 2 ZPO aF, getreten, da der Aufgebotstermin mit dem Ziel der Straffung des Verfahrens fortgefallen ist.

2. Antrag

2　　§ 434 I stellt klar, dass das Aufgebotsverfahren nur auf Antrag eingeleitet wird. Nach § 25 können Anträge schriftlich oder zur Niederschrift der Geschäftsstelle gestellt werden. Der Antrag soll begründet werden (§ 23 I). Ggfs. sind die zur Begründung erforderlichen Tatsachen glaubhaft zu machen (s §§ 444, 449, 450, 468 Nr 2) und Urkunden bzw. Abschriften beizufügen (s §§ 468 Nr 1) oder sonstige Unterlagen (§ 456: Verzeichnis der Nachlassgläubiger). Die Antragsberechtigung ergibt sich für die jeweiligen Arten des Aufgebotes aus dem Gesetz (s §§ 443, 448, 455, 467).

3. Zulässigkeit des Antrages

Vor Erlass des Aufgebotes prüft das Gericht die Zulässigkeit des Antrages. Dazu gehört Zuständigkeit des Gerichts, Statthaftigkeit des beantragten Aufgebots dergestalt, dass das Gesetz das Aufgebot für den beantragten Fall auch vorsieht (MünchKommZPO/Eickmann FamFG Rn 13), Antragsberechtigung des Antragstellers (str. ob diese zur Zeit der Entscheidung vorliegen muss (Keidel/Zimmermann Rn 3) oder zum Zeitpunkt der Antragstellung (MünchKommZPO/Eickmann § 435 FamFG Rn 3) und, soweit für das konkrete Verfahren angeordnet, Glaubhaftmachung von Behauptungen und Einreichung weiterer Unterlagen. **3**

4. Erlass des Aufgebotes

Die Entscheidung über den Erlass des Aufgebotes erfolgt durch Beschluss. Da es sich nicht um eine Endentscheidung iSd § 38 handelt, ist eine Anfechtung des Erlasses des Aufgebotes ausgeschlossen (BT-Drs 16/6308, 294) **4**

5. Inhalt des Aufgebotes

Abs 2 Satz 2 regelt den (Mindest-)Inhalt des Aufgebotes. Hierzu gehören insb (1) die Bezeichnung des Antragstellers, (2) die Bezeichnung eines Anmeldezeitpunktes bis zu dem die Anmeldung erfolgen sollte (spätere Anmeldung ist gleichwohl nach Maßgabe des § 438 unschädlich), sowie (3) die Bezeichnung der eintretenden Rechtsnachteile, die sich nach der jeweiligen Aufgebotsart richten (s §§ 445, 456 IV, 451 II, 458 I, 460 I Satz 2, 465 VI, 469 Satz 2). Darüberhinaus kann das Gericht in das Aufgebot weitere Angaben aufnehmen (Keidel/Zimmermann Rn 13), zB einen Hinweis auf § 438 . **5**

Öffentliche Bekanntmachung

435 (1) **Die öffentliche Bekanntmachung des Aufgebots erfolgt durch Aushang an der Gerichtstafel und durch einmalige Veröffentlichung in dem elektronischen Bundesanzeiger, wenn nicht das Gesetz für den betreffenden Fall eine abweichende Anordnung getroffen hat. Anstelle des Aushangs an der Gerichtstafel kann die öffentliche Bekanntmachung in einem elektronischen Informations- und Kommunikationssystem erfolgen, das im Gericht öffentlich zugänglich ist.**
(2) **Das Gericht kann anordnen, das Aufgebot zusätzlich auf andere Weise zu veröffentlichen.**

1. Allgemeines

§ 435 knüpft an den bisherigen § 948 ZPO an, wird aber mit den Vorschriften über die öffentliche Zustellung gem § 186 ZPO harmonisiert. § 435 regelt die öffentliche Bekanntmachung des Aufgebotes. Gesonderte Mitteilungen an Berechtigte sehen §§ 456, 458 für die Nachlassgläubiger vor. **1**

§ 436   Buch 8 – Verfahren in Aufgebotssachen

2. Öffentliche Bekanntmachung

2   Grundsätzlich erfolgt die für das Aufgebotsverfahren zentrale öffentliche Bekanntmachung des Aufgebotes durch Aushang an der Gerichtstafel und einmalige Veröffentlichung im elektronischen Bundesanzeiger. Zusätzlich kann das Aufgebot in weiteren Blättern bekannt zu machen sein (s § 470). Eine öffentliche Bekanntmachung in einem elektronischen Informations- und Kommunikationssystem anstelle des Anhanges an der Gerichtstafel ist nur dann zulässig, wenn dieses im Gericht öffentlich zugänglich ist (BT-Drs. 16/6308, 294). Der Aushang bzw. die Veröffentlichung im elektronischen Informations- und Kommunikationssystem sind bis zum Ablauf des Anmeldezeitpunktes dort zu belassen, wenngleich die zu frühe Entfernung auf die Gültigkeit der Bekanntmachung keinen Einfluss hat (§ 436).

Nach Abs 2 kann das Gericht das Aufgebot zusätzlich auf andere Weise veröffentlichen. Die Entscheidung steht im pflichtgemäßen Ermessen. Mit dem gegenüber § 948 II ZPO neu gefassten Wortlaut werden die Möglichkeiten einer anderweitigen Veröffentlichung erweitert. Insbesondere ist nach Abs 2 auch die Veröffentlichung in elektronischen Medien ebenso wie die mehrfache Veröffentlichung zulässig, wenngleich letztere nicht mehr im Wortlaut ausdrücklich erwähnt wird (anders noch § 948 II ZPO, die mehrfache Veröffentlichung sei aber im Einblick auf die Möglichkeit der elektronischen Veröffentlichung nur noch im Einzelfall sachgerecht, BT-Drs. 16/6308, 294).

Landesgesetzlich abweichende Bestimmungen zur öffentlich Bekanntmachung sind in sämtlichen Aufgebotsverfahren mit Ausnahme des Aufgebotes der Nachlassgläubiger (§§ 989 bis 1000) und des Aufgebotes der Gesamtgläubiger bei fortgesetzter Gütergemeinschaft (§ 1001) möglich (§ 484; Zusammenstellung der landesrechtlichen Sonderregelungen s Keidel/Giers § 484 Rn 1).

Gültigkeit der öffentlichen Bekanntmachung

436 **Auf die Gültigkeit der öffentlichen Bekanntmachung hat es keinen Einfluss, wenn das Schriftstück von der Gerichtstafel oder das Dokument aus dem Informations- und Kommunikationssystem zu früh entfernt wurde oder wenn im Fall wiederholter Veröffentlichung die vorgeschriebenen Zwischenfristen nicht eingehalten sind.**

1   § 436 entspricht weitgehend dem Wortlaut des bisherigen § 949 ZPO, allerdings angepasst an die erweiterten Veröffentlichungsmöglichkeiten des § 435. Zu frühe Entfernung bedeutet Entfernung vor dem Anmeldezeitpunkt. Zwischenfristen sind Fristen, die im Falle wiederholter Veröffentlichung (s § 435 Rn 2) zwischen den Veröffentlichungen liegen müssen. Nicht gemeint sind hingegen die Aufgebotsfrist (§§ 437, 451 III, 465 V, 476) sowie die Regelungen zur Bestimmung des Anmeldezeitpunktes 471 bis 475 bei Wertpapieren mit Zinsscheinen.

Aufgebotsfrist

437 Zwischen dem Tag, an dem das Aufgebot erstmalig in einem Informations- und Kommunikationssystem oder im elektronischen Bundesanzeiger veröffentlicht wird, und dem Anmeldezeitpunkt muss, wenn das Gesetz nicht eine abweichende Anordnung enthält, ein Zeitraum (Aufgebotsfrist) von mindestens sechs Wochen liegen.

1. Allgemeines

§ 437 übernimmt den Regelungsgehalt des bisherigen § 950 ZPO, wobei 1 infolge der Abschaffung des Aufgebotstermins nunmehr auf den Anmeldezeitpunkt (§ 434 II Nr 2) abzustellen ist.

2. Aufgebotsfrist

In § 437 wird die Aufgebotsfrist legal definiert als Zeitraum zwischen dem 2 Tag, an dem das Aufgebot erstmalig veröffentlicht wird und dem Anmeldezeitpunkt. Maßgeblich für den Fristbeginn ist die Veröffentlichung im Informations- und Kommunikationssystem, das im Gericht öffentlich zugänglich sein muss (§ 435) oder die Veröffentlichung im elektronischen Bundesanzeiger, je nachdem welche Veröffentlichung zuerst erfolgte. Die Aufgebotsfrist beträgt mindestens 6 Wochen. Abweichende Regelungen zur Mindestfrist befinden sich in §§ 451 III, 465 III sowie in Art 59 I Satz 2 ScheckG, ferner sind die Regelungen der §§ 471 bis 474 zur Bestimmung des Anmeldezeitpunktes vorrangig zu beachten. Fristberechnung gem § 16 II iVm § 222 I ZPO, §§ 186 ff BGB. Der Tag der Veröffentlichung wird nicht mitgerechnet (§ 187 I BGB). Fristverlängerung ist auf Antrag möglich, § 16 II iVm § 222 II ZPO.

3. Landesrecht

Landesgesetzlich abweichende Bestimmungen zur Aufgebotsfrist sind in 3 sämtlichen Aufgebotsverfahren mit Ausnahme des Aufgebotes der Nachlassgläubiger (§§ 454–463) und des Aufgebotes der Gesamtgläubiger bei fortgesetzter Gütergemeinschaft (§ 464) möglich (§ 484; Zusammenstellung der landesrechtlichen Sonderregelungen s Keidel/Giers § 484 Rn 1).

Anmeldung nach dem Anmeldezeitpunkt

438 Eine Anmeldung, die nach dem Anmeldezeitpunkt, jedoch vor dem Erlass des Ausschließungsbeschlusses erfolgt, ist als rechtzeitig anzusehen.

§ 438 übernimmt den Regelungsgehalt des bisherigen § 951 ZPO, jedoch 1 redaktionell angepasst an das Beschlussverfahren. Grundsätzlich hat die Anmeldung der Rechte und Ansprüche bis zum Anmeldezeitpunkt zu erfolgen (§ 434 II Nr 2). Jedoch ist spätere Anmeldung unschädlich, solange sie vor Erlass des Ausschließungsbeschlusses erfolgt. Erlass ist gem § 38 III 2 das Datum der Übergabe des Beschlusses an die Geschäftsstelle oder der Bekanntgabe durch Verlesen der Beschlussformel. Zur Anmeldung s § 440 Rn 2.

§ 439 Buch 8 – Verfahren in Aufgebotssachen

Erlass des Ausschließungsbeschlusses; Beschwerde; Wiedereinsetzung und Wiederaufnahme

439 (1) **Vor Erlass des Ausschließungsbeschlusses kann eine nähere Ermittlung, insbesondere die Versicherung der Wahrheit einer Behauptung des Antragstellers an Eides statt, angeordnet werden.**

(2) **Die Endentscheidung in Aufgebotssachen wird erst mit Rechtskraft wirksam.**

(3) § 61 Abs. 1 ist nicht anzuwenden.

(4) **Die Vorschriften über die Wiedereinsetzung finden mit der Maßgabe Anwendung, dass die Frist, nach deren Ablauf die Wiedereinsetzung nicht mehr beantragt oder bewilligt werden kann, abweichend von § 18 Abs. 3 fünf Jahre beträgt. Die Vorschriften über die Wiederaufnahme finden mit der Maßgabe Anwendung, dass die Erhebung der Klagen nach Ablauf von zehn Jahren, von dem Tag der Rechtskraft des Ausschließungsbeschlusses an gerechnet, unstatthaft ist.**

1. Allgemeines

1 § 439 I übernimmt im Wesentlichen dem Regelungsgehalt des bisherigen § 952 III ZPO, während durch die übrigen Absätze den Besonderheiten des Aufgebotsverfahrens Rechnung getragen wird. Auf Grund der Umgestaltung des Verfahrens in ein Beschlussverfahren sind zu den Abs 2 bis 4 Vorläufervorschriften in der ZPO nicht vorhanden, wobei die Neuregelung das Ziel hatte, die Rechtsmittelmöglichkeiten des durch den Ausschluss von Rechten Betroffenen zu verbessern (BT-Drs. 16/6308, 295).

2. Verfahren bis zur Entscheidung, Abs 1

2 In dem Verfahren vor Erlass des Ausschließungsbeschlusses prüft das Gericht die Begründetheit des Antrages. Die Zulässigkeitsprüfung ist vor Erlass des Aufgebotes (§ 434 II) erfolgt. Da es sich um ein einheitliches Verfahren handelt, ist eine erneute Prüfung der Zulässigkeit nicht mehr wie bisher für den Erlass des Ausschließungsurteils zwingend erforderlich (so bisher § 952 ZPO aF s Musielak/Ball § 952 Rn 4), sondern nur insoweit als neue Tatsachen von Amts wegen zu beachten sind. Die nach Abs 1 in das pflichtgemäße Ermessen des Gerichts gestellte Entscheidung, ob es weitere Ermittlungen von Amts wegen nach § 26 durchführt, ist Teil der Begründetheitsprüfung. Hierzu kann das Gericht nach den allgemeinen Grundsätzen (§ 26) weitere Ermittlungen anstellen und Beweis über die vom Antragsteller behaupteten Tatsachen erheben. Zusätzlich kann das Gericht auch dann, wenn eine Tatsache nicht nach einer besonderen Vorschrift glaubhaft zu machen ist (s §§ 444, 449, 450, 468 Nr 2) die Versicherung der Behauptung des Antragstellers an Eides statt anordnen. Hierin dürfte auch, nachdem nunmehr das Aufgebotsverfahren ohnehin bereits nach den allgemeinen Vorschriften dem Amtsermittlungsgrundsatz unterliegt, der (verbleibende) Regelungsgehalt des Abs 1 zu sehen sein. Auch wenn der Wortlaut dies nahezulegen scheint, bedeutet Abs 1 keine Einschränkung des Amtsermittlungsgrundsatzes des § 26 (zu Recht Baumbach/Lauterbach/Albers/Hartmann § 439 FamFG Rn. 2). Die

Unterschiede in den Formulierungen zwischen § 439 I einerseits und § 26 andererseits dürften vielmehr aus der wörtlichen Übernahme des § 952 III ZPO aF herrühren.

3. Entscheidung

a) Anmeldungen. Liegen Anmeldungen vor, durch die das vom Antragsteller behauptete Recht bestritten wird, ist der Antrag nicht deswegen zurückzuweisen. Vielmehr ist nach § 440 zu verfahren, dh das Verfahren ist bis zur endgültigen Entscheidung über das angemeldete Recht auszusetzen oder das angemeldete Recht ist in dem Ausschließungsbeschluss vorzubehalten. 3

b) Zurückweisung des Antrages. Liegen die materiell-rechtlichen Voraussetzungen für den Erlass des Ausschließungsbeschluss auch nach den weiteren Ermittlungen des Gerichts nicht vor oder ist der Antrag unzulässig, weist das Gericht den Antrag durch Beschluss zurück. 4

c) Ausschließungsbeschluss. Liegen die Voraussetzungen vor, erlässt das Gericht den Ausschließungsbeschluss. Dieser wird abweichend von § 40 I erst mit der Rechtskraft wirksam (Abs 2). Dadurch wird dem rechtsgestaltenden Charakter des Ausschließungsbeschlusses Rechnung getragen (BT-Drs 16/6308, 295). Zur Eintritt der Rechtskraft bei öffentlicher Zustellung s § 441 Rn 3. 5

4. Rechtsbehelfe, Abs 4

a) Beschwerde. Sowohl gegen den Ausschließungsbeschluss als auch gegen die Zurückweisung des Antrages sowie gegen den Aussetzungsbeschluss (auch bei Vorbehalt angemeldeter Rechte) ist die Beschwerde (§ 58) statthaft, in allen Fällen unabhängig vom Beschwerdewert des § 61 I in Höhe von 600 € (Abs 3). Die Nichtanwendbarkeit der Wertgrenze dient der Rechtssicherheit und -klarheit (BT-Drs 16/6308, 295). 6

b) Wiedereinsetzung. Die Vorschriften über die Wiedereinsetzung (§ 17 bis 19) finden Anwendung, allerdings gilt statt der Jahresfrist des § 18 IV (der Verweis in § 439 IV ist nach der Einfügung eines weiteren Absatzes in § 18 nicht angepasst worden, s BT-Drs 16/9733, 29) eine Frist von 5 Jahren. Beginn der Frist ist der Ablauf der versäumten Frist, dh der Ablauf der Beschwerdefrist gem § 63 I. 7

c) Wiederaufnahme. Die Wiederaufnahme des Verfahrens ist nach den allgemeinen Vorschriften (§ 48 II iVm §§ 578 bis 591 ZPO) zulässig. Allerdings wird die Frist von fünf Jahren des § 586 II Satz 2 ZPO auf zehn Jahre verlängert. 8

Wirkung einer Anmeldung

440 Bei einer Anmeldung, durch die das von dem Antragsteller zur Begründung des Antrags behauptete Recht bestritten wird, ist entweder das Aufgebotsverfahren bis zur endgültigen Entscheidung über das angemeldete Recht auszusetzen oder in dem Ausschließungsbeschluss das angemeldete Recht vorzubehalten.

§ 440

1. Allgemeines

1 § 440 entspricht inhaltlich dem bisherigen § 953 ZPO, wurde aber redaktionell angepasst. Geregelt wird das Verfahren bei Anmeldung eines Rechts vor dem Hintergrund, dass das Aufgebotsverfahren gerade nicht der Prüfung der materiellen Berechtigung der behaupteten Rechte dient.

2. Anmeldung

2 Die Anmeldung erfolgt schriftlich oder zur Niederschrift der Geschäftsstelle (§ 25). Vertretung durch einen Anwalt ist nicht erforderlich, auch wenn Verfahren landesrechtlich dem LG zugewiesen sind, da FG-Verfahren mit Ausnahme der Verfahren beim BGH anwaltsfrei sind (s § 10 Rn 14). Begründung und Nachweise sind nicht erforderlich (Ausnahmen §§ 459 I, 469 S 1, 477).

3. Wirkung der Anmeldung

3 **a) Prüfung des Gerichts.** Das Gericht prüft nicht, ob das angemeldete Recht sachlich besteht (BGH NJW 80, 1521, 1522). Es prüft nur, ob das vom Anmeldenden behauptete Recht das behauptete Recht das Antragstellers bestreitet, dh das angemeldete Recht muss dem behaupteten Recht ganz oder teilweise entgegenstehen.

4 **b) Entscheidung.** Das Gericht entscheidet nach pflichtgemäßem Ermessen, ob es das Verfahren durch Beschluss aussetzt oder im Ausschließungsbeschluss das angemeldete Recht vorbehält. Steht das angemeldete Recht vollständig entgegen, soll regelmäßig auszusetzen sein (so Keidel/Zimmermann Rn 7; MünchKommZPO/Eickmann § 440 FamFG Rn 8, str). Andererseits dürfte, wenn nur eine Person Rechte angemeldet hat und weitere auszuschließende Rechtsinhaber nicht in Betracht kommen, der das Verfahren beendende Ausschließungsbeschluss unter Vorbehalt den Interessen des Antragstellers eher entsprechen, da sich weitere Personen dann nicht mehr anmelden können (s noch zu § 953 ZPO: Musielak/Ball (6. Aufl.) § 953 Rn 4).

5 **c) Verfahren nach Aussetzung.** Die Klärung des angemeldeten Rechts im Prozesswege kann sowohl vom Antragsteller mittels negativer Feststellungsklage (s MünchKommZPO/Eickmann § 440 FamFG Rn 9) als auch vom Anmeldenden herbeigeführt werden. Verneint das Prozessgericht das angemeldete Recht, erlässt das Gericht einen vorbehaltlosen Ausschließungsbeschluss. Wird das Recht hingegen bejaht, ist der Antrag auf Erlass eines Ausschließungsbeschlusses zurückzuweisen.

4. Ausschließungsbeschluss unter Vorbehalt

6 Grundsätzlich beendet auch der Ausschließungsbeschluss unter Vorbehalt angemeldeter Rechte das Aufgebotsverfahren. Durch die Anmeldung und den Vorbehalt erlangt der Anmeldende nicht etwa ein neues Recht. Nur wenn ihm das angemeldete Recht wirklich zusteht, wird es durch den Vorbehalt weiter erhalten (BGH 76, 169, 171). Die Beseitigung eines vorbehaltenen Rechts geschieht entweder durch Verzicht des Anmeldenden (ggfs nach entsprechender Verurteilung) oder durch eine rechtskräftige Entscheidung des

§ 441 Öffentliche Zustellung des Ausschließungsbeschlusses **§ 441**

Prozessgerichts, welches das angemeldete Recht verneint. In diesem Fall wird der Antragsteller so behandelt, als ob zu seinen Gunsten ein vorbehaltloser Ausschließungsbeschluss ergangen wäre (vgl RG 67, 96, 100).

5. Beschwerde

Unverändert zulässig ist nach § 59 I die Beschwerde des Antragstellers gegen Beschränkungen und Vorbehalte, etwa mit dem Ziel eines vorbehaltlosen Ausschließungsbeschlusses, auch wenn eine ausdrückliche Anordnung wie noch in § 952 IV ZPO aF fehlt. 7

Öffentliche Zustellung des Ausschließungsbeschlusses

441 Der Ausschließungsbeschluss ist öffentlich zuzustellen. Für die Durchführung der öffentlichen Zustellung gelten die §§ 186, 187, 188 der Zivilprozessordnung entsprechend.

1. Allgemeines

§ 441 ersetzt § 956 ZPO aF. 1

2. Öffentliche Zustellung

Die öffentliche Zustellung hat zwingend zu erfolgen, ein Ermessen des Gerichts – wie noch in § 956 ZPO aF – besteht nicht mehr. Für die Durchführung der Zustellung gelten insbes §§ 186 II Satz 2 und 3, 187 ZPO entsprechend. Die öffentliche Zustellung erfolgt demgemäß insbes durch Aushang des Ausschließungsbeschlusses an der Gerichtstafel oder durch Einstellung in ein elektronisches Informationssystems, das im Gericht öffentlich zugänglich ist (§ 186 I S 1 ZPO). Zusätzlich kann der Ausschließungsbeschluss in einem vom Gericht für Bekanntmachungen bestimmten elektronischen Informations- und Kommunikationssystem sowie einmal oder mehrfach im elektronischen Bundesanzeiger oder in anderen Blättern veröffentlicht werden. Zwingend ist die Veröffentlichung im elektronischen Bundesanzeiger in Verfahren auf Kraftloserklärung von Urkunden (§ 478). 2

3. Rechtskraft und Wirksamkeit des Ausschließungsbeschlusses

§ 441 iVm § 188 ZPO geht gleichzeitig § 63 III Satz 2 vor. Durch die öffentliche Zustellung beginnt die First zur Einlegung der Beschwerde gem dem entsprechend anwendbaren § 188 ZPO einen Monat nach Aushang des Ausschließungsbeschlusses, so dass die Rechtskraft des Ausschließungsbeschlusses und damit seine Wirksamkeit (§ 439 II) regelmäßig 2 Monate nach Erlass des Ausschließungsbeschlusses eintritt (BT-Drs 16/6308, 296). Das Gericht kann eine längere Frist anordnen (§ 188 Satz 2 ZPO). 3

4. Landesrechtliche Vorbehalte

Landesgesetzlich abweichende Bestimmungen zur öffentlichen Zustellung des Ausschließungsbeschlusses sind in sämtlichen Aufgebotsverfahren mit Aus- 4

§ 442　　　　　　　　　　　　　　　　Buch 8 – Verfahren in Aufgebotssachen

nahme des Aufgebotes der Nachlassgläubiger (§§ 454–463) und des Aufgebotes der Gesamtgläubiger bei fortgesetzter Gütergemeinschaft (§ 464) möglich (§ 484; Zusammenstellung der landesrechtlichen Sonderregelungen s Keidel/ Giers § 484 Rn 1).

Abschnitt 2
Aufgebot des Eigentümers von Grundstücken, Schiffen und Schiffsbauwerken

Aufgebot des Grundstückseigentümers; örtliche Zuständigkeit

442 (1) **Für das Aufgebotsverfahren zur Ausschließung des Eigentümers eines Grundstücks nach § 927 des Bürgerlichen Gesetzbuchs gelten die nachfolgenden besonderen Vorschriften.**
(2) **Örtlich zuständig ist das Gericht, in dessen Bezirk das Grundstück belegen ist.**

1. Allgemeines

1　§ 442 I entspricht dem bisherigen § 977 ZPO; § 442 II entspricht dem bisherigen § 978 ZPO.

2. Aufgebot des Grundstückseigentümers

2　Nach § 927 I BGB kann der Eigentümer mit seinem Eigentum am Grundstück ausgeschlossen werden, wenn das Grundstück seit 30 Jahren im Eigenbesitz eines anderen ist. Das Aufgebotsverfahren ist auch auf nicht gebuchte Grundstücke anwendbar (LG Mönchengladbach RNotZ 08, 30). Ob auch der mit dem Sondereigentum verbundene Miteigentumsanteil aufgeboten werden kann, ist str, jedenfalls ist aber eine Ausschließung bei Teilen des Sondereigentums allein, etwa einem Kellerraum, nicht möglich (OLG München FGPrax 10, 263). Bei einem im Grundbuch eingetragenen Eigentümer ist das Aufgebotsverfahren nur zulässig, wenn der Eigentümer gestorben oder verschollen ist und seit 30 Jahren keine Eintragung in das Grundbuch erfolgt ist, die der Zustimmung des Eigentümers bedurfte (§ 927 I Satz 3 BGB). Eine juristische Person kann nicht ausgeschlossen werden, wenn sie nicht aufgelöst ist und ihre Organe festzustellen sind (BGH MDR 03, 924). Bei Rechtsnachfolge werden Besitzzeiten der Rechtsvorgänger hinzugerechnet (OLG Bamberg NJW 66, 1413). Der Begriff der Verschollenheit richtet sich dabei nach § 1 Verschollenheitsgesetz (AG Bergheim MDR 02, 1431). Der Ausschließungsbeschluss bewirkt, dass das Grundstück herrenlos wird und der Antragsteller ein Aneignungsrecht erwirbt, welches er gem § 927 II BGB dadurch ausübt, dass er sich als Eigentümer in das Grundbuch eintragen lässt (BGH NJW 80, 1521). Die Vorlage einer Unbedenklichkeitsbescheinigung ist für die Eintragung nicht erforderlich (OLG Zweibrücken DNotZ 87, 233). Bereicherungsansprüche

§ 444 Glaubhaftmachung §§ 443, 444

des ausgeschlossenen Eigentümers sind im Hinblick auf die Rechtskraft eines Ausschließungsbeschlusses nicht vorhanden (LG Koblenz NJW 63, 254).

3. Anwendbare Vorschriften, Abs 1

Neben den Vorschriften der §§ 442 bis 445 bleiben die allgemeinen Bestimmungen der §§ 433 bis 441 vollständig anwendbar, da §§ 442 bis 445 lediglich Ergänzungen enthalten. § 446 regelt nur die Anwendbarkeit der Vorschriften über die Ausschließung des Eigentümers eingetragener Schiffe bzw. Schiffsbauwerke nach § 6 SchRG. Zu den Bestimmungen des Landesrechts s. MünchKommZPO/Eickmann § 442–446 FamFG Rn 10 f. 3

4. Zuständigkeit, Abs 2

Örtlich zuständig ist das Gericht, in dessen Bezirk das Grundstück belegen ist. Zur Entscheidung bei Zuständigkeit mehrerer Amtsgerichte s § 447 Rn 5. 4

Antragsberechtigter

443 Antragsberechtigt ist derjenige, der das Grundstück seit der in § 927 des Bürgerlichen Gesetzbuchs bestimmten Zeit im Eigenbesitz hat.

§ 443 entspricht dem bisherigen § 979 ZPO. Er beschränkt das **Antragsrecht** in Aufgebotsverfahren nach § 927 BGB auf den Eigenbesitzer. Eigenbesitz erfordert gem § 872 BGB die Ausübung der tatsächlichen Gewalt mit dem Willen, wie sie ein Eigentümer zu beherrschen (BGH NJW 96, 1890, 1893). Die Fristberechnung der 30 Jahres-Frist des § 927 richtet sich nach §§ 938 bis 944 BGB (§ 927 I Satz 2 BGB; dazu und zu den Voraussetzungen der Erlangung des Eigenbesitzes (OLG Bamberg NJW 66, 1413)). Str. ist, ob mehrere Antragsberechtigte nur gemeinsam (Keidel/Zimmermann Rn 1) oder grundsätzlich selbständig (MünchKommZPO/Eickmann § 442–446 FamFG Rn 6) handeln können. 1

Glaubhaftmachung

444 Der Antragsteller hat die zur Begründung des Antrags erforderlichen Tatsachen vor der Einleitung des Verfahrens glaubhaft zu machen.

§ 444 entspricht dem bisherigen § 980 ZPO. Die zur Begründung des Antrages erforderlichen Tatsachen sind die Voraussetzungen des § 927 BGB (s § 442). **Glaubhaftmachung** erfolgt gem § 31, insbes kann der Eigenbesitz und die Besitzzeit in der Regel nur durch Versicherung an Eides statt glaubhaft gemacht werden. 1

§§ 445–447

Inhalt des Aufgebots

445 In dem Aufgebot ist der bisherige Eigentümer aufzufordern, sein Recht spätestens zum Anmeldezeitpunkt anzumelden, widrigenfalls seine Ausschließung erfolgen werde.

1 § 445 entspricht dem bisherigen § 981 ZPO unter redaktioneller Anpassung an das schriftliche Verfahren. Er ergänzt § 434 II Nr 3, in dem er den **Rechtsnachteil** (Ausschließung als Eigentümer) bezeichnet, der in das Aufgebot aufzunehmen ist. § 445 betrifft lediglich den Inhalt des Aufgebotes. Die Anmeldung ist daher gem § 438 auch (noch) rechtzeitig, wenn sie nach dem Anmeldezeitpunkt, aber vor Erlass des Ausschließungsbeschluss erfolgt. Die Aufforderung richtet sich an den Eigentümer. Nur ein im Zeitpunkt des Erlasses des Ausschließungsbeschlusses bestehendes, bis dahin angemeldetes und im Ausschließungsbeschluss vorbehaltenes Eigentumsrecht eines Dritten kann die Ausschlusswirkung gegenüber dem Rechtsinhaber beseitigen; obligatorische Ansprüche auf Eigentumsübertragung reichen nicht aus (BGH NJW 80, 1521).

Aufgebot des Schiffseigentümers

446 (1) Für das Aufgebotsverfahren zur Ausschließung des Eigentümers eines eingetragenen Schiffes oder Schiffsbauwerks nach § 6 des Gesetzes über Rechte an eingetragenen Schiffen und Schiffsbauwerken (BGBl. III 403–4) gelten die §§ 443 bis 445 entsprechend.

(2) Örtlich zuständig ist das Gericht, bei dem das Register für das Schiff oder Schiffsbauwerk geführt wird.

1 § 446 entspricht inhaltlich dem bisherigen § 981 a ZPO. Er regelt die Einzelheiten für das Aufgebotsverfahren nach § 6 des Gesetzes über Rechte an eingetragenen Schiffen und Schiffsbauwerken (SchRG). § 6 SchRG entspricht weitgehend § 927 BGB, allerdings stellt § 6 SchRG auf eine 10 Jahres-Frist ab, sowohl für den Eigenbesitz als auch für die Zeitraum, in denen keine Eintragungen in das Schiffsregister mit Zustimmung des Eigentümers erfolgt sein dürfen (s im übrigen zu den Voraussetzungen § 442 Rn 2). Zuständig ist gem Abs 2 das Gericht, bei das Register für das Schiff oder Schiffsbauwerk geführt wird. Auf das Aufgebotsverfahren nach § 6 SchRG finden die allgemeinen Vorschriften der §§ 433 bis 441 sowie §§ 443 bis 445 Anwendung.

Abschnitt 3
Aufgebot des Gläubigers von Grund- und Schiffspfandrechten sowie des Berechtigten sonstiger dinglicher Rechte

Aufgebot des Grundpfandrechtsgläubigers, örtliche Zuständigkeit

447 (1) Für das Aufgebotsverfahren zur Ausschließung eines Hypotheken-, Grundschuld- oder Rentenschuldgläubigers auf Grund

§ 447 Aufgebot des Grundpfandrechtsgläubigers, örtliche Zuständigkeit **§ 447**

der §§ 1170 und 1171 des Bürgerlichen Gesetzbuchs gelten die nachfolgenden besonderen Vorschriften.
(2) Örtlich zuständig ist das Gericht, in dessen Bezirk das belastete Grundstück belegen ist.

1. Allgemeines

§ 447 I entspricht inhaltlich dem bisherigen § 982 ZPO; § 447 II entspricht inhaltlich dem bisherigen § 983 ZPO. 1

2. Aufgebot des Grundpfandrechtsgläubigers

Nach § 1170 I BGB kann der unbekannte Gläubiger eines Grundpfand- 2
rechts (Hypothek, Grund- oder Rentenschuld) im Wege eines Aufgebotsverfahrens mit seinem Recht ausgeschlossen werden, wenn seit der letzten sich auf das Grundpfandrecht beziehenden Eintragung zehn Jahre verstrichen sind und das Recht des Gläubigers nicht innerhalb dieser Frist von dem Eigentümer in einer nach § 212 I Nr 1 BGB zum Neubeginn der Verjährung geeigneten Weise anerkannt worden ist. Der Ausschluss unbekannter Gläubiger nach § 1170 I BGB beschränkt sich grundsätzlich auf den Fall, dass der Gläubiger von Person unbekannt ist; ein unbekannter Aufenthalt genügt für sich genommen nicht (BGH NJW-RR 04, 664, 666, NJW-RR 10, 23; aA noch LG Aachen NJW-RR 98, 87, im Anschluss an die hM in der Literatur, etwa auch Baumbach/Lauterbach/Albers/Hartmann § 449 Rn 9; Münch-KommZPO/Eickmann § 447–453 FamFG Rn 2). Bei Briefgrundpfandrechten ist allerdings der Gläubiger bereits dann unbekannt, wenn der Brief unauffindbar und der Aufentenhalt des letzten bekannten Gläubigers unbekannt ist (BGH DNotZ 09, 544) Mit der Rechtskraft des Ausschließungsbeschlusses erwirbt der Eigentümer das Grundpfandrecht. Der dem Gläubiger erteilte Hypotheken-, Grund- oder Rentenschuldbrief wird kraftlos (§ 1170 II BGB).

Nach § 1171 I BGB kann der Ausschluss des Gläubigers auch schon vor 3
Ablauf der Frist des § 1170 I BGB erfolgen, wenn der Eigentümer zur Befriedigung des Gläubigers oder zur Kündigung berechtigt ist und den Betrag der Forderung für den Gläubiger unter Verzicht auf das Recht zur Rücknahme hinterlegt. Möglich bleibt auch nach Durchführung des Aufgebotsverfahrens nach § 1171 I BGB ein Aufgebotsverfahren nach § 1170 I BGB letztlich mit dem Ziel, eine Freigabe hinterlegter Gelder zu erwirken (KG NotBZ 08, 416).

3. Anwendbare Vorschriften, Abs 1

Neben den Vorschriften der §§ 447 bis 451 bleiben die allgemeinen Bestimmungen der §§ 433 bis 441 vollständig anwendbar, da §§ 447 bis 451 lediglich Ergänzungen enthalten. § 452 regelt lediglich die Anwendbarkeit der Vorschriften über die Ausschließung von Schiffshypothekengläubigern nach §§ 66, 67 SchRG. 4

§ 448 Buch 8 – Verfahren in Aufgebotssachen

4. Zuständigkeit, Abs 2

5 Örtlich zuständig ist das Gericht, in dessen Bezirk das belastete Grundstück belegen ist. Sind bei einem Gesamtgrundpfandrecht mehrere Grundstücke in verschiedenen Gerichtsbezirken belastet, ist nach § 2 I und § 3 II das vom Antragsteller angerufene Gericht zuständig. Bei Streit über die Zuständigkeit ist Bestimmung nach § 5 möglich.

Antragsberechtigter

448 (1) **Antragsberechtigt ist der Eigentümer des belasteten Grundstücks.**

(2) **Antragsberechtigt im Fall des § 1170 des Bürgerlichen Gesetzbuchs ist auch ein im Rang gleich- oder nachstehender Gläubiger, zu dessen Gunsten eine Vormerkung nach § 1179 des Bürgerlichen Gesetzbuchs eingetragen ist oder ein Anspruch nach § 1179 a des Bürgerlichen Gesetzbuchs besteht. Bei einer Gesamthypothek, Gesamtgrundschuld oder Gesamtrentenschuld ist außerdem derjenige antragsberechtigt, der auf Grund eines im Rang gleich- oder nachstehenden Rechts Befriedigung aus einem der belasteten Grundstücke verlangen kann. Die Antragsberechtigung besteht nur, wenn der Gläubiger oder der sonstige Berechtigte für seinen Anspruch einen vollstreckbaren Schuldtitel erlangt hat.**

1. Allgemeines

1 § 448 entspricht inhaltlich dem bisherigen § 984 ZPO.

2. Antragsrecht des Eigentümers, Abs 1

2 Antragsberechtigt ist nach Abs 1 der Eigentümer.

3. Antragsrecht sonstiger Personen, Abs 2

3 Nach Abs 2 sind ferner grundsätzlich Gläubiger gleich- oder nachrangiger Grundpfandrechte, sofern diese nach §§ 1179, 1179a BGB durch Vormerkung gesicherte oder gesetzliche Löschungsansprüche haben, sowie Personen antragsberechtigt, die bei einem Gesamtgrundpfandrecht auf Grund eines im Rang gleich- oder nachstehenden Rechts Befriedigung aus einem der belasteten Grundstücke verlangen können, wobei für den Rang § 10 ZVG maßgeblich ist (Baumbach/Lauterbach/Albers/Hartmann Rn 1; Münch-KommZPO/Eickmann §§ 447–453 FamFG Rn 12). Der vollstreckbare Schuldtitel nach Satz 3 ist für alle in Abs 2 behandelten Fälle erforderlich (BT-Drs 16/6308, 395). Tituliert muss der dingliche Anspruch des Berechtigten auf Befriedigung aus dem Grundstück sein; bei den in § 10 Nr 5 ZVG bezeichneten Gläubigern reicht jedoch der Titel über die schuldrechtliche Forderung in Verbindung mit dem Beschlagnahmebeschluss (Münch-KommZPO/Eickmann §§ 447–453 FamFG Rn 12).

Glaubhaftmachung

449 Der Antragsteller hat vor der Einleitung des Verfahrens glaubhaft zu machen, dass der Gläubiger unbekannt ist.

§ 449 entspricht dem bisherigen § 985 ZPO. Die **Glaubhaftmachung** erfolgt gem § 31. Glaubhaft zu machen ist insbesondere auch das Bemühen den Gläubiger oder dessen Rechtsnachfolger zu ermitteln. Zum Begriff „unbekannter Gläubiger" s § 447 Rn 2.

Besondere Glaubhaftmachung

450 (1) Im Fall des § 1170 des Bürgerlichen Gesetzbuchs hat der Antragsteller vor der Einleitung des Verfahrens auch glaubhaft zu machen, dass eine das Aufgebot ausschließende Anerkennung des Rechts des Gläubigers nicht erfolgt ist.

(2) Ist die Hypothek für die Forderung aus einer Schuldverschreibung auf den Inhaber bestellt oder der Grundschuld- oder Rentenschuldbrief auf den Inhaber ausgestellt, hat der Antragsteller glaubhaft zu machen, dass die Schuldverschreibung oder der Brief bis zum Ablauf der in § 801 des Bürgerlichen Gesetzbuchs bezeichneten Frist nicht vorgelegt und der Anspruch nicht gerichtlich geltend gemacht worden ist. Ist die Vorlegung oder die gerichtliche Geltendmachung erfolgt, so ist die in Absatz 1 vorgeschriebene Glaubhaftmachung erforderlich.

(3) Zur Glaubhaftmachung genügt in den Fällen der Absätze 1, 2 die Versicherung des Antragstellers an Eides statt. Das Recht des Gerichts zur Anordnung anderweitiger Ermittlungen von Amts wegen wird hierdurch nicht berührt.

(4) In dem Aufgebot ist als Rechtsnachteil anzudrohen, dass der Gläubiger mit seinem Recht ausgeschlossen werde.

(5) Wird das Aufgebot auf Antrag eines nach § 448 Abs. 2 Antragsberechtigten erlassen, so ist es dem Eigentümer des Grundstücks von Amts wegen mitzuteilen.

1. Allgemeines

§ 450 entspricht inhaltlich dem bisherigen § 986 ZPO. **1**

2. Glaubhaftmachung, Abs 1 bis 3

Abs 1 bis 3 regeln verschiedene insbes durch Versicherung an Eides statt **2** glaubhaft zu machende Tatsachen, wobei das Recht des Gerichts zu weiteren Ermittlungen (§ 26) unberührt bleibt. In den Fällen des § 1170 BGB muss nach Abs 1 glaubhaft gemacht werden, dass innerhalb der Zehnjahresfrist nicht eine das Aufgebot ausschließende Anerkennung erfolgt ist (Abs 1). Eine das Aufgebot ausschließende Anerkennung ist eine die Verjährung unterbrechende Anerkennung im Sinne des § 212 I Nr 1 BGB, also insbes Anerkennung durch Abschlagszahlung, Zinszahlung oder Sicherheitsleistung. Nach Abs 2 Satz 1 ist anstattdessen in den dort genannten Fällen Glaubhaftmachung erforderlich,

§ 451 Buch 8 – Verfahren in Aufgebotssachen

dass bei Sicherungshypotheken für Schuldverschreibungen auf den Inhaber nach §§ 1187 bis 1189 BGB sowie bei Inhabergrund- und -rentenschuldbriefen nach §§ 1195, 1199 BGB eine Vorlegung des Inhaberpapiers oder des Inhabergrund- bzw. rentenschuldbriefes nicht innerhalb der Vorlegungsfrist des § 801 BGB (30 Jahre nach dem Eintritt der für die Leistung bestimmten Zeit) und auch eine gerichtliche Geltendmachung gem § 801 I Satz 3 BGB in dieser Frist nicht erfolgte. Nach Abs 2 Satz 2 kann auch bei rechtzeitiger Vorlegung bzw. gerichtlicher Geltendmachung glaubhaft gemacht werden, dass Verjährung nach § 801 I Satz 2 BGB eingetreten ist.

3. Anzudrohender Rechtsnachteil, Abs 4

3   Abs 4 ergänzt § 434 II Nr 3 um die Bezeichnung des in das Aufgebot aufzunehmenden Rechtsnachteils.

4. Mitteilung an den Eigentümer, Abs 5

4   Hat ein Grundpfandrechtsgläubiger oder dinglich Berechtigter das Aufgebotsverfahren betrieben, ist der Erlass des Aufgebots (§ 434 I) dem Eigentümer von Amts wegen mitzuteilen. Formlose Mitteilung genügt gem § 15 III.

Verfahren bei Ausschluss mittels Hinterlegung

451 (1) **Im Fall des § 1171 des Bürgerlichen Gesetzbuchs hat der Antragsteller vor der Einleitung des Verfahrens die Hinterlegung des dem Gläubiger gebührenden Betrags anzubieten.**

(2) **In dem Aufgebot ist als Rechtsnachteil anzudrohen, dass der Gläubiger nach der Hinterlegung des ihm gebührenden Betrags seine Befriedigung statt aus dem Grundstück nur noch aus dem hinterlegten Betrag verlangen könne und sein Recht auf diesen erlösche, wenn er sich nicht vor dem Ablauf von 30 Jahren nach dem Erlass des Ausschließungsbeschlusses bei der Hinterlegungsstelle melde.**

(3) **Hängt die Fälligkeit der Forderung von einer Kündigung ab, erweitert sich die Aufgebotsfrist um die Kündigungsfrist.**

(4) **Der Ausschließungsbeschluss darf erst dann erlassen werden, wenn die Hinterlegung erfolgt ist.**

1. Allgemeines

1   § 451 entspricht inhaltlich dem bisherigen § 987 ZPO. § 451 trägt den Besonderheiten Rechnung, die sich aus § 1171 BGB bei der Ausschließung mittels Hinterlegung ergeben.

2. Glaubhaftmachung

2   Der Antragsteller hat gem § 449 glaubhaft zu machen, dass der Gläubiger unbekannt sei sowie dass die Voraussetzung des § 1171 I Satz 1 BGB vorliegt, dass er ein Recht zur Befriedigung des Gläubigers oder zur Kündigung hat. Das Recht ergibt sich aus den im Grundbuch eingetragenen Vereinbarungen; bei deren Fehlen aus den gesetzlichen Bestimmungen (Keidel/Zimmermann Rn 4).

3. Hinterlegung, Abs 1 und 4

Vor der Einleitung des Verfahrens muss der Antragsteller die Hinterlegung 3 anbieten. Ohne dieses Angebot darf das Aufgebot nicht gem § 434 erlassen werden; die erfolgte Hinterlegung ist aber erst Voraussetzung für den Erlass des Ausschließungsbeschlusses (Abs 4). Die Hinterlegung von Zinsen ist nur erforderlich, wenn der Zinssatz im Grundbuch eingetragen ist; Zinsen für eine frühere Zeit als das vierte Kalenderjahr vor Erlass des Ausschließungsbeschluss sind nicht zu hinterlegen (§ 1171 I Satz 2 BGB). Der Hinterleger ist nach Ablauf der Frist zur Rücknahme berechtigt, auch wenn er auf das Recht zur Rücknahme verzichtet hat (§ 1171 III 2. Halbsatz BGB).

4. Aufgebotsfrist, Abs 3

Nach Abs 3 ist die Aufgebotsfrist (§ 437) um eine Kündigungsfrist zu 4 verlängern. Landesrechtliche Vorbehalte sind zu beachten (§ 484; s Münch-KommZPO/Eickmann § 447–453 FamFG Rn 23).

5. Anzudrohender Rechtsnachteil, Abs 2

Abs 2 bezeichnet den gem § 434 II Nr 3 anzudrohenden Rechtsnachteil, 5 der in das Aufgebot aufzunehmen ist.

Aufgebot des Schiffshypothekengläubigers; örtliche Zuständigkeit

452 (1) **Für das Aufgebotsverfahren zur Ausschließung eines Schiffshypothekengläubigers auf Grund der §§ 66 und 67 des Gesetzes über Rechte an eingetragenen Schiffen und Schiffsbauwerken (BGBl. III 403-4) gelten die §§ 448 bis 451 entsprechend. Anstelle der §§ 1170, 1171 und 1179 des Bürgerlichen Gesetzbuchs sind die §§ 66, 67, 58 des genannten Gesetzes anzuwenden.**

(2) **Örtlich zuständig ist das Gericht, bei dem das Register für das Schiff oder Schiffsbauwerk geführt wird.**

§ 452 entspricht inhaltlich dem bisherigen § 987 a ZPO. Die Regelungen 1 der §§ 66, 67 des Gesetzes über Rechte an eingetragenen **Schiffen und Schiffsbauwerken** (SchRG) entsprechen weitgehend §§ 1170, 1171 BGB, allerdings erlischt die Schiffshypothek gem § 66 II SchRG mit der Rechtskraft des Ausschließungsbeschlusses. Für das Verfahren gelten mithin die §§ 448 bis 451 sowie die allgemeinen Vorschriften der §§ 433 bis 441. Örtlich zuständig ist das Gericht, bei dem das Register für das Schiff oder Schiffsbauwerk geführt wird. Vergleichbare Regelungen sieht das LuftFzgG in §§ 66, 67 für **Luftfahrzeuge** vor.

Aufgebot des Berechtigten bei Vormerkung, Vorkaufsrecht, Reallast

453 (1) **Die Vorschriften des § 447 Abs. 2, des § 448 Abs. 1, der §§ 449, 450 Abs. 1 bis 4 und der §§ 451, 452 gelten entsprechend für das Aufgebotsverfahren zu der in den §§ 887, 1104, 1112 des Bürgerlichen**

§ 453

Gesetzbuchs, § 13 des Gesetzes über Rechte an eingetragenen Schiffen und Schiffsbauwerken (BGBl. III, 403–4) für die Vormerkung, das Vorkaufsrecht und die Reallast bestimmten Ausschließung des Berechtigten.

(2) Antragsberechtigt ist auch, wer auf Grund eines im Range gleich- oder nachstehenden Rechts Befriedigung aus dem Grundstück oder dem Schiff oder Schiffsbauwerk verlangen kann, wenn er für seinen Anspruch einen vollstreckbaren Schuldtitel erlangt hat. Das Aufgebot ist dem Eigentümer des Grundstücks oder des Schiffes oder Schiffsbauwerks von Amts wegen mitzuteilen.

1. Allgemeines

1   § 453 entspricht weitgehend dem bisherigen § 988 ZPO. Er regelt die anwendbaren Vorschriften folgender Aufgebotsverfahren: Aufgebot des Gläubigers einer Vormerkung (§ 887 BGB), Aufgebot des unbekannten Vorkaufsberechtigten (§ 1104 BGB), Aufgebot des unbekannten Berechtigten einer Reallast (§ 1112 BGB) sowie des Gläubigers einer Vormerkung bei einem eingetragenen Schiff oder Schiffsbauwerk (§ 13 SchRG). Eine entsprechende Regelung besteht – ohne ausdrückliche Erwähnung in § 453 – für Luftfahrzeuge gem § 13 LuftFzgG.

2. Zuständigkeit

2   Zuständig ist gem § 447 II das Gericht, in dessen Bezirk das belastete Grundstück bzw. gem § 452 II das Gericht, bei dem das Register für das Schiff oder Schiffsbauwerk geführt wird.

3. Antragsberechtigung, Abs 2

3   Antragsberechtigt ist der Eigentümer des Grundstücks bzw des Schiffs bzw Schiffsbauwerkes sowie der Inhaber gleich- oder nachrangiger Rechte, wenn er auf Grund eines vollstreckbaren Titels Befriedigung aus dem Grundstück oder dem Schiff bzw. Schiffsbauwerk verlangen kann (s dazu § 448 Rn 3). Das Aufgebot ist in diesem Fall dem Eigentümer formlos (§ 15 III) mitzuteilen.

4. Glaubhaftmachung

4   Glaubhaft zu machen ist, dass der Gläubiger unbekannt ist (§ 449), wobei nach § 6 I a GBBerG in den dort genannten Fällen abweichend von diesem Grundsatz ausreicht, dass der Aufenthalt des Gläubigers unbekannt ist (BGH NJW-RR 10, 23), sowie das Vorliegen der weiteren Voraussetzungen des § 1170 BGB (s § 450 Rn 2), da insoweit §§ 887, 1104 und 1112 auf § 1170 verweisen. Gleiches gilt für § 13 SchRG, der auf § 66 SchRG verweist. Die Verweisung auf § 451 geht hingegen ins Leere, da in keinem der vorbezeichneten Aufgebotsverfahren die Ausschließung mittels Hinterlegung nach § 1171 BGB zulässig ist.

5. Wirkung der Ausschließung

5   Der Ausschließungsbeschluss hat zur Folge, dass die Rechte erlöschen.

Abschnitt 4
Aufgebot von Nachlassgläubigern

Aufgebot von Nachlassgläubigern; örtliche Zuständigkeit

454 (1) Für das Aufgebotsverfahren zur Ausschließung von Nachlassgläubigern auf Grund des § 1970 des Bürgerlichen Gesetzbuchs gelten die nachfolgenden besonderen Vorschriften.

(2) Örtlich zuständig ist das Amtsgericht, dem die Angelegenheiten des Nachlassgerichts obliegen. Sind diese Angelegenheiten einer anderen Behörde als einem Amtsgericht übertragen, so ist das Amtsgericht zuständig, in dessen Bezirk die Nachlassbehörde ihren Sitz hat.

1. Allgemeines

§ 454 I entspricht dem bisherigen § 989 ZPO; § 454 II entspricht dem bisherigen § 990 ZPO. 1

2. Aufgebot von Nachlassgläubigern

§§ 1970 ff BGB eröffnen dem Erben die Möglichkeit, sich Gewissheit über 2 den Bestand von Nachlassverbindlichkeiten einschließlich deren Höhe zu verschaffen. Nach § 1970 BGB können die Nachlassgläubiger aufgefordert werden, ihre Forderungen anzumelden. Das Aufgebot richtet sich grundsätzlich an alle Nachlassgläubiger, unabhängig davon, ob sie bereits bekannt sind oder ob sie einen vollstreckbaren Titel haben (MünchKommBGB/Siegmann § 1970 Rn 7); ausgenommen ist lediglich der in §§ 1971, 1972 BGB genannte Personenkreis. Hierzu gehören insbes gem § 1971 BGB die Pfandgläubiger und Gläubiger, die ihnen im Insolvenzverfahren gleichstehen, Personen mit einem Recht zur Befriedigung aus Grundstücken im Sinne des § 10 ZVG, Personen, deren Recht durch Vormerkung gesichert ist, im Sinne des § 47 InsO aussonderungsberechtigte Personen sowie gem § 1972 BGB die Berechtigten von Pflichtteilsrechten, Vermächtnissen und Auflagen. Folge einer unterbliebenen Anmeldung ist das Recht des Erben, die Befriedigung des ausgeschlossenen Nachlassgläubigers insoweit zu verweigern, als der Nachlass durch die Befriedigung der nicht ausgeschlossenen Gläubiger erschöpft wird (§ 1973).

3. Zuständigkeit

Gem Abs 2 ist das Amtsgericht örtlich zuständig, dem die Angelegenheiten 3 des Nachlassgerichts obliegen. Str ob hierin gleichzeitig eine Zuweisung an das Nachlassgericht liegt (so LG Köln MDR 03, 714; aA Harder ZEV 02, 90, 93: allgemeine Zivilabteilung). Die örtliche Zuständigkeit ist mithin nach § 343 zu bestimmen und richtet sich grundsätzlich nach dem Wohnsitz, hilfsweise Aufenthalt des Erblassers zum Zeitpunkt des Erbfalles.

§ 455

Antragsberechtigter

455 (1) **Antragsberechtigt ist jeder Erbe, wenn er nicht für die Nachlassverbindlichkeiten unbeschränkt haftet.**

(2) **Zu dem Antrag sind auch ein Nachlasspfleger, Nachlassverwalter und ein Testamentsvollstrecker berechtigt, wenn ihnen die Verwaltung des Nachlasses zusteht.**

(3) **Der Erbe und der Testamentsvollstrecker können den Antrag erst nach der Annahme der Erbschaft stellen.**

1. Allgemeines

1 § 455 knüpft an den bisherigen § 991 ZPO an, stellt aber nunmehr im Anschluss an die bislang vorhandene Rechtsprechung und die in der Literatur vertretenen Auffassungen klar, dass auch der Nachlassverwalter zu den antragsberechtigten Personen gehört (BT-Drs 16/6308, 296).

2. Antragsberechtigung

2 a) **Jeder Erbe,** auch der einzelne Miterbe, ist antragsberechtigt, solange noch keine unbeschränkte Erbenhaftung eingetreten ist. Diese tritt ein nach § 1994 I Satz 2 BGB nach Verstreichen einer Inventarfrist ohne Inventarerrichtung, nach § 2005 I Satz 1 BGB bei absichtlich unrichtiger Inventarerrichtung, nach § 2005 I Satz 2 BGB bei unterlassener oder absichtlich verzögerter Auskunft gem § 2003 BGB sowie nach § 2006 III BGB bei Verweigerung einer eidesstattlichen Versicherung dem Gläubiger gegenüber, der den Antrag gestellt hat. Die Einschränkung des Antragsrechts des Erben erklärt sich aus dem Umstand, dass nach Eintritt der unbeschränkten Erbenhaftung das Aufgebotsverfahren nach §§ 1970 ff BGB aus Sicht des Erben das Ziel des Aufgebotsverfahrens, eine beschränkte Erbenhaftung zumindest in Form des § 1973 BGB herbeizuführen, nicht mehr erreicht werden kann (§ 2013 BGB). Nach Eintritt einer unbeschränkten Erbenhaftung in der Person eines Miterben bleibt für diesen Miterben aber der Antrag nach § 460 II möglich, um nach Teilung des Nachlasses die Haftung auf den seinen Erbteil entsprechenden Teil der Nachlassverbindlichkeit zu erreichen.

3 b) Antragsberechtigt sind weiter **Nachlasspfleger** (§§ 1960 f BGB), **Nachlassverwalter** (§ 1975 BGB) und der **Testamentsvollstrecker** (§§ 2197 ff BGB), sofern ihnen die Verwaltung des Nachlasses zusteht. Nach hM ist für Nachlassverwalter und Testamentsvollstrecker nicht Voraussetzung für den Antrag, dass unbeschränkte Erbenhaftung noch nicht eingetreten ist (MünchKommZPO/Eickmann § 454–464 FamFG Rn 2; Keidel/Zimmermann Rn 11 f).

3. Fehlendes bzw fortfallendes Antragsrecht

4 Liegt ein Antrag eines unbeschränkt haftenden Erben vor, hat das Gericht den Antrag als unzulässig zurückzuweisen. Die Einschränkung des Antragsrechts des Erben gem Abs 1 auf Fälle, in denen eine unbeschränkte Erbenhaftung noch nicht eingetreten ist, führt jedoch dazu, dass das Gericht ein

§ 457 Nachlassinsolvenzverfahren §§ 456, 457

Antragsrecht auch irrigerweise bejahen kann, zB bei der absichtlich unrichtigen Inventarerrichtung nach § 2005 I Satz 1 BGB. Ein gleichwohl erlassener Ausschließungsbeschluss gewährt dem Erben jedenfalls nicht die Einrede des § 1973 BGB (Musielak/Ball (8. Aufl.) § 991 Rn 2). Der Ausschließungsbeschluss ist ferner durch den ausgeschlossenen Gläubiger anfechtbar (bislang wegen der nach § 957 II ZPO aF eingeschränkten Anfechtungsgründe str). Fällt das Antragsrecht des Erben im Laufe des Aufgebotsverfahrens fort, ist die Fortführung des Verfahrens durch eine andere antragsberechtigte Person zulässig (Stein/Jonas/Schlosser (22. Aufl.) § 991 Rn 2).

4. Zeitpunkt; Befristung

Erbe und Testamentsvollstrecker können den Antrag erst nach Annahme der Erbschaft stellen; Nachlasspfleger und Nachlassverwalter hingegen sofort. Der Antrag für das Aufgebot der Nachlassgläubiger kann ohne jede zeitliche Begrenzung gestellt werden. Aus Sicht des Erben ist aber die Jahres-Frist des § 2015 I BGB zu beachten, nach deren Verstreichen er die Einrede des Aufgebotsverfahrens nicht mehr geltend machen kann.

5

Verzeichnis der Nachlassgläubiger

456 Dem Antrag ist ein Verzeichnis der bekannten Nachlassgläubiger mit Angabe ihres Wohnorts beizufügen.

§ 456 entspricht dem bisherigen § 992 ZPO. Der Erbe soll, um die Zustellung des Aufgebotes zu ermöglichen (Keidel/Zimmermann Rn 1), ein **Verzeichnis der Nachlassgläubiger** einreichen (s § 458 Rn 4). Fehlt dieses, ist der Antrag zurückzuweisen, wobei allerdings ein gleichwohl erlassener Ausschließungsbeschluss wirksam ist (Baumbach/Lauterbach/Albers/Hartmann Rn 1). Unterlässt der Antragsteller absichtlich die Angabe von bestimmten Gläubigern, kann er gegenüber diesen Gläubigern nicht die Einrede des § 1973 BGB geltend machen und ist ggfs schadensersatzpflichtig (Palandt/Edenhofer § 1970 Rn 5). § 456 verlangt die Angabe des Wohnortes, nicht des Wohnsitzes. Sind mehrere Erben vorhanden, sind mit Blick auf § 460 auch die in § 1972 bezeichneten Gläubiger (Pflichtteilsberechtigte, Vermächtnisnehmer, Auflagenberechtigte) in das Verzeichnis aufzunehmen.

1

Nachlassinsolvenzverfahren

457 (1) Das Aufgebot soll nicht erlassen werden, wenn die Eröffnung des Nachlassinsolvenzverfahrens beantragt ist.
(2) Durch die Eröffnung des Nachlassinsolvenzverfahrens wird das Aufgebotsverfahren beendet.

§ 457 entspricht dem bisherigen § 993 ZPO. Nach § 1975 BGB führt die Eröffnung des Nachlassinsolvenzverfahrens (§§ 315 bis 331 InsO) zur Beschränkung der Haftung des Erben auf den Nachlass, wodurch das Aufgebotsverfahren seinen Sinn verliert und deswegen mit der Eröffnung des Nach-

1

lassinsolvenzverfahrens endet (MünchKommZPO/Eickmann § 454–464 FamFG Rn 13). Ein gleichwohl erlassener Ausschließungsbeschluss ist mit der Beschwerde (§ 58) anfechtbar. Die Beendigung des Aufgebotsverfahren nach Abs 2 ist durch Beschluss festzustellen (MünchKommZPO/Eickmann § 454–464 FamFG Rn 6; Baumbach/Lauterbach/Albers/Hartmann § 457 FamFG Rn 2; aA unmittelbarer Eintritt der Beendigungswirkung: Keidel/Zimmermann Rn 2).

Inhalt des Aufgebots; Aufgebotsfrist

458
(1) In dem Aufgebot ist den Nachlassgläubigern, die sich nicht melden, als Rechtsnachteil anzudrohen, dass sie von dem Erben nur insoweit Befriedigung verlangen können, als sich nach Befriedigung der nicht ausgeschlossenen Gläubiger noch ein Überschuss ergibt; das Recht, vor den Verbindlichkeiten aus Pflichtteilsrechten, Vermächtnissen und Auflagen berücksichtigt zu werden, bleibt unberührt.

(2) Die Aufgebotsfrist soll höchstens sechs Monate betragen.

1. Allgemeines

1 § 458 I entspricht weitgehend dem bisherigen § 995 ZPO; § 458 II entspricht § 994 I ZPO aF. Die bislang in § 994 II ZPO enthaltene Anordnung, den im Verzeichnis (§ 456) benannten Gläubigern das Aufgebot von Amts wegen zuzustellen, wurde mit Blick auf die Bekanntgabevorschriften (§ 15) nicht in das FamFG übernommen (BT-Drs 16/6308, 296).

2. Inhalt des Aufgebotes

2 Als Ergänzung zu § 434 II Nr 3 bezeichnet § 458 I den in das Aufgebot aufzunehmenden Rechtsnachteil.

3. Aufgebotsfrist

3 § 458 II bestimmt in Abweichung zur Mindestfrist des § 437 eine Höchstfrist für die Aufgebotsfrist von 6 Monaten.

4. Zustellung an die Nachlassgläubiger

4 Zusätzlich zur öffentlichen Bekanntmachung nach § 435 ist das Aufgebot den im Verzeichnis der Nachlassgläubiger (§ 456) benannten Gläubiger gem § 15 II zuzustellen. Eine ausdrückliche Anordnung ist zwar infolge der Nichtübernahme des bisherigen § 994 II ZPO nicht mehr vorhanden. Die im Verzeichnis benannten Gläubiger sind aber Beteiligte gem § 7 II Nr 1, wodurch die Pflicht zur Bekanntgabe gem § 15 II besteht.

Forderungsanmeldung

459
(1) In der Anmeldung einer Forderung sind der Gegenstand und der Grund der Forderung anzugeben. Urkundliche Beweisstücke sind in Urschrift oder in Abschrift beizufügen.

§ 460 Mehrheit von Erben **§ 460**

(2) **Das Gericht hat die Einsicht der Anmeldungen jedem zu gestatten, der ein rechtliches Interesse glaubhaft macht.**

1. Allgemeines

§ 459 entspricht inhaltlich dem bisherigen § 996 ZPO.   **1**

2. Anmeldung

Grundsätzlich sind der Anmeldung von Rechten keinerlei Nachweise bei-   **2** zufügen (s § 440 Rn 2). § 459 I regelt hierzu eine Ausnahme vor dem Hintergrund, dass der Ausschließungsbeschluss die Forderung eindeutig bezeichnen muss, um eine genaue Abgrenzung zu den ausgeschlossenen Forderungen insbes wegen der Einrede des § 1973 BGB zu ermöglichen. Beglaubigte Abschriften der urkundlichen Beweisstücke sind nicht erforderlich (allgM).

3. Einsicht

§ 459 II regelt als Sondervorschrift zu § 13 das Einsichtsrecht in die An-   **3** meldungen. § 459 II entspricht § 299 II ZPO, der zur Auslegung heranzuziehen ist. Unter rechtlichem Interesse ist ein Interesse zu verstehen, welches sich unmittelbar aus der Rechtsordnung selbst ergibt und ein auf Rechtsnormen beruhendes oder durch solche geregeltes, gegenwärtig bestehendes Verhältnis zu einer anderen Person zu einer Sache voraussetzt (OLG Hamm NJW-RR 97, 1489, 1490). Für die allgemeine Akteneinsicht gilt daneben § 13, der durch § 459 II nicht verdrängt wird).

Mehrheit von Erben

460 (1) **Sind mehrere Erben vorhanden, kommen der von einem Erben gestellte Antrag und der von ihm erwirkte Ausschließungsbeschluss auch den anderen Erben zustatten; die Vorschriften des Bürgerlichen Gesetzbuchs über die unbeschränkte Haftung bleiben unberührt. Als Rechtsnachteil ist den Nachlassgläubigern, die sich nicht melden, auch anzudrohen, dass jeder Erbe nach der Teilung des Nachlasses nur für den seinem Erbteil entsprechenden Teil der Verbindlichkeit haftet.**
(2) **Das Aufgebot mit Androhung des in Absatz 1 Satz 2 bestimmten Rechtsnachteils kann von jedem Erben auch dann beantragt werden, wenn er für die Nachlassverbindlichkeiten unbeschränkt haftet.**

1. Allgemeines

§ 460 entspricht inhaltlich dem bisherigen § 997 ZPO.   **1**

2. Aufgebot von Nachlassgläubigern bei Miterben

Sind mehrere Erben vorhanden, treten die Wirkungen des Ausschlie-   **2** ßungsbeschlusses für alle Miterben ein, auch wenn nur einer der Miterben das Aufgebot beantragt hat. Insbesondere sind auch diesen Miterben die Einreden der §§ 2015, 1973 BGB eröffnet. Voraussetzung ist allerdings, dass bei dem jeweiligen Miterben noch nicht die unbeschränkte Erbenhaftung eingetreten ist.

3. Weitere Androhung

3   Den Nachlassgläubigern ist bei Vorhandensein einer Erbengemeinschaft nach Abs 1 Satz 2 zusätzlich als Rechtsnachteil anzudrohen (§ 434 II Nr 3), dass gegenüber dem ausgeschlossenen Gläubiger nach Teilung des Nachlasses die Wirkungen des § 2060 Nr 1 BGB eintreten, nämlich dass jeder Miterbe nur für den seinem Erbteil entsprechende Teil der Nachlassverbindlichkeit haftet. Insoweit erstreckt sich das Aufgebot auch auf die in § 1972 BGB bezeichneten Gläubiger (Pflichtteilsberechtigte, Vermächtnisnehmer, Auflagenberechtigte) und auf Gläubiger, denen gegenüber der Miterbe bereits unbeschränkt haftet.

4. Beschränktes Aufgebot, Abs 2

4   Der bereits unbeschränkt haftende Miterbe kann seinerseits noch die Wirkungen des § 2060 Nr 1 BGB einer auf seinen Erbteil beschränkten Haftung durch Aufgebotsverfahren nach Abs 2 herbeiführen, sog beschränktes Aufgebot.

Nacherbfolge

461 Im Fall der Nacherbfolge ist § 460 Abs. 1 Satz 1 auf den Vorerben und den Nacherben entsprechend anzuwenden.

§ 461 entspricht inhaltlich dem bisherigen § 998 ZPO. Sowohl der **Vorerbe** als auch der **Nacherbe** sind befugt, das Aufgebotsverfahren durchzuführen. Die Wirkungen des Aufgebotsverfahrens kommen in diesem Fall beiden zustatten.

Gütergemeinschaft

462 (1) Gehört ein Nachlass zum Gesamtgut der Gütergemeinschaft, kann sowohl der Ehegatte, der Erbe ist, als auch der Ehegatte, der nicht Erbe ist, aber das Gesamtgut allein oder mit seinem Ehegatten gemeinschaftlich verwaltet, das Aufgebot beantragen, ohne dass die Zustimmung des anderen Ehegatten erforderlich ist. Die Ehegatten behalten diese Befugnis, wenn die Gütergemeinschaft endet.

(2) **Der von einem Ehegatten gestellte Antrag und der von ihm erwirkte Ausschließungsbeschluss kommen auch dem anderen Ehegatten zustatten.**

(3) **Die Absätze 1 und 2 finden auf Lebenspartnerschaften entsprechende Anwendung.**

§ 464 Aufgebot der Gesamtgutsgläubiger §§ 463, 464

§ 462 entspricht inhaltlich dem bisherigen § 999 ZPO. Da der das **Ge-** 1
samtgut allein oder mit seinem Ehegatten gemeinschaftlich verwaltende
Ehegatte persönlich haftet (§ 1437 II BGB), kann er auch dann das Aufgebotsverfahren mit dem Ziel einer beschränkten Haftung einleiten, wenn er
nicht Erbe ist. Abs 1 Satz 2 trägt der fortwirkenden Haftung des Ehegatten
nach § 1480 BGB Rechnung (Musielak/Ball (8. Aufl.) § 999 Rn 1). Die
Wirkungen des Ausschließungsbeschlusses kommen wie bei § 460 beiden
Ehegatten zustatten, also auch dem Ehegatten, der nicht den Antrag gestellt
hat (Abs 2).

Erbschaftskäufer

463 (1) **Hat der Erbe die Erbschaft verkauft, so können sowohl der Käufer als auch der Erbe das Aufgebot beantragen. Der von dem einen Teil gestellte Antrag und der von ihm erwirkte Ausschließungsbeschluss kommen, unbeschadet der Vorschriften des Bürgerlichen Gesetzbuchs über die unbeschränkte Haftung, auch dem anderen Teil zustatten.**

(2) **Diese Vorschriften gelten entsprechend, wenn jemand eine durch Vertrag erworbene Erbschaft verkauft oder sich zur Veräußerung einer ihm angefallenen oder anderweitig von ihm erworbenen Erbschaft in sonstiger Weise verpflichtet hat.**

§ 463 entspricht inhaltlich dem bisherigen § 1000 ZPO. § 463 trägt § 2382 1
BGB Rechnung, wonach sowohl der **Erbschaftskäufer** vom Kauf der Erbschaft an als auch weiterhin der Erbe den Nachlassgläubigern haften. Der
Erbschaftskäufer kann nach § 2383 BGB selbständig alle Rechte zur Beschränkung der Haftung ausüben, so dass dem Erbschaftskäufer auch verfahrensrechtlich für das Aufgebotsverfahren ein Antragsrecht zukommen muss.
Die Wirkungen des Ausschließungsbeschlusses kommen wie bei § 460 I
Satz 1 beiden zustatten.

Aufgebot der Gesamtgutsgläubiger

464 **§ 454 Abs. 2 und die §§ 455 bis 459, 462 und 463 sind im Fall der fortgesetzten Gütergemeinschaft auf das Aufgebotsverfahren zur Ausschließung von Gesamtgutsgläubigern nach § 1489 Abs. 2 und § 1970 des Bürgerlichen Gesetzbuchs entsprechend anzuwenden.**

§ 464 entspricht inhaltlich dem bisherigen § 1001 ZPO. Nach § 1489 II 1
iVm § 1970 BGB kann der überlebende Ehegatte bei einer fortgesetzten
Gütergemeinschaft die **Gesamtgutsgläubiger** aufbieten. Auf dieses Verfahren finden die §§ 454 II, 455 bis 459, 462 und 463 entsprechende Anwendung. §§ 460 und 461 sind unanwendbar, weil deren besonderen erbrechtlichen Voraussetzungen fehlen.

Abschnitt 5
Aufgebot der Schiffsgläubiger

Aufgebot der Schiffsgläubiger

465 (1) Für das Aufgebotsverfahren zur Ausschließung von Schiffsgläubigern auf Grund des § 110 des Binnenschifffahrtsgesetzes gelten die nachfolgenden Absätze.

(2) Örtlich zuständig ist das Gericht, in dessen Bezirk sich der Heimathafen oder der Heimatort des Schiffes befindet.

(3) Unterliegt das Schiff der Eintragung in das Schiffsregister, kann der Antrag erst nach der Eintragung der Veräußerung des Schiffes gestellt werden.

(4) Der Antragsteller hat die ihm bekannten Forderungen von Schiffsgläubigern anzugeben.

(5) Die Aufgebotsfrist muss mindestens drei Monate betragen.

(6) In dem Aufgebot ist den Schiffsgläubigern, die sich nicht melden, als Rechtsnachteil anzudrohen, dass ihre Pfandrechte erlöschen, wenn ihre Forderungen dem Antragsteller nicht bekannt sind.

1 § 465 entspricht inhaltlich dem bisherigen § 1002 ZPO. Er regelt die Einzelheiten des Verfahrens zum Aufgebot der Schiffsgläubiger nach § 110 BinSchG. Danach kann der Erwerber eines Binnenschiffs, der das Schiff außerhalb eines Zwangsversteigerungsverfahrens erwirbt, die **Ausschließung unbekannter Gläubiger mit ihren Pfandrechten** mittels Aufgebotsverfahren beantragen. Das Recht besteht nicht bei Erwerb von Miteigentum, § 111 BinSchG. Zur Eintragung von Binnenschiffen in das Schiffsregister s insbes § 10 II sowie §§ 12 ff SchRegO. Vergleichbar mit § 456 ist der Erwerber verpflichtet, die ihm bekannten Forderungen der Schiffsgläubiger anzugeben (Abs 4). Als Sondervorschrift zu § 437 ist nach Abs 5 eine Aufgebotsfrist mindestens 3 Monate angeordnet. Als Rechtsnachteil ist gem Abs 6 in Ergänzung zu § 434 II Nr 3 anzudrohen, dass die Pfandrechte erlöschen, wenn die Forderungen dem Antragsteller nicht bekannt sind.

Abschnitt 6
Aufgebot zur Kraftloserklärung von Urkunden

1. Anwendungsbereich

1 Anders als die übrigen Abschnitte, die jeweils mit einer Norm eingeleitet sind, die Anwendbarkeit der Vorschriften des Abschnittes anordnet, beginnt Abschnitt 6 unmittelbar mit der Regelung der örtlichen Zuständigkeit. Ohne ersichtlichen Grund ist die „Einstiegsnorm" der ZPO § 1003 ZPO aF nicht

§ 466 Örtliche Zuständigkeit **§ 466**

in das FamFG übernommen worden. Die Zulässigkeit der Aufgebotsverfahren, auf die die Vorschriften des Abschnittes 6 Anwendung finden, ergibt sich aber auch hier (s bereits Vor § 433 Rn 2) aus der entsprechenden gesetzlichen Anordnung des Verfahrens.

Solche bundesgesetzlichen Anordnungen für das Aufgebot zur Kraftloserklärung von Urkunden sind: **2**
a) § 799 BGB: Inhaberschuldverschreiben, wenn nicht in der Urkunde das Gegenteil bestimmt ist. Ausgenommen sind insb Zins-, Renten- und Gewinnanteilscheine. Keine Anwendung ferner auf Inhaberkarten und -marken iSd § 807 BGB (Fahrkarten, Eintrittskarten, auch Briefmarken (BGH NJW 06, 54) und wenngleich str ob diese sog kleine Inhaberpapiere iSd § 807 BGB sind: ec-, Geld-, Kreditkarten (s dazu Palandt/Sprau § 807 Rn 1);
b) § 808 II BGB: Hinkende Inhaberpapiere (insb Sparbücher (BGH NJW-RR 98, 1661);
c) § 1162 BGB (auch iVm §§ 1192, 1199 BGB): Hypotheken-, Grundschuld- und Rentenschuldbriefe;
d) § 365 II HGB: Kaufmännische Orderpapiere nach § 363 I HGB sowie Konnossemente, Lade- und Lagerscheine sowie Transportversicherungspolicen, wenn sie an Order lauten (§ 363 II HGB);
e) § 72 AktG: Aktien und Zwischenscheine;
f) Art 90 WG: Wechsel;
g) Art 59 ScheckG: Schecks.

2. Verlust der Urkunde

Alle vorbezeichneten Vorschriften setzen für ein Aufgebotsverfahren den **3** Verlust der Urkunde voraus, was durch „Abhandenkommen" oder „Vernichtung" geschehen kann.

a) Abhandengekommen ist eine Urkunde nach hM nicht nur dann, **4** wenn der Inhaber den Besitz entspr § 935 BGB ohne seinen Willen verloren hat, sondern auch dann, wenn er, obwohl der Verbleib der Urkunde bekannt ist, nicht mehr auf sie zugreifen, insbesondere sie auch nicht im Wege der Zwangsvollstreckung erlangen kann (hM OLG Stuttgart NJW 55, 1154, 1155), was auch deswegen der Fall sein kann, dass der Besitzer der Urkunde unbekannten Aufenthalts ist (LG Koblenz NJW 55, 506).

b) Vernichtung liegt vor, wenn sie vollständig körperlich vernichtet ist. Ist **5** die Urkunde beschädigt, ist Vernichtung anzunehmen, wenn ihr wesentlicher Inhalt nicht mehr feststellbar oder ihre Echtheit nicht prüfbar ist.

Örtliche Zuständigkeit

466 (1) **Für das Aufgebotsverfahren ist das Gericht örtlich zuständig, in dessen Bezirk der in der Urkunde bezeichnete Erfüllungsort liegt. Enthält die Urkunde eine solche Bezeichnung nicht, ist das Gericht örtlich zuständig, bei dem der Aussteller seinen allgemeinen Gerichtsstand hat, und in Ermangelung eines solchen Gerichts dasjenige, bei dem der Aussteller zur Zeit der Ausstellung seinen allgemeinen Gerichtsstand gehabt hat.**

§ 467

(2) Ist die Urkunde über ein im Grundbuch eingetragenes Recht ausgestellt, ist das Gericht der belegenen Sache ausschließlich örtlich zuständig.

(3) **Wird das Aufgebot durch ein anderes als das nach dieser Vorschrift örtlich zuständige Gericht erlassen, ist das Aufgebot auch durch Aushang an der Gerichtstafel oder Einstellung in das Informationssystem des letzteren Gerichts öffentlich bekannt zu machen.**

1. Allgemeines

1 § 466 I und II entsprechen inhaltlich den bisherigen § 1005 I und II ZPO. § 466 III übernimmt den Regelungsgehalt des bisherigen § 1006 II ZPO.

2. Örtliche Zuständigkeit, Abs 1 und 2

2 Grundsätzlich ist das Gericht örtlich zuständig, in dessen Bezirk der in der Urkunde bezeichnete Erfüllungsort liegt. Ausreichend ist bei Fehlen einer ausdrücklichen Bezeichnung in der Urkunde, dass der Erfüllungsort gem § 269 BGB bestimmbar ist. Ergeben sich danach mehrere Erfüllungsorte, ist jedes Gericht örtlich zuständig (Zöller/Geimer (27. Aufl.) § 1005 Rn 1). Ergibt sich keine Zuständigkeit gem Abs 1 Satz 1, ist hilfsweise das Gericht des (ggfs auch früheren) allgemeinen Gerichtsstandes (§§ 12 bis 19a ZPO) des Ausstellers zuständig.

Für Hypotheken-, Grundschuld- und Rentenschuldbriefe ist das Gericht der belegenen Sache zuständig, dh gem § 24 I ZPO das Gericht, in dessen Bezirk das belastete Grundstück belegen ist (Abs 2).

Sind mehrere Gerichte zuständig ist, wird sich die Zuständigkeit durch den Antrag in der Regel nach § 2 I bestimmen lassen, weil dieses Gericht zuerst befasst war. Im übrigen sind § 3 und § 5 anzuwenden.

3. Aufgebot durch ein anderes Gericht, Abs 3

3 Abs 3 trägt der Möglichkeit einer Zuständigkeitskonzentration nach § 23d GVG Rechnung. Bereits nach dem bisherigen § 1006 I ZPO konnte die Zuständigkeit für Aufgebotsverfahren zum Zwecke der Kraftloserklärung von Schuldverschreibungen auf den Inhaber von der Landesjustizverwaltung für mehrere Amtsgerichtsbezirke einem Amtsgericht übertragen werden. § 1006 I ZPO ist jedoch im Hinblick auf die allgemeine Konzentrationsmöglichkeit des § 23d GVG nicht in das FamFG übernommen worden. Ist also infolge einer Zuständigkeitsübertragung nach § 23d GVG ein anderes Gericht örtlich zuständig, ist das Aufgebot zusätzlich auch durch Aushang bzw. durch Einstellung in das Informationssystem beim nach Abs 1 und 2 örtlich zuständigen Gericht bekannt zu machen.

Antragsberechtigter

467 (1) **Bei Papieren, die auf den Inhaber lauten oder die durch Indossament übertragen werden können und mit einem Blankoindossament versehen sind, ist der bisherige Inhaber des abhandenge-**

kommenen oder vernichteten Papiers berechtigt, das Aufgebotsverfahren zu beantragen.

(2) Bei anderen Urkunden ist derjenige zur Stellung des Antrags berechtigt, der das Recht aus der Urkunde geltend machen kann.

1. Allgemeines

§ 467 entspricht inhaltlich dem bisherigen § 1004 ZPO. 1

2. Urkunden nach Abs 1

Abs 1 betrifft Papiere, bei denen die Leistung mit schuldbefreiender Wirkung an den jeweiligen Inhaber der Urkunde erfolgen kann, sei es weil sie auf den Inhaber lauten oder sei es, weil sie – als Orderpapier mit einem Blankoindossament versehen – wie ein Inhaberpapier behandelt werden. 2

3. Urkunden nach Abs 2

Im übrigen, also soweit Abs 1 nicht greift, ist derjenige antragsberechtigt, der materiell-rechtlich berechtigt ist, das Recht aus der Urkunde geltend zu machen (s dazu zB § 1294 BGB, § 365 HGB, Art 16 WG). Allerdings kann der Grundstückseigentümer das Aufgebotsverfahren in gewillkürter Verfahrensstandschaft betreiben, wenn ihm der Grundschuldgläubiger den Grundschuldbrief nebst grundbuchtauglicher Löschungsbewilligung überlassen hat (OLG München FGPrax 11, 47). 3

Antragsbegründung

468
Der Antragsteller hat zur Begründung des Antrags
1. eine Abschrift der Urkunde beizubringen oder den wesentlichen Inhalt der Urkunde und alles anzugeben, was zu ihrer vollständigen Erkennbarkeit erforderlich ist,
2. den Verlust der Urkunde sowie diejenigen Tatsachen glaubhaft zu machen, von denen seine Berechtigung abhängt, das Aufgebotsverfahren zu beantragen, sowie
3. die Versicherung der Wahrheit seiner Angaben an Eides statt anzubieten.

1. Allgemeines

§ 468 entspricht inhaltlich dem bisherigen § 1007 ZPO. 1

2. Antragsbegründung

Nach § 468 sind zur Begründung des Antrages erforderlich: 2
(1) Die Urkunde ist möglichst genau zu bezeichnen, sofern möglich ist eine (einfache) Abschrift beizubringen, um die Urkunde, die für kraftlos erklärt werden soll, hinreichend zu individualisieren, was zB durch die Angabe der Aktiennummer erfolgt (BGH NJW-RR 90, 166, 168).

§§ 469–471	Buch 8 – Verfahren in Aufgebotssachen

(2) Glaubhaftmachung (§ 31) des Verlustes der Urkunde als grundsätzlicher Voraussetzung aller Aufgebotsverfahren (Vor § 466 Rn 3 ff) und der Tatsachen, die für die Antragsberechtigung (§ 467) erforderlich sind, wozu insb die bisherige Inhaberschaft iS des § 467 I gehört.
(3) Schließlich ist die Versicherung der Wahrheit der Angaben an Eides statt anzubieten.
Fehlt eine der vorstehenden Angaben ist der Antrag zurückzuweisen.

Inhalt des Aufgebots

469 In dem Aufgebot ist der Inhaber der Urkunde aufzufordern, seine Rechte bei dem Gericht bis zum Anmeldezeitpunkt anzumelden und die Urkunde vorzulegen. Als Rechtsnachteil ist anzudrohen, dass die Urkunde für kraftlos erklärt werde.

1 § 469 entspricht inhaltlich dem bisherigen § 1008 ZPO, allerdings redaktionell angepasst an den Wegfall des Aufgebotstermines. Satz 1 ergänzt § 434 II Nr 2. Der Anmelder soll danach nicht nur das Recht bis zum Anmeldezeitpunkt anmelden, sondern auch durch Vorlegung der Urkunde **begründen.** Dieser Umstand ist in das Aufgebot gem § 434 II aufzunehmen. Satz 2 bezeichnet den anzudrohenden **Rechtsnachteil** iS des § 434 II Nr 3.

Ergänzende Bekanntmachung in besonderen Fällen

470 Betrifft das Aufgebot ein auf den Inhaber lautendes Papier und ist in der Urkunde vermerkt oder in den Bestimmungen, unter denen die erforderliche staatliche Genehmigung erteilt worden ist, vorgeschrieben, dass die öffentliche Bekanntmachung durch bestimmte andere Blätter zu erfolgen habe, so muss die Bekanntmachung auch durch Veröffentlichung in diesen Blättern erfolgen. Das Gleiche gilt bei Schuldverschreibungen, die von einem deutschen Land oder früheren Bundesstaat ausgegeben sind, wenn die öffentliche Bekanntmachung durch bestimmte Blätter landesgesetzlich vorgeschrieben ist. Zusätzlich kann die öffentliche Bekanntmachung in einem von dem Gericht für Bekanntmachungen bestimmten elektronischen Informations- und Kommunikationssystem erfolgen.

1 Die Vorschrift entspricht inhaltlich dem bisherigen § 1009 ZPO. Geregelt sind gegenüber § 435 **erweiterte Bekanntmachungspflichten** insbes für Inhaberpapiere. Landesgesetzlich abweichende Regelung sind in Aufgebotsverfahren gem § 1162 BGB (Grundpfandrechtsbriefe) möglich (§ 484 II; (MünchKommZPO/Eickmann § 466–484 FamFG Rn 26).

Wertpapiere mit Zinsscheinen

471 (1) **Bei Wertpapieren, für die von Zeit zu Zeit Zins-, Renten- oder Gewinnanteilscheine ausgegeben werden, ist der Anmeldezeitpunkt so zu bestimmen, dass bis zu dem Termin der erste einer seit**

§ 471 Wertpapiere mit Zinsscheinen § 471

der Zeit des glaubhaft gemachten Verlustes ausgegebenen Reihe von Zins-, Renten- oder Gewinnanteilscheinen fällig geworden ist und seit seiner Fälligkeit sechs Monate abgelaufen sind.

(2) **Vor Erlass des Ausschließungsbeschlusses hat der Antragsteller ein nach Ablauf dieser sechsmonatigen Frist ausgestelltes Zeugnis der betreffenden Behörde, Kasse oder Anstalt beizubringen, dass die Urkunde seit der Zeit des glaubhaft gemachten Verlustes ihr zur Ausgabe neuer Scheine nicht vorgelegt sei und dass die neuen Scheine an einen anderen als den Antragsteller nicht ausgegeben seien.**

1. Allgemeines

§ 471 entspricht inhaltlich dem bisherigen § 1010 ZPO. 1

2. Systematik der §§ 471 bis 474

§§ 471 bis 474 regeln das Aufgebotsverfahren für Wertpapiere mit Zins-, 2 Renten- oder Gewinnanteilscheinen (nachstehend kurz „Zinsscheine"). § 471 betrifft Fälle, in denen Zinsscheine für einen Zeitraum von weniger als 4 Jahren oder derzeit keine Zinsscheine ausgegeben sind, aber eine weitere Ausgabe von Zinsscheinen noch erfolgt, § 472 hingegen die Fälle, in denen Zinsscheine bereits für einen längeren Zeitraum als 4 Jahre ausgegeben sind. §§ 471 und 472 stehen dabei jedoch in einem Regel-Ausnahme-Verhältnis, wobei § 471 die Regelvorschrift darstellt, so dass § 471 auch dann anwendbar ist, wenn (neue) Zinsscheine zwar erst nach einem Zeitraum von mehr als 4 Jahren ausgegeben werden, eine Registrierung der jeweils zur Einlösung vorgelegten Zinsscheine jedoch nicht erfolgt (OLG München WM 79, 816, 818). § 471 ist etwa auch dann anwendbar, wenn zwar grundsätzlich die Voraussetzungen nach § 472 vorliegen, aber das Zeugnis nach § 472 II nicht beschafft werden kann. § 473 regelt den Sonderfall des Verlustes der Manteluurkunde. Nach § 474 ist zu verfahren, wenn zwar grundsätzlich der Fall des § 471 vorliegt, aber eine weitere Ausgabe von Zinsscheinen nicht mehr erfolgt. Der Differenzierung liegt die gesetzgeberische Erwägung zugrunde, dass der Berechtigte eines Wertpapiers im Zweifel innerhalb einer Frist von 6 Monaten seine Ansprüche aus dem Zinsschein geltend machen wird und daher nach Ablauf dieser Frist von der Richtigkeit der Angaben des Antragstellers ausgegangen werden kann.

3. Aufgebotsfrist

Das Aufgebot kann jederzeit beantragt werden. Jedoch ist der Anmelde- 3 zeitpunkt (§ 434 II Nr 2) so zu bestimmen, dass der Anmeldezeitpunkt (fälschlicherweise entsprechend dem bisherigen § 1010 ZPO noch als „Termin" bezeichnet) 6 Monate nach der Fälligkeit des ersten einer (neuen) ausgegebenen Reihe von Zinsscheinen liegt. Es ist also mittels des Emissionsplanes die Ausgabe der nächsten Reihe von Zinsscheinen und die Fälligkeit des ersten Zinsscheines zu ermitteln. Maßgeblich ist dabei der Zeitpunkt des glaubhaft gemachten Verlustes. Durch dieses Verfahren soll der jetzige Inhaber des Wertpapiers geschützt werden, indem das Gesetz davon ausgeht, dass dieser innerhalb von sechs Monaten seine Ansprüche auf Zinsen etc. geltend macht. Aus diesem Grund ist auch das Zeugnis gem Abs 2 erforderlich.

Ergibt sich danach eine Aufgebotsfrist von mehr als einem Jahr, war das Aufgebot noch nicht gem dem bisherigen § 1015 Satz 2 ZPO zulässig. Eine entsprechende Anordnung enthält zwar die Nachfolgevorschrift des § 476 nicht mehr ausdrücklich, aus dem Charakter der dort geregelten Höchstfrist von einem Jahr kann jedoch die Unzulässigkeit des Aufgebotes weiterhin abgeleitet werden, zumal § 482 die Einhaltung der Höchstfrist auch weiterhin als Verfahrenshindernis bezeichnet.

4. Zeugnis

4   Das Zeugnis ist nicht Voraussetzung für den Antrag, es muss lediglich vor Erlass des Ausschließungsbeschlusses vorliegen. Das Zeugnis ist auszustellen durch eine Behörde, Anstalt, öffentliche oder private Kasse, der nach Gesetz oder Satzung die Ausgabe und Einlösung der ganzen Gattung von Wertpapieren obliegt, wohingegen das Zeugnis eines privaten Emissionshauses oder einer Zahlstelle nicht genügt (Baumbach/Lauterbach/Albers/Hartmann Rn 1; Keidel/Giers Rn 3). Ein Anspruch auf Zeugniserteilung auf Kosten des Antragstellers besteht gem § 799 II BGB.

Zinsscheine für mehr als vier Jahre

472

(1) **Bei Wertpapieren, für die Zins-, Renten- oder Gewinnanteilscheine zuletzt für einen längeren Zeitraum als vier Jahre ausgegeben sind, genügt es, wenn der Anmeldezeitpunkt so bestimmt wird, dass bis dahin seit der Zeit des glaubhaft gemachten Verlustes der zuletzt ausgegebenen Scheine solche für vier Jahre fällig geworden sind und seit der Fälligkeit des letzten derselben sechs Monate abgelaufen sind. Scheine für Zeitabschnitte, für die keine Zinsen, Renten oder Gewinnanteile gezahlt werden, kommen nicht in Betracht.**

(2) **Vor Erlass des Ausschließungsbeschlusses hat der Antragsteller ein nach Ablauf dieser sechsmonatigen Frist ausgestelltes Zeugnis der betreffenden Behörde, Kasse oder Anstalt beizubringen, dass die für die bezeichneten vier Jahre und später fällig gewordenen Scheine ihr von einem anderen als dem Antragsteller nicht vorgelegt seien. Hat in der Zeit seit dem Erlass des Aufgebots eine Ausgabe neuer Scheine stattgefunden, so muss das Zeugnis auch die in § 471 Abs. 2 bezeichneten Angaben enthalten.**

1. Allgemeines

1   § 472 entspricht inhaltlich weitgehend dem bisherigen § 1011 ZPO. Zur Abgrenzung zu § 471 s dort Rn 2. Insbesondere können §§ 471 und 473 anwendbar sein, wenn die zuständige Stelle nicht das nach Abs 2 erforderliche Zeugnis ausstellen kann.

§ 473 Vorlegung der Zinsscheine § 473

2. Anwendungsbereich, Abs 1

Betroffen sind Wertpapiere, für die Zins-, Renten oder Gewinnanteilscheine (nachstehend kurz „Zinsscheine") noch für einen längeren Zeitraum als 4 Jahre ausgegeben sind. Statt Vorliegen der Voraussetzungen des § 471 (insb Ausgabe einer neuen Reihe), genügt es im Fall des § 472, wenn seit dem Zeitpunkt des glaubhaftgemachten Verlustes Zinsscheine für 4 Jahre fällig geworden und seit der Fälligkeit des letzten derselben sechs Monate abgelaufen sind. Dementsprechend ist § 472 auch nur anwendbar, wenn seit dem glaubhaftgemachten Verlustzeitpunkt noch Zinsscheine für 4 Jahre fällig werden können. Ist dies nicht der Fall, ist nach § 471 oder 473 zu verfahren. 2

3. Zeugnis, Abs 2

Das Zeugnis der zuständigen Stelle (s § 471 Rn 4) umfasst im Fall des § 472 den Nachweis, dass die Zinsscheine für die in Abs 1 bezeichneten 4 Jahre sowie die später bis zur Ausstellung des Zeugnisses fällig gewordenen Zinsscheine nicht vorgelegt worden sind. Hat seit Erlass eine Erneuerung stattgefunden, hat das Zeugnis zusätzlich Nachweis zu erbringen, dass die neuen Zinsscheine nicht an einer anderen ausgegeben wurden. Im übrigen zum Zeugnis § 471 Rn 2. 3

Vorlegung der Zinsscheine

473 Die §§ 470 und 471 sind insoweit nicht anzuwenden, als die Zins-, Renten- oder Gewinnanteilscheine, deren Fälligkeit nach diesen Vorschriften eingetreten sein muss, von dem Antragsteller vorgelegt werden. Der Vorlegung der Scheine steht es gleich, wenn das Zeugnis der betreffenden Behörde, Kasse oder Anstalt beigebracht wird, dass die fällig gewordenen Scheine ihr von dem Antragsteller vorgelegt worden seien.

1. Allgemeines

Die Vorschrift entspricht inhaltlich dem bisherigen § 1012 ZPO. Der Verweisung auf § 470 in Satz 1 liegt ein redaktioneller Fehler zugrunde. Richtigerweise verweist § 473 Satz 1 auf §§ 471 und 472. § 473 sollte der Vorläufervorschrift des § 1012 ZPO inhaltlich entsprechen (BT-Drs. 16/6308, 297). § 1012 verwies aber auf die Vorläufervorschriften von §§ 471, 472, nämlich die bisherigen §§ 1010, 1011 ZPO. 1

2. Vorlegung

Ist nur die Mantel- bzw. Stammurkunde verloren und kann der Antragsteller die Zins-, Renten- oder Gewinnanteilscheine oder, soweit fällige Scheine vom Antragsteller bereits eingelöst worden sind, ein Zeugnis darüber vorlegen, sind §§ 471, 472 nicht anzuwenden. Dh weder sind die dort geregelten Fristen einzuhalten noch sind die Zeugnisse (die, weil die Zins-, Renten- oder Gewinnanteilscheine nicht verloren sind, auch der Sache nach nicht erteilt werden können) erforderlich. Vorzulegen sind die Scheine (bzw Zeugnis), deren Fälligkeit nach §§ 471, 472 eingetreten sein muss (s jeweils dort). 2

3. Aufgebotsfrist

3 Die Frist ist nach den allgemeinen Bestimmungen, insbes § 476 zu bestimmen.

Abgelaufene Ausgabe der Zinsscheine

474 Bei Wertpapieren, für die Zins-, Renten- oder Gewinnanteilscheine ausgegeben sind, aber nicht mehr ausgegeben werden, ist der Anmeldezeitpunkt so zu bestimmen, dass bis dahin seit der Fälligkeit des letzten ausgegebenen Scheines sechs Monate abgelaufen sind; das gilt nicht, wenn die Voraussetzungen der §§ 471 und 472 gegeben sind.

1 Die Vorschrift entspricht inhaltlich, jedoch redaktionell angepasst dem bisherigen § 1013 ZPO. § 474 betrifft Wertpapiere, für die keine weiteren Zins-, Renten- oder Gewinnanteilscheine mehr ausgegeben werden und diese Scheine nicht noch für einen längeren Zeitraum als 4 Jahre ausgegeben sind. In diesem Fall ist der Anmeldezeitpunkt so zu legen, dass dieser 6 Monate nach der Fälligkeit des letzten ausgegebenen Zins-, Renten- oder Gewinnanteilsscheines liegt. Erforderlich ist in diesen Fällen ferner, dass der Antragsteller entspr §§ 471 II, 472 II Zeugnisse darüber beibringt, dass diese Scheine seit Verlust der Urkunde nicht von einem anderen vorgelegt worden sind (Keidel/Giers Rn 1).

Anmeldezeitpunkt bei bestimmter Fälligkeit

475 Ist in einer Schuldurkunde eine Verfallzeit angegeben, die zur Zeit der ersten Veröffentlichung des Aufgebots im elektronischen Bundesanzeiger noch nicht eingetreten ist, und sind die Voraussetzungen der §§ 471 bis 474 nicht gegeben, ist der Anmeldezeitpunkt so zu bestimmen, dass seit dem Verfalltag sechs Monate abgelaufen sind.

1 § 475 entspricht – redaktionell überarbeitet – dem bisherigen § 1014 ZPO. Die Vorschrift betrifft Urkunden mit einem **bestimmten Fälligkeitszeitpunkt,** zB Wechsel. § 475 erfasst nicht Papiere mit Zins-, Renten- und Gewinnanteilsscheinen, da für diese §§ 471 bis 474 anzuwenden sind. Landesgesetzlich abweichende Regelung sind in Aufgebotsverfahren gem § 1162 BGB (Grundpfandrechtsbriefe) möglich (§ 484 II; MünchKommZPO/Eickmann § 466–484 FamFG Rn 28).

Aufgebotsfrist

476 Die Aufgebotsfrist soll höchstens ein Jahr betragen.

1 § 476 ersetzt den bisherigen § 1015 ZPO. Durch die Neuregelung wird die bisherige Mindestfrist in Aufgebotsverfahren für die Kraftloserklärung von Urkunden von 6 Monaten abgeschafft. Zu Recht wurde dies mit dem praktischen Erfordernis im Rechtsverkehr begründet, zeitnah die Kraftloserklärung bewirken zu können, etwa im Fall der Kraftloserklärung von Grundpfandrechtsbriefen. Den Bedürfnissen der Gläubiger sei durch die Möglichkeit, sich im elektronischen Bundesanzeiger zeitnah zu informieren, Rechnung getragen (BT-Drs. 16/6308, 297). § 476 regelt daher nur noch eine **Höchstfrist zur Aufgebotsfrist** (§ 437), im übrigen gilt die Mindestfrist von 6 Wochen gem § 437, sofern nicht das Gesetz wie in Art 59 I Satz 2 ScheckG (2 Monate) eine abweichende Regelung trifft. Landesgesetzlich abweichende Regelung sind in Aufgebotsverfahren gem § 1162 BGB (Grundpfandrechtsbriefe) möglich (§ 484 II; MünchKommZPO/Eickmann § 466–484 FamFG Rn 28).

Anmeldung der Rechte

477 **Meldet der Inhaber der Urkunde vor dem Erlass des Ausschließungsbeschlusses seine Rechte unter Vorlegung der Urkunde an, hat das Gericht den Antragsteller hiervon zu benachrichtigen und ihm innerhalb einer zu bestimmenden Frist die Möglichkeit zu geben, in die Urkunde Einsicht zu nehmen und eine Stellungnahme abzugeben.**

1. Allgemeines

§ 447 entspricht im Wesentlichen dem bisherigen § 1016 Satz 1 ZPO. Das (ergänzte) Recht des Antragstellers, eine Stellungnahme abzugeben, soll den rechtstaatlichen Anforderungen des Art 103 I GG zur Wahrung des rechtlichen Gehörs Rechnung tragen (BT-Drs. 16/6308, 298). Der bisherige § 1016 Satz 2 ZPO wurde (fälschlicherweise, Rn 2) infolge des Wegfalls der mündlichen Verhandlung als nicht mehr erforderlich erachtet (BT-Drs 16/6308, 298). 1

2. Anmeldung

Die Anmeldung hat unter Vorlage des Originals der Urkunde zu erfolgen. Insoweit besteht eine Ergänzung zu § 440. Unverändert kann kein Recht des Gerichts oder des Antragstellers angenommen werden, dass das Original nach Vorlage beim Gericht verbleibt. Dies ergab sich bislang aus dem im bisherigen § 1016 Satz 2 ZPO bestimmten Recht des Inhabers, die Urkunde ausschließlich in einem Termin vorlegen zu müssen. 2

3. Einsichtnahme

Der Antragsteller hat das Recht, die Urkunde einzusehen. Dazu ist ihm vom Gericht eine Frist zu bestimmen. Der Inhaber kann infolge der Abschaffung des Aufgebotstermins nicht mehr auf Vorlegung im Termin bestehen (bisher § 1016 Satz 2 ZPO). Das Gericht muss die **Einsichtnahme** des Antragstellers in das Original ggfs in einem gemeinsamen Termin mit dem Inhaber (§ 32) ermöglichen, sofern der Inhaber das Original der Urkunde nicht dem Gericht übergeben will. Erkennt der Antragsteller die Urkunde an, weist das Gericht den Antrag durch Beschluss zurück. Bestreitet der Antragsteller die Richtigkeit der Urkunde, ist nach § 440 zu verfahren. 3

§§ 478, 479

Ausschließungsbeschluss

478 (1) In dem Ausschließungsbeschluss ist die Urkunde für kraftlos zu erklären.

(2) Der Ausschließungsbeschluss ist seinem wesentlichen Inhalt nach durch Veröffentlichung im elektronischen Bundesanzeiger bekannt zu machen. § 470 gilt entsprechend.

(3) In gleicher Weise ist die auf eine Beschwerde ergangene Entscheidung bekannt zu machen, soweit durch sie die Kraftloserklärung aufgehoben wird.

1. Allgemeines

1 § 478 entspricht angepasst an die Entscheidung durch Beschluss und die Änderung der Rechtsmittelvorschriften dem bisherigen § 1017 ZPO.

2. Ausschließungsbeschluss

2 Im Ausschließungsbeschluss ist die Urkunde kraftlos zu erklären. Wirkung des Beschlusses ist gem § 479, dass derjenige, der den Ausschließungsbeschluss erwirkt hat, gegenüber dem aus der Urkunde Verpflichteten als berechtigt gilt, die Rechte aus der Urkunde geltend zu machen, s im Einzelnen § 479. Eine Ausschließung von Rechten unbekannter Rechtsinhaber findet darüber hinaus nicht statt, genauso wie unbekannte Dritte in ihren Rechten an oder aus der Urkunde durch Beschluss nicht betroffen werden (MünchKommZPO/ Eickmann § 466–484 FamFG Rn 43).

3. Bekanntmachung

3 § 478 ist eine Sonderregelung zu § 441 mit dem Inhalt, dass bei der öffentlichen Zustellung des § 441 zwingend eine Bekanntmachung im elektronischen Bundesanzeiger und, sofern die Voraussetzungen des § 470 vorliegen, in den dort bestimmten Blättern zu erfolgen hat. Gerichtsaushang bzw. Einstellung in das elektronischen Informationssystem sind nach § 441 daneben erforderlich. In gleicher Weise ist ein Beschluss bekanntzumachen, durch welchen der Ausschließungsbeschluss auf entsprechende Beschwerde aufgehoben wird. Landesgesetzlich abweichende Regelung sind in Aufgebotsverfahren gem § 1162 BGB (Grundpfandrechtsbriefe) möglich (§ 484 II; MünchKomm-ZPO/Eickmann § 466–484 FamFG Rn 26).

Wirkung des Ausschließungsbeschlusses

479 (1) Derjenige, der den Ausschließungsbeschluss erwirkt hat, ist dem durch die Urkunde Verpflichteten gegenüber berechtigt, die Rechte aus der Urkunde geltend zu machen.

(2) Wird der Ausschließungsbeschluss im Beschwerdeverfahren aufgehoben, bleiben die auf Grund des Ausschließungsbeschlusses von dem Verpflichteten bewirkten Leistungen auch Dritten, insbesondere dem Beschwerdeführer, gegenüber wirksam, es sei denn, dass der Verpflichtete

§ 480 Zahlungssperre **§ 480**

zur Zeit der Leistung die Aufhebung des Ausschließungsbeschlusses gekannt hat.

1. Allgemeines

§ 479 entspricht, redaktionell angepasst, inhaltlich dem bisherigen § 1019 ZPO. **1**

2. Wirkung des Ausschließungsbeschlusses

Der Ausschließungsbeschluss vermittelt demjenigen, der den Ausschließungsbeschluss erwirkt hat, das Recht, die Rechte aus der Urkunde geltend zu machen. Der Ausschließungsbeschluss ersetzt aber nur den Besitz bzw die Vorlage der Urkunde (BGH NJW 05, 1774, 1775). Derjenige, der den Ausschließungsbeschluss erwirkt hat, steht gegenüber „dem durch die Urkunde Verpflichteten" so da, als besitze er die Urkunde (BayObLG DNotZ 88, 120; OLG Hamm WM 76, 198, 199). Die materiell-rechtliche Rechtsposition des aus der Urkunde Verpflichteten bleibt durch den Ausschließungsbeschluss unverändert, ihm bleiben alle Einwendungen und Einreden erhalten.

Da der Ausschließungsbeschluss nur den Besitz ersetzt, gibt er auch keinen Anspruch auf Erteilung einer neuen Urkunde. Dieser Anspruch folgt ausschließlich aus dem materiellen Recht (insb § 800 BGB, § 67 GBO).

3. Leistungen des Verpflichteten

Zum Schutz des Verpflichteten ordnet Abs 2 an, dass er auf Grund des **2** Ausschließungsbeschlusses mit schuldbefreiender Wirkung leisten kann und Leistungen wirksam bleiben, selbst wenn der Ausschließungsbeschluss im Beschwerdeverfahren wieder aufgehoben wird, es sei denn der Verpflichtete hat zur Zeit der Leistung die Aufhebung gekannt. Erforderlich ist positive Kenntnis von der Aufhebung, fahrlässige Unkenntnis oder Kenntnis des Beschwerdeverfahrens reichen nicht (hM Baumbach/Lauterbach/Albers/Hartmann Rn 4; MünchKommZPO/Eickmann § 466–484 FamFG Rn 45; aA Keidel/Giers Rn 4: Der Ausschließungsbeschluss muss unverschuldet für rechtskräftig gehalten werden).

4. Bereicherungsausgleich

Unabhängig von der Anfechtung des Ausschließungsbeschlusses kann der **3** Inhaber des materiellen Rechts, von demjenigen, der auf Grund der Ausschließungsbeschlusses Leistungen vom Verpflichteten empfangen hat, die Herausgabe des Geleisteten nach § 816 BGB verlangen (hM MünchKommZPO/Eickmann § 466–484 FamFG Rn 46; Keidel/Giers Rn 5).

Zahlungssperre

480 (1) **Bezweckt das Aufgebotsverfahren die Kraftloserklärung eines auf den Inhaber lautenden Papiers, so hat das Gericht auf Antrag an den Aussteller sowie an die in dem Papier und die von dem Antrag-**

steller bezeichneten Zahlstellen das Verbot zu erlassen, an den Inhaber des Papiers eine Leistung zu bewirken, insbesondere neue Zins-, Renten- oder Gewinnanteilscheine oder einen Erneuerungsschein auszugeben (Zahlungssperre). Mit dem Verbot ist die Benachrichtigung von der Einleitung des Aufgebotsverfahrens zu verbinden. Das Verbot ist in gleicher Weise wie das Aufgebot öffentlich bekannt zu machen.

(2) **Ein Beschluss, durch den der Antrag auf Erlass einer Zahlungssperre zurückgewiesen wird, ist mit der sofortigen Beschwerde in entsprechender Anwendung der §§ 567 bis 572 der Zivilprozessordnung anfechtbar.**

(3) **Das an den Aussteller erlassene Verbot ist auch den Zahlstellen gegenüber wirksam, die nicht in dem Papier bezeichnet sind.**

(4) **Die Einlösung der vor dem Verbot ausgegebenen Zins-, Renten- oder Gewinnanteilscheine wird von dem Verbot nicht betroffen.**

1. Allgemeines

1 § 480 entspricht inhaltlich dem bisherigen § 1019 ZPO, allerdings wurde die Befugnis zur Einlegung der sofortigen Beschwerde gegen die Zurückweisung des Antrages auf Erlass einer Zahlungssperre neu eingefügt.

2. Anwendungsbereich

2 Die Vorschrift gilt für Inhaberpapiere, also insbes Inhaberschuldverschreibungen gem § 793 I BGB, hinkende Inhaberpapiere gem § 808 BGB, Inhaberschecks (Art 5 II ScheckG), Inhaberaktien (§ 10 I 1. Alt AktG), Inhabergrund- und Rentenschuldbriefe gem §§ 1195, 1199 BGB. Keine Anwendung findet § 480 hingegen auf Orderpapiere wie Wechsel (selbst wenn sie mit einem Blankoindossament versehen sind: Keidel/Giers Rn 1). Nach § 365 II Satz 2 HGB, Art 90 I Satz 2 WG und Art 59 I Satz 3 ScheckG kann der Antragsteller in diesen Fällen nach Einleitung des Verfahrens die Leistung nur noch gegen Sicherheitsleistung verlangen (Musielak/Ball (8. Aufl.) § 1019 Rn 3).

3. Antrag

3 Der Antrag sollte zwar zweckmäßigerweise mit dem Antrag auf Erlass des Aufgebotes verbunden werden, kann aber auch noch nachträglich oder sogar vorher (s § 482 I Satz 2) gestellt werden. Die Zahlungssperre wird nur auf Antrag, niemals von Amts wegen erlassen (Keidel/Giers Rn 2).

4. Entscheidung des Gerichts

4 **a) Erlass der Zahlungssperre.** Das Gericht hat auf Antrag die Zahlungssperre zu erlassen. Ein Ermessen besteht nicht. Der Begriff „Zahlungssperre" ist legal definiert als Verbot an den Aussteller sowie die im Papier und vom Antragsteller bezeichneten Zahlstellen, an den Inhaber des Papiers eine Leistung zu bewirken, insbes neue Zins-, Renten- und Gewinnanteilscheine oder einen Erneuerungsschein auszugeben. Das Verbot erfasst nicht bereits ausgegebene Zins-, Renten- und Gewinnanteilscheine, selbst wenn sie erst nach

§ 482 Aufhebung der Zahlungssperre §§ 481, 482

Erlass des Verbotes fällig werden (Wieczorek/Schütze/Weber (3. Aufl.) § 1019 Rn 8).
Die Anordnung der Zahlungssperre erfolgt durch Beschluss, der das entsprechende Verbot ausspricht. Der Beschluss ist den benannten Zahlstellen sowie dem Aussteller gem § 41 I zuzustellen (Baumbach/Lauterbach/Albers/Hartmann § 480 Rn 4). Mit dem Verbot ist die Benachrichtigung über die Einleitung des Aufgebotsverfahrens zu verbinden (Abs 1 Satz 2). Daneben ist öffentliche Bekanntmachung des Verbotes gem Abs 1 Satz 3 gem §§ 435, 470 erforderlich, da das Verbot gegenüber den nicht benannten Zahlstellen wirkt (Abs 3).

b) Zurückweisung des Antrages. Weist das Gericht den Antrag auf 5 Erlass der Zahlungssperre zurück, ist hiergegen in Fortschreibung der bestehenden Rechtslage (BT-Drs 16/6308, 298) gem Abs 2 die sofortige Beschwerde in entsprechender Anwendung der §§ 567 bis 572 ZPO zulässig.

5. Wirkung des Verbotes

Das Verbot bewirkt ein gerichtliches Verfügungsverbot gem §§ 135, 136 6 BGB (allgM Keidel/Giers Rn 3). Ferner treten die Wirkungen des § 802 BGB, nämlich Hemmung des Beginns und des Laufes der Vorlegungsfristen und Verjährung ein.

Entbehrlichkeit des Zeugnisses nach § 471 Abs. 2

481 Wird die Zahlungssperre angeordnet, bevor seit der Zeit des glaubhaft gemachten Verlustes Zins-, Renten- oder Gewinnanteilscheine ausgegeben worden sind, so ist die Beibringung des in § 471 Abs. 2 vorgeschriebenen Zeugnisses nicht erforderlich.

§ 481 entspricht inhaltlich dem bisherigen § 1021 ZPO. Das Zeugnis des 1 § 471 II ist im Falle des Erlasses einer Zahlungssperre entbehrlich, da die Zahlungssperre auch die Ausgabe neuer Zins-, Renten- und Gewinnanteilscheine einschließlich Erneuerungsscheine erfasst (§ 480 I). Der Inhaber muss daher zunächst die Zahlungssperre gem § 482 durch Vorlage der Urkunde beseitigen. Durch dieses Verfahren ist aber der gutgläubige Inhaber des Papiers in gleicher Weise geschützt wie durch das Zeugnis des § 471 II.

Aufhebung der Zahlungssperre

482 (1) Wird das in Verlust gekommene Papier dem Gericht vorgelegt oder wird das Aufgebotsverfahren ohne Erlass eines Ausschließungsbeschlusses erledigt, so ist die Zahlungssperre von Amts wegen aufzuheben. Das Gleiche gilt, wenn die Zahlungssperre vor der Einleitung des Aufgebotsverfahrens angeordnet worden ist und die Einleitung nicht binnen sechs Monaten nach der Beseitigung des ihr entgegenstehenden Hindernisses beantragt wird. Ist das Aufgebot oder die Zahlungssperre öffentlich bekannt gemacht worden, so ist die Erledigung des Verfahrens oder die Aufhebung der Zahlungssperre von Amts wegen durch den elektronischen Bundesanzeiger bekannt zu machen.

§ 483   Buch 8 – Verfahren in Aufgebotssachen

(2) Wird das Papier vorgelegt, ist die Zahlungssperre erst aufzuheben, nachdem dem Antragsteller die Einsicht nach Maßgabe des § 477 gestattet worden ist.

(3) Der Beschluss, durch den die Zahlungssperre aufgehoben wird, ist mit der sofortigen Beschwerde in entsprechender Anwendung der §§ 567 bis 572 der Zivilprozessordnung anfechtbar.

1. Allgemeines

1   § 482 entspricht inhaltlich dem bisherigen § 1022 ZPO, jedoch redaktionell angepasst an das neue Rechtsmittelsystem des FamFG.

2. Aufhebungsgründe

2   Die Zahlungssperre wird aufgehoben, wenn (1) das in Verlust gekommene Papier vorgelegt wird, (2) das Aufgebotsverfahren ohne Erlass eines Ausschließungsbeschlusses erledigt wird, also insbes Antragsrücknahme oder rechtskräftige Zurückweisung des Antrages, oder (3) die Zahlungssperre vor der Einleitung des Aufgebotsverfahrens beantragt war und die Einleitung nicht binnen sechs Monaten nach Einleitung des ihr entgegenstehenden Hindernisses beantragt wurde. Mit Verfahrenshindernis ist die Einhaltung der Aufgebotsfrist des § 476 gemeint, welche in den Fällen des § 471 zu einer Unzulässigkeit des Antrages auf Einleitung eines Aufgebotsverfahrens führen kann (s § 471 Rn 3).

3. Verfahren

3   Die Aufhebung erfolgt in allen Fällen von Amts wegen. Die Aufhebung darf aber erst erfolgen, wenn dem Antragsteller Gelegenheit zur Einsicht und Stellungnahme gegeben ist. Die Aufhebung der Zahlungssperre erfolgt durch Beschluss (Abs 3), der dem Antragsteller gem § 41 I 2 zuzustellen und den Zahlstellen gem § 41 I 1 iVm § 15 II bekanntzumachen ist. Ist das Aufgebot oder die Zahlungssperre öffentlich bekannt gemacht worden, ist in gleicher Weise die Aufhebung der Zahlungssperre bekannt zu machen. Der Beschluss über die Aufhebung ist gem Abs 3 mit der sofortigen Beschwerde in entsprechender Anwendung der §§ 567 bis 572 ZPO anfechtbar.

Hinkende Inhaberpapiere

§ 483 Bezweckt das Aufgebotsverfahren die Kraftloserklärung einer Urkunde der in § 808 des Bürgerlichen Gesetzbuchs bezeichneten Art, gelten § 466 Abs. 3, die §§ 470 und 478 Abs. 2 Satz 2 sowie die §§ 480 bis 482 entsprechend. Die Landesgesetze können über die Veröffentlichung des Aufgebots und der in § 478 Abs. 2, 3 und in den §§ 480, 482 vorgeschriebenen Bekanntmachungen sowie über die Aufgebotsfrist abweichende Vorschriften erlassen.

1   § 483 entspricht inhaltlich dem bisherigen § 1023 ZPO. § 483 regelt das Aufgebotsverfahren für hinkende Inhaberpapiere nach § 808 BGB, worunter

insbes die meisten Sparbücher fallen. Gem Art 102 II EGBGB besteht ohnehin schon ein weitreichender landesgesetzlicher Vorbehalt, so dass die Vorschriften der §§ 466 ff nur gelten, soweit landesrechtliche Regelungen fehlen. Selbst wenn das Aufgebotsverfahren grundsätzlich nach den Vorschriften des FamFG durchzuführen ist, können wiederum die landesgesetzlichen Regelungen gem Satz 2 angeordnet werden (s zu den landesrechtlichen Regelungen Keidel/Giers Rn 2 f.).

Vorbehalt für die Landesgesetzgebung

484 (1) **Bei Aufgeboten auf Grund der §§ 887, 927, 1104, 1112, 1162, 1170, 1171 des Bürgerlichen Gesetzbuchs, des § 110 des Binnenschifffahrtsgesetzes, der §§ 6, 13, 66, 67 des Gesetzes über Rechte an eingetragenen Schiffen und Schiffsbauwerken (BGBl. III 403–4) und der §§ 13, 66, 67 des Gesetzes über Rechte an Luftfahrzeugen können die Landesgesetze die Art der Veröffentlichung des Aufgebots und des Ausschließungsbeschlusses sowie die Aufgebotsfrist anders bestimmen als in den §§ 435, 437 und 441 vorgeschrieben ist.**

(2) **Bei Aufgeboten, die auf Grund des § 1162 des Bürgerlichen Gesetzbuchs ergehen, können die Landesgesetze die Art der Veröffentlichung des Aufgebots, des Ausschließungsbeschlusses und des in § 478 Abs. 2 und 3 bezeichneten Beschlusses sowie die Aufgebotsfrist auch anders bestimmen, als in den §§ 470, 475, 476 und 478 vorgeschrieben ist.**

§ 484 entspricht inhaltlich dem bisherigen § 1024 ZPO. Mit Rücksicht auf die örtlichen Verhältnisse besteht die Möglichkeit landesgesetzlich abweichende Regelungen zu treffen (Zusammenstellung der landesrechtlichen Sonderregelungen s Keidel/Giers Rn 1). 1

Buch 9
Schlussvorschriften

Verhältnis zu anderen Gesetzen

485 Artikel 1 Abs. 2 und die Artikel 2 und 50 des Einführungsgesetzes zum Bürgerlichen Gesetzbuche sind entsprechend anzuwenden.

§ 485 sieht wie der bisherige § 185 II FGG die entsprechende Anwendbarkeit der Art 1 II 2, 50 EGBGB vor. 1

Art 1 II EGBGB enthält einen Vorbehalt für die Landesgesetzgebung. 2
Soweit im FamFG nach § 486 die Regelung den Landesgesetzen vorbehalten ist oder bestimmt ist, dass landesgesetzliche Vorschriften unberührt bleiben oder erlassen werden können (§ 489) bleiben die bestehenden landesgesetzlichen Vorschriften in Kraft und können neue landesgesetzliche Vorschriften erlassen werden.

Art 2 EGBGB enthält die Definition des Gesetzes. Gesetz iS des BGB und 3
des EGBGB ist jede Rechtsnorm im materiellen und im formellen Sinn. Hierunter fallen auch Rechtsverordnungen, Staatsverträge, autonome Satzungen, Gewohnheitsrecht und die Entscheidungen der Verfassungsgerichte (§ 31 BVerfGG).

Nach **Art 50 EGBGB** blieben die Vorschriften der Reichsgesetze in Kraft. 4
Sie traten insoweit außer Kraft, als sich aus dem BGB, dem EGBGB oder dem FGG die Aufhebung ergab oder sich aus dem FamFG ergibt. Das Außerkrafttreten ist ausdrücklich oder stillschweigend möglich. Ob eine stillschweigende Aufhebung vorliegt ist Auslegungsfrage, zu der der Zweck des Reichsgesetzes und die Absicht der betreffenden neuen Vorschrift heranzuziehen sind.

Landesrechtliche Vorbehalte; Ergänzungs- und Ausführungsbestimmungen

486 (1) Soweit das Einführungsgesetz zum Bürgerlichen Gesetzbuche Rechtsgebiete der Landesgesetzgebung vorbehält, gilt dieser Vorbehalt auch für die entsprechenden Verfahrensvorschriften, soweit sie Gegenstand dieses Gesetzes sind.

(2) Durch Landesgesetz können Vorschriften zur Ergänzung und Ausführung dieses Gesetzes, einschließlich der erforderlichen Übergangsvorschriften erlassen werden. Dies gilt auch, soweit keine Vorbehalte für die Landesgesetzgebung bestehen.

1. Landesrechtliche Vorbehalte

Abs 1 entspricht dem bisherigen § 189 FGG. Er enthält einen allgemeinen 1
Vorbehalt zu Gunsten der Landesgesetze und erlaubt abweichende Bestim-

§ 487

mungen innerhalb der Rechtsgebiete, die nach dem EGBGB der Landesgesetzgebung vorbehalten sind; das sind die Vorschriften der Art 55–152 des 3. Abschnitts des EGBGB. Soweit nach diesen Bestimmungen privatrechtliche Vorschriften der Landesgesetze in Kraft bleiben oder nach Art 1 II EGBGB neu erlassen werden können, hat die Landesgesetzgebung die Möglichkeit, Regelungen unabhängig von den Vorschriften des FamFG zu treffen.

2. Landesrechtliche Ergänzungs- und Ausführungsvorschriften

2   Abs 2 entspricht dem bisherigen § 200 FGG. Soweit das FamFG landesgesetzliche Vorbehalte nicht enthält, lässt Abs 2 Bestimmungen zur Ergänzung und Ausführung des FamFG zu. Die Landesgesetzgebung kann ergänzende und ausführende Vorschriften einschließlich der erforderlichen Übergangsvorschriften erlassen, soweit das FamFG eine vollständige Regelung der von ihm behandelten Bereiche nicht enthält.

Nachlassauseinandersetzung; Auseinandersetzung einer Gütergemeinschaft

487 (1) Unberührt bleiben die landesrechtlichen Vorschriften, nach denen

1. das Nachlassgericht die Auseinandersetzung eines Nachlasses von Amts wegen zu vermitteln hat, wenn diese nicht binnen einer bestimmten Frist erfolgt ist;
2. für die den Amtsgerichten nach § 373 obliegenden Aufgaben andere als gerichtliche Behörden zuständig sind;
3. in den Fällen der §§ 363 und 373 anstelle der Gerichte oder neben diesen Notare die Auseinandersetzung zu vermitteln haben.

(2) Auf die Auseinandersetzung nach Absatz 1 Nr. 1 sind die §§ 364 bis 372 anzuwenden.

1. Allgemeines

1   § 487 fasst die Regelungen der bisherigen § 192, 193 FGG zusammen. Abs 1 entspricht § 192 erster Halbsatz und § 193 FGG. Der Regelungsgehalt des § 192 zweiter Halbsatz in Abs 2 übernommen worden.

2. Landesrechtliche Regelungen

2   **a) Nachlassauseinandersetzung von Amts wegen, Nr 1.** § 487 I Nr 1 erhält die landesrechtlichen Bestimmungen über die Nachlassauseinandersetzung von Amts wegen durch das Nachlassgericht aufrecht. Von der Vermittlung nach §§ 363 ff unterscheidet sich das Verfahren der amtlichen Vermittlung grundsätzlich nur darin, dass erstere einen Antrag voraussetzt, während letzteres von Amts wegen eingeleitet wird. Baden-Württemberg und Bayern hatten von dieser Möglichkeit Gebrauch gemacht, sie jedoch durch das LFGG v 12. 2. 1975 und das BayAGGVG v 23. 6. 1981 wieder aufgehoben.

b) Abweichende Zuständigkeiten für Auseinandersetzung einer Gü- 3
tergemeinschaft, Nr 2. § 487 I Nr 2 ergänzt Art 147 EGBGB, der die dem Nachlassgericht obliegenden Verrichtungen betrifft, und dehnt den Vorbehalt auf die Auseinandersetzung des gütergemeinschaftlichen Gesamtguts aus.

c) Übertragung von Aufgaben auf Notare, Nr 3. Nach § 487 I Nr 3 4
kann das Landesrecht anordnen, dass an Stelle der Gerichte oder neben ihnen die Notare die Auseinandersetzung zu vermitteln haben (Firsching/Graf, Rn 4.890 ff). § 487 I Nr 3 regelt nur die Zuständigkeit; das Verfahren richtet sich nach den §§ 363 ff; eine Ausnahme ist nur in § 486 II enthalten, wonach landesgesetzliche Vorschriften zur Ergänzung und Ausführung des FamFG auch insoweit zulässig sind, als ein Vorbehalt für die Landesgesetzgebung nicht vorhanden ist. In Bayern sind für die Vermittlung der Auseinandersetzung neben den Amtsgerichten die Notare zuständig (Art 38 AGGVG), ebenso in Brandenburg (§ 19 AGBGB), in Hessen nach Art 24 Hess. FGG mit den sich aus Art 24 ergebenden Einschränkungen, ebenso in Niedersachsen nach Art 14 ff Nds. FGG mit den sich aus Art 15 ergebenden Einschränkungen, in Baden-Württemberg die Nachlassgerichte (Notariate) unter Mitwirkung der Gemeinde gemäß §§ 1 II, 38, 43 LFGG v 12. 2. 1975 (GBl S. 116) (Richter, Rpfleger 75, 417). Im preußischen Rechtsgebiet (Berlin, Nordrhein-Westfalen und Schleswig-Holstein) ist grundsätzlich das Amtsgericht zuständig, das auf Antrag eines Beteiligten (Art 21 ff PrFGG) die Vermittlung einem Notar überweisen kann; die Bestätigung der Auseinandersetzung oder einer vorgängigen Vereinbarung erfolgt durch das Gericht. Nach § 20 V BNotO richtet sich nach den landesrechtlichen Vorschriften, inwieweit die Notare zur Vermittlung von Nachlass- und Gesamtgutsauseinandersetzungen zuständig sind (ausführlich BayObLG 83, 101). Zu Baden-Württemberg s auch §§ 114, 115 BNotO mit Anmerkungen bei Schippel/Bracker/Görk §§ 114, 115 BNotO Rn 14 ff. Wegen der Zuständigkeitsverteilung zwischen Richter und RPfl s §§ 3 Nr 2 c, 35 I–III RPfG.

3. Anwendbare Vorschriften bei der Vermittlung von Nachlassauseinandersetzung von Amts wegen

§ 487 II bestimmt, dass das Verfahren für die Vermittlung von Nachlassaus- 5
einandersetzungen, die nach Abs 1 Nr 1 von Amts wegen durchzuführen sind, nicht abweichend von den §§ 364 bis 372 geregelt werden darf. Für die Auseinandersetzung einer Gütergemeinschaft nach § 373 gilt dieser Vorbehalt nicht.

Verfahren vor landesgesetzlich zugelassenen Behörden

488 (1) Sind für die in § 1 genannten Angelegenheiten nach Landesgesetz andere als gerichtliche Behörden zuständig, gelten die Vorschriften des Buchs 1 mit Ausnahme der §§ 6, 15 Abs. 2 der §§ 25, 41 Abs. 1 und des § 46 auch für diese Behörden.

(2) Als nächsthöheres gemeinsames Gericht nach § 5 gilt das Gericht, welches das nächsthöhere gemeinsame Gericht für die Amtsgerichte ist, in deren Bezirk die Behörden ihren Sitz haben. Durch Landesgesetz kann

§ 488

bestimmt werden, dass, wenn die Behörden in dem Bezirk desselben Amtsgerichts ihren Sitz haben, dieses als nächsthöheres gemeinsames Gericht zuständig ist.

(3) Die Vorschriften des Gerichtsverfassungsgesetzes über die Gerichtssprache, die Verständigung mit dem Gericht sowie zur Rechtshilfe sind entsprechend anzuwenden. Die Verpflichtung der Gerichte, Rechtshilfe zu leisten, bleibt unberührt.

1. Anwendbare Vorschriften des FamFG

1 Auch wenn in den in § 1 beschriebenen Angelegenheiten nicht die Gerichte, sondern nach Landesgesetz andere als gerichtliche Behörden zuständig sind, gelten die Vorschriften der §§ 2–110 dieses Gesetzes. Ausgenommen von der Anwendbarkeit sind lediglich § 6 (Ausschließung und Ablehnung der Gerichtspersonen), § 15 II (Bekanntgabe durch Zustellung), § 25 (Anträge und Erklärungen zur Niederschrift der Geschäftsstelle), § 41 I (Bekanntgabe eines Beschlusses an die Beteiligten) und § 46 (Rechtskraftzeugnis).

2. Das nächsthöhere gemeinschaftliche Gericht

2 Abs 2 enthält eine Sonderregelung für die Bestimmung des nächsthöheren gemeinsamen Gerichtes für die gerichtliche Bestimmung der Zuständigkeit nach § 5. Das nächsthöhere gemeinsame Gericht in den Verfahren vor landesgesetzlich zugelassenen Behörden ist das Gericht, das das nächsthöhere gemeinsame Gericht für die Amtsgerichte ist, in dessen Bezirk die Behörden ihren Sitz haben.

3 Abs 2 S 2 ermöglicht es, durch Landesgesetz ausnahmsweise eine **abweichende** Bestimmung zu treffen. Wenn Behörden in dem Bezirk desselben Amtsgerichts ihren Sitz haben, kann bestimmt werden, dass dieses als nächsthöheres gemeinsames Gericht zuständig ist.

3. Vorschriften des Gerichtsverfassungsgesetzes

4 Durch die Erweiterung des Anwendungsbereichs des § 13 GVG gelten die Vorschriften des GVG jetzt auch unmittelbar für die Angelegenheiten der freiwilligen Gerichtsbarkeit. Auf die Verfahren vor landesgesetzlich zugelassenen Behörden finden nach Abs 3 die Vorschriften des GVG Anwendung, soweit sie betreffen die Gerichtssprache (§ 184 GVG), die Verständigung mit dem Gericht (§ 186 GVG) und die Rechtshilfe (§§ 156–168 GVG). Auf die weiteren Vorschriften des GVG wird nicht verwiesen.

4. Rechtshilfe

5 Das Recht und die Pflicht, Rechtshilfe zu verlangen und zu leisten, gilt auch für Behörden, die anstelle des Gerichts tätig werden (Abs 3 S 2). Sie ist auch zwischen den Gerichten und den nach Landesgesetz zuständigen Behörden zu gewähren.

§ 491 Landesrechtliche Vorbehalte §§ 489–491

Rechtsmittel

489 (1) Sind für die in § 1 genannten Angelegenheiten nach Landesgesetz anstelle der Gerichte Behörden zuständig, kann durch Landesgesetz bestimmt werden, dass für die Abänderung einer Entscheidung dieser Behörde das Amtsgericht zuständig ist, in dessen Bezirk die Behörde ihren Sitz hat. Auf das Verfahren sind die §§ 59 bis 69 entsprechend anzuwenden.

(2) Gegen die Entscheidung des Amtsgerichts findet die Beschwerde statt.

§ 489 ersetzt den bisherigen § 195 FGG. Sind in den Angelegenheiten, die 1 in den Anwendungsbereich des § 1 fallen, nach Landesgesetz anstelle der Gerichte Behörden zuständig, kann nach Abs 1 durch Landesgesetzgebung bestimmt werden, dass für die **Abänderung** einer Entscheidung der Behörde das Amtsgericht zuständig ist, in dessen Bezirk die Behörde ihren Sitz hat. Hierdurch wird der Landesgesetzgebung die Möglichkeit eröffnet, die Entscheidungen der nicht richterlichen Behörde durch eine richterliche Instanz, die jedoch nicht Beschwerdeinstanz ist, überprüfen zu lassen. Das landesgesetzlich bestimmte Amtsgericht ist vor Einlegung der Beschwerde anzurufen. Auf das Verfahren vor dem Amtsgericht sind die Vorschriften der §§ 59–69 über die Beschwerde entsprechend anzuwenden.

Durch die in Abs 1 vorgesehene Möglichkeit der vorherigen Anrufung des 2 Amtsgerichts ändert sich am eigentlichen Beschwerdeverfahren nichts. **Gegenstand der Beschwerde** ist die Entscheidung des Amtsgerichts (Abs 2). Auf das Beschwerdeverfahren finden die allgemeinen Vorschriften Anwendung.

Landesrechtliche Aufgebotsverfahren

490 Die Landesgesetze können bei Aufgeboten, deren Zulässigkeit auf landesgesetzlichen Vorschriften beruht, die Anwendung der Bestimmungen über das Aufgebotsverfahren ausschließen oder diese Bestimmungen durch andere Vorschriften ersetzen.

§ 490 entspricht der bisherigen Regelung des § 11 EGZPO. Soweit die 1 Länder berechtigt sind, das Aufgebotsverfahren landesgesetzlich anzuordnen (s insb Artt 101, 102 EGBGB) können sie hierzu auch ganz oder teilweise das Verfahren abweichend von den Vorschriften des Buches 8 regeln.

Landesrechtliche Vorbehalte bei Verfahren zur Kraftloserklärung von Urkunden

491 Unberührt bleiben die landesgesetzlichen Vorschriften, durch die für das Aufgebotsverfahren zum Zweck der Kraftloserklärung von Schuldverschreibungen auf den Inhaber, die ein deutsches Land oder früherer Bundesstaat oder eine ihm angehörende Körperschaft, Stiftung oder Anstalt des öffentlichen Rechts ausgestellt oder für deren Bezahlung ein deutsches Land oder früherer Bundesstaat die Haftung

§ 491

übernommen hat, ein bestimmtes Amtsgericht für ausschließlich zuständig erklärt wird. **Bezweckt das Aufgebot die Kraftloserklärung einer Urkunde der in § 808 des Bürgerlichen Gesetzbuchs bezeichneten Art, gilt Satz 1 entsprechend.**

1   § 491 Satz 1 entspricht inhaltlich dem bisherigen § 1006 III ZPO. Er schreibt unverändert die Fortgeltung bestehender landesgesetzlicher Vorschriften in diesem Bereich fort (BT-Drs 16/6308, 299). Gleiches gilt für landesrechtliche Vorschriften hinsichtlich des Aufgebotes hinkender Inhaberpapiere iS des § 808 BGB. § 491 Satz 2 übernimmt insoweit den Regelungsgehalt des bisherigen § 1023 Satz 1 ZPO.

Artikel 111 des Gesetzes zur Reform des Verfahrens in Familiensachen und in den Angelegenheiten der freiwilligen Gerichtsbarkeit (FGG-Reformgesetz)

Übergangsvorschrift

111 (1) Auf Verfahren, die bis zum Inkrafttreten des Gesetzes zur Reform des Verfahrens in Familiensachen und in den Angelegenheiten der freiwilligen Gerichtsbarkeit eingeleitet worden sind oder deren Einleitung bis zum Inkrafttreten des Gesetzes zur Reform des Verfahrens in Familiensachen und in den Angelegenheiten der freiwilligen Gerichtsbarkeit beantragt wurde, sind weiter die vor Inkrafttreten des Gesetzes zur Reform des Verfahrens in Familiensachen und in den Angelegenheiten der freiwilligen Gerichtsbarkeit geltenden Vorschriften anzuwenden. Auf Abänderungs-, Verlängerungs- und Aufhebungsverfahren finden die vor Inkrafttreten des Gesetzes zur Reform des Verfahrens in Familiensachen und in den Angelegenheiten der freiwilligen Gerichtsbarkeit geltenden Vorschriften Anwendung, wenn die Abänderungs-, Verlängerungs- und Aufhebungsverfahren bis zum Inkrafttreten des Gesetzes zur Reform des Verfahrens in Familiensachen und in den Angelegenheiten der freiwilligen Gerichtsbarkeit eingeleitet worden sind oder deren Einleitung bis zum Inkrafttreten des Gesetzes zur Reform des Verfahrens in Familiensachen und in den Angelegenheiten der freiwilligen Gerichtsbarkeit beantragt wurde.

(2) Jedes gerichtliche Verfahren, das mit einer Endentscheidung abgeschlossen wird, ist ein selbständiges Verfahren im Sinne des Absatzes 1 Satz 1.

(3) Abweichend von Absatz 1 Satz 1 sind auf Verfahren in Familiensachen, die am 1. September 2009 ausgesetzt sind oder nach dem 1. September 2009 ausgesetzt werden oder deren Ruhen am 1. September 2009 angeordnet ist oder nach dem 1. September 2009 angeordnet wird, die nach Inkrafttreten des Gesetzes zur Reform des Verfahrens in Familiensachen und in den Angelegenheiten der freiwilligen Gerichtsbarkeit geltenden Vorschriften anzuwenden.

(4) Abweichend von Absatz 1 Satz 1 sind auf Verfahren über den Versorgungsausgleich, die am 1. September 2009 vom Verbund abgetrennt sind oder nach dem 1. September 2009 abgetrennt werden, die nach Inkrafttreten des Gesetzes zur Reform des Verfahrens in Familiensachen und in den Angelegenheiten der freiwilligen Gerichtsbarkeit geltenden Vorschriften anzuwenden. Alle vom Verbund abgetrennten Folgesachen werden im Fall des Satzes 1 als selbständige Familiensachen fortgeführt.

(5) Abweichend von Absatz 1 Satz 1 sind auf Verfahren über den Versorgungsausgleich, in denen am 31. August 2010 im ersten Rechtszug noch keine Endentscheidung erlassen wurde, sowie auf die mit solchen Verfahren im Verbund stehenden Scheidungs- und Folgesachen ab dem 1. September 2010 die nach Inkrafttreten des Gesetzes zur Reform des

Art 111 Übergangsvorschrift

Verfahrens in Familiensachen und in den Angelegenheiten der freiwilligen Gerichtsbarkeit geltenden Vorschriften anzuwenden.

1   Art 111 FGG-RG enthält die **Übergangsregelung** für das mit dem Inkrafttreten des FGG-RG anzuwendende materielle Recht und das damit gleichlaufende Verfahrensrecht. Das **bisherige** Recht ist weiterhin anzuwenden auf Verfahren, die bis zum Inkrafttreten des Gesetzes eingeleitet worden sind oder deren Einleitung bis zu diesem Zeitpunkt beantragt worden ist. Das Gleiche gilt für Abänderungs-, Verlängerungs- und Aufhebungsverfahren; diese Regelung ist insbes von Bedeutung für Betreuungs-, Unterbringungs- und Freiheitsentziehungsverfahren.

1   In **Antragsverfahren** ist bei mehreren Anträgen, die nur einheitlich gestellt werden können, der zuerst gestellte Antrag maßgebend (OLG Schleswig, FGPrax 09, 289). Das anwendbare Verfahren für eine vor dem 1. 9. 2009 erhobene Klage ändert sich nicht durch eine nach diesem Zeitpunkt erfolgende Widerklage oder Klageerweiterung; das Verfahren ist einheitlich zu behandeln (BGH, FamRZ 11, 100; ebenso OLG Frankfurt – 4. ZS –, FamRZ 10, 1581: aA für den Fall der Klageerweiterung OLG Frankfurt – 19. ZS –, FamRZ 10, 481). Einheitlich ist das anwendbare Verfahrensrecht auch dann, wenn vor dem 1. 9. 2009 eine Teilentscheidung ergangen ist und über den nicht erledigten Teil nach diesem Zeitpunkt entschieden wird (OLG Naumburg, FamRZ 10, 1444). Auch auf Verfahren zur Bestellung eines Sonderprüfers nach § 142 VIII AktG findet das bisherige Verfahrensrecht Anwendung, wenn das Verfahren vor dem 1. 9. 2009 eingeleitet wurde (BGH, FGPrax 10, 102; ebenso bei Stellung eines Erbscheinsantrages vor dem 1. 9. 2009 (OLG Köln, FamRZ 10, 1013). Der Antrag auf Festsetzung der Vergütung des Vormundes leitet ein selbständiges Verfahren ein (OLG Dresden, FamRZ 10, 1269; OLG Nürnberg, FamRZ 10, 1760; OLG Stuttgart, Rpfleger 11, 32). Der Antrag auf Kostenfestsetzung leitet ein selbständiges Verfahren ein; erfolgt dieser nach dem 1. 9. 2009 findet das neue Recht Anwendung (OLG Köln, FGPrax 10, 207).

In **Amtsverfahren** ist Zeitpunkt der Einleitung der, in dem sich ein Anlass ergibt, von Amts wegen oder auf Anregung in eine sachliche Prüfung einzutreten (OLG Schleswig, FGPrax 10, 109 zu § 53 I GBO; OLG Stuttgart, FamRZ 10, 73: Nachlass-Sache). Eine Anregung in einem Amtsverfahren bestimmt in gleicher Weise wie ein Antrag den Zeitpunkt der Einleitung des Verfahrens (OLG München, Rpfleger 10, 491). Bei einer Vereinsregistersache handelt es sich nach altem Recht ausschließlich um ein Amtsverfahren (§ 142 FGG). Die Einleitung begann bereits mit der unzulässigen Eintragung, weil von da an die Amtspflicht zur Löschung bestand (OLG Stuttgart, Rpfleger 10, 219 für eine vor dem 1. 9. 2009 erfolgte unzulässige Eintragung).

Durch einen Antrag auf **Verfahrenskostenhilfe** wird das Verfahren zur Hauptsache noch nicht eingeleitet (OLG Stuttgart, FamRZ 10, 1666). Wird ein Antrag unter der Bedingung der Bewilligung von Verfahrenskostenhilfe gestellt, wird dieser erst mit der Bewilligung wirksam; wird ein solcher Antrag vor dem 1. 9. 2009 gestellt und erfolgt die Bewilligung nach dem 1. 9. 2009 findet daher das neue Recht Anwendung (Müko-ZPO/Pabst, Rn 5 zu Art 111 FGG – RG; Berghaus, FGPrax 10, 104; aA OLG Düsseldorf,

Übergangsvorschrift **Art 111**

FamRZ 10, 325: Einleitung mit Stellung des Verfahrenskostenhilfeantrags; OLG Celle, FamRZ 10, 1003: nach dem Grundsatz der Gleichbehandlung von bemittelten und unbemittelten Personen soll das gleiche Verfahrensrecht auf Verfahrenskostenhilfe und Hauptsache anzuwenden sein; daher sei der Antrag auf Verfahrenskostenhilfe in gleicher Weise zu behandeln wie ein Antrag auf Einleitung der Hauptsache.

Das **Vollstreckungsverfahren** ist ein selbständiges, von dem Verfahren, 1 das zu dem Titel führte, unabhängiges Verfahren. Wird es nach dem 1. 9. 2009 eingeleitet, ist daher neues Recht anzuwenden, auch wenn der Titel in einem dem bisherigen Recht unterliegenden Verfahren erging (OLG Stuttgart, FamRZ 10, 1594; OLG Karlsruhe, FGPrax 10, 105; NJW 10, 2142). Streitig ist, ob eine vor dem 1. 9. 2009 erfolgte Androhung nach § 33 FGG den Hinweis nach § 89 II ersetzt; dafür: OLG Karlsruhe – 2. ZS –, NJW 10, 2142; dagegen: OLG Karlsruhe – 5. ZS –, FGPrax 10, 105; OLG Koblenz, FamRZ 10, 1930.

Für die **Zulässigkeit eines Rechtsmittels** ist allgemein der Zeitpunkt 1 der Einlegung maßgebend, sofern nicht bei Gesetzesänderungen besondere Bestimmungen getroffen werden. Nach der Übergangsregelung des Art 111 FGG-RG ist Verfahren nicht nur das bis zum Abschluss einer Instanz, sondern bei Einlegung eines Rechtsmittels auch die mehrere Instanzen umfassende gerichtliche Tätigkeit in einer Sache. Auch die Durchführung des Rechtsmittelverfahrens erfolgte daher nach dem bisher geltenden Recht, wenn das Verfahren in erster Instanz vor dem 1. 9. 2009 eingeleitet wurde (BT-Drs 16/6308 S. 359; BGH, FamRZ 10, 639, 192; OLG Köln, FGPrax 09, 241; OLG Stuttgart, FGPrax 09, 292; OLG Düsseldorf, FGPrax 09, 284; KG, FGPrax 10, 104; OLG Schleswig, FGPrax 09, 289; NJW 10, 242).

Ausnahmen von dem Grundsatz des Abs 1 enthalten die Abs 3–5. Abs 2 2 stellt klar, dass in **Bestandsverfahren** wie Betreuung oder Vormundschaft Angelegenheiten, die mit einer durch Beschluss zu erlassenden Endentscheidung zu erledigen sind, **selbständige** Verfahren sind, auf die das neue Recht Anwendung findet, wenn sie nach Inkrafttreten des FGG-RG eingeleitet werden. Hierunter fallen ua gerichtliche Genehmigungen.

Nach Abs 3 ist das neue Verfahrensrecht auf Familiensachen anzuwenden, 3 die auf der Grundlage einer formellen gerichtlichen Entscheidung vor Inkrafttreten des FGG-Reformgesetzes **ausgesetzt** (§§ 246 ff, 614 ZPO, § 52 II FGG) oder **zum Ruhen gebracht** (§§ 251, 251a ZPO) wurden oder dies nach Inkrafttreten des Gesetzes geschieht; bei Wiederaufnahme des Verfahrens unterliegen diese Angelegenheiten dem neuen Recht.

Die Abs 4 und 5 stellen den Gleichlauf mit der in **§ 48 VersAusglG** 4 enthaltenen Übergangsregelung her. Nach Abs 4 Satz 1 findet das neue Verfahrensrecht Anwendung auf Verfahren, die am 1. September 2009 vom Verbund **abgetrennt** waren oder nach diesem Zeitpunkt abgetrennt werden; ferner nach Abs 5 dann, wenn das Verfahren über den Versorgungsausgleich nicht innerhalb eines Jahres nach Inkrafttreten des FGG-Reformgesetzes durch Endentscheidung abgeschlossen worden ist. Diese Regelung erstreckt sich auch auf Scheidungs- und Folgesachen, soweit sie mit dem Versorgungsausgleich im Verbund stehen.

Ergänzend stellt Abs 4 Satz 2 klar, dass das neue Verfahrensrecht bei Abtrennung auch dann Anwendung findet, wenn die Versorgungsausgleichsfolgesache gemeinsam mit weiteren Folgesachen vom Verbund abgetrennt wird. Alle abgetrennten Folgesachen werden als selbständige Verfahren fortgeführt und stehen zueinander nicht im Restverbund. Nur so kann erreicht werden, dass für die abgetrennten Versorgungsausgleichssachen das neue Recht zur Anwendung kommt, während es für die anderen Folgesachen bei dem früheren Recht verbleibt (OLG Celle, NJW 10, 3791). Sie bleiben Folgesachen; eine bereits bewilligte Verfahrenskostenhilfe bleibt bestehen (OLG Celle, aaO; OLG Brandenburg, FamRZ 10, 2002); der Anwaltszwang besteht weiter (OLG Celle, aaO; OLG Rostock, FamRZ 11, 57).

Gerichtsverfassungsgesetz

I. Unmittelbare Anwendbarkeit

Die Vorschriften des GVG finden nunmehr auf das Verfahren der freiwilligen Gerichtsbarkeit unmittelbar Anwendung. In § 12 GVG iVm § 2 EGGVG ist die Begrenzung der Anwendbarkeit auf die „streitige" Gerichtsbarkeit entfallen. Die Familiensachen und die Angelegenheiten der freiwilligen Gerichtsbarkeit sind als „Zivilsachen" in den Anwendungsbereich des § 13 GVG einbezogen worden. Damit entfällt die Notwendigkeit der bisherigen Bezugnahme auf die Vorschriften des GVG in den §§ 2 (Rechtshilfe), 8 (Gerichtssprache, Sitzungspolizei, Beratung und Abstimmung). Die bisher in § 9 FGG enthaltene, von den allgemeinen Vorschriften des GVG abweichende Regelung für die Zuziehung und Beeidigung des Dolmetschers ist in das GVG übernommen worden. § 185 GVG räumt ein größeres Ermessen bei der Frage ein, ob ein Dolmetscher hinzuzuziehen ist, § 189 GVG bei der Frage von dessen Vereidigung.

II. Rechtshilfe

1. Anwendungsbereich

Die das Verfahren der Rechtshilfe regelnden Vorschriften der §§ 156 bis 168 GVG finden auf die Angelegenheiten der freiwilligen Gerichtsbarkeit und die Familiensachen unmittelbare Anwendung. Für die den zivilprozessualen Vorschriften unterliegenden Ehe- und Familiensachen galt dies schon bisher, für die Familiensachen aus dem Bereich der freiwilligen Gerichtsbarkeit auf Grund ausdrücklicher Regelung durch § 621 a I 2 ZPO aF. Die Einbeziehung der Angelegenheiten der freiwilligen Gerichtsbarkeit, zu denen jetzt auch die Abstammungssachen (bisher §§ 640 ff ZPO), das Aufgebotsverfahren (bisher §§ 946 ff ZPO) und die Verfahren in Freiheitsentziehungssachen (bisher Gesetz über das gerichtliche Verfahren bei Freiheitsentziehungen) gehören, erfolgte durch die Erweiterung des Begriffs der Zivilsache in § 13 GVG. In **landesrechtlichen** Angelegenheiten der freiwilligen Gerichtsbarkeit wurden die Vorschriften des GVG über die Rechtshilfe durch Bezugnahme auf § 2 FGG einbezogen. Durch die Erweiterung des § 13 GVG gelten die Vorschriften jetzt auch insoweit unmittelbar. Sind für die in § 1 genannten Angelegenheiten nach Landesgesetz andere als gerichtliche Behörden zuständig, sind die Vorschriften des GVG über Rechtshilfe entsprechend anzuwenden (§ 488 I, III 1, 2). Die Rechtshilfe ist nicht mehr wie bisher nach § 2 FGG auf Rechtshilfe zwischen Gerichten der freiwilligen Gerichtsbarkeit beschränkt; sie ist in **allen Zivilsachen** zu gewähren. Sie ist auch zwischen Hauptgericht und Zweigstelle möglich (OLG München, MDR 82, 763). Sie ist auch zwischen den Gerichten und den nach Landesgesetz zuständigen Behörden (§ 488 III 2) zu gewähren.

GVG Gerichtsverfassungsgesetz

2. Begriff

5 Rechtshilfe ist die Vornahme einer gerichtlichen Handlung durch den Richter (RPfl) auf Ersuchen eines Gerichts eines anderen Bezirks, wenn eine Amtshandlung außerhalb des Gerichtsbezirks des ersuchenden Gerichts vorzunehmen ist. Das ersuchte Gericht muss sachlich für die vorzunehmende Handlung zuständig sein. Sind für die Erledigung von Rechtshilfeersuchen andere als gerichtliche Behörden zuständig, bleibt daneben die Zuständigkeit des Amtsgerichts bestehen (OLG Karlsruhe, Rpfleger 94, 255). Die Erledigung des Ersuchens kann nur einem Richter auf Lebenszeit übertragen werden (OLG Stuttgart, FamRZ 84, 716).

3. Gegenstand eines Rechtshilfeersuchens

6 Um Rechtshilfe kann ersucht werden bei folgenden Gegenständen: Vernehmung von Beteiligten oder Zeugen, die in dem anderen Gerichtsbezirk wohnen, Anhörung des Kindes (OLG Frankfurt, Rpfleger 80, 391 zu § 50 b FGG), jedoch im Regelfall durch den entscheidenden Richter (BVerfGE 55, 171); die persönliche Anhörung des Betroffenen bei Anordnung eines vorläufigen Betreuers, eines vorläufigen Einwilligungsvorbehalts (§ 300 I 2), einer vorläufigen Unterbringungsmaßnahme (§ 331 Satz 2), Augenscheinseinnahme eines in einem anderen Gerichtsbezirk befindlichen Objekts, Verpflichtung eines Vormundes oder Pflegers, uU mit der Verpflichtung, nach Maßgabe des Rechtshilfeersuchens auch weitergehende Fragen mit dem Bestellten zu erörtern und etwa erforderliche Anträge herbeizuführen und entgegenzunehmen (OLG Stuttgart m Anm Kreppel, Rpfleger 90, 357), Aufnahme eines Nachlassverzeichnisses, Entgegennahme einer eidesstattlichen Versicherung im Erbscheinsverfahren (OLG Frankfurt, Rpfleger 70, 206); ferner ist Rechtshilfe zulässig zur Durchführung bestimmt bezeichneter Ermittlungen nach § 26, Bekanntgabe des Inhalts eines eröffneten Testaments nach § 2262 BGB an die bei Eröffnung nicht anwesenden Personen. Sind nach Landesrecht die Erben von Amts wegen zu ermitteln, kann sich das Nachlassgericht der Rechtshilfe eines anderen Gerichts bedienen.

7 **Nicht Gegenstand** eines Rechtshilfeersuchens können solche Amtshandlungen sein, die das Gericht selbst vornehmen muss und kann: Die Eröffnung des Testaments nach §§ 2260, 2261 BGB, nicht der Erlass von Entscheidungen, nicht also die Auswahl eines Vormundes oder die Erteilung eines Erbscheins. Ausdrücklich ausgeschlossen ist die Anhörung des Betroffenen durch einen ersuchten Richter vor Bestellung eines Betreuers oder der Anordnung eines Einwilligungsvorbehalts, wenn nicht anzunehmen ist, dass die Entscheidung ohne eigenen Eindruck von dem Betroffenen getroffen werden kann (§ 278 III); das Ersuchen, eine Anhörung nach § 278 vorzunehmen, darf jedoch nicht abgelehnt werden, wenn die vorzunehmende Handlung jedenfalls nicht allgemein verboten ist (BayObLG, FamRZ 93, 450; OLG Frankfurt, FamRZ 93, 1221); der ersuchte Richter hat die Voraussetzungen im konkreten Einzelfall nicht zu prüfen; das Gleiche gilt für die Anhörung des Betroffenen vor einer Unterbringungsmaßnahme (§ 319 I, IV). Ein anderes Gericht kann nicht zur Durchführung des Verhandlungstermins im Erbauseinandersetzungsverfahren ersucht werden.

II. Rechtshilfe **GVG**

4. Verfahren bei der Durchführung von Rechtshilfeersuchen

a) Zulässigkeit. Das Rechtshilfeersuchen ist zulässig, wenn und solange 8 das nachsuchende Gericht mit der Sache befasst ist, jedoch schon bei den der Einleitung des Verfahrens vorangehenden Ermittlungen; nicht mehr nach einer auf Grund der §§ 4, 273, 314, §§ 123, 153, 263, 268 erfolgten Abgabe oder einer nach § 154 erfolgten Verweisung.

b) Zuständigkeit. Das Ersuchen ist an das Amtsgericht zu richten, in 9 dessen **Bezirk** die Amtshandlung vorgenommen werden soll (§ 157 GVG), oder an ein auf der Grundlage des § 157 Abs 2 GVG durch Rechtsverordnung bestimmtes Amtsgericht. Unter mehreren örtlich zuständigen Gerichten hat das ersuchende Gericht die Wahl. Sind auf Grund des Vorbehalts des Art 147 EGBGB für Vormundschafts- und Nachlasssachen andere als gerichtliche Behörden zuständig, so sind auch diese in Angelegenheiten, die in ihren sachlichen Wirkungskreis fallen, rechtshilfepflichtig, andererseits ihnen gegenüber auch die Amtsgerichte. Neben den Behörden sind auch die Amtsgerichte des Landes, in dem die Vormundschafts- und Nachlasssachen anderen als gerichtlichen Behörden übertragen sind, rechtshilfepflichtig (§ 488 III 2). Bei örtlicher Unzuständigkeit des ersuchten Gerichts hat dieses das Gesuch an das örtlich zuständige Gericht abzugeben (§ 158 II 2 GVG). In Angelegenheiten, die dem **Rechtspfleger** übertragen sind, trifft dieser alle Maßnahmen, die zur Erledigung der ihm übertragenen Geschäfte erforderlich sind (§ 4 I RPflG). Er ist in diesem Rahmen auch berechtigt, Rechtshilfe zu ersuchen und zu erledigen (OLG Karlsruhe, FamRZ 94, 638). In nicht übertragenen Angelegenheiten ist er grundsätzlich zur Rechtshilfe nicht befugt und nicht verpflichtet; er kann jedoch auch in diesen Angelegenheiten auf Ersuchen des Richters Ermittlungen im Wege der Rechtshilfe erledigen oder Anhörungen vornehmen; ausgeschlossen sind förmliche Beweiserhebungen und Beeidigungen (OLG Oldenburg, Rpfleger 58, 281 für Beschwerdeverfahren).

c) Ablehnung. Die Ablehnung eines Rechtshilfeersuchens ist grundsätz- 10 lich nicht zulässig (§ 158 I GVG), ausnahmsweise jedoch dann, wenn die vorzunehmende Handlung nach dem Recht des ersuchten Gerichts verboten ist (§ 158 II GVG). Diese Voraussetzung liegt vor, wenn das ersuchte Gericht sachlich nicht zuständig ist oder Gesetze materiellen Inhalts der Vornahme entgegenstehen (OLG Hamm, FamRZ 61, 128; OLG München, FamRZ 66, 380; OLG Köln, OLG 66, 188; BayObLG 92, 271 ff; OLG Frankfurt, FamRZ 93, 1221), die vorzunehmende Amtshandlung schlechthin unzulässig ist (BGH, Rpfleger 90, 408; OLG Frankfurt, FGPrax 95, 167; OLG Zweibrücken, FGPrax 00, 149); nach OLG Schleswig (FGPrax 95, 1149) auch dann, wenn eine Anhörung durch den ersuchten Richter zwar nicht grundsätzlich verboten, aber eklatant unrichtig ist. Unzulässig ist auch ein Rechtshilfeersuchen um Aufnahme einer Ausschlagungserklärung, wenn dem ersuchenden Gericht eine wirksam erklärte Ausschlagung bereits vorliegt (SaarOLG, Rpfleger 05, 197). Bei zweifelhafter Rechtslage ist die Rechtsansicht des ersuchenden Richters maßgebend (OLG Düsseldorf NJW 59, 298; OLG München, OLG 76, 252; OLG Frankfurt, Rpfleger 80, 391). Das ersuchte Gericht ist auch nicht berechtigt, die Notwendigkeit oder Zweckmäßigkeit der Vornahme im Wege der Rechtshilfe zu prüfen (BGH, Rpfleger 90, 408; BayObLG,

FamRZ 94, 639; OLG Düsseldorf, MDR 96, 843) oder die Voraussetzungen für eine Beweisaufnahme nach § 375 I Nr 3 ZPO (BAG, NJW 01, 2196); eine Ablehnung wegen Überlastung ist nicht zulässig (OLG Frankfurt, Rpfleger 79, 426).

11 **d) Entscheidung des Oberlandesgerichts.** Wird das Ersuchen abgelehnt oder dem Ersuchen entgegen § 158 II GVG stattgegeben, entscheidet auf Antrag der Beteiligten oder des ersuchenden Gerichts (§ 159 II GVG) das Oberlandesgericht, zu dessen Bezirk das ersuchte Gericht gehört (§ 159 I GVG); in Bayern entschied (bis 30. 6. 2006) das BayObLG an Stelle der Oberlandesgerichte (BayObLG, FamRZ 93, 450). War das Ersuchen an einen Rechtspfleger gerichtet, so kann der Rechtspfleger des ersuchenden Gerichts unmittelbar die Entscheidung des Oberlandesgerichts nach § 159 GVG herbeiführen (OLG Zweibrücken, FGPrax 00, 149; OLG Stuttgart, Rpfleger 02, 255; aA nach bisherigem Recht: BayObLG, FGPrax 169; OLG Frankfurt, Rpfleger 93, 233). Nunmehr ergibt sich die Vorlageberechtigung aus § 11 I RPflG iVm § 159 II GVG; auch soweit weiterhin die Erinnerung gegeben ist (§ 11 II RPflG), ist (wie bisher OLG München, Rpfleger 73, 19) ohne vorherige Durchführung des Erinnerungsverfahrens die unmittelbare Vorlageberechtigung zu bejahen. Gegen die Weigerung des Nachlassgerichts auf Ersuchen des Grundbuchamtes, die Erben des eingetragenen Eigentümers zu ermitteln, kann in entsprechender Anwendung des § 159 GVG das OLG durch das Grundbuchamt angerufen werden (KG, OLG 69, 134).

12 **e) Vollstreckungen, Ladungen und Zustellungen.** Sie bedürfen nach § 160 GVG keines Rechtshilfeersuchens; jedes Gericht ist berechtigt, diese Handlungen außerhalb des Gerichtsbezirks vornehmen zu lassen. Nach § 161 GVG kann aber bei Erteilung eines Auftrags an einen Gerichtsvollzieher die Vermittlung der Geschäftsstelle des Amtsgerichts in Anspruch genommen werden, in dessen Bezirk der Auftrag ausgeführt werden soll.

13 **f) Vollstreckung.** Die §§ 162, 163 GVG behandeln die Vollstreckung von Freiheitsstrafen außerhalb eines Gerichtsbezirks. Sie finden entspr Anwendung auf das nach § 178 GVG verhängte Ordnungsmittel wegen Ungebühr, das nach § 30 iVm §§ 380, 390 I ZPO verhängte Ordnungsmittel; ferner auf die Ordnungs- bzw Zwangshaft zur Erzwingung einer Handlung nach § 390 II, § 901, §§ 888–890 ZPO, soweit Vollstreckung nach der ZPO stattfindet.

14 **g) Kosten.** Die Rechtshilfe wird nach dem Grundsatz des § 164 GVG von den Gerichten verschiedener Länder **kostenlos** gewährt. Nicht ausgeschlossen wird jedoch die Erhebung von Gebühren für die im Wege der Rechtshilfe nachgesuchte Handlung von den Beteiligten.

15 **h) Amtshandlungen außerhalb des Gerichtsbezirks.** Nach § 166 GVG darf ein Richter (Rechtspfleger) Amtshandlungen im Geltungsbereich des GVG auch außerhalb seines Bezirkes vornehmen. Amtshandlungen sind nicht nur Tätigkeiten, die im Wege der Rechtshilfe erledigt werden können, sondern auch Nachlasssicherungen, Inventaraufnahmen, Vernehmung schwer Erkrankter. Der Wirksamkeit der Handlung steht unter diesen Voraussetzungen nicht entgegen, dass sie in dem Bezirk, in dem sie vorgenommen wird, nicht zur sachlichen Zuständigkeit des Richters oder eines sonstigen Organs der freiwilligen Gerichtsbarkeit gehört.

II. Rechtshilfe **GVG**

i) § 168 GVG behandelt keinen Fall der Rechtshilfe. Er will lediglich die einheitliche Anwendung von Vorschriften über die **Mitteilung von Akten** durch eine öffentliche Behörde gewährleisten. 16

5. Rechtshilfeverkehr mit dem Ausland

Für den Rechtshilfeverkehr mit dem Ausland gelten Kollektivverträge und bilaterale Verträge. Das Haager Übereinkommen vom 1. 3. 1954 über den Zivilprozess (BGBl 1958 II S. 576) regelt ua Rechtshilfeersuchen (Art 8 ff). Vorschriften über Zustellungen sind neu geregelt in dem Haager Übereinkommen über die Zustellung gerichtlicher Schriftstücke im Ausland in Zivil- und Handelssachen (HZÜ) vom 15. 11. 1965 (BGBl 1977 II S. 1452). Nach dem Haager Übereinkommen über die Beweisaufnahme im Ausland in Zivil- und Handelssachen (HBÜ) vom 18. 3. 1970 (BGBl 1977 II S. 1452, 1472) kann das Gericht eines Vertragsstaates einen anderen Vertragsstaat ersuchen, eine Beweisaufnahme oder eine andere gerichtliche Handlung vorzunehmen. Bilaterale Verträge bestehen mit Großbritannien, Griechenland, Liechtenstein, Tschechien, Tunesien, der Türkei und Marokko. Mit weiteren Staaten wird der Rechtshilfeverkehr auch vertragslos abgewickelt. 17

6. Vorrang der EG-Verordnungen

Innerhalb der EU (mit Ausnahme Dänemarks) wurden die Übereinkommen und Verträge in ihrem jeweiligen Anwendungsbereich verdrängt durch die VO (EG) Nr 1348/2000 des Rates über die Zustellung gerichtlicher und außergerichtlicher Schriftstücke in Zivil- oder Handelssachen in den Mitgliedstaaten v 29. 5. 2000 (ABl EG Nr L 160 v 30. 6. 2000 S. 37), die am 30. 5. 2001 in Kraft getreten ist (ZustellungsVO). Die VO war anzuwenden, wenn ein gerichtliches oder außergerichtliches Schriftstück von einem in einen anderen Mitgliedstaat zum Zwecke der Zustellung zu übermitteln ist. Die VO Nr 1348/2000 wurde aufgehoben und neu gefasst durch die VO (EG) Nr 1393/2007 v 13. 11. 2007 (ABl EU Nr L 324 S. 79), die am 13. 11. 2008 in Kraft getreten ist. 18

Auf dem Gebiet der **Beweisaufnahme** in Zivil- und Handelssachen (Einl 57) ist auf die Zusammenarbeit zwischen den Gerichten der Mitgliedstaaten ab 1. 1. 2004 die Verordnung (EG) Nr 1205/2001 des Rates v 28. 5. 2001 – EuBVO – (ABl EG Nr L 174 v 27. 6. 2001 S. 1) anwendbar. 19

Die VO (EG) Nr 1348/2000 wurde zunächst ergänzt durch das EG-Zustellungsdurchführungsgesetz – ZustG v 9. 7. 2001 (BGBl I S. 1356). Nunmehr wird die Durchführung der VO (EG) Nr 1348/2000 und der VO (EG) Nr 1206/2001 durch das Gesetz zur Durchführung gemeinschaftsrechtlicher Vorschriften über die grenzüberschreitende Beweisaufnahme in Zivil- und Handelssachen in den Mitgliedstaaten geregelt und wurde in das 11. Buch der ZPO aufgenommen; Zustellung: §§ 1067–1071 ZPO; Beweisaufnahme §§ 1072–1075 ZPO. Zur Durchführung der neuen ZustellungsVO Nr 1393/2007 sind die §§ 1067–1069 ZPO nF anzuwenden. 20

III. Gerichtssprache, Verständigung

1. Gerichtssprache

21 Die Gerichtssprache ist nach § 184 GVG grundsätzlich deutsch. Den Sorben wird durch den durch Gesetz vom 19. 4. 2006 angefügten Satz 2 das Recht gewährleistet, in den Heimatkreisen der sorbischen Bevölkerung vor Gericht sorbisch zu sprechen.

22 **a) Schriftlicher Verkehr.** Im schriftlichen Verkehr sind daher Anträge und Erklärungen grundsätzlich in deutscher Sprache abzugeben. Fremdsprachige Erklärungen sind zur Wiederholung zurückzugeben. Zur Wahrung einer Rechtsmittelfrist reicht die Einreichung einer in fremder Sprache gehaltenen Rechtsmittelschrift nicht aus (BGH, NJW 82, 532; 84, 2050; KG, OLG 86, 125; BayObLG, NJW-RR 87, 379); aA für ein in englischer Sprache eingereichtes Rechtsmittel eines inhaftierten, anwaltlich nicht vertretenen Ausländers OLG Frankfurt, NJW 80, 1173. Auf Antrag ist in der Regel Wiedereinsetzung zu gewähren (BGH aaO). Eine gesetzlich vorgesehene Rechtsmittelbelehrung muss den Hinweis enthalten, dass die Rechtsmitteleinlegung in deutscher Sprache erfolgen muss (BGH 82, 532). Fremdsprachige Urkunden sind als Anlage oder Beweisstücke zulässig. Soweit das Gericht von Amts wegen tätig werden muss, kann sich auf Grund einer fremdsprachigen Mitteilung die Notwendigkeit ergeben, dass das Gericht tätig werden muss, zB zur Einleitung einer Vormundschaft oder Pflegschaft. Nach § 142 II ZPO kann das Gericht anordnen, dass von einer in fremder Sprache abgefassten, nach § 142 I ZPO vorzulegenden Urkunde eine Übersetzung beigebracht werden muss; dies gilt nicht gegenüber Dritten (§ 142 III 5 ZPO).

Sondervorschriften bestehen für die gerichtliche Beurkundung von Willenserklärungen nach § 62 BeurkG, für die Niederschrift einer Ausschlagungserklärung nach § 1945 II BGB und die Entgegennahme einer eidesstattlichen Versicherung nach § 2356 II BGB iVm § 56 III 2 BeurkG; hierauf finden § 1 II iVm § 5 I, §§ 16, 38 BeurkG Anwendung. Für die Beurkundungen durch Notare gelten §§ 5, 16, 32, 33, 36, 38 BeurkG.

23 **b) Mündlicher Verkehr.** Im mündlichen Verkehr mit dem Gericht kann sich jede Person, die nach der freien Überzeugung des Gerichts der deutschen Sprache nicht mächtig ist, einer fremden Sprache bedienen. Die Protokollierung ist in deutscher Sprache vorzunehmen, daneben eventuell auch in der fremden Sprache. Wenn sich Zweifel ergeben, muss die Sprachunkundigkeit geprüft werden. In der bewusst unwahren Behauptung, die deutsche Sprache nicht zu beherrschen, kann eine Ungebühr liegen; bei Zeugen ein Fall der Zeugnisverweigerung. Den Eid können Personen, die die deutsche Sprache nicht beherrschen, in der ihnen geläufigen Sprache leisten (§ 188 GVG).

2. Verständigung

24 Für die Verständigung mit hör- oder sprachbehinderten Personen gilt § 186 GVG, für blinde oder sehbehinderte Personen § 191 a GVG, für deren

IV. Dolmetscher

Eidesleistung § 30 iVm § 483 ZPO. Die Verständigung in der Verhandlung (Anhörung, Erörterung) kann mündlich, schriftlich oder mit Hilfe einer von der behinderten Person gewählten, die Verständigung ermöglichenden Person erfolgen, die von dem Gericht hinzuzuziehen ist; diese hat nicht die Stellung eines Dolmetschers, die entspr. Anwendung der §§ 189 ff GVG im Einzelfall ist jedoch nicht ausgeschlossen. Übt die behinderte Person das ihr zustehende Wahlrecht über die Form der Verständigung nicht aus oder ist eine Verständigung in der gewählten Form nicht oder nur mit unverhältnismäßigem Aufwand möglich, ordnet das Gericht nach seinem Ermessen (BGH, NJW 97, 2336) die schriftliche Verständigung oder die Hinzuziehung eines Dolmetschers an; andere Verständigungsmöglichkeiten sind nicht ausgeschlossen.

IV. Dolmetscher

1. Hinzuziehung

Wird unter Beteiligung von Personen verhandelt, die der deutschen Sprache nicht mächtig sind, ist nach § 185 I GVG ein Dolmetscher hinzuzuziehen. Ein Verstoß gegen § 185 I GVG liegt nicht nur dann vor, wenn die Hinzuziehung unterbleibt, sondern auch dann, wenn die Übersetzung durch den Dolmetscher an erheblichen Mängeln leidet (BVerwG 83, 668). Ausnahme für Familiensachen und die Angelegenheiten der freiwilligen Gerichtsbarkeit: nach § 185 III GVG, der dem bisherigen § 9 Satz 1 FGG entspricht, bedarf es der Hinzuziehung eines Dolmetschers nicht, wenn der Richter, bei einem Kollegium das gesamte Kollegium, der Sprache, in der sich die beteiligten Personen erklären, mächtig ist. Nicht notwendig müssen die übrigen anwesenden Personen der Sprache mächtig sein. Die Erklärungen müssen ihnen aber zur Wahrung des rechtlichen Gehörs übersetzt werden.

2. Beeidigung

Der Dolmetscher hat die Stellung eines Sachverständigen nach § 30 iVm §§ 402 ff ZPO mit folgenden Besonderheiten: Er ist grundsätzlich zu beeidigen mit der Möglichkeit, statt dessen aus Glaubens- und Gewissensgründen eine dem Eid gleichstehende Bekräftigung abzugeben (§ 189 I GVG), es sei denn, es handelt sich um einen Urkundsbeamten der Geschäftsstelle desselben Gerichts (§ 190 Satz 2 GVG) oder er ist für Übertragungen der betreffenden Art im Allgemeinen vereidigt (§ 189 II GVG). Ausnahme für Familiensachen und die Angelegenheiten der freiwilligen Gerichtsbarkeit: nach § 189 III GVG, der dem bisherigen § 9 Satz 1 FGG entspricht, ist die Beeidigung nicht erforderlich, wenn die beteiligten Personen darauf verzichten; der Verzicht ist für das Gericht nicht bindend. Durch die neu eingefügten Absätze 3 in den §§ 185 und 189 GVG wird die bisherige unterschiedliche Behandlung der Fragen der Hinzuziehung und Beeidigung des Dolmetschers in den Familiensachen und in den Angelegenheiten der freiwilligen Gerichtsbarkeit beseitigt.

3. Ausschließung und Ablehnung

27 Auf den Dolmetscher sind nach § 191 Satz 1 GVG die Vorschriften über Ausschließung und Ablehnung des Sachverständigen (§ 30 iVm § 406 ZPO) entsprechend anzuwenden. Der Dolmetscher kann danach aus denselben Gründen wie ein Richter von der Ausübung des Amtes ausgeschlossen sein oder wegen Befangenheit abgelehnt werden. Es entscheidet das Gericht oder der Richter, von dem der Dolmetscher zugezogen wurde (§ 191 Satz 2 GVG).

V. Sitzungspolizei

1. Maßregeln zur Aufrechterhaltung der Ordnung

28 Für diese Maßregeln ist nach § 176 GVG der Vorsitzende, nach § 177 GVG, soweit sie sich gegen nicht beteiligte Personen richten, im Übrigen das Gericht zuständig; diese Befugnisse stehen auch einem einzelnen Richter außerhalb der Sitzung zu (§ 180 GVG).

2. Ordnungsmittel wegen Ungebühr

29 Nach § 178 GVG setzt sie das Gericht fest; gegen nicht beteiligte Personen der Vorsitzende. Ungebühr liegt vor bei bewusster Missachtung der dem Gericht gestellten Rechtspflegeaufgaben. Als Ordnungsmittel ist wahlweise Ordnungsgeld oder Ordnungshaft vorgesehen. Die Ordnungshaft kann auch hilfsweise für den Fall der Nichtbeitreibbarkeit des Ordnungsgeldes festgesetzt werden, sie darf jedoch eine Woche nicht überschreiten. Vor Verhängung eines Ordnungsmittels ist rechtliches Gehör zu gewähren (OLG Brandenburg, NJW 04, 451). Die **Vollstreckung** der Ordnungsmittel veranlasst der Vorsitzende (§ 179 GVG).

3. Befugnisse des Rechtspflegers

30 Er kann zur Aufrechterhaltung der Ordnung die Entfernung aus dem Sitzungszimmer, nicht aber die Abführung zur Haft verfügen; er kann wegen Ungebühr Ordnungsgeld, nicht aber Ordnungshaft anordnen (§ 4 II Nr 2 RPflG).

4. Aufnahme eines Protokolls

31 Nach § 182 GVG ist bei Verhängung eines Ordnungsmittels in den in dieser Vorschrift aufgeführten Fällen ein so vollständiges Protokoll aufzunehmen, dass eine Beurteilung des Anlasses und der Berechtigung der Maßnahme möglich ist. Nach § 183 GVG ist, wenn in der Sitzung eine strafbare Handlung begangen wird, darüber ein Protokoll aufzunehmen, das der zuständigen Behörde mitzuteilen ist. Es kann auch die vorläufige Festnahme des Täters verfügt werden; der Erlass eines Haftbefehls ist jedoch unzulässig.

VI. Nichtöffentlichkeit **GVG**

5. Rechtsmittel gegen die Maßnahme nach §§ 176, 177 GVG

Derartige Rechtmittel sind nicht vorgesehen; diese können eventuell einen 32 Anfechtungsgrund gegenüber der Sachentscheidung bilden. Gegen Ordnungsmittel wegen Ungebühr ist nach § 181 GVG die Beschwerde zulässig, die innerhalb einer Woche nach Bekanntmachung der Entscheidung einzulegen ist, sofern sie nicht von dem BGH oder einem OLG getroffen ist. Die Beschwerde gegen die Verhängung der Ordnungshaft wird durch die sofortige Vollstreckung nicht gegenstandslos (OLG Koblenz, MDR 85, 430). Beschwerdeberechtigt ist auch ein nicht voll geschäftsfähiger Minderjähriger. Trotz Fristbestimmung handelt es sich nicht um eine sofortige Beschwerde (aA OLG Frankfurt, NJW 67, 1281). Wiedereinsetzung in den vorigen Stand ist zulässig. Die Beschwerde hat, wenn das Ordnungsmittel von dem Gericht (Vorsitzenden) (§ 178 GVG) erlassen wurde, keine aufschiebende Wirkung. Die Beschwerde hat jedoch dann aufschiebende Wirkung, wenn das Ordnungsmittel von dem einzelnen Richter (§ 180 GVG) erlassen wurde (§ 181 II GVG). Gegen die Festsetzung des Ordnungsgeldes durch den Rechtspfleger ist das nach den allgemeinen Verfahrensvorschriften zulässige Rechtsmittel gegeben.

VI. Nichtöffentlichkeit

1. Bisher anwendbare Grundsätze

Im Verfahren der freiwilligen Gerichtsbarkeit galt schon bisher der Grund- 33 satz der Nichtöffentlichkeit, der aus dem Fehlen ausdrücklicher Vorschriften über die Öffentlichkeit hergeleitet wurde. Art 6 I 1 MRK, der für zivilrechtliche Ansprüche regelmäßig eine öffentliche Verhandlung vorschreibt, gilt für die traditionellen Bereiche der freiwilligen Gerichtsbarkeit nicht, weil sie rechtsfürsorgende Regelungen beinhalten (OLG Hamm, FGPrax 96, 142). Auch die Verhandlung in Familiensachen war grundsätzlich nicht öffentlich (§ 170 Satz 1 GVG). Es gab jedoch differenzierte Ausnahmeregelungen (§ 170 Satz 2 GVG). Ansprüche aus §§ 1615 l, m BGB, Ansprüche aus auf Grund Verwandtschaft oder Ehe bestehenden Unterhaltsverpflichtungen sowie aus dem ehelichen Güterrecht waren nur dann Gegenstand nicht öffentlicher Verhandlung, wenn sie im Verbund oder zusammen mit einer sonstigen Familiensache verhandelt wurden; sonst galt für sie der Grundsatz der Öffentlichkeit. Diese Unterscheidungen sind durch die Neuregelung beseitigt.

2. Neuregelung

§ 170 Satz 1 GVG bestimmt nunmehr einheitlich für Verhandlungen, 34 Erörterungen und Anhörungen in Familiensachen und in den Angelegenheiten der freiwilligen Gerichtsbarkeit, dass diese nicht öffentlich sind. **Satz 2** eröffnet dem Gericht die Möglichkeit, die Öffentlichkeit zuzulassen. Es kann im Einzelfall nach seinem Ermessen entscheiden, ob das Interesse der Beteiligten am Schutz ihrer Privatsphäre oder der sich aus dem Rechtsstaatsprinzip ergebende Grundsatz der Öffentlichkeit überwiegt. Für ein Ermessen des

Gerichts bleibt jedoch dann kein Raum, wenn ein Beteiligter der Zulassung der Öffentlichkeit widerspricht. Der Schutz der Privatsphäre hat in jedem Fall Vorrang. Die Regelung des § 170 GVG gilt für den gesamten Bereich der Familiensachen, auch für Familienstreitsachen des § 112. Art 6 I 2 MRK lässt auch für zivilrechtliche Streitigkeiten den Ausschluss der Öffentlichkeit zu, wenn die Interessen von Jugendlichen und der Schutz des Privatlebens der Beteiligten es verlangen (BR-Drs 309/07 S 728 f). **Satz 3** bestimmt, dass auf Verlangen des Betroffenen einer Person seines Vertrauens die Anwesenheit zu gestatten ist, soweit es sich um Betreuungs- und Unterbringungsverfahren handelt. Dies entspricht den bisher in den §§ 68 IV 2, 70 c Satz 5 iVm § 68 IV 2 FGG enthaltenen Regelungen.

35 Der auf Empfehlung des Rechtsausschusses angefügte **Abs 2** enthält eine Sondervorschrift für den **Bundesgerichtshof.** Dieser soll wegen des großen Interesses der Öffentlichkeit an seiner Rechtsprechung befugt sein, die Öffentlichkeit auch gegen den Widerspruch eines Beteiligten zuzulassen, soweit nicht das Interesse dieses Beteiligten an der nicht-öffentlichen Erörterung das Interesse der Allgemeinheit an der Öffentlichkeit überwiegt.

3. Ausschluss Beteiligter

36 In Sondervorschriften wird eine Erörterung, Anhörung in Abwesenheit eines Beteiligten zugelassen, wenn dies zum Schutz eines Beteiligten oder aus anderen Gründen erforderlich ist. § 33 I 2 bestimmt allgemein, dass die Anhörung eines Beteiligten in Abwesenheit der anderen Beteiligten stattzufinden hat, falls dies zum Schutz des anzuhörenden Beteiligten oder aus anderen Gründen erforderlich ist. Nach § 157 II 2 ist unter diesen Voraussetzungen in einem Verfahren wegen Kindeswohlgefährdung die Erörterung in Abwesenheit eines Elternteils durchzuführen, nach § 128 I 2 die Anhörung eines Ehegatten in Abwesenheit des anderen Ehegatten. In Scheidungssachen können weitere Beteiligte von der Teilnahme an der mündlichen Verhandlung insoweit ausgeschlossen werden als die Familiensache, an der sie beteiligt sind, nicht Gegenstand der mündlichen Verhandlung ist (§ 139 II).

Textanhang

1. Gerichtsverfassungsgesetz – GVG

In der Fassung der Bekanntmachung vom 9. Mai 1975
(BGBl. I S. 1077)
Zuletzt geändert durch Art. 3 Abs. 1 G zur Neuordnung des Rechts
der Sicherungsverwahrung und zu begleitenden Regelungen vom 22. 12. 2010
(BGBl. I S. 2300)

– Auszug –

§ 170 [Nicht öffentliche Verhandlung in Familiensachen sowie in Angelegenheiten der freiwilligen Gerichtsbarkeit]

(1) [1]Verhandlungen, Erörterungen und Anhörungen in Familiensachen sowie in Angelegenheiten der freiwilligen Gerichtsbarkeit sind nicht öffentlich. [2]Das Gericht kann die Öffentlichkeit zulassen, jedoch nicht gegen den Willen eines Beteiligten. [3]In Betreuungs- und Unterbringungssachen ist auf Verlangen des Betroffenen einer Person seines Vertrauens die Anwesenheit zu gestatten.

(2) Das Rechtsbeschwerdegericht kann die Öffentlichkeit zulassen, soweit nicht das Interesse eines Beteiligten an der nicht öffentlichen Erörterung überwiegt.

§ 185 [Dolmetscher]

(1) [1]Wird unter Beteiligung von Personen verhandelt, die der deutschen Sprache nicht mächtig sind, so ist ein Dolmetscher zuzuziehen. [2]Ein Nebenprotokoll in der fremden Sprache wird nicht geführt; jedoch sollen Aussagen und Erklärungen in fremder Sprache, wenn und soweit der Richter dies mit Rücksicht auf die Wichtigkeit der Sache für erforderlich erachtet, auch in der fremden Sprache in das Protokoll oder in eine Anlage niedergeschrieben werden. [3]In den dazu geeigneten Fällen soll dem Protokoll eine durch den Dolmetscher zu beglaubigende Übersetzung beigefügt werden.

(2) Die Zuziehung eines Dolmetschers kann unterbleiben, wenn die beteiligten Personen sämtlich der fremden Sprache mächtig sind.

(3) In Familiensachen und in Angelegenheiten der freiwilligen Gerichtsbarkeit bedarf es der Zuziehung eines Dolmetschers nicht, wenn der Richter der Sprache, in der sich die beteiligten Personen erklären, mächtig ist.

§ 189 [Dolmetschereid]

(1) [1]Der Dolmetscher hat einen Eid dahin zu leisten:
daß er treu und gewissenhaft übertragen werde.

[2]Gibt der Dolmetscher an, daß er aus Glaubens- oder Gewissensgründen keinen Eid leisten wolle, so hat er eine Bekräftigung abzugeben. [3]Diese Bekräftigung steht dem Eid gleich; hierauf ist der Dolmetscher hinzuweisen.

(2) Ist der Dolmetscher für Übertragungen der betreffenden Art in einem Land nach den landesrechtlichen Vorschriften allgemein beeidigt, so genügt vor allen Gerichten des Bundes und der Länder die Berufung auf diesen Eid.

(3) In Familiensachen und in Angelegenheiten der freiwilligen Gerichtsbarkeit ist die Beeidigung des Dolmetschers nicht erforderlich, wenn die beteiligten Personen darauf verzichten.

Textanhang

2. Zivilprozessordnung – ZPO

In der Fassung der Bekanntmachung vom 5. Dezember 2005
(BGBl. I S. 3202, ber. 2006 S. 431 u. 2007 S. 1781)
Zuletzt geändert durch Art. 8 G zur Umsetzung der DienstleistungsRL
in der Justiz und zur Änd. weiterer Vorschriften vom 22. 12. 2010
(BGBl. I S. 2248)

– Auszug –

Titel 7 Prozesskostenhilfe und Prozesskostenvorschuss

§ 114 Voraussetzungen

[1]Eine Partei, die nach ihren persönlichen und wirtschaftlichen Verhältnissen die Kosten der Prozessführung nicht, nur zum Teil oder nur in Raten aufbringen kann, erhält auf Antrag Prozesskostenhilfe, wenn die beabsichtigte Rechtsverfolgung oder Rechtsverteidigung hinreichende Aussicht auf Erfolg bietet und nicht mutwillig erscheint. [2]Für die grenzüberschreitende Prozesskostenhilfe innerhalb der Europäischen Union gelten ergänzend die §§ 1076 bis 1078.

§ 115 Einsatz von Einkommen und Vermögen

(1) [1]Die Partei hat ihr Einkommen einzusetzen. [2]Zum Einkommen gehören alle Einkünfte in Geld oder Geldeswert. [3]Von ihm sind abzusetzen:
1. a) die in § 82 Abs. 2 des Zwölften Buches Sozialgesetzbuch bezeichneten Beträge;
   b) bei Parteien, die ein Einkommen aus Erwerbstätigkeit erzielen, ein Betrag in Höhe von 50 vom Hundert des höchsten durch Rechtsverordnung nach § 28 Abs. 2 Satz 1 des Zwölften Buches Sozialgesetzbuch festgesetzten Regelsatzes für den Haushaltsvorstand;
2. a) für die Partei und ihren Ehegatten oder ihren Lebenspartner jeweils ein Betrag in Höhe des um 10 vom Hundert erhöhten höchsten durch Rechtsverordnung nach § 28 Abs. 2 Satz 1 des Zwölften Buches Sozialgesetzbuch festgesetzten Regelsatzes für den Haushaltsvorstand;
   b) bei weiteren Unterhaltsleistungen auf Grund gesetzlicher Unterhaltspflicht für jede unterhaltsberechtigte Person 70 vom Hundert des unter Buchstabe a genannten Betrages;
3. die Kosten der Unterkunft und Heizung, soweit sie nicht in einem auffälligen Missverhältnis zu den Lebensverhältnissen der Partei stehen;
4. weitere Beträge, soweit dies mit Rücksicht auf besondere Belastungen angemessen ist;
§ 1610a des Bürgerlichen Gesetzbuchs gilt entsprechend.

[4]Maßgeblich sind die Beträge, die zum Zeitpunkt der Bewilligung der Prozesskostenhilfe gelten. [5]Das Bundesministerium der Justiz gibt jährlich die vom 1. Juli bis zum 30. Juni des Folgejahres maßgebenden Beträge nach Satz 3 Nr. 1 Buchstabe b und Nr. 2 im Bundesgesetzblatt bekannt. [6]Diese Beträge sind, soweit sie nicht volle Euro ergeben, bis zu 0,49 Euro abzurunden und von 0,50 Euro an aufzurunden. [7]Die Unterhaltsfreibeträge nach Satz 3 Nr. 2 vermindern sich um eigenes Einkommen der unterhaltsberechtigten Person. [8]Wird eine Geldrente gezahlt, so ist sie anstelle des Freibetrages abzusetzen, soweit dies angemessen ist.

(2) Von dem nach den Abzügen verbleibenden, auf volle Euro abzurundenden Teil des monatlichen Einkommens (einzusetzendes Einkommen) sind unabhängig von der Zahl der Rechtszüge höchstens 48 Monatsraten aufzubringen, und zwar bei einem

ZPO

einzusetzenden Einkommen (Euro)		eine Monatsrate von (Euro)
bis	15	0
	50	15
	100	30
	150	45
	200	60
	250	75
	300	95
	350	115
	400	135
	450	155
	500	175
	550	200
	600	225
	650	250
	700	275
	750	300
über	750	300 zuzüglich des 750 übersteigenden Teils des einzusetzenden Einkommens.

(3) [1]Die Partei hat ihr Vermögen einzusetzen, soweit dies zumutbar ist. [2]§ 90 des Zwölften Buches Sozialgesetzbuch gilt entsprechend.

(4) Prozesskostenhilfe wird nicht bewilligt, wenn die Kosten der Prozessführung der Partei vier Monatsraten und die aus dem Vermögen aufzubringenden Teilbeträge voraussichtlich nicht übersteigen.

§ 116 Partei kraft Amtes; juristische Person; parteifähige Vereinigung

[1]Prozesskostenhilfe erhalten auf Antrag
1. eine Partei kraft Amtes, wenn die Kosten aus der verwalteten Vermögensmasse nicht aufgebracht werden können und den am Gegenstand des Rechtsstreits wirtschaftlich Beteiligten nicht zuzumuten ist, die Kosten aufzubringen;
2. eine juristische Person oder parteifähige Vereinigung, die im Inland, in einem anderen Mitgliedstaat der Europäischen Union oder einem anderen Vertragsstaat des Abkommens über den Europäischen Wirtschaftsraum gegründet und dort ansässig ist, wenn die Kosten weder von ihr noch von den am Gegenstand des Rechtsstreits wirtschaftlich Beteiligten aufgebracht werden können und wenn die Unterlassung der Rechtsverfolgung oder Rechtsverteidigung allgemeinen Interessen zuwiderlaufen würde.

[2]§ 114 Satz 1 letzter Halbsatz ist anzuwenden. [3]Können die Kosten nur zum Teil oder nur in Teilbeträgen aufgebracht werden, so sind die entsprechenden Beträge zu zahlen.

§ 117 Antrag

(1) [1]Der Antrag auf Bewilligung der Prozesskostenhilfe ist bei dem Prozessgericht zu stellen; er kann vor der Geschäftsstelle zu Protokoll erklärt werden. [2]In dem Antrag ist das Streitverhältnis unter Angabe der Beweismittel darzustellen. [3]Der Antrag auf Bewilligung von Prozesskostenhilfe für die Zwangsvollstreckung ist bei dem für die Zwangsvollstreckung zuständigen Gericht zu stellen.

(2) [1]Dem Antrag sind eine Erklärung der Partei über ihre persönlichen und wirtschaftlichen Verhältnisse (Familienverhältnisse, Beruf, Vermögen, Einkommen und Lasten) sowie entsprechende Belege beizufügen. [2]Die Erklärung und die Belege dürfen dem Gegner nur mit Zustimmung der Partei zugänglich gemacht werden; es sei denn, der Gegner hat gegen den Antragsteller nach den Vorschriften des bürgerlichen Rechts einen Anspruch auf Auskunft über Einkünfte und Vermögen des Antragstellers. [3]Dem Antragsteller ist vor der Übermittlung seiner Erklärung an den Gegner Gelegenheit zur Stellungnahme zu geben. [4]Er ist über die Übermittlung seiner Erklärung zu unterrichten.

Textanhang

(3) Das Bundesministerium der Justiz wird ermächtigt, zur Vereinfachung und Vereinheitlichung des Verfahrens durch Rechtsverordnung mit Zustimmung des Bundesrates Formulare für die Erklärung einzuführen.

(4) Soweit Formulare für die Erklärung eingeführt sind, muss sich die Partei ihrer bedienen.

§ 118 Bewilligungsverfahren

(1) ¹Vor der Bewilligung der Prozesskostenhilfe ist dem Gegner Gelegenheit zur Stellungnahme zu geben, wenn dies nicht aus besonderen Gründen unzweckmäßig erscheint. ²Die Stellungnahme kann vor der Geschäftsstelle zu Protokoll erklärt werden. ³Das Gericht kann die Parteien zur mündlichen Erörterung laden, wenn eine Einigung zu erwarten ist; ein Vergleich ist zu gerichtlichem Protokoll zu nehmen. ⁴Dem Gegner entstandene Kosten werden nicht erstattet. ⁵Die durch die Vernehmung von Zeugen und Sachverständigen nach Absatz 2 Satz 3 entstandenen Auslagen sind als Gerichtskosten von der Partei zu tragen, der die Kosten des Rechtsstreits auferlegt sind.

(2) ¹Das Gericht kann verlangen, dass der Antragsteller seine tatsächlichen Angaben glaubhaft macht. ²Es kann Erhebungen anstellen, insbesondere die Vorlegung von Urkunden anordnen und Auskünfte einholen. ³Zeugen und Sachverständige werden nicht vernommen, es sei denn, dass auf andere Weise nicht geklärt werden kann, ob die Rechtsverfolgung oder Rechtsverteidigung hinreichende Aussicht auf Erfolg bietet und nicht mutwillig erscheint; eine Beeidigung findet nicht statt. ⁴Hat der Antragsteller innerhalb einer von dem Gericht gesetzten Frist Angaben über seine persönlichen und wirtschaftlichen Verhältnisse nicht glaubhaft gemacht oder bestimmte Fragen nicht oder ungenügend beantwortet, so lehnt das Gericht die Bewilligung von Prozesskostenhilfe insoweit ab.

(3) Die in Absatz 1, 2 bezeichneten Maßnahmen werden von dem Vorsitzenden oder einem von ihm beauftragten Mitglied des Gerichts durchgeführt.

§ 119 Bewilligung

(1) ¹Die Bewilligung der Prozesskostenhilfe erfolgt für jeden Rechtszug besonders. ²In einem höheren Rechtszug ist nicht zu prüfen, ob die Rechtsverfolgung oder Rechtsverteidigung hinreichende Aussicht auf Erfolg bietet oder mutwillig erscheint, wenn der Gegner das Rechtsmittel eingelegt hat.

(2) Die Bewilligung von Prozesskostenhilfe für die Zwangsvollstreckung in das bewegliche Vermögen umfasst alle Vollstreckungshandlungen im Bezirk des Vollstreckungsgerichts einschließlich des Verfahrens auf Abgabe der eidesstattlichen Versicherung.

§ 120 Festsetzung von Zahlungen

(1) ¹Mit der Bewilligung der Prozesskostenhilfe setzt das Gericht zu zahlende Monatsraten und aus dem Vermögen zu zahlende Beträge fest. ²Setzt das Gericht nach § 115 Abs. 1 Satz 3 Nr. 4 mit Rücksicht auf besondere Belastungen von dem Einkommen Beträge ab und ist anzunehmen, dass die Belastungen bis zum Ablauf von vier Jahren ganz oder teilweise entfallen werden, so setzt das Gericht zugleich diejenigen Zahlungen fest, die sich ergeben, wenn die Belastungen nicht oder nur in verringertem Umfang berücksichtigt werden, und bestimmt den Zeitpunkt, von dem an sie zu erbringen sind.

(2) Die Zahlungen sind an die Landeskasse zu leisten, im Verfahren vor dem Bundesgerichtshof an die Bundeskasse, wenn Prozesskostenhilfe in einem vorherigen Rechtszug nicht bewilligt worden ist.

(3) Das Gericht soll die vorläufige Einstellung der Zahlungen bestimmen,
1. wenn abzusehen ist, dass die Zahlungen der Partei die Kosten decken;
2. wenn die Partei, ein ihr beigeordneter Rechtsanwalt oder die Bundes- oder Landeskasse die Kosten gegen einen anderen am Verfahren Beteiligten geltend machen kann.

(4) ¹Das Gericht kann die Entscheidung über die zu leistenden Zahlungen ändern, wenn sich die für die Prozesskostenhilfe maßgebenden persönlichen oder wirtschaftlichen Verhält-

ZPO

nisse wesentlich geändert haben; eine Änderung der nach § 115 Abs. 1 Satz 3 Nr. 1 Buchstabe b und Nr. 2 maßgebenden Beträge ist nur auf Antrag und nur dann zu berücksichtigen, wenn sie dazu führt, dass keine Monatsrate zu zahlen ist. ²Auf Verlangen des Gerichts hat sich die Partei darüber zu erklären, ob eine Änderung der Verhältnisse eingetreten ist. ³Eine Änderung zum Nachteil der Partei ist ausgeschlossen, wenn seit der rechtskräftigen Entscheidung oder sonstigen Beendigung des Verfahrens vier Jahre vergangen sind.

§ 121 Beiordnung eines Rechtsanwalts

(1) Ist eine Vertretung durch Anwälte vorgeschrieben, wird der Partei ein zur Vertretung bereiter Rechtsanwalt ihrer Wahl beigeordnet.

(2) Ist eine Vertretung durch Anwälte nicht vorgeschrieben, wird der Partei auf ihren Antrag ein zur Vertretung bereiter Rechtsanwalt ihrer Wahl beigeordnet, wenn die Vertretung durch einen Rechtsanwalt erforderlich erscheint oder der Gegner durch einen Rechtsanwalt vertreten ist.

(3) Ein nicht in dem Bezirk des Prozessgerichts niedergelassener Rechtsanwalt kann nur beigeordnet werden, wenn dadurch weitere Kosten nicht entstehen.

(4) Wenn besondere Umstände dies erfordern, kann der Partei auf ihren Antrag ein zur Vertretung bereiter Rechtsanwalt ihrer Wahl zur Wahrnehmung eines Termins zur Beweisaufnahme vor dem ersuchten Richter oder zur Vermittlung des Verkehrs mit dem Prozessbevollmächtigten beigeordnet werden.

(5) Findet die Partei keinen zur Vertretung bereiten Anwalt, ordnet der Vorsitzende ihr auf Antrag einen Rechtsanwalt bei.

§ 122 Wirkung der Prozesskostenhilfe

(1) Die Bewilligung der Prozesskostenhilfe bewirkt, dass
1. die Bundes- oder Landeskasse
   a) die rückständigen und die entstehenden Gerichtskosten und Gerichtsvollzieherkosten,
   b) die auf sie übergegangenen Ansprüche der beigeordneten Rechtsanwälte gegen die Partei

nur nach den Bestimmungen, die das Gericht trifft, gegen die Partei geltend machen kann,
2. die Partei von der Verpflichtung zur Sicherheitsleistung für die Prozesskosten befreit ist,
3. die beigeordneten Rechtsanwälte Ansprüche auf Vergütung gegen die Partei nicht geltend machen können.

(2) Ist dem Kläger, dem Berufungskläger oder dem Revisionskläger Prozesskostenhilfe bewilligt und ist nicht bestimmt worden, dass Zahlungen an die Bundes- oder Landeskasse zu leisten sind, so hat dies für den Gegner die einstweilige Befreiung von den in Absatz 1 Nr. 1 Buchstabe a bezeichneten Kosten zur Folge.

§ 123 Kostenerstattung

Die Bewilligung der Prozesskostenhilfe hat auf die Verpflichtung, die dem Gegner entstandenen Kosten zu erstatten, keinen Einfluss.

§ 124 Aufhebung der Bewilligung

Das Gericht kann die Bewilligung der Prozesskostenhilfe aufheben, wenn
1. die Partei durch unrichtige Darstellung des Streitverhältnisses die für die Bewilligung der Prozesskostenhilfe maßgebenden Voraussetzungen vorgetäuscht hat;
2. die Partei absichtlich oder aus grober Nachlässigkeit unrichtige Angaben über die persönlichen oder wirtschaftlichen Verhältnisse gemacht oder eine Erklärung nach § 120 Abs. 4 Satz 2 nicht abgegeben hat;
3. die persönlichen oder wirtschaftlichen Voraussetzungen für die Prozesskostenhilfe nicht vorgelegen haben; in diesem Fall ist die Aufhebung ausgeschlossen, wenn seit der rechtskräftigen Entscheidung oder sonstigen Beendigung des Verfahrens vier Jahre vergangen sind;

Textanhang

4. die Partei länger als drei Monate mit der Zahlung einer Monatsrate oder mit der Zahlung eines sonstigen Betrages im Rückstand ist.

§ 125 Einziehung der Kosten

(1) Die Gerichtskosten und die Gerichtsvollzieherkosten können von dem Gegner erst eingezogen werden, wenn er rechtskräftig in die Prozesskosten verurteilt ist.

(2) Die Gerichtskosten, von deren Zahlung der Gegner einstweilen befreit ist, sind von ihm einzuziehen, soweit er rechtskräftig in die Prozesskosten verurteilt oder der Rechtsstreit ohne Urteil über die Kosten beendet ist.

§ 126 Beitreibung der Rechtsanwaltskosten

(1) Die für die Partei bestellten Rechtsanwälte sind berechtigt, ihre Gebühren und Auslagen von dem in die Prozesskosten verurteilten Gegner im eigenen Namen beizutreiben.

(2) [1]Eine Einrede aus der Person der Partei ist nicht zulässig. [2]Der Gegner kann mit Kosten aufrechnen, die nach der in demselben Rechtsstreit über die Kosten erlassenen Entscheidung von der Partei zu erstatten sind.

§ 127 Entscheidungen

(1) [1]Entscheidungen im Verfahren über die Prozesskostenhilfe ergehen ohne mündliche Verhandlung. [2]Zuständig ist das Gericht des ersten Rechtszuges; ist das Verfahren in einem höheren Rechtszug anhängig, so ist das Gericht dieses Rechtszuges zuständig. [3]Soweit die Gründe der Entscheidung Angaben über die persönlichen und wirtschaftlichen Verhältnisse der Partei enthalten, dürfen sie dem Gegner nur mit Zustimmung der Partei zugänglich gemacht werden.

(2) [1]Die Bewilligung der Prozesskostenhilfe kann nur nach Maßgabe des Absatzes 3 angefochten werden. [2]Im Übrigen findet die sofortige Beschwerde statt; dies gilt nicht, wenn der Streitwert der Hauptsache den in § 511 genannten Betrag nicht übersteigt, es sei denn, das Gericht hat ausschließlich die persönlichen oder wirtschaftlichen Voraussetzungen für die Prozesskostenhilfe verneint. [3]Die Notfrist des § 569 Abs. 1 Satz 1 beträgt einen Monat.

(3) [1]Gegen die Bewilligung der Prozesskostenhilfe findet die sofortige Beschwerde der Staatskasse statt, wenn weder Monatsraten noch aus dem Vermögen zu zahlende Beträge festgesetzt worden sind. [2]Die Beschwerde kann nur darauf gestützt werden, dass die Partei nach ihren persönlichen und wirtschaftlichen Verhältnissen Zahlungen zu leisten hat. [3]Die Notfrist des § 569 Abs. 1 Satz 1 beträgt einen Monat und beginnt mit der Bekanntgabe des Beschlusses. [4]Nach Ablauf von drei Monaten seit der Verkündung der Entscheidung ist die Beschwerde unstatthaft. [5]Wird die Entscheidung nicht verkündet, so tritt an die Stelle der Verkündung der Zeitpunkt, in dem die unterschriebene Entscheidung der Geschäftsstelle übermittelt wird. [6]Die Entscheidung wird der Staatskasse nicht von Amts wegen mitgeteilt.

(4) Die Kosten des Beschwerdeverfahrens werden nicht erstattet.

Abschnitt 3 Beschwerde

Titel 1 Sofortige Beschwerde

§ 567 Sofortige Beschwerde; Anschlussbeschwerde

(1) Die sofortige Beschwerde findet statt gegen die im ersten Rechtszug ergangenen Entscheidungen der Amtsgerichte und Landgerichte, wenn
1. dies im Gesetz ausdrücklich bestimmt ist oder

2. es sich um solche eine mündliche Verhandlung nicht erfordernde Entscheidungen handelt, durch die ein das Verfahren betreffendes Gesuch zurückgewiesen worden ist.

(2) Gegen Entscheidungen über Kosten ist die Beschwerde nur zulässig, wenn der Wert des Beschwerdegegenstands 200 Euro übersteigt.

(3) ¹Der Beschwerdegegner kann sich der Beschwerde anschließen, selbst wenn er auf die Beschwerde verzichtet hat oder die Beschwerdefrist verstrichen ist. ²Die Anschließung verliert ihre Wirkung, wenn die Beschwerde zurückgenommen oder als unzulässig verworfen wird.

§ 568 Originärer Einzelrichter

¹Das Beschwerdegericht entscheidet durch eines seiner Mitglieder als Einzelrichter, wenn die angefochtene Entscheidung von einem Einzelrichter oder einem Rechtspfleger erlassen wurde. ²Der Einzelrichter überträgt das Verfahren dem Beschwerdegericht zur Entscheidung in der im Gerichtsverfassungsgesetz vorgeschriebenen Besetzung, wenn
1. die Sache besondere Schwierigkeiten tatsächlicher oder rechtlicher Art aufweist oder
2. die Rechtssache grundsätzliche Bedeutung hat.

³Auf eine erfolgte oder unterlassene Übertragung kann ein Rechtsmittel nicht gestützt werden.

§ 569 Frist und Form

(1) ¹Die sofortige Beschwerde ist, soweit keine andere Frist bestimmt ist, binnen einer Notfrist von zwei Wochen bei dem Gericht, dessen Entscheidung angefochten wird, oder bei dem Beschwerdegericht einzulegen. ²Die Notfrist beginnt, soweit nichts anderes bestimmt ist, mit der Zustellung der Entscheidung, spätestens mit dem Ablauf von fünf Monaten nach der Verkündung des Beschlusses. ³Liegen die Erfordernisse der Nichtigkeits- oder der Restitutionsklage vor, so kann die Beschwerde auch nach Ablauf der Notfrist innerhalb der für diese Klagen geltenden Notfristen erhoben werden.

(2) ¹Die Beschwerde wird durch Einreichung einer Beschwerdeschrift eingelegt. ²Die Beschwerdeschrift muss die Bezeichnung der angefochtenen Entscheidung sowie die Erklärung enthalten, dass Beschwerde gegen diese Entscheidung eingelegt werde.

(3) Die Beschwerde kann auch durch Erklärung zu Protokoll der Geschäftsstelle eingelegt werden, wenn
1. der Rechtsstreit im ersten Rechtszug nicht als Anwaltsprozess zu führen ist oder war,
2. die Beschwerde die Prozesskostenhilfe betrifft oder
3. sie von einem Zeugen, Sachverständigen oder Dritten im Sinne der §§ 142, 144 erhoben wird.

§ 570 Aufschiebende Wirkung; einstweilige Anordnungen

(1) Die Beschwerde hat nur dann aufschiebende Wirkung, wenn sie die Festsetzung eines Ordnungs- oder Zwangsmittels zum Gegenstand hat.

(2) Das Gericht oder der Vorsitzende, dessen Entscheidung angefochten wird, kann die Vollziehung der Entscheidung aussetzen.

(3) Das Beschwerdegericht kann vor der Entscheidung eine einstweilige Anordnung erlassen; es kann insbesondere die Vollziehung der angefochtenen Entscheidung aussetzen.

§ 571 Begründung, Präklusion, Ausnahmen vom Anwaltszwang

(1) Die Beschwerde soll begründet werden.

(2) ¹Die Beschwerde kann auf neue Angriffs- und Verteidigungsmittel gestützt werden. ²Sie kann nicht darauf gestützt werden, dass das Gericht des ersten Rechtszuges seine Zuständigkeit zu Unrecht angenommen hat.

(3) ¹Der Vorsitzende oder das Beschwerdegericht kann für das Vorbringen von Angriffs- und Verteidigungsmitteln eine Frist setzen. ²Werden Angriffs- und Verteidigungsmittel nicht

Textanhang

innerhalb der Frist vorgebracht, so sind sie nur zuzulassen, wenn nach der freien Überzeugung des Gerichts ihre Zulassung die Erledigung des Verfahrens nicht verzögern würde oder wenn die Partei die Verspätung genügend entschuldigt. ³Der Entschuldigungsgrund ist auf Verlangen des Gerichts glaubhaft zu machen.

(4) Ordnet das Gericht eine schriftliche Erklärung an, so kann diese zu Protokoll der Geschäftsstelle abgegeben werden, wenn die Beschwerde zu Protokoll der Geschäftsstelle eingelegt werden darf (§ 569 Abs. 3).

§ 572 Gang des Beschwerdeverfahrens

(1) ¹Erachtet das Gericht oder der Vorsitzende, dessen Entscheidung angefochten wird, die Beschwerde für begründet, so haben sie ihr abzuhelfen; andernfalls ist die Beschwerde unverzüglich dem Beschwerdegericht vorzulegen. ²§ 318 bleibt unberührt.

(2) ¹Das Beschwerdegericht hat von Amts wegen zu prüfen, ob die Beschwerde an sich statthaft und ob sie in der gesetzlichen Form und Frist eingelegt ist. ²Mangelt es an einem dieser Erfordernisse, so ist die Beschwerde als unzulässig zu verwerfen.

(3) Erachtet das Beschwerdegericht die Beschwerde für begründet, so kann es dem Gericht oder Vorsitzenden, von dem die beschwerende Entscheidung erlassen war, die erforderliche Anordnung übertragen.

(4) Die Entscheidung über die Beschwerde ergeht durch Beschluss.

3. Verfahren mit Auslandsbezug:

3.1 Brüssel II a Verordnung
Verordnung (EG) Nr. 2201/2003 des Rates vom 27. November 2003 über die
Zuständigkeit und die Anerkennung und Vollstreckung von Entscheidungen in Ehesachen
und in Verfahren betreffend die elterliche Verantwortung und zur
Aufhebung der Verordnung (EG) Nr. 1347/2000

(ABl. Nr. L 338 S. 1)

geänd. durch Art. 1 ÄndVO (EG) 2116/2004 v. 2. 12. 2004 (ABl. Nr. L 367 S. 1)

Kapitel I. Anwendungsbereich und Begriffsbestimmungen

Art. 1 Anwendungsbereich

(1) Diese Verordnung gilt, ungeachtet der Art der Gerichtsbarkeit, für Zivilsachen mit folgendem Gegenstand:
a) die Ehescheidung, die Trennung ohne Auflösung des Ehebandes und die Ungültigerklärung einer Ehe,
b) die Zuweisung, die Ausübung, die Übertragung sowie die vollständige oder teilweise Entziehung der elterlichen Verantwortung.

(2) Die in Absatz 1 Buchstabe b) genannten Zivilsachen betreffen insbesondere:
a) das Sorgerecht und das Umgangsrecht,
b) die Vormundschaft, die Pflegschaft und entsprechende Rechtsinstitute,
c) die Bestimmung und den Aufgabenbereich jeder Person oder Stelle, die für die Person oder das Vermögen des Kindes verantwortlich ist, es vertritt oder ihm beisteht,
d) die Unterbringung des Kindes in einer Pflegefamilie oder einem Heim,
e) die Maßnahmen zum Schutz des Kindes im Zusammenhang mit der Verwaltung und Erhaltung seines Vermögens oder der Verfügung darüber.

(3) Diese Verordnung gilt nicht für
a) die Feststellung und die Anfechtung des Eltern-Kind-Verhältnisses,
b) Adoptionsentscheidungen und Maßnahmen zur Vorbereitung einer Adoption sowie die Ungültigerklärung und den Widerruf der Adoption,

c) Namen und Vornamen des Kindes,
d) die Volljährigkeitserklärung,
e) Unterhaltspflichten,
f) Trusts und Erbschaften,
g) Maßnahmen infolge von Straftaten, die von Kindern begangen wurden.

Art. 2 Begriffsbestimmungen

Für die Zwecke dieser Verordnung bezeichnet der Ausdruck
1. „Gericht" alle Behörden der Mitgliedstaaten, die für Rechtssachen zuständig sind, die gemäß Artikel 1 in den Anwendungsbereich dieser Verordnung fallen;
2. „Richter" einen Richter oder Amtsträger, dessen Zuständigkeiten denen eines Richters in Rechtssachen entsprechen, die in den Anwendungsbereich dieser Verordnung fallen;
3. „Mitgliedstaat" jeden Mitgliedstaat mit Ausnahme Dänemarks;
4. „Entscheidung" jede von einem Gericht eines Mitgliedstaats erlassene Entscheidung über die Ehescheidung, die Trennung ohne Auflösung des Ehebandes oder die Ungültigerklärung einer Ehe sowie jede Entscheidung über die elterliche Verantwortung, ohne Rücksicht auf die Bezeichnung der jeweiligen Entscheidung, wie Urteil oder Beschluss;
5. „Ursprungsmitgliedstaat" den Mitgliedstaat, in dem die zu vollstreckende Entscheidung ergangen ist;
6. „Vollstreckungsmitgliedstaat" den Mitgliedstaat, in dem die Entscheidung vollstreckt werden soll;
7. „elterliche Verantwortung" die gesamten Rechte und Pflichten, die einer natürlichen oder juristischen Person durch Entscheidung oder kraft Gesetzes oder durch eine rechtlich verbindliche Vereinbarung betreffend die Person oder das Vermögen eines Kindes übertragen wurden. Elterliche Verantwortung umfasst insbesondere das Sorge- und das Umgangsrecht;
8. „Träger der elterlichen Verantwortung" jede Person, die die elterliche Verantwortung für ein Kind ausübt;
9. „Sorgerecht" die Rechte und Pflichten, die mit der Sorge für die Person eines Kindes verbunden sind, insbesondere das Recht auf die Bestimmung des Aufenthaltsortes des Kindes;
10. „Umgangsrecht" insbesondere auch das Recht, das Kind für eine begrenzte Zeit an einen anderen Ort als seinen gewöhnlichen Aufenthaltsort zu bringen;
11. „widerrechtliches Verbringen oder Zurückhalten eines Kindes" das Verbringen oder Zurückhalten eines Kindes, wenn
    a) dadurch das Sorgerecht verletzt wird, das auf Grund einer Entscheidung oder kraft Gesetzes oder auf Grund einer rechtlich verbindlichen Vereinbarung nach dem Recht des Mitgliedstaats besteht, in dem das Kind unmittelbar vor dem Verbringen oder Zurückhalten seinen gewöhnlichen Aufenthalt hatte, und
    b) das Sorgerecht zum Zeitpunkt des Verbringens oder Zurückhaltens allein oder gemeinsam tatsächlich ausgeübt wurde oder ausgeübt worden wäre, wenn das Verbringen oder Zurückhalten nicht stattgefunden hätte. Von einer gemeinsamen Ausübung des Sorgerechts ist auszugehen, wenn einer der Träger der elterlichen Verantwortung auf Grund einer Entscheidung oder kraft Gesetzes nicht ohne die Zustimmung des anderen Trägers der elterlichen Verantwortung über den Aufenthaltsort des Kindes bestimmen kann.

Kapitel II. Zuständigkeit

Abschnitt 1. Ehescheidung, Trennung ohne Auflösung des Ehebandes und Ungültigerklärung einer Ehe

Art. 3 Allgemeine Zuständigkeit

(1) Für Entscheidungen über die Ehescheidung, die Trennung ohne Auflösung des Ehebandes oder die Ungültigerklärung einer Ehe, sind die Gerichte des Mitgliedstaats zuständig,

Textanhang

a) in dessen Hoheitsgebiet
 – beide Ehegatten ihren gewöhnlichen Aufenthalt haben oder
 – die Ehegatten zuletzt beide ihren gewöhnlichen Aufenthalt hatten, sofern einer von ihnen dort noch seinen gewöhnlichen Aufenthalt hat, oder
 – der Antragsgegner seinen gewöhnlichen Aufenthalt hat oder
 – im Fall eines gemeinsamen Antrags einer der Ehegatten seinen gewöhnlichen Aufenthalt hat oder
 – der Antragsteller seinen gewöhnlichen Aufenthalt hat, wenn er sich dort seit mindestens einem Jahr unmittelbar vor der Antragstellung aufgehalten hat, oder
 – der Antragsteller seinen gewöhnlichen Aufenthalt hat, wenn er sich dort seit mindestens sechs Monaten unmittelbar vor der Antragstellung aufgehalten hat und entweder Staatsangehöriger des betreffenden Mitgliedstaats ist oder, im Fall des Vereinigten Königreichs und Irlands, dort sein „domicile" hat;
b) dessen Staatsangehörigkeit beide Ehegatten besitzen, oder, im Fall des Vereinigten Königreichs und Irlands, in dem sie ihr gemeinsames „domicile" haben.

(2) Der Begriff „domicile" im Sinne dieser Verordnung bestimmt sich nach dem Recht des Vereinigten Königreichs und Irlands.

Art. 4 Gegenantrag

Das Gericht, bei dem ein Antrag gemäß Artikel 3 anhängig ist, ist auch für einen Gegenantrag zuständig, sofern dieser in den Anwendungsbereich dieser Verordnung fällt.

Art. 5 Umwandlung einer Trennung ohne Auflösung des Ehebandes in eine Ehescheidung

Unbeschadet des Artikels 3 ist das Gericht eines Mitgliedstaats, das eine Entscheidung über eine Trennung ohne Auflösung des Ehebandes erlassen hat, auch für die Umwandlung dieser Entscheidung in eine Ehescheidung zuständig, sofern dies im Recht dieses Mitgliedstaats vorgesehen ist.

Art. 6 Ausschließliche Zuständigkeit nach den Artikeln 3, 4 und 5

Gegen einen Ehegatten, der
a) seinen gewöhnlichen Aufenthalt im Hoheitsgebiet eines Mitgliedstaats hat oder
b) Staatsangehöriger eines Mitgliedstaats ist oder im Fall des Vereinigten Königreichs und Irlands sein „domicile" im Hoheitsgebiet eines dieser Mitgliedstaaten hat,

darf ein Verfahren vor den Gerichten eines anderen Mitgliedstaats nur nach Maßgabe der Artikel 3, 4 und 5 geführt werden.

Art. 7 Restzuständigkeit

(1) Soweit sich aus den Artikeln 3, 4 und 5 keine Zuständigkeit eines Gerichts eines Mitgliedstaats ergibt, bestimmt sich die Zuständigkeit in jedem Mitgliedstaat nach dem Recht dieses Staates.

(2) Jeder Staatsangehörige eines Mitgliedstaats, der seinen gewöhnlichen Aufenthalt im Hoheitsgebiet eines anderen Mitgliedstaats hat, kann die in diesem Staat geltenden Zuständigkeitsvorschriften wie ein Inländer gegenüber einem Antragsgegner geltend machen, der seinen gewöhnlichen Aufenthalt nicht im Hoheitsgebiet eines Mitgliedstaats hat oder die Staatsangehörigkeit eines Mitgliedstaats besitzt oder im Fall des Vereinigten Königreichs und Irlands sein „domicile" nicht im Hoheitsgebiet eines dieser Mitgliedstaaten hat.

Brüssel II a Verordnung

Abschnitt 2. Elterliche Verantwortung

Art. 8 Allgemeine Zuständigkeit

(1) Für Entscheidungen, die die elterliche Verantwortung betreffen, sind die Gerichte des Mitgliedstaats zuständig, in dem das Kind zum Zeitpunkt der Antragstellung seinen gewöhnlichen Aufenthalt hat.

(2) Absatz 1 findet vorbehaltlich der Artikel 9, 10 und 12 Anwendung.

Art. 9 Aufrechterhaltung der Zuständigkeit des früheren gewöhnlichen Aufenthaltsortes des Kindes

(1) Beim rechtmäßigen Umzug eines Kindes von einem Mitgliedstaat in einen anderen, durch den es dort einen neuen gewöhnlichen Aufenthalt erlangt, verbleibt abweichend von Artikel 8 die Zuständigkeit für eine Änderung einer vor dem Umzug des Kindes in diesem Mitgliedstaat ergangenen Entscheidung über das Umgangsrecht während einer Dauer von drei Monaten nach dem Umzug bei den Gerichten des früheren gewöhnlichen Aufenthalts des Kindes, wenn sich der laut der Entscheidung über das Umgangsrecht umgangsberechtigte Elternteil weiterhin gewöhnlich in dem Mitgliedstaat des früheren gewöhnlichen Aufenthalts des Kindes aufhält.

(2) Absatz 1 findet keine Anwendung, wenn der umgangsberechtigte Elternteil im Sinne des Absatzes 1 die Zuständigkeit der Gerichte des Mitgliedstaats des neuen gewöhnlichen Aufenthalts des Kindes dadurch anerkannt hat, dass er sich an Verfahren vor diesen Gerichten beteiligt, ohne ihre Zuständigkeit anzufechten.

Art. 10 Zuständigkeit in Fällen von Kindesentführung

Bei widerrechtlichem Verbringen oder Zurückhalten eines Kindes bleiben die Gerichte des Mitgliedstaats, in dem das Kind unmittelbar vor dem widerrechtlichen Verbringen oder Zurückhalten seinen gewöhnlichen Aufenthalt hatte, so lange zuständig, bis das Kind einen gewöhnlichen Aufenthalt in einem anderen Mitgliedstaat erlangt hat und
a) jede sorgeberechtigte Person, Behörde oder sonstige Stelle dem Verbringen oder Zurückhalten zugestimmt hat oder
b) das Kind sich in diesem anderen Mitgliedstaat mindestens ein Jahr aufgehalten hat, nachdem die sorgeberechtigte Person, Behörde oder sonstige Stelle seinen Aufenthaltsort kannte oder hätte kennen müssen und sich das Kind in seiner neuen Umgebung eingelebt hat, sofern eine der folgenden Bedingungen erfüllt ist:
  i) Innerhalb eines Jahres, nachdem der Sorgeberechtigte den Aufenthaltsort des Kindes kannte oder hätte kennen müssen, wurde kein Antrag auf Rückgabe des Kindes bei den zuständigen Behörden des Mitgliedstaats gestellt, in den das Kind verbracht wurde oder in dem es zurückgehalten wird;
  ii) ein von dem Sorgeberechtigten gestellter Antrag auf Rückgabe wurde zurückgezogen, und innerhalb der in Ziffer i) genannten Frist wurde kein neuer Antrag gestellt;
  iii) ein Verfahren vor dem Gericht des Mitgliedstaats, in dem das Kind unmittelbar vor dem widerrechtlichen Verbringen oder Zurückhalten seinen gewöhnlichen Aufenthalt hatte, wurde gemäß Artikel 11 Absatz 7 abgeschlossen;
  iv) von den Gerichten des Mitgliedstaats, in dem das Kind unmittelbar vor dem widerrechtlichen Verbringen oder Zurückhalten seinen gewöhnlichen Aufenthalt hatte, wurde eine Sorgerechtsentscheidung erlassen, in der die Rückgabe des Kindes nicht angeordnet wird.

Art. 11 Rückgabe des Kindes

(1) Beantragt eine sorgeberechtigte Person, Behörde oder sonstige Stelle bei den zuständigen Behörden eines Mitgliedstaats eine Entscheidung auf der Grundlage des Haager Übereinkommens vom 25. Oktober 1980 über die zivilrechtlichen Aspekte internationaler Kindesentführung (nachstehend „Haager Übereinkommen von 1980" genannt), um die Rückgabe eines Kindes zu erwirken, das widerrechtlich in einen anderen als den Mitgliedstaat verbracht

Textanhang

wurde oder dort zurückgehalten wird, in dem das Kind unmittelbar vor dem widerrechtlichen Verbringen oder Zurückhalten seinen gewöhnlichen Aufenthalt hatte, so gelten die Absätze 2 bis 8.

(2) Bei Anwendung der Artikel 12 und 13 des Haager Übereinkommens von 1980 ist sicherzustellen, dass das Kind die Möglichkeit hat, während des Verfahrens gehört zu werden, sofern dies nicht auf Grund seines Alters oder seines Reifegrads unangebracht erscheint.

(3) [1]Das Gericht, bei dem die Rückgabe eines Kindes nach Absatz 1 beantragt wird, befasst sich mit gebotener Eile mit dem Antrag und bedient sich dabei der zügigsten Verfahren des nationalen Rechts.

[2]Unbeschadet des Unterabsatzes 1 erlässt das Gericht seine Anordnung spätestens sechs Wochen nach seiner Befassung mit dem Antrag, es sei denn, dass dies auf Grund außergewöhnlicher Umstände nicht möglich ist.

(4) Ein Gericht kann die Rückgabe eines Kindes auf Grund des Artikels 13 Buchstabe b) des Haager Übereinkommens von 1980 nicht verweigern, wenn nachgewiesen ist, dass angemessene Vorkehrungen getroffen wurden, um den Schutz des Kindes nach seiner Rückkehr zu gewährleisten.

(5) Ein Gericht kann die Rückgabe eines Kindes nicht verweigern, wenn der Person, die die Rückgabe des Kindes beantragt hat, nicht die Gelegenheit gegeben wurde, gehört zu werden.

(6) [1]Hat ein Gericht entschieden, die Rückgabe des Kindes gemäß Artikel 13 des Haager Übereinkommens von 1980 abzulehnen, so muss es nach dem nationalen Recht dem zuständigen Gericht oder der Zentralen Behörde des Mitgliedstaats, in dem das Kind unmittelbar vor dem widerrechtlichen Verbringen oder Zurückhalten seinen gewöhnlichen Aufenthalt hatte, unverzüglich entweder direkt oder über seine Zentrale Behörde eine Abschrift der gerichtlichen Entscheidung, die Rückgabe abzulehnen, und die entsprechenden Unterlagen, insbesondere eine Niederschrift der Anhörung, übermitteln. [2]Alle genannten Unterlagen müssen dem Gericht binnen einem Monat ab dem Datum der Entscheidung, die Rückgabe abzulehnen, vorgelegt werden.

(7) [1]Sofern die Gerichte des Mitgliedstaats, in dem das Kind unmittelbar vor dem widerrechtlichen Verbringen oder Zurückhalten seinen gewöhnlichen Aufenthalt hatte, nicht bereits von einer der Parteien befasst wurden, muss das Gericht oder die Zentrale Behörde, das/die die Mitteilung gemäß Absatz 6 erhält, die Parteien hiervon unterrichten und sie einladen, binnen drei Monaten ab Zustellung der Mitteilung Anträge gemäß dem nationalen Recht beim Gericht einzureichen, damit das Gericht die Frage des Sorgerechts prüfen kann.

[2]Unbeschadet der in dieser Verordnung festgelegten Zuständigkeitsregeln schließt das Gericht den Fall ab, wenn innerhalb dieser Frist keine Anträge bei dem Gericht eingegangen sind.

(8) Ungeachtet einer nach Artikel 13 des Haager Übereinkommens von 1980 ergangenen Entscheidung, mit der die Rückgabe des Kindes verweigert wird, ist eine spätere Entscheidung, mit der die Rückgabe des Kindes angeordnet wird und die von einem nach dieser Verordnung zuständigen Gericht erlassen wird, im Einklang mit Kapitel III Abschnitt 4 vollstreckbar, um die Rückgabe des Kindes sicherzustellen.

Art. 12 Vereinbarung über die Zuständigkeit

(1) Die Gerichte des Mitgliedstaats, in dem nach Artikel 3 über einen Antrag auf Ehescheidung, Trennung ohne Auflösung des Ehebandes oder Ungültigerklärung einer Ehe zu entscheiden ist, sind für alle Entscheidungen zuständig, die die mit diesem Antrag verbundene elterliche Verantwortung betreffen, wenn
  a) zumindest einer der Ehegatten die elterliche Verantwortung für das Kind hat und
  b) die Zuständigkeit der betreffenden Gerichte von den Ehegatten oder von den Trägern der elterlichen Verantwortung zum Zeitpunkt der Anrufung des Gerichts ausdrücklich oder auf andere eindeutige Weise anerkannt wurde und im Einklang mit dem Wohl des Kindes steht.

(2) Die Zuständigkeit gemäß Absatz 1 endet,
a) sobald die stattgebende oder abweisende Entscheidung über den Antrag auf Ehescheidung, Trennung ohne Auflösung des Ehebandes oder Ungültigerklärung einer Ehe rechtskräftig geworden ist,
b) oder in den Fällen, in denen zu dem unter Buchstabe a) genannten Zeitpunkt noch ein Verfahren betreffend die elterliche Verantwortung anhängig ist, sobald die Entscheidung in diesem Verfahren rechtskräftig geworden ist,
c) oder sobald die unter den Buchstaben a) und b) genannten Verfahren aus einem anderen Grund beendet worden sind.

(3) Die Gerichte eines Mitgliedstaats sind ebenfalls zuständig in Bezug auf die elterliche Verantwortung in anderen als den in Absatz 1 genannten Verfahren, wenn
a) eine wesentliche Bindung des Kindes zu diesem Mitgliedstaat besteht, insbesondere weil einer der Träger der elterlichen Verantwortung in diesem Mitgliedstaat seinen gewöhnlichen Aufenthalt hat oder das Kind die Staatsangehörigkeit dieses Mitgliedstaats besitzt, und
b) alle Parteien des Verfahrens zum Zeitpunkt der Anrufung des Gerichts die Zuständigkeit ausdrücklich oder auf andere eindeutige Weise anerkannt haben und die Zuständigkeit in Einklang mit dem Wohl des Kindes steht.

(4) Hat das Kind seinen gewöhnlichen Aufenthalt in einem Drittstaat, der nicht Vertragspartei des Haager Übereinkommens vom 19. Oktober 1996 über die Zuständigkeit, das anzuwendende Recht, die Anerkennung, Vollstreckung und Zusammenarbeit auf dem Gebiet der elterlichen Verantwortung und der Maßnahmen zum Schutz von Kindern ist, so ist davon auszugehen, dass die auf diesen Artikel gestützte Zuständigkeit insbesondere dann in Einklang mit dem Wohl des Kindes steht, wenn sich ein Verfahren in dem betreffenden Drittstaat als unmöglich erweist.

Art. 13 Zuständigkeit auf Grund der Anwesenheit des Kindes

(1) Kann der gewöhnliche Aufenthalt des Kindes nicht festgestellt werden und kann die Zuständigkeit nicht gemäß Artikel 12 bestimmt werden, so sind die Gerichte des Mitgliedstaats zuständig, in dem sich das Kind befindet.

(2) Absatz 1 gilt auch für Kinder, die Flüchtlinge oder, auf Grund von Unruhen in ihrem Land, ihres Landes Vertriebene sind.

Art. 14 Restzuständigkeit

Soweit sich aus den Artikeln 8 bis 13 keine Zuständigkeit eines Gerichts eines Mitgliedstaats ergibt, bestimmt sich die Zuständigkeit in jedem Mitgliedstaat nach dem Recht dieses Staates.

Art. 15 Verweisung an ein Gericht, das den Fall besser beurteilen kann

(1) In Ausnahmefällen und sofern dies dem Wohl des Kindes entspricht, kann das Gericht eines Mitgliedstaats, das für die Entscheidung in der Hauptsache zuständig ist, in dem Fall, dass seines Erachtens ein Gericht eines anderen Mitgliedstaats, zu dem das Kind eine besondere Bindung hat, den Fall oder einen bestimmten Teil des Falls besser beurteilen kann,
a) die Prüfung des Falls oder des betreffenden Teils des Falls aussetzen und die Parteien einladen, beim Gericht dieses anderen Mitgliedstaats einen Antrag gemäß Absatz 4 zu stellen, oder
b) ein Gericht eines anderen Mitgliedstaats ersuchen, sich gemäß Absatz 5 für zuständig zu erklären.

(2) [1]Absatz 1 findet Anwendung
a) auf Antrag einer der Parteien oder
b) von Amts wegen oder
c) auf Antrag des Gerichts eines anderen Mitgliedstaats, zu dem das Kind eine besondere Bindung gemäß Absatz 3 hat.

Textanhang

²Die Verweisung von Amts wegen oder auf Antrag des Gerichts eines anderen Mitgliedstaats erfolgt jedoch nur, wenn mindestens eine der Parteien ihr zustimmt.

(3) Es wird davon ausgegangen, dass das Kind eine besondere Bindung im Sinne des Absatzes 1 zu dem Mitgliedstaat hat, wenn
   a) nach Anrufung des Gerichts im Sinne des Absatzes 1 das Kind seinen gewöhnlichen Aufenthalt in diesem Mitgliedstaat erworben hat oder
   b) das Kind seinen gewöhnlichen Aufenthalt in diesem Mitgliedstaat hatte oder
   c) das Kind die Staatsangehörigkeit dieses Mitgliedstaats besitzt oder
   d) ein Träger der elterlichen Verantwortung seinen gewöhnlichen Aufenthalt in diesem Mitgliedstaat hat oder
   e) die Streitsache Maßnahmen zum Schutz des Kindes im Zusammenhang mit der Verwaltung oder der Erhaltung des Vermögens des Kindes oder der Verfügung über dieses Vermögen betrifft und sich dieses Vermögen im Hoheitsgebiet dieses Mitgliedstaats befindet.

(4) ¹Das Gericht des Mitgliedstaats, das für die Entscheidung in der Hauptsache zuständig ist, setzt eine Frist, innerhalb deren die Gerichte des anderen Mitgliedstaats gemäß Absatz 1 angerufen werden müssen.

²Werden die Gerichte innerhalb dieser Frist nicht angerufen, so ist das befasste Gericht weiterhin nach den Artikeln 8 bis 14 zuständig.

(5) ¹Diese Gerichte dieses anderen Mitgliedstaats können sich, wenn dies auf Grund der besonderen Umstände des Falls dem Wohl des Kindes entspricht, innerhalb von sechs Wochen nach ihrer Anrufung gemäß Absatz 1 Buchstabe a) oder b) für zuständig erklären. ²In diesem Fall erklärt sich das zuerst angerufene Gericht für unzuständig. ³Anderenfalls ist das zuerst angerufene Gericht weiterhin nach den Artikeln 8 bis 14 zuständig.

(6) Die Gerichte arbeiten für die Zwecke dieses Artikels entweder direkt oder über die nach Artikel 53 bestimmten Zentralen Behörden zusammen.

Abschnitt 3. Gemeinsame Bestimmungen

Art. 16 Anrufung eines Gerichts

(1) Ein Gericht gilt als angerufen
   a) zu dem Zeitpunkt, zu dem das verfahrenseinleitende Schriftstück oder ein gleichwertiges Schriftstück bei Gericht eingereicht wurde, vorausgesetzt, dass der Antragsteller es in der Folge nicht versäumt hat, die ihm obliegenden Maßnahmen zu treffen, um die Zustellung des Schriftstücks an den Antragsgegner zu bewirken, oder
   b) falls die Zustellung an den Antragsgegner vor Einreichung des Schriftstücks bei Gericht zu bewirken ist, zu dem Zeitpunkt, zu dem die für die Zustellung verantwortliche Stelle das Schriftstück erhalten hat, vorausgesetzt, dass der Antragsteller es in der Folge nicht versäumt hat, die ihm obliegenden Maßnahmen zu treffen, um das Schriftstück bei Gericht einzureichen.

Art. 17 Prüfung der Zuständigkeit

Das Gericht eines Mitgliedstaats hat sich von Amts wegen für unzuständig zu erklären, wenn es in einer Sache angerufen wird, für die es nach dieser Verordnung keine Zuständigkeit hat und für die das Gericht eines anderen Mitgliedstaats auf Grund dieser Verordnung zuständig ist.

Art. 18 Prüfung der Zulässigkeit

(1) Lässt sich ein Antragsgegner, der seinen gewöhnlichen Aufenthalt nicht in dem Mitgliedstaat hat, in dem das Verfahren eingeleitet wurde, auf das Verfahren nicht ein, so hat das zuständige Gericht des Verfahrens so lange auszusetzen, bis festgestellt ist, dass es dem Antragsgegner möglich war, das verfahrenseinleitende Schriftstück oder ein gleichwertiges Schriftstück so rechtzeitig zu empfangen, dass er sich verteidigen konnte, oder dass alle hierzu erforderlichen Maßnahmen getroffen wurden.

Brüssel II a Verordnung

(2) Artikel 19 der Verordnung (EG) Nr. 1348/2000 findet statt Absatz 1 Anwendung, wenn das verfahrenseinleitende Schriftstück oder ein gleichwertiges Schriftstück nach Maßgabe jener Verordnung von einem Mitgliedstaat in einen anderen zu übermitteln war.

(3) Sind die Bestimmungen der Verordnung (EG) Nr. 1348/2000 nicht anwendbar, so gilt Artikel 15 des Haager Übereinkommens vom 15. November 1965 über die Zustellung gerichtlicher und außergerichtlicher Schriftstücke im Ausland in Zivil- und Handelssachen, wenn das verfahrenseinleitende Schriftstück oder ein gleichwertiges Schriftstück nach Maßgabe des genannten Übereinkommens ins Ausland zu übermitteln war.

Art. 19 Rechtshängigkeit und abhängige Verfahren

(1) Werden bei Gerichten verschiedener Mitgliedstaaten Anträge auf Ehescheidung, Trennung ohne Auflösung des Ehebandes oder Ungültigerklärung einer Ehe zwischen denselben Parteien gestellt, so setzt das später angerufene Gericht das Verfahren von Amts wegen aus, bis die Zuständigkeit des zuerst angerufenen Gerichts geklärt ist.

(2) Werden bei Gerichten verschiedener Mitgliedstaaten Verfahren bezüglich der elterlichen Verantwortung für ein Kind wegen desselben Anspruchs anhängig gemacht, so setzt das später angerufene Gericht das Verfahren von Amts wegen aus, bis die Zuständigkeit des zuerst angerufenen Gerichts geklärt ist.

(3) Sobald die Zuständigkeit des zuerst angerufenen Gerichts feststeht, erklärt sich das später angerufene Gericht zugunsten dieses Gerichts für unzuständig.

In diesem Fall kann der Antragsteller, der den Antrag bei dem später angerufenen Gericht gestellt hat, diesen Antrag dem zuerst angerufenen Gericht vorlegen.

Art. 20 Einstweilige Maßnahmen einschließlich Schutzmaßnahmen

(1) Die Gerichte eines Mitgliedstaats können in dringenden Fällen ungeachtet der Bestimmungen dieser Verordnung die nach dem Recht dieses Mitgliedstaats vorgesehenen einstweiligen Maßnahmen einschließlich Schutzmaßnahmen in Bezug auf in diesem Staat befindliche Personen oder Vermögensgegenstände auch dann anordnen, wenn für die Entscheidung in der Hauptsache gemäß dieser Verordnung ein Gericht eines anderen Mitgliedstaats zuständig ist.

(2) Die zur Durchführung des Absatzes 1 ergriffenen Maßnahmen treten außer Kraft, wenn das Gericht des Mitgliedstaats, das gemäß dieser Verordnung für die Entscheidung in der Hauptsache zuständig ist, die Maßnahmen getroffen hat, die es für angemessen hält.

Kapitel III. Anerkennung und Vollstreckung

Abschnitt 1. Anerkennung

Art. 21 Anerkennung einer Entscheidung

(1) Die in einem Mitgliedstaat ergangenen Entscheidungen werden in den anderen Mitgliedstaaten anerkannt, ohne dass es hierfür eines besonderen Verfahrens bedarf.

(2) Unbeschadet des Absatzes 3 bedarf es insbesondere keines besonderen Verfahrens für die Beschreibung in den Personenstandsbüchern eines Mitgliedstaats auf der Grundlage einer in einem anderen Mitgliedstaat ergangenen Entscheidung über Ehescheidung, Trennung ohne Auflösung des Ehebandes oder Ungültigerklärung einer Ehe, gegen die nach dem Recht dieses Mitgliedstaats keine weiteren Rechtsbehelfe eingelegt werden können.

(3) [1]Unbeschadet des Abschnitts 4 kann jede Partei, die ein Interesse hat, gemäß den Verfahren des Abschnitts 2 eine Entscheidung über die Anerkennung oder Nichtanerkennung der Entscheidung beantragen.

[2]Das örtlich zuständige Gericht, das in der Liste aufgeführt ist, die jeder Mitgliedstaat der Kommission gemäß Artikel 68 mitteilt, wird durch das nationale Recht des Mitgliedstaats bestimmt, in dem der Antrag auf Anerkennung oder Nichtanerkennung gestellt wird.

(4) Ist in einem Rechtsstreit vor einem Gericht eines Mitgliedstaats die Frage der Anerkennung einer Entscheidung als Vorfrage zu klären, so kann dieses Gericht hierüber befinden.

1183

Textanhang

Art. 22 Gründe für die Nichtanerkennung einer Entscheidung über eine Ehescheidung, Trennung ohne Auflösung des Ehebandes oder Ungültigerklärung einer Ehe

Eine Entscheidung, die die Ehescheidung, die Trennung ohne Auflösung des Ehebandes oder die Ungültigerklärung einer Ehe betrifft, wird nicht anerkannt,
a) wenn die Anerkennung der öffentlichen Ordnung des Mitgliedstaats, in dem sie beantragt wird, offensichtlich widerspricht;
b) wenn dem Antragsgegner, der sich auf das Verfahren nicht eingelassen hat, das verfahrenseinleitende Schriftstück oder ein gleichwertiges Schriftstück nicht so rechtzeitig und in einer Weise zugestellt wurde, dass er sich verteidigen konnte, es sei denn, es wird festgestellt, dass er mit der Entscheidung eindeutig einverstanden ist;
c) wenn die Entscheidung mit einer Entscheidung unvereinbar ist, die in einem Verfahren zwischen denselben Parteien in dem Mitgliedstaat, in dem die Anerkennung beantragt wird, ergangen ist; oder
d) wenn die Entscheidung mit einer früheren Entscheidung unvereinbar ist, die in einem anderen Mitgliedstaat oder in einem Drittstaat zwischen denselben Parteien ergangen ist, sofern die frühere Entscheidung die notwendigen Voraussetzungen für ihre Anerkennung in dem Mitgliedstaat erfüllt, in dem die Anerkennung beantragt wird.

Art. 23 Gründe für die Nichtanerkennung einer Entscheidung über die elterliche Verantwortung

Eine Entscheidung über die elterliche Verantwortung wird nicht anerkannt,
a) wenn die Anerkennung der öffentlichen Ordnung des Mitgliedstaats, in dem sie beantragt wird, offensichtlich widerspricht, wobei das Wohl des Kindes zu berücksichtigen ist;
b) wenn die Entscheidung – ausgenommen in dringenden Fällen – ergangen ist, ohne dass das Kind die Möglichkeit hatte, gehört zu werden, und damit wesentliche verfahrensrechtliche Grundsätze des Mitgliedstaats, in dem die Anerkennung beantragt wird, verletzt werden;
c) wenn der betreffenden Person, die sich auf das Verfahren nicht eingelassen hat, das verfahrenseinleitende Schriftstück oder ein gleichwertiges Schriftstück nicht so rechtzeitig und in einer Weise zugestellt wurde, dass sie sich verteidigen konnte, es sei denn, es wird festgestellt, dass sie mit der Entscheidung eindeutig einverstanden ist;
d) wenn eine Person dies mit der Begründung beantragt, dass die Entscheidung in ihre elterliche Verantwortung eingreift, falls die Entscheidung ergangen ist, ohne dass diese Person die Möglichkeit hatte, gehört zu werden;
e) wenn die Entscheidung mit einer späteren Entscheidung über die elterliche Verantwortung unvereinbar ist, die in dem Mitgliedstaat, in dem die Anerkennung beantragt wird, ergangen ist;
f) wenn die Entscheidung mit einer späteren Entscheidung über die elterliche Verantwortung unvereinbar ist, die in einem anderen Mitgliedstaat oder in dem Drittstaat, in dem das Kind seinen gewöhnlichen Aufenthalt hat, ergangen ist, sofern die spätere Entscheidung die notwendigen Voraussetzungen für ihre Anerkennung in dem Mitgliedstaat erfüllt, in dem die Anerkennung beantragt wird; oder
g) wenn das Verfahren des Artikels 56 nicht eingehalten wurde.

Art. 24 Verbot der Nachprüfung der Zuständigkeit des Gerichts des Ursprungsmitgliedstaats

^{1}Die Zuständigkeit des Gerichts des Ursprungsmitgliedstaats darf nicht überprüft werden. ^{2}Die Überprüfung der Vereinbarkeit mit der öffentlichen Ordnung gemäß Artikel 22 Buchstabe a) und Artikel 23 Buchstabe a) darf sich nicht auf die Zuständigkeitsvorschriften der Artikel 3 bis 14 erstrecken.

Art. 25 Unterschiede beim anzuwendenden Recht

Die Anerkennung einer Entscheidung darf nicht deshalb abgelehnt werden, weil eine Ehescheidung, Trennung ohne Auflösung des Ehebandes oder Ungültigerklärung einer Ehe

Brüssel II a Verordnung

nach dem Recht des Mitgliedstaats, in dem die Anerkennung beantragt wird, unter Zugrundelegung desselben Sachverhalts nicht zulässig wäre.

Art. 26 Ausschluss einer Nachprüfung in der Sache

Die Entscheidung darf keinesfalls in der Sache selbst nachgeprüft werden.

Art. 27 Aussetzung des Verfahrens

(1) Das Gericht eines Mitgliedstaats, vor dem die Anerkennung einer in einem anderen Mitgliedstaat ergangenen Entscheidung beantragt wird, kann das Verfahren aussetzen, wenn gegen die Entscheidung ein ordentlicher Rechtsbehelf eingelegt wurde.

(2) Das Gericht eines Mitgliedstaats, bei dem die Anerkennung einer in Irland oder im Vereinigten Königreich ergangenen Entscheidung beantragt wird, kann das Verfahren aussetzen, wenn die Vollstreckung der Entscheidung im Ursprungsmitgliedstaat wegen der Einlegung eines Rechtsbehelfs einstweilen eingestellt ist.

Abschnitt 2. Antrag auf Vollstreckbarerklärung

Art. 28 Vollstreckbare Entscheidungen

(1) Die in einem Mitgliedstaat ergangenen Entscheidungen über die elterliche Verantwortung für ein Kind, die in diesem Mitgliedstaat vollstreckbar sind und die zugestellt worden sind, werden in einem anderen Mitgliedstaat vollstreckt, wenn sie dort auf Antrag einer berechtigten Partei für vollstreckbar erklärt wurden.

(2) Im Vereinigten Königreich wird eine derartige Entscheidung jedoch in England und Wales, in Schottland oder in Nordirland erst vollstreckt, wenn sie auf Antrag einer berechtigten Partei zur Vollstreckung in dem betreffenden Teil des Vereinigten Königreichs registriert worden ist.

Art. 29 Örtlich zuständiges Gericht

(1) Ein Antrag auf Vollstreckbarerklärung ist bei dem Gericht zu stellen, das in der Liste aufgeführt ist, die jeder Mitgliedstaat der Kommission gemäß Artikel 68 mitteilt.

(2) Das örtlich zuständige Gericht wird durch den gewöhnlichen Aufenthalt der Person, gegen die die Vollstreckung erwirkt werden soll, oder durch den gewöhnlichen Aufenthalt eines Kindes, auf das sich der Antrag bezieht, bestimmt.

Befindet sich keiner der in Unterabsatz 1 angegebenen Orte im Vollstreckungsmitgliedstaat, so wird das örtlich zuständige Gericht durch den Ort der Vollstreckung bestimmt.

Art. 30 Verfahren

(1) Für die Stellung des Antrags ist das Recht des Vollstreckungsmitgliedstaats maßgebend.

(2) ¹Der Antragsteller hat für die Zustellung im Bezirk des angerufenen Gerichts ein Wahldomizil zu begründen. ²Ist das Wahldomizil im Recht des Vollstreckungsmitgliedstaats nicht vorgesehen, so hat der Antragsteller einen Zustellungsbevollmächtigten zu benennen.

(3) Dem Antrag sind die in den Artikeln 37 und 39 aufgeführten Urkunden beizufügen.

Art. 31 Entscheidung des Gerichts

(1) Das mit dem Antrag befasste Gericht erlässt seine Entscheidung ohne Verzug und ohne dass die Person, gegen die die Vollstreckung erwirkt werden soll, noch das Kind in diesem Abschnitt des Verfahrens Gelegenheit erhalten, eine Erklärung abzugeben.

(2) Der Antrag darf nur aus einem der in den Artikeln 22, 23 und 24 aufgeführten Gründe abgelehnt werden.

(3) Die Entscheidung darf keinesfalls in der Sache selbst nachgeprüft werden.

Textanhang

Art. 32 Mitteilung der Entscheidung

Die über den Antrag ergangene Entscheidung wird dem Antragsteller vom Urkundsbeamten der Geschäftsstelle unverzüglich in der Form mitgeteilt, die das Recht des Vollstreckungsmitgliedstaats vorsieht.

Art. 33 Rechtsbehelf

(1) Gegen die Entscheidung über den Antrag auf Vollstreckbarerklärung kann jede Partei einen Rechtsbehelf einlegen.

(2) Der Rechtsbehelf wird bei dem Gericht eingelegt, das in der Liste aufgeführt ist, die jeder Mitgliedstaat der Kommission gemäß Artikel 68 mitteilt.

(3) Über den Rechtsbehelf wird nach den Vorschriften entschieden, die für Verfahren mit beiderseitigem rechtlichen Gehör maßgebend sind.

(4) [1]Wird der Rechtsbehelf von der Person eingelegt, die den Antrag auf Vollstreckbarerklärung gestellt hat, so wird die Partei, gegen die die Vollstreckung erwirkt werden soll, aufgefordert, sich auf das Verfahren einzulassen, das bei dem mit dem Rechtsbehelf befassten Gericht anhängig ist. [2]Lässt sich die betreffende Person auf das Verfahren nicht ein, so gelten die Bestimmungen des Artikels 18.

(5) [1]Der Rechtsbehelf gegen die Vollstreckbarerklärung ist innerhalb eines Monats nach ihrer Zustellung einzulegen. [2]Hat die Partei, gegen die die Vollstreckung erwirkt werden soll, ihren gewöhnlichen Aufenthalt in einem anderen Mitgliedstaat als dem, in dem die Vollstreckbarerklärung erteilt worden ist, so beträgt die Frist für den Rechtsbehelf zwei Monate und beginnt mit dem Tag, an dem die Vollstreckbarerklärung ihr entweder persönlich oder in ihrer Wohnung zugestellt worden ist. [3]Eine Verlängerung dieser Frist wegen weiter Entfernung ist ausgeschlossen.

Art. 34 Für den Rechtsbehelf zuständiges Gericht und Anfechtung der Entscheidung über den Rechtsbehelf

Die Entscheidung, die über den Rechtsbehelf ergangen ist, kann nur im Wege der Verfahren angefochten werden, die in der Liste genannt sind, die jeder Mitgliedstaat der Kommission gemäß Artikel 68 mitteilt.

Art. 35 Aussetzung des Verfahrens

(1) [1]Das nach Artikel 33 oder Artikel 34 mit dem Rechtsbehelf befasste Gericht kann auf Antrag der Partei, gegen die die Vollstreckung erwirkt werden soll, das Verfahren aussetzen, wenn im Ursprungsmitgliedstaat ein ordentlicher Rechtsbehelf gegen die Entscheidung eingelegt wurde oder die Frist für einen solchen Rechtsbehelf noch nicht verstrichen ist. [2]In letzterem Fall kann das Gericht eine Frist bestimmen, innerhalb deren der Rechtsbehelf einzulegen ist.

(2) Ist die Entscheidung in Irland oder im Vereinigten Königreich ergangen, so gilt jeder im Ursprungsmitgliedstaat statthafte Rechtsbehelf als ordentlicher Rechtsbehelf im Sinne des Absatzes 1.

Art. 36 Teilvollstreckung

(1) Ist mit der Entscheidung über mehrere geltend gemachte Ansprüche entschieden worden und kann die Entscheidung nicht in vollem Umfang zur Vollstreckung zugelassen werden, so lässt das Gericht sie für einen oder mehrere Ansprüche zu.

(2) Der Antragsteller kann eine teilweise Vollstreckung beantragen.

Brüssel II a Verordnung

Abschnitt 3. Gemeinsame Bestimmungen für die Abschnitte 1 und 2

Art. 37 Urkunden

(1) Die Partei, die die Anerkennung oder Nichtanerkennung einer Entscheidung oder deren Vollstreckbarerklärung erwirken will, hat Folgendes vorzulegen:
a) eine Ausfertigung der Entscheidung, die die für ihre Beweiskraft erforderlichen Voraussetzungen erfüllt, und
b) die Bescheinigung nach Artikel 39.

(2) Bei einer im Versäumnisverfahren ergangenen Entscheidung hat die Partei, die die Anerkennung einer Entscheidung oder deren Vollstreckbarerklärung erwirken will, ferner Folgendes vorzulegen:
a) die Urschrift oder eine beglaubigte Abschrift der Urkunde, aus der sich ergibt, dass das verfahrenseinleitende Schriftstück oder ein gleichwertiges Schriftstück der Partei, die sich nicht auf das Verfahren eingelassen hat, zugestellt wurde, oder
b) eine Urkunde, aus der hervorgeht, dass der Antragsgegner mit der Entscheidung eindeutig einverstanden ist.

Art. 38 Fehlen von Urkunden

(1) Werden die in Artikel 37 Absatz 1 Buchstabe b) oder Absatz 2 aufgeführten Urkunden nicht vorgelegt, so kann das Gericht eine Frist setzen, innerhalb deren die Urkunden vorzulegen sind, oder sich mit gleichwertigen Urkunden begnügen oder von der Vorlage der Urkunden befreien, wenn es eine weitere Klärung nicht für erforderlich hält.

(2) ^{1}Auf Verlangen des Gerichts ist eine Übersetzung der Urkunden vorzulegen. ^{2}Die Übersetzung ist von einer hierzu in einem der Mitgliedstaaten befugten Person zu beglaubigen.

Art. 39 Bescheinigung bei Entscheidungen in Ehesachen und bei Entscheidungen über die elterliche Verantwortung

Das zuständige Gericht oder die Zuständige Behörde des Ursprungsmitgliedstaats stellt auf Antrag einer berechtigten Partei eine Bescheinigung unter Verwendung des Formblatts in Anhang I (Entscheidungen in Ehesachen) oder Anhang II (Entscheidungen über die elterliche Verantwortung) aus.

Abschnitt 4. Vollstreckbarkeit bestimmter Entscheidungen über das Umgangsrecht und bestimmter Entscheidungen, mit denen die Rückgabe des Kindes angeordnet wird

Art. 40 Anwendungsbereich

(1) Dieser Abschnitt gilt für
a) das Umgangsrecht und
b) die Rückgabe eines Kindes infolge einer die Rückgabe des Kindes anordnenden Entscheidung gemäß Artikel 11 Absatz 8.

(2) Der Träger der elterlichen Verantwortung kann ungeachtet der Bestimmungen dieses Abschnitts die Anerkennung und Vollstreckung nach Maßgabe der Abschnitte 1 und 2 dieses Kapitels beantragen.

Art. 41 Umgangsrecht

(1) ^{1}Eine in einem Mitgliedstaat ergangene vollstreckbare Entscheidung über das Umgangsrecht im Sinne des Artikels 40 Absatz 1 Buchstabe a), für die eine Bescheinigung nach Absatz 2 im Ursprungsmitgliedstaat ausgestellt wurde, wird in einem anderen Mitgliedstaat anerkannt und kann dort vollstreckt werden, ohne dass es einer Vollstreckbarerklärung bedarf und ohne dass die Anerkennung angefochten werden kann.

Textanhang

²Auch wenn das nationale Recht nicht vorsieht, dass eine Entscheidung über das Umgangsrecht ungeachtet der Einlegung eines Rechtsbehelfs von Rechts wegen vollstreckbar ist, kann das Gericht des Ursprungsmitgliedstaats die Entscheidung für vollstreckbar erklären.

(2) ¹Der Richter des Ursprungsmitgliedstaats stellt die Bescheinigung nach Absatz 1 unter Verwendung des Formblatts in Anhang III (Bescheinigung über das Umgangsrecht) nur aus, wenn

a) im Fall eines Versäumnisverfahrens das verfahrenseinleitende Schriftstück oder ein gleichwertiges Schriftstück der Partei, die sich nicht auf das Verfahren eingelassen hat, so rechtzeitig und in einer Weise zugestellt wurde, dass sie sich verteidigen konnte, oder wenn in Fällen, in denen bei der Zustellung des betreffenden Schriftstücks diese Bedingungen nicht eingehalten wurden, dennoch festgestellt wird, dass sie mit der Entscheidung eindeutig einverstanden ist;
b) alle betroffenen Parteien Gelegenheit hatten, gehört zu werden, und
c) das Kind die Möglichkeit hatte, gehört zu werden, sofern eine Anhörung nicht auf Grund seines Alters oder seines Reifegrads unangebracht erschien.

²Das Formblatt wird in der Sprache ausgefüllt, in der die Entscheidung abgefasst ist.

(3) ¹Betrifft das Umgangsrecht einen Fall, der bei der Verkündung der Entscheidung einen grenzüberschreitenden Bezug aufweist, so wird die Bescheinigung von Amts wegen ausgestellt, sobald die Entscheidung vollstreckbar oder vorläufig vollstreckbar wird. ²Wird der Fall erst später zu einem Fall mit grenzüberschreitendem Bezug, so wird die Bescheinigung auf Antrag einer der Parteien ausgestellt.

Art. 42 Rückgabe des Kindes

(1) ¹Eine in einem Mitgliedstaat ergangene vollstreckbare Entscheidung über die Rückgabe des Kindes im Sinne des Artikels 40 Absatz 1 Buchstabe b), für die eine Bescheinigung nach Absatz 2 im Ursprungsmitgliedstaat ausgestellt wurde, wird in einem anderen Mitgliedstaat anerkannt und kann dort vollstreckt werden, ohne dass es einer Vollstreckbarerklärung bedarf und ohne dass die Anerkennung angefochten werden kann.

²Auch wenn das nationale Recht nicht vorsieht, dass eine in Artikel 11 Absatz 8 genannte Entscheidung über die Rückgabe des Kindes ungeachtet der Einlegung eines Rechtsbehelfs von Rechts wegen vollstreckbar ist, kann das Gericht des Ursprungsmitgliedstaats die Entscheidung für vollstreckbar erklären.

(2) ¹Der Richter des Ursprungsmitgliedstaats, der die Entscheidung nach Artikel 40 Absatz 1 Buchstabe b) erlassen hat, stellt die Bescheinigung nach Absatz 1 nur aus, wenn

a) das Kind die Möglichkeit hatte, gehört zu werden, sofern eine Anhörung nicht auf Grund seines Alters oder seines Reifegrads unangebracht erschien.
b) die Parteien die Gelegenheit hatten, gehört zu werden, und
c) das Gericht beim Erlass seiner Entscheidung die Gründe und Beweismittel berücksichtigt hat, die der nach Artikel 13 des Haager Übereinkommens von 1980 ergangenen Entscheidung zugrunde liegen.

²Ergreift das Gericht oder eine andere Behörde Maßnahmen, um den Schutz des Kindes nach seiner Rückkehr in den Staat des gewöhnlichen Aufenthalts sicherzustellen, so sind diese Maßnahmen in der Bescheinigung anzugeben.

³Der Richter des Ursprungsmitgliedstaats stellt die Bescheinigung von Amts wegen unter Verwendung des Formblatts in Anhang IV (Bescheinigung über die Rückgabe des Kindes) aus.

⁴Das Formblatt wird in der Sprache ausgefüllt, in der die Entscheidung abgefasst ist.

Art. 43 Klage auf Berichtigung

(1) Für Berichtigungen der Bescheinigung ist das Recht des Ursprungsmitgliedstaats maßgebend.

(2) Gegen die Ausstellung einer Bescheinigung gemäß Artikel 41 Absatz 1 oder Artikel 42 Absatz 1 sind keine Rechtsbehelfe möglich.

Brüssel II a Verordnung

Art. 44 Wirksamkeit der Bescheinigung

Die Bescheinigung ist nur im Rahmen der Vollstreckbarkeit des Urteils wirksam.

Art. 45 Urkunden

(1) Die Partei, die die Vollstreckung einer Entscheidung erwirken will, hat Folgendes vorzulegen:
 a) eine Ausfertigung der Entscheidung, die die für ihre Beweiskraft erforderlichen Voraussetzungen erfüllt, und
 b) die Bescheinigung nach Artikel 41 Absatz 1 oder Artikel 42 Absatz 1.

(2) [1]Für die Zwecke dieses Artikels
– wird der Bescheinigung gemäß Artikel 41 Absatz 1 eine Übersetzung der Nummer 12 betreffend die Modalitäten der Ausübung des Umgangsrechts beigefügt;
– wird der Bescheinigung gemäß Artikel 42 Absatz 1 eine Übersetzung der Nummer 14 betreffend die Einzelheiten der Maßnahmen, die ergriffen wurden, um die Rückgabe des Kindes sicherzustellen, beigefügt.
[2]Die Übersetzung erfolgt in die oder in eine der Amtssprachen des Vollstreckungsmitgliedstaats oder in eine andere von ihm ausdrücklich zugelassene Sprache. [3]Die Übersetzung ist von einer hierzu in einem der Mitgliedstaaten befugten Person zu beglaubigen.

Abschnitt 5. Öffentliche Urkunden und Vereinbarungen

Art. 46 [Öffentliche Urkunden]

Öffentliche Urkunden, die in einem Mitgliedstaat aufgenommen und vollstreckbar sind, sowie Vereinbarungen zwischen den Parteien, die in dem Ursprungsmitgliedstaat vollstreckbar sind, werden unter denselben Bedingungen wie Entscheidungen anerkannt und für vollstreckbar erklärt.

Abschnitt 6. Sonstige Bestimmungen

Art. 47 Vollstreckungsverfahren

(1) Für das Vollstreckungsverfahren ist das Recht des Vollstreckungsmitgliedstaats maßgebend.

(2) Die Vollstreckung einer von einem Gericht eines anderen Mitgliedstaats erlassenen Entscheidung, die gemäß Abschnitt 2 für vollstreckbar erklärt wurde oder für die eine Bescheinigung nach Artikel 41 Absatz 1 oder Artikel 42 Absatz 1 ausgestellt wurde, erfolgt im Vollstreckungsmitgliedstaat unter denselben Bedingungen, die für in diesem Mitgliedstaat ergangene Entscheidungen gelten.

Insbesondere darf eine Entscheidung, für die eine Bescheinigung nach Artikel 41 Absatz 1 oder Artikel 42 Absatz 1 ausgestellt wurde, nicht vollstreckt werden, wenn sie mit einer später ergangenen vollstreckbaren Entscheidung unvereinbar ist.

Art. 48 Praktische Modalitäten der Ausübung des Umgangsrechts

(1) Die Gerichte des Vollstreckungsmitgliedstaats können die praktischen Modalitäten der Ausübung des Umgangsrechts regeln, wenn die notwendigen Vorkehrungen nicht oder nicht in ausreichendem Maße bereits in der Entscheidung der für die Entscheidung der in der Hauptsache zuständigen Gerichte des Mitgliedstaats getroffen wurden und sofern der Wesensgehalt der Entscheidung unberührt bleibt.

(2) Die nach Absatz 1 festgelegten praktischen Modalitäten treten außer Kraft, nachdem die für die Entscheidung in der Hauptsache zuständigen Gerichte des Mitgliedstaats eine Entscheidung erlassen haben.

Textanhang

Art. 49 Kosten

Die Bestimmungen dieses Kapitels mit Ausnahme der Bestimmungen des Abschnitts 4 gelten auch für die Festsetzung der Kosten für die nach dieser Verordnung eingeleiteten Verfahren und die Vollstreckung eines Kostenfestsetzungsbeschlusses.

Art. 50 Prozesskostenhilfe

Wurde dem Antragsteller im Ursprungsmitgliedstaat ganz oder teilweise Prozesskostenhilfe oder Kostenbefreiung gewährt, so genießt er in dem Verfahren nach den Artikeln 21, 28, 41, 42 und 48 hinsichtlich der Prozesskostenhilfe oder der Kostenbefreiung die günstigste Behandlung, die das Recht des Vollstreckungsmitgliedstaats vorsieht.

Art. 51 Sicherheitsleistung, Hinterlegung

Der Partei, die in einem Mitgliedstaat die Vollstreckung einer in einem anderen Mitgliedstaat ergangenen Entscheidung beantragt, darf eine Sicherheitsleistung oder Hinterlegung, unter welcher Bezeichnung es auch sei, nicht aus einem der folgenden Gründe auferlegt werden:
a) weil sie in dem Mitgliedstaat, in dem die Vollstreckung erwirkt werden soll, nicht ihren gewöhnlichen Aufenthalt hat, oder
b) weil sie nicht die Staatsangehörigkeit dieses Staates besitzt oder, wenn die Vollstreckung im Vereinigten Königreich oder in Irland erwirkt werden soll, ihr „domicile" nicht in einem dieser Mitgliedstaaten hat.

Art. 52 Legalisation oder ähnliche Förmlichkeit

Die in den Artikeln 37, 38 und 45 aufgeführten Urkunden sowie die Urkunde über die Prozessvollmacht, falls eine solche erteilt wird, bedürfen weder der Legalisation noch einer ähnlichen Förmlichkeit.

Kapitel IV. Zusammenarbeit zwischen den Zentralen Behörden bei Verfahren betreffend die elterliche Verantwortung

Art. 53 Bestimmung der Zentralen Behörden

¹Jeder Mitgliedstaat bestimmt eine oder mehrere Zentrale Behörden, die ihn bei der Anwendung dieser Verordnung unterstützen, und legt ihre räumliche oder sachliche Zuständigkeit fest. ²Hat ein Mitgliedstaat mehrere Zentrale Behörden bestimmt, so sind die Mitteilungen grundsätzlich direkt an die zuständige Zentrale Behörde zu richten. ³Wurde eine Mitteilung an eine nicht zuständige Zentrale Behörde gerichtet, so hat diese die Mitteilung an die zuständige Zentrale Behörde weiterzuleiten und den Absender davon in Kenntnis zu setzen.

Art. 54 Allgemeine Aufgaben

¹Die Zentralen Behörden stellen Informationen über nationale Rechtsvorschriften und Verfahren zur Verfügung und ergeifen Maßnahmen, um die Durchführung dieser Verordnung zu verbessern und die Zusammenarbeit untereinander zu stärken. ²Hierzu wird das mit der Entscheidung 2001/470/EG eingerichtete Europäische Justizielle Netz für Zivil- und Handelssachen genutzt.

Art. 55 Zusammenarbeit in Fällen, die speziell die elterliche Verantwortung betreffen

¹Die Zentralen Behörden arbeiten in bestimmten Fällen auf Antrag der Zentralen Behörde eines anderen Mitgliedstaats oder des Trägers der elterlichen Verantwortung zusammen, um die Ziele dieser Verordnung zu verwirklichen. ²Hierzu treffen sie folgende Maßnahmen im Einklang mit den Rechtsvorschriften dieses Mitgliedstaats, die den Schutz personenbezogener Daten regeln, direkt oder durch Einschaltung anderer Behörden oder Einrichtungen:

Brüssel II a Verordnung

a) Sie holen Informationen ein und tauschen sie aus über
   i) die Situation des Kindes,
   ii) laufende Verfahren oder
   iii) das Kind betreffende Entscheidungen.
b) Sie informieren und unterstützen die Träger der elterlichen Verantwortung, die die Anerkennung und Vollstreckung einer Entscheidung, insbesondere über das Umgangsrecht und die Rückgabe des Kindes, in ihrem Gebiet erwirken wollen.
c) Sie erleichtern die Verständigung zwischen den Gerichten, insbesondere zur Anwendung des Artikels 11 Absätze 6 und 7 und des Artikels 15.
d) Sie stellen alle Informationen und Hilfen zur Verfügung, die für die Gerichte für die Anwendung des Artikels 56 von Nutzen sind.
e) Sie erleichtern eine gütliche Einigung zwischen den Trägern der elterlichen Verantwortung durch Mediation oder auf ähnlichem Wege und fördern hierzu die grenzüberschreitende Zusammenarbeit.

Art. 56 Unterbringung des Kindes in einem anderen Mitgliedstaat

(1) Erwägt das nach den Artikeln 8 bis 15 zuständige Gericht die Unterbringung des Kindes in einem Heim oder in einer Pflegefamilie und soll das Kind in einem anderen Mitgliedstaat untergebracht werden, so zieht das Gericht vorher die Zentrale Behörde oder eine andere zuständige Behörde dieses Mitgliedstaats zurate, sofern in diesem Mitgliedstaat für die innerstaatlichen Fälle der Unterbringung von Kindern die Einschaltung einer Behörde vorgesehen ist.

(2) Die Entscheidung über die Unterbringung nach Absatz 1 kann im ersuchenden Mitgliedstaat nur getroffen werden, wenn die zuständige Behörde des ersuchten Staates dieser Unterbringung zugestimmt hat.

(3) Für die Einzelheiten der Konsultation bzw. der Zustimmung nach den Absätzen 1 und 2 gelten das nationale Recht des ersuchten Staates.

(4) Beschließt das nach den Artikeln 8 bis 15 zuständige Gericht die Unterbringung des Kindes in einer Pflegefamilie und soll das Kind in einem anderen Mitgliedstaat untergebracht werden und ist in diesem Mitgliedstaat für die innerstaatlichen Fälle der Unterbringung von Kindern die Einschaltung einer Behörde nicht vorgesehen, so setzt das Gericht die Zentrale Behörde oder eine zuständige Behörde dieses Mitgliedstaats davon in Kenntnis.

Art. 57 Arbeitsweise

(1) [1]Jeder Träger der elterlichen Verantwortung kann bei der Zentralen Behörde des Mitgliedstaats, in dem er seinen gewöhnlichen Aufenthalt hat, oder bei der Zentralen Behörde des Mitgliedstaats, in dem das Kind seinen gewöhnlichen Aufenthalt hat oder in dem es sich befindet, einen Antrag auf Unterstützung gemäß Artikel 55 stellen. [2]Dem Antrag werden grundsätzlich alle verfügbaren Informationen beigefügt, die die Ausführung des Antrags erleichtern können. [3]Betrifft dieser Antrag die Anerkennung oder Vollstreckung einer Entscheidung über die elterliche Verantwortung, die in den Anwendungsbereich dieser Verordnung fällt, so muss der Träger der elterlichen Verantwortung dem Antrag die betreffenden Bescheinigungen nach Artikel 39, Artikel 41 Absatz 1 oder Artikel 42 Absatz 1 beifügen.

(2) Jeder Mitgliedstaat teilt der Kommission die Amtssprache(n) der Organe der Gemeinschaft mit, die er außer seiner/seinen eigenen Sprache(n) für Mitteilungen an die Zentralen Behörden zulässt.

(3) Die Unterstützung der Zentralen Behörden gemäß Artikel 55 erfolgt unentgeltlich.

(4) Jede Zentrale Behörde trägt ihre eigenen Kosten.

Art. 58 Zusammenkünfte

(1) Zur leichteren Anwendung dieser Verordnung werden regelmäßig Zusammenkünfte der Zentralen Behörden einberufen.

Textanhang

(2) Die Einberufung dieser Zusammenkünfte erfolgt im Einklang mit der Entscheidung 2001/470/EG über die Einrichtung eines Europäischen Justiziellen Netzes für Zivil- und Handelssachen.

Kapitel V. Verhältnis zu anderen Rechtsinstrumenten

– hier nicht abgedruckt –

Kapitel VI. Übergangsvorschriften

– hier nicht abgedruckt –

Kapitel VII. Schlussbestimmungen

Art. 65–71 *– hier nicht abgedruckt –*

Art. 72 In-Kraft-Treten

Diese Verordnung tritt am 1. August 2004 in Kraft.

Sie gilt ab 1. März 2005 mit Ausnahme der Artikel 67, 68, 69 und 70, die ab dem 1. August 2004 gelten.

Diese Verordnung ist in allen ihren Teilen verbindlich und gilt gemäß dem Vertrag zur Gründung der Europäischen Gemeinschaft unmittelbar in den Mitgliedstaaten.

Von einem Abdruck der Anhänge wurde abgesehen. Eine vollständige Fassung enthält z. B. die Textsammlung Familienrecht (Beck-Texte im dtv 5577).

3.2 Internationales Familienrechtsverfahrensgesetz – IntFamRVG

Vom 26. Januar 2005

(BGBl. I S. 162)

Zuletzt geändert durch Art. 26 Bundesrecht-BereinigungsG vom 8. 12. 2010
(BGBl. I S. 1864)

Abschnitt 1. Anwendungsbereich; Begriffsbestimmungen

§ 1 Anwendungsbereich

Dieses Gesetz dient
1. der Durchführung der Verordnung (EG) Nr. 2201/2003 des Rates vom 27. November 2003 über die Zuständigkeit und die Anerkennung und Vollstreckung von Entscheidungen in Ehesachen und in Verfahren betreffend die elterliche Verantwortung und zur Aufhebung der Verordnung (EG) Nr. 1347/2000 (ABl. EU Nr. L 338 S. 1);
2. der Ausführung des Haager Übereinkommens vom 19. Oktober 1996 über die Zuständigkeit, das anzuwendende Recht, die Anerkennung, Vollstreckung und Zusammenarbeit auf dem Gebiet der elterlichen Verantwortung und der Maßnahmen zum Schutz von Kindern (BGBl. 2009 II S. 602, 603) – im Folgenden: Haager Kinderschutzübereinkommen;
3. der Ausführung des Haager Übereinkommens vom 25. Oktober 1980 über die zivilrechtlichen Aspekte internationaler Kindesentführung (BGBl. 1990 II S. 207) – im Folgenden: Haager Kindesentführungsübereinkommen;
4. der Ausführung des Luxemburger Europäischen Übereinkommens vom 20. Mai 1980 über die Anerkennung und Vollstreckung von Entscheidungen über das Sorgerecht für Kinder und die Wiederherstellung des Sorgeverhältnisses (BGBl. 1990 II S. 220) – im Folgenden: Europäisches Sorgerechtsübereinkommen.

§ 2 Begriffsbestimmungen

Im Sinne dieses Gesetzes sind „Titel" Entscheidungen, Vereinbarungen und öffentliche Urkunden, auf welche die durchzuführende EG-Verordnung oder das jeweils auszuführende Übereinkommen Anwendung findet.

Abschnitt 2. Zentrale Behörde; Jugendamt

§ 3 Bestimmung der Zentralen Behörde

(1) Zentrale Behörde nach
1. Artikel 53 der Verordnung (EG) Nr. 2201/2003,
2. Artikel 29 des Haager Kinderschutzübereinkommens,
3. Artikel 6 des Haager Kindesentführungsübereinkommens,
4. Artikel 2 des Europäischen Sorgerechtsübereinkommens

ist das Bundesamt für Justiz.

(2) Das Verfahren der Zentralen Behörde gilt als Justizverwaltungsverfahren.

§ 4 Übersetzungen bei eingehenden Ersuchen

(1) Die Zentrale Behörde, bei der ein Antrag aus einem anderen Staat nach der Verordnung (EG) Nr. 2201/2003 oder nach dem Europäischen Sorgerechtsübereinkommen eingeht, kann es ablehnen, tätig zu werden, solange Mitteilungen oder beizufügende Schriftstücke nicht in deutscher Sprache abgefasst oder von einer Übersetzung in diese Sprache begleitet sind.

(2) Ist ein Schriftstück nach Artikel 54 des Haager Kinderschutzübereinkommens oder nach Artikel 24 Abs. 1 des Haager Kindesentführungsübereinkommens ausnahmsweise nicht von einer deutschen Übersetzung begleitet, so veranlasst die Zentrale Behörde die Übersetzung.

§ 5 Übersetzungen bei ausgehenden Ersuchen

(1) Beschafft die antragstellende Person erforderliche Übersetzungen für Anträge, die in einem anderen Staat zu erledigen sind, nicht selbst, veranlasst die Zentrale Behörde die Übersetzungen auf Kosten der antragstellenden Person.

(2) Das Amtsgericht befreit eine antragstellende natürliche Person, die ihren gewöhnlichen Aufenthalt oder bei Fehlen eines gewöhnlichen Aufenthalts im Inland ihren tatsächlichen Aufenthalt im Gerichtsbezirk hat, auf Antrag von der Erstattungspflicht nach Absatz 1, wenn sie die persönlichen und wirtschaftlichen Voraussetzungen für die Gewährung von Verfahrenskostenhilfe ohne einen eigenen Beitrag zu den Kosten nach den Vorschriften des Gesetzes über das Verfahren in Familiensachen und in Angelegenheiten der freiwilligen Gerichtsbarkeit erfüllt.

§ 6 Aufgabenerfüllung durch die Zentrale Behörde

(1) [1]Zur Erfüllung der ihr obliegenden Aufgaben veranlasst die Zentrale Behörde mit Hilfe der zuständigen Stellen alle erforderlichen Maßnahmen. [2]Sie verkehrt unmittelbar mit allen zuständigen Stellen im In- und Ausland. [3]Mitteilungen leitet sie unverzüglich an die zuständigen Stellen weiter.

(2) [1]Zum Zweck der Ausführung des Haager Kindesentführungsübereinkommens und des Europäischen Sorgerechtsübereinkommens leitet die Zentrale Behörde erforderlichenfalls gerichtliche Verfahren ein. [2]Im Rahmen dieser Übereinkommen gilt sie zum Zweck der Rückgabe des Kindes als bevollmächtigt, im Namen der antragstellenden Person selbst oder im Weg der Untervollmacht durch Vertreter gerichtlich oder außergerichtlich tätig zu werden. [3]Ihre Befugnis, zur Sicherung der Einhaltung der Übereinkommen im eigenen Namen entsprechend zu handeln, bleibt unberührt.

§ 7 Aufenthaltsermittlung

(1) Die Zentrale Behörde trifft alle erforderlichen Maßnahmen einschließlich der Einschaltung von Polizeivollzugsbehörden, um den Aufenthaltsort des Kindes zu ermitteln, wenn dieser unbekannt ist und Anhaltspunkte dafür vorliegen, dass sich das Kind im Inland befindet.

Textanhang

(2) Soweit zur Ermittlung des Aufenthalts des Kindes erforderlich, darf die Zentrale Behörde bei dem Kraftfahrt-Bundesamt erforderliche Halterdaten nach § 33 Abs. 1 Satz 1 Nr. 2 des Straßenverkehrsgesetzes erheben und die Leistungsträger im Sinne der §§ 18 bis 29 des Ersten Buches Sozialgesetzbuch um Mitteilung des derzeitigen Aufenthalts einer Person ersuchen.

(3) [1]Unter den Voraussetzungen des Absatzes 1 kann die Zentrale Behörde die Ausschreibung zur Aufenthaltsermittlung durch das Bundeskriminalamt veranlassen. [2]Sie kann auch die Speicherung eines Suchvermerks im Zentralregister veranlassen.

(4) Soweit andere Stellen eingeschaltet werden, übermittelt sie ihnen die zur Durchführung der Maßnahmen erforderlichen personenbezogenen Daten; diese dürfen nur für den Zweck verwendet werden, für den sie übermittelt worden sind.

§ 8 Anrufung des Oberlandesgerichts

(1) Nimmt die Zentrale Behörde einen Antrag nicht an oder lehnt sie es ab, tätig zu werden, so kann die Entscheidung des Oberlandesgerichts beantragt werden.

(2) Zuständig ist das Oberlandesgericht, in dessen Bezirk die Zentrale Behörde ihren Sitz hat.

(3) [1]Das Oberlandesgericht entscheidet im Verfahren der freiwilligen Gerichtsbarkeit.[2]§ 14 Abs. 1 und 2 sowie die Abschnitte 4 und 5 des Buches 1 des Gesetzes über das Verfahren in Familiensachen und in den Angelegenheiten der freiwilligen Gerichtsbarkeit gelten entsprechend.

§ 9 Mitwirkung des Jugendamts an Verfahren

(1) [1]Unbeschadet der Aufgaben des Jugendamts bei der grenzüberschreitenden Zusammenarbeit unterstützt das Jugendamt die Gerichte und die Zentrale Behörde bei allen Maßnahmen nach diesem Gesetz. [2]Insbesondere
1. gibt es auf Anfrage Auskunft über die soziale Lage des Kindes und seines Umfelds,
2. unterstützt es in jeder Lage eine gütliche Einigung,
3. leistet es in geeigneten Fällen Unterstützung bei der Durchführung des Verfahrens, auch bei der Sicherung des Aufenthalts des Kindes,
4. leistet es in geeigneten Fällen Unterstützung bei der Ausübung des Rechts zum persönlichen Umgang, der Heraus- oder Rückgabe des Kindes sowie der Vollstreckung gerichtlicher Entscheidungen.

(2) [1]Zuständig ist das Jugendamt, in dessen Bereich sich das Kind gewöhnlich aufhält. [2]Solange die Zentrale Behörde oder ein Gericht mit einem Herausgabe- oder Rückgabeantrag oder dessen Vollstreckung befasst ist, oder wenn das Kind keinen gewöhnlichen Aufenthalt im Inland hat, oder das zuständige Jugendamt nicht tätig wird, ist das Jugendamt zuständig, in dessen Bereich sich das Kind tatsächlich aufhält. [3]In den Fällen des Artikels 35 Absatz 2 Satz 1 des Haager Kinderschutzübereinkommens ist das Jugendamt örtlich zuständig, in dessen Bezirk der antragstellende Elternteil seinen gewöhnlichen Aufenthalt hat.

(3) Das Gericht unterrichtet das zuständige Jugendamt über Entscheidungen nach diesem Gesetz auch dann, wenn das Jugendamt am Verfahren nicht beteiligt war.

Abschnitt 3. Gerichtliche Zuständigkeit und Zuständigkeitskonzentration

§ 10 Örtliche Zuständigkeit für die Anerkennung und Vollstreckung

Örtlich ausschließlich zuständig für Verfahren nach
- Artikel 21 Abs. 3 und Artikel 48 Abs. 1 der Verordnung (EG) Nr. 2201/2003 sowie für die Zwangsvollstreckung nach den Artikeln 41 und 42 der Verordnung (EG) Nr. 2201/2003,
- den Artikeln 24 und 26 des Haager Kinderschutzübereinkommens,
- dem Europäischen Sorgerechtsübereinkommen

ist das Familiengericht, in dessen Zuständigkeitsbereich zum Zeitpunkt der Antragstellung

1. die Person, gegen die sich der Antrag richtet, oder das Kind, auf das sich die Entscheidung bezieht, sich gewöhnlich aufhält oder
2. bei Fehlen einer Zuständigkeit nach Nummer 1 das Interesse an der Feststellung hervortritt oder das Bedürfnis der Fürsorge besteht,
3. sonst das im Bezirk des Kammergerichts zur Entscheidung berufene Gericht.

§ 11 Örtliche Zuständigkeit nach dem Haager Kindesentführungsübereinkommen

Örtlich zuständig für Verfahren nach dem Haager Kindesentführungsübereinkommen ist das Familiengericht, in dessen Zuständigkeitsbereich
1. sich das Kind beim Eingang des Antrags bei der Zentralen Behörde aufgehalten hat oder
2. bei Fehlen einer Zuständigkeit nach Nummer 1 das Bedürfnis der Fürsorge besteht.

§ 12 Zuständigkeitskonzentration

(1) In Verfahren über eine in den §§ 10 und 11 bezeichnete Sache sowie in Verfahren über die Vollstreckbarerklärung nach Artikel 28 der Verordnung (EG) Nr. 2201/2003 entscheidet das Familiengericht, in dessen Bezirk ein Oberlandesgericht seinen Sitz hat, für den Bezirk dieses Oberlandesgerichts.

(2) Im Bezirk des Kammergerichts entscheidet das Familiengericht Pankow/Weißensee.

(3) ¹Die Landesregierungen werden ermächtigt, diese Zuständigkeit durch Rechtsverordnung einem anderen Familiengericht des Oberlandesgerichtsbezirks oder, wenn in einem Land mehrere Oberlandesgerichte errichtet sind, einem Familiengericht für die Bezirke aller oder mehrerer Oberlandesgerichte zuzuweisen. ²Sie können die Ermächtigung auf die Landesjustizverwaltungen übertragen.

§ 13 Zuständigkeitskonzentration für andere Familiensachen

(1) ¹Das Familiengericht, bei dem eine in den §§ 10 bis 12 bezeichnete Sache anhängig wird, ist von diesem Zeitpunkt an ungeachtet des § 137 Abs. 1 und 3 des Gesetzes über das Verfahren in Familiensachen und in den Angelegenheiten der freiwilligen Gerichtsbarkeit für alle dasselbe Kind betreffenden Familiensachen nach § 151 Nr. 1 bis 3 des Gesetzes über das Verfahren in Familiensachen und in den Angelegenheiten der freiwilligen Gerichtsbarkeit einschließlich der Verfügungen nach § 44 und den §§ 35 und 89 bis 94 des Gesetzes über das Verfahren in Familiensachen und in den Angelegenheiten der freiwilligen Gerichtsbarkeit zuständig. ²Die Zuständigkeit nach Satz 1 tritt nicht ein, wenn der Antrag offensichtlich unzulässig ist. ³Sie entfällt, sobald das angegangene Gericht auf Grund unanfechtbarer Entscheidung unzuständig ist; Verfahren, für die dieses Gericht hiernach seine Zuständigkeit verliert, sind nach näherer Maßgabe des § 281 Abs. 2 und 3 Satz 1 der Zivilprozessordnung von Amts wegen an das zuständige Gericht abzugeben.

(2) Bei dem Familiengericht, das in dem Oberlandesgerichtsbezirk, in dem sich das Kind gewöhnlich aufhält, für Anträge der in Absatz 1 Satz 1 genannten Art zuständig ist, kann auch eine andere Familiensache nach § 151 Nr. 1 bis 3 des Gesetzes über das Verfahren in Familiensachen und in den Angelegenheiten der freiwilligen Gerichtsbarkeit anhängig gemacht werden, wenn ein Elternteil seinen gewöhnlichen Aufenthalt in einem anderen Mitgliedstaat der Europäischen Union oder in einem anderen Vertragsstaat des Haager Kinderschutzübereinkommens, des Haager Kindesentführungsübereinkommens oder des Europäischen Sorgerechtsübereinkommens hat.

(3) ¹Im Falle des Absatzes 1 Satz 1 hat ein anderes Familiengericht, bei dem eine dasselbe Kind betreffende Familiensache nach § 151 Nr. 1 bis 3 des Gesetzes über das Verfahren in Familiensachen und in den Angelegenheiten der freiwilligen Gerichtsbarkeit im ersten Rechtszug anhängig ist oder anhängig wird, dieses Verfahren von Amts wegen an das nach Absatz 1 Satz 1 zuständige Gericht abzugeben. ²Auf übereinstimmenden Antrag beider Elternteile sind andere Familiensachen, an denen diese beteiligt sind, an das nach Absatz 1 oder Absatz 2 zuständige Gericht abzugeben. ³§ 281 Abs. 2 Satz 1 bis 3 und Abs. 3 Satz 1 der Zivilprozessordnung gilt entsprechend.

Textanhang

(4) ¹Das Familiengericht, das gemäß Absatz 1 oder Absatz 2 zuständig oder an das die Sache gemäß Absatz 3 abgegeben worden ist, kann diese aus wichtigen Gründen an das nach den allgemeinen Vorschriften zuständige Familiengericht abgeben oder zurückgeben, soweit dies nicht zu einer erheblichen Verzögerung des Verfahrens führt. ²Als wichtiger Grund ist es in der Regel anzusehen, wenn die besondere Sachkunde des erstgenannten Gerichts für das Verfahren nicht oder nicht mehr benötigt wird. ³§ 281 Abs. 2 und 3 Satz 1 der Zivilprozessordnung gilt entsprechend. ⁴Die Ablehnung einer Abgabe nach Satz 1 ist unanfechtbar.

(5) §§ 4 und 5 Abs. 1 Nr. 5, Abs. 2 und 3 des Gesetzes über das Verfahren in Familiensachen und in den Angelegenheiten der freiwilligen Gerichtsbarkeit bleibt unberührt.

§ 13 a Verfahren bei grenzüberschreitender Abgabe

(1) ¹Ersucht das Familiengericht das Gericht eines anderen Vertragsstaats nach Artikel 8 des Haager Kinderschutzübereinkommens um Übernahme der Zuständigkeit, so setzt es eine Frist, innerhalb derer das ausländische Gericht die Übernahme der Zuständigkeit mitteilen kann. ²Setzt das Familiengericht das Verfahren nach Artikel 8 des Haager Kinderschutzübereinkommens aus, setzt es den Parteien eine Frist, innerhalb derer das ausländische Gericht anzurufen ist. ³Ist die Frist nach Satz 1 abgelaufen, ohne dass das ausländische Gericht die Übernahme der Zuständigkeit mitgeteilt hat, so ist in der Regel davon auszugehen, dass das ersuchte Gericht die Übernahme der Zuständigkeit ablehnt. ⁴Ist die Frist nach Satz 2 abgelaufen, ohne dass eine Partei das ausländische Gericht angerufen hat, bleibt es bei der Zuständigkeit des Familiengerichts. ⁵Das Gericht des ersuchten Staates und die Parteien sind auf diese Rechtsfolgen hinzuweisen.

(2) Ersucht ein Gericht eines anderen Vertragsstaats das Familiengericht nach Artikel 8 des Haager Kinderschutzübereinkommens um Übernahme der Zuständigkeit oder ruft eine Partei das Familiengericht nach dieser Vorschrift an, so kann das Familiengericht die Zuständigkeit innerhalb von sechs Wochen übernehmen.

(3) Die Absätze 1 und 2 sind auf Anträge, Ersuchen und Entscheidungen nach Artikel 9 des Haager Kinderschutzübereinkommens entsprechend anzuwenden.

(4) ¹Der Beschluss des Familiengerichts,
1. das ausländische Gericht nach Absatz 1 Satz 1 oder nach Artikel 15 Absatz 1 Buchstabe b der Verordnung (EG) Nr. 2201/2003 um Übernahme der Zuständigkeit zu ersuchen,
2. das Verfahren nach Absatz 1 Satz 2 oder nach Artikel 15 Absatz 1 Buchstabe a der Verordnung (EG) Nr. 2201/2003 auszusetzen,
3. das zuständige ausländische Gericht nach Artikel 9 des Kinderschutzübereinkommens oder nach Artikel 15 Absatz 2 Buchstabe c der Verordnung (EG) Nr. 2201/2003 um Abgabe der Zuständigkeit zu ersuchen,
4. die Parteien einzuladen, bei dem zuständigen ausländischen Gericht nach Artikel 9 des Haager Kinderschutzübereinkommens die Abgabe der Zuständigkeit an das Familiengericht zu beantragen, oder
5. die Zuständigkeit auf Ersuchen eines ausländischen Gerichts oder auf Antrag der Parteien nach Artikel 9 des Haager Kinderschutzübereinkommens an das ausländische Gericht abzugeben,

ist mit der sofortigen Beschwerde in entsprechender Anwendung der §§ 567 bis 572 der Zivilprozessordnung anfechtbar. ²Die Rechtsbeschwerde ist ausgeschlossen. 3Die in Satz 1 genannten Beschlüsse werden erst mit ihrer Rechtskraft wirksam. 4Hierauf ist in dem Beschluss hinzuweisen.

(5) Im Übrigen sind Beschlüsse nach den Artikeln 8 und 9 des Haager Kinderschutzübereinkommens und nach Artikel 15 der Verordnung (EG) Nr. 2201/2003 unanfechtbar.

(6) ¹Parteien im Sinne dieser Vorschrift sowie der Artikel 8 und 9 des Haager Kinderschutzübereinkommens und des Artikels 15 der Verordnung (EG) Nr. 2201/2003 sind die in § 7 Absatz 1 und 2 Nummer 1 des Gesetzes über das Verfahren in Familiensachen und in den Angelegenheiten der freiwilligen Gerichtsbarkeit genannten Beteiligten. ²Die Vorschriften über die Hinzuziehung weiterer Beteiligter bleiben unberührt.

IntFamRVG

Abschnitt 4. Allgemeine gerichtliche Verfahrensvorschriften

§ 14 Familiengerichtliches Verfahren

Soweit nicht anders bestimmt, entscheidet das Familiengericht
1. über eine in den §§ 10 und 12 bezeichnete Ehesache nach den hierfür geltenden Vorschriften des Gesetzes über das Verfahren in Familiensachen und in den Angelegenheiten der freiwilligen Gerichtsbarkeit,
2. über die übrigen in den §§ 10, 11, 12 und 47 bezeichneten Angelegenheiten als Familiensachen im Verfahren der freiwilligen Gerichtsbarkeit.

§ 15 Einstweilige Anordnungen

Das Gericht kann auf Antrag oder von Amts wegen einstweilige Anordnungen treffen, um Gefahren von dem Kind abzuwenden oder eine Beeinträchtigung der Interessen der Beteiligten zu vermeiden, insbesondere um den Aufenthaltsort des Kindes während des Verfahrens zu sichern oder eine Vereitelung oder Erschwerung der Rückgabe zu verhindern; Abschnitt 4 des Buches 1 des Gesetzes über das Verfahren in Familiensachen und in den Angelegenheiten der freiwilligen Gerichtsbarkeit gilt entsprechend.

Abschnitt 5. Zulassung der Zwangsvollstreckung, Anerkennungsfeststellung und Wiederherstellung des Sorgeverhältnisses

Unterabschnitt 1. Zulassung der Zwangsvollstreckung im ersten Rechtszug

§ 16 Antragstellung

(1) Mit Ausnahme der in den Artikeln 41 und 42 der Verordnung (EG) Nr. 2201/2003 aufgeführten Titel wird der in einem anderen Staat vollstreckbare Titel dadurch zur Zwangsvollstreckung zugelassen, dass er auf Antrag mit der Vollstreckungsklausel versehen wird.

(2) Der Antrag auf Erteilung der Vollstreckungsklausel kann bei dem zuständigen Familiengericht schriftlich eingereicht oder mündlich zu Protokoll der Geschäftsstelle erklärt werden.

(3) Ist der Antrag entgegen § 184 des Gerichtsverfassungsgesetzes nicht in deutscher Sprache abgefasst, so kann das Gericht der antragstellenden Person aufgeben, eine Übersetzung des Antrags beizubringen, deren Richtigkeit von einer
1. in einem Mitgliedstaat der Europäischen Union oder
2. in einem anderen Vertragsstaat eines auszuführenden Übereinkommens

hierzu befugten Person bestätigt worden ist.

§ 17 Zustellungsbevollmächtigter

(1) Hat die antragstellende Person in dem Antrag keinen Zustellungsbevollmächtigten im Sinne des § 184 Abs. 1 Satz 1 der Zivilprozessordnung benannt, so können bis zur nachträglichen Benennung alle Zustellungen an sie durch Aufgabe zur Post (§ 184 Abs. 1 Satz 2, Abs. 2 der Zivilprozessordnung) bewirkt werden.

(2) Absatz 1 gilt nicht, wenn die antragstellende Person einen Verfahrensbevollmächtigten für das Verfahren bestellt hat, an den im Inland zugestellt werden kann.

§ 18 Einseitiges Verfahren

(1) ¹Im Anwendungsbereich der Verordnung (EG) Nr. 2201/2003 und des Haager Kinderschutzübereinkommens erhält im erstinstanzlichen Verfahren auf Zulassung der Zwangsvollstreckung nur die antragstellende Person Gelegenheit, sich zu äußern. ²Die Entscheidung ergeht ohne mündliche Verhandlung. ³Jedoch kann eine mündliche Erörterung mit der antragstellenden oder einer von ihr bevollmächtigten Person stattfinden, wenn diese hiermit einverstanden ist und die Erörterung der Beschleunigung dient.

Textanhang

(2) Abweichend von § 130 Abs. 1 des Gesetzes über das Verfahren in Familiensachen und in den Angelegenheiten der freiwilligen Gerichtsbarkeit ist in Ehesachen im ersten Rechtszug eine anwaltliche Vertretung nicht erforderlich.

§ 19 Besondere Regelungen zum Europäischen Sorgerechtsübereinkommen

Die Vollstreckbarerklärung eines Titels aus einem anderen Vertragsstaat des Europäischen Sorgerechtsübereinkommens ist auch in den Fällen der Artikel 8 und 9 des Übereinkommens ausgeschlossen, wenn die Voraussetzungen des Artikels 10 Abs. 1 Buchstabe a oder b des Übereinkommens vorliegen, insbesondere wenn die Wirkungen des Titels mit den Grundrechten des Kindes oder eines Sorgeberechtigten unvereinbar wären.

§ 20 Entscheidung

(1) ¹Ist die Zwangsvollstreckung aus dem Titel zuzulassen, so beschließt das Gericht, dass der Titel mit der Vollstreckungsklausel zu versehen ist. ²In dem Beschluss ist die zu vollstreckende Verpflichtung in deutscher Sprache wiederzugeben. ³Zur Begründung des Beschlusses genügt in der Regel die Bezugnahme auf die Verordnung (EG) Nr. 2201/2003 oder den auszuführenden Anerkennungs- und Vollstreckungsvertrag sowie auf die von der antragstellenden Person vorgelegten Urkunden.

(2) Auf die Kosten des Verfahrens ist § 81 des Gesetzes über das Verfahren in Familiensachen und in den Angelegenheiten der freiwilligen Gerichtsbarkeit entsprechend anzuwenden; in Ehesachen gilt § 788 der Zivilprozessordnung entsprechend.

(3) ¹Ist der Antrag nicht zulässig oder nicht begründet, so lehnt ihn das Gericht durch mit Gründen versehenen Beschluss ab. ²Für die Kosten gilt Absatz 2; in Ehesachen sind die Kosten dem Antragsteller aufzuerlegen.

§ 21 Bekanntmachung der Entscheidung

(1) ¹Im Falle des § 20 Abs. 1 sind der verpflichteten Person eine beglaubigte Abschrift des Beschlusses, eine beglaubigte Abschrift des noch nicht mit der Vollstreckungsklausel versehenen Titels und gegebenenfalls seiner Übersetzung sowie der gemäß § 20 Abs. 1 Satz 3 in Bezug genommenen Urkunden von Amts wegen zuzustellen. ²Ein Beschluss nach § 20 Abs. 3 ist der verpflichteten Person formlos mitzuteilen.

(2) ¹Der antragstellenden Person sind eine beglaubigte Abschrift des Beschlusses nach § 20, im Falle des § 20 Abs. 1 ferner eine Bescheinigung über die bewirkte Zustellung zu übersenden. ²Die mit der Vollstreckungsklausel versehene Ausfertigung des Titels ist der antragstellenden Person erst dann zu übersenden, wenn der Beschluss nach § 20 Abs. 1 wirksam geworden und die Vollstreckungsklausel erteilt ist.

(3) In einem Verfahren, das die Vollstreckbarerklärung einer die elterliche Verantwortung betreffenden Entscheidung zum Gegenstand hat, sind Zustellungen auch an den gesetzlichen Vertreter des Kindes, an den Vertreter des Kindes im Verfahren, an das Kind selbst, soweit es das 14. Lebensjahr vollendet hat, an einen Elternteil, der nicht am Verfahren beteiligt war, sowie an das Jugendamt zu bewirken.

(4) Handelt es sich bei der für vollstreckbar erklärten Maßnahme um eine Unterbringung, so ist der Beschluss auch dem Leiter der Einrichtung oder der Pflegefamilie bekannt zu machen, in der das Kind untergebracht werden soll.

§ 22 Wirksamwerden der Entscheidung

¹Der Beschluss nach § 20 wird erst mit seiner Rechtskraft wirksam. ²Hierauf ist in dem Beschluss hinzuweisen.

§ 23 Vollstreckungsklausel

(1) Auf Grund eines wirksamen Beschlusses nach § 20 Abs. 1 erteilt der Urkundsbeamte der Geschäftsstelle die Vollstreckungsklausel in folgender Form: „Vollstreckungsklausel nach

§ 23 des Internationalen Familienrechtsverfahrensgesetzes vom 26. Januar 2005 (BGBl. I S. 162). Gemäß dem Beschluss des ... (Bezeichnung des Gerichts und des Beschlusses) ist die Zwangsvollstreckung aus ... (Bezeichnung des Titels) zugunsten ... (Bezeichnung der berechtigten Person) gegen ... (Bezeichnung der verpflichteten Person) zulässig. Die zu vollstreckende Verpflichtung lautet: ... (Angabe der aus dem ausländischen Titel der verpflichteten Person obliegenden Verpflichtung in deutscher Sprache; aus dem Beschluss nach § 20 Abs. 1 zu übernehmen)."

(2) Wird die Zwangsvollstreckung nur für einen oder mehrere der durch den ausländischen Titel zuerkannten oder in einem anderen ausländischen Titel niedergelegten Ansprüche oder nur für einen Teil des Gegenstands der Verpflichtung zugelassen, so ist die Vollstreckungsklausel als „Teil-Vollstreckungsklausel nach § 23 des Internationalen Familienrechtsverfahrensgesetzes vom 26. Januar 2005 (BGBl. I S. 162)" zu bezeichnen.

(3) ¹Die Vollstreckungsklausel ist von dem Urkundsbeamten der Geschäftsstelle zu unterschreiben und mit dem Gerichtssiegel zu versehen. ²Sie ist entweder auf die Ausfertigung des Titels oder auf ein damit zu verbindendes Blatt zu setzen. ³Falls eine Übersetzung des Titels vorliegt, ist sie mit der Ausfertigung zu verbinden.

Unterabschnitt 2. Beschwerde

§ 24 Einlegung der Beschwerde; Beschwerdefrist

(1) ¹Gegen die im ersten Rechtszug ergangene Entscheidung findet die Beschwerde zum Oberlandesgericht statt. ²Die Beschwerde wird bei dem Oberlandesgericht durch Einreichen einer Beschwerdeschrift oder durch Erklärung zu Protokoll der Geschäftsstelle eingelegt.

(2) Die Zulässigkeit der Beschwerde wird nicht dadurch berührt, dass sie statt bei dem Oberlandesgericht bei dem Gericht des ersten Rechtszugs eingelegt wird; die Beschwerde ist unverzüglich von Amts wegen an das Oberlandesgericht abzugeben.

(3) ¹Die Beschwerde gegen die Zulassung der Zwangsvollstreckung ist einzulegen
1. innerhalb eines Monats nach Zustellung, wenn die beschwerdeberechtigte Person ihren gewöhnlichen Aufenthalt im Inland hat;
2. innerhalb von zwei Monaten nach Zustellung, wenn die beschwerdeberechtigte Person ihren gewöhnlichen Aufenthalt im Ausland hat. ²Die Frist beginnt mit dem Tag, an dem die Vollstreckbarerklärung der beschwerdeberechtigten Person entweder persönlich oder in ihrer Wohnung zugestellt worden ist. ³Eine Verlängerung dieser Frist wegen weiter Entfernung ist ausgeschlossen.

(4) Die Beschwerdefrist ist eine Notfrist.

(5) Die Beschwerde ist dem Beschwerdegegner von Amts wegen zuzustellen.

§ 25 Einwendungen gegen den zu vollstreckenden Anspruch

Die verpflichtete Person kann mit der Beschwerde gegen die Zulassung der Zwangsvollstreckung aus einem Titel über die Erstattung von Verfahrenskosten auch Einwendungen gegen den Anspruch selbst insoweit geltend machen, als die Gründe, auf denen sie beruhen, erst nach Erlass des Titels entstanden sind.

§ 26 Verfahren und Entscheidung über die Beschwerde

(1) Der Senat des Oberlandesgerichts entscheidet durch Beschluss, der mit Gründen zu versehen ist und ohne mündliche Verhandlung ergehen kann.

(2) ¹Solange eine mündliche Verhandlung nicht angeordnet ist, können zu Protokoll der Geschäftsstelle Anträge gestellt und Erklärungen abgegeben werden. ²Wird in einer Ehesache die mündliche Verhandlung angeordnet, so gilt für die Ladung § 215 der Zivilprozessordnung.

(3) Eine vollständige Ausfertigung des Beschlusses ist den Beteiligten auch dann von Amts wegen zuzustellen, wenn der Beschluss verkündet worden ist.

Textanhang

(4) § 20 Abs. 1 Satz 2, Abs. 2 und 3, § 21 Abs. 1, 2 und 4 sowie § 23 gelten entsprechend.

§ 27 Anordnung der sofortigen Wirksamkeit

(1) [1]Der Beschluss des Oberlandesgerichts nach § 26 wird erst mit seiner Rechtskraft wirksam. [2]Hierauf ist in dem Beschluss hinzuweisen.

(2) Das Oberlandesgericht kann in Verbindung mit der Entscheidung über die Beschwerde die sofortige Wirksamkeit eines Beschlusses anordnen.

Unterabschnitt 3. Rechtsbeschwerde

§ 28 Statthaftigkeit der Rechtsbeschwerde

Gegen den Beschluss des Oberlandesgerichts findet die Rechtsbeschwerde zum Bundesgerichtshof nach Maßgabe des § 574 Abs. 1 Nr. 1, Abs. 2 der Zivilprozessordnung statt.

§ 29 Einlegung und Begründung der Rechtsbeschwerde

[1]§ 575 Abs. 1 bis 4 der Zivilprozessordnung ist entsprechend anzuwenden. [2]Soweit die Rechtsbeschwerde darauf gestützt wird, dass das Oberlandesgericht von einer Entscheidung des Gerichtshofs der Europäischen Gemeinschaften abgewichen sei, muss die Entscheidung, von der der angefochtene Beschluss abweicht, bezeichnet werden.

§ 30 Verfahren und Entscheidung über die Rechtsbeschwerde

(1) [1]Der Bundesgerichtshof kann nur überprüfen, ob der Beschluss auf einer Verletzung des Rechts der Europäischen Gemeinschaft, eines Anerkennungs- und Vollstreckungsvertrags, sonstigen Bundesrechts oder einer anderen Vorschrift beruht, deren Geltungsbereich sich über den Bezirk eines Oberlandesgerichts hinaus erstreckt. [2]Er darf nicht prüfen, ob das Gericht seine örtliche Zuständigkeit zu Unrecht angenommen hat.

(2) [1]Der Bundesgerichtshof kann über die Rechtsbeschwerde ohne mündliche Verhandlung entscheiden. [2]§ 574 Abs. 4, § 576 Abs. 3 und § 577 der Zivilprozessordnung sind entsprechend anzuwenden; in Angelegenheiten der freiwilligen Gerichtsbarkeit bleiben § 574 Abs. 4 und § 577 Abs. 2 Satz 1 bis 3 der Zivilprozessordnung sowie die Verweisung auf § 556 in § 576 Abs. 3 der Zivilprozessordnung außer Betracht.

(3) § 20 Abs. 1 Satz 2, Abs. 2 und 3, § 21 Abs. 1, 2 und 4 sowie § 23 gelten entsprechend.

§ 31 Anordnung der sofortigen Wirksamkeit

Der Bundesgerichtshof kann auf Antrag der verpflichteten Person eine Anordnung nach § 27 Abs. 2 aufheben oder auf Antrag der berechtigten Person erstmals eine Anordnung nach § 27 Abs. 2 treffen.

Unterabschnitt 4. Feststellung der Anerkennung

§ 32 Anerkennungsfeststellung

[1]Auf das Verfahren über einen gesonderten Feststellungsantrag nach Artikel 21 Absatz 3 der Verordnung (EG) Nr. 2201/2003, nach Artikel 24 des Haager Kinderschutzübereinkommens oder nach dem Europäischen Sorgerechtsübereinkommen, einen Titel aus einem anderen Staat anzuerkennen oder nicht anzuerkennen, sind die Unterabschnitte 1 bis 3 entsprechend anzuwenden. [2]§ 18 Absatz 1 Satz 1 ist nicht anzuwenden, wenn die antragstellende Person die Feststellung begehrt, dass ein Titel aus einem anderen Staat nicht anzuerkennen ist. [3]§ 18 Absatz 1 Satz 3 ist in diesem Falle mit der Maßgabe anzuwenden, dass die mündliche Erörterung auch mit weiteren Beteiligten stattfinden kann.

Unterabschnitt 5. Wiederherstellung des Sorgeverhältnisses

§ 33 Anordnung auf Herausgabe des Kindes

(1) Umfasst ein vollstreckungsfähiger Titel im Anwendungsbereich der Verordnung (EG) Nr. 2201/2003, des Haager Kinderschutzübereinkommens oder des Europäischen Sorgerechtsübereinkommens nach dem Recht des Staates, in dem er geschaffen wurde, das Recht auf Herausgabe des Kindes, so kann das Familiengericht die Herausgabeanordnung in der Vollstreckungsklausel oder in einer nach § 44 getroffenen Anordnung klarstellend aufnehmen.

(2) Liegt im Anwendungsbereich des Europäischen Sorgerechtsübereinkommens ein vollstreckungsfähiger Titel auf Herausgabe des Kindes nicht vor, so stellt das Gericht nach § 32 fest, dass die Sorgerechtsentscheidung oder die von der zuständigen Behörde genehmigte Sorgerechtsvereinbarung aus dem anderen Vertragsstaat anzuerkennen ist, und ordnet zur Wiederherstellung des Sorgeverhältnisses auf Antrag an, dass die verpflichtete Person das Kind herauszugeben hat.

Unterabschnitt 6. Aufhebung oder Änderung von Beschlüssen

§ 34 Verfahren auf Aufhebung oder Änderung

(1) ¹Wird der Titel in dem Staat, in dem er errichtet worden ist, aufgehoben oder abgeändert und kann die verpflichtete Person diese Tatsache in dem Verfahren der Zulassung der Zwangsvollstreckung nicht mehr geltend machen, so kann sie die Aufhebung oder Änderung der Zulassung in einem besonderen Verfahren beantragen. ²Das Gleiche gilt für den Fall der Aufhebung oder Änderung von Entscheidungen, Vereinbarungen oder öffentlichen Urkunden, deren Anerkennung festgestellt ist.

(2) Für die Entscheidung über den Antrag ist das Familiengericht ausschließlich zuständig, das im ersten Rechtszug über den Antrag auf Erteilung der Vollstreckungsklausel oder auf Feststellung der Anerkennung entschieden hat.

(3) ¹Der Antrag kann bei dem Gericht schriftlich oder durch Erklärung zu Protokoll der Geschäftsstelle gestellt werden. ²Die Entscheidung ergeht durch Beschluss.

(4) Auf die Beschwerde finden die Unterabschnitte 2 und 3 entsprechend Anwendung.

(5) ¹Im Falle eines Titels über die Erstattung von Verfahrenskosten sind für die Einstellung der Zwangsvollstreckung und die Aufhebung bereits getroffener Vollstreckungsmaßregeln die §§ 769 und 770 der Zivilprozessordnung entsprechend anzuwenden. ²Die Aufhebung einer Vollstreckungsmaßregel ist auch ohne Sicherheitsleistung zulässig.

§ 35 Schadensersatz wegen ungerechtfertigter Vollstreckung

(1) ¹Wird die Zulassung der Zwangsvollstreckung aus einem Titel über die Erstattung von Verfahrenskosten auf die Rechtsbeschwerde aufgehoben oder abgeändert, so ist die berechtigte Person zum Ersatz des Schadens verpflichtet, welcher der verpflichteten Person durch die Vollstreckung des Titels oder durch eine Leistung zur Abwendung der Vollstreckung entstanden ist. ²Das Gleiche gilt, wenn die Zulassung der Zwangsvollstreckung nach § 34 aufgehoben oder abgeändert wird, sofern der zur Zwangsvollstreckung zugelassene Titel zum Zeitpunkt der Zulassung nach dem Recht des Staates, in dem er ergangen ist, noch mit einem ordentlichen Rechtsbehelf angefochten werden konnte.

(2) Für die Geltendmachung des Anspruchs ist das Gericht ausschließlich zuständig, das im ersten Rechtszug über den Antrag, den Titel mit der Vollstreckungsklausel zu versehen, entschieden hat.

Unterabschnitt 7. Vollstreckungsgegenklage

§ 36 Vollstreckungsgegenklage bei Titeln über Verfahrenskosten

(1) Ist die Zwangsvollstreckung aus einem Titel über die Erstattung von Verfahrenskosten zugelassen, so kann die verpflichtete Person Einwendungen gegen den Anspruch selbst in

Textanhang

einem Verfahren nach § 767 der Zivilprozessordnung nur geltend machen, wenn die Gründe, auf denen ihre Einwendungen beruhen, erst
 1. nach Ablauf der Frist, innerhalb deren sie die Beschwerde hätte einlegen können, oder
 2. falls die Beschwerde eingelegt worden ist, nach Beendigung dieses Verfahrens
entstanden sind.

(2) Die Klage nach § 767 der Zivilprozessordnung ist bei dem Gericht zu erheben, das über den Antrag auf Erteilung der Vollstreckungsklausel entschieden hat.

Abschnitt 6. Verfahren nach dem Haager Kindesentführungsübereinkommen

§ 37 Anwendbarkeit

Kommt im Einzelfall die Rückgabe des Kindes nach dem Haager Kindesentführungsübereinkommen und dem Europäischen Sorgerechtsübereinkommen in Betracht, so sind zunächst die Bestimmungen des Haager Kindesentführungsübereinkommens anzuwenden, sofern die antragstellende Person nicht ausdrücklich die Anwendung des Europäischen Sorgerechtsübereinkommen begehrt.

§ 38 Beschleunigtes Verfahren

(1) [1]Das Gericht hat das Verfahren auf Rückgabe eines Kindes in allen Rechtszügen vorrangig zu behandeln. [2]Mit Ausnahme von Artikel 12 Abs. 3 des Haager Kindesentführungsübereinkommens findet eine Aussetzung des Verfahrens nicht statt. [3]Das Gericht hat alle erforderlichen Maßnahmen zur Beschleunigung des Verfahrens zu treffen, insbesondere auch damit die Entscheidung in der Hauptsache binnen der in Artikel 11 Abs. 3 der Verordnung (EG) Nr. 2201/2003 genannten Frist ergehen kann.

(2) Das Gericht prüft in jeder Lage des Verfahrens, ob das Recht zum persönlichen Umgang mit dem Kind gewährleistet werden kann.

(3) Die Beteiligten haben an der Aufklärung des Sachverhalts mitzuwirken, wie es einem auf Förderung und Beschleunigung des Verfahrens bedachten Vorgehen entspricht.

§ 39 Übermittlung von Entscheidungen

Wird eine inländische Entscheidung nach Artikel 11 Abs. 6 der Verordnung (EG) Nr. 2201/2003 unmittelbar dem zuständigen Gericht oder der Zentralen Behörde im Ausland übermittelt, ist der Zentralen Behörde zur Erfüllung ihrer Aufgaben nach Artikel 7 des Haager Kindesentführungsübereinkommens eine Abschrift zu übersenden.

§ 40* Wirksamkeit der Entscheidung; Rechtsmittel

(1) Eine Entscheidung, die zur Rückgabe des Kindes in einen anderen Vertragsstaat verpflichtet, wird erst mit deren Rechtskraft wirksam.

(2) [1]Gegen eine im ersten Rechtszug ergangene Entscheidung findet die Beschwerde zum Oberlandesgericht nach Unterabschnitt 1 des Abschnitts 5 des Buches 1 des Gesetzes über das Verfahren in Familiensachen und in den Angelegenheiten der freiwilligen Gerichtsbarkeit statt; § 65 Abs. 2, § 68 Abs. 4 sowie § 69 Abs. 1 Satz 2 bis 4 jenes Gesetzes sind nicht anzuwenden. [2]Die Beschwerde ist innerhalb von zwei Wochen einzulegen und zu begründen. [3]Die Beschwerde gegen eine Entscheidung, die zur Rückgabe des Kindes verpflichtet, steht nur dem Antragsgegner, dem Kind, soweit es das 14. Lebensjahr vollendet hat, und dem beteiligten Jugendamt zu. [4]Eine Rechtsbeschwerde findet nicht statt.

(3) [1]Das Beschwerdegericht hat nach Eingang der Beschwerdeschrift unverzüglich zu prüfen, ob die sofortige Wirksamkeit der angefochtenen Entscheidung über die Rückgabe des Kindes anzuordnen ist. [2]Die sofortige Wirksamkeit soll angeordnet werden, wenn die Beschwerde offensichtlich unbegründet ist oder die Rückgabe des Kindes vor der Entscheidung über die Beschwerde unter Berücksichtigung der berechtigten Interessen der Beteiligten

---

* § 40 Abs. 2 neu gef., Abs. 3 Sätze 1–3 geänd. mWv 1. 9. 2009 durch G v. 17. 12. 2008 (BGBl. I S. 2586).

mit dem Wohl des Kindes zu vereinbaren ist. ³Die Entscheidung über die sofortige Wirksamkeit kann während des Beschwerdeverfahrens abgeändert werden.

§ 41 Bescheinigung über Widerrechtlichkeit

¹Über einen Antrag, die Widerrechtlichkeit des Verbringens oder des Zurückhaltens eines Kindes nach Artikel 15 Satz 1 des Haager Kindesentführungsübereinkommens festzustellen, entscheidet das Familiengericht,
1. bei dem die Sorgerechtsangelegenheit oder Ehesache im ersten Rechtszug anhängig ist oder war, sonst
2. in dessen Bezirk das Kind seinen letzten gewöhnlichen Aufenthalt im Geltungsbereich dieses Gesetzes hatte, hilfsweise
3. in dessen Bezirk das Bedürfnis der Fürsorge auftritt.

²Die Entscheidung ist zu begründen.

§ 42 Einreichung von Anträgen bei dem Amtsgericht

(1) ¹Ein Antrag, der in einem anderen Vertragsstaat zu erledigen ist, kann auch bei dem Amtsgericht als Justizverwaltungsbehörde eingereicht werden, in dessen Bezirk die antragstellende Person ihren gewöhnlichen Aufenthalt oder, mangels eines solchen im Geltungsbereich dieses Gesetzes, ihren tatsächlichen Aufenthalt hat. ²Das Gericht übermittelt den Antrag nach Prüfung der förmlichen Voraussetzungen unverzüglich der Zentralen Behörde, die ihn an den anderen Vertragsstaat weiterleitet.

(2) Für die Tätigkeit des Amtsgerichts und der Zentralen Behörde bei der Entgegennahme und Weiterleitung von Anträgen werden mit Ausnahme der Fälle nach § 5 Abs. 1 Kosten nicht erhoben.

§ 43 Verfahrenskosten- und Beratungshilfe

Abweichend von Artikel 26 Abs. 2 des Haager Kindesentführungsübereinkommens findet eine Befreiung von gerichtlichen und außergerichtlichen Kosten bei Verfahren nach diesem Übereinkommen nur nach Maßgabe der Vorschriften über die Beratungshilfe und Verfahrenskostenhilfe statt.

Abschnitt 7. Vollstreckung

§ 44 Ordnungsmittel; Vollstreckung von Amts wegen

(1) ¹Bei Zuwiderhandlung gegen einen im Inland zu vollstreckenden Titel nach Kapitel III der Verordnung (EG) Nr. 2201/2003, nach dem Haager Kinderschutzübereinkommen, dem Haager Kindesentführungsübereinkommen oder dem Europäischen Sorgerechtsübereinkommen, der auf Herausgabe von Personen oder die Regelung des Umgangs gerichtet ist, soll das Gericht Ordnungsgeld und für den Fall, dass dieses nicht beigetrieben werden kann, Ordnungshaft anordnen. ²Verspricht die Anordnung eines Ordnungsgeldes keinen Erfolg, soll das Gericht Ordnungshaft anordnen.

(2) Für die Vollstreckung eines in Absatz 1 genannten Titels ist das Oberlandesgericht zuständig, sofern es die Anordnung für vollstreckbar erklärt, erlassen oder bestätigt hat.

(3) ¹Ist ein Kind heraus- oder zurückzugeben, so hat das Gericht die Vollstreckung von Amts wegen durchzuführen, es sei denn, die Anordnung ist auf Herausgabe des Kindes zum Zweck des Umgangs gerichtet. ²Auf Antrag der berechtigten Person soll das Gericht hiervon absehen.

Abschnitt 8. Grenzüberschreitende Unterbringung

§ 45 Zuständigkeit für die Zustimmung zu einer Unterbringung

¹Zuständig für die Erteilung der Zustimmung zu einer Unterbringung eines Kindes nach Artikel 56 der Verordnung (EG) Nr. 2201/2003 oder nach Artikel 33 des Haager Kinderschutzübereinkommens im Inland ist der überörtliche Träger der öffentlichen Jugendhilfe, in

Textanhang

dessen Bereich das Kind nach dem Vorschlag der ersuchenden Stelle untergebracht werden soll, andernfalls der überörtliche Träger, zu dessen Bereich die Zentrale Behörde den engsten Bezug festgestellt hat. ²Hilfsweise ist das Land Berlin zuständig.

§ 46 Konsultationsverfahren

(1) Dem Ersuchen soll in der Regel zugestimmt werden, wenn
1. die Durchführung der beabsichtigten Unterbringung im Inland dem Wohl des Kindes entspricht, insbesondere weil es eine besondere Bindung zum Inland hat,
2. die ausländische Stelle einen Bericht und, soweit erforderlich, ärztliche Zeugnisse oder Gutachten vorgelegt hat, aus denen sich die Gründe der beabsichtigten Unterbringung ergeben,
3. das Kind im ausländischen Verfahren angehört wurde, sofern eine Anhörung nicht auf Grund des Alters oder des Reifegrades des Kindes unangebracht erschien,
4. die Zustimmung der geeigneten Einrichtung oder Pflegefamilie vorliegt und der Vermittlung des Kindes dorthin keine Gründe entgegenstehen,
5. eine erforderliche ausländerrechtliche Genehmigung erteilt oder zugesagt wurde,
6. die Übernahme der Kosten geregelt ist.

(2) Im Falle einer Unterbringung, die mit Freiheitsentziehung verbunden ist, ist das Ersuchen ungeachtet der Voraussetzungen des Absatzes 1 abzulehnen, wenn
1. im ersuchenden Staat über die Unterbringung kein Gericht entscheidet oder
2. bei Zugrundelegung des mitgeteilten Sachverhalts nach innerstaatlichem Recht eine Unterbringung, die mit Freiheitsentziehung verbunden ist, nicht zulässig wäre.

(3) Die ausländische Stelle kann um ergänzende Informationen ersucht werden.

(4) Wird um die Unterbringung eines ausländischen Kindes ersucht, ist die Stellungnahme der Ausländerbehörde einzuholen.

(5) ¹Die zu begründende Entscheidung ist auch der Zentralen Behörde und der Einrichtung oder der Pflegefamilie, in der das Kind untergebracht werden soll, mitzuteilen. ²Sie ist unanfechtbar.

§ 47 Genehmigung des Familiengerichts

(1) ¹Die Zustimmung des überörtlichen Trägers der öffentlichen Jugendhilfe nach den §§ 45 und 46 ist nur mit Genehmigung des Familiengerichts zulässig. ²Das Gericht soll die Genehmigung in der Regel erteilen, wenn
1. die in § 46 Abs. 1 Nr. 1 bis 3 bezeichneten Voraussetzungen vorliegen und
2. kein Hindernis für die Anerkennung der beabsichtigten Unterbringung erkennbar ist.

³§ 46 Abs. 2 und 3 gilt entsprechend.

(2) ¹Örtlich zuständig ist das Familiengericht am Sitz des Oberlandesgerichts, in dessen Zuständigkeitsbereich das Kind untergebracht werden soll, für den Bezirk dieses Oberlandesgerichts. ²§ 12 Abs. 2 und 3 gilt entsprechend.

(3) Der zu begründende Beschluss ist unanfechtbar.

Abschnitt 9. Bescheinigungen zu inländischen Entscheidungen nach der Verordnung (EG) Nr. 2201/2003

§ 48 Ausstellung von Bescheinigungen

(1) Die Bescheinigung nach Artikel 39 der Verordnung (EG) Nr. 2201/2003 wird von dem Urkundsbeamten der Geschäftsstelle des Gerichts des ersten Rechtszugs und, wenn das Verfahren bei einem höheren Gericht anhängig ist, von dem Urkundsbeamten der Geschäftsstelle dieses Gerichts ausgestellt.

(2) Die Bescheinigung nach den Artikeln 41 und 42 der Verordnung (EG) Nr. 2201/2003 wird beim Gericht des ersten Rechtszugs von dem Familienrichter, in Verfahren vor dem Oberlandesgericht oder dem Bundesgerichtshof von dem Vorsitzenden des Senats für Familiensachen ausgestellt.

VBVG

§ 49 Berichtigung von Bescheinigungen

Für die Berichtigung der Bescheinigung nach Artikel 43 Abs. 1 der Verordnung (EG) Nr. 2201/2003 gilt § 319 der Zivilprozessordnung entsprechend.

Abschnitt 10. Kosten

§ 50 *[aufgehoben]*

§ 51 *[aufgehoben]*

§ 52 *[aufgehoben]*

§ 53 *[aufgehoben]*

§ 54 Übersetzungen

Die Höhe der Vergütung für die von der Zentralen Behörde veranlassten Übersetzungen richtet sich nach dem Justizvergütungs- und -entschädigungsgesetz.

Abschnitt 11. Übergangsvorschriften

§ 55 Übergangsvorschriften zu der Verordnung (EG) Nr. 2201/2003

Dieses Gesetz findet sinngemäß auch auf Verfahren nach der Verordnung (EG) Nr. 1347/2000 des Rates vom 29. Mai 2000 über die Zuständigkeit und die Anerkennung und Vollstreckung von Entscheidungen in Ehesachen und in Verfahren betreffend die elterliche Verantwortung für die gemeinsamen Kinder der Ehegatten (ABl. EG Nr. L 160 S. 19) mit folgender Maßgabe Anwendung: Ist ein Beschluss nach § 21 an die verpflichtete Person in einem weder der Europäischen Union noch dem Übereinkommen vom 16. September 1988 über die gerichtliche Zuständigkeit und die Vollstreckung gerichtlicher Entscheidungen in Zivil- und Handelssachen (BGBl. 1994 II S. 2658) angehörenden Staat zuzustellen und hat das Familiengericht eine Beschwerdefrist nach § 10 Abs. 2 und § 50 Abs. 2 Satz 4 und 5 des Anerkennungs- und Vollstreckungsausführungsgesetzes bestimmt, so ist die Beschwerde der verpflichteten Person gegen die Zulassung der Zwangsvollstreckung innerhalb der vom Gericht bestimmten Frist einzulegen.

§ 56 Übergangsvorschriften zum Sorgerechtsübereinkommens-Ausführungsgesetz

[1]Für Verfahren nach dem Haager Kindesentführungsübereinkommen und dem Europäischen Sorgerechtsübereinkommen, die vor Inkrafttreten dieses Gesetzes eingeleitet wurden, finden die Vorschriften des Sorgerechtsübereinkommens-Ausführungsgesetzes vom 5. April 1990 (BGBl. I S. 701), zuletzt geändert durch Artikel 2 Abs. 6 des Gesetzes vom 19. Februar 2001 (BGBl. I S. 288, 436), weiter Anwendung. [2]Für die Zwangsvollstreckung sind jedoch die Vorschriften dieses Gesetzes anzuwenden. [3]Hat ein Gericht die Zwangsvollstreckung bereits eingeleitet, so bleibt seine funktionelle Zuständigkeit unberührt.

4. Gesetz über die Vergütung von Vormündern und Betreuern

Vom 21. April 2005

(BGBl. I S. 1073)

Zuletzt geändert durch Art. 53 FGG-ReformG vom 17. 12. 2008 (BGBl. I S. 2586)

Abschnitt 1. Allgemeines

§ 1 Feststellung der Berufsmäßigkeit und Vergütungsbewilligung

(1) [1]Das Familiengericht hat die Feststellung der Berufsmäßigkeit gemäß § 1836 Abs. 1 Satz 2 des Bürgerlichen Gesetzbuchs zu treffen, wenn dem Vormund in einem solchen

Textanhang

Umfang Vormundschaften übertragen sind, dass er sie nur im Rahmen seiner Berufsausübung führen kann, oder wenn zu erwarten ist, dass dem Vormund in absehbarer Zeit Vormundschaften in diesem Umfang übertragen sein werden.²Berufsmäßigkeit liegt im Regelfall vor, wenn
1. der Vormund mehr als zehn Vormundschaften führt oder
2. die für die Führung der Vormundschaft erforderliche Zeit voraussichtlich 20 Wochenstunden nicht unterschreitet.

(2) ¹Trifft das Familiengericht die Feststellung nach Absatz 1 Satz 1, so hat es dem Vormund oder dem Gegenvormund eine Vergütung zu bewilligen.²Ist der Mündel mittellos im Sinne des § 1836 d des Bürgerlichen Gesetzbuchs, so kann der Vormund die nach Satz 1 zu bewilligende Vergütung aus der Staatskasse verlangen.

§ 2 Erlöschen der Ansprüche

¹Der Vergütungsanspruch erlischt, wenn er nicht binnen 15 Monaten nach seiner Entstehung beim Familiengericht geltend gemacht wird; die Geltendmachung des Anspruchs beim Familiengericht gilt dabei auch als Geltendmachung gegenüber dem Mündel. ² § 1835 Abs. 1 a des Bürgerlichen Gesetzbuchs gilt entsprechend.

Abschnitt 2. Vergütung des Vormunds

§ 3 Stundensatz des Vormunds

(1) ¹Die dem Vormund nach § 1 Abs. 2 zu bewilligende Vergütung beträgt für jede Stunde der für die Führung der Vormundschaft aufgewandten und erforderlichen Zeit 19,50 Euro.²Verfügt der Vormund über besondere Kenntnisse, die für die Führung der Vormundschaft nutzbar sind, so erhöht sich der Stundensatz
1. auf 25 Euro, wenn diese Kenntnisse durch eine abgeschlossene Lehre oder eine vergleichbare abgeschlossene Ausbildung erworben sind;
2. auf 33,50 Euro, wenn diese Kenntnisse durch eine abgeschlossene Ausbildung an einer Hochschule oder durch eine vergleichbare abgeschlossene Ausbildung erworben sind.

³Eine auf die Vergütung anfallende Umsatzsteuer wird, soweit sie nicht nach § 19 Abs. 1 des Umsatzsteuergesetzes unerhoben bleibt, zusätzlich ersetzt.

(2) ¹Bestellt das Familiengericht einen Vormund, der über besondere Kenntnisse verfügt, die für die Führung der Vormundschaft allgemein nutzbar und durch eine Ausbildung im Sinne des Absatzes 1 Satz 2 erworben sind, so wird vermutet, dass diese Kenntnisse auch für die Führung der dem Vormund übertragenen Vormundschaft nutzbar sind. ²Dies gilt nicht, wenn das Familiengericht aus besonderen Gründen bei der Bestellung des Vormunds etwas anderes bestimmt.

(3) ¹Soweit die besondere Schwierigkeit der vormundschaftlichen Geschäfte dies ausnahmsweise rechtfertigt, kann das Familiengericht einen höheren als den in Absatz 1 vorgesehenen Stundensatz der Vergütung bewilligen.²Dies gilt nicht, wenn der Mündel mittellos ist.

(4) Der Vormund kann Abschlagszahlungen verlangen.

Abschnitt 3. Sondervorschriften für Betreuer

§ 4 Stundensatz und Aufwendungsersatz des Betreuers

(1) ¹Die dem Betreuer nach § 1 Abs. 2 zu bewilligende Vergütung beträgt für jede nach § 5 anzusetzende Stunde 27 Euro. ²Verfügt der Betreuer über besondere Kenntnisse, die für die Führung der Betreuung nutzbar sind, so erhöht sich der Stundensatz
1. auf 33,50 Euro, wenn diese Kenntnisse durch eine abgeschlossene Lehre oder eine vergleichbare abgeschlossene Ausbildung erworben sind;
2. auf 44 Euro, wenn diese Kenntnisse durch eine abgeschlossene Ausbildung an einer Hochschule oder durch eine vergleichbare abgeschlossene Ausbildung erworben sind.

(2) ¹Die Stundensätze nach Absatz 1 gelten auch Ansprüche auf Ersatz anlässlich der Betreuung entstandener Aufwendungen sowie anfallende Umsatzsteuer ab. ²Die gesonderte

VBVG

Geltendmachung von Aufwendungen im Sinne des § 1835 Abs. 3 des Bürgerlichen Gesetzbuchs bleibt unberührt.

(3) [1]§ 3 Abs. 2 gilt entsprechend. [2]§ 1 Abs. 1 Satz 2 Nr. 2 findet keine Anwendung.

§ 5 Stundenansatz des Betreuers

(1) [1]Der dem Betreuer zu vergütende Zeitaufwand ist
1. in den ersten drei Monaten der Betreuung mit fünfeinhalb,
2. im vierten bis sechsten Monat mit viereinhalb,
3. im siebten bis zwölften Monat mit vier,
4. danach mit zweieinhalb

Stunden im Monat anzusetzen. [2]Hat der Betreute seinen gewöhnlichen Aufenthalt nicht in einem Heim, beträgt der Stundenansatz
1. in den ersten drei Monaten der Betreuung achteinhalb,
2. im vierten bis sechsten Monat sieben,
3. im siebten bis zwölften Monat sechs,
4. danach viereinhalb

Stunden im Monat.

(2) [1]Ist der Betreute mittellos, beträgt der Stundenansatz
1. in den ersten drei Monaten der Betreuung viereinhalb,
2. im vierten bis sechsten Monat dreieinhalb,
3. im siebten bis zwölften Monat drei,
4. danach zwei

Stunden im Monat. [2]Hat der mittellose Betreute seinen gewöhnlichen Aufenthalt nicht in einem Heim, beträgt der Stundenansatz
1. in den ersten drei Monaten der Betreuung sieben,
2. im vierten bis sechsten Monat fünfeinhalb,
3. im siebten bis zwölften Monat fünf,
4. danach dreieinhalb

Stunden im Monat.

(3) [1]Heime im Sinne dieser Vorschrift sind Einrichtungen, die dem Zweck dienen, Volljährige aufzunehmen, ihnen Wohnraum zu überlassen sowie tatsächliche Betreuung und Verpflegung zur Verfügung zu stellen oder vorzuhalten, und die in ihrem Bestand von Wechsel und Zahl der Bewohner unabhängig sind und entgeltlich betrieben werden. [2]§ 1 Abs. 2 des Heimgesetzes gilt entsprechend.

(4) [1]Für die Berechnung der Monate nach den Absätzen 1 und 2 gelten § 187 Abs. 1 und § 188 Abs. 2 erste Alternative des Bürgerlichen Gesetzbuchs entsprechend. [2]Ändern sich Umstände, die sich auf die Vergütung auswirken, vor Ablauf eines vollen Monats, so ist der Stundenansatz zeitanteilig nach Tagen zu berechnen; § 187 Abs. 1 und § 188 Abs. 1 des Bürgerlichen Gesetzbuchs gelten entsprechend. [3]Die sich dabei ergebenden Stundenansätze sind auf volle Zehntel aufzurunden.

(5) [1]Findet ein Wechsel von einem beruflichen zu einem ehrenamtlichen Betreuer statt, sind dem beruflichen Betreuer der Monat, in der der Wechsel fällt, und der Folgemonat mit dem vollen Zeitaufwand nach den Absätzen 1 und 2 zu vergüten. [2]Dies gilt auch dann, wenn zunächst neben dem beruflichen Betreuer ein ehrenamtlicher Betreuer bestellt war und dieser die Betreuung allein fortführt. [3]Absatz 4 Satz 2 und 3 ist nicht anwendbar.

§ 6 Sonderfälle der Betreuung

[1]In den Fällen des § 1899 Abs. 2 und 4 des Bürgerlichen Gesetzbuchs erhält der Betreuer eine Vergütung nach § 1 Abs. 2 in Verbindung mit § 3; für seine Aufwendungen kann er Vorschuss und Ersatz nach § 1835 des Bürgerlichen Gesetzbuchs mit Ausnahme der Aufwendungen im Sinne von § 1835 Abs. 2 des Bürgerlichen Gesetzbuchs beanspruchen. [2]Ist im Fall des § 1899 Abs. 4 des Bürgerlichen Gesetzbuchs die Verhinderung tatsächlicher Art, sind die Vergütung und der Aufwendungsersatz nach § 4 in Verbindung mit § 5 zu bewilligen und

Textanhang

nach Tagen zu teilen; § 5 Abs. 4 Satz 3 sowie § 187 Abs. 1 und § 188 Abs. 1 des Bürgerlichen Gesetzbuchs gelten entsprechend.

§ 7 Vergütung und Aufwendungsersatz für Betreuungsvereine

(1) ¹Ist ein Vereinsbetreuer bestellt, so ist dem Verein eine Vergütung und Aufwendungsersatz nach § 1 Abs. 2 in Verbindung mit den §§ 4 und 5 zu bewilligen. ²§ 1 Abs. 1 sowie § 1835 Abs. 3 des Bürgerlichen Gesetzbuchs finden keine Anwendung.

(2) ¹§ 6 gilt entsprechend; der Verein kann im Fall von § 6 Satz 1 Vorschuss und Ersatz der Aufwendungen nach § 1835 Abs. 1, 1 a und 4 des Bürgerlichen Gesetzbuchs verlangen. ²§ 1835 Abs. 5 Satz 2 des Bürgerlichen Gesetzbuchs gilt entsprechend.

(3) Der Vereinsbetreuer selbst kann keine Vergütung und keinen Aufwendungsersatz nach diesem Gesetz oder nach den §§ 1835 bis 1836 des Bürgerlichen Gesetzbuchs geltend machen.

§ 8 Vergütung und Aufwendungsersatz für Behördenbetreuer

(1) ¹Ist ein Behördenbetreuer bestellt, so kann der zuständigen Behörde eine Vergütung nach § 1836 Abs. 2 des Bürgerlichen Gesetzbuchs bewilligt werden, soweit der Umfang oder die Schwierigkeit der Betreuungsgeschäfte dies rechtfertigen. ²Dies gilt nur, soweit eine Inanspruchnahme des Betreuten nach § 1836 c des Bürgerlichen Gesetzbuchs zulässig ist.

(2) Unabhängig von den Voraussetzungen nach Absatz 1 Satz 1 kann die Betreuungsbehörde Aufwendungsersatz nach § 1835 Abs. 1 Satz 1 und 2 in Verbindung mit Abs. 5 Satz 2 des Bürgerlichen Gesetzbuchs verlangen, soweit eine Inanspruchnahme des Betreuten nach § 1836 c des Bürgerlichen Gesetzbuchs zulässig ist.

(3) Für den Behördenbetreuer selbst gilt § 7 Abs. 3 entsprechend.

(4) § 2 ist nicht anwendbar.

§ 9 Abrechnungszeitraum für die Betreuungsvergütung

¹Die Vergütung kann nach Ablauf von jeweils drei Monaten für diesen Zeitraum geltend gemacht werden. ²Dies gilt nicht für die Geltendmachung von Vergütung und Aufwendungsersatz in den Fällen des § 6.

§ 10 Mitteilung an die Betreuungsbehörde

(1) Wer Betreuungen entgeltlich führt, hat der Betreuungsbehörde, in deren Bezirk er seinen Sitz oder Wohnsitz hat, kalenderjährlich mitzuteilen
1. die Zahl der von ihm im Kalenderjahr geführten Betreuungen aufgeschlüsselt nach Betreuten in einem Heim oder außerhalb eines Heims und
2. den von ihm für die Führung der Betreuungen im Kalenderjahr erhaltenen Geldbetrag.

(2) ¹Die Mitteilung erfolgt jeweils bis spätestens 31. März für den Schluss des vorangegangenen Kalenderjahrs. ²Die Betreuungsbehörde kann verlangen, dass der Betreuer die Richtigkeit der Mitteilung an Eides statt versichert.

(3) Die Betreuungsbehörde ist berechtigt und auf Verlangen des Betreuungsgerichts verpflichtet, dem Betreuungsgericht diese Mitteilung zu übermitteln.

Abschnitt 4. Schlussvorschriften

§ 11 Umschulung und Fortbildung von Berufsvormündern

(1) ¹Durch Landesrecht kann bestimmt werden, dass es einer abgeschlossenen Lehre im Sinne des § 3 Abs. 1 Satz 2 Nr. 1 und § 4 Abs. 1 Satz 2 Nr. 1 gleichsteht, wenn der Vormund oder Betreuer besondere Kenntnisse im Sinne dieser Vorschrift durch eine dem Abschluss einer Lehre vergleichbare Prüfung vor einer staatlichen oder staatlich anerkannten Stelle nachgewiesen hat. ²Zu einer solchen Prüfung darf nur zugelassen werden, wer

1. mindestens drei Jahre lang Vormundschaften oder Betreuungen berufsmäßig geführt und
2. an einer Umschulung oder Fortbildung teilgenommen hat, die besondere Kenntnisse im Sinne des § 3 Abs. 1 Satz 2 und § 4 Abs. 1 Satz 2 vermittelt, welche nach Art und Umfang den durch eine abgeschlossene Lehre vermittelten vergleichbar sind.

(2) ¹Durch Landesrecht kann bestimmt werden, dass es einer abgeschlossenen Ausbildung an einer Hochschule im Sinne des § 3 Abs. 1 Satz 2 Nr. 2 und § 4 Abs. 1 Satz 2 Nr. 2 gleichsteht, wenn der Vormund oder Betreuer Kenntnisse im Sinne dieser Vorschrift durch eine Prüfung vor einer staatlichen oder staatlich anerkannten Stelle nachgewiesen hat. ²Zu einer solchen Prüfung darf nur zugelassen werden, wer
1. mindestens fünf Jahre lang Vormundschaften oder Betreuungen berufsmäßig geführt und
2. an einer Umschulung oder Fortbildung teilgenommen hat, die besondere Kenntnisse im Sinne des § 3 Abs. 1 Satz 2 und § 4 Abs. 1 Satz 2 vermittelt, welche nach Art und Umfang den durch eine abgeschlossene Ausbildung an einer Hochschule vermittelten vergleichbar sind.

(3) ¹Das Landesrecht kann weitergehende Zulassungsvoraussetzungen aufstellen. ²Es regelt das Nähere über die an eine Umschulung oder Fortbildung im Sinne des Absatzes 1 Satz 2 Nr. 2, Absatzes 2 Satz 2 Nr. 2 zu stellenden Anforderungen, über Art und Umfang der zu erbringenden Prüfungsleistungen, über das Prüfungsverfahren und über die Zuständigkeiten. ³Das Landesrecht kann auch bestimmen, dass eine in einem anderen Land abgelegte Prüfung im Sinne dieser Vorschrift anerkannt wird.

Sachverzeichnis

Fette Ziffern = §§, magere Ziffern = Randnummern

Einl = Einleitung; **GVG** = Erläuterungen zum GVG
Ü = Übergangsvorschrift Art. 111 FGGRefG; **Vor** = Vorbemerkung

Abänderung von Endentscheidungen 48; 225, 226, 227
Antrag **48** 7
Ausschluss **48** 12; 13; **187, 198**
Bedeutung **48** 1
– in einem neuen Verfahren **48** 2
– Beispiele **48** 3
Dauerwirkung **48** 5
Familienstreitsachen **48** 9; **238, 240**
Jugendamtsurkunde **239** 6, 7
Sonderregelungen **48** 8
Wesentliche Änderung der Sach- und Rechtslage **48** 6
Abgabe
Amtsgericht Schöneberg **4** 2
Anfechtbarkeit der Bestimmung des zuständigen Gerichts **4** 14
Anhängigkeit der abzugebenden Sache **4** 6
Anhörung **4** 10
Bestimmung des zuständigen Gerichts **4** 11
Betreuungssachen **4** 1; **273**
Ehesachen **4** 3; **123** 5–11; **153; 202; 233; 263**
funktionelle Zuständigkeit **4** 15
Notwendigkeit der Zustimmung **4** 9
Spruchkörper **122** 11
Übernahmebereitschaft **4** 8
Umfang der Abgabe **4** 12
Unterbringungssachen **4** 1; **314**
Verhältnis zur Verweisung **4** 1
Voraussetzungen **4** 5, 6, 7
Weigerung der Abgabe oder Übernahme **4** 11
Wichtiger Grund **4** 1, 7
Widerspruchsrecht **4** 9
Wirkung der Abgabe **4** 12
Zuständigkeit des abgebenden Gerichts **4** 5
Zuständigkeit für Beschwerden nach Abgabe **4** 13
Abhilfe 64 1–3; **68** 3
– Anwendungsbereich **68** 1
– Nichtabhilfebeschluss **68** 3
– Teilabhilfe **68** 3
Ablehnung 6 14, 15
Amtsrichter **6** 17
Anwendungsbereich
– persönlich **6** 2
– sachlich **6** 1
Anfechtbarkeit
– bei Ablehnung **6** 29

– bei Stattgeben **6** 29
Befangenheit **6** 14, 15
durch Beteiligte **6** 20 ff
– Ablehnungsgrund **6** 22
– Ablehnungsrecht **6** 21
Dolmetscher **6** 2
Familiensachen **6** 1
Gerichtsvollzieher **6** 2
gesondertes Ablehnungsverfahren **6** 31
Mitentscheidung des abgelehnten Richters **6** 23
Offensichtliche Unzulässigkeit **6** 23
Rechtspfleger **6** 2
Richter **6** 2
Selbstablehnung des Richters **6** 16–19
– Zuständigkeit **6** 17
Stellungnahme der Beteiligten **6** 18, 22
Unaufschiebbare Amtshandlungen
– bei Ablehnung **6** 27
– bei Ausschließung **6** 28
– bei Selbstablehnung **6** 18
Urkundsbeamter der Geschäftsstelle **6** 2
Verfahrenspfleger **6** 2
Verlust des Ablehnungsrechts **6** 24–26
– Fortwirkung **6** 26
Zuständigkeit **6** 20
Ablieferung von Testamenten **358**
in die amtliche Verwahrung **346** 1
Beschwerde **358** 7
eidesstattl. Versicherung **358** 5
Erzwingung **358** 4
Pflicht zur – **358** 3
Verfahren **358** 4
Zuständigkeit **358** 7
Abschlussprüfer
Auslagen **375** 11
Bestellung **375** 11
Abschriften 13 3, 4, 5, 11; **14** 5; **23** 16, 17; **169** 2
in Nachlasssachen **357** 7
– Recht auf Erteilung **357** 8
– Zuständigkeit **357** 10
in Registersachen **386**
Abstammungssachen 169–185
Abstammungsgutachten **169** 7
– Abschrift **169** 7
– Aushändigung **169** 7
– Einsicht **169** 7
Amtsermittlung **177** 1
– Einschränkung **177** 1
– Feststellungslast **171** 13

1211

Sachverzeichnis

fette Ziffern = §§

– förmliche Beweisaufnahme **177** 2
– privates Abstammungsgutachten **177** 2 aE
Anfechtung der Vaterschaft **169** 8
– Anfechtungsberechtigte **169** 9; **172** 3, 4
Anordnung der Duldung einer Probeentnahme **169** 4, 5; **96 a** 1, 2
Antragsverfahren **171** 1, 2
– Antragsberechtigung **171** 3, 4
– Begründung des Antrags **171** 6, 7
– Begründung bei Anfechtung durch Behörde **171** 6–9
Anwendungsbereich **169** 1, 3–8
Beteiligte **172** 1
– Behörde **172** 1, 3
– Jugendamt **172** 1, 4
Erklärungen zur Niederschrift des Gerichts **180** 1–4
Erörterungstermin **175** 1, 15
– Gegenstand **175** 3, 4
– Ladungsfrist **175** 5
– Persönliche Anhörung **175** 8
– – des Kindes **175** 8, 9
– Persönliches Erscheinen **175** 6, 7
– – Ordnungsmittel **175** 11–13
Ersetzung der Einwilligung in genetische Abstammungsuntersuchung **169** 4, 5
– Antrag **169** 6
Feststellung des Bestehens/Nichtbestehens Eltern-/Kindverhältnis **169** 2
Feststellung Wirksamkeit/Unwirksamkeit Vaterschaftsanerkennung **169** 3
Feststellung des Nichtbestehens einer Vaterschaft **182** 1
– Antrag **182** 3
– Beschlussformel bei Abweisung **182** 3, 4
– Staatsangehörigkeit **182** 5
Jugendamt **176** 1–5
– Anhörung **176** 1–5
– Beschwerdebefugnis **176** 6
– Beteiligung auf Antrag **176** 2–4
Kosten **183** 1, 2, 4
– Ausnahme: das minderjährige Kind **183** 3
Untersuchungen zur Feststellung der Abstammung **178** 1; **96 a**
– Art der Untersuchungen **178** 2, 3
– Beweisanordnung **178** 10
– Beweisvereitelung **178** 9
– Duldung der Untersuchung **178** 4
– Durchführung der Beweisanordnung **178** 7
– Maßnahmen zur Erzwingung **178** 11
– Unmittelbarer Zwang **178** 8: **96 a** 3
– Untersuchung im Ausland **178** 4
– Verweigerung der Untersuchung **178** 5
– Zwangsweise Vorführung **178** 8
Verbindung **179** 1
– dasselbe Kind **179** 1, 3
– mit Unterhaltssache **179** 2
– Unzulässigkeit **179** 4
– – Folgen **179** 4

Verfahrensbeistand **174**
– Beendigung **174** 7
– Bestellung **174** 5
– – Unterbleiben **174** 6
– Erforderlichkeit **174** 3
– Ergänzungspfleger **174** 4
– Voraussetzungen für Bestellung **174** 2
Wiederaufnahme **185**
– Antrag **185** 4
– ergänzende Wiederaufnahmegründe **185** 1
– Fristen **185** 6
– Verbindung mit Nichtigkeitsantrag **185** 7
– Verfahren **185** 4–6
– Zuständigkeit **185** 5
Wirksamkeit der Endentscheidungen **184**
– Ausschluss der Abänderung **184** 2
– Rechtskraft **184** 1
– – Bindung **184** 4, 5, 6
– – formelle **184** 1
– – materielle **184** 3
Abwesenheitspflegschaft 364
Ablehnung **364** 4
Anordnung **364** 3
Ende **364** 6
Ermessen des Gerichts **364** 4
Gebühren **364** 7
Umfang **364** 6
Voraussetzungen **364** 2
Zuständigkeit **364** 3
Adoption siehe Annahme als Kind
Ärztliche Maßnahmen
Genehmigung der Nichteinwilligung **Einl** 81; **299** 6–8
Ärztliches Zeugnis
Betreuung **281**; **300** 6
Freiheitsentziehung **423** 2; **431** 3
Unterbringung **321** 4; **331** 11
Akteneinsicht 13
Abschriften **13** 12
Adoptionssachen **13** 3
Amts oder Geschäftsräume **13** 14
Anfechtbarkeit **13** 16
– durch Beteiligte **13** 17
– durch Dritte **13** 18
Anwendungsbereich **13** 1
Berechtigtes Interesse **13** 9
– Beispiele **13** 10
Beschwerdeberechtigte **13** 7
Beteiligte **13** 5, 6
Beweisstücke **13** 14
Betreuungssachen **13** 7
Dritte **13** 8
Einschränkung **13** 6
Elektronische Akten **13** 15
Entwürfe von Entscheidungen **13** 14
Entziehung der elterlichen Sorge **13** 9
Familienstreitsachen **13** 4
Funktionelle Zuständigkeit **13** 19
Glaubhaftmachung **13** 11
informationelle Selbstbestimmung **13** 8, 17

magere Ziffern = Randnummern

Sachverzeichnis

Minderjährige **13** 7
in Nachlasssachen 357 4
Ort der Einsichtnahme **13** 13, 14
Registersachen **13** 14; **385** 3
Sondervorschriften **13** 2–4
Umfang **13** 11
Verfahrenskostenhilfeverfahren **13** 6
Aktien
Kraftloserklärung **375** 15
Nennbetrag **399** 5
Aktiengesellschaft
Auflösung wegen Mangels der Satzung **399**
Erzwingung von Verpflichtungen nach dem AktG **388** 6
„kleine" **398** 3
Löschung im Handelsregister **397** 3
Löschung des Hauptsammlungsbeschlusses **398**
Löschung wegen Vermögenslosigkeit **394**
nichtige Beschlüsse **398** 2
Nichtigkeit **397** 3
unternehmensrechtliche Verfahren in Angelegenheiten der **375** 13
Zuständigkeit des Richters, Rechtspflegers **375** 13
Zwangsgeldverfahren gegen Vorstandsmitglieder **388** 14
Amtsermittlung 26 1; **127** 1
– in besonderen Fällen **26** 7; **127** 2–6; **177** 1
– der zu Beteiligenden **7** 2; **26** 4
– im Beschwerdeverfahren **26** 14, 15
Art der Ermittlungen **26** 8
Ausländisches Recht **26** 9
Darlegungslast **26** 2
Feststellungslast **26** 5; **27** 3
Grenzen der **26** 4
Kindschaftssachen **26** 5
Mitwirkungspflichten **26** 3; **27** 1, 2
Nachlasssachen **Vor 342** 3
im Rechtsbeschwerdeverfahren **26** 16
des Registerrichters **26** 11, 12, 13
Amtsgericht **1** 4
als Nachlassgericht **Vor 343, 344** 2
als Registergericht **376** 2
als Vorentscheidungsgericht **489**
Amtsverfahren 26
Amtsvormund 151 8
Änderung
gerichtliche Entscheidungen **48**
Vergleiche **36** 15, 16; **48** 8 aE; **227, 239**
Androhung von Ordnungsmitteln siehe „Hinweise"
Anerkennung ausländischer Entscheidungen 107, 1
Antrag auf Entscheidung des OLG **107** 8
Anfechtbarkeit **107** 9
– Frist **107** 8
Anwendungsbereich **107** 1
ausländische Privatscheidungen **107** 2
Bereich der EU **107** 3

– Antrag auf Entscheidung in Ehesache **107** 13
– Nichtanerkennung **107** 14
Landesjustizverwaltungen **107** 4, 5
– Entscheidung **107** 7
– Wirksamkeit **107** 7
– Verfahren **107** 6
– Zuständigkeit **107** 4, 5
Übergangsvorschrift **107** 11
Vorfrage **107** 12
Anerkennungshindernisse 109 5–9
Anwendungsbereich **109** 1, 2
Bereich der Brüssel II a-VO **109** 4, 14–24
– eindeutiges Einverständnis **109** 16
– Unvereinbarkeit mit einer Entscheidung des Mitgliedstaates **109** 17
– Unvereinbarkeit mit früherer Entscheidung zwischen den Parteien **109** 18
– Verstoß gegen ordre public **109** 9, 15, 22, 23
– elterliche Verantwortung **109** 19, 20
– – Verstoß gegen ordre public **109** 21
– gegen verfahrensrechtlichen ordre public **109** 22, 23
Ehesachen **109** 10
fehlende Gelegenheit zur Äußerung **109** 4
fehlende internationale Zuständigkeit **109** 7
Prüfung der Gesetzmäßigkeit **109** 11
Unvereinbarkeit mit einer deutschen Endentscheidung **109** 8
Verbürgung der Gegenseitigkeit **109** 3, 12, 13
Verstoß gegen den ordre public **109** 9
Verstoß gegen Verfahren bei Unterbringung **109** 24
Anerkennungsverfahren, isoliertes **108**
Adoptionssachen **108** 2, 5, 8
– Anerkennung **108** 10
– Eltern-, Kind-Verhältnis **108** 11, 12
– Feststellung der Wirksamkeit **108** 9
– örtliche Zuständigkeit **108** 9
– Umwandlung in deutsche Volladoption **108** 13
– Verfahren **108** 9
Anerkennung nach der Brüssel II a-VO **108** 24
– einstweilige Maßnahmen **98** 15; **108** 24
– Feststellung der Vaterschaft **110** 10
Bindung **108** 7
Ehesachen **108** 1
Grundsatz der Anerkennung **108** 3
Vorrang
– EU-Verordnungen **108** 20, 21, 22, 23
– völkerrechtliche Vereinbarungen **108** 15, 16, 17, 18, 19
– Ausführungsvorschriften **108** 25, 26
Zuständigkeit **108** 4
– ausschließliche **108** 4, 12–14
Anfechtung der Vaterschaft Einl 36; **169** 8, 9, durch biologischen Vater **Einl** 59

1213

Sachverzeichnis

fette Ziffern = §§

Angelegenheiten der freiwilligen Gerichtsbarkeit 1 1–6
Anhörungsrüge 44
Anwaltszwang **44** 11
Anwendungsbereich **44** 1, 4
außerordentliche Beschwerde **44** 1
eigenständige Verletzung **44** 8
Entscheidung über **44** 16, 17
Form **44** 9
Fortsetzung des Ursprungsverfahrens **44** 17
Frist zur Erhebung der Rüge **44** 12
– Beginn **44** 13
Heilung **44** 15
Inhalt der Rüge **44** 9, 10
Kosten **44** 19
Nichtzulassungsbeschwerde **44** 7
Rechtskraft **44** 18
Rügeberechtigung **44** 14
Verfahren **44** 15
Statthaftigkeit **44** 5
– in allen Instanzen **44** 6
Übergangsvorschrift **44** 3
Zwischenentscheidungen **44** 4
Anmeldung
Antragsrecht des Notars **378** 1
in Aufgebotssachen **438** 1; **439** 3; **440** 2
– Einsicht **459** 3; **478** 3
– Form **440** 2
– Nachweise **459** 2
– Prüfung **440** 3
– Vorlage von Urkunden **477** 2
elektronische **382** 9
Erfüllung der Verpflichtung **380** 6
Form **382** 9
Genossenschaftsregister **382** 5
Güterrechtsregister **382** 8
Handelsregister **382** 4
Partnerschaftsregister **382** 6
Vereinsregister **382** 7
Vertreter **382** 9
Zurückweisung **382** 14
Zwang **388** 15; **389** 2
Anmeldezeitpunkt 435 5; **438** 1
bei Verfallzeit **477** 1
bei Zinsscheinen **471** 3; **472** 2
Annahme als Kind Vorb v 186–199; 186–199
AdoptRÄndG **Einl** 23
AdÜbgG **Einl** 50
Adoptionsvermittlungsstelle **189** 1, 2
Adoptionswirkungsgesetz **199** 1–3
Anfechtbarkeit, Abänderbarkeit **197** 12, 13
– Annahme **197** 2
– Aufhebung der Annahme **198** 18
– Befreiung vom Eheverbot **198** 21
– Ersetzung Einwilligung, Zustimmung **198** 1, 4
Anhörungen **192**
– Annehmender **192** 1, 2
– Kinder des Annehmenden **193** 3
– minderjähriges Kind **192** 1, 2
– – Absehen **192** 4
– Jugendamt **194** 1, 2
– weitere nicht beteiligte Personen **192** 5; **193** 1, 2
– Zentrale Adoptionsstelle des Landesjugendamtes **195** 1–3
Annahme Minderjähriger **Vorb v 186–199** 1–9
– Erlöschen Verwandtschaftsverhältnisse **Vorb v 186–199** 2 aE; **197** 3
– Voraussetzungen **Vorb v 186–199** 4
– Wirksamkeit **197** 8; **198** 16
Annahme Volljähriger **Vor v 186–199** 13
– nach den Vorschriften über die Annahme Minderjähriger **Vorb v 186–199** 14–16
– Voraussetzungen **Vorb v 186– 199** 13–16
– Wirksamkeit **187** 8
Antragsberechtigung **Vorb v 186–199** 5
Aufhebung des Annahmeverhältnisses **186** 4, **198** 6
– von Amts wegen **198** 9
– – Minderjährige **198** 8
– auf Antrag **198** 8
– – Minderjährige **198** 8
– – Volljährige **198** 10, 12
– Erörterung **198** 15
– Folgen **198** 6
– Wirksamkeit **198** 16
– Zurückübertragung der elterlichen Sorge **198** 7
Auskunft, beschränkte **197** 15
Befreiung vom Eheverbot **198** 1
– Anfechtbarkeit **198** 21
– Beschwerdeberechtigung **198** 22
– – Entscheidung **198** 21
– örtliche Zuständigkeit **198** 20
Bekanntgabe von Entscheidungen **195** 3
– Beschwerdeberechtigung **195** 3
Beteiligte **188**
– Annahme **188** 1
– Aufhebung **188** 5
– Ersetzung der Einwilligung **188** 5
– kraft Gesetzes **188** 2
– Hinzuziehung **188** 9
– Jugendamt **188** 7
Bindungswirkung Namensbestimmung **Vorb v 186–199** 17
Einwilligungen **Vorb v 186–199** 6, 7
– Eltern **Vorb v 186–199** 7
– Elternteil **190**
– Form **Vorb v 186–199** 8
– Kind **Vorb v 186–199** 9
– Wirksamkeit **Vorb v 186–199** 9
– Ruhen der elterlichen Sorge **Vorb v 186–199** 10
Ersetzung der Einwilligungen **198** 1
– Abänderbarkeit, Wiederaufnahme **198** 4
– sofortige Wirksamkeit **198** 5
– Wirksamkeit **198** 3

magere Ziffern = Randnummern   **Sachverzeichnis**

Funktionelle Zuständigkeit **187** 12
Örtliche Zuständigkeit **187**
– Adoptionswirkungsgesetz **187** 10
– – Minderjährige **187** 10
– – Zuständigkeitskonzentration **187** 10, 11
– Amtsgericht Schöneberg **187** 7
– – Verweisung **187** 8
– Befreiung vom Eheverbot **187** 9
– gewöhnlicher Aufenthalt **187** 2
– – mehrere **187** 3
– – Vorrang **187** 3
– maßgebender Zeitpunkt **187** 4
– nach Tod der Annehmenden **187** 5, 6
Staatsangehörigkeit **197** 6
Standesbeamter
Verbindung
– Unzulässigkeit **196**
Verfahrensbeistand **191** 1
– Voraussetzungen **191** 2
– Mitteilungspflicht **197** 15
Zentrale Adoptionsstelle **195** 1
– Anhörung **195** 2
Anregung
Bedeutung **24** 1
Beteiligte **24** 1
– Unterrichtung bei Nichttätigwerden **24** 2; **59** 41
Anschlussbeschwerde 66 1–4
Anschlussrechtsbeschwerde 73 1–3
Antrag
in Amtsverfahren **23** 2
Antragsberechtigung **23** 9
Antragserfordernis **23** 2
Antragsverfahren **23** 3
Anwendungsbereich **23** 1
Auslegung **23** 8
Bindung **23** 7
Begründung des Antrags **23** 14, 15
Familienstreitsachen **23** 4
Feststellungsinteresse **23** 11
– bei tiefgreifenden Grundrechtseingriffen **23** 12, 13
– im Beschwerdeverfahren **23** 13; **62**
Form des Antrags **23** 14
– elektronische **23** 14
Güterrechtssachen **23** 5
Rechtsschutzbedürfnis **23** 10
– feststellende Entscheidungen **23** 11
Sachantrag **23** 7, 8
Übermittlung von Anträgen
– an Beteiligte **23** 16
– Absehen von **23** 17
verfahrenseinleitende Anträge **23** 1
Verfahrensvoraussetzung **23** 6
Antragsrecht
des Notars **378** 1
Antragsrücknahme
in Amtsverfahren **22** 6, 7
– Wirkung **22** 7
– Zustimmung **22** 7
in Antragsverfahren **22** 1

– deklaratorischer Beschluss **22** 5
– nach Erlass der Entscheidung **22** 2, 3
Form der Rücknahme **22** 1
mehrere Antragsberechtigte **22** 1
sonstige Beendigung **22** 8
Teilrücknahme **22** 1
Wiederholung des Antrags **22** 1
Wirkung der Rücknahme **22** 5
Wirkungslosigkeit der Entscheidung **22** 5
Zustimmung der Beteiligten **22** 4
Antragsverfahren
Nachlasssachen **Vor 342** 3
Anwaltszwang 10 1, 14–22; **114** 1–14
Anzeigepflicht siehe Mitteilungen
Arrest 119 5
Aufenthalt siehe auch „gewöhnlicher Aufenthalt"
Definition **343** 6
und Wohnsitz **343** 5
Auffangfrist 63 6; **40** 8; **7** 35
Aufgebot
Antrag **434** 2
der Gesamtgutgläubiger **464** 1
des Grundpfandrechtsgläubigers **447** 2
des Grundstückseigentümers **441** 1
Luftfahrzeuge **433** 4
des Nachlassgläubigers **454** 2
– Erbschaftskäufer **463** 1
– Gütergemeinschaft **462** 1
– Miterben **460** 2
– Nacherben **461** 1
Reallast **453** 1
von Schiffen **446** 1
der Schiffsgläubiger **465** 1
des Schiffshypothekengläubigers **452** 1
von Urkunden **Vor 466** 1
– hinkende Inhaberpapiere **483** 1
– Verlust der Urkunde **Vor 466** 3
– mit Zinsscheinen **471** 2
Vorkaufsrecht **453** 1
Vormerkung **453** 1
Frist **437** 2; **451** 4; **458** 3; **472** 3; **476** 1
Inhalt **434** 5; **445** 1; **458** 2; **460** 2; **469** 1
Öffentliche Bekanntmachung **435** 2; **436** 1; **470** 1
Zustellung **458** 4
Aufgebotsarten Vor 433 3
Aufgebotssachen
Begriff **433** 2
Beteiligte **433** 8
Kosten **433** 10
Rechtsbehelfe **433** 9
Zuständigkeit **433** 7
Aufgebotsverfahren
Anmeldungen **438** 1; **439** 3; **440** 2
s auch dort
Anmeldezeitpunkt **435** 5; **438** 1; s auch dort
Antrag **434** 2
– Zulässigkeit **439** 2
– Begründetheit **439** 2
– Zurückweisung **439** 4

1215

Sachverzeichnis

fette Ziffern = §§

Antragsrecht 443 1; 448 2, 3; 453 3; 455 2; 467 2, 3
Antragsbegründung 470 2
Ausschließungsbeschluss s dort
– unter Vorbehalt 440 6
– Rechtskraft 441 3
– Wirksamkeit 441 3
– Zustellung 441 2
Aussetzung 440 5
Beendigung 457 1
Glaubhaftmachung 444 1; 449 1; 450 1; 451 2; 453 4
Hinterlegung 451 1
Mitteilung 451 4
und Nachlassinsolvenz 457 1
Öffentliche Bekanntmachung 435 2; 436 1; 466 3
Rechtsbehelfe 439 6
Verzeichnis der Nachlassgläubiger 456 1
Vorbehalt, landesgesetzlicher 484 1
Zeitpunkt 455 5
Zuständigkeit
– Funktionell 433 7
– örtlich 442 2; 447 5; 453 2; 454 3; 466 2
– Sachlich 433 7
Zahlungssperre 480 2
– Aufhebung 482 1
– Wirkung 480 6
Zeugnis 471 4; 472 3; 474 1; 481 1
Zustellung 458 4
Aufhebung
Betreuung 294 1–3
Freiheitsentziehungen 426 1–5
gerichtliche Entscheidungen: Wirkung auf Rechtsgeschäfte 47 1, 5
Unterbringung 330 1, 2
Auflage
Fristbestimmung 355 2
Auflassung
Auseinandersetzungsverfahren 372 6
Aufsichtsrat
Abberufung 375 17
Ergänzung 375 18
Mitbestimmung 375 18
Augenschein 30 10–14
Auseinandersetzung
Durchführung Vor 342 1
Gütergemeinschaft s dort
Nachlassauseinandersetzung s dort
Teilungsverfahren Vor 342 4, 363 ff
Vermittlung der – 363 1
Ausfertigung 14 5
Anspruch auf 357 8
Definition 357 9
Erbschein 357 8
Gebühren 357 12
Glaubhaftmachung eines Interesses 357 2
vollstreckbare 371 5
Zeugnis 357 8

Auskunft
Auskunftspflicht 235 2; 220 1, 3
– Eheleute 220 14, 15
– Unterhaltspflichtige 235 1, 2
– Versorgungsträger 220 8–12
Auskunftsrecht 235 1, 9; 236 4, 5
– Eheleute 220 13–16
– Versorgungsträger 220 17
Dritte 236 1, 2, 6; 220 3
Durchsetzung 235 11; 236 7; 220 2–4
Auskunftserteilung
eidestattl. Versicherung 410 1
Ausland
Abgabe 99 11–14; 104 10, 11
Rechtshilfe GVG 17; 18–20
Zustellungen 15 12
Auslandsbezug 97 1–4
Ausländer
Beteiligtenfähigkeit 8 2, 3
ehemalige DDR 343 15
Nachlass- und Teilungssachen 343 11
Verfahrenskostenhilfe 76 4, 19; **Anhang 76–78**
Unterstützungspflicht 380 7
vorläufige Maßnahmen 99 20, 23; 152 14
Ausländische Entscheidungen siehe Anerkennung
Ausländisches Recht 26 9; 72 4
Auslegung Sachantrag 23 8
Ausschlagung
Beurkundung Vor 343 7
Zuständigkeit 344 16
Ausschließungsbeschluss 440 5
Bekanntmachung 478 3; 441 2
Rechtskraft 441 3
bei Urkunden 478 2
– Wirkung 479 2
unter Vorbehalt 440 6
Wirksamkeit 441 3
Zustellung 441 2
Ausschließung von Gerichtspersonen 6
Anwendungsbereich
– persönlich 6 2
– sachlich 6 1
Beteiligte 6 4
Ehepartner 6 5
Lebenspartner 6 5
Mitberechtigte, Mitverpflichtete 6 4
Mitwirkung in einem früheren Verfahren 6 12
vorausgegangenem Verwaltungsverfahren 6 13
Vertreter eines Beteiligten 6 10
Verwandte 6 6–8
Verschwägerte 6 9
Zeuge oder Sachverständiger 6 11
Ausschlussfrist 17 5; 168 24–26
Außerordentliche Beschwerde 44 1, 2; 58 22
Aussetzung 21, 136, 221, 328, 424
Anfechtbarkeit 21 5

magere Ziffern = Randnummern **Sachverzeichnis**

Entscheidung **21** 2
gesetzliche Neuregelung **21** 2
Nachlass-Sachen **21** 1 aE
Registerverfahren **381**
Sondervorschriften **21** 3
Teilungssachen **370**
Verfassungsbeschwerde **21** 2
Voraussetzungen **21** 1
Wirkung **21** 4
Auswahl
Betreuer **278** 4
Sachverständiger **280** 3–5; **321** 2–3
Verfahrensbeistand **158** 15
Verfahrenspfleger **317** 5
Bauernverband
als berufständisches Organ **380** 5
Bedürfnis der Fürsorge
Begründung der Zuständigkeit **Vorb v 2–5** 1
Beeidigung
Beteiligte **30** 39
Dolmetscher **GVG** 26
Personen, die die deutsche Sprache nicht beherrschen **GVG** 23
Sachverständige **30** 40, 41
Zeugen **30** 40, 41
Beeinträchtigung eines Rechts **7** 7–9; **59** 4–6
Befangenheit 6 14, 15
Befasstwerden
Voraussetzung für Zuständigkeit **2** 1, 5, 6
Befristung von Entscheidungen
Betreuung **286** 9; **295** 4
Freiheitsentziehung **421** 6; **425** 1, 2, 3 ff
Unterbringung **323** 6; **329** 1–3
Begrenzung zeitliche, von Rechtsmittel im Verbund **145** 1–7
Begründung
Beschwerde **65** 1, 2 ff
– Rechtsbeschwerde **74** 13
Beschwerdeentscheidung **69** 15–18
Behandlungsabbruch Einl 81; **298** 6–8
Behörden
Beteiligte **8** 8, 9
Betreuer **274** 8; **291** 1, 2
Befreiung von Anwaltszwang **10** 16–21
Freiheitsentziehungssachen **417** 1–4
Kostenerstattung **81** 6, 21, 24; **430** 1–5
rechtliches Gehör **279** 3; **320** 1, 2; **420** 9
Unterbringungssachen **315** 4
Behördenbetreuer 290 1
Beiordnung eines Rechtsanwalts **12** 3–5; **114** 16 (Scheidungssachen)
Beistände 12 1
beigeordneter Rechtsanwalt **12** 3
in Ehesachen **12** 4, 5
Fähigkeit, Beistand zu sein **12** 2
Zurückweisung **12** 3
Bekanntgabe 15
Entscheidungen **15** 3
Form **15** 4, 5

formlose Mitteilungen **15** 11
Ladung zum persönlichen Erscheinen **15** 3
Richterliche Fristbestimmung **15** 2
Zustellung siehe dort
Bekanntgabe Entscheidungen 41
Beginn der Beschwerdefrist **41** 2
Beschluss **41** 1, 2
Beschlussformel **41** 7
Erklärungsempfänger **41** 2
Form **41** 3–6
– mündlich **41** 4, 6
– zu Protokoll **41** 6
– schriftlich **41** 3, 4
– Zustellung **41** 5
gesetzlicher Vertreter **41** 2
Genehmigung eines Rechtsgeschäftes **41** 8
– Vertragspartner **41** 8
Benachrichtigung in Nachlasssachen
AV Mitteilung Nachlasssachen **347** 3
Benachrichtigung
– bei besonderer amtlicher Verwahrung **347** 5
– bei eröffneten Verfügungen **347** 6
– bei notarieller Verwahrung **347** 7
Benachrichtigungssystem **347** 4
BenachrichtigungsVO **347** 3
Beratungshilfe 2 4; **58** 20, 25 aE; **76** 3; **76** 5; **Anhang 76–78** 4
Berichtigung
Erbschein **353** 1
Eintragungen **383** 4
Fassungsbeschwerde **383** 5
Berichtigung einer Beschlusses 42
Anfechtbarkeit **42** 7, 8
– Ausspruch **42** 8
– Zurückweisung **42** 7
Folgen **42** 6
offenbare Unrichtigkeit **42** 1, 2, 3
Verfahren **42** 4
Vermerk über Berichtigung **42** 5
Berufsbetreuer 168 1, 6, 15, 16–24; **Vor 271 ff** 2
Berufsständische Organe
Begriff **380** 2
Beschwerderecht **380** 13
Mitwirkung **380** 9
Unterstützungspflicht **380** 7
Bescheinigung 386 1
Negativzeugnisse **386** 2
Positive Zeugnisse **386** 3
Beschluss
Entscheidungsform **38** 1–3
Gesellschafts- **398**
Beschwerde 58
Abhilfe **68** 1–3
Adoptionssachen **58** 10
im AktG **402** 10
Anfechtbarkeit **58**
neue Anträge **65** 6
Auffangfrist für nicht hinzugezogene Beteiligte **63** 6

1217

Sachverzeichnis

fette Ziffern = §§

Ausschluss in unternehmensrechtlichen Verfahren **402** 8
gegen Aussetzung
– Aufgebotsverfahren **439** 6
– in Registersachen **381** 14
– Teilungssachen **371** 6
befristete Beschwerde **63**
Begriff **158** 2, 3
Begründung der Beschwerde **65**
– neue Anträge **65** 6
– neue Tatsachen, Beweise **65** 2–5
Beratungshilfe **58** 20
Berechtigung
s eigenes Stichwort Beschwerdeberechtigung
Berücksichtigung neuer Tatsachen und Beweise **65** 5
Beschränkung der Beschwerde **64** 8
– selbständige Verfahrensgegenstände **64** 8
– teilbare Gegenstände **64** 8
– teilweise Anfechtung **64** 8
– Beispiele **64** 8
Beschränkung der Beschwerdegründe **65** 4
Dispache **408**
Einlegung der Beschwerde **64**
– Form **64** 3–6
– – Beschwerdeschrift **64** 4
– – elektronisches Dokument **64** 6
– – zu Protokoll **64** 5
– – zuständiges Gericht **64** 1
– – in Unterbringungssachen **64** 2
einstweilige Anordnungen des Beschwerdegerichts **64** 12–18
– Aussetzung der Vollziehung **64** 12
– Beispiele **64** 13
– Dauer **64** 17
– sofortige Wirksamkeit **64** 15
– – Beispiele **64** 16
– Sondervorschriften **64** 18
Endentscheidungen **58** 8
– Ausnahme: Zwischenverfügungen in Registersachen **58** 9, 12, 13
Entscheidung des Beschwerdegerichts **69**
– Aufhebung der Vorentscheidung **69** 4
– Aufhebung und Zurückverweisung **69** 9
– Ausführungshandlungen **69** 8
– Bindung an rechtliche Beurteilung **69** 12, 13
– – Ausnahmen **69** 14
– Begründung der Beschwerdeentscheidung **69** 15, 16
– – Fehlen der Gründe **69** 18
– – Umfang **69** 16
– – vollständige Sachdarstellung **69** 17
– Grenzen des Rechtsmittels **69** 7
– Inhalt der Beschwerdeentscheidung **69** 1–4
– reformatio in peius **69** 5, 6
– Schlechterstellung **69** 5, 6
– – Ausnahmen **69** 6
– Verwerfung als unzulässig **69** 2

– Vorschriften des ersten Rechtszuges **69** 19
– Zurückweisung **69** 3
Erinnerung **58** 25
nach Erledigung der Hauptsache
s eigenes Stichwort Beschwerde nach Erledigung der Hauptsache
Erweiterung der Beschwerde **64** 9
– Änderung der Anträge **64** 10
Form **64** 3–6
– Beschwerdeschrift **64** 3, 4
– zu Protokoll **64** 3, 5
– elektronisches Dokument **64** 3, 6
Frist **63** 1
Fristbeginn **63** 2
– bei Bewilligung der Verfahrenskostenhife nach Fristablauf **71** 7
– einheitlicher Zeitpunkt bei mehreren Beteiligten **63** 5
– fehlende Rechtsbehelfsbelehrung **63** 3
– mehrere Beteiligte **63** 4
– bei Verweigerung der Verfahrenskostenhilfe nach Fristablauf **17** 10
– Sonderregelungen **63** 8
– – Betreuungssachen **63** 8
– – Familiensachen **63** 7
Fristsetzung **65** 1
gerichtliche Handlungen **58** 11
greifbare Gesetzeswidrigkeit **58** 22
Grundsätze **58** 23, 24
Grundzüge des Rechtsmittelsystems **58** 1
Hemmungswirkung **58** 4
Inhalt **64** 7
Maßnahmen der Aufsicht **58** 7
durch Minderjährige
s eigenes Stichwort Beschwerdeberechtigung Minderjähriger
Nichterlass **58** 7
Prüfung der erstinstanzlichen Zuständigkeit **65** 8
Rechtspfleger, Entscheidungen des **58** 24–26
Registersachen **383** 4
neue Tatsachen und Beweise **65** 2, 3, 5
Unanfechtbarkeit **58** 7–11, 26
Unterbringungssachen **64** 2
Verfahren **68** 4–7
– Absehen von Verfahrenshandlungen **68** 6–7
vermögensrechtliche Angelegenheiten
s eigenes Stichwort Beschwerde in vermögensrechtlichen Angelegenheiten
Wechsel der Gesetzgebung **65** 7
– Einlegung der Beschwerde **64**
Wert s eigenes Stichwort Beschwerdewert
Wiederholung **64** 11
Zuständiges Gericht **64** 1
Zwangsgeldverfahren **391** 2
Zwischenentscheidungen **58** 17–19
– mit der Endentscheidung überprüfbare **58** 17

1218

magere Ziffern = Randnummern **Sachverzeichnis**

– sofortige Beschwerde nach der ZPO **58** 18
selbständig anfechtbare **58** 8
– Unanfechtbarkeit **58** 19
Zwischenentscheidungen des Beschwerdegerichts **58** 21
Beschwerdeberechtigung 59 1
Adoptionssachen **59** 22
Auslandsberührung **59** 3
Beeinträchtigung in einem Recht **59** 4, 5
– in einem materiellen Recht **59** 4, 5
– Verstoß gegen zwingende Verfahrensvorschriften **59** 6
Behörden **59** 43–46
– Jugendamt **59** 44
Betreuung **59** 15–20
– Aufhebung der Bestellung eines Betreuers **59** 17
– Auswahl des Betreuers **59** 18
Bestellung **59** 15, 16
– Führung der Betreuung **59** 20
– Genehmigung einwilligungsbedürftiger Willenserklärungen **59** 19
durch den Inhalt der Entscheidung **59** 7
in Kindschaftssachen **59** 9
– Anordnung der Vormundschaft **59** 9
– Aufhebung der Vormundschaft **59** 10
– Auswahl, Bestellung des Vormundes **59** 11
– Führung der Vormundschaft **59** 13
– Genehmigung von Rechtsgeschäften **59** 12
– Umfang, Ausübung der elterlichen Sorge **59** 14
– – nichtehelicher Vater **Einl 87; 59** 14
mehrere Personen **59** 8
Nachlass- und Teilungssachen **59** 23–29
– Abwesenheitspflegschaft **59** 30
– Erbscheinsverfahren **59** 26
– Feststellung der Erbberechtigung **59** 25
– Nachlasspflegschaft **59** 27
– Nachlassverwaltung **59** 28
– Testamentsvollstreckung **59** 29
Registersachen **59** 36
– berufsständische Organe **380** 13
– Notar **378** 3
Sondervorschriften **59** 2
unternehmensrechtliche Verfahren **59** 31
– Amtslöschungsverfahren **59** 35
– Genossenschaft **59** 34
– Geschäftsführer GmbH **59** 33
– Gesellschaft **59** 32
Beschwerdeberechtigung Minderjähriger 60
Bekanntgabe der Entscheidung an Minderjährigen **60** 13
– der Begründung **60** 14
– – Beginn der Rechtsmittelfrist **60** 14
Berechtigung zur selbständigen Ausübung **60** 1
– bei selbständiger Antragsberechtigung **60** 4

Persönliche Voraussetzungen **60** 5
– Geschäftsunfähige **60** 7
– maßgebender Zeitpunkt **60** 6
sachliche Voraussetzungen **60** 8–10
– Angelegenheiten, in denen das Kind gehört wird **60** 10, 11, 12
– Angelegenheiten der Personensorge **60** 8
– – Beispiele **60** 9
Sonderregelungen **60** 2
Umfang der Beschwerdeberechtigung **60** 3
Beschwerdewert 61 1, 2
Beschwerde nach Erledigung der Hauptsache 58 15; **62**
Abhilfe **68** 1, 2
– Teil des Beschwerdeverfahrens **68** 1, 2
– Nichtabhilfebeschluss **68** 3
Absehen von
– erneuter Anhörung **68** 7
– Termin **68** 6
– einzelnen Verfahrenshandlungen **68** 6
Antrag auf Feststellung der Rechtswidrigkeit **62** 8
Erledigung vor Einlegung des Rechtsmittels **62** 4
Einzelrichter **68** 8, 9, 10, 11
– Übertragung auf **68** 9
– – Ausnahmen **68** 10
– Kammer für Handelssachen **68** 12, 13
– Zulassung Rechtsbeschwerde **68** 11
Feststellungsinteresse **58** 16; **62** 1, 5
– Beispiele für fehlendes Interesse **62** 5
– Freiheitsentziehungen **62** 3, 4
– Grundrechtseingriffe **62** 2
– Wiederholungsgefahr **62** 7
Prüfung Statthaftigkeit, Zulässigkeit **68** 4
Verfahren vor dem Beschwerdegericht **68** 4–7
Vorschriften des ersten Rechtszuges **68** 5
Zuständigkeit der Kammer für Handelssachen **68** 14, 15
– Zuständigkeitsstreit zwischen Kammer für Handelssachen und Zivilkammer **68** 16
Beschwerde in vermögensrechtlichen Angelegenheiten 61
Bindung an die Zulassung **61** 4
– durch Rechtspfleger **61** 5
Vermögensrechtliche Angelegenheiten **61** 1
– Kostenentscheidung **61** 1
– Beschwerdewert **61** 1
– maßgebender Zeitpunkt **61** 2
– Voraussetzungen **61** 3
– Zulassung **61** 3
Verzicht auf Beschwerde **67**
– auf Anschlussbeschwerde **67** 4, 5; **66**, 4
– nach Bekanntgabe des Beschlusses **67** 3
– gegenüber anderen Beteiligten **67** 6
– Erklärung des Verzichts **67** 2
– Widerruf des Verzichts **67** 1
– Wirkung des Verzichts **67** 7

Sachverzeichnis

fette Ziffern = §§

– Zurücknahme der Beschwerde **67** 8, 9
– – mehrere Beteiligte **67** 9
– Voraussetzungen **61** 3
Besorgnis der Befangenheit
Ablehnung durch Beteiligte **6** 20–23
Ablehnungsgrund **6** 22
Ablehnungsrecht **6** 21
Amtsrichter **6** 20
Anwendungsbereich **6** 1
– persönlich **6** 2
– sachliche **6** 1
Anfechtbarkeit **6** 29, 30
– bei Ablehnung **6** 30
– bei Stattgeben **6** 29
Dolmetscher **6** 2
Familiensachen **6** 1
Gerichtsvollzieher **6** 2
gesondertes Ablehnungsverfahren **6** 31
Mitentscheidung des abgelehnten Richters **6** 23
Offensichtliche Unzulässigkeit **6** 21
Richter, Rechtspfleger **6** 2
Selbstablehnung des Richters **6** 16–19
– Zuständigkeit **6** 17
– Stellungnahme der Beteiligten **6** 19
– unaufschiebbare Amtshandlungen **6** 18
– Entscheidungen **6** 19
Stellungnahme der Beteiligten **6** 22
Unaufschiebbare Amtshandlungen
– bei Ablehnung **6** 27
– bei Ausschließung **6** 28
Urkundsbeamter der Geschäftsstelle **6** 2
Verfahrenspfleger **6** 2
Verlust des Ablehnungsrechts **6** 24–26
– Fortwirkung **6** 26
Bestellungsurkunde 290
Bestimmung der örtlichen Zuständigkeit
Amtsgerichtliche Zweigstellen **5** 8
von Amts wegen **5** 17
Anfechtbarkeit **5** 23
– Rechtsweg **5** 4; **1** 18–21
– Spruchkörper **5** 4; **1** 22; **122** 11, 14
Anwendungsbereich **5** 1–4
Bindung nach vollzogener Abgabe **5** 18
eigenständige Verfahren **5** 3
Einleitung des Bestimmungsverfahrens **5** 16
Entscheidung des nächsthöheren gemeinsamen Gerichts **5** 20–23
– Zweckmäßigkeitsgründe **5** 21
– Wirkung **5** 21
nächsthöheres gemeinsames Gericht **5** 12
– in Bayern **5** 12
– in Rheinland-Pfalz **5** 12
negativer Kompetenzkonflikt **5** 8
positiver Kompetenzkonflikt **5** 8
Streit zwischen Gerichten **5** 8
Ungewissheit aus tatsächlichen Gründen **5** 7
Verfahren des vorlegenden Gerichts **5** 19
Verhinderung an der Ausübung des Richteramtes **3** 6

Voraussetzungen für die Bestimmung **5** 5, 7 aE, 9
widersprechende Entscheidungen **5** 9, 10
zuerst mit der Sache befasstes Gericht **5** 13, 14, 15
Beteiligte 7
Anhörungsrüge bei Nichthinzuziehung **7** 36, 37
Antrag auf Hinzuziehung **7** 32
in allen Instanzen **7** 33
nach Erlass Sachentscheidung **7** 34
bei Ablehnung Beschluss **7** 31
Antragsgegner **7** 4
Aufgebotssachen **433** 8
Ausschluss nach Rechtskraft **7** 35
– Beginn Rechtsmittelfrist **7** 35
– Eintritt der Rechtskraft **7** 35
Beeinträchtigung in einem Recht **7** 8
– Ausnahme: Nachlassverfahren **7** 9
Begriff **7** 1, 2
Benachrichtigung von antragsberechtigten Personen **7** 32
Beteiligung durch zwingende Hinzuziehung **7** 7–19
Beteiligung kraft Gesetzes **7** 3–6
Dispache **Vor 403** 2
Ermittlungspflicht des Gerichts **7** 7; 32
formlos **7** 31
gesetzliche Bestimmung **7** 10–19
– Abstammungssachen **7** 12
– Adoptionssachen **193** 3
– Behörden **7** 19
– Betreuungssachen und Unterbringungssachen **7** 16
– Freiheitsentziehungssachen **7** 17
– Gewaltschutzsachen **7** 14
– Versorgungsausgleichssachen **219** 3–8
– Wohnungszuweisungs- und Hausratssachen **7** 13
– weitere Angelegenheiten **7** 18
Hinzuziehung **7** 31
„Kann"-Beteiligte **7** 20–29
– Ablehnung der Hinzuziehung **7** 31
– Anzuhörende Personen **7** 40
– Begriff **7** 20
– – Betreuungssachen **7** 24
– – Freiheitsentziehungssachen **7** 25
– – Kindschaftssachen **7** 23
– – Unterbringungssachen **7** 25
– rechtliches Gehör **7** 27, 32
– Rechtsmittel **7** 31
– unterlassene Hinzuziehung **7** 34
– Frist **7** 35
– Verfahrenskostenhilfe **7** 29
– Voraussetzungen der Hinzuziehung **7** 26, 28
Nachlasssachen **345**
Registersachen **382** 10; **383** 2; **388** 14
Teilungssachen **363** 7
Testamentsvollstrecker **7** 5
unternehmensrechtliche Verfahren **402** 3

magere Ziffern = Randnummern **Sachverzeichnis**

Verfahrensbeistand 7 6
Verfahrenspfleger 7 6
Beteiligtenfähigkeit 8 2
Anwendungsbereich 8 1
Außengesellschaft 8 6
ausländische Gesellschaften 8 3
Begriff 8 1
Behörden 8 8
Erbengemeinschaft 8 7
Gewerkschaften 8 4
Jugendamt 8 9
juristische Personen 8 3
natürliche Personen 8 2
nicht rechtsfähige Personenvereinigungen 8 5
OHG, KG, Reederei 8 4
Politische Parteien 8 4
Vor-GmbH 8 5
Wohnungseigentümergemeinschaft 8 7
Betreuung Einl 81
Abgabe 273
– Anhörungen 273 8, 9
– Bestimmung bei Streit 273 10–12
– funktionelle Zuständigkeit 273 16, 17
– mehrere Betreuer 273 6
– perpetuatio fori 273 1
– Rechtsmittel 273 14
– Übernahmebereitschaft 273 7
– Umfang 273 13
– Voraussetzungen 273 2, 4, 5
– wichtige Gründe 273 4, 5
– Wirkung 273 13
Anhörung 278
– Angehörige 279 2
– Behörde 279 3
– Beteiligte 279 1
– Betroffener 278
– – Absehen 278 10
– – Beschwerdeverfahren 278 7
– – Betreuerauswahl 278 4
– – Hinzuziehung
– – – Person des Vertrauens 278 13
– – – Sachverständiger 278 12
– – internationale Rechtshilfe 278 6
– – übliche Umgebung 278 3
– – Unterbleiben 278 9
– – Verfahrenspfleger 278 15
– – Weigerung des Betroffenen 278 11
– gesetzlicher Vertreter 279 5
– nahe stehende Personen 279 4
Auswahl des Betreuers 291 3
– Antrag des Betroffenen 291 4, 5
– funktionelle Zuständigkeit 291 2
– Persönliche Betreuung 291 1
– – Behörde 291 2
– – Vereinsbetreuer 291 2
– Vorschläge des Betroffenen 291 3, 4
Beschwerdeberechtigung 303
– Ablehnung Entlassung Betreuer 303 5
– Behörde 303 2

– Betreuer 303 8
– – in eigenem Namen 303 10
– – mehrere 303 9
– Dritte 303 6
– nahe Angehörige 303 2
– Verfahrenspfleger 303 7
– Voraussetzungen 303 4
– Vorsorgebevollmächtigte 303 11
– – mehrere 303 12
Bestellung des Betreuers 286
– Beschlussformel 286 2, 3
– – Inhalt 286 2, 3
– – – Berufsbetreuer 286 5
– – – Einwilligungsvorbehalt 286 6
– – – Vereinsbetreuer 286 4
– Einheitsentscheidung 286 1
– – nachträgliche Aufspaltung 286 1
– Rechtsbehelfsbelehrung 286 7
– Zeitpunkt der Überprüfung 286 9
Bestellungsurkunde 290
– funktionelle Zuständigkeit 290 4
– Inhalt 290 1–3
Beteiligtenstellung 274 1
– Behörde 274 8
– Hinzuziehung 274 2, 4
– – Ermessen 274 3
– – zwingende Hinzuziehung 274 2, 4
– mehrere Betreuer 274 5
– Verfahrenspfleger 274 6
– Staatskasse 274 2, 4
Betreuer 271
– Anwendungsbereich 271 1
– Aufhebung 271 5, 6
– Bestellung 271 2
– – für Minderjährige 271 4
– Einwilligungsvorbehalt 271 3
– Entlassung 271 5; 296 1–3
– Genehmigungen 271 8
– – zur Unterbringung 271 9
– Bestellungsurkunde 290
– Verpflichtung 289 3
Betreuungsgerichte **Vorb v** 271–311 1
Betreuungsverfügung 285 1, 2
Einführungsgespräch 289 5, 6
Einlegung der Beschwerde durch Betroffenen 305
Einschränkung von Maßnahmen 294
– Nachholung der Begutachtung 294 2
– Zeitpunkt der Überprüfung 294 3
Einstweilige Anordnungen 300–302
– Anfechtbarkeit, Abänderbarkeit 302 6
– Anhörung 300 8
– – ersuchter Richter 300 8
– Anwendungsbereich 300 1, 2
– ärztliches Zeugnis 300 6
– Außerkrafttreten 302 3
– Auswahl des vorläufigen Betreuers 301 2
– Begründung 302 1
– Bekanntmachung 302 2
– Eintritt der Wirksamkeit 302 2 aE

1221

Sachverzeichnis

fette Ziffern = §§

- gesteigerte Dringlichkeit **301** 1
- örtliche Zuständigkeit **300** 4
- Verfahrenspfleger **300** 7, 8
- Voraussetzungen **300** 5
- vorläufiger Einwilligungsvorbehalt **302** 5

Entlassung des Betreuers **296**
- Anhörung des Betroffenen **296** 4
- Bestellung eines neuen Betreuers **296** 4
- Einverständnis des Betroffenen **296** 6
- Entlassungsgründe **296** 1, 2
- Widerspruch des Betroffenen **296** 3

Erforderlichkeit der Betreuung **Vorb v 271–311** 4

Erweiterung der Betreuung **293**
- Aufgabenkreis **293** 1, 2
- einwilligungsbedürftige Willenserklärungen **293** 3
- Ergänzungsbetreuer **293** 5
- erneute Verfahrenshandlungen **293** 6, 7
- Kontrollbetreuer **293** 5
- weitere Betreuer **293** 5

Funktionelle Zuständigkeit
- Rechtspfleger **272** 16
- Richter **272** 13, 14, 15
- – – Abgabe **272** 15
- – – Übernahme **272** 15
- Richter auf Probe **272** 18

Genehmigungen **298** 1, 6–7
- ärztliche Maßnahmen **298**
- – – Anhörungen **298** 2
- – – Verfahrenspfleger **298** 2
- – – Sachverständigengutachten **298** 5
- Rechtsgeschäfte **299** 1, 2
- Sterilisation **297** 10

Mitteilungen an Gerichte und Behörden **308** 1, 2
- Aktenkundigkeit **308** 8
- Erfüllung gesetzlicher Aufgaben **308** 3
- Gefahr für
- – – Betroffenen **308** 4
- – – Dritte **308** 5
- – – öffentliche Sicherheit **308** 6
- Güterabwägung **308** 3
- Rechtsgrundlage **309** 3
- Unterbringungssachen **310**
- Unterrichtung des Betroffenen **309** 4
- Verfolgung von Straftaten **311**
- Wählerverzeichnis **309**

örtliche Zuständigkeit **272**
- Amtsgericht Schöneberg **272** 7, 8
- Anhängigkeit einer Betreuung **272** 4
- Anknüpfungspunkte **272** 2
- Ausschließlichkeit **272** 2
- Bedürfnis der Fürsorge **272** 6
- Beschwerde **272** 12
- einstweilige Anordnungen **272** 3, 6
- gewöhnlicher Aufenthalt des Betroffenen **272** 5
- vorläufige Maßnahmen **272** 9
- Vorrang **272** 2
- Wegfall des Fürsorgebedürfnisses **272** 11

Person des Vertrauens **297** 4
- – sonstige Beteiligte **297** 7
- – – zuständige Behörde **297** 3
- Bekanntgabe an Betroffenen **297** 8
- – – Gründe **297** 9
- – Frist vor Durchführung **297** 11
- – Sachverständigengutachten **297** 8
- – Voraussetzungen **297** 1
- – Wirksamkeit der Genehmigung **297** 10

rechtliche Betreuung **Vorb v 271–311** 2–3

Sachverständigengutachten **280**
- Bestellung Betreuer **280** 1
- – – ärztliches Zeugnis **281** 1–2
- – Einwilligungsvorbehalt **280** 6
- – Gutachten des medizinischen Dienstes der Krankenversicherung **282** 1–2
- – Inhalt **280** 5
- – mehrere **280** 3
- – Prognose **280** 4
- – Qualifikation **280** 2

Staatskasse **307** 1, 2

Sterilisation **297**
- Anhörung des Betroffenen **297** 2
- – – ersuchter Richter **297** 3
- – Anhörung weiterer Personen **297** 7
- – – gesetzlicher Vertreter **297** 6

Unterbringung zur Begutachtung **284** 1
- – – Anfechtbarkeit **284** 5
- – – Dauer **284** 2
- – – Voraussetzungen **284** 1
- – – Zwang **284** 4
- – Vorführung zur Untersuchung **283** 1
- – – Anfechtbarkeit **283** 5
- – – Zwang **283** 2

Verfahrensfähigkeit **275**
- bei Betreuung **275** 2
- bei Einwilligungsvorbehalt **275** 3, 4
- gesetzlicher Vertreter **275** 2
- Verfahrenspfleger **275** 1

Verfahrenspfleger **276**
- Absehen von Bestellung **276** 7
- Anfechtbarkeit **276** 13–15
- Auswahl **276** 10
- mit Endentscheidung **276** 15
- Beendigung **276** 12
- Bestellung **276** 11
- Erforderlichkeit **276** 3, 4, 9
- Kosten **276** 16
- Stellung als Beteiligter **276** 1
- Sterilisation **276** 8
- Vergütung – siehe dort
- Voraussetzungen **276** 3
- zwingende Bestellung **276** 5, 6

Verlängerung von Maßnahmen **295**
- Betreuung **295** 1
- Einwilligungsvorbehalt **295** 1
- – – Auswahl Betreuer **295** 1
- – – erneutes Gutachten **295** 3
- Höchstdauer **295** 4

magere Ziffern = Randnummern

Sachverzeichnis

– Zeitpunkt der Überprüfung **295** 4
– – Beschlussformel **295** 14
Wirksamkeit Entscheidungen **287** 1, 3
– sofortige Wirksamkeit **287** 2, 3
Wirksamkeit von Rechtsgeschäften bei Aufhebung
– Betreuung **306** 4
– Einwilligungsvorbehalt **306** 4
– Teilaufhebung **306** 3
Betreuungsrecht, 3. Gesetz zur Änderung Einl 81
Betreuungsrechtliche Zuweisungssachen 340, 341
Anknüpfungspunkte **341** 1, 2
Anwendungsbereich **340** 1, 2
– Abwesende **340** 4
– gerichtliche Bestellung eines Vertreters **340** 7
– Pflegschaften für Erwachsene **340** 3–6
– Sammelvermögen **340** 6
– unbekannte Beteiligte **340** 5
funktionelle Zuständigkeit **341** 3
Kosten **341** 4
örtliche Zuständigkeit **341**
Sonstige Zuweisungssachen **341** 8
Beurkundung
Auseinandersetzungsverfahren **366** 9
Ausschlagung **Vor 343** 7
Dispache **406** 4
eidesstattl. Versicherung **Vor 343** 7
Nachlasssachen **Vor 343** 7
Zuständigkeit **Vor 343** 7
Beurkundungsgesetz
Geltung für den RPfl **Vor 343** 7
Geltung in Auseinandersetzungsverfahren **366** 9
Bevollmächtigte
Anwendungsbereich **10** 1
Ausnahmen vom Anwaltszwang **10** 16–21
– Behörden **10** 16–21
– Jugendamt **10** 18
– Umfang der Befreiung **10** 20, 21
Ausschluss der Vertretung
– bei Anordnung des persönlichen Erscheinens **10** 4
– bei höchstpersönlichen Erklärungen **10** 5
Beistand **10** 3
Fähigkeit Bevollmächtigter zu sein **10** 11
Fähigkeit zum geeigneten Vortrag **10** 13
Notwendige Vertretung **10** 14
vor dem BGH **10** 15
Notanwalt **10** 22
Rechtsanwälte aus EU-Staaten **10** 23
Vertretung durch **10** 2
Vertretungsbefugte Personen **10** 6–9
– Mitarbeiter **10** 7
– Notare **10** 9, 10
– unentgeltliche Prozessführung **10** 8
Zurückweisung von Bevollmächtigten **10** 12

Beweisaufnahme 30
von Amts wegen **30** 1, 38
Augenschein **30** 10
Beeidigung
– Beteiligte **30** 39
– Zeugen, Sachverständige **30** 40
– durch Rechtspfleger **30** 41
– Betreuungs- und Unterbringungsverfahren **30** 14
– Beweisantritt **30** 7, 8
Beweisbeschluss **30** 9
Ermessensentscheidung **30** 3
förmliche Beweisaufnahme **30** 1, 2
Formvorschriften **30** 23
freie Beweiswürdigung **30** 22
Grenzüberschreitende innerhalb der EU **30** 42–44
Gutachten des medizinischen Dienstes der Krankenversicherung **30** 33
Ordnungsmittel **30** 19
Parteiöffentlichkeit **30** 21
Protokollführer **30** 23, 24
rechtliches Gehör **30** 4; **37**
Rechtsmittel **30** 13
– Beweisanordnung **30** 13
– Erzwingung **30** 13
Sachverständiger **30** 30
– Ablehnung **30** 35
– Anfechtbarkeit **30** 36
– Betreuungsverfahren **30** 31; **280** 5
– Erzwingung **30** 32
– Unterbringungssachen **30** 31
Untersuchungen zur Feststellung der Abstammung **30** 11
– Erzwingung **30** 12
Unmittelbarkeit **30** 20
Urkundenbeweis **30** 25
– Vorlage **30** 29
– Durchsetzung **30** 29
Vorschriften der ZPO **30** 5–9
Zeugenbeweis **30** 15
Zeugnisfähigkeit **30** 15
– Kinder über 14 Jahre **30** 15
Zeugnisverweigerung **30** 16
– Beispiele **30** 17
– Entscheidung, Anfechtbarkeit **30** 18
Beweiserhebung 29
Amtsverschwiegenheit **29** 10
Art der Beweiserhebung **29** 1
Auskunftspersonen **29** 1
Auskunftsverweigerung **29** 11
Eingriffe in Grundrechte **29** 5
Erweisbarkeit bestimmter Tatsachen **29** 5
Freibeweis **29** 2
förmliche Beweisaufnahme **29** 2, 4, 5; **30**
formlose Ermittlungen **29** 3
Niederlegung des Ergebnisses **29** 14
Strengbeweis **29** 2, 4, 5
Umfang der Beweiserhebung **29** 1
Verfahrensfragen **29** 3
Zeugnisverweigerung **29** 11, 12

1223

Sachverzeichnis

fette Ziffern = §§

Beweisvereitelung 26 5
Bezirksrevisor
Vertretungsberechtigung 10 16
Bindung
Rechtskraft 45 1; 2 ff, 7 ff
Rechtsbeschwerdegericht an Sachverhaltsfeststellung 72 7, 8
Zulassung 70 16
Zurückverweisung 74 12
Zuständigkeitsbestimmung 5 21, 22
Bindungswirkung Namensbestimmung
Vorb v 186–199 17
Börsengesetz
und unternehmensrechtliche Verfahren
375 50
Brüssel II a-VO Einl 58; 109 4, 14–24
Bücher
Einsicht 375 23
Verwahrung 375 8, 23, 30, 34
Vorlegung 375 10
Darlegungslast 26 2
Daten, Behandlung Einl 33 309–312
Dritter 308 7
Mitteilung 308 2–6
Rechtsgrundlage 309 3
Unterrichtung 308 7; 309 4
Zweckbestimmung 308 3; 309 2
Deutsche Sprache Gerichtssprache GVG
21–23
Deutsche im Ausland 99 8, 9; 104 8–21
Dispache s a Dispacheur
Ablehnung des Antrages 406 4
Antrag 403 2; 405 2
Antragsberechtigung 405 2
Antragsverbindung 405 3
Begriff **Vor** 403 4
Beschwerde 403 2; 408
Beschwerdeberechtigung 408 2
Beschwerdegründe 408 2
Bestätigungsbeschluss 406 4; 407 2
Bestellung eines Dispacheurs **Vor** 403 5
Beteiligte **Vor** 403 2
Beurkundung 406 4
keine Einigung 406 4
Einsicht 404 2
große Haverei **Vor** 403 4
Herausgabe der Papiere 404 1; 406 5
Klageerhebung 407 3
Klagefrist 407 3
Ladung 405 3
Nichterscheinen 406 3
Terminbestimmung 405 3
Verfahren 405 3; 406 2
Verhandlung 406 2
Vollstreckung 409 3
Widerspruch 406 3
Widerspruchseinlegung 406 3
Widerspruchsanerkennung 406 3
Wirksamkeit des Bestätigungsbeschlusses
409 2
Zuständigkeit 377 4

Zwangsgeldverfahren bei Herausgabe 404 1
Dispacheur
Ablehnung 403 1
Aushändigung der Papiere 405 5
Begriff **Vor** 403 4
Beschwerde 403 3
Bestellung **Vor** 403 5
Einsichtgewährung 404 2
Stellung 403 1
Dispositionsbefugnis 36 1–8
Dokumente, elektronische 14 2, 3
doppelrelevante Tatsachen 29 3
Dritte
wirksam gewordene Entscheidungen 40 13,
14; 41 8
EGBGB
entspr. Anwendung 485
Ehegesetz Einl 39
Ehelicherklärung Einl 36
Ehename Einl 65
Bestimmung 151 16 ff
Ehesachen
Abgabe 122 10–12
– Bindung 122 10
– an Gericht der Ehesache 123 1
– – Vorrang der Scheidungssache 123 2–3
– – – mehrere Ehesachen 123 2, 4
– – – mehrere Scheidungssachen 123 3
– Familiensachen an Gericht der Ehesache
123 5
– – Güterrechtssachen 123 10
– – Kindschaftssachen 123 6
– – sonstige Familiensachen 123 11
– – Unterhaltssachen 123 9
– – Versorgungsausgleichssachen 123 8
– – Wohnungszuweisungs- und Hausratssachen 123 7
– Verfahren bei Abgabe 123 12
– Verfahrenskostenhilfe 123 15
– Verhältnis Verfahren bei Aufhebung und
Scheidung 123 2
Abweisungsantrag des Antragsgegners
124 1–6
– Anhängigkeit der Ehesache 124 4
– Antragsschrift 124 2, 3
– – Bedeutung 124 2
– – Antragsverfahren 124 1
– – Anwendungsbereich 124 1
– Bedeutung 124 6
– Notwendigkeit 124 6
– Rechtshängigkeit der Ehesache 124 5
– Sachantrag 124 3
Amtsermittlungsgrundsatz 127 1–6
– Berücksichtigung von nicht vorgetragenen
Tatsachen 127 3
– – ehevernichtende 127 3
– – Härteklausel 127 4, 5
Anwendungsbereich 121 1–4
– Aufhebung der Ehe 121 1, 2
– Ausnahme: Herstellung des ehelichen
Lebens 121 1, 3

magere Ziffern = Randnummern

Sachverzeichnis

– Feststellung des Bestehens oder Nichtbestehens **121** 1, 3
Aufhebung der Ehe **129** 1–5
– Anwendungsbereich **129** 1
– Beteiligtenstellung **129** 5 aE
– Mitwirkung Dritter **129** 2
– – Antragsberechtigung **129** 3
– Mitwirkung Verwaltungsbehörde **129** 2
– – Antragsberechtigung **129** 2
– Unterrichtung über Aufhebungsantrag **129** 5
Ausbleiben eines Ehegatten **128** 8
– Ordnungsgeld **128** 8
– Zwangsweise Vorführung **128** 8
– – Anfechtbarkeit **128** 8
Begriff **121** 1
Bestimmung der örtlichen Zuständigkeit **122** 13–16
– Spruchkörper **122** 14
– Vorschriften der ZPO **122** 15, 16
einheitliche Endentscheidung **130** 5
Einschränkung **127** 2, 6
– Aufhebung der Ehe **127** 2
– Scheidung **127** 2
– Interesse Minderjähriger **127** 6
Einspruch **130** 2
ersuchter Richter **128** 7
Feststellung des Bestehens oder Nichtbestehens der Ehe **129** 6
– Verfahrensvorschriften über Aufhebung der Ehe **129** 6
– örtliche Zuständigkeit **122** 2
– – Amtsgericht Schöneberg **122** 7
– – gewöhnlicher Aufenthalt **122** 3–6
– – – Antragsgegner **122** 6
– – – Antragsteller **122** 6
– – – gemeinschaftliche minderjährige Kinder **122** 3, 4
– – – letzter gemeinsamer der Ehepartner **122** 5
– – – mehrere gewöhnliche Aufenthalte **122** 6
– perpetuatio fori **122** 8
– Rechtsmittelinstanz **122** 8
getrennte Anhörung **128** 3
Hinweis auf Beratung **128** 6
Persönliche Anhörung **128** 2–8
– zur elterlichen Sorge **128** 5
– zum Umfang **128** 6
Persönliches Erscheinen **128** 1
– Sonderregelung gegenüber ZPO **128** 1
Rücknahmefiktion **130** 1
Säumnis **130** 7
– Antragsgegner **130** 4
– Antragsteller **130** 1
– beide Ehegatten **130** 7
Tod einer Partei **131** 1–5
– Anwendungsbereich **131** 1
– Kostenentscheidung **131** 5

– Rechtsfolgen **131** 2
– – nach Erlass Endentscheidung **131** 4
– – nach Rechtshängigkeit **131** 3
Verbindung **126** 1–3
– Anwendungsbereich **126** 1
– mit Ehesachen **126** 2
– mit sonstigen Verfahren **126** 3
Verfahren **129** 4
– Kostenverteilung bei erfolgreichem Antrag **132** 1
– – Anwendungsbereich **132** 1
– – Aufhebung auf Antrag eines Ehegatten **132** 2
– – – billiges Ermessen **132** 3, 4
– – Aufhebung auf Antrag Verwaltungsbehörde **132** 2
Verfahrensfähigkeit **125** 1–6
– Anwendungsbereich **125** 1
– beschränkte Geschäftsfähigkeit **125** 2
– Geschäftsunfähigkeit **125** 3
– – Betreuer **125** 4
– Pfleger **125** 4
– gesetzlicher Vertreter **125** 5
– Genehmigung des Familiengerichts **125** 6
Vernehmung als Beteiligte **128** 4
Versäumnisurteil **130** 1–7
– Beschwerdeinstanz **130** 3
– – Antragsgegner als Beschwerdeführer **130** 6
Eheverbot, Befreiung **101** 7–11
Ehewohnung s „Wohnungszuweisungs- und Haushaltssachen"
Eidesstattliche Versicherung
Abgabe bei Zwangsvollstreckung **94** 1, 2
Ablieferung von Verfügungen von Todes wegen **358** 5
Aufgebot **444** 1; **450** 2; **470** 2
Auskunftserteilung **410** 1
– freiwillige **410** 3
– persönliches Erscheinen **413**
– Klage auf Abgabe einer – **410** 3
– Kosten **410** 5
Beurkundung **Vor 343** 7
Entgegennahme **Vor 343** 6
des Erben zur Inventarerrichtung **361** 1
Erbscheinsverfahren **352** 7, 9
Mittel der Glaubhaftmachung **31** 1
Rechenschaftsablegung **410** 1
Terminsbestimmung **361** 3
wiederholte Abgabe **361** 4
Einbenennung 151 26–28
Ersetzung der Einwilligung **151** 27
Einführungsgespräch Betreuer **289** 5, 6
Einheitsentscheidung in Betreuungssachen **286** 1
Einlegung der Beschwerde **64**
– Form **64** 3–6
– – Beschwerdeschrift **64** 4
– – elektronisches Dokument **64** 6

1225

Sachverzeichnis

fette Ziffern = §§

– – zu Protokoll **64** 5
– zuständiges Gericht **64** 1
– – in Unterbringungssachen **64** 2; **305**
Einlegung der Rechtsbeschwerde 71 1–5
Einsicht
eröffnete Verfügung von Todes wegen **357** 5
in Nachlasssachen **357** 4
Recht auf – **357** 5
Register **385** 1
Verwahrte Verfügungen von Todes wegen **346** 18
Einsicht in Gerichtsakten siehe Akteneinsicht
Einspruch
Aufhebung auf – **390** 5; **392** 8
Begründetheit **390** 5
Entscheidung nach Lage der Sache **390** 4
Fehlen des – **389** 3
Terminsbestimmung **390** 3
Verfahren **388** 22; **390** 1
Versäumnisverfahren **390** 4
Verwerfung **390** 6
– Beschwerdegründe **391** 4
– Beschwerdeverfahren **391** 5
wiederholte Androhung **390** 6
Wiedereinsetzung **390** 12
Zwangsgeldfestsetzung **388** 20
– Änderung **390** 10
– Beschwerdegründe **391** 4
– Beschwerdeverfahren **391** 5
Zwangsgeldverfahren **388** 21
Einstweilige Anordnung 49–57
Anfechtbarkeit **57**
– kein Ausschluss **57** 3
– – Unterbringung Minderjähriger **57** 3; **167** 2
– Beschwerde **57** 8
– Frist **57** 8
– Greifbare Gesetzwidrigkeit **57** 7
– Grundsatz der Unanfechtbarkeit **57** 1, 2
– – in Familiensachen **57** 1, 2
– – – Ausnahmen **57** 4
– – Umgangssachen **57** 6
Aufhebung, Änderung **54**
– von Amts wegen **54** 1, 3
– auf Antrag **54** 2
– – ohne Änderung der Sach- und Rechtslage **54** 2
– – Rechtsschutzbedürfnis **54** 2
– Familiensachen **54** 4
– mündliche Verhandlung **54** 4
– Vorrang des Rechtsmittels **54** 6
– Zuständigkeit **54** 5
Außer-Kraft-Treten **56**
– anderweitige Regelung **56** 2
– Beendigung der Hauptsache **56** 3
– Unterhaltssachen **56** 3; **248** 8
Befristung **56** 1
– Beschluss über Beendigung **56** 3

Begründung des Antrags **51**
– in Amtsverfahren **51** 2
– in Antragsverfahren **51** 3
– – Beispiele **51** 3
Einleitung des Hauptverfahrens **52**
– von Amts wegen **52** 1
– auf Antrag **52** 2, 3
– – in Amtsverfahren **52** 2
– in Antragsverfahren **52** 3
Einleitung des Verfahrens **51** 1
– von Amts wegen **51** 1, 2
– auf Antrag **51** 1, 3
Erforderlichkeit **49** 4–6
Fristsetzung zur Einleitung **52** 3
– vor Zulässigkeit Antrag **52** 2
Glaubhaftmachung **51** 2, 3
Kosten **51** 6
Notwendigkeit der Einleitung des Hauptverfahrens **49** 7
Verfahren **51** 4
– Absehen von einzelnen Verfahrenshandlungen **51** 5
– Gang des Verfahrens **51** 4
– mündliche Verhandlung **51** 4
Vollstreckung **55**
– Aussetzung **55** 1
– Beschränkung **55** 2
– Unanfechtbarkeit der Entscheidung **55** 2
Vollstreckungsklausel **53**
Vollstreckung vor Zustellung **53** 2
– Wirksamkeit mit Erlass **53** 3
Zuständigkeit **50**
– Anhängigkeit der Hauptsache **50** 3
– Bedürfnis der Fürsorge **50** 5
– besonders dringende Fälle **50** 4
– Eilgericht **50** 6
– – Abgabe an zuständiges Gericht **50** 6
– Internationale Zuständigkeit **50** 8
– – erweiterte in der EU **50** 8
– örtliche **50** 2
– Rechtsmittelinstanz **50** 3, 7
– sachliche **50** 1
– Sondervorschriften **49** 7 aE
Einstweilige Anordnungen
– des Beschwerdegerichts **64** 13–17
– – Sondervorschriften **64** 18
– des Rechtsbeschwerdegerichts **64** 12; **74** 15
Eintragung im Register
Anfechtung einer Eintragungsverfügung **383** 6
Anmeldung (siehe dort)
Aussetzung **381** 8
– Beschwerde **381** 14
– Ermessen **381** 11
– Fristsetzung für Klage **381** 13
– Rechtsstreit **381** 10
– Rechtsverhältnis **381** 9
– wichtiger Grund **381** 9
Bedeutung **382** 2
Bekanntmachung **383** 2

magere Ziffern = Randnummern **Sachverzeichnis**

Beschwerde gegen – **384** 3
Beteiligter **383** 2
Datierung **382** 12
deklaratorische **382** 2
elektronische Register **374** 2
Entscheidung **382** 11
Erhaltung der – **383** 4; **395** 1
Fassungsbeschwerde **383** 5
fehlerhafter Beschluss **Vor 397** 2
fehlerhafte Gesellschaft **Vor 397** 1
Form **382** 12
Funktion **374** 5
Gebühren **374** 17
Genehmigungen **381** 3
Haftungsbeschränkung **382** 2
konstitutive **382** 2
Löschung einer Firma (siehe dort)
Löschung unzulässiger Eintragungen (siehe dort)
Prüfungspflicht **381** 2
Publizität **382** 2
Unterzeichnung **382** 12
Verein **382** 7
Verfahren **382** 3
Verjährung **382** 2
Veröffentlichung **382** 3
von Amts wegen vorzunehmende **384** 1
Voraussetzungen **382** 4, 14
Wirksamkeit **382** 13
Wirkungen **382** 2
Zwischenverfügung **382** 15
Zuständigkeit
– funktionelle **376** 3
– örtlich **377** 1
– sachlich **376** 2, 11
Einwilligungsfähigkeit 271 3; **280** 6
Einzelrichter 68 8–13
Vorsitzender der Kammer für Handelssachen **68** 12–15
Zulassung der Rechtsbechwerde **68** 11–13; **70** 2, 3
Einziehung des Erbscheins
Beschwerde **353** 3, 5
Beteiligter **353** 2
Kosten **353** 6, 7
Voraussetzungen **353** 1
Zuständigkeit **353** 2
Elektronische Aktenbearbeitung 14
Abschriften **14** 5
Angelegenheiten der freiwilligen Gerichtsbarkeit **14** 1
Ausfertigungen **14** 5
Auszüge **14** 5
Ehesachen **14** 1
elektronisches Dokument **14** 2
Familienstreitsachen **14** 1
Gerichtliches elektronisches Dokument **14** 3
Gesetzliche Grundlagen **14** 1
Zeitpunkt der Einführung **14** 4
Elektronische Datenverarbeitung 14 1

Elektronische Dokumente 14 2, 3; **23** 14
Elektronische Signatur 14 3
Elektronisches Register 374 2
Elektronisches Übermittlungsverfahren 229
Entlassung des Betreuers 296
Anfechtbarkeit **303** 8–10
Gründe **296** 2
neue Betreuer **296** 4, 5
Entlassung der Rechtspflege Einl 24
Endentscheidung 38
Beschluss **38**
Begründung **38** 5
– Absehen von **38** 6
– Ausland **38** 8
– Ehesachen **38** 7
Erlass **38** 4
– mündlich **38** 4
– schriftlich **38** 4
Form **38** 1
Grundlage der Entscheidung **37**
Inhalt **38** 3
Rechtliches Gehör **37** 2
– Akteneinhalt **37** 2
– Anhörungsrüge **37** 17
– Parteiöffentlichkeit **37** 3
– Umfang der Ermittlungen **37** 1
Nebenentscheidungen **38** 2
Zwischenentscheidungen **38** 2
Entziehung der elterlichen Sorge 157 2, 4
– Akteneinsicht **13** 9
– Teilbereiche **157** 4
Erbe
Beschwerderecht **59** 24–26
Vergütung Betreuungsverfahren **168** 22, 23
Versorgungsausgleich **Vorb v 217– 229** 13; **219** 8; **224** 12, 13
Erbenermittlung 342 6
Erbe
als Beteiligter **345** 6
Erbrecht
Gesetz zur Änderung des Erb- und Verjährungsrechts **Einl 85**
des Fiskus **342** 7
Nachlassauseinandersetzung (siehe dort)
Erbrechtsgleichstellungsgesetz Einl 37
Erbschein
Abschriftenerteilung **357** 7
Akteneinsicht **357** 4, 5
Anspruch auf Ausfertigung **357** 1
Antrag **352** 7
– Antragsberechtigung **352** 8
– Bindung an den – **352** 21
– Begründetheit **352** 20
– Form **352** 7
– Nachweise **352** 9
– Zulässigkeit **352** 19
Arten **352** 4
Berichtigung **353** 1
Beschwerde **352** 32
Beteiligte **345** 4; **352** 6

1227

Sachverzeichnis

fette Ziffern = §§

Beweiserhebung **352** 12
eidesstattl. Versicherung **352** 9
Einziehung s dort
Entscheidung **352** 17
Erteilung **352** 30
Erteilungsvoraussetzungen **352** 7
Feststellung der Tatsachen **352** 17
– Beschluss **352** 26
– Beweislast **352** 22
Gebühren für Ausfertigung **357** 12
gegenständlich beschränkter **352** 4
Inhalt **352** 3
Kosten **352** 33
Kraftloserklärung s dort
Rechtsmittel **352** 31
Verfahren **352** 11
– Ablehnung des Antrages **352** 25
– Anhörung **352** 14
– Beschluss **352** 26
– erklärter Wille **352** 27
– Sachverhaltsermittlung **352** 12
Zuständigkeit **352** 5
Erbteil
Ehegatten **363** 7
Erwerber **363** 2, 7
Nacherbe **363** 7
Nießbrauch **363** 2, 7
Pfandrecht **363** 2, 7
TestVollstr **363** 2, 7
Erbvertrag
Ablieferung **358** 3
Benachrichtigung **347** 7
Eröffnung **349** 1
Eröffnungsfrist **351** 1
Verwahrung **344** 4, 8; **346** 2; **349** 8
Ergänzung eines Beschlusses 43
Voraussetzungen **43**
Verfahren **43**
Ergänzungspfleger 9 5, 10; **158** 1
Abstammung **174** 4; **172** 2
Adoption **191** 1
Zustimmung zum Vergleich **156** 10
Erinnerung
gegen Entscheidungen des Rechtspflegers **58** 23–25; **85** 3–6
gegen Vollstreckungsklausel **86** 15
Erklärungen
Begriff **25** 1–3
Form **25** 4–6
fremde Sprache **GVG** 21–23
notarielle **25** 2, 3
gegenüber unzuständigem Gericht **25** 7
Erlass der Entscheidung **38** 1–4
Beginn der Beschwerdefrist **62** 2–8
mündlich **38** 5
schriftlich **38** 4
Erledigung in der Hauptsache 22 9
in Amtsverfahren **22** 14
– Feststellung der Erledigung **22** 14, 15
in Antragsverfahren **22** 9
– Bindung des Gerichts **22** 10

– einseitige Erledigungserklärung **22** 9
– Feststellung der Erledigung **22** 10, 11, 12
Freiheitsentziehung **22** 13
– Feststellung der Rechtswidrigkeit **22** 13
übereinstimmende Erledigungserklärungen **22** 9
Ermächtigungen
Benachrichtigung in Nachlasssachen **347** 9
Datenübermittlung **387** 2
Datenverarbeitung **387** 6
Genossenschaftsregisterverordnung **387** 3
Handelsregisterverordnung **387** 3
Mitwirkung berufsständischer Organe **387** 4
Partnerschaftsregisterverordnung **387** 3
Vereinsregisterverordnung **387** 5
Zuständigkeit **376** 12
Ermittlungen von Amts wegen
siehe Amtsermittlung
Eröffnung
Auslandsberührung **348** 24
Bekanntgabe **348** 16
– Entbehrlichkeit **348** 21
– Inhalt **348** 20
– Pflicht **348** 17
– Verzicht **348** 21
Beteiligte **348** 9; **349** 7
Erbvertrag **349** 1
Eröffnungsverhandlung **348** 12
– stille Eröffnung **348** 13
– Terminsbestimmung **348** 14
Gebühren **348** 25
gemeinschaftliches Testament **349** 1
Gegenstand der – **348** 4
Frist s nachstehendes Stichwort
Pflicht zur – **348** 4; **351** 5
Rechtsbehelfe **348** 24; **349** 11; **350** 7
Trennbarkeit **349** 3
Verfahren **348** 11; **350** 3
Zuständigkeit **348** 3; **350** 2
Eröffnungsfrist 351 1
Ermittlungspflicht **351** 6
Eröffnungspflicht **351** 7
Fristberechnung **351** 5
Erörterungstermin 32 1, 2
Bestimmung **32** 4, 5
Bild- und Tonbandübertragung **32** 7
Ladungsfrist **32** 6
pflichtgemäßes Ermessen **32** 3
Videokonferenz **32** 8
Ersatzzustellung 15 8
Postagentur **15** 8
Unterbringung **15** 8
zwingende Formvorschriften **15** 9
Erscheinen, persönliches **32**
Ausschluss der Vertretung **10** 4, 5
ERVGBG 8 6
EuBVO Einl 57; **30** 42–44
EuGVVO 100 5; **102** 2
Euro Gesetz zur Einführung **Einl** 53
Europäische Übereinkommen 99 15 ff
Europäische Rechtsanwälte 10 23

1228

magere Ziffern = Randnummern

Sachverzeichnis

Europäischer Vollstreckungstitel
Kostenfestsetzungsbeschluss **85** 2
Verordnungsgeldbeschluss **95** 2
Europäische Union
Beweisaufnahme **Einl** 57
Brüssel II a **Einl** 58; **98** 11 ff
EuGVVO **100** 5; **102** 2
Prozesskostenhilfe **Einl** 62
Zustellungen **Einl** 47
FamFG Einl 76, 83
FamGKG Einl 77; **80** 3
Familienstreitsachen 112–120
Anwendungsbereich **112** 1–4
– Güterrechtssachen **112** 3–8
– sonstige Familiensachen **112** 9
– Unterhaltssachen **112** 6, 7
**Familienstreitsachen und Ehesachen
113** 3, 4
Anpassung der Terminologie **113** 2
Anwendbare Vorschriften **113** 1
– Akteneinsicht **113** 8
– Ausschließung, Ablehnung Gerichtspersonen **113** 6
– Aussetzung **113** 12
– Bekanntgabe **113** 9, 16
– Berichtigung **113** 16
– Ergänzung **113** 16
– Fristen **113** 10
– Grundlage der Entscheidung **113** 15
– Mahnverfahren **113** 25
– örtliche Zuständigkeit **113** 5
– Parteifähigkeit **113** 7
– Prozessfähigkeit **113** 7
– Rechtskraftzeugnis **113** 16
– Urkunden- und Wechselprozess **113** 24
– Verbindung, Trennung **113** 12
– Vergleich **113** 14
– Vertretung, anwaltliche **113** 7
– Wiederaufnahme **113** 16; **118**
– Wiedereinsetzung **113** 11
– Wirksamwerden **113** 16
– Zwangsmittel zur Durchsetzung verfahrensleitender Anordnungen **113** 13
Anwendbare Vorschriften des FamFG
– Arrest **113** 21
– Beschwerde **113** 22
– Entscheidungsform **113** 19
– Rechtsbehelfsbelehrung **113** 19
– Rechtsbeschwerde **113** 23
– – Ausnahmen: **113** 26, 29, 30
– Kostenregelung **113** 17
– Terminsverlegung in Gerichtsferien **113** 18
– Verfahrenskostenhilfe **113** 17
– Zwangsvollstreckung **113** 17
Ausnahmen: **114** 7–11
– Antrag auf Abtrennung **114** 11
– einstweilige Anordnung **114** 8
– Jugendamt als Beistand **114** 9
– vereinfachtes Verfahren **114** 13
– Versorgungsausgleich **114** 14
– Zustimmung zur Scheidung **114** 10

Beschwerde
– Begründung **117** 2
– – Frist zur Begründung **117** 4
– – Verlängerung **117** 5
– – Sachantrag **117** 3
Bindung an Beschwerdeanträge **117** 9
Frist zur Einlegung der Anschlussbeschwerde
117 8
Glaubhaftmachung **120** 4
– nicht zu ersetzender Nachteil **120** 3
– in Unterhaltssachen bei Anordnung der sofortigen Wirksamkeit **120** 4
nicht vollstreckbare Entscheidungen **120** 5
notwendige anwaltliche Vertretung **114**
1–11
– Beiordnung **114** 16
– Bundesgerichtshof **114** 4–6
– Behörden **114** 6
– – Ausnahme **114** 6
– juristische Personen des öffentlichen Rechts **114** 5
notwendige Vertretung **114** 2
– Ehe- und Folgesachen **114** 2
– – Dritte **114** 3
– selbständige Familiensachen **114** 1
– – Antrag auf Abtrennung **114** 11
– – einstweilige Anordnung **114** 8
– – Jugendamt als Beistand **114** 9
– – vereinfachtes Verfahren **114** 13
– – Versorgungsausgleich **114** 14
– – Zustimmung zur Scheidung **114** 18
Rechtsmittel in Ehe- und Familienstreitsachen **117**
Sonderregelung in Ehesachen **117** 17; **146**
Unzulässige Teilentscheidung **117** 18
Unzulässigkeit der Beschwerde **117** 6
– der Rechtsbeschwerde **117** 7
– Zurückverweisung **117** 10
– – wesentlicher Verfahrensmangel **117** 11
Verkündete Entscheidungen **117** 32
– Begründung zur Niederschrift **117** 22
Versäumnisverfahren **117** 19
– in Ehesachen **117** 20; **130**
Vollmacht – **114** 15, 16
– Prüfung **114** 15
– Umfang **114** 15
Vorschriften der ZPO **120** 1
– Abweichungen **120** 2
– Einstellung der Zwangsvollstreckung **120** 2
– Anwendungsbereich **120** 3
Wiederaufnahme **117** 23
Wirksamwerden **113** 16
Zurückweisung von Angriffs- und Verteidigungsmitteln **115** 1–5
Zwangsmittel zur Durchsetzung verfahrensleitender Anordnungen **113** 13
Zwangsvollstreckung **120** 1–5
Fassungsbeschwerde 383 5
FGG-Reformgesetz Einl 76, 83
Finanzbehörden
Auskunftspflicht **379** 3

Sachverzeichnis

fette Ziffern = §§

Finanzholdingsgesellschaften 375 40
Firma
Anmeldungszwang **388** 2, 6; **392** 3
Definition **392** 1
Erlöschen **393** 1
Gebrauch **392** 2
Löschung s dort
unbefugter Gebrauch **392** 1
– Aufforderung **392** 6
– Einleitung des Verfahrens **392** 5
– Ordnungsgeldfestsetzung **392** 7
unzulässige Anmeldung **388** 16
Folgesachen 137 1, 3–9; **98** 6
– abgetrennte **137** 11, 12; **98** 6
– Verbund **137** 1; **98** 6, 7, 14
**Form der Anträge und Erklärungen
25** 1–3
Antrag **25** 1
Beurkundung **25** 2, 3
elektronische Dokumente **25** 6
Erklärung **25** 1
zu Protokoll der Geschäftsstelle **25** 4
Schriftform **25** 5
Sonderregelung **25** 8
– Einlegung der Beschwerde **64** 5
– für den Untergebrachten **305, 336**
Zuständiges Gericht
– für schriftliche Erklärung **25** 7
Erklärung zu Protokoll **25** 7
Formelle Rechtskraft 45
Bindung **45** 10
Eintritt der **45** 2, 3
feststellende Entscheidungen **45** 8, 9
materielle Rechtskraft **45** 1, 7, 8, 9
– einer verfahrensrechtlichen Entscheidung
45 10
mehrere Beteiligte **45** 4
Teilrechtskraft **45** 1
Voraussetzung der Wirksamkeit **45** 6
Unanfechtbare Entscheidungen **45** 5
Fortdauer der Zuständigkeit 2 10–12
Ehesachen **122** 8
internationale **2** 12; **99** 3
Freiheitsentziehung
Anhörung Betroffener **420** 1–3
– Absehen von **420** 4
– – unverzügliche Nachholung **420** 4
– Beschwerdeverfahren **420** 5
– Dolmetscher **420** 6
– Vorrang vor behördlichen Sachzwängen
420 2
Anhörung Sachverständiger **420** 11
– mündliche Erstattung des Gutachtens
420 2
– Zulässigkeitsvoraussetzungen
420 13
Anhörung sonstiger Beteiligter **420** 9
– Person des Vertrauerns **420** 9
– Unterbleiben **420** 10
Anwendungsbereich **415** 1
– Begriff **415** 8

– – Abgrenzung zur Freiheitsbeschränkung
415 9
– Bundesrecht **415** 1
– – Abschiebehaft **415** 2
– Ausnahmen **415** 6
– Bundespolizeigesetz **415** 2
– Infektionsschutz **415** 2
– Landesrecht **415** 3
– – Polizeigesetze **415** 3
– – Bayern **415** 5
– – Nordrhein-Westfalen **415** 4
Aufhebung **426** 1
von Amts wegen **426** 2
auf Antrag **426** 4
Voraussetzungen **426** 1
Aussetzung der Vollziehung **424** 1
– Anhörung **424** 5
– – Leiter der Einrichtung **424** 5
– – Verwaltungsbehörde **424** 5
– Anfechtbarkeit **424** 6
Befristung **424** 3
Voraussetzungen **424** 2
Widerruf **424** 4
Befristung **425**
– Behandlungsdauer **425** 4
– Dauer **425**
– – Abschiebehaft **425** 5, 6
– – Ingewahrsamnahme durch Behörde
425 12, 14
– – Sicherungshaft **425** 7
– – unmittelbar bevorstehende Straftat
425 16
– – Durchsetzung Verlassenspflicht **425** 10
– Fristbeginn **425** 17
– Höchstdauer **425** 2
– Minderjährige **425** 9
Beteiligte **418**
– kraft Gesetzes **418** 2
– aus ideellem Interesse **418** 5
– Hinzuziehung **418** 7
– – zwingende **418** 4
– Verfahrenspfleger **418** 3
– Zurückweisung **418** 7
Einleitung des Verfahrens **417** 1
– Antrag **417** 2, 12
– Antragsberechtigung **417** 3
– – örtliche Zuständigkeit **417** 4
– Begründung des Antrags **417** 5, 6
– formelle Voraussetzungen **417** 5
– notwendiger Inhalt **417** 7, 8, 9
– Übersendung der Akten durch Behörde
417 10
– Verfahren auf Feststellung der Rechts-
widrigkeit **417** 11
– – Bayern **417** 2
Einstweilige Anordnungen **427** 1
– Anfechtbarkeit **427** 14
– Beschwerdeberechtigung **427** 16
– Antrag **427** 2
– Außerkrafttreten **427** 4
– Bekanntmachung **427** 13

magere Ziffern = Randnummern

Sachverzeichnis

– dringendes Bedürfnis **427** 6
– Einleitung des Hauptverfahrens **427** 3
– Feststellung der Rechtswidrigkeit **427** 5
– gesteigerte Dringlichkeit **427** 11
– Voraussetzungen **427** 5, 6, 7
– – dringendes Bedürfnis **427** 6
– – gesteigerte Dringlichkeit **427** 11
– – vorherige richterliche Entscheidung **427** 7
– – – Ausnahme: AufenthG **427** 8
– Verfahren **427** 9
– Wirksamkeit **427** 13
Ende der Freiheitsentziehung **425** 18
– Entlassung **425** 19
– Sicherstellung der Entlassung **425** 19
Entscheidung **421**
– Begründung **421** 7
– – Beginn der Beschwerdefrist **421** 7
– Bekanntgabe **423** 1
– – Absehen von **423** 2
– – Entscheidungstenor **423** 2
– Beschlussformel **421** 4, 5, 6
– – Bezeichnung der Maßnahme **421** 5
– – Zeitpunkt der Beendigung **421** 6
– Datum des Erlasses **421** 2
– Inhalt **421** 2
– Übersetzung **421** 3
– Wirksamkeit **422** 1
– – ablehnende Entscheidungen **422** 1
– – einstweilige Anordnungen **422** 3
– – Maßnahmen des Beschwerdegerichts **422** 4
– Rechtskraft **422** 1
– sofortige Wirksamkeit **422** 2
Erscheinen, persönliches **420** 7
– Ordnungsmittel **420** 7
– Vorführung **420** 7
– Unterbleiben **420** 8
– – Nachholung **420** 8
Kosten **430** 1
– erfolgloses Rechtsmittel **430** 3
– Erstattung der Auslagen **430** 1
– Gerichtskosten **430** 6
– unterbliebener Antrag auf Aufhebung **430** 5
– Voraussetzungen **430** 4
– Verwaltungsbehörde **430** 2
Mitteilung von Entscheidungen **431** 1
– Aktenkundigkeit **431** 5
– Unterrichtung des Betroffenen **431** 5
– – Nachholung **431** 4
– – Unterbleiben **431** 3
Verfahrenspfleger **419**
– Absehen von Bestellung **419** 6
– – Begründung **419** 6
– Anfechtbarkeit **419** 10
– Aufhebung **419** 8
– Beendigung **419** 8, 9
– Kosten **419** 11
– Unterbleiben **419** 7
– Voraussetzungen **419** 1, 2, 5

– – Unterbleiben der persönlichen Anhörung **419** 2
– – vorläufige Freiheitsentziehung **419** 3
Verlängerung der Freiheitsentziehung **425** 10
– Antrag **425** 20
– Fortdauer Verfahrenspflegschaft **425** 1
– Höchstdauer **425** 20
– Zuständigkeit **425** 20
Vollzug der Freiheitsentziehung **422** 6
– Verwaltungsrechtsweg **422** 8
– – Ausnahme **422** 9
– Strafvollzugsgesetz **422** 7
Vorläufige behördliche Maßnahme **428** 1
– Begehren der Überprüfung **428** 5
– – Zuständigkeit **428** 6
– Feststellung der Rechtswidrigkeit **428**
– Gerichtliche Kontrolle **428** 1, 5
– – Ausnahme bei Abschiebungshaft **428** 2
– – unverzügliche richterliche Entscheidung **428** 3
– – Zeitpunkt **428** 4
Zuständigkeit, örtliche **416**
– Anknüpfungspunkte **416** 8–10
– einstweilige Maßnahmen **416** 5
– erstmalige Anordnung **416** 3, 4
– Fortdauer **416** 7
– Großveranstaltungen **416** 7
– Sonderregelungen **416** 11, 12
Fristbestimmung
Auflage **355** 2
Bekanntmachung **355** 3, 9
Beschwerde **355** 3
Beteiligte **345** 17; **355** 3
Ernennung des TestVollstr **355** 2, 4
Gebühren **355** 5
Inventarerrichtung **360** 2
– Beschwerde **360** 4
– Zuständigkeit **355** 3; **360** 3
sofortige Beschwerde **355** 4
Vermächtnis **355** 2
in registergerichtlichen Zwangsgeldverfahren **388** 18
Fristen 16
Änderung von **16** 6
– Unanfechtbarkeit **16** 7
Begriff **16** 1
Berechnung **16** 2
Berechnungsart **16** 5
Fristbeginn **16** 2
Fristende **16** 3
Richterliche Fristen **16** 1
Stundenfristen **16** 4
Wiedereinsetzung **16** 1
Funktionelle Zuständigkeit
Wirksamkeit gerichtlicher Handlungen bei Fehlen
– Rechtspfleger **2** 19, 20
– Richter **2** 21
– Urkundsbeamter der Geschäftsstelle **2** 22

1231

Sachverzeichnis

fette Ziffern = §§

Gehör s „rechtliches Gehör"
Gemeinschaftliches Testament
Eröffnung **349** 1
Verwahrung **344** 8; **349** 8
Genehmigungen
Betreuung **271** 8, 9; **297** 9, 10 (Sterilisation); **298** 1, 6–8 (ärztliche Maßnahmen)
Rechtsgeschäfte
– Bekanntgabe **41** 8
– Eintritt der Wirksamkeit **40** 6–11
– gegenüber Dritten **48** 13
Unterbringung **312** 10–15; **324** 1–3 (Wirksamkeit); **325** 5 (Bekanntgabe); **331** 8, 21, 22 (einstweilige Anordnung)
Genossenschaft
Löschung **397** 3
– der Firma **393** 10
– des Generalversammlungsbeschlusses **398** 3
– wegen Vermögenslosigkeit **394** 4
nichtige Beschlüsse **398** 2
Nichtigkeit **397** 3
unternehmensrechtliche Verfahren in Angelegenheiten der **375** 31
Genossenschaftsregister
Anmeldung s dort
berufsständische Organe **380** 11
Einsicht **385** 2
Eintragung s dort
Generalversammlungsbeschluss **398** 3
Nichtigkeitslage **397** 3
Rechtsgrundlagen **374** 3, 8
Zuständigkeit **376** 7, 14
Zwangsgeldverfahren s dort
Genossenschaftsregistersachen 374 7
Gerichtskosten 80 2; **81** 10, 11
– Familiensachen **Einl** 77
Gerichtsverfassungsgesetz GVG
Dolmetscher **GVG** 25–27
– Ausschließung, Ablehnung **GVG** 27
– Beeidigung **GVG** 26
– Hinzuziehung **GVG** 25
Gerichtssprache **GVG** 21–23
– mündlich **GVG** 23
– schriftlich **GVG** 22
Nichtöffentlichkeit **GVG** 33–36
– bisherige Regelung **GVG** 33
– Neuregelung **GVG** 37
– – Ausschluss Beteiligter **GVG** 36
– – Bundesgerichtshof **GVG** 35
Rechtshilfe **GVG** 2–7; 17–21
– Amtshandlungen außerhalb des Gerichtsbezirks **GVG** 15
– Anwendungsbereich **GVG** 2
– Ausland **GVG** 17
– Begriff **GVG** 5
– EG-Verordnungen **GVG** 18–20
– Gegenstand des Rechtshilfeersuchens **GVG** 6, 7
– Kosten **GVG** 14
– landesrechtliche Angelegenheiten **GVG** 3

– Mitteilung von Akten **GVG** 16
– Verfahren bei Durchführung **GVG** 8–11
Sitzungspolizei **GVG** 28–32
– Aufrechterhaltung der Ordnung **GVG** 28
– Protokoll **GVG** 31
– Rechtsmittel **GVG** 32
– Rechtspfleger **GVG** 30
– Ungebühr **GVG** 29
Unmittelbare Anwendbarkeit des GVG **GVG** 1
Verständigung **GVG** 24
Vollstreckungen, Ladungen, Zustellungen **GVG** 12
Vollstreckung Freiheitsstrafen **GVG** 13
Geschäftsbriefe 388 7, 10
Gesellschaft mit beschränkter Haftung
Auflösung wegen Mangels der Satzung **399** 1
Firma **392** 2
Löschung im Handelsregister **397** 3
Löschung wegen Vermögenslosigkeit **394** 1
Löschung eines Gesellschaftsbeschlusses **398** 1
– nichtige Beschlüsse **398** 2
Nichtigkeit **397** 4
Selbstkontrahieren **378** 2
Unternehmensrechtliche Verfahren in Angelegenheiten der – **375** 29
Gewaltschutz 210–216
Ansprüche bei Verstößen **210** 1–3
– Unterlassung **210** 2
– im Verhältnis zu Eltern und sorgeberechtigten Personen **210** 3 aE
– zivilrechtliche Ansprüche **210** 3
Beteiligte **212**
– Jugendamt **212** 2, 3
Einstweilige Anordnung **214** 1
– Antrag **214** 4
– Anwendbare Vorschriften **214** 1
– Befristung **210** 2
– dringendes Bedürfnis **214** 5
– dringende Fälle **214** 3
– Vollstreckungsklausel **214** 6
– Vollstreckung vor Zustellung **214** 7
– Zuständigkeit **214** 2
Endentscheidungen **216**
– Befristung **210** 2
– Form der Bekanntmachung **216** 3
– Gerichtsvollzieher **216** 6
– mehrfache Vollziehung der Wohnungsüberlassung **216** 8
– Ordnungsmittel **216** 6
– Rechtskraft **216** 1
– sofortige Wirksamkeit **216** 2
– Wirksamkeit **216** 1, 2
Jugendamt
– Anhörung **213**
– Beschwerdeberechtigung **213** 3
– Mitteilung von Entscheidungen **213** 3

magere Ziffern = Randnummern **Sachverzeichnis**

Mitteilung von Entscheidungen **216 a**
– Datenübermittlung **216 a** 4
– Unterbleiben **216 a** 2
– Unterrichtung der Beteiligten **216 a** 3
Wohnungsüberlassung
– Anordnung zur Durchführung **215**
– mehrfach Vollziehung **215**
Zuständigkeit **211**
– funktionelle **211** 6
– örtliche **211** 1
– – gemeinsame Wohnung **211** 4
– – gewöhnlicher Aufenthalt **211** 5
– – Wahl **211** 2
– – sachliche **211** 1
Gewöhnlicher Aufenthalt
Vorb v 2–5 1; 2 1, 2; **99** 23
Glaubhaftmachung 31
Ablehnung **31** 2
Akteneinsicht **31** 2
Anwendungsbereich **31** 2
Beweis durch **31** 1
im Aufgebotsverfahren s dort
Einsicht in eröffnete Verfügung von Todes wegen **357** 7
Einstweilige Anordnung **31** 2
Erteilung von Ausfertigungen von Erbscheinen **357** 8
Mittel der Glaubhaftmachung **31** 1
präsente Beweismittel **31** 1
Grundbuchfähigkeit, GbR, Gesellschafter
8 6
Gründungsprüfer
Bestellung **375** 13
Entscheidung über Meinungsverschiedenheiten **375** 14
Gütergemeinschaft
Auseinandersetzung **373** 1
– Antrag **373** 3
– Zuständigkeit **344** 13
Beendigung **373** 1
fortgesetzte **373** 2
Gegenstand der Auseinandersetzung **373** 4
Güterrecht
Zuständigkeit zur Auseinandersetzung **344** 14
Güterrechtsregister
Antrag **382** 8
Antragsform **382** 8
Antragsrecht **382** 8
Bescheinigung **386** 3
Einsicht **385** 2
Eintragung **382**
eintragungsfähige Tatsachen **374** 16
Gebühren **374** 17
Prüfung **381** 5
Zuständigkeit **376** 15
Güterrechtsregistersachen 374 15
Güterrechtssachen 261–265
Anwendungsbereich **261** 1–9
– Angelegenheiten der freiwilligen Gerichtsbarkeit **261** 3–8

– Kindschaftssachen **261** 2
– sonstige Familiensachen **261** 9
Aufhebung, Abänderung **264** 9
– Änderungen **264** 10, 11
einstweilige Anordnungen **264** 13, 14
– Vollstreckungsklausel **264** 16
– vorläufiger Zahlungsaufschub **264** 14
– vorläufige Sicherstellung **264** 14
Entscheidung **264**
– einheitliche Entscheidung **265** 1, 2
– Inhalt **264** 1–5
– – Sicherheitsleistung **264** 3
– – Stundung **264** 1, 2
– – Übertragung von Vermögensgegenständen **264** 4
– – Zahlung Ausgleichsforderung **264** 5; **265** 1, 2
– Wirksamkeit **264** 6–8
– – Folgesache **264** 8
– – formelle Rechtskraft **264** 6, 7
– – materielle Rechtskraft **264** 8
– – mehrere Beteiligte **264** 7
funktionelle Zuständigkeit des Richters **262** 5
Konkurrenz **264** 17
Kosten **262** 6
örtliche Zuständigkeit **262**
– Gericht der Ehesache **262** 1, 2
– – Abgabe bei nachträglicher Rechtshängigkeit der Ehesache **263** 1, 2
– – Vorschriften der ZPO **262** 3, 4
Rechtsmittel **264** 18, 19
Wiederaufnahme **264** 20
Zwangsvollstreckung **264** 15
Gutachten s „Sachverständigengutachten"
Handelsregister
Anmeldung s dort
Mitwirkung berufsständischer Organe **380** 7
Einsicht **385** 2
elektronisches **374** 6
Führung **380** 1
Funktion **374** 5
Eintragung s dort
Löschung s Eintragung
Registerzwang **388** 1
Zuständigkeit
– funktionelle **376** 3
– örtliche **377** 2
– sachliche **376** 11
Handelsregistersachen 374 5
Handelsregisterverordnung
Ermächtigungsgrundlage **374** 6; **387** 3
Inhalt **374** 6
Handelssachen Vor 374 1
Handwerkskammer
Begriff **380** 4
Beschwerderecht **380** 13
als berufsständisches Organ s dort
Unterstützungspflicht **380** 7
Hauptversammlung
Einberufung **375** 19

Sachverzeichnis

fette Ziffern = §§

Haushaltsgegenstände s „Wohnungszuweisungs- und Haushaltssachen"
HausratsVO Einl 80
Havarie, große
Begriff **Vor 403** 4
Beteiligte **Vor 403** 2
Hinterlegungsschein 346 13
Hinweis auf Ordnungsmittel 89 14
Industrie- und Handelskammer
Begriff **380** 3
Beschwerderecht **380** 13
als berufsständisches Organ **380** 2
Unterstützungspflicht **380** 7
Informationelle Selbstbestimmung
13 8, 7
Interlokale Zuständigkeit (ehemalige DDR) **343** 13, 15
Internationale Zuständigkeit Vorb
v 2–5 5–7; **2** 12; **98–106**
Abstammungssachen **Vorb v 2–5** 7; **100**
– Anknüpfungskriterien **100** 3
– Anknüpfungspersonen **100** 2
– Anwendbarkeit **100**
– – Brüssel II a **100** 5
– – EUGVVO **100** 4
– Anwendungsbereich **100** 1
Adoptionssachen **101**; **Vorb 2–5** 7
– Anknüpfungskriterien **101** 3
– Anwendungsbereich **101** 1, 2, 5
– Befreiung vom Eheverbot **101** 7, 8
– – internationale **101** 9, 10, 11
– maßgebender Zeitpunkt **101** 4
– Unanwendbarkeit Brüssel II a **101** 6
Betreuungssachen **104**; **Vorb v 2–5**, 7
– Abgabe an ausländischen Staat **104** 10
– Wirkung der Abgabe **104** 11
– Anknüpfungskriterien **104** 4, 5, 6, 7
– – Fürsorgezuständigkeit **104** 7
– – gewöhnlicher Aufenthalt **104** 6
– – Staatsangehörigkeit **104** 4, 5
– Anwendungsbereich **104** 1, 2, 3
– Deutsche im Ausland **104** 8
– Unterbleiben einer Anordnung **104** 8
Ehesachen, Folgesachen, Scheidungssachen **98**
– Anknüpfungspunkte **98** 1, 2–5
– Ausführungsvorschriften **98** 15
– Darlegung gewöhnlicher Aufenthalt im Ausland **98** 8
– EU **98** 10, 11
– – gewöhnlicher Aufenthalt **98** 12
– – gewöhnlicher Aufenthalt bei ausländischen Ehegatten **98** 5
– – gewöhnlicher Aufenthalt bei Staatenlosigkeit **98** 4
– – Inlandsaufenthalt **98** 3
– – Staatsangehörigkeit **98** 13
– mit Ehesachen verbundene Angelegenheiten **98** 14; **137** 1
– einstweilige Maßnahmen **98** 15

– Familiensachen
– – elterliche Sorge **98** 7
– – Umgang **98** 7
– – Herausgabe **98** 7
– Folgesachen **98** 6; **137** 2
– – abgetrennte **98** 6
– parallele Rechtshängigkeit **98** 18
Kindschaftssachen **Vorb v 2–5** 7; **99**
– Anknüpfungskriterien **99** 4–7
– – fehlende Zuständigkeit **99** 24
– – Fürsorgezuständigkeit **99** 7
– – gewöhnlicher Aufenthalt **99** 6
– – Staatsangehörigkeit **99** 5
– Begriff der internationalen Zuständigkeit **99** 1
– Deutsche im Ausland **99** 8, 9
– – Abgabe an ausländischen Staat **99** 11
– – Ausländer **99** 13
– – – Beendigung Vormundschaft im Inland **99** 12
– – – Interesse des Mündels **99** 11
– – Unterbleiben einer Anordnung **99** 10
– – Verhältnis international zuständiger Gerichte zueinander **97** 2; **99** 15
– Grundzüge der internationalen Zuständigkeit **99** 2
– Fortdauer der internationalen Zuständigkeit **99** 3
– – EG-Verordnungen
– – Vorrang **99** 15
– – internationale Übereinkommen **99** 15
– gewöhnlicher Aufenthalt **99** 20
– Sonderregelungen **99** 14
– – Ausführungsvorschriften **99** 24
– – Haager Minderjährigenschutzabkommen **99** 16, 17
– – – Minderjährige **99** 18
– – – persönlicher Anwendungsbereich **99** 18
– – – sachlicher Anwendungsbereich **99** 19
– – Haager Übereinkommen über zivilrechtliche Aspekte internationaler Kindesentführung **99** 21, 23
– – Ergänzung im Bereich der EU **99** 23
– – Zwischenstaatliche Vereinbarungen **99** 15
Lebenspartnerschaftssachen **Vorb v 2–5** 7; **103**
– Anknüpfungskriterien **103** 3
– Anwendungsbereich **103** 1
– Bereich der EU **103** 5
– entspr anwendbare Vorschriften **103** 4
– im Verbund **103** 2
Nachlass- und Teilungssachen **105** 2, 3, 4;
Vor 343 15
– gegenständlich beschränkter Erbschein **105** 6
– unbeschränkter Teilerbschein **105** 5
sonstige Angelegenheiten **105**
– Anknüpfung an örtliche Zuständigkeit **105** 1
Unternehmensrechtliche Verfahren **375** 6

magere Ziffern = Randnummern

Sachverzeichnis

Unterhaltssachen 105 7
– EG-UnterhaltsVO 105 8
– Haager Protokoll 105 8
Versorgungsausgleichssachen **Vorb v 2–5** 7; 102 4
– Anknüpfungskriterien 102 2
– isolierte 102 1
– Unanwendbarkeit Brüssel II a 102 3
Internationales Familienrechtsverfahrensgesetz Einl 64, 79; **151** 31; **99** 24
Inventarerrichtung
Beschwerde 360 4
Beschwerdefrist 360 5
Gebühren 360 6
Inventarfrist 360 2
Fristbestimmung 360 2
Zuständigkeit 360 3
Jugendamt Einl 36
Amtsvormund 9 5
Anhörung 162 1, 2; 176 1–3; 194 1; 205 1
Beteiligung 7 19; 8 8; 162 3, 4; 176 4
Beschwerdeberechtigung 8 9; 176 6; 194 2; 205 2
Jugendamtsurkunde 239 7
Juristische Personen
Beteiligtenfähigkeit 8 3, 4
Zwangsgeld gegen – 388 14
Justizkommunikationsgesetz Einl 66
Justizmitteilungsgesetz Einl 33
Justizvergütungs- und Entschädigungsgesetz Einl 60
Kindschaftssachen 151–168 a
Abgabe
– Ehesache 153
– Unterbringung 314 5–9
Änderung
– einstweilige Anordnungen 166 5
– Entscheidungen 166 1–7
– erkennbare Fehlerhaftigkeit 166 3
– neues Verfahren 166 1–4
– Vergleiche 166 1–7
Anhörung
– Eltern 160 1
– – Absehen 160 11
– – Angelegenheiten der Vermögenssorge 160 8
– – Beschwerdeverfahren 160 5, 6
– – Eltern eines Mündels 160 10
– – sonstige Kindschaftssachen 160 7
– – Sorgerechtsverfahren 160 1
– – nicht sorgeberechtigter Elternteil 160 9
– – Unterbleiben bei Gefahr 160 12
– Jugendamt 161 1, 2
– – Personensorge 161 1
– Kind 159
– – Absehen 159 7, 9
– – Nachholung 159 10
– – – Rechtsverletzung 159 11
– – Anwendungsbereich 159 1, 2
– – Erforderlichkeit 159 5

– – Gestaltung der Anhörung 159 12, 13
– – Sorgerechtsverfahren 159 5, 6
– Pflegeperson 161 4, 5
Anwendungsbereich 151
Aufgaben nach JGG 151 13
Begriff 151 4
Beratung durch Träger der Jugendhilfe 156 4, 5
Bestellung gesetzlicher Vertreter 151 9, 10
– Leibesfrucht 151 9, 10
– Minderjährige 151 9, 10
Beschleunigungsgebot 155 1–8
Beteiligte
– Jugendamt 162 3, 4
– Pflegeperson 161
– Verfahrensbeistand 158 2
Bundeskindergeldgesetz 151 4
Eilmaßnahmen
– örtliche Zuständigkeit 157 14–17
Einbenennung 151 26
– Anfügung/Vorrangstellung neuer Name 151 27
– elterliche Sorge 151 2
– Erklärungen gegenüber dem Standesbeamten 151 28
Entscheidungen 164
– Bekanntgabe an das Kind 164 1
– – Unterbleiben 164 8
– – Unterrichtung des Kindes 164 8
Erörterung
– Kindeswohlgefährdung 157 1
– Vermittlungsverfahren 165 9
funktionelle Zuständigkeit 152 17, 18
Geburtsname 151
– Annahme als Kind 151 29
– Anschließung des Minderjährigen 151 20
– Bestimmung 151 14 ff
– Bestimmungsrecht 151 17 ff
– Erklärung zur Namensgebung 151 25
– Mitteilung des Standesbeamten 151 23
– Verfahren 151 21, 22
– weitere Kinder 151 19
Gemeinschaftliche Kinder
– örtliche Zuständigkeit 152 4; 153
Genehmigung
– freiheitsentziehende Unterbringung 151 11
– Rechtsgeschäfte nach dem Vermögensgesetz 151 5
Gerichtlich gebilligter Vergleich 156 8–11
– Kindesherausgabe 156 9
– Umfang 156 9
– Vermittlungsverfahren 165 11, 12
– Vollstreckungstitel 156 11
– Zustimmung der Beteiligten 156 10
Geschwisterkinder
– örtliche Zuständigkeit 152 8
Gewöhnlicher Aufenthalt des Kindes 154
– einseitige Änderung 154 1, 2
– Verweisung 154 2

1235

Sachverzeichnis

fette Ziffern = §§

– Wohl des Kindes **154** 3
Jugendamt
– Anhörung **161** 1, 2
– Beteiligung **161** 3, 4
Hinwirken auf Einvernehmen **156** 1, 3, 7, 8
– Anwendungsbereich **156** 1
– – Ausnahme: Gefährdung des Kindeswohls **156** 2
– Gerichtlich gebilligter Vergleich **156** 8, 9, 11
– Maßnahmen bei Nichtzustandekommen **156** 12–14
Kindesherausgabe **151** 7
Kindeswohlgefährdung **157** 1, 3
– einstweilige Maßnahmen **157** 4
– Erörterung **157** 1–3
Nachlass- und Teilungssachen **Vor 343** 15
Mitteilungspflichten
– Standesbeamter **168 a; 151** 23
Namensänderung, öffentlich-rechtliche **151** 30
Örtliche Zuständigkeit **152**
– Anhängigkeit Ehesache **152** 3, 4; **153**
– – ausschließliche Zuständigkeit **152** 4
– Anknüpfungskriterien **152** 1, 2
– – Bedürfnis der Fürsorge **159** 9–14
– – – vor der Geburt **152** 12
– – – Leibesfrucht **152** 12
– – – Minderjährige **152** 14
– – – unbekannte Beteiligte **152** 13
– – – Vormundschaft kraft Gesetzes **152** 11
– Eilmaßnahmen **152** 14
– gemeinschaftliche Kinder **152** 4; **153**
– Geschwisterkinder **152** 8
– gewöhnlicher Aufenthalt **152** 6, 7; **154** 1–3
– mehrere **152** 7
Pflegeperson **161** 1–5
Sachverständiger **163**
– einvernehmliches Konzept **163** 2, 3
– Erweiterung des Auftrages **163** 2, 3
– Fristsetzung **163** 1
Standesbeamter **168** a
– Erklärungen zur Namensführung **151** 23
– Mitteilungspflichten **168 a** 2–5
– Überprüfung bei Kindeswohlgefährdung **166** 6, 7
Unterbringung Minderjähriger **167**
– Abgabe **167** 9
– Anhörung der Betroffenen **167** 10
– – Absehen **167** 19, 20
– – Unterbleiben **167** 20
– – Anwendbare Vorschriften **167** 2
– – Beschlussformel **167** 25
– – Unterbringungsmaßnahme **167** 26
– – Zeitpunkt der Beendigung **167** 27
– Genehmigung **167** 3
– – Freiheitsbeschränkungen **167** 4
– – freiheitsentziehende Maßnahmen **167** 4
– Gutachten **167** 23
– – Anforderungen **167** 23

– Jugendamt **167** 29
– Mitteilungspflichten **167** 8
– Verfahrensbeistand **167** 11
– – Anfechtbarkeit **167** 14
– – Vergütung **167** 15
– – Vorrang ehrenamtlicher **167** 12
– – Unterbleiben **167** 13
– Verfahrensfähigkeit **167** 16
– Vorführung zur Untersuchung **167** 24
– Zuführung zur Unterbringung **167** 29, 30
– Zuständigkeit **167** 1
– – EU **167** 7
– – international **167** 6
– – örtlich **167** 12
– – sachlich **167** 6
Verfahrensbeistand s dort
– Zuständigkeitskonzentration **153**
Kosten 80–85
Abkopplung von Sachentscheidung **81** 3
Abweichende bundesrechtliche Vorschriften **81** 25
Anfechtung der Kostenentscheidung **82** 4
– in Familienstreitsachen **243** 9
Angelegenheiten der freiwilligen Gerichtsbarkeit **81** 1
Aufwendungen der Beteiligten **80** 5
– Erstattungsfähigkeit **80** 5
Begriff **80** 1
Dritte **81** 21
– Betreuungssachen **81** 21
– Unterbringungssachen **81** 21
Ehesachen **81** 1
FamGKG **80** 3
Familiensachen **80** 3; **81** 1, 2, 10
Familienstreitsachen **81** 1
Gegenstand der Kostenentscheidung **80**
Gerichtskosten **80** 2
Grundsätze der Kostenverteilung **81** 1
– billiges Ermessen **81** 2
– – Erledigung in der Hauptsache **81** 13; **80** 4; **83** 2–4
– – Unterliegen **81** 12
– – Zurückweisung **81** 12
– – Einschränkung des Ermessens **81** 14
– – – aussichtsloser Antrag **81** 16
– – – grobes Verschulden **81** 15
– – – schuldhaft unwahre Angaben **81** 17
– – – Nichtbefolgung Anordnung zur Teilnahme an Beratung **81** 19
– – – Verletzung Mitwirkungspflichten **81** 18
– isolierte Anfechtbarkeit **81** 3
Kostenentscheidung **82**
– Absehen von **82** 1
– Anfechtung **82** 4
– Ausspruch **82** 1
– Familienstreitsachen **243** 9
– Kosten des Verfahrens **82** 1
– Kostenerstattung **82** 1
– – teilweise **82** 1

magere Ziffern = Randnummern

Sachverzeichnis

– Nachholung **82** 3
– – Berichtigung **82** 3
– – Ergänzung **82** 3
– Teilhaftung **82** 2
– Zeitpunkt **82** 1
– zwingende Entscheidung **82** 1
Kostenerstattung **81** 4
– von Amts wegen **81** 9
– Behörden **81** 6, 7
– entgegengesetzte Interessen **81** 8
– mehrere Beteiligte **81** 4
– Parteien kraft Amtes **81** 5
Kostenfestsetzung 85
Anfechtbarkeit **85** 3, 4, 5
– sofortige Beschwerde **85** 3
befristete Erinnerung **85** 4
Ehesachen **85** 1
Erinnerungsverfahren **85** 6
Europäischer Vollstreckungstitel **85** 2
Familienstreitsachen **85** 1
Rechtsbeschwerde **85** 6
vollstreckbarer Titel **85** 2
Voraussetzungen **85** 1, 2
Kostenrechtsänderungsgesetz Einl 28
Kostenrechtsmodernisierungsgesetz Einl 50
Kostenschuldner 80 3
Gesamtschuldner **80** 3
landesrechtliche Bestimmungen **81** 22
– Ausnahmen **81** 22 aE
Minderjährige Beteiligte **81** 22
Rechtsmittel **84**
– Rechtsbehelfe **84** 1
– erfolglose Rechtsmittel **84** 1
– Kostenfolge **84** 2, 3
– reformatio in peius **84** 5
– Teilerfolg **84** 4
Sondervorschriften **81** 23
– Anfechtung der Vaterschaft **81** 24
– Betreuungssachen **81** 24
– Freiheitsentziehungssachen **81** 24
– Unterbringungssachen **81** 24
Vergleich **83** 1
Zurücknahme des Antrags **83** 2
Kraftloserklärung
von Aktien **375** 15
des Erbscheins
– Beschwerde **353** 5
– Kosten **353** 6
– Voraussetzungen **353** 4
Kreditinstitut
Auflösung **375** 42
Bestellung
– vertretungsberechtigter Personen **375** 43
– Sachwalter **375** 41
– Treuhänder **375** 39
bedeutende Beteiligung **375** 39
Kreditwesengesetz 375 39
Landesgesetzgebungsvorbehalt
Aufgabenübertragung **487** 4

Aufgebot **484** 1; **490** 1
Gütergemeinschaftsauseinandersetzung **487** 1
Nachlassauseinandersetzung **487** 3
Landgericht
unternehmensrechtliche Verfahren **375** 4
Landwirtschaft
land- und forstwirtschaftlicher Berufsstand **380** 5
Nachlassauseinandersetzung **363** 5
Lebenspartnerschaftsgesetze Einl 45, 63, 65
Lebenspartnerschaftssachen 269, 270
Anwendbare Vorschriften **270** 1–11
– Annahme als Kind **270** 5
– Aufhebung der Lebenspartnerschaft **270** 2
– Feststellung des Bestehens oder Nichtbestehens einer Lebenspartnerschaft **270** 3
– gemeinschaftliche Kinder **270** 4
– güterrechtliche Ansprüche **270** 9
– Sonstige **270** 10, 11
– – Angelegenheiten der freiwilligen Gerichtsbarkeit **270** 11
– – Familienstreitsachen **270** 10
– Unterhaltssachen **270** 8
– Versorgungsausgleichssachen **270** 7
– Wohnungszuweisung, Hausrat **270** 6
Anwendungsbereich **269** 1–7
– Angelegenheiten im Einzelnen **269** 14, 15
– Angelegenheiten der freiwilligen Gerichtsbarkeit **269** 4, 7
– Familienstreitsachen **269** 3, 5, 6
– sonstige Angelegenheiten **269** 3
Arbeitsgerichte **269** 20
Aufhebung der Lebenspartnerschaft **269** 10, 12, 13
ausländische Lebenspartnerschaften **269** 8
Getrenntleben **269** 11
Zivilprozessuale Lebenspartnerschaftssachen **269** 16–19
Liquidatoren
Abberufung **375** 8, 29, 33
Ernennung **375** 8, 29, 33
Löschung einer Firma
Benachrichtigung **393** 2
Beschluss **393** 5
Beschwerde **393** 4
Durchführung **393** 10
Gebühren **393** 11
und unzulässiger Firmengebrauch **388** 2
Verfahren **393** 2
Voraussetzungen **393** 1
Widerspruch **393** 3
Löschung fehlerhafter Gesellschaften
Aufforderung zur Satzungsänderung **399** 10
Auflösung **399** 14
Beschwerde **399** 14
Erhaltung der Eintragung **Vor 397** 1
Ermessen **Vor 397** 5; **397** 9

1237

Sachverzeichnis

fette Ziffern = §§

Feststellung des Mangels **399** 12
Folgen der Mangelfeststellung **399** 14
Frist **397** 7
Gebühren **397** 10; **399** 15
Heilung **397** 6
Mangel der Satzung **399** 3
Nichtigkeitsgründe **397** 3
Unrichtigkeit der Löschung **395** 2
Verhältnis zu § **395 Vor 397** 4
Verhältnis von 397, 398 zu 399 **Vor 397** 5
Vernichtbarkeit **Vor 397** 1
Verfahren **397** 9
Widerspruch **399** 11
Wirkung **397** 8; **399** 14
Zuständigkeit **397** 2; **399** 2
Löschung nichtiger Beschlüsse
Erhaltung der Eintragung **Vor 397** 1, 2
Ermessen **Vor 397** 5
Gebühren **398** 8
Nichtigkeitsgründe **398** 2
öffentliches Interesse **398** 5
Rückwirkung **398** 6
Verfahren **398** 7
Löschungsgesetz 394 1
Löschung unzulässiger Eintragungen
Amtslöschung **395** 14
Benachrichtigung **395** 15
Beschwerde **395** 15
Durchführung **395** 16
Einleitung **395** 14
Ermessen **395** 14
Handelsregister **395** 8
Gebühren **395** 17
Kausalität des Mangels **395** 13
Partnerschaft **395** 9
Unzulässigkeit **395** 8
Verein **395** 10
Verfahren **395** 15
Verhältnis
– zu § 392 **395** 5
– zu § 397 **395** 4
– zu 399 **395** 6
Voraussetzungen **395** 3
Wesentlichkeit des Mangels **395** 12
Widerspruch **395** 15
Zeitpunkt **395** 11
Zuständigkeit **395** 7
Löschung vermögensloser Gesellschaften
Gesellschaften **394** 2
Eintragung der Löschung **394** 9
Kosten **394** 12
Löschungsverfahren **394** 5
– Anhörung der Vertretungsorgane **394** 7
– Bekanntmachung **394** 6
– Einleitung **394** 5
Nachtragsliquidation **394** 10
Vermögenslosigkeit **394** 3
Widerspruch **394** 8
Zuständigkeit **394** 11
Losziehung 369 1

Mehrere örtlich zuständige Gerichte
Abgabebefugnis **2** 9
Eintritt der alleinigen Zuständigkeit **2** 8
Fortdauer der Zuständigkeit (perpetuatio fori) **2** 10
– Nachlass-Sachen **2** 11
– internationale Zuständigkeit **2** 12; **99** 3
Unzuständigkeit
– Wirksamkeit gerichtlicher Handlungen **2** 13
verschiedene Angelegenheiten **2** 8
Meistbegünstigung 58 1
Minderjährige
Beschwerdeberechtigung **60**
Verfahrensfähigkeit **9** 3–5
Miterbe
Beschwerderecht **59** 25
Mitteilungen
Behörden **309–311**
Gerichte **22** a
Standesbeamter **168 a**
Mitteilungspflichten 22 a 2
Adoptionssachen **22 a** 2
Anwendungsbereich **22 a** 1
Betreuungsbehörde **22 a** 4
Betreuungssachen **22 a** 2
Einzelfälle **22 a** 5
gesetzliche **24** 3; **22 a**
Gewaltschutzsachen **22 a** 2
des Nachlassgerichts gegenüber dem Vormundschaftsgericht **356** 1
Nachlass-Sachen **22 a** 2
bei Nachlasssicherungsmaßnahmen **344** 12; **356** 12
des Registergerichts bei ausländischen Vereinen **400** 1
Mittellosigkeit 168 29, 43
Registersachen **22 a** 2
Sonderregelungen **22 a** 2
des Standesbeamten **22 a** 2
Übermittlung personenbezogener Daten **22 a** 2
Unterbringungssachen **22 a** 2
Mitwirkungspflichten 27
bei Amtsermittlung **27** 1
Feststellungslast **27** 3
Verstoß gegen **27** 3
Wahrheitspflicht **27** 2
Sonderregelungen **27** 4; **26** 7
MontanMitbestG
und unternehmensrechtliche Verfahren **375** 38
Mündliches Verfahren 32 1
Akteninhalt **32** 1
pflichtgemäßes Ermessen **32** 3
Nacherbe
und Aufgebot der Nachlassgläubiger **461** 1
als Beteiligter **345** 7
Nachlassauseinandersetzung **363** 7
Nachlassauseinandersetzung
abwesende Beteiligte **364** 1

1238

magere Ziffern = Randnummern

Sachverzeichnis

Abwesenheitspflegschaft s dort
Antrag **363** 1
– Form **363** 8
– Inhalt **363** 8
– Unvollständigkeit **363** 9
– Zurücknahme des Antrags **363** 3
– Zurückweisung des Antrags **363** 10
Antragsberechtigung **363** 2
Auseinandersetzungsplan **368** 1
– Beurkundung **368** 2
– Bestätigungsbeschluss **368** 4; **371** 2
Ausländer **363** 5
Ausschluss **363** 4
Aussetzung **370** 4
Beginn **365** 1
Beteiligte **363** 7
Betreuungsgerichtliche Genehmigung **368** 5
Einleitung **363** 1
Gebühren **363** 12
Ladung **365** 2
– Bekanntgabe **365** 2
– Form **365** 2
– Frist **365** 5
– Inhalt **365** 4
Landesgesetzl. Vorbehalt **488** 5
Losziehung **369** 1
nachlassgerichtl. Genehmigung **368** 6
Nichterschienen der Beteiligten **366** 5; **368** 3
und Prozess **363** 4; **370** 1
Rechtsmittel **363** 11; **365** 8; **371** 6; **372** 1
Teilungsmasse **363** 8; **366** 3
TestVollstr. **363** 4
Vermittlung **363** 6
Versäumnisfolgen **365** 7
Versäumnisverfahren **366** 11
– Bekanntmachung **366** 12
– Zweck **366** 11
– Terminsantrag **366** 12
Vertreterbestellung **369** 2
vorbereitende Maßnahmen **366** 2
– Vereinbarung **366** 4
– Beurkundung der Vereinbarung **366** 9
– Bestätigung der Vereinbarung **366** 15
Widerspruch **363** 4; **370** 2
Wiedereinsetzung **367** 1
Zuständigkeit **363** 5
Zwangsvollstreckung **371** 4
Nachlassgericht
Abwesenheitspflegschaft **364** 3
und Betreuungs-/Familiengericht **368** 5
Ersatzzuständigkeit **Vor 343** 16
internationale Zuständigkeit **Vor 343** 15
Mitteilungspflichten **356** 1
örtliche Zuständigkeiten **343** 1
Rechtspfleger **Vor 343** 5
Richter **Vor 343** 8
sachliche Zuständigkeit **Vor 343** 2
Zuständigkeit **Vor 343** 1

Zuständigkeitswechsel **343** 14
Nachlasspflegschaft 359 2, 6
Beteiligter **345** 15
Nachlasssachen
Amtsverfahren **Vor 342** 3
Antragsverfahren **Vor 342** 3
Begriff **342** 2
Entgegennahme von Erklärungen **Vor 342** 3
Teilungssachen **Vor 342** 3
Nachlasssicherungsmaßnahmen 344 10
Nachlassverwalter
Beschwerderecht **59** 27
Nachlassverwaltung
Antrag des Erben **359** 4
Antrag eines Nachlassgläubigers **359** 5
Beteiligter **345** 15
Definition **359** 3
Gerichtsgebühren **359** 7
Nachtbriefkasten 17 14
Namensänderung
öffentlich-rechtliche **151** 30
Namensänderungsgesetz Einl 65
Namensbestimmung
adoptierter Kinder **151** 29
weiterer Kinder **151** 19
Namensrecht Einl 26
neue Anträge
im Beschwerdeverfahren **65** 1–6
Nichtehelicher Vater 59 14; **151** 2; **Einl** 87
Nichterlass s „Untätigkeitsbeschwerde"
Nichtgerichtliche Behörden
Zuständigkeit **488**, **489**
Nichtigkeit
Entscheidungen **2** 20, 29
Nichtöffentlichkeit GVG 33–36; 72 21
Niederschrift
Adoptionssachen **180** 1–3
Beweisaufnahme **30** 23, 24
Vergleich **36** 10, 13
Notar
Antragsrecht **378** 1
Beschwerderecht **378** 3
Unterschriftsbeglaubigung **382** 9
Zurücknahme **378** 4
Notfrist 16 1; **17** 1
Notwendige anwaltliche Vertretung in Ehe- und Familienstreitsachen **114** 1–11
Notwendige Vertretung
siehe Bevollmächtigte
Öffentliches Recht
öffentlich-rechtliche Streitsachen **1** 14
Vorfrage **26** 12, 13
Öffentliche Zustellung 15 12, 13 (Ausland)
Öffentlich-rechtliche Unterbringung 312 3, 4 17
Öffentlichkeit
siehe „Nichtöffentlichkeit"

1239

Sachverzeichnis

fette Ziffern = §§

OLGVertrÄndG Einl 56
Ordnungsgeld
unzulässiger Firmengebrauch **392** 7
Ordnungsmittel 89
Anwendungsbereich **89** 1, 2
– Angelegenheiten der fG **89** 2
– Familiensachen **89** 2
– Herausgabe von Personen **89** 1
– Umgangsregelung **89** 1
Festsetzung von Ordnungsmitteln **89** 3, 4
– Auslandsberührung **89** 5
– Europäischer Vollstreckungstitel **95** 2
– Kriterium des Kindeswohls **89** 4 aE
– pflichtgemäßes Ermessen **89** 4
– vollzugsfähige gerichtliche Entscheidung **89** 6, 7
Hinweis auf Folgen einer Zuwiderhandlung **89** 14
Höhe Ordnungsgeld **89** 15
Ordnungshaft **89** 16
Zuwiderhandlung **89** 8
– fehlendes Vertretenmüssen **89** 11
– – nachträgliche Feststellung **89** 13
Fortbestand der Anordnung **89** 9
– Abänderbarkeit **89** 10
– Aufhebung nach Verstößen **89** 12
ordre public 107 14; **109** 9, 21, 22
Organe des Handelsstandes 380 3
Organe der freien Berufe 380 6
Örtliche Zuständigkeit
Abgabe **4**
Amtsgericht Schöneberg **Vorb v 2–5** 3
Anknüpfungspunkt **Vorb v 2–5** 1; **2** 1
Auslandsbezug **Vorb v 2–5** 3
ausschließliche **Vorb v 2–5** 2
Bedürfnis der Fürsorge **Vorb v 2–5** 1
Bedürfnis für gerichtliches Tätigwerden **Vorb v 2–5** 1
befasst werden **2** 1, 5, 6
Belegenheit von Sachen **Vorb v 2–5** 1
Beratungshilfe **2** 4
Doppelsitz, Vorrang **2** 2
Ehesachen **2** 3
Familienstreitsachen **2** 3
gemeinsame Wohnung **Vorb v 2–5** 1
gewöhnlicher Aufenthalt **Vorb v 2–5** 1; **2** 1
Lebenspartnerschaftssachen **2** 3
Ort der Einrichtung **Vorb v 2–5** 1
Ort der Tat **Vorb v 2–5** 1
Vereinbarung **Vorb v 2–5** 8, 9
Vorrang **Vorb v 2–5** 2; **2** 1, 2, 5, 6
– Registersachen **2** 2
Wohnsitz **Vorb v 2–5** 1
Zuständigkeitsregeln, allgemein **Vorb v 2–5** 10
Partnerschaftsgesellschaft
Angehörige **374** 9
Liquidation **375** 51
Löschung des Namens **393** 9
Zwangsgeldverfahren **388** 9

Partnerschaftsregister
Anmeldung s dort
berufsständische Organe **380** 6
Einsicht **385** 2
Eintragung s dort
Rechtsgrundlagen **374** 10
Zuständigkeit **376** 6, 14
Zwangsgeldverfahren s dort
Partnerschaftsregistersachen 374 9
Partnerschaftsregisterverordnung
Rechtsgrundlage **387** 3
Patientenverfügung Einl 81; **298** 6–8
perpetuatio fori 2 10–12
Ehesachen **122** 8
international **2** 12; **99** 3
Persönliche Anhörung 34
gesetzlich vorgeschriebene **34** 2, 3
Ordnungsmittel **34** 6
rechtliches Gehör **34** 1
Unentschuldigtes Ausbleiben **34** 5
Unterbleiben **34** 4
Persönliches Erscheinen 33
Abgrenzung zur Beteiligtenvernehmung **33** 1
Aufklärung des Sachverhalts **33** 1
Bevollmächtigte **33** 2, 3
getrennte Anhörung **33** 4
Ladung **33** 2
Ordnungsmittel **33** 5
Rechtliches Gehör **33** 1
PfandBG
und unternehmensrechtliche Verfahren **375** 45
Pfandverkauf
Beteiligte **412** 4
Gebühren **410** 14
Grundlagen **410** 12
Verfahren **410** 13
Zuständigkeit **411** 6
Pflegeperson
Anhörung **161** 4–6
Beteiligung **161** 1, 2, 3
Pflichtteilsanspruch
Stundung **362** 1
– Änderung **362** 6
– Antrag **362** 3
– Entscheidung über – **362** 5
– Kosten **362** 7
– Vergleich **362** 4
– Zuständigkeit **362** 2
Pflichtteilsberechtigter 345 7
Pflichtteilsverzichtvertrag
– Benachrichtigung in Nachlasssachen **347** 7
Postulationsfähigkeit
Neuordnung Einl 30
Rechtsanwälte aus EU-Staaten **10** 23
Protokoll
Beweisaufnahme **30** 23, 24
Einlegung Beschwerde **64** 5
Protokollführer **28** 4

magere Ziffern = Randnummern

Sachverzeichnis

Vergleich 36 10, 13
Rechenschaftsablegung
eidesstattliche Versicherung 410 1
Rechtsanwälte
siehe auch Bevollmächtigte
Beiordnung 10 22; 114 16; 78
Ehesachen 114 1; 114 16
europäische 10 23
Familienstreitsachen 114 1–5
Folgesachen 114 1–5
Scheidungssachen 114 1–5
Zurückweisung 10 12
Rechtsbehelfsbelehrung 39
bei Abhilfe 68 1
Antragsrecht bei einstweiliger Anordnung 39 3
deutsche Sprache 39 6
Fehlen 39 7
Inhalt 39 5
Notwendigkeit 39 1, 4
ordentliche Rechtsbehelfe 39 3, 4
Sondervorschriften 39 3
unanfechtbare Entscheidungen 39 4
vereinfachtes Verfahren 39 3
Vermutung fehlenden Verschuldens 39 7
Rechtsbeschwerde 70–75
Anschlussrechtsbeschwerde 73
– Frist 73 2
– Verlust der Wirkung 73 3
– Zulässigkeit 73 1
Bindung des Rechtsbeschwerdegerichts an Zulassung 70 16
Entscheidung über die Rechtsbeschwerde 74
– Absehen von Begründung 74 13
– Berücksichtigung von Verfahrensmängeln 74 3, 4
– – von Amts wegen 74 4
– – auf Antrag 74 3
– Bindung an Gründe der Rechtsbeschwerde 74 12
– Inhalt der Entscheidung 74 6
– – Aufhebung und Zurückverweisung 74 9
– – – Gericht des ersten Rechtszuges 74 10
– – – anderer Spruchkörper 74 11
– – eigene Sachentscheidung 74 8
– – Vollziehung 74 8
– – Zurückweisung 74 7
– Umfang der Prüfung 74 1
– Verfahrensvorschriften 74 5
– – Zulässigkeit 74 1
gegen einstweilige Anordnung, Arrest 70 11
einstweilige Anordnungen des Rechtsbeschwerdegerichts 74 14
Frist und Form 71
– Anwaltliche Vertretung 71 9
– Begründung der Rechtsbeschwerde 71 6
– – Bekanntgabe an andere Beteiligte 71 8
– – Frist für Begründung 71 7
– Form der Einlegung 71 5
– Frist 71 7

– – Beginn 71 1
– – mehrere Beteiligte 71 2
– – nach Verweigerung der Verfahrenskostenhilfe 71 7
– Unterbringungssachen 71 4
– zuständiges Gericht 71 5
FamGKG 70 10
Gründe der Rechtsbeschwerde 72
– absolute Beschwerdegründe 72 16–22
– – Ausschluss von der Ausübung des Richteramtes 72 18
– – fehlende Begründung 72 22
– – nicht vorschriftsmäßige Besetzung 72 17
– – Mitwirkung abgelehnter Richter 72 19
– – nicht gesetzlich vertretene Partei 72 20
– Beruhen auf Rechtsverletzung 72 1, 3
– – ausländisches Recht 72 4
– – Tatsachenfeststellung 72 7, 8, 11
– – – allgemeinkundige Tatsachen 72 10
– – Verfahrensverstöße 72 1
– – Zuständigkeit des erstinstanzlichen Gerichts 72 2
– Beschwerdeberechtigung 72 23
Sprungrechtsbeschwerde 75
– Antrag 75 1
– Einwilligung der übrigen Beteiligten 75 1
– Verfahren nach Zulassung 75 3
– Verzicht auf Beschwerde 75 1
– Zulassung durch Rechtsbeschwerdegericht 75 2
– Zulässigkeitsvoraussetzungen 75 1
– Zurückverweisung an erstinstanzliches Gericht 75 4
Rechtsfähigkeit (Beteiligtenfähigkeit)
ausländische Gesellschaft 8 3
Außengesellschaft 8 3
Teilrechtsfähigkeit 8 7
Rechtsgeschäft
Wirksambleiben 47 1
Rechtsgespräch 37 8
Rechtshilfe GVG 2–11
Auskunftspflicht 379 2
Mitteilungspflicht 379 3
Rechtsirrtum
als Wiedereinsetzungsgrund 17 12
Rechtskraft 45
formelle 45 2–5
materielle 45 7–10
JVEG 70 10
Kostenfestsetzung 70 12
Nichtvorlage an den EuGH 70 7
Rechtsnorm 72 5
Verfahrensvoraussetzungen 72 8, 9
Wechsel der Gesetzgebung 72 6
Zulassung der Rechtsbeschwerde 70 2; 12–15
– Beschränkung der Zulassung 70 5 aE
– Ergänzung der Zulassung 70 4
– – Anhörungsrüge 70 5
– – Berichtigung 70 5
– – Rechtspfleger 70 4

1241

Sachverzeichnis

fette Ziffern = §§

- Einzelrichter **70** 3; **68** 11
- Fortbildung des Rechts **70** 14
- Grundsätzliche Bedeutung **70** 13
- irrtümliche Unterlassung, Zulassung **70** 6
- Sicherung einer einheitlichen Rechtsprechung **70** 15
- unterbliebene Zulassung **70** 4

Staatskasse **70** 9
Verfahrenskostenhilfe **70** 8
Zulassungsfreie Rechtsbeschwerde **70** 17
Zurückweisungsbeschluss **70** 16; **74 a**
Rechtskraftzeugnis 46
Anfechtbarkeit **46** 6
Bedeutung **46** 1
Berechtigte **46** 5
Ehesachen **46** 2
Erteilung **46** 3
- Zuständigkeit **46** 3, 4
- Mitgliedstaaten der EU **46** 4
Rechtliches Gehör 37
Absehen von **37** 3 aE, 13, 20, 21
- Gefahr im Verzug **37** 14
- unverzügliche Nachholung **37** 15
Akteninhalt **37** 2
Berücksichtigung des Vorbringens **37** 6
einstweilige Anordnung **37** 12, 13, 14
Geschäftsfähige **37** 18, 19
Geschäftsunfähige **37** 18
- beschränkt Geschäftsfähige **37** 18
Parteiöffentlichkeit **37** 3
Rechtsausführungen **37** 8
im Rechtsmittelverfahren **37** 7, 9, 10, 15
- im Rechtsbeschwerdeverfahren **37** 11
Stellungnahme **37** 3
Umfang des **37** 3
Verfahrenspfleger **37** 19
Rechtsmittel
Beschwerde **58**
- Anschlussbeschwerde **66**
- sofortige Beschwerde **58** 18
in Ehe- und Familienstreitsachen **117**
Endentscheidungen **58** 8–12
Rechtsbeschwerde **70**
- Anschlussrechtsbeschwerde **73**
Sprungrechtsbeschwerde **75**
Zwischenentscheidungen **58** 8, 17–19, 21
Zwischenverfügungen **58** 9, 13
Rechtspfleger
Abgabe **4** 15
Ablehnung **6** 2, 17, 20
Ausschließung **Vor 343** 7; **6** 2
Beeidigung durch **30** 61
Bewilligung von Verfahrenskostenhilfe **76** 30
Erinnerung **58** 23–26
Geltung des BeurkG **Vor 343** 7
Gesetz zur Übertragung von Rechtspflegeraufgaben auf den Urkundsbeamten der Geschäftsstelle **Einl 55**

Nachlasssachen **Vor 343** 6
Registersachen **376** 3, 6
als Richter **Vor 343** 5
Teilungssachen **363** 5
Unternehmensrechtliche Verfahren **375** 7
Wirksamkeit von Handlungen eines unzuständigen **2** 18–22
Rechtspflegergesetz Änderung Einl 41
Rechtspflegevereinfachungsgesetz Einl 20
Rechtsschutzbedürfnis 23 10–13
Rechtsunkenntnis
als Wiedereinsetzungsgrund **17** 12
Rechtsweg 1 18–22
Spruchkörper **1** 22
Rechtswidrigkeit, Feststellung der **62**
Antrag **62** 8
Betreuung **62** 3, 5
vor Einlegung Rechtsmittel **62** 4
nach Erledigung Hauptsache **62** 1
Freiheitsentziehung **62** 3
Grundrechtseingriff **62** 2
im Rechtsbeschwerdeverfahren **70** 1; **62** 6
Verletzung von Verfahrensrechten **62** 7
vorläufige Maßnahmen **62** 3
Wechsel des Betreuers **62** 5
reformatio in peius **69** 5, 6; **84** 5
Registergericht
Amtsermittlungspflicht **381** 2
Anmeldung s dort
Aussetzung der Eintragung **381** 8
und berufsständische Organe **380** 1
Beschlüsse **382** 14
Bindung an Prozessgericht **381** 15
Einschreiten wegen fehlender Anmeldung **388** 1
Eintragung s dort
Löschung von Beschlüssen **398** 1
Löschung einer Firma **393** 1
Löschung von Gesellschaften **394** 1; **397** 1
Prüfungspflicht **381**
- in Genossenschaftsregistersachen **381** 3
- in Güterrechtsregistersachen **381** 5
- in Handelsregistersachen **381** 3
- in Partnerschaftsregistersachen **381** 3
- in Vereinsregistersachen **381** 4
unbefugter Firmengebrauch **392** 1
und unternehmensrechtliche Verfahren **375** 3
Zweifel **381** 6
Zwischenverfügungen **382** 15
Richter
Nachlasssachen **Vor 343** 8
Registersachen **376** 4
Unternehmensrechtliche Verfahren **375** 7
Rückführungsrichtlinie 422 7
Sachliche Zuständigkeit
Amtsgerichte **Vorb v 2–5** 4
Angelegenheiten der freiwilligen Gerichtsbarkeit **Vorb v 2–5** 4
Familiensachen **Vorb v 2–5** 4

magere Ziffern = Randnummern

Sachverzeichnis

Sondervorschriften **Vorb v 2–5** 4
Verhältnis zur Zulässigkeit des Rechtsweges **Vorb v 2–5** 4
Sachverständigengutachten
Betreuungssachen 278 9; 280; 282 1, 2; 294 1; **297** 8; **298** 5
Freiheitsentziehungssachen **417** 9; **420** 8, 11, 12; **427** 10, 12
Unterbringungssachen 319 8; 321; 322; 329 3; **331** 16
Scheidungssachen
Antragsschrift **124**; **133** 1
Ausschluss von der Teilnahme an der mündlichen Verhandlung weiterer Beteiligter **139** 5
Aussetzung 136
– von Amts wegen **136** 1
– – Entscheidung **136** 2
– – Umfang **136** 3
– Anfechtbarkeit **136** 8
– – Anordnung **136** 8
– – Aufhebung **136** 8
– auf Antrag **136** 4
– Aufhebung **136** 7
– Dauer **136** 6
– – Angabe der **136** 6
– – Höchstdauer **136** 6
– Widerspruch gegen Aussetzung **136** 5
Beiordnung eines Anwalts **138** 1
– Verfahren **138** 2
– Wirkung **138** 3
beizufügende Urkunden **133** 6, 7
Entscheidung in Scheidungssachen **142**
– Abweisung des Scheidungsantrags **142** 4
– – Folgesachen **142** 4
– – – Erklärung der Fortführung **142** 6
– – – Fortführung als selbständige Familiensachen **142** 5
– Ausspruch der Scheidung **142** 1
– – einheitliche Entscheidung durch Beschluss **142** 1, 7
– – streitiges End- und Versäumnisurteil **143** 1
– – Versäumnisentscheidung **142** 2
– – – Unzulässigkeit **142** 3
– – – Teilentscheidung **142** 3
– – – Vorrang bei Einspruch und Rechtsmittel **143** 2
Folgesachen
– Abtrennung siehe dort
– Eintritt der Wirksamkeit **148** 1
– – mit Rechtskraft des Scheidungsausspruchs **148** 2
– – nach Rechtskraft des Scheidungsausspruchs **148** 5
vorbereitende Ansprüche **137** 5, 7
– Zurückstellung der Entscheidung über Folgesache **148** 3
– – Ausnahme: Abtrennung **148** 4
– Zurückverweisung **146** 1

– – Beschwerdegericht **146** 4
– – Bindung an rechtliche Beurteilung **146** 5
– – gesonderte Verhandlung in Folgesachen **146** 6
Kostenentscheidung **150**
– billiges Ermessen **150** 3
– – Billigkeitsklausel **150** 6, 7, 8
– – Kriterien **150** 7, 8, 9
– Folgesachen **150** 11–15
– – abgetrennte **150** 11
– – – Billigkeitsklausel **150** 13
– – selbständig fortgeführte **150** 14, 15
– Rechtsmittel gegen Kostenentscheidung **150** 16, 17
– – Drittbeteiligte **150** 17
– – Folgesachen
– – – im Verbund **150** 16
– – – selbständig fortgeführte **150** 16
– – Rechtsmittelverfahren **150** 16
– – – Unterhaltspflicht **150** 16
– – Vereinbarung der Beteiligten **150** 10
– – zwingende Kostenregelungen **150** 2, 4
– – dritte Beteiligte **150** 5
Mitteilung von Entscheidungen **139** 4
– anfechtungsberechtigte Personen **139** 4
Mitteilung von Schriftstücken **139** 1–3
– Umfang **139** 2
– – an Kind **139** 3
– weitere Beteiligte **139** 3
notwendiger Inhalt **133** 2
– Erklärung über Einvernehmen **133** 3
– – Bedeutung **133** 3
– – Ehegattenunterhalt **133** 3
– – elterliche Sorge **133** 3
– – Kindesunterhalt **133** 3
– – Umgang **133** 3
– – Wohnungszuweisung, Hausrat **133** 3
– – Geburtsdatum gemeinschaftlicher Kinder **133** 2
– zwingende Formerfordernisse **133** 4
Rechtsmittel in Scheidungssachen
– Anschlussbeschwerde **144** 1, 2
– Verzicht auf vor Einlegung des Hauptrechtsmittels **144** 2
– Rechtsbeschwerde **147**
– – erweiterte Aufhebung wegen Sachzusammenhangs **147** 1
– – – Antrag **147** 2
– – – tatsächlicher Zusammenhang **147** 4
– – – Zeitpunkt **147** 3
– – – Zurückverweisung **147** 5
– Rechtsmittelbeschränkung, zeitliche **145**
– – Bedeutung **145** 1, 3
– – Befristung **145** 2
– – – Frist **145** 8
– – – – Beginn **145** 9
– – – – Verlängerung **145** 10
– – – Voraussetzungen **145** 4–7
– – – Wiedereinsetzung **145** 11

Sachverzeichnis

fette Ziffern = §§

Rücknahme des Scheidungsantrags **141** 1
- Erklärung der Fortführung von Folgesachen **141** 6
- – Folgen **141** 7, 8
- – Kosten **141** 9, 10; **150**
- – billiges Ermessen **141** 11
- Wirkungen der Rücknahme **141** 3
- – Gefährdung des Kindeswohls **141** 4
- – Kindschaftssache **141** 5
- Zustimmung **141** 1
- – Form **141** 1

Teilnahme an einem Informationsgespräch **135** 1, 2, 3
- Anfechtbarkeit **135** 7
- anhängige Folgesachen **135** 4
- Durchsetzung **135** 5
- freies Ermessen **135** 3
- Kostenfolge **135** 6
- Zwangsmittel **135** 5

Verbund von Scheidungs- und Folgesachen **137**
- Abtrennung vor Entscheidung über Scheidungsantrag **137** 20
- – Folgen **137** 20
- abgetrennte Folgesachen **137** 11, 12
- Aufhebung und Zurückverweisung **137** 2
- – Einleitung Folgesachen **137** 2
- Bedeutung des Verbundes **137** 1
- Folgesachen **137** 3–10
- – Güterrechtssachen **137** 7
- – Kindschaftssachen **137** 8–10, 12, 19
- – – Anwendungsbereich **137** 9
- – – Gefährdung des Kindeswohls **137** 10
- – Unterhaltssachen **137** 5
- – Versorgungsausgleichssachen **137** 4
- – Wohnungszuweisung und Hausrat **137** 6
- Frist für Entstehung des Verbundes **137** 1
- Voraussetzungen des Verbundes **137** 1
- Wirksamkeit der Entscheidung in Folgesachen **137** 18, 19
- Wirkung auf Folgesache
- – der Abweisung des Scheidungsantrags **137** 15
- – – Erklärung der Fortführung **137** 16
- – – der Aufhebung oder Abweisung durch Rechtsmittelgericht **137** 17

Verfahrenskostenhilfe in Folgesachen
- Beiordnung Rechtsanwalt **149** 6
- Erstreckung der Bewilligung der Scheidungssache auf Versorgungsausgleich **149** 1
- – Umfang **149** 2, 3
- – fehlende Erfolgsaussicht **149** 3
- gesonderte Bewilligung in den anderen Folgesachen **149** 4
- – Erfolgsaussicht als Ganzes **149** 5
- – isolierte Geltendmachung **149** 5

Verfahrenskostenvorschuss **149**
- Antrag **149** 8
- Beschwerde **149** 9
- Vollstreckung **149** 9

- Vollstreckungsklausel **149** 9
- Zuständigkeit **149** 8

Zustimmung **134**
- zur Antragsrücknahme **134** 5
- – keine notwendige anwaltliche Vertretung **134** 6; **114**
- – Kosten **134** 7
- zur Scheidung **134** 1
- – Erklärung der Zustimmung **134** 2
- – – zur Niederschrift des Gerichts **134** 3, 4
- – – – der Geschäftsstelle **134** 3, 4
- – keine notwendige anwaltliche Vertretung **134** 2; **114**
- – Widerruf der Zustimmung **134** 8
- – – Folge des Widerrufs **134** 9
- – keine notwendige anwaltliche Vertretung **134** 8; **114**
- Rechtsmittel gegen Entscheidung über Scheidungsantrag **134** 10

Scheidungsfolgesachen
Abgetrennte Folgesachen
- Anfechtbarkeit **140** 30
- befristete Beschwerde **140** 31
- – Ausnahme Versorgungsausgleich **140** 32
- Rechtsbeschwerde **140** 32
- Zwischenentscheidungen **140** 33

Abtrennung **140**
- Anfechtbarkeit der Abtrennung **140** 20, 21
- Anwendungsbereich **140** 1, 2, 3
- außergewöhnliche Verzögerung **140** 11, 12
- – Frist **140** 13
- – unzumutbare Härte **140** 14
- Disposition der Ehegatten **140** 15
- Entscheidung durch gesonderten Beschluss **140** 19
- Folgen unzulässiger Abtrennung **140** 22
- Kostenentscheidung **140** 26–29
- – Abweisung **140** 28
- – Rücknahme **140** 29
- – Vereinbarung **140** 27
- Verfahren **140** 16
- – von Amts wegen **140** 17
- – auf Antrag **140** 18
- Verfahren in abgetrennten Folgesachen **140** 23
- – anwaltliche Vertretung **140** 24
- – Wirksamkeit **140** 25
- Voraussetzungen **140** 11–14, 3
- – außergewöhnliche Verzögerung **140** 11, 12
- – – Frist **140** 13
- – – unzumutbare Härte **140** 14
- – Aussetzung **140** 10
- – Güterrechtsfolgesache **140** 8
- – Kindschaftsfolgesache **140** 9
- – Unterhaltsfolgesache **140** 10
- – übereinstimmender Antrag **140** 7
- – – Frist **140** 7

magere Ziffern = Randnummern

Sachverzeichnis

– – Versorgungsausgleich 140 4
– – – Aussetzung 140 5
– – – fehlende Mitwirkungshandlungen 140 6
– zwingende Abtrennung 140 2
Schlechterstellung siehe „reformatio in peius"
Schiedsgericht 1 13
Schlussvorschriften 485, 486, 488, 489
Behörden nach Landesgesetzen 488 1
Abänderung von Entscheidungen der Behörde 489 1
– Gegenstand der Beschwerde 489 2
das nächsthöhere gemeinsame Gericht 488 2, 3
Rechtshilfe 488 5
Vorschriften des GVG 488 4
landesgesetzliche Vorschriften 485 1, 2, 3
landesrechtliche Ergänzungs- und Ausführungsvorschriften 486 2
landesrechtliche Vorbehalte 486 1
Schriftlichkeit
Anträge und Erklärungen 25 5, 6
Beschwerdeeinlegung 64 3, 4
Schriftsätze
Berücksichtigung 37 6
Schuldverschreibung, Gläubigerversammlung 375 52
Schutzmaßnahmen in der EU 99 23
SE (Societas Europaea)
Abberufung Verwaltungsrat 375 25
Einberufung der Hauptversammlung 375 24
Ergänzung Verwaltungsrat 375 26
Geschäftsführender Direktor 375 27
Seerecht 375 12
Sonderprüfer 375 4
Sonstige Familiensachen 266, 267, 268
Anwendungsbereich 266 1, 8
– Ansprüche aus
– – allgemeine Ehewirkungen 266 9
– – Ehe 266 3
– – Eltern-Kind-Verhältnis 266 5
– – Trennung, Scheidung, Aufhebung 266 4
– – Umgangsrecht 266 6
– – Verlöbnis 266 2
Arbeitsgerichte 266 7
funktionelle Zuständigkeit 267 4
Kosten 267 5
örtliche Zuständigkeit 267 1–5
– Gericht der Ehesache 267 1, 2
– – Abgabe bei nachträglicher Rechtshängigkeit der Ehesache 268 1, 2
– – Vorschriften der ZPO 267 5
Sorgerecht s auch „Kindschaftssachen"
Auslandsbezug 99 21–24; 109 19–24; 110 5–9
Beschwerderecht 59 14; 60 8–12
einstweilig Anordnung 49 6, 13; 57 4–6
Folgesache 133 2, 3; 137 8–10, 18, 19; 140 9, 10

Kosten **81** 20
Verfahrenskostenhilfe 76 12, 16; 78 4
Vergleich **156**
Vollstreckung 86 3, 7, 8; 88 2, 3; 89 1, 5–7, 11, 12; 90 2–4
SorgeRÜbkAG Einl 16
Spruchkörper
Zuständigkeitsstreit 5 4
Staatenlose 99 5
Staatsangehörigkeit 99 5; **100** 3; **101** 3; **103** 3; **197** 6
Staatsverträge 99 14 ff
Standesbeamter
Mitteilungen **168 a**
Sterilisation 297
Stiftung
Anerkennung **Vor 343** 6
Strengbeweis 30
Stundung
Ausgleichsforderung **264** 1; **265**
Pflichtteilsanspruch **Vor 343** 6; **362** 1
Tatsachen
Feststellung von Amts wegen 26 6
Nachprüfbarkeit Rechtsbeschwerde 72 7, 8, 10, 11
neue Tatsachen im Beschwerdeverfahren 65 2–5
Teilbeschwerde 64 8
Teilentscheidungen, unzulässige 117 18; **140** 22
Teilrechtskraft 45 1
Teilungssachen
Begriff **342** 12
Nachlassauseinandersetzung s dort
Zuständigkeit 363 5
Testament
Ablieferung 358 1
Eröffnung s dort
Eröffnungsfrist s dort
Verwahrung s dort
Testamentsregister Einl 91
zentrales **347** 10
Testamentsvollstrecker
Annahme des Amtes 355 2
Beschwerde, sofortige 355 4
Beschwerdeberechtigung mehrerer – 355 8
als Beteiligter 345 7, 13
einstweilige Anordnung 355 10
Entlassung 345 16; 355 10
Ernennung 355 9
Fristbestimmung 355 2
Gebühren **345** 5, 13
mehrere – **355** 6
Meinungsverschiedenheiten 355 6
Nachlassauseinandersetzung 363 2
Zeugnis 345 13; **354** 2
Zuständigkeit 355 12
Therapieunterbringungsgesetz Einl 90
Anh zu 312 Vorb 1

Sachverzeichnis

fette Ziffern = §§

Anwendungsbereich **Anh zu 312** 1 2
Anhörung **Anh zu 312** 8
- Beteiligte **Anh zu 312** 8 1
- Betroffene **Anh zu 312** 8 2
Anordnung, einstweilige **Anh zu 312** 14, 15
- Dauer **Anh zu 312** 14 3
- Gefahr im Verzuge **Anh zu 312** 15
- Teil der Hauptsache **Anh zu 312** 14 2
Aufhebung der Unterbringung **Anh zu 312** 13
Beiordnung **Anh zu 312** 7
Beschwerde **Anh zu 312** 16 1
- Beschwerdebefugnis **Anh zu 312** 16 2
- Beschwerdefrist **Anh zu 312** 16 3
Beteiligte **Anh zu 312** 6
- auf Antrag **Anh zu 312** 6 2
- kraft Gesetz **Anh zu 312** 6 1
Dauer der Unterbringung **Anh zu 312** 12
Divergenzvorlage **Anh zu 312** 18
Einleitung des Verfahrens **Anh zu 312** 5
- auf Antrag **Anh zu 312** 5 1
- Antragsberechtigung **Anh zu 312** 5 2
Einzelrichter **Anh zu 312** 4 1; **Anh zu 312** 16 4
Entscheidung **Anh zu 312** 10
Führungsaufsicht **Anh zu 312** 11 2
Grundrechtseinschränkung **Anh zu 312** 21
Kostenfreiheit **Anh zu 312** 19
Mitteilung von Entscheidungen **Anh zu 312** 5 3
Rechtsbeschwerde **Anh zu 312** 17, 18
Sachverständigengutachten **Anh zu 312** 9
Unterbringungsvoraussetzungen
- materielle **Anh zu 312** 1 3
- verfahrensrechtliche **Anh zu 312** 1 1
Unterbringungseinrichtung **Anh zu 312** 2 1, 3
Verfahren
- Anwendbare Vorschriften **Anh zu 312** 3
Vergütung der Rechtsanwälte **Anh zu 312** 20
Zuführung zur Unterbringung **Anh zu 312** 11 1
Zuständigkeit
- einstweilige Anordnung **Anh zu 312** 4 3
- örtlich **Anh zu 312** 4 2
- sachlich **Anh zu 312** 4 1
Übergangsregelung Art 111 FGG-RG 1–4
Amtsverfahren **Art 111** 1
Antragsverfahren **Art 111** 1
Ausnahmen **Art 111** 2–4
Verfahrenskostenhilfe **Art 111** 1
Vollstreckungsverfahren **Art 111** 1
Rechtsmittel **Art 111** 1
Überweisungszeugnis 354 3; **373** 5
Umgangsrecht
Auslandsbezug **110** 7–9
Beschwerderecht **59** 14; **60** 8–12

einstweilige Anordnung **57** 4–6
Folgesache **133** 3; **137** 8–9; **140** 9–10
Kosten **81** 20
Verfahrenskostenhilfe **76** 16; **78** 4
Vergleich **36** 6, 7; **156; 165** 11
Vermittlungsverfahren **165**
Vollstreckung **86** 7, 8; **88** 2, 3; **89** 5–7, 8–10; **90** 2–4
Umwandlungsgesetz
und unternehmensrechtliche Verfahren **375** 28
Unanfechtbarkeit
Zwischenentscheidungen **58** 19
Unbekannte
Pflegschaft **340** 5
Unbestimmter Rechtsbegriff 72 14
Unmittelbarkeit 30 20
Unrichtigkeit, offenbare **42** 1–3
Untätigkeitsbeschwerde Einl 88; **58**, 7
Unterbrechung
Tod eines Beteiligten **21** 7
Verfahren **21** 7
Verfassungsbeschwerde **21** 7
Unterbringung Volljähriger
Abgabe **314**
- Anhängigkeit **314** 3
- Bestimmung des zuständigen Gerichts bei Streit **314** 9
- isolierte Abgabe **314** 6
- Übernahmebereitschaft **314** 7
- Weigerung **314** 8
- wichtiger Grund **314** 1, 4, 5
Anhörung **319**
- Betroffener **319** 1
- Beschwerdeverfahren **319** 3
- – Absehen von **319** 3
- – beauftragter Richter **319** 2
- mündliche Erörterung **319** 10
- Rechtshilfe **319** 2
- – internationale **319** 4
- rechtliches Gehör **319** 9, 10
- Sachverständiger bei Absehen von Anhörung **319** 8
- Unterbleiben bei freiheitsentziehender Maßnahme **319** 6
- Vorführung **319** 7
- weitere Beteiligte **320** 1
- zwingende Anhörung **320** 9
Anwendungsbereich **312**
- Freiheitsentziehung **312** 5
- öffentlich-rechtliche Unterbringung **312** 3, 4, 17
- unterbringungsähnliche Maßnahmen **312** 7, 14
- Unterbringungsmaßnahmen durch Gericht **312** 16
- zivilrechtliche Unterbringung **312** 10, 11, 12
Aufhebung Unterbringungsmaßnahme **330**
- öffentl-rechtliche **330** 2
- zivilrechtliche **330** 1

magere Ziffern = Randnummern

Sachverzeichnis

Aussetzung der Vollziehung bei öffentlich-rechtlicher Unterbringung 328 1
– Anfechtbarkeit 328 3
– Befristung 328 2
Benachrichtigung von Angehörigen 339
Beschwerdeberechtigung im Interesse des Betroffenen 335
– Beteiligung in erster Instanz 335 3
– Betreuter 335 5
– – mehrere 335 6
– Verfahrenspfleger 335 4
– Vorsorgebevollmächtigter 335 7
– – Aufgabenbereich 335 8
– – mehrere 335 9
– zuständige Behörde 335 10
Beteiligtenstellung 315 1
– Betreuungsbehörde 315 4
– Jugendamt 315 4
– Person des Vertrauens 315 6
– Verfahrenspfleger 315 3
Dauer der Unterbringung 329 1
– Verlängerung 329 2, 3
– – Anordnung 329 3
– – Genehmigung 329 3
– – Unterbringung 329 2
Einlegung der Beschwerde durch Untergebrachten 336
– Betreuer 336
– Verfahrensbevollmächtigter 336
Einstweilige Anordnung 321 1
– ablehnende Entscheidungen 321 20
– ärztliches Zeugnis 331 11
– Anwendungsbereich 331 5
– Außerkrafttreten 331 4
– Beschwerdeberechtigung 331 27
– Dringlichkeitsstufen 331 6
– Einleitung des Hauptverfahrens 331 3
– Entscheidung 331
– – Bekanntgabe an Betroffenen 331 17
– – – weitere Beteiligte 331 18
– – – Leiter der Einrichtung 331 18
– – – zuständige Behörde 331 18, 19
– einstweilige Maßregeln 331 1
– persönliche Anhörung des Betroffenen 331 13
– – Rechtshilfe 331 14
– – Unterbleiben 331 16
– – – ärztliches Gutachten 331 16
– Rechtswidrigkeit 331 25
– – Feststellung 331 26
– Unterrichtung des Betroffenen 331 15
– Verfahrenspfleger 331 12
– Voraussetzungen
– – öffentlich-rechtlich 331 10
– – zivilrechtlich 331 7, 8, 9
– Wirksamkeit, Rechtskraft 331 21
– – sofortige Wirksamkeit 331 21
Einstweilige Anordnung bei gesteigerter Dringlichkeit 332 1
– ärztliches Zeugnis 331 3
– vor Anhörung Betroffener 332 2

– vor Bestellung Verfahrenspfleger 332 2
– vorläufiger Betreuer 332 3
Entscheidung 323 1
– Begründung 323 7
– Erlass 323 2
– Inhalt 323 1
– – Art der Maßnahme 323 4
– – Bezeichnung der Unterbringungsmaßnahme 323 4
– – Zeitpunkt der Beendigung 323 6
funktionelle Zuständigkeit 313 7
Kosten, Auslagen des Betroffenen 337
– Staatskasse
– – nach Ermessen 337 4–6
– – zwingend 337 1–3
Mitteilung von Entscheidungen an Behörden, Einrichtungen 338 1
– Aktenkundigkeit 338 4
– Leiter der Einrichtung 338 6
Unterrichtung des Betroffenen 338 2
– Unterbleiben 338 3
– Zweckbindung, Verwendungsregelung 338 5
Örtliche Zuständigkeit 313
– einstweilige Maßnahmen 313 3
– Konzentrationsermächtigung 313 5
– Mitteilungspflichten 313 6
– öffentlich-rechtliche Unterbringung 313 4
– zivilrechtliche Unterbringung 313 2
Sachverständigengutachten 321 1
– ärztliches Zeugnis 321 4
– Auswahl 321 2
– förmliche Beweisaufnahme 321 1
– Inhalt des Gutachtens 321 3
– Qualifikation 321 2
– Vorführung zur Untersuchung 322
– – Anhörung 322 2
– – unmittelbarer Zwang 322 2, 5
– – Unterbringung zur Begutachtung 322 3
– – Anfechtbarkeit 322 7, 8
– – Anordnungen zur Durchführung 322 6
– – Dauer 322 4
– – Feststellung der Rechtswidrigkeit 322 9
– – Gerichtliche Entscheidung 322 5
Staatskasse
– Auferlegung von Auslagen des Betroffenen 337 1, 2
Verfahrensfähigkeit 316
Verfahrenspfleger 317
– bei Absehen von Bekanntgabe Entscheidungsgründe 317 2
– Anfechtbarkeit 317 9
– Anhörung 317 3
– Auswahl 317 5
– Beendigung 317 7, 8
– Erforderlichkeit 317 1
– Kosten 317 10

1247

Sachverzeichnis

fette Ziffern = §§

- Unterbleiben 317 4
- Wirkung auf Verfahrensfähigkeit 317 6
Vergütung – siehe dort
Vollzugsangelegenheiten bei öffentlich-rechtlicher Unterbringung 327
- Antrag 327 1
- gerichtliche Entscheidung 327 1, 2
Wirksamkeit 324 1
- Anfechtbarkeit 324 4
- Eintritt 324 1
- sofortige 324 3
Unterbringung Minderjähriger 167
UnterhÄndG Vorb v 231–260
Anpassung von Unterhaltstiteln **Vorb v 231–260** 12
Materiellrechtliche Änderungen **Vorb v 231–260** 2–9; **238** 23, 24
Verfahrensrechtliche Änderungen **Vorb v 231–260** 25–28
Übergangsregelungen **Vorb v 231–260** 14–16
- neue Tatsachen **Vorb v 231–260** 15
- Wiedereröffnung **Vorb v 231–260** 14
Unterhalt 231–260
Abänderungen **238, 239, 240**
- Änderungen
- - gesetzliche (UnterhÄndG) **238** 23, 24
- - höchstrichterliche **238** 12
- - nachträgliche **238** 13
- - tatsächliche **238** 9
- - wesentliche **238** 9
- - Zeitpunkt **238** 12; 19–21
- Endentscheidung **238** 3, 7, 21
- - bei Verfahren auf Feststellung der Vaterschaft **240** 2–7
- Jugendamtsurkunde **239** 7
- Urkunde **239** 7
- Vergleich **239** 1–5
- Versäumnisurteil **238** 13
Abgabe
- Gericht der Ehesache **232** 1, 2; **233** 1–3
Anwendungsbereich **231** 2–9, 10, 11
Auskunft **235** 2–5
Dritter **236** 1–4, 7
Mitteilung an Beteiligte **236** 5
Weigerung **236** 7
Beistandschaft Jugendamt **234** 1, 2
Einstweilige Anordnung **246** 1, 2, 3
- Gegenstand **246** 1
- - bei Feststellung Vaterschaft **248** 1–8
- - vor Geburt **247** 2
- Voraussetzungen **246** 3
einstweilige Einstellung der Zwangsvollstreckung **242** 1–6
- Glaubhaftmachung **242** 2
- Kosten **242** 7
- Rechtspfleger **242** 5
- Vollstreckungsgericht **242** 3
in der EU
- Haager Protokoll **105** 8
- Vollstreckung **110** 10

- - Zusammenhang mit Feststellung der Vaterschaft **110** 10
- - Zuständigkeit **108** 10
- - EuGVVO **105** 7; **108** 10
- - EG-UnterhaltsVO **105** 8; **108** 10
- - EuVTVO **108** 13
Kosten **243** 1, 2
- Anfechtung mit Hauptsache **243** 9
- Ermessen **243** 4–8
örtliche Zuständigkeit **232**
- Anhängigkeit
- - Ehesache **232** 1, 2
- - Feststellung der Vaterschaft **237** 4–8
- - Unterhaltsanspruch Kind **232** 8–12
- fehlender Gerichtsstand im Inland **232** 14
- Vorrang **232** 5
- Vorrang EuGVVO **232** 15
- Vorschriften der ZPO **232** 6, 7, 14
- - Abänderungsverfahren **232** 13, 14
Rückforderung nach Herabsetzung **241** 2
Streitgegenstand **231** 8
- Beschlussformel **231** 8
Verfahrensrechtlicher Auskunftsanspruch **235** 1, 2, 4, 5, 9
- Fristsetzung **235** 5, 6, 8
Vollstreckung Unterhaltstitel **244**
- Ausland **245** 1–4
- Eintritt der Volljährigkeit **244** 1–3
Vorschriften
- freiwillige Gerichtsbarkeit **231** 13
- Zivilprozessordnung **231** 12
Unterhalt bei Feststellung Vaterschaft 237
Antrag **237** 2
einstweilige Anordnung **248** 1–8
Höhe **237** 5–7
- Erhöhung **237** 11
- Herabsetzung **237** 8
- örtliche Zuständigkeit **237** 4–8
Unterhalt, Vereinfachtes Verfahren 249–260
Antrag **250** 1, 16, 17; **257** 1–4
- Form **250** 1, 2, **257** 4
- Formular **259** 1, 2
- Inhalt **250** 3, 4–18
- Protokoll **257** 3
Beiordnung Rechtsanwalt **249** 10
Einwendungen **252** 1, 2–4, 11, 12
Entscheidung **252** 6–16
Feststellungsbeschluss **253**
- Abänderung **253** 1
- Beschlussformel **253** 3
- Beschwerde **256** 1–3
- Hinweise **253** 16
- Inhalt **253** 11
- Kosten **253** 13
- Kostenfestsetzung **253** 14
- - isolierte **256** 6
- Rechtsbehelfsbelehrung **256** 6
- Teilfestsetzung **254** 3

magere Ziffern = Randnummern

Sachverzeichnis

– Übergangsregelung **253** 6–9
– Vollstreckung Ausland **253** 5
Konzentrationsermächtigung **260**
– Anträge, Erklärungen Minderjähriger **260** 2
– Unterhaltsansprüche Minderjähriger **260** 1
Maschinelle Bearbeitung **258** 1–3
Mitteilung zulässiger Einwendungen **254**
Streitiges Verfahren **255**
– Antrag auf Überleitung **255** 2, 9, 10
– Einheitliche Entscheidung **255** 4, 5
– Kosten **255** 6–8
– Übergang in das streitige Verfahren **252** 14
– Verfahren **255** 3
Verfahren bei Zulässigkeit des Antrags **251** 1–8
Vordrucke **252** 13
Zurückweisung **250** 19–21
– Anfechtbarkeit **250** 22, 23
Unternehmensrechtliche Verfahren
Begriff **375** 1
Beteiligte **402** 3
Beschwerde **402** 7
Gebühren **402** 13
und Vereinssachen **375** 52
Verfahren **402** 3
Zuständigkeit **375** 3
– ausschließliche **375** 2
– des Amtsgerichts **375** 3
– des Landgerichts **375** 4
– internationale **375** 6
– funktionelle **375** 7
– örtliche **375** 5
Unternehmensregister 374 4
Untersagung des Vortrags 10 13
Unterschrift 23 14
Untersuchung
psychiatrische in Sorgerechtsverfahren **35** 2; **160** 6
Vorführung **322** 2, 5
Unterbringung **322** 3, 6
Untersuchung von Sachen
Beschwerde **414** 1
Beteiligte **414** 2
Gebühren **410** 8
Grundlagen **410** 6
Verfahren **410** 7
Zuständigkeit **411** 4
Unwirksamkeit
gerichtlicher Handlungen **2** 29
Rechtspfleger **2** 19–20
Urkundsbeamter der Geschäftsstelle **2** 22
Unzulässigkeit
Änderung gerichtlicher Entscheidungen **48** 13
Unzuständigkeit
Gericht einer anderen Verfahrensart **2** 26
international **2** 23, 24
örtlich **2** 13, 17
sachliche **2** 25
Urkundenbeweis 30 25

Urkundsbeamter der Geschäftsstelle
Registersachen **376** 10
Vaterschaftsfeststellung 182 1, 3–5
Verbund s „Scheidungssachen"
Verein
Anmeldung s dort
Auflösung **388** 12
Beschwerde **401** 3
Einberufung der Mitgliederversammlung **375** 52
Eintragung s dort
Rechtsfähigkeit
– Entziehung **401** 1
Satzungsänderung **388** 12
unzulässiger Name **395** 10
Vorstandsanhörung **401** 3
Vereinsregister
Anmeldung s dort
Einsicht **385** 2
Eintragung s dort
Führung **374** 12
maschinelle Führung **374** 14
Mitteilungspflichten **400** 1
Rechtsgrundlagen **374** 13
Zuständigkeit **376** 6, 14; **377** 3
Zwangsgeldverfahren s dort
Vereinsregistersachen 374 11
Vereinsregisterverordnung
Inhalt **374** 13
Ermächtigungsgrundlage **387** 4
Verfahrensbeistand 158
Abstammungssachen **174**
Adoptionssachen **191**
Aufgabenbereich **158** 1
– Beschränkung **158** 3
– zusätzliche Beauftragung **158** 4
Anfechtbarkeit **158** 16–18
Auswahl **158** 15
Beendigung **158** 15
Bestellung **158** 5–13
– Voraussetzungen **158** 5, 6
– – Gefährdung Kindeswohl **158** 8
– – Interessengegensatz **158** 2
– – Trennung von Person in Obhut **158** 9
– – Umgangsrecht **158** 11
– Ausnahme: über 14 Jahre altes Kind **9** 5; **158** 12
– Absehen von **158** 13
– – anderweitige Vertretung **158** 14
– – geringe Tragweite **158** 13
funktionelle Zuständigkeit **158** 11
Geschwisterkinder **158** 5, 21
Kindschaftssachen **158**
Kosten **158** 23
Vergütung, Aufwendungsersatz **158** 20–22
– berufsmäßige Ausübung **158** 21
– Pauschale **158** 21
Vergütung – siehe dort
Vermittlungsverfahren **165** 1, 2
– Antrag **165** 4
– Anwendungsbereich **165** 3

1249

Sachverzeichnis

fette Ziffern = §§

- gerichtlich gebilligter Vergleich **165** 11, 12
- – Maßnahmen bei Scheitern **165** 13
- – Kosten **165** 14
- – Vollstreckbarkeit **165** 12
- Termin **165** 7, 9
Vernehmung des Kindes **163** 4
Verfahrensgegenstand
in der Rechtsbeschwerdeinstanz **72** 22; **74** 5
Verfahrensfähigkeit 9
Ausländer **9** 9, 21
Allgemeine Ermächtigung zur Prozessführung **9** 20
Begriff **9** 1
beschränkt Geschäftfähige **9** 3, 4
Beschwerderecht **9** 4
Bestellung eines Vertreters durch das Gericht **9** 23
Betroffene
- in Betreuungsverfahren **9** 7
- in Unterbringungsverfahren **9** 8
Ergänzungspfleger **9** 5, 10
Fehlen der – **9** 12
Geschäftsfähige **9** 3
Geschäftsunfähige **9** 8
Gesetzliche Vertretung von natürlichen Personen **9** 10, 13, 14
- von Vereinigungen und Behörden **9** 14
herrenloses Grundstück **9** 24
Jugendamt als Beistand **9** 19
über vierzehnjähriges Kind **9** 5
- Abstammungssachen **9** 5; **172** 2; **174** 4
- Adoptionssachen **9** 5
Prozessführung kraft Amtes **9** 11 aE
Teilgeschäftsunfähigkeit **9** 13
Verfahrensfähigkeit nach anderen Gesetzen **9** 6
Verschulden des Vertreters
- gesetzlicher **9** 15
- gewillkürter **9** 16
Vertretung durch Betreuer **9** 18
Vorschriften der Zivilprozessordnung **9** 17–24
Zulassung zur Prozessführung **9** 22
Verfahrenskostenhilfe 76
Anfechtbarkeit **76** 22
- Abhilfe **76** 25
- Beschwerdefrist **76** 24
- Sofortige Beschwerde **76** 23
Anwendungsbereich **76** 1
- außergerichtliche Streitbeilegung **76** 3
- Jugendamtsurkunde **76** 3
- Verfahrenskostenhilfeverfahren **76** 2
Antrag auf Bewilligung **77** 3
- Erklärung über die persönliche und wirtschaftliche Verhältnisse **77** 4–7
- – an Gegner zur Stellungnahme **77** 6
- Form **77** 3
Ausländer **76** 19
Beiordnung eines Rechtsanwalts **78**
- auswärtiger Anwalt **78** 5, 6
- – Erforderlichkeit der Beiordnung **78** 3

- – persönliche Fähigkeiten **78** 3, 4
- – Gewaltschutzsachen **78** 4
- – Kindschaftssachen **78** 4
- – Umgangssachen **78** 4
- – Vaterschaftsfeststellungsverfahren **78** 4
- – vereinfachtes Verfahren **249** 10
- – Vermittlungsverfahren **78** 4
- – Schwierigkeit der Sach- und Rechtslage **78** 2
- – notwendige Vertretung **78** 1
- – Terminswahrnehmung **78** 7
- – – Auswahl durch den Vorsitzenden **78** 8
Beratungshilfe **76** 5
- innerhalb der EU **76** 4
Bewilligung **77** 9
- Rechtszug **77** 10
- höherer Rechtszug **77** 11
Erfolgsaussicht **76** 14, 16
- Familienstreitsachen **76** 17
- fehlende Mutwilligkeit **76** 15, 16
- Verbesserung der eigenen Rechtsposition **76** 18
Erledigung des Verfahrens **76** 2
Parteien kraft Amtes, juristische Personen **76** 20
Rechtsbeschwerde **76** 26
- Erfolgsaussicht **76** 26
- persönliche Voraussetzungen **76** 26
- Verfahrensfragen **76** 30
Rechtliches Gehör **76** 6
Rechtsmittelfrist nach Verweigerung **76** 24
Rechtspfleger **76** 30; **77** 2
Rechtszug **77** 10
- höherer Rechtszug **77** 11
Verfahren **77** 1
Wirkungen **76** 21
Wirtschaftliche Verhältnisse **76** 6
- Einkommen **76** 8, 9
- – absetzbare Aufwendungen **76** 10
- – einzusetzendes Einkommen **76** 11
- – einzusetzendes Vermögen **76** 12, 13
- – Prozesskostenvorschuss **76** 7
Staatskasse
- Beschwerdeberechtigung **76** 29
Vollstreckung **77** 12
Zuständigkeit **77** 1
Verfahrenskostenhilfe (Prozesskostenhilfe) innerhalb der EU 76 19; **Anh 78** 1
Beratungshilfe **Anh 78** 4
Ersuchen
- ausgehende **78** 2
- eingehende **78** 3
Grundzüge **78** 1
Verfahrensleitung
Datenträger **28** 4 aE
durch das Gericht **28** 1
Hinweise **28** 1, 2
Niederlegung des Ergebnisses
- persönliche Anhörung **28** 3, 4
- Termin **28** 3, 4

magere Ziffern = Randnummern

Sachverzeichnis

Protokollführer **28** 4
rechtliches Gehör **28** 2
Vermerk **28** 3
Verfahrenspfleger
Betreuungssachen **276**
Freiheitsentziehungssachen **317**
Unterbringungssachen **419**
Verfahrenstrennung 20
Scheidungs- und Folgesachen **20** 2; **140**
Verfahrensverbindung 20
Abstammungssachen **20** 2; **179**
Adoptionssachen **20** 2; **196**
Ehesachen **20** 1; **126**
Verfahrensvorschriften
Verletzung **59** 6
Verfügung von Todes wegen
s Erbvertrag
s Testament
Vergleich 36 2, 8
Amtsverfahren **36** 5
Änderung **36** 15, 16; **48** 8 aE; **227, 239**
Dispositionsbefugnis **36** 1
Form **36** 10
– Protokoll **36** 10, 13
– Protokollberichtigung **36** 10
gerichtlich gebilligter Vergleich **36** 6, 7
– Kindschaftssachen **36** 6, 7
– Umgangssachen **36** 6, 7
gesetzlich zugelassener Vergleich **36** 3
Kosten **36** 8
schriftlicher Vergleich **36** 12
– Sondervorschriften **36** 11
– im Termin **36** 10
Sondervorschriften **36** 11
Streit über Wirksamkeit **36** 14
verfahrensbeendender Vergleich **36** 2, 8
– Beispiele **36** 8
in Verfahrenskostenhilfeverfahren **36** 4
Vergütung, Aufwendungsersatz 168
Anhörung **168** 28
Antragsberechtigung **168** 11, 21
Anwendungsbereich **168** 3, 4
– Betreuer **168** 4
– Verfahrensbeistand **168** 3
– Vormund **168** 3
Ausschlussfristen **168** 25, 26, 46
Berufsmäßigkeit **168** 15
Entscheidung **168** 31
– Änderung **168** 33
– Vollstreckung **168** 32
Festsetzungsverfahren **168** 10
Festsetzung im Verwaltungsweg **168** 37
Heimaufenthalt **168** 47
Pauschalierung **168** 7, 20
Qualifikation **168** 4, 5
Rechtsmittel **168** 34
– anfechtbare Entscheidungen **168** 35
– Anfechtungsberechtigung **168** 36
– Rechtsbeschwerde **168** 38
Schongrenze **168** 12

Tod des Betreuten **168** 22
– Festsetzung gegen Erben **168** 23, 24
Vormünder- und Betreuervergütungsgesetz **168** 40 ff
Wechsel des Betreuers **168** 16
Vergütung, Verfahrenspfleger 277
Anfechtbarkeit **277** 8
berufsmäßiger Verfahrenspfleger **277** 3–5
– Fachkenntnisse **277** 5
– Feststellung **277** 4
– Umfang **277** 5
ehrenamtlicher Verfahrenspfleger **277** 2
– Aufwendungsersatz **277** 2
Festsetzung **277** 7
Rechtsanwalt als Verfahrenspfleger **277** 6
Staatskasse **277** 7
Verhandlung, mündliche 32 1–3; **137** 1
Verhinderung
des zuständigen Gerichts **5** 6
Verjährung familien- und erbrechtlicher Ansprüche **Einl 85**
Verklarung
Floßunfall **402** 8
Schiffsunfall **402** 9
Verkündung
gerichtlicher Entscheidungen **38** 4
Verlängerung
der Frist zur Begründung der Rechtsbeschwerde **71** 7
Vermächtnis
Fristbestimmung **355** 2
Vermächtnisnehmer
Beschwerderecht **59** 26
als Beteiligter **345** 7
Vermittlung der Auseinandersetzung Vor 363 1
Vermittlungsverfahren
Umgangsrecht **165**
Vermögenslosigkeit
Löschung von Gesellschaften wegen – **394** 1
Vernehmung von Beteiligten
eidliche **30** 29
Verpflichtung Betreuer 289
Versäumnisverfahren
im Beschwerdeverfahren
– Säumnis Antragsgegner **130** 6
– Säumnis Antragsfehler **130** 3
Ehesachen **130** 1–7
Familienstreitsachen **117** 19, 20
bei Nachlassauseinandersetzung s dort
Scheidungssachen **130** 1–7
Versäumung einer Frist 17 1–4
Versicherungsaufsichtsgesetz 375 48
Versicherung an Eides statt
Glaubhaftmachung **31** 1
Zwangsvollstreckung **94**
Versorgungsausgleich
Abänderung von Entscheidungen über öffentlich-rechtlichen Ausgleich **225** 1, 4
– Durchführung der **226** 1–10

1251

Sachverzeichnis

fette Ziffern = §§

Abänderung sonstiger Entscheidungen über den Versorgungsausgleich **227** 1, 2, 5
– Ausgleichsansprüche nach der Scheidung **227** 3
– Hinterbliebenenversorgung **227** 4
Abänderung von Vereinbarungen
– Vereinbarungen (nach der Scheidung) **227** 7–15
– – Vereinbarungen **227** 8
– – Regelungsbeispiele **227** 9
– – – formelle Voraussetzungen **227** 11
– – – Inhalts- und Ausübungskontrolle **227** 10
– Voraussetzungen **227** 13
– – Härtefallprüfung **227** 16
– – Wahrung der Vergleichsgrundlage **227** 12
Anpassungen an Veränderungen **Vorb v 217–229** 22
– grundrechtswidrige Auswirkungen **Vorb v 217–229** 23
– Unterhaltsfälle **Vorb v 217–229** 24
Anfechtbarkeit
– Wertgrenze **228** 1, 2
Auskunftspflicht **220**
– gegenüber dem Gericht **220** 2
– – Eheleute **220** 3
– – „sonstige Stellen" **220** 4
– – Versorgungsträger **220** 3, 11, 12
– – Eheleute gegenüber Versorgungsträger **220** 16
– – Versorgungsträger gegen Eheleute **220** 17
– – wechselseitige der Eheleute **220** 13
– – – Vollstreckungstitel **220** 15
– Erzwingung **220** 2
– – Amtsverschwiegenheit **220** 2
– – Zeugnisverweigerung **220** 2
– Form **220** 5
– Inhalt der Auskunft der Versorgungsträger **220** 8
– – Ausgleichswert, Berechnungen, Berechnungsmethoden, Bestimmung **220** 9, 10
– – korrespondierender Kapitalwert **220** 11
– – Berechnung Rentenbetrag bei Ausgleich nach Scheidung **220** 12
– Mitwirkungspflichten der Ehegatten
– – gegenüber Gericht **220** 7
– – gegenüber Versorgungsträger **220** 6
– Vorschlag zur Bestimmung des Ausgleichswertes **220** 9
Aussetzung des Verfahrens **221**
– Anfechtbarkeit **221** 13
– Ermessen **221** 11
– Klärung Vorfrage
– – Spezialgericht **221** 9
– – durch Familiengericht selbst **221** 10
– zwingende Aussetzung **221** 12
– Externe Teilung **222**
– – Durchführung **222** 3

– – Entscheidung **222** 7
– – Erklärung zur Herbeiführung **222** 4
– – Vollstreckungstitel **227** 8
– – Voraussetzungen **227** 1
– – Zielversorgung **227** 5, 6
– – Einverständnis Versorgungsträger **227** 6
– – Unterbleiben **227** 5
– – Wahlrecht **227** 5
Beschwerdewert **228** 1, 2
Beteiligte **219**
– Begriff **219** 1, 2
– Erben **219** 7
– Hinterbliebene **219** 7
– Hinzuziehende Personen **219** 3
– Versorgungsträger **219** 5
– – externe Teilung **219** 6
– – Ausgleich nach der Scheidung **219** 7
Entscheidung **224**
– Änderungsverfahren **224** 2
– Begründung **224** 3
– – Benennung fehlenden Wertausgleichs **224** 11
– Eintritt der Wirksamkeit **224** 1
– Rechtskraft der tragenden Gründe **224** 9
– Tenor **224** 4–6
– – Ausschluss des Wertausgleichs **224** 9, 10
– – Ansprüche nach der Scheidung **224** 6
– – externe Teilung **224** 5
– – Feststellung, dass kein Versorgungsausgleich stattfindet (Vergleich) **224** 7
– – interne Teilung **224** 4
– – Teilentscheidungen **224** 8
Erörterungstermin **221**
– Bedeutung **221** 2–7
– Gegenstand **221** 1–3
– Hinweise auf Regelungsbefugnisse der Eheleute **221** 8
örtliche Zuständigkeit **218**
– Amtsgericht Schöneberg **218** 5
– Anhängigkeit einer Ehesache **218** 1
– ausschließliche **218** 1
– gewöhnlicher Aufenthalt **218** 3
– – gemeinsamer der Eheleute **218** 3
– – mehrere **218** 4
– selbständige Verfahren **218** 2
schuldrechtlicher Ausgleich nach der Scheidung **223** 1
– Antragsverfahren **223** 4
– Ausgleichsrente **223** 2
– Hinterbliebenenversorgung **223** 3
Strukturreform des Versorgungsausgleichs (materielles Recht) **Einl** 78
– Absehen von Versorgungsausgleich **Vorb v 217–229** 9
– Ausgleich in Härtefällen **Vorb v 217–229** 18
– Ausgleichswert **Vorb v 217–229**
– – Bestimmung des – **Vorb v 217–229** 14

1252

magere Ziffern = Randnummern **Sachverzeichnis**

– – Ermessensspielraum des Gerichts **Vorb v 217–228** 17
– – Wertermittlung **Vorb v 217–229** 15
– – zeitratierliche Bewertung **Vorb v 217–229** 16
– einer ausgleichspflichtigen Person **Vorb v 217–229** 12
– Ausschluss des Versorgungsausgleichs **Vorb v 217–228** 8
– Durchführung des Versorgungsausgleichs **Vorb v 217–229** 10
– Externe Teilung **Vorb v 217–229** 4, 5, 6
– – Wahlrecht Zielversorgung **Vorb v 217–229** 7
– Interne Teilung **Vorb v 217–229** 2, 3
– schuldrechtlicher Versorgungsausgleich **Vorb v 217–229** 11
– Tod eines Ehegatten **Vorb v 217–229** 13
Tod eines Ehegatten vor Rechtskraft **Vorb v 217–229** 13; **224** 12
– der ausgleichspflichtigen Person **Vorb v 217–229** 12; **224** 13
Übergangsregelungen **Ü** 1–10
– Abänderung öffentlich-rechtlicher Versorgungsausgleich **Ü** 7
– – Durchführung **Ü** 8
– Allgemeine Übergangsregelung **Ü** 2–4
– Bewertung Teilausgleich nach Scheidung **Ü** 9
– nachträgliche Anpassung öffentlich-rechtlicher Versorgungsausgleich **Ü** 5
– Wiederaufnahme nach VAÜG **Ü** 6
– Übergangsvorschriften nach
– – Erstes EheRG **Ü** 10
– – Versorgungsausgleichsmaßnahmengesetz **Ü** 10
Verbund **137** 4
Vereinbarungen **227** 7
– Abänderung **227** 13
– Durchführung **227** 15
– formelle Wirksamkeitsvoraussetzungen **227** 11
– Härtefallprüfung **227** 16
– Inhalts- und Ausübungskontrolle **227** 10
– Prüfung durch das Gericht **227** 10–12
– Regelungsbeispiele **227** 9
– Wahrung der Vergleichsgrundlage bei Abänderung **227** 14
Versorgungsausgleichskasse Einl 86
Vertragsgegner
Beschwerderecht **41** 8; **59** 12
Vertreter, besondere
Schadenersatzansprüche **375** 28
Verwahrung, amtliche
Ablieferungspflicht in die – **346** 1
Annahme **346** 6
– Anordnung **346** 7
– Bewirkung **346** 10
Begriff **346** 4
– besondere **346** 4

– einfache **346** 4, 21
– erneute besondere – **344** 8; **346** 19
Durchführung **346** 11
Herausgabe aus der – **346** 14
– Verfahren **346** 15
– Verlangen **346** 14
– Wirkung **346** 17
Hinterlegungsschein **346** 13
Einsichtnahme **348** 18
Erbvertrag **346** 2
Gebühren **343** 24
Rechtsmittel **346** 23
Testament **346** 2
Zuständigkeit **344** 2; **346** 5
Verwahren von Sachen
Gebühren **410** 11
Grundlagen **410** 9
Beteiligte **412** 3
Verfahren **410** 10
Vergütung **410** 9
Zuständigkeit **411** 5
Verweisung
Amtsgericht Schöneberg **4** 1; **187** 8; **343** 7
von Amts wegen **3** 4
Anfechtbarkeit
– Grundsatz **3** 9
– Ausnahme **3** 10
Anhörung **3** 5
Bindung **3** 7
– einstweilige Anordnung **3** 7
– Familiengericht **3** 7
– fehlende Bindung **3** 8
– Verfahrenskostenhilfe **3** 7
Ehesachen **3** 3
einstweilige Anordnung **3** 1
internationale Zuständigkeit **3** 3
Kosten **3** 11
mehrere zuständige Gerichte **3** 6
örtliche Zuständigkeit **3** 1
sachliche Zuständigkeit **3** 1
Verfahren **3** 4
Verfahrenskostenhilfe **3** 2
Verhältnis zur Rechtswegfrage **3** 3
Verzicht
auf Beschwerde **67**
Vollmacht
Beendigung **10** 5
Beschränkung **11** 4
in Ehe- und Familienstreitsachen **114** 15, 16
Form **10** 7, 8
Fortbestand **10** 5
Nachweis **10** 9
öffentlich beglaubigte Vollmacht **10** 10
Prüfung **114** 15
Umfang **11** 2, 3; **114** 15
vermutete Vollmacht des Notare **10** 10
vollmachtloser Vertreter **10** 6
Wirkung **11** 2, 3
Vollstreckbarkeit 86 11–14
vorläufige **95** 1; **113** 16

1253

Sachverzeichnis

fette Ziffern = §§

Vollstreckung siehe Zwangsvollstreckung
Vollstreckung ausländischer Entscheidungen 110 1
im Bereich der EU **110** 5–8
– elterliche Verantwortung **110** 6
– Modalitäten des Umgangsrechts **110** 8
– nationales Verfahrensrecht **110** 8
– nationale Ausführungsbestimmungen **110** 9
– Rückgabe des Kindes **110** 7
Unterhaltssachen **110** 10
– EUVTVO **110** 10
– UnterhaltsVO **110** 10
– Vaterschaftsfeststellung **110** 10
Vollstreckbarerklärungsverfahren **110** 2, 3
– örtliche Zuständigkeit **110** 4
Vollstreckungsklausel **86** 13, 14; **209** 12
Vollstreckungstitel 86 1, 9, 10
Erinnerung **86** 15
gerichtliche Beschlüsse **86** 2
– elterliche Sorge **86** 2, 3
– Endentscheidungen **86** 2
– Zwischenentscheidungen **86** 2
gerichtlich gebilligte Vergleiche **86** 6
– Kindschaftssachen **86** 7
– Umgangssachen **86** 7, 8
Unterlassung, Duldung **86** 4
– Bestimmtheit **86** 4
verfahrensabschließende Entscheidungen **86** 5
verfahrensbeendender Vergleich **86** 10
Verpflichtung zur Vornahme einer Handlung **86** 4
Vollstreckbarkeit **86** 11
– sofortige Wirksamkeit **86** 12
Vorbehalt
Landesgesetzgebung **486, 490, 491**
Vorfragen
bei Versorgungsausgleich **221** 9–12
Vorführung zur Untersuchung 167 24
Vormünder- und Betreuervergütungsgesetz Einl 67; **168** 40 ff
Vorsorgevollmacht Vorb v **271–311** 5
Vorstand
Bescheinigung **386** 3
Bestellung von Mitgliedern **375** 16
Notvorstand **375** 52; **401** 3
Wertfeststellung
Untersuchung von Sachen s dort
Wiederaufnahme 48 10
Ausschluss **48** 12; **197; 198**
Folgesache **118** 1
Scheidungssache **118** 1
Sonderregelung **48** 11; **118; 185**
Wiedereinsetzung 17–19
von Amts wegen **18** 2, 6
Anfechtbarkeit **19** 2–6
– Ausschluss **19** 4
– Sondervorschriften **19** 5
– bei Versagung **19** 3
– bei Wiedereinsetzung **19** 2
auf Antrag
– Form **18** 1
– Frist **18** 1, 3
– – bei Versagung Prozesskostenhilfe **17** 10
Anwendungsbereich **17** 1, 3, 5
Aufgebotssachen **439** 7
Ausschlussfristen **18** 3
Ehesachen **17** 1, 6
Erinnerung, befristete **17** 4
Familienstreitsachen **17** 1, 6
gesetzliche Fristen **17** 1
Glaubhaftmachung **18** 4
Nachholung der versäumten Prozesshandlung **18** 5, 6
Nachlass- und Teilungssachen **17** 2; **367** 1
Nachbriefkasten **17** 14
Postverkehr **17** 13
Rechtsmittelbelehrung **17** 18, 19
richterliche Fristen **16** 1
Rechtsbeschwerde, Frist zur Begründung **17** 1
unverschuldet **17** 9
– Rechtsirrtum **17** 12
– Unkenntnis **17** 11
– wirtschaftliches Unvermögen **17** 10
Verhinderung **17** 7, 8
Verschulden des Vertreters **17** 17; **9** 15, 16
Zuständigkeit **19** 1
Zwangsgeldverfahren **390** 12
Willensbildung Vor **271** ff 4; **271** 3; **275** 1
Wirksamkeit gerichtlicher Handlungen
Fehlen jeder gesetzlichen Grundlage **2** 29
Verstöße gegen materielles Recht **2** 28
Verstöße gegen Verfahrensvorschriften **2** 27
Wirksamwerden von Endentscheidung/ Beschluss 40 1
Außenwirkung **40** 11, 12
Ausübung der elterlichen Sorge **40** 16
– Berechtigung eines Ehegatten, Geschäfte mit Wirkung für den anderen abzuschließen **40** 17
– einzelne Vorschriften **40** 18
– Entscheidungen
– – Endentscheidungen **40** 1
– – keine Entscheidungen **40** 2
– – – Beispiele **40** 2
– – Nebenentscheidungen **40** 1
– – Zwischenentscheidungen **40** 1
– Erteilung Erbschein **40** 10
– formelle Rechtskraft als Voraussetzung **40** 13
– – Bindung an Rechtskraft **40** 8
– – Genehmigung von Rechtsgeschäften **40** 6, 7, 8
– – Rechtsmittelfrist **40** 8
– – Ersetzung, Ermächtigung, Zustimmung zu Rechtsgeschäften **40** 14

magere Ziffern = Randnummern

Sachverzeichnis

– – Ersetzung Zustimmung zur Annahme als Kind **40** 15; **198** 2
– – Grundlage von Rechtshandlungen **40** 13
– Wirksamkeit **40** 3
– – Eintritt der **40** 4
– – Formelle Rechtskraft **40** 5
Wirksamwerden von Endentscheidungen in Ehesachen 116 1, 2
mit Rechtskraft **116** 2
Wirksamwerden von Endentscheidungen in Familienstreitsachen 116 3
sofortige Wirksamkeit **116** 3
– Verzicht auf sofortige Wirksamkeit in Unterhaltssachen **116** 3
Wirksamkeit der Genehmigung in ärztliche Maßnahmen 287 1
Wirkung der Abänderung auf Rechtsgeschäfte 47
Einwilligungsvorbehalt **47** 6
materiellrechtliche Bedeutung **47** 1–4
– Befugnis zur Vornahme von Rechtsgeschäften **47** 3, 4
– zur Entgegennahme von Willenserklärungen **47** 2, 4
– Fähigkeit zur Vornahme von Rechtsgeschäften **47** 2, 4
Unwirksame Rechtsgeschäfte **47** 4
Wohnsitz
und Aufenthalt **343** 5
Begriff **343** 3
doppelter **343** 4
Wohnungsöffnung **283** 4
Wohnungszuweisungs- und Haushaltssachen 200–209
Antrag **203** 1
– Begründung **203** 3–5
Anwendungsbereich
– Haushaltsverteilung bei Getrenntleben **200** 19–23
– – Billigkeitsregelung **200** 21
– – Gegenstände **200** 19–22
– – – gemeinsame **200** 22
– – Nutzungsvergütung **200** 23
– Haushaltsverteilung nach Scheidung **200** 25–28
– – Verfahren **200** 27
– Wohnungszuweisung bei Getrenntleben **200** 2, 3, 7–10
– – Ehewohnung **200** 4
– – Jugendamt **200** 6
– – vorläufiger Charakter **200** 5
– Wohnungszuweisung nach Scheidung **200** 11–16
– – Vermieter **200** 12
– – Räumung **200** 12
Beteiligte **204** 1–3
– Jugendamt **204** 3
– Vermieter **204** 2
Durchführung **209** 1–3
Erörterungstermin **207**

Inhalt **206** 1, 2
– fehlende, verspätete Angaben **206** 3, 4
– Mitwirkungspflicht **203** 3
Konkurrenzen **209** 15
Nutzungsentschädigung **200** 14
Tod eines Ehegatten **208**
Vollstreckung **209** 9–10
– einstweilige Anordnungen **209** 11–14
Vollstreckungsklausel **209** 12
Wirksamkeit **209** 4–8
– Beschwerdegericht **209** 8
– sofortige **209** 6, 7
Zentrales Testamentsregister
s Testamentsregister, zentrales
Zeugenbeweis 30 15–19
Zeugnis
Abschriftenerteilung **358** 8
Anspruch auf Ausfertigung **358** 8
Ausfertigung **358** 9
Einziehung **353** 1
Gebühren für Ausfertigung **358** 12
Hoffolgezeugnis **352** 4
Kraftloserklärung **353** 4
Negativzeugnis **386** 2
Überweisungszeugnis **354** 3
Zeugnisverweigerung 30 16–19
Zivilprozessordnung
Anwendbarkeit **112** 1, 2; **113** 1–18
Zivilrechtliche Unterbringung 312 10–13; **167** 1, 2
Zugewinnausgleich Einl 80
Zulassung
der Beschwerde **61** 3, 5
der Rechtsbeschwerde **70** 12–16, 17
Berichtigung **70** 5
Ergänzung **70** 4
Zulassungsfreiheit **70** 17
Zurücknahme
Antrag **22** 1–7
Rechtsmittel **67** 8, 9
in Ehe- und Familienstreitsachen **117** 7
Kostenfolge **83** 3, 4; **84** 3, 4
Zurückverweisung 74 9
im Verbundverfahren **147** 5
Zurückweisung von Angriffs- und Verteidigungsmitteln in Ehe- und Familienstreitsachen **1** 1–5
Zurückweisung der Rechtsbeschwerde 74 7; **74 a**
im Ehe- und Familienstreitsachen **117** 7
Zuständigkeit
siehe „funktionelle Zuständigkeit", „internationale Zuständigkeit", „örtliche Zuständigkeit", „sachliche Zuständigkeit"
Zuständigkeitskonzentration 153
Zuständigkeitsvereinbarung
ausschließliche **Vorb v 2–5** 8
Familiensachen **Vorb v 2–5** 8
internationale **Vorb v 2–5** 9
Zustandsfeststellung
Untersuchung von Sachen s dort

Sachverzeichnis

fette Ziffern = §§

Zustellung
Aufgabe zur Post **15** 10
Ausführung **15** 5
förmliche **15** 5
Empfangsbekenntnis **15** 7
Ersatzzustellung **15** 8
öffentliche **15** 11
– im Ausland **15** 13
Unwirksamkeit **15** 9
Verletzung zwingender Formvorschriften **15** 9
Zustellungsempfänger **15** 6, 7
– Geschäftsunfähige **15** 6
– beschränkt Geschäftsfähige **15** 6
– gesetzliche Vertreter **15** 6
– Bevollmächtigte **15** 7
Zustellungsmangel
– Heilung **15** 5, 9
Zustellungsurkunde **15** 5
– Unwirksamkeit **15** 5
Zustellungen im Ausland
internationale Abkommen **15** 12
Mitgliedstaaten der EU **15** 13
Zustellungen auf elektronischem Weg
elektronisches Dokument **14** 2
elektronisches Übermittlungsverfahren **229** 5
Zustellungsreformgesetz Einl 47
ZustellungsVO Einl 47
Zustellungsdurchführungsgesetz **15** 14
Zustimmung
Ersetzung **40** 14, 15; **198** 2
Zwangsbehandlung 312 12, 13; **321** 3
Zwangsgeldverfahren
Ablehnung **388** 24
Androhung **388** 19
Ausschluss **388** 16
Beschwerde **391** 1
– aufschiebende Wirkung **391** 1
– Beschwerdegründe **391** 4
– Verfahren **391** 5
Beteiligte **388** 14
Bevollmächtigte **388** 14
Dispache **404** 1
Einleitung **388** 15
Einspruch **388** 21
– Verfahren bei – **390** 1
Festsetzung **388** 20; **389** 4
gegen Prokuristen **388** 14
Fristbestimmung **388** 18
Genossenschaften **388** 13
Höhe **388** 19
Kostenentscheidung **389** 5
– Kostenschuldner **389** 8
– Nachholung **389** 7
mangelnde Firmenanmeldung
Partnerschaftsgesellschaft **388** 9
Rechtsbehelfe **388** 23
unbefugter Firmengebrauch **392** 4
Verein **388** 12

Verpflichtungsangabe **388** 17
Wiedereinsetzung **390** 12
Wiederholung **389** 9
Zuständigkeit **388** 4
Zwangsmittel zur Durchführung von Anordnungen innerhalb Verfahren 35
Androhung **35** 6
Anfechtbarkeit **35** 10
Durchsetzung verfahrensleitender Anordnungen **35** 1, 2
Festsetzung **35** 6, 7
Haft **35** 8
Hinweis **35** 6
Maßnahmen zur Durchsetzung **35** 2
Sondervorschriften **35** 4
verfahrensleitende Anordnungen **35** 1, 2
Vorschriften der ZPO **35** 2, 9
Zwangsmittel **35** 2, 5
Zwangsvollstreckung in Ehe- und Familienstreitsachen **120** 1–5
Zwangsvollstreckung 86–96 a
Anfechtbarkeit **87** 14
Anwendbare Vorschriften **95**
– Vorschriften der ZPO **Vorb v 86–96 a** 12; **95** 1, 2
– – Abgabe einer Willenserklärung **95** 8
– – Geldforderung **95** 1, 4
– – Herausgabe von Sachen **95** 5
– – vertretbare und nicht vertretbare Handlungen **95** 6
– – Unterlassung **95** 2
Anwendungsbereich **Vorb v 86–96 a** 1
Ausschluss der Zwangsvollstreckung **95** 9
Beginn der Zwangsvollstreckung **87** 7
Dispache **409** 3
Durchsuchung der Wohnung **91**
– von Amts wegen **91** 4
– Anordnung **91** 2
– auf Antrag **91** 4
– Dritte **91** 5
– Entscheidung des Gerichtsvollziehers **91** 6
– Anfechtbarkeit **91** 6
Eidesstattliche Versicherung zur Herausgabe einer Person **94**
– eidesstattliche Versicherung **94** 1
– funktionelle Zuständigkeit **94** 2
– Verfahren **94** 1
– Weigerung **94** 1
Einleitung des Verfahrens **Vorb v 86–96 a** 6; **87** 3
Einstellung der Zwangsvollstreckung **Vorb v 86–96 a** 13
einstweilige Einstellung der Zwangsvollstreckung **93**
– Anwendungsbereich **93** 1
– Aufhebung **93** 1
– Beschränkung **93** 1
– einstweilige Einstellung **93** 1
– Entscheidung **93** 3

magere Ziffern = Randnummern

Sachverzeichnis

– – Änderung **93** 3
– – rechtliches Gehör **93** 3
– Folgen der Einstellung **93** 4
– Vollstreckungsorgane **93** 4
– Familienstreitsachen **Vorb v 86–96 a** 2
– funktionelle Zuständigkeit **Vorb v 86–96 a** 5
– Gerichtsvollzieher **Vorb v 86–96 a** 7
– Kosten **Vorb v 86–96 a** 8; **87** 10
– – Minderjährige **87** 11
– – zwingende Auferlegung **87** 13
Nachlassauseinandersetzung **371** 4
örtliche Zuständigkeit **Vorb v 86–96 a** 3, 4; **87** 1, 3; **88**
Polizeiliche Vollzugsorgane **87** 9
Reform der Sachaufklärung **Einl 82**
Unmittelbarer Zwang **92**
– Anhörung **92** 2
– Kosten **92** 3
– Vermittlungsverfahren **92** 4
Unmittelbarer Zwang zur Herausgabe eine Kindes **90**
– äußerstes Mittel **90** 4
– Gerichtsvollzieher **90** 5
– Herausgabe eines Kindes **90** 1, 2
– Jugendamt **90** 5
Unzulässigkeit zur Durchsetzung Umgang **90** 2
Voraussetzungen **90** 1
Vollstreckungsklausel siehe dort
Vollstreckungsmaßnahmen – siehe auch Ordnungsmittel
– Herausgabe **87** 5
– Umgang **87** 6

Vollstreckungstitel siehe dort
Vollzug vor Bekanntgabe **87** 8
– Anordnung der sofortigen Wirksamkeit **87** 8
Zuständigkeit **87** 1
– funktionell **87** 2
– Herausgabe einer Person **87** 4; **88**
– örtlich **87** 3
– sachliche **87** 1
Zwangsvollstreckung in Abstammungssachen 96 a
Androhung **96 a** 1
Ausschluss der Vollstreckung **96 a** 2
Festsetzung von Ordnungsmitteln **96 a** 1
genetische Probe **96 a** 1
unmittelbarer Zwang **96 a** 3
Untersuchung **96 a** 1
Zwangsvollstreckung in Gewaltschutzsachen 96
Einstweilige Anordnung Wohnungszuweisung **96** 6
Maßnahmen zur Abwendung Gewalt **96** 1
Ordnungsmittel **96** 3
Unterlassungsanspruch **96** 3
Vorschriften der Zivilprozessordnung **96** 2
Widerstand **96** 4
– Protokoll **96** 5
Wohnungszuweisung **96** 6
– mehrfache Vollziehung **96** 7
Zweigniederlassung
Zuständigkeit **377** 2
Zwischenverfügung
Registergericht **382** 15

Buchanzeige

Verfahrenshandbuch Familiensachen

2. Auflage. 2010
XLII, 1162 Seiten. Gebunden € 128,–
ISBN 978-3-406-57720-8

Systematisch und griffig

behandelt das Handbuch alles Wichtige für das neue Verfahren in Familiensachen und bietet die nötige Orientierung im FamFG.

Besonders praktisch:

Gute Einarbeitung, schnelle Orientierung und größtmöglicher Praxisbezug garantiert!
Die Reihenfolge der einzelnen Kapitel entspricht der Gliederung des Gesetzes:
- Unterhalt
- Kindschaft
- Ehewohnung und Haushalt
- Gewaltschutz
- Scheidung und Eheaufhebung
- Versorgungsausgleich
- Güterrecht
- Abstammung
- Adoption
- Sonstige Familiensachen

Innerhalb dieser Kapitel folgt das Werk bei allen behandelten Themen einem einheitlichen Aufbau:
- Gerichtliche Zuständigkeit
- Verfahrensgrundsätze
- Anwaltszwang
- Verfahrenskostenhilfe
- Gang des Verfahrens
- Weitere Verfahren
- Entscheidung
- Vorläufiger Rechtsschutz
- Rechtsmittel
- Streitwert

Die Autorinnen und Autoren

Bearbeitet von Prof. Dr. Marc Eckebrecht, Richter am Landgericht, Dr. Tamara Große-Boymann, Rechtsanwältin, Jens Gutjahr, Richter am Oberlandesgericht, Viola Paul, Rechtsanwältin, Prof. Wolfgang Schael, Vorsitzender Richter am Oberlandesgericht, Werra Katharina von Swieykowski-Trzaska, Notarin und Fachanwältin für Familienrecht, und Dr. Ines Weidemann, Fachanwältin für Familienrecht

Verlag C. H. Beck · 80791 München